Mo 19.10. 18-19 Uhr
Gebhardt
0641-46163

mündl.
Di 20.10.   13⁰⁰-18⁰⁰
Mi 21.10.   14⁰⁰-17⁰⁰
Do 22.10.
Mo 26.10.

mündl.
Haus A   Sekretariat

DER KLEINE STOWASSER

LATEINISCH-DEUTSCHES SCHULWÖRTERBUCH

von

J. M. Stowasser, M. Petschenig und F. Skutsch

Bearbeitet und erweitert von

Robert Pichl, Hubert Reitterer,
Ernst Sattmann †, Josef Semmler,
Kurt Smolak, Wilfried Winkler

Gesamtredaktion

Hubert Reitterer und Wilfried Winkler

München 1980
G. Freytag Verlag

Die Bearbeiter danken Herrn Dr. Horst Fröhler für seine fachliche Mitarbeit, sorgfältige Beratung und verlagstechnische Betreuung.

CIP-Kurztitelaufnahme der Deutschen Bibliothek

Stowasser, Josef M.:
Der kleine Stowasser: Lat.-dt. Schulwörterbuch / von J. M. Stowasser, u. a. Unter der Gesamtred. v. Hubert Reitterer u. Wilfried Winkler, bearb. u. erw. v. Robert Pichl . . . – München: Freytag, 1980

Vertrieb nur in der Bundesrepublik Deutschland u. West-Berlin: Teubner, Stuttgart.
ISBN 3-87238-175-X

NE: Hubert Reitterer [Red.], Wilfried Winkler [Red.]

Das Werk ist urheberrechtlich geschützt. Die dadurch begründeten Rechte, besonders des Nachdrucks, der Wiedergabe auf photomechanischem oder ähnlichem Wege, der Speicherung und Auswertung in Datenverarbeitungsanlagen, bleiben, auch bei Verwertung von Teilen des Werkes, dem Verlag vorbehalten. (A)
Bei gewerblichen Zwecken dienender Vervielfältigung ist an den Verlag gemäß § 54 UrhG eine Vergütung zu zahlen, deren Höhe mit dem Verlag zu vereinbaren ist.

© G. Freytag, München 1980.

Satz: Carl Ueberreuter, Wien

Gesamtherstellung: J. Strobl, Wien

Inhaltsverzeichnis

Vorwort der Bearbeiter	V
Benützungsanleitung	VI
Verzeichnis der Schriftsteller und Schriften	IX
Abkürzungsverzeichnis	IX
Zeichenerklärung	XIII
Sprachgeschichtliche Einführung	XIV
Lexikalischer Teil	1–507

Vorwort

Mit dem Erscheinen der vorliegenden Neubearbeitung des „Kleinen Stowassers" ist nach längerer Zeit ein weiterer Schritt in der Geschichte dieses Wörterbuches getan worden.

Der Grundstein für den „Kleinen Stowasser" wurde gegen Ende des vergangenen Jahrhunderts von dem Wiener Gymnasialprofessor J. M. Stowasser durch sein „Lateinisch-Deutsches Schulwörterbuch" gelegt. Es war aus dem Bemühen entstanden, ein Lexikon zu schaffen, „das den Zwecken der Schule wirklich dienstbar wäre". Dieser Gedanke, den J. M. Stowasser in seinem Vorwort zur ersten Auflage formulierte, hat bis heute seine Gültigkeit als grundlegendes Gestaltungsprinzip bewahrt.

Stowasser selbst war sich darüber im klaren, daß ein Werk dieser Größenordnung vieler Verbesserungen bedürfen würde, ehe es dem Anspruch größtmöglicher Vollendung gerecht werden könnte. Schon die zweite Auflage im Jahr 1900 wurde stark verbessert, und wenige Jahre später erfolgte eine vollständige Überarbeitung.

Sie wurde von M. Petschenig und F. Skutsch besorgt und führte zu einer weitgehenden Änderung des Werkes in lexikographischer Hinsicht. Inhaltliche Straffungen brachten eine Reduktion von ursprünglich ca. 1100 Seiten auf etwas mehr als 800. Dennoch blieb das Unbehagen bestehen, daß der noch immer zu große Umfang des Werkes dessen praktische Verwendbarkeit beeinträchtigte. So entstand schließlich im Jahr 1913 — neben der Großausgabe — der „Kleine Stowasser", für den M. Petschenig die Hauptarbeit leistete. In dieser Form hat sich schließlich das Wörterbuch im gesamten deutschen Sprachraum, vor allem für Schulzwecke, durchgesetzt.

Die Entwicklungen in den letzten Jahrzehnten, insbesondere die geänderte Stellung des Lateinunterrichts innerhalb des schulischen Ausbildungssystems sowie die Notwendigkeit, neue Forschungsergebnisse zu berücksichtigen, ließen nun neuerlich eine Bearbeitung geboten erscheinen.

Zunächst war es nötig, die heute kaum mehr geläufige Frakturschrift durch einen anderen, leicht lesbaren Schrifttyp zu ersetzen. Ferner mußten Übersetzungen, die nach dem heutigen Sprachgebrauch veraltet erschienen, zeitgemäß formuliert werden, soweit es sich nicht um literarische Wendungen handelt.

Die Durchsicht der lateinischen Stellenzitate führte zu zahlreichen Richtigstellungen im Sinne einer Anpassung an moderne Textausgaben. Sacherklärungen, die bisher eher knapp gehalten waren, wurden in einem für ein Schulwörterbuch vertretbaren Umfang erweitert. Unregelmäßige Perfekt- und Partizipialformen sind nunmehr als eigene Stichwörter angeführt.

Neben Nachträgen, die Petschenig für eine Neuauflage vorgesehen hatte, wurden vor allem Ergänzungen aus Lukrez und den römischen Lyrikern eingearbeitet. Eine generelle Erweiterung des im Wörterbuch erfaßten Autorenkanons, vor allem die Berücksichtigung der christlichen Schriftsteller, schien nicht vertretbar, da in diesem Bereich gesicherte Textausgaben und abgeschlossene wissenschaftliche Lexika weitgehend noch fehlen. Für diese Autoren stehen in den meisten Schulausgaben spezielle Glossare zur Verfügung.

Die neu geschaffene Benützungsanleitung erläutert die systematischen Gesichtspunkte, nach denen der lexikalische Teil aufgebaut ist, und enthält einen Leitfaden für die praktische Vorgangsweise beim Übersetzen.

Es ist zu hoffen, daß mit der Neubearbeitung jener Weg weiter beschritten wurde, der vom Begründer des Werkes vorgezeichnet worden war: in zeitgemäßer Form das Erbe der Antike auch in unseren Tagen lebendig zu erhalten.

Die Bearbeiter

Benützungsanleitung

I. Funktion der Schriftarten

Beispiel	Schriftart	Funktion
accommodātus 3 (accommodare)	Antiqua	lateinische Wörter (in etymologischen Angaben auch Wörter aus anderen Sprachen)
geeignet, entsprechend	Grotesk	Übersetzungen und deutschsprachige Hinweise
refl. med.	*Kursiv*	grammatikalische und rhetorische Fachbegriffe
QTPli.		Autorensigle(n)

II. Zitierweise der flektierenden Wortarten

1. Substantive

Das Stichwort ist in der Regel im Nominativ (Singular oder Plural) angegeben, die Genetivendung folgt; bei unregelmäßiger Deklination wird der Genetiv voll ausgeschrieben. Dann folgt die Angabe des Geschlechts. Eventuell abweichende Kasusendungen werden gesondert angeführt.

Die lateinischen Bezeichnungen von Völkern und Festen, deren Übersetzung nur durch den Anfangsbuchstaben angedeutet wird, können eingedeutscht werden,

z. B.: **Vestīnī** die V. = die Vestiner
Vīnalīa die V. = die Vinalien.

2. Adjektive und Adverbien

Die Stichwörter der Adjektive werden in folgenden Formen dargestellt:

a) Adjektive der a-/o-Deklination auf -us, -a, -um werden durch die der maskulinen Form nachgestellte Ziffer 3 bezeichnet,

z. B.: **altus 3** = altus, alta, altum.

b) Bei den anderen mehrendigen Adjektiven werden alle Formen des Nominativ Singular angegeben,

z. B.: **asper,** era, erum
celer, eris, ere
fortis, e.

c) Einendige Adjektive werden wie Substantive zitiert,

z. B.: **ferōx,** ōcis.

Auf römische Gentilnamen wird mit dem Zusatz „im *n. g.*" (= *nomen gentile*) hingewiesen,

z. B.: **Manlius** 3 im *n. g.* **1.** M. M. Capitolinus.

Die regelmäßige Adverbform ist nur mit der halbfett gesetzten Endung angegeben, unregelmäßige Adverbformen werden voll zitiert,

z. B.: **dēlicātus** 3, *adv.* ē
difficilis, e ... *adv.* **difficulter.**

3. Numeralien

Alle flektierenden Numeralien werden wie Adjektive ausgewiesen.

4. Pronomen

Alle Formen des Nominativ Singular werden angegeben.

5. Verben

Die Form des Stichwortes zeigt immer die 1. Person Singular Indikativ Präsens, die deutschen Übersetzungen stehen für gewöhnlich im Infinitiv. Die Konjugationsklassen werden mit Ziffern dargestellt:

1. = a-Konjugation
2. = e-Konjugation
3. = konsonantische bzw. Mischkonjugation
4. = i-Konjugation.

Davon ausgenommen sind jene Verben, die kein Perfekt bilden; bei ihnen wird die Infinitivendung angefügt,

z. B.: **immineō,** ēre.

Die Perfektformen der regelmäßigen Verben werden nicht gesondert ausgewiesen,

z. B.: **vituperō** 1. = vitupero, vituperare, vituperavi, vituperatus.

Bei den unregelmäßigen Verben werden zusätzlich die 1. Person Singular Indikativ Perfekt aktiv und das Perfektpartizip in der Art eines Adjektivs angegeben, z. B.:

frangō 3. frēgī, frāctus.

Die unregelmäßigen Perfektformen sind als eigene Stichwörter angegeben und verweisen auf die jeweilige Präsensstammform, z. B.:

frēgī *pf.* v. frango.	=	fregi ist das Perfekt von **frango**.
frāctus *pt. pf. pass.* v. frango.	=	fractus ist das passive Perfektpartizip von **frango**.

Die Abkürzung *med.* bedeutet, daß das Verb auch eine medialpassive Form aufweist, d. h., daß das Subjekt eine Handlung vollzieht, die es selbst betrifft, z. B.:

versō ... **II.** *med.* **1.** sich hin- und herdrehen: mundus versatur circa axem kreist.

agō A. I. 1. *refl.* und *med.* sese Palinurus agebat *V*, per auras agi stürmen *O*.

Im Deutschen sind diese medialpassiven Formen grundsätzlich durch eine aktive Entsprechung wiederzugeben, und zwar entweder durch Hinzufügen eines Reflexivpronomens oder durch ein intransitives Verb.

III. Gliederungsmöglichkeiten des einzelnen Stichwortartikels

1. Lateinisches Stichwort und Übersetzung(en)
z. B.:

lūsiō, ōnis, *f.* (ludo, § 36) Spiel.
caecitās, ātis, *f.* (caecus) Blindheit, Verblendung.
ēvīlēscō 3., lui (vilis) wertlos werden *T.*

Dem lateinischen Stichwort folgen eine oder mehrere Übersetzungen. Zugleich wird durch eigene Autorensiglen (siehe S. IX) angezeigt, bei welchem Schriftsteller das jeweilige Stichwort belegt ist (vgl. auch S. VIII, Punkt V, 5).

2. Lateinisches Stichwort mit Übersetzung(en) und Stellenzitat(en)
z. B.:

antiquō 1. verwerfen, ablehnen: legem.
in-clutus 3 berühmt, bekannt: factis *O.*

3. Lateinisches Stichwort mit mehreren aufgegliederten Übersetzungen und Stellenzitaten
z. B.:

liber, brī, *m.* **1.** Bast: tenuis, mollis *O.* **2.** *meton.* Buch [da man ursprünglich auf Bast schrieb]: tres Unterabteilungen des Werkes, einzelne Rollen, **grandis** Schreiben *N*, principis Reskript *Pli*; [bes.]: libri Religions- (Sibyllini, Etruscorum), Rechts-, Auguralbücher.

Die ziffernmäßige Differenzierung der Bedeutungen geht von der eigentlichen Bedeutung aus und bezieht die übertragenen (*met., meton.* und *synecd.*) und gelegentlichen (*occ.*) in der Folge mit ein. Die Reihung der Bedeutungen muß also nicht unbedingt den Grad ihrer Häufigkeit ausdrücken (siehe das angeführte Beispiel).

4. Lateinisches Stichwort mit systematischer Zusammenfassung seiner Hauptbedeutungen in einem Kasten
z. B.:

aequō 1. (aequus)

> **1.** ebnen, gleichmachen; **2.** (anderem) gleichmachen, gleichstellen; *occ.* vergleichen; **3.** ausgleichen, gleichmäßig verteilen; **4.** erreichen, gleichkommen.

1. locum; mensam waagrecht stellen *O*; frontes, aciem ausrichten, geraderichten *L*; vela, rostra, examen gleichstellen *V*. **2.** aliquid solo dem Erdboden *LCuT*; bildl. caelo zum Himmel erheben *V*, numerum cum navibus *V*, nocti ludum die Nacht beim Spiel durchwachen *VL*; *refl.* und *pass.* libri se illis aequarunt stehen gleich. **occ.** se diis *Cu*, tenuiores cum principibus. **3.** vires *L*, aequato periculo (iure *L*), amorem gleiche Liebe beweisen *V*; pecunias; leges, foedera als Ausgleich (Kompromiß) zustande bringen *L.* **4.** cursum *Cu* = aliquem cursu *L* gleich schnell laufen, fluctūs sequendo *V*; ducem gleichen Schritt halten *V*, sagitta aequans ventos windschnell *V*; facta dictis würdig preisen *L*, munia comparis die Aufgabe einer Gattin erfüllen *H.*

Den Angaben der Wortformen und den etymologischen Erläuterungen folgt der besseren Übersicht wegen ein Kasten mit ziffernmäßig gegliederter Aufstellung der wichtigsten deutschen Bedeutungen. Nach dieser Übersicht findet man die dazugehörigen Stellenzitate in der gleichen systematischen Anordnung.

IV. Auflösungsmöglichkeiten der lateinischen Stellenzitate

1. Lateinische Wendung, deren Bedeutung aus der vorangehenden Übersetzung des Stichwortes hervorgeht

z. B.: **loquor** 1. *intr.* sprechen: Graecā linguā *N*, Latine. = griechisch sprechen (*Nepos*), lateinisch sprechen (*Cicero*).

Die für die nachfolgenden Wendungen gültige Übersetzung steht vor dem Doppelpunkt.

2. Lateinische Wendung mit spezifischer Übersetzung des Stichwortes

z. B.: **loquor** 1. ... pinūs loquentes rauschend *V*. = rauschende Fichten (*Vergil*).

Die angegebene Übersetzung gilt nur für diese Stelle. Eine Übersetzung, die für mehrere lateinische Wendungen gilt, wird der Autorensigle der letzten Wendung nachgestellt,

z. B.: **malus** 3 ... **2. c.** ... pudor *H*, ambitio *SH* falsch. = falsche Scham (*Horaz*) falscher Ehrgeiz (*Sallust, Horaz*).

3. Übersetzung eines einzelnen Wortes (einer Wortgruppe) aus der lateinischen Wendung

z. B.: **loquor** 1. ... loquens coma (Laub) *Ca*. = rauschendes Laub (*Catull*).

longus 3. ... **1. b.** longum est omnia enumerare es wäre zu weitläufig *N*. = es wäre zu weitläufig, alles aufzuzählen (*Nepos*).

Die eine Zitierweise wird dann angewandt, wenn das hinzutretende Wort mehrere Bedeutungen hat. So wird im angeführten Beispiel coma als „Laub" übersetzt, um die andere Übersetzungsmöglichkeit „Haar" auszuschließen. Die andere Zitierweise gibt nur jenen Teil des Zitats wieder, der sich einer wörtlichen Übersetzung entzieht.

4. Lateinische Wendung und ihre deutsche Gesamtübersetzung

z. B.: **perscrībō** 3. ... **3.** a quaestore eine Anweisung an den Quästor geben *L*.

Diese Zitierweise wird dann angewandt, wenn sich das gesamte Zitat einer wörtlichen Übersetzung entzieht.

V. Hinweise zum Übersetzungsvorgang

1. Das gesuchte Wort auf die unter Punkt II. der Benützungsanleitung angeführte Form zurückführen.

2. Stichwörter mit gleichem Schriftbild (Homographe) sind mit römischen Zahlen differenziert,

z. B.: **I. ius**
II. ius.

3. Bei manchen Wortformen ist zu berücksichtigen, daß sie von verschiedenen Stichwörtern herrühren können,
z. B.:

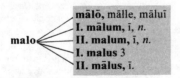

4. Archaische Formen sind stets unter den klassischen Stichwortformen verzeichnet,

z. B.: optumo → optimus 3 → bonus 3.

Ein diesbezüglicher Verweis führt jeweils auf jenes Stichwort, unter welchem die Bedeutungen des Wortes angeführt sind,

z. B.: **optumus** [altl.] *sup.* v. bonus.

5. Wenn der Autor des zu übersetzenden Textes bekannt ist, kommen für die Übersetzung nur noch jene Stellen im Stichwortartikel in Frage, die mit der entsprechenden Autorensigle versehen sind oder aber keine gesonderte Bezeichnung aufweisen.

So ist z. B. die Bedeutung eines Wortes aus Livius entweder mit der Autorensigle *L* versehen, oder sie ist unter den unbezeichneten Übersetzungen zu finden, wenn die gleiche Variante auch bei Caesar und/oder Cicero belegt ist.

6. Bei der Auswahl der zutreffenden Bedeutungsvariante ist der Sinnzusammenhang entscheidend.

Verzeichnis der Schriftsteller und Schriften

Folgende Schriftsteller und Schriften sind im Wörterverzeichnis berücksichtigt:

Caesar: De bello Gallico, De bello civili

Catullus (in Auswahl)

Cicero:
1. Reden: Pro S. Roscio Amerino, Divinatio in Caecilium, In Verrem IV, V, Pro Archia, De imperio Cn. Pompei, In Catilinam I-IV, Pro Milone, Pro Sulla, Pro Sestio, Pro Murena, Pro Plancio, Pro Ligario, Pro rege Deiotaro, Pro Marcello, Philippicae I, II, III, VII
2. Philosophische Schriften: Cato Maior, Laelius, Tusculanae disputationes, De officiis, De natura deorum, De re publica
3. Rhetorische Schriften: De oratore, Brutus, Orator, De optimo genere oratorum
4. Briefe

Curtius

Horatius

Livius (mit Ausschluß der Epitomae)

Monumentum Ancyranum

Nepos

Ovidius: Heroides, Metamorphoses, Fasti, Tristia, Epistulae ex Ponto; außerdem Auswahl aus den Amores und der Ars amatoria

Phaedrus

Plautus: Captivi, Menaechmi, Miles gloriosus, Mostellaria, Trinummus

Plinius minor: Epistulae

Propertius (in Auswahl)

Quintilianus: Institutio oratoria (in Auswahl, X. Buch zur Gänze)

Sallustius (mit Ausschluß der Bruchstücke)

Scriptores: Auswahl aus Schriftstellern der nachklassischen Periode (Vitruvius, Velleius, Valerius Maximus, Celsus, Seneca, Plinius maior, Suetonius, Florus, Iustinus)

Tacitus

Terentius: Adelphoe, Andria, Phormio

Tibullus (in Auswahl)

Vergilius (mit Ausschluß des Catalepton)

Abkürzungsverzeichnis

Abkürzungen der Autorennamen (Autorensiglen)

(Stellen aus Caesar und Cicero bleiben unbezeichnet)

C	Comici (Plautus, Terentius)	*O*	Ovidius	*Sp*	Scriptores (Schriftsteller der nachklassischen Periode außer *QTPli*)
Ca	Catullus	*Ph*	Phaedrus		
Cu	Curtius	*Pli*	Plinius minor		
H	Horatius	*Pr*	Propertius	*T*	Tacitus
L	Livius	*Q*	Quintilianus	*Ti*	Tibullus
N	Nepos	*S*	Sallustius	*V*	Vergilius

Besondere Abkürzungen

abhäng.	abhängig	*abs.*	absolut: objektloser Gebrauch eines transitiven Verbums, z. B. anteire *abs.* sich auszeichnen, mit *acc.* oder *dat.* jemd. übertreffen
abl.	*ablativus*		
abl. instr.	*ablativus instrumenti*		
abl. limit.	*ablativus limitationis*		
abl. loc.	*ablativus loci*	*abstr.*	*abstractum*
Abs.	Absatz	abstr.	abstrakt

acc.	accusativus		dopp.	doppelt
acc. c. inf.	accusativus cum infinitivo		dor.	dorisch
acc. gr.	accusativus graecus		dtsch.	deutsch
act.	activum			
adi.	adiectivum		E:	etymologische Anmerkung(en)
adj.	adjektivisch		eigtl.	eigentlich
adv.	adverbiell		Einw.	Einwohner
adv.	adverbium		epexeg.	epexegeticus: erläuternd; eine
ahd.	althochdeutsch			Funktion des Genetivs (z. B. poena
ai.	altindisch			mortis Todesstrafe) oder eines
altl.	altlateinisch			Adverbs, z. B. ut wie (da) nun ein-
altnd.	altnordisch			mal
Anm.	Anmerkung		etc.	et cetera
arch.	archaistisch: bewußt altertümlich		etw.	etwas
	[als Stilprinzip]		expl.	explicativus
asynd.	asyndetisch: ohne Bindewort, z. B.			
	serius ocius früher oder später		f.	femininum
Attrib.	Attribut		fem.	femininum
attrib.	attributiv		finit.	finitum
			Fl.	Fluß
b.	bei		folg.	folgend
Bed.	Bedeutung		Fr.	Frage, Fragesatz
ber.	berühmt		frequ.	frequentativum: Verbum, das die
bes.	besonders			Wiederholung einer Handlung aus-
Bew.	Bewohner			drückt, z. B. cursare umherlaufen
bildl.	bildlich			(zu currere laufen)
			fut. ex.	futurum exactum
c.	cum			
cas.	casus		geb.	geboren
cas. obl.	casus obliquus: abhängiger Fall,		Gegs.	Gegensatz
	d. h. alle Fälle außer nom. und		gen.	genetivus
	voc.		ger.	gerundium oder gerundivum
collect.	collective: als Sammelbegriff ge-		germ.	germanisch
	braucht, z. B. res (sg.) Sachlage		gest.	gestorben
comp.	comparativus		gew.	gewöhnlich
coni.	coniunctivus		got.	gotisch
coniunct.	coniunctio		gr.	graecus
cos.	Konsul		gr.	griechisch
coss.	Konsuln		gramm.	grammatisch
dat.	dativus		hd.	hochdeutsch
dav.	davon		hist.	historicus: berichtend; u. a. Be-
decl.	declinatio			zeichnung für den Gebrauch des
decomp.	decompositum (§ 72)			inf. pr. anstelle des impf.
Dekl.	Deklination			
dekl.	dekliniert		imp.	imperativus
dem.	deminutivum		impers.	impersonale
dep.	deponens		impf.	imperfectum
desid.	desiderativum: Verbum, das das		incoh.	incohativum: Verbum, das den
	Verlangen nach einer Handlung			Beginn einer Handlung ausdrückt,
	ausdrückt, z. B. esurire essen wol-			z. B. ardescere in Brand geraten
	len, d. h. Hunger haben (zu edere			(zu ardere brennen)
	essen)			
dgl.	dergleichen		ind.	indicativus
d. h.	das heißt		indecl.	indeclinabilis
d. i.	das ist		indef.	indefinitum
Dicht.	Dichter		indir.	indirekt
dicht.	dichterisch		indogerm.	indogermanisch
dict.	dictator		inf.	infinitivus
dir.	direkt		instr.	instrumentalis

intens.	*intensivum:* Verbum, das die Heftigkeit einer Handlung ausdrückt, z. B. **aspernari** nachdrücklich abweisen (zu **spernere** verachten)
interi.	*interiectio*
intr.	*intransitivum*
isol.	isoliert (§ 59, 2)
ital.	italisch
Iuxtap.	Juxtaposition (§ 67)

J.	Jahr
j.	jetzt
jemd.	jemand

kelt.	keltisch
klass.	klassisch
kollekt.	kollektiv
konjunk.	konjunktionell
konkr.	konkret
konson.	konsonantisch
Konstr.	Konstruktion
konstr.	konstruiert

Landsch.	Landschaft
lat.	lateinisch
locat.	*locativus*

m.	*masculinum*
med.	medial
med.	*medium*
met.	metaphorisch: in bildhaft übertragener Bedeutung gebraucht, z. B. **corona** (eigtl. Kranz) *met.* Menge, Schar; vgl. dtsch. Lieder–kranz, Freundes–kreis
meton.[1])	metonymisch: in ,umbenennender' Bedeutung gebraucht, d. h. ein *subst.* oder *adi.* wird zur Bezeichnung eines anderen, in inhaltlichem Sinnzusammenhang zu ihm stehenden *subst.* oder *adi.* herangezogen, z. B. **annus** (Jahr) *meton.* Ernte (Jahresertrag); vgl. dtsch. ein gutes Jahr
mhd.	mittelhochdeutsch
milit.	militärisch

n.	*neutrum*
nachkl.	nachklassisch
NB:	**nota bene,** bes. bei Nebenformen
Nbf.	Nebenform(en)
n. g.	*nomen gentile*
nhd.	neuhochdeutsch
nö.	nordöstlich
nom.	*nominativus*
nomen pr.	*nomen proprium*
nördl.	nördlich
NW	Nordwesten
nw.	nordwestlich
num.	*numerale*

obi.	*obiectivus*
Obj.	Objekt
obj.	objektiv
obl.	*obliquus:* syntaktisch abhängig
occ.	occasionell (§ 80)
optat.	*optativus*
örtl.	örtlich
Ortsch.	Ortschaft
östl.	östlich

P.	Person
part.	*partitivus*
pass.	passiv
pass.	*passivum*
patr.	*patronymicum:* vom Namen des Vaters oder eines anderen männlichen Vorfahren abgeleitetes, oft substantivisch gebrauchtes *adi.,* z. B. **Atrides** Sohn des Atreus; vgl. gr. Ἀτρείδης, englisch John–son.
patriz.	patrizisch
Pers.	Person
pers.	*personae*
person.	personifiziert
persönl.	persönlich
pf.	*perfectum*
philos.	philosophisch
pl.	*pluralis*
pleb.	plebejisch
plur.	*pluralis*
poss.	*possessivus*
ppf.	*plusquamperfectum*
pr.	*praesens*
Präd.	Prädikat
praedic.	*praedicativus*
prädik.	prädikativ
praep.	*praepositio*
Präp.	Präposition
präpos.	präpositionell
praet.	*praetor*
prolept.	proleptisch: vorwegnehmend; eine Bezeichnung für das ,innere' Objekt, das das Ergebnis der Handlung eines Verbums ausdrückt, z. B. **radices agit virga** der Stab schlägt Wurzeln.
pron.	*pronomen*
pros.	prosaisch
pt.	*participium*

qual.	*qualitatis*

redupl.	redupliziert
refl.	*reflexivus*
relat.	relativ
relat.	*relativum*
rhet.	rhetorisch
röm.	römisch

s.	siehe		*t. t.*	*terminus technicus*
s. d.	siehe dort			
s. o.	siehe oben		u.	und
sc.	*scilicet* (ergänze)		u. a.	und anderes
sem.	semitisch		überh.	überhaupt
sg.	Singular		Übers.	Übersetzung
sing.	Singular		übers.	übersetze
sö.	südöstlich		übertr.	übertragen
Sprichw.	Sprichwort		uneigtl.	uneigentlich
sprichw.	sprichwörtlich		unpers.	unpersönlich
St.	Stadt		urspr.	ursprünglich
St.	Stamm [im etymologischen Teil]		usw.	und so weiter
subi.	*subiectum*		u. zw.	und zwar
Subj.	Subjekt			
subj.	subjektiv		v.	von
subst.	*substantivum*		Vbd.	Verbindung
subst.	substantiviert oder substantivisch		vbd.	verbunden
südl.	südlich		*verb.*	*verbum, verba*
sup.	*superlativus*		Verh.	Verhältnis
supin.	*supinum*		verw.	verwandt
SW	Südwesten		vgl.	vergleiche
sw.	südwestlich		viell.	vielleicht
synecd.[1])	*synecdochice:* ‚mitenthaltend' ge-		*voc.*	*vocativus*
	braucht, d. h. das Einzelne wird für		Volksetym.	Volksetymologie (§ 95)
	das Ganze (**pars pro toto**), des-		vorkl.	vorklassisch
	sen Teil es ist, gesetzt, bzw. das		vulg.	vulgär
	Ganze für das in ihm enthaltene			
	Einzelne (**totum pro parte**), z. B.		wahrsch.	wahrscheinlich
	kann **ramus** (Zweig) einerseits		westl.	westlich
	‚Baum', anderseits ‚Laub' bedeu-		Wz.	Wurzel
	ten.			
synekd.	synekdochisch		z. B.	zum Beispiel
synk.	synkopiert		zeitl.	zeitlich
			zusammenges.	zusammengesetzt
trans.	transitiv		Zusammens.	Zusammensetzung
tr. pl.	**tribunus plebis**		zw.	zweifelhaft

Anmerkung

[1]) Die ursprünglich in der antiken Rhetorik getroffene normenhafte Unterscheidung zwischen *Metonymie* (qualitative Bezie-hung) und *Synekdoche* (quantitative Beziehung der Begriffe) wurde in der deutschen Rhetorik zunehmend vernachlässigt. Auch im „Kleinen Stowasser" wurden daher beide rhetorischen Bezeichnungen häufig synonym verwendet (vgl. §§ 85 ff).

Zeichenerklärung

-ûm	Apex	bezeichnet bei der a-/o-Deklination eine archaistische Bildung des Genetivs Plural, die von der klassischen Norm abweicht, z. B.: **deûm** (= deorum).
—	Bindestrich	zeigt selbständige Bestandteile zusammengesetzter Wörter auf, z. B.: **male-volēns**.
[. . .]	Eckige Klammern	grenzen Sacherklärungen, Übersetzungshinweise und Textvarianten von den Übersetzungen ab.
=	Gleichheitszeichen	bezeichnet die inhaltliche Identität zweier Wörter oder Wortgruppen, z. B.: **Lāïades** = Ödipus.
70	Jahreszahl	bezieht sich ohne zusätzliche Bezeichnung auf die Zeit v o r Christi Geburt.
70 n. Chr.		kennzeichnet Jahreszahlen n a c h Christi Geburt.
ĕ	Kürzezeichen	wird in Ausnahmefällen verwendet, um Verwechslungen zu vermeiden, z. B.: **sĕd — sēd**.
ā	Längezeichen	kennzeichnet alle von Natur aus langen Vokale.
⌒	Ligatur	bezeichnet zwei Laute, die – in Abweichung von der üblichen Aussprache — als Diphthong zu sprechen sind, z. B.: **he͡us** (vgl. deus).
§	Paragraph	verweist auf die entsprechenden Paragraphen der „Sprachgeschichtlichen Einführung".
I, II	Römische Zahlen vor einem Stichwort	dienen zur Unterscheidung von Stichwörtern mit gleichem Wortbild (Homographen), z. B.: I. ius II. ius.
(a)	Runde Klammern	zeigen in Stichwörtern den fakultativen Einschub eines oder mehrerer Laute an, z. B.: obsc(a)enus ⟨ obscaenus / obscenus.
(-i-)	Runde Klammern u. Bindestriche	zeigen in Stichwörtern eine Variante des (der) vorangehenden Lauts (Laute) an, z. B.: male(-i-)ficus ⟨ maleficus / malificus.
*	Stern	bezeichnet zu Erklärungszwecken konstruierte oder sprachgeschichtlich nicht belegte Wortformen.
aë	Trema	zeigt bei Stichwörtern an, daß die beiden aneinanderstoßenden Vokale getrennt zu sprechen sind, z. B.: **āërius** (vgl. aereus).

Sprachgeschichtliche Einführung

(Diese Abhandlung ist in ihrer Geschlossenheit und Prägnanz auch heute noch gültig. Daher wurde der ursprüngliche Wortlaut weitgehend beibehalten.)

§ 1. Jede Sprache ist das Ergebnis einer vieltausendjährigen Entwicklung. Von dieser Entwicklung aber ist uns unmittelbar nur derjenige Teil kenntlich, der sich in historischer Zeit abspielt. Die vorhistorische Entwicklung einer Sprache wie des Lateinischen können wir nur durch den Vergleich mit verwandten Sprachen erschließen.

§ 2. Die nächsten Verwandten des Lateins sind die Sprachen der anderen italischen Stämme, das Umbrische, das Volskische, das Marsische, das Oskische (die Sprache der Samniten) u. a. Ihre am leichtesten zu erkennenden Eigentümlichkeiten sind, daß sie anstelle von lat. qu ein p, anstelle von **b** fast durchwegs ein **f** zeigen. So ist lat. **quis** in jenen Dialekten **pis**, lat. **album** ist **alfom.** **ruber** 'rot' ist eine echt lateinische Form, **rufus** 'rot' muß als Lehnwort aus einer jener Sprachen gelten. So erklärt sich auch das Verhältnis der Namen **Alfius—Albius, Tifernum—Tiberis, Tibur, Venafrum—Velabrum;** die Formen mit **f** sind nicht echt lateinisch.

Wie jene Sprachen, so ist auch das Lateinische einst nur ein eng begrenzter Dialekt gewesen, der Dialekt des Stammes der Latiner in der Nähe der Tibermündung. Wie sich dieser Stamm politisch allmählich zum Herrn von ganz Italien machte, so hat sein Dialekt in den letzten Jahrhunderten v. Chr. allmählich die andern genannten ganz aus dem Gebrauch verdrängt.

§ 3. Die Gesamtheit der italischen Dialekte bildet ferner ein Glied in der Reihe der sogenannten indogermanischen Sprachen. Die vergleichende Sprachwissenschaft hat gezeigt, daß die Kultursprachen Vorderasiens und Europas auf eine gemeinsame Sprache zurückzuführen sind. Zu dieser gehören auf asiatischem Boden das Sanskrit der Inder und das Zend der Baktrer, ferner die Sprachen der Perser und Armenier; in Europa gehören außer den Italikern die Griechen, Kelten, Germanen, Illyrier oder Albanier, Slawen und Litauer dem indogermanischen Sprachstamm an. Seinen Namen hat man ihm nach dem östlichsten und westlichsten der Tochtervölker, den Indern und den Germanen, gegeben.

§ 4. Für unsere Zwecke ist von diesen Verwandtschaftsverhältnissen das interessanteste und wichtigste das zu den Griechen und zu den Germanen. Die Verschiedenheiten, welche Lateinisch, Griechisch und Deutsch untereinander aufweisen, erklären sich daraus, daß die einzelnen Sprachteilhaber den engen Zusammenhang untereinander verloren und daher auch sprachlich eine getrennte Entwicklung durchmachten. Dies läßt sich beobachten auf dem Gebiet der Laute, der Formen und der Bedeutung. Aus allen drei Gebieten betrachten wir hier diejenigen Erscheinungen, die für das Verständnis der ursprünglichen Bedeutung der lateinischen Wörter (Etymologie) von besonderer Wichtigkeit sind. Daran fügen wir zum Schluß einen Abschnitt über die Fremdwörter, die einen nicht geringen Bestandteil des lateinischen Wortschatzes bilden.

I. Aus der Lautlehre

1. Die Konsonanten

§ 5. Ein Teil der Konsonanten, mit denen wir beginnen wollen, heißt stumme (**mutae**). Es sind diejenigen, denen man beim Aussprechen keine Dauer verleihen kann, wie **g p.** Im Gegensatz dazu stehen die Dauerlaute, die man beliebig lange anhalten kann, wie die Spiranten (Zischlaute) **f w s** und die Liquiden **l r m n.** Die stummen Konsonanten teilt man nach der Stelle ihrer Bildung in Kehl-, Lippen- und Zahnlaute (Gutturale, Labiale, Dentale), nach der Art ihrer Artikulation in harte, weiche (**tenues, mediae**) und solche, die sich mit einem h-Laut verbinden (**aspiratae**). Am klarsten ist dieser ursprüngliche Zustand im Griechischen erhalten:

	Kehllaute	Lippen-laute	Zahnlaute
tenues	κ	π	τ
mediae	γ	β	δ
aspiratae	χ	φ	ϑ.

§ 6. Das Deutsche sowohl wie das Lateinische haben an dem alten Bestand, wie ihn das Griechische zeigt, spezifische Veränderungen vorgenommen. Beim Lateinischen betreffen sie nur die Aspiraten. Die Dentalaspirata ϑ erscheint anlautend als Spirans f (vgl. Theodor = russ. Feodor, Martha = russ. Marfa). Daher entspricht sich ϑυμός — fūmus, ϑύραι — fores. Im

Inlaut erscheint für griech. ϑ lat. **d** und, wenn ein r in der Nähe ist oder ein **u** vorausgeht, **b**. Vgl. αἴϑω — **aedes**; τι-ϑέ-ναι — con-**dĕ**-re, ad-**dĕ**-re[1]; ἐρυϑρός — **ruber**, ἐλεύϑερος — **liber**.

§ 7. Die Lippenaspirata φ ist lateinisch im Anlaut **f**, im Inlaut **b**. Vgl. φήμη — **fama**, φέρω — **fero**, φηγός — **fagus**; ἀλφός — **albus**, νεφέλη — **nebula**, ὀρφανός — **orbus**.

§ 8. Für χ erscheint im Anlaut teils **h**, teils **f**, im Inlaut teils **h**, teils **g**. Vgl. für den A n l a u t einerseits χαμαί — **humi**, χανδάνω — (pre)**hendo**, andererseits χέω, χύτρα — **fundo**, für den I n l a u t einerseits ὄχος 'Wagen' — **veho**, andererseits ἄγχω — **ango**[2]. Übrigens wechselt anlautend bisweilen im selben Wort **f** und **h**, wohl durch den Einfluß der Dialekte. 'Faedum', sagt der Grammatiker Festus, 'antiqui dicebant pro haedo, fostem pro hoste.'

§ 9. Weit stärker ist die Veränderung der stummen Laute im Deutschen gewesen. Zweimal haben die germanischen Sprachen einen Wechsel der stummen Laute durchgemacht, den man seit seiner Entdeckung durch Jacob Grimm (geb. 4. Jänner 1785 in Hanau, gest. 20. Sept. 1863 in Berlin als Professor der deutschen Sprache und Literatur) gemeinhin die Lautverschiebung nennt.

§ 10. Die erste Lautverschiebung schied alle germanischen Sprachen von den urverwandten, indem die alten Tenues griech. π τ κ zu Spiranten **f th** (gesprochen wie engl. **th**) **h**, die Mediae β δ γ zu Tenues **p t k**, die Aspiraten φ ϑ χ zu Mediae **b d g** wurden. Auf dieser Stufe stand das Gotische und steht heute noch z. B. das Englische (Angelsächsische); vgl. πατήρ **pater** — **father**, τρία **tria** — **three**, καρδία **cord-is** — **heart**, δύο **duo** — **two**, γόνυ **genu** — **knee**, ϑυγάτηρ — **daughter**, φράτηρ **frater** — **brother**.

§ 11. Der zweiten (sogenannten hochdeutschen) Lautverschiebung, die in die Zeit vom 5. bis 8. Jahrhundert fällt, unterlagen die germanischen Stämme südlich vom Main (Langobarden, Bayern, Alemannen und ein Teil der Franken). Sie läßt 1. die Spiranten **f** und **h** unverändert, während die Spirans **th** zu **d** oder **t** wird. Vgl. engl. **father** — nhd. **Vater**[3], **heart** — **Herz**; **three** — **drei**, **brother** — **Bruder**.

§ 12. 2. Die germanischen Tenues entwickeln im Hochdeutschen starke Hinneigung zur sogenannten Affrikata, d. h. einer Verbindung der Tenuis mit dem entsprechenden Spiranten (**ts** geschrieben **z**, **pf**, **ch**). So ist **t** zu **z** geworden in **zwei**—engl. **two**, **Herz**—engl. **heart** und in den lateinischen Lehnwörtern wie **Minze** — **menta**, **Münze** — **moneta**. Aus **p** hat sich zunächst **pf**, dann aber weiter die Spirans **f** entwickelt; vgl. auch hier als einfachstes Beispiel die lateinischen Lehnwörter **Pfund** — **pondo**, engl. **pound**; **Flaum**(feder)—**pluma**, engl. **plume**; **kaufen**—**cauponari**. Anlautendes **k** hat im Hochdeutschen einer ähnlichen Wandlung widerstanden, vgl. **Kerker** — **carcer**, **kaufen** — **cauponari**, ist aber in- und auslautend schließlich auch zum Spiranten geworden: **ego** — got. **ik** — hd. **ich**, **iugum** — got. **juk** — hd. **Joch**.

§ 13. 3. Von den germanischen Medien hat sich im Hochdeutschen nur die dentale verändert, und zwar zur Tenuis: engl. **daughter** — nhd. **Tochter**. **b** und **g** sind geblieben. Vgl. χήν **hanser** (§ 8 Anm.) — engl. **goose**, hd. **Gans**; φηγός **fagus** — engl. **beech**, hd. **Buche**. Aber es gab hier zeitliche und örtliche Schwankungen zwischen Media und Tenuis, von denen mancher Eigenname noch jetzt Zeugnis ablegt; vgl. z. B. **P**uchberg neben **B**uchberg, **P**erchtoldsdorf neben **B**erthold, Not**k**er neben **G**ernot u. a.

§ 14. Tabellarisch dargestellt sieht also die Entwicklung der stummen Laute im Griechischen, Lateinischen und Hochdeutschen ungefähr so aus:

griech.	lat.	hd.
κ	c (gesprochen **k**)	h
γ	g	anlautd. k, inlautd. ch
χ	anlautd. h oder f, inlautd. h oder g	g
π	p	f (v)
β	b	pf, f
φ	anlautd. f, inlautd. b	b
τ	t	d
δ	d	z
ϑ	anlautd. f, inlautd. d oder b	t

§ 15. Diese Tabelle bedarf aber noch einer Ergänzung. Die gutturalen Laute kamen ursprünglich auch mit dem Zusatz eines w-Lautes vor. Von diesen zusammengesetzten Gutturalen hat sich die Tenuis am besten im lateinischen **qu** erhalten. Sie steckt z. B. in **quis quid**, **que**, **quotus**, **sequor**, **equus**. Wer hiemit griech. τίς τί, τε, πόσος, ἕπομαι, ἵππος vergleicht, sieht, daß im Griechischen vor hellem Vokal τ, vor dunklem π entspricht; daneben findet sich unter besonderen Bedingungen und in den Dialekten auch κ (ionisch κοῖος κόσος). Das Germanische muß nach § 10 **kw** zu **hw** wandeln. Daher entspricht dem **quis quid**, τίς τί gotisch **hwas**, althochd. **hwer**, **hwas**; aber dann hat man in dieser unbequemen Lautgruppe das **h** fallen lassen, und so ist unser **wer**, **was** entstanden[4].

Hier ist also das Latein ursprünglicher als das Griechische und Germanische. Nur in zwei Fällen, die wir in den §§ 16 und 17 behandeln, hat das **qu** Wandlungen durchgemacht.

§ 16. Der Pronominalstamm **quo-**, griechisch πο-, hat vielfach im Lateinischen sein anlautendes **qu** verloren. So ist die Komparativform κότερος[5], ionisch κότερος, identisch mit lat. **uter**, dessen ältere Form sich in ne-**cuter** (= **neuter**) erhalten hat. So ist neben **ubi** (eigentlich **cubi**) doch noch **ali-cubi**, neben **unde** **ali-cunde** erhalten, die in gleichem Verhältnis stehen wie **quis** zu **aliquis**.

§ 17. Sodann hat das **qu** vor dem Vokal **u** und vor Konsonanten seinen w-Laut verloren, d. h. es ist zum bloßen **c** geworden. Vgl. **quis quem** — **cuius cui**; **loqui sequi** — **locutus secutus secundus**; **relinquo** — **relictus**. Hiemit hängt es zusammen, daß auch in manchen Fällen die Silbe quo- zu co- geworden ist. So gehört colere zu griech. πόλος.

§ 18. Die Media g mit dem w-Zusatz erscheint im Latein als v, im Griechischen (und ebenso im Oskisch-Umbrischen) als β; die gutturale Natur tritt nur noch im Deutschen hervor. Vgl. **venio** — βαίνω, osk. ben-'kommen' — got. **kwima**, nhd. komme (vgl. bequem); **vivus** — βίος, osk. bivus 'die Lebendigen' —**Qu**eck(silber); **vesci** — βόσκεσθαι. Griech. βοῦς, nhd. **K**uh zeigen, daß das Rind im Lateinischen eigentlich *vōs heißen müßte; **bōs** müssen die Römer von den Oskern oder Umbrern entlehnt haben. Auch **gw** verliert das w vor Konsonant; **agnus** 'Lamm' = *agwnos, woraus griech. *ἀβνός, ἀμνός (§ 35).

§ 19. Auch der Guttural mit dem w-Zusatz hatte eine aspirierte Form; sie erscheint im Griechischen als φ, im Lateinischen als gv oder v; vgl. griech. νείφει — lat. **ninguit** — nivem.

§ 20. Weitere nicht geringe Verschiedenheiten zwischen Lateinisch und Griechisch haben sich auf dem Gebiet der Halbvokale v und j sowie des Spiranten s entwickelt. Wir sprechen zunächst vom v. Diesen Laut hat das Griechische schließlich völlig verloren, während ihn das Lateinische (wie das Deutsche) im ganzen treu bewahrt hat. So zeigt das Verhältnis lat. **videre** — deutsch 'wissen' — griech. ἰδεῖν, daß einst auch ἰδεῖν mit Digamma (**Vau**, Ϝ) anlautete, und eine Spur davon haben wir noch in dem syllabischen Augment von εἶδον = *ἔ-Ϝιδον. Ebenso verhält sich lat. **vīcus** — deutsch 'W e i c h bild' (= S t a d t gebiet) — gr. οἶκος für Ϝοῖκος, **vehor** — 'Wagen' — ὄχος für Ϝόχος, **verbum** — 'Wort' — Futurum ἐρῶ für Ϝερῶ.

§ 21. Von den Fällen, wo v auch im Lateinischen geschwunden ist, erwähnen wir die folgenden: 1. Das v ist geschwunden vor o und u, aber auch da vielfach nachträglich wiederhergestellt worden. Aus dem Neutrum **parvom** (ältere Form statt **parvum**) ist **parum** entstanden, aber dies hat sich nur als Adverbium und in **parumper** (§ 47) erhalten, während die Kasusform sich wieder zu vollständigem **parvum** zurückbildete nach Analogie von **parva, parvi, parvo** usw. (vgl. § 59, 2). So ist **deus deum** aus **deivos deivom**, der älteren Form von **divus divum**, entstanden: zunächst fiel das v weg, dann wurde **deios** zu **dēus** und nach der Regel vocalis ante vocalem corripitur zu *dĕus (vgl. balnĕum, § 91). Und während nun die Formen **diva divi divis** usw. zur Neubildung von **divus divum** führten, bekam **deus deum** einen neuen Genetiv, Dativ usw. **dei, deo** usw.

§ 22. Das v ist 2. oft geschwunden zwischen gleichen Vokalen, daher **dītiae** für **divitiae**, **sīs** 'wenn du willst', 'gefälligst' für si vis.

§ 23. Mit vorausgehendem d hat sich v zu b verschmolzen. So stehen im Latein nebeneinander die älteren Formen **duellum perduellio** und die jüngeren **bellum rebellare**. Auf diese Weise erklärt sich das Verhältnis von lat. **bis** zu griech. δίς: die Grundform ist **dvis** (vgl. **duo**), worin die Griechen das v nach § 20 fallenließen.

§ 24. Auch der andere Halbvokal **j** ist im Griechischen meist völlig erloschen, vgl. ἧπαρ — iecur. Doch zeigt er sich manchmal noch im Wortanfang als ζ, vgl. ζεύγνυμι ζυγόν — **iungo iugum**. Stets ist er mit anlautendem d zu ζ verschmolzen; so ist Zεῦ aus Δjεῦ entstanden, vgl. Διός. Das Latein hat diese Gruppe dj zu j vereinfacht; daher hieß Zεῦ πάτερ hier ursprünglich *Jeu pater, woraus (nach §§ 40, 47 f.) **Juppiter**. Das späte Latein verhielt sich dagegen hier wie das Griechische: wenn **diabolus diaconus** bei schnellem Sprechen zu **djabolus djaconus** wurden, so entstand daraus **zabolus zaconus**.

§ 25. Beständiger als das Griechische zeigt sich das Latein auch in der Behandlung des s. So hat es im Anlaut vor Vokalen das s gewahrt, während hier das Griechische dafür ein H, den sogenannten **spiritus asper** eintreten läßt. So ist ὑπέρ = **super**, ὑπό = **sub**, ἕρπω = **serpo**, ἅλς = **sal**, ἕπομαι = **sequor** (§ 15) u. a. m.

§ 26. Wie das einfache s, so ist auch die Gruppe sv im Anlaut vor Vokalen von den Griechen beseitigt worden. Die Römer behalten in diesem Fall wenigstens das s bei; am deutlichsten ist die ursprüngliche Lautgruppe im Deutschen zu erkennen; vgl.:

lat. **sudor** — griech. ἱδρώς für σϜιδρώς — deutsch **Schw**eiß.

svě wird im Lateinischen zu sŏ:

lat. **socer** (für svĕcer) — griech. ἑκυρός (für σϜεκυρός — deutsch **Schw**ieger(vater) **Schw**ager.

§ 27. Die Gruppe s + Konsonant im Anlaut verhält sich bei Griechen und Römern verschieden, je nachdem der zum s hinzutretende Konsonant ein harter oder anderer Art ist. Im ersten Fall ist das s weit fester und hat sich selbst im Griechischen meist erhalten. Auch das Germanische behält eine solche Gruppe bei, ohne den zweiten Konsonanten der Lautverschiebung zu unterwerfen; nur sk wird zu **sch**. Vgl.:

lat. **stare** — griech. στῆναι — deutsch stehen,

lat. **specio** (conspicio, aspicio) — griech. σκέπτομαι (mit Umstellung von k und p) — deutsch spähen.

lat. **scabo** — griech. σκάπτω — deutsch **sch**aben[6].

Freilich kann das s in diesen Verbindungen auch abfallen; vgl. griech. στέγω — lat. **tego** (στέγη = τέγη), στυρβάζω = τυρβάζω — lat. **turbare**. So entspricht lat. **caveo** = griech. κοέω 'merken' (vgl. ϑυοσκόϜος 'Opferschauer' bei Homer) dem deutschen **sch**auen.

§ 28. Vor anderen Konsonanten als den harten ist das anlautende s im Lateinischen ebenso dem Schwund ausgesetzt wie im Griechischen. Das Deutsche ermöglicht aber in solchen Fällen bequem die Erkenntnis des ursprünglichen Anlauts. Vgl. z. B.:

nix (für snix) — νιφάς, νείφει (für σν.) — **Sch**nee
nurus (für snurus) — νυός (für σν.) — **Sch**nur (Schwiegertochter).

So ist **lis** und **locus** zunächst aus **slīs** und **slocus** hervorgegangen, diese dann weiter aus **stlis** und **stlocus** (vgl. **decemviri stlitibus iudicandis**, deutsch **Strei**t).

§ 29. Wie die Griechen im Anlaut vor Vokalen das s beseitigten, so auch im Inlaut zwischen zwei Vokalen. So erklären sich die kontrahierten Formen der S-Stämme wie γένους aus *genesos (vgl. lat. generis). Vor Konsonanten aber blieb das s im Wortinnern, und so erklärt es sich, daß Formen, die von ein und demselben Stamm abgeleitet sind, zum Teil ein s enthalten, zum Teil nicht. Neben ξεσ-τός steht ξέω für *ξέσω, neben ἔσπασ-μαι ἐσπάσ-θην steht σπάω für *σπάσω. Im Lateinischen verwandelte sich einfaches s intervokalisch zu r (R h o t a z i s m u s), erhielt sich jedoch vor den harten Konsonanten t, c, p in der Formbildung. Daher stehen nebeneinander **genus generis** (für *genesis, vgl. γένους aus *genesos), **honos honoris** (aus dem Genetiv neugebildet ein jüngerer Nominativ honor), **Etrus-ci** und **Etrur-ia**, **Falis-ci** und **Faler-ii**, **Ligusticus** und **Ligures** griech. Λίγυες (= *Λίγυσες), **funes-tus sceles-tus** und **funer-is sceler-is**, **maes-tus** und **maer-eo**, **cas-tus** 'enthaltsam' und **car-eo**. So wird auch das Verhältnis des Perfekts **us-si** und des Supinums **us-tum** zum Präsens **uro** (statt *uso) begreiflich, vgl. **gessi gestum** von **gero** (statt *geso). Ferner lernt man so den Unterschied von **dir-imo** (statt *dis-emo) und **dis-cedo** verstehen. Wenn in Wörtern wie **causa casus haesi** (von **haereo** = *haeseo) sich s zwischen Vokalen unverändert zeigt, so handelt es sich um ein ursprünglich doppeltes ss, wie man **caussa** inschriftlich belegt findet; hinter langen Vokalen und Diphthongen schwankt die Orthographie auch sonst zwischen einfachen und doppelten Konsonanten, vgl. **paulus — paullus** u. a. (§ 36).

§ 30. Anders als vor c t p verhält sich inlautendes s vor fast allen übrigen Konsonanten. Da schwindet es mit sogenannter Ersatzdehnung, d. h. wenn dem s ein kurzer Vokal vorausging, so wird er gewissermaßen zum Ersatz für den Verlust des s lang. Vgl. z. B. **nīdus** aus *nisdus deutsch 'Nest', **pōno** für *posno (beachte **positus**), **dīnumero dīvello** und zahlreiche andere Komposita mit **dī-** für *dis-numero *dis-vello usw. Von vornherein lang war der vorausgehende Vokal z. B. in **vīn** 'willst du?' aus **vis-ne**, **audīn** 'hörst du?' aus **audisne**, **iūdex** aus *iūs-dex 'Rechtsprecher'.
Vielfach sind unter diesen Verhältnissen auch ganze Konsonantengruppen geschwunden, wenn sie auf s schlossen. So ist **āvolant āmens** aus **abs-volant abs-mens** entstanden, indem zunächst in der unbequemen Vereinigung der drei Konsonanten das b schwand (vgl. **asportare** für **abs-portare**) und dann *asvolare *asmens zu **āvolare āmens** wurde wie *dis-vello *dis-mitto zu **dīvello dīmitto**. Ebenso ist **exmitto**, da x = cs ist, zunächst zu *esmitto, dann zu **ēmitto** geworden. Ähnlich verhält es sich bei **iumentum**; das m steht hier, wie die älteste lateinische Inschrift (der sog. **lapis niger** in Rom) zeigt, für xm (**iouxmenta**). Damit ist die Möglichkeit gewonnen, das Verhältnis von **agmen** zu **exāmen** zu erklären. Auch **exāmen** kommt von **agere**; das ist am klarsten, wenn man an die Bedeutung 'Bienenschwarm' denkt.

Exāmen hieß also einst **exagsmen** oder **exaxmen**. **agmen** hat dagegen nie ein s enthalten und konnte darum seinen Guttural nicht verlieren.

§ 31. Auslautendes s wurde im Lateinischen vielfach so schwach gesprochen, daß es auch in der Schrift nicht immer bezeichnet wurde. Daher haben die ältesten Dichter es bei der Versbildung oft unberücksichtigt gelassen. Der Dichter Ennius schreibt beispielsweise im Hexameter: **et lateralis dolor, certissimus nuntius mortis**. Die Endung is wurde in solchem Fall e gesprochen; man muß also diesen Hexameter lesen **et laterale dolor, certissimu nuntiu mortis**. — Auf diese Weise erklären sich zunächst die Nebenformen der zweiten Person Sing. Pass. wie **laudare** neben **laudaris**, **amabere** neben **amaberis**. Aber auch **mage** und **pote** sind solche Abstumpfungen von **magis** und **potis**. **potis** ist eigentlich nur Nominativ des Maskulinums 'mächtig' = griech. πόσις 'Gatte' (eigentlich 'Herr'). Daher heißt **potis est** 'er kann'; wird aber nach dem oben Gesagten **potis** zu **pote**, so entsteht **pote est**, d. h. die uns geläufige Form **potest**.

§ 32. Schwach wie das auslautende s war im Lateinischen auch das auslautende m vor Vokalen. Daher behandeln die Dichter auf m ausgehende Silben wie vokalisch ausgehende (**quám modo quí me unum átque únicum amícum habuít**). Aber auch in Prosa steht **co-acervo** = *com-acervo, **circu-itus circu-eo** = circum-itus circum-eo u. a. m. Man sagt nebeneinander **laudatum iri** und **laudatuiri**, und in Wörtern wie **animadverto**, **vēneo** neben **animum adverto**, **venum eo** ist die Verschleifung auch im Schriftbild ausgedrückt.

§ 33. Zu mannigfachen lautlichen Veränderungen führt das Zusammenstoßen von zwei oder mehreren Konsonanten. Manches von dieser Art ist schon im Vorausgehenden besprochen (vgl. §§ 24, 26 ff., 30). Der bequemeren Aussprache zuliebe läßt man gewöhnlich ein oder auch zwei Konsonanten weg oder man assimiliert zwei Konsonanten. Vieles davon kann man bei der Zusammensetzung von Präpositionen mit Verben beobachten. Man erinnere sich an **āvolant dīvello ēmitto** (§ 30) und beachte z. B. noch die Komposita mit **ad** (accedo, affero, aggero, alligo, annuo, appono, arripio, asto für adsto, attendo), con- oder com- (concedo colligo committo comparo corrigo), per (pellicio für perlicio), sub oder subs (succedo sufficio suggero summitto suppono, suscipio sustineo für subs-cipio subs-teneo) usw. Die einzelnen Regeln lassen sich hier nicht aufzählen; sie werden, wo es nötig ist, in den einzelnen Artikeln des Lexikons angeführt werden. Nur folgende Erscheinungen wollen wir als besonders wichtig noch hier anschließen.

§ 34. mr und sr werden im Wortinnern zu **br**. Vgl. einerseits **hibernus** aus *hibrinus *himrinus (§ 42), griech. χειμερινός, andererseits **funebris** aus *funes-ris (vgl. **funes-tus funeris**, § 29). Im Wortanlaut wird sr zu **fr**. Vgl. **frīgus** = griech. ῥῖγος aus *σρῑγος.

§ 35. c vor n wird zu g. **dignus** gehört zu **decet** und ist aus *dec-nus hervorgegangen. **ilignus** 'aus Steineichenholz' kommt von **ilex** und steht für **ilecnus** (vgl. § 48). — p und b werden vor n zu m. **somnus** steht für *svepnus (§ 26), vgl. ὕπνος. **scamnum** 'Bank' steht für *scabnum, vgl. das Deminutiv **scabellum**.

§ 36. Das in § 33 besprochene **attendo** ist eine junge Form. In vorhistorischer Zeit ergab sich, wenn zwei stumme Dentallaute (dt oder tt) zusammentrafen, vielmehr ss. Dies zeigt sich besonders da, wo die Endung des Supinums -tum oder des Partizipiums Perfekt Passiv -tus (ama-tus, moni-tus usw.) zu einem Stamm hinzutritt, der auf d oder t schließt: **passus** (von **pa****tior**) für *pattus, **fassus** (von **fateor**) für *fat-tus, **aggressus** (von **aggredior**) für *aggred-tus. Nach langen Vokalen, Diphthongen (§ 29 am Ende) und Konsonanten vereinfacht sich das Doppel-s: **occīsus** (von **occīdo**) für *occīd-tus, **laesus** (von **laedo**) für *laed-tus, **versus** (von **verto**) für *vert-tus usw. Eine Ausnahme machen die Wörter, in denen auf dt oder tt ein r folgt. Hier entsteht **str**. Vgl. **claustrum** für claudtrum.

§ 37. Manche Konsonantengruppen werden auch dadurch sprechbarer gemacht, daß sich in ihre Mitte ein kurzer Vokal einschiebt (sogenannte Vokalentfaltung oder Anaptyxe). So steht neben **perīclum oraclum poclum** die anaptyktische Form **periculum oraculum poculum**. Besonders aber findet diese Erscheinung bei der Übernahme griechischer Wörter statt, die oft eine für den römischen Mund unbequeme Häufung von Konsonanten darboten. So wurde Ἀλκμήνη zu **Alcumena**, δραχμή zu **drachuma**. Neben (dor.) Αἰσκλαπιός (att. Ἀσκληπιός) trat **Aesculapius**, **mina** stammt aus μνᾶ.

§ 38. Konsonanten beeinflussen sich nicht bloß, wenn sie sich unmittelbar berühren (§ 33 ff.), sondern bisweilen auch, wenn sie durch andere Laute getrennt sind. 1. Besonders zeigt sich dies, wenn in einem Wort zwei gleiche Liquiden (l—l oder r—r) aufeinanderfolgen. In diesem Fall wird a) einer der beiden Laute ganz beseitigt oder b) es findet sogen. Dissimilation statt, indem eines der beiden l in r, eines der beiden r in l übergeht. Vgl. a) **praestigiae** für praestrigiae von **praestringere**, **percrebui** neben **crebresco**. So erklärt es sich auch, daß man bei Wörtern der 1. und 2. Deklination, die im Stamm ein r enthalten, den Genetiv Plural nicht gern auf -arum -orum bildet, sondern ihm, wenn möglich, die ursprüngliche Endung -um gibt, z. B. **amphorum, triumvirum, liberum, triarium, barbarum**; b) **oraclum periclum** neben si**mulacrum sepulcrum**. Wie im letzten Fall dasselbe Suffix bald als **crum**, bald als **clum** erscheint, je nach der vorausgehenden Liquida, so wechselt nach demselben Prinzip -āris und -ālis; vgl. **consul-aris militaris singul-aris** mit **mur-alis plur-alis**. — Die Dissimilation zweier Nasale hat stattgefunden in **lympha** (Lehnwort) = griech. νύμφη.
2. Umgekehrt beobachtet man bisweilen auch Assimilation von nicht benachbarten Konsonanten. **quinque**

steht für *pinque, wie deutsch **fünf** (§ 10), griech. πέντε zeigt.

2. Der Akzent

§ 39. Der griechische Akzent bestand in einer Erhöhung der Stimme (sogen. musikalischer Akzent), der lateinische in einer Verstärkung der Stimme (sogen. exspiratorischer Akzent). Daher finden sich im Lateinischen Wirkungen des Akzents, die dem Griechischen meist ganz fremd sind.

§ 40. Die Silbe, auf der der Akzent steht, hat sich infolge der scharfen Aussprache bisweilen verkürzt, womit oft eine Verdoppelung des folgenden Konsonanten verbunden ist. So stehen **bŭca sŭcus** neben **bucca succus**; **narro** ist eigentlich *gnāro 'ich mache kund' von **gnārus** (g vor n fällt ab wie in gnatus — natus). Am häufigsten jedoch beobachtet man die Erscheinung, wenn der Akzent eines Wortes durch das Hinzutreten eines schwach betonten (enklitischen) Wortes verschärft wird. **Júppiter** steht für **Júpater** (vgl. § 24), **hŏdie** für *hŏ́ die 'an diesem Tag' (hō alter Ablativ zu **hic**, in dem das c fehlt, wie in den Pluralformen **horum** neben **horunc** usw.).

§ 41. Weit stärker hat der Akzent aber die ihm folgenden Silben des Wortes beeinflußt. Zwei Wirkungen sind zu beobachten: die sogen. Vokalschwächung und die Vokalausstoßung (oder Synkope). Die V o k a l s c h w ä c h u n g beobachtet man am einfachsten in zusammengesetzten Verben mit kurzem Stammvokal. Es heißt **légo** aber **cólligo**, **cádo** aber **cóncido** (beachte auch **cécidi**). Andere Beispiele sind **réddidi** neben **dédi**, **novitas** für *nóvotas = griech. νεότης. So ist ĭ der häufigste Vokal in unbetonten Silben. Andere Vokale treten als Schwächungsprodukt seltener und nur unter bestimmten Bedingungen ein. So erscheint nach vorausgehendem i nicht i, sondern e, weil man gegen die Folge ii eine Abneigung hatte. Es heißt daher nicht *piitas für *piotas, sondern **pietas**. Ebenso stellt sich ĕ statt ĭ ein vor folgendem r; das Perfekt von **pário** heißt darum nicht *pépiri, sondern **peperi**. Daher bleiben auch **gero** und **fero** in der Komposition unverändert (aúfero, súggero). — In der Nachbarschaft von labialen Lauten (p, b, f, m) wiederum zeigt sich vielfach ein dunklerer Vokal als Schwächungsprodukt; so stammt **contumax** von contemno und steht also für *cóntĕmax, aúcupor kommt von **avis** und **capio**. Vgl. **optumus maxumus** neben **optimus maximus**. — Schwächung in Schlußsilben kann man beobachten z. B. an **éxpers** — **pars**, **aúceps** von **capio**, **aurifex** von **facio**.

§ 42. Die S y n k o p e zeigt sich z. B. in Fällen wie **valde** für *válide neben **validus**, **soldus** neben **sólidus**, **lardum** neben **láridum**, **caldus** neben **cálidus**, **surgo** und **pergo** für **súbrego** und **pérrego**. Oft hat der Vokalausfall weitere Erscheinungen zur Folge, die den Ursprung des Wortes fast unkenntlich machen können. **auceps** ist aus **avi-caps** entstanden (avis, capio) mit Synkope der zweiten Silbe und Schwächung der Schlußsilbe (§ 41). Ähnlich ist v nach der Synkope zu u geworden in eluo aus *é-lavo, denuo aus *dé novo 'von neuem' (§ 67). — Das Deminutiv von locus loci heißt loculus, also sollte man von ager agri ein Deminutiv *agrulus erwarten; aber daraus ist zunächst *ágrlus → *agerlus geworden und hieraus durch Assimilation von rl (§ 33) agellus. Ähnlich steht es um scabellum 'Bänkchen'; scamnum lautete ursprünglich *scabnum (§ 35), das Deminutiv hievon *scábnulum und daraus wurde *scabnlum → *scabenlum und (wieder durch Assimilation nach § 33) scabellum. praeco 'Ausrufer' ist derjenige, der praedicat; es steht also für *praédico, dies wurde zu *praedco, durch Assimilation zu *praecco und mit Vereinfachung des Konsonanten nach dem Diphthong (§ 29) zu praeco.

Oft hat die Synkope die Schlußsilbe zweisilbiger Wörter betroffen. sacer, ager stehen für sakros, agros (griech. ἀγρός), was sich ungefähr wie *agrulus→ agellus entwickelte: 1. Stufe *sakrs, *agrs, 2. Einschiebung eines e: *sacers, *agers, 3. Abfall des s: sacer, ager. — Da der Stamm von sors, pars sorti-, parti- lautet (siehe die Pluralgenetive sorti-um partium), so hieß der Nominativ des Singulars zunächst sortis, partis; daraus entstand durch Synkope *sorts, *parts und weiter sors, pars. Hier blieb das s nach dem r erhalten, weil es das t in sich aufgesogen hat. — Durch Synkope der letzten Silbe sind auch ac, nec entstanden. átque me, néque te u. dgl. wurden *atqu me, *nequ te, was nach § 17 zu ac me, nec te vereinfacht wurde.

Der Abwurf von -us (-os) hinter r findet sich übrigens auch in mehrsilbigen Wörtern. Vgl. Alexander = Ἀλέξανδρος, signifer für *signiferus usw.

§ 43. Soweit wir bis jetzt Vokalschwächung und Synkope betrachtet haben, sind sie veranlaßt durch den Akzent auf der Antepänultima[7] und können also nur die beiden letzten Silben betreffen. Über die Antepänultima darf der Akzent im historischen Latein nicht zurückgehen; wenn die Pänultima lang ist, dann ist der Akzent sogar an diese Silbe gebunden. Aber in vorhistorischer Zeit betonte das Latein einst sämtliche Wörter auf der ersten Silbe, ohne jede Rücksicht auf die Länge des Wortes und die Quantität seiner Silben. So erklären sich Fälle wie conficio (von facio), conscéndo (von scando), concído (von caedo), in denen anscheinend ein betonter Vokal geschwächt ist. Das Ursprüngliche war *cónfacio *cónscando *cóncaedo; erst nachdem der Akzent auf der ersten Silbe die Schwächung herbeigeführt hatte (cónficio cónscendo cóncido), ging das Latein zu dem sogen. Dreisilbengesetz über, d. h. es schob den Akzent auf die drittletzte (conficio), respektive bei langer Pänultima auf die vorletzte Silbe (conscéndo). Über die Vokale, die als Schwächungsprodukt erscheinen, wurde in § 41 gesprochen; hinzuzufügen ist hier nur noch, daß ae zu ī wird (vgl. außer concído z. B. noch existimo für *éxaestimo), au zu

ū (claudo — conclūdo) und daß für kurze Vokale vor mehrfacher Konsonanz nur ĕ, nicht ĭ eintritt (cónscendo von scando). Vgl. § 51 Anm.

§ 44. So erklärt sich nun auch die Synkope von Vokalen, die in historischer Zeit den Akzent gehabt hätten. Wie das Perfekt von pario péperi lautet, so mußte das von reperio ursprünglich *répeperi heißen, und diese Form liegt offenbar in repperi vor mit Synkope der zweiten Silbe. *repéperi hätte nicht so synkopiert werden können; es ist also offenbar auch hier von der Betonung *répeperi auszugehen. quindecim statt quinquedecem setzt die Betonung *quínquedecem voraus, dadurch veranlaßte Synkope *quinquedecem und schließlich Vereinfachung der unbequemen Konsonantengruppe nqud zu nd (§ 33) voraus. — Auch reicio, percutio sind aus *réiacio, *pérquatio durch Synkope des a entstanden: nach dem Wegfall des eigentlichen Vokals der zweiten Silbe ging seine Funktion auf i und u über.

§ 45. Unbetonte Silben erleiden nicht nur Vokalschwächung oder Synkope, sondern werden unter Umständen auch verkürzt. Dies geschieht besonders oft mit den Schlußsilben jambischer Wörter. Daher heißt es rēctē, vērē, aber bĕnĕ, mălĕ; daher findet sich neben dem Ablativ modō das Adverbium modŏ (vgl. auch quo modŏ H Sat. 1, 9, 43, dummodŏ); daher stehen nĭsĭ quăsĭ neben sī; daher schwankt die Quantität der letzten Silbe in mihĭ tibĭ sibĭ ibĭ ubĭ. Da vidēsne 'siehst du?' nach § 30 sein s, nach § 53 das schließende ĕ verlieren konnte, so entwickelte es sich zu vidēn und schließlich, weil es jambisch war, zu vidĕn.

§ 46. Bisweilen scheint auch die Silbe vor dem Akzent Kürzung erlitten zu haben. ŏmitto enthält die Präposition ob oder obs (vgl. ostendo für *obs-tendo 'entgegenstrecken' nach § 33); obmitto müßte ommitto (§ 33), obsmitto müßte *osmitto → ōmitto werden (§ 30). In jedem Fall enthält ŏmitto eine Kürze, die nicht ursprünglich sein kann und durch den Akzent der zweiten Silbe herbeigeführt sein mag. Vielleicht stellt man daher auch richtig zusammen cánna — cănális, díssero — dīsértus u. a.

§ 47. Wie im Griechischen, so gibt es auch im Lateinischen Wörter, die keinen eigenen Akzent haben und sich enklitisch an das vorausgehende anschließen. Die beiden akzentuell zusammengehörigen Wörter werden gewöhnlich als eines geschrieben. Enklitisch sind nicht bloß que, ve, ne, ce (neque, itaque, sive, videsne, eritne, hosce), sondern auch viele andere Wörter, darunter Formen von esse (meumst, malĕst), wie im Griechischen ἐστι, ferner das Pronomen quis in indefiniter Verwendung (síquis, εἴτις, deutsch: wénn wer), die nachgestellten Präpositionen in mécum nobíscum semper (*sem = griech. ἕν, § 25, also 'in einem hin' oder 'in einem fort'), parúmper 'kurze Zeit hindurch' (§§ 21 und 59, 2), pote in útpote. Das Latein schließt aber sogar Substantive in dieser Weise an andere Wörter an; vgl. hódie (§ 40), Iúppiter (§ 40), quáre, trésviri u. a.

3. Der Vokalismus

Abgesehen von den durch den Akzent hervorgerufenen Veränderungen im lateinischen Vokalismus, verdienen folgende Dinge besondere Erwähnung:

§ 48. ĕ ist vor n mit folgendem Guttural zu i geworden: quinque, griech. πέντε (§ 38, 2), tinguo, griech. τέγγω. incumbo incola ingero sind aus encumbo encola engero entstanden (griech. ἐν), dann hat sich von hier aus die Form in auch vor nicht gutturale Laute verschleppt (infero intendo usw.). attingo confringo stehen für *attengo *confrengo, diese nach § 43 für *at-tango *con-frango. — Ebenso wird e zu i vor gn; vgl. dignus für *decnus, § 35. — Vor u und v ist e zu o geworden: novus = griech. νέος νέϜος (§ 20). Der griechische Diphthong ευ erscheint im älteren Latein als ou, woraus später ū geworden ist: lūcet steht für *loucet und gehört zu λευκός; iūgera = ζεύγε(σ)α ζεύγη (§§ 24, 29). So entspricht dem Ζεῦ πάτερ im Latein zunächst *Joupater; hieraus *Jūpater Iuppiter nach §§ 24, 40, 47.

§ 49. ĭ ist bisweilen von einem vorangehenden r aufgesogen worden, so daß aus ri zunächst r, dann er entstand. Lat. ter ist aus ters → trs → tris (griech. τρίς) entstanden.

§ 50. ŏ zeigt oft Hinneigung zu ŭ. In den Endungen der zweiten Deklination (bonus bonum) ist ŭ, wie das Griechische zeigt, aus ŏ hervorgegangen, und in den Wörtern auf -uus und -vus (assiduos, equos, servos) hat sich o im Nominativ und Akkusativ noch bis in die Kaiserzeit erhalten. Ähnlich verhält sich volt → vult, voltus → vultus, voltur → vultur usw. Außerdem vgl. z. B. unguis und ὄνυξ. — Vor v ist ŏ öfters zu ă geworden; so steht lavo neben griech. λοέω für *λοϜέω, caveo neben κοέω, κοϜέω (§ 27). foveo und faveo sind ursprünglich identisch; die Grundbedeutung ist 'wärmen', 'hegen', daher 'begünstigen', und diese neue Bedeutung hat zur Konstruktion von faveo mit dem Dativ geführt. — In den Gruppen vŏr, vŏs, vŏt ist ŏ im 2. Jahrhundert v. Chr. zu ĕ geworden; älter vorto voster voto, jünger verto vester veto.

§ 51. Manche Konsonanten, besonders l, sind sozusagen für den Vokalklang durchlässig; ein ihnen vorausgehender Vokal, fast immer ĕ, färbt sich nach dem folgenden Vokal hell oder dunkel. Daher volo für *velo, aber velim; daher oliva aus griech. ἐλαί(Ϝ)α: das folgende α färbt das ε dunkel ólaiva, dann tritt Schwächung des Diphthongs nach § 43 ein[8]. homo hieß ursprünglich hemo (vgl. nēmo aus *ne-hemo, § 8 Anm.); bonus hieß in ältester Zeit dvenus (vgl. § 23), und das Adverbium bene zeigt deutlich, wie der Vokal der ersten Silbe von dem der zweiten abhing. — Wenn sonst der Vokal der unbetonten Silbe i zu sein pflegt (§ 41), so ist er vor l mit folgendem dunkeln Vokal gewöhnlich u; vgl. famulus — familia, sedulo (§ 62).

§ 52. Die Diphthonge haben im Latein sämtlich die Neigung, zu einfachen Vokalen zu werden. au ist der einzige Diphthong, der sich dauernd erhalten hat; aber neben den Formen mit au zeigen sich auch solche mit ō, wie cōtes neben cautes, explodere neben applaudere (vgl. explodieren neben applaudieren), plostrum neben plaustrum, Clodius neben Claudius. Dieser häufige Wechsel brachte es auch mit sich, daß man umgekehrt statt eines richtigen ō ein au schrieb. So findet sich ausculum = ōsculum, auriga stammt von aureae = ōreae 'Zügel'. — ou wird zu ū, sowohl das aus eu entstandene (§ 48) wie jedes andere. So ist ou mehrfach durch Synkope aus ovi entstanden (vgl. au aus avi, § 42) und dann zu ū geworden; z. B. geht nūper auf noviper nouper 'neulich' zurück (§ 78). Neben ū findet sich auch ō für ou (nōnus aus *nóvĕnus, vgl. § 59, 1). — Von den i-Diphthongen wird ei zu ī (δείκνυμι — deico dīco), weshalb noch in der Kaiserzeit ei oft als Schreibung für ī erscheint. — oi, wofür man auch oe schreibt, wird zu ū: moenia — mūnire, poena griech. ποινή — pūnire impūnis. Hinter v tritt ei und weiter ī ein (vīnum vīdī vīcus — [Ϝ]οῖνος [Ϝ]οῖδα [Ϝ]οῖκος). — Schließlich ersetzt man ai durch ae: laevus — griech. λαιός für λαιϜός. Das Volk sprach für ae auch ē: prētor usw.; so ist vielleicht prěhendo für *praehendo zu verstehen.

§ 53. Auslautende Vokale werden bekanntlich vor vokalischem Anlaut im Vers elidiert. Diese Erscheinung ist ebensowenig wie beim auslautenden m (§ 32) eine Erfindung der Dichter, sondern der Sprache des täglichen Lebens entnommen. So ist nullus aus nĕ-ullus 'nicht einer' (vgl. nĕ-scio nĕ-que), sodes 'wenn es beliebt' aus si audes (§ 52) entstanden; summopere magnopere steht neben summo opere, magno opere. Auf diese Weise erklärt sich z. B. der Abfall von ĕ in viden aus videsne, scin aus scisne (§§ 30, 45).

4. Lauterscheinungen in Silbengruppen und Wortgruppen

§ 54. Wenn zwei gleiche oder sehr ähnliche Silben aufeinander folgen, überspringt man leicht beim Sprechen die erste der beiden. So steht Aniensis für Ani[en]ensis, fastidium (wohl aus fastus und taedium) für fas[ti]tidium (i für ae nach § 43), seme₌tris (= halbmonatlich, selten!) für *se[mi]mestris, semodius für se[mi]modius. inpraesentiarum soll aus in praesentia rerum entstanden sein (*Schol. Bob. Cic. 284, 32 Or.*). Ähnlich sagen wir Beamter statt Beamteter, Zauberin statt Zaubererin, 'anderseits' statt 'andererseits', die Griechen κελαινεφής, ἀμφορεύς statt κελαινο-νεφής, ἀμφι-φορεύς.

§ 55. Wir haben gesehen, daß manche Formen vor vokalischem Anlaut des folgenden Wortes entstehen (z. B. viden, § 53), andere vor konsonantischem (z. B. ac nec, § 42). Oft bleiben solche Formen ihrer ursprünglichen Stellung lange treu. So wird in der besten Sprache ac immer nur vor Konsonant, nicht vor Vokal gesetzt. Bei anderen Formen der gleichen Art aber hat man sehr früh vergessen, wie sie eigentlich zu verstehen sind, und setzt sie daher ohne Rücksicht auf den folgenden Anlaut. Die Fragepartikel **anne** ist aus **at** und der Fragepartikel **ne** entstanden (Assimilation nach § 33). Wo sie vor Konsonanten trat (**anne dicam**), trat Synkope (§ 42) und danach Vereinfachung des **nn** ein, denn *ann dicam klang wie **an dicam**. Die Form **an** gehört also eigentlich nur vor Konsonanten, aber sehr früh hat man auch schon **an eam** u. dgl. gesagt. Umgekehrt ist **nihil** aus **nihilum** ('nicht ein

Haar') antevokalisch entstanden (z. B. **nihil[um] adfero**, § 32) und dann auch antekonsonantisch geworden (**nihil fero**). Das gleiche gilt von den substantivierten Adjektiven auf **-al -ar** (**animale illud → animal illud**, § 53 — **animal saevum**). — Manche andere Formen können sowohl vor Vokal wie vor Konsonant entstanden sein. So **hic huic hunc** für **hice huice hunce** (vgl. **hosce hasce**), **dic duc fac fer** für **dice duce face fere** u. a.

II. Aus der Formenlehre

1. Die Analogie

§ 56. Wörter sind Erinnerungsbilder von Gehörtem oder Gelesenem, d. h. von Sinneseindrücken. Solche Erinnerungsbilder bezeichnet die Psychologie als Vorstellungen. Wie nun jede Vorstellung mit einer Reihe von anderen eng verknüpft (assoziiert) ist, so daß man sie nicht ins Bewußtsein zurückrufen kann, ohne gleichzeitig jene anderen der Schwelle des Bewußtseins mehr oder weniger nahe zu bringen, so ist es auch mit den Wörtern. Jedes Wort steht in vielfacher Assoziation mit anderen Wörtern, die einem mehr oder weniger leicht 'einfallen', wenn einmal jenes erste gesprochen oder gelesen wird. Und zwar sind diese Assoziationen hauptsächlich von dreierlei Natur.

1. Eng untereinander assoziiert sind alle Wörter und Wortformen vom gleichen Stamm, also z. B. die Formen **impero, -as, -at, -amus, -are, -avi** usw. (mit anderen Worten alle Formen eines Paradigmas) und die Ableitungen von diesem Verbum mit allen ihren Formen, also **imperator, -oris, -ori** usw., **imperium, -ii, -io** usw., **imperiosus** usw. Da diese Assoziation auf dem Wortstoff beruht, nennt man sie 'st off-liche'. Es ist klar, daß Formen wie die genannten nicht nur durch die Gemeinsamkeit des Stammes eng miteinander verknüpft sind, sondern auch durch die Bedeutungsverwandtschaft: in dem gemeinsamen Stamm steckt ein gemeinsamer Grundbegriff, der sich freilich verschieden ausgestaltet, bald als Verbum, bald als Substantiv, bald als Adjektiv, bald als 1., 2., 3. Person, Präsens oder Perfekt, bald als Nominativ, Genetiv usw.

Durch Gewöhnung kann zwischen den Formen eines Paradigmas auch dann enge stoffliche Assoziation eintreten, wenn sie nicht vom selben Stamm sind. So stehen zueinander 'gut, besser, am besten'; ὁράω εἶδον ὄψομαι; **bonus melior optimus**; **malus peior**; **fero tuli latum** u. a.

2. Eine zweite enge Assoziation besteht zwischen Wörtern von gleicher Funktion. Es sind untereinander assoziiert z. B. alle Genetive, und zwar besonders eng die des Singulars unter sich und die des Plurals unter sich.

Es sind ebenso untereinander assoziiert z. B. alle 2. Personen der Verben, besonders eng natürlich wieder solche des gleichen Numerus, Tempus, Modus usw. Es sind aber ferner untereinander assoziiert auch alle **nomina agentis** (**laudator pictor imperator textor tonsor censor defensor** usw.), alle **nomina actionis**, alle Adverbien usw. Man nennt solche Assoziation 'formelle' oder 'funktionelle'.

3. Schließlich können Wörter assoziiert sein durch ihre Bedeutung. So sind es z. B. die farbenbezeichnenden Adjektiva (grün, gelb, rot usw.), so sind es die Zahlwörter, so sind es insbesondere aber auch Wörter, die gegensätzliche Begriffe ausdrücken, wie Norden — Süden, leicht — schwer.

§ 57. Die geschilderten Assoziationen sind nun für die Grammatik dadurch wichtig, daß assoziierte Wörter möglichst formähnlich gebildet werden. Bei der zweiten Reihe von Assoziationen ist das ohne weiteres klar; große Massen funktionsgleicher Wörter haben immer gleiche Endungen (z. B. die 2. Person Sing. Fut. Aktiv in der 1. und 2. Konjugation **-bis**, in der 3. und 4. **-es**; Dative und Ablative des Plurals **-is** oder **-bus**; maskuline **nomina agentis -tor** oder **-sor** usw.). Für die erste Reihe wird es vollends keines Beweises bedürfen: das Eigentümliche der 'stofflich' assoziierten Wörter ist ja eben im allgemeinen die Gemeinsamkeit des Wortstammes. Für die dritte Reihe nehme man als Beispiel etwa die lateinischen Farbenadjektiva wie **gilvus helvus flavus ravus**, die alle auf **-vus** enden.

Hierauf beruht nun die Möglichkeit des Sprechens überhaupt. Kein Mensch kann alle Formen, die er in seinem Leben gebrauchen muß, erlernt haben (sei es durch Hören oder Lesen); und selbst die, die man wirklich gehört oder gelesen hat, können nicht alle dauernder Besitz des Gedächtnisses werden. Es genügt, daß man sich einen Teil gemerkt hat; dann ist man jederzeit im Bedarfsfall fähig, nach Analogie bekannter Formen auch solche, die man noch nicht gebraucht hat, neu zu bilden. Dies zeigt sich am einfachsten bei der systematischen Erlernung fremder Sprachen. Man lernt ein Paradigma, etwa **mensa mensae** usw., und so wie man weitere Substantive auf **-a** auch nur im Nominativ lernt (rana ciconia), assoziieren sich die Wörter mit jenem Paradigma, und man kann nach ihm jeden Kasus der neugelernten Wörter bilden. Anders (nur nicht so systematisch) erlernt man schließlich auch seine Muttersprache nicht, und auch der erwachsene Mensch wird jederzeit noch in die Lage kommen, in dieser Weise Formen zum erstenmal in seinem Leben zu bilden. Nur geschieht der Vorgang hier zumeist ganz unbewußt, während der Anfänger zunächst die Analogiebildung nach **mensa** usw. nur mit einigem Nachdenken vollziehen kann.

§ 58. Aber dieses Schaffen von Wortformen, wie wir es bisher geschildert haben, vermehrt noch nicht den Gesamtbesitz der Sprache an vorhandenen Formen. Es kommen aber auf derselben Grundlage auch ganz neue, bis dahin überhaupt noch nicht vorhanden gewesene Formen zustande. Alle Neubildungen, durch die sich eine Sprache fortentwickelt, sind (wenn wir von der Urschöpfung der Sprache absehen) Analogiebildungen aufgrund der geschilderten Assoziationen. Wenn z. B. Cicero (*Ad Att. 9, 11, 6*) die Neubildungen **sullaturio** und **proscripturio** ('den Sulla spielen wollen', 'ächten wollen') wagt, so konnte er dies tun in der Voraussetzung, daß seine Leser diese Wortgebilde an die sogenannten **verba desiderativa (parturio canturio cenaturio** usw.) anschließen würden, wie er selbst sie nach deren Analogie gebildet hatte; es liegt 'formelle' Assoziation zugrunde.

§ 59. Aber es werden aufgrund der Assoziationen nicht bloß neue Formen durch Analogiebildung geschaffen, sondern auch vorhandene Formen verändert.

1. Das kann zunächst dadurch geschehen, daß altererbte und miteinander assoziierte Wörter Verschiedenheiten in der Form aufweisen, die dem Prinzip möglichster äußerer Ähnlichkeit assoziierter Wörter widersprechen. Das Latein ererbte das Zahlwort für 9 mit einem **n** am Schluß: *noven, wie man noch an **nonus** und **nonaginta** sehen kann. Hierdurch ergab sich ein gewisser Gegensatz zu **septem, decem**, die als Zahlbegriffe mit 'neun' eng assoziiert sind (§ 56, 3). Die Folge ist die Analogiebildung **novem**.

2. Es kann sodann der Lautwandel, wie er im I. Teil geschildert ist, die vorhandene äußere Ähnlichkeit assoziierter Wörter zerstören; dann beseitigt die Analogie oft die vom Lautwandel geschaffenen Verschiedenheiten und stellt die Ähnlichkeit wieder her. Ein schönes Beispiel haben wir in § 21 kennengelernt. In dem Paradigma Nominativ **parvos parvom**, Genetiv **parvi**, Dativ **parvo**, Akkusativ **parvom**, Ablativ **parvō** störte der Lautwandel die Gleichmäßigkeit, indem er **parvos parvom** zu *parus parum machte. Die enge Assoziation zwischen den Formen eines Paradigmas führt zur Ausgleichung; nach **parvi parvō** (auch **parva parvae** usw.) wird der Nominativ **parvus parvum**, der Akkusativ **parvum** neu geschaffen. Die Form *parus geht völlig unter; **parum** lebt nur noch außerhalb des Paradigmas als Adverb und in der Verbindung **parumper** (§ 47) fort. Es ist charakteristisch, wie sich dabei die Assoziation mit dem Paradigma nicht nur lautlich ('stofflich'), sondern auch in der Bedeutung gelockert

hat. Man nennt Formen, die in dieser oder ähnlicher Weise aus dem Zusammenhang eines ganzen Paradigmas ausgeschieden sind, 'isoliert'.

3. Jedes Wort pflegt nicht nur einer, sondern mehreren in sich assoziierten Gruppen von Wörtern anzugehören, z. B. **flāvus** der Gruppe von Farbadjektiven, aber auch der formell assoziierten Gruppe der Nominative auf -us und der stofflich assoziierten Gruppe **flavus, flavi, flavo, flava** usw., **flaveo, flavesco, flavidus**. Aber es steht nicht zu all diesen Gruppen in gleichmäßig fester Beziehung, und die Festigkeit der Beziehung zu den einzelnen Gruppen kann wechseln. Tritt der letztere Fall ein, so kann sich dadurch die Form des betreffenden Wortes ändern. **senatus** bildet ursprünglich ein Paradigma nach der 4. Deklination (stoffliche Gruppe). Aber der Nominativ **senatus** ist auch mit den Nominativen der 2. Deklination wie **hortus** usw. assoziiert (formelle Gruppe) und steht zu **populus** durch seine Bedeutung in engster Beziehung (**senatus populusque**). Hier erweisen sich die letzten beiden Assoziationen oft stärker als die erste, und so finden wir (z. B. bei Sallust) die Analogiebildung Genetiv **senati** nach **horti populi**. — Man mag damit das Verhalten der lateinischen Sprache gegenüber dem griechischen Wort σχῆμα vergleichen. Als dies ins Latein eintrat, hätte es sich formal an Fremdwörter wie **poema thema toreuma** anschließen sollen, zu denen es auch im Griechischen gehörte. Aber diese Gruppe entlehnter Neutra war jedenfalls weniger umfangreich und im römischen Sprachbewußtsein weniger lebendig als die sehr zahlreichen femininen Wörter der **a**-Deklination (**porta cena fama** usw.). Daher entstand durch Einordnung in diese Formgruppe der Akkusativ **schemam**, der Ablativ **schemā**.

Im Mund des einzelnen erscheint eine solche Verschiebung der Einordnungsgruppen als Sprachfehler; durch oftmalige Wiederholung und durch Ausdehnung auf die Mehrheit oder die ganze Masse der Sprechenden wird die neue Verbindung derart kräftig, daß sie die ursprüngliche Anlehnung vergessen läßt und durch Gewohnheitsrecht Gültigkeit erlangt.

In den nunmehr folgenden Abschnitten über Flexion und Wortbildung wird die Betrachtung der analogischen Neubildungen im Vordergrund stehen. Wir führen nur soviel an, wie zur Erklärung analogischer Erscheinungen überhaupt oder zum Verständnis der Etymologie von besonderer Wichtigkeit ist.

2. Die Flexion

A. Deklination

§ 60. Auf dem Gebiet der Deklination fügen wir den früher erwähnten Beispielen der Analogiebildung (§ 59, 3) noch einen Hinweis auf die dritte Deklination bei, in der i-Stämme und konsonantische Stämme nebeneinander liegen und sich mannigfach analogisch beeinflußt haben. Neben den ursprünglichen Genetiven von i-Stämmen **api-um agresti-um** sind nach Analogie der konsonantischen **apum agrestum** gebildet; umgekehrt haben **i**-Stämme im Ablativ Singular vielfach von konsonantischen die Endung **e** übernommen (**monte** neben **monti-um**). Da die Endung des Dativ-Ablativ Plural **-bus** ist, sollte man von konsonantischen Stämmen wie **pastor, grex** Dative wie ***pastorbus, *gregbus** erwarten; **pastoribus, gregibus** sind Analogiebildungen nach Dativen der **i**-Stämme wie **turri-bus**, die leichter zu sprechen sind. Man kann schon hier beobachten, was uns bei der Wortbildung öfters begegnen wird, daß Endungen bei der analogischen Übertragung nicht scharf abgegrenzt, sondern oft um ein Stück vom vorausgehenden Stamm vergrößert verschleppt werden; man hat bei der Nachbildung fälschlich **turr-ibus** zerlegt.

quiem neben **quietem** ist nicht lautlich entstanden, sondern Analogiebildung nach **caedem, cladem** (**caedes : caedem = quies : quiem**) u. a. **Orpheus** hat sich bei der Übernahme ins Latein der **-us**-Deklination angeschlossen; daher Genetiv **Orphei**, Dativ **Orpheo** usw.

§ 61. Viel eigentümlicher als die bisher angeführten Fälle berühren uns diejenigen, wo zu den **Casus obliqui** ein Nominativ oder etwa gar zu einem Plural ein ganzer Singular analogisch neu geschaffen wird.

1. Jenes war vielleicht der Fall bei **Pollux**. Da dieses Wort entlehntes Πολυδεύκης ist (mit Synkope der zweiten Silbe nach § 44 und Assimilation des ld), so lautete es im Latein zunächst ***Polluces Pollucis Polluci Pollucem**. Die letzten drei Kasus klangen so deutlich an **lucis luci lucem** an, woran Polydeukes, das **clarum Tyndaridae sidus**, auch in der Bedeutung erinnerte, daß man nach **lux** nun auch **Pollux** schuf. Vgl. **honor** (statt **honos**) nach **honoris honori**, § 29.

2. Die Neubildung eines ganzen Singulars kann teils zu solchen Pluralen geschehen, die vorher einen anderen Singular hatten, teils zu solchen, die vorher überhaupt keinen hatten. Das erstere tritt ein, wenn der ursprüngliche Singular ungewöhnliche Form hat oder durch seltenen Gebrauch aus dem Bewußtsein schwindet. Das griechische ξένιον, lat. **xenium**, drang durch Goethe-Schillers 'Xenien' als Pluralform isoliert (§ 59, 2) ins Deutsche ein. Unkenntnis der Entstehung führte zu der analogischen Singularbildung 'die Xenie' (wie 'die Nänie'). Nach demselben Vorgang wurden auch die Singulare 'die Hymne', 'die Geste', 'die Mythe', 'die Type' statt der Hymnus, Gestus, Mythus, Typus zu den Pluralen 'die Hymnen, Gesten, Mythen, Typen' neu hinzugebildet. Entsprechend liegen die Dinge bei lat. **iugerum, -i**. Zu dem Plural **iugera** (**iugerum, iugeribus**) = griech. ζεύγε(σ)α ζεύγη gehört eigentlich ein Singular ***iugus *iugeris** = griech. ζεῦγος ζεύγους. Der Singular war wohl nicht häufig in Gebrauch, geriet daher in Vergessenheit, und nun wurde nach Analogie der Verhältnisse **arvum arva, armentum armenta** der Singular **iugerum** neu geschaffen.

3. Andere Wörter existieren ursprünglich überhaupt nur im Plural (**pluralia tantum**), bekamen dann aber durch Analogie einen Singular oder wenigstens singularische Form. **cervices** 'der Nacken' ist anfänglich nur im Plural vorhanden, und erst die Dichter des 1. Jahrhunderts v. Chr. haben, um eine kürzere, metrisch bequemere Form zu gewinnen, dazu den Singular **cervix** neu gebildet, wobei Verhältnisse wie **coxendix** 'Hüfte', Plural **coxendīces** vorschwebten. Häufig findet sich dieser Vorgang bei zusammengesetzten Substantiven, die eine Mehrheit von Dingen bezeichnen und darum notwendig zunächst nur pluralische Form haben. Wir sagen im Deutschen 'Die Heiligen Drei Könige', Goethe bildete (Epiphaniasfest, V. 7 f.) dazu scherzhaft den Singular:

Und wenn zu dreien der vierte wär,
So wär ein heilger drei König mehr.

Der Singular wird also analogisch (vgl. Könige — König) hinzugebildet, obgleich ihm das Zahlwort eigentlich widerspricht. Ebenso im Lateinischen, wo zu den Zusammensetzungen **septem-triones** 'die sieben Sterne des Großen Bären', **duo-viri decemviri** usw. die Singulare **septemtrio duovir decemvir** (etwa 'Siebenstern', 'Zehnmann') gebildet und allgemein gebraucht wurden. — Solche Ausweitung eines unvollständigen Paradigmas zu einem vollständigen nennt man **Hypostase**.

§ 62. Hypostase kann man aber sogar auch in der Gestalt beobachten, daß zu e i n e m   e i n z e l n e n   starren K a s u s   ein vollständiges Paradigma hinzugebildet wird. Von **tres viri** scheute man sich, einen Singular **tresvir** zu bilden, jedenfalls weil man in der Form von **tres** den Plural noch zu deutlich ausgedrückt fand, als daß man den Singular **vir** damit hätte verbinden wollen. Da man aber doch oft in die Notwendigkeit versetzt war, einen einzelnen aus der Behörde der Dreimänner zu bezeichnen, so half man sich hier in anderer Weise. Man tat es zunächst, indem man den partitiven Genetiv gebrauchte, also **C. Iulius Caesar triumvirum** (für **triumvirorum**, § 38, 1 a) 'Caesar (einer) von den Dreimännern' oder **Caesar triumvirum est** 'Caesar gehört zu den Dreimännern'. Dann aber schuf man zu dieser Zusammensetzung **triumvirum**, die eigentlich nur im Genetiv existieren sollte, analogisch (nach **vir viri**) einen vollständigen Singular **triumvir, triumviri** und Plural **triumviri, triumviris**. Ebenso **duumvir** aus **duumvirum**. — Ähnlich hat das Adjektiv **sedulus** zunächst nur als Adverb **sedulo** existiert, d. i. **se dolo** 'ohne Arglist' (Schwächung von **o** zu **u** nach § 51 am Ende); aber **hic est homo sedulo** konnte man nicht gut sagen, und so entstand **sedulus**. Vgl. **pernox** aus **per noctem**, **obvius** aus **obviam**, **securus** aus **se cura**, **proconsul propraetor** aus **pro consule pro praetore**. — **Iuppiter** ist eigentlich nur Vokativ (§ 48).

§ 63. In **triumvir** zeigt sich, während der zweite Teil vollkommen deklinierbar geworden ist, der erste vollkommen erstarrt. Etwas Ähnliches kann man bei der Dativform des Adjektivs in gewissen deutschen Ortsnamen wie Kahlen-berg, Hohen-bruck, Neuen-burg bemerken. Auch sie ist eigentlich nur verständlich in Konstruktionen wie 'zum Kahlenberg', 'zur Hohenbruck', 'in der Neuenburg'. Aber auch hier hat man, ohne auf die Entstehung der Wörter zu achten, die erstarrte Form des Adjektivs auch in den Nominativ-Akkusativ 'der Kahlenberg', 'die Neuenburg' verschleppt. Solche Erstarrung ist im ersten Teil zusammengesetzter Wörter ganz gewöhnlich. Man sagt nicht nur **duodeviginti homines**, sondern auch **d. hominum, d. hominibus** statt ***duorum de viginti, duobus d. v.**

B. Konjugation

§ 64. Auch auf diesem Gebiet sind viele analogische Neubildungen zu beobachten. Ein paar besonders einfache oder wichtige sind die folgenden. **fieri** ist neben den aktiven Formen des intransitiven Verbums **fio (fis fit fiam** usw.) die einzige passive Form, offenbar um der Bedeutung willen den gewöhnlichen Passivinfinitiven wie **amari dari ferri** nachgebildet.

Die Imperfekta **amabam monebam regebam audiebam** sind Zusammensetzungen aus den Partizipien **amans monens regens audiens** und einem Imperfekt **fam** (dafür im Wortinnern **-bam** nach § 7) von demselben Stamm wie **fui fore** usw. Der Sinn ist also 'ich war liebend' usw. Nun hatten **amabam monebam** die alten Infinitive **amare monere** und den alten Konjunktiv Imperfekt **amarem monerem** neben sich, während **audiebam** schlecht zu **audire audirem** paßt. Die Folge davon war, daß man den Indikativ **audibam** neu schuf, den man bei Vergil u. a. findet[9].

ambire ist ein Kompositum aus der alten Präposition **ambi** = griech. ἀμφί und **ire**. Aber der Infinitiv klingt so nahe an Infinitive der 4. Konjugation wie **audire** an, daß **ambire** fast ganz in diese Konjugation übertritt, daher **ambio ambiunt ambiam ambies ambiebam** usw. (daneben gelegentlich **ambībat** bei Livius Ovid Tacitus).

Ein besonders merkwürdiges Beispiel von Analogiebildung sind die 2. P. Plur. Pass. auf **-mini**, die folgendermaßen entstanden sind. Das Latein hatte einst ein medialpassives Partizip des Präsens auf **menus** (**mnus**), den griechischen Partizipien auf -μενος entsprechend. Reste dieser Bildung findet man z. B. in femina, alumnus (ὁ τρεφόμενος), Vertumnus (ὁ τρεπόμενος), columna ('die sich erhebende') von (ex)cello, terminus (von tero) u. a. Durch solche Partizipia (mit zu ergänzendem **estis** oder **este**) ersetzte man nun die 2. Plur. Pass. des Präs. Ind. und Imper.: **agimini** = ἀγόμενοί ἐστε, **ferimini** = φερόμενοί ἐστε usw. Infolge des ständigen Gebrauchs solcher Formen für die 2. Plur. Pass. schwand das Bewußtsein ihres Ursprunges vollkommen, und man gewöhnte sich, in **-mini** eine für diese Person des Passivs charakteristische Endung zu sehen. Daher übertrug man sie auch in die Tempora und Modi außerhalb des Präsens und des Indikativs und bildete **agebamini, agamini, agemini, laudabimini** usw., die sich als Partizipien gar nicht mehr verstehen lassen.

3. Die Wortbildung

A. Zusammensetzung

§ 65. Zwei oder mehr Wörter, die häufiger zusammen gebraucht werden, können für das Sprachempfinden schließlich zu einem einheitlichen Wort werden. Diese Einheitlichkeit prägt sich dann oft durch lautliche Erscheinungen oder durch die Bedeutung aus. So hat z. B. **verisímilis** nur e i n e n Akzent, während das getrennte **véri símilis** zwei gehabt haben muß; **manumittere** heißt nicht mehr allgemein 'etwas aus der Hand lassen', sondern wird von dem Herrn gesagt, der den Sklaven aus seiner Gewalt entläßt usw.

§ 66. Wenn wir zunächst von Zusammensetzungen aus Präposition und Verbum ganz absehen, so können wir zwei Schichten von Zusammensetzungen im Latein (wie auch im Griechischen) unterscheiden, eine ältere und eine jüngere. Die ältere ist daran erkennbar, daß sie Wortformen enthält, die einzeln in der Sprache nicht vorkommen. Die Bestandteile von **agrĭ-cŏla** (**agrĭ, cŏla**) existieren nur in dieser Komposition; ebenso ist es bei **ignĭ-fer, lucĭ-fer** usw. Von einem Wort wie **longĭ-manus** 'langhändig' kommt wenigstens der erste Teil **longĭ-** nicht als besonderes Wort vor. Das vordere Glied ist in solchen Wörtern ursprünglich der reine Stamm gewesen. Bei **ignifer** ist das ohne weiteres zu ersehen (vgl. Gen. Plur. **igni-um**). Bei **agrĭ-cola longĭ-manus** erkennt man es, wenn man griech. ἀγρο-νόμος μακρό-χειρ u. dgl. vergleicht; **agricola, longimanus** steht für ***agro-cola, *longo-manus** (Schwächung nach § 43). Von solchen Formen aus hat sich das ĭ in der Fuge solcher Komposita analogisch verbreitet. Da der Stamm von **lux** nur **luc-** ist, sollte das Kompositum nicht **lucifer**, sondern ***luc-fer** heißen; das **i** ist von Wörtern wie **igni-fer signi-fer** (= ***signo-fer**) aus eingedrungen. Beginnt das zweite Glied mit Vokal, so wird davor das **i** elidiert (§ 53). So steht **sollers** 'geschickt' für ***solli-ars** (§ 41) 'πάντεχνος' (**sollus** zu gr. ὅλ-ος 'ganz', § 25).

Diese Kompositionsart hat das Lateinische aus uralten Zeiten ererbt; es kann hier immer nur die älteren Beispiele mit ziemlicher Eintönigkeit nachahmen. Daher ist auch die Anzahl der zweiten Glieder recht beschränkt; **-fer, -ger, -ficus** (von **facio** mit Schwächung des Vokals) sind die gewöhnlichsten. Gerade weil diese so besonders häufig vorkommen, kann man an ihnen eine eigentümliche Abschwächung des Sinnes beobachten; sie sind manchmal kaum mehr wert als eine Ableitungssilbe oder eine einfache Verlängerung. Am besten sieht man das an **magnificus** und **mirificus**; das letztere ist kaum etwas anderes als **mirus**.

§ 67. Die jüngere Klasse der Zusammensetzungen, die man auch Zusammenziehungen oder J u x t a p o s i - t i o n e n nennt, fügt zwei oder mehr selbständige Wörter zusammen. So erscheinen in solchen Zusammenrückungen häufig Kasusformen und Verben, die von jener älteren Kompositionsart ganz ausgeschlossen sind. So findet man hier Zusammenrückungen mit dem Genetiv, wie **aquaeductus iurisconsultus agrīcultura**, mit dem Ablativ wie **manumittere usūcapio**, mit dem Akkusativ wie **anim(um)advertere nomenclator pessumdare**. Aber auch Adverbia vereinigen sich mit ihren Verben in **benedícere maledícere satisfácere**, Substantiva mit Adjektiven oder Pronomina in **revéra eiúsmodi quómodo quemádmodum** (vgl. § 47), Präpositionen mit dem zugehörigen Kasus in **ádmodum sédulo** (§ 51) **dénuo** (aus **dénovo**) **imprímis óbviam**; ja Konjunktionen mit ihren Verben (also ganze eingeschobene Sätze) werden zu e i n e m Wort in **dumtáxat** (wohl von einem alten Verbum **taxare**, verwandt mit **tangere** 'berühren', also 'bis er berührt': **mittere mulieres dumtáxat quinque** 'bis er fünf berührt', d. h. 'höchstens' oder 'lediglich fünf'), **quamvis** ('so sehr du willst'), **ubivis, quilibet, forsitan, utpote** (sc. est), **scilicet** (aus **scire licet** mit Synkope nach § 44, Assimilation zu **scillicet** und Einfachschreibung des ll nach § 29 am Ende).

§ 68. Von solchen jüngeren Komposita sind etymologisch besonders diejenigen interessant, die eine Präposition enthalten. Denn an ihnen zeigt sich, daß die Schulregel zu eng ist, die hinter jeder Präposition einen bestimmten Kasus verlangt. Vielmehr kann von einer Präposition häufig auch ein starres Wort abhängig gemacht werden, das unfähig ist, in den sonst üblichen Kasus zu treten. Am einfachsten ist das zu ersehen, wenn von der Präposition ein Adverb abhängt: **de-inde ex-inde post-hác post-ibi quó-circa**. Nicht anders ist **post-modo** zu verstehen (*H Od. 1, 28, 3I*); es heißt eigentlich 'nach bald', d. h. 'in kurzer Zeit'. In **per-egre** steckt ein alter Lokativ von **ager**, **agre** 'auf dem Acker'; **péregre** (geschwächt nach § 43 am Schluß) heißt 'durch (das) hindurch, (was) auf dem Acker ist', d. h. jenseits des Ackers. Eine ähnlich kühne Konstruktion, die aber noch nicht zum festen Kompositum geworden ist, zeigt in **ante diem III. Kal.** und **ex ante diem III. Kal.**: 'auf den 3. Tag vor den Kal.' und 'seit dem 3. Tag usw.'; **ante diem** hängt von den Präpositionen **in** und **ex** ab.

§ 69. An der Komposition läßt sich bisweilen eine merkwürdige Kürze des Ausdrucks beobachten. Man läßt, um zu sparen, einen Teil des Kompositums fort. So ist die Präposition **circum** aus **incírcum** 'im Kreis (um etwas) herum' entstanden, gerade wie wir im Deutschen 'kraft seiner Vollmacht', 'wegen des Kindes' statt 'aus' oder 'in Kraft s. V.', 'von wegen des K.' sagen. — Man darf hier vielleicht einen Fall wie **quisque** anfügen. Dies wurde vermutlich ursprünglich nur in festen Verbindungen gebraucht wie **ubi quemque hominem invenero, ubi quisque mihi veniet obviam**. Hier kann man übersetzen 'wo und wen ich gefunden haben werde', 'wo und wer mir entgegenkommen wird', d. h. man erkennt, daß **quisque** aus relativischem **quis** 'wer' und **que** 'und' zusammengesetzt ist. In Beispielen, wie sie eben beigebracht wurden, bekommt nun aber **quisque** durch den Zusammenhang den Sinn 'jeder einzelne', und in dieser Bedeutung erscheint es fortan allein, auch ohne ein vorausgehendes **ubi**.

§ 70. Zweiteilige Wörter können auch auf dem Weg der Ableitung entstehen. Ableitungen kann man nämlich aus Wortverbindungen auch dann herstellen, wenn die Verbindung noch kein festes Kompositum ist. Von **Novo Como** 'aus **Novum Comum**', **Lepti magna** 'aus **Leptis magna**' kann man ableiten **Novocomensis Leptimagnensis**. Aus **de genere, per hiemem** kann man ein Verbum ableiten, so gut wie aus dem einfachen **genus** und **hiems**; vgl. **degenerare perhiemare** mit **generare** und **hiemare**.

§ 71. Schließlich betrachten wir noch die aus Präposition und Verbum gebildeten Komposita. Hier sind ältere und jüngere Bildungen zu unterscheiden, je nachdem, ob im Verbum Vokalschwächung eingetreten ist oder nicht: älter **reddere** statt ***red-dare**, jünger **circumdare**; älter **colligo**, jünger **intellego**. Bisweilen finden sich bei demselben Kompositum beide Formen, z. B. **perimo** und **peremo**; dann nennt man die zweite wohl Rekomposition, weil hier **per** gewissermaßen mit **emo** aufs neue, zum zweiten Mal komponiert erscheint.

Wenn hier das Kompositum dem Simplex in der Form stärker angeglichen ist, als es eigentlich das Lautgesetz der Vokalschwächung erlaubt, so sehen wir auch gelegentlich umgekehrt, daß zu Kompositen ein neues, besser passendes Simplex hinzugebildet wird. 'Fließen' heißt eigentlich im Lateinischen **flovere**; in den Komposita **pérflovo, déflovo** usw. mußte unbetontes ov zu u werden wie in **denuo** für ***denovo** (§ 67). So entstanden **perfluo, defluo**, und diese schufen nach ihrem Muster ein neues Simplex **fluo**.

§ 72. Wenn in Komposita die Präposition mit dem Verbum derart verschmilzt, daß beide Bestandteile nicht mehr klar erkennbar sind, z. B. **sūmo** aus ***subs-emo** → ***subs-mo** (§ 42) → ***susmo** (§ 30); **surgo** = ***subrego**, oder wenn das Stammwort als Simplex in der Sprache erlischt (vgl. pre-**hendo** zu χανδάνω; im-**plere** zu (πίμ)πλη(μι), **plēnus**; sŏ-**lŭo** zu λύω), dann gilt im Bewußtsein der Sprechenden das eigentlich komponierte Verbum bereits als einfaches und kann eine neue Verbindung mit Präpositionen eingehen (sogen. D e k o m p o s i t i o n). So wurde deutsch **essen** durch **veressen** zu **fressen**, welches sich wieder zu **verfressen** dekomponierte; **leiten** gab **geleiten**, das in **gleiten** synkopiert zu **begleiten** führte. Ebenso ist λείπω = deutsch 'leiben'; davon durch 'be-leiben' → 'bleiben'; davon 'verbleiben'. Auch hier ist also, wie in vielen früher angeführten Fällen, nur durch mangelnde Bewußtheit der Sprechenden die Neubildung möglich geworden. Im Latein sind Dekomposita der ersten Art beispielsweise ad-, ab-, con-sumere; ex-, consurgere; solche der zweiten Art, aufgrund erloschener Stammwörter gebildet: re-, com-prehendo, ex-, ab-solvo, ad-impleo usw. Doch sind die meisten Dekomposita erst späte Bildungen.

B. Ableitung

§ 73. Ableitung geschieht im allgemeinen durch Anfügung sogenannter Suffixe und schafft aus Verben Nomina (**fluo — flumen, fluidus**) und Verba (**areo —**

aresco), aus Nomina Verben (sogen. Denominativa; z. B. signum — signare; genus — generare; tussis — tussire; albus — albere), aus Substantiven Substantiva oder Adjektiva (civis — civitas — civilis), aus Adjektiven Substantiva oder Adjektiva (trux — truculentus — truculentia).

Bei der Anwendung solcher Suffixe tritt die Wirkung der Analogie wieder aufs stärkste hervor. Wir erwähnen besonders folgende Erscheinungen:

§ 74. Es gibt Suffixe, die zunächst nur der Ableitung aus Verben, andere, die zunächst nur der Ableitung aus Nomina dienen. Hier kann man oft beobachten, daß diese Eigentümlichkeit allmählich verloren geht. Inkohative Verben werden ihrer Entstehung gemäß von Verbalstämmen abgeleitet: areo — aresco, luceo — illucescit, rubeo — erubesco usw. Aber da sich illucescit z. B. auch auf lux beziehen läßt, so fügte man späterhin die Inkohativendung auch an Nominalstämme an, so daß Furius Antias sich erlaubte, **terra lutescit** (von lutum Lehm) zu bilden oder **noctescit** ('es wird Nacht' von nox) usw. Umgekehrt werden Adjektive auf -idus zunächst nur von Substantiven gebildet (lucidus von lux, morbidus von morbus, sordidus von sordes usw.), aber da sich z. B. lucidus auch an das Verbum lucere anschließen ließ, so entstanden Neubildungen wie **avidus** von avere, **callidus** von callere, **fluidus** von fluere.

§ 75. Sehr häufig tritt auch bei der Ableitung ein, was wir in § 60 für die Deklination beobachtet haben: wenn ein Suffix zu mehreren Wörtern mit demselben Stammauslaut hinzutritt, wird dieser Stammauslaut leicht als Bestandteil des Suffixes empfunden, und das Suffix erscheint fortan in der so erweiterten Gestalt. So ist z. B. -ānus entstanden. Da das a der a-Deklination ursprünglich lang war (fuga — φυγή, dor. φυγά), so erklärt sich **Romā-nus, Thebā-nus, Albā-nus** einfach durch Beibehaltung der alten Quantität vor der Bildungssilbe -nus. Indem man aber falsch abteilte **Rom-ānus** usw., gewann man die Vorstellung von einer Endung **ānus**, die dann in **Tuscul-ānus** (Tusculum), **praetori-ānus** (von praetorium die Leibwache), **mund-anus** (mundus), **font-anus** (fons), **urb-anus** und vielen anderen auftrat. In der Verbindung mit den alten Gentilnamen (gens Tullia, Fabia, Cornelia) ergab sich **Tulliā-nus, Fabiā-nus, Corneliā-nus**, die selbst wieder die Vorstellung einer Endung **ianus** erweckten, die analogisch hinzutrat in **Galb-ianus** (von Galba), **Constantin-ianus** (von Constantinus), **Valentin-ianus** (von Valentinus). Ebenso ging die sogenannte Endung **inus** von i-Stämmen aus (Praenestī-nus, Reatī-nus, canī-nus), übertrug sich aber dann auf a- und o-Stämme, die vor dem Stammauslaut i aufwiesen: **Lat-īnus** (Latium), **Florent-inus** (Florentia), und endlich ohne jeden lautlichen Rückhalt analogisch auf Formen wie **Plaut-īnus, Paul-īnus, Agripp-īna, div-īnus, equ-īnus, femin-īnus**. Ähnlich entwickelt das Suffix **trum** (griech. τρον) in **ara-trum** u. a. durch **haustrum, claus-trum, ras-trum** (§ 36) ein analogisches Suffix

strum, das in lu-strum, mon-strum wortbildend wirkt. Indem dieses an a-Stämme trat (olea-strum, siliqua-strum), entwickelt es scheinbar ein neues Suffix **astrum**. Vgl. api-astrum.

Dasselbe gilt von dem Suffix **lis (ris)**, welches sich je nach dem Stammausgang der Grundwörter zu **ālis, īlis, ēlis, ūlis** gestaltete, die insgesamt analogische Verwendung fanden. So war von a-Stämmen (mit Erhaltung der ursprünglichen Quantität) **animā-lis, naturā-lis, poenā-lis, materiā-lis, familiā-ris** (§ 38, 1 b), von i-Stämmen **hostī-lis, civī-lis, gentī-lis, iuvenī-lis**, von u-Stämmen **tribū-lis**, vom e-Stamm **fidē-lis** geworden. Nach dem eben Ausgeführten entwickelte sich scheinbar ein Bildungselement **ālis**, das an o-Stämme (riv-ālis, arv-āles, ann-ālis) und konsonantische (consul-aris, mor-alis, iuven-ālis neben iuvenī-lis) trat. Ebenso findet sich das i der i-Stämme mit dem Suffix **lis** zu **īlis** vereint analogisch an allerlei anderen Stämmen (an-īlis, sen-īlis, puer-īlis), ja selbst die selteneren Formen von v- und e-Stämmen scheinen in **edulis, crudelis** u. a. Analogiewirkungen zu haben.

§ 76. Wie wir oben gesehen haben, daß in der Flexion aus den obliquen Kasus heraus ein neuer Nominativ geschaffen werden kann (§ 61), daß also die Form, die uns gewissermaßen als Grundlage des ganzen Deklinationssystems erscheint, jünger ist als alle übrigen Kasus, so kann man auch bei der Ableitung oftmals feststellen, daß die scheinbare Grundform in Wirklichkeit erst aus der Ableitung erschlossen ist. **pugnare** kommt von **pugnus** 'Faust', heißt also eigentlich etwa 'handgemein werden'. Als man sich dieser Ableitung nicht mehr voll bewußt war, schuf man nach Analogie von Verhältnissen wie **cena : cenare, flamma : flammare, cura : curare** ein neues Grundwort **pugna**. Die Ableitung ist also hier nicht durch Anfügen eines Suffixes, sondern im Gegenteil durch Wegstreichen eines Suffixes geschehen. Man nennt daher den Vorgang auch rückläufige Ableitung. Diese Bildungsweise ist im Latein sehr verbreitet. Vgl. z. B. **degener** aus **degenerare** (§ 70), **illustris** aus **illustrare** (dies von in lustro wie degenerare von de genere, also 'ins Licht setzen'; illustrare : illustris = lēvare : lēvis). **pūrus** ist aus einem alten Verbum **pūrare** 'im Feuer läutern' hergeleitet, das seinerseits von dem alten indogermanischen Substantiv **pūr** 'Feuer' (griech. πῦρ) kommt. Der Verlust des Grundwortes führt zu der falschen Erschließung von **pūrus** nach dem Muster von **varius : variare, cruentus : cruentare** usw.

§ 77. Es ist zum Schluß nötig, ein Wort über die Bildung der Adverbien und der Präpositionen zu sagen. Sie bestehen, soweit es nicht altererbte und unzerlegbare Wörtchen sind wie **in ad ob per sub**, zumeist aus Kasusformen, die sich durch Annahme der neuen Bedeutung aus ihrem Paradigma ausgesondert, isoliert haben. So erkennen wir ablativische Adverbien (**merito falso raro subito, hāc illāc extrā infrā intrā**), akkusativische (**paulum, multum, nimium, facile**; vgl. die in § 79 zu besprechenden (**partim, statim**), lokativische (tempori oder temperi; temere eigentlich 'im Dunkel', verwandt mit tenebrae; noctu, vesperi). Die auf -ē wie rectē altē stellen einen alten, sonst ausgestorbenen Ablativ dar.

§ 78. Ziemlich häufig sind auch maskuline und neutrale Nominative des Singulars zu Adverbien (und Präpositionen) erstarrt. So sind versus, adversus (adversum), rursus rursum (= *reversus *reversum), prorsus (= proversus), wie sich auf den ersten Blick zeigt, isolierte Partizipien von vertere und seinen Komposita. Mit exercitus pugnat adversus hostem 'das Heer kämpft gegen den Feind gerichtet' begann die Entwicklung; als man das erstarrte adversus in Sätze verschleppte wie pugnaverunt Romani adversus hostem, wurde das Wort bereits als Präposition gefühlt. So ist auch das Adverb mordicus nichts als ein isolierter Nomin. Sing. Mask. eines verlorengegangenen Adjektivs mordicus, -a, -um (mordicus : mordeo = medicus : medeor). Equus mordicus eum interfecit erklärt sich darnach durch prädikativen Gebrauch des Adjektivs. Schwand das Gefühl von der eigentlichen Form und Bedeutung des Wortes, so war equi mordicus eum distraxerunt oder hydra eum necavit mordicus möglich geworden: die Funktion des Wortes war nunmehr die eines Adverbs. Nicht anders ist deinceps eigentlich ein singularischer Nominativ, genau wie princeps gebildet (d e i n c i p e m antiqui dicebant proximum quemque captum,

während der princeps = *primi-caps derjenige ist, 'der die erste Stelle einnimmt').

Auch die Adverbia auf ter, wie breviter aequaliter, sind wohl eigentlich Nominative auf -terus oder -terum mit Synkope nach § 42 Schluß oder Verlust des -um, wie in nihilum nach § 55. Die Endung -terus ist ursprünglich komparativischen Sinnes gewesen (§ 16 Anm.). nūper 'neulich' steht letztlich für *novi-parus 'neu erworben' (§§ 41, 43, 52).

§ 79. Die Adverbien auf -im sind, wie schon in § 77 gesagt, Akkusative. partim ist der richtige alte Akkusativ zu dem i-Stamm pars parti- (§ 42). So geht auch statim auf ein altes Substantiv *sta-tis 'das Stehen' = griech. στάσις zurück. Mit diesem Suffix -tis wurden einst zahlreiche Tätigkeitsabstrakta gebildet (vgl. z. B. mors für *mortis 'das Sterben' von morior); als es dann durch andere Suffixformen (namentlich -tio, vgl. sta-tio) verdrängt wurde, konnten umso leichter einzelne Kasus der alten Substantiva zu Adverbien erstarren. Daher von rapio iungo stringo usw. rap-tim iunc-tim stric-tim usw., von verbalen Dentalstämmen sensim passim für *sent-tim *pad-tim (pandere) nach § 36, von Verben der ersten Konjugation separātim citā-tim gravā-tim. Von den letzten geht -ātim als einheitliches Suffix aus, das nun auch an Substantive u. dgl. angefügt wird: gener-ātim ('klassenweise', von genus, nicht von generare), oppidātim, summ-ātim usw.

III. Bedeutungswandel

§ 80. Für die gesamten Angehörigen einer Sprachgemeinschaft verbindet sich mit jedem einzelnen Wort (ohne Rücksicht auf dessen Abstammung[10]) ein bestimmter Vorstellungsinhalt. Zwar wird nach den Erfahrungen des einzelnen dieser bald reicher, bald ärmer sein, aber im ganzen wird die Vorstellung sich mit ihrem sprachlichen Ausdruck decken. 'Pferd' und 'Bock' faßt der Naturforscher, der Bauer, der Städter ungleich genau auf; aber in den allgemeinen Grundzügen wird der Vorstellungsinhalt bei allen gleich sein. Diese Bedeutung ist also die u s u e l l e , die a l l g e m e i n e .

Wenn jedoch der Turner von 'Pferd' und 'Bock' spricht, so versteht er darunter — abweichend von der Allgemeinbedeutung — Turngeräte. Er verbindet mit dem Wort einen veränderten, besonderen Vorstellungsinhalt und erwartet von dem Hörer die gleiche Auffassung; dies ist g e l e g e n t l i c h e (o k k a s i o n e l l e) Wortbedeutung (vgl. aries als Schaf-bock und Ramm-bock im gewöhnlichen und militärisch-technischen Gebrauch). Auf dieser okkasionellen Anwendung beruht nun alle Bedeutungsentwicklung der Sprache. Dadurch nämlich, daß die jüngere gelegentliche Wortbedeutung allgemein Geltung erlangt, kann ein Wort mehrfache

Bedeutungen gewinnen, die freilich durch ein inneres Band zusammengehalten werden müssen. So ist ericius 'der Igel' und der (igelstachelige) 'spanische Reiter', echinus, ebenfalls 'der Igel', aber auch der (wie ein Igel eingerollte) Wulst an dorischen Säulenkapitellen oder die (igelstachelige) Kastanienschale.

§ 81. Wichtig ist dies für die Entstehung der Eigennamen. Diese sind in vielen Fällen ursprüngliche Gattungsnamen, die in okkasioneller Bedeutung allmählich usuell gebraucht werden. 'Stadt' wird von den Umwohnern einer bestimmten Stadt nur auf diese bezogen. Nur daher kommt es, daß ἄστυ = Athen, urbs = Rom wird und die Geltung eines halben Eigennamens erhält. (Vgl. 'Stadt' für den ersten Wiener Gemeindebezirk.) So finden sich auch Ortsnamen wie Brunn, Berg, Hof, Stein, Ried, Ort, Gmünd (= Gmunden), denen im Lateinischen Wörter wie Neapolis (vgl. Wiener Neustadt), Emporium, Cannae, Rubi, Salinae, Aquae, Forum, Firmum, Castrum, Fanum, Classis entsprechen. Diese Bezeichnungen blieben im Mund der Umwohner Gattungsnamen, bis Fernerstehende sie im Sinne von Eigennamen zur Bezeichnung von 'Individualitäten' gebrauchten. Vielfach erlosch dann die Appellativbehandlung der so gebrauchten

Wortstämme ganz, so daß in den Eigennamen eine große Menge alten bedeutenden Sprachgutes sich erhalten hat, das ohne diese Anwendung völlig verschollen wäre.

§ 82. Ebenso entstehen Familiennamen: Schäfer, Hirt, Singer (Cantor), Brauer, Müller (Molitor) haben durch okkasionelle Verwendung ebenso die Geltung von **nomina propria** erlangt (weil der Ahnherr der Familie tatsächlich Schäfer, Hirt, Müller war), wie lat. **S a l i n a t o r** (Livius S.), **Fabius P i c t o r**, **Oppius C o r n i c e n**, **Iunius B u b u l c u s**, **Nigidius F i g u l u s** u. a. m.

Andere Namen wie **Niger** (Schwarz), **Brutus** ('Klotz'), **Lepidus** (Fein), **Rufus** (Roth), **Caecus** (Blind), **Crispus** (Kraus), **Calvus** (Glatz), Namen ferner, die wie **Dorso, Capito, Labeo, Naso, Fronto** auffälliger Bildung von Körperteilen ihren Ursprung verdanken, stehen in Allgemeinbedeutung und okkasioneller Verwendung oft noch nebeneinander. Ähnlich steht es mit den Ableitungen von Ortsnamen, die aus ihrer allgemeinen Bedeutung durch gelegentliche Anwendung zu Familiennamen werden. Brunner, Fehringer, Lamperstorfer, Rosegger, Gruber bedeuten wie die durchsichtigeren Prager, Linzer, Wiener u. a. Leute, die ursprünglich aus Brunn, Fehring usw. stammen. **L. Sergius F i d e n a s**, **Sempronius T u d i t a n u s** (Tuder in Etrurien), **Valerius A n t i a s**, **Roscius A m e r i n u s**, **C. Marcius C o r i o l a n u s** tragen derlei Namen.

§ 83. Es wirkt also die okkasionelle Anwendung auf die Allgemeinbedeutung 1. spezialisierend. Wie 'Kraut' allgemein jede Blattpflanze bezeichnet (vgl. 'Gras und Kraut'), so spezialisiert es sich süddeutsch zu dem Begriff des Weißkohls (vgl. 'Kraut und Rüben'), in einzelner Anwendung bedeutet es sogar die bereits fertige Speise (vgl. 'Kraut und Knödel'), während es andererseits im Mund des Rauchers (vgl. 'ein feines Kraut') zur Bezeichnung des Tabakblattes dient. So ist **caulis** jeder S t r u n k, wird aber speziell der 'Kohl' (-strunk), so spezialisieren sich Stoffnamen wie **aes, argentum, aurum** (dtsch. Kupfer, Silber, Gold) zur Bezeichnung der aus dem Metall geschlagenen Münzen, ja selbst anderer Gegenstände (vgl. *Aen. 1, 640*), wie wir unter 'Silber' Tafelgeschirr verstehen. Ähnlich spezialisiert der kirchliche Gebrauch die ganz allgemeinen Ausdrücke ἐπίσκοπος, πρεσβύτερος, διάκονος (Aufseher, der Ältere, Diener) zu den kirchlichen Begriffen Bischof, Priester, Diakon.

§ 84. 2. Die okkasionelle Bedeutung kann die Allgemeinbedeutung auf einen Teil des ursprünglichen Inhaltes b e s c h r ä n k t bzw. auf eine andere Ebene übertragen zeigen. i n c i d e r e wandelt sich (durch Verlust der eigentlichen Vorstellung des Fallens) zu **incidere in morbum**, ebenso **i n i r e societatem, magistratum; timor i n c e s s i t** oder **i n v a s i t improbos** zeigt den gleichen Wandel. ὀφϑαλμός — **oculus** — A u g e heißt auch die Knospe infolge von Beschränkung des Vorstellungsinhaltes auf die äußere Form des Gegenstandes; **p a p a v e r u m**

c a p i t a — Mohn k ö p f e zeigen Beschränkung von 'Kopf', wie auch **c a p u t aquae** (Quelle) und **r a d i c e s montis** (wir sagen 'Fuß' des Berges mit anderer Metapher).

Diese Beschränkung gestattet die Übertragung von Bezeichnungen sinnlicher Empfindungen auf verwandte Empfindungen anderer Sinne; **amarum fel — dulce mel**, zunächst vom Geschmack gedacht, wird (auf 'angenehm' und 'widrig' übertragen) in **dulce ridere — amarus sonitus** auf das Gehör, in **dulces tepores — amarum gelu** auf Wärme- und Kälteempfindungen angewendet. Der letzte Schritt ist die so ungemein häufige Übertragung von konkret-sinnlichen Vorstellungen in das abstrakt-geistige Gebiet. So entsprechen sich **amarus hostis** und **dulcis amicus; amari** und **dulces sermones** u. a. m. (Vgl. s e n t i r e dolorem — **vera s e n t i r e; quid rectum sit v i d e r e** neben **v i d e r e stellas; i g n i s vivus — i g n e s amoris, irae. Niger capillus**, aber auch **nigri ignes** vom Scheiterhaufen, **n i g e r sol** vom Unglückstag.)

Ebenso ist es ein Abstraktionsvorgang, wenn Eigennamen mit besonderer Hervorhebung einer Eigenschaft sozusagen appellativ gebraucht werden (Catones Altrömer; **Cicerones** große Redner). Vgl. **sint Maecenates** (freigebige Gönner), **non dērunt, Flacce, Marones** (große Dichter). So wird **Caesar** (Καῖσαρ) zu 'Kaiser', Karl der Große in den slawischen Sprachen zu **král** (König).

§ 85. 3. Okkasionelle Verwendung kann modifizierend auf die Allgemeinbedeutung einwirken durch Ü b e r t r a g u n g d e s W o r t e s a u f r ä u m l i c h o d e r k a u s a l n a h e s t e h e n d e B e g r i f f e. Die antike Theorie erfaßte diese Vorgänge unter den Namen Metonymie und Synekdoche. Hieher rechnet man die Nennung des charakteristischen Teiles für das Ganze (**pars pro toto**), wie '**umbo**' für Schild (vgl. *Aen. 7, 633; 9, 810* u. a.), 'Klinge' für Schwert; '**fistula**', '**cicuta**', '**avena**' für die Rohrflöte reihen sich an, '**toga**' = **pax**, '**sagum**' = **bellum** sind metonymisch nach dem charakteristischen Kleid, wie ja auch '**toga**' die Hetäre oder '**stola**' die Patrizierin bezeichnet. So steht in 'Schürzenjäger' Schürze für Frau, so bezeichnet 'Blaustrumpf' eine allzu intellektuelle Frau und 'Krone' den Gekrönten.

Sehr häufig übertragen sich Ortsbezeichnungen auf die in ihnen Lebenden: U r b s vino somnoque sepulta (Vergil); **domus** ist ebenso 'Haus' wie 'Familie', **schola** die philosophische Schule (Sekte). Es ist nur eine Umkehr dieses Gebrauches, wenn **civitas** (Bürgerschaft) zur 'Stadt' wird (ital. **città**, franzōs. **cité**) oder ἐκκλησία und συναγωγή (Versammlung) ebenso Ortsbezeichnungen werden: Synagoge, **ecclesia** (franzōs. **église**), wie beispielsweise **curia** (= *co-viria* 'Versammlung der Männer') konkret zu 'Rathaus' wird.

Besonders oft werden so Volksnamen zu Ländernamen wie 'Sachsen', 'Bayern', 'Preußen' (eigentlich *dat. pl.*) oder zu Stadtnamen wie **Suessiones** zu Soissons, **Remi, Parisii** (durch den *abl. loci.* Remis, Parisiis) zu Reims, Paris; Bourges deckt sich mit dem Namen der **Bituriges**, Nantes entspricht dem Volk der **Námnetes**, Trier den **Treviri**.

Sehr häufig dienen Eigenschaftsbezeichnungen zur Benennung dessen, dem die Eigenschaft anhaftet. **Iuventus, senectus, multitudo, planities**, eigentlich durchaus abstrakt, können dann metonymisch die Träger dieser abstrakten Begriffe bezeichnen: **omnis iuventus capta est; magnam multitudinem hostes obtruncaverunt.**

Wenn **virtus** (Mannhaftigkeit), **sentent ia** (Einsicht) u. a. in derselben Weise gebraucht werden (**sentent ia dia Catonis, ἱερὴ ἴς Τηλεμάχοιο**, König Rudolfs **heil ige Macht**), so bezeichnen sie sogar einzelne Personen, ein Gebrauch, der in Majestät, Eminenz, Exzellenz heute noch lebendig ist, in **clement ia vestra** ('Euer Gnaden'), **magnitudo vestra** u. a. im Hofstil der Kaiserzeit galt.

§ 86. Es versteht sich von selbst, daß die verschiedenen Arten solchen Bedeutungswandels in der Geschichte eines und desselben Wortes in Erscheinung treten können. **monēta** ist ursprünglich Partizip von **moneo**, s p e z i a l i s i e r t sich dann als Beiname der Iuno. Nun wird durch Übertragung nicht bloß der Tempel dieser Göttin auf dem Kapitol **Moneta** genannt, sondern auch die dabei befindliche Münzprägestätte. Dann wird **moneta** weiter übertragen auf das dort geprägte Geld, wie oft ein Produkt nach seinem Ursprungsort bezeichnet wird (Cognac, Bordeaux, eine echte Havanna). Wer das Wort dann noch ins Französische verfolgt (**monnaie**), kann sehen, wie es die Bedeutung annimmt 'Wert von irgend etwas' (z. B. **cette syllabe a la monnaie de deux longues** 'diese Silbe hat den Wert von zwei langen'). Kurzum, das Wort hat von seinem ursprünglichen Sinn keine Spur bewahrt.

Denn der Fall ist häufig, daß etwas der ursprünglichen Wortbedeutung Fremdes oder nur nebensächlich Hinzutretendes allmählich als hauptsächliche Bedeutung empfunden wird, so daß die eigentliche Grundbedeutung darüber völlig verschwindet. Weil in der katholischen Kirche 'ungesäuertes Brot' geopfert (**oblatum**) wird, nennen wir solches Brot im profanen Bereich 'Oblaten'. 'Feder' (**πτερόν, penna**) ist ursprünglich doch nur von der Bekleidung des Vogels gedacht. Da man aber die kieligen Schwungfedern zum Schreiben gebrauchte, überwog die Vorstellung des 'Schreibinstrumentes' dermaßen, daß man heute ruhig 'Stahlfeder' sagt. Ähnlich heißt 'Horn' (ursprünglich die Kopfwehr des Stieres) nicht bloß alles, was aus 'Horn' als Material gearbeitet ist (Bogen, Ölgefäße u. a.), sondern alles ähnlich Gestaltete (**cornua lunae, Ambracii sinus cornua** — Landzunge —, **dextrum cornu** rechter Flügel), wobei der Vergleich der Krümmung maßgebend ist. Vgl. engl. **crescent** 'zunehmender

(eigentlich wachsender) Mond', Kipfel, gekrümmte Straße.

Doch bedürfen derlei Bedeutungswandlungen vielfach spezieller Erklärung.

§ 87. Bedeutungswandel führt auch den Übergang einzelner Redeteile ineinander herbei. Soweit es sich um den Übergang von Adjektiven oder Partizipien zu Substantiven handelt, wirkt häufig die Ellipse des eigentlich zugehörigen Substantivs mit. Es ist bekannt, daß **animal** eigentlich Neutrum zu **animalis** ist, welches aus der Sprachgruppe der Adjektiva ausschied und lautlich durch Abfall des **e** verändert (§ 55) die Funktion eines Substantivs übernahm. Nicht anders **toral, vectigal, exemplar, torcular** und viele andere. Ebenso wurde aus dem Adjektiv **ovī-lis** vom i-Stamm **ovi(s)**, wohl durch Ellipse von **stabulum, ovīle** (Schafstall), welches die Funktion eines Substantivs übernahm und reiche Analogien fand, **bovile, equile, caprile**, ja sogar **cubile, sedile** von Verbalstämmen. Auch Adjektiva auf **-ārius** substantivieren sich in der neutralen Form: **armārium, solārium** usw. — Indem Partizipien Komparationsgrade oder Adverbialform annehmen, treten sie aus der Gruppe der Partizipien in die der Adjektiva über: **paratissimus, aptus, aptior, aptissimus** (von einem alten Verbum **apere**), **occultior, occultissimus, ardenter, audenter, cupienter** u. a. m.

Die mit dem in § 75 besprochenen Suffix **inus** (a, um) analogisch gebildeten Adjektiva treten in femininer Form differenziert in die Gruppe der Substantiva über: **medicina** in allen Bedeutungen als Heilkunst (**ars**), Quacksalberbude (**taberna**), Arznei (**res**), **tonstrina, disciplina** (eigentlich 'Schule', dann § 85 'Zucht'). **gallina** und **regina** (wohl **femina** vorschwebend) gehören ebenfalls hieher, ja selbst Verbalia, die analogisch den Denominativen sich anschlossen, wie **rapīna, ru-īna, lab-īna** (Lawine). Neben den Femininen finden sich auch Neutra von ähnlicher Bildung und Bedeutung, z. B. **pistrīnum**, Werkstatt des **pistor**.

Isolierte Partizipien, die durch adjektivische Verwendung substantivische Bedeutung erlangen, hat das Deutsche in Abend (der abende Tag), Freund (der freiende, liebende), Heiland (der heilende, vgl. weiland neben weilend). Nicht anders im Latein **oriens, occidens** (**sol**), **serpens, animans** (**bestia**), **continens** (**terra**), **torrens** (**rivus**) u. v. a. So haben auch andere Redeteile substantivische Funktion gewonnen. **mane** ist Adverb 'am Morgen', aber bei Vergil erscheint **novum mane** 'ein neuer Morgen', bei Horaz **ad ipsum mane** 'bis zum Morgen'. Der Infinitiv **instare** ('einstehen' oder wie wir sagen 'sich einstellen' vom Gleichgewicht der Waagschalen) veränderte Form und Bedeutung, indem er sich zu **instar** substantivierte und im Spätlatein sogar die Präposition **ad** hinzutreten ließ.

IV. Lehn- und Fremdwörter — Volksetymologie

§ 88. Ein Volk entlehnt um so leichter und um so mehr aus dem Wortschatz einer benachbarten Nation, wenn diese sich ihm kulturell im ganzen oder auch nur in Einzelheiten überlegen zeigt. Mit den neuen Dingen und Begriffen pflegen auch die Wörter einzuwandern. Die Nation, von der die Römer weitaus am meisten zu lernen hatten und gelernt haben, sind ohne Zweifel die Griechen gewesen. Aber auch von ihren italischen Nachbarn, von den nicht-indogermanischen Etruskern, von den oberitalischen Galliern und von ihren nächsten Verwandten, den Umbrern und Oskern (Samniten), blieben sie in ihrem Kulturbesitz und also auch in ihrem Wortschatz nicht unbeeinflußt. Die Etrusker haben nicht nur eine Menge Namen geliefert (ist doch **Roma** selbst wahrscheinlich eigentlich der Name eines etruskischen Geschlechts), sondern auch manche Appellativa. Nach dem Bericht des Livius (*7, 2*) hat das römische Bühnenwesen starke Anregungen von Etrurien her empfangen, ja sogar das Wort für Schauspieler (**histrio**) soll ein etruskisches Lehnwort (**ister**) sein; man darf hinzufügen, daß aller Wahrscheinlichkeit nach **persona** 'Maske' denselben Weg gekommen ist (etrusk. φersu). In niedrigeren Sphären äußert sich der Einfluß der andern oben genannten italischen Völker. Von den Galliern sind eine ganze Anzahl Ausdrücke für das Fuhrwesen gekommen (z. B. **carrus, serracum**), aber freilich auch vielleicht **basium** 'der Kuß'. Bei den Umbrern und anderen Italern stand die Viehzucht in hoher Blüte; daher heißen Rind und Sau bei den Römern nicht, wie sie in der einheimischen Lautierung heißen müßten, **vos* und **scroba*, sondern mit ihrer umbrisch-oskischen Form **bos** und **scrofa** (vgl. §§ 2, 7, 18).

§ 89. Von höherem Einfluß als Kultur und Sprache aller anderen Völker war die der Griechen, und die Zahl der griechischen Wörter im Lateinischen ist Legion. Zuerst übermittelte der Verkehr mit den Griechen Unteritaliens Begriffe und Ausdrücke, später, mit den zunehmenden Beziehungen zum griechischen Osten, wirkte dieser stärker, und seit man in Rom die griechische Literatur sorgfältig studiert und nachahmt, also seit dem 3. Jahrhundert v. Chr., kommt zu den von den breiten Volksschichten gewissermaßen unwillkürlich im direkten persönlichen Verkehr übernommenen Wörtern die Fülle der von gebildeten Leuten mit Bedacht herübergeholten Ausdrücke auf dem Gebiet der Wissenschaft, Kunst, Technik usw. Dabei machte sich ein begreiflicher Unterschied geltend. Die Gebildeten gingen mit ihren Entlehnungen vorsichtig um und suchten das griechische Wortbild in Laut und Schrift möglichst genau nachzuahmen; die anderen griechischen Wörter wurden von minder Gebildeten meist durchs Gehör übernommen und, da sie großenteils nur praktischen Zwecken dienten, ohne Schonung dem römischen Mund angepaßt. Daher ist bei vielen Wörtern der letzteren Art die Erkenntnis des griechischen Ursprungs nur sprachgeschichtlich möglich, da sie äußerlich den Stempel lateinischer Sprechart zeigen. So fühlt der Laie auch in deutschen Lehnwörtern (Tisch, Mauer, Kampf, Pferd = **discus, murus, campus, paraveredus** usw.) den lateinischen Ursprung nicht mehr. Das ist ja der Unterschied zwischen L e h n w ö r t e r n und F r e m d w ö r t e r n , daß wir diese mit dem Bewußtsein ihrer fremden Herkunft gebrauchen, jene als Erbgut betrachten, ohne daß sie tatsächlich der eigenen Sprache angehören.

§ 90. Wer die griechischen L e h n w ö r t e r im Lateinischen erkennen will, muß also über die lautlichen und formellen Veränderungen unterrichtet sein, die sie im römischen Volksmund durchmachten. Freilich beruht nicht jede Abweichung solcher Lehnwörter von der geläufigen attischen Form erst auf römischer Verunstaltung. Vielmehr ist ein großer Teil gerade der älteren Lehnwörter durch Vermittlung der unteritalischen D o r e r zu den Römern gekommen, weshalb in ihnen vielfach ā anstelle von attisch η erscheint: **māchina** = dor. μαχανά, att. μηχανή, **plāga** = dor. πλαγά, att. πληγή, **Lātona** = dor. Λατώ, att. Λητώ, **Aesculāpius** = dor. Ἀισκλαπιός, att. Ἀσκληπιός (Vokaleinschaltung nach § 37). So heißt auch der Brunnen, zu dessen Verzierung Masken von Silenen dienten, nach dor. Σιλανός **silanus**, nicht nach dem att. Σιληνός. Auch **Ulixes** ist sicher nicht erst eine lateinische Verballhornung von Ὀδυσσεύς; Nebenformen mit λ haben schon auf griechischem Boden existiert[11].

§ 91. Die Veränderungen der Lehnwörter auf lateinischem Boden betreffen die Laute und die Form.
Was die L a u t e angeht, so sind die dem lateinischen Alphabet und Mund fremden Laute υ, φ, χ, δ, ζ durch **u, p, c, t, s (ss)** wiedergegeben. Vgl. **muraena**—μύραινα; **fucus**—φῦκος; **Saguntum**—Ζάκυνθος; **massa**—μᾶζα; **purpura**—πορφύρα; **Punicus**—Φοῖνιξ; **calx**—χάλιξ; **menta**—μίνθη. — Andere griechische Laute, die zur Zeit der Entlehnung dem Latein nicht fremd waren, haben dafür die Veränderungen mit durchmachen müssen, denen die gleichen lateinischen Laute unterlagen. Dies zeigt sich auf dem Gebiet des Vokalismus. Die griechischen Diphthonge werden in ähnlicher Weise vereinfacht wie die lateinischen (§ 52): αι zu **ae** (**muraena**), οι zu ū (**Pūnicus**). Doch zeigt sich vor Vokal als Ersatz auch āj und ōj (**Āiax, Trōia**); oe statt οι tritt in jüngeren Lehnwörtern auf wie **Croesus, adelphoe**. ει ist in älteren Wörtern ē (**Aeneas, Medea** = Αἰνείας, Μήδεια), in jüngeren (wie in echt lateinischen Wörtern) zu ī geworden (**Darīus** neben **Darēus, Arīus pagus** neben **Arēus**

p.); die Patronymika auf -είδης zeigen durchaus -īdes (Atrīdes, Pelīdes). ου ist immer u (Mūsa = Μοῦσα); ευ ist in älteren Lehnwörtern nicht belegt (doch s. unter Achilles, Ulixes), in jüngeren Entlehnungen wird es bewahrt (Euboea, Euripus). ῳ wird in älterer Zeit durch oe wiedergegeben (tragoedia comoedia), in jüngerer nur durch ō (ode). Ebenso ist ᾳ entweder ā oder ae, vgl. Thrāx Thraex (gr. Θρᾷξ). Ziemlich hart betroffen ist der Vokalismus der älteren Lehnwörter durch Synkope und Vokalschwächung (§ 41 ff.) Vgl. für Synkope Pollux aus Πολυδεύκης (§ 61, 1), Hercules aus Hér(a)cles (das u beruht auf Vokalentfaltung, § 37), cupressus aus κυπάρισσος. Schwächung zeigen z. B. trutina = τρυτάνη, machina = μαχανά, Siculus = Σικελός, scopulus = σκόπελος, epistula = ἐπιστολή (über den Wechsel von i und u siehe § 51 am Ende), balneum heißt im älteren Latein balinĕum aus *bálanēum = griech. βαλανεῖον (ει wurde über ē zu ĕ, vgl. dĕus § 21). Hier ist also Schwächung und Synkope nacheinander eingetreten.

§ 92. Was die F o r m angeht, so sind manche Lehnwörter nicht im Nominativ, sondern im (isolierten) Akkusativ ins Latein übergetreten. Dies ist besonders begreiflich bei Ortsnamen, die (bei der Angabe des Zieles) häufig im Akkusativ gebraucht werden müssen. So erklärt sich der Genuswechsel von Saguntum neben Ζάκυνθος, Agrigentum neben Ἀκράγας (Schwächung der Vokale nach § 91, vgl. auch § 95). Sicher scheinen auch Ancona (d. i. ἀγκῶνα) neben ἀγκών, cratera (κρατήρ), panthera (πανθήρ), statera (στατήρ), placenta (πλακοῦς); vgl. noch crepida von κρηπίς (§ 95), spelunca von σπήλυγξ (σπήλυγγα).

Manche Lehnwörter ändern — dem Geschlecht lateinischer Wörter folgend — ihr Genus; χάρτης (ὁ) wird zu charta (vielleicht vermittelt durch den Plural chartae, vgl. § 61, 2) und wird dekliniert wie mensa; myrtus wird trotz ὁ μύρτος Femininum als Baum. Andere Wörter schwanken: ostreum — ostrea, helleborus — helleborum, crystallus — crystallum u. a.

§ 93. Die Literatur bemüht sich, wie schon angedeutet wurde, Schreibung und Form der griechischen Wörter möglichst genau zu erhalten, und in den letzten hundert Jahren der Republik etwa setzt sich folgende Transkription der spezifisch griechischen Laute (§ 91) durch: y und z werden ins römische Alphabet eingeführt, um υ und ζ wiederzugeben. φ, χ, ϑ schreibt man ph, ch, th. Alle griechischen Wörter, die eines dieser fünf Zeichen enthalten, können noch nicht als eingebürgerte Lehnwörter, sondern müssen als Fremdwörter gelten. Vgl. χορός = chorus, ἐχῖνος = echinus, φαρέτρα = pharetra, νύμφη = nympha, ϑύρσος = thyrsus, καϑέδρα = cathedra, ζέφυρος = zephyrus, ὕμνος = hymnus, συλλαβή = syllaba usw.

Gelegentlich kann man aber noch beobachten, wie das Fremdwort allmählich zum Lehnwort wird. Noch um das Jahr 130 v. Chr. fand es ein Dichter notwendig, den Gebrauch von schola zu entschuldigen (huic trans-

misit suam s c h o l e n q u a m d i c u n t), ja sogar Cicero hat 46 v. Chr. dem Wort, allerdings in besonderer Bedeutung, das Bürgerrecht noch nicht zuerkannt (*Tuscul. 1, 8*: scholas, ut Graeci appellant). In der Kaiserzeit aber ist das Wort so volkstümlich geworden, daß es (so wie ins Deutsche) in die romanischen Sprachen eindrang — aber ohne das unrömische h (ital. scuola, französ. école).

§ 94. Wenn ein Wort bei der Herübernahme aus der fremden Sprache seine Gestalt entscheidend verändert hat und zum Lehnwort geworden ist, so kann es späterhin aufs neue in unveränderter Form entlehnt werden: dasselbe Wort existiert dann als Lehnwort und als Fremdwort. Deutsches 'Vogt' und 'Advokat' sind beide aus advocatus, 'dichten' und 'diktieren' aus dictare entlehnt. So steht im Latein neben dem alten Lehnwort purpura (§ 91) das junge Fremdwort porphyrites, so erscheint νύμφη zuerst als lympha (§ 38, 1; noch älter ist *lumpa § 91, wovon limpidus 'klar' mit Vokalassimilation § 51), späterhin als Fremdwort nympha. Vgl. massa — maza.

§ 95. Den Fremdwörtern und Lehnwörtern fehlt beim Eintritt in die entlehnenden Sprachen jener Anschluß an das übrige Wortmaterial, wie ihn jedes einheimische Wort durch die in § 56 ff. geschilderten Assoziationen hat. Vielfach wird nun solcher Anschluß rein äußerlich nach lautlichen Anklängen ohne jede Rücksicht auf die Bedeutung geschaffen, ja es wird, um solchen Anschluß zu schaffen, bisweilen die Form des fremden Wortes erbarmungslos verdreht. Wir nennen diesen Vorgang V o l k s e t y m o l o g i e. Wenn wir z. B. das deutsche Wort 'Armbrust' betrachten, so klingt 'Arm' und 'Brust' an unser Ohr, ohne daß man jedoch absehen kann, woher die Waffe diesen sonderbaren Namen hat. Die historische Betrachtung der Sprache lehrt, daß in dem Wort eine Entstellung aus lat. arcuballista vorliegt. So ist auch der Name der Pflanze 'Liebstöckel' aus lat. ligusticum entstellt, und das lat. liquiritia in ein deutsches 'Lakritzen' verwandelt worden.

Aber auch lat. l i q u i r i t i a selbst (Süßholz) verdankt seine Form einer Volksetymologie. Es erinnert offenbar in seiner Lautgestalt an liquere, ohne daß sich absehen ließe, wie der Stamm des Wortes 'fließen' zur Bezeichnung der süßen Wurzel hätte dienen können. Richtig sieht man in dem Wort nur eine Anlehnung des griech. γλυκύρριζα ('Süßwurz') an lateinische Wortgruppen. R o s m a r i n u s scheint 'Meertau' zu bedeuten, ist jedoch nur das entstellte griech. ῥοῦς (Gerberbaum). Das Messing nannten die Griechen ὀρείχαλκος, der Lateiner gestaltete das Wort zu aurichalcum um, als ob aurum der erste Bestandteil des Kompositums wäre (um der Farbe willen); architectus statt ἀρχιτέκτων vermittelte sich durch das lat. Partizip tectus. Das griechische Ἄψυρτος, ἀψίνϑιον schrieben die Lateiner A b s y r t u s, a b s e n t i u m in Anlehnung an die vielen mit ab zusammengesetzten Wörter, genauso wie das griech. ἀψίς (Akk. ἀψίδα) im Deutschen zu 'Abseite' entstellt wurde. Nicht anders sieht o b s o n a r i, o b s o n i u m aus, als ob darin die Präposition ob zu suchen sei, während das

XXXII

Wort doch tatsächlich aus ὀψώνιον entlehnt ist. So drang κρηπίς (Akk. κρηπῖδα) in das Lateinische ein, aber statt des zu erwartenden *crēpīda finden wir crĕpĭda, offenbar um des Anklanges an crĕpĭtus, crĕpĭto willen. centaurēum, eigentlich ʿKentaurenkrautʾ, bot durch centum aurei eine ʿnaheliegendeʾ Deutung, die unser ʿTausendguldenkrautʾ widerspiegelt.

Auch als die Römer den Namen der Stadt Ἀκράγας (Akk. Ἀκράγαντα) zu Agri-gentum umgestalteten (§ 92), mag der gemeine Mann etwas wie ager und gens in dem Wort gefühlt haben, ganz wie etwa der des Slawischen unkundige Deutschsprachige bei ʿOstrauʾ (ostrov = Insel) sich an Ostern und Au erinnert fühlt. Man vergleiche dazu die Umgestaltung des Namens Maleventum in Beneventum (*L 9, 27*) nach dem Sieg über Pyrrhos (275). Offenbar klang dem Römer der Name etwa wie ʿÜbelkommenʾ und er glaubte ihn in ʿWillkommenʾ verwandeln zu müssen. Tatsächlich aber hieß die Stadt Μαλόεις (Akk. Μαλόεντα), d. h. vielleicht Apfelgarten. Ähnlich sollen Egesta und Epidamnus um des Anklanges an egestas und damnum willen in Segesta und Dyrrhachium umgenannt worden sein.

Doch können derlei Anlehnungen, da sie eben rein auf dem subjektiven Auffassen der Sprechenden beruhen, nur von Fall zu Fall erklärt werden.

§ 96. Übrigens erstreckt sich die Volksetymologie nicht bloß auf entlehnte, sondern vielfach auch auf heimische Wörter, deren Stämme dem Volksbewußtsein entschwinden oder dunkel werden, so daß sie dann fälschlich an andere Stämme angelehnt werden, etwa wie man bei uns ʿaufs gerade Wohlʾ statt ʿaufs Geratewohlʾ, ʿFischtrank, Kegelscheibenʾ statt ʿFischtran, Kegelschiebenʾ hört. So schrieb man z. B. accipiter statt ācipiter, als ob das Wort zu accipere gehörte, ja man nannte den Habicht später sogar acceptor, während das Wort eigentlich wohl ʿder Schnellfliegendeʾ bedeutet (vgl. ὠκύς und peto = πέτομαι, dtsch. Feder). In der Familie der Atilier hatte man das Cognomen Sarranus, das von dem italischen Namen für Tyrus Sarra herkommt. Weil aber von einem der Atilier erzählt wurde, die Abgesandten des Senats, die ihm die Ernennung zum Konsul meldeten, hätten ihn bei der Bestellung des Ackers (serere) getroffen (*Cic. Pro Rosc. Amer. 50*), wurde Sarranus zu Serranus umgeformt.

Manchmal führt die Volksetymologie nicht zur Umgestaltung des Wortes, sondern nur zu seiner Umdeutung. Der Stadtteil Argiletum ist eigentlich eine ʿTongrubeʾ (von argilla ʿTonʾ, wie sabuletum ʿSandgrubeʾ von sabulum ʿSandʾ, arundinetum ʿRöhrichtʾ von arundo usw.), aber es wurde später erzählt, daß dort die Tötung eines Heros Argus (Argi letum) erfolgt sei.

Anmerkungen

[1] Dieselbe Wurzel ϑε steckt in luci-dus ʿLicht bringendʾ und acer-bus von acer ʿscharf machendʾ.

[2] h, besonders im Anlaut, wurde häufig ganz unterdrückt, wie heute im Italienischen und Französischen; daher steht z.B. anser (= hanser) neben χήν Gans, aruspex neben haruspex, ave neben have. Daher auch die Kontraktionen nīl, mī, prendo, debeo, nemo aus nihil, mihi, prehendo, dehibeo (für *de-habeo), *ne-hemo (§ 51).

[3] v ist nur andere Schreibung für f.

[4] Denselben Abfall des anlautenden h kann man im Germanischen auch bei den Gruppen hl, hr, hn bemerken, die (ebenfalls nach § 10) aus kl, kr, kn hervorgegangen sind. Daher entspricht z. B. griech. κλυτός lat. (in)clutus ahd. hlût, nhd. laut (vgl. Chlodwig = Ludwig, Chlothar = Lothar), κλίνω (in)clino — ahd. hlinen, nhd. lehnen, κρέας cruor — ahd. hrô, nhd. roh.

[5] Die Komparativform mit τερος war ursprünglich auch dem Latein geläufig. So sind Komparative pos-teri al-ter (zu alius) u-ter in-ter dex-ter (vgl. δεξίτερός). So sind magister minister (zu magis minus) eigentlich Doppelkomparative. Als späterhin das Bewußtsein von der komparativischen Natur des ter schwand, schuf man die neuen Komparative pos-ter-ior in-ter-ior dex-ter-ior u. a. m.

[6] Vgl. das Verhältnis von scamnum, scribo zu den daraus entlehnten deutschen Wörtern Schemel, schreibe.

[7] Antepänultima = drittletzte Silbe, Pänultima = vorletzte Silbe.

[8] Auch l mit folgendem Konsonanten färbt dunkel. Die 3. Person von volo war ursprünglich *velt, daraus volt→vult (§ 50). insulto insulsus sollten als Komposita von salto salsus eigentlich nach § 43 salto *inselto *inselsus heißen; daß u ist durch l + Konsonant bewirkt. Aber ll ändert die Farbe des Vokals nicht: velle vellem. Vgl. vello, aber vulsus ʿgerupftʾ.

[9] Auch hier kann man wieder eine Erstarrung beobachten, die den in § 62 f. behandelten ganz ähnlich ist. Der Plural von amabam war ursprünglich *amantes bamus, batis, bant. Aber man vergaß die eigentliche Bedeutung des ersten Teiles von amabam, was um so leichter geschehen konnte, als der Lautwandel (amansbam amasbam amabam, § 30) das amans fast unkenntlich gemacht hatte, und konjugierte daher einfach durch: amabam -as -at amabamus -atis -ant. — Ebenso steht übrigens calefacio für calens facio.

[10] Wenn hier von ʿBedeutungʾ der Wörter gesprochen wird, so ist dabei die etymologisch wurzelhafte Wortbedeutung ausgeschlossen. aquila (ursprünglich mit zugedachtem avis) war ʿder schwarzeʾ (Vogel); hier haben wir es bloß mit demjenigen Bedeutungsbestand zu tun, der ersichtlich in der klassischen Sprache vorliegt. Damals war man sich des Zusammenhanges zwischen aquilus, aquila, aquilo nicht mehr bewußt, und aquila hatte einfach die Geltung von ʿAdlerʾ.

[11] Der gelegentliche lateinische Ersatz von d durch l (olere neben odor ὄδωδα ὄζειν, lacrima = δάκρυ) kommt also für Ulixes nicht in Betracht. Etruskischer Einfluß ist möglich.

Lexikalischer Teil

A

A als Abkürzung **1. Aulus. 2.** auf den Stimmtafeln der Richter a(bsolvo). **3.** in Ciceros Tuskulanen = auditor. **4.** a. d. = a(nte) d(iem). **5.** a. u. c. = ab urbe condita.
ā (besser als ah, vgl. gr. ἄ) *interi.* ach! ah! ha! hm!
ab, abs (aps), ā (vgl. ἀπό, dtsch. ab) *praep.* beim *abl.*
1. Die Grundform ap (vgl. **ap-erio**, gr. ἀπό) ist im Lateinischen zu **ab** erweicht worden. **2. aps, abs** steht vor t, c, q: abs te, abs-tineo, abs-condo, abs-que; vereinfacht zu **as** in as-porto und dieses zu **ā** in ā-mitto, ā-verto usw. (§ 30).

I. r ä u m l i c h : **1. von, von ... her, von ... aus, von ... ab; 2.** im Deutschen s c h e i n b a r das 'Wo' ausdrückend: **an, auf, in, auf seiten.**
II. z e i t l i c h : **1. von ... an, von ... aus, seit; 2.** *occ.* **gleich nach, unmittelbar nach.**
III. übertragen: **1.** beim logischen Subj. im pass. Ausdruck: **von, durch; 2.** bei den Begriffen des Abstammens u. Ausgehens: **von ... her;** *occ. a.* bei etymologischen Angaben: **von, nach;** *b.* zur Angabe des Beweggrundes: **wegen, aus, vor; 3.** bei Begriffen des Lösens, Trennens, Befreiens: **von;** *occ.* **sicher, geschützt vor, gegen; 4.** beschränkend: **von seiten, in bezug auf, hinsichtlich; 5.** bes. Vbdn.

I. 1. ab urbe proficisci, a fundamentis von Grund aus, vocem trahere a pectore *V.* [Bei Stadtnamen]: 'aus der Umgegend': ab Gergovia discedere; victor ab Oechalia (*sc.* rediens) *O.* Vom A b s t a n d , der E n t f e r n u n g : longe abesse a finibus; *met.* abhorrere, distare, differre ab aliquo (aliqua re), proximae a nobis partes n a c h u n s *Cu;* alter ab undecimo annus das 12. *V,* ab Iove tertius Aiax *O.* Bei *verb.:* mutatus ab illo verschieden von *V,* non (haud) ab re est es ist nicht abwegig, gehört zur Sache *L,* ab re consulit rät zum Nachteil *C.* **2.** erat a septentrionibus collis i m N., sagittae pendent ab umero a u f , columbam suspendere a malo a m Mast *V,* (Gallia) attingit ab Sequanis Rhenum i m Gebiete der S., a b Sabinis ... ab Romanis auf seiten *L,* a tergo im Rücken, a dextra, sinistra rechts, links, nonnulli ab novissimis im Hintertreffen, a latere, fronte in der Flanke, Front, castra munita a porta decumana b e i m Hintertor, tubae ab Romanis cecinerant auf seiten der R. *L,* ab milibus passuum duobus castra posuerunt in der Entfernung von, ab occasu solis i m Westen *L;* stare ab aliquo *N,* facere, esse, sentire ab aliquo es mit jemd. halten, auf jemds. Seite stehen; vir ab innocentia clementissimus g e g e n ü b e r der Unschuld.
II. 1. a consulatu usque ad extremum tempus *N,* a puero (pueris, pueritia), ab ineunte aetate, a tene-

ris *V* von Kindheit, Jugend an; usque a Romulo von R. (bis jetzt), ab illo tempore, ab initio, ab integro von neuem, a Chao seit der Schöpfung *V,* ab incenso Capitolio *S,* ab urbe condita. **2.** ab hoc sermone dimissus *Cu,* recens ab incendio *L,* surgit (tacuit) ab his nach diesen Worten *O.*
III. 1. laudari, reprehendi, interfici, doceri ab aliquo. Daher auch bei akt. *intr.* mit pass. Bed.: perire a morbo a n *N,* ab aliquo cadere *T,* occidere *O* d u r c h ; pati ab aliquo, madescere ab austro *O.* Selten bei *adi.*: niger a radiis sideris geschwärzt von *O,* tempus triste a nostris malis getrübt von *O,* ferox ab re bene gesta *L,* inops urbs ab obsidione *L;* bei *subst.* a bestiis ictus. **2.** ortus a Pylaemene *N,* esse a Graecis abstammen, ab Sabinis bellum ortum *L; met.* facinus natum a cupiditate; omnes a Belo Belus und seine Nachkommen *V;* qui sunt ab ea disciplina aus jener Philosophenschule. Zur Umschreibung von *adi.*: dulces ab fontibus undae *V,* nostris ab ovilibus agnus *V;* [bei Stadtnamen]: Turnus ab Aricia aus A. *L,* pastor ab Amphryso *V;* a Pyrrho perfuga. **a.** Quirites a Curibus appellati *L.* **b.** ira ab accepta clade *L;* ab arte mit, mittels *TiO.* **3.** secerne te a bonis, temperare a lacrimis *V.* *occ.* securus a fraude *Cu,* defendere ab hoste. **4.** laborare a re frumentaria, paratus ab omni re (parte *H*) in jeder Hinsicht, tibi nullum a me amoris officium defuit meinerseits, portus ab accessu ventorum immotus *V.* [Als Geschäftsausdruck]: a se dare (solvere) aus eigenen Mitteln, ab aliquo durch (Anweisung auf) jemd. **5.** servus a pedibus Eilbote; a manu Schreiber, ab epistulis (libellis) Geheimsekretär, a memoria Hofgeschichtsschreiber *Sp,* a rationibus Vermögensverwalter *Sp.*

abāctus *pt. pf. pass.* v. abigo.

abacus, ī, *m.* (ἄβαξ) Prunktisch.

ab-aliēnō 1. 1. veräußern, weggeben: nutricem *C;* **occ.** abalienati iure civium verlustig *L. met.* **2. abwendig machen,** entfremden: Pompei voluntatem; homines suis rebus *N.* **3. occ. zum Abfall bringen:** oppida abalienata abtrünnig *N.*

Abās, antis, *m.* A. [König in Argos]; *adi.* **Abantēus** 3; *patr.* **Abantiadēs,** ae, *m.* Sohn des A. [d. i. Akrisius *O* und dessen Enkel Perseus *O*].

ab-avus, ī, *m.* Ururgroßvater, Ahnherr.

Abdēra, ōrum, *n.* A. [St. in Thrakien]; Einw. **Abdēritēs,** ae, *m.* Abderit ('Schildbürger').

abdicātiō, ōnis, *f.* Niederlegung [eines Amtes]. Von

ab-dicō 1. 1. sich (von etw.) lossagen, losmachen: se tutela; **occ.** se magistratu niederlegen; *abs.* consules abdanken; *trans.* dictaturam *L.* **2.** verleugnen: patrem *LCu,* filium enterben.

abdidi   2   **ablego**

ab-didī *pf.* v. abdo.
I. abditus *pt. pf. pass.* v. abdo.
II. abditus 3 **verborgen, abgelegen:** pars aedium *S*; *met.* sensus geheim *L*, voluntas; *subst.* abdita longe weit entlegene Räume *O*, abdita rerum entlegene Begriffe *H*.   Von
ab-dō 3. didī, ditus (do, § 71) **1. entfernen:** copiae ab eo loco abditae, procul hinc faces *Ti*; in insulam verbannen *T*; *refl.* **sich zurückziehen, entweichen:** se in occultum, se litteris sich vertiefen. **2. verstecken, verbergen:** vultus frondibus, caput casside *O*; se in silvas; abditi in tabernaculis; gladium sinu *T*, lateri ensem *V*, ferrum in armo *O*, dentes sub inguine *O* hineinstoßen.
abdōmen, inis, *n.* Bauch, Wanst.
ab-dūcō 3. dūxī, ductus (*imp.* abduce *C*). **1. ab-, weg-, fortführen:** cohortes secum. Woher: *abl.* gremiis *V*; *praep.* e foro, exercitum ab Sagunto, collegam de foro *L*; dicht. capita ab ictu zurückziehen *V*. Wohin: quascumque terras *V*; *praep.* ad regem *N*, in servitutem, legatos ad cenam in Academiam. **occ. a. entführen:** filiam. **b. rauben:** armenta *O*. *met.* **2. abbringen, abziehen:** ab institutis, cogitationem ab consuetudine. **3. abspenstig machen:** ab illis exercitum, ab aliquo discipulos, servum ab avo.
ab-ēgī *pf.* v. abigo.
Abella, ae, *f.* A. [St. in Kampanien] *V*.
ab-eō, īre, iī, itūrus

1. ab-, weg-, fortgehen, -ziehen, -reisen; *occ.* irgendwie **davon-, wegkommen;** 2. **vergehen, verfließen, scheiden, schwinden;** 3. **eindringen;** 4. **abweichen, abschweifen;** 5. auf jemd. [oder] etw. **übergehen;** *occ.* in etw. **übergehen, sich verwandeln.**

1. abin in malam rem (crucem)? scherst du dich nicht zum Henker? *C*, [lobend]: abi schon gut *H*. Woher: *abl.* comitio *L*, sedibus, Suriā *T*; *met.* magistratu aus dem Amt scheiden; fugā flüchtig *V*, equis zu Pferd *L*; *praep.* a subselliis, de Sicilia, ex urbibus; ab oculis, e conspectu aus dem Gesichtskreis verschwinden. Ziel: in nubes entschweben *O*, in Volscos exulatum *L*; quorsum abeant auf welche Seite sie treten sollen *H*; *met.* pretium retro abiit ging zurück *Pli.* **occ.** pauci integri abeunt *S*, bellis victor abit geht siegreich hervor *V*, Etrusci pro victis abiere so gut wie besiegt *L*. Mit *pt.* missus abibis freigesprochen *H*, nemo non donatus abibit wird leer ausgehen *V*; hostis impune (inultus *S*) abit geht straflos aus *Cu*; *met.* non hoc tibi sic abibit wird dir so hingehn *Ca*. **2.** abiit annus, tempus; terror, timor *L*, somnus *O*, abit sucus in aëra *O*, spiritus in auras verfliegt *O*; e vita scheiden, ad deos. **3.** cornus sub pectus abit *V*, vis mali abit per artus *O*, longius nefas abiit griff um sich *O*. **4.** quid ad istas ineptias abis? illuc, unde abii, redeo *H*. **5.** abit res a consilio ad vires *N*, tutela abit ad propinquos *H*, in avi mores annehmen *L*, in ora hominum ins Gerede kommen *L*. **occ.** abeunt studia in mores verwandeln sich in Prinzipien *O*, vestes in villos *O*, deus in flammas abiit ging auf *O*, in ventos vereitelt werden *O*.

ab-equitō 1. āvī fortreiten *L*.
aberrātiō, ōnis, *f.* Ablenkung, Zerstreuung.   Von
ab-errō 1. āvī **1. abirren:** a patre *C*, ex agmine *L*. *met.* **2. sich irren:** coniecturā in der Vermutung. **3. abkommen, abschweifen:** a proposito, a sententia, ad alia; a miseria loskommen.
ab-hinc (§ 68) *adv.* vor nunmehr (mit *acc.* und *abl.*).
abhorrēns, entis **1. fremd, abgeneigt:** a studio antiquitatis. **2. unstatthaft:** carmen *L*; lacrimae *L*. **3. unverständlich:** carmen *Cu*.   Von
ab-horreō 2. uī **1.** vor etw. **zurückschrecken, abgeneigt sein, nichts wissen wollen:** a consilio *N*, a Musarum honore, a caede; mit *abl. Cu*. **2. widersprechen, abweichen, zuwiderlaufen, nicht übereinstimmen:** a fide unglaublich sein *L*, hoc verbum abhorret a virtute; mit *abl.* moribus nostris *Cu*, neque abhorret vero es ist wahrscheinlich *T*; mit *dat.* profectioni *L*; inter se *L*.
ab-iciō 3. iēcī, iectus (iacio, § 43) **I. 1. ab-, weg-, hinwerfen:** statuas aëneas *N*, arma; sprichw. abicit hastas [vgl. 'die Flinte ins Korn werfen']. *met.* **2. billig verschleudern:** agros *Ph*. **3. aufgeben, fahren lassen:** spem, amorem; salutem preisgeben, opfern; se abicere sich selbst aufgeben, allen Halt verlieren. **II. 1. herab-, zu Boden, niederwerfen:** insigne regium de capite, tela ex vallo, e muro se in mare sich stürzen, corpus humi abiecit warf sich zu Boden *Cu*; supplex te ad pedes abiciebas du fielst zu Füßen, me plurimis pro te supplicem abieci. **occ. zu Boden schlagen, niederstrecken:** aliquem ad terram, Erymanthiam beluam (dicht.). *met.* **2. herab-, niederdrücken, erniedrigen:** cogitationes suas in rem tam humilem, lex a me abiecta est herabgesetzt. **3. nachlässig hinwerfen:** versum; ambitum die rhetorische Periode plötzlich fallen lassen.   Dav.
I. abiectus 3, *adv.* ē **1. nachlässig, niedrig:** senarii. **2. niedergebeugt, mutlos, verzagt:** abiecta metu filia, ne quid abiecte faciamus. **3. niedrig, gemein, verächtlich:** familia, apparitor, abiectius nati *T*.
II. abiectus *pt. pf. pass.* v. abicio.
abiēgnus 3. aus Tannenholz: hastile *L*.   Von
abiēs, etis, *f.* **1.** Tanne: secta *V*, sectae abietes *L* Tannenbretter. **2.** *meton.* (tannenes) Schiff, Speer *V*.
ab-igō 3. ēgī, āctus (ago, § 41) **1. fort-, wegtreiben, verjagen:** muscas; diversum ad litus verschlagen *V*; uxorem verstoßen *Sp*. **occ. abtreiben:** partūs *T*. **2.** *met.* **vertreiben, verscheuchen:** curas *H*, conscientiā abigi sich abschrecken lassen *H*.
ab-iī *pf.* v. abeo.
abitūrus *pt. fut.* v. abeo.
abitus, ūs, *m.* (abeo) Abzug; *meton.* Ausgang *VT*.
ab-iūdicō 1. aberkennen, absprechen: agrum *L*; totum verwerfen.
ab-iungō 3. iūnxī, iūnctus abspannen: iuvencum *V*; *met.* trennen, entfernen.
ab-iūrō 1. eidlich ableugnen *SV*; abschwören.
ab-lātus *pt. pf. pass.* v. aufero.
ablēgātiō, ōnis, *f.* das Wegsenden *L*; *occ.* Verbannung *Sp.*   Von
ab-lēgō 1. wegsenden, entfernen, entlassen: pueros venatum *L*; fernhalten.

abloco   3   **absinthium** A

ab-locō 1. vermieten *Sp.*

ab-lūdō, ere (auf jemd.) nicht passen *H.*

ab-luō 3. luī, lūtus (aus *ab-lavo, s. lavo) **1.** abwaschen, reinigen: Ulixi pedes. **2.** *met.* tilgen, beseitigen: perturbationem, periuria.

ab-negō 1. verweigern: coniugium *V,* comitem die Begleitung *H;* depositum vorenthalten *Pli; abs.* und mit *inf.* sich weigern *V.*

Abnoba, ae, *m.* (keltisch) der Schwarzwald *T.*

ab-normis, e (norma) regelwidrig: sapiens keiner Schule zugehörig, unverbildet *H.*

ab-nuō 3. nuī (vgl. ἀπονεύω) **1. abwinken:** manu *L. met.* **2. abschlagen, versagen, verweigern:** pugnam *L,* omnia und *abs.* völlig den Gehorsam verweigern *SL;* mit de *S,* mit *inf. L,* mit *acc. c. inf. V;* non abnuere, quin *T;* locus impetūs abnuit läßt nicht zu *T.* **3. ablehnen, verschmähen:** omen *V,* pacem *L,* saevitiam caeli nicht ertragen wollen *T.* **4. in Abrede stellen, bestreiten:** nec abnuitur ita fuisse *L.*

ab-nūtō, āre heftig abwinken *CEnnius.*

ab-oleō 2. ēvī, itus **1. vernichten, zerstören, vertilgen:** deûm aedes *T,* monumenta *V;* viscera undis wegspülen *V. met.* **2. tilgen, beseitigen:** dedecus *V,* Sychaeum das Andenken an S. *V,* certamina beilegen *T,* alicui magistratum abnehmen *L.* **3. aufheben, abschaffen:** disciplinam *L,* patrios mores *T.*   Dazu *incoh.*

ab-olēscō 3. ēvī verschwinden, sich verlieren *VL.*

ab-olēvī *pf.* v. aboleo oder abolesco.

abolitiō, ōnis, *f.* (aboleo) Aufhebung: tributorum *T,* sententiae Unterdrückung *T,* facti Amnestie *Sp.*

abolitus *pt. pf. pass.* v. aboleo.

ab-ōminor (u. **-ō**) 1. (hin)wegwünschen, verwünschen, verabscheuen: quod abominor was Gott verhüte *OCuPli;* abominandum nomen hassenswert *L. pass.* abominatus Hannibal verwünscht *H.*

Aborīginēs, um, *m.* die A. [das (hist. fragwürdige) Stammvolk der Latiner].

abortīvus 3 zu früh geboren *H.*   Von

abortus, ūs, *m.* (ab-orior) Fehl-, Frühgeburt.

ab-rādō 3. sī, sus abkratzen; *met.* abzwacken *C.*

ab-ripiō 3. ripuī, reptus (rapio, § 43) **1. abreißen, fortraffen, fortreißen:** articulos morsu abbeißen *Ph,* vi fluminis abrepti; abripi tempestate verschlagen werden *L,* se abripere davonstürzen *CL.* **2. occ. a. verschleppen:** cives in Asiam *N.* **b. entführen, rauben, wegnehmen:** virginem; signa *T.* **3.** *met.* natura a parentis similitudine eum abripuit machte ihn unähnlich.

abrogātiō, ōnis, *f.* Abschaffung.   Von

ab-rogō 1. **I. 1. abfordern, entziehen:** alicui imperium, magistratum. **2.** *met.* **entziehen:** fidem *C,* nimium scriptis herabsetzen *O.* **II. 1.** [durch Volksbeschluß] **abschaffen, aufheben:** legem. **2.** *met.* **zunichte machen:** pudorem *L,* leges moresque *L.*

abrotonum, ī, *n.* (ἀβρότονον, § 8, Anm.) Stabwurz, Eberwurz [Arzneimittel] *H.*

ab-rumpō 3. rūpī, ruptus **I. 1. ab-, weg-, losreißen:** sibi partem viscerum *Cu,* vincula ripis *V;* fastigia templorum a culminibus *L.* **2.** *met.* **trennen, abschneiden:** Graeci a ceteris abrupti *Cu,* vitam a civitate sich trennen *T.* **II. 1. zerreißen, sprengen:** fossae

iter abruperant hatten durchschnitten *Cu,* lora *O,* cervicem durchhauen *O,* nubes *V,* abruptis procellis im Wolkenbruch = abrupto sidere *V,* pontem abbrechen *T,* venas öffnen *T,* ordines durchbrechen *T.* **2.** *met.* **a. verletzen:** fas *V,* fidem *T.* **b. abbrechen, aufgeben:** vitam (lucem) vorzeitig enden *V,* sermonem *V,* somnos verscheuchen *V,* dissimulationem *T,* spem *CuT.*   Dav.

abruptiō, ōnis, *f.* Abbruch; Ehebruch.

I. abruptus 3 (abrumpo) **1. schroff:** petra, rupes *Cu;* *met.* contumacia *T; n. pl.* abrupta kurz abgebrochene Rede *Q.* **2.** *subst.* **abruptum,** ī, *n.* **Abgrund:** sorbet in abruptum fluctus *V,* montium abrupta Steilhänge *Pli; met.* in abruptum tractus an den Rand des Verderbens *T,* per abrupta durch überstürztes Vorgehen *T.*

II. abruptus *pt. pf. pass.* v. abrumpo.

abs s. ab.

abs-cēdō 3. cessī, cessum **1. weggehen, sich zurückziehen:** a curia, e foro *L,* Rhodum *T;* bildl. incepto, civilibus muneribus Abstand nehmen von, aufgeben *L;* **occ.** (milit.) **abziehen:** Spartā *N,* obsidione aufgeben *L;* manibus aequis abscessum der Kampf blieb unentschieden *T. met.* **2. weichen:** abscessit somnus verging *O,* non abscessit Piso gab nicht nach *T.* **3. occ. verlorengehen:** urbes, quae regno abscedunt *L.*   Dav.

abscessus, ūs, *m.* Abgang, Entfernung: continuus Abwesenheit *T,* Rutulûm Abzug *V.*

I. abs-cīdī *pf.* v. abscindo.

II. abs-cīdī *pf.* v. abscido.

abs-cīdō 3. cīdī, cīsus (caedo, § 43) **1. abschneiden, abhauen:** iugulo (*abl.*) pectus *O,* truncos, funes, caput, crines. *met.* **2. trennen:** in duas partes exercitum. **3. nehmen, entziehen:** aquam, orationem, spem *L,* praesidia (Hilfsmittel) *T.*

ab-scindō 3. scidī, scissus **1. abreißen:** tunicam a pectore; umeris (*abl.*) vestem *V;* abscissa comas sich die Haare raufend *V;* ferro venas aufreißen *T. met.* **2. trennen:** caelo terras *O* = terras oceano *H;* inane soldo Wert und Unwert scheiden *H.* **3. entziehen:** reditus *H.*

I. abscīsus 3 (abscido) **steil, schroff:** petra *Cu,* saxum *L; met.* [von der Rede]: **abgebrochen, kurz angebunden** *Pli.*

II. abscīsus *pt. pf. pass.* v. abscido.

abs-con(di)dī *pf.* v. abscondo.

I. absconditus *pt. pf. pass.* v. abscondo.

II. absconditus 3 **geheim:** insidiae.   Von

abs-condō 3. (di)dī, ditus **1. verbergen:** hominem in armamentario *Cu,* cadavera foveis *V;* **occ. verhüllen:** fumus abscondit caelum *Cu,* Atlantides absconduntur gehen unter *V,* Phaeacum arces aus den Augen verlieren *V;* aves ore verschlingen *O.* **2.** *met.* **verheimlichen:** paucitatem militum *Cu.*

ab-sēns, entis (*pt.* von absum) abwesend; als Präd. im *abl. abs.* in . . . Abwesenheit; Romae laudetur Rhodos absens aus der Ferne *H.*   Dav.

absentia, ae, *f.* Abwesenheit; *met.* Mangel *Q.*

ab-similis, e unähnlich.

absinthium, ī, *n.* (ἀψίνθιον, § 95) Wermut *CO.*

absisto   4   **absurdus**

ab-sistō 3. stitī **1.** wegtreten, -gehen, sich entfernen: ab signis; limine, luco *V*; ab ore scintillae absistunt (ent)sprühen *V*. **2.** *met.* ablassen, aufhören: bello *HLCu* = ferro *V*; magistratu, obsidione, conatu, spe, sequendo *L*; mit *inf. L* und D i c h t.
absolūtiō, ōnis, *f.* (absolvo) **1.** Los-, Freisprechung: virginum. **2.** Vollkommenheit: in oratore.
absolūtōrius 3 (absolvo) freisprechend *Sp.*
I. absolūtus *pt. pf. pass.* v. absolvo.
II. absolūtus 3, *adv.* ē **1.** vollendet, vollständig, vollkommen: officium. **2.** uneingeschränkt, unbedingt: necessitudo.   Von
ab-solvō 3. solvī, solūtus **1.** losmachen, befreien: consulem regni suspicione *L*; *abs.* abfertigen, bezahlen *C*. **2.** (gerichtlich) freisprechen: adulterii *T*, crimine *HL*, de praevaricatione; capitis *N*. **3.** vollenden, fertigstellen: opera; cetera quam paucissumis abtun *S*, de coniuratione paucis mit wenigen Worten berichten *S*.
ab-sonus 3 **1.** mißtönend: vox. **2.** *met.* nicht übereinstimmend, unvereinbar; mit ab *L*, mit *dat. HL.*
ab-sorbeō 2. buī hinunterschlucken, verschlingen: placentas *H*; *met.* umorem aufsaugen *Cu*, tribunatus absorbet orationem nimmt in Anspruch.
abs-que wenn ohne: absque te (hoc, eo) esset (foret) wenn es ohne dich wäre = wenn du nicht wärest *C*. E: eigtl. 'fern von'.
abs-tēmius 3 (von **tēmum*, vgl. temetum) mäßig *O*; *occ.* (mit *gen.*) enthaltsam *H.*
abstentus *pt. pf. pass.* v. abstineo.
abs-tergeō 2. tersī, tersus **1.** abwischen: lacrimas *Cu*, cruorem, sudorem *L*; *occ.* abbrechen: remos *Cu*. **2.** *met.* beseitigen: luctum, molestias.
abs-terreō 2. uī, itum **1.** verjagen, verscheuchen: hostem *L*, ancillam *T*. **2.** *met.* abschrecken; mit *abl. TH*, mit ab *L*; *occ.* ab-, fernhalten: neminem a congressu.
abs-tersī *pf.* v. abstergeo.
abstersus *pt. pf. pass.* v. abstergeo.
abstinēns, entis, *adv.* enter (abstineo) enthaltsam; mit *gen.* pecuniae *H*; *occ.* uneigennützig: sociis (*dat.*); abstinenter versari.   Dav.
abstinentia, ae, *f.* Enthaltsamkeit: abstinentiā vitam finire durch Hungern *T*; *occ.* Uneigennützigkeit: in eo magistratu.
abs-tineō 2. nuī, tentus (teneo, § 43) **1.** *trans.* ab-, fern-, zurückhalten: a Capitolio manus; mit *abl. LO*; mit *dat.* Aeneae ius belli *L*. **2.** se und *intr.* sich enthalten, fernbleiben: mit *abl.* proelio, maledictis; mulieribus unangetastet lassen; publico nicht ausgehen *T*, nominibus verschweigen *Cu*; mit ab: a ceteris causis; d i c h t. irarum *H*; a e g r e abstinent, q u i n castra oppugnent *L.*
ab-stitī *pf.* v. absisto.
ab-stō, stāre abseits stehen *H*; *trans.* fernhalten: amor procul abstandus *C.*
abs-trahō 3. trāxī, tractus **1.** wegschleppen, fortziehen, -reißen: ab se liberos, in servitutem; ad supplicium *Cu. met.* **2.** entfernen, trennen; mit ab, ex und *abl.*; se a ̇ sollicitudine sich losmachen, copias a

Lepido abspenstig machen; in pravum verleiten *S*, in partes spalten *SO*. **3.** *occ.* abhalten, verhindern: a re *N*, a cogitatione.
abs-trūdō 3. sī, sus verbergen: sese, tristitiam *T*. Dav.
abstrūsus 3 verborgen; Tiberius verschlossen *T.*
abs-tulī *pf.* v. aufero.
ab-sum, abesse, āfuī, āfutūrus; *coni. impf.* d i c h t. āforem, *inf. fut.* āfore.

I. **1.** abwesend, fern sein; *occ.* nicht teilnehmen, fernbleiben; 2. nicht beistehen; 3. *met.* nicht vorhanden sein, abgehen, fehlen.
II. **1.** entfernt, getrennt sein; *met.* 2. fern sein, fernbleiben; 3. *occ. a.* befreit, frei sein; *b.* verschieden sein, abweichen, fernstehen; *c.* unpassend sein; 4. *a.* **non multum abest, quin**; *b.* **tantum abest, ut . . . ut.**

I. 1. a foro, ex urbe; qui nulla lege (ungesetzlich) abessem verbannt war. *occ.* toto bello, a consilio; a periculis *S*. **2.** longe iis nomen populi R. afuturum werde ihnen nichts nützen, Autronio; dextrae erranti *V*. **3.** quidquid abesse poterat was man entbehren konnte *Cu*; mit *dat.* abest pars numero *L*; quid huic abest nisi res et virtus?
II. 1. non longe a Tolosatium finibus, aliquot dierum viam, quadridui (*sc.* iter) ab Autronio; aequo fere spatio ab castris. **2.** non abest suspicio der Verdacht liegt nahe, cum longe tempus muneris abesset, a carcere et a vinculis; mit *abl.* absit invidia verbo fern sei jedes vermessene Wort *L*. **3. a.** a cupiditate pecuniae *N*; a culpa; mit *dat.* afuimus dolori wir vergaßen auf *O*. **b.** a natura ferarum sich unterscheiden, longissime Plancius a te afuit übertraf dich; consultus iuris abest virtute Messallae steht ihm nach *H*. **c.** musice abest a principis persona *N*. **4. a.** non multum (paulum, nihil), haud procul, non longe abest, quin **es fehlt nicht viel daran, daß; bald wäre, beinahe möchte. b.** tantum abest (ab eo), ut . . . ut (ut contra *L*) . . . **weit entfernt, . . . zu . . ., ist vielmehr:** tantum abest, ut gratiam quaesisse videar, ut multas susceperim simultates weit entfernt, Dank zu beanspruchen, habe ich . . .
absūmēdō, inis, *f.* das Verzehren *C.*   Von
ab-sūmō 3. sūmpsī (sūmsī), sūmptus **I. 1.** verbrauchen: lumina in fletūs *Ca*, vires in Teucros *VO*, purpura absumitur nützt sich ab *L*; *occ.* verzehren: mensas *V*, membra zerreißen *V*, alimenta *L*. **2.** *met. a.* verprassen, vertun: vina, res paternas *H*. *b.* (Zeit) verbringen, vergeuden: biduum morando *Cu*, tempus consultando *L*. **II. 1.** wegraffen, vernichten: urbem flammis *L*, lacrimis absumitur omnis verzehrt sich ganz *O*. **2.** *met.* vernichten: me absumite ferro *V*, absumpta salus verloren, entschwunden *V*; *pass.* umkommen: absumi morbo *S*, pestilentia, fame, veneno *L*; ubi absumptus erat gestorben war *L*; absumpti sumus wir sind verloren *C.*
ab-surdus 3, *adv.* ē **1.** mißtönend: absurde canere falsch. *met.* **2.** abgeschmackt, ungereimt: mos *T*; absurde fictum; ab initio non absurda passend zu *T*. **3.** ungeschickt, unbrauchbar: orator; ingenium haud absurdum aufgeweckter Kopf *ST.*

abundāns 5 **accenseo** A

abundāns, antis, *adv.* **anter** (abundo) **1.** **übervoll, austretend:** amnis. *met.* **2. im Überfluß vorhanden, überreichlich:** multitudo Überzahl *L*; abundanter dicere, loqui wortreich, ausführlich, überladen; *meton.* homo wohlhabend. **3.** (an etw.) **reich, überreich:** omnium rerum *N*, fontibus, bellicis laudibus.   Dav.
abundantia, ae, *f.* Überfluß: omnium rerum; commeatuum *T*; *occ.* Reichtum, reicher Ertrag *TPli.*
abundē *adv.* (abundus 3 *Sp*) im Überfluß, vollauf, mehr als genug: a. favere *O*; a. magna praesidia *S*, a. similis *Q*, a. satis *H*; *subst.* mit *gen.* terrorum *V*, salis *Q*; abunde ratus hielt es für genügend *T.*
ab-undō 1. āvī **1.** überwallen, **austreten:** abundat aqua *L. met.* **2.** Überfluß haben: omni genere copiarum *N*; praeceptis philosophiae; *occ.* reich sein: egentês abundant; magis abundabit (orator) wird mehr Glück haben *Q.* **3. im Überfluß vorhanden sein:** abundat. pecunia; ne ... abundes zu weit gehest *H.*
abūsiō, ōnis, *f.* (abutor) uneigentlicher Gebrauch der Wortbedeutung; (*rhet.*) Katachrese.
ab-ūsque *praep.* mit *abl.* bis von ... her: abusque Pachyno *V*, oceano abusque *T*; Tiberio abusque seit T. *T.*
ab-ūtor 3. ūsus sum **I. 1. auf-, verbrauchen;** *trans.* rem patriam *C*; (divitiis) per turpitudinem *S.* **2.** *met.* **voll ausnützen:** vestro consessu pro solitudine ansehen, als wäre niemand da; hostium errore *L.* **II. mißbrauchen:** legibus ad quaestum, patientiā; (*rhet.*) **uneigentlich gebrauchen:** verbis propinquis (sinnverwandte).
Abȳdus, ī, *f.* (Abȳdum *V*) A. [St. am kleinasiat. Ufer des Hellespont] *LO*; *adi.* **Abȳdēnus** 3: aquae = Hellespont *O*; *subst.* Abȳdēnus = Leander *O, pl.* die Abydener *L.*
ac (aus at-que, § 42) s. atque.
Acadēmus, ī, *m.* A. [Heros, dem ein Gymnasium (= Acadēmīa, áe, *f.*) mit Hain nw. von Athen geweiht war. Dort lehrte Plato]: inter silvas Academi quaerere verum platonische Philosophie treiben *H*; *meton.* Academia (vetus und recentior) die akademische Philosophie [Alt- und Neuplatoniker]; *met.* **Acadēmīa**, ae, *f.* [ein Gymnasium auf Ciceros Landgut in Tuskulum]; *adi.* **Acadēmicus** 3 zur A. gehörig: philosophi Akademiker; *subst.* Academici die Akademiker, Academica, ōrum, *n.* [Werk Ciceros über die Lehren der Akademie].
acalanthis, idis, *f.* (ἀκαλανθίς) Distelfink, Stieglitz *V.*
acanthus, ī, *m.* (ἄκανθος) **1.** ägypt. Schöterich [Pflanze.] *V.* **2.** Bärenklau [breitblättrige Zierpflanze, diente als Muster für Schnitzereien und Stickereien] *VO.*
Acanthus, ī, *f.* A. [Seest. an der Ostküste der Chalkidike] *L.*
Acarnān, ānis, *m.* Akarnanier: Acarnanum amnis Achelous *O*; *adi.* **Acarnānus** und **-ānicus** 3; **Acarnānia**, ae, *f.* A. [gr. Landsch. zwischen Ätolien und Epirus] *L.*
ac-cēdō 3. cessī, cessum (*pf.* accestis = accessistis *V*, § 54)

I. 1. **herantreten, herankommen, sich nähern;** 2. *occ. a.* bittend **nahen;** *b.* feindlich **anrücken;** *c.* als Käufer auftreten, herzukommen; *met.* 3. **kommen, ge-**

langen, **sich nähern, sich einstellen;** 4. an etw. schreiten, sich mit etw. **befassen,** (eine Tätigkeit) übernehmen; 5. sich nähern = **nahekommen,** ähnlich sein; 6. **sich anschließen, beitreten, beipflichten.**
    II. 1. mit subst. Subj.: (vermehrend) **dazukommen,** sich zugesellen, **hinzutreten;** 2. unpers. mit Satz als Subj.: **dazu kommt noch.**

1. I. 1. quo nemo accedit wo niemand Zutritt hat *N*, Buthroti urbem *V*, Iugurtham *S*; *pass.* si quā clementer accedi poterant *T*; ad urbem, ad hominem; in oppidum, portum kommen; delubris (*dat.*) *O*. **2. a.** ad Caesarem. **b.** propius muros *N*, loca hostiliter *S*, Syracusas; ad moenia *L*; ad manum handgemein werden *N*. **c.** ad hastam publicam sich an einer öffentlichen Versteigerung beteiligen *N*, ad scelus sectionis. **3.** in infamiam geraten *C*, ad amicitiam Freundschaft schließen *N*, febris accedit tritt ein *N*, fama ad nos accedit *L*. Von der Zeit: accedunt anni das Alter stellt sich ein *H*. Von der Rede: propius der Sache nähertreten. Von Zuständen: Remis studium propugnandi accessit erwachte; civibus animum accessurum Mut bekommen *N*. **4.** ad rem p. die politische Laufbahn einschlagen; ad maleficium, facinus, coniurationem, ad honores Ehrenstellen übernehmen; ad causam publicam sich der Sache des Staates annehmen; ad bona Besitz ergreifen von, ad poenam zur Bestrafung schreiten; ad scribendum *Q*; *occ.* ad querellas Graecorum sich befassen mit, naturae partes beschreiben *V*. **5.** proxime deos, ad sapientiam; Homero. **6.** ad consilium, ad istam rationem, ad Caesaris amicitiam; mit *dat. Q*; societatem ein Bündnis eingehen *T.*
    II. 1. ad praedam damnatio Roscii velut cumulus accedit; mit huc, istuc, eo, eodem: huc accedit summus timor, accessit istuc doctrina. **2. a.** (Grund) huc accedit, quod ... nemo potest esse. **b.** (Tatsache) accedebat huc, ut magnis intervallis proeliaretur; ad Appii senectutem accedebat, ut caecus esset.
ac-celerō 1. **1.** *trans.* beschleunigen: iter; consulatum ei früher verschaffen *T.* **2.** *intr.* eilen, sich beeilen: adcelerant Volsci *V.*
ac-cendō 3. cendī, cēnsus (*candēre, vgl. candela, § 43) **1. anzünden:** ignem *V*, aras Feuer auf den Altären = focum *O. occ. a.* **erhellen:** luna accensa solis radiis; *b.* **erhitzen:** solis vapor accendit harenas *Cu*, calor oram versengt *Cu*, sol aestūs schafft Hitze *V.* **2.** *met.* **entzünden, anfeuern, entflammen:** accensus ira, amore *L*, odio, iniuria *T*; *abs.* sic accensa *V*; animos ad virtutem *S*, ad libidinem *L*; in multo impotentiorem subito rabiem accensi in Wut versetzt *L*; dicht. *dat.* animos bello *V*; Marium contra Marcellum aufbringen *S. occ. a.* **anfachen, erregen:** sitim *Cu*, bellum (Martem) *V*, dictis virtutem *V*, curam alicui verursachen *L*; *b.* **vermehren, steigern, schüren:** spem *T*, animos, discordiam *L*, accensa est vis venti wuchs *L.*
ac-cēnseō 2. cēnsus hinzurechnen, zugesellen: his accensi cornicines *L*, accenseor illi *O*.   Dav.

accensus   6   **accipio**

I. accēnsus, ī, *m.* **1.** gew. *pl.* Leichtbewaffnete [standen als Reserveabteilung hinter den Triariern]. **2.** Amtsdiener, Ordonnanz.
II. accēnsus *pt. pf. pass.* v. accendo oder accenseo.
ac-cēpī *pf.* v. accipio.
acceptiō, ōnis, *f.* (accipio) Empfang: frumenti *S.*
acceptō 1. (*frequ.* v. accipio) annehmen, zulassen *Cu.*
acceptor, ōris, *m.* (accipio) **1.** der etw. billigt, Befürworter *C.* **2.** = accipiter *Ph.*
I. acceptus 3 (accipio) willkommen, lieb, erwünscht, angenehm; mit *dat.*; i n vulgum *T.*
II. acceptus *pt. pf. pass.* v. accipio.
accersītor, accersō s. arcess . . .
ac-cessī *pf.* v. accedo.
accessiō, ōnis, *f.* (accedo) **I.** Annäherung *C.*
II. 1. Zuwachs: pecuniae *N. meton.* **2. Zugabe, Zuwachs:** paucorum annorum, accessionem aedibus adiunxit Zubau; Syphax a. Punici belli *L.* **3. Zustimmung** *Sp.*
accessum *pt. pf. pass.* v. accedo.
accessus, ūs, *m.* (accedo) **1. Annäherung, Zutritt:** ad urbem; *met.* ventorum Andrang *V,* ad res salutares Neigung; da accessum lacrimis höre auf mein Flehen *O.* **2.** *meton.* **Zugang** *VL.*
accidens, entis, *n.* Unwesentliches, Zufälligkeit *Sp.*
I. ac-cidī *pf.* v. I. accido.
II. ac-cīdī *pf.* v. II. accīdo.
I. ac-cidō 3. cidī (cado, § 41) **1. hin-, niederfallen:** tela gravius accidebant; *met.* quo gravior accideret wirksamer überfallen *S;* **occ.** (bittend) ad pedes omnium; genibus principis *CuT. met.* **2. hindringen, gelangen:** vox accidit ad aures (ad hostes *L*); clamor, fama accidit verbreitet sich *L.* **3. ausfallen, ablaufen:** contra opinionem, secus schlecht, peius Sequanis für die S., opportune Caesari. **4. eintreten, sich ereignen:** accidit periculum, calamitas, mors. Mit *dat.* **widerfahren, zustoßen:** si quid gravius ei a Caesare accidisset wenn C. gegen ihn härter verführe; si quid alicui accidat etwas Menschliches. U n p e r s. **es trifft sich, ereignet sich, geschieht:** si ita accidisset; accidit, u t magna tempestas oreretur *N* [Wirkung: 'so daß']; selten quod od. *inf.* [Inhalt].
II. ac-cīdō 3. cīdī, cīsus (caedo, § 43) **1. anhauen, anschneiden:** arbores; crines stutzen *T;* dapes verzehren *V.* **2.** *met.* **schwächen;** meist *pt.* accīsus *HL.*
ac-cieō, ēre = accio *C.*
ac-cingō 3. cīnxī, cīnctus (*inf. pr. pass.* altl. accingier *V*) **1. angürten:** lateri ensem *V.* **2. umgürten:** ense, ferro *V; abs.* miles accinctus gerüstet *T; met.* **rüsten, versehen:** facibus, flagello *V,* se iuvene sich zugesellen *T;* aliquem ad aliquid zu etw. vorbereiten *T.* **3.** *refl. med.* **sich bereiten, fertig machen, anschicken:** quin accingeris? raffe dich auf *L,* ad ultionem, in proelium *T;* mit *dat.* pugnae, praedae *V;* mit *inf.* dicere pugnas *V,* navare operam *T;* mit *acc. gr.* magicas artes sich wenden zu *V; act.* = *refl.* accingunt operi Hand ans Werk legen *V.*
ac-ciō 4. (cieo) herbeiholen, kommen lassen, berufen; **accītus** 3 eingeführt, ausländisch: scientia, lascivia *T.*
ac-cipiō 3. cēpī, ceptus (capio, § 43)

A. (das Subj. a k t i v gedacht) **I. 1. nehmen, an sich nehmen, annehmen, in Empfang nehmen;** 2. *occ. a.* (Geld) **einnehmen;** *b.* (Lasten) **auf sich nehmen, übernehmen;** 3. *met.* etw. **annehmen;** *occ.* **billigen, gutheißen, sich** (mit etw.) **zufriedengeben, gelten lassen.**
II. 1. empfangen, aufnehmen; 2. *occ.* **bewirten;** 3. *met.* jemd. (irgendwie) **behandeln.**
III. 1. (mit den Sinnen oder dem Verstand) **aufnehmen, vernehmen, wahrnehmen;** 2. *occ.* **hören;** 3. *met.* **aufnehmen, auffassen, begreifen;** *occ.* (in einem bestimmten Sinn) **aufnehmen, auslegen.**
B. (das Subj. p a s s i v gedacht) **1. empfangen, erhalten, bekommen;** *occ.* **erleiden;** 2. *met.* **vernehmen, hören, erfahren;** *pf.* = **wissen;** *occ.* **erlernen.**

A. I. 1. arma obsidesque übernehmen; ensem, galeam *V,* id donum als Geschenk *L;* pecuniam ab aliquo zur Bestechung, rationes sich Rechnung legen lassen. **2. a.** pecunia accepta und *n. pl.* accepta (acceptum *C*) Einnahmen, (ei aliquid) acceptum referre als empfangen eintragen, gutschreiben; b i l d l. salutem alicui acceptam referre auf jemds. Rechnung schreiben, ihm zuschreiben (verdanken). **b.** onus; *met.* rem in cervices sich aufbürden *L,* iugum *L.* **3.** frenum sich gefallen lassen, tragen *VL,* fidem *V.* **occ.** condicionem, satisfactionem, orationem; pacem *L;* omen (augurium) als gültig anerkennen, annehmen; legem (rogationem) für gültig erklären, nomen den Bewerber zur Wahl zulassen *L.*
II. 1. Delos errantem accepit *O,* galea accipit sortem *V,* navis aquam (imbrem *V*) leck sein *L,* austrum gegen Süden gelegen sein *Cu.* W o : *abl.* milites urbe tectisve *L,* noctem oculis die Ruhe der Nacht *V.* W o h i n : *acc.* Romanos in urbem *L.* B i l d l. aliquem in civitatem, in deditionem die Unterwerfung annehmen, in fidem in Schutz *Cu,* in regnum zum Mitherrscher machen *T.* **2. hospitaliter** *Cu,* eleganter, bene; laute *H.* **3.** honorifice eum, leniter, clementer; verbis male, hominem verberibus übel zurichten, Antigonum male übel mitspielen *N.*
III. 1. oculis, voltu, aliquid secundis (pronis *T*) auribus geneigtes Ohr leihen *L,* sinistris ungern hören *L;* accipite haec animis nehmt zu Herzen *V.* **2.** sonitum *V,* mentem Absicht *V,* clamorem *L,* volenti animo (gern) de ambobus *S.* **3.** celeriter accipiebat quae tradebantur lernte, begriff *N,* haec accipi posse lasse sich begreifen. **occ.** omen ita *L,* sermones militum durius; aliquid (in *L*) omen *Cu,* tamquam suum crimen *T,* beneficium (in *Cu*) contumeliam als Beleidigung; verisimilia pro veris *L,* rem prodigii loco, oraculi vice *T;* aliquid in bonam partem gut auslegen.
B. 1. hereditatem a patre *N,* rem a maioribus erben, plausum, voluptatem ex re empfinden, nomen benannt werden; provinciam, honorem; Albam regendam *V.* **occ.** calamitatem *N,* cladem, detrimentum, iniuriam ab aliquo. **2.** rem rumore, sic a maioribus (patribus), ut de Hercule

accipiter   7   **acerbitas**

accepimus wie von H. berichtet wird; mit *acc. c. inf.* patres id aegre tulisse *L*; indir. Frage: quae gerantur. **occ.** usum ac disciplinam a nobis, artem a magistro *O.*

accipiter, tris, *m.* Habicht, Falke; *met.* Habgieriger *C.*

accīsus *pt. pf. pass.* v. accīdo.

accītū (*accitus, ūs von accio) auf Vorladung *VT.*

accītus *adi.* u. *pt. pf. pass.* v. accio.

Accius, ī, *m.* L. Accius [röm. Tragiker, geb. um 170]; *adi.* **Acciānus** 3.

acclāmātiō, ōnis *f.* Zuruf.   Von

ac-clāmō 1. zurufen; servatorem *L*, nocentem *T* durch Zuruf als . . . bezeichnen.

ac-clārō 1. āvī offenbaren; [nur]: uti tu signa nobis certa adclarassis = acclaraveris *L.*

ac-clīnis, e sich anlehnend: iugum geneigt *O*; mit *dat.* colla acclinia mālo *VO*; *met.* falsis zugeneigt, zugetan *H.*   Rückbildung (§ 76) aus

ac-clīnō 1. **anlehnen**, hinneigen: se in illum *O*; *met.* se ad causam senatūs *L.*
E: *clīno, κλίνω, got. hlains 'Hügel', ahd. (h)linen 'lehnen', § 15 Anm.

ac-clīvis, e (clivus) ansteigend: collis, trames.   Dav.

acclīvitās, ātis, *f.* Hang, sanfte Erhebung.

ac-cola, ae, *m.* Anwohner, Nachbar: Cereris des Cerestempels; fluvii Nebenflüsse *T.*   Von

ac-colō 3. uī an etw. (*acc.*) wohnen, benachbart sein.

accommodātus 3, *adv.* **ē 1.** angepaßt, geeignet, passend, schicklich, entsprechend; mit *dat.* oder ad. **2.** *met.* geeignet, gewachsen: minime ad te consolandum; nulli ministerio *T.*   Von

ac-commodō 1. **1.** anfügen, anlegen: insignia, coronam sibi ad caput; lateri ensem *V.* **2.** *met.* anpassen, nach etw. (ein)richten, anschließen; mit ad, in, *dat.*; ei de habitatione gefällig sein, diis effigiem beilegen *Cu*, se ad rem p. sich widmen; animum rei sich einlassen *Sp.*   Dav. rückgebildet (§ 76)

accommodus 3 geeignet: fraudi *V.*

ac-crēdō 3. didī glauben (wollen), beistimmen.

ac-crēscō 3. crēvī (crētus) **1.** hinzuwachsen, -kommen; mit *dat. HLTPli.* **2.** anwachsen, zunehmen, sich vermehren.   Dav.

accrētiō, ōnis, *f.* Zunahme.

ac-crēvī *pf.* v. accresco.

accubitiō, ōnis, *f.* (accumbo) das Bei-Tisch-Liegen.

accubitum *pt. pf. pass.* v. accumbo.

ac-cubō, āre 1. **liegen**: umbra im Schatten *V*, horreis im Speicher *H.* **2. occ.** bei Tisch liegen: accuba nimm Platz *C.* **3.** beischlafen *CSp.*

ac-cubuī *pf.* v. accumbo.

ac-(cu)currī *pf.* v. accurro.

ac-cumbō 3. cubuī, cubitum (*cumbo) **1.** sich legen, sich lagern: in acta (Küste) *N.* **2. occ.** sich zu Tisch legen, Platz nehmen: in robore; eodem lecto *L*, epulis (*dat.*) divum teilnehmen *V*, aliquem neben jemd. *C.* **3.** mit *dat.* beischlafen *TiPr.*

accumulātor, ōris, *m.* 'Anhäufer': opum *T.*   Von

ac-cumulō 1. an-, aufhäufen; *met.* curas steigern *O*, honorem erweisen *O*, animam donis überhäufen *V.*

accūrātiō, ōnis, *f.* (accuro) Sorgfalt.

accūrātus 3, *adv.* **ē 1.** mit Sorgfalt ausgearbeitet: ora-

---

tio, commentationes. **2.** sorgfältig, genau, eingehend [von Sachen]: delectus *L*, accuratius agere cum eo schärfer auftreten *N.*   Von

ac-cūrō 1. pünktlich besorgen; *abs.* Sorgfalt anwenden *C.*

ac-currō 3. (cu)currī hinzu-, heranlaufen, herbeieilen: ad praetorem; in sinistrum cornu *L*, auxilio suis *S*; *trans.* iacentem *T.*   Dav.

accursus, ūs, *m.* Zulauf: populi *T*; das Anrücken *T.*

accūsābilis, e (accuso) strafbar: turpitudo.

accūsātiō, ōnis, *f.* (accuso) **1.** Anklage; accusationes Hannibalis Beschwerden über H. *L*; **occ.** accusationes exercere Denunziation *T.* **2.** *meton.* Anklageschrift.

accūsātor, ōris, *m.* und **-trīx**, īcis, *f.* (accuso) Kläger, -in [in Strafsachen; petitor in Zivilsachen].   Dav.

accūsātōrius 3, *adv.* **ē** anklägerisch: artificium Advokatenkniff, accusatorie loqui übertreiben.

accūsitō, āre anschuldigen *C.*   *Frequ.* von

ac-cūsō (und accūssō) 1. **1. gerichtlich belangen, anklagen**: Pario crimine wegen der Vorgänge auf P. *N*, invidiae crimine auf eine gehässige Beschuldigung hin *N*; uno nomine unter gleichem Vorwand; aliquem proditionis, coniurationis, rei capitalis; capitis auf Leben und Tod *N*; de veneficio, de repetundis, de vi; inter sicarios wegen Meuchelmords. **2.** *met.* **tadeln, sich beklagen, sich beschweren**: eius perfidiam *N*, regem temeritatis *L.*
E: ad und causa, 'jemd. zum Prozeß bringen', § 70.

Acē, ēs, *f.* A k k a [phönikische Stadt] *N.*

aceō, ēre (vgl. ācer) sauer, scharf sein *Cato.*

I. acer, eris, *n.* A h o r n (§ 10) *O.*

II. ācer, ācris, ācre, *adv.* **ācriter** (zu ăceo, ăcies, vgl. păciscor und pāx; gr. ἀκίς, ἄκρος)

> 1. **spitz, scharf**, schneidend; 2. *met.* (von Sinneswahrnehmungen) **scharf**; 3. (vom Naturell) **feurig, eifrig, tatkräftig**; *occ.* (tadelnd) **schroff, wild, leidenschaftlich**; 4. (vom Verstand) **scharf, scharfsinnig**; 5. (von Abstraktem) **scharf, stark, heftig, hart.**

1. ferrum *T*; b i l d l. stimuli *VHT*; arcus scharfschießend = gespannt *V.* **2.** stomachus sauer, verdorben *H*; suavitas pikant, canes scharfspürend *O*; sonitus flammae scharfes Knistern *V*, tibia hellstimmig *H*; acriter intueri solem, oculi; ventus, flatus schneidend *Cu*, tempestas, hiems rauh, sol stechend *H*; *met.* dolor bitter *V*, memoria schmerzlich *T.* **3.** vir energisch *N*, rusticus eifrig *V*, equus feurig *V*; mit *abl.* bellis, equis tüchtig im Kampf, zu Pferd *V*, *locat.* militiae im Krieg *T*; *meton.* Marsi peditis voltus kampfesmutig *H.* **occ.** fugitor eifriger Ausreißer *C*, vindex, iudex streng, adversarius, acriter increpare *Cu*; leo grimmig *N*, aper wild *V*, canis bissig. **4.** ingenium, iudicium, memoria; consilium *Cu*, acriter intellegere, cavere *H.* **5.** metus, amor *V*, studium, odium, cupiditas; proelium, impetus, bellum; fuga hitzig *V*, acri militia im strengen Kriegsdienst *H*, sententia, lex streng, supplicium, tormentum grausam, hart, nox acerrima fuit es ging hart her in jener Nacht; annona hohe Getreidepreise *T*; *n. subst.* acre bittere Schärfe, beißender Witz *H.*

acerbitās, ātis, *f.* (acerbus) **1. Herbheit**. *met.*

2. Härte, Strenge, Bitterkeit: imperii *N*, morum, legis, suppliciorum, iniuriae; iambi Bissigkeit *Q.* **3. Bitterkeit, Traurigkeit:** pristini temporis. **4. Mühsal, Elend:** acerbitates perferre.

acerbō, āre verschlimmern: crimen *V.* Von

acerbus 3, *adv.* **ē** (zu **ācer,** vgl. § 6, Anm., und § 46) **1. herb, bitter;** *met.* recitator widerlich *H*; frigus rauh *H*, vultus saures Gesicht *O*; d i c h t. *n. pl. adv.* acerba tuens wild blickend *V*, fremens bitter knirschend *V*, sonans rauh *V.* **2. unreif, unzeitig:** uva sauer; *met.* virgo *O*, partus Frühgeburt *O*, res unfertig, funus frühzeitig *V*, acerbe mori. *met.* **3. rauh, hart, unfreundlich, streng:** acerbe invehi in aliquem, necare grausam; hostis, lex, in suos partus *O*; imperium streng *N*, odium bitter, poena, cruciatus, sententia; vox, lingua *L*, facetiae kränkend *T. Subst.* acerbi Pedanten, Miesmacher, acerbus Nörgler *H*. **4. schmerzlich, betrübend, bitter, traurig:** dolor, iniuria, luctus, spectaculum, caedes; acerbe ferre unangenehm empfinden.

acernus 3 (acer) aus Ahornholz *VHO.*

acerra, ae, *f.* Weihrauchkästchen.

Acerrae, ārum, *f.* A c e r r a [St. in Kampanien] *L*; Einw. **Acerrānī** *L.*

acervātim (acervo, § 79) *adv.* haufenweise, in Masse.

acervō 1. aufhäufen *L.* Von

acervus, ī, *m.* **1. Getreidehaufen:** farris *V*, frumenta in acervis sunt. *met.* **2. Haufen, Menge, Masse:** armorum, civium, nummorum, scelerum. **3. occ. Trugschluß** (σωρείτης) *H.*

acēscō 3. (acuī) (*incoh.* zu aceo) sauer werden *H.*

Acesīnēs, is, *m.* A. [Nebenfluß des Indus] *Cu.*

Acesta, ae, *f.* A. [alter Name von Segesta] *V.*

Acestēs, ae, *m.* A. [König in Sizilien, Gründer von Acesta] *VO.*

acētārium, ī, *n.* Salat *Sp.* Von

acētum, ī, *n.* (sc. vinum; vgl. acesco, got. akeit) Essig; *met.* Italum beißender Witz, 'Lauge' *H.*

Achaemenēs, is, *m.* A. [Stammvater des persischen Königshauses] *HT; adi.* **Achaemenius** 3 persisch, parthisch *HPrO.*

Achāia, ae, *f.* A. **[1.** nördlichste Landsch. der Peloponnes. **2.** Seit 146 die röm. Provinz Griechenland bis Thessalien]; d i c h t. Griechenland; Einw. (**1.** u. **2.**) **Achaeī,** ōrum, *m.*; [bei *O Pont. 4, 10, 27* gr. Kolonisten am Pontus]. **Achaeias** adis, *f.* griechisch; **Achāïs,** idis, *f.* griechisch, *subst.* Griechenland *O. Adi.* **Achāïcus** 3 griechisch.

Achelōus (ōos), ī, *m.* A. [Hauptfl. Ätoliens, j. A s p r o p o t a m o s; auch als Flußgott verehrt *O*]; *adi.* **Achelōïus** 3: pocula voll Flußwasser *V*, Callirhoë die Tochter des A. *O;* **Achelōïs,** idis und **Achelōïas,** adis, *f.* Acheloustochter, Sirene *O.*

Acherōn, ontis, *m.* A. **[1.** Fl. in Epirus *L.* **2.** Fl. in Bruttium *L.* **3.** Fl. in der Unterwelt (nach **1.**)]; *meton.* Unterwelt; **Acheruns,** untis, *m.* (selten *f.*); *locat.* Acherunti in der U. *C;* Acheruntis ostium 'Höllentor', stinkender Ort *C. Adi.* **Acherū(n)sius** 3 **1.** zum Fl. A. gehörig: aqua *L.* **2.** zur Unterwelt gehörig *Ennius, Lukrez* = **Acherunticus** *C.*

Acherontia, ae, *f.* A. [Bergdorf bei Venusia] *H.*

Achillēs, is und ī, *m., gen.* auch **ēī** *H* A. [Sohn des Peleus und der Thetis]; *met.* jugendlicher Held *CV; adi.* **Achillēus** 3; *patr.* **Achillīdēs,** ae, *m. O.*

Achīvus 3 griechisch; *subst.* Achīvī die Griechen [vor Troja] *VHO.*

achlis, *f., acc.* in = alces Elch *Sp.*

Achradina, ae, *f.* A. [Stadtviertel von Syrakus].

Acīdalia mater = Venus [nach der Quelle Acidalia in Böotien benannt] *V.*

acidus 3 (aceo) **1.** sauer *VH.* **2.** *met.* unangenehm *H.*

aciēs, ēī, *f.* (aceo; vgl. ser-ies, spec-ies)

Schärfe, Schneide; *met.* I. **1. Sehkraft, Schärfe;** b i l d l. **Geistesschärfe, Scharfsinn; 2.** *meton.* **Blick; 3. Pupille; 4.** *synecd.* **Auge.**
II. **1.** (die 'Schneide' des Heeres) **Schlachtlinie, -reihe; 2.** *synecd.* **Schlachtordnung, Heer, Truppen; 3.** *meton.* **Schlacht, Feldschlacht.**

---

gladii *Cu*, falcis *V; synecd.* ferri das scharfe Schwert *V*; b i l d l. auctoritatis. **I. 1.** oculorum *H*; b i l d l. ingenii, animi, mentis. **2.** aciem in omnes partes dimittere *O*; stellarum das Blinken *V.* **3.** acies ipsa (Augapfel), quae pupula vocatur. **4.** sanguinea *V.* **II. 1.** prima, secunda, tertia. **2.** triplex in drei Linien, agmina potius quam acies eher in Marschordnung als in Schlachtstellung *L*; pedestris Fußtruppen *Cu*, Tyrrhenae *V*; d i c h t. Volcania Feuermeer *V*; navium *N.* **3.** exercitum in aciem producere *N*, (in) acie dimicare, aciem complere das Schlachtfeld *Cu*; b i l d l. philosophi in aciem non saepe prodeunt zum Wortgefecht.

Acīlius 3 im *n. g.* (pleb.): C. Ac. Glabrio [Verfasser eines gr. Geschichtsbuchs (annales, libri Aciliānī) über den 2. punischen Krieg, um 156] *L.*

acīnacēs, is, *m.* (persisch) dolchartiges Schwert *HCu.*

acinus, ī, *m.* Weinbeere.

acipēnser, eris, *m.* Stör [?].

Ācis, idis, *m., acc.* in, *voc.* Aci A. [Flüßchen am Ätna, in der Sage Hirt, der Galatea liebte] *O.*

āclys, ydis, *f.* kleiner Speer [mit Schleuderriemen] *V.*

aconīton und **-um,** ī, *n.* (ἀκόνιτον) Eisenhut [Pflanze]; *synecd.* Gift *O.*

acor, ōris, *m.* (aceo) Säure *Pli.*

ac-quiēscō 3. quiēvī **1. zur Ruhe kommen, ausruhen,** rasten: in lecto *Ca*, somno *Cu*, Lanuvii; **occ. entschlafen** *NT. met.* **2. Ruhe haben:** res familiaris adquiescit wird nicht angegriffen *L.* **3. sich beruhigen, Trost finden, zufrieden, froh sein:** morte Clodii, parva spe *L*; in unico filio.

ac-quīrō 3. quīsīvī, quīsītus (quaero, § 43) **1.** dazu erwerben: nihil ad honorem. **2. erwerben, gewinnen,** sich verschaffen: pecuniam, favorem *T.*

Acraeus 3 (ἀκραῖος) auf Höhen verehrt [Beiname Jupptiers und Junos] *L.*

Acragās, ntis *f.* = Agrigentum.

ācriculus 3 (*demin.* von **ācer**) hitzig, reizbar.

ācrimōnia 9 **ad** A

ācrimōnia, ae, *f.* (ācer) Schärfe *Sp.*

Acrisius, ī, *m.* A. [König v. Argos, Vater der Danae] *H*; *adi.* **Acrisiōnēus** 3: arces Burg von Argos *O*, coloni argivisch *V*; *patr.* **Acrisiōniadēs**, ae, *m.* Perseus [Sohn des A.] *O.*

ācriter s. acer.

acroāma, atis, *n.* (ἀκρόαμα) **1.** Vortrag [mit Musik] = **acroāsis**, is, *f.* **2.** *meton.* Vortragender [Musiker, Sänger, Vorleser u. dgl.].

Acroceraunia, ōrum, *n,* A. [Vorgebirge in Epirus] *H.*

Acrocorinthus, ī, *f.* A. [Burg von Korinth] *L.*

I. acta, ae, *f.* (ἀκτή) Küste, Gestade; **occ.** Strandleben: actae et voluptates. **Actaeus** 3 und **Actias**, adis, *f.* (von Actē = Attica) attisch *OV.*

II. ācta, ōrum, selten āctum, ī, *n.* (ago) **1.** Taten, Werke: mortalia *O*, patris *Q.* **2. occ.** Verfügungen, Verordnungen: Caesaris; acta convellere, rescindere rückgängig machen, actum eius. *meton.* **3. Senatsprotokolle:** conponere patrum acta verfassen *T.* **4. Tageschronik, Amtsblatt:** urbana; publica, populi, diurna *T.*

Actiacus 3 s. Actium.

āctiō, ōnis, *f.* (ago) **1. Ausführung, Verrichtung:** illarum rerum; gratiarum Danksagung. **2. Tätigkeit, Handlung:** divina, suscipere actionem, eius actiones Unternehmungen, vitae praktisches Leben. **3. occ. a. Verhandlung** [Rede, Vortrag, Antrag], **Amtshandlung;** *pl.* **Amtsführung:** tribuniciae *L*, Gracchorum Umtriebe *S*; actiones suas scriptis mandare. **b. Gerichtsverhandlung, Prozeß.** A n k l a g e : civilis, actionem instituere anklagen, perduellionis Klage auf Hochverrat. V e r t e i d i g u n g : maximae causae. A l l g e m e i n : inquieta urbs actionibus *T. meton.* **4. Klageformel, Prozeßverfahren:** illa actio: 'ope consilioque tuo furtum aio factum esse', (legis) actiones Prozeßvorschriften. **5. Klagerecht,** Erlaubnis zur Klage: actionem dare; actio perit *L.* **6. Gerichtsrede:** Verrinae gegen Verres. **7. Termin:** prima. **8. Vortrag(sweise), Deklamation.**

āctitō **1.** (Doppelfrequ. von ago) häufig betreiben: multas privatas causas; mimos darstellen *T.*

Actium, ī, *n.* A. [Kap und St. in Akarnanien mit Apollotempel; Schlacht 31]; *adi.* **Actius** und **Actiacus** 3: frondes apollinischer Lorbeer *O.*

āctiuncula, ae, *f.* (*dem.* von actio) kleine Gerichtsrede *Pli.*

āctor, ōris, *m.* (ago) **1. Treiber:** Tirynthius, pecoris Hirt *O.* **2. Darsteller:** carminum *L*; **occ. Schauspieler** *H.* **3. Vermittler, Vollzieher, 'Besorger':** illarum rerum; auctor actorque Beistand in Rat und Tat *N.* **4. Kläger:** accusatorem pro actore et petitore appello; **occ. Advokat, Fürsprecher:** causae meae. **5. Vermögensverwalter, Geschäftsführer:** publicus der Staatsgüter *TPli.*

Actoridēs, ae, *m.* Nachkomme des Actor [bes. dessen Sohn Menoetius und Enkel Patroclus] *O.*

āctuāriola, ae, *f.* kleine Barke. *Dem.* von

āctuārius 3 (ago) schnell: navis, navigium und *subst.* actuaria, ae, *f.* Schnellsegler; **āctuārius,** ī, *m.* Schnellschreiber, Buchhalter *Sp.*

āctuōsus 3, *adv.* ē tätig, wirksam. Von

I. āctus, ūs, *m.* (ago) **1. das Treiben** [des Viehs]. **2.** actus ['Umpflügung'; Feldmaß, halbes iugerum] *Sp.* **3. Bewegung:** magno actu in gewaltigem Sturz *V.* **occ. a. Körperbewegung:** venit spectabilis actu *O*; **b. Gebärdenspiel:** carminum imitandorum dem Inhalt der Gedichte entsprechend *L*, histrionum *Q.* **4. *meton.* Darstellung:** fabellarum *L.* **5. Aufzug, Akt;** *met.* **Abschnitt, Teil:** (vitae) extremus. **6. Handlung, Tat:** hic restat actus; haec ipso cognoscere in actu *O.* **occ. a.** öffentliche Tätigkeit, **Berufspflicht, Amt:** inter medios rerum actus *Q*, Gerichtsgeschäfte *Sp*; **b. Handlungsweise** *Pli.*

II. āctus *pt. pf. pass.* oder *med.* v. ago.

āctūtum *adv.* sogleich, sofort.

E: v. *āctūtus 'tätig', zu āctus, ūs, wie astūtus zu astus.

acuī *pf.* v. acesco oder acuo.

acula = aquula.

aculeātus 3 stachelig, scharf: litterae. Von

aculeus, ī, *m.* Stachel: apis; sagittae Pfeilspitze *L*; *met.* (bes. im *pl.*) orationis; pectus pungit aculeus Sorge *C*; aculeos relinquere in animis tiefen Eindruck.

E: Weiterbildung vom St. *acu-; vgl. acus.

acūmen, inis, *n.* **1. Spitze:** auspicium ex acuminibus gutes Omen [wenn die Lanzenspitzen Funken sprühten]; rostri, digiti, caudae, montis *O. met.* **2. Scharfsinn, scharfer Verstand, Witz:** ingenii *N*, dialecticorum; verbi Spitze, Pointe. **3. Spitzfindigkeit, Kniffe:** meretricis *H.* Von

acuō 3. acuī (acūtus) (acus) **1. schärfen, spitzen, wetzen:** gladios *LCu*, dentes in proelia *Ti. met.* **2. schärfen, üben:** ingenium, mentem; linguam *H.* **3. antreiben, anregen, (auf)reizen:** ad crudelitatem; ignaviam anspornen *Cu*, curis corda quälen *V.* **4. vermehren, betonen, steigern, verstärken:** metum, iras *V*, curam, studia populi *L.*

acupēnser = acipenser.

acus, ūs *f.* Nadel.

E: vgl. ἀκίς 'Spitze'.

acūtulus 3 ziemlich spitzfindig. *Dem.* von

acūtus 3, *adv.* ē (s. acuo) **1. spitz, scharf:** sudes; spinae *V*, nasus *C*; pinus, cupressus *O. met.* **2.** [von Sinneswahrnehmungen]: **scharf:** gelu schneidend, sol stechend *H*; acute sonare; vox *O*, stridor schrill *H*, sonus Diskant, hinnitus durchdringend *V*; cernis acutum du siehst scharf *H*, nares fein *H.* **3.** [vom Geiste]: **scharfsinnig, treffend, fein:** acute cogitatum *N*, ad fraudem verschmitzt *N*, multa acuta et subtilia. **4. occ. heftig,** akut: morbus *H*; ü b e r t r. acuta belli 'scharfe Klippen' *H.*

ad (engl. at) Präp. beim *acc.* **zu, an.**

I. r ä u m l i c h : **1.** 'Wohin': **gegen … hin, nach … hin, zu, nach, auf … hin;** *occ. a.* (bei Stadtnamen) **in die Gegend;** *b.* (zum Endpunkt) **bis zu, bis an;** **2.** 'Wo': **an, bei, nahe an;** *occ. a.* (bei Stadtnamen) **in der Umgebung, Nähe;** *b.* **in, auf, an, zu.** I I . z e i t l i c h : **1.** T e r m i n e angebend: **zu, an;** **2.** Z i e l e : **bis zu, bis an;** **3.** Z e i t p u n k t e unge-

adactio 10 **additamentum**

fähr bezeichnend: **gegen, um**; 4. die Zeitdauer bestimmend: **auf, für**.

III. Zahl und Maß bestimmend: 1. **gegen, an, ungefähr**; 2. **bis zu, bis auf**.

IV. Auf andere Beziehungen übertragen: 1. final: **zu, für**; *occ.* **in bezug auf, in Rücksicht auf**; 2. kausal: **auf, infolge, nach**; 3. modal: **gemäß, nach**; *occ.* gleichstellend: **neben, im Vergleich mit**; 4. additiv: **dazu, neben, zu, außer**.

I. 1. ea pars vergit ad septentriones, ad omnes partes nach allen Seiten, quem ad finem bis wie weit, ad infimum nach unten, proficisci ad eum, ad hostem ducere, ire gegen den Feind *L*; liber ad Rhodios an die Rh. (geschrieben) *N.* **a.** ad Genavam pervenit. **b.** extendere agmen ad mare *Cu*, urbs ad solum diruta *Cu.* **2.** surgit ad hos vor, unter diesen *O*, ad me fuit war bei mir (auf Besuch), ad parentum, iudicem, populum vor, ad impedimenta pugnatum est, pilum ducere ad Caearem im Heer des C., ad villam alere; proelium ad Trebiam *L*, ad superos auf der Oberwelt *V*, gloria ad posteros *T*; ad urbem esse (manere, remanere) vor der Stadt, ad lunam bei Mondschein *VH*, ad lumen bei Licht, ad tibiam (ad tibicinem) zur Flöte, ad vinum beim Wein. **a.** ad Alesiam castra fecit. **b.** ad dexteram, ad sinistram rechts, links, ad forum auf dem F., ad omnia deorum templa, ad Castoris im Tempel des K.

II. 1. ad diem (dictam), ad tempus zur (rechten) Zeit; ad decem milia annorum in zehntausend Jahren. **2.** ad senectutem vixit *N*, ab hora septima ad vesperum pugnatum est, ad id (hoc) tempus bis jetzt = ad id (hoc) *L*, ad multam noctem bis tief in die Nacht, ad nostram memoriam bis auf unsere Zeit *N.* **3.** ad meridiem, ad mediam noctem, ad hiemem *S*, ad extremam orationem gegen Schluß der Rede. **4.** ad paucos dies auf ein paar Tage, ad tempus auf Zeit (nicht dauernd).

III. 1. adv. occisis ad hominum milibus IV ungefähr; präpos. equitatus ad numerum quattuor milium. **2.** obsides ad numerum miserunt vollzählig, ad partem dimidiam zur Hälfte *L*, ad plenum voll *H*; bildl. ad necem caedi, ad internecionem *Cu*, ad unum (omnes) insgesamt; ad assem perdere *H*, ad nummum convenire bis auf den letzten Heller, ad verbum ediscere wörtlich auswendig lernen.

IV. 1. exercitus contrahitur ad bellum Aegyptium *N*, ire ad solacia um zu trösten *O*; mit *acc. ger.* ad quod bellum gerendum praetor factus zur Führung *N*, pertinere ad effeminandos animos zur Verweichlichung; bei *adi.* iuvenci fortes (tüchtig) ad aratra *V*, aemulus ad deterrima *T*; *verb.* ad id factum, ad id ipsum factum eigens dazu *L*, servos ad remum dare als Ruderer *L*; res quae sunt ad incendia zu... dienen. Redensarten: nihil ad me! quid (id) ad me? (*sc.* pertinet) was geht mich das an? **occ.** ad motus concursusque leviores *N*, rudis ad aliquid *LCu*, vir ad cetera egregius *L*, ad honorem antecellere, disputare ad aliquid über. **2.** ad haec respondere, ad vocem (clamorem) concurrere, ad

imperatum, ad nutum, ad famam belli legiones conscribere *L*, ad spem veniae se dederunt in der Hoffnung auf *L*, ad illorum preces auf ihre Bitten *L.* **3.** ad praescriptum agere, ad certum pondus, ad hunc (eundem) modum folgendermaßen (gleichermaßen); quem ad modum wie; ad naturam naturgemäß, ad arbitrium nach seinem Ermessen, ad voluntatem nach seinem Belieben, ad speciem zum Schein. **occ.** haec ad nostram consuetudinem sunt levia *N*, scuta ad amplitudinem corporum parum lata *L*, vir bonus, sed nihil ad Persium. **4.** ad haec accedit, quod; nisi quid vis ad haec überdies, ad cetera vulnera hanc quoque plagam infligere; ad id, hoc, haec, ad cetera überdies, außerdem *L*.

adāctiō, ōnis, *f.* das Hinbringen (zu etw.): iuris iurandi Vereidigung *L*.

adāctus *pt. pf. pass.* v. adigo.

ad-aequē *adv.* gleich, ebenso *C*.

ad-aequō 1. I. 1. gleichmachen: moles moenibus; tecta solo *L.* **2.** *met.* **gleichstellen:** cum virtute fortunam, virtutem nostris (*dat.*); **occ. vergleichen:** Alexandri fatis *T.* **II. gleichkommen, erreichen:** equorum cursum, gratiā apud Caesarem gleich sein; *abs.* urna adaequavit ergab Stimmengleichheit.

ad-aggerō 1. anschwemmen, -häufen *Sp*.

ad-alligō 1. (§ 72) anbinden *Sp*.

adamantēus und **adamantinus 3** stählern, stahlhart, eisenfest. Von

adamās, antis, *m. acc.* a Stahl, Diamant *Sp*; *met.* hartes Herz *O*.

ad-amō 1. liebgewinnen.

ad-aperiō 4. aperui, apertus (*decomp.*, § 72) **1.** aufdecken, entblößen: quae velanda erant *L.* **2.** öffnen: cuniculum *L*; *met.* aures *Cu.*   Dav.

adapertilis, e sich öffnen lassend *O*.

adapertus *pt. pf. pass.* v. adaperio.

ad-aperuī *pf.* v. adaperio.

ad-augeō 2. auxī, auctus vermehren, vergrößern.

ad-bibō 3. bibī sich antrinken *C*; *met.* aufnehmen.

ad-bītō, ere hinzugehen *C*.

E: altl. baetere, 'gehen', § 43.

ad-c . . . s. ac-c . . .

ad-decet es ziemt sich *C*.

ad-dēnseō, ēre noch dichter machen *V*.

ad-dīcō 3. dixi, dictus **1. zusagen, günstig sein:** pulli auspicio (*abl.*) non addixerunt *L.* **2.** [im Rechtsleben] **zuerkennen, zusprechen:** liberum corpus in servitutem zur Schuldknechtschaft verurteilen *L*; **addictus, ī,** *m.* Schuldner, Schuldknecht *L.* **3.** (dem Bietenden) **zuschlagen, überlassen, verkaufen:** bona in publicum einziehen (und versteigern); domum nummo = verschenken *H*; *met.* regna pecuniā, sententiam. *met.* **4. widmen, hin-, preisgeben:** senatus, cui me semper addixi dessen Parteigänger ich war; hominem servis, morti, Galliam servituti; addictus mit *inf.* verpflichtet, verbunden *H.* **5. zuschreiben:** orationes, quae Charisi nomini addicuntur *Q*.

ad-didī *pf.* v. addo.

ad-dīscō 3. didicī dazulernen.

additāmentum, ī, *n.* (addo) Zugabe, Anhängsel.

additus   11   **adhaeresco**   A

additus *pt. pf. pass.* v. addo.
ad-dīxī *pf.* v. addico.
ad-dō 3. didī, ditus (§ 6 u. 71)

I. 1. **hinzutun, hinzufügen**; *occ.* **addieren**;
2. *met.* **hinzugeben, hinzunehmen, hinzusetzen.**
II. 1. **beitun, -geben, -setzen, -legen**; *occ.* **beige-**
sellen; 2. *met.* **beibringen, einflößen.**

I. 1. res novas in edictum *N*, noctem operi noch
zur Arbeit verwenden *V*, hominem Troiae periturae in
den Sturz mithineinziehen *V*, gradum (*sc.* gradui) den
Schritt beschleunigen *CL*; quadrigae addunt in spatia
beschleunigen den Lauf *V*. **occ.** addendo deducendo-
que videre, quae reliqui summa fiat. **2.** laborem ad
opera cotidiana, sceleri (in scelus *O*) scelus *L*, quo
nihil addi potest = unvergleichlich. [Von der Rede]:
metum mortis Todesdrohung *Cu*, de Sabini morte;
abl. abs. addito mit dem Beisatz *T*; adde nimm dazu,
füge hinzu: adde huc fontium perennitates; adde,
quod *LO*.
   II. 1. frena feris anlegen *V*, equo calcaria die Spo-
ren geben *L* (bildl. *H*), album in vestimentum auf-
tragen *L*. **occ.** comitem aliquem alicui *VL*, Teucris
addita Iuno feindlich, aufsässig *V*. **2.** furorem ani-
mis, mentibus ardorem *V*, honorem alicui erwei-
sen *VL*.
ad-doceō, ēre hinzulehren *H*.
Addua, ae, *m.* A d d a [Nebenfl. des Po] *T*.
ad-dubitō 1. Zweifel hegen, einige Bedenken haben: il-
lud darüber *N*; res addubitata bezweifelt.
ad-dūcō 3. dūxī, ductus

I. **an sich ziehen, heranziehen**; *occ. a.* **straff an-**
ziehen, spannen; *b.* **zusammenziehen, runzeln.**
II. 1. **heran-, herzuführen, leiten, bringen**; *occ.*
zuführen; *met.* 2. in eine Lage **bringen**, in einen Zu-
stand **versetzen**; *occ.* einen Zustand **mit sich brin-**
gen; 3. jemd. zu etw. bringen, **bewegen, vermögen,**
veranlassen, bestimmen.

I. ramum *O*, lacertos *V*, pedem aufheben *O*. **a.** ar-
cum, sagittam *V*, habenas, funes, balistas. **b.** cu-
tem *O*, artūs *V*.
   II. 1. adducor litora *O*, iumenta ad oppidum, na-
vem in Italiam, supplementum ab Roma *L*, in iudi-
cium (ius) vor Gericht bringen. **occ.** aquam herbeilei-
ten *L*. **2.** rem ad finem *N*, ad effectum *L*, in invi-
diam ins Gerede, in desperationem zur Verzweif-
lung *N*, in suspicionem verdächtigen *N*, se in consue-
tudinem sich gewöhnen, in discrimen in Gefahr stür-
zen, ad summam inopiam adduci in die höchste Not
kommen. **occ.** sitim, febres *H*. **3.** ad iracundiam, in
spem, ad credendum, in opinionem; regem addu-
xit, ut eum terrā depelleret *N*; adductus oratione
verleitet, cupiditate regni bewogen; pudore adductus
aus Scham, timore aus Furcht, spe in der Hoffnung, pre-
cibus auf Bitten, mercede um Lohn *L*; non adducor
quemquam bonum putare.   Dav.
I. adductus 3, *adv.* **ē** (nur *comp.*) gerunzelt: vultus,
frons *Sp. met.* **ernst, streng**: servitium *T*, adductius
regnari straffer *T*; [vom Redner]: **gemessen** *Pli*.
II. adductus *pt. pf. pass.* v. adduco.

ad-dūxī *pf.* v. adduco.
ad-edō 3. ēdī, ēsus **1.** anbeißen, annagen: exta *L*;
bildl. cum me adederit ignis ansengt *O*, scopulus
adesus ausgewaschen *O*, lapis abgescheuert *H*.
2. *met.* teilweise aufzehren, verbrauchen: pecuniam.
ad-ēgī *pf.* v. adigo.
ad-ēmī *pf.* v. adimo.
ademptiō, ōnis, *f.* (adimo) Entziehung: provinciae *T*,
bonorum Einziehung *T*.
adēmptus *pt. pf. pass.* v. adimo.
I. ad-eō, īre, adiī (3. P. *sg.* adīt = adiit *T*), aditus

---
1. **hinzu-, herangehen, sich nähern,** nahekommen;
2. *occ. a.* jemand **angehen,** bittend, fragend **sich an**
jemand wenden; *b.* **besuchen, bereisen,** visitieren;
c. **angreifen, losgehen** auf jemand; *met.* 3. an ein
Geschäft gehen, etw. **übernehmen**; 4. sich einer
Lage nicht entziehen, **sich unterziehen.**

---

1. regem, domos, ripam *V*, epulas, sacrum beiwoh-
nen *O*; mit *praep.* in conventum, ad filios; ad prae-
torem, in ius klagbar werden. **2. a.** senatum; oracu-
lum *VLO*. **b.** tot loca; mare in See stechen *Cu*, insu-
lam landen, hiberna visitieren *T*. **c.** tempus adeundi
zum Angriff, oppida castellaque munita *S*. **3.** ad rem
p. (Staatsgeschäfte), ad causas, hereditatem antreten.
4. (ad) periculum, inimicitias; labores auf sich neh-
men *V*, dedecus, servitutem *T*.
II. ad-eō (ad und *adv.* eō 'bis dahin', § 68) *adv.*

---
1. **zeitl. so lange**; *met.* 2. **so weit, so sehr,** in
dem Maße; 3. **sogar, vielmehr**; 4. (nachgestellt)
eben, gerade, gar; 5. **besonders, zumal.**

---

1. usque adeo, dum, donec, quoad so
lange, bis. **2.** adeo res rediit es kam so weit *C*. [Meist
mit Folgesatz] nemo adeo ferus est, ut non mitescere
possit *H*; adeo nihil (non) so wenig *L*. [Nach Nega-
tion] ne tecta quidem urbis, adeo publicum consi-
lium numquam iniit geschweige denn jemals *T*.
3. hoc consilio atque adeo hac amentia impulsi
oder vielmehr. **4.** haec adeo speranda fuerunt eben
dies *V*, nunc adeo, sic adeo *V*; tres adeo soles erra-
mus drei volle Tage *V*. **5.** Bes. mit *pron.* te adeo con-
sule *V*.
adeps, ipis, *m. f.* Fett *Sp*; *met. pl.* Fettbauch.
adeptus *pt. pf. act.* oder *pass.* v. adipiscor.
ad-equitō 1. **1.** heranreiten; mit ad, in, *dat.* **2.** neben-
herreiten *Sp*.
ad-ēsuriō 4. īvī Hunger bekommen *C*.
adēsus *pt. pf. pass.* v. adedo.
ad-f . . . s. **af-f . . .**; **ad-g . . .** s. **ag-g . . .**
ad-gnōscō s. agnosco.
ad-haereō 2. haesī, haesūrus **1.** an etw. **festhängen,**
ankleben; mit *dat. LT*; in corpore *O*. **met. 2. fest-**
hängen, anhaften: pestis adhaeret lateri sitzt im Nak-
ken *L*, nulli fortunae an keiner Stellung *L*, castris nicht
verlassen *T*, parti fortunae teilnehmen *Cu*. **3. angren-**
zen, zusammenhängen: Peloponnesus continenti
adhaerens *L*.   Dazu *incoh.*
ad-haerēscō 3. haesī **1. sich anhängen,** anheften, **hän-**

adhaesi   12   **adiunctio**

gen (kleben, stecken, haften) **bleiben**; mit ad oder *dat.*; ignis adhaerescit zündet. **2.** *met.* **sich anhängen, haften bleiben;** egressibus *T,* honestati nicht weichen von; oratio adhaerescit bleibt stecken.
ad-haesī *pf.* v. adhaereo oder adhaeresco.
adhaesūrus *pt. fut.* v. adhaereo.
ad-hibeō 2. buī, bitus (habeo)

> **1.** hinhalten, **anlegen;** *occ.* **dazunehmen;** *met.* **2.** (in bestimmter Absicht) hinhalten, **anwenden, verwenden;** *occ.* (eine bestimmte Denkweise) **zeigen, üben; 3.** (Personen) heranziehen, **beiziehen, zuziehen; 4.** (mit *adv.*) **behandeln;** *refl.* **sich benehmen.**

1. manus ad vulnera anlegen *V,* manus genibus (*dat.*) die Knie umschlingen *O,* civibus R. vincula, odores ad deos darbringen; *met.* animos aufmerken *V.* **occ.** ad panem nasturcium. **2.** medicinam rei p., orationem ad deterrendum omnibus, forti viro vim Gewalt gebrauchen gegen. **occ.** modum Mäßigung, memoriam rei Gedächtnis beweisen (haben) für *N,* diligentiam, fidem fleißig, treu vorgehen. **3.** in (ad) convivium, convivio *L,* (Augustum) deum mensis alteris als Gott beim Nachtisch ein Trankopfer bringen *H;* hominem in (ad) consilium, consilio zu Rate ziehen; *abs.* accusatorem zu Hilfe nehmen; Iovem testem zum Zeugen nehmen, ad scelus homines quosdam duces sich bedienen. **4.** eum liberalissime: *refl.* sic se in potestate.
ad-hinniō 4. īvī zuwiehern *O.*
adhortātiō, ōnis, *f.* (adhortor) Aufmunterung.
adhortātor, ōris, *m.* Aufmunterer, Mahner.   Von
ad-hortor 1. aufmuntern, mahnen, anspornen, antreiben, anfeuern; mit ad, in, ut.
ad-hūc (§ 68) *adv.* 'bis hieher';

> **1. bisher, bis jetzt,** bis zur Stunde; *occ.* (von r e l a t i v e r Gegenwart) **bis dahin, noch; 2. noch,** noch bis jetzt, **noch immer,** immerfort; **3.** (nachkl.) **noch mehr,** noch dazu, außerdem. ·

1. video a. duas esse sententias; ut a. locorum (bisher) feci *C;* usque adhuc. **occ.** scripsi me cognosse eloquentem a. neminem. **2.** a. de consuetudine exercitationis loquor; gens a. aperit secreta pectoris heute noch *T.* **3.** elegantissima et plus a. habitura gratiae *Q.*
Adiabēnus 3 von Adiabene [Landsch. Assyriens]; *subst.* **Adiabenī,** ōrum, *m.* die A. [Einw. von Adiabene] *T.*
ad-iaceō, ēre 1. bei [oder] neben etw. liegen: vallo (*dat.*) *T.* **2.** *occ.* angrenzen, benachbart sein; mit ad, *dat.; trans. N; n. pl. subst.* adiacentia Umgebung *T.*
ad-iciō 3. iēcī, iectus (iacio, § 43)

> **I. 1.** 'h i n w e r f e n' : *occ.* **an, auf, zu** etw. **setzen; 2.** *met.* auf etw. **hin richten, lenken, zuwenden. II. 1.** 'h i n z u w e r f e n', hinzugeben, **hinzufügen; 2.** *met.* **hinzutun, -setzen, -fügen, zulegen, vermehren, vergrößern;** *occ.* (in der Rede) **beifügen, hinzufügen.**

I. 1. laqueos ad saxa *Cu,* adiectae voces zu den

Ohren gedrungen; **occ.** capiti insignia *Cu.* **2.** animum ad consilium auf einen Plan verfallen *L;* mit *dat.* consilio animum *L;* modum anwenden *T.*
II. 1. aggerem ad munitiones, aggeri loricam. **2.** legiones ad exercitum *L,* aggeri latitudinem erweitern *Cu; abs.* magnitudini Pori erhöhen *Cu,* prioribus überbieten *Q.* **occ.** minas *Cu;* adiecto (*abl. abs.*) trepidam sibi vitam (esse) mit dem Zusatz *T,* adice füge, nimm hinzu *OT.*   Dav.
adiectiō, ōnis, *f.* das Hinzufügen: populi Albani *L,* familiarum Aufnahme *T;* **occ.** illiberalis höheres Angebot *L.*
adiectus *pt. pf. pass.* v. adicio.
ad-igō 3. ēgī, āctus (ago, § 41) **1.** heran-, herzu-, hineintreiben: pecus e vicis, arbitrum (altl. = ad arbitrum) vorladen; triremes herbeiziehen *T,* turrim vorschieben, tigna fistucis eintreiben; ensem alicui *V,* harpen in pectus hineinstoßen *O; meton.* vulnus alte adactum tief geschlagen *V.* **occ. schleudern:** telum in litus, sagitta turbine adacta *V;* (Salmonea) praecipitem niederschmettern *V.* **2.** *met.* zu etw. **treiben,** drängen, bestimmen, zwingen: pinum in faciem prorae gestalten *Pr,* ad mortem *T;* mit *inf. VOT.* **occ.** **vereidigen.** P h r a s e n : aliquem (ad, in) iusiurandum; iureiurando *L,* legiones sacramento Othonis *T;* universos adigit läßt schwören *T.*
ad-iī *pf.* v. I. adeo.
ad-imō 3. ēmī, ēmptus **1. weg-, abnehmen:** compedes alicui *C,* canibus vincula *O;* nox diem adimat der Tag wäre zu kurz *C;* dolores, poenas, ignominiam, luctum befreien von; [selten] ab aliquo. **occ. verwehren, verbieten:** alicui litoris aditum; reditum, nomen virgineum *O;* mit *inf. H.* **2. rauben, entreißen:** regna, lumen *V.* **3.** (Personen) **entreißen:** puellas leto dem Tode *H;* Celsus ademptus tot *O.*
E: emo, § 41, 'an sich nehmen'.
ad-īnspectō, āre (§ 72) mit ansehen *Sp.*
adipātus 3 (adeps) *met.* (*rhet.*) schwülstig.
ad-ipīscor 3. adeptus sum (apiscor, § 43) **1.** einholen *L.* **2.** *met.* erhalten, erlangen, erringen: honores, victoriam; rerum *T. Pt. pf. pass.* adepta victoria *S,* principatus *T.*
I. aditus, ūs, *m.* (adeo) **1.** das **Nahen, Herangehen:** aditum defugere die Begegnung, prohibere aditūs die Landung *O.* **2.** *meton.* **Zutritt;** mit ad, in; litoris zum Gestade; **occ. Audienz:** aditum dare vorlassen *N,* faciles (difficiles) aditūs habere leicht (schwer) zugänglich sein. **3. Zugang, Eingang:** templorum, portūs. **4.** *met.* **Anfang:** primus a. Tuberonis. **5.** *meton.* **Mittel, Weg, Berechtigung:** ad ea conanda, in illum ordinem; sermonis, laudis; privatae gratiae *L.*
II. aditus *pt. pf. pass.* v. I. adeo.
ad-iūdicō 1. (richterlich) zuerkennen, zusprechen: (mulierem) Veneri in servitutem; *met.* Italis armis der röm. Herrschaft unterstellen *H;* mihi salutem imperii zuschreiben.
adiuerō, -it altl. = adiūvero, -it s. adiuvo.
adiūmentum, ī, *n.* (adiuvo) Hilfsmittel, Hilfe, Beistand; mit *gen., dat.,* ad.
adiūnctiō, ōnis, *f.* (adiungo) **1.** Anschluß: animi.

adiunctor   13   **admonitor**   A

2. (*rhet.*) Zeugma [Beziehung e i n e s Präd. auf mehrere Gedanken].

adiūnctor, ōris, *m.* 'Hinzufüger'.

ad-iūnctus *adi.* u. *pt. pf. pass.* v. adiungo.

ad-iūngō 3. iūnxī, iūnctus

---

1. anspannen; *occ.* anbinden; *met.* 2. anschließen, anreihen, hinzufügen; *occ.* (in der Rede) beifügen; 3. bei-, zugesellen; *refl.* sich anschließen; 4. (politisch) zum Anschluß bringen; 5. hinlenken.

---

1. mures plostello (*dat.*) *H*; **occ.** ulmis vites *V.* **2.** hoc (factum) prioribus factis *O*, horum aetatibus adiuncti ihre (jüngeren) Zeitgenossen, poenam municipiis (überdies) auferlegen. **occ.** similitudines (Beispiele); mit *acc. c. inf.* und indir. Fr. **3.** se socium *Cu*, de suis comitibus Leute aus seiner Umgebung *N*, homines ad usūs suos gewinnen, se ad virtutem, ad causam; mit abstr. Obj. ad fortitudinem temperantiam, indolentiam honestati paaren, sibi auxilium sich verschaffen. **4.** bellicosas nationes *N*; ad imperium (imperio *S*) populi R. Ciliciam vereinigen; urbem ad amicitiam gewinnen *N*, in societatem aufnehmen *L.* **5.** suspicionem ad praedam. Dav. **adiūnctus** 3 **1.** angrenzend, naheliegend *NCu.* **2.** wesentlich, eigentümlich; *n. pl. subst.* Eigenheiten *H.*

ad-iūrō 1. **1.** dazu schwören, **2.** zuschwören, beschwören: haec amanti *O*; *trans.* fontis caput beim Quell *V.*

adiūtābilis, e förderlich *C.*   Von

adiūtō 1. (*frequ.* v. adiuvo) helfen, fördern *C.*

adiūtor, ōris, *m.* (adiuvo) **1.** Gehilfe, Förderer, Helfer(shelfer). **2.** *occ.* **a.** Unterbeamter: quaestoris, negotiorum. **b.** Mitspieler [im Mimus] *Ph*; *met. H.* Dazu

adiūtrīx, īcis, *f.* Helferin; *occ.* legio I. (II.) [zeitweilig aus Seeleuten gebildete Reservelegion] *T.*

ad-iuvō 1. iūvī, iūtus (*fut. ex.* altl. adiuero) **1.** unterstützen, fördern, helfen, beistehen. Sprichw. fortes fortuna adiuvat; se adiuvante mit seiner Hilfe *N*; mit ad, in re. **occ.** ermutigen: clamore militem *L.* **2.** *met.* fördern, nähren: causam, rem p., ignem *LO*, formam cura heben *O.* **3.** *abs.* Dienste leisten, förderlich sein: adiuvat es hilft, non multum nicht sonderlich.

ad-l . . . s. **al-l . . .**

ad-mātūrō, āre beschleunigen.

ad-mētior 4. mensus sum (jem. etw.) zumessen.

Admētus, ī, *m.* Admet [Gemahl der Alkestis] *O.*

adminiculum, ī, *n.* **1.** Rebpfahl. **2.** Stütze **3.** *met.* Beihilfe, Beistand.

ad-minister, trī, *m.* und **ad-ministra,** ae, *f.* (Rückbildung aus administro, § 76) **1.** Arbeiter: administros tutari *S. met.* **2.** Gehilfe, Gehilfin. **3.** Helfershelfer: audaciae.

administrātiō, ōnis, *f.* (administro) **1.** Hilfeleistung. **2.** Lenkung: navis. **3.** *met.* Verwaltung, Besorgung: belli Führung, portūs Verkehr im Hafen, administrationem tardare das Belagerungswerk; *pl.* amtliche Verrichtungen *T.*

administrātor, ōris, *m.* Leiter: belli gerendi.   Von

ad-ministrō 1. **1.** leiten, lenken: navem, bellum; classem, exercitum kommandieren. **2.** *met.* besorgen,

---

ausführen, führen: legationes *N.* **occ. a.** verwalten: rem familiarem, rem p., provinciam, iudicia. **b.** Anstalten treffen: haec ita; quae videbantur zweckmäßige Vorkehrungen; *abs.* Dienst tun, arbeiten.

admīrābilis, e, *adv.* **iter** (admiror) **1.** bewunderungswürdig. **2.** *occ.* befremdend, seltsam: haec admirabilia, nimis admirabiliter dicere.   Dav.

admīrābilitās, ātis, *f.* Bewunderungswürdigkeit.

admīrandus 3 (admiror) = admirabilis.

admīrātiō, ōnis, *f.* (admiror) **1.** Bewunderung, Interesse. **2.** Verwunderung, Staunen: sententiae über *L.*

admīrātor, ōris, *m.* Bewunderer *PhT Sp.*   Von

ad-mīror 1. **1.** bewundern, anstaunen: Pompei bella. **2.** sich (ver)wundern; stultitiam eius *N*, mit *acc. c. inf.*, quod, indir. Fr.

ad-misceō 2. miscuī, mixtus **I. 1.** beimischen: saporem *V.* **2.** *met.* beifügen, -geben: legionibus milites, versum orationi. **II. vermischen:** sermonibus bekannt machen mit.

ad-mīsī *pf.* v. admitto.

admissārius, ī, *m.* Zuchthengst; *met.* Lüstling *C.*

admissum, ī, *n.* Vergehen, Schuld.   Von

ad-mittō 3. mīsī, missus (*inf. pr. pass.* admittier *V*)

I. dahinschießen lassen, in Bewegung setzen, loslassen.

II. 1. zulassen, einlassen; 2. *occ.* **a.** (zur Audienz) vorlassen; **b.** (zur Teilnahme an etw.) zuziehen, zulassen; *met.* **3.** zulassen, gestatten; **4.** verschulden, begehen, sich zuschulden kommen lassen.

I. equum in Postumium gegen P. losreiten *L*, equo admisso im Galopp, passu eilends *O*, admissae aquae reißend *O*, unda se admittit schießt hin *O.*

II. 1. in domum, spectatum zum Schauen *H*; *met.* preces *T*, condiciones auribus (ad aures) *L* vorbringen lassen, aliquid ad animum beherzigen *L.* **2. a.** admisso est nemo. **b.** ad colloquium. **3.** aves admittunt erlauben es *L.* **4.** dedecus, facinus.

admixtiō, ōnis, *f.* (admisceo) Beimischung.

admixtus *pt. pf. pass.* v. admisceo.

ad-moderor, ārier mäßigen: risu (*dat.*) *C.*

ad-modum *adv.* **1.** bei Gradangaben: völlig, ganz, sehr, ungemein, äußerst; bei *adi.* u. *adv.*; bei den *subst.* adulescens, puer, infans noch sehr jung. Mit Negation: nihil a. durchaus nichts, pugna nulla a. *L.* Bei *verb.* diligere. **2.** bei Zahlenangaben: ungefähr, im ganzen: filius X annos a. habens höchstens *L.* **3.** als Antwort: jawohl *C.*

E: *Iuxtap.* ad modum, § 67 'bis zum Maße'.

ad-mōlior 4. hinsetzen: rupes *Cu*, sich bewegen *C.*

ad-moneō 2. nuī, nitus **1.** erinnern, mahnen: illud; eam rem *S*, de re; egestatis *S*; mit ut, ne, *acc. c. inf.*, indir. Fr. **2.** belehren, warnen: prodigiis a diis admonemur; admonent quiddam, quod cavebimus. **3.** anfeuern, antreiben: biiugos *V.*   Dav.

admonitum, ī, *n.* Warnung.

admonitiō, ōnis, *f.* (admoneo) Erinnerung, Ermahnung, Warnung, Zurechtweisung.

admonitor, ōris, *m.* (admoneo) Erinnerer, Mahner.

admonitus 14 **adulter**

admonitus, ūs, *m.* (admoneo) nur im *abl.* **1.** Mahnung, Warnung: acrior admonitu est *O.* **2.** Aufforderung: Allobrogum.
ad-mordeō 2. morsus anbeißen, annagen *VPr.*
admōtiō, ōnis, *f.* das Anlegen. Von
ad-moveō 2. mōvī, mōtus 'heranbewegen';

> 1. **nähern, nahebringen, an ... legen, an ... setzen**; 2. *occ. a.* in die Nähe bringen, **herbeiführen**; *b.* (Militär) **anrücken lassen**; *c.* (Kriegsmaschinen) **vorschieben**; *d.* (beim Opfer an den Altar) **führen**; *met.* 3. (zeitlich) **nahebringen**; 4. (ein Mittel) **anwenden**; 5. (Personen) wohin **gelangen lassen, führen**.

1. ignem, pollicem, aurem anlegen, ubera säugen *V*; fasciculum ad nares, urbem ad mare am Meer anlegen, filium collo umarmen *Cu*, alicui calcar (stimulos) anstacheln, angues curribus anspannen *O*, manum operi 'betasten' [oder] 'Hand anlegen' *O*, aedificia admota muris angebaut *Cu*; **bildl.** acumina chartis den Scharfsinn richten auf *H*, ei desiderium erwecken *Cu*, lumen schaffen *Sp.* **2. a.** canes *Cu*, equos *L*, plures aures mehr Hörer zuführen *H*. **b.** exercitum propius urbem; rex admovebat ließ anrücken *Cu*. **c.** machinas *Cu*, opus ad turrim. **d.** Hannibalem altaribus *L*, tauros templis *O*. **3.** occasionem, diem leti *Cu*; admotus supremis dem Ende nahe *T*. **4.** curationem eine Kur; **bildl.** preces *OCu*, blanditias *O*, terrorem oppidanis Schrecken einjagen *L*. **5.** eum in propiorem amicitiae locum *Cu*, in idem fastigium erheben, befördern *Cu*.
admurmurātiō, ōnis, *f.* Gemurmel, Murren. Von
ad-murmurō 1. (beifällig) murmeln, (ablehnend) murren.
ad-mutilō 1. *met.* 'zustutzen', prellen *C.*
ad-n ... s. **an-n** ...
ad-nāscor u. a. s. agn ...
ad-oleō 2. (uī) **1.** Brandopfer darbringen, opfern, verehren: Iunoni honores ehrende Opfer *V*, flammis penates durch Opferfeuer ehren *V*, altaria (aras *T*) auf dem Altar opfern *V*, precibus et igne puro verherrlichen *T.* **2.** verbrennen: stipulas *O.*
adolesc ... s. **adulesc** ...
I. ad-olēscō und **adulēscō** 3. adolēvī, adultus (ad und alesco, *incoh.* zu alo) **1.** heranwachsen; *met.* adolescit aetas *L*, ver *T* rückt vor. **2.** *met.* wachsen, erstarken, zunehmen: ingenium adolescit reift heran *S*, lex maiestatis gewinnt an Kraft *T.*
II. adolēscō, ere (*incoh.* zu adoleo) auflodern *V.*
adolēvī *pf.* v. I. adolesco.
Adōn, ōnis, **Adōnis**, idis (Adōneus, ī *C*), *m.* A. [Sohn des Kinyras, Königs von Zypern, Geliebter der Venus, Personifikation des Werdens u. Vergehens.]
ad-operiō 4. operuī, opertus (§ 72) **1.** bedecken, verhüllen; mit *acc. gr.* adoperta vultum *O.* **2.** schließen: lumina *O*, fores *Sp.*
adoptātiō (adopto) und **ad-optiō** (*ad-opio, s. opto), ōnis, *f.* Annahme an Kindes Statt, Adoption.
adoptīvus 3 Adoptiv-: nobilitas *O*, filius *Sp.* Von

ad-optō 1. **1.** ausersehen, erwählen, annehmen: sibi defensorem; opes zu Hilfe nehmen *O.* **2.** *occ.* an Kindes Statt annehmen, adoptieren: in regnum als Nachfolger *S*; ut cuique est aetas, ita quemque adopta bezeichnen ihn als Verwandten *H.*
ador, *n.* (*nom.* u. *acc.*) Spelt, Dinkel [Getreideart]. Dav.
adōreus 3 aus Spelt: liba *V.*
adōria (adoro) und **adōrea**, ae, *f.* Kriegsruhm, Sieg *H.* E: adōrea durch Volksetym. v. adōreus.
ad-orior 4. adortus sum 'sich gegen etw. aufmachen'; **1.** angreifen, anfallen: tribunum gladiis, navem, urbem vi *L. met* **2.** (mit Bitten u. a.) angehen: Dodonam *N*, hominem minis, criminationibus *T.* **3.** an etw. gehen, unternehmen: eum demergere *N*, nefas *V.*
ad-ōrnō 1. **1.** ausrüsten, ausstatten, vorbereiten: naves onerarias, maria praesidiis versehen; **occ.** accusationem anordnen. **2.** schmücken: tunicas gemmis *Cu.*
ad-ōrō 1. **1.** anflehen, anbeten: numina, hanc linguam *O.* **2.** erflehen: pacem deûm *L.* **3.** verehren: Phoebum *O*; vulgum sich verbeugen vor *T.*
adortus *pt. pf. act.* v. adorior.
ad-p ... s. **ap-p** ...
ad-qu ... s. **ac-qu** ...
ad-r ... s. **ar-r** ...
Adramyttēum, ī, *n.* E d r e m i d [Küstenst. in Mysien]; *adi.* **Adramyttēnus** 3.
Adrana, ae, *m.* E d e r [Nebenfl. der Fulda] *T.*
Adrāstus, ī, *m.* A. [König von Argos, Schwiegervater des Polynices] *VO.*
ad-rāsus 3 (rado) gestutzt *H*; *met. Pli.*
Adria, Adriacus u. a. s. Hadria, Hadriacus usw.
Adrūmētum s. Hadrūmetum.
ad-s ... s. **as-s** ...
ad-sc ..., **ad-sp** ..., **ad-st** ..., **ad-t** ... s. **a-sc** ..., **a-sp** ..., **a-st** ..., **at-t** ...
ad-stitī *pf.* v. assisto.
Aduatucī s. At ...
adūlātiō, ōnis, *f.* (adulor) **1.** das Schweifwedeln: canum. *met.* **2.** Kriecherei, Speichelleckerei.
adūlātor, ōris, *m.* (adulor) Kriecher, Speichellecker; *adi.* **adūlātōrius** 3 kriechend, schmeichlerisch.
adulēscēns, entis (adulesco) **1.** als *pt.* heranwachsend, jung, jugendlich: filii. **2.** *subst. m.* Jüngling, *f.* Jungfrau. Dav.
adulēscentia, ae, *f.* **1.** Jugendzeit [etwa von 17 bis 30 Jahren]. **2.** *meton.* die jungen Leute.
adulēscentulus, ī, *m.* (*dem.* von adulescens) ganz junger Mensch.
adulēscō s. I. adolesco.
adūlor 1., selten **adūlō** 'anwedeln'; **1.** sich anschmiegen: ferae adulantes *O*; aquila adulat sanguinem streift hin über *Accius*. **2.** *met.* schmeicheln, kriechen: plebem *L*; mit *dat.* Antonio *N*; **occ.** kniefällig verehren *L.*
ad-ulter, era, erum (Rückbildung aus adultero, § 76) **ehebrecherisch**, verhurt: coniux, mens *O*, crines buhlerisch geschmückt *H. subst.* **adulter**, erī, *m.*, **adultera**, ae, *f.* **1.** Ehebrecher, -in: Dardanius = Paris *V*,

adulterinus   15   **adverto**   A

Lacaena = Helena *H*. **2.** *m*. **Liebhaber, Geliebter:** Pasiphaës *O*, nocturni *H*.   Dav.
adulterīnus 3 nachgemacht, unecht, falsch.
adulterium, ī, *n*. Ehebruch; *pl*. Liebschaften, ehebrecherisches Treiben; d i c h t. Untreue *O*.   Von
ad-ulterō 1. **1.** Ehebruch begehen, huren; mit *acc*. verführen *Sp*; *pass*. adulteretur columba miluo (*dat*.) *H*. **2.** verfälschen: verum; faciem verändern *O*.
I. adultus 3 (I. adolesco) **1. herangewachsen, erwachsen.** *met*. **2.** (zeitlich) **vorgerückt:** aetas; nox *T*, aestas Spätsommer *T*. **3. erstarkt, entwickelt:** pestis; seditio, Parthi *T*.
II. adultus *pt. pf. pass.* v. I. adolesco.
adumbrātiō, ōnis, *f*. Umriß, Skizze.   Von
ad-umbrō 1. 'skizzieren'; *met*. **1. andeuten:** casūs dicendo. **2. occ. nachahmen:** Macedonum morem *Cu*. Dav. **adumbrātus** 3 **1. angedeutet:** dii; *met*. **undeutlich,** unvollständig: imago gloriae. **2. erdichtet,** falsch, **angeblich, scheinbar:** res, indicium; laetitia *T*.
aduncitās, ātis, *f*. Krümmung, Haken.   Von
ad-uncus 3 einwärts gekrümmt, hakenförmig: ferrum mit Widerhaken *O*, praepes krummschnäblig *O*.
ad-urgeō, ēre nachdrängen, verfolgen *H*.
ad-ūrō 3. ussī, ustus anbrennen, sengen, versengen; *met*. ignibus (amoris) *H*; adustus (adustior) color sonnengebräunt *L*; [vom Frost]: erfrieren lassen *OCu*.
ad-ūsque d i c h t. statt usque ad; s. usque.
ad-ussī *pf*. v. aduro.
adustus *pt. pf. pass.* v. aduro.
advectīcius 3 (advectus) importiert: vinum *S*.
advectiō, ōnis, *f*. (adveho) Zufuhr *Sp*.
advectō, āre (*frequ*. von adveho) zuführen *T*.
I. advectus *pt. pf. pass.* v. adveho.
II. advectus, ūs, *m*. Einführung: dei *T*.   Von
ad-vehō 3. vēxī, vectus **1.** herbeiführen, -bringen, -schaffen; *met*. religionem einführen *T*. **2.** *pass.* heranfahren, -reiten, -segeln: ad urbem; d i c h t. und s p ä t *acc*. Teucros *V*, quosque *T*.
ad-vēlō, āre umhüllen: tempora lauro bekränzen *V*.
advena, ae, *m*. (advenio) Ankömmling, Fremdling; *adi*. fremd, ausländisch: Thybris aus der Fremde kommend *O*, exercitus fremd *V*; grus Zugvogel *H*; **occ.** Neuling: in patria.
ad-veniō 4. vēnī, ventum **1.** hin-, herzu-, herankommen: ad urbem *O*, in provinciam; (bei Pers.) *dat*. properantibus *T*. *met*. **2.** (von Zeit und Ereignissen) **nahen, erscheinen:** dies advenit *S*, morbi, pericula adveniunt. **3. zufallen:** Numidiae partem adventuram *S*.
adventīcius 3 **1. ausländisch, fremd:** auxilia. *met*. **2. fremd:** tepor. **3. außergewöhnlich,** zufällig: pecunia; fructus Nebengewinn *L*, ex adventicio durch außergewöhnlichen Erwerb *Pli*.   Von
adventō, āre (*frequ*. von advenio) anrücken, herannahen; mit ad, *dat*.; mit *acc*. *T*.
adventum *pt. pf. pass.* v. advenio.
adventus, ūs, (-ī *C*) *m*. (advenio) **1. Ankunft:** consulis Romam *L*, ad urbem, in urbes. **2. occ.** An-

marsch, das **Anrücken:** Caesaris, Gallicus Invasion, primo statim adventu gleich nach dem Anrücken; *meton*. imperatoris Einzug *L*. **3.** *met*. das **Nahen, Anbruch, Ausbruch:** lucis Tagesanbruch *S*, malorum.
ad-verbium, ī, *n*. (ad und verbum) Umstandswort *Sp*.
adversārius 3 (adversus) **entgegen,** widerstrebend, **gegnerisch, feindlich,** mit *dat*. iis rebus; *subst*. **1. adversārius**, ī, *m*. **Gegner, Widersacher, Feind;** mit *gen*. **2. adversāria,** ae, *f*. **Gegnerin. 3. adversāria,** ōrum, *n*. Behauptungen des Gegners.
adversor 1. **1.** widrig, entgegen sein: adversante vento, undā *T*. **2.** *met*. sich widersetzen, widerstreben, entgegentreten.   Von
I. adversum, ī, *n*. (II. adversus 3. *a*.) **Unglück, Mißgeschick.**
II. adversum s. III. adversus.
I. adversus *pt. pf. pass.* v. adverto.
II. adversus 3 (adverto) 'zugekehrt'.

> **1. vorn(stehend); 2. gegen, gegenüber befindlich, entgegen; 3.** *met*. **entgegen, feindlich;** *occ. a*. **widrig, unglücklich;** *b*. **zuwider, verhaßt.**

1. in adversum os vulnerari vorn im Gesicht, adverso corpore vorn auf der Brust, dentes Vorderzähne, adversi occīdunt von vorn; **occ.** hostes die feindliche Front.
2. collis; antrum *V*, itinera gegen den Feind *T*, adverso amne, flumine stromaufwärts = adversā ripā *L*; adverso colle bergan; *subst. n*. adversum: ventus iis adversum tenet weht gegen sie *N*; ex adverso gegenüber *LCu*, in adversum entgegen *V*.
3. dii *Pr*; mit *dat*. nemini; mit *gen*. Gegner *S*; adverso senatu *L*, adversis diis *Cu* gegen den Willen. **a.** adversae res Unglück, proelium, nox stürmisch, valetudo *LCu*; **b.** regna *S*.   Dav.
III. adversus und **-um**

> **A.** *adv*. **entgegen.**
> **B.** *praep*. beim *acc*. **1. gegen . . . hin;** *met*. **gegen,** im Widerspruch mit; **2. gegenüber;** *met. a*. im Vergleich mit; *b*. in Hinsicht auf.

A. a. ire *CL*, arma ferre Gegner sein *N*.
B. 1. impetum a. montem facere; *met. a*. eum bellum gerere, a. rem p. facere gegen . . . handeln, respondere a. ea darauf *L*; adversus quod *L*, advorsum quam *C* im Widerspruch mit dem, was . . . **2. a.** montes consistere *L*, a. me (te) dicere, mentiri vor, ins Gesicht *C*. **a.** duo bella a. tot decora *L*. **b.** iustitia a. deos, quemadmodum nos a. homines geramus.
ad-vertō 3. vertī, versus

> **1. hinwenden,** auf etw. **richten;** *occ*. **hin-, zusteuern; 2.** *met*. **zuwenden, auf sich ziehen;** *abs. a*. **achten, aufmerken;** *b*. **bemerken, wahrnehmen, erkennen;** *c*. **rügen, ahnden, strafen. 3. animum advertō** s. animadverto.

1. urbi agmen *V*; oculos *Cu*, lumina in aedis partem, vultūs sacris, aures ad vocem *O*. **occ.** classem in portum *L*, proras terrae *V*; aequore cursum *V*; *med*. adverti harenae *V*, oras *O* lossteuern auf.

advesperascit   16   **aegis**

2. mentem huc *V*, numen malis *V*, octo aquilae imperatorem advertēre zogen den Blick des F. auf sich *T*, odia sich zuziehen *T*, animum ea res advertit machte aufmerksam *T*. **a.** animis advertite beherzigt *V*, paucis, adverte, docebo *V*. **b. cum** id advertisset *T*. **c.** in P. Marcium *T*, durius *T*.

ad-vesperascit, āvit es wird Abend, es dämmert.

ad-vēxī *pf.* v. adveho.

ad-vigilō 1. wachen, wachsam sein, aufpassen.

advocātiō, ōnis, *f.* (advoco) **1. juristische Beratung, Beistand. 2.** *meton.* **juristische Beistände, Ratgeber:** haec, ingens. **3. Frist** [zur Beratung]: petere, dare, consequi. **4. Prozeßführung** *Sp.*

advocātus, ī, *m.* **1. Rechtsbeistand. 2. Rechtsanwalt** *Sp.* **3.** *met.* **Beistand,** Hilfe: adhibere oculos advocatos zu Hilfe nehmen.   Von

ad-vocō 1. **1. herzu-, herbeirufen:** amicos, plebem ad contionem *L*; *met.* animum ad se ipsum in sich gehen; mit *dat.* studiis pacis *O*, gaudiis *H*. **2. anrufen:** deos *L*, deos testes *T*, fidem *Ph*. **3. berufen:** contionem; senatum *S*. **4.** *met.* **zu Hilfe nehmen, anwenden, gebrauchen:** secretas artes *O*. **5. einen Anwalt suchen** *Pli*.

advolātus, ūs, *m.* das Herbeifliegen (dicht.).   Von

ad-volō 1. āvī **1.** herbeifliegen. **2.** *met.* herbeieilen; mit *dat.* Aeneae zu Ä. *V.*

ad-volvō 3. volvī, volūtus **1.** herbei-, heranwälzen. **2.** *refl.* und *med.* sich zu Boden werfen, niederknien; mit *dat.*; genua *T.*

advors ... (altl.) s. advers ...

advorsātrīx, īcis, *f.* (advorsor) Gegnerin *C.*

advorsitor, ōris, *m.* einer, der entgegengeht *C.*

advortō (altl.) s. adverto.

adytum, ī, *n.* (ἄδυτον) meist *pl.* das **Allerheiligste,** Innenraum des Tempels; *synecd.* **Heiligtum** *V*; *occ.* ima adyta **Gruft** *V.*

Aeacus, ī, *m., acc.* on *O* Ä. [Sohn des Juppiter und der Nymphe Ägina, König von Ägina, nach seinem Tod Richter in der Unterwelt]; *patr.* **Aeacidēs,** ae, *m.* der Ä. [**1.** des Äakus Söhne Peleus, Phokus, Telamon *O*. **2.** des Peleus Sohn Achilles und dessen Sohn Pyrrhus *V*. **3.** Perseus von Makedonien *V*. *Pl.* das Kriegsvolk des Äakus *O*]. *Adi.* **Aeacidēïus** 3 von den Äakiden beherrscht: regna = Ägina *O.*

Aeaeus 3 **1.** Beiname der Kirke *V* [von **Aea** = Colchis]; artes (carmina) Zauberkünste (-sprüche) *O*. **2. puella** = Kalypso [die auf der Insel Aeaea wohnt] *Pr.*

Aeās, antis, *m.* Ä. [Fl. in Epirus] *O.*

Aeculānum, ī, *n.* Ä. [St. in Samnium].

aecus s. aequus.

aedēs s. aedis.

aedicula, ae, *f.* (*dem.* von aedis) **1.** Kapelle, Nische. **2.** *pl.* Häuschen *C.*

aedificātiō, ōnis, *f.* (aedifico) das Bauen; *meton.* Bauwerk, Bauanlage; *pl.* Bauten *T.*   Dav. *dem.*

aedificātiuncula, ae, *f.* kleiner Bau.

aedificātor, ōris, *m.* (aedifico) **1.** Erbauer; *met.* mundi Schöpfer. **2.** baulustig *N.*

aedificium, ī, *n.* Gebäude.   Von

aedificō 1. (aedis, facio) **1.** Gebäude aufführen. **2.** bauen, errichten, anlegen: **domum, carcerem, clas-**

sem, casas; oppidum, hiberna *L*; *met.* mundum erschaffen, rem p. gründen.

aedīlicius 3 Ädilen-: **vectigal** zu den Ädilenspielen; *subst. m.* ehemaliger Ädil.   Von

aedīlis, is, *m.* (aedis) **Ädil.** [Es gab urspr. zwei aediles plebei, die im Cerestempel das Archiv der Plebs bewahrten, die Stadtpolizei und die Spiele der Plebs besorgten. Seit 366 wurden auch zwei patrizische Ädilen (curules) gewählt. Diesen oblag die Besorgung der Großen Spiele und die Beaufsichtigung der patrizischen Tempel. Gemeinsam waren den vier Beamten die Erhaltung der öffentlichen Gebäude und das Polizeiwesen.]   Dav.

aedīlitās, ātis, *f.* Ädilität, Amt des Ädilen.

aedis, is, *f.* **I.** *sg.* **1. Gottheshaus, Tempel;** *pl.* aedes sacrae complures. **2.** *occ.* **Gemach:** fores aedis *Cu*, domus vomit aedibus undam aus allen Gemächern *V*. **II.** *pl.* **1. Haus, Wohnhaus. 2.** *met.* **a.** Familie *C.* **b. Bienenstock** *V.*

aeditumus, ī, *m.* (aedis und Suffix *temo, vgl. finitimus), jünger **aedituus** (Volksetym. § 96 nach tueor) Tempelhüter.

Aeduī, ōrum, *m.* u. **Haedui, orum** *m.* die H. [keltisches Volk zwischen Saône und Loire]; *adi.* civitas Aedua.

Aeēta (-ēs), ae, *m.* Ä. [König von Kolchis (Aea), Vater der Medea]; dav. **Aeētias,** adis u. **Aeētīnē,** ēs *f.* Äetostochter, Medea.

Aefula, ae, *f.* Ä. [St. in Latium]; *adi.* **Aefulānus** 3.

Aegaeōn, ōnis, *m., acc.* a Ä. [anderer Name des Briareus; = Gigant *V*, Meergott *O*].

Aegaeus 3 agäisch: Neptunus *V*, aquae *O*, tumultus Sturm in der Ägäis *H*, mare, aequor; **Aegaeum,** ī, *n.* Ägäisches Meer.

Aegātēs, ium, insulae die ägatischen Inseln [drei Inseln an der Westspitze Siziliens] *NL.*

Aegēae, ārum, *f.* Ä. [**1.** St. in der Äolis *Sp.* **2.** St. in Kilikien *T*]. Einw. zu **1. Aegēātae,** ārum, *m. T.*

aeger, gra, grum (*adv.* s. aegre) **1. krank,** krankhaft, leidend; *subst.* der Kranke: vulneribus, ex vulnere; genua schlotternd *V*, seges welk *V*; mit *abl. limit.* pedibus *S*, oculis *L*, mit *acc. gr.* manum *T*; *subst.* aegro adhibere medicinam. *met.* **2. zerrüttet:** rei p. partes; civitas *L*, municipia unruhig *T*. **3. verstimmt, bekümmert, traurig, verdrießlich:** mortales kummerbeladen *V*, animus *L*, oculi neidisch *T*. Mit *abl. causae:* amore *L*, curis *V*, mit *locat.* animi *LT*. **4. peinlich, schmerzlich, mühselig:** anhelitus, amor, mors *V.*

Aegēus, eī, *m.* Ä. [König in Athen, Vater des Theseus]; *patr.* **Aegīdēs,** ae, *m.* Theseus *O.*

Aegīae, ārum, *f.* Ä. [St. in Makedonien] *N.*

Aegīna, ae, *f.* Ä. [**1.** Nymphe, Mutter des Äakus *O*. **2.** Insel sw. von Athen]; *adi.* **Aegīnēticus** 3; Einw. **Aegīnētae,** ārum, *m.*

Aegīnium, ī, *n.* Ä. [St. in Epirus]; Einw. **Aegīniēnsēs,** ium, *m. L.*

aegis, idis, *f., acc.* a (αἰγίς) die **Ägis** [Schild Juppiters, Bild der der schwarzen Wetterwolke *V*. Sonst der Minerva eigen, bald als Ziegenfell (αἴξ) mit dem Medusenhaupt über dem Panzer, bald als Schild am linken Arm *VHO*].

Aegisos   17   **aequinoctium**

Aegīsos, ī, *f.* I s a k č a [St. in Mösien] *O.*

Aegisthus, ī, *m.* Ä. [Sohn des Thyestes, Mörder des Atreus und Agamemnon].

Aegium, ī, *n.* Ä. [Seest. in Achaia] *L; adi.* und Einw. **Aegiēnsis** *L.*

Aegos flumen (Αἰγὸς ποταμοί, 'Ziegenfluß') Fl. im Thrakischen Chersones [Schlacht 405] *N.*

aegrē (*adv.* von aeger) **1. unangenehm, kränkend:** (mihi) aegrest *C.* **2. mit Mühe, mühsam, schwer, kaum:** impetrare, sustentare. **3. mit Überwindung, ungern:** aegre (aegrius, aegerrime) ferre (pati, habere *L*); mit *acc.,* quod, *acc. c. inf.*

aegrēscō, ere (*incoh.* zu aegreo krank sein) **1.** erkranken *T.* **2.** *met.* ärger werden, zunehmen *V.*

aegrimōnia, ae, *f.* (aeger) Betrübnis, Kummer.

aegritūdō, inis, *f.* (aeger) **1.** Unwohlsein, Unpäßlichkeit. **2.** *met.* Kummer, Gram.

aegrōtātiō, ōnis, *f.* Siechtum, Krankheit; *met.* animi.   Von

aegrōtō, āre **1. krank sein:** graviter; b i l d l. aegrotans res p. *met.* **2.** (geistig) **leiden:** animi vitio *H.* **3. darniederliegen:** (mores) aegrotant *C.*   Von

aegrōtus 3 (vom St. aegro-) krank, siech; b i l d l. animus; *subst. m.* Kranker.

Aegyptus, ī, *f.* Ägypten; *adi.* und Einw. **Aegyptius.**

aelinos, ī, *m., acc.* on Klagelied *O;* vgl. Linus.

Aelius 3 im *n. g.* (pleb.); *adi.* lex Aelia [156, gab den Magistraten das Recht, Wahlen durch s p e c t i o (s. d.) zu verhindern].

Aemilius 3 im *n. g.* (patriz.); *adi.* **Aemilia** (via) [angelegt von M. Äm. Lepidus, cos. 187, führte von Rimini nach Piacenza]; ludus Gladiatorenkaserne [von einem Lepidus erbaut] *H.* **Aemiliānus** [Beiname des jüngeren Scipio, Sohnes des Ämilius Paullus]; praedia Aemiliana Grundstücke unweit des Marsfeldes *T.*

aemulātiō, ōnis, *f.* und **aemulātus**, ūs, *m. T* (aemulor) **1.** Nacheiferung, Wetteifer: laudis *N.* **2.** Eifersucht, Mißgunst, Rivalität.

aemulātor, ōris, *m.* Nacheiferer (positiv), Nachahmer (negativ)   Von

aemulor 1. **1.** nachstreben, nacheifern, wetteifern; mit *acc.* (*dat. Q*). **2.** *occ.* eifersüchtig, neidisch sein, rivalisieren; mit *dat.* (mecum *L,* inter se *T*).   Von

aemulus 3 **1. nacheifernd, wetteifernd:** Pristis wettfahrend *V;* gew. mit *gen.* (*dat. T*). **2.** *subst.* **Nacheiferer:** studiorum; *occ.* **Anhänger:** Zenonis inventorum. **3. eifersüchtig, neidisch:** Triton *V.* **4.** *subst. m. f.* **Nebenbuhler(in).**

Aenāria, ae, *f.* I s c h i a [Insel im Golf von Neapel].

Aenēās, ae, *m., acc.* d i c h t. ān Ä. [Sohn des Anchises und der Venus, Ahnherr des römischen Volkes (Aeneae urbs Rom *O*)]. *Patr.* **Aeneadēs**, ae, *m.* Augustus *O,* Ascanius (Nbf. Aenīdēs) *V; pl.* Leute, Mannschaft des Ä. *V,* Nachkommen des Ä. *Lukrez,* Troer *V,* Römer *VO; adi.* **Aenēïus** 3 *VO;* **Aenēis**, idos, *f.* die Äneis *O.*

aēneātor, ōris, *m.* Tubabläser *Sp.*   Von

aēneus s. aenus.

Aenīa, ae, *f.* Ä. [St. auf Chalkidike] *L.*

Aeniānēs, um, *m.* die Ä. [Volk am Öta].

aenigma, atis, *n.* (αἴνιγμα) Rätsel, Andeutung.

aēni-pēs, pedis erzfüßig: boves *O.*

a(h)ēnus und **a(h)ēneus** 3 (aes) aus Bronze, ehern; d i c h t. lux Glanz des Erzes *V; met.* manus, iugum, murus eisenfest *H; subst.* **a(h)ēnum**, ī, *n.* ehernes Gefäß, Kessel.

Aenus, ī **1.** *f.* E n o s [St. in Thrakien]; Einw. **Aeniī**, ōrum, *m. L.* **2.** *m.* der I n n *T.*

Aeolia, ae und **Aeolis**, idis, *f.* Ä. [Landsch. im nw. Kleinasien]; *adi.* **Aeolius** 3: puella = Sappho *H,* carmen = Lesbium *H.*

Aeolus (d i c h t. -os), ī, *m., acc.* on Ä. [**1.** Sohn des Hellen, König in Thessalien, Stammvater der Äoler. **2.** Sohn des Hippotas, Beherrscher der äolischen (liparischen) Inseln, nach späterer Sage Herrscher der Winde *V*]; *patr.* **Aeolidēs**, ae, *m.* **1.** Sisyphus *HO,* Athamas *O,* Salmoneus *O,* Söhne des Königs Ä.; Cephalus [Enkel des Ä., Sohn des Deion] *O,* Odysseus *V.* **2. Aeolidae**, ārum, *m.* [die sechs Söhne des Windgottes] *O. Adi.* **Aeolius** 3 des Äolus oder des Äoliden: **1.** postes des Athamas *O;* **2.** virgo = Canace [Tochter des Ä.] *O,* procellae *V; subst.* **Aeolia**, ae, *f.* die Äolusinsel, j. S t r o m b o l i *V;* **Aeolis**, idis, *f.* Tochter des Ä. = Alcyone *O.*

aequābilis, e, *adv.* **iter** (aequo) **1.** gleich, gleichmäßig, gleichförmig. **2.** *occ.* unparteiisch: status rei p.; in suos gerecht *T.*   Dav.

aequābilitās, ātis, *f.* **1.** Gleichmäßigkeit: motūs; *met.* vitae Gleichmut. **2.** Unparteilichkeit: decernendi.

aequ-aevus 3 (aequus, aevum) gleichaltrig *V.*

aequālis, e, *adv.* **iter** (aequus, § 75) **1. eben, gleich:** strata aequaliter unda *V,* loca *S. met.* **2. gleichförmig, gleichmäßig:** collis aequaliter declivis; terra *O.* **3. gleich, gleich geartet:** chorus Dryadum Schwesternchor *V;* mit *dat.,* inter se. **4.** *occ.* **a. gleichaltrig:** *subst.* **Altersgenosse, -ssin, Gespiele, -lin:** soror *N;* exercitus aequalis stipendiis suis mit ebensoviel Dienstjahren wie er *L,* ex aequalibus una der Gespielinnen *V.* **b. gleichzeitig;** *subst.* **Zeitgenosse.**   Dav.

aequālitās, ātis, *f.* **1.** Gleichheit, Gleichmäßigkeit. *occ.* **2.** Gleichheit [vor dem Gesetz]: exutā aequalitate *T.* **3.** gleiches Alter; *meton.* **Altersgenossen.**

aequanimitās, ātis, *f.* (aequus animus) Nachsicht *C.*

aequātiō, ōnis, *f.* (aequo) Gleichstellung, Ausgleichung.

aequē (*adv.* v. aequus) **1.** gleich, in gleicher Weise, ebenso: trabes ae. longae. **2.** (in Vergleichungssätzen) ebenso, nicht anders, gleich; mit folg. et, atque (ut *H,* quam *CLT,* cum *C*), ac si *N.*

Aequī, Aequiculī, ōrum, *m.* die Ä. [Volk in den latin. Bergen]; *adi.* **Aequicus** und **Aequiculus** 3 äquisch.

aequi-librītās, ātis, f. (libra, § 66) das Gleichgewichtsgesetz [Übers. der epikur. ἰσονομία].

Aequimaelium (Aequimēlium), ī, *n.* das Ae. [Platz in Rom zwischen vicus Iugarius und Kapitol].

aequinoctiālis, e zur Tag- und Nachtgleiche gehörig: caeli furor Äquinoktialsturm *Ca.*   Von

aequi-noctium, ī, *n.* (aequus, nox, § 66) Tag- und Nachtgleiche: vernum, autumnale *L.*

aequiperabilis 18 **aes**

aequiperābilis, e vergleichbar *C.* Von
aequi-perō und **-parō** 1. (aequus, pario, § 66)
1. gleichstellen, vergleichen **2.** gleichkommen, erreichen; mit *acc.* und *abl. limit.*
aequitās, ātis, *f.* (aequus, § 41) **1.** Geduld, **Ruhe,
Gleichmut, Gelassenheit:** animi. **2. Gleichheit** [vor
dem Gesetz], **Gerechtigkeit, Billigkeit:** Aristidis *N,*
condicionum. **3. occ. Billigkeit** [gegenüber dem strengen Recht]: aequitas est iustitiae maxime propria.
aequō 1. (aequus)

---

1. ebnen, gleichmachen; 2. (anderem) **gleichmachen, gleichstellen;** *occ.* **vergleichen; 3. ausgleichen, gleichmäßig verteilen; 4. erreichen, gleichkommen.**

---

1. locum; mensam waagrecht stellen *O;* frontes,
aciem ausrichten; geraderichten *L;* vela, rostra, examen gleichstellen *V.* **2.** aliquid solo dem Erdboden *LCuT;* bildl. caelo zum Himmel erheben *V,* numerum cum navibus *V,* nocti ludum die Nacht beim
Spiel durchwachen *VL; refl.* und *pass.* libri se illis aequarunt stehen gleich. **occ.** se diis *Cu,* tenuiores cum
principibus. **3.** vires *L,* aequato periculo (iure *L),*
amorem gleiche Liebe beweisen *V;* pecunias; leges,
foedera als Ausgleich (Kompromiß) zustande bringen *L.*
4. cursum *Cu* = aliquem cursu *L* gleich schnell laufen, fluctūs sequendo *V;* ducem gleichen Schritt halten *V,* sagitta aequans ventos windschnell *V;* facta
dictis würdig preisen *L,* munia comparis die Aufgabe
einer Gattin erfüllen *H.*
aequor, oris, *n.* (aequus) **1. Ebene, Fläche, Feld:**
campi, Libycum *V.* **2. Wasserfläche:** ponti *O,*
maris *V,* Thybris sternit aequor *V; synecd.* **Meer:**
Aegaeum *O,* inclusum Bucht *O,* assiduum ewiges
Wogen *O;* bildl. magno feror aequore *O* 'Feld' der
Darstellung. **3.** *meton.* **Meerwasser** *O.* Dav.
aequoreus 3 (nur dicht.) Meer-: deus (rex) = Neptun *O,* genus = Fische *V,* Britanni meerumflossen *O.*
aequus 3, auch aecus (§ 17, vgl. § 21), **gleich,** u. zw.

I. 1. flach, eben; 2. *synec.* **günstig gelegen, günstig; 3.** bildl.: **günstig, wohlwollend, geneigt;**
met. **4. gleichmütig, ruhig, gelassen; 5. gerecht,
recht, billig, unparteiisch.**
II. gleich, gleich groß, gleichartig.

I. 1. locus Ebene, Gefilde, ex aequo loco loqui im
Senat; frons gerade gerichtete Front *L. Subst.* **aequum,** ī, *n.* **Fläche, Ebene, Feld:** campi *L.* **2.** locus
aequus ad dimicandum. **3.** oculi *VCu,* aures,
animi *L,* aequo Iove mit Juppiters Gunst *H;* mit *dat.*
aequa Venus Teucris *O; subst.* aequi atque iniqui
Freund und Feind *L.* **4.** aequo (aequiore, aequissimo)
animo mit Gelassenheit, Ruhe, aequi (gleichgültig)
auditis *L.* **5.** condicio, existimatio, iudex; aequum
est (videtur) es ist recht und billig, es ziemt sich, mit *inf.*
(mit ut und quin *C). Subst.* **aequum,** ī, *n.* **Recht, Billigkeit:** amantior aequi, aequi cultor *O,* ex aequo
bonoque nach der Billigkeit *S,* rem aequi boni(que)

---

facere etw. für recht und billig anerkennen, sich darein
fügen; als *abl. comp.* gravius aequo über Gebühr,
allzu *S.*
  II. vires, spatium; numeri Rhythmen *O,* non passibus aequis mit kürzeren Schritten *V,* sors, ius; leges demokratische Verfassung *Ph;* aequo Marte mit gleicher
Aussicht auf Sieg, aequo proelio (aequa manu *ST)*
ohne Entscheidung, pugna unentschieden *L;* adv. **ex
aequo gleichmäßig, gleicherweise:** agere sich frei bewegen *T,* pax unter gleichen Bedingungen *T;* esse auf
gleicher Stufe stehen *L,* ponere gleichstellen *L.*
āēr, āëris, *m., acc.* gew. a (ἀήρ) **1.** die untere Luftschicht, **Luft,** Dunstkreis. Dicht. **2. Nebel, Wolke** *V.*
3. Hauch: bucina concepit aëra *O.*
aerārius 3 (aes) **1. Erz-:** securae Erzgruben (?). **2. occ.
Kupfergeld betreffend:** tribuni Zahlmeister. **3.** *subst.*
aerārius, ī, *m.* **a. Erzarbeiter** *Sp.* **b. Ärarier** [Bürger
der letzten Klasse, ohne Rechte und Lasten bis auf die
Kopfsteuer (aera)]. **4. aerārium,** ī, *n.* **Schatzkammer,
Staatskasse** [im Saturnustempel, mit dem Staatsarchiv]; in beneficiis ad aerarium delatus est
wurde zur Belohnung an die Staatskasse gewiesen, decreta patrum ad aerarium deferre Staatsarchiv *T;*
meton. **Staatsschatz:** sanctius geheimer Schatz *L,* militare Kriegskasse *T;* privatum Privatkasse *N.*
aerātus 3 (aes) **1. erzbeschlagen:** navis (puppis *O),*
acies gepanzert *V.* **2. ehern:** cuspis *O,* securis *V.*
aereus 3 (aes) **1. ehern:** signa *L,* ensis, galea *V.*
2. erzbeschlagen: clipeus *VCu,* puppis *V.*
aeri-fer 3 (aes, fero) Zimbeln tragend *O.*
aeri-pēs, pedis (aes, pes, § 66) erzfüßig *VO.*
āërius 3 (ἀέριος) **1. Luft-:** domūs Luftreich *H,* grues
hochfliegend *V,* viae durch die Luft *O,* mel luftentstammt [gesammelter Tau] *V.* **2. luftig, hoch:** Alpes,
mons, quercus *V.*
aerūgō, inis, *f.* (aes) **1.** Grünspan. **2.** *met.* Eigennutz,
Mißgunst *H.*
aerumna, ae, *f.* Mühsal, Kummer, Trübsal. Dav.
aerumnōsus 3 trübselig, mühselig, kummervoll.
aes, aeris, *n.* (ai. áyas, got. aiz, Grundform *ajes, vgl.
aēnus aus *ajes-nus)

---

1. Kupfer, Bronze; 2. *meton.* alles aus Bronze oder
Kupfer Gefertigte; **3.** speziell **Kupfergeld; 4.** *synecd.* **Geld; 5. Vermögen;** aes alienum (nur *sg.)*
Schulden; 6. Lohn, Sold; *meton.* (vgl. stipendia)
Dienstjahre.

---

1. craterae, signum, statua ex aere. **2.** excudere
(ducere *H)* aera Erzarbeiten *V;* aere ciere viros
mit der Tuba *V,* aera aere repulsa Zimbeln, Erzbecken *O,* aera legum eherne Gesetztafeln, fixum aes angenagelte Erztafeln *O,* micantia eherne
Waffen *V* u. a.; dicht. das eherne Geschlecht *HO,*
und *met.* triplex dreifacher Erzpanzer *H.* **3.** [Zunächst ungemünzte Kupferbarren, aes rude, nach
dem Gewicht]: aere et libra emere, vgl. libra. [Dann
einpfündige Stücke, asses librales, aes grave
'vollwichtig' *L,* bes. bei Ansätzen von Strafsummen]: denis milibus aeris gravis reos condemnavit *L;* oft ae-

Aesar   19   **aetas**   **A**

ris = aeris librae, asses: C milia aeris
100 000 Asse *L*, usque ad decies aeris = 1 Million
Asse *L*; argentum aere solutum est statt des Silberse-
sterz ein Kupferas (ein Viertel der Schuldsumme) *S.*
4. gravis aere dextra *V.* **5.** meo sum pauper in
aere *H*; est aliquis in aere meo mir verpflichtet; aes
alienum facere, contrahere (conflare *S*) Schulden
machen, ex aere alieno laborare in Schulden stecken,
aes a. solvere, dissolvere (persolvere *S*) zahlen.
6. pueri referentes aera Schuldgeld zahlend *H*; proce-
dunt aera der Sold läuft fort *L*; *meton.* istius aera
seine 'Feldzüge'.

Aesar, aris, *m.* Ä. [Flüßchen nördl. von Kroton] *O*; *adi.*
Aesareum flumen *O.*

Aeschinēs, is und ī, *m., acc.* ēn Ä. [**1.** Philosoph, Schü-
ler des Sokrates. **2.** Redner, Gegner des Demosthenes].

Aeschylus, ī, *m.* Ä. [Tragiker aus Eleusis
525—456] *H.*

Aesculāpīum, ī, *n.* Äskulaptempel *L.*   Von

Aesculāpius, ī, *m.* (Ἀσκληπιός, §§ 37, 90) Ä. [Gott der
Heilkunde, Sohn Apollos und der Koronis].

aesculētum, ī, *n.* Eichenwald *H.*   Und

aesculeus 3 eichen *O.*   Von

aesculus, ī, *f.* die immergrüne Wintereiche *VH.*

Aesernia, ae. *f.* Isernia [St. am oberen Volturnus];
adi. und Einw. **Aesernīnus** [auch Name eines ber.
Fechters und Beiname eines Marcellus].

Aesis, is, *m.* Esino [Fl. westl. von Ancona] *L.*

Aesōn, onis, *m.* Ä. [Vater des Jason]; *adi.* **Aesonius** 3:
heros = Jason; *patr.* **Aesonidēs,** ae, *m.* Jason *O.*

Aesōpus, ī, *m.* **1.** Äsop [Fabeldichter aus Phrygien um
Solons Zeit]; *adi.* **Aesopīus** 3 *Ph.* **2.** Clodius Äsopus
[Tragöde, Freund Ciceros].

aestās, ātis, *f.* (vgl. aestus) **1. Sommer:** prima, nova
Frühsommer *V*, summa, media (adulta *T*) Hochsom-
mer. **2.** *synecd.* **Jahr** *V.* **3.** *meton.* **a. Sommerwetter:**
serena *V.* **b. Hitze:** ignea *H.*

aesti-fer 3 (aestus, fero) Hitze bringend *V.*

Aestiī, ōrum, *m.* die Ä. [Volk an der Ostsee] *T.*

aestimātiō, ōnis, *f.* (aestimo) **1. Abschätzung:** in aes-
timationem venire abgeschätzt werden *L*, poenae,
multae, litis Umrechnung der Strafe in Geld, Strafansatz,
Geldbuße, praedia in aestimationem accipere Grund-
stücke nach der [v. Caesar zu hoch bemessenen] Taxe an-
nehmen; *meton. pl.* an Zahlungs Statt genommene Gü-
ter; (scherzhaft) aestimationem accipere zu Schaden
kommen. **2.** *met.* **Würdigung, Schätzung, Anerken-
nung:** recta *T*, honoris *L.*

aestimātor, ōris, *m.* Beurteiler, Sachverständiger.   Von

aestimō, älter **aestumō** 1. (viell. von *aestumus, zu
aes wie aeditumus, finitumus zu aedis, finis)

1. den Geldwert bestimmen, **(ab)schätzen, bewer-
ten**; *met.* 2. **würdigen, schätzen, beurteilen**; 3. *occ.*
hochschätzen, anerkennen; 4. **glauben, meinen, da-
fürhalten.**

1. frumentum, possessiones; mit *gen. pretii:* pluris,
minoris; pecuniā, magno, permagno, minimo;
litem den Prozeß abschätzen, jemd. zur Geldbuße ver-
urteilen.

2. gratiam magni, salutem levi momento, sapien-
tiam non magno. [Der Maßstab im *abl.*]: rem vitā
dem Leben gleichwertig erachten *Cu*, virtutem annis
nach Jahren *H*; amicitias ex commodo *S*, Aquita-
niam ex tertia parte Galliae auf den dritten Teil von G.
veranschlagen; mit *acc. praedic.* aliquid carum *S*; me
esse mortuum nihil aestimo (dicht.).

3. famam in hoste *Cu*, aliquem contubernio (*abl.
instr.*) für wert halten *T*; mit *acc. c. inf. T.*

4. sicuti ego aestumo *S*, Aegyptios pro sociis *Cu*;
a medicis aestimatur wird ein Gutachten gegeben *T.*

aestīvus 3, *adv.* ē *C* (aestus, aestas) **sommerlich,
Sommer-:** tempora; sol *VCu*, saltus Sommerwei-
den *L*, avis Zugvogel *L*, castra Sommer-, Feldlager *T*;
aestīva, ōrum, *n.* **1. Feldlager;** *meton.* **Feldzug:** ae-
stivorum tempus *S.* **2.** (*sc.* stabula) **Sommerweide;**
meton. die Herde auf der Sommerweide *V.*

aestuārium, ī, *n.* **1. Lagune;** *occ.* **Bucht:** Tanaum *T.*
2. Mündung *T*; **Kanal** *Pli.*   Von

aestumō s. aestimo.

aestuō 1. (aestus) **I.** [Vom Feuer] **1. lodern, aufbrau-
sen:** tectus magis aestuat ignis *O.* **2.** *meton.* **kochen,
heiß, schwül, erhitzt sein, glühen:** sub pondere
schwitzen *O*; *met.* in illā für sie in Liebe glühen *O.*
II. [Vom Wasser] **1. wallen, wogen, branden,** schäu-
men: aestuat gurges *V*, Maura unda *H*, umor in os-
sibus gärt *V.* **2.** *met.* **aufwallen:** desiderio;
invidiā *SV.* **3. unschlüssig sein:** multos dies; inter
utrumque *Q.*

aestuōsus 3, *adv.* ē **1.** glühend, heiß: Calabria *H.*
2. wogend, brandend: freta *H.*   Von

aestus, ūs, *m.* (verw. mit αἴϑω) **1. Glut, Hitze, Brand:**
medii Mittagshitze *V*, aestus febrisque Fieberhitze,
fontes aestibus exarescunt von der Sommerhitze,
Sommer *VHO.* **2. Brandung,** das **Fluten, Wogen:** Tyr-
rhenus das wogende T. Meer *V*; *occ.* **Strömung,
Flut:** aestus ex alto se incitat tritt ein, decessus
(recessus) aestūs Ebbe, aestu minuente bei abneh-
mender Flut; bildl. comitiorum das Wogen. **3. Unge-
stüm, Heftigkeit, Leidenschaft:** irarum *V*, regum *H*,
ingenii unruhiger Drang. **4. Unruhe, Besorgnis:**
curarum *V.*

aetās, ātis, *f.* (von aevum, altl. aevitas, *gen. pl.* auch
aetatium)

  I. 1. Lebenszeit, Leben; *occ.* **Menschenleben,**
Menschenalter; 2. **Lebensalter, Alter, Altersstufe;**
3. *occ.* **a. Jugend;** *b.* **Mannbarkeit;** *c.* **Greisenalter,**
Alter; 4. *meton.* **Altersklasse.**

  II. 1. Zeit; 2. *occ.* **Zeitalter, Zeitabschnitt;** 3. *met-
on.* (das in einem bestimmten Zeitabschnitt lebende)
Geschlecht, Generation.

  I. 1. aetatem agere, degere, consumere (in re) zu-
bringen; in aetate zuweilen *C*; *occ.* per multas aeta-
tes *Cu.* **2.** pueri huius aetatis *Cu*, per aetatem alters-
halber; ab ineunte aetate von Jugend auf, bona die Ju-
gend, militaris [17. J.] *S*, senatoria [25. J.] *T.* **3. a.** in
ipso robore aetatis *Cu.* **b.** in aetatem venire zu Jah-
ren kommen *L.* **c.** aetatis vacatio, excusatio wegen

aetatula — 20 — **afficio**

hohen Alters, aetate confectus. **4.** omnis aetas, omnes aetates jung und alt.
II. 1. omnis aetatis clarissimus *Cu*, omnia fert aetas *V*. **2.** Thucydides eiusdem aetatis fuit Zeitgenosse *N*, praesens *Cu*, superior, heroicae aetates. **3.** aurea *O*, nos, dura aetas *H*.   Dav. dem.
aetātula, ae, *f.* zartes Alter, Jugendalter.
aeternitās, ātis, *f.* (aeternus) **1.** Ewigkeit. **2.** Unsterblichkeit: animorum; tua unsterblicher Name *Pli.*
aeternō, āre verewigen *H*.   Von
aeternus 3 (altl. aeviternus von aevum) **1. ewig:** deus; ignes die Gestirne *V*. **2. unvergänglich, unsterblich:** memoria; virtus *S*. **3. beständig, fortwährend:** pax, bellum; sollicitudo *S*, amor *V*; adv. in aeternum auf ewig *L*, aeternum ewig, immerfort *VH*.
Aethalia, ae, *f.* Ä. [alter Name von Chios] *L*.
aethēr, eris, *m.* (αἰθήρ) **1.** die obere Luftschicht, **Äther. 2.** D i c h t. **Himmel:** recludam aethera die himmlischen Dinge *O*; meton. die **Götter:** oneravit aethera votis *V*. **3.** synecd. **Luft:** veniens ab aethere telum *V*; occ. **Oberwelt:** aethere in alto pauperiem pati *V*. **4.** person. **der Himmelsgott:** pater omnipotens Aether *V*.   Dav.
aetherius 3 (αἰθέριος) **1. des Äthers, ätherisch, himmlisch:** natura; sol, aurae *V*, sedes, arces *O*. **2. luftig:** iter durch die Luft *O*. **3. oberweltlich:** aura *V*.
Aethiops, opis, *m.*, acc. pl. as Äthiopier, Mohr; adi. lacūs *O*; **Aethiopia**, ae, *f.* Mohrenland *Sp*; adi. **Aethiopicus** 3.
aethra, ae, *f.* (αἴθρα) Himmelsglanz, reine Luft *V*.
Aetna, ae, selten **ē, ēs**, *f.* **1.** der Ätna [Vulkan an der Ostküste Siziliens; den Ä. soll Juppiter auf den Giganten Enceladus geworfen haben (S p r i c h w. onus Aetnā gravius); Werkstätte des Vulcanus]; adi. **Aetnaeus** 3: tellus Sizilien *O*, ignes gewaltige Glut *V*. **2.** Ä. [St. am Fuß des Ätna]; Einw. **Aetnēnsēs**, ium, *m.*
Aetōlia, ae, *f.* Ä. [Landsch. Mittelgriechenlands]; Einw. **Aetōlī**, ōrum (-ûm *V*), *m.*; adi. **Aetōlus, Aetōli-(c)us** 3: heros Diomedes, arma Waffen des D., Arpi, urbs von D. gegründet, plagae Jagdnetze ('kalydonische Jagd') *H*; subst. **Aetōlis**, idis, *f.* Ätolierin *O*.
aevum, ī, *n.* **1.** die unbegrenzte Zeit, Ewigkeit: in omne aevum für ewig *H*. **2.** Lebenszeit, Leben; dicht. aevum agere, agitare, exigere; traducere leniter *H*; aevi brevis kurzlebig *S*; occ. Menschenalter: ter aevo functus (Nestor) *H*. **3. Lebensalter, Altersstufe:** arbor occulto aevo *H*; occ. **a.** Jugend: flos aevi *O*, integer aevi jugendfrisch *V*. **b. Greisenalter:** aevi maturus alt *V*, aevo solutus *O*, confectus, obsitus *V* altersschwach. **4. Zeit(alter):** nostrum, vetus *O*, venturum Zukunft *V*.
E: (altl. aevom, gr. αἰ(F)ών, § 20, ai. ā́yu 'Leben', got. aiws 'Zeit').
af = ab.
Āfer, Āfra, Āfrum punisch, afrikanisch: avis = Perlhuhn *H*; subst. **Āfer**, Āfrī, *m.* Punier, Afrikaner: dirus = Hannibal *H*.
affābilis, e (affari) leutselig, umgänglich.   Dav.
affābilitās, ātis, *f.* Leutseligkeit.

affāri s. *affor.
af-fatim (ad-fatim, *Iuxtap.* aus ad fatim = 'bis zur Ermüdung' § 67) adv. zur Genüge, reichlich, genug: pecuniae adfatim est *L*.
I. affātus pt. pf. act. v. *affor.
II. affātus, ūs, *m.* (affari) Anrede, Ansprache *V*.
af-fēcī pf. v. afficio.
affectātiō, ōnis, *f.* (affecto) **1.** Sucht: Germanicae originis Anspruch auf *T*. **2.** Künstelei, Manier *Sp*.
affectiō, ōnis, *f.* (afficio) **1.** Einwirkung: praesentis mali. **2. Beschaffenheit, Zustand:** animi; corporis Konstitution. **3. Stimmung;** occ. **Neigung:** laetae freudige Bewegung *T*, nullā affectione animi nicht aus Liebhaberei *T*.
af-fectō **1.** (frequ. von afficio) **1.** sich an etw. machen: dextrā greifen *V*, iter einschlagen; viam Olympo zur Unsterblichkeit *V*. **2.** met. trachten, erstreben, zu erringen suchen, bedacht sein, Anspruch erheben: mundiam *N*, regnum *LCu*, immortalitatem *Cu*, bellum die Führung *L*, civitates gewinnen, an sich bringen *ST*, spem hegen *LO*; mit inf. *Q*.
I. affectus, us, *m.* (afficio) **1. Zustand,** Verfassung: animi; occ. **Gefühl:** dubii *O*, dulciores *Q*. **2. Leidenschaft, Begierde:** pari adfectu concupiscere *T*. **3. Zuneigung, Liebe:** parentis *Pli.*
II. affectus 3 (afficio) **I. 1.** angetan, **versehen, ausgerüstet:** virgis *C*, libero animo, virtutibus, vitiis. **2.** met. **beschaffen, eingerichtet, in ... Zustand:** manus adfecta recte, oculus probe adfectus; occ. **gestimmt, gesinnt:** eodem modo erga amicum. **II.** angegriffen, erschöpft, geschwächt: valetudine von angegriffener Gesundheit, imperator krank *L*, senectute, aetate altersschwach, Sicilia heruntergekommen, res familiaris zerrüttet *L*, fides wankend *T*; occ. **zu Ende gehend:** bellum.
III. affectus pt. pf. pass. v. afficio.
af-ferō, ferre, attulī, allātus

> **1.** herbeitragen, -bringen, -schaffen, mitbringen; **2.** occ. (Briefe, Nachrichten) **überbringen;** ohne Obj. **melden, verkünden;** met. **3.** (manus, vim) Gewalt **antun, Hand an** (jemd.) **legen,** sich vergreifen; **4.** hinzufügen, mitbringen; **5.** beibringen, **anführen, vorbringen; 6.** bringen = **verursachen, bereiten, gewähren;** occ. **beitragen, nützen.**

1. munera eo *N*, lapidem ad introitum *N*, hominem in forum *L*; alimenta nubibus (dat.) zuführen *O*; ex urbibus cibaria *L*; refl. und med. huc te adfers erscheinst, kommst *V*, urbem adferimur wir nähern uns *V*. **2.** litteras, nuntium; rumores afferuntur kommen; terror affertur die Schreckensnachricht *Cu*; allatum est eum dictatorem esse *L*; de Hortensii morte. **3.** nemini vis adfertur wird genötigt; alienis bonis manus. **4.** in re militari nova attulit brachte auf, erfand *N*, hunc animum ad tribunatum, opem Hilfe bringen *LO*, adiumentum dignitati. **5.** testimonium, consilium, exemplum, causam. **6.** detrimentum rei familiari *N*, aliquid deformitatis *N*, gloriam, spem, dolorem, odium. occ. quid oves afferunt? aliquid ad communem utilitatem.
af-ficiō 3. fēcī, fectus (facio, § 43) antun, einwirken:

afflictus   21   **affuturus**   **A**

---

1. **behandeln, in einen Zustand versetzen;** 2. (mit *abl. instr.*) (mit etw.) **erfüllen, versehen,** behaften; (dtsch. oft besser durch Bildung eines Verbs aus dem dazugehörenden *abl. instr.* wiederzugeben) z. B.: poenā mit einer Strafe versehen = bestrafen. 3. *occ. a.* (den Geist) erregen, **anregen,** in eine Stimmung versetzen; *b.* (den Körper) **schwächen, angreifen.**

1. corpus ita, civitatem. 2. [Fast nur mit *abstr.*]: metu adfecti von Furcht erfüllt. [Verbneubildungen]: muneribus beschenken, praemiis (pretio) belohnen, laudibus loben, exilio verbannen, morte töten, cruciatu foltern, cruce kreuzigen, supplicio hinrichten, vulnere verwunden, uno vulnere in mortem mit einem Stoß tödlich verwunden *T*, honoribus ehren, sepulturā bestatten lassen, populum servitute knechten; *pass.* morbo affici erkranken, leto sterben, difficultate in eine schwierige Lage geraten, sollicitudine in Aufregung, beneficiis erhalten. 3. *a.* in Murenae periculis ita sum animo adfectus; terror milites hostesque in diversum affecit *T*. *b.* aestus labor fames sitisque corpora afficiunt *L*.

affictus *pt. pf. pass.* v. affingo.

af-fīgō 3. fīxī, fīxus 1. **anheften;** mit *dat.* falces longuriis; homines cruci kreuzigen *LCu*; *praep.* cuspide ad terram anspießen *L*. 2. *met.* **befestigen:** flammam lateri in Brand stecken *V*, radicem terrae eindringen lassen *V*, causa in animo adfixa haftend, hominem lecto ans Krankenlager fesseln *H*, adfixus lateri sich festhaltend *V*; *occ.* **einprägen:** ea animis; (lectionem) memoriae *Q*.

af-fingō 3. fīnxī, fictus 1. **hinzubilden, bildend hinzufügen:** quae natura corpori adfinxit. *met.* 2. **hinzudenken:** opinionem. 3. **an-, hinzudichten, -lügen:** affingunt rumoribus [durch Gerüchte].

af-fīnis, e 1. **angrenzend, benachbart:** gens adfinis Mauris *L*. *met.* 2. in etw. **verwickelt,** an etw. **beteiligt;** mit *dat.* sceleri, culpae; negotiis *C*; mit *gen.* (subst.): suspicionis. 3. *occ.* **verschwägert,** meist *subst.* (*abl.* i u. e) der (die) **Verschwägerte;** vincula Verwandtschaftsbande *O*.   Dav.

affīnitās, ātis, *f.* Schwägerschaft: Sulpicii Verwandtschaft mit S. *N*; *meton.* = affines *C*.

af-fīnxī *pf.* v. affingo.

affirmātē (affirmo) *adv.* bestimmt, hoch und heilig.

affirmātiō, ōnis, *f.* Versicherung, Beteuerung.   Von

af-firmō 1. 1. **bekräftigen, befestigen:** spem, societatem *L*. *met.* 2. **bestätigen:** dicta, promissa *L*, virtutem armis beweisen *T*. 3. **versichern, erklären, beteuern, behaupten:** de re, nihil aliud; mit *acc. c. inf.* und indir. Fr.

af-fīxī *pf.* v. affigo.

affīxus *pt. pf. pass.* v. affigo.

afflātus, ūs, *m.* (afflo) 1. Anhauch: ignium, vaporis Gluthauch *L*; Luftzug *Pli.* 2. *met.* Begeisterung: divinus.

afflīctātiō, ōnis, *f.* Pein, Qual.   Von

afflīctō 1. (*frequ.* v. affligo) 1. **schlagen:** sese an die Brust *S*; *occ.* **beschädigen:** naves in vadis. 2. *met.*

plagen, peinigen, unterdrücken: colonias; Batavos bedrängen *T*, Italiam luxuria bedrücken *T*, *pass.* morbo adflictari; *refl.* und *med.* **sich ängstigen, abhärmen.**

I. afflīctus *pt. pf. pass.* v. affligo.

II. afflīctus 3 1. **zerrüttet, bedrängt, übel zugerichtet, unglücklich:** res bedrängte Lage *N*, res p., regum fortunae; Italia cladibus adflicta *T*. 2. **niedergeschlagen, mutlos:** adflictus vitam in tenebris trahebam *V*. 3. **verworfen:** homo.   Von

af-flīgō 3. flīxī, flīctus 1. **anschlagen:** fusti (*abl.*) caput *T*, naves afflictae sunt fuhren auf, wurden leck; **bildl.** adfligimur wir scheitern; mit *dat.* vasa parietibus *L*, corpora terrae *O*; *occ.* **zu Boden werfen:** arbores; *pass.* (alces) afflictae, lapsu equi adflictus mit dem Pferd gestürzt *T*. *met.* 2. **niederschmettern, -drücken, demütigen, stürzen:** auctoritatem erschüttern, consulare nomen erniedrigen, proelio opes hostium schwächen *L*; *pass.* adfligi vulnere *Cu*, pestilentiā leiden *L*. 3. (den Geist) **niederschlagen, entmutigen:** animos, eius mors civīs adflixit, maerore afflictus.

af-flō 1. I. *trans.* 1. **anblasen, anwehen, anhauchen:** ventus terga adflat *L*, afflati tabe veneni vom giftigen Hauch *O*; *occ.* **versengen:** (fulminum) ignibus *O*, incendio *L*; *met.* **erfüllen:** adflata numine *V*. 2. **hinwehen:** odores adflantur e floribus; *met.* oculis honores Anmut verleihen *V*. II. *intr.* **an-, entgegenwehen:** adflabat frigoris vis *L*; *met.* cui adflat Amor hold ist *Ti*.

affluēns, entis, *adv.* **enter** (affluo) 1. **verschwenderisch, reichlich:** copia; amicitia ergiebig; *subst.* ex adfluenti im Überfluß *T*; affluentius vivere *N*, voluptates haurire. 2. **triefend:** unguentis; *met.* **reichlich versehen, reich** an: studiis.   Dav.

affluentia, ae, *f.* Überfluß, Luxus *N*.

af-fluō 3. flūxī 1. **heranfließen:** ad Gallicam ripam *T*; mit *dat.* castris *L*. *met.* 2. **herzuströmen, herbeikommen:** multitudine adfluente *L*, adfluunt auxilia *T*; nihil rumoris adfluxit; adfluentes anni *H*. 3. *occ.* im Überfluß **zuströmen, reichlich vorhanden sein:** affluunt opes *L*, divitiae *S*. 4. **Überfluß haben;** mit *abl. C*.

*af-for, affārī, affātus sum ansprechen, anreden: talibus dictis *O*, positum corpus mit dreimaligem vale *V*, extremum Abschied nehmen *V*; *occ.* anflehen: deos, hostem *V*.

af-fore, afforem s. assum.

af-fricō 1. fricuī anreiben *Sp*; **bildl.** mitteilen *Sp*.

af-fūdī *pf.* v. affundo.

af-fuī *pf.* v. assum.

af-fulgeō 2. fulsī 1. **(herzu)strahlen:** navium species de caelo adfulsit *L*. 2. *met.* **erglänzen:** affulsit lux quaedam (ein Hoffnungsstrahl) civitati, mihi fortuna (glücklicher Stern) *L*.

af-fundō 3. fūdī, fūsus 1. **hinzugießen:** venenum vulneri *T*, Rhenum Oceano zuströmen lassen *T*. 2. *pass.* **sich auf etw. werfen:** cornibus (*dat.*) auf die Flügel *T*; *pt. pf. pass.* **hingeworfen:** adfusa zu seinen Knien *O*, tumulo (*dat.*) am Hügel hingestreckt *O*.

affutūrus *pt. fut.* v. assum.

afluens | 22 | **agito**

afluēns, afluentia, afluō s. affl...
ā-fore, āforem s. absum.
Āfrānius 3 im *n. g.* (pleb.): **1. L. A.** [Komödiendichter um 110, der Meister des nationalen Lustspiels (fabula togata)] *H.* **2. L. A.** [Legat des Pompeius, cos. 60]; *adi.* **Āfrāniānus** 3; *subst.* **Āfrāniānī,** ōrum, *m.* die Mannschaft des A.
Āfricus 3 (Afer) punisch, afrikanisch: bellum der Krieg Caesars in Afrika; der erste punische *L;* mare *ST,* terra *L. Subst.* **1. Āfricus,** ī, *m.* (*sc.* ventus) der Südwestwind *H; adi.* procellae *H.* **2. Āfrica,** ae, *f.* Afrika, u. zw. **a.** das Gebiet von Karthago, dann die röm. Provinz; **b.** der Erdteil: orbis terrae pars tertia *S; adi.* **Āfricānus** 3 afrikanisch, in, aus Afrika: bellum (der Krieg Caesars); Beiname: Scipio Africanus; *subst.* **Āfricānae,** ārum, *f.* (*sc.* bestiae) wilde Tiere aus Afrika *L.*
ā-fuī *pf.* v. absum.
āfutūrus *pt. fut.* v. absum.
Agamemnō(n), onis, *m., acc.* dicht. a A. [Sohn des Atreus, König von Mykenae]; *adi.* **Agamemnonius** 3: res die Macht *V; subst.* **Agamemnonia,** ae, *f.* Tochter des A. *O.*
Aganippē, ēs, *f.* A. [Quelle am Helikon, den Musen heilig] *VO;* dav. **Aganippis,** idos, *f.* von der A. stammend: Hippocrene *O.*
agāsō, ōnis, *m.* (ago) Pferde-, Reitknecht *LCu; met.* Tölpel *H.*
Agathoclēs, is und **ī,** *m.* A. [Tyrann von Syrakus].
Agathyrna, ae, *f.* A. [St. an der Nordküste Siziliens] *L.*
Agathyrsī, ōrum, *m.* die A. [tätowiertes skythisches Volk] *V.*
Agauē, ēs, *f.* A. [Mutter des Pentheus] *HO.*
Agedincum, ī, *n.* A. [Hauptort der S e n o n e s in Gallien, j. (§ 85) S e n s in der Champagne].
agedum s. ago.
agellus, ī, *m.* (*dem.* von ager, § 42) Gütchen.
agēma, atis, *n.* (ἄγημα) makedonische Garde *L.*
Agēnōr, oris, *m.* A. [Vater des Kadmus und der Europa, Ahnherr der Dido]; Agenoris urbs = Karthago *VO; adi.* **Agēnoreus** 3: domus des Kadmus *O,* bos Stier der Europa [Sternbild] *O; patr.* **Agēnoridēs,** ae, *m.* Kadmus *O,* Perseus *O* [als Nachkomme des Belus].
agēns, entis (ago) ausdrucksvoll, lebhaft.
ager, agrī, *m.* (vgl. ἀγρός, got. akrs, ahd. ackar, §§ 12 und 42) **1. Feld, Acker, Grundstück.** *Iuxtap.* **agrī-cultūra, agrī-cultiō** Landbau, **agrī-cultor** Landwirt *L.* **2.** *pl.* das offene **Land** [im Gegs. zur Stadt]: permulti et ex urbe et ex agris. **3. Gebiet, Landschaft, Mark, Bannmeile:** Assorinorum agri; meist k o l l e k t. im *sg.* Troas, Falernus *N,* Noricus; Arretinus *S.* Bes. a g e r   p u b l i c u s Staatsdomäne. **4. occ.** in agrum (agros) **landeinwärts, in die Tiefe** *HL.*
Agēsilāus, ī, *m.* A. [König in Sparta 397—361].
ag-gemō, ere (dazu) seufzen; mit *dat. O.*
ag-ger, eris, *m.* (aggerere) **1. Schanzmaterial, Schutt. 2.** *meton.* **Erdaufwurf, Wall, Belagerungsdamm. 3. occ. a. Stadtwall:** aggere circumdat urbem Servius *L;* agger maximus, [später] Spazierweg *H.*

b. Grenzwall: latus unum Angrivarii lato aggere extulerant *T.* **c. Hafendamm, Uferdamm, -höhe:** aggerem iaciebat a litore baute eine Mole, agger Rheno coërcendo *T;* dicht. ripae agger *V,* herbosus *O.* **d. Oberbau** [der Straße]: viae Fahrbahn *V;* aggeres umido paludum imponere Dammwege *T.* **4.** dicht. **Erhöhung, Höhe, Haufen:** comprenditur ignibus agger Scheiterhaufen *O,* Alpini *V.* Dav.
I. aggerō 1. **1.** aufdämmen: tramitem *T.* **2.** *met.* aufhäufen: cadavera *V;* iras vermehren *V.*
II. ag-gerō 3. gessī, gestus **1.** herbeischaffen, -schleppen: humum *Cu,* tumulo (für den Grabhügel) tellurem *V;* quadrantes patrimonio zulegen *Ph.* **2.** *met.* vorbringen: falsa *T.* Dav.
I. aggestus, ūs, *m.* das Herbeischaffen *T; meton.* Damm *Sp.*
II. aggestus *pt. pf. pass.* v. II. aggero.
ag-glomerō 1. (knäuelartig fest) anschließen *V.*
ag-glūtinō 1. anleimen; *met.* se sich anhängen *C.*
ag-gravō 1. drücken *Sp; met.* verschlimmern, steigern: vulnus *Cu,* curam *Ph.*
ag-gredior 3. gressus sum (gradior) **1. herangehen:** quo adgredi (sich zu begeben) cupit. **2. occ. a.** sich an jemd. **wenden,** ihn **angehen:** legatos zu gewinnen suchen *S,* pecuniā zu bestechen suchen *S.* **b. angreifen:** hostes, navem; absentem *N.* **3.** *met.* **unternehmen, beginnen, versuchen,** an etw. **gehen:** opus; nefas *O,* honores antreten *V;* mit ad, *inf.*
ag-gregō 1. (grex) einer Schar anschließen, bei-, zugesellen; mit ad, in, *dat.*
aggressiō, ōnis, *f.* (aggredior) Anlauf [des Redners].
aggressus *pt. pf. act.* v. aggredior.
agilis, e (ago) **1. beweglich, leicht zu handhaben:** rota, remus *O.* **2. behend, schnell:** dea = Diana *O.* **3.** *met.* **rührig, regsam, geschäftig.** Dav.
agilitās, ātis, *f.* Beweglichkeit, Schnelligkeit; auch *met.*
agitābilis, e (agito) leichtbeweglich: aër *O.*
agitātiō, ōnis, *f.* (agito) **1.** *act.* das **Bewegen:** armorum *L; met.* das **Betreiben:** studiorum. **2.** *pass.* **Bewegung:** lecticae das Schütteln *L,* fluctuum; *met.* **Regsamkeit:** mentis.
agitātor, ōris, *m.* Treiber, Wagenlenker. Von
agitō 1. (*frequ.* von ago)

I. (wiederholt oder heftig) **bewegen,** herumtreiben, schütteln; *occ.* 1. (Tiere) **treiben,** tummeln, reiten, lenken; *met.* **antreiben,** anspornen; 2. (Wild) **hetzen,** jagen; *met.* **beunruhigen, plagen, verfolgen;** *occ.* **verspotten;** 3. (Wasser) aufrühren, **aufregen;** *met.* in Unruhe bringen, verwirren.
II. (Handlungen, Tätigkeiten) **betreiben, verrichten, ausüben;** *abs.* es treiben, **sich benehmen;** *pass.* betrieben werden, **herrschen, obwalten;** *occ.* 1. (Feste) begehen, **feiern;** 2. (Zeit) **zubringen,** verleben; *abs.* leben, **bestehen;** 3. (mit Ortsangabe) sich herumtreiben, **verweilen, wohnen, hausen.**
III. 1. **besprechen;** *occ.* verhandeln; *met.* 2. (vgl. cogito) **bedenken, überlegen, erwägen;** 3. im Sinne haben, **vorhaben, beabsichtigen.**

Aglaophon   23   **ago**   **A**

I. navem hin und her rudern *N*, hastam schwingen *O*, humus agitata aufgewirbelt *S*. **1.** greges, equum *V*, spatium agitandi Rennbahn *N*; pro castris, inter primores reiten *SL*, currus lenken *V*; *m e t .* eum gloria Turni agitabat *V*, in furias zum Rasen bringen *V*. **2.** feras, aves; *m e t .* Troianos *V*, eos agitant furiae, suum quemque scelus agitat. **occ.** poëtam *H*, rem militarem durchziehen. **3.** mare; freta ponti *V*, agitatus umor das aufgewühlte Naß *H*; *m e t .* plebs agitata tribuniciis procellis *L*, rebus agitatis in erregter Zeit.
   II. artes *V*, pacem, moras halten *S*, honorem *T*, imperium handhaben *S*, praecepta erfüllen *S*; *a b s .* eo modo, ferocius *S*; *p a s s .* agitatur pax, laetitia *S*; dissensio. **1.** convivia *O*, choros Reigen führen *V*; gaudium atque laetitiam seiner Freude Ausdruck geben *S*. **2.** vitam *S*, aevum *V*; *a b s .* Gallia vix agitat *S*. **3.** propius mare *S*, vacuis porticibus, montium editis *T*.
   III. 1. rem. **occ.** de foedere *L*. **2.** [meist mit Zusätzen]: rem (in) animo, (in) mente, secum; [allein]: fugam an Flucht denken *V*; de supremis an den Tod denken *T*. **3.** longe aliter animo agitabat hatte ganz andere Pläne *S*, mente agitabat bellum renovare *N*.
Aglaophōn, ontis, *m*. A. [Maler aus Thasos um 400].
āgmen, inis, *n*. (ago) **1. Zug:** remorum Ruderschlag *V*, dulci fluit agmine Thybris in sanfter Strömung *V*, agmina caudae Windungen *V*. **2. Schar, Schwarm:** puerile *V*, patriciorum *L*; apium Volk *V*, canum Koppel, Meute *O*, aquarum Wasserschwall *V*. **3. occ. a. Marsch** des Heeres: lento agmine procedere *Cu*, in agmine auf dem Marsch. **b. Heereszug, Heerhaufen, Kolonne:** primum Vorhut, medium Zentrum, novissimum, extremum Nachhut; agmen ducere die Vorhut bilden, claudere, cogere den Zug schließen, die Nachhut bilden; constituere haltmachen *S*; agmen navium Flottille *L*. **c.** *meton.* **Schlacht:** Iliacum vor Ilium *V*, rudis agminum kriegsunkundig *H*.
āgna, ae, *f.* (agnus) Lammweibchen, Schaflamm *H*.
Āgnālia, ium, *n.* bzw. **Agōnālia** die A. [eigtl. 'Lammfest'] *O*.
ā-gnāscor 3. āgnātus sum (*gnascor, vgl. gnatus) hinzugeboren werden [nach des Vaters Tod oder nach Abfassung seines Testaments]. Dav. **āgnātus, ī,** *m.* **1. nachgeborener Sohn** *T*. **2. Verwandter** [von väterlicher Seite].   Dav.
āgnātiō, ōnis, *f.* Blutsverwandtschaft [vom Vater her].
ā-gnātus *subst.* oder *pt. pf. act.* v. agnascor.
āgnīnus 3 (agnus, § 75) vom Lamm; *subst.* **āgnīna**, ae, *f. (sc. caro)* Lammfleisch *CH*.
āgnitiō, ōnis, *f.* das Anerkennen, Erkenntnis.   Von
ā-gnōscō, älter ad-gnōscō 3. āgnōvī, āgnitus **1. erkennen, wahrnehmen:** deum; sonitum, gemitum *V*. **2. wiedererkennen, sich entsinnen:** Thuym *N*, suos, Troiam *V*. **3. anerkennen, gelten lassen:** (filium) natum (bei seiner Geburt) *N*, gloriam facti, deorum cognationem; Alexandrum filium als Sohn *Cu*; **occ. zugeben:** crimen *T*.
āgnus, ī, *m.* (ἀμνός) Lamm.

agō 3. ēgī, āctus (ἄγω) treiben:

   A. konkr. **I.** mit äußerem Obj. **1. bewegen;** *refl.* und *med.* sich bewegen = **kommen, gehen; 2. treiben, führen;** *occ.* **forttreiben, -führen, rauben;** *met.* **heraustreiben, aushauchen; 3. hetzen, jagen, verfolgen, treiben, vertreiben;** *occ.* **a.** gerichtlich **verfolgen, anklagen; b. antreiben, fortreißen, verleiten. II.** mit p r o l e p t . Obj. **hervortreiben, hervorbringen, machen;** *occ.* **ziehen, führen, anlegen.**
   B. met. **I.** *trans.* **1. tun, treiben, ausführen, vollbringen a.** mit unbestimmtem, **b.** mit bestimmtem Sachobj. (auch Ä m t e r bekleiden, F e s t e begehen); *occ.* **zustandebringen, ausrichten; 2. betreiben,** auf etw. **hinarbeiten,** etw. **vorhaben,** nach etw. **streben; 3.** (mit abstr. Obj.) **betätigen, an den Tag legen, zeigen; 4.** (eine Zeit) **verleben, zubringen;** *pass.* (die Zeit) **läuft ab, vergeht; 5.** *abs.* **leben, sein;** (irgendwo) **sich aufhalten, wohnen. II.** *intr.* **1. tätig sein, handeln; 2.** (irgendwie) **handeln, verfahren, zu Werke gehen;** a g i t u r : es geht irgendwie; **3. age, agite** (im Sinne einer Aufforderung).
   C. Fachwort der B ü h n e : **darstellen, spielen,** 'agieren'; *occ.* vom S c h r i f t s t e l l e r und R e d n e r : **vortragen, darstellen;** *met.* (eine Rolle) **spielen,** s e a g e r e (irgendwie) **sich benehmen.**
   D. **verhandeln, besprechen, unterhandeln, reden,** **1.** ganz allgemein; bes. a g i t u r **a. es wird verhandelt** über . . .; **b. es handelt sich** um . . ., die Sache steht auf dem Spiel; **actum est** es ist abgemacht, abgetan; **2.** im bes. v o r G e r i c h t : (eine Rechtssache) **führen;** *intr.* **a.** vom Kläger: **klagen; b.** vom Verteidiger: **Rechtsgeschäfte führen.**

   A. I. 1. turbinem treiben *V*, fundam schwingen *V*, vineas vorschieben; ferrum (pondus) schleudern, mare agit fluctus 'wirft' *Cu*, pinus acta boreā gepeitscht *O*, sublicas einrammen; *met.* te discus agit macht dir Bewegung *H*; *r e f l .* und *m e d .* sese Palinurus agebat *V*, per auras agi stürmen *O*; b i l d l . spina agitur per lumbos läuft *V*. **2.** T i e r e : equum in (ad) hostem auf den Feind zusprengen *LCu*, equo temere acto blindlings heransprengend *L*, proditorem in urbem, hominem ad mortem *T*, eum in crucem ihn zur Kreuzigung führen lassen [nicht: 'ans Kreuz schlagen']; agmen raptim agitur bricht eilends auf *LCu*; currūs, carpentum *L*, navem *H* lenken, classem steuern *O*; aves levitas ad sidera agit läßt auffliegen *Cu*. **occ.** praedam *SL*, boves *LO*, impedimenta; res quae ferri (portari) agique possunt bewegliche Habe *LCuT*; b i l d l . ferre agere plebem das Volk plündern *L*, cuncta über alles verfügen *T*; *m e t .* atra venena *V*, animam. **3.** apros *V*, pisces in retia *O*; Rutulos ad moenia *V*, eum in exilium *L*, eum praecipitem de fundo; *m e t .* fata agunt Romanos *HO*, erratibus (casibus) actus umhergehetzt *O*. **a.** aliquem reum (spretarum legum) *LO*. **b.** multitudo studio agitur läßt sich fortreißen, beeinflussen *Cu*, viros transvorsos auf Abwege führen *S*, actus fatis, clamori-

agon   24   **Agrippa**

bus *V*, Latinos in arma *L*, ad nefas *Cu*, in facinus *O*.

II. radices agit virga (bildl. gloria) schlägt Wurzeln *O*; ossa robur agunt werden zu Holz *O*; *refl.* palmes se ad auras agit wächst *V*; *med.* actae ad sidera pinus gewachsen *V*; bildl. sudor piceum flumen agit fließt (dick) wie Pech *V*, spumas in ore (ore *V*) agit Schaum tritt ihm aus dem Munde, undam fumus agit steigt wellenförmig auf *V*, rimas Sprünge bekommen. **occ.** aggerem, fundamenta, molem mari im Meere *Cu*, limitem *T*; *met.* vias, limitem sich Bahn brechen *V*.

B. I. 1. a. omnia quae aguntur geschieht, nihil müßig sein; quid agis? wie geht es dir? [aber auch =] was fängst du an? **b.** suam rem agere *N*, responsa aguntur werden ausgeführt *O*; vigilias (excubias, stationes) Wache halten, haben, delectūs Aushebungen veranstalten, censum Schätzung abhalten *L*, arbitrium Schiedsrichter sein, proelia cum Gallis den G. liefern *L*, bellum betreiben (planmäßig) *SL*, forum (conventum) Gerichtstag halten; censuram *O*, honorem *L* verwalten, bekleiden; festos dies, natales *O*, Idus *H*, triumphum de aliquo; ver orbis agebat feierte den Frühling *V*. **occ.** nihil, multum, non multum. **2.** id agere, ut *NL*; hoc age, hoc agite aufgepaßt! etiam si id non agas nicht darauf achtest (merkst); id quidem· ago gerade daran denke ich *V*, alias res (aliud) 'Allotria treiben'. **3.** curam sorgen (de aliquo *O*, alicuius *Cu*), silentia *O*, paenitentiam Reue empfinden *Cu*, oblivia rei vergessen haben *O*, ioca et seria Scherz und Ernst treiben *S*, pacem Frieden halten *O*, alicui gratias (grates) Dank sagen. **4.** vitam sanctissime (ruri), tempora in venando *S*, vitae supremum diem; mit *meton.* Obj. hiberna (aestiva) die Zeit des Winter-, Sommerlagers *L*, otia müßig, in Ruhe leben *V*; septimum annum agens im 7. Lebensjahr (stehend) *LCu*; tunc principium anni agebatur man stand im Anfang des Jahres *L*. **5.** (bei *SLOT*): homines qui tum agebant *T*; sine legibus, incertā pace *L*, cum eo familiariter auf vertrautem Fuß *S*, Africa incultius agebat *S*; tota civitas laeta agere war guter Laune *S*, duces feroces agere (pro victoribus als wären sie Sieger) *S*; Batavi trans Rhenum agebant *T*, Marius apud primos agebat *S*, Chauci inter auxilia Romana agentes stehend *T*.

II. 1. aliud agendi tempus, aliud quiescendi, illo agente durch seine Vermittlung. **2.** cum simulatione; lenius *S*, iuste *T*, criminose verdächtigen *L*; **occ.** bene, male, praeclare, ferociter cum aliquo mit ihm gut, schlecht usw. umgehen; *pass.* bene (male) cum eo agitur es geht ihm gut (schlecht); Tros Tyriusque mihi nullo discrimine agetur wird von mir unterschiedslos behandelt werden *V*. **3. age, agite wohlan**; agedum dic; agitedum ite mecum *L*; mit *coni. hortativus:* age nunc consideremus. Ausdruck der Zustimmung: 'schön', 'gut', 'es sei', 'meinetwegen', 'ja': age, sit ita factum: quae causa, ut Romam properaret? überleitend: age porro, age vero nun weiter.

C. Das Stück: tragoediam, togatam, fabu-

lam *L*. Rollen: primas (secundas) partes Hauptrolle, Nebenrolle, **Ballionem** die Rolle des B. spielen. Teile des Textes: versum; canticum *L*. **occ.** ea sic ab illo acta sunt; Samnitium bella *L*; *met.* agit laetum convivam er spielt den fröhlichen Tischgenossen *H*, amicum imperatoris (senatorem) *T*; se agere: ferocius, tanta mobilitate *S*.

D. 1. Divico ita cum Caesare egit, cum aliquo de sua salute, per litteras. **agitur a.** nunc non id agitur *S*, qua de re agitur die Streitfrage, aguntur iniuriae sociorum bilden den Gegenstand der Verhandlung. **b.** *met.* non agitur de vectigalibus *S*; [meist persönl.]: existimatio agitur der Ruf steht auf dem Spiel *N*. **actum est:** si prorogatur, actum est dann ist's aus, de eo (de ea re) es ist aus mit ...; sprichw. rem actam (acta, actum) agere 'Abgetanes verhandeln', 'leeres Stroh dreschen'. **2.** praesente vulgo *N*, in senatu de eo (de ea re), ius agendi cum plebe (patribus, populo) das Recht, beim V. Anträge zu stellen; si quid de se agi vellent ein Verfahren gegen ihn wünschten *N*, per senatum (populum) agitur aliquid es wird durch den Senat entschieden. Vor Gericht: causas amicorum agere sie verteidigen, causam (rem) einen Prozeß führen; *met.* jemds. Recht vertreten: causam populi *N*, foederis *L*. *intr.* **a.** ex iure civili nach dem ... Recht eine Klage erheben, lege den gesetzlichen Rechtsweg betreten (cum aliquo, contra aliquem gegen jemd.); ex syngrapha aufgrund eines Schuldscheines; mit *gen.* iniuriarum (furti) einen Prozeß wegen ... führen; auch cum aliquo gegen jemd. *N*. **b.** hospes est in agendo neu in (Rechts)geschäften; apud iudicem auftreten.

agōn, ōnis, *m.* (ἀγών) Wettkampf.

agōnia, ōrum, *n.* **1.** Opfervieh *O*. **2. Agōnia** bzw. **Agōnālia** die A. [ein Janusfest, gefeiert am 9. Januar, 20. Mai, 10. Dezember] *O*; *adi.* **Agōnālis**, e: dies, lux *O*.

E: agō, ōnis 'Opferpriester'.

agorănomus, ī, *m.* (ἀγορανόμος) Marktaufseher *C*.

Agragās, Agragentīnus s. Agrigentum.

agrārius 3 (ager) die Staatsländereien betreffend: agraria (lex) Ackergesetz, largitio reiche Ackerverteilung, triumvir [Beamter, der die Verteilung leitet] *L*, rem a. temptare sich um die Ackerverteilung bemühen; *subst.* **agrāriī**, ōrum, *m.* Freunde der Ackerverteilung.

agrestis, e (ager) **1.** wildwachsend, -lebend: poma *V*, mus Feldmaus *H*. **2.** ländlich: vestitus *N*, honor Kranz von Feldblumen *V*; **occ.** Numidae ansässig *S*; *subst.* **agrestis**, is, *m.* **Bauer. 3.** bäurisch, derb, roh, ungeschlacht: animus, servi.

agri-cola, ae, *m.* (ager, colo, § 66) Bauer.

agrī-cultiō, agrī-cultor, agrī-cultūra s. ager.

Agrigentum, ī, *n.* (aus *acc.* Ἀκράγαντα von Ἀκράγας, §§ 92, 91, 95) selten **Acragās (Agragās)**, antis, *m., acc.* a Agrigento [St. an der Südküste Siziliens]; *adi.* **Agragentīnus** 3; Einw. **Agrigentīnī**, ōrum, *m.*

agri-peta, ae, *m.* (ager, peto) Kolonist, Siedler.

Agrippa, ae, *m.* **1.** Menenius A. [der die Plebs begütigte]. **2.** M. Vipsanius A. [63—12, Vertrauter des Augustus, zuletzt vermählt mit dessen Tochter Julia]. Aus

Agyieus   25   **Alcibiades**   **A**

dieser Ehe stammte **3. A. Postumus** [von Tiberius getötet]. **4.** Herodes A. I. und II. [Könige von Judäa].

Agrippīna, ae, *f.* **1.** A. maior [Tochter des Agrippa und der Julia, Gemahlin des Germanicus, Mutter des Caligula]. **2. A. minor** [deren Tochter, Mutter Neros, auf dessen Befehl 59 n. Chr. ermordet. Ihr Geburtsort im Gebiete der Ubier wurde 50 n. Chr. kolonisiert und heißt **Colōnia Agrippīnēnsis**, das heutige **Köln**; Einw. **Agrippīnēnsēs**, ium, *m. T*].

Agȳīeus, *voc.* eu A. [ʼΑγυιεύς, ʼStraßenbeschützerʼ; Beiname Apollos] *H.*

Agyllīna urbs Agylla = Caere *V*; Einw. **Agyllīnī**, ōrum, *m. V.*

āh s. **ā.**

aha Ausruf = **ā** *C.*

Ahāla, ae, *m.*, C. Servilius A. [tötete angeblich den Volksfreund Sp. Maelius (439?)].

Aharna, ae, *f.* A. [St. in Etrurien] *L.*

ahēnus, ahēneus 3 s. aenus.

ai ai (αἶ, αἶ) ʼachʼ *O.*

Āiāx, ācis, *m.* (Αἴας) **1.** der kleine Ajax [Sohn des Oileus]. **2.** der große Ajax [Sohn Telamons].

āiō, altl. aiiō **1.** ja sagen, bejahen: Diogenes ait, Antipater negat. **2.** sagen, versichern, behaupten, meist mit *acc. c. inf.* oder eingeschaltet; selten: fratri ait *L.* NB: Klass. nur: aio, ais, ait, aiunt, *coni.* aias, aiat, aiant, sowie *impf. act.* aiebam usw. (verkürzt aibas, aibat *C*); *aisne* ? ʼsagst duʼ?ʼ, ʼmeinst duʼ?ʼ, ʼistʼs dein Ernst?ʼ wird (nach §§ 30 u. 53) zu **ain?** verstärkt ain vero? ain tandem?
E: für *ag-jo, vgl. māior für *mag-jor; St. ag- ʼsprechenʼ, adagium ʼSprichwortʼ, gr. ἄν-ωγα.

Āius Locūtius (aio, loquor) A. L. [die göttliche Stimme, welche die Römer vor der Ankunft der Gallier warnte] *L.*

āla, ae, *f.* **1.** Achsel: incussā alā mit Schulterstößen *L*; **occ.** Achselgrube: sub ala *H.* **2.** *synecd.* Flügel: alis plaudens columba *V*; madidis Notus evolat alis *O*; classis centenis remiget alis Ruder *Pr*, fulminis alae *V.* **3.** *met.* die [ursprünglich auf den Flügeln des Heeres stehende] Reiterabteilung, **Reiterschar, -regiment**, bes. die Reiterei der Bundesgenossen; dum trepidant alae berittene Jäger *V.*
E: *ax-la, vgl. axilla u. dtsch. ʼAchselʼ, § 30.

Alabanda, ōrum, *n.* A. [St. in Karien]; ihr Heros **Alabandus**, ī, *m.*; *adi.* und Einw. **1. Alabandēus**, *pl.* **Alabandīs; 2. Alabandēnsis.**

Alabarchēs s. Arabarches.

alabaster, trī, *m.* (ἀλάβαστρος) kl. Salbengefäß aus Alabaster *Sp.*

alacer, cris, e, selten **alacris**, e **1.** lebhaft, feurig, eifrig: ad rem gerendam *N.* **2. occ.** munter, freudig: gaudio.   Dav.

alacritās, ātis, *f.* Eifer: pugnandi Kampflust. **occ.** Munterkeit, Fröhlichkeit.

alapa, ae, *f.* **1.** Ohrfeige *Ph.* **2.** [symbolischer] Backenstreich [bei der Freilassung eines Sklaven] *Ph.*

ālāris, e und **ālārius** 3 (ala) Flügel-: cohortes, equites; *subst.* **ālāriī**, ōrum oder **ālārēs**, ium, *m.* Truppen am rechten oder linken Flügel.

ālātus 3 (ala) geflügelt *VO.*

alauda, ae, *f.* (kelt.) Schopflerche *Sp*; als *nomen pr.* die A. [eine gallische Legion mit schopfähnlicher Helmzier].

Alazōn (ἀλαζών) Prahler [gr. Lustspiel] *C.*

Alba, ae, *f.* **1.** Alba Longa [St. sö. von Rom]; *adi.* **Albānus** 3: secures römisch *H*; Einw. **Albānī**, ōrum, *m.* Albanus mons und lacus [bei Alba]; in der Nähe der Villenort **Albānum**, ī, *n.* Albano. **2.** Alba [am Fucinersee, starke Feste, Staatsgefängnis]; *adi.* **Albēnsis**, e *L.*

Albānī, ōrum, *m.* die A. [Volk am Kaspischen Meer] *T.*

albātus 3 (albus) weißgekleidet, im Festkleid *H.*

albeō, ēre (albus) weiß sein: albente caelo beim Morgengrauen; *pt.* weiß: equi Schimmel *Cu.*   Dav. *incoh.*

albēscō, ere weiß, hell, grauhaarig werden.

albi-capillus 3 (§ 66) weißhaarig *C.*

Albicī, ōrum, *m.* die A. [Bergvolk bei Marseille].

albicō, āre (albus) weiß sein *H.*

albidus 3 (albeo, § 74) weiß *O.*

Albingaunī, ōrum, *m.* die A. [ligurisches Volk] *L*, ihre St. **Albi(n)gaunum**, ī, *n.* Albenga *T.*

Albinovānus, ī, *m.* **1.** C. A. Pedo [Dichter; Freund Ovids] *O.* **2.** A. Celsus [Privatsekretär des Tiberius] *H.*

Albintimilium s. Intemelii.

Albis, is, *m.*, *acc.* im, *abl.* i die Elbe *T.*

albitūdō, inis, *f.* (albus) das Weiß: capitis *C.*

Albius 3 (albus) s. Tibullus.

Albrūna, ae, *f.* A. [germ. Seherin] *T.*

albulus 3 (*dem.* von albus) weißlich *Sp*; dav. **Albula**, ae, *m. f.* [alter Name des] Tiber *VO.*

Albunea, ae, *f.* A. [Nymphe bzw. Schwefelquelle bei Tibur] *VH.*

Alburnus, ī, *m.* A. [Waldgebirge in Lukanien] *V.*

albus 3 (ἀλφός, §§ 2, 7)

> 1. **weiß**; *occ. a.* **grau**; *b.* **blaß, bleich**; 2. *met.* **hell, licht**; 3. *meton.* erheiternd, **heiter**; *occ.* gut, **günstig.**

---

1. albus = ʼglanzlos weißʼ: alba et atra discernere; populus Silberpappel *H.* **a.** plumbum Zinn. **b.** pallor *H*, corpus *CH.* **2.** Lucifer *O.* **3.** Notus *H*; **occ.** stella, genius *H.* Sprichw. avis Wundertier: utrum albus an ater sit, nescio er ist mir gleichgültig; unde illa scivit, niger an albus nascerer woher kannte sie mich so genau? *Ph.* Dav. *subst.* **album**, ī, *n.* **1.** das Weiße, **Weiß**: sparsae pelles albo weißgesprenkelt *V.* **2. weiße Farbe**: columnas albo polire ʼweißenʼ *L*, album addere in vestimentum mit Kreide reinigen *L.* **3. weiße Tafel**: fastos in albo proposuit *L*, omnia in album referre aufzeichnen *L*; **occ.** Liste: senatorium Senatorenliste *T.*

Alcaeus, ī, *m.* (ʼΑλκαῖος) A. [Lyriker aus Mytilene auf Lesbos um 600, Vorbild des Horaz].

Alcamenēs, is, *m.* A. [Bildhauer, Schüler des Phidias].

Alcathous, ī, *m.* A. [Sohn des Pelops, Erbauer von Megara (= urbs, moenia Alcathoi oder **Alcathoē**, ēs, *f.*)] *O.*

alcēs, is, *f.* (ahd. elaho, § 12) der Elch.

Alcibiadēs, is, *m.* A. [athenischer Feldherr und Staatsmann 450—404].

Alcides | 26 | **Aliphera**

Alcīdēs, ae, *m.* Herkules [als Enkel des Alceus].

Alcinous, ī, *m.* A. [König der Phäaken]; Alcinoi silvae Obstgärten *V* und poma dare Alcinoo = 'Holz in den Wald tragen' *O*; Alcinoi iuventus 'Phäaken', Weichlinge *H.*

Alcmaeō und **Alcmeō**, onis, *m.* A. [Sohn des Amphiaraos und der Eriphyle, tötete die Mutter und verfiel in Wahnsinn]; *adi.* **Alcmaeonius** 3 *Pr.*

Alcmēnē, ēs und **-a**, ae, *f.* A. [Gemahlin des Amphitryo, von Zeus Mutter des Herkules].

Alcumeus, ī, *m.* = Alcmeo (§ 37) *C.*

alcyōn, onis, *f.*, *acc. pl.* as (ἀλκυών) Eisvogel. Als *nomen pr.* **Alcyonē**, ēs, *f.* A. [Tochter des Äolus] *O.*

ālea, ae, *f.* 1. **Würfel** *Sp.* 2. *meton.* **Würfelspiel**: de alea condemnari. 3. *met.* **Wagnis**, Gefahr, Zufall: dubia imperii servitiique ungewisses Spiel um *L.*   Dav.

āleārius 3 das Spiel betreffend, Spiel-: lex *C.*

āleātor, ōris, *m.* (alea) Spieler, Hasardspieler.

āleātōrius 3 Spiel-: damna Spielverluste.

āleātus (aleum = alium) Knoblauchesser, armer Schlucker *C.*

ālēc s. allec.

Ālēctō und **Āllēctō**, *nom.* und *acc.* A. [eine Furie].

Alēī campi die A. c. ['Irrfeld' in Kilikien].

āles, itis (ala, *gen. pl.* alituum *V*) 1. *adi.* **geflügelt**: deus Merkur, puer Amor *V*; *met.* **rasch**, schnell, flüchtig: passus *O.* 2. *subst. m. f.* **a.** Vogel (nur d i c h t.): Iovis Adler *V*, Iunonia Pfau *O*, Palladis Eule *O*, Tityi Geier *H*, **Phoebēius** Rabe *O*, **Daulias** Nachtigall *O*, sacer Habicht [Weissagevogel] *V*, Chaonis Taube *O*, Caystrius *O*, albus *H* Singschwan; *met.* Maeonii carminis ein Sänger von homerischem Schwung *H.* **b.** **Weissagevogel**; *met.* **Vorzeichen** *H.*

Alesia, ae, *f.* A. [Festung der Mandubier in Gallien].

Ālēus s. Elis.

Alexander, drī, *m.* 1. Paris [Sohn des Priamus]. 2. A. [Tyrann v. Pherae 370—357]. 3. A. [König der Molosser in Epirus *L*]. 4. Alexander III. (Magnus) 356—323. Nach ihm benannt **Alexandrīa (-ēa)**, ae, *f.* (Ἀλεξάνδρεια, § 91) A. [1. St. an der troischen Küste *L.* 2. St. in Ägypten, j. A l e x a n d r i e n]; *adi.* und Einw. **Alexandrīnus.**

Alfēnus, ī, *m.*, P. A. Varus [ber. Jurist] *H.*

alga, ae, *f.* Seegras, Tang; s p r i c h w. vilior algā *VH.*

algeō 2. alsī frieren.   Dav. *incoh.*

algēscō, ere sich erkälten *C.*   Und

algidus 3 kalt; algida (Scythia?) d i c h t. 'Frostland'; *subst.* **Algidus**, ī, *m.* A. [Bergkette bei Tuskulum] mit der St. **Algidum**, ī, *n. L*; *adi. O.*

algor, ōris und **algus**, ūs, *m.* (algeo) Frost.

Ālia = Allia.

aliā (*abl. sg. f.* v. alius) *adv.* auf anderem Wege *L.*

aliās (*acc. pl. f.* v. alius) *adv.* 1. ein anderes Mal, sonst; alias ... alias bald ... bald, alias aliter bald so, bald anders, alias aliud bald dies, bald jenes. M i t N e g a t i o n : anders, auf andere Weise: non alias quam simulatione mortis tutior *Cu.*

alibī (vgl. alis und ibi) *adv.* 1. anderswo, anderwärts; alibi ... alibi hier ... dort, alibi aliter hier so ... dort so, alius alibi der hier ... jener dort. 2. in etwas

anderem: nec spem salutis alibi quam in pace esse *L.*

alica, ae, *f.* Speltbrei *Pli.*

alicubī (vgl. aliquis und ubi, § 17) *adv.* irgendwo.

alicunde (vgl. aliquis und unde, § 17) *adv.* irgendwoher.

Ālidēnsis = Eleus *C*; vgl. Elis.

aliēnātiō, ōnis, *f.* (alieno) 1. Entäußerung, das Weggeben: sacrorum. 2. Entfremdung, Abneigung, Abfall: in Vitellium *T.*

aliēni-gena, ae, *m.* (alienus, *geno, § 66) ausländisch, auswärtig; *subst.* Ausländer.

aliēnō 1. 1. **weggeben**; *pass.* in fremde Gewalt geraten: pars insulae alienata *L.* 2. (animum) **abziehen**: alienatus ab sensu gefühllos *L.* 3. (mentem) verrückt, **wahnsinnig machen**; *pass.* alienatā paene mente fast sinnlos; *abs.* alienatus außer sich. 4. (hominem) **entfremden, verfeinden**, entzweien, abgeneigt, **abwendig machen**; *pass.* **zum Feind, zu Feinden werden, abfallen**: insulae alienatae abtrünnig *N*; non vultu alienatus ohne eine Spur von Abneigung zu zeigen *T*; falsa suspicione alienatus zurückgesetzt *S.*   Von

aliēnus 3 (dissimiliert aus aliīnus von alius, § 75; eigtl. 'einem andern gehörig').

I. **fremd**; *occ.* 1. nicht verwandt, **fernstehend**; *subst.* der **Fremde**; 2. **ausländisch**.

II. *met.* 1. **abgeneigt, feindselig**, ungünstig gestimmt; 2. widerstrebend, **unpassend**; 3. unbequem, **ungünstig, nachteilig.**

I. agri; alieno Marte nach ungewohnter Kampfart *L*; **aes alienum** Schulden; nomina fremde Schulden *S*; mālis alienis ridere mit verstelltem Gesicht, höhnisch *H*; *subst.* **aliēnum**, ī, *n.* **fremdes Gut.** 1. homines; mit *dat.* non alienus sanguine regibus *L*; *subst.* alienos adiungere *S.* 2. religio, res p.

II. 1. socii; a litteris unkundig; mit *dat.* und (*subst.*) *gen.* 2. aliena et nihil profutura *S*, aliena loqui Unsinn reden *O*; oft: alienum est, non alienum (esse) videtur. 3. locus; alieno tempore zur Unzeit.

    Konstr. mit ab, *dat.*, *abl.*

āli-ger 3 (ala, gero, § 66) geflügelt.

Āliī s. Elis.

alimentārius 3 Lebensmittel-: lex.   Von

alimentum, ī, *n.* (alo) 1. Nahrung, Nahrungsmittel, Proviant, meist *pl.*; *met.* famae, seditionis *T.* 2. *pl.* Erzieherlohn: exspectare.

alimōnium, ī, *n.* (alo) Nahrung, Unterhalt.

aliō (alius) *adv.* 1. anderswohin: alius alio dieser hier, jener dorthin. 2. zu einer andern Person bzw. Sache: alio spectare *N*, alio natus *L.*

aliō-quī(n) *adv.* 1. in anderer Hinsicht, **sonst, im übrigen**, übrigens: a. mitis victoria fuit *L.* 2. **überhaupt, an sich**: mors Marcelli a. miserabilis *L.* 3. **andernfalls** *QPli.*

āli-pēs, pedis (ala, pes, § 66) 1. mit geflügelten Füßen: deus Merkur *O.* 2. *met.* schnellfüßig: equi *V*; *pl. subst.* Rosse *V.*

Aliphēra, ae, *f.* A. [St. in Arkadien].

ali-pilus, ī, *m*. (ala, pilus) Sklave, der die Achselhaare entfernt *Sp.*

alīpta, ae, *m*. (ἀλείπτης, § 91) Einsalber, Masseur.

aliquā (aliquis) *adv*. **1.** irgendwo *L*. **2.** irgendwie *VO.*

aliquam (aliquis) *adv*. ziemlich: a. multi.

aliquam-diū *adv*. eine geraume Zeit, eine Zeitlang.

ali-quandō, (vgl. alis) *adv*. **1. irgendeinmal, einst:** inlucescet a. ille dies. **occ. 2. endlich einmal, endlich** [auch verstärkt durch tandem]: egredere a. ex urbe. **3. manchmal, zuweilen:** a. indigne ferre *N.*

aliquantillum, ī, *n*. (*dem*. von aliquantum) ein bißchen *C.*

aliquantisper (aliquantus, per) *adv*. = aliquamdiu *C.*

aliquantulum, ī, *n*. ein bißchen *C.*   *Dem.* von

ali-quantus 3 (vgl. alis) **bedeutend, ziemlich groß, ziemlich viel.** Selten *adi*. iter *L*, numerus *S*; meist *subst*. **aliquantum**, ī, *n*. **ein gut Teil, ein Bedeutendes, ziemlich viel, - groß**; mit *gen*. itineris, aquae, trepidationis; ad (in) a. altitudinis bis zu ziemlicher Höhe *LCu*. Dav. *adv*. **1.** *acc*. **aliquantum ziemlich, bedeutend**: a. retardati sunt Boeotii *N*, a. amplior *L*. **2.** *abl*. (*mensurae*) **aliquantō bedeutend,** meist beim *comp.*

aliquā-tenus *adv*. einigermaßen *Q.*

I. ali-quī (aliquis) *adv*. irgendwie, so gut es geht *C.*

II. ali-quī, quod (alis, qui) *adi*. *pron*. *indef*. irgendein.

ali-quis, qua, quid (alis, quis) *subst*. (aliquis und aliqua auch *adi*.) *pron*. *indef*. **1. jemand, irgendeiner, etwas**, *pl*. **einige, manche**: aliquis Siculus, finge aliquid; aliquid consilii capere irgendeinen Entschluß; aliquid aliud; ad unum aliquem confugere; im *m*. und *f*. *adi*. aliquis casus, aliqua significatio. **2. occ. a. so mancher:** est aliquis, qui se inspici fastidiat *L*. **b.** aliquo numero esse etwas gelten, Einfluß haben, aliquid esse nicht ohne Bedeutung sein, est aliquid nupsisse Iovi es ist viel *O*; *acc. sg. n. adv*. **aliquid einigermaßen**: a. sublevare, perlucens iam a. lux *L.*

aliquō (aliquis) *adv*. irgendwohin.

ali-quot (alis, quot) *adi. indecl*. einige, ein paar.   Dav.

aliquotiē(n)s *adv*. einige Male, mehrmals.

Ālis s. Elis.

alis, alid ältere Form für alius, aliud; vgl. aliquis u. a.

aliter (alis) *adv*. **1. anders,** auf andere Weise: aliter ac anders als; non a. nisi nur wenn *L*, non a. quam geradeso wie *O*; aliter apud alios ordinati magistratus bei diesen so, bei jenen anders *L*; aliter se habere, esse sich anders verhalten, anders stehen. **occ. 2. entgegengesetzt:** a. facere *S*. **3. andernfalls, sonst:** aliter non traducendum exercitum existimabat.

alitus (jünger) *pt. pf. pass*. v. alo.

ali-ubī (alis, ubi) *adv*. anderswo *Sp.*

ālium und **āllium**, ī, *n*. (§ 29 am Ende) Knoblauch.

ali-unde (alis, unde) *adv*. anderswoher: a. stare auf einer anderen Seite stehen *L.*

alius, alia, aliud (gr. ἄλλος, got. aljis), *gen*. alterius, *dat*. alteri, selten alii, *f*. aliae *C*. **1. ein anderer** (von mehreren, alter von zweien); *acc. n. pl*. adv. im übrigen, **sonst**: alia clarus *T*; alius ... alius der eine ... der

andere; alius alii subsidium ferunt einander; legiones aliae in alia parte die eine hier, die andere dort, alius post (super) alium einer nach dem andern, alias alios deos venerari bald die einen, bald andere, iussit alios alibi fodere die einen hier, die andern dort *L*. Nachfolgendes 'a l s' im affirmativen Satz a t q u e (a c) oder e t, im negativen q u a m, n i s i, p r a e t e r; d i c h t. *abl. comp*. ne alius Lysippo duceret aera *H*. Verkürzt: nihil aliud (*sc*. egit) quam bellum paravit rüstete lediglich *N*. **2. occ. verschieden:** alium fecisti me hast mich umgewandelt *C*, alias res agere nicht aufmerken. **3. der andere,** übrige: ex aliis ei maximam fidem habebat. **4. der eine von zweien** (selten): d u a s leges promulgavit, unam ... aliam; aliud navis latus *Cu.*

al-lābor 3. lāpsus sum (§ 33) herangleiten, mit *dat*.; aures zu den Ohren dringen *V.*

al-labōrō, āre dazuarbeiten *H*; myrto hinzufügen *H.*

al-lacrimāns, antis (lacrimo) dabei weinend *V.*

I. allāpsus *pt. pf. act*. v. allabor.

II. allāpsus, ūs, *m*. (allabor) das Herangleiten *H.*

al-lātrō 1. anbellen; *met*. ankläffen *L.*

allātus *pt. pf. pass*. v. affero.

allēc, ēcis, *n*. Fischsauce *H.*

Āllēctō s. Alecto.

al-lectō, āre (*frequ*. von allicio) anlocken.

I. allectus *pt. pf. pass*. v. allicio.

II. allēctus *pt. pf. pass*. v. II. allego.

allēgātus, ūs, *m*. (allego 1) (Ab)sendung, Auftrag *C.*

al-lēgī *pf*. v. II. allego.

I. al-lēgō 1. **1.** absenden, schicken: allegando durch allerlei Botschaften *L*. **2.** vorbringen, anführen: preces, mandata *T*, geltend machen: merita *Sp.*

II. al-legō 3. lēgī, lēctus hinzuwählen, aufnehmen.

allevāmentum, ī, *n*. (allevō) Erleichterung.

allevātiō, ōnis, *f*. (allevo) das Aufheben *Q*; *met*. Erleichterung.

al-lēvī *pf*. v. allino.

al-levō 1. empor-, aufheben: clipeo se sich aufrichten *Cu*; *met*. erleichtern, lindern, mildern; *pass*. sich erleichtert fühlen; *abs*. beistehen *T.*

al-lēxī *pf*. v. allicio.

Āl(l)ia (§ 29 am Schluß), ae, *f*. A. [Nebenflüßchen des Tiber nö. von Rom] *VLO*; *adi*. **Āl(l)iēnsis**, e.

al-liciō 3. lēxī, lectus (*lacio) anlocken, anziehen, (für sich) gewinnen.

al-līdō 3. līsī, līsus (laedo) (geg. etw.) anschleudern.

Allīfae, ārum, *f*. A. [St. in Samnium] *L*: *adi*. **Allīfānus** 3; *subst*. **Allīfāna**, ōrum, *n*. irdene Maßkrüge *H.*

al-ligō 1. **1.** an-, festbinden; *occ*. **a.** verbinden: vulnus; **b.** fesseln *T*. *met*. **2. festhalten, fesseln, hemmen:** artūs *O*, ancora alligat navem *VL*. **3.** (moralisch) **binden, verpflichten:** beneficio; foedere *L*; alligatus mitbelastet; *occ*. (an ein Gesetz) **binden:** verba (poesis *Q*) adligata.

al-linō 3. lēvī, litus anstreichen, -schmieren *H*, ankleben *Sp*; *met*. mitteilen *Sp.*

al-līsī *pf*. v. allido.

allīsus *pt. pf. pass*. v. allido.

allitus *pt. pf. pass*. v. allino.

allium   28   **alumnus**

āllium s. alium.

Allobrox, ogis, *m. H,* meist *pl.* Allobrogēs die A. [Bergvolk in der Provence].

allocūtiō, ōnis, *f.* = alloquium **1.**

allocūtus *pt. pf. act.* v. alloquor.

alloquium, ī, *n.* **1.** Anrede, Ansprache. **2.** Zuspruch, Tröstung.   Von

al-loquor 3. locūtus sum ansprechen, anreden.

al-lubēscit (ad, lubet) ich bekomme Lust *C.*

al-lūdō 3. lūsī, lūsum **1.** sich spielend heranbewegen: [Zeus als Stier] alludit *O,* adludentes undae anplätschernd *O.* **2.** dazu scherzen; mit *dat.* occupato *Ph.*

al-luō 3. luī an-, bespülen.

al-lūsī *pf.* v. alludo.

allūsum *pt. pf. pass.* v. alludo.

alluviēs, ēī, *f.* (alluo) Überschwemmung.

alluviō, ōnis, *f.* (alluo) Anschwemmung von Erde.

Almō, ōnis, *m.* A. [Bach bei Rom; gleichn. Gott].

almus 3 (alo) **1.** nährend, fruchtbar: ager *V.* **2.** segenspendend, hold, gütig [meist von Gottheiten]: dies *VHO.*

alnus, ī, *f.* Erle; *meton.* Kahn aus Erlenholz.

alō 3. aluī, altus, jünger alitus **1.** ernähren: greges ziehen *Cu.* **occ. a. Unterhalt gewähren:** agellus me alit; exercitum erhalten. **b. auf-, großziehen:** locus, ubi alitus est aufwuchs. *met.* **2. nähren,** Nahrung geben, **wachsen lassen, hervorbringen:** fruges *Cu,* ductores *V,* mons alit amnem speist *T,* ignem. **3. fördern, entwickeln,** ausbilden, **vergrößern:** staturam, vires, furorem, spem; morbum verschlimmern *N.* E: got. ala 'wachse auf', nhd. alt, gr. ἄν-αλτος 'unersättlich'.

Alōīdae, ārum, *m.* die A. [Otus u. Ephialtes; Giganten].

Alopē, ēs, *f.* A. [St. im opuntischen Lokris] *L.*

Alpēs, ium, *f.* die Alpen. Dav. **Alpicī,** ōrum, *m.* Alpenbewohner *N; adi.* **Alpīnus** 3.

Alphēos und **-us,** ī, *m.* A. [Fl. in Elis, Flußgott]; *adi.* **Alphēus** 3: Pisae von Pisa [in Elis] aus gegründet *V;* **Alphēïas,** adis, *f.* = Arethusa *O.*

alsī *pf.* v. algeo.

Alsium, ī, *n.* A. [Ort im südl. Etrurien]; *adi.* **Alsiēnsis,** e *L;* **Alsiēnse,** is, *n.* Landgut bei Alsium.

***alsus** 3 (algeo) frostig; nur: nihil alsius.

altāria, ium, *n.* (altus) Altaraufsatz; Altar.

alter, era, erum (*comp.* von alis, § 16 Anm., für *aliterus,* § 42), *dat. f.* alterae *CN, acc.* synk. altrum *C,* **der eine von beiden, der eine** (von zweien), **der andere:** pes, cornu *N;* alter consulum, alter ex censoribus, de duobus; alter . . . alter der eine . . . der andere; alter alteri inimicus einander. **occ. a.** der **zweite:** anno trecentesimo altero im J. 302 *L,* alter ab illo nach jenem *V;* alterum tantum noch einmal so viel; altero tanto longior doppelt so lang *N;* *met.* alter Verres, altera patria, alter idem ein anderes Ich. **b.** verschieden, **entgegengesetzt:** factio, pars Gegenpartei, ripa jenseitig; sors Unglück *H.*   Dav.

alterās *adv.* = alias *C.*

altercātiō, ōnis, *f.* (alter) Wortstreit, Zank.   Von

altercor (-cō *C*) **1.** einen Wortwechsel führen, streiten.

alternō 1. abwechseln lassen; haec abwechselnd erwägen *V,* vices abwechseln *O.*   Von

alternus 3 (alter, vgl. paternus) **1.** abwechselnd, gegenseitig: alternis trabibus ac saxis abwechselnd Balken und Steine, alternis sermonibus im Wechselgespräch *H,* verbis bei jedem zweiten Wort *L,* arbores jeder zweite Baum *C; abl. adv.* alternis abwechselnd. **2.** in Distichen, elegisch: versūs; carmen Elegie *O.*

alter-uter, alter(a)-utra (§ 53), alter(um)-utrum (§ 32) der eine von zweien, beiden.

alti-cīnctus 3 hochgeschürzt *Ph.*

altilis, e (alo) gemästet *Sp; pl. f.* (*n. Sp.*) *subst.* Mastgeflügel *H.*

Altīnātēs, ium, *m.* Einw. von Altinum [in Venetien] *Pli.*

alti-sonus 3 (§ 66) aus der Höhe donnernd.

altitūdō, inis, *f.* (altus) **1. Höhe;** *occ.* **Dicke;** *met.* **Größe, Erhabenheit:** animi, orationis. **2. Tiefe:** fluminis, maris; *met.* **Verschlossenheit:** ingenii *S,* animi *T.*

altiusculus 3 (*dem.* von altior) ziemlich hoch *Sp.*

altor, ōris, *m.* (alo) Ernährer, Erhalter. Dazu **altrīx,** īcis, *f.* Ernährerin, Amme; *adi.* nährend *Sp.*

altrīn-secus (*altrim v. alter, secus) *adv.* auf der andern Seite *C.*

I. altus *pt. pf. pass.* v. alo.

II. altus 3, *adv.* **ē** (urspr. *pt.* von alo, dann *adi.* 'gewachsen', 'groß').

    A. (nach oben gemessen) **1. hoch; 2.** *met.* **hoch;** *occ.* **erhaben, hehr; 3.** *subst. n.* **Höhe;** *occ.* Himmelshöhe, **Himmel.**

    B. (nach unten gemessen) **1. tief; 2.** *met.* **tief;** *occ.* **a.** innerlich; **b. geheim, versteckt; 3.** *subst. n.* **Tiefe, Inneres, Grund;** *occ.* **altum** das (tiefe) **Meer,** die hohe **See.**

    C. (in die Weite gemessen) **1. tief, weit; 2.** *met.* **weit zurückliegend, alt; 3.** *subst. n.* **altum die Ferne.**

    A. **1.** altus equo hoch zu Roß *VH;* alte cadere hoch herab, signum VII pedes altum *L;* altiora petrae der höhere Teil *Cu.* **2.** gradus Rang, fortuna; alta sperare *L.* **occ.** mens, animus, vultus stolz *H,* Iuppiter *V,* Caesar *H.* **3.** arcu alta petens in die Höhe zielend *V,* aedificia in altum edita *T.* **occ.** Maiā genitum demittit ab alto *V.*

    B. **1.** flumen, aqua, vulnus *V,* caput abdidit alte *V.* **2.** somnus *HL,* silentium *V.* **a.** pavor *T.* **b.** dissimulatio *Cu,* venia *V.* **3.** in altum rapi *L,* alta pelagi Meerestiefen *V; met.* iram ex alto animi ciere *L.* **occ.** naves in alto constituere, in altum provehi.

    C. **1.** portus tief eindringend *V,* lucus Tiefe des Hains *V,* oratio alte repetita weither geholt; bellum altius expedire ausführlicher darstellen *T.* **2.** Clausus, sanguis *V.* **3.** quid causas petis ex alto? *V.*

aluī *pf.* v. alo.

alūmen, inis, *n.* Alaun *Sp.*

alumnus 3 (*pt. pr. pass.* von alo, § 64 letzt. Abs.) **1.** *adi.*

aluta   29   **ambitus**   **A**

erzogen: numen *O.* **2.** *subst.* **alumnus,** ī, *m.*, **alumna,** ae, *f.* **a.** Zögling, Pflegling: sutrinae tabernae Schusterjunge *T.* **b.** Kind: eorum agrorum. **c.** [von Tieren]: die **Jungen.**

alūta, ae, *f.* (alūmen) mit Alaun gegerbtes Leder.

alv(e)ārium, ī, *n.* (alveus) Bienenkorb *V.*

alveolus, ī, *m.* **1. Wanne,** Mulde *LPh.* **2. Spielbrett,** *meton.* **Würfelspiel. 3.** (kleines) **Flußbett** *Cu.* *Dem.*von

alveus, ī, *m.* **1. Höhlung, Bauch:** ilicis *V,* navium *SL.* occ. **2. Wanne,** Mulde: alveo expositi *LO.* **3. Badewanne** *O.* **4. Einbaum** *L,* d i c h t. **Kahn,** Nachen. **5. Bienenkorb** *Ti.* **6. Flußbett.**   Von

alvus, ī, *f.* **1. Bauch,** Leib, Unterleib. **2. Magen. 3. Schiffsbauch** *T.* **4. Bienenstock** *Ph.*

Alyattēs, is, *m.* A. [König von Lydien] *H.*

Alyzia, ae, *f.* A. [kleine St. Akarnaniens].

*am . . . *praep.* s. ambi.

amābilis, e, *adv.* **iter** (amo) liebenswürdig.

Amalthēa, ae, *f.* ('Αμάλθεια, § 91) **1.** A. [Nymphe (oder Ziege) auf Kreta, die den Zeus nährte]; dav. **Amalthēum** oder **-ium,** ī, *n.* Amaltheaheiligtum. **2.** A. [eine Sibylle] *Ti.*

āmandātiō, ōnis, *f.* Verweisung, Verbannung.   Von

ā-mandō 1. entfernen, verbannen.

amāns, antis, *adv.* **anter** (amo) liebend, liebevoll, zugetan; *subst. m. f.* der, die Liebende.

Amantia, ae, *f.* A. [St. in Epirus]; Einw. **Amantīnī.**

Amānus, ī, *m.* A. [Teil des Taurus]; *adi.* **Amānicae** pylae [Paß zwischen Syrien und Kilikien] *Cu*; Einw. **Amāniēnsēs.**

amāracus, ī, *m. f.* (ἀμάρακος) Majoran *V.*

amarantus, ī, *m.* (ἀμάραντος) Tausendschön *O.*

amāritūdō, inis, *f.,* d i c h t. **amāror,** ōris, *m.* Bitterkeit.   Von

amārus 3 **1. bitter** [vom Geschmack]: aqua *Cu,* salices *V*; occ. **beißend** [vom Geruch]: fumus *V.* met. **2. herb, widerlich, unangenehm;** *subst. n.* amara curarum *H.* **3. bitter, scharf, verletzend:** dicta *O,* hostis *V.*

Amasēnus, ī, *m.* A. [Nebenfluß des Ufens in Latium] *V.*

amassō *C fut. ex.* v. amo.

Amāstris, idis, *f.* A. [St. in Paphlagonien] *Ca*; Einw. **Amāstriānī** *Pli.*

Amathūs, untis, *f.,* acc. a A. [St. auf Zypern mit Venustempel] *O*; *adi.* **Amathūsius** u. **Amathūsiacus** 3 *O.*

amātiō, ōnis, *f.* (amo) Liebelei *C.*

amātor, ōris, *m.* (amo) Liebhaber, Freund, Verehrer; occ. **Lüstling.**   Dav.

amātōrius 3, *adv.* **ē,** verliebt, galant, Liebes-: poësis.

Amāzōn, onis, *f.* ('Αμαζών), *pl.* Amāzones, um Amazonen [mythisches kriegerisches Frauenvolk am Fl. Thermodon]; *adi.* **Amāzonius** 3; **Amāzonidēs,** um, *f.* = Amazones *VPr.*

ambactus, ī, *m.* (kelt.) Höriger, Dienstmann.

*amb-āgēs, is, *f.,* im *sg.* nur *abl.* ambage, *pl.* ambāgēs, um (ambi und ago) **1. Irrweg, Irrgang:** viarum *O.* met. **2. Umschweife, Weitschweifigkeit:** missis ambagibus ohne Umschweife *H.* **3.** occ. **a. Zweideutigkeit, Dunkelheit, Rätsel(haftigkeit): b. Winkelzüge, Ausflüchte:** fallendae fidei *L.*

Ambarrī, ōrum, *m.* die A. [gall. Volk, Zweig der Häduer].

amb-edō 3. ēdī, ēsus annagen; quidquid herbidum auffressen *T.*

*ambi (untrennbare Präp.), [verkürzt und assimiliert]: amb, am, an (§§ 42, 44, 53, 33) 'zweifach, ringsum'. E: gr. ἀμφί, § 7, mhd. 'umbe', nhd. 'um', verw. mit ambo.

Ambiānī, ōrum, *m.* die A. [Küstenvolk in Nordfrankreich].

Ambibariī, ōrum, *m.* die A. [Volk in der Normandie].

amb-igō, ere (ambi, ago) **1.** *intr.* **zweifeln, Bedenken tragen, ungewiß sein, schwanken. 2.** *trans.* **bezweifeln, disputieren;** *pass.* **zweifelhaft, streitig sein:** haud ambigam will es unentschieden lassen *L.* **3.** (vor Gericht) **streiten:** de vero; met. de regno *L.*

ambiguitās, ātis, *f.* **1.** Zweideutigkeit, Doppelsinn: verbi *L.* **2.** Trugschluß *Q.*   Von

ambiguus 3, *adv.* **ē** (ambigo) **1.** (zwischen zweien) **schwankend, veränderlich, Zwitter-:** viri die Kentauren *O,* lupus Werwolf *O,* vultus Mädchengesicht *H,* favor das Schwanken zwischen den Parteien *L,* Salamis ein gleiches *H.* met. **2. schwankend, zweifelhaft, ungewiß:** haud ambiguus rex zweifellos *L,* ambigue pugnare unentschieden *T*; *subst.* in ambiguo in ungewisser Lage *T*; occ. **unentschlossen:** imperandi *T,* futuri was geschehen solle *T.* **3. zweideutig, dunkel, unklar:** dicta *O,* ambigue loqui; *subst.* **ambiguum,** ī, *n.* **Zweideutigkeit;** Rätsel *Sp.* **4. unzuverlässig, unsicher:** auctor *O,* fides *L,* ambigue agere *T.* occ. **a. mißlich, bedenklich:** aquae *O,* res *T.* **b. streitig, anfechtbar:** possessio, ager *L.*

Ambiliātī, ōrum, *m.* die A. [Volk an der unteren Loire].

amb-iō 4. (ambi, eo; *impf.* auch ambībat *LOT*) **1. umgehen, herumgehen:** fundamina terrae *O*; occ. umgehen: patriam *T.* met. **2. umgeben:** muros *Cu,* silvas *T,* clipei oras auro einfassen *V.* **3. mit Bitten angehen:** singulos ex senatu *S*; occ. **sich bewerben. 4. sich** an jemd. **wenden,** ihn **ersuchen:** reginam affatu *V,* pauci nuptiis ambiuntur werden mit Ehevorschlägen umworben *T.*

Ambiorīx, īgis, *m.* A. [Fürst der Eburonen].

ambitiō, ōnis, *f.* (ambio) 'das Herumgehen'. **1. Aufzug, Gepränge, Prunk:** magna ambitione mit festlichem Geleit *N,* funerum *T.* **2. Bewerbung:** annua *L.* **3.** met. **a. Gunstbeflissenheit, Liebedienerei, Parteilichkeit:** per ambitionem *S*; scriptoris *T,* consulis Popularitätshascherei *L*; gloriae, conciliandae provinciae das Streben *T.* **b. Ehrgeiz, Ehrsucht:** mala *S,* misera *H.*   Dav.

ambitiōsus 3, *adv.* **ē 1. umschlingend:** hederis ambitiosior die fester umschlingt *H,* ornamenta üppig rankend *H.* **2.** met. **a. eifrig im Bewerben;** pro nostris malis um Nachsicht werbend *O.* **b. ehrgeizig, ehrsüchtig, eitel:** spes *O,* ambitiose regnum petere *L,* colere amicitias *T* aus Ehrgeiz, casum ferre zur Schau tragen *T,* mors auf Nachruhm berechnet *T.* **c.** nach Gunst haschend, **gunstbeflissen:** dux *L,* preces schmeichelnd *T,* imperium auf Gunst erpicht *T.*

ambitus, ūs, *m.* (ambio) 'das Herumgehen'. **1. Um-**

Ambivius   30   **Amorgus**

lauf, Kreislauf: stellarum; saeculorum *T.* **occ. a.** Windung: aquae *H.* **b.** Umweg, **Umschweife:** ambitūs facere *L.* **c.** *synecd.* Saum, **Rand:** campi, lacūs *T*; **occ.** Umfang: muri *Cu.* **d.** (*rhet.*) **Periode:** verborum. **2. Amtserschleichung:** lex de ambitu; suffragiorum Stimmenerschleichung *T.* **3. Gunstbuhlerei:** uxorius, potentium Umtriebe *T*, iudicum Parteilichkeit *T.*

Ambivius Turpio A. T. [ber. Schauspieler, Zeitgenosse des Terenz].

ambō, ambae, ambō (ἄμφω, § 7) beide zusammen, beide.

Ambracia, ae, *f.* A r t a [St. in Epirus]. *Adi.* **Ambracius** 3 *L*; Einw. **Ambraciōta,** ae, *m.*; **Ambraciēnsēs,** ium, *m. adi.* und *subst. L.*

Ambrānī, ōrum, *m.* die A. [Volk in Gallien] *Sp.*

ambrosius 3 (ἀμβρόσιος) unsterblich, göttlich; *subst.* **ambrosia,** ae, *f.* Ambrosia [Götterspeise, -salbe].

ambūbāia, ae, *f.* Flötenspielerin, Bajadere *H.* E: arabisch anbúb 'Pfeife'.

ambulācrum, ī, *n.* = ambulatio 2. *C.*

ambulātiō, ōnis und *dem.* **ambulātiuncula,** ae, *f.* (ambulo) **1.** Spaziergang. **2.** Wandelhalle.

ambulō 1. gehen, einher-, herumgehen, lustwandeln, reisen, marschieren.

amb-ūrō 3. ussī, ustus (ambi, uro, § 53) anbrennen, versengen, verbrennen: ambustus tribunus halbverbrannt; **occ.** ambusti artus erfroren *T*; *met.* prope ambustus kaum mit heiler Haut *L.*

amellus, ī, *m.* Sternblume *V.*

Amenānus, ī, *m.* A. [Fl. bei Catania]; *adi.* flumina *O.*

āmendō = amando.

ā-mēns, entis sinnlos, kopflos, unsinnig, außer sich.

āmentātus 3 (amentum) wurfbereit.

āmentia, ae, *f.* (amens) Sinnlosigkeit, Wahnsinn, Tollheit.

āmentum, ī, *n.* Wurfriemen am Speer.

Ameria, ae, *f.*, A m e l i a [bei Spoleto in Umbrien]; *adi.* und Einw. **Amerīnus.**

ames, itis, *m.* Stellgabel [für Vogelnetze] *H.*

amethystus, ī, *f.* (ἀμέθυστος) Amethyst *Sp.*

amfrāctus s. anfractus.

amīca s. amicus.

am-iciō 4. amictus (ambi, iacio) **1.** umwerfen, anlegen: amicitur wirft die Toga über *Pli.* **2.** *met.* um-, einhüllen.

amīcitia, ae, *f.* (amicus) **1.** Freundschaft. **2. occ.** Freundschaftsverhältnis. **3.** *meton.* Freunde.

I. amictus, ūs, *m.* (amicio) **1.** Überwurf, **Tracht:** amictum imitari. **2.** *meton.* Obergewand, **Mantel:** duplex aus doppeltem Stoff *V*; purpureus, Phrygius Schleierbinde *V*; *met.* **Hülle:** nebulae *V.*

II. amictus *pt. pf. pass.* v. amicio.

amīcula, ae, *f.* (*dem.* v. amica) Liebchen.

amiculum, ī, *n.* (amicio) Umwurf, Mantel.

amīculus, ī. *m.* trauter Freund *CaH.*   *Dem.* von

amīcus 3, *adv.* **ē** (amo) **1. freundlich, freundschaftlich, wohlwollend, gewogen, befreundet:** amica luto sus schmutzliebend, sibi non *H.* **2. occ.** günstig, geneigt, gefällig, lieb: studiis *O*, numen *V*; ratio amicior libertati *N*, ventus *O*, portus *V. Subst.* **amīca,** ae, *f.* Freundin, Liebchen. **amīcus,** ī, *m.* **1.** Freund:

amicissimus bester Freund. **2. occ. a.** Gönner: potens *H. pl.* **b. Leibwächter** *Cu.* **c.** Höflinge, Würdenträger: Alexandri *N.*

ā-migrō, āre fortwandern *L.*

Amīnaeus (-ēus) 3 vom Weingebiet Aminaea in Picenum *VSp.*

ā-mīsī *pf.* v. amitto.

Amīsia, ae, und -ius, ī *m.* die E m s *T Sp.*

āmissiō, ōnis, *f.* (amitto) Verlust.

āmissus *pt. pf. pass.* v. amitto.

Amīsus, ī, *f.* A. [St. in Pontus]; Einw. **Amīsēnī** *Pli.*

amita, ae, *f.* Tante [väterlicherseits]; Großtante *T.*

Amiternum, ī, *n.* A. [St. der Sabiner] *L*; *adi.* **1. Amiternus** 3; **2.** (auch Einw.) **Amiternīnus.**

ā-mittō 3. mīsī, missus **1. fortschicken, -lassen** *C. met.* **2. fahren lassen, aufgeben:** noxiam erlassen *C*, fidem *N*, spiritum ante quam ultionem *T.* **3. entschlüpfen lassen:** praedam de manibus; occasionem, tempus unbenutzt lassen. **4. verlieren, einbüßen:** lumina oculorum *N*, pecuniam, causam; (durch den Tod): patrem, tot duces.

ammentum = āmentum *V.*

Ammōn s. Hammon.

amni-colae salices (amnis, colo) Flußweiden *O.*

amniculus, ī, *m.* Flüßchen *L.*   *Dem.* von

amnis, is, *m.*, *abl.* e u. i **1. Strom, Fluß. 2. Gießbach:** Alpinus *L*, ruunt de montibus amnes *V.* **3. Strömung:** secundo, adverso amne mit, gegen die Strömung. **4. Wasser** *V.*

amō 1. (*fut. ex.* amasso *C*) **1. lieben, lieb haben. 2. gern haben, schätzen, gern sehen, zu tun pflegen:** amat ianua limen bleibt gern geschlossen *H*, quae res secundae amant was dem Glück meist folgt *S*, quae ira fieri amat was der Zorn zu tun pflegt *S*, amat scripisse pflegt zu schreiben *H.* **3. verliebt sein,** die Freuden der Liebe genießen: amare, potare *S*; amāta, ae, *f.* Geliebte *L.* **4. Formeln: a. si m e a m a s** mir zuliebe *H.* **b.** ita (sic) me dii amabunt (ament) so wahr mir Gott helfe. **c.** amo de (in) aliqua re aliquem (oder mit folg. quod) bin deshalb jemd. sehr verbunden. Als Einschub: amabo (te) sei so gut, ich bitte.

amoenitās, ātis, *f.* **1.** anmutige, reizende Lage: riparum *Cu*, lucorum *Q.* **2.** *met.* Reiz, Lieblichkeit, Annehmlichkeit: naturae *Cu*, vitae *T.*   Von

amoenus 3, *adv.* **ē 1.** reizend gelegen: rus; *m. pl.* amoena reizende Gegenden *T.* **2.** *met.* reizend, lieblich, angenehm: horti *Cu*, vita *T*, ingenium gefälliges Wesen *T*, cultus amoenior allzu zierliche Kleidung *L.*

ā-mōlior 4. **1.** (mit Mühe) weg-, fortschaffen: onera *L.* **2.** *met.* beseitigen, entfernen: uxorem *T*, nomen beiseite lassen *L.*

amōmum, ī, *n.* (ἄμωμον) Balsamstaude, -frucht, Balsam *VO.*

amor, ōris, *m.* (amo) **1. Liebe,** *pl.* Liebeleien, Liebschaften. **2. occ. Lust, Begierde, Streben, Trieb:** habendi Habsucht *VO*, edendi Eßlust *V*; dicht. mit *inf.* **3.** *meton.* **a. Liebeslied:** lusor amorum *O.* **b. Liebling, Geliebte(r):** primus amor Phoebi Daphne *O.* **4.** person. **Amor, Liebesgott.**

Amorgus, ī, *f.* A. [Insel sö. von Naxos] *T.*

amoveo   31   **an**   A

ā-moveō 2. mōvī, mōtus **1. fortschaffen, entfernen:** locus a conspectu amotus *L*, se a coetu *L*, amoto patre in Abwesenheit *T*. **occ. a. entwenden:** boves *H*. **b. verbannen:** hominem Cretam *T*. **2.** *met.* **beseitigen, fernhalten:** bellum, terrorem *L*, amoto ludo Scherz beiseite *H*.

Amphiarāus, ī, *m.* A. [Seher und Herrscher in Argos, Gemahl der Eriphyle]; *patr.* **Amphiarēïadēs**, ae, *m.* Alkmäon *O*.

amphibolia, ae, *f.* (ἀμφιβολία) = ambiguitas 1.

Amphictyonēs, um, *m.*, *acc.* as (’Αμφικτύονες) Amphiktyonen [Mitglieder gr. politisch-religiöser Bünde].

Amphilochia, ae, *f.* A. [Landsch. Akarnaniens]; Einw. **Amphilochī**; *adi.* **Amphilochius** 3 *L*.

Amphīōn, onis, *m.* A. [Sohn des Juppiter und der Antiope, Gemahl der Niobe, Meister im Gesang, Gründer von Theben (Amphionis arces) *O*]; *adi.* **Amphīonius** 3 *Pr*.

Amphipolis, is, *f.* A. [St. in Makedonien] *NL*.

amphiprostylos *m.* (ἀμφιπρόστυλος) der A. [Tempel mit je einer Säulenhalle vorn und hinten] *Sp*.

Amphissa, ae, *f.* A. [St. der ozolischen Lokrer] *L*.

amphitheātrum, ī, *n.* (ἀμφιθέατρον) Amphitheater [für Tierhetzen und Gladiatorenkämpfe]; *adi.* **amphitheātrica** charta gröberer Papyrus *Sp*.

Amphitrītē, ēs, *f.* A. [Meergöttin]; *meton.* Meer *O*.

Amphitryōn, ōnis, *m.* A. [Gemahl der Alkmene]; dav. **Amphitryōniadēs**, ae, *m.* = Herkules.

amphora, ae, *f.* (ἀμφορεύς, § 92) Amphore [zweihenkliges, enghalsiges Tongefäß, unten spitz zulaufend und so in die Erde eingegraben], Krug. [Als Maß = 2 urnae, rund 26 Liter, und als Normalgewicht zur Bestimmung der Schiffsgröße = 26 kg].

Amphrȳsos, ī, *m.* A. [Flüßchen in Thessalien, an dem Apollo die Herden des Admet geweidet haben soll] *V*; *adi.* **Amphrȳsius** 3: saxa lokrisch *O*; vates apollinisch *V*.

ampla, ae, *f.* Handhabe, Anlaß.

am-plector 3. plexus sum, *part. pf.* auch *pass. C* (ambi und plecto, πλέκω, § 44) ‘sich umflechten’. **1. umschlingen. occ. a. umfassen, umarmen. b. umschließen, umgeben:** spatium XXX pedum einnehmen *Cu*. **2. hochhalten, lieben, hegen** und **pflegen:** hoc se amplectitur tut sich darauf etwas zugute *H*; **occ. sich widmen, auf sich nehmen:** paupertatem *Cu*, causam rei *p*, suppliciorum acerbitates gutheißen. **3. zusammenfassen:** omnia communiter summarisch behandeln *L*; **occ.** mit umfassen, **einschließen:** honestum virtutis nomine.   Dav. *frequ.*

amplexor 1. umarmen; *met.* hochschätzen.

I. amplexus, ūs, *m.* (amplector) Umschlingung: excutere amplexūs *O*, orbem terrarum amplexu finire umfassen und begrenzen *L*; **occ.** Umarmung.

II. amplexus *pt. pf. act.* oder *pt. pf. pass.* v. amplector.

amplificātiō, ōnis, *f.* (amplifico) **1.** Vermehrung. **2.** Steigerung des Ausdruckes.

amplificātor, ōris, *m.* (amplifico) Mehrer, Förderer.

amplificē *adv.* (§ 66, Abs. 2) herrlich *Ca*.

amplificō 1. (amplus, facio) vermehren, vergrößern,

erweitern: sonum verstärken; **occ.** hervorheben: orationem Schwung verleihen.

ampliō 1. (amplius) vergrößern, vermehren, erhöhen; **occ.** (den Prozeß) aufschieben: virginem gegen *L*.

amplitūdō, inis, *f.* **1. Weite, Größe:** urbis *L*, rerum *T*. *met.* **2. Großartigkeit, Erhabenheit, Herrlichkeit:** rerum gestarum *N*, imperii. **3. Ansehen, Würde, Hoheit:** a. et gloria, civitatis. **4.** [von der Rede] **Fülle, Schwung:** Platonis.   Von

amplus 3, *adv.* **ē** (ampliter *C*) **1. weit, groß, geräumig:** insula *Cu*, gymnasium. **2. groß, viel, bedeutend, ansehnlich, reichlich:** civitas, pecunia, numerus, spes; amplissime donare, ample exornare. *Comp. n. subst.* **mehr:** temporis, obsidum, negotii. *met.* **3. glänzend, prächtig, herrlich:** triumphus *N*; dignitas, fructus, munus, verba ehrenvoll; [von der Rede] orationis genus schwungvoll. **4. hochstehend, angesehen:** vir, familiae, parvi et ampli ‘hoch und niedrig’ *H*; **occ.** [als Titel] **hoch:** ordo Senat. Dav. *adv. comp.* **amplius 1. weiter, länger, ferner, mehr:** proelio amplius non lacessere; **occ.** a. pronuntiare die Entscheidung aufschieben. **2.** [bei bestimmten Zahlangaben] **mehr:** a. centum cives mehr als 100; *abs.* binae aut amplius domus *S*; mit quam: haud amplius quam mille *Cu*; mit *abl. comp.* non amplius quinis milibus passuum interesse. **3.** Formeln: **a.** non (nihil) dico (dicam) amplius ich schweige lieber. **b.** hōc (eō) amplius noch mehr: ea de eo praedicarunt atque hoc amplius *N*.

Ampsānctus, ī, *m.* A. [schwefelhaltiger See in Samnium].

Ampsivariī, ōrum, *m.* die A. [germ. Volk an der Ems] *T*.

ampulla, ae, *f.* (= *ampor[u]la, *dem.* von amphora, §§ 91 und 42) Schminkbüchse; *met.* Schwulst *H*.   Dav.

ampullor, ārī schwülstig reden, schreiben *H*.

amputātiō, ōnis, *f.* das Abschneiden.   Von

am-putō 1. (ambi, puto, § 44) ringsum beschneiden: vitem schneiteln; [allgemein]: abschneiden, abhauen; bildl. numerum vermindern *T*.

Ampycidēs, ae, *m.* Mopsus [Sohn des Ampyx] *O*.

amurca, ae, *f.* (ἀμόργη) Ölschaum *V*.

Amyclae, ārum, *f.* **1.** A. [St. in Lakonien]; *adi.* **Amyclaeus** 3 lakonisch *V*; **Amyclīdēs**, ae, *m.* Hyakinthos [Sohn des Heros Amyklas] *O*. **2.** A. [St. bei Caieta] *V*; *adi.* **Amyclanus** sinus Bucht von Caieta *Sp*.

Amȳmōnē, ēs, *f.* A. [Quelle bei Argos] *O*.

Amyntor, oris, *m.* A. [König der Doloper] *O*.

amystis, idis, *f.* (ἄμυστις) das Hinuntergießen *H*.

Amythāōn, onis, *m.* A. [Vater des Melampus] *O*.

I. *an s. ambi.

II. *an = ἀνά auf; vgl. an-helo.

III. an (nach § 55 synk. aus anne) *coniunct.*

A. Im zweiten und in den folgenden Gliedern disjunktiver F r a g e n : **oder;** *a.* direkt; *b.* indirekt; *c.* mit Unterdrückung des ersten Gliedes: direkt: **etwa;** indirekt: **ob;** *d.* (nachkl.) in einfacher indirekter Frage: **ob.**

B. Im zweiten Glied disjunktiver S ä t z e nach Ausdrücken des Z w e i f e l s und der Ungewißheit: **oder.**

A. a. phaleras utrum abstulisti an emisti? Ohne Partikel im ersten Teil: ipse percussit an aliis occiden-

Anacreon   32   **anguis**

dum dedit? **oder nicht annon. b.** quaero, utrum vestras iniurias an rei p. persequamini ob ... oder ob ...; ohne Partikel im ersten Teil: deliberatur de Avarico, incendi placeat an defendi; **oder nicht necne. c.** quid postea? an Deiotarus continuo dimisit exercitum? **d.** quaesivi, an misisset.

B. Nach dubito, dubium (incertum) est, nescio, haesito, rēfert, interest u. a. steht gleichfalls disjunktive Frage: nihil interesse, utrum haec Messanae an apud istum loqueretur. Zusammengezogen: vitio orationis an rei *L*, sponte an fato *T*. Mit sive: sive fatali vecordia an ratus *T*. Formeln: dubito an, haud scio (nescio) an: an = **ob nicht** (so daß die Phrase: 'ich zweifle, ob nicht' die Bedeutung **'vielleicht'**, 'ich glaube fast' erhält): dubito, an hunc primum omnium ponam ich möchte ihn voranstellen *N*; nescio, an amplus mihi negotii contrahatur 'wahrscheinlich'. Mit Negation: quod haud scio an non possis vermutlich nicht; an imperare noluisset dubium schwerlich hatte er herrschen wollen *T*. Mit e i n e m Begriff: testis haud scio an gravissimus vielleicht, wahrscheinlich.
Anacreōn, ontis, *m.* A. [gr. Lyriker aus Teos 559—478].
anadyomenē, *f.* (ἀναδυομένη) die (aus dem Meer) Auftauchende [= Venus] *Sp.*
Anāgnia, ae, *f.* A n a g n i [St. der Herniker sö. von Rom] *VL*; *adi.* u. Einw. **Anāgnīnus**; *subst.* **Anāgnīnum**, ī, *n.* Landgut bei A.
anagnōstēs, ae, *m.* (ἀναγνώστης) Vorleser.
analogia, ae, *f.* (ἀναλογία) Gleichmäßigkeit *Sp.*
anapaestus (pes) Anapäst [◡ ◡ —, umgekehrter Daktylus); **anapaestum**, ī, *n.* Lied in Anapästen.
E: ἀνάπαιστος 'zurückgeschlagen'.
Anaphē, ēs, *f.* A. [vulkanische Sporadeninsel] *O.*
Anāpus, ī und **-is**, is, *m.* A. [Fl. südl. von Syrakus] *L.*
Anartēs, ium, *m.* die A. [dakisches Volk an der Theiß].
I. Anās, ae, *m.* G u a d i a n a [Fl. in Spanien].
II. anas, atis u. itis, *f.* E n t e.
E: ai. āti 'ein Wasservogel', gr. νῆσσα = *νητ-jα, nhd. A n t (v o g e l).
anatocismus, ī, *m.* (ἀνατοκισμός) Zinseszins.
Anaxagorās, ae, *m.* A. [ionischer Philosoph aus Klazomenae um 500].
an-ceps, cipitis, *abl.* i (ambi, caput, §§ 43, 44) **1.** doppelköpfig: Ianus *O*; *met.* mons doppelgipfelig *O*, securis zweischneidig *O*. **2.** nach, von, mit zwei Seiten, **von beiden Seiten, beiderseits, zweifach, doppelt:** anceps hostis urget *L*, munimenta nach zwei Seiten zu verteidigen *L*, periculum *NS*; *occ.* bestiae Amphibien. **3. schwankend, unentschieden, ungewiß:** proelium, fortuna belli, formido ratlos *V*; *occ.* **unzuverlässig:** fides *Cu.* **4. doppelsinnig, zweideutig:** coniec tura *Cu*, oraculum, sententia *L.* **5. mißlich, bedenklich, gefährlich:** eos revocare anceps erat *L*; *subst.* in anicipiti in mißlicher Lage *T*, inter ancipitia unter großen Gefahren *T*.
Anchialos, ī, *f.* A. [St. in Thrakien am Pontus] *O.*
Anchīsēs, ae, *m.* A. [Herrscher in Dardanus, Vater des Äneas]; *adi.* **Anchīsēus** 3; *patr.* **Anchīsiadēs**, ae, *m.* Äneas *V.*
ancīle, is, *n., gen. pl.* auch ōrum *H* heiliger Schild [soll

z. Zt. des Königs Numa vom Himmel gefallen sein; wurde mit elf Nachbildungen als Wahrzeichen von den Saliern aufbewahrt]; d i c h t. Schild *V.*
ancilla, ae, *f.* (*dem.* von ancula Aufwärterin) Magd, Dienerin. Dav. *adi.* (§ 75 u. 38, 1) **ancillāris**, e Mägden zukommend.   *Dem.*
ancillula, ae, *f.* Dienstmädchen.
Ancōn, ōnis, *m.* und **Ancōna**, ae, *f.* A n c o n a .
ancora, ae, *f.* (ἄγκυρα) Anker: ancoram tollere, moliri lichten.   Dav.
ancorāle, is, *n.* Ankertau *L.*   Und
ancorārius 3: funes Ankertaue.
Ancus Marcius A. M. [der Sage nach der vierte König Roms].
Ancȳra, ae, *f.* A n k a r a [St. in Galatien] *LCu.*
andabata, ae, *m.* Fechter mit Helm ohne Visier.
Andecāvī, ōrum und **Andēs**, ium, *m.* die A. [gallisches Volk im späteren A n j o u, nördl. der Loire].
Andraemōn, onis, *m.* A. [Vater des Thoas] *O.*
Androgeōn, ōnis, **Androgeōs** und **-us**, ī, *m.* A. [Sohn des Minos und der Pasiphae] *VPrO*; *adi.* **Androgeōnēus** 3 *Ca.*
androgynus, ī, *m.* (ἀνδρόγυνος) Zwitter *L.*
Andromachē, ēs und **-a**, ae, *f.* A. [**1.** Gemahlin Hektors, nach Trojas Fall Sklavin des Pyrrhus, später mit Helenus vermählt *V.* **2.** Tragödie des Ennius].
Andromeda, ae, *f., acc.* auch ān A. [**1.** Tochter des Äthioperkönigs Kepheus, einem Ungeheuer zum Fraß vorgesetzt, von Perseus gerettet *O.* **2.** Sternbild].
andrōn, ōnis, *m.* (ἀνδρών) Gang, Korridor *Pli.*
Andros, ī, *f.* **1.** A. [die nördlichste der Kykladen]; *adi.* **Andrius** 3. **2.** B a r d s e y [Insel bei Wales] *Sp.*
ānellus, ī, *m.* (*dem.* von anulus) kleiner Ring *H.*
Anemūrium, ī, *n.* A. [Vorgebirge u. St. in Kilikien] *L*; *adi.* **Anemūriēnsis**, e *T.*
anēthum, ī, *n.* (ἄνηθον) Dill, süßer Fenchel *V.*
an-frāctus, selten am-frāctus, ūs, *m.* (ambi, frango, § 44) Biegung, Krümmung: viarum *LT*, solis Kreisbahn.
angīna, ae, *f.* (ango) Halsentzündung, Bräune *C.*
angiportum, ī, *n.* und **us**, ūs, *m.* (ango, portus; urspr. 'Durchgang') enge Gasse, Gäßchen.
Angitia, ae, *f.* A. [Heilgöttin der Marser] *V.*
Angliī, ōrum, *m.* die A n g e l n [in Schleswig] *T.*
angō, ere (ἄγχω, § 8, mhd. enge § 13) **1.** zusammenschnüren, würgen, drücken: urbanos beengen, beklemmen *L.* **2.** *met.* ängstigen, beunruhigen, quälen; meist *refl.* und *pass.* sich ängstigen.   Dav.
angor, ōris, *m.* Beklemmung: aestus et angor *L*; *met.* Angst, Unruhe.
Angrivariī, ōrum, *m.* die A. [germ. Volk an der Weser] *T.*
angui-comus 3 (anguis, coma, § 66) schlangenhaarig.
angui-fer 3 Schlangen tragend *O.*
angui-gena, ae, *m.* (gigno) schlangenerzeugt *O.*
anguineus und **anguīnus** 3 (anguis, § 75) Schlangen-: comae, capillus Schlangenhaar *CaO.*
angui-pedēs, um, *m.* Schlangenfüßler, Giganten *O.*
anguis, is, *m.* und *f.* (litauisch angis) Schlange; *met.* [Sternbild] Drache, Schlange; Anguem tenens der Schlangenhalter [Sternbild] = **Angui-tenēns**, entis, *m.*

angularis 33 **animus** A

angulāris, e und **angulātus** 3 eckig. Von

angulus, ī, *m.* (ango) Ecke, Winkel: muri vorspringende Bastion *L*, Alpium *L*; *met.* Winkel, abgelegener, stiller Ort: Italiae.

angustiae, ārum, selten *sg.* -**a**, ae, *f.* (angustus) **1. Enge:** itineris, maris; *abs.* **Hohlweg, Engpaß. 2.** *met.* **a.** (*sg.*) orationis enge Grenzen, ad vivendum kurze Zeit. **b. Mangel, Not:** rei frumentariae, spiritūs Atemnot. **3. Verlegenheit, Schwierigkeiten:** tot rerum.

angustō 1. einengen, beschränken *Sp.* Von

angustus 3, *adv.* **ē** (von einem *n.* *angus, eris, vgl. onus-tus) **1. eng, schmal, knapp:** mare, iter, montes nahe herantretend, angustius pabulari auf engerem Raum; *n. subst.* **Enge, enger Raum:** angusta viarum *VT*; *met.* in angustum ins Enge. **2. kurz, gedrängt:** nox, dies *O*, disputatio, anguste dicere; angustius valere beschränkter gelten. **3. beschränkt, dürftig:** res frumentaria, fides geschwächter Kredit, domus beschränkter Haushalt *T.* **4. mißlich, bedenklich:** spes *V*, res in angusto est steht bedenklich, in angustum venire in die Klemme kommen. **5. engherzig, kleinlich:** animus.

anhēlitus, ūs, *m.* das Keuchen; d i c h t. Atem. Von

an-hēlō 1. (II. *an und halo) **1. keuchen, schnauben;** d i c h t. ignis anhelat braust *V.* **2.** *trans.* aus-, hervorschnauben: ignes *O*, frigus aushauchen, scelus.

anhēlus 3 (anhelo, § 76) **1. keuchend, schnaubend:** senes engbrüstig, kurzatmig *V.* **2.** *meton.* atembeschwerend, Keuchen verursachend: cursus, febris *O*, Mars hitzig *V.*

Aniciānus 3: lectica des Anicius; nota (vini) aus dem Konsulatsjahr des Anicius [160].

anicula, ae, *f.* (*dem.* von anus) altes Weib.

Aniēnsis, Aniēnus s. Anio.

Anīgros, ī, *m.* A. [Küstenfluß in Elis] *O.*

anīlis, e, *adv.* **iter** (anus, § 75, Abs. 2) altweiberhaft, greisinnenhaft: fabellae Altweibergeschwätz; Ammenmärchen *H.*

anima, ae, *f.* (*gen.* ai *Lukrez*) (vgl. animus) **1. Wind, Luftzug:** ignes animaeque (des Blasebalgs) *V*, Thraciae *H.* **occ. a. Luft. b. Atem, Hauch:** ducere animam Atem holen, graves Gifthauch *O*; d i c h t. amphorae Weinduft *Ph.* **2. Lebenskraft, Seele, Leben:** animam edere, exspirare die Seele aushauchen; deponere, d i c h t. effundere, finire, dare sterben; agere in den letzten Zügen liegen; *abstr.* alterum anima reliquit *N*; d i c h t. **Blut:** purpurea purpurner Lebenssaft *V.* **3.** *pl.* Seelen der Verstorbenen, **Schatten, Manen:** indefletae *O.* **4.** [Kose- und Scheltwort]: egregiae *V*, servientium Sklavenseelen *T.* **5.** (= animus, selten) **Geist,** Denkkraft: rationis particeps.

animadversiō, ōnis, *f.* (animadverto) **1.** Aufmerksamkeit, Beobachtung. **2.** Tadel, Rüge, Strafe.

animadversor, ōris, *m.* Beobachter: vitiorum. Von

animadvertō und **animum advertō** 3. tī, sus (§ 67, vgl. § 32) **1. achtgeben, aufmerken:** consul a. lictorem iussit *L.* **2. wahrnehmen, bemerken, erkennen, sehen:** quendam scribentem *N*, horum silentium;

mit *acc. c. inf.* und i n d i r. Fr. **3. rügen, ahnden, strafen:** peccata; meist mit in und *acc.*

animālis, e (anima) **1. luftig:** natura, cibus Atem. **2. beseelt,** lebendig: (vis) qua omnia reguntur. *Subst.* (§ 55) **animal,** ālis, *n.* **Lebewesen, Geschöpf; occ.** Tier.

animāns, antis (animo) lebend, belebt; *subst. m. f. n.* Geschöpf, Wesen.

animātus 3 **1.** belebt, beseelt: stellae. **2.** gesinnt, gestimmt: bene; infirme wenig mutig. Von

animō 1. **1.** (anima) beleben, beseelen. **2.** (animus) ermutigen: acrius *T.*

animōsus 3 *adv.* **ē** (animus) mutig, herzhaft, beherzt: timidi ... animosi; guttura keck *O*, Euri stürmisch *V*; mit *abl.* vobis creatis stolz *O*; **occ.** leidenschaftlich: corruptor *T.*

animula, ae, *f.* (*dem.* v. anima) **1.** Seele [Affektform] *Sp.* **2.** ein bißchen Leben.

animulus, ī, *m.* Herzchen, Seelchen *C.* Von

animus, ī, *m.*, *locat.* oft animī (vgl. ἄνεμος 'Wind', 'Hauch', ai. aniti 'weht')

A. **1. Seele** (im Gegs. zu corpus); **2. Geist** (Inbegriff der geistigen Fähigkeiten); **3.** d i c h t. (= anima) **Lebenskraft, Leben; 4.** *meton.* **Person, Mann.**

B. (die Seele nach den drei Tätigkeiten des Denkens, Empfindens, Wollens)

I. Denkkraft: **1. Geist; 2.** *meton.* **a. Bewußtsein, Besinnung;** *b.* **Gedächtnis;** *c.* **Gedanken;** *d.* **Urteil, Meinung, Überlegung.**

II. Empfindung: **1. Seele, Gemüt, Herz; 2.** *meton. a.* **Sinn;** *b.* **Sinnesart, Charakter;** *c.* **Stimmung;** *d.* **Gesinnung; 3. occ.** *a.* **Mut;** *b.* **Übermut, Stolz;** *c.* **Unmut, Zorn;** *d.* stolze **Hoffnung.**

III. Wollen: **1. Wille, Wunsch, Verlangen, Trieb; 2. occ.** *a.* **Absicht;** *b.* **Gelüste, Lust, Vergnügen.**

A. **1.** animi corporisque vires *L.* **2.** animo delectari geistigen Genuß finden *N*, a. et mens [Ganzes und Teil]. **3.** sanguis animusque *V*, dant animos plagae (turbini) Schwung *V.* **4.** impotens maßloser Mensch *Cu*, amicus das liebe Ich *H*; [Kosewort]: mi anime mein Herz *C.*

B. **I. 1.** animo cernere, providere, aliquid animo concipere sich vorstellen, animos adhibete gebt acht *O.* **2. a.** animo relinqui, defici *LCu*, animum recipere *Cu.* **b.** animis dicta figere *V*, in animo habere gedenken *T.* **c.** adesse animo (animis) mit den Gedanken anwesend sein, aufmerken. **d.** animo meo meines Erachtens, incertus, dubius animi *SCu*, animo spatium dare überlegen lassen *Cu.*

II. **1.** aeger, mentes animique Denken und Fühlen, aequo, iniquo animo mit Gleichmut, ungern. (Oft *locat.*) aeger animi *L*, animi miserari im Herzen *V*; (oft unübersetzbar) **2. a.** magnus, fortis; laetus *HO*, meliore animo zufriedener *O*, ingens animi hochsinnig *T.* **b.** alacer ac promptus, animi imbecillitas, constantia; ingens heroisch *S*, parvus, pusillus niedrig; silvestris wildes Wesen *V.* **c.** animo dispar vultus *Cu*,

Anio   34   **ante**

bono animo esse, bonum animum habere guten Mutes sein. **d.** bono (alieno) animo in eum wohl (übel) gesinnt, amicus, hostilis *Cu.* **3. a.** animum arrecti ermutigt *V*, ad pugnandum *L*, animo esse Mut machen *L*. **b.** meist *pl.* (Niobae) multa dabant animos *O*, Aeolus mollit animos Übermut, Wildheit *V*, tribuni Überheblichkeit; *sg.* animus contemptor *S.* **c.** inexorabilis in devictos *Cu*, animo imperare, temperare *Cu*, animi Archilochi Leidenschaftlichkeit *H*. **d.** super fortunam animum gerere *S.*
   III. 1. ex animo, ex animi sententia aufrichtig, aus ganzem Herzen, omnibus idem a. est *V*, a. incessendi *Cu*. Phrasen: in animo (animum *L*) habere im Sinne haben, willens sein, in animo (mihi) est ich will, beabsichtige; a. fert es drängt mich *O*, est a. ich will *V*. **2. a.** bono animo facere in guter Absicht *N*, hostes constiterunt hoc animo. **b.** indulgere animis den Begierden *O*, militum animi Gelüste *L*, animi causā zum Vergnügen.

Aniō, Aniēnis, selten Anionis, *m.* A n i e n e [Nebenfl. des Tiber]; *adi.* **Aniēnsis**, e (§ 54) und **Aniēnus** 3.

anitēs s. anas.

Anna, ae, *f.* **1.** A. [Schwester der Dido] *VO*; (oft vermengt mit) **2.** A. Perenna (annus) Frühlingsgöttin *O.*

Annaeus, ī, *m.* im *n.g.* **1.** L. Annaeus Seneca [Philosoph aus Corduba unter Claudius in Rom und Korsika, Erzieher Neros]. **2.** M. Annaeus Lucanus [epischer Dichter unter Nero] *QT.*

annālis, e (annus, § 75, Abs. 2) die Jahre betreffend: leges [welche das zur Amtsbewerbung nötige Alter bestimmen]; *subst.* **annālis**, is, *m.* (*sc. liber*) Jahrbuch, meist *pl.* Annalen; das epische Werk des Ennius: in nono annali im neunten Buch der Annalen; laborum Geschichte *V.*

an-natō 1. āvī (§ 33) heranschwimmen *Ph.*

an-nāvigō, āre (mit Schiffen) herankreuzen *Sp.*

anne (aus at-ne 'oder aber', synk. an, § 55) = an oder.

an-nectō 3. nexuī, nexus **1. anbinden, anknüpfen**; mit *dat.* cadavera saxis *L. met.* **2. verbinden**, *pass.* **zusammenhängen**: rebus praesentibus futuras, adnexum hostibus benachbart *T.* **3. hinzufügen.**   Dav.
I. annexus, ūs, *m.* Verbindung *T.*
II. annexus *pt. pf. pass.* v. annecto.

Annicerīī, ōrum, *m.* die A. [Kyren. Philosophensekte].

anniculus 3 (adj. *dem.* von annus) einjährig.

an-nītor 3. nīxus (nīsus) sum **1.** sich anstemmen, anlehnen: ad adminiculum; mit *dat.* hastis *V*. **2.** *met.* sich anstrengen, bemühen: ad ea patranda *S*; mit ut, nachkl. *inf.*

anni-versārius 3 (annus, verto) jährlich: sacra; arma Kämpfe *L.*

annīxus *pt. pf. act.* v. annitor.

an-nō 1. āvī heranschwimmen; mit ad und *dat.*; equis n e b e n den Pferden *T.*

annon, besser an non, s. an.

annōna, ae, *f.* (annus) **1. Jahrespreis, Wert:** salaria des Salzes *L*; s p e z i e l l **Getreidepreis:** a. crevit stieg; laxat sinkt *L*. **2.** hoher Getreidepreis, **Teuerung, Not:** annonam levare. **3.** *meton.* **Getreide(versorgung), Proviant:** vilitas annonae.

annōsus 3 (annus) bejahrt, alt.

annotātiō, ōnis, *f.* (annoto) schriftliche Anmerkung *QPli.*

annōtinus 3 vorjährig.
   E: anno 'vorm Jahr' *C*, vgl. diutinus.

an-notō 1. bemerken, vermerken: adnotatum est es fiel auf *T*; *occ.* (schriftlich) anmerken *Pli.*

an-nuī *pf.* v. annuo.

an-numerō 1. **1.** aufzählen, auszahlen: pecuniam; b i l d l . lectori verba. **2.** hinzuzählen, -rechnen; mit *dat.*, in *c. abl.*

an-nūntiō 1. ankündigen, berichten *Cu.*

an-nuō 3. nuī **1.** zunicken, einen Wink geben. **2.** beistimmen, bejahen, zusagen, zugeben, versprechen: adnuite nutum numenque vestrum Campanis gebt eure Beistimmung *L*; coeptis gnädig sein *V*, facinori gutheißen *T.*

annus, ī, *m.* (wohl aus *atnus, got. athns 'Jahr', § 10) **1. Jahr:** anno exeunte, extremo *L* zu Ende des Jahres, omnibus annis alljährlich; *pl.* oft = **Zeiten:** nati melioribus annis *V*. *occ.* **a. Lebensjahr:** centum annos complere volle hundert Jahre alt werden; *pl.* **Alter:** corpus infirmum annis altersschwach *S.* **b.** magnus das große Weltjahr [etwa 25 800 gewöhnliche Jahre]. **2.** *meton.* **Jahreszeit:** formosissimus Frühling *V*, hibernus *H.* **3.** Jahresertrag, **Ernte:** exspectare annum *T.* **4.** a d v. A u s d r ü c k e : **a.** *abl.* anno vorm Jahr *C*, während eines Jahres *L*, consules anno creare jährlich *L*, bis anno *L*; klass. ter in anno. **b.** *acc.* annum ein Jahr lang; in annum auf ein Jahr, ad annum übers Jahr, ad decem milia annorum nach 10 000 Jahren. Dav.

annuus 3 **1.** jährig, ein Jahr dauernd, für ein Jahr: magistratus; stipendia, aera *L*, copiae *T*; *n. pl.* Jahresgehalt *PliSp.* **2.** jährlich, alle Jahre wiederkehrend: sacra *V*, ludi *T.*

an-quīrō 3. quīsīvī, quīsītus (ambi, quaero, § 44) **1. aufsuchen:** ad vivendum necessaria. **2.** *met.* **erforschen, untersuchen;** *occ.* (gerichtlich) **untersuchen, Strafe beantragen:** de perduellione *L*, capitis, capite, pecuniā Tod (Geldstrafe) beantragen *L.*

ānsa, ae, *f.* Griff, Handhabe, Henkel *V*; *occ.* Öse; *met.* Anhalt, Anhaltspunkt, Veranlassung.

ānser, eris, *m.* (urspr. h a n s e r, § 8, Anm., gr. χήν) G a n s .

antae, ārum, *f.* Pfeiler, Pilaster [bes. bei Tempeln].

Antandros, ī, *f.* A. [Seest. in Mysien am Fuß des Ida] *V*; *adi.* **Antandrius** 3.

ante (arch. anti in anti-cipo, ai. anti 'gegenüber, nahe bei', gr. ἀντί 'gegenüber', got. and 'gegen')

   I. *adv.* **1.** örtlich: **vorn,** *occ.* **vorwärts;** **2.** zeitlich: **vorher, früher.**
   II. *praep.* beim *acc.* **1.** räumlich: **vor; 2.** *met.* (den Vorrang bezeichnend): **vor, voran, voraus; 3.** zeitlich: **vor.**

   I. 1. fluvius a tergo, ante velut ripa *L*; *occ.* ante tulit gressum *V*. a. acta; oft mit *abl. mensurae*: paucis annis ante, paucis a. annis.
   II. 1. ante bedeutet 'zugewandt': a. ianuam *N*, a. pedes vestros, a. oculos omnium vor aller Augen; a. se mittere equitatum *L*. **2.** (unklassisch): esse a. über-

antea treffen; a. Iovem haberi mehr gelten *Cu*; a. alios (alias, alia) vor allen (allem) andern *L*, a. omnia vor allem, besonders. **3.** a. urbem conditam, a. tubam ehe die Tuba ertönt *V*, a. me vor meiner Zeit, a. rem ehe es zum Kampf kam *L*, a. tempus (diem *O*) vorzeitig, vor der rechten Zeit *L*. (Datierung): ante diem tertium Kal. Ian. am 30. Dez.; in ante diem quintum Kal. Nov. auf den 28. Okt., ex ante diem quartum Id. Oct. vom 12. Okt. an *L*.

anteā (ante eā, § 68) *adv.* vorher, früher, vordem.

ante-capiō 3. cēpī, ceptus (auch getrennt) **1. vorher besetzen:** locum castris *LS*; *occ.* **vorher fassen:** informatio rei antecepta Begriff 'a priori'. **2. vorher besorgen, vorher benutzen:** quae bello usui forent *S*; noctem, tempus *S*.

ante-cēdō 3. cessī, cessus **1. voran-, vorausgehen;** *trans.* equitum turmas *Cu*. *occ.* **überholen:** nuntios. **2. übertreffen** (meist *trans.*): fidem übersteigen *Cu*; mit *dat.* pecudibus.

ante-cellō, ere hervorragen, sich auszeichnen, übertreffen; mit *dat.* omnibus terris; nachkl. *trans.* omnes fortunā *T*.

ante-cēpī *pf.* v. antecapio.

anteceptus *pt. pf. pass.* v. antecapio.

ante-cessī *pf.* v. antecedo.

antecessiō, ōnis, *f.* (antecedo) Vorsprung; *met.* Bedingung.

antecessum *pt. pf. pass.* v. antecedo.

antecessus, ūs, *m.* (antecedo) das Vorausgehen; in antecessum im vorhinein *Sp*.

ante-cursōrēs, um, *m.* Vorhut, Vortrupp.

ante-eō, īre, iī **1. voran-, vorausgehen;** *trans.* currum *Cu*. **2.** (zeitlich) **vorausgehen:** si antissent delicta, poenae sequerentur *T*; *occ.* **zuvorkommen, vereiteln:** damnationem, remedia *T*. **3.** *met.* **übertreffen;** *abs.* operibus sich auszeichnen; mit *dat.* ceteris; meist *trans.* omnes auctoritate *N*.

ante-ferō, ferre, tulī, lātus **1. vorantragen:** fasces. **2.** *met.* **vorziehen:** pacem bello.

ante-fīxus 3 (figo) vorn befestigt: truncis arborum ora *T*; *subst.* **antefīxa**, ōrum, *n.* Gesimsfiguren.

ante-gredior 3. gressus sum (gradior) vorausgehen.

ante-habeō, ēre vorziehen: vetera novis *T*.

ante-hāc (*Iuxtap.*, § 68) vorher, früher.

ante-iī *pf.* v. anteeo.

antelātus *pt. pf. pass.* v. antefero.

ante-logium, ī, *n.* (logus) Prolog *C*.

ante-lūcānus 3 (lux) vor Tag; cenae bis zum Morgen.

ante-merīdiānus 3 (meridies) vormittägig.

antemna und **antenna**, ae, *f.* Segelstange, Rahe.

Antemnae, ārum, *f.* A. [St. an der Mündung des Anio] *V*; Einw. **Antemnātēs**, ium, *m.*

antenna s. antemna.

Antēnor, oris, *m.* A. [Trojanerfürst, Gründer von Padua] *VLO*; **Antēnoridēs**, ae, *m.* Sohn des A. *V.*

ante-occupātiō, ōnis, *f.* Vorwegnahme [von Argumenten].

ante-parta, ōrum, *n.* (pario) das vorher Erworbene *C*.

ante-pīlānī, ōrum, *m.* (pilum) die A. [die in der röm.

Schlachtordnung vor den (mit d. **pilum** bewaffneten) Triariern stehenden **hastati** und **principes**]. S. *L* 8, 8, 7.

ante-pōnō 3. posuī, positus **1. vorsetzen:** prandium *C*. **2. voranstellen:** vigilias ausstellen *T*. **3. vorziehen:** mortem servituti.

ante-potēns, entis vor allen reich [= glücklicher als alle] *C*.

ante-quam (auch getrennt ante, quam) *coniunct.* eher als, ehe, bevor.

Anterōs *m.* (nur *nom.*, Ἀντέρως) A. [Bruder des Eros, Gott der Gegenliebe].

antēs, ium, *m.* die Reihen (der Weinstöcke) *V*.

ante-sīgnānī, ōrum, *m.* (signum) Vorkämpfer.

ante-stetī *pf.* v. antisto.

ante-stō s. antisto.

an-tēstor 1. (§ 54) zum Zeugen anrufen.

ante-tulī *pf.* v. antefero.

ante-veniō 4. vēnī **1. zuvorkommen;** mit *dat.* und *trans. met.* **2. vereiteln:** consilia *S*. **3. übertreffen:** nobilitatem *S*.

ante-vertō 3. tī, sus **1. vorangehen;** mit *dat.* gaudiis übertreffen *C*. *met.* **2. zuvorkommen. 3. vorziehen:** omnibus consiliis.

Anthēdōn, onis, *f.* A. [Seest. in Böotien] *O*.

Anthemūsias, adis, *f.* A. [St. in Mesopotamien] *T*.

Antiās s. Antium.

Anti-catōnēs die A. [Werk Caesars gegen Ciceros Lobschrift auf den jüngeren Cato] *Sp*.

anticipātiō, ōnis, *f.* angeborene Idee, Vorbegriff. Von

anti-cipō 1. (ante, capio) vorwegnehmen; ita est anticipatum angeborene Vorstellung.

antīcus s. antiquus.

Anticyra, ae, *f.* A. [St. in Phokis, wo die Nieswurz, ein Heilmittel gegen Geisteskrankheiten, wuchs] *HL*.

antid-eā (antid, alte Nbf. von ante, und eā) = antea *L*.

antid-eō = anteeo *C*.

antidotum, ī, *n.* (ἀντίδοτον) Gegengift *Ph*.

Antigonēa, ae, *f.* **1.** A. [St. in Epirus] *L*; *adi.* **Antigonēnsis**, e *L*. **2.** A. [St. auf der Chalkidike] *L*.

Antigonus, ī, *m.* A. [General Alexanders d. Gr.].

Antilibanus, ī, *m.* Antilibanon [Gebirgszug östl. vom Libanon].

Antilochus, ī, *m.* A. [Sohn Nestors, Freund Achills] *H*.

Antimachus, ī, *m.* A. [Dichter aus Klaros].

Antiochīa und **-ēa**, ae, *f.* A. [**1.** Hauptstadt Syriens]; *adi.* und Einw. **Antiochēnsis. 2.** A. [St. in Karien] *L*.

Antiochus, ī, *m.* A. [**1.** Name syrischer Könige; bes. A. III. der Große, Beschützer Hannibals, bekannt durch seine Kriege gegen Rom, 190 bei Magnesia geschlagen. **2.** Name mehrerer Könige von Kommagene. **3.** A. von Askalon, Akademiker in Athen, Lehrer Ciceros]; *adi.* **Antiochīnus** 3.

Antipater, trī, *m.* **1.** A. [Feldherr Alexanders]. **2.** s. Caelius.

Antiphatēs, ae, *m.* A. [König der Lästrygonen]; Antiphatae domus Formiae *O*.

Antiphōn, ontis, *m.* A. [athenischer Redner].

Antipolis, is, *f.* Antibes [St. bei Nizza] *T*.

antiquarius   36   **apex**

antīquārius, ī, *m.* Altertumsliebhaber, -kundler *T.*

antīquitās, ātis, *f.* (antiquus) **1. Altertum:** antiquitatis monumenta; **occ. hohes Alter:** generis *NT*; spectaculorum der alte Brauch *T. meton.* **2. Geschichte des Altertums:** antiquitatis amator *N*; *pl. T.* **3. die Menschen der Vorzeit:** antiquitas tradidit *Cu.* **4.** alte Sitte, Redlichkeit, **Biederkeit:** gravissima.

antīquitus (antiquus) *adv.* **1.** seit alter Zeit, von alters her: frumentum a. paratum seit langem. **2.** in alter Zeit, vor alters: tectum a. constitutum *N.*

antīquō 1. verwerfen, ablehnen: legem.   Von

antīquus und **antīcus** 3 (§ 17), *adv.* **ē** (ante). I. räumlich 'der vordere'; *met.* im *comp.* und *sup.* **wichtiger,** wichtigst; **angelegentlicher,** angelegentlichst: antiquior locus der Vortritt, id antiquius consuli fuit zog es vor *L.* II. zeitlich: **1. vorig, ehemalig, früher:** hiemes *O*, patria *L*, coniunx *V.* **2. alt, uralt, altertümlich:** genus *N*, fanum; nimis antique dicere zu altertümlich *H*; *subst.* **antīquī,** ōrum, *m.* die **Alten,** die **Leute (Schriftsteller** *etc.***) der Vorzeit; occ.** altehrwürdig: Troia *V.* **4.** von alter Sitte, **bieder:** officium, patroni, antiquius permutatione mercium uti nach älterer Sitte *T*; *subst.* **antīquum,** ī, *n.* die alte Sitte *C.*

antisophista, ae, *m.* (ἀντισοφιστής) Grammatiker einer gegnerischen Schule *Sp.*

Antissa, ae, *f.* A. [St. auf Lesbos] *L*; Einw. Antissaeī *L.*

antistes, itis, *m. f.* (antisto) **1.** Tempelvorsteher(in), Oberpriester(in). **2.** *met.* Vertreter, Meister: artis dicendi.

anti-stetī *pf.* v. antisto.

Antisthenēs, is, *m.* A. [Schüler des Sokrates, Lehrer des Diogenes, Stifter der kynischen Schule].

antistita, ae, *f.* (antistes) Priesterin.

anti-stō und **ante-stō 1.** stetī den Vorzug haben, übertreffen, überlegen sein; mit *dat.*

Antium, ī, *n.* Anzio [Küstenst. in Latium]; *adi.* und Einw. **Antiās,** ātis.

antlia, ae, *f.* (ἀντλία) Schöpfrad *Sp.*

Antōnius 3 im *n. g.* (patriz. u. pleb.): Bes. **1.** M. Antonius [ber. Redner]. **2.** Dessen Enkel M. Antonius [der Triumvir]. **3.** Dessen Sohn Iullus Antonius *H.* **4.** Dessen Schwestern **Antonia** [Gemahlin des L. Domitius Ahenobarbus, Großmutter des Nero] und die jüngere **Antonia** [Gattin des Drusus, Mutter des Germanicus] *T.* **5.** C. Antonius Hybrida [zweiter Sohn von **1.**, 63 cos. zugleich mit Cicero]. *Adi.* **Antōniānus** 3.

antrum, ī, *n.* (ἄντρον) Höhle, Grotte (nur dicht.).

Anūbis, idis, *m., acc.* im A. [ägyptische Gottheit, hundsköpfig dargestellt] *V.*

ānulāriae Scalae 'Ringmachertreppe' [in Rom] *Sp.*   Von

ānulus, ī, *m.* Ring, Finger-, Siegelring: equestris goldener Ritterring *H*, anulis donare, honorare zum Ritter machen *T.*   Von

I. ānus, ī, *m.* **1.** Fußring *C.* **2.** After.

II. anus, ūs, *f.* Greisin, alte Frau; attrib. alt, bejahrt.

anxietās, ātis, *f.* (anxius, § 41) Ängstlichkeit, Sorgfalt.

anxi-fer 3 (anxius, fero) peinigend (dicht.).

anxitūdō, inis, *f.* Angst.   Von

anxius 3, *adv.* **ē** (ango) **1.** ängstlich, unruhig, besorgt, verdrießlich: anxie ferre (= moleste) *S*, anxium habere beunruhigen, ängstigen *T*; mit *gen.* furti *O*, potentiae, sui *T.* **2.** *meton.* ängstigend, peinigend: aegritudines; curae *L*, timor *V.*

Ānxur, uris, *n.* Terracina [uralte Volskerst., auf steilem Kalkfelsen *H*]. *adi.* **Ānxurnās,** ātis; **Ānxurus,** ī, *m.* A. [Schutzgott der St.] *V.*

Anytos, ī, *m.* A. [Mitankläger des Sokrates] *HO.*

Āonēs, um, *m., acc.* as die A. [Urbewohner Böotiens], *adi.* böotisch *V. Adi.* **Āonius** 3 böotisch: vir Herkules, iuvenis Hippomenes, fons, aquae die Quelle Aganippe (Āoniē *V*), vertex der Helikon, sorores die Musen vom Helikon = **Āonidēs,** um, *f. O.*

apage (ἄπαγε) pack dich, geh weg; auch mit *acc. C..*

Apamēa und **-ia,** ae, *f.* A. [St. **1.** in Syrien. **2.** in Phrygien; *adi.* und Einw. **Apamēnsis. 3.** in Bithynien; Einw. **Apamēī** *Pli*].

Apellēs, is, *m.* A. [ber. Maler zur Zeit Alexanders].

Āpennīn . . s. Appennin . . .

aper, aprī, *m.* Wildschwein, Eber.

Aperantī, ōrum, *m.* die A. [Volk in Ätolien] *L*; [ihre Landsch.] **Aperantia,** ae, *f. L.*

ap-eriō 4. aperui, apertus **I. 1. öffnen, aufmachen:** litteras erbrechen, murum durchbrechen, fundamenta bloßlegen, viam bahnen, eröffnen. **2.** *met.* **eröffnen, erschließen, zugänglich machen:** iter *Cu*, fontes philosophiae; locum asylum als Asyl *L*, occasionem *L*, casum *T*, annum beginnen *V.* **II. 1.** zur Erscheinung bringen, **sichtbar machen,** sehen lassen: luce aperiente aciem *Cu*, stellae aperiuntur zeigen sich, erscheinen; **occ. entblößen, aufdecken:** caput. **2.** *met.* an den Tag bringen, **zeigen, offenbaren, enthüllen, eröffnen:** dementiam, suos sensus *N*, fugae causam *Cu*, ne se ipse aperiret, quis esset sich verraten *L.* E: ai. apa-var 'aufdecken, öffnen'.   Dav. *frequ.*

apertō, āre entblößen *C.*

I. apertus 3, *adv.* **ē** (aperio) **A. 1. offen, unbedeckt, sichtbar, bloß:** latus ungedeckt, lectica, naves ohne Verdeck; aether heiter *V. met.* **2. offen, offenkundig:** simultates, dico aperte; apertum est es ist offenbar, sicher; adulatio in aperto erat war offenkundig *T.* **3. deutlich, klar:** narratio, apertissime profiteri. **4. offenherzig, unverhohlen:** animus, semper fuit apertissimus unverfroren, in dicendo freimütig.

B. 1. offen, unverschlossen: ostium; pectus 'offenes' Herz; **occ. frei, zugänglich:** regio, campus, iter *Cu*, mare, Africa angreifbar *L*; *subst.* **apertum,** ī, *n.* das **freie Feld, das Freie:** in aperto castra communire *L*, aperta Oceani die Weiten *T.* **2.** *meton.* auf offenem Felde, **offen:** acies, proelium *L*, Mars *O.* **3.** *met.* zugänglich: ad reprehendendum; ad cognoscendum *S*; **occ. leicht ausführbar:** cum hostes aggredi in aperto foret leicht war *T.*

II. apertus *pt. pf. pass.* v. aperio.

aperuī *pf.* v. aperio.

apex, icis, *m.* **1.** (kegelförmige) **Priestermütze:** Dialis *L.* **2. Tiara;** *meton.* **a. Königsmacht:** apicem Fortuna sustulit *H*; **b. Zierde:** senectutis. **3. Helm:** apex capiti *V.* **4.** *met.* **Spitze, Wipfel, Gipfel:** flamma apicem duxit stieg spitz zulaufend empor *O*, levis

aphractus   37   **appeto**   **A**

spitze Flamme *V*, lauri *V*, montis *O*. **5.** Schriftzeichen *Sp*.

aphractus, ī, *f*. (ἄφρακτος) verdeckloses Schiff.

Aphrodīsiēnsēs, ium, *m*. Einw. von **Aphrodīsias** [in Karien] *T*.

apiātus 3 (apium) getüpfelt *Sp*.

apicātus 3 (apex) mit der Priestermütze geschmückt *O*.

Āpidanus, ī, *m*. A. [Fl. in Thessalien] *O*.

apis, is, *f.*, *gen. pl.* apium, (seit *L* auch apum) Biene.

Āpis, is, *m*. A. [der heilige schwarze Stier in Memphis].

apīscor 3. aptus sum (*incoh.* zu *apio, apere = alligare) erreichen, erlangen, erringen: artem sich aneignen *T*; mit *gen*. dominationis *T*; *pass.* apiscitur sapientia *C*.

apium, ī, *n*. Eppich, Sellerie *VH*.

apoclētī, ōrum, *m*. (ἀπόκλητοι) die A. [der ständige Ausschuß des Ätolischen Bundes] *L*.

apodytērium, ī, *n*. (ἀποδυτήριον) Auskleideraum [im Bad].

Apollō, inis (-ōnis *L*), *m*. A. [Sohn Juppiters und der Latona, der schöne Bruder der Diana (pulcher, formosus), langlockiger (crinitus) Gott des Pfeilschießens (arcitenens), der Weissagung, Poesie (vates) und Heilkunde (Paean), später Sonnengott]; Apollinis urbs Apollonia [in Thrakien] *O*, promunturium [nördl. von Utica] *L*; *meton.* aperitur Apollo der Apollotempel [von Actium] wird sichtbar *V*; *adi.* **Apollināris**, e (§ 75, Abs. 2) dem Apollo geweiht: laurea *H*, ludi [am 5. Juli gefeiert]; *subst.* **Apollināre**, is, *n*. Apolloplatz *L*; **Apollineus** 3 (dicht.): proles = Äskulap *O*, urbs = Delos *O*.

Apollodōrus, ī, *m*. A. [Rhetor, Lehrer des Augustus] *T*.

Apollōnia, ae, *f*. A. [Stadtname; bes. St. in Illyrien]; Einw. **Apollōniātae**, ārum und **Apollōniātēs**, ium oder um, *m.*; *adi.* **Apollōniēnsis**, e.

Apollōnidēnsēs, ium, *m*. Einw. v. **Apollōnis** [in Lydien].

Apollōnius, ī, *m*. A. Molo [gr. Rhetor, Lehrer Ciceros].

apologō 1. āvī (ἀπολέγω) verwerfen *Sp*.

apologus, ī, *m*. (ἀπόλογος) Fabel, Märchen.

aposphrāgisma, atis, *n*. (ἀποσφάγισμα) Siegel *Pli*.

apothēca, ae, *f*. (ἀποθήκη) Waren,- Weinlager.

apoxyomenos, *acc.* on (ἀποξυόμενος) der sich abreibende Athlet [ber. Statue des Lysipp] *Sp*.

appāgineculī, ōrum, *m*. Zierate *Sp*.

apparātiō, ōnis, *f*. (apparo) Beschaffung; Vorbereitung.

I. apparātus 3, *adv.* ē (apparo) reich ausgestattet, prächtig, glänzend.

II. apparātus, ūs, *m*. (apparo) **1.** Zurüstung, Herstellung, **Vorbereitung**, Anstalten zu . . .: belli, munitionum. *meton.* **2. Werkzeug, Gerät**: apparatum Antigoni incendit Kriegsmaschinen *N*, sacrorum Opfergeräte *L*. **3. Pracht, Prunk**: prandiorum, ludorum venationumque; *met.* **Redeprunk**: dixit causam nullo apparatu.

ap-pāreō 2. uī (itūrus) **1.** zum Vorschein kommen, **sich zeigen, erscheinen**: apparent armati werden sichtbar *N*; apparet sensus, perversitas. **2. occ. dienen, aufwarten**: lictores apparere consulibus *L*, Philippo

apparuit diente als Geheimschreiber *N*; (Dirae) Iovis ad solium apparent *V*. *met.* **3.** offenkundig sein, **einleuchten, sich zeigen, sich erweisen**: id quo magis absconditur, eo magis apparet; non apparent labores finden keine Anerkennung *H*; animosus appare zeige dich *H*. **4.** u n p e r s. **appāret es ist klar.** Dav.

appāritiō, ōnis, *f*. Amtsdienst, *meton.* = apparitores.

appāritor, ōris, *m*. (appareo) Unterbeamter, Amtsdiener [Schreiber, Liktoren, Herolde].

appāritūra, ae, *f*. = apparitio *Sp*.

appāritūrus *pt. fut.* v. appareo.

ap-parō 1. zubereiten, rüsten, veranstalten: convivium, bellum; aggerem anlegen, iter einschlagen; mit *inf.* sich anschicken.

appellātiō, ōnis, *f*. (appello 1.) **1. Anrede, Ansprache. 2. occ. Berufung** (gegen ein Urteil): appellatio provocatioque *L*. **3.** *meton.* **Benennung, Name**: debita *Cu*, plures gentis appellationes *T*. **4. Aussprache**: litterarum.

appellātor, ōris, *m*. (appello 1.) Berufung Einlegender.

appellitō 1. (*frequ.* zu apello 1.) gewöhnlich nennen.

I. ap-pellō 1. (appellassis = appellaveris *C*) **1. ansprechen, anreden**: milites, centuriones nominatim anrufen, legatos superbius anfahren, quaestorem appellat grüßt *S*. **2. occ. a. auffordern**: mit ut; in rem, de re zu etwas *L*. **b. mahnen**: de pecunia ums Geld, in solidum ums Ganze = das Kapital kündigen *T*. **c. zur Rechenschaft ziehen**: ne alii plectantur, alii ne appellentur quidem. **d. um Hilfe anrufen, appellieren**: tribunos; regem *L*, de solutionibus Beschwerde führen. **3. nennen**, benennen; (mit dopp. *acc.*) **nennen, heißen**, für etw. **erklären**: nomine beim Namen, nutu bezeichnen; Ennius sanctos appellat poëtas; ab, ex nach etw.; *pass.* **heißen**: ipsorum linguā Celtae appellantur; *occ.* **erwähnen**: quos non appello hoc loco. **4. aussprechen**: litteras.

II. ap-pellō 3. pulī, pulsus **1. hinzutreiben, -bringen, -bewegen**: turres ad opera, ad litora iuvencos *O*; *met.* mentem ad philosophiam zuwenden. **2. occ. a.** ans Land treiben, steuern, **landen lassen**; *pass.* **landen**: navigia litori *Cu*, naves ad ripam; *pass.* classis ad eum locum (litori) appulsa *L*, oppidum facillimum adpulsu (*supin.*) bequem zur Landung *T*. **b.** *intr.* **landen**: appellit ad eum locum, qui appellatur Anquillaria; exercitus adpulit oris *V*, triremis Chaucorum terram adpulit *T*.

ap-pendī *pf.* v. appendo.

appendix, icis, *f*. Anhängsel, Zugabe. Von

ap-pendō 3. pendī, pēnsus zuwägen.

Appennīni-cola, ae, *m*. (colo, § 66) Apenninenbewohner *V*. **Appennīni-gena**, ae, *m*. (gigno, § 66) in den Apenninen entspringend: Thybris *V*. **Appennīnus**, ī, *m*. die Apenninen.

appēnsus *pt. pf. pass.* v. appendo.

appetēns, entis, *adv.* **enter** (appeto) nach etw. trachtend, strebend, mit *gen.*; *occ.* begehrlich: alieni *S*, appetenter agere.

appetentia, ae, **appetītiō**, ōnis, *f*. und **appetītus**, ūs, *m*. das Streben, Verlangen, Trachten, Trieb: laudis; libido efficit appetentiam Begehrlichkeit. Von

ap-petō 3. petīvī (petiī), petītus **1.** (zu einem Ort) **her-**

Appianus   38   **aptus**

ankommen: mare terram appetens, munitionibus loca umfassen, einnehmen *L.* **occ. a.** feindlich **losgehen, angreifen:** umerum, oculos *L*, appeti missilibus beschossen werden *Cu*, morsu anfallen und beißen *T*; *met.* vitam insidiis hinterlistig angreifen. **b.** nach etw. **fassen, greifen:** mammas, (senes) appeti daß man ihre Hand ergreife (zum Kuß). *met.* **2.** (von der Zeit) **herankommen, -nahen:** dies, lux, nox, tempus appetit; fata Veios appetebant brach über V. herein *L.* **3. begehren, verlangen, suchen,** nach etw. **trachten:** maiores res *N*, amicitiam, regnum.

Appiānus 3 zur St. Appia [in Großphrygien] gehörig; *subst.* Einw. von Appia.

ap-pingō, ere dazu malen, -schreiben.

Appius, ī, *m., praenomen,* s. Claudius. **Forum Appii** F. A. [kleiner Ort an der via Appia]. *Adi.* **Appius** 3: **via Appia** (v i a A p p i und allein A p p i a *H*) [Heerstraße, die der Zensor Appius Claudius (312) von Rom nach Terracina, von dort nach Capua führte; unter Trajan setzte man sie bis Brindisi fort]; **aqua Appia** [Wasserleitung desselben Appius aus der Gegend von Gabii her] *L. Adi.* (§ 75, Abs. 1) **Appiānus** 3 *L*; *subst.* [Scherzbildung] **Appietās,** ātis, *f.* (§ 41) der alte Adel der Appier, **Appias,** adis, *f.* A. [Beiname der Minerva].

ap-plaudō 3. sī, sus **1.** anschlagen: corpus palmis *O*, aneinanderschlagen *Ti.* **2.** Beifall klatschen *C.*

applicātiō, ōnis, *f.* Anschluß, Zuneigung.   Von

ap-plicō 1. āvī, ātus, später plicuī, plicitus **1. heranbringen, nähern,** nahebringen: ratis applicata angefügt *L*, aliquem terrae zu Boden drücken *V*, moenibus scalas anlegen *Cu*, se (corpus) ad arborem anlehnen, oscula feretro Küsse drücken *O*, ensem hineinbohren *V*; **occ. anschließen,** anfügen: coniuges captis zugesellen *Cu*, urbs colli applicata angebaut *L.* **2.** *met.* **anschließen:** fortunae consilia *L*, se ad societatem (externo *L*) *N.* **3. landen lassen;** *pass.* und *abs.* **anlegen, landen:** classem *Cu*; mit in, ad, *dat.*; quo applicem? **4.** *met.* **zuwenden:** aures *H*, alicui crimina aufbürden *Pli*; *refl.* se ad philosophiam sich widmen.

applōdō = applaudo.

ap-plōrō 1. unter Tränen klagen *H*; mit *acc.* beklagen *Sp.*

ap-pōnō 3. posuī (posīvī *C*), positus (*decomp.*, § 72) I. (ad additiv) **hinzutun, -fügen, zulegen:** annos *H*, diem lucro zurechnen *H*, vitiis modum. II. (ad lokal) **1. hinstellen, -setzen, anlegen:** scalas *L*; **occ.** (Speisen, Geschirr) **vorsetzen, auftragen:** iis apposuit quod satis esset, argentum purum, patellam. **2. beigeben:** custodes *N*, moderatorem consulibus *L*; (in üblem Sinn): anstellen, **anstiften:** de suis canibus quendam.

ap-porrēctus 3 (porrigo) daneben hingestreckt *O.*

ap-portō 1. herbei-, hintragen, -schaffen.

ap-pōscō, ere dazufordern *H.*

I. ap-positus 3, *adv.* **ē** (appono) **1.** nahe gelegen, naheliegend: nemus *O*; regio urbi benachbart *Cu.* **2.** *met.* geeignet, brauchbar: homo ad istius audaciam.

II. appositus *pt. pf. pass.* v. appono.

ap-posīvī *C. pf.* v. appono.

ap-posuī *pf.* v. appono.

ap-precor 1. anrufen *H.*

ap-prehendō und **apprēndō** (§ 8 und Anm.) 3. dī,

pr(eh)ēnsus (*decomp.*, § 72, vgl. § 52) anfassen, ergreifen: aliquem bei der Hand fassen *T*; *met.* Hispanias in Besitz nehmen, besetzen.

ap-pressī *pf.* v. apprimo.

appressus *pt. pf. pass.* v. apprimo.

ap-prīmē besonders, vor allem: artifices apprime boni *N.* E: ad 'nahezu' und *adv.* prime: 'nahezu in höchstem Grade'.

ap-prīmō 3. pressī, pressus (premo) andrücken *T.*

approbātiō, ōnis, *f.* (approbo) Zustimmung, Beifall; philos. Beweis.

approbātor, ōris, *m.* (approbo) der etw. billigt.

ap-probē *adv.* recht gut *C.*

ap-probō 1. I. billigen, zustimmen, beifällig aufnehmen: orationem, consilium, sumptūs; **occ. segnen:** di approbent; dis approbantibus *Cu.* **II. recht machen:** opus *PhSp*; *met.* **beweisen, darlegen:** fidem suam regi *Cu*, innocentiam *T.*

ap-prōmittō, ere (§ 72) noch dazu versprechen.

ap-properō 1. 1. *trans.* fördern, beschleunigen: opus *L*, mortem *T.* **2.** *intr.* eilen, sich beeilen: ad facinus; mit *inf. O.*

appropinquātiō, ōnis, *f.* das Nahen: mortis.   Von

ap-propinquō 1. sich nähern, nahen, nahekommen; 1. räumlich: ad hostes, moenibus. **2.** zeitlich: ver, hiems appropinquat. **3.** *met.* **bevorstehen:** appropinquat adventus meus; **occ. nahe daran sein:** primis ordinibus.

ap-pugnō, āre (nur *T*) bekämpfen, angreifen.

Āp(p)ulēius, ī, *m.* **1.** L. A. Saturninus [tr. pl. 102 bis 100]; **2.** L. A. [Rhetor, Philosoph u. Dichter aus Madaura in Afrika; 2. Jh. n. Chr.; schrieb 'Metamorphosen'].

ap-pulī *pf.* v. II. appello.

I. appulsus, ūs, *m.* (II. appello) Annäherung: solis, frigoris Einwirkung; **occ.** Landung: litorum *L*; *pl. meton.* Landungsstellen *T.*

II. appulsus *pt. pf. pass.* v. appello.

aprīcātiō, ōnis, *f.* (apricus) Sonnenbad.

aprīcitās, ātis, *f.* (apricus) Sonnenwärme *Sp.*

aprīcor 1. sich sonnen.   Von

aprīcus 3 besonnt, sonnig: arbor, colles, rura; sich sonnend: mergi; *subst.* **aprīcum, ī,** *n.* Sonnenlicht: in apricum proferre *H.*

Aprīlis, e (wohl zu apricus) April-; *subst.* **Aprīlis,** is, *m.* April.

aps, apsinthium, apsque s. ab, absinthium, absque.

Apsus, ī, *m.* A. [Fl. in Illyrien].

aptō 1. 1. anpassen, -legen, -fügen, -setzen: vincula collo *O*, corpori arma *L*, mucronem sub pectus unten ansetzen *O.* **2. zurechtmachen, ausrüsten, versehen:** arma (se *V*) pugnae *L*; *abs.* arma instandsetzen *L*; ensem vaginā in die Scheide stecken *V*, se armis sich rüsten *L*; classem velis, biremes remigio versehen *V*, silvis trabes aus Waldbäumen Balken zurechtmachen *V.* **3.** *met.* **anpassen,** passend einrichten: animos armis richten auf *V*, bella citharae modis *H.* Von

I. aptus 3, *adv.* **ē** (*pt. pf. pass.* von apio, vgl. apiscor) **A.** als *pt. pf. pass.* **1. angebunden, angefügt, angehängt:** gladius saeta equina aptus hängend; otio an Müßiggang gebunden *C. met.* **2. abhängend, entsprin-**

aptus   39   **arator**

gend: (honestum) ex quo aptum est officium, ru-
dentibus (*abl.*) apta fortuna. **3. zusammengefügt,
verknüpft:** inter se omnia, oratio wohlgefügt. **4. ein-
gerichtet, ausgerüstet, versehen:** omnibus rebus;
abs. exercitus schlagfertig *SL*, oratio abgerundet;
Thucydides verbis aptus bündig.

    B. *adi.* **passend, genau:** calcei ad pedem; *met.* **ge-
eignet, tauglich, geschickt:** apte dicere; tempus *L*,
lar angemessenes Vermögen *H*, aptior sermone taugli-
cher durch *T*; mit *dat.* locus proelio *Cu*; mit ad: ad
omnes res *N*. Mit finalem Relativsatz: nulla videbatur
aptior persona, quae de illa aetate loqueretur.
D i c h t. und spät mit in: formas in omnes *O*, in id
genus pugnae *L*; mit *inf.* (ficus) non erat apta
legi *O*.

II. aptus *pt. pf. act.* v. apiscor.
apud, auch aput, Präpos. beim *acc.*

    I. örtlich: 1. **bei**, in der Nähe, in der Gegend, im Ge-
biet von; . *occ.* **in, auf.**
    II. von Personen: 1. **bei**, nahe, in der Nähe; 2. *occ.*
vor, in Gegenwart; 3. zeitlich: **bei**, zur Zeit; 4. *met.*
bei, in den Augen jemds.

    I. 1. proelium a. Plataeas *N*, a. Massagetas ceci-
dit *N*. **2.** a. forum *C*; a. villam; sonst nur nachkl. a.
Capuam, Germanias *T*.
    II. 1. a. aliquem cenare, a. illum in seinem Haus, a.
exercitum esse im Gefolge des Feldherrn; a. se esse bei
Sinnen *C*. **2.** a. regem verba facere *N*, a. milites con-
tionari, a. iudicem causam dicere, a. vos questus est
vor euch. **3.** a. patres, a. maiores nostros; a. Scipio-
nes *T*. **4.** a. bonos gratia, a. ceteros sapientissimi, a.
Xenophontem Cyrus dicit, a. prudentes vita eius
varie extollebatur *T*.

Āpulēius s. Appuleius.
Āpulia, ae, *f.* Apulien [Landsch. an der SO-Küste Ita-
liens]; *adi.* und Einw. **Āpulus.**
aqua, ae, *f.*, altl. *gen.* aquāī *V* **Wasser:** aetheria, cae-
lestis Regenwasser; intercus Wassersucht; *pl.* **Hoch-
wasser, Überschwemmung:** aquae magnae *L*. **occ.
a. Meer, See, Fluß, Regen:** quos (labores) ego sum
terrā, quos ego passus aquā *O*, Tusca Tiber *O*, se-
cundā aquā stromabwärts *L*, cornix augur aquae Re-
genprophetin *H*, aquarum agmen Regenguß *V*. **b.** *pl.*
Quellen: perennes *Cu*, dulces *V*; **occ. Heilquelle,
Gesundbrunnen:** ad aquas venire ins Bad gehn, salu-
bres *T*; als Ortsname (§ 81): A q u a e S e x t i a e A i x -
e n - P r o v e n c e. **c. Wasserleitung:** Appia *L*. **d. Was-
seruhr:** certis ex aqua mensuris breviores esse
noctes videbamus. **e.** R e d e n s a r t e n : **1.** aquam
praebere Gastgeber sein *H*. **2.** in aqua scribere *Ca*.
3. aquam terramque petere (poscere) [als Zeichen
der Unterwerfung] *LCu*. **4.** S p r i c h w. : aqua haeret, u t
a i u n t das Wasser will nicht laufen = da ha-
pert's. **5.** aqua et ignis [als notwendigste Bedürfnis-
se]; daher aqua et igni interdicere ächten = aqua et
igni hominem arcere *T*.
    E: got. ahwa 'Wasser', dtsch. 'A c h e', oft in Flußna-
men: W u t a c h, S t e i n a c h u. a.
aquae-ductus, ūs, *m.* (*Iuxtap.*, § 67) Wasserleitung.

Aquārius, ī, *m.* (aqua) Wassermann [Sternbild].
aquāticus 3 (aqua) feucht: auster *O*; lotos im Wasser
wachsend *O*.
aquātilis, e (aqua) im Wasser lebend: bestiae.
aquātiō, ōnis, *f.* (aquor) das Wasserholen: hīc a. hier
holt man das Wasser.
aquātor, ōris, *m.* (aquor) Wasserholer.
aquila, ae, *f.* **1. Adler.** *Met.* **2. Legionsadler. 3. Gie-
belbalken** *T*.
    E: viell. *fem.* von aquilus 'dunkel', § 80, Anm.
Aquilēia, ae, *f.* A. [St. in Venetien] *L*; *adi.* u. Einw.
Aquilēiēnsis *L*.
aqui-lex, legis, *m.* (aqua, lego) Wasserbauingenieur
Pli.
aquili-fer, ī, *m.* (aquila, fero § 66) Adlerträger.
Aquīl(l)ius 3 (§ 29 am Ende) im *n. g.* **1.** M'. Aquillius
[cos. 101, unterdrückte den Sklavenaufstand in Sizilien,
88 im Krieg gegen Mithridates gefangen und hingerich-
tet]. **2.** C. Aquillius Gallus [Freund Ciceros, Redner,
Jurist]; *adi.* **Aquīliānus** 3.
aquilō, ōnis, *m.* der NNO-Wind; d i c h t. Nordwind,
Sturm; *meton.* Norden.
    E: viell. von aquilus, 'der Verdunkelnde', s. aquila.
aquilus 3 dunkelbraun *Sp*.
Aquilōnia, ae, *f.* A. [St. in Samnium] *L*.
aquilōnius 3 (aquilo) nördlich: regio.
Aquīnum, ī, *n.* A. [St. in Latium]; *adi.* **Aquīnās,** ātis.
Aquītānī, ōrum, *m.* die A. [iberisches Volk im sw. Gal-
lien]; *adi.* **Aquītānus** 3 und **Aquītānicus** 3; Landsch.
Aquītānia, ae, *f.*
aquor 1. (aqua) Wasser holen.
aquōsus 3 (aqua) **1.** wasserreich, wässerig, feucht:
hiems regnerisch *V*, languor Wassersucht *H*, mater
Thetis *O*. **2.** wasserhell: crystallus *Pr*.
aquula, ae, *f.* (*dem.* von aqua) Wässerchen.
āra, ae, *f.* (altl., oskisch und umbrisch āsa, § 29) **1.** Altar:
maxima *VO* (magna *T*) Herkulesaltar [auf dem forum
boarium]; *pl.* = *sg.* victima aris admota *L*; aram
tangere schwören *V*; arae focique Staat und Familie,
Heimat und Haus; *meton.* **Zufluchtsort, Schutz,
Schirm:** sociorum. **2.** *met.* sepulcri *V*, sepulcralis *O*
Scheiterhaufen, pressa A l t a r [Sternbild am südl. Him-
mel] *O*. **3.** Eigenname (§ 81) s. Philaeni und Ubii.
Arabarchēs, ae, *m.* Oberzöllner.
Arabēs, um, *m.*, Arabī *V*, *sg.* **Arabs,** bis Araber;
Arabia, ae, *f.* Arabien; *adi.* **Ārabius** und **Arabi-
cus** 3.
Arabus, ī, *m.* A. [Flüßchen westl. der Indusmündung];
dort wohnten die **Arabītae** (*gen.* Arabītōn) *m. Cu*.
Arachōsiī, ōrum, *m.* die A. [Bew. des jetzigen Afghani-
stan] *Cu*.
Aracynthus, ī, *m.* A. [Gebirge in Attika] *V*.
Āradus, ī, *f.* A. [phönikische Inselst.].
arānea, ae, *dem.* **arāneola,** ae, *f.* (vgl. ἀράχνη, § 33)
Spinne, Spinnengewebe; **arāneum,** ī, *n.* Spinnenge-
webe *Ph*.
Arar, ris, *m.*, *acc.* Ararim, *abl.* Arari die Saône.
arātiō, ōnis, *f.* (aro) das Pflügen, Ackerbau; *pl.* Pacht-
güter, Domänen.
arātor, ōris, *m.* (aro) *adi.* pflügend: taurus *O*; *subst.*

aratrum   40   **arcus**

Pflüger; **occ.** Landmann; Domänenpächter [auf Staatsdomänen].

arātrum, ī, *n.* (aro; vgl. ἄροτρον) Pflug.

Arātus, ī, *m.* **1.** A. aus Sikyon [seit 245 Feldherr des Achäischen Bundes]. **2.** A. [aus Soli in Kilikien um 270, schrieb ein astronomisches Gedicht Φαινόμενα, von Cicero u. Germanicus übertragen]; *adi.* **Arātius** 3.

Araviscī, ōrum, *m.* die A. [Volk zwischen Raab u. Donau] *T.*

Araxēs, is, *m.* A r a s [Fl. in Armenien] *V.*

arbiter, trī, *m.* **1.** der **Anwesende, Augenzeuge, Mitwisser:** arbitris remotis ohne Zeugen, unter vier Augen. **2. Schiedsrichter** [von den Parteien oder vom Prätor bestimmt; er entscheidet ex fide bona]: litis. *met.* **3. Richter:** armorum Kampfentscheider *O,* irae Iunonis Vollstrecker *O.* **4.** [der frei entscheidet] **Lenker, Gebieter, Herr:** bibendi Symposiarch *H,* elegantiae Meister in Fragen des feinen Geschmacks *T,* Hadriae Beherrscher *H,* locus maris a. meerbeherrschend *H.* E: ad-biter von baeto (= der zu den Streitenden H i n - z u t r e t e n d e).   Dazu

arbitra, ae, *f.* Zeugin, Mitwisserin *H.*

arbitrātū *m.* (v. vorkl. arbitrātus, ūs) nach Gutdünken, Belieben, Willkür: meo, tuo, suo; Sullae *S.*

arbitrium, ī, *n.* (arbiter) **1. Schiedsspruch:** rei uxoriae. *met.* **2. Spruch, Urteil:** agere arbitrium victoriae über den Sieg verfügen *Cu.* **3.** (freies) **Ermessen, Enscheidung, Belieben:** mortis Wahl *Cu,* salis vendendi beliebige Bestimmung des Salzpreises *L.* **4. Willkür,** (unbeschränkte) **Macht, Gewalt, Herrschaft:** Iovis; Romanorum *L,* arbitrium rerum R. agere den Herrscher spielen *T.*

arbitror 1., selten **arbitrō** (arbiter) **1.** (als Zeuge) beobachten: dicta belauschen *C.* **2.** (gutachtlich) ermessen, annehmen, meinen.

arbor, urspr. **arbōs** (§ 29), boris, *f.* **Baum:** abietis Tanne *L,* Iovis Eiche, Phoebi Lorbeer *O,* Herculea Pappel *V;* felix fruchttragender Baum, infelix Galgen (s. infelix); *meton.* **māli Mast** *V,* arbore fluctūs verberat **Ruder** *V,* Pelias das **Schiff** Argo *O.*   Dav.

arboreus 3 Baum-: fetūs Baumfrüchte *V,* umbra *O;* aber: cornua cervorum ästig *V,* telum baumlang *V.*

arbōs s. arbor.

arbuscula, ae, *f.* (*dem.* von arbos) Bäumchen *Pli;* als *nomen pr.* [Schauspielerin zu Ciceros Zeit] *H.*

arbustus 3 (von arbos wie onustus von onus, § 29) mit Bäumen besetzt: ager; *subst.* **arbustum,** ī, *n.* Baumgarten, Baumpflanzung, **occ.** Rebengehölz *H;* cum satis arbusta Saatfeld und Wald *O,* non omnes arbusta iuvant Buschwerk *V.*

arbutus, ī, *f.* Meerkirsch-, Erdbeerbaum; **arbutum** i, *n.* Meerkirsche, auch: Laub; *adi.* **arbuteus** 3.

arca, ae, *f.* (verw. mit arx und arceo) **1. Kasten, Kiste. 2. occ. a. Sarg; b. Kasse. 3.** *met.* **Zelle.**

Arcadia s. Arcas.

Arcānum, ī, *n.* A. [Landgut Ciceros bei Arpinum].

arcānus 3 (arca; eigtl. 'verschlossen') **1. geheimnisvoll, mysteriös:** sacra *HO,* Ceres *H.* **2.** *met.* **geheim, heimlich:** nox verschwiegen *O,* arcanus ein Verschwiegener *C; subst.* **arcānum,** ī, *n.* **Geheimnis;** *abl.* a d v . **arcānō** insgeheim, heimlich.

Arcas, adis, *m., acc.* a *V* Arkadier [als Heros Sohn des Juppiter und der Kallisto]; *pl.* (*acc.* as) die Arkadier; als *adi.* tyrannus Lykaon *O,* bipennifer Ancaeus *O. Adi.* **1. Arcadius** 3: dea Carmenta *O,* deus Pan *Pr; subst.* **Arcadia,** ae, *f.* Arkadien. **2. Arcadicus** 3 *L.*

arceō 2. cuī (vgl. arca, arx, ἀρκέω) **1. eindämmen, in Schranken halten:** flumina; (alvus) arcet quod recepit hält fest. **2. fern-, abhalten, abwehren:** aetatem a libidinibus; hostem transitu *Cu,* hominem foribus entfernen *T,* asilum pecori *V;* mit ne *L,* spät mit *inf.;* d i c h t . **schützen:** Aenean periclis *V,* classes aquilonibus *H.*

accessiō 4. s. arcesso.

accessītor, ōris, *m.* einer, der herbeiholt *Pli.*

accessītū, *abl. m.* auf seine Aufforderung.   Von

accessō 3. (-iō 4.), Nbf. **accersō**, īvī, ītus **1. berufen, herbeirufen, herbeiholen lassen, kommen lassen:** Corintho colonos *N;* mit *praep.* aliquem ex Hispania *S;* ab aratro; generum ad se *N,* Gallos ad bellum *S,* Gallos auxilio (*dat.*) zu Hilfe rufen; seltener *met.* tormenta aut missilia tela *T.* **2. occ. vor Gericht fordern, belangen:** mit *gen.* aliquem capitis; pecuniae captae *S,* maiestatis *T;* auch iudicio capitis. **3.** *met.* **herbeiholen, gewinnen, sich verschaffen:** gloriam ex periculo *Cu,* bellum sich aufladen *L,* comoedia ex medio res arcessit nimmt aus dem gewöhnlichen Leben *H,* arcessitum dictum gesucht, mit Gewalt herbeigezogen.

Archelāus, ī, *m.* A. [König von Makedonien 413—399] *Cu.*

archetypon oder **-um**, ī, *n.* (ἀρχέτυπον) Urbild, Original *Pli.*

Archiās, ae, *m.* A. Licinius Archias [gr. Dichter; 62 Prozeß über sein Bürgerrecht]. **Archiacī** lecti kleine Speisesofas *H.*

archigallus, ī, *m.* Oberpriester der Kybele *Sp.*

Archilochus, ī, *m.* A. [gr. Dichter aus Paros, etwa 700—650, Erfinder der jambischen Poesie]; *adi.* **Archilochīus** 3, *met.* scharf.

Archimēdēs, is, *m.* A. [ber. Mathematiker und Mechaniker zu Syrakus, 212 bei der Eroberung der Stadt getötet].

archipīrāta, ae, *m.* (ἀρχιπειρατής) Seeräuberüberführer.

architectūra, ae, *f.* (architectus) Baukunst.

architectōn, onis und **architectus**, ī, *m.* (ἀρχιτέκτων) Baumeister; *met.* Anstifter, Urheber, Erfinder; *adi.* **architectonicus** 3.

Archȳtas, ae, *m.* A. [Pythagoreer aus Tarent, Zeitgenosse Platons, Staatsmann und Mathematiker].

arci-tenēns, entis (arcus, teneo) bogenführend: deus Apollo *O; subst.* Bogenschütze *V.*

Arctophylax, acis, *m.* Bärenhüter = Boōtes [Gestirn].

Arctos, ī, *f., acc.* on, *nom. pl.* Arctoe (ἄρκτος) die beiden Bären [am nördl. Sternenhimmel]; *meton.* Nordpol *O,* Norden *H.*

Arctūrus, ī, *m.* (ἀρκτοῦρος) **1.** = Boōtes [Gestirn]. **2.** A. [der hellste Stern im Boōtes].

arcuātus 3 (arcuo) gebogen: currus gedeckt *L,* opus Schwibbögen *Pli.*

arcula, ae, *f.* (*dem.* von arca) Schmuckkästchen.

arcus, ūs, *m.* **1. Bogen** (als Waffe): Scythicus mit aufgebogenen Enden *S;* *meton.* Haemonii der Schütze

ardalio   41   **argentum**   A

[Gestirn] *O.* **2. Regenbogen:** pluvius *H*; allein arcus und Arquus, ī. **3. Schwibbogen, Wölbung** *O*; occ. **Ehren-, Triumphbogen** *T.* **4. Bogengestalt, Krümmung:** (anguis) sinuatur in arcus *O*, aquarum Wasserberg *O*, sellae *T*; occ. quinque arcus die fünf Zonen am Himmel *O.* **5. Sperrhaken:** minaces (oder: 'Bogen und Pfeile') *H.*
E: altl. arquus, § 17, arcuo 'krümmen'.
ardaliō, ōnis, *m.* geschäftiger Nichtstuer *Ph.*
I. ardea, ae, *f.* (vgl. ἐρωδιός) Reiher.
II. Ardea, ae, *f.* A. [St. der Rutuler in Latium]*L*; *adi.* u. Einw. **Ardeās**, ātis; **Ardeātīnum** foedus mit Ardea *L.*
ārdēns, entis, *adv.* enter **1. glühend, brennend:** sol *O.* met. **2. funkelnd:** clipeus, stella, oculi *V.* **3. feurig, brennend, heiß:** papulae Eiterblasen *V*, ardentius sitire; Falernum *H.* **4. heftig, leidenschaftlich:** ira, odium; orator, oratio feurig, ardenter cupere, manus kampfbegierig *V*, pater ergrimmt *H*, equi mutig *V.*   Von
ārdeō 2. ārsī, ārsūrus (von ārdus = āridus, § 42) **1. brennen, in Brand stehen;** *meton.* ardet Ucalegon *V*, hospes *H* brennt ab; occ. **glühen:** ardentes lapides *L*, laminae. met. **2. leuchten, glühen, funkeln:** oculis; campi armis ardent *V*; occ. **entbrannt sein, in Flammen stehen:** Gallia ardet ist in Aufruhr, bello sociorum durchtobt sein, ardet acerrime coniuratio hat den Höhepunkt erreicht. **3.** (vor Schmerz, Erregung) **brennen, glühen, verzehrt werden:** siti *L*, dolor ossibus ardet *V*; amore, studio belli u. a.; ardet Progne entbrennt in Zorn *O.* occ. **a. heiß begehren, heftig verlangen:** ad ulciscendum, in proelia (arma) *V*, in caedem *T*; mit *inf.* ruere *O*, mederi invidiae *S.* **b. in Liebe entbrannt sein:** virgine *H*, in illā *O*, Alexin *V.*
       Dazu *incoh.*
ārdēscō 3. ārsī **1. entbrennen, in Brand geraten:** ardescit axis *O*; occ. **erglühen, zu leuchten beginnen:** ardescunt undae *O*, aestu, vultu *T*, pugionem ardescere iussit blank zu schleifen *T.* **2.** met. **entbrennen:** fremitus ardescit equorum *V*, pugna, quaestus ardescit *T*; caede *O*, libidinibus *T*, in iras *O*, in nuptias *T*; occ. **in Liebe entbrennen:** ardescit Phoenissa *V*, non aliā magis arsisti *H.*
ārdor, ōris, *m.* (ardeo) **1. Brand, Glut:** caeli geröteter Himmel, solis Sonnenglut, Libanus inter tantos ardores opacus Hitze *T*, procul ab ardoribus von der heißen Zone *S.* met. **2. das Funkeln, Blitzen:** oculorum. **3. Feuer, Glut, Hitze, Leidenschaft:** animi, animorum Begeisterung [oder] Leidenschaft; civium Wut *H*; edendi Heißhunger *O*, pugnandi Kampfbegier = ad dimicandum *L.* **4.** occ. **Liebesglut, Liebe:** virginis zu einer Jungfrau *O*; *meton.* **geliebte Person:** haec meus ardor erit *O.*
Arduenna, ae, *f.* die A r d e n n e n.
arduus 3 (vgl. ὀρθός) **1. steil, jäh:** ascensus; iter *Cu*, clivus in valles steilabfallend *O*; d i c h t. **hoch, ragend, aufrecht:** sidera erhaben *O*, cedrus *O*, arduus hastā hoch emporgerichtet, sese arduus infert stolz aufgerichtet *V.* **2.** met. **schwierig, mühevoll, beschwerlich, mißlich:** opus, res Unglück *H*; mit *supin.* arduum

factu *L.* Dav. *subst.* **arduum**, ī, *n.* **a. steile Höhe:** ardua terrarum *V*, castellorum Bergfesten *T*, per ardua duci *L*, niti *Cu.* **b.** met. **Schwierigkeit:** in arduo esse schwierig sein *T.*
ārea, ae, *f.* **Fläche, freier Platz:** campi *O.* occ. **1. Tenne:** in areis frumenta sunt. **2. Rennbahn:** media (circi) *L*; met. **Gebiet, Feld:** teritur nostris area maior equis *O.* **3. Bauplatz:** domo quaerenda est area *H.* **4. Hofraum** [im Haus]: palma in area enata *L.* **5. Platz, Stadtplatz:** Vulcani beim Tempel des V. *L*, Capitolii *L.* **6. Spielplatz** *H Od. 1, 9, 18.*
Arelāte, is, *n.* A r l e s [St. an der Rhone].
Aremoricae civitates (kelt. are = ad, mor = mare) Stämme in der Bretagne und Normandie.
arēna, ae, *f.* (älter harēna, § 8, Anm., sabinisch fasēna, §§ 8 u. 29) **1. Sand:** mollis *O.* **2. a. Sandwüste:** steriles *Cu*, Libycae *O.* **b.** (sandiges) **Meeresufer:** carinae (Troes *V*) potiuntur arena *O.* **c. Kampfplatz** [im Amphitheater], **Arena:** promittere opus arenae als Gladiatoren aufzutreten *T.* **d.** met. **Tummelplatz, Fach** *Pli.*
Arenācum, ī, *n.* A. [Kastell der Bataver] *T.*
arēnōsus 3 (arena) sandig.
āreō 2. uī (für āseo, § 29; vgl. assus) **trocken, dürr sein:** humus aret *O*; meist **ārēns**, entis trocken, dürr: silva, rivus *V*; occ. **vertrocknet, durstig sein, lechzen:** aret Tantalus *O*; *meton.* arens sitis brennend *O.*
āreola, ae, *f.* (*dem.* v. area) kleiner freier Platz *Pli.*
Arē(-ī-)opagus, ī, *m.* (Ἄρειος πάγος, § 91, Abs. 2) der Areopag [Areshügel in Athen, westl. von der Akropolis; *meton.* der Blutgerichtshof dort]; **Arēopagītēs** oder **-a**, ae, *m.* Mitglied des Areopags; spöttisch = iudex.
ārēscō 3. āruī (*incoh.* zu areo) **vertrocknen, versiegen.**
aretālogus, ī, *m.* (ἀρεταλόγος) Tugendschwätzer *Sp.*
Arethūsa, ae, *f.* A. [Quelle auf der Insel Ortygia bei Syrakus]; *adi.* **Arethūsis**, idis, *f. O.*
Arēus 3 (Ἄρειος) des Mars: iudicium Areopag *T.*
Argēī, ōrum, *m.* A. [**1.** 24 (oder 27) Kapellen im Stadtgebiet Roms, in denen am 16. und 17. März die Pontifices Sühnopfer darbrachten *O.* **2.** 27 Menschenfiguren aus Binsen, die jährlich am 14. (oder 15.) Mai feierlich vom pons sublicius in den Tiber geworfen wurden *O.*]
argentārius 3 (argentum) zum Silber [oder] zum Geld gehörig: taberna a. [und] **argentāria** Wechselstube, Bank, Bankgeschäft: facere betreiben; **argentārius**, ī, *m.* Wechsler, Bankherr; **argentāria**, ae, *f.* Silbergrube *L.*
argentātus miles (argentum) mit silberverziertem Schild *L.*
argenteus 3 **1. silbern,** aus Silber: vas, Cupido Statuette; *subst.* **argenteus**, ī, *m.* **Denar:** pro argenteis X aureus I valet *L*; occ. **mit Silber verziert:** scaena; acies mit Silberschilden *L.* **2.** met. **silberfarben:** anser *V*, fons silberhell *O*; occ. **des silbernen Zeitalters:** proles *O*; *nomen pr.* Pons A. A r g e n s [Brückenkopf und Kastell in Gallien am flumen A.].   Von
argentum, ī, *n.* **1. Silber:** factum atque signatum verarbeitet und gemünzt; infectum Silberbarren *L.* meton. **2. Silbergeschirr:** caelatum. **3. Silbergeld:** bigatum Bigatus [Silberdenar mit Zweigespann auf der Rückseite] *L*, Oscense Denare *L*; *synecd.* **Geld:** argentum

argestes   42   **Aristophanes**

οἴχεται das Geld ist fort *C*, argento parata mancipia *L.*
E: vgl. ἄργυρος und ἀργής; das w e i ß e Metall.

argestēs, ae, *m.* (ἀργέστης) WSW-Wind *O.*

Argēus, Argī s. Argos.

Argīlētum, ī, *n.* das A. [Straße in Rom nördl. vom Forum, zwischen curia und basilica Aemilia, später Argi letum gedeutet *V*]; *adi.* **Argīlētānus** 3.
E: statt argīllētum 'Tongrube' von argīlla, § 96, Abs. 2.

argīlla, ae, *f.* (ἄργιλος) weißer Ton, Töpfererde.

Argīlius 3 aus Argīlos [St. am Strymon] *N.*

Arginūsae, ārum, *f.* die A. [drei Inseln an der Küste der Äolis; Schlacht 406].

argītis, idis, *f.* (vgl. ἀργής) Rebe mit weißen Trauben *V.*

Argī(v)us s. Argos.

Argō, ūs, *f., acc.* und *abl.* ō ('Αργώ) das Schiff A. [auf dem Jason und seine Begleiter nach Kolchis steuerten]; auch Sternbild; *adi.* **Argōus** 3 *H.* **Argonautae,** ārum, *m.* die Argonauten.

Argos, nur *nom.* und *acc. n.*, in den abhäng. Fällen **Argī**, ōrum, *m.* A. [**1.** St. in Argolis. **2.** A. Amphilochium in Epirus *L*]. Zu 1. *adi.* **Argēus** und **-īus** 3: Tibur [von Argos aus gegründet] *HO*; **Argīvus** 3: augur Amphiaraus *H*; d i c h t. **griechisch:** Helena, ensis *V*; *subst.* **Argiver,** d i c h t. **Grieche; Argolis,** idis, *f.* argivisch: Alcmene *O*; **Argolicus** 3: urbs Argos *O*; d i c h t. = griechisch: dux *O*, gens *V.*

arguī *pf.* v. arguo.

argūmentātiō, ōnis, *f.* **1.** Beweisführung. **2.** Stoff, Thema, Vorwurf *Sp.*   Von

argūmentor **1.** Beweis führen, begründen, klarlegen; **occ.** als Beweis anführen: multa in eam partem *L.*   Von

argūmentum, ī, *n.* **1. Beweisgrund, Beweis, Grund:** argumenta signaque Gründe und sachliche Beweise; **occ. Zeichen, Kennzeichen:** animi laeti *O*, odii. **2.** *meton.* **Geschichte, Fabel, Darstellung:** argumentum docet die Fabel lehrt *Ph*; *met.* [von bildl. Darstellungen]: ex ebore perfecta; Io saetis obsita, iam bos, argumentum ingens *V*, longum eine lange Geschichte *O*, in tela deducitur argumentum die Geschichte wird eingewoben *V.* **3. occ. a. Inhalt:** epistulae. **b. Fabel, Stoff, Sujet:** argumento fabulam serere durch einen Stoff einheitlich gestalten *L*, tragoediae *T.* **4.** *meton.* **Bühnenstück:** argumenti exitus; *met.* auctor argumenti Urheber dieser Komödie *L*, fictum et compositum betrügerische Komödie *L.*   Von

arguō 3. uī (argūtus) **1. kundgeben, behaupten, dartun:** ego, ut tu arguis, agricola. **2. occ. a. beschuldigen, bezichtigen:** servos neque arguo neque purgo; aliquem sceleris, (de) crimine; falsa quae argui possunt dessen man einen bezichtigen kann, culpa quam arguo deren ich bezichtige *L*; *met.* d i c h t. **verraten, kennzeichnen, offenbaren:** degeneres animos timor arguit *V*; *med.* arguitur vinosus erweist sich *H.* **b. tadeln, widerlegen:** leges *L*, sua confessione argui *T*; *acc. c. inf.* (Pythagoras) imponi mensis animalia arguit verwarf es *O.*
E: wohl von *argus* 'hell', vgl. ἄργυρος, also eigtl. 'hell machen'.

Argus, ī, *m.* A. [der hundertäugige Wächter der Io].

argūtiae, ārum, *f.* (argutus) **1.** das **Ausdrucksvolle:** digitorum lebhaftes Fingerspiel. **2. geistvolle Darstellung:** Hyperidi. **3. Kniffe, Spitzfindigkeit.**

argūtō, āre *(frequ.* von arguo) (vor)schwatzen *Pr.*

argūtulus 3 ziemlich scharfsinnig.   *Dem.* von

argūtus 3, *adv.* **ē** (arguo) **1. deutlich, ausdrucksvoll:** manus lebhaft, sedulitas ausführlich, solea zierlich *Ca*, dolor laut *Pr.* *met.* **2.** d i c h t. **helltönend:** hirundo zwitschernd *V*, serra kreischend *V*, ilex säuselnd *V*, nemus (von Liedern) hallend *V*; *meton.* Thalia liederreich *H*, Neaera hellstimmig *H.* **3. sinnreich, scharfsinnig, witzig:** orator, sententiae; argute disputare; **occ.** pfiffig, schlau; calo *H*, meretrix gerieben *H.*

argyraspidēs, um, *m.* Silberschildträger [makedon. Elitetruppe] *LCu.*

Argyripa s. Arpi.

Ariadnē, ēs und **-a**, ae, *f.* A. [Tochter des Minos; ihre Krone ist Sternbild]; *adi.* **Ariadnaeus** 3: sidus *O.*

Arīcia, ae, *f.* A. [alte St. an der Via Appia mit Tempel und Hain der Diana und des Heros Virbius] *VHL*; *adi.* und Einw. **Arīcīnus.**

āridus 3 (areo) **1. trocken, dürr:** fragor trockenes Holzknacken *V*, nubila regenlos *V*; *subst.* **āridum**, ī, *n.* **das Trockene:** ex arido tela conicere, naves in aridum subducere ans Land. **2. occ. durstig, lechzend:** viator, ora *V*; *meton.* febris Durst schaffend *V.* **3.** *meton.* **ausgetrocknet, mager:** canities *H.* **4. dürftig; gehaltlos, fade, langweilig:** victus; genus sermonis, libri *T.*

ariēs, etis, *m.* **1. Widder, Schafbock.** *met.* **2. Widder** [Sternbild] *O.* **3. Sturmbock, Mauerbrecher;** *met.* sublicae pro ariete subiectae als Wellenbrecher.   Dav.

arietō 1. anrennen, stoßen: in portas *V*, in terram *Cu.*

Ariī, ōrum, *m.* die A. [Bew. von Arian (Iran)] *CuT.*

Arīminum, ī, *n.* R i m i n i [Küstenst. in Umbrien]; *adi.* **Arīminēnsis**, e *H.*

Ariōn, onis, *m.* A. [Leierspieler aus Methymna auf Lesbos, um 600]; *adi.* **Ariōnius** 3 *Pr.*

Arīopagus s. Areopagus.

Arisba, ae, *f.* A. [St. in der Troas] *V.*

arista, ae, *f.* Granne, **Ährenspitze:** vallum aristarum; *meton.* **1. Ähre. 2. Ährenfrucht:** instare aristis Getreide bauen *V.*

Aristaeus, ī, *m.* A. [Sohn des Apollo, Erfinder der Bienenzucht und Ölgewinnung].

Aristarchus, ī, *m.* A. [ber. Grammatiker und Kritiker (Homerausgabe) um 170 in Alexandria]; *meton.* (§ 84, Abs. 2) strenger Kritiker: mearum orationum.

Aristīdēs, is und ī, *m.* A. **1.** von Athen [Gegner des Themistokles]. **2.** von Milet [Verfasser von Novellen] *O.*

Aristippus, ī, *m.* A. [von Kyrene, Schüler des Sokrates, Gründer der kyrenäischen Schule].

Aristius Fuscus A. F. [Dichter, Freund des Horaz].

Aristō, ōnis, *m.* A. **[1.** Stoiker aus Chios um 275, Begründer der skeptischen Schule. **2.** Peripatetiker aus Keos um 225].

Aristogītōn, onis, *m.* A. [Mörder des Tyrannen Hipparchus 514].

Aristophanēs, is, *m.* A. **[1.** der bedeutendste Dichter der alten Komödie in Athen 452−388]; *adi.* **Aristopha-**

Aristoteles   43   **arripio**   **A**

nīus 3. **2.** A. [von Byzanz, um 230, Lehrer des Aristarch, Grammatiker und Kritiker].

Aristotelēs, is und ī, *m.* A. [Philosoph aus Stagira in Makedonien, Schüler Platons, Haupt der peripatetischen Schule in Athen]; *adi.* **Aristotelīus** 3.

Aristoxenus, ī, *m.* A. [Philosoph und Musiker aus Tarent um 320, Schüler des Aristoteles].

Aristus, ī, *m.* A. [Philosoph in Athen (Akademie)].

arithmētica, ōrum, *n.* und **-a,** ae, *f.* (ἀριθμητικά) Arithmetik.

Ariūsium vinum Wein von Ariusia [auf Chios] *V.*

arma, ōrum, *n.*

---

1. **Schutzwaffen, Rüstung;** *occ.* **Schild;** 2. *synecd.* **Waffen;** *met.* **Schutzmittel, Verteidigungsmittel;** 3. *meton.* **a.** **Kampf, Krieg;** **b.** **Kriegsmacht, Heeresmacht;** **c.** **Bewaffnete, Krieger;** 4. *met.* **Rüstzeug, Werkzeug, Gerät.**

---

1. arma, tela, equi *S,* arma induere die Rüstung anlegen, in armis esse unter Waffen stehen. **occ.** arma armis pulsare Schild an Schild stoßen *Cu,* super arma ferre auf dem Schild *V,* se in arma colligere sich hinter dem Schild decken *V.* **2.** officinae armorum Waffenfabriken *N,* vi atque armis mit Waffengewalt; *met.* arma audaciae, senectutis, armis et castris auf jede mögliche Weise, arma quaerere auf Hilfsmittel sinnen *V,* contra Borean ovis arma ministrat Schutz *O.* **3. a.** cedant arma togae der Krieg dem Frieden; ad (in) arma zum (in den) Kampf; arma Saturnini der Aufruhr des S.; arma inferre Graeciae bekriegen *N,* referre Krieg erneuern *V; met.* leo arma movet setzt sich zur Wehr *V.* **b.** Macedonum *Cu,* publica *T,* neutra arma sequi neutral bleiben *O.* **c.** machina plena armis [vom trojanischen Pferd] *V,* vallum armis ambire *T,* arma R. liberare *L.* **4.** Cerealia zum Brotbakken *V,* naves omni genere armorum ornatissimae Schiffsgerät, socios instruit armis Ruder *V,* colligere arma (navis) Segel reffen *V,* navis spoliata armis Steuer *V,* equestria Sattelzeug *LO.*

armamaxa, ae, *f.* (ἁρμάμαξα) Reisewagen *Cu.*

armāmenta, ōrum, *n.* (armo) Takelwerk.   Dav.

armāmentārium, ī, *n.* Zeughaus, Arsenal *LCu.*

armārium, ī, *n.* (arma) Schrank.

armātūra, ae, *f.* und **armātus,** ūs, *m.* (armo) Bewaffnung: Numidae levis armaturae leichtbewaffnet; *meton.* Bewaffnete, Waffengattung: varia; levis Leichtbewaffnete.

I. armātus 3 (armo) **1.** bewaffnet: armatus togatusque im Krieg und Frieden *L; subst.* X milia armatorum completa sunt *N.* **2.** *met.* gerüstet: animis.

II. armātus = armatura.

Armenia, ae, *f.* Armenien [durch den Euphrat geteilt in das nördl. maior und das südl. minor]; *adi.* und Einw. **Armenius;** *subst.* **armenium,** ī, *n.* Bergblau [Farbe] *Sp.*

armentālis, e in Herden weidend: equae *V.*   Und

armentārius 3 Herden weidend: Afer *V.*   Von

armentum, ī, *n.* (wohl aus *arāmentum von aro, mit Jambenkürzung § 45 arämentum und mit Synkope § 43 armentum) meist *pl.* **1.** Herde, Herdenvieh [nur von gro-

ßen Tieren]: boum *V; met.* cervorum Rudel *V.* **2.** Großvieh, Vieh: greges armentorum reliquique pecoris; *met.* Neptuni Meervieh *V.*

armi-fer 3 (arma, fero, § 66) kriegerisch.

armi-ger 3 (arma, gero, § 66) **1.** **waffentragend:** equus *Pr.* **2.** **Bewaffnete hervorbringend:** humus *Pr. subst.* **armiger,** erī, *m.,* selten **armigera,** ae, *f.* **1.** **Waffenträger(in),** Schildknappe: Iovis der Adler *VO.* **2.** **Leibwächter** *CuSp.*

armilla, ae, *f.* (armus) Armband.

Armi-lūstrum, ī, *n.* (vgl. II. lustrum) das A. [Platz auf dem Aventin für die Waffenweihe].

Arminius, ī, *m.* A. [Cheruskerfürst, liberator Germaniae *T;* Schlacht im Teutoburger Wald 9 n. Chr.].

armi-potēns, entis (§ 66) waffenmächtig *Lukrez V.*

armi-sonus 3 (§ 66) waffenklirrend *V.*

armō 1. (arma) **1.** **bewaffnen, bewehren.** *occ.* **2.** **zum Krieg rüsten, kampftüchtig machen:** regem adversus Romanos *N,* muros propugnaculis *L,* in proelia fratres zum Kampf treiben *V.* **3.** (Schiffe) **segelfertig machen, ausrüsten:** classem *VL.* **4.** *met.* **waffnen,** mit etw. **versehen:** se imprudentiā Dionis die Unvorsichtigkeit des D. als Waffe benutzen *N,* temeritatem multitudinis auctoritate publica, calamos veneno *V.*

armus, ī, *m.* (nur dicht.) **1.** Vorderbug, Schulterblatt: equi *VHO,* leporis *H; synecd.* equi armi die Flanken *V.* **2.** Schulter, Oberarm *V.*

Arnus, ī, *m.* der A r n o *LT; adi.* **Arniēnsis,** e.

arō 1. (ἀρόω) **1.** **pflügen, ackern;** *trans.* **bestellen:** terram, agrum; sprichw. litora bubus = Mühe verschwenden *O;* quidquid arat Apulus was der A. durch Ackerbau gewinnt *H.* **2.** *met.* **durchfurchen:** aquas *O,* maris aequor *V,* frontem rugis furchen *V.*

Arpī, ōrum, *m.* A. [St. in Apulien]; dicht. **Argyripa,** ae, *f. V; adi.* und Einw. **Arpīnus.**

Arpīnum, ī, *n.* A r p i n o [St. in Latium, Geburtsort des Marius und Cicero]; *adi.* **1.** **Arpīnae** chartae Ciceros Schriften *Pli;* **2.** (auch Einw.) **Arpīnās,** ātis; *subst. n.* in Arpinati auf dem arpinischen Landgut.

arquitenēns, Arquus = arcitenens, arcus.

arrabō, ōnis, *m.* Handgeld, Unterpfand *C.*

I. arrēctus *pt. pf. pass.* v. arrigo.

II. arrēctus 3 (arrigo) steil, jäh *L.*

ar-rēpō 3. rēpsī (§ 33) herankriechen; *met.* sich einschleichen, eindrängen; mit *dat. T,* in spem *H.*

arreptus *pt. pf. pass.* v. arripio.

Arrētium, ī, *n.* A r e z z o [St. in Etrurien]; *adi.* und Einw. **Arrētīnus.**

ar-rēxī *pf.* v. arrigo.

ar-rīdeō 2. rīsī **1.** **mitlachen, dazu lachen:** ridentibus *H.* **2.** **anlächeln:** notis *L,* video, quid adriseris was du belächelst. **3.** *met.* **gefallen, zusagen.**

ar-rigō 3. rēxī, rēctus (rego, § 41) **1.** **empor-, aufrichten:** hastas *V,* arrectus in digitos auf den Zehen *V,* arrectae comae gesträubt *V,* arrecta lumina weit geöffnet *V,* arrectis auribus mit gespitzten (lauschenden) Ohren *V. met.* **2.** (geistig) **spannen:** animos *V,* arrecta spes, cupido, civitas *T.* **3.** **erregen, anfeuern, aufrichten:** aliquem oratione *S,* ad bellandum animos *L.*

ar-ripiō, 3. ripuī, reptus (rapio, § 43) **1.** **an sich rei-**

arrisi   44   **artus**

ßen, aufgreifen, packen, fassen: vestimenta, telum, saxum; hominem manu *L.* **2. occ. a. zusammenraffen:** familiam Fechterbande; cohortes *L,* naves *T.* **b. angreifen, darauf losgehen:** castra *V,* fessos *T,* tellurem gewinnen *V,* locum in Besitz nehmen *V.* **c. ergreifen, verhaften:** arreptus a viatore *L.* **d. vor Gericht bringen:** consules *L;* *met.* unfreundlich über ... reden, **geißeln:** primores populi *H.* **3.** *met.* hastig **ergreifen,** eifrig **sich aneignen:** maledictum ex trivio aufgreifen, occasionem *L,* tempus *V* wahrnehmen, celeriter auffassen, studium *N,* litteras Graecas sich verlegen auf; **occ. sich anmaßen:** imperium, cognomen sibi.
ar-rīsī *pf.* v. arrideo.
ar-rōdō 3. rōsī, rōsus annagen, benagen.
arrogāns, antis, *adv.* **anter** (arrogo) anmaßend, übermütig; mit *dat.* minoribus gegen die Niederen *T.*   Dav.
arrogantia, ae, *f.* Anmaßung, Dünkel, Hochmut.
ar-rogō 1. **1.** (durch Rogation) **beigeben:** consuli dictatorem *L.* *met.* **2. hinzufügen, verschaffen:** chartis pretium den Schriften Wert verleihen *H.* **3. sich** etw. **anmaßen:** sibi sapientiam.
ar-rōsī *pf.* v. arrodo.
arrōsus *pt. pf. pass.* v. arrodo.
ars, rtis, *f.*

---

1. Geschick, Geschicklichkeit, Fertigkeit; 2. *meton.* Handwerk, Gewerbe; 3. Kunst, Wissenschaft; 4. *meton.* *a.* Theorie, Lehrbuch; *b.* Kunstwerk; *c.* Kunstwert; *d.* Göttin der Kunst; *met.* 5. Eigenschaft, Verhalten, Art; *pl.* Mittel, Wege, Art und Weise; *occ.* Listen, Kunstgriffe; 6. Künstlichkeit, künstliches Wesen.

---

1. opus est vel arte vel diligentia; arte laboratae vestes geschickt, kunstvoll *V.* **2.** gubernandi, Palladis Baukunst, Zimmerhandwerk *V.* **3.** artes ingenuae, liberales, honestae die schönen Künste, optimae Wissenschaften, studiorum liberalium das für freie Berufsarten nötige Wissen *Cu,* disciplinae et artes praktischer und theoretischer Unterricht, urbanae Jus und Redekunst *L,* morsūs arte levabat durch Zauberkunst *V.* **4. a.** ars et praecepta theoretische Vorschriften, iudicium caret arte des (theoretischen) Verständnisses *H,* hoc ex antiquis artibus elegit aus Lehrbüchern. **b.** clipeus, Didymaonis artes *V,* aera et artes *H.* **c.** pretiosae artis vasa *Cu,* ars certare videtur cum copia. **d.** Artium chorus die Musen *Ph.* **5.** artes animi *Cu,* artibus bonis malisque mixtus aus Tugend und Laster *T,* artes antiquae tuae *C;* *pl.* imperium his artibus retinetur *S,* quaesitae gesuchte Kunstmittel *V,* nocendi *V.* **occ.** artes belli *Cu,* suis artibus, fraude et insidiis est circumventus *L,* Pelasga griechische Arglist *V.* **6.** plausus arte carebat war ungekünstelt *O,* (arbores) in quascumque volet artes sequentur seinen Künsteleien *V.*
Arsacēs, is, *m.* A. [Begründer bzw. Mitglied der parthischen Dynastie der **Arsacidae,** ārum, *m. T*].
Arsamōsata, ae, *f.* A. [St. in Großarmenien] *T.*
Arsaniās, ae, *m.* A. [östl. Quellfluß des Euphrat] *T.*
ārsī *pf.* v. ardeo oder ardesco.

Ārsia silva [Waldgebiet in Etrurien] *L.*
Arsinoēum, ī, *n.* Denkmal der Arsinoe *Sp.*
Arsinoites nomos der arsinoitische Gau [in Mittelägypten, zwischen Nil und Moerissee] *Sp.*
ārsūrus *pt. fut.* v. ardeo.
Artavasdēs, is, *m.* A. [König von Großarmenien].
Artaxata, ōrum, *n.* und ae, *f.* A. [Hauptstadt von Großarmenien] *T.*
Artaxerxēs, is, *m.* A. [**1.** A. Macrochir (μακρόχειρ, 'weitgebietend'), Sohn Xerxes' I., 465–425. **2.** A. Mnemon (μνήμων, 'mit gutem Gedächtnis'), Sohn Dareus' II., 404–362 *N*].
Artemīsium, ī, *n.* A. [nördl. Vorgebirge von Euböa] *N.*
artēria, ae, *f.* **1.** Pulsader. **2. a.** aspera Luftröhre.
arthrīticus 3 (ἀρθρῑτικός) gichtkrank.
articulātim *adv.* gliederweise.   Von
articulus, ī, *m.* (*dem.* von artus, ūs) **1. Fingerglied:** supputat articulis zählt an den Fingern *O.* **2.** *meton.* **Gelenk:** crura sine articulis, articulorum dolores Gicht. *met.* **3. Knoten:** sarmentorum. **4.** [von der Rede] **Abschnitt, Teil:** continuatio verborum articulis membrisque distincta. **5.** [von der Zeit] **Augenblick, Wendepunkt:** temporis *C,* rerum mearum *Cu.*
arti-fex, icis (ars, facio, § 41 am Ende, § 66) **1. kunstfertig:** manūs *O,* Morpheus als Gestaltenbildner *O,* stilus; **occ. kunstvoll gefertigt:** boves *Pr.* **2.** *subst. m. f.* **Arbeiter(in), Künstler(in):** artifex Cupidinem fecit Bildhauer, scaenici Schauspieler, improbi Quacksalber *L,* athletae ceterique artifices Wettkämpfer bei den Spielen *N;* *met.* natura plane artifex vollkommene Künstlerin. *met.* **3. Meister(in)** in etw.: talis negoti *S,* pugnandi *L,* ad corrumpendum iudicium. **4. occ. Urheber, Anstifter, Schelm:** Tereus *O,* talium operum *L,* artificis scelus des Betrügers *V.*
artificiōsus 3, *adv.* **ē** kunstreich, kunstvoll.   Von
artificium, ī, *n.* (artifex) **1. Kunstfertigkeit, Geschicklichkeit, Kunst:** gubernatoris, signa summo artificio höchst künstlerisch. **2.** *meton.* **Kunstwerk:** artificii cupidus, non argenti. **3. Handwerk, Gewerbe, Kunst:** opera atque artificia Handwerke und Künste, ancillare Mägdearbeit. **4. Kunstlehre, Theorie:** non est eloquentia ex artificio, sed artificium ex eloquentia natum. **5. Kunstgriff:** vincere artificio quodam geschicktes Manöver, accusatorium, simulationis.
artō 1. (artus 3) einengen, beschränken, schmälern.
artolaganus, ī, *m.* (ἀρτολάγανον) Brotkuchen.
I. artus 3, *adv.* **ē 1. eng, straff, fest:** catena *O,* toga *H,* artius complecti aliquem. **2. eng, geschlossen, dicht:** silvae, fauces *T,* vallis *L,* aciem arte statuere, quam artissime ire *S;* convivium, theatrum vollgestopft *H.* *met.* **3. eng, fest, innig:** somnus; propinquitas *Cu,* tenebrae dicht *S.* **4. beengt, knapp, mißlich:** res (*pl.*) mißliche Lage *O,* spiritus arte meat *Cu,* artius appellare kürzer aussprechen *O,* habere kürzer halten *S,* petitio mit geringer Aussicht *L,* animus sorgenbewegt *H.* *Subst.* **artum,** ī, *n.* **1. Enge, enger Raum:** in arto stipatae naves *L,* in artum desilire sich festrennen *H.* **2.** *met.* **beschränkte Lage, Klemme:** spem ponere in arto eng beschränken *O,* res

artus   45   **Asiagenes** **A**

in arto est in der Klemme *L*, in arto est commeatus knapp *T*.

II. artus, ūs, *m.*, meist *pl.* artūs, uum (artua *C*) **1.** Gelenke: membrorum *V*, elapsi in pravum verkrüppelt *T.* **2.** *met.* Glieder: mòrtales Menschenleib *O*.
E: vgl. ἀρτύω 'zusammenfügen', ἀρτύς 'Verbindung'.

ārui *pf.* v. areo oder aresco.

ārula, ae, *f.* (*dem.* von ara) Altärchen.

arundi-fer 3 (arundo, fero) schilfbekränzt *O*.

arundinētum, ī, *n.* (arundo) Röhricht *Sp.*

arundineus 3 (arundo) aus Rohr: canales *V*, silva Röhricht *V*; carmen Hirtenlied *O*.

arundinōsus 3 reich an Rohr: Cnidus *Ca.*   Von

arundō, älter (§ 8, Anm.) **harundō,** inis, *f.* **1.** Rohr: aper ulvis (Schilf) et harundine pinguis *H*, tecta arundine texta *L.* **2.** *meton.* [Gegenstände aus Rohr]: **a. Angelrute:** moderator arundinis Angler *O*. **b. Leimspindel:** volucres harundo terret *H*. **c. Pfeilschaft:** sub arundine plumbum *O*; *synecd.* Pfeil: hamata *O.* **d. Rohrpfeife, Flöte** *O V.* **e. Kamm** des Webstuhls: stamen secernit arundo *O.* **f. Steckenpferd:** equitare in harundine *H*.

aruspex s. haruspex.

arvālis frater (arvum) Arvalbruder [Mitglied eines Priesterkollegiums zur Erflehung von Ackersegen].

Arvernī, ōrum, *m.* die A. [Volk in der A u v e r g n e].

arvīna, ae, *f.* Fett, Speck *V*.

arvus 3 (von aro, wie pascuus von pasco) pflügbar: agri; *subst.* **arvum,** ī, *n.* **1.** Acker-, Saatland: prata et arva. **2.** *synecd.* Flur, Gefilde, Gegend: Circaea *O*, iam arva tenebant das Ufer *V*, Neptunia neptunische Gefilde, Meer *V.* **3.** *meton.* Getreide: arvo studere *S*, flava *V*.

arx, arcis, *f.* **1. Burg, Feste:** oppidi *N*; dicht. Thebana die Stadt Theben *H*; in Rom die nördl. Höhe des Kapitols, die **Arx:** ne quis patricius in arce aut in Capitolio habitaret *L*; s p r i c h w. arcem facere e cloaca 'aus der Mücke einen Elefanten'. **2.** *synecd.* **Berggipfel, Höhe, Anhöhe:** Parnasi *O*, Romae septem arces *V*, sacrae Tempelberge *H*; *met.* **Gipfel:** eloquentiae *T*; Himmelshöhe: siderea *O*, caeli *V*, igneae *H.* **3.** *met.* **a. Schutzwehr, Zufluchtsort:** (forum) arx sociorum; *meton.* Africa arx omnium provinciarum; tribunicium auxilium et provocatio, duae arces libertatis *L.* **b. Bollwerk, Hauptsitz:** imperii, totius belli *L*, Zama arx regni *S*, causae die Hauptstellung der Gegenpartei.
E: vgl. arceo, ἀρκέω, also eig. 'Wehr'.

ās, assis, *m.*, *gen. pl.* assium **1.** das **Ganze, Einheit** (mit 12 Teilen): heres ex asse Gesamterbe *Pli.* **2.** (als Münzeinheit) **As** [urspr. ein Kupferbarren von 1 Pfd. (as librarius). Das Gewicht des As wurde oftmals reduziert. Schließlich wurde der As Scheidemünze (Wandel von der Wert- zur Kreditmünze) und hatte wenig Wert; daher erklären sich Redensarten wie ad assem omnia perdere bis auf den letzten As alles verlieren *H*; vilem redigi ad assem allen Wert verlieren *H*].

Ascanius, ī, *m.* A. [**1.** Sohn des Äneas. **2.** Ausfluß des gleichnamigen Sees in Bithynien *V*].

a-scendō 3. scendi, scēnsus (ad, scando, §§ 33 und 43) **1.** *trans.* **erklimmen, besteigen:** murum, iugum mon-

tis; navem, classem *NT*, equum *L*; *met.* gradum (dignitatis) sich emporschwingen. **2.** *intr.* **empor-, hinaufsteigen:** in murum, in equum. **3.** *met.* **sich erheben, sich aufschwingen:** in fortunam *Cu*, ad regium nomen; super ingenuos *T*.   Dav.

ascēnsiō, ōnis, *f.* Aufschwung: oratorum.   Und

I. ascēnsus, ūs, *m.* **1.** das **Hinaufsteigen, Aufstieg:** ascensum dare Gallis die Möglichkeit des Emporklimmens; *met.* in virtute multi sunt ascensus Möglichkeiten des Emporkommens. **2.** *meton.* **Aufgang, Aufstieg:** in circuitu, saxum ascensu aequo *L*.

II. ascēnsus *pt. pf. pass.* v. ascendo.

Asciburgium, ī, *n.* A. [St. am Niederrhein] *T*.

a-sciō, īre annehmen, zu sich nehmen: socios *V*.
                     Rückbildung aus dem *pf.* von

a-scīscō 3. scīvī, scītus **1. beiziehen, an-, aufnehmen:** oppidum auf seine Seite bringen; aliquem socium, generum, ad sceleris foedus, in civitatem *LT*, inter patricios *T*; superis (*dat.*) ascitus den Göttern zugesellt *O.* *met.* **2. herbeiziehen, sich aneignen, übernehmen:** civitatem das Bürgerrecht *N*, peregrinos ritus *L*, consuetudinem, dictionis genus; *occ.* sich anmaßen: imperium, regium nomen *L*, sibi prudentiam. **3. billigen, gutheißen:** aliquid in bonis.   Dav.

I. ascītus 3: lepos angelernt *N*, milites geworben *Cu*, dapes fremd *O*.

II. ascītus *pt. pf. pass.* v. ascisco.

a-scīvī *pf.* v. ascisco.

Ascra, ae, *f.* A. [Ort in Böotien am Helikon, Wohnsitz Hesiods]; *adi.* **Ascraeus** 3: oves *O*, fontes, nemus *Pr*, senex Hesiod *V* = Ascraeus *O*; carmen ländlich *V*.

a-scrībō 3. scrīpsī, scrīptus **1. hinzu-, daraufschreiben, schreibend hinzufügen:** metūs sui causam *Cu*, salutem plurimam, diem in epistula beifügen, motis senatu notas den Namen beifügen *L.* **2.** *occ.* **in eine Liste eintragen, aufnehmen. a.** in die B ü r g e r l i s t e: Heracliae, in civitatibus. **b.** in die K o l o n i s t e n l i s t e: colonos novos, veteranos Tarentum *L.* **c.** in die M i l i t ä r d i e n s t r o l l e: urbanae militiae *T.* **3. schriftlich einsetzen, bestellen:** poenae diem bestimmen *Ph*, legatum vermachen *Pli.* *met.* **4. zurechnen, zu-, beizählen:** in numerum, eum tertium ad amicitiam; ordinibus deorum *H.* **5. zuschreiben, beimessen:** sibi exemplum auf sich beziehen *Ph*.   Dav.

ascrīptīcius 3 (in die Bürgerliste) eingetragen.   Und

ascrīptīvus 3 überzählig *C*.

ascrīptus *pt. pf. pass.* v. ascribo.

Āsculum, ī, *n.* A s c o l i P i c e n o [St. in Picenum südl. von Ancona]; *adi.* und Einw. **Āsculānus.**

asellus, ī, *m.* (*dem.* von asinus) E s e l; s p r i c h w. agas asellum (*sc.* non curret) = du bist und bleibst der Alte.

Asia, ae, *f.* (Ἀσία) A. [**1.** die römische Provinz Asia, die Westhälfte der Halbinsel; *meton.* die Redner des Asianismus. **2.** *synecd.* die Halbinsel Kleinasien. **3.** der Erdteil Asien]; *adi.* **1. Asiāticus** 3: oratores schwülstig. **2. Āsis,** idis, *f.* terra *O.* **3. Āsius** 3 [von einer Gegend am Caystrus] *V.* *subst.* **Asiānī** die asiatischen Steuerpächter.

Asiāgenēs, is, *m.* = Asiaticus [Beiname des L. Scipio] *L*.

asilus   46   **assensi**

asīlus, ī, *m.* Bremse, Stechfliege *V.*

asinus, ī, *m.* E s e l ; *met.* Esel, Einfaltspinsel.

Āsōpus, ī, *m.* A. [**1.** Fl. im südl. Thessalien *L.* **2.** Fl. in Böotien]; von **2. Āsōpis,** idis, *f.* Ägina *O*; **Āsōpiadēs,** ae, *m.* Äakus *O.*

asōtus, ī, *m.* (ἄσωτος heillos) Wüstling, Schlemmer.

Asparagium, ī, *n.* A. [Ort südl. von Dyrrhachium].

asparagus, ī, *m.* (ἀσπάραγος) Spargel *Sp.*

aspargō s. aspergo.

a-spectō 1. (*frequ.* von aspicio) **1.** (wiederholt) **an- schauen, anblicken:** terras *V. met.* **2.** wohin **gerichtet sein, liegen:** collis adspectat arces *V.* **3.** auf etw. **ach- ten:** iussa *T.*

aspectus, ūs, *m., dat.* aspectū *V* (aspicio) **I.** *act.* **1.** das **Hinsehen, Hinschauen, Anblick:** aspectum ho- minum vitare, homo terribilis aspectu. **2. occ. a. Blick:** aspectum convertere. **b. Gesichtskreis:** portus in aspectu urbis inclusi; *met.* sub uno aspectu po- nere unter e i n e n Gesichtspunkt bringen *Q. Cicero.* **3.** *meton.* **Sehkraft:** aspectum amittere erblinden. **II.** *pass.* **1.** das **Sichtbarwerden, Erscheinen:** ipso adspectu schon durch die Erscheinung *N*, fundito- rum *Cu.* **2.** das **Aussehen:** Cethegi, auctionis.

as-pellō, ere (statt abs-pello, §§ 30 u. 33) wegtreiben; *met.* ab-, fernhalten: metum alicui vertreiben *C.*

Aspendiī, ōrum, *m.* die A. [Einw. von Aspendus in Pamphylien].

asper, era, erum, *abl. pl.* aspris *V, adv.* **ē 1. rauh, un- eben:** loca; crater, pocula in getriebener Arbeit *VO,* mare stürmisch *VL; subst.* aspera maris Stürme *T,* asperrimum hiemis die rauheste Zeit *T;* **occ.** rubus, sentes stechend *V,* frena derb *L. met.* **2. rauh, scharf, grob, derb:** littera das R *O,* genus vocis, oratio; ves- titus aspere. **3.** [vom Charakter] **rauh, barsch, wild:** pa- tres *L,* asperius loqui, cladibus erbittert über *O,* Pho- loë spröde *H,* monitoribus (*dat.*) voll Trotz gegen, widerborstig *H,* bos aspera cornu *V.* **4.** [von Zustän- den] **hart, mißlich, traurig:** pericula; spes *S,* fata *V,* negotium *S; subst. n.* aspera Widerwärtigkeiten, Unge- mach *HL.* **occ. a. wild:** pugna *V,* bellum *S.* **b. hart, streng:** doctrina; sententia *L,* custodia *T,* vena- tus *V,* aspere agere harte Maßregeln ergreifen *L.* **c. bissig, bitter:** verba *O,* facetiae, aspere dicta; aspere scribere *S.*

I. a-spergō 3. spersī, spersus (spargo, §§ 33 u. 43) **A. 1. hinspritzen, -streuen:** sapores *V,* virus pecori anstecken *V.* **2.** *met.* **hinzufügen:** sales orationi. **B. 1. bespritzen, bestreuen:** sanguine mensas *O.* **2.** *met.* **beschmutzen:** aspergi infamiā *N,* suspi- cione *L* betroffen werden, quos rumor asperserat be- geifert hatte *Cu; abs.* cunctos verunglimpfen *H.* Dav. **II. aspergō,** inis, *f.* (aspargo *V*) **1.** das **Hinspritzen:** aspergine tingere herbas *O.* **2.** *meton.* **Naß, Gischt, Tropfen:** adspergine silvis inpluere mit dem Gischt *O,* multa Regen von Tropfen *O,* salsa *V;* mit *gen.* aquae, caedis *O.*

asperitās, ātis, *f.* (asper) **1. Rauheit, Unebenheit:** via- rum, saxorum; asperitates schwierige Stellen *S;* soni rauher Ton *T;* frigoris *O,* hiemis *T* rauher Winter; loci (*abs. S*) rauhes Klima *O. met.* **2. Barschheit, Rauheit,**

Ungeschliffenheit: avunculi *N,* agrestis *H;* occ. **Wildheit:** belli *S.* **3. Mißlichkeit, Schwierigkeit:** in tanta asperitate *S.* **4. Härte, Bitterkeit:** remedii *T,* verborum *O,* iudicialis.

āspernātiō, ōnis, *f.* Verschmähung, Abweisung. Von

ā-spernor 1. (ab, sperno, § 30) **1. zurück-, abweisen:** proscriptionem. **2.** *met.* **zurückweisen, verschmä- hen, verwerfen:** condicionem *N,* preces; haud aspernanda nichts Unziemliches *V;* mit *inf.* sich wei- gern *T.*

asperō 1. (asper) **1. rauh machen:** undas aufwühlen *V;* **occ. zuspitzen:** pugionem, sagittas *T.* **2.** *met.* **aufregen, reizen:** iram *T,* crimina verschlim- mern *T.*

a-spersī *pf.* v. I. aspergo.

I. aspersus *pt. pf. pass.* v. I. aspergo.

II. aspersus, ūs, *m.* (I. aspergo) das Bespritzen *Sp.*

a-spiciō 3. spexī, spectus (ad, specio, §§ 33 u. 43) **1. zu Gesicht bekommen, erblicken, gewahr werden:** hanc lucem das Licht der Welt, vinctos catenis libe- ros; *met.* sol aspicit Oceanum *V.* **2. hinsehen, an- blicken:** lucem leben; aspice ad me *C.* (Mit Neben- bed.) Chabriam bewundern *N,* hostem ins Auge se- hen *T;* **occ. genau betrachten:** tabulas, Boeotiam *L,* opera inspizieren *L,* eas res Einsicht nehmen *L;* mit dopp. *acc.* wofür **ansehen** *T. met.* **3.** wohin **liegen, ge- richtet sein:** quā (terra) Noricum adspicit *T.* **4. be- trachten, beachten, erwägen:** primordia gentis be- achten, berücksichtigen *O,* qualem commendes, aspice *H.*

aspīrātiō, ōnis, *f.* **1.** 'Anhauch': aëris; terrarum Aus- dünstung. **2.** H-Laut, Aspiration. Von

a-spīrō 1. I. *intr.* **1. hauchen, dazu hauchen, -wehen:** pulmones aspirantes beim Ausatmen; tibia adspirat choris begleitet *H,* adspirant aurae in noctem gegen Abend weht günstiger Wind *V.* **2.** *met.* **günstig sein, för- dern, beistehen:** coeptis *O.* **II.** *intr.* wohin, nach etw. **trachten,** wohin **zu gelangen, sich zu nähern suchen,** sich wohin **versteigen:** ad successionem *Cu,* bellica laude ad Africanum, in curiam; equis Achillis be- gehren *V.* **III.** *trans.* **1. zuwehen:** ventos eunti *V.* **2.** *met.* **einflößen:** dictis amorem *V.*

aspis, idis, *f., acc. pl.* as (ἀσπίς) Viper, Natter.

asportātiō, ōnis, *f.* das Wegschaffen. Von

as-portō 1. (statt *abs-porto, §§ 30 u. 33) wegschaffen, fortbringen, fortführen.

asprētum, ī, *n.* (asper) steinige Stelle *L.*

Assaracus, ī, *m.* A. [Sohn des Tros, Großvater des An- chises]; Assaraci tellus Troja *H,* domus Römer *V,* nu- rus Venus *O,* frater Ganymed *O* [als Gestirn = Wasser- mann].

assecla und **assecula,** ae, *m.* (assequor, §§ 33, 17, 37) Begleiter, Anhänger.

assectātiō, ōnis, *f.* (assector) beständige Begleitung.

assectātor, ōris, *m.* Anhänger; **occ.** Freier *Pli.* Von

as-sector 1. (*frequ.* von assequor, § 17) (beständig) nachgehen, begleiten.

assecula s. assecla.

assecūtus *pt. pf. act.* v. assequor.

as-sēdī *pf.* v. assideo oder assido.

as-sēnsī *pf.* v. assentio.

assensio   47   **assuetus**   A

assēnsiō, ōnis, *f.* (= *adsent-tio von adsentior, § 36) Zustimmung, Beifall; [philos. Fachwort]: das Fürwahrhalten sinnlicher Erscheinungen.

assēnsor, ōris, *m.* einer, der beipflichtet; Lobredner, Verteidiger.

I. assēnsus *pt. pf. pass.* v. assentio oder *pt. pf. act.* v. assentior.

II. assēnsus, ūs, *m.* (= *adsent-tus von adsentior, § 36) **1.** Zustimmung, Beifall. **2.** Nachhall, Echo *V.*

assentātiō, ōnis, *f.* (assentor) Schmeichelei, Liebedienerei.   Dav. *dem.*

assentātiuncula, ae, *f.* elende Schmeichelei.

assentātor, ōris, *m.* und **-trīx**, īcis, *f.* (assentor) Schmeichler(in).   Dav.

assentātōriē *adv.* schmeichlerisch.

as-sentiō 4. sēnsī, sēnsus, häufiger *dep.* **as-sentior** 4. sēnsus sum beistimmen, beipflichten, zustimmen.   Dav. *frequ.*

as-sentor 1. in allem beistimmen, schmeicheln.

as-sequor 3. secūtus sum **1.** einholen, erreichen: regem, vehiculum *Cu.* met. **2.** erreichen, **gleichkommen**: vim dicendi *Q.* **3.** erlangen, bekommen: honores, laudem, immortalitatem; mit ut, ne. **4.** erfassen, begreifen, verstehen: coniecturā vermuten, erraten; ludibria fortunae animo *Cu.*

āsser, eris, *m.* Latte, Stange.

as-serō 3. seruī, sertus (sero, sertus) **1.** hinzufügen, beilegen; *refl.* sich beilegen, aneignen, anmaßen: caelo zugeselln *O,* se studiis sich widmen *Pli,* alicui regnum zusprechen *L,* laudes beanspruchen *O,* Iovem sibi patrem sich zusprechen *Cu.* **2.** für frei (unfrei) erklären: hominem in libertatem, virginem in servitutem *L.* **3.** sicherstellen: dignitatem, libertatem *Sp,* se a mortalitate, ab iniuria *Pli.*   Dav.

assertiō, ōnis, *f.* Freiheitserklärung *Pli.*   Und

assertor, ōris, *m.* **1.** Beanspruher: puellae *L.* **2.** Befreier: Galliarum *T.*

assertus *pt. pf. pass.* v. assero.

as-seruī *pf.* v. assero.

as-serviō, īre unterstützen: contentioni vocis.

as-servō 1. **1.** verwahren, aufbewahren: tabulas; praedam *V;* occ. in Gewahrsam halten: domi. **2.** met. bewachen, überwachen: portas, exitūs.

as-sessiō, ōnis, *f.* (= *adsed-tio, § 36) und **assessus**, ūs, *m.* das Beisitzen; Beistand.

as-sessum *pt. pf. pass.* v. assideo oder assido.

assevēranter *adv.* (assevero) ernstlich, nachdrücklich.

assevērātiō, ōnis, *f.* **1.** ernste Beteuerung, Behauptung. **2.** meton. Ernst, Nachdruck, Hartnäckigkeit.   Von

as-sevērō 1. (severus) **1.** intr. mit Ernst verfahren. **2.** trans. ernstlich behaupten, versichern: ordinem agminis genau angeben *T,* gravitatem ernstes Wesen zeigen *T;* occ. klar bezeugen: Germanicam originem *T.*

as-sideō 2. sēdī, sessum (sedeo, § 43) **1.** dabei sitzen; met. assidet maiestas Iovi wohnt bei Juppiter *O,* litteris sich hingeben *Pli,* parcus adsidet insano ist ähnlich *H.* occ. **2.** am Bett sitzen, pflegen: aegro collegae *L,* valetudini in der Krankheit *T.* **3.** (vor Gericht) beisitzen, beistehen: huic; in tribunali Caesaris, iudiciis *T.* **4.** lagern: prope moenia R. *L, trans.* moe-

nia urbis *T;* populis im Gebiet der Völker *T.* occ. **a.** Wache halten: ludis *T;* **b.** belagern: Casilino *L; trans.* muros *V,* castellum *T.*

as-sīdō 3. sēdī, sessum sich niedersetzen, niederlassen: dexterā Adherbalem zur Rechten des A. *S.*

assiduitās, ātis, *f.* **1.** beständige Begleitung, Aufwartung: cotidiana amicorum. met. **2.** Beharrlichkeit, Eifer: adsiduitate perfecit, ut. **3.** Fortdauer, Beständigkeit: molestiarum; bellorum ununterbrochene Kriege.   Von

assiduus 3, *adv.* **ē**, bei *C* **ō** (assideo) **1.** subst. ansässiger, steuerpflichtiger Bürger: (Servius) locupletīs assiduos appellavit. **2.** beharrlich, emsig, fleißig, tätig: agricolae, dominus; hostis *L;* beständig gegenwärtig: flamen Iovi *L,* Romae erant adsidui gewöhnlich. **3.** unablässig, ununterbrochen, fortwährend: obstationes *N,* labor, consuetudo, voces.

assīgnātiō, ōnis, *f.* Anweisung; Landverteilung.   Von

as-sīgnō 1. **1.** an-, zuweisen, zuteilen: ordines Zenturionenstellen *L,* iuvenibus deportandam Romam Iunonem die Aufgabe geben *L,* duo milia iugerum rhetori; imperium *T.* **2.** met. beimessen, zuschreiben: mortem Clodii virtuti Milonis; fortia facta gloriae principis *T.*

as-siliō 4. siluī (salio, § 43) **1.** heran-, herbeispringen. met. **2.** heranwogen: adsiliunt fluctus *O.* **3.** heranstürmen: (miles) adsiluit moenibus *O,* improvisi adsiluere *T.* **4.** zu etw. überspringen: ad genus illud orationis.

as-similis, e (Rückbildung aus adsimulo, § 76, vgl. § 51) ziemlich ähnlich, mit *dat.;* sui *O.*

as-similō s. assimulo.

assimulātiō, ōnis, *f.* Gleichstellung, Rivalität *T.*   Von

as-simulō und **as-similō** 1. **1.** nachbilden: deos in humani oris speciem menschenähnlich darstellen *T; pt. pf. pass.* ähnlich *V.* **2.** vergleichen: convivia freto *O,* suis laboribus defectionem lunae *T.* **3.** nachahmen, vorgeben, heucheln: consuetudinem castrorum *N,* anum *O,* iubas divini capitis *V; pt. pf. pass.* verstellt, erheuchelt.

I. assis = as *Sp.*

II. assis s. II. axis.

as-sistō 3. astitī und adstitī **1.** hintreten, sich hinstellen: ad Achillis tumulum; precanti, lecto *O;* super adstitit arce hielt an *V;* occ. stehenbleiben: recto trunco *O.* **2.** da-, dabeistehen: ad epulas bei Tafel aufwarten; solito ordine *T.* **3.** beistehen: causae *T.*

as-situs 3 (ad, sero-satus, § 41) hinzugepflanzt *H.*

as-solet und *pl.* assolent es pflegt zu geschehen, ist Brauch; (meist als Parenthese) ita, ut adsolet; adsolet veritas praebere vestigia sui *L.*

as-sonō, āre dazu schallen; mit *dat. O.*

as-suē-faciō 3. fēcī, factus gewöhnen; mit ad, *dat., abl., inf.*

as-suēscō 3. suēvī, suētus **1.** intr. sich an etw. gewöhnen: adsuēvi bin gewohnt *Ph;* mit ad, *dat., abl., inf.* occ. liebgewinnen: amici (pedites), quibus assueverat *Cu.* **2.** (selten) trans. an etw. gewöhnen: bella *V,* pluribus mentem *H.*   Dav.

assuētūdō, inis, *f.* Gewöhnung; Actes Verkehr mit *T.*

I. assuētus 3 (assuesco) **a.** gewohnt, an etw. gewöhnt,

assuetus   48   **astutia**

mit der Konstr. des *verb.*, mit in *L*, *acc. gr. V*. **b. gewöhnlich, bekannt:** oculis regio *L*, longius assueto weiter als gewöhnlich *O*.
II. assuētus *pt. pf. pass.* v. assuesco.
as-suēvī *pf.* v. assuesco.
as-suī *pf.* v. assuo.
assulātim *adv.* splitterweise *C*.
E: assula 'Span', § 79.
as-sultō 1. (aus *ad-salto, *frequ.* von assilio für *adsalio, §§ 43 und 51, Anm.) **1.** heranspringen, -rennen. **2. occ.** ansprengen, -rennen, -stürmen; mit *dat.* castris *T*; *trans.* frontem *T*.   Dazu
as-sultus, ūs, *m.* Ansprung, das Anspringen, Angriff *VT*.
as-sum, adesse, af-(ad-)fuī, af-(ad-)futūrus, dazu *coni. impf.* af-(ad-)forem, *inf. fut.* af-(ad-)fore, *coni. pr.* arch. adsiet, -ent *C* **1. dabei, anwesend, zugegen sein, dasein:** praesentem, coram persönlich, ad portam, in vestibulo *Cu*, ante oculos (portis) *V*; **alicui rei adesse** an etw. **teilnehmen, mitwirken:** periculis *N*, sermoni *Cu*, comitiis, pugnis; scribendo bei Abfassung [eines Senatsbeschlusses]. **2. erschienen sein, sich eingestellt haben, nahen, erscheinen:** per dumos, ex urbe, de montibus, ab sede *V*, huc ades komm her *V*; adversus hostes *S*, in barbaros *T*, tributo (*dat.*) zur Eintreibung des Tributs *T*, excubiis als Wache *T*; **occ. vor Gericht erscheinen:** ad iudicium. *met.* **3. a. vorhanden, zur Hand sein:** cum adesset usus das Bedürfnis, quod optastis adest *V*. **b. dasein, bevorstehen:** adest nox, vitae finis *Cu*, adsunt Kalendae. **c.** (mit dem Geiste) zugegen sein, **aufmerken:** adeste omnes animis. **d. gefaßt sein:** adeste animis et timorem deponite. **4. helfen, beistehen, zur Seite stehen:** adsit bona Iuno *V*, armis nostris mit unsern Waffen sein *L*; aderat in magnis rebus half *N*; adsum amicis; **occ.** (vor Gericht) **verteidigen:** Autronio, in hac causa.
as-sūmō 3. sūmpsī, sūmptum **1.** auf-, annehmen, nehmen: umeris alas *O*, caestūs ergreifen *T*, Butram als Gast *H*, dignos als Freunde *H*, coniugem zur Frau *T*, eum in nomen familiamque adoptieren *T*; **occ. zu Hilfe nehmen, herbeiziehen:** novos socios *L*, uxoris consilium *T*, verba zum Schmuck entlehnen *Q*. **2. sich beilegen, zu eigen machen, erwerben:** laudem sibi ex Asiae nomine, parentis patriae vocabulum den Titel p. p. *T*, regni insignia *T*; **occ. beanspruchen, sich anmaßen:** sibi nihil, id; tractationem orationis sich vorbehalten. **3. dazunehmen:** ad reliquos labores hanc molestiam, aliam quoque artem sibi.
as-suō 3. suī, sūtus annähen, anflicken *H*.
as-surgō 3. surrēxī, surrēctum (§ 72) **1. sich aufrichten, sich erheben, aufstehen:** ex morbo vom Krankenlager *LT*, in clipeum mit dem Schild *V*; [als Ehrenbezeugung]: cum adsurrectum ei non esset vor ihm *L*; bildl. vina, quibus Tmolius adsurgit denen er nachsteht *V*. **2. *met.* sich (er)heben, emporsteigen:** colles adsurgunt *L*, terra septem adsurgit in ulnas der Schnee erhebt sich *V*, Orion geht auf *V*; mit *dat.* querellis in Klagen ausbrechen *V*; adsurgunt irae der Zorn wächst *V*; assurgit Hesiodus nimmt einen höheren Schwung *Q*, nec comoedia in cothurnos assurgit erhebt sich nicht zum Pathos der Tragödie *Q*.

āssus 3 (areo) **1.** trocken: sol Sonnenbad ohne Salbung; *subst.* assum Schwitzbad. **2.** gebraten: mergus *H*; *subst.* assum vitulinum Kalbsbraten.
assūtus *pt. pf. pass.* v. assuo.
Assyrius 3 assyrisch *V*; venenum syrischer Purpur *V*, ebur indisch [über Syrien eingeführt] *O*; *subst.* **Assyrius**, ī, *m.* Assyrier *O*; **Assyria**, ae, *f.* Assyrien.
ast Adversativpartikel: dagegen, aber, jedoch.
Astapa, ae, *f.* Estepa [St. in Spanien] *L*.
Asteria, ae und **-ē**, ēs, *f.* A. [**1.** Titanentochter. **2.** weibl. Eigenname *H*].
a-sternō, ere (§ 33), nur asterni sich hinstrecken *O*.
astipulātiō, ōnis, *f.* Übereinstimmung *Sp*.   Von
a-stipulor 1. beistimmen *L*.
a-stitī *pf.* v. assisto oder asto.
a-stituō 3 uī, ūtus (*ad-statuo, § 43) zusetzen *C*.
a-stō 1. astitī (für adsteti, § 41) **1.** dabei-, dastehen: portis (*dat.*) *V*. **2.** aufrecht stehen, emporragen: astante ope als das Reich noch stand, squamae adstantes *V*.
Astraea, ae, *f.* A. [Göttin der Gerechtigkeit, als Sternbild 'Virgo' *O*]; Astraei fratres die Winde [Söhne des Titanen Asträus] *O*.
astragalizontēs *m.* die Würfelspieler *Sp*.
Astrapē, ēs, *f.* (ἀστραπή) der (personifizierte) Blitz [Gemälde von Apelles] *Sp*.
a-strepō, ere dazu lärmen: dicenti zujauchzen *T*, eadem lärmend einstimmen *T*.
I. astrictus *pt. pf. pass.* v. astringo.
II. a-strictus 3, *adv.* ē **1. festgeschnürt:** soccus non a. schlotternd *H*, aquae gefroren *O*, gelu streng *O*. **2. *met.* a. sparsam:** mos *T*. **b. gebunden:** oratio non astricte numerosa, poëta numeris adstrictus. **c. bündig, kurz:** eloquentia; adstrictius concludere *Q*.   Von
a-stringō 3. strīnxī, strictus **1. ein-, festschnüren, binden, anbinden:** iugum nodis *Cu*, aliquem ad statuam; digitos *O*. **2. zusammenschnüren:** vincula *O*, fauces *T*. *met.* **3. zusammenziehen, festmachen:** alvum; venas *V*; imbrem (corpora) vis frigoris astrinxerat hatte gefrieren lassen *Cu*, astringi sich abkühlen *Pli*; opus bitumine (corticem pice *H*) festkitten *Cu*. **4. fesseln, binden, verpflichten:** fidem iureiurando, se scelere sich schuldig machen, astrictus legibus; maioribus in Anspruch genommen *S*. **5. einschränken:** milites parsimoniā knapp halten *L*, breviter argumenta kurz zusammenfassen.
astrologia, ae, *f.* (ἀστρολογία) Sternkunde.
astrologus, ī, *m.* (ἀστρολόγος) **1.** Sternkundiger, Astronom *Ennius*. **2.** Sterndeuter, Astrolog.
astrūctus *pt. pf. pass.* v. astruo.
astrum, ī, *n.* (ἄστρον) **1.** Gestirn, Stern: natale *H*. **2. *met.*** Höhe, Himmel: ad astra tollere *V*, educere in astra *H* zum Himmel erheben, sic itur ad astra zur Unsterblichkeit *V*.
a-struō 3. strūxī, strūctus **1.** anbauen. **2. *met.*** hinzufügen: animum formae *O*, nobilitatem *T*.
astu (ἄστυ), nur *acc.* 'die Stadt', Athen *N*.
a-stupeō, ēre anstaunen: sibi *O*.
Astura, ae, *m.* A. [Fl. und Ort in Latium].
astus, ūs, *m.* List, Finte (klass. nur astū); **occ.** Kriegslist.
astūtia, ae, *f.* Verschlagenheit, List; *pl.* Ränke.   Von

astutus   49   **atrox**

astūtus 3, *adv.* **ē** (astus) listig, verschlagen, schlau.

Astyanax, actis, *m.* A. [Sohn des Hektor u. der Andromache].

Astypalaea, ae, *f.* A. [Insel nw. von Rhodos]; *adi.* **Astypalēïus** 3, Einw. **Astypalaeēnsēs**, ium, *m.*

asȳlum, ī, *n.* (ἄσυλον) Freistätte, Asyl.

asymbolus 3 (ἀσύμβολος) ohne Beitrag, zechfrei *C.*

at *coniunct.* aber, allein, hingegen, aber doch, dagegen, andererseits.

Atābulus, ī, *m.* (apulisch) der Südost, Schirokko *H.*

Atacīnus s. Terentius.

Atalanta, ae und **-ē**, ēs, *f.* A. [1. Frauenname. Die gr. Sage unterscheidet die b ö o t i s c h e Atalante, Tochter des Schoineus, Gemahlin des Hippomenes, und die a r - k a d i s c h e (Maenalia, Tegeaea), Tochter des Jasius, Teilnehmerin an der kalydonischen Jagd. (Die römischen Dichter verwechseln beide.) 2. Inselchen bei der St. Opus *LSp*].

at-avus, ī, *m.* (*at verw. mit ad, avus) 'Großvater des Urgroßvaters', Urahne, Vorfahr.

Ātella, ae, *f.* A. [oskisches Städtchen zwischen Capua und Neapel]; *adi.* und Einw. **Ātellānus; fabella** Atellana *L* oder **Ātellāna**, ae, *f.* die Atellane [Volksposse, von Kampanien nach Rom verpflanzt].

āter, ātra, ātrum **1.** (glanzlos) **schwarz, dunkel:** fumus *V,* fax schwarzqualmend *V,* sinus Hadriae stürmisch *H,* tempestas, hiems *V;* **occ. schwarz gekleidet:** lictores *H. met.* **2. finster, traurig, unheilbringend, grauenvoll:** cura *H,* lites unangenehm, schnöde *H,* ignes Feuer des Scheiterhaufens, timor, tigris *V,* dies Unglückstag *VL.* **3. giftig, boshaft:** dens, versus *H.*

Ateste, is, *n.* E s t e [St. im Land der Veneter] *T.*

Athamānēs, um, *m.* die A. [Volk in Epirus]; *adi.* **Athamānus** 3 *Pr;* das Land **Athamānia**, ae, *f. L.*

Athamās, antis, *m.* A. [Sohn des Äolus von der Nephele, Vater des Phrixus und der Helle, später (von des Kadmus Tochter Ino) des Melicertes und Learchus]; *adi.* **Athamantēus** 3 *O;* **Athamantiadēs**, ae, *m.* Sohn des A. = Melicertes-Palaemon; **Athamantis**, idis, *f.* Tochter des A. = Helle *O;* Athamantidos aequora Hellespont *O.*

Athēnae, ārum, *f.* Athen [Hauptstadt von Attika]; *adi.* und Einw. **Athēniēnsis.**

Athēnodōrus, ī, *m.* A. [stoischer Philosoph].

Athesis, is, *m., acc.* im *V,* E t s c h , A d i g e .

āthlēta, ae, *m.* (ἀθλητής) Wettkämpfer, Athlet; *adi.* **āthlēticus** 3 *Sp.*

Athōs, *dat.* und *abl.* Athō, *acc.* Athōn und Athō, auch **Athō**, ōnis, *m.* (Ἄθως), das Athosgebirge [auf den östlichsten Halbinsel der Chalkidike].

Atīlius 3 im *n. g.* **1.** A. Atilius Calatinus [cos. 258 und 254, Diktator 249]. **2.** M. Atilius Regulus s. Regulus. **3.** C. Atilius Serranus [Feind Ciceros]. **4.** M. Atilius [frühröm. Dramatiker].

Ātina, ae, *f.* A. [St. in Latium]; *adi.* und Einw. **Ātinās**, ātis; *subst.* in Ātīnātī im Gebiet von A.

Atintānia, ae, *f.* A. [Landsch. in Illyrien] *L.*

Atlā(n)s, antis, *m., acc.* a, *voc.* Atlā A. [ein Titan, der den Himmel trägt, Vater der Plejaden und Hyaden, von Perseus in Stein verwandelt = das Atlasgebirge]. *Adi.*

1. Atlantēus 3 **a.** vom Atlas; **b.** atlantisch: finis *H;* **2. Atlanticus** 3: mare der Atlantische Ozean; *patr.* **Atlantiadēs**, ae, *m.* **1.** Merkur; **2.** Hermaphroditus; **Atlantis**, idis, *f., acc.* a: *sg.* Elektra [eine Plejade] *O; pl.* die Plejaden und Hyaden *V.*

atomus, ī, *f.* (ἡ ἄτομος *sc.* ὕλη) unteilbares Urkörperchen, Atom.

at-que (auch **ad-que**), vor Konsonanten **ac** 'und dazu' (ac ist aus atque vor Konsonanten durch Synkope des e entstanden; dementsprechend steht in der klass. Zeit ac vor Konsonanten, atque vor Vokalen und nur selten vor Konsonanten, § 42, Abs. 2, u.§ 55) *coniunct.* **1. und dazu, und auch, und sogar, und;** [emphatisch] **und zwar:** vestros portus atque eos portus; atque adeo **und sogar, oder vielmehr:** hoc consilio atque adeo hac amentia impulsi; e t i a m a t q u e e t i a m **zu wiederholten Malen. 2.** Nach negativen Begriffen fast **= sondern:** impetum ferre non potuerunt ac terga verterunt. **3.** Nach Vergleichswörtern (par, similis, alius, aeque, secus u. a.) **als, wie;** bes. simulac, simulatque **sobald als,** perinde (proinde) ac si **geradeso wie wenn;** d i c h t. nach dem *comp.* haud minus ac iussi faciunt *V.*

at-quī(n) *coniunct.* (einen Einwurf einleitend): **aber doch, und doch, gleichwohl, aber.** In der Logik den Untersatz einleitend: **nun aber.**

E.: *Iuxtap.* von at 'aber' und quī, quīne 'wie? aber wie?'

ātrāmentum, ī, *n.* Schwärze, Tinte; sutorium Kupfervitriol.

E.: durch *ātrāre 'schwärzen' von ater.

ātrātus 3 (durch *ātrāre von ater) **1.** verdunkelt: Solis equi *Pr.* **2.** schwarz gekleidet, im Trauergewand: plebs *T.*

Ātrax, acis, *f.* A. [St. in Thessalien] *L;* **Ātracidēs**, ae, *m.* Thessalier, **Ātracis**, idis, *f.* Thessalierin *O.*

Atrebatēs, um, *sg.* Atrebas, atis, *m.* die A. [Volk um A r r a s im belgischen Gallien].

Atrēus, *m.* (Dekl. s. Orphēus) A. [König von Mykenae, Sohn des Pelops, Bruder des Thyestes, von dessen Sohn Ägisthus getötet]; *patr.* **Atrīdēs** und **-a**, ae, *m.*: minor = Menelaus, maior = Agamemnon *O.*

Atria s. Hadria.

ātriēnsis, is, *m.* (atrium) Hausdiener *Ph Pli.*

ātriolum, ī, *n.* kleine Halle.   Von

ātrium, ī, *n.* das Atrium, die Halle [in ältester Zeit Wohnstube, später Empfangssaal]. Atrium Libertatis des A. L. [Halle in Rom mit Heiligtum der Libertas], Atrium Vestae (oder regium, des Numa) das Haus der Vestalinnen [auf dem Forum neben dem Vestatempel]. *Meton.* atria principum Paläste der Reichen *L,* deorum *O,* Circes Behausung *O.*

atrōcitās, ātis, *f.* **1.** Abscheulichkeit, Wildheit, Scheußlichkeit, Schrecklichkeit: rei, criminis; temporis Schreckenszeit. **2.** *met.* Härte, Strenge: animi; morum *T.*   Von

atrōx, ōcis, *adv.* **iter 1. gräßlich, furchtbar, schrecklich:** facinus *L,* bellum *S,* proelium, caedes blutig *L,* valetudo schwer *T,* tempestas *LT. met.* **2. unbändig, wild, trotzig:** animus Catonis unbeugsam *H,* filia ver-

Atta   50   **attrecto**

bittert *T*, atrox odii im Haß *T*, labores atrocius accipere mit Ingrimm *T*. **3.** [von der Rede] **drohend, schrecklich**: atrociter minitari, invehi in aliquem *L*, mendacium *T*.

Atta, T. Quinctius [Lustspieldichter um 100] *H.*

I. attāctus, ūs, *m.* (attingo) Berührung (nur *abl. sg.*) *V*.

II. attāctus *pt. pf. pass.* v. attingo.

attagēn, ēnis, *m.* (ἀτταγήν) Haselhuhn *H.*

Attalus, ī, *m.* A. [Name mehrerer Könige von Pergamum; bes. Attalus III., der 133 starb und Reich und Vermögen den Römern hinterließ]; *adi.* **Attalicus** 3: urbes pergamenisch *H*, peripetasmata, tori, vestis golddurchwirkt, condiciones Los, Reichtum des *A. H.*

at-tamen (besser als at tamen) aber doch, allein.

attāt *interi.* ha! *C.*

attemperātē (at-tempero anpassen) *adv.* zur rechten Zeit *C.*

at-temptō, schlechter at-tentō 1. **1.** etw. oder jemd. angreifen, versuchen. **2.** anfechten: fidem; iura *H.*

at-tendō 3. tendī, tentus (§ 33) spannen, (den Geist) richten: animum ad cavendum sinnen *N*; meist ohne animum: beachten, achtgeben, (auf)merken.   Dav.

attentiō, ōnis, *f.* Spannung, Aufmerksamkeit.

at-tentō s. at-tempto.

I. attentus *pt. pf. pass.* v. attendo oder attineo.

II. attentus 3, *adv.* **ē** (attendo) **1.** gespannt, aufmerksam: attentissimis animis audire; attentius spectare *H*, legere *S*. **2.** erwerbsam, sparsam: vita; attentus quaesitis (*dat.*) *H.*

attenuātus 3, *adv.* **ē** schmucklos, schlicht.   Von

at-tenuō 1. (tenuis) **1. dünn machen**; *pass.* **dünn werden**: sortes attenuatae eingeschrumpft *L*, attenuatus amore abgemagert *O*. **2. vermindern, schwächen**: legionem, bellum; insignem erniedrigen *H.*

at-terō 3. trīvī, trītus **1. (an)reiben**: caudam *H*. **2. abreiben, abnutzen**: herbas zertreten *V*; **attrītus** 3 **abgerieben, abgegriffen**: harenae abgeschliffen *O*, simulacri mentum; limes aquarum glatt *O*, Calvus (orator) matt *T*. **3.** *met.* **zerrütten, schwächen**: proeliis copias *Cu*, Italiae opes *S*, famam atque pudorem schädigen *S*, pabulum stark vermindern *T.*

at-tēstor 1. bezeugen, beweisen *Ph.*

at-texō 3. texuī, textus dazu-, daran flechten: loricam; *met.* anreihen.

Atticus 3, *adv.* **ē** attisch, athenisch: Attice dicere einfach; Atticae aures fein, Atticum feiner attischer Ausdruck; dav. **atticissō**, āre im attischen Stil sein *C*. *Subst.* **1. Attica**, ae, *f.* [die Landschaft] Attika. **2. Atticī**, ōrum, *m.* Attiker, Athener; die (einfachen) attischen Redner.

at-tigī *pf.* v. attingo.

attigō = attingo *C.*

at-tineō 2. tinuī, tentus (teneo, § 43) **I.** *trans.* **1. fest-, an-, zurückhalten**: dextram vi *T*, Anniam publicā custodiā *T*. **2.** *occ.* **a. auf-, hinhalten**: Numidam spe pacis *S*. **b. festhalten, behaupten**: ripam Danuvii *T*. **II.** *intr.* **1. sich erstrecken**: ad Tanaim *Cu*. **2.** *met.* wohin **gehören, sich beziehen**, jemd. **angehen**: studium, quod ad agrum colendum attinet; *occ.* **darauf ankommen**: non, nihil, quid attinet.

at-tingō 3. attigī, attāctus (tango, § 48) **1. be-, anrühren**: mento aquam; pulsum venarum den Puls fühlen *T*. *occ.* **a.** nihil attigit nisi arma nahm nichts *N*. **b. antasten**: Cupidinem, signum. **c. angreifen, schlagen, stoßen**: murum aries attingit, Sullam hostes attigerant waren auf S. gestoßen *S*. **d.** (Speisen) anrühren, **essen**: graminis herbam *V*, nullos cibos *T*. *met.* **2.** (einen Ort) **erreichen, betreten**: planitiem, forum non attingere nicht besuchen, huius loci auctoritatem diesen ehrwürdigen Ort betreten, locos saltuosos *T*. **3. anstoßen, angrenzen**: (Gallia) attingit flumen Rhenum, (stomachus) tosillas attingens. **4. berühren, treffen**: eum non attingit aegritudo, rem suspicione mutmaßend erreichen. **5. in Verbindung stehen, angehen, betreffen**: cognatione populum R. **6. sich mit** etw. **befassen, beschäftigen**, etw. **versuchen**: poëticen *N*, rem militarem, Graecas litteras; arma *L*, bellum *S*. **7.** (in der Rede) **berühren, erwähnen, besprechen**: res summas, reges *N*, gentes *S.*

Attis, idis, *m.* A. [Geliebter der Kybele, entmannte sich in Ekstase selbst] *CaO.*

Attius 3 im *n. g.*: bes. P. Attius Varus [Anhänger des Pompeius]; *adi.* **Attiānus** 3.

at-tollō, ere **1. empor-, aufheben**: corpus *O*, manus ad caelum; globos flammarum auswerfen *V*, iras zornig emporschießen *V*; *refl.* u. *med.* **sich emporrichten, aufrichten, erheben**: se fluvio *V*, se a casu *L*, se in femur; attollitur unda, harena *V*. **2.** *occ.* **aufführen, aufrichten**: molem *V*, turres *T*, mālos *V*; *refl.* u. *med.* **sich erheben, steigen, emporwachsen**: se in auras sich schwingen *VO*, in caelum aufsteigen *T*, Euphratem sponte attolli steige *T*; attollit se diva Lacinia *V*. *met.* **3. (er)heben, aufrichten**: animos mutiger werden *V*, animos ad spem consulatūs *L*; *refl.* u. *med.* (vom Redner) sich aufschwingen *Pli*. **4. erhöhen, auszeichnen**: rem p. bello *T*, hominem praemiis *T*, progeniem super cunctos *T*; [von der Rede]: hominem adulationibus, cuncta in maius *T.*

at-tondeō 2. tondi, tōnsus scheren, beschneiden: vitem *V*; virgulta benagen *V*; *met.* strictim tüchtig prellen *C*, laudem schmälern.

I. attonitus *pt. pf. pass.* v. attono.

II. attonitus 3 **a. vom Donner betäubt**: aures *Cu*; *occ.* **vom Donner gerührt**: mater attonitae similis fuit *O*. **b.** *met.* **betäubt, bestürzt, entsetzt, besinnungslos**: magnitudine periculi, metu *Cu*, novitate *L*, voce deorum *V*; artūs vom Schrecken gelähmt *O*. **c.** *occ.* **begeistert**: mens prophetisch *Cu*, vates *H*.   Von

at-tonō 1. tonuī, tonitus 'andonnern'; *met.* betäuben: mentes *O*, numine begeistern *O.*

attōnsus *pt. pf. pass.* v. attondeo.

at-tonuī *pf.* v. attono.

at-torqueō, ēre emporschwingen: iaculum *V.*

attractō s. attrecto.

at-trahō 3. trāxī, tractus **1. an sich ziehen, anziehen**: ab alto spiritum tief atmen *V*. **2. herbeischleppen**: ducem *O*, tribunos *L*. **3.** *met.* **herbei-, heranziehen**: novos discipulos *O*, Arpos hinführen *V*; *occ.* **hinziehen**: ad amicitiam.

attrectātus, ūs, *m.* das Berühren.   Von

at-trectō (§ 43) und rekomponiert (§ 71) **at-tractō** 1.

attribuo   51   **audacia** **A**

1. an-, betasten, berühren: gazas, fasces imperii nach ... greifen *L*. **2.** *met*. sich mit etw. befassen: indecorum *T*.

at-tribuō 3. buī, būtus **1. zuteilen, anweisen:** equos, naves; pontifici sacra *L*. **occ. a.** S t a n d o r t e, W o h n s i t z e anweisen: iis urbes agrosque *Cu*, partem vici cohortibus ad hibernandum. **b.** G e l d anweisen: pecuniae summam *L*, his rebus besteuern *L*. **c.** L e u t e o d e r V ö l k e r beigesellen, zuteilen: (Labieno) Rutilum; Suessiones Remis einverleiben, unterwerfen. **d.** G e s c h ä f t e, A u f g a b e n zuweisen: nos trucidandos Cethego, urbem inflammandam Cassio. P r o v i n z e n u n d K o m m a n d e n: Sogdianam mihi *Cu*, naves singulas equitibus. *met*. **2. zuteilen, verleihen:** alicui timorem jemd. befangen machen, horas operi *L*. **3. zuschreiben, beimessen:** uni culpam, bonos exitus diis.   Dav.

attribūtiō, ōnis, *f.* Geldanweisung; (*rhet.*) Nebenumstand.

attribūtus *pt. pf. pass.* v. attribuo.

I. attrītus, ūs, *m.* (attero) das Reiben *Sp*.

II. attrītus 3 *adi.* u. *pt. pf. pass.* v. attero.

at-trīvī *pf.* v. attero.

at-tulī *pf.* v. affero.

Atuatucī, ōrum, *m.* die A. [germ. Volk im belg. Gallien].

au *interi.* ach geh! bewahre! *C*.

au-ceps, cupis, *m.* (avis, capio, §§ 41 f.) **1.** Vogelfänger *CH*. **2.** *met.* syllabarum Wortklauber.

auctiō, ōnis, *f.* (augeo) Versteigerung.   Dav.

auctiōnāriae tabulae Versteigerungsliste.   Und

auctiōnor 1. eine Versteigerung abhalten.

auctitō, āre (*frequ.* von augeo) stark vermehren *T*.

auctō 1. (augeo) (ständig) vermehren *Lukrez*; bereichern *Ca*.

auctor, ōris, *m.* (augeo; auch *fem. LO*) 'Mehrer', Förderer:

I. 'Mehrer' der Glaubwürdigkeit: **1. Gewährsmann, Bürge;** 2. *occ.* **Vorbild, Muster, Vorgänger, Lehrer, Leiter;** 3. **Gewährsmann, Berichterstatter;** 4. **Schriftsteller, Geschichtsschreiber.**

II. Förderer einer Entschließung oder Handlung: 1. **Anrater, Ratgeber;** 2. *occ. a.* **Bestätiger;** *b.* **Anstifter;** 3. *synecd.* **Urheber, Veranlasser;** *occ. a.* **Gründer, Stifter, Erfinder;** *b.* **Ahnherr.**

III. **Vertreter.**

I. 1. auctori credere; legati auctores sunt bestätigen *L*; mit *gen.* suae fortunae *L*; (gallus) lucis auctor Verkünder, Bote *VO*. **2.** generandi liberos *Cu*, istius facti; Cratippo auctore, Apollo Lehrer der Heilkunst *V*. **3.** Thucydidem auctorem probamus *N*, summus auctor divus Iulius *T*. **4.** ab auctoribus tradita est res von den Historikern *Cu*, rerum R.; auctorem esse berichten, melden (mit *acc. c. inf.*) *L*.

II. 1. deditionis; legum *L*; mit *dat.* legibus ferendis; oft im *abl.* eo auctore auf seinen Rat, Antrieb (Geheiß, Veranlassung), multis auctoribus auf vielfachen Antrieb; *met.* auctore deo *T*, auctoribus fatis *V*; auctorem esse alicui = anraten: ceteris auctor fui ad te

adiuvandum; auctor non sum, ut. **2. a.** patres auctores fiunt der Senat bestätigt (den Volksbeschluß). **b.** Cadmeae occupandae *N*, sceleris. **3. salutis;** vulneris *V*, funeris, meritorum, clamoris *O*. **a.** Iliacae urbis *VCu*, templi *L*, Graecis intacti carminis Ennius *H*. **b.** generis sui *VCu*, mihi Tantalus auctor *O*.

III. [Allgemein]: beneficii populi R., sententiae, societatum, querellarum. **occ. a.** Vertreter eines Vermögens (Grundstückes) beim Verkauf: a malo auctore emere 'Verkäufer'. **b.** Vertreter einer Frau: maiores nostri nullam rem agere feminas sine tutore auctore voluerunt *L*.

auctōrāmentum, ī, *n.* (auctoro) Handgeld, Sold.

auctōritās, ātis, *f.* (auctor)

I. **1. Gewähr, Bürgschaft, Gültigkeit;** *meton.* **Beglaubigung;** 2. *occ.* **a. Vorgang, Beispiel, Muster, Vorbild; b. Gewicht, Ansehen, Einfluß;** *meton.* **einflußreiche Person, Autorität.**

II. **1.** das **Zureden, Rat, Antrieb;** *occ.* 2. **Willensmeinung, Wille, Gutachten, Beschluß, Bescheid, Geheiß;** 3. **Ermächtigung, Vollmacht.**

III. **Eigentumsrecht.**

I. 1. testimonii, publicarum tabularum; divinitatis *Cu*; *m e t o n.* auctoritates perscriptae die Unterschriften des Senatsbeschlusses. **2. a.** Italiae. **b.** populi, huius ordinis; plurimum valere auctoritate, magna cum auctoritate bellum gerere mit großem Nachdruck; huius loci, legum, honestatis; historiae *Q*; *m e t o n.* illa a. in his maiorum suorum sedibus.

II. 1. auctoritate Orgetorīgis permoti. **2.** Catuli, populi, collegii Beschluß der Pontifices *L*, Caesaris Geheiß, consulum Wille *L*, in auctoritate Tarentinorum manere den T. gehorchen *L*; senatūs a. Senatsgutachten, -beschluß. Von den Tribunen sanktioniert ist er senatus consultum: si quis intercedat senatus consulto, auctoritate (Gutachten) se fore contentum *L*; (ohne senatūs): legati ex auctoritate haec Caesari renuntiant. **3.** legatos cum auctoritate mittere.

III. adversus hostem aeterna auctoritas gegenüber einem Landfremden *Zwölftafelgesetz*.

auctōrō 1. (auctor) verpflichten; nur auctoratus verpflichtet; verdingen, vermieten *Sp*.

auctumnālis, auctumnus s. aut...

I. auctus *pt. pf. pass.* v. augeo.

II. auctus, ūs, *m.* (augeo) **1.** Zunahme, Wachstum, das Anwachsen: fluminum das Anschwellen *T*. **2.** *met.* Zunahme, das Gedeihen; *meton.* Verstärkung: Civilem Germania auctibus extollebat *T*.

III. auctus 3 (augeo); nur *comp.* auctior vermehrter, erhöhter, größer, reichlicher.

aucupium, ī, *n.* (auceps) **1.** Vogelfang; Vögel *Ca*. **2.** *met.* das Jagen nach etw.

aucupor (-pō *C*) 1. (auceps) nur *met.* auf etw. Jagd machen, nach etw. haschen: orationem, utilitatem; **occ.** beschleichen, belauern, lauern: sermonem *C*.

audācia, ae, *f.* **1. Waghalsigkeit, Keckheit, Verwegenheit, Vermessenheit:** ingrediendi flumen *L*. **2. occ.**

audax   52   **auguro**

Kühnheit, Wagemut, Mut: si verbis audacia detur
wenn ein kühner Ausdruck erlaubt ist *O*. **3**. *meton*. **Wag-
nis, kühne Tat**: non infelix gelungen *L*, in audaciam
accingi *T*; *pl*. **Frechheiten**: non humane.   Von
audāx, ācis, *adv*. **āciter**, meist **ācter** (audeo) **1**. **wag-
halsig, verwegen, tollkühn, vermessen, keck. 2**. *occ*.
kühn, mutig, herzhaft, furchtlos: consilium; audacter
tela conicere; viribus vertrauend auf *V*; ad facinus;
omnia perpeti *H*.
audēns, entis, *adv*. **enter** (audeo) wagend, kühn, mu-
tig, herzhaft: audentes deus ipse iuvat *O*.   Dav.
audentia, ae, *f*. Kühnheit, (Wage-)Mut *T*.
audeō 2. ausus sum (von avidus statt *avideo,
§§ 42 f.), arch. Optativ ausim, is, it **1**. **begierig sein,
Lust haben**; (mit *inf*.) **mögen, wollen, übers Herz brin-
gen**: audere in proelia nach dem Kampf begehren *V*,
sapere aude *H*; si audes wenn du Lust hast *C*; vgl. so-
des. **2**. **wagen, sich erdreisten, sich unterfangen**: ni-
hil docent quam audere als dreist aufzutreten *T*, lon-
gius sich weiter vorwagen *T*; mit *inf*., *acc. pron*.,
d i c h t. und spät mit Obj.
audiēns, entis, *m*. (audio) Hörer, Zuhörer.   Dav.
audientia, ae, *f*. Gehör, Aufmerksamkeit.
audiō 4. d i c h t. *impf*. audībam, *fut*. audībo (§ 64,
Abs. 2) *C*, audin = audisne *C* **1**. **Gehör haben**:
audiendi sensus. **2**. **hören, vernehmen, erfahren**;
subst. **audītum**, ī, *n*. das **Hörensagen, Gerücht**;
audito (*abl*.) auf die Nachricht hin. K o n s t r. mit Obj.,
indir. Fr., *acc. c. inf*., im Passiv *nom. c. inf*., bei u n m i t-
t e l b a r e m Hören *acc. c. pt*., ab (ex, de) aliquo.
3. *occ*. **a**. **anhören, zuhören**: Archias audiebatur a
Marcello hatte Zutritt, rex audivit de pace hörte die
Bedingungen an *L*. **b**. bei jemd. **studieren**, jemd. **hören**:
Athenis Cratippum, in astrologia Sulpicium audi-
vimus. **c**. **verhören**: audientibus iudicibus. **d**. **erhö-
ren**: preces *L*, puellas *H*. **e**. **zugeben, einräumen**:
[bes. allein]: istum exheredare in animo habebat:
audio; mit Obj. **recht geben**: nec Homerum audio, si
vos audire vellemus. **4**. *meton*. **gehorchen, folgen,
sich fügen**: si me audiatis *L*, (sagitta) audit ar-
cum *O*. Vbd. **dicto** (*abl. causae*) **audientem esse
aufs Wort gehorchen**, mit Dativ-Obj. dicto audiens
fuit iussis absentium magistratuum *N*. **5**. **sich nen-
nen lassen, gelten**: rexque paterque audisti *H*, si cu-
ras esse quod audis wofür du giltst *H*. *occ*. **einen Ruf
haben**: male, bene audire.
E: statt *aus-dio, § 30, zu *aus, gr. οὖς, got. ausō
'Ohr', und dare; vgl. aus-culto.   Dav.
audītiō, ōnis, *f*. **1**. das Anhören: auditio et cogitatio.
2. das Hörensagen: aliquid auditione expetere; *met-
on*. Gerücht: levis.
audītor, ōris, *m*. (audio) Zuhörer, Schüler.   Dav.
audītōrium, ī, *n*. **1**. Hörsaal *QT*. **2**. Zuhörerschaft *Pli*.
audītus, ūs, *m*. (audio) **1**. Gehör, Gehörsinn. **2**. das Hö-
ren, Anhören: auditu comperta vom Hörensagen *Cu*;
meton. Gerücht: prior *T*.
au-ferō, ferre, abs-tulī, ab-lātus **I**. **1**. **wegtragen,
-bringen, -schaffen**: sacra publica ab incendiis *L*;
refl. und *med*. **sich entfernen, verschwinden**; *pass*.
auch **fortgerissen werden**: impetu amnis *Cu*, in sco-

pulos *O*. **2**. *met*. **a**. **fort-, hinreißen**: abstulerunt me
Graecae res haben mich abgelenkt *L*. **b**. **ablegen, un-
terlassen**: aufer me terrere *H*, insolentiam *Ph*.
II. **1**. **entreißen, wegnehmen, rauben**: șigna ab
Heio; e sacrario; aurum de medio *L*. **2**. *occ*. **a**. **er-
pressen**: a Leonida nummorum aliquid. **b**. **abtren-
nen**: dextram *O*, caput domino abschlagen *V*.
3. *met*. **a**. **wegnehmen, abnehmen, entziehen**: regi
caelestes honores *Cu*, prospectum oculorum *Cu*,
alicui spiritum, somnos; curas *H*, metum *V* von
Sorge befreien. **b**. *occ*. **wegraffen, vernichten**: ignis
abstulit Ardeam *O*, mors Achillem *H*. **III**. **davon-
tragen, gewinnen, erlangen**: secum gloriam, respon-
sum ab aliquo.
Aufidius 3 im *n. g.*; bes. A. Bassus [Historiker unter
Tiberius] *T*.
Aufidus, ī, *m*. O f a n t o [Hauptfluß Apuliens] *LH*.
au-fugiō 3. fūgī entfliehen, davonfliehen: aspectum
parentis meiden.
augeō 2. auxī, auctus, arch. *optat*. auxitis = auxeri-
tis *L* **1**. **wachsen machen**: terram befruchten, aucta
ilex gewachsen *S*. **2**. **vergrößern, erweitern, vermeh-
ren, verstärken, steigern, fördern**; *pass*. **wachsen, grö-
ßer werden**: vulnus secando erweitern *Cu*, amnis
nimbis auctus angeschwollen *O*; vallum verstärken *T*,
pomerium erweitern *T*; possessiones *N*, spatium iti-
neris, vectigalia; augendo aerario zur Stärkung des
Staatsschatzes *T*, copias *T*; *pass*. his copiis auctus mit
diesen Verstärkungen *Cu*, auctus a Demosthene geför-
dert *N*; bellum augetur nimmt zu, periculum steigt.
met. **3**. (in der Rede) **größer darstellen, übertreiben**:
multitudinem *Cu*, in falsum fälschlich *T*. **4**. jemd. mit
etw. **bereichern, überhäufen, beglücken, verherrli-
chen**: cives agro *N*, augeri dignitate zunehmen, fi-
liolo beschenkt werden, senectus augetur consilio ist
reich, verbis augere munus.
E: gr. αὔξω 'vermehren', got. vahsja 'wachse'.
                                    Dazu *incoh*.
augēscō 3. auxī **1**. **wachsen, gedeihen**: uva auges-
cens; corpora lente augescunt *T*. **2**. **sich vermehren,
zunehmen, wachsen**: flumen augescit schwillt an *T*.
au-gur, uris, *m*. (avis, vgl. au-ceps) Augur, Vogel-
schauer, Zeichendeuter [ein Priesteramt]; d i c h t. Weis-
sager, Seher: Argivus Amphiaraus *H*; *fem*. aquae
augur cornix regenverkündend *H*.   Dazu *adi*.
augurālis, e des Augurs, Augur(en)-; *subst*. **augurāle**,
is, *n*. Feldherrnzelt *T*.
augurātus, ūs, *m*. (augur) Augurenamt.
augurium, ī, *n*. (augur) **1**. **Augurium, Zeichendeu-
tung**: agere, capere vornehmen; *synecd*. **Weissagung**:
coniugis *O*; *met*. **Vorgefühl, Ahnung**: rerum futura-
rum. *meton*. **2**. **Weissagekunst**: augurio depellere
pestem *V*. **3**. **Wahrzeichen, Vorzeichen**: accipere als
günstig begrüßen *L*.
augurius 3 (augur) Augur(en)-: ius.
auguro und **-or 1**. (augur) **1**. **Augurien anstellen, Zei-
chen beobachten und deuten**: templum (durch Augu-
rium) weihen *L*; augurato urbem condere nach Erfor-
schung der Zeichen *L*. **2**. *met*. **wahrsagen, prophe-
zeien**: alicui vere; *occ*. **ahnen, vermuten, glauben**: si

Augustodunum   53   **auspicium** **A**

quid veri mens augurat *V*, pugnae fortunam cantu augurari zu erraten suchen *T*.

Augustodūnum, ī, *n.* A u t u n [Hauptst. der Häduer] *T*.

augustus 3, *adv.* ē **1. geweiht, heilig:** templum, auguste venerari ehrfurchtsvoll, augustius dicere weihevoller. **2.** *met.* **erhaben, hoch, majestätisch:** habitus, vestis *L. nomen pr.* **Augustus**, ī, *m.* A. [Ehrenname des Octavianus seit 17. Januar 27]. **Augusta**, ae, *f.* [Titel der Kaiserin Livia u. a.]: Vitellius matrem Augustae nomine honoravit *T. Adi.* **1. Augustus** 3 augusteisch, kaiserlich: domus Kaiserhaus *O*; mensis der Monat August [Sextilis, in dem Augustus starb]; *subst.* **Augusta** (*sc.* urbs) Taurinorum T u r i n *T*. **2. Augustālis**, e (§ 75): ludi Spiele [am 12. Oktober dem Augustus zu Ehren gefeiert] *T*, sodales, sacerdotes [Kollegium von 25 Priestern, von Tiberius eingesetzt] *T*; *subst.* **Augustālia**, ium, *n.* die A. [Feier zu Ehren des Augustus]. **3. Augustiānus** 3 (§ 75) kaiserlich *T*.

E: von *n.* *augus, augeris 'Glanz'; vgl. onus-tus.

I. aula, ae, *f.* Topf, Kochtopf *C*; vgl. olla.

II. aula, ae, *f.* (αὐλή) **1. Hof, Hof** des Hauses; d i c h t. = **Atrium:** aulāī (*gen.*) medio *V*. **3. occ. Herrscherhof:** Priami *H*, invidenda glänzender Palast *H*, puer ex aula Page *H*; *met.* 'Palast' (des Äolus) *V*; aula Bienenkorb, aulae Bienenzellen *V*. **4.** *meton.* **Hofleute, Hofstaat:** discors *T*; **occ.** aulae ingenium Hofleben *Cu*.

aulaeum, ī, *n.* (αὐλαία) **1.** Vorhang, Theatervorhang. **2.** Teppich, Sofadecke: lectis circumdare aulaea *Cu*; Baldachin: suspensa aulaea *H*.

Aulercī, ōrum, *m.* die A. [keltisches Volk in Gallien mit vier Unterstämmen].

aulicī, ōrum, *m.* (aula) Hofleute *N*.

Aulis, idis, *f.* A. [Küstenst. am Euripus].

auloedus, ī, *m.* Sänger zum Flötenspiel.

Aulōn, ōnis, *m.* A. [Weingebiet bei Tarent] *H*.

aura, ae, *f.*, *gen.* auch aurāī *V* (αὔρα) **1. Hauch, Luftzug, Lüftchen:** maris Brise *Cu*. **2. occ. a. Wind:** nocturna; secunda *O*. **b. Geruch, Duft:** dulcis *V*. **c. Schimmer:** auri *V*. **3.** *synecd.* **Luft,** *pl.* **Lüfte:** vitales Lebensluft *V*, aetheria *V*. **4.** *meton.* **a. Oberwelt:** superae aurae *VO*. **b. Tageslicht:** ferre sub auras ans Licht bringen *V*. **5.** *met.* **Hauch, Schimmer, Schein:** honoris, spei, libertatis; **occ. Gunst:** fallax *H*; popularis Volksgunst.

aurāria, ae, *f.* (aurum; *sc.* fodina) Goldgrube *T*.

aurātus 3 (aurare) vergoldet, goldgeschmückt: sinus mit goldener Fibel *O*, tempora mit dem Goldhelm bedeckt *V*; milites mit vergoldeten Schilden *L*; **occ.** monilia golden *O*.

Aurēlius 3 im *n. g.* (pleb.); *adi.* via A. [vom Janiculum an der etrurischen Küste nach Pisae; forum A. [Städtchen in Etrurien an der via A.]; tribunal A. [auf dem Forum].

aureolus 3 golden; *met.* allerliebst.   *Dem.* von

aureus 3 (aurum) **1. golden:** nummus aureus und aureus allein: Golddenar [25 Silberdenare = 100 Sesterze] *L.* **occ. 2. goldgeschmückt, vergoldet:** sella, acies mit vergoldeten Schilden *L*, Pactolus goldsand-

führend *O*. **3. goldfarbig, goldgelb:** māla Quitten *V*, caesaries goldblond *V*, sidera goldenstrahlend *V*. **4.** *met.* **schön, herrlich, reizend, allerliebst:** Venus, Amor, mediocritas goldener Mittelweg *H*.

aurichalcum, ī, *n.* (vgl. orichalcum) = aurum *C*.

auri-comus 3 (aurum, coma, § 66) goldbelaubt *V*.

auricula, ae, *f.* (*dem.* von auris) Ohrläppchen, Ohr.

auri-fer 3 (aurum, fero, § 66) goldtragend, -führend.

auri-fex, ficis (facio, § 41) Goldarbeiter, Goldschmied.

aurīga, ae, *m.* **1.** Wagenlenker. *met.* **2.** Steuermann *O*. **3.** [Sternbild] Fuhrmann.

E: von aureae 'Zügel' u. ago.

auri-gena, ae, *m.* (gigno) Goldgeborener [Perseus] *O*.

aurīgō 1. (auriga) den Wagen lenken *Sp*.

auris, is, *f.* **1. Ohr:** arrectis auribus aufmerksam *V*. **2.** *meton.* **a. Gehör, Urteil:** aurem alicui praebere, dare Gehör schenken, auribus servire zu Willen reden, aequis auribus geneigt *Cu*, tritae aures geübt, eius temporis aures Geschmack *T*. **b. Zuhörer:** plures admovere aures *H*. **3.** *met.* **Streichbrett** [am Pflug] *V*.

E: für *ausis, § 29; gr. οὖς, litauisch ausis, got. ausō 'Ohr'.

aurītulus, ī, *m.* 'Langohr', Esel *Ph.*   *Dem.* von

aurītus 3 (auris) mit Ohren versehen; lepus langohrig *V*; quercūs aufmerksam horchend *H*.

aurōra, ae, *f.* **1. Morgenröte. 2. Aurora** [= Eos; Göttin der Morgenröte]. **3.** *meton.* **Osten:** auroram sequi bis zum äußersten Osten vordringen *V*.

E: aus *ausōsa, § 29, von indogerm. aus- 'glänzen', vgl. gr. ἠώς, ai. ušās 'Morgenröte'.

aurum, ī, *n.* (sabinisch ausum von *aus-, vgl. aurora) **1. Gold. 2.** *meton.* **Goldgeräte:** auro cenare *L*, caelata in auro facta patrum Goldbecher *V*; auch: Diadem, Agraffe, Goldfäden, Golddraht u. a. *V*. **3. Goldenes Zeitalter** *HO*. **4. Goldglanz, -schimmer:** spicae flaventes auro 'wie Gold' *O*.

Auruncī, ōrum, *m.* die A. [altes Volk in Latium] *V*; *adi.* Auruncus 3.

ausculor, ausculum *C* = ōsculor, ōsculum (§ 52).

aus-cultō 1. (vgl. auris) **1.** (eifrig) zuhören, horchen. **2.** *met.* gehorchen.

Ausētānī, ōrum, *m.* die A. [Volk im Nordosten Spaniens]; *adi.* Ausētānus 3.

ausim *optat.* von audeo.

Ausonēs, um, *m.* die A. [alte Einw. von Mittel- und Unteritalien]; *adi.* **Ausonius** 3 ausonisch, italisch: Thybris *V*; *fem.* Ausonis, idis: ora *O*; *subst.* **Ausonii**, ōrum und **Ausonidae**, dûm, *m.* Ausonier, Italiker *V*; **Ausonia**, ae, *f.* Unteritalien, Italien *VO*.

au-spex, spicis, *m.*, selten *f.* (avis, specio, § 42) **1.** Vogelschauer: providus *H. met.* **2.** Führer, Beschützer: divi *V*, Teucer *H*. **3.** Trauzeuge *LT*.

auspicātō und **auspicātus** 3 s. auspico.

auspicium, ī, *n.* (auspex) **1. Vogelschau:** auspicia concipere anordnen *L*. **2.** *meton.* **Vorzeichen:** victoriae *Cu*, facere geben *L*; *met.* libido facit auspicium treibt zu Neuem *H*. **3. Recht der Vogelschau:** habere auspicium *L*. **4. Oberbefehl, Kommando:** imperio auspicioque consulis unter Leitung (au.) und persönli-

auspico 54 **averro**

cher Führung des K. *CuL*; *met.* maioribus auspiciis unter höherer Leitung *V.* **5.** *met.* **Macht, Recht, Gewalt:** meis, tuis auspiciis nach eigenem Willen *VH.*

auspicō 1. (auspex) Auspizien anstellen; klass. nur **auspicātus** 3 **1.** feierlich eröffnet: comitia *L.* **2.** glücklich begonnen, günstig: initium glücklich *T*; *abl. abs.* **auspicātō** nach Anstellung der Auspizien, unter guter Vorbedeutung: colonia auspicato deducta.   Sonst *dep.*

auspicor 1. Vogelschau anstellen; *met.* (gut) beginnen, anfangen: militiam, cantare *Sp.*

auster, austrī, *m.* **1.** Südwind. **2.** *meton.* Süden.

austēritās, ātis, *f.* **1.** Herbheit; *met.* Ernst, Strenge *Sp.* **2.** dunkler Ton [der Farben] *Sp.*   Von

austērus 3, *adv.* **ē** (αὐστηρός) herb; [von der Farbe] dunkel *Sp*; klass. nur *met.* ernst, streng, finster, unfreundlich: austere mecum agit; poëma, labor *H.*

austrālis, e (auster, § 75) **1.** des Südwindes: nimbi *O.* **2.** südlich: regio, ora.

austrīnus 3 (auster, § 75) des Südwindes: calores *V.*

ausum, ī, *n.* (audeo) Wagnis, Unternehmen: auso potiri durchsetzen *VO,* excidere ausis nicht durchsetzen *O.*

ausus sum *pf.* v. audeo.

aut (vgl. αὖ 'wieder') disjunktive *coniunct.,* w e s e n t l i c h e n Unterschied andeutend.

I. e i n f a c h, u. zw. **1.** bei gleichwertigen Begriffen: **oder;** 2. steigernd: **oder sogar, oder vielmehr;** 3. vermindernd: **oder wenigstens, oder doch;** 4. nicht disjunktiv: **oder aber, sonst, widrigenfalls.**
II. w i e d e r h o l t: aut – aut **entweder – oder.**

I. 1. verum aut falsum, vi aut clam; in negativen Sätzen: nec intellegi nec quaeri aut disputari potest. **2.** proditores aut potius aperti hostes, de hominum genere aut omnino aut magna pars *S,* qui habitarent in Sicilia aut qui Siciliam attigissent oder auch nur; vbd. mit certe, sane, denique. **4.** nemo est iniustus, aut incauti potius sunt habendi improbi.
    II. a b s o l u t a u s s c h l i e ß e n d: aut iuguletis aut condemnetis; r e l a t i v a u s s c h l i e ß e n d: aut prodesse volunt aut delectare poëtae *H.* Nach Negation d i s t r i b u t i v: nemo aut miles aut eques transibat niemand, w e d e r — n o c h; n e a u t — a u t damit weder—noch, n e q u e a u t — a u t und weder—noch.

autem (vgl. aut, gr. αὖ) *coniunct.,* stets enklitisch **1.** a n r e i h e n d: **aber, ferner, wiederum, weiter, nämlich:** iter angustum et difficile erat, mons autem altissimus impendebat. Den Untersatz in der Logik einleitend: aut hoc (est) aut illud; non autem hoc; illud igitur. **2.** e n t g e g e n s t e l l e n d: **aber, andererseits, dagegen, hinwiederum:** Gyges a nullo videbatur, ipse autem omnia videbat; s e d quid ego haec a u t e m nequiquam revolvo? aber . . . wiederum *V.*

authepsa, ae, *f.* (αὐθέψης, § 92) Kochtopf.

autographus 3 (αὐτόγραφος) eigenhändig *Sp.*

Automatia, ās, *f.* (Αὐτοματία) Glücksgöttin *N.*

Automedōn, ontis, *m.* A. [Wagenlenker Achills]; *meton.* (§ 84) schneller Wagenlenker.

Autonoē, ēs, *f.* A. [Mutter des Aktäon]; *adi.* **Autonoēïus** 3: heros = Aktäon *O.*

autumnālis, e herbstlich *O.*   Von

autumnus, ī, *m.* Herbst: gravis ungesund.

autumō 1. sagen, nennen, meinen.

auxī *pf.* v. augeo oder augesco.

auxiliāris, e (auxilium, § 75) hilfreich, helfend: undae, dea, carmen *O*; *occ.* (auch **auxiliārius** 3) Hilfs-: milites, cohortes; equites *T,* auxiliaria mereri stipendia unter den Hilfstruppen dienen *T*; *subst.* **auxiliārēs,** ium, *m.* Hilfstruppen; *sg.* Soldat der H. *T.*

auxiliātor, ōris, *m.* Helfer *T.*   Von

auxilior 1. Hilfe leisten, helfen.   Von

auxilium, ī, *n.* (augeo) **1. Beistand, Hilfe, Unterstützung:** ferre auxilium, esse auxilio; aliquem auxilio (zu Hilfe) arcessere, mittere; alicui auxilio venire, proficisci zu Hilfe kommen; auxilio mit Hilfe. *occ.* **2.** *pl.* **Hilfstruppen:** equites auxiliaque barbara Hilfstruppen zu Fuß. **3. Hilfsmittel, Hilfsquellen:** ad extremum auxilium descendere, auxilia bene beateque vivendi. **4. Militärmacht, Truppen:** infirma.

Auximum, ī, *n.* O s i m o [St. in Picenum]; Einw. **Auximātēs,** um, *m.*

Avāricum, ī, *n.* B o u r g e s [Hauptort der Bituriges]; *adi.* **Avāricēnsis,** e.

avāritia, ae, *f.* Habsucht, Habgier, Geldgier, Geiz; *met.* gloriae Ruhmsucht *Cu.*   Von

avārus 3, *adv.* **ē** (aveo) **1.** habsüchtig, geizig; *subst.* Geizhals. **2.** *met.* gierig: fata *O,* mare *H,* Acheron unersättlich *V*; mit *gen. obi.* pecuniae avarus *T.*

ā-vehō (ab-veho) 3. vēxī, vectus **1.** weg-, fortführen, wegschaffen: navibus frumentum. **2.** *med.* sich entfernen, wegfahren, -reiten.

ā-vellō 3. vellī und vulsī, vulsus **1.** ab-, losreißen: poma ex arboribus; caput umeris trennen *V,* saxa saxis absprengen *V. met.* **2.** (gewaltsam) **trennen, entfernen:** complexu Iuli aus den Armen *V,* templo Palladium entwenden. **3. entreißen:** alicui pretium *H,* hunc ab errore dem Irrtum entreißen.

avēna, ae, *f.* **1. Hafer:** seges avenae *V.* **2.** wilder Hafer: steriles *V.* **3. Rohr:** dispares *O.* **4. Hirtenpfeife;** *sg.* silvestris einfache Pfeife *V*; *pl.* structae mehrpfeifige Syrinx *O.*

Aventicum, ī, *n.* A v e n c h e s [Ort in der Schweiz] *T.*

Aventīnus, ī, *m.*, Aventīnum, ī, *n.* und *adi.* A. collis, mons der Aventin [unter Ancus Marcius mit der Plebs bevölkert].

aveō und **haveō,** ēre (§ 8, Anm.) sich an etw. erfreuen, es verlangen, begehren: audire; mit Obj. parto, quod avebas *H.* Meist *imp.* **avē** sei gegrüßt; haveto *S.*

Avernus, ī, *m.* und **Avernī** lacus der Avernersee [Kratersee bei Cumae mit Schwefeldämpfen (daher 'vogelleer', Aornos)]; portus Averni der Hafen von Cumae *V*; *meton.* Unterwelt: (Homerum) summa dies submersit Averno *O.* D i c h t. als *adi.* avernisch: fons, luci *V*; valles unterweltlich, Iuno = Proserpina *O*; *subst.* **Averna,** ōrum, *n.* die Gegend um den A.; imis Avernis in den Tiefen der Unterwelt *V*; *adi.* **Avernālis,** e (§ 75).

ā-verrō, ere wegfegen; pisces mensā aufkaufen *H.*

averrunco   55   **Baccheus**   **B**

averruncō, āre abwenden [Sakralwort]: deûm iram, prodigia *L.*

I. āversor, ōris, *m.* (averto) Entwender, Unterschlager.

II. ā-versor, älter āvorsor 1. (*frequ.* von averto) **1.** sich abwenden, zur Seite kehren; mit *acc.* **2.** *met.* verschmähen, zurückweisen: Philippum patrem nicht anerkennen *Cu.*

āversus 3 **1.** abgewandt, abgekehrt: aversos boves in speluncam traxit rücklings *L*, hominem aversum figere *V*, transfigere *N* von hinten, aversos sternere Fliehende *V*; **occ. hinter, rückwärts:** porta Hintertür *L*, pars domūs *T*; *subst.* **āversa**, ōrum, *n.* die entlegeneren Teile: urbis, insulae *L.* **2.** *met.* **abgeneigt, feindlich, ungünstig:** di *L*, amici entzweit *H*, aversus a Musis, a vero; mit *dat.* mercaturis *H*, nobis *T.* Von

ā-vertō, altl. ā-vortō 3. vertī, versus **1.** abwenden, -lenken, -kehren: flumen, falces laquei, se ab itinere, equos in fugam *Cu.* **2.** *med.* **sich abwenden:** avertens *V*, prora avertit wandte sich um *V*; dicht. **verschmähen:** equus fontes avertitur *V.* **3.** *occ.* **abwenden, abwehren, fernhalten:** omen, periculum victimā *Ph*; mit *dat.* pestem terris *V.* **4. entwenden, unterschlagen:** stipendium, praedam, tauros a stabulis wegtreiben *V.* **5. vertreiben, zum Weichen bringen:** hostem, classem; legiones in fugam *L*, Italiā regem *V.* **6. abwenden, abziehen, entfremden:** Galliae animos a se, civitates ab eius amicitia. **7. ablenken, abziehen:** militem a proelio *Cu*, hominem ab incepto *L*, opinionem, mentem ab re, sanos sensus verrücken *V*, dolorem dämpfen *V.*

ā-vēxī *pf.* v. aveho.

avia, ae, *f.* (*fem.* von avus) Großmutter.

aviārium, ī, *n.* (avis) Vogelhaus; **occ.** Niststätte der Vögel *V.*

aviditās, ātis, *f.* **1.** Begierde, Verlangen, Sucht, Lust: imperandi Herrschsucht *T*, fluminis zu baden *T.* **2. occ.** Habsucht, Geiz. Von

avidus 3, *adv.* ē (aveo) **1. verlangend, begehrend, begierig:** monumenta avide perlustrare mit großem Interesse *Cu*, aures; mit *gen.* novarum rerum revolutionär gesinnt *S*, sermonum redselig *T*, pugnae kampflustig *V*; mit *praep.* ad pugnam *L*, in novas res *L*; mit *inf.* committere pugnam *O.* **2. occ. habsüchtig:** gens *Cu*, ingenium *S*, manus *HT.* **3. gefräßig, gierig:** iuvencae *V*, convivae *H*, lupus reißend *O*; *met.* mare alles verschlingend *H*, flamma *O.* **4. leidenschaftlich,**

wild: rex rachsüchtig *Cu*, legiones kampflustig *T*, cursus hastig, wild *V.*

avis, is, *f.* (οἰ-ωνός statt *ὀϜι-ωνός) **1. Vogel:** aestivae Zugvögel *L.* **2. occ. Weissagevogel:** experiamur aves *O.* **3.** *meton.* **Vogelzeichen, Vorbedeutung, Vorzeichen:** secundis, bonis avibus mit glückverheißenden Zeichen *LO*, Gegs.: mala avi *H.* **4.** *met.* **Vogel** [Sternbild].

avītus 3 (avus) **1.** großväterlich: regnum; **occ.** großmütterlich: Troia *H.* **2.** *met.* ererbt: malum *L*, solium *V*, nobilitas *T.*

āvius 3 (a via, vgl. obvius) abgelegen, unbetreten, einsam: loca *L*; itinera Seitenmärsche *S*; in montes vom Weg ablenkend *V*; *subst.* **āvia**, ōrum, *n.* Einöde, Wildnis: nemorum *O*, Armeniae *T.*

āvocāmentum, ī, *n.* (avoco) Erholung *Pli.*

āvocātiō, ōnis, *f.* die Ablenkung. Von

ā-vocō 1. **1.** ab(be)rufen. **2.** *met.* abziehen, -lenken: eos aetas a proeliis avocabat hinderte, a foedissimis factis abschrecken, ab spe abbringen *L*, animum erheitern *L.*

ā-volō 1. āvī davonfliegen; *met.* entfliehen, enteilen: citatis equis Romam *L*; hinc scheiden.

Avona, ae, *m.* A v o n [Fl. in Britannien] *T.*

āvorsor, āvortō s. aversor, averto.

ā-vulsī *pf.* v. avello.

āvulsus *pt. pf. pass.* v. avello.

avunculus, altl. avonculus, ī, *m.* (avus, § 50) Oheim [Bruder der Mutter]; avunculus magnus Großoheim, auch avunculus allein *Sp.*

avus, altl. avos, ī, *m.* (§ 50) **1.** Großvater. **2.** *synecd.* Vorfahr, Ahnherr.

Axēnus u. **Axīnus**, ī, *m.* das Schwarze Meer, später: Euxīnus.

E.: ἄξενος, ἄξεινος 'ungastlich', § 91.

axilla, ae, *f.* (*dem.* von ala) Achselhöhe.

I. axis, is, *m.* (ai. akša-s, gr. ἄξων, ahd. ahsa) **1. Wagenachse. 2.** *meton.* **Wagen:** ignifer Sonnenwagen *O*; *pl.* Solis axes *O.* **3.** *met.* **Himmelsachse. 4.** *meton.* **Pol, Nordpol:** loca posita sub axe *O.* **5.** *synecd.* **Himmelsgegend:** Hesperius Westen *O*, borēus Norden *O.* **5. Himmel:** aetherius *O*, nudo sub aetheris axe unter freiem Himmel *V*, caeli Himmelsgewölbe *V.*

II. axis, is, *m.* (auch assis, wohl = I.) Diele, Brett.

Axius, ī, *m.* V a r d a r [Fl. in Makedonien] *L.*

Axona, ae, *m.* A i s n e [Nebenfluß der Oise].

B

Babylōn, ōnis, *f.*, *acc.* a *Pr* B. [Hauptst. Babyloniens am Euphrat]; *met.* **Babylō** *m.* ein 'Nabob' *C*; *adi.* **Babylōnius** 3 babylonisch: numeri chaldäische Sterndeutung *H*; *subst.* **Babylōnius**, ī, *m.* Babylonier. **Babylōnia**, ae, *f.* **1.** Babylonierin. **2.** Babylonien. **3.** Babylon.

bāca, ae, *f.* Beere; **occ.** Olive; *met.* Perle. Dav.

bācātus 3 mit Perlen besetzt.

bacc(h)ar, aris, *n.* (βάκκαρις) keltischer Baldrian.

Baccha, ae, *f.* Bacchantin; *meton.* Bacchis initiare in den Bacchusdienst einweihen *L.*

bacchābundus 3 (bacchor) schwärmend *Cu.*

Bacchānal, ālis, *n.* (Bacchus) Stätte der Bacchusfeier *L*; *pl.* Bacchusfest; *met.* Gelage *T.*

Bacchēus und **-ēïus** 3 bacchisch.

Bacchiadae   56   **batillum**

Bacchiadae, ārum, *m.* die B. [Dynastie in Korinth, Gründer von Syrakus] *O.*

Bacchicus 3 bacchisch; **Bacchis**, idis, *f.* Bacchantin.

bacchor 1. (Bacchus) **1.** schwärmen; euhoe den Bacchusruf ausstoßen; *pt. pf. pass.* bacchātus 3 durchschwärmt. **2.** *met.* in voluptate, in caede schwelgen; Boreas bacchatur tobt *O*, vates rast *V*; **occ.** herumschweifen: per urbem *V.*

Bacchus, ī, *m.* **1.** B. [Sohn des Zeus und der Semele, Weingott]. **2.** *meton.* **Bacchusruf:** audito Baccho. **3. Weinstock, Rebe:** Bacchus amat colles. **4. Wein:** vetus *V.*

Bacēnis, is, *f.* der [westliche] Thüringer Wald.

baceolus, ī, *m.* (βάκηλος) Dummkopf *Sp.*

bacillum, ī, *n.* (*dem.* von baculum) Stab.

Bactra, ōrum, *n.* B a l k h [Hauptst. der gleichnamigen Landsch. am Oxus] *HCu*; *adi.* **Bactrius** 3 *O*; Einw. u. *adi.* **Bactriānus** *Cu.*

Bactrus, ī, *m.* B. [Fl. bei Bactra, Nebenfl. des Oxus] *Cu.*

baculum, ī, *n.* u. **-us**, ī, *m.* (vgl. βάκτρον) Stab, Stock.

Baduhennae lūcus [Waldgebiet in Westfriesland] *T.*

Baecula, ae, *f.* B a i l é n [St. in Südspanien] *L.*

Baetasiī, ōrum, *m.* die B. [Volk in Gallia Belgica] *T.*

Baetica, ae, *f.* und *adi.* B. provincia *T* B. [Provinz in Südspanien, j. A n d a l u s i e n]; Einw. Baeticī *Pli*; **Baetis**, is, *m.*, *abl.* e G u a d a l q u i v i r [Fl. in Südspanien]; **Baetūria**, ae, *f.* B. [Landsch. zwischen Anas und Baetis] *L.*

Bagrada, ae, *m.* B. [Fl. zwischen Utica und Karthago].

Bāiae, ārum, *f.* B. [Seebad in Kampanien]; *adi.* **Bāiānus** 3.

bāiulō, āre (eine Last) tragen *Ph.*   Von

bāiulus, ī, *m.* Lastträger.

bālaena, ae, *f.* (φάλαινα) W a l *O.*

balanus, ī, *f.* (βάλανος) Eichel; **occ.** pressa Öl der [arabischen] Behennuß *H.*

balatrō, ōnis, *m.* Possenreißer, Hanswurst *H.*

bālātus, ūs, *m.* (balo) das Blöken, das Meckern *VO.*

balbus 3 lallend, stotternd, stammelnd.   Dav.

balbūtiō, īre lallen, stottern, stammeln: illum balbutit scaurum nennt ihn kindisch 'Humpelchen' *H*; *met.* unklar sprechen.

Baleāris oder **Baliāris**, e balearisch, zu den Balearen [Mallorca (maior) und Minorca (minor)] gehörig; *subst.* **Baleārēs**, ium, die B. [*m.*: die Einw., *f.*: die Inseln]; *adi.* **Baleāricus** 3.

balineum, synk. **balneum**, ī, *n.* (βαλανεῖον, § 91) Badezimmer, Bad; *pl.* **balinea, balnea**, ōrum, *n.*, **balneae** (balineae *CSp*), ārum, *f.* Badeanstalt, Bad.

Balliō, ōnis, *m.* B. [Name eines Kupplers], 'Kuppler'.

ballista, ae, *f.* (von βαλλίζω) Wurfmaschine; *meton.* Wurfgeschoß *C.*

balnea, balneae s. balineum.

balneārius 3 (balneum): fur Bäderdieb *Ca*; *subst.* **-ium**, ī, *n.* Badezimmer.

balneolum, ī, *n.* (*dem.* v. balneum) kleines Bad *Sp.*

balneum s. balineum.

bālō, āre blöken; bālantēs, um, *f.* Schafe *V.*

balsamum, ī, *n.* (βάλσαμον, sem.) Balsamstaude *T*; *meton.* Balsam *VT.*

balteus, ī, *m.*, selten **-um**, ī, *n.* Gürtel, Gurt; **occ.** Wehrgehenk, Koppel.

Baltia insula Samland *Sp.*

Bambaliō, ōnis, *m.* (vgl. βαμβαλίζω) 'Stammler' [Spitzname des M. Fulvius, des Vaters der Fulvia].

Bandusia, ae, *f.* B. [Quelle auf dem Gut des Horaz] *H.*

Bantia, ae, *f.* B. [St. in Apulien] *L*; *adi.* **Bantīnus** 3.

baptistērium, ī, *n.* (βαπτιστήριον) Badebassin *Pli.*

barathrum, ī, *n.* (βάραϑρον) Schlund, Abgrund; *met.* b. macelli ein Fresser *H*; barathro donare verschwenden *H.*

barba, ae, *f.* (für *farba, Grundform *bhardha, § 6 f., Assimilation nach § 38, 2) Bart.

Barbanna, ae, *m.* B o j a n a [Fl. bei Shkodër] *L.*

barbaria, ae, seltener **-ēs**, ēī, *f.* (barbarus) **1.** Ausland, die Fremde, Barbarenland, -volk. **2.** Roheit, Unkultur: forensis, domestica ungebildeter Ausdruck.

barbaricus 3 (βαρβαρικός) ausländisch, fremd.

barbarus 3, *adv.* **ē** (βάρβαρος) **1. ausländisch, fremd;** Plautus vortit barbare ins Latein *C*; barbare loqui fehlerhaft, kauderwelsch; in barbarum aucto cognomento verkauderwelscht *T*; *subst.* **Barbar, Ausländer:** pernicies barbarûm *Ph.* **2.** *meton.* **ungebildet, unwissend, roh:** homo; barbare oscula laedere *H*; **occ.** **grausam, wild:** consuetudo, pirata.

barbātulus 3 ein wenig bärtig.   *Dem.* von

barbātus 3 (barba) bärtig; **occ.** *pl.* die (bärtigen) Altrömer; dicht. Bock *Ph.*

barbitos, ī, *m. f.* (βάρβιτος) d i c h t. Laute, Lyra.

Barcaeī, ōrum, *m.* die B. [Nomaden in Kyrenaika] *V.*

Barcīnus 3 Angehöriger der Familie **Barca** [in Karthago]; *subst.* Barcini die Barkiden.

bardītus, ūs, *m.* der B. [germ. Schlachtgesang] *T.* E: altnd. bardi 'Schild'.

Bargūsiī, ōrum, *m.* die B. [Volk im nö. Spanien] *L.*

Bargyliae, ārum, *f.* B. [St. in Karien] *L*; Einw. Bargyliētae, ārum, *m*; *adi.* Bargyliēticus 3 *L.*

bāris, idos, *f.* (ägypt., βᾶρις) Nilbarke *Pr.*

Bārium, ī, *n.* B a r i [Küstenst. in Apulien].

bārō, ōnis, *m.* Tölpel.

barrus, ī, *m.* Elefant *H.*

bāsiātiō, ōnis, *f.* (basio) das Küssen, Kuß *Ca.*

basilicus 3, *adv.* **ē** (βασιλικός) königlich, machthaberisch *C*; *subst.* **basilica**, ae, *f.* (βασιλική, *sc.* στοά) Halle, Gerichtshalle.

bāsiō, āre (basium) küssen *Ca.*

basis, is, *f.*, *acc.* im, *abl.* i (βάσις) Fußgestell, Postament, Sockel, Basis; **occ.** trianguli Grundlinie, villae Grundmauer.

bāsium, ī, *n.* (wohl kelt.) Kuß.

Bassānia, ae, *f.* B. [St. in Illyrien]; Einw. Bassānītae *L.*

Bassarēus, *m.*, *voc.* **eū** B. [βασσάρα 'Fuchsfell'; Beiname des Bacchus] *H*; *adi.* **Bassaricus** 3 bacchisch *Pr.*

Bastarnae und **-ernae**, ārum, *m.* die B. [germ. Volk am Pruth] *LT.*

Batāvī, ōrum, *m.* die B. [germ. Volk auf den Inseln der Rheinmündungen (insula Batavorum)].

Batāvo-dūrum, ī, *n.* B. [St. im Gebiet der Bataver] *T.*

batillum s. vatillum.

Battiades 57 **beneficiarii** B

Battiadēs, ae, *m.* Kallimachos [Nachkomme des Battus, Gründers von Kyrene] *CaO.*

Battis, idis, *f.* B. [Geliebte des Dichters Philetas] *O.*

Batulum, ī, *n.* B. [kampanische St.] *V.*

bat(t)uō, ere schlagen, stoßen.

Baulī, ōrum, *m.* B. [Ort bei Baiae].

baxea, ae, *f.* leichter Schuh, Sandale *C.*

beātitās, ātis u. **beātitūdō**, inis, *f.* Glückseligkeit. Von

beātus 3, *adv.* ē (*pt.* v. beo) **1. bereichert, reich, begütert:** civitas, Roma *H*; *met.* reich: gazae *H*, rerum copia *Q*; *occ.* gesegnet, fruchtbar: ripa Tagi *O*, rus *H.* **2.** zufrieden, sich glücklich fühlend: agricolae parvo beati *H.* **3. glücklich, glückselig, beglückt:** vita; beate vivere; *subst.* **beātum**, ī, *n.* Glückseligkeit. **4.** sedes *V*, arva *H* die Sitze der Seligen.

Bebrycius 3 (Bebrycia = Bithynia) bithynisch *V.*

Bēdriācum, ī, *n.* B. [Ort zwischen Verona und Cremona] *T*; *adi.* Bēdriācēnsis, e *T.*

Belgae, ārum, *m.* die B. [germanokeltische Völker zwischen Marne, Seine und Rhein]; *adi.* **Belgicus** 3 belgisch: Gallia; dafür: **Belgica** *T* und **Belgium**, ī, *n.* [= auch der westl. Teil von Belgica].

Bēlīdēs, Bēlides s. Belus.

bellāria, ōrum, *n.* (bellus) Dessert, Nachtisch *Sp.*

bellātor, ōris, *m.* (bello) kriegerisch, streitbar: deus Kriegsgott *V*, equus Streitroß *O*; *subst.* Krieger, Streiter, Kriegsmann; *adi.* bellātōrius 3 streitbar *Pli.*

bellatrīx, īcis, *f.* Kriegerin; kriegerisch, streitbar.

Bellerophōn, ōntis u. **Bellerophontēs**, ae, *m.* B. [Sohn des Glaukos von Korinth].

bellicōsus 3 **1.** voll Krieg, kriegsreich: annus *L.* **2.** kriegerisch, kriegstüchtig, -lustig. Von

bellicus 3 (bellum) **1.** zum Krieg gehörig, des Krieges, Kriegs-: laus, gloria Kriegsruhm, ius Kriegsrecht, insignia Feldzeichen; *subst.* **bellicum**, ī, *n.* Signal, Kampfruf; bellicum canere zum Kampf blasen, *met.* aufreizen. **2.** kriegerisch.

belliger 3 streitbar. Rückbildung (§ 76) aus

belli-gerō 1. Krieg führen, streiten, kämpfen.

belli-potēns, entis kriegsgewaltig; dicht. = Mars.

bellō 1. (*dep.* bellor *V*) **1.** Krieg führen. **2.** *met.* kämpfen: cum mulierculis.

Bellōna, ae, *f.* (bellum) B. [Kriegsgöttin, Schwester des Mars].

Bellovacī, ōrum, *m.* die B. [Volk bei B e a u v a i s].

bellua s. belua.

bellulus 3 (*dem.* v. bellus) ganz hübsch *C.*

bellum, ī, *n.* (altl. duellum, § 23) **1. Krieg:** navale, terrestre See-, Landkrieg, sociale, civile Bundesgenossen-, Bürgerkrieg, Helvetiorum mit den H. *Locat.* domi bellique (belloque) in Krieg und Frieden. P h r a s e n : b. gerere führen, ducere, trahere in die Länge ziehen, (com)parare, apparare rüsten, facere anstiften, facere alicui jemd. in Krieg verwickeln, inferre alicui, contra patriam, in Italiam bekriegen. **2. Schlacht, Treffen, Kampf** *SVLCu.* **3.** *met.* **Kampf:** tribunicium Hader mit den Tribunen *L*, Venus bella movet Liebeshändel *H*, defunctus bello barbitos ausgedient *H.*

bellus 3, *adv.* ē (statt *ben-lus, *dem.* zu *benus = bonus, § 42, vgl. § 51) **1.** hübsch: cui videberis

bella? *Ca*, fama *H.* **2.** fein, nett, artig: homo; bellum est es ist allerliebst, belle se habere sich wohl befinden.

bēlua, schlecht **bellua**, ae, *f.* (§ 40) **1. Tier:** [als Schimpfwort] 'Schafskopf' *C.* **2. großes Tier, Untier** [bes. von Seetieren]; *occ.* Inda Elefant *O*, beluarum manus Elefantenrüssel; centiceps Cerberus *H.* **3.** *met.* **Ungeheuer, Ungetüm:** immanis. Dav.

bēluōsus 3 voll Ungeheuer: Oceanus *H.*

Bēlus, ī, *m.* B. [**1.** Gründer des assyrischen Reiches *O.* **2.** König Ägyptens, Vater des Danaus, Ägyptus und Cepheus *V*; Vater der Dido bei *V*]; *patr.* **Bēlīdēs**, ae, *m.*; **Bēlides**, um, *f.* die Danaiden *O.* **3.** B. [Küstenfl. in Phönikien] *T.*

Bēnācus, ī, *m.* der Gardasee *V.*

bene (*adv.* zu *benus = bonus, §§ 45 und 51), *comp.* **melius**, *sup.* **optimē**

I. 1. bei *verb.* und *pt.* gut, wohl, recht; *occ.* glücklich; 2. bei *adi.* und *adv.* sehr, recht, ordentlich, tüchtig.

II. besondere Verbindungen:

1. bene a g e r e *a.* gut handeln, recht verfahren; *b.* cum aliquo gut umgehen, freundlich behandeln; 2. bene a u d i r e in gutem Ruf stehen; 3. *a.* bene d i c e r e gut, wohl, richtig reden; *b.* (*Iuxtap.*) b e n e d i c e r e alicui loben; 4. *a.* bene f a c e r e gut, trefflich ausführen; *occ.* gut, recht machen, wohl daran tun; *b.* (*Iuxtap.*) b e n e f a c e r e alicui, erga aliquem Wohltaten erweisen, wohltun; benefactum, ī, *n.* gute Tat, Wohltat, Verdienst; 5. *a.* bene e s t (habet) es steht gut, geht gut; *b.* bene est mihi ich befinde mich wohl.

I. 1. b. vivere richtig, tugendhaft, b. polliceri reichlich *S*, b. novisse genau, b. mori ruhmvoll *L*, b. iudicare richtig, vix bene desieram hatte kaum recht aufgehört *O.* Beim Zutrinken: 'bene' zum Wohl!; auch mit *acc.* 'bene vos, bene te, Caesar'! dicite *O*; *occ.* b. vivere, pugnare, rem bene gerere glücklich kämpfen; b. vertere gut ablaufen, zum Glück ausschlagen. **2.** b. barbatus, nummatus, b. magna caterva, b. ante lucem lange vor; b. plane magnus.

II. **1.** *a.* bene agis. *b.* optime cum aratoribus. **2.** me putant bene audire velle, ut ille male audiat. **3.** *a.* poëtae ad b. dicendum redacti zu anständiger Rede *H*, b. dicere, quod est scienter dicere. b. tibi *O*, benedicta Lobsprüche *C.* **4.** *a.* argentum (vas) bene, optime factum, senatus consulta b. facta; *occ.* b. fecisti, quod. b. amicis; sibi sich gütlich tun; benefacta male locata malefacta arbitror *Ennius*; benefacta taurorum gute Dienste *V.* **5.** *a.* bene est, nil amplius oro *H.* b. mit *abl. instr.* mihi bene erat pullo atque haedo ich ließ mir's wohlergehen bei *H.*

benedīcō, benedicta, benefaciō, benefactum s. bene.

bene-(-i-)ficentia, ae, *f.* (beneficus) Wohltätigkeit.

beneficiāriī, ōrum, *m.* die B. [im Stab des Tribunen, vom schwereren Lagerdienst befreit; in der Kaiserzeit Unteroffiziere im Kanzlei- u. Gendarmeriedienst]. Von

beneficium   58   **bilix**

bene-(-i-)ficium, ī, *n.* (bene, facio) **1. Wohltat, Verdienst, Dienst, Gnade:** mutua gegenseitige Gefälligkeiten *N,* aliquid in beneficii loco petere als Gnade, beneficii causā, per beneficium aus Gefälligkeit. **2.** im *abl.* **mit Hilfe, unter dem Schutze, dank:** beneficio deorum mit Hilfe, sortium dank der Losentscheidung. **3. occ. Begünstigung, Auszeichnung, Beförderung:** cooptatio ad populi beneficium transferebatur wurde ein Vorrecht = consulum beneficium *L,* in beneficiis ad aerarium delatus est wurde in die Gratifikandenliste des Staatsarchivs aufgenommen.

bene-(-i-)ficus 3 (bene, facio) wohltätig, gefällig; *sup.* beneficentissimus.

Beneventum, ī, *n.* B. [St. in Samnium]; *adi.* u. Einw. **Beneventānus.**

bene-volēns, entis wohlwollend. Vorkl. nur Positiv u. *subst.* Gönner, Gönnerin *C;* klass. nur *comp.* u. *sup.*   Dav.

bene-(-i-)volentia, ae, *f.* Wohlwollen, Gewogenheit: civium Beweis des Wohlwollens *N,* eius benevolentiā infolge seiner Beliebtheit *N.*

bene-(-i-)volus 3, *adv.* ē (bene, volo); nur Positiv (s. benevolens) wohlwollend, gewogen, günstig.

benficium (synk., § 42) = beneficium *C.*

benificentia, benificus s. beneficentia, beneficus.

benīgnitās, ātis, *f.* **1.** Gutmütigkeit, Gefälligkeit, Freundlichkeit. **2.** Wohltätigkeit, Freigebigkeit: me benignitas tua ditavit *H.*   Von

benī-gnus 3, *adv.* ē (St. gen) **1. gütig, freundlich, gewogen, mild:** mens willfährig *V,* benigne arma capere willig *L;* benigne (näml. facis) sehr gütig! zu gütig! 'danke'. **2. wohltätig, freigebig:** benigniores esse volunt quam res patitur; vini somnique wein- und schlaftrunken *H;* benigne facere wohltun. **3. met. reichlich spendend, reichlich:** praeda *O,* ingeni vena, daps *H,* vepres fruchtbar *H,* sermo lang *H.*

beō 1. (vgl. beatus) beschenken: Latium divite lingua *H; met.* beglücken: se vino sich gütlich tun *H.*

Berecyntius 3 (Berecyntes: Volk in Phrygien) phrygisch: tibia *H,* Berecyntia (mater) Kybele *VO,* heros Midas [Sohn der Kybele], tympana, cornu [im Kult der Kybele und des Bacchus] *VH.*

Berenīcē, ēs, *f.* B. [Tochter des jüd. Königs Agrippa I.] *T.*

Beroea, ae, *f.* B. [St. in Makedonien]; *adi.* u. Einw. **Beroeaeus.**

bēryllus, ī, *m.* (βήρυλλος) Beryll [meergrüner Edelstein] *Cu.*

Bērȳtus, ī, *f.* Beirut [phönikische Seestadt] *T.*

bēs, bessis, *m.* (bi- u. as) zwei Drittel: heres ex besse *Pli.*

Bessī, ōrum, *m.* die B. [thrakisches Volk am Hämus].

bestia, ae, *f.* **1.** Tier. **2. occ.** wildes Tier, Raubtier, Bestie: immanitate bestias vincere.   Dav.

bestiārius, ī, *m.* Tierkämpfer [im Zirkus].

bestiola, ae, *f.* (*dem.* von bestia) Tierchen.

bēta, ae, *f.* Bete, Mangold, rote Rübe; dav. **bētāceus,** ī, *m.* Mangoldwurzel *Pli,* und **bētizō,** āre = languēre *Sp.*

Bibāculus s. Furius.

bibī *pf.* v. bibo.

bi(-y-)bliopōla, ae, . (βιβλιοπώλης) Buchhändler *Pli.*

bi(-y-)bliothēca, ae, *f.* (βιβλιοθήκη) Bücherschrank, -saal, -sammlung, Bibliothek.

bibō 3. bibī **1. trinken:** bibere dare, ministrare zu trinken geben; **occ. zechen, saufen:** ab hora tertia bibebatur; Tiberim am T. wohnen *V.* **2. met. einsaugen, -ziehen, in sich aufnehmen:** arcus bibit zieht Wasser *V,* pugnas aure begierig anhören *H,* longum amorem in langen Zügen schlürfen *V.*

E: assimiliert, § 38, 2, für *pibo, ai. pibati 'er trinkt', faliskisch pipafo 'ich werde trinken'.

Bibracte, is, *n.* B. [j. Autun; Hauptst. der Häduer].

bibulus 3 (bibo) gern trinkend, durstig: Falerni *H; met.* medulla feucht *O,* lanae Farbe annehmend *O,* nubes Wasser ziehend *O,* harena, favilla durchlässig *V,* lapis löcherig, Bimsstein *V,* charta Löschpapier *Pli.*

bi- (in Komposition statt dui-, vgl. bis) zwie-, zwei-.

bi-ceps, cipitis (caput) zweiköpfig: Ianus *O,* puer *L,* Parnasus doppelgipfelig *O.*

bi-color, ōris zweifarbig: pōpulus Silberpappel *V.*

bi-corniger zweigehörnt [Bacchus] *O.*

bi-cornis, e (cornu) zweihörnig: luna Halbmond; Granicus, Rhenus mit zwei Mündungsarmen; furca zweizinkig.

bi-corpor, oris (corpus) doppelleibig.

bi-dēns, entis **1.** *f.* 'Zweizahn', ausgewachsenes Opfertier, Schaf. **2.** *m.* 'Zweizack', Karst, Erdhacke.   Dav.

bidental, ālis, *n.* Blitzmal [brunnenrandähnliche Einfassung des getroffenen Ortes] *H.*

bī-duum, ī, *n.* zwei Tage, Frist, Zeit von zwei Tagen: eo, hoc, illo biduo während dieser zwei Tage, biduo quo zwei Tage nachdem.

E: bis u. *divum, ai. divam 'Tag', § 67.

bi-ennium, ī, *n.* (annus, § 43) zwei Jahre.

bi-fāriam *adv.* zweifach, doppelt, an zwei Stellen.

bi-fer 3 zweimal im Jahre tragend *V.*

bi-fidus 3 (findo) gespalten: pedes *O.*

bi-foris, e zweiflügelig; cantus in zwei Tönen *V.*

bi-fōrmātus 3 zweigestaltig.

bi-fōrmis, e (forma) zweigestaltig, doppelleibig.

bi-frōns, ontis zweistirnig, mit doppeltem Antlitz.

bi-furcus 3 (furca) zweizackig, -zinkig.

bīgae, ārum, später **bīga,** ae, *f.* (aus biiugae) Zweigespann: dav. **bīgātus** 3 mit dem Zweigespann als Gepräge: argentum *L;* **bīgātī,** ōrum, *m.* Bigaten [Zweigespanndenare, aus Silber].

Bīgerra, ae, *f.* B. [St. in Hispania Tarraconensis] *L.*

Bīgerriōnēs, um, *m.* die B. [Volk am Nordrand der Pyrenäen].

bi-iugis, e u. **-us** 3 (iugum) zweispännig; *subst.* **biiugī,** ōrum, *m.* Zweigespann.

bi-lībra, ae, *f.* zwei [röm.] Pfund: farris *L.*   Dav.

bi-lībris, e zwei Pfund fassend.

bi-linguis, e (lingua) **1.** zweisprachig. **2.** doppelzüngig, falsch: homo *Ph,* Tyrii *V.*

bīlis, is, *f., abl.* i und seit *He* **1. Galle** [als Flüssigkeit]. *met.* **2. Galle, Zorn, Unwille, Verdruß:** bilem commovere erzürnen. **3. atra bilis Schwermut, Melancholie, Wahnsinn.**

bi-līx, līcis (licium) zweifädig, doppeldrähtig.

bimaris   59   **bonus**   **B**

bi-maris, e an zwei Meeren gelegen.

bi-marītus, ī, *m.* 'Doppelgatte', Bigamist.

bi-māter, tris, *m.* von zwei Müttern geboren *O.*

bi-membris, e (membrum) doppelgliedrig; *subst.* bimembres die Kentauren *O.*

bi-mē(n)stris, e, *abl.* i und e (mensis) zweimonatig.

bīmus 3 (*bi-himus von hiems, § 8, Anm.) zweijährig; sententia Antrag auf zwei Jahre Provinzverwaltung.

Bingium, ī, *n.* B. [belg. St. an der Nahe] *T.*

bīnī, ae, a, *gen.* bīnûm (aus *bis-ni, § 30) **1.** je zwei. **2.** (bei *pl. tantum*) **zwei**: castra. **3. ein Paar**: scyphi; hastilia *V.*

bi-noctium, ī, *n.* (nox) zwei Nächte *T.*

bi-nōminis, e (nomen) zweinamig: Hister (Danuvius), Irus (Arnaeus), Ascanius (Iulus) *O.*

Biōn, ōnis, *m.* B. [Philosoph und Satiriker um 280]; *adi.* **Biōnēus** 3.

bi-palmis, e (palma) zwei Spannen lang *L.*

bi-partītus, **bi-pertītus** 3 (partio, § 43) geteilt; *abl.* **bipertītō** in zwei Teilen, zweifach.

bi-patēns, entis doppelt geöffnet.

bi-pedālis, e (pes) zwei Fuß lang (breit, dick) [⅔ Meter].

bipenni-fer 3 (fero) Doppelaxt tragend *O.*   Von

bi-pennis, e (penna) zweischneidig: ferrum *V*; *subst.* **bipennis**, is, *f.* Doppelaxt.

bi-pertītus s. bi-partitus.

bi-pēs, pedis zweifüßig; *subst.* Zweifüßler, Mensch.

bi-rēmis, e (remus) zweiruderig; *subst.* **birēmis**, is, *f.* Zweiruderer [Galeere mit 2 Reihen von Ruderbänken].

bis (*duis von duo, gr. δίς = δϝίς, got. twis, hd. zwier, § 23) **1.** zweimal: bis tantum doppelt so weit *V*, bis improbus in zweifacher Weise; bis terque öfter; bis terve zwei- oder dreimal, selten *H.* **2.** zum zweitenmal: consul factus.

Bīsaltica, ae, *f.* Land der **Bīsaltae**, ārum, *m.* [Volk am Strymon] *VL*; **Bīsaltis**, idis, *f.* = Theophane [Tochter des Heros Bīsaltes] *O.*

Bīsanthē = Bizanthe.

bīsōn, ontis, *m.* Wisent, Auerochs *Sp.*

Bistonius 3 thrakisch [Bistones Volk um Abdera]; **Bistonis**, idis, *f. adi.* thrakisch; *subst.* thrakische Bacchantin *H.*

bi-sulcus 3 gespalten *O.*

Bīthȳnia, ae, *f.* B. [Landsch. in Kleinasien]; socii Bithyniae Steuerpächter für B.; Einw. **Bīthȳnī**; *adi.* **Bīthȳnus** u. **Bīthȳnicus** 3.

bītō, ere gehen *C.*

bitūmen, inis, *n.* Erdpech, Asphalt *VO*; dav. **bitūmineus** 3: vires Massen von Erdpech *O.*

Biturīgēs, um, *m.* die B. [kelt. Volk südl. der Loire].

bi-vius 3 (via) mit zwei Eingängen; *subst.* **bivium**, ī, *n.* Doppel-, Scheideweg.

Bīzanthē, ēs, *f.* B. [St. an der Propontis] *N.*

blaesus 3 stammelnd: blaeso sono *O.*

Blanda, ae, *f.* B. [St. in Lukanien] *L.*

blandi-loquentia, ae, *f.* (blandus, loquor) Schmeichelrede *Ennius.*

blandi-loquentulus 3 gar schmeichlerisch *C.*

blandīmentum, ī, *n.* **1.** Liebkosung, Schmeichelei. **2.** Reiz, Annehmlichkeit; *occ. pl.* Reizmittel *T.*   Von

blandior 4. (blandus) **1.** schmeicheln, liebkosen; mit *dat.* blanditur coeptis fortuna begünstigt *T.* **2.** *met.* locken, reizen, gefallen: blanditur pōpulus umbrā *O.*

blanditia, ae, *f.* **1.** *sg.* Schmeichelei: popularis gegen das Volk; *pl.* Schmeichelworte, Artigkeiten, Liebkosungen. **2.** *met.* Reiz, Lockung, Genuß.   Von

blandus 3, *adv.* ē **1.** schmeichelnd, schmeichlerisch, liebkosend; mit *inf.* ducere quercus der mit Schmeicheltönen lockt *H.* **2.** *met.* [von Sachen] lockend, reizend, einnehmend; *occ.* höflich: verba *O*, affabilis, blandus *N.*

blaterō, 1. plappern, herschwatzen, faseln *H.*

blatta, ae, *f.* Schabe; dav. *adi.* **blattāria** balnea ohne Licht *Sp.*

E: vgl. lettisch **blakts** 'Käfer'.

Blaudēnus 3 aus Blaudus [St. in Phrygien].

boārius 3 (bos) Rinds-: forum Rindermarkt [freier Platz zwischen Velabrum, Circus Maximus und Tiber].

Bodotria, ae, *f.* Firth of Forth [Bucht in Schottland] *T.*

Boebē, ēs, *f.* B. [St. u. See in Thessalien] *LO.*

Boeōtarchēs, ae, *m.* (Βοιωτάρχης) Böotarch [höchster Magistrat in Bötien] *L.*

Boeōtī (-iī), ōrum oder ûm, *m.* die Böotier; *adi.* **Boeōtus** und **Boeōtius** 3; Landsch. **Boeōtia**, ae, *f.*

Boēthus, ī, *m.* B. [Erzgießer (Toreut) um 370].

Bō(i)ī, ōrum, *m.* die B. [kelt. Volk in Gallien, ausgewandert teils im Po-Tal, teils im deutschen Mittelgebirge ansässig] *LT*; *sg.* **Bōius**, **Bōia** *C* (Wortspiel mit boia 'Halseisen'); dav. **Bōihaemum**, ī, *n.* Land der Bojer, Böhmen *T.*

Bōla, ae (*V*) u. **Bolae**, ārum, *f.* (*L*) B. [Hauptst. der Äquer]; *adi.* u. Einw. **Bōlānus.**

bōlētus, ī, *m.* (βωλίτης, mhd. bülez) Pilz *T.*

bombus, ī, *m.* (βόμβος) dumpfer Klang, Brummen.

Bona dea (Diva *O*) die 'Gute Göttin' [altitalische Göttin der Fruchtbarkeit].

bonitās, ātis, *f.* (bonus) **1.** gute Beschaffenheit, Vortrefflichkeit. **2.** *met.* Güte; *occ.* naturae, ingenii glückliche Anlage.

Bonna, ae, *f.* Bonn *T*; *adi.* Bonnēnsis, e *T.*

Bonōnia, ae, *f.* Bologna *L*; *adi.* Bonōniēnsis, e.

bonum, ī, *n.* **1.** das Gute: vertere in bonum zum Guten ausschlagen. **2.** das Gut: esse in bonis im Besitz von Gütern sein; *occ.* Gabe, Vorzug, Tugend: bonorum et vitiorum iudex. **3.** *pl.* Hab und Gut, Güter, Vermögen, Reichtümer: bona vendere, publicare; edere *C*, comedere *H* verprassen. **4.** *meton.* Nutzen, Vorteil: cui bono fuerit wem zum Nutzen, publicum Staatswohl *T.*   Von

bonus 3 (altl. duonus, älter duenos, § 51, vgl. bene); *comp.* **melior, melius** (vgl. μᾶλλον, μάλιστα); *sup.* **optumus**, jünger (§ 41) **optimus** 3 (St. von ops, in-ops; zur Bildung vgl. finitimus); *adv.* **bene** (s. d.), *comp.* **melius**, *sup.* **optimē** s. bene.

I. von S a c h e n und P e r s o n e n: 1. **gut, trefflich, tüchtig**; 2. mit *dat.* oder ad: zu etw. **geeignet, tauglich, zweckmäßig**; 3. *occ. a.* **geschickt, tüch-**

Bootes   60   **Britannia**

tig, wacker; *b.* tapfer, brav; *c.* edel, vornehm; *d.* hübsch, schön, fein, delikat; *e.* reichlich, reich; *f.* begütert; **4.** geneigt, gewogen, gefällig, gnädig. II. von A b s t r a k t e n : 1. günstig; *occ.* frisch, gesund; 2. gedeihlich, glückbringend, günstig. III. in m o r a l i s c h e r Hinsicht: 1. redlich, ehrenhaft, rechtschaffen; 2. *occ. a.* sittsam, keusch; *b.* loyal, patriotisch.

I. 1. bonae artes gute Eigenschaften *ST*, artes optimae die Wissenschaften, nummi gutes Geld, aliquid melius facere verbessern, vervollkommnen. **2.** ager bonus pecori *S*, campi militi ad proelium boni *T*; optimum factu am ratsamsten, vitatu melius *H*; optimum est (videtur *S*) domum reverti am geratensten. **3. a.** accusator, imperatores; mit *inf.* calamos inflare kundig *V*; mit *abl.* remis, pedibus *V*, sagittis melior überlegen *H*; mit *gen.* furandi melior geschickter im Ausführen von Handstreichen *T.* **b.** iuxta boni malique obtruncari *S.* **c.** genus, adulescens. **d.** forma *H*, signa schöne Statuen, bonae res 'feine Sachen' *N*, omnibus optimis rebus usus est genoß in allem das Delikateste *N.* **e.** copia, pars sermonis ein großer Teil. **f.** invidere bonis *C*, nomen zahlungsfähiger Schuldner. **4.** (cum) bonā veniā mit Verlaub; des veniam bonus erlaube gefälligst *H*; Iuno, divi gnädig *V*, Acestes freigebig *V*; mit *dat.* melior mihi versöhnt mit mir *V*; bonus in me; Iuppiter Optimus. **II. 1.** sententia, fama, in bonis rebus im Glück. P h r a s e n : bono esse animo guten Mutes sein = bonum animum habere *SL*; aliquid in bonam partem accipere gut aufnehmen, nicht übel deuten. **occ.** mens, valetudo; melior sanguis frischer, jünger *V*, color gesunde Gesichtsfarbe *O*, aetas Jugend. **2.** spes freudig, pars diei günstig *V*, fata, annus *V*, melius omen *V*, bonis avibus mit günstigen Vogelzeichen *O*; bonum sit 'Heil uns!' *V*; Wunschformel: quod bonum faustum felix fortunatumque sit. **III. 1.** bono animo in populum R. esse gut gesinnt sein, bonā (optimā) fide gewissenhaft, treulich, mores, consilium gute Absicht, optimo iure mit vollem Recht; bonus vir Ehrenmann; optime Mein Bester *V*, i, bone mein Lieber *H.* [Ironisch]: quid ais, bone custos provinciae? boni Ihr guten Leutchen! *H.* **2. a.** femina, filius. **b.** civis, pars melior die Patriotenpartei *L* = optimae partes *N*, optimi die Aristokraten, omnes boni die Konservativen.

boreās, ae, *m., acc.* ān *O* (βορέας) Nordwind; *meton.* Norden *H*; *adi.* **boreus** 3 (βόρειος) nördlich *O.*

Borysthenēs, is, *m.* D n j e p r ; *adi.* Borysthenius 3 *O.*

bōs, bovis (dor. βῶς) Rind, *m.* Stier, Ochse, *f.* Kuh; *gen. pl.* boum (bovom *V*), bovum; *dat.* bōbus u. būbus.

Bosp(h)orus, ī, *m.* B. [(Βόσπορος 'O c h s e n f u r t' nach der Sage von Io) Meerenge. **1.** die Straße von Konstantinopel (Thracius). **2.** die Straße von Kertsch (Cimmerius)]; *meton. (f.)* das bosporanische Reich *Pr*; *adi.* **Bosphorius** *O* u. **Bosporānus** 3; *subst.* Bosporānī, ōrum, *m.* Anwohner des B.

Boōtēs, ae u. is, *m.* B. [βοώτης 'Ochsentreiber', Sternbild] = Arctophylax.

Bottiaea, ae, *f.* B. [Gau in Makedonien] *L.*

botulārius, ī, *m.* Wurstmacher *Sp.* E: botulus 'Wurst'.

bovārius = boarius.

Boviānum, ī, *n.* B o i a n o [St. in Samnium] *L.*

bovīle, is, *n.* (bos) Rinderstall *Ph.*

Bovīllae, ārum, *f.* B. [Städtchen in Latium]; *adi.* **Bovīllānus** 3.

bovīllus 3 (*dem.* v. bovīnus zu bos) Rinder-: grex.

brāca, ae, *f.* schlecht bracca (§ 40), meist *pl.* Hose. Dav.

brācātus 3 in Hosen; *met.* ausländisch.

brac(c)hiālis, e Arm- *Sp.*   Von

brac(c)hium, ī, *n.* (βραχίων, § 40) **1. Unterarm:** nudae brachia ac lacertos *T.* **2.** *synecd.* **Arm:** dare *VH*, circumdare, inicere bracchia collo *O* umarmen; praebere bracchia sceleri behilflich sein *O.* **3.** *met.* [alles Armähnliche]. **a. Scheren. b. Äste:** annosa *V*, Gezweig: bracchia tonde *V.* **c. Segelstangen:** intendere bracchia vēlis *V.* **d. Enden des Bogens:** bracchia ducere *V.* **e. Seitendamm, Damm** [bei Belagerungen]: muro bracchium iniungere; **f. Schenkel** des Zirkels *O.*

brattea, ae, *f.* Blättchen; Goldblättchen *V.*   Dav.

bratteātus 3 goldgeschmückt *Sp.*

Breunī, ōrum, *m.* die B. [Alpenvolk im Inntal] *H.*

breviārium, ī, *n.* (brevis) kurze Übersicht *Sp.*

brevi-loquēns, entis (brevis, loquor) kurz redend.

breviō, āre verkürzen *Q.*   Von

brevis, e, *adv.* **iter** (vgl. βραχύ-ς; dtsch. B r i e f = breve) kurz.

I. r ä u m l i c h : 1. **kurz, klein, schmal, gering;** *occ.* 2. **klein, niedrig;** 3. **flach, seicht;** *met.* 4. **klein, gering, unbedeutend;** 5. (von der Rede) **kurz, kurzgefaßt, gedrängt.**
II. z e i t l i c h : 1. **kurz;** *met.* 2. **kurzdauernd, flüchtig, vergänglich;** 3. (metrisch) **kurz gesprochen, kurz.**

I. 1. iter; caput *V*, mus *O*, brevius valere im Nahkampf *T*; aqua *O*, alvus *V* schmal; librum in breve cogere zusammenrollen *H.* **2.** Alpium breviora *L*, scopulus *O.* **3.** vada *V*; *subst.* brevia litorum Untiefen, Watten *T*, Eurus in brevia urget *V*; auch *sg.* kollekt. *T.* **4.** impensa *O*, pondus, cena *H.* **5.** in breve cogere kürzen *L*, breviter attingere, describere, dicere in Kürze, brevi explicare. **II. 1.** ad breve tempus f ü r eine kurze Zeit, brevi tempore (spatio) i n kurzer Zeit, bald hernach, brevi in Bälde, brevi post, deinde bald darauf *L.* **2.** occasio *Ph*, dolor, lilium bald welkend *H*, dominus (arborum) kurze Zeit Besitzer *H.* **3.** syllaba *H.*   Dav.

brevitās, ātis, *f.* Kürze: nostra kleine Statur; *met.* in dicendo Knappheit, Gedrängtheit; syllabarum.

Briareūs, eī, *m.* B. [ein Riese, sonst Ägäon] *VO.*

Brigantēs, um, *m.* die B. [kelt. Volk im nördl. Britannien] *T.*

Brīsēis, idis, *f., acc.* a B. [Tochter des Brises, Sklavin des Achilles] *HO.*

Britannia, ae, *f.* B. [England mit Schottland]; Einw. **Bri-**

Brittius   61   **Cadmus** C

tannī, ōrum, *m.*; *adi.* **Britannicus** (Britannus *Pr*) 3;
subst. B. [Sohn des Kaisers Claudius].
Brittius s. Bruttius.
Brixellum, ī, *n.* B. [Feste am rechten Po-Ufer] *T.*
Brixia, ae, *f.* B r e s c i a *CaL*; *adi.* Brixiānus 3.
Bromius, ī, *m.* B. [βρόμιος 'lärmend'; Beiname des
Bacchus].
Bructerī, ōrum *m.* die B. [germ. Volk zwischen der unte-
ren Ems und Lippe]; *adi.* **Bructerus** 3 *TPli.*
brūma, ae, *f.* (v. brevis statt *brevima *sc.* dies) der
kürzeste Tag, Wintersonnenwende; *synecd.* Winter. Dav.
brūmālis, e der Wintersonnenwende, winterlich.
Brundisium, ī, *n.* B r i n d i s i ; *adi.* u. Einw. **Brundisī-
nus.**
Bruttius (Brittius, Brūtius, § 40) 3: ager [die südlich-
ste Landsch. Italiens] *L*; einw. **Bruttī,** ōrum, *m.*
brūtus 3 (zu βρῑϑύς) **1.** schwer, gewichtig: tellus *H.*
2. *met.* blöde; *nomen pr.* (§ 82) **Brūtus,** ī, *m.* **1.** L.
Iunius B. [Befreier Roms]. **2.** M. Iunius B. [Philosoph,
Redner, mit Cicero befreundet, Liebling, später Mörder
Caesars]. **3.** D. Iunius B. [Mitverschworener gegen
Caesar, dann Gegner des Antonius].
būbalus, ī, *m.* (βούβαλος) Büffel, Gazelle *Sp.*
Būbasis, idis, *f.* aus Būbasus [in Karien] *O.*
Būbastis, is, *f.* B. [ägyptische Mondgöttin] *O.*
Būbētiī ludi Spiele der [Rindergöttin] **Būbōna** *Sp.*
būbō, ōnis, *m.* (*f. V*) Uhu.
bubulcitor, ārī Ochsenknecht sein *C.*   Von
bubulcus, ī, *m.* (bos) Ackerknecht, Ochsenknecht.
būbulus 3 (bos) vom Rind: exuviae Ochsenziemer *C,*
cottabi Schläge mit dem Ochsenziemer *C.*
bucca, ae, *f.* (vgl. βύκτης) Backe: quidquid in buc-
cam (*sc.* venit) was einem einfällt.   Dav.
buccea, ae, *f.* Bissen *Sp.* und *dem.* **buccula,** ae, *f.*
Backe; *met.* Backenstück [am Helm] *L.*
būcaeda, ae, *m.* (bos, caedo) mit dem Ochsenziemer
gehauen *C.*
būcerus 3 (βούκερως) rindshörnig *O.*
būcina, ae, *f.* (βυκάνη) **1. Horn, Trompete**; *meton.*
Trompetensignal: tertia für die dritte Nachtwache *L.*
2. *met.* **Tritonshorn** *O.*   Dazu
būcinātor, ōris, *m.* Hornbläser; *met.* Ausposauner.

būcinum, ī, *n.* (bucina) Trompetenmuschel *Sp.*
būcolicus 3 (βουκολικός) Hirten-: modi Hirtenge-
dicht *O.*
būcula, ae, *f.* (*dem.* von bos) junge Kuh, Färse.
būfō, ōnis, *m.* Kröte *V.*
bulbus, ī, *m.* (βολβός) Zwiebel *Pli.*
būlē, ēs, *f.* (βουλή) Ratsversammlung; dav. **būleuta,**
ae, *m.* (βουλευτής) Ratsherr *Pli.*
bulla, ae, *f.* **1.** Wasserblase *O.* **2.** Buckel, Knopf [als
Zierat]. **3.** Goldkapsel [als Amulett].
Bullīnus, Bulliōnēs s. Byllis.
būmastus, ī, *f.* (βούμαστος) großtraubige Rebe *V.*
Būpalus, ī, *m.* B. [Bildhauer aus Chios, der den Jambo-
graphen Hipponax karikierte und daher von ihm heftig an-
gegriffen wurde] *H.*
Burcana, ae, *f.* B o r k u m *Sp.*
Burgodiōnēs, um, *m.* die Burgunder *Sp.*
Būrī, ōrum, *m.* die B. [germ. Stamm um die Weichsel-
quellen] *T.*
I. Būris, is, *f.,* *acc.* in B. [Küstenst. in Achaia, 373 ver-
sunken] *OSp.*
II. būris, is, *m.,* *acc.* im *V* Krummholz am Pflug.
Būsīris, idis, *m.,* *acc.* in *O* (Βούσιρις) B. [ägyptischer
König, opferte die Fremden].
bustum, ī, *n.* (vgl. comburo) Leichenbrandstätte: semi-
usta halbverbrannte Scheiterhaufen *V*; *synecd.* Grab,
Grabmal: hostilia *O*; *met.* Grab, Vernichter: civilia
busta *Pr.*
Būthrōtum, ī, *n.* (-os, ī, *f. O*) B. [Küstenst. gegenüber
Korfu]; *adi.* u. Einw. **Būthrōtius.**
Buxentum, ī, *n.* B. [St. in Lukanien] *L.*
buxi-fer 3 (buxum) Buchsbaum tragend *Ca.*
buxus, ī, *f.* und **-um,** ī, *n.* (πύξος, § 92) **1.** Buchsbaum.
meton. **2.** Buchsbaumholz. **3.** [Gegenstand. aus Buchs-
baumholz]: Flöte, Kreisel, Kamm.
bybl ... s. bibl ...
Byllis, idis, *f.* B. [St. im sw. Illyrien]; Einw. Byllidēnsēs,
Bulliōnēs; *adi.* u. Einw. Bullīnus.
Byrsa, ae, *f.* B. [die Burg von Karthago] *VL.*
Bȳzantium, ī, *n.* Byzanz *NL*, Konstantinopel, j. I s t a n -
b u l ; *adi.* u. Einw. **Bȳzantius.**

C

C als Abkürzung Gaius, auf den Stimmtafeln der Richter
C(ondemno), als Zahlzeichen 100.
caballus, ī, *m.* (καβάλλης) Klepper, Gaul *H.*
Cabillōnum, ī, *n.* C h a l o n - s u r - S a ô n e [St. nördl.
von Lyon].
Cabīrus, ī, *m.,* meist *pl.* die K. [semitisch-griechische
Gottheiten].
cachinnātiō, ōnis, *f.* und **cachinnus,** ī, *m.* lautes Ge-
lächter.
cacō l. k a c k e n ; cacata charta Dreckgeschmiere *Ca.*
cacozēlus, ī, *m.* (κακόζηλος) Nachäffer *Sp.*

cacula, ae, *m.* Offiziersdiener *C.*
cacūmen, inis, *n.* Gipfel, Spitze, Wipfel.
     E: ai. kakúdmant 'höckerig'.   Dav.
cacūminō, āre (zu)spitzen: aures *O.*
cadāver, eris, *n.* (cado) **1.** Leichnam. **2.** Tierleiche, Aas.
3. *met. pl.* Trümmer: oppidûm.
Cadmus, ī, *m.* K. [Sohn des Agenor, Gründer der Burg
von Theben]; Cadmi soror Europa [Erdteil] *O*; *adi.*
Cadmēus 3; *subst.* **Cadmēa,** ae, *f.* die Burg von The-
ben *N*; **Cadmēis,** idis, *f.* thebanisch; *subst.* Tochter
des K. *O.*

cadō 3. cécidī, casūrus (vgl. κέκαδον) **fallen:**

1. **herabfallen;** *occ. a.* von Geschossen: **auffallen, treffen;** *b.* von Flüssigkeiten: **stürzen, sich ergießen, herabfließen;** *c.* von Gestirnen: **untergehen, sinken;** *d.* von Blättern, Früchten, Haaren usw.: **abfallen, entfallen;** 2. *occ. a.* **sterben, bleiben, umkommen;** *b.* von Tieren: **geschlachtet werden;** *met.* (von Städten) **fallen, erobert werden;** *met.* 3. **fallen, unterliegen, durchfallen;** 4. **sinken, abnehmen, sich verlieren, schwinden;** 5. **verfallen, hineinkommen, -geraten, hineingehören;** *occ. a.* **zufallen, anheimfallen;** *b.* **treffen, zutreffen, passen, sich schicken;** 6. **ausfallen, ablaufen, ausgehen, ausschlagen;** *occ.* **enden, auslauten.**

1. Mit a, de, ex; in terram. **a.** pila levius casura, fulmina cadentia einschlagend *Cu.* **b.** cadunt lacrimae per genas *O*, fonds cadit in petram *Cu*, flumen in sinum maris *L*, cadunt imbres *V*; m e t. Graeco fonte entfließen *H.* **c.** cadente die (sole *Cu*) gegen Abend *O*, primis cadentibus astris nach Mitternacht *V*; *meton.* iuxta solem cadentem Westen *V.* **d.** poma (folia *V*) cadunt *O*.

2. a. in acie, in bello; mit p a s s. Bed. (= interfici): a tanto viro *O*, Thessalo victore *H*; mit *abl. instr.* ferrove fatove *O*, sua manu *T.* **b.** prima (ovis) cadit Fauno *O*; m e t. arces casurae zum Fall bestimmt *V*.

3. prope cadentem rem p. fulcire, cadit fabula das Stück fällt durch *H*; causā, in iudicio den Prozeß verlieren; *abs.* si caderet Marcellus *T*.

4. cadit pretium *L*, cadunt animi der Mut sinkt, cadit vis venti (ira) legt sich *L*, cecidit pelagi fragor *V*; cadent vocabula werden abkommen *H*, omnia cadunt (zerfällt) in elementa *O*.

5. in morbum erkranken, in suspicionem *N*, in unius potestatem; in conspectum, sub oculos augenfällig, sichtbar sein; in deliberationem zur Untersuchung kommen; ne in cogitationem quidem nicht einmal gedacht werden. **a.** regnum ad servitia cadit *L*, quibus cecidit custodia *V.* **b.** non cadit in hunc hominem ista suspicio, superbia in te non cadit der Vorwurf des Stolzes *Cu*, dictum in hos cadit paßt.

6. praeter opinionem *N*, suos labores male cecidisse, ad (in *T*) irritum fehlschlagen *L*, quo res cumque cadent wie es immer ausgehe *V.* **occ.** in syllabas longiores, numerose rhythmisch, similiter auf denselben Kasus.

cādūceātor, ōris, *m.* Herold, Parlamentär *LCu.* Von
cādūceus, ī, *m.* Heroldsstab. Dav.
cādūci-fer, erī, *m.* (fero) Stabträger [Merkur] *O*.
cādūcus 3 (cado) **1. fallend, gefallen:** lacrimae, folia, aqua *O*. **2. zum Fallen geneigt:** lignum c. in domini caput *H*, vitis; iuvenis todgeweiht *V*. **3.** *met.* **hinfällig, vergänglich:** corpus, res humanae. **4.** *occ.* **verfallen, herrenlos:** possessio.
Cadurcī, ōrum, *m.* die C. [Volk in Aquitanien um Cahors].
cadus, ī, *m.* (κάδος) Krug; *meton.* Wein *H*, Urne *V*.

Cadūsiī, ōrum, *m.* die C. [Volk westl. des Kaspisees] *NL.*
Caecilius 3 im *n. g.* (*pleb.*): bes. C. C. Statius [Komödiendichter um 180]; *adi.* **Caeciliānus** 3 (§ 75).
Caecina, ae, *m.* C. [cognomen in der gens Licinia]; bes. A. Licinius C. [Verfasser einer Schmähschrift gegen Caesar].
caecitās, ātis, *f.* (caecus) Blindheit, Verblendung.
caecō 1. (caecus) blind machen, blenden; nur *met.*: pectora caecata abgestumpft *O*, oratio unverständlich.
Caecubum (vinum) Caecuber [Weinsorte aus Latium] *H*.
caecus 3 **1. blind;** *subst.* **der Blinde:** corpus die Rückseite *S. met.* **2. blind, verblendet:** cupidine *S*, ad belli artes für *L*; avaritia, timor. **occ. unsicher, ziellos, zwecklos:** obsecrationes die blindlings losfahren *L*, Mars aussichtsloser Kampf *V*, fortuna. **3.** *pass.* **finster, dunkel:** nox; carcer *V*, undae dunkles Meer *V*; murmura verworren, düster *V.* **occ. geheim, unsicher, nicht wahrnehmbar:** fores *V*, saxa Klippen unterm Meer *V*, vallum mit Erde überdeckt, vulnus von hinten *V*, ictus Hieb in den Rücken *L*. **4.** *met.* **dunkel, unerweislich:** crimen *L*, eventus *V*, fata unergründlich *H*.
E: von indogerm. *kaikos 'blind', got. haihs 'einäugig'.
caedēs, is, *f.* **1. das Töten, Mord:** intestinae Verwandtenmorde, nostrae iniuria caedis des Mordanschlages *V*; **Blutbad, Gemetzel:** caedem edere, facere, perpetrare (*L*) ein Blutbad anrichten. **2. Ermordung:** cohortium die Niedermetzelung, Clodii. **3. occ. das Schlachten, Erlegen:** ferarum *O*, bidentium Opfer *H*. **4.** *meton.* **Gefallene, Leichen:** plenae caedibus viae *T*, caedes utrimque par fuit der Verlust *L*. **5. Mordblut:** terrae caede madentes *O*. Von
caedō 3. cecīdī, caesus **1. schlagen:** lapidem rostro darauf loshacken *L*, hastili tergum *L*. **2. peitschen:** virgis. **3. abhauen, schlagen, fällen:** cervicem *L*, arbores, materiam; s p r i c h w. vineta sua = sich selbst schaden *H*. **4.** (Steine) **brechen:** murum anbrechen *L*. **5. zerhauen, zerschlagen:** securibus vina gefrorenen Wein *V*, dolabris vasa *Cu*. **6. niederhauen, töten:** in acie caesus *Cu*, servos; legiones *L*; *occ.* **morden:** Gracchum; caesus sanguis Blut der Erschlagenen *V*. **7. schlachten:** victimas Minervae *Cu*, greges armentorum; *occ.* **erlegen:** cervos *V*. **caesus** 3 s. ruo.
E: vgl. ai. khidáti 'reißt', 'stößt'. Dav.
caeduus 3 schlagbar *Pli.*
caelāmen, inis, *n.* (caelo) Relief *O*.
caelātor, ōris, *m.* (caelo) Bildstecher, Ziseleur.
caelātūra, ae, *f.* (caelo) Reliefarbeit, Verzierung *Sp.*
caelebs, ibis unvermählt, ehelos [Junggeselle, Witwer]: lectus einsam *O*; *met.* platanus ohne Reben *H*.
caeles, itis (caelum) himmlisch: agricolae Ceres und Bacchus *Ti*; *subst.* Gott.
caelestis, e (caelum) **1. im, am, vom Himmel, himmlisch;** *subst. n.* peritus caelestium Astronom *T*. **2. göttlich;** *subst.* **caelestes** die Götter. **3. göttergleich, herrlich:** mens *O*, (Cicero) caelestis in dicendo *Q*.
caeli-cola, ae, *m.*, *gen. pl.* ûm *V* (colo § 66) Himmelsbewohner, Gott, Gottheit.

caelifer   63   **Calchedon**

caeli-fer 3 den Himmel tragend: Atlas *V.*

Caelius mons der Caelius [zweigipfeliger Hügel im Süd-osten Roms].

Caelius 3 im *n. g.* (pleb.): **1.** M. C. Rufus [Staatsmann und Redner]. **2.** L. C. Antipater [Annalist zur Gracchen-zeit; seine Schriften Caeliāna, ōrum, *n.*].

caelō 1. (**I.** caelum) ziselieren, mit Bildwerk verzieren; *met.* fein ausführen: caelatum Musis opus *H.*   Von

I. caelum, ī, *n.* (*caed-lum) Grabstichel, Meißel *O.*

II. caelum, ī, *n.* **1. Himmel:** de caelo servare Him-melszeichen beobachten, tangi, percuti vom Blitz ge-troffen werden; caelo albente beim Morgengrauen, ves-perascente gegen Abend *N;* s p r i c h w. caelum ac terras miscere 'das Unterste zuoberst kehren' *VL;* commercia caeli Umgang mit den Göttern *O,* caelum sperare Göttlichkeit *V,* caelum decernere alicui unter die Götter versetzen *T.* **2. Himmelshöhe, Höhe:** ad cae-lum manus tendere, ad caelum mittere an die Ober-welt *V; met.* in (ad) caelum (laudibus) efferre, tol-lere; esse in caelo bis in den Himmel erhoben werden, conlegam de caelo detraxisti hast um seinen Ruhm gebracht. **3. Atmosphäre, Luft:** huius caeli spiritus; **occ. Witterung, Wetter, Klima:** natura caeli; imbri-bus ac nebulis foedum *T; meton.* **Himmelsgegend:** caelum mutare *H.*

Caelus, ī, *m.* der Himmelsgott.

caementum, ī, *n.* (*caed-mentum v. caedo) Bruch-stein, Baustein; *adi.* caementicius 3 aus Bruchstei-nen *Sp.*

Caenīna, ae, *f.* C. [Städtchen nö. von Rom]; *adi.* **Cae-nīnus** 3 *L;* Einw. **Caenīnēnsēs,** ium, *m. L.*

caenum, ī, *n.* Schmutz, Unflat *VO; met.* Schmutzfink.

caepa, ae, *f.* und **caepe,** is, *n.* Zwiebel.

Caepiō s. Servilius.

Caere, *n. indecl.* C. [St. in Etrurien]; *adi.* **Caeres,** itis (ētis) *L;* Einw. **Caerītēs** (Caerētēs), um, *m. L* [mit Bürgerrecht ohne Stimmrecht; daher Caerite cera digni wert, das Bürgerrecht zu verlieren *H*].

caere(-i-)mōnia, ae, *f.* **1. Verehrung, Ehrfurcht:** summa *N.* **2. occ. Ehrwürdigkeit, Heiligkeit:** legatio-nis. **3.** *meton.* **Feierlichkeit, Zeremonie:** gravissima, caerimoniae sepulcrorum.

caerul(e)us 3 (v. caelum statt *caelul(e)us, § 38, 1) **1. himmelblau;** *n. pl. subst.* caerula caeli das Blau *O.* **2. meerblau, wasserblau:** aqua *O,* pontus, Thybris, glacies *V; n. pl. subst.* caerula das blaue Meer *V.* [Von Wassergottheiten:] deus (Neptunus) *O,* mater The-tis *H.* **3. dunkelblau:** serpens *O,* oculi, pubes blauäu-gig *H.* **4. blaugrün:** quercus *O,* Palladis arbor Öl-baum *O.* **5. blauschwarz, dunkel:** equi Plutonis *O,* su-dor *O,* imber, nubes, angues Eumenidum *V.*

Caesar, aris, *m.* (daher ' K a i s e r ', § 84, Abs. 2) C. [cog-nomen in der gens Iulia]. Bes. **1.** C. Iulius Caesar [der Staatsmann, Feldherr und Schriftsteller]. **2.** [Sein Neffe und Adoptivsohn C. Iulius Caesar Octavianus. Nach ihm führen alle Kaiser den Titel Caesar]. *Adi.* **Cae-sareus** 3: sanguis *O;* **Caesariānus** 3 (§ 75) *N.* Stadt-name: **Caesarēa** (-īa, § 91, Abs. 2), ae, *f.* C. [**1.** St. in Palästina *T.* **2.** St. in Mauretanien, dessen östlicher Teil Mauretania C a e s a r i e n s i s hieß].

caesariātus 3 mit dichtem Haar *C.*   Von

caesariēs, ēī, *f.* Haupthaar: (capilli) horrida caesaries fieri werden struppige Mähne *O; met.* barbae Haare *O.* E: vgl. ai. késara-s 'Haar', 'Mähne'.

Caesēna, ae, *f.* C e s e n a [St. in Oberitalien].

Caesia silva [Waldgegend zwischen Lippe und Ijssel] *T.*

caesim, *adv.* (caedo, § 79) hiebweise, mit einem Hieb *L; met.* dicere in einem Schlag.

caesius 3 blaugrau; leo grauäugig *Ca;* als Name Cae-sius Bassus [ein lyrischer Dichter] *Q.*

caespes, itis, *m.* (wohl von caedo) **1. Rasenstück, Ra-sen:** caespites comportare. **2.** *meton.* **Rasen, Rasen-platz:** de caespite virgo se levat *O.* **3. Altar aus Ra-sen:** carbo positus in caespite *H.* **4. Wurzelstock** *V.*

caestus, ūs, *m.* (caedo) Schlagriemen [aus Leder mit eingenähten Bleiknöpfen].

caesus *adi.* u. *pt. pf. pass.* v. caedo.

caetra, ae, *f.* leichter [spanischer] Schild.   Dav.

caetrātus 3 leichtbeschildet; *subst.* caetrātī, ōrum, *m.*

Caïcus, ī, *m.* C. [Fl. in Mysien] *VO.*

Cāiēta, ae, *f.* C. [**1.** Amme des Äneas; nach ihr **2.** Ha-fenst. in Latium: portus Caietae *V,* j. G a e t a].

Cāius s. Gaius.

Calaber, bra, brum kalabrisch; *subst.* **Calabria,** ae, *f.* C. [die salentinische Halbinsel Apuliens] *HL.*

Calactīnus 3 aus Calactē [St. an der N-Küste Siziliens].

Calagurris, is, *f., acc.* im C a l a h o r r a [St. im nö. Spanien] *L;* Einw. **Calagurritānī,** ōrum, *m.*

Calamis, idis, *m.* K. [Bildhauer der perikleischen Zeit].

calamister, trī, *m.* Brenneisen [zum Lockenbrennen]; *met.* Künstelei, Schnörkelei in der Rede.   Dav.

calamistrātus 3 mit dem Brenneisen gekräuselt.

calamitās, ātis, *f.* (wohl verw. mit in-columis) **1.** Scha-den, Verlust, Unheil; *pl.* Unglücksfälle, Mißgeschick. **2. occ.** Unfall, Schlappe, Niederlage.   Dav.

calamitōsus 3, *adv.* ē **1.** unheilbringend, unheilvoll, ver-derblich, schädlich. **2.** unglücklich, elend: civis.

calamus, ī, *m.* (κάλαμος) **1. Rohr, Schilf:** palus-tres *O.* **2. Halm, Stengel:** fragiles (leguminum) *V.* **3.** *meton.* [Gegenstände aus Rohr]: calamo signum adlinere *H,* calamos intingere *Q* **Rohrfeder;** calamo ducere pisces **Angelrute** *O;* calamos aptare **Rohr-stäbe** [als Stützen] *V;* arcus et calami **Rohrpfeile** *V;* ludere calamo **Rohrpfeife,** Flöte *V; pl.* **Hirtenpfeife,** Syrinx *V.*

calathus, ī, *m.* (κάλαθος) **1.** Körbchen: calathi Mi-nervae Wollkorb *V.* **2.** Schale: vina fundam cala-this *V.*

Cālātia, ae, *f.* C. [Städtchen sö. von Capua]; *adi.* u. Einw. **Cālātīnus.**

Calaurēa, ae, *f.* K. [Insel an der Küste der Argolis] *O.*

calcar, āris, *n.* Sporn, *met.* Ansporn.
E: v. I. calx durch (ferrum) *calcāre 'Ferseneisen'.

calceō 1. (calceus) beschuhen: pedes *Ph;* b i l d l. cal-ceati dentes die gut beißen *C.*

calceolus, ī, *m.* repandus Schnabelschuh.   Dem. von

calceus, ī, *m.* (I. calx) Schuh, Halbstiefel.

Calchās, antis, *m., abl.* Calchā *C* K. [gr. Seher].

Calchēdōn, onis, *f.* K. [St. gegenüber von Byzanz]; *adi.* u. Einw. Calchēdonius.

calciāmentum, ī, *n.* (calcio = calceo) Schuhwerk.
calcitrō, āre (I. calx) mit der Ferse schlagen *O.*
calcō 1. (I. calx) **1. treten. occ. a. betreten:** scopulum *O*, viam leti *H.* **b. ein-, festtreten:** uvas keltern *O*, agrum *V.* **2.** *met.* **mit Füßen treten, verachten:** libertatem *L.*
calculus, ī, *m.* (*dem.* von II. calx) **1. Steinchen:** dumosis calculus arvis Kies *V.* **2.occ.**Rechenstein; *meton.* **Rechnung:** ad calculos vocare berechnen, aliquem mit jemd. abrechnen *L*, calculum u. -os ponere in Rechnung ziehen *Pli.* **3. Stimmstein:** calculus demittitur in urnam *O*; *met.* errori album calculum adicere günstig beurteilen *Pli.* **4. Stein im Brettspiel** (lusus calculorum *Pli*): calculus perit *O.*
caldāria cella u. **caldārium**, ī, *n.* Warmbadezimmer. Von
caldus 3 synk. (§ 42) aus calidus s. d.
Calēdonia, ae, *f.* Hochschottland *T*; *adi.* Calēdonius 3 *Sp.*
cale-faciō, [jünger, § 42] **calfa(-i-)ciō** 3. fēcī; *pass.* calefiō, fierī, factus (§ 64, Anm.) **1.** warm machen, erwärmen: igne focum *O*, calefacta ora erhitzt *V*; bildl. forum warm halten *Sp.* **2.** *met.* entflammen, erregen: corda *V.* Dazu *frequ.*
cale-factō, āre erhitzen: aënum *H.*
calefactus *pt. pf. pass.* v. calefacio.
cale-fēcī *pf.* v. calefacio.
calefiō *pr. pass.* v. calefacio.
Calendae, ārum, *f.*, meist abgekürzt CAL. oder KAL. (*sc.* dies; *gerundivum* von calāre, älter *calēre, gr. καλεῖν 'ausrufen', also 'Ausruftage', weil an den Kalenden verkündet wurde, ob die Nonen auf den fünften oder den siebenten Monatstag fielen) die **Kalenden** (der erste Monatstag): tristes [als Zahltag für Zinsen] *H*; ad Kal. Graecas solvere nie *Sp*; *meton.* Monat *O.*
caleō 2. caluī (calitūrus *O*) **1. warm, heiß sein, glühen:** quom caletur wenn es heiß ist *C.* *met.* **2.** noch warm, **neu, frisch, sein:** illud crimen caluit. **3. entbrannt, entflammt sein, glühen:** in agendo, a recenti pugna infolge *L*, spe *Cu*, ad lucra auf Gewinn brennen *Pr.* **4. occ. a. in Liebe entbrannt sein:** feminā *H.* **b. mit Eifer betrieben werden:** indicia calent.
Calēs, ium, *f.* C. [St. in Kampanien, ber. durch ihren Wein] *V*; *adi.* **Calēnus** 3 *H.*
calēscō 3. caluī (*incoh.* zu caleo) **1.** warm, heiß werden. **2.** *met.* erglühen: est deus in nobis; agitante calescimus illo *O.*
Caletī, ōrum u. -ēs, um, *m.* die C. [Volk in der Normandie].
calfaciō, calfactus, calfeci, calficiō s. cale-facio.
calidus 3, synk. (§ 42) **caldus** (caleo) **1.** warm, heiß: Calidae Aquae [Badeort bei Tunis] *L.* **2.** *met.* hitzig: redemptor geschäftig *H*, iuventā leidenschaftlich *H*, consilia heißblütig, unbesonnen *L.*
caliendrum, ī, *n.* Perücke *H.*
caliga u. *dem.* **caligula**, ae, *f.* Soldatenstiefel; dav. **caligātus**, ī, *m.* einfacher Soldat *Sp.*
cālīginōsus 3 neblig, dunstig, düster. Von
I. cālīgō, inis, *f.* **1. Finsternis, Dunkel:** caeca *V*; **occ. Schwindel:** oculis caliginem offundere schwindlig

machen *L.* **2.** *meton.* **Nebel, Qualm, Rauch:** nigra Staubwolke, picea Rauchwolke *V.* *met.* **3. Nacht, Dunkel:** animis offusa caligo Unwissenheit, res caligine mersae *V.* **4. Trübsal, Elend:** temporum.
E: ai. kāla-s 'blauschwarz', gr. κηλίς. Dazu
II. cālīgō 1. *trans.* umdunkeln; *intr.* dunkel, finster sein: mundus caligans *Cu*; *met.* blind sein: ad cetera *Cu.*
calitūrus *O pt. fut.* v. caleo.
calix, icis, *m.* **1.** Becher. **2.** Topf, Schüssel *CO.*
E: κύλιξ, dtsch. Kelch.
Callaïcus hostis die Galicier [Volk im nw. Spanien] *O.*
calleō 2. uī (callum) dickhäutig, schwielig sein; *met.* **1.** geübt, erfahren sein: rei usu *L.* **2.** kennen, wissen, verstehen: urbanas rusticasque res *L*; mit *inf. H.*
Callicula, ae, *m.* C. [Berg bei Casilinum] *L.*
calliditās, ātis, *f.* **1.** Gewandtheit: ingenii *N.* **2.** Schlauheit, Verschlagenheit, Verschmitztheit. Von
callidus 3, *adv.* ē (calleo) **1. erfahren, geübt:** medicus; mit *dat.* offensionibus accendendis *T*; **occ. vertraut, bewandert:** temporum, rei militaris *T.* **2. klug, einsichtig;** [von Sachen] **sinnreich, fein ausgedacht:** callide cogitare *N*, liberalitas berechnend *N*, factum. **3. schlau, verschlagen, gerieben.**
Callimachus, ī, *m.* K. [Dichter aus Kyrene um 250].
Calliopē, ēs u. **-pēa**, ae, *f.* K. [Καλλιόπη 'die Schönstimmige', Muse der epischen Dichtung, Mutter des Orpheus] *V*; *meton.* mea C. mein Lied *O.*
Callipolis, is, *f.* C. **[1.** Gelibolu (Gallipoli), St. am Hellespont *L.* **2.** St. in Ätolien *L*].
callis, is, *m.* u. *f.* **1.** Triftweg, Bergpfad, Waldsteig: iter callium Marsch durch den Engpaß *Cu*; Ameisenpfad *VO.* **2.** *pl. meton.* Wald-, Bergtriften: Italiae callīs praedari.
callōsus 3 dickhäutig: ova *H.* Von
callum, ī, *n.* **1.** harte Haut, Schwiele, Schwarte. **2.** *met.* Unempfindlichkeit, Stumpfsinn: callum obducere dolori unempfindlich machen.
cālō, ōnis, *m.* (wohl verw. mit cacula) Troßknecht, Stallknecht, Pferdeknecht.
calor, ōris, *m.* (caleo) **1.** Wärme, Hitze. **2.** *met.* Glut, Feuer, Leidenschaft: cogitationis *Q*; calorem trahere sich verlieben *O*, calores Aeoliae puellae die Liebesglut der Sappho *H.*
Calpē, ēs, *f.* C. [Gibraltar].
Calpurnius 3 im *n. g.* der Familien der Pisones, Bestiae, Bibuli u. a. Bes. **1.** L. Calpurnius Piso Frugi [cos. 133]. **2.** C. Calpurnius Piso [Schwiegersohn Ciceros]. **3.** L. Calpurnius Piso Caesonius [Schwiegervater Caesars, Gegner Ciceros].
caltha, ae, *f.* gelbe Blume [Ringelblume, Goldlack] *V.*
calumnia, ae, *f.* **1.** Rechtsverdrehung, Schikane, trügerische Anklage: iurare calumniam (in aliquem *L*) daß man nicht falsch anklage, calumniam ferre = calumniae condemnari wegen falscher Anklage *T.* **2.** *met.* Kunstgriff, Kabale: religionis trügerischer Vorwand, Academicorum Verdrehung, nimia contra se allzu strenge Selbstbeurteilung *Q.*
E: von *calumnus, einem alten *pt.* des Verbs calvor 3. 'Ränke schmieden', § 64, Abs. 4.

calumniator   65   **Canicula** C

calumniātor, ōris, *m.* Rechtsverdreher.   Von
calumnior 1. (calumnia) fälschlich anklagen: calumniari si quis voluerit ausstellen, mäkeln *Ph,* se sich zu streng beurteilen *Q.*
calva s. calvus.
Calvēna, ae, *m.* (v. calvus; 'Kahlkopf') = Matius [Freund Caesars].
calvitium, ī, *n.* Glatze.   Von
calvus 3 kahl, glatzköpfig; *subst.* **calva,** ae, *f.* Hirnschale *L.*
   E: ai. kulva-s 'kahl'.
I. calx, cis, *f.* Ferse; [von Tieren]: Huf: calces remittere ausschlagen *N;* s p r i c h w. pugnis et calcibus = mit aller Macht.
II. calx, cis, *f.* (χάλιξ, §§ 42 u. 91, Abs. 2) **1.** Kalk. **2.** *meton.* [das mit Kalk bezeichnete Ende der Rennbahn] Ziel, Ende: nunc video calcem; s p r i c h w. ad carceres a calce revocari = von neuem beginnen.
Calycadnus, ī, *m.* C. [Vorgebirge in Kilikien] *L.*
Calydōn, ōnis, *f.* K. [Hauptst. Ätoliens]; *adi.* **Calydōnius** 3 ätolisch: amnis Achelous *O,* heros Meleager *O,* regna des Diomedes [in Apulien] *O; fem.* **Calydōnis,** idis: *adi.* matres *O; subst.* Deianira *O.*
Calymnē, ēs, *f.* C. [Sporadeninsel] *O.*
Calypsō, ūs, *f., acc.* ō K. [Nymphe auf der Insel Ogygia, Tochter des Atlas].
camara s. camera.
Camarīna, ae, *f.* C. [St. im Südwesten von Sizilien].
Cambūniī montes [Grenzgebirge Makedoniens und Thessaliens] *L.*
camella, ae, *f.* (*dem.* von camera) Schale *O.*
camēlus, ī, *m.* (κάμηλος) K a m e l.
Camēna, altl. Casmēna, ae, *f.* Kamene [weissagende Quellnymphe, später der gr. Μοῦσα gleichgestellt]; *meton.* Lied, Gedicht: prima *H.*
camera, [älter, § 41] camara, ae, *f.* (καμάρα) Gewölbe; *occ.* Barke [mit gewölbtem Bretterdach] *T.*
Cameria, ae, *f.* u. **-ium,** ī, *n.* C. [sabinische St. in Latium] *LT.*
Camerīna = Camarina.
Camerīnum, ī, *n.* C. [St. in Umbrien]; *adi.* und Einw. **Camers,** rtis.
Camillus s. Furius.
camīnus, ī, *m.* (κάμινος) Ofen, Feuerstätte, Kamin; *occ.* Schmelzofen, Schmiedeesse *O.*
Camīrus, i, *f.* C. [St. auf Rhodos].
Campānia, ae, *f.* Kampanien; *adi.* u. Einw. **Campānus** (Campāns *C*).
campester, tris, tre **1. auf (in) der Ebene, flach:** loca eben *NL,* Scythae der Steppe *H,* hostis an den Kampf in der Ebene gewöhnt *L; subst.* pauca campestrium wenige Stellen der Ebene *T.* **2. occ. auf dem Marsfeld** (campus): gratia Einfluß auf dem Wahlfeld *L,* certamen *L;* arma Turngeräte *H; subst.* **campestre,** is, *n.* Kampfschurz *H.*   Von
campus, ī, *m.* **1. Feld, Gefilde, Ebene:** viridis *V;* = Ackerland, Saatfeld: opimus *L,* pinguis *V;* = Schlachtfeld, offene Feldschlacht: numquam in campo sui fecit potestatem *N;* nomen pr. Magni campi [bei Utica] *L,* Macri campi [in der südl. Po-

Ebene] *L.* **2. met. Fläche:** liquentes, salis Meer *V.* **3. occ. Platz:** Sceleratus *L;* c. Martius, campus: das **Marsfeld** [die Ebene am Tiber zwischen Pincio und Kapitol, zu Wahlversammlungen, als Turnplatz und Exerzierfeld benutzt, seit 100 allmählich verbaut]; *meton.* = comitia. **4. met. Spielraum, Tummelplatz:** in re p., rhetorum Gemeinplatz.
Camulodūnum, ī, *n.* C o l c h e s t e r [St. nö. von London] *T.*
camur 3 (vgl. καμάρα) gekrümmt: cornua *V.*
Cānae, arum, *f.* C. [Küstenst. in der Äolis] *L.*
canālis, is, *m.* (urspr. *adi.* zu canna, § 46) Röhre, Rinne, Wasserrinne, Kanal.
canārium augurium (canis) Prophezeiung mittels eines Hundeopfers *Sp.*
Canastraeum, ī, *n.* C. [Vorgebirge auf Pallene] *L.*
cancellī, ōrum, *m.* Gitter, Schranken; *met.* Schranken.   E: *dem.* v. cancer 'Gitter', Nbf. v. carcer.
cancer, crī, *m.* **1. Krebs.** *met.* **2. Krebs** [Sternbild]; cancri bracchia Süden *O.* **3. Krebsgeschwür** *O.*   E: ai. karkatas 'Krebs', kankatas 'Panzer', gr. καρκίνος.
Candāvia, ae, *f.* C. [Gebirgsgegend Illyriens].
cande-faciō, ere (candeo) weiß machen *C.*
candēla, ae, *f.* (candeo) Wachsschnur *L.*   Dav.
candēlābrum, ī, *n.* Leuchter, K a n d e l a b e r.
candeō 2. duī (wohl durch ein *adi.* *cānidus von cāneo; vgl. ardeo: āridus, zur Synkope § 42) **1. glänzend weiß sein,** meist candens. **2. occ. glühen:** candens carbo. **3. met. glänzen:** cocco tincta vestis candet *H.*   Dazu *incoh.*
candēscō 3. duī **1.** weiß erglänzen: solis ab ortu *O.* **2.** erglühen: fervoribus *O.*
candidātōrius 3 eines Amtsbewerbers.   Von
candidātus, ī, *m.* (candida) der [mit weißer Toga bekleidete] Amtsbewerber, Kandidat.
candidulus 3 schön weiß: dentes.   *Dem.* von
candidus 3 (candeo) **1. weiß, blendendweiß, weißglänzend, schneeweiß:** equus Schimmel *OT,* avis Storch *V;* toga *L,* turba weiß gekleidet *TiO;* sententia [durch weißen Stimmstein bezeichnet] beipflichtend *O;* (Quintia) mit hellem Teint *Ca.* **2. strahlend, glänzend:** Dido strahlend schön *V* = dux *H;* dies heiter, hell *O,* Favonius aufhellend *H.* **3. heiter, froh, glücklich:** fatum *O,* natalis *Ti,* convivia *Pr.* **4. aufrichtig, ehrlich, redlich:** animae, ingenium *H.* **5.** [von der Darstellung] **klar, ungekünstelt:** dicendi genus; Messala *Q.*
candor, ōris, *m.* (candeo) **1. glänzendweiße Farbe, Glanz:** tunicarum *L; occ.* **Schimmer, Glanz:** solis, caeli. *met.* **2. Aufrichtigkeit, Redlichkeit:** animi *O.* **3. Einfachheit, Natürlichkeit:** clarissimus *Q.*
canduī *pf.* v. candeo oder candesco.
cāneō 2. uī (canus) weiß, grau sein; meist **canēns,** entis weiß, grau.
canēphoroe, *f., sg.* canephora, ae *Sp* (κανηφόροι, § 91, Abs. 2) Korbträgerinnen [Jungfrauen, die bei den gr. Festen die Opferkörbchen auf dem Kopf trugen].
cānēscō 3. uī (*incoh.* zu caneo) grau werden; **occ.** altern.
Canīcula, ae, *f.* (*dem.* von canis) der Sirius.

canis 66 **capillamentum**

canis (canēs *C*), is, *m.* u. *f.* (vgl. κύν-ες) **1. Hund:** tergeminus, Echidnaea Cerberus *O.* **2.** [Schmähwort]: Hund. **3. Hundswurf** [wenn jeder Würfel die Eins zeigt]: damnosi *O.* **4.** [zwei Sternbilder]: der **Große Hund** mit dem Sirius; der **Kleine Hund** [Hund der Erigone, Erigonēïus *O*].

canistra, ōrum, *n.* (κάναστρον) Körbchen aus Rohr.

cānitiēs, ēī, *f.* (canus) **1. graue Farbe:** capitum das Ergrautsein *Cu. meton.* **2. graues Haar. 3. Alter:** morosa *H.*

canna, ae, *f.* (κάννα) Rohr, Schilf: flexae Schilfkranz *O*; *meton.* Rohrpfeife *O*; *nomen pr.* **Cannae,** ārum, *f.* C. [Ort am Aufidus (Canna), Schlacht 216]; *adi.* **Cannēnsis,** e.

Canninefātēs, ium, *m.*, *sg.* u. *adi.* **Canninefās** die C. [batavischer Stamm] *T.*

canō 3. cecinī, cantātus **tönen,** u. zw.
    I. *intr.* **1. singen:** surdis auribus tauben Ohren predigen *L.* **2.** von Tieren: (noctua) canit klagt, heult *V*; ranae cecinere quakten *V.* **3.** von Instrumenten: **ertönen, erschallen:** tubae cecinerunt *L*; classicum canit das Zeichen zum Angriff ertönt. **4.** *meton.* (mit *abl.*) **spielen, blasen:** harundine *O*, fidibus, citharā.
    II. *trans.* **1. singen:** carmen; indoctum ungeschult *H.* *occ.* **a. besingen:** Gigantes *O*, clarorum virorum laudes. **b. dichten:** Ascraeum carmen *V.* **2. weissagen, vorhersagen, verkünden:** haec cecinit ut vates *N*; [ironisch]: praecepta vortragen *H.* **3.** (Instrumente) **spielen, blasen, ertönen, erklingen lassen:** classicum, signa das Zeichen zum Angriff geben *SL,* bellicum den Kriegsruf erschallen lassen, receptui (receptūs *O*) zum Rückzug blasen *L.*
    E: κανάζω 'töne', ἠϊκανός 'Frühsänger, Hahn', got. hana 'Hahn'.

canōn, onis, *m.* (κανών) Regel, Richtschnur *Sp.*

Canōpus, ī, *m.* C. [St. an der westl. Nilmündung]; *meton.* gens Canopi des Nildeltas *V.*

canor, ōris, *m.* (cano) Gesang *O*; *occ.* Klang *VO.* Dav.

canōrus 3 **1.** singend, spielend, klingend: turba Bläser *O*, aves Singvögel *V*, ales Singschwan *H*, fides, aes helltönend *V.* **2.** wohlklingend: vox; versus *H*; *subst. n.* canorum Wohlklang.

Cantabrī, ōrum, *m.* die C. [Volk in Nordspanien]; *sg.* Cantaber *H*; das Land: **Cantabria,** ae, *f.*; *adi.* Cantabricus 3.

cantāmen, inis, *n.* (canto) Zauberformel *Pr.*

cantātus *pt. pf. pass.* v. cano oder canto.

cantharis, idis, *f.* (κανθαρίς) spanische Fliege.

cantharus, ī, *m.* (κάνθαρος) Humpen, Krug.

canthērius, ī, *m.* (κανθήλιος) Wallach: crucians Klepper, Gaul *C*; sprichw. minime cantherium in fossam = nicht so verkehrt gehandelt *L*; *adi.* cantherīnus 3.

canticum, ī, *n.* (cano) **1.** lyrische Stelle [in der Komödie, mit Flötenbegleitung]: agere vortragen *L*; paene canticum singender Vortrag. **2.** *synecd.* Lied, Gesang.

cantilēna, ae, *f.* (canto) das alte Lied, die alte Leier.

cantiō, ōnis, *f.* (cano) Gesang; *occ.* Zauberformel.

cantitō, āre (Doppelfrequ. v. cano) oft singen.

Cantium, ī, *n.* Kent [Landsch. sö. von London].

cantō 1. (*frequ.* v. cano) **I.** *intr.* **1. singen. 2. ertönen:** cantabat tibia *O*; mit *abl.* **spielen, blasen:** tibiis *N.* **II.** *trans.* **singen, vortragen:** Catullum *H*, tragoedias *Sp.* *occ.* **a. besingen, preisen, verherrlichen:** cantatus Achilles *O*, convivia *H.* **b. dichten:** carmina *H.* **c. besprechen, bezaubern, bannen:** herbas *O*, cantando rumpitur anguis *V.* **d. verkünden, wiederholen, einschärfen:** quod cantat avis *Ti*, haec canto tibi predige dir *C.*

cantor, ōris, *m.* (cano) **1.** Sänger: Euphorionis Lobhudler, formularum Herleierer. **2.** *occ.* Schauspieler *Cic. Sest. 118.* H *Ep. 2, 3, 155.* Dazu

cantrīx, īcis, *f.* Sängerin *C.*

cantus, ūs, *m.* (cano) **1.** das **Singen, Gesang;** [von Tieren]: gallorum Krähen, perdicis Schnarren *O.* **2. Klang, Musik:** bucinarum; tibicinum Spiel *Cu.* **3. Zauberspruch:** cantu vertere in pisces *O.*

cānuī *pf.* v. caneo oder canesco.

Canulēius 3 im *n. g.* (pleb.): C. Canuleius [tr. pl. 445, beantragte die Zulassung von Ehen zwischen Patriziern u. Plebejern] *L*; *adi.* Canulēius .

cānus 3 **1.** weiß, grau, grauhaarig: capilli *H* u. cani: graues Haar; seges gelb *O.* **2.** alt, ehrwürdig: Fides *V.* E: statt *casnus, § 30, vgl. cascus 'alt', oskisch casnar 'Greis', caries 'Schimmel' aus *casies, angelsächsisch hasu 'grau'.

Canusium, ī, *n.* Canosa [urspr. gr. St. in Apulien]; *adi.* u. Einw. **Canusīnus.**

capācitās, ātis, *f.* (capax) Raum, Räumlichkeit.

Capaneūs, eī, *m.* K. [einer der Sieben gegen Theben] *O.*

capāx, ācis (capio) **1.** fassungsfähig, geräumig: cibi der viel essen kann *L.* **2.** *met.* empfänglich, fähig, tauglich: imperii fähig zu *T*, gloriae empfänglich für *Cu*, fortuitorum dem Zufall Raum lassend *T*, mentis teilhaftig *O.*

capēduncula, ae, *f.* (vgl. capudo) kleine Opferschale.

capella, ae, *f.* (*dem.* v. capra) Ziege; *met.* die Ziege [Stern im Fuhrmann].

Capēna, ae, *f.* C. [St. in Etrurien]; *adi.* u. Einw. **Capēnās,** ātis; in Capenati im Gebiet von C.; **Capēnus** 3 *V.*

Capēna porta die P. Capena [Tor zur via Appia zwischen Aventin und Caelius].

caper, prī, *m.* (κάπρος) Bock, Ziegenbock.

capessō 3. īvī, ītus (*intens.* v. capio) **1.** hastig **ergreifen, fassen, packen:** cibum dentibus, arma *VO.* *met.* **2.** wohin **streben, hineilen, hinwandern:** medium locum, superiora; alios finīs *V*, turrīs losgehen auf *V.* **3.** mit Eifer **ergreifen, anfassen, übernehmen,** an etw. **gehen:** viam einschlagen *L*, bellum, proelium *LCu*, pugnam manu handgemein werden *T*, otium aufsuchen *T*, noctem zubringen *T*, iussa (imperia *C*) erfüllen *V*, rem p. die politische Laufbahn betreten, magistratūs, imperium übernehmen *T*, provincias die Verwaltung der P. *T*, inimicitias stiften *T.*

Caphāreūs u. **-ēreūs,** eī, *m.* Kap K. [die sö. Spitze Euböas]; *meton.* perpetimur Caphārea Schiffbruch am Kap K. *O*; *adi.* **Caphēreūs** 3 kaphareisch *PrO.*

capillāmentum, ī, *n.* **1.** Perücke *Sp.* **2.** Wurzelfasern *Sp.* Von

capillus   67   **capto** C

capillus, ī, *m.* (verw. mit caput) (Haupt-)Haar.
capiō 3. cēpī, captus, arch. *optat.* capsis = ceperis (vgl. κάπτω 'schnappen', κώπη 'Griff') **fassen**

> A. I. 1. **erfassen, ergreifen, nehmen**; *occ.* (Orte) *a.* **besetzen**; *b.* **erreichen, gewinnen**; *met.* 2. **nehmen, ergreifen, fassen**; *occ. a.* **vornehmen, anstellen**; *b.* **übernehmen, antreten**.
> II. **wählen, erwählen, aussuchen**.
> III. 1. (feindlich) **wegnehmen, sich aneignen**; *occ. a.* **fangen, gefangen nehmen**; *b.* **erbeuten**; *c.* **einnehmen, erobern, kapern**; *met.* 2. **fortreißen, ergreifen, packen**; *occ. a.* **einnehmen, anziehen, fesseln, gewinnen**; *b.* **betören, überlisten**; *c.* **verlocken, verleiten**; 3. *pass. a.* **gelähmt werden, erkranken**; *b.* (geistig) **geschwächt werden**.
> IV. 1. **empfangen, erhalten, bekommen, annehmen**; *occ. a.* Geld **nehmen, sich bestechen lassen**; *b.* Einkünfte **beziehen, einnehmen**; *met.* 2. **aufnehmen**; 3. **empfangen, bekommen, sich zuziehen**; *occ. a.* **zu empfinden beginnen**; *b.* Gestalt u. dgl. **annehmen**.
> B. 1. (räumlich) **fassen, in sich aufnehmen**; *met.* 2. zu etw. **geeignet, brauchbar, passend sein; entsprechen, vertragen, ertragen, leisten können**; 3. **richtig auffassen, begreifen**.

    A. I. 1. arma, cibum. **a.** montem; locum Stellung einnehmen. **b.** portum; montes fugā zu erreichen suchen *L.* 2. amorem, spem fassen *O*, consuetudinem sich aneignen, impetum Anlauf nehmen *Cu*, coniecturam mutmaßen, initium (exordium) beginnen; poenas bestrafen *O*. **a.** augurium *L*, orgia *V*. **b.** consulatum, magistratus, rem p. die politische Laufbahn.
    II. locum castris idoneum, templa ad inaugurandum *L*, prospectum eine Stelle zur Aussicht *L*; eum iudicem (flaminem) zum . . . wählen *L*.
    III. 1. res; rem p. die Staatsgewalt an sich reißen. **a.** pisces, uros foveis; vivum Thuym *N*, vinclis fesseln *V*. **b.** praedas (ex hostibus *L*) *N*, pecuniam *Cu*. **c.** Eretriam *N*, castra, oppidum de (ex) hostibus *L*, navem *O*. 2. senatum metus cepit *L*, ubi periculum quemque ceperat überraschte *S*, animum capit cura *L*. **a.** oculos (lumina) *OCu*, aures *O*, captus voce novā, temperie aquarum *O*, eius humanitate *N*, amore captivae *L*. **b.** aliquem subdola oratione, blanditiis *Cu*, errore capi *L*. **c.** consuetudine, compendio capti. 3. **a.** luminibus (altero oculo) capi erblinden *L*, auribus captus taub, pedibus (membris) gelähmt. **b.** mente captus geistesschwach, verrückt; velut mente captā wie besessen *L*; captus animi schwach im Geiste *LT*; superstitione befangen *Cu*.
    IV. 1. nomen ex re, divitias per eum *N*, munus ab eo *O*. **a.** quos pecuniae captae accersebat als Bestochene *S*. **b.** vectigal ex agro *NL*, fructum Vorteil haben; oculis fructum seine Augen weiden *N*. 2. fessos tellus cepit *O*; cape dicta memor nimm auf und bewahre *V*. 3. videant consules ne quid detrimenti capiat res p.; virtutis opinionem; somnum, quietem

einschlummern, Ruhe finden. **a.** ex aliqua re laetitiam, dolorem, desiderium. **b.** novas figuras, faciem, duritiam, vires nocendi *O*.
    B. 1. vallum multitudinem capit *Cu*, portae non capiebant funera *O*, nec iam se capit unda hält sich nicht mehr, wallt auf *V*; bildl. orbis te non caperet *Cu*, animo iram beherrschen *OCu*. 2. libri litterarum notas capiunt passen für *Cu*, fortunam, plus quam capis ertragen kannst *Cu*, promissa, quanta eius fortuna capiebat zuließ *Cu*. 3. veram speciem senatūs *L*, mens eorum hoc non capit *L*.
capis, idis, *f.* Henkelschale [zum Opfern] *L.*
capistrātus 3 angeschirrt: tigres *O*.   Von
capistrum, ī, *n.* (capio) Halfter, Maulkorb.
capitālis, e, *adv.* **iter** (caput) 1. den Kopf (das Leben) betreffend, **Tod(es)-:** res, crimen Kapitalverbrechen, poena *L*, tres viri [Kollegium von drei Männern für Sicherheitsaufgaben und Strafvollzug]; *subst.* **capital** (seltener **-āle,** § 55), ālis, *n.* **todeswürdiges Verbrechen.** *met.* 2. **tödlich, todbringend, verderblich:** hostis Todfeind, oratio. 3. **vorzüglich, Haupt-:** ingenium *O.*
capitō, ōnis, *m.* (caput) großköpfig.
Capitōlium, ī, *n.* (caput) das Kapitol [der das Forum westl. beherrschende Hügel mit der arx, dem tarpeischen Felsen und dem Iuppitertempel]; *adi.* **Capitōlīnus** 3: ludi [zu Ehren des Iuppiter C.] *L.*
capitulātim (capitulum) *adv.* zusammengefaßt *NSp.*
Cappadox, cis, *m.* Kappadokier; **Cappadocia,** ae, *f.* K. [Landsch. im Innern Kleinasiens].
capra, ae, *f.* (caper) 1. Ziege, Geiß. 2. *met.* Ziege [Sternbild]. 3. *meton.* Bocksgeruch *H.* Caprae oder Capreae palus 'Ziegensumpf' [die Stelle des Marsfeldes, wo Romulus verschwand].
caprea, ae, *f.* (zu capreus, s. capreolus) Reh.
Capreae, ārum, *f.* C a p r i [Ziegeninsel] *T.*
capreolus, ī, *m.* (*dem.* von *adi.* capreus zu caper) Rehböckchen *V*; *met. pl.* die Streben, Stützenträger.
Capri-cornus, ī, *m.* der Steinbock [Sternbild].
capri-fīcus, ī, *f.* 'Ziegenfeige', wilder Feigenbaum.
capri-genus 3 (gigno) von Ziegen stammend *V.*
capri-mulgus, ī, *m.* (capra, mulgeo) Ziegenmelker, Hirt *Ca.*
caprīnus 3 (caper, § 75) Bocks-, Ziegen-: pellis.
capri-pēs, pedis bocksfüßig: Satyri *H.*
I. capsa, ae, *f.* (κάψα, zu capio) Behälter, K a p s e l .
II. Capsa, ae, *f.* G a f s a [Oase südl. von Tunis] *S*; Einw. **Capsēnsēs,** ium, *m.*
captātor, ōris, *m.* (capto) Jäger: aurae popularis *L*; *occ.* Nasica Erbschleicher *H.*
captiō, ōnis, *f.* (capio) 1. Täuschung, Betrug; *occ.* Trugschluß. 2. Schaden, Nachteil.   Dav.
captiōsus 3 arglistig, verfänglich, sophistisch.
captiuncula, ae, *f.* (*dem.* v. captio) Verfänglichkeit.
captīvitās, ātis, *f.* 1. Gefangenschaft. 2. *occ.* Einnahme: urbium *T*.   Von
captīvus 3 (captus) 1. (kriegs)gefangen; *occ.* erbeutet: naves; pecunia. 2. *subst. m.* u. *f.* Gefangene(r), Kriegsgefangene(r). 3. der Kriegsgefangenen: lacerti *O*, habitus *Cu.*
captō 1. (*frequ.* zu capio) 1. nach etw. **greifen, fassen,**

captura   68   **carmen**

haschen, schnappen: imbrem hianti ore *Cu*, captatus anhelitus oris *O*; sonitum (aëra *V*) aure belauschen, horchen auf *L*; *occ.* **jagen, zu fangen suchen:** feras laqueo; Hesperie saepe captata aufgesucht, begehrt *O*. *met.* **2. haschen, trachten, streben, zu erlangen suchen:** consilium schmieden *C*, tempus rogandi *O*, solitudines aufsuchen, testamenta erschleichen *H*; mit *inf. OPh*. **3. überlisten, hintergehen:** insidiis hostem *L*, gens captata Philippo *L*; cum illo ihn *C*.

captūra, ae, *f.* (capio) Fang, Gewinn *Sp*.
I. captus *pt. pf. pass.* v. capio.
II. captus, ūs, *m.* (capio) Auffassung.
Capua, ae, *f.* C. [Hauptstadt Kampaniens].
capūdō, inis, *f.* (capio) Opferschale.
capulus, ī, *m.* (capio) Griff, Handhabe; *occ.* **Schwert**griff; dav. (Bed. 'Sarg') **capulāris,** e dem Sarg nahe *C*.
caput, capitis, *n.* (ai. kapālam 'Schädel', kapuchalam 'Haar am Hinterkopf')

---

1. **Haupt, Kopf;** 2. **Spitze, Ende;** *occ.* **Quelle, Mündung;** 3. *synecd.* **Mensch, Mann, Person;** *occ.* (von Tieren) **Haupt, Stück;** *meton.* 4. **Leben;** 5. persönliches **Recht,** bürgerliche **Ehre;** *met.* 6. **Haupt, Hauptperson;** 7. **Hauptsache, Hauptpunkt;** 8. **Hauptstück, Abschnitt, Kapitel;** 9. **Hauptort, Hauptstadt;** 10. **Hauptsumme, Kapital.**

---

1. capite demisso gesenkten Hauptes, aperto barhäuptig, operto bedeckten Hauptes; incolumi capite gesunden Verstandes *H*; s p r i c h w. nec caput nec pedes 'das hat nicht Hand noch Fuß'; supra (super *T*) caput esse 'auf dem Nacken sitzen'. **2.** molis Vorderende *Cu*, tignorum, capita vitis Ranken, curvata capita die Enden des Bogens *V*, iocineris Leberkopf (s. familiaris) *L*. *occ.* sacrum caput amnis *V*, Rhenus multis capitibus in Oceanum influit; *met.* miseriarum Ursprung, maleficii Ausgangspunkt, sine capite manabit aus unbekannter Quelle. **3.** liberum, innoxium Freier, Unschuldiger; capita singula ex captivis je ein Gefangener, capite censi die unterste Bürgerklasse [nach Häuptern gezählt] *SL*; *occ.* bina boum capita *V*. **4.** capitis periculum *N*, capitis poena Todesstrafe, suum caput vovere *L*; iudicium capitis über Leben und Tod *N*, capitis (capite) damnare zum Tode, accusare auf Leben und Tod anklagen u. a. **5.** caput agitur die bürgerliche Existenz, certamen capitis et famae. **6.** coniurationis Rädelsführer, capita rerum Häupter des Staates *L*. **7.** litterarum Hauptinhalt, cenae Hauptgang, in omni procuratione Hauptgrundsatz. **8.** de re p. capita Abschnitte. **9.** Mediae *Cu*; aber: Thebae caput totius Graeciae die bedeutendste Stadt *N*, rerum (Roma) der Welt *T*, Praeneste caput belli Hauptsitz *L*. **10.** de capite deducite, quod usuris pernumeratum est *L*.
Cār, Cāris, *m.*, gew. *pl.* Cārēs, *acc.* as die K. [Volk im sw. Kleinasien]; das Land **Cāria,** ae, *f.*; **cārica,** ae, *f.* (*sc.* ficus) karische getrocknete Feige *O*.
Caralēs, ium, *f.* C a g l i a r i [St. auf Sardinien]; *adi.* u. Einw. **Caralītānus.**

carbasus, ī, *f.* u. **-a,** ōrum, *n.* (Baumwoll-)Batist, Musselin; carbasa Musselingewänder *Cu*; d i c h t. Segel; *adi.* **carbaseus** u. **-sus** (*Pr*) 3 aus Musselin.
E: vgl. κάρπασος, ai. karpāsa-s 'Baumwolle'.
carbō, ōnis, *m.* Kohle; *dem.* **carbunculus,** ī, *m.,* *met.* Gram *C*.
Carcasō, ōnis, *f.* C a r c a s s o n n e [St. westl. v. Narbo].
carcer, eris, *m.* **1.** Schranken der Rennbahn (in Prosa stets *pl.*). **2.** *occ.* Kerker, Gefängnis, Gewahrsam; *meton.* die eingesperrten Verbrecher; [als Schmähwort]: Schuft *C*. Dav. **carcerārius** 3: quaestus des Kerkermeisters *C*.
E: sikulisch κάρκαρον, dtsch. K e r k e r.
carchēsium, ī, *n.* (καρχήσιον) Trinkgefäß [in der Mitte enger, mit Henkeln vom Rand bis zum Boden] *VO*.
carcinōma, atis, *n.* (καρκίνωμα) Krebsgeschwür *Sp*.
cardacēs, um, *m.* die 'Braven, Wackeren' [persische Truppe] *N*.
E: persisch karda 'stark'.
cardiacus 3 (καρδιακός) magenleidend *H*; auch *subst.*
Cardiānus 3 aus Kardia [St. auf der Chersones] *N*.
cardō, inis, *m.* **1.** Türangel, -zapfen. **2.** *met.* Dreh-, Wende-, Angelpunkt: mundi Nordpol *O*, duplex (d i c h t.) Weltachse (Nord- und Südpol); Scheidepunkt, Grenzscheide *L*.
carduus, ī, *m.* (cārō) Distel, K a r d e *V*.
cārectum, ī, *n.* (carex) ein Ort voll Riedgras *V*.
careō 2. uī, itūrus (aus *caseo, § 29, vgl. castus) mit *abl.* **1. frei, leer, ledig sein** von etw., **nicht besitzen, ermangeln;** *occ.* **sich fernhalten, fernbleiben:** foro, patria. **2. entbehren, vermissen, entsagen, verzichten müssen:** vir mihi carendus dessen ich entbehren muß *O*.
Cārēs, Cāria, cārica s. Car.
cārex, icis, *f.* Riedgras *V*.
cariēs, *f., acc.* em, *abl.* ē (aus *casies, § 29, verw. mit canus, cascus) Morschheit, Fäulnis *O*.
carīna, ae, *f.* **1.** Schiffskiel, Kiel. **2.** *meton.* Schiff. **Carīnae,** ārum, *f.* die C. [Stadtteil in Rom, an der Westseite des Esquilin] *VHL*.
cariōsus 3 (caries) morsch, mürbe: dentes *Ph*.
Caristia s. Charistia.
cāritās, ātis, *f.* (carus) **1.** hoher Preis, Teuerung: annonae. **2.** *met.* Hochachtung, Hochschätzung, Liebe; mit *gen. obi.* patriae; in regem *Cu*, erga patriam *L*.
caritūrus *pt. fut.* v. careo.
Carmānia, ae, *f.* C. [Landsch. am persischen Golf] *Cu*.
Carmēlus, ī, *m.* K a r m e l [Gebirge in Galiläa] *T*.
carmen, inis, *n.* (vermutlich dissimiliert aus *canmen von cano, § 38) **1. Formel, Spruch:** lex horrendi carminis Wortlaut *L*, rogationis, precationis *L*. *occ.* **2. Zauberspruch:** auxiliare *O*, **3. Orakelspruch:** vatum *SLT*, Apollinis *T*. **4.** poetische **Aufschrift, Inschrift:** Acci carmina Epigramme. **5. Dichtung, Gedicht, Lied:** famosum malum *H*, probrosum *T* Pasquill, in imperatorem Spottgedicht *L*; bisweilen: **Stelle, Vers.** *occ.* **a. Lyrik:** Aeolium *H*. **b. Drama:** Pomponius carmina scaenae dabat *T*. **6. Gesang,**

Carmenta 69 **Cassius** C

Lied, Ton: tibia mixtis carminibus Lied mit Flöten-
begleitung *H*, carmina vocum Gesang *O*; ferali car-
mine bubo *V.* Dav.

Carmenta, ae u. **-is**, is, *f.* C. ['Prophetin', Mutter des
Euander *LO*, eigtl. altitalische Gottheit]; *adi.* porta
Carmentālis [am Südfuß des Kapitols].

cărminō 1. (cārō) krempeln *Sp.*

Carmō, ōnis, *f.* C a r m o n a [St. in Andalusien] *L*; Einw.
Carmōnēnsēs, ium, *m.*

carnārium, ī, *n.* (caro) **1.** Fleischhaken *C.* **2.** Fleisch-
kammer *Sp.*

Carneadēs, is, *m.* K. [gr. Philosoph aus Kyrene, 213 bis
129]; *adi.* Carneadīus 3.

Carnī, ōrum, *m.* die C. [Volk in Kärnten und Krain] *L.*

carni-fex, altl. **carnu-fex**, icis, *m.* **1.** Scharfrichter,
Henker; [als Schmähwort]: Henkersknecht. **2.** *met.*
Schinder, Peiniger.

E: v. caro u. facere: 'der in Stücke zerhaut'. Dav.

carnificīna, altl. carnuficīna, ae, *f.* **1.** Folterkammer *L.*
2. Folter, Marter. **3.** *met.* Folter, Qual.

carnificō, āre (carnifex) köpfen, hinrichten *L.*

carnis s. caro.

carnu-fex [altl.] s. carnifex.

carnuficius 3 (carnufex) Henkers-: cribrum *C.*

Carnuntum, ī, *n.* C. [Stadt an der Donau bei Hain-
burg] *Sp.*

Carnutēs, um, *m.* (*sg. Tī*) die C. [kelt. Volk an der
Loire].

I. carō, carnis, altl. **carnis**, is, *f.* **Fleisch**; b i l d l. [vom
Redner]: carnis plus mehr weichliche Fülle *Q.*

E: umbrisch-oskisch karn- 'Teil'.

II. cārō, ere krempeln *C.*

Carpathius 3 zu Carpathus [einer Insel zwischen Kreta
und Rhodos] gehörig: vates Proteus *O.*

carpentum, ī, *n.* zweirädriger Wagen.

E: irisch carpat 'Wagen'.

Carpētānī, ōrum, *m.* die C. [spanisches Volk am Gua-
diana und Tajo]; das Gebiet: **Carpētānia**, ae, *f. L.*

carpō 3. psī, ptus (vgl. καρπός 'Abgepflücktes', ahd.
herbist 'Zeit des Abpflückens, Erntens') **rupfen, pflük-
ken**, u. zw.

I. 1. (in Stücke) **zerreißen**; *met.* **zersplittern**;
2. (stückweise) **zurücklegen**; *occ.* **durchwandern.**
II. 1. **abreißen, abbrechen, abnehmen**; *occ.*
a. **pflücken, abpflücken**; *b.* **abweiden, abfressen,
fressen**; 2. (stückweise) **genießen**; 3. (nach und nach)
verzehren; *met.* 4. **bekritteln, tadeln**; 5. (kleinweise)
schwächen, necken, beunruhigen.

I. 1. vellera Wolle zupfen, pensa spinnen *V*; *m e t.*
vires R. *L*, fluvium zerteilen *Cu*, orationem in kurzen
Sätzen vortragen. **2.** iter, viam; **occ.** litora curru,
mare durchfahren *O*, aëra durchfliegen *O.*
II. 1. cacumina *O*, saetas *V*; b i l d l. oscula rau-
ben *O*. **a.** violas, ab arbore flores *O*; b i l d l. floscu-
los auswählen. **b.** gramen *VO*, ore alimenta essen *O*;
thyma aussaugen *H.* **2.** diem *H*, somnos, quietem,
aures vitales *V.* **3.** virgo carpitur igni *VO*, vires *V*,
labores abschwächen *H.* **4.** Sabinus carpebatur

wurde durchgehechelt; dictatorem sermonibus *L.*
5. novissimos, carpi parvis cotidie damnis *L.*
Dav. (§ 79)

carptim *adv.* **1.** stückweise, in Auswahl: res gestas
perscribere *S.* **2.** wiederholt: aggredi *L.* **3.** vereinzelt:
seu carptim partes seu universi *L.*

carptus *pt. pf. pass.* v. carpo.

carrus, ī, *m.* vierrädriger Wagen, K a r r e n .

E: irisch carr 'Zweigespann'.

Carseolī, ōrum, *m.* C a r s o l i [Städtchen nö. von Ti-
bur] *LO*; *adi.* **Carseolānus** 3 *O.*

Carsulae, ārum, *f.* C. [St. in Umbrien] *T*; dav. Carsulā-
num, ī, *n.* Landgut bei C. *Pli.*

carta s. charta.

Cartēia, ae, *f.* C. [St. nahe bei Gibraltar] *L.*

Carthaeus u. **Carthēïus** 3 von Carthaea [St. auf der
Insel Keos] *O.*

Carthāgō oder **Karthāgō**, inis, *f.* K. [**1.** Tochterstadt
von Tyrus]; *adi.* u. Einw. **Carthāginiēnsis. 2.** Car-
thago nova C a r t a g e n a .

cartilāginōsus 3 knorpelreich *Sp.*

cārus 3 **1.** teuer = hoch im Preis: annona *C.* **2.** *met.*
teuer, lieb, wert.

E: irisch cara 'Freund'.

Carventānus 3 von Carventum [St. in Latium]: arx *L.*

Caryae, ārum, *f.* K. [Ort in Lakonien] *L.* Dav. **Caryāti-
dēs**, um, *f.* K. [Tempeldienerinnen der Artemis in K.] *Sp.*

caryōta, ae, *f.* (καρυωτή) Dattel *Pli.*

Carystus, ī, *f.* C. [St. auf der Südküste von Euböa]; *adi.*
u. Einw. **Carystius; Carystēus** 3 *O.*

casa, ae, *f.* Hütte, Häuschen, Baracke.

cascus 3 uralt.

E: vgl. canus, caries, oskisch casnar 'Greis'.

cāseus, ī, *m.* K ä s e .

casia, ae, *f.* (κασία) **1.** wilder Zimt *V.* **2.** Zeiland [Bie-
nenfutter].

Casius [Beiname Juppiters, nach einem Tempel auf dem
Berg Casius bei Pelusium] *Sp.*

Casilīnum, ī, *n.* C. [St. am Volturnus bei Capua].

Casīnum, ī, *n.* C a s s i n o [St. in Latium] *L*; *adi.* u.
Einw. **Casīnās**, ātis.

Casperia, ae, *f.* C. [St. der Sabiner] *V.*

Caspius 3 kaspisch; Caspiī die C. [Anwohner des Kaspi-
sees]. Caspiae (portae) u. C. via [Paß im Kaukasus].

Cassander u. **-drus**, drī, *m.* K. [Sohn des Antipater, Kö-
nig von Makedonien]. Nach ihm **Cassandrēa**, ae, *f.*,
früher Potidaea [St. auf der Chalkidike] *L*; Einw. Cas-
sandrēus, eī u. Cassandrēnsis.

Cassiānus s. Cassius.

cassida, ae, *f.* (von I. cassis, § 92) Helm *VPr.*

Cassiopē, ēs, *f.* K. [**1.** Mutter der Andromeda, als Gestirn
Cassiepīa, ae, *f.* **2.** Hafenstadt auf Korfu].

I. cassis, idis, *f.* Metallhelm, Sturmhaube.

II. cassis, is, *m.*, meist *pl.* **1.** Jägergarn, Netz. **2. occ.**
Spinnennetz.

Cassius 3 im *n. g.*: **1.** L. Cassius Longinus [fiel 107
gegen die Tiguriner (bellum Cassiānum)]. **2.** L. Cas-
sius Longinus Ravilla [ber. als Richter (iudices Cas-
siāni, Cassiānum illud)]. **3.** Cassius [aus Parma, Mör-
der Caesars, Dichter]. **4.** C. Cassius Longinus [ber.
Rechtsgelehrter (Cassiāna schola). *TPli.*

cassus 70 **Cato**

cassus 3 (verw. mit careo aus *caseo) **1. leer:** nux *H*, canna unfruchtbar *O.* **2. beraubt, entbehrend, ermangelnd:** lumine *V.* **3.** *met.* **nichtig, eitel, erfolglos, vergeblich; in cassum** (incassum) **erfolglos.**

Castalia, ae, *f.* K. [Musenquelle bei Delphi]; *adi.* Castalius *O.*

castanea, ae, *f.* (κάστανον) K a s t a n i e.

castellānus 3 (castellum): triumphi für eroberte Kastelle; *subst.* **castellānī,** ōrum, *m.* Kastellbewohner *SL.*

castellātim (castellum, § 79) *adv.* kastellweise *L.*

castellum, ī, *n.* (*dem.* v. castrum) **1. Feste, Blockhaus, Fort, Kastell. 2.** occ Gebirgsdorf, -flecken: Norica *V.* **3.** *met.* **Zufluchtsort:** scelerum *L.*

castīgābilis, e (castigo) strafbar *C.*

castīgātiō, ōnis, *f.* (castigo) Züchtigung, Strafe, Zurechtweisung, Tadel.

castīgātor, ōris, *m.* (castigo) Tadler, Zurechtweiser; dav. **castīgātōrius** 3 zurechtweisend *Pli.*

castīgō 1. **1. bändigen:** equum *L. met.* **2. einschränken, im Zaume halten:** dolorem; plebem *T*, carmen bessern *H.* **3. tadeln, rügen, strafen, züchtigen.**
E: vom St. *casti wie fatīgo vom St. fati, ai. çásti-š 'Züchtigung'.

castimōnia, ae, *f.* (castus) Enthaltsamkeit.

castitās, ātis, *f.* (castus) Sittenreinheit, Keuschheit.

Castor, oris, *m.* (Κάστωρ) K. [Sohn des Tyndareus und der Leda, Bruder des Pollux, mit seinem Bruder (Dioskuren) als Doppelstern den Schiffern hilfreich] *H*; aedes Castoris [Tempel an der Südseite des Forums]; locus Castorum (der Dioskuren) [Ort zwischen Cremona und Bedriacum] *T.*

castoreum, ī, *n.* (καστόριον) Bibergeil [Drüsensekret des Bibers; wurde als krampflösendes Mittel verwendet] *VSp.*

castra, ōrum, *n.* (*pl.* v. castrum) **1. Lager:** stativa, hiberna *L*, navalia (nautica *N*) befestigter Landungsplatz; castra metari abstecken, facere, ponere, locare, collocare schlagen, (pro)movere abbrechen, weiterrücken, fortmarschieren, removere, referre zurückgehen, habere im Felde liegen; **occ. c.** praetoria (-āna) Prätorianerkaserne [bei Rom]. *met.* **2. Krieg:** alicuius castra sequi mit jemd. in den Krieg ziehen *N*, castris uti *N*, in castris usum habere kriegserfahren sein. **3. Tagemarsch** [weil man jeden Abend ein Lager aufschlug]: secundis (alteris *Cu*) castris in zwei Tagemärschen *L.* **4.** *met.* **Partei, Seite:** Epicuri; nil cupientium *H.* Als *nomen pr.* (§ 81) Castra Cornelia [Anhöhe bei Utica] *L*, Vetera [Standlager bei Xanten] *T.*

castrēnsis, e (castrum) zum Lager gehörig, Lager-.

castrō 1. **1. verschneiden:** castratus (homo) Eunuch. **2.** *met.* schwächen: rem p.; vina saccis filtrieren *Sp.*
E: ai. çastrā-m 'Messer'.

castrum, ī, *n.* (*pl.* castra, s. d.) Kastell, Fort, Feste, Burg; *nomen pr.* (§ 81) Castrum album [in Spanien] *L*, novum [an der etrurischen Küste] *L*, Inui *V* (Castrum *O*) [Rutulerfeste in Latium].

Castulō, ōnis, *m.* C a z o r l a [St. in Spanien am oberen Guadalquivir]; *adi.* **Castulōnēnsis,** e: saltus die Sierra de Cazorla.

castus 3, *adv.* **ē** (careo für *caseo) enthaltsam, **sittenrein, unschuldig. occ. a. uneigennützig:** c. ac non cupidus. **b. keusch:** Minerva *H*; vultus *O*, cubile *V.* **c. fromm, heilig:** castius sacra facere *L*, luci, verbena *H.*

casūrus *pt. fut.* v. cado.

cāsus, ūs, *m.* (cado) **1.** das **Fallen, Fall, Sturz:** nivis Schneefall *L*; bi l d l. noster (politischer) Sturz; **occ.** (gramm.) **Fall, Kasus:** verba inmutata casibus. *met.* **2. Ende, Ausgang, Untergang:** hiemis *V*, urbis Troianae *V*; Bomilcaris *S*; **occ. Sturz, Verfall:** rei p. *S.* **3. Zufall, Vorfall, Wechselfall; casū zufällig:** sive casu sive consilio deorum, nescio quo casu durch irgendeinen Zufall; casus secundi et adversi *N*, varii Wechselfälle *VL*; mit *gen. obi.* **Gelegenheit:** navigandi; victoriae *S*; **occ. Unglück, Unglücksfall, Tod:** meum casum luctumque doluerunt.

Catabathmos, ī, *m.* C. [Talsenke an der ägyptisch-kyrenäischen Grenze] *S.*

Catadūpa, ōrum, *n.* (Κατάδουπα) Nilkatarakt [bei Wadi Halfa].

catagrapha, ōrum, *n.* (κατάγραφος) Verkürzungen auf Gemälden *Sp.*

catagūsa, ae, *f.* (κατάγουσα) 'die Geleiterin' [Statue: Ceres, die Proserpina zum Hades führend] *Sp.*

Catamī(-ei-C)tus, ī, *m.* (wahrsch. aus **Ganymedes**) **1.** Ganymedes. **2.** Buhler.

cataphractēs, ae, *m.* Schuppenpanzer *T.*

cataphractus 3 (κατάφρακτος) gepanzert.

catapulta, ae, *f.* Wurfmaschine, Katapult.

cataracta, ae, *f.* (καταρράκτης, § 92) Wasserfall; [in Flüssen]: Schleuse; *met.* Fallgitter *L.*

catasta, ae, *f.* (κατάστασις) Schaugerüst [zur Ausstellung verkäuflicher Sklaven] *LTi.*

catēia, ae, *f.* Wurfkeule *V.*
E: irisch cath 'Kampf'.

catēlla, ae, *f.* (*dem.* v. catena) Kettchen *HL.*

catellus, ī, *m.* (*dem.* v. catulus) Hündchen.

catēna, ae, *f.* (aus *catesna, § 30) **1. Fessel, Kette. 2.** *met.* Band, Fessel: legum; dav. **catēnātus** 3 gefesselt *H.*

caterva, ae, *f.* (aus *catesva, § 29, vgl. catena) **1. Haufe, Schar. 2. occ. a. Trupp, Schar, Bande** (irregulärer Soldaten). **b. Schauspielertruppe, Chor.** Dav. **catervārius** 3 einen Trupp bildend *Sp.* Und (§ 79) **catervātim,** *adv.* trupp-, haufenweise.

cathedra, ae, *f.* (καθέδρα) Armstuhl *H.*

I. catīllus, ī, *m.* (*dem.* v. catinus) Schüsselchen *H.*

II. Catillus, bei *H* **Catīlus,** ī, *m.* C. [Erbauer von Tibur]: moenia Catili *H.*

Catina, ae, *f.* C a t a n i a; *adi.* u. Einw. **Catinēnsis.**

catīnus, ī, *m.* Napf, Schüssel *H.*

Catius, ī, *m.* C. [Epikureer]; *adi.* **Catiānus** 3.

Catō, ōnis, *m.* C. [cognomen der gens Porcia]. Bes. **1.** M. Porcius Cato (priscus *H*, censorius in Erinnerung an seine strenge Zensur *T*) 234–149; appellativ (§ 84): lector strenger Richter *Ph.* **2.** M. Porcius Cato (Uticensis) [Urenkel des alten Cato, strenger Republikaner, entleibte sich nach der Schlacht bei Thapsus in Utica]. **3.** Q. Valerius Cato [Dichter zu Sullas Zeit] *O.*

catula 71 **cavo** **C**

catula, ae, *f.* (vgl. catulus) Hündchen *Ca.*
Cattī s. Chatti.
Catullus, ī, *m.* C. [aus Verona, geb. 84, ber. Lyriker].
catulus, ī, *m.* die C. [Volk in der Provence].
Catúrigēs, um, *m.* die C. [Volk in der Provence].
catus 3 gescheit, gewandt, pfiffig, verschmitzt.
  E: sabinisch catus = acutus; ai. çitá-s 'scharf'.
Caucasus, ī, *m.* **1.** der Kaukasus; *adi.* u. Einw. **Caucasius. 2.** der Hindukusch *Cu.*
cauda, ae, *f.* Schwanz, Schweif; s p r i c h w. caudam (einen hinten angehängten) trahere = Hohn ernten *H.*
caudex s. codex.
Caudium, ī, *n.* C. [St. in Samnium]; *adi.* u. Einw. **Caudīnus.**
caulae, ārum, *f.* Pferch, Hürde *V.*
cauliculus, ī, *m.* Sproß, Trieb *Sp.*   *Dem.* von
caulis, vulgär (§ 52) **cōlis,** is, *m.* (vgl. χαυλός) Stengel, Strunk; Kohlstrunk; K o h l.
Caulōn, ōnis, *m.* u. **-ōnia,** ae, *f.* L. C. [St. in Bruttium].
Caunus, ī, *m.* C. [Gründer der Seestadt Caunus *f.* in Karien]; *adi.* u. Einw. **Caunius.**
caupō, ōnis, *m.* Schenkwirt, Gastwirt *H.*
  E: got. kaupon 'Handel treiben', ahd. koufōn 'kaufen'.
caupōna, ae, *f.* (caupo) Wirtshaus, Schenke *H.*
caupōnor 1. (caupo) schachern, erkaufen.
caupōnula, ae, *f.* (*dem.* v. caupona) Kneipe.
caurus u. (§ 52) **cōrus,** ī, *m.* Nordwestwind.
causa und (§ 29) **caussa,** ae, *f.*

  I. Hinsicht, **Rücksicht, Interesse;** meist im *abl.* **um ... willen, wegen.**
  II. *meton.* **1. Grund, Ursache;** 2. **Beweggrund, Anlaß, Veranlassung;** *occ.* *a.* (guter) **Grund,** (volles) **Recht;** *b.* (begründete) **Entschuldigung, Einwand;** *c.* **Scheingrund, Vorwand, Ausrede;** *d.* **Krankheitsanlaß.**
  III. Sache. 1. Streit-, Rechtssache, Rechtsfall, Prozeß; 2. *met. a.* **Thema, Streitpunkt;** *b.* **Sache, Interesse, Partei;** 3. *meton. a.* **Angelegenheit, Auftrag;** *b.* **Lage, Verhältnis;** *c.* **persönliche Beziehungen, Verhältnisse.**

  I. publica Staatsinteresse *O.* Im *abl.* **a.** mit *pron. poss.* vestra causa euretwegen. **b.** mit *gen.* nostri, sui, honoris, auxilii causa.
  II. 1. mittendi; causam in eum transferre die Schuld *N;* *adv.* ob eam causam, ea de causa deshalb, qua de causa, quam ob causam weshalb, deshalb. **2.** alicui causae esse jemd. als Anlaß dienen *L,* iurgii causam intulit veranlaßte einen Streit *Ph,* nos causa belli sumus *L;* mit *gen. subi.* amoris die Liebe als Anlaß *O,* veneni die Einwirkung *O.* **a.** cum causa (non sine causa *H*), armis inferiores, non causā. **b.** causas nectis inanes *V.* **c.** probabilis *Cu;* p e r c a u s a m unter dem Vorwand; alius aliā causā illatā der eine schützte dies, der andere jenes vor. **d.** levis *L.*
  III. 1. causae publicae et privatae Kriminal- und Zivilrechtsfälle, capitis auf Leben und Tod. P h r a s e n : causam dicere verteidigen (sich oder andere), defendere, orare verfechten, cognoscere untersuchen, cognitā causā nach Untersuchung des Falles, indictā

---

causā unverteidigt, causam agere Prozeß führen, causā desistere von der Klage zurücktreten, causam obtinere (tenere, sustinere) den Prozeß gewinnen, perdere verlieren, causā cadere abgewiesen werden, prior die Untersuchung *O.* **2. a.** disserendi. **b.** populi, optimatium *N,* causam foederis egit sprach für *L,* causa, quam Pompeius susceperat. **3. a.** super tali causa mitti *N.* **b.** omnium Germanorum unam esse causam. **c.** causam amicitiae habere freundschaftliche Beziehungen, necessitudinis enges Verhältnis.
causārius 3 (causa II. 2. d.) kränklich *Sp; subst.* **causārii,** ōrum, *m.* die Invaliden *L.*
causia, ae, *f.* (καυσία) breitkrempiger Hut *C.*
causi-dicus, ī, *m.* (causa, dico, § 66) Rechtsanwalt.
causor 1. (causa) als Grund vorschützen, angeben.
caussa s. causa.
causula, ae, *f.* (*dem.* v. causa) kleiner Rechtsfall.
cautēs u. (§ 52) **cōtēs,** is, *f.* Riff, Fels, Klippe.
cautiō, ōnis, *f.* (caveo) **1.** Behutsamkeit, Vorsicht: cautio est Vorsicht tut not *C,* res habet multas cautiones erfordert Vorsicht. **2.** Sicherstellung, Bürgschaft, Kaution: chirographi handschriftlich.
cautor, ōris, *m.* (caveo) **1.** der Vorsichtige *C.* **2.** Sichersteller: alieni periculi Abwender.
I. cautus *pt. pf. pass.* v. caveo.
II. cautus 3, *adv.* **ē** (caveo) **1.** sichergestellt, sicher: nummi *H,* ea pars quae est cautior. **2.** *meton.* vorsichtig, behutsam.
cav-aedium, ī, *n.* (cavum aedium § 32) Vorraum, Empfangssaal *Pli.*
cavea, ae, *f.* (cavus) **1.** Tierbehälter, K ä f i g. **2.** *met.* Zuschauerraum. **3.** *meton.* die Zuschauer, Publikum.
caveō 2. cāvī, cautus **1.** aufschauen, sich vorsehen, hüten, in acht nehmen: nate, cave *O;* k o n s t r. mit *acc.,* ab, ut, ne, *inf.;* cave credas glaube ja nicht; cave faxis *H.* **2.** vorsorgen, Fürsorge treffen, sichern, sicherstellen, mit *dat.* ipsis ab invidia sie gegen den Haß *L,* alicui cautum velle jemd. gesichert wünschen. **3.** (juristisch) **a.** sich sicherstellen, Gewähr leisten lassen: ab aliquo. **b.** einen andern sicherstellen, Gewähr leisten, Kaution erlegen: obsidibus de pecunia sich durch Geiseln in betreff des Geldes verpflichten; populo in duplum praediis *T.* **c.** für jemd. bei Sicherstellungen intervenieren, um Sicherheit verschaffen: in iure. **4.** feststellen, verfügen, anordnen: in foedere cum caveretur sociis (für die Bundesgenossen), nihil d e Saguntinis (in betreff) cautum est *L.*
  E: κο(ϝ)έω 'merken', ϑυοσκόος 'Opferschauer', §§ 27 u. 50.
caverna, ae, *f.* (cavus) Höhle, Höhlung; *occ.* Bassin *Cu.*
cāvī *pf.* v. caveo.
cavillātiō, ōnis, *f.* (cavillor) das Necken, Sticheln, Aufziehen, Höhnen; verborum Wortgeplänkel *Q.*
cavillātor, ōris, *m.* Stichler, Spötter.   Von
cavillor 1. necken, hänseln, aufziehen: verba patrum sich lustig machen *T;* *occ.* cavillari tribuni suchten Ausflüchte *L.*
cavō 1. aushöhlen, hohlmachen: parmam gladio durchbohren *O;* **cavātus** 3 hohl, gehöhlt; *occ.* naves *L,* lintres *V* hohl ausarbeiten.   Von

cavus 72 **celer**

cavus 3 (aus *covus, § 50, vgl. κοῖλος aus *κοϜιλος und κόοι, κόϜοι· τά χάσματα τῆς γῆς) **1.** hohl, gehöhlt, gewölbt: aes Tuba *V*, rupes Felsenklüfte *L*, viae Hohlwege *L*, flumina in tiefen Betten laufend *V*; *subst.* **cavus**, ī, *m.* u. **-um**, ī, *n.* Loch. **2.** *met.* umhüllend, deckend: umbra, nubes *V*.

Caÿstros u. **-us**, ī, *m.* C. [Fluß, bei Ephesus mündend]; *adi.* **Caÿstrius** 3: ales Schwan *O.*

ce, meist abgestumpft zu **c** (§ 55), hinweisende Partikel: **da, hier. 1.** enklitisch: huius-ce u. a. Vor ne entsteht durch Vokalschwächung ci (§ 41): si-ci-ne, haecine. **2.** vorgesetzt; s. I. cedo.

Cēa u. **Cīa,** ae, *f.* (Κέως) K e a [Insel östl. von Sunion]; *adi.* **Cēus** u. **Cīus** 3.

Cebenna, ae, *m.* die C e v e n n e n.

Cebrēnis, idos, *f.* C. [Tochter des Flußgottes Cebren] *O.*

I. cécidī *pf.* v. cado.

II. cecĭdī *pf.* v. caedo.

cecinī *pf.* v. cano.

Cecrops, opis, *m.* K. [der älteste König in Attika, halb Mensch, halb Schlange (geminus *O*)]; *adi.* **Cecropius** 3: arx von Athen *O*, auch allein Cecropia, ae, *f.*; = attisch: apes *V*, cothurnus die attische Tragödie *H*, Cecropiae domus opprobrium Prokne [Tochter des attischen Königs Pandion] *H*; **Cecropis,** idis, *f.* attisch: terra, Procne *O*; *subst.* Kekropstochter: Aglauros *O*; **Cecropidēs,** ae, *m.* Theseus *O*, allgemein = Athener *VO.*

I. cedō (ce- und *dō, *imp.* zu dare; vgl. ce) **1.** gib her, her damit: cedo illum her mit ihm *Ph.* **2.** *met.* laß hören, sag' an, heraus mit: cedo inimici mei contionem.

II. cēdō 3. cessī, cessūrus

A. **1. gehen, einhergehen, -schreiten;** *met.* **2. vonstatten gehen, ablaufen, ausschlagen; 3. übergehen;** *occ. a.* **zufallen, zuteil werden, anheimfallen;** *b.* **widerfahren; 4.** für etw. **gelten, gerechnet werden.**

B. **1. weggehen, scheiden, weichen;** *occ.* (von Truppen) **zurückgehen, sich zurückziehen;** *met.* **2.** (von Abstraktem) **weichen, verschwinden, vergehen;** *occ. a.* (von Örtlichkeiten) **zurücktreten;** *b.* (von Gegenständen) **nachgeben; 3.** mit *dat.* **weichen, sich fügen, nachgeben;** *occ.* **sich unterordnen, nachstehen; 4.** mit *abl.* **aufgeben, verzichten,** von etw. **abstehen.**

C. *trans.* **1. abtreten, überlassen; 2. einräumen, zugestehen.**

A. **1.** retrorsus *C.* **2.** munus bene, res male cedit ei, temeritas in gloriam cesserat war ruhmreich ausgefallen *Cu*; utcumque cesserit wie es auch ausfalle *Cu.* **3.** vis aurea cessit in amnem *O.* **a.** mit in und *acc.*: res Albana in Romanum imperium cedit *L*, bona in medium cessere dem Gemeinwesen *T*; mit *dat.* Cappadocia Eumeni cessit *Cu*; praedae (in praedam) zur Beute werden *L.* **b.** quae captae urbi cessura forent *L.* **4.** pro stipendio *T*, iis in sapientiam ihnen ausgelegt werden *T.*

B. **1.** loco vom Platz weichen *N*, patriā, senatu ausscheiden, austreten *T*; ab ordine, de litore *V*, (e) vitā. **occ.** de oppido, (ex) acie *L*, (Viriatho) imperatores nostri cesserunt. **2.** cessit pudor *O*, memoriā (ex m.) dem Gedächtnis entfallen *L*, horae cedunt et dies, non mea sententia loco cedit wankt nicht *V.* **a.** ripae fluminis cedunt *T.* **b.** cedentes aurae *O*, sabulum cedit vestigio *Cu.* **3.** invidiae civium *N*, pluribus der Majorität *Cu*, fato sich töten *L*, rei p., auctoritati. **occ.** animalia cedunt deo *O*, salix cedit olivae *V*, virtute nostris an Tapferkeit, in nulla re Agesilao *N.* **4.** possessione rei, captae urbis titulo auf den Anspruch ... verzichten *Cu*, collegae honore zugunsten *L.*

C. **1.** multa multis de iure suo, ei currum *L.* **2.** plebes cessit patribus, ut tribuni militum crearentur *L.*

Cedrōsia, ae, *f.* Belutschistan; Einw. Cedrōsiī.

cedrus, ī, *f.* (κέδρος) die Z e d e r ; *meton.* **1.** Zedernholz; **2.** Zedernöl *H.*

Celaenae, ārum, *f.* C. [St. in Großphrygien] *LCu.*

celeber, bris, bre, später **celebris,** e **1. besucht, belebt, volkreich:** forum, urbs, portus; *met.* fontibus reich an *O*, vox häufig wiederholt *O*, usus weitverbreitet *Cu.* **2. feierlich, festlich:** dies; funus *L*, convivium *T.* **3. vielgenannt, -besprochen, gefeiert:** nomen, fama *L*; *occ.* **bekannt, berühmt:** triumphis *Ti.*

celebrātiō, ōnis, *f.* (celebro) **1.** zahlreicher Besuch, das Zusammenströmen. **2.** Festfeier.

celebrātus 3 (celebro) **1.** zahlreich besucht: forum *S*; *occ.* gefeiert: dies *O*, supplicatio *L.* **2.** allgemein verbreitet: res; *occ.* bekannt, berühmt, gepriesen: templum *Cu*, Scipio *L.*

celebris, e = celeber.

celebritās, ātis, *f.* (celeber) **1.** Belebtheit: loci, mercatūs *T*; *occ.* Zudrang, Zulauf, Gepränge: supremi diei Leichenfeier, ludorum zahlreich besuchte Spiele, apparatūs Stattlichkeit *Cu.* *meton.* **a.** Volksmenge: theatrum celebritate refertissimum. **b.** Öffentlichkeit: in celebritate versari *N.* **2.** Häufigkeit: periculorum *T.* **3.** Berühmtheit: famae.

celebrō 1. (celeber) **1. zahlreich besuchen, beleben:** tota celebrante Sicilia sepultus est unter dem Zulauf *N*, atria, silvas *O*; ripas carmine erfüllen *O*, contiones convicio beleben. **2. umdrängen, begleiten:** frequentia et plausus me usque ad Capitolium celebravit; coetus celebrabant Agrippam Cliquen drängten sich an A. *T.* **3. festlich begehen, feiern:** sacrum *Cu*, ludos, nuptias *L*, simulacrum vindemiae das Weinlesefest *T*; festum canendo *O*, epulas vino *L.* **4. betreiben, ausüben:** artes, causarum cognitionem, iambum gebrauchen, verwenden *Q.* **5. verbreiten, bekanntmachen:** consulem factum esse Murenam nuntii litteraeque celebrarant; *occ.* **rühmen, preisen, verherrlichen:** aliquid famā, populi R. gloriam besingen, rem in maius vergrößernd ausschreien *L*, eum socium als Genossen *T.*

Celemna, ae, *f.* C. [St. in Kampanien] *V.*

Celenderis, is, *f.* C. [kilikischer Hafen] *T.*

celer, eris, ere, *adv.* **iter 1. schnell, rasch, hurtig, eilend;** mit *abl.* iaculo behend im Speerwurf *V*; mit *inf.* excipere aprum *H.* *met.* **2. schnell:** remedia schnell-

celeripes   73   **centeni**   **C**

wirkend *N*, victoria schnell errungen, quā fata celerrima wo der Tod am schnellsten eintritt *V*. **3. zu schnell, übereilt, hitzig**: consilia *L*; irasci *H*; celeres Hitzköpfe *H*. **4. Celerēs, um, *m*. C. [ältester Name der römischen Ritter]** *L*.
E: vgl. κέλης 'Renner'.
celeri-pēs, pedis schnellfüßig; *subst*. Eilbote.
celeritās, ātis, *f*. (celer) Schnelligkeit; *met*. consilii Geistesgegenwart *N*, ingenii Findigkeit *N*, respondendi Schlagfertigkeit, verborum, syllabarum rasche Aussprache.
celerō 1. (celer) 1. schnell ausführen, beschleunigen. 2. eilen *T*.
Celeus, ī, *m*. C. [König in Eleusis, Begründer des Ackerbaues] *VO*.
cella, ae, *f*. 1. Zelle, Kammer, Stübchen. 2. Vorratskammer, Keller: vinaria, olearia, penaria; in cellam für den Hausbedarf. **3. Bienenzelle** *V*. **4. Kapelle, Heiligtum** [jener Teil des Tempels, in dem das Götterbild steht].
E: urspr. *cēla, § 40, vgl. celare; wohl verw. mit ai. çālā, gr. καλιά 'Hütte'.   Dav.
cellārius 3 in der Vorratskammer; *subst. m*. Kellermeister *C*.
Celmis, is, *m*. C. [phrygischer Dämon] *O*.
cēlō 1. 1. bedecken, verbergen: manibus vultūs, uterum *O*. **occ. a. enthalten**: sucum *H*. **b. verstecken**: sacra terrae (in der Erde) *L*; se tenebris *V*. **c.** *met*. **verschweigen**: celata virtus *H*. **2. geheimhalten, verhehlen**: commissa *N*; mortem regis omnes *L*; de armis; im *pass*. mit *n*. *pron*. id Alcibiades celari non potuit dies konnte man dem A. nicht verschweigen *N*; sonst mit de: celatus est Cassius de Sulla; *subst*. **cēlātum, ī, *n*. Geheimnis** *C*.
E: von *cēla, s. cella; verw. mit clam 'heimlich', occulo 'verbergen', ahd. helan 'hehlen'.
celōx, ōcis, *f. u. m.* (vgl. celer) Schnellsegler, Jacht: publica Staatsjacht, 'Paketboot' *C*.
celsitūdō, inis, *f*. hohe Haltung, Hoheit *Sp*.   Von
celsus 3 1. ragend, hoch, erhaben, aufgerichtet: cervus in cornua mit aufragendem Geweih *O*. **2.** *met*. **hochherzig, groß**; **occ. hochmütig**: Ramnes *H*.
E: *pt. pf. pass*. von *cello 3. 'ragen'.
Celtae, ārum, *m*. die Kelten; dav. **Celticum, ī, *n*.** keltisches Gebiet *L*.
Celt-iberī, ōrum, *m*. die C. [Volk im nördl. Spanien]; *adi*. **Celtibēricus 3**; das Land: **Celtibēria, ae, *f*.**
cēna, ae, *f*. Hauptmahlzeit [3—4 Uhr nachmittags]; Mahlzeit, Mahl, Essen; occ. Gastmahl: inter, super cenam bei Tisch.
E: oskisch kerssnā- 'Mahl'.
Cēnabum, ī, *n*. C. [Hauptst. der Carnutes]; *adi*. u. Einw. **Cēnabēnsis.**
cēnāculum, ī, *n*. (ceno) Speisezimmer; *meton*. Obergeschoß; **occ. Dachkammer** *H*.
Cēnaeum, ī, *n*. Kap C. [die nw. Spitze Euböas] *L*; *adi*. Cēnaeus 3 *O*.
cēnāticus 3 (cena) die Mahlzeit betreffend: spes *C*.
cēnātiō, ōnis u. *dem*. **cēnātiuncula, ae, *f*. (ceno) Speisezimmer** *Pli*.

cēnātus s. ceno.
Cenchreae, ārum, *f*. K. [die Hafenst. Korinths am Saronischen Golf] *LO*.
cēnitō 1. āvī zu speisen pflegen.   *Frequ*. von
cēnō 1. (cena) 1. speisen, tafeln, essen. 2. *trans*. **verspeisen, essen**; *pt. pf*. cenatus a k t. der gespeist hat.
Cenomanī, ōrum, *m*. die C. [Stamm der Aulerci].
cēnseō 2. cēnsuī, cēnsus 1. zählen: capite censi die [nach Häuptern gezählte] unterste Bürgerklasse *S*. **2. schätzen**: censum die Schätzung vornehmen, legem censui censendo dicere die Schätzungsformel (censendi formula) feststellen *L*. **3.** *pass*. **sich schätzen lassen**, das Vermögen angeben: census equestrem summam *H*. *met*. **4. schätzen**: de quo censeris dem du zugehörig giltst *O*; *med*. (hanc) est inter comites Marcia censa suas zählte sie als Liebling bei *O*, hos est dea censa parentes betrachtete sie als Eltern *O*. **5. meinen, denken, raten. occ. a. dafür stimmen, beantragen**: deditionem; mit de, *acc. c. inf*. **b. beschließen, verordnen**: bellum Samnitibus *L*; mit ut, *acc. c. inf*.; mit *dat*. **zuerkennen, widmen** *Sp*.   Von
cēnsor, ōris, *m*. 'Schätzer', Zensor. [Die Einschätzung der Bürger (census) leitete urspr. der König, dann die Konsuln (Diktatoren). Seit 443 gab es zwei eigene Zensoren, anfangs auf 5, dann auf 1$^1/_2$ Jahre. Ihr Amt war 1. die Schätzung vorzunehmen (censum agere), d. h. Volkszählung zu halten und Vermögensangaben entgegenzunehmen, aufgrund deren sie die Listen der Senatoren, Ritter und Bürger aufstellten. 2. Die Sittenkontrolle, indem unmoralischer Lebenswandel durch die nota censoria bestraft, der Bestrafte aus dem Senat (senatu movere) oder der Ritterschaft ausgestoßen (equum adimere) oder aus der ländlichen Tribus in eine städtische versetzt (tribu movere) oder ganz aus den Tribus ausgestoßen wurde (aerarium facere). 3. Die Verpachtung der Staatseinkünfte und Staatsländereien und die Errichtung und Instandhaltung der öffentlichen Bauten. In den Kolonien gab es eigene censores.] *meton*. 'Zensor' = strenger Beurteiler: sub te censore *O*.   Dav.
cēnsōrius 3 1. des Zensors: lex Zensorverordnung [oder] Pachtvertrag, notio, notatio (nota *L*) Ehrenstrafe, funus auf Staatskosten *T*. **2.** *subst. m*. gewesener Zensor.
cēnsūra, ae, *f*. (censeo) Zensoramt, Zensur.
I. cēnsus, ūs, *m*. (censeo) 1. Zählung: censum habere. **2. occ. Schätzung, Volkszählung** [alle 5 Jahre auf dem Marsfeld vom Zensor vorgenommen]: agere abhalten *L*. **Vermögensangabe**: censum accipere entgegennehmen *L*, deferre leisten *T*. **3.** *meton*. **Steuerliste**: censu prohibere (excludere *L*) die Aufnahme in die Bürgerliste verweigern, in censum referre *L*. **4.** (angegebenes) **Vermögen, Besitz**: equestris 400 000 Sesterze, senatorius 800 000 Sest.; homo tenui censu *H*, privatus *H*.
II. census *pt. pf. pass*. oder *med*. v. censeo.
centaurēum, ī, *n*. Tausendguldenkraut *V*.   Von
Centaurus, ī, *m*. Kentaur [Zwittergestalt von Mensch und Pferd]: nobilis Chiron *H*; *met*. Zentaur [Sternbild]; *adi*. **Centaurēus 3** *H*.
centēnī 3 (centum) je hundert; *sg*. centenā arbore mit 100 Rudern *V*.

centesimus 74 **certus**

centēsimus 3 (centum) der hundertste; *subst.* **centēsima,** ae, *f.* ein Hundertstel, ein Prozent; *pl.* 1% für den Monat, 12% für das Jahr.
centi-ceps, cipitis (caput, § 66) hundertköpfig *H.*
centiē(n)s *adv.* (centum) hundertmal.
centi-manus 3 (§ 66) hundertarmig *HO.*
centō, ōnis, *m.* Lappenwerk, Flickwerk, Säcke.
E: ai. kanthā 'geflicktes Kleid', gr. κέντρων.
centum (ai. çatám, gr. ἑ-κατόν) **1.** hundert. **2.** *synecd.* viele: linguae *V.* **Centum Cellae,** ārum, *f.* Civitavecchia [Hafenst. in Etrurien] *Pli.*
centum-geminus 3 hundertfältig, hundertarmig *V.*
centum-virī, ōrum, *m.* (*Iuxtap.* § 67) die hundert Männer [Richterkollegium für Privatrecht]; *adi.* **centumvirālis,** e.
centunculus, ī, *m.* (*dem.* v. cento) kleiner Lappen *L.*
centuria, ae, *f.* (centum) **1.** 'Hundertschaft', Kompanie, **Zenturie** [60 Mann = ½ Manipel, ⅛ Kohorte, 1/60 Legion]. **2.** Zenturie [als Wahlkörper; s. *L 1, 43*]. Dav.
centuriātim (§ 79) *adv.* zenturienweise.
centuriātus, ūs, *m.* (centuria) **1.** Zenturionenstelle. **2.** Einteilung in Zenturien *L.*
I. centuriō, ōnis, *m.* (centuria) Anführer einer Zenturie, Zenturio: classiarius Kapitän *T.*
II. centuriō 1. (centuria) **1.** in Zenturien teilen *L.* **2.** comitia centuriata die Zenturiatkomitien.
centuriōnātus, ūs, *m.* (centurio) Zenturionenwahl *T.*
Centuripīnus *adi.* u. Einw. von Centuripae [in Sizilien].
cēnula, ae, *f.* (*dem.* von cena) kleine Mahlzeit.
cēpa, cēpe s. caepa.
Cephallē(-ā-)nia, ae, *f.* Kefallinia *L;* Einw. **Cephallē(-ā-)nēs,** um, *m.*
Cēphēus, *m.* (Dekl. s. Orpheus) K. [König in Äthiopien, Vater der Andromeda]; *adi.* **Cēphēïus** u. **Cēpheus** 3. **Cēphēnēs,** um, *m.* die Äthiopier *O; adi.* **Cēphēnus** 3.
Cēphīsus, ī, *m.* K. [Fl. **1.** in Böotien, Vater des Narcissus (Cēphīsius) *O; adi.* **Cēphīsis,** idis, *f. O.* **2.** in Attika; *adi.* **Cēphīsias** ora die munychische Küste *O*].
cēpī *pf.* v. capio.
cēra, ae, *f.* (κηρός) **1.** Wachs. **2.** *meton.* (wächsernes) **Ahnenbild:** dispositae per atria cerae *O.* **3.** Wachstafel zum Schreiben.
Ceramīcus, ī, *m.* der 'Töpfermarkt' [Stadtteil u. Platz in Athen].
cerastēs, ae, *m.* (κεραστής) Hornschlange *Pr.*
cerasus, ī, *f.* (κέρασος) Kirschbaum *V.*
cērātus 3 (cera) mit Wachs überzogen: rates geteert *O,* pennae mit Wachs zusammengefügt *H.*
Ceraunia, ōrum, *n.* u. montes Ceraunii das keraunische Gebirge [an der Küste von Epirus].
Cerberus, ī, *m.* C. [der dreiköpfige (centiceps hundertköpfige *H*) Hund der Unterwelt]; *adi.* **Cerbereus** 3 *O.*
Cercīna, ae, *f.* C. [Insel in der Kleinen Syrte] *LT.*
cercūrus, ī, *m.* [langgebautes] Segelboot *L.*
Cercyōn, onis, *m.* K. [Räuber in Attika] *O.*
Cereālis s. Ceres.
cerebrōsus 3 tollwütig; *subst.* Hitzkopf *H.* Von
cerebrum, ī, *n.* **1.** Gehirn. *meton.* **2.** Verstand. **3.** Hitzköpfigkeit.

E: aus *ceresrum v. *ceres 'Kopf', vgl. ai. çiras 'Kopf', gr. κάρα, § 34.
Cerēs, Cereris, *f.* C. [**1.** Tochter des Saturnus und der Ops, Mutter der Proserpina, Göttin des Ackerbaues und der Ehe]. **2.** *meton.* **a.** Saat, Getreide: tellus cererem fert (reddit) *H.* **b.** Korn, Brot *V. Adi.* **Cere(-i-)ālis,** e **1.** der Ceres heilig: nemus, sacrum *O; subst.* **Cereālia,** ium, *n.* Ceresfest [am 12. April] *LO.* **2.** der Ceres: munera Brot *O.* **3.** Getreide-: herba, sulci *O.* **4.** Brot-: arma zur Brotbereitung *V,* solum Unterlage von Brot *V.*
cēreus 3 (cera) **1.** wächsern, aus Wachs: funale Wachsfackel; *subst.* **cēreus,** ī, *m.* **Wachskerze.** *met.* **2.** wachsfarbig: pruna *V.* **3.** weich, biegsam: in vitium flecti *H.*
cēri-ficō 1. (cera, facio) schleimen [v. Muscheln] *Sp.*
cērintha, ae, *f.* (κηρίνθη) Wachsblume *V.*
Cermalus, ī, *m.* C. [Westhang des Palatin].
cernō 3. crēvī, crētus u. certus (aus *crīno, vgl. κρίνω, cribrum, § 49) **1.** scheiden, sondern, sichten; *met.* **1.** unterscheiden, sehen, wahrnehmen. **2.** (geistig) erkennen, einsehen: virtutem, vitium; *pass.* sich zeigen: amīcus certus in re incerta cérnitur. **3.** entscheiden: priusquam id sors creverit *L,* certa sorte als das Los bestimmt war *L.* **occ. a.** kämpfen: ferro *V,* vitam ums Leben. **b.** beschließen: aliquid de Armenia *T.* **4.** (für eine Erbschaft) sich entscheiden, annehmen: hereditatem regni *L.*
cernuus 3 kopfüber, sich überschlagend *V.*
E: aus *cersnuus von *ceres 'Kopf', vgl. cerebrum.
cērōma, atis, *n.* (κήρωμα) Wachssalbe *Sp; meton.* Ringplatz, das Ringen *Sp.*
cerrītus 3 (aus *cersītus von *ceres, vgl. cerebrum) toll, verrückt.
certāmen, inis, *n.* (certo) **1.** Wettkampf, -streit: navale Wettrudern *V,* ponere certamina Wettkampf anstellen *V; met.* Wetteifer: honoris; certamine summo mit größtem Eifer *V.* **2.** Streit, Gefecht, Kampf, Treffen, Schlacht; *met.* Streit, Händel, Fehde: bella et certamina *S,* verborum *L.*
certātim (certo, § 79) *adv.* wetteifernd, um die Wette.
certātiō, ōnis, *f.* (certo) **1.** Wettkampf, Wetteifer: honesta. **2.** Streit: multae um die Strafe *L.*
certē (*adv.* v. certus) **1.** gewiß, sicher, zuverlässig, in der Tat: certe scio; si licuit, sicuti certe licuit. **2.** (in Antworten): allerdings, ja, freilich, gewiß: estne ipsus? certe is est *C.* **3.** (beschränkend): doch gewiß, doch wenigstens: desilite, milites; ego certe meum officium praestitero ich wenigstens.
certiorem facere s. certus 3 am Ende.
I. certō (*adv.* v. certus) sicher, gewiß.
II. certō 1. 'zur Entscheidung bringen'; **1.** kämpfen: multum certato nach langem Kampfe *T.* **2.** streiten: maledictis *L; trans.* certata Ambracia um das gestritten worden war *O.* **3.** (vor Gericht) streiten: multam über die Strafe *L.* **4.** wetteifern: de amore rei p.; mit *inf.* aequales superare *O.* Von
I. certus *pt. pf. pass.* v. cerno.
II. certus 3 (cerno)

   1. entschieden, beschlossen; *occ.* entschlossen;

cerula | 75 | **Chauci** C

---

2. **feststehend, bestimmt, festgesetzt**; 3. **zuverläs-sig, sicher, unzweifelhaft, untrüglich, fest, unbe-streitbar**; 4. **gewiß, sicher, feststehend**; 5. **sicher über etw., benachrichtigt, in Kenntnis.**

1. id certum atque obstinatum est *L*; meist certum est (mihi) mit *inf.* es ist (mein) fester Entschluß, beschlossene Sache; **occ.** Aeneas certus fluctus secabat *V*; mit *inf.* certa mori *V*; mit *gen. ger.* eundi *VO*. **2.** dies Termin, linguae certa loquentes deutlich *O*, certo anni zu bestimmter Jahreszeit *T*; **occ.** = quidam: certos esse in consilio. **3.** homo *N*, Apollo untrüglich *H*; iudicium *N*, oraculi fides *Cu*, spes, certa maris sichere Fahrt *T*, certissima vectigalia die ganz sicher eingehen; hasta *V*, sagitta *H* sicher treffend; nomina sichere Posten. **4.** pater namhaft (legitim); sehr häufig das *n.* certum est es steht fest; c e r t u m s c i r e , h a b e r e gewiß, sicher wissen; p r o c e r t o h a b e r e für gewiß halten, pro certo dicere, polliceri; affirmare *L*, credere *S*; a d v. certum locutus, vigilans *H*. **5.** certus exitii, eventūs, spei *T*; facere certum benachrichtigen *VO*, consilii sui *O*; in Prosa stets **certiorem facere benachrichtigen, in Kenntnis setzen**, *pass.* **certiorem fieri**; mit de, *gen.*, *acc. c. inf.*, indir. Fr.

cērula, ae, *f.* (*dem.* v. cera) Wachsstückchen; c. miniata Rotstift.

cērussa, ae, *f.* Bleiweiß [als Schminke] *C*.

cerva, ae, *f.* (cervus) Hirschkuh, Hirsch.

cervīcal, ālis, *n.* (cervix) Kopfkissen *Sp*.

cervīnus 3 (cervus, § 75) Hirsch-: pellis *H*.

cervīx, īcis, *f.*, meist *pl.* **Hals, Hinterhals, Nacken, Ge-nick**: cervices dare alicui sich töten lassen; b i l d l. 'auf dem Halse, im Nacken sitzen': (hostis) in cervicibus est *L*, stat *Cu*, bellum in cervicibus erat stand nahe bevor *L*; cervices dare crudelitati sich der Grausamkeit fügen.

cervus, ī, *m.* Hirsch; *pl. met.* gabelförmige Palisaden. E: vgl. κερα(F)ός 'gehörnt', ahd. hiruz.

cessātio, ōnis, *f.* (cesso) das Zögern, Untätigkeit.

cessātor, ōris, *m.* (cesso) Müßiggänger.

cessī *pf.* v. II. cedo.

cessō 1. (*frequ.* von cēdo) **1. zögern, säumen**: cessata tempora versäumt *O*, cessans morbus langwierig *H*; muliebri audaciā es fehlen lassen an *L*; cessas in vota mit Gelübden *V*; gemere aufhören *V*. **2. ausset-zen, nachlassen**: ab opere *L*; a novae cladis spectaculo frei sein *L*; **occ. müßig sein, feiern, rasten, ru-hen**: cessatum ducere curam einschläfern *H*, cessata arva *O*, oculorum cessabat usus war gehemmt *Cu*; amori sich hingeben *Pr*.

cessūrus *pt. fut.* v. II. cedo.

cestrosphendonē, ēs, *f.* (κεστροσφενδόνη) Wurfmaschine, Geschütz [für Pfeile] *L*.

cētārius, ī, *m.* (cetus) Seefischhändler *C*; **cētārium**, ī, *n.* Fischbehälter *H*.

ceterō-quī(n) (*Iuxtap.*, § 67) *adv.* übrigens, sonst.

cēterus 3, meist *pl.* **der sonstige, andere, übrige**: argentum; aetas *O*, classis, praeda *L*; cetera, et cetera

---

und so weiter. A d v. **ceterum** (*acc. sg. n.*), d i c h t. cetera **im übrigen, sonst, übrigens**: via brevior, ceterum dierum erat decem *N*, cetera Graius *V*; ceu cetera nusquam bella forent sonst nirgendwo *V*; (de) cetero übrigens *Sp*. Bisweilen adversativ: **aber, doch, gleichwohl**: bellum nondum erat, ceterum belli causā certamina serebantur *SL*.

Cethēgus, ī, *m.* M. Cornelius C. [cos. 204, Redner].

cētra, cētrātus s. caetra, caetratus.

cētus, ī, *m.* (τὸ κῆτος) Meerungeheuer [Seeal *C*]; *pl. n.* cētē *VSp*.

ceu (aus *ce-ve, wie neu, seu aus ne-ve, si-ve) **1.** Vergleichspartikel: **wie, gleichwie, ganz wie. 2.** *coniunct.* als ob, wie wenn: ceu cetera nusquam bella forent *V*.

Cēus s. Cea.

Ceutronēs, um, *m.* die C. [**1.** Volk in Savoyen; **2.** im belgischen Gallien].

Cevenna s. Cebenna.

Chaerōnēa, ae, *f.* Ch. [St. in Böotien] *L*.

chalcaspidēs, um, *m.* mit Erzschilden Bewaffnete *L*.

Chalcēdōn s. Calch...

Chalcioicos (χαλκίοικος) 'im Erzhause' [Beiname der Minerva in Sparta] *N*; *subst.* Minervatempel *L*.

Chalcis, idis, *f.* Ch. [St. auf Euböa]; *adi.* u. Einw. **Chalcidēnsis**; *adi.* **Chalcidicus** 3: versus des Euphorion *V*, arx von Cumae [chalkidische Kolonie] *V*; *subst. n. sg.* Vorhalle.

Chaldaeī, ōrum, *m.* die Südbabylonier; *met.* Astrologen.

chalybs, ybis, *m.* (χάλυψ) Stahl *V*; *adi.* chalybēïus 3 stählern *O*; benannt nach den **Chalybēs**, um, *m.* [Volk in Pontus] *V*.

Chamāvī, ōrum, *m.* die Ch. [Volk im nw. Deutschland] *T*.

Chāonēs, um, *m.* die Ch. [Volk in Epirus]; Landsch. **Chāonia**, ae, *f.*; *adi.* **Chāonius** 3 u. *f.* **Chāonis**, idis chaonisch, epirotisch, dodonäisch *VO*.

chaos, *n.* (χάος, nur *nom.*, *acc.*, *abl.* chaō) das Chaos [**1.** der unermeßliche leere Raum der Unterwelt *VO*. **2.** die gestaltlose Urmasse, aus der das Weltall entstand *O*].

chara, ae, *f.* [eine eßbare Wurzel].

C(h)aristia, ōrum, *n.* Eintrachtsfest [am 22. Februar] *O*.

Charitēs, um, *f.* (Χάριτες) die [drei] Grazien *O*.

Charmadās, ae, *m.* Ch. [Schüler des Karneades].

Charmidēs, *m.* Ch. [komische Person bei Plautus]; dav. scherzhaft charmidātus in Charmides verwandelt.

Charōn, ontis, *m.* Ch. [Fährmann der Unterwelt].

c(h)arta, ae, *f.* (ὁ χάρτης, § 92, Abs. 2) **1. Papyrus, Pa-pier**: dentata geglättet, ineptae Makulatur *H*. **2. be-schriebenes Papier, Schrift, Gedicht. 3. Platte**: plumbea *Sp*.   Dav. *dem.*

chartula, ae, *f.* Briefchen.

Charybdis, is, *f.* Ch. [Strudel in der Straße von Messina].

Charȳdēs, um, *m.* die Ch. [germ. Volk in Jütland].

Chasuāriī, ōrum, *m.* die Ch. [germ. Volk am Niederrhein] *T*.

C(h)attī, ōrum, *m.* die Ch. [germ. Volk in Hessen] *T*.

Chaucī, ōrum, *m.* die Ch. [germ. Volk, die Ostfriesen] *T*.

chelae 76 **cincinnus**

chēlae, ārum, *f.* (χηλαί) die Waage [Gestirn] *V.*

Chelīdoniae insulae die 'Schwalbeninseln' [an der Küste von Lykien] *L.*

chelydrus, ī, *m.* (χέλυδρος) Schildkrötenschlange *V.*

chelys, yos, *f.* (χέλυς) Schildkröte; Lyra *O.*

cheragra s. chiragra.

Cherso- u. **Cherronēsus**, ī, *f.* die Ch. [Thracia die Halbinsel von Gelibolu, Taurica die Krim].
E: χερσό-, χερρόνησος 'Festlandsinsel, Halbinsel'.

Cheruscī, ōrum, *m.* die Ch. [germ. Volk an der Weser].

chīliarchēs, ae oder **-us**, ī, *m.* (χιλι-άρχης, -ος) Befehlshaber über 1000 Mann, 'Oberst' *Cu*, [bei den Persern]: der Erste Minister *N.*

Chimaera, ae, *f.* die Ch. [feuerspeiendes Ungeheuer in Lykien, von Bellerophon getötet] *Lukrez VHTi*; *adi.* **chimaeri-fera** (§ 66) Lycia die Chimära erzeugend *O.*
E: χίμαιρα 'Ziege', § 91, Abs. 2.

Chios u. **-us**, ī, *f.* (Χίος) Ch. [Insel an der ionischen Küste]; *adi.* u. Einw. **Chīus**; **Chīum** Chierwein *H.*

chīragra, ae, *f.*, bei *H* cheragra (χειράγρα) Handgicht.

chīrographum, ī, *n.* (χειρόγραφον, § 91, Abs. 2) Handschrift, Schriftstück, Verschreibung.

Chīron, ōnis, *m.* (Χείρων, § 91, Abs. 2) Ch. [Kentaur, Musiker, Arzt, Wahrsager, Erzieher des Achill].

chīrūrgia, ae, *f.* (χειρουργία, § 91, Abs. 2) Chirurgie; *met.* Gewaltmaßregeln.

chīrūrgus, ī, *m.* (χειρουργός) Wundarzt, Chirurg *Sp.*

chlamys, ydis, *f.* (χλαμύς) die Ch. [gr. Kriegsmantel].

Choaspēs, ae u. is, *m.* Ch. [Fl. **1.** bei Susa; **2.** in Indien *Cu*].

Choerilus, ī, *m.* Ch. [Hofdichter Alexanders].

chorāgium, ī, *n.* (χοράγιον) Theatergarderobe *C.* Von

chorāgus, ī, *m.* (χοραγός) Verleiher von Theatergarderobe *C.*

Chorasmiī, ōrum, *m.* die Ch. [Volk am Oxus] *Cu.*

c(h)orda, ae, *f.* (χορδή, § 91, Abs. 2) Saite.

chorēa u. **-ēa**, ae, *f.* (χορεία) Chortanz, Reigen.

chorēus, ī, *m.* (χορεῖος) der Trochäus (— ⌣). Von

chorus, ī, *m.* (χορός) **1.** Chortanz, Reigen. **2.** *meton.* die Singenden und Tanzenden, Chor. **3. Schar, Reihe, Haufen, Menge.**

Chremēs, ētis, *m.* Ch. [der Geizhals in der attischen Komödie].

Christus, ī, *m.* Ch. [Χριστός der Gesalbte; Beiname Jesu]; *adi.* u. *subst.* **Christiānus** christlich, Christ.

Chrȳsē, ēs, *f.* Ch. [St. in Mysien] *O.*

Chrȳsippus, ī, *m.* Ch. [stoischer Philosoph aus Soli in Kilikien um 290—210, Schüler des Zenon].

chrȳsolithos, ī, *m.* u. *f.* (χρυσόλιθος) Topas *O.*

Cīa s. Cea.

cibārius 3 (cibus) **1. Speise-**: res Speisewesen *C.* **2.** *synecd.* **gewöhnlich, grob**: panis Schwarzbrot. **3.** *subst.* **cibāria**, ōrum, *n.* **Lebensmittel, Proviant, Futter.**

cibātus, ūs, *m.* Nahrung *C.* Von

cibō 1. (cibus) füttern *Sp.*

cibōrium, ī, *n.* (κιβώριον) metallener Becher *H.*

cibus, ī, *m.* **1. Speise, Nahrung, Kost. occ. a. Nahrungssaft. b. Futter:** cibo uti fressen *N.* **c. Köder:** fal-

laces *O.* **2.** *met.* **Nahrung:** furoris *O*, animalis die Luft. **3.** das **Essen:** omnis cibus causa cibi est *O.*

Cibyra, ae, *f.* C. [reiche Fabrikstadt im sw. Kleinasien]; *adi. m. f.* u. Einw. **Cibyrātēs**, ae; *adi.* **Cibyrāticus** 3.

cicāda, ae, *f.* Baumgrille, Zikade *V.*

cicātrīcōsus 3 narbig; *subst. n. pl.* cicatricosa Flickwerk, vielfach korrigierte Schriftwerke *Q.* Von

cicātrīx, īcis, *f.* **1.** Narbe. **2.** occ. Kerbe: in stirpe *V.* **3.** *met.* Wunde, Narbe: facta nostra cicatricem ducunt 'vernarben' *O*, cicatricibus mederi vernarbte Wunden heilen.

cicer, eris, *n.* (vgl. κριός) Kichererbse *H.*

Cicerō, ōnis, *m.* (wohl zu cicer, vgl. Piso, Fabii u. a., § 82) C. [cognomen der gens Tullia]. Bes. **1.** M. Tullius Cicero [der Redner]; *adi.* Cicerōniānus 3. **2.** sein gleichnamiger Sohn. **3.** Q. Tullius C. [Bruder des Redners, vermählt mit Pomponia, der Schwester des Atticus].

cichorēum, ī, *n.* (κιχόρειον, § 91, Abs. 2) Endivie *H.*

Cicirrus, ī, *m.* (κίκιρρος = ἀλεκτρυών) Messius C. ['Kikeriki', 'Kampfhahn' *H*].

Ciconēs, um, *m.* die K. [Volk in Thrakien am Hebrus].

cicōnia, ae, *f.* Storch.

cicur, uris zahm.

cicūta, ae, *f.* **1.** Schierling *H.* **2.** Rohrpfeife *V.*

cidaris, is, *f.* (persisch) Tiara *Cu.*

cieō 2. cīvī, citus (vgl. κίω, κινέω) **1. in Bewegung setzen, bewegen**: puppes sinistrorsum citae gerichtet *H*, herctum beweglich machen, teilen. **occ. erschüttern, aufregen**: tonitrū caelum *V*, mare (aequora *V*) *L.* **2. aufrufen**: singulos nomine *T*, aere viros *V.* **occ. a. zu Hilfe rufen**: furias *O*, foedera als Zeugen anrufen *L.* **b.** (zum Kampf) **aufbieten**: ad belli munia (ad arma *L*) militem *T.* *met.* **3. rufen, nennen**: animam supremum *V*, nomina singulorum *T*, patrem consulem als Vater angeben können *L.* **4. erregen, hervorbringen, veranlassen, anstiften**: fluctūs *Cu*, procellas *L*; tinnitūs **klingeln**, gemitūs stöhnen, longos fletus lange fortweinen, mugitūs brüllen, lacrimas vergießen *V*, pugnam, bellum (Martem *V*) beginnen *L*, stragem anrichten *V.*

Cilicia, ae, *f.* Kilikien; Einw. (u. *adi. O*) **Cilix**, icis, meist *pl.*; **Ciliciēnsis**, e u. **Cilicius** 3: portae die 'kilikische Pforte' [Paß im Taurus] *N*; *f.* **Cilissa**: spica = Safran *O*, Safranwasser *Pr*; cilicium, ī, *n.* Decke aus Ziegenhaaren *L.*

Cimbrī, ōrum, *m.* die K. [nordgerm. Volk]; *adi.* Cimber *O* u. Cimbricus 3: scutum [als Firmentafel].

cīmex, icis, *m.* Wanze.

Ciminī lacus Lago di Vico [See im südl. Etrurien] *V*, an ihm ein Bergzug: Ciminius mons, saltus; C. silva *L.*

Cimmeriī, ōrum, *m.* die K. [mythisches Volk im äußersten Westen in beständiger Finsternis] *Ti O*; *adi.* Cimmerium litus skythisch *O.*

Cimōlus, ī, *f.* C. [Kykladeninsel] *O.*

cinaedus, ī, *m.* (κίναιδος, § 91, Abs. 2) Wüstling *Ph.*

cincinnus, ī, *m.* (κίκιννος) (künstliche) Haarlocke; *met.* Schnörkelei im Ausdruck; dav. **cincinnātus** 3 gelockt. Als Beiname L. Quinctius Cincinnatus [cos. 460, Diktator 458].

Cincius 3 im *n. g.* **1.** L. C. Alimentus [Annalist zur Zeit des Hannibalischen Krieges] *L.* **2.** M. C. Alimentus [tr. pl. 204, erließ die lex Cincia, die den Anwälten verbot, Geld anzunehmen].

cīnctūra, ae, *f.* (cingo) Gürtung *Sp.*

I. cīnctus *pt. pf. pass.* oder *med.* v. cingo.

II. cīnctus, ūs, *m.* **1.** Gürtung: Gabinus *VL* [bes. Form der Gürtung der Toga bei bestimmten Opferhandlungen]. **2.** *meton.* Gurt, Schurz; dav. **cīnctūtus** 3 mit einem Schurz bekleidet [statt der Tunika]: Cethegi altrömisch, altmodisch *H.* Von

cingō 3. cīnxī, cīnctus **1.** gürten, umgürten: ense latus *O*; *med.* sich umgürten, sich rüsten. **occ. a.** aufschürzen: vestes *O*, alte cinctus *H.* **b.** umwinden, umkränzen: tempora. **2.** *met.* umgeben, einschließen: flumen oppidum cingit, polum umkreisen *V*, castra vallo befestigen, latera die Flanken decken. **occ. a.** umringen, begleiten: cinctā virgo matrum catervā *O*, pantomimos *T.* **b.** (feindlich) umzingeln, umringen, einschließen: domum *Cu*, urbem obsidione *V*, omnibus copiis *L*, Sicilia cincta periculis. E: vgl. κιγκλίς 'Umfriedung'. Dav.

cingulus, ī, *m.* Erdgürtel, Zone. **cingulum,** ī, *n.* **1.** Gurt, Gürtel. **2.** Wehrgehenk. **Cingulum** C. [Bergfestung in Picenum].

cini-flō, ōnis, *m.* (cinis, flo) Haarkräusler *H.*

cinis, eris, *m.* **1.** Asche [speziell zum Blankputzen der Gefäße *C*]. **2.** Totenasche: post cinerem nach der Verbrennung *O*, absolvor cinis als Toter *Ph.* **3.** Aschenhaufen, Trümmer: Iliaci cineres *V.* **4.** *met.* Vernichtung, Ruin: cinis patriae, imperii.
E: vgl. κόνις 'Staub'.

Cinna, ae, *m.* [cognomen]. Bes. **1.** C. Helvius C. [Dichter]. **2.** L. Cornelius C. [Parteigänger des Marius]; *adi.* **Cinnānus** 3: tumultus [im J. 87] *N.*

cinnamum, ī, *n.* (κίνναμον) Zimt *O.*

cīnxī *pf.* v. cingo.

Cīnyphius 3 vom Fl. Cīnyps [in Libyen], afrikanisch.

Cinyrās, ae, *m.* K. [**1.** assyrischer König *O.* **2.** König auf Zypern, Vater der Myrrha u. des Adonis]; *adi.* **Cinyrēius** 3: virgo Myrrha, heros Adonis *O.*

Cios, ī, *f.* Gemlik [St. in Bithynien] *L*; Einw. Ciānī *L.*

cippus, ī, *m.* **1.** Pfahl. **2.** [viereckige] Grabsäule *H.*

circā (Umbildung v. circum nach suprā, extrā) **I.** *adv.* ringsum, umher, im Umkreis: qui circa erant seine Umgebung *N*, multae circa civitates *L.* **II.** *praep.* beim *acc.* **1.** r ä u m l i c h : **a.** um: ligna contulerunt circa casam *N.* **b.** um . . . her, in der Nähe von, nahe bei: circa Armeniae montes *Cu.* **c.** umher zu: legatos circa vicinas gentes misit *L.* **2.** z e i t l i c h u. bei Zahlenangaben: **um, gegen, ungefähr:** circa lu̶⸺tum *Cu*; circa quingen̶t̶⸺ **3.** ⸺ bezüglich: circa bonas artes su̶⸺

circā-moerium = pomerium (s. d.).

Circē, ēs u. **-a,** ae, *f.* Kirke [Tochter des Helios, Mutter des Telegonus]; *adi.* **Circaeus** 3: terra, ju̶gum *V*, litus *O* um Circei; moenia Tusculum [erbaut von Telegonus] *HO*, gramen Giftkraut *Pr.*

Circēï, ōrum, *m.* Circello [St. u. Vorgebirge in Latium] *H*; *adi.* **Circēiēnsis,** e.

circēnsis, e (circus) Zirkus-; *subst.* circēnsēs, ium, *m.* Zirkusspiele.

---

circinō, āre rund biegen: auras durchkreisen *O.* Von

circinus, ī, *m.* (κίρκινος) Zirkel.

circiter (wie ein *adv.* auf iter zu circum) **1.** *adv.* um, ungefähr: media circiter nocte. **2.** *praep.* beim *acc.* um: circiter meridiem.

circius, ī, *m.* Nordwestwind *Sp.*

circlus = circulus.

circueō s. circumeo.

circuitus, ūs, *m.* (circumire, § 32) **1.** das Herumgehen, Umlauf, Kreislauf: solis et lunae. **2.** Umweg: pons magnum circuitum habebat verursachte. **3.** Umseglung *Sp.* **4.** Umfang, Umkreis: munitionis; in circuitu. **5.** Umweg, indirektes Verfahren: circuitu petis gloriam *Cu.* **6.** Umschreibung: verborum *Q.* **7.** (*rhet.*) Periode: orationis, verborum.

circulātim, *adv.* (circulor) gruppenweise *Sp.*

circulātor, ōris, *m.* (circulus) Marktschreier *Pli.* Dav.

circulātōrius 3 marktschreierisch *Q.*

circulor 1. **1.** in Gruppen zusammentreten. **2.** einen Zuhörerkreis um sich bilden, sich in einer Gruppe unterhalten. Von

circulus, ī, *m.* (*dem.* v. circus) **1.** Kreis, Ring: coronae Umfang *L. meton.* **2.** [konkr.] Reif, Ring: auri Goldkette *V.* **3.** Kreis, Gesellschaft, Zirkel: in circulis, disputationibus.

circum 1. *adv.* **1.** im Kreis, rings, ringsumher: matres stant circum *V.* **2. occ.** umher, zu beiden Seiten: effigies circum Caesaris ac Seiani *T.* **II.** *praep.* beim *acc.* **1.** um, ringsum: radii circum caput micantes *O.* **2.** um, in der Nähe: templa circum forum. **3.** umher zu, umher auf, umher bei: concursare circum tabernas, errabant maria omnia circum *V.* **4.** [von Personen] um, bei: equites circum se habere. E: vereinfacht aus in circum 'im Kreis', § 69.

circum-agō 3. ēgī, āctus (*Iuxtap.*, § 67) **1.** (im Kreis) umwenden, umdrehen; *med.* sich drehen, wenden, kehren: equos schwenken *LCu*, aciem, signa *LCu*, circumacta litora gekrümmt *Pli.* S p r i c h w . circumagetur hic orbis 'das Blatt wird sich wenden' *L. met.* **2.** *refl.* u. *med.* vergehen, verfließen: annus circumactus est *L.* **3.** umstimmen: rumoribus vulgi circumagi *L.* **4.** herumtreiben: huc illuc clamoribus h̶tium circumagi *T*; *med.* sich herumtreiben *H.*

circum-arō 1. āvī umpflügen *L.*

circum-cīdō 3. cīdī, cīsus (caedo, § 43̶ schneiden: caespitem ausstechen; o̶ genitalia *T. met.* **2.** einschränke̶ tūs *L.* **3.** (in der Rede) weg̶

circum-circā *adv.* ri̶

circum-dō 1. d̶ umher stellen (leg̶ collo *VO*, arma umeris ̶ aufstellen, anbringen: muru̶ exercitum castris *L*; *met.* fam̶ corruptis moribus libidines beige̶

circumduco   78   **circumscriptus**

umgeben: portum moenibus *N*, saltūs canibus um-
stellen *V*, duplici amiculo circumdatus *N*; *met.* ora-
toris munus exiguis finibus beschränken, pueritiam
robore ausstatten *T.*
circum-dūcō 3. dūxī, ductus **1. herumführen, -zie-
hen, -bewegen:** aratrum. **2. umherführen;** mit dopp.
acc. eos omnia praesidia. **3. herumführen:** cohortes
longiore itinere. **4. umschreiben:** aliquid longius *Q.*
5. um etw. (*abl.*) **prellen** *C.*   Dav.
circumductiō, ōnis, *f.* das Prellen, Übervorteilen *C.*
circumductus *pt. pf. pass.* v. circumduco.
circum-dūxī *pf.* v. circumduco.
circum-ēgī *pf.* v. circumago.
circum-eō, auch circueō (§ 32), īre, iī, itus **1. umge-
hen, herumgehen:** hostium castra, opus navibus um-
schiffen *Cu*; *met.* nomen nicht nennen *T*, sic circumiri
hintergangen werden *C.* *met.* **2. umgeben, einschlie-
ßen:** cidarim caerulea fascia circumibat *Cu*, aciem
a latere aperto, muros umzingeln *Cu.* **3. begehen, die
Runde machen:** equo umherreiten *S*; manipulos, or-
dines, vigilias *L*, hiberna visitieren, saucios der Reihe
nach besuchen *T*, senatum von einem Senator zum an-
dern *L*; **occ. bereisen:** provincias *L.*
circum-equitō, āre umreiten: moenia *L.*
circum-ferō, ferre, tulī, lātus **1. herumtragen, -rei-
chen, -geben:** circumfertur poculum geht in die
Runde *L*, sol macht ihren Kreislauf; clipeum ad ictus
mit dem Schild herumfahren *Cu*, socios purā undā rei-
nigen, sühnen *V*; *pass.* sich herumtreiben *Cu*; **occ. her-
umschweifen lassen:** oculos *LCu*, oculos manusque
richten und ausstrecken *Cu.* **2.** *met.* **ringsum verbrei-
ten:** clamorem *L*, bellum (arma) *LT*, meritum be-
kannt machen *Pli.*
circum-flectō 3. flexī, flexus umfähren *V.*   Dav.
I. circumflexus, ūs, *m.* Wölbung: mundi *Sp.*
II. circumflexus *pt. pf. pass.* v. circumflecto.
circum-fluō 3. flūxī **1. umfließen;** *met.* **umgeben:** se-
cundae res vos circumfluunt *Cu.* **2. im Überfluß vor-
handen sein:** implere velle, quod iam circumflu-
it *Cu*, oratio circumfluens überströmend. **3. Überfluß
haben:** omnibus copiis.   Dav.
circumfluus 3 umfließend: umor *O*; *pass.* umflossen:
insula *O.*
circum-flūxī *pf.* v. circumfluo.
circum-forāneus 3 (forum) am Forum geborgt.
circum-fundō 3. fūdī, fūsus **I. 1. rings herumgießen;**
med. (selten *refl.*) **umfließen, sich ringsum ergießen;**
mit *dat.* amnis circumfunditur insulae *L*; *abs.* cir-
cumfusa flumina *O*, nubes umhüllend *V.* **2.** *met.*
med. **umdrängen;** *abs.* magna multitudo circumfun-
debatur; mit *dat.* cedentibus circumfusi umdrän-
gend, collo parentis circumfusa sich an den Hals hän-
gend *O*; bei *T act.* circumfudit eques; bildl. undi-
que circumfusae molestiae. **II. 1. um-, übergießen:**
mortuum cerā *N*, circumfusus caligine. **2.** *met.* **um-
drängen, umgeben, umringen:** praefectum *T*; meist
pass. circumfusus hostium concursu *N.*
circum-gemō, ere umbrummen: ovile *H.*
circum-gestō, āre herumtragen.
circum-gredior 3. gressus sum (gradior) umgehen,
umringen *ST.*

circum-iaceō, ēre rings herumliegen: quae circum-
iacent Europae *L*, circumiacentes populi Umwoh-
ner *T.*
circum-iciō 3. iēcī, iectus (iacio, § 43) rings herum-
werfen, -stellen, -legen: vallum rings aufwerfen *L*, cir-
cumiecta multitudo, circumiecti custodes rings auf-
gestellt *T.*   Dav.
I. circumiectus 3 **herum-, umliegend:** campi *Cu*,
oppida, nationes *T*; mit *dat.* aedificia circumiecta
muris *L.*
II. circumiectus, ūs, *m.* (circumicio) das Umfassen:
terram circumiectu amplecti; *meton.* Umgebung:
arduus.
III. circumiectus *pt. pf. pass.* v. circumico.
circum-iī *pf.* v. circumeo.
circumitiō, ōnis, *f.* (ire) **1.** die Runde *L.* **2.** konkr.
Gang *Sp.* **3.** *met.* Umschreibung, Umschweife *C.*
I. circumitus *pt. pf. pass.* v. circumeo.
II. circumitus = circuitus.
circum-lātus *pt. pf. pass.* v. circumfero.
circum-ligō 1. um-, anbinden: natam mediae hastae
das Kind an die Lanze *V*; ferrum stuppa *L.*
circum-linō 3. litus herumschmieren, bestreichen: sul-
fura taedis (*dat.*) *O*, oculum (mit Farbe) *Pli*; meist *pt.
pf. pass.* überzogen: circumlitus auro *O*, cerā.   Dav.
circumlitiō, ōnis, *f.* Farbton [auf Statuen], Bema-
lung *Sp.*
circumlitus *pt. pf. pass.* v. circumlino.
circum-luō, ere (vgl. lavo) umfließen *LT.*   Dav.
circumluviō, ōnis, *f.* Umspülung, Inselbildung.
circum-mittō 3. mīsī, missus **1.** auf einem Umweg ab-
schicken: circummissi das Umgehungskorps *L*, iugo
circummissus die Höhe umgehend *L.* **2.** herumschik-
ken: praecones.
circum-moeniō *C* (§ 52) = circummunio.
circum-mūgiō, īre umbrüllen *H.*
circum-mūniō 4. ummauern, einschließen.   Dav.
circummūnītiō, ōnis, *f.* Umschanzung, Schanzbau.
circum-padānus 3 um den Po: campi *L.*
circum-pendeō, ēre *intr.* herumhängen *Cu.*
circum-plaudō, ere von allen Seiten beklatschen *O.*
circum-plector 3. plexus sum umfassen, einschließen.
circum-pōnō 3. posuī, positus rings herumstellen, -set-
zen: nemus stagno rings um den See anlegen *T.*
circum-rētiō 4. (rete) rings umstricken, umgarnen.
circum-rōdō 3. rōsī ringsum benagen.
circum-saepiō 4. saepsī, saeptus umgeben.
circum-scindō, ere die Kleider herabreißen *L.*
circum-scrībō 3. psī, ptus **1.** 'umreißen', **umzeich-
nen:** virgā regem um den König einen Kreis ziehen *L.*
met. **2. ab-, begrenzen:** vitae spatium, genus univer-
sum. **3. einschränken, in Schranken, im Zaum halten:**
tribunos plebis, praetorem. **4. umgehen, beseitigen:**
testamentum *Pli.*   Dav.
circumscrīptiō, ōnis, *f.* **1.** Umriß, Begrenzung: terrae,
temporum. **2.** Übervorteilung: adulescentium.
circumscrīptor, ōris, *m.* (circumscribo) Betrüger.
I. circumscrīptus *pt. pf. pass.* v. circumscribo.
II. circumscrīptus 3, *adv.* **ē** (circumscribo) **1. scharf
begrenzt, genau:** verborum ambitūs rhetorische Peri-

circumsedeo   79   **Citium** **C**

oden, circumscripte complecti res singulas. **2. beschränkt, eng begrenzt** *Pli.*

circum-sedeō 2. sēdī, sessus **1.** umlagern, belagern, einschließen. **2.** *met.* bestürmen: blanditiis *L.*

circum-sēdī *pf.* v. circumsedeo oder circumsido.

circumsessus *pt. pf. pass.* v. circumsedeo.

circum-sīdō 3. sēdī umzingeln, einschließen *LT.*

circum-siliō, īre (salio, § 43) umherhüpfen *Ca.*

circum-sistō 3. stetī **1. sich herumstellen, umstellen, umringen:** Domitium; signa *T.* **2. occ.** (feindlich) **umstellen, umringen. 3.** *met.* **bedrängen:** me circumstetit horror *V*, metus *T*; a civitatibus circumsisti angegriffen werden.

circum-sonō 1. nuī **1. rings ertönen, widerhallen:** circumsonans clamor *L*, aures circumsonant vocibus. **2.** *trans.* **umtönen, umrauschen:** Nereus circumsonat orbem *O*, clamor hostes *L.*   Dav. rückgebildet (§ 76)

circumsonus 3 umtönend, umlärmend *O.*

circum-spectō 1. **1. rings umherschauen, sich rings umsehen:** circumspectabat, quānam evaderet *L*; bildl. circumspectans ratio vorsichtig. **2.** *trans.* **rings ansehen, betrachten:** omnia sich nach allem (ängstlich) umschauen *S.* **3.** *met.* **sich umsehen, umherspähen, lauern:** aedem *H*, tempus defectionis *L*, initium erumpendi *T.*

I. circumspectus *pt. pf. pass.* v. circumspicio.

II. circumspectus, ūs, *m.* **1.** Umblick, Umschau, Ausblick. **2.** Erwägung, Betrachtung: rerum aliarum *L.* Von

circum-spiciō 3. spexī, spectus (specio, § 43) **1.** *intr.* **ringsum blicken, sich umschauen:** suus coniunx ubi sit *O*, saxum beim Umherschauen erblicken *V.* *trans.* **2. genau besehen, betrachten, mustern:** sua; urbis situm *L*, turris circumspicit undas sieht aufs Meer hinaus *O.* **3. sich** nach etw. **umsehen:** Ambiorigem; Oriona *V.* *met.* **4. genau betrachten, erwägen, überlegen:** eius consilia animo, pericula; se 'einen Blick auf sich werfen' *C.* **5. sich umsehen, suchen, verlangen:** externa auxilia *L*, diem bello *S*, fugam *T.* Dav.

circumspectus 3 **vorsichtig, überlegt:** iudicium *Q.*

circum-stetī *pf.* v. circumsisto oder circumsto.

circum-stō 1. stetī **1.** *intr.* **rings umherstehen.** *trans.* **2. umgeben, umringen, bedrängen:** tribunal; te circumstetit anguis umschlang *V*, terror circumstabat *L*, te circumstant pericula *V.*

circum-strepō 3. uī, itus **umlärmen, umtosen:** legatum clamore *T*, atrociora lärmend vernehmen lassen *T*; circumstrepunt, iret in castra bestürmen ihn *T.*

circum-tentus (tendo) elephanti corio umspannt *C.*

circum-textum (texo) acantho velamen verbrämt *V.*

circum-tonō 1. nuī umdonnern; *met.* betäuben, betören *H.*

circum-tulī *pf.* v. circumfero.

circum-vādō 3. vāsī von allen Seiten angreifen: naves *L*, Claudium clamoribus *T*; *met.* überfallen, umringen: terror circumvadit aciem *L.*

circum-vagus 3 umströmend: Oceanus erdumfließend *H.*

circum-vallō 1. ringsum einschließen: Pompeium.

circum-vāsī *pf.* v. circumvado.

circumvectiō, ōnis, *f.* (veho) das Herumführen (von Waren): portorium circumvectionis Transitzoll.

circum-vector, ārī herumfahren: oram an der Küste kreuzen *L*; *met.* singula beschreiben, darstellen *V.*

circum-vehor 3. vectus umfahren, -segeln, -reiten.

circum-vēlō, āre rings umhüllen *O.*

circum-veniō 4. vēnī, ventus **1. umringen, umzingeln, einschließen:** hostes a tergo; armis regiam *S.* **2. occ. umgeben, umschließen, umfließen:** planities locis superioribus circumventa *S*, Rhenus insulas circumveniens *T.* **3.** *met.* **umgarnen, betrügen, bedrängen, stürzen:** tua te Messana circumvenit; circumventus iudicio; terroribus *L*; difficultatibus, falsis criminibus *S.*

circum-vertor, tī sich herumdrehen: axem um die Achse *O.*

circum-vestiō, īre umkleiden; *met.* se dictis (dicht.) sich schützen durch.

circum-volitō 1. umherfliegen *T*; *trans.* umfliegen: lacūs *V*, thyma *H.*   *Intens.* von

circum-volō 1. umfliegen, umflattern.

circum-volvō, ere herumwälzen; *med.* sol circumvolvitur annum vollendet den Jahreslauf *V.*

circus, ī, *m.* (κίρκος, κρίκος) Ring, Kreis: splendidissimo candore circus elucens [Milchstraße]; meist **occ.** Rennbahn, Zirkus; circus maximus [vom älteren Tarquinius zwischen Palatin und Aventin angelegt]; c. Flaminius [nw. vom Kapitol].

Cirrha, ae, *f.* C. [Hafenst. von Delphi] *L.*

cirrus, ī, *m.* Haarlocke; [am Kleid] Franse *Ph.*

Cirta, ae, *f.* C.[St. in Numidien, j. (nach Constantinus) Constantine]; Einw. **Cirtēnsēs,** ium, *m.*

cis (vgl. citra) *praep.* beim *acc.* **1.** diesseits: cis Rhenum. **2.** binnen: c. paucas tempestates *C.*

Cis-alpīnus 3 diesseits der Alpen: Gallia.

cisium, ī, *n.* (kelt.) [zweirädriger] Reisewagen.

Cis-rhēnānus 3 diesseits des Rheins: Germani.

Cissēis, idis, *f.* Tochter des Cisseus [Hekuba] *V.*

cista, ae, *f.* (κίστη) Kiste, Schatulle, Kasten.

cistellātrix, īcis, *f.* (cistella, *dem.* v. cista) Bewahrerin des Schmuckkästchens [Sklavin] *C.*

cisterna, ae, *f.* Zisterne *T*; *adi.* cisternīnus 3 *Sp.*

cistophorus, ī, *m.* (κιστοφόρος) Cistophor [Münze, bes. in Asien, mit der cista mystica des Dionysoskultes als Gepräge].

citātus 3 (cito) schleunig, schnell, rasch: equo citato im Galopp, citato agmine in Eilmärschen *L.*

citerior, ius (*comp.* des vorkl. citer, tra, trum, vgl. cis) näherliegend, diesseitig: Gallia; Hispania *NL*; *met.* citeriora das Näherliegende; *sup.* **citimus** 3: stella c. terris am nächsten.

Cithaerōn, ōnis, *m.* K. [Gebirge zwischen Attika u. Böotien] *VO.*

cithara, ae, *f.* (κιθάρα) Leier, Laute, Kithara; Lyra; *meton.* Saitenspiel: Apollo citharam dabat *V.*

citharistria, ae, *f.* (κιθαρίστρια) Kitharaspielerin *C.*

citharizō, āre (κιθαρίζω) die Kithara spielen *N.*

citharoedus, ī, *m.* (κιθαρῳδός, § 91, Abs. 2) Kitharöde [der seinen Gesang auf der Kithara begleitet]; *adi.* **citharoedicus** 3 *Sp.*

citimus s. citerior.

Citium, ī, *n.* C. [St. auf Zypern]; *adi.* **Citiēus** *C.*

cito   80   **Claros**

I. citō, citius, citissimē s. citus.

II. citō 1. (*intens.* v. cieo) **1. in** (starke) **Bewegung setzen;** vgl. citātus; *met.* motum animi erregen, paeanem immer wieder anstimmen = 'io Bacche' *H.* **occ. 2. herbei-, aufrufen:** aliquem nominatim *Cu,* numina Iovis zu Hilfe *O.* **3. vorladen, kommen lassen:** patres in curiam *L,* centuriatim populum zur Wahl *L*; milites zur Konskription *L*; [vor Gericht]: Apollonium de tribunali, aliquem reum; *met.* libros auctores als Gewähr anführen, zitieren *L.*

citrā (*adv. abl. sg. fem.* v. citer, vgl. citerior, vom selben St. wie cis) **1.** a d v. **diesseits:** tela c. cadebant zu nahe *T,* paucis c. milibus wenige Meilen vor dem Lager *L*; *met.* culta c. quam debuit weniger als sie sollte *O,* nec citra nec ultra weder vor noch zurück *O.* **II.** p r ä p o s. beim *acc.* **1. diesseits:** c. flumen; omnes c. flumen elicere über den Fluß. **2.** *met.* **a. vor, innerhalb:** c. Troiana tempora *O,* c. iuventam carpere flores vor der Reife *O.* **b. unter:** nec virtus c. genus est ist nicht geringer als *O.* **c. ohne, außer, ausgenommen:** peccavi c. scelus ohne Verbrechen *O,* nec id Rutilio c. fidem fuit man schenkte R. Glauben *T.*

citrō (*adv. abl. sg. n.* v. citer, vgl. citra) hierher, herüber (meist mit ultro); *met.* beneficia ultro et citro data, accepta gegenseitig.

citrus, ī, *f.* Zitrusbaum, Lebensbaum (Thuja); **citrum,** ī, *n.* Zitrusholz; *adi.* **citreus** 3.

I. citus *pt. pf. pass.* v. cieo.

II. citus 3 (cieo) **schnell, rasch, eilig:** sermo schlagfertig *T,* agmen Eilmarsch *LCuT. Adv.* **cito** (für *citō,* § 45), **citius, citissimē 1. schnell, rasch:** dicto citius schneller, als man es sagen kann; serius aut citius früher oder später *O.* **2.** *met.* non cito nicht leicht, non tam cito quam nicht so sehr als; *comp.* **eher, leichter:** citius dixerim; citius diceres *L.*

Cīus 3 s. Cea.

civī *pf.* v. cieo.

cīvicus 3 (civis) bürgerlich, Bürger-; meist corona c. Bürgerkranz [Eichenkranz für Rettung eines Bürgers im Kampf]; arma des bürgerlichen Rechtes *O.*

cīvīlis, e, *adv.* **iter** (civis) **1. bürgerlich, Bürger** (Mitbürger) **betreffend, Bürger-:** exercitus Bürgerwehr *L,* victoria über Mitbürger, quercus *V* = corona civica, ius bürgerliches Recht [oder] Privatrecht, causa Privatprozeß. **2. gutgesinnt, patriotisch:** odium; magis pie quam civiliter *L,* neque magistratum continuare satis civile esse *L.* **3. leutselig, herablassend, zuvorkommend:** ingenium *T,* odio civiliter uti sich gemäßigt zeigen *O,* plus quam civilia agitare zu hoch hinaus wollen *T.* **4. occ. a. öffentlich, staatlich, politisch:** procellae des politischen Lebens *N,* res Politik, rerum civilium peritus Staatsmann, Politiker *T.* **b.** den Staatsdienst betreffend, **zivil:** officia.

Civilis Iulius Claudius [vornehmer Bataver, Führer des Aufstandes gegen die Römer]*T.*

cīvīlitās, ātis, *f.* Freundlichkeit, Leutseligkeit *Sp.*

cīvis, is, *m. f., abl.* auch i Bürger, Bürgerin, Mitbürger. E: ai. śévaḥ 'lieb, wert', ahd. hīwo 'Gatte'.   Dav.

cīvitās, ātis, *f.* **1. Bürgerrecht:** civitatem dare, adipisci, amittere; ius civitatis die aus der Gemeindeangehörigkeit entspringenden Rechte. **2. Bürgerschaft:** ci-

vitas commota est; **occ. Gemeinde, Staat:** foederata *N,* Helvetia. **3. Stadtgemeinde, Stadt:** Lingonum *T,* muri civitatis *C.*

clādēs (clādis *L*), is, *f.* **1. Verletzung, Verlust:** dextrae manūs *L. met.* **2. Schaden, Verlust, Unglück, Unheil:** Milonis, belli Kriegsschäden *L,* instantes Verheerungen, Seuchen *L*; *meton.* Scipiadae, clades Libyae die Würger Libyens *V.* **3. Niederlage:** cladem hosti afferre, inferre *L,* facere *S* bereiten, accipere erleiden. E: zu *cellō* 'schlagen'.

clam 1. a d v. **heimlich, (ins)geheim:** clam furtim in aller Heimlichkeit *L,* iram clam ferre verhehlen *L.* **2.** p r ä p o s. beim *abl.* **heimlich vor:** clam vobis; mit *acc.* clam senem *C.* E: als cl-am im Ablaut zu cēlō, Bildung wie cōram, palam.

clāmātor, ōris, *m.* (clamo) Schreier.

clāmitātiō, ōnis, *f.* Geschrei *C.*   Von

clāmitō 1. (wiederholt) rufen, schreien, laut schreien: saeva Quirino wilde Drohungen gegen Q. ausstoßen *T,* se reum sich laut nennen *T.*   *Frequ.* von

clāmō 1. **1. intr. schreien, rufen.** *trans.* **2. nennen, rufen, herbeirufen:** regem *Cu,* matrem, comites *O,* se causam malorum *V.* **3.** (etw.) **ausrufen, schreien, laut sagen:** hoc de pecunia, triumphum 'Triumph' schreien *L, pass.* Saturnalia clamata es erscholl der Ruf: 'Saturnalia' *L.* **4.** *met.* **deutlich zeigen, verraten:** tabulae praedam istius fuisse clamant. E: zu calāre 'ausrufen', mit der Wz.-Stufe von clā-rus.

clāmor, ōris, *m.* (clamo) **1. lautes Rufen, Geschrei. 2. occ. Beifallsgeschrei:** clamore et plausu. **3. Mißfallensäußerung, Lärm:** clamoribus et conviciis. **4.** *met.* **Widerhall:** montium *H.*

clāmōsus 3 (clamo) **1.** *act.* laut schreiend. **2.** *pass.* mit Geschrei erfüllt *Sp.*

clanculum (*dem.* v. clam) **1.** *adv.* insgeheim, heimlich. **2.** *praep. c. acc.* heimlich vor: patres *C.*

clandestīnus 3 (clam) heimlich, geheim; *adv.* ō.

clangor, ōris, *m.* (v. clango 3., gr. κλάζω, κλαγγή) **1.** Klang, lautes Getön: tubarum *V.* **2.** [von Tieren] Geschrei.

Clānis, is, *m. C.* [1. mythische Person *O.* 2. Nebenfl. des Tiber in Etrurien, j. C h i a n a *T*].

Clanius, ī, *m. C.* [Fl. in Kampanien] *V.*

clāreō, ēre (clarus) hell sein, glänzen.   Dazu *incoh.*

clārēscō 3. clāruī **1.** hell werden. **2.** deutlich ertönen: clarescunt sonitus *V.* **3.** erglänzen: luminibus *T. met.* **4.** sich auszeichnen, berühmt werden: magnis inimicitiis *T.*

clārigātiō, ōnis, *f.* Forderung nach Genugtuung, Ersatzanspruch an jemd. (*gen.*) *L.* E: clārigāre 'laut fordern' von clārus wie mītigāre von mītis.

clāri-sonus 3 (§ 66) helltönend: voces *Ca.*

clāritās, ātis, *f.* (clarus) Helligkeit, heller Klang; *met.* Ruf, Ruhm, Berühmtheit.

clāritūdō, inis, *f.* (clarus) **1.** Helle, Helligkeit: lunae *T.* . *met.* Berühmtheit, Ansehen.

clārō 1. (clarus) berühmt machen, verherrlichen *H.*

Claros, ī, *f.* K l a r o s [St. in Ionien mit Apollonorakel] *O*;

clarui 81 **clepo**

adi. **Clarius** 3: Apollo *T* = Clarius *V*; poëta = Antimachus *O*.

clāruī *pf.* v. claresco.

clārus 3, *adv.* **ē 1. laut, hell, schallend.** *met.* **2. hell, glänzend:** stella, gemma, luce clara am hellen Tag. **occ. erhellend:** aquilo *V*. **3. klar, deutlich, verständlich:** consilia, argumenta. **4. berühmt, bekannt; occ. berüchtigt:** luxuriā *L*.
E: vom St. clā, vgl. clāmō.

classiārius 3 (classis) zur Flotte gehörig, Flotten-: centurio Marineoffizier *T*; meist *subst.* **classiāriī**, ōrum, *m.* Marineinfanterie; Matrosen.

classicula, ae, *f.* (*dem.* v. classis) Flottille.

classicum, ī, *n.* (classis) Zeichen, Signalruf: classicum canere geben, inflare blasen *V*; classicum canit der Feldruf ertönt *L*. **classicus** 3 zur Flotte gehörig, Flotten-: milites Seesoldaten *L*; *subst.* **classicī**, ōrum, *m.* Marineinfanterie *CuT*.

classis, is, *f.*, *abl.* e, seltener i **1. Abteilung, Klasse; Bürgerklasse. 2. Heerschar** [veraltet]: Hortinae *V*. **3. Flottenabteilung,** *synecd.* **Flotte:** nomina in classem dare sich zum Flottendienst melden *L*; *abl.* classe(-i) zur See, zu Schiff.

Clastidium, ī, *n.* C. [St. südl. von Pavia].

Claterna, ae, *f.* C. [fester Ort unweit Modena].

clātrātus 3 vergittert *C*. Von

clātrī, ōrum, *m.* (dor. *κλᾷθρον = κλεῖθρον, § 90) Gitter *H*.

claudicātiō, ōnis, *f.* das Hinken. Von

claudicō 1. āvī (I. claudo) **1. lahm sein, hinken. 2.** *met.* **wanken, schlecht bestellt sein:** in officio.

Claudiopolītānī die C. [Einw. v. Claudiopolis in Bithynien] *Pli*.

Claudius (Clōdius) 3 im *n. g.* (patriz. u. pleb.): **1.** Appius Claudius Caecus [Erbauer der via Appia], s. Appius. **2.** P. Clodius Pulcher [Feind Ciceros, 52 von Milo getötet]. **3.** der Kaiser Claudius [54 n. Chr. von seiner Gattin Agrippina vergiftet]. *Adi.* via Claudia [im südl. Etrurien] *O*, tribus [im Gebiet von Fidenae] *L*. Dav. **Claudiānus** 3 *LT* u. **Claudiālis**, e *T*.

I. claudo, ere (claudus) schwach, gelähmt, schlecht bestellt sein: claudente re p. *L*.

II. claudō 3. sī, sus (clav-is u. κλείω, κληίω aus *κλαϜίω), Nbf. **clūdō**, sī, sus (verselbständigt aus den Komposita: con-, in-, re-, oc-cludo, in denen au nach § 43 geschwächt ist)

I. 1. **schließen, verschließen, zumachen**; 2. *met.* **schließen, abschließen, enden, beendigen.** II. **einschließen, einsperren**; *occ.* **umgeben, umzingeln, umstellen.** III. **absperren, abschließen, versperren, unzugänglich machen.**

I. 1. portas alicui; *subst.* **clausum**, ī, *n.* **Verschluß:** clausa effringere Schlösser aufbrechen *S*; *met.* aures alicui rei, homo clausus verschlossen *T*. **2.** agmen; sinistrum latus decken *T*; epistulam (opus) zu Ende bringen *O*, sententias numeris, verba pedibus *H* abrunden, oratio clausa rhythmisch.
II. filium einmauern *N*, aliquid clausum in pectore

habere verschlossen halten *S*; ventos carcere *O*, rem anulo versiegeln *T*. **occ.** oppidum operibus, forum porticibus *L*, lepores rete (*abl.*) umstellen *O*.
    III. clausa nobis erant omnia maria; Alpes hieme clausae *L*; clausum mare, litus für die Schiffahrt verschlossen; *met.* fugam unmöglich machen *O*, animam laqueo sich erhängen *O*, vocem abschneiden *L*.

claudus 3, [vulgär, § 52] **clōdus 1. lahm, hinkend:** altero pede *N*. *met.* **2. gelähmt, behindert, unbehilflich:** naves (raro remigio) *LT*, alterno carmina versu elegische Distichen *O*. **3. schwankend, unsicher:** pars officii *O*.

clausī *pf.* v. II. claudo.

claustra, ōrum, *n.*, nachkl. auch *sg.* (claudo, § 36) **1. Verschluß, Riegel, Schloß:** revellere claustra. *met.* **2. Schranken, Hindernisse:** nobilitatis. **3. Sperre, Damm:** portūs gesperrter Eingang *Cu*, claustrum obicere Sperrkette *Cu*, claustra contrahere die umschließende Linie *T*, suis claustris impediti von Verschanzungen *T*. **4. Käfig:** claustris retentae ferae *L*. **5. Paß, Durchgang:** Pelori *V*, montium *T*, maris Zugang zum Meer *L*. **6. Bollwerk, 'Schlüssel':** loci. **7. Grenze:** Elephantine c. imperii Grenzfestung *T*.

clausula, ae, *f.* (*dem.* v. *clausa aus claudo) Schluß, Ende: epistulae; **occ.** (*rhet.*) Klausel.

clausum, ī, *n.* s. II. claudo I. 1.

clausus *pt. pf. pass.* v. II. claudo.

clāva, ae, *f.* **1.** Knüppel, Keule. **2.** = scytala *N*.

clāvārium, ī, *n.* (clavus) Nagelgeld [Spende an die Soldaten zur Anschaffung von Schuhnägeln] *T*.

clāvicula, ae, *f.* (*dem.* v. clavis) (dünne) Weinranke.

I. clāvi-ger, era, erum (clava, § 66) keulentragend *O*.

II. clāvi-ger, eri, *m.* (clavis) Schlüsselträger: deus = Janus *O*.

clāvis, is, *f.* (dor. κλαῖς, att. κλείς, Grundform κλαϜίς, § 20) Schlüssel: adulterinae Nachschlüssel *S*, claves adimere uxori sich scheiden lassen.

clāvus, ī, *m.* **I. 1. Nagel;** sprichw. clavo clavum eicere ein Übel durch ein anderes vertreiben; beneficium trabali clavo figere fest und bleibend machen; clavum figere einen (Jahres-)Nagel einschlagen [in die Wand der cella des kapitolin. Juppitertempels; etrusk. Brauch]; ex eo die [13. Sept.] clavum anni movere den Anfang des Jahres rechnen. *met.* **2. Steuerruder:** imperii. **3. Hühnerauge** *Pli*. **II. Purpursaum** [an der Tunika, latus (der Senatoren), angustus (der Ritter)].

Clāzomenae, ārum, *f.* K. [St. in Ionien]; *adi.* u. Einw. **Clāzomenius.**

Cleanthēs, is, *m.* K. [Stoiker um 260].

clēmēns, entis, *adv.* **enter 1. sanftmütig, mild:** esse clementem. **2.** *met.* **sanft, mild, lind:** clementius ducti milites ohne Plünderung *L*, rumor nicht beunruhigend *S*, amnis ruhig strömend *O*, clementer accedi posse ohne Mühe zugänglich sein *T*. Dav.

clēmentia, ae, *f.* Sanftmut, Milde, Schonung; **occ.** aestatis milder Sommer *Pli*.

Cleōnae, ārum, *f.* C. [Städtchen bei Nemea] *LO*; *adi.* **Cleōnaeus** 3.

Cleopatra, ae, *f.* K. [Königin von Ägypten].

clepō 3. psī, ptus (κλέπτω) stehlen.

clepsydra — 82 — **coctus**

clepsydra, ae, *f.* (κλεψύδρα) Wasseruhr [Zeitmesser bei Reden und Vorträgen]; *met.* Sprechzeit *Pli.*

cleptus *pt. pf. pass.* v. clepo.

cliēns, altl. **cluēns, entis,** *m.* **1.** der Hörige, Klient [Zu den patrizischen **gentes** gehörten Halbfreie, die vor Gericht durch den Ältesten der **gens (patronus)** vertreten wurden. Auch ganze Gemeinden und Völkerschaften wählten sich in Rom einen Vertreter, zu dem sie in Klientenverhältnis traten]: Syracusani istius clientes. **2.** *met.* [außerhalb des römischen Gebietes] Lehnsmann, Vasall, Klient; d i c h t. poëta cliens Bacchi *H.* Dav.

clienta, ae, *f.* die Schutzbefohlene, Klientin *H.*

clientēla, ae, *f.* (cliens) **1.** die Klientel, Schutzverhältnis: Chrysogoni; *meton.* Klienten: Octaviae *T.* **2.** *met.* Schutzgenossenschaft: Haeduorum; *meton.* Hörige, Gefolgschaft: regiae *T.*

clientulus, ī, *m.* (*dem.* v. cliens) ärmlicher Klient *T.*

clīmactēricus 3: tempus kritische Zeit, Wendezeit *Pli.*

clīnicē, ēs, *f.* (κλινική) Heilkunst am Krankenbett, Klinik *Sp.*

Clīō, ūs, *f.* (Κλειώ) Klio [Muse der Geschichtsschreibung *H*, Nymphe *V*].

clipeātus, altl. **clupeātus** 3 mit Schilden ausgerüstet; *subst.* **clipeātī,** ōrum, *m.* Schildträger *LCu.* Von

clipeus, älter **clupeus,** ī, *m.,* seltener **-um,** ī, *n.* **1.** Erzschild, Rundschild; s p r i c h w. clipeum post vulnera sumere = etw. zu spät tun *O. met.* **2.** Sonnenscheibe: dei *O.* **3.** Brustbild, Medaillon: clipeum argenteum *L,* clipeus auro insignis *T.*

Clītarchus, ī, *m.* K. [Historiker, Begleiter Alexanders].

clītellae, ārum, *f.* Last-, Packsattel. Dav.

clītellārius 3 einen Packsattel tragend *CPh.*

Clīternīnus 3 aus Clīternum [St. der Äquer].

Clītōr, oris, *m.* C. [St. in Arkadien]; *adi.* **Clītorius** 3.

Clītumnus, ī, *m.* C. [Fl. in Umbrien].

clīvōsus 3 hügelig, steil: Olympus *O,* trames *V.* Von

clīvus, ī, *m.* **1.** Anhöhe, Abhang, Halde: adversus clivum bergan, clivum mollire die Abschüssigkeit mildern; s p r i c h w. clivo sudamus in imo die Schwierigkeit beginnt erst *O*; *met.* mensae schiefer Stand *O,* aquae Wellenberg *O.* **2. occ.** (ansteigender) Fahrweg: Capitolinus (sacer *H*) Straße zum Kapitol *L.* E: **kloi-ɥos,* got. hlaiw 'Grabhügel', zu clīnō, κλίνω.

cloāca, ae, *f.* (cluere = purgare) Reinigungsgraben, Abzugskanal *L*; s p r i c h w. arcem facere e cloaca = aus der Mücke einen Elefanten; maxima [der vom Forum zwischen Kapitol und Palatin in den Tiber führende große Kanal]. Dav.

Cloācīna, ae, *f.* die Reinigende [Beiname der Venus] *L.*

Clōdius, clōdus s. Claudius, claudus.

Clōthō, ūs, *f.* Klotho ['Spinnerin', eine der drei Parzen] *O.*

clūdō s. claudo.

cluēns s. cliens.

clueō, ēre genannt werden, heißen: ignis cluet (= dicitur) mortalibus clam divisus; gloriā gepriesen werden *C Lukrez.* E: vgl. κλύω 'hören'.

clūnis, is, *m. f.* (κλόνις) Hinterkeule, -backe.

Clupea, ae, *f.* K e l i b i a [St. östl. von Karthago].

clupeātus, clupeus s. clip . . .

Clūsium, ī, *n.* C h i u s i [St. in Etrurien] *L*; *adi.* u. Einw. **Clūsīnus.**

Clūsius, ī, *m.* C. ['Schließer', Beiname des Janus] *O.*

Cluviānī die C. [Einw. v. Cluvia in Samnium] *L.*

Cluvius, ī, *m.* M. C. Rufus [Historiker und Staatsmann zur Zeit des Claudius] *TPli.*

Clymenus, ī, *m.* C. ['der Berühmte', Beiname des Pluto] *O.*

clypeus = clipeus.

clystēr, ēris, *m.* (κλυστήρ) Einspritzung, Einlauf *Sp.*

Clytaemēstra (falsch Clytaemnēstra), ae, *f.* K. [Tochter des Tyndareus und der Leda, Gemahlin Agamemnons, Mutter des Orestes].

Cn. = Gnaeus.

Cnidus u. (§ 35) **Gnidus,** ī, *f.* K. [Seest. in Karien mit Aphroditekult]; *adi.* u. Einw. **Cnidius.**

Cnōsus s. Gnossus.

co in Zusammensetzungen = II. cum.

Cōa, orum s. Coos.

co-acervō 1. zusammen-, aufhäufen.

co-acēscō 3. acuī sauer werden.

coāctor, ōris, *m.* (cogo) **1.** Einnehmer, Kassier, Makler *HSp.* **2.** *pl.* Nachhut *T.*

coāctum, ī, *n.* (cogo) Filz.

I. coāctus *pt. pf. pass.* v. cogo.

II. coāctus, ūs, *m.* (cogo) Zwang (nur *abl.*).

co-acuī *pf.* v. coacesco.

co-aedificō 1. bebauen.

co-aequō 1. gleichmachen, (ein)ebnen: montes *S*; *met.* gleichstellen.

coāgmentātiō, ōnis, *f.* Zusammenfügung. Von

coāgmentō 1. zusammenfügen; *met.* pacem 'zusammenleimen'. Von

coāgmentum, ī, *n.* (cogo = *co-ago) Fuge.

coāgulum, ī, *n.* (cogo = *co-ago) das Lab *O.*

co-alēscō 3. aluī, alitus (*incoh.* zu alo) **1.** zusammenwachsen *T.* **2.** *met.* sich verbinden, verschmelzen: multitudo coalescit in populi unius corpus *L.* **3. occ.** Wurzel fassen, emporwachsen: ilex coaluerat *S*; *met.* pax coalescens gedeihend *L,* regnum sich erholend *L,* coalita inreverentia eingewurzelt *T.*

co-arguō 3. uī, ūtus (aber -uitūrus) **1.** deutlich kundgeben, nachweisen, aufdecken, erweisen: tyrannidem *N,* crimen. **2. occ. a.** überführen: nimiae avaritiae, commutati iudicii. **b.** als falsch, unhaltbar erweisen: legem *L.*

coartātiō, ōnis, *f.* das Zusammendrängen *L.* Von

co-artō 1. **1.** zusammendrängen, einengen. **2.** *met.* verkürzen, abkürzen: iter *O,* consulatūs *T.*

co-axō 1. (II. axis) zusammenfügen *Sp.*

Coccēius 3 im *n. g.* **1.** L. C. Nerva [Vermittler zwischen Octavianus und Antonius *H*]. **2.** M. C. Nerva [Jurist zu Tiberius' Zeiten *T*]. **3.** [Enkel von **2.**, von 96—98 Kaiser].

coccum, ī, *n.* (κόκκος, § 92) Scharlachfarbe *HSp.*

coc(h)lea, ae, *f.* (ὁ κοχλίας, § 92) Schnecke.

Coclēs, itis, *m.* C. [coclēs einäugig; Beiname des Horatius, der die Tiberbrücke gegen Porsenna verteidigte].

coctilis, e (coquo) gebrannt: murus Backsteinmauer *O.*

coctūra, ae, *f.* (coquo) das Kochen; Reifen (von Früchten) *Sp.*

coctus *pt. pf. pass.* v. coquo.

cocus 83 **cognomen** C

cocus s. coquus.

Cōcȳtus, ī, *m.* Kokytos [Κωκυτός 'Strom der Weh-klage', Fl. in der Unterwelt]; *adi.* **Cōcȳtius** 3 *V.*

Codēta (*f.*) **minor** [mit Schachtelhalmen bewachsener] Platz auf dem Marsfeld *Sp.*

cōdex, älter **caudex** (§ 52), icis, *m.* **1.** Baumstamm. **2.** *meton.* Heft, Buch, Notizbuch [urspr. mit Wachs über-zogene Holztäfelchen]. **3.** Rechnungsbuch, Hauptbuch.
Dav. dem.

cōdicillus, ī, *m.* **1.** [hölzernes, mit Wachs überzogenes] **Schreibtäfelchen. 2. Brief:** codicilli libidinum indi-ces Liebesbriefe *T.* **3. Bittschrift:** precari per codicil-los *T.* **4.** Zusatz zum Testament, **Kodizill** *TPli.* **5.** kaiser-liches Handschreiben, **Kabinettsbefehl:** Sallustius ad tribunum miserat codicillos *T.*

Codrus, ī, *m.* K. [**1.** letzter König von Athen. **2.** schlech-ter Dichter *V*].

co-ēgī *pf.* v. cogo.

Coelē (**ēs**) **Syria** (ἡ κοίλη Συρία) Cölesyrien [die syri-sche Senke zwischen Libanon und Antilibanon] *L*; Südsy-rien *LCu.*

co-emō 3. ēmī, ēmptus zusammenkaufen. *Dav.*

coēmptiō, ōnis, *f.* **a.** K a u f e h e [die Frau begibt sich vor Zeugen in die **manus** des Mannes]. **b.** S c h e i n e h e [mit einem Greis, um selbständig zu werden].

coēmptus *pt. pf. pass.* v. coemo.

co-eō, īre, iī, itūrus **1. sich versammeln:** Capuae *L*, in (ad) regiam *Cu.* **2.** (feindlich) **zusammenstoßen:** agmina coibant *Cu.* **3. zusammentreten, sich verei-nigen:** gentes simul coierunt, in amicitiam *V*; **occ.** *trans.* societatem **ein Bündnis eingehen. 4.** (milit.) **sich konzentrieren:** coeunt inter se. **5. sich verheira-ten:** nuptiis, cum captiva *Cu*; **occ. sich paaren. 6. zusammenfließen:** coeuntibus aquis *Cu.* **7. zu-sammentreten, sich nähern:** in artum coeuntibus ri-pis *Cu*, coeunt cornua *O*; **occ. sich schließen:** non-dum coeuntia vulnera *O*; *met.* gratia coit *H.* **8. er-starren, gerinnen:** coit pontus *O*, formidine san-guis *V.*

coepiō 3. coepī, coeptus anfangen, beginnen. Die Prä-sensformen vorkl.; **klass. nur** *pf.* **u. Ableitungen:** coepī, coepisse **ich habe angefangen, begonnen;** *intr.* ubi dies coepit *S*; *trans.* orationem *T.* Meist mit *inf. act.* cum ver esse coeperat; mit *inf. pass.* urbanus coepit haberi *H*, aber meist coeptus sum: pons institui coeptus est.
E: *co-ipiō v. apere 'anfügen', vgl. apīscor. *Frequ.*

coeptō 1. **1.** *intr.* anfangen. **2.** *trans.* beginnen, unter-nehmen: fugam *T.*

I. coeptus 3 (coepio) **angefangen, begonnen:** opus *O*, bellum, turres *V*, coeptā luce, hieme *T*, horti a Lu-cullo coepti angelegt *T*; *subst.* **coeptum,** ī, *n.* das **Be-ginnen, Vorhaben, Unternehmen;** mit *adv.* temere coepta *L*, mit *adi.* coepta immania *V.*

II. coeptus *pt. pf. pass.* v. coepio.

co-erceō 2. cuī, citus (arceo, § 43) **1. zusammenhal-ten, einschließen:** operibus hostem *L*, flumen coer-citum gestaut *Cu*; b i l d l. numeris verba in Verse fas-sen *O.* **occ. a. in Ordnung halten:** acies *V*, virgā tur-bam *H.* **b. kurz halten:** vitem, carmen *H.* **2.** *met.* **a. einschränken, aufhalten, zügeln, bändigen:** fae-

---

nus *L*, procacitatem hominis manibus *N*, milites, temeritatem; seditionem dämpfen *T.* **b. strafen:** fus-te *H*, praeceptis jemd. schulmeistern *T.* *Dav.*

coërcitiō, ōnis, *f.* **1.** Einschränkung: cupidinum *T.* **2.** *occ.* Strafe: magistratūs Zwangsmaßnahme *L.*

coetus, ūs, *m.* (aus co-itus) **1.** das Zusammentreffen: amnium *Cu.* **2.** *meton.* Zusammenkunft, **Versamm-lung:** coetum celebrare sich zahlreich versammeln *V*, dimittere auseinandergehen; **occ.** Zusammenrottung: nocturni *LT.*

Coēus, ī, *m.* K. [Titan, Vater der Latona].

cōgitātum, ī, *n.* s. cogito.

cōgitātiō, ōnis, *f.* (cogito) **1.** a b s t r. das **Denken, Nachdenken, Erwägung, Überlegung:** cogitatione comprehendere, intellegere; belli, timoris Gedanke an; **occ. Denkkraft:** ratio, cogitatio. **2.** k o n k r. **Ge-danke, Vorstellung:** curas cogitationesque in rem p. conferre; **occ.** das **Vorhaben, Absicht, Plan:** rerum novarum; magnae cogitationis manifestus sichtlich mit einem großen Plan beschäftigt *T.*

cōgitātus 3, *adv.* **ē 1. durchdacht, wohlerwogen:** co-gitate scribere, res diu cogitatae. **2. beabsichtigt, ge-wollt:** facinus, furores. *Subst.* **cōgitātum,** ī, *n.* **1. Gedanke:** acutius *N*; meist *pl.* cogitata eloqui. **2. Absicht, Plan:** cogitata patefacere *N.* *Von*

cōgitō 1. (*co-agito) **1. denken, überlegen, erwägen:** callide *N*, de insidiis an, de re p. bedacht sein auf, Catonem sich denken, vorstellen *T*, pacem an Frieden. **occ. 2. ausdenken, ersinnen:** aliquid ad perni-ciem *N*, quomodo resistatur patribus *L.* **3. beab-sichtigen, vorhaben, planen;** meist mit *inf.* exheredare filium; scelus. [Elliptisch im Briefstil]: ad Taurum co-gitabam (*sc.* proficisci). **4. gesinnt sein:** amice de Romanis *N*, male.

cōgnātiō, ōnis, *f.* **1.** Blutsverwandtschaft. **2.** *meton.* die Verwandten: gentes cognationesque Gemeinden und Sippen. **3.** *met.* Verwandtschaft, Ähnlichkeit: studio-rum.
Von

cō-gnātus 3 (gnatus = natus, § 40) **1. blutsverwandt:** latus die Seite des Verwandten *O*, urbes von gleicher Abstammung *V*; *subst.* der Blutsverwandte. **2.** *met.* ver-wandt, zugehörig, verbunden: vocabula cognata re-bus *H.*

cōgnitiō, ōnis, *f.* (cognosco) **1.** das **Kennenlernen, Bekanntschaft:** cognitione dignus. **2.** das **Erkennen, Erkenntnis:** rerum, iuris, naturae; formarum das Wiedererkennen; *meton. pl.* **Vorstellungen, Begriffe:** deorum. **3.** *occ.* (gerichtliche) **Untersuchung:** capita-lium rerum *L*, cognitionem excipere übernehmen *T.*

cōgnitor, ōris, *m.* (cognosco) **1.** Identitätszeuge: locu-ples. **2.** Vertreter (vor Gericht), Rechtsanwalt: (Siculi) me cognitorem iuris sui esse voluerunt; *met.* Vertre-ter: sententiae, alienarum siumultatum *L*, fi cogni-tor ipse vertritt deine Sache selbst *H.*

I. cōgnitus *pt. pf. pass.* v. cognosco.

II. cōgnitus 3 (cognosco) **1.** bekannt: homo per se. **2. occ.** erprobt, bewährt: virtus, in rebus iudicandis.

cō-gnōmen, inis u. **cōgnōmentum,** ī, *n.* (*gnomen = nomen, § 40) **1.** Familienname, Zuname: Diocles, Popilius cognomine. **2.** Beiname: Africanus. **3.** Name: castellum cognomento Volandum *T.* *Dav.*

cognominis   84   **collacrimatio**

cōgnōminis, e gleichnamig: Insubribus (*dat.*) *L.*

cō-gnōminō 1. (cognomen) zubenennen; verba cognominata Synonyma.

cō-gnōscō 3. gnōvī, gnitus (gnosco = nosco, vgl. γι-γνώσκω) **1. erkennen, kennen lernen:** novum regem *Cu*, decretum, naturam moresque, aliquem bonum als gut, summā virtute als sehr tüchtig. **occ. a. wiedererkennen:** suas res, sua, hominem facie *L*, suos amores *O*. **b. vor Gericht anerkennen, die Identität bezeugen:** a multis civibus cognosci. **c. mit jemd. bekannt werden, geschlechtlich verkehren:** Pontia stupro cognita *T*. *met.* **2. wahrnehmen, bemerken, einsehen, erfahren, vernehmen:** certiora ex aliquo *Cu*, ab Remis; id a Gallicis armis an; präsentisches *pf.* = **kennen, wissen:** Divitiaci fidem cognoverat kannte. Konstr. mit de, *acc. c. inf.*; *abl. abs.* cognito als man erfuhr. **3. occ. a. auskundschaften, Nachricht erhalten:** iter, situm castrorum. **b. prüfen, untersuchen** (bes. vom Richter): controversias, causam, de Caesaris actis. **c. lesen:** librum *N*, auctores *T.*

cōgō 3. (aus *co-ago) co-ēgī, co-āctus

I. **1. zusammentreiben, -bringen;** *occ. a.* (Truppen) **zusammenziehen, versammeln;** *b.* **berufen, entbieten, laden;** *c.* (Geld) **eintreiben;** *d.* (den Heereszug) **zusammenhalten, schließen;** *met.* **2. vereinigen;** *pass.* **sich vereinigen, zusammengehen;** *occ.* **verdichten;** 3. **zusammenstellen, verbinden;** *occ.* **logisch folgern.**
II. **1. hineindrängen, -treiben, einzwängen;** *occ.* (Örtlichkeiten) **be-, verengen;** *met.* 2. **nötigen,** zu etw. **zwingen, drängen.**

I. **1.** pecus *V*, omnem suam familiam, mella sammeln *V*, aurum aufhäufen *H*. **a.** copias in unum locum, equitatum ex provincia, socios ad litora *V*. **b.** senatum in curiam, aliquem in senatum, iudices, concilium. **c.** pecunias a Dyrrachinis, bona in fiscum einziehen *T*. **d.** agmen die Nachhut bilden, cuneis coactis in geschlossenen Keilen *V*; *met.* Lucifer stellarum agmina cogit *O*. **2.** in caelo nubes coguntur bilden sich, coacta semina die ungeschiedenen Urstoffe *V*. **occ.** in nubem cogitur aër *V*, mella cogit hiems läßt gefrieren *V*, lac coactum geronnen *O*; vgl. coactum. **3.** quae dispersa sunt; **occ.** cogere volebat falsas litteras esse.
II. **1.** cuneos *V*, arbores in sulcum einsetzen *V*; *met.* censuram intra sex mensum et anni spatium *L*. **occ.** iter *Cu*, amnem ripae cogunt *Cu*; *pass.* in artius cogi enger werden *Cu*, saltus in fauces coactus zu einer Schlucht verengt *L*. **2.** hostes in obsidionem nötigen sich einzuschließen *L*, aliquem in ordinem in die Schranken weisen *L*, nimium in ordinem se ipsum seiner Würde zu viel vergeben *L*. **3.** nullo cogente ohne Zwang *O*; mit ut, *inf.*, *acc. c. inf.*; quod natura cogit wozu *N*, ego hoc cogor; lacrimae coactae erzwungen *O*, erheuchelt *V*; hominem ad scelus *T*, oppida in deditionem *L*.

cohaerentia, ae, *f.* Zusammenhang: mundi.   Von

co-haereō 2. haesī **I.** (mit anderem) **1. zusammenhängen:** iuga inter se cohaerentia *Cu*, aedificia *T*; mit *dat.* muris *Cu*, scopulo *O*; membrum cohaerens cum corpore. **2.** *met.* **verbunden sein:** non cohaerentia inter se Unzusammenhängendes, gentes moribus nobiscum cohaerentes *Cu*. **II.** (in sich selbst) **1. zusammenhängen:** mundus cohaeret. **2.** *met.* **zusammenhalten, Halt haben:** qui ruunt nec cohaerere possunt.   Dazu *incoh.*

co-haerēscō 3. haesī sich verbinden.

co-haesī *pf.* v. cohaereo oder cohaeresco.

coherceō = coerceo (§ 8, Anm.).

co-hērēs, ēdis, *m. f.* Miterbe: mit *dat.* multis *H.*

co-hibeō 2. buī, bitus (habeo, § 43) **1. zusammenhalten:** crinem nodo *H*. **2. umschließen:** lacertos auro mit einer goldenen Spange *O*, (terra) semen cohibet. **3. festhalten, einschließen:** ventos carcere (in antris) *O*, deos parietibus *T*, milites intra castra *Cu*. **4.** *met.* **a. zurückhalten, hemmen, zügeln:** iracundiam, conatūs. **b. fern-, abhalten:** a liberis et a coniugibus libidines.

co-honestō 1. sehr ehren, verherrlichen, feiern.

co-horrēscō 3. horruī zusammenschaudern.

co-hors (cōrs), rtis, *f.* **1. Hof, Viehhof. 2.** *meton.* **Umgebung, Gefolge:** praetoris; reginae *V*, studiosa *H*; cohors praetoria (regia *L*) Leibwache. **3.** *synecd.* **Schar, Schwarm, Menge:** amicorum *Cu*, febrium *H*. **4. occ. a. Kohorte** [($\frac{1}{10}$ der Legion, 3 Manipeln, 6 Zenturien). In der Kaiserzeit: IX cohortes praetoriae (zu je 1000 Mann) = cohortes togatae die Prätorianer (die außer Dienst die Toga trugen); vigilum Feuerwache, urbanae Polizei]. **b.** meist *pl.* **Hilfstruppen.**
E: aus co + Wz. *ĝher 'fassen', vgl. hortus, χόρτος 'Gehege, Weideplatz', got. gards 'Hof, Haus', § 8 u. Anm.

cohortātiō, ōnis, *f.* (cohortor) Aufmunterung.

cohorticula, ae, *f.* (*dem.* v. cohors) schwache Kohorte.

co-hortor 1. ermuntern, anfeuern: exercitum ad pugnam.

co-iī *pf.* v. coeo.

co-inquinō, āre beflecken, besudeln.

coitiō, ōnis, *f.* (coire) Zusammenkunft *C*; **occ.** (politische) Vereinigung, Komplott, Ring.

coitūrus *pt. fut.* v. coeo.

coitus, ūs, *m.* (coire) Beischlaf *O.*

colaphus, ī, *m.* (κόλαφος) Faustschlag *C.*

Colchus, ī, *m.* Kolchier [Bewohner der Küste südl. des Kaukasus]; **Colchis,** idis, *f.* = Medea *HPrO*; *adi.* **Colchus** u. **Colchicus** 3.

colēns, entis, *m.* (colo) Verehrer: religionum.

coleus, ī, *m.* Hode.

cōliculus, cōlis s. caul . . .

cōligō = colligo 1.

col-labefactō, āre zum Wanken bringen: onus *O.*

col-labefīō, fierī, factus sum zusammenbrechen; *met.* collabefactus zu Fall gebracht *N.*

col-lābor 3. lāpsus sum (in sich) zusammensinken, zusammenfallen: collapsa membra, ossa morbo collapsa verfallen *V.*

col-lacerātus 3 zerfleischt: corpus *T.*

collacrimātiō, ōnis, *f.* Tränenfluß.   Von

collacrimo   85   **collutulento**

col-lacrimō 1. weinen, beweinen.
collāpsus *pt. pf. act.* v. collabor.
collāre, is, *n.* (collum, § 87) Halseisen [für Sklaven] *C.*
Collātia, ae, *f.* C. [alte St. am Anio östl. von Rom]; *adi.* u. Einw. **Collātīnus.**
collātiō, ōnis, *f.* (confero) 1. das **Zusammentragen:** signorum Zusammenstoß. 2. *occ.* **Beitrag:** stipis *L*; Geldgeschenk *Sp.* 3. *met.* **Vergleich.**
collātus *pt. pf. pass.* v. confero.
col-laudō 1. beloben, sehr loben.
collēcta, ae, *f.* (II. colligo) Geldbeitrag.
collēctāneus 3 (collectus) gesammelt *Sp.*
collēctīcius 3 (collectus) zusammengerafft: exercitus.
collēctiō, ōnis, *f.* (II. colligo) 1. das Sammeln: membrorum. 2. *met.* Zusammenfassung.
I. collēctus *pt. pf. pass.* v. II. colligo.
II. collēctus 3 (II. colligo) kurzgefaßt, bündig *T.*
col-lēga, ae, *m.* Kollege, Amtsgenosse, Genosse.
   E: con u. legere, 'der Mitgewählte', § 85, letzter Absatz.
col-lēgī *pf.* v. II. colligo.
collēgium, ī, *n.* (collega) 1. Amtsgenossenschaft. 2. *meton.* Kollegium: praetorum. 3. *met.* Genossenschaft, Korporation, Innung: mercatorum *LT*, fabrorum *Pli.*
col-lēvī *pf.* v. collino.
col-lībertus, ī, *m.* Mitfreigelassener.
col-libet, älter col-lubet, libuit (libitum est) es gefällt, behagt.
col-līdō 3. līsī, līsus (laedo, § 43) 1. zusammenschlagen: navigia *Cu*; *pass.* zusammenstoßen: amnis uterque colliditur *Cu*, duello *H.* 2. zerschlagen: vasa.
colligātiō, ōnis, *f.* Verbindung.   Von
I. col-ligō 1. 1. verbinden, binden; scuta aneinanderheften; bildl. se sich verstricken. 2. *met.* verbinden, vereinen: homines sermonis vinculo, nuptias schließen.
II. col-ligō 3. lēgī, lēctus (lego) 1. **zusammen-, auflesen, sammeln:** sarmenta; sarcinas *S*, habenas zusammen ergreifen *V*; pallium *C*, sinum nodo (in nodum *V*) *Cu* binden; arma Segel reffen *V*, hastas zurückziehen *T*; vasa sich zum Aufbruch rüsten; milites, naves in unum; se in orbem [oder] orbem einen Kreis bilden *L.* 2. **zusammenziehen, -drängen:** se in arma sich hinter dem Schild ducken *V*, vertex in unum apicem collectus verjüngt zu *O.* 3. **zusammensuchen, -stellen, sammeln:** crimina; vires *L*, robur *V.* 4. **zusammenbringen, sich zuziehen, erwerben, ernten:** auctoritatem, invidiam, benevolentiam; dicht. rabies edendi collecta gewachsen *V*, colligit os rabiem wird sehr wütend *O*, odium *O*, sitim erregen *V*, frigus sich eine Erkältung zuziehen *H*, iram in Zorn geraten *H.* 5. **erholen, fassen, sammeln:** se ex timore, mentem 'seine fünf Sinne' *OCu*, animum wieder Mut fassen *L.* 6. **schließen, folgern:** paucitatem hostium auf die geringe Zahl *L*; ex quo colligi potest *T*, colligor man kann von mir annehmen *O*; *occ.* **berechnen:** centum et viginti anni colliguntur man rechnet *T*, ratio colligit die Rechnung ergibt *TSp.*
Collīna porta die P. C. [Tor auf dem Quirinal]; herbae an der P. C. wachsend *Pr.*

col-linō 3. lēvī, litus beschmutzen.
collis, is, *m.* Anhöhe, Hügel.
   E: *col-n-is, § 33; *cellere 'ragen', κολωνός.
col-līsī *pf.* v. collido.
collīsus *pt. pf. pass.* v. collido.
collitus *pt. pf. pass.* v. collino.
collocātiō, ōnis, *f.* Stellung, Anordnung.   Von
col-locō 1.

    I. mit voller Bed. der Präp.: 1. **dazu-, hin-, zusammenstellen;** 2. *occ. a.* **unterbringen;** *met.* **zuzählen;** *b.* **einquartieren, ansiedeln;** *c.* (Frauen) **verheiraten, unterbringen;** *d.* (Geld) **anlegen, unterbringen, hineinstecken;** *synecd.* auf etwas **verwenden;** *e. refl.* **sich verlegen.**
    II. mit geschwächter Bed. der Präp.: 1. **hinstellen, setzen, legen;** *occ.* **aufstellen, postieren;** 2. *met.* **einrichten, setzen, legen.**

   I. 1. chlamydem zurechtlegen *O*, nuptias einrichten; verba verbinden, de illa re schreiben *T.* 2. a. sedem suarum rerum Romae; *met.* Herculem in concilio caelestium. b. exercitum in hibernis, in provinciam *S*; multitudinem in agris *N*, Ubios super Rheni ripam *T*; *met.* philosophiam in urbibus. c. virgines in matrimonio (selten in matrimonium); *met.* aedilitas recte conlocata an den rechten Mann gebracht. d. pecunias; *met.* bene apud istum munera, beneficium anbringen; *synecd.* omne studium in doctrina, patrimonium in rei p. salute. e. totum se in cognitione.
   II. 1. trabes in muro, tabernacula in litore, aliquem in cubili, coxam einrenken *Pli.* **occ.** equitatum *Cu*, legiones in montis iugo; milites angustius enger, Miloni insidias einen Hinterhalt legen. 2. res anordnen, spem dignitatis in aliquo.
collocūtiō, ōnis, *f.* (colloquor) Unterredung.
collocūtus *pt. pf. act.* v. colloquor.
colloquium, ī, *n.* Unterredung, Gespräch; absentium Briefwechsel.   Von
col-loquor 3. locūtus sum sich besprechen, sich unterreden: aliquem *C*, cum eo.
col-lubet = collibet.
col-lūceō, ēre 1. leuchten. 2. hell erleuchtet sein, glänzen.
col-lūdō 3. lūsī mit jemd. (*dat.*) spielen *H*, in aqua colludunt plumae tanzen *V.*
col-luī *pf.* v. colluo.
collum, ī, *n.* u. altl. (*C*) **-us**, ī, *m.* 1. Hals: collo dare bracchia circum *V*, invadere in collum umarmen; alicui collum torquere jemd. beim Kragen fassen *L*; dare colla triumpho sich unterwerfen *Pr.* 2. *met.* Stengel *V*, lagenae Flaschenhals *Ph.*
   E: aus *colsos, ahd. hals, §§ 10 u. 33.
col-luō 3. luī, lūtus (lavo) benetzen *O.*
col-lūsī *pf.* v. colludo.
collūsor, ōris, *m.* (colludo) Mitspieler, Spielgefährte.
col-lustrō 1. 1. erhellen, erleuchten. 2. *met.* besichtigen, betrachten, mustern.
col-lutulentō, āre (lutulentus) besudeln *C.*

collutus *pt. pf. pass.* v. colluo.

colluviēs, ēī u. **colluviō**, ōnis, *f.* (colluo) Unrat; *met.* Wirrwarr, Gemisch.

collybus, ī, *m.* (κόλλυβος) Aufgeld, Agio [beim Wechseln]; *met.* das Geldwechseln.

collȳrium, ī, *n.* (κολλύριον) Augensalbe *H.*

I. cōlō 1. (colum) durchsieben, reinigen *Sp.*

II. colō 3. coluī, cultus **1. (be)bauen, bearbeiten:** agrum; hortum *Cu*, arbores *H*, fructus *V*; **occ. Akkerbau betreiben. 2.** *synecd.* **wohnen, ansässig sein, bewohnen:** prope Oceanum, colentes Einwohner *L*; has terras, insulas *L*, Hiberum am Ebro *L. met.* **3. Sorge tragen:** terras um *V.* **occ. a. verpflegen:** milites artē knapp *S.* **b. schmücken, putzen:** bracchia et lacertos auro *Cu.* **c. ausbilden, veredeln:** pectus *O*, genus orationis. **d. betreiben, üben, pflegen, wahren, hochhalten:** studia; fidem *Cu*, iustitiam, officium, amicitiam; vitam leben *V.* **4. verehren, anbeten:** Cererem, pro deo als Gott *Cu*, reges inter deos *Cu.* **occ. a. heilig halten:** Musarum delubra, aram *LO.* **b. feiern:** festa *O*, morem sacrum *V*; *met.* **schätzen, (ver)ehren, huldigen:** aliquem patris loco, hospites; aliquem honoribus beehren *L.*
E: aus *quelo 'drehen, sich herumbewegen', vgl. inquilinus; verw. mit gr. πέλω, βουκόλος 'Rinderhirt', § 17.

colocāsium, ī, *n.* (κολοκάσιον) indische Wasserrose *V.*

colōna, ae, *f.* (colonus) Bäuerin *O.*

Colōnēus 3 zum [attischen] Bezirk Colōnus gehörig.

colōnia, ae, *f.* (colonus) **1.** Niederlassung, Kolonie. **2.** *meton.* Ansiedler, Kolonisten: colonias deducere Kolonien gründen.

colōnicus 3 in Kolonien ausgehoben. Von

colōnus, ī, *m.* (colo) **1. Bauer. occ. 2. Pächter:** servi, liberti, coloni. **3. Ansiedler, Kolonist:** Chersonesum colonos mittere *N.* **4. Bewohner:** veteres *V.*

Colophōn, ōnis, *f.* K. [St. in Ionien]; *adi.* u. Einw. **Colophōnius.**

color, altl. **colōs**, ōris, *m.* (§ 29) **1. Farbe:** ducit uva colorem färbt sich *V.* **2. occ. Gesichtsfarbe:** colos ei exsanguis bleich *S*; robur et colos gesunder Teint *L*, nimium ne crede colori Schönheit *V.* **3.** *met.* **Färbung, Anstrich, Aussehen, Äußeres:** vitae Lebenslage *H*; [von der Rede]: tragicus 'Kolorit' *H*, urbanitatis feiner Ton. Dav.

colōrō 1. **1. färben:** corpora; **occ.** bräunen: colorati Indi *V.* **2.** *met.* färben, ein Kolorit geben: (eloquentia) se colorat gewinnt Farbe.

colōs s. color.

colossus, ī, *m.* (κολοσσός) Riesenstandbild, Koloß; *adi.* **coloss(i)aeus** 3, **colossicos**, on riesengroß, kolossal *Sp.*

coluber, brī, *m.* u. **-bra**, ae, *f.* Schlange. Dav.

colubri-fer 3 (§ 66) schlangentragend.

coluī *pf.* v. II. colo.

cōlum, ī, *n.* Sieb, Filtriergefäß *V.*

columba, ae, *f.* u. **-us**, ī, *m.* Taube; *adi.* **columbīnus** 3 (§ 75). Dav.

columbor, ārī schnäbeln *Sp.*

columbulus, ī, *m.* (*dem.* v. columbus) Täubchen *Pli.*

columbus s. columba.

columella, ae, *f.* (*dem.* v. columna) kleine Säule, Pfosten; **occ.** Grabsäule.

columen, inis, *n.* (vgl. columna) Säule, Stütze; **occ.** Giebel *C.*

columis, e = incolumis *C.*

columna, ae, *f.* Säule, Pfeiler; sprichw. incurrere amentem in columnas mit dem Kopf gegen die Wand rennen. **occ. 1.** Stütze *C.* **2.** c. Maenia Pranger des Mänius [auf dem Forum, an dem die tresviri capitales über gemeine Verbrecher Gericht hielten]. **3.** *pl.* die Säulen [an denen die Verleger neue Werke ankündigten] *H.* **4.** columnae Herculis [bei *T* bei Helgoland; bei *Cu* die Berge Kalpe u. Abyla an der Meerenge von Gibraltar]; columnae Protei [die Insel Pharos] *V.*
E: aus *qelom(e)nā 'die Ragende', *subst. pt. pr. pass.* zu *cellō 3. 'ragen', §§ 51 u. 64, letzter Absatz. Dav.

columnāriī, ōrum, *m.* 'Säulensteher', Gesindel. Und

columnārium, ī, *n.* Säulensteuer.

columnātus 3 (columna) (auf die Hand) gestützt *C.*

colurnus 3 (*corulnus v. corulus) aus Haselholz *V.*

colus, ī, u. ūs, *f.* Spinnrocken.

com altl. = cum.

coma, ae, *f.* (κόμη) **1.** Kopfhaar, Haar. *met.* **2.** Tierhaar, Wolle. **3.** Laub, Blätter, Blüten: flavas Ähren *Ti.*
Dav. durch *comāre

comāns, antis **1. behaart:** galea, crista mit Roßschweif geziert *V*, stella Komet *O.* **2.** *met.* **belaubt.**

comātus 3 (coma) langhaarig: Gallia *TSp*; *met.* belaubt: silva Baum *Ca.*

I. com-bibō 3. bibī einsaugen, verschlucken; maculas bekommen *O.*

II. com-bibō, ōnis, *m.* Mitzecher.

combūrō 3. ussī, ustus (aus co-ambūro, § 72, vgl. bustum) **1. verbrennen. 2.** *met.* verderben: aliquem iudicio; diem totschlagen *C.*

com-edō 3. ēdī, ēsus u. ēssus *C* (verkürzte u. arch. Formen s. edo) **1. verzehren. 2.** *met.* verprassen, durchbringen; **occ.** aliquem zugrunde richten *C.*

com-es, itis, *m.* *f.* **1.** Begleiter(in), Gefährte, Teilnehmer(in); **occ.** Erzieher, Lehrer: Philippus Alexandro comes datus *Cu.* **2.** *pl.* Gefolge.
E: *com-i-t-, 'Mitgeher' v. ire.

comēs(s)us *pt. pf. pass.* v. comedo.

comētēs, ae, *m.* (κομήτης) 'Haarstern', Komet.

cōmicus 3, *adv.* ē (κωμικός) **1.** Lustspiel-, komisch: poēta, res Komödienstoff *H*; *subst.* **cōmicus**, ī, *m.* Lustspieldichter. **2.** aus dem Lustspiel: adulescens.

cōminus s. comminus.

cōmis, e, *adv.* **-iter** fröhlich, munter, freundlich, zuvorkommend, höflich, leutselig, herablassend: in uxorem *H*, erga Lysandrum; bonis *T.*

cōmisābundus 3 (comisor) umherschwärmend *LCu.*

cōmis(s)ātiō, ōnis, *f.* (comisor) Umzug, Gelage.

cōmis(s)ātor, ōris, *m.* Zechbruder *L*; coniurationis Kumpan. Von

cōmis(s)or 1. (κωμάζω, § 91, Abs. 2) ausgelassen umherziehen: comisatum ire [zur Fortsetzung des Trinkgelages] einkehren *CL.*

comitas   87   **commissura** C

cōmitās, ātis, *f.* (comis) Fröhlichkeit, Heiterkeit: epu-lantium *Cu*; Freundlichkeit, Güte, Milde, Gefälligkeit: sermonis.

comitātus, ūs, *m.* (comitor) **1.** Begleitung, Geleit. **2.** *meton.* **a.** Gefolge: praetoris. **b.** Reisegesellschaft: comitatum (Karawane) circumvenire *L.* **c.** Hofstaat, Hof: principis *T.*

comitia, ōrum, *n.* (comeo = coeo) die Komitien, **Volksversammlung**: habere halten, edicere bekanntge-ben *L.* Dav. **comitium**, ī, *n.* Versammlungsplatz, Wahl-ort [ans Forum nördlich anstoßend]; *met.* Spartae Amts-haus *N.*   Dav.

comitiālis, e Wahl-: dies; biduum [der 3. u. 4. Januar]; morbus Epilepsie *Sp.*

comitor, selten **comitō** 1. **1.** begleiten. **2.** *occ.* zu Grabe geleiten: iuvenem *V.* **3.** *met.* verbunden sein: tardis mentibus virtus non facile comitatur; homi-nem numquam comitatur divinitas *Cu.* **comitātus** 3 begleitet (mit *abl.*).

com-maculō 1. beflecken, besudeln.

Commāgēnē, ēs, *f.* K. [der nördlichste Teil Syriens] *Mela*; *adi.* u. Einw. **Commāgēnus.**

com-manipulāris, is, *m.* Kamerad aus demselben Ma-nipel *T.*

commeātus, ūs, *m.* (commeo) **1. freier Durchgang, Verkehr** *CL.* **2. Urlaub. 3. Sendung, Zug, Transport:** duobus commeatibus exercitum reportare; copia commeatuum von Warensendungen *T.* **4. Zufuhr, Le-bensmittel, Proviant:** res frumentaria (cibatus *C*) commeatusque Getreide und Kriegsgeräte.

com-meminī, isse sich erinnern: hominem; domi *C.*

commemorābilis, e (commemoro) denkwürdig.

commemorātiō, ōnis, *f.* **1.** Erinnerung: paterni hospi-tii *L.* **2.** Erwähnung, Anführung: Autronii.   Von

com-memorō 1. **1.** sich erinnern: quid quoque die egerim. **2.** erwähnen, anführen: causas, beneficia; ei multa de fide sua *N.*

commendābilis, e (commendo) empfehlenswert: me-rito; quae commendabilia apud Africanum erant zur Empfehlung dienten *L.*

commendātīcius 3 (commendatus) empfehlend.

commendātiō, ōnis, *f.* (commendo) **1.** Empfehlung: mea; *met.* maiorum, naturae. **2.** empfehlenswerte Eigenschaft, Wert: oris *N*, ingenii.

commendātor, ōris, *m.* u. **-trīx**, īcis, *f.* Empfehler (-in), Förderer, Förderin *Pli.*   Von

com-mendō 1. (mando, § 43) **1.** anvertrauen, überge-ben: natos curae alicuius *O*; *met.* posteritati no-men *Cu.* **2.** *occ.* empfehlen: se infimo ordini sich be-liebt machen bei. Dav. **commendātus** 3 empfohlen, empfehlenswert.

com-mēnsus *pt. pf. act.* v. commetior.

commentāriolum, ī, *n.* Entwurf.   *Dem.* von

commentārius, ī, *m.*, seltener **-um**, ī, *n.* (commen-tum) Abriß, Notiz, Skizze, Denkschrift, Tagebuch. **occ. a.** Protokoll. **b.** Aufzeichnungen, Denkwürdigkeiten, Me-moiren: (Caesaris) rerum suarum.

commentātiō, ōnis, *f.* (commentor) sorgfältiges Über-denken, Studium, Vorbereitung, Vorübung.

commentīcius 3 (commentum) **1.** ersonnen, erfun-

den: nomina. **2.** *occ.* ideal, imaginär: civitas, dii. **3.** erlogen, gefälscht: crimen.

I. commentor 1. (*frequ.* v. comminiscor) **1.** überden-ken, reiflich erwägen, überlegen. **2.** *occ.* studieren: cau-sam, orationem einstudieren; *pt. pf. pass. n. pl.* com-mentata (mündliche) Vorstudien.

II. commentor, ōris, *m.* (comminiscor) Erfinder *O.*

commentum, ī, *n.* (comminiscor) **1.** Erfindung, Ein-fall: opinionum Hirngespinste. **2.** Erdichtung, Lüge: ru-morum *O.*

com-mentus *pt. pf. act.* (*pass. O.*) v. comminiscor.

com-meō 1. **1.** zusammenkommen, -strömen: merca-tores ad eos commeant. **2. gehen, fahren:** libero mari *Cu.* **3. hin und her gehen:** inter Veios Romam-que *L*, invicem *T.* **4. hinfahren:** ad furta.

commercium, ī, *n.* **1.** Handel, Verkehr. **2.** *meton.* Kauf-recht, Verkehrsrecht: salis commercium dedit gab die Einfuhr frei *L.* **3.** *met.* Verkehr, Umgang, Gemeinschaft: plebis mit dem Volk *L*; *meton.* linguae *O*, sermo-num *L.*

com-mercor 1. zusammen-, aufkaufen *CS.*

com-mereō 2. uī, itus **1.** verdienen: poenam *O.* **2.** verschulden, begehen *C.*

com-mētior 4. mēnsus sum ausmessen *C.*

com-mētō, āre (*frequ.* v. commeo) ein und aus ge-hen *C.*

commīctus *pt. pf. pass.* v. commingo.

com-migrō 1. āvī übersiedeln, wandern.

com-mīlitium, ī, *n.* (miles) Kriegskameradschaft; *met.* Gemeinschaft der Studien *O.*

com-mīlitō, ōnis, *m.* (miles) Kriegsgefährte, Kamerad.

comminātiō, ōnis, *f.* (comminor) Drohung.

com-mingō 3. mī(n)xī, mīctus bepissen, besudeln *H.*

com-minīscor 3. mentus sum (vgl. memini, μένος) **1.** ausdenken, aus-, ersinnen: vectigal *L.* **2.** erdichten, erlügen: crimen *L*; *pt. pf. pass.:* erlogen *O.*

com-minor 1. androhen, bedrohen.

com-minuō 3. uī, ūtus **1.** zerschlagen, zertrümmern: anulum; scalas *S*; *occ.* zerkleinern: argenti pondus zersplittern *H.* **2.** *met.* schwächen, aufreiben, vernichten: opes; vires ingenii *O*, aliquem lacrimis erweichen *O.*

com-minus (manus, § 41) *adv.* **1.** in der (die) Nähe: ire *VO*, aggredi *O*, non c. (geradeaus) Mesopota-miam *T.* **2.** *occ.* Mann gegen Mann, im Handgemenge: pugnare; falcati c. enses für den Nahkampf *V.*

com-minūtus *pt. pf. pass.* v. comminuo.

com-mī(n)xī *pf.* v. commingo.

com-misceō 2. miscuī, mixtus zusammenmischen, ver-mischen, vermengen; commixtus fumus in auras sich verziehend *V*, clamor verworren *V.*

commiserātiō, ōnis, *f.* **1.** das Bemitleiden: Q. Regis. **2.** rührender Ton.   Von

com-miseror 1. bemitleiden, beklagen, bejammern.

com-mīsī *pf.* v. committo.

commissiō, ōnis, *f.* (committo) Wettkampf; **occ.** Preisrede *Sp.*

commissum, ī, *n.* (committo) **1. das Unternehmen:** in temere commisso *L.* **2. Vergehen, Schuld:** auda-cius. **3. Geheimnis:** commissa celare *N.*

commissūra, ae, *f.* Verbindung, Band, Fuge.   Von

committo 88 **communio**

com-mittō 3. mīsī, missus

> I. 1. **zusammenbringen, vereinigen, verbinden;** 2. *occ.* **zum Kampf zusammenbringen, kämpfen lassen;** 3. **zustande bringen, anfangen, beginnen;** 4. **begehen, verüben;** 5. (mit Begehrsatz) **verschulden, es zu** etw. **kommen lassen;** 6. (eine Strafe oder Vertragsbestimmung) **verwirken.**
> II. **übergeben, anvertrauen, überlassen, aussetzen;** *occ.* 1. **auftragen;** 2. **sich anvertrauen;** 3. **es auf** etw. **ankommen lassen.**

I. 1. mālos Balken; *met.* munimenta *L*; vir equo (*dat.*) commissus Kentaur *O*; *med.* Hydaspes Acesini committitur vereinigt sich *Cu*, commissa in unum crura verwachsen *O.* **2.** commissae acies gegeneinander aufgestellt *Pr*, manum Teucris Hand anlegen, zu kämpfen beginnen *V.* **3.** proelium eröffnen, liefern, obsidionem *Cu*, bellum *L*; iudicium abhalten, rixam *L*, commissi ludi Eröffnung der Spiele *V.* **4.** caedem, nefas *Cu*, delictum, multa in deos impie, contra legem gesetzwidrig handeln; aliquis committit vergeht sich. **5.** ne committeret, ut locus ... nomen caperet; committit saepe repelli *O.* **6.** commissa piacula verwirkte Sühne *V*; sponsio commissa eingegangene Verbürgung *L.*
II. imperium alicui *N*, alicui bellum, urbem tuendam, se mortis periculo (undis *O*, ponto *V*) sich in Todesgefahr begeben, se ludis die Spiele besuchen, se in populi conspectum (in aciem *L*) sich vor das Volk ... wagen. **1.** senatus ei commisit, ut videret. **2.** quibus (ventis) committendum esse existimabat; commisi Heio. **3.** rem proelio (in aciem) es auf eine Schlacht ankommen lassen, rem p. in discrimen auf ungewisse Entscheidung *L.*

com-mīxī *pf.* v. commingo.
commixtus *pt. pf. pass.* v. commisceo.
commoditās, ātis, *f.* (commodus) **1. Angemessenheit, Zweckmäßigkeit;** *occ.* **günstige Umstände** *C.* **2. Annehmlichkeit, Bequemlichkeit:** vitae; itineris *L.* **3. Vorteil:** ex bestiis; consequi commoditatem *N.* **4. Zuvorkommenheit:** viri *O.*
commodō 1. (commodus) **1.** sich gefällig erweisen, gefällig sein: publice dem Staat, ceteris. **2.** leihen, gewähren: alicui aurem *HO*, testes falsos stellen *S*, rei p. tempus Zeit geben *L*, veniam peccatis angedeihen lassen *T.*
I. commodum (*adv.* v. commodus) gerade, (so)eben.
II. commodum, ī, *n.* **1. Bequemlichkeit:** ex commodo *S*, per commodum *L* bequem, gemächlich. **2. Vorteil, Nutzen, Interesse:** commodo rei p. zum Vorteil des Staates, rei familiaris commoda Privatinteressen; vitae Güter *Lukrez. pl.* **3. Vergünstigungen, Vorrechte:** veteranorum. **4. Leihgaben:** hospitum.
Subst. von
com-modus 3, *adv.* ē **1.** angemessen, entsprechend, passend, zweckmäßig; mit *dat.* geeignet: belli ratio, defensio; saltare gewandt *N*; curationi *L*; ad cursum *O*; mit *acc. c. inf.* commodissimum esse statuit omnes naves subduci. **2.** *occ.* vollständig: cyathi *H*; intervalla humane c. 'ziemlich entsprechend', groß *H*;

valetudo minus c. nicht besonders gut. **3. bequem, leicht, gut:** traiectus; iter *L*, commodius vivere ungestörter, behaglicher *H.* **4. passend gelegen, günstig:** status (rerum); hiberna *L.* **5. zuvorkommend, höflich;** mit *dat.* gefällig: mores; mihi c. *H.*
com-mōlior, īrī in Bewegung setzen, anwenden *Lukrez.*
com-mone-faciō 3. fēcī, *pass.* **com-mone-fīō**, fierī, factus (§ 64, Anm.) in Erinnerung bringen, erinnern, mahnen: praeturam; benefici *S.*
com-moneō 2. uī, itus **1.** erinnern: aliquem de liberûm caritate. **2.** *occ.* ermahnen, auffordern: commonendi gratiā dicam.
com-mōnstrō 1. zeigen, nachweisen: aurum, viam.
commorātiō, ōnis, *f.* (commoror) das Verweilen, Bleiben.
com-morior, ī zusammen sterben.
com-moror 1. verweilen, (ver)bleiben.
commōtiō, ōnis, *f.* (commoveo) Aufregung. Dav. *dem.*
commōtiuncula, ae, *f.* Unpäßlichkeit.
commōtus 3 erregt, aufgeregt, gereizt: patronus. Von
com-moveō 2. mōvī, mōtus **1. in Bewegung setzen, bewegen:** alas *V*, signum; castra aufbrechen, aciem anrücken *L*, hostem zum Weichen bringen *L*, aprum hetzen, jagen *V*; aes alienum kündigen *T*; *refl.* sich bewegen. *met.* **2. erregen:** mens commota verrückt *H.* *occ.* **a. anregen,** Eindruck machen: dulcedine gloriae commoti. **b. erschrecken, beunruhigen, aufregen:** nova re commoti bestürzt *N*, si quos adversum proelium commoveret. **c. erschüttern, ergreifen, rühren:** commoti vice fortunarum *L.* **d. aufbringen, empören, reizen:** contionem *Cu*, civitatem; qui me commorit, flebit *H.* **e.** zu etw. bringen, **bewegen, bestimmen, anregen, antreiben:** hoc nuntio (his rebus) commotus auf ... hin. **3. hervorrufen, veranlassen, erregen:** lacrimas *Cu*, iram tyranni *O*, tumultum, tempestates.
commūne, is, *n.* (communis) **1. Gemeingut:** magnum *H.* **2.** *occ.* **Gemeinde, Kommune, Staat:** (cretensium; gentis Pelasgae die gemeinsame Macht *O.* *Adv.* **in commune a.** für das Gemeinwohl: consulere *T.* **b. im allgemeinen:** haec in commune de Germanorum origine *T.* **c. gemeinsam:** honores in commune vocare gemeinsam machen *L*; *occ.* **zur Hälfte:** eia in commune! zu gleichen Teilen! *Ph.*
commūnicātiō, ōnis, *f.* Mitteilung. Von
commūnicō 1. (communis) **1. gemeinsam machen, vereinigen, zusammenlegen:** liberos gemeinsam haben *Cu*, pecunias cum dotibus dazulegen, consilia (causam) cum aliquo gemeinsame Sache machen, cum altero rem in Gemeinschaft treten; *occ.* **geben, gewähren:** honorem, victum. **2. teilen, mitteilen, teilnehmen lassen, Anteil nehmen:** consilium cum aliquo mitteilen, rationes belli gerendi gemeinsam beraten, res adversas tragen helfen. **3. sich beraten, besprechen:** de maximis rebus; mit ut. Dazu *dep.*
commūnicor 1. teilen *L 4, 24, 2.*
I. com-mūniō 4. (moenia, § 52) verschanzen, befestigen; castella Festungen errichten, castra festes Lager errichten; *met.* causam sichern.
II. commūniō, ōnis, *f.* Gemeinschaft. Von

communis   89   **comperio** **C**

com-mūnis, e, *adv.* **iter 1.** gemeinschaftlich, allgemein, gemeinsam: classis *N*, res communiter gerere gemeinsam, communiter loqui im allgemeinen; mit *dat.*, *gen.*, cum aliquo; vita c. Umgangsformen, loca öffentliche Plätze, loci Gemeinplätze, allgemein gültige Stellen, sensus der gesunde Menschenverstand, communia laudas die Öffentlichkeit *H.* **2.** zugänglich, leutselig, freundlich: erga Lysandrum; infimis gegen *N.*   Dav.
commūnitās, ātis, *f.* **1.** Gemeinschaft. **2.** Gemeinsinn. **3.** Leutseligkeit: Miltiadis *N.*
commūnitiō, ōnis, *f.* (communire) Wegbahnung: aditus ad causam et c.
commūtābilis, e (commuto) veränderlich.
commūtātiō, ōnis, *f.* Veränderung, Umschlag, Wechsel: aestuum der Gezeiten.   Von
com-mūtō 1. 1. verändern, umwandeln; *med.* sich verändern. **2.** wechseln, aus-, vertauschen: captivos; verbum *C*; mit *abl.* oder cum; *abs.* tauschen *C.*
cōmō 3. psī, ptus (*co-emo) **1.** etw. zusammennehmen: rami vittā compti umflochten *V.* **2.** (das Haar) ordnen, flechten, kämmen; se *Ti.*
cōmoedia, ae, *f.* (κωμῳδία, § 91, Abs. 2) Lustspiel, Komödie.
cōmoedicē *adv.* komödienhaft *C.*   Von
cōmoedus, ī, *m.* (κωμῳδός, § 91, Abs. 2) Komiker.
comōsus 3 (coma) stark behaart: frons *Ph.*
compactilis, e (compingo) **1.** dicht gefügt. **2.** = compactus *Sp.*
compactum s. compectum.
compactus 3 (compingo) gedrungen, untersetzt *Pli.*
compāgēs, is, *f.* (compingo aus *compango, § 48) **1.** Verbindung, Gefüge: saxorum *Cu*, scutorum *T.* **2.** Fuge: laxae c. laterum *V.* **3.** Bau, Organismus: corporis; haec compages Staat *T.*   Dazu
compāgō, inis, *f.* Bindemittel: cerae *O.*
com-pār, paris (wohl Rückbildung aus comparare, § 76) völlig gleich: conubium *L*, funus morti *L*; *subst. m. f.* Gefährte(-in), Geliebter(-e).
comparābilis, e (comparo) vergleichbar *L.*
comparātiō, ōnis, *f.* (comparo) **I. 1. Vorbereitung, (Auf)rüstung:** belli; veneni das Herrichten *L.* occ. **2. Beschaffung:** testium. **II. 1. Zusammenstellung, Vergleich:** in comparatione meliorum im Vergleich mit *Cu*, haec comparationem habent das läßt sich vergleichen. meton. **2. Stellung, Verhältnis:** ad eandem comparationem bis zur gleichen Stellung. **3. Vergleich, Übereinkunft:** provincia sine comparatione data *L.*
com-parcō 3. parsī zusammensparen *C.*
com-pāreō 2. uī **1.** zum Vorschein kommen, erscheinen: ratio non conparet stimmt nicht *C.* **2.** sichtbar sein, vorhanden sein, sich zeigen.
com-parō 1.

I. 1. bereiten, beschaffen, erwerben; *occ.* *a.* **aufbieten, aufbringen, gewinnen;** *b.* (zum Kampf) **rüsten;** *c.* (*refl.*) **sich rüsten, sich anschicken;** *d.* **herbeischaffen, aufkaufen; 2. (vor)bereiten, veranstalten, machen, stiften; 3.** *met.* **herstellen, herrichten, einrichten, anordnen.**
II. 1: zusammenstellen; *occ.* **feindlich gegen-**

überstellen; *met.* **2. ausgleichen; 3. gleichstellen, vergleichen, vergleichend betrachten.**

I. 1. navem, malleolos et faces. **a.** auxilia, nautas, copias, exercitūs, testes pecuniā. **b.** tempore ad comparandum dato zu Rüstungen *N*, spatium comparandi. **c.** se ad eruptionem (iter *L*); *med.* legati in Boeotiam comparati sunt rüsteten sich zur Abreise *L*; urere tecta *O.* **d.** utres *N*, frumentum. **2.** iter sich für die Reise vorbereiten *N*, incendium legen *N*, bellum rüsten, factionem bilden *N*, fugam, sibi auctoritatem verschaffen, interitum rei p. **3.** more maiorum comparatum est, ut; sic fuimus comparati, ut so beschaffen.
II. 1. consulatu comparati Amtsgenossen *L*; occ. ad extremum certamen comparati duces *L.* **2.** inter se provincias sich vergleichen über, teilen *L*, consules compararent sollten sich einigen *L.* **3.** virtute se cum aliquo, exercitum exercitui *L*, hominem cum homine, causas inter se; vobis illi comparandi vergleichbar *L.*
com-parsī *pf.* v. comparco.
com-pāscō, ere durch Füttern vertreiben: famem *Sp.*
compectum, ī, *n.* (compeciscor, = *com-paciscor, § 43) Verabredung; (de) compecto nach gegenseitigem Übereinkommen.
compectus *pt. pf. pass.* v. compingo.
com-pediō 4. ītus (vgl. compes) fesseln *C.*
com-pēgī *pf.* v. compingo.
compellātiō, ōnis, *f.* Vorwurf, Tadel.   Von
I. com-pellō 1. (vgl. ap-, inter-pello) **1. ansprechen, anreden, anrufen:** aliquem nomine *Cu*, verbis amicis *V.* **2. tadeln, schelten, beschimpfen:** aliquem edicto, eum fratricidam *N.* occ. **anklagen:** hoc crimine *N.*
II. com-pellō 3. pulī, pulsus **1. zusammentreiben:** pecus in silvas; imaginem gregi zutreiben *H.* **2.** occ. **a. zusammendrängen, treiben, jagen:** adversarios intra moenia *N*, naves in portum, bellum Pometiam nach Pometia verlegen *L*, fugam fliehen *Cu*, Noto compulsus verschlagen *V.* **b. in die Enge treiben:** hostes eo compulit, ut *N*, terram in fauces einzwängen *Cu.* **3.** *met.* **antreiben, zwingen, veranlassen:** aliquem ad pacem *Cu*, in metum *L*, compulsus rabie, ut *Cu*; mit *inf.* iussa pati *O.*
compendiārius 3 vorteilhaft: via abgekürzter Weg. Von
compendium, ī, *n.* **1.** Vorteil, Gewinn: privatum. **2.** Ersparnis: dicta compendi facere sparen *C.* **3.** kurzer Weg, 'Abschneider': montis; maris *T.*
E: com-pendō 'zuwiegen', daher eig. 'Zuwaage'.
compēnsātiō, ōnis, *f.* Ausgleichung, Kompensation.   Von
com-pēnsō 1. ausgleichen, ersetzen: bona cum vitiis *H*, damna aetatis fructu.
comperendinātus, ūs, *m.* u. **comperendinātiō**, ōnis, *f.* Aufschub des Urteils auf den drittnächsten Gerichtstag *T.*   Von
comperendinō 1. (vgl. perendinus) auf den drittnächsten Gerichtstag vorladen: reum.
com-periō (-ior *CS*) 4. perī, pertus, *impf.* -ībam *C*

compertus   90   **compono**

(vgl. peritus) **in Erfahrung bringen, erfahren:** rem gestam ab aliquo *N*, omnia falsa comperta sunt erwies sich; mit de, *acc. c. inf.*, indir. Fr. comperto nachdem man erfahren hatte *LT*.   Dav.

I. compertus 3 **1. erfahren, gehört, vernommen:** comperta narrare *Cu*, id compertum habere. **2. gewiß, zuverlässig:** res. **3. überführt:** stupri *L*, pecuniam avertisse *T*.

II. compertus *pt. pf. pass.* oder *act.* (*CS*) v. comperio.

com-pēs, pedis, ·*f.* **1. Fußfessel:** compedibus vincire *Cu*. **2.** *met.* Fessel: corporis.

com-pescō 3. pescuī **1.** einschränken: ramos (luxuriantia *H*) beschneiden *V*, culpam ferro den Schaden tilgen *V*. **2.** unterdrücken, bezähmen: sitim stillen *O*, mores dissolutos *Ph*.

competītor, ōris, *m.* Mitbewerber.   Dazu

competītrīx, īcis, *f.* Mitbewerberin.   Von

com-petō 3. (petiī), petītus **1.** zusammenfallen, -treffen: cum Othonis exitu *T*. **2.** *met.* ausreichen, kräftig sein: ad arma capienda *L*.

compīlātiō, ōnis, *f.* Plünderung.   Von

com-pīlō 1. **1.** (aus)plündern, berauben: Iovem den Juppitertempel *Ph*. **2. occ.** ausbeuten: sapientiam.

com-pingō 3. pēgī, pactus u. pectus (pango, § 48) **1.** zusammenfügen: trabes *V*. **2.** (hinein)treiben, -drängen, verstecken: in carcerem *C*, oratorem in iudicia.

compitālis, e auf Kreuzwegen: Lares; *subst.* **Compitālia**, ium oder ōrum, *n.* die C. [auf Kreuzwegen begangenes Larenfest]; *adi.* **compitālicius** 3: dies, ludi.   Von

compitum, ī, *n.* (competo 1.) Kreuzweg, Scheideweg.

com-placeō 2. cuī u. citus sum gefallen *C*.

com-plānō 1. (plānus) ebnen *Sp*.

com-plector 3. plexus sum **1. ergreifen, umfassen, umarmen:** colla coniugis *O*, aliquem medium in der Mitte *L*, saxa manibus umklammern *Cu*; aram *O*, Caesarem; sopor complectitur artus *V*; *pass.* complexa puella *Pr. met.* **1. umfassen, umgeben, einschließen:** collem opere, circuitum domus custodiis *L*; effigiem in auro in einen Goldring fassen *O*, ossa gremio bergen *V*. **3. zusammenfassen:** plures provincias vereinigen *Cu*, te cum mea salute complector beziehe mit ein; *pass.* uno maleficio scelera omnia complexa. **occ. a. darstellen, schildern, erzählen:** libro rerum memoriam, summam rem *L*. **b. erfassen, begreifen:** infinita animo *Cu*, causam memoriā; figuram animi betrachten *T*. **4. pflegen, hegen, hochhalten:** oratorem (= eloquentiam) sich zuwenden, aliquem benevolentiā Wohlwollen erweisen, omnes cives caritate liebend umfassen *L*, artes ingenuas *O*.

E: plectō 'flechten', gr. πλέκω, dtsch. flechten, § 12.

complēmentum, ī, *n.* Ergänzung.   Von

com-pleō 2. plēvī, plētus **1. an-, vollfüllen:** fossas, navigia *L*; Dianam floribus reichlich schmücken, exercitum omni copiā reichlich versehen; mit *gen.* completus mercatorum carcer. **occ. a. völlig besetzen:** murum, scaphas militibus. **b. vollzählig machen, ergänzen:** legiones, cohortes *S. met.* **2. erfüllen:** omnia clamore et fletu, cuncta fugā (pavore *Cu*) *L*, milites bona spe. **3. verleben, zurücklegen:** LXXVII annos

volle 77 Jahre *N*, materna tempora die Zeit bis zur Geburt ausharren *O*. **4. vollenden:** annuus completur orbis wird voll *V*, vita beata wird vollständig; sacrum *L*; **complētus** 3 **vollendet:** verborum ambitus.

complexiō, ōnis, *f.* (complector) Verbindung: verborum Ausdruck, (*rhet.*): Periode; bonorum Inbegriff des Guten.

I. complexus, ūs, *m.* (complector) **1. Umfassung, Umschließung:** mundus omnia conplexu suo coërcet; *meton.* caeli Umfang, Umkreis. **occ. 2. Umarmung:** venire in complexum in die Arme; genus de Catilinae complexu Lieblinge; complexus alicui dare *O*, ferre *L* umarmen. **3. das Festhalten:** armorum Handgemenge *T*.

II. complexus *pt. pf. act.* oder *pass.* v. complector.

com-plicō 1. zusammenfalten; complicata notio unklar.

com-plōdō 3. plōsī, plōsus (die Hände) zusammenschlagen *Sp*.

complōrātiō, ōnis, *f.* u. **-tus**, ūs, *m.* laute Klage.   Von

com-plōrō 1. gemeinsam klagen, beklagen, bejammern.

com-plōsī *pf.* v. complodo.

complōsus *pt. pf. pass.* v. complodo.

com-plūrēs, plūra (n i e k o m p a r a t i v i s c h wie plures) mehrere zusammen, ziemlich viele, nicht wenige.

com-pōnō 3. posuī, positus (§ 72; *pt. pf. pass.* dicht. compostus, § 42)

A. I. 1. **zusammenstellen, -legen, -setzen, -bringen;** 2. *occ. a.* **sammeln, aufbewahren;** *b.* (die Aschenreste) **sammeln, bestatten;** *c.* (das Takelwerk) **niederlassen, einziehen;** 3. *a.* (feindlich) **gegenüberstellen;** *b.* (vor Gericht) **konfrontieren;** *c.* (friedlich) **zusammenführen, vereinigen;** 4. **vergleichen.**
     II. 1. **zusammensetzen, -fügen, gestalten, bilden, bereiten, stiften;** 2. *occ. a.* **abfassen, verfassen, aufsetzen;** *b.* **verabreden, festsetzen, bestimmen.**
     B. 1. **zurechtlegen, -setzen, -stellen, -bringen, ordnen;** 2. *occ. a.* **ordnen, aufstellen;** *b.* dicht. **zur Ruhe legen, betten, bestatten, beisetzen;** 3. **beruhigen;** *met.* **beilegen, ausgleichen, schlichten;** *occ.* **zur Ruhe bringen, beruhigen;** 4. **einrichten, (an)ordnen.**

A. **I. 1.** pennas *O*, manibus (*dat.*) manus Hand in Hand *V*. **2. a.** opes *V*. **b.** cinerem *O* (vgl. *B.* 2. *b.*). **c.** armamenta *L*, arma *H*. **3. a.** par compositum *H*; *met.* pugnantia secum *H*. **b.** Epicharis cum indice composita est *T*. **c.** genus dispersum *V*. **4.** dicta cum factis *S*, parva magnis (*dat.*) *VO*.

II. 1. templa, urbem erbauen *VO*, aggerem tumuli aufschütten *V*; componitur infans entsteht *O*, genus humanum conpositum est besteht *S*; *met.* pacem stiften *VL*, foedus schließen *V*. **2. a.** carmina *H*, litteras *L*, rationes *T*, composita in magnificentiam oratio in hochtrabendem Stil *T*. **b.** res *Cu*, consilium *L*, diem rei gerendae *L*, societatem praedarum cum latronibus *L*, res inter se *S*; fabulam erdichten *L*, dolum *S*, compositum erat, ut *T*, componunt Gallos concire *T*. **(ex) compositō** verabredetermaßen.

B. 1. capillum frisieren, torum das Bett machen *O*,

comporto   91   **conamen**

togam *H*, se sich das Gewand richten *O*, vultum eine gelassene (*T*) [oder] (vultūs *O*) freundliche Miene machen. **2. a.** agmen ad pugnam *L*, exercitum pugnae (*dat.*) *T*, insidias legen *T*, compositi ordines geschlossen *T*, milites acie, cuneis, ordinibus in . . . aufstellen *T*, equites in (per *T*) turmas *V*. **b.** defessa membra *V*, se thalamis, toro mortuam *O*, tumulo eodem *O*, diem beschließen *V*. **3.** mare compositum ruhig *H*, motos fluctus *V*; *met.* controversias, bellum *SV*, plura moderatione *T*; ut componeretur daß man sich vergleiche. **occ.** amicos versöhnen *H*, Asiam *T*, Vitellianos ad modestiam ruhig und bescheiden machen *T*. **4.** res *S*, curas Angelegenheiten *V*; compositus verkleidet *T*, in reverentiam, tristitiam 'hergerichtet auf', zur Schau tragend *T*, indignatio geheuchelt *T*, haec composita videntur erdichtet *T*.

com-portō 1. zusammentragen, -bringen: aggerem; **occ.** liefern: frumentum ab Asia, in hiberna *L*.

com-pos, potis, *abl.* e, *gen. pl.* um **1.** im Mitbesitz, im Besitz, Genuß von etw.: compotes Mitbeteiligte *L*; praedā bereichert mit *L*; gew. mit *gen.*: patriae compotem esse mitleben im *V*. *L*, virtutis der Anteil hat, consilii urteilsfähig, voti im Besitz des Gewünschten *LH*. **2.** *met.* (einer Sache) mächtig: mentis bei Sinnen; corpore atque animo *L*.
E: vgl. potis, gr. πόσις 'Herr'.

compositiō, ōnis, *f.* (compono) **1.** Zusammenstellung, -setzung: unguentorum. **2.** Anordnung, Einrichtung: sonorum, membrorum. **3.** Aussöhnung, Einigung: per compositionem. **4.** (*rhet.*) Periodenbau: verborum.

compositor, ōris, *m.* (compono) **1.** Anordner. **2.** Verfasser: operum *O*.

I. compositus 3, *adv.* ē (compono) **1.** zusammengestellt, -gesetzt: oratio Stückwerk *Q*. **2. wohlgesetzt, wohlgeordnet:** verba *S*, composite dicere. **3. geregelt, geordnet:** agmen *LT*, pugna *L*, capillus *HO*, res p. *T*; *n. pl. subst.* composita Ordnung. **4. gelassen, ruhig:** vultus, aetas, compositius agere *T*.

II. compositus *pt. pf. pass.* v. compono.

compostus [dicht.] *pt. pf. pass.* v. compono.

com-posuī *pf.* v. compono.

com-pōtātiō, ōnis, *f.* Trinkgesellschaft.

com-pōtor, ōris, *m.* u. **trīx,** īcis, *f.* Saufgenosse(-in).

com-pransor, ōris, *m.* (prandeo) Tischgenosse.

comprecātiō, ōnis, *f.* das Anflehen *L*.   Von

com-precor 1. (an)flehen; **occ.** wünschen *Pli*.

com-prehendō u. (§ 8, Anm.) **com-prēndō** 3. dī, pr(eh)ēnsus (*decomp.*, § 72) **I. 1. zusammenfassen:** naves verbinden *L*; comprensus chlamydem zusammengehalten *O*, luna nigrum aëra comprendit hat einen Hof *V*. **2.** *met.* **a. mit einbeziehen:** omnia unā cum deorum notione in den Begriff. **b. umfassen:** XXXII stadia *Cu*; aliquem humanitate freundlich aufnehmen, disputationes memoriā bewahren. **c. darstellen, ausdrücken:** dictis in Worten *O*, numero zählen *V*, omnes scelerum formas *V*.
II. (mit geschwächter Bed. der *praep.*) **1. (er)fassen, ergreifen:** funes, columbam *V*, lanceam laevā *Cu*. **2. occ. a. festnehmen, verhaften, fangen, wegneh-**

men: Pausaniam *N*, aliquem vivum in fuga, naves beschlagnahmen *NL*, colles besetzen. **b. ertappen, entdecken:** aliquem in furto, eius adulterium ihn beim Ehebruch. **c. erfassen, ergreifen:** incendium (ignis, flamma) turres comprehendit *VCu*, comprehensa aedificia vom Feuer ergriffen *L*, casae ignem comprehenderunt fingen Feuer. **3.** *met.* **erfassen, begreifen:** animis, scientiā, cogitatione.   Dav.

comprehēnsibilis, e erfaßbar *Sp*.

comprehēnsiō, ōnis, *f.* (comprehendo) **1. Zusammenfassung:** rerum; *meton.* (*rhet.*) **Periode:** c. et ambitus verborum; universa c. Gesamtausdruck. **2.** das **Anfassen; occ. Festnahme, Ergreifung:** sontium.

compr(eh)ēnsus *pt. pf. pass.* v. compr(eh)endo.

comprēndō s. comprehendo.

com-pressī *pf.* v. comprimo.

I. compressus *pt. pf. pass.* v. comprimo.

II. compressus, ūs, *m.* Umschließen *Sp*; **occ.** Beischlaf *C*.   Von

com-primō 3. pressī, pressus (premo, § 41) **1. zusammendrücken, -pressen:** sprichw. compressis manibus sedere die Hände in den Schoß legen *L*; oculos Augen schließen *O*, labra *H*. **occ. a. vergewaltigen:** vi compressa Vestalis *L*. **b. zusammendrängen:** compressis ordinibus dichtgedrängt *L*. **2. zurückhalten:** annonam *L*; *met.* **geheimhalten:** famam captae Carthaginis *L*. **3. unterdrücken, hemmen:** voce murmura *O*, furores, amorem edendi stillen *V*, bella zur Ruhe bringen, libidinem, seditionem *LCu*; **occ. niederhalten, -schlagen:** Pompeianos, multitudinem metu *L*, Ligures *L*.

com-probō 1. 1. völlig billigen, genehmigen, anerkennen: legem, orationem *L*. **2.** bestätigen, beweisen: consilium, beneficium re, vox eventu comprobata *L*.

com-prōmittō 3. mīsī, missus (§ 72) übereinkommen, sich einem Schiedsspruch zu fügen, einen Kompromiß schließen; dav. **comprōmissum,** ī, *n.* Übereinkunft.

Compsa, ae, *f.* C. [St. in Samnium] *L*; *adi.* Compsānus 3.

cōmpsī *pf.* v. como.

compsissumē *adv.* (κομψῶς) höchst schlau *C*.

I. comptus 3 (como) glatt, zierlich, sauber, nett.

II. comptus, ūs, *m.* (como) Zusammenfügung *Lukrez*; virginei Locken *Lukrez*.

III. comptus *pt. pf. pass.* v. como.

com-pulī *pf.* v. II. compello.

compulsus *pt. pf. pass.* v. II. compello.

com-pungō 3. pūnxī, punctus zerstechen *Ph*; **occ.** compunctus notis Thrëiciis tätowiert; *met.* se suis acuminibus sich mit seinen Spitzfindigkeiten selbst ins Fleisch schneiden.

computātiō, ōnis, *f.* das Zusammenrechnen, Berechnung *Sp*.   Von

com-putō 1. berechnen.

Cōmum, ī, *n.* Como [St. in Oberitalien am Comosee, seit Caesar Novum C.]; *adi.* u. Einw. **Cōmēnsis.**

con = com.

cōnāmen, inis, *n.* (conor) Bemühung, Anstrengung; konkr. Stütze.

cōnātum, ī, *n.* (conor) Versuch, Unternehmen.

cōnātus, ūs, *m.* (conor) **1. Versuch, Anlauf:** conatūs capere Anläufe nehmen *L.* **2. Anstrengung:** magno conatu *L.* **3. Unternehmen, Wagnis:** audax *L.* **4. Trieb:** ad pastus capessendos.

conb ... siehe comb ...

con-cacō, āre bekacken, beschmutzen, verunreinigen *Ph.*

con-cadō, ere zugleich fallen *Sp.*

con-caedēs, is, *f.* Verhau, Zaun *T.*

con-cal(e)-faciō 3. fēcī, *pass.* con-cal(e)-fīō, fierī, factus erwärmen.

con-calēscō 3. caluī warm werden.

concalfactus *pt. pf. pass.* v. concal(e)facio.

con-cal-fēcī *pf.* v. concal(e)facio.

con-cal-fio *pr. pass.* v. concal(e)facio.

con-callēscō 3. calluī (calleo) **1.** gefühllos werden: locus animi concalluit. **2.** klug, schlau werden: animus usu concalluit.

con-calluī *pf.* v. concallesco.

con-caluī *pf.* v. concalesco.

Concanus, ī, *m.* (kollekt.) der C. [spanisches Volk] *H.*

con-castīgō 1. stark züchtigen *C.*

con-cavō 1. krümmen, hohl machen.

con-cavus 3 ausgehöhlt, hohl, gekrümmt.

con-cēdō 3. cessī, cessus

A. (*intr.*) I. **1. weichen, sich entfernen, fortgehen, verlassen; 2. sich** wohin **begeben, gehen; 3.** *met.* zu (in) etw. **übergehen;** *occ. a.* **beitreten, beipflichten;** *b.* (in einen Zustand) **geraten, sich fügen.**
II. Mit *dat.* **1. weichen, das Feld räumen, Raum geben;** *met.* **2. den Vorrang lassen, nachstehen; 3. nachgeben, sich fügen;** *occ.* **Nachsicht haben, verzeihen.**
B. (*trans.*) **1. abtreten, überlassen, freigeben, gewähren, bewilligen; 2.** *occ. a.* **aufgeben;** *b.* **begnadigen;** *c.* **durchgehen lassen, verzeihen; 3.** *met.* **erlauben, gestatten, zugestehen;** *occ.* **zugeben, einräumen, anerkennen.**

A. I. **1.** concedite, silvae fahret hin *V*, a parentum oculis, ex praetorio *L*, irae deûm concessere ist geschwunden *V*, Italiā *L*, caelo vom Himmel *V*; vitā [u. allein]: aus dem Leben scheiden, sterben *T.* **2.** Argos habitatum um in A. zu wohnen *N*, cum liberis in arcem sich flüchten *L*, trans Rhenum *T.* **3.** in nomen imperantium ins herrschende Volk übergehen *S*, Edessa eodem concessit wurde zugeschlagen *L.* **a.** in alicuius sententiam *LT*, in partes alicuius sich anschließen *T*, in condiciones annehmen *L.* **b.** in voluntariam deditionem *L*, in populi R. dicionem *L.*
II. **1.** concedat laurea laudi; obsidioni die Belagerten im Stich lassen *T*, naturae, fato eines natürlichen Todes sterben *ST.* **2.** ei de (in bezug auf) familiaritate, amore (an) alicui *T*; cuius facundiae a Manlio concessum est der Vorrang zugestanden wurde *S.* **3.** pertinaciae *N*, postulationi; inter se sich gegenseitig Zugeständnisse machen *T*; concessum ab nobilitate plebi de consule plebeio der Adel gab, was den pleb. K. betraf, dem Volk nach *L.* *occ.* temere dicto, vitio *H.*

B. 1. victoriam alicui *Cu*, militibus praedam, alicui impunitatem zugestehen, libertatem schenken; oppidum militibus ad diripiendum, Calydona Dianae in iras zur Befriedigung ihres Zornes *V.* **2. a.** auguratūs petitionem mihi zu meinen Gunsten, Siciliam abtreten *L.* **b.** Attico sororis filium dem A. zuliebe begnadigen *N*, Marcellum senatui. **c.** omnia tibi ista. **3.** concessa amare das Erlaubte *O*, concessum est, uti arma capiant; Camarina fatis numquam concessa moveri dessen Verlegung das Schicksal nicht gestattete *V*; *act.* mit *inf.* servis pueros verberare concedimus *Cu*, mediocribus esse poëtis concedo *H.* *occ.* illa tu concedis levia esse.

con-celebrō 1. **1.** beleben: terras *Lukrez.* **2.** festlich begehen, feiern: dapes *O*, spectaculum *L.* **3.** verbreiten, bekanntmachen: victoriam, rumorem.

con-cēnātiō, ōnis, *f.* (ceno) Gastmahl; Tischgesellschaft.

con-centiō, ōnis, *f.* (concino) Einklang.

con-centuriō, āre zusammenhäufen, ansammeln *C.*

con-centus, ūs, *m.* (concino) **1.** das Zusammensingen, -klingen, -tönen, der gemeinsame Klang: volucrum Chor *O*, tubarum ac cornuum *L*, catervae et concentūs Sängerchöre. **2.** Einklang, Harmonie: sonus varios concentus efficit. **3.** *met.* Übereinstimmung: actionum, noster *H.*

con-cēpī *pf.* v. concipio.

conceptus *pt. pf. pass.* v. concipio.

con-cerpō 3. psī, ptus (carpo, § 43) zerreißen *L.*

concertātiō, ōnis, *f.* (concerto) Streit.

concertātor, ōris, *m.* (concerto) Nebenbuhler *T.*

concertātōrius 3 zum Wortstreit gehörig.   Von

con-certō 1. streiten: *occ.* kämpfen.

con-cessī *pf.* v. concedo.

concessiō, ōnis, *f.* (concedo) Bewilligung.

concessū (*abl.* v. *concessus, ūs) mit Erlaubnis.

concessus *pt. pf. pass.* v. concedo.

concha, ae, *f.* (κόγχη) **1. Muschel;** *occ.* Tritonshorn *VO.* **2.** *meton.* **a. Muschelschale:** ostrea in conchis *O.* **b. Perle:** conchae teretesque lapilli *O.* **c. Purpur:** Sidonis *O.* **4.** *met.* [muschelförmiges Gebilde]: salis **Salzfaß** *H*, unguenta de conchis **Fläschchen** *H.*

conchȳlium, ī, *n.* (κογχύλιον) **1.** Schaltier, Auster: Lucrina *HSp.* **2.** *meton.* Purpur: vestis conchylio tincta; *adi.* **chonchȳliātus** 3 purpurfarben.

I. con-cīdī *pf.* v. I. concido.

II. con-cīdī *pf.* v. II. concido.

I. con-cidō 3. cidī (cado, § 41) **1. zusammenfallen, einstürzen:** pars turris concidit. *occ.* **a. niederstürzen, fallen:** concidit pugnans, in proelio. **b. einfallen:** macie mager werden *O.* **2.** *met.* **sinken, schwinden, fallen:** concidunt venti legen sich *H*, fides concidit der Kredit ist gesunken, crimen concidit zerfällt in nichts, nomina artificum concidisse der Ruhm der Künstler sei gesunken. *occ.* **a. gestürzt werden, fallen, unterliegen:** uno crimine *N*, in foro, concidit Ilia tellus *V.* **b. den Mut verlieren:** ne patres conscripti conciderent.

II. con-cīdō 3. cīdī, cīsus (caedo, § 43) **1. zusammen-, niederhauen, niederschlagen:** Alpinos *N.* *occ.*

concieo | 93 | **concito** | C

---

a. verprügeln: vulneribus. **b. zerhauen, zerhacken:** ligna *O*, naves *L*; *met.* **zerschneiden:** itinera concisa unterbrochen, scrobibus montes durch Gräben teilen *V.* **2.** *met.* **zugrunde richten, vernichten:** auctoritatem, Timocratem voluminibus gänzlich widerlegen.

con-cieō 2. cīvī, cóncitus, dicht. u. spät **conciō** **4. 1. zusammenbringen, herbeiziehen, versammeln, herbeirufen:** ad se multitudinem *L*, exercitum ex insula *L*. **2. in Bewegung setzen, antreiben.** Meist *pt. pf. pass.* concitus calcaribus equus *Cu*, tormento concita saxa geschleudert *V*; flumina (amnis *Cu*) reißend *O*, navis schnell *O*. *met.* **3. aufregen, aufwiegeln, aufreizen:** populos *T*, milites ad recuperandam libertatem *L*, accusatorem *T*; concita freta aufgewühlt *V*, concitus irā zornerregt *V*. **4. erregen, veranlassen:** seditionem *LT*, bellum *L*, varios motus animorum *T.*

conciliābulum, ī, *n.* (concilio) Versammlungsort, Marktplatz, Gerichtsort; **occ.** damni Lasterhöhle *C.*

conciliātiō, ōnis, *f.* (concilio) **1.** Vereinigung, Verbindung. **2.** Gewinnung (der Zuhörer).

conciliātor, ōris, *m.* (concilio) Vermittler: proditionis *L*, nuptiarum Stifter *N*, genti Germanorum Fürsprecher *T.*

conciliātrīcula, ae, *f.* Fürsprecherin: blanda Kupplerin. *Dem.* von

conciliātrīx, īcis *f.* (concilio) Vermittlerin: amicitiae; blanda Kupplerin.

conciliātus 3 beliebt, befreundet *LCu.*   Von

conciliō 1. **1. vereinigen, verbinden, befreunden, gewinnen:** talem virum sibi *N*; civitatem Arvernis; **occ. empfehlen:** tyranno artes suas *O*. **2. zustande bringen, vermitteln, stiften:** otium, pacem, nuptias *N.* **3. occ. a. erwerben, gewinnen, verschaffen:** sibi favorem *Cu*, regnum alicui, gratiam, populi studia. **b. werben, verkuppeln** *C.*   Von

con-cilium, ī, *n.* **1. Versammlung, Kreis, Schar:** amicorum, populi, deorum; principum *L.* **2. occ. a.** patrum Senat *H*, tribuni plebi concilium edicunt Tributkomitien *L.* **b.** [Außerhalb Roms]: **Landtag, Bundesversammlung:** Achaicum der Achäische Bund *L*, concilium dare (praebere) alicui für jemd. einen behördlichen Termin vorschreiben *L.* **b. Zusammenkunft:** Camenarum cum Egeria *L.* **c. Vereinigung:** hoc mihi concilium tecum manebit *O.* E: aus *cón-caliom zu calāre 'rufen', § 43.

concinnitās, ātis, *f.* (concinnus) kunstgerechte Verbindung (*rhet.*), Abrundung, Kunstform.

concinnō 1. **1. ordentlich zusammenstellen:** struices *C*; pallam ausbessern *C*, ingenium bilden *Sp.* **2. bereiten, machen:** malum stiften *Ph*, me insanum *C.*   Von

con-cinnus 3, *adv.* ē **1. regelrecht, kunstgerecht:** versus *H.* **2. ebenmäßig, zierlich, fein:** Samos nett *H*, in brevitate respondendi treffend *N*, concinne dicere. **3. gefällig:** amicis *H.*

con-cinō 3. cinuī (cano, § 41) **I.** *intr.* **1. zusammensingen:** kollekt. concinit olor; concinentes collegae im Chor rufend *L*; **occ. zugleich ertönen:** concinunt signa (tubae). **2.** *met.* **übereinstimmen:** cum Peripateticis, inter se. **II.** *trans.* **im Chor, zugleich**

singen: carmina *Ca*; concinit omen avis der Uhu verkündet schreiend *Pr*; *met.* **besingen, preisen:** Caesarem *H.*

I. conciō, īre s. concieo.

II. conciō, ōnis s. contio.

con-cipiō 3. cēpī, ceptus (capio, § 43)

---

a **I. 1. zusammenfassen;** *met.* (in eine Formel) **fassen, abfassen; 2.** *occ.* **a.** förmlich **aussprechen; b.** förmlich **ansagen.**
  II. 1. (zusammenfassend) **aufnehmen;** *occ.* **a.** (Flüssigkeiten) **einsaugen; b.** (Feuer) **fangen; c.** (Luft) **fassen, einziehen; d.** (Samen) **aufnehmen, empfangen;** *met.* **2. auffassen, erkennen, begreifen, verstehen;** *occ.* **sich vorstellen, sich einbilden; 3.** (ein Gefühl) **empfinden, fassen, bekommen; 4.** (Übel) **sich zuziehen, auf sich laden;** *occ.* (Übeltaten) **ersinnen, begehen.**

I. 1. multum ignem trullis ferreis *L*; *met.* iusiurandum *T*, verbis conceptis iurare einen förmlichen Eid schwören *L.* **2. a.** vota, preces *O*, summas angeben *L.* **b.** Latinas ferias *L*, auspicia nova *L*, foedus schließen *V.*

II. 1. medicamentum venis *Cu.* **a.** aquas, lacrimas *O.* **b.** ignem, flammam; auch bildl. **c.** bucina concepit aëra *O.* **d.** terra concipit semina; *met.* concipit sie wird schwanger *O*, concepta crimina das Sündenkind *O*, conceptus a captiva gezeugt *O*; bildl. periculum; *pass.* entstehen, sich bilden *Sp.* **2.** auguria mente *Cu*, quantum ex vultu concipi poterat *Cu*, mente nefas argwöhnen *O.* **occ.** aliquid animo, mente *L*, magnitudinem hominis *L*; aethera mente *O*, thalamos streben nach *O.* **3.** animo iram, robur pectore sich ermutigt fühlen *V*, spem de filio *Cu*, metum ex aliquo *Cu*, animo (mit *inf.*) den Entschluß fassen *T.* **4.** maculam bello, furorem ex maleficiis. **occ.** flagitium, fraudes.

concīsūra, ae, *f.* (concīdo) Ritze *Sp.*

I. concīsus 3 (concīdo) kurzgefaßt, prägnant, konzis.

II. concīsus *pt. pf. pass.* v. II. concīdo.

concitātiō, ōnis, *f.* (concito) das Bewegen: remorum Ruderschlag *L*; *met.* Aufregung: crebrae Aufläufe, popularis Aufhetzung; [vom Redner]: Feuer *Q.*

concitātor, ōris, *m.* (concito) Erreger, Anstifter.

concitātus 3, *adv.* ē rasch, eilend; *met.* vis ingenii heftig *Q*, clamor laut *L*, concitate dicere hastig, heftig *Q.*   Von

concitō 1. (*frequ.* v. concieo) **1. zusammenbringen:** multitudinem armatorum, iuventutem aufbieten *L.* **2. in Bewegung setzen, (an)treiben, jagen, sprengen:** navem remis *Cu*, concitantur tela kommen in Schwung *L*, telum abschießen *V*, equum calcaribus anspornen *L*, equo concitato im Galopp *N*; *refl.* se in hostem sich stürzen auf *VL*, se in fugam eilig fliehen *L*; *med.* concitati magno cursu eilends. *met.* **3. erregen, auf-, anregen:** mare vento concitatum *Cu*, concitato spiritu in raschen Atemzügen *Cu*; ad studium, ad maturandum *N.* **occ. a. (auf)reizen, erbittern:** multitudinem *N*, irā *L*, iniuriis contumeli-

concitor 94 **concutio**

isque *S.* **b. aufwiegeln:** contionem, Etruriam *L.*
4. erregen, hervorrufen, veranlassen; *pass.* **entstehen:** risum *N,* odium, discordiam, sibi periculum *Ph,* pugna concitatur entwickelt sich *L,* nova mala.
concitor, ōris, *m.* (concieo) Erreger *LT.*
concitus *pt. pf. pass.* v. concieo.
con-cīvī *pf.* v. concieo.
conclāmātiō, ōnis, *f.* Geschrei, Zuruf.   Von
con-clāmō 1. **1.** zusammenrufen, alarmieren: socios *O,* agrestes *V,* vasa den Befehl zum Aufbruch geben, ad arma. **2.** schreien, rufen: **victoriam** 'Viktoria' schreien, paeana anstimmen *V,* auctionem ausrufen *C*; mit ut, *acc. c. inf.* **occ.** (Tote) beklagen: suos *L.*
con-clāve, is, *n.* Gemach, Zimmer: editum im Obergeschoß *N.*
E: v. clavis; 'verschließbarer Raum'.
con-clūdō 3. sī, sus (claudo, § 43) **1. zusammenschließen, einsperren:** artifices, auras follibus *H*; **occ. einschließen:** conclusum mare Binnenmeer, aqua abgesperrt, locus abgeschlossen *H.* **2. met. zusammenfassen:** uno volumine vitam (multorum) *N.* **occ. a. abschließen, abrunden:** orationem, sententias [auch allein]; versum *H.* **b. zusammenfassen, ,schließen, folgern:** argumentum, rationem.   Dav.
conclūsē *adv.* (*rhet.*) abgerundet: dicere.
con-clūsī *pf.* v. concludo.
conclūsiō, ōnis, *f.* (concludo) **1. Einschließung, Blokkade. 2. Abschluß, Ende:** orationis. **3. Abschluß, Abrundung** (einer rhet. Periode); (*rhet.*) **Periode. 4. Schluß, Folgerung:** acutula.   Dav. *dem.*
conclūsiuncula, ae, *f.* nichtssagender Schluß.
conclūsus *pt. pf. pass.* v. concludo.
concoctiō, ōnis, *f.* (concoquo) Verdauung *Sp.*
concoctus *pt. pf. pass.* v. concoquo.
con-color, ōris, gleichfarbig.
con-comitātus 3 begleitet *C.*
con-coquō 3. coxī, coctus **1.** weichkochen; **occ.** verdauen: cibum. *met.* **2.** ertragen, sich gefallen lassen: aliquem senatorem *L.* **3.** ersinnen: consilia *L.*
concordia, ae, *f.* (concors) **1. Eintracht. 2. meton. Freund:** cum Pirithoo Theseus Bild der Eintracht *O.* **3. met. Einklang, Harmonie:** discors Mischung von Feuer und Wasser *O.* **4. Concordia** [Göttin der Eintracht; in ihrem Tempel am Fuß des Kapitols öfters Senatssitzungen].
concordō, āre übereinstimmen, harmonieren.   Von
con-cors, rdis, *adv.* **iter** (cor) einmütig, einig, einträchtig, übereinstimmend.
con-coxī *pf.* v. concoquo.
con-crēdō 3. didī, ditus anvertrauen.
con-cremō 1. *trans.* niederbrennen, verbrennen *L.*
con-crepō 1. puī knarren, rasseln: digitis schnalzen; *trans.* aera zum Klingen bringen *O.*
con-crēscō 3. crēvī, crētus **1.** zusammenwachsen, sich bilden, entstehen: rostro (*dat.*) zu einem Schnabel *O*; *met.* concreta labes anhaftend *V,* multa diu concreta anhaftende Gebrechen *V.* **2. occ.** gerinnen, erstarren, sich verdichten: lac concretum Käse *VT,* aqua frigoribus concrescit, aër (caelum) concretus dicht; con-

creta sanguine barba blutverklebt *O,* mare Eismeer *Sp*; *met.* dolor tränenlos *O.*   Dav.
concrētiō, ōnis, *f.* Verdichtung; *meton.* mortalis vergänglicher Stoff.
concrētus *pt. pf. pass.* v. concresco.
con-crēvī *pf.* v. concresco.
con-criminor 1. Klage führen *C.*
concubīna, ae, *f.* (concumbo) Konkubine; Dirne *T.* Dav.
concubīnātus, ūs, *m.* Konkubinat [gesetzlich nicht anerkannte, aber nicht strafbare außereheliche Dauergemeinschaft] *C.*
concubīnus, ī, *m.* (concumbo) Beischläfer, Geliebter.
concubitum *pt. pf. pass.* v. concumbo.
concubitus, ūs, *m.* (concumbo) Beischlaf, Begattung.
concubius 3 (concumbo) nur im *abl.* concubia nocte in tiefer Nacht, um Mitternacht; *subst. n.* concubium noctis *C.*
con-cubuī *pf.* v. concumbo.
con-cucurrī (selten) *pf.* v. concurro.
con-culcō 1. (calco, § 51, Anm.) niedertreten, mißhandeln; verachten.
con-cumbō 3. buī, bitum Beischlaf ausüben.
con-cupīscō 3. pīvī (piī), pītus (*incoh.* zu cupio) begehren, wünschen, verlangen, beanspruchen.
con-currō 3. currī (selten cucurrī), cursum **1. zusammenlaufen,** von allen Seiten **herbeieilen. 2. zusammentreffen, -stoßen:** concurrentes rami *Cu,* concurrit dextera laevae (*dat.*) man klatscht Beifall *H,* os concurrit schließt sich *O,* est quibus concurrit palma einigen fällt die Siegespalme zu *Pr*; **occ.** (feindlich) **zusammenstoßen, aneinandergeraten:** concurrunt equites inter se, hastati cum hastatis *L,* naves rostris *L*; mit *dat.* Teucris *V*; concurrens bellum hereinbrechend *T.* **3. met.** zugleich stattfinden, **zusammenfallen, -treffen:** saepe concurrunt aliquorum contentiones; nomina die Zahlungen.
concursātiō, ōnis, *f.* (concurso) **1.** das Zusammenlaufen: aliorum in alios *L*; **occ.** Geplänkel, Scharmützel: leviter armatorum *L.* **2.** das Umherlaufen: multa (oratoris); **occ.** das Umherziehen, -reisen: regis *C.*
concursātor, ōris, *m.* (concurso) (milit.) Plänkler *L.*
concursiō, ōnis, *f.* (concurro) **1.** das Zusammentreffen, -stoßen. **2.** (*rhet.*) Verbindung, Verknüpfung.
concursō 1. (*frequ.* v. concurro) **1.** wiederholt angreifen: in proelio *L.* **2.** umherlaufen, -streifen: circum tabernas, omnes domos von Haus zu Haus; **occ.** umherziehen, bereisen: obire provinciam et concursare.
concursus, ūs, *m.* (concurro) **1.** Zusammenlauf, -strömen: hostium *N,* aquarum, torrentium *Cu,* populi; **occ.** Auflauf: lapidatio atque concursus, concursūs facere Aufruhr stiften. **2.** das Zusammentreffen, -stoßen: navium, caeli Donner *O*; **occ.** Angriff, Ansturm: in proelii concursu *N.*
con-cussī *pf.* v. concutio.
concussiō, ōnis, *f.* (concutio) das Schwingen: facium *Pli*; **occ.** Erdbeben *Sp.*
concussus *pt. pf. pass.* v. concutio.
con-custōdītus 3 mitbewacht: poma *O.*
con-cutiō 3. cussī, cussus (quatio) **1. aneinanderschlagen:** frameas *T.* **2. schütteln, schwingen:** caput, tela *O*; *met.* concute te prüfe dich *H.* **3. erschüttern,**

condalium   95   **conecto**   C

erregen: arietibus munimenta *Cu*, terram motu *L*, pectus aufrütteln *V. met.* **4. erschüttern, schwächen, zerrütten:** opes *N*, rem p., senatus consultum *T*. **5. beunruhigen, erschrecken:** terror (est) metus concutiens, populares *S*.

condalium, ī, *n.* (κονδύλιον) kleiner Ring *C*.

con-decorō 1. schmücken, zieren *C*.

condemnātor, ōris, *m.* Verdammer, Ankläger [der die Verurteilung durchsetzt] *T*.   Von

con-demnō 1. (damno, § 43) **1.** verurteilen, schuldig sprechen; mit *gen.* der S c h u l d : scelerum, und der S t r a f e : capitis zum Tod; mit *abl.*: crimine; de alea. **2.** [vom Ankläger] die Verurteilung durchsetzen: uno crimine illum. **3.** *met.* verurteilen, bezichtigen, tadeln, mißbilligen: summae se iniquitatis.

con-dēnsus 3 dichtgedrängt: arboribus dichtbewaldet *L*.

condiciō, ōnis, *f.* **I. 1. Übereinkunft, Vertrag, Vergleich:** regnum occupare condicione, non bello *Cu*, pacem condicionibus facere auf Vereinbarungen hin *L*. **2.** *synecd.* **Zusage, Bedingung, Vorschlag, Angebot:** condicionem accipere, respuere, non alia condicione zu keinem andern Zweck, condicionem ferre einen Vorschlag machen. **3. occ. Heirat, Partie:** sibi condicionem filiae quaerere eine Partie für seine Tochter *L*. **II. 1. Stellung, Stand:** vitae, liberorum populorum. **2. Lage, Los:** administrandae rei p., humana, nascendi der Geburt. **3. Verhältnis, Beschaffenheit, Zustand:** condicione aequā (iniquā) pugnare, tali condicione proposita unter solchen Verhältnissen, loci *O*.   Von

con-dīcō 3. dīxī, dictus verabreden, bestimmen, zusagen: ad cenam u. *abs.* sich einladen.

con-didī *pf.* v. condo.

con-didicī *pf.* v. condisco.

con-dīgnus 3, *adv.* ē ganz würdig, entsprechend *C*.

condīmentum, ī, *n.* Gewürz; *met.* Würze.   Von

condiō 4. einmachen, würzen; **occ.** einbalsamieren; dav. **condītus** 3 gewürzt, schmackhaft; *met.* gefällig.

condiscipulātus, ūs, *m.* Schulfreundschaft *N*.   Von

con-discipulus, ī, *m.* Mitschüler.

con-discō 3. didicī erlernen.

I. conditiō, ōnis, *f.* (condio) das Würzen: ciborum.

II. conditiō [schlechte Schreibung für condicio].

conditor, ōris, *m.* (condo) **1.** Gründer: urbis. **2.** Urheber, Stifter: sacri, libertatis *L*. **3.** Verfasser: carminum *Cu*.

conditōrium, ī, *n.* (condo) Grabmal *Pli.*

condītūra, ae, *f.* (condio) Zubereitung *Sp.*

I. conditus *pt. pf. pass.* v. condo.

II. condītus *adi.* u. *pt. pf. pass.* v. condio.

con-dīxī *pf.* v. condico.

con-dō 3. didī, ditus (verw. mit τι-θέ-ναι, § 6)

I. **1. bauen, erbauen;** *occ.* **gründen, begründen;** 2. *met.* **schaffen, stiften, begründen;** *occ.* **verfassen, darstellen, beschreiben.**
II. **1. verwahren, sichern, bergen;** *met. a.* **bewahren;** *b.* (eine Zeit) **zu Ende führen;** *occ.* **2.** (Früchte, Wein u. dgl.) **aufheben, einlegen, aufspeichern;** 3. **verstecken, verbergen.**

I. 1. opus *L*, arcem *V.* **occ.** a condita urbe, post conditam urbem nach der Gründung Roms, Romanam gentem *V*. **2.** collegium novum *L*, nova fata bestimmen *V*, famam *Ph.* **occ.** Caesaris acta *O*, bella *V* besingen; poema Graecum, leges *L*.

II. 1. litteras in aerario, pecuniam agris mercandis sicher unterbringen *T*; ferrum *Ph*, ensem *H* in die Scheide stecken; in pectus (pectore, in pectore) hineinstoßen *VO*; piratas in carcerem einsperren; ossa terrā begraben *V*, aliquem sepulcro *V*. **a.** vocem memori aure *O*. **b.** diem beenden, abschließen, cantando soles zubringen *V*; lustrum die Zensur (mit dem Reinigungsopfer) abschließen *L*; murmura ruhen lassen *Pr*. **2.** fructus, frumentum; vinum testā *H*; corna condita in faece in Essig eingelegt *O*. **3.** iocoso furto *H*; se in specus *Cu*, milites in silvis *Cu*; se portu *V*; *med.* conduntur in alvo verbergen sich *V*; conduntur Thybridis alvēo erreichen *V*; *met.* iram verhehlen *T*. B i l d l . : sol se condit in undas, Orion undis geht unter *V*, in mare conditur Ufens ergießt sich *V*, sol conditus in nubem (tenebris *T*) eingehüllt *V*, lumina schließen *V*, oculos zudrücken *O*.

con-doce-faciō 3. fēcī, factus anleiten; **occ.** abrichten.

con-dolēscō 3. luī (*incoh.* zu doleo) **1.** schmerzen. **2.** Schmerz empfinden.

con-dōnō 1. **1.** schenken, verschenken: Asiam Attalo; **occ.** (Schulden) nachlassen: pecunias. *met.* **2.** auf-, hingeben, aufopfern: suum dolorem eius precibus (*dat.*). **3.** verzeihen, erlassen, ungestraft lassen, begnadigen: praeterita fratri um des Bruders willen, sibi (ihm zu Liebe) filium.

con-dormiō 4. u. *incoh.* **condormīscō** 3. einschlafen.

Condrūsī, ōrum, *m.* die C. [germ. Volk an der Maas].

condūcibilis, e zuträglich *C*.   Von

con-dūcō 3. dūxī, ductus **I. zusammenführen, -ziehen, -bringen, versammeln:** exercitum in unum locum, nubila *O*; **occ. verbinden:** cortice ramos *O*. **II. 1. anwerben:** conducta multitudo; milites in Sold nehmen; *subst.* conducti Söldner *N.* *met.* **2. mieten:** domum; nummos ausborgen *H*. **3. pachten:** vectigalia *L*. **4. pachtweise übernehmen:** publica *H*, praebenda, quae ad exercitum opus sunt den Heeresbedarf *L*. **III.** *intr.* **nützen, zuträglich sein:** mit *dat.*, ad, in, *inf.*   Dav.

conductīcius 3 gemietet: exercitus Söldnerheer *N*.

conductiō, ōnis, *f.* (conduco) Pachtung *L*.

conductor, ōris, *m.* (conduco) Mieter, Unternehmer.

conductus *pt. pf. pass.* v. conduco.

con-duplicō 1. verdoppeln *C*.

con-dūxī *pf.* v. conduco.

cō-nectō 3., schlecht **connectō,** nexuī, nexus **1.** verknüpfen, verbinden: lamminas inter se *Cu*, naves trabibus *T*; **occ.** zusammenfügen: nodum schürzen, knüpfen. *met.* **2.** (räumlich) verbinden: Mosellam atque Ararim fossā *T*. **3.** [meist] (innerlich) verknüpfen, verbinden: verba (rhythmisch) reihen *H*, discrimini pa-

confarreatio   96   **confidens**

tris filiam mitverwickeln *T*, conexus Varo, Caesari verschwägert *T*.

cōnfarreātiō, onis, *f.* die C. [Eheschließung durch sakralen Akt unter Opferung eines Speltkuchens] *Sp.* Von

cōn-farreō 1. ātus (farreum libum) (unter religiösen Zeremonien) die Ehe schließen: confarreatis parentibus genitus aus streng religiös geschlossener Ehe *T*.

cōn-fēcī *pf.* v. conficio.

cōnfectiō, ōnis, *f.* (conficio) **1.** Herstellung, Anfertigung: annalium, libri. **2.** Zermalmung: escarum.

cōnfector, ōris, *m.* (conficio) Vernichter: confector omnium ignis; *met.* belli Beendiger.

cōnfectūra, ae, *f.* (conficio) Anfertigung *Sp.*

cōnfectus *pt. pf. pass.* v. conficio.

cōn-ferbuī *pf.* v. confervesco.

cōn-ferciō 4. fersī, fertus (farcio, § 43) zusammenstopfen, aneinanderpressen.

cōn-ferō, ferre, tulī, lātus (collātus)

    I. **1. zusammentragen, -bringen;** *met.* **zusammenfassen, -ziehen, vereinigen; 2.** *occ. a.* (Geld) **sammeln, aufbringen, zusammenschießen;** b i l d l . : **beitragen, nützen;** *b.* (feindlich) **aneinander-, nahe-, zum Zusammenstoß bringen; 3.** *met.* zusammenbringen, u. zw. *a.* (vergleichend) **zusammenstellen, vergleichen;** *b.* (Worte oder Meinungen) **austauschen, wechseln,** etw. **besprechen.**
    II. (mit Überwiegen des Zielbegriffes): **1. hintragen, -bringen, -schaffen, -führen** u. dgl.; *refl.* **sich begeben;** *met.* **2.** *a.* **verwandeln;** *b.* **zuschreiben, zuschieben, beimessen;** *c.* (auf eine Zeit) **verlegen, verschieben; 3. hergeben, verwenden;** *occ.* **übertragen, überlassen.**

I. 1. ligna circa casam *N*, sarcinas, signa; b i l d l . capita zusammenstecken *L*; dentes in corpore zusammenbeißen *O*; *m e t .* vires in unum *L*, aquae collatae vereinigt *Cu*, collatum est bellum circa Corinthum zog sich zusammen *N*, signa ad eum sich mit ihm vereinigen *L*, gradum sich nähern *V.* **2. a.** tributa, stipem Apollini *L*, pecuniam in statuas für St. *L*; sextantes in capita pro Kopf *L*; b i l d l . : multum *Q*, in alia plus *Q.* **b.** arma cum aliquo, inter se, manum (cum hoste) *L*, Aeneae (*dat.*) *V* kämpfen, signa angreifen, signa in laevum cornu auf der linken Flanke angreifen *L*, signis collatis in offener Feldschlacht, collato Marte im Nahkampf *O*, vires seine Kräfte messen *L*; mecum confer kämpfe *O*, viro vir contulit Mann stellte sich gegen Mann *V*, pectora pectoribus Brust an Brust drücken *O*, pedem cum pede einander auf den Leib rücken *L*; collato pede (gradu *T*) Mann gegen Mann *LCu*; castra castris hostium (cum hoste) conferre vorrücken gegen, castra conferre vorrükken *L*. **3. a.** pacem cum bello; parva magnis (*dat.*); rationes 'kollationieren'. **b.** sermones; iniurias *T*; mit indir. Fr. *L*.

II. 1. Noviodunum obsides, beneficia in aliquem ihn mit . . . überhäufen, vota ad deos vorbringen *T*; *r e f l .* se Athenas, ad Tissaphernem, in fugam flüchten; *m e t .* se ad Scaevolam sich anschließen, ad (in)

alicuius amicitiam, fidem, ad studia sich widmen. **2. a.** aliquem in saxum, corpus in volucrem *O*. **b.** suum timorem in angustias itinerum, suspicionem in aliquem. **c.** aliquid in longiorem diem, Carthaginis expugnationem in hunc annum *L*. **3.** munera ei anbieten *N*; pecuniam ad beneficentiam; legem ad perniciem rei p. mißbrauchen *N*, tempus ad belli comparationem. **occ.** curam restituendi Capitolii in Vestinum *T*, spem salutis ad clementiam victoris.

con-fersī *pf.* v. confercio.

I. cōnfertus 3 (confercio) **1.** vollgestopft, gestopft voll; mit *abl.* **2.** dichtgedrängt: naves, turba *L.* **3.** *occ.* geschlossen: acies; robora virorum Kerntruppen *Cu.* Dav. *adv.* **cōnfertim** (§ 79) zusammengedrängt: se recipere geschlossen *S*.

II. cōnfertus *pt. pf. pass.* v. confercio.

cōn-fervēscō 3. ferbuī entbrennen *H*.

cōnfessiō, ōnis, *f.* (confiteor) Geständnis, Bekenntnis.

cōnfessus *adi.* u. *pt. pf. act.* v. confiteor.

cōn-festim *adv.* eilig, unverzüglich, sofort.

E: aus *com festī 'mit Eile', nach statim u. a. verw. mit festino, § 79.

cōn-ficiō 3. fēcī, fectus (facio, § 43; vgl. confio)

    I. **1. zustande bringen, anfertigen, ausführen, vollenden; 2.** *occ.* **abmachen, erledigen, vollziehen; 3.** (Wegstrecken) **vollenden, zurücklegen;** *met.* (Zeiträume) **zurücklegen, verbringen.**
    II. **1. zusammenbringen, auftreiben;** *occ.* (Leute) **auf die Beine bringen, aufbringen; 2.** *met.* **bewirken, auswirken.**
    III. **1. zerkauen;** *occ. a.* **verdauen;** *b.* **verzehren;** *met.* **2. verzehren;** *occ.* **verschwenden, vergeuden; 3. erschöpfen, aufreiben; 4. umbringen, töten;** *occ.* **niederwerfen.**

I. 1. vestem, alutae tenuiter confectae fein gegerbt; libros, orationes abfassen, schreiben *N*, tabulas Buch führen, rationem carceris das Kerkerjournal, sacra abhalten; quibus rebus confectis hierauf; bellum *N*, proelium *S*, sermonem beendigen. **2.** negotium, legationem, facinus. **3.** itinera equo *Cu*, tantos cursus, aequor durchfahren *V* (bildl.); *m e t .* noctis partem, sexaginta annos; *pass.* verlaufen: hieme confecta nach Ende. **II. 1.** serpentium multitudinem *N*, pecuniam. **occ.** legiones, equites, exercitum. **2.** motūs animorum, tribum die Stimmen einer Tribus verschaffen. **III. 1.** escas. **a.** cibus confectus. **b.** maximam vim serpentium. **2.** nihil est manu factum, quod non conficiat vetustas; **occ.** ordinis (equestris) ornamenta. **3.** populi vires se ipsae conficiunt *L*; *pass.* confici frigore, siti *S*; c o n f e c t u s : vulneribus, aetate, itinere erschöpft, corporis morbo et animi dolore. **4.** (Alcibiadem) incendio *N*, confice mach mir den Garaus *H.* **occ.** Athenienses *N*, duos hostium exercitus *L*, Numantiam fame aushungern *L*.

cōnfictiō, ōnis, *f.* (confingo) Erdichtung: criminis.

cōnfictus *pt. pf. pass.* v. confingo.

cōnfīdēns, entis, *adv.* **enter** (confido) **1.** zuversicht-

confidentia 97 **confundo**

lich, dreist: loquar confidentius. **2.** keck, unverschämt: nequam homo atque confidens. *Dav.*

cōnfīdentia, ae, *f.* **1.** Selbstvertrauen. **2.** Unverschämtheit, Dreistigkeit.

cōnfīdenti-loquus 3 (loquor) großsprecherisch *C.*

cōn-fīdō 3. fīsus sum **1.** vertrauen, sich verlassen; mit *dat., abl.*; de salute urbis auf. **2.** *occ.* (mit *acc. c. inf.* oder *abs.*) zuversichtlich hoffen. *Dav. pt. pf. pass.* **cōnfīsus** 3 im Vertrauen auf.

cōn-fīgō 3. fīxī, fīxus **1.** zusammenfügen, zusammennageln: transtra clavis. **2.** durchbohren: cornicum oculos 'den Krähen die Augen aushacken' = alle betrügen; *met.* confixus fortunae telis gelähmt *O.*

cōn-fingō 3. fīnxī, fictus erdichten, ersinnen.

cōn-fīnis, e **1.** angrenzend, benachbart; mit *dat.* **2.** *met.* verwandt: carmina studio *O.* *Dav.*

cōnfīnium, ī, *n.* **1.** Grenzgebiet, Grenze, Mark; *meton. pl.* Grenzverhältnisse. **2.** Grenz-, Scheidelinie: confinia lucis, noctis Dämmerung *O*, mensum Wechsel der Monde *O*, artis et falsi zwischen Wissenschaft und Irrglauben *T.*

cōn-fīnxī *pf.* v. confingo.

cōn-fīō, fierī, Nbf. für confici: ex quo summa mercedis confieret aufgetrieben wurde *L*, confit wird aufgebraucht *C*, difficilius confieri zustande kommen.

cōnfīrmātiō, ōnis, *f.* (confirmo) **1.** Befestigung: libertatis. **2.** Beruhigung, Trost: animi. **3.** Bestätigung, Bekräftigung: perfugae.

cōnfīrmātus 3 (confirmo) **1.** mutig, beherzt: exercitus. **2.** bestätigt, glaubwürdig.

cōnfīrmitās, ātis, *f.* Halsstarrigkeit *C.* *Von*

cōn-fīrmō 1. **1.** befestigen: stipitem. *occ.* **stärken, kräftigen, sichern:** vires, membra *Cu*, aetas confirmata kräftig; *met.* amicitiam, se auxiliis verstärken, profectionem lege festsetzen; odium *N*; labores et victorias sicherstellen *S. met.* **2. a. bestätigen, für gültig erklären:** decreta *N*, acta Caesaris. **b.** (Gesinnung) **bestärken:** iureiurando inter se einander durch Eid bekräftigen. **c. ermutigen:** suos ad dimicandum animo; se animo Mut fassen; mit ut *S.* **3. bestätigen, beweisen:** fide eidlich *N*, causam auctoritatibus; *occ.* **bestimmt erklären, beteuern, versichern:** Homerum suum esse; hoc.

cōn-fīscō 1. (fiscus) in der Kasse aufheben, beschlagnahmen, konfiszieren *Sp*; aliquem jemds. Vermögen einziehen *Sp.*

cōnfīsiō, ōnis, *f.* (confido) das Vertrauen.

cōnfīsus sum *pf.* v. confido.

cōn-fīteor 2. fessus sum (fateor, § 43) **1. gestehen, zu-, eingestehen. 2. zu erkennen geben, offenbaren, zeigen:** deam sich als Göttin *V*, vultibus iram *O*, se sich verraten *O. Dav.* **cōnfessus** 3 **a.** *act.* **geständig:** reus *O*; *abs. S*; manūs bittend *O.* **b.** *pass.* **eingestanden:** in confesso esse, in confessum venire unzweifelhaft sein *TPli.*

cōn-fīxī *pf.* v. configo.

cōnfīxus *pt. pf. pass.* v. configo.

cōn-flagrō 1. verbrennen, in Flammen aufgehen; *bildl.* invidiā zugrunde gehen *L.*

cōnflīctō 1. (*frequ.* v. confligo) **1.** niederschlagen: ic-

tibus *T*; *met.* hart mitnehmen, erschüttern: rem p. *T.* **2.** *intr.* u. *pass.* sich herumschlagen, zu kämpfen haben: cum malo *C.* **3.** *pass.* heimgesucht, hart betroffen werden; mit *abl; abs.* ins Gedränge kommen *T.*

cōnflīctūrus *pt. fut.* v. confligo.

cōnflīctus, ūs, *m.* Zusammenstoß, Kampf. *Von*

cōn-flīgō 3. flīxī, flīctūrus **1.** zusammenschlagen, -stoßen: naves graviter conflixerunt. **2.** *occ.* zusammenstoßen, in Kampf geraten, kämpfen: cum Antigono, adversus classem *N*, inter se. **3.** *met.* streiten: confligit copia cum egestate.

cōn-flō 1. **I. 1. anblasen, durch Blasen anfachen;** *bildl.* incendium *L.* **2. schüren, anstiften, erregen:** bellum, tumultum. **II. 1. zusammenschmelzen:** falces in enses *V*, pecuniam umschmelzen. *met.* **2. vereinigen:** consensus paene conflatus wie aus einem Guß. **3. zusammenbringen:** aes alienum ansammeln *S*, exercitum. **4. schmieden, anstiften, aushecken:** periculum, invidiam; iudicia Rechtssprüche *L.*

cōn-fluō 3. flūxī **1.** zusammenfließen: portūs confluunt. **2.** *met.* zusammenströmen, -kommen. *Subst.* **cōnfluēns**, entis u. *pl., m.* Zusammenfluß.

cōn-fodiō 3. fōdī, fossus **1.** durchbohren, niederstechen. **2.** *met.* vernichten: iudiciis *L.*

cōn-fore s. confuit.

cōnfōrmātiō, ōnis, *f.* **1. Bildung, Gestalt(ung):** animi, lineamentorum. *met.* **2.** vocis richtige Tonsetzung, verborum richtige Wortstellung. **3. Vorstellung, Begriff:** animi; auch *abs.* **4. Redefigur:** sententiarum. *Von*

cōn-fōrmō 1. **1.** bilden, gestalten: mundum. **2.** *met.* ausbilden, schulen: animum et mentem.

cōnfossus *pt. pf. pass.* v. confodio.

confractus *pt. pf. pass.* v. confringo.

cōnfragōsus 3 (zu confringo aus *confrango, § 48) holperig, uneben; *subst. n.* confragosa holperige Stellen *L*; *met.* halsbrecherisch *C.*

cōn-frēgī *pf.* v. confringo.

cōn-fremō 3. fremuī murren *O.*

cōn-fringō 3. frēgī, frāctus (frango, §§ 43 u. 48) zerbrechen; *met.* zunichte machen: coniunctionem sprengen, rem vergeuden *C.*

cōn-fūdī *pf.* v. confundo.

cōn-fugiō 3. fūgī, fugitūrus wohin fliehen, seine Zuflucht nehmen. *Dav.*

cōnfugium, ī, *n.* Zufluchtsort, Zuflucht *O.*

cōn-fuit es war, geschah zugleich; nur *inf. fut.* confuturum u. confore *C.*

cōn-fundō 3. fūdī, fūsus **1. zusammengießen, -schütten, vermischen;** cum eius lacrimis *O*, *dicht. dat.;* cruor in fossam confusus geschüttet *H*; *bildl.* in totam orationem verteilen. *met.* **2. vermischen, vereinigen, verbinden:** sermones confunduntur in unum das Gespräch wird allgemein *L*, cum Marte proelia erregen *H*; summa imis (*dat.*) das Oberste zuunterst kehren *Cu*, fasque nefasque *O.* **3. durcheinanderwerfen, verwirren, in Unordnung bringen:** signa *L*, confusis vocibus mit verworrenem Geschrei *Cu*, confusus ordo militiae *T*, foedus stören *V.* *occ.* **a. entstellen:** oris notas *Cu*, ora *O.* **b. verwirren, aus der Fassung bringen:** animum. *Dav.*

confusio 98 **coniectatio**

cōnfūsiō, ōnis, *f.* **1.** Vermischung: indecora *Pli.* **2.** Verwirrung, Unordnung: temporum, suffragiorum; **occ.** oris das Erröten *T*; causa confusionis der Verstörtheit *T.*

I. cōnfūsus 3, *adv.* **ē** (confundo) **1. verstört, bestürzt, entstellt:** os *Cu*, vultūs *O*, facies *T.* **2. verwirrt, verworrren:** oratio, agere confuse. **II. cōnfūsus** *pt. pf. pass.* v. confundo.

cōn-fūtō 1. (vgl. refuto) widerlegen, zum Schweigen bringen; *meton.* dolores dämpfen.

cōnfutūrum s. confuit.

con-gelō 1. (gelu) **I.** *intr.* **1.** zufrieren: Ister congelat *O*; auch *pass. Sp.* **2.** *met.* sich verhärten: lingua congelat *O*, otio erstarren. **II.** *trans.* verhärten: in lapidem rictūs *O.*

con-geminō 1. (dicht.) verdoppeln: securim per ossa wiederholt einhauen *V.*

con-gemō 3. mui seufzen, ächzen.

con-genitus 3 zugleich entstanden: mundo (*dat.*) *Sp.*

conger = gonger.

congeriēs, ēī, *f.* Masse, Haufen. **occ.** Scheiterhaufen *O.* Von

con-gerō 3. gessī, gestus (gero für *geso, § 29) **1. zusammentragen, -bringen:** arbores et saxa *Cu*; viaticum alicui; opes aufhäufen *O*; **occ. zusammenwerfen:** tela *Cu*, scuta virgini auf *L*; plagas mortuo Hiebe aufzählen *Ph.* **2. zusammensetzen, bauen, errichten:** culmen caespite, aram arboribus, manu oppida *V*; **occ. nisten:** quo congessere palumbes (*sc.* nidum) *V.* met. **3.** auf jemd. **häufen, überhäufen,** jemd. **aufbürden:** ad eum omnia ornamenta, maledicta in Caesarem, spem in aliquem richten *O*, iuveni triumphos *T*, causas in aliquem *L.* **4.** (in Rede u. Schrift) **zusammenstellen, -fassen:** turbam patronorum in sermonem; nomina poetarum *Q.* Dav.

congerrō, ōnis, *m.* Zechbruder *C.*

congessī *pf.* v. congero.

congestīcius 3 (congero) aufgeschüttet.

I. congestus *pt. pf. pass.* v. congero. **II. congestus**, ūs, *m.* (congero) **1.** das Zusammenbringen, Lieferung: copiarum *T.* **2.** *meton.* Masse, Haufen: lapidum *T.*

congiārium, ī, *n.* Geschenk, Spende [an das Volk oder die Soldaten, urspr. je ein Congius Öl oder Wein, dann der Geldwert]. Von

congius, ī, *m.* Congius [röm. Hohlmaß = ⅛ amphora = 6 sextarii, 3¼ l].
E: gr. κόγχος, κόγχη 'Muschel', 'Hohlmaß'.

con-glaciō, āre gefrieren.

con-glīscō, ere weiterglimmen; *met.* emporwachsen *C.*

conglobātiō, ōnis, *f.* Zusammenrottung *T.* Von

con-globō 1. (globus) **1.** zusammenballen, abrunden: terra conglobata. **2. occ.** zusammenscharen.

conglūtinātiō, ōnis, *f.* Zusammenfügung. Von

con-glūtinō 1. 'zusammenleimen'; *met.* **1.** zusammensetzen: hominem natura conglutinavit. **2.** verbinden, verknüpfen: amicitias.

con-grātulor 1. Glück wünschen *C*, libertatem freudig begrüßen *L.*

con-gredior 3. gressus sum (gradior, § 43) **1.** zusammenkommen, -gehen, -treffen: ad colloquium *L.*

2. occ. zusammenstoßen, kämpfen: cum aliquo, contra, dicht. mit *dat.*; *met.* streiten: tecum, cum Academico.

congregābilis, e (congrego) gesellig.

congregātiō, ōnis, *f.* Geselligkeit. Von

con-gregō 1. (grex) **1. herdenweise vereinigen:** *med.* sich vereinigen: bestiolae naturā congregatae. *met.* **2. zusammenscharen, versammeln:** dissipatos unum in locum; **occ. zugesellen, vereinigen:** pares cum paribus. **3. zusammenhäufen:** turbam verborum *Q*, signa in unum locum *T.*

congressiō, ōnis, *f.* (congredior) Zusammenkunft, Gesellschaft.

I. congressus, ūs, *m.* (congredior) **1.** Zusammenkunft, Begegnung: ad colloquia *L.* **2.** Verkehr, Gesellschaft: hominum. **3.** Zusammenstoß, Angriff: classi cum his navibus congressus erat; primo congressu pelli *S.* **II. congressus** *pt. pf. act.* v. congredior.

congruēns, entis, *adv.* **enter** (congruo) **1.** übereinstimmend, passend, angemessen: orationi vita; congruens videtur (est) es scheint (ist) angemessen, schickt sich *T.* **2.** in sich übereinstimmend, gleichförmig, einstimmig: concentus; clamor *L.* Dav.

congruentia, ae, *f.* Ebenmäßigkeit, Übereinstimmung *Pli.*

con-gruō 3. gruī (ruo, vgl. ingruo) **1.** zusammentreffen, -kommen: ut ad metam eandem solis dies congruerent *L.* met. **2.** zutreffen, stimmen: forte congruerat, ut *T*, tempus illud ad id ipsum congruit *L.* **3.** übereinstimmen, entsprechen, harmonieren: mit cum, *dat.*, in *c. acc.*; inter se.

con-iciō 3. iecī, iectus (iacio, § 43; coniexit = coniecerit *C*)

> I. **1. zusammenwerfen, -bringen, -tragen;** *occ.* **zusammenschleudern;** 2. *met.* **mutmaßen, vermuten, schließen.**
> II. (mit Überwiegen des Zielbegriffes) **1. hinwerfen, zuwerfen;** 2. **schleudern;** *occ.* **hineinstoßen;** *met.* **wohin, gegen jemd. richten;** 3. wohin **führen, führen lassen, werfen, bringen;** *refl.* sich eilig wohin begeben, **sich stürzen, sich flüchten;** 4. *met.* **versetzen.**

I. **1.** sarcinas in medio *L*, serpentes in vasa *N*, sarcinas in acervum auf einen Haufen *L.* **occ.** tela in regem *Cu.* **2.** de futuris *N*, male coniecta unpassende Vermutungen *N.*

II. **1.** ignem in saepem *L*, sortem losen; *met.* pecuniam in aliquid für etw. hinauswerfen; mit *dat.* huic anguem *V*, spolia igni *V.* **2.** pila in hostes. **occ.** gladium in os; met. petitiones; culpam in vigilem werfen *L*, oculos in aliquem. **3.** auxilia in mediam aciem, mulieres in eum locum, exercitum in angustias *Cu*, hostem (hostes) in fugam in die Flucht schlagen; in vincula aliquem fesseln; in eculeum auf die Folter spannen, naves in noctem coniectae in die Nacht gekommen; *refl.* se in sacrarium *N*, se in signa sich truppweise flüchten, met. se in versum sich auf ein Versmaß konzentrieren. **4.** met. hostes in metum, in terrorem *L.*

coniectātiō, ōnis, *f.* Vermutung *Sp.* Von

coniecto 1. (*frequ.* v. conicio) mutmaßen, vermuten, schließen: iter den Weg erraten *L.*

coniector, ōris, *m.* u. **-trĭx**, īcis, *f.* (conicio) Traumdeuter(in).

coniectūra, ae, *f.* (conicio) **1.** Mutmaßung, Vermutung. **2.** *occ.* Deutung, Wahrsagung: futuri *O.*

I. coniectus, ūs, *m.* (conicio) **1.** das Zusammenwerfen: terrae *L.* **2.** das Werfen, Schießen: telorum; in vallem coniectus est man kann schießen *L*; teli coniectus Schußweite *LT.* **3.** Richtung: animorum oculorumque.

II. coniectus *pt. pf. pass.* v. conicio.

cōni-fer u. **-ger** 3 (conus, § 66) zapfentragend.

cō-nītor, [schlecht] **con-nītor** 3. nīsus u. nīxus sum (con u. *gnītor, ältere Form v. nitor, § 33) **1.** sich anstemmen: corpore. *occ.* **a.** sich aufrichten, aufraffen: ad surgendum *Cu.* **b.** emporklettern, mühsam emporsteigen: in iugum; in arborem *T.* **c.** gebären, zur Welt bringen: gemellos *V.* **2.** *met.* sich anstrengen, bemühen; mit *inf.*, ad convincendum *T.*

coniug(i)ālis, e (coniux, coniugium, § 75, Abs. 2) ehelich.

coniugium, ī, *n.* (coniux) **1.** Ehe. **2. a.** Liebschaft: sororis mit der Schwester *O.* **b.** Begattung *V.* **3.** *meton.* Gemahl(in): Pyrrhi = Andromache *V.*

con-iugō 1. verbinden, knüpfen: amicitiam.

coniunctim, *adv.* (coniungo, § 79) gemeinschaftlich.

coniunctiō, ōnis, *f.* (coniungo) **1.** Verbindung: portuum; *meton.* tectorum Gebäudekomplex. *met.* **2.** Vereinigung, Verbindung: vicinitatis, sortis. **3.** *occ.* **a.** Verwandtschaft, Ehe. **b.** Freundschaft. **c.** politische Verbindung: Caesaris mit Caesar. **4.** Bindewort, Konjunktion: demptis coniunctionibus.

I. coniunctus *pt. pf. pass.* v. coniungo.

II. coniunctus 3, *adv.* **ē 1.** verbunden, vereint, zusammen: ratis coniuncta crepidine saxi *V*; vanitati; gew. mit cum. *Subst. n.* **coniuncta** zusammengehörige Begriffe. **2.** *occ.* angrenzend: Cappadociae Paphlagonia *N*, loca castris; *met.* (zeitlich) **nahestehend**: proelio unmittelbar folgend *Cu*; (Hortensio) aetate. **3.** (durch Verwandtschaft, Freundschaft, Gesinnung) **verbunden, vertraut, nahestehend**: coniuncte, coniunctius, coniunctissime cum aliquo vivere, in re p. coniuncti sumus; mit cum, *dat.*, inter se; digno coniuncta viro vermählt *V.* **Von**

con-iungō 3. iūnxī, iūnctus

---
1. räumlich: **in-, aneinanderfügen, anfügen, verbinden**; *pass.* **zusammenhängen, angeschlossen sein**; **2.** zeitlich: **verbinden**; **3.** (in Verhältnissen und Zuständen) **verbinden, vereinigen, verknüpfen**; *refl. med.* **sich vereinigen**; **4.** vereinigend **schließen**.

---

1. naves *Cu*, dextras sich die Hände reichen *V*, vocales zusammensprechen; mit cum oder *dat.* **2.** noctem diei in die Nacht hinein marschieren; cibi abstinentiam ununterbrochen hungern *T.* **3.** cohortes cum exercitu; arma finitimis *L*; se cum Bibulo; se Bactrianis *Cu*; coniunctus cognatione *N*, hospitio, amicitiā coniungi; aliquam secum (sibi *L*) matrimonio heiraten *Cu*, filias Nabidis filiis matrimonio verheiraten *L*, Poppaeae *T.* **4.** nuptias *Cu*, amicitiam; societatem *S*; bellum coniungunt reges führen gemeinsam.

coniūnx s. coniux.

con-iūnxī *pf.* v. coniungo.

coniūrātiō, ōnis, *f.* (coniuro) **1.** gemeinsame Vereidigung, Eidgenossenschaft: adversarios coniuratione confirmat gegenseitige Eidesleistung *N*, nobilitatis Bund, Acarnanica *L.* **2.** *occ.* Verschwörung, Anschlag: in coniuratione esse an der Verschwörung beteiligt sein *S.* **3.** *meton.* die Verschworenen, Verschwörer: princeps (capita *L*) coniurationis.

coniūrātus 3 **1.** eidlich verbunden: rates der Verbündeten *O*; mit *inf. H.* **2.** verschworen: arma die Waffen der Verschworenen *O.* **3.** *subst.* **Verschworener**. **Von**

con-iūrō 1. **1. a.** zugleich schwören: quae iurat mens est, nil coniuravimus illā *O.* **b.** (gemeinsam) **den Fahneneid leisten**: coniurati die Vereidigten, das Aufgebot *L.* **2.** sich eidlich verbünden: barbari coniurare coeperunt; *met.* res coniurat führt zur Verbrüderung *H.* **3.** *occ.* sich verschwören: contra rem p., de interficiendo Pompeio; in Philippi caedem *Cu*; mit ut *L*, mit *inf. S.*

con-iux oder **coniūnx**, iugis, *f. m.* **1.** *f.* Gattin, *m.* Gatte. **2.** *occ.* Braut, Geliebte: Circe *V.* **3.** Weibchen: columba *O.*

E: iungo, vgl. gr. τρί-ζυξ, σύ-ζυξ; coniunx mit n des Präsens.

cō-nīveō, schlecht **con-nīveō**, ēre **1.** die Augen schließen. **2.** [von den Augen] geschlossen sein. **3.** *met.* 'ein Auge zudrücken', Nachsicht üben: consulibus coniventibus.

E: con u. *gniveo, vgl. nictare für *gnictare, got. hneiwan, ahd. hnīgan 'sich neigen'.

cōnīxus *pt. pf. act.* v. conitor.

con-l . . . , con-m . . . s. col-l . . . , com-m . . . (§ 33).

connectō s. conecto.

connītor, connīveō s. conitor, coniveo.

connūbiālis, connūbium s. conub . . .

Conōn, ōnis, *m.* K. [**1.** athenischer Admiral 413—392. **2.** von Samos, Astronom um 245 *CaVSp*].

cōnōpium, ī, *n.* Mückennetz *Pr*; *meton.* Lagerstätte (mit Vorhängen) *H.*

E: κωνωπεῖον v. κώνωψ 'Mücke', § 91, Abs. 3; nhd. 'Kanapee'.

cōnor 1. wagen, unternehmen; mit *inf.* versuchen: si ob.

con-p . . . s. com-p . . . (§ 33).

conquassātiō, ōnis, *f.* Erschütterung. **Von**

con-quassō 1. völlig erschüttern, zerrütten.

con-queror 3. questus sum klagen, sich beschweren, beklagen; mit Obj., de; cum aliquo, apud (ad) aliquem. **Dav.**

conquestiō, ōnis, *f.* Klage, Beschwerde.

I. conquestus *pt. pf. act.* v. conqueror.

II. conquestus, ūs, *m.* (conqueror) Wehklage *L.*

con-quiēscō 3. ēvī, ētūrus **1.** zur Ruhe kommen, Ruhe finden. *occ.* **a.** Rast machen: sub armis. **b.** einschlafen: meridie. **2.** *met.* zur Ruhe kommen, Ruhe gewinnen: ab armis, ex forensi strepitu. *occ.* **a.** (im Gemüt) **zur Ruhe kommen**: nec nocte nec interdiu *L.* **b.** sich legen, aufhören, ins Stocken geraten: navigatio; imbre conquiescente als der Regen nachließ *L.*

con-quīrō 3. quīsīvī, quīsītus (quaero, § 43) **1.** zu-

conquisitio   100   **consentio**

sammensuchen, -bringen: frumentum, naves, scuta. **occ. a.** aufsuchen: Diodorum totā provincia aufspüren. **b.** sammeln, werben, ausheben: socios *N*, sagittarios. **2.** *met.* zusammensuchen, aufsuchen, aufspüren: quaedam inania; causas *T*, omnes ad Senecam opprimendum artes *T*.   Dav.

conquīsītiō, ōnis, *f.* **1.** das Zusammensuchen, Sammeln: librorum *L*; *met.* piaculorum *L*. **2. occ.** Aushebung, Werbung: militum *L*.

conquīsītor, ōris, *m.* (conquiro) Werber.

I. conquīsītus *pt. pf. pass.* v. conquiro.

II. conquīsītus 3 (conquiro) auserlesen.

con-quīsīvī *pf.* v. conquiro.

con-r ... s. cor-r ... (§ 33).

cōn-sacrō = consecro.

cōn-saepiō 4. psī umzäunen; meist **cōnsaeptus** 3 umzäunt, eingehegt: locus cratibus (saxo); *subst.* **cōnsaeptum**, ī, *n.* Umzäunung, Gehege *L*.

cōnsalūtātiō, ōnis, *f.* Begrüßung (durch mehrere) *T*. Von

cōn-salūtō 1. (gleichzeitig) begrüßen: eam Voluminam als V.

cōn-sānēscō 3. nuī verheilen.

cōn-sanguineus 3 (sanguis) blutsverwandt; *subst. m.* Bruder, *f.* Schwester.   Dav.

cōnsanguinitās, ātis, *f.* Blutsverwandtschaft *VL*.

Cōnsānī = Compsani, s. Compsa.

cōn-sānuī *pf.* v. consanesco.

cōn-sauciō 1. stark verletzen *Sp*.

cōn-scelerō 1. (mit einem Verbrechen) beflecken; meist **cōnscelerātus** 3 verbrecherisch, verrucht, frevelhaft; *subst.* Verbrecher.

cōn-scendō 3. scendī, scēnsus (scando, § 43) **1.** besteigen: currum, vallum; aethera *O*; (in) equum; (in) navem Epheso, a Brundisio an Bord gehen. **2.** *met.* sich aufschwingen: laudis culmen zur Höhe des Lobgesangs *Pr*.

cōn-scidī *pf.* v. conscindo.

cōnscientia, ae, *f.* (conscio) **I.** das **Mitwissen, Einverständnis:** facti, coniurationis *T*. **II. 1. Bewußtsein:** ex nulla conscientia da ich mir keiner Schuld bewußt bin *S*; mit *gen.* virium im Gefühl *L*. **2.** (gutes, schlechtes) **Gewissen:** magna vis est conscientiae eines guten Gewissens, modestiam in conscientiam ducere als Zeichen bösen Gewissens auslegen *S*.

cōn-scindō 3. scidī, scissus **1.** zerreißen: epistulam. **2.** *met.* herunterreißen, schmähen: sibilis auspfeifen.

cōn-sciō, scīre sich bewußt sein: nil sibi keines Unrechts *H*.

cōn-scīscō 3. scīvī (conscīsse), scītus **1.** beschließen: bellum *L*; **occ.** mitbeschließen: duello (res) quaerendas conscisco *L*. **2.** *met.* sich zufügen, auf sich laden: mortem (necem) sibi Selbstmord begehen; exilium nobis freiwillig auf uns nehmen *L*, turpem fugam *T*; facinus in se auf sich laden *L*.

cōnscissus *pt. pf. pass.* v. conscindo.

cōnscītus *pt. pf. pass.* v. conscisco.

cōn-scius 3 (v. scire, vgl. in-scius) **I. 1.** mitwissend, vertraut, eingeweiht; mit *dat.* oder *gen.* **2.** *subst. m. f.* Mitwisser(in), Vertraute(r). **II.** sich bewußt; mit *dat.* oder *gen.* **occ.** schuldbewußt: Ulixes quaerere conscius arma *V*, animus *S*.

cōn-scīvī *pf.* v. conscisco.

cōn-scrībō 3. psī, ptus **1.** schreiben, verfassen, abfassen: librum *N*, disputationes, edictum. **2.** einzeichnen, aufschreiben, (in eine Liste) eintragen: sex milia familiarum als Kolonisten *L*, conlegia. **occ. a.** ausheben, anwerben: legiones; modo conscripti Rekruten. **b.** (Bürger in ihre Klassen) eintragen, einreihen: tribum; tres centurias equitum *L*. **3.** (neue Senatoren) beiordnen. [Nach der Vertreibung der Könige soll Brutus den Senat aus Rittern ergänzt haben]: qui p a t r e s (alte Senatoren) quique c o n s c r i p t i (neue) essent *L*. Daher: patres conscripti 'Väter (und) Beigeordnete', Senatoren, Senat; *sg.* conscriptus Senator *H*. **4.** beschreiben, vollschreiben *Sp*.   Dav.

cōnscrīptiō, ōnis, *f.* Aufzeichnung.

cōnscrīptus *pt. pf. pass.* v. conscribo.

cōn-secō 1. secuī, sectus zerschneiden *O*.

cōnsecrātiō, ōnis, *f.* Vergöttlichung, Apotheose.   Von

cōn-secrō 1. (sacro, § 43) **1.** weihen, heiligen: sedem deo *Cu*, Caesaris statuam, candelabrum; **cōnsecrātus** 3 geweiht, heilig: insula Cereri; **occ.** verfluchen: te tuumque caput consecro *L*. **2.** zur Gottheit erheben, vergöttlichen, für heilig erklären: Liberum; Claudium *T*; omne fere genus bestiarum: matrem immortalitati unsterblich machen *Cu*; **occ.** (Sachen) heiligen: origines suas *L*, artis utilitas deorum inventioni consecrata als göttliche Erfindung geheiligt. **3.** *met.* unsterblich machen, verewigen: viros prope ad inmortalitatis religionem, ratio disputandi ... consecrata.

cōnsectātiō, ōnis, *f.* (consector) eifriges Streben.

cōnsectātrīx, īcis, *f.* (consector) Freundin.

cōnsectiō, ōnis, *f.* (conseco) das Zerschneiden.

cōn-sector 1. (*frequ.* zu consequor) **1.** nachgehen: rivulos; **occ.** verfolgen, nachsetzen, jagen: praedones *N*, hostes, naves. **2.** *met.* (einer Sache) nachgehen, nach etw. streben, trachten, haschen: opes, potentiam; plura (sidera *Pli*) aufzählen.

cōnsectus *pt. pf. pass.* v. conseco.

cōn-secuī *pf.* v. conseco.

cōnsecūtiō, ōnis, *f.* (consequor) Folge.

consecūtus *pt. pf. act.* v. consequor.

cōn-sēdī *pf.* v. consido.

cōn-senēscō 3. nuī **1.** (gemeinsam) altern: miles (exercitus *L*) consenuit *H*. **2.** *met.* alt und stumpf werden, erlahmen: consenescunt vires.

cōn-sēnsī *pf.* v. consentio.

cōnsēnsiō, ōnis, *f.* = consensus.

cōnsēnsum *pt. pf. pass.* v. consentio.

cōnsēnsus, ūs, *m.* (consentio) **1.** Übereinstimmung, Einigkeit, Einstimmigkeit, Einhelligkeit: (omnium) consensu einstimmig; *meton.* id apud Chattos in consensum vertit wurde Sitte *T*. **2. occ.** Komplott: audacium.

cōnsentāneus 3 (consentio) gleichartig, entsprechend, vereinbar, verträglich, mit *dat.*; ex consentaneis argumenta ducere; consentaneum est es ist vereinbar, vernunftgemäß, natürlich, es paßt.

Cōnsentia, ae, *f.* C o s e n z a [St. in Bruttium] *L*.

cōn-sentiō 4. sēnsī, sēnsum **1.** übereinstimmen, einig

consenui   101   **consilium**   C

sein: cum bonis; si sibi ipse consentiat konsequent ist; de rei p. salute über, ad vitia. **2.** (mit Obj.) **sich einigen**, übereinstimmend **beschließen**: idem, bellum *L*; mit ut *L*, mit *inf. T.* **3. occ. sich verschwören**: urbem inflammare; si Gallia cum Germanis consentiret; in Philippi necem *Cu*, ad prodendam urbem *L*, de urbe tradenda *N*. **4.** *met.* **übereinstimmen, passen, harmonieren**: vultus consentit cum oratione, his principiis reliqua consentiebant; *adi.* **cōnsentiēns**, entis **übereinstimmend, einstimmig, einhellig.**

cōn-senuī *pf.* v. consenesco.

cōnsequēns, entis folgerecht, folgerichtig, konsequent; *subst. n.* Folge, *pl.* Folgerungen.   Von

cōn-sequor 3. secūtus sum

  I. 1. unmittelbar **nachfolgen**; *occ.* **nachsetzen, verfolgen**; **2.** *met. a.* (zeitlich) **folgen**; *b.* (als Wirkung) **folgen, sich ergeben**; *c.* (den Weg) **verfolgen, sich halten an.**
  II. 1. einholen, erreichen; *met.* **2. erzielen, erstreben, erreichen, erlangen, gewinnen**; **3.** (von Glück oder Unglück) **treffen, ereilen, erreichen**; **4.** *a.* **gleichkommen**; *b.* (vollständig) **ausdrücken**; *c.* (vollständig) **erfassen, begreifen, erkennen.**

  I. 1. Lentulum begleiten; *occ.* copias Helvetiorum. **2. a.** consequitur tempestas, tranquillitas, nox diem. **b.** pudorem rubor consequitur. **c.** mediam consilii viam *L*, suum institutum, scriptorem.
  II. 1. novissimum agmen, Scipionem litterae consecutae sunt. **2.** dominationem *N*, libertatem, commodum; aliquid in dicendo als Redner. **3.** parricidas promptum exitium consequatur *Cu*, prosperitas Caesarem consecuta est *N*. **4. a.** maiorem. **b.** omnia verbis aufzählen *O*. **c.** facta memoriā, causam diligentiā.

I. cōn-serō 3. sēvī, situs (sero, satus) **1. bepflanzen**: agros bestellen; insula palmis consita *Cu*. **2. anpflanzen**: nemora *Cu*, arborem *L*. **3.** *met.* senectute consitus beschwert *C*, mentem caligine schlagen *Ca*.

II. cōn-serō 3. seruī, sertus (sero, sertus) **1. aneinanderreihen, -fügen**: scuta super capita *Cu*, inter se conserti aneinandergeheftet *L*, pellis auro conserta mit Goldspangen befestigt *V*; latus lateri anschmiegen *O*. **occ. a. zusammenheften**: tegumen fibulā aut spinā *T*, t. spinis *VO*. **b. knüpfen, flechten**: lorica conserta auro geflochten aus *V*, exodia conserta fabellis Atellanis aus Atellanenstoffen bestehend *L*. **2. anschließen**: nocti diem *O*, sermonem *Cu*, armis arma *Cu*. **3. aneinanderbringen**, feindlich **zusammenbringen**: m a n u s (m a n u m) c o n s e r e r e **in ein Handgemenge geraten**: cum hoste *NL*. **4.** den Kampf **beginnen, liefern**: proelium, bellum; conserta acies Handgemenge *T*; haud ignotas belli artes gegeneinander versuchen *L*, sicubi conserta navis esset sich in einen Kampf eingelassen hatte *L*. **5.** (jurist.) **Hand anlegen**: aliquem ex iure manum consertum (*supin.*) vocare zur Eröffnung eines Eigentumsprozesses (durch Handanlegung an die Streitsache) laden.

cōn-serva, ae, *f.* Mitsklavin *C*.

cōnservātiō, ōnis, *f.* (conservo) **1.** Aufbewahrung: frugum. **2.** Erhaltung: decoris, animantium.

cōnservātor, ōris, *m.* (conservo) Erhalter, Retter.

cōn-servitium, ī, *n.* Mitknechtschaft *C*.

cōn-servō 1. **1.** bewahren, erhalten, beobachten, beibehalten, aufrecht erhalten: ordines, morem veterem, fidem treu bleiben, auctoritatem. **2.** bewahren, retten, erhalten: rem p. vitamque omnium, cives incolumes; *occ.* begnadigen, das Leben schenken: aliquem.

cōn-servus, ī, *m.* Mitsklave.

cōnsessor, ōris, *m.* (consido) Sitznachbar.

cōnsessus, ūs, *m.* (consido) Versammlung, Gerichtssitzung.

cōn-sēvī *pf.* v. I. consero.

cōnsīderātiō, ōnis, *f.* (considero) Betrachtung, Erwägung.

cōnsīderātus 3, *adv. ē* **1.** [von Sachen] überlegt, erwogen, bedacht: factum. **2.** [von Personen] besonnen, bedächtig: homo, considerate agere.   Von

cōn-sīderō 1. **1.** betrachten, sorgfältig besichtigen, beschauen: candelabrum; milites *S*. **2.** überlegen, erwägen, bedenken, betrachten: causam; se sich prüfen *Ph*; mit de, ut, indir. Fr.
  E: sidus; zunächst wohl *t. t.* der Seemanns- oder Auguralsprache: 'die Gestirne beobachten'.

cōn-sīdō 3. sēdī **1. sich zusammensetzen, sich gemeinsam niederlassen**: eodem in loco; inter ulmos *V*, transtris *V*. **2.** [von einzelnen] **sich niedersetzen, sich niederlassen**: in sella regia *Cu*. **3. occ. a.** (zur Beratung) **sich zusammensetzen, sich versammeln**: in loco consecrato; ad ius dicendum *L*. **b. sich lagern, sich aufstellen, Stellung beziehen**: quo in loco Germani consederant; prope Cirtam oppidum *S*; in insidiis sich in den Hinterhalt legen *L*. **c. sich ansiedeln, sich niederlassen**, wohin **ziehen**: in finibus Ubiorum; Ausoniā terrā *V*; in novam urbem *Cu*. **d. landen, einlaufen**: portu *V*. **4. sich senken, sich legen, sinken, einsinken**: donec considere pulvis *Cu*, terra consedit *L*, considit in ignes (in igne *T*) Ilium sinkt in Asche *V*. *met.* **5. sich legen, nachlassen, aufhören**: terror, cura, motus consedit *L*, praesentia consederant die Zeit hatte sich beruhigt *T*, consedit nomen verlor die Geltung, distincte verlaufen, enden. **6. sich festsetzen**: multa bona in pectore consident *C*.

cōn-sīgnō 1. **I. 1.** siegeln, versiegeln: epistulas *C*, decretum *L*. **2.** *met.* bestätigen, beglaubigen, verbürgen, verbriefen: senatūs iudicia publicis litteris. **II.** aufzeichnen: diem; notiones in animis einzeichnen.

cōn-silēscō 3. siluī verstummen *C*.

cōnsiliārius, ī u. **cōnsiliātor**, ōris, *m.* Ratgeber.   Von

cōnsilior 1. sich beraten, beratschlagen.   Von

cōnsilium, ī, *n.* (consulo) Rat

  I. (a k t.) **1.** das **Ratschlagen, Beratung, Rat**; *occ.* **Beratung, Sitzung**; *meton.* **2. Ratsversammlung**; *occ. a.* **Beirat**; *b.* **Kriegsrat**; **3. Überlegung, Klugheit, Einsicht.**
  II. (p a s s.) **1. Ratschluß, Entschließung, Ent-**

consilui   102   **conspectus**

schluß, Beschluß, Maßregel; *occ. a.* **Plan, Absicht, Vorsatz**; *b.* **List, Kriegslist**; 2. **Rat, Ratschlag**; *meton.* **Ratgeber(in).**

I. 1. consilium habere abhalten *V,* aliquem consilio (ad consilium) adhibere zu Rate ziehen. **occ.** publicum Senatssitzung. **2.** consilium vocare, dimittere; iudices in hoc consilium delecti Kollegium, propinquorum Familienrat *L,* sanctius der engere Rat *L,* regium Beirat des Königs *L,* militare, castrense Kriegsrat *L.* **a.** sine consiliis ohne Beirat *L,* cum consilio. **b.** convocato consilio omniumque ordinum ad id consilium adhibitis centurionibus. **3.** consilii plenus; vis consili expers Gewalt ohne Klugheit *H,* ratio et consilium kluge Berechnung.

II. 1. consilium capere, inire Beschluß fassen, privato consilio auf eigene Faust, clandestina Ränke, Intrigen, (con)coquere schmieden *L,* certus (incertus) consilii fest (schwankend) in seinen Entschlüssen *LCu,* domestica Kabinettsbefehle *T,* fugae der Entschluß zu fliehen *Cu,* caedis Mordgedanken *T*; mit *gen. ger.,* ut, *inf.* **a.** rem consilio regere planmäßig, sine consilio absichtslos, eo (hoc) consilio, ut ... (ne) ... in der Absicht, daß ...; consilio absichtlich. **b.** victus est consilio Themistoclis *N,* militum virtuti consilia Gallorum occurrebant. **2.** de eius consilio auf seinen Rat hin, consilium dare Rat geben, petere um Rat fragen, consilioque manuque in Rat und Tat *O*; *met-o n.* (Egeria) Numae consilium *O.*

cōn-siluī *pf.* v. consilesco.

cōn-similis, e ganz ähnlich; mit *dat., gen.*

cōn-sipiō, ere (sapio, § 43) bei Sinnen bleiben *L.*

cōn-sistō 3. stitī

I. 1. zusammentreten, sich gemeinsam aufstellen, Platz nehmen; *occ.* (milit.) **sich aufstellen, Stellung, Posten beziehen;** 2. **sich** wohin **stellen, hintreten, auftreten;** präsentisches *pf.*: **stehen;** *met.* 3. **eintreten, stattfinden;** 4. **sich** auf etwas **stellen,** auf etwas **stehen,** auf etw. **gegründet sein, beruhen;** in oder aus etw. **bestehen.**

II. 1. stillstehen, stehen bleiben; 2. *occ. a.* **festen Fuß fassen;** *b.* (milit.) **haltmachen, sich lagern, rasten;** *c.* irgendwo **anhalten;** *d.* **sich festsetzen, sich niederlassen, sich ansiedeln;** *met.* 3. **steckenbleiben, stillstehen, stocken;** 4. **innehalten, aufhören, zur Ruhe kommen;** *occ.* **Ruhe gewinnen, sich sammeln;** 5. **sich behaupten, sich halten.**

I. 1. in orbem sich im Kreis aufstellen, tota Italia constitit kam zusammen. **occ.** (copiae) ordinatae consistebant *N,* naves nostris adversae constiterunt. **2.** ubi constiterat sich hingestellt hatte, stand, mediā arenā *V,* in collibus, in muro; ante deam *O,* ad signa. **3.** unde culpa orta esset, ibi poena consisteret *L,* ne suspicio quidem potuit consistere. **4.** victus in lacte, vita in venationibus consistit, spes in virtute, casu constitit exercitūs salus.

II. 1. in valle *Cu,* ante domum, limine *O.* **2. a.** in fluctibus, in arido; vertice celso quercus constiterunt haben Wurzel gefaßt *V.* **b.** ubi constitissent wo

sie haltgemacht hätten, lagerten; consist a (nach) fuga acies *L.* **c.** in oppidis, naves in ancoris constiterunt gingen vor Anker, ad ancoram una nocte constitit blieb vor Anker. **d.** negotiandi causā ibi; petit Latio consistere Teucros *V.* **3.** iaculum constitit *O,* illic consistere nubes iussit *O,* administratio belli, labor consistit stockt; sanguis consistit hört auf zu fließen *Cu,* unda constitit frigore stockte, erstarrte *O.* **4.** constitit ira *O.* **occ.** mente sich fassen, Fassung gewinnen. **5.** in forensibus causis.

cōnsitiō, ōnis, *f.* (*con-satio, § 43) das Bepflanzen, Besäen *Columella*; *pl.* Anbauarten.

cōnsitor, ōris, *m.* (*con-sator, § 41) Pflanzer.

cōnsitūra, ae, *f.* (I. consero, § 43) = consitio.

cōnsitus *pt. pf. pass.* v. I. consero.

cōn-sobrīnus, ī, *m.* u. **-a,** ae, *f.* Geschwisterkind; Cousin, Kusine.

cōnsociātiō, ōnis, *f.* (consocio) Vereinigung.

cōnsociātus 3 innig verbunden.   Von

cōn-sociō 1. **1.** vereinigen, verbinden: umbram *H,* forma consociata zusammengesetzte Staatsform *T.* **2.** gemeinsam machen: dii consociati Bundesgottheiten *L,* regnum teilen *L,* furorem cum aliquo jemd. in ... mit hineinziehen *L.*

cōnsōlābilis, e (consolor) zu trösten, zu beschwichtigen.

cōnsōlātiō, ōnis, *f.* (consolor) **1.** Tröstung, Trost; *pl.* Trostworte, -gründe. **2.** *meton.* Trostschrift, -rede: Crantoris.

cōnsōlātor, ōris, *m.* Tröster; *adi.* **cōnsōlātōrius** 3 tröstend.   Von

cōn-sōlor 1. **1.** trösten, ermutigen, beruhigen, beschwichtigen: hac (eloquendi vi) adflictos; de morte; his me consolor victurum suavius daß ich *H.* **2.** lindern, mildern, beschwichtigen: brevitatem vitae posteritatis memoriā; cladem domūs vergessen lassen *L.*

cōn-somniō 1. āvi zusammenträumen, ersinnen *C.*

cōn-sonō 1. nuī **1.** zusammentönen: consonante clamore einstimmig *L.* **2.** widerhallen *VOT.*

cōn-sonus 3 (sono) **1.** zusammentönend: clangor einstimmiger Ruf *O.* **2.** *met.* passend.

cōn-sōpiō 4. einschläfern; *med.* einschlafen.

cōn-sors, rtis **1. gleichbeteiligt:** frater in Gütergemeinschaft lebend *LPli.* **2. gemeinsam:** tecta *V.* **3.** *subst.* **Teilhaber, Genosse, Gefährte:** mecum temporum illorum; potestatis Amtsgenosse *T,* urbis Mitbürger *O,* tori, thalami Gatte *O.* **4.** *occ.* **Bruder, Schwester, brüderlich, schwesterlich:** dea c. Phoebi Diana *O*; pectora der Schwestern *O,* sanguis Blut des Bruders *O.* E: 'gleiches Los habend'.   Dav.

cōnsortiō, ōnis, *f.* u. **-ium,** ī, *n.* Gemeinschaft.

I. cōnspectus *pt. pf. pass.* v. conspicio.

II. cōnspectus 3 (conspicio) **1. sichtbar:** agmina inter se *L,* tumulus hosti *L.* **2.** in die Augen fallend, auffallend, stattlich.

III. cōnspectus, ūs, *m.* (conspicio) **A.** (a k t .) **1.** das **Schauen, Blicken, Erblicken, Blick:** terrae Ausblick *L,* conspectus est in Capitolium man kann sehen *L.* Mit *praep.* **'Augen', Gegenwart, Nähe:** in conspectu vor

conspergo | 103 | **constituo** | **C**

(den) Augen, ex conspectu abire, removere aus den Augen gehen, räumen, in conspectu esse vor Augen stehen, erblickt werden *NCu*; bellum erat in conspectu stand in Aussicht *L*, in (alicuius) conspectum venire vor Augen treten, in Sicht kommen *N*, cadere sichtbar sein; *met.* in conspectu legum, deorum; e terrae conspectu auferri aus dem Gesichtsfeld des Landes *L*. **2.** *met.* **Anschauung, Betrachtung:** uno in conspectu auf e i n e n Blick. **B.** (p a s s.) das **Sichtbarwerden, Erscheinung:** conspectu suo proelium restituit *L*, primo statim conspectu *L*; *meton.* **Anblick:** vester eure Versammlung.

cōn-spergō 3. spersī, spersus (spargo, § 43) besprengen, benetzen, bestreuen.

con-spexī *pf.* v. conspicio.

cōnspiciendus 3 sehenswert, ansehnlich. Von

cōn-spiciō 3. spexī, spectus (specio, § 43) **1.** erblicken, anblicken, sehen, ansichtig, gewahr werden; mit *acc. c. inf.* calones nostros flumen transisse conspexerant; bei direkter Wahrnehmung *acc. c. pt.* ubi aliquos ex navi egredientes conspexerant; *occ. pass.* auffallen, in die Augen fallen, Aufsehen erregen: supellex in neutram partem conspici poterat war nach keiner Richtung auffällig *N*, conspectus est curru urbem invectus fiel auf durch sein Gespann *L*, arma et equi conspiciebantur konnten sich sehen lassen *L*. **2.** *met.* einsehen, begreifen: satis in rem quae sint meam ego conspicio mihi *C*. Dav.

cōnspicor 1. erblicken, ansichtig, gewahr werden, zu Gesicht bekommen: caedem et fugam suorum; castra hostium vacua leer finden; p a s s. cum Metellus conspicatur sichtbar wird *S*.

cōnspicuus 3 (conspicio) **1.** sichtbar: signum omnibus *Cu*, tabernaculum undique *Cu*, res Gesehenes *O*; *met.* auffallend, kenntlich an, hervorstechend, ins Auge fallend: armis *Cu*, voce suis *T*; feminae ansehnlich *T*, arma *T*.

cōnspīrātiō, ōnis, *f.* **1.** Einklang, Einigkeit: bonorum. **2.** *occ.* Verschwörung. Von

cōn-spīrō 1. **1.** zusammen blasen. *met.* **2.** übereinstimmen, einmütig sein, zusammenwirken; *pt. pf. med.* conspirati pila coniecerunt warfen einmütig. **3.** *occ.* sich verschwören: conspiratis partibus nachdem sich die Parteien verschworen hatten *Ph*.

cōn-spissō 1. verdicken, verdichten *Sp*.

cōn-spōnsor, ōris, *m.* Mitbürge.

cōn-spuō 3. spuī, spūtus u. *frequ.* **cōn-spūtō** 1. bespucken.

cōn-stabiliō 4. befestigen, sichern *C*.

cōnstāns, antis, *adv.* **anter** (consto) **1.** fest, ruhig, feststehend: gradus, vultus *L*; aetas das gesetzte Alter, Mannesalter, pax ununterbrochen *L*. *met.* **2.** stetig, unwandelbar, gleichmäßig: motus; constantius sese habere mehr Bestand haben *S*; inimicus *N*, fides *H*, constanter pugnare; mit *gen.* fidei *T*. **3.** gleichförmig, übereinstimmend, folgerichtig: constanter nuntiare, oratio; memoria huius anni *L*. **4.** charakterfest, standhaft, konsequent: vir, constanter ferre dolorem. Dav.

cōnstantia, ae, *f.* **1.** Festigkeit, Stetigkeit, Unwandelbar-

keit: vocis atque vultus *N*, (in caelo) omnis c. Regelmäßigkeit: tres c. drei Formen ruhiger Gemütsart; b i l d l. dictorum conventorumque. **2.** Übereinstimmung, Folgerichtigkeit: constantiae causā defendere aliquid um konsequent zu sein. **3.** Standhaftigkeit, Beständigkeit, Charakterfestigkeit: hinc constantia, illinc furor; militum Ausdauer, Energie.

cōn-statūrus *pt. fut.* v. consto.

cōnsternātiō, ōnis, *f.* **1.** das Scheuwerden: quadrigarum *L*. *met.* **2.** Bestürzung, Schrecken, Entsetzen: mentis *T*. **3.** Erregung, Aufruhr, Meuterei: militum, muliebris *L*, vulgi *T*. Von

I. cōn-sternō 1. **1.** scheu machen, erschrecken; *pass.* scheu werden: equos. *met.* **2.** bestürzt machen, entsetzen: hostes *L*; *occ.* aufscheuchen, verscheuchen: in fugam *L*, ab sede sua consternatus bestürzt auffahrend *L*. **3.** erbittern, empören, aufregen: populos delectūs acerbitate *L*, Gallos metu servitutis ad arma zum Aufruhr treiben *L*.

E: vgl. ahd. stornēn 'betäubt sein'.

II. cōn-sternō 3. strāvī, strātus **1.** bestreuen: iter floribus *Cu*. **2.** dicht bedecken: terram late tergo *V*, corporibus forum constratum. **3.** überdecken, belegen: contabulationem lateribus; ratem humo *L*; constrata pontium Belag, Fahrbahn *L*, navis constrata mit Verdeck.

cōn-stīpō 1. zusammendrängen.

cōn-stitī *pf.* v. consisto oder consto.

cōn-stituō 3. stituī, stitūtus (statuo, § 43)

A. **I. 1.** zusammenstellen, zugleich aufstellen; **2.** (Truppenkörper) **aufstellen;** *occ.* **Halt machen lassen.**

II. 1. hinstellen, hinsetzen; **2.** *occ. a.* **ansiedeln;** *b.* **stationieren, verlegen;** *c.* **einsetzen;** *d.* wozu bestellen, anstellen.

III. 1. festsetzen, bestimmen, verabreden, ausmachen; **2.** *occ. a.* entscheiden; *b.* festsetzen, feststellen; *c.* beschließen, sich entschließen, einen Entschluß fassen; **3.** einrichten, ordnen; *met.* festigen, in Ordnung bringen.

B. **1.** errichten, anlegen, bauen; **2.** *met.* stiften, einsetzen, einführen, schaffen, begründen; *occ.* vornehmen, anstellen, unternehmen.

A. **I. 1.** quattuor iuvencos *V*, signa ante tribunal aufpflanzen *L*. **2.** legiones in armis contra hostem; naves in alto, aperto et plano litore vor Anker gehen lassen; *occ.* paulisper agmen *S*, signa *L*.

II. 1. quercum tumulo *V*. **2. a.** Helvetios. **b.** praesidia in Rutenis, hiberna in Belgis. **c.** praefectos, Cavarinum apud Senones regem. **d.** causae patronum, iudices, accusatorem.

III. 1. diem concilio, pretium nautarum missionis, vadimonium Bürgschaft festsetzen, praemia, poenam; mit ut, *acc. c. inf.*, indir. Fr. **2. a.** de omnibus controversiis. **b.** in eum iudicium capitis. **c.** aliquid; meist mit *inf.* (nie mit ut). **3.** res, rem nummariam; Chersonesum *N*, civitatem; m e t. inscitiam prudentiā, corpus (animus) bene constitutum (-us)

constitutio   104   **consulo**

in guter Verfassung, **vir bene naturā constitutus** veranlagt, **bene constituti de rebus domesticis** gut gestellt. **B. 1. vineas** N, **statuam in foro** N, **tectum** N; **portum** anlegen N, **turres, aedem**; **tropaea** S, **oppidum** gründen, **domicilium sibi** seinen Wohnsitz aufschlagen N. **2. decemviralem potestatem** N, **aerarium** N, **imperium, legiones** aufstellen, **legem** einführen, **pacem**; **auctoritatem sibi** sich verschaffen N; **occ. auctionem, quaestionem** Untersuchung.   Dav.

cōnstitūtiō, ōnis, f. **1.** Einrichtung, Verfassung: **religionum, Romuli** Staatsverfassung; **occ.** Zustand: **corporis. 2.** Anordnung, Verordnung: **aeterna** Cu, **senatūs** L.

cōnstitūtum, ī, n. (constituo) **1.** Verabredung, Vorsatz: **V Kal. ad constitutum, in uno homine tot constituta. 2.** Verfügung, Verordnung: **Scipionis et Sullae constituta** T.

cōnstitūtus pt. pf. pass. v. constituo.

cōn-stō 1. stitī (§ 41), **stātūrus**

> I. 1. (vom Gleichstehen der Waagschalen) **zu stehen kommen, kosten;** 2. **zusammengesetzt sein, bestehen;** occ. **bestehen in, beruhen auf.**
> II. 1. **bestehen, stehen bleiben, feststehen;** met. **unverändert bleiben, verbleiben;** 2. (mit abl. oder in) **beruhen auf;** 3. occ. (die Rechnung) **stimmt;** 4. **feststehen, übereinstimmen, gleichbleiben;** 5. **feststehen, bekannt, gewiß sein;** occ. **sich entschlossen haben.**

I. 1. (Preis meist im abl.) **quanto detrimento constet victoria**; **odia constantia magno** O. **2. homo ex animo constat et corpore**; **occ. ex spiritu vigor constat** kommt von Cu.

II. 1. nullo loco constabat acies wankte überall L; met. **scripta constant** sind erhalten; **cuncta caelo constant** bleibt in Ordnung V, **constat sanitas** er bleibt gesund Ph, **fides** T, **non animus (mens) nobis constat** wir verlieren die Fassung L, **auribus atque oculis constare** seinen Augen und Ohren trauen L, **mente vix** die Fassung verlieren. **2. domūs amoenitas silvā constabat** war der Park das Schönste N, **sapientiā imperia constant** sind gegründet Cu. **3. non aliter ratio constat** T. **4. constat idem omnibus sermo** alle sagen das gleiche L; **sibi constare** konsequent bleiben. **5.** Meist unpers., abs. **constat; omnibus, inter omnes**; mit acc. c. inf., indir. Fr.; occ. **neque satis iis constabat, quid agerent** wußten nicht recht.

cōnstrātus pt. pf. pass. v. II. consterno.

cōn-strāvī pf. v. II. consterno.

cōn-stringō 3. strīnxī, strictus 1. zusammenschnüren: **sarcinam** C; **occ.** binden, fesseln: **tu non constringendus?** bildl. **legum laqueis, necessitate. 2.** zusammenziehen: **nives rigore constrictae** gefroren Cu; met. **sententiam** zusammenfassen. **3.** verpflichten: **religione** Cu. **4.** festmachen, befestigen Sp.

cōnstrūctiō, ōnis, f. Bau; (rhet.) **verborum** Periodenbau; **occ.** Aufstellung der Bücher.   Von

cōn-struō 3. strūxī, strūctus 1. aufschichten: **ligna** O, **dentes in ore constructi** Zahnreihen. **2.** aufhäufen, -türmen: **acervos nummorum**; **mella** V. **3.** bauen,

aufbauen, errichten: **nidum** O, **aedificium, navem.**

constuprātor, ōris, m. Schänder L.   Von

cōn-stuprō 1. schänden, vergewaltigen LCu.

cōn-suādeō, ēre dringend anraten C.

Cōnsuālia s. Consus.

cōn-sūcidus 3 (sucus) vollsaftig C.

cōnsuē-faciō 3. fēcī, factus an etw. gewöhnen CS.

cōn-suēscō 3., evi, etus (**consuemus** = **consuevimus** Pr) **1.** sich gewöhnen; im (logischen) pf. **cōnsuēvī** gewohnt sein, pflegen. **2. occ.** (pf.) ein Verhältnis haben: **cum aliqua.**

cōnsuētūdō, inis, f. **1. Gewohnheit, Sitte, Brauch: pro** (gemäß, nach) **mea consuetudine, praeter** (wider) **consuetudinem**; **ad nostram consuetudinem** nach unseren Sitten N; (**ex**) **consuetudine** nach Sitte, Brauch, Gewohnheit. **2. occ. Lebensweise: Persarum** N, **c. et vita** Lebensweise und Tätigkeit N. **3. Sprachgebrauch: loquendi, sermonis. 4. Umgang: legationis** persönlicher Kontakt des Legaten mit dem Feldherrn; pl. Bekanntschaften. **5. Geschlechtsverkehr: stupri** Liebesverhältnis SCu, **cum Aebutio** L.   Von

I. cōnsuētus 3 (consuesco) **1.** etw. gewohnt, an etw. gewöhnt; mit inf. **2.** gewohnt, gewöhnlich: **pericula consueta habere** gewohnt sein S.

II. cōnsuētus pt. pf. pass. v. consuesco.

cōnsuēvī pf. v. consuesco.

cōnsul, ulis, m., in Abkürzung sg. **COS**, pl. **COSS** Konsul [die beiden höchsten ordentlichen Magistrate Roms]: **cos. ordinarius** ordentlich [der seit 153 am Jahresanfang sein Amt ordentlich antritt] L, **suffectus** nachgewählt, **designatus** designiert, für das nächste Jahr gewählt; im abl. abs. als Bezeichnung des Jahres: **M. Claudio** (**et**) **L. Furio consulibus** im Konsulatsjahr des...; **pro consule** Prokonsul [mit den Amtsbefugnissen eines Konsuls ausgestattet], manchmal auch = **consul** NL. Dav.

cōnsulāris, e, adv. **iter** (§ 75, Abs. 2) **1.** des Konsuls, konsularisch: **comitia** Konsulwahl, **vita consulariter acta** konsulswürdig L; **provincia, exercitus** unter einem Konsul L. **2.** subst. **cōnsulāris, is**, m. gewesener Konsul, Konsular; bei SpT: **c.** oder **c. legatus** Konsularlegat [Statthalter in einer kaiserl. Provinz, mit Konsularrang].

cōnsulātus, ūs, m. (consul) Konsulwürde, -amt, Konsulat.

cōnsulō 3. suluī, sultus

> I. trans. **zu Rate ziehen, befragen, um Rat fragen.**
> II. intr. 1. **sich beraten, Rat halten, beratschlagen;** 2. meton. **beschließen, Maßregeln ergreifen, verfahren;** 3. (mit dat.) **Rat schaffen, erteilen, raten,** (durch Ratschlag) **sorgen, helfen.**

I. parvis de rebus consulimur; Apollinem N, **sortes** O, **exta** VO, **numen** L; **senatum de summa re p., de imperio suo populum; de iure** (**ius** L) um das Recht, **qui consuluntur** Rechtskundige.

II. 1. in commune CuT, **in medium** VT, **in publicum** Pli für das allgemeine Wohl, **in unum** gemeinsam T, **cum suis** L; mit **de**, selten mit acc. (zur Beratung bringen V). **2.** Stets mit adv. Bestimmung: **ab re** Nachteiliges C, **de perfugis gravius** L, **in aliquem su-**

consultatio   105   **contemno**   C

perbe verfahren *L*, ex re nach den Umständen *T*, suae vitae durius Selbstmord begehen. Formel: rem boni mit etw. vorlieb nehmen, sich zufrieden geben. **3.** sibi sich helfen, **rebus suis** sich retten *N*, saluti, timori, famae bedacht sein; mit ut, ne.

cōnsultātiō, ōnis, *f.* (consulto) **1.** Beratung, Erwägung: de pace *L*. **2.** Anfrage: consultationi respondere. **3.** occ. (*rhet.*) Frage, Thema = quaestio infinita.

cōnsultē, cōnsultō (*adv.*) s. consultus.

cōnsultō 1. (*frequ.* v. consulo) **I.** *trans.* befragen. **II.** *intr.* **1.** beratschlagen, beraten: cum amicis de bello *Cu*, in medium für das allgemeine Wohl *T*, eam rem *L*, super re *T*; mit indir. Fr. **3.** mit *dat.* Sorge tragen: rei p. *S*.

cōnsultor, ōris, *m.* (consulo) **1.** Befrager. **2.** Berater.

cōnsultrīx, īcis, *f.* (consultor) Beraterin.

I. cōnsultus 3, *adv.* **ē** (consulo) **1.** überlegt, erwogen, **bedacht:** rem consulte gerere mit Bedacht, bedächtig *LT*. *subst.* **cōnsultum, ī, n. Ratschluß, Beschluß, Maßregel, Plan;** bes. **senatus c.** (abgekürzt SC) **Senatsbeschluß;** umschrieben: consulta patrum *H*, illius ordinis (des Senats); *met.* consulta petere sich Bescheid holen *V*; adv. **cōnsultō mit Absicht, absichtlich, planmäßig. 2.** *meton.* **kundig, erfahren:** iuris (iure) consultus **rechtskundig; occ.** insanientis sapientiae Anhänger *H*; *subst.* **Rechtsgelehrter.**

II. consultus *pt. pf. pass.* v. consulo.

cōn-suluī *pf.* v. consulo.

cōnsummātiō, ōnis, *f.* Vollendung *Sp*.   Von

cōn-summō 1. (summa) **1.** zusammenrechnen: partibus diem aus den Teilen *O*; *met.* gloriam sammeln *L*. **2.** vollbringen, ausführen: parricidium *Cu*; *abs.* ausdienen *Sp*. **3.** vervollkommnen, zur Vollkommenheit bringen: consummatus 3 vollkommen *QPli*.

cōn-sūmō 3. sūmpsī, sūmptus (*decomp.*, § 72)

> I. **1. gebrauchen, verbrauchen,** auf etw. **verwenden;** *met.* **2.** (Zeit) **verwenden, verbringen, zubringen;** *pass.* **verstreichen; 3. aufbrauchen, vergeuden, verschwenden.**
> II. **1. aufbrauchen, verbrauchen;** *occ. a.* **verzehren;** *b.* **verprassen; 2.** *met.* **verzehren, vernichten, zerstören;** *occ.* (Lebende) **aufreiben, vernichten, wegraffen;** *pass.* **umkommen.**

I. 1. Meist mit in *c. abl.* 'auf', 'zu': mille talenta in oppido oppugnando *N*, in armis plurimum studii auf Fechtübungen *N*; in *c. acc.* aurum in ludos *L*. **2.** in hoc tres menses damit zubringen *N*, aestatem in Treveris; *abs.* magna diei parte consumpta als verstrichen war; mit *abl.* tres noctes navigatione; unnütz verstreichen lassen, verlieren: multos dies per dubitationem *S*. **3.** frustra verba *Cu*, preces *O*, mare, terras sich vergebens an . . . wenden *O*.

  II. 1. tela verschießen, misericordiam das Maß des Mitleids erschöpfen *Cu*, ignominiam auskosten *T*. **a.** frumenta; aprum *H*. **b.** id per luxuriam. **2.** incendio moles consumpta *Cu*; consumit robigo ferrum zerfrißt *Cu*, consumitur anulus usu nützt sich ab *O*, metus consumit vocem erstickt *T*. **occ.** milites pestis

(pestilentia) consumit *Cu*, consumi morbo *NCu*, fame hingerafft werden; consumi lacrimis sich in Tränen verzehren *O*.   Dav.

cōnsūmptor, ōris, *m.* Verzehrer.

cōnsūmptus *pt. pf. pass.* v. consumo.

cōn-suō, ere *met.* zusammenstoppeln; os 'das Maul stopfen' *Sp*; aliquid capiti anzetteln *C*.

cōn-surgō 3. surrēxī, surrēctum (*decomp.*, § 72) **1. sich erheben, aufstehen:** consurgit Scaptius [als Redner] *L*, in ensem mit dem Schwert ausholen *V*. *met.* **2. sich erheben, emporsteigen:** consurgunt geminae quercus *V*, mare imo consurgit ad aethera fundo *V*, vespere ab atro consurgunt venti *V*; consurgit bellum bricht aus *V*. **3.** [zu einem Zweck] **sich erheben:** ad bellum *L*, in arma *V* zum Kampf, ad gloriam emporstreben *L*; carmine sich im Lied aufschwingen *O*.   Dav.

cōnsurrēctiō, ōnis, *f.* allseitiges Erheben: iudicum.

cōnsurrēctum *pt. pf. pass.* v. consurgo.

cōn-surrēxī *pf.* v. consurgo.

Cōnsus, ī, m. (v. condo, vgl. abs-cōnsus = absconditus) C. [Schutzgott des in den Korngruben aufbewahrten Getreides]; *dav.* **Cōnsuālia,** ium, *n.* die C. [Fest des C., das mit Pferderennen gefeiert wurde] *LO*.

con-tābēscō 3. buī hinschwinden.

contabulātiō, ōnis, *f.* Balkenlage, Stockwerk.   Von

con-tabulō 1. (tabula) mit Brettern belegen: turres; murum turribus mit mehrstöckigen Türmen versehen; *met.* mare molibus überbrücken *Cu*.

I. contāctus *pt. pf. pass.* v. contingo.

II. contāctus, ūs, *m.* (contingo für *con-tango, § 48) **1.** Berührung: sanguinis *O*, aegrorum *L*. **2.** occ. Ansteckung: vulgati contactu in homines morbi *L*. **3.** *met.* verderblicher Einfluß: valentiorum, dominationis *T*, contactu nach dem schlechten Beispiel *T*.

contāgiō, ōnis, *f.* u. **-ium**, ī, *n.* (contingo für *con-tango, § 48) **1.** Berührung, Einwirkung, Einfluß: Romanorum Verkehr mit *L*. **2. occ.** Ansteckung: pestifera *L*, contagium morbi *Cu*. **3.** *met.* schlechter Einfluß, böses Beispiel: conscientiae; belli, dicti, facti *L*; contagia lucri Sucht nach *H*.

contāminō 1. (aus con-tāmen = *con-tagsmen, § 30, von contingo für *con-tango, § 48) beflecken, entweihen: se sanguine, vitiis, maleficio; **occ.** fabulas durch Verschmelzen [zweier gr. Originalstücke zu einem röm. Stück] verderben *C*; **contāminātus** 3 befleckt: facinore; [allein]: schuldbefleckt *L*; grex virorum Haufen von Eunuchen *H*; *subst.* Lustknabe *T*.

con-tegō 3. tēxī, tectus (Rekomposition, § 71) **1.** (be)decken: ossa tumulo (corpus *T*) begraben *Cu*, naves mit Verdeck versehen, contecta stramine casa strohgedeckt *O*. **occ.** verdecken, verhüllen, verstecken: cortex contegit lumina *O*, caput amictu *V*, se messoria corbe. **2.** *met.* verbergen: victricium partium vulnera *T*.

con-temnō 3. tempsī, temptus geringschätzen, zurücksetzen, verachten: morbum unterschätzen *N*, haec sunt contemnenda nicht beachtenswert *N*; copiae non contemnendae beachtlich; se non contemnere Selbstgefühl besitzen *L*; ventos trotzen *V*; Batavos tributis erniedrigen *T*; **occ.** verspotten: Adherbalis dicta *S*, populi voces *H*.

contemplatio   106   **continentia**

contemplātiō, ōnis, *f.* u. **-tus,** ūs, *m. O* Betrachtung.

contemplātor, ōris, *m.* Betrachter.   Beide von

con-templor (-ō *C*) 1. **1.** beschauen, betrachten: contemplator (*imp.*), cum beobachte, wann *V.* **2.** *met.* betrachten, erwägen: miserias.
E: templum 'Beobachtungsraum'.

con-tempsī *pf.* v. contemno.

contemptim (contemno, § 79) *adv.* geringschätzig, mit Verachtung.

contemptiō, ōnis, *f.* (contemno) Geringschätzung, Nicht-, Miß-, Verachtung, Gleichgültigkeit gegen.

contemptor, ōris, *m.* (contemno) **1.** *adi.* geringschätzend, verachtend: animus hochfahrend *S*; lucis lebensverachtend *V.* **2.** *subst.* Verächter: sui des eigenen Besitzes *T.*   Dazu

contemptrīx, īcis, *f.* Verächterin *O.*

I. contemptus *pt. pf. pass.* v. contemno.

II. contemptus 3 (contemno) verachtet, gering geschätzt, verächtlich, unbedeutend, ärmlich.

III. contemptus, ūs, *m.* (contemno) Geringschätzung, Miß-, Verachtung **1.** akt. famae *T.* **2.** pass. brevitas nostra Gallis contemptui est wird mißachtet.

con-tendō 3. tendī, tentus

    I. **1.** 'zusammenspannen'; **zusammenstellen, vergleichen;** 2. *intr.* **streiten, sich messen, kämpfen.**
    II. **1. anspannen, spannen;** d i c h t. (Geschosse) **richten, zielen, entsenden;** 2. *met.* **anstrengen.**
    III. *intr.* 1. **sich anstrengen, sich bemühen, seine Kräfte aufbieten;** *occ.* wohin **eilen, streben;** *met.* 2. **sich bemühen, streben,** etw. **erstreben;** 3. *occ.* *a.* (mit Eifer) **fordern, verlangen;** *b.* (eifrig) **behaupten, bestimmt versichern.**

    I. **1.** id cum defensione nostra; vetera et praesentia *T*, fucum ostro (*dat.*) *H.* **2.** cum Sequanis bello; cursu um die Wette laufen *VO*, pedibus cum aliquo *O*, ludo *V*; b i l d l. cum eo de principatu *N*, meritis wetteifern *Cu*; mit *dat.* Homero *Pr.* **II. 1.** arcus contentus *VO*, navem funibus anziehen; d i c h t. (nervo) telum entsenden *V*, hastam schleudern *V.* **2.** contenta corpora; cervix *V*; b i l d l. cursum ad hunc seinem Beispiel folgen *V*, mens contenta exsiliis (*dat.*) nur mit dem Gedanken an ... beschäftigt *O.* **III. 1.** voce, vi Gewalt anwenden; mit ut, *inf.* occ. per ea loca angestrengt marschieren *N*, huc magnis itineribus, ad Rhenum, in castra; b i l d. ad salutem. **2.** dolis et fallaciis mit Hinterlist vorgehen *S*; id darnach streben; mit ut. **3.** *a.* *abs.* vehementissime; mit ab: ab amico aliquid; meist mit ut, ne. *b.* mit *acc. c. inf.* apud ephoros *N.*   Dav.

contentiō, ōnis, *f.* **I. 1. Vergleich:** studiorum atque artium. **2. Streit, Wettstreit, Kampf;** W o r t s t r e i t: de plebeis consulibus Streitfrage um *L*, rei privatae in einer Privatsache *L*; W e t t s t r e i t: de regno, honorium, dicendi Redekampf; m i l i t.: sine contentione oppido potitur ohne Schwertstreich. **II. 1.** *met.* **Anspannung, Anstrengung:** contentionem remittere, pugna summā contentione pugnata; animi, vocis; dicendi *L* angestrengtes Sprechen; *meton.* duplex ra-

---

tio orationis, in altera sermo (Gesprächston), in altera contentio (erregte Rede); gravitatis Schwerkraft. **2.** *meton.* das **Streben, Eifer, Bemühung:** honorum, Plancii salutem trado contentioni tuae; **occ.** Leidenschaft: prava *Cu.*   Dav.

contentiōsus 3 streitsüchtig *Pli.*

I. contentus *pt. pf. pass.* v. contendo oder contineo.

II. contentus 3, *adv.* **ē** (contendo) **1.** gespannt, straff: funis *H*, contento poplite auf den Zehen stehend *H.* *met.* **2.** angestrengt: vox; cervix *V.* **3.** eifrig: studium, contente pro se dicere.

III. contentus 3 (contineo) sich beschränkend, zufrieden; contentum esse sich begnügen, zufrieden sein; mit *abl.* (*inf. OCu*).

con-terminus 3 angrenzend, benachbart; mit *dat.*; *subst. n.* contermina Scythiae *T.*

con-terō 3. trīvī, trītus **1.** zerreiben: pabula *O*; occ. aufreiben: corpora *T.* *met.* **2.** aufreiben, abnutzen, hart mitnehmen: quaestum vertun *C*, operam aufwenden *C*; conteri sich abplagen, abmühen: in causis. **3.** (Zeit) zu-, verbringen: tempus in studiis.

con-terreō 2. uī, itus (heftig) erschrecken.

con-tēstor 1. als Zeugen anrufen: deos; **occ.** litem den Prozeß durch Aufrufen von Zeugen einleiten.

con-tēxī *pf.* v. contego.

con-texō 3. texuī, textus **1.** zusammenflechten: viminibus membra, villos ovium weben. *met.* **2.** zusammenfügen, -stellen, -setzen: opus, tigna materiā, crimen anstiften, orationem *Q.* **3.** verknüpfen, verbinden: aetatem hominis cum superiorum aetate, contexta historia fortlaufend, zusammenhängend *N*, contextae voluptates Kette von Vergnügungen.   Dav.

I. contextus, ūs, *m.* Zusammenhang: dicendi *Q*, operis Verlauf *T.*

II. contextus *pt. pf. pass.* v. contexo.

con-texuī *pf.* v. contexo.

con-ticēscō u. **-īscō** 3. ticuī (*incoh.* zu taceo, § 43) **1.** verstummen: omnes *V.* **2.** *met.* sich legen, still werden, austoben, verstummen: conticuere undae *O*, conticuit studium, tumultus, furor.

con-tigī *pf.* v. contingo.

contignātiō, ōnis, *f.* Gebälk, Stockwerk.   Von

con-tignō 1. (tignum) mit Balken belegen.

contiguus 3 (contingo) **1.** angrenzend, benachbart: domos *O*; mit *dat.* **2.** erreichbar: hastae für den Speer *V.*

continēns, entis, *adv.* **enter** (contineo) **1.** enthaltsam, mäßig, sich selbst beherrschend: in vita hominum, continenter vivere. *met.* **2.** anstoßend, angrenzend, unmittelbar folgend: tecta *L*, continens ripae collis, aēr mari; continentibus diebus an den folgenden Tagen; timori malum continens fuit folgte auf dem Fuß *L.* **3. zusammenhängend, ununterbrochen, fortlaufend, anhaltend:** silvae ac paludes; agmen *L*; terra Festland; labor, bellum, continenter ire, pugnare, continenti cursu (impetu) in e i n e m Lauf (Angriff); memoria zusammenhängende Geschichte *L*, imperium andauernd *L.* **4.** *subst. f.* **Festland, Kontinent.**   Dav.

continentia, ae, *f.* Enthaltsamkeit, Selbstbeherrschung.

contineō   107   **contionabundus** **C**

contineō 2. tinuī, tentus (teneo, § 43)

I. 1. **zusammen-, beisammen-, festhalten**; *occ.*
a. (Mehrheiten) **beisammenhalten, nicht aus-**
einanderlassen; (einzelne) **festhalten, halten**;
b. (Getrenntes) **verbinden**; 2. *met.* (Zustände) **erhal-**
ten, aufrecht halten.
    II. 1. **umschließen, umfassen**; *occ. a.* **rings um-**
geben, begrenzen; *b.* (feindlich) **einschließen**;
2. *met.* **enthalten, in sich tragen, umfassen**; *occ.*
(einen Begriff) wesentlich **ausmachen**, seinen **Inhalt**
bilden.
    III. 1. **fest-, zurück-, anhalten**; *met.* 2. **in Schran-**
ken, (im Zaum) halten, zügeln; *occ.* (moralisch) **zü-**
geln, mäßigen; 3. **von etw. ab-, zurückhalten**, an etw.
hindern.

I. 1. regulae (Latten) continent lateres; *med.* agger
altiore aquā (bei Hochwasser) contineri non potest
hält nicht zusammen; bildl. memoriam litteris be-
wahren. **a.** Mit *pl.* legiones uno loco, milites in cas-
tris, sub pellibus; ventos carcere *O*; *refl.* se intra sil-
vas; se moenibus *O*; bildl. civitates in amicitia er-
halten, suos silentio *L*, suas indignationes domi ver-
bergen *L*, quae continet (Antonius) was er ver-
schweigt. Mit Kollektiven: exercitum castris,
acies ad solis occasum continetur wird festgehalten,
bleibt stehen. Mit *sg.* agricolam si continet imber da-
heim hält *V*, tecto contineri auf sein Haus beschränkt
sein *L*; bildl. se in studiis dabei bleiben. **b.** trabes
artē, Cenabum pons fluminis continebat verband
mit dem anderen Ufer; bildl. eius hospitio contineri
ihm durch Gastfreundschaft verbunden sein *N*, artes
cognatione quadam inter se continentur. 2. amici-
tiam; Romanis militarem disciplinam *L*.
    II. 1. mundus omnia complexu suo continet.
a. vicus altissimis montibus continetur, Gallia con-
tinetur wird begrenzt, hiberna milibus passuum *C*
continentur liegen beisammen auf einer Strecke von
150 Kilometern; bildl. nec luctus muris urbis con-
tinebatur ging über ... hinaus *Cu.* **b.** Pompeium
quam angustissime, equitatum ad Dyrrhachium,
munitionibus. 2. liber continet res gestas *N*, in se
vim caloris; *pass.* **enthalten sein:** litteris insidiae
continebantur *Cu*, calor, qui aquis continetur. **occ.**
quae res totum iudicium contineat, intellegetis;
pass. **bestehen:** dii non continentur venis et nervis.
    III. 1. spiritum hemmen *Cu*, se continendum
praebere sich halten lassen *Cu*, naves copulis.
2. exercitum, animi aequitate plebem; oppida
metu *L*, ora frenis *Ph*, gaudium, dolorem zurückhal-
ten *L*. **occ.** cupiditatem; *refl. u. med.* se continere *O*,
contineri *C*. **3.** suos a proelio, animum a libidine *S*,
se a supplicio.

con-tingō 3. tigī, tāctus (tango, § 48)

I. *trans.* 1. **berühren, anrühren**; *occ. a.* **erfassen,**
ergreifen; *b.* **anrühren, kosten**; *met.* 2. (ein Ziel) **er-**
reichen, treffen; *occ.* **erreichen**, wohin **gelangen**;
3. **anstoßen, anliegen**; *occ. a.* **angrenzen**; *b.* **in Ver-**
wandtschaft, Beziehung, Berührung stehen; *c.* **an-**
gehen, betreffen; 4. **ergreifen, treffen**; *occ.* **contāc-**
tus 3 **verunreinigt**, womit **behaftet, beladen.**

II. *intr.* **zuteil werden, gelingen, glücken.**

I. 1. pede undas *O*; terram osculo *L*; curalium
contigit auras kommt an die Luft *O*; ora medicamine
bestreichen *O*, lac sale bestreuen *V.* **a.** cibum rostris;
habenas manibus *O.* **b.** cibum *O*, aquas trinken *O*,
fontem aus der Quelle *O.* **2.** avem ferro mit dem
Pfeil *V.* **occ.** portum *O*, Italiam *V*, cursu metam *H*;
contigerat nostras infamia temporis aures *O.* **3.** ag-
ger murum contingit, ripae fluminis radices montis
contingunt. **a.** fines Arvernorum; saltus Falernum
contingens agrum *L.* **b.** hominem cognatione *Cu*,
sanguine ac genere, amicitiā *L*, deos propius *H*,
modico usu (Umgang) Sabinum *T.* **c.** haec consulta-
tio Romanos nihil contingit *L.* **4.** libido me conti-
git il empfand *O*, eos contingebat cura *L.* **occ.** au-
spicia entweiht *L*, (Alliensis) dies religione fluchbela-
den *L*, plebs regiā praedā befleckt *L*, civitas rabie an-
gesteckt *L*, equi nullo mortali opere frei von *T*.
    II. contigit tibi honos *O*, pugnandi occasio traf
sich *L*; mit ut, *inf.*

continuātiō, ōnis, *f.* ununterbrochene Reihe: im-
brium; rerum Zusammenhang, tribunatūs Fortfüh-
rung *L*; **occ.** (*rhet.*) c. (verborum) Periode; ununter-
brochener Vortrag *Pli.*
I. continuō 1. (continuus) **1. anschließen, verbinden,**
zusammenfügen: scuta inter se *L*, domos aneinander-
bauen *S*, pontem fertig bauen *T*, continuantur opera
schließen sich *L*, natura continuata zusammenhän-
gend, aër mari (*dat.*) continuatus. **occ. erweitern, ar-**
rondieren: agros *L.* **2.** *met.* (zeitlich) **anreihen, folgen**
lassen, fortsetzen, nicht unterbrechen: hiemi conti-
nuatur hiems folgt unmittelbar *O*; continuatum iter,
incendium *L*, prope continuata funera *L*; dies
theatro Tag für Tag im Theater sitzen *T.* **occ.** (Ämter)
fortführen: magistratum *S*; **fortführen lassen:** alicui
consulatum verlängern *L.*
II. continuō *adv.* s. continuus.

continuus 3 (contineo) **1. zusammenhängend:** aedi-
ficia *Cu*, Leucas Halbinsel *O*, montes Bergreihe *H*;
subst. principis Günstling *T.* **occ. ununterbrochen, un-**
getrennt, fortlaufend: humus *O*, mare, oratio *T.* *met.*
2. aufeinanderfolgend, nacheinander: continuis die-
bus mehrere Tage nacheinander; continuā nocte in der
folgenden Nacht *O.* **3. ununterbrochen, unablässig, un-**
aufhörlich: incommoda, honores; obsidio *L*; mit
dat. annus postulandis reis in dem die Gerichtsvorla-
dungen nicht aufhörten *T.* Dav. *adv.* **continuō gleich**
darauf, sofort, alsbald, unverzüglich; occ. (in negati-
vem Satz oder Fragesatz) **sofort, ohne weiteres:** si
malo careat, continuo-ne fruitur summo bono?
cōntiō, ōnis, *f.* (aus altl. coventio v. convenire) **1.** Ver-
sammlung, Volks-, Heeresversammlung [nur anhörend,
nicht beschließend]: civium, militum; in contionem
ascendere (escendere *L*) in der Versammlung (als Red-
ner) auftreten; pro contione in der Versammlung. *met-*
on. **2.** die Versammelten: clamor contionis. **3.** An-
sprache, Volksrede: contionem apud milites habere;
Bruti contiones *T.*
cōntiōnābundus 3 (contionor) öffentlich redend.

contionalis   108   **contrucido**

cōntiōnālis, e u. **-nārius** 3 (contio) zur Volksversammlung gehörig: senex 'alter Demagoge' *L.*

cōntiōnātor, ōris, *m.* Aufwiegler.   Von

cōntiōnor 1. (contio) **1.** vor der Versammlung sprechen, öffentlich reden. **2.** versammelt sein *L.*

cōntiuncula, ae, *f.* (*dem.* v. contio) **1.** kleine Volksversammlung. **2.** kleine Volksrede.

con-torqueō 2. torsī, tortus **1.** herumdrehen, -wenden, -bewegen: silvas mit sich reißen *V*, proram ad undas *V*; *met.* verba drehen und wenden. **2. occ.** schwingen, schleudern: hastam in latus *V.*   Dav.

contortor, ōris, *m.* Verdreher: legum *C.*

contortulus 3 etwas geschraubt.   *Dem.* von

I. contortus 3, *adv.* **ē** (contorqueo) **1.** schwungvoll, kräftig: oratio; vis (orationis) *Q.* **2.** gekünstelt, geschraubt: res, contortius concludere.

II. contortus *pt. pf. pass.* v. contorqueo.

contrā (bei *C* contră, zu cum-, con- gebildet wie extra, intra zu ex, in, von denen es später das ablativische -ā übernommen hat)

   I. a d v. 1. **gegenüber,** auf der anderen Seite; *occ.* **entgegen, wider, gegen;** 2. *met.* (Gegs.) **andererseits, dagegen, hingegen, im Gegenteil.**
   II. p r ä p o s. beim *acc.* 1. **gegenüber;** 2. **gegen, wider;** 3. **gegen = im Widerspruch** mit etw.

   I. 1. omnia c. circaque *L.* **occ.** c. intueri ins Gesicht sehen *L*, c. liceri ein Gegenangebot machen, ire sich widersetzen *T.* **2.** ut hi miseri, sic c. illi beati, Aeolus haec c. (*sc.* dicit) entgegnet *V*, tibi c. evenit umgekehrt *H*; c. atque, c. quam anders als.
   II. 1. Britannia c. eas regiones posita. **2.** exercitum c. hostīs mittere, c. aliquem esse für jemd. ungünstig sein. **3.** c. opinionem, exspectationem, spem wider Erwarten, c. faciem belli *S*, contra ea im Gegensatz dazu, dagegen *S.*

contractiō, ōnis, *f.* (contraho) das Zusammenziehen: superciliorum; *occ.* Verkürzung; *met.* Beklommenheit: animi; *dem.* **contractiuncula,** ae, *f.* leichte Beklommenheit.

contractō = contrecto.

I. contractus *pt. pf. pass.* v. contraho.

II. contractus 3 (contraho) **1. eng, schmal:** vestigia vatum schmale Pfade *H.* **2. gedrängt, knapp:** oratio. **3. beschränkt:** paupertas *H.* **4. zurückgezogen:** c. leget *H.*

contrā-dīcō, ere (§ 67) widersprechen *LT.*   Dav.

contrādictiō, ōnis, *f.* Widerrede, -spruch *T.*

con-trahō 3. trāxī, tractus 'zusammenziehen', u. zw.

   I. 1. (im Raum) **zusammenziehen;** *met.* 2. **beschränken, einschränken;** *occ.* **kürzen, kurz fassen;** 3. **einengen, beklemmen.**
   II. 1. **zusammenziehen, vereinigen, sammeln;** *met.* 2. **verursachen, bewirken, herbeiführen, sich zuziehen;** 3. *occ.* (Geschäfte) **eingehen, abschließen.**

   I. 1. vela reffen; frontem *H*, vultum runzeln *O*, bracchia einziehen *V.* **2.** luna contrahit orbem nimmt

ab *O*, contracta freta *O*, castra, aequora molibus eingeengt *H*, tempestas caelum contraxit verhüllte *H*; appetitūs, cupidinem *H*; **occ.** nomina, verba kürzer sprechen. **3.** animum.
   II. 1. eos contrahit similitudo *L*; milit. copias undique *NCu*, classem *N*, exercitum in unum locum, viros *V*; sonst: Scipionem et Hasdrubalem zusammenbringen *L*, patres contracti zur Beratung *L*, libros sammeln *T*, pecuniam zusammenbringen *T*; aes alienum Schulden machen. **2.** rebus gestis invidiam *Cu*, morbum *Cu*, sibi numinis iram *O*, frigus *V* sich zuziehen, litīs *C*, periculum *L*, magnum piaculum sibi et rei p. auf sich und den Staat laden *L*, nefas begehen *L.* **3.** rationem (Handelsverbindung) cum Mauritaniae rege, rem, negotia.

contrārius 3, *adv.* **ē** (contra) **1. gegenüberliegend:** collis, ripa; vulnera auf der Brust *T.* **2. entgegengesetzt:** in contrariam partem nach entgegengesetzten Seiten hin; mit *dat.* color c. albo *O*; mit *gen.* virtutis; contrario motu atque caelum in einer der Himmelsbewegung entgegengesetzten Richtung. *met.* **3. entgegengesetzt, gegensätzlich, widersprechend:** auctoritates, contrarias in partīs disserere für und wider, verba relata contrarie in Gegensätzen. **4. widerstrebend, feindlich, zuwider, verderblich:** otium nachteilig, arma des Feindes *O*, exta ungünstig *T*, exercitationes unzweckmäßig *T*, contrarie dicere unpassend *T. Subst.*

contrārium, ī, *n.* **Gegenteil, Gegensatz:** in contraria mutare, vertere ins Gegenteil *O*, e (ex) contrāriō im Gegenteil, dagegen.

con-trāxī *pf.* v. contraho.

contrectātiō, ōnis, *f.* Betastung.   Von

con-trectō 1. (tracto, § 43) **1.** betasten, angreifen, abgreifen: vulnus *O*, liber contrectatus abgegriffen *H*; **occ.** contrectata pudicitia verletzt; *met.* (corpus) contrectandum vulgi oculis zur Augenweide *T.* **2.** *met.* sich befassen: voluptates.

con-tremīscō (-ēscō) 3. muī (*incoh.* zu tremo) u. d i c h t. **con-tremō,** ere erzittern, erbeben; *trans.* periculum fürchten *H.*

con-tribuō 3. uī, ūtus **1.** vereinigen, verbinden: Calagurritanos cum Oscensibus; gentem satrapae zuteilen *Cu*, in unam urbem *L.* **2.** beisteuern: Spercheides undae contribuēre aliquid *O.*

con-trīstō 1. (tristis) verdüstern, trüb machen *VH.*

I. contrītus *pt. pf. pass.* v. contero.

II. contrītus 3 (contero) abgenutzt; proverbium abgedroschen.

con-trīvī *pf.* v. contero.

contrōversia, ae, *f.* (controversus) **1.** Streit, Streitigkeit: de finibus, familiaris rei um das Vermögen. **2. occ. a.** Streitfrage, Rechtsfall: controversias cognoscere. **b.** Streitrede *T.* **c.** Widerspruch, -rede: sine controversia ohne Zweifel, controversia non est, quin niemand widerspricht, daß *T.*   Dav.

contrōversiōsus 3 sehr streitig *L.*

contrō-versus 3 (contrō, Nbf. v. contrā, wie intrō v. intrā) **1.** zugewandt: in ea iura. **2.** *met.* streitig: ius, auspicium *L.*

con-trucīdō 1. zusammenhauen; rem p. hinschlachten.

contubernalis   109   **convenio**   C

con-tubernālis, is, *m.* (taberna, § 41 u. 43) **1.** Zeltka-
merad: militiae. **2.** Kriegskamerad: Saturnini. **3.** Ge-
nosse, Gefährte: in consulatu; **occ.** Hausfreund.

con-tubernium, ī, *n.* (taberna, §§ 41 u. 43) **1.** Kame-
radschaft: militum Zusammenleben mit *T*; **occ.**
Gefolgschaft, Gefolge: patris *S.* **2.** *met.* das Zu-
sammenleben, Umgang: **occ.** Sklavenehe [ohne
Rechtswirksamkeit]: mulier ei in contubernio tra-
dita *Cu. met.* **3.** das gemeinsame Zelt: progrediun-
tur contuberniis *T.* **4.** die gemeinsame Wohnung
(von Sklaven): aeditui *T*, servi *L.*

con-tudī *pf.* v. contundo.

con-tueor **2.** tuitus sum betrachten, beschauen: id no-
vum diese neue Erscheinung *N.*   Dav.
I. contuitus (-tūtus *C*), ūs, *m.* das Anschauen, Anblick.
II. contuitus *pt. pf. act.* v. contueor.

con-tulī *pf.* v. confero.

contumācia, ae, *f.* Widerspenstigkeit, Eigensinn, Trotz:
libera freimütige Unbeugsamkeit.   Von

contumāx, ācis, *adv.* **āciter** (für *contemax v. con-
temno, § 41) unbeugsam, trotzig, eigensinnig, störrisch;
met. lima spröde, hart *Ph.*

contumēlia, ae, *f.* (contemno, §§ 41 u. 43) **1.** Mißhand-
lung: os praebere (offerre *T*) ad contumeliam (con-
tumeliis *L*); **occ.** Stoß, Ungemach: naves quamvis
contumeliam perferunt. **2.** *met.* Beschimpfung, Belei-
digung, Schimpf, Schande: aliquid in contumeliam
vertere (accipere *Cu*) als Beleidigung ansehen.   Dav.

contumēliōsus 3, *adv.* **ē 1.** schmähsüchtig, beschimp-
fend: in edictis; contumeliose dicere. **2.** schmachvoll,
schimpflich; mit *dat.* plebi *L.*

con-tumulō **1.** begraben *O.*

con-tundō **3.** tudī, tūsus **1.** zerschlagen, zerstoßen, zer-
malmen: radices zerreiben, pectus quetschen *O*, nares
breitschlagen *O*, classis contusa zerschellt *L.* **2.** *met.*
lähmen, brechen, aufreiben, vernichten, niederschlagen:
articulos *H*, opes *S*, populos *V*, Hannibalem demü-
tigen *L.*

contuor, tuī *C* = contueor.

conturbātiō, ōnis, *f.* (conturbo) Verwirrung, Bestür-
zung.

conturbātus 3 **1.** getrübt, verwirrt: oculus, animus.
2. occ. bestürzt.   Von.

con-turbō **1.** **1.** in Verwirrung, in Unordnung bringen:
hostes, rem p. *S*, illa durcheinander werfen *Ca*; **occ.**
(rationes) Bankrott machen. **2.** *met.* bestürzt machen:
animos.

.contus, ī, *m.* (κοντός) **1.** Ruderstange. **2.** Pike, langer
Spieß *VT.*

contūsus *pt. pf. pass.* v. contundo.

contūtus s. I. u. II. contuitus.

cōnūbiālis, e ehelich: conubialia iura *O.*   Von

cō-nūbium, ī, *n.* (v. con und nubo, älter *snubo, also
aus con-snubium, § 30) **1.** Eheverbindung, Ehebund:
c. dirimere *L.* **2.** Beischlaf: Daphnes *O.* **3.** *meton.*
Eherecht: c. finitimis negare *L.*

cōnus, ī, *m.* (κῶνος) **1.** Kegel. **2.** Helmspitze [in Kegel-
form]: pictus mit buntem Busch *O.*

con-valēscō **3.** luī **1.** erstarken; *met.* convalescit
fama verbreitet sich *Cu*, ignis greift um sich *O.*
2. occ. sich erholen, genesen.

con-vallis, is, *f.* Talkessel, Talschluß.

con-valuī *pf.* v. convalesco.

con-vāsō **1.** āvī (vasa) einpacken *C.*

convectō **1.** (*frequ.* v. conveho) zusammenbringen.

convector, ōris, *m.* Mitreisender zu Schiff.   Von

con-vehō **3.** vēxī, vectus (vexus) zusammenbringen.

con-vellō **3.** vellī, vulsus (volsus, §§ 50 u. 51, Anm.)
1. zusammenreißen, nieder-, los-, zer-, auseinanderrei-
ßen: centuriones herumreißen *T*; **occ.** signa *L*, ve-
xilla *T* [die Feldzeichen aus dem Boden reißen] aufbre-
chen, (fruges) ferro abschneiden *V*, remis aequor auf-
wühlen *V*; flos convulsus aratro: ausgerissen *Ca*, na-
ves convulsae undis zerschellt, leck *V*; *pass.* von
Krämpfen geschüttelt werden *Sp.* **2.** *met.* erschüttern,
untergraben, wankend machen: Tiberius vi dominatio-
nis convulsus est losgerissen (aus seiner Bahn) *T.*

convena, ae, *m.* f. (convenio) zusammentreffend *C*; *pl.*
subst. zusammengelaufenes Volk.

con-vēnī *pf.* v. convenio.

conveniēns, entis, *adv.* **enter** (convenio) **1.** überein-
stimmend, angemessen, passend, schicklich: mit cum,
ad; inter se, *dat.* **2.** im Einvernehmen lebend: propin-
qui.   Dav.

convenientia, ae, *f.* Übereinstimmung, Harmonie.

con-veniō **4.** vēnī, ventus

     I. **1. zusammenkommen, sich versammeln;**
2. *trans.* mit jemd. **zusammenkommen,** ihn **aufsu-
chen, treffen;** 3. *met.* **zusammenkommen;** *occ.*
(durch Heirat) **in die Gewalt (manus) des Mannes
kommen.**

     II. **1.** zusammen-, zustandekommen; [klassisch nur]
convenit (mit u. ohne Subj.) es kommt die Vereinba-
rung zustande, **man kommt überein, einigt sich, be-
schließt gemeinsam;** 2. *occ.* bene convenit mihi
cum eo **ich stehe mit ihm in gutem Einvernehmen.**

     III. **1. zusammenpassen;** 2. *met.* nur **convenit**
(mit u. ohne Subj.) **übereinstimmen,** zu jemd. oder
etw. **stimmen, passen;** *occ.* **es paßt, gebührt,
schickt sich.**

     I. **1.** Segestae; apud hiberna *T*, ad defenden-
dum *N*, gratulatum, de communi officio; qui novis-
simus convenit als letzter kommt. **2.** Caesarem in iti-
nere, opus esse sibi domino eius convento müsse
mit seinem Herrn sprechen *L*, ad Tempe Philippus est
conventus erreichte man Ph. *L.* **3.** bella in unum con-
veniunt *L*; **occ.** in manum flaminis *T.* **II. 1.** col-
loquium convenit kam zustande *N*, condiciones non
convenerunt man einigte sich nicht über *N*; mit cum,
inter (eos), ut, *acc. c. inf.*, indir. Fr.; unpers. ut Lace-
daemoniis cum rege conveniret daß die L. sich . . .
einigten *N*, ut convenerat wie man sich geeinigt
hatte *SL*; de legibus *L.* **2.** sororis vir, quīcum op-
time ei convenisset. **III. 1.** Afrani toga convenit
Menandro stand ihm gut *H.* **2.** in Alcibiadem *N*, ad
maximam partem civium, suae virtuti *N.* **occ.** mit
inf., acc. c. inf. confestim te interfectum esse conve-
nit; subjektslos: ad nummum convenit es stimmt auf
den Heller.

conventicium, ī, *n.* (convenio) Sitzungsgeld.

conventiculum, ī, *n.* (conventus) **1.** Verein. **2.** *meton.* Versammlungsort.

conventum, ī, *n.* u. **-tiō**, ōnis, *f. LTPli* (convenio II.) Übereinkunft, Abmachung, Vertrag.

I. conventus, ūs, *m.* (convenio) **1.** das **Zusammenkommen**, **Zusammenströmen**: totius Graeciae *Cu*, celeberrimus virorum; *meton.* **Zusammenkunft**, **Versammlung**: militum, nocturnus. **2. occ. a. Bundesversammlung**, **Kongreß**: Arcadum *N*, Achaici consilii *L*. **b.** Kreis-, **Gerichts-**, **Landtag**: conventum agere. **c. Verein** römischer Bürger [in der Provinz], **Bürgergemeinde**, **Korporation**: Campanus, Cordubae.

II. conventus *pt. pf. pass.* v. convenio.

con-verberō, āre stark schlagen: os suum *Cu*.

con-verrō 3. verrī, versus zusammenkehren: sabulum *Cu*; *met.* hereditates zusammenscharren.

conversātiō, ōnis, *f.* (conversor) Umgang, Verkehr *T.*

conversiō, ōnis, *f.* (converto) **1.** Umdrehung, Umlauf: astrorum, annua Jahresumlauf. *met.* **2.** Umwandlung, Umwälzung: rei p. **3.** *rhet.* **a.** orationis Periode. **b.** orationis in extremum Wiederholung desselben Wortes am Satzschluß. **c.** Gegenüberstellung derselben Worte im syntaktischen Chiasmus. **d.** Übertragung, Übersetzung *Q.*

conversor 1. (converto) irgendwo verkehren: in regia *Cu.*

conversus *pt. pf. pass.* v. converro oder converto.

con-vertō (altl. convorto, § 50) 3. tī, sus

1. umwenden, -kehren, -drehen; *refl.* u. *med.* **sich wenden**, **kehrtmachen**; *occ.* im Kreise drehen; *met.* 2. hinkehren, -wenden, -richten, -lenken; *occ.* wozu **verwenden**; 3. um-, **verwandeln**, **verändern**, **umgestalten**; *refl.* u. *med.* **sich verwandeln**, **umschlagen**; *occ.* übersetzen.

1. equum, iter in (ad) provinciam umkehren, vias schwenken *V*; hostem in nos a vobis *Cu*, copias ad legiones, palam [andere Lesart: paleam] anuli ad palmam zur Innenhand; milit. aciem (in fugam) werfen, signa kehrtmachen, signa ad hostem gegen den Feind Front machen, terga (se) fliehen, fugam die Flucht einstellen *V*, conversae acies einander zugewandt; *refl.* u. *med.* se in Phrygiam *N*, omnis vis R. Veios conversa est *L*, conversa per auras wandte sich in die Lüfte *V*; *act.* = *refl.* convortit ad equites kehrte zu den Reitern um *S. occ.* ter se convertit *O*, luna convertitur kreist. **2.** cogitationes in rem *Cu*, ad scribendi operam omne studium, animum (animos) ad negotia *L*; bes. omnium oculos (animos *L*, vulgi ora *H*) in (ad) se auf sich ziehen *NLCu*, omnem exercitum (terrarum orbem *V*, civitatem *L*) in se die Aufmerksamkeit des ... auf sich ziehen *L*; *refl.* civitas se ad eos convertit wandte sich zu; *med.* omni civitate ad eam curam conversā *L*, cuncta ad victoris opes conversa fiel zu *T*; *act.* = *refl.* ad Liviam convertere sich an L. wenden *L*, ad sapientiam sich zuwenden *T*. **occ.** omnia consilia in bellum *Cu*, aliquid in suam rem. **3.** nova religio mentes militum convertit stimmte um, gemitu conversi animi *V*, castra castris

vertauschen, praemia Metelli in pestem *S*, terras in freti formam *O*, classem in Nymphas *V* verwandeln; *refl.* u. *med.* conversa fortuna est das Blatt wandte sich *N*, metu in venerationem converso *Cu*, imperium se in dominationem convortit *S*, se ex homine in beluam, converso in pretium (Gold) deo *H*; *act.* = *refl.* vitium huic in bonum convertebat schlug zu seinem Glück aus, ista vobis mansuetudo in miseriam convortet *S*. **occ.** librum e Graeco in Latinum.

con-vestiō 4. völlig bedecken.

con-vēxī *pf.* v. conveho.

I. convexus 3 (conveho) **1.** gewölbt, gerundet: sidera Sterne am Himmelsgewölbe *O*. **2.** *subst.* **convexum**, ī, *n.* Wölbung: umbrae lustrant convexa die Talkessel *V*. **3.** geneigt, abschüssig: iter *O*, trames silvae steiler Waldpfad *V*.

II. convexus *pt. pf. pass.* v. conveho.

con-vīcī *pf.* v. convinco.

convīciātor, ōris, *m.* Lästerer.   Von

convīcior 1. schmähen, lästern *L*.   Von

con-vīcium, ī, *n.* **1.** Geschrei, **Zank**; ranarum Quaken *Ph.* **occ. 2.** Zurechtweisung, **Tadel**: aliquem convicio ab errore avellere. **3.** Scheltwort, **Schmähung**: Lentuli; rustica *O*. **4.** *meton.* **Lästermaul**, **Spottvogel**: nemorum convicia, picae *O.*

convīctiō, ōnis, *f.* (convivo) das Zusammenleben; *meton.* convictiones domesticae Hauspersonal.

convīctor, ōris, *m.* (convivo) Tischgenosse, Gast.

convīctūrus *pt. fut.* v. convivo.

I. convīctus *pt. pf. pass.* v. convinco.

II. convīctus, ūs, *m.* (convivo) **1.** Umgang, Gesellschaft: deûm *Ph.* **2.** Gastmahl *T.*

con-vincō 3. vīcī, victus **1.** widerlegen: falsa, errores. **2. occ.** überführen, überweisen: maleficii, in crimine; mit *inf.*, *acc. c. inf.* **3.** dartun, beweisen, begründen: avaritiam; mit *acc. c. inf.*

con-vīsō 3. betrachten, durchforschen *Lukrez.*

convīva, ae, *m.* (convivo) Tischgenosse, Gast.   Dav.

convīvālis, e Tisch-, Tafel-: fabulae Tischgespräch *T.*

convīvātor, ōris, *m.* (convivor) Gastgeber, Wirt *HL.*

convīvium, ī, *n.* (convivo) Gastmahl, Gelage, Schmaus; *occ.* Tischgesellschaft, Gäste *HPrT.*

con-vīvō 3. vīxī, vīctūrus zusammenleben *Sp.*

convīvor 1. (conviva) zusammen speisen *Pli Sp.*

con-vīxī *pf.* v. convivo.

con-vocō 1. zusammenrufen, berufen.

con-volō 1. āvī zusammenströmen, herbeieilen.

convolsus *pt. pf. pass.* v. convello.

con-volūtor, ārī sich herumtreiben *Sp.*

con-volvō 3. volvī, volūtus **1.** zusammenrollen: terga *V*. **2.** herumrollen: convolvitur Ales [Gestirn] kreist.

con-vomō 3. muī bespeien.

convortō s. converto.

con-vulnerō, āre stark verwunden *Cu.*

convulsus *pt. pf. pass.* v. convello.

co-operiō 4. operuī, opertus (§§ 32 u. 72) völlig bedecken: lapidibus steinigen; meist *pt. pf. pass.*; *met.* coopertus flagitiis, miseriis beladen *S*, stupris versunken in *L*, famosis versibus überschüttet *H.*

cooptatio   111   **Corinthus**   C

cooptātiō, ōnis, *f.* Ergänzungswahl.   Von
co-optō 1. (cooptassint = cooptaverint *L*) dazuwählen.
co-orior 4. ortus sum **1.** sich erheben, auftreten, losbrechen. **2.** *met.* los-, ausbrechen, entstehen, sich erheben.
Coōs, Cous, ī, **Cōs,** *f.* Kos [Insel an der karischen Küste; Weinbau, Seidenweberei]; *adi.* u. Einw. **Cōus;** *subst.* **1. Cōum,** ī, *n.* Koerwein *H.* **2. Cōa,** ōrum, *n.* (durchscheinende) Kleider aus Seidengaze *H.*
Cōpāis, (idis) palus K o p a i s s e e [in Böotien; jetzt trockengelegt] *L.*
cōpia, ae, *f.* (statt cŏ-ŏpia zu ops, vgl. in-opia)

> 1. **Vorrat, Fülle;** *occ.* **Reichtum, Überfluß;** 2. *pl.* *occ. a.* **Lebensmittel, Mittel, Vorräte;** *b.* **Kriegsvorräte;** *c.* **Mittel, Vermögen, Wohlstand;** *met.* 3. (von lebenden Wesen) **Menge, Masse, Zahl;** *occ.* **Trupp, Schar, Mannschaft;** *pl.* **Streitkräfte;** 4. (von Abstrakten) **Menge, Fülle;** *occ. a.* **Redefülle;** *b.* **Wissensfülle;** 5. *meton.* **Fähigkeit, Gelegenheit, Möglichkeit, Erlaubnis;** 6. p e r s o n . **Copia** [Göttin des Überflusses].

1. frumenti, ferramentorum; narium der Wohlgerüche *H. occ.* copia cum egestate confligit, pro cuiusque c. je nach Vermögen *Cu.* **2. a.** domesticae, opes et copiae Macht und Reichtum. **b.** copias Dyrrhachii comparare. **c.** conferre suas copias in provinciam seine Gelder anlegen, domesticae, familiares *L.* **3.** remigum, amicorum. *occ.* selten *sg.* augebatur illis copia sie erhielten Verstärkung, latronum *S;* *pl.* navales *NL,* maritimae *Cu* Seetruppen, terrestres urbiumque Land- und Besatzungstruppen. **4.** exemplorum *Cu,* dicendi, rerum Stoffülle. **a.** (Periclis) ubertas et copia. **b.** virtus in scribendo et copia. **5.** Mit e s s e : Pharnabazi copiam fore *Ph.* werde zu sprechen sein *Cu,* mihi est copia somni ich kann schlafen *L;* f a c e r e : frumenti copiam alicui facere jemd. mit Getreide versorgen, pugnandi sich in einen Kampf einlassen *S;* copia pugnae fit *SL;* d a r e : senatūs copiam dare vor den Senat lassen *T,* copia pugnae datur bietet sich *V;* mit *inf.* adfari data copia matri es wurde ermöglicht *V;* mit *gen.* h a b e r e copiam societatis ... coniungundae Möglichkeit haben *S,* Iughurtae Macht haben über *S;* pro rei copia, ex copia (rerum) den Umständen gemäß *S.* **6.** dives meo Bona Copia cornu est *O.*   Dav. *dem.*
cōpiolae, ārum, *f.* ein paar Soldaten.   Und
cōpiōsus 3, *adv.* ē **1.** reich, wohlhabend, reichlich; *adv.* reichlich, in Fülle. **2.** (mit *abl.*) an etw. reich, reich begabt mit: agris, artibus honestis *T.* **3.** *met.* wortreich, beredt, gedankenreich, ausführlich: lingua, causam copiosissime (sehr ausführlich) disputare, homo copiosissimus gewandter Redner.
copis, idis, *f.* (κοπίς) (persischer) Krummsäbel *Cu.*
cōpula, ae, *f.* (*co-apula, v. apere, vgl. apiscor) **1.** Bindemittel, Band, Riemen, Leine. **2.** *met.* Fessel, Band: naves copulis continere mit Enterhaken; talium virorum freundschaftliches Band *N.*
cōpulātiō, ōnis, *f.* Verbindung: rerum.   Von

cōpulō 1. (copula) **1.** zusammenkoppeln, verbinden: hominem cum pecude; altera ratis huic copulata est *L.* **2.** *met.* verbinden, verknüpfen: se cum aliquo, res; **cōpulātus** 3 verbunden, vereint: nihil est copulatius quam morum similitudo.
coquō 3. coxī, coctus **1.** kochen, sieden, backen, zubereiten: cocta cibaria Mehlbrei (puls) *NL;* liba *O,* medicamenta, venena *L.* **2.** *occ.* **a.** dörren, austrocknen: glaebas *V,* robur coctum am Feuer gehärtetes Holz *V;* **b.** brennen, schmelzen: vitrum *Sp.* **c.** reif machen, reifen: coquitur vindemia der Wein reift *V.* **d.** verdauen: omnia cocta atque confecta. *met.* **3.** ersinnen: consilia, bellum *L.* **4.** beunruhigen, ängstigen: me coquo *C,* cura, quae nunc te coquit *Ennius.* E: aus *quequo, § 38, 2, für *pequo, ai. pácati 'kocht, backt', gr. πέσσω.   Dav. (§ 17)
coquus u. **cocus,** ī, *m.* K o c h .
cor, cordis, *n.* (gr. καρδ-ία, got. haírto, §§ 10 f.) **1. Herz** [als Organ]. **2.** *meton.* **Herz, Gemüt:** corde amare herzlich *C,* cordi esse am Herzen liegen. **3. Seele, Mut:** forti corde ferre mala *O,* ferocia corda ponunt Poeni den wilden Mut *V.* **4. Geist, Sinn, Verstand, Einsicht:** stupor cordis. **5.** *meton.* **Herz, Seele = Person:** fortissima corda *V.*
Cora, ae, *f.* C.[St. in Latium] *VL; adi.* **Corānus** 3.
Coracēsium, ī, *n.* C. [St. an der Grenze von Kilikien und Pamphylien] *L.*
Corallī, ōrum, *m.* die C. [Volk im Donaudelta] *O.*
cōram I. *adv.* **1.** anwesend, persönlich, zugegen: c. cernere. **2.** öffentlich, vor jemd.: Manlius se ipse c. offert tritt vor *L.* **II.** *praep.* beim *abl.* in Gegenwart, vor: c. conventu *N.* E: *co-ōram von ōs 'ins Gesicht', gebildet wie clam, palam, perperam.
Corax, acis, *m.* (κόραξ) K. [**1.** gr. Redner aus Syrakus. **2.** Berg in Ätolien *L*].
Corbiō, ōnis, *f.* C. [St. der Äquer bei Anagni] *L.*
corbis, is, *f.* K o r b .   Dav.
corbīta, ae, *f.* Lastschiff.
corcodīlus *Ph* = crocodilus.
corculum, ī, *n.* (*dem.* von cor) Herzchen *C;* [als Beiname § 82] 'Mann von Einsicht'.
Corcȳra, ae, *f.* K o r f u ; *adi.* u. Einw. **Corcȳraeus.**
corda s. chorda.
cordātus 3 (cor) verständig, gescheit *Ennius C.*
cordāx, ācis, *m.* (κόρδαξ) C. [ausgelassener] Tanz, *meton.* der Trochäus [wegen seines hüpfenden Rhythmus].
Corduba, ae, *f.* C o r d o b a ; *adi.* u. Einw. **Cordubensis.**
Corfīnium, ī, *n.* C. [Hauptst. der Päligner]; *adi.* **Corfīniēnsis,** e: clementia Caesars gnadenvolle Schonung der Stadt C.
Corinthus, ī, *f.* K. [reiche gr. Handelsstadt am Isthmus]. bimaris *H.* Sprichw. non cuivis homini contingit adire Corinthum *H* = nicht jeder kann sich K. leisten; *meton.* captiva die Beute von K. *H. Adi.* **1. Corinthius** 3: aes korinthische Bronze [Legierung aus Gold, Silber und Kupfer]; vasa C. und Corinthia, ōrum, *n.* Gefäße aus korinthischer Bronze; *subst.* **Corinthiī,**

Corioli   112   **corripio**

ōrum, *m.* die Korinther. **2. Corinthiacus** 3 *LO.*
3. Corinthiēnsis, e *T.*
Coriolī, ōrum, *m.* C. [St. in Latium] *L; adi.* u. Einw.
Coriolānus; [auch Beiname des C. Marcius].
Coriosólitēs, um, *m.* die C. [Volk in der Bretagne].
corium, ī, *n.* (χόριον, § 91, Abs. 2) **1.** Fell, Haut. **2.** Leder.
Cornēlius 3 im *n. g.* der patriz. Familien der Scipiones, Sullae, Lentuli, Dolabellae, Cethegi und der pleb. der Balbi, Cinnae u. a.; *adi.* leges von Corneliern gegeben, forum C. Imola [Ort an der via Aemilia]; s. auch castra.
corneolus 3 (*dem.* v. corneus) hornartig.
I. corneus 3 (v. cornu) aus Horn, hornartig.
II. corneus 3 (v. cornus) vom Hartriegel: venabula *O*, hastilia *V.*
corni-cen, inis, *m.* (cornu, cano, §§ 41 u. 66) Hornist.
cornīcula, ae, *f.* (*dem.* v. cornix) dumme Krähe *H.*
corniculum, ī, *n.* (*dem.* v. cornu) kleines Horn; **occ.** hornförmige milit. Auszeichnung am Helm *L*; corniculo merere als milit. Charge dienen *Sp.*
Corniculum, ī, *n.* C. [alte St. in Latium nördl. v. Tibur] *L; adi.* **Corniculānus** 3 (§ 75) *LO.*
corni-ger 3 (cornu, gero, § 66) gehörnt.
corni-pēs, pedis (cornu, § 66) hornfüßig, hufetragend.
cornīx, īcis, *f.* (gr. κορ-ώνη, ahd. hruoh, verw. mit corvus) Krähe. Sprichw. cornicum oculos configere = selbst die Vorsichtigsten täuschen.
cornu, ūs, *n.*, *acc.* cornum *O* (ai. çŕnga-m, gr. κέρ-ας, got. haúrn, § 10, kelt. karn) **1.** Horn, *pl.* **Gehörn, Hörner**: cornu Copiae Füllhorn [Symbol des Überflusses] *HO; met.* (amphora) addit cornua pauperi macht Mut *H.* **occ. a.** *pl.* **Geweih. b. Horn** [am Schnabel oder Huf]. **2.** *meton.* [Gegenstände aus Horn] **a.** Horn zum Blasen, **Heerhorn** [später aus Metall]; **Hornansatz** [der phrygischen Flöte]: tibia adunco cornu *O.* **b. Horntrichter** *V.* **c. Hornflasche** *H.* **d. Bogen** [aus je zwei Hörnern]: flectere cornua *O*; *sg.* curvum c. *V.* **e. Resonanzboden** [der Lyra (als *m.* cornus, ūs)]: cornibus, qui ad nervos resonant. **3.** *met.* [Hornähnliches] **a. Auswuchs** [an der Stirne] *H.* **b. Hörner** [der Mondsichel] *O.* **c. Knopf, Knauf** [des Stabes der Buchrollen]: candida (aus Elfenbein) nec nigrā cornua fronte geras *O.* **d. Helmkegel**: galeae *L*, cristae *V.* **e. Spitze** der Rahe; *meton.* **Rahe, Segelstange**: cornua antemnarum *V*; cornua locare in arbore (Mast) *O.* **f. Landzunge**: portūs; inclusum cornibus aequor *O.* **g. Flußarm** [vom Nil] *O.* **h. Ende, Flügel**: Graeciae *L*, tribunalis *T.* **occ. Heerflügel**: alterum *N*, a dextro cornu proelium committere.
cornum, ī, *n.* **1.** Kornelkirsche *O.* **2.** Lanze (Lanzenschaft) aus Hartriegelholz.
cornus, ī (ūs *O*), *f.* (κράνος) **1.** Hartriegel, Kornelkirschbaum. **2.** Hartriegelholz. **3.** *meton.* Lanze *VO.*
corōllārium, ī, *n.* (v. corōlla, *dem.* v. corona) 'Kranzgeld'; *met.* Geschenk, Zulage, Trinkgeld.
corōna, ae, *f.* (κορώνη) **1. Kranz, Krone**: regni Diadem *V*; bildl. sibi nectit uterque coronam sie preisen einander *H.* Phrase: sub corona vendere als Kriegsgefangene verkaufen [weil sie bekränzt wurden].

met. **2. Mauerrand, Gesims** *CuSp.* **3. Kreis, Menge, Schar**: armatorum; coronā vallum defendere ringsum mit seinen Leuten *L.* **occ. a. Zuhörerkreis**: vulgi *O*, coronae die Zuhörer *H.* **b. Truppenkette, Einschließungslinie**: urbem coronā circumdare *L*, capere durch Einschließung *Cu.* **4. Krone** [der Ariadne; Sternbild] *VO.*   Dav.
corōnārium aurum **1.** Spende [der Provinzialen] zu einem goldenen Kranz [für den Triumphator]. **2.** Abgabe an den Kaiser *Sp.*
Corōnē, ēs, *f.* C. [St. am messenischen Golf] *L.*
Corōnēa, ae, *f.* C. [St. in Böotien] *NL*; Einw. Corōnaeī; *adi.* Corōnēnsis, e.
Corōnīdēs, ae, *m.* = Äskulap [Sohn der Nymphe Corōnis] *O.*
corōnō 1. (corona) **1.** bekränzen: coronari Olympia bei den Olympischen Spielen *H.* **2.** *met.* umkränzen, umgeben: silva coronat aquas *O*, abitum custode umstellen *V.*
corporeus 3 **1.** körperlich, im Körper: ignis. **2.** aus Fleisch: umerus Pelopis, dapes *O.*   Von
corpus, oris, *n.* **1.** Fleisch: vertere in corporis usum in Fleisch *O*, ossa subiecta corpori. **2. Leib, Körper**: dolor corporis; vulgare sich als Dirne preisgeben *L*, quot haberet corpora pulvis Körnchen *O*, genitalia Elemente *O*; bildl. eloquentiae Wesen, Kern *Q.* **occ. a. Leichnam**: corpus ad sepulturam dare. **b. Rumpf**: caput est a corpore longe *O.* **3.** *meton.* **Person, Wesen**: corpus suum dedere sich *Cu*, impurum unsaubere Person, liberum eine Freie *L*, (Charon) subvectat corpora die Schatten *V.* *met.* **4.** ein **Ganzes, Körper**: navium Schiffsbäuche *Cu*, reliquum corpus navium der übrige Teil, regni *Cu*, rei p. Staatskörper; [von Schriftwerken]: omnis iuris R. Sammlung *L.* **5. Gesamtheit, Körperschaft**: militum Armeekorps *Cu*, regni Gesamtmacht *V*; **occ.** regem sui corporis creari voluerunt aus ihrem Stand *L.*
E: ai. kŕp- 'Gestalt', persisch karp 'Körper'. Dazu *dem.*
corpusculum, ī, *n.* Körperchen: individua Atome.
cor-rādō, ere zusammenkratzen *C.*
corrēctiō, ōnis, *f.* (corrigo) **1.** Verbesserung; **occ.** Zurechtweisung. **2.** (*rhet.*) Berichtigung.
corrēctor, ōris, *m.* (corrigo) Verbesserer: legum *L*; **occ.** (tadelnder) Kritiker.
corrēctus *pt. pf. pass.* v. corrigo.
cor-rēpō 3. rēpsī wohin kriechen; *met.* sich verkriechen.
correptē *adv.* (corripio) kurz: correptius *O.*
correptus *pt. pf. pass.* v. corripio.
cor-rigō 3. rēxī, rēctus (rego, § 41) **1.** gerade richten: ceras glätten *V*, cursum ändern *L.* *met.* **2.** berichtigen, bessern, verbessern: delicta gutmachen *S*, moram cursu wieder einbringen *O.* **3.** zurechtweisen: ipsa re corrigi eines Besseren belehrt werden *S.*
cor-ripiō 3. ripuī, reptus (rapio, § 43) **1. zusammenraffen, heftig an sich reißen, packen**: naves *V*, hastam *V*, mulierem an der Hand fassen *T*, praefecturas an sich reißen *T.* **2. occ. a. aufraffen**: e stratis corpus, sese *V.* **b. aufgreifen, ergreifen**: equites *T.* **c.** (vor Gericht) **angeben, anklagen** *T.* **d. schelten, tadeln**: consules *L*, correptus voce magistri *H.* *met.* **3. ergrei-**

corrivatio 113 **cottidie** **C**

fen, hin-, **wegraffen**: correptus subita morte *Cu*, segetes nimius sol (imber) corripit schädigt *O*, correptus imagine formae hingerissen *O*, militiā von der Kampflust *V*, hunc plausus corripuit ihn hat fortgerissen, erfreut *V*. **4. beschleunigen, verkürzen**: gradum *H*, viam schleunig zurücklegen *VO*, spatia in die Rennbahn stürzen *V*, campum durcheilen *V*.

corrīvātiō, ōnis, *f.* Zusammenleitung *Sp*. Von

cor-rīvō 1. (rivus) zusammenleiten *Sp*.

cor-rōborō 1. stärken, kräftigen; *refl.* u. *pass.* erstarken.

cor-rōdō 3. rōsī, rōsus zernagen, zerfressen *Ph*.

cor-rogō 1. zusammenbitten, -betteln: pecuniam; auxilia ab sociis *L*; **occ.** einladen.

cor-rōsī *pf.* v. corrodo.

corrōsus *pt. pf. pass.* v. corrodo.

cor-rotundō, āre runden; *pass.* sich runden *Sp*.

corrūda, ae, *f.* wilder Spargel: silvestris *Sp*.

cor-rūgō, āre (ruga) rümpfen: nares *H*.

cor-ruī *pf.* v. corruo.

cor-rumpō 3. rūpī, ruptus **1. zusammenbrechen, beschädigen, verletzen**; **occ. verderben** (*trans.*), **vernichten, zugrunde richten**; *pass.* **verderben** (*intr.*), **zugrunde gehen**: coria; vineas lapidibus *S*; **occ.** frumenta; igni verbrennen, res familiares ruinieren *S*, opportunitates verlieren *S*, spem vereiteln *S*. **2. verderben = schlecht machen**; *pass.* **schlecht werden**: aquam; humor in similitudinem vini corruptus gegoren *T*. **occ. a. entstellen, verunstalten**: corpus livore *Cu*; famam bemäkeln *Cu*, nomen *S*; equi macie corrupti heruntergekommen. **b. fälschen**: tabulas (publicas). **3. met.** (moralisch) **verderben**: mores, disciplinam *T*. **occ. a. verführen. b. bestechen, verleiten**: eum donis *SCu*, auro *S*.

corrumptor s. corruptor.

cor-ruō 3. ruī, k l a s s . stets *intr.* **1. zusammenstürzen, einstürzen**: arbor corruit *O*, oppida corruunt; **occ.** zu Boden stürzen: in vulnus nach vorne *V*. **2. met.** stürzen, zugrunde gehen: opes Lacedaemoniorum corruerunt. **occ. a.** bankrott werden. **b. durchfallen**: tamquam histriones.

cor-rūpī *pf.* v. corrumpo.

corruptēla, ae, *f.* (corrumpo) Verderbnis; **occ. a.** Verführung; **b.** Bestechung: servi.

corruptiō, ōnis, *f.* (corrumpo) **1.** Verderbtheit: opinionum Verkehrtheit. **2.** Bestechung: militum *T*.

corruptor, ōris, *m.*, altl. corrumptor *C* (corrumpo) Verderber, Bestecher, Verführer. Dazu **corruptrīx**, īcis, *f.* Verführerin; *adi.* verführerisch.

I. corruptus *pt. pf. pass.* v. corrumpo.

II. corruptus 3, *adv.* ē (corrumpo) **1.** verdorben: hordeum. **met. 2.** verkehrt, verschroben: consuetudo Sprachgebrauch. **3.** (moralisch) verdorben, schlecht: servi corrupte habiti in Zuchtlosigkeit *T*.

cōrs s. cohors.

Corsica, ae, *f.* K o r s i k a ; *adi.* u. Einw. Corsus.

cortex, ticis, *m.*, dicht. *f.* **1.** Baumrinde. **2. occ.** Kork; Pfropfen, Schwimmgürtel *H*. **3.** d i c h t . super scopulum illidere corticem Schildkröte *Ph*.

cortīna, ae, *f.* **1.** Kessel; **occ.** Dreifuß [der Pythia] *VO*. **2.** Kreis, Runde *T*.

Cortōna, ae, *f.* C o r t o n a [St. in Etrurien] *L*; *adi.* u. Einw. Cortōnēnsis.

corulētum, ī, *n.* Haselgebüsch *O*. Von

corulus, ī, *f.* (aus *cosulus, § 29, ahd. hasal, §§ 10 u. 11) Haselstaude *VO*.

cōrus s. caurus.

coruscō, āre **1.** *trans.* schnell schwingen, bewegen: hastam, ignem *V*, linguas 'züngeln' *O*. *intr.* **2.** flattern: pinnis *V*. **3. met.** glitzern: fulgore *V*, flamma coruscat *Pacuvius*. Von

coruscus 3 **1.** schwankend, zitternd: ilices, silvae *V*. **2. met.** blitzend, schimmernd, funkelnd: sol, flammae, ensis *V*.

corvus, ī, *m.* (vgl. κόρ-αξ, cornix) **1.** Rabe. **2. met.** Mauerhaken *Cu*.

Corybantēs, um, *m.* Korybanten [Kybelepriester, die ihre Göttin mit Waffentänzen und wilder Musik feierten] *H*; *adi.* **Corybantius** 3 *V*; *sg.* **Corybās**, antis, *m.* C. [Sohn der Kybele].

Cōrycidēs nymphae [in einer Grotte am Parnaß] *O*.

Cōrycus, ī, *m.* C. [**1.** Hafenst. u. Vorgebirge in Ionien *L*; **2.** St. in Kilikien]; *adi.* von **2. Cōrycius** 3 *VHCu*.

corylētum, corylus = **corul** . . .

corymbi-fer, ī, *m.* Efeutrauben tragend *O*. Von

corymbus, ī, *m.* (κόρυμβος) Blütentraube des Efeus [Attribut des Bacchus] *VTiPrO*.

coryphaeus, ī, *m.* (κορυφαῖος) Oberhaupt.

Corythus, ī C. [**1.** *f.* St. in Etrurien, später Cortona *V*. **2.** *m.* der Erbauer von C.: Corythi urbes etrurische *V*].

cōrytos = gorytus *O*.

COS = consul, **COSS** = consules.

Cōs s. Coos.

cōs, cōtis, *f.* (vgl. catus) Wetzstein, Schleifstein.

Cosa, ae (Cosae *V*), *f.* **1.** C. [Küstenst. u. Vorgebirge in Etrurien] *VLT*; *adi.* u. Einw. **Cosānus**; Cosānum, ī, *n.* Gebiet von, Landgut bei C. **2.** [St. in Lukanien].

cosmoe, ōrum, *m.* Kosmoi [κόσμοι 'Ordner' § 91, Abs. 2; höchste Behörde auf Kreta].

Cossaeī, ōrum, *m.* die C. [Volk nördl. von Susa] *Cu*.

Cossus, ī, *m.* A. Cornelius C. ['Holzwurm', erstach den Vejenterkönig Tolumnius] *VL*.

costa, ae, *f.* Rippe; *pl. met.* Bauch *V*.

costum, ī, *n.* (κόστος, § 92, Abs. 2) Kostwurz [indische Gewürzstaude] *HPrO*.

Cosȳra, ae, *f.* C. [Insel zwischen Sizilien u. Afrika] *O*.

cōtēs s. cautes.

cothurnātus 3 tragisch erhaben: deae *O*. Von

cot(h)urnus, ī, *m.* (κόθορνος, § 91, Abs. 2) **1.** Jagdstiefel *V*. **2.** Kothurn [Bühnenschuh der tragischen Schauspieler]. **3.** erhabener, tragischer Stil *VPh*. **4.** Tragödie *H*.

cotīdiānus, cotīdiē s. cott . . .

Cotīnī, ōrum, *m.* die C. [Volk in den Karpathen] *T*.

cottabus, ī, *m.* (κότταβος) das Anklatschen [Spiel] *C*.

Cottiānae Alpes *T* = Cottiae, s. Alpes.

cottīdiānus 3 (cotīdiānus, quotīdiānus) **1.** täglich, gewohnt: sumptus *N*; *adv.* cottīdiānō täglich. **2.** alltäglich, gemein: loquacitas. Von

cottī-diē (cotīdiē, quotīdiē) (*adv.* von einem zu quot,

coturnix   114   **creo**

§ 17, gehörigen *adi.* u. dies) täglich, Tag für Tag.

cōturnīx, īcis, *f.* Wachtel *CO.*

coturnus s. cothurnus.

Cotys, yis u. **-tus,** ī, *m.* C. [thrakischer Fürstenname].

Cotyttia, ōrum, *n.* C. [zuchtlose nächtliche Festfeier der urspr. thrakischen Göttin Cotytto] *H.*

Cous, Cōus s. Coos.

covinnārius, ī, *m.* Sichelwagenkämpfer *T.*
E: covinnus, kelt. 'Sichelwagen'.

coxa, ae, *f.* Hüfte *Pli.*
E: ai. kákšā 'Achselgrube', ahd. hahsa 'Kniebug', nhd. 'Schweinshaxe'.   Dav.

coxendix, icis, *f.* Hüftbein.

coxī *pf.* v. coquo.

Crabra aqua C. [Fl. bei Tusculum].

crābrō, ōnis, *m.* Hornisse *VOSp.*

Cragus, ī, *m.*, *acc.* on *O* C. [Gebirge in Lykien] *H.*

Craniī, ōrum, *m.* die C. [Einw. v. Kranion auf Kefallinia] *L.*

Crannōn, ōnis, *f.* C. [St. in Thessalien].

Crantōr, oris, *m.* K. [gr. Philosoph der älteren Akademie] *H.*

crāpula, ae, *f.* (κραιπάλη) Trunkenheit, Rausch.

crās *adv.* morgen; d i c h t. künftig *O.*

crassitūdō, inis, *f.* Dicke.   Von

crassus 3, *adv.* **ē 1.** beleibt, fett, dick. **met. 2.** dick, grob, unfein: fila *O,* toga *H,* paludes schlammig *V;* poëma crasse compositum plump, geistlos *H,* crassā Minervā (s p r i c h w.) von derbem Hausverstand *H.* **3.** dick, dicht: terra; aër *H.*

crās-tinus 3 (cras, vgl. diu-tinus) morgig: dies; *subst.* rem in crastinum differre auf morgen.

Crataeis, idis, *f.* C. [Mutter der Scylla] *O.*

crātēr, ēris, *m.* (dor. κρατήρ, § 90), pros. meist **crātēra** (§ 92) oder **crēterra,** ae, *f.* (ionisch κρητήρ, § 40) **1. Mischkessel, -krug; occ.** Krug *V.* met. **2. Schlund, Krater** *O.* **3. Wasserbecken, Bassin** *Pli.* **4. Becher** [Sternbild]. **5.** Crater C. [Bucht bei Baiae].

crātēs s. cratis.

Crāthis, idis, *m.*, *acc.* im C r a t i [Grenzfluß zwischen Lukanien und Bruttium] *O.*

Cratīnus, ī, *m.* K. [Dichter der älteren attischen Komödie, 520—423] *HQ.*

Cratippus, ī, *m.* K. [gr. Philos. in Athen, Peripatetiker].

crātis, is, *f.*, öfter *pl.* **1.** Flechtwerk, Geflecht; **occ.** (milit.) Faschinen: loricas ex cratibus attexere. **2.** *met.* Gefüge: pectoris Brustkorb *V,* favorum Honigwaben *V.*

creātor, ōris, *m.* (creo) Erzeuger, Vater; **creātrīx,** īcis, *f.* Mutter: diva Venus *V.*

crēber, bra, brum (zu cre-sco) **1. üppig wachsend, dicht wachsend:** rami, arbores; harundinibus dicht bewachsen mit *O.* **2. dicht stehend, gedrängt, zahlreich:** aedificia; fontes *Cu,* ignes *S,* creber procellis sturmreich *V,* rerum frequentiā reich an. **3. wiederholt, fortgesetzt, häufig:** nuntii *N,* colloquia; *n. pl.* a d v. crebra ferire wiederholt *V.* **4.** p r ä d i k. beim *verb.* statt *adv.* crebri cecidere lapides in dichter Menge *L,* auster anhaltend *V,* errat crebra manus, heros creber pulsat wiederholt *V.* Adv. **crēbrō,** crebrius,creberrimeoft,wiederholt,häufig.   Dav.incoh.

crēbrēscō 3. bruī **1.** wachsen, zunehmen, sich vermehren: horror crebrescit *V,* bellum, seditio *T.* **2. occ.** sich verbreiten: crebrescit (das Gerücht) vivere Agrippam *T.*

crēbritās, ātis, *f.* (creber) Häufigkeit, Fülle.

crēbrō s. creber 4.

crēbruī *pf.* v. crebresco.

crēdibilis, e, *adv.* **iter** (credo) glaublich, glaubhaft, glaubwürdig; *n. subst.* credibili fortior unglaublich tapfer *O.*

crēdidī *pf.* v. credo.

crēditor, ōris, *m.* (credo) Gläubiger.

crēditum, ī, *n.* Darlehen, Schuld.   Von

crēdō 3. didī, ditus, altl. *coni.* creduas, -duis, -duint *C;* credin = credisne *C* (ai. çrad-dhā 'das Vertrauen'; eigtl. 'das Herz, cor, auf jemd. setzen')

> I. 1. **anvertrauen, vertrauen, übergeben, überlassen;** 2. *occ.* **ein Darlehen geben, borgen.**
> II. 1. **vertrauen, Vertrauen schenken;** *occ.*
> 2. **Glauben schenken, glauben;** 3. **glauben, für wahr halten;** 4. **glauben, meinen, der Ansicht sein;**
> 5. Phrasen.

I. 1. alicui salutem suam *Cu,* arma militi *L,* creditus navi Vergilius *H,* se suaque alienissimis, se ponto, nocti sich aufs Meer, in die Nacht hinauswagen *O,* se pugnae den Kampf bestehen *V.* **2.** pecuniam sine faenore *N.* **II. 1.** non credere militibus kein Vertrauen haben *L,* tempori *S,* talaribus sich verlassen auf *O,* campo sich in eine Feldschlacht einlassen *V.* **2.** als Satzeinschub: mihi crede; oculis magis quam auribus *L,* ei de Persicis rebus plurimum *N;* *pass.* mit persönl. Konstr. creditus da man ihm glaubte *O,* vix credar man wird mir kaum glauben *O.* **3.** divinitas credita allgemein geglaubt, anerkannt *L,* ne quid de se temere crederent *S;* mit *acc. c. inf.* u. i n d i r. Fr. **4.** se Iovis filium credidit hielt sich für *Cu;* credo ego vos mirari; *pass.* aries creditus vexisse Phrixum von dem man glaubte *T;* creditur Pythagorae auditorem fuisse Numam *L.* **5. a.** [Parenthetisch]: c r e d o **denk' ich, vermutlich, wohl,** [oft ironisch]: quae convivia? honesta, credo, in eiusmodi domo. **b.** c r e d e r e s **man konnte glauben, hätte glauben können:** crederes Alexandrum flere *Cu.*

crēdulitās, ātis, *f.* Leichtgläubigkeit.   Von

crēdulus 3 (credo) leichtgläubig, vertrauensselig: piscis *O,* armenta *H* arglos; mit *dat.;* in vitium *O; pass.* fama gern geglaubt *T.*

Cremera, ae, *m.* C. [Nebenfl. des Tiber in Etrurien; 477 Untergang der Fabier] *LO; adi.* **Cremerēnsis,** e.

cremō 1. verbrennen: urbem niederbrennen *L,* ignis trabes cremat verzehrt *O.*

Cremōna, ae, *f.* C r e m o n a [St. am nördl. Ufer des Po]; *adi.* u. Einw. **Cremōnēnsis.**

Cremutius, A. C. Cordus [Geschichtsschreiber unter Tiberius] *T.*

creō 1. (vgl. cre-sco) **1.** hervorbringen, schaffen, erschaffen: vapor umidus omnes res creat *O;* *met.* dictaturam ins Leben rufen *L,* alicui periculum bereiten.

crepax — 115 — **Croton**

2. occ. zeugen, gebären [meist von der Mutter]: Maia creatus Sohn der M. *O*; Sulmone creati aus Sulmo *V*. **3.** (Beamte) wählen, wählen lassen: dictatorem Mettium *L*; *pass.* rex est creatus Tarquinius *L*.

crepāx, ācis (crepo) knisternd.

crepida, ae, *f.* (§ 95) Sandale, Halbschuh.

crepīdō, inis, *f.* (κρηπίς) **1.** Grundlage. **2.** Uferrand, Kai: saxi steinig *V*.

crepitō 1. āvī (*frequ.* zu crepo) schallen. [Je nach dem Zusammenhang zu übersetzen]: intestina crepitant der Magen knurrt *C*, crepitans cicada zirpend *Ph*.

I. crepitus *pt. pf. pass.* v. crepo.

II. crepitus, ūs, *m.* Schall, Hall. [Je nach dem Zusammenhang]: das Klappern, Knarren, Klirren u. a.   Von

crepō 1. puī, pitus **I.** *trans.* **1.** einen Ton hervorbringen: laetum sonum Beifall klatschen *H*. **2.** *met.* von etw. laut reden, schwatzen: vineta *H*, pauperiem klagen über *H*. **II.** *intr.* schallen, tönen. [Je nach dem Zusammenhang]: klappern, knarren, rauschen u. a.
E: ai. kŕpate 'er jammert'.   Dav.

crepundia, ōrum, *n.* Klapper, Kinderklapper.

crepusculum, ī, *n.* (*dem.* zu *crepus, verw. mit κνέφας) **1.** Abenddämmerung, Zwielicht. **2.** Dunkel, Dämmerung *O*.

Crēs s. Creta.

crēscō 3. crēvī, crētus **1.** wachsen, werden, entstehen; crētus 3 geboren, entsprossen; mit *abl.* oder ab. **2.** wachsen, an-, aufwachsen: cresce, puer *O*, crescentes anni die jungen Jahre *O*. *met.* **3.** steigen, zunehmen, sich vergrößern: luna crescens, Liger creverat war angeschwollen, crescens aestus die Flut *V*, crescit in immensum Atlas steigt empor *O*; bildl. crescit aes alienum, hostium numerus, morbus *N*, clamor *L*, animus der Mut. **4. occ.** (politisch) Macht gewinnen, groß werden: Etruria crevit *V*, in curia *L*.
E: *incoh.* zum Stamm crē, Wz. *ker wachsen, gr. κόρος adulescens.

Crēta, ae oder -ē, ēs, *f.* (Κρήτη) Kreta; *adi.* u. *subst.* **Crēs**, Crētis, *m.* kretisch, Kreter; ebenso *fem.* **Crēssa**, ae: corona der Ariadne, nota Kreidezeichen *H*. *Adi.* **1. Crētis**, idis, *f.*: nympha *O*. **2. Crēsius** 3: nemora *V*. **3. Crētaeus** 3: taurus [der Stier, welcher Marathon verwüstete] *O*. **4. Crēticus** 3: mare *H*. **5.** *adi.* u. Einw. **Crētēnsis**.

crēta, ae, *f.* (Creta, *sc.* terra) kretische Erde *T*, Kreide; [als Schminke]: umida *H*. Dav. **crētātus** 3 mit Kreide bestrichen *Pr*.

crēterra s. crater.

crētiō, ōnis, *f.* (cerno) Erbschaftsübernahme: simplex unnütz.

crētōsus 3 (creta) kreidereich *O*.

crētula, ae, *f.* (*dem.* v. creta) weiße Siegelerde; *meton.* Siegel.

cretus *pt. pf. pass.* v. cerno oder cresco.

Creūsa, ae, *f.* K. [**1.** Tochter Kreons, Gemahlin Jasons. **2.** Tochter des Priamus, Gemahlin des Äneas. **3.** Hafenort in Böotien *L*].

crēvī *pf.* v. cerno oder cresco.

crībrum, ī, *n.* (v. cerno = *crino, § 49) Sieb.

crīmen, inis, *n.* (v. cerno = *crino, § 49, wie gr. κρῖμα v. κρίνω) **1.** Anklage, Beschuldigung: ambitūs

auf Amtserschleichung, maiestatis, Parium wegen Paros *N*. **2. met.** Vorwurf: rem (alicui) crimini dare zum Vorwurf machen, res (mihi) crimini est gereicht (mir) zum Vorwurf; **occ.** Vorwand: belli *V*. **3. meton.** Gegenstand des Vorwurfs: crimen posteritatis eris wirst von ihr geschmäht werden *O*; **occ.** Schuld, Verbrechen: criminis reus *Cu*, sine crimine vitam degere *V*.

crīminātiō, ōnis, *f.* (criminor) Anschuldigung, Verdächtigung, Verleumdung.

crīminātor, ōris, *m.* Verleumder *T*.   Von

crīminor 1. (crimen) **1.** klagen, Klage führen: ut illi criminantur *S*. **2.** verklagen, verdächtigen, verleumden: regem *Cu*, patres apud plebem *L*, te poëtis *T*. **3.** vorwerfen, zum Vorwurf machen, Beschwerde führen: Agrippinae amicitiam in eo (an ihm) *T*; mit quod, *acc. c. inf.*

crīminōsus 3, *adv.* ē (crimen) beschuldigend, vorwurfsvoll, verleumderisch, gehässig.

Crimisē, ēs, *f.* C. [St. in Lukanien] *O*.

crīnālis, e Haar-: vittae *O*, aurum Haarband aus Gold *V*; *n. subst.* crinale Diadem *O*.   Von

crīnis, is, *m.* (aus *crisnis, § 30; vgl. crispus, crista) **1.** Haar, Haupthaar: capere crines sich verheiraten *C*. **2.** Kometenschweif *VO*.

Crīnī(s)sus, ī, *m.* C. [Fl. im Westen Siziliens] *NV*.

crīnītus 3 (crinis) behaart, langhaarig; *met.* stella Komet.

crispō 1. **1.** kräuseln *Sp*. **2.** schwingen *V*.   Von

crispus 3 (vgl. crinis, crista) gekräuselt; *subst.* Krauskopf; abies rauhgebrannt *Ennius*.

crista, ae, *f.* (vgl. crinis, crispus) **1.** [von Tieren] Kamm: epopis *O*. **2.** Helmbusch. Dav. **cristātus** 3 **a.** kammtragend: draco *O*. **b.** helmbuschtragend: Achilles *V*.

Crīthōtē, ēs, *f.* C. [St. im thrakischen Chersones] *N*.

Critiās, ae, *m.* K. [Dichter, Redner u. Staatsmann in Athen, 404 einer der 30 Tyrannen].

criticus, ī, *m.* (κριτικός) Kunstrichter, Kritiker *H*.

Critolāus, ī, *m.* K. [**1.** gr. Philosoph, Peripatetiker, 155 unter der Philosophengesandtschaft in Rom. **2.** Feldherr des Achäischen Bundes 147].

croceus 3 (crocus) Safran-: odores *V*; safrangelb: comae goldblond *O*.

crocodīlus, ī, *m.* (κροκόδειλος, § 91, Abs. 2) Krokodil; *adi.* crocodīlinus 3 *Q*.

crocus, ī, *m.* u. -um, ī, *n.* (κρόκος, § 92) **1.** Safran. **2.** Safranfarbe, -gelb: vestis picta croco *V*. **3.** Safranwasser, -essenz [zum Besprengen des Bodens, bes. der Bühne]: crocum perambulat fabula schreitet über die safranduftende Bühne *H*.

Croesus, ī, *m.* K. [der reiche König von Lydien zur Zeit Solons]; (appellativ, § 84): 'ein Krösus', reicher Mann *O*.

Crommyoacris, idis, *f.* C. [Vorgebirge im Norden Zyperns].

Cromyōn, ōnis, *f.* C. [Ort an der Küste sw. von Megara] *O*.

Cronium mare Eismeer *Sp*.

crotalia *acc. pl. n.* (κροτάλια) klapperndes Ohrgehänge *Sp*.

Crotō(n), ōnis, *f.* K. [St. an der bruttischen Ostküste];

Einw. **Crotōniātēs**, ae, *m. L*; *adi.* u. Einw. **Crotō-niēnsis** *SL.*

cruciāmentum, ī, *n.* (crucio) Marter *C.*

cruciātus, ūs, *m.* **1.** Marter, Qual. **2.** qualvolle Hinrichtung.   Von

cruciō 1. (crux) **1.** martern, quälen, peinigen; *pt. pr. med.* crucians cantherius Martergaul *C.* **2.** *met.* (geistig) quälen; *med.* sich abhärmen.

crūdēlis, e, *adv.* **iter** (v. crudus, wie **fidēlis** neben **fidus**) **1.** roh, grausam, gefühllos, schonungslos, unbarmherzig: tyrannus. **2.** *met.* schrecklich, erschütternd, grausam: fortuna, odium, mors, bellum.   Dav.

crūdēlitās, ātis, *f.* Grausamkeit, Gefühllosigkeit, Härte, Unbarmherzigkeit, Roheit.

crūdēscō, ere (crudus) heftiger werden, zunehmen.

crūditās, ātis, *f.* verdorbener Magen.   Von

crūdus 3 (aus *crevidus, *crevdus, *creudus, §§ 42 u. 48, zu gr. κρέας, κρέϜας) **1. blutig, blutend**: vulnus *O.* **2. roh, ungekocht**: exta *L*; **occ. ungebrannt**: later *Cu. met.* **3. a. unbearbeitet, rauh**: caestus aus rohem Leder *V*; bildl. lectio unverarbeitet *Q.* **b. nicht reif, unreif**: poma; equa cruda marito für *H*, servitium zu neu *T*; **occ. frisch, noch rüstig**: senectus *VT.* **c. mit verdorbenem Magen**: bos die Durchfall hat *H*, crudum ructare ohne verdaut zu haben *Sp.* **4. roh, hart, gefühllos, grausam**: Getae *O*, ensis *V.*

cruentō 1. **1.** mit Blut bespritzen, blutig machen; *pass.* blutig werden. *met.* **2.** beflecken: deos caede principis *T.* **3.** bis aufs Blut verletzen: haec te lacerat, haec cruentat oratio.   Von

cruentus 3 (cruor) **1.** blutbefleckt, blutig: epistula Blutbefehl *T*, hostis *H*, cruenta (*n. pl.*) Blutvergießen *H.* **occ. 2.** blutrot: myrta *V.* **3.** blutdürstig, grausam: hostis *Sp*, ira *HO.*

crumīna (-mēna), ae, *f.* Geldbeutel *C*; *meton.* Geld *H.*

cruor, ōris, *m.* **1.** geronnenes Blut, Blutstrom. **2.** *met.* Blutvergießen, Mord.
E: ai. krūrá-s 'wund, blutig'; vgl. κρέας u. ahd. (h)rō 'roh'.

cruppellāriī, ōrum, *m.* C. [vollständig gepanzerte Gladiatoren bei den Häduern] *T.*

crūri-crepida, ae, *m.* (crus, crepo, § 66) Sklave, dem die Schläge auf die Schienbeine klatschen *C.*

crūs, crūris, *n.* Unterschenkel, Schienbein.

crūsta, ae, *f.* **1.** Eisrinde, -kruste. **2. occ.** Reliefplatte.
E: verw. mit crudus, cruor; eigtl. 'geronnenes Blut'.

crūstulārius, ī, *m.* Zuckerbäcker *Sp.*   Von

crūstulum, ī, *n.* Zuckerwerk.   *Dem.* von

crūstum, ī, *n.* (vgl. crusta) Backwerk *V.*

Crustumeria, ae, *f. L*, **-merium**, ī, *n. L*, u. **-merī**, orum, *m. VC.* [sabinische St. nördl. von Rom]; *adi.*u. Einw. **Crustumīnus**; *adi.* **Crustumius** 3 *V.*

crux, crucis, *f.* **1.** Marterholz, Marterpfahl, Kreuz [meist wie ein T gestaltet]: in crucem tollere, agere, cruci adfigere *L*, in cruce suffigere *H.* **2.** Kreuzesstrafe, Kreuzigung: crucem minari, i (abi) in malam crucem! geh zum Henker! *C.* **3.** Qual, Marter, Unheil, Verderben: multas cruces propositas effugere.
E: ai. krúñcati 'krümmt sich', ahd. hrukki 'Rücken'.

crypto-porticus, ūs, *f.* (κρυπτός, porticus) gedeckte Halle, Wandelhalle *Pli.*

crystallus, ī, *f.* (κρύσταλλος) Bergkristall *Cu*; *adi.* **crystallinus** 3; *n. subst.* Kristallgefäß *Sp.*

Ctēsiphōn, ōntis K. [**1.** *m.* Freund des Demosthenes. **2.** *f.* St. am Tigris *T*].

cubiculāris, e (cubiculum) Schlafzimmer-: lectus.

cubiculārius, ī, *m.* Kammerdiener *Sp.*   Von

cubiculum, ī, *n.* (cubo) **1.** Schlafzimmer. **2. occ.** Wohnzimmer. **3.** Kaiserloge im Zirkus *Sp.*

cubīle, is, *n.* (cubo) Lager, Lagerstätte, Bett, Nest.

cubital, ālis, *n.* (cubitum, § 87) Armpolster *H.*

cubitālis, e (cubitum) ellenlang: cava *L.*

cubitō 1. āvī (*frequ.* v. cubo) liegen *T.*

I. cubitum *pt. pf. pass.* v. cubo.

II. cubitum, ī, *n.* (gr. κύβιτον) **1.** Ellbogen, Elle, Unterarm. **2.** *meton.* Elle [Längenmaß, ca. 44 cm].

cubō 1. buī, bitum **1.** liegen, ruhen: Ustica cubans sanft abgedacht *H.* **2. occ. a.** im Bett liegen, schlafen: cubitum ire schlafen gehen. **b.** krank im Bett liegen: trans Tiberim *H.* **c.** bei Tisch liegen, speisen: cubans bei Tisch *H.*

cucūlus, ī, *m.* (ai. kōkilá-s, gr. κόκκυξ) Kuckuck; [als Schimpfwort]: 'Gimpel' *CH.*

cucumis, eris, *m.* Gurke *Sp.*

cucurbita, ae, *f.* Kürbis *Pli.*   Dav. *dem.*

cucurbitula, ae, *f.* Schröpfkopf *Sp.*

cucurrī *pf.* v. curro.

cūdō, ere schlagen: nummos prägen *C.*

Cugernī, ōrum, *m.* die C. [germ. Volk am Niederrhein] *T.*

cūiās, ātis, *m.*, altl. **quoiātis** *C* (cuius) aus welchem Land stammend? was für ein Landsmann?

cuicui-modī (*Iuxtap.*, § 67, *gen.* v. quisquis u. modus) welcher Art immer, wie immer beschaffen.

cūius, altl. **quōius** 3 (vom St. quo 'wer', § 17) wem angehörig? wessen? quóia vox? *C*, cuium pecus? *V.*

cūius-modī, cūiusque-modī s. modus.

culcita, *dem.* **culcitula**, ae, *f.* Polster, Matratze.
E: ai. kūrcá-s 'Bündel'.

culex, icis, *m.* Mücke *H.*

culilla, ae, *f.* Becher, Pokal *H.*

culīna, ae, *f.* (wohl zu coquo) **1.** Küche. **2.** *meton.* Kost, Essen *H.*

culleus, ī, *m.* Ledersack.
E: κουλεός, κολεός 'Lederscheide'.

culmen, inis, *n.* (vgl. columen) **1.** Halme, Stroh: fabae *O.* **2.** *meton.* [vom Strohdach] Dach, Dachfirst. **3.** *met.* Gipfel, Kuppe: Alpium. **occ. a.** Scheitel: hominis *L.* **b.** Gipfelpunkt: fortune *L.*

culmus, ī, *m.* (*cellere ragen) **1.** Halm *V.* **2.** *synecd.* Ähre. **3.** *meton.* Strohdach.

culpa, ae, *f.* **1.** Verschulden, Schuld: in culpa esse, versari schuldig sein, Schuld haben; **occ.** Unzucht: inter viros ac feminas *T.* **2.** *meton.* der Schuldige: culpam ferro compesce schlachte das Schaf, das an der Seuche schuld ist *V.*   Dav.

culpō 1. **1.** tadeln, schelten, mißbilligen. **2. occ.** beschuldigen, Schuld geben: aquas *H.*

cultellus, ī, *m.* Messerchen *H.*   *Dem.* von

culter — 117 — **cum**   **C**

culter, trī, *m.* Messer: tonsorius Bartschere; me sub cultro linquit in den Händen meines Peinigers *H.*

cultiō, ōnis, *f.* (colo, § 51, Anm.) Bebauung: agri.

cultor, ōris, *m.* (colo, § 51, Anm.) **1.** Bearbeiter, Bebauer: terrae. **occ. a.** Landmann, Bauer: pecora cultoresque *S.* **b.** Bewohner: aquarum *O,* insularum *L.* **2.** Freund, Liebhaber, Verehrer: imperii *R. L,* religionum *L,* veritatis. **3.** Verehrer, Anbeter: numinis *O.*

cultrīx, īcis, *f.* (cultor) Bewohnerin *VPh.*

cultūra, ae, *f.* (II. colo, § 51, Anm.) **1.** Bearbeitung, Bebauung, Anbau. **met. 2.** Ausbildung, Veredlung: animi. **3.** Verehrung, Huldigung: potentis amici *H.*

I. cultus 3, *adv.* **ē** (II. colo) **1.** gepflegt, bearbeitet, angebaut; *subst.* **culta**, ōrum, *n.* angebautes Land, Felder. **2.** geputzt, geschmückt, zierlich: adulter *O.* **3.** gebildet, fein, verfeinert: animi; culte loqui *O.*

II. cultus, ūs, *m.* (II. colo, § 51) **1.** Pflege, Bearbeitung, Anbau, Kultur: patrii nach Art der Ahnen *V;* *meton.* **Anpflanzung**: Cereris. **2. Pflege, Wartung:** habendo pecori *V,* corporis. *met.* **a. Bildung,** geistige **Erziehung:** neque mos neque cultus *S.* **b. Verehrung:** in regem *Cu,* deûm *Cu.* **3. Kleidung, Tracht, Schmuck:** regius *N,* militaris *Cu,* dotales Brautschmuck *T;* *met.* poëticus Zierlichkeit *T.* **4. Lebensweise, -einrichtung:** Gallorum; humilis, liberalis *L;* **occ. Üppigkeit:** provinciae, imperatoris.

III. cultus *pt. pf. pass.* v. colo.

cululla = culilla.

cūlus, ī, *m.* (vgl. gr. κυσός) der Hintern *CaPh.*

I. cum, quum, altl. **quom** (*adv. acc. sg. n.* des Relativs, §§ 17 u. 50; vgl. **tum**) *coniunct.*

A. 1. **wann, wenn;**	
2. **als, da, nach-dem, seitdem**	(cum temporale mit *ind.*);
3. **(sooft) als, wenn**	(cum iterativum, klass. mit *ind. impf.* od. *ppf.*, später auch mit *coni.*);
4. **als**	(cum inversum mit *ind. pf.* oder *pr. hist.*);
5. **indem, dadurch daß**	(cum explicativum mit *ind.*).
B. 1. **als, während, nachdem**	(cum narrativum mit *coni. impf.* oder *ppf.*);
2. **da, weil**	(cum causale mit *coni.*);
3. **da doch, obgleich, obwohl**	(cum concessivum mit *coni.*);
4. **während, während dagegen**	(cum adversativum mit *coni.*).
C. **cum—tum.**	

A. 1. animus nec cum adest nec cum discedit apparet. **2.** cum tempus est visum, diem delege-

runt *N;* fuit tempus, dies mit *coni.*; c u m p r i m u m **sobald als** mit *ind.*; nondum CX anni sunt, cum lata lex est seitdem. **3.** oppidum vocabant, cum silvas munierant; cum in circulum venisset *N.* **4.** vix agmen processerat, cum Galli flumen transeunt. **5.** cum tacent, clamant; te, cum isto animo es, satis laudare non possum; aber *coni.* in den Ausdrücken: cum diceret, negaret, affirmaret.

B. 1. Epaminondas, cum v i c i s s e t Lacedaemonios atque ipse gravi vulnere exanimari se v i d e - r e t, quaesivit, salvusne esset clipeus. **2.** cum Parum reconciliare non posset, copias e navibus eduxit *N;* q u a e c u m i t a s i n t, q u o d c u m i t a s i t **unter solchen Umständen, da dies sich so verhält,** u t p o t e c u m **da nämlich,** q u i p p e c u m **da ja,** p r a e s e r t i m c u m (c u m p r a e s e r t i m) **zumal da. 3.** fuit perpetuo pauper, cum divitissimus esse posset *N.* **4.** homo solus particeps rationis, cum cetera sint omnia expertia.

C. cum—tum sowohl — als auch (besonders); zwar—besonders aber, mit *ind.*; mit *coni.*, wenn zwischen beiden Sätzen ein Kausalnexus stattfindet: cum tota philosophia frugifera sit, tum nullus feracior locus quam de officiis; einzelne Begriffe verbindend: cum in aliis rebus, tum maxime... *N;* verkürzt: c u m m a x i m e **gerade, ganz besonders:** quae nunc cum maxime fiunt.

II. cum, altl. **com** (in Komposition intervokalisch **co**) **zusammen;** Präp. beim *abl.* (angehängt dem *pron. pers.* u. klass. dem *relat.*)

A. **mit, (mit)samt, nebst,** u. zw. im Sinne 1. einer Begleitung oder Gesellschaft; 2. einer Zusammengehörigkeit; 3. einer Gemeinschaft oder *occ.* gemeinschaftlichen Tätigkeit; 4. des Versehen-, Bewaffnet-, Begabtseins mit einer Sache.
B. 1. z e i t l i c h : **zugleich mit, gleichzeitig mit;** 2. m o d a l zur Angabe begleitender Umstände: **mit, unter, begleitet von;** 3. *occ.* b e s c h r ä n k e n d : **nur mit, nur unter der Bedingung.**

A. 1. esse, habitare, dormire usw. cum aliquo, venenum secum habuit *N,* imperator cum exercitu profectus est, cum diis iuvantibus *L.* **2.** ipse cum curru *Cu,* penetralia cum sacris *O;* mit dem *pl.* des Präd. dux cum aliquot principibus capiuntur *L;* attributiv: effigies nullo cum corpore körperlos *O,* dapes cum sanguine blutig *O.* **3.** quid mihi tecum (*sc.* est)? was habe ich mit dir zu schaffen? cum primis (= inprimis) **vornehmlich** *Lukrez V.* **occ.** freundschaftlich: cum aliquo agere, loqui, foedus facere; stare (facere) auf jemds. Seite stehen. Feindlich: cum aliquo pugnare, queri sich beklagen *O,* bellum gerere; adversus regem bellum gessit cum (gemeinsam mit) Aegyptiis *N.* **4.** cum armis, cum ferro in Waffen, bewaffnet, cum vestibus atris in schwarzen Kleidern *O,* esse cum telo eine Waffe bei sich führen, cum imperio Feldherr sein; naves cum commeatu, cum gravi vulnere in castra referri *L.*

B. 1. exit Crassus cum nuntio gleich nach Erhalt,

Cumae 118 **cur**

cum die surgere mit Tagesanbruch *O*, pariter cum ortu (occasu) solis *S*. **2.** cum virtute vivere tugendhaft, magna cum offensione civium zu großem Ärger *N*, multis cum lacrimis unter vielen Tränen, cum magna calamitate rei p. zu großem Schaden, cum (magna) cura sorgfältig, cum bona venia mit gütiger Nachsicht, cum pace in aller Ruhe, cum bona gratia in aller Güte. **3.** ei omnia cum pretio honesta videbantur wenn es nur Geld brachte *S*, Antium colonia missa cum eo, ut Antiatibus permitteretur mit dem Vorbehalt, daß *L*.

Cūmae, ārum, *f.* C. [älteste gr. Kolonie in Italien, Sitz der Sibylle von C.]; *adi.* **Cūmaeus** 3: Sibylla *V* = anus, virgo *O*; anni alt wie die Sibylle *O*; *adi.* u. Einw. **Cūmānus:** aquae *L* = Baiae; **Cūmānum**, ī, *n.* das C. [Landgut Ciceros bei Cumae].

cumba, cumbula s. cymba.

cumera, ae, *f.* Korb, Getreidekorb *H*.

cumīnum, ī, *n.* (κύμινον) K ü m m e l *H*.

cummaximē s. I. cum C.

cummis, is, *f.* G u m m i *Sp*.

cumprīmīs (*Iuxtap.*, § 67) s. II. cum I. 3.

cum-que, cun-que, altl. **quom-que** ('und wann'; an *relat.* angehängt): quicumque wer auch immer; mihi cumque salve vocanti wann immer ich dich rufe, jederzeit *H*.

cumulātus 3, *adv.* **ē 1.** erhöht, gesteigert, reichlich. **2.** *synecd.* vollständig, vollkommen: virtus. Von

cumulō 1. 1. häufen, auf-, anhäufen: nix cumulata vento *Cu*, arma in acervum *L*; *met.* aliud super aliud cumulatur funus ein Todesfall folgt auf den andern *L*, honores, probra in aliquem jemd. mit... überhäufen *T.* **2.** *synecd.* hoch anfüllen, überschütten, überhäufen: altaria odoribus *Cu*, cumulatae corporibus fossae *T*; *met.* aliquem laude. **3.** *met.* steigern, vergrößern, vermehren: alio scelere hoc scelus; *pass.* zunehmen, wachsen: animis (*dat.*) religiones *L.* **4.** vollständig, vollkommen machen: gaudium, eloquentiam. Von

cumulus, ī, *m.* **1.** Schwall: aquarum *O.* **2.** Haufen, Masse: armorum; hostium Leichenhaufen *L.* **3.** *met.* Zuwachs, 'Gipfel', 'Krone': ad praedam, ad merita.

cūnābula, ōrum, *n.* Wiege; *met.* Wohnsitz. Von

cūnae, ārum, *f.* (aus *koinā, vgl. κοίτη, κεῖμαι, § 52) Wiege: primis cunis noch als Kind in der Wiege; **occ.** Nest *O*.

cunctābundus 3 (cunctor) zögernd *LT*.

cunctāns, antis, *adv.* **anter** (cunctor) **1.** zögernd, langsam. **2.** *met.* zäh: glaebae, ramus *V*.

cunctātiō, ōnis, *f.* (cunctor) das Zögern, Zaudern, Zurückhaltung: sine cunctatione unverzüglich *L*.

cunctātor, ōris, *m.* (cunctor) **1.** *adi.* bedächtig. **2.** *subst.* Zauderer [ehrende Bezeichnung des Q. Fabius Maximus] *L*.

cunctātus 3 = cunctans. Von

cunctor 1. zögern, zaudern, zurückbleiben; *pt. pf.* auch p a s s. nec cunctatum est man zögerte nicht *T*.
E: ai. çankate 'schwankt', çankā 'Zweifel'.

cunctus 3 vereint, gesamt, gänzlich, ganz; *pl.* alle (insge-

samt), zusammen, sämtlich; *subst.* **cuncta**, ōrum, *n.* die Gesamtheit *HT*.

cuneātim (§ 79) *adv.* keilförmig. Zu

cuneātus 3 (cuneāre) (keilförmig) zugespitzt *LO*.

cuneus, ī, *m.* **1.** Keil: ferreus *Cu*. *met.* **2.** Keil [als eckige Figur]: Britannia v e l u t in cuneum tenuatur *T*. **3.** keilförmige Schlachtordnung. **4.** [keilförmig abgeteilte] Sitzreihen im Theater. **5.** *meton.* Zuschauer: cuneis notuit res omnibus *Ph.* **6.** Streifen, Zwickel *Sp*.

cunīculus, ī, *m.* **1.** Kaninchen *Ca.* **2.** unterirdischer Gang; **occ.** Mine, Schacht, Stollen.

cunīla, ae, *f.* Quendel *CSp*.

cunnus, ī, *m.* weibliche Scham *H*; *meton.* Weib *H*.

cun-que s. cumque.

cūpa, ae, *f.* Tonne, Faß.
E: ai. kūpa-s 'Grube', gr. κύπη 'Höhle', κύπελλον 'Becher', dtsch. 'Küpe, Kufe', § 10.

cūpēdia, cūpes s. cuppedia, cuppes.

Cupīdineus 3 (Cupido) des Liebesgottes: tela *O*.

cupiditās, ātis, *f.* (cupidus) **1.** das Verlangen, Gier, Begierde, Leidenschaft: regni, imperii Herrschsucht. **2.** occ. **a.** sinnliche Liebe *Cu.* **b.** Ehrsucht, Ehrgeiz: sine ulla cupiditatis suspicione. **c.** Genußsucht: vita disiuncta a cupiditate. **d.** Habsucht, Geldgier: nostrorum hominum. **e.** Parteilichkeit: sine cupiditate iudicare.

cupīdō, inis, *f.*, als *nomen pr.* u. d i c h t. *m.* (cupio) **1.** das Begehren, Verlangen, Sucht, Begierde; *pl.* Leidenschaften. **2.** occ. **a.** Trieb, Lust: Romanorum cupidines Lüste *T.* **b.** Habsucht: s o r d i d u s *H.* **c.** Ehrsucht: cupido atque ira, pessimi consultores *S.* **d.** sinnliche Liebe: visae virginis *O.* **3.** p e r s o n. Liebesgott, Amor, *pl.* Amoretten *HO*.

cupidus 3, *adv.* **ē** (cupio) **1.** begierig, begehrend, verlangend, leidenschaftlich: novarum rerum neuerungssüchtig, nach Umsturz strebend, pacis friedliebend *H*; d i c h t. mit *inf.* **2.** occ. **a.** verliebt: amantes schmachtend *O.* **b.** habsüchtig, eigennützig: homines. **c.** parteiisch: sive apud infestos sive apud cupidos *T.* **d.** ergeben, zugetan: mei (*gen.*).

cupiēns, entis verlangend, begehrend: cupientissimā plebe auf dringendes Begehren *S.* Von

cupiō 3. (cupiret *Lukrez*) īvī (iī), ītus **1.** begehren, verlangen, wollen, wünschen; mit *acc.*, *inf.*, *acc. c. inf.*; cupīta, ōrum, *n.* Wünsche *T.* **2.** occ. **a.** (liebend) begehren *O.* **b.** mit *dat.* zugetan, gewogen sein: Helvetiis.
E: ai. kúpyati 'wallt auf, zürnt'. Dav.

cupītor, ōris, *m.* der etw. begehrt: matrimonii *T*.

cupītus *pt. pf. pass.* v. cupio.

cupīvī *pf.* v. cupio.

cuppēdia, ae, *f.* Naschhaftigkeit.

cuppes (nur *nom.*) naschhaft *C*.

cupresseus 3 (cupressus) aus Zypressenholz *L*.

cupressi-fer 3 (§ 66) Zypressen tragend *O*.

cupressus, ī, d i c h t. ūs, *f.* und **cyparissus**, ī, *f.* (κυπάρισσος, § 91, Abs. 3) Zypresse; [als Totenbaum]: atra, feralis *V*, invisa *H*; *meton.* lēvis cupressus Kästchen aus Zypressenholz *H*.

cūr, altl. **quōr, qūr** (aus Pron.-St. *quo, § 17) weshalb? warum? [dir. u. indir. fragend].

cura 119 **curro** C

cūra, ae, *f.* (altl. coira, urspr. coisa, §§ 29 u. 52) **Sorge**, u. zw.

> I. 1. **Fürsorge, Sorgfalt, Bemühung**; 2. *occ. a.* Aufmerksamkeit; *b.* **Studium**; *meton.* **Schrift, Buch**; 3. **Besorgung, Pflege**, u. zw. *occ. a.* **die Kosmetik**; *b.* **Krankenpflege**; *c.* **Heilung, Kur**; *d.* **Fürsorge, Hut, Obhut**; *meton.* **Aufseher** (oder) **Schützling, Pflegling**; *e.* **Verwaltung, Aufsicht, Leitung**; *meton.* **Amt, Geschäft.**
> II. 1. **Sorge, Kummer, Betrübnis**; 2. *occ. a.* **Liebeskummer, Liebesqual**; *b.* (quälende) **Neugier.**

I. 1. Cereris um Nahrung *O*, rei p. Fürsorge für. [Beachte]: **a.** **est mihi cura** alicuius rei (auch mit ne, *inf.*) **ich nehme Interesse an, richte mein Augenmerk auf, bin auf** etw. **bedacht** *SHLO*. **b.** **mihi aliquid** (auch ne, *acc. c. inf.*, indir. Fr.) **curae est ich kümmere mich um, lasse mir angelegen sein. c.** **alicuius rei curam habere** *LO*, **aliquid curae habere** *NS* **Sorgfalt verwenden auf. 2. a.** regis *Cu*, omnium *L*. **b.** cura et meditatio *T*; *meton.* inedita Dichtung *O*, nostra mein Buch *T*. **3.** boum Zucht *V*, lentis Anbau *V*, deorum des Götterdienstes *L*. **a.** feminarum *L*. **b.** saucios curā sustentare *T*. **c.** *met.* doloris. **d.** sororis filios in cura (Erziehung) habere *L*; *meton.* harae Aufseher über *O*; deûm Schützling *V*, tua cura, palumbes deine Lieblinge *V*. **e.** rerum publicarum *S*, urbis Polizeiwesen *L*, tabularum publicarum Aufsicht über die Schuldbücher *T*; (milit.): arcis Kommando *Cu*, peditum, navium *T*; *meton.* tempora curarum remissionumque *Cu*, similitudine curae patres appellabantur *S*. **II. 1.** curā frangi *N*, castra plena curae, sine cura sorglos (= securus), curae edaces *H*, earum rerum um *N*, de (pro) eo *L*; **person.** Curae ultrices *V*, vitiosa *H*. **2. a.** curā removente soporem *O*, iuvenum curae *H*; *meton.* iuvenum publica c. Gegenstand des Liebeskummers für *H*; tua cura, Lycoris deine Geliebte *V*. **b.** ingenii humani *L*.

cūralium, ī, *n.* (κουράλιον) **Koralle** *O*.

cūrātiō, ōnis, *f.* (curo) **1.** Besorgung, Wartung, Pflege: corporum *L*. **2. occ.** Behandlung, Heilung: ad sanitatem venit (führt) c. *Ph*, c. ipsa vulgabat morbos *T*; *pl.* Kuren. **3.** *met.* Besorgung, Verwaltung, Aufsicht: regni, negotii publici; sacrorum *L*; quid tibi me curatiost? was hast du dich um mich zu kümmern? *C*.

cūrātor, ōris, *m.* (curo) **1.** Verwalter, Vorsteher: viae Flaminiae; negotiorum Geschäftsträger *S*, rei p. Vertreter *S*. **2. occ.** Vormund: a praetore datus *H*.

cūrātus 3, *adv.* ē (curo) **1.** gepflegt: bene curata cute *H*. **2.** sorgfältig: curatius legi zwischen den Zeilen *T*, preces eindringlich *T*.

curculiō, ōnis, *m.* Kornwurm *V*; *adi.* curculiōnius 3 *C*.

Curēs, ium, *f.* C. [Hauptst. der Sabiner, nö. von Rom]; *adi.* **Curēs**, ētis *Pr* u. **Curēnsis**, e *O*.

Cūrētēs, um, *m.* Kureten [κουρῆτες, Juppiterpriester auf Kreta]; *adi.* **Cūrētis**, idis, *f.*: terra Kreta *O*.

cūria, ae, *f.* **I. 1.** Senatsversammlung, Senat. **2.** *meton.* (§ 85, Abs. 2) Versammlungshaus (des Senats), die Kurie: Hostilia *L* [auf dem Comitium]; Iulia [gleichfalls auf dem Comitium], Pompeia [auf dem Marsfeld]. [Auch außerhalb Roms]: Troiae *O*. **II. 1.** Volksabteilung, Kurie; jede der drei ursprünglichen tribus zerfiel in zehn Kurien zu zehn gentes. **2.** *meton.* Kuriengebäude: prisca *O*, curiae veteres *T* [an der Nordostecke des Palatins].

E: *co-viria 'Männerversammlung', §§ 44 u. 52. Dav.

cūriālis, is, *m.* Kuriengenosse, Demosgenosse.

cūriātim (curia, § 79) *adv.* kurienweise, nach Kurien.

cūriātus 3 (curia) **1.** aus Kurien bestehend: comitia Kuriatskomitien [die ältesten, nur patrizischen Volksversammlungen]. **2.** nach Kurien beschlossen: lex.

Curicta, ae, *f.* Krk [dalmatin. Insel].

cūriō, ōnis, *m.* (curia) Kurienvorsteher, -priester *L*.

cūriōsitās, ātis, *f.* Neugier, Wißbegierde. Von

cūriōsus 3, *adv.* ē (cura) **1.** wißbegierig, eifrig forschend: oculi; **occ.** neugierig. **2.** besorgt: quidam curiosior *Ph*. **3.** sorgfältig: in omni historia.

curis, is, *f.* (sabinisch) Lanze *O*.

Curius, M'. C. Dentatus [siegreich gegen Samnium u. Pyrrhus, Muster altrömischer virtus]; sein Name sprichw. (§ 84, Abs. 2) *H*.

cūrō 1., curassis = curaveris *C* (altl. coiro, pälignisch coisa-, §§ 29 und 52)

> I. **sorgen, sich kümmern, sich angelegen sein lassen, sich zu Herzen nehmen, besorgen.**
> II. 1. **besorgen**; 2. **warten, pflegen**; 3. *occ. a.* (Opfer u. dgl.) **besorgen**; *b.* **verwalten, befehligen**; *c.* (Kranke) **behandeln, kurieren**; *d.* (Geld) **besorgen, herbeischaffen, auszahlen.**

I. magna; sociorum iniurias *S*, se remque p. *S*, deos *V*; curatur a multis wird geehrt *Pli*; mit *dat.* rebus publicis *C*; mit ut, ne, *inf.*; bes. mit *acc. ger. praedic.* **lassen:** tyrannum interficiendum curare *N*, pontem in flumine faciendum, obsides dandos. **II. 1.** praeceptum ausführen *N*, domi forisque omnia *S*, convivia *V*. **2.** vites *V*, corpora sich pflegen, rasten *VL*, curati cibo, somno erquickt *LCu*, corpus exanimum zur Bestattung herrichten *Cu*, curatus capillos das Haar geschnitten *H*. **3. a.** sacrum *L*, prodigia sühnen *L*. **b.** bellum maritimum *L*, Asiam *T*, Germaniae legiones *T*; *abs.* kommandieren *S*, Romae in Rom amtieren *T*. **c.** morbos remediis *Cu*, corpora, vulnus. **d.** pecuniam *L*, me, cui iussisset, curaturum.

curriculum, ī, *n.* **1.** Lauf *C*; *abl.* curriculō *adv.* rasch, schnell *C*. **2.** Wettlauf, Wettrennen: equorum *L*. **3.** Umlauf, Kreisbahn: noctis *V*; vitae Lebensbahn. **4.** *meton.* Rennbahn: se in curriculo exercere; *met.* mentis. **5.** Wagen, Rennwagen: quadrigarum; **occ.** Streitwagen *Cu*. Von

currō 3. cucurrī, cursum, cursūrus **1.** laufen, eilen; **sprichw.** currentem incitare den Eifer noch verstärken. **2. occ. a.** um die Wette laufen, rennen: stadium in der Rennbahn. **b.** (mit dem Schiff) fahren: fractis remis weitersegeln *V*, aequor durchfahren *V*; [vom Flug]: medio limite *O*. **c.** umlaufen, kreisen: currens rota

currus   120   **cutis**

Wagenrad, auch: Töpferscheibe *H*, currebant per annum sidera *O*. **d. fließen:** in freta *V*. *met*. **3. dahineilen,** rasch **verlaufen:** currit aetas *H*, currat sententia fließe *H*. **4.** [von Gegenständen u. Zuständen] **laufen:** purpura cucurrit ein Purpurstreif lief *V*, tremor per ossa cucurrit durchrieselte *V*, rubor, fremor per ora verbreitete sich *V*. **5.** k a u s a t i v : saecla durch Umlauf hervorbringen *V*.
E: vgl. ἐπί-κουρος = *ἐπί-κορσος 'zu Hilfe eilend', mhd. hurren 'sich rasch bewegen'.   Dav.
currus, ūs, *m*. **1. Wagen. 2. occ. a. Streitwagen:** falcatus Sichelwagen *Cu*. **b. Rennwagen** *V*. **c. Pflugräder** *V*. **d. Triumphwagen;** *meton*. **Triumph:** Pauli currum rex Perses honestavit. **3.** *synecd*. **Gespann:** currus domitare, infrenare *V*.
cursim (curro, § 79) *adv*. im Lauf, eilends, schnell.
cursitō, āre hin und her laufen.   *Frequ*. von
cursō, āre (*frequ*. v. curro) umherlaufen.
cursor, ōris, *m*. (curro) Läufer; **occ. 1.** Wettläufer: in stadio; Wettfahrer *O*. **2.** Eilbote.
cursum *pt. pf. pass*. v. curro.
cursūra, ae, *f*. (curro) das Laufen *C*.
cursurus *pt. fut*. v. curro.
cursus, ūs, *m*. (curro)

    I. 1. das **Laufen, Lauf;** 2. *occ. a*. das **Reiten, Ritt;** *b*. **Flug;** *c*. **Fahrt** (mit dem Schiff), **Reise;** *d*. (milit.) **Laufschritt, Sturmschritt;** 3. *meton*. **Schnelligkeit, Eile;** 4. *met. a*. **Lauf** der Weltkörper; *b*. **Strömung** der Flüsse; *c*. **Strom** der Rede; 5. *meton*. **Bahn;** *occ*. **Richtung, Kurs, Route;** *met*. **Verlauf, Gang.**
    II. 1. **Wettlauf;** 2. das **Wettrennen;** 3. *met*. das **Streben** (nach einem Ziel); 4. *meton*. **Laufbahn, Karriere.**

    I. 1. iungere cursum equis mit den Pferden gleichlaufen *L*. **2. a.** in medios (hostes) *V*. **b.** solito delabi cursu *O*. **c.** brevis *Cu*, navium. **d.** cursu im Schnellschritt, cursibus terras lustrare im Sturmschritt durcheilen. **3.** adaequare cursum navium; pedum *V*, ad fretum eo cursu contendit *L*. **4. a.** solis, stellarum; ad cursus lunae (nach den Mondumläufen) annum discribere *L*. **b.** cursibus obliquis fluere *O*. **c.** verborum, orationis. **5.** caeli stellifer cursus. **occ.** [vom Seefahrer]: cursum tenere einhalten, cursu decedere, cursum dirigere ad litora seinen Kurs nehmen nach, cursus vocat vela in altum die Windrichtung *V*, cursum exspectare auf günstigen Wind warten. **M e t .** vitae; rerum *T*, proeliorum Kette *T*, meus dolor in cursu est ist in vollem Gange *O*.
    II. 1. Atalanta victa cursu *O*. **2.** equestres *V*, cursu contingere metam *H*. **3.** cursūs error irriges Streben. **4.** honorum; transcurrere cursum suum seine Laufbahn rasch durcheilen.
Curtius 3 im *n. g*. **1.** M. C. [stürzte sich 362 freiwillig als Opfer in eine auf dem Forum entstandene Erdspalte, ätiolog. Erklärung des lacus Curtius]. **2.** Q. C. Rufus [1. Jh. n. Chr., Verfasser der Historiae Alexandri Magni].
curtō, āre verkürzen; *met*. vermindern *H*.   Von

curtus 3 (vgl. culter u. gr. κείρω) verkürzt, verstümmelt: Iudaei beschnitten *H*; *met*. res unvollständiges Vermögen *H*, opes karg, dürftig *Ti*, mulus ärmlich *H*.
curūlis, e (statt *currūlis v. currus, § 46) **1.** zum Wagen gehörig: equi Rennpferde *L*; triumphus zu Wagen *Sp*. **2.** (sella) curulis Amtssessel [der höheren Magistrate, mit Elfenbein ausgelegt]. **3.** (sich der sella c. bedienend), kurulisch: aedilis.
curvāmen, inis, *n*. Krümmung u. **curvātūra,** ae, *f*.: rotae Radfelgen *O*.   Von
curvō 1. **1.** krümmen, biegen, beugen, umbiegen; *met*. nachgiebig machen *H*; *med*. sich krümmen; **curvātus** 3 gekrümmt, krumm; **occ.** gewölbt, aufgetürmt: unda *V*.   Von
curvus 3 **1.** gebogen, gekrümmt, krumm, gebeugt: arator gebückt *V*, membra [vom Alter] *O*, limes Regenbogen *O*. **2. occ. a.** hohl, bauchig, tief: latebrae *V*, naves *O*, alvus, vallis *V*. **b.** gewunden: litus *VHO*, flumina *VO*. **c.** gewölbt: aequor *O*. **d.** (moralisch) unrecht: curvo (*abl*.) dinoscere rectum *H*.
E: vgl. κορωνός, κυρτός 'gekrümmt'.
cuspis, idis, *f*. **1.** Stachel: scorpionis *O*. **2.** *met*. Spitze: teli *O*. **3.** *meton*. Spieß, Lanze: Peliaca *O*; **occ.** Dreizack: cuspide temperat undas *O*.
custōdia, altl. **custōdēla,** ae, *f*. (custos) **1.** Aufsicht, Bewahrung, Hut, Obhut: navium, salutis; frugum et pecudum *V*. **2. occ.** Wache, Bewachung: custodiae causā als Leibwache, classium Bewachung durch; obi. corporis, urbis *L*; *meton*. Wachtposten, Wache (meist *pl*.): disponere custodias. **occ.** Standort, Warte, Posten: in hac custodia collocati sumus; familias in custodiis habere Zollwachen. **3.** Haft, Gewahrsam: in custodiam dari (conici *N*), servare aliquem liberā custodiā *L*, in liberis custodiis haberi *S* in freiem Gewahrsam [räumliche Aufenthaltsbeschränkung]. **4.** *meton*. Gefängnis, Arrest: Cimon eadem custodia tenebatur *N*. **5.** Gefangener *Sp*.
custōdiō 4., arch. *fut*. custodibitur *C* (custos) **1.** bewachen, bewahren, hüten: templum ab (vor) Hannibale *N*, salutem et vitam, se sich in acht nehmen. **2. occ. a.** aufbewahren: dicta litteris. **b.** beaufsichtigen, überwachen: legatos *L*. **c.** gefangen, in Haft halten: ducem praedonum; eum honorate in ehrenvoller Haft *T*.   Dav.
custōdītē *adv*. behutsam: ludere *Pli*, gemessen *Pli*.
custōs, ōdis, *m. f*. **1. Wächter, Hüter, Aufseher;** *fem*. **Hüterin:** pecuniae (gazae) regiae Schatzmeister *N*, Tartareus Cerberus *V*, Iuli Lehrer, 'Mentor' *V*. **2. occ. a.** Schirmer, Schützer: dii custodes huius urbis. **b.** Trabant: corporis Leibwächter *N*. **c.** Posten, Schildwache: cubiculi vor dem Gemach *N*, custodes disponere in vallo. **d.** Bedeckung, Besatzung: custodes dare Bedeckung geben, Novioduni; arcis *L*. **e.** Gefängniswächter, Wache: praefectus custodum Kerkermeister *N*. **f.** Aufpasser, Aufseher: Bessus custos verius quam comes *Cu*. **3.** *meton*. Behältnis: turis (acerra) *O*.
Cusus, ī, *m*. C. [linker Nebenfl. der Donau (Waag?)] *T*.
Cutiliae, ārum, *f*. C. [St. östl. von Rieti] *L*.
cutis, is, *f*. (κύτος, ahd. hūt, § 10) **1.** Haut; s p r i c h w .

Cyane   121   **dama**   **D**

cutem (bene) curare es sich gut gehen lassen *H*.
2. *met*. Hülle, Oberfläche *Q*.
Cyanē, ēs, *f*. C. [Quelle u. Nymphe bei Syrakus] *O*.
Cyaneae, ārum, *f*. = Symplegades *O*.
cyathissō, āre (κυαθίζω) einschenken *C*.
cyathus, ī, *m*. (κύαθος) **1.** Schöpfbecher: statui ad
cyathum Mundschenk werden *H*. **2.** *meton*. Becher
[Hohlmaß, ca. 0,05 l] *H*.
cybaea (navis) Transportschiff.
Cybēbē, ēs, *f*. (Κυβήβη) = Cybele *VPrPh*.
Cybelē, ēs, *f*. (Κυβέλη) K. [**1.** Gebirge in Phrygien *VO*.
2. phrygische Muttergottheit, Fruchtbarkeitsgöttin]; *adi*.
von **2. Cybeleius** 3 *O*.
Cybistra, ōrum, *n*. C. [St. in Kappadokien].
Cycinus = Cycnus *C*.
Cycladēs, um, *f*., *acc*. as (Κυκλάδες) Kykladen [die im
Kreis um Delos liegenden Inseln] *VHO*.
cyclicus 3 (κυκλικός): scriptor Dichter des troischen
Sagenkreises *H*.
Cyclops, ōpis, *m*. (Κύκλωψ), meist *pl*. Zyklopen [ein-
äugige Riesen, Schmiedegesellen des Vulcanus]; Cy-
clopa saltare, moveri im Pantomimus die Liebe Poly-
phems zu Galathea darstellen *H*; *adi*. **Cyclōpius** 3:
saxa das Felsufer Siziliens *V*.
cycnus u. **cygnus**, ī, *m*. (κύκνος) Schwan: Dircaeus
der Dirkeschwan (Pindar) *H*; *nomen pr*. Cycnus *C*.
[**1.** König von Ligurien *VO*. **2.** Sohn Neptuns *O*. **3.** Böo-
tier, Sohn der Hyrie *O*]. *Adi*. **cycnēus** 3 des Schwanes:
vox et oratio 'Schwanengesang'; **Cycnēius** 3: Tempe
böotisch *O*.
Cydnus, ī, *m*. C. [Fl. in Kilikien bei Tarsus] *Cu*.
Cydōn, ōnis *V* u. *pl*. **Cydōniātae**, ārum, *m*. *L* die K.
[Einw. v. Kydonia auf Kreta]; *adi*. **Cydōnius** u. **Cydō-
nēus** 3 kretisch *VHO*.
cygnus, Cygnus (§ 35) s. cycnus.
cylindrus, ī, *m*. (κύλινδρος) Walze, Zylinder.
Cyllēnē, ēs, *f*. **1.** K. [nö. Randgebirge von Arkadien, Ge-
burtsstätte des Merkur]; *adi*. **Cyllēnius** u. -**ēus** 3;
ignis der Planet Merkur *V*; *fem*. **Cyllēnis**, idis *O*. **2.** K.
[Seest. in Elis] *L*.
cymba u. **cumba**, *dem*. **cumbula**, ae, *f*. (κύμβη, § 91,
Abs. 2) Kahn [bes. des Charon].
cymbalum, ī, *n*. (κύμβαλον) Zimbel, Becken.
cymbium, ī, *n*. (κυμβίον) Trinkschale *V*.
Cȳmē, ēs, *f*. C. [**1.** = Cumae. **2.** St. in der Äolis, Mut-
terstadt v. Cumae]; Einw. von **2. Cȳmaeī** *L*.
Cynapsēs, is, *m*. C. [Fl. in Asien, der ins Schwarze Meer
mündet] *O*.
Cynicus 3 (κυνικός, κύων) kynisch: institutio Philoso-
phie *T*; *subst*. **Cynicus**, ī, *m*. Kyniker, kynischer Philo-
soph.
cynocephalus, ī, *m*. (κυνοκέφαλος) Hundsaffe.
Cynosarges, is, *n*. K. [Hügel im Osten v. Athen] *L*.
Cynoscephalae, ārum, *f*. (Κυνὸς κεφαλαί Hunds-
köpfe) K. [Hügel in Thessalien, 197 Sieg des Flaminius].
Cynosūra, ae, *f*. (Κυνὸς οὐρά Hundeschwanz) K.
[**1.** (*pl*.) östl. Vorgebirge von Salamis. **2.** der Kleine Bär
= **Cynosūris** (idis) ursa *O*].
Cynthus, ī, *m*. C. [Berg auf Delos, Geburtsstätte des
Apollo u. der Artemis]; *adi*. **Cynthius** 3.
cyparissus s. cupressus.
Cyprius vīcus [Straße in Rom, führte vom Kolosseum
nordwärts gegen die Subura] *L*.
Cypros u. **-us**, ī, *f*. Zypern [mit altem Aphroditekult, reich
an Kupfergruben]; *adi*. u. Einw. **Cyprius**.   Dav.
cyprum, ī, *n*. Kupfer *Sp*.
Cȳrēnē, ēs u. **-ae**, ārum, *f*. C. [Hauptst. der Cyrenaica,
Nordafrika]; *adi*. **Cȳrēnaeus** u. **-aicus** 3; dav. *subst*.
Cȳrēnaica, ae, *f*. die Provinz Cyrenaica *Sp*. Einw. **Cȳ-
rēnaeī** u. **-ēnsēs**; **Cȳrēnaicī** Kyrenaiker [Anhänger
der kyrenäischen Philosophie Aristipps].
Cyrnēus 3 (Κύρνος Corsica) korsisch: taxus *V*.
Cyrrestes, ae, *m*. aus Kyrrhos [in Makedonien] *Sp*.
Cyrtiī, ōrum, *m*. die C. [Räubervolk in Medien] *L*.
Cȳrus, ī, *m*. Kyros [**1.** Gründer des persischen Reiches,
fiel 529 gegen die Skythen. **2.** Bruder des Artaxerxes
Mnemon, fiel im Kampf mit diesem 401 bei Kunaxa.
3. Architekt in Rom; seine Bauten **Cȳrēa**, ōrum, *n*.]
Cytāīnē, ēs, *f*. (Cytae St. in Kolchis) = Medea *Pr*.
Cythēra, ōrum, *n*. (Κύθηρα) K. [Insel südl. von Lako-
nien mit Aphroditekult] *V*; *adi*. **Cytherēus**, **-ēïus**
-iacus 3, *fem*. **-ēïas**, adis; *subst*. **Cytherēa**, **-ēïa**
-ēïs, idis, *f*. Venus.
Cythnus, ī, *f*. C. [Kykladeninsel sö. von Attika] *LOT*.
cytisus, ī, *m*. *f*. (κύτισος) Schneckenklee *V*.
Cytōrus, ī, *m*. C. [Höhenzug in Paphlagonien mit Buchs-
baumpflanzungen] *V*; *adi*. **Cytōrius** u. **-iacus** 3: pec-
ten aus Buchsbaumholz *O*.
Cyzicos, **-us**, ī, *f*. C. [St. am Südufer der Propontis];
Einw. **Cyzicēnī**.

D

D. als Abkürzung = Decimus, in Daten a. d. = ante
diem, als Zahlzeichen 500.
Dācī, ōrum, *m*. Daker; **Dācia**, ae, *f*. Dakien [Rumä-
nien, Ungarn bis an die Theiß] *T*; *adi*. **Dācicus** 3 *Pli*.
dactylicus 3 (δακτυλικός) daktylisch, aus Daktylen.
dactylus, ī, *m*. (δάκτυλος) der Daktylus (− ◡ ◡).
daedalus 3 (δαίδαλος, § 91, Abs. 2) kunstvoll: tecta *V*;
met. Circe listig *V*; terra Künstlerin Erde *Lukrez*;
nomen pr. (§ 82) **Daedalus**, ī, *m*. D. [Vater des Ikarus,
Erbauer des Labyrinths auf Kreta]; *adi*. **Daedalēus** 3 *H*.
Dahae, ārum, *m*. die D. [skyth. Volk am Kaukasus] *VL*.
Dalmatae, ārum, *m*. Dalmater; **Dalmatia**, ae, *f*. Dal-
matien; *adi*. **Dalmaticus** 3 *H*.
dāma s. damma.

Damascus   122   **de**

Damascus, ī, *f.* D. [Hauptst. von Cölesyrien]; *adi.* Damascēnus 3 *Sp*; *subst.* **Damascēna**, ae, *f.* Gegend von Damaskus.

dāmiūrgus, ī, *m.* (δᾱμιουργός, dor.) Gemeindevorsteher *L.*

damma, schlechter **dāma**, ae, *f.*, bei *V m.* Reh, Gemse, Antilope.

E: vgl. δάμαλος 'Kalb'.

damnātiō, ōnis, *f.* (damno) Verurteilung.

damnātōrius 3 verurteilend.   Von

damnō 1. (damnum) **1.** mit einer Buße (damnum) oder Strafe belegen, **verurteilen, schuldig sprechen:** inter sicarios als Mörder, pro malo wie einen Übeltäter *L*, maiestatis wegen Majestätsverbrechens, falsi wegen Fälschung *T*, eo crimine auf ... hin, eo nomine deswegen; de vi, ob annonam compressam *L*; capitis zum Tode, capitalis poenae *L*, longi laboris zu langer Arbeit *H*; infamiā *Cu*, capite, pecuniā *L*, exsilio *T*; ad bestias, in metallum *Cu*, ad mortem *T.* **2. occ.** (vom Ankläger) **die Verurteilung durchsetzen:** per indicem *L.* **3.** *met.* zu etw. **verpflichten:** populo gladiatores dare *H*; **voti** (selten voto) **damnatum esse** zur Erfüllung des Gelübdes verpflichtet sein, **seinen Wunsch erreicht haben** *NL*; damnabis votis du wirst ihre Wünsche erhören *V.* **4. weihen:** caput Orco *V*, quem damnet labor wen der Kampf (dem Tode) weihe *V.* **5. verwerfen, mißbilligen:** consilium *Cu*, fidem medici beargwöhnen, nicht trauen *Cu*, sua lumina das Zeugnis seiner Augen *O*, damnandus facto in uno tadelnswert *O.*

damnōsus 3, *adv.* **ē** schädlich, verderblich; **occ.** verschwenderisch *Sp.*   Von

damnum, ī, *n.* **1.** (gesetzliche) **Geldbuße, -strafe:** damno coërcere, ferre damnum *L.* **2.** *met.* **Einbuße, Verlust, Schaden, Nachteil:** capitis den der Kopf erleidet *O*, naturae Naturfehler *L*; finium Gebietsverlust *T*; damnum ferre *O*, pati *L*, accipere *H* Schaden (er)leiden. **3. occ.** [im Krieg] **Verlust:** duarum cohortium. **4.** *meton.* das **Verlorene:** circum sua damna volare um die verlorenen Jungen *O.*

E: aus *dapnom, § 35, zu δαπάνη 'Aufwand'; vgl. daps.

Danaē, ēs, *f.* D. [Tochter des Akrisius, Mutter des Perseus] *HO*; *adi.* **Danaēïus** 3: heros Perseus *O.*

Danaus, ī, *m.* D. [Sohn des Belus, Bruder des Ägyptus, vor dem er mit fünfzig Töchtern (Danai puellae *H*) nach der Peloponnes flieht und Argos gründet. Die fünfzig Söhne des Ägyptus verfolgen sie und setzen die Ehe mit den Mädchen durch, aber auf den Befehl des Danaus töten diese außer Hypermestra ihre Männer. Zur Strafe füllen sie in der Unterwelt ewig Wasser in ein durchlöchertes Faß]; *adi.* **Danaus** 3 argivisch, griechisch; *subst.* **Danaī** die Griechen [bes. vor Troja].

Dandaridae, ārum, *m.* die D. [skythisches Volk um den Don] *T*; ihr Land **Dandarica**, ae, *f. T.*

danīsta, ae, *m.* (δανειστής) Geldverleiher, Wucherer *C*; *adi.* **danīsticus** 3 *C.*

Dānubius = Danuvius.

danunt s. do.

Dānuvius, ī, *m.* (kelt., mhd. Tuonouwe) Donau [bis

zum Eisernen Tor; dann **Hister**]; (dicht.) Donau [Gesamtlauf].

Daphnē, ēs, *f.* (δάφνη) D. [**1.** Nymphe, Tochter des Peneus *O.* **2.** Vorort von Antiochia *L*].

dapinō, āre auftischen *C.*   Von

daps, dapis, *f.* **1.** Opfermahl, Festmahl. **2.** *meton.* Speise: humana *O.*

E: vgl. δάπ-τω, δαπ-άνη, δαψι-λής, ahd. zebar 'Opfertier', dtsch. Un-ge-zief-er, d. h. nicht opferbare Tiere.

dapsilis, e (δαψιλής) reichlich *C.*

Dardanus, ī, *m.* D. [Sohn des Juppiter, Ahnherr des troischen Hauses]; **Dardanidēs**, ae, *m.* u. **Dardanis**, idis, *f.* Dardanide [Nachkomme des Dardanus]; **Dardanidae**, ārum (ûm), *m.* Troer *V*; *adi.* **Dardan(i)us** 3 troisch; **Dardania**, ae, *f.* (Dardanus *L*) D. [Stadt am Hellespont] *O*, dicht. Troja *V*; **Dardanus**, ī, *m.* Troer; **occ.** Äneas *V.*

Dardanī, ōrum, *m.* die D. [Volk im heutigen Serbien].

datiō, ōnis, *f.* (do) Schenkungsrecht *L.*

datō, āre (*frequ.* v. do) geben *C.*

dator, ōris, *m.* (do) Geber, Spender *V.*

datū, *abl. m.* (do) durch Geben *C.*

datus *pt. pf. pass.* v. do.

Daulis, idis, *f.* D. [St. in Phokis]; *adi.* **Daulius** 3 u. **Daulias**, adis, *f.*: ales Schwalbe *O*, puellae Prokne u. Philomele *Appendix Vergiliana*; *subst.* Prokne *Ca.*

Daunus, ī, *m.* D. [Herrscher im nördl. Apulien, Ahnherr des Turnus]; *adi.* **Daunius** 3: heros Turnus *V*, gens Rutuler *V*; camena die horazische Muse *H*; *synecd.* römisch: caedes *H*; **Daunias**, adis, *f.* Apulien *H.*

dē (oskisch dat) Präp. beim *abl.*

---

r ä u m l i c h : **1. von oben herab, herunter von; 2. von ... weg, von ... her, von;** *met.* **von, aus;** *a.* zur Bezeichnung der Abstammung; *b.* des partitiven Verhältnisses; *c.* des Stoffes; *d.* der Geldquelle; *e.* mit neutralem *adi.* das *adv.* umschreibend; **3.** z e i t l i c h : *a.* **von** = **unmittelbar nach;** *b.* 'von ... an', **noch im Laufe, noch während; 4.** k a u s a l : **von ... wegen, um ... willen, aus;** *occ.* **nach, zufolge, gemäß; 5.** bei *verb.* objektbestimmend: **von, über, in betreff, in Hinsicht auf, hinsichtlich.**

---

1. de templo elatus die Tempelstufen hinab *N*, de vehiculo dicebat *N.* **2.** de finibus suis exire, de aliquo audire, alia de parte 'auf' einer andern Seite *V*, de visceribus satisfacere 'mit' *L*; de Danais arma den Danaern entrissen *V*, spolia de rege *V.* **a.** Tusco de sanguine vires *V*, homo de plebe. **b.** de servis fidelissimus *N.* **c.** de flore corona *O*, de marmore signum *O*, templum *V.* **d.** de alieno vom Geld anderer *L*, de publico aus der Staatskasse, de tuo von deinem Vermögen *Ph.* **e.** d e i n t e g r o **von neuem, wieder,** d e i m p r o v i s o **unvermutet. 3. a.** diem de die **von Tag zu Tag** *L.* **b.** multa (media) de nocte proficisci tief (mitten) in der Nacht, de tertia vigilia um die dritte Nachtwache, de die (medio) potare noch am hellen Tag (Mittag) *H.* **4.** eadem de causa, omnibus de

dea   123   **decerno**

causis, qua de causa, qua de re; de industria, de ira *Cu.* **occ.** de consilii sententia; de more *V.* **5.** timere de aliqua re *N*, de iniuriis satisfacere, provisum est de frumento, legatos mittere de pace, spes de expugnando oppido, victoria (triumphus) de hostibus, de me was mich betrifft *V*, de ceteris (cetero *Cu*) im übrigen *S.*

dea, ae, *f.* (deus) Göttin: triplices Parzen *O.*

de-albō 1. (albus) übertünchen.

de-ambulō 1. spazieren gehen *Cato.*

de-armō 1. entwaffnen: exercitum *L.*

de-artuō 1. (artus) zerreißen; *met.* vernichten *C.*

de-āsciō 1. (mit der Axt) behauen; *met.* prellen *C.*

dē-bacchor 1. sich austoben, rasen *CH.*

dēbellātor, ōris, *m.* Bezwinger: ferarum *V.*   Von

dē-bellō 1. **1.** niederkämpfen: superbos *V.* **2.** zu Ende, auskämpfen: rixam *H*, cum Ferentanis *L*; quasi debellato als wäre der Krieg aus *L.*

dēbeō 2. buī, bitus **1.** **Schulden haben, schulden, schuldig sein:** debentes Schuldner *L*; **dēbitum**, ī, *n.* Schulden; illi debere *S*; pecuniam, frumentum; animam gänzlich verschuldet sein *C.* **met. 2. schulden, schuldig, verpflichtet sein:** patriae poenas die Strafe des V. verdienen *V*; non posse debere nicht vorenthalten können; **dēbitus** 3 **gebührend, schuldig:** honores, Nymphis corona *H*; *subst. n.* omni debito liberatur von aller Schuld, Verpflichtung *Cu.* **occ. sollen, müssen,** mit *inf.* **3.** (naturgemäß) **schulden:** urbem *O*, naturae debitum reddere (der Natur die Schuld abstatten), sterben, ventis debes ludibrium wirst ein Spielball der Winde *H.* **occ. pass. bestimmt, geweiht, verfallen sein:** debita coniunx vom Schicksal bestimmt *O*, homo debitus fatis *V*, morti *L* dem Tode verfallen. **4. schulden, verdanken, verpflichtet sein:** alicui plurimum pro beneficiis.

E: aus *dē-habeo; vgl. dehibeo: 'von jemd. etw. her haben', § 8, Anm.

dēbilis, e schwach, hinfällig, gebrechlich, haltlos.

E: ai. bála-m 'Kraft', gr. βέλ-τερος, 'von Kräften'.   Dav.

dēbilitās, ātis, *f.* Entkräftung, Lähmung, Schwäche.

dēbilitō 1. (debilis) **1. lähmen, schwächen:** corpus. **2. occ. verletzen, beschädigen, verstümmeln. 3. met. schwächen, lähmen, brechen:** opes adversariorum *N*, audaciam, hiems debilitat mare bricht die Wogen des Meeres *H.* **occ. aus der Fassung bringen:** animos militum *N.*

dēbitiō, ōnis, *f.* (debeo) das Schuldigsein, Schuld.

dēbitor, ōris, *m.* (debeo) Schuldner.

dēbitum u. **dēbitus** s. debeo.

dē-cantō 1. **1.** hersingen: elegos *H.* **2. occ.** ableiern: causas; neniam *H.* **3.** zu Ende singen.

decastýlos (aedis; δεκάστυλος) zehnsäulig *Sp.*

dē-cēdō 3. cessī, cessum

---

1. **weg-, fortgehen, abziehen,** (einen Ort) **verlassen;** 2. *occ. a.* (milit.) **abmarschieren, abziehen;** *b.* die **Provinz** (nach Beendigung der Amtszeit) **verlassen;** *c.* **ausweichen;** *occ.* **aus dem Weg gehen;** *met.* (einer Sache) **ausweichen,** sie **vermeiden;** *met.*

---

3. **scheiden, vergehen, verschwinden, abnehmen, aufhören, weichen;** *occ. a.* **abgehen, entgehen;** *b.* **verscheiden, sterben;** 4. von etw. **abstehen, abtreten, abweichen, zurücktreten;** *occ.* **zurückstehen, nachstehen.**

---

1. cursu (viā *Cu*) abkommen, poëma summo decessit weicht ab vom Höchsten *H*; de foro sich vom öffentlichen Leben zurückziehen *N.* **2. a.** pugnā *L*, de colle, ex statione *L.* **b.** (de) provincia, ex Asia *N.* **c.** decedi daß man einem ausweicht. **occ.** serae nocti, calori *V.* **3.** sol decedens untergehend *V*, decedet odor *H*, febris decessit verschwand *N*, aqua, aestus lief ab *L*, quaestioni materia decessit ist ausgegangen *L*; prospere glücklich verlaufen *Sp.* **a.** quantum virium Antiocho decessisset *L.* **b.** in tanta paupertate decessit *N.* **4.** de (ex *L*) iure suo, (de) sententia; fide untreu werden *L.* **occ.** Hymetto *H*; *meton.* peritis das Feld räumen *H.*

decem (ai. dáça, gr. δέκα, got. taihun, ahd. zehan) zehn: d. primi Vorsteher der Munizipalsenate.   Dav.

December, bris (mensis) Dezember [urspr. der 10. Monat des Mondjahres, seit Caesar der 12. des Sonnenjahres]; *adi.* libertas Decembris der Saturnalien *H.*

decem-iugis, is, *m.* (iugum; *sc.* currus) Zehnspänner *Sp.*

decem-peda, ae, *f.* Meßstange [von 10 Fuß Länge].

decem-plex, plicis (vgl. duplex) zehnfach *N.*

decem-scalmus 3 zehnruderig.

decem virī, in *Iuxtap.* (§ 67) **decemvirī**, ōrum, *m.* Dezemvirn [Behörde von 10 Personen] **1.** legibus scribundis [451 gewählt; sie verfaßten das Zwölftafelgesetz]. **2.** stlitibus iudicandis [entschieden über Freiheits- und Bürgerrechtsstreitigkeiten = bis quini viri *O*]. **3.** sacrorum, sacris faciundis *L* [Aufseher und Ausleger der sibyllinischen Bücher]. **4.** agris metiendis dividendisque *L* [betraut mit der Aufteilung des ager publicus]. *Sg.* **decem-vir**, virī, *m.* Dezemvir.   Dav. *adi.*

decemvirālis, e der Dezemvirn.

decemvirātus, ūs, *m.* (decemviri) Dezemvirat *L.*

decēns, entis, *adv.* **enter** (deceo) **1.** schicklich, anständig, mit Anstand, geziemend. **2.** anmutig, reizend, schön: facies *O*, Gratiae *H.*   Dav.

decentia, ae, *f.* Anstand, Schicklichkeit.

deceō 2. cuī (zu decor, decus) **1.** schmücken, zieren, kleiden, gut stehen, passen: umeros *O.* **2. met.** sich schicken, gehören, ziemen; *trans.* augurem; mit *dat. C.*

dē-cēpī *pf.* v. decipio.

dēceptus *pt. pf. pass.* v. decipio oder Ersatz- *pt. pf. pass.* v. fallo.

dē-cernō 3. crēvī, crētus 'abscheiden' (decrerit, decresset *L*, § 44)

I. **1.** (Zweifelhaftes) **entscheiden, bestimmen;** 2. (als Schiedsrichter) **entscheiden, urteilen;** 3. (von Versammlungen) **Beschlüsse fassen, beschließen;** *occ. a.* **bestimmen, erklären;** *b.* **verordnen;** *c.* **anberaumen, festsetzen;** *d.* **zuerkennen, zuweisen;** 4. (vom einzelnen) **dafür stimmen, sich erklären für;**

decerpo 124 **decoro**

occ. beschließen, sich entschließen, sich vornehmen.
II. 1. (im Krieg) **entscheiden, die Entscheidung herbeiführen,** (entscheidend) **kämpfen, streiten;** **2.** *met.* (mit Worten) **streiten.**

I. 1. rem dubiam *L*, id summum malum esse sich dafür entscheiden. **2.** vindicias einen Rechtsanspruch *L*. **3.** bellum; mit ut, *acc. c. inf.* **a.** mea virtute patefactam esse coniurationem decrevistis. **b.** decrevit senatus, ut eis agerentur gratiae. **c.** supplicationem, tempus ad eam rem *S*, diem conloquio *S*. **d.** honores, triumphum alicui, praemium servo libertatem als Belohnung dem Sklaven *S*. **4.** pauci ferocius decernunt *S*. *occ.* mit *inf.* Caesar Rhenum transire decreverat.
II. 1. pugnam *L*; apud Padum *N*, classe, acie *N*. **2.** pro mea fama fortunisque.
dē-cerpō 3. psī, ptus (carpo, § 43) **1.** (ab)pflücken: pomum arbore *O*. **2.** *met.* entnehmen: ex mente divinā. *occ.* **a.** genießen: ex re fructūs *H*. **b.** vermindern, Abbruch tun: nihil sibi ex laude.
dē-certō 1. um die Entscheidung kämpfen: proelio, cum civibus; *met.* de se, de patria entscheiden.
dē-cessī *pf.* v. decedo.
dēcessiō, ōnis, *f.* (decedo) Abgang, Abnahme.
dēcessor, ōris, *m.* (decedo) Amtsvorgänger *T*.
decessum *pt. pf. pass.* v. decedo.
dēcessus, ūs, *m.* (decedo) Abgang, Abzug, Entfernung: Dionysii *N*; *met.* aestūs das Ablaufen der Flut, Ebbe; amicorum das Hinscheiden, Tod.
Decetia, ae, *f.* D e c i z e [St. an der Loire].
I. dē-cidī *pf.* v. I. dccido.
II. dē-cīdī *pf.* v. II. decīdo.
I. dē-cidō 3. cidī (cado, § 41) **1.** herunter-, nieder-, ab-, zu Boden fallen: comae decidunt fallen aus *H*, equo, ex equis in terram *N*. **2.** *occ.* **a.** in etw. hineingeraten: in fraudem, praedonum in turbam *H*. **b.** 'ins Grab sinken', sterben: morbo *C*. **3.** *met.* fallen, gestürzt werden: perfidiā amicorum *N*, huc decidisse cuncta so weit sei alles gesunken *T*; *occ.* um etw. kommen, aufgeben: a spe societatis *L*.
II. dē-cīdō 3. cīdī, cīsus (caedo, § 43) **1.** abhauen, abschneiden: caput *Cu*, decisis pennis mit beschnittenen Schwingen *H*. **2.** *met.* (ein Geschäft) kurz abmachen: cum Chrysogono; negotia *H*.
decie(n)s *adv.* (decem) zehnmal; *synecd.* oft.
decima, älter **decuma** s. decimus.
decimānus, älter (§§ 41 u. 43) **decumānus** 3 (decimus, § 75) **1.** *subst.* (v. decuma) Pächter des ager decumanus. **2.** *subst.* decumani Soldaten der 10. Legion *T*. **3.** der 10. Kohorte: porta Haupttor des Lagers [weil dort die 10. Kohorte lag].
decimō s. decumo.
decimus, älter (§ 41) **decumus** 3 (decem) der **zehnte**; *meton.* ungeheuer groß: unda *O*; *adv.* **decimum** zum zehnten Mal *L*. *Subst.* **decuma,** ae, *f.* (*sc.* pars) **1.** das Zehntel (der Beute): decumam deo vovere, ferre u. a. *L*. **2.** [als Abgabe] der Zehnte, meist *pl.*
dē-cipiō 3. cēpī, ceptus (capio, § 43) **1.** betrügen, hintergehen, täuschen. **2.** *occ.* **a.** entgehen, unbemerkt

bleiben: decipiunt insidiae *L*, amatorem vitia *H*.
b. hinwegtäuschen, vergessen machen: diem *O*, laborem (*acc. gr.*) decipi *H*.
dēcīsus *pt. pf. pass.* v. II. dēcīdo.
Decius 3 im *n. g.* P. D. Mus [fiel 390 als cos. im Latinerkrieg, sein gleichnamiger Sohn, cos. 295, bei Sentinum, beide der Überlieferung nach durch devotio].
dēclāmātiō, ōnis, *f.* (declamo) Redeübung: senilis; *occ.* leeres Deklamieren.
dēclāmātor, ōris, *m.* (declamo) Redekünstler; *adi.* dēclāmātōrius 3.
dēclāmitō 1. Redeübungen halten: causas über Prozesse. *Frequ.* von
dē-clāmō 1. **1.** Redeübungen halten; *trans.* aliquid ex alia oratione vortragen. **2.** *met.* poltern, eifern: contra aliquem.
dēclārātiō, ōnis, *f.* Kundgebung, Offenbarung. Von
dē-clārō 1. **1.** kenntlich machen: navem suis *N*; *occ.* öffentlich erklären, verkünden, ausrufen: consulem alterum, alterum praetorem *L*, declaratus consul als K. ausgerufen. *met.* **2.** offenbaren, dartun, klar machen, kundtun, zeigen: raptum virginis, gaudio suam benevolentiam; mit *acc. c. inf.*, indir. Fr. **3.** *occ.* **a.** deutlich ausdrücken: pluribus nominibus unam rem. **b.** klar darlegen: vitam *N*.
dēclīnātiō, ōnis, *f.* **1.** das Abbiegen: declinatione et corpore ausweichende Körperbewegung. *met.* **2.** Vermeidung, Abneigung: naturalis. **3.** Abschweifung: a proposito. Von
dē-clīnō 1. (vgl. κλίνω) **1.** *trans.* abbiegen, abwenden, ablenken: iter eo *Cu*, se ab aliquo *O*; *met.* aetas declinata Lebensneige *Q*. **2.** *intr.* ausbiegen, ausweichen: in fugam *Cu*, paulum viā militari *Cu*, a delictis; in Pholoën sich zuneigen *H*, declinat amor artet aus *O*. *met.* **3.** *intr.* abirren, abschweifen: unde huc declinavit oratio. **4.** *trans.* aus dem Weg gehen, vermeiden: iudicii laqueos. **5.** oratio figurā declinata figürliche Redeweise *Q*.
dē-clīvis, e (clivus) bergab gehend, abwärts geneigt, abgedacht, abschüssig: collis; *n. subst.* per declive über den Abhang, declivia abschüssige Stellen; *met.* aetate alternd *Pli*. Dav.
dēclīvitās, ātis, *f.* Abschüssigkeit.
dēcoctor, ōris, *m.* (decoquo) Verschwender, Bankrotteur.
dēcoctus *pt. pf. pass.* v. decoquo.
dē-cōlō, āre ganz durchseihen; *met.* täuschen *C*.
dē-color, ōris **1.** entfärbt: sanguine *O*; aetas entartet *V*, fama entstellt *O*. **2.** *occ.* gebräunt: India *O*. Dav.
dēcolōrō 1. verfärben *H*.
dē-coquō 3. coxī, coctus **1.** gar kochen: holus *H*; decocta (aqua) abgekochter Trank *Sp*; *occ.* einkochen: pars quarta argenti decocta erat war beim Schmelzen verloren gegangen *L*; bildl. suavitas decocta weichlich. **2.** Bankrott machen; mit *dat.* zu jemds. Schaden.
decor, ōris, *m.* (vgl. deceo, decus) **1.** Anstand, Schicklichkeit, Würde. **2.** Anmut, Liebreiz: oris *T*. **3.** Schmuck, Zierde *O*.
decorō 1. (decus) **1.** zieren, schmücken. **2.** *met.* verherrlichen, ehren.

decorus   125   **deduco** **D**

decōrus 3, *adv.* **ē** (decor) **1.** schicklich, geziemend, passend, anständig; *subst. n.* Anstand, Schicklichkeit. **2.** (meist d i c h t.) zierlich, anmutig, reizend, schön, glänzend; *meton.* palaestra die Schönheit bildend *H*. **occ.** geschmückt, geziert: facundiā von glänzender Beredsamkeit *T*.

dē-coxī *pf.* v. decoquo.

dē-crepitus 3 (crepo) abgelebt, altersschwach: aetas.

dē-crēscō 3. crēvī abnehmen, zurückgehen, sich vermindern, schwinden.

dēcrētōrius 3 entscheidend: causa *Q*.   Von

dēcrētum, ī, *n.* (decerno) **1.** Entscheidung, Bescheid, Beschluß: decreto stare dem Beschluß nachkommen. **2.** (= δόγμα) Grundsatz, Prinzip.

dēcrētus *pt. pf. pass.* v. decerno.

dē-crēvī *pf.* v. decerno oder decresco.

dē-cubuī *pf.* v. decumbo.

dē-(cu)currī *pf.* v. decurro.

decuma s. decimus; **decumānus** s. decimanus.

decumātēs agri (decuma) Dekumatland [j. in Baden-Württemberg] *T*.

dē-cumbō 3. cubuī (vgl. accumbo, cubo) sich lagern; **occ.** unterliegen.

decumō, āre (decem) jeden zehnten Mann bestrafen, d e z i m i e r e n : deditos, legiones *T*.

decuria, ae, *f.* (decem, vgl. centuria) **1.** Abteilung von zehn Mann, Zehnergruppe, Dekurie. **2.** *synecd.* Abteilung, Klasse: scribarum, lictorum, viatorum *T*.

decuriātiō, ōnis, *f.* u. **-tus**, ūs, *m. L* Einteilung in Dekurien.   Von

I. decuriō 1. (decuria) **1.** in Dekurien einteilen: equites *L*. **2.** *synecd.* in Abteilungen sammeln: improbos.

II. decuriō, ōnis, *m.* (decuria) **1.** (milit.) Dekurio: equitum. **2.** Dekurio, Stadtrat, Gemeinderat.   Dav.

decuriōnātus, ūs, *m.* Ratsherrenamt *Pli*.

dē-currō 3. (cu)currī, cursum **I. 1. herablaufen,** -eilen, -fließen, -fahren: iugis *V*, de tribunali *L*, ab arce *V*, ad mare *L*. *met.* **a.** flumen in mare decurrit ergießt sich *L*. **b.** classis in portum ex alto decurrit *L*; tuto mari, super aequora fahren, segeln *O*. **occ.** (milit.) **herabrücken, sich herabziehen:** ex montibus in vallem. **2.** eilen, laufen: ad cohortandos milites; ter circa rogos Umzug halten *V*. **occ.** (milit.) **vorbeimarschieren, defilieren:** in armis decursum est *L*. **3.** *met.* zu etw. **schreiten,** die **Zuflucht nehmen:** ad senatus consultum; eo sententiae *L*. **II. 1.** zu Ende laufen, **durchlaufen:** spatium. **2.** *met.* **durcheilen, zurücklegen, vollenden:** laborem *V*, vitam *Ph*; **occ.** (in der Rede) **behandeln:** aliquid breviter.   Dav.

dēcursiō, ōnis, *f.* u. **-us**, ūs, *m.* **1.** das Herablaufen: aquarum *O*; **occ.** Überfall: ex collibus *L*. **2.** Defilierung, Parade: cohortium *T*. **3.** das Durchlaufen: honorum; temporis mei der Verlauf meiner Amtszeit.

dē-cursum *pt. pf. pass.* v. decurro.

dē-curtō 1. abkürzen, verstümmeln.

decus, decoris, *n.* **1. Schmuck, Zier:** decori esse höheren Glanz verleihen *V*. **2. occ. a. Reiz, Schönheit:** oris *O*. **b. Ehre, Ruhm, Würde:** regium *S*, muliebre *L*. **c. sittliche Würde, Tugend. 3.** *meton.* **a. Verzierung, Schmuck:** decora fanorum. **b. Ehrentat:** belli decora *LCu*; belli decus Kriegsruhm *L*. **c.** [von

Personen] **Schmuck, Zierde, Stolz:** Pompeius imperii decus; *pl.* lecta auserlesene Leute *T*. **occ.** *pl.* **ruhmvolle Ahnen:** Sulpiciae *T*.
E: ai. *dáças 'Ehre'; vgl. deceo, decor.

dē-cutiō 3. cussī, cussus (quatio) herabschütteln, -schlagen, -stoßen, -werfen.

dē-deceō 2. cuī (deceo) meist in 3. P. **1.** schlecht kleiden: neque te dedecet myrtus *H*. **2.** *met.* verunzieren, zur Unehre (Schande) gereichen, nicht geziemen: precum me dedecet usus *O*.

dē-decorō 1. verunehren, schänden, Schande bringen.

dē-decōrus 3 verunehrend, entehrend *T*.

dē-decus, oris, *n.* **1.** Unehre, Schande, Schmach: naturae Schandfleck *Ph*, per dedecus schmachvoll, schimpflich *S*. **2.** *meton.* Schändlichkeit, Schandtat: militiae unehrenhaftes Betragen *L*.

dedī *pf.* v. do.

dēdicātiō, ōnis, *f.* Weihung, Einweihung *L*.   Von

dē-dicō 1. **1.** (ein)weihen: aedes Castori et Polluci. **occ.** (eine Gottheit) durch einen Tempel ehren, (einer Gottheit) einen Tempel weihen: Iunonem *L*, Concordiam aede *O*. **2.** *met.* widmen: urbem memoriae equi *Cu*, librum meritis *Ph*.

dē-didī *pf.* v. dedo.

dē-didicī *pf.* v. dedisco.

dēdignātiō, ōnis, *f.* Verschmähung *Q*.   Von

dē-dignor 1. unwürdig finden, verschmähen, abweisen: Philippum patrem als Vater *Cu*; mit *inf. OT*.

dē-discō 3. didicī verlernen, vergessen.

dēdītīcius 3 (dedo) der sich auf Gnade und Ungnade ergeben hat; dediticii Untertanen *L*.

dēdītiō, ōnis, *f.* (dedo) Übergabe, Unterwerfung, Kapitulation: in deditionem venire sich ergeben *L*, in deditionem accipere die Kapitulation annehmen.

I. dēditus *pt. pf. pass.* oder *med.* v. dedo.

II. dēditus 3 **1.** anhänglich: populo. **2.** ergeben, bedacht: studio, lanae dedita mit Wollarbeit beschäftigt *L*, eo deditae mentes dorthin gerichtet *L*. **occ.** frönend: vino epulisque *N*.   Von

dē-dō 3. didī, ditus **I.** völlig hingeben; nur **deditā operā** mit Fleiß, absichtlich. **II. 1. übergeben, ausliefern:** noxios hostibus *L*, hominem trucidandum populo *L*. **2. occ. überlassen, hingeben:** illos homines dedier (*inf. pass.*) mihi exposco [Formel] *L*. **3.** *refl.* u. *med.* **sich ergeben, kapitulieren:** se Lacedaemoniis *N*, dediti Unterworfene. *met.* **4.** hin-, **preisgeben, opfern:** poëtis aurīs 'Ohr leihen', reum telis militum; animum sacris *L*. **5.** *refl.* **sich hingeben, widmen, frönen:** amicitiae, vitiorum inlecebris.

dē-doceō, ēre vergessen lassen: dedocendus eines Besseren zu belehren, falsis uti vocibus abgewöhnen *H*.

dē-doleō 2. luī seinen Kummer enden *O*.

dē-dolō, āre zerhacken *C*.

dē-dūcō 3. dūxī, ductus

I. 1. **herab-(hinab-)führen, -ziehen, -bringen;** 2. *occ. a.* **hinabmarschieren lassen;** *b.* (Schiffe) **hinabziehen, in See stechen lassen.**

II. 1. **ab-, weg-, fortführen;** *met.* **entfernen;** 2. *occ. a.* (Wasser) **ableiten;** (den Ursprung) **herlei-**

deductio   126   **defero**

ten; *b.* (Zahlen, Summen) **abziehen;** *c.* (Fäden) **spinnen, ausspinnen;** *d.* bildl. (Dichtwerke) **ausführen, ausspinnen;** *met.* 3. **abziehen, abbringen, abwendig machen;** 4. (wohin, wozu) **verlocken, verführen.**

III. 1. wohin **führen, hinbringen, -schaffen, zuführen;** 2. *occ.* **geleiten, heimführen;** 3. *met.* (jemd. oder etw.) wohin **treiben, bringen, in einen Zustand versetzen.**

I. 1. equitatum ad pedes absitzen lassen *L*; sollemne herabwürdigen *L*, Iovem (lunam) caelo durch Zauberei herabziehen *VH*; vela (carbasa) entrollen, setzen *O*, vestem herabreißen *O*, pectine crines herabkämmen *O*, ramos herabbeugen *O*, caesariem herabstreichen *O*. **2. a.** copias ex superioribus locis in campum. **b.** navem ex navalibus *L*, naves (litore) *V*, classem *L* auslaufen lassen, in Oceanum *Cu*.
II. 1. coloniam (colonos) Albam ansiedeln in; qui initio deduxerant die ursprünglichen Ansiedler *N*; suos ex agris; regem ex possessione vertreiben *L*; exercitum ex iis regionibus abziehen lassen, praesidia die Posten abziehen; *met.* corpore febres *H*. **2. a.** rivos *V*; bildl. nomen ab Anco *O*, genus ab Achille *Cu*. **b.** de capite (Kapital) quod usuris pernumeratum est (die gezahlten Zinsen) *L*. **c.** stamina colo *Ti*, pollice filum *O* **d.** bildl. poëmata *H*, versūs 'schmieden' *HO*; carmen Iliacum in actus zu einem Drama ausspinnen *H*; argumentum in tela deducitur wird dargestellt *O*. **3.** a pristino victu *N*, de sententia; *abs.* adulescentes praemio. **4.** eum ad sententiam, ad iniquam pugnam; civitates in causam hinein verflechten *L*.
III. 1. legiones in Galliam; *abs.* exercitum ausmarschieren lassen; Ennium nach Rom *N*, mulierem triumpho aufführen *H*, ad Scaevolam (zur politischen Ausbildung) zuführen, hunc in possessionem Armeniae einführen *T*, testem ad iudicium bringen. **2.** eum domum *L*; quo (wohin = ad quem *L*) virgo quaeque deducta est dem sie zugeführt wurde. **3.** audi, quo rem deducam wo das hinaus will *H*, res eo (in eum locum) est deducta, ut es kam so weit, rem ad arma, ad otium, in periculum es zu ... kommen lassen; eum in periculum, in eum casum.   Dav.

dēductiō, ōnis, *f.* **1.** das Ab-, Fortführen: militum; *occ.* das Ableiten: aquae. **2.** Abzug an Geld: ne qua deductio fieret.   Und

dēductor, ōris, *m.* Begleiter eines Amtsbewerbers *Q. Cicero Pli.*

I. deductus *pt. pf. pass.* v. deduco.
II. dēductus 3 (deduco) **1.** krumm: nasus *Sp*. **2.** herabgestimmt: carmen leiser gesungen *V*.

dē-dūxī *pf.* v. deduco.
de-errō 1. āvī abirren, sich verirren.
dēfa(-e-)tīgātiō, ōnis, *f.* völlige Erschöpfung.   Von
dē-fa(-e-)tīgō 1. völlig ermüden, erschöpfen.
dē-fēcī *pf.* v. deficio.
dēfectiō, ōnis, *f.* u. **-us,** ūs, *m.* (deficio) **1.** Abfall, Empörung, Abtrünnigkeit: ab Romanis ad Hannibalem *L*. **2.** Abnahme, das Schwinden: virium. *occ.* **a.** Finsternis: solis, lunae. **b.** Erschöpfung: manifesta *T*.

dēfector, ōris, *m.* (deficio) der Abtrünnige *T*.
dēfectus *adi.* u. *pt. pf. pass.* v. deficio.
dē-fendō 3. fendī, fēnsus (*fendere 'schlagen', vgl. offendo)

---

1. **abwehren, abweisen, zurückhalten, -weisen;** 2. *occ.* **sich wehren, sich zur Wehr setzen;** 3. **verteidigen, schützen;** *met.* 4. (eine Stellung, Pflicht, Meinung usw.) **behaupten, verfechten, durchführen;** 5. (vor Gericht und sonst) **verteidigen, vertreten;** *occ.* **zu seiner Verteidigung sagen, geltend machen.**

---

1. ignis iactūs et lapides; *met.* bellum, hostem, iniurias, solis ardores; solstitium pecori fernhalten *V*. **2.** defendente nullo; ad defendendum opes Verteidigungsmittel *S*. **3.** Haeduos, se armis, manu, opportunitatibus loci; rem p., libertatem; ab aliquo vor, gegen jemd., adversus *L*. **4.** alterum cornu inne haben *Cu*, actoris partes *H*, vicem rhetoris die Stelle ausfüllen *H*, sententiam. **5.** Roscium parricidii reum. *occ.* nihil habeo quod defendam, id recte factum esse defendere.   Dav.
dēfēnsiō, ōnis, *f.* **1.** [im Krieg] **Verteidigung:** urbium, castrorum. *met.* **2. Verfechtung, Schutz:** fortunarum, salutis. **3.** [vor Gericht] **Verteidigung, Vertretung:** criminis gegen. **4.** *meton.* **Verteidigungsrede:** defensionem edere *N*, scribere; accipere anhören •*T*. **5. Verteidigungsgrund, -mittel, -art:** commoda, nulla.
dēfēnsitō 1. āvī (Doppelfrequ. v. defendo) zu verteidigen pflegen.
dēfēnsō, āre (*frequ.* v. defendo) verteidigen.
dēfēnsor, ōris, *m.* (defendo) **1. Abwehrer:** periculi, necis. **2. Verteidiger;** *pl.* **Besatzung, Bedeckung:** muros defensoribus nudare; defensores dare Bedeckung geben *T*. **3.** [vor Gericht] **Verteidiger, Vertreter:** miserorum. **4.** *met.* **Beschützer:** libertatis, provinciae.
dēfēnsus *pt. pf. pass.* v. defendo.
dē-ferō, ferre, tulī, lātus

I. 1. **herab-(hinab-)tragen, -führen, -bringen;** 2. *occ. a.* stromabwärts **führen;** *pass.* stromabwärts **treiben;** *b.* **hinabstürzen.**
II. (vom rechten Weg) **abführen;** *pass.* **abirren,** wohin **geraten;** *occ.* **verschlagen;** *pass.* **verschlagen werden.**
III. 1. wohin **tragen, bringen, schaffen, führen;** 2. *occ.* **abliefern, einreichen.**
IV. *met.* 1. **darbringen, darbieten, anbieten;** *occ. a.* (zur Ausführung) **übertragen;** *b.* (zur Entscheidung) **vorlegen;** 2. **überbringen, melden, mitteilen;** *occ. a.* **anzeigen, denunzieren, anklagen;** *b.* (Personen und Vermögen) **anmelden.**

I. 1. ramalia tecto vom Dachboden *O*, signa in campum *L*, aciem in campos hinabrücken lassen *L*, ferrum in pectus hineinstoßen *T*; castra in viam *L*, aedes in planum *L* verlegen. **2. a.** amnis defert dolia *L*; amne deferri *LCu*. **b.** eum ex tanto regno *N*, acies in praeceps defertur stürzt ab *L*.
II. fuga eo defert regem *L*; in scrobes (foveas *Cu*)

defervesco   127   **defodio**

delati geraten. **occ.** aestus defert naves ad terram *L*; navis delata Oricum; bildl. fato nostrum delatus in aevum *H*.

III. 1. aliquem in tabernaculum *Cu*, litteras ad Caesarem, virgines domos *L.* **2.** aliquid in (ad) aerarium *LT*, censum Romam die Schätzungslisten *L.*

IV. 1. delatum accipere *N.* **a.** summum imperium ad aliquem *NCu*, causam ad eum die Führung des Prozesses. **b.** rem ad consilium, ad senatum. **2.** dicta, mandata, defertur res ad Caesarem per aliquem, ab aliquo, sociorum querimonias *L.* **a.** nomen anklagen (beim Prätor), indicium ad praetores *L*, de defectione patris *N*; maiestatis, adulterii *T*; Lepida defertur simulavisse partum daß sie vorgeschützt habe *T.* **b.** in beneficiis ad aerarium der Staatskasse zur Beschenkung empfehlen, vestes, currus in censum bei der Schätzung *L.*

dē-fervēscō 3. fervī (*incoh.* zu dēferveo) verbrausen, austoben *Varro*; [v. der Rede:] sich abklären.

dēfessus *adi.* u. *pt. pf. pass.* v. de-fetiscor.

dēfetīgatiō, dē-fetīgō s. defat...

dē-fetiscor 3. dēfessus (fatiscor) gänzlich ermüden, ermatten *C*; klass. nur **dēfessus** 3 ermattet, matt, erschöpft.

dē-ficiō 3. fēcī, fectus (facio, § 43; altes *fut. ex.* defexit, Formel bei *L*)

> **I.** *intr.* **1. sich losmachen, abfallen, untreu, abtrünnig werden; 2.** *met.* **ausgehen, zu Ende, zur Neige gehen, schwinden, zu fehlen beginnen; 3. erlahmen, ermatten, sinken;** *occ.* **im Sterben liegen, verscheiden;** *met.* **kleinmütig werden, den Mut verlieren.**
>
> **II.** *trans.* **1. verlassen, im Stich lassen; 2.** *occ.* jemd. verlassen, jemd. **ausgehen,** jemd. **zu fehlen beginnen.**
>
> **III.** *pt. pf. pass.* **dēfectus** 3 *a.* **verlassen;** *b.* **geschwächt, schwach, entkräftet.**

I. 1. illis legibus (*abl.*) *L*, ad Poenos *L*, a patribus ad plebem *L.* **2.** arma deficiunt *Cu*, deficit dies sermoni ist zu kurz für *O*, tempus ad bellum gerendum; bildl. munimenta deficiunt werden baufällig *Cu*, fontis aquae versiegen *O*, luna deficit verfinstert sich, ignis erlischt, verglimmt *V.* **3.** manus ad coepta deficiunt versagen den Dienst *O*, pugnando non deficiebant ermatteten nicht im Kampf, navis deficit undis (*abl.*) hält nicht stand *V*; bildl. mente die Besinnung verlieren *O*, defecere mores *H.* **occ.** vitā *C* [u. allein] deficere. *met.* animo, animis [u. allein].

II. 1. me mea deficit aetas *O*; *pass.* animo ohnmächtig werden *Cu*, a viribus. **2.** tela nostros deficiebant; oppidanos animus defecit *L.*

III. a. defectus pilis kahl *Ph*, dentibus zahnlos *Sp.* **b.** defectus annis *Ph*, corpus *T.*

dēfīcō 1. (statt dēfaeco v. faex, §§ 43 u. 45) reinigen, waschen *C.*

dē-fīgō 3. fixī, fixus **1. hineinschlagen, befestigen, einrammen:** tellure hastas *V*, ad tectum regulas; terrae (*dat.*) defigitur arbos *V.* **occ. hineinstoßen,**

-bohren: sicam in consulis corpore; vertice nudo spicula *O. met.* **2.** (Augen oder Geist) **fest** auf etwas **richten, festheften:** defixis oculis starren Blickes *H*; in vultu regis oculos *Cu*, omnes curas in salute rei p.; in terram ora *Cu*, lumina regnis (*dat.*) *V*; defixa obtutu ora ins Anschauen vertieft *V*, defixus lumina gesenkten Blickes *V.* **3. einprägen:** his locis in mente defixis. **4.** (Personen) **festbannen, regungslos machen:** defixerat pavor Gallos *L*, stupor omnes *L*; *pass.* Galli pavore defixi stetere wie angewurzelt *L.*

dē-fingō, ere umformen; Rheni luteum caput hinschmieren [andere: deffingo] *H.*

dē-fīniō 4. **1. ab-, begrenzen:** tractus muri definitus montibus; *met.* pirata non est ex perduellium numero definitus gehört nicht zu. **2. näher bestimmen, bezeichnen, andeuten:** oratoris vim; **occ.** (Begriffe) **abgrenzen, definieren:** voluptatem, quid sit officium; malum dolore erklären aus. **3. bestimmen, festsetzen, -stellen:** suum cuique locum, tempus, consulatum. **4. abschließen:** orationem, similiter extrema. **5. beschränken:** oratio eis definietur viris wird sich auf jene Männer beschränken.   Dav.

dēfīnītiō, ōnis, *f.* Begriffsbestimmung, Definition.

dēfīnītus 3, *adv.* **ē** (definio) bestimmt, deutlich.

dē-fīō, fierī (*pass.* zu deficio) fehlen, ausgehen.

dē-fīxī *pf.* v. defigo.

dēfīxus *pt. pf. pass.* v. defigo.

dēflagrātiō, ōnis, *f.* das Niederbrennen.   Von

dē-flagrō 1. **I.** *intr.* **1.** niederbrennen, in Feuer aufgehen; bildl. communi incendio untergehen. **2.** *met.* austoben: deflagrat ira verraucht *L.* **II.** *trans.* verbrennen: fana *Ennius*, deflagratum imperium untergegangen.

dē-flectō 3. flexī, flexus **1. herabbiegen:** corpus *Ca.* **2.** zur Seite biegen, **ablenken, -wenden:** tela *V*, ad Romanos cursum den Lauf wenden *L*, novam viam abzweigen lassen *L.* **3.** *met.* **abändern, umwandeln:** sententiam. **4.** *intr.* **abbiegen, ablenken, abweichen:** viā *T*, de recta regione.

dē-fleō 2. flēvī, flētus **1. beweinen, beklagen. 2.** unter Tränen erzählen: haec *V.*

dē-flexī *pf.* v. deflecto.

dēflexus *pt. pf. pass.* v. deflecto.

dē-flōrēscō 3. flōruī (floreo) verblühen, verwelken.

dē-fluō 3. flūxī **I. 1. herabfließen:** flumen monte defluens *S*, sudor a capite; **occ. herabschwimmen:** ad insulam sich hintreiben lassen *Cu. met.* **2. herabsinken, -fallen, -gleiten:** defluebant coronae, corpus ex equo defluxit in terram *Cu*, ad terram abspringen *V.* **occ. a. herabwallen, -hängen:** toga defluit hängt schlaff herab *H.* **b. ausgehen, ausfallen:** defluxere comae *O.* **c.** (politisch) **abfallen:** ex novem tribunis unus defluxit. **3. herströmen, zuströmen,** zu etw. **kommen:** merces tibi defluat ab Iove *H*, ab amicitiis perfectorum ad leves amicitias in der Rede... übergehen. **II. abfließen:** dum defluat amnis *H*; *met.* **aufhören, verschwinden:** defluxit numerus *H.*

dē-fodiō 3. fōdī, fossus **1.** vergraben, eingraben: Vestalis viva defossa est *L*, signum in terram.

defore   128   **deicio**

2. auf-, ausgraben, durch Graben anlegen: terram *H*, specus *V*, siros anlegen *Cu.*

dē-fore s. desum.

dēfōrmātiō, ōnis, *f.* (deformo) Herabwürdigung *L.*

dēfōrmis, e, *adv.* **iter** (Rückbildung aus deformo, § 76) **I.** form-, gestaltlos: animae *O.* **II. 1.** unförmig, mißgestaltet, entstellt, häßlich: iumenta; filia *Ph.* **2.** häßlich, unschön, schimpflich: opus, litora *O*, obsequium widerlicher Servilismus *T*, deformia meditari Ungebührliches *T.*   Dav.

dēfōrmitās, ātis, *f.* Mißgestalt, Häßlichkeit, Widrigkeit: agendi unschöner Vortrag, oris Entstellung *T.*

dē-fōrmō 1. **1.** ausbilden: fructus *Q.* **2.** bilden, darstellen *Sp.* **3.** entstellen, verunstalten: deformatus aerumnis *S*, vultum deformat macies *V.* **4.** *met.* entehren, herabwürdigen: domum *V*, orationem *Q*, victoriam clade *L.*

dēfossus *pt. pf. pass.* v. defodio.

dēfrāctus *pt. pf. pass.* v. defringo.

dē-fraudō 1. um etw. bringen, betrügen: genium suum sich jeden Genuß versagen *C.*

dē-frēgi *pf.* v. defringo.

dē-frēnātus 3 (freno) ungezügelt *O.*

dē-fricō 1. fricuī, frictus u. fricātus abreiben *OSp*; *met.* sale multo urbem geißeln *H.*

dē-fringō 3. frēgī, frāctus (frango, §§ 43 u. 48) abbrechen: ferrum ab hasta *V.*

dēfrūdō = defraudo *C.*

dē-frūstror, ārī täuschen *C.*

dēfrutum, ī, *n.* (*sc.* mustum) eingekochter Most, Mostsaft *V.*
    E: vgl. ahd. prod 'Brühe', briuwan 'brauen'.

dē-fūdī *pf.* v. defundo.

dē-fugiō 3. fūgī **1.** fortfliehen, enteilen. **2.** *trans.* ausweichen, vermeiden: aditum hominum; *met.* aus dem Weg gehen, sich entziehen: auctoritatem consulatūs der Verantwortung für das Konsulat.

dē-fuī *pf.* v. desum.

dēfūnctus *pt. pf. act.* v. defungor.

dē-fundō 3. fūdī, fūsus herab-, ausgießen, ausschütten: fruges Italiae über Italien *H*, vinum abfüllen *H.*

dē-fungor 3. fūnctus sum **1.** zu Ende bringen, erledigen, abtun, fertig werden; mit *abl.* defunctus bello barbitos ausgedient *H*, honoribus der die ganze Ämterlaufbahn durchlaufen hat, laboribus *H*, periculis *V* der überstanden hat, suis temporibus defuncta was seine Zeit durchlebt hat *H*, poenā levi mit geringer Strafe durchkommen *L*; carinae defunctae die (Gefahren) überstanden hatten *V*, defunctos esse fertig sein *L*; *pass.* defunctum erledigt *C.* **2.** *occ.* sterben, verscheiden: vitā *VCu*, terrā *O*; defuncta est Vestalis *T.*

dēfūsus *pt. pf. pass.* v. defundo.

dēfutūrus *pt. fut.* v. desum.

dēgener, eris, *m. f.* **1.** entartet, ausgeartet, unecht: a domestico sermone der Muttersprache entwöhnt *Cu*, patriae artis *O.* **2.** *met.* unedel, unwürdig, gemein, niedrig.   Von (§ 76)

dē-generō 1. (de, genus, § 70) **1.** aus der Art schlagen, entarten, ausarten: in Syros zu Syrern *L.* **2.** *met.* entartet sein, abfallen, abkommen, sich seiner Abkunft unwürdig zeigen: a patribus *L*, in externum cultum ab-

fallen *Cu.* **3.** *trans.* entehren, verunehren: palmas *O*; *subst.* degeneratum in aliis seine sonstige Entartung *L 1, 53, 1.*

dē-gerō, ere fortschaffen; mit ad, *dat. C.*

dēgō, ere (*dē-igo von ago, § 41) **1.** *trans.* verbringen, hin-, zubringen, verleben: vitam in egestate. **2.** *occ.* leben: Ephesi *Cu.*

dē-grandinat es hört auf zu hageln *O.*

dē-gravō 1. niederdrücken, zu Boden drücken; *occ.* vulnus degravabat beschwerte *L.*

dē-gredior 3. gressus sum (gradior) **1.** herabschreiten, -marschieren: monte *S*, de montibus, ex arce *L*, ad pedes absitzen [von Reitern] *L.* **2.** weggehen: in urbem [aus der Provinz] *T.*

dē-grunniō, īre sein Stückchen hergrunzen *Ph.*

dē-gūstō 1. **1.** von etw. kosten: inde von diesem Trank *S*; *occ.* leicht berühren: summum corpus *V.* **2.** *met.* kosten, versuchen, probieren: genera oberflächlich berühren *Q.*

dē-hibeō, ēre (*de-habeo, § 43; s. debeo) schulden *C.*

de-hinc, dicht. auch (nach § 32) einsilbig (dē hinc, *Iuxtap.*, § 68) *adv.* **1.** räumlich: von hier aus: dehinc Suria *T.* **2.** zeitlich: hierauf, nachher; *occ.* von jetzt (nun) an: dehinc ut quiescant *C.*

de-hīscō, ere sich klaffend auftun, öffnen, spalten.

dehonestāmentum, ī, *n.* **1.** Verunstaltung: oris *T.* **2.** *met.* Schimpf, Entehrung *T.*   Von

de-honestō 1. entehren, beschimpfen, schänden.

de-hortor 1. abmahnen, abraten; *trans.* multa me dehortantur a vobis entfremdet mich euch *S.*

Dēïanīra, ae, *f.* D. [Schwester des Meleager, Gemahlin des Herkules].

dē-iciō 3. iēcī, iectus (iacio, § 43; dēīcere dreisilbig *H*)

    I. 1. abwerfen, herab-, hinab-, hinunterwerfen; *refl.* u. *med.* **(hinunter)stürzen; 2. zu Boden werfen, niederwerfen, umstürzen;** *occ.* **zu Boden strecken, töten, erlegen;** *met.* **zu Boden senken, niederschlagen; 3. (politisch) stürzen.**

    II. 1. ab-, wegschlagen; *occ.* **verschlagen; 2.** *met.* **abwenden, entfernen.**

    III. 1. aus der Stellung werfen; 2. (den Feind) werfen, vertreiben; 3. *met.* **verdrängen, vertreiben, (einer Sache) berauben.**

I. 1. antemnas; crines herabfallen lassen *T*, sortes (in die Urne) werfen; iugum a cervicibus, aliquem (de *L*) saxo *O*, securim in caput niederschmettern *L*; *refl.* u. *med.* se in mare *N*, se de muro herunterspringen, tempestas caelo deiecta *L.* **2.** arbores fällen *L*, turrim (muros *L*) einreißen, arces brechen *H.* **occ.** feram *Cu*, Typhoëa *O*; *met.* vultum (in terram) *VOT*, deiecto in pectora mento gesenkt auf *O.* **3.** hoc (Critiā) deiecto *N*, de possessione imperii *L.* **II. 1.** ense sinistram *V.* **occ.** naves ad inferiorem insulae partem. **2.** a re p. oculos, vitia a se fernhalten, uxorem beseitigen *T.* **III. 1.** eum de statu (gradu) aus der Fassung bringen, de sententia abbringen. **2.** praesidium loco munito, nostros ex munitione. **3.** de possessione fundi, magistratūs templo, deiectus spe, de honore; aedilitate getäuscht in der Aussicht auf *L.*

deico   129   **delitigo**   D

deicō = dīcō *C.*
dē-iēcī *pf.* v. deicio.
I. dēiectus 3 (deicio) tiefliegend: loca; *met.* mutlos *V.*
II. dēiectus, ūs, *m.* (deicio) **1.** das Herabwerfen, -stürzen: arborum *L,* gravis Wasserfall *O.* **2.** *meton.* Abhang.
III. dēiectus *pt. pf. pass.* oder *med.* v. deicio.
de-in (aus deinde, § 42, Abs. 2) *adv.* hierauf.
dein-ceps (deinde u. capio, § 41; urspr. *adi.,* dann *adv.*) **1.** demnächst, zunächst: dicam deinceps de periculo. **2.** nacheinander, der Reihe nach.
de-inde (§ 68) *adv.* **1.** (örtlich) von da an, weiterhin: via angusta, deinde latior patescit campus *L.* **2.** [Reihenfolge] hierauf, alsdann, ferner: primum . . . tum . . . deinde . . . postremo u. a. **3.** (zeitlich) hierauf, dann: initio proditor fuit, deinde perfuga.
Dēiotarus, ī, *m.* D. [Tetrarch in Galatien, erhielt vom röm. Senat den Königstitel, Feind Caesars im Bürgerkrieg, von Cicero verteidigt].
dē-iungō, ere abspannen: se a labore losmachen *T.*
dē-iuvō, āre nicht helfen *C.*
dē-lābor 3. lāpsus sum **1.** herabgleiten, -fallen, -sinken, -schießen; mit a, de, ex, *abl.*; b i l d l. ab his delapsa genera herrührend. **2.** *met.* in etw. geraten, verfallen, sich verirren: oratio delabitur schweift ab.
dē-lāmentor, ārī bejammern *O.*
dēlāpsus *pt. pf. act.* v. delabor.
dē-lassō, āre völlig ermüden *H.*
dēlātiō, ōnis, *f.* (defero) Anklage, Denunziation.
dēlātor, ōris, *m.* (defero) Ankläger, Denunziant.
dē-lātus *pt. pf. pass.* v. defero.
dēlectābilis, e (delecto) erfreulich: cibus Lieblingsspeise *T.*
dēlectātiō, ōnis, *f.* Vergnügen, Genuß, Lust.   Von
dē-lectō 1. 1. anziehen, fesseln, vergnügen, unterhalten, erfreuen. **2.** *med.* sich erfreuen, seine Freude an etw. haben; mit *abl., inf.*
    E: *frequ.* v. *delicio 'verlocken'.
I. dēlēctus *pt. pf. pass.* v. II. deligo.
II. dēlēctus, ūs, *m.* (deligo) = II. dilectus 1.
dēlēgātiō, ōnis, *f.* (delego) Geldanweisung.
dē-lēgī *pf.* v. II. deligo.
dē-lēgō 1. 1. hinschicken: in Tullianum *L.* met. **2.** an-, zuweisen, anvertrauen, übertragen: obsidionem in curam collegae *L,* rem ad senatum *L,* fortunae spes suas *L;* **occ.** studiosos ad illud volumen verweisen *N.* **3.** (eine Schuld, ein Verdienst) jemd. zuschieben, zuschreiben; mit ad, *dat.*
dēlēnīmentum, ī, *n.* **1.** Erleichterungs-, Linderungsmittel: curarum *T.* **2. occ.** Reizmittel, Lockung: vitiorum *T.*   Von
dē-lēniō 4. 1. völlig lindern, besänftigen, beschwichtigen: milites. **2. occ.** ködern, günstig stimmen: muneribus multitudinem.   Dav.
dēlēnītor, ōris, *m.* der für sich gewinnt, einnimmt.
dēleō 2. ēvī, ētus 1. wegstreichen, auslöschen, tilgen: nomen Scipionis. **2.** *met.* tilgen, aus-, vertilgen, vernichten, zerstören.
Dēlia, Dēliacus s. Delos.
dēlīberābundus 3 (delibero) tief nachdenkend *L.*
dēlīberātiō, ōnis, *f.* (delibero) **1.** Erwägung, Überlegung. **2. occ.** die beratende Rede.

dēlīberātor, ōris, *m.* Mann der ewigen Bedenkzeit. Von
dē-līberō 1. 1. abwägen, erwägen, überlegen, beratschlagen: deliberandi spatium *NL; trans.,* mit de, indir. Fr. **2.** sich entscheiden, bestimmen, beschließen: mortem *H;* meist mit *inf.;* **dēlīberātus** 3 entschieden, bestimmt: neque illi quicquam deliberatius fuit. **3. occ.** (das Orakel) befragen: Delphos deliberatum missi sunt *N.*
    E: dē-lībro 'abwägen', zu libra 'Waage'.
dē-lībō 1. (ein wenig) wegnehmen, entnehmen: omnīs undique flosculos, de laude schmälern, pacem schmälern *Lukrez;* oscula zart küssen *VPh;* suas artes agendo sich obenhin beschäftigen *O,* novum honorem genießen *L.*
    E: gr. λείβω; 'abgießen'.
dē-lībrō 1. (liber Bast) abschälen.
dē-libūtus 3 befeuchtet, benetzt: capillus gesalbt; *met.* gaudio freudetrunken *C.*
    E: vgl. τὸ λίβος 'Tropfen'.
dēlicātus 3, *adv.* ē **1.** herrlich, köstlich: aqua *Cu,* oves *Pli.* **2.** fein, üppig, wollüstig, genußsüchtig: multa delicate iocoseque fecit beging viele galante Streiche *N,* vivere üppig leben, iuventus, litus; gressus *Ph.* **3.** *meton.* verwöhnt, wählerisch: te habui delicatam verzärtelt *C.*
dēliciae, ārum, *f.* u. **-ium, ī,** *n. Ph* (*delicio; vgl. delecto) **1.** Lust, Üppigkeit, Genuß, Vergnügen: delicias facere scherzen *C. meton.* **2.** Liebling: tu, deliciae popli *C.* **3.** Kleinod: excussis deliciis nach Verlust der Schätze.   Dav. *dem.*
dēliciolae, ārum, *f.* kleiner Liebling.
dē-licō, āre (liquo, § 17) erklären *C.*
I. dēlictum, ī, *n.* (delinquo) Fehler, Vergehen, Schuld.
II. dēlictum *pt. pf. pass.* v. delinquo.
dē-licuī *pf.* v. deliquesco.
I. dē-ligō 1. anbinden, befestigen; mit ad, in *c. abl.*
II. dē-ligō 3. lēgī, lēctus (lego, § 41) **1.** lesen, abnehmen, pflücken: uvam, rosam *O.* met. **2.** wählen, erwählen, nehmen: locum castris idoneum; *subst.* delecti Ausschuß; duces (zu Führern) ii deliguntur. **3. occ. a.** (milit.) auslesen: delecta legio; delecti militum Elitetruppen *Cu,* equites ex omni copia. **b.** aussondern: longaevos senes *V.*
I. dē-līniō 1. āvī (linea) im Umriß zeichnen *Sp.*
II. dē-līniō 4. Nbf. von de-lenio.
dē-linquō 3. līquī, lictum fehlen, sich vergehen, begehen, verschulden.
dē-(dī-)liquēscō 3. licuī (§ 17) zerschmelzen, zerfließen; b i l d l. alacritate futtili gestiens in grundloser, hektischer Fröhlichkeit vergeht.
dē-līquī *pf.* v. delinquo.
dēliquiō, ōnis, *f.* (delinquo) Mangel *C.*
dēlīrāmentum, ī, *n.* (deliro) albernes Zeug *C.*
dēlīrātiō, ōnis, *f.* Albernheit, Wahnsinn.   Von
dē-līrō 1. āvī verrückt sein, wahnsinnig sein.
    E: 'aus der Furche (līra, § 70) kommen'.   Dav. (§ 76)
dēlīrus 3 verrückt, irr, wahnsinnig.
dē-litēscō u. **-īscō** 3. lituī (*incoh.* zu lateo, § 43) sich verbergen, verstecken.
dē-lītigō, āre heftig zanken, sich austoben *H.*

delitisco   130   **demolior**

dēlitīscō s. delitesco.
dē-lituī *pf.* v. delitesco.
Dēlium, Dēlius s. Delos.
Delmatae u. a. s. Dalmat ...
Dēlos u. **-us**, ī, *f.*, *acc.* on, um D. [Insel inmitten der Kykladen]. *Adi.* **I. Dēlius** 3: vates, deus = Apollo, dea Diana = *H*; *subst.* **1. Dēlius**, ī, *m.* der Delier, Apollo. **2. Dēlia**, ae, *f.* Diana *VO*; D. [Mädchenname] *VTiO*. **3. Dēlium**, ī, *n.* D. [Städtchen in Böotien] *L.* **II. Dēliacus** 3.
Delphī, ōrum, *m.* D. [St. am Fuß des Parnaß, Sitz des apollinischen Orakels]; *meton.* Delphos meos recludam meine geheime Weisheit *O*; *adi.* **Delphicus** 3: mensa Prunktisch; *subst.* Apollo *O*.
delphīn, īnis u. **-īnus**, ī, *m.* (δελφίς, δελφίν) Delphin.
Delta, *n. indecl.* das Nildelta, Unterägypten *Sp.*
dēlūbrum, ī, *n.* Tempel, Heiligtum.
E: v. dē-luo 'abspülen', 'Entsühnungsort'.
dē-luctō 1. āvī ringen, sich abquälen: aerumnis *C.*
dē-lūdificor 1. foppen, zum besten haben *C.*
dē-lūdō 3. lūsī, lūsus 'sein Spiel treiben', hintergehen, täuschen, foppen, zum besten haben.
dē-lumbō, āre (lumbus) lendenlahm machen, schwächen.
dē-lūsī *pf.* v. deludo.
dēlūsus *pt. pf. pass.* v. deludo.
dē-madēscō 3. maduī ganz feucht werden *O.*
dē-mandō 1. (ganz) anvertrauen, empfehlen *L.*
dē-mānō, āre herabfließen *Ca.*
dē-mēns, entis, *adv.* **enter** sinnlos, verrückt, unsinnig, töricht.
dēmēnsus 3 (*demetior) zugemessen; *n. subst.* Getreideration *C.*
dementia, ae, *f.* Torheit, Verrücktheit, Wahnsinn.
dē-mereō u. **-or** 2. uī, itus sich um jemd. sehr verdient machen, sich jemd. zu Dank verpflichten, gewinnen.
dē-mergō 3. mersī, mersus 1. eintauchen, versenken; *pass.* versinken: dapes in alvum hinunterschlingen *O*, corpus paludibus; plebs in fossas demersa hinuntergesteckt *L*; *occ.* (Schiffe) versenken, in den Grund bohren. **2.** *met.* niederdrücken; *pass.* sinken: domus demersa exitio (*dat.*) ins Verderben gesunken *H.*
dē-metō 3. messuī, messus abmähen, -schneiden: ense caput abhauen *O*, florem abpflücken *V.*
Dēmētrius, ī, *m.* D. [**1.** D. Poliorcētēs (πολιορκητής 'Stadtbelagerer'), Sohn des Antigonus, König von Makedonien 293—287. **2.** D. aus Phaleron (**Phalēreūs**), Staatsmann, Gelehrter, Schüler des Theophrast, verwaltete, von Kassander eingesetzt, Athen 317—307. **3.** Kyniker der frühen Kaiserzeit *Sp.*] Nach **1.** benannt ist **Dēmētrias**, adis, *f.* D. [St. an der Bucht v. Pagasae]; *adi.* **Dēmētriacus** 3 *L.*
dēmigrātiō, ōnis, *f.* Auswanderung *N.*   Von
dē-migrō 1. auswandern, wegziehen: hinc aus der Welt.
dē-minuō 3. nuī, nūtus **1.** herab-, vermindern; *pass.* abnehmen, zusammenschmelzen: numerum copiarum; praedia stückweise verkaufen. **2.** *occ.* wegnehmen: de voluptate quicquam. **3.** *met.* beeinträchtigen, schmälern, vermindern: potentiam; deminuti capite mit geschmälertem Bürgerrecht *L.*   Dav.

dēminūtiō, ōnis, *f.* **1.** Verminderung, Verringerung: civium, luminis; **occ.** Verminderungsrecht *L.* **2.** *met.* Beeinträchtigung, Schmälerung, Verlust: capitis der bürgerlichen Rechte, mentis Geistesabwesenheit *Sp.*
dēminūtus *pt. pf. pass.* v. deminuo.
dē-mīror 1. sich sehr wundern; **occ.** neugierig sein, wissen wollen *C.*
dē-mīsī *pf.* v. demitto.
dēmissiō, ōnis, *f.* (demitto) das Herablassen: storiarum; *met.* animi Niedergeschlagenheit.
dēmissus *adi.* u. *pt. pf. pass.* v. demitto.
dē-mītigō, āre zur Milde stimmen.
dē-mittō 3. mīsī, missus

> I. 1. **hinab-, herablassen, hinabgehen lassen**; 2. *occ. a.* **sinken lassen, senken**; *b.* **hineinsenken, versenken**; *c.* **lang herabwallen lassen**; *pass.* **lang herabwallen**.
> II. 1. **hinab-, herabschicken**; *refl.* (*med.*) **hinabgehen, sich hinabziehen**; 2. *met.* (*pass.*) **von wo ausgehen, abstammen**.

I. 1. de muris, per murum, antemnam *O*, calculum in urnam werfen *O*, se ob assem sich bücken *H*; bildl. se in res turbulentissimas sich einlassen, demitti in adulationem sich erniedrigen zu *T.* **2. a.** vultum *OCu*, oculos (in terram) niederschlagen *LO*, aures besänftigt *H*, resignierend *H*; colles iugum demittunt senken sich *V*, se demittunt rivi fließen ab *O*, lacrimas fließen lassen *V*; animum (mentem) den Mut sinken lassen, se animo kleinmütig werden. **b.** sublicas in terram einsenken, hominem vivum sub terram lebendig begraben *L*, puteum einen Brunnen graben *V*; dicht. ensem in armos, ferrum iugulo hineinstoßen *O*; aliquid in pectus es sich tief einprägen *L*, spes animo ins Herz aufnehmen *O*, censum in viscera aufessen *O.* **c.** demissi capilli *O*, demissa tunica, stola *H.* **II. 1.** agmen in vallem hinabmarschieren lassen *L*, classem Rheno *T*; dicht. ex omni caelo nimbos regnen lassen *O*; sprichw. de caelo demitti vom Himmel herabkommen *V*; *refl.* (*med.*) copiae se demittunt in convallem; bildl. corpora Stygiae nocti *O*, aliquem morti *V.* **2.** a magno demissum nomen Iulo *V*, Romanus Troiā demissus *T.* Dav.
dēmissus 3, *adv.* **ē** **1. a. herabhängend**: funis, aures *V.* **b. niedrig gelegen**: loca. **c. niedrig, tief**: demissius volare *O. met.* **2. gedämpft, leise**: vox *V.* **3. a. demütig, bescheiden**: demississime exponere, qui demissi in obscuro vitam habent die in bescheidenem Dunkel leben *S.* **b. kleinmütig, niedergeschlagen**: demissiore animo *L.*
dēmō 3. dēmpsī, dēmptus (*dē-emo) weg-, abnehmen: iuga bobus *H*, pomum arbore *O*, clipea de columnis *L*, gladio caput abschlagen *Cu*; *met.* metum *LO*, necessitudinem beseitigen *S*, dempto fine ohne Ende *O.*
Dēmocritus, ī, *m.* Demokrit [Philosoph aus Abdera, gest. 361, Schüler des Eleaten Leukippos, Begründer der atomistischen Philosophie]; *adi.* **Dēmocritēus** (-īus) 3; *subst.* **1. Dēmocritēus**, ī, *m.* Schüler des D.; **2. Dēmocritēa**, ōrum, *n.* Lehrsätze des D.
dē-mōlior 4. ab-, niederreißen, zerstören: tectum *N*,

demolitio   131   **denuntio**   **D**

signum herabnehmen; *met.* tyrannidis propugnacula *N.*   Dav.

dēmōlītiō, ōnis, *f.* das Abnehmen: signorum.

dēmōnstrātiō, ōnis, *f.* (demonstro) **1.** das Hinweisen, Zeigen. **2.** Darlegung.

dēmōnstrātor, ōris, *m.* der etw. zeigt, angibt.   Von

dē-mōnstrō 1. 1. genau zeigen, bezeichnen: digito locum *N*, aliquem digito mit Fingern auf jemd. weisen *T*, itinera cum cura *L*. **2.** *met.* (mit Worten) bezeichnen, zeigen: navium formam, iter; ut supra (ante) demonstravimus, ut demonstratum est wie oben gezeigt, wie bereits gesagt wurde. **occ.** nachweisen, darlegen: istius cupiditatem; mit *acc. c. inf.,* indir. Fr.

dē-mordeō 2. morsus ab-, zubeißen *Sp.*

dē-morior 3. mortuus **1.** weg-, heraussterben. **2.** sterblich verliebt sein: aliquem *C.*

dē-moror 1. 1. *intr.* sich aufhalten, zögern *T.* **2.** *trans.* aufhalten, verzögern, hindern: annos das Leben fristen *V*, Teucros armis (*abl.*) vom Kampf abhalten *V*; **occ.** mortalia arma abwarten *V.*

dēmorsus *pt. pf. pass.* v. demordeo.

dēmortuus *pt. pf.* v. demorior.

dēmos, ī, *m., acc.* on (δῆμος) **1.** Volk *Sp.* **2.** Gau *Sp.*

Dēmosthenēs, is u. ī, *m., acc.* ēn u. em D. [ber. athenischer Staatsmann und Redner, 384—322].

dē-moveō 2. mōvī, mōtus entfernen, fortbringen, -schaffen, verdrängen: in insulas verbannen *T*, matrem beiseite schaffen *T*, centuriones absetzen *T*, hostes gradu aus der Stellung werfen *L*, consulem de rei p. praesidio; *abs.* abbringen *H.*

dēmpsī *pf.* v. demo.

dēmptus *pt. pf. pass.* v. demo.

dē-mūgitus 3 (mugio) mit Gebrüll erfüllt: paludes *O.*

dē-mulceō, ēre streicheln: dorsum equis *L.*

dēmum *adv.* **1.** zuletzt, endlich, **erst:** decimo d. pugnavimus anno *O*, nunc (iam) d. jetzt erst, tum d. dann erst. **2.** (mit *pron.*) **erst, eben, gerade:** hac d. terrā *V*, illa seges d. *V.* **3.** (hervorhebend) **erst, vollends:** immemor est d. *O.* **4.** (beschränkend) **nur** *Sp.*
E: *n.* v. *demus, sup.* zu dē; also eigtl. 'zuunterst'.

dē-murmurō, āre hermurmeln: carmen ore *O.*

dēmūtātiō, ōnis, *f.* Veränderung, Verschlechterung: morum.   Von

dē-mūtō 1. 1. *trans.* verändern *T.* **2.** *intr.* anders sein *C.*

dēnārius 3 (deni) je zehn enthaltend: nummus Zehnasstück *L*; *subst.* **dēnārius,** ī, *m.* **Denar** [röm. Silbermünze, urspr. 10, seit der Zeit der Gracchen 16 As]; *gen. pl.* meist ûm.

dē-narrō 1. genau schildern *CH.*

dē-nāsō, āre (nasus) der Nase berauben *C.*

dē-natō, āre hinunterschwimmen *H.*

dē-negō 1. 1. ableugnen: obiecta *T.* **2.** abschlagen, verweigern: colloquia; mit *inf. H.*

dēnī 3 (aus *dec-sni, § 30, v. decem, *gen. pl.* ûm u. ōrum) je zehn; *sg.* dena Luna jedesmal der zehnte *O.*

dēni-que (statt *dēne-que, § 41; *dēne von dē, wie pōne neben post, superne neben super; vgl. demum)

I. 1. (Aufzählungen schließend) **endlich, zuletzt;** 2. *occ.* (steigernd) **endlich, sogar, außerdem noch;**

3. **dann;** 4. (verallgemeinernd) **überhaupt, schließlich;** *occ.* (verringernd) **wenigstens;** 5. (abschließend) **am Ende, kurz, mit einem Wort.**
II. z e i t l i c h : 1. **am Ende, zuletzt;** 2. (= tandem) **endlich, erst;** (im Sinn von demum) **erst, gerade, eben.**

I. 1. primum … deinde … denique. 2. omnia municipia, praefecturae, coloniae, tota d. Italia. 3. imperat civitatibus obsides; d. ei rei constituit diem. 4. ecqua civitas est? … rex d. ecquis?, vitavi d. (höchstens) culpam *H.* **occ.** nostros praesidia deducturos aut d. indiligentius servaturos crediderunt. 5. d. haec fuit altera persona Thebis kurz, er war … *N.*

II. 1. nemo illud signum audebat attingere: barbaros scitote adductos esse operarios; ii d. illud sustulerunt. 2. multo d. die erst spät am Tag, octavo d. mense; tum d. damals (dann) erst, nunc d. jetzt endlich, modo d. eben erst *O.*

dē-nōminō 1. nach etw. benennen *H.*

dē-normō, āre (norma, § 70) unregelmäßig machen, zur Abrundung fehlen *H.*

dē-notō 1. bezeichnen, kenntlich machen.

dēns, dentis, *m.* **1.** Zahn: eburneus, Libycus *Pr*, Indus, Numida *O* Elfenbein; b i l d l . dentes aevi 'Zahn der Zeit' *O*; ater des Neides *H.* **2.** *met.* [alles Zahnähnliche]: perpetui Sägezähne *O*, ancorae Haken *V*, Saturni Winzermesser *V*, vomeris *V* = curvus *O* Spitze der Pflugschar, insecti Zähne des Weberkammes *O*, fixus dens Nachschlüssel *Ti.*
E: ai. dán, *acc.* dántam, gr. ὀδόντ-ες, ahd. zand, viell. urspr. *pt. pr.* v. edo, 'der Esser'.

dēnseō 2. ētus u. **-sō 1.** (densus) **1.** dicht machen, verdichten; *pass.* dicht werden: densetur caelum bedeckt sich *O*, densentur tenebrae *V.* **2. occ. a.** dicht aufstellen: agmina *V.* **b.** rasch aufeinander folgen lassen; *pass.* rasch folgen: hastilia *V*, ictus *T*, funera *H.*

dēnsitās, ātis, *f.* Dichte *Sp.*   Von

dēnsō 1. s. denseo.

dēnsus 3, *adv.* ē (vgl. gr. δασύς) **1.** dicht: silva, umbra *V*, pingue fette Mast *V*, aquilo dichte Wolken treibend *V*, plagae engmaschig *H*; corpora d. saetis dichtbewachsen *O.* **2. occ.** dichtgedrängt, gehäuft: hostes *V*; acies d. armis *T*, trabes *O*, tela *V.* **3.** *met.* häufig, zahlreich, wiederholt, ununterbrochen: ictūs *V*, amores *V*; sententiis densus gedankenreich *Q.*

dentālia, ium, *n.* (dens) Scharbaum, Pflugsohle *V.*

dentātus 3 (dens) gezähnt; charta mit Elfenbein geglättet.

denti-legus 3 (lego, § 66) der seine Zähne zusammensucht: dentilegos facere die Zähne ausschlagen *C.*

dentiō, īre (dens) zahnen *Sp*; ne dentes dentiant (vor Hunger) 'lange Zähne bekommen' *C.*

dē-nūbō 3. nūpsī, nūpta wegheiraten *OT.*

dē-nūdō 1. entblößen, offenbaren; **occ.** berauben.

dē-numerō 1. aufzählen, auszahlen *C.*

dēnūntiātiō, ōnis, *f.* Ankündigung, Anzeige: belli *L*; **occ.** Androhung: periculi.   Von

dē-nūntiō 1. 1. **ankündigen, kundtun, erklären:** alicui aliquid; mit ut, *acc. c. inf.,* indir. Fr. **2. occ. a. an**

denuo   132   **deprehendo**

drohen: bellum, mortem Miloni. **b. befehlen:** tribuno exsequi caedem *T.* **c. prophezeien:** iras *V*, pluviam *V.* **3.** (vor Gericht): testimonium eis sie zur Zeugenschaft auffordern.

dēnuō (*dē-novō) *adv.* von neuem, nochmals, wieder.

dē-nūpsī *pf.* v. denubo.

dēnūpta *pt. pf. pass.* v. denubo.

Dēōïus 3 der Ceres (Δηώ) gehörig: quercus; *subst.* **Dēōis**, idis, *f.* Cerestochter = Proserpina *O.*

de-onerō, āre entlasten.

de-orsus u. **-um** (*dēvorsus, § 21) *adv.* abwärts; sursus deorsus hinauf und hinunter.

dē-pāscō 3. pāvī, pāstus abweiden; *met.* luxuriem stutzen; [kausativ:] saltūs abweiden lassen *O*; *med.* abfressen, abweiden; *met.* febris depascitur artus verzehrt *V.*

dē-pecīscor 3. pectus sum (paciscor, § 43) einen Vertrag schließen, vereinbaren: tria praedia sibi, cum illo partem suam; mit *abl.* sich auf etw. einlassen: morte sterben *C.*

dē-pectō 3. pexus herabkämmen *VO.*

dēpectus *pt. pf. act.* v. depeciscor.

dēpecūlātor, ōris, *m.* Plünderer.   Von

dē-pecūlor 1. ausplündern, berauben; bildl. laudem schädigen.

dē-pellō 3. pulī, pulsus **1. hinabtreiben:** ovium fetus *V*, simulacra herabstoßen. **2. weg-, fort-, vertreiben:** gradu aus der Stellung verdrängen *N*, urbe, Italiā verbannen *T*, hominem senatu ausschließen *T*; mit a, de, ex. **3. occ. a. entwöhnen:** (a) lacte u. *abs. VH.* **b.** vom Kurs **abtreiben:** eum aquilones depellunt *T.* **4.** *met.* **vertreiben, verscheuchen:** periculum, dolorem; **occ. abwehren, fernhalten:** impetum, vim vi.

dē-pendeō, ēre **1.** herabhängen: ex umeris *V*; lateri *O*; mit *abl.* **2.** *met.* abhängen: dependet fides a veniente die *O.*

dē-pendō 3. pendī, pēnsus ab-, bezahlen; *met.* poenas büßen.

dē-perdō 3. didī, ditus (§ 72) **1.** zugrunde richten, verderben: sutor inopia deperditus *Ph*, deperdita laetabatur maßlos *Ca.* **2.** verlieren, einbüßen. Als *pass.* dient

dē-pereō, īre, iī, itūrus (§ 72) zugrunde gehen, verloren gehen, umkommen; **occ.** deperire eum sponsae amore *L*, corpus, in quo deperibat *Cu*, illum amore *Ca* vor Liebe vergehen.

dēpexus *pt. pf. pass.* v. depecto.

dē-pingō 3. pīnxī, pictus abmalen, malen; *met.* vitam schildern, cogitatione aliquid sich vorstellen.

dē-plangō 3. planxī, planctus bejammern: palmis unter Händeringen *O.*

dē-plōrō 1. **1.** heftig klagen: de isdem rebus. *trans.* **2.** bejammern: patrem pulsum, domum incensam. **3.** als verloren beweinen, aufgeben: spem *L*, in perpetuum libertatem *L.*

dē-pluit *intr.* es regnet herab: multus lapis *Ti.*

de-pōnō 3. posuī (posīvī *CCa*), positus

I. 1. **niederlegen, -setzen, -stellen, zu Boden legen;** 2. *occ.* **niederlegen, in Sicherheit bringen, unterbringen;** *met.* **anvertrauen.**

II. 1. **weg-, ablegen, beiseite legen;** 2. *met.* **niederlegen, aufgeben, ablegen, verzichten.**

III. (Kranke, Sterbende) **aufgeben.**

I. 1. lyram in muris *O*, caput strato *O*; hanc vitulam depono setze als Kampfpreis aus *V*, Chattos saltus deponit läßt in die Ebene herabgelangen *T.* **2.** saucios, sua omnia in silvis, signa apud amicos, pecuniam; *met.* pecunias in publica fide *L*, rem in aure *H*, fallere depositum um das Anvertraute bringen *O.* **II. 1.** arma die Waffen strecken, onera iumentis (*abl.*) abnehmen, fetūs (onus naturae) niederkommen, werfen *Ph*, quam mater deposivit geboren hat *Ca.* **2.** sitim löschen *O*, bellum beendigen *LO*, animam *N*, inimicitias, luctum, imperium; triumphum verzichten *L.* **III.** Nur *pt. pf. pass.* im Sterben liegend, verstorben *VO.*

dē-popōscī *pf.* v. deposco.

dēpopulātiō, ōnis, *f.* Ausplünderung, Verwüstung. Von

dē-populō, meist **-or** 1. entvölkern, plündern, verwüsten, verheeren.

dē-portō 1. **1. hinabführen, -bringen, -schaffen:** naves exercitum eo deportant, argentum ad mare ex oppido. **2. fortführen, -bringen, -schaffen:** in castra frumentum, legatum vinctum Romam *L.* **3. heimbringen, -führen, mitbringen:** ex Hispania triumphum *N*, Alcibiadem heimholen *N*, exercitum victorem. **4.** (nachkl.) **verbannen:** in insulam *T*, Italiā aus Italien *T.*

dē-pōscō 3. popōscī **1.** verlangen, fordern. **2. occ. a.** ausbedingen: sibi id muneris. **b.** jemds. Auslieferung (Strafe) verlangen: ausum talia *O*, ad mortem (morti *T*), in poenam *L.*

depositus *pt. pf. pass.* v. depono.

de-posīvī *CCa pf.* v. depono.

de-posuī *pf.* v. depono.

dēprāvātiō, ōnis, *f.* Verzerrung; *met.* Verschlechterung.   Von

dē-prāvō 1. (pravus) verunstalten *Sp*; *met.* verderben, verführen, verschlechtern.

dēprecābundus 3 eifrig bittend *T.*   Vgl.

dēprecātiō, ōnis, *f.* (deprecor) **1.** Abbitte, Entschuldigung. **2. occ.** Fürbitte, Fürsprache.

dēprecātor, ōris, *m.* Fürbitter, Fürsprecher.   Von

dē-precor 1. **I. 1. a.** bittend abzuwenden suchen, durch Bitten abwehren: mortem, periculum, iram senatūs durch Bitten besänftigen *L.* **b.** mit *inf.*: zur Entschuldigung anführen *S.* **c.** verwünschen *Ca.* **2.** Fürbitte einlegen, um Gnade bitten: civi; mit ne. **II.** erbitten, erflehen, losbitten: fratris salutem a populo R., paucos dies exsolvendo (zur Auszahlung) donativo *T.*

dē-prehendō 3. hendī, hēnsus u. (§ 8, Anm.) **dēprēndō** 3. dī, sus (§ 72) **1.** weg-, auffangen, aufgreifen: internuntios, multos in agris. **2.** ergreifen, finden, entdecken: piscem in ulmo *O*, pilorum multitudinem. **occ.** überraschen, ertappen: hostes, coniurationem entdecken, se deprehensum (in die Enge getrieben) negare non potuisse, Argolico mari deprensus vom Sturm überrascht *V.* **3.** *met.* erfassen, erkennen, wahrnehmen: conscientiae notas in ore *Cu*, totam rem manifesto; *pass.* sich zeigen *HO.*

depressi   133   **desero** **D**

dē-pressī *pf.* v. deprimo.

I. dēpressus *pt. pf. pass.* v. deprimo.

II. dēpressus 3 niedrig, niedrig gelegen.   Von

dē-primō 3. pressī, pressus (premo, § 41) **1.** nieder-, herabdrücken: aratrum *V.* **2. occ. a.** versenken: naves, classem. **b.** tief hineingraben, einsenken: saxum in mirandam altitudinem, locus humi depressus unter der Erde *S.* **3.** *met.* unterdrücken: opes, ius ac libertatem *L.*

dē-proeliāns, antis heftig kämpfend *H.*

dē-prōmō 3. prōmpsī, prōmptus (§ 72) **1.** hervorholen, -nehmen, herausnehmen: pharetrā sagittam *V,* pecuniam ex arca. **2.** *met.* entnehmen, entlehnen: orationem ex iure civili, numerum domo.

dē-properō 1. eilen *C;* coronas eilig flechten *H.*

depsō, ere (δέψω) kneten.

dē-pudet 2. puduit die Scham weicht *O.*

dē-pūgis, e (de, puga) ohne Hintern *H.*

dē-pūgnō 1. bis zur Entscheidung kämpfen; *trans.* proelium auskämpfen *C.*

dē-pulī *pf.* v. depello.

dēpulsiō, ōnis, *f.* (depello) Abwehr: pravi.

dēpulsor, ōris, *m.* (depello) Zerstörer: dominatūs.

dēpulsus *pt. pf. pass.* v. depello.

dē-putō 1. wofür halten, schätzen *C.*

dē-que (*Iuxtap.*, § 67) *adv.* s. susque.

dērāsus 3 (rado) abgerieben: margo kahl *Pli.*

Derbētēs, is, *m.* aus Derbe [in Lykaonien].

Derbicēs, um, *m.* die D. [Volk am Kaspischen Meer] *Cu.*

Dercetis, is, *f.* D. [syrische Göttin in Fischgestalt] *O.*

dērēctē, dērēctus s. directus.

dērelictiō, ōnis, *f.* Vernachlässigung.   Von

dē-relinquō 3. līquī, lictus (§ 72) **1.** ganz verlassen, im Stich lassen: derelictum solum herrenlos; *met.* aufgeben, vernachlässigen: bonorum sensum. **2.** zurücklassen: praesidium *Cu.*

dē-repente *adv.* urplötzlich *CSp.*

dē-rēpō 3. rēpsī herabkriechen, -schleichen *Ph.*

dēreptus *pt. pf. pass.* v. deripio.

dē-rēxī *pf.* v. derigo (= dirigo s. d.).

dē-rīdeō 2. rīsī, rīsus verlachen, verspotten.   Dav.

dē-rīdiculus 3 lächerlich *CL; subst.* **dērīdiculum,** ī, *n.* **a.** Gespött: deridiculo esse *CT;* **b.** lächerliches Wesen: corporis *T.*

dē-rigēscō 3. riguī völlig erstarren.

dē-rigō s. dirigo.

dē-riguī *pf.* v. derigesco.

dē-ripiō 3. ripuī, reptus (rapio, § 43) fort-, los-, ab-, entreißen: cola tectis herabnehmen *V,* amphoram horreo herausnehmen *H;* de auctoritate schmälern.

dē-rīsī *pf.* v. derideo.

dērīsor, ōris, *m.* (derideo) Spötter.

dērīsus, ūs, *m.* (derideo) Spott, Gespött *PhTSp.*

dērīvātiō, ōnis, *f.* Ableitung: fluminum.   Von

dē-rīvō 1. (rivus) ab-, wegleiten: aquam; *met.* in domum suam zum eigenen Vorteil verwenden, exspectationem in agrum Campanum hinlenken, crimen abwälzen.

dē-rogō 1. **1.** absprechen, entziehen, vermindern. **2.** teilweise abschaffen: ex lege aliquid.

dē-runcinō 1. *met.* betrügen, übers Ohr hauen *C.*
     E: runcina 'Hobel'; 'abhobeln'.

dē-ruō, ere herabwerfen.

dē-ruptus 3 (vgl. ab-ruptus) abschüssig, jäh; *subst. n.* derupta unwegsame Abhänge *T.*

dē-saeviō 4. iī sich austoben, heftig wüten.

dē-scendō 3. scendī, scēnsum (scando, § 43) **1.** herabsteigen, -kommen, -gehen: (a, de) caelo, ex equis, in planitiem; ad mare *H;* bildl. ad ipsum die Abstammung bis auf ihn verfolgen *O.* **occ. a.** herabmarschieren: in Graeciam *N.* **b.** (in Rom) **auf den Markt, aufs Forum kommen:** in (ad) forum (u. allein). *met.* **2. herab-, hinabgehen:** mons descendit in aequum senkt sich *O;* mare in campos descendit ergießt sich *Cu;* vestis wallt hinab, reicht *Cu;* ferrum in corpus (ilia *O*) descendit dringt ein *L;* toto descendit corpore pestis verbreitete sich *V,* in Maeci aures zu Ohren kommen *H.* **3. occ.** sich zu etw. **herab-, herbeilassen, sich einlassen, sich entschließen, sich erniedrigen:** ad vim, in certamen; ad ultimum (extremum) auxilium *L.* **4.** abweichen: ab antiquis *Q.*   Dav.

dēscēnsiō, ōnis, *f.* [ausgemauerte, in den Boden eingelassene] Badewanne *Pli.*

dēscēnsum *pt. pf. pass.* v. descendo.

dēscēnsus, ūs, *m.* (descendo) Abstieg.

dē-scīscō 3. scīī (selten īvī), scītum **1.** abfallen, abtrünnig werden: ab Latinis ad Romanos *L.* **2.** *met.* sich lossagen, abwenden: a natura.

dē-scrībō 3. psī, ptus **I. 1.** einkratzen, zeichnen: in cortice carmina einritzen *V,* formas in pulvere *L;* **occ.** abschreiben: litteras; *subst. n.* descripta Abschrift *T;* tabulas abzeichnen *Q.* **2.** *met.* **beschreiben, schildern:** facta versibus *N;* aliquem latronem als Räuber; **occ. bestimmen, erklären, definieren:** verba, officia. **II.** (häufig **di-scrībō**) **1.** ein-, abteilen, ordnen: urbis partīs ad incendia, annum in XII menses *L.* **2. zu-, einteilen, einreihen:** equites in suam gentem *Cu,* milites in legiones *L.* **3. zu-, anweisen:** frumentum populo *L,* vices Rolle *H.* **4.** ausschreiben, **die Lieferung (Stellung) befehlen:** civitatibus vecturas frumenti, sociis XV milia peditum *L.* **5. festsetzen, anordnen, vorschreiben:** iura.

dē(di-)scrīptiō, ōnis, *f.* **I.** (describo) **1. Zeichnung, Abriß:** aedificandi Bauplan. **2.** *met.* **Darstellung, Beschreibung, Schilderung:** regionum; **occ. Begriffsbestimmung:** officii, nominis. **II.** (discribo) **1. Einteilung, Ordnung:** populi, temporum. **2. occ. Verteilung:** possessionum, caedis atque incendiorum.

I. dēscrīptus *pt. pf. pass.* v. describo.

II. dē(di-)scrīptus 3, *adv.* **ē** (describo) eingeteilt, geordnet, gegliedert.

dē-secō 1. secuī, sectus abschneiden, -hauen.

dē-sēdī *pf.* v. desido.

dē-serō 3. seruī, sertus **1.** verlassen, im Stich lassen: deseror coniuge vom Gatten *T;* **occ.** (milit.) das Heer verlassen, **desertieren:** duces; *abs.* qui deseruerant *N.* **2.** *met.* **aufgeben, vernachlässigen:** agri culturam, vitam, officium, publica sacra *L;* vadimonium den Termin versäumen; a mente deseri den Kopf verlieren. Dav. **dēsertus** 3 **verlassen, öde, einsam:**

desertor 134 **destringo**

fana verfallen *N*; *met.* vita deserta ab amicis Leben ohne Freunde; *subst.* **dēserta, ōrum,** *n.* Einöden, Wüsten, Steppen. Dav.

dēsertor, ōris, *m.* **1.** Ausreißer, Deserteur. **2.** *met.* der vernachlässigt, Flüchtling: amoris *O*, Asiae *V*.

dēsertus *adi.* u. *pt. pf. pass.* v. desero.

dē-seruī *pf.* v. desero.

dē-serviō, īre eifrig dienen, sehr ergeben sein.

dē-ses, sidis (desideo, § 76) träg, untätig.

dē-sideō, ēre (sedeo, § 43) untätig dasitzen, untätig sein.

dēsīderābilis, e (desidero) wünschenswert.

dēsīderium, ī, *n.* **1.** Sehnsucht, das Vermissen, Verlangen, Wunsch: desideri pocula Liebestrank *H*; *meton.* Gegenstand der Sehnsucht: meum sehnsüchtig Geliebte *Ca.* **2.** *met.* Bedürfnis: cibi potionisque *L.* **3.** *meton.* Wunsch, Anliegen, Bitte: militum *T.* Von

dē-sīderō 1. (vgl. considero) **1.** sich sehnen, verlangen, wünschen, begehren: aliquem, aliquid; mit *inf., acc. c. inf.* **2. occ. a.** vermissen: desideror lasse auf mich warten *H*, ex fano signum desideratum est fehlte. **b.** einbüßen, verlieren: CC milites, navem.

dēsidia, ae, *f.* (desideo) das Faulenzen, Untätigkeit, Trägheit. Dav.

dēsidiōsus 3 müßig; **occ.** zum Nichtstun verleitend.

dē-sīdō 3. sēdī sich senken, (ein)sinken.

dēsīgnātiō, ōnis, *f.* Angabe: personarum; **occ.** operis Plan, consulatūs Designierung zum Konsul *T.* Von

dē-sīgnō 1. 1. bezeichnen, angeben, bestimmen: moenia sulco *O*, fines templo Iovis *L*, oratione Dumnorigem anspielen auf; imagine zeichnen *O.* **2. occ.** (zu einem Amt) bestimmen, designieren: (consul) designatus.

dē-siī *pf.* v. desino.

dē-siliō 4. siluī (salio, § 43) herabspringen; mit a, de, ex, *abl.*; lympha desilit stürzt herab *H*, in artum sich verrennen *H*.

dē-sinō 3. siī, situs **1.** aufhören, endigen; *intr.* quae similiter desinunt Homoioteleuta; in piscem *H*; *trans.* artem aufgeben; querellarum *H.* **2.** ablassen, unterlassen, aufgeben, aufhören; mit *inf.*; *pass.* orationes legi sunt desitae, desitum est bellari *L*; *abs.* zu sprechen aufhören *VO*.

dē-sipiō, ere (sapio, § 43) töricht, unsinnig sein: in loco schwärmen *H*.

dē-sistō 3. stitī abseits stehen, verweilen *C*; *met.* (etw.) nicht mehr (tun), ablassen, aufhören: mortem timere nicht mehr fürchten, destitit sonus stockte *O*; mit *abl.*, a, de, *inf.*; mit *gen.* pugnae *V*.

dēsitus *pt. pf. pass.* v. desino.

dē-sōlō 1. (solus) einsam machen, verlassen: agros *V*; **dēsōlātus 3** vereinsamt, verlassen.

dē-spectō, āre (*frequ.* v. despicio) **1.** herabblicken; **occ.** überragen: quos despectant moenia Abellae *V.* **2.** verachten *T.*

I. dēspectus *pt. pf. pass.* v. despicio.

II. dēspectus 3 (despicio) verächtlich *Sp.*

III. dēspectus, ūs, *m.* (despicio) **1.** Aussicht, Fernsicht: ex oppido in campum. **2.** *met.* Verachtung *T*.

dēspēranter *adv.* (despero) voll Verzweiflung.

dēspērātiō, ōnis, *f.* Hoffnungslosigkeit, Verzweiflung: salutis, rei p. Von

dē-spērō 1. 1. die Hoffnung aufgeben, verzweifeln; mit de, *dat., inf., acc. c. inf.* **2.** *trans.* an etw. **verzweifeln,** es **aufgeben:** honores; desperatis rebus in verzweifelter Lage; **dēspērātus 3 a. verzweifelt, hoffnungslos:** senes, morbi; **b. occ. aufgegeben:** res p.

dē-spexī *pf.* v. despicio.

I. dēspicātus 3 (dēspicārī = despicere) verachtet. Dazu

II. dēspicātus, ūs, *m.* Verachtung *C.*

dēspicientia, ae, *f.* Verachtung. Von

dē-spiciō 3. spexī, spectus (specio, § 43) **I. 1.** herabblicken, -schauen: de vertice montis *O*, mare *V.* **2.** *met.* verächtlich herabsehen, verachten, verschmähen, geringschätzen: deos *Cu*, rem p. **II.** wegblicken: simul atque ille despexerit, aliquid moliri.

dēspoliātor, ōris, *m.* Ausplünderer *C.* Von

dē-spoliō 1. berauben.

dē-spondeō 2. spondī, spōnsus **1.** förmlich versprechen, zusagen, verheißen: Syriam homini, Romanis imperium orientis *L.* **2.** verloben: alicui; sororem in familiam *C*, desponsa conubia durch Verlobung vereinbart *Ca.* **3.** animum, animos den Mut verlieren *CL.*

dēspōnsō 1. (*frequ.* v. despondeo) verloben *Sp.*

dēspōnsus *pt. pf. pass.* v. despondeo.

dē-spūmō, āre abschäumen: foliis undam aheni *V.*

dē-spuō, ere ausspucken *L*; **occ.** zurückweisen: preces *Ca.*

dēstīllātiō, ōnis, *f.* Katarrh, Schnupfen *Sp.* Von

dēstīllō, āre (stilla) herabtropfen, triefen *VTi.*

dēstinātiō, ōnis, *f.* Bestimmung *L*; **occ.** Entschluß *T.* Von

dē-stinō 1. (*stanare v. stare, § 41; vgl. ἱστάνω) **1. befestigen:** antemnas ad malos. *met.* **2. festsetzen, bestimmen:** eum animo auctorem caedis ihn sicher für... halten *L*, aliquem inter participes sceleris angeben *Cu*; Hannibali provinciam *L*, aliquem morti (supplicio) *LCu*; locum ad certamen *L*, aurum in aliud *T.* **3. occ. a. beschließen, sich vornehmen;** meist mit *inf., acc. c. inf.*; **dēstinātus 3**: ad mortem entschlossen *Cu*, morti gefaßt *T*; *n. pl. subst.* das Beabsichtigte, Entschlüsse *CuT*; (ex) destinato mit Vorbedacht *Sp.* **b.** (als Ziel) **festsetzen, bestimmen:** locum oris *L*, hominem ad ictum *T*; *subst.* **dēstinātum, ī,** *n.* Ziel *LCu.* **c.** (zur Frau) **bestimmen, verloben:** marito uxorem *HT.* **d.** (zu einem Amt) **ausersehen:** filios consules *T.* **e. kaufen wollen** *C.*

dē-stitī *pf.* v. desisto.

dē-stituō 3. uī, ūtus (statuo, § 43) **1.** unten **hinstellen, unten antreten lassen:** ante pedes *L*, cohortes extra vallum *L.* **2. stehen lassen, zurücklassen:** (aestu) navigia absetzen *Cu*, vehicula *Cu*, fugam aufgeben *O*; in solitudine destitutus *Cu*; **occ. im Stich lassen, preisgeben:** aliquem in periculi discrimine *L.* *met.* **3. im Stich lassen:** non te destituit animus *Ph*, mens eum destituit *Cu*, ab unica (omni) spe destitutus ohne jede Hoffnung *L.* **4. täuschen:** spem nicht erfüllen *LCu*, deos mercede betrügen um *H.*

dēstrictē *adv.* entschieden, scharf *Pli.* Von

dē-stringō 3. strīnxī, strictus **1. abstreifen:** tunicam ab umeris *Ph*; **abreiben, frottieren** *Pli*; **occ.** (Waffen) **blank ziehen, zücken:** gladium; destrictus scharf *T.*

destructio 135 **detrimentum** D

2. ritzen, streifen O. **3.** *met.* **scharf kritisieren:** scripta *Ph.*

dēstrūctiō, ōnis, *f.* Widerlegung *Q.* Von

dē-struō 3. strūxī, strūctus **1.** abtragen, nieder-, einreißen: navem; moenia *V.* **2.** *met.* zugrunde richten, vernichten: eius magnitudinem *Cu,* ius *L;* **occ.** unschädlich machen: Galbam *T.*

dē-subitō *adv.* urplötzlich.

dē-sūdō 1. āvī sich abmühen.

dē-suēscō 3. suēvi, suētus sich abgewöhnen *Ti.*

dēsuētūdō, inis, *f.* Entwöhnung. Vgl.

I. dēsuētus *pt. pf. pass.* v. desuesco.

II. dē-suētus 3 (desuesco) entwöhnt; mit *inf., dat.*

dē-suēvī *pf.* v. desuesco.

dēsultor, ōris, *m.* (desilio, § 51, Anm.) Kunstreiter [der von einem Pferd auf das andere springt] *L.* Dav.

dēsultōrius (equus) Pferd eines desultor (s. d.) Und

dēsultūra, ae, *f.* das Abspringen *C.*

dē-sum, esse, fuī, futūrus (kontrahiert: dēsse *Lukrez,* dēst *V,* dērunt, dērant u. a. *O;* dēfuērunt *O*) **1.** fehlen, mangeln, abgehen, nicht vorhanden sein: duas sibi res defuisse (= se impedivisse), quominus; si tibi nihil deest, quin. **2. occ.** im Stich lassen, den Beistand versagen, verabsäumen: bello nicht mitmachen, haud mihi dēro werde es an mir nicht fehlen lassen *H,* non deesse negotio, officio, occasioni temporis die Sache (Pflicht, Gelegenheit) nicht versäumen, nec defuit, quominus verabsäumte nicht *T;* mit *inf. T.*

dē-sūmō 3. sūmpsī, sūmptus (§ 72) sich ausersehen, auf sich nehmen, aussuchen.

dē-super *adv.* von oben herab.

dē-surgō, ere (§ 72) aufstehen von: cenā *H.*

dē-tegō 3. tēxī, tēctus **1.** abdecken: aedes *N.* **2.** aufdecken, enthüllen, entblößen: artus *O,* iuga montium *L.* **3.** *met.* aufdecken, offenbaren, verraten: culpam *O,* insidias *L.*

dē-tendō 3. tēnsus abbrechen: tabernacula.

dētentus *pt. pf. pass.* v. detineo.

dē-tergeō 2. (-gō 3. *L*) tersī, tersus abwischen: cloacas reinigen *L,* nubila caelo verscheuchen *H,* remos zerbrechen, pinnas abreißen *L,* octoginta 80 000 Sesterze herausschlagen.

dēterior, ius, ōris, *adv.* **-ius, dēterrimus** 3 (*comp.* u. *sup.* zu *dēter, comp.* v. dē, § 16, Anm.) weniger gut, geringer, schlechter: peditatu erat deterior *N,* deteriores Entartete *H,* deterius interpretari weniger günstig *T,* deterius nilō = nihilō minus *H.*

dēterminātiō, ōnis, *f.* Grenze: mundi. Von

dē-terminō 1. abgrenzen.

dē-terō 3. trīvī, trītus **1.** abreiben: collum *Ph.* **occ. a.** abnutzen: tegmina *T.* **b.** abfeilen: sibi multa *H.* **2.** *met.* schmälern, vermindern: laudes *H,* ardorem *T.*

dē-terreō 2. terruī, territus **1.** ab-, zurückschrecken, abbringen, -halten; mit *abl.,* a, *inf.,* ne, nach Negation quominus, quin. **2.** ab-, fernhalten: vim a censoribus *L,* nefas *O.*

dē-tersī *pf.* v. detergeo.

dētersus *pt. pf. pass.* v. detergeo.

dētēstābilis, e verabscheuenswert, abscheulich. Vgl.

dētēstātiō, ōnis, *f.* Verwünschung, Fluch. Von

dē-tēstor 1. **1.** herabwünschen: minas in alicuius caput *L.* **2.** verwünschen, verfluchen: detestanda fraus fluchwürdig *T; pt. pf. pass.* bella matribus (*dat.*) detestata *H.* **3.** *met.* abweisen: ut querimoniam a me detester ac deprecer entschieden zurückweise.

dē-tēxī *pf.* v. detego.

dē-texō 3. texuī, textus fertig flechten *VTi; met.* vollenden.

dē-tineō 2. tinuī, tentus (teneo, § 43) **1.** zurück-, fest-, aufhalten: in legatione festhalten *T;* sermone diem ausfüllen *O.* **2.** abhalten, abziehen: nisi quid te detinet *H,* incepto *S. met.* **3.** festhalten, beschäftigen, fesseln: oculos poematis *O,* studiis animum *O.* **4. occ. a.** erhalten: se alimentis *T.* **b.** vorenthalten: regnum *T,* pecuniam *T.*

dē-tondeō 2. tondī, tōnsus abscheren: crines *O;* aliquem scheren *Pli.*

dē-tonō 1. tonuī **1.** herniederdonnern *O.* **2.** sich austoben *V.*

dētōnsus *pt. pf. pass.* v. detondeo.

dē-torqueō 2. torsī, tortus **1.** wegdrehen, abwenden, abkehren: proram ad undas *V,* animos a virtute, se pravum auf schlechten Weg wenden *H,* verba herholen *H.* **2. occ.** verrenken, verdrehen: corpus, verba *T.*

dētractātiō, dētractātor s. detrect...

dētractiō, ōnis, *f.* (detraho) Wegnahme, Entziehung.

dē-tractō s. de-trecto.

dētractor, ōris, *m.* Verkleinerer: sui *T.* Von

dē-trahō 3. trāxī, tractus (dētrāxe = detraxisse *C*)

I. 1. **herab-, herunterziehen, -reißen;** *occ.* (Bauwerke) **niederreißen, schleifen;** 2. *met.* **herabziehen, erniedrigen.**

II. 1. **ab-, wegziehen, ab-, entreißen;** *met.* 2. **entziehen, ab-, wegnehmen, nehmen;** 3. **Abbruch tun, schädigen;** *occ.* **verkleinern, verleumden.**

III. 1. **weg-, fortschleppen;** *occ.* **entwenden;** 2. *met.* **wegbringen;** *occ.* **nötigen, zwingen.**

I. 1. hominem equo *L.* **occ.** muros, castella *T.* 2. filias ex fastigio paterno *Cu.* II. 1. pellem *HPh,* insignia ablegen; mit *dat.,* de, ex. 2. multae (Strafsumme) novem partes (⁹/₁₀) abziehen *N,* honorem homini, opinionem. 3. multum ei detraxit, quod alienae erat civitatis *N.* **occ.** detrahendi causā maledice contumelioseque dicere. III. 1. materiam *Cu,* hominem *L.* **occ.** (ex) templo arma *LT.* 2. Hannibalem ex Italia *L.* **occ.** in iudicium, ad certamen *L.*

dētrectātiō, ōnis, *f.* Verweigerung, Ablehnung. Und

dētrectātor, ōris, Verkleinerer: laudum *L.* Von

dē-trectō u. **-tractō** 1. (*frequ.* v. detraho, § 43) **1.** verweigern, ablehnen, sich auflehnen: militiam, principem *T.* **2.** herabsetzen, verkleinern: ingenium *O,* virtutes *L.*

dētrīmentōsus 3 sehr nachteilig. Von

dētrīmentum, ī, *n.* (detero) **1.** Abbruch, Schaden, Verlust, Schwächung: militum, rei p.; d. accipere, capere, facere erleiden, inferre, afferre zufügen. **2. occ.** milit. Verlust, Niederlage. **3.** *meton.* ergastuli Krüppel *Cu.*

detritus   136   **devoveo**

dētrītus *pt. pf. pass.* v. detero.

dē-trīvī *pf.* v. detero.

dē-trūdō 3. trūsī, trūsus **1.** hinab-, **wegstoßen**: caput sub Tartara *V*, naves scopulo vom Felsen *V*, scutis tegimenta herunterreißen. **2.** *occ.* **verdrängen, vertreiben**: hostem finibus *V. met.* **3.** hindrängen, hineintreiben: in luctum et laborem, Cythnum detrusus verschlagen *T*, ad necessitatem belli treiben, versetzen *T.* **4. hinausschieben**: comitia.

dē-truncō 1. abhauen: caput *O*; arbores stutzen *L*, corpora verstümmeln *L*.

dē-trūsī *pf.* v. detrudo.

dētrūsus *pt. pf. pass.* v. detrudo.

dē-tulī *pf.* v. defero.

dē-turbō 1. **1.** verjagen, herabtreiben, -werfen: de tribunali herabdrängen, Pompeianos ex vallo; caput terrae (*dat.*) zur Erde abschlagen *V.* **2.** *met.* vertreiben: (ex) spe berauben.

Deucaliōn, ōnis, *m.* D. [Sohn des Prometheus, mit Pyrrha aus der Sintflut gerettet]: Deucalionis aquae die Flut des D. *O*; *adi.* **Deucaliōnēus** 3 *O*.

dē-ūrō 3. ussī, ustūs nieder-, verbrennen; *met.* aquilone deuri erstarren *Cu*, arbores abfrieren lassen *L*.

deus, ī, *m.,* *voc.* deus; *pl.* meist dii, dī; *gen.* deorum, d i c h t. deûm; *dat. abl.* deis, diis, dīs **1. Gott, Gottheit.** Formeln: di meliora, di melius (*sc.* dent) Gott bewahre; ita me di ament so wahr mir Gott helfe; si diis placet mit Gottes Hilfe *C*, [ironisch:] soweit das geht *L*. **2.** *met.* 'Mächtiger auf Erden': deus nobis haec otia fecit *V*, deos [Maecenas, Octavian, Agrippa] propius contingere *H*.
E: Nbf. v. dīvus aus *deivos (§ 21), ai. devá-s 'Gott'.

de-ussi *pf.* v. deuro.

deustus *pt. pf. pass.* v. deuro.

de-ūtor, ūti hart verfahren: victo *N*.

dē-vāstō 1. gänzlich verwüsten, ausplündern.

dē-vehō 3. vēxī, vectus herab-, hinführen, -schaffen, -bringen: naves a castris, commeatum in castra ex urbe *L*; *pass.* herab-, hinfahren: secundo amne *Cu*, navi Corinthum *N*.

dē-vēlō, āre enthüllen, entschleiern: ora sororis *O*.

dē-veneror 1. inbrünstig verehren: deos *O*.

dē-veniō 4. vēnī **1.** hinunterkommen: Numa quo devenit *H.* **2.** wohin gelangen: ad legionem, in Scythiam *O*; *occ.* wohin geraten: in victoris manus.

dē-verberō 1. āvī durchprügeln *C*.

dē-versor 1. (vgl. deverto) sich als Gast aufhalten.

dēversōria taberna *C*, **dēversōrium** u. *dem.* **dēversōriolum,** ī, *n.* **1.** Herberge, Wirtshaus, Kneipe, Quartier. **2.** *met.* (deversorium) Sitz, Schlupfwinkel: flagitiorum.

dēversus *pt. pf. med.* v. devertor.

dē-vertī *pf.* v. deverto oder devertor.

dēverticulum, ī, *n.* (§ 38, 1) **1.** Abweg, Seitenweg; *met.* amoena angenehme Ruhepunkte *L.* **2.** Herberge, Kneipe *LT*; *met.* Schlupfwinkel: dolis *C.*   Von

dē-vertō, altl. **dēvortō** (§ 50 am Ende), im *pr.* meist *med.* **dēvertor** 3. tī, sus **1. sich abwenden, vom Weg abgehen:** in Africam einen Abstecher machen *Cu*, quā

nulla Castaliam devertitur orbita wo kein Pfad abbiegt zu *V.* **2.** *occ.* **absteigen, einkehren:** domum Charonis *N*, ad (in) villam, in hortis *T. met.* **3. abschweifen:** inde devertit oratio *Cu*, inde deverteram *L.* **4. seine Zuflucht nehmen:** ad artes *O*.

dē-vēxī *pf.* v. deveho.

dēvexitās, ātis, *f.* Neigung (des Geländes): loci *Pli.* Von

dēvexus 3 (deveho) **1.** abwärts gehend: amnis ab Indis herströmend *V*, pondus *V*, Orion dem Untergang nahe *H.* **2.** *occ.* sich senkend, geneigt: arva *O*; *pl. subst.* devexa abschüssige Stellen.

dē-vīcī *pf.* v. devinco.

dēvictus *pt. pf. pass.* v. devinco.

dē-vinciō 4. vinxī, vinctus **1.** um-, **festbinden:** opercula plumbo befestigen *L. met.* **2. eng verbinden:** homines inter se. **3.** *occ.* **a. fesseln, gewinnen:** multos liberalitate *N*, amore *V.* **b.** (moralisch) **verpflichten:** pignore animos centurionum; **dē-vinctus** 3 **ergeben:** uxori *T.* **4.** (*rhet.*) **zusammendrängen:** verba.

dē-vincō 3. vīcī, victus völlig besiegen, überwinden; bella siegreich beenden *V*.

dēvinctus *adi.* u. *pt. pf. pass.* v. devincio.

dē-vinxī *pf.* v. devincio.

dēvītātiō, ōnis, *f.* das Ausweichen.   Von

dē-vītō 1. vermeiden, umgehen, ausweichen.

dē-vius 3 (de via, § 62) **1.** abseits vom Weg, entlegen: rura *O*, itinera Schleichwege; *subst. n. pl.* devia ungebahnte Wege *L.* **2.** *occ.* **a.** entlegen hausend: gens *L*, avis = Eule *O.* **b.** verlaufen, verirrt: uxores = Ziegen *H*; [moralisch] femina *O.* **3.** *met.* unstet: animus.

dē-vocō 1. **1.** herabrufen: e caelo, ab tumulo *L.* **2.** weg-, abrufen: ab instituto cursu ad voluptatem; fortunas in dubium aufs Spiel setzen.

dē-volō 1. **1.** herabfliegen: de caelo *L*; *met.* herabeilen: de tribunali *L.* **2.** wegfliegen *H*.

dē-volvō 3. volvī, volūtus **1.** herabwälzen, -rollen: cupas de (e *Cu*) muro; *occ.* herabrollen lassen: fusis pensa abspinnen *V*, verba dahinströmen lassen *H.* **2.** *med.* herabrollen, -stürzen, -sinken: monte devolutus torrens *L*, eo devolvi rem es komme so weit *L*.

dē-vorō 1. **1.** hinunter-, **verschlingen:** devoror telluris hiatu *O.* **2.** *met.* **a. verbrauchen, durchbringen:** patrimonium; nomen vergessen *C.* **b. hinunterwürgen, unterdrücken:** ineptias ertragen müssen, vocem lacrimasque unterdrücken *O*, orationem nicht recht verstehen. **c. gierig aufnehmen,** nach etw. **schnappen:** librum 'verschlingen', hereditatem spe.

dēvors(-t-) . . . s. devers(-t-) . . .

dēvortium, ī, *n.* (deverto, § 50 am Ende) das Abweichen: devortia itinerum Umwege *T*.

dēvōtiō, ōnis, *f.* **1.** Gelübde, Aufopferung: Deciorum. **2.** *occ.* **a.** Verwünschung *N.* **b.** *pl.* Zauberei *TSp.*   Von

dē-voveō 2. vōvī, vōtus **1.** als Opfer geloben, zum Opfer bestimmen, weihen: victimam *H*, legiones deis Manibus *L*, sacerdotes ad mortem *L.* **2.** *occ.* *refl.* sich aufopfern, den Opfertod erleiden: se diis, aris *V.* **3.** verwünschen, verfluchen: scelerata arma, suas artes *O*; devota arbor Unglücksbaum *H*, devotos lacus *Ti.* **4.** *met.* hin-, preisgeben, aufopfern:

dextans   137   **dictator**   D

morti pectora *H*; *occ. refl. med.* **sich hingeben**: se amicitiae, mulier vino devota *Ph*; *subst.* devoti Getreue.

dēxtāns, antis, *m.* (de, sextans) fünf Sechstel *Sp.*

dextella, ae, *f.* (*dem.* v. dextra) rechte Hand.

dexter, tera, terum u. tra, trum, *adv.* **ē,** *comp.* **dexterior,** ius, *sup.* **dextumus** (§ 41) u. **dextimus 3 1. recht, rechtsseitig, von rechts:** cornu Flügel des Heeres, pars Seite, apud dextumos auf der äußersten Rechten *S,* quo tantum dexter abis? so weit rechts ab *V. met.* **2. gewandt, geschickt:** scriptis *O,* dextere obire officia *L,* dexterius fortuna uti *H.* **3.** von rechts erscheinend = **glückbringend, heilbringend:** Apollo *O,* sidera *V*; **occ. passend, günstig, recht:** tempus *H,* modus *V.*

E: *dexiteros, §§ 16, Anm., 42, 44; vgl. gr. δεξιός, δεξιτερός, ai. dákšina-s = dexter 'geschickt', got. taíhswa 'rechts', § 10, ahd. zësawa 'rechte Hand', § 12.

Subst.

dext(e)ra, ae, *f.* (§ 87) **1. die Rechte, rechte Hand:** dextras coniungere *V,* miscere *T* sich die Hände geben; adv. ad dextram nach rechts, (a) dextra laevaque rechts und links; präpos. dextrā viam rechts an der Straße *L.* **2. meton. Handschlag:** datā dexterā mit Handschlag *N,* dextra a rege missa *NT,* renovare dextras das Bündnis *T,* dextra data verheißene Treue *V,* fallere dextras das Wort brechen *V.* **3. Faust:** meā dextrā *HO.*

Dav.

dexteritās, ātis, *f.* Gewandtheit *L.*

dextra s. dextera.

dextrōrsum u. **-us** (aus dextrōvorsum, § 22, v. vorto) *adv.* rechtshin, nach rechts.

Dīa, ae, *f.* D. [alter Name der Insel Naxos] *O.*

diadēma, atis, *n.* (διάδημα) Stirnbinde, Diadem; dav. **diadēmātus** mit der Stirnbinde *Sp* = **diadūmenus** (διαδούμενος).

diaeta, ae, *f.* (δίαιτα, § 91, Abs. 2) **1.** geregelte Lebensweise, Diätkur. **2.** Wohnung, Zimmer *Pli.*

diagōnālis u. **diagōnios** linia Diagonale *Sp.*

dialecticus, ī, *m.* (διαλεκτικός) Dialektiker; **dialectica,** ae, *f.* (*sc.* ars) Dialektik, Fähigkeit zu argumentieren; **dialectica,** ōrum, *n.* dialektische Erörterungen, Lehrsätze.

Diālis, e (*adi.* zu Dies-piter) Juppiter gehörig: flamen D. [Priester des Juppiter] *LO*; Dialis *T*; coniunx Gattin des flamen D. *O,* apex Priestermütze [des flamen D.] *L.*

dialogus, ī, *m.* (διάλογος) Gespräch, Dialog.

Diāna, altl. **Dīāna,** ae, *f.* Diana [Tochter Juppiters und der Latona, der gr. Artemis gleichgesetzt]; tria ora Dianae *V* [als Mond-, Jagd- und Zaubergöttin]; *meton.* Mond; quem urget iracunda Diana den Mondsüchtigen, Verzückten *H*; *adi.* **Diānius 3**: turba Hunde der D. *O*; *subst.* **Diānium,** ī, *n.* Dianatempel *L*; *meton.* D. [St. an der spanischen Ostküste].

E: v. dīus 'göttlich'.

dianomē, ēs, *f.* (διανομή) Verteilung, Spende *Pli.*

diāria, ōrum, *n.* (dies) tägliche Kost, Ration *H.*

dibaphus 3 (δίβαφος) zweimal gefärbt; *subst.* **-us,** ī, *f.* Staatskleid [höherer Beamter].

dica, ae, *f.* (δίκη) Rechtshandel, Prozeß *C.*

dicācitās, ātis, *f.* Witz, satirisches Wesen.   Von

dicāx, ācis (II. dīco) 'redelustig', witzig, beißend.

dichorēus, ī, *m.* (διχόρειος) Doppeltrochäus.

diciō, ōnis, *f.* Botmäßigkeit, Gewalt, Macht: in (sub) dicionem redigere (suae dicionis facere *L*) unter seine Gewalt bringen.

E: v. II. dīco 'Weisungsrecht'.

dicis causā zum Schein, der Form wegen.

E: *gen.* eines *subst.* *dix zu dīco, 'sozusagen'.

I. dīcō 1. (v. *dix, vgl. dicis causa) **1.** zusprechen, weihen, widmen: candelabrum Iovi. **2.** *met.* widmen, hingeben: se Remis in clientelam.

II. dīcō 3. dīxī, dictus (indogerm. *deik- 'zeigen', altl. deico, ai. diçáti 'zeigt', gr. δείκ-νυ-μι, got. gateihan 'anzeigen'; alte Formen bei *C*: dice = dic; dixti = dixisti; *coni. pf.* dixis)

A. 1. **zeigen, weisen, anzeigen;** 2. **bestimmen, festsetzen;** 3. mit *acc. praedic.* (zu etw.) **ernennen, bestimmen.**

B. 1. **sprechen, sagen, angeben, vorbringen, melden, erwähnen;** 2. *occ. a.* **aussprechen;** *b.* **reden, Reden halten;** *c.* **(be)nennen, heißen;** *d.* **singen, vortragen, vorhersagen;** *met.* **dichten, besingen.**

A. 1. iis istam viam; ius Recht sprechen: de aliquo. **2.** diem alicui Gerichtstermin anberaumen, multam festsetzen, fugam verhängen *O,* iudicem sich erbitten *L*; legem sibi sich die Regel setzen *O,* pretium muneri *H.* **3.** aliquem dictatorem, arbitrum bibendi *H,* deum zum Gott machen *O.*

B. 1. ut dico, ut ante (supra) dixi, incredibile dictu, ne dicam um nicht zu sagen, Tencteri, quos supra diximus die oben erwähnten; sententiam seine Stimme abgeben, orationem de scripto vom Blatt lesen; mit *acc. c. inf.,* im *pass. nom. c. inf.* fana spoliasse dicitur soll beraubt haben; quam (partem) Gallos obtinere dictum est; mit ut, ne, indir. Fr. **2. a.** 'Rho' dicere. **b.** dicendo valere als Redner *N,* ars, exercitatio dicendi Redekunst, Übung im Reden; pro reo (se) dicere verteidigen, causam sich verantworten, verteidigen; causas in foro Verteidiger sein. **c.** Gracchus — patrem dico ich meine, Chaoniam a Chaone dixit *V*; te Pythagoreum soles dicere; orbis, qui κύκλος Graece dicitur heißt. **d.** versūs *VH,* carmina fistulā *H*; fatum *O*; *met.* arma Waffentaten *H.*

dicrotum, ī, *n.* (δίκροτον) Zweiruderer [Galeere mit 2 Reihen von Ruderbänken].

Dictaeus 3 diktaeisch [vom Gebirge Dikte auf Kreta]: rex Juppiter *V*; kretisch *V.*   Dav.

dictamnus, ī, *f.* Diptam [Heilpflanze].

dictāta, ōrum *n.* s. dicto.

dictātor, ōris, *m.* (dicto) **Diktator** [höchste obrigkeitliche Person **1.** in latinischen Städten. **2.** in Rom, außerordentliche Magistratur, um in schweren Zeiten die gesamte Macht in einer Hand zu vereinen. Diktatoren zu besonderen Aufgaben: clavi figendi causā *L,* instauran-

dictatorius   138   **diffiteor**

dis feriis Latinis oder Latinus *L*, senatui legendo u. a.]. **3. Suffet** [einer der 2 höchsten Magistrate in Karthago] *L.*   Dazu *adi.*

dictātōrius 3: iuvenis Sohn des D., invidia gegen den D. *L.*

dictātūra, ae, *f.* (dictator) **1.** Diktatorwürde, Diktatur. **2.** das Diktieren *Sp.*

dictiō, ōnis, *f.* (II. dīco) **1.** das **Sprechen, Sagen, Ansagen:** multae Festsetzung. **a.** i u r i s d i c t i o Zivilgerichtsbarkeit; *meton. pl.* Gerichtssprengel *T.* **b.** c a u s a e d i c t i o Verteidigung, Verantwortung. **c.** testimonii Zeugenaussage *C.* **2. occ. Vortrag:** dictioni operam dare. **3.** *meton.* **a.** Orakel *L.* **b. Gespräch:** semota Privatgespräch *T.* **c. Rede:** subitae Stegreifreden. **d. Rede-, Vortragsweise:** forensis, Asiatica.

dictitō **1.** āvī wiederholt sagen, behaupten; causas oft Prozesse führen; male dictitatur = maledicitur *C.*   *Frequ.* von

dictō **1.** (*frequ.* v. II. dīco) wiederholt sagen, vorsagen: nomina *H*; carmina diktieren; verfassen *H.* Dav. **dictāta,** ōrum, *n.* Diktate, Lektion, Aufgabe.

dictum, ī, *n.* (II. dīco) das Gesagte, Äußerung, Wort: dicto citius schneller als gesagt = sofort, im Nu; **occ.** Spruch: Laconis illud; Witz: in te dicta dicere; Befehl: dicta dare *L*, peragere *O*; Prophezeiung: tristia *V.*

dictus *pt. pf. pass.* v. II. dico.

Dictynna, ae, *f.* D. [δίκτυον Netz; Beiname der Jagdgöttin] *O.* Dav. **Dictynnēum,** ī, *n.* das D. [Artemistempel bei Sparta] *L.*

didicī *pf.* v. disco.

dīdidī *pf.* v. dido.

dīditus *pt. pf. pass.* oder *med.* v. dido.

Didō, ūs u. ōnis, *f., acc.* ō D. [Tochter des Belus von Tyrus, der Sage nach Gründerin Karthagos].

dī-dō 3. dīdidī, dīditus (dis, do, § 30) verteilen; *med.* sich verbreiten.

dī-dūcō 3. dūxī, ductus (dis, duco, § 30) **1.** öffnen: vestem, nodos *O*, terram *V*, harenam *L* wegräumen. **2.** teilen, trennen: assem in partes centum *H*, hostem zerstreuen *T*; diductae terrae Erdschlund *T*, civitas gespalten *T.* **3.** (milit.) ausdehnen, trennen: copias, naves; ordines *T.*

Didymae, ārum, *f.* D. [zwei Inseln bei Syros] *O.*

Didymaeum, ī, *n.* das D. [Apolloheiligtum in Didyma bei Milet] *Cu.*

Didymē, *f., acc.* ēn D. [Insel bei Sizilien] *O.*

diēcula, ae, *f.* (*dem.* v. dies) kurze Frist.

diērēctus 3 (dis, erigo) **1.** hoch ausgespannt [von Gekreuzigten]; nur: abin hinc dierecte? i dierectum geh zum Henker *C.* **2.** = directus *C.*

diēs, diēī, *m. f.,* altl. *gen.* u. *dat.* diē *CSV*, diī *V* (indogerm. *dīēus* = Ζεύς, verw. mit ai. divá-m 'Tag, Himmel'; gr. ἔν-διϝος, εὔ-διϝος)

---

    1. **Tageshelle, -licht;** 2. *meton.* **Tag**; 3. *occ.* **a. Todestag, Tag des Unterganges;** *b.* **Termin, Frist;** 4. *meton.* **Tagewerk, Tagesmarsch, Tagesreise;** 5. *synecd.* **Zeit.**

---

    1. dies caelo concesserat *V.* 2. V b d n . **a.** cum die

mit Tagesanbruch *O*, de die am hellen Tag *Cu*, multo die spät am Tag, ad multum diem (diei *L*) bis spät in den Tag, in diem dormire *H.* **b.** diē am Tag, täglich. **c.** diem de (ex) die, in dies von Tag zu Tag; in diem vivere in den Tag hinein *H.* **3. a.** stat sua cuique dies *V*, diem obire sterben, diem proferre Ilio den Untergang *H.* **b.** In dieser Bed. *fem.* certa, stata, constituta die, diem dare, statuere, praestituere den Termin vorher festsetzen, dicere reo vorladen, obire den Termin einhalten, dies pecuniae Zahltag *L*, indutiarum letzter Tag des Waffenstillstandes *NL.* **4.** exercere diem Tagewerk *V*, dierum (Tagesmärsche) plus triginta *L.* **5.** nulla dies, post diem longam *O*, ante diem vor der Zeit *O*, carpe diem genieße das Leben *H.*

Diēs-piter (statt Djēus-pater, vgl. dies) Juppiter *CHL.*

dif-fāmō 1. (dis, fama, § 33) aus-, verschreien *OT.*

differentia, ae, *f.* Unterschied, Verschiedenheit.   Von

dif-ferō, ferre, dis-tulī, dī-lātus (§§ 30 u. 33) **I.** *trans.*
1. auseinanderbringen, verbreiten: ignem, ulmos in versum in Reihen verpflanzen *V.* **occ.** zerstreuen, zerreißen: classem *V*, Mettum quadrigae distulerant *V*, membra verschleppen *H*; amore differri vor Liebe fast vergehen *C.* *met.* **2.** verbreiten, ausschreien, in üblen Ruf bringen: rumorem *N*, libertatem sermonibus *L.* **3.** auf-, verschieben: in posterum diem; supplicium *Cu*, concilium *V*, quaerere *H.* **occ.** hinhalten: Hector dilatus der Fall Hektors *O*, legationes Tarraconem bis auf seine Ankunft in *T.* *L.* **II.** *intr.* (nur im Präsensstamm) sich unterscheiden, verschieden sein: inter se, ab hostili expugnatione; sermoni *H*; nihil differt es ist kein Unterschied; **differēns,** entis verschieden.

dif-fertus 3 (*dif-fercio v. farcio, § 43) vollgestopft, wimmelnd, voll; mit *abl.*

dif-ficilis, e (dis, facilis, § 43), *adv.* **difficulter** (§ 51, Anm.) **1.** schwer, schwierig, mühsam: difficile intellectu *N*, factu; ad fidem *L*; in difficili est es ist schwer *L.* **occ. a.** beschwerlich, gefährlich: transitus, palus. **b.** mißlich, gefährlich: tempus, bellum. **2.** *met.* eigensinnig, mürrisch, unzugänglich, spröde: natura eigenartig *N*, in liberos hart, senes; bilis bitter *H*, terrae spröde, karg *V.*

diffictus *pt. pf. pass.* v. diffingo.

difficultās, ātis, *f.* (difficilis, § 51, Anm.) **1.** Schwierigkeit, Hindernis: ineundi consilii. **2. occ. a.** Widrigkeit: rerum. **b.** Not, Verlegenheit: navium Mangel, domestica Geldklemme. **3.** *met.* Eigensinn: multorum.

difficulter *adv.* v. difficilis.

diffīdēns, entis, *adv.* **enter** (diffido) mißtrauisch, ängstlich.   Dav.

diffīdentia, ae, *f.* das Mißtrauen.

dif-fidī *pf.* v. diffindo.

dif-fīdō 3. fīsus sum mißtrauen, zweifeln, kein Vertrauen haben; mit *dat., acc. c. inf.*

dif-findō 3. fidī, fissus zerspalten, zerschlagen: portas muneribus eröffnen *H*, diem stören *L.*

dif-fingō 3. fīnxī, fictus umbilden *H*; *H Sat. 1, 10, 37* [andere: defingo].

diffissus *pt. pf. pass.* v. diffindo.

diffīsus sum *pf.* v. diffido.

dif-fiteor, ērī (dis, fateor, § 43) leugnen.

difflo 139 **diluceo** D

dif-flō 1. āvī auseinanderblasen *C.*

dif-fluō 3. flūxī **1.** auseinanderfließen: in plures partes. **2.** *met.* zerfließen, sich auflösen: luxuriā in Saus und Braus aufgehen, diffluxisse iecur sei verschwunden *L.*

dif-fringō 3. frēgī, frāctus (frango, § 43) zerbrechen *CSp.*

dif-fūdī *pf.* v. diffundo.

dif-fugiō 3. fūgī, fugitūrus auseinanderfliehen, sich zerstreuen, verschwinden. Dav.

diffugium, ī, *n.* das Verschwinden, 'Abbröckeln' *T.*

diffugitūrus *pt. fut. act.* v. diffugio.

dif-fundō 3. fūdī, fūsus **1.** aus-, ergießen, auseinanderfließen lassen; *med.* (*refl.*) auseinanderfließen, sich ergießen: vina diffusa 'abgezogen' *H*, glacies se diffundit zerfließt. *met.* **2.** aus-, verbreiten: rami diffunduntur breiten sich aus, comas zerzausen *V*, equitem campis zerstreuen *V*, bellum in aevum berühmt machen *H.* **3.** zerstreuen, erheitern: diffusus nectare aufgeheitert *O*, vultūs ein heiteres Gesicht machen *O.* Dav.

diffūsus 3, *adv.* ē **1.** ausgebreitet, weit: platanus diffusa ramis breitästig. **2.** ausgedehnt, weitschweifig: ius civile, diffusius dicere; opus reichhaltig *Pli.*

digamma *n. indecl.* u. ae, *f.* (δίγαμμα) gr. Buchstabe ϝ; *met.* Zinsbuch [Aufschrift ϝ (= Fenus)].

Dīgentia, ae, *f.* D. [Bach am Sabinum des Horaz] *H.*

dī-gerō 3. gessī, gestus (dis, gero, § 30) **1.** zer-, verteilen, abteilen: mala per annos verteilen auf *O*, arborem per agros verpflanzen *V.* **2.** ordnen: matris annos zählen *V*, omina auseinandersetzen *V.* **3.** verdauen: cibos *Q.* Dav.

dīgestiō, ōnis, *f.* (*rhet.*) Aufzählung.

dīgestus *pt. pf. pass.* v. digero.

digitālis, e fingerdick = dick *Sp.* Von

digitus, ī, *m.* **1.** Finger: index Zeigefinger *H*, tui digiti deine Rechenfertigkeit. **2.** Zehe: digitis insistere *O*, constitit in digitos *V.* **3.** Zoll [Längenmaß, ca. 1,9 cm]: non digitum discedere keinen Finger breit. **4.** Digiti Idaei Priester der Kybele. E: wohl verw. mit gr. δάκτυλος, dtsch. 'Zehe', §§ 10 u. 12.

dī-gladior 1. (dis u. gladius) sich herumschlagen.

dīgnātiō, ōnis, *f.* (dignor) Würde, Rang, Stellung.

dīgnitās, ātis, *f.* (dignus) **1.** Würdigkeit, Tüchtigkeit, Verdienst: pro dignitate laudare. **2. occ. a.** würdevolles Aussehen, Wesen: corporis *N*, vitae würdevolles Leben *N*, cum dignitate weihevoll, portūs, urbis Pracht *N.* **b.** (sittliche) Würde, Ehre, Ehrenhaftigkeit: cum dignitate cadere ehrenhaft. **3.** *meton.* Achtung, Ansehen: regia *N*, magna cum dignitate vivere in hoher Achtung stehen *N*, non est meae dignitatis unter meiner Würde. **4. occ. a.** Stellung, Rang: equestris *N*, summa *N.* **b.** Amt, Ehrenstelle: dignitatis insignia; *meton.* Mann von Rang: cum dignitates deessent *L.*

dīgnō 1. (dignus) würdigen; mit *abl.* (nur *pass.*). *med.*

dignor 1. **1.** würdigen, für würdig halten; mit *abl.*; regem dignatus est filium fand würdig . . . zu sein *Cu.* **2.** mit *inf.* sich entschließen, wollen, geruhen.

dī-(g)nōscō 3. (g)nōvī (§§ 30 u. 40) unterscheiden: civem hoste *H.*

dīgnus 3, *adv.* ē **1.** geziemend, entsprechend, angemessen: digna indigna pati Verdientes und Unverdientes *V*, dignum est es schickt sich, paßt. **2.** würdig, wert; mit *abl.*, ut, qui *c. coni.*; selten mit *gen.* u. *inf. pass.* E: aus *decnos zu decet, § 35; dignus coronā eigtl. 'geschmückt mit dem Kranz'.

dī-gredior 3. gressus sum (gradior, §§ 30 u. 43) **1.** sich trennen, fortgehen, sich entfernen, scheiden; mit ab, ex, *abl.* **2. occ.** abschweifen, abweichen: unde digressa est oratio; mit ab, ex. Dav.

dīgressiō, ōnis, *f.* und **dīgressus**, ūs, *m.* **1.** das Weggehen, Abschied. **2.** (*rhet.*) Abschweifung.

I. dīgressus *pt. pf. act.* v. digredior.

II. dīgressus s. digressio.

dī-iūdicō 1. (§ 30) **1.** entscheiden, aburteilen: belli fortunam, causam *L.* **2.** unterscheiden: vera et falsa.

dī-iungō u. Ableitungen s. dis-iungo usw.

dī-lābor 3. lāpsus sum (§ 30) **I. 1.** auseinander-, zerfallen: aedes (navis) vetustate dilapsa *L*, fax in cineres *H*; **occ.** sich auflösen: nix dilapsa est schmolz *L*, nebulā dilabente verzog sich *L*, dilapsus calor verglommen *V.* **2.** *met.* zerfallen, verfallen, vergehen, verschwinden: male parta male dilabuntur, vectigalia werden verzettelt *L.* **II. 1.** auseinander-, abfließen: dilabente aestu bei Ablauf der Flut *T*, dilapso tempore nachdem die Zeit verflossen war *S*, ignis sich verbreitend *H.* **2.** *met.* auseinanderlaufen, desertieren: exercitus brevi dilabitur *S*, ab signis *L.*

dī-lacerō 1. zerfleischen *OT*; *met.* rem p. zerrütten, acerbitatibus hart treffen *T.*

dī-laniō 1. zerreißen, zerfetzen.

dī-lapidō, āre *met.* verschwenden *C.*

dīlāpsus *pt. pf. act.* v. dilabor.

dī-largior 4. reichlich verschenken.

dīlātiō, ōnis, *f.* (differo) Aufschub, Verzögerung.

dī-lātō 1. (dis, lātus, § 30) ausbreiten, ausdehnen, erweitern; *met.* litteras gedehnt aussprechen.

dīlātor, ōris, *m.* (differo) Zauderer *H.*

dī-lātus *pt. pf. pass.* v. differo.

dī-laudō, āre in jeder Hinsicht loben.

I. dīlēctus *adi.* u. *pt. pf. pass.* v. diligo.

II. dīlēctus, ūs, *m.* (*dis-lego, vgl. diligo) **1.** Auswahl, Wahl: de eius dilectu seine Auserwählten. **2. occ.** Aushebung, Rekrutierung: dilectum habere, agere *T* abhalten. **3.** *meton.* die Ausgehobenen: recens *T.*

dī-lēxī *pf.* v. diligo.

dī-licui *pf.* v. de-(di-)liquesco.

dīligēns, entis, *adv.* enter (diligo) **1.** achtsam, sorgfältig, genau, gewissenhaft; veritatis wahrheitsliebend *N*, imperii gewissenhaft in *N.* **2. occ.** sparsam, wirtschaftlich: pater *N.* Dav.

dīligentia, ae, *f.* **1.** Achtsamkeit, Sorgfalt, Umsicht, Aufmerksamkeit; mit *gen.*, in re, erga *T.* **2. occ.** Wirtschaftlichkeit: d. et parsimonia.

dī-ligō 3. lēxī, lēctus hochachten, schätzen, lieben; **dīlēctus** 3 lieb, wert, teuer; mit *dat.* E: *dis-lego, §§ 30 u. 41, 'auslesen', 'auswählen'.

dī-liquēscō s. deliquesco.

dī-lōricō, āre (lorica) auseinander-, aufreißen.

dī-lūceō, ēre licht sein; *met.* sich aufklären *L.* Dazu

dilucidus   140   **dirimo**

incoh. **dī-lūcēscō** 3. lūxī hell werden; dilucescit es wird hell, es tagt.

dīlūcidus 3, *adv.* **ē** (diluceo) klar, deutlich.

dīlūculum, ī, *n.* (diluceo) Morgendämmerung.

dī-lūdium, ī, *n.* (dis, ludus, § 30) Aufschub *H.*

dī-luō 3. luī, lūtus (dis, luo, § 30) **I. 1. zerwaschen, wegspülen:** terram *Cu*, sata *V.* **2.** *met.* **verscheuchen, entfernen:** molestias. **II. 1. auflösen:** aceto bacam (Perle) *H;* *occ.* (durch Lösung) **bereiten:** venenum Gifttrank *L,* medicamentum *Cu.* **2.** *met.* **auflösen:** *occ.* **entkräften, widerlegen:** crimen.

dīluviēs, ēī, *f. H* u. **-ium**, ī, *n.* (diluo) Überschwemmung; *met.* Vernichtung *V;* *occ.* Sintflut *Sp.*

dī-lūxī *pf.* v. dilucesco.

dimacha, ae, *m.* Kämpfer zu Fuß u. zu Pferd *Cu.*

dīmēnsiō, ōnis, *f.* Ausmessung.   Von

dī-mētior 4. mēnsus sum (§ 30) vermessen, aus-, abmessen; *pass.* dimensus: tigna.

dī-mētō u. **-or** 1. abgrenzen, abstecken.

dīmicātiō, ōnis, *f.* (gefährlicher) Kampf; *met.* Risiko, das Ringen: capitis, vitae um.   Von

dī-micō 1. kämpfen, fechten; *met.* ringen, kämpfen, sich abmühen: (de) capite.

E: zu mico; 'herumfuchteln'.

dīmidiātus 3 (dīmidiāre v. dis u. medius, § 30) halb.

dīmidius 3 (Rückbildung aus dimidiare, § 76) halb: pars Hälfte; *subst.* **dīmidium**, ī, *n.* Hälfte; *abl.* dimidio um die Hälfte.

dī-mīsī *pf.* v. dimitto.

dīmissiō, ōnis, *f.* **1.** Aussendung. **2.** Dienstentlassung.   Von

dī-mittō 3. mīsī, missus **1. ausschicken, entsenden, herumschicken:** litteras circum municipia; aciem (oculorum) nach allen Seiten blicken *O.* **2. auseinandergehen lassen:** senatum, exercitum; convivium aufheben *L,* ludos beenden *L.* **3. entlassen, fortschicken, verabschieden:** milites, legatos *N,* equos 'fortschicken' [oder 'laufen lassen'; neminem nisi victum keinen unbesiegt *N,* creditorem bezahlen *Pli.* *met.* **4. fallen lassen, wegwerfen:** chlamydem *Cu,* signa, cibum *Ph.* **5. aufgeben, unterlassen, auf** etw. **verzichten:** victoriam, oppida, oppugnationem, occasionem ungenützt lassen, libertatem; praeterita oblivione sich aus dem Sinn schlagen *T;* iracundiam rei p. (*dat.*) dem Staat zuliebe; tributa erlassen *T.*

dim-minuō, ere (dis, minuo) zerschmettern *C.*

dī-moveō 2. mōvī, mōtus **1. auseinanderschieben, zerteilen, trennen:** pelles *Cu,* undas *O,* glaebam durchfurchen *O,* ora sonis öffnen *O.* **2. entfernen, fortbringen, -schaffen:** polo umbram *V,* fide socios *L,* eos a plebe trennen *S.*

Dindyma, ōrum, *n.* u. **-us**, ī, *m., acc.* on D. [Gebirge in Phrygien mit Kybelekult]; **Dindymēnē**, ēs, *f.* = Kybele *H.*

dī-nōscō s. di-gnosco.

dī-nōvī *pf.* v. di(g)nosco.

dīnumerātiō, ōnis, *f.* Aufzählung; auch *rhet.*   Von

dī-numerō 1. (§ 30) ab-, aufzählen, berechnen.

Diodotus, ī, *m.* D. [Stoiker, Lehrer Ciceros].

dioecēsis, is, *f.* (διοίκησις) Bezirk, Distrikt.

Diogenēs, is, *m.* D. [**1.** von Apollonia auf Kreta, ioni-

scher Naturphilosoph. **2.** (ὁ Κύων) aus Sinope, der bekannte Kyniker. **3.** Stoiker, 155 als Gesandter in Rom].

Diomēdēs, is, *m.* D. [Sohn des Tydeus, König in Argos, Gründer von Arpi in Apulien]; *adi.* Diomēdēus 3.

Diōnē, ēs u. **-a**, ae, *f.* D. [**1.** Titanin, Mutter der Venus. **2.** Venus *O*]; *adi.* zu **2.: Diōnaeus** 3: mater Venus *V,* Caesar [als Nachkomme der Venus] *V;* antrum der Venus geweiht *H.*

Dionȳsius, ī, *m.* D. [**1.** der Ältere, seit 406 Tyrann von Syrakus. **2.** der Jüngere, sein Sohn, wurde zuerst von Dion 357, dann endgültig von Timoleon 343 verdrängt und lebte seitdem in Korinth *N*].

Dionȳsus, ī, *m.* (Διόνυσος) = Bacchus.

diōta, ae, *f.* (διώτη, § 90) Henkelkrug *H.*

diplinthius 3 (δίς, πλίνθος) zwei Ziegel dick *Sp.*

diplōma, atis, *n.* (δίπλωμα) Empfehlungsbrief, Paß [zur Benutzung der Staatspost], Diplom.

dipteros, on (δίπτερος) mit zwei Säulenreihen *Sp.*

Dipylon, ī, *n.* Dipylontor [in Athen] *L.*

Dīrae s. dirus.

Dircē, ēs, *f.* D. [Quelle nw. von Theben] *O;* *adi.* **Dircaeus** 3 thebanisch, böotisch: cycnus = Pindar *H.*

I. dīrēctus *pt. pf. pass.* v. de(-i-)rigo.

II. dīrēctus, besser **dērēctus** 3, *adv.* **ē** und **ō** (dirigo) **1. gerade gerichtet, gerade:** iter; dērēctō in gerader Richtung. *occ.* **2. waagrecht:** trabes. **3. senkrecht:** latera, locus, crates. **4.** *met.* **geradeaus, einfach, schlicht:** percunctatio *L.*

dir-ēmī *pf.* v. dirimo.

I. diremptus *pt. pf. pass.* v. dirimo.

II. diremptus, ūs, *m.* (dirimo) Trennung.

dīreptiō, ōnis, *f.* (diripio) Ausplünderung.

dīreptor, ōris, *m.* (diripio) Plünderer.

dīreptus *pt. pf. pass.* v. diripio.

dī-rēxī, besser **dē-rēxī** *pf.* v. dirigo.

dir-ibeō 2. buī (*disibeo für *dis-hibeo v. habeo, §§ 8 Anm., 29, 43) **1.** austeilen. **2.** sortieren.   Dav.

diribitiō, ōnis, *f.* Sortierung der Stimmtäfelchen.

diribitōrium, ī, *n.* das D. [Gebäude in Rom, ursprünglich für Stimmenzählung, dann zur Austeilung v. Geldgeschenken] *Sp.*

dī-rigō, besser **dē-rigō** 3. rēxī, rēctus, *pf.* direxti = direxisti *V* (rego, §§ 30 u. 41) **1. geraderichten:** flumina regulieren, fīnem *L,* membranam plumbo linieren *Ca.* *occ.* **a.** gerade **aufstellen:** aciem, naves in pugnam *L.* **b. anbringen:** ordines arborum, ternos gladios drei gerade Schwerter *Cu.* **c. bauen:** vicos gerade Straßen bauen *L,* molem in adversum ventum *Cu.* **2.** (nach einem Ziel) **richten, lenken:** iter, cursum ad litora, ratem in ripam *Cu.* *occ.* **zielen, schleudern, schießen:** mucrones in ora *Cu,* hastam in aliquem *O,* Ilo auf Ilus *V.* **3.** *met.* nach etw. **einrichten:** utilitate (ad utilitatem *T*) officia, vitam ad certam rationis normam.

dir-imō 3. ēmī, emptus (dis, emo, §§ 29 u. 41) **1.** auseinanderbringen, trennen, sondern, scheiden: urbs flumine dirempta in zwei Teile *L,* acies die Kämpfenden trennen *L,* dirempti verfeindet *T.* **2.** unterbrechen, stören, verhindern: colloquium, comitia, auspicium *L.* **3.** trennen, abbrechen, aufheben, beendigen: litem schlichten *O,* bellum, proelium, aemulationem *T.*

diripio .141 **discissus** **D**

dī-ripiō 3. ripuī, reptus (rapio, § 43) **1.** auseinander-, zerreißen: membra *O*, dapes *V*, aras zerstören *V*. **2.** weg-, entreißen: funem litore *V*, ex capite regni insigne *Cu*, ferrum a latere *T*. **3.** met. plündern, berauben: impedimenta, castra *L*, villas, provincias; Eburones; **occ.** wegschleppen, rauben: hereditatem, res ex Asia.

dīritās, ātis, *f.* (dirus) Unheil, Grausamkeit.

dī-(dis-)rumpō (§ 30) 3. rūpī, ruptus zerreißen, zerbrechen, zerschlagen, *pass.* platzen.

dī-ruō 3. ruī, rutus auseinander-, nieder-, einreißen, zerstören: agmina zersprengen *H*; aere dirutus 'ausgezogen' [beim Spiel], bankrott.

dī-rūpī *pf.* v. dirumpo.

dīruptus *pt. pf. pass.* v. dirumpo.

dīrus 3 **1.** unheilverkündend, unheilvoll, verderblich: omen *O*, cometae *V*, grando *H*. **2.** gräßlich, schrecklich: religio heiliger Schauer *V*,, fames, bellum, nefas *V*, preces Verwünschungen *T*; *n. pl.* dira canere schreckliche Schmähungen ausstoßen *V*; adv. dira fremens furchtbar knirschend *V*. **3.** [von Wesen] schrecklich, grausig, unheilbringend: deae, sorores Furien *V*, Hannibal *H*. *Subst.* **dīrae**, ārum, *f.* **1.** Verwünschungen, Flüche: diras imprecari *T*. **2.** person. Furien: ultrices *V*.

dīrutus *pt. pf. pass.* v. diruo.

I. *dis untrennbares Präfix. Bed. **1.** entzwei, zer-: disseco. **2.** auseinander: diffugio. **3.** durchaus, völlig: disquiro, dilucidus. **4.** un-: dispar. **5.** fort, weg: discedo.
E: verw. mit indogerm. *dvis 'zweimal', gr. δίς, lat. bis, got. twis 'auseinander', ahd. zir-, nhd. zer- in 'zerreißen' u. dgl. Volle Form vor mutae u. s: discedo, dissero; disto für dissto; vor den übrigen Konsonanten dī- (§ 30): dī-duco; dī-iungo neben dis-iungo; vor f durch Assimilation dif- (§ 33): dif-fundo; vor Vokalen dir- (§ 29): dirimo.

II. dīs, dītis, *m. f.*, *n.* dīte (zusammengezogen aus dives, § 22), *comp.* dītior, *sup.* dītissimus **1.** reich; **occ.** lohnend: stipendia *L*. **2.** person. Dis, Dis pater [der Gott der Unterwelt (Πλούτων)].

dis-cēdō 3. cessī, cessum

I. **1.** auseinandergehen, sich trennen; 2. *occ. a.* sich zerstreuen; *b.* (bei der Abstimmung im Senat) auseinandergehen.
II. **1.** fort-, weg-, abgehen, sich entfernen; 2. *occ. a.* abmarschieren; *b.* (aus dem Kampf ...) hervorgehen, wegkommen, davonkommen; *met.* 3. scheiden, schwinden, vergehen; 4. von etw. abgehen, ablassen, abstehen, absehen, abweichen, etw. aufgeben.

I. 1. in duas partes *S*, discedit terra, caelum öffnet sich. **2. a.** ex fuga in civitates. **b.** in hanc sententiam dieser Meinung beitreten *L*, in alia omnia der entgegengesetzten Ansicht *L*.
II. 1. a signis aus Reih und Glied treten, ab armis die Waffen niederlegen, a duce abfallen, a te non discedit audacia. **2. a.** a Gergovia, ex hibernis, a bello vom Kriegsschauplatz, infectis rebus. **b.** (proelio) superior (victor) discedit blieb Sieger, victus *S*; pari, aequo proelio (aequo Marte *L*) discesserunt der Kampf blieb unentschieden; bildl. liberatus discedit wird freigesprochen, iniuria impunita discedit geht straflos aus. **3.** sol, lux discedit *HO*, ex (a) vita, hostibus spes discessit. **4.** ab opere, a sua sententia, a fide et iustitia, a contactu *T*; ab hoc diesen ausnehmen.

disceptātiō, ōnis, *f.* (discepto) **1.** Erörterung, Debatte, Verhandlung: verborum Wortstreit *L*; *met.* Streitfrage *L*. **2.** Entscheidung, Urteilsspruch: disceptationem ab rege ad Romanos revocare *L*.

disceptātor, ōris, *m.* Schiedsrichter. Von

dis-ceptō 1. (für *dis-capto, *frequ.* zu *dis-cipio v. capio, § 43) **1.** erörtern, verhandeln, streiten: de controversiis; multum invicem disceptato nach langen gegenseitigen Erörterungen *T*. **2.** occ. entscheiden, schlichten, urteilen: controversias, inter eos *L*.

dis-cernō 3. crēvī, crētus **1.** absondern, trennen, scheiden: fines *S*, urbes mari discretae *L*, sedes discretae abgelegen *H*; **occ.** auszeichnen, schmücken: Agrippina discreta velo *T*, telas auro sticken *V*. **2.** *met.* unterscheiden: suos erkennen, alba et atra, auditorem ab iudice, ambigua lösen *Sp*; mit indir. Fr.

dis-cerpō 3. cerpsī, cerptus (carpo, § 43) zerstückeln, zerreißen: aurae zerstreuen, verwehen *CaV*.

dis-cessī *pf.* v. discedo.

discessiō, ōnis, *f.* (discedo) **1.** das Auseinandergehen, Trennung. **2.** Abstimmung [durch Auseinandertreten]: senatus consultum per discessionem fecit; discessio fit es wird abgestimmt. **3.** Abzug, Abmarsch *T*.

discessum *pt. pf. pass.* v. discedo.

discessus, ūs, *m.* (discedo) das Weggehen, Entfernung; **occ.** Abreise, Abmarsch, Abzug: ex Illyrico Abfahrt.

di-scidī *pf.* v. discindo.

discidium, ī, *n.* **1.** Trennung; **occ.** Ehescheidung *T*. **2.** Zerwürfnis. Von

di-scindō 3. scidī, scissus (vgl. disto) zerreißen: vestem, tunicam aufreißen, cotem spalten *L*; *met.* amicitias plötzlich abbrechen.

dis-cingō 3. cīnxī, cīnctus los-, aufgürten: discincti im Hausgewand *H*, centuriones ohne Scheide und Wehrgehenk [milit. Strafe] *L*, Afri ungegürtet *V*; *met.* leichtsinnig, locker *HOSp*.

disciplīna, altl. discipulīna, ae, *f.*

I. **1.** Unterweisung, Lehre, Unterricht; 2. *meton.* Bildung, Kenntnis, Wissen, Kunst; *occ. a.* Methode, Lehrgang; *b.* System, Schule.
II. **1.** *met.* Erziehung, Zucht; *occ.* Kriegszucht, Disziplin; 2. *meton.* Ordnung, Einrichtung, Gewohnheit; *occ.* Staatsverfassung, -ordnung.

I. 1. adhibere disciplinam puero angedeihen lassen *L*. **2.** disciplinis erudiri in Fächern (Gegenständen) unterrichtet werden *N*, iusti Ethik, memoriae Mnemotechnik. **a.** Hermagorae. **b.** Stoicorum; *pl.* konkr. Schulen. **II. 1.** familiae der Sklaven, veterum Sabinorum *L*. occ. vetus *T*. **2.** tenax disciplinae bei seiner Lebensweise beharrend *Cu*, sacrificandi Ritus *L*. **occ.** Lycurgi, rei p. Von

discipulus, ī, *m.*, **discipula**, ae, *f.* Schüler(in).
E: *dis-cipio 'fasse geistig auf'.

discissus *pt. pf. pass.* v. discindo.

discludo   142   **disperdo**

dis-clūdō 3. sī, sus (claudo, § 43) abschließen, trennen: Arvernos ab Helvetiis, trabes auseinanderhalten.

discō 3. didicī (wohl aus *didc-sco, vgl. doceo u. διδάσκω) **1.** lernen, [im logischen *pf.*]: verstehen: vitas et crimina untersuchen *V*, discentes Schüler, Lehrlinge *L*; ab, ex aliquo; mit *inf., acc. c. inf.*, indir. Fr. **2.** kennenlernen: nectaris sucos *H*, venientum vultūs *V*. **3.** erfahren: aliquid ex testibus; mit *acc. c. inf.*, indir. Fr.

discobolos, *m., acc.* on Diskuswerfer [Werk des Myron] *Sp.*

dis-color, ōris verschiedenfarbig, bunt.

dis-condūcō, ere (§ 72) nicht zuträglich sein *C.*

dis-conveniō, īre (§ 72) nicht übereinstimmen *H.*

discordābilis, e (discordo) nicht übereinstimmend *C.*

discordia, ae, *f.* (discors) **1.** Uneinigkeit, Zwietracht, Zwist, Hader. **2.** Meuterei *T.*   Dav.

discordiōsus 3 streitsüchtig, voll Zwietracht *S.*

discordō 1. āvī zwieträchtig, uneins sein, nicht übereinstimmen; mit cum (*dat. H*).   Von

dis-cors, rdis (cor) **1.** zwieträchtig, uneinig, uneins; mit cum, *dat.* **2.** *met.* verschieden, ungleich: moribus et linguis *Cu,* inter se responsa widersprechend *L.*

discrepantia, ae, *f.* Uneinigkeit, Widerspruch.   Von

dis-crepō 1. āvī (discrepuit *H*) **1.** nicht gleich klingen, disharmonieren. **2.** *met.* nicht übereinstimmen, abweichen, verschieden sein, widersprechen; mit ab, *dat.* U n p e r s. discrepat es steht nicht fest, man streitet, ist uneins; mit de, *acc. c. inf.*, quin.

discrētus *pt. pf. pass.* v. discerno.

dis-crēvī *pf.* v. discerno.

discrībō s. describo.

dis-crīmen, minis, *n.* (discerno für *dis-crino, § 49) das Scheidende, u. zw.

   1. **Scheidelinie, -wand;** *meton. a.* **Abstand, Entfernung;** *occ.* (in der Musik) **Intervall;** *b.* **Zwischenraum;** *met.* 2. **Unterschied, Unterscheidung;** 3. **Entscheidung;** *occ.* **Entscheidungskampf;** 4. **Krise, Gefahr, Bedrängnis.**

   1. discrimen murus facit *O,* leti 'der Rand des Todes' *V.* **a.** aequum *V;* **occ.** septem discrimina vocum die siebensaitige Leier *V.* **b.** agminum *Cu,* discrimina fallere die Abstände verbergen *O.* **2.** nullum discrimen habere zeigen *O,* umbrae (Schattierungen) parvi discriminis *O,* apertum Unterscheidungsmittel, Probe *O,* non est discrimen in vulgo Unterscheidungsgabe. **3.** (res) in discrimen venit (est, adducitur), utrum es muß sich entscheiden, ob, belli, pugnae; discrimina tanta *V.* **occ.** subire *Cu,* vehemens *Cu,* extremum. **4.** res est in summo discrimine; periculi Gipfelpunkt *L,* capitis, ultimum vitae die letzten Züge *L,* in discrimen venire, vocari auf dem Spiel stehen.   Dav.

discrīminō 1. trennen, scheiden.

discrīptiō, discrīptus s. descript . . .

dis-cruciō 1. zermartern, abquälen, peinigen.

dis-cubuī *pf.* v. discumbo.

dis-(cu)currī *pf.* v. discurro.

dis-cumbō 3. cubuī sich zu Tisch legen.

dis-cupiō, ere sehr wünschen.

dis-currō 3. (cu)currī, cursum auseinanderlaufen, sich zerstreuen; fama discurrit verbreitet sich *Cu,* Nilus teilt sich *V.*

discursus, ūs, *m.* **1.** das Auseinanderlaufen *LT.* **2.** das Hin- und Herlaufen: liber ungehindertes Hin- und Herfahren *L,* ignei spiritūs torti vibratique feurige Schlangen- u. Zickzacklinien *Pli.*

discus, ī, *m.* (δίσκος) D i s k u s, Wurfscheibe.

dis-cutiō 3. cussī, cussus (quatio, §§ 17 u. 43) **1.** zerschlagen, zertrümmern: murum, ora saxo *O,* discussa nubes berstend *O.* **2.** auseinandertreiben, -sprengen, vertreiben, verjagen: nocturnos coetūs *L,* nivem fortschaffen, caliginem *LCu,* nix discussa geschmolzen *Cu.* **3.** *met.* vertreiben, zerstreuen, beseitigen: periculum, res discussa est zerschlug sich *L,* famam *T,* destinata vereiteln *Cu.*

disertus 3, *adv.* **ē** (II. dissero, § 46) **1.** wohlgeordnet, wohlgesetzt: diserte dicere *N,* saltare ausdrucksvoll *T,* historia; **occ.** klar und deutlich, ausdrücklich: diserte additum (scriptum) est *L.* **2.** *meton.* beredt, redegewandt.

dis-iciō u. **dissiciō** 3. iēcī, iectus (*dis-iacio, § 43) **1. zertrümmern, zerstören:** moenia, arcem *N,* disiecti membra poëtae zerstückelt *H.* **2. auseinandertreiben, zersprengen, zerstreuen:** phalangem *N,* classem *L,* nubila verscheuchen *O,* capillos zerraufen *O;* disiecta comas mit fliegendem Haar *O.* **3.** *met.* **vereiteln, hintertreiben, zunichte machen:** pacem *V,* consilia *L.*   Dav.

I. disiectus 3 zerstreut, vereinzelt.

II. disiectus *pt. pf. pass.* v. disicio.

disiūnctiō, ōnis, *f.* (disiungo) **1.** Trennung. **2.** [in der Dialektik]: Gegensatz. **3.** (*rhet.*) Asyndeton.

disiūnctus *adi.* u. *pt. pf. pass.* v. disiungo.

dis-iungō u. **di-iungō** 3. iūnxī, iūnctus **1.** ab-, losspannen: iuvencōs *O.* **2.** *met.* **trennen, scheiden, sondern:** honesta a commodis. Dav. **disiūnctus** u. **dīiunctus** 3, *adv.* **ē** **1.** getrennt, entfernt: vita disiuncta a cupiditate. **2.** fernliegend: dicere maxime diiuncta; **occ.** in **Gegensätzen:** quae diiunctius dicuntur. **3.** der abgerissen, unzusammenhängend spricht *T.*

dis-pālor 1. zerstreut, überall umherschweifen *NS.*

dis-pār, paris ungleich, verschieden: proelium ungleicher Waffengattungen; mit *dat.* u. *gen.*

dis-parō 1. absondern, trennen.

dispectus *pt. pf. pass.* v. dispicio.

dis-pellō 3. pulī, pulsus auseinandertreiben, zerstreuen.

dispendium, ī, *n.* (dis-pendo) Verlust: morae Zeitverlust *V,* Aufwand *C.*

dispennō 3. pessus (dis-pando) ausspannen *C.*

dispēnsātiō, ōnis, *f.* (dispenso) **1.** Verteilung: inopiae des geringen Vorrates *L.* **2.** Verwaltung: pecuniae *L.* **3.** Schatzmeisteramt.

dispēnsātor, ōris, *m.* Verwalter, Schatzmeister.   Von

dis-pēnsō 1. (*frequ.* v. dispendo) **1.** verwalten: inventa ordnen, victoriam Anordnungen zur Ausnutzung des Sieges treffen *L;* *abs.* haushalten *H.* **2.** ver-, aus-, einteilen: laetitiam nach und nach mitteilen *L,* annum *L.*

dis-perdō 3. didī, ditus (§ 72) zugrunde richten, verderben; *pass.* **dis-pereō,** īre, iī (§ 72) zugrunde gehen,

dispergo   143   **dissocio** D

verderben: dispeream, ni ich will verloren sein, wenn nicht *CaH.*

di-spergō 3. spersī, spersus (spargo, § 43) **1.** auseinanderstreuen, aus-, zerstreuen: corpus, bellum dispersum verzettelt. **2.** ausstreuen, verbreiten: sermonem, rumores *PhT*; mit *acc. c. inf. T.*   Dav.

I. dispersus 3, *adv.* ē u. **im** *Sp* überall zerstreut: quae disperse a me multis in locis dicentur.

II. dispersus *pt. pf. pass.* v. dispergo.

dis-pertiō (-or *L*) 4. (partio, § 43) zer-, verteilen: exercitum per oppida *L*, tempora auseinanderhalten, bona militibus.   Dav.

dispertītiō, ōnis, *f.* Zerteilung: urbis.

I. dispessus 3 (dis-pando) ausgebreitet *C.*

II. dispessus *pt. pf. pass.* v. dispenno.

di-spiciō 3. spexī, spectus (specio, § 43) **1.** erblicken, wahrnehmen: dispecta est et Thule *T. met.* **2.** herausfinden, erkennen, deutlich einsehen: libertatem ex servitute, merita *T.* **3.** erwägen, bedenken.

dis-pliceō 2. uī (placeo, § 43) mißfallen, nicht behagen.

dis-plōdō 3. sī, sus (plaudo, § 52) zersprengen *H.*

dis-pōnō 3. posuī, positus (disposta *Lukrez*) (§ 72) **1.** aufstellen, verteilen: altaria *Cu*, custodias ad ripas, auratas vias durchwirken *Ti.* **2.** ordnen, in Ordnung bringen, einrichten: dispositi milites (acies *T*) in Schlachtordnung *N*, Homeri libros, fata sibi zurechtlegen *Cu*, dona geordnet darstellen *Lukrez.* **3.** anordnen, bestimmen *Pli.* Dav. **dispositus** 3, *adv.* ē wohlgeordnet: vir der wohlgeordnet spricht *Pli.*   Dav.

dispositiō, ōnis, *f.* Anordnung; (*rhet.*) Dispositition. Und

dispositū *abl. m.* in der Anordnung *T.*

dispositus *adi.* u. *pt. pf. pass.* v. dispono.

dis-posuī *pf.* v. dispono.

dis-pudet ich vergehe vor Scham *C.*

dis-pulī *pf.* v. dispello.

dispulsus *pt. pf. pass.* v. dispello.

disputātiō, ōnis, *f.* (disputo) wissenschaftliches Streitgespräch, Untersuchung, Abhandlung.

disputātor, ōris, *m.* geübter Diskussionsredner.   Von

dis-putō 1. auseinandersetzen, erörtern, untersuchen, abhandeln: causam; in contrarias partes für und wider; mit de, *acc. c. inf.*, indir. Fr.

dis-quīrō, ere (quaero, § 43) untersuchen *H.*   Dav.

disquīsītiō, ōnis, *f.* Untersuchung.

dis-r . . . s. dī-r . . .

dis-saepiō 4. psī, ptus trennen.

dis-sāvior, ārī abküssen.

dis-sēdī *pf.* v. dissideo.

dis-sēminō 1. aus-, verbreiten.

dis-sēnsī *pf.* v. dissentio.

dissēnsiō, ōnis, *f.* u. **-us**, ūs, *m.* **1.** Meinungsverschiedenheit: sine acerbitate. **2.** Uneinigkeit, Streit, Zwist, Zwietracht: civiles Bürgerkriege. **3.** Widerspruch: unius *N*; utilium cum honestis Unvereinbarkeit.   Von

dis-sentiō 4. sēnsī, sēnsum **1.** anderer Meinung sein, widersprechen: inter se, ab eo *N*; mit *dat.* condicionibus *H.* **2.** *occ.* uneinig sein, streiten: dissentiens populus. **3.** *met.* abweichen, widersprechen: vitiositas a se ipsa dissentiens.

dis-serēnāscit, āvit (serenus) es heitert sich auf *L.*

I. dis-serō, ere (sero—satus) verteilt einsetzen.

II. dis-serō 3. seruī, sertus (sero—sertus) auseinandersetzen, erörtern, besprechen; mit de; aliquid *Sp.*

dissertiō, ōnis, *f.* (II. dissero) Auflösung *L 41, 24, 10.*

dissertō 1. (*frequ.* v. II. dissero) erörtern: pacis bona, rectius de iis *T.*

dissertus *pt. pf. pass.* v. II. dissero.

dis-seruī *pf.* v. II. dissero.

dissiciō s. disicio.

dis-sideō 2. sēdi (sedeo, § 43) **1.** getrennt sein: Hypanis dissidet Eridano *Pr*; *occ.* toga dissidet impar sitzt schief *H. met.* **2.** nicht übereinstimmen: nobiles dissident a nobis; plebi *H. occ.* zerfallen, uneinig sein, in Zwietracht leben: ab eo *N*, sibi *H*; in Arminium et Segestem in die Parteien des . . . zerfallen *T.* **3.** widersprechen, widerstreben: temeritas a sapientia dissidet, fama a fide *O*, sententia ist widerspruchsvoll *O*, ambitio widerspenstig *Ph.*

dissieci *pf.* v. dis(s)icio.

dissiectus *pt. pf. pass.* v. dis(s)icio.

dissignātiō s. designatio.

dissignātor, ōris, *m.* **1.** Kampfrichter **2.** Anordner des Leichenzuges *H.*   Von

dis-sīgnō 1. einrichten, anordnen: rem p.; *occ.* anstiften *CH.*

dis-siliō 4. siluī (salio, § 43) auseinander-, zerspringen: gratia dissiluit das Einvernehmen hat einen Riß bekommen *H.*

dis-similis, e, *adv. iter* unähnlich, ungleichartig; mit *gen., dat.*, inter se; in dominum *T.*   Dav.

dissimilitūdō, inis, *f.* Unähnlichkeit, Verschiedenheit.

dissimulābiliter u. **dissimulanter** *C adv.* insgeheim.

dissimulantia, ae, *f.* (dissimulo) Verstellung.

dissimulātiō, ōnis, *f.* (dissimulo) **1.** das Unkenntlichmachen: sui *T.* **2.** Verstellung, Ironie [im sokrat. Sinn]. **3.** absichtliche Nichtbeachtung *Pli.*

dissimulātor, ōris, *m.* Verheimlicher, Verhehler: simulator ac d. Meister der Heuchelei u. Verstellung *S.*   Von

dis-simulō 1. **1.** unkenntlich machen, verstecken, verbergen: capillos *O*, natum cultu durch Verkleidung *O.* **2.** sich verstellen, *trans.* verhehlen, verbergen, verheimlichen, verleugnen: scelus; mit *acc. c. inf.*, indir. Fr. **3.** unbeachtet lassen, übersehen, ignorieren: dissimulatus Marci consulatus *T.*

dissipābilis, e zerteilbar.   Und

dissipātiō, ōnis, *f.* Zerstreuung, Zersplitterung; (*rhet.*) Zerlegung eines Begriffes.   Von

dis-sipō, altl. (§ 41) **dis-supō** 1. (s u p a t : iacit, unde dissipat: disicit *Festus*) **1.** auseinanderwerfen, zerstreuen: ossa *H*, tecta *L*; dissipati liberi in die Welt zerstreut, navigium aus den Fugen; [vom Redner]: zusammenhanglos. **2.** *occ.* **a.** zersprengen: hostes; dissipata fuga der Zersprengten *L.* **b.** verbreiten, aussprengen: maledictum. **c. verschleudern:** fortunas. *met.* **3.** ver-, ausbreiten: per ossa venenum *O*, bellum *L*, aquam rivis *L.* **4. vernichten:** ignis cuncta dissipat. **5. zerstreuen:** Euhius curas *H.*

dissociābilis, e (dissocio) unvereinbar: Oceanus der nie zu ihnen gehören kann *H.*

dissociātiō, ōnis, *f.* Trennung *T.*   Von

dis-sociō 1. **1.** lösen, trennen, spalten: copias *T*, homines dissociati ungesellig lebend. **2.** *met.* trennen,

dissolubilis   144   **ditiae**

scheiden: animos civium *N*, disertos a doctis, causam suam aus der Verbindung scheiden *T*.

dissolūbilis, e (dissolvo) auflösbar, zerlegbar.

dissolūtiō, ōnis, *f.* (dissolvo) **1.** Auflösung: navigii das Zerfallen *T*; animi Energielosigkeit. **2.** Abschaffung, Aufhebung: legum, imperii *T*.

dissolūtus *adi.* u. *pt. pf. pass.* v. dissolvo.

dis-solvō 3. solvī, solūtus (§ 72) **1. auflösen:** pontem abbrechen *N*, navigium dissolutum altersschwach, membra verrenkt *T*; versum auflösen *H. met.* **2. frei machen:** dissolvi non possunt die Schulden loswerden. **3. auflösen, aufheben, abschaffen, vernichten:** societatem *N*, leges, religiones *L.* **4. entkräften, widerlegen:** crimina. **5. occ. ab-, bezahlen:** aes alienum, nomen Schuldposten. Dav. **dissolūtus** 3, *adv.* ē **1. fahrlässig, nachlässig:** dissolute factum, animus. **2. leichtfertig, zügellos:** Alcibiades *N*, mores *Ph.* **3. regellos:** dissolute dicere ohne Bindewörter; dissolūtum, ī, *n.* Asyndeton.

dis-sonus 3 **1.** unharmonisch: voces verworren *L.* **2.** *met.* verschieden, abweichend, ungleich: gentes sermone moribusque *L*; mit ab *L.*

dis-suādeō 2. sī, sus widerraten, abraten.   Dav.

dissuāsor, ōris, *m.* der dagegen redet: legis Redner gegen.

dissuāsus *pt. pf. pass.* v. dissuadeo.

dis-suī *pf.* v. dissuo.

dis-sultō, āre (*frequ.* v. dissilio, § 51, Anm.) **1.** zerspringen, bersten. **2.** (berstend) krachen: crepitus *V.* **3.** abprallen: tela *Sp.*

dis-suō 3. suī, sūtus **1.** weit öffnen *O.* **2.** allmählich auflösen.

E: eigtl. 'Genähtes auftrennen'.

dissupō s. dissipo.

dissūtus *pt. pf. pass.* v. dissuo.

dis-taedet ich mag gar nicht *C.*

distantia, ae, *f.* (disto) Abstand, Verschiedenheit.

dis-tendō 3. (distenno *C*) tendī, tentus **1.** auseinander-, ausspannen, ausdehnen: aciem, bracchia *O.* **2. occ.** vollfüllen: nectare cellas *V.* Dav. **distentus** 3 vollgefüllt: uber strotzend *VH.* **3.** *met.* getrennt halten, teilen, zerstreuen: hostium copias hier und dort beschäftigen *L*, animos verwirren *L.*   Dav.

distentiō, ōnis, *f.* Ausdehnung *Sp.*

distentus *adi.* u. *pt. pf. pass.* v. distendo oder distineo.

dis-terminō 1. scheiden, abgrenzen *T.*

distinctiō, ōnis, *f.* (distinguo) **1. Scheidung:** ingenui et inliberalis ioci. **2. Unterschied, Verschiedenheit:** sonorum. **3.** (*rhet.*) Einschnitt, **Pause. 4.** (*rhet.*) Gebrauch desselben Ausdrucks **in unterschiedlicher Bedeutung.**

I. distinctus *adi.* u. *pt. pf. pass.* v. distinguo.

II. distinctus, ūs, *m.* (distinguo) Farbenverschiedenheit, 'Zeichnung': pinnarum *T.*

dis-tineō 2. tinuī, tentus (teneo, § 43) **1. auseinanderhalten, trennen:** tigna fibulis, copias Caesaris, unanimos *L*; **occ. fernhalten:** a domo *H. met.* **2. verzögern, verhindern:** victoriam, pacem *L.* **3. in Anspruch nehmen, beschäftigen, zerstreuen:** litibus *N*, dolore;

distentus 3 **beschäftigt,** in Atem gehalten: negotiis.

dis-tinguō 3. tīnxī, tinctus **1. verschieden färben:** racemos *H*, auro album durchwirken *Cu.* **2. verzieren, ausschmücken:** pocula gemmis, planitiem rivi distinguunt beleben *Cu*, orationem; occupationes abwechselnd machen *Pli.* **3.** *met.* **unterscheiden, trennen:** crimina, Granium a Cassio, vero falsum *H*, non distincto ohne daß man unterschied *T.* Dav. **distinctus** 3, *adv.* ē **1.** 'farbenverschieden', **bunt:** floribus herbae *O.* **2. geschmückt:** caelum astris, urbs delubris. **3. streng gegliedert:** acies *L.* **4. gesondert, genau, bestimmt:** genera delictorum, distincte scribere, dicere klar, deutlich. **5. wohlgeordnet:** vitae genus *Pli.*

di-stō (für dis-sto), āre **1.** entfernt sein: ab eius castris, idem (*acc.* gleichweit) utrāque terrā *O. met.* **2.** (zeitlich) auseinanderliegen: quantum distet ab Inacho Codrus *H.* **3.** verschieden sein, sich unterscheiden: ab re, scurrae (*dat.*) distabit amicus *H*; **distat** es ist ein Unterschied.

dis-torqueō 2. torsī, tortus verdrehen: oculos *H.* Dav. **distortus** 3 verdreht, verwachsen, verkrüppelt; *met.* adfectio verschroben.   Dav.

distortiō, ōnis, *f.* Verdrehung: membrorum.

distortus *adi.* u. *pt. pf. pass.* v. distorqueo.

distractiō, ōnis, *f.* **1.** Trennung: animorum. **2.** Zwiespalt: cum tyrannis.   Von

dis-trahō 3. trāxī, tractus **1. auseinanderziehen, zerreißen:** materiam, corpus, vallum *L*; famā in üblen Ruf bringen *T.* **occ. auseinanderbringen, losreißen, trennen:** pugnantes *N*, a me servatorem. **2.** (einzeln) **verkaufen:** agros *T. met.* **3. auflösen, aufheben, trennen, zersplittern, zerstreuen, zerteilen:** rem hintertreiben, societatem, concilium Boeotorum *L*, acies distrahitur dehnt sich aus, turmas auflösen *T*; **occ.** voces den Hiat zulassen. **4. nach verschiedenen Richtungen hinziehen:** industriam in plura studia zersplittern, animus in contrarias sententias distrahitur gerät in Zweifel, rem p. (in Parteien) spalten *LT.*

dis-tribuō 3. buī, būtus **1. verteilen, austeilen:** latius exercitum, milites in legiones, pecunias exercitui. **2. einteilen:** copias in tres partes. Dav. **distribūtus** 3, *adv.* ē geordnet: distribute scribere.   Dav.

distribūtiō, ōnis, *f.* Einteilung; (*rhet.*) Auflösung eines Begriffes (in mehrere ähnliche).

distribūtus *adi.* u. *pt. pf. pass.* v. distribuo.

di-stringō 3. strīnxī, strictus **1.** auseinanderziehen, -zerren: radiis rotarum districti *V*, sollicitudine districtus zerrissen, gefoltert *H.* **2.** (den Feind) teilen: Romanos *L*, copias regias *L.* **3.** *met.* vielseitig in Anspruch nehmen, beschäftigen: bellis districtus *N.*

dis-tulī *pf.* v. differo.

disturbātiō, ōnis, *f.* Zerstörung: Corinthi.   Von

dis-turbō 1. **1.** auseinanderjagen, zerstreuen: contionem gladiis. *met.* **2.** zerstören: opera, domum. **3.** vernichten, vereiteln: vitae societatem.

dītēscō, ere (dis = dives) reich werden *H.*

dīthyrambus, ī, *m.* (διθύραμβος) D. [Chorlied im Dionysoskult]; *adi.* dīthyrambicus 3.

dītiae s. divitiae.

ditior | 145 | **divisus** D

dītior, dītissimus s. dīs.

dītō 1. (dis = dives) bereichern.

I. diū (v. dies, vgl. interdiu) *adv.* bei Tage.

II. diū (verw. mit du-dum) *adv., comp.* diūtius, *sup.* diūtissimē **1.** lange, geraume Zeit. **2.** seit langer Zeit: arma diu desueta *V.*

diurnus 3 (v. I. diu wie nocturnus neben noctu) **1.** zum Tag gehörig, bei Tag, Tages-: stella Morgenstern *C*, lumen Tageslicht *O.* **2.** täglich, für einen Tag: fata Eintagsleben *O*, merces Tagelohn *H*; acta diurna populi R. u. *subst.* **diurna**, ōrum, *n.* Tagesberichte, Amtsblatt, 'Zeitung'.

dīus 3 (dicht.; δῖος) göttlich, herrlich; vgl. fidius.

diū-tinus 3 (II. diu) langwierig, dauernd.

diūturnitās, ātis, *f.* lange Dauer, Länge; custos diuturnitatis dauernden Besitzes. *Von*

diū-turnus (diūtúrnus *O*, § 46) 3 (II. diu) **1.** langanhaltend, -dauernd, -während. **2.** langlebig: vellem diuturnior esset *O.*

dī-vāricō 1. (vgl. varus) auseinanderspreizen.

dī-vellō 3. vellī u. vulsī, volsus, vulsus (§ 50) **1.** auseinander-, zerreißen: corpus *V*, somnos unterbrechen *H.* **2. occ.** los-, ab-, wegreißen: ramum trunco *O*, liberos a parentum complexu *S*; *med.* amplexu sich losreißen *V.*

dī-vendō 3. didī, ditus einzeln verkaufen.

dī-verberō 1. zerteilen, durchschneiden *VCu.*

dī-verbium, ī, *n.* (verbum) Dialog im Drama *L.*

diversitās, ātis, *f.* **1.** Verschiedenheit: supplicii *T.* **2. occ.** Gegensatz: naturae *T.* *Von*

diversus, altl. (§ 50) **dīvorsus** 3, *adv.* **ē** (diverto) auseinandergekehrt, u. zw.

I. (nach verschiedenen Richtungen gekehrt) 1. **hierhin und dorthin gewandt, liegend**; *occ.* (prädik.) **hierhin und dorthin**; *met.* 2. **unstet**; 3. **getrennt**; 4. **verschieden, abweichend**.

II. (nach der entgegengesetzten Seite gekehrt) 1. **entgegengesetzt, gegenüberliegend**; 2. *occ.* **gegnerisch, feindlich**; 3. *met.* **entgegengesetzt, widersprechend, völlig verschieden**.

III. **abgelegen, entlegen**.

I. 1. itinera, acies; proelium an verschiedenen Orten, fuga *Cu.* **occ.** diversi abiere *L*, diversi flebant abgewandt *O*; diversus agebatur wurde hin und her gerissen *S*, paulo diversius conciderant etwas zerstreuter *S*, divorse distrahi versplittert werden *C*; in diversa (diversum) trahere nach verschiedenen Richtungen führen *NL*, componere diversos Zwieträchtige *T.* **2.** diversus animi *T.* **3.** hoc divorsi audistis *S*, legatos divorsos adgredi *S.* **4.** loca, aditūs, studia, voluntates, genera bellorum, amantes entzweit *Pr*; *acc. n. adv.* diversa sonare verschieden tönen *O*; forma diversa priori *O*; morum diversus *T*, a maiorum institutis *T.* **II. 1.** iter a proposito diversum, diverso orbe am anderen Ende der Erde *O*, petit diversa schlägt die entgegengesetzte Richtung ein *O*; *adv.* in diversa *T*, per diversum auf der entgegengesetzten Seite *T.* **2.** acies *T*, transferre invidiam in diversum

auf die Gegenpartei *T.* **3.** vitia *SL*, duo tela diversorum operum von entgegengesetzter Wirkung *O*, per diversa implacabiles aus entgegengesetzten Gründen *T*; *adv.* e diverso im Gegenteil *Sp.* **III.** pascua *O*, colunt diversi *T*, diverso terrarum in fernen Winkeln der Erde *T.*

dī-vertō = de-verto.

dīves, itis, *abl.* divite, *gen. pl.* divitum, *comp.* divitior, *sup.* divitissimus (vgl. dīs) reich; *met.* lingua reichströmend *H*, copia reichlich *O*, epistula vielversprechend *O*, ramus kostbar *V*; mit *abl., gen.*

dī-vexō, āre hin- und herzerren, zerstören.

dī-vidō 3. vīsī (*inf. pf.* divisse *H*, § 54), vīsus (vgl. viduus)

I. (zwei Ganze voneinander) 1. **trennen, absondern, scheiden**; 2. *met.* **trennen**.

II. (ein Ganzes in Teile) 1. **teilen, ein-, zerteilen**; *occ.* 2. *a.* **halbieren**; *b.* (politisch) **trennen**; 3. **austeilen, verteilen**; 4. (logisch) **einteilen**.

III. **singen, vortragen** (dicht.).

I. 1. Rhenus dividit agrum Helvetium a Germanis, arx ab urbe muro divisa *L*, patriā fernhalten *V.* **2.** bona diversis *H*, tempora *T.* **II. 1.** Gallia est divisa in partes tres zerfällt, annum ex aequo *O*; muros brechen *V*, concentum trennen *H*; divisa sententia est der Antrag kommt getrennt zur Abstimmung. **2. a.** flumen dividit vallem. **b.** populum in duas partes, divisus senatus zerspalten. **3.** agros civibus, praedam inter (per) milites *L*, praemia cum eo *O*, copias in hiberna *L*, alio mentes, alio aures wenden ... zerstreut *Ca*, animum nunc huc, nunc illuc bald diesen, bald jenem Entschluß fassen *V.* **4.** genus in species. **III.** citharā carmina *H.* *Dav.*

dīviduus 3 **1.** trennbar, teilbar: animal. **2.** dicht. getrennt, geteilt: aqua *O.*

dīvinātiō, ōnis, *f.* (divino) **1.** Sehergabe, Weissagung, Ahnung: animi *Cu.* **2. occ.** (gerichtliche) Bestimmung des Anklägers.

dīvinitās, ātis, *f.* (divinus) **1.** Göttlichkeit, göttliches Wesen. **2.** Meisterschaft: loquendi.

dīvinitus (divinus) *adv.* **1.** von der Gottheit her, von Gott, durch göttliche Fügung, göttliche Eingebung. **2.** herrlich, vortrefflich: dicere, scribere.

dīvinō 1. **1.** göttliche Eingebung haben, weissagen, prophezeien. **2.** ahnen, vermuten, erraten: futura *O*; mit de, *acc. c. inf.*, indir. Fr. *Von*

dīvinus 3, *adv.* **ē** (divus, § 75) **1.** göttlich: res Opferhandlung, iura Naturrecht. **2.** gotterfüllt, prophetisch: spiritus, poëta, carmen *V*; avis imbrium divina verkündend *H.* **3.** unvergleichlich, erhaben: Plato, consilium, virtus; domus Kaiserhaus *Ph.* **Subst. dīvinus**, ī, *m.* Seher, Prophet *N*; **dīvinum**, ī, *n.* Opfer *L.*

dī-vīsī *pf.* v. divido.

dīvīsiō, ōnis, *f.* (divido) **1.** Verteilung: agrorum *T.* **2.** Einteilung: officii.

dīvīsor, ōris, *m.* (divido) Geldverteiler bei Wahlen.

I. dīvīsus *pt. pf. pass.* v. divido.

II. dīvīsus, ūs, *m.* (divido) Teilung; nur *dat.* facilis divisui *L*, divisui esse verteilt werden *L.*

divitiae   146   **do**

dīvitiae, ārum, *f.*, kontrahiert (§ 22) **dītiae** *C* (dives) **1.** Kleinodien, Schätze, Kostbarkeiten, Reichtümer: Delos referta divitiis. **2.** *abstr.* Reichtum; *met.* ingenii Fruchtbarkeit, verborum Fülle *Q.*

dī-volgō s. di-vulgo (§ 50).

dīvolsus *pt. pf. pass.* v. divello.

dīvorsē, dīvorsus s. diversus.

dīvortium, ī, *n.* (diverto, § 50) **1.** Trennung, Scheidung. **2.** *met.* Ehescheidung: cum mima fecit divortium ließ sich scheiden. **3.** *meton.* [als Ort] Scheide, Grenzscheide: nota Nebenwege *V*, aquarum Wasserscheide *L.*

dī-vulgō **1.** bekanntmachen, verbreiten; divulgatus 3 gemein, gewöhnlich, weitverbreitet.

dī-vulsī *pf.* v. divello.

dīvulsus *pt. pf. pass.* v. divello.

dīvus 3 (vgl. deus, § 21) **1. göttlich** *V.* **2.** *subst.* **dīvus,** ī, *m.* **Gott; occ. vergöttlicht:** Iulius, Augustus; auch *abs.* **3. dīva,** ae, *f.* **Göttin. 4. dīvum,** ī, *n.* **Himmel,** das **Freie;** sub divo unter freiem Himmel, im Freien, sub divum ans Licht *H.*

dīxī *pf.* v. II. dico.

dō, dare, dedī, datus (ai. dádā-ti 'er gibt', gr. δί-δω-μι) **geben,** u. zw.

A. (mit äußerem Obj.) I. **1. bieten, darbieten;** *occ.* **auftragen, anbieten;** 2. **geben, übergeben, verleihen, anweisen;** 3. *occ. a.* **schenken, verleihen;** *b.* **opfern, weihen;** *c.* (Briefe dem Boten) **übergeben;** *meton.* **absenden, schreiben;** *d.* (Geld) **zahlen;** *met.* (Strafe) **leiden, büßen, abbüßen.**

II. *met.* **1. gewähren, vergönnen, verleihen, bewilligen, gestatten;** 2. **überliefern, übergeben, hingeben, preisgeben;** *occ. a.* **widmen;** *b.* wohin geben = **bringen, legen, strecken, werfen;** *refl.* (*med.*) **sich begeben, stürzen;** 3. **einräumen, überlassen, zugestehen, lassen;** *occ.* **zugestehen;** 4. (mit *dat. finalis*) **auslegen, anrechnen;** 5. **angeben, geben;** dicht. **sagen.**

B. (mit proleptischem Obj.) 1. **von sich geben (hören** oder **sehen lassen);** 2. **verursachen, bewirken, machen, hervorbringen;** *occ. a.* **erzeugen, hervorbringen;** *b.* (mit abstr. Obj.) **tun, machen.**

A. I. **1.** iugulum, cervices alicui hinhalten; manūs (zur Fesselung) = sich für überwunden erklären. Bildl. vento comas preisgeben *V*, equo frena (lora, habenas) schießen lassen *VO*, vela (ventis, navi) Segel setzen, (hosti) terga fliehen. **occ.** carnes mensis *O*, alicui turdum *H.* **2.** data Gaben, Spenden *O*, cenam; fabulam (munus) aufführen lassen. [Von Personen]: obsides, milites, vadem, testem stellen; filiam nuptum, in matrimonium *L*, genero *V*; data tyranno als Gattin *O.* [Aufträge u. a.]: negotia, ius iurandum alicui leisten *N*, locum in theatro anweisen *T*, mediam aciem Ubiis zuweisen *T*; dat posse moveri auribus Beweglichkeit *O.* **3. a.** praemia, velamina munus als Geschenk *O*, aliquid muneri (doti) *N*; bildl. lacrimis vitam *V.* **b.** Apollini donum *N*, inferias tumulo den Manen *O*, hostium legiones Telluri *L*, datura

cruorem die ihr Blut opfern sollte *O.* Bildl. patriae sanguinem *O*, alicui lacrimas *O.* **c.** tabellariis epistulam; litteras ad aliquem. **d.** ratio acceptorum et datorum der Einnahmen und Ausgaben. Bildl. verba dare (*sc.* pro nummis) täuschen; *met.* mihi poenas dabis sollst mir büßen *O*, supplicium *N.*

II. **1.** aditum petentibus *N*, alicui tempus Zeit lassen *NO*, salutem *VO*, veniam; mit ut, ne, *inf.* Bes.: senatum Audienz beim Senat, iura Recht sprechen, iudicium dat praetor läßt zu. **2.** librum ei legendum *N*, se vento sich überlassen, se regibus, populo sich fügen; leto, neci, exitio, excidio töten, vernichten, zerstören; sese in fugam die Flucht ergreifen, legiones in fugam zum Weichen bringen, incolas in deditionem zur Übergabe bringen *L*, eum in praeceps in große Gefahr *T*, animum in luctum in Trauer versetzen *O.* **a.** tempus litteris *N*, ingenium studiis *T*, operam honoribus *N*; se duritiae Abhärtung *N*, se luxu (*dat.*) corrumpundum *S*; se ad defendendos homines, in familiaritatem; se in sermonem sich einlassen. **b.** corpora tumulo *O*, bracchia cervici um... legen *H*, catenis monstrum *H*, eum in custodiam, ora capistris in Halfter legen *V*; *refl.* se fluvio sich stürzen *V*, se campo sich... wagen *V*, se praecipitem tecto *H*; bildl. se civilibus fluctibus *N*; se in pontum (aequor *V*) sich. ... werfen *O*, se in viam sich (eilig) auf den Weg machen, hominem praecipitem ad terram schleudern *V*, ad funes bracchia nach... ausstrecken *O*; se populo sich zeigen, se obvium entgegentreten *L*, med. obviam dari in den Wurf kommen *L*; hostem (se) in conspectum den Feind (sich) zeigen, se placidum alicui sich jemd. ... zeigen *O*; bildl. prout res se daret sich zeigen (gestalten) würde *L*, multa melius se dedere machte sich besser *V.* **3.** iis iter per provinciam, illi locum Platz machen, occasionem Gelegenheit bieten; mit *inf.* mihi iusto videri *H*; mit ut, ne; unpers. non datur man darf nicht *V*, quā (in quantum) datur soweit es möglich ist *VT*; da hunc populo verzeihe ihm um des Volkes willen, aliquid famae etwas auf den Ruf geben *H*, dabat et famae, ut legte auch Wert auf die öffentliche Meinung *T.* **occ.** dasne manere animos post mortem? dederim quibus esse poëtis *H.* **4.** crimini zum Vorwurf machen, laudi, vitio et culpae. **5.** hoc dedi *L*, diem angeben, bestimmen *N*, consilium, responsum; responsa populo Bescheid geben *HO*, sortem *O*, fata *V*, praecepta; fidem versprechen, fidem publicam Straflosigkeit zusichern; nomen sich melden. Dicht. Aeneas eripuisse datur es heißt, daß *O*, da, Tityre, nobis *V.*

B. **1.** voces, sonitum, clamorem, dicta *VO*; flammas *O*, fumos aufsteigen lassen *O*, ore colores ausstrahlen *V.* Bildl. documentum Beweis geben. **2.** vulnera hosti beibringen *O*, risus iocosque verursachen *H*, funera *V*, fugam stragemque anrichten *L*, spem erwecken, eo sibi minus dubitationis dari er hätte umso weniger Anlaß zum Bedenken; animos Mut einflößen *O*, spiritūs stolz machen *L*, vires alicui jemd. stärken *O.* **a.** partu prolem *O*; bildl. dabat omnia tellus *O*, segetes tibi frumentum dabunt *H.* **b.** amplexum, complexum umarmen *O*, leves saltūs *O*,

doceo   147   **domus**   **D**

cursum in medios *V*, tortūs sich krümmen *V*, impetum in hostem *L*. Mit *adi. praedic.* victoria illum ferocem dabat *L*, legiones stratas dabo *L*.
NB: arch. danunt = dant *C*, *coni. pr.* duim, duis, duit, duint *CL Cicero T*.

doceō 2. docuī, doctus (vgl. disco, gr. δόξα, δόγμα, δοκεῖ) **1.** **lehren, unterrichten, unterweisen**; *met.* **zeigen, dartun, berichten, mitteilen:** ab hoste doceri lernen *O*, eum musicam *N*, doctus iter; mit de, *inf., acc. c. inf.,* indir. Fr. **2. einstudieren, aufführen lassen:** fabulam, togatas *H*. **3.** (den Richter, eine Behörde) **unterrichten:** senatum de caede fratris *L*, iudices de eius iniuriis, causam vortragen. **4.** (als Lehrer) **unterrichten:** pueros; *abs.* lehren, Vorträge halten.

dochmius, ī, *m.* (δόχμιος) der dochmische Versfuß (Grundform ᴗ – – ᴗ –).

docilis, e (doceo) gelehrig; mit ad; *gen. H.*   Dav.

docilitas, ātis, *f.* Gelehrigkeit *N*.

doctor, ōris, *m.* (doceo) Lehrer.

doctrīna, ae, *f.* (doctor, § 87, Abs. 2) **1.** Belehrung, Unterweisung, Unterricht: honestarum rerum in. **2.** *meton.* Lehre, Kunde, Wissenschaft: subtilior Theorie. **3.** wissenschaftliche Bildung, Gelehrsamkeit: studium doctrinae gelehrtes Studium.

I. doctus 3, *adv.* ē (doceo) **1.** geschult, unterrichtet, gebildet, gelehrt: docti sumus bin ja auch ein gebildeter Literat *H*, fandi im Reden *V*. **2.** *meton.* geübt, geschickt: sorores kunstgeübte Musen *O*, pollex geschickt im Saitenspiel *O*; mit *pf. H*.

II. doctus *pt. pf. pass.* v. doceo.

documentum, ī, *n.* (doceo) **1.** Beispiel: documento esse *Cu.* **2.** Beweis, Probe: dare documenta. **3.** Warnung: cavendae similis iniuriae *L*.

Dōdōna, ae, *f.* D. [St. in Epirus mit altem Baumorakel des Zeus]; *meton.* die Priester von D. *N*; *adi.* **Dōdōnis**, idis, *f.* u. **Dōdōnaeus** 3.

dōdrāns, antis, *m.* (*de, quadrans) drei Viertel; [als Längenmaß] ¾ Fuß, [als Flächenmaß] ⅜ Morgen *L*.

dolābra, ae, *f.* (dolare) Haue, Spitzhaue, Brechaxt *LCu.*

dolēns, entis, *adv.* **enter** schmerzlich, mit Trauer.   Von

doleō 2. doluī, dolitūrus **1.** betrübt, beunruhigt sein, leiden, trauern; mit *abl., acc.,* de, ex, *acc. c. inf.,* quod. **2.** Schmerzen empfinden: pes dolet. **3.** *meton.* schmerzen, wehtun: cui dolet meminit, illis dolentia sie verletzende Äußerungen *S*.

dōliolum, ī, *n.* (*dem.* v. dolium) Fäßchen *L*.

dolitūrus *pt. fut.* v. doleo.

dōlium, ī, *n.* Faß.

I. dolō, dolōnis, *m.* (δόλων) **1.** Stilett, Dolch; b i l d l. Stachel *Ph*. **2.** Vordersegel *L*.

II. dolō 1. behauen; *met.* dolum Ränke schmieden *C*, opus roh ausarbeiten, fuste prügeln *H*.

Dolopēs, um, *m.* die D. [Volk am Pindus]; **Dolopia**, ae, *f.* [Land der D.] *L*.

dolor, ōris, *m.* (doleo) **1.** Betrübnis, Kummer: mihi dolori est es macht mir Kummer; *meton.* Gegenstand des Kummers *O*. **2.** *occ.* **a.** Kränkung: dolore incensus *N*. **b.** Ärger, Groll, Grimm, Unwille. **3.** Schmerz, Pein, Qual: calculi Schmerzen durch Nierensteine *L Epitome*, laterum *H*. **4.** (*rhet.*) Pathos: naturalis.

dolōsus 3, *adv.* ē arglistig, trügerisch, ränkevoll.   Von

dolus, ī, *m.* (δόλος) Betrug, List, Hinterlist, Täuschung: per dolum hinterlistigerweise, dolus malus Betrug.

domābilis, e (domo) bezwingbar *HO*.

domesticātim *adv.* in Privathäusern *Sp.*   Von

domesticus 3 (domus) **1.** des Hauses, Haus-, häuslich; *subst.* **domesticī** Hausgenossen. **2.** *occ.* Familien-: iudicium der Umgebung. **3.** privat, eigen, eigentümlich: opes *N*, Furiae innerlich. **4.** einheimisch, der Heimat: genus *N*, bellum innerer; *n. pl.* domestica einheimische Beispiele.

domi-cilium, ī, *n.* (domus, colo, §§ 43 u. 66) Wohnstätte, Wohnsitz, Wohnung; studiorum Sitz.

domina, ae, *f.* (vgl. dominus) Herrin, Gebieterin; Ehefrau, Frau: mea *O*; d i c h t. Geliebte: dura *Pr.*

dominātiō, ōnis, *f.* (dominor) **1.** Herrschaft, unumschränkte Gewalt: perpetua *N*. **2.** *occ.* Allein-, Gewaltherrschaft: crudelis. **3.** *meton.* Herrscher *T*.

dominātor, ōris, *m.* (dominor) Beherrscher.

dominātus, ūs, *m.* = dominatio.

dominicus 3 (dominus) des Herrn *Sp.*

dominium, ī, *n.* (dominus) Herrschaft, Gewalt *Sp.*

dominor 1. Herr sein, herrschen, gebieten: in suos; in iudiciis den Herrn spielen; *met.* dominantia nomina eigentliche (ohne Metapher) *H*; p a s s. dominare (= dominaris) wirst beherrscht *Ennius*; *subst.* **domināns**, antis, *m.* Herrscher *T*.   Von

dominus, ī, *m.* **1.** Hausherr, Gebieter, Herr. **2.** Besitzer, Eigentümer: navis *N*. *occ.* **a.** Veranstalter [eines Gladiatorenspieles u. a.]; **b.** Gastgeber: convivii *L*. **3.** *met.* Herr, Gebieter: terrarum *Cu*, legum. *occ.* **a.** Gatte: domino erat anxia rapto *O*. **b.** Geliebter: iam dominum appellat *O*. **c.** Herr [Kaisertitel]: perambulante domino (Tiberius) viridia *Ph*.
E: zu domus 'im Hause waltend'; vgl. ai. dámūna-s 'zum Hause gehörig'.

Domitius 3 im *n. g.* der pleb. Familien der Ahenobarbi ('Rotbärte') u. Calvini ('Glatzköpfe'). **I.** A h e n o - b a r b i. **1.** Cn. D. A. [cos. 122, besiegte die Allobroger und legte die via Domitia an]. **2.** L. D. A. [cos. 54, Gegner Caesars]; *adi.* **Domitiānus** 3. **II.** Cn. D. Calvinus [cos. 53, Parteigänger Caesars].

domitō, āre (*frequ.* zu domo) bändigen, zähmen *VCu.*

domitor, ōris, *m.* u. **-trīx**, īcis, *f.* (domo) Bändiger(in); *met.* Überwinder, Bezwinger.

I. domitus *pt. pf. pass.* v. domo.

II. domitus, ūs, *m.* Zähmung.   Von

domō 1. uī, itus **1.** zähmen, bändigen: leones ad mansuetudinem *Cu*. **2.** *met.* bändigen, bezwingen, besiegen: Britannos *O*; ulmum in burim biegen *V*, arbores veredeln *V*, terram rastris urbar machen *V*, uvas prelo keltern *H*, carnem kochen *O*, durum saporem mildern *V*, libidines bezähmen.
E: ai. damá-s 'bändigend', gr. δαμάω, ahd. zemman 'zähmen'.

domus, ūs, *f.*, *gen.* ī *C*, *dat.* ō *H*, *abl.* meist ō, *gen. pl.* ōrum u. uum, *acc.* ōs u. ūs (ai. dáma-s, gr. δόμος) **1.** Haus. **2.** *met.* Wohnung, Aufenthalt: avium Nester *V*, cornea Schildkrötenschale *Ph*. **3.** *meton.* Familie, Geschlecht: clarae *L*, Aeneae *V*. *occ.* **a.** Philosophenschule: Socratica *H*. **b.** Hauswesen, -halt: do-

donarium   148   **dubius**

mum regere. **4.** Heimat, Vaterland, Vaterstadt: unde domo? *V*, Caerete domo aus Caere stammen *V*, ab domo abesse *L*. **occ.** Frieden: domi militiaeque, belli domique *L* u. a. **5.** Adverbialformen. **a.** *acc.* (wohin?) **domum**, *pl.* **domōs** nach Hause, heim, in die Heimat; domum suam, suas domos *N*, domos omnium. **b.** *abl.* (woher?) **domō** vom Hause, von zu Hause; aus der Heimat. **c.** *locat.* (wo?) **domī, domuī** zu Hause, daheim, in der Heimat; domi suae, tuae, alienae; domi cupio ich will heim *C*.

dōnārium, ī, *n.* (donum) Opferaltar, Tempel *VO*.

dōnātiō, ōnis, *f.* (dono) Schenkung.

dōnātīvum, ī, *n.* (dono) Geldgeschenk [des Kaisers an die Soldaten] *TSp*.

dōnec, altl. **dōnicum** (verw. mit dum, quan-do u. neque, nec) **1.** solange bis, bis daß, bis. **2.** solange als, während.

dōnicum s. donec.

dōnō 1. **1.** geben, schenken. **2.** beschenken: cohortem militaribus donis. *met.* **3.** verleihen, vergönnen, gestatten: piscibus cycni sonum *H*, divinare mihi donat Apollo *H*. **4.** weihen, opfern: caput Iunoni *O*, ventri *H*; amicitias rei p. zum Opfer bringen. **occ.** schenken, erlassen, verzeihen: mercedes annuas conductoribus, culpam precibus *O*, damnatum populo R. dem röm. Volk zuliebe begnadigen *L*.   Von

dōnum, ī, *n.* (do; ai. dánam, vgl. δῶρον) **1.** Gabe, Geschenk: iugalia Brautgeschenke *O*. **2. occ.** Opfer, Weihgeschenk: Apollinis für Apollo *L*.

Donūsa, ae, *f.* D. [kleine Insel östl. von Naxos] *VT*.

Dōrēs, um, *m.* die Dorier [mehrere aus dem dalmatinisch-albanischen Raum nach Griechenland eingewanderte Stämme, die sich vereinigten u. über Nord-, Mittelgriechenland und die Peloponnes ausbreiteten]; *adi.* **1. Dōrius** 3 dorisch; **2. Dōricus** 3 dorisch, dicht. griechisch: castra *V*.

Dōris, idis, *f.* D. [Gemahlin des Nereus, Mutter der Nereiden] *O*; *meton.* Meer *VO*.

dormiō 4., *fut.* dormibo *C* **1.** schlafen: dormitum ire (abire *C*), dormitum se conferre schlafen gehen; nox durchschlafen *Ca*; sprichw. d. in dextram aurem unbesorgt sein *Pli*. **2.** *met.* untätig sein. E: ai. drā́ti 'schläft', gr. ἔδραϑον 'schlief'.

dormītātor, ōris, *m.* Träumer, Phantast *C*.   Von

dormītō, āre (*frequ.* v. dormio) schläfrig sein, einnikken; dormitat lucerna ist dem Erlöschen nahe *O*, Homerus läßt sich gehen *H*, dormitas, senex bist gedankenlos, faselst *C*.

dormītōrium (dormio) cubiculum, membrum Schlafzimmer *Pli*.

dorsum, ī, *n.*, selten **-us**, ī, *m.* **1.** Rücken: testudinum Schale *Cu*. **2.** *met.* [alles Rückenähnliche]: duplex [beim Pflug] der doppelte Rücken des Scharbaumes *V*, nemoris *VH*, montis *LCu* Rücken, Kamm.

doryphorus, ī, *m.* (δορυφόρος) Lanzenträger, Trabant *Cu*; Bronzestatue Polyklets [als 'Kanon' bezeichnet, weil an ihr die Haltung von Stand- u. Spielbein kanonisch (= mustergültig) gelöst wurde].

dōs, dōtis, *f.* (aus dō[t]s v. dare, vgl. donum, gr.

δωτίνη) **1.** Mitgift. **2.** *met.* Gabe, Talent, Schmuck: silvarum *O*, formae *O*.

Dossennus, ī, *m.* D. [Charaktertype der röm. Atellane] *H*.

dōtālis, e (dos, § 75, Abs. 2) zur Mitgift gehörig.

dōtō 1. (dos) eine Aussteuer geben, ausstatten: filiam *Sp.*; sanguine Troiano gleichsam als Mitgift erhalten *V*; **dōtātus** 3 reich ausgestattet, reich; *met.* formā mit Schönheit *O*.

drachma, altl. **drachuma**, ae, *f.* (δραχμή, § 37) D. [gr. Silbermünze, etwa im Wert des röm. Denars].

dracō, ōnis, *m.* (δράκων) Schlange; *met.* Drache [Sternbild].

Dracō, ōnis, *m.* Drakon [kodifizierte ca. 621 das Gewohnheitsrecht in Athen u. ordnete das Gerichtswesen neu].

dracōni-gena, ae, *m. f.* (gigno, § 66) drachenentstammt: urbs Theben *O*.

Drangae, ārum, *m.* die D. [Einw. v. Drangiana] *Cu*.

Drepanum, ī u. **-a**, ōrum, *n.* Trapani [St. in Sizilien]; Einw. Drepanitāni.

dromas, adis, *f.* (δρομάς) Dromedar *LCu*.

Druentia, ae, *m.* Durance [Nebenfl. der Rhone] *L*.

Druidae, ārum u. **ēs**, um, *m.* Druiden [Priester bei den Kelten]. E: kelt. derwydd 'weiser Mann'.

Drūsus, ī, *m.* (keltisch) cognomen in der gens Livia u. Claudia. **1.** M. Livius D. [tr. pl. 122, Gegner des C. Gracchus]. **2.** M. L. D. [Sohn von **1.**; erneuerte als tr. pl. 91 einzelne Vorschläge der Gracchen]. **3.** Nero Claudius D. [gew. Drusus genannt, Bruder des Tiberius, 38—9, kämpfte in den Alpen und in Germanien]. *Dem.* **Drūsilla**, ae, *f.* D. [Name von Frauen der Familie]; bes. Livia D. [58—29 n. Chr., Gattin des Tib. Claudius Nero, ab 38 des Octavianus]. *Adi.* von **3. Drūsiānus** 3 (§ 75) des Drusus: fossa D. [Kanal zwischen Rhein u. Ijssel] *T*.

Dryas, adis, *f.* (Δρυάς) Dryade [Baumnymphe] *VO*.

Dryopēs, um, *m.* die D. [Volk in Thessalien] *V*.

Dūbis, is, *m.* Doubs [Nebenfl. der Saône].

dubitābilis, e (dubito) zweifelhaft: virtus *O*.

dubitanter (dubito) *adv.* zaudernd, zögernd.

dubitātiō, ōnis, *f.* **1.** Zweifel, Ungewißheit: sine (ulla) dubitatione ohne (jeden) Zweifel, ganz gewiß. **2.** das Bedenken, Zögern, Zaudern, Unschlüssigkeit: sine dubitatione.   Von

dubitō 1. **1.** zweifeln, bezweifeln; mit de, *acc. pron.*, indir. Fr., nach negiertem *verb.* quin, unklassisch *acc. c. inf.*; selten *trans.* dubitatus parens angezweifelt *O*, dicta haud dubitanda *V*, ne auctor dubitaretur *T*. **2.** schwanken, zögern, zaudern, Bedenken tragen; mit *inf.*, selten quin nach negiertem *verb.*   Von

dubius 3, *adv.* **ē 1.** akt. **zweifelnd, ungewiß, unsicher:** animus; nec, haud dubie *LO* unbedenklich; dubius sententiae *L*, mentis im Geist *O*; vitae, salutis am Leben verzweifelnd *O*. **occ. unbestimmt, schwankend:** animi unschlüssig *Cu*, quid faciam *H*. **2.** pass. **zweifelhaft, unentschieden:** crepuscula lucis (adhuc d. dies *Pli*) Zwielicht der Dämmerung *O*, nox Dämmerung *V*, caelum trüb *V*, cena verwirrende Fülle von Speisen *H*, causa, consilia *T*; auctor *O*, socii unzuverlässig *L*; non (nec, haud) dubie ganz

ducatus   149   **dulcis**   **D**

gewiß, unstreitig. **occ. bedenklich, mißlich, gefährlich:** res schwierige Lage, pinus (rates *Ti*) das gefährdete Schiff *O*, aeger bedenklich erkrankt *O*. *Neutr.* **dubium 1. zweifelhaft:** mit de, indir. Fr., bei negiertem Satz quin. **2.** *subst.* **a. Zweifel:** sine (procul *L*) dubio unstreitig, in dubium vocare anzweifeln, venire in Zweifel gezogen werden, pro haud dubio habitum est galt als unzweifelhaft *L*, dubium habere bezweifeln *C*. **b. Gefahr:** in dubium devocare gefährden, in dubio esse *S*. E: zu duo; vgl. 'Zweifel' neben 'zwei'.

ducātus, ūs, *m.* (duco) Kommando *Sp.*

ducēnārius iudex (procurator) der 200 000 Sesterze besitzt (Gehalt hat) *Sp.*   Von

ducēnī 3 (für *ducent-sni, § 30) je zweihundert.

ducentēsimus 3 der zweihundertste, **ducentēsima,** ae, *f.* (*sc.* pars) ₂₀₀, Steuer von ½% *T.*   Von

du-centī 3 (duo, centum) zweihundert; *synecd.* 'tausend'.   Dav.

ducentiē(n)s *adv.* zweihundertmal; *synecd.* 'tausendmal' *Ca.*

dūcō 3. dūxī, ductus, *imp.* duce *C* (urspr. *deuco, § 48, got. tiuhan 'ziehen')

> I. **1. ziehen**; *occ.* **bilden, schaffen, gestalten, herstellen;** *met.* **dehnen, ausziehen, in die Länge ziehen; 2. anziehen, an sich ziehen;** *occ.* **bekommen, annehmen;** *met.* **an-, verlocken, locken, reizen; 3. heraus-, hervorziehen;** *met.* **her-, ableiten; 4. einziehen,** u. zw. *a.* **einatmen;** *b.* **schlürfen, saugen.**
>
> II. **1. führen, leiten;** *met.* **leiten, treiben, bewegen, bestimmen; 2.** *occ. a.* **herbeiführen, -bringen;** *b.* **mitnehmen;** *c.* **heimführen, heiraten;** *d.* **anführen, aufführen, veranstalten; 3.** (milit.) *a.* (Truppen) **führen = marschieren lassen, ziehen lassen;** *b.* [vom Feldherrn] **marschieren, ziehen, rücken;** *c.* **führen = an der Spitze marschieren;** *d.* **anführen, befehligen, kommandieren.**
>
> III. **1. glauben, meinen, für** etw. **halten, ansehen, schätzen; 2.** *occ. a.* **schätzen, berechnen;** *b.* (rationem rei) **Rücksicht nehmen, in Betracht, in Rechnung ziehen.**

I. 1. aratrum *O*, sidera crinem ducunt hinter sich her *V*; os, vultum ad suspiria *O* verziehen. **occ. a.** stamina, fila *O*, *met.* epos *H*, carmina *O*; orbem einen Kreis beschreiben *O*, litteram in pulvere *O*, flamma apicem duxit lief in eine Spitze aus *O*, alapam sibi sich geben *Ph.* **b.** thoracas argento *V*, de marmore vultūs *V*. **c.** fossam, murum *L*, viam, arcum *O*; *met.* longas voces in fletum *V*, verba longā morā Worte stammeln *Pr*, bellum, tempus, amores in longum die Sehnsucht hinhalten *V*, vitam *V*, animam *L* das Leben hinschleppen = horas flendo *V*; diem ex die hinhalten, vitam longius verlängern *VO*, noctem *V*, aetatem *H* zubringen. **2.** frena manu *O*, remos führen *O*, (arcūs) bracchia spannen *V*, alterna bracchia schwimmen *O*. **occ.** colorem sich färben *VCu*, formam *O*, rimam *O*. *met.* errore duci, pocula ducentia somnos *HO*. **3.** ferrum vaginā *O*; bildl. gemitus de (ab *O*) imo pectore

aus der Tiefe der Brust aufseufzen *V*; *abs.* sortem [aus der Urne], sorte ductus durch das Los bestimmt *V*; alvum ein Klistier geben *Sp*. *met.* originem *H*, ortūs ab Elide *O*, ab eodem verbo ducitur oratio geht aus, beginnt. **4. a.** spiritum, frigus ab umbra schattige Kühle *O*; somnos schlummern *V*. **b.** nectaris sucos *O*, puer ducens *O*.

II. 1. loro equum *N*, ducente deo unter Führung *V*; in ius vor Gericht *L*, ad mortem (supplicium). *met.* aquam in urbem leiten *L*, ventre duci sich leiten lassen *H*, ad credendum ducit oratio; amore, suspicione, studio ductus aus Liebe (Argwohn, Neigung). **2. a.** pecudes *V*; (Lucifer) ducit diem *V*. **b.** in Hispaniam secum filium *N*, dona *V*, non duco in hac ratione eos oratores ziehe nicht in Betracht. **c.** filiam (in matrimonium), ex plebe eine Plebejerin *L*, qui ducit der Bräutigam *O*. **d.** pompas *VO*, funera *V*, choros *H*. **3. a.** exercitum in Peloponnesum adversus Lacedaemonios *N*, naves ex Syria in Asiam *N*. **b.** Hannibal ad Hiberum ducit *L*. **c.** pars equitum ducebant *T*, agmen die Vorhut bilden *Cu*, legiones expeditas an der Spitze marschieren lassen. **d.** exercitum, primum pilum ad Caesarem, ordinem eine Zenturie.

III. 1. mit dopp. *acc.* id optimum; *pass.* mit dopp. *nom.* poenā dignus ducitur *N*; mit *acc. c. inf.* nihil eum efficere non posse er könne alles leisten *N*; mit *gen. praedic.* (id) continentis debet duci muß als Genügsamkeit gelten *N*; *gen. pretii:* rem parvi (pluris) gering (höher) achten; (in) numero hostium unter die … zählen, pro nihilo, eos loco adfinium *T*; aliquid laudi für rühmlich halten *N*. **2. a.** centesimas sexennii. **b.** officii ratio, non commodi est ducenda; duxi meam rationem habe an meinen eigenen Vorteil gedacht.   Dav.

ductiō, ōnis, *f.* das Abführen: alvi *Sp.*   Und *frequ.*

ductō 1. āvī **1.** führen, anführen: exercitum *ST*. **2.** (als Frau) heimführen *C*. **3.** zum besten haben, täuschen *C*.

ductor, ōris, *m.* (duco) **1.** Führer: itineris *L*. **2.** Anführer: ordinum Zenturio *L*, (apum) Weisel, Bienenkönigin *V*.

I. ductus *pt. pf. pass.* v. duco.

II. ductus, ūs, *m.* (duco) Zug, Führung, Leitung: litterarum Schriftzug *Q*, aquarum Wasserleitung, muri Bau; *occ.* Führung, Kommando.

dū-dum (vgl. dum) *adv.* **1.** seit längerer Zeit, lange, längst [meist mit iam]; iamdudum sumite poenas nehmt sofort Rache *V*; quamdudum seit wie lange. **2. occ.** vorher, früher, jüngst: ut dudum hinc abii *C*.

duellātor = bellator *C.*

duellum, ī, *n.* altl. für bellum (§ 23).

Duīlius, älter **Duēl(l)ius** 3 im *n. g.* (pleb.) *C. D.* [errang im 1. Punischen Krieg als cos. 260 bei Mylae den ersten großen Seesieg für Rom].

duim, duis, duit s. do.

dulcēdō, inis, *f.* (dulcis) **1.** Süßigkeit: frugum *L*. *met.* **2.** Lieblichkeit, Annehmlichkeit, Wonne: gloriae. **3. occ.** Reiz, Lust, Trieb: praedandi, creandi *L*.

dulcēscō, ere (dulcis) süß werden.

dulciculus 3 ziemlich süß.   *Dem.* von

dulcis, e, *adv.* **iter** (verw. mit γλυκύς) **1.** süß; *subst. n.*

dulcitudo   150   **durus**

dulce dedit süßen Trank *O. met.* **2.** lieblich, angenehm: somnus *V*, sonus *H*, nomen, historia scripta dulcissime; *n. adv.* dulce ridere *H.* **3.** lieb, liebevoll, geliebt: patriae solum, amicus *H*; [in der Anrede]: dulcissime rerum mein Bester *H.*   Dav.

dulcitūdō, inis, *f.* Süßigkeit.

Dulgubniī, ōrum, *m.* die D. [germ. Volk um die Aller] *T.*

dūlicē *adv.* (δουλικῶς) wie ein Sklave *C.*

Dūlichium, ī, *n.* D. [Insel sö. v. Ithaka]; *adi.* Dūlichius 3.

dum (*dŏm vom Pronominalstamm *do-)

> **I.** adv. (enklitisch) 1. (nach anderen Partikeln) **noch**; 2. (nach *imp.*) **einmal, doch.**
> **II.** coniunct. 1. (in Temporalsätzen) *a.* **während, indem**; *b.* **solange als**; *c.* **solange bis, bis**; 2. (kondizional) **wenn nur, wofern nur.**

I. 1. nondum (haud dum *L*) noch nicht, nequedum (necdum *L*) und noch nicht, nihildum noch nichts, nullus-(a, um)dum *L* noch kein. **2.** agedum, agitedum wohlan denn, iteradum wiederhole einmal; circumspicedum schau dich doch um *C.*

II. 1. a. mit *ind.* dum tu sectaris apros, ego retia servo *O.* [Bei vergangenen Handlungen steht *pr.,* selten *impf.* u. *pf.,* seit *L* auch *coni. impf.*] **b.** mit *ind.* Lacedaemonii fortes fuerunt, dum Lycurgi leges vigebant; dum ... dum solange ... solange *Ca.* **c.** α. rein temporal (*ind.*): pasce capellas, dum redeo *V.* β. final (*coni.*): multa bello passus, dum conderet urbem bis er (wie beabsichtigt) gründete *V.* **2.** mit *coni.,* öfter **dummodo:** oderint, dum metuant; omnia honesta neglegunt, dummodo potentiam consequantur; Negation n e.

dūmētum, ī, *n.* (dumus) Dickicht, Hecke, Gestrüpp.

dum-modo s. dum II. 2.

dūmōsus 3 (dumus) mit Gestrüpp bewachsen *VO.*

dum-taxat (§ 67) *adv.* **1.** höchstens, lediglich, nur, bloß: nos animo dumtaxat vigemus. **2.** wenn auch nur, wenigstens: coluntur (tyranni) simulatione dumtaxat ad tempus. **3.** selbstverständlich, natürlich: exceptis dumtaxat iis gentibus *T.*

dūmus, ī, *m.* Gestrüpp, Gebüsch.

duo, duae, duo, arch. *gen.* duum, *acc.* duo (ai. dvā́, gr. δύο, got. twai) **1.** zwei. **2. occ.** die beiden: Assaraci duo *V.*

duodeciē(n)s *adv.* zwölfmal.   Von

duo-decim (2 + 10; vgl. δυώδεκα *Homer*) zwölf. Dav. **duodecimus** 3 der zwölfte; *adv.* **duodecimum** zum zwölften Mal; **duo-dēnī** 3 je zwölf.

duo-dē-quadrāgintā achtunddreißig; dav. **duodē-quadrāgēnī** 3, *gen.* ûm je achtunddreißig; **duodē-quadrāgēsimus** 3 der achtunddreißigste.

duo-dē-quīnquāgēsimus 3 der achtundvierzigste.

duo-dē-trīgintā achtundzwanzig.

duo-dē-vīcēnī 3 je achtzehn; **duodēvīcē(n)simus** 3 der achtzehnte; *adv.* **duodēvīcē(n)simum** zum achtzehnten Mal; **duo-dē-vīgintī** achtzehn.

duo-et-vīcē(n)simus 3 (§ 70) der zweiundzwanzigste; **duoetvīcē(n)simānī** (§ 75) Soldaten der 22. Legion *T.*

duovirī s. duumvir.

du-plex, plicis, *adv.* **iciter** (duo, plicare, vgl. δίπλαξ) **1.** doppelt gefaltet, doppelt zusammenlegbar, doppelt zusammengelegt: cum duplice (sonst *abl.* i) ficu gespalten und getrocknet *H,* amiculum, amictus (pannus *H*) doppelt (groß). **2.** doppelt, zweifach: fossa; = duplus: frumentum *L*; *subst. n.* doppelt soviel *L*; dicht. beide: palmae *V.* **3. occ.** doppelzüngig, falsch, verschlagen: Ulixes *H.*   Dav.

duplicārius, ī, *m.* Soldat mit doppeltem Sold, 'Gefreiter' *L.*

duplicātiō, ōnis, *f.* Verdoppelung *Sp.*   Von

duplicō **1.** (duplex) **1.** zusammenbiegen, krümmen: hasta duplicat virum *V.* **2.** verdoppeln: numerum, iter, copias *L*; **occ.** zusammensetzen: verba *L*; *met.* vergrößern, vermehren: umbras *V.*

dupliō, ōnis, *f.* Strafe des doppelten Wertersatzes *Sp.*
     Von

du-plus 3 zweifach, doppelt soviel; *subst.* **duplum,** ī, *n.* das Doppelte; **dupla,** ae, *f.* (*sc.* pecunia) doppelter Preis *C.*

E: duo u. Wz. *pel 'falten', gr. διπλόος, διπλάσιος, got. twei-fl-s 'Zweifel'.

du-pondius und **du-pundius,** ī, *m.* (duo asses pondo) Zweiasstück *Sp.*

dūrābilis, e (duro) dauerhaft *O.*

dūrācinus 3 (durus, acinus) hartschalig: uva *Sp.*

dūrēscō 3. dūruī (durus) hart, steif werden; bildl. verknöchern *Q.*

dūritās, ātis, *f.* (durus) Härte: in verbis.

dūritia, ae, seltener **-ēs,** ēī, *f.* (durus) **1.** hartes Vorgehen, Härte, Strenge: veterum *T.* **2. occ. a.** strenge Lebensweise, Abhärtung: duritiae studere. **b.** Druck, Beschwerlichkeit: imperii, caeli *T.* **3.** (abstr.) Härte *O.*

dūriusculus 3 (*dem.* v. durior) ziemlich hart: versus etw. ungelenk *Pli.*

dūrō **1.** (durus) **I.** *trans.* **1.** härten, hart machen: hastam igne *Cu*, caementa calce *L*, lac zum Gerinnen bringen *O.* **occ.** austrocknen, dörren, rösten: pisces sole *Cu*, Cererem in foco backen *O.* **2.** *met.* abhärten: se labore; **occ.** abstumpfen: durati bellis *L*, ingenia *Cu.* **3.** aushalten, ertragen: laborem *V*, aequor *H.* *intr.* **II. 1.** hart, trocken werden: durare solum coepit *V.* **2.** *met.* sich verhärten: in nullius necem ging in seiner Härte nicht so weit, daß er *T.* **III. 1.** ausdauern, aushalten: in eodem habitu corporis *Cu*, unam hiemem einen Winter lang *L.* **2. occ.** dauern, währen, bestehen, bleiben: vinum durat per annos hält sich *V*, ad nostram aetatem leben *T*, durant colles ziehen sich ununterbrochen fort *T.*

Durrachium s. Dyrrhachium.

dūruī *pf.* v. duresco.

dūrus 3, *adv.* **ē** u. **iter I. 1.** hart: durior oris 'hartmäulig' *O*, alvus Verstopfung *H.* **2. ungefügig, steif:** vocis genus schwerfällig. **II. 1.** unempfindlich, abgehärtet, ausdauernd: Spartiatae. **2.** ungebildet, ungeschliffen, roh, derb, plump: ad studia, vitā, oratione, dure dicere *H.* **3.** unverschämt: duri oris mit frechem Gesicht *O.* **4.** sparsam: d. attentusque *H.* **5. gefühllos, hartherzig, grausam:** miles *O*, ferrum *H*, cautes *V.* **III. 1. rauh, streng:** tempestas, glaebae *V*, sapor

duumvir   151   **edicto**   **E**

herb *V.* **2. beschwerlich, mühsam, lästig:** labor, dolor, cura *V*, viae *O*; **occ. ungünstig, mißlich:** seges *Ti*, condicio, locus dicendi, valetudo Krankheit *H.*

duum-vir, ī, *m.* (urspr. nur *gen. pl.* duum virum); **duoviri** oder **duumviri** Duumvirn, [Kommission von zwei Männern]: **a.** d. perduellionis [Untersuchungsrichter auf Hochverrat] *L*; **b.** d. sacrorum [Aufsichtskommission über die sibyllinischen Bücher] *L*; **c.** d. aedi faciendae [Tempelbaukommission] *L*; **d.** d. navales [zur Ausrüstung der Flotte] *L*; **e.** [außerhalb Roms]: d. municipiorum Landbürgermeister.   Dav.

duumvirātus, ūs, *m.* Duumvirat *Pli.*

dux, ducis, *m. f.* (duco) **1. Führer(in):** viae *Cu*, locorum *L*; *met.* **Leiter, Anleiter:** consilii, diis ducibus. **2. occ. a. Anführer:** gregis *O*, agminis *L.* **b. Führer, Feldherr:** exercitus sine duce. **c. Fürst:** maiestas ducis *Ph.*

dūxī *pf.* v. duco.

Dymantis, idis, *f.* D. [= Hekuba, Tochter des Dymas] *O.*

Dȳmē, ēs u. **-ae**, ārum, *f.* D. [St. in Achaia] *L*; *adi.* u. Einw. **Dȳmaeus.**

dynastēs, ae, *m.* (δυνάστης) Machthaber, Fürst.

Dyrr(h)achium u. **Durrachium**, ī, *n.* Durrës (Durazzo) [St. in Illyrien]; *adi.* u. Einw. **Dyrr(h)achīnus.**

E

ē s. ex.

eā (*adv. abl. f.* v. is) dort, da.

eādem (*adv. abl. f.* v. idem) **1.** ebenda. **2.** zugleich *C.*

eampsus = eam ipsus *C.*

eā-propter (§ 67) *adv.* deshalb *C.*

eapse = ea ipsa, **eampse** = eam ipsam *C.*

eā-tenus (vgl. tenus) *adv.* insoweit, insofern.

ebenum, ī, *n.* (ἔβενος) Ebenholz *VO.*

ē-bibō 3. bibī austrinken, leeren: Nestoris annos so viele Becher, wie Nestor Jahre zählt *O*; haec vertrinken *H.*

ē-blandior 4. erschmeicheln; *pt. pf.* auch pass. eblandita suffragia; *met.* visūs fesseln *Sp.*

ēbrietās, ātis, *f.* (ebrius) Rausch, Trunkenheit.

ēbriōsitās, ātis, *f.* Trunksucht.   Von

ēbriōsus 3 trunksüchtig; *subst.* Trunkenbold.   Von

ēbrius 3 trunken, berauscht; *met.* ocelli liebestrunken *Ca*, saturitate übersatt *C.*

ē-bulliō, īre (bulla) heraussprudeln *Sp*; *met.* virtutes großtun mit.

ebulum, ī, *n.* Zwerghollunder, Attich *V.*

ebur, eboris, *n.* (ägyptisch ābu, koptisch εβου) **1. Elfenbein. 2. meton.** [Gegenstände aus Elfenbein]: inlacrimat ebur Götterbilder aus E. *O*, inflare ebur die Flöte aus E. *V*, ense vacuum Schwertscheide aus E. *O*, curule = sella curulis *O.*

eburneolus 3 nett aus Elfenbein.   *Dem.* von

eburn(e)us 3 (ebur) **1. Elefanten-:** dentes. **2. elfenbeinern:** signum; **occ.** mit Elfenbein verziert: ensis *V.* **3. met. weiß:** colla *O.*

Eburōnēs, um, *m.* die E. [germ. Volk zwischen Rhein u. Schelde].

Ebusus, ī, *f.* Ibiza [Insel der Balearen] *L.*

ē-castor! beim Kastor! *C.*

Ecbatana, ōrum, *n.* E. [Hauptstadt von Medien] *CuT.*

ec-bibō = ebibo *C.*

ecce (enthält ce 'da') da, siehe da, siehe! ecce me *C*; in *Iuxtap.* (§ 67) **ecce-rē** 'siehe, in der Tat', fürwahr *C*; [in der Umgangssprache mit *pron.*]: eccum, eccam, eccos = ecce hunc usw.; eccillum, -am *C.*

ecclēsia, ae, *f.* (ἐκκλησία) Volksversammlung *Pli.*

ecdicus, ī, *m.* (ἔκδικος) Staatsanwalt *Pli.*

Ecetra, ae, *f.* E. [Hauptst. der Volsker]; Einw. **Ecetrānus**, ī, *m. L.*

ec-f... s. ef-f...

echidna, ae, *f.* (ἔχιδνα) Schlange, Natter; **Echidna**, ae, *f.* E. [ein Ungeheuer der Unterwelt]; *adi.* **Echidnēa** canis Cerberus *O.*

Echīnadēs, um, *f.* E. [Inselgruppe östl. v. Ithaka] *O.*

echīnus, ī, *m.* (ἐχῖνος) Seeigel; *met.* Spülnapf.

Echīōn, onis, *m.* E. [Vater des Pentheus (Echione natus, Echīonidēs)] *O*; *adi.* Echīonius 3: arces *O*, Thebae *H.*

ecloga, ae, *f.* (ἐκλογή, ἐκλέγω) **1. auserlesenes Gedicht,** Ekloge *Pli*; dav. eclogāriī, ōrum, *m.* besonders wirksame Stellen [zum Vorlesen]. **2. kleines Gedicht,** Epistel *Sp.*

ec-quandō *adv.* irgend einmal? jemals?

ec-quī, quae u. qua, quod (adi.) etwa einer? irgendwelcher? ec-quī-nam ob denn wohl irgendein.

ec-quis, quid (subst., selten adj.) jemand? etwas? (indir.) ob jemand, etwas; *acc. n.* **ecquid?** etwa? wohl? (indir.) ob etwa, wohl.

eculeus, ecus s. equuleus, equus.

edācitās, ātis, *f.* Gefräßigkeit.   Von

edāx, ācis (edo) gefräßig; *met.* verzehrend, nagend.

ēdentulus 3 (e, dens) zahnlos *C.*

edepol beim Pollux! bei Gott! fürwahr! *C.*

edera s. hedera.

Edessa, ae, *f.* E. [St. **1.** in Makedonien; *adi.* Edessaeus 3 *L*. **2.** in Mesopotamien *T*].

ēdī *pf.* v. I. edo.

ē-dīcō 3. dīxī, dictus (*imp.* edice *V*) **1. ansagen, bekanntmachen, verkündigen. 2. occ.** bestimmen, verordnen, verfügen; mit *acc.*, de, ut, ne.   Dav.

ēdictiō, ōnis, *f. C* u. **ēdictum**, ī, *n.* Bekanntmachung, Verordnung, Verfügung, Edikt [bes. des Prätors oder Provinzstatthalters bezüglich der Grundsätze seiner Jurisdiktion beim Amtsantritt].

ēdictō **1.** āvī (*frequ.* v. edico) heraussagen *C.*

edictum   152   **effero**

ēdictum s. edictio.

ēdictus *pt. pf. pass.* v. edico.

ē-didī *pf.* v. II. ē-do.

ē-discō 3. didicī (auswendig) lernen, erlernen.

ē-disserō 3. seruī, sertus u. *frequ.* **ēdissertō**, āre auseinandersetzen, gründlich besprechen, erörtern.

ēditīcius 3 (II. ēdo) angegeben, vorgeschlagen: iudices.

ēditiō, ōnis, *f.* (II. ēdo) Herausgabe, Ausgabe: libri *TPli*; *met.* Angabe, Mitteilung: discrepans *L*; **occ.** Vorschlag: acerba.

I. ēditus *pt. pf. pass.* v. II. edo.

II. ēditus 3 (II. ēdo) emporragend, hoch: conclave im Obergeschoß *N*; *met.* viribus editior überlegen *H*; *n. pl. subst.* edita (montium) Höhen *T*.

ē-dīxī *pf.* v. edico.

I. edō 3. ēdī, ēsus **1.** essen, fressen: ardor edendi Heißhunger *O*. **2.** *met.* verzehren: carinas *V*, corpora *O*; animum *H*.

NB: arch. *coni. pr.* edim, is, it, int; Kurzformen: e s, est, estis, *inf.* esse, *coni. impf.* essem, *pr. pass.* estur.

E: § 36, ai. ádmi 'essen', gr. ἔδειν, got. itan, ahd. ezzan.

II. ē-dō 3. didī, ditus (für *ededi, *edatus, § 41)

---

1. von sich geben; 2. *occ. a.* **gebären, zur Welt bringen, zeugen**; *b.* (Schriften) **herausgeben**; *met.* 3. *a.* (Gerüchte) **verbreiten**; *b.* (Befehle) **ergehen lassen, befehlen**; 4. **äußern, angeben, nennen, sagen, bekanntmachen**; *occ. a.* (Orakel) **verkünden**, verkündend **bestimmen**; *b.* (vor Gericht) **vorschlagen, angeben**; 5. **hervorbringen, vollbringen, tun, anrichten.**

---

1. animam aushauchen, sonum, voces hören lassen; flumen editur in mare mündet *L*. **2. a.** in lucem edi zur Welt kommen, Gange edita Tochter des G. *O*; bild l. terra edit species *O*. **b.** libros, orationem *S*. **3. a.** edere in vulgus *N*. **b.** mandata (imperia *L*) *N*, edita Thaumantidos Befehl *O*. **4.** haec verba *O*, indicium, bella erzählen *O*. **a.** oraculum, ita ex fatalibus libris erat editum *L*. **b.** tribus, iudices, quaesitorem. **5.** immortalia opera *L*, operam einen Dienst leisten *L*, digna spectaculo verüben *Cu*, tumultum verursachen *L*, exemplum geben *Cu*, in eos omnia exempla cruciatusque an ihnen vollziehen lassen, proelium liefern *Cu*, ludos *Cu*, spectaculum *T* veranstalten; gladiatores auftreten lassen *T*.

ē-doceō 2. docuī, doctus **1.** gründlich lehren, belehren: iuventutem facinora *S*, edoctus artes belli *L*. **2. occ.** genau berichten, mitteilen, Auskunft geben.

ē-dolō 1. āvī ausarbeiten.

ē-domō 1. muī, mitus gänzlich bezwingen.

Ēdōnī, ōrum, *m.* die E. [Volk in Thrakien] *H*; *adi.* **Ēdōnus** 3 u. **Ēdōnis**, idis, *f.* thrakisch *O*.

ē-dormiō 4. u. *incoh.* **-mīscō**, ere aus-, ver-, durchschlafen: crapulam, Ilionam die Rolle der I. *H*.

ēducātiō, ōnis, *f.* (educare) Erziehung.

ēducātor, ōris, *m.* Erzieher.   Von

I. ē-ducō 1. (dux) auf-, erziehen; *pass.* aufwachsen.

II. ē-dūcō 3. dūxī, ductus

I. herausziehen.

II. **1.** heraus-, hinausführen; 2. *occ. a.* ausrücken lassen, ausmarschieren; *b.* auslaufen lassen; *c.* vor Gericht ziehen, bringen; *d.* (Bauwerke) vorschieben.

III. **1.** emporführen, errichten; 2. *met.* (= educare) auf-, großziehen, erziehen.

I. gladios, corpore telum *V*. **II. 1.** copias ex navibus ausschiffen *N*, equos ex Italia exportieren *L*. **2. a.** copias in aciem *N*, exercitum castris; Caesar ex hibernis eduxit. **b.** navem ex portu. **c.** ad consules. **d.** molem in Rhenum *T*. **III. 1.** pyramides *N*, aram caelo (*dat.*) himmelan türmen *V*, mores aureos in astra zum Himmel *H*. **2.** in praetorio patris eductus *L*, severā disciplinā eductus aufgewachsen in *T*.

edūlis, e (edo) eßbar *H*.

ē-dūrō, āre fortdauern *T*.

ē-dūrus 3 ziemlich hart: pirus *V*.

ē-dūxī *pf.* v. II. educo.

Ēetiōn, ōnis, *m.* E. [Vater der Andromache] *O*; *adi.* **Ēetiōnēus** 3: Thebae [südl. vom Ida] *O*.

ef-fascinātiō, ōnis, *f.* (vgl. fascino) Behexung *Sp*.

effātus *pt. pf. act.* oder *pass.* v. *effor.

ef-fēcī *pf.* v. efficio.

effector, ōris, *m.* (efficio) Schöpfer, Urheber.

I. effectus 3 (efficio) durchgearbeitet, ausgeführt *QPli*.

II. effectus, ūs, *m.* (efficio) **1.** Wirkung, Erfolg, Effekt: eloquentiae. **2.** Ausführung, Verrichtung: consiliorum *Cu*, aestas extrahitur sine effectu ohne daß etwas geschieht *L*.

III. effectus *pt. pf. pass.* v. efficio.

ef-fēminō 1. (femina) **1.** weiblich ˙machen: aëra. **2.** *met.* weibisch machen, verweichlichen, verzärteln; **ef-fēminātus** 3, *adv.* ē weibisch, weichlich.

ef-ferbuī *pf.* v. effervesco.

ef-ferciō 4. fersī, fertus (farcio, § 43) vollstopfen, ausfüllen; ecfertus fame voll Hunger *C*, hereditas reich *C*.

efferitās, ātis, *f.* (efferus) Wildheit, Rohheit.

I. ef-ferō 1. (ferus, § 33) wild, roh machen; *pass.* wild werden; **efferātus** 3 verwildert, wild.

II. ef-ferō, ferre, ex-tulī, ē-lātus (§ 33)

I. **1.** hinaustragen, -führen, -bringen, -schaffen; *occ.* zu Grabe tragen, bestatten; *met.* 2. aussprechen, ausdrücken; (Geheimnisse) ausplaudern, verbreiten; 3. (Frucht) tragen, hervorbringen.

II. **1.** hinausführen, zu weit führen; 2. *met.* fortreißen, hinreißen; *med.* sich hinreißen lassen.

III. **1.** emportragen, heraufführen; 2. empor-, aufheben, heben, erhöhen; *med.* emporsteigen; *met.* 3. rühmen, preisen; 4. stolz, übermütig machen; *refl.* u. *med.* sich rühmen, sich brüsten, stolz werden.

I. 1. sua sein Geld mitnehmen *N*, caput antro hervorstrecken *O*, vexilla e castris, arma extra fines ausrücken *L*, in lucem zur Welt bringen *Ph*, laborem aufbieten; pedem oder se (einen Ort) verlassen: pedem portā. **occ.** eum amplo funere, elatus est in lecticula *N*. **2.** sententias verbis; clandestina consilia. **3.** fruges; virtus fructum effert. **II. 1.** Messium impetus extulit ad castra *L*. **2.** laetitiā; *med.* multi-

effersi   153   **effundo**   **E**

tudo mobili impetu effertur *Cu.* **III. 1.** pulvis elatus aufgewirbelt *L,* latus aggere erhöhen *T;* **met.** diem *V.* **2.** se ad sidera *Cu,* palmas caelo (*dat.*) *V,* dextram in iugulum *V,* caput undā *V;* bildl. contemptam gentem bellis *Cu,* eum supra leges über... stellen *T,* eum pecunia et honore belohnen *S,* eum in summum odium höchst verhaßt machen *T.* **3.** summis eum laudibus *N.* **4.** res gestae meae me nimis extulerunt, scelere atque superbia se ecferens *S.*

ef-fersī *pf.* v. effercio.

effertus *pt. pf. pass.* v. effercio.

ef-ferus 3 (efferare, § 76) wild, roh, rasend.

ef-fervēscō 3. buī u. vī aufwallen, aufbrausen: sidera caelo leuchteten auf *O.*   *Incoh.* zu

ef-fervō, ere hervorbrausen, -wallen *V.*

ef-fētus 3 (fetus) entkräftet, kraftlos, erschöpft: annis *O;* veri unempfänglich für *V.*

efficācitās, ātis, *f.* Wirksamkeit.   Von

efficāx, ācis, *adv.* **āciter** (efficio) wirksam, nachdrücklich, erfolgreich.

efficiēns, entis (efficio) bewirkend, wirksam.   Dav.

efficientia, ae, *f.* Wirksamkeit.

ef-ficiō 3. fēcī, fectus (facio, §§ 33 u. 43)

I. **1.** heraus-, hervorbringen; **2.** schaffen, bereiten, bauen, bilden; **3.** (zu etw.) machen; **4.** herstellen, aufbringen, auftreiben.

II. **1.** zustande bringen, durchsetzen, vollenden, durchführen, bewirken; **2.** dartun, erweisen; **3.** (ursächlich) bewirken.

I. **1.** aestūs, rerum commutationes, vilitatem. **2.** ex radice panes, pontem, castella, Mosa insulam efficit. **3.** hunc (montem) murus arcem efficit, eum puerum de virgine *O,* Catilinam consulem. **4.** classem, legiones, numerum cratium. II. **1.** nihil non alles zustande bringen *N,* facinora, iussa parentis *O,* strages, turbas verursachen, iter zurücklegen; mit ut. **2.** deos esse mortales; ex quo efficitur, ut daraus ergibt sich. **3.** res efficientes, quae causae appellantur.

effictus *pt. pf. pass.* v. effingo.

effigiēs, ēī, *f.* **1.** Bild: Xanthi *V.* **2.** *meton.* Bildwerk, Bildnis: animalium *Cu,* Cereris; lanea, cerea Puppe *H;* **occ.** Gestalt, Erscheinung: apri körperlose Eber *O,* hominum 'Schatten' *L.* **3.** *met.* Abbild, Ebenbild: eloquentiae, antiquitatis; iusti imperii Vorbild.   Von

ef-fingō 3. fīnxī, fictus **I.** streicheln: manus *O;* **occ.** wegstreichen, abwischen: sanguinem. **II. 1.** nach-, abbilden, darstellen: casus in auro *V,* deûm imagines *T;* gressus nachahmen *V.* **2.** *met.* ausdrücken: sensus mentis *T.* **occ. a.** darstellen: nostros mores in alienis personis. **b.** vorstellen, veranschaulichen: rem animo.

efflāgitātiō, ōnis, *f.* dringende Forderung, **efflāgitātū,** *abl. m.* auf dringendes Verlangen.   Von

ef-flāgitō 1. (§ 33) dringend verlangen, heftig fordern, auffordern.

ef-flīgō 3. flīxī, flīctus totschlagen.

ef-flō 1. ausblasen, -hauchen: animam sterben.

ef-flōrēscō 3. flōruī empor-, hervorblühen, erblühen.

ef-fluō 3. flūxī (§ 33) **1.** heraus-, hinausfließen, -strömen: ne effluat aura entschlüpft *O.* **met. 2.** entfallen, entgleiten: effluit telum *Cu;* vires effluunt versagen *L,* impropria entgleiten der Feder *Q;* **occ.** vergehen: effluit aetas. **3.** entfallen, entschwinden: totum effluxerat, effluit mens.   Dav.

effluvium, ī, *n.* Ausfluß: lacūs *T.*

ef-flūxī *pf.* v. effluo.

ef-fodiō 3. fōdī, fossus (§ 33) aus-, aufgraben: oculos (lumen *V*) ausstechen, domos, sepulcra durchwühlen, terram umgraben *L.*

***ef-for,** fārī, fātus sum (§ 33) aussprechen, sagen; *pt. pf.* pass. verba effata *L,* locus templo (*dat.*) bestimmt, geweiht *L.*

effossus *pt. pf. pass.* v. effodio.

effrāctus *pt. pf. pass.* v. effringo.

ef-frēgī *pf.* v. effringo.

effrēnātus u. **effrēnus** 3, *adv.* **ē** ohne Zügel, zaumlos: equi *L;* **met.** zügellos, unbändig.
E: v. effrenare 'abzäumen'.

ef-fringō 3. frēgī, frāctus (frango, §§ 33, 43 am Ende, 48) aufbrechen, knacken; cerebrum zerschmettern *V,* crus brechen *S.*

ef-fūdī *pf.* v. effundo.

ef-fugiō 3. fūgī, fugitūrus entfliehen, entkommen, entgehen. **1.** *intr.* e proelio, a ludis, de manibus, ad delubra *V.* **2.** *trans.* equitatum; *met.* vermeiden, entgehen: invidiam *N,* mortem, calumniam; parum effugerat, ne er war der Gefahr nicht hinreichend entgangen, daß *T.*   Dav.

effugium, ī, *n.* **1.** das Entfliehen, Flucht *V.* **meton. 2.** Fluchtweg, Ausgang: si effugium patuisset *L;* sanguini effugia praebere Abfluß *T.* **3.** Möglichkeit, Mittel zur Flucht: pennarum, mortis; effugium servare sich offen halten *T.*

ef-fulgeō 2. (effulgĕre *V*), fulsī hervorglänzen, schimmern.

ef-fultus 3 (vgl. fulcio) aufgestützt, liegend auf *V.*

ef-fundō 3. fūdī, fūsus (§ 33)

I. **1.** aus-, vergießen; *occ.* ausschütten; *med.* sich ergießen; **2.** *met.* herausschicken, -senden, -treiben; *refl. med.* herausströmen, -stürzen, -eilen, sich begeben; **3.** (sein Herz) ausschütten, (Leidenschaften) auslassen; **4.** loslassen; *occ.* (Geist, Leben) aushauchen; *refl. med.* sich überlassen, sich hingeben.

II. **1.** schleudern, ab-, niederwerfen; *met.* **2.** (Worte usw.) ausstoßen; **3.** (Geld, Kraft, Arbeit) verbrauchen, verschleudern, vergeuden.

I. **1.** sanguinem, lacrimas. *occ.* anulos *L,* saccos ausleeren *H,* caliginem verbreiten *Cu,* carmina erklingen lassen *O;* *med.* grando, tempestas effusa *V,* imber effusus *V.* **2.** currūs in hostes loslassen *Cu,* impetum in hostem den Feind stürmisch angreifen *L;* *refl. med.* equitatus se ex castris effundit, obviam effundi entgegeneilen *L,* in Graeciam se *G.* überschwemmen *L,* late effusum incendium das weit um sich griff *L.* **3.** effudit omnia, quae tacuerat; furo-

effusio   154   **elabor**

rem suum in eum. **4.** sinum togae *L,* manibus habenas *V.* **occ.** vitam *O,* animam *V. refl. med.* in lacrimas (lacrimis *V*), in questus, in vota effusus ausbrechend *T,* ad luxuriam, in amorem maßlos ergeben *L.* **II. 1.** tela *V,* equitem super (per *Cu*) caput *L,* iuvenem harenā *V.* **2.** questūs in aëra *O,* pectore voces *V.* **3.** supremum auxilium *L,* patrimonium, aerarium, vires in ventum *V.* Dav. **effūsus** 3, *adv.* **ē I. 1. weit ausgedehnt, weit umher:** mare late effusum *H,* loca Flächen, Ebenen *T,* agrum effuse vastare weit und breit *L.* **2. occ. zerstreut, unordentlich:** agmen *L,* exercitus *S*; effuse ire *S,* effusius praedari *L*; fuga, caedes wild, unordentlich *L.* **3. losgelassen:** effusis habenis mit verhängtem Zügel = im gestreckten Galopp *L,* cursus rasch *L,* comae aufgelöst, wallend *O.* **II. verschwenderisch:** effuse donare; *met.* **unmäßig, maßlos:** ambitus maßlose Ämterjagd *N,* honores übertrieben *N,* adfluere effusius in reicher Fülle *T,* excipere mit großem Beifall *Sp.*

effūsiō, ōnis, *f.* (effundo) **1.** das Ausgießen, Erguß: atramenti; *met.* **2.** Ausgelassenheit: animi. **3.** Verschwendung: pecuniarum.

effūsus *adi.* u. *pt. pf. pass.* v. effundo.

ef-fūtiō 4. (vgl. futilis) herausschwatzen, ausplaudern.

ē-gelidus 3 **1.** warm: tepores *Ca,* Notus *O.* **2.** kühl: flumen *V.*

egēns, entis (egeo) dürftig, kärglich, arm; mit *gen.* ohne.

egēnus 3 bedürftig, arm an; mit *gen.*   Von

egeō 2. uī **1. Mangel haben, Not leiden, darben:** in patria *C.* **2. bedürfen, nötig haben;** mit *abl.* u. *gen.* **3. occ. a. entbehren, nicht haben:** consilii *S,* rationis *V,* senatu. **b. verlangen, wünschen:** pane *H,* plausoris *H.*

Ēgeria, ae, *f.* E. [Quellnymphe, Ratgeberin Numas] *LO.*

ē-gerō 3. gessī, gestus **1. heraustragen, -schaffen, -bringen:** limum *Cu*; Dorica castra entleeren *Pr.* **2. occ. a. auswerfen, von sich geben:** bitumen *T,* aquam vomitu ausspeien *Cu,* lacus egeritur ergießt sich *Pli.* **b. fortschleppen:** pecuniam ex aerario *L,* praedam *T.* **3. met. vertreiben:** dolorem *O,* spiritus vitalis egestus gewichen *T.*

egestās, ātis, *f.* (egeo) **1.** Elend, Armut, Dürftigkeit. **2.** Mangel: frumenti, pabuli *S.*

ēgestiō, ōnis, *f.* (egero) das Wegräumen; **occ.** Plünderung *Sp.*

ēgestus *pt. pf. pass.* v. egero.

ēgī *pf.* v. ago.

ego ich.
NB: verstärkt durch **-met** u. **-pte.**
E: gr. ἐγώ, got. ik, ahd. ih, § 12; die anderen Kasus des sg. vom St. me (με, vgl. 'mir'): meī, mihī (mī), mē, mē (mēd *C*).

ē-gredior 3. gressus sum (gradior, § 43) **I.** *intr.* **1. heraus-, hinausgehen, heraus-, hinauskommen:** portis, ordine aus der Reihe treten *S,* ex urbe; ad portam zum Tor hinaus *L,* in vallum hinaufsteigen *T* = ad summum montis *S*; bildl. a proposito abschweifen, in alios consules in ein anderes Konsulatsjahr fallen *T.* **2. occ. a. ab-, ausmarschieren:** (ex) castris, speculatum *L,* ad proelium, in pacata *L,* praesidio

zum Schutz. **b. aussteigen, landen:** (e) navi, in terram. **c. absegeln:** in quadriremi. **II.** *trans.* **1. herausgehen, verlassen:** navem *Cu,* Galliae fines. **2.** über etw. **hinausgehen, überschreiten:** annum sextum *Cu,* flumen Mulucham *S*; *met.* modum *T,* sexum über Frauenart *T.*

ē-gregius, 3, *adv.* **ē 1.** auserlesen, ausgezeichnet, außerordentlich, vorzüglich, vortrefflich: corpus ungemein schön; egregie = besonders, sehr gut: Hercules e. factus, e. fortis; egregius moribus *T,* militiae im Krieg *S,* in bellica laude. **2.** ruhmreich, ehrenvoll: et sibi et cunctis *T*; *n. subst.* egregia rühmliche Taten *ST,* publicum Ruhm des Staates *T.*
E: grex: 'aus der Herde auserlesen'.

I. ēgressus, ūs, *m.* (egredior) das Ausgehen, Ausgang: rarus egressu ging selten aus *T*; **occ.** optimus die beste Landungsstelle, egressūs obsidere die Ausgänge *S,* fluminis Mündung *O*; libero egressu in freier (abschweifender) Rede *T.*

II. ēgressus *pt. pf. act.* v. egredior.

ehem *interi.* ha! ei! siehe da! *C* (vgl. hem).

ēhēū (ēheú; vgl. heu) *interi.* ach! wehe! o weh!

eho, eho-dum *interi.* he! holla! heda! *C.*

eī (hēi) *interi.* weh, wehe! meist: ei mihi.

eia (hēia) *interi.* **1.** ei! ei der Tausend! **2.** wohlan! auf!

ē-iaculor 1. auswerfen *O*; se hervorschießen *O.*

ē-iciō 3. iēcī, iectus (iacio, § 43) **1. hinaus-, herauswerfen:** cadaver domo, navigantem de navi. **2. occ. a. auswerfen:** (mare) eicit beluam *Cu,* spumas aëno *O.* **b. ans Land treiben:** naves in terram, ad Chium *L*; *pass.* **stranden:** eiecta ratis *O,* eiecti Schiffbrüchige. **c. verrenken:** armum *V.* **3. met. hinauswerfen, verdrängen, vertreiben, verstoßen:** sororem, cohortes hinaustreiben, sessores urbe *N,* e civitate verbannen *N,* (de) senatu ausstoßen; bildl. amorem ex animo; **occ. auspfeifen:** actores; *met.* Cynicorum rationem verwerfen, quod non eicio. **4. refl. ausbrechen, hervorstürzen:** se ex castris. Dav. **ēiecta,** ōrum, *n.* Vorsprünge *Pli.*

ēiectāmentum, ī, *n.* (eiecto) Auswurf: maris *T.*

ēiectiō, ōnis, *f.* (eicio) Vertreibung, Verbannung.

ēiectō 1. (*frequ.* v. eicio) auswerfen, -speien.

ēiectus *pt. pf. pass.* v. eicio.

ēierō = eiuro.

ēiulātiō, ōnis, *f.* u. **-tus,** ūs, *m.* Wehklage, Jammern.   Von

ēiulō 1. āvī (vgl. ei) wehklagen.

ē-iūrō, älter **ē-ierō** 1. **1.** abschwören, sich lossagen: magistratum, imperium niederlegen *TPli,* patriam verleugnen *T,* bonam copiam sich für bankrott erklären. **2.** ablehnen, verwerfen: iudicem.

ēiusdém-modī (§ 67) von derselben Art.

ēius-modī (§ 67) derart(ig), solch, so beschaffen.

ē-lābor 3. lāpsus sum **1.** herausgleiten, -schlüpfen: ex columna *L,* cuspis elapsa est glitt hin *L,* fastigio abgleiten, ignis elapsus emporzüngelnd *V.* **2.** entgleiten, entfallen: (de) manibus; bildl. mihi est elapsa illa causa; **occ.** verdreht, verrenkt werden: in pravum *T.* **3.** *met.* entschlüpfen, entgehen, entwischen: e proelio, telis *V,* custodiae *T*; *trans.* pugnam *T*; **occ.** ex iudi-

elaboro   155   **eloquor**

cio; in servitutem geraten *L,* adsensio elabitur schwindet.

ē-labōrō 1. **1.** ausarbeiten, ausführen, betreiben, bereiten: saporem zustande bringen *H*; opus elaboratum sorgfältig ausgeführt, concinnitas gekünstelt, in verbis elaboratus sehr sorgfältig *T*. **2.** arbeiten, sich bemühen, sich anstrengen: in his disciplinis; mit ut, ne.

Elaea, ae, *f.* E. [St. in der Äolis] *L.*

ē-lāmentābilis, e sehr kläglich.

ē-languēscō 3. languī erschlaffen, ins Stocken geraten: ignaviā *L*; proelium (res *L*) elanguerat *Cu.*

ēlāpsus *pt. pf. act.* v. elabor.

Elatēius 3 von Elatus abstammend *O.*

ēlātiō, ōnis, *f.* (effero) Erhebung, Aufschwung.

ē-lātrō, āre herausbellen, -poltern *H.*

I. ēlātus *pt. pf. pass.* oder *med.* v. II. effero.

II. ēlātus 3, *adv.* ē (II. effero) **1.** erhaben. **2.** stolz, übermütig: spe victoriae.

Elaver, eris, *n.* Allier [Nebenfl. der Loire].

Elea, ae, *f.* = Velia; Eleātēs, ae, *m.* der Eleate.

ēlecebra, ae, *f.* (elicio) Herauslockerin *C.*

ēlēctilis, e (eligo) auserlesen *C.*

ēlēctiō, ōnis, *f.* (eligo) Auswahl, Wahl.

Electra, -ae, *f.* (Ἠλέκτρα) E. [**1.** Tochter des Atlas, eine der Plejaden. **2.** Tochter des Agamemnon, Schwester des Orestes u. der Iphigenie].

ēlectridēs petrae Bernsteinfelsen *Sp.*   Von

ēlectrum, ī, *n.* (ἤλεκτρον) **1.** Bernstein; *pl.* Bernsteintropfen *V*. **2.** Silbergold, Elektron [⅕ Gold, ⅕ Silber] *V.*

I. ēlēctus *pt. pf. pass.* v. eligo.

II. ēlēctus 3 (eligo) auserlesen, ausgesucht; *n. pl. subst.* Auszüge *Pli.*

III. ēlēctus, ūs, *m.* (eligo) Wahl *O.*

ēlegāns, antis, *adv.* **anter** (v. *elegare, Nbf. zu eligere) wählerisch, fein, geschmackvoll, e l e g a n t, anständig; [v. der Rede] gewählt, gebildet, richtig.   Dav.

ēlegantia, ae, *f.* Feinheit, Geschmack, Anstand; **occ.** verborum, loquendi Gewähltheit.

I. elegī, ōrum, *m.* (ἔλεγοι) E l e g i e n.

II. ē-lēgī *pf.* v. eligo.

elegīa, älter **-ēa** (ἐλ̆ a *O*), ae, *f.* (ἐλεγεία, § 91, Abs. 2) das elegische Gedicht, E l e g i e.

Eleleūs, *m.* 'der Jubelnde' [nach dem Ruf ἐλελεῦ; Beiname des Bacchus] *O*; dav. **Eleleïdes,** um, *f.* Bacchantinnen *O.*

elementum, ī, *n.* **1.** Grund-, Urstoff, Element. **2.** *met. pl.* Anfangsgründe, Anfänge, Elemente, Lehre; **occ.** Alphabet *Sp.*

elenchus, ī, *m.* (ἔλεγχος) **1.** Tropfenperle *Sp*. **2.** Verzeichnis *Sp.*

Elephantīnē, ēs, *f.* E. [Nilinsel bei Syene in Oberägypten] *T.*

elephās, antis (ἐλέφας) u. **-antus,** ī, *m.* **1.** Elefant. **2.** *meton.* Elfenbein.

Ēleus s. Elis.

Eleusīn, īnis, *f.* (Ἐλευσίν) Eleusis [St. in Attika mit Demeter- u. Kore-Kult]; *adi.* Eleusīnus 3.

Eleutherae, ārum, *f.* E. [Ort in Böotien].

Eleuthero-cilicēs, um, *m.* freie Kilikier.

ē-levō 1. **1.** auf-, emporheben. **2.** schwächen, entkräften, vermindern, erleichtern: elevabatur index erschien we-

niger glaubwürdig *L*. **3.** verkleinern, herabsetzen: eius facta *L,* famam *L.*

Ēlias s. Elis.

ē-liciō 3. licuī, licitus (*lacio, § 43) **1.** heraus-, hervorlocken, ver-, **entlocken:** hostem ex paludibus, ad (in) proelium *LT,* eum ad disputandum; epistulas *N,* arcana eius *L,* responsum abringen *L*. **2. occ.** (durch Zauberei) **herbeirufen:** Iovem caelo *O*. **3.** *met.* **herausbringen, -holen:** e terrae cavernis ferrum, levi ictu cruorem *T*; **occ. hervorbringen, erregen:** sonos, ignem, viriditatem, iram regis *Cu,* misericordiam *L.*   Dav.

Ēlicius, ī, *m.* 'Blitzlenker' [Beiname Juppiters] *LO.*

ē-licuī *pf.* v. elicio.

ē-līdō 3. līsī, līsus (laedo, § 43) **1.** herausschlagen, -stoßen: aurigam e curru, vina prelis auspressen *Pr,* corpora elisa ans Land geworfen *T,* amnis überschäumend *Cu*; **occ.** heraustreiben: elisi oculi hervortretend *V,* morbum vertreiben *H*. **2.** zerschlagen, zerdrücken, zerschmettern: naves eliduntur; eliso aëre pennis durchschnitt die Luft *O,* fauces zuschnüren *O,* flumina in alveum elisa eingeschnitten *Cu,* animam ersticken *O*; b i l d l. nervos virtutis abtöten, aegritudine elidi erdrückt werden.

ē-ligō 3. lēgī, lēctus (lego, § 41) **1.** ausraufen, -jäten: steriles herbas *Cu*; b i l d l. stirpes aegritudinis. **2.** *met.* aussuchen, auswählen: locum ad pugnam, urbi (condendae) locum *LCu.*

ē-līminō 1. (limen) über die Schwelle bringen: dicta foras ausplaudern *H.*

ē-līmō 1. ausfeilen: catenas *O*; *met.* ausarbeiten: σχόλιον eine Notiz.

ē-linguis, e (lingua) sprachlos, stumm.

Ēlis, dor. (§ 90) **Ālis** *C,* idis, *f.* E. [westlichste Landsch. der Peloponnes mit gleichnamiger Hauptstadt]; *adi.* **Ēlēus, -īus** 3, bei *C* Ālēus; *subst.* Eleer; **Ēlias,** adis, *f.* elisch *V.*

ē-līsī *pf.* v. elido.

Elisiī, ōrum, *m.* die E. [germ. Volk zwischen Oder u. Weichsel] *T.*

Elissa, ae, *f.* E. [anderer Name der Dido] *VO.*

ēlīsus *pt. pf. pass.* v. elido.

ē-lix, licis, *m.* (vgl. elixus) Wasserfurche, Rinnsal [in Feldern, zum Wasserablauf] *O.*

ē-lixus 3 (verw. mit liqueo) gesotten *CH.*

elleborōsus 3 reif für die Irrenanstalt, wahnsinnig *C.* Von

elleborus, ī, *m.* u. **-um,** ī, *n.* (ἐλλέβορος, § 92, Abs. 2) Nieswurz [Heilmittel gegen Wahnsinn].

ellum, ellam = em illum, em illam *C*; vgl. em.

ēlocūtiō, ōnis, *f.* (eloquor) Ausdruck, Sprache, Stil.

ēlocūtus *pt. pf. act.* v. eloquor.

ēlogium, ī, *n.* **1.** (rühmende) Grabinschrift, Inschrift. **2.** Zusatz im Testament *Sp.*

ēloquēns, entis, *adv.* **enter** (eloquor) beredt, redegewandt.   Dav.

ēloquentia, ae, *f.* Beredsamkeit.

ēloquium, ī, *n.* **1.** Beredsamkeit *O*. **2.** Sprache, Rede *VH.*   Von

ē-loquor 3. locūtus sum **1.** aussprechen, heraussagen. **2. occ.** vorbringen, -tragen, reden.

elotus 156 **emissarius**

ēlōtus weggewaschen *C.*
E: v. elavare 'auswaschen'.

ē-lūceō 2. lūxī **1.** hervorleuchten: inter flammas.
2. *met.* hervorleuchten, hervortreten, sich zeigen: virtutibus *N.*

ē-luctor 1. **1.** sich heraus-, hervorringen *VT.* **2.** *trans.* mühsam überwinden *LTSp.*

ē-lūcubrō 1. bei Licht ausarbeiten.

ē-lūdificor 1. foppen, zum besten halten *C.*

ē-lūdō 3. lūsī, lūsus **1.** dem Hieb ausweichen, parieren. *met.* **2.** ausweichen, entgehen: ultionem *T.* **3.** vereiteln, täuschen, hintergehen, verspotten: quietem bello *L,* artem *L,* messem die Hoffnung auf Ernte enttäuschen *Ti.*

ē-lūgeō 2. lūxī betrauern; **occ.** austrauern *L.*

ē-luī *pf.* v. eluo.

ē-lumbis, e (lumbus) lendenlahm; *met.* kraftlos, schleppend *T.*

ē-luō 3. luī, lūtus (lavere, § 42) **1.** auswaschen, reinigen: patinas *C.* **2.** *met.* tilgen: amicitias auflösen.

ē-lūsī *pf.* v. eludo.

ēlūsus *pt. pf. pass.* v. eludo.

I. ēlūtus *pt. pf. pass.* v. eluo.

II. ēlūtus 3 (eluo) wäßrig, saftlos *H.*

ēluviēs, ēi, *f.* (eluo) **1.** Ausfluß, Überschwemmung: maris *T,* eluvie durch Abspülen *O.* **meton. 2.** Lache: proxima *L.* **3.** (ausgewaschene) Schlucht *Cu.*

ēluviō, ōnis, *f.* (eluo) Überschwemmung.

ē-lūxī *pf.* v. eluceo oder elugeo.

Elymaeus 3 elymäisch: regio [Gebiet südl. v. Susa] *L;* Einw. Elymaeī *T.*

Ēlysium, ī, *n.* ('Ηλύσιον πεδίον) das Elysium [Sitz der Seligen] *V;* *adi.* **Ēlysius** 3 *VO.*

em (*imp.* v. emo, vgl. dic u. a.) 'nimm!' da hast du! siehe! em rursum tibi da hast du's wieder *C.*

emācitās, ātis, *f.* (emax) Kaufsucht *Pli.*

ēmancipātiō, ōnis, *f.* Abtretung, Scheinverkauf *Pli.* Von

ē-mancipō 1. **1.** den Sohn für selbständig erklären *L.* *met.* **2.** in fremde Gewalt geben: filiam *Pli.* **3.** überlassen, abtreten: tribunatum; feminae als Sklaven einem Weib *H.*

ē-mānō 1. **1.** herausfließen *Cu.* *met.* **2.** entspringen: mala istinc emanant. **3.** sich verbreiten, bekannt werden: in vulgus; mit *acc. c. inf. L.*

Ēmathia, ae, *f.* Südmakedonien *L,* Nordthessalien *V;* *adi.* **Ēmathius** 3 makedonisch: dux = Alexander *O;* thessalisch: vertex = Pelion *V,* caedes die Schlacht bei Pharsalus *O;* **Ēmathidēs,** um, *f.* die Pieriden [9 Töchter des makedonischen Königs Pieros] *O.*

ē-mātūrēscō 3. tūruī ausreifen; *met.* sich mildern *O.*

emāx, ācis (emo) kauflustig *N.*

emblēma, atis, *n.* (ἔμβλημα) **1.** Einlegearbeit, Relief [an Gefäßen]. **2.** Mosaik: vermiculatum.

embolium, ī, *n.* (ἐμβόλιον) Zwischenspiel; *met. pl.* sororis Liebesstreitigkeiten.

ēmendābilis, e (emendo) verbessernswert: error *L.*

ēmendātiō, ōnis, *f.* (emendo) Verbesserung *QPli.*

ēmendātor, ōris, *m.* u. **-trīx,** īcis, *f.* (emendo) Verbesserer, Verbesserin.

ē-mendīcō 1. erbetteln *Sp.*

ē-mendō 1. (mendum) **1.** von Fehlern befreien, verbessern. **2.** *met.* (moralisch) (ver)bessern. Dav. **ēmendātus** 3, *adv.* **ē 1.** fehlerfrei, korrekt. **2.** *met.* tadellos.

ēmēnsus *pt. pf. act.* oder *pass.* v. emetior.

ē-mentior 4. lügen, erdichten: auctorem Sullam fälschlich angeben *T;* *pt. pf.* p a s s. ementita auspicia erdichtet, erlogen.

ēmentus *pt. pf. act.* v. eminiscor.

ē-mercor 1. erkaufen *T.*

ē-mereō 2. uī, itus u. **-or** 2. itus sum **1.** verdienen; virum sich um den Mann verdient machen *O,* emeriti verdiente Leute *O.* **2.** ausdienen, abdienen: stipendia, **ēmeritus** 3 ausgedient; bildl. aratrum *O.*

ē-mergō 3. mersī, mersus, *intr., refl.* u. *med.* **1.** auftauchen: emersus e palude *L,* paludibus *T;* *met.* se ex malis sich herausarbeiten. **2.** *met.* zum Vorschein kommen: sol *T,* Scorpius geht auf, bella entstehen, patrio regno hervorbrechen, emergit es wird klar. **3.** *met.* (aus übler Lage) sich herausarbeiten, loskommen; mit ex, de; emersus ab admiratione animus erholt *L.*

Ēmeritēnsēs, ium, *m.* die E. [Einw. v. Ēmerita in Lusitanien] *T.*

ēmeritus *adi.* u. *pt. pf. pass.* v. emereo.

ē-mersī *pf.* v. emergo.

ēmersus *pt. pf. pass.* v. emergo.

ē-mētior 4. mēnsus sum **1.** abmessen: oculis spatium *V.* **2.** *met.* durchwandern, zurücklegen: iter *VL,* quinque principes erleben *T;* *pt. pf.* p a s s. emensum spatium. **occ.** zumessen, zuteilen: voluntatem darbieten, aliquid patriae *H.*

ē-metō, ere völlig abmähen: frumentum *H.*

ēmī *pf.* v. emo.

ē-micō 1. micuī, micātūrus heraus-, hervorspringen, -fahren, -zucken, -schießen; *met.* hervorglänzen, -leuchten.

ē-migrō 1. auswandern, -ziehen: domo.

ēminātiō, ōnis, *f.* (eminor) Drohung *C.*

ēminēns, entis (emineo) **1.** hervorragend, -stehend: effigies scharf schattiert; *subst.* inaequaliter eminentia ungleiche Vorsprünge *L,* nihil eminentis kein Vorsprung. **2.** *met.* hervorragend, ausgezeichnet; *subst.* eminentes hervorragende Leute *T,* eminentia Glanzpartien *Q.* Dav.

ēminentia, ae, *f.* die herausragende Gestalt.

ē-mineō 2. nuī (zu mentum, mons) **1.** hervorragen, -treten: in mare; mit *abl.,* ex, per, super. *met.* **2.** hervortreten, sich zeigen, sich bemerkbar machen, sichtbar werden; mit in, ex; foras hinausstreben, ex gratulando sich entziehen *C.* **3.** hervorstechen, sich auszeichnen; mit inter, super.

ē-miniscor 3. mentus sum ersinnen, erdenken *N.*

ē-minor, ārī drohend aussprechen *C.*

ē-minus (manus, § 41; vgl. comminus) *adv.* von ferne, fern: pugnare; *met. O.*

ē-mīror, ārī anstaunen *H.*

ē-mīsī *pf.* v. emitto.

ēmissārium, ī, *n.* (emitto) Abzugsgraben.

ēmissārius, ī, *m.* (emitto) Späher, Spion.

ēmissiō, ōnis, *f.* Wurf: lapidum.   Von
ē-mittō 3. mīsī, missus

I. 1. **heraus-, fortschicken**; 2. *occ. a.* (Geschosse) **werfen, abschießen**; *b.* (Flüssiges) **ablaufen lassen**; *c.* **von sich geben**; 3. **ausweisen, ausstoßen**.
II. 1. **loslassen; fallen lassen, gehen lassen**; 2. *occ. a.* **freigeben, loslassen**; *b.* (aus einem Rechtsverhältnis) **gehen lassen, freilassen**; *c.* (Kriegsgefangene) **frei abziehen lassen, freien Abzug gewähren**.

I. 1. portis equitatum, elegos herausgeben *H*; essedarios ex silvis ausrücken lassen, in hostem emitti *LCu.* 2. a. pila, saxa in aliquem *LCu*; bildl. aculeum in aliquem stechen *L*, facete dictum loslassen. b. aquam ex lacu ablassen *L*, lacrimas in... ausbrechen *O*. c. vocem *L*, animam aufgeben *N*. 3. Catilinam ex urbe. II. 1. leonem ziehen lassen *Cu*, caseum ore *Ph*, scutum manu; bildl. certamen manibus sich aus den Händen gleiten lassen *L*; hostem de (ex) manibus entkommen lassen. 2. a. e (de) carcere. b. manu adoptatos *T*, servum *L*. c. eos ex obsidione *L*.
emō 3. ēmī, ēmptus 1. kaufen: ab, de aliquo; magno, parvo teuer, billig; minoris billiger, pluris teurer; *subst.* empta Sklavin *Pr*, ex empto gemäß dem Kauf. 2. *met.* erkaufen: percussorem in eum *Cu*, pacem pretio *L*.
E: indogerm. *em- 'nehmen', vgl. em, como, demo u. a.
ē-modulor, ārī besingen *O*.
ē-molliō 4. erweichen, weich machen: fundas *L*; *met.* mores mildern *O*, exercitum schwächen *L*.
ēmolumentum, ī, *n.* Vorteil, Nutzen.
E: 'Mahlgewinn', v. emolere 'ausmahlen'.
ē-moneō, ēre ermahnen.
ē-morior 3. mortuus versterben, sterben, hinscheiden.
ē-moveō 2. mōvī, mōtus 1. hinausschaffen, -treiben: arma tectis *V*, multitudinem e foro *L*. 2. *occ.* herausheben: postes *V*, emota fundamenta aufgewühlte Tiefen *V*. 3. *met.* vertreiben: pestilentiam ex agro R. *L*, curas dictis verscheuchen *V*.
Empedoclēs, is, *m.* E. [Philosoph u. Dichter aus Agrigent um 450]; *adi.* Empedoclēus 3.
empīricē, ēs, *f.* (ἐμπειρική) erfahrungsmäßige Heilkunst *Sp.*
empīricī, ōrum, *m.* (*sc.* medici) empirische Ärzte, Empiriker.
Emporiae, ārum, *f.* E. [St. in NO-Spanien] *L*; Einw. Emporitānī *L.*
emporium, ī, *n.* (ἐμπόριον) Handelsplatz *L*; dav. **emporitica,** ae, *f.* (*sc.* charta) Packpapier *Sp.*
emptiō, ōnis, *f.* (emo) Kauf.
emptitō 1. āvī (*frequ.* v. emo) kaufen.
emptor, ōris, *m.* (emo) Käufer.
ēmptus *pt. pf. pass.* v. emo.
ēmūnctiō, ōnis, *f.* das Schneuzen *Q.*   Von
ē-mungō 3. mūnxī, mūnctus, emunxti = emunxisti *C* schneuzen, die Nase putzen; homo emunctae

naris gewitzigter Mensch *HPh*; *met.* prellen, betrügen *CH.*
E: vgl. muccus, μύσσω statt *μύκjω; μυκτήρ 'Nase'.
ē-mūniō 4. aufmauern *L*; *occ.* vermauern: postes befestigen *V*, silvas mit Wegen versehen *T.*
e-mūnxī *pf.* v. emungo.
ēmussitātus 3 genau abgemessen, tadellos *C.*
E: *examussitatus zu amussis 'Richtschnur'.
ēn *interi.* 1. fragend wohl? denn? en quid ago? *V.* 2. hinweisend (gr. ἤν) siehe! siehe da! en Priamus *V*, en quattuor aras *V*, en habes virum dignum te *S.* 3. auffordernd (vgl. gr. ἠνίδε 'siehe da') wohlan! tostos en adspice crines *O.*
ēnārrābilis, e darstellbar, erzählbar *V.*   Von
ē-nārrō 1. vollständig erzählen, darlegen, erklären.
ē-nāscor 3. nātus hervorwachsen, entstehen.
ē-natō 1. āvī 1. herausschwimmen *HPh.* 2. *met.* sich heraushelfen.
ēnātus *pt. pf.* v. enascor.
ē-nāvātus 3 (navo) vollständig geleistet *T.*
ē-nāvigō 1. absegeln, herausfahren; *trans.* undam befahren *H.*
Enceladus, ī, *m.* E. [Gigant] *VHO.*
endo (altl.) Synonym v. in; s. auch indu.
endromis, idis, *f.* warmer Wollmantel *Sp.*
Endymiōn, ōnis, *m.* E. [Geliebter der Luna].
ē-necō 1. necuī, nectus ganz töten, umbringen; *met.* entkräften, erschöpfen.
ēnervis, e kraftlos, matt.   Rückgebildet (§ 76) aus
ē-nervō 1. (nervus) entnerven, entkräften, schwächen. Dav. **ēnervātus** 3 kraftlos, schwach, matt.
Engonasin *indecl., m.* Herkules [ὁ ἐν γόνασι 'der Kniende'; Sternbild der nördl. Halbkugel].
Enguīnī, ōrum, *m.* die E. [Einw. v. Enguion in Sizilien].
ēnicō = eneco (§ 41).
enim *coniunct.* 1. affirmativ: **ja, offenbar, gewiß, sicherlich:** e. me nominat wahrlich *C.* 2. in epexegetischen Sätzen: **ja, nämlich:** guttura condidit arbor; arbor enim est *O.* 3. in Kausalsätzen: **denn:** non in vos quaeritur; S. enim Roscius reus est; oft elliptisch: **quid enim** wie denn? **wieso? at enim, sed enim** aber ja, aber freilich.
NB: Stellung bei *Plautus* frei, auch am Satzanfang, später stets als zweiter Begriff im Satz.
E: acc. eines alten Demonstrativstammes; eigtl. 'dann', 'jetzt'.
enimvērō *adv.* allerdings, wahrhaftig, wirklich: e. mirari satis non queo; auch verum e. aber tatsächlich *S.*
Enīpeūs, eos u. eī, *m.,* *voc.* eū E. [**1.** Fl. in Thessalien *VO.* **2.** Küstenflüßchen, auf dem Olymp entspringend *L*].
ēnīsus *pt. pf. act.* oder *pass.* v. enitor.
ē-niteō 2. u. *incoh.* **-tēscō** 3. tuī hervorleuchten.
ē-nītor 3. nīsus u. nīxus sum I. *intr.* 1. **sich heraus-, sich durcharbeiten:** per fluctus *L*, in aperta *T*; *occ.* **sich emporarbeiten:** in verticem montis *Cu*; Pyrenaeum, aggerem ersteigen *T.* 2. *met.* **sich anstrengen, sich bemühen, streben;** mit ut; quid (quantum) eniti possum wonach; pass. enisum est, ne *S.* II. *trans.* **gebären, werfen.**

enitui 158 **epidicticus**

ē-nituī *pf.* v. eniteo oder enitesco.
I. ēnīxus 3, *adv.* **ē** (enitor) **angestrengt, ausdauernd, eifrig.**
II. ēnīxus, ūs, *m.* (enitor) Geburt *Sp.*
III. ēnīxus *pt. pf. act.* oder *pass.* v. enitor.
Ennius, ī, *m.* Q. E. [römischer Dichter aus Rudiae in Kalabrien, 239—169; schrieb u. a. ein Epos (annales) in 18 Büchern von Äneas bis auf seine Zeit].
ē-nō 1. āvī herausschwimmen; *met.* entfliegen *V.*
ēnōdātiō, ōnis, *f.* (enodo) Erklärung.
ēnōdis, e knotenlos, glatt; *met.* **elegi** gewandt, geschliffen *Pli.* Rückgebildet (§ 76) aus
ē-nōdō 1. 'entknoten'; *met.* entwirren, erklären.
ē-normis, e (norma) **1.** unregelmäßig: vici *T.* **2.** übermäßig groß, ungeheuer, enorm.
ē-nōtēscō 3. tuī (nōtus) bekannt werden *TPli.*
ē-notō 1. aufzeichnen, aufzeichnen lassen *Pli.*
ē-nōtuī *pf.* v. enotesco.
ēnsi-fer 3 (andere: **ēnsi-ger,** § 66) schwerttragend.
ēnsis, is, *m.* (ai. asíḥ) Schwert (d i c h t .).
ē-nūbō 3. psī heraus-, wegheiraten [von Frauen].
e-nucleō 1. (nucleus) 'entkernen'; *met.* sorgfältig behandeln: suffragia sorgfältig abgeben, rem erläutern; **ēnucleātus** 3, *adv.* **ē** schlicht, nüchtern, einfach.
enumerātiō, ōnis, *f.* Aufzählung. Von
ē-numerō 1. **1.** ausrechnen: dies. **2.** aufzählen: facta omnia.
ēn-umquam (§ 67) etwa jemals? *C.*
ē-nūntiō 1. **1.** verraten, ausplaudern. **2. occ.** aussprechen *Q,* ausdrücken *Sp.*
ē-nūpsī *pf.* v. enubo.
ēnūptiō, ōnis, *f.* (enubo) das Heraus-, Wegheiraten *L.*
ē-nūtriō 4. aufziehen *O.*
I. eō (*adv. abl.* v. id) **A. deswegen, deshalb:** eo quod, quia. **B.** (beim *comp.*) **um so viel, desto:** hoc quo minus est credibile, **eo** magis est vindicandum **je — desto. C. 1. dort:** res erat eo loci war so weit gekommen. **2. dahin, dorthin:** eo veniebant; b i l d l . hoc eo valebat zielte dahin *N. met.* **3. so lange:** ferrum usque eo retinuit, quoad nuntiatum est *N.* **4. so weit, bis zu dem Punkt:** eo consuetudinis res est adducta *L.* **5. dazu, dazu noch:** eo accessit studium doctrinae.
II. eō, īre, altl. eire, iī, itum est (statt *eio, § 24; vgl. ai. éti 'er geht', gr. εἶμι, ἰέναι)

A. 1. gehen; 2. irgendwohin gehen; *occ.* losgehen auf, angreifen, entgegentreten.
B. *met.* 1. gehen, schreiten, wandeln, dringen; 2. hingehen, vergehen; 3. vonstatten gehen; 4. an etw. gehen, zu etw. schreiten.

A. 1. iter altum ire *V,* portis aus den Toren *V,* a navibus, de imis sedibus, e consilio *V;* viā sacrā *H,* eodem itinere *L;* celeriter *L,* maximis itineribus in Eilmärschen ziehen *L;* navibus (puppibus *O*) a Tenedo absegeln *V,* equo (equis *L*) reiten *V,* pedibus zu Fuß, zu Land, in bigis fahren *V; abs.* euntes die Absegelnden *V,* ventus adspirat eunti der Davoneilenden *V.* **2.** pompam funeris am Leichenzug teilnehmen *O,* infitias leugnen, viro zum Mann *Pr,* bello zum

Kampf *V;* subsidio zu Hilfe kommen, **cubitum** schlafen gehen, **ultum** zur Rache schreiten, rächen *Cu,* ei servitum ihm dienen wollen *V;* in ius vor Gericht, in eius sententiam (pedibus) seiner Ansicht beistimmen, in alia omnia für das Gegenteil stimmen, (in) crucem, (in) malam rem zum Henker *C.* **occ.** in, contra hostes. **B. 1.** it naribus sanguis *V,* sudor in artus *V* bricht hervor, **Euphrates** strömt *V,* per caelum luna wandelt *V,* tempestas per campos stürmt, tost *V,* hasta dringt *V,* tessera macht die Runde *V,* sanguis in sucos geht über *O,* mores eunt praecipites verfallen *L;* mit *abstr.*: it clamor ad aethera = caelo *V,* quies tritt ein *V,* pugna ad pedes der Kampf zu Fuß beginnt *L.* **2.** eunt anni *O,* sic eat (fahre hin), quaecumque hostem lugebit *L.* **3.** ut res ire coepit, nutu Iunonis eunt res *V.* **4.** itur in caedīs man denkt ans Morden *T,* in poenas zur Bestrafung *VO,* in scelus ein Verbrechen begehen *O,* in lacrimas ausbrechen *V,* praeceps in causam it stürzt sich kopfüber in die Sache *L.*
eōdem (adv. Kasus v. idem) **1.** gerade an derselben Stelle, ebenda: eodem loci an demselben Punkt *T.* **2.** ebendorthin: eodem profectus est *N;* **occ.** ebendazu: addendum eodem est, Edessa eodem concessit *L.*
Ēōs, *f.* (nur *nom.*) (ἠώς) Morgenröte; *adi.* **Ēōus** 3 morgendlich: Atlantides *V;* morgenländisch, östlich: Indi *O,* acies *V. subst. m.* **1.** Morgenländer *O.* **2.** Morgenstern *V.*
ephēbus, ī, *m.* (ἔφηβος) Jüngling.
ephēmeris, idis, *f.* (ἐφημερίς) Tagebuch *NSp.*
Ephesus, ī, *f.* E. [St. gegenüber Samos, mit ber. Dianatempel]; *adi.* und Einw. **Ephesius.**
ephippium, ī, *n.* (ἐφίππιον) Reitdecke, Sattel; dav. **ephippiātus** 3 auf gesatteltem Pferd.
ephorus, ī, *m.* Ephor [ἔφορος ' Aufseher'; einer der 5 höchsten Beamten in Sparta].
Ephorus, ī, *m.* E. [gr. Geschichtschreiber um 350].
Ephyrē, ēs, *f.* E. [alter Name von Korinth] *O; adi.* Ephyrēïus 3 *V.*
Epicharmus, ī, *m.* E. [gr. Lustspieldichter in Syrakus um 540—450].
Epiclēros, ī, *f.* (ἐπίκληρος) 'Die Erbtochter' [Lustspiel Menanders] *Q.*
epicōpus 3 (ἐπίκωπος) Ruder-: phaselus.
Epicratēs, is, *m.* (ἐπικρατής) 'der Übermächtige' = Pompeius.
Epicūrus, ī, *m.* Epikur [gr. Philosoph aus Samos, 342—270; Gründer der Epikureischen Schule]; *adi.* **Epicūrēus** 3 epikureisch; *subst.* **Epicūrēī** epikureische Philosophen.
epicus 3 (ἐπικός) episch; *subst.* Epiker *Q.*
Epidamnus, ī, *f.* = Dyrrhachium; Einw. Epidamniī u. -iēnsēs *C.*
Epidaphna, ae, *f.* E. [Vorort v. Antiochia] *T.*
Epidauros, ī, *f.* E. [St. in der Argolis, Kultstätte des Äskulap]; *adi.* **Epidaurius** 3; *subst.* Äskulap *O.*
Epidicazomenos, ī, *m.* E. [ἐπιδικαζόμενος 'der sich etwas rechtlich zusprechen läßt'; Komödie des Apollodor] *C.*
epidīcticus 3 (ἐπιδεικτικός) prunkvoll [Rede].

Epigoni 159 **Erichthonius** E

Epigonī, ōrum, *m.* (ἐπίγονοι) die Epigonen [die Nachkommen der 'Sieben gegen Theben'; Drama des Aischylos].

epigramma, atis, *n.* (ἐπίγραμμα) **1.** Auf-, Inschrift. **2. occ.** Sinngedicht, Epigramm.

epilogus, ī, *m.* (ἐπίλογος) Schluß, Schlußrede.

Epimēthis, idis, *f.* E. [Tochter des Epimetheus = Pyrrha] *O.*

Epiphanēa, ae, *f.* E. [St. in Kilikien].

Ēpīrus, ī, *f.* E. [Landsch. an der Westküste Griechenlands]; Einw. **Ēpīrōtēs,** ae, *m.*; *adi.* **Ēpīrōticus** 3 u. **Ēpīrēnsis,** e *L.*
E: ἤπειρος 'Festland', § 91, Abs. 2.

episcaenium, ī, *n.* (ἐπισκήνιον) Obergeschoß der Bühne *Sp.*

epistola, besser **epistula,** ae, *f.* (ἐπιστολή, § 51) Zuschrift, Brief; nachkl. auch *pl.*

epistȳlium, ī, *n.* (ἐπιστύλιον) Querbalken, Architrav *Sp.*

epitaphius, ī, *m.* (ἐπιτάφιος) Leichenrede.

epithēca, ae, *f.* (ἐπιθήκη) Zugabe *C.*

Epitrepontēs 'Das Schiedsgericht' [οἱ ἐπιτρέποντες 'die Überlassenden'; ein Stück des Menander] *Q.*

epitȳrum, ī, *n.* (ἐπίτυρον) Olivensalat *C.*

epōdos, ī, *m.* ein kürzerer Vers, der auf einen längeren folgt *Q*; *meton.* Epode [Gedichtform mit Wechsel von längeren u. kürzeren Versen].
E: ἐπῳδός 'Nachgesang', § 91, Abs. 2.

epops, opis, *m.* (ἔποψ) Wiedehopf *O.*

Eporedia, ae, *f.* I v r e a [St. nördl. v. Turin] *T.*

epos *indecl.,* *n.* (ἔπος), Epos, Heldengedicht *H.*

ē-pōtus 3 (potus) ausgetrunken; argentum vertrunken *C,* Lycus verschlungen *O.*

epulae, ārum, *f.* **1.** Speisen, Gerichte. **2.** *meton.* Mahl, Mahlzeit, Schmaus: inter epulas *SL,* senectus caret epulis.

epulāris, e (epulum, § 75, Abs. 2) beim, zum Mahl, beim Essen.

epulō, ōnis, *m.* (epulum) **1.** Fresser. **2.** III viri oder VII viri epulones [Priesterkollegien, welche die mit den Spielen verbundenen Mahlzeiten besorgten].

epulor 1. essen, schmausen, speisen. Von

epulum, ī, *n.* Gastmahl, Festschmaus.

equa, ae, *f.* (vgl. equus) Stute.

eques, itis, *m.* (equus) **1.** beritten, zu Pferd: Marcellus *V.* **2.** *subst.* **a.** Reiter, Kavallerist; k o l l e k t. Reiterei. **b.** Ritter, Ritterstand.   Dav. (§ 36)

equester, tris, tre, selten equestris, tre **1.** beritten, des, der Reiter, Reiter-. **2. occ.** Ritter-, ritterlich: ordo, familia; *subst. m.* Ritter *T.*

equidem *adv.* allerdings, fürwahr, in der Tat, freilich, wohl; [meist mit der 1. Person u. nachgestellt].

equīnus 3 (equus, § 75) Pferde-, Roß-: nervus Roßhaarsehne *V.*

Equīrria, ium, *n.* (equus) die E. [Pferderennen in Rom zu Ehren des Mars, jedes Jahr am 27. Februar u. 14. März] *O.*

equitābilis, e (equito) für die Reiterei tauglich *Cu.*

equitātus, ūs, *m.* **1.** Reiterei. **2.** Ritterschaft.   Von

equitō 1. (eques) reiten; **occ.** traben *O*; *met.* per undas hereinbrechen *H.*

equuleus, richtiger **eculeus,** ī, *m.* (*dem.* v. equus, § 17) **1.** Fohlen. **2.** hölzernes Folterpferd, Folter.

equus u. **ecus,** ī, *m.*, *gen. pl.* auch equûm, equôm, ecûm *V* **1.** Pferd: ex equo pugnare zu Pferd *L,* equo merere bei der Reiterei dienen. *meton.* **a.** equi virique Reiterei und Fußvolk *VL,* ad equum rescribere zu Reitern (= Rittern) machen [Wortspiel]; s p r i c h w. = viris equisque mit aller Macht. **b.** iuncti Gespann, Streitwagen *V.* **2.** *met.* bipedes Seepferde *V*; Troianus [auch ein Stück des Nävius]; s p r i c h w. intus est equus Troianus; Equus [= das Gestirn Pegasus], E. Tuticus [Städtchen in Samnium].
E: ai. ásvaḥ, äolisch ἴκκος, attisch ἵππος, ahd. e h u, §§ 15 u. 17.

era, ae, *f.* (vgl. erus) Hausfrau, Herrin, Gebieterin.

ē-rādīcō, āre 'entwurzeln' *Varro*; *met.* vernichten *C.*

ē-rādō 3. sī, sus auskratzen; **occ.** streichen, austilgen.

Erana, ae, *f.* E. [St. in Kilikien].

eranus, ī, *m.* (ἔρανος) Wohltätigkeitsverein, Almosenkasse *Pli.*

ē-rāsī *pf.* v. erado.

Erasīnus, ī, *m.* E. [Fl. in der Argolis] *O.*

ērāsus *pt. pf. pass.* v. erado.

Eratō, ūs, *f.* E. [Ἐρατώ 'die Liebliche'; Muse, bes. des Liebesliedes].

Eratosthenēs, is, *m.* E. [gr. Mathematiker u. Geograph, 275—194, Vorsteher der alexandrinischen Bibliothek].

Erebus, ī, *m.* (ἔρεβος) Unterwelt *V*; p e r s o n. E. [Gott der Finsternis, Sohn des Chaos].

Erechtheūs, eī, *m.* (§ 93) E. [König v. Athen]; *adi.* **Erechtheūs** 3: arces Athen *O*; **Erechthīdae,** ārum, *m.* Athener *O*; **Erechthis,** idis, *f.* Tochter des Erechtheus = Prokris, Orithyia *O.*

I. ērēctus 3 (erigo) **1.** aufrecht, gerade: prorae, status. **2.** *met.* hoch, erhaben: animus, ingenium *T.* **occ. a.** gespannt, aufmerksam: iudices. **b.** munter, mutig: facti sui conscientiā. **c.** hochmütig.

II. ērēctus *pt. pf. pass.* oder *med.* v. erigo.

ē-rēpō 3. psī erklimmen: montes *H.*

ēreptiō, ōnis, *f.* (eripio) Raub.

ēreptor, ōris, *m.* (eripio) Räuber.

ēreptus *pt. pf. pass.* v. eripio.

Eretria, ae, *f.* E. [St. in Thessalien *L.* **2.** St. auf Euböa]; *adi.* u. Einw. zu **2. Eretriēnsis** *NL*; *adi.* **Eretricus** 3: philosophos, *pl.* **Eretricī** [die philosophische Schule des Menedemus aus Eretria].

Ērētum, ī, *n.* E. [sabinische Stadt] *VL.*

ē-rēxī *pf.* v. erigo.

ergā (vgl. ergo) *praep.* beim *acc.* gegenüber, für, gegen; klass. nur in freundlichem Sinn; später in feindlichem Sinn: odium erga Romanos *N.*

ergastulum, ī, *n.* (ἐργάζεσθαι) Arbeits-, Zuchthaus.

ergō I. *praep.* mit vorangehendem *gen.* wegen, um . . . willen. **II.** (auch ergŏ *O*) *coniunct.* folglich, deshalb, daher, demnach, also.
E: aus *ē regō oder ē rogō 'aus der Richtung'.

Erichthō, ūs, *f.* (§ 93) E. [thessalische Zauberin] *O.*

Erichthonius, ī, *m.* (§ 93) E. [**1.** König v. Athen, 'Erfin-

ericius   160   **eruptus**

der' des Viergespanns u. des Wagenrennens *VO.* **2.** König in Troja, Sohn des Dardanos, Vater des Tros *VO*].

ēricius, ī, *m.* (für hericius, vgl. gr. χήρ; § 8 u. Anm.) Igel; *met.* Balken mit Eisenspitzen, spanischer Reiter.

Ēridanus, ī, *m.* E. [dicht. Name des Po] *VO.*

ē-rigō 3. rēxī, rēctus (rego, § 41) **1. aufrichten, in die Höhe richten:** aurīs spitzen, oculos aufschlagen, erheben; *refl.* u. *med.* sich aufrichten, erheben; dicht. fluctūs emporschleudern *V,* alnos aufwachsen lassen *V,* scopulos auftürmen *V,* erigitur fumus, insula erhebt sich *V.* **2. occ. a. errichten, aufführen:** turres, castra *T.* **b. hinaufrücken lassen:** agmen in tumulum *L.* **3.** *met.* **aufrichten, ermutigen:** adflictum; animos ad (in *T*) spem *Cu,* dolor erigi coepit begann sich bemerkbar zu machen *Cu;* **occ. erregen, anspannen:** aurīs mentīsque; senatum aufmerksam machen *L.*

Ērigonē, ēs, *f.* E. [Tochter des Ikarus von Athen, als Gestirn (Virgo) an den Himmel versetzt] *VO; adi.* **Ērigonēïus** canis = Canicula [Stern] *O.*

Erigōnus, ī, *m.* E. [Nebenfl. des Axius] *L.*

erilis, e (erus, era, § 75, Abs. 2) des Hausherrn, der Hausfrau (dicht.).

Ērillīī, ōrum, *m.* die E. [Schüler des Erillus (um 250)].

Erīnȳs, yos, *f.* ('Ερινύς) Rachegöttin, Furie; *met.* patriae Geißel *V; meton.* tristis Wut *V.*

Eriphȳla, ae u. **-ē,** ēs, *f.* E. [Gemahlin des Amphiaraus, verriet ihn um ein Halsband].

ē-ripiō 3. ripuī, reptus (rapio, § 43) **1. heraus-, fort-, entreißen:** ferrum vaginā *V,* faces de manibus; vocem ab ore loquentis ihm das Wort aus dem Mund nehmen *V.* **2.** entreißen, (weg)nehmen, rauben: ornamenta ex urbibus, pellem iuvenco abziehen *V;* bildl. alicui timorem; vix eripiam, quin verhindern *H;* **occ.** hinraffen: ereptus fato vom Schicksal *VL,* rebus humanis (*dat.*) der Welt entrissen *Cu; abs.* erepto patre *Cu.* **3.** losreißen, retten, befreien, entziehen: eum ex manibus hostium, se hosti fugā *Cu;* eripe fugam rette dir die (Möglichkeit der) Flucht, fliehe rasch *V.*

ērogātiō, ōnis, *f.* (erogo) Auszahlung *T.*

ērogitō, āre ausforschen *C.*   *Frequ.* von

ē-rogō 1. [eigtl. nach rogatio ans Volk, dann privat] verausgaben, ausgeben: pecuniam in sumptūs *L.*

errābundus 3 (erro) umherirrend, -schweifend.

errāticus 3 (erratus) umherirrend, unstet: Delos *O,* stella Planet *Sp.*

errātiō, ōnis, *f.* (erro) das Umherirren, Abweichung, Irrfahrt.

errātor, ōris, *m.* (erro) der Umherirrende *O.*

errātum, ī, *n.* (erro) Irrtum, Fehler.

errātus, ūs, *m.* Irrfahrt *O.*   Von

I. errō 1. **1.** umherschweifen, -irren: stellae errantes Planeten; *trans.* errata litora durchirrt *V; met.* errantes oculi unstet *V,* ignis errat verbreitet sich *O,* dubiis affectibus schwanken *O,* errantes male ferre pedes sich kaum auf den schwankenden Füßen halten können *Ti,* errat tempora circum manus schwirrt *V.* **2. occ.** sich verirren: viā abkommen *V.* **3.** *met.* sich irren, die Wahrheit verfehlen: errabant tempora man irrte sich in der

Zeitrechnung *O;* **occ.** (moralisch) fehlen, irren.

E: ahd. irr(e)ōn 'irren'.   Dav.

II. errō, ōnis, *m.* Landstreicher *H;* **occ.** Treuloser *O.*

error, ōris, *m.* (erro)

   I. **1.** das **Umherirren, -schweifen, Irrfahrt; 2.** *meton. a.* **Irrgang** (konkr.); *b.* **Windung, Krümmung; 3.** *met.* das **Schwanken, Ungewißheit.**

   II. **1.** das **Abirren, Irre-, Fehlgehen;** *occ.* **Fehlschuß; 2.** *met.* **Irrtum, Täuschung;** *occ. a.* **Wahnwitz;** *b.* **Liebeswahn; 3.** *meton.* **Mißgriff, Fehler, Irrtum;** *occ.* (moralische) **Verirrung, Vergehen; 4.** person. **Verblendung.**

   I. **1.** pelagi auf dem Meer *V.* **2. a.** inremeabilis (inextricabilis) *V.* **b.** errorem volvens im Zickzack gehend *L,* implere errore vias Wege voll Windungen bauen *O.* **3.** error, Papiriusne ... an ... *L.* **II. 1.** viae das Verfehlen des Weges *V;* **occ.** iaculum detulit error in Idan *O.* **2.** in errore perseverare, aliquis latet error *V;* mit *gen. obi.* (in bezug auf): nominis, veterum locorum *V.* **a.** fanaticus *H.* **b.** me malus abstulit error *V.* **3.** utriusque vestrum; **occ.** errorem misero detrahe *O.* **4.** temerarius Error *O.*

ē-rubēscō 3. buī rot werden, erröten; **occ.** schamrot werden, sich schämen, sich scheuen; mit *abl., inf.;* iura achten *V;* erubescendus schämenswert *H.*

ērūca, ae, *f.* Wirsing, Kohl, Senfkohl *H.*

ē-ructō 1. (vgl. ἐρεύγομαι) **1.** ausspeien, von sich geben: caedem rülpsend androhen. **2.** *met.* ausstoßen, -werfen: Cocyto (*dat.*) harenam zum C. *V.*

ē-rudiō 4. unterrichten, bilden, lehren; mit *abl.* omnibus eos artibus; prolem artes *O;* percurrere telas *O;* dav. **ērudītus** 3, *adv.* **ē** fein gebildet, fein, kenntnisreich.

E: rudis; 'aus der Roheit herausbringen'.   Dav.

erudītiō, ōnis, *f.* Unterricht, Bildung.

e-rūgō 1. (ruga) von Runzeln freimachen *Sp.*

ē-ruī *pf.* v. eruo.

ē-rumpō 3. rūpī, ruptus **I.** *trans.* **1.** ausbrechen lassen; *refl.* **herausstürzen:** portis se foras; **occ. durchbrechen:** nubem *V,* pontum *T.* **2.** *met.* **auslassen:** iram in hostes *L.* **II.** *intr.* **1.** aus-, hervor-, losbrechen: puris *N,* ex Aetnae vertice *N.* **occ.** einen **Ausfall machen:** portis *SV,* ex castris; in populatores *L;* per hostes sich durchschlagen *L. met.* **2.** aus-, losbrechen: furor, seditio erupit *LT,* coniuratio ex latebris kam ans Licht, ad minas *T.* **3.** ausschlagen, übergehen, endigen: in perniciem *LT,* ad ultimum seditionis *L.*

ē-ruō 3. ruī, rutus **1.** heraus-, ausgraben: pinum *V;* oculos, segetem ausreißen *VO.* **occ. a.** aufgraben, -reißen, -wühlen: humum, aquam *O,* latus hastā durchbohren *O.* **b.** zerstören: regnum *V,* civitatem *T.* **2.** *met.* aufstöbern, -suchen, ausfindig machen, ermitteln: ex vetustate memoriam, sacra annalibus *O;* viros imbelles ex latebris *Cu.*

e-rūpī *pf.* v. erumpo.

ēruptiō, ōnis, *f.* (erumpo) **1.** Ausbruch: Aetnaeorum ignium. **2. occ.** Ausfall: in provinciam Vorstoß.

eruptus *pt. pf. pass.* v. erumpo.

erus, ī, *m.* Hausherr, Herr, Gebieter.

ērutus *pt. pf. pass.* v. eruo.

ervum, ī, *n.* Erve [eine Wickenart] *VH.*
E: vgl. ὄροβος, ahd. araweiz 'Erbse'.

Erycīnus, Erycus s. Eryx.

Erymanthus, ī, *m.* **1.** E. [Gebirge im NW. Arkadiens] *VHO; adi.* **Erymanthius** 3; *fem.* **Erymanthis**, idis: ursa = Kallisto *O.* **2.** E. [Nebenfl. des Alpheus] *O.*

Erysichthōn, onis, *m.* (§ 93) E. [Thessalier, Sohn des Triopas; wird wegen seines Frevels im Hain der Ceres von dieser mit unstillbarem Hunger bestraft, verzehrt sich zuletzt selbst] *O.*

Erythēïs, idis, *f.* von Erythēa [einer Insel bei Gades]: praeda die Rinder des Geryones *O.*

Erythrae, ārum, *f.* **1.** E. [St. gegenüber v. Chios]; *adi.* Erythraea: terra; *subst.* die erythräische Halbinsel; Einw. Erythraeī *L.* **2.** E. [St. in Ätolien] *L.*

Eryx, Erycis u. **Erycus**, ī, *m.* E. [**1.** Berg u. St. an der Westküste Siziliens mit Venuskult]; *adi.* **Erycīnus** 3 (§ 75): (Venus) Erycina. **2.** Eryx [Heros des Ortes, Sohn der Venus] *VO.*

es, esse, essem, est, estis, estur s. auch NB v. I. edo.

esca, ae, *f.* (edo) Speise, Futter; *occ.* Köder; dav. **escārius** 3 Speise-, Eß-: vasa *Sp. occ.* ködernd *C.*

ē-scendō 3. scendī, scēnsus (scando, § 43) **1.** hinauf-, emporsteigen: in navem sich einschiffen *N*, in equos *L.* **2.** *occ.* (von der Küste) hinauf ziehen: Pergamum *L.* **3.** *trans.* besteigen: Oetam *L*, equos *S.* Dav.

ēscēnsiō, ōnis, *f.* Landung *LCu.* Und

I. ēscēnsus, ūs, *m.* Ersteigung, Aufstieg *T.*

II. ēscēnsus *pt. pf. pass.* v. escendo.

escit, escunt (*incoh.* zu esse, vgl. ἔσκε) arch. = erit, erunt.

esculentus 3 (esca) eßbar; frusta Speisebrocken.

ēsculētum, ēsculeus, ēsculus s. aescul...

Ēsquilius 3 (von ex u. colo, § 17) 'vorstädtisch'; mons der esquilinische Hügel, Esquilin [im Nordosten Roms, außerhalb der servianischen Mauer] *O; subst.* **Ēsquiliae**, ārum, *f.* 'Vorstadt' auf dem Esquilin; *adi.* **Ēsquilīnus** 3 (§ 75; vgl. inquilinus): porta *LT*; campus [urspr. Friedhof u. Richtplatz (Esquilinae alites Raben *H*), dann Park] *H.*

essedārius, ī, *m.* Wagenkämpfer.   Von

essedum, ī, *n.* u. **esseda**, ae, *f. Sp.* **1.** Streitwagen [keltischer Völker]. **2.** Reisewagen.

essitō, āre (*frequ.* zu edo) zu essen pflegen *C.*

es(s)uriō 4. (*desid.* v. edo) essen wollen, Hunger haben, hungern; *met.* quod nobis esuriatur wonach ich begehre *O.*

ēsuriālēs feriae Hungerferien *C.*   Von

ēsuriēs, ēī, *f.* Hunger.

esurio s. essurio.

ēsus *pt. pf. pass.* v. I. edo.

Esuviī, ōrum, *m.* die E. [kelt. Volk in der Normandie].

et (gr. ἔτι) *coniunct.*

I. Grundbed.: **auch.**
II. 1. **und**; 2. *occ. a.* **sondern, aber**; *b.* **wie, als.**

I. Vgl. etsi; et illud videndum; fecerat et (ferner) lu-

---

pam *V*; et etiam, et quoque auch noch, nec non et und auch *V.*

II. 1. a. satzbindend: valetudo efficit, ut dolore careamus et muneribus corporis fungamur. **b.** bei Wortnegation **et non** (Gegs. neque; negiert Satz): dicam eos miseros, qui nati sunt, et non eos, qui mortui sunt. **c.** wiederholt: **et—et** (et-que) **sowohl—als auch**; legatique et tribuni *L*; et—nec einerseits ... andererseits nicht; nec... et nicht nur nicht ... sondern. **d.** bei Wiederaufnahme des Gesagten: errabas, Verres, et vehementer errabas und zwar. **e.** nicht zu übersetzen nach multus, paucus, unus: multae et magnae res viele bedeutende. **2.** *occ.* **a.** nach negativem Satz kann et mit 'sondern' wiedergegeben werden: populi potentiae non amicus et optimatium fautor erat *N.* **b.** nach Wörtern, die eine Gleichheit ausdrücken: par, idem, similis u. a.: nisi aeque amicos et nosmet ipsos amemus ebenso... wie.

et-enim *coniunct.* ja auch, ja doch, nämlich, allerdings, denn (in Prosa am Satzanfang, dicht. auch nachstehend).

etēsiae, ārum, *m.* (ἐτησίαι, § 91, Abs. 2) 'Jahreswinde', Etesien [die in den Hundstagen auf dem Ägäischen Meer gleichmäßig wehenden trockenen Nordwestwinde].

ēthologus, ī, *m.* (ἠθολόγος) Possenreißer.

etiam (aus *et-iam, vgl. quon-iam) *coniunct.*

---

1. **auch noch, noch, noch immer**; *occ.* (wiederholend) **nochmals, noch einmal, wieder.**
2. **auch, ferner, außerdem, dazu**; *occ.* **wohl, ja**;
3. (steigernd) **sogar, selbst, noch obendrein, überdies, außerdem.**

---

1. etiamque tremens, etiam inscius *V*, in ambiguo est etiam *C.* Vbdn. **a.** etiamnunc, etiamnum auch jetzt noch, noch immer. **b.** etiamtum, etiamtunc damals noch. **occ.** etiam atque etiam immer wieder, mehr als einmal, wiederholt. **c.** etiam-dum auch jetzt noch *C.* **2.** praeclara oratio, egregia etiam voluntas; multa etiam sunt ducta a Pythagoreis. Bes. **non modo** (non)... **sed etiam** nicht nur (nicht)... **sondern auch** (sogar). **occ.** misericordia commotus ne sis; etiam jawohl, aut 'etiam' aut 'non' respondere 'Ja' oder 'Nein'. **3.** scimus abesse musicen a principis persona, saltare etiam in vitiis poni *N*, auxilia etiam a Romanis petere *N*; beim *comp.* = noch: etiam magis noch mehr *N*; vor Sätzen: etiam cum in officio non maneret sogar da noch, als *N.*

etiam-num, etiam-nunc s. etiam 1. a.

etiam-sī, auch etiam sī (gesteigertes et-si) *coniunct.* wenn auch, wenn schon, auch falls, selbst wenn; meist mit *ind.*

etiam-tum, etiam-tunc s. etiam 1. b.

Etrūria, ae, *f.* Etrurien, Toskana; *adi.* u. Einw. **Etruscus.**

et-sī (vgl. et I.) *coniunct.* auch wenn, wenn auch, wenngleich, obschon, obwohl; meist mit *ind.*; ohne Nachsatz: jedoch, doch.

eu (εὖ, § 91, Abs. 2) *interi.*, verstärkt **euge (-ae), eugepae** gut! schön! brav! recht so!

Euadne   162   **evenio**

Euadnē, ēs, *f.* Eu. [Tochter des Iphis, Gattin des Kapaneus, warf sich bei seinem Tod in den für ihn errichteten Scheiterhaufen] *VPrO.*

ēuax *interi.* juchhe! *C.*

Euboea, ae, *f.* Euböa [Insel östl. v. Mittelgriechenland]; *adi.* **Euboïcus** 3: Anthedon, Aulis Euböa gegenüberliegend *O*; urbs Cumae [eine euböische Kolonie] *O*; *meton.* carmen Spruch der Sibylle von Cumae *O.*

Euclīdēs, is, *m.* (Εὐκλείδης) Euklid [gr. Mathematiker in Alexandria um 300].

eudaemōn (εὐδαίμων) glücklich, reich: Arabia *Sp.*

Eudosēs, um, *m.* die Eu. [germ. Volk in Jütland] *T.*

Euēnus, ī, *m.* Eu. [Fl. in Ätolien]; *adi.* **Euēnīnus** 3 *O.*

eu-gae, eu-ge, euge-pae s. eu.

Euhān Eu. [εὐάν bacchischer Jubelruf; Beiname des Bacchus] *O*; dav. **euhāns**, antis: orgia unter Jubel feiernd *V.*

Euhias, Euhius, euhoe s. euoe.

Eumenidēs, um, *f.* die Eumeniden = Furiae.

E: Εὐμενίδες 'die Wohlwollenden'.

Eumolpus, ī, *m.* Eu. [aus Thrakien, Gründer der Mysterien in Eleusis] *O.* Dav. **Eumolpidae**, ārum, *m.* die Eu. [athenische Priesterfamilie] *NT.*

eumpse (vgl. ipse = *is-pse) = eum ipsum *C.*

eunūchus, ī, *m.* (εὐνοῦχος) Eunuch, Kastrat.

ēuoē u. **ēuhoē** (εὐοῖ, § 91, Abs. 2) juchhei! juhe! [Jubelruf der Bacchantinnen]; dav. **Euius, Euhius**, ī, *m.* Eu. [Beiname des Bacchus]; **Euias, Euhias**, adis, *f.* Bacchantin *H.*

Euphoriōn, ōnis, *m.* Eu. [Dichter aus Chalkis um 250].

Euphrātēs, is (ī, ae), *m., acc.* ēn Eu. [**1.** der Euphrat. **2.** stoischer Philosoph *Pli*].

Eupolis, idis, *m.* Eu. [Dichter der älteren attischen Komödie].

Eurīpidēs, is (ī), *m., acc.* ēn u. em Eu. [Tragödiendichter in Athen, 480—406]; *adi.* **Eurīpidēus** 3.

eurīpus, ī, *m.* (εὔριπος) **1.** Meerenge; **occ.** Euripus [Meerenge zwischen Böotien u. Euböa]; *met.* Wassergraben, Kanal.

Eurōmus, ī, *f.* Eu. [St. in Karien]; Einw. **Eurōmēnsēs**, ium, *m. L.*

Eurōpa, ae oder **-ē**, ēs, *f.* (Εὐρώπη) E. [**1.** der Erdteil Europa. **2.** Tochter des phönikischen Königs Agenor, von Zeus in Stiergestalt nach Kreta entführt *O*]. *Adi.* **Eurōpaeus** 3 europäisch; v. der Europa stammend: dux Minos *O.*

E: vgl. sem. ereb 'Abendland'.

Eurōtās, ae, *m.* Iri [Hauptfluß von Lakonien].

eurus, ī, *m.* (εὖρος) SO-Wind; *adi.* **eurōus** 3 südöstlich: fluctus *V.*

Eurydicē, ēs, *f. acc.* ēn u. em Eu. [Gattin des Orpheus] *O.*

Eurystheūs, eī, *m.* Eu. [König in Mykenae, auf dessen Befehl Herkules seine Arbeiten ausführte].

euschēmē (εὐσχήμως) *adv.* mit Anstand *C.*

Euterpē, ēs, *f.* (Εὐτέρπη) Eu. [Muse der Tonkunst] *H.*

Eutrapelus s. Volumnius.

Euxīnus 3 (εὔξεινος) gastfreundlich: Pontus das Schwarze Meer; *meton.* undae *O.*

ē-vādō 3. vāsī, vāsūrus

I. *intr.* 1. **herausgehen, -kommen**; *occ.* **hinaufsteigen, emporklimmen**; 2. **entkommen, entschlüpfen, entrinnen**; 3. *met.* **ausgehen, ausfallen, enden**; *occ.* (von Personen) **sich** zu etw. **entwickeln**, etw. **werden**, (als etw.) **hervorgehen.**
II. *trans.* 1. **zurücklegen, durchgehen**; *occ.* *a.* **passieren**; *b.* **erklimmen, ersteigen**; 2. **entkommen, entgehen.**

I. 1. oppido *S*, puteo *Ph*, ex illis sedibus in haec loca, in terram landen *LCu*, in mare fließen *Cu.* **occ.** ad auras *V*, in muros *L*, inter virgulta *S.* **2.** e v a s t i (= evasisti): credo … cavebis *H*, (e) periculo *L*, ab iudicibus, pugnae *V*; ante ora parentum sich zu den Eltern retten *V.* **3.** quorsum (haec) evaderent wie das enden sollte *N*, hucine beneficia tua evasere? so weit ist es mit … gekommen? *S*, pestilentia in morbos evadit endigt in *L.* **occ.** (mit dopp. *nom.*) oratores zu Rednern. **II. 1.** viam, spatium *V.* **a.** evaserant media castra waren über … hinausgegangen *L*, amnem *T.* **b.** ardua die Höhe *L.* **2.** casus omnes *VT*, necem *Ph.*

ē-vagor 1. **1.** umherschweifen: effuse *L*; evagata est vis morbi verbreitete sich *L*, longius ausschweifen **occ.** schwenken: spatium ad evagandum *L.* **2.** *trans.* überschreiten: ordinem rectum *H.*

ē-valēscō 3. luī **1.** erstarken, wachsen, zunehmen: adusque bellum *T*, in tumultum *T*; **occ.** in Gebrauch kommen: nationis nomen *T.* **2.** *pf.* vermögen, imstande sein (mit *inf.*): evincere sonum *H.*

ē-vānēscō 3. nuī verschwinden, vergehen, sich verflüchtigen, sich verlieren: orationes evanuerunt sind verschollen.   Dav.

ēvānidus 3 entschwindend, zergehend *O.*

ē-vānuī *pf.* v. evanesco.

ē-vāsī *pf.* v. evado.

ē-vāstō 1. gänzlich verwüsten *L.*

ēvāsūrus *pt. fut.* v. evado.

ē-vehō 3. vēxī, vectus **1.** hinausführen, fortschaffen: ex planis locis aquas *L*; **occ. a.** emporführen, erheben: ad aethera *V*, ad consulatum *T.* **b.** losstürzen auf: in hostem *Cu.* **2.** *med.* hinausfahren, -reiten, -segeln: equo *L*; *refl.* se losstürzen *L*; e Piraeo eloquentia evecta est ging aus. **occ. a.** über … hinausfahren (*trans.*): insulam *Cu*, os amnis an der Mündung vorbei *Cu*; *met.* fama evecta insulas drang … hinaus *T*, modum überschreiten *T*, spe vanā, inconsultius zu weit gehen *L.* **b.** hinauffahren: in collem carpento *L.*

ē-vellō 3. vellī, volsus, jünger vulsus **1.** aus-, herausreißen: spinas agro *H*, hastam ex corpore *Cu.* **2.** *met.* wegschaffen, tilgen: consules ex fastis.

ē-veniō 4. vēnī, ventūrus, *coni. pr.* evenat *C.* **1.** heraus-, hervorkommen: pax evenerat *S*, ea rei p. forma kommt zustande *T*; **occ. zufallen:** ipsi Numidia evenerat *S.* **2.** *met.* ausfallen, ausgehen, ablaufen: res feliciter, pugna adversa si evenit *L*, bonis male den Guten geht's schlecht; **occ. eintreffen**, in Erfüllung gehen: utinam istud evenisset *N.* **3.** sich **ereignen, eintreten, geschehen, begegnen:** accidunt mala, contingunt bona, eveniunt utraque.   Dav.

eventum   163   **ex**   **E**

ēventum, ī, *n.* **a. Ausgang, Erfolg:** aliorum eventis doceri *T.* **b. Ereignis:** eventorum memoria.

eventūrus *pt. fut.* v. evenio.

ēventus, ūs, *m.* (evenio) **1. Ausgang, Erfolg:** belli; ducis Tat *V*; duorum militum des Kampfes der beiden Soldaten *L.* **occ. a. günstiger Erfolg,** das **Gelingen:** nec eventus defuit *T.* **b. Abschluß, Ende:** ad eventum festinare *H*; Lebensende: horum *O*, eventūs illos merere *O.* **2. Vorfall, Ereignis:** valetudinis; **occ. Schicksal, Geschick, Los:** navium; Decii *L.*

ē-verberō 1. **1.** emporschlagen: fluctūs *Cu.* **2.** (zer)schlagen: os *Cu*; clipeum *V.* **3.** abschütteln: cineres alis *O.*

ēverriculum, ī, *n.* (ē-verro) Kehrbesen.

ēversiō, ōnis, *f.* (everto) das Umwerfen: columnae; **occ.** Zerstörung, Umsturz, Vernichtung.

ēversor, ōris, *m.* Zerstörer.   Von

ē-vertō 3. tī, sus **1. umwerfen, -drehen, -stürzen:** currūs *Cu*, naviculam, eversa pharetra leer *O*, pinum, nemora fällen *V*; **occ. a. aufwühlen:** aequora *V.* **b. zerstören:** domum, Pergama *V.* **2.** *met.* **vernichten, untergraben:** rem p., leges, eversum saeclum zerrüttet *V.* **occ. stürzen, zu Fall bringen, ruinieren:** provincias; mit *abl.* um etwas bringen.

ē-vēstīgātus 3 (vestigo) erforscht *O.*

ē-vēxī *pf.* v. eveho.

ē-vīcī *pf.* v. evinco.

ēvictus *pt. pf. pass.* v. evinco.

ēvidēns, entis, *adv.* **enter** augenscheinlich, einleuchtend, klar, offenbar.

E: v. evideri: 'herausscheinend'.

ē-vigilō 1. **1.** aufwachen *Sp.* **2.** wachen. **3.** *trans.* bei Nacht ausarbeiten: libros *O*; *met.* consilia genau erwägen.

ē-vīlēscō 3. luī (vilis) wertlos werden *T.*

ē-vinciō 4. vinxī, vinctus **1.** binden, fesseln *Ti.* **2.** umbinden, umwinden.

ē-vincō 3. vīcī, victus **1.** gänzlich **besiegen,** völlig **überwinden:** omnia alle Schwierigkeiten *L*, ulmos verdrängen *H*; Scyllam, litora, fretum über... hinauskommen *O*; moles durchbrechen *V.* *met.* **2. durchsetzen;** mit ut *L*; **occ. dartun, klarlegen;** mit *acc. c. inf. H.* **3. überreden, bewegen, erweichen:** evinci lacrimis *V*, donis *T* sich bewegen lassen, ad miserationem sich erweichen lassen *T.*

ēvinctus *pt. pf. pass.* v. evincio.

ē-vinxi *pf.* v. evincio.

ē-vīscerō 1. (viscera) 'ausweiden'; terras auswaschen *Sp*; d i c h t. zerfleischen, zerreißen.

ēvītābilis, e vermeidbar *O.*   Von

I. ē-vītō 1. vermeiden, ausweichen: metam umfahren *H*; *met.* imperium sich entziehen.

II. ē-vītō, āre (vita) das Leben rauben *Ennius.*

ēvocātor, ōris, *m.* Aufwiegler: servorum   Von

ē-vocō 1.

I. 1. heraus-, hinausrufen; *occ. a.* (Tote) **erwekken,** (aus der Unterwelt) **zitieren;** *b.* (Gottheiten) **zur Auswanderung auffordern;** 2. *met.* **hervorrufen, erwecken, erregen.**

II. 1. aufrufen, berufen, vorrufen, vorladen; *occ.*

---

a. (zum Kriegsdienst) **aufrufen, aufbieten;** *b.* (Truppen) **abberufen, beordern;** 2. *met.* (zu Amt u. Ehren) **berufen, bringen.**

I. 1. eum e curia *L*, nostros ad pugnam; cantibus Auroram *O*; milites longius zu weit locken. **a.** Metellos ab inferis. **b.** deos votis ex urbe sua *L.* **2.** misericordiam; cogitationes in medium *L.* **II. 1.** eum ad colloquium *L*, ad se senatum, magistratūs. **a.** viros fortes nominatim, decuriones ex municipiis; *subst.*

ēvocātī, ōrum, *m.* **Veteranen** [die in gefährlichen Lagen wieder aufgeboten wurden]. **b.** omnes ad collem muniendum, equites undique. **2.** ad eum honorem, familiam e tenebris in lucem.

ē-volō 1. āvī **1.** heraus-, hervorfliegen; **occ.** emporfliegen, sich emporschwingen. *met.* **2.** herauseilen, rasch hervorbrechen: ex omnibus partibus silvae, rus ex urbe. **3.** enteilen, entfliehen: e conspectu, e corporis vinculis.

ēvolsiō s. evulsio.

ēvolsus *pt. pf. pass.* v. evello.

ē-volvō 3. volvī, volūtus **I. 1.** hinauswälzen, -rollen: speciem (anguis) evolutam *L*, silvas von sich abwälzen *O*, fusos e v o l ū i s s e zu Ende spinnen *PrO.* **occ. hinausströmen lassen:** fluctūs in litus *Cu*; *refl.* se in mare *V*; b i l d l. ad aures militum dicta evolvebantur gelangten hinaus zu *L.* *met.* **2. herauswickeln, -helfen:** integumentis entkleiden, se (ex) turbis *T.* **3. hinaustreiben, verdrängen:** illos ex praeda berauben *L*, sede patriā *T.* **II. 1. auseinander-, aufrollen:** vestes *O.* **occ.** (Bücherrollen) **aufschlagen:** librum studieren, antiquitatem *T.* **2.** *met.* **entwickeln, klar machen, darstellen, erzählen:** complicatam notionem; seriem fati *O*, haec sub antris überlegen *V.*

ē-vomō 3. muī, mitus **1.** ausspeien: conchas. **2.** *met.* ausstoßen, -werfen: fumum *V*, harenam *Cu*, haec (Worte) in illum.

ē-vulgō 1. **1.** bekannt machen: civile ius *L*, iniurias *T.* **2. occ.** preisgeben: arcanum *T.*

ēvu(o)lsiō, ōnis, *f.* (evello, § 50) das Ausreißen: dentis Ziehen.

ēvulsus (jünger) *pt. pf. pass.* v. evello.

ex, daraus **ē** (ἐκ, ἐξ. Vor Konsonanten auch **ec:** ec-fari *Ennius.* Vor Tenues bleibt **ex,** wird zu **ē** vor Liquiden, Medien und Halbvokalen, § 30, Abs. 2; vor f assimiliert, § 33: effugio; s braucht nach x nicht geschrieben zu werden: exilium neben exsilium) *praep.* beim *abl.*

I. räumlich 1. aus, hinaus, heraus; 2. *occ. a.* **aus ... herab, aus ... hinab;** *b.* **aus ... herauf, aus ... hinauf;** *c.* **von** (einem Punkt) **aus;** *d.* (die Herkunft bezeichnend) **aus, von.**

II. *met.* bezeichnet es: 1. bei den Begriffen des N e h m e n s und E m p f a n g e n s den Ausgangspunkt: **von, aus;** 2. bei p a r t i t i v e m Verhältnis das Ganze: **von, aus, unter;** 3. den S t o f f: **aus;** 4. den Z u s t a n d, den man verläßt: **aus;** 5. den G r u n d, die U r s a c h e: **aus, infolge, wegen, durch, an** u. a.; 6. den S t a n d p u n k t einer Handlung oder eines Urteils: **nach, unter Berücksichtigung von, in Hinsicht**

exacerbo 164 **exardesco**

---

auf; 7. in selbständigen Adverbialausdrücken.
III. zeitlich 1. von... an, seit; 2. von... aus,
unmittelbar nach, sogleich nach.

I. 1. e civitate expulsus *N*, exire e vita sterben, aditus ex alto von der Seeseite. **2. a.** desilire ex essedis, prospicere e summo *V.* **b.** collis ex planitie editus, surgere e lectulo. **c.** lucus ex insula (e fluctu *V*) conspiciebatur *N*, ex arido vom Land aus, ex hoc loco dicere an dieser Stelle, ex equis conloqui zu Pferd, ex vinculis causam dicere in Fesseln, ex diverso von verschiedener Richtung *V*, laborare ex pedibus ein Fußleiden haben; **über:** victoriam ferre (reportare) ex Samnitibus *L*, triumphare ex Sabinis *L*; victoria ex *L.* **d.** soror ex matre mütterlicherseits, ex Hispania quidam, puer ex aula Page *H*, e plebe esse *Cu.*

II. 1. ex oppido signa tollere, fructus capere ex otio; quaere hoc ex Clodio, ex sermone intellexit. **2.** unus ex filiis, aliquid ex hac indole *Cu*, pars ex Rheno ein Rheinarm, ex primo hastato aus dem ersten Manipel der Hastatenabteilung. **3.** glandes ex argilla, Cupido e marmore; muros ex hostium praeda restituerat *N*, vivere ex rapto von Raub *OCu.* **4.** ex bello otium conciliavit *N*, nymphas e navibus esse iusserat aus Schiffen in Nymphen verwandeln *V.* **5.** ex quo fit, efficitur, accidit, ut daher kommt es, daß, **ex ea re, qua ex re, ex ea causa** u. a. **daher, deshalb, deswegen;** Liger ex nivibus creverat infolge der Schneefälle, ex vulnere mori (perire) *L*, ex nuntiis cunctari auf... hin *T*; ohne *verb.* ex hostibus clades *L*, nulla culpa ex principe von seiten des ... *T*; ex senatus consulto (sententiā *S*) aufgrund, kraft, gemäß, ex litteris infolge eines amtlichen Berichtes, ex pacto, ex more (consuetudine) nach dem Brauch, ex ordine nach der Regel *V.* **6.** e re p. zum Nutzen des Staates *N*, e mea, tua, sua (eius) re zu... Vorteil, ex eius iniuria zu seinem Schaden *L*, ex sententia nach Wunsch, ex usu est gereicht zum Vorteil. **7.** ex parte teilweise, magna ex parte zu einem Großteil, ex improviso unversehens, ex insperato, inopinato unverhofft, ex adverso, e contrario im Gegenteil, e regione gegenüber, e vestigio sogleich, e natura naturgemäß, ex memoria auswendig, ex vero wahrhaft *S*, ex professo ausdrücklich, ex facili leicht *O.*

III. 1. ex illo seit jener Zeit *V*, ex quo seitdem; ex Metello consule seit dem Konsulat des M. *H*, ex longo seit langem *V.* **2.** ex labore se reficere, ex imbri serena prospicere nach Regen Sonnenschein *V*, animus requiescit ex miseriis *S*, diem ex die von Tag zu Tag, Tag für Tag, aliud ex alio eins nach dem andern.

ex-acerbō 1. völlig erbittern, hart treffen *LPli.*

exāctiō, ōnis, *f.* (exigo) **1.** Vertreibung: regum. **2.** Einhebung: pecuniae *L*; *meton.* Einnahme, Steuer.

exāctor, ōris, *m.* (exigo) **1.** Vertreiber: regum *L.* **2.** Eintreiber, Steuereinheber; bildl. promissorum *L.* **3.** Ausführer, Vollstrecker: supplicii *L.*

I. exactus *pt. pf. pass.* v. exigo.

II. exāctus 3 (exigo) genau, sorgfältig, vollkommen.

ex-acuō 3. acuī, acūtus **1.** spitzen, wetzen, schärfen.

2. *met.* reizen, anspornen, aufstacheln: palatum *O*, regem adversus Romanos *N.*

ex-adversum u. **-us** (§ 68) gegenüber; *adv.* u. *praep.* beim *acc.*

exaedificātiō, ōnis, *f.* Aufbau; *met.* vollkommene Ausführung. Von

ex-aedificō 1. **1.** ausbauen: oppidum; bildl. ignaviam vollenden *C.* **2.** fertigstellen, aufbauen: templa *L*, urbem, navigia *Cu.* **3.** hinausbefördern: ex aedibus *C.*

ex-aequātiō, ōnis, *f.* völlige Gleichstellung *L.* Von

ex-aequō 1. **1.** gleichmachen, ausgleichen: facta dictis die Taten den Worten entsprechend darstellen *S.* **2.** gleichstellen, vergleichen: se cum inferioribus, se diis *Cu.* **3.** *intr.* gleichkommen *Pli.*

ex-aestuō 1. āvī **1.** aufwallen, branden: exaestuat fretum *V.* **2.** *met.* aufwallen, aufbrausen: dolor exaestuat intus *O*, ignis erglüht *O.*

exaggerātiō, ōnis, *f.* Erhebung: animi. Von

ex-aggerō 1. **1.** zu einem Damm aufschütten: planitiem *Cu*, spatium ausfüllen *Cu.* *met.* **2.** aufhäufen: rem familiarem, opes. **3.** steigern, vergrößern: artem oratione stärker hervorheben, exaggerata altius oratio schwungvoller.

exagitātor, ōris, *m.* Tadler. Von

ex-agitō 1. **1.** aufjagen, hetzen, verfolgen: exagitatus a tota Graecia *N.* occ. **a.** beunruhigen, quälen: a Suebis exagitati; quos conscius animus exagitabat *S.* **b.** mißbilligen, tadeln: convicio, Demosthenem verspotten, dicendi exercitationem. **2.** aufregen, aufreizen, erregen: res exagitata die nicht zur Ruhe kam *S*, seditionibus rem p. *S*, odium *T*; exagitatus orator angeregt.

ex-albēscō, ere (albus) erblassen.

ex-alūminātus 3 alaunfarbig *Sp.*
E: alūmen 'Alaun'.

examen, inis, *n.* (§ 30, Abs. 2) **1. Schwarm:** apum. **2. Haufen, Schar:** iuvenum *H.* **3.** das **Zünglein** an der Waage *V.* **4.** *meton.* **Untersuchung, Prüfung:** legum *O.* Dav.

exāminō 1. **1.** abwägen. **2.** *met.* prüfen, untersuchen.

ex-amussim *adv.* genau *C.*
E: amussis 'Richtschnur'.

exanclō 1. ertragen, aushalten.

exanimātiō, ōnis, *f.* (exanimo) das Entsetzen, Angst.

ex-animis, e u. [seltener] **-us** 3 **1.** entseelt, tot. **2.** entsetzt (nur -is). Rückgebildet (§ 76) aus

ex-animō 1. **I. 1.** den Atem nehmen. *pt. pf. pass.* atemlos: cursu; bildl. verba gelispelt. **2.** *meton.* betäuben, entsetzen, erschrecken, aus der Fassung bringen. **II. 1.** entseelen, töten: se taxo sich vergiften. **2.** *met.* peinigen: querellis *H.*

ex-animus 3 s. exanimis.

ex-ārdēscō 3. ārsī, ārsūrus **1.** sich entzünden; occ. sich erhitzen: exarsit sidere limus *O.* *met.* **2.** entbrennen, auflodern: bellum exarsit, dolor ossibus *V*, benevolentiae magnitudo exardescit. **3.** [von Personen] entbrennen, erregt werden: libidinibus *T*, in seditionem sich hinreißen lassen *L.* occ. **a.** ergrimmen: iudices exarserunt. **b.** in Liebe erglühen: in Silium *T.*

exaresco 165 **excio** E

ex-ārēscō 3. āruī **1.** (ganz) austrocknen: fauces. **2. occ.** gänzlich versiegen: fontes. **3.** *met.* gänzlich verschwinden: flos ubertatis exaruit.

ex-armō 1. entwaffnen *T*; *met.* entkräften *Pli.*

ex-arō 1. **1.** erackern, [durch Ackerbau] erarbeiten: tantum frumenti. **2.** durchfurchen: frontem rugis *H*; *met.* schreiben: hoc litterularum; librum *Ph.*

ēx-ārsī *pf.* v. exardesco.

exārsūrus *pt. fut.* v. exardesco.

ex-āruī *pf.* v. exaresco.

ex-asperō 1. **1.** völlig **rauh machen:** fauces *PliSp.* met. **2. aufwühlen:** fretum *O.* **3.** *pass.* **verwildern:** tot malis exasperati *L.* **4. aufhetzen, erbittern:** Ligures *L,* criminibus animum *L;* feritatem steigern *Sp.*

ex-auctōrō 1. (milit.) verabschieden, entlassen: milites se exauctorant quittieren den Dienst *L;* **occ.** in die Reserve stellen: qui sena dena (stipendia) fecissent *T.*

ex-audiō 4. **1.** (deutlich) hören, vernehmen: monitor non exauditus ungehört *H.* **2.** erhören: preces *O.*

exaugurātiō, ōnis, *f.* Aufhebung der Weihe, Entweihung *L.* Von

ex-augurō 1. der Weihe entkleiden, profanieren *L.*

ex-auspicō 1. āvī unter guten Vorzeichen herauskommen *C.*

ex-bibō = ebibo *C.*

ex-caecō 1. blenden; (Quellen) verstopfen *O.*

excandēscentia, ae, *f.* das Aufbrausen, Jähzorn. Von

ex-candēscō 3. duī entbrennen.

ex-cantō 1. hervor-, herabzaubern *HPr.*

ex-carnificō 1. zu Tode martern.

ex-cavō 1. aushöhlen.

ex-cēdō 3. cessī, cessūrus, *coni. pf.* excessis = excesseris *C* **I.** (*intr.*) **1. herausgehen, sich entfernen:** (ex) finibus, (ex) proelio verlassen, ad deos versetzt werden *Cu;* *met.* **scheiden:** (ex) vitā sterben; *abs. T;* bildl. reverentia excessit animis *Cu,* palmā auf den Preis verzichten *V,* possessione aufgeben *L,* e memoria entschwinden *L.* **2. heraustreten:** rupes excedit ragt empor *Cu;* *met.* (über eine Grenze) **hinausgehen:** tantum clades excessit ragte so hervor *T,* ex pueris aus dem Knabenalter treten, in annum Flaminii in das Konsulat des Fl. fallen *L,* ad enarrandum abschweifen *L,* eo laudis zu solchem Ruhm gelangen *T;* **occ.** in certamen (altercationem) übergehen *L.* **II.** (*trans.*) **1. verlassen, räumen:** urbem *L.* **2.** *met.* **über** etwas **hinausgehen, überschreiten:** modum *LCu,* equestre fastigium die Ritterwürde *T.*

excellēns, entis, *adv.* **enter** (excello) hervorragend, vorzüglich, vortrefflich, ausgezeichnet, herrlich. Dav.

excellentia, ae, *f.* Vorzug, Vorzüglichkeit, Vortrefflichkeit; *meton. pl.* hervorragende Persönlichkeiten.

ex-cellō, ere, Nbf. **-eō** 2. *Cu* hervorragen, sich hervortun, sich auszeichnen: pulchritudine, in arte; mit inter, praeter, super; mit *dat.* übertreffen. Dav. **excelsus** 3, *adv.* **ē** (vgl. celsus) **1. emporragend, hoch, erhaben:** mons. **2.** *met.* **erhaben:** animus; *subst.* **excelsum,** ī, *n.* **1.** in excelso auf einer hohen Stelle. **2.** *met.* **Höhe, hoher Rang:** excelsa spectare nach hohen Würden streben *L.*

E: *cello 'ragen'.* Dav.

excelsitās, ātis, *f.* Höhe; *met.* Erhabenheit.

excelsus, excelsum s. excello.

ex-cēpī *pf.* v. excipio.

exceptiō, ōnis, *f.* (excipio) **1.** Ausnahme, Einschränkung: sine (ulla) exceptione. **2. occ.** Einwand, Protest [gegen den Kläger]: illi exceptionem dare.

exceptō, āre (*frequ.* v. excipio) aufnehmen; ore auras einatmen *V.*

exceptus *pt. pf. pass.* v. excipio.

ex-cernō 3. crēvī, crētus aussondern, -scheiden *VL.*

ex-cerpō 3. psī, ptus (carpo, § 43) **1. herausnehmen:** semina pomis *H.* met. **2. auswählen:** ex malis si quid inest boni; **occ. herausheben:** paucos *Q.* **3. herausschreiben, exzerpieren:** verba ex orationibus *Q,* nomina ex tabulis *L.* **4. ausnehmen, ausscheiden:** (de) numero.

ex-cessī *pf.* v. excedo.

excessurus *pt. fut.* v. exedo.

excessus, ūs, *m.* (excedo) **1.** das Ableben, Tod *TSp.* **2.** (*rhet.*) Abschweifung, Digression *TPli.*

excetra, ae, *f.* Schlange; auch *met.* [böses Weib] *L.*

I. ex-cidī *pf.* v. I. excido.

II. ex-cīdī *pf.* v. II. excīdo.

excidium, ī, *n.* Fall, Untergang, Vernichtung, Zerstörung: Troiae Trümmer, Ruinen *V.* Von

I. ex-cidō 3. cidī (cado, § 41) **1. heraus-, entfallen:** puppi *V,* e corpore; **occ. fallen:** vox per auras excidit klang herab *V,* sors, nomen fiel (aus der Urne) *L,* primo aevo starb *Pr,* metu sank (ohnmächtig) hin *O.* met. **2. entfallen, entschlüpfen:** verbum (ex) ore, vinclis *V.* **3. vergehen, untergehen, verloren gehen, entschwinden:** nomen ab aevo *Pr,* vera virtus *H;* in vitium ausarten zu *H;* **occ.** (dem Gedächtnis) **entfallen, entschwinden:** (ex) animo *VL,* de memoria *L;* *abs. OQ;* excidit, ut peterem ich vergaß zu bitten *O.* **4.** (mit *abl.*) **um** etw. **kommen, verlieren:** regno *Cu;* ausis nicht durchsetzen *O.*

II. ex-cīdō 3. cīdī, cīsus (caedo, § 43) **1.** (her)aushauen, -schneiden, abhauen: portas aufbrechen, arbores fällen; columnas rupibus *V,* lapides e terra. **2. aushöhlen:** saxum, latus rupis *V.* **3.** *met.* zerstören, vernichten, ausrotten: urbem; Sugambros *T,* multorum statūs den Wohlstand *T,* causas bellorum *T,* numero civium tilgen *Pli.*

ex-cieō s. excio.

excindō s. exscindo.

ex-ciō 4., selten **-cieō** 2. cīvī (ciī), cītus, *impf.* -ciebat *L,* *pt. pf.* dicht. excītus **1. auftreiben, -scheuchen:** suem latebris *O,* Cyclopes e silvis *V;* (ex) somno excitus aufgetrieben, geweckt *SL;* Manlius *L.* **2. occ. a. kommen lassen, berufen:** eum e regiā *Cu,* animas sepulcris *V,* principes Romam *L.* **b. herbeiholen, aufbieten, zu Hilfe rufen:** homines, deos *L,* mercede exciti besoldete Hilfstruppen *L,* Antiochum in Graeciam zum Aufbruch nach G. bewegen *L,* reges bello zum Krieg *V.* met. **3. aufregen, reizen:** hostem ad dimicandum *L,* mens excita erregt *S,* excīta tellus erschüttert *V.* **4. erregen, verursachen:** paenitentiam *Cu,* molem Ungewitter *V,* tumultum *L.*

excipio   166   **excurro**

ex-cipiō 3. cēpī, ceptus (capio, § 43)

I. 1. **herausfangen, -nehmen**; 2. *met.* **ausnehmen, eine Ausnahme machen**; *occ.* **eine Ausnahme feststellen, ausbedingen.**
II. **auffangen** (1. Fallendes; 2. Heranstürmendes); 3. **abfangen, aufgreifen**; 4. *met.* **auf sich nehmen, übernehmen, sich aufbürden.**
III. 1. **aufnehmen, empfangen**; 2. *met.* **erwarten, treffen.**
IV. 1. **fortsetzen, fortführen**; 2. **folgen, sich anschließen.**

I. 1. natantes auffischen *N*, nihil cupiditati exceptum entzieht sich *T*. **2.** clipeum sorti v. der Verlosung ausnehmen *V*, excepto, quod ausgenommen, daß *H*; **occ.** Tauromenitanis exceptum est foedere 'ne navem dare debeant'. **II. 1.** regis corpus *Cu*, se pedibus (in pedes) sich auf den Beinen halten *LCu*, clipeo caput (corpus) auf...stützen *Cu*, sanguinem paterā, filiorum postremum spiritum ore, ictūs, vulnera verwundet werden. **2.** arcton gegen Norden liegen *H*, vim fluminis, aprum *H*; impetum hostium standhalten, invidiam zu ertragen haben *N*; aves im Flug erlegen *Cu*. **3.** litteras *Cu*, servos, incautum *V*; *met.* sermonem aufschnappen *L*, rumores, casus futuros erlauschen *V*, nihil citius excipitur wird vernommen, gehört, vestigia wahrnehmen *Cu*; (Diktate) nachschreiben *Q*. **4.** k o n k r. equus regem excipiebat ließ aufsitzen *Cu*, exceptus tergo (equi) *V*; b i l d l. has partes diese Rolle *N*, labores magnos, quaestionis pondus *T*. **III. 1.** fugientes, aliquem scaphā, epulis *T*, hospitio *O* bewirten, voluptates eum excepere nahmen in Anspruch *Cu*; vox assensu populi excepta *L*, sententiam gravius auffassen *T*. **2.** excipit eum bellum *L*, qui quosque eventus exciperent. **IV. 1.** gentem fortpflanzen *V*, pugnam *L*, memoriam illius viri. **2.** tristem hiemem pestilens aestas except *L*, Herculis vitam inmortalitas. [In der Rede]: excipit hunc Labienus; ohne Obj. excipiunt loca montuosa, turbulentior annus excepit *L*, nebula setzte ein *L*; [in der Rede]: excepit Iuno sprach nach ihm *V*.
excīsus *pt. pf. pass.* v. excīdo.
excitō 1. (*frequ.* zu excio)

I. 1. **aufjagen**; 2. *occ. a.* **heraus-, aufrufen**; *b.* **anrufen**; *c.* **aufwecken**; 3. *met.* **hervorrufen, -bringen, verursachen.**
II. 1. **aufstehen lassen, sich erheben lassen, aufrufen**; *met.* 2. (Gebäude) **erstehen lassen, aufbauen**; 3. (Feuer, Leidenschaften) **aufflammen lassen, anfachen, erregen**; 4. **aufrichten, trösten, aufhelfen**; 5. **ermuntern, antreiben, anfeuern.**

I. 1. cervum latibulis *Ph*; sonus excitat suspensum schreckt auf *V*, nuntio excitatus. **2. a.** ab inferis filium, Simonidem vor das Tor *Ph*. **b.** singulos *Cu*. **c.** hominem (ex, de) somno; sopitas ignibus aras die schlummernde Glut auf dem Altar anfachen *V*; b i l d l. memoriam wecken. **3.** motum in animis,

spem *Cu*, discordiam, risūs, fletum inimicis, in re p. fluctūs. **II. 1.** excitati curiā excesserunt *L*, vapores a sole ex aqua excitantur werden gehoben; testem, reum consularem; triarios *L*. **2.** turres ex materia; molem *Cu*. **3.** ignem, bellum, tumultum, libidines; invidiam *Cu*, iras *V*. **4.** amici iacentem animum, senatum abiectum. **5.** aversos animos *Cu*, ad bellum, ad virtutem, in animos viriles *V*. Dav. **excitātus** 3 **heftig, stark**: sonus; clamor *L*.
excītus *pt. pf. pass.* v. excio.
ex-cīvī *pf.* v. excio.
exclāmātiō, ōnis, *f.* **1.** Ausruf. **2.** Ausspruch: Epicuri *T*.   Von
ex-clāmō 1. **1.** aufschreien: maxumum sehr laut *C*. **2.** ausrufen; mit ut, *acc. c. inf.* **3.** nennen: Ciceronem nominatim.
ex-clūdō 3. sī, sus (claudo, § 43) **1.** ausschließen, aussperren, nicht einlassen: exclusi eos ließ nicht ein, exclusissimus ganz hinausgesperrt *C*, populum foro, eum a domo; locum trennen, absondern *L*, pullos ausbrüten. *met.* **2.** ab-, fernhalten: a conspectu; fervidos ictus die Sonnenstrahlen *H*, discrimen beseitigen, aufheben *Cu*. **3.** abschneiden, (ver)hindern: reditu *N*, maritimā orā hostem, ab re frumentaria Romanos.
excoctus *pt. pf. pass.* v. excoquo.
excōgitātiō, ōnis, *f.* das Ausdenken, Ersinnen.   Von
ex-cōgitō 1. ausdenken, ersinnen, erfinden.
ex-colō 3. coluī, cultus **1.** sorgfältig bebauen: exculta regio *Cu. met.* **2.** schmücken, verfeinern, veredeln: marmoribus parietes *Pli*, orationem *T*; opera fein ausarbeiten *Q*, animos doctrinā, studiis excultus gebildet *O*, gloriam erhöhen *Cu*. **3.** verehren: deos *Ph*.
ex-coquō 3. coxī, coctus **1.** schmelzen: harenas in vitrum zu Glas *T*. **2.** herausschmelzen: vitium metallis die Schlacken ausscheiden *O*. **3.** ausdörren: terram *V*.
ex-cors, rdis (cor) kopflos, einfältig, dumm.
ex-coxī *pf.* v. excoquo.
excrēmentum, ī, *n.* (excerno) Ausscheidung, Schleim, Exkrement.
excreō s. exscreo.
ex-crēscō 3. crēvī auf-, emporwachsen.
excrētus s. excerno.
ex-crēvī *pf.* v. excerno oder excresco.
ex-cruciō 1. foltern, martern; *met.* quälen.
excubiae, ārum, *f.* (excubo) das Wachen, Wachehalten; *meton.* Wachtposten.
excubitor, ōris, *m.* Wächter.   Von
ex-cubō 1. buī, bitūrus draußen liegen; Wache halten, wachen.
ex-(cu)curri *pf.* v. excurro.
ex-cūdō 3. dī, sus **1.** herausschlagen: scintillam silici *V*. **2.** (durch Schlagen) bilden, gestalten: ferrum schmieden *Cu*, aera formen *V*. **3.** *met.* bilden: ceras recentes Zellen aus frischem Wachs *V*; *occ.* ausbrüten: pullos; b i l d l. ausarbeiten: librum *T*.
ex-culcō 1. (calco, §§ 43, 51, Anm.) **1.** heraustreten (*trans.*) *C*. **2.** feststampfen.
excultus *pt. pf. pass.* v. excolo.
ex-currō 3. (cu)currī, cursum **1. hinauslaufen, -eilen.** **occ. a. hervorbrechen, einen Ausfall machen:** por-

excursio   167   **exerceo**   **E**

tis *L.* **b.** auftreten. **2.** *met.* entspringen *Cu.* **3.** hinaus-
ragen, sich erstrecken: in aequora *O.* **4.** abschwei-
fen: longius. **5.** *trans.* durchlaufen: spatium *C.*   Dav.
excursiō, ōnis, *f.* **1.** das **Vorschreiten:** moderata [zur
Rednerbühne]. **2. Ausfall:** ex oppido. **3. Einfall, Streif-
zug:** equitatūs. **4. Ausflug** *Pli*; *met.* **Spielraum:** li-
bera *Q.*
excursum *pt. pf. pass.* v. excurro.
excursus, ūs, *m.* (excurro) **1.** Ausfall; **occ.** Ausflug *V.*
2. Ausfluß: fontis *Pli.* **3.** (*rhet.*) Abschweifung *Pli.*
excūsābilis, e (excuso) verzeihlich: pars delicti *O.*
excūsātiō, ōnis, *f.* **1.** Entschuldigung. **2.** Entschuldi-
gungsgrund, Ausrede: aetatis, oculorum, amicitiae. Von
ex-cūsō 1. (causa, § 43) **1. entschuldigen, rechtferti-
gen:** se de consilio, verba Alexandro bei A. *Cu.*
2. als Entschuldigung anführen, vorschützen, sich mit
etw. **entschuldigen:** vires die geringen Streitkräfte *O,*
inopiam, Philippo laborem bei Ph. *H,* diversa *T.*
3. ablehnen, abschlagen: reditum *T*; *refl. med.* **sich
losmachen, sich entziehen:** rei in universum excu-
sari sich ganz entziehen *T*; **excūsātus** 3, *adv.* ē ent-
schuldigt, gerechtfertigt.
ex-cussī *pf.* v. excutio.
excussus *pt. pf. pass.* v. excutio.
ex-cūsus *pt. pf. pass.* v. excudo.
ex-cutiō 3. cussī, cussus (quatio) **1. herausschlagen:**
illi cerebrum *C.* **2. abschütteln:** pulverem digitis *O,*
metum de corde *O,* Iuno excussa est pectore der Rat
der Juno wurde zurückgewiesen *V,* sensum alicui aus-
treiben *Cu.* **3. occ. a.** aus-, **abwerfen, herabschleu-
dern, -stoßen;** *pass.* **herab-, herausfallen:** equitem *L,*
imbrem (aus den Wolken) herausschlagen *Cu,* cristas
vertice herunterschlagen *V,* ancoram e nave auswer-
fen *L*; navis excussa magistro beraubt *V.* *met.*
weg-, vertreiben: Teucros vallo *V,* patriā *V,* cursu
excuti verschlagen werden *V,* somno aufrütteln *V,* ex-
cussus propriis aus dem Eigentum *H.* **b. abschießen:**
fundis lapides *Cu,* tela *T.* **c. entreißen, entfernen:**
agnam ore (dentibus) lupi *O,* studia alicui de mani-
bus, sudorem heraustreiben *N,* risum entlocken *H =*
lacrumas alicui *C,* sibi opinionem. **II. 1. schütteln,
entfalten:** caesariem, pennas *O,* bracchia ausbrei-
ten *O,* excusso lacerto mit ausgestrecktem Arm *O,* ru-
dentīs ausspannen *V*; **occ.** schüttelnd **durchsuchen:**
pallium *Ph.* **2.** *met.* **durchstöbern, durchsuchen, un-
tersuchen:** quae delata sunt *Cu,* freta durchfor-
schen *O.*
exec... s. exsec...
ex-edō 3. ēdī, ēsus **1. verzehren** *C*; *met.* urbem odiis
vernichten *V.* **2. zerfressen, zernagen;** *met.* monu-
menta vetustas exederat *Cu,* aegritudo exest
(= exedit) animum, cogitationibus animum quä-
len *Cu*; **exēsus** 3 **zerfressen, hohl:** mons zerklüftet *V,*
arbor *V.*
exedra, ae, *f.* (ἐξέδρα) u. *dem.* **exedrium,** ī, *n.* (ἐξ-
έδριον) Gesellschaftsraum, Salon.
ex-ēgī *pf.* v. exigo.
ex-ēmī *pf.* v. eximo.
exemplar, āris, *n.* (exemplaris) (§§ 55 u. 87) **1. Kopie,
Abschrift.** *met.* **2. Abbild, Ebenbild. 3. occ. Beispiel,**

Original, Muster, Ideal: barbarae licentiae *Cu,* rei p.,
ad exemplar Epicharmi *H,* dedecoris *T.*   Von
exemplāris, e abgeschrieben: exemplares (*sc.* litte-
rae) Abschriften *T.*   Von
exemplum, ī, *n.* **1. Kopie, Abschrift:** devotionis *N,*
litterarum, *meton.* **Wortlaut, Inhalt:** eodem exemplo
gleichen Wortlautes. *met.* **2. Muster, Vorbild, Vorgang:**
inde exemplum expetunt ein Modell *C,* eius exem-
plum sequi *N,* exemplo nubis nach Art, wie *O*; more
et exemplo populi R., iura et exempla Präzedenz-
fälle, eodem exemplo auf dieselbe Art *L,* vetus alter
Vorgang; **occ.** [in ethischem Sinn] **Vorbild, Beispiel,
Ideal:** fidei publicae, innocentiae, pudicitiae, exem-
plum capere (petere) ab aliquo sich ein Beispiel neh-
men an. **3. Beispiel** [zum Beweis]: bonitatis *N,* propo-
sitis tot exemplis; exempli causā (gratiā) zum Bei-
spiel, unam rem exempli gratia proferre als Bei-
spiel *N.* **4. warnendes Beispiel:** clades eorum exem-
plo fuit, exempla pati *Ph*; **occ.** Strafe: in eum om-
nia exempla cruciatusque edere (facere).
E: v. *ex-em-lum 'das Herausgenommene'.
exēmptus *pt. pf. pass.* v. eximo.
ex-eō, īre, iī, itūrus **I.** *intr.* **1. heraus-, hinausgehen,
ausziehen:** nulla hinc exire (zu entkommen) potestas
V, vivum exire; castris, ex urbe, de provincia; prae-
datum in agrum R. *L*; in Calendas auf den Ersten fal-
len *O.* **occ. a. an Land gehen, landen:** de (ex *N*)
nave. **b. ausrücken, ins Feld ziehen:** ad pugnam, in
aciem *L,* classis exit läuft aus *N. met.* **2. hinaus-, her-
ausgehen, verlassen:** de (e) vita sterben, memoriā
schwinden *L,* de (e) potestate den Verstand verlieren,
studio gloriae aufgeben, servitio entgehen *V*; in
mare münden *O,* amnis exit tritt aus den Ufern *V.* **occ.
herauskommen:** exit sors, fons solo entspringt *V,*
cruor *O,* pampinus de stamine *O,* urceus kommt her-
aus, wird *H*; nihil insolens (kein übermütiges Wort) ex
eius ore exiit *N*; fama (opinio *L*) exierat hatte sich
verbreitet *N,* in turbam exit es verbreitet sich *N.* **3. em-
porsteigen:** auras in aetherias *V,* ubi vites exierint
emporgerankt sind *V,* domus exit ragt empor *V.* **4.
ablaufen, zu Ende gehen:** indutiarum dies exierat *L.*
II. *trans.* (dicht.) **1. überschreiten:** Avernas val-
les *O,* modum *O.* **2. entgehen:** tela ausweichen *V,*
vim viribus Gewalt mit Gewalt bekämpfen *V.*
exequiae, exequor s. exsequiae, exsequor.
ex-erceō 2. uī, itus (arceo, arx)

I. 1. **in Bewegung setzen;** 2. *occ. a.* **aufwühlen,
pflügen, aufgraben;** *b.* **umhertreiben, beschäftigen;**
3. *met.* **aufstören, beunruhigen, plagen, quälen.**
II. 1. (durch Tätigkeit) **üben, ausbilden;** *occ.* **exer-
zieren;** 2. **ausüben, betreiben;** *occ.* **handhaben.**

I. 1. iumentum *N,* turbinem kreisen lassen *V,*
aquas strömen lassen *O,* exercita cursu flumina rast-
los strömend *V*; bracchia telis rühren *O.* **2. a.** un-
das *V,* solum (colles) pflügen *V*; terram, culta pflü-
gen, bestellen *V*; praedia *L,* Aegyptum *T* bebauen.
b. equos *V,* apes exercet labor treibt umher *V*; *med.*
pueri exercentur equis tummeln sich *V*; in munitio-
nibus exerceri sich abplagen, famulas penso *V.* **3. ig-**

exercitatio 168 **exiguus**

nem anfachen *O*; exercentur poenis werden heimgesucht *V*, ambitio animos exercet *S*, lex civitatem *L*. **II. 1.** iuventutem, corpus *SCu*; *med.* armis sich in den Waffen üben; bildl. memoriam, ingenium *S*; *med.* studiis *Cu*; **occ.** copias. **2.** regnum *L*, labores verrichten *V*, facundiam (verba die Wortkunst *L*) *T*, metalla Bergbau *L*, armorum officinas eine Waffenfabrik *T*; iudicium Gericht halten, quaestionem anstellen *SL*, vectigalia Steuern verwalten; choros leiten *V*, cantūs anstimmen, balatum erheben *V*, vices abwechselnd den Dienst versehen *V*, pacem halten *V*; inimicitias, simultates (cum aliquo) in Feindschaft stehen, iras, odium auslassen *O*, victoriam verfolgen *SL*, in captis an den Gefangenen ausnützen *L*, in aliquo suam vim (suas opes *L*) an jemd. zeigen *N*; diem sein Tagewerk verrichten *V*; **occ.** ferrum bearbeiten *V*, telas spinnen *O*, arma contra patriam führen *T*.

exercitātiō, ōnis, *f.* (exercito) **1.** Übung: iuventutis; corporis *Cu*, dicendi. **2.** Geübtheit: in armis, dicendi. **3.** *meton.* Ausübung: virtutis.

exercitātus s. exercito.

exercitium, ī, *n.* Übung, das Exerzieren *T.* Von

exercitō 1. (*frequ.* v. exerceo) andauernd üben: corpus atque ingenium *S.* Meist **exercitātus 3 1. eingeübt, gut geschult:** proeliis, in armis, ad pulsandos homines. *met.* **2. wohlerfahren:** in maritimis rebus. **3. hart mitgenommen, beunruhigt, geplagt:** curis animus, Syrtes Noto *H.*

exercitor, ōris, *m.* (exerceo) Lehrmeister *C.*

I. exercitus 3 (exerceo) **1.** hart geprüft, geplagt: sum exercitus; curis *VO.* **2.** mühevoll, schwer: aestas *TPli*, militia *T.* **3.** geübt, geschult: militiā, ad flagitium *T.* **II. exercitus**, ūs, *m.* (exerceo) **1.** eingeübte Mannschaft, **Heer;** *pl.* Pannonici Truppen, Korps *T.* **2. occ. a. Landmacht:** cum classe et exercitu *L.* **b. Fußvolk:** exercitum castris continuit, equestri proelio contendit. **3.** *meton.* **Schar, Schwarm, Bande:** Clodianus, corvorum *V*, Phorci Seegetier *V*, edundi Küchenpersonal *C.*

exēsus *pt. pf. pass.* v. exedo.

exfavillō, āre herausstrecken *C.*

ex-fodiō = effodio.

exhālātiō, ōnis, *f.* Ausdünstung. Von

ex-hālō 1. ausdünsten, -hauchen: nebulam *VO*, crapulam, vinum nüchtern werden, animam *O*, vitam sterben *V*, exhalantes die Sterbenden *O.*

ex-hauriō 4. hausī, haustus (exhausūrus *Sp*) **I. 1. hinaus-, fortschaffen, herausnehmen:** sentinam; humum ausgraben *H.* **2.** *met.* **(weg)nehmen, entziehen:** vitam sibi, spiritum. **II. 1. ausleeren:** fossas *L*, uber ausmelken *V*; domum, apes den Honig wegnehmen *V*, urbem entvölkern *L. met.* **2. erschöpfen, leeren:** patriae facultates *N*, cursu corpora Truppen verbrauchen *Cu*, plebem inpensis aussaugen *L*, vim aeris alieni abzahlen *L.* **3. vollenden, überstehen, durchmachen:** pericula *VT*, bella *V*, sic exhaustā nocte *T.*

ex-hērēdō 1. enterben. Dav. rückgebildet (§ 76)

ex-hērēs, ēdis enterbt: bonorum.

ex-hibeō 2. buī, bitus (habeo, § 43) **1. herbeischaf-**

fen: testem *Cu*; veritatem ermitteln *Cu.* **occ. a. herausgeben, ausliefern:** servum. **b. liefern, stellen, gewähren, gestatten:** toros *O*, librum *Pli*, liberam contionem *L.* **2.** *met.* **zeigen, sehen lassen, erkennen lassen:** Pallada sich als Pallas *O*, linguam paternam verraten *O*, ore sonos hören lassen *O*, Africanas auftreten lassen *Pli.* **occ. a. erweisen, betätigen:** regi fidem *Cu*; promissa exhibent fidem erfüllen sich *O.* **b. verursachen, machen:** molestiam *C*, curam puellis Arbeit *Ti*, alicui negotium Unannehmlichkeiten, vias tutas sichern *O.*

ex-hilarō 1. aufheitern.

ex-horrēscō 3. horruī erschauern; vultūs sich entsetzen vor *V.*

exhortātiō, ōnis, *f.* Aufmunterung. Von

ex-hortor 1. auf-, ermuntern, anfeuern.

ex-igō 3. ēgī, āctus (ago, § 41)

I. 1. **heraus-, hinaustreiben, weg-, vertreiben;** 2. *occ.* (Waffen) **durchtreiben, durchstoßen.**

II. 1. **eintreiben, einfordern, einkassieren, requirieren;** 2. *occ. a.* **beaufsichtigen;** *b.* **abmessen, bemessen, beurteilen;** 3. *met.* **verlangen, fordern;** *occ.* **herausbekommen, erfragen.**

III. 1. **zu Ende führen, zustandebringen, beenden;** *met.* 2. **bestimmen, festsetzen;** *occ.* **verhandeln.** 3. (Zeiträume) **zurücklegen, vollenden;** *occ.* **verleben.**

I. 1. reges ex civitate, hostem campo *L*; ensem schwingen *O*, aquas ergießen *O*; *met.* otium den Frieden stören *H*; fructus verkaufen *L.* **2.** ferrum per ilia *VO.* **II. 1.** frumentum, vectigalia, pecunias; poenas, supplicium de aliquo (huic) an jemd. vollziehen *O*, ab eo piacula ihn strafen für *L*; obsides a civitatibus, nautas, vigilias vicatim *L.* **2. a.** aedes privatas den Bau von... *L*, sarta tecta den Bauzustand *L*; opus *O.* **b.** humanos ritus ad caelestia *O.* **3.** officia a suis *Cu*; *abs.* si ita res familiaris exigat *T.* **occ.** rei causam *Cu*, exactum est a Labeone, cur *T*, exacta Erkundigungen *V.* **III. 1.** opus *O*, monumentum *H*, cultum ad magnificentiam zu voller Prachtentfaltung bringen *Cu.* **2.** de his rebus cum eo eine Abmachung treffen, haec exigentes während sie das beschlossen *L*, non exactum, corpus an umbra forem stand nicht fest, ob ... *O.* **occ.** de his coram *Pli.* **3.** mediam horam *O*, quattuor spatiis annum ablaufen lassen in *O*; *pass.* verfließen, vergehen, ablaufen: dies exactus erat *O*, tertiā vigiliā exactā nach Ablauf, ante exactam hiemem vor Ende. **occ.** annos *V*, vitam *S*, aerumnam durchleben, erdulden *C*; exacta aetate mori; homo exacta aetate, exactae aetatis hochbetagt *T.*

exiguitās, ātis, *f.* Kleinheit, Knappheit. Von

exiguus 3, *adv.* ē **1. eng, knapp:** frumentum exigue XXX dierum auf knapp dreißig Tage, toga *H.* **2. wenig ausgedehnt:** castra, civitas; **occ. klein, winzig:** corpus *NH*, femur mager *H.* **3. unbedeutend, gering, wenig:** copiae *N*, umor *V*, pulvis *V.* **4.** (zeitlich) **kurz:**

exii   169   **expecto**   **E**

tempus, nox *V.* **5. spärlich, gering, schwach**: facultates, ingenium, vox *V. Subst.* **exiguum,** ī, *n.* **Geringfügigkeit, Kleinigkeit**: tritici *Cu*, temporis *O*; exiguo post kurze Zeit später *Sp.*
E: vgl. exigo; 'genau abgemessen'.

ex-iī *pf.* v. exeo.

exīlis, e, *adv.* **iter 1.** mager, schmächtig, dürr: membra *O.* **2.** *met.* kümmerlich, kraftlos, dürftig, ärmlich: oratio trocken, liber mager.
E: *exig-slis, § 30, v. exigo wie exiguus.   Dav.

exīlitās, ātis, *f.* Dürftigkeit, Trockenheit [in der Rede].

exilium s. exsilium; **exim** s. exinde.

eximius 3, *adv.* **ē 1.** ausgenommen: tu unus eximius es *L.* **2.** außerordentlich, besonders: eximie diligere, facies, belli scientia, laus.   Von

ex-imō 3. ēmī, ēmptus (emo, § 41) **1.** heraus-, wegnehmen: rem acervo *O*; eum de reis, nomen de tabulis streichen, aliquem turbae hervorheben *Q*; hominibus se sich absondern *Cu*, diem rauben *L. met.* **2.** beseitigen, entfernen: famem stillen *V*, hosti moram certaminis *L*, alicui curas abnehmen *H.* **3.** losmachen, befreien: aliquem supplicio *Cu*, rem miraculo des Wunderbaren entkleiden *L*, ex servitute *L*, agros de vectigalibus; aliquem poenae entziehen *O*, noxae *L*, morti *T.*

exin s. exinde.

ex-ināniō 4. ausleeren: navem; aciem entblößen *Cu*; *met.* ausplündern: domum; civitatem aussaugen.

ex-inde, verkürzt (§ 42, Abs. 2) **exim** *adv.* **1.** [räumlich] von da, von da aus: exim Cappadociam petivit *T.* **2.** [zeitlich] hierauf, (so)dann: praetores exinde facti *L.* **3.** [anreihend] hierauf, dann: auxiliares... exim ceterae cohortes *T.*

exīstimātiō, ōnis, *f.* (existimo) **1.** Beurteilung, Meinung, Urteil. **2.** *occ.* **a.** Ruf, guter Name; **b.** Kredit: debitorum.

exīstimātor, ōris, *m.* Beurteiler, Kritiker.   Von

ex-īstimō, altl. **ex-īstumō** 1. (aestimo) **1.** abschätzen, schätzen, veranschlagen: tanti, magni, utcumque haec existimata erunt *L. met.* **2.** für etw. **halten, ansehen**; *pass.* für etw. **angesehen werden, gelten. a.** *act.* mit dopp. *acc.*, *pass.* mit dopp. *nom.* **b.** mit *gen. qual.* optimarum partium existimari als Anhänger der Aristokraten *N.* **c.** mit *inf. N.* **3. urteilen, entscheiden**; mit de, indir. Fr.; existimantes die Kritiker. **4. erachten, meinen, glauben, dafürhalten**; mit *acc. c. inf.*, *pass.* mit *nom. c. inf.* hos (= Hilotas) sollicitare existimabatur man glaubte, daß *N*, qui vivere existimantur die am Leben sein sollen *T.*

existō s. exsisto.

ex-īstumō s. existimo.

exitiābilis, exitiālis, e, **exitiōsus** 3 unheilvoll, verderblich.   Von

exitium, ī, *n.* (exeo) 'Ausgang'; *met.* Untergang, Verderben, Sturz, Vernichtung.

exitūrus *pt. fut.* v. exeo.

exitus, ūs, *m.* (exeo) **1.** das **Herausgehen, Ausgang. 2.** *meton.* **a. Ausweg, Ausgang**: omni exitu interclusi. **b.** Ausgang [als Ort]: portarum, portūs. **3.** *met.* Ausgang, Ende, Ziel, Schluß: vitae *N*, orationis, oppugnationis. **occ. a. Tod, Ende, Untergang**: Caesaris.

b. Ergebnis, Erfolg: de exitu divinare das Ergebnis ahnen *N*, exitus acta probat *O.*

ex-lēx, lēgis gesetzlos, außerhalb des Gesetzes *HL.*

ex-līdō = elido 1. *C.*

ex-loquor = eloquor *C.*

ex-migrō = emigro *C.*

ex-obsecrō 1. dringend beschwören *C.*

exodium, ī, *n.* (ἐξόδιον) Nachspiel *L.*

ex-olēscō 3. ēvī, ētus (zu alo) **1.** heranwachsen; exoletus Lustknabe. **2.** erlöschen, vergehen, verschwinden, abkommen *T.*

exolō = exsulo *C.*

ex-onerō 1. **1.** entlasten, abladen: colos abspinnen *O*, multitudinem in proximas terras fortschaffen *T.* **2.** befreien, erleichtern: se sich entledigen *Cu*, civitatem metu *L.*

ex-optō 1. sehnlich wünschen, herbeiwünschen, ersehnen; **exoptātus** 3 ersehnt, erwünscht, angenehm, lieb.

exōrābilis, e (exoro) nachsichtig, leicht zu erbitten.

ex-ōrdior 4. ōrsus sum **1.** ein Gewebe anfangen; pertexe, quod exorsus es. **2.** *met.* anfangen, beginnen; *pt. pf. subst.* exorsa Einleitungen *V*, sua exorsa sein Beginnen *V.*   Dav.

exōrdium, ī, *n.* Beginn, Anfang; **occ.** Einleitung [einer Rede]: dicendi.

ex-orior 4. ortus sum **1.** sich erheben, aufstehen: exorti insidiatores *L*; **occ.** aufgehen: sol exoriens *V. met.* **2.** sich erheben, auftreten, erscheinen: Gyges exortus est rex, exortus est servus (als Ankläger), exoritur nova inmanitas zeigt sich, species Homeri *Lukrez.* **3.** entstehen: amnis exoriens entspringend *V*; exoritur clamor *SV*, discordia *V*, fama taucht auf *L.*

exōrnātor, ōris, *m.* Ausschmücker.   Von

ex-ōrnō 1. **1.** anordnen: providenter Anordnungen treffen *S*, aciem ordnen *S*, convivium anrichten, bereiten *Cu.* **2.** *occ.* **a.** ausrüsten, versehen: vicinitatem armis *S.* **b.** ausschmücken, zieren: triclinium, philosophiam falsā gloriā.

ex-ōrō 1. **1.** erbitten, erflehen: pacem deûm *V.* **2.** erweichen, durch Bitten bewegen: exorari sich durch Bitten erweichen lassen, tura (carmina) exorantia divos *O*; mit ut, ne, nach Negation quin.

exōrsa s. exordior.

I. exōrsus *pt. pf. act.* v. exordior.

II. exōrsus, ūs, *m.* = exordium.

I. exortus *pt. pf. act.* v. exorior.

II. exortus, ūs, *m.* (exorior) Aufgang: solis *LSp.*

ex-ōsculor 1. abküssen, innig küssen *TPli.*

ex-ossō 1. (os) entgräten: gongrum *C.*

ex-ōsus 3 (odi) sehr hassend, verabscheuend.

exōticus 3 (ἐξωτικός) ausländisch: Graecia = Magna Großgriechenland *C.*

ex-pandō 3. pandī, pānsus und passus ausbreiten *O*; klar darlegen, verkünden *Lukrez.*

ex-pallēscō 3. palluī gänzlich erbleichen *O*; mit *acc.* zurückschrecken vor *H.*

expānsus *pt. pf. pass.* v. expando.

expassus *pt. pf. pass.* v. expando.

ex-pavēscō 3. pāvī erschrecken: ad id *L*, ensem *H.*

expectō s. exspecto.

ex-pectorō, āre (pectus) aus der Brust vertreiben.

ex-pediō 4. ('den Fuß – aus der Fessel – losmachen', Gegs. impedio, vgl. pedica, gr. πέδη)

> I. **1. freimachen, befreien,** (in schwieriger Lage) **durchhelfen;** *occ.* 2. (Schwieriges) **abwickeln, abmachen, erledigen, ausführen, besorgen, ermöglichen;** *intr.* **sich abwickeln;** 3. (in Rede, Schrift) **entwickeln, darlegen, dartun.**
>
> II. **1. in Bereitschaft setzen, holen, herbeischaffen;** 2. *occ.* **in Kriegsbereitschaft setzen, zum Kampf rüsten.**
>
> III. **nützlich sein, förderlich sein, zustatten kommen, zuträglich sein.**

I. 1. inligatum *H*, laqueis caput *H*, hinc se sich heraushelfen *N*, expedior ich entkomme *V.* **2.** victoriam erringen, rem frumentariam in Ordnung bringen, sibi locum sich Raum schaffen, salutem, iter fugae ausfindig machen *L*, ius auxilii geltend machen *L*, consilia ausführen *T*, curas beseitigen *H*, discum schleudern *H*. *intr.* artes quemadmodum expediant *C.* **3.** morbi causam *V*, pauca enträtseln *V*, initia motūs Vitelliani *T*, ea de caede *T.* **II. 1.** virgas, Cererem canistris Brot aus den Körben *V.* **2.** arma, ferrum *L* sich kampfbereit machen; legiones, exercitum *L*; naves segelfertig machen *L*; se ad pugnam (oppugnationem) *L*; *med.* expediri ad bellum *T*; *act.* in med. Bed.: multos Otho expedire iubet viele läßt O. sich bereitmachen *T.* **III.** expedit ('es beseitigt die Schwierigkeiten') es nützt; Subj. durch *pron., inf., acc. c. inf.*, Satz mit ut, ne; *abs.* si ita expedit. *Dav.*

expedītiō, ōnis, *f.* Kriegszug, Feldzug.

expedītus 3, *adv.* **ē** (expedio) **I.** [von Personen]: **1. ungehindert, frei, leicht:** iter patet expedito für einen guten Fußgänger, expedite explicare, ad omnem contentionem bereit. **2. a. kampfbereit, schlagfertig:** copiae, cohortes *S*; navis, classis *L* klar zum Gefecht; latro. **b. unbepackt, ohne Gepäck:** expediti levis armaturae. **c. leicht bewaffnet:** iaculatores *L*, pedites *S.* **II.** [von Sachen]: **ungehindert, leicht, bequem, bereit:** receptus, res frumentaria; *subst.* in expedito esse leicht · sein *Cu*, in expedito habere in Bereitschaft *L*.

ex-pellō 3. pulī, pulsus **1. hinaus-, ausstoßen, abstoßen:** naves ab litore in altum *L*; sagittam arcu vom Bogen abschießen *O*, per vulnera animam *O*, segetem ex radicibus ausreißen *V*, se in auras sich ans Licht der Welt drängen *O.* **occ. a.** (Vieh) **hinaustreiben:** pecus portā *L*, monte iuvencos vom Berg weg *O.* **b. ans Land werfen:** classis in litus expulsa; bildl. fluctibus rei p. expulsus. *met.* **2. verdrängen, vertreiben, verjagen, verscheuchen:** hostes finibus, eos ex silvis, cives a patria; bonis berauben, potestate verdrängen *N*, illum vitā ihn töten lassen; aliquem in provinciam zum Rückzug in die Pr. zwingen. **occ. verbannen:** eum Athenis *N*, patriā, conlegam ex urbe. **3. beseitigen:** morbum *H*, somnum *VO*, spem *O*, famem *T*, memoriam.

ex-pendō 3. pendī, pēnsus **1.** abwägen: pecunias; *met.* abwägen, erwägen, beurteilen: causam meritis *O*,

consilia belli *T.* **2.** *occ.* auszahlen, ausgeben: nominibus (Schuldnern) nummos ausleihen *H*, expensam pecuniam (expensum aliquid) alicui ferre für jemd. Geld als ausbezahlt verbuchen, sine faenore pecunias expensas ferre Geld ohne Zinsen leihen *L*, expensum sumptui ferre für die Wirtschaft ausgeben *N.* **3.** *met.* büßen, leiden: supplicia *V*, scelus abbüßen *V.* *Dav.*

expēnsum, ī, *n.* u. expēnsa, ae, *f.* Ausgabe *Sp.*

expensus *pt. pf. pass.* v. expendo.

expergēfaciō 3. fēcī, factus erwecken.

expergīscor 3. perrēctus sum erwachen, aufwachen.

experiēns, entis (experior) **1.** unternehmend, tätig, geschäftig. **2.** ausdauernd: laborum *O.* *Dav.*

experientia, ae, *f.* **1.** Versuch, Probe: veri *O.* **2.** *meton.* Erfahrung: multarum rerum *T.*

experīmentum, ī, *n.* Versuch, Probe; *occ.* Beweis: ingenii *T.* *Von*

ex-perior 4. pertus sum (vgl. peritus, comperio, gr. πειρᾶν) **1. versuchen, erproben, prüfen:** fortunam belli, imperium in Frage stellen *L.* **2. occ. a. sich messen:** Romanos mit den R. streiten *N.* **b. streiten:** si quod ius se habere existimaret, experiretur *L*, legibus *N.* **3.** *met.* **unternehmen, wagen, versuchen:** licentiam sich herausnehmen *L*, omnia de pace alle Mittel, ultima das Äußerste *L.* **4.** *meton.* **erfahren, kennenlernen:** vires, animum alicuius *Cu*; mit dopp. *acc.* me fortem inimicum expertus est *N*; mit *acc. c. inf.*, indir. Fr. **occ. durchmachen, aushalten:** accusandi molestiam, labores.

experrēctus *pt. pf. act.* v. expergiscor.

ex-pers, pertis (pars, § 41) **1.** unbeteiligt, unteilhaftig, ohne Anteil: consilii am Plan. **2.** *met.* entbehrend, frei, ledig: ingenii ohne Talent, humanitatis ohne Bildung, litterarum unbelesen in *N*, Graeci sermonis unkundig *Cu*; mit *abl. S.*

I. expertus 3 (experior) **1.** akt. erfahren: belli kriegserfahren *V*, fecunditatis *T*; tribuniciis certaminibus *L.* **2.** pass. erprobt, geprüft, versucht: virtus *L*, artes *T.*

II. expertus *pt. pf. act.* v. experior.

expetessō, ere verlangen *C.* *Intens.* von

ex-petō 3. petīvī, petītus **1.** nach etw. streben, etw. erreichen wollen, etw. aufsuchen: Asiam, medium terrae locum. **2.** *met.* erstreben, begehren, trachten, fordern, verlangen: gloria expetenda erstrebenswert, alicuius mortem (vitam) jemd. nach dem Leben trachten, ab hoc auxilium, poenas ab eo ihn bestrafen, supplicia vollziehen *LCu*; mit *inf., acc. c. inf.*; ut *T.* **3.** *intr.* widerfahren: vigilanti *C*, in eum (clades belli) ihn treffen *L.*

expiātiō, ōnis, *f.* (expio) Sühne *L.*

expictus *pt. pf. pass.* v. expingo.

expīlātiō, ōnis, *f.* (expilo) Ausplünderung.

expīlātor, ōris, *m.* Ausplünderer: domūs. *Von*

ex-pīlō 1. (vgl. compilo) ausplündern, berauben.

ex-pingō 3. pīnxī, pictus ausmalen, schildern.

ex-piō 1. **1.** entsündigen, reinigen, sühnen: forum; **occ.** sühnen, wiedergutmachen: incommodum virtute, eius scelus *HL.* **2.** [Wunderzeichen durch Opfer] sühnen, unschädlich machen, abwenden: prodigia *L*, vocem nocturnam *L.* **3.** [durch Sühnopfer] besänftigen: iram caelestium *L.*

expiscor   171   **exprimo**   E

ex-piscor 1. 'herausfischen', ausforschen.
explānātē (explano) *adv.* deutlich.
explānātiō, ōnis, *f.* (explano) Deutung, Auslegung.
explānātor, ōris, *m.* Ausleger, Interpret: legis.   Von
ex-plānō 1. (planus) deutlich machen, erklären: hoc facilius intellegi quam explanari potest. **occ. a.** deutlich darstellen, klar erklären: de Catilinae moribus pauca *S.* **b.** deuten, auslegen: carmen *L.*
ex-pleō 2. plēvī, plētus (vgl. com-pleo) **1. aus-, anfüllen, füllen:** paludem cratibus, locum militibus vollständig besetzen. *met.* **2. ausfüllen, erfüllen:** munus, mortalitatem sein Schicksal als Mensch *T*; **occ. voll erreichen, vollenden:** XXXVII annos vitae *T*, iustam muri altitudinem erreichen, quinque orbes cursu durchlaufen *V*, centurias (tribūs) non explere die volle Anzahl Stimmen nicht erreichen *L.* **3. vervollständigen, vollzählig machen, ergänzen:** nautarum numerum, exercitum, damna *L.* **4. sättigen, befriedigen, stillen:** iram *Cu*, spem *L*, sitim, avaritiam pecuniā, eum divitiis *S*; mit *gen.* ultricis flammae mit brennender Rachgier *V.* Dav. **explētus** 3 vollkommen.
explicābilis, e (explico) entwirrbar: mensura *Sp.*
explicātiō, ōnis, *f.* u. **-us**, ūs, *m.* (explico) Entwicklung, Auseinandersetzung, Deutung, Erklärung.
explicātor, ōris, *m.* Erklärer.   Von
ex-plicō 1. āvī, ātus u. uī, itus (vgl. complico) **1.** flach **auseinanderlegen, ausbreiten, entrollen, entfalten:** volumen, villam pictam, orbes sich aufrollen *O*, frontem glätten *H*; **occ. herauswickeln:** se ex laqueis. **2. ausbreiten, ausdehnen:** frondes *V*; **occ.** (milit.) **entwickeln, entfalten:** aciem *Cu*, ordines, agmen *L*, se turmatim. **3. entwirren:** confusum agmen. *met.* **a. abwickeln, zustande bringen, erledigen, bewerkstelligen:** consilium ausführen, iter zurücklegen, fugam *L*, elegos verfassen *Pli.* **b. befreien, erlösen, retten:** Siciliam, legatos *L.* **c. auseinandersetzen, erklären, klarlegen:** de officiis, causam, crimen, vitam schildern, imperatores das Leben der Feldherren *N*, Graecas orationes frei übersetzen. Dav. **1. explicātus** 3, *adv.* **ē geordnet, deutlich, klar:** explicate dicere, causa. **2. explicitus** 3 **einfach, leicht:** explicitius videbatur.
ex-plōdō 3. plōsī, plōsus (plaudo, § 52) auspfeifen *H*; *met.* sententiam verwerfen.
explōrātiō, ōnis, *f.* (exploro) das Auskundschaften, Erkundung.
explōrātor, ōris, *m.* Kundschafter, Späher; *adi.* **explōrātōrius** 3 Kundschafter-.   Von
explōrō 1. **1. auskundschaften, ausspähen:** itinera hostium, explorato nach dem Einholen v. Erkundungen *L.* **occ. ausfindig machen:** locum castris idoneum, insidias Platz für Hinterhalt *V*, fugam Gelegenheit zur Flucht. *met.* **2. erkunden, erforschen, ausforschen:** regis animum Gesinnung *L*, de eius voluntate *N.* **3. prüfen, untersuchen:** portas *V*, epulas gustu *T.* Dav. **explōrātus** 3, *adv.* **ē sicher, ausgemacht, feststehend, gewiß:** pax; mihi exploratum est es steht für mich fest, pro explorato, exploratum habere für sicher halten, sicher wissen; mit *acc. c. inf.*
ex-plōsī *pf.* v. explodo.
explōsiō, ōnis, *f.* (explodo) das Auspfeifen.

explōsus *pt. pf. pass.* v. explodo.
ex-poliō 4. glätten: libellum pumice *Ca*; *met.* verfeinern, ausbilden: omni vitā expolitus.   Dav.
expolītiō, ōnis, *f.* das Glätten, Abputzen, Anstrich; *met.* Ausschmückung.
ex-pōnō 3. posuī, positus, d i c h t. (§ 42) postus (§ 72) **1. aussetzen, -stellen, -legen:** scalas *V*, expositae urbes *L*, Sunion *O* frei daliegend. **occ. offen hinstellen, zur Schau stellen:** copias, rem venditioni *T*; b i l d l . vitam alterius in oculis omnium; homo expositus leutselig *Pli.* **2.** (Kinder) **aussetzen:** pueros *L.* **3. zur Verfügung stellen:** commeatūs *L.* **4. an Land setzen, ausschiffen:** milites ex navibus, exercitum in terram, in Africa *L.* **5. bloßstellen, aussetzen, preisgeben:** expositum Zephyris Lilybaeon *O*, rupes exposta ponto der Brandung *V*, provincia barbaris nationibus *T*, nomen ad invidiam dem Neid bloßgestellt *T.* **6. auseinandersetzen, darlegen, erörtern:** causam, omnem antiquitatem in uno volumine darstellen *N*, de viris illis von jenen Männern handeln *N*; mit *acc. c. inf.*, indir. Fr.
ex-popōscī *pf.* v. exposco.
ex-porgō, ere ausbreiten: frontem glätten *C.*
exportātiō, ōnis, *f.* Ausfuhr.   Von
ex-portō 1. **1.** hinaustragen, fortschaffen. **2.** ausführen, exportieren.
ex-pōscō 3. popōscī **1. die Auslieferung verlangen:** cum exposceretur publice *N*, eum ad poenam *T.* **2. erbitten, verlangen, fordern. 3. erflehen:** victoriam a diis, quod deos expoposci von den Göttern *L.* **4.** [von Sachen] **erfordern:** opes *O.*
expositiō, ōnis, *f.* (expono) Darlegung.
expositus *pt. pf. pass.* v. expono.
expōstulātiō, ōnis, *f.* **1.** Forderung: omnium *T.* **2.** Beschwerde.   Von
ex-pōstulō 1. **1.** die Auslieferung verlangen: Celsum ad supplicium *T. met.* **2.** beanspruchen, fordern: primas sibi partes *T*; mit ut, *acc. c. inf. T.* **3.** Genugtuung fordern, sich beschweren; cum aliquo aliquem, aliquid, de re (von, bei jemd. über etw.), *acc. c. inf.*, indir. Fr.
ex-posuī *pf.* v. expono.
expōtus s. epotus.
ex-pressī *pf.* v. exprimo.
I. expressus *pt. pf. pass.* v. exprimo.
II. expressus 3, *adv.* **ē 1. herausgequetscht:** litterae. **2.** *met.* **ausdrucksvoll, anschaulich, deutlich, handgreiflich:** sceleris vestigia, expresse dicere *Pli.*   Von
ex-primō 3. pressī, pressus (premo, § 41) **I. 1. auspressen, -drücken:** sucina solis radiis expressa *T*, vinclo spiritum sich erhängen *T*; **occ. emportreiben, -heben:** turres. **2.** *met.* **erpressen, erzwingen, abnötigen:** vocem, deditionem *L*; mit ut *Cu.* **II. 1. plastisch bilden, darstellen** [in Wachs, Metall]: simulacra ex auro *Cu*, vultūs per aenea signa *H*; vestis exprimens artus plastisch hervortreten lassend *T*, concubitus varios Venerisque figuras handgreiflich darstellend *O. met.* **2. nachbilden, nachahmen:** expressa imago vitae, oratorem imitando. **occ. a. übersetzen:** id Latine. **b. aussprechen:** litteras putidius. **3. schildern, darstellen:** bellum, mores oratione.

exprobratio   172   exsicco

exprobrātiō, ōnis, *f.* Vorwurf *L.*   Von

ex-probrō 1. (probrum) **1.** vorwerfen, Vorwürfe machen: fugam amico *O,* de uxore *N*; mit *acc. c. inf. L.* **2. occ.** vorwurfsvoll aufzählen, vorhalten: officia, cicatrices *T.*

ex-prōmō 3. prōmpsī, prōmptus (§ 72) **1.** hervornehmen, herausschaffen: apparatus supplicii *L.* supplicia in civīs anwenden; voces hören lassen *V.* **2. met.** an den Tag legen, betätigen, zeigen: in inimico crudelitatem; **occ.** darlegen, äußern: causam oratione, sententiam *T*; mit *acc. c. inf.,* indir. Fr.   Dav.

I. exprōmptus 3 bereit *C.*

II. exprōmptus *pt. pf. pass.* v. expromo.

expūgnābilis, e (expugno) bezwingbar: urbs *L.*

expūgnātiō, ōnis, *f.* (expugno) Einnahme, Erstürmung, Eroberung.

expūgnātor, ōris, *m.* (expugno) Eroberer, Erstürmer.

expūgnāx, ācis bezwingend, wirksam *O.*   Von

ex-pūgnō 1. **1.** erkämpfen, erstürmen, erobern: oppidum ex itinere, naves. **2.** besiegen, überwinden, unterwerfen: Antiochum acie *L,* praesidium *T.* met. **3.** erzwingen, durchsetzen, erringen: coepta *O.* **4.** überwinden, bezwingen, brechen: pertinaciam legatorum *L.*

ex-pulī *pf.* v. expello.

expulsiō, ōnis, *f.* (expello) Vertreibung.

expulsor, ōris, *m.* (expello) Vertreiber, **expultrīx,** īcis, *f.* Vertreiberin.

expulsus *pt. pf. pass.* v. expello.

expuo s. exspuo.

ex-pūrgō 1. **1.** reinigen: sermonem. **2.** rechtfertigen, entschuldigen: sui expurgandi causā zu seiner Rechtfertigung *S.*

expūrigō, āre = expurgo 2. *C.*

ex-putō 1. genau erwägen, ergründen.

ex-quaerō = exquiro *C.*

ex-quīrō 3. quīsīvī, quīsītus (quaero, § 43) **1.** aufsuchen, ausforschen: iter, militibus honores novos. **occ. a.** durchsuchen: omnia mari terraque *S.* **b.** untersuchen, prüfen: tabulas, facta. **2.** met. erforschen, ermitteln, ergründen: veritatem, ambages *L.* **occ. a.** sich erkundigen, fragen, forschen: sententias (sensus *T*), pretia ab eo *L,* mit indir. Fr. **b.** verlangen, erflehen: pacem per aras *V.*   Dav.

I. exquīsītus 3, *adv.* **ē 1.** ausgesucht, auserlesen, fein: supplicia ärgste, munditia gesucht. **2.** genau, sorgfältig: doctrina, rationes, exquisitius conligere.

II. exquīsītus *pt. pf. pass.* v. exquiro.

ex-quīsīvī *pf.* v. exquiro.

ex-rādīcitus *adv.* von der Wurzel aus *C.*

ex-saeviō, īre austoben *L.*

ex-sanguis, e **1.** blutleer, blutlos: umbrae, animae *VO.* **2. occ. a.** sich verblutend, ohnmächtig, (vom Blutverlust) **erschöpft:** vulneribus *Cu.* **b.** bleich, fahl, farblos: os *Cu,* color *S,* metu *O,* sollicitudine *Cu*; cuminum bleichmachend *H.* **c.** tot, entseelt: corpus *VO.* **3.** kraftlos: homines, sermo, orator *T.*

ex-saniō, āre (sanies) Jauche, Eiter entfernen; reinigen *Sp.*

ex-sarciō 4. sartūrus ausbessern, ersetzen.

ex-satiō u. **-saturō** 1. völlig sättigen *L*; *met.* völlig befriedigen, ganz zufriedenstellen.   Dav.

exsaturābilis, e zu sättigen: non exsaturabile pectus unersättlich *V.*

ex-saturō s. exsatio.

ex-scalpō, ere herausschnitzen, in Stein hauen *Sp.*

ex-scendō, exscēnsiō, exscēnsus s. e-scendo usw.

ex-scindō und **excindō** 3. scidī, scissus völlig zerstören, vernichten, vertilgen.

ex-screō 1. sich räuspern *O.*

ex-scrībō 3. psī, ptus **1.** aufschreiben, verzeichnen: sacra *L.* **2.** kopieren: imagines *Pli*; bildl. patrem darstellen, nachbilden *Pli.*

ex-sculpō 3. psī, ptus (scalpo, § 51, Anm.) wegmeißeln, auskratzen: versūs beseitigen, tilgen *N*; **occ.** ausschneiden: e quercu.

ex-secō 1. secuī, sectus heraus-, ausschneiden: Caelum entmannen, kastrieren; quinas capiti mercedes monatlich 5% Zinsen aus dem Stammkapital herauspressen *H,* exsectus honoribus ganz abgeschnitten von *Pli.*

exsecrābilis, e (exsecror) verwünschenswert: fortuna *L*; odium, ira tödlich *L*; carmen Verwünschungsformel *L.*

exsecrātiō, ōnis, *f.* **1.** Verwünschung, Verfluchung: belli *T.* **2.** Beteuerung, Schwur: ubi exsecrationes? Von

ex-secror 1. **1.** verfluchen, verwünschen: bellum *V,* consilia *S.* **2.** *abs.* Verwünschungen ausstoßen, fluchen: in se gegen sich *L*; mit ut; *pt. pf.* auch *pass.*: columna verflucht, populo R. verabscheut von.

E: sacer 'verflucht', §§ 41 u. 43 am Ende.

exsectus *pt. pf. pass.* v. exseco.

ex-secuī *pf.* v. exseco.

exsecūtiō, ōnis, *f.* (exsequor) **1.** Ausführung: negotii *T*; Syriae Verwaltung *T.* **2.** Durchführung, Behandlung: sententiae *Pli.*

exsecūtus *pt. pf. act.* v. exsequor.

exsequiae, ārum, *f.* (exsequor) Leichenzug, Leichenfeier: exsequias ire zu Grabe tragen *CO,* alicui reddere *Cu,* dare *O,* ducere veranstalten *Pli.*   Dav.

exsequiālis, e Leichen-: carmen *O.*

ex-sequor 3. secūtus sum **I.** zu Grabe geleiten: hunc laude (dicht.). **II. 1. verfolgen:** Tarquinium *L*; bildl. ius suum geltend machen, incepta weiterführen *L,* accusationem beenden *T*; **occ. strafen, rächen:** omnia scire, non omnia exsequi *T.* met. **2.** ausführen, vollziehen: iussa *VCu,* regis officia, scelus *Cu.* **occ. a.** mitmachen: cladem illam fugamque. **b.** mortem sich töten, Selbstmord begehen *V.* **c.** pompas abhalten *V.* **3.** nachgehen, zu ermitteln suchen: inquirendo *L*; mit indir. Fr. **4.** ausführen, beschreiben, erzählen: mellis dona *V,* subtiliter numerum ganz genau angeben *L*; mit indir. Fr.

ex-serō 3. seruī, sertus **1.** herausgeben, hervorstrecken: linguam *L,* enses ziehen *O,* caput emporheben *O.* **2.** entblößen, zeigen: umeros.   Dav. *frequ.*

exsertō, āre wiederholt hervorstrecken: ora *V.*

exsertus *pt. pf. pass.* v. exsero.

ex-seruī *pf.* v. exsero.

ex-siccō 1. austrocknen: exsiccatum orationis genus trocken; **occ.** leeren: vina austrinken *H.*

exsigno   173   **exsupero**   E

ex-sīgnō 1. aufzeichnen, verzeichnen *CL*.

ex-siliō 4. siluī (salio, §§ 43 u. 51, Anm.) **1.** heraus-, hinausspringen; b i l d l. exsiluere oculi traten heraus *O*. **2.** aufspringen: stratis vom Lager *V*, ex sella *Cu*.

ex-silium, ī, *n.* (vgl. exsul) **1.** Verbannung, Exil: in exsilium ire, proficisci: eicere, expellere, agere. **2.** *meton.* **a.** Zufluchtsstätte: diversa exsilia quaerere *V*. **b.** Verbannter: plenum exsiliis mare *T*.

ex-siluī *pf.* v. exsilio.

ex-sistō 3. stitī **1.** hervor-, heraustreten: quibus domini non exstitere auftraten *L*. eā speluncā, de terra, ex arvis. **2.** *occ.* **a.** auftauchen: armati terrā *Cu*. **b.** hervorbrechen: e latebris *L*. **c.** sich erheben, erscheinen, zum Vorschein kommen: cornu a media fronte; fons entspringt *LO*. **3.** *met.* aufkommen, ausbrechen, eintreten, entstehen, werden: ne qua vis exsisteret *N*. malacia, bellum ex Sicilia, ex luxuria avaritia; mit *dat.* promisso (dictis *L*) fides das Versprechen erfüllte sich *Cu*; harum rerum Torquatus particeps wurde zum Teilnehmer an, nahm teil an *T*, cuius pater singulari exstiterit fide war.

ex-solvō 3. solvī, solūtus (§ 72) **1.** völlig **auflösen:** bracchia ferro die Adern an den Armen öffnen *T*, alvus exsoluta Durchfall *T*; *met.* nodum entwirren *L*; obsidium beendigen *T*, famem vertreiben *O*. **2.** losmachen: a latere pugionem *T*; b i l d l. befreien, erlösen: plebem aere alieno *L*, Iturium poenā *T*. **3.** ab-, bezahlen, abtragen, erfüllen: stipendium *L*, legata, mercedem *T*; b i l d l. poenas morte *N*, gratiam abstatten *L*, beneficia vergelten *T*, promissum *T*, fidem, vota *L*.

ex-somnis, e (somnus) schlaflos *VH*.

ex-sorbeō 2. buī **1.** (aus)schlürfen, einsaugen: civilem sanguinem. **2.** *met.* verschlingen: soliopartem wegreißen *Cu*; *occ.* multorum difficultatem den Eigensinn auskosten.

ex-sors, rtis **1.** unteilhaftig, ausgeschlossen: culpae *L*, vitae *V*. **2.** auserlesen: equus, honos *V*.

ex-spatior 1. die Bahn verlassen, austreten, abschweifen.

exspectātiō, ōnis, *f.* Erwartung, Spannung, Neugier: in exspectatione esse auf sich warten lassen *C*.   Von

ex-spectō 1. **1.** warten, harren, erwarten: ad portam; *trans.* eius adventum, aliud tempus *N*, ventum günstigen Wind, ante exspectatum eher als man erwartete *VO*; mit ut, indir. Fr., Temporalsatz; **exspectātus** 3 erwünscht, willkommen. *occ.* abwarten: oratores multas horas aushalten, cenantes comites *H*, senectus eius exspectabatur *T*. *met.* **2.** erwarten, bevorstehen: nos praemia exspectant *Cu*. **3.** voraussetzen, verlangen: oleae exspectant falcem *V*, silvae propaginis arcūs *V*. **4. a.** auf etw. gespannt sein, ersehnen, erhoffen: nihil adiumenti, auxilium **b.** fürchten: Galliae motum, supplicium. **c.** erwarten: furtum aut praedam, ex amicitia omnia, tabulas novas a Catilina.

ex-spēs (nur *nom.*) ohne Hoffnung: vitae *T*.

exspīrātiō, ōnis, *f.* Ausdünstung: terrae.   Von

ex-spīrō 1. **1.** ausblasen, -hauchen: flammas *V*; animam *VO*. **occ.** *intr.* **2.** verscheiden: inter verbera *L*;

met. vergehen: exspiratura res p. erat *L*. **3.** hervorstürzen: vis ventorum exspirat *O*.

ex-splendēscō, ere hervorleuchten *N*.

ex-spoliō 1. ausplündern: urbem; *met.* berauben: aliquem auxilio.

ex-spuō 3. spuī, spūtus ausspeien: quod mare te expuit? *Ca*; *met.* hamum loslassen *O*.

ex-sternō 1. (vgl. consterno) entsetzen: aliquem luctibus *Ca*; **exsternātus** 3 scheu: equi *O*; entsetzt: exsternata refugit *O*.

ex-stīllēscō, ere zu triefen beginnen.   *Incoh.* v.

ex-stīllō 1. āvī triefen *C*.

exstimulātor, ōris, *m.* Aufwiegler, Rädelsführer *T*. Von

ex-stimulō 1. aufstacheln; fata beschleunigen *O*.

ex-stīnctiō, ex-stīnctor, ex-stinguō s. ext . . .

ex-stirpō 1. (stirps) ausrotten.

ex-stitī *pf.* v. exsisto.

ex-stō, āre **1.** heraus-, hervorstehen, hervorragen: ossa exstabant *O*: serpens exstat bäumt sich auf *O*, Phoebus steht hoch am Himmel *O*; mit *abl.*, ex, de, ab. *met.* **2.** sich zeigen, sich finden, bestehen, vorhanden sein: exstat testimonium, non exstat alius auctor *L*; u n p e r s. es ist klar, sicher. **3.** *occ.* noch vorhanden sein: exstant epistulae Philippi.

exstrūctiō, ōnis, *f.* Erbauung, Bau.   Von

ex-struō 3. strūxī, strūctus **1.** aufschichten, aufhäufen: acervos corporum. *occ.* **a.** auftürmen: montes ad sidera *O*. **b.** beladen: mensas epulis; mensae exstructae voll. **2.** aufbauen, errichten: muros *N*, theatrum *T*; mare verbauen *S*.

exsūctum *pt. pf. pass.* v. exsugo.

ex-sūcus 3 saftlos *Q*.

ex-sūdō 1. herausschwitzen: exsudat umor *V*; mit Obj.: sich bei etw. abschwitzen: causas bei Prozessen *H*, certamen *L*.

ex-sūgō 3. sūxī, sūctum aussaugen *Sp*.

ex-(s)ul, lis, *m. f.* landesflüchtig, verbannt, landverwiesen: patriā *S*, mundi *O*, loci *T*; b i l d l. mentis irr im Geist, wirr *O*. *subst.* der, die Verbannte.   Dav.

ex(s)ulō 1. verbannt sein, in der Verbannung leben.

exsultanter (exsulto) *adv.* ausgelassen *Pli*.

exsultātiō, ōnis, *f.* (exsulto) Jubel *L*.

ex(s)ultim (exsilio, § 51, Anm.) *adv.* in ausgelassenen Sprüngen *H*.

ex-(s)ultō 1. (*frequ.* v. exsilio) **1.** empor-, aufspringen: exsultantes Salii tanzend *V*, exsultans contra ... Fauno entgegenspringend *V*; *occ.* aufwallen: exsultant vada, latices *V*. *meton.* **2.** frohlocken, jauchzen: gaudiis: *occ.* sich tummeln: medias inter caedes *V*, per catervas scharenweise *T*; b i l d l. audacius sich mitreißen lassen. **3.** prahlen, übermütig sein: iuveniliter, successu *V*, (rebus) gestis *T*. *Pt. pr. adi. isol.* (§ 59, 2) maßlos: fiunt pro compositis exultantes *Q*.

exsuperābilis, e (exsupero) überwindbar *V*.

exsuperantia, ae, *f.* das Hervorragen. *met.* virtutis vorzügliche Tugend.   Von

ex-superō 1. **1.** sich über etw. erheben: exsuperant flammae schlagen empor *V*; b i l d l. exsuperat vio-

exsurdo   174   **extinguo**

lentia flammt auf *V. met.* **2.** darüber hinausgehen, übersteigen: angustias überschreiten *L,* solum Helori hinausfahren über *V;* omnium ingenia alles Erdenkliche übersteigen *S,* Tarquinios superbiā übertreffen *L; abs.* virtute hervorragen *V.* **3.** überwinden, besiegen: moras, consilium bewältigen *V.*

ex-surdō, āre (surdus) abstumpfen: palatum *H.*

ex-surgō 3. surrēxī, surrēctūrus (§ 72) **1.** aufstehen, sich erheben: in collem hinaufrücken *T,* ex insidiis losbrechen *L;* **bildl.** plebs exsurgit empört sich *L. met.* **2.** sich erheben, aufsteigen: petra in cacumen exsurgit *Cu.* **3.** sich wieder erheben, sich erholen: res p. exsurget.

ex-suscitō 1. (*decomp.,* § 72) **1.** wecken, erwecken. **2.** *met.* erwecken, erregen: flammas anfachen *O,* animos anregen.

ex-sūxī *pf.* v. exsugo.

exta, ōrum, *n.* die edlen Eingeweide [bes. die Leber]: exta spectare beschauen *Cu,* laeta (felices *Ti*), tristia Glück, Unglück verkündend *Cu.*

ex-tābēscō 3. buī sich abzehren: macie; **bildl.** opiniones extabuisse seien verschwunden.

ex-templō u. **-pulō** *C adv.* sogleich, sofort, augenblicklich.

E: 'vom Beobachtungsplatz der Auguren aus'; § 67.

extemporālis, e (ex tempore) aus dem Stegreif, unvorbereitet.

ex-tempulō *C* s. extemplo.

ex-tendō 3. tendī, tēnsus u. tentus **1.** ausspannen, -dehnen, -strecken: extentus funis *H,* extensi digiti *L; refl.* se supra vires sich zu sehr anstrengen *V.* **2.** ausbreiten, ausdehnen, vergrößern, erweitern: munimenta *Cu,* agros *H,* fastigium planieren *Cu;* **occ.** (milit.) **sich entwickeln lassen, ausbreiten:** phalangem in duo cornua *Cu,* aciem in radicibus montis auffächern *LCu; met.* famam factis *V.* nomen in ultimas oras *H.* **3.** [zeitlich] **ausdehnen, hinziehen:** pugnam ad noctem *L,* extentum aevum unendliche Zeit *H,* curas in annum verschieben *V,* itinera *L,* se magnis itineribus Gewaltmärsche machen.

ex-tentō 1. (tento = tempto) versuchen, probieren *C.*

extentus *pt. pf. pass.* v. extendo.

extenuātiō, ōnis, *f.* (*rhet.*) Verkleinerung.   Von

ex-tenuō 1. **1.** dünn machen, verdünnen; *pass.* dünn werden: sortes extenuatae verkleinert *L;* **occ.** (milit.) acies extenuata zu sehr in die Länge gezogen (nicht tief genug) *SL.* **2.** *met.* schwächen, (ver)mindern: mala ferendo *O,* crimen; **occ.** schmälern, herabsetzen, verkleinern: facta *O,* bellicas laudes (querellam) verbis, munus.

exter u. **-rus,** ra, rum **I.** Positiv: **auswärtig, ausländisch:** gentes, regna. *Abl. sg. fem.* **extrā** (statt exterā) **1.** adv. **außerhalb, außen, auswendig:** extra et intus hostem habere; **occ. extra quam außer:** extra quam si außer wenn, extra quam qui außer jene, die *L.* **2.** präpos. beim *acc.* **außer, außerhalb, vor:** e. provinciam, iacet e. sidera tellus *V.* **Bildl.** e. coniurationem esse der Verschwörung fern stehen, e. consuetudinem, ordinem außerordentlich, außergewöhnlich, e. vitia von Fehlern frei; **occ. über ... hinaus:**

progredi e. agmen, e. modum sumptu prodire; *met.* **ausgenommen, außer:** e. ducem.

II. Komparativ: (§ 16, Anm.) **exterior,** ius **weiter außen befindlich, weiter draußen:** exterior hostis das Entsatzheer, exterius sitae urbes *O.*

III. Superlativ: [selten] **extimus** 3 **der äußerste:** novem orbes, quorum unus est extumus. [Meist]

extrēmus 3 **1.** räumlich: **äußerst, entferntest, letzt:** tellus *V,* extrema agri die äußersten Punkte *L;* **occ. der äußerste Teil:** in extrema India im fernsten I. = ad extremos Indos *H,* e. fines, fossa, pons Ende des Gebietes, Grabens, Steges, in extrema oratione am Ende der Rede. **2.** zeitlich: **der letzte:** aetas *N,* conspectus; *subst.* extremum das Ende, ad extremum zuletzt; *pl.* extrema imperii Untergang *T,* Dido extrema secuta Tod *V;* **occ. ausgehend, endend:** ad extremam aetatem bis zum Ende *N,* ad extremam orationem am Schluß, extremo bello gegen Ende *N,* extremo tempore zuletzt *N,* extremā in morte am Rande des Grabes *V.* **3.** *met.* graduell: **der äußerste:** dementia *S; subst.* ad extremum tenax *O,* extrema periculorum der äußerste Grad *L.* **occ. a. der ärgste, höchste, gefährlichste:** in extremis rebus in der äußersten Not, auxilium das letzte Mittel, supplicium, defensio; *subst.* ad extremum für den schlimmsten Fall, in extremo situs in der äußersten Gefahr *S,* ad extrema perventum est zum Äußersten *Cu,* audere extrema *V;* extrema pati den Tod *VL;* per omnia extrema durch das ärgste Elend *V.* **b. der schlechteste, verächtlichste:** Ligurum *V.* **4.** Adverbialformen: *acc. n. sg.* extremum zum letztenmal *VO;* extrema gemens *V; abl.* extremo zuletzt *N.*

E: exter: eigtl. *comp.* zu ex, s. § 16, Anm.; vgl. inter, intra, contra u. a.; extimus: direkt v. ex: vgl. intimus; extremus: v. extra, Analogiebildung nach *dēmus,* s. demum; vgl. supremus.

ex-tergeō, ēre abwischen *C.*

ex-terminō 1. **1.** vertreiben, aus den Grenzen jagen: peregrinos. **2.** verbannen, entfernen: urbe, e civitate; virtutem ex urbe.

externus 3 (v. exter wie supernus v. super) **1.** der äußere, äußerlich: hostis; *subst.* externa, ōrum, *n.* die äußeren Angelegenheiten. **2. occ.** ausländisch, fremd: bellum, populus, religio: timor vor einem auswärtigen Feind *L. Subst.* **a.** *m.* Fremder, Ausländer. **b.** externa, ōrum, *n.* Fremdes, die Fremde, Ausland.

ex-terō 3. trīvī, trītus zerreiben *Q.*

ex-terreō 2. uī, itus **1.** aufschrecken, aufscheuchen: silvis armenta *V.* **2.** heftig erschrecken.

exterus s. exter.

ex-timēscō 3. muī in Furcht geraten, sehr fürchten: periculum, de fortunis um sein Glück; mit ne; *inf. T.*

extimus s. exter III.

extīnctiō, ōnis, *f.* (extinguo) Vernichtung.

extīnctor, ōris, *m.* Vernichter, Zerstörer.   Von

ex-tinguō u. **ex-stinguō** 3. tīnxī, tīnctus (stinguo) **1.** löschen, auslöschen: incendium, lumen, sitim *O; med.* erlöschen: sol extinguitur; **occ. austrocknen:** aquam *L,* sucum *Cu, met.* **2.** umbringen, töten: natumque patremque extinxem (= extinxis-

extollo   175   **exuviae**   E

sem) *V*; *med.* **umkommen:** Dareo extincto *N*. *Pt.*
perf. pass. gestorben, tot. **3. vertilgen, vernichten;**
med. **zugrunde gehen:** pestem, vestigia urbis *L*, in-
stituta, populi R. nomen, famam *L*. **4. occ. in Ver-**
gessenheit bringen: memoriam; *med.* **in Vergessen-**
heit geraten: rumor extinguitur *L*.

ex-tollō 3. tulī **1. empor-, erheben:** pugionem,
caput; bildl. aliquem supra ceteros [im Rang] *T*;
occ. ver-, aufschieben: malum in diem *C*. *met.* **2. he-**
ben: se magis nach Höherem streben *S*, animos ad
superbiam übermütig machen *T*, nautas hilaritate
zum Lachen reizen *Ph*; **occ. verschönern:** hortos *T*.
3. erheben, rühmen, preisen: meritum verbis, rem
oratione vergrößern *S*.

ex-torqueō 2. torsī, tortus **1. foltern, ausreißen:** mem-
bris extortus verkümmert *Ph*. **2. entwinden:** arma, tela
de (e) manibus, mucronem dextrae *V*. **3.** *met.* entrei-
ßen, abringen, abnötigen, erpressen: vitam *Cu*, obsi-
des, ei regnum *L*, consulatum senatui *T*, donum de
manibus regiis; mit ut.

ex-torris, e (wohl zu *terra*) landesflüchtig, heimatlos:
regno *L*, patriā verbannt *S*.

ex-torsī *pf.* v. extorqueo.

extortor, ōris, *m.* (extorqueo) Erpresser *C*.

extortus *pt. pf. pass.* v. extorqueo.

extrā s. exter I.

ex-trahō 3. trāxī, tractus **I. 1. herausziehen, -reißen:**
telum (cultrum *L*) e corpore, de vulnere *O*; copias
ex hibernaculis *N*, se ac suos omnes incolumes
retten *N*; scelera in lucem ziehen *L*, eum ad hono-
rem bringen *L*. **2. herausschleppen, hervorzerren:** se-
natores in publicum *L*, aliquem cubili *T*; hostes in-
vitos in aciem zwingen *L*. **II. 1. hin-, hinausziehen, in**
die Länge ziehen: bellum in tertium annum *L*, proe-
lium ad noctem *L*. **2. hinhalten:** eludi atque ex-
trahi *L*. **3. vergeuden, unnütz hinbringen:** diem, aes-
tatem *L*, tempus morando *L*.

extrāneus 3 (extra) äußerlich, von außen kommend,
fremd; *subst. m.* Fremder, Ausländer.

extra-ōrdinārius 3 (extra ordinem) **1.** außerordent-
lich, außergewöhnlich: potestates, honos. **2. occ.** aus-
erlesen: equites Elite, Garde *L*, porta = praetoria
[hier lagerten die Elitetruppen] *L*.

extrārius, ī, *m.* (extra) Fremder *C*.

ex-trāxī *pf.* v. extraho.

extrēmitās, ātis, *f.* **1.** äußerster Punkt. **2.** Grenze: aëris.
3. Rand: lacūs *Pli*.   Von

extrēmus 3 s. exter III.

ex-tricō 1. (tricae; vgl. intrico) herauswickeln, -win-
den; *med.* sich herauswickeln *H*; *met.* nummos auf-
treiben *H*, nihil nichts ausrichten *Ph*.

extrīn-secus (v. einem *adv.* *extrim zu exter, u.
secus) *adv.* von außen, außerhalb.

extrītus *pt. pf. pass.* v. extero.

ex-trīvī *pf.* v. extero.

ex-trūdō 3. trūsī, trūsus hinausstoßen, -drängen: ali-
quem in viam; mare aggere zurückdrängen, mercem
losschlagen *H*.

ex-tudī *pf.* v. extundo.

ex-tulī *pf.* v. effero oder extollo.

ex-tundō 3. tudī herausschlagen, u. zw. **1.** (in Metall)
treiben, ziselieren: ancilia *V*. **2.** *met.* **bewirken, berei-**
ten, durchsetzen: artem, honorem verschaffen *V*.
3. zerschlagen: calcibus frontem *Ph*. **4.** *met.* **vertrei-**
ben: fastidia *H*.

ex-turbō 1. hinaustreiben, verjagen, vertreiben: homi-
nes e possessionibus, civem ex civitate, Octaviam
verstoßen *T*; *met.* spem pacis ausschließen *L*, men-
tem die Besinnung rauben, omnia verwirren *C*.

ex-ūberō 1. āvī (uber) **1.** reichlich hervorkommen, em-
porwallen: exuberat amnis *V*. **2.** sich reichlich zeigen:
exuberat umbra *V*, ex eruditione eloquentia quillt
die Beredsamkeit *T*. **3.** mit *abl.* Überfluß haben: po-
mis *V*.

ex-uī *pf.* v. exuo.

ex-ulcerō 1. **1.** zum Eitern bringen *Sp*; bildl. ver-
schlimmern. **2.** *met.* aufbringen, erbittern: animum.

ex-ul, exulō, exultim, ex-ultō s. ex-(s)ul . . .

ex-ululō 1. aufheulen; Bacchē exululata mit Heulen
geweckt *O*.

exūnctus *pf.* v. exunguo.

exundātiō, ōnis, *f.* Überschwemmung *Sp*.   Von

ex-undō 1. hinüberströmen: in adversa litora *T*;
bildl. hervorströrnen *T*.

ex-unguō 3. ūnctus durch Salben vertun *C*.

ex-uō 3. uī, ūtus (vgl. ind-uo) **I.** (etw.) **1. ausziehen,**
ablegen: vestem *Cu*, vincula sibi sich abstreifen *O*,
clipeum abnehmen *O*. **2.** *met.* **ablegen, aufgeben, sich**
entledigen: hominem die Menschengestalt *O*; fastūs,
metum *O*, silvestrem animum die wilde Natur *V*,
iugum servitutem abschütteln *L*, obsequium sich ent-
äußern *T*, societatem aufgeben *T*; pacem, fidem
brechen *T*, patriam sich lossagen von *T*, iussa sich
nicht kümmern um *T*; animam verlieren *O*, magistrum
beseitigen *T*. **II.** (jemd.) **1. ausziehen, entkleiden, ent-**
blößen, sich entledigen: se iugo das Joch abschütteln,
se monstris die unnatürliche Gestalt ablegen *O*, ex his
se laqueis; cornua exuitur verliert die Hörner *O*. **2. be-**
rauben: aliquem armis *SVL*; *met.* hostem impedi-
mentis, classe *S*, castris *L*, praedā die Beute weg-
nehmen *L*; omnibus fortunis exutus im Stich gelas-
sen *T*, exuto Lepido als L. seiner Macht entkleidet
war *T*.

ex-ūrō 3. ussī, ustus **1. herausbrennen:** scelus igni *V*.
2. verbrennen: vicos, classem *V*. **3.** *met.* **a. austrock-**
nen: fatigatos quälen *Cu*, lacūs *Ph*. **b. erhitzen:** vesti-
gia *Cu*, antra exusta caminis *O*; **occ.** divos zur Liebe
entflammen *Ti*. **c. verzehren, zerstören:** ferrum *Cu*,
cornua *O*.   Dav.

exūstiō, ōnis, *f.* Brand: terrarum.

exustus *pt. pf. pass.* v. exuro.

exūtus *pt. pf. pass.* v. exuo.

exuviae, ārum, *f.* (exuo) **1.** die (abgelegte) Klei-
dung *CV*. **2.** die (abgezogene) Waffenrüstung, Waffen-
beute: Achillis *V*; *met.* Beute: nauticae Schiffsschnä-
bel. **3. occ.** die (abgezogene) Tierhaut: leonis *V*; po-
nere exuvias sich häuten *V*.

F   176   **facilitas**

F

F als Abkürzung = filius [oder] fecit.
faba, ae, *f.* Bohne, Saubohne.   Dav.
fabālis, e: stipulae Bohnenstroh *O.*
Fabaris, is, *m.* (lat. statt des sabinischen **Farfarus,** ī, *m.* §§ 2 u. 38, 1, a) F. [Flüßchen im Sabinerland] *V.*
fābella, ae, *f.* (*dem.* v. fabula) kleine Erzählung, Fabel, Märchen, kleines Drama.
faber, brī, *m.* **1.** Arbeiter, Handwerker; [bes.] Schmied: tignarius Zimmermann; aeris Künstler in Erz *H.* **2.** *pl.* Handwerker: praefectus fabrûm Werkmeister. **3.** occ. (milit.) Pioniere: praefectus fabrûm Pionierkommandant, Adjutant.   Dav.
faber, bra, brum, *adv.* **ē** geschickt, kunstfertig, künstlich: ars *O.* *Iuxtap.* (§ 67) **fabrē-factus** 3: ex aere fabrefacta Kunstwerke *L,* argentum silberne Kunstgegenstände *L.*
Fabiānī, ōrum, *m.* Leute der Tribus Fabia *Sp.*   Zu
Fabius 3 im *n. g.* (patriz.): **1.** Q. F. Maximus [Gegner Hannibals, wegen seiner Kampfesweise mit dem Beinamen Cunctator, gest. 203]. **2.** F. Pictor [Verfasser des ersten röm. Geschichtswerks in griech. Sprache, 2. Hälfte d. 3. Jh., Quelle für *L*]. *adi.* zu **2.** fornix Fabius [auf dem Forum].
Fabrāteria, ae, *f.* F. [volskische St. am Liris]; Einw. Fabrāternī.
fabrē-factus 3 s. faber, bra, brum.
fabrica, ae, *f.* (faber) **1.** Baukunst: pictura et fabrica. **2.** *meton.* künstliche Bearbeitung: aeris et ferri; *met.* Bau, Gestalt: membrorum. **3.** Werkstätte: fabricae praeesse Eisenschmiede. **4.** *met.* Kunstgriff *C.*
fabricātiō, ōnis, *f.* (fabrico) **1.** Bildung, Bau: hominis. *met.* **2.** künstliche Veränderung: in verbo. **3.** Kunstgriff *Sp.*
fabricātor, ōris, *m.* (fabrico) Urheber *VO.*
Fabricius 3 im *n. g.*: C. F. Luscinus [Feldherr gegen Pyrrhus, das Urbild altrömischer Rechtlichkeit]; Fabricius pons [Brücke vom linken Tiberufer zur Insel] *H.*
fabricō u. **-or** **1.** (fabrica) **1.** verfertigen, schmieden, zimmern, bauen. **2.** *met.* bilden.
fabrīlis, e (faber, § 75, Abs. 2) des Handwerkers; *subst.* fabrilia Handarbeiten *H.*
fābula, ae, *f.* (zu fari) **1.** Gerede, Gegenstand des Geredes: notissima Tagesgespräch *O,* fabula quanta fui *H.* **2.** Gespräch, Unterhaltung: convivales *T.* **3.** *meton.* Erdichtung, Erzählung, Geschichte, Märchen: ficta. **4.** occ. **a.** Fabel: Aesopi *Ph.* **b.** Sage: sine auctore edita *L;* Manes sagenhaft *H;* *pl.* Mythen: Graecae die gr. Mythologie *L.* **5.** Stoff, Sujet: Thebae quid sunt nisi fabula? Gegenstand der Dichtung *O;* *meton.* Drama, Stück, Theaterstück: fabulam docere, dare ein Stück aufführen, agere spielen; *met.* quae haec est fabula? was geht hier vor? *C.*   Dav.
fābulāris, e sagenhaft *Sp.*

fābulātor, ōris, *m.* Erzähler *Sp.*   Von
fābulor (-o *C*) **1.** plaudern, schwatzen, erzählen *CLT.*
fābulōsus 3 (fabula) sagenreich *Cu;* sagenumwoben *H.*
facessō 3. facessī u. īvī, ītum (facio) **1.** *trans.* verrichten, ausführen: iussa *V;* occ. (Übles) bereiten, tun, machen, verschaffen: innocenti periculum, ei negotium. **2.** *intr.* sich davonmachen, sich entfernen: facesse hinc Tarquinios *L.*
facētiae, ārum, *f.* Scherz, Witz.   Von
facētus 3, *adv.* **ē** **1.** anmutig, fein, elegant, artig: oratio; *subst. n.* facetum Anmut *H.* **2.** witzig, launig, scherzhaft: aliquid facete dicere.
E: zu fax, also 'glänzend'.
faciēs, ēī, *f.* (zu facio) **1.** Gestalt, Figur, Form. **2.** Äußeres, Anblick, Gestalt, Aussehen: ripae *Cu,* mentis et oris *O,* aquarum *O.* occ. **a.** Art, Beschaffenheit: in hederae faciem nach Art *O,* laborum *V.* **b.** Schein: publici consilii *T.* **3.** Antlitz, Gesicht: torva *VO.* **4.** occ. schönes Antlitz: insignis facie *O.* **5.** Schönheit, Anmut: digna deā *O.*
facilis, e (facio)

     I. **1. ausführbar, leicht, mühelos;** 2. *occ.* **bequem, geeignet.**
     II. **1. leicht, beweglich, schnell;** 2. *occ.* *a.* **willfährig, willig, nachgiebig, freundlich, gefällig;** *b.* **willig, bereit, geeignet** zu etw.
     III. *adv.* **facile** 1. **leicht, mühelos;** 2. non (haud u. a.) facile **mit Mühe, schwer, kaum;** 3. [bei Gradbegriffen] **sicher, unbestritten;** 4. **willig, gern, unbedenklich.**

     I. **1.** remedia gelinde *N,* humus leicht zu bearbeiten *Cu,* titulus kleinlich *O,* iactura leicht zu ertragen *V;* *n. subst.* haud in facili nicht leicht *L,* ex facili leicht, mit Leichtigkeit *OT;* mit *abl.* des supin., *acc.* des *ger.* mit ad; facilis corrumpi leicht zu verderben *T.* **2.** aditus, iter, via glückliche Fahrt *V,* gens facilis victu das seinen Lebensunterhalt leicht findet *V;* mit *dat.,* ad. **II. 1.** manus, corpus *O;* ad dicendum gewandt im Reden. **2. a.** nymphae *V,* amicitiā gegen die Freunde *S,* ad concedendum, saevitia leicht besänftigt *H,* mores, aures geneigtes Gehör *Cu;* fiscina nachgiebig, geschmeidig *V,* cera leicht formbar *O.* **b.** inanibus zu Torheiten *T,* bello *T;* ad bella *O,* in bella *T.* **III. 1.** hoc f. ei persuasit; f. agere gut, angenehm leben *C.* **2.** non f. ab oppidis hostium vim prohibere. **3.** (bei *adi.*): f. deterrimus; (bei Zahlen): f. hominum mille; (bei *verb.* des Übertreffens): f. superare, antecellere. **4.** f. concedere, egestatem ferre; f. pati.   Dav.
facilitās, ātis, *f.* **1.** Leutseligkeit, Zu-, Umgänglichkeit;

facinerosus   177   **factiosus**   F

met. camporum Passierbarkeit *T.* **2.** Leichtigkeit, Gewandtheit: oris *T* = extemporalis, verborum *Q*, suspecta leicht Hingeworfenes *Q.*

facinerōsus u. **-orōsus** 3 verbrecherisch, lasterhaft. Von

facinus, oris, *n.* **1.** Handlung, Tat: nefarium; egregium *S*, praeclarum *NS.* **2.** occ. **Schandtat, Untat, Missetat, Übeltat, Verbrechen. 3.** *meton.* **a.** **Werkzeug des Verbrechens:** facinus excussit ab ore den Giftbecher *O.* **b. Verbrecher, Missetäter:** facinorum catervae *S.* **4. Ding, Sache** *C.*   Von

faciō 3. fēcī, factus (verw. mit dem St. ϑε in τίϑημι, ἔ-ϑηκ-α, dtsch. t u n ; f vertritt die Aspirata, § 6) **tun, machen**

> *A.* (*intr.*) **1. tun, handeln; 2.** (mit *adv.*) irgendwie **handeln, sich betragen, benehmen, tätig sein; 3. es mit** jemd. **halten,** jemds. **Partei ergreifen, auf** jemds. **Seite stehen; 4. geeignet sein, förderlich sein, nützen, dienen; 5.** (die Opferhandlung vornehmen), **opfern.**
>
> *B.* (*trans.*) I. **1. tun, machen; 2.** *occ.* etw. **durchführen; 3.** etw. **bearbeiten, künstlich gestalten.**
> II. **1. verfertigen, herstellen, bauen, errichten;** *occ.* **a. schaffen, hervorbringen;** *b.* (schriftlich) **verfassen, schreiben, machen;** *c.* (Geld) **erwerben, erzielen, verdienen, gewinnen;** *d.* **aufbringen;** *e.* (Zeit) **zubringen, vollenden;** *met.* **2.** (Handlungen) **tun, machen, leisten, zustande bringen, ausführen; 3.** *occ.* *a.* (bei *subst.* pass. Bed.) **erleiden;** *b.* **veranstalten, feiern;** *c.* (Geschäfte) **betreiben;** *d.* (Affekte und Zustände) **hervorrufen, erregen, verursachen, bewirken;** *e.* **verschaffen, verleihen, gewähren.**
> *C.* Mit b e s o n d e r e n K o n s t r., u. zw. **1.** (mit *acc. praedic.*) **zu** etw. **machen;** *occ.* (mit *gen. praedic.*) **zu** jemds. **Eigentum machen; 2.** (mit *gen. pretii*) **achten, schätzen, anrechnen; 3.** (mit Begehrsatz) **bewirken, verursachen, sorgen für; 4. darstellen;** (mit *acc. pt.*) etw. tun **lassen;** *occ.* **annehmen, den Fall setzen.**

A. 1. nec mihi dicere promptum nec facere est isti *O.* **2.** neglegenter, arroganter, fraterne, contra legem ungesetzlich. **3.** cum aliquo, unā facere; [Gegs.] adversus aliquem; b i l d l. illud a nobis facit spricht zu unserem Vorteil. **4.** nec caelum nec aquae faciunt bekommt mir *O*; mit *dat.* capiti *Pr*, incolumi Rhodus (nil) facit *H*; non facit ad nostras hostia maior opes *O.* **5.** Iunoni; vitulā pro frugibus *V*, *trans.* liba Pali *O.*

B. I. 1. quid huic homini (hoc homine, de praeda *L*) facias? was willst du mit ... anfangen? **2.** multa crudeliter avareque *N.* **3.** argentum (aurum) factum bearbeitet (auch: geprägt), phalerae pulcherrime factae.
II. 1. arma erzeugen, vela aufspannen, signum factum de marmore *O*, candelabrum e gemmis; castra aufschlagen, pontem in Histro über die Donau schlagen *N*, carcerem Syracusis, moenia *O*, classem. **a.** laetas segetes *V*, ignem anzünden *N*, sibi viam sich Bahn brechen *VL*, aditum ad aliquem eröffnen *O.*

b. syngraphas, testamentum, versum *H*, litteras aufsetzen. **c.** pecunias ex metallis *N*, praedam, rem facias erwirb *H*, stipendia Kriegsdienste leisten. **d.** manum, auxilia *T.* **e.** tria quinquennia *O.* **2.** promissa, imperata, vota (Caesari) geloben, iter Ameriam nach A. reisen, iniuriam begehen, opus verrichten. [Im Staatsleben]: comitia abhalten, indutias, pacem schließen, proelium liefern, bellum alicui mit jemd. anfangen *N.* [Mit den Begriffen von Anfang und Ende]: initium, finem vitae, belli, finem pretio eine Grenze setzen; periculum einen Versuch machen; clamorem erheben, vim Gewalt anwenden, G. tun; mentionem Sullae, de aliquo Erwähnung machen. **3. a.** detrimentum, naufragium; iacturam ein Opfer bringen, verlieren. **b.** mysteria *N*, ludos. **c.** argentariam ein Bankgeschäft betreiben, mercaturas. **d.** (ei) dolorem bereiten *O*, oblivia rei vergessen lassen *O*, alicui alicuius rei desiderium einflößen *L*, alicui fidem überzeugen *LO*, audaciam hosti erwecken *L*; faciente linguā durch Schuld der Zunge *O.* **e.** alicui decorem, vires *O*, orationi audientiam, alicui potestatem (copiam) Gelegenheit, Erlaubnis geben, ermöglichen, alicui negotia Schwierigkeiten bereiten.

C. 1. eum reum anklagen, testem zum Zeugen nehmen, Picum avem verwandeln *V*; id planum aufklären, aliquid reliquum übriglassen, **aliquem certiorem** (certum *O*) **benachrichtigen,** cuncta magna vergrößern *O*, eam terram suam sich das Land unterwerfen. **occ.** optionem Carthaginiensium die Wahl den K. überlassen *S*, agrum Gallicum suae dicionis (imperii, arbitrii sui) unter seine Herrschaft bringen *L*, aliquid sui muneris als sein Geschenk geltend machen *T.* **2.** minoris filium rusticum, pluris hoc bellum, rem aequi bonique zufrieden sein, universa lucri sich zunutze machen *N.* **3.** tu facito, sis memor! *V*, moenia, fac, condas wohlan, baue! *O*; invitus feci, ut eum e senatu eicerem ich ließ mich ungern dazu herbei, **facere non possum (fieri non potest), quin** ich **kann nicht umhin, ich muß durchaus;** d i c h t. hoc telum me flere facit macht mich weinen *O.* **4.** [Von bildlicher Darstellung]: fecerat procubuisse lupam *V*, [von Schriftwerken]: quem Homerus conveniri facit ab Ulixe; facit Xenophon Socratem disputantem. **occ.** fac ita esse, faciamus deos non esse.

NB: Die Passivformen im Simplex ersetzt man durch fio. Altl.: face = fac (§ 55) *CNCaO*; faxo (faxim), faxis, faxit, faximus, faxitis, faxint = fecero (fecerim) usw. *CVHLO*; *pass.* faxitur = factum erit [alte Formel bei *L* 22, 10, 6].

facteon = faciendum [scherzhaft wie ein gr. Verbaladj.].

factiō, ōnis, *f.* (facio) **1.** das Machen: testamenti das Recht zur Abfassung eines Testaments; **occ.** (politisches) Treiben, Umtriebe: sine factione ohne Parteirücksichten *N*, nobilitas factione magis pollebat durch politische Cliquenbildung *S.* **2.** *meton.* Partei: paucorum die Aristokratenpartei; **occ.** Anhang, Verwandtschaft: nostra *C.*   Dav.

factiōsus 3 herrschsüchtig, parteisüchtig. *Subst.* Parteiführer.

factito 178 **fama**

factitō 1. (Doppelfrequ. zu facio) **1.** zu machen, zu tun pflegen, gewöhnlich verrichten: versūs *HT*; aliquem heredem. **2. occ.** gewerbsmäßig betreiben: accusationem; delationem *T*.

factum, ī, *n.* (facio) **Tat.** Als Verbalform mit *adv.* recte, turpiter factum gute, schlechte Tat; als *subst.* mit Attribut: improbissimum; facta boum Arbeit der Rinder, Feldarbeit *O.* **occ. a.** Ereignis: post id factum *N.* **b.** Tatsache, Erfolg: mirabile *O.* Von

I. factus *pt. pf. pass.* v. facio; s. auch factum.
II. factus 3 (facio) **1.** getan, gemacht: factius nilo facit es wird nicht anders *C*; factum bene! gut! schön! *C*, dictum factum gesagt getan *C*, bonum factum Glück auf! *Sp.* **occ. 2.** geschaffen, geeignet, geboren; mit ad; *inf. T.* **3.** bearbeitet, hergerichtet: oratio, versiculi kunstvoll *H*, ad imitationem *L*, ad unguem wirklich fein *H*.

factus sum *pf.* v. fio.

facultās, ātis, *f.* (facilis, § 51, Anm.) **1.** 'Tunlichkeit', Möglichkeit, Gelegenheit: fugae. **occ.** Erlaubnis: perorandi *N.* **2.** Kraft, Fähigkeit, Geschicklichkeit, Anlage: ingenii facultates *N.* **occ.** Rednergabe: florens facultate. **3.** *meton.* Vorrat, Menge, Fülle: omnium rerum, navium. **occ.** *pl.* Mittel, Vermögen: dare pro facultatibus *N*, ad largiendum; bildl. patriae, Italiae facultates Hilfsquellen.

fācundia, ae, *f.* Redegewandtheit, Beredsamkeit; konkr. Redner *O.* Von

fācundus 3, *adv.* **ē** (fari; vgl. ira-cundus neben iratus) **1.** beredt, redegewandt: Nestor *O.* **2.** beredt, geläufig: oratio *S.*

faeceus 3 (faex) unflätig, unanständig: mores *C.*

faecula, ae, *f.* (*dem.* v. faex) Weinsteinsalz *H.*

faelēs s. feles.

faen ... s. fen ...

Faesulae, ārum, *f.* Fiesole [Städtchen nö. von Florenz]; *adi.* u. Einw. Faesulānus.

faex, cis, *f.* **1.** Hefe, Weinhefe *HO.* **2.** *meton.* Weinsteinsalz *H.* **3.** *met.* Niederschlag, Bodensatz, Hefe: terrena *O*, urbis Abschaum, de faece haurire [von schlechten Rednern].

fāgin(e)us 3 aus Buchenholz, buchen. Von

fāgus, ī, *f.* (φηγός, dorisch φᾱγός, §§ 13 u. 90) Buche; *meton.* Buchenholz.

fala, ae, *f.* hölzerner Turm, Belagerungsturm *C.*

falārica, ae, *f.* Wurfspeer *LV*; **occ.** Brandpfeil *L.*

falcārius, ī, *m.* (falx) Sichelmacher; inter falcarios in der Sichelmacherstraße.

falcātus 3 (falx) **1.** Sichel-: currus Sichelwagen *Cu.* **2.** sichelförmig gekrümmt.

falci-fer 3 (falx, fero, § 66) sicheltragend *O.*

Faleriī, ōrum, *m.* (§ 29) F. [St. nördl. v. Rom]; *adi.* **Faliscus** 3: terra *O*; Einw. Falīscī *VO*; Falīscum, ī, *n.* faliskisches Gebiet *L.*

Falernus ager Falernerland [Hügelland an der latinisch-kampanischen Grenze]; fundus *H*; *subst.* **Falernum,** ī, *n.* Falernerwein.

Faliscus 3 s. Falerii.

fallācia, ae, *f.* Betrug, Täuschung, Verstellung. Von

fallāx, ācis, *adv.* **āciter** trügerisch, listig, täuschend; mit *gen.* amicitiae verräterisch an *T.* Von

fallō 3. fefellī (deceptus) (σφάλλω)

> **1.** zu Fall bringen; *met.* **2.** täuschen, betrügen, hintergehen; *med.* sich täuschen, sich irren; 3. *occ.* *a.* unwirksam machen; *b.* unmerklich machen; **4.** sich entziehen, unbemerkt bleiben, verborgen bleiben, entgehen.

1. pedes *L*, saxa vestigium fallunt *Cu.* **2.** numquam fallens oliva die stets reift *H*, opinionem meam meine Erwartung nicht erfüllen, faciem illius täuschend nachahmen *V.* Phrase: nisi forte me fallit animus wenn ich mich nicht täusche. [Subjektslos]: fallit me ich täusche mich, irre mich; *med.* falleris du irrst dich *N.* **3. a.** omen *O*, promissum, mandata nicht erfüllen, depositum keine Frucht tragen *O*, iura, fidem brechen, retia entgehen *O.* **b.** laborem vergessen lassen, discrimina *O*, horas sermonibus sich vertreiben *O*, somno curam *H*, amorem unterdrücken *V*, furta verbergen *O.* **4.** aetas fallit geht unbemerkt hin *O*; mit *acc. pers.* custodes *LOCu*; *abs.* non fefellere insidiae *L*; non me fallit mit *acc. c. inf.* es entgeht mir nicht, daß; mit *pt.* hostis fallit incedens rückt unbemerkt an *L*; Pan te fefellit vocans lockte dich heimlich *V*; nequiquam fallis dea suchst vergeblich deine Gottheit zu verbergen *V.*

falsi-dicus 3 (falsus, dico, § 66) lügenhaft.

falsi-ficus 3 (falsus, facio, § 66) falsch handelnd.

falsi-iūrus 3 (falsus, iuro, § 66) falsch schwörend.

falsi-loquus 3 (falsus, loquor, § 66) = falsidicus *C.*

falsus 3, *adv.* (selten) **ē**, (gew.) **ō** (fallo)

> **I.** med. **1.** irrend, irrig; 2. [von Abstr.] irrig, leer, nichtig, eitel, unbegründet; 3. *subst. n.* Irrtum.
> **II.** akt. **1.** falsch, betrügerisch, heuchelnd; 2. *subst. n.* Trug, Fälschung.
> **III.** pass. **1.** gefälscht, unwahr, erdichtet; 2. *occ. a.* [von Sachen] unecht, nicht wirklich; *b.* [von Personen] erlogen, untergeschoben; 3. *subst. n.* Falsches, Unwahrheit, Unrichtiges.

I. 1. illi falsi sunt sind im Irrtum *S*, ea res me falsum habuit täuschte mich *S.* **2.** opinio, fama, metus. **3.** falsum de iure respondere irrig berichten. **II. 1.** accusator, avis trügerisches Omen *V*, imago Trugbild *O*; *acc.* adv. falsum renidens heuchlerisch lächelnd *T.* **2.** crimen falsi *T*, falsi damnatus als Fälscher *T.* **III. 1.** dicta *O*, chirographa, leges. **2. a.** uva Trugbild einer Traube *O.* **b.** genitor *VO*; Simois nachgebildet *V.* **3.** dicere falsum, falsum iurare falsch schwören. *Abl. adv.* **falsō a.** irrtümlich: quidam falso putant. **b.** fälschlich, grundlos: accusare; falso! mit Unrecht! *N.*

falx, cis, *f.* **1.** Sichel, Sense: falcem supponere aristis *V.* **2.** Winzer-, Gartenmesser: falce premere beschneiden *VH.* **3.** Mauerhaken [zum Einreißen der Mauern].

fāma, ae, *f.* (φήμη, dor. φᾱμα, §§ 7 u. 90; vgl. for) **1.** Sage, Gerücht, Gerede der Leute, geschichtliche Überlieferung, Tradition: facti *N*, de adventu *N*, fama

famelicus   179   **fastidiosus**   **F**

est es geht die Sage, mit *acc. c. inf.*; fama tenet *L*, ob-
tinet *S* hält sich, herrscht. **2. Fama** [Göttin]: it Fama
per urbes *V.* **3. öffentliche Meinung, Volksstimme:**
omnium, famā bella constant *Cu.* **4. Ruf, Leumund:**
bona, mala, crudelitatis. **occ. a. übler Ruf, Nachrede**
(selten): veterum malorum *V.* **b. guter Ruf, guter
Name:** famae servire auf guten Ruf bedacht sein *N*, in-
nocentis; [von Frauen]: famae parcere sich den guten
Ruf (die Ehre) erhalten *ST.* **c. Ruhm, Berühmtheit:**
aeterna *V*, posteritas famaque Ruhm bei der Nach-
welt *Cu.*
famēlicus 3 hungrig: canes *Ph.*   Von
famēs, is, *f.* **1. Hunger:** famem tolerare, sustentare,
perferre aushalten; deponere stillen *O*, propellere *H.*
2. occ. Hungersnot: inopia primum, deinde fa-
mes *Cu.* **3. meton. Dürftigkeit** [im Ausdruck]; bildl.
ieiunitas et fames. **4. met. Begierde, Gier:** vetitorum
ciborum *O*, auri *V.*
fāmigerātiō, ōnis, *f.* Geschwätz *C*; **fāmigerātor**,
ōris, *m.* Schwätzer *C.*
E: fāmigerāre 'in Ruf bringen'.
familia, ae (in gewissen Formeln auch ās), *f.* (famulus,
§ 51) 'Haus', u. zw.

> I. **1. Haus, Hausstand;** 2. *occ.* **Vermögen, Besitz.**
> II. **Geschlecht, Familie,** u. zw. 1. **Familie** (als Un-
> terabteilung der gens); 2. *synecd.* **Geschlecht,
> Stamm** (synonym mit gens).
> III. 1. **Dienerschaft;** 2. *occ.* a. **Leibeigene, Hö-
> rige;** b. **Fechtertruppe, Gladiatorenbande.**

I. **1.** pater familias Hausvater, matres familias Haus-
frauen, filii familiarum Haussöhne [noch nicht selb-
ständig] *S.* **2.** herciscundae familiae causam agere in
einer Erbschaftsteilung. **II. 1.** Sulla gentis patriciae
nobilis fuit [als Kornelier], familiā [der Sullae] prope
iam extinctā *S.* **2.** Aemiliorum et Fabiorum fami-
liae *N.* **III. 1.** optima *N.* **2. a.** Orgetorix familiam
suam coëgit. **b.** gladiatoria *S.*   Dav.
familiāris, e, *adv. iter* (§ 75, Abs. 2) **1. zum Haus ge-
hörig, Haus-:** servus *C*, res das Hauswesen, Vermögen;
principis Privatgüter des Kaisers *T*; res familiares Ver-
mögensverhältnisse *S*; *subst.* **Diener, Sklave. 2. zur Fa-
milie gehörig, Familien-:** consilium *L*, pecuniae das
kaiserliche Privatvermögen *T. met.* **3.** [von Personen] **be-
kannt, vertraut,** mit *dat.*; *subst.* **Vertrauter, Freund,** mit
gen. **4.** [von Sachen] **vertraut, vertraulich, freundlich,
freundschaftlich:** usus Umgang *Cu*, iura Rechte der
Freundschaft *L*, alicui familiare est mit *inf.* es liegt
einem nahe *Pli*, cum Verre familiarissime vivere.
5. occ. vaterländisch [*t. t.* der Eingeweideschau]:
caput iocineris a familiari parte caesum der Leber-
kopf [Auswuchs am rechten Leberlappen] hatte am
'Freundesteil' einen Schnitt [Gegs. pars hostilis] *L.* Dav.
familiāritās, ātis, *f.* **1.** Vertrautheit, Vertraulichkeit,
Freundschaft. **2. meton.** Vertraute: Neronis *T.*
fāmōsus 3 (fama) **1.** berühmt: urbs [Jerusalem] *T.*
2. berüchtigt: largitio *S*; **occ.** ehrenrührig, schmähend:
versus *H*, libelli Schmähschriften *T.*

famul, famula s. famulus.
famulāris, e (famulus, § 75, Abs. 2) Sklaven-: vestis;
famularia iura dare zum Sklaven machen *O.*
famulātus, ūs, *m.* Dienstbarkeit, Knechtschaft.   Von
famulor 1. dienstbar sein, dienen.   Von
famulus, ī, *m.*, **famula**, ae, *f.* (altl. **famul** *Ennius*,
Lukrez, oskisch famel) **1.** Diener(in). **2.** *adi.* dienend:
vertex, aquae *O.*
fānāticus 3 (fanum; vgl. fanor) schwärmend, rasend,
fanatisch: Galli *L*, error des Wahnsinns *H.*
fandus s. *for.
fānor, ārī umherrasen *Maecenas.*
fānum, ī, *n.* (*fāsnum v. fas, § 30, oskisch fíisnam)
1. Heiligtum, Tempel. **2. Fanum** (Fortunae) Fano
[Ort in Umbrien] *CT.*
far (gesprochen farr), farris, *n.* **1.** Spelt, Dinkel [weizen-
ähnlich]: farra Dinkelkörner *V.* **2. meton. a.** Mehl : ho-
lus ac far *H*; **occ.** Opferschrot, -mehl: pium *VH.*
b. Brot: farris libra *H.*
farciō 4. farsī, fartus (φράγ-νυ-μι, φράσσω) stopfen,
füllen: pulvinus rosā fartus.
Farfarus s. Fabaris.
fārī *inf. pr.* v. *for.
farīna, ae, *f.* (far) Mehl.
farrāgō, inis, *f.* (far) Mischfutter [fürs Vieh] *V.*
farreum, ī, *n.* (v. far, *sc.* libum) Speltkuchen *Sp.*
farsī *pf.* v. farcio.
fartis, is, *f.* (farcio) nur *acc.* fartim Füllsel, Füllung *C.*
fartor, ōris, *m.* (farcio) Geflügelmäster *H.*
fartus *pt. pf. pass.* v. farcio.
fās (nur *nom.* u. *acc.*) **1.** (göttliches) **Recht:** fas et iura
göttliches und menschliches Recht *V*; **occ. Verhängnis,
Schicksal:** fas obstat *V.* **2. met. Recht, Pflicht:** per
omne fas ac nefas im Guten und Bösen *L*, fas (= ius)
gentium *T.* **3. fās est es ist erlaubt, gestattet, mög-
lich, recht, heilsam, schicklich, es schickt sich;** mit
inf., acc. c. inf.
E: zu fari, eigtl. 'Spruch'; vgl. fatum.
fascia, ae, *f.* (vgl. fascis) Binde, Band.
fasciculus, ī, *m.* (*dem.* v. fascis) Bündelchen, Strauß.
fascinō 1. beschreien, behexen *CaV.*   Von
fascinum, ī, *n.* das männliche Glied *H.*
fasciola, ae, *f.* (*dem.* v. fascia) kleine Binde *H.*
fascis, is, *m.* **1.** Bündel, Bürde, Last: sarmentorum *L.*
2. occ. pl. Rutenbündel mit Beil [als Symbol der Straf-
gewalt über die Bürger den höchsten Magistraten von den
Liktoren vorangetragen] *T.* fasces submittere (demittere)
senken lassen [als Zeichen der Ehrfurcht] *L*; bildl. ali-
cui jemd. den Vorzug geben; laureati [nach einem
Sieg], versi [beim Leichenbegängnis eines Konsuls] *T.*
3. meton. Konsulat: fasces corripere das K. an sich rei-
ßen *S*; (populi) fasces hohe Ämter *VH.*
E: vgl. φάκελος 'Bündel'.
fassus *pt. pf. act.* v. fateor.
fāstī, ōrum, *m.* s. II. fastus.
fastīdiō 4. (fastidium) Ekel, Widerwillen empfinden,
verschmähen: holus *H*, preces *L*, in recte factis heikel
sein; mit *inf., acc. c. inf.*
fastīdiōsus 3, *adv. ē* **1.** voll Ekel, voll Widerwillen:
terrae (*gen.*) überdrüssig *H.* **2.** wählerisch, heikel: fas-

fastidium 180 **faux**

tidiose in caelum recipi nach langer Zeit erst *Ph.* **3.** ekelerregend: mancipium ekelhaft *Pli,* aegrimonia Ekel (am Leben) schaffend *H.* Von
fastīdium, ī, *n.* (fastus, ūs) **1.** Ekel, Überdruß: mensae *O. met.* **2.** Abneigung, Widerwille: patria fastidio erat war zuwider *Cu.* **3.** Hochmut, Aufgeblasenheit, Stolz: alicuius fastidia pati *V,* ferre *H* aushalten, audiendi Tadelsucht beim Zuhören.
fastīgium, ī, *n.* **1.** Steigung, Erhebung: molli fastigio in stumpfem Winkel. **occ.** Senkung, Neigung, Abdachung: scrobes paulatim angustiore ad infimum fastigio deren Senkung sich allmählich verengte, tenui fastigio sanft abgedacht, cloacae fastigio in Tiberim ductae mit Gefälle *L.* **2.** *meton.* Erhebung, Höhe, Tiefe: fastigia moenium Zinnen *Cu,* aquae die Höhe *Cu,* scrobibus quae sint fastigia welche Tiefe . . . haben *V.* **occ.** Giebel, Giebelfeld: Capitolii *T,* delubri fastigia *O;* operi fastigium imponere zum Abschluß bringen. **3.** *met.* Höhe, Höhepunkt: fortunae *Cu,* pari (eodem *Cu*) fastigio stare sich auf gleicher Höhe halten *N.* **occ. a.** Stellung, Rang, Würde: regium *Cu,* dictaturae *L,* muliebre Würde einer Frau *T.* **b. Hauptpunkt:** summa fastigia rerum *V.* Von
fastīgō 1. aufsteigen lassen. Fast nur **fastīgātus** 3, *adv.* **ē 1.** auf-, ansteigend: collis *L,* testudo in eine Spitze auslaufend *L.* **2. occ.** abgedacht, schräg: tigna fastigate defixerat.
E: für *farstigo, ai. bh̥ṣṭí-š 'Spitze', dtsch. Borste.
I. fastus, ūs, *m.* Stolz, Hochmut; **occ.** Sprödigkeit: pone fastūs *O.*
II. fāstus 3 (fas) 'mit f a s bezeichnet': dies **fāstī** die [im Pontifikalkalender mit dem Beisatz fas versehenen] Gerichtstage. *Meton.* **fāstī,** ōrum, *m.* (*acc. pl.* auch fastūs *H*). **1.** Verzeichnis der Gerichtstage [urspr. nur Patriziern zugänglich, erst 305 durch Cn. Flavius veröffentlicht. Mit diesem Verzeichnis verband sich die Angabe der Festtage, daher entstand der] **2. Kalender:** qui redit in fastos wer nach dem Kalender greift *H,* diem festum de fastis suis sustulerunt strichen aus dem Kalender. **occ. a. Jahrbücher** der Geschichte *H.* **b. Amtskalender:** in annalibus magistratuum fastisque consulum *L.* [Dieses Verzeichnis (fasti Capitolini, consulares) reicht von 508 bis 354 n. Chr.; fasti triumphales Verzeichnisse der Feldherren, die einen Triumph feierten].
fātālis, e, *adv.* **iter** (fatum, § 75, Abs. 2) **1.** des Geschickes: stamina die Fäden des Schicksals *O,* libri = sibyllinische Bücher *L,* deae = die Parzen *O.* **occ.** vom Schicksal verhängt, bestimmt: calamitas, fataliter cadere nach dem Beschluß des Geschickes *O,* dux ad interitum urbis fatalis *L.* **2.** verhängnisvoll: signum Minervae = das Palladium *O;* **occ.** verderblich, verderbenbringend: aurum = das Halsband der Eriphyle *O,* bellum.
fateor 2. fassus sum (v. *fātus, *pt. pf. pass.* von fari; vgl. gr. φατός; fassus aus fät-tus, § 36) **1.** bekennen, gestehen, einräumen, zugeben: de se ein Geständnis ablegen *LCu,* verum (vera *O*) *Cu;* mit *inf., acc. c. inf.,* indir. Fr. **2.** *met.* zu erkennen geben, verraten, zeigen: iram vultu *O,* deum sich als Gott *O.*
fāti-canus u. **-cinus** 3 (fatum, cano, §§ 66 u. 41) schicksalskündend *O.*

fāti-dicus 3 (fatum, dico, § 66) weissagend.
fāti-fer 3 (fatum, fero, § 66) todbringend *VO.*
fatīgātiō, ōnis, *f.* Ermüdung *LCuT.* Von
fatīgō 1. 1. bis zur Erschöpfung tummeln, herumtreiben: equos *V.* **occ.** müde machen, ermüden: magno aestu fatigati, stando *L,* dentem in dente unaufhörlich reiben *O,* messes nicht aufkommen lassen *O.* **2.** *met.* hart mitnehmen, zusetzen, quälen: suppliciis *S,* carcere, dextram osculis unaufhörlich küssen *T,* consiliis animum *H;* silvas in . . . unablässig jagen *V,* remigio diem noctemque unablässig rudern *V,* noctem schlaflos zubringen *Pr.* **occ. a.** erweichen, bestürmen, mürbe machen: prece Vestam *H,* aspernantem lacrimis zu erweichen suchen *T,* fatigatus a fratre dringend ersucht *S.* **b.** zusetzen, antreiben: socios *V,* Martem stürmisch nach Kampf verlangen *V.*
E: *fatis 'Erschöpfung', dav. ad-fatim u. fatisco, + ago.
fāti-loqua, ae, *f.* (fatum, loquor, § 66) Prophetin *L.*
fatīscō, ere (zu fatigo u. ad-fatim) **1.** Risse bekommen, auseinandergehen: rimis *V,* tellus fatiscit zerkrümelt sich *V.* **2.** *met.* ermatten, erschlaffen *T.*
fātum, ī, *n.* (fari) **1.** Götterspruch, Weissagung: Sibyllina; est in fatis *O.* **2.** *meton.* Schicksal, Geschick: Stoici omnia fato fieri dicunt, se fati dixit iniqui nannte sich ein Unglückskind *O,* insuperabile *O;* fatum est ut, *inf.* **3. occ. a. Wille** der Gottheit: Iovis *V,* divûm *V.* **b. Tod:** fata proferre den Tod hinausschieben *V,* fato obire (eines natürlichen Todes) sterben *T,* ad fata novissima bis zum Augenblick des Todes *O.* P h r a s e n : fato cedere dem Geschick weichen *L,* fato suo fungi *O,* perfungi *LT* sein Geschick erfüllen; k o n k r. fata reponere den Leichnam bestatten *Pr.* **c.** Mißgeschick, Unheil, Verderben, Untergang: Troiana Untergang Trojas *O,* extremum rei p.; k o n k r. duo rei p. paene fata Unglücksdämonen.
fātus *pt. pf. act.* v. *for.
fatuus 3 töricht, albern.
faucēs s. faux.
Faunus, ī, *m.* F. [weissagender Feld- und Waldgott, Vater des Latinus (Faunigena *O*), später dem gr. Pan gleichgestellt]; *pl.* Fauni = Panes [nackte Walddämonen in Bocksgestalt].
Faustitās, ātis, *f.* F. [Göttin des Flursegens] *H.* Von
faustus 3, *adv.* **ē** (aus *favestus v. favor, §§ 29 u. 44) günstig, gesegnet, erfreulich, heilsam, glückbringend. F o r m e l : 'quod bonum faustum felix fortunatumque sit': 'was gut und günstig, glücklich und gedeihlich sei!' **Faustus** F. [Beiname des L. Cornelius Sulla, des Sohnes des Diktators]; **Fausta** F. [seine Schwester, Gattin Milos].
fautor, ōris, *m.* (faveo) **1.** Gönner, Begünstiger, Beschützer: nobilitatis Anhänger; accusationi günstig gestimmt. **2.** Claqueur *H.* *Fem.* **fautrīx,** īcis Gönnerin, Beschützerin.
fautum *pt. pf. pass.* v. faveo.
faux, cis, *f.,* im *sg.* nur *abl.* fauce, sonst *pl.* **faucēs,** ium **I. 1. Schlund:** lupi *Ph.* **2.** *synecd.* **a. Kehle, Gurgel:** elisā fauce *O.* **b. Rachen:** faucibus siccis mit

favea   181   **fenilia**   **F**

heißhungrigem Rachen *V*; bildl. belli (fati) fauces.
c. Hals: faucibus urgere auf dem Nacken sitzen *S.*
d. Mund: fauces in verba resolvere *O.* **3.** *meton.*
Freßgier: lupus fauce incitatus *Ph.* **II.** *pl. met.*
1. Schlund, Höhle, Kluft: terrae; **occ. Flußbett:** flu-
mina siccis faucibus *V.* **2. Engpaß, Paß:** Ciliciae *Cu,*
Etruriae. **occ. a. Landenge:** artae (Isthmi) *L.*
b. Meerenge, Sund: Abydi = Hellespont *V.* **3. enger**
Zugang: portūs, Averni *V.*

favea, ae, *f.* vertraute Dienerin *C.*   Von

faveō 2. fāvī, fautum (verw. mit foveo, in Analogie zu
prodesse u. dgl. mit dem *dat.* konstruiert, § 50) **1. ge-**
wogen, geneigt, gnädig, günstig sein, begünstigen;
mit *acc. pron.* quod favisse me tibi worin dir beige-
stimmt zu haben; unpers. illi aetati favetur man er-
wärmt sich für; tellus favet Baccho ist geeignet zum
Weinbau *V.* **2. occ. a. Beifall klatschen:** turba faven-
tium *H.* **b. sich widmen, hingeben:** operi fleißig arbei-
ten *O.* **c.** 'die Opferhandlung begünstigen', **nichts Übles**
reden, andachtsvoll **schweigen:** ore (linguis *H*) fa-
vete *V*; linguis animisque sich böser Worte und Ge-
danken enthalten *VO*; *abs.* faventes in weihevoller
Stimmung *V.* **3. begehren:** adscribi factis se favet *O.*

favilla, ae, *f.* (aus *fovilla v. foveo, § 50) **1.** glühende
Asche, Glutasche. **2.** *synecd.* Asche: arā sacrorum
nigrā favillā *O.* **3.** *met.* Ursprung: mali *Pr.*

Favōnius, ī, *m.* (wohl v. foveo, § 50) Westwind.

favor, ōris, *m.* (faveo) **1.** Gunst, Geneigtheit, Gewogen-
heit. **2. occ. a. Beifall:** populi *L.* **b.** andächtige Stille:
Aeneadae praestant (beim Opfer) favorem *O.*   Dav.

favōrābilis, e **1.** *act.* einnehmend, gewinnend: ora-
tio *T.* **2.** *pass.* beliebt, angenehm *PliQ.*

favus, ī, *m.* Honigwabe, *meton.* Honig.

fax, facis, *f.* **1. Kienspan, Feuerbrand, Fackel:** multifi-
dae *O*; [zum Vorleuchten]: ambulat ante noctem cum
facibus *H*; bildl. ei ad libidinem facem praeferre;
bello zum Krieg führen *T.* **2. occ. a. Hochzeitsfackel:**
nuptiales, maritae *O*; *meton.* Hochzeit: te face sol-
lemni iunget sibi *O.* **b. Brandfackel:** ad inflamman-
dam urbem; *meton.* Urheber, Anstifter: studii mei *O.*
c. Leichenfackel: funestae *V.* **3. Licht** [der Sterne]:
crescens face noctiluca *H*; **occ. Sternschnuppe, Ko-**
met: visae ab occidente faces, stella facem du-
cens *V.* **4.** bildl. **Flamme, Glut, Feuer:** mutua erwi-
derte Liebe *H*; *pl.* corporis glühende Sinnlichkeit, di-
cendi 'flammende' Beredsamkeit; furoris Anreiz zu *O,*
flagrantibus animis faces addere 'Öl ins Feuer gie-
ßen' *T.*
    E: vgl. φά-ος 'Licht', φανός 'Fackel' u. facetus, § 14.

faxim, faxitur, faxō s. facio am Ende.

febrīcula, ae, *f.* leichtes Fieber.   Dem. von

febris, is, *f.* (urspr. I-Stamm, daher *acc.* im, *abl.* i, spä-
ter em, e, *gen. pl.* ium) Fieber.

februa, ōrum, *n.* **1.** Reinigungs-, Sühnemittel: februa
Romani dixere piamina patres *O.* **2. occ.** Reini-
gungsopfer [im Februar]; daher **Februārius (mensis)**
Februar.

fēcī *pf.* v. facio.

fēcundĭtās, ātis, *f.* (fecundus) Fruchtbarkeit.

fēcundō, āre befruchten *V.*   Von

fēcundus 3 (zu fetus) **1.** gebärfähig, fruchtbar: coniux,
lepus *H*; **occ.** befruchtend: aurum *O. met.* **2.** frucht-
bar, ergiebig, reich: solum, colles *O,* studia *T*; mit *abl.*
u. *gen.* **3.** reichlich, üppig, voll: herba *O,* fons wasser-
reich *O,* calices *H.*

fefellī *pf.* v. fallo.

fel, fellis, *n.* (gr. χόλος, χολή, ahd. galla, § 14)
1. Galle: pectora felle virent *O.* **2. occ.** Schlangen-
gift: vipereum *O.* **3.** *meton.* **a.** Bitterkeit: sales suffusi
felle gallige Späße *O.* **b.** Zorn: atrum *V.*

fēlēs, faelēs, fēlis, is, *f.* (ahd. bilih) Katze.

fēlĭcĭtās, ātis, *f.* **1.** Fruchtbakeit: terrae *Pli.* **2.** *met.*
Glück, Glückseligkeit, glücklicher Zustand: temporum
Gunst *T*; **occ.** Glück, Gelingen, Erfolg: pari felicitate
uti *N,* Sullae. Person. aedes Felicitatis Tempel der
F. [auf dem Velabrum].   Von

fēlīx, īcis, *adv. iter* **1. fruchtbar:** arbor Fruchtbaum *L,*
regio *O,* limus befruchtend *V. met.* **2. erfolgreich, mit**
Erfolg gekrönt: mendacium *L,* seditio *L,* feliciter
rem gerere; mit *inf. V,* *abl. ger.,* in re *L*; [als Zuruf]: fe-
liciter! Heil! *Ph.* **3. glücklich, beglückt, glückselig:** do-
nec eris felix, multos numerabis amicos *O,* felicior
aetas die glückliche Jugendzeit *O*; mit *abl., gen. H,* in
re. **4.** akt. **heil-, glückbringend:** omen *O,* hostia *V,*
mālum (als Gegengift) *V*; vgl. faustus. **5. köstlich:**
poma *O.*
    E: vgl. ϑηλή, fēlāre 'saugen', § 14; urspr. bloß *fem.* wie
genetrix: 'Euter', dann mit ähnlichem Bedeutungswan-
del wie uber.

Felsina, ae, *f.* F. [alter Name von Bononia].

femen s. femur.

fēmĭna, ae, *f.* Frau, Weib, [von Tieren]: Weibchen.
    E: eigtl. 'die Säugende', vgl. felix; §§ 14 u. 64, Abs. 4.

fēmĭnālĭa, ium, *n.* (femen) Schenkelbinden *Sp.*

fēmĭneus 3 (femina) **1.** weiblich: genus *V.* **occ.**
2. Weiber-, Frauen-: voces (ululatus *V*) Weiberge-
schrei *O,* non femineum vulnus wie sie Weiber nicht
schlagen *O,* Mars Kampf mit einem Weib [Paris] *O,* cu-
pido nach Frauen *O.* **3.** weibisch: praedae amor *V.*

femur, oris, *n.* (auch: femine, -na, -num vom St. fe-
men-) Oberschenkel, Schenkel.

fē(-ae-)nebris, e (fenus, § 34) Zinsen-: lex Zinsenge-
setz *L,* malum *T,* res faenebris *L* Wucher.

fē(-ae-)nerātor, ōris, *m.* **1.** Wucherer. **2.** Geldmann,
Kapitalist: Alfius *H.*   Von

fē(-ae-)neror 1. (fenus, § 29) auf Zinsen ausleihen;
abs. Wucher treiben; bildl. beneficium wuchern
mit...; unklass. *act.* faenerare Wuchergeschäfte
machen *L,* Gewinn bringen *C,* faeneratum beneficium
reichlich ersetzt *C*; *met.* spenden: suum lumen *Sp.*
Dav. **faenerātō** *adv.* mit Zinsen *C.*

Fenestella, ae, *f.* F. [ein kleines Tor in Rom] *O. Dem.* von

fenestra, ae, *f.* (vgl. φανερός, § 14) **1.** Maueröffnung,
Luke, Fenster [mit Holzläden, Vorhängen oder Gittern,
später mit Marienglas, ab dem 1. Jh. n. Chr. mit Glas].
2. *met.* Öffnung, Loch: telum dedit fenestram *V*; **occ.**
Schießscharte: ad tormenta mittenda.

Fēnĭculārius campus 'Fenchelfeld' [= Spanien].
    E: vgl. fēniculum 'Fenchel'.

fē(-ae-)nilia, ium, *n.* Heuboden *VO.*   Von

fenum 182 **fero**

fē(-ae-)num, ī, *n.* Heu: recens *O*; bildl. faenum habet in cornu [wie ein bösartiger Ochse] *H*; fenum alios esse (= edere) debere sie seien Ochsen.

fē(-ae-)nus, oris, *n.* (zu fecundus, fetus) 'Ertrag, Erträgnis' **1. occ.** Zinsen: pecuniam sine faenore credidit *N.* **2. meton. a.** Schulden(last): faenore obrutus *L.* **b.** Kapital, Geld: horti et faenus et villae *T.* **c.** das Geldausleihen, Wucher: pecunias faenore auctitare *T.*

fera s. ferus.

fērālis, e **1.** Toten-: munera Totenspenden *O,* papilio auf Grabmälern [Symbol der unsterblichen Seele] *O,* cupressus *VO,* reliquiae die Asche des Toten *T. Subst.* **a.** feralia attrectare sich mit Leichenbestattung abgeben *T.* **b. Feralia,** ium, *n.* die F. [Totenfest in Rom, am 21. Februar gefeiert]; ferale tempus, dies die Zeit des Totenfestes *O.* **2.** traurig, schrecklich: carmen *V,* tenebrae *T.* **3.** todbringend, verderblich: dona *O,* annus *T.*

ferāx, ācis, *adv.* **āciter** (fero) reichtragend, ertragnisreich, ergiebig, fruchtbar; mit *gen.* (*abl. V*).

ferbuī *pf.* v. ferveo.

ferculum, ī, *n.* (fero) Traggestell: pomparum für Götterbilder bei Umzügen; *meton.* Gericht, Speisengang *H.*

ferē *adv.* **1.** nahezu, ungefähr [bei Zahlbegriffen und Zeitangaben]. **2.** fast, beinahe, so ziemlich. **3. occ.** beinahe immer, fast stets, in der Regel, durchschnittlich.

ferentāriī, ōrum, *m.* Wurfschützen, Plänkler *ST*; *sg.* 'Nothelfer' *C.*

Ferentīnum, ī, *n.* F. [Stadt **1.** in Etrurien, auch Ferentium *T.* **2.** sö. von Rom *H*; *adi.* u. Einwohner Ferentīnās, ātis *L.* **3.** Gegend westl. vom Albanersee mit Hain u. Quelle der (aqua) Ferentina *L*].

Feretrius F. [Beiname des Juppiter, 'Beutegott'] *L.* Von

feretrum, ī, *n.* (fero, vgl. φέρετρον) Totenbahre.

fēriae, ārum, *f.* Ruhetage, Feiertage; f. Latinae [auf dem Albanerberg gefeiert]; *meton.* Friede *H*; esuriales Hungerferien, Fasten *C.*

E: altl. fēsiae, § 29, vgl. fes-tus, oskisch fíísno aus *fēs-na 'Heiligtum'. Dav. durch fēriārī 'feiern'

fēriātus 3 feiernd, müßig; male zur Unzeit *H,* dies Feiertag *PliSp,* toga nicht gebraucht *Pli.*

ferīnus 3 (fera, § 75) von wilden Tieren: caedes Weidwerk *O,* (caro) ferina Wildbret.

feriō, īre (īcī, ictus v. ico) **1.** schlagen, stoßen: subtemen festschlagen *O,* summos montes einschlagen *H,* clamor ferit aethera dringt zum Himmel *V,* sidera vertice die Sterne berühren *H,* balba verba hervorbringen *H.* **occ.** prägen: asses *Sp*; schlachten; foedus schließen [durch Schlachten des Opfertieres]. **2.** erlegen, töten: hominem *V,* leonem *S*; **occ.** hinrichten: securi. **3.** treffen: ora sarissā *O*; *met.* primo sole feriente cacumina *O,* sensum Eindruck machen, arte viros täuschen *Pr,* munere prellen um *C.*

feritās, ātis, *f.* (ferus) Wildheit, Roheit.

fermē (*sup.* zu fere, aus *ferimē, § 42) = fere.

fermentātus panis gesäuertes Brot *Sp.*

E: fermento 'gären lassen'.

fermentum, ī, *n.* **1.** Sauerteig *T.* **2.** gegorenes Getränk, Bier *V.*

ferō, ferre (ai. bhárati 'trägt', gr. φέρω, got. bairan

'tragen', § 14), **tulī,** tetulī *C* (von dem alten *tulo), **lātus** (statt *tlātus, vgl. gr. τλῆναι, dor. τλᾱναι, τέτληκα). Grundbed. **tragen,** u. zw.

A. I. 1. **tragen;** 2. *occ. a.* auf, an, in sich **tragen;** *b.* (tragend) **hervorbringen;** *met.* 3. (Abstraktes) **tragen, führen;** prae se ferre **zur Schau tragen;** 4. **ertragen, erdulden, aushalten, ausstehen;** 5. (mit *adv.*) **sich in etw. fügen, hineinfinden, zu etw. verstehen.**

II. 1. **bringen;** 2. *occ.* **darbringen, entrichten;** *met.* 3. **hinterbringen, melden, berichten;** *occ. a.* (Gesetze) **einbringen, beantragen, vorschlagen;** *b.* (die Stimme) **abgeben;** *c.* (Richter) **vorschlagen;** 4. (mit abstr. Subj.) **mit sich bringen, verlangen;** 5. (im Rechnungsbuch) **eintragen, verbuchen.**

III. 1. **herumtragen;** *pass.* **herumgehen;** *met.* 2. (mündlich) **herumtragen, verbreiten;** *occ.* **preisen, rühmen, feiern;** 3. allgemein **behaupten, überall erzählen, sagen.**

IV. 1. **wegführen, forttragen, mitnehmen;** 2. *occ. a.* (als Beute) **wegtragen, rauben;** *b.* **forttragen, entführen, entreißen, hinwegnehmen;** 3. *met.* (als Gewinn oder Lohn) **davontragen, gewinnen, erhalten, empfangen, einheimsen.**

B. 1. **bewegen, in Bewegung setzen;** 2. *met.* **treiben, leiten, führen;** 3. *refl. med.* **sich rasch bewegen, stürzen, eilen, hineilen** (in allen Variationen der Bed.); 4. *pass.* **fortgeführt, fortgerissen werden.**

A. I. 1. Iunonis sacra das Opfergerät *VH,* qui arma ferre poterant die Waffenfähigen; arma ferre contra (adversus, in) aliquem, pro aliquo *O,* de aliqua re *O* kämpfen; tela (signa) angreifen *VL,* tela coniuncta gemeinsam *O*; robora umeris *V,* arma in sarcinis *Cu*; corpus tumulo (*dat.*) *V.* **2. a.** censūs suos (Vermögen) corpore *O,* ventrem schwanger sein *L*; bildl. patrium nitorem ore *O.* **b.** fruges; ferens arbor Fruchtbaum *V*; bildl. Crete tulit miracula *O,* ea aetas oratorem, Curium paupertas *H.* **3.** nomen; alienam personam eine fremde Rolle spielen *L.* Bildl. laudem prae se ferre und mit *acc. c. inf.* oder indir. Fr. = **zeigen, merken lassen, verraten, an den Tag legen;** [Gegs.] clam ferre verheimlichen *L.* **4.** frigus, sitim, famem; vetustatem sich halten [vom Wein, von Büchern *O*]; aliquem non ferre unausstehlich finden *O,* homo non (vix) ferendus unerträglich. **5.** aliquid animo aequo gleichmütig, fortiter, sapienter; aegre unwillig sein *O,* inique (iniquo animo), moleste sich ärgern; mit *acc. c. inf.*, quod.

II. 1. alicui epistulam, condicionem anbieten, dextram Händedruck *Cu*; *met.* omnia sub auras ans Tageslicht *V,* alicui oscula Küsse geben *O,* matri complexum umarmen *L,* opem, salutem; verursachen: alicui luctum *L,* fastidia *V,* animos entschlossen machen *V,* alicui plāgam, vulnera jemd. schlagen, verwunden *VO.* **2.** tributum (alicui *O*) zahlen *Cu*; tura altaribus, in aras *O,* crinem Diti weihen, munera templis, suprema cineri die letzte Ehre erweisen *V,* preces Iunoni *V.* **3.** Ascanio haec *V,*

ferocia   183   **ferus**   **F**

vera *V*; Prognen ita velle ferebat *O*. **a.** legem, roga-
tionem; [allein]: nihil de iudicio; mit ut. **b.** senten-
tiam (per tabellas). **c.** iudicem illi tuli ich habe ihn
verklagt *L*. **4.** si fors (fortuna *V*) tulit *O*, ut mea fert
opinio, ita natura rerum fert; si ita ferret wenn es so
kommen sollte, sein müßte *T*. **5.** expensum sump-
tui *N*; vgl. accipio u. expendo.

III. 1. eius scripta quaedam feruntur. **2.** haec ser-
monibus, ita fama ferebat *O*, fama fertur verbreitet
sich *V*, vivus per ora feror lebe im Munde des Vol-
kes *Ennius V*. **occ.** aliquem praecipuā laude *N*, nos-
tra feretur pugna; Mercurium artium inventorem
(als), se belli ducem potiorem *L*; *pass.* nobilis inter
aequales ferebatur *N*. **3.** memini ita ferre senes *V*,
haud dubie ferebant sie erklärten unzweideutig *L*; sic-
ut fama fert wie die Rede geht *LCu*; **ferunt man er-
zählt, sagt, es soll**; mit *acc. c. inf.*, im *pass.* mit *nom. c.
inf.*

IV. 1. cibaria mitnehmen *Cu* = solacia mortis ad
Manes *O*, corpora bestatten *O*; bildl. spem tui von
dir hoffen *V*, ne id quidem tacitum a Turno tuli nicht
einmal das habe ich tun können, ohne daß Turnus
sprach *L*, haud (non) impune feres du sollst nicht un-
gestraft bleiben *O*. **2. a.** (vgl. ago A. I. 2.) res socio-
rum ferri agique vidit sah gänzlich ausgeplündert *L*;
rapiunt feruntque Pergama plündern aus *V*.
b. Konkr. armenta fert (aqua) *V*, Turnum fert ae-
quore turbo *V*; bildl. omnia fert aetas nimmt hin-
weg *V*, Daphnin fata tulerunt *V*. **3.** laudem, victo-
riam ex hoste *L*, honorem vitutis *O*, gaudia Genuß
empfinden *O*, damna Schaden haben *O*; eorum suf-
fragia (puncta) ihre Stimmen erhalten, tribūs (centu-
riam) die Stimmen der Tribus (Zenturie), repulsam
durchfallen.
B. 1. (retro) pedem (zurück)gehen, gressus per ur-
bem einherschreiten *O*, vestigia lenken *O*, lassos pas-
sus müde einherschreiten *O*, oculos, ora lenken, wen-
den *V*, pectus in hostem kehren *V*, manus ad colla,
caelo (*dat.*) ausstrecken; signa aufbrechen, abmar-
schieren. **2.** quo (wohin) ventus fert, venti ferentes
(günstiger) Fahrwind *VO*, navis tempestate Naxum
ferebatur *N*, viae in Persida ferentes *Cu*, quā tulit
impetus amnes *O*, eum tulit ad scaenam gloria ihn
führte die Ruhmsucht zur Dramatik *H*, rem in maius
übertreiben *L*; mit *inf.* fert animus dicere es treibt
(mich) zu besingen *O*. **3. a.** *refl.* domum se *V*; se ob-
viam (obviam) alicui entgegeneilen, talem se ferebat
so eilte sie *V*; sese ore ferens sich brüstend *V*, se liber-
tum populi R. sich zeigen als *L*, se consulem *T*, hali-
tus se ad convexa ferebat erhob sich *V*. **b.** *med.* per
semitas sich umhertreiben *Cu*, in hostes sich stürzen *O*,
saltu supra venabula fertur springt *V*, praecipites
equi feruntur stürmen hin *O*, Rhenus fertur strömt
rasch, columba entfliegt *V*, vox fertur (ad aures) de
gutture dringt aus der Kehle *O*, terror ad moenia *V*,
circum terram sich bewegen, ad terram sinken, ad
caelum sich erheben, super astra sich aufschwingen *O*.
4. Mit *abl.* pennā fliegen *H*, equo (equis) reiten (fah-
ren) *V*, pronā aquā (flumine) stromabwärts treiben *V*;
bildl. sich fortreißen lassen: odio in Ciceronem *N*,

per mala praeceps fertur wird in Gefahren hineingeris-
sen *H*.
ferōcia, ae u. **ferōcitās**, ātis, *f.* (ferox) Wildheit, Trotz,
Übermut; **occ.** Unerschrockenheit.
Fērōnia, ae, *f.* F. [italische Göttin, verehrt in einem Hain
1. am Soracte *L*; **2.** bei Tarracina in Latium *VHLT*].
ferōx, ōcis, *adv.* **iter** (ferus) **1.** wild, ungestüm, unbän-
dig: equus *V*, currit ferox aetas *H*. **2.** trotzig, übermü-
tig: ferociter dicta, ferox viribus (robore) *LT*, scele-
rum dreist in Verbrechen *T*. **3.** mutig, herzhaft, kampflu-
stig: bello *O*, ad bellandum *L*, ferociter facta *L*.
ferrāmenta, ōrum, *n.* (ferrum, vgl. ferratus) Eisenge-
rät, eisernes (mit Eisen beschlagenes) Werkzeug.
ferrāria, ae, *f.* (ferrum) Eisengrube, Eisenbergwerk.
ferrārius, ī, *m.* (ferrum) Schmied *Sp*.
ferrātile genus (ferrum) 'geschlossene' Gesellschaft
(Gefesselte) *C*.
ferrātus 3 (ferrum) eisenbeschlagen, mit Eisen verse-
hen: hasta *L* = fraxinus *O*, calx sporenbewehrt *V*;
occ. geharnischt *HT*.
ferreus 3 (ferrum) **1.** eisern, aus Eisen: manus Enter-
haken, imber Regen von Eisengeschossen *V*. **met.
2.** fest, stark, unzerstörbar: vox *V*, decreta (iura *V*)
unabänderlich *O*. **3. occ.** hartherzig, gefühllos, unemp-
findlich: gens *V*, proles, progenies das eiserne Zeital-
ter. **4.** hart, drückend: somnus der Tod *V*, sors vitae *O*.
ferri-terus, ī, *m.* (tero, § 66) 'Eisenreiber', Gefesselter,
Sklave *C*; dav. **ferriterium**, ī, *n.* Zuchthaus *C*.
ferri-tribāx, ācis (hybrid: ferrum, τρίβω, § 66) = fer-
riterus *C*.
ferrūgineus 3 schwarz, schwärzlich, dunkel.   Von
ferrūgō, inis, *f.* (v. ferrum wie aerugo v. aes) Eisen-
rost *Sp*; *meton.* dunkle Farbe *CaVO*.
ferrum, ī, *n.* **1.** Eisen. **2.** *met.* Härte, Gefühllosigkeit:
in pectore ferrum gerit *O*; *meton.* **das eiserne Zeital-
ter** *HO*. **3.** *meton.* **Eisengerät, Eisen, Stahl**, u. zw.
Riegel: ferro claudentur Belli portae *V*; Ketten:
homines in ferrum conicere; Schreibgriffel:
dextra tenet ferrum *O*; Eisenpanzer: qua patuit
ferrum, letalem condidit ensem *O*. **4. occ. a. Wurf-
waffe**, u. zw. Lanzenspitze, Speereisen: fer-
rum ossibus haesit *O*; Pfeilspitze: exstabat nu-
dum de gutture ferrum *O*; aduncum Haken-
pfeil *O*; *synecd.* Speer, Lanze: volatile *V*.
b. Schwert, Dolch: ferrum stringere blank ziehen *LT*;
(vastare) ferro flammaque mit Feuer und Schwert;
ferro ignique, ferro igni *L*.
fertilis, e (fero) **1.** (er)tragfähig: ager. **2.** *synecd.*
fruchtbar, ergiebig: terra, seges *O*, arbores; mit *gen.*
fructuum; campus ubere durch den fetten Boden *V*.
3. fruchtspendend: dea (Ceres) *O*, Bacchus *H*.   Dav.
fertilitās, ātis, *f.* Ertragfähigkeit, Fruchtbarkeit.
ferula, ae, *f.* (ferio) **1.** Gerte, Rute. **2.** *meton.* Pfriemen-
kraut: florentes *V*.
ferus 3 **1. wild, ungezähmt**: bestiae; *subst.* [selten] **fe-
rus**, ī, *m.*, [gew.] **fera**, ae, *f.* **wildes Tier**; *synecd.* **Tier**;
bildl. formae ferarum Gestalten des Tierkreises *O*,
magna minorque ferae die beiden Bären *O*. **2. wild-
wachsend, Wald-**: fructus *O*, robora *O*. **3. wild, öde**:
montes *V*, silvae *H*. **4. roh, ungeschlacht**: homines,

fervefactus   184   **fides**

vita; **occ. wild, hart, grausam**: tyrannus *O*, mores, cor *VO*, ingenium, dolores *O*; *subst.* ligones rapuere ferae die Bacchantinnen *O*.
E: vgl. θήρ, engl. deer, hd. 'Tier', § 14.

fervē-factus 3 (§§ 64, Anm. u. 67) heiß, glühend gemacht: pix, iacula.

fervēns, entis **1.** siedend, glühend, heiß: vulnus aus der heißes Blut bricht *O.* **2.** *met.* hitzig, aufbrausend: animus, ingenium *H.*   Von

ferveō 2., vorkl. **fervō** 3., ferbuī **I. 1.** kochen, sieden: medicamen aëno fervet *O.* **2.** *synecd.* glühen, brennen: humus fervet *O.* **3.** *met.* glühen: avaritiā *H*, caede von Mordlust *V*; **occ. hitzig betrieben werden**: fervet opus *V.* **II. 1.** wallen, brausen: ferventes undae *O*, fervet aequor *V.* *met.* **2.** hin- und herwogen: fervere cum videas classem *V*; **occ. wimmeln**: fervent apes de bove *O*, férvěre litora flammis *V*, Marte (Flotte) Leucaten *V.* **3. aufwallen**: ab ira *O.*   Dazu *incoh.*

fervēscō, ere heiß, glühend werden *CPli.*

fervidus 3 (ferveo) **I. 1.** siedend, wallend, kochend: aqua *Cu*, Aetna *H.* **2.** *synecd.* glühend, heiß: rotae *H*, sidus (= aestas *T*) Hundstage *H.* **3.** *met.* feurig, hitzig, heißblütig: merum *H*, irā, spe *V.* **II.** brausend, tosend, wallend: musta gärend *O*, aequor *H.*

fervo s. ferveo.

fervor, ōris, *m.* (ferveo) das Sieden, Wogen, Glut, Hitze; *met.* Hitze, Leidenschaft: iuventae *O.*

Fescennīnus 3 von Fescennia [einer St. in Etrurien]: versūs Spottlieder *V.*

fessus 3 (fatisco, rückgebildet aus Komposita, z. B. de-fessus) matt, müde, abgespannt, erschöpft: itinere et proelio *L*, ab undis *V*, rerum von der Mühsal *V.*

festīnanter (festino) *adv.* in Eile, hastig.

festīnātiō, ōnis, *f.* Eile, Hast, Ungeduld.   Von

festīnō 1. (vgl. confestim) **1.** *intr.* eilen, sich beeilen, sich sputen; mit *inf. S.* **2.** *trans.* beeilen, beschleunigen: fugam *V*, virgines non festinantur werden nicht zu früh vermählt *T*; **occ.** schleunig herstellen, vollbringen: vestes *O*, caedes *T.* Dav. **festīnātō** *adv.* schnell.

festīnus 3 (aus festino, § 76) eilig, hastig.

fēstīvitās, ātis, *f.* **1.** Vergnügen *C.* **2.** Laune, Witz: f. et facetiae. **3.** Schmuck, Aufputz [der Rede]: festivitatibus abuti.   Von

fēstīvus 3, *adv.* ē (festus) **1.** festlich, fröhlich: locus *C.* *met.* **2.** munter, heiter: homo, acroama; **occ.** fein, witzig: sermo. **3.** angenehm, herzig: pater *C.*

festūca, ae, *f.* Grashalm; **occ.** Freilassungsstäbchen *C.*

fēstus 3 (vgl. feriae) festlich, feierlich; *subst.* **fēstum**, ī, *n.* Fest, Feier.

fētiālis, is, *m.* Kriegsherold, Fetiale [Fetiales hieß ein zwanzigköpfiges Priesterkollegium in Rom, das die völkerrechtlichen Beziehungen (Friedensschlüsse, Bündnisse, Kriegserklärungen, Waffenstillstände) zu besorgen hatte]; *adi.* ius fetiale Fetialrecht.

fētidus, fētor s. foet...

fētūra, ae, *f.* (fetus) Zucht *V*; *meton.* Nachwuchs, Zucht: minor *O.*

I. fētus 3 (*pt. pf. pass.* eines Verbs *feo, dav. fetura, fetus, ūs, fecundus) **1.** trächtig: pecus *V.* **2.** *met.* voll, angefüllt: loca ulvis *O*; **occ.** ergiebig: arvum *O.* **3.** ein

Tier, das geworfen hat: lupa *V*; *subst.* **fēta**, ae, *f.* Muttertier *V.*

II. fētus, ūs, *m.* (vgl. fetus 3) **1.** das Gebären, Zeugung *OSp*; *met.* **Wachstum**: frondes adimunt fetūs *V.* **2.** *meton.* **Leibesfrucht, Kind, Junges, Brut**: discors = Minotaurus *O.* **3.** *met.* **a. Trieb, Sproß**: croceus Mistelsprossen *V.* **b. Frucht, Ertrag**: pulli Maulbeeren *O*; *met.* animi, Musarum *Ca.*

fiber, brī, *m.* Biber *Sp.*

fibra, ae, *f.* **1.** Faser, Wurzelfaser. **2. occ.** Faser, Lappen [an den Eingeweiden]: pecudum *V.* **3.** *meton.* Eingeweide: fibras inspicere *O.*

fibula, ae, *f.* (figo) **1.** Klammer: tigna binis fibulis distinebantur. **2.** Fibel, Spange, Schnalle, Agraffe.

Fīcana, ae, *f.* F. [Städtchen zwischen Rom u. Ostia] *L.*

Fīcedulēnsēs, ium, *m.* 'Schnepfentaler' [scherzhafter Truppenname; fīcedula Feigendrossel] *C.*

fictilis, e (fingo) tönern, irden; *n. subst.* Tongefäß.

fictiō, ōnis, *f.* (fingo) Bildung, Gestaltung *Ph.*

fictor, ōris, *m.* (fingo) Bildhauer; *met.* fortunae Urheber *C*, fandi Meister im Lügen *V.* *Fem.* **fictrīx**, īcis, Bildnerin, Gestalterin.

fictūra, ae, *f.* (fingo) Bildung, Gestaltung *C.*

I. fictus *pt. pf. pass.* v. fingo.

II. fictus 3, *adv.* ē (fingo) **1.** gebildet, geformt. **2.** verstellt, erheuchelt, erlogen, erdichtet, falsch, unwahr; *subst.* **fictum**, ī, *n.* Lüge, Erdichtung: ficta rerum erlogenes Zeug *H.* **3.** heuchlerisch.

Fīculea, ae, *f.* F. [sabin. Stadt]; *adi.* Fīculēnsis 3.

ficulnus 3 vom Feigenbaum *H.*   Von

ficus, ī u. ūs, *f.* (vgl. συκῆ) **1.** Feigenbaum. **2.** Feige.

fidēlia, ae, *f.* irdener Tünchtopf.

fidēlis, e, *adv.* **iter** (II. fides, § 75, Abs. 2) **1.** (ge)treu, ehrlich, verläßlich. **2.** *met.* zuverlässig, sicher, fest: navis, lorica *V*, didicisse fideliter artes tüchtig *O.* Dav.

fidēlitās, ātis, *f.* Treue, Zuverlässigkeit.

Fīdēnae, ārum u. -a, ae, *f.* F. [St. nördl. von Rom]; *adi.* u. Einw. **Fīdēnās**, ātis.

fīdēns, entis, *adv.* **enter** (fido) zuversichtlich, getrost, entschlossen, dreist.   Dav.

fīdentia, ae, *f.* Selbstvertrauen, Zuversicht.

I. fidēs, is, *f.*, meist *pl.* (gr. σφίδη χορδή) Darmsaite; *meton.* Saitenspiel, Laute, Lyra: fidibus canere die Laute schlagen, discere spielen lernen.

II. fidēs, fideī, *f.*, d i c h t. *gen.* u. *dat.* fideī oder fidē (fido)

I. **1.** das **Vertrauen, Zutrauen, Glaube**; 2. *occ.* **Kredit**; 3. *meton.* **Treue, Redlichkeit, Ehrlichkeit**; 4. **Glaubwürdigkeit, Zuverlässigkeit**; *occ.* **Bestätigung, Erfüllung**; 5. Fides [Göttin der Treue].
II. **1.** das **Versprechen, Wort, Eid, Schwur, Zusage**; 2. *occ.* **freies Geleit**; 3. *met.* **Schutz, Beistand**.

I. **1.** fidem habere, tribuere Glauben schenken, facere bewirken, fides fieri non poterat man konnte nicht glauben; p e r f i d e m f a l l e r e (decipere, violare *L*) 'durch (mißbrauchtes) Vertrauen', in treuloser Weise. **2.** res fidesque Barvermögen und Kredit *S*, fides eos deficere coepit. **3.** antiqua altrömisch, iudicia de fide malā wegen Veruntreuung, cum fide ehrlich, ge-

fidi   185   **fingo**   **F**

wissenhaft, **erga populum** R. Bündnistreue = socialis *L*, **de fide queri** über Treubruch *O*; **per fidem tuam** so wahr du ein ehrlicher Mann bist, **per fidem 'meiner Treu'** *T*, **prō deûm** (atque hominum) **fidem** bei allem, was Treue hält, bei der Treue der Götter. **4. si qua fides mihi** (vero) **est** wenn ich Glauben verdiene *VO*, **ubi prima fides pelago** sobald man sich dem Meer anvertrauen konnte *V*, **fidem excedere** das Maß des Glaublichen *O*. **occ. in** (ad) **fidem rei** zur Bestätigung *L*, **tum manifesta fides** da bestätigte es sich offen *V*, **fidem reportare** zuverlässige Nachrichten *V*, **promissa exhibuere fidem** erprobten sich *O*, **dicta fides sequitur** die Erfüllung *O*. **5. cana Fides** *VH*. **II. 1. accipe daque fidem** *V*, **fidem conservare** sein Wort halten, **exsolvere** einlösen *L*. **2. fidem publicam dare, fide accepta venerat in castra** *L*. **3. deorum fidem implorare** anrufen um ..., **fidem populi** R. sequi suchen, **in fidem accipere, se suaque omnia in fidem atque potestatem populi** R. **permiserunt** (tradiderunt) vertrauten dem mächtigen Schutz (unterwarfen sich auf Gnade und Ungnade) **= in populi** R. **fidem venire.**

fidī *pf.* v. findo.

fidi-cen, cinis, *m.* (I. fides, cano, §§ 66 u. 41) Lautenschläger; *met.* Lyriker *HO*; *fem.* **fidicina,** ae Lautenschlägerin *C*.

fidicula, ae, *f.* (*dem.* v. I. fides) kleine Laute.

fidius, ī, *m.* (II. fides) *adi.* Treue-; fast nur: **m e d i u s f i d i u s** (*sc.* iuvet) 'so wahr mir der Gott der Treue helfe', 'bei Gott'.

fidō 3. fīsus sum trauen, vertrauen, sich auf etw. verlassen; mit *dat., abl., inf., acc. c. inf.*
E: πείϑω für *φείϑω, πεποιϑέναι, got. bidjan 'bitten', § 7.

fidūcia, ae, *f.* (v. fido durch *fīd-ūcus 3, wie caducus) **1.** Vertrauen, Zuversicht: **sui** Selbstvertrauen, **alicui fiduciam afferre** Mut machen. **2.** Verläßlichkeit: **accensi, minimae fiduciae manus** *L*. **3. occ.** Vertrag, Geschäft auf Treu und Glauben; *meton.* Sicherheit, Bürgschaft: **vitae nostrae** *O*, **crinis** [des Nisus] **f. regni** *O*.   Dav.

fidūciārius 3 anvertraut, zeitweilig.

fidus 3 (fido) **1.** treu, zuverlässig. **2.** *met.* [von Sachen] verläßlich, sicher: **oppidum f. adpulsu** ein sicherer Landungsplatz *T*, **mons f. nivibus** mit ewigem Schnee *T*.

fierī *inf. pr.* v. fio.

figlīnus 3 Töpfer-, Ton-: **opera** Terrakottasachen *Sp*.

figō 3. fīxī, fīxus

> I. 1. **heften, anheften, befestigen;** *pass.* **haften, festhaften;** 2. *occ. a.* (öffentlich) **anheften, anschlagen;** *b.* (als Weihgeschenk) **aufhängen;** *c.* (Bauwerke) **aufrichten, aufschlagen, feststellen.**
> II. 1. (durch Einschlagen) **befestigen, einschlagen;** 2. **einbohren, einstoßen, stechen;** 3. **durchbohren, durchstechen, treffen, verwunden.**

> I. 1. **spolia** *O*, **arma thalamo** *V*, **linguam ad mentum** *O*, **hominem in cruce;** *met.* **vestigia** fest einhergehen *V*, **oscula** küssen *VO*; **oculos** (vultūs) in vir-

gine haften (ruhen) lassen *VO*, **oculos solo** *V*, **in terram** *L*; **fixus in silentium** in Schweigen versunken *T*; **dicta animis** einprägen *V*. **2. a. fixum aes** *O*, decretum, **leges in Capitolio figere, senatūs consultum aere publico** *T*. **b. dona** *V*, **spolia** (arma) **in postibus** (ad postem *H*) *L*. **c. crucem, moenia** erbauen *O*, **domos** sich niederlassen *T*; *met.* **nequitiae modum** ein Ziel setzen *H*. **II. 1. clavum** *L* (s. clavus), **in acumine dentes** *O*, **naris fixa palato** hineingeschlagen *O*, **robora rostro** anhacken *O*. **2. telum in nymphā** *O*, **iaculum tellure** *O*. **3. pectora telo** *O*, **hominem iaculo** *V*; *abs.* **cervas, columbam** schießen *V*; **bildl.** **eum maledictis** treffen.

figulus, ī, *m.* (fingo) Bildner, Töpfer.

figūra, ae, *f.* (fingo) **1.** Bildung, Gestaltung: **nostra;** *met.* **pereundi** Todesart *O*, **orationis, dicendi** Gepräge, Art; Redefigur. *meton.* **2.** Gestalt, Aussehen: **cervi, humana; navium, lapidis** *O*; **occ.** schöne Gestalt, Schönheit: **dei** *O*. **3.** Gebilde, Bild: **fictilis; occ.** Erscheinung: **fama est volitare figuras** Schatten *V*.   Dav.

figūrō 1. gestalten, bilden, formen: **anūs in volucres** verwandeln *O*; *met.* **inanes species** sich ausmalen *Cu*, **plurima mutatione** figürlich ausdrücken *Q*.

fīlia, ae, *f.* (filius) Tochter.

filicātus 3 (filix) mit Farnkraut verziert.

fīliola, ae, *f.* (*dem.* v. filia) Töchterchen; **Curionis** [wahrsch. Anspielung auf M. Antonius].

fīliolus, ī, *m.* Söhnlein.   Dem. von

fīlius, ī, *m.* Sohn, im *pl.* auch = Kinder.
E: *fēlios 'Säugling' von fēlāre saugen; vgl. felix, § 6.

filix, icis, *f.* Farnkraut *VH*.

fīlum, i, *n.* (vgl. hilum, nihil, § 14) **1.** Faden, Garn: **filum pollice deducere** *O*, **fila croci** Staubfäden *O*; *meton.* Gewebe: **caput velatum filo** mit einer dünnen Binde *L*, **incepta fila** *O*. **2.** Saite: **lyrae** *O*. **3.** *met.* [von der Rede] Art, Weise, Gepräge, Form: **orationis, tenui deducta poëmata filo** feinfädig gesponnen *H*.

fimbriātus 3 mit Fransen *Sp*.
E: fimbria 'Franse'.

fimum, ī, *n.* Dünger, Mist; *met.* Kot, Schmutz *V*.

findō 3. fidī, fissus (§ 36, ai. bhindánt = findens) spalten, durchschneiden, zerteilen: **agros sarculo** bearbeiten *H*; *med.* **caelum findi visum** schien zu bersten *L*.

fingō 3. fīnxī, fictus (osk. feíhoss 'die Mauern', gr. τεῖχος, τοῖχος für *ϑεῖχος, *ϑοῖχος, § 14, eigtl. 'aus Lehm bilden, formen', daher)

> 1. *a.* (in Ton, Wachs u. dgl.) **formen, gestalten, bilden;** *b.* (vom Bildhauer oder Erzgießer) **bilden, darstellen;** *c.* **berühren;** *d.* (das Haar) **ordnen, frisieren;** *e.* (bildlich) **bauen, schaffen, gestalten, machen;** *f.* (durch Unterricht) **bilden, ausbilden;** 2. *met.* **sich vorstellen, sich denken, annehmen;** 3. *occ. a.* **erdichten, erlügen, ersinnen;** *b.* **erheucheln, vorgeben.**

> 1. *a.* **terram in effigiem deorum** *O*, **simulacra** *O*. **b. Afros** *V*, **ars fingendi** Bildhauerkunst, Plastik.

finio   186   **fiscina**

c. manūs aegras manibus amicis *O.* **d.** fingi curā mulierum sich frisieren lassen *Ph*; vitem zurechtstutzen *V.* **e.** favos, daedala tecta kunstreiche Waben *V*, nidos, corpora linguā zurechtlecken *V*; vita subito fingi (umgewandelt werden) non potest, versūs schmieden *H*; miserum fortuna Sinonem finxit hat elend gemacht *V.* **f.** equum ire viam gehen lehren, dressieren *H*, ingenium; se ad aliquid sich nach etw. richten. **2.** qualia vult, fingit *O*, ex sua natura ceteros, invisum quem tu tibi fingis den du für deinen Feind hältst *V*; mit *acc. c. inf.* talia fingebam mihi fata parari *O*; finge manere, placere mihi stelle dir vor *O.* **3. a.** causas, crimina *O*, verba lügen *S.* **b.** se pavidum, ficto sermone, voltu, ficto pectore mit falschem Sinn *V*.

finiō 4. **A.** *trans.* **I. 1.** begrenzen, abgrenzen: Rhenus finit imperium populi R., signum animo *L*; cavernas schließen *O.* met. **2.** einschränken, beschränken: numero finita potestas *O.* **3.** occ. festsetzen, bestimmen: spatia temporis numero noctium, numerum caesorum feststellen *Cu*, diem *L*, latitudinem silvae. **II. 1.** beenden, beendigen, beschließen: vitam (ense *O*), labores morte, sitim stillen *H*, odium *L*, iras *O*; sententias verbis periodisch abschließen, finita pronuntiare Abgerundetes. **2.** *pass.* ein Ende nehmen, enden, aufhören: sermone (Marte *O*) finito *Cu*, finitā Claudiorum domō ausgestorben *T*, finiri (dicht.) endigen, sterben.
   B. *intr.* enden: sic Tiberius finivit *T*; **occ.** (im Reden) enden, schließen: finierat Telamone satus *O*.
                              Von

finis, is, *m.*, selten *f.*, *abl.* e, älter i (*fīg-snis 'Grenzpfahl', 'Grenzstein' zu figo, § 30)

   I. 1. Grenze; **2.** *pl. meton.* **Gebiet, Land**; *occ.* **Grundstücke, Grundbesitz**; **3. Grenze, Schranke**; **4. Ziel**; *met.* **Zweck, Absicht**; *occ.* **fine** *c. gen.* **bis an.**
   II. 1. (zeitlich) **Ende**; **2.** *occ.* **Lebensende, Tod**; **3.** *met.* das **Höchste, Gipfel.**

   I. 1. Selten im *sg.* Rubico finis est Galliae, quem ad finem soweit; *pl.* fines imperii, fines regere bestimmen. **2.** angusti; fines populari, finibus prosiluere suis aus ihren Standorten *V.* **occ.** dominos finibus pellere. **3.** naturae, officiorum, ingenii. **4.** sub ipsam finem adventabant *V*; *met.* domūs finis est usus, ad eum finem ('zu dem Ende') *T.* **occ.** fine genūs bis ans Knie *O.* **II. 1.** labor in fine est geht zu Ende *O*; finem facere ein Ende machen, meist mit *gen.*, stets mit *gen. ger.*; *dat.* iniuriis; finem imponere, dare mit *dat.*; sine fine endlos, unaufhörlich, nulla cum fine *O.* **2.** septem menses a fine Neronis *T.* **3.** honorum populi finis est consulatus; bonorum (malorum) das höchste Gut (Übel).   Dav.

fīni-timus, älter (§ 41) **-tumus** 3 (wie mari-timus zu mare, eine Art superlativische Bildung) **1.** angrenzend, benachbart: regio *N*; *subst. pl.* Grenznachbarn, Nachbarn. **2.** *met.* nahestehend, -liegend: oratori poëta.

finxī *pf.* v. fingo.

fīō, fierī (§ 64, Abs. 1), factus sum (zu fuo, fui, fore; vgl. gr. φιτύω 'erzeugen')

   I. 1. werden, entstehen; **2. geschehen, sich ereignen, eintreten.**
   II. (als *pass.* v. facio) **1. getan, gemacht, verfertigt werden**; **2.** *occ. a.* (wozu) **gemacht, ernannt, erwählt werden**; *b.* **geschätzt werden**; *c.* **geopfert werden.**

   I. 1. Arabia, ubi apsinthium fit wächst *C*; fit clamor, nomen loco erhält den Namen *L*; quid fit? was kommt heraus? *H*; ossa lapis fiunt *O*, missum fieri freigelassen werden *N.* **2.** ut (fere) fit wie's schon so geht, quōd (= quoad) fieri possit soweit es sich tun läßt, quid illo (de filia) fiet? was wird mit ihm geschehen? fieri potest, ut fallar ich kann möglicherweise irren, fieri non potest, ut es ist unmöglich, daß, fieri non potest, quin es ist notwendig, daß, quibus rebus fiebat und daher kam es *N*, ita fit, ut daraus folgt, daß; obviam fieri entgegen kommen. **II. 1.** castra fiunt wird geschlagen *N*, fit senatūs consultum, quid fieri vellent was sie getan wissen wollten *N.* **2. a.** Themistocles praetor fit *N.* **b.** mit *gen. pretii:* illum pluris quam se fieri omnes videbant *N.* **c.** virgo fit hostia busto (*dat.*) wird am Grab geopfert *O*, unā hostiā fit es wird nur ein Tier geopfert *L*, quibus diis ut fieret *L*.

firmāmentum, ī (firmāmen, inis *O*), *n.* (firmo) **1.** Befestigungsmittel, Stütze: firmamento esse. **2.** *met.* Stütze, Stärke: accusationis, legionem firmamentum (als Verstärkung) adduxit *T*.

firmātor, ōris, *m.* (firmo) Befestiger, Stützer.

firmitās, ātis u. **-tūdō**, inis, *f.* (firmus) **1.** Festigkeit, Stärke: corporis *N*, materiae. **2.** *met.* Standhaftigkeit, Ausdauer, Kraft: animi.

firmiter s. firmus.

firmitūdō s. firmitas.

firmō 1. (firmus) **1. fest, stark machen, festigen:** soporem *O*; **occ.** befestigen, decken, sichern: locum munitionibus, turres *S*, aestuaria aggeribus *T*, subsidiis aciem *L.* **2.** *met.* **a.** sichern: vestigia pinu *V*, gradum festen Fuß fassen *Cu*; imperium, opes *T.* **b.** stärken, kräftigen, stählen: milites cibo (quiete) *Cu*, valetudinem *T*; firmata aetas Mannesalter. **c.** ermutigen, ermuntern: animum praesenti pignore (exemplis *T*) *V.* **d.** bekräftigen, bestätigen, beglaubigen: fidem invicem sich gegenseitig Treue versprechen *Cu*, foedera dictis *V*; mit *acc. c. inf.* versichern *T*.

Firmum, ī, *n.* Fermo [St. in Picenum]; *adi.* u. Einw. **Firmānus.**

firmus 3, *adv.* **-ē** u. **iter 1. fest, stark:** carina, ianua *O*, res p. *S*, consolatio wirksam; **occ.** dauerhaft: vina *V*, acta Caesaris. **2.** (körperlich) **stark:** corpus, catuli *Ph.* **3. stark, widerstandsfähig:** manus, legiones; firmissimus irā am stärksten gerüstet *O.* **4. fest, beharrlich, standhaft:** animus, contra (adversus) pericula *SL.* **5. zuverlässig, sicher, treu:** copiae *N*, amicitiae, auxilium.

fiscella, ae, *f.* Körbchen.   *Dem.* von

fiscina, ae, *f.* Korb, Körbchen.   Von

fiscus 187 **flecto** **F**

fiscus, ī, *m.* Korb; **occ. 1.** Geldkorb, Kasse *Ph.*
2. Staatskasse. **3.** kaiserliche Privatkasse: bona petita in fiscum *T.*
fissilis, e (findo) spaltbar: robur *V.*
fissiō, ōnis, *f.* (findo, § 36) das Zerteilen.
fissum, ī, *n.* (findo) Einschnitt [in der Leber].
fissus *pt. pf. pass.* v. findo.
fistūca, ae, *f.* Schlägel, Ramme.
fistula, ae, *f.* **1.** Rohrpfeife *O. met.* **2.** Wasserrohr.
3. röhrenartiges Geschwür, Fistel *N.* Dav.
fistulātor, ōris, *m.* Pfeifer. Und
fistulātus 3 mit Röhren versehen, hohl *Sp.*
fīsus sum *pf.* v. fido.
fīxī *pf.* v. figo.
fīxus *pt. pf. pass.* v. figo.
flābelli-fera, ae, *f.* Fächerträgerin *C.*
E: flābellum 'Fächer', § 66.
flābilis, e (flo) luftförmig, luftartig.
flābra, ōrum, *n.* (flo) das Blasen, Wehen *VPr.*
flacceō, ēre schlapp, schlaff sein. Dav. *incoh.*
flaccēscō, ere ermatten. Von
flaccus 3 schlappohrig.
flagellō 1. peitschen, schlagen *OSp.* Von
flagellum, ī, *n.* (*dem.* zu flagrum) **1.** Geißel, Peitsche.
2. *met.* **a.** Riemen [am Wurfspieß]. **b.** Ranke, Reis: summum Jungtrieb *Ca.* **c.** *pl.* Fangarme [des Polypen] *O.*
flāgitātiō, ōnis, *f.* (flagito) Forderung *T.*
flāgitātor, ōris, *m.* (flagito) Forderer, Mahner.
flāgitiōsus 3, *adv.* **ē** schandbar, schimpflich, schmachvoll, niederträchtig. Von
flāgitium, ī, *n.* **1.** Schimpf, Schande. **2.** *meton.* schändliches Vergehen, Schandtat, Niederträchtigkeit.
3. k o n k r. Schandbube, Bösewicht: flagitiorum catervae *S.*
E: v. flagito 'jemd. anschreien', also 'öffentliche Ausscheltung'.
flāgitō 1. (s. flagitium) **1.** leidenschaftlich fordern, erregt verlangen, ungestüm mahnen, dringend auffordern: aliquid ab aliquo; Haeduos frumentum; mit ut, *acc. c. inf. T,* *inf. H.* **2.** *occ.* **a.** zu wissen begehren: crimen, quae sint ea numina *V.* **b.** (jemds.) Auslieferung verlangen: ministros in tormenta *T.* **c.** (vor Gericht) belangen: (Caecinam) ut peculatorem *T.*
flagrāns, antis, *adv.* **anter 1. brennend:** telum Blitz *V,* aestus *L. met.* **2. heiß, glühend:** genae *V,* cupiditas, amor *T.* **3. glänzend, leuchtend:** Hersiliae crinis *O;* oculis flammenden Blickes *T,* vultus strahlend *T.* **4. leidenschaftlich, erregt:** invidiā, flagrantissime cupere *T,* flagitia wilde Streiche *T.* Von
flagrō 1. **1.** brennen, lodern: flagrabant ignes *O. met.*
2. funkeln, glänzen: flagrant lumina nymphae *O.*
3. lodern, brennen, erfüllt sein: omnia bello flagrant überall lodert der Brand des Krieges auf *L,* flagrante libertate noch loderte (der Sinn für) die Freiheit *T;* **occ.** (in Leidenschaft) glühen, brennen: pugnandi cupiditate *N.*
E: vgl. gr. φλέγω, ahd. blecchazen 'blitzen'.
flagrum, ī, *n.* Peitsche, Knute *L.*
I. flāmen, inis, *n.* (flo) **1.** das Blasen, Wehen, Hauch: tibiae Flötenton *H.* **2.** *meton.* Wind: ferunt sua flamina classem *V.*

II. flāmen, inis, *m.* Flamen, Priester [drei maiores (Patrizier), Dialis für Juppiter, Quirinalis für Romulus, Martialis für Mars, und zwölf minores (Plebejer) für geringere Gottheiten, in der Kaiserzeit auch für vergötterte Kaiser: flamen Augusti *T*]. Dav. **1. flāminica,** ae, *f.* die Gattin des Flamen. **2. flāminium** u. **flāmōnium,** ī, *n.* Amt des Flamen. *Nomen pr.* (§ 82) **Flāminius** 3 im *n. g.* (pleb.): C. Flaminius [legte 220 den flaminischen Zirkus auf dem Marsfeld und die via Flaminia (Rom — Narnia — Spoletium — Fanum) an; er fiel 217 gegen Hannibal am Trasimenersee].
flamma, ae, *f.* (für *flāma, § 40, aus *flag-sma, § 30, Abs. 2, zu flagro) **1. Feuer, Flamme:** semina flammae brennbare Stoffe *O.* **2. occ. a. Feuerbrand, Fackel:** flammas ad culmina iactant *V,* flammarum tractus der Sternschnuppen *V.* **b. Blitz:** trifida *O.* **c. Hitze:** mixta cum frigore *O.* **d. Glanz:** flammas minans ensis das drohend glänzt *V,* solis Licht *V. met.* **3. Glut, Feuer:** latens Fieberglut *O,* gulae brennende Gier *O,* ultrix Rachgier *V;* **occ. Liebesglut:** flammas moveoque feroque *O;* *meton.* **Geliebte:** melior *H.* **4. Verderben:** duorum bellorum.
flammeum, ī, *n.* (flammeus) Brautschleier *CaSp.*
flammeus 3 (flamma) flammend, feurig.
flammi-fer 3 (fero, § 66) brennend, feurig.
flammō 1. (flamma) **I.** *trans.* **1.** anzünden, verbrennen: ut interirent flammandi *T.* **2.** *met.* entzünden, entflammen: cor *V.* **II.** *intr.* flammans flammend, brennend: lumina *V,* faenum *Pr.*
flāmōnium s. II. flamen.
flātus, ūs, *m.* (flo) **1.** das Blasen, Hauch; **occ.** das Schnauben: equorum *V.* **2.** das Blasen des Windes, Wind: Boreae *V,* hiberni Winterstürme *V;* *met.* Hauch: fortunae. **3.** *meton.* Aufgeblasenheit, Hochmut: flatūs remittere *V.*
flāvēns, entis (vgl. flavesco) goldgelb, gelb, blond.
flāvēscō, ere (*incoh.* zu flāveo) gelb, zu Gold, blond werden.
Flāvīnius 3: von Flāvīna [St. in Etrurien] *V.*
Flāvius 3 (sabin.) im *n. g.* **1.** Cn. Fl. [Jurist, Sekretär des Appius Claudius; vgl. fastus 3]. **2.** T. Fl. Vespasianus [Kaiser 69—79 n. Chr.]. **3.** Sein gleichnamiger Sohn (= Titus) [Kaiser 79—81]. **4.** Dessen Bruder T. Fl. Domitianus [Kaiser 81—96]; *adi.* Flavia domus die drei flavischen Kaiser *T;* **Flāviānus** 3 (§ 75): partes *T.*
flāvus 3 gelb, goldgelb, rötlichgelb, blond.
flēbilis, e, *adv.* **iter** (fleo) **I.** (p a s s .) beweinenswert, beklagenswert, jammervoll: multis *H.* **II.** (a k t .)
1. kläglich, rührend: vox, modi; flebiliter canere.
2. weinend, klagend: sponsa *H.*
flectō 3. flexī, flexus

I. 1. biegen, beugen, krümmen; 2. *met.* **beugen, umstimmen, erweichen, rühren.** II. 1. **drehen, wenden, lenken, richten;** 2. *intr.* in med. Sinn: **umkehren, umbiegen, sich** wohin **wenden.**

I. 1. ceram in multas facies *O,* arcum *VO;* sinūs sich winden *O,* flector in anguem werde zu einer sich windenden Schlange *O;* **flexus** 3 **gebogen, gekrümmt, gewunden:** sonus weich, zitternd. **2.** superos *V,* aliquem precibus *V,* donis *L.* **II. 1.** equos, currūs de

fleo   188   **fluo**

foro in Capitolium, lumina (die Augen) a re in rem *O*; vestigia *O*, cursum ad puerilem vagitum *L*, iter die Marschrichtung ändern *NL*; flexo in meridiem die als es gegen Mittag ging *T*, versus flectitur in Tiberium läßt sich auf T. beziehen *T*, eum a proposito abbringen *L*. **2.** Vitellius Cremonam flexit *T*; in ambitionem sich verlegen *T*.

fleō 2. flēvī, flētus **1.** weinen: puellae vorweinen *Pr*. **2.** *trans.* (dicht. u. nachkl.) beweinen.   Dav.
I. flētus, ūs, *m*. **1.** das Weinen, Jammern: tacitus *L*. **2.** *meton.* Tränen, Tränenstrom: fletibus ora rigare, fletūs fundere *O*.
II. flētus *pt. pf. pass.* v. fleo.
flēvī *pf.* v. fleo.
Flēvum, ī, *n*. F. [Kastell der Friesen] *T*.
flex-animus 3 (*flexi-animus v. flecto, §§ 66 u. 53) **1.** gerührten Herzens *Pacuvius*. **2.** herzrührend.
flexī *pf.* v. flecto.
flexibilis, e (flecto) **1.** biegsam, geschmeidig: materia. **2.** *met.* lenksam, geschmeidig, unbeständig.
flexilis, e (flecto) biegsam: cornu *O*.
flexiō, ōnis, *f*. (flecto) Biegung; *met.* Modulation.
flexi-pēs, pedis (§ 66) krummrankig: hederae *O*.
flexuōsus 3 (flexus) voll Krümmungen: iter.
flexūra, ae, *f*. (flecto) = flexus I. 1. *Sp*.
I. flexus, ūs, *m*. (flecto) **A.** (med.) **1.** Windung, Biegung, Krümmung: cervicis *O*, viae *L*; rerum publicarum Wendungen in der Verfassung, in nullos flexūs recedere nicht abschweifen *Q*. **2.** *occ.* Umweg, Bogen: itineris *T*, flexu Armeniam petunt *T*. **3.** *meton.* Wendepunkt: aetatis Neige, autumni Spätherbst *T*. **B.** (pass.) Biegung: ossa patiuntur flexūs lassen sich biegen *O*.
II. flexus *pt. pf. pass.* v. flecto.
flīctus, ūs, *m*. (fligo) das Anschlagen, Anprall *V*.
flō 1. (ahd. blāsan) blasen: ventus flat weht, tibia flatur ertönt *O*, flabit wird ertönen *O*; aes, pecuniam gießen.
floccus, ī, *m*. Flocke [der Wolle] *Sp*; *met.* Kleinigkeit: floccum non interduim = ich möchte keinen Heller dafür geben, es ist mir gleichgültig *C*; rem (hominem) flocci (non) facere 'darauf pfeifen'. E: vgl. gr. φλάζω 'zerreißen'.
Flōra, ae, *f*. (flos) F. [Blumengöttin] *O*; *adi.* **Flōrāle** sacrum Florafest [vom 28. April bis 3. Mai] *O*.
flōrēns, entis (floreo) blühend: corona Blumenkranz *O*. *met.* **a.** femina florens aetate jugendlich blühend *T*. **b.** oratores 'blumenreich'. **c.** Asia *O*, res p. mächtig, florentes Mächtige *N*.
Flōrentīnī, ōrum, *m*. Einw. v. Florentia (Florenz) *T*.
flōreō 2. uī (flos) **1.** blühen: papavera florent *O*, annus es ist die Blütezeit *O*; bildl. florent (verba) virentque erblühen und grünen *H*; aetate in der Blüte der Jahre stehen. **occ. a.** prangen: tibi floret ager *V*, florentes aere catervae erzprangend *V*. **b.** schäumen: vina florent *O*. **2.** *met.* blühen, in Blüte stehen, glänzen, sich hervortun, ausgezeichnet sein: iustitiae famā *N*, opibus et copiis, cum Macedones florebant die höchste Macht hatten *N*.   Dazu *incoh.*
flōrēscō, ere aufblühen, erblühen.

flōreus 3 (flos) **1.** aus Blumen. **2.** blumenreich.
flōridus 3 (floreo, § 74) **1.** blühend: pinus *V*. **2.** aus Blumen: serta *O*; *subst. n.* florida et varia bunte Blumenfülle. **3.** blumenreich: Hybla *O*; Demetrius est floridior hat eine blühendere Sprache.
flōrifer, era, erum Blumen tragend, blumenreich *Lukrez*.
flōri-legus 3 (lego, § 66) Blütenstaub sammelnd *O*.
flōrus 3 (floreo) blühend, glänzend: crines *V*.
flōs, flōris, *m*. **1.** Blume, Blüte: thymi *O*; *meton.* Blütensaft, -staub: apis tulit collectos flores *O*. *met.* **2.** Blüte, Jugendkraft: aetatis, castus Blüte der Keuschheit *Ca*, senectus redit in florem wird wieder jung *O*; *meton.* junge Mannschaft, Jugend, Kern: Italiae, virûm *V*. **3.** Glanzzeit: Graeciae. **4.** Zierde, Schmuck: ager Sabinus, flos (Kleinod) Italiae; *meton.* Bartschmuck, Flaum: genas vestibat flore iuventas *V*. E: got. bloma, mhd. bluost 'Blüte'.   Dav. *dem.*
flōsculus, ī, *m*. Blümlein; *met.* flosculos carpere schöne Redewendungen, Floskeln.
fluctuātiō, ōnis, *f*. Unentschlossenheit.   Von
fluctuō (-or *LCu*) 1. **I. 1.** Wogen werfen, wogen; bildl. turba fluctuans hin- und herwogend *T*. **2.** *met.* aufbrausen, wogen, wallen: irarum (curarum) aestu *V*. **II. 1.** mit den Wellen treiben: in salo. **2.** *met.* schwanken, unschlüssig, unruhig sein: acies fluctuans *L*; animo, inter spem metumque *L*.   Von
fluctus, ūs, *m*. (fluo) **1.** das Wogen, Strömung, Flut: maris *O*. **2.** *meton.* Woge; selten *sg.* fluctu icta (navis) *O*; aequorei *O*; *synecd.* Meerflut, Meer: medio fluctu *V*. **3.** *met.* das Wogen, Fluten, Stürme: civiles Stürme des politischen Lebens *N*, irarum *V*, contionum stürmische Versammlungen.
fluēns, entis (fluo) **1.** ruhig: oratio; **occ.** eintönig: dissoluta aut fl. oratio. **2.** schlaff: membra *Cu*.
fluenti-sonus 3 (§ 66) wogenrauschend *Ca*.   Zu
fluentum, ī, *n*. (fluo) Strömung, Flut.
fluidus 3 (fluo, § 74) **1.** flüssig: cruor *O*, rictūs triefend *O*. **2.** *met.* schlaff: Gallorum corpora *L*; *trans.* auflösend, verflüchtigend: calor *O*.
fluitō 1. āvī (*frequ.* v. fluo, vgl. agito) **1.** fließen; **occ.** mit den Wellen treiben: fluitans alveus *L*. *met.* **2.** schlaff herabhängen, wallen: vela fluitantia *O*, vestis *T*. **3.** schwanken, wanken: fluitans miles, testudo *T*; bildl. fluitasse creditur Caecinae fides *T*.
flūmen, inis, *n*. (fluo) **1.** fließendes Wasser, Strömung, Flut: flumine secundo stromabwärts, adverso stromaufwärts, curvum Flußkrümmung *O*; *pl.* Fluten: fugientia *H*, fontis Quellwasser *O*. **2.** *meton.* Fluß; mit *adi.* Rhenum der Rhein *H*, Tiberinum *V*; person. Flußgott *O*. **3.** *met.* **a.** Strom: lactis *O*, lacrimarum *V*. **b.** Redestrom: orationis, verborum. **c.** [vom Geist] Strom, Erguß: ingenii.   Dav.
Flūmentāna porta die P. Fl. [in Rom am Tiber] *L*.
flūmineus 3 (flumen) des Flusses, Fluß-: ulva *O*.
fluō 3. flūxī (ältere Form flovo, worin v aus einem Guttural entwickelt ist; den Guttural erkennt man noch im *pf.* fluc-si, in fluctus, fluxus, conflug-es, auch in flumen aus *flug-smen, § 30, Abs. 2)

I. 1. **fließen, strömen**; *occ.* naß sein, triefen; *met.*

fluvialis   189   **foras**   **F**

2. fließen, strömen; *occ. a.* niederwallen; *b.* niedersinken; *c.* im Fluß sein; 3. entstehen, herrühren; *occ.* wo hinaus wollen.
II. 1. entfliehen, entgehen, entsinken; 2. zerfließen.

I. 1. magnus fluens Nilus gewaltig strömend *V*, sudor fluit rivis *V*; b i l d l. ne fluat oratio einförmig fließe, cum flueret lutulentus im schmutzigen Strom seiner Verse *H.* **occ.** cruore fluens bluttriefend *O*, in madida veste triefend *V*; multo Baccho reich an Wein sein *V.* **2.** turba fluit relictis castris *V*, fluens in se acies heranwogend *Cu*; Pythagorae doctrina longe lateque fluxit verbreitete sich. **a.** vestitu fluens in langem Gewande *Ph*, crinis *V*, rami herabhängend *V.* **b.** ad terram *V.* **c.** cuncta fluunt *O*, rebus ad voluntatem fluentibus da alles nach Wunsch läuft. **3.** ex eodem fonte; **occ.** illius rationes quorsum fluunt? **II. 1.** fluunt tempora verfließt *H*; ea fluunt de manibus; sponte fluent (poma) werden von selbst abfallen *O.* **2.** fluunt lassitudine vires sind erschlafft *L*, luxu, mollitā aufgehen, zerfließen in.
fluviālis, e (fluvius, § 75, Abs. 2) am, im Fluß.
fluviātilis, e (v. fluvius wie aquatilis v. aqua) Fluß-.
fluvidus = fluidus.
fluvius, ī, *m.* (fluo) **1.** fließendes Wasser: satis fluvium inducit leitet Wasser ins Saatfeld *V.* **2.** Fluß.
flūxī *pf.* v. fluo.
fluxus 3 (fluo) **1.** fließend: sucus *Sp.* **2.** wallend: crinis *T*; **occ.** herabhängend, schlaff: arma, Germanorum corpora *T*, animi aetate ohne festen Halt *S*, noctu dieque zerfahren, liederlich *T.* **3.** haltlos, schwankend, unsicher: fides Unzuverlässigkeit *CSLT*, divitiarum gloria *S.* **4.** zer-, verfallend: murorum fluxa verfallende Stellen *T*; auctoritas zerrüttet *T*, senio mens altersschwach *T.*
fōcāle, is, *n.* (statt faucale v. fauces, § 52) Halstuch *HSp.*
focilō 1. (vgl. foveo) wiederbeleben *PliSp.*
fōculum, ī, *n.* (foveo) Gefäß zum Wärmen *C.*
foculus, ī, *m.* kleiner (Opfer-)Herd *L.*   *Dem.* von
focus, ī, *m.* **1.** Opferpfanne, Räucherbecken: dare tura in focos *O.* **2.** *synecd.* Feuerstätte, Herd: ad focum sedere; **occ.** Opferherd: de caespite *O*; Brandstätte: ruebant ossa focis *V.* **3.** *meton.* Heim, Heimstätte, Haus und Hof, Familie: agellus habitatus quinque focis von fünf Familien *H*, regis foci Hof; arae (et) foci Vaterland und Familie. **4.** Feuer: vivi *Pr.*
fōdī *pf.* v. fodio.
fodicō, āre stoßen: latus *H*; b i l d l. beunruhigen.   Von
fodiō 3. fōdī, fossus **I. 1.** graben: puteum. **2. occ. a.** ausgraben: argentum *L.* **b.** auf-, umgraben, untergraben: arva *O*, murum *O*, terram aufwühlen *Ph.* **II. 1.** stechen: calcaribus equi armos *V.* **2. occ.** durchstechen, -bohren: guttura cultro *O*, hostem pugionibus *T.*
E: gr. βόϑρος 'Grube' für *φόϑρος, §§ 7 u. 36.
foederātus 3 (durch foederare v. foedus, eris) verbündet.

foedi-fragus 3 (foedus, eris u. frango, § 66) vertragsbrüchig.
foedītās, ātis, *f.* (foedus 3) Häßlichkeit, Abscheulichkeit: animi Niederträchtigkeit.
foedō 1. **1.** verunstalten, entstellen, übel zurichten: serenos voltus trüben *V*, agros verwüsten *L*, crines zerraufen *V*, ferro volucres töten *V*, in Sarmatum habitum foedari so mißgestaltet werden wie *T.* **2.** besudeln, beflecken: sanguine tellurem *O.* **3.** *met.* entstellen, schänden: clade foedatus annus *L*, eius merita *T.* Von
I. foedus 3, *adv.* **ē** häßlich, garstig, scheußlich, abscheulich, abstoßend.
E: vgl. πίϑηκος für *φίϑηκος 'Affe', 'der Garstige', § 6 f.
II. foedus, eris, *n.* (foedus: fīdo = λοιπός: λείπω) **1.** (Treue-)Vertrag, Bündnis: se in foedera mittere sich einlassen auf *V*, aequum mit gleichen Bedingungen geschlossen *L*, ex foedere kraft des Bündnisses. **2.** *met.* Bund, Vertrag, Verbindung: coniugale, thalami Ehebund *O*, Veneris Liebschaft *O*, foedere iuncti Verwandte *O.* **3.** *meton.* Bestimmung, Gesetz: Parcarum *O*, naturae *O.*
foetidus 3 stinkend: pisces *C.*   Von
foetor, ōris, *m.* Gestank; *met.* Widrigkeit *Sp.*
foliātus 3 blätterreich *Sp.*   Von
folium, ī, *n.* (gr. φύλλον aus *φύλjον, § 7) Blatt, Baumblatt; *pl.* Laub; **occ.** Blumenblatt *O.*
folliculus, ī, *m.* Ledersack, Schlauch.   *Dem.* von
follis, is, *m.* (gr. ϑυλλίς, § 6) Blasebalg.
fōmenta, ōrum, *n.* (foveo) **1.** Erwärmungsmittel, Umschlag, Verband. **2.** *met.* Linderungsmittel: dolorum.
fōmes, itis, *m.* (foveo) Zündstoff, Zunder *V.*
fōns, fontis, *m.* **1. Quell(e), Born:** Medusaeus = Hippokrene *O.* **2.** *meton.* **Quellwasser, Wasser:** restinguere fontibus ignes *V.* **3.** *met.* **Ursprung, Ursache, Anfang, Urheber:** gloriae, maledicti. **4.** P e r s o n. **Quellgott:** Fontis delubrum; *adi.* **Fontīnālis** porta das 'Quelltor' [am Nordfuß des Kapitols] *L.*
E: zu ai. dhanayati 'rennt, läuft', dhánvati 'fließt'. Dav.
fontānus 3 Quell-: numina Quellgottheiten *O.*
fonticulus, ī, *m.* (*dem.* v. fons) kleine Quelle *HPli.*
*for, fārī, fātus sum (gr. φημί, d o r. φαμί, § 7) **1. sprechen, sagen.** occ. **2. weissagen:** hic tibi — fabor enim — bellum geret *V.* **3. besingen:** Tarpeium nemus *Pr.* **4. fandus a.** *gerundium:* copia fandi *V*; fando vom Hörensagen, durch das Gerücht; **b.** als *adi.* erlaubt, recht: sanguis *L*; *subst.* fandum recht *V.*
forābilis, e (forare) durchbohrbar, verwundbar *O.*
*forae, ārum, *f.* nur *acc.* u. *abl.* **A. forās** hinaus, heraus, auswärts: iustitia foras spectat in die Öffentlichkeit. **B. forīs I.** *abl.* von draußen (her): verba petita foris *H.* **II.** *locat.* **1.** draußen, außerhalb: et intra vallum et foris caedi *N.* **2. occ. a.** außer Haus, auswärts: f. cenare. **b.** außerhalb der Stadt (des Staates): et domi dignitatem et foris (im Ausland) auctoritatem retinere.
E: gr. ϑύραι, vgl. foris, ai. dvár 'Tür', § 6.
forāmen, inis, *n.* (forare) **1.** gebohrte Öffnung, Bohrloch: buxus longo foramine *O.* **2.** Loch: operculi *L.* **3.** Öffnung: terrae *O.*
forās s. *forae.

forceps   190   **fortis**

for-ceps, cipis, *m. f.* (aus *formus = ϑερμός, § 6 u. capio, §§ 66 u. 41 ff.) Feuerzange, Zange.

forda, ae, *f.* trächtige Kuh *O.*
E: v. *fora, gr. φορά 'Trächtigkeit', zu **ferre**; synk. aus *forida, §§ 74 u. 42.

fore, forem s. *fuo.

forēnsis, e (forum) **1.** vom, auf dem Markt. **2.** zum Ausgehen bestimmt: vestitus *L*; *n. pl. subst.* forēnsia, ium Prunkgewänder *Sp.* **3.** gerichtlich: labor, sermo, Mars öffentliche Beredsamkeit *O.*

Forentum, ī, *n.* F. [St. in Apulien] *HL.*

I. forīs s. *forae.

II. foris, is, *f.* (Umbildung v. *forae) **1.** Tür, Türflügel. **2.** *pl.* (zweiflügelige) Tür, Türflügel *O.* **3.** *met.* Eingang, Öffnung: antri *O.*

fōrma, ae, *f.* (aus formare, § 76)

> I. abstr. 1. **Gestalt, Figur, Äußeres;** 2. *occ.* **schöne Gestalt, Schönheit;** 3. *met.* **Form, Art, Beschaffenheit, Gepräge, Charakter.**
> II. konkr. 1. **Gestalt, Gebilde, Bild;** 2. *occ.* **Erscheinung;** 3. **Form;** *occ. a.* **Leisten;** *b.* **Stempel.**

I. 1. virginea, anilis *O*, forma reliquaque figura Antlitz; litoris *O*, floris, aratri *V*, agri *H.* **2.** formae dos *O*, formā insignis *V.* **3.** terrae *O*, scripti *T*, formae scelerum Arten *V*; pugnae Kampfesweise *L*, vitae *T*, dicendi *T*, rerum publicarum Verfassungen, (Achaiam) in provinciae formam redigere zur Provinz machen *L.* **II. 1.** pictae, fictae caelataeque, litterarum Buchstaben; *met.* viri boni Bild, Vorstellung, beatae vitae Idealbild. **2.** ferarum Tiergebilde, Tierkreis *O*, deorum Göttererscheinungen *O*, tricorporis umbrae Schatten des Geryones *V*, luporum Werwölfe *V.* **3. a.** sutorum *H.* **b.** nummi *OCu*, pecuniae Geldsorten *O.*

fōrmātiō, ōnis, *f.* (formo) Gestaltung *Sp.*

fōrmātor, ōris, *m.* (formo) Bildner: ingeniorum *Q.*

Formiae, ārum, *f.* Formia [St. in Latium]; *adi.* u. Einw. **Formiānus; Formiānum,** ī, *n.* Landgut bei F.

formīca, ae, *f.* (vgl. μύρμηξ, äolisch βύρμαξ) Ameise; dav. *adi.* **formīcinus** gradus Ameisenschritt *C.*

formīdābilis, e furchtbar, schrecklich.   Von
I. formīdō 1. *trans.* (vor etw.) Grauen empfinden, sich entsetzen, sich fürchten; formīdātus 3 gefürchtet: aquae Wasserscheu *O.*   Vgl.
II. formīdō, inis, *f.* **1.** Grausen, Schreck, Furcht. **2.** *occ.* Scheu, Schauer: nemus prisca formidine sacrum *T.* **3.** *meton.* Schreckbild, Schrecken, Scheuche: puniceae pennae Wildscheuche *V.*
E: vgl. μορμώ 'Gespenst', μορμολύττω 'schrecken'. Dav.
formīdolōsus 3, *adv.* **ē 1.** furchterregend, schrecklich: tempus. **2.** scheu, angstvoll: hostium vor *T.*
fōrmō 1. 1. gestalten: terram *O*, imago formatur vagans gestaltet sich wechselnd *O*, in anguem zur Schlange *O*; *occ.* darstellen: Ammonem cum cornibus *O*, versūs citharā zur Kithara singen *Pli.* **2.** *met.* bilden, ausbilden: puerum praeceptis unterweisen *H*, se in alterius (alios in suos) mores gewöhnen, einrichten nach, anpassen *L*, boves ad usum agrestem ab-

richten *V*, animos stimmen. **3.** *synecd.* schaffen, hervorbringen, verfertigen: signum e marmore *O*, classem *V*, personam einen Charakter schaffen *H*, librum verfassen *Pli*; gaudia mente sich vorstellen *O.*
E: v. *formus 'glühend', vgl. forceps u. fornax, also eigtl. 'in Erz gießen'.

fōrmōsitās, ātis, *f.* Schönheit.   Von
fōrmō(n)sus 3 (forma) formvollendet, wohlgestaltet, schön.

fōrmula, ae, *f.* (*dem.* v. forma) **1.** Norm, Regel: antiqua imperii die alten Zustände *L.* **2.** *occ. a.* Vertrag: ex formula dem Vertrag gemäß *L*, in sociorum formulam referre durch Vertrag zu Bundesgenossen machen *L.* **b.** Steuerformel, Tarif: censendi *L*, censum agere ex formula *L.* **c.** Rechtsformel: testamentorum.

fornāx, ācis, *f.* Ofen; *met.* Feuerschlund, Esse: ruptis fornacibus Aetna *V.* Person. Backgöttin = Fornācālis dea *O*; Fornācālia, ium, *n.* Fest der Ofengöttin *O.*
E: fornus, furnus 'Ofen', *formus = ϑερμός, § 6; vgl. forceps u. formo.

fornicātus 3 gewölbt: via Schwibbogengasse *L.*   Von
fornix, icis, *m.* **1.** Wölbung, Gewölbe, Bogen: caeli Himmelsgewölbe *Ennius*, lapidei Steingewölbe *S.* **2.** *occ. a.* Triumphbogen: Fabius (Fabianus) [des Q. Fabius Maximus Allobrogicus auf der via sacra]. **b.** gedeckter Weg: in muro *L.* **c.** Kellerkneipe *H.*

forō 1. (zu forum, forus) durchbohren *C.*

Forōiūliēnsis s. forum 3. e.

forpex, icis, *f.* (vgl. forceps) Feuerzange *Sp.*

fors, *abl.* **forte,** als *nomen pr.* dekl. **Fors,** rtis, *f.* (fero)

> 1. **Geschick, Zufall;** 2. person. **Schicksals-, Glücksgöttin;** 3. *adv. abl.* **forte** 'durch Fügung des Geschicks', **von ungefähr, zufällig;** *occ.* **vielleicht, etwa;** 4. *nom. adv.* fors **vielleicht, möglicherweise.**
> *Iuxtap.* mit fors und Weiterbildung.

1. si fors tulit *O*, imperii recuperandi *L.* **2.** dea Fors *O*; Fors Fortuna die glückliche Fügung *LO.* **3.** seu dolo (absichtlich) seu forte *T*, forte quadam divinitus durch göttliche Fügung *L*; forte temere auf gut Glück, dem blinden Zufall folgend. *occ.* (enklitisch) nach ne, si, nisi. **4.** fors cepissent praemia *V.*

forsan (fors, an) **vielleicht.**

forset, forsit (= fors sit) **vielleicht.**

forsitan (= fors sit, an) **vielleicht.**

fortāsse, fortāssis (fors) **vielleicht, hoffentlich, etwa, wohl.**

forte s. fors.

forticulus 3 ziemlich mutig.   *Dem.* von
fortis, e, *adv.* **iter** (altl. forctus u. horctus)

> 1. **stark, kräftig, fest, rüstig;** *occ.* **dauerhaft, fest;** 2. **mutig, tapfer, energisch, kühn, tüchtig;** 3. **gewaltsam.**

1. manu persönlich tapfer, cursu *O*; equus Rennpferd; herbae kräftig wirkend *O*, fortius loris uti stärker anziehen *O*, male fortes undae schwächend *O*;

fortitudo   191   **frango**   **F**

occ. ligna. **2.** s p r i c h w. fortes fortuna (ad)iuvat dem Mutigen hilft das Glück; corpora Heldenleichen *V*, acta *O*, ausa, facta *V* Kriegstaten; *subst.* fortia Heldentaten; consilia entschlossen; **occ.** vir Ehrenmann *C*. **3.** facinus *O*, placidis miscere fortia dictis *O*.   Dav.

fortitūdō, inis, *f.* **1.** Stärke: hircorum *Ph*. **2.** Unerschrockenheit, Tapferkeit, Mut, Mannhaftigkeit; *pl.* tapfere Taten.

fortuītus 3 (wie fortuna v. *subst.* *fortus, ūs, v. fero; vgl. fors) zufällig, planlos, absichtslos; *subst. n.* fortuita Zufälligkeiten *T*; *abl. n. adv.* **fortuītō** zufällig, von ungefähr, aufs Geratewohl.

fortūna, ae, *f.* (vgl. fortuitus)

---

1. Schicksal, Geschick, Los; 2. *occ. a.* Glück; *b.* Unglück, Mißgeschick; 3. p e r s o n. Schicksals-, Glücksgöttin; 4. *meton.* Lage, Stellung, Verhältnisse, Umstände; *occ.* meist *pl.* Vermögen, Habe, Glücksgüter.

---

1. se (omnia *L*, sua *Cu*) fortunae committere, secundae Glückslagen, utraque Glück und Unglück *N*, prospera, misera. **2. a.** eum fortuna ex hostium telis eripuit. **b.** commiserari fortunam Graeciae *N*, altera Glückswechsel *L*. **3.** Bona Fortuna, Praenestina *L*. **4.** homines omnis fortunae *L*, humilis arme Familien, magna hoher Stand *L*. **occ.** fortunae eius constitutae fuerunt familia, pecore, villis, pecuniis; *sg.* gratiā fortunāque crescere *N*.   Dav.

fortūnō 1. beglücken, segnen; dav. **fortūnātus** 3, *adv.* **ē 1.** beglückt, gesegnet, glücklich, selig: fortunatorum insulae (nemora *V*) die Inseln der Seligen, das Elysium *C*, fortunati laborum um der überstandenen Mühen willen *V*. **2. occ.** wohlhabend, reich: urbs; *subst.* Reicher.

Forulī, ōrum, *m.* F. [sabinischer Ort] *VL*.

forulī, ōrum, *m.* (forus) Bücherschrank *Sp*.

forum, ī, *n.* (E. unsicher; s. forus; die Vertiefung zwischen Kapitol und Palatin, vgl. 1. d., dann jeder Marktplatz) **1. Marktplatz, Markt;** *meton.* omne forum quem spectat das Volk auf dem Markt *H*. Marktplätze in Rom: **a.** f. bo(v)arium 'Rindermarkt' [zwischen Circus Maximus und Tiber]. **b.** f. holitorium 'Gemüsemarkt' [am Südwesthang des Kapitols] *LT*. **c.** f. piscatorium 'Fischmarkt' [südl. der Subura] *L*. **d.** forum (Romanum *T*): das **Forum** [Zentrum des öffentlichen Lebens, zwischen Kapitol und Palatin, ein längliches Viereck]. **e.** [Seit der Kaiserzeit]: am Nordwestende des Forums das f. Iulium (Caesars); anstoßend an das julische das f. Augusti, westl. davon das f. Traiani, östl. das f. Nervae, an das sich das von Vespasian erbaute f. Pacis anschloß. **2. occ. a. öffentliches Leben:** carere foro, de foro decedere sich vom öffentlichen Leben zurückziehen *N*, in foro esse sich am öffentlichen Leben beteiligen *N*. **b. Geschäftsleben:** ratio pecuniarum, quae in foro versatur. **c. Gerichtswesen, Rechtspflege:** forum non adtingere nicht als Redner auftreten. **3.** *meton.* **Handelsplatz:** Vaga, forum rerum venalium *S*. **occ.** F. [Stadtname]: **a.** F. Appii [an der via Ap-

pia] *H*. **b.** F. Aurelium [in Etrurien]. **c.** F. Cornelii [nach Sulla, j. I m o l a, zwischen Bologna und Faenza]. **d.** F. Gallorum [bei Mutina]; **e.** F. Iulii oder Iulium [von Cäsar 54 angelegt, j. F r é j u s, nö. von Marseille]; *adi.* u. Einw. Forōiūliēnsis *T*.

forus, ī, *m.* meist *pl.* **1. Schiffsgänge** [zwischen den Ruderbänken]: laxat foros macht Platz *V*. **2. Sitzplätze** im Theater *L*. **3. Gänge** zwischen den Waben: apes complebunt foros *V*. **4. Spielbrett** *Sp*. E: indogerm. *bhoros 'Abschnitt, in Planken geschnittenes Holz'; nhd. 'Barren'.

Fōsī, ōrum, *m.* die F. [germ. Volk bei Hildesheim] *T*.

fossa, ae, *f.* (fodio, § 36) **1. Graben. 2. occ. a. Abzugsgraben:** implentur fossae *V*. **b. Kanal:** navigabilis *T*. **3.** *met.* **a. Grube, Loch:** patula, sanguinis *O*. **b. Furche:** facta vomere *O*.

fossilis, e (fodio, § 36) ausgegraben *Sp*.

fossiō, ōnis, *f.* (fodio, § 36) das Umgraben.

fossor, ōris, *m.* (fodio, § 36) Gräber, Landmann; b i l d l. Bauer, roher Kerl *Cu*.

fossus *pt. pf. pass.* v. fodio.

fōtus *pt. pf. pass.* v. foveo.

fovea, ae, *f.* Fallgrube, Grube.

foveō 2. fōvī, fōtus (verw. mit faveo, § 50) **1. warm halten, wärmen:** epulas foculis *C*, aras ignibus das Opferfeuer unterhalten *O*. **occ. a.** (mit Umschlägen) **warm halten:** volnus lymphā *V*. **b. warm baden:** artūs *O*. **c.** umarmt halten, liebkosen: sinu germanam *V*. **met. 2. hegen, pflegen:** vulnus *O*, matrem *O*, se luxu es sich gut gehen lassen *V*, colla stützen *V*; vota animo *O*, spem *L*, hiemem luxu durchschwelgen *V*. **3. begünstigen, fördern:** Romanos *V*, alias partes *T*. **4. hüten, nicht verlassen:** larem sub terra sich aufhalten *V*, castra *V*.

I. frāctus *pt. pf. pass.* v. frango.

II. frāctus 3, *adv.* **ē** (frango) kraftlos, schwach, matt: dicendi genus *Q*, fracte loqui weibisch *Ph*; *subst.* frāctum ī, *n.* Knochenbruch *PliSp*.

I. fragilis, e (frango) **1.** zerbrechlich: phaselus *H*, culmus dürr *V*, aquae Eis *O*. **2.** *met.* gebrechlich, hinfällig: anni *O*; **occ.** vergänglich, unbeständig: res humanae.

II. fragilis, e (fragor) knatternd, prasselnd: laurus *V*.

fragilitās, ātis, *f.* (I. fragilis) Hinfälligkeit.

frāgmen, inis u. **-mentum**, ī, *n.* (frango) Bruchstück, Stück, Splitter; *pl.* Trümmer.

fragor, ōris, *m.* das Krachen, Knattern, Dröhnen, Getöse.

fragōsus 3 **1.** (zu fragor) lärmend, dröhnend: torrens *V*. **2.** (zu frango) rauh: silvae *O*.

fragrō, āre riechen, duften *S C a V*. E: vgl. ahd. bracko 'Spürhund', mhd. bræhen 'riechen', § 14.

frāgum, ī, *n.* Erdbeere (nur *pl.*) *VO*.

framea, ae, *f.* Wurfspieß [der Germanen]: hastas vel ipsorum vocabulo frameas gerunt *T*. E: germ. Lehnwort, ahd. brame 'Stachel'.

frangō 3. frēgī, frāctus (got. brikan, ahd. brehhan, § 14)

---

1. brechen; *pass.* (zer)brechen; *occ.* mahlen; *met.* 2. brechen, verletzen; 3. schwächen, entkräf-

frater | 192 | **frequento**

ten; *refl.* abnehmen; *occ. a.* bändigen, bezähmen, überwältigen; *b.* beugen, entmutigen, *c.* erweichen, rühren.

1. cerebrum zerschmettern *V*, bracchium sich den Arm brechen; unda frangitur bricht sich *V*, fractae voces Lärm der Brandung *V*. **occ.** quodcumque est solidae Cereris *O*. **2.** foedus, fidem; mandata dem Auftrag zuwiderhandeln *H*. **3.** Venus et vinum sublimia pectora frangit *O*, diem morantem mero kürzen *H*; *refl.* dum se calor frangat nachläßt; fractus sonitus tubarum gebrochen, dumpf [nach anderen: 'schmetternd'] *V*. **a.** impetum, furorem, dolos vereiteln *V*; Thasios (Aeginetas) demütigen *N*. **b.** animum; fractus morbo fameque *O*, membra (*acc. gr.*) labore *H*. **c.** fletūs fregere virum *L*.

frāter, tris, *m.* (ai. bhrấtar, ahd. bruoder, gr. mit abweichender Bed. φράτηρ 'Mitglied einer φρατρία, Sippe', § 14) **1. Bruder:** gemini (gemelli *O*) Zwillingsbrüder, **occ.** die Dioskuren *O*; *met.* positi ex ordine Bücher eines Verfassers *O*. **2.** *pl.* **Geschwister:** Aetnaei Zyklopen *V*, coniurati Giganten *V*. **3. a.** Vetter: patruelis; (Achilles) frater erat *O*. **b. Bluts-, Stammverwandter, Mitbürger:** perfusi sanguine fratrum *V*. **4.** [Kosewort] brüderlicher **Freund:** salve, frater [der Esel zum Eber] *Ph*. **5.** [Ehrentitel] **Bundesbruder:** Haedui fratres consanguineique a senatu appellati.

frāternitās, ātis, *f.* Brüderlichkeit *T*.   Von
frāternus 3, *adv.* ē (frater) **1.** brüderlich, des Bruders: caedes vom Bruder verübt *V*, pax mit den Brüdern *O*, fraterne facere als Brüder. **2.** verwandtschaftlich: fraterna peto das Erbe des Vetters *O*. **3.** *met.* befreundet, des Freundes: nomen populi R.
frātri-cīda, ae, *m.* (caedo, §§ 43 u. 66) Brudermörder *N*.
fraudātiō, ōnis, *f.* (fraudo) Betrügerei.
fraudātor, ōris, *m.* Betrüger *L*.   Von
fraudō 1. (fraus) **1.** betrügen, hintergehen, übervorteilen. **2.** mit *abl.* um etw. bringen, berauben: milites praedā *L*. **3.** mit *acc. rei* unterschlagen: stipendium equitum.
fraudulentia, ae, *f.* Neigung zum Betrug *C*.   Von
fraus, dis, *f.*, *gen. pl.* ium u. um **1. Betrug, Täuschung, Tücke:** fraude malā betrügerischerweise, heimlich *H*, fraudem facere legi (contra legem) hinterlistig umgehen *L*. **2. occ. Selbstbetrug, Irrtum:** in fraudem incidere, delabi. **3.** *meton.* **Schaden, Nachteil:** fraudi esse, sine fraude. **4.** *met.* **Vergehen, Verbrechen, Frevel:** inexpiabiles, fraudem committere *H*.
E: altl. frūs, vgl. frustra, ai. dhrúti-š 'Täuschung', § 6.
fraxin(e)us 3 eschen, von der Esche.   Von
fraxinus, ī, *f.* Esche; *meton.* Eschenspeer.
E: vgl. ahd. bircha 'Birke', § 14.
Fregellae, ārum, *f.* F. [St. am Liris] *L*; *adi.* u. Einw. Fregellānus.
Fregēnae, ārum, *f.* F. [St. westl. v. Rom] *L*.
frēgī *pf.* v. frango.
fremebundus 3 (fremo) rauschend, schnaubend.
fremidus 3 (fremo, § 74) schnaubend, tobend *O*.

fremitus, ūs, *m.* **1.** das Schnauben: equorum. **2.** dumpfes Getöse, Lärm, Gemurmel: apum das Summen *V*. **3.** das Murren: indignantium *Cu*.   Von
fremō 3. muī **I.** *intr.* **1.** wiehern, schnauben: fremit equus *VO*, fremens zornschnaubend *HO*. **2.** brüllen, heulen: leo, lupus fremit. **3.** dumpf **brausen, tosen, lärmen:** Lydia fremit erschallt *O*, omnes fremebant klagten laut *V*, rumor fremit es geht ein dumpfes Gerücht *Ph*. **4.** murmeln, murren: adversus iniuriam *L*. **II.** *trans.* eadem gleicherweise murren *V*, haec darüber *L*; arma wutschnaubend verlangen *V*; mit *acc. c. inf.*
E: gr. βρέμω 'brausen', ahd. brĕman 'brummen', brĕmo 'Bremse'.   Dav.
fremor, ōris, *m.* das Murmeln, Stimmengewirr *V*.
fremuī *pf.* v. fremo.
frendō, ere knirschen; mit *acc. c. inf.* darüber, daß *Cu*.
frēnī, ōrum *m.* s. frenum.
frēnō 1. (frenum) **1.** zäumen, aufzäumen: equos *V*; equites frenati auf gezäumten Rossen *L*. **2.** *met.* **a.** regieren: gentes *V*. **b.** zügeln, bändigen: furores, voluptates temperantiā *L*.
Frentānī, ōrum, *m.* die F. [samnitische Völkerschaft an der Adria]; *adi.* **Frentānus** 3 *L*.
frēnum, ī, *n.*; *pl.* meist **frēnī,** ōrum, *m.* Zaum, Zügel; bildl. (navi) frena remisit rector ließ dahin schießen *O*, frenum accipere sich fügen *VL*.
frequēns, entis, *adv.* **enter**

I. 1. zahlreich, in großer Zahl versammelt; in Menge, in Masse anwesend; **2.** gedrängt voll, angefüllt; *occ.* volkreich, dichtbevölkert, vielbesucht.
II. 1. häufig anwesend; häufig, oft; **2.** (von Dingen) häufig, zahlreich, wiederholt, gewöhnlich.

I. 1. Romam frequenter migratum est *L*, senatus, conventus gut besucht, sententia allgemein angenommen *Pli*. **2.** Mit *abl.* loca aedificiis *L*, amnis verticibus voll von *O*; mit *gen. T. occ.* municipium, vici *LCu*, Numidia *S*. **II. 1.** erat Romae frequens hielt sich häufig auf, f. ad signa stets bei der Truppe (im Dienst), f. secretis (*abl.*) häufig beigezogen *T*, contionibus ständiger Besucher von *T*. **2.** honores *N*, familiaritas innig *N*.   Dav.
frequentia, ae, *f.* **1.** zahlreicher Besuch, Zudrang, das Erscheinen in Menge: maximā vulgi frequentiā unter großem Zulauf *N*. **2.** *meton.* **a.** zahlreiche Versammlung, Volksmenge: advenarum *Cu*, frequentiā crescere *L*. **b.** Häufigkeit, Menge: rerum, sepulcrorum.
frequentō 1. (frequens) **I. 1.** in großer Anzahl zusammenbringen, versammeln: scribas. **2.** (Orte) beleben, bevölkern, besetzen: urbes, solitudinem Italiae; contiones legibus durch Einbringung von Gesetzen *L*; bildl. genus sententiis frequentatum belebt. **II. 1.** in Menge aufsuchen, besuchen, zusammenströmen: domum Catilinae *S*, Marium *S*, coetu (concursu) salutantium frequentari umdrängt werden *T*. **2.** feiern, begehen: sacra *O*. **III. 1.** oft besuchen: domos *O*. **2.** wiederholen: 'Hymenaee' wiederholt rufen *O*.

fretense mare die Meerenge bei Messina. Von

fretum, ī, *n.*, selten **-us**, ūs, *m.* **1.** Kanal, Meerenge, Sund: Siculum (Siciliae, Siciliense), Hesperium von Gibraltar *O*; **occ.** die sizilische Meerenge: freto ad Messanam transire. **2.** dicht. *synecd.* Meer, Meerflut; der salzhaltige Brunnen im Erechtheum in Athen *O* Met. 6, 77.

I. frētus 3 (vgl. firmus, fortis) vertrauend, im Vertrauen auf, sich verlassend; mit *abl.*, selten *dat.*; *acc. c. inf. Cu*; **occ.** pochend, trotzend: opulentiā *N*.

II. fretus s. fretum.

fricātiō u. **frictiō**, ōnis, *f.* das Reiben, Frottieren *Sp*. Von

fricō 1. fricuī, frictus u. fricātus reiben, abreiben *V*.

I. frīctus *pt. pf. pass.* v. frigo.

II. frictus *pt. pf. pass.* v. frico.

fricuī *pf.* v. frico.

frīgeō, ēre (ῥῑγέω aus σριγέω) **1. kalt, erstarrt sein:** frigente sanguine *Cu*; **occ. tot sein:** corpus frigentis *V. met.* **2. schlaff, matt sein:** frigent vires *V*. **3. occ. a. stocken:** iudicia frigent *S.* **b. in Ungunst stehen, unbeachtet bleiben:** ad populum bei. Dazu *incoh.*

frīgescō, ere erkalten, erstarren *CuT*.

frīgidāria cella (frigidus) Raum zum Kaltbaden *Pli*.

frīgidulus 3 etwas matt: singultūs *Ca.* *Dem.* von

frīgidus 3, *adv.* ē (frigeo, § 74) **1. kalt:** annus Winterszeit *V*, Empedocles kaltblütig *H*, tecta unbewohnt, verlassen *V*. **2. occ. a. erstarrt, starr:** sanguis *V*, nati membra *V*, lumina gebrochen *V*. **b. frisch, kühl:** aura *O*, umbra *V*. **3. met. schlaff, lässig, lau, matt:** bello *V*, solacia *O*, fomenta curarum unwirksam *H*; **occ. matt, trivial, fade:** calumnia, verba. **4. meton. kalt, Frost (Kälte) bringend:** sidera *O*, aquilo *V*, mors, horror eisiger Schauer *V*, quartana kaltes Fieber *H*, rumor Schrecken erregend *H*.

frīgō 3. frīctus rösten, dörren *H*.

E: ai. bhṛjjáti 'röstet', gr. φρύγω.

frīgus, oris, *n.* (ῥῖγος aus σρῖγος, vgl. frigeo) **1. Kälte, Frost:** propter frigora wegen des kalten Klimas; *meton.* non habitabile kaltes Land *O*. **2. occ. a. Kühlung, Frische:** amabile *H*. **b. Winterkälte, Frost;** *meton.* **Winter:** frigoribus zur Zeit der Fröste, im Winter *V. met.* **3. a. Todesschauer, Erstarrung:** letale *O*. **b. Angstschauer, Entsetzen:** glaciale *O*. **4. Schlaffheit, Lauheit, Lässigkeit:** tuo Tereus frigore laetus erit *O*; **occ. Ungunst, Ungnade:** metuo, ne quis amicus frigore ut feriat *H*.

Frīsiī, ōrum, *m.* die Friesen [seßhaft zwischen Ijssel und Ems]; *adi.* Frīsius 3 *T*.

frit, *indecl.* ein Körnchen *C*.

frīvolus 3 nichtig *Ph*.

E: verw. mit friare 'zerreiben'.

frondātor, ōris, *m.* (I. frons) Laub-, Baumscherer *VO*.

frondeō, ēre (I. frons) belaubt sein, grünen. Dazu *incoh.*

frondēscō, ere sich belauben, ausschlagen.

frondeus 3 (I. frons) belaubt, laubig.

frondifer, era, erum belaubt *Lukrez*.

frondōsus 3 reichbelaubt, laubreich. Von

I. frōns, frondis, *f.* **1.** Laub, Laubwerk: nigra Na-

deln *H.* **2.** *meton.* Laubkranz, -krone: tempora frondibus ornare *O*, cingere *H* mit Lorbeerkränzen.

II. frōns, frontis, *f.* **1. Stirn:** adversis frontibus Stirn gegen Stirn *H*; frontem contrahere runzeln *H*, explicare, remittere glätten; **occ. Stirn, Gesicht** [Stimmung oder Charakter bezeichnend]: laeta *O*, urbana die Ungeniertheit des Großstädters *H.* **2. met. Stirn-, Vorderseite:** castrorum, a fronte vorn, mille pedes in fronte in die Breite *H*. [Von Bücherrollen:] **a.** Außenränder: geminae *O.* **b.** die erste Seite: prima fronte libelli *O. Meton.* decipit frons prima multos der erste Anblick *Ph.* **3. occ.** (milit.) **Front:** aequā fronte in gerader Schlachtstellung *L*, in frontem derigere (derigi) (sich) in Front aufstellen *L*. Dav.

frontālia, ium, *n.* Stirnschmuck [der Elefanten] *L*.

frontō, ōnis, *m.* (II. frons) breitstirnig.

frūctuārius 3 (fructus) = fructuosus 1.

frūctuōsus 3 **1.** ertragreich, einträglich: ager, locus. **2.** *met.* ersprießlich, nützlich: philosophia. Von

I. frūctus, ūs (-ī *C*), *m.* (fruor) **1. Nutznießung, Genuß:** animi, oculis fructum capere Augenweide *N*. **2. meton.** (konkr.) **Ertrag, Gewinn:** metallorum *L*, pecuniae Zinsen, Renten. **occ. a. Frucht:** fructus serere, demetere, percipere. **b. Baumfrucht:** rami fructus tulere *V*. **3. met. Gewinn, Vorteil, Lohn, Erfolg:** officii, fructum ex re capere, percipere ziehen, ferre haben, magno fructui esse alicui *L*.

II. frūctus *pt. pf. act.* (Nbf.) v. fruor.

frūgālis, e (klass. frugi), *adv.* **iter** (frux) ordentlich, wirtschaftlich, bieder. Dav.

frūgālitās, ātis, *f.* Wirtschaftlichkeit, Ordnungssinn, Biederkeit, Mäßigkeit, Genügsamkeit.

frūgēs, frūgī s. frux.

frūgi-fer 3 (fero, § 66) fruchttragend, -bringend, fruchtbar.

frūgi-legus 3 (lego, § 66) Früchte sammelnd *O*.

fruitūrus *pt. fut.* v. fruor.

fruitus (selten) *pt. pf. act.* v. fruor.

frūmentārius 3 (frumentum) **1.** zum Getreide gehörig, für, vom Getreide: loca, provinciae getreidereich, navis Proviantschiff, lex, res Aufsicht über die Getreideeinfuhr, praesidia Kornkammern, largitio Kornspenden. **2. subst. m.** Getreidehändler.

frūmentātiō, ōnis, *f.* (frumentor) das Getreideholen, Verproviantierung; *pl.* Getreideausteilung.

frūmentātor, ōris, *m.* **1.** Getreidehändler *L.* **2.** Getreideholer, Furier *L*. Von

frūmentor 1. Getreide holen, herbeischaffen. Von

frūmentum, ī, *n.* **1.** Getreide, Ährenfrucht, Halmfrucht; *pl.* Getreidearten. **2. occ.** Weizen: humor ex frumento *T*.

E: aus *frūg-smentum, § 30, v. fruor, eigtl. 'Genußmittel'.

fruor 3. fruitūrus, selten fruitus (frūctus) sum mit *abl.* **1. benutzen, gebrauchen, sich bedienen:** nobis haec fruenda reliquit, frui campis. **2. umgehen, verkehren. 3. Nutzungsrecht haben:** certis fundis, agrum fruendum locare *L.* **4. met. genießen, sich ergötzen, sich freuen:** urbis conspectu, pace; *pass.* facies fruenda mihi *O*.

Frusino   194   **fulcio**

E: aus *frūgvor, § 18, got. brūkjan, ahd. brūhhan 'brauchen', § 14.

Frusinō, ōnis, *m.* F r o s i n o n e [St. in Latium] *L; adi.* u. Einw. Frusinās, ātis.

frūstrā (vgl. der Form nach extrā, intrā, dem St. nach fraus, Nbf. *frūs, § 36) *adv.* **1.** im Irrtum: f. esse sich täuschen, getäuscht sehen *CS,* f. habere vernachlässigen *T. met.* **2.** erfolglos, vergeblich, umsonst, nutzlos: nullum telum f. missum est, fortissima f. pectora *V.* **3.** zwecklos, grundlos: id scio te non f. scribere.

frūstrātiō, ōnis, *f.* u. **frūstrātus,** ūs, *m.* Verzögerung, Nichterfüllung, das Hinhalten, Täuschung; frustratui habere täuschen *C.*   Von

frūstror u. selten **-ō** 1. (frustra) **1.** täuschen, betrügen, hintergehen, foppen: clamor frustratur hiantes versagt dem offenen Munde *V.* **2.** *met.* vereiteln: ictūs *Cu,* pauci in pluribus minus frustrati wurden getäuscht, schossen fehl *S.*

frustum, ī, *n.* (vgl. gr. ϑραυσ... in ϑραύω, ϑραυστός, § 14) Brocken, Bissen.

frutex, icis, *m.* Busch, Strauchwerk; *met.* Klotz, Dummkopf *C.*

E: vgl. βρύω 'üppig sprossen'.   Dav.

fruticētum, ī, *n.* Buschanlage, Gebüsch *H.*

fruticor, ārī (frutex) (Zweige) treiben, sprossen.

fruticōsus 3 (frutex) buschreich, buschig *O.*

frūx, frūgis, *f.* (vgl. fruor; *nom. sg.* selten) **1.** Feldfrucht: tosta Brot *O,* medicatae verzauberes Mehl *V; meton.* imponere fruges Opferschrot *O.* **2.** *synecd.* Frucht: quercus et ilex fruge pecus (die Schweine) iuvat *H. met.* **3.** Frucht: bonam frugem libertatis ferre *L.* **4.** Brauchbarkeit: eum ad frugem conrigere zu einem anständigen Wandel *C;* bes. *dat. finalis* **frūgī** ordentlich, wirtschaftlich, bieder, brav, solide: frugi bonae, (homo) frugi; atrium, cena einfach *Pli.*

fuam, -as, -at s. fuo.

Fūcinus (lacus) der Fucinersee [westl. von Rom, im 19. Jahrhundert trockengelegt] *VL.*

fūcō 1. (I. fucus) **1.** färben: Assyrio veneno mit Purpur *V.* **2.** *occ.* schminken: color stercore fucatus crocodili mit Krokodilmist [als Schminke] erzeugte Farbe *H.* **3.** *met.* fucatus geschminkt, gefälscht.

fūcōsus 3 verfälscht: vicinitas.   Von

I. fūcus, ī, *m.* **1.** Lackmusflechte, Orseille [rotfärbende Flechte] *H.* **2.** *met.* Schein, Verstellung: sine fuco ac fallaciis. **3.** *synecd.* **a.** rote Farbe, Schminke: purpureus *O.* **b.** Bienenharz *V.*

E: φῦκος 'Tang', § 91, Abs. 2.

II. fūcus, ī, *m.* Brutbiene, Drohne *VPh.*

fūdī *pf.* v. II. fundo.

fūfae *interi.* pfui *C.*

fuga, ae, *f.* (φυγή, § 7)

---

1. Flucht, das Fliehen, Entweichen; *meton.* Gelegenheit zur Flucht; 2. *occ. a.* (freiwillige) Verbannung, Exil; *meton.* Verbannungsort; *b.* flüchtige Eile, Schnelligkeit, rascher Lauf; 3. *met.* Scheu, Abneigung, Vermeidung.

---

1. fugā salutem petere sein Heil in der Flucht suchen,

---

hostes in fugam conicere, dare; vertere *L; refl.* se in fugam convertere, conicere, conferre, dare; fundere, effundere *L* sich auf ... begében; fugae se (membra *O*) mandare, fugae terga dare, praebere *O;* fugam capere, petere die Flucht ergreifen; *meton.* alicui fugam claudere *LO,* dare entfliehen lassen *VH.* **2. a.** exilia et fugae *T.* **b.** fugā in Eile: abire fugā *V;* equorum *V,* temporum die flüchtige Zeit *H.* **3.** laboris, pericli *V.*

fugāx, ācis, *adv.* **iter** (fugio, vgl. cap-ax) **1.** fliehend, flüchtig, scheu, fluchtbereit. **occ. a.** rasch hineilend: nymphae *H.* **b.** spröde: Pholoē *H. met.* **2.** vergänglich: anni *H.* **3.** vermeidend: ambitionis *O.*

fugiō 3. fūgī, fugitūrus (φεύγω, φυγή, ai. bhugná-s 'gebogen', got. biugan, ahd. biogan 'biegen', § 14) fliehen, u. zw.

I. (*intr.*) **1.** fliehen, davonlaufen; 2. *occ. a.* (im Feld) fliehen, entkommen, ausreißen; *b.* (von Sklaven) entlaufen; *c.* (politisch) flüchtig werden, in die Fremde gehen; *d.* (in freiwilliger Verbannung) landesflüchtig werden; 3. *synecd.* enteilen, davoneilen; 4. *met.* (ent)schwinden, vergehen.

II. (*trans.*) 1. (vor jemd.) fliehen; *occ. a.* entgehen; *b.* (Örtlichkeiten) vermeiden, verlassen; 2. *met.* (etw.) (ver)meiden, ... zu entgehen suchen; *occ. a.* nicht mögen, verwerfen, sich verbitten, verschmähen, ablehnen; *b.* (der Wahrnehmung) entgehen, unbekannt sein, unbemerkt bleiben.

I. **1.** a Dianio, ex Hispania, ad Tiberim; in nubila *V.* **2. a.** ex ipsa caede, per tela *V.* **b.** nec furtum feci nec fugi *H.* **c.** Demaratus fugit Tarquinios Corintho. **d.** ex patria *N.* **3.** fugiens anima *O,* navis fugit per undas *V,* pontus retro fugit das Meer ebbt *V.* **4.** fugiens hora flüchtig *H,* mensis Monatsende *O;* fugit memoria *L,* fugientes ocelli brechend *O,* vinum leicht [der sich nicht aufbewahren läßt]. II. **1.** quis se fugit? wer kann sich selbst entgehen? *H.* **a.** enses *VO,* iudicium *H.* **b.** Samon *O,* penates *O.* **2.** imbrem *V,* caedem; vox fugit Moerim versagt *M. V,* vigilantia non fugit viros es fehlt ihnen nicht an *V.* **a.** procurationem rei p. *N,* iudicium *L,* fugiens laboris arbeitsscheu; nullum caput Proserpina fūgit *H,* fuge quaerere laß ab zu forschen *H.* **b.** non haec Dionysium fugiebant *N;* mit *acc. c. inf.,* indir. Fr.   Dav.

fugitīvus 3 **1.** flüchtig, entflohen, entlaufen. **2.** *subst.* entlaufener Sklave, Flüchtling, Ausreißer.

fugitō, āre (*frequ.* v. fugio) vermeiden, scheuen.

fugitor, ōris, *m.* (fugio) Ausreißer, Flüchtling *C.*

fugitūrus *pt. fut.* v. fugio.

fugō 1. (fuga) **1.** in die Flucht schlagen, zum Fliehen bringen. **2.** *met.* verjagen, vertreiben, verscheuchen; **occ.** verbannen *O.*

fuī *pf.* v. sum oder *fuō.

fulcīmen, inis, *n.* Stütze, Pfeiler *O.*   Von

fulciō 4. fulsī, fultus **1.** stützen, unterstützen, aufrechthalten; **occ.** befestigen, verwahren: postes *V.* **2.** *met.* aufrecht halten, unterstützen: rem p.

fulcrum   195   **fungor**   **F**

E: statt *fulc-si, *fulc-tus, § 33; vgl. ahd. balcho 'Bal-
ken', § 14.   Dav.

fulcrum, ī, *n.* Stütze; *pl.* Gestell [des Sofas].

fulgeō 2., d i c h t. **fulgō** 3. fulsī (= *fulg-si, § 33;
wohl verw. mit flagro, φλόξ, φλέγω) **1.** blitzen: Iove
(caelo) fulgente. *met.* **2.** schimmern, strahlen, leuch-
ten, glänzen. **3.** *occ.* hervorleuchten, glänzen: fulgebat
in eo indoles virtutis *N,* sacerdotio fulgens *T.*   Dav.

fulgĕtrum, ī, *n.* das Wetterleuchten *Sp.*

fulgō 3. (d i c h t.) = fulgeo.

fulgor, ōris, *m.* (fulgeo) **1.** Blitzlicht, Blitz *O.* **2.** *met.*
Glanz, Schimmer.

fulgur, fulguris, *n.* (fulgeo) **1.** Blitz, Wetterleuchten:
tonitruque et fulgure terruit orbem *O.* **2.** Blitzstrahl:
caelo ceciderunt fulgura *V.* **3.** *met.* Glanz: Aetnaeo
fulgur ab igne *O.*

fulgurītus 3 (fulgurire) vom Blitz getroffen *C.*

fulgurō, āre (fulgur) blitzen; *met. Pli.*

fulica, ae, *f.* Wasserhuhn, Bläßhuhn *VO.*
E: ahd. pelicha, nhd. 'Belche', gr. φαληρίς, § 14.

fūlīgo, inis, *f.* Ruß.
E: ai. dhūli 'Staub', dhūlikā 'Nebel', § 6.

fullō, ōnis, *m.* Tuchwalker.

fulmen, minis, *n.* (statt *fulg-men oder *fulg-smen zu
fulgeo, §§ 30 u. 33) **1. Wetterstrahl, Donnerkeil, Blitz
(-schlag). 2.** *synecd.* (leuchtender) **Blitz;** fulmen ab
ore venit feuriger Hauch *O.* **3.** *met.* **Schlag:** fortunae;
occ. zerschmetternde Kraft: fulmen habent in denti-
bus apri *O,* vires fulminis *O,* verborum. **4.** *meton.*
Kriegsheld: duo fulmina belli *V.*

fulmenta, ae, *f.* (aus *fulc-menta oder *fulc-smenta,
§§ 30 u. 33, zu fulcio) Absatz [am Schuh] *C.*

fulmineus 3 (fulmen) **1.** zum Blitz gehörig, des Blitzes:
ignes *O.* **2.** *met.* tödlich, mörderisch: ensis *V.*

fulminō, āre (fulmen) Blitze schleudern, blitzen *VH.*

fulsī *pf.* v. fulcio oder fulgeo.

fultūra, ae, *f.* (fulcio) Stütze; *met.* Stärkung.

fultus *pt. pf. pass.* v. fulcio.

Fulvius 3 im *n. g.* (pleb., aus Tusculum): **1.** M. F. Flac-
cus [cos. 125, Anhänger der Gracchen, fiel zugleich mit
C. Gracchus]. **2.** M. F. Bambalio [Vater von **3.**] **3.** Ful-
via [Ciceros unversöhnliche Feindin]; dav. Fulviaster,
trī, *m.* Nachahmer eines Fulvius [im Lügen].

fulvus 3 erzfarben, brandrot, rotgelb, bräunlich.

fūmeus 3 (fumus) rauchig, rauchend.

fūmidus 3 (fumus, § 74) dampfend, rauchend.

fūmi-fer 3 (fumus, fero, § 66) qualmend *V.*

fūmificō, āre räuchern *C.*   Von

fūmi-ficus 3 (fumus, facio, §§ 41 u. 66) dampfend *O.*

fūmō, āre (fumus) rauchen, dampfen, qualmen.

fūmōsus 3 (fumus) **1.** voll Rauch, dampfend: focus *O.*
2. verräuchert, rußig; geräuchert: perna *H.*

fūmus, ī, *m.* Rauch, Dampf, Brodem, Qualm, Dunst.
E: ai. dhūmá-s 'Rauch', gr. *met.* ϑυμός 'Gemütswal-
lung', aber ϑυμιάω 'räuchern', ahd. toum 'Dampf,
Dunst', §§ 6 u. 14.

fūnāle, is, *n.* (funis, § 75, Abs. 2) **1.** Strick *L.* **2.** Fackel;
lampadibus densum Kronleuchter *O.*

fūnctiō, ōnis, *f.* (fungor) Verrichtung.

fūnctus *pt. pf. act.* v. fungor.

funda, ae, *f.* (vgl. σφενδόνη, §§ 27 u. 7) **1.** Schleuder-
riemen, Schleuder. **2.** *meton.* Schleudergeschoß: fundā
vulnerari. **3.** *met.* Wurfnetz: funda verberat am-
nem *V.*

fundāmen, inis (dicht.) u. **-mentum,** ī, *n.* (fun-
dare) Grund, Grundbau, *met.* Grundlage.

fundātor, ōris, *m.* (fundare) Gründer *V.*

Fundī, ōrum, *m.* F o n d i [St. im südl. Latium] *HL; adi.*
u. Einw. **Fundānus.**

funditor, ōris, *m.* (funda) Schleuderer.

funditus (fundus) *adv.* **1.** von Grund aus: delere.
2. *met.* gründlich, gänzlich, ganz und gar, völlig.

I. fundō 1. (fundus) **1. mit einem Boden versehen:**
puppim carinā *O.* **2. Grund legen, gründen:** ar-
ces, urbem *V.* **3.** *occ.* **am Grund befestigen:** na-
ves *V.* **4.** *met.* **begründen, befestigen, sichern:** im-
perium, rem p.

II. fundō 3. fūdī, fūsus (Wurzel χυ v. χέω = χέϜω,
χυτός, lat. dental erweitert zu fud, got. giutan 'gießen',
§§ 8, 10, 36)

---

1. gießen, aus-, ver-, ergießen; *refl. med.* **fließen,
strömen;** *met.* **2. ausschütten, werfen, schleudern;
3.** *occ.* ***a.* hervorbringen, erzeugen, erscheinen las-
sen;** *b.* **ergießen, verbreiten, ausbreiten;** *refl. med.*
sich ausbreiten; *c.* **(Feinde im Feld) zerstreuen,
schlagen, werfen;** *d.* **(Worte) entströmen lassen,
von sich geben, hören lassen;** *e.* **niederwerfen, zu
Boden strecken;** *med.* **sich legen, sich ausstrecken.**

---

1. vina pateris *V;* lacrimas *VO,* sanguinem *VO;*
tempora mero benetzen *Ti;* aera Erz gießen, schmel-
zen *V; med.* fusus imber strömend *L.* **2.** picem herab-
schütten, segetem in Tiberim *L;* tela *V.* **3. a.** Mercu-
rium Maia fudit gebar *V;* terra fundit fruges. **b.** late
incendium *Cu; met.* ausführlich darstellen *Q; refl.*
agmina se fundunt portis stürzen aus *V; med.*
flamma fusa e capite *L,* fusi per agros vagantur
streifen zerstreut. **c.** hostium copias; hostes de
iugis *L;* copiae fusae fugataeque sunt *N,* fugā fundi
sich auf der Flucht zerstreuen *L.* **d.** loquelas ore, pre-
ces a pectore *V,* verba in auras *O;* carmen dichten.
e. manu Numanum *V,* septem corpora humi *V;*
m e d. fusus in herba, fusa membra toro gelagert *O.*

fundus, ī, *m.* **1.** Grund, Boden, Tiefe; b i l d l. res ver-
tere fundo von Grund aus *V,* ei rei fundus Autorität *C.*
2. Maß u. Ziel. **3.** *meton.* Grundstück, Landgut.
E: ai. budhná-s 'Boden', gr. πυϑμήν, ahd. bodam,
Wz. bhudh, § 6 f.

fūnebris, e u. **fūnereus** 3 (funus, §§ 34 u. 29) **1.** Lei-
chen-: cupressi Totenbäume *H.* **2.** unheilvoll, verderb-
lich *HO.*

fūnerō 1. (funus) bestatten; d i c h t. töten *H.*

fūnestō 1. beflecken, besudeln, entweihen.   Von

fūnestus 3 (funus, § 29) **1.** (durch Tod, Mord) verunrei-
nigt, befleckt, besudelt: manus *O,* capilli *O.* **2.** todbrin-
gend, tödlich: venenum, taxus *O.* **3.** unheilvoll, trauer-
voll: littera (αἲ αἲ) *O,* annus, latro verderblich.

fungīnus 3 (fungus, § 75) Pilz-: genus *C.*

fungor 3. fūnctus sum mit *abl.* **1.** erleiden, überstehen:
morte functus tot *O,* fato fungi sterben *O.* **2.** *synecd.*
verrichten, verwalten, vollbringen, besorgen, ausführen,

fungus 196 **futurus**

leisten: honoribus bekleiden *N*, sumptu bestreiten *T*, barbarorum more die Gebräuche der ... befolgen *N*, gaudio zum Ausdruck bringen *T*, virtute beweisen, an den Tag legen *H*; mit *acc.* munus *C*, officia *T*.

fungus, ī, *m.* (aus gr. σπόγγος, attisch σφόγγος, § 27) Schwamm, Erdschwamm, Pilz; *met.* Lichtschnuppe [am Docht] *V*.

fūnis, is, *m.* Seil, Tau, Strick.

fūnus, neris, *n.* (§ 29) **1. Bestattung, Begräbnis, Leichenzug, -feier:** funere efferri feierlich begraben werden. **2.** *meton.* **Leiche, Körper:** lacerum *V*; *occ.* funera die **Manen** *Pr.* **3. Tod:** sub ipsum funus unmittelbar vor *H*, post multa tuorum funera *V*. *occ.* **a.** das **Sterben:** funeribus fessi durch die Todesfälle *O*. **b. Tötung, Mord:** virorum funera locare, Turnus ēdit funera mordet *V*. **4.** das **Verderben, Untergang:** funera pati Ungemach erdulden *V*, Troiae *H*.

*fuō, fore, fuī (altl. fūvī), futūrus sein, werden. **1.** *pf.* u. futūrus 3 dienen zur Ergänzung von esse. **2. fore** (statt *fu-re) steht im Hochlatein statt **futūrum esse:** sein werden. **3.** *coni. imp.* **forem**, es, et, ent (aus *fusem, § 29; vgl. es-sem) ich wäre, würde sein = essem. **4.** *coni. pr.* fuas = sis, fuat = sit *V*.
E: gr. St. φυ in φύω, πέ-φυ-κα, ai. bhávāmi 'ich werde', *pf.* bábhūva 'bin geworden', §§ 7 u. 14, dtsch. bin, bist.

fūr, ris, *m. f.* (gr. φώρ, zu fero) Dieb, Diebin. [Als Schimpfwort für Sklaven]: Schlingel, Spitzbube.

fūrāx, ācis (furari) diebisch.

furca, ae, *f.* **1.** Stützpfahl. **2.** Gabel, Mistgabel. **3.** Gabelholz, Halsblock [in Form eines ∧, dem Sklaven über den Nacken gelegt, die Hände an den freien Enden festgebunden]: ire sub furcam in Knechtschaft geraten *H*. Dav.

furci-fer, ī, *m.* (fero, § 66) 'Galgenstrick'.

furcilla, ae, *f.* kleine Gabel. *Dem.* von

furcula, ae, *f.* (*dem.* v. furca) **1.** Pfahl, Stütze. **2.** *meton.* Engpaß: Caudinae *L*.

furenter (furo) *adv.* wütend.

furfur, uris, *m.* Kleie *Ph.*

Furia, ae, *f.* (furo) **1.** Furie, Rachegöttin, Rachegeist: parricidas agitant Furiae, fraternae [Allekto, Tisiphone, Megära] *L*, maxima Megära *V*. **2.** *met.* böser Geist, Dämon: patriae. **3.** *plur. meton.* Wahnsinn, Wut, Raserei; *occ.* Verzückung: Cassandrae Weissagungen *V*. Dav.

furiālis, e, *adv.* **iter** (§ 75, Abs. 2) **1.** der Furien: taedae. **2.** wahnsinnig, rasend: vox, incessus *L*, malum entsetzlich *V*. **3.** zum Rasen bringend: vestis.

furibundus 3 (furo) wütend; *occ.* begeistert *O*.

furiō 1. (furia) in Raserei versetzen.

furiōsus 3, *adv.* **ē** (furia) wahnsinnig, rasend, wütend; tibia begeisternd *O*.

Fūrius 3 im *n. g.* (patriz.): M. F. Camillus [Eroberer von Veji 396 und Falerii 394, Befreier Roms von den Galliern 390].

furnus, ī, *m.* (vgl. formo, fornax) Ofen; Backofen *H*.

furō, ere **1. daherstürmen, einherbrausen, hineilen,**

hinrasen: per urbem *V*, contra tela *V. met.* **2.** furentes austri *V*, fretum furit *Cu*, flammae furentes *V*. **3.** (im Geist) **rasen, toben, wüten, schwärmen:** furens animi *V*, audaciā; id darüber *L*; Inachiā leidenschaftlich lieben *H*. **4.** *occ.* **a. wahnsinnig, tobsüchtig sein:** num furis? *H*. **b. verzückt sein:** sponsa furens [Kassandra] *V*. **c. ausgelassen sein, schwärmen:** recepto dulce mihi furere est amico *H*. Dav.

I. furor, ōris, *m.* **1.** das **Dahinstürmen, Rasen:** furores caeli marisque Aufruhr *V. met.* **2. Raserei**, das **Toben, Wüten:** tribunicii *L*. **3.** *occ.* **a.** bacchische **Begeisterung** *V*. **b. Verzückung:** feminae in furorem turbatae verzückt *T*. **c. Kampfwut:** animis iuvenum furor additus *V*. **d. Zorn, Wut:** Iuno acta furore gravi *V*. **e. Liebe, Liebeswut:** igneus *O*, puellarum furores Liebschaften mit *H*; *meton.* **Geliebte:** mihi Phyllis est furor *V*. **4. Wahnsinn, Tobsucht:** fictus *O*, velut captus furore *L*; *occ.* **Tollheit, Verblendung:** furore atque amentia impulsus, scelus ac furor.

II. fūror 1. (fur) **1.** stehlen, entwenden. **2.** *met.* **a.** entziehen: oculos labori *V*. **b.** Handstreiche ausführen: exercitus furandi melior *T*.

fūrtim (fur, § 79) *adv.* verstohlenerweise, unvermerkt, insgeheim, heimlich.

fūrtīvus 3 **1.** gestohlen, entwendet: furtiva gestohlene Gegenstände *L*. **2.** *met.* verstohlen, heimlich, geheim: mens Herzensgeheimnis *O*. Von

fūrtum, ī, *n.* (fur) **1. Diebstahl, Entwendung:** furtum facere verüben. **2.** *meton.* **Gestohlenes, Raub:** custodes furtorum. **3.** *met.* **verstohlenes Tun, Heimlichkeit:** inane *V. occ.* **a. heimliche Liebe (Liebschaft):** dulcia *VO*. **b. Gaunerei, Schelmenstreich:** Iovis *O*. **c. Kriegslist, Handstreich:** furto, non proelio opus est *Cu*, furtis decipere hostem *O*.

furvus 3 (wohl aus fus-uus, § 29, verw. mit fuscus) kohlschwarz: equus *O*; *met.* dunkel, finster, schwarz.

fuscina, ae, *f.* Dreizack *Sp.*

fuscus 3 (vgl. furvus) dunkel, schwärzlich; *met.* genus vocis dumpf.

fūsilis, e (fusus 3) flüssig, geschmolzen.

fūsiō, ōnis, *f.* (II. fundo) Guß, Ausguß, Ausfluß.

fūstis, is, *m.*, *abl.* i u. e Knüttel, Prügel, Stock. Dav.

fūstuārium, ī, *n.* Tötung mit Knütteln.

I. fūsus 3, *adv.* **ē** (II. fundo) **1.** ausgebreitet, ausgedehnt: Gallorum corpora breit, stark *L*, campi *V. met.* **2.** herabwallend: crines *V*. **3.** weitläufig, ausführlich: genus sermonis, Herodotus redselig *Q*, fuse dicere.

II. fūsus, ī, *m.* Spindel.

III. fūsus *pt. pf. pass.* oder *med.* v. II. fundo.

fūtilis u. **futtilis**, e (§ 40; viell. zu II. fundo) **1.** durchlässig: canes nicht stubenrein *Ph*; glacies zerbrechlich *V*. **2.** unzuverlässig, unsicher, nichtig, eitel. Dav.

futtilitās, ātis, *f.* Nichtigkeit, Zerfahrenheit.

futuō, ere (verw. mit *fuo) mit jemd. schlafen *H*.

futūrus 3 (s. *fuo u. sum) zukünftig, bevorstehend, kommend; *subst.* **1.** *m. pl.* Nachwelt *O*; **2.** *n.* Zukunft.

G

Gabalī, ōrum, *m.* die G. [kelt. Volk in den Cevennen].

Gabiī, ōrum, *m.* G. [St. in Latium]; *adi.* **Gabīnus** 3: saxum Tuff *T*, via Straße nach G. *L*, cinctus G. [eine Art (rituelle) Bekleidung, indem man die Toga schürzte, den Zipfel über die linke Schulter schlug, unter dem rechten Arm durchzog und damit den Kopf bedeckte] *VL.* Dav. **Gabīnius** 3 im *n. g.* (pleb.): A. Gabinius [tr. pl. 67, auf dessen Antrag (lex Gabinia) Pompejus den Oberbefehl gegen die Seeräuber erhielt]; *adi.* **Gabīniānus** 3.

Gādēs, ium, *f.* C a d i z [alte phönikische St.]; *adi.* u. Einw. **Gādītānus**; *pl. fem.* Tänzerinnen aus G. *Pli.*

gaesum, ī, *n.* (kelt.) schwerer Wurfspieß [der Gallier].

Gaetūlī, ōrum, *m.* die G. [Nomaden in der algerischen Sahara] *S*; *adi.* **Gaetūlus** 3 afrikanisch.

Gāius, Gāia G. [röm. Vorname, abgekürzt C.].

Galaesus, ī, *m.* G. [Fl. bei Tarent] *VHL.*

Galatae, ārum, *m.* (vgl. Celtae) die G. [Kelten, seit 275 in Kleinasien, seit 235 auf die Landschaft um den Mittellauf des Halys — **Galatia**, ae, *f. T* — beschränkt. Die vier Gaue des Landes — τετραρχίαι — vereinigte Deiotarus].

Galatēa, ae, *f.* G. [Tochter des Nereus, Meernymphe].

Galba, ae, *m.* G. [kelt. 'Schmerbauch'; cognomen der gens Sulpicia; Ser. Sulpicius Galba [Kaiser 69 n. Chr. Dav. (§ 75) **Galbiānī** Anhänger Galbas *T*].

galbaneus 3 vom Galban (galbanum) [einem wohlriechenden Harz]: odores *V.*

galea, ae, *f.* **1.** Lederhelm, lederne Sturmhaube; venatoria Jagdkappe *N.* **2.** Helm: aënea. Dav. **galeātus** 3 behelmt, mit (einem) Helm.

E: γαλέη, urspr. die aus Wieselfell gemachte Sturmhaube.

galērus, ī, *m.* Pelzmütze, Pelzhaube *V.*

Galilaeī, ōrum, *m.* die G. [Einw. von Galiläa] *T.*

galla, ae, *f.* G a l l a p f e l *V.*

Gallī, orum, *m.* (vgl. Galatae) **I.** G a l l i e r, K e l t e n [Gesamtname der keltischen Stämme in Oberitalien, Frankreich, dem Süddonauland und Kleinasien]; *sg.* **Gallus**, ī, *m.* G a l l i e r, **Galla**, ae, *f.* G a l l i e r i n. **Gallia**, ae, *f.* G a l l i e n, K e l t e n l a n d. [Die Alpen scheiden es in G. cisalpina (citerior, togata), d. h. Oberitalien, und G. transalpina (ulterior, comata) Frankreich. Letzteres zerfällt in **1.** G. Narbonensis (provincia) = die Provence bis zur Rhone *T.* **2.** Aquitania zwischen Pyrenäen und Loire. **3.** G. Celtica (Lugdunensis *T*) zwischen Rhone, Seine und Marne. **4.** G. Belgica um den unteren Rhein; *pl.* Galliae = Gallia transalpina.] *Adi.* **a. Gallicus** 3 g a l l i s c h: canis Windhund *O*, ager der a. G. [Umbrien in der Gegend von Senigallia (Sena Gallica) *L*; *subst.* **gallica**, ae, *f.* (*sc.* solea) gallische S a n d a l e, G a l o s c h e. **b. Gal-**licānus 3 (§ 75) aus Umbrien (ager Gallicus). **II.** s. Gallus II.

gallīna, ae, *f.* (zu gallus wie regina zu rex) Henne; *adi.* **gallīnāceus** 3: cunila Hühnerkraut *C*, gallus Haushahn.

Gallīnāria silva der 'Hühnerwald' [in Kampanien].

Gallo-graecī, ōrum, *m.* die Galater; **Gallo-graecia**, ae, *f.* Galatien *L.*

gallus, ī, *m.* Hahn.

Gallus, ī, *m.* **I.** G a l l i e r, s. Galli. **II.** G. [Nebenfl. des Sangarius]; *adi.* Gallicus 3: miles phrygisch, trojanisch *Pr*; **Gallī**, ōrum, *m.*, **Gallae**, ārum, *f. Ca* die G. [kastrierte Priester der Kybele]. **III.** cognomen; bes. C. Cornelius G. [Elegiker, Günstling des Augustus, Freund Vergils].

gānea, ae, *f.* u. **-um**, ī, *n.* Kneipe; Bordell; *meton.* Schlemmerei. *Dav.*

gāneō, ōnis, *m.* Schlemmer.

gangaba, ae, *m.* (persisch) Lastträger *Cu.*

Gangaridae, ûm, *m.* die G. [Volk an der Gangesmündung] *VCu.*

Gangēs, is, *m.* der Ganges; *adi.* **Gangēticus** 3 u. **Gangētis**, idis, *f. O.*

ganniō, īre kläffen, belfern, keifen *CCa.*

Ganymēdēs, is u. ī, *m.* G. [Sohn des Tros, seiner Schönheit wegen von Juppiter zum Mundschenk gemacht].

Garamantēs, um, *m.* die G. [Oasenbewohner im Inneren Afrikas]; *adi.* Garamantis, idis, *f. V.*

Gargānus, ī, *m.* der G a r g á n o [bergige Halbinsel an der Ostküste Italiens]; *adi.* Garganum nemus *H.*

Gargara, ōrum, *n.* G. [St. am Fuß des Ida] *V.*

Gargēttius 3 aus dem [attischen] Gau Gargēttus.

garriō, īre **1.** schwatzen, plaudern. **2.** *trans.* herschwatzen.

garrulitās, ātis, *f.* Geschwätzigkeit. *Von*

garrulus 3 (v. garrio, wie credulus v. credo) schwathaft, geschwätzig; *subst.* Schwätzer *HPh.*

garum, ī, *n.* (γάρον) pikante Fischsauce, Garum *H.*

Garumna, ae, *f.* G a r o n n e.

gaudeō 2. gāvīsus sum (aus *gāvideo, § 42; vgl. gr. γηθέω, dor. γαθέω aus *γαϜεθέω, γαῦρος) **1.** *intr.* froh sein, sich (innerlich) freuen; mit *abl.*, quod. **2.** *trans.* (nur mit *n.* des *pron.*, *acc. c. inf.*) sich über etw. freuen; d i c h t. mit *inf.*, *pt. praedic.* leo gaudet excutiens iubam schüttelt froh *V*; Celso gaudere (χαίρειν), Musa, refer *H.* *Dav.*

gaudium, ī, *n.* **1.** (innere) Freude, Vergnügen. **2.** sinnliche Lust, Wollust: corporis *S*, Veneris *O.* **3.** *meton.* Liebling *V.*

Gaurus, ī, *m.* G. [Berg zwischen Neapel u. Cumae] *L.*

gausape, is, *n.* (γαυσάπης) Fries [Gewebeart; als Decke oder Kleid]; Abwischtuch.

gavisus sum   198   **gens**

gāvīsus sum *pf.* v. gaudeo.

gaza, ae, *f.* (persisch) **1.** Schatz des Perserkönigs *NLCu.* **2.** Schatz, Schätze. **3.** Vorrat: agrestis *V.*

Gaza, ae, *f.* G. [St. in Palästina] *Cu.*

Gela, ae, *f.* G e l a [St. an der Südküste Siziliens am Fluß **Gelās**, ae, *m.*]; *adi.* **Gelōus** 3; Einw. **Gelēnsēs**, ium, *m.*

gelidus 3, *adv.* **ē** (gelu) **1.** kalt, eisig; *subst.* gelida, ae, *f.* kaltes Wasser. **2.** kühl, frisch: nemus *HO*; res gelide ministrare phlegmatisch *H.* **3.** kalt (machend), starr: terror *O*, mors *HO.*

Gelōnī, ōrum, *m.* die G. [skythisches Volk in der Ukraine, tätowiert (picti)] *V.*

gelō 1. (gelu) gefrieren machen, zum Gefrieren bringen *Sp*; *pass.* gefrieren *Sp.*

gelu, ūs, *n.* meist im *abl.* **1.** Eis. **2.** Frost. **3.** Erstarrung: tarda gelu senectus *V.*

E: gr. γελανδρόν· ψυχρόν, got. kalds 'kalt', § 10.

gemebundus 3 (gemo) seufzend, stöhnend *O.*

gemelli-para, ae, *f.* (pario, § 66) Zwillingsmutter: dea, diva = Latona *O.*   Von

gemellus 3 (*dem.* zu geminus, vgl. asellus) doppelt, Zwillings-: fratres *O*, legio Doppellegion; *subst.* Zwilling.

geminātiō, ōnis, *f.* Verdoppelung: verborum.   Von

geminō 1. **1.** verdoppeln: urbem aus zwei eine machen *L.* **2.** vereinigen, paaren: aera zusammenschlagen *H.* **3.** wiederholen: geminata cacumina einer hinter dem anderen *L*, verba referunt geminata sprechen nach (wiederholend) *O.*   Von

geminus 3 **1. als Zwilling geboren, Zwillings-:** proles, fetus. **2.** *subst.* **Zwilling:** gemini Kastor und Pollux [auch als Gestirn] *O. met.* **3. zweifach, doppelt:** vires *O.* **4. zweigestaltig:** Chiron [Kentaur] *O*, Cecrops [nach den Schlangenfüßen] *O.* **5. zwei, beide, ein Paar:** sidus Sternenpaar *O*, Arcti Großer und Kleiner Bär *O.* **6. ähnlich, gleich:** audacia.

gemitus, ūs, *m.* (gemo) **1.** das Seufzen, Ächzen, Stöhnen: plaga facit gemitūs schrilles Getön *O*, pelagi das Brausen *V.* **2.** *meton.* Klage: ereptae virginis über *V.*

gemma, ae, *f.* **1.** Knospe: turgent in palmite (Rebschoß) gemmae *V. met.* **2.** Edelstein: positae ex ordine *O*; *occ.* Perle *Pr.* **3.** Siegelring, Becher aus Halbedelstein *VPrO.* **4.** stellantes Augen im Pfauenschweif *O.*   Dav.

gemmātus 3 mit Edelsteinen (Perlen) geschmückt *LOSp.*

gemmeus 3 (gemma) **1.** aus Edelstein: trulla. **2.** mit Edelsteinen geschmückt: iuga *O.* **3.** glänzend, schimmernd: cauda des Pfaues *Ph*, euripus *Pli.*

gemmi-fer 3 (gemma, fero, § 66) Perlen führend *Pr.*

gemmō 1. āvī (gemma) **1.** Knospen treiben. **2.** von Edelsteinen strahlen: gemmantia sceptra *O.*

gemō 3. muī **1.** *intr.* seufzen, stöhnen, ächzen; mit *abl.*, *acc. c. inf.*, *inf.*; multum, multa, acerba gemens *OPh.* **2.** *trans.* betrauern, beseufzen: plagam acceptam.

Gemōniae, ārum, *f.* (*sc.* scalae) die Gemonien [Treppe am Fuß des Kapitols, über welche die Leichen der im Carcer Hingerichteten zum Tiber geschleppt wurden] *T.*

gemuī *pf.* v. gemo.

gena, ae, *f.*, meist *pl.* **1.** Wange: erubuere genae *O.* **2.** Augenhöhle: expilare genis oculos *O.* **3.** *pl.* Augen: fixis in tua membra genis *O.*

E: ai. hánu-š 'Kinnbacke', gr. γένυς 'Kinn', got. kinnus 'Wange, Backe', ahd. kinni 'Kinnlade, Backe', § 10.

Genaunī, ōrum, *m.* die G. [Alpenvolk im Inntal] *H.*

Genava, ae, *f.* G e n f [St. der Allobroger].

geneālogus, ī, *m.* (γενεαλόγος) Verfasser v. Genealogien.

gener, erī, *m.* Schwiegersohn; auch = progener *T.*

generālis, e (genus) allgemein.

generātim (genus, § 79) *adv.* **1.** nach Geschlechtern [Stämmen, Ständen, Klassen]. **2.** im allgemeinen.

generātor, ōris, *m.* Züchter: equorum *V.*   Von

generō 1. (genus) erzeugen, erschaffen, hervorbringen; *pass.* abstammen.

generōsitās, ātis, *f.* edles Aussehen *Sp.*   Von

generōsus 3, *adv.* **ē** (genus) **1.** aus edlem Geschlecht, adelig, edelgeboren, von edler Abkunft. **2.** *occ.* [von Tieren und Pflanzen] edel: pruna *O*, pecus *V*, vinum *H.* **3.** edelmütig, hochherzig: condiscipuli *N*, generosius perire heldenmütiger *H.*

genesis, is, *f.* (γένεσις) Schöpfung *Sp.*

genesta, ae, *f.* G i n s t e r *V.*

genetīvus 3 (vgl. genitalis) angeboren, ursprünglich: nomina Stammname *O*, casus Genetiv *Sp.*

genetrīx, īcis, *f.* (s. genitor) 'Zeugerin', Mutter; b i l d l. frugum *O.*

geniālis, e, *adv.* **iter** (genius) **1.** 'dem Genius geweiht', bräutlich, ehelich, hochzeitlich: lectus Ehebett. **2.** 'den Genius erfreuend', erfreulich, fröhlich, heiter, festlich.

geniculātus 3 (geniculum, *dem.* v. genu) knotig.

genitābilis, e befruchtend *Lukrez.*

genitālis, e (gigno) zur Zeugung (Geburt) gehörig: semina *V*, dies Geburtstag *T*, corpora Elemente *Lukrez O*, (dea) Geburtsgöttin *H.*

genitor, ōris, *m.* 'Erzeuger', d i c h t. Vater; *met.* Urheber, Schöpfer.

E: gigno; vgl. ai. janitár, jánitrī 'Vater, Mutter', gr. γενέτωρ, γενέτειρα, § 41.

genitus *pt. pf. pass.* v. gigno.

genius, ī, *m.*, *voc.* genī (geno) G e n i u s, S c h u t z g e i s t [der den Mann durchs Leben begleitet und Freude und Leid mit ihm teilt. Auch jeder Ort, jeder Staat u. a. hatte seinen Genius. Man opferte ihm bes. an Geburtstagen und bei Hochzeiten]: genium vino curare = sich gütlich tun *H*, December geniis acceptus den Leuten angenehm *O*, suum genium propitiare sich selbst alles verdanken *T*, defraudare sich nichts gönnen *C. Met.* Gönner *C.*

genō = gigno; nur arch. genitur.

gēns, gentis, *f.* (geno, gigno) **I.** [f a m i l i e n r e c h t l i c h] **1. Sippe, Geschlecht, Verwandtschaft** [durch religiöse Gebräuche und gleiche Abstammung verbundene Familien, urspr. nur von Patriziern: sine gente von niederem Stand *H.* Die Senatoren zerfallen in patres maiorum gentium (ältere Familien) und minorum gentium *LT* (jüngere, deren Ahnherren erst durch Tarquinius Priscus in den Senat kamen)]; *met.* dii maiorum — minorum gentium ältere — jüngere, höhere — nie-

genticus   199   **Geryon**   **G**

dere. **2.** *meton.* **Sproß**: deûm *V.* **II.** [völkerrechtlich] **1. Stamm, Volksstamm, Volk**: gentes ac nationes Stämme und Einzelvölker; ubinam gentium? wo in aller Welt? **2.** *meton.* **a. Gemeinde**: eius gentis cives *N.* **b. Landschaft, Gau**: Cataonia, quae gens... *N.* **III.** [naturrechtlich] **1. Geschlecht, Gemeinsamkeit**: humana. **2.** [von Tieren] **Art, Gattung**: luat poenas gens haec (vulpium) *O.*   Dav.

genticus 3 stammeigen, national: mos *T.*

gentīlicius 3 zu einer gens gehörig, Geschlechts-: sacra *L.*   Von

gentīlis, e (gens, § 75, Abs. 2) **1.** zur selben gens gehörig: manus die 300 Fabier *O*; *subst. m.* Angehöriger der selben gens, Gentile. **2.** Volks-, vaterländisch: religio *T*; levitas des Volkes *T*, nationes des Auslandes *T.*   Dav.

gentīlitās, ātis, *f.* Sippenverwandtschaft.

genū, ūs, *n., acc.* dicht. genus (ai. jānu, gr. γόνυ, got. kniu, ahd. chniu, § 10) Knie: genuum orbis Kniescheibe *O*, iunctura Kniekehle *O.*

Genua, ae, *f.* Genua *L.*

genuālia, ium, *n.* (genu) Kniebinden *O.*

genuī *pf.* v. gigno.

genuīnus 3 **1.** (*genu-s = gena) Backen-: dentes Bakkenzähne. **2.** (genus) angeboren, natürlich.

genus, eris, *n.* (gigno, geno; ai. jánas, gr. γένος)

---

1. Geburt, Abkunft; *occ.* **hohe Geburt, Adel**; **2.** *meton.* **Stamm, Geschlecht, Haus, Familie**; *occ.* **a. Nachkommenschaft**; dicht. **Nachkomme, Sprößling**; *b.* **Stamm, Volk, Nation**; *c.* **Geschlecht** (männlich, weiblich); **3. Geschlecht, Gattung**; *occ. a.* (von Menschen) **Gattung, Klasse, Schlag, Sorte**; *b.* (von Tieren) **Art, Rasse, Schlag, Gattung**; *c.* (von Leblosem) **Gattung, Art**; **4.** (Oberbegriff zu species) **Gattung**; **5.** *met.* **Art, Weise**; *occ.* **Hinsicht, Rücksicht, Beziehung**.

---

1. genus ducere ab aliquo die Abstammung herleiten *VO*, generis socia Schwester *O*; **occ.** virtute, non genere populo commendari. **2.** Marcellorum, auctores generis Ahnen, genus prodere fortpflanzen *V.* **a.** nepotum *H*; dicht. Iovis Bacchus *O*, Adrasti Diomedes *O*, Iapeti Prometheus *H.* **b.** Aetolorum, Hispanum *L.* **c.** virile, muliebre. **3.** hominum, humanum. **a.** agreste *L*, copiarum *N.* **b.** ferarum *O*, vipereum *V*, confusa genus panthera camelo = Giraffe *H.* **c.** eiusmodi genera obsonii Sorten *N*, omne genus armorum, Aesopi (schriftstellerische) Art *Ph*, in omni genere vitae Lebenslage *N*, locorum Beschaffenheit *O*; eius (huius, huiusce) generis von der Art; id (hoc) genus alia anderes derartiges. **4.** genus in species partiri. **5.** praedandi, dicendi Redeweise, Stil; **occ.** in omni (aliquo) genere, alio genere auf andere Weise *L.*

Genusus, ī, *m.* G. [Fl. in Illyrien].

geōgraphia, ae, *f.* (γεωγραφία) Erdkunde.

geōmetrēs, ae, *m.* (γεωμέτρης) Feldmesser; **geōmetria**, ae, *f.* (γεωμετρία) Feldmeßkunst, Geometrie, Mathematik; *adi.* **geōmetricus** 3 geometrisch: formae Figuren; *subst. n. pl.* Geometrie.

Gereōnium, ī, *n.* G. [St. in Apulien] *L.*

Gergovia, ae, *f.* G. [Hauptst. der Arverner].

Germānī, ōrum, *m.* die Germanen [zur Zeit des *T* vom Rhein bis zur Weichsel, von der Donau bis zur Nordsee reichend]. **Germānia**, ae, *f.* Germanien [teils das Gesamtgebiet, teils das rechte Rheinufer (als römische Provinz)] *T*; *pl.* Ober- und Niedergermanien *T*; *adi.* **Germānicus** 3, Germānus 3 u. Germāniciānus 3.

germānitās, ātis, *f.* **1.** Geschwisterschaft, Brüderlichkeit. **2.** *met.* Verwandtschaft.   Von

germānus 3 (vgl. germen) **1.** leiblich, echt, recht: soror. **2.** *subst. m. f.* Bruder, Schwester. **3.** *met.* echt, recht, wahr, wirklich: iustitia.

germen, inis, *n.* Keim, Sproß.   Dav.

germinō, āre keimen, sprossen *HSp.*

gerō 3. ges-sī, ges-tus (gero aus *geso, § 29)

I. 1. tragen; **2.** *occ. a.* **an sich tragen, führen, haben**; *b.* **in sich tragen**; *c.* **auf sich tragen**; *d.* gerens = **mit**; **3.** *met.* (*refl.*) **sich betragen, benehmen, zeigen, aufführen**.
II. 1. ausführen, verrichten, besorgen, tun; **2.** *pass.* **geschehen, vorgehen**; **3.** *occ. a.* (Krieg) **führen**; *b.* (Ämter) **bekleiden, verwalten**; *c.* (Geschäfte) **machen**; *d.* (Zeit) **hinbringen**.

I. 1. pila manu *V*, clipeum *O*; saxa in muros *L*; *abs.* tela herbeischaffen *V.* **2. a.** vestes *NTiO*, virginis os habitumque *V*, nomen decusque genießen *V*, curam *V*, mores *O* an den Tag legen, alicuius personam jemds. Rolle spielen, jemd. repräsentieren. **b.** in pectore ferrum *O*, inimicitias in Feindschaft stehen, fortem animum zeigen *S*; *abs.* rex aliter atque animo gerebat respondit *S.* [Phrase]: **alicui morem gerere sich** nach jemd. **fügen**, jemd. **willfährig sein. c.** gerit India lucos *V*; arbores gesserat Oete hatte hervorgebracht *O.* **d.** ora pallidiora gerens *O.* **3.** Stets mit Modalbestimmung: se contumacius *N*, se medium sich neutral halten *L*, se sine crimine *O*, se pro cive (pro colonis *L*) sich als (wie) ein Bürger benehmen; se et milites iuxta gleichhalten *S.* **II. 1.** rem; [von Großtaten]: res magnas; **res gestae** (gesta, ōrum) Taten; [vom Feldherrn]: kommandieren: Gnaeus terrā, Publius navibus (zur See) rem gerit *L*; rem (negotium) male (bene, prospere) unglücklich (glücklich) kämpfen; [vom Soldaten]: kämpfen: rem comminus, eminus *L*, gladiis *L.* **2.** haec dum Romae geruntur; quid negotii geritur? was geht vor? **3. a.** bellum; bellum pacemque über Krieg und Frieden entscheiden *V*; rem p. prospere (egregie, feliciter) gessit kämpfte glücklich für den Staat *L.* **b.** magistratum, negotium publicum, munus *L*, rem p. **c.** suum negotium; male rem das Vermögen schlecht verwalten. **d.** aetatem.

geronticōs *adv.* (γεροντικῶς) nach Greisenart *Sp.*

gerrae, ārum, *f.* Possen, dummes Zeug *C.*

gerulus, ī, *m.* (gero) Träger *H.*

gerūsia, ae, *f.* (γερουσία) Altersheim *Pli.*

Gēryōn, onis u. **-onēs**, ae, *m.* G. [dreileibiger Riese auf der Insel Erytheia bei Cadiz; Herkules tötete ihn und entführte seine Rinder] *VHO.*

gessi pf. v. gero.

gestāmen, minis, n. (gesto) **1.** Last, Bürde. **2.** Trage: sellae Tragsessel T, lecticae tragbares Sofa T.

gestātiō, ōnis, f. (gesto) **1.** Ausfahrt Sp. **2.** Reit-, Fahrbahn, Promenade Pli.

gestātor, ōris, m. (gesto) Träger Pli.

gesticulātiō, ōnis, f. Bewegung, Geste Sp.
E: gesticulari 'Gebärden machen'.

gestiō 4. īvī (iī) **1.** intr. sich freudig gebärden, freudig springen, frohlocken: otio CaL, secundis rebus übermütig sein L, laetitia gestiens ausgelassen. **2.** trans. heftig begehren, verlangen, wünschen, mit inf.

gestitō, āre zu tragen pflegen C.

gestō 1. (frequ. zu gero, § 29) **1.** tragen; bildl. in sinu sehr lieben C. **2.** herbeischaffen: irritamenta gulae T.

I. gestus pt. pf. pass. v. gero.

II. gestus, ūs, m. (gero, § 29) **1.** Haltung. **2.** Gebärde.

Getae, ārum, m. (sg. **Geta** oder **-ēs,** ae) die G. [Volk nördl. der unteren Donau]; adi. Geticus 3.

gibber, era, erum und **gibberōsus** 3 bucklig Sp.
E: gibber, eris, m. 'Buckel'.

gibbus 3 (vgl. κυφός) gewölbt Sp.

Gigās, antis, m., pl. **Gigantēs,** um Gigant(en) [schlangenfüßige (anguipedes O) Riesen, die beim Angriff auf den Olymp erliegen]; adi. **Gigantēus** 3; met. riesig: lacertus O.

gīgnō 3. genuī, genitus **1.** zeugen, gebären: ova legen; subst. genitus Amphione Sohn des A. O. **2.** hervorbringen, pass. wachsen; loca nuda gignentium ohne Vegetation S. **3.** verursachen, pass. entstehen.
E: zu altl. geno, praes. redupl., vgl. γίγνομαι, dtsch. 'Kind', § 10.

gilvus 3 isabellfarbig, graugelb [vom Pferd] V.

glaber, bra, brum glatt Sp; subst. m. 'Milchgesicht' Ph.

glaciālis, e eisig, eiskalt.   Von

glaciēs, ēī, f. (verw. mit gelu) Eis.   Dav.

glaciō 1. vereisen, in Eis verwandeln.

gladiātor, ōris, m. (*gladiari, vgl. di-gladiari) **1.** Gladiator [Fechter in den öffentlichen Kampfspielen, meist Kriegsgefangene oder Sklaven]; met. Bandit. **2.** pl. meton. Gladiatorenkämpfe: gladiatores dare (edere T) veranstalten; gladiatoribus bei den Gladiatorenkämpfen.   Dav.

gladiātōrius 3 Gladiatoren-: familia Fechterbande; subst. **gladiātōrium,** ī, n. Handgeld für Fechter L.

gladiātūra, ae, f. (*gladiari) Gladiatorenkampf T.

gladius, ī, m. **1.** Schwert; sprichw. ignem gladio scrutari 'Öl ins Feuer gießen' H; plumbeo gladio iugulari 'mit schwachen Beweisen widerlegt werden'; suo gladio iugulare mit seinen eigenen Waffen schlagen C. **2.** meton. Mordtat: gladiorum impunitas.

glaeba s. gleba.

glaesum s. glesum.

glandi-fer 3 (glans, fero, § 66) Eicheln tragend.

glandium, ī, n. (glans) Drüsenstück [vom Hals des Schweines] C = **glandiōnida,** ae, f.

glandulae, ārum, f. Drüsen, Mandeln Sp.   Dem. von

glāns, glandis, f. (gr. βάλανος) **1.** Eichel. **2.** Schleuderblei, -kugel.

glārea, ae, f. grober Sand, Kies; adi. **glāreōsus** 3 voll Kies L.

glaucūma, ae, f. u. **glaucōma,** atis, n. (γλαύκωμα) Star [im Auge]; met. blauer Dunst C.

glaucus 3 (γλαυκός) **1.** blaugrau: amictus V. **2.** graugrün: ulva V. nomen pr. (§ 82) **Glaucus,** ī, m. G. [Fischer in Anthedon, in einen Meergott verwandelt] VO.

gl(a)eba, ae, f. **1.** Erdscholle. **2.** met. Klumpen: sebi ac picis. **3.** meton. Boden, Erde: uber glaebae V.
E: Wz. *glēbh- 'geballt'; verw. mit globus.   Dav. dem.

glēbula, ae, f. Klümpchen Pli.

gl(a)esum, ī, n. Bernstein T; dav. **glaesārius** 3 Bernstein-: insula Sp.

glīscō, ere anwachsen, sich mehren, sich steigern, zu-, überhandnehmen.

globō 1. (globus) runden Sp.

globōsus 3 kugelförmig, -rund.   Von

globus, ī, m. (verw. mit gl(a)eba) **1.** Kugel, Ball, Klumpen. met. **2.** Menge, Haufen, Schar: armatorum T. **3.** occ. Verein(igung), Sippschaft, Bande: consensionis der Verschwörung N.

glomerō 1. **1.** zum Knäuel ballen, kugelförmig gestalten, ballen: viscera sanguine (frusta mero) glomerata vermengt O, gressus die Vorderfüße schwingen V. **2.** met. zusammendrängen, -scharen: manum (Schar) bello L; med. glomerantur Oreades V, legiones T; saeclis glomerata clades aufgehäuft.   Von

glomus, eris, n. (Nbf. v. globus) Knäuel H.

glōria, ae, f. **1.** Berühmtheit, **Ruhm, Ehre. 2.** meton. **a.** Ruhmestat T. **b.** Zierde: frontis Stirnschmuck T. **3. Ruhmsucht, Ehrgeiz:** optimus quisque maxime gloriā ducitur; generandi gloria mellis Eifer V. **4. Prahlerei, Ruhmredigkeit:** insolentia gloriae ungehörige Ruhmredigkeit N.   Dazu dem.

glōriola, ae, f. ein bißchen Ruhm.

glōrior 1. (gloria) prahlen, großtun, sich rühmen, sich brüsten, stolz sein auf etw.; mit abl., de, in, acc. c. inf.; idem eben damit, haec damit L; vita glorianda rühmenswert.

glōriōsus 3, adv. ē (gloria) **1.** ruhmvoll. **2.** prahlerisch: miles [Titel einer Plautuskomödie].

glūten, inis, n. Leim V.
E: gr. γλία 'Leim', γλοιός 'klebrig', vgl. gleba, globus.

glūtināmentum, ī, n. (glutino) geleimte Stelle Sp.

glūtinātor, ōris, m. Buchbinder.   Von

glūtinō 1. (gluten) leimen; pass. sich schließen Sp.

Gnaeus, ī, m. G. [Vorname, abgekürzt Cn.].

gnārus 3, altl. **gnāruris,** e (vgl. [g]nosco, ignoro) **1.** kundig (= peritus); mit gen., acc. c. inf., indir. Fr.; mit acc. C. **2.** (nachkl.) bekannt T.

gnascor s. nascor.

gnāta, gnātus = nata, natus.

Gnathō, ōnis, m. 'Fresser', Schmarotzer [bei Terenz].
E: γνάθων v. γνάθος 'Kinnbacke'.

Gnātia, ae, f. G. [Hafenst. in Apulien] H.

gnāviter, gnāvus s. navus.

Gnidus = Cnidus (§ 35).

gnōmōn, ōnis, m. (γνώμων) Zeiger der Sonnenuhr Sp.

gnōscō C = nosco.

Gnossus 201 **granum** G

Gnō(s)sus, ī, f. G. [Residenz des Minos auf Kreta]; *adi.* **Gnōsiacus** 3 kretisch *O*; **Gnōsias**, adis u. **Gnōsis**, idis, f. die Kreterin, Ariadne *O*, Corona Gnosis die Krone der Ariadne [Gestirn] *O*; **Gnōsius** 3 aus, von Gnosus *LO*, kretisch *VH*; *subst.* **Gnōsiī** Einw. von Gnosus *L*.

Golgī, ōrum, m. G. [ein der Venus heiliger Bezirk auf Zypern] *Ca.*

Gomphī, ōrum, m. G. [Festung in Thessalien am Fuß des Pindus]; Einw. **Gomphēnsēs**, ium, m.

gonger, grī, m. (γόγγρος) Meeraal *C.*

Gordyaeī, ōrum, m. die Kurden; *adi.* Gordyaei montes die Berge von Kurdistan *Cu.*

Gorgiās, ae, m. G. [von Leontini in Sizilien; Sophist, Lehrer der Redekunst zur Zeit des Sokrates].

Gorgō, onis, selten gūs, f. (Γοργώ), *pl.* **Gorgones**, um die G. [drei jungfräuliche Töchter des Phorkys, schlangenhaarige Schreckgestalten, deren Anblick versteinert. Der furchtbarsten, Medusa (Gorgo *O*), schlägt Perseus das Haupt ab, aus ihrem Blut entspringt das Flügelpferd **Pegasus**. Das abgeschlagene Haupt trägt Athene am Schild oder Panzer: Gorgo conspecta *O* = os Gorgonis 'Medusenhaupt']. *Adi.* **Gorgoneus** 3: equus = Pegasus *O*; lacus = die Quelle Hippokrene [durch den Hufschlag des Pegasus entstanden] *Pr.*

Gortȳnius 3 von der St. Gortȳna [auf Kreta], kretisch *V*; Einw. **Gortȳniī** *NL*; dav. **Gortȳniacus** 3 kretisch *O*.

gōrȳtus, ī, m. (γωρυτός) Köcher *V.*

Gotīnī s. Cotini.

Gotōnēs, um, m. die G. [germ. Volk an der unteren Weichsel] *T.*

Gracchus, ī, m. G. [*cognomen*]; s. Sempronius; *adi.* **Gracchānus** 3 (§ 75).

gracilis, e 1. dürr, hager, mager *H.* 2. schmächtig, schlank: capellae, cacumen cupressi *O*; **occ.** dünn, fein: umbra flüchtig *O.* 3. *met.* schlicht, einfach: materia *O.*   Dav.

gracilitās, ātis, f. Schlankheit; *met.* Schlichtheit.

grāculus, ī, m. Dohle *OPh.*
    E: ahd. krâen 'krähen'.

gradātim (gradus, § 79) *adv.* schritt-, stufenweise.

gradātiō, ōnis, f. (gradus) Steigerung (κλῖμαξ).

gradātus 3 (gradus) abgestuft: buxus *Pli.*

gradior 3. gressus (nach aggressus, congressus, § 71, 2; früher *grassus, § 36, daher grassari) Schritte machen, schreiten, gehen.   Dav.

Grādīvus, ī, m. G. [Beiname des Mars].

gradus, ūs, m. (got. griþs)

---

1. **Schritt**; 2. *meton.* **Stellung**; 3. **Stufe, Sprosse**; 4. *met.* **Stufe, Rang, Grad.**

---

1. ferre gradūs lenken *O*, gradum referre zurückgehen *L*, inferre vorrücken *L*, pleno gradu im Sturmschritt, gradum conferre handgemein werden *L*, suspenso gradu auf den Zehen *L*; mortis das Nahen *H*, primus gradus capessendae rei p. der erste Schritt auf der politischen Laufbahn *N*, gradum facere ex aedilitate ad censuram den Sprung machen *L.* **2.** gradu depelli, (de)moveri, de gradu deici; de gradu pugnare in fester Stellung *L.* **3.** Meist *pl.* Treppe: per gradus die Treppe hinunter *L*; **occ.** Sitzreihe [im Theater]: spectaculorum gradūs Tribünen *T.* **4.** gradum filii apud eum habuit stand im Verhältnis eines Sohnes *L*, aetatis Altersstufe, sonorum Tonstufen, temporum Zeitstufen, gradibus (per gradus) stufenweise *O*, tertio gradu heres dritten Grades *T.* **occ.** [von Ämtern und Würden]: secundus die zweite Stelle *N*, eodem gradu fuit bekleidete dieselbe Würde *N*, senatorius Rang.

Graecī, ōrum, m. die Griechen; **Graecus**, ī, m. Grieche, **Graeca**, ae, f. Griechin *L*; *adi.* **Graecus** 3, *adv.* **ē** griechisch; **Graecum**, ī, n. das Griechische, die gr. Sprache: e Graeco convertere übersetzen.

Graecia, ae, f. **1.** Griechenland. **2.** Großgriechenland (magna, maior) [das von Griechen kolonisierte Unteritalien].

graecissō, āre griechische Art nachahmen *C.*   Vgl.

graecor, ārī auf griechische Art leben *H.*

Graecostasis, is, f. die G. ['Griechenstand', Halle bei der Kurie für fremde Gesandte].

Graeculus 3 (*dem.* v. Graecus) griechisch [verächtlich]; *subst. m.* 'Griechlein'.

Gragus s. Cragus.

Grāiocelī, ōrum, m. die G. [Volk um den Mont Cenis mit der Hauptstadt Ocelum].

Grāius 3 (altl. u. dicht.) **1.** griechisch; *subst.* **Grāī** Griechen. Dav. **Grāiugena**, ae, m. Grieche von Geburt. **2.** grajisch: saltus *N*, Alpes *L.*

grāmen, inis, n. **1.** Gras: graminis herba Grashalm, desectum Heu *O.* **2.** *synecd.* Pflanze, Kraut: mala Giftpflanzen *V.*   Dav.

grāmineus 3 **1.** grasig, aus Gras. **2.** occ. aus Rohr: hasta Schaft aus Bambus.

grammaticus 3 (γραμματικός): tribūs die Zünfte der Grammatiker *H*; *subst.* **grammatica**, ae, f. u. ōrum, n. *pl.* Sprachwissenschaft; **grammaticus**, ī, m. Sprachgelehrter, Literarhistoriker, Philologe.

grammicus 3 (γραμμικός): rationes geometrische Berechnungen *Sp.*

grānārium, ī, n. (granum) Kornspeicher *H.*

grand-aevus 3 (grandis, aevum) hochbetagt *VO.*

grandiculus 3 (*dem.* v. grandis) ziemlich erwachsen *C.*

grandi-fer 3 (grande ferre, § 66) sehr einträglich.

grandi-loquus 3 (grande loqui, § 66) **1.** großsprecherisch; *subst.* Prahler. **2.** erhaben, feierlich: Aeschylus *Q.*

grandinat 1. (grando) es hagelt *LSp.*

grandis, e, *adv.* **iter 1.** groß: hordea großkörnig *V*, cothurni = alti *H*; elementa grob *O.* **2. erwachsen:** alumnus Achilles *H.* **3.** alt; grandis (natu). **4. bedeutend:** pecunia, vox, certamen *H.* **5. erhaben:** professus grandia turget wird schwülstig *H*, grandius sonare *O*, carmen.

grandi-scāpius 3 (scapus) großstämmig *Sp.*

granditās, ātis, f. (grandis) Erhabenheit.

grandō, inis, f. (altslawisch gradŭ) Hagel.

Grānīcus, ī, m. G. [Fl. in Mysien; Schlacht 334].

grāni-fer 3 (fero, § 66) körnertragend *O.*

grānum, ī, n. (vgl. got. kaúrn, § 10) **1.** Korn: hordei *O.* **2.** Kern: uvae *O*, fici.

graphice 202 **gravis**

graphicē, ēs, *f.*, *acc.* ēn (γραφική) Zeichenkunst *Sp.*
graphicus 3, *adv.* ē (γραφικός) 'malerisch'; *met.* fein, geschickt *C.*
graphis, idis, *f.* (γραφίς) Zeichenstift *Sp.*
graphium, ī, *n.* (γραφίον) Schreibgriffel.
grassātor, ōris, *m.* (grassor) Wegelagerer *Sp.*
grassatūra, ae, *f.* das Wegelagern *Sp.* Von
grassor 1. (*frequ.* zu gradior, s. d.) **1.** schreiten, gehen: ad gloriam *S*; *occ.* herumschwärmen, sich herumtreiben: in Subura *L. met.* **2.** vorgehen, verfahren: iure *L*; *occ.* (auf jemd.) losgehen: in possessionem agri publici *L.* **3.** *abs.* wüten: vis (potentia) grassabatur *T.*
grātēs, *f. pl.* (nur *nom.* u. *acc.*; *abl.* gratibus *T*; vgl. gratus) Dank.
grātia, ae, *f.* (gratus) 'Gefälligkeit', u. zw.

  I. abstr. 1. **Anmut, Liebreiz, Grazie**; 2. person. **Göttin der Anmut**; 3. *meton.* **Beliebtheit, Gunst, Ansehen**; *occ.* **Freundschaft, Liebe, Wohlwollen.**
  II. konkr. 1. (erwiesene) **Gunst, Gefälligkeit**; *occ.* **Nachsicht**; 2. *meton.* **Dank, Erkenntlichkeit.**

I. 1. formae *O*; *meton.* nostra Liebling *O*. **2.** Meist *pl.* **Grātiae**, ārum, *f.* die Grazien [Χάριτες (Euphrosyne, Aglaia, Thalia), Göttinnen des heiteren Lebensgenusses]. **3.** si qua est ea gratia wenn du daran Gefallen findest *O*, mihi gratia est ich bin beliebt *O* = magnā gratiā esse apud... in großer Gunst stehen, gratiam ab Caesare inire sich bei *C.* in Gunst setzen, in gratia ponere beliebt machen *L*, in gratiam redire (reverti *L*) cum aliquo sich wieder aussöhnen. **occ.** solida est mihi gratia tecum *O*, Iunonis für Juno *O*; cum (bona) gratia in Güte, gutwillig. **II. 1.** gratiam dicendi facere zu reden gestatten *L*. Adv. **a.** gratiā [dem abhängigen *gen.* nachgestellt] 'zuliebe', 'zu Gefallen': um...willen, wegen, halber: exempli gratia beispielsweise. Statt des *gen.* der *pron. personalia* steht meā, tuā, nostrā, vestrā gratiā = meinetwegen usw. Bei *S* auch: eā gratiā deswegen (= eius rei gratia). **b.** cum omnium gratia zur Freude aller, cum gratia imperatoris zur Zufriedenheit des Feldherrn *L*; in gratiam alicuius ihm zu Gefallen *L*, in praeteritam iudicii gratiam wegen der im Urteil liegenden Gefälligkeit. **occ.** delicti gratiam facere *S.* gratia dis (*sc.* sit) Gott sei Dank *O*, diis gratiam debere schulden, gratiam rei ferre davontragen *L.* Bes. **gratiam** (gratias) **habere Dank wissen, dankbar sein, gratias agere Dank sagen, danken**: de matre, pro beneficio; ob hoc, quod *L. Abl. pl.* **grātiīs**, zusammengezogen **grātīs** 'für den bloßen Dank', **ohne Entgelt, ohne Bezahlung, umsonst.**
grātificātiō, ōnis, *f.* **1.** Gefälligkeit. **2.** Schenkung: Sullana. Von
grātificor 1. (gratus, facio) **1.** willfahren, sich gefällig erweisen: odiis Seiani *T.* **2.** *trans.* gewähren: cuipiam, quod obsit illi *L*; **occ.** opfern: potentiae paucorum libertatem suam *S.*
grātiōsus 3 (gratia) **1.** beliebt, begünstigt, angenehm;

---

subst. Günstling. **2.** gefällig, freundlich, willfährig: scribae. **3. occ.** aus Gnade gegeben: missio *L.*
grātīs, grātiīs s. gratia II. 2.
grātor 1. (gratus) **1.** Glück wünschen, sich freuen. **2.** danken: Iovis templum gratantes adeunt *L.*
Grattius Faliscus (aus Falerii) G. [Dichter eines liber cynegeticōn (von der Jagd), Zeitgenosse Ovids] *O.*
grātuītus 3 (vgl. gratis) unentgeltlich, freiwillig, umsonst: pecunia ohne Zinsen geliehen *Pli*; *adv.* **grātuītō** umsonst, unentgeltlich.
grātulābundus 3 (gratulor) Glück wünschend *L.*
grātulātiō, ōnis, *f.* **1.** (offen bekundete) Freude: civium. **2.** Glückwunsch: mutua gratulatione fungi sich gegenseitig beglückwünschen *Cu*; *meton.* in sua gratulatione am Tag seines Amtsantrittes [als man ihm Glück wünschte]. **3.** Dankfest: gratulationem facere, decernere. Von
grātulor 1. **1.** Glück wünschen: ei libertatem; mit quod, *acc. c. inf.* **2.** danken: eius iudicio für *Ph.*
E: für grāti-tulor, § 54, v. grates u. altl. tūlō, *pf.* tuli, gr. τλῆναι 'tragen'.
grātus 3, *adv.* ē **1.** anmutig, lieblich, hold, schön: loca *O*, Venus *V*, gratior it dies *H*. **2.** beliebt, begünstigt, wert, lieb, angenehm: gratus Alexandro Choerilus *H*; gratum acceptumque munus lieb und wert *N*; *adv.* gern: gratius ex ipso fonte bibuntur aquae *O*. **3.** erfreulich, dankenswert: alicui gratum est, quod (si)..., auch *inf.*; **gratum facere** alicui einen Gefallen erweisen. **4.** dankbar: alicui, in illum, pro beneficiis; animus Dankbarkeit.
E: ai. gūrtá-s 'willkommen', gurāte 'begrüßt'.
Graupius mons G. [Berg in Schottland] *T.*
gravātē u. **gravātim** *L* (*adv.* zu gravor) ungern.
gravēdō, inis, *f.* (gravis) Mattigkeit; **occ.** Schnupfen; *adi.* **gravēdinōsus** 3 verschnupft.
gravēscō, ere (gravis) schwer werden; *met.* sich verschlimmern *T*; beladen werden: fetu nemus *V.*
graviditās, ātis, *f.* (gravidus) Schwangerschaft.
I. gravīdō, inis = gravedo *Ca.*
II. gravidō 1. ātus befruchten. Von
gravidus 3, *adv.* ē (gravis) **1.** schwanger, trächtig. **2.** *met.* voll, angefüllt, beladen: messes körnerschwer *O*, nubes regenschwer *O*, metallis reich an *O.*
gravis, e, *adv.* **iter** (ai. gurú-š, gr. βαρύς, got. kaúrus) schwer, u. zw.

  I. abs. 1. **gewichtig, schwer**; *met.* 2. **gewichtig, wichtig, hoch, bedeutend**; 3. *occ. a.* **dumpf, tief**; *b.* **ernst, würdig, würdevoll, erhaben.**
  II. pass. 1. **belastet**; 2. *occ.* **schwanger, trächtig**; *met.* 3. **beschwert, gedrückt**; *occ. a.* (als Adverb) **ungern, mit Verdruß**; *b.* (vom Alter) **gebeugt.**
  III. akt. 1. **beschwerend, drückend, lästig**; *met.* 2. **schwer** (zu tragen), **schlimm, traurig, hart**; 3. **widrig, abstoßend.**

  I. 1. gravius cadere schwerer auffallen, tellus (terra) schwerer, fetter Boden *VH*, cibus schwer verdaulich; miles die Schwerbewaffneten *T* = grave agmen *L*; Entellus riesig *V*; aes Kupferbarren, vollwichtiges

Graviscae   203   **gymnicus**

Geld *L*. **2.** testis, auctor, oratio, victoria, civitas. **3. a.** vox tief, graviter sonare dumpf tönen. **b.** adulescens, consul, iudex, senatūs consultum streng. **II. 1.** armis *Cu*, colus lanā gravis voll *V*, gravis aere manus mit Geld gefüllt *V*, morbo, vulnere matt *V*; oculi einfallend *V*, corpus Verstopfung *H*. **2.** Marte gravis *V*, fetae *V*. **3.** vino trunken *O*, somno epulisque betäubt von *L*. **a.** graviter ferre, mit quod, *acc. c. inf*. **b.** senectā *O*, aetate *L*; Acestes altersgebeugt *V*. **III. 1.** sol drückende Hitze *HO*, aestas Sommerschwüle *V*, aurae, Minturnae ungesund *O*, tempestas (sidus *O*) schlimmes Wetter; graviter ferire nachdrücklich, fest *V*; morbus, vulnus schwer, crimen belastend. **2.** fatum, damnum *O*, poena, contumelia *L*, exemplum nachdrücklich *V*, rumores böse Nachrichten, graviora minari härtere Strafen *O*. **3.** odor *V*, grave olens widrig riechend *V*, chelydri *V*, hircus stinkend *H*.

Graviscae, ārum, *f*. G. [sumpfiger Ort in Etrurien].
gravitās, ātis, *f*. (gravis) **Schwere**, u. zw.

    I. 1. **Gewicht, Last**; *met*. 2. **Gewicht, Bedeutung**; 3. **Ernst, Würde.**
    II. p a s s. 1. **Belastung, Druck**; *occ*. **Schwangerschaft**; 2. *met*. **Mattigkeit, Gedrücktheit.**
    III. a k t. 1. **Schwere**; *met*. 2. **Härte, Gewalt, Strenge**; 3. **Widrigkeit, Unannehmlichkeit.**

I. 1. navium Schwerfälligkeit, oneris; annonae hoher Preis *T*, sumptuum Höhe *T*. **2.** civitatis, sententiae. **3.** comitate condīta gravitas, parentis Vaterwürde, dicendi, ficta scheinbare Bedächtigkeit *O*. **II. 1.** tendebat gravitas uterum *O*. **2.** linguae schwere Zunge, senilis Altersschwäche *O*. **III. 1.** belli, temporum. **2.** iudiciorum, legum. **3.** odoris *T*, caeli (autumni *S*, loci *L*) Ungesundheit.
gravō 1. (gravis) **1. beschweren, belasten, schwer machen:** telis überschütten *Cu*, caput senken *O*, gravatus vulneribus bedeckt mit *L*. *met*. **2. erschweren, verschlimmern:** aes alienum *T*, invidiam *T*. **3. belästigen, bedrücken:** me labor non gravabit *V*, gravati vino somnoque trunken und schläfrig *L*, ebrietate mens umnebelt *Cu*. *Dep*. **gravor** 1. **beschwert sein, sich beschwert fühlen, verdrießlich sein:** militiā Unlust empfinden an *L*; mit *inf*. **sich weigern**; *trans*. equitem ungern tragen *H*, aspectum civium sich ungern sehen lassen *T*.
gregālis, e (grex, § 75, Abs. 2) **1.** der einfachen Soldaten: sagulum *L*, habitus Uniform *T*. **2.** *subst*. Kamerad, Spießgeselle.
gregārius 3 (grex) zum Haufen gehörig: miles einfacher Soldat, eques Gemeiner bei den Reitern *T*.
gregātim (grex, § 79) *adv*. haufen-, scharenweise.
gremium, ī, *n*. **1.** Schoß; b i l d l. gremio ac sinu matris educabatur *T*. **2.** *met*. das Innerste: terra gremio semen excipit, Italiae die Mitte *T*.
I. gressus *pt. pf. act*. v. gradior.
II. gressus, ūs, *m*. (gradior) Schritt, Gang; huc dirige gressum den Lauf (des Schiffes) *V*.
grex, gregis, *m*. **1.** Herde: pecorum *O*, armentorum;

avium Schwarm *H*. **2.** *met*. Schar, Schwarm, Haufen: amicorum Freundeskreis, in grege adnumerari mit den anderen mitgezählt werden, scribe tui gregis hunc in dein Gefolge *H*. *occ*. **a.** geschlossener Haufen: grege facto *S*. **b.** Sekte: philosophorum. **c.** Schauspielertruppe *C*.
E: Wz. *ger 'zusammenfassen', gr. γέργερα = πολλά, ἀγείρω 'sammeln'.
grundītus, ūs, *m*. das Grunzen.
E: grundire 'grunzen'.
grūs, gruis, *f*. (selten *m*.), auch **gruis**, is, *f*. *Ph* (gr. γέρανος, ahd. cranuh) Kranich.
Grȳnium, ī, *n*. G. [St. in Mysien mit Apollokult] *N*; *adi*. **Grȳnēus** 3: Apollo *V*.
grȳps, grȳpis, *m*. (γρύψ) G r e i f [ein Fabeltier mit Löwenleib, Flügeln u. Adlerkopf] *V*.
gubernāc(u)lum, ī, *n*. (guberno, § 37) Steuerruder; *met*. Lenkung, Leitung, Regierung.
gubernātiō, ōnis, *f*. (guberno) das Steuern; *met*. Leitung, Lenkung.
gubernātor, ōris, *m*. Steuermann; *met*. Lenker, Leiter; **gubernātrīx**, īcis, *f*. Lenkerin, Leiterin.   Von
gubernō 1. (aus κυβερνάω) steuern; *met*. lenken, leiten, regieren.
gula, ae, *f*. **1.** Kehle. **2.** *meton*. Gefräßigkeit, Schlemmerei, Genußsucht: gulae parere *H*.
E: aus *gela, ai. gala-s 'Kehle', ahd. këla.
gurges, itis, *m*. **1.** Strudel, Wirbel. **2.** *synecd*. tiefes Wasser, Tiefe [Fluß, See, Meer]: Hiberus Westmeer *V*. **3.** *met*. Abgrund, Schlund, Tiefe: Stygius *O*, libidinum. **4.** *meton*. Fresser, Schlemmer: patrimonii.
E: vgl. ai. gárgara-s 'Schlund, Strudel', gr. γέργερος = βρόγχος.
gurguliō = curculio *C*.
gurgustium, ī, *n*. (gurges) Kneipe.
gūstātōrium, ī, *n*. (gusto) Eßgeschirr *Pli*.
gūstātus, ūs, *m*. Geschmackssinn, Geschmack.   Von
gūstō 1. genießen, kosten; *met*. kosten, genießen, teilhaftig werden.
E: ai. jušáte 'genießt', gr. γεύω statt *γεύσω 'kosten lassen', got. kausjan, ahd. kostōn 'kosten', § 10.   Vgl.
gūstus, ūs, *m*. das Kosten; *met*. Vorgeschmack, Probe *Pli*.
E: got. kustus, ahd. kust 'Prüfung'.
Gutōnēs = Gotones *Sp*.
gutta, ae, *f*. Tropfen; *occ*. Fleck *VO*.
guttur, uris, *n*. (*m*. *C*) Gurgel, Kehle.
gūtus, ī, *m*. enghalsiger Krug *H*.
Gyaros, ī, *f*. G. [Kykladeninsel] *VOT*.
Gyās, ae, *m*. G. [ein hundertarmiger Riese] *HO*.
Gȳgēs, is oder ae, *m*. **1.** G. [König von Lydien, 716 bis 678]; *adi*. **Gȳgaeus** 3 lydisch: lacus *Pr*. **2.** Gȳgēs = Gyas *O*.
gymnasiarchus, ī, *m*. (γυμνασίαρχος) Vorsteher der Ringschule.
gymnasium, ī, *n*. (γυμνάσιον) Sportplatz, Ringschule [vielfach Versammlungsplatz der Philosophen]; **occ**. Tummelplatz *Pli*.
gymnicus 3 (γυμνικός) gymnastisch, Turn-: ludi; certamen *Sp*.

gynaeceum 204 **habeo**

gynaecēum, -īum, ī, *n.* (γυναικεῖον, § 91, Abs. 2) u.
gynaecōnītis, idis, *f., acc.* in (γυναικωνῖτις) Frauen-
wohnung.
gypsō 1. übergipsen; gypsatissimis manibus [von
Schauspielern, die Frauenrollen spielten]; pedes mit Gips
bezeichnet *Ti.*
E: gypsum, ἡ γύψος 'Gips'.
Gyrtōn, ōnis, *f.* G. [St. in Thessalien] *L.*

gȳrus, ī, *m.* (γῦρος) **1.** Windung, Ring, Kreis: telum vo-
lat ingenti gyro *V.* **2.** Kreiswendung [beim Reiten]: in
gyros ire, carpere im Kreis laufen *VO,* variare mannig-
fache Kreisbewegungen (Volten) ausführen *T.* **3.** *met.*
Kreis, Kreislauf: nivalem diem interiore gyro trahere
im inneren, kleineren Kreis [so daß der Tag kürzer ist] *H.*
Gythēum, ī, *n.* G. [St. am Lakonischen Golf, Arsenal von
Sparta].

H

habēna, ae, *f.* **1.** Riemen, Zügel, meist *pl.* habenas
dare, effundere *V,* excutere, inmittere *O* die Zügel
schießen lassen, adducere, premere anziehen *V;* se
palmes agit inmissus habenis schießt ungezügelt
auf *V.* **2.** *occ.* Riemen: turbo actus habenā Peitschen-
schnur *V; synecd.* pendens Knute *H.* **3.** *met.* Leitung,
Führung, Regierung: populi *O,* rerum *V.*
E: habeo, eigtl. 'Halter'.
habeō 2. uī, itus

> *A.* **1. halten, tragen, führen, haben;** 2. *occ.*
> *a.* **festhalten;** *b.* **behalten;** *c.* **enthalten;** *d.* (Ver-
> sammlungen u. dgl.) **abhalten;** *occ.* (Reden) **halten;**
> 3. (mit adv. Bestimmung) irgendwie **halten, behan-
> deln;** 4. (mit prädik. Bestimmung) für etw. **halten, an-
> sehen, betrachten;** *pass.* **gehalten werden, gelten;**
> 5. (*refl.* u. *act.*) **sich verhalten, stehen;** (von Perso-
> nen) **sich befinden.**
> *B.* **1. besitzen, haben;** 2. *occ. a.* **innehaben, be-
> setzt halten;** *b.* **bewohnen, wohnen;** *c.* **beherr-
> schen;** *d.* **Besitzungen, Vermögen haben;** *e.* (Vieh)
> **halten, züchten;** 3. *met.* (von Zuständen) jemd. **er-
> griffen haben, gefangen halten, fesseln.**
> *C.* **1. haben;** 2. (Seelenzustände) **hegen, haben,
> zeigen;** *occ.* (als Eigenschaft) **an sich haben;** 3. etw.
> **mit sich bringen, erwecken, verursachen;** 4. (mit
> *inf.* oder indir. Fr.) **vermögen, wissen, können;**
> 5. (mit *pt. pf. pass.* zur Bezeichnung dauernder Zu-
> stände) **haben;** 6. (mit *gerundivum n.*) **müssen.**

A. **1.** aptat habendo ensem richtet zum Halten her *V,*
tellus lentescit habendo wenn man sie hält (knetet) *V;*
iaculum manibus tragen *O,* arma procul fernhalten *T,*
aetatem procul a re p. dem Staatsleben fernbleiben *S.*
2. a. in custodiā (vinclis) aliquem gefangenhalten, in
Syria haberi *T;* milites in castris, in armis *SL,* ur-
bem in obsidione, in potestate; mit prädik. *pt. pf.
pass.,* um dauernde Zustände zu bezeichnen (vgl.
C. 5): caput tectum bedeckt halten *Cu,* aciem instruc-
tam, aliquid promptum (in promptu) bereithalten,
neque ea res me falsum habuit täuschte nicht *S,* ali-
quem suspectum in Verdacht haben *S;* mit *adi.* ali-
quem sollicitum (anxium *T*) in Aufregung halten,
agros infestos in Unruhe halten, intentos Numidas
proelio die Aufmerksamkeit der ... gespannt halten *S.*

b. habeant sibi arma; illam suas res sibi habere ius-
sit er verstieß sie, ließ sich von ihr scheiden; habe tibi
nimm an *Ca.* **c.** flos habet inscriptum *O,* quod nulla
annalium memoria habet *L.* **d.** comitia, senatum,
dilectum; quaestionem, auspicia anstellen; iter Ae-
gyptum, ad legiones nach ... marschieren; alicui ho-
norem jemd. Ehre erweisen; rationem Rechnung füh-
ren. *occ.* orationem, querimoniam, verba sprechen,
verba cum aliquo sich unterreden *L.* **3.** adversarios
male beunruhigen, eum liberalissime (sancte *Cu*) be-
handeln; omnes nullo discrimine alle gleich behan-
deln *V,* milites leviore (levi, duro *T*) imperio *S.*
4. deos aeternos et beatos; *pass.* Pharnabazus habi-
tus est imperator *N;* mit *gen. praedic.* eius auctoritas
magni habebatur; aliquem pro amico, aliquid pro
certo (explorato, re comperta) für gewiß halten, pro
non dicto haberi als ungesagt gelten *L,* aliquem in
numero (numero, loco) hostium, in summis duci-
bus *NS;* mit *inf.* satis habere sich begnügen, parum
sich nicht begnügen *S;* mit *dat.* des Zweckes: aliquid
honori (laudi) als Ehre betrachten, rem religioni sich
ein Gewissen aus etwas machen, hominem ludibrio
zum besten halten. **5.** res se male (ita, sic) habet steht
schlecht (so), bene habet es steht gut, sic habet so
steht es *H; med.* sicut pleraque haec habentur sich
verhält *S;* [von Personen]: ego me bene habeo *T,* se
graviter schwer krank sein.
B. **1.** pecuniam, uxorem, di habuere suas sorores
hatten zu Frauen *O,* opes modeste maßvoll gebrau-
chen *T;* amor (cura *Ph*) habendi Habsucht *VO;* bene-
ficia ab aliquo, hoc habet jetzt hat er's = der Hieb hat
getroffen, sitzt *V.* **2. a.** hostis habet muros *V.* **b.** Cre-
ten habendam tradere zum Wohnsitz *O,* orbem *O,*
Capuam [*L*]; quā Poeni, quā Numidae haberent sich
aufhielten *L.* **c.** Romam reges habuere *T;* animus ha-
bet cuncta neque ipse habetur *S.* **d.** in Sallentinis
aut in Bruttiis, in Veiente agro *L.* **e.** habens pecora
Viehzüchter *Ph.* **3.** omnia languor habet *O,* terris ani-
malia somnus habebat *V.*
C. **1.** Flaccum in consulatu collegam *N,* deos fa-
ciles willfährig finden *O;* eum ad manum *N,* legionem
secum, eum in partibus *T;* suspicionem adulterii im
Verdacht ... stehen *N,* annus habet res gestas hat auf-
zuweisen, studia suorum für sich haben, finden *O.*
Phrasen: **a. (in) animo habere wollen, beabsich-**

habilis 205 **Haluntium** H

tigen, mit *inf.*; eum in animo (ante oculos *O*) seiner stets eingedenk sein *S.* **b. in manibus habere in Händen haben:** rem; victoriam fast errungen haben *L.* **2.** alicui gratiam dankbar sein, fidem alicui glauben; res fidem habuit fand Glauben *O*; spem in armis auf ... setzen *V.* **occ.** habebat Tigellius hoc *H*, maritimae res motum habent die Marine zeigt Beweglichkeit. **3.** magnam invidiam großen Unwillen erwecken *N*, pons magnum circuitum habebat benötigte. **4.** nihil habeo ad te scribere, an melius quis habet suadere? *H*; non habeo, quid dicam *N*, habeo, quibus vendam weiß Leute, an die; [relativ]: nihil habeo, quod ad te scribam. **5.** aliquid effectum, exploratum, compertum, propositum den Plan, (sibi) persuasum die Überzeugung, aliquid cognitum (notum) durchschaut, erkannt, omnia pericula consueta habeo bin gewöhnt an *S.* **6.** habeo dicendum ich habe zu sagen, muß sagen *T*, nihil excusandum habes k a n n s t nicht *T*. Dav.
habilis, e **1.** handlich, leicht zu handhaben: ensis, galea, nata leicht *V*, currus lenksam *O.* **2.** passend, tauglich, geeignet, bequem, geschickt; mit ad, *dat.*
habitābilis, e (habito) bewohnbar; wohnlich.
habitātiō, ōnis, *f.* (habito) Wohnung; annua Mietzins.
habitātor, ōris, *m.* Bewohner, Mieter. Von
habitō 1. (*frequ.* v. habeo) **1.** *trans.* bewohnen: terras *O*, casas *V.* **II.** *intr.* **1.** wohnen: pagatim in Dörfern *L*, ad M. Lepidum; *subst.* habitantēs, um Ein-, Bewohner *LO.* **2.** *met.* sich aufhalten, heimisch sein, zu Hause sein: in foro [oft als Redner auftreten], in oculis vor Augen stehen, in ratione tractanda verweilen.
habitus, ūs, *m.* (habeo) **1. Haltung, Stellung:** durante adhuc habitu *Cu.* **2.** *synecd.* **Aussehen, Gestalt:** oris Gesichtsbildung. **3. occ. Äußeres, Tracht:** messoris *O*, virginalis; s p r i c h w. suo habitu vitam degere = in der eigenen Haut stecken *Ph*; *meton.* **Kleidung, Gewand:** Dardanii *V.* **4.** *met.* das **Verhalten, Zustand, Gesinnung, Lage:** civile feines Benehmen *Cu*, naturae Anlage *Cu*, provinciarum Stimmung *T*, pecuniarum *L.*
habrodiaetus, ī, *m.* (ἁβροδίαιτος) Genußmensch *Sp.*
habrotonum = abrotonum.
hāc u. **hāc-tenus** s. hic C. 1.
Hadria u. **Adria,** auch **Hatria, Atria,** ae, *f.* **I.** A t r i [St. in Picenum] *LT.* **II.** A d r i a [St. zwischen Podelta und Etschmündung] *L*; *meton.* **Hadria,** ae, *m.* das Adriatische Meer, die Adria *HT*; *adi.* **Hadriacus, Hadriāticus** 3 adriatisch: mare; *abs.* **Hadriāticum** *Ca*; **Hadriānus** (*adi.* u. Einw.) von Atri *L*, mare das Adriatische *H.*
Hadrūmētum u. **Adrūmētum,** ī, *n.* H. [Küstenstadt südl. von Karthago].
haedilia, ae, *f.* (haedus) Geißlein, Zicklein *H.*
haedīnus 3 (haedus, § 75) von Böcken.
Haeduī = Aedui.
haedus, ī, *m.* **1.** Bock, Ziegenbock. **2.** *met.* Haedi die Böcklein [zwei Sterne im Zeichen des Fuhrmanns, deren Auf- und Untergang Herbststürme bringen] *VO*; *sg. H.* E: vgl. got. gaits, ahd. geiz 'Geiß'.
Haemonius 3 d i c h t. thessalisch: puppis = die

Argo, iuvenis = Jason, heros, puer = Achilles, equi die Pferde des Achilles, urbs = Trachin, culter Zaubermesser [der Medea], arcus Schütze [Sternbild, Kentaur aus Thessalien]; *subst.* **Haemonia,** ae, *f.* Thessalien, **Haemonis,** idis, *f.* Thessalierin *O.*
Haemus, ī, *m.* der große Balkan *HLO.*
haereō 2. haesī, haesūrus (haereo aus *haeseo, § 29)

I. 1. **haften, steckenbleiben, kleben, hängenbleiben;** *met.* 2. **festsitzen, verweilen;** 3. an jemd. **hängen, nicht** von ihm **gehen;** 4. (an einer Sache) **festhängen, nicht davon loskommen.** II. 1. **stehenbleiben, steckenbleiben, stocken;** *met.* 2. **stocken, aufhören;** 3. **in Verlegenheit, ratlos sein.**

I. 1. equo (asello *O*) zu Pferde sitzen *H*, ferrum ossibus (flamma postibus *V*) haesit blieb haften *O*, collo ducis an ... hängen *O*; classis in vado haerebat blieb stecken *Cu*, in pede calceus haeret schlottert *H*, in vestigio sich nicht vom Fleck rühren *Cu*; b i l d l. haeret animo dolor, in animis sollicitudo; mit ad, *dat.* **2.** scopulis in isdem *O*, circa muros urbis, in obsidione castelli *Cu.* **3.** haeret imago menti steht im Bewußtsein *O*, in (tergo) 'auf dem Nacken sitzen' *LT.* **4.** haerent telae verweilen am Webstuhl *O*, in virgine haeret wird von ... gefesselt *O.* **II. 1.** territus haesit *V*, vox faucibus haesit *V*; s p r i c h w. hic aqua haeret = hier hapert es; b i l d l. repetundarum criminibus sich verfangen in *T.* **2.** Hectoris manu victoria Graiûm haesit *V.* **3.** in nominibus nicht erraten können, haerere primo, deinde pavescere *T.*
haesitābundus 3 (haesito) verlegen stotternd *Pli.*
haesitantia, ae, *f.* (haesito) das Stottern.
haesitātiō, ōnis, *f.* (haesito) **1.** das Stocken. **2.** das Schwanken, Unentschlossenheit *T.*
haesitātor, ōris, *m.* unentschlossen, zaghaft *Pli.* Von
haesitō 1. (*frequ.* v. haereo, s. d.) **1.** hängen bleiben, stecken bleiben: in vadis *L.* *met.* **2.** stottern: lingua. **3.** schwanken, zweifeln, unentschlossen, verlegen sein.
haesūrus *pt. fut.* v. haereo.
hāgētēr, ēris, *m.* (ἁγητήρ) Wegweiser *Sp.*
hahae u. **hahahae** haha! [Ausdruck der Freude] *C.*
Halaesīnus 3 von Halaesa [St. östl. v. Palermo].
hālēc = allec.
Halēs, ētis, *m.* H. [Flüßchen in Lukanien].
Haliacmōn, onis, *m.* H. [Fl. in Makedonien].
haliaeētos, ī, *m.* (ἁλι-αίετος) Seeadler *O.*
Haliartus, ī, *f.* H. [Städtchen am Südufer des Kopaissees in Böotien *NL*; Einw. Haliartiī *L.*
Halicarnassus u. **-āsus,** ī, *f.* H. [St. in Karien, Geburtsort Herodots] *LCuT*; *adi.* u. Einw. Halicarnasseūs, eī, Halicarnassius 3, Halicarnassēnsis.
Halicyae, ārum, *f.* H. [Städtchen bei Lilybäum]; *adi.* u. Einw. Halicyēnsis, e.
hālitus, ūs, *m.* Hauch, Atem, Dunst, Dampf. Von
hālō, āre hauchen, duften *VO.*
halōsis, *f., acc.* in (ἅλωσις) Eroberung, Einnahme *Sp.*
hālūcinor, ārī faseln, ins Blaue hinein reden.
Haluntium, ī, *n.* H. [St. an der Nordküste Siziliens].

Halus 206 **Hebrus**

Halus, ī, *f.* H. [St. in Assyrien nw. von Babylon] *T.*

Halys, yos, *m.* H. [Hauptfl. Kleinasiens, j. Kızılır-mak].

hama, ae, *f.* (ἅμη) Feuer-, Löscheimer *Pli.*

hama-dryas, adis, *f.* (ἁμα-δρυάς) Baumnymphe *VO.*

hāmātus 3 (hamus) **1.** mit Haken versehen: harundo Pfeil mit Widerhaken *O*, ensis = harpe *O*; *met.* munera Köder *Pli.* **2.** hakenförmig.

Hammō(n) u. **Ammōn,** ōnis, *m.* (H.) A. [Ἄμμων, ägyptisch Amūn; lybisch-ägyptischer Orakelgott].

hammo-nitrum, ī, *n.* (ἄμμος, νίτρον) Sand mit Natron *Sp.*

hāmus, ī, *m.* **1.** Haken: curvi an den Krallen des Habichts *O.* **2. occ.** Angel(haken); *meton.* Köder *H*; Schwertgriff *O*; Dorn, Stachel *O.*

Hannibal, alis, *m.* H. [pun. Name; karth. Feldherr (247—183)].

hapsis, īdis, *f.*, *acc.* īda (ἁψίς) Wölbung, Erker *Pli.*

hara, ae, *f.* Stall, Schweinestall *CO.*

harēna, harēnōsus s. arena, arenosus.

hariolor 1. weissagen; **occ.** faseln *C.* Von

hariolus, ī, *m.*, **-a,** ae, *f.* (vgl. haru-spex) Wahrsager, -in.

harmonia, ae, *f.* (ἁρμονία) Einklang, Harmonie.

harpagō, ōnis, *m.* (vgl. ἁρπαγή v. ἁρπάζω) Reißhaken; **occ.** Enterhaken; *met.* Enterer, Räuber *C.*

harpē, ēs, *f.* (ἅρπη) Sichelschwert [mit sichelförmigem Ansatz] *O.*

Harpӯïa, ae, *f.* (Ἅρπυια v. ἁρπάζω) Harpyie [räuberisches Ungeheuer, halb Weib, halb Vogel] *VH.*

Harūdēs, um, *m.* die H. [germ. Stamm nördl. vom Bodensee].

harund ... s. arund ...

haru-spex, spicis, *m.* Opfer-, Eingeweidebeschauer, Zeichendeuter [etruskischer Herkunft]. Dav. **haruspica,** ae, *f.* Weissagerin *C* und **haruspicīna,** ae, *f.* Opferschau.

E: specio 'sehen' mit einem etruskischen Wort vbd.; lat. exti-spex.

Hasdrubal, alis, *m.* [pun. Name; Bruder Hannibals, gest. 207]. ·

Hasta, ae, *f.* H. [St. nördl. v. Gades] *L*; *adi.* Hastēnsis *L.*

hasta, ae, *f.* **1.** Stab, Stange, Schaft: comat virgineas hasta recurva comas ein Stäbchen *O.* **occ.** Lanzenschaft: gramineae aus Bambus, pura unbeschlagen. **2.** *synecd.* Lanze, Spieß, Wurfspieß, Speer; s p r i c h w . abicere = den Mut verlieren. **3.** *meton.* Versteigerung [nach der dabei aufgesteckten Lanze]: ad hastam publicam non accedere an den Versteigerungen nicht teilnehmen *N*, sub hasta vendere öffentlich versteigern *L*, ius hastae Auktionsrecht *T*; centumviralis Zentumviralgericht *Sp.*

E: got. gazds 'Stachel', ahd. gart 'Gerte', § 13. Dav.

hastātus 3 **1.** mit Speeren bewaffnet: acies *T*; *subst.* Speerträger: decem milia hastatorum *Cu.* **2.** *pl.* **occ.** die Hastaten [die erste Schlachtreihe der Legion]. **3.** Hastatenmanipel: mihi decumum ordinem hastatum assignavit übertrug mir das Kommando des zehnten Hastatenmanipels *L.*

hastīle, is, *n.* (hasta, § 75, Abs. 2) **1.** Stange, Schaft: ra-

sae hastilia virgae als Rebenstützen *V*; myrtus validis hastilibus mit starkem Geäst *V.* **2. occ.** Lanzenschaft: abiegnum *L.* **3.** *synecd.* Wurfspieß, Speer, Lanze *VO.*

hau (vorkl.), **haud, haut** nicht, nicht eben, nicht gerade; **haud-dum** noch nicht, nicht einmal noch; **haudquāquam** keineswegs, durchaus nicht.

hauriō 4. hausī, haustus, auch hausūrus *V*

I. **1. schöpfen;** *occ.* (Blut) **vergießen;** 2. *met.* **schöpfen = entnehmen, entlehnen;** *occ.* **nehmen, aufnehmen, sammeln.**

II. **1. ausschöpfen;** *occ.* **leeren, austrinken;** *met.* 2. **erschöpfen;** 3. **zu Ende bringen, vollenden;** 4. d i c h t. **aufreißen, öffnen = verwunden, durchbohren.**

III. **1.** (in sich) **schöpfen, einziehen, einsaugen;** *occ.* **verzehren, verschlingen;** 2. *met.* **einsaugen, verschlingen, gierig aufnehmen.**

I. **1.** lymphas de gurgite *V.* **occ.** sanguinem. **2.** ex natura legem, ex vano aus schlechten Quellen *L.* **occ.** pulverem palmis *O*, terra hausta aufgeworfen *O.* II. **1.** haustum crater *O.* **occ.** pateram *V*; b i l d l . dolorem, luctum empfinden, voluptates genießen, supplicia erdulden *V.* **2.** sua ihr Geld vertun *T*, Italiam faenore *T.* **3.** medium sol orbem hauserat *V.* **4.** latus gladio *CuV*; b i l d l . pavor haurit corda durchdringt *V.* III. **1.** auras atmen *V*, suspiratūs tief seufzen *O.* **occ.** multos hausit flamma *LT*, equi hauriuntur gurgitibus werden verschlungen *L.* **2.** vocem (dicta *O*) auribus *V*, animo spem schöpfen *V*, expugnationes animo sich vornehmen *T*, eloquentiam *T.*

E: haurio für *hausio, viell. zu gr. αὔω für *αὔσω 'schöpfen, entnehmen', § 29. Dav. (§ 29)

I. **haustus,** ūs, *m.* **1.** das Geschöpfte: aquarum Brunnenwasser *V*, harenae eine Handvoll *O.* **2.** *met.* das Einziehen: caeli das Einatmen *Cu*; k o n k r. Schluck, Trunk: aquae *O.*

II. **haustus** *pt. pf. pass.* v. haurio.

hausūrus *V pt. fut.* v. haurio.

haut s. haud;

haveo s. aveo.

hebdomas, adis, *f.* (ἑβδομάς) der siebente (kritische) Tag einer Krankheit: quarta der 28. Tag.

Hēbē, ēs, *f.* (ἥβη) H. [Göttin der Jugend, Tochter der Juno (Iunonia), ohne Vater (Iovis privigna), Mundschenkin der Götter, Gattin des Hercules].

hebenum = ebenum.

hebeō, ēre (vgl. hebes) stumpf sein *L*; *met.* träge, matt sein *VOT.*

hebes, etis, *abl.* ī **1.** stumpf: telum *Cu*, mucro *O.* *met.* **2.** schwach, matt: ictus *O*, sensus, os appetitlos *O*, color matt *O*, miles träge *T*, exercitus ohne Feuer *S.* **3.** stumpfsinnig, blöde, dumm.

hebēscō, ere (*incoh.* zu hebeo) stumpf werden, ermatten, erlahmen; **occ.** erblassen [von Sternen] *T.*

hebetō 1. (hebes) stumpf machen, abstumpfen: hastas *L*; *met.* schwächen, entkräften: sidera verdunkeln *O.*

Hebraeus 3 hebräisch, jüdisch *T.*

Hebrus, ī, *m.* M a r i c a [Hauptfl. Thrakiens] *VHO.*

Hecate 207 **herilis** H

Hecatē, ēs u. **-a,** ae, *f.* H. [Ἑκάτη 'die Fernhinwir-kende'; Mondgöttin, als Göttin der Zauberei, bald der Diana, bald der Proserpina gleich gedacht, dreigestaltig]; *adi.* **Hecatēïus** 3: carmina Zauberformeln *O*; *fem.* **Hecatēis,** idis: herba Zauberkraut *O*.

hedera u. (§ 8, Anm.) **edera,** ae, *f.* Efeu; *pl.* Efeuran-ken; *adi.* **hederōsus** 3 reich an Efeu.

hēdychrum, ī, *n.* (ἡδύχρουν) Parfüm.

hei, heia s. ei, eia.

Helena, ae u. **-ē,** ēs, *f.* H. [Tochter der Leda und des Juppiter [nach ihrem Nährvater Tyndareus **Tynda-ris** *HO*, Schwester der Dioskuren].

Helenus, ī, *m.* H. [Sohn des Priamus, Wahrsager].

Hēliadēs, um, *f.* Töchter des Helios [Schwestern Phaë-thons, in Pappeln verwandelt; ihre Tränen werden zu Bernstein *O*].

Helicē, ēs, *f.* (Ἑλίκη von ἑλίσσω) **1.** der Große Bär; *meton.* der Norden *Sp.* **2.** H. [Küstenst. von Achaia, 373 versunken] *OSp.*

Helicōn, ōnis, *m.* H. [Gebirgsstock in Böotien mit Apol-lotempel und Musenhain]; *adi.* **Helicōnius** 3; *subst.* **Helicōniades,** um, *f.* die Musen *Lukrez.*

hēliocamīnus, ī, *m.* sonnseitiges Gemach *Pli.*

Hellē, ēs, *f.* (Ἕλλη) H. [Tochter des Athamas und der Nephele, Schwester des Phrixus. Um den Ränken der Stiefmutter Ino zu entgehen, flohen die Kinder auf dem goldenen Widder Merkurs nach Kolchis; Helle fiel herab und ertrank im pontus Helles *O*]; in *Iuxtap.* (§ 67) **Hellēspontus,** ī, *m.* die Dardanellen, **occ.** die Küste der D.; *adi.* **Hellēspontiacus** 3; Einw. **Hellēspon-tius.**

helleborum s. elleborum.

hēlluō, ōnis, *m.* Schlemmer, Prasser.   Von

hēlluor 1. schwelgen, schlemmen, prassen.

Helōrus, ī, *m.* H. [Fl. in Ostsizilien *V*; *f.* St. an seiner Mündung] *L*; *adi.* **Helōria** Tempe Tal des Helorus *O*.

Hēlōtae und **Hīlōtae,** auch **Īlōtae,** ārum, *m.* (Εἵλω-τες, § 91, Abs. 2) Heloten [Leibeigene in Sparta].

helvella, ae, *f.* Küchenkraut.

E: helvus 'honiggelb'.

Helvētiī, ōrum, *m.* die H. [keltisches Volk in der Schweiz]; *adi.* **Helvēti(c)us** 3.

hem *interi.* hm! sieh! ei! o!

hēmerodromus, ī, *m.* (ἡμεροδρόμος) 'Tagläufer', Eil-bote, Kurier *NL.*

hēmicyclium, ī, *n.* (ἡμικύκλιον) Halbkreis *Pli*; **occ.** Lehnsessel, [halbrunde] Gartenbank.

hēmina, ae, *f.* (ἡμίνα) Viertelchen, Becher [0,274 Liter, Flüssigkeitsmaß] *C.*

hendecasyllabus, ī, *m.* H. [elfsilbiger Vers] *Pli.*

Hēniochī, ōrum, *m.* die H. [ἡνίοχος Wagenlenker; Reitervolk am Kaukasus] *T*; *adi.* **Hēniochus** 3 *O.*

Henna, ae, *f.* H. [St. in Sizilien mit Cerestempel]; *adi.* **Hennaeus** 3; *adi.* u. Einw. **Hennēnsis.**

heptēris, is, *f.* (ἑπτήρης) Siebenruderer [Schiff mit 7 Rei-hen von Ruderbänken] *L.*

hera s. era.

Hēraclēa u. **-īa,** ae, *f.* H. ['Herkulesstadt': **1.** in Luka-nien (Schlacht gegen Pyrrhus) *L.* **2.** M i n o a an der sizi-lischen Südküste *L.* **3.** T r a c h i n i a westl. von den Ther-mopylen *L.* **4.** S i n t i c a am Strymon. **5.** P o n t i c a am Südwestufer des Schwarzen Meeres *SL*]; Einw. v. **5. Hēracleōtae** *Pli.*

Hēraclēum, ī, *n.* H. [St. im südl. Makedonien] *L.*

Hēraclītus, ī, *m.* H. [Philosoph aus Ephesus, um 500].

I. Hēraea, ae, *f.* H. [St. im westl. Arkadien] *L.*

II. Hēraea, ōrum, *n.* (τὰ Ἡραῖα) Herafest *L.*

herba, ae, *f.* **1. Kraut, Pflanze:** palustres Sumpfpflan-zen *L*, salutaris Heilkraut *O*, veneni Giftpflanze *V.* **2. occ. a. Küchenkraut:** lapathi *H.* **b. Unkraut:** steri-lis *Cu*; **Zauberkraut:** segetem obducunt herbae *V*; revocatus herbis *V.* **c. Halm:** frumenta in herbis sunt stehen in Halmen, sind nicht reif; s p r i c h w. laus velut in herba praecepta am grünen Halm *T.* **d. Gras, Rasen:** herba requiescere *O*, armenta per herbas er-rant Weide, Anger *O.*   Dav. (§ 74)

herbēscō, ere hervorsprießen.

herbidus 3 (herba, § 74) grasreich, grün.

herbi-fer 3 (fero, § 66) grasreich.

herbōsus 3 (herba) grasreich: arae aus Rasen *O*, mo-retum mit Kräutern angemacht *O*, rogos von Rasen be-deckt *Pr.*

herbula, ae, *f.* (*dem.* v. herba) Kräutlein.

hercīscō, ere die Erbschaft teilen; [nur in der Verbin-dung]: herciscunda familia Erbschaftsteilung.

hercle s. Hercules.

herctum, ī, *n.* (vgl. hercisco) das Erbe: ciere teilen.

Herculāneum, ī, *n.* H. [St. in Kampanien, 79 n. Chr. von der Lava des Vesuv bedeckt]; *adi.* **Herculānēnsis,** e.

Herculēs, is, selten ī, *m.* H. [Sohn des Juppiter und der Alkmene, Heros der Kraft und Stärke]: Herculis silva [Wald östl. von der Weser] *T.* Beteuerungsformen im *voc.*: h e r c l e , h e r c u l e (s) , m e h e r c u l e (s) beim Herkules! bei Gott! wahrhaftig! fürwahr! *Adi.* **Her-culeus** 3: hospes = Kroton *O*, arbor = Silberpappel *V*, urbs = Herculaneum *O*, Trachin [von Herkules er-baut] *O.*

E: gr. Ἡρακλῆς wurde im Italischen durch Synkope, § 42, zu *Hercles, mit Übergang in die 2. Dekl. zu *Her-clus. Davon stammt der *voc.* Hercle. Im Lat. ist zwi-schen c und l ein u eingeschaltet worden, § 91, Abs. 3.

Hercynia silva, saltus **Hercynius** *T*, auch **Hercynia,** ae, *f. T* der Hercynische Wald [das Deutsche Mittelge-birge; von den Quellen der Donau (Schwarzwald) bis nach Dakien].

Herdonia, ae, *f.* O r d o n a [St. in Apulien] *L.*

here s. heri.

hērēditārius 3 erblich, ererbt.   Von

hērēditās, ātis, *f.* (heres) Erbschaft; s p r i c h w. sine sacris = Gewinn ohne Mühe *C.*

hērēdium, ī, *n.* Erbgut *N.*   Von

hērēs, ēdis, *m. f.* Erbe, Erbin: ex dodrante Dreiviertel-erbe *N*, secundus Miterbe, Ersatzerbe [für den Fall, daß der eigentliche Erbe die Erbschaft nicht antreten kann] *ST*; vgl. as; geminus zwei Nachwachsende [zwei Hälse der Hydra an Stelle des abgehauenen] *O.*

E: gr. χῆρος 'verwaist'.

herī u. (§ 45) **here** gestern; *meton.* neulich, vor kurzem.

E: *adv. locat.* vom St. hes, § 29; vgl. hes-ternus, ai. hyás, gr. χθές, ahd. gestaron 'gestern', § 14.

herīlis s. erilis.

Hermae, ārum, *m.* (Ἑρμαί) Hermessäulen [viereckige Pfeiler mit Hermeskopf].

Herm-athēna, ae, *f.*, **Herm-ēraclēs**, is, *m.* H. [Doppelbüsten der Athene und des Hermes auf einem Sokkel].

Hermi(n)onēs, um, *m.* die H. [Stämme Mittelgermaniens] *TSp.*

Hermionē, ēs, *f.* H. [**1.** Tochter des Menelaus und der Helena, Braut des Neoptolemos *VO.* **2.** St. in der Argolis *L*; *adi.* Hermionicus 3 *L*].

Hermodōrus, ī, *m.* H. [Baumeister aus Salamis].

Hermogenēs s. Tigellius.

Hermun-dūrī, ōrum, *m.* die H. [germ. Volk in Thüringen] *T.*

Hermus, ī, *m.* H. [goldführender Fl. in Lydien] *V.*

Hernicī, ōrum, *m.* (sabinisch herna = saxum) die H. [Volk in Latium]; *adi.* **Hernicus** 3.

Hērōdēs, is, *m.* H. [Name jüdischer Fürsten] *HT.*

Hērodotus, ī, *m.* H. [gr. Geschichtschreiber aus Halikarnaß, um 484—424].

hērōicus 3 (ἡρωϊκός) heroisch, mythisch: carmen Epos *Pl.*

hērōis, idis, *f.*, *dat. pl.* heroisin *O* (ἡρωΐς) Halbgöttin.

Hērophilē s. Marpessus.

hērōs, ōis, *m.* (ἥρως) **1.** Heros, Halbgott: Thesēïus = Hippolytos, Rhodopēïus = Orpheus, Neptunius = Theseus, Laërtius = Odysseus, Cytherēïus (Troius) = Äneas. **2.** *met.* Held, Koryphäe. Dav.

hērōus 3 heroisch, episch: pes *O* [u. allein] herous *Pli* der Hexameter, carmen Epos *Pr*; *subst.* in herois in den Metamorphosen *Q.*

herus s. erus.

Hēsiodus, ī, *m.* H. [gr. Epiker aus Askra (Ascraeus) in Böotien, um 700. Werke: ἔργα καὶ ἡμέραι (ein 'Bauernkalender'), θεογονία, ἀσπίς (scutum Herculis)]; *adi.* Hēsiodīus 3.

Hēsionē, ēs u. **-a**, ae, *f.* H. [Tochter des Laomedon, Gemahlin Telamons] *VO.*

Hesperus, ī, *m.* (Ἕσπερος, vgl. vesper, § 20) Abendstern; *adi.* **Hesperius** 3 abendländisch, westlich: terra = Italien *V*, fluctus = das Tyrrhenische Meer *H*; *subst.* **Hesperia**, ae, *f.*: Abendland (Italien *V*, Spanien *H*); **Hesperis**, idis, *f.*: aquae = italisch *V*; *subst.* **Hesperidēs**, um, *f.* die H. [Töchter der Nacht oder des Atlas, die im fernen Westen den Baum mit goldenen Äpfeln bewachen *O*].

hesternus 3 (s. heri) gestrig, von gestern.

hetaeria, ae, *f.* (ἑταιρία) Geheimbund, Verein *Pli.*

hetaericē, ēs, *f.* (ἑταιρική, *sc.* ἵππος) 'Schar der Freunde', [makedonische] Garde zu Pferd *N.*

heu *interi.* ach! wehe! o! heu me miserum! ich Unglückseliger! heu miser! Unglückseliger! *O.*

heus *interi.* holla! he! paß auf! höre!

hexameter, trī, *m.* (ἑξάμετρος, § 42, Abs. 3) versus der [daktylische] Hexameter.

Hexapylum, ī, *n.* (ἑξάπυλον) sechsbogiges Tor [in Syrakus] *L.*

hexēris, is, *f.* (ἑξήρης) sechsruderige Galeere *L.*

hiātus, ūs, *m.* (hio) **1.** Öffnung, Kluft, Schlund: terra-

rum. **2. occ.** offener Mund, Rachen: auras captare hiatu *O.* **3.** *meton.* **a.** Vokalzusammenstoß, Hiat. **b.** Aufschneiderei, Großsprecherei *H.* **c.** Gier: praemiorum *T.*

Hibēr, ēris, *pl.* **Hibērēs**, um u. **Hibērī**, ōrum, *m.* **I.** die H. [Volk am Ebro in Spanien]; *synecd.* Spanier; *adi.* **1. Hibērus** 3 hiberisch, spanisch: gurges *V* = flumen *O* der Oceanus, piscis = die Makrele *H*, pastor = Geryon *O*, boves = die Rinder des G. *VO*; *subst.* **Hibērus**, ī, *m.* der Ebro; **2. Hibēricus** 3; *subst.* **Hibēria**, ae, *f.* Spanien. **II. Hibērī** die H. [Volk südl. vom Kaukasus] *T*; ihr Land **Hibēria**, ae, *f.* H.

hībernāculum, ī, *n.* (hiberno) Winterwohnung *Pli*; *pl.* **1.** Winterbaracken: lignea *L.* **2.** Winterlager, -quartier.

Hibernia, ae, *f.* (keltisch Erin) Irland.

hībernō **1.** überwintern. Von

hībernus 3 (aus *hīmrinos, §§ 34 u. 42; vgl. χειμερινός u. hiems) **1.** winterlich, Winter-: mare winterlich stürmisch *H.* **2.** rauh, kalt. **3.** *pl. subst.* **hīberna**, ōrum, *n.* (*sc.* castra) Winterlager, -quartier; terna drei Winter *V*; *meton.* frumentum in hibernis Magazine.

hibiscum, ī, *n.* (ἱβίσκος, § 92, Abs. 2) Eibisch *V.*

hic, haec, hoc dieser, diese, dieses.

A. F o r m. Das *pron.* hi-c, hae-c, ho-c ist mit dem enklitischen ce (vgl. nun-c, tun-c) versehen, das bei den auf s ausgehenden Formen häufig fehlt, so daß Doppelformen ohne Unterschied gebildet werden: huius = huiusce; his = hisce; hos, has = hosce, hasce. *Nom. pl. m.* auch hīsce *C*, *fem.* hae u. haec; *gen. pl.* horunc, harunc *C*. Die *acc.* *hum, *ham = hunc, hanc liegen vor in der *Iuxtap.* ecc'-um, ecc'-am, der *abl.* *hō wahrsch. in hodie, hornus (s. dort). Der *nom.* urspr. hīce, haece, hocce (für *hod-ce, vgl. illud, istud), nach Abfall des e (§ 55) seit dem 3. Jahrh. v. Chr. gewöhnlich hīc, haec, hōc (= hocc); seit dem Ende des 2. Jahrh. v. Chr. tritt statt hīc auch hīc auf, d. h. ein nach dem Muster des Neutrums gebildetes hicc. Das auslautende e hat sich, zu i verdünnt (§ 41), vor dem fragenden ne dauernd gehalten; daher hīcine oder hīcine, huncine usw.

B. B e d e u t u n g. Hic bezeichnet einen Gegenstand dem Sprechenden als räumlich, zeitlich oder vorstellungsgemäß nächststehend: **dieser (hier, mein, unser)**: hic Laelius der hier anwesende, hic dies der heutige, hic homo = ich, haec das Weltall, das Staatswesen. Gegs. ist ille für früher Genanntes oder ferner Stehendes. T e m p o r a l ist hic **gegenwärtig, heutig, jetzig**: in hoc aevi bis auf die Gegenwart *O*; hāc annonā bei der gegenwärtigen Teuerung; auf die eben vergangene Zeit bezogen: hoc triduo vel quatriduo in den letzten drei oder vier Tagen, ante hos sex menses vor (den letzten) sechs Monaten *Ph.* Als *abl. mensurae* beim *comp.*: de quo hoc plura referemus, quod obscuriora sunt eius gesta *N.* Zurückverweisend: haec habui de amicitia quae dicerem; hinweisend auf das Folgende: res hoc modo facta est begab sich folgendermaßen *L*; hoc est das heißt.

C. I s o l i e r t e F o r m e n.

1. hāc (*abl. sg. fem.*, vgl. qua) da, hier. In *Iuxtap.*

hicine 209 **hirsutus** **H**

(§ 67) **hāc-tenus 1.** räumlich: **so weit:** hactenus
Euxini pars est Romana *O.* **2.** zeitlich: **bis hier-
her, bis jetzt:** hactenus, Acca soror, potui *V.* met.
3. [nach Abschluß der Rede] **bis zu diesem Punkt, bis
hierher, so weit:** hactenus de amicitia dixi. **4.** [gradu-
ell beschränkend]: **bis zu dem Grade, insoweit, inso-
fern:** hactenus reprehendet, non amplius.

2. **hīc,** älter **heic, hīce** (*locat. sg. n.*) **1. hier, an die-
sem Ort:** video esse hic in senatu quosdam.
2. zeitlich: **hierauf, alsdann:** hic regina poposcit
pateram *V.* **3.** met. **hierin, hierbei, bei dieser Gelegen-
heit, unter solchen Umständen:** hic iam plura non
dicam.

3. **hinc** (aus adv. *him mit ce, wie istin-c aus istim u.
ce) **1. von dieser Stelle, von hier (aus):** hinc a
nobis profecti in caelum. **2. hier:** hinc ... hinc
hier ... dort; hinc pudicitia pugnat, illinc stuprum.
3. zeitlich: **von jetzt an, von nun an:** hinc oblivis-
cere Graios *V;* **occ. dann, hierauf:** hinc ferro accin-
gor rursus *V.* **4.** met. **infolgedessen, hiervon, daher:**
hinc in Ligarium crimen oritur.

4. **hōc,** klassisch **hūc** (wie eo, quo, alio) **1. hierher,
hierhin:** hoc animum advorte *C,* huc homines venie-
bant; nunc huc, nunc illuc bald hierhin, bald dort-
hin *O;* prolept. quare huc adsim weshalb ich (hierher
gekommen und) hier bin *O.* **2.** met. **hierher, dazu:** huc
accedit timor dazu kommt noch, huc adice *O.* **occ.
bis zu dem Punkt, bis dahin, so weit:** res huc erat de-
ducta; huc malorum ventum est *Cu.* Die Grundform
*hūce führte zu hūci-ne (§ 41): hucine evasere benefi-
cia tua? so weit ist es gekommen mit? *S.*

hicine s. hic A.

hiemālis, e (hiems, § 75, Abs. 2) winterlich, Winter-.

hiemō 1. (hiems) **1. den Winter zubringen, überwintern.
2. stürmisch sein:** mare hiemat *H.* **3.** trans. gefrieren
lassen: aquas *Sp.* Von

hiems (hiemps), hiemis, *f.* **1. Unwetter, Sturm, Ge-
witter, Regenwetter:** intonata von Donner begleitet *H.*
2. meton. **Winter:** hieme navigare. **3.** synecd.
Jahr *H;* vgl. bimus, trimus. **4.** meton. **Kälte, Eis,
Frost:** letalis Todesschauer *O.* **5.** person. **Hiems**
[Gott der Ungewitter] *O.* **6.** met. **das Erkalten:** amoris *O.*
E: ai. hima-s, gr. χεῖμα, χειμών, § 8; vgl. bimus aus
*bi-himus.

hierātica charta (ἱερατικός) Tempelpapyrus *Sp.*

Hierocaesarēa, ae, *f.* H. [St. in Lydien] *T;* Einw.
Hierocaesariēnsēs *T.*

hieronīcae, ārum, *m.* (ἱερονῖκαι) Sieger in den (heili-
gen) Festspielen *Sp.*

Hierosolyma, ōrum, *n.* Jerusalem; dav. Hierosoly-
mārius Held von Jerusalem [Pompejus].

hietō, āre (frequ. v. hio) gaffen *C,* gähnen.

hilaris s. hilarus.

hilaritās, ātis u. **-tūdō,** inis, *f.* (hilarus) Heiterkeit,
Fröhlichkeit, Frohsinn.

hilarō 1. (hilarus) auf-, erheitern, fröhlich machen.

hilarulus 3 recht heiter. *Dem.* von

hilarus 3, adv. **ē** (ἱλαρός) u. **hilaris,** e heiter, fröhlich,
vergnügt, aufgeräumt.

hīlla, ae, *f.* Würstchen *H.*
E: *dem.* v. hīra 'Darm'.

Hīlōtae s. Helotae.

hīlum, ī, *n.* (Dialektform v. filum, § 8, vgl. nihil) Faser,
Kleinigkeit: fabae hilum 'nicht eine Bohne wert', non
proficit hilum richtet nichts aus.

Hīluricus, Hīlurii = Illyr ... *C.*

Himella, ae, *f.* H. [Bach im Sabinerland bei Reate] *V.*

I. Hīmera, ae, *m.* H. [Fl. in Sizilien] *L.*

II. Hīmera, ōrum, *n.* H. [St. östl. von Palermo] *O.*

hinc s. hic C.

hinnītus, ūs, *m.* das Wiehern.
E: hinnio 'wiehern' [Schallwort].

hinnuleus, (h)inuleus, ī, *m.* (ἔνελος) Hirschkalb, jun-
ger Hirsch, Rehbock.

hiō 1. āvī I. intr. **1. klaffen, offenstehen:** concha
hians. **2. occ.** den **Mund (Rachen) auftun, gähnen:**
hiantes *V.* **3.** met. **a.** nach etw. **lechzen, schnappen:**
emptor (corvus) hians gierig *H.* **b. staunen, gaffen:**
ad (über) magnitudinem praemiorum *T.* **c.** [von der
Rede] **lückenhaft sein, nicht passen, nicht zusammen-
hängen:** hiantia loqui, poëtae hiant lassen den Hiat
zu. **II.** trans. carmen hervorhauchen *Pr.*
E: gr. ἔ-χαν-ον, ahd. ginēn 'gähnen', § 8.

hippagōgoe, ōn, acc. ūs (naves) (ἱππαγωγοί) Pferde-
transportschiffe *L.*

Hippō, ōnis, *m.* **1.** H. regius: B o n e [St. in Numi-
dien] *L.* **2.** B i z e r t a [St. in der Provinz Afrika] *S* =
Hippōnēnsis colonia *Pli.* **3.** Y e p e s [Stadt in Spa-
nien] *LSp.*

hippocampus, ī, *m.* (ἱππόκαμπος) Seepferdchen *Sp.*

hippo-centaurus, ī, *m.* (ἱπποκένταυρος) Kentaur [Fa-
belwesen: halb Mensch, halb Pferd].

Hippocrēnē, ēs, *f.* die H. [Musenquell am Helikon], s.
Pegasus.

Hippodamē, ēs, **-ēa, -īa,** ae, *f.* H. [**1.** Tochter des
Önomaus von Pisa, Gemahlin des Pelops *VPrO.* **2.** Ge-
mahlin des Pirithous *O*].

hippodromus, ī, *m.* (ἱππόδρομος) Rennbahn *Pli.*

Hippolytē, ēs (**-a,** ae *C*), *f.* **1.** H. [Königin der Amazo-
nen] *V.* **2.** Magnessa H. [Gemahlin des Akastus] *H.*

Hippolytus, ī, *m.* H. [Sohn der Hippolyte 1. und des
Theseus, wird von seiner Stiefmutter Phädra verleumdet
und von seinen Pferden zu Tode geschleift, aber durch
Diana wiedererweckt und als Gott Virbius in ihrem Hain
bei Aricia verehrt *O*].

hippo-manes, is, *n.* (ἱππομανές) Brunstschleim *V.*

Hippōnax, actis, *m.* H. [Verfasser von Spottgedichten,
aus Ephesus, um 540]; dav. Hippōnactēum praeco-
nium Spottgedicht u. Hippōnactēī, ōrum, *m.* Hink-
verse; s. scazon.

Hippotadēs, ae, *m.* H. [Sohn des Hippotes, Äolus] *VO.*

hippotoxotae, ārum, *m.* (ἱπποτοξόται) Bogenschüt-
zen zu Pferd.

hircīnus 3 (§ 75) Bocks- *HSp.* Von

hircus, ī, *m.* Bock; meton. Bocksgestank *H.*

Hirpīnī, ōrum, *m.* (oskisch-sabinisch hirpus 'lupus')
die H. [Volk in Samnium] *L.*

hirsūtus 3 (zu hirtus) **1. stachelig:** frondes Laub von

Dornbüschen *V.* **2.** struppig, rauh, borstig: crines, barba *O*, hirsutus amictu *O*. **3.** *met.* roh, schmucklos *O*.

Hirtius, A. H. [Legat Caesars, fiel 43 bei Mutina]; *adi.* Hirtīnus u. Hirtiānus 3.

hirtus 3 (vgl. hirsutus) borstig, struppig, rauh; *met.* ingenium rauh, ungepflegt *H*.

hirūdō, inis, *f.* Blutegel *Sp*; *met.* aerarii Blutsauger.

hirundō, inis, *f.* Schwalbe.

hīsce *nom. pl.* s. hic A.

hīscō, ere (*incoh.* zu hio) **1.** sich auftun, sich öffnen: tellus, hisce! *O*. **2. occ.** den Mund auftun, mucksen; *trans.* sagen, besingen *PrO*.

Hispalis, is, *f.* S e v i l l a ; Einw. **Hispaliēnsēs** *T*.

Hispānus 3 spanisch; **Hispānī**, ōrum, *m.* Spanier; **Hispānia**, ae, *f.* Spanien [geteilt in citerior (Tarraconensis) u. ulterior (Lusitania et Baetica)]; *pl.* die (beiden) spanischen Provinzen; *adi.* **Hispāniēnsis**, e.

Hispellātēs die Einw. v. Hispellum [in Umbrien] *Pli.*

hispidus 3 rauh, struppig, borstig.

Hister (Ister), trī, *m.* die untere Donau.

historia, ae, *f.* (ἱστορία) **1.** Forschung, Untersuchung: in omni historia curiosus. **2.** Kenntnis, Wissen. **3.** *meton.* Erzählung, Bericht; k o n k r. nobilis Stadtgespräch *Pr.* **4.** *synecd.* Geschichte: historia magistra vitae.

historicus 3, *adv.* **ē** (ἱστορικός) geschichtlich; *subst. m.* Geschichtsschreiber.

Histrī (Istrī), ōrum, *m.* die Istrier; **Histria (Istria)**, ae, *f.* Istrien; *adi.* **Histricus** 3 *L*.

histriō, ōnis, *m.* (v. etruskisch ister *L 7, 2, 6*; vgl. persona) Schauspieler; *adi.* **histriōnālis**, e (§ 75, Abs. 2) Schauspieler-: studium *T*, favor *T*.

hiulcus 3, *adv.* **ē** (hio) **1.** klaffend, rissig: arva *V.* met. **2.** klaffend, unzusammenhängend: verborum concursus, hiulce loqui. **3.** gierig: gens *C*.

hōc *adv.* = huc s. hic C. 4.

hodiē (aus *hō diē, § 67, infolge Tonanschlusses verkürzt, § 40) **1.** heute, an diesem Tag. **2. a.** heutzutage, gegenwärtig, jetzt: Masinissa hodie nonaginta annos natus; **occ.** noch heute, noch heutzutage, bis auf den heutigen Tag: is hodie saltus Graius appellatur *N*; quod hodie quoque in Graecia manet *L*. **b.** sogleich: non dices hodie? *H*.

hodiernus 3 (hodie; vgl. hesternus) heutig, gegenwärtig.

holitor, ōris, *m.* Gemüsegärtner *C*; dav. **holitōrium** forum Gemüsemarkt [in Rom, sw. vom Kapitol] *HL*. Von

holus, holeris, *n.* u. *dem.* (§ 29) **holusculum**, ī, *n.* Grünzeug, Gemüse *H*.
E: urspr. helus, § 51; zu helvus 'honiggelb', vgl. helvella.

Homēromastix, *m.* (ὁμηρομάστιξ) 'Geißel' [d. h. Kritiker] des Homer *Sp*.

Homērus, ī, *m.* (Ὅμηρος) Homer [der größte epische Dichter der Griechen, unbekannter Herkunft]; *adi.* **Homēricus** 3.

homi-cīda, ae, *m. f.* (homo, caedo, §§ 43 u. 66) **1.** Mörder(in). **2.** männermordend: Hector *H*.

homicīdium, ī, *n.* Mord, Totschlag *Sp*.

homō, inis, *m.* **1.** [als Gattungsbegriff] **Mensch**; *pl.* **Menschen**: inter homines esse, agere am Leben sein, post hominum memoriam seit Menschengedenken, hominem ex homine tollere die Menschlichkeit nehmen, si homo esses vernünftig *C*, nihil hominis esse nichts Besonderes sein, summi sunt, homines tamen schwache, irrende Menschen *Q*. **2.** [als Spezies] **Mensch, Mann**; *pl.* **Leute**: factiosus *N*, nemo homo keine Menschenseele, inter homines esse mit Leuten verkehren, paucorum hominum (est) er ist unzugänglich *H*. [Geringschätzig]: ille homo Kerl, odium hominis abscheulicher Mensch. [Bedeutungsgeschwächt]: persuasit homini ihn *N*, hunc hominem mich *H*. **3. occ.** Angehörige, Personal: certum hominem ad eum mittas *N*, treceni homines Familienoberhäupter mit den Ihren *L*. **4.** *pl.* **Fußvolk** (Gegs. equites).
E: altl. homō, ōnis, daher homuncio, homun-culus; älter: hemo. Vgl. got. guma, ahd. gomo 'Mensch', erhalten in: Bräuti-g a m .

Homolē, ēs, *f.* H. [Berg in Thessalien] *V*.

homunciō, ōnis u. **homunculus**, ī, *m.* (*dem.* zu homo, s. d.) Menschlein, Schwächling.

honestās, ātis, *f.* (honos) **I. 1. Ehre, Ansehen**: honestatem amittere; *pl.* Auszeichnungen: ante partae. **2.** *meton.* angesehene Bürger: honestates civitatis. **II. 1. Ehrbarkeit, Ehrenhaftigkeit, Würde, Anstand, Sittlichkeit**: hinc honestas pugnat. **2.** *met.* **Schönheit**: in rebus.

honestō **1.** ehren, auszeichnen, zieren. Von

honestus 3, *adv.* **ē** (honos) **1.** geehrt, angesehen, geachtet, ansehnlich, ehrenwert, ehrbar, vornehm: familiae, honeste geniti von ehrbarer Abkunft *L*; *subst.* **honestus** der Angesehene, Vornehme. **2.** ehrenhaft, würdig, tugendhaft, anständig, schicklich: honeste vivere, artes, funus *N*, res standesgemäße Mittel *S*; mit *inf.*, *supin.* auf -u; *subst.* honestum Anstand, Würde, Sittlichkeit. **3.** schön, hübsch, edel: caput, os, pectus *V*, oratio schönklingend.

honor, älter **honōs**, ōris, *m.* (§ 29)

I. 1. Ehre, Ehrenbezeigung, Ehrung, Auszeichnung; *occ.* **Hochachtung, Verehrung, Scheu**; 2. *person.* **Gott der Ehre**; 3. *meton. a.* **Ehrenstelle, -amt, Würde**; *occ.* **Ehrentitel**; *b.* **Ehrenopfer**; *occ.* **Opferfest**; *c.* **Ehrenpreis, -sold, Preis, Belohnung, Honorar.**
II. 1. Ansehen, Ruhm, Berühmtheit; 2. *met.* **Schmuck, Zierde.**

I. 1. honorem habere, dare, reddere; id mihi honori est gereicht mir zur Auszeichnung, honori ducitur gilt als Ehre *S*; honoris causā (gratiā) ehrenhalber [entschuldigend oder rühmend], honos auribus sit 'mit Verlaub zu sagen' *Cu.* **occ.** templum miro honore colebat *V*, Amatae Achtung vor *V*. **2.** aedes Honoris et Virtutis. **3. a.** honoris gradus Amtsstufe, tribunicius, curulis *L*; nostro successit honori trat an meinen Ehrenplatz *O*. **occ.** honore contentum esse *N*, militaris *L*. **b.** turis *O*, aris imponere honorem *V*, hono-

honorabilis   211   **hospitalis** **H**

rem Baccho dicere ehrendes Lied *V.* **occ.** Roma patrium servavit honorem *V.* **c.** frondis aesculeae *O,* sine honore recedere ohne Ehrendank *O,* medici. **II. 1.** in honore esse apud aliquem in Ansehen stehen, gentis Ruhm *V,* exsilii ehrenvolle Verbannung *T.* **2.** frondis honores Laubschmuck, Kranz *O,* ruris Früchte *H,* oculis adflare honores Schönheit, Reiz *V.*

honōrābilis, e (honoro) ehrenvoll.

honōrārius 3 (honor) ehrenhalber: arbiter; honorarium est es geschieht ehrenhalber; *subst.* **honōrārium,** ī, *n.* Honorar: decurionatūs Taxe für die Ratsherrnwürde *Pli.*

honōrātus 3, *adv.* **ē** (honoro) **1.** geehrt, angesehen: senectus. **2.** ehrenvoll: praefectura, decretum *L*; rus (= honorarium) als Ehrengeschenk verliehen *O.* **3. occ.** hochgestellt: vir *O,* senes *T.*

honōri-ficus 3, *adv.* **ē** (honor, facio, §§ 66 u. 41) Ehre bringend, ehrenvoll, ehrend: multo honorificentius est *N,* res honorificentissimae.

honōrō 1. (honor) **1.** ehren. **2.** auszeichnen: hominem sellā curuli *L,* diem illum verherrlichen *L.* Dav. (§ 76)

honōrus 3 ehrenvoll, ansehnlich *T.*

honōs s. honor.

hoplītēs, ae, *m.* (ὁπλίτης) Schwerbewaffneter, Hoplit *Sp.*

hōra, ae, *f.* (ὥρα) **1. Stunde.** [Der Tag zerfiel bei den Römern in 12 Stunden von verschiedener Länge]: sexta [immer die] Mittagszeit, nona [etwa 15 Uhr] Essenszeit; hora quota est? wieviel Uhr ist es? *H*; in horam (horas) von Stunde zu Stunde *H*; *meton. pl.* **Uhr:** mittere ad horas nach der Uhr, machinatione horae moventur Uhrwerke. **2.** *synecd.* (oft *pl.*) **Zeit, Frist:** ad opem ferendam brevis hora est *O.* **3.** d i c h t. **Jahreszeit:** variae *V.* **4.** *pl.* p e r s o n. die **Horen** [Töchter des Juppiter und der Themis, Göttinnen der 3 (schönen) Jahreszeiten] *HO.*

hōraeus, ī, *m.* (ὡραῖος) marinierter Seefisch *C.*

Horātius 3 im *n. g.* **1.** die 3 Horatii [die unter Tullus Hostilius die 3 Curiatii aus Alba Longa besiegten] *L*; **2.** P. Horatius Cocles s. Cocles; **3.** Q. Horatius Flaccus [der Dichter, 65—8]. *Adi.* zu **1.** pila Horātia [der drei Horatier; Ort in Rom] *LPr.*

hordeum, ī, *n.* (statt *horsdeum, vgl. horreo, gr. κριϑή, ahd. gersta, §§ 14 u. 33) Gerste.

horiola, ae, *f.* (*dem.* v. horia) Fischerkahn *C.*

hornus 3 (enthält den *abl.* *hō = hoc) diesjährig, heurig; *abl. adv.* hornō heuer *C.*

hōrologium, ī, *n.* (ὡρολόγιον) Uhr.

horrendus 3 **1.** schaudervoll, schrecklich; *n. adv.* horrendum stridens *V.* **2.** ehrwürdig, bewundernswert: Sibylla, virgo *V.*   Von

horreō 2. uī **1.** struppig sein, (empor)starren: saetae horrent *O*; *met.* phalanx horrens hastis *L,* horrent verba minis strotzen von *O.* **2.** *pt. pr. act.* **starrend, struppig, stachelig:** saxa horrentia silvis *O,* campus *V,* capillus *T*; umbra düster *V. met.* **3.** (vor Frost) **zittern, schaudern:** corpus horret *O,* tempestas horret es herrscht Kälte *O.* **4.** (vor Furcht) **schaudern, sich entsetzen;** *trans.* **fürchten, sich vor etw. scheuen** (mit *inf. L*): membra horruerant timore *O*; crudelita-

tem, iudicium, mortem *V*; mit ne, indir. Fr. **occ.** anstaunen: quae horrere soleo.

E: ai. hṛ̣ṣyati 'starrt'.   Dav. *incoh.*

horrēscō 3. uī **1.** starren: horruerunt comae sträubten sich *O,* mare coepit horrescere aufzuwallen, segetes horrescunt flabris beginnen zu wogen *V.* **2.** schaudern, fürchten: visu *V*; *trans.* morsūs futuros *V.*

horreum, ī, *n.* **1.** Scheuer, Scheune: ruperunt horrea messes *V.* **2.** Speicher, Lager, Magazin: horrea constituere, ponere *L.*

horribilis, e (horreo) **1.** schrecklich, schauderhaft. **2.** erstaunlich.

horridulus 3 'ziemlich ungefeilt'.   *Dem.* von

horridus 3, *adv.* **ē** (horreo, § 74) **I. 1.** starrend, rauh, zottig, struppig: capillus, Iuppiter horridus austris *V*; **occ. unkultiviert:** locus *O.* met. **2.** roh, ungebildet, ungeschliffen: gens *V,* oratio, te neglegit horridus der Tölpel *H*; **occ. einfach, schmucklos, schlicht:** vita Landleben, miles *L,* horride dicere. **3. wild, streng:** adloqui horridius *T*; **occ. schauderhaft, schrecklich, entsetzlich:** aspectus, horridus irā *O,* in iaculis *V*; furor, grando, fata belli *V.* **II.** (vor Kälte) **schaurig:** bruma *V.*

horri-fer 3 (horror, fero, § 66) **1.** schaurig kalt: boreas *O.* **2.** schauderhaft: Erinys *O.*

horrificō 1. **1.** Entsetzen erregen, schrecken *V.* **2.** rauh machen: mare aufwallen lassen *Ca.*   Von

horri-ficus 3 (horror, facio, §§ 66 u. 41) schauerlich.

horri-sonus 3 (horror, sonus) schauerlich tönend.

horror, ōris, *m.* (vgl. horreo) **1.** Schauer, Schauder: frigidus *VO.* **2.** *meton.* Schrecken, Entsetzen: luridus *O*; **occ.** heilige Scheu, Ehrfurcht: perfusus horrore venerabundusque *L.*

horruī *pf.* v. horresco oder horreo.

horsum *adv.* (ho = hoc u. vorsum) hierher *C.*

hortāmen, inis u. **-mentum,** ī, *n.* (hortor) Ermunterung(smittel).

hortātiō, ōnis, *f.* (hortor) Ermahnung, Ermunterung.

hortātor, ōris, *m.* (hortor) Mahner, Anreger: isto hortatore auf sein Anraten.

hortātus, ūs, *m.* (hortor) Ermunterung, Antrieb.

hortēnsia, ōrum, *n.* (hortus) Gartengewächse *Sp.*

Hortēnsius 3 im *n. g.* Q. H. Hortalus [ber. Redner, Rivale Ciceros, 114—50]; dav. *m. pl.* Hortēnsiāna 'Hortensius' [philosophische Schrift Ciceros].

hortor 1. (*frequ.* zu altl. *horior, vgl. horītur *Ennius*) ermutigen, ermuntern, anfeuern, antreiben, auffordern, veranlassen; **occ.** (Soldaten) anfeuern, zum Kampf ermuntern.

hortulus, ī, *m.* Gärtchen; *pl.* Park.   *Dem.* von

hortus, ī, *m.* (gr. χόρτος, § 8, ahd. karto) **1.** Garten; *pl.* Gartenanlagen, Park. **2.** *meton.* Gemüse: inriguus *H.*

hospes, pitis, *m.,* selten *f.* Gastfreund, u. zw. **I.** Wirt: Iuppiter Hospes (ξένιος) = Schützer des Gastrechts *O*; Quartiergeber *T.* **II. 1.** Fremder, Gast: ex Arcadia *N.* **2.** *met.* fremd, unerfahren: in agendo. E: *hosti-potis 'Gastherr', §§ 66, 43 f., 33.

hospita s. hospitus.

hospitālis, e, *adv.* **iter** (hospes, § 75, Abs. 2) **1.** des Gastes, Gastfreundes: cubiculum *L,* mensa, Iuppiter

hospitalitas   212   **hydraulus**

gastschützend (ξένιος). **2.** gastlich, gastfreundlich: umbra einladend *H*, pectus für alle offen *H*.   Dav.

hospitālitās, ātis, *f.* Gastlichkeit.

hospitium, ī, *n.* (hospes) **1.** Gastfreundschaft: hospitii iura. *meton.* **2.** gastliche Aufnahme, Bewirtung: aliquem hospitio recipere. **3.** Herberge, Gastzimmer: publicum *L*, cohortes per hospitia dispersae Quartiere *T*; *met.* Ruheplatz: apes hospitiis tenet arbos *V*.

*hospitus 3, nur *f. sg.* u. *n. pl.* **hospita** (hospes) **I. 1.** fremd: navis *O*, aequora *V*. **2.** *f. subst.* die Fremde: coniunx *V*. **II. 1.** gastlich, gastfreundlich: tellus *O*; unda (Flußeis) plaustris Wagen tragend *V*. **2.** *f. subst.* (weibl.) Gast, Wirtin *CO*.

hostia, ae, *f.* Opfertier, Schlachtopfer.

hosticus 3 (hostis) **1.** fremd: domicilium *C*. **2.** feindlich, Feindes-; **hosticum,** ī, *n.* Feindesland *L*.

Hostīlia, ae, *f.* O s t i g l i a [St. am unteren Po] *T*.

hostīlis, e, *adv.* **iter** (hostis, § 75, Abs. 2) **1.** feindlich, des Feindes, der Feinde: condiciones mit den Feinden vereinbart, metus Furcht vor dem Feind *S*. **2.** feindselig: animus; *subst. pl.* hostilia Feindseligkeiten *SLT*.

Hostīlius 3 im *n. g.* Tullus H. [3. röm. König].

hostis, is, *m.*, selten *f.* **1.** Fremder, Fremdling: hostīsne an civīs *C*. **2.** Staatsfeind, auswärtiger Feind: populo R. *L*. **3.** *met.* offener Feind, Angreifer, Gegner: bonorum der Konservativen, iuri civium; rei p., populi R. Vaterlandsfeind.

E: got. gasts, hd. 'Gast'.

HS, eigtl. IIS (d. h. duo semis) s. sestertius.

hūc, hūcine s. hic C. 4.

hui hui! ei! [Ausruf des Erstaunens].

hūius-modī, hūiusce-modī (§ 67) derartig.

hūmānitās, ātis, *f.* (humanus) **1.** Menschentum, Menschennatur: humanitatem exuere. **2.** Menschlichkeit, Milde: singularis. **3.** höhere, feine Bildung, Geistes- u. Herzensbildung, Liebenswürdigkeit, Anstand: provinciae.

hūmānitus *adv.* nach menschlicher Art.   Von

hūmānus 3, *adv.* **ē** u. **-iter** (zu homo, humus) **1.** menschlich, des (der) Menschen, Menschen-: non humana audacia übermenschlich, morbos humaniter ferre menschlich = mit Ergebung; humaniter vivere das Leben genießen, intervalla humane commoda [ironisch] 'menschlich angemessen' *H*. *subst.* **a. hūmānus,** ī, *m.* Mensch, Sterblicher: Romulus humano maior übermenschlich groß *O*. **b. hūmāna,** ōrum, *n.* das Menschliche: divina et humana göttliches und menschliches Recht. **2.** mild, freundlich, leutselig: sensus. **3.** gebildet, fein: homines periti et humani. **4.** gelassen, ruhig, ergeben: humane loqui.

humātiō, ōnis, *f.* (humo) Beerdigung.

hūmectō, hūmeō, humerus, hūmēscō, hūmidus s. unter um...

humilis, e, *adv.* **iter** (humus, § 75, Abs. 2) **1.** niedrig: munitio, casae *V*, Myconos niedrig gelegen *O* = Ferentum *H*, Italia Flachküste von Italien *V*. **occ. a.** klein: statura *N*. **b.** flach: fossa nicht tief *VT*, radix insulae seichter Grund *Pli*; b i l d l. schwunglos, schmucklos: sermo. *met.* **2.** niedrig, gering, tiefgestellt: humili fortunā (loco) ortus von niedriger Her-

kunft *L*, ex humili loco (niedrige Stellung) ad summam dignitatem pervenire, manūs Sklavenhände *O*. **3.** unbedeutend, schwach: aliquem humiliorem redigere herunterbringen, civitas. **4.** alltäglich, gemein, dürftig: vestitus *N*, ars, verbum. **5.** unterwürfig, kleinmütig, demütig: humiliter sentire, humilis supplexque *V*; *occ.* verzagt, feig: pavor *V*.   Dav.

humilitās, ātis, *f.* **1.** Niedrigkeit: navium, arborum geringe Höhe *S*, animalium Kleinheit, siderum tiefer Stand. *met.* **2.** niedere Abkunft, niederer Stand, Armut: generis *S*. **3.** geringe Macht, Ohnmacht, Schwäche: id ex humilitate sua probare. **4.** Niedergeschlagenheit, demütiges Wesen: habet humilitatem metus Furcht drückt nieder.

humō 1. (humus) beerdigen, begraben, bestatten.

hūmor s. umor.

humus, ī, *f.* (gr. χαμαί, χαμᾶζε, χαμᾶϑεν, § 8) **1.** Erdreich, Erdboden, Boden, Erde: humum ore momordit 'biß ins Gras' *V*. **a.** *locat.* **humī** (χαμαί) **auf dem Boden:** iacēre; condere in der Erde *V*; bei *verb.* der Bewegung = **auf den Boden:** se humi abicere *Cu*. **b.** *abl.* **humō** vom Boden, von der Erde: humo surgere, Troia fumat humo von Grund auf *V*, fundit humo victum tellus aus der Erde *V*; als *abl. loci* = **auf dem Boden, auf, in der Erde:** humo iacet *O*. **2.** *occ.* **a.** Ackerboden, -land: humum vicinia nulla premebat engte Grund und Boden ein *O*. **b.** Fußboden: aquae perspicuae ad humum bis auf den Grund *O*. **c.** Gegend, Land: grata Minervae = Attika *O*, grata = die (gegen die Guten) erkenntliche Unterwelt *Pr*. **3.** *met.* das Niedrige, Gemeine: sermones repentes per humum im Staub *H*, humum vitare *H*.

hyacinthus, ī, *m.* (ὑάκινϑος) Hyazinthe; H. [in der Sage Sohn des Königs Öbalus von Sparta, von Apollo geliebt und durch eine unglücklichen Wurf mit dem Diskus getötet]; dav. **Hyacinthia,** ōrum, *n.* die Hyakinthien [dreitägiges Fest in Sparta] *O*.

Hyadēs, um, *f.* H. [Töchter des Atlas, Siebengestirn am Haupt des Stieres, dessen Aufgang (Mitte Mai) Regen bringt].

E: ὑάδες v. ὕω 'die Regnenden', volksetym. (§ 95) als 'Schweinchen' von ὖς, lat. suculae, gedeutet.

hyaena, ae, *f.* Hyäne *O*.

E: ὕαινα 'Sau', v. ὖς.

hyalopyrrichum, ī, *n.* rötlicher Bernstein *Sp*.

E: πύρριχος 'rötlich'.

hyalus, ī, *m.* (ὕαλος) Glas: color hyali glasgrün *V*.

Hyantēus 3 böotisch *O*; **Hyantius,** ī, *m.* [der Böotier] Aktäon *O*.

Hyās, antis, *m.*, *acc.* ān H. [Bruder der Hyaden] *O*.

Hybla, ae, *f.* [St. u. Berg an der Ostküste Siziliens] *O*; *adi.* Hyblaeus 3.

hybrida, ae, *m.* Mischling *H*; auch röm. cognomen.

Hydaspēs, is, *m.*, *acc.* ēn H. [Fl. im Pandschab] *VHCu*.

hydra, ae, *f.* (ὕδρα) Wasserschlange; bes. Lernaea [vielköpfige Schlange am See Lerna, Mutter des Cerberus]; s p r i c h w. videto, ne hydra tibi sit et pellis [d. i. das Leichtere], Hercules autem [d. i. das Schwierigere] relinquantur.

hydraulus, ī, *m.* (ὕδραυλος) Wasserorgel.

hydria 213 **iacio** I

hydria, ae, *f.* (ὑδρία) Wasserkrug.

hydrōps, ōpis, *m.* (ὕδρωψ) Wassersucht *H*; *adi.* **hydrōpicus** 3 wassersüchtig *H*.

hydrus, ī, *m.* (ὕδρος, vgl. hydra) Wasserschlange; *synecd.* Schlange. **Hydrūs,** untis, *f.* u. (§ 92) **Hydruntum,** ī, *n.* O t r a n t o [St. in Apulien].

Hylaeus 3 des [Kentauren] Hylaeus: rami Keule *Pr*.

Hylās, ae, *m.* H. [Liebling des Herkules, Begleiter auf der Argonautenfahrt, von Nymphen geraubt].

Hyllus, ī, *m.* H. [Sohn des Herkules u. der Deianira] *O*.

Hy̆mēn, menis, *m.* H. [ὑμήν; Vermählungsgott]; *meton.* Hochzeitslied: cantatus Hymen *O*. Dav. **hymenaeus,** ī, *m.* (ὑμέναιος) **1.** Hochzeitslied: canere hymenaeon *O*. **2.** *meton.* Hochzeit: inconcessi *V*. **3.** H. [Ehegott]: Hymen Hymenaeus *CaO*.

Hymēttus, ī, *m.* H. [Gebirge in Attika sö. von Athen, ber. durch Marmorbrüche u. Honigreichtum]; *adi.* **Hymēttius** 3 *HO*.

Hypaepa, ōrum, *n.* H. [Städtchen am Südabhang des Tmolus in Lydien] *O*; Einw. **Hypaepēnī** *T*.

hypaethros, ī, *f.* (ὕπαιθρος) Tempel [mit unüberdachter Cella] *Sp*.

Hypanis, is, *m.* B u g [Fl. in Südrußland].

Hypata, ae, *f.* H. [St. in Thessalien] *L*; *adi.* **Hypatēnsis**; *adi.* u. Einw. **Hypataeus** *L*.

hyperbaton, ī, *n.* (*rhet.*) H. [ὑπέρβατον, 'Sperrung', lat. traiectio] *Pli*.

Hyperborēī, ōrum, *m.* die H. [mythisches Volk im hohen Norden]; *adi.* Hyperborĕus 3 nördlich, thrakisch.

Hyperīdēs, is, *m.* H. [Redner und Staatsmann in Athen, Zeitgenosse des Demosthenes, hingerichtet 322.]

Hyperīōn, onis, *m.* (Ὑπερίων) H. [**1.** Titan, Vater des Sol. **2.** der Sonnengott *O*; Hyperionis urbs Heliopolis in Unterägypten *O*]; zu **2.** Hyperīonis, idis, *f.* Tochter des Sol, Aurora *O*.

Hyperm(n)ēstra, ae, *f.* H. [die jüngste der Danaïden] *O*.

Hypobolimaeus, ī, *m.* (ὑποβολιμαῖος) 'Der Unterschobene' [Lustspiel des Menander] *Q*.

hypocauston u. **-um,** ī, *n.* (ὑπόκαυστον) Fußbodenheizung *Pli*.

hypodidascalus, ī, *m.* (ὑποδιδάσκαλος) Unterlehrer.

hypomnēma, atis, *n.* (ὑπόμνημα) (schriftliche) Bemerkung.

hypothēca, ae, *f.* (ὑποθήκη) Unterpfand, Pfand.

Hypsipylē, ēs, *f.* H. [Königin des Frauenstaates auf Lemnos]; *adi.* Hypsipylēa tellus = Lemnos *O*.

Hyrcānia, ae, *f.* H. [Landsch. am Südostufer des Kaspischen Meeres]. *Adi.* **Hyrcānus** u. **Hyrcānius** 3; Einw. **Hyrcānī,** ōrum, *m. T*; Macedones H. [Bewohner der makedon. Kolonie H. in Lydien] *T*.
E: persisch Verkâna 'Wolfsland'.

Hyriē, ēs, *f.* H. [See in Ätolien] *O*.

Hyriēus, eī, *m.* H. [Vater des Orion] *O*; *adi.* Hyriēa proles = Orion *O*.

I

I Zahlzeichen für 1 (unus u. primus)

Iacchus, ī, *m.* I. [Kultname des Bacchus]; *meton.* Wein: hesternus *V*.
E: Ἴακχος, vgl. ἰακχή = ἰαχή 'Geschrei'.

iaceō 2. uī (*intr.* zu iacio)

> **1.** liegen; **2.** *occ.* **a.** im Bett liegen; **b.** zu Tische liegen; **c.** krank liegen; **d.** tot daliegen; im Kampf gefallen sein; **e.** (als Besiegter) auf dem Boden liegen; (von Städten, Bauten) in Trümmern liegen; **f.** (vom Gewand) schlaff (lose) hängen, nachschleppen; **g.** (von Reisenden) sich untätig aufhalten; **3.** (von Örtlichkeiten) liegen, gelegen sein; *occ.* **a.** flach daliegen; **b.** tiefliegen, tiefstehen; **4.** (in etw.) versunken sein, (in einem Zustand) liegen; *met.* **5.** am Boden liegen, überwunden sein; (von Dingen) darniederliegen, aufhören; *occ.* niedergeschlagen, mutlos sein; **6.** machtlos, ohnmächtig sein; *occ.* brachliegen, unbeachtet daliegen, ins Stocken geraten sein.

1. saxo *O*, in Tyrio ostro *O*, ad pedes, lora iacentia herabhängend *O*, oculi zufallend, schläfrig *O*; custodes im Schlaf daliegend *Ti*; b i l d l. verba zu freiem Gebrauch, in tenebris, infra tuam magnitudinem

nachstehen *T*. **2. a.** ad quartam bis zehn Uhr *H*. **b.** in litore conviviisque. **c.** iacebat morbo confectus rex *Ph*. **d.** iacentibus insistere auf die Gefallenen treten, Aeacidae telo iacet Hector *V*. **e.** victa iacet pietas *O*; iacet Ilion ingens *O*. **f.** praeverrunt veste iacente vias *O*. **g.** senator in vestro oppido iacuit. **3.** locus iacens sub Atlante *O*; gens iacet supra Ciliciam wohnt *N*. **a.** despiciens terras iacentes *VO*. **b.** iacentia et plana urbis loca *T*. **4.** in maerore, pecuniae otiosae iacent sind ohne Ertrag *Pli*. **5.** iacent suis testibus; ars iacet *O*. *occ.* iacens animus. **6.** pauper ubique iacet *O*, philosophia iacuit lag darnieder. *occ.* vestrum studium iacet, ea iacentia sustulimus e medio.

Iacetānī, ōrum, *m.* die I. [Volk im nö. Spanien].

iaciō 3. iēcī, iactus (wohl zu gr. ἵημι = *jijēmi, § 24)
I. 1. werfen, schleudern: lapides in murum, sese mediis fluctibus *V*; ancoram (de prora *V*) auswerfen, oscula Kußhändchen zuwerfen *T*; nix iacta gefallener Schnee *O*. **2.** *occ.* **a. wegwerfen:** arma *C*, vestem procul *O*. **b.** hin-, **ausstreuen:** flores *V*, semina säen *VO*. *met.* **3.** (Drohungen u. a.) **ausstoßen:** minas *L*, probra in feminas *T*, edicta adversus Vitellium *T*. **4.** (eine Äußerung) **vorbringen, fallen lassen, sich äußern:** voces, adulteria sich mit...brüsten,

iactans 214 **Iapyx**

quaedam de habitu eius *T*; mit *acc. c. inf. S.* **II. aufwerfen, errichten, bauen:** aggerem, vallum *LCu*, molem eine Mole *Cu*; fundamentum(-a) Grund legen.
iactāns, antis, *adv.* **anter** (iacto) sich brüstend, prahlend, prahlerisch, überheblich. Dav.
iactantia, ae, *f.* **1.** Prahlerei: sui Selbstverherrlichung *T.* **2.** (gewollter) Beifall *Pli.*
iactātiō, ōnis, *f.* (iacto) **I.** a k t. **1.** das **Schütteln, Bewegen, Erschüttern:** cervicum *Cu*, corporis Gebärdenspiel. **2.** das **Großtun, Prahlerei** (mit etw.): virtutis *Cu*, verborum Großsprecherei. **II.** m e d. **1.** das **Schwanken, Wogen:** maritima *L*; b i l d l. animi Wankelmut *L*, Erregung. **2. Beifall:** iactationem habere; popularis Volksgunst.
iactātus, ūs, *m.* (iacto) das Schütteln: pennarum *O.*
iactitō 1. (*frequ.* v. iacto) vortragen *L.*
iactō 1. (*frequ.* v. iacio)

I. 1. **werfen;** *occ.* **weg-, abwerfen;** *met.* 2. **vorbringen, zur Sprache bringen, besprechen;** 3. *occ.* *a.* **sich mit etw. brüsten, prahlen, großtun;** *b.* **Worte ausstoßen;** *c.* **sich benehmen.**
II. 1. **hin und her werfen, schütteln, schwingen;** 2. **hin und her treiben, beunruhigen;** 3. *occ.* (vom Tänzer) rhythmisch **bewegen.**

I. 1. basia Kußhändchen zuwerfen *Ph*, lapides in orbem *V*; semina säen, ausstreuen *O*, odorem verbreiten *V*. **occ.** arma multa passim *L*. **2.** dicta *L*, rem, ea in senatu, aliquem beatum preisen *H*, fabula iactaris man spricht allgemein von dir *O*. **3. a.** urbanam gratiam, vires regni *Cu*, haec maiora dies übertreiben *Cu*; mit *acc. c. inf. L*; *refl.* sich brüsten: se formosum mit seiner Schönheit *Ph*, se in S. Roscii bonis sich prahlerisch benehmen, de Calidio wegen. **b.** probra in eum *L*. **c.** magnificentissime. **II. 1.** cervicem et calces *Cu*, comas *O*, aestu febrique iactari von Fieberhitze. **2.** iactata flamine navis *O*; *met.* per labores iactari sich durcharbeiten *L*, iactari varietate fortunae *Cu*; curas pectore wogen lassen *V*; iactabatur nummus der Kurs schwankte, inter spem metumque iactari schwanken *T*, se in causis sich herumtreiben, se actionibus sich abgeben *L*. **3.** manūs *O*, se.
iactūra, ae, *f.* (iacio) **1.** das Überbordwerfen: in mari iacturam facere. **2.** *met.* das Aufgeben, Aufopferung, Einbuße, Verlust: dignitatis, iacturam accipere eine Niederlage erleiden *L*, sanguinis Mord der Kinder *O*. **3.** *meton.* Geldopfer, Aufwand, Kosten: inmanes.
I. iactus *pt. pf. pass.* v. iacio.
II. iactus, ūs, *m.* (iacio) **1.** das Werfen, Schleudern: fulminum, teli Schuß-, Wurfweite, intra, ad (extra) teli iactum innerhalb (außer) *VCu*, se iactu dedit in aequor stürzte sich *V*. **2.** *occ.* Wurf: tesserarum *L.*
iaculābilis, e (iaculor) zum Werfen geeignet *O.*
iaculātiō, ōnis, *f.* (iaculor) Speerwurf *Pli.*
iaculātor, ōris, *m.* (iaculor) **1.** Schleuderer. **2. occ.** Speerschütze *L.* Dazu
iaculātrīx, īcis, *f.* Speerschützin: Diana *O.*
iaculor 1. **1. den Wurfspieß schleudern, Speere werfen;** *occ.* mit dem Speer **erlegen:** cervos *H. met.* **2. schleudern, werfen:** silicem in hostes *O*, aëra

disco durchschneiden *O*, arces mit dem Blitz treffen *H*, puppibus (*dat.*) ignes *V*, probris in eum losziehen *L.* **3. nach** etw. **jagen:** multa *H.* Von
iaculum, ī, *n.* (iacio) Wurfspieß, Speer.
Iālysius 3 rhodisch [nach der St. Iālysos] *O.*
iam (*acc. f.* zum Pron.-St. *i-* v. is; vgl. eam) *adv.*

I. schon, soeben, bereits, nun, nunmehr, jetzt. **II.** non iam **noch nicht mehr, nicht länger. III.** als Übergangspartikel: **ferner, außerdem, nun;** **occ.** (steigernd) **vollends, sogar, wirklich.**

I. te iam adpello, eos iam aetas a proeliis avocabat; mit dem *fut.* oder *imp.* **augenblicklich, gleich, sofort:** iam te premet nox bald *H*, iam carpe viam *V.* Verdoppelt **iamiam, iamiamque sofort,** im nächsten Augenblick: iamiam futurus rusticus *H*; getrennt **iam—iam bald—bald:** iam contento, iam laxo fune laborat *H.* Vbdn. **iam-diū, iam-dūdum schon lange, sofort, iam-prīdem schon längst. II.** iam non salutis spem, sed solacium exitii quaerunt; bellum iam nullum haberemus keinen mehr, vix iam kaum mehr, kaum noch. **III.** videte iam porro cetera, iam ut gesetzt auch, daß, selbst wenn. **occ.** iam vero eius virtuti quae potest oratio par inveniri? iam illud sunt admonendi.
ïambus, ī, *m.* (ἴαμβος) **1.** der Jambus (∪ —) *H.* **2.** *meton.* jambisches Gedicht, Spottgedicht; *adi.* **ïambēus** u. **ïambicus** 3.
Iānālis s. Ianus.
Iāniculus (Ianus) mons (collis) *L*, *subst.* **Iāniculum,** ī, *n.* der Janiculus [Hügel am rechten Tiberufer] *L.*
Iāni-gena, ae, *m. f.* (gigno, § 66) Kind des Janus *O.*
iānitor, ōris, *m.* Türhüter, Portier, Pförtner: carceris Kerkermeister. Von
iānua, ae, *f.* **1.** Haustor, Haustür, Tür. **2.** *met.* Tor, Öffnung, Eingang, Zugang: maris gemini = Bosporus *O.* E: ai. yāti 'geht', yāna-s 'Bahn'.
Iānuārius s. Ianus.
Iānus, ī, *m.* (vgl. ianua) J. [Gott des Sonnen- oder Jahreslaufes, des Tages- und Jahresbeginns und jedes Eingangs und Ausgangs: Iani mensis Januar *O.* Dargestellt wird er mit Doppelgesicht: biceps, bifrons *O*]. *Meton.* **iānus,** ī, *m.* **Durchgang, Tor, Torweg:** dexter der rechte Torbogen [der **porta Carmentalis**] *L.* Bes. **1.** der Janusbogen [an der das Forum nördlich begrenzenden Straße *L*, in Kriegszeiten offen, im Frieden geschlossen]. **2.** summus, medius, imus drei gedeckte Torhallen [am Forum; unter dem ianus medius saßen die Geldwechsler]: res mea ianum ad medium fracta est erlitt Schiffbruch bei den Bankleuten *H*, haec ianus summus ab imo prodocet alles, was Handel treibt *H. Adi.* **1. Iānālis,** e (§ 75, Abs. 2) des Janus: virga *O.* **2. Iānuārius** 3 (durch ianua vermittelt): (mensis) Ianuarius, ī, *m.* Januar: Cal. Ian. Neujahr.
Iapetus, ī, *m.* I. [Titan, Vater des Prometheus u. des Atlas]; Iapetīonidēs, ae, *m.* = Atlas *O.*
Iapydēs, um, *m.* die I. [illyrisches Volk]; *sg.* als *adi.*: Timavus Iapys *V.*
Iapyx, gis, *m.*, *acc.* a I. [Sohn des Dädalus]: Iapygis

Iardanis   215   **Igilium**   I

arva = Apulien *O*; [appellativ] = Südapulier; *adi.* südapulisch; **occ.** der südapulische Wind, Nordwest *H.* *Adi.* **Ĭapygius** 3; **Ĭapygia**, ae, *f.* Südapulien *O.*

Ĭardanis, idis, *f.* I. [Tochter des Iardanus = Omphale] *O.*

Ĭasius, ī u. **Ĭasiōn**, ōnis, *m.* I. [Bruder des Dardanus] *VO.* **Ĭasis**, idos, *f.* I. [Tochter des Iasius = Atalanta] *Pr.*

Ĭasōn, onis, *m.* J. [Führer der Argonauten]; *adi.* **Ĭasonius** 3: carina *Pr.*

ïaspis, idis, *f.* J a s p i s [(grüner) Halbedelstein].

Ĭasus, ī, *f.* I. [Hafenstadt in Karien] *L*; Einw. **Ĭassēnsēs**, ium, *m. L.*

ĭātralīptēs, ae, *m.* (ἰατραλείπτης) Badearzt *Pli.*

ĭātronīcēs, ae, *m.* (ἰατρονίκης) Besieger der Ärzte *Sp.*

Iāzyx, gis, *m.* der Jazygier [Angehöriger eines sarmatischen Stammes an der unteren Donau] *OT.*

Ibēr usw. s. Hiber.

ibi (urspr. ibī, dann nach § 45 ibĭ, v. is) *adv.* **1.** r ä u m l i c h : da, daselbst, dort. **2.** z e i t l i c h : dann, damals, alsdann: ibi vero dann vollends, dann erst recht *S.* **3.** *met.* darin, dabei, damit.   Dav. (vgl. idem)

ibī-dem *adv.* **1.** ebenda, ebendaselbst, an derselben Stelle: hic ibidem hier an derselben Stelle; ibidem una traho ebendahin *C.* **2.** *met.* ebendarin, bei derselben Gelegenheit.

ībis, is, *f.*, *acc.* im (ἴβις) I b i s [Wasservogel].

ībus, *abl. pl.* v. is (s. d.) *C.*

Ībycus, ī, *m.* I. [gr. Lyriker aus Rhegium, um 550].

Īcaria s. Icarus 2.

Īcarius, ī, *m.* **1.** I. [Vater der Penelope] *O*; dav. *adi.* **Īcariōtis** tela der Penelope *O.* **2.** = Icarus 1.

Īcarus, ī, *m.* **1.** (meist Īcarius) I. [ein Athener, der von Bacchus die Rebe erhielt. Als er erschlagen worden war, erhängte sich seine Tochter Erigone, worauf beide in Sterne verwandelt wurden, Ikarus in die Bootes, Erigone in die Jungfrau] *O.* **2.** I. [Sohn des Dädalus; floh mit seinem Vater von Kreta u. stürzte beim Flug ins Meer, (mare) Icarium (Teil des Ägäischen Meeres um die Insel **Īcaria** *Pli*].

īcas, adis, *f.* (εἰκάς) der 20. Tag im Monat *Sp.*

ichneumōn, onis, *m.* (ἰχνεύμων) I c h n e u m o n [Schleichkatze].

*īcō oder ***iciō** 3. īcī, ictus [nur Perfektformen üblich]. **1.** treffen, schlagen, stoßen. Meist *pf. pass.*: aether ululatibus ictus erschüttert *O*, vix icto aëre kaum bewegt *O*, dapes vom Blitz getroffen *T*, domus vernichtet *O.* **2. occ.** foedus ein Bündnis schließen [durch Schlachten des Opfertieres]. **3.** *met.* ictus 3 betroffen, berührt, beunruhigt, aufgeregt: metu *L*, pestifero sidere wie von einer verderblichen Tollheit ergriffen *L*, (vino) caput benebelt *H.*

īcōn, onis, *f.* (εἰκών) Bild; *adi.* īconicus 3 lebensgetreu *Sp.*

Iconium, ī, *n.* I. [St. in Lykaonien].

I. ictus, ūs, *m.* (*ico) **1.** Streich, Schlag, Sturz [eines Baumes], Stoß, Hieb, Schuß, Wurf: aqua ictibus aëra rumpit stoßweise *O*, legiones sub ictum dantur (veniunt) kommen in Schußweite, geraten in Gefahr *T*; fulminis, fulmineus *H* Blitzschlag, solis stechende Sonnenstrahlen *HO.* **2. occ.** Anschlag, Taktschlag: polli-

cis *H*; (versus) reddit senos ictus hat sechs Takte *H.* **3.** *met.* Schlag: fortunae *Cu*; [im Sinne eines Zeitpunktes]: singulis ictibus transacta sunt bella auf einen Schlag *T.*

II. ictus *pt. pf. pass.* v. *ico.

Īda, ae u. **-ē**, ēs, *f.* (῏Ιδη) I. [**1.** Gebirge auf Kreta. **2.** Gebirge in Phrygien, Hauptstätte des Kybelekults]; *adi.* zu **2. Īdaeus** 3: parens deûm = Kybele *V*, chori = Gefolge der Kybele *V*, pastor, iudex = Paris *O.*

Īdalium, ī, *n.* I. [St. auf Zypern mit Venuskult]; *adi.* **Īdalius** 3: astrum der Stern Venus *Pr*; *subst.* **Īdaliē**, ēs, *f.* Venus *O*; **Īdalia**, ae, *f.* die Gegend um Idalium *V.*

id-circō (id u. p r ä p o s. gebrauchter *abl.* v. circus, vgl. circum, § 69) darum, deswegen, deshalb.

ī-dem, ea-dem, i-dem (zu is, ea tritt enklitisch, § 47, dem, vgl. dam in quidam, dum in interdum, dudum usw.) (eben) **der-, die-, dasselbe, der gleiche, der nämliche, er ebenfalls, auch er.** Bes. zur Bezeichnung der E i n h e i t d e s Subj.: Pharnabazus satrapes Ioniae idemque gener regis und zugleich, und auch *N*, id vetat idem ille Plato gleichfalls jener Platon, stulti qui idem miseri sunt zugleich auch, formosior horto ... saevior eadem Galatea iuvencis aber auch *O.* V e r g l e i c h e n d : non idem ipsis expedire et multitudini wie der Menge *N*; meist folgt atque: unus atque idem nur einer, ein und derselbe; Gallorum eadem atque Belgarum oppugnatio est; dafür *relat.* oculis isdem quibus viderat secreta mit denselben wie *O*; dafür auch cum: in eadem mecum Africa geniti wie ich *LT*; auch *dat.* eadem nobis iuratus dasselbe wie wir *O*, idem facit occīdenti handelt wie ein Mörder *H.*

identidem (vgl. itidem) *adv.* zu wiederholten Malen, wiederholt, mehrfach, immer wieder.

id-eō darum, daher, deswegen, deshalb.

E: id eo 'dies dadurch', § 67.

idiōta, ae, *m.* (ἰδιώτης) Laie, Pfuscher, Stümper, unwissender Mensch.

Idistavīsō I. [Ebene zwischen Weser u. Leine] *T.*

īdōlum, ī, *n.* (εἴδωλον) Gespenst *Pli.*

Īdomeneūs, eī, *m.*, *acc.* ēa I. [König der Kreter] *VO.*

idōneus 3 geeignet, brauchbar, fähig, geschickt, passend, würdig, wert: testis zuverlässig; mit *dat.*, ad, *relat.* mit *coni.*; selten in rem, *inf.*

Idūmaeus 3 von Idumäa, palästinisch *V.*

Īdūs, uum, *f.* die Iden [Monatsmitte: der 15. im März, Mai, Juli, Oktober, sonst der 13.].

īdyllium, ī, *n.* (εἰδύλλιον) kleines Gedicht *Pli.*

iēcī *pf.* v. iacio.

iecur, iecoris, *n.* (ai. yákṛt, gr. ἧπαρ) Leber.

NB: iocur *L*, iocineris *L.*

iēiūniōsus 3 (ieiunium) nüchtern, hungrig *C.*

iēiūnitās, ātis, *f.* (ieiunus) Nüchternheit; *met.* **1.** Trokkenheit [in der Rede]; **2.** Unkenntnis: bonarum artium.

iēiūnium, ī, *n.* **1.** das Fasten. **2.** *meton.* Hunger *O.* **3.** Magerkeit.   Von

iēiūnus 3, *adv.* ē **1.** **nüchtern, mit leerem Magen:** intestinum leerer Darm *Sp.* **2.** *meton.* **hungrig, durstig:** plebecula. *met.* **3.** dürftig, trocken, langweilig: ieiune disputare, oratio. **4. geringfügig:** sanies *V.* **5. dürr, trocken:** glarea *V.*

Igilium, ī, *n.* G i g l i o [kleine Insel sö. v. Elba].

igitur *coniunct.* **also, daher, demnach, folglich** [klass. zweiter Begriff im Satz]. Es bezeichnet **1.** die Schlußfolge; si mentiris, mentiris; mentiris autem: igitur mentiris. **2.** die Wiederaufnahme der Rede: **also:** Epaminondas Polymnidis filius ... natus igitur patre quo diximus *N.* **3.** die Zusammenfassung einer Reihe einzelner Fälle: **kurz, mit einem Wort:** pro imperio, pro exercitu, pro provincia ... pro his igitur omnibus rebus. **4.** die Anknüpfung spezieller Fälle ans Allgemeine: **also:** nunc iuris principia videamus; igitur doctissimis viris proficisci placuit a lege.

ī-gnārus 3 (in + gnarus) **1.** akt. unerfahren in etw., unwissend, nichts ahnend: fors blinder Zufall *O*, me ignaro ohne mein Wissen; mit *gen., acc. c. inf.,* indir. Fr., de (*T*). **2.** pass. unbekannt, fremd: regio hostibus ignara *S.*

ignāvia, ae, *f.* **1.** Trägheit, Faulheit, Energielosigkeit. **2.** Feigheit, Mutlosigkeit. Von

ī-gnāvus 3, *adv.* **-ē** u. **iter** (in + gnavus, navus, § 40) **1. untätig, kraftlos, schlaff, untüchtig:** preces *O*, gravitas unbeweglich *V.* **2. untätig, träge, faul:** bubo *O*, senectus; ad muniendum *L*, laboris *T*; *met.* nemus unfruchtbar *V.* **3. mutlos, feig;** *subst.* **Feigling. 4. erschlaffend, träge machend:** letum, frigus, aestūs *O.*

ignēscō, ere (ignis) **1.** sich entzünden, in Brand geraten. **2.** *met.* [von Leidenschaften] entbrennen: ignescunt irae *V.*

igneus 3 (ignis) **1.** aus Feuer: sidera. **2.** feurig, glühend heiß: sol *V*, Chimaera feuerschnaubend *H*, aestas heiß *H.* **3.** *met.* feurig, lebhaft: furor *O*, vigor *V*; volat igneus Tarchon *V.*

igniculus, ī, *m.* (*dem.* v. ignis) Flämmchen, Glut, Funke. *met. pl.* Funken, Keime: viriles männlicher Gesinnung; desiderii Glut.

igni-fer 3 (ignis, fero, § 66) feurig *O.*

igni-gena, ae, *m.* (gigno, § 66) im Feuer geboren: Bacchus *O.*

igni-pēs, pedis (§ 66) feuerfüßig, blitzschnell: equi *O.*

igni-potēns, entis (§ 66) Feuerbeherrscher: Vulcanus *V.*

ignis, is, *m.* (ai. agní-š) **1.** konkr. **Feuer;** *meton.* **Stern:** inter ignes luna minores *CaH.* **occ. a. Brand, Herdfeuer, Fackel;** speziell **Brände** [zur Folterung]: instrumenta necis ... ignes *O.* **b. Wachtfeuer:** ignes facere, Thessali der Myrmidonen *H.* **c. Scheiterhaufen:** aliquem igni cremare, necare, supremi, nigri *O.* **d. Feuersbrunst:** ignes coorti sunt *L*, is annus igni urbem adfecit *T*; ferro ignique mit Feuer und Schwert. **e. Blitz:** fulsere ignes et aether *V.* **2.** abstr. **Feuer:** ignem concipere Feuer fangen; sprichw. igni spectatus der die Feuerprobe bestanden hat. **3.** *met.* **a.** [von Personen] **Flamme, Feuerbrand:** parvus hic ignis (Hannibal) *L*; illum ignem (Krieg) obrutum relinquere *L.* **b.** [von Sachen] **feuriger Schimmer, Glut:** oculi igne micantes feurig *O*, (stella) ostendit ignem suum Licht *H*, lunae curvati ignes Sichel *H*; speziell **sacer** das heilige Feuer ['Antoniusfeuer', eine Krankheit mit bösartigen brandigen Ge-

schwüren] *Lukrez V.* **c.** Begeisterung: aetherii *O.* **d.** Liebe: tectus magis aestuat ignis *O*; ignes trahere in Liebe erglühen *O*; *meton.* **Geliebte(r):** pulchrior (Helena) *H.* **e.** Zornesglut: exarsere ignes animo *V.* **4.** *synecd.* Wärme, Hitze, Glut: solis, aëris *O.*

ī-gnōbilis, e (in + nobilis, älter *gnobilis, § 40) **1.** unbekannt, unberühmt, unbedeutend: civitas, mors *Cu.* **2.** von niedriger Geburt, niedrig, gemein: virguncula *Cu*, volgus *V*; familia; regnum Tullī *H.* Dav.

ignōbilitās, ātis, *f.* **1.** Unbekanntheit, Ruhmlosigkeit. **2.** niedriger Stand.

ignōminia, ae, *f.* **1.** Schande, Schimpf, Beschimpfung: rei p. dem Staat gegenüber *N.* **2.** occ. Ehrverlust, Aberkennung des (guten) Namens: animadversio censoris ignominia dicitur, ignominiam accipere, ignominiā notare.

E: *ignōminis aus in u. *gnomen für nomen, § 40, 'ohne guten Ruf'. Dav.

ignōminiōsus 3 voll Schande, ehrenrührig, entehrt.

ignōrantia, ae u. **ignōrātiō,** ōnis, *f.* Unkenntnis, Unwissenheit. Von

ignōrō 1. (verw. mit ignarus) nicht wissen, nicht kennen, unkundig sein; non ignorare wohl wissen, gut kennen; mit *acc., acc. c. inf.,* indir. Fr.; **ignōrātus** 3 unbekannt: sepulcrum, ars Unkenntnis der Kunst *H*; **occ.** unerkannt: ignoratus evasit *T*; unbemerkt: ignoratus Romanos aggreditur *S.*

ī-gnōscō 3. gnōvī, gnōtus (in u. gnosco, nosco, § 40) verzeihen, vergeben, Nachsicht haben; mit *dat.*; hoc dies; ignoscenda dementia verzeihlich *V.*

I. ī-gnōtus 3 (in u. gnotus, notus, § 40) **I. 1.** unbekannt, fremd; *subst.* ignoti et barbari; mit *dat.*; Romae in Rom, in vulgus beim Volk *N*; *met.* sacra neu *O*, forma ungewohnt *N*, nomen nicht berühmt *O.* **2. occ.** von unbekannter Herkunft, niedrig geboren, unberühmt: Cato, homo ignotus, mater *H.* **II.** akt. nicht kennend, unkundig, unerfahren in: ignoti iumenta agebant Leute, die ihn nicht kannten *Cu.*

II. īgnōtus *pt. pf. pass.* v. ignosco.

ī-gnōvī *pf.* v. ignosco.

Iguvium, ī, *n.* l. [St. in Umbrien]; Einw. Iguvīnī.

iī *pf.* v. eo.

Ilerda, ae, *f.* Lerida [St. der Ilergeten].

Ilergavonēnsēs, ium, *m.* die I. [Volk an der Ebromündung]; *adi.* Ilergavonēnsis, e.

Ilergetēs, um, *m.* die I. [Volk zwischen Ebro u. Pyrenäen].

īlex, icis, *f.* Steineiche.

īlia, ium, *n.* **1.** Gedärme, Eingeweide *H.* **2.** *synecd.* die Weichen, Unterleib.

E: vgl. gr. ἴλια · μόρια γυναικεῖα.

Īlia, Īliacus, Īliadēs, Īlias s. Ilion.

ī-licet (aus ire licet, § 67 am Ende) *adv.* **1.** man kann gehen, laßt uns gehen!, es ist aus, vorbei: ilicet arti malam crucem das Geschäft kann zum Henker gehen! *C.* **2.** (Vermischung mit ilico, § 96, Abs. 2) sofort, sogleich *V.*

ī-lico (§ 67, aus in loco; vgl. § 41) *adv.* örtl.: auf der Stelle, dort; zeitl.: sofort, sogleich.

Īliēnsēs s. Ilion.

īlīgnus 3 (ilex, § 35) von der Steineiche, eichen.

Ilion | 217 | **illigo** | I

Īlion, Īlium, ī, *n.*, **Īlios**, ī, *f.* d i c h t. = Troja [bei *L* eine später an gleicher Stelle erbaute Stadt]. *Adi.* **1. Īlius** 3 trojanisch; *subst.* **Īlia**, ae, *f.* l. [die Troerin = Rhea Silvia]; **Īliadēs**, ae, *m.* Sohn der Ilia (Romulus, Remus), *pl.* Iliadae fratres *O*; auch = Ganymedes *O.* **2. Īlias**, adis, *f.* Troerin; die Ilias; *meton.* eine umfassende Dichtung *PrO.* **3. Īliacus** 3 troisch: carmen die Ilias *H*, Macer [Bearbeiter troischer Mythen] *O.* **Īliēnsēs**, ium, *m.* die I. [**1.** Einw. v. Ilium *L.* **2.** Volk auf Sardinien *L*].

Īliona, ae oder **-ē**, ēs, *f.* l. [Tochter des Priamus; Drama des Pacuvius *H.*]

Īlīthÿīa, ae, *f.* (Εἰλείϑυια, § 91, Abs. 2) l. [Geburtsgöttin = Iuno Lūcīna].

Iliturgī, ōrum, *m.* u. **-is**, is, *f.* l. [St. in Hispania Baetica] *L*; Einw. Iliturgitānī *L.*

Īlium s. Ilion.

il-l ... gew. durch Assimilation von **in** an folgendes **l** entstanden (§ 33).

illā s. ille.

il-labefactus 3 unerschütterlich, fest *O.*

il-lābor 3. lāpsus sum hineingleiten, -schlüpfen: urbi in die Stadt *V*, si inlabatur orbis einstürzt *H*; *met.* animis erleuchten *V.*

il-labōrātus 3 unbearbeitet, mühelos *Q.*

il-labōrō, āre sich abmühen: domibus beim Bau *T.*

illāc s. illic.

il-lacessītus 3 ungereizt, unangefochten *T.*

il-lacrimābilis, e (durch Weinen) unerweicht, unerbittlich: Pluto *H*; inlacrimabiles urgentur nocte unbeweint *H.*

il-lacrimō 1. āvī u. **-or**, ārī bei etw. weinen, beweinen, weinen über; mit *dat., acc. c. inf.*, quod.

il-laesus 3 unverletzt, unangefochten *TPli.*

il-laetābilis, e unerfreulich, traurig *V.*

illāpsus *pt. pf. act.* v. illabor.

il-laqueō 1. (laqueus, § 70) verstricken, umgarnen *H.*

illātus *pt. pf. pass.* oder *refl. med.* v. infero.

il-laudātus 3 ungelobt *Pli*; *occ.* schändlich *V.*

ille, illa, illud, altl. olle, ollus, *gen.* illīus, d i c h t. īllīus (§ 21), *dat.* illī

I. **Pron. demonstrativum**: 1. **jener, jene, jenes**; 2. *occ.* **jener berühmte, bekannte**; 3. (vorweisend) **folgender**; 4. **er, sie, es**, bes. mit folgendem quidem.
    II. A d v e r b i a l f o r m e n : 1. **illā**; 2. **illim**; 3. **illō**; 4. **illī.**

I. **1.** ille ist Gegs. zu hic und dient zur Bezeichnung des Entfernteren: non antiquo illo more, sed hoc nostro; illorum temporum historia damalig, ex illo (tempore) seitdem *VO*, ille ego qui fuerim ... (poëta) der ich ehemals, sonst war *O*, hoc illud est, quod quaesisti das ist (jetzt) das, was du (vorhin) gefragt hast. **2.** Xenophon, Socraticus ille; Solonis illud jener berühmte Spruch. **3.** illud te hortor. **4.** [Zur Wiederaufnahme eines Begriffes]: ignis emicuit; proximus est aër illi *O*; non ille quidem habebat adsuetos vultus, pallentem vidi *O.*
    II. **1. illā** (*abl. sg. f.*) auf jener Seite, auf jenem Weg, **dort**: revertebar illā *O.* **2. illim** (wie inter-im, ist-im,

---

*him in hin-c u. a.) **von dort**, dorther: illim pro mortuo sublatus. **3. illō** (wie eo, quo) **dorthin**: nemo illo adit; bildl. haec eodem illo pertinent gehört ebendazu. **4. illī** (*locat. n.*) **dort**: quod genus illist (= illi est) unum pollens *C.*

il-lecebra, ae, *f.* (illicio) Verführung, Reiz.

illectus *pt. pf. pass.* v. illicio.

il-lepidus 3, *adv.* **ē** unfein, witzlos, abgeschmackt.

il-lēvī *pf.* v. illino.

il-lēxī *pf.* v. illicio.

illī s. ille II. 4.

il-lībātus 3 unvermindert, unverkürzt, ungeschmälert.

il-līberālis, e, *adv.* **iter 1.** eines Freien unwürdig: quaestūs. **2.** unedel, gemein: iocandi genus. **3.** knikkerig, knauserig: adiectio *L.* **4.** unhöflich, ungefällig.
                                                                    Dav.

illīberālitās, ātis, *f.* Ungefälligkeit, Knauserei.

illic, illaec, illuc (ille durch ce oder c' [§ 55 am Ende] verstärkt, vgl. huius-ce. Es steht also illi-c = illece, § 41; illuc ist = illucc, assimiliert für illud-ce, § 33, und hat daher lange Schlußsilbe. Nach seiner Analogie wurde oft auch im *masc.* illicc gesprochen und — — gemessen. Im *fem.* tritt zwischen illa u. ce die deiktische Partikel i: *illa-i-ce = illaec, § 52, vgl. haec)

I. **Pronomen**: **jener da, jener dort.**
    II. A d v e r b i a l f o r m e n : 1. **illāc**; 2. **illinc**; 3. **illōc** und **illūc**; 4. **illīc.**

I. illic est abductus in phylacam *C*, nisi illunc iubes comprehendi *C.* II. **1. illāc** (aus illā) **dort, auf jener Seite**: nunc hac, nunc illac bald da, bald dort *O.* **2. illinc** (aus illim, vgl. ille II. 2.) **a. von jener Seite her, von dorther**: illinc huc venit *O*, hinc Thisbe, Pyramus illinc *O.* **b. dort, auf jener Seite**: ex hac parte pudor pugnat, illinc petulantia. **3.** Ältere Form **illōc** *C* (vgl. illō unter ille II. 3.), in Prosa **illūc** (wie hūc) **dahin, dorthin**: illuc revertor, huc illuc *S*, huc et illuc *H* hierhin und dorthin, cum illuc feremur ins Jenseits; z e i t l i c h : illuc usque fidus *T*; *met.* illuc, unde abii, redeo *H*, illuc intendere darauf ausgehen *T*, illuc cuncta vergunt auf ihn [Tiberius] *T.* **4. illīc dort, an jenem Ort**: cives R. illic negotiabantur, hic illic hier und dort *O*; *met.* res p. illic pecuniā vacat bei dieser Gelegenheit *T*, belli initium illic fuit auf Seite jenes *T.*

il-liciō 3. lēxī, lectus (lacio, vgl. lacessō, § 43) **1.** an-, verlocken: singulos pretio *Ph.* **2.** verführen: eos ad bellum *S*, coniugem inlexe (= illexisse) in stuprum *Accius*; mit ut, *inf. T.*

il-licitātor, ōris, *m.* Scheinkäufer, Preistreiber.

il-licitus 3 unerlaubt, unzulässig.

illicō = ilico.

il-līdō 3. līsī, līsus (laedo, § 43) **1.** ein-, hineinschlagen, -stoßen: fragili (*dat.*) dentem *H*, navis illiditur in vadum *Cu* (vadis *V*). **2.** an-, zerschlagen, anstoßen: scopulis inlisa aequora *V.*

il-ligō 1. **1.** anbinden, anknüpfen: tauris iuga aufbinden *H*, litteras in iaculo, Mettium in currūs *L*; *occ.* befestigen, einfügen: emblemata in poculis;

illim   218   **imberbis**

sententiam verbis. **2.** *met.* **a.** fesseln, verbinden, ketten: foedere se cum Romanis *L,* iis condicionibus illigabatur pax wurde geknüpft an *L.* **b.** umgarnen, verwickeln, verstricken: illigari bello *L,* praedā inligatus gehemmt *T,* copias locis impeditis aufhalten *T.*

illim s. ille II. 2.

il-līmis, e (limus) schlammfrei, rein: fons *O.*

illinc s. illic II. 2.

il-linō 3. lēvī, litus **1.** auf-, bestreichen: navis bitumine illita *Cu,* oculis collyria *H,* aliquid chartis hinschmieren *H,* aurum vestibus inlitum eingewebt *H,* nives agris auf ... streuen *H.* **2.** mit etw. überziehen: pocula ceris *O.*

il-liquefactus 3 flüssig gemacht, geschmolzen.

illīs-ce, *nom. pl. m.* v. illic *C;* vgl. hisce.

il-līsī *pf.* v. illido.

illīsus *pt. pf. pass.* v. illido.

il-litterātus 3 ungebildet, unwissenschaftlich.

illitus *pt. pf. pass.* v. illino.

illō s. ille II. 3.

illōc s. illic II. 3.

il-lōtus oder **-lūtus** 3 (lavo, lautus, §§ 43 u. 52) ungewaschen, schmutzig, unrein.

illūc s. illic II. 3.

il-lūceō, ēre auf etw. leuchten *C.*

il-lūcēscō 3. lūxī zu leuchten beginnen: inlucescit dies bricht an; illucescit es wird Tag *L.*

il-lūdō 3. lūsī, lūsus **1.** spielend hinschreiben: haec chartis *H,* inlusae auro vestes goldschimmernd *V* [andere: inclusae]. **2.** sein Spiel treiben, verspotten, verhöhnen; mit *dat.* u. *acc.* **3. occ. a.** täuschen, betrügen: rebus humanis *H,* inlusi pedes betrogen [die nicht mehr stehen können] *H.* **b.** übel mitspielen, verderben: vitam filiae aufs Spiel setzen *C,* pecuniae hinauswerfen *T,* frondi abrupfen *V,* corpus, matri schänden *T.*

illūminātē *adv.* lichtvoll, klar: dicere.   Von

il-lūminō 1. erleuchten, erhellen, schmücken.

il-lūnis, e (luna) mondlos: nox *Pli.*

il-lūsī *pf.* v. illudo.

illūsiō, ōnis, *f.* (illudo) Verspottung, (*rhet.*) Ironie.

illūstris, e (illustro, § 76) **1.** hell, licht, erhellt, strahlend: solis candor, dies. *met.* **2.** einleuchtend, deutlich, klar, anschaulich: exemplum; *adv. comp.* illustrius. **3.** bekannt, berühmt: proelium *N,* nomen, provincia, oratio *T;* **occ.** berüchtigt: furta. **4.** vornehm, angesehen: familia, homo. **5.** ausgezeichnet, hervorragend, bedeutend: legatio *N,* causa; statua *T.*

il-lūstrō 1. **1.** erleuchten: oras *H. met.* **2.** ans Licht bringen: maleficium, consilia. **3.** aufklären, aufhellen, erläutern: philosophiam, genus scriptionis. **4.** glänzend machen, Glanz verleihen: consulatum, orationem; **occ.** verherrlichen, berühmt machen: populi R. nomen, brevi tempore illustrabatur gelangte zu Ruhm *N.*

illūsus *pt. pf. pass.* v. illudo.

illūtus = illotus.

il-luviēs, ēī, *f.* (negierendes in u. lavo) **1.** Schmutz: dira *V.* **2.** Überschwemmung: placida ruhig fließend *T.* **3.** Morast *Cu.*

il-lūxī *pf.* v. illucesco.

Illyriī, ōrum, *m.* die I. [Volk in Dalmatien und Albanien] *L; adi.* **1. Illyris,** idis, *f.* illyrisch: ora *O, subst.* Illyrien *O.* **2. Illyricus** 3; *subst.* **Illyricum,** ī, *n.* Illyrien *L.*

Īlōtae = Hilotae.

Īlus, ī, *m.* I. **[1.** Sohn des Tros, Vater Laomedons. **2.** s. Īulus].

Ilva, ae, *f.* Elba *VL.*

Imacharēnsis aus Imachara [in Sizilien].

imāginārius 3 (imago) eingebildet, scheinbar *L.*

imāginātiō, ōnis, *f.* Einbildung, Traum *T.*   Von

imāginor 1. sich vorstellen, von etw. träumen.   Von

imāgō, inis, *f.* (vgl. imitor)

---

1. Bild, Porträt; 2. *occ.* **Wachsmaske, Ahnenbild;** *met.* **3. Abbild, Ebenbild;** *occ. a.* **Schatten, Bild, Schemen;** *b.* **Traumbild;** *c.* **Echo;** *d.* **Bild, Gleichnis, Metapher; 4. Trugbild, Scheinbild, Schatten, Schein; 5.** *meton.* **Anblick, Erscheinung;** *met.* **Vorstellung, Einbildung, Gedanke.**

---

1. neque picta neque ficta weder ein Porträt noch eine Büste, cerea Wachspuppe *H.* **2.** Clodius sine imaginibus amburebatur, homo multarum imaginum mit vielen Ahnen [Wachsmasken durfte nur aufstellen, wer ein kurulisches Amt bekleidet hatte. Sie standen auf Schränken (**armaria**) im Atrium, mit Lorbeer bekränzt und mit Blumengewinden untereinander verbunden. Bei feierlichen Begräbnissen wurden sie von Männern, die den Verstorbenen glichen und die in deren Amtstracht gekleidet waren, getragen]. **3.** vitae *N,* antiquitatis, animi et corporis tui. **a.** inhumati coniugis *V.* **b.** nocturnae quietis *T.* **c.** recinit nomen imago *H,* vocis *O.* **d.** haec imago non a te abludit *H.* **4.** iudiciorum, pacis Vorspiegelung *T.* **5.** venientis Turni *V,* insepultorum *T,* plurima mortis mancherlei Erscheinungsformen des Todes *V; met.* illius noctis *O,* caedis *O.*   Dav. *dem.*

imāguncula, ae, *f.* Bildchen *Sp.*

imbēcillitās, ātis, *f.* **1.** Schwäche: materiae. **2.** Kränklichkeit: valetudinis. **3.** *met.* Mutlosigkeit, Haltlosigkeit: animi, imbecillitatis damnari der Schwäche zeihen *T.*   Von

im-bēcillus 3, *adv.* ē **1.** schwächlich, kränklich: Africani filius. **2. schwach, gebrechlich, kraftlos:** senex. **3. haltlos, ohnmächtig, hinfällig:** regnum *S,* suspicio *T.* **4.** (geistig) **schwach, energielos, unselbständig:** animus.

im-bellis, e (bellum) **1.** unkriegerisch, dem Krieg abgeneigt: dii = Venus und Amor *O;* telum kraftlos *V.* **2. occ.** feig: imbelles timidique. **3.** ruhig, still, friedlich: annus *L,* Indus *V,* Tarentum *H.*

imber, bris, *m., abl.* ī u. e **1. Regen(guß), Platzregen, Gewitterregen, Unwetter:** caeruleus *V,* lapideus Steinregen *L.* **2.** *met.* **a. Regen** [von Geschossen]: ferreus *V.* **b. Tränenstrom:** imbre per genas cadente *O.* **3.** *meton.* **Regenwasser:** piscinae servandis imbribus *T;* dicht. **Wasser, Feuchtigkeit:** aequoris *O.* E: ὄμβρος, ai. abhrás 'Gewölk'.

im-berbis, e (barba, § 43) bartlos: adulescentulus.

imbibo   219   **immitto**   **I**

im-bibō 3. bibī (bibo) einsaugen: nidorem *Sp. met.*
1. annehmen, sich aneignen: certamen Streitlust *L.*
2. sich vornehmen *L.*

imbrex, icis, *f.* (imber) Dachrinne, Hohlziegel *CSp.*

imbri-fer 3 (§ 66) regenbringend.

Imbrus, ī, *f.* l. [Insel der Ägäis] *L; adi.* Imbrius 3 *O.*

im-buō 3. buī, būtum **1.** tränken, befeuchten, benetzen: vestem sanguine, guttura lacte *O. met.* **2.** beflecken, besudeln: nullo scelere imbutus; *occ.* **erfüllen:** aures promissis *Cu*, imbutus religione *L.* **3.** gewöhnen, einführen, vertraut machen, heranbilden, einweihen; mit *abl.,* ad, *inf. T;* d i c h t. opus (bellum sanguine *V*) einweihen, beginnen *O.*
E: vgl. bua in der Kindersprache 'Trank' *Varro,* vinibua 'Weintrinkerin' *Lucilius.*

imitābilis, e (imitor) nachahmbar.

imitāmen, inis, *n.* (d i c h t.), **imitāmentum,** ī, *n. T,* **imitātiō,** ōnis, *f.* (imitor) Nachahmung.

imitātor, ōris, *m.* Nachahmer, Nachäffer; **imitātrīx,** īcis, *f.* Nachahmerin.   Von

imitor 1. (verw. mit imago) **1.** nachahmend darstellen: aere capillos *H*, ferrum sudibus ersetzen *V*, pocula vitea sorbis aus Vogelbeeren bereiten *V*, putre solum arando machen, schaffen *V.* **2.** (im Tun) nachahmen: chirographum, facta, mores, voltu maestitiam heucheln *T; pass.* imitata voluptas *O.*

im-m... gew. aus in-m... durch Assimilation entstanden (§ 33).

im-madēscō 3. duī naß [oder] feucht werden.

im-mānis, e, *adv.* e (altl. mānus = bonus) 'unhold' **1.** dem W e s e n nach: schrecklich, furchtbar, grausig, wild, entsetzlich, unmenschlich: flumen *V*, gens, audacia, scelus; *adv.* fluctus inmane sonat *V.* **2.** der E r - s c h e i n u n g nach: ungeheuer (groß), riesig, unermeßlich, außerordentlich: corpus *V*, pocula Humpen; immane quantum (es ist) ungeheuer, wie sehr; ganz ungemein, gewaltig: Civilis inmane quantum suis pavoris indidit *T.*   Dav.

immānitās, ātis, *f.* Wildheit, Roheit, Unmenschlichkeit; *meton.* Unmenschen.

im-mānsuētus 3 ungezähmt; *met.* gens roh, ingenium ungebildet *O*, ventus stürmisch *O.*

immātūritās, ātis, *f.* Unreife *Sp.*   Von

im-mātūrus 3 unreif; *met.* vorzeitig, zu früh.

im-medicābilis, e unheilbar *VO.*

im-memor, oris, *abl.* ī **1.** nicht gedenkend, vergeßlich: ingenium Vergeßlichkeit, posteritas undankbar. **2.** ohne Rücksicht auf etw.; mit *gen.*

im-memorābilis, e nicht zu erwähnen *C.*

im-memorātus 3 unerwähnt; *n. pl.* Neues *H.*

immēnsitās, ātis, *f.* Unermeßlichkeit.   Von

im-mēnsus 3 (metior) 'ungemessen', unermeßlich, ungeheuer, unendlich (groß), grenzenlos; *subst.* **immēnsum,** ī, *n.* der unermeßliche Raum, das Unermeßliche: per inmensum über eine ungeheure Strecke *T*, in immensum ins Ungeheure *O*, ad immensum ungeheuer *L; acc.* adv. inmensum prorumpere ungeheuer *T.*

im-merēns, entis unschuldig *NCaH.*

im-mergō 3. mersī, mersus eintauchen, versenken; *refl.* sich einschleichen, eindringen *C.*

im-meritus 3 **1.** m e d. unschuldig: immeritus mori der Unsterblichkeit wert *H.* **2.** p a s s. unverdient: triumphus *L; abl.* adv. immerito unverdient, mit Unrecht; non i. mit vollem Recht.

im-mersābilis, e (merso) unversenkbar *H.*

im-mersī *pf.* v. immergo.

immersus *pt. pf. pass.* v. immergo.

im-mētātus 3 unvermessen: iugera *H.*

im-migrō 1. āvī einziehen, einwandern.

im-mineō, ēre (zu mentum, mons, vgl. e-mineo) **1.** hereinragen, über etw. **emporragen, sich herneigen, hinneigen:** inminens villae pinus *H*, manus capiti regis die drohend über... schwebte *Cu*, imminente luna im Mondschein *H; occ.* über einen Ort **emporragen, ihn beherrschen:** imminet moenibus tumulus *L*, insulae (urbes) Italiae imminent beherrschen es strategisch *L. met.* **2. hart bedrängen, auf den Fersen sein, auf dem Nacken sitzen:** fugientium tergis *Cu*, muris *V*, ei imminet fortuna verfolgt ihn *L.* **occ.** **a. bedrohen, sich zu bemächtigen suchen:** fortunis, toti Asiae. **b.** nach etw. **trachten,** auf etw. **lauern:** imperio *Cu*, exitio coniugis *O*, in occasionem *L.* **3. drohen, bedrohen, bevorstehen, über dem Haupt schweben:** imbres imminentes *H*; mors inminet, Parthi Latio imminentes *H*, inminens princeps der künftige *T; subst. n.* imminentia die drohende Zukunft *T.*

im-minuō 3. nuī, nūtus **1.** vermindern, verkürzen: aestivorum tempus *S. met.* **2.** verringern, beeinträchtigen, schmälern: libertatem, honorem, bellum inminutum est verlor seine Bedeutung, pacem hintertreiben *S.* **occ.** **a.** schwächen, entkräften: animum libidinibus *T.* **b.** geringschätzig behandeln: Augusta se inminui querebatur *T.*   Dav.

imminūtiō, ōnis, *f.* Beeinträchtigung: dignitatis, *occ.* *(rhet.)* Litotes [Bejahung durch doppelte Verneinung] *Q.*

imminūtus *pt. pf. pass.* v. imminuo.

im-misceō 2. miscuī, mixtus u. mistus **1.** hinein-, einmischen, einmengen: ima summis *O*; d i c h t. manibus manūs ins Handgemenge kommen *V*, se nocti in die Nacht verschwinden *V; med.* vadimus immixti Danais *V;* **occ. einreihen:** veteribus militibus tirones *L.* **2.** *met.* **einflechten, hereinziehen:** sortem fortunae cum Romanis verknüpfen *L*, vota, preces vereinigen *V*, aliquem sibi necessitudinibus sich verbinden *T; refl.* u. *med.* **sich einlassen, teilnehmen:** se colloquiis *L*, adfinitatibus inmisceri sich eindrängen *T*, inmixtus eius periculis beteiligt an *T.*

im-miserābilis, e nicht bemitleidet, ohne Erbarmen *H.*

im-misericorditer *adv.* unbarmherzig *C.*

im-mīsī *pf.* v. immitto.

immissiō, ōnis, *f.* (immitto) das Wachsenlassen.

immissus *adi.* u. *pt. pf. pass.* v. immitto.

immistus *pt. pf. pass.* v. immisceo.

im-mītis, e **1.** herb, unreif: uva *H.* **2.** *met.* unsanft, herb, streng, hart, unhold, roh, grausam, wild.

im-mittō 3. mīsī, missus **I. 1. hineinschicken, hinein-, loslassen:** equitatum, aliquem in urbem, Terea flammis hineinschleudern *O*; fugam Teucris über die T. kommen lassen *V*, aliquid aures suas hineinlas-

immixtus   220   **impedio**

sen *C*; *refl.* **sich hineinstürzen**: se in specum *L*; *med.* undis immitti sich stürzen *O*, superis sich unter . . . begeben *V*. **2. occ. a. schleudern**: pila in hostes. **b.** hineinleiten: canalibus aquám. **c. einsetzen, einsenken, einlassen**: tigna in flumen einrammen, filis aurum einweben *O*, plantas einpfropfen *V*. **d. sich entschlüpfen lassen**: senarium. **3.** *met.* **loslassen, aufhetzen**: canes, impetûs in domos, servos ad spoliandum fanum. **II. 1.** (die Zügel) **schießen lassen**: (equo) frena, habenas *V*, immissa iuga das dahinschießende Gespann *V*; *bildl.* fluminibus (classi *V*) habenas *O*; rudentes spannen *Pli.* **2.** *met.* **wachsen lassen**: palmes inmissus *V*; **immissus 3 langgewachsen, herabwallend**: barba *VO*, capilli *O*.

immixtus *pt. pf. pass.* v. immisceo.

immŏ *adv.* **1.** b e r i c h t i g e n d (nach Negation): **ja, ja sogar, ja vielmehr**: 'nihil ignoveris'; immo aliquid, non omnia; [verstärkt]: immo vero. **2.** a b l e h n e n d : **oh nein, vielmehr, im Gegenteil, keineswegs**: fundus Sabinus meus est. immo, meus; [verstärkt]: immo contra ea *L*.

im-mōbilis, e **unbeweglich**: phalanx unerschütterlich *L*, Galatea schwer zu rühren *O*, Ausonia untätig, ruhig *V*.

immoderātiō, ōnis, *f.* Maßlosigkeit: verborum.   Von

im-moderātus 3, *adv.* **ē 1.** unbegrenzt, unermeßlich: cursûs, aether. *met.* **2.** maßlos, unmäßig, unbändig, zügellos. **3. occ.** maß-, regellos: oratio.

immodestia, ae, *f.* Unbescheidenheit, Keckheit: publicanorum Übergriffe *T*; **occ.** Disziplinlosigkeit, Ungehorsam: militum *N*.   Von

im-modestus 3, *adv.* ē unbescheiden, keck, frech.

im-modicus 3, *adv.* ē **1.** übermäßig, zu groß: rostrum, fluctus, frigus *O*, oratio zu lang *Pli.* **2.** *met.* maßlos, zügellos, übertrieben, ohne Maß: linguā *L*, saevitiā *T*, maeroris *T*.

im-modulātus 3 unmelodisch *H*.

immoenis s. immunis.

immolātiō, ōnis, *f.* (immolo) Opferung *T*.

im-mōlītus 3 (*im-molior) hineingebaut *L*.

im-molō 1. (in u. mola, § 70) **1.** opfern: Musis bovem, Iovi bubus *L*. **2.** *met.* hinopfern, töten *VPh*.

im-morior 3. mortuus bei, auf, in etw. sterben; mit *dat.*; studiis sich zu Tode arbeiten *H*.

im-moror 1. bei etw. verweilen, mit *dat. QPli.*

im-morsus 3 (mordeo) gereizt: stomachus *H*.

im-mortālis, e **1.** unsterblich: dii, animi; *subst.* Unsterblicher, Gott. **2.** *met.* unvergänglich, ewig, unauslöschlich: gloria, amicitiae.   Dav.

immortālitās, ātis, *f.* Unsterblichkeit: animorum; *met.* ewiger Ruhm; *meton.* Vergöttlichung.

immortuus *pt. pf. act.* v. immorior.

im-mōtus 3 **1. unbewegt, unbeweglich**: silex *O*, mare das Eismeer *T*, aquae gefroren *O*, dies windstill *T*, portus *V*. *met.* **2. unverändert, ungestört**: vultus *OT*, pax *T*. **3. unveränderlich, fest, sicher**: mens *V*, fata *V*, immotum mihi sedet es steht für mich unerschütterlich fest *V*. **4. ungerührt, unerschüttert**: aures *O*, animus *T*.

im-mūgiō, īre erdröhnen, hallen: luctu *V*.

im-mulgeō, ēre hineinmelken: ubera labris *V*.

im-mundus 3 unrein, unsauber, schmutzig.

im-mūniō 4. īvī hineinbauen: praesidium *T*.

im-mūnis, altl. **immoenis,** e (munia) **1. frei von Leistungen. a. abgaben-, steuerfrei**: populi; mit *gen.* portoriorum *L*; *met.* **frei von Beiträgen, ohne Geschenke zu geben**: fucus schmarotzend *V*; quem scis *H*. **b. dienstfrei**: centuria *L*, ceterorum sonst dienstfrei *T*. **2.** *meton.* **pflichtvergessen**: virtus; Grai, inmoene facinus ein undankbares Geschäft *C*. **3.** *met.* **frei, unberührt, rein, befreit** von etw., mit *gen.* aequoris nicht ins Meer tauchend *O*; [ohne Obj.]: tellus unbebaut *O*.   Dav.

immūnitās, ātis, *f.* **1.** das Freisein (von Leistungen): omnium rerum. **2. occ.** Abgabenfreiheit: infinitae. **3.** *synecd.* Vergünstigung, Privileg: vēnībant inmunitates.

im-mūnītus 3 unbefestigt, ungepflastert: via.

im-murmurō, āre hineinmurmeln: Alcyonen undis den Namen A. *O*; drinnen rauschen: silvis *V*; zu murren beginnen: inmurmurat agmen *O*.

im-mūtābilis, e unveränderlich, unwandelbar.

immūtātiō, ōnis, *f.* (immuto) Vertauschung: inmutationes verborum (*rhet.*) Figuren, bes.: Metonymie.

I. im-mūtātus 3 unverändert *C*.

II. immūtātus *pt. pf. pass.* v. immuto.

im-mūtēscō 3. mūtuī verstummen *Q*.

im-mūtō 1. verändern, umwandeln: formas *O*, consuetudinem. **occ.** metonymisch gebrauchen: Africam pro Afris; immutata verba Metonymien, oratio Allegorie.

im-mūtuī *pf.* v. immutesco.

im-p . . . assimiliert aus in-p . . . (§ 33).

im-pācātus 3 unruhig: Hiberi *V*.

impactus *pt. pf. pass.* v. impingo.

im-pār, paris, *abl.* i, selten **d i c h t.** e, *adv.* **iter 1. ungleich**: modi Hexameter u. Pentameter *O*, versus impariter iuncti Distichen *H*, toga die schief sitzt *H*, coloribus verschiedenfarbig *O*. **2. ungerade**: Musae Neunzahl *H*, ludere par impar Gerade oder Ungerade *H*. **3. nicht gewachsen** (an Kraft): Achilli *V*, conspirationi, curis *T*; mit *abl. limit.* consilio et viribus unterlegen *L*. **4. nicht ebenbürtig**: maternum genus (materno genere *S*) *T*. **5.** [von Dingen] **ungleich, dem man nicht gewachsen ist**: certamen *O*, fata *V*.

im-parātus 3 ungerüstet, unvorbereitet.

im-pāstus 3 ungefüttert, hungrig: leo *V*.

im-patiēns, entis, *adv.* **enter** unfähig, etw. zu leiden, zu ertragen, auszuhalten; meist mit *gen.* viri verschmähend *O*, societatis fliehend *T*, irae nicht mächtig *LO*, veritatis der . . . nicht verträgt *Cu*; *abs.* animus ungeduldig *O* = impatienter indoluit *T*.   Dav.

impatientia, ae, *f.* das Unvermögen, etw. zu ertragen: ad impatientiam delabi Schwäche *T*; mit *gen.* caritatis liebevolle Empfindlichkeit *T*.

im-pavidus 3, *adv.* ē unerschrocken, beherzt, furchtlos.

impedīmentum, ī, *n.* **1.** Hindernis. *pl.* **2.** Gepäck, Bagage: Catonis. **3.** Troß, Train: impedimenta et carri; **occ.** Packpferde: impedimenta mulique.

im-pediō 4. (in u. pes, § 70, vgl. expedio) **1. festhalten, fesseln, umstricken**: pedes *O*, frenis equos *O*;

impeditio   221   **impertio**

cornua sertis umflechten *O*, caput myrto umwinden *H*. *met*. **2. verwickeln:** aliquem nuptiis *C*, orbes orbibus verschlungene Kreise bilden *V*. **3. ungangbar machen, versperren:** saltum munitionibus *L*. **4. aufhalten, verhindern, hemmen, abhalten. a.** mit *abl. instr*.: comitia auspiciis. **b.** mit ab (bzw. *abl*.): eum fugā *T*, ab delectatione, a vero bonoque *S*; mit ad, ne, quominus; selten *inf*.   Dav.

impedītiō, ōnis, *f*. Hemmnis, Schwierigkeit *Sp*.

impedītus 3 (impedio) **1. aufgehalten, gehindert, gehemmt:** animi beschäftigt, nomina schwer einzufordern *L*, orationes stockend, schwerfällig *T*, quid horum non impeditissimum? lästig, hinderlich. **2. unwegsam, unzugänglich:** itinera, ripa *Cu*. **3. bepackt, nicht kampfbereit:** comitatus, milites, agmen *L*. **4.** *met*. **beschwerlich, verwickelt, schwierig:** disceptatio *L*, bellum *T*.

im-pēgī *pf*. v. impingo.

im-pellō 3. pulī, pulsus **1. schlagen, anstoßen:** pollice chordas *O*, aures ans Ohr schlagen *V*, cuspide montem *V*. **occ. a. bewegen, antreiben, erschüttern:** navem vectibus (remis *V*), sagittam nervo abschießen *O*, aequora remis schlagen *V*, remos rudern *V*, ventus impellit undas peitscht *V*, vela schwellt *H*, ratem jagt *O*. **b. niederwerfen:** hominem clipeo *Cu*; b i l d l. labantem animum niederdrücken *V*, impulsae imperatoris res dem Ende nahe *T*. **c. zum Weichen bringen:** hostes *LT*, aliquem in fugam *L*. **2.** *met*. **antreiben, bewegen, veranlassen, verleiten:** impulsus irā aus Zorn, hoc consilio atque adeo hac amentia impulsi auf ... hin; ad facinus, in fraudem; mit ut, selten *inf*.

im-pendeō, ēre **1. über etw. hängen:** saxum impendet Tantalo; **occ.** überhängen: montes impendentes *L*. **2.** *met*. **nahe sein, bevorstehen, drohen:** impendens patriae periculum; mit *acc. C*.

im-pendī *pf*. v. impendo.

impendium, ī, *n*. **1.** Aufwand, Kosten: privatum, publicum *L*. **occ. 2.** Verlust, Schaden: tantulo impendio victoria stetit war erkauft *Cu*. **3.** Zinsen: faenus et impendium; *abl*. a d v. **impendiō** bedeutend.   Von

im-pendō 3. pendī, pēnsus **1. aufwenden, verwenden, ausgeben:** aliquid de pecunia. **2.** *met*. **aufwenden, verwenden, anwenden:** operam, sanguinem in socios *O*, vitam eius usui *T*.

im-penetrābilis, e undurchdringlich; mit *dat*. ferro für das Eisen *L*; adversus ictūs *T*; b i l d l. pudicitia unzugänglich *T*.

I. impēnsus 3, *adv*. **ē** (impendo) **1. teuer, hoch:** pretium; lusciniae impenso coëmptae *H*, impensius venerari mit größerem Aufwand *O*. **2.** *met*. **bedeutend, groß, dringend, eifrig, inständig, heftig:** voluntas, cura *O*, impensius consulere *V*, instare *O*, milites impense (streng) retinere *L*. **3.** *subst*. **impēnsa,** ae, *f*. **Auslagen, Kosten:** publica öffentliche Ausgaben, Staatskosten *LT*; *met*. **Aufwand, Aufopferung, Verwendung:** cruoris *O*, operum *V*, officiorum *L*, meis impensis auf Kosten meines Rufes *N*.

II. impēnsus *pt. pf. pass*. v. impendo.

imperātor, ōris, *m*. (impero) **1.** Gebieter: terrarum, i. vitae animus *S*. **2. occ.** Feldherr, Oberfeldherr, Be-

fehlshaber. **3.** [Ehrentitel]: **a.** siegreicher Feldherr: exercitūs conclamatione imperator appellatur; **b.** Kaiser *Sp*.   Dav.

imperātōrius 3 **1.** des Feldherrn: virtutes, forma gebieterisch *N*, haud imperatorium eines Feldherrn unwürdig *T*. **2.** kaiserlich: uxor *T*.

imperātum, ī, *n*. (impero) Befehl, Auftrag.

im-perceptus 3 unentdeckt *O*.

impercussus 3 nicht angestoßen, geräuschlos *O*.

im-perditus 3 nicht getötet, noch verschont *V*.

im-perfectus 3 unvollendet, unvollkommen *Sp*.

im-perfossus 3 undurchbohrt: ab ictu *O*.

imperiōsus 3 (imperium) **1. gebietend, herrschend, mächtig:** sibi *H*, virga die Fasces *O*. **2. gebieterisch, herrisch, tyrannisch:** dictatura *L*; aequor stürmisch *H*.

imperītia, ae, *f*. (imperitus) Unerfahrenheit, Unwissenheit.

imperitō **1.** (*frequ*. zu impero) **gebieten, befehlen, beherrschen, kommandieren:** aequam rem *H*; legionibus *H*; alicui aliquid; equis lenken *H*.

im-perītus 3, *adv*. **ē 1.** unerfahren, ungeschickt, unwissend. **2.** mit *gen*. unerfahren, unkundig, unwissend, unbewandert in: morum weltunkundig.

imperium, ī, *n*. (impero) **1. Befehl, Vorschrift, Auftrag:** decumarum Auflegung. **2.** *meton*. **Macht, Gewalt:** custodiae über die Gefängnisse *N*, in suos, imperi cupido Herrschsucht *S*, pro imperio gebieterisch *L*. **occ. a. Herrschaft, Regierung:** orbis terrae, totius Galliae; imperium suscipere antreten. **b. Oberbefehl, Kommando:** maritimum, summum = summa imperii *NL*, imperia magistratūsque militärische und zivile Würden *N*, esse in (cum) imperio Oberbefehlshaber sein. **c. Amtsgewalt, Amt:** fasces ceteraque insignia huius imperii. **3.** *meton*. **a. Amtsperson:** plena imperiorum provincia. **b. Reich, Herrschaft, Staat:** fines imperii propagare. **c. Amtsjahr, -dauer, -führung:** in imperio suo (istius).

im-permissus 3 unerlaubt *H*.

im-perō 1. (in u. paro, § 41) **1. befehlen, gebieten, auftragen:** ad imperandum vocari um Befehle zu empfangen *S*; mit Obj. hoc Ubiis; *acc. pers*. exercitum berufen, beordern *C*; mit *coni*., ut, ne, *acc. c. inf*. (meist *pass*.), *inf*. *O*; quantum quisque daret, imperabat bestimmte *N*, haec procurare imperor man befiehlt mir *H*, in lautumias deduci imperantur man läßt sie. **2. occ. a. befehligen, herrschen, gebieten, regieren:** classi, Lucullo imperante unter dem Kommando des L., Tiberio unter Kaiser T. *T*; omnibus gentibus, irae beherrschen *O*, animo imperare nequii, quin mich überwinden *L*, voci suae zu viel zumuten *Pli*. **b.** (eine Leistung, Lieferung) **auftragen, auferlegen:** puero cenam die Besorgung; navem Reginis, pecuniam (arma, equites, obsides) civitatibus von den Staaten fordern, verlangen.

im-perspicuus 3 undurchschaubar, versteckt *Pli*.

im-perterritus 3 unerschrocken *V*.

im-pertiō u. **-or** (*CPh*) 4. (partio, § 43) **zu-, mitteilen, gewähren, schenken.** Mit *dat. pers*., *acc. rei*: laborem hominibus sublevandis; se talem sich zeigen, indigentibus de re familiari etw. zukommen lassen; *subst*.

imperturbatus   222   **impono**

impertita Zugeständnisse *L.* Mit *acc. pers.* u. *abl. rei* 'jemd. mit etw. beteilen': doctrinis aetatem puerilem bekannt machen *N.*

im-perturbātus 3 nicht verwirrt, ruhig *Pli.*

im-pervius 3 unwegsam, undurchdringlich.

impete s. impetus.

impetrābilis, e (impetro) **1.** erreichbar. **2.** *act.* überzeugend: orator *C,* dies ersprießlich *C.*

impetrātiō, ōnis, *f.* Erlangung, Vergünstigung.   Von

im-petrō 1. (patro, § 43) bewirken, erlangen, erreichen, durchsetzen: navem, optatum; de indutiis den Waffenstillstand; mit *coni.,* ut, ne, (selten) *acc. c. inf.*

impetus, ūs, d i c h t. *abl.* impete, *m.* **1. Andrang, Ansturm, Ungestüm, Gewalt** [der Bewegung]: continenti impetu ununterbrochen laufend, impetum capere einen Anlauf nehmen *L,* caeli Umschwung, maris, fluminis gewaltige Strömung, ventorum Anprall; b i l d l. rerum, fortunae *Cu.* **occ. Angriff, Anfall, Überfall:** in hostem impetum facere (dare *L*). **2.** *met.* **a. Schwung, Begeisterung:** dicendi. **b. Aufwallung:** animi, offensionis über eine Beleidigung *T.* **c. Drang, Trieb, Neigung, Eifer:** animi, est mihi impetus es treibt mich *O.* **3.** *meton.* **a.** rascher **Entschluß:** impetum capere occidendi regis *Cu.* **b. Ungestüm, leidenschaftliches Wesen:** ad omnes affectus impetu rapimur *Cu,* Gracchi *T.*
E: impeto 3. 'angreifen'.

im-pexus 3 ungekämmt, zottig, wirr; *met.* antiquitas rauh, schmucklos *T.*

impietās, ātis, *f.* (impius) **1.** Mangel an Ehrfurcht: in principem Majestätsbeleidigung *TPli.* **2.** Pflichtvergessenheit, Ruchlosigkeit, Gottlosigkeit.

im-piger 3, *adv.* **-grē** rastlos, unverdrossen, unermüdlich; mit *locat.* militiae *T;* haud impigre = impigre *L.*   Dav.

impigritās, ātis, *f.* Unermüdlichkeit.

im-pingō 3. pēgī, pactus (pango, §§ 43 u. 48) **1.** an-, einschlagen: acinacem incauto *Cu,* huic compedīs anlegen *C,* saxo impactus auf ... gefallen *L;* alicui calicem aufdrängen, epistulam vorhalten, dicam anhängen *C.* **2. occ.** wohin treiben, drängen: agmina muris *V,* hostes in vallum *T;* *med.* Flavianis auf ... stoßen *T.*

im-pius 3, *adv.* **ē** gottlos, ruchlos, frevelhaft: dii Gottheiten der Verwünschung (Zauberei) *T.*

im-plācābilis, e unversöhnlich: in eum *L;* a d v. inplacabilius *T;* motus nicht zu beruhigen *T.*

im-plācātus 3 unversöhnlich *V,* gula unersättlich *O.*

im-placidus 3 kriegerisch *H.*

im-pleō 2. plēvī, plētus (vgl. compleo, πίμπλημι) **1. voll-, anfüllen:** luna inpletur wird voll *T,* manum pinu die Fackel in die Hand nehmen *V,* impletae venae angeschwollen *L;* mit *gen.* ollam denariorum. **2. occ. a. sättigen:** ferinae mit Wildbret *V;* b i l d l. desiderium, aures befriedigen. **b. befruchten, schwängern:** feminam *O.* *met.* **3. erfüllen, vollmachen:** alicui aures jemd. in den Ohren liegen *LCu,* [auch]: den Geschmack befriedigen; maria fugā fliehend bedecken *L,* omnia terrore *L,* mentem disciplinis *Cu;* mit *gen. L.* **4. occ. a.** (Zahl, Maß) **ausfüllen, erreichen:** im-

---

pleta VI milia armatorum *L.* **b.** (Lebenszeit) **erreichen:** quater undenos Decembres *H,* finem vitae sterben *T.* **c.** (eine Stelle) **ausfüllen, vertreten:** locum principem *T.* **d. erfüllen, vollbringen:** partes die Obliegenheit *O,* fata die Weissagung *L,* consilium, munia *T.*

implexus 3 (implecto) eingeflochten; luctu in Trauer versunken *T.*

implicātiō, ōnis, *f.* (implico) Verflechtung: nervorum; *met.* Verworrenheit: rei familiaris.

implicātus 3 verwickelt, verworren.   Von

im-plicō 1. āvī, ātus u. uī, itus (vgl. complico) **I. 1. (hin)einwickeln, verwickeln:** inter se acies ineinander bringen *V;* orbes (verworrene) Kreise schlingen *VPli.* B i l d l. **verknüpfen, verbinden:** ossibus ignem Liebesglut einflößen *V;* implicata inscientia inpudentiā est ist verbunden, hängt zusammen. *met.* **2. verwickeln:** aliquem bello *V;* *pass.* hineingeraten: verticibus *Cu,* morbo (in morbum) fallen. **3. occ. in Unordnung bringen, verwirren:** navigia *Cu,* aciem *S;* eum responsis *L,* error implicat (nos) *L.* **II. umwikkeln, umwinden, umschlingen:** bracchia collo (*dat.*) *O,* se dextrae sich anschmiegen *V,* crinem auro, tempora ramo *V.*

implōrātiō, ōnis, *f.* das Anflehen, Hilferuf.   Von

im-plōrō 1. **1.** anrufen, anflehen; **occ.** flehentlich rufen: nomen filii. **2.** erbitten, erflehen: auxilium a Romanis.

im-pluī *pf.* v. impluo.

im-plūmis, e (pluma) ungefiedert, nackt *VH.*

im-pluō 3. pluī herabregnen, mit *dat.;* *met.* malum impluit es regnet Schläge *C.*   Dav.

impluvium, ī, *n.* (offener) Hofraum, Hausgarten.

im-polītus 3, *adv.* **ē** ungeglättet, ungefeilt, schmucklos, ungebildet, unvollendet.

im-pollūtus 3 unbefleckt, unentweiht *ST.*

im-pōnō 3. posuī, positus (postus *V,* § 42), *inf. pf.* inposīsse *C*

> I. **1. hineinlegen, -setzen, -stellen;** 2. *occ.* **einschiffen, an Bord bringen.**
> II. **1. auflegen, -setzen, -stellen;** 2. *occ.* **aufstellen, einsetzen;** 3. **auflegen, auferlegen, aufbürden;** 4. **hintergehen, hinters Licht führen, täuschen.**
> III. **1. anlegen, ansetzen;** *occ.* (ein Ende) **setzen;** *met.* 2. (Namen) **beilegen;** 3. (Übles) **antun, zufügen.**

I. 1. praesidium arci *Cu,* coloniam in agro Samnitium *L.* **2.** legiones in naves, Philomelam carinae *O.* **II. 1.** Caesari diadema, iuvenes rogis *V,* libum Iano opfern *O,* aliquem in plaustrum *L.* **2.** custodem in hortis *N,* regem Macedoniae (eum legionibus *T*) über ... setzen *L.* **3.** gentibus iugum *Cu,* pontes paludibus *T,* alicui onera *Cu;* alicui laborem, legem, stipendium, personam (eius partes Rosciis) Rolle, Maske, belli invidiam consuli *S.* **4.** mit *dat.* praefectis Antigoni *N.* **III. 1.** claves portis *L,* frenos licentiae *Cu,* manum calathis *O;* **occ.** rei extremam manum die letzte Hand anlegen *V,* fi-

importo   223   **in**

nem orationi beendigen *LCu*, modum rei ein Ziel setzen *L*. **2.** filio Philippum nomen *L*. **3.** felicitati labem *Cu*, alicui iniurias.

im-portō 1. **1.** (Waren) einführen; b i l d l. artes. **2.** *met.* herbeiführen, verursachen, zufügen: defensoribus calamitatem, alicui fraudem, periculum *L*.

importūnitās, ātis, *f.* Rücksichtslosigkeit, Schroffheit, Frechheit.   Von

im-portūnus 3 **1.** ungünstig gelegen, unzugänglich: machinationibus locus *S*, Armenia *T*; [von der Zeit] ungünstig. *met.* **2.** ungünstig, mißlich, beschwerlich: fata *O*, pauperies *H*. **3.** rücksichtslos, barsch, ungestüm, frech, brutal: hostis, gladiator, tyranni, libido, natura.

im-portuōsus 3 hafenlos: mare *ST*, litus *LPli.*

im-pos, potis (vgl. potis) nicht mächtig; mit *gen.*

impositus *pt. pf. pass.* v. impono.

im-possibilis, e unmöglich *Sp*.

im-posuī *pf.* v. impono.

im-potēns, entis, *abl.* i u. e, *adv.* **enter 1.** ohnmächtig, nicht' mächtig, schwach. **2.** (mit *gen.*) nicht mächtig, nicht Herr über: sui *Cu*, impotentius regi kaum gelenkt werden können *L*. **3.** ohne Selbstbeherrschung, maßlos, zügellos, ungestüm, unbändig: sperare vermessen im Hoffen *H*, dominatio *NL*, superstitio *Cu*, laetitia; Aquilo rasend *H*.   Dav.

impotentia, ae, *f.* **1.** Unvermögen, Dürftigkeit *C*. **2.** Unbändigkeit, Zügellosigkeit: astri unbändige Hitze *H*; Despotismus *Sp*.

impraesentiārum = in praesentia rerum (§ 54) für jetzt, vorderhand.

im-prānsus 3 'ohne Frühstück', nüchtern *H*.

im-precor 1. (Gutes oder Böses) (an)wünschen: homini diras verfluchen *T*.

im-pressī *pf.* v. imprimo.

impressiō, ōnis, *f.* (imprimo) **1.** Eindruck; *met. pl.* Hebungen und Senkungen. **2.** das Eindringen, Angriff: impressionem dare angreifen *L*.

impressus *pt. pf. pass.* v. imprimo.

im-prīmīs (§ 67) s. primus II. 3.

im-primō 3. pressī, pressus (§ 41) **1.** ein-, hinein-, aufdrücken: impresso genu das Knie aufdrückend *V*, aratrum muris über . . . gehen lassen *H*, epistulae anulum *Cu*; occ. bezeichnen: signo tabellas *L*, flagitiorum vestigiis Italiam; crater impressus signis mit erhabenen Figuren *V*. **2.** ein-, abdrücken: signum pecori *V*, animis deorum notionem.

improbitās, ātis, *f.* (improbus) Schlechtigkeit, Unredlichkeit, Ruchlosigkeit.

improbō 1. mißbilligen, verwerfen, zurückweisen.   Von

im-probus 3, *adv.* ē **1. schlecht:** improbe! Böser! *O*. **2. schlecht, verworfen, ruchlos:** civis, facinus, largitio, quaestus. **3. occ. a. unverschämt, frech, dreist, bös:** puer = Amor *V*, fortuna launisch *V*, lupus gefräßig *V*. **b. unanständig:** carmina *O*. **4.** *met.* **maßlos, übertrieben, übermäßig:** labor anhaltend *V*, rabies ventris wütender Hunger *V*.

im-prōcērus 3 unansehnlich, kleinwüchsig *T*.

im-prōmptus 3 nicht rasch, ungewandt *LT*.

im-properātus 3 unbeschleunigt, langsam *V*.

im-proprius 3 uneigentlich, unpassend *Q*; *subst. n.* impropria unpassende Ausdrücke *Q*.

im-prosper 3, *adv.* ē unglücklich.

im-prōvidus 3, *adv.* ē **1.** nicht voraussehend, nicht ahnend; mit *gen.* certaminis *L*. **2.** achtlos, unbekümmert, unvorsichtig; mit *gen.* futuri *T*.

im-prōvīsus 3 nicht vorhergesehen, unvermutet; *subst. n.* improvisa unvorhergesehene Fälle *T*; (de, ex) improviso unversehens, unvermutet.

im-prūdēns, entis, *adv.* **enter 1. nicht ahnend:** imprudente Sullā ohne Wissen Sullas. **2. occ. unabsichtlich:** ne quis tua pectora vulneret inprudens *O*. **3. unwissend, unkundig, unerfahren;** mit *gen.*; mit *acc. c. inf. Cu*. **4. unverständig, unklug:** sapiens ab imprudenti differt *T*, non imprudenter facere *N*.   Dav.

imprūdentia, ae, *f.* **1.** Ahnungslosigkeit, Unabsichtlichkeit: per imprudentiam unabsichtlich. **2.** Unwissenheit, Unkenntnis: eventūs *L*. **3.** Unverstand, Unklugheit: praetorum *N*. **4.** Unachtsamkeit, Unüberlegtheit.

im-pūbēs, eris, d i c h t. **im-pūbis**, e unerwachsen, unreif, jugendlich: malae bartlos *V*, anni jung *O*; **occ.** keusch; *subst. pl.* Kinder, Knaben.

im-pudēns, entis, *adv.* **enter** schamlos, unverschämt.   Dav.

impudentia, ae, *f.* Schamlosigkeit, Unverschämtheit.

impudīcitia, ae, *f.* Unzüchtigkeit, Unzucht.   Von

im-pudīcus 3 unzüchtig, unkeusch.

impūgnātiō, ōnis, *f.* Bestürmung.   Von

im-pūgnō 1. **1.** angreifen, bestürmen: patriam *L*. **2.** *met.* bekämpfen, ankämpfen: meritum fidemque *O*, regem *S*.

im-pulī *pf.* v. impello.

impulsiō, ōnis, *f.* (impello, § 51, Anm.) Antrieb, Anregung.

impulsor, ōris, *m.* (impello, § 51, Anm.) Anreger.

I. impulsus *pt. pf. pass.* v. impello.

II. impulsus, ūs, *m.* (impello, § 51, Anm.) **1.** Anstoß: alienus. **2.** *met.* Antrieb, Anregung.

impūne (poena, § 52) *adv.* **1.** ungestraft, straflos, ungeahndet: hoc (mihi) est impune geht mir . . . hin, haud impune ferre nicht ungestraft wegkommen *O*. **2.** *met.* ohne Nachteil, Schaden, Gefahr: risum tollere impune ohne Scheu *H*.   Dav.

impūnitās, ātis, *f.* Straflosigkeit: iuvenilis Ungebundenheit.

im-pūnītus 3, *adv.* ē **1.** ungestraft, ungeahndet, straflos. **2.** *met.* ungebunden, zügellos: mendacium, libertas.

impūrātus 3 (*im-pūrāre) schmutzig; *subst.* Schuft *C*.

impūritās, ātis, *f.* Lasterhaftigkeit.   Von

im-pūrus 3, *adv.* ē **1.** unrein, schmutzig: corpus. **2.** *met.* lasterhaft, schändlich, verworfen: leno; animus *S*.

im-putātus 3 (putare) unbeschnitten *H*.

im-putō 1. an-, zurechnen, zuschreiben: mihi plurimum bei mir am meisten zugute haben *T*.

īmus s. inferus.

I. in . . . (gr. ἀν-, ἀ- [ἄλφα στερητικόν], in *privativum*, dtsch. un-, ohn-, verw. mit der Negation ně in něque, něscio usw.) Präfix, drückt das N i c h t v o r h a n-

in   224   **inanis**

densein einer Eigenschaft aus: probus improbum, pudens impudentem fraudavit.

II. in (oskisch u. altl. en, gr. ἐν u. εἰς = ἐνς, dtsch. in; die Form in entstand zunächst vor gutturalem Anlaut: in castris, in Graecia [§ 48], en ist erhalten in perendie). Präp. **in.**

I. Beim *acc.* als Kasus der Richtung 1. räumlich u. *met.*: **in, in ... hinein, auf, nach ... hin, für; gegen;** 2. zeitlich: *a.* bei Angabe von Zeitgrenzen: **in .... hinein, bis, bis in;** *b.* bei Angabe einer Zeitdauer: **für, auf.**

II. Beim *abl.* (als Wo-Fall) 1. räumlich: **in, an, auf;** 2. zeitlich: **in, während, innerhalb;** *occ.* (von Zuständen, Umständen, Verhältnissen) **in, an, bei, unter;** *met.* 3. von der Mehrheit, in der ein Ding enthalten ist; 4. zur Bezeichnung des Begriffes, an dem der Prädikatsbegriff in Erscheinung tritt.

III. Abweichungen vom deutschen Sprachgebrauch.

I. 1. ex Asia in Europam exercitum traiecit *N*, corpus abiecit in mare, se in Thraciam abdere *N*, in aram confugere auf, augur fit in Metelli locum anstelle, terra vergit in septentrionem nach Norden; bildl. in eos est scripta lex gegen sie, in eam partem peccare nach der Richtung, in utramque partem disputare für und wider. Bei *adi.* der Gemütsstimmung: crudelis, gratus, dicax in aliquem. Bei *subst.* adventus in urbes, amor in patriam, odium in filium. Bes. **a.** bei Angabe der Ausdehnung im Raum: in longitudinem, in latitudinem, in agrum feldein, tief *H.* **b.** bei Einteilungen: Gallia divisa est in partes tres. **c.** bei distributivem Verhältnis: in singulos menses monatlich *N*, in singulos dies [oder] in dies von Tag zu Tag, täglich, in horas von Stunde zu Stunde *H.* **d.** Zweck: in classem sumptum facere *N*, in consilium dari als Beiräte *N*, servos in quaestionem polliceri, postulare zum Zweck der Untersuchung. **e.** Modalität: hostilem (mirandum) in modum, in speciem scheinbar, in plumam wie eine Feder *V*; in eandem sententiam, in haec verba *L* des Inhalts, in eas leges auf diese Bedingungen hin *L*, in ea munera unter der Bedingung dieser Geschenke *T.* **f.** Mit *subst.* vbd. rein adv. invicem wechselweise, incassum blindlings, in universum im allgemeinen, in rem sachgemäß *SL*, in quantum inwieweit, in tantum insoweit, in incertum aufs Ungewisse hin *L*, in barbarum barbarisch *T.* **2. a.** in lucem dormire in den hellen Tag *H*, in horam vivere in den Tag hinein, in multam noctem pugnare bis tief in die Nacht *L.* **b.** in crastinum differre, in praesens (reliquum) tempus, in posterum für die Zukunft, in perpetuum für alle Zeit. Bes. **in diem 1.** in den Tag hinein: vivere. **2.** von Tag zu Tag: poenam reservare. **3.** alle Tage: rapto vivere *L.* **4.** auf den Tag, am bestimmten Tag: fundum emere *N.* **5.** nur für einen Tag: adesse *L.*

II. 1. pontem fecit in Histro der = über die Donau *N*; bildl. in eo loco sunt res nostrae stehen auf dem Punkt *N*, in eo est, ut es ist soweit gekommen,

daß *N*, aliquid in animo habere vorhaben, in oculis esse vor Augen stehen, aliquid in manibus habere in seiner Gewalt, in matrimonio zur Frau haben; esse in Persico habitu *Cu*, in armis esse unter Waffen stehen. **2.** hoc (quo) in tempore, in omni aetate zu jeder Zeit, in tempore zur rechten Zeit *L*, ter in anno. **occ.** in imbri während es regnet, horum in imperio *N*, in morte ipsa, in tuo periculo, in bello, in pace, in rebus secundis, adversis, in tanta hominum perfidia da ... so treulos sind. Mit *ger.* in ridendo, in oppido oppugnando *N*, in Ligario conservando. **3.** in hoc numero fuit Miltiades *N*, in eius virtutibus id commemorare *N*, in his unter diesen. **4.** in his cognitum est an ihnen zeigte sich *N*, in filio vim suam exercuit *N*, idem in bono servo dici potest; clementissimus in victoria, in religionibus sanctus.

III. *Abl.* bei *verb.* des Setzens, Stellens: in gelida ponens corpora ripa *O*, terra locata in media sede mundi. **2.** adesse in senatum, in potestatem esse, retinere (habere *S*), (captivum) in carcerem asservari *L.* **3.** Doppelt konstr. abdere in silvas u. in silvis, comportare in templum u. in templo. **4.** aliquid in medium relinquere unentschieden lassen *T*, in vulgus ignotus beim Volk unbekannt.

in-accessus 3 unzugänglich *VT.*

Īnachus, ī, *m.* I. [Hauptfl. in der Argolis, in der Sage Stromgott, Vater der Io]; *adi.* **Īnachius** 3: iuvenca = Io *V*, urbes = griechisch *V*; **Īnachis,** idis, *f. subst.* Tochter des Inachus [= Io oder Isis] *O*; *patr.* **Īnachidēs,** ae, *m.* **1.** Epaphus [Sohn der Io] *O.* **2.** Perseus [Nachkomme argivischer Könige] *O.*

in-ad ... vor c, f, p, s, t assimiliert.

in-adūstus 3 nicht angebrannt, unversengt *O.*

in-aedificō 1. **1.** in (an, bei) etw. aufbauen: in loca publica *L.* **2.** verbauen, verbarrikadieren.

in-aequābilis, e uneben, ungleichmäßig.

in-aequālis, e, *adv. iter* **1.** uneben, schief: loca *T*; **occ.** tonsor der 'Stufen' schert *H.* **2.** ungleich: procellae wechselnd stark *H*; **occ.** wechselnd, wechselvoll, unstet: autumni *O*, vixit inaequalis *H.*   Dav.

inaequālitās, ātis, *f.* Ungleichheit *Q.*

in-aequō, āre gleich hoch machen: (fossas) cratibus.

in-aestimābilis, e **1.** unberechenbar: nihil tam inaestimabile quam animi multitudinis *L.* **2.** unschätzbar, außerordentlich: gaudium *L.*

in-aestuō, āre in etw. aufwallen *H.*

in-affectātus 3 ungekünstelt *Q.*

in-alpīnus 3 Alpen-: gentes *Sp*; *subst. pl. m.* Alpenvölker.

in-amābilis, e unangenehm, widerlich.

in-amārēscō, ere (amarus) bitter, vergällt werden *H.*

in-ambitiōsus 3 anspruchslos *O.*

inambulātiō, ōnis, *f.* das Auf- und Abgehen.   Von

in-ambulō 1. āvī auf- und ab-, umhergehen, spazieren.

in-amoenus 3 traurig: regna die Unterwelt *O.*

in-animus 3 (anima) unbelebt, unbeseelt, leblos.

in-ānis, e, *adv. iter* **1.** leer, ledig, mit *abl.* u. *gen.*; navis unbemannt [oder] unbeladen, tempus Zeit der Ruhe *V*, laeva ohne Ring *H*, umbra, imago des Toten *O*, vulgus der Toten *O*, regna das Reich der Schat

inanitas · 225 · **incesso**

ten *VO*, lumina die leeren Augenhöhlen *O*, vulnus tief, hohl *O*; *subst. n.* per inane (inania) durch den leeren Raum (die Luft) *Lukrez VO*. **2. occ. a.** mit leeren Händen: homines ohne Geld *C*, inanes revertuntur. **b.** nüchtern: siccus inanis hungrig und durstig *H*. **3.** *met.* leer: verborum. **occ. a.** hohl, gehaltlos, wertlos: syngraphae, pecuniae; *subst.* inane *H*. **b.** grundlos, nichtig: causa *VO*, motus, credulitas *T*, inaniter angere *H*. **c.** vergeblich, erfolglos, eitel: cogitationes, inaniter artes exercere *O*, decus purpurae *H*, opera *H*; *subst.* inania captare nach blauem Dunst haschen *H*. **d.** eitel, selbstgefällig, geckenhaft: homo *S*, inaniora ingenia *L*; *subst.* inanes eitle Toren *H*. Dav.
inānitās, ātis, *f.* Leere, Gehaltlosigkeit.
in-arātus 3 ungepflügt *VHO*.
in-ārdēscō 3. ārsī **1.** sich einbrennen: (vestis) umeris Herculis inarsit *H*. **2.** sich entzünden: nubes inardescit solis radiis erglüht *V*; *met.* entbrennen: amor inarsit *O*.
in-ārēscō 3. ruī eintrocknen, versiegen, verdorren *CuT*.
Īnarimē, ēs, *f.* (εἰν Ἀρίμοις *Homer*, § 62) = Aenaria *VO*.
in-ārsī *pf.* v. inardesco.
in-āruī *pf.* v. inaresco.
in-assuētus 3 ungewohnt *O*.
in-attenuātus 3 ungeschwächt *O*.
in-audāx, ācis zaghaft *H*.
in-audiō 4. hören, vernehmen, ab und zu erfahren.
in-audītus 3 **1.** ungehört: tibi non inaudita vox. **2.** unverhört: rea *T*. **3.** *met.* unerhört, unbekannt, noch nicht dagewesen: clementia; inauditum est *T*.
in-augurō 1. **1.** Augurien anstellen *L*; *abl. abs.* inaugurato nach Anstellung von Augurien *L*. **2.** *trans.* (durch Augurien) einweihen: locum, flaminem *L*.
in-aurēs, ium, *f.* Ohrgehänge *CSp*.
in-aurō 1. (aurum, § 70) vergolden; *met.* reich machen.
in-auspicātus 3 ohne Vogelschau gegeben: lex *L*; *abl. abs.* inauspicato ohne Vogelschau *L*.
in-ausus 3 ungewagt, unversucht *VT*.
in-b ... s. im-b-.
in-caeduus 3 (caedo) ungeschlagen: lucus *O*.
in-calēscō 3. caluī **1.** warm, heiß werden: sole incalescente *L*. **2.** *met.* erglühen, entbrennen: vino *LCuT*, nocte ac laetitia *T*; in Liebe: vidit et incaluit *O*; in Begeisterung: Cicero raro incalescit gerät in Feuer *T*.
in-calfaciō, ere erwärmen *O*.
in-callidus 3, *adv.* ē unklug, ungeschickt.
in-caluī *pf.* v. incalesco.
in-candēscō 3. duī glühend heiß werden *VO*.
in-cānēscō 3. nuī weiß werden *V*.
in-cantō 1. durch Zauberformeln weihen *H*.
in-cānuī *pf.* v. incanesco.
in-cānus 3 fast [oder] ganz grau *VO*.
incassum s. cassus.
in-castīgātus 3 ungezüchtigt, ungetadelt *H*.
in-cautus 3, *adv.* ē **1.** *act.* unbedachtsam, unvorsichtig, unbekümmert, sorglos: a fraude nicht auf der Hut vor *L*; futuri unbekümmert um *H*. **2.** *pass.* unverwahrt, unbewacht, unsicher: agri *S*, incautum habere *L*, iter unbesetzt *T*.
in-cēdō 3. cessī, cessum **I.** *intr.* **1.** einherschreiten,

-gehen: incedunt pueri rücken an *V*, si pedes incedat zu Fuß *L*, magnifice stolz *L*. **2. occ.** (milit.) **anrücken, marschieren:** segnius *L*, itineri et proelio gerüstet für *T*, ad portas urbis *L*, in hostes *L*. **3.** *met.* **an-, hereinbrechen, eintreten:** incessit pestilentia *L*, annus *T*, commutatio *S*. **occ. a.** **eintreffen, sich verbreiten:** incessit timor, occultus rumor incedebat *T*. **b.** **aufkommen:** religio incessit *L*, pro modestia vis incedebat *T*. Mit *dat. pers.* **befallen, überkommen, ergreifen:** cura patribus incessit *L*, animis formido, cupido *Cu*. **II.** *trans.* **1.** **betreten:** maestos locos *T*, fontem nando *T*. **2.** *met.* **befallen, überkommen:** incessit patres timor *L*, legiones seditio verbreitete sich *T*.
in-celebrātus 3 nicht erwähnt, unveröffentlicht *T*.
in-cendī *pf.* v. incendo.
incendiārius, ī, *m.* Brandstifter *T*. Von
incendium, ī, *n.* **1.** **Brandlegung, Brandstiftung:** urbis in der Stadt. **2.** *synecd.* **Brand, Feuer, Feuersbrunst:** navium, cunctos incendium hausit verzehrte *T*. **3.** *meton.* **Feuerbrand:** iactare incendia dextrā *O*. **4.** *met.* **äußerste Gefahr, Verderben:** invidiae, belli civilis. Von
in-cendō 3. cendī, cēnsus (zu candeo, § 43) **1.** **anzünden, anbrennen:** faces, odores, incensi aestūs glühend *V*; aram, altaria das Feuer auf dem Altar *V*. **occ. a.** **in Brand setzen, anzünden:** vepres *V*, Avaricum; *pass.* **in Brand geraten:** lucus incensus *N*. **b. erhellen, erleuchten:** luna incensa radiis solis, squamam incendebat fulgor ließ feurig erglänzen *V*. *met.* **2. entflammen, entzünden;** *pass.* **entbrennen:** incensus irā, odio, amore *V*, iuventutem ad facinora *S*; adeo erat incensus so aufgebracht *N*, incensa bacchatur leidenschaftlich *V*; clamore caelum erfüllen *V*. **3. erhöhen, steigern:** vires, luctūs *V*, haec fletu *T*. **4. verderben, vernichten:** genus *C*. Dav.
incēnsiō, ōnis, *f.* Brand, Einäscherung.
I. incēnsus *pt. pf. pass.* v. incendo.
II. incēnsus 3 (incendo) entbrannt, heiß, feurig.
III. incēnsus 3 (censeo) ungeschätzt *L*.
in-cēpī *pf.* v. incipio.
inceptiō, ōnis, *f.* (incipio) das Beginnen *C*.
inceptō 1. (*frequ.* v. incipio, § 43) anfangen, beginnen; cum aliquo mit jemd. anbinden *C*.
inceptum, ī, *n.* u. **inceptus**, ūs, *m. L* (incipio, § 43) das Beginnen, Unternehmen, Vorhaben, Beginn, Anfang.
inceptus *pt. pf. pass.* v. incipio.
in-cernō 3. crētus daraufsieben, darüberstreuen *H*.
in-certus 3 **1.** [von Sachen] **unentschieden, ungewiß, unzuverlässig:** itinera, rumores, exitus pugnarum; luna unbestimmter Schein *V*, securis unsicher geschlagen *V*; *subst.* incertum, ī, *n.* **Ungewißheit:** incerti auctorem esse Ungewisses melden *L*, in incertum creari auf unbestimmte Zeit *L*; *pl.* **Wechselfälle:** belli, fortunae *L*, maris *T*. **2.** [von Personen] **unsicher, zweifelhaft, schwankend, unschlüssig, im Ungewissen:** animi im Geist *T*, consilii im unklaren über *CuT*; mit indir. Fr.
E: vgl. ἄκριτος, § 42, 'nicht geschieden'.
in-cessī *pf.* v. incedo.
in-cessō 3. cessīvī (incedo) eindringen, auf jemd. los-

incessum   226   **includo**

gehen, angreifen: telis *O*; muros *V*, in erumpentes *L*; *met.* dictis schelten *O*, criminibus *T*; uxorem beschuldigen *T*.

incessum *pt. pf. pass.* v. incedo.

incessus, ūs, *m.* (incedo) **1.** das Einherschreiten, Gang: citus *S.* **2.** das Gehen: rarus, iumentorum *L.* **3.** das Vordringen, Einrücken, Einfall: primo incessu sogleich beim Anrücken *T*; *meton.* tres drei Marschlinien *T*, incessūs claudere die Marschrouten sperren *T*.

incestō 1. beflecken, schänden *VT*.   Von

I. in-cestus 3, *adv.* **ē** (castus, § 43) **1.** unzüchtig, unkeusch: iudex (Paris) *H*, sermo *L*, inceste sacrificium facere *L*; *subst.* **incestum,** ī, *n.* Unzucht, Blutschande. **2.** *met.* unrein, befleckt: manūs *L*; *subst. m.* Frevler *H*.

II. incestus, ūs, *m.* Unzucht, Blutschande.

E: castus, -ūs 'Keuschheit', § 43.

inchoō s. incoho.

I. in-cidī *pf.* v. I. incido.

II. in-cīdī *pf.* v. II. incīdo.

I. in-cidō 3. cidī (cado, § 41) **1.** in, auf etw. **fallen:** arae *O*, ad terram *V*; mit *acc.* quos inciderat ballista *T*; *met.* in eine Zeit **fallen:** tua aetas incidit in id bellum. **2. occ. a. sich hineinstürzen:** castris *L*, flamma incidit in segetem *V*. **b. sich ergießen:** flumini *L*. **c. anfallen, überfallen:** ultimis *L*; bildl. terror incidit exercitui, pestilentia in urbem *L*. *met.* **3.** (unvermutet) **auf** jemd. **stoßen,** wohin **gelangen, kommen, hineingeraten:** in latrones; in sermonem dazukommen, in eorum mentionem verfallen; *occ.* in etw. **verfallen, geraten:** in morbum *N*, in has miserias, in suspicionem. **4. vorfallen, sich zutragen, sich begeben, sich ereignen:** incidit civile bellum dazwischen fiel (brach aus) *N*, calamitas; mentio de uxoribus *L*, regi adversa valetudo stieß zu *Cu*.

II. in-cīdō 3. cīdī, cīsus (caedo, § 43) **1. einschneiden, -graben, -meißeln:** epigramma in basi, leges in aes; verba ceris einritzen *O*; arbores incisae angeschnitten, marmora notis incisa mit Inschriften versehen *H*, vites beschneiden *V*; bildl. media kurz abtun. **2. zerschneiden:** linum, funem kappen *V*; bildl. spes incisa abgeschnitten *L*. **3. ausschneiden:** dentes (der Säge) *O*, faces *V*; particulas bilden. **4.** *met.* **abbrechen:** ludum *H*, sermonem *L*, lites *V*.   Dav.

incīle, is, *n.* Abzugsgraben (bildl.).

in-cingō 3. cīnxī, cīnctus **1.** umgürten: incinctus cinctu Gabino *L*; aras verbenis bekränzen *O*. **2.** *met.* umschließen, umgeben: urbes moenibus *O*.

in-cipiō 3. cēpī, ceptus (capio, § 43) **1.** *trans.* beginnen, anfangen, den Anfang machen: oppugnationem, proelium, opus; meist mit *inf.*; *occ.* zu reden beginnen, anheben: sic rex incipit *S*, versūs *V*, ab ea civitate. **2.** *intr.* anfangen, den Anfang nehmen: quies incipit *V*, anni principium *T*.

NB: *pf.* meist durch coepi ersetzt; s. coepio.

incipissō, ere (incipio) (eifrig) beginnen, anfangen *C*.

incīsē u. **incīsim** (incīdo) *adv.* in kurzen Sätzen.

incīsiō, ōnis, *f.* u. **incīsum,** ī, *n.* (incīdo) Einschnitt, (*rhet.*) Abschnitt einer Periode (κόμμα).

incīsus *pt. pf. pass.* v. II. incīdo.

incitae s. incitus II.

incitāmentum, ī, *n.* (incito) Antrieb, Anreiz, Reizmittel, 'Triebfeder', 'Sporn': periculorum, ad honeste moriendum.

incitātiō, ōnis, *f.* (incito) **1.** Erregung, Anfeuerung: populi. **2. a.** Schwung: orationis. **b.** Trieb, Drang: animi.

incitātus 3, *adv.* **ē** schnell, rasch: cursus; *met.* rasch, lebhaft: cursus in oratione.   Von

in-citō 1. in schnelle Bewegung setzen, antreiben. Sprichw. currentem; equos, lintres remis, motum beschleunigen, ex alto se aestus incitat dringt heran, amnis incitatus reißend *L.* *met.* **2. erregen, anfeuern, antreiben:** animum, ad spem. **3. occ. a.** (Affekte) **steigern:** metum *O*, libidinem, perturbationes. **b. aufregen:** incitatā mente. **c. aufreizen, aufbringen, aufstacheln:** incitari odio, contra rem p., ad direptionem.

in-citus 3 **I.** (mit präpos. in) 'stark bewegt', schnell: hasta *V*, delphini. **II.** (mit privativem in) unbeweglich: ad incitas (*sc.* calces Spielsteine) redigere schachmatt setzen *C.*

in-clāmō 1. **1.** *intr.* laut rufen: puellae zurufen *O*; mit ut *L.* **2.** *trans.* anrufen, anschreien: eum nomine *L.*

in-clārēscō 3. clāruī berühmt, bekannt werden.

in-clēmēns, entis, *adv.* **enter** hart, streng.   Dav.

inclēmentia, ae, *f.* Härte, Strenge *V.*

inclīnātiō, ōnis, *f.* (inclino) **1.** Neigung, Biegung: trepidantium *T.* **2.** *met.* **a.** Wechsel, Veränderung: vocis, voluntatum, ad meliorem spem. **b.** Zuneigung: in aliquem *T.*

inclīnātus 3 **1.** gesenkt, tief: vox. **2.** sinkend: domus *V*, res *L.* **3.** zugeneigt, zugetan: ad Poenos *L*, ad suspicionem *T.*   Von

in-clīnō 1. 1. neigen, beugen: inclinatus temo abwärts geneigt *O*, cursum im Bogen fliegen *O*, aquas ad litora hinleiten *O.* **2.** *refl.*, *med.* u. *intr.* **sich neigen:** se in unum locum *L*, sol se inclinavit *L*; *intr.* inclinat dies, meridies *T.* **occ. ins Wanken kommen, weichen:** inclinatur acies *L*, res inclinatur in fugam *L*, timore inclinari *L*; *intr.* in neutram partem inclinabant acies *L.* *met.* **3. hinlenken, -wenden:** culpam in collegam, onera in divites auf ... wälzen *L*, animos in hanc causam für ... gewinnen *L*, opes inclinantur ad Sabinos fallen den S. zu *L.* **occ. a. herabbringen:** omnia inclinat fortuna *L*; *refl.* u. *med.* fortuna se inclinaverat hatte sich gewendet. **b. den Ausschlag geben, entscheiden:** fraus rem inclinavit *L.* **4.** *med.* u. *intr.* **sich zuneigen, geneigt sein:** inclinati ad credendum animi *T*; sententia senatūs inclinat ad pacem, in stirpem regiam *Cu*; mit *dat.* pluribus *H.*

E: κλίνω, vgl. lehnen, § 15, Anm.

in-clitus 3 = in-clutus (§ 41).

in-clūdō 3. clūsī, clūsus (claudo, § 43) **I. 1. einschließen, einsperren:** in carcerem, domi (domo *O*), se moenibus *L*, corpora lateri *V*; inclusae libidines geheim. **2.** *met.* **einfügen, einlassen, hineingeben:** emblemata in scaphiis, suras (Beinschienen) auro *V*; huc germen einpfropfen *V*, sententiam versibus in Verse bringen *H*, ratio inclusa in fabulas, tempora

inclutus 227 **incresco** **I**

fastis verzeichnen in *H*. **II. 1. verschließen, hemmen, hindern:** limina portis *O*, viam sperren *L*, spiritum *L*. **2. endigen, schließen:** actionem *Pli*.

in-clutus 3 berühmt, bekannt: Venus *Lukrez*, factis *O*. E: clueo; 'gehört', vgl. κλυτός, ahd. hlût 'laut', § 15, Anm.

I. in-coctus 3 ungekocht *C*.

II. incoctus *pt. pf. pass.* v. incoquo.

in-cōgitābilis, e u. **in-cōgitāns,** antis unbedachtsam *C*.

in-cōgitō, āre sich etw. gegen jemd. ausdenken: fraudem socio *H*.

in-cōgnitus 3 **1.** nicht anerkannt: incognita (das von den Eigentümern nicht Erkannte) vēniere *L*. **2.** unbekannt: sagitta ungeahnt, unbemerkt *V*; mit *dat.* Gallis. **3.** ununtersucht: causā incognitā ohne Untersuchung.

in-cohō, schlechter **in-choō** 1. beginnen, anfangen: templum *L*, aras auf...zu opfern beginnen *V*, annum antreten *T*. [Bes. schriftlich oder mündlich]: versibus zu schildern beginnen, de oratoribus zu reden beginnen, incohante Caesare da der *C*. es zur Sprache brachte *T*, incohata domina ein Gedicht auf *Ca*, inchoatum quiddam etwas Unfertiges.

incola, ae, *m. f.* **1.** Einwohner(in), Bewohner(in): insulae *N*, maris, montis *O*; mundi Weltbürger; turba *O*, aquilones *H* heimisch. **2.** *occ.* (nicht eingebürgerter) Insasse (μέτοικος): cives atque incolae. Von

in-colō 3. coluī, cultus **1.** *intr.* wohnen, seßhaft sein. **2.** *trans.* bewohnen.

in-columis, e (viell. verw. mit calamitas, vgl. §§ 41 u. 43) unverletzt, unversehrt, wohlbehalten, heil. Dav.

incolumitās, ātis, *f.* Unversehrtheit, Erhaltung.

in-comitātus 3 unbegleitet.

in-commendātus 3 preisgegeben *O*.

in-commodesticus 3 [Scherzbildung] = incommodus *C*.

incommoditās, ātis, *f.* (incommodus) Unbequemlichkeit, Ungunst, Bedrängnis; *occ.* Unhöflichkeit *C*.

in-commodō, āre lästig sein *C*. Von

in-commodus 3, *adv.* ē **1. unbequem, ungelegen, lästig, unangenehm:** non incommodum videtur es scheint passend *N*, mecum incommodius actum est ungünstiger, schlechter; *subst.* **incommodum,** ī, *n.* **Unannehmlichkeit, Beschwerlichkeit:** valetudinis; **Nachteil, Unglück, Schaden:** amicorum *N*, repentinum Schlappe. **2. unfreundlich, unleidlich:** vox *L*, pater filio.

in-commūtābilis, e unveränderlich.

in-comparābilis, e unvergleichlich *Q*.

in-compertus 3 unerforscht, unbekannt *L*.

in-compositus 3, *adv.* ē ungeordnet, regellos, ungeregelt: motūs kunstlos *V*, hostes regellos marschierend *L*, theatrum unregelmäßig gebaut *Pli*, incomposite fugere *Cu*, versus holperig *L*.

in-comprehēnsibilis, e unfaßbar, unendlich *PliSp*.

in-cōmptus 3 **1.** ungepflegt: capilli *O*, signa *T*. **2.** *met.* schmucklos, schlicht, einfach: adparatūs *T*, versūs kunstlos *VH*, oratio *L*, sensūs *T*.

in-concessus 3 unerlaubt, unmöglich *VOQ*.

in-conciliō 1. verführen, ins Unglück bringen *C*.

in-concinnus 3 unharmonisch: asperitas plump *H*.

in-concussus 3 unerschüttert: pax ungestört *T*.

in-conditus 3, *adv.* ē ungeordnet, ungeregelt, wirr: carmina kunstlos *L*, genus dicendi einfach.

in-congruēns, entis ungereimt, unpassend *Pli*.

in-cōnsīderantia, ae, *f.* Unbesonnenheit.

in-cōnsīderātus 3, *adv.* ē **1.** unüberlegt, unbedacht, übereilt: cupiditas. **2.** unbedachtsam, unbesonnen: in secunda fortuna *N*.

in-cōnsōlābilis, e untröstlich, unheilbar *O*.

in-cōnstāns, antis, *adv.* **anter** unbeständig, schwankend, nicht folgerichtig. Dav.

incōnstantia, ae, *f.* Unbeständigkeit, Wankelmut.

I. in-cōnsultus 3, *adv.* ē **1.** unbefragt: senatus *L*; *occ.* unberaten, ratlos: inconsulti abeunt *V*. **2.** unüberlegt, unbesonnen: inconsultius procedere.

II. in-cōnsultus, ūs, *m.* das Nichtbefragen; nur *abl.* inconsultu meo ohne mich befragt zu haben *C*.

in-cōnsūmptus 3 unverzehrt, unverbraucht: pars turis *O*; *met.* unvergänglich: iuventa *O*.

in-contāminātus 3 unbefleckt, rein *L*.

in-continēns, entis, *adv.* **enter** nicht enthaltsam, unmäßig: Tityos lüstern *H*. Dav.

incontinentia, ae, *f.* Unenthaltsamkeit.

in-conveniēns, entis nicht übereinstimmend, unähnlich.

in-coquō 3. coxī, coctus einkochen *VH*; *occ.* vellera incocta rubores gefärbt *V*.

in-corporālis, e unkörperlich *Sp*.

in-corrēctus 3 unverbessert *O*.

in-corruptus 3, *adv.* ē **1.** unverdorben: sucus et sanguis; virgo rein. **2.** *met.* **a.** unverfälscht, echt: monumenta *L*. **b.** unbefangen, aufrichtig: iudicium. **c.** unbestochen, unbestechlich: custos *H*, fīdes *T*.

in-coxī *pf.* v. incoquo.

in-crēb(r)ēscō 3. crēb(r)uī (§ 38, 1 a) häufig werden, zunehmen, überhandnehmen, sich verbreiten: proverbio zum Sprichwort werden *L*.

in-crēdibilis, e, *adv.* **iter** unglaublich, außerordentlich: voluptas.

in-crēdulus 3 ungläubig *HQ*.

incrēmentum, ī, *n.* (in-cresco) **1.** Wachstum: vitium. **2.** *met.* das Wachsen, Zunahme: urbis *L*. **3.** *meton.* Zuwachs, Ergänzung: multitudinis *L*; populi futuri Same *O*; *occ.* Sprößling: Iovis *V*.

increpitō 1. **1.** zurufen: increpitans aufmunternd *V*. **2.** anfahren, schelten, tadeln, höhnen: verbis *L*, Belgas, pertinaciam praetoris *L*, tibi *Pr*. *Frequ.* von

in-crepō 1. puī, pitus, nachkl. āvī, ātus **I.** *intr.* **1. rasseln, klirren, lärmen:** clipeo *V*, mālis knirschen *V*; *occ.* zurufen *V*; in similitudinem nominis schmälen *L*. **2.** *met.* **laut werden, sich regen:** quidquid increpuerit bei dem geringsten Geräusch, si quid increpet terroris *L*. **II.** *trans.* **1. erdröhnen, erschallen, ertönen lassen:** nubes *O*, sonitum *V*, pectus heftig bewegen *H*. **2. vorwerfen, tadeln:** haec in regem *L*, mollitiem *L*. **3. aufrufen:** morantes *V*. **4.** jemd. (hart) **anfahren, schelten:** aliquem maledictis *S*; mit *acc. c. inf.,* quod, ne.

in-crēscō 3. crēvī **1.** einwachsen: cuti squamas increscere sentit *O*. **2.** aufwachsen: iaculis aufschießen

incretus   228   **indecentia**

in *V*; *met.* wachsen, steigen, zunehmen: increscunt flumina *O*, increscit dolor *O*, certamen *L*, ira *V*.

incrētus *pt. pf. pass.* v. incerno.

in-crēvī *pf.* v. incresco.

in-cruentātus 3 nicht mit Blut befleckt *O*.

in-cruentus 3 unblutig, ohne Verlust *SLT*.

in-crūstō, āre (crusta) überziehen, beschmutzen *H*.

incubitum *pt. pf. pass.* v. incubo oder incumbo.

in-cubō 1. buī, bitum **1.** in (auf) etw. liegen: pulvino *Cu*; Erymantho sich aufhalten *O*; pellibus stratis [zum Zweck eines Traumorakels] *V*; *occ.* brüten: nidis *O*. **2.** *met.* hüten: auro de fosso *V*, thesauris *L*. **3.** sich widmen *Sp*.

in-cubuī *pf.* v. incubo oder incumbo.

in-(cu)currī *pf.* v. incurro.

in-culcō 1. (calco, § 51, Anm.) **1.** (in die Rede) einflikken: Graeca verba. **2.** einprägen, einschärfen, aufdrängen: oculis imagines, se auribus.

in-culpātus 3 untadelhaft, unbescholten *O*.

I. in-cultus 3, *adv.* ē **1.** unangebaut: agri unbebaut *O*, via ungebahnt; *subst. n.* inculta Einöden *VL*. **2.** schmucklos, kunstlos: versus *H*. *occ.* **a.** einfach: vita, inculte agere *S*. **b.** ungepflegt, verwildert: canities *V*, homines *L*. **c.** ungeachtet: virgo *Ca*. **3.** *met.* roh, ungebildet: Gaetuli *S*, ingenium *H*.

II. in-cultus, ūs, *m.* Verwahrlosung, Schmutz *SL*.

III. incultus *pt. pf. pass.* v. incolo.

in-cumbō 3. cubuī, cubitum **1.** sich auf (an) etw. legen, lehnen, stützen: remis schnell rudern *VLCu*, eiecto auf den Abgeworfenen fallen *V*, incumbens olivae auf den Stab gestützt *V*, in eum *Cu*, silex incumbit ad amnem droht zu fallen *V*, laurus incumbens arae über…geneigt *V*, fato beschleunigen *V*. **2.** *occ.* **a.** sich stürzen: ferro ins Schwert *Ph*. **b.** losstürzen, eindringen: in litus *Cu*, in hostem *L*, sagittariis *T*; silvis *V*, terris *H*, invidia mihi incumbit lastet schwer auf mir *T*. **3.** *met.* sich verlegen, sich angelegen sein lassen, sich widmen, sich anstrengen: huc, in (ad *Cu*) bellum, ad salutem rei p., aratris aufs Pflügen *V*, novae cogitationi *T*; mit *inf. V*, mit ut *L*; *occ.* sich zuneigen: ad virum bonum.

incūnābula, ōrum, *n.* (cunae) **1.** Wickelbänder, Windeln, Wiege: infantium. **2.** *meton.* Kindheit: ab incunabulis *L*. **3.** Geburtsort: Iovis *O*. **4.** *met.* Ursprung, Anfang: deorum, doctrinae.

in-cūrātus 3 ungeheilt, unheilbar: ulcera *H*.

in-cūria, ae, *f.* (cura) Nachlässigkeit, Mangel an Sorgfalt, Mangel an Pflege, Leichtsinn.   Dav.

incūriōsus 3, *adv.* ē **1.** sorglos, nachlässig, leichtsinnig: famae, recentium *T* unbekümmert um; serendis frugibus (*dat.*) im Anbau *T*. **2.** vernachlässigt: finis *T*.

in-currō 3. (cu)currī, cursum **1.** hineinlaufen, anrennen: armentis *O*, torrentes incurrunt strömen einher *Cu*; sprichw. in columnas mit dem Kopf gegen die Wand rennen. **2.** heranstürmen, angreifen: levi armaturae *L*, in hostes *S*, in tribunos losziehen *L*; *trans.* novissimos *T*; *occ.* einfallen: in agrum *L*. **3.** begegnen, in den Wurf kommen: in eum; in oculos in die Augen springen *Q*. **4.** *met.* **a.** treffen, eintreffen, eintreten: in etesias, in sapientem, incurrunt

tempora. **b.** wohin geraten, verfallen: in fraudem, in perniciem, in odia; nusquam anrennen, anstoßen.
                               Dav.

incursiō, ōnis, *f.* **1.** Andrang, Anprall: atomorum. **2.** Angriff, Einfall, Streifzug.

incursō 1. (*frequ.* v. incurro) **1.** anrennen, stoßen an: stellis, ramis *O*; *met.* oculis begegnen, treffen *Q*. **2.** anstürmen, angreifen: in agmen *L*, aciem *T*; *occ.* einfallen: agros Romanorum *L*.

incursum *pt. pf. pass.* v. incurro.

incursus, ūs, *m.* (incurro) **1.** das Anrennen, Anprall: undarum *O*. **2.** Angriff: vagi *T*, luporum *V*. **3.** Anschlag, Plan: varii *O*.

incurvēscō, ere (incurvus) sich krümmen *Ennius*.

in-curvō 1. (ein)biegen, -krümmen *VO*.   Dav. (§ 76)

incurvus 3 krumm, gekrümmt.

incūs, ūdis, *f.* (incudo) Amboß; bildl. incudi reddere versus = umarbeiten *H*, sprichw. eandem incudem tundere = immer dasselbe treiben.

incūsātiō, ōnis, *f.* Beschuldigung.   Von

in-cūsō, altl. **incussō** 1. (in u. causa, §§ 70 u. 43) beschuldigen, anklagen, sich beschweren: duritiam sich beklagen über *T*; eum superbiae *T*; mit quod; *acc. c. inf. LT*.

in-cussī *pf.* v. incutio.

incusso s. incuso.

I. incussus *pt. pf. pass.* v. incutio.

II. incussus, ūs, *m.* (incutio) das Anschlagen *T*.

in-custōdītus 3 **1.** *pass.* unbewacht: urbs unbesetzt *T*; amor nicht geheimgehalten *T*, observatio nicht eingehalten *T*. **2.** *act.* unvorsichtig *Pli*.

incūsus lapis (incudo) geschärfter Mühlstein *V*.

in-cutiō 3. cussī, cussus (quatio, § 43) **1.** anschlagen, anstoßen: scipionem in caput *L*, ictūs nudis ossibus *Cu*. **2.** *occ.* hinschleudern, -werfen: tela, saxa *T*, grandinem Hagelschlag bringen *Cu*; nuntium alicui zuschleudern *L*. **3.** *met.* einjagen, einflößen, verursachen, erregen: amorem *Lukrez*, timorem, religionem animo *L*, vim ventis *V*.

indāgātiō, ōnis, *f.* (indagare) Erforschung.

indāgātor, ōris, *m.*, **-trīx**, īcis, *f.* (indagare) Erforscher(in).

I. indāgō, inis, *f.* (indu, ago, vgl. ambages) Einschließung, Umstellung [des Wildes], Treibjagd: velut indagine capi in die Netze geraten *T*.

II. indāgō 1. (s. I. indago) aufspüren, erforschen.

ind-audiō = inaudio *C*.

in-de (von is bildet sich wie illim, istim eine Form im, erhalten in inter-im, also inde statt imde: de verw. mit dē, vgl. § 68). **I.** räumlich: **1. von da (aus)**, von dort: inde discessum est; inde colles insurgunt *L*; [scheinbar]: dort: inde militum, inde locorum asperitas hier… dort *T*. **2.** *met.* daraus, davon, daher: inde nives fiunt *O*; deshalb, daher: inde cognomen factum est Poplicolae *L*; *occ.* von ihm, von ihnen: rege inde (ex Sabinis) sumpto *L*; pars inde (= p. membrorum) *O*. **II.** zeitlich: **1.** von…an, von der Zeit an; meist mit ab: iam inde ab ortu; iam i. ab incunabulis *L*. **2.** dann, hierauf: inde damnatus est *N*.

in-dēbitus 3 unverdient, nicht gebührend *VO*.

indecentia, ae, *f.* Unschicklichkeit *Sp*.   Von

indeceo   229   **indixi** **I**

in-deceō, ēre nicht geziemen, übel anstehen; mit *acc. Pli*; *adi.* **indecēns**, entis ungebührlich, unschicklich *Q.*

in-dēclīnātus 3 unverändert; mit *dat.* amico treu *O.*

in-decoris, e (decus) unrühmlich, schmählich.   Dav.

indecorō, āre verunehren, entstellen *H.*

in-decōrus 3, *adv.* **ē** 1. unschön, häßlich: habitus *Cu*, forma *T.* 2. *meton.* unschicklich, unehrenhaft, unanständig, unrühmlich: genus unedel *T*, pulvis *H.*

in-dēfēnsus 3 unverteidigt, unbeschützt *LT.*

in-dēfessus 3 unermüdlich *VO.*

in-dēflētus 3 unbeweint *O.*

in-dēiectus 3 nicht niedergeworfen *O.*

in-dēlēbilis 3 unvertilgbar, unvergänglich *O.*

in-dēlībatus 3 unberührt, ungeschmälert *O.*

in-demnātus 3 (damnatus, § 43) unverurteilt.

in-demnis, e (damnum) ungeschädigt *Sp.*

in-dēplōrātus 3 unbeweint *O.*

in-dēprēnsus 3 unfaßbar, unbegreiflich *V.*

indeptus *pt. pf. act.* v. indipiscor.

in-dēstrictus 3 ungestreift, unverletzt *O.*

in-dētōnsus 3 ungeschoren *O.*

in-dēvītātus 3 unvermeidbar: telum *O.*

index, icis, *m. f.* **1. Angeber(in), Anzeiger(in):** certi. **2. occ. Spion, Verräter:** nullo sub indice von keinem angezeigt *O.* **3.** *meton.* [von Sachen] **angebend, anzeigend, verratend;** als *subst.* **Kennzeichen:** lacrimae paenitentiae indices die Reue verraten *Cu*, oculi indices animi, digitus Zeigefinger *H.* **4. occ. a. Inhalt:** legis. **b. Titel, Aufschrift:** librorum, orationis **b.** *Cu.* **c. Verzeichnis, Katalog:** poetarum *QPli.* **d. Probierstein:** silex, qui dicitur index *O.*
E: Wurzel dīc- 'sagen', § 52, vgl. dicis causā; index statt *indix nach Analogie v. artifex u. a.

Indī, India, Indicus s. Indus.

indicātūra, ae, *f.* (indicare) Ansatz, Taxe, Preis *Sp.*

in-dīcente (dīco) me ohne daß ich es sage *CL.*

indicium, ī, *n.* **1. Anzeige, Angabe, Aussage:** rem per indicium enuntiare; indicium profiteri *ST*, offerre *T* seine Aussage anbieten. **2.** *meton.* **a.** die Erlaubnis, Angaben zu machen: indicium dare. **b.** Belohnung für eine Aussage: pars indicii. **3.** *met.* Kennzeichen, Merkmal: virtutis *Cu*, communis exitii, indicio esse als Beweis dienen *N*; mit *acc. c. inf.*, indir. Fr. *N.*   Von

I. indicō 1. (index) **1. anzeigen, angeben, melden,** sagen: rem alicui; mit *acc. c. inf.*; **occ. den Preis bestimmen:** fundum. **2. angeben, verraten:** participes sceleris *Cu*, de coniuratione Anzeige machen *S.* **3.** *met.* **zeigen, verraten:** ut res indicat; mit *acc. c. inf.*, indir. Fr.

II. in-dīcō 3. dīxī, dictus **1. ansagen, ankündigen,** öffentlich bekanntmachen: supplicationem, finitimis spectaculum *L*; bellum; concilium einberufen, exercitum beordern *L*; mit ut *L.* **2. occ. auferlegen,** ansagen: gentibus tributa *LT*, supplicium alicui *T.*

I. in-dictus 3 **1. ungesagt:** carminibus unbesungen *V.* **2.** indictā causā ohne Verhör, ohne Verteidigung.

II. indictus *pt. pf. pass.* v. II. indico.

Indicus s. Indus.

indi-dem (*inde-dem, § 41, vgl. idem) *adv.* von ebendaher, ebenfalls aus: i. Ameriā.

in-didī *pf.* v. indo.

in-differēns, entis gleichgültig, indifferent *Sp.*

indi-gena, ae, *m. f.* (indu u. St. gen, § 66) eingeboren, einheimisch, inländisch; *subst.* Eingeborener, Inländer.

indigentia, ae, *f.* Bedürfnis, Not; *meton.* Ungenügsamkeit.   Von

ind-igeō 2. guī (indu-egeo, § 43) **1.** Mangel haben, ermangeln, bedürftig sein; mit *gen., abl.*; *subst.* indigentes Bedürftige. **2. bedürfen,** nötig haben, brauchen; mit *gen., abl.*

I. indiges, etis, *m.* (indu u. St. gen in gigno) einheimisch, altrömisch: dii *VL*, Aeneas *V.*

II. indiges, is (indigeo) bedürftig *Pacuvius.*

in-dīgestus 3 nicht gesondert, ungeordnet *O.*

indīgnābundus 3 *L* u. **indīgnāns**, antis (indignor) unwillig, unmutig, entrüstet.

indīgnātiō, ōnis, *f.* (indignor) Entrüstung, Unwille, Unmut; *pl.* Äußerungen des Unwillens *L.*   Dem.

indīgnātiuncula, ae, *f.* Anflug von Entrüstung *Pli.*

indīgnitās, ātis, *f.* (indignus) **1. Unwürdigkeit, Nichtswürdigkeit:** indignitate servos vincere. **2.** *met.* das Unwürdige, Empörende, Schmach: rei, indignitatibus compulsi durch empörende Vorfälle *L.* **3.** *meton.* Entrüstung, Erbitterung.

indīgnor 1. für unwürdig, für empörend halten, sich entrüsten, entrüstet sein: casum amici *V*, pontem nicht tragen wollen *V*, vestis lecto non indignanda worüber sich das Bett nicht zu entrüsten braucht *O*; mit quod, *inf., acc. c. inf.*   Von

in-dīgnus 3, *adv.* **ē** 1. unwürdig, unwert, nicht verdienend; mit *abl., gen.*, Relativsatz, ut, *inf.* 2. *met.* unpassend, ungeziemend, unangemessen: probitate, fide *N*, non indignum videtur es paßt *S.* **occ.** schmachvoll, schändlich, empörend: caedes, egestas, hiems zu hart *V*; indignum! o Schmach *O*; *subst. n.* digna indigna pati *V*, perpeti *N* Verschuldetes und Unverschuldetes. **3.** *meton.* indigne ferre (pati) mit Unwillen ertragen, entrüstet, empört sein, mit *acc. c. inf.*, quod; id indigne ferens darüber entrüstet *Cu.*

indigus 3 (indigeo) bedürftig; mit *gen. V.*

in-dīligēns, entis, *adv.* **enter** unpünktlich, unachtsam, nachlässig.   Dav.

indīligentia, ae, *f.* Nachlässigkeit, Sorglosigkeit.

ind-ipiscor 3. eptus sum (apiscor, § 43) erreichen, erlangen, einholen *CL.*

in-dīreptus 3 nicht geplündert *T.*

in-discrētus 3 **1. ungetrennt:** indiscretis vocibus durcheinanderschreiend *T.* **2. nicht unterscheidbar:** proles *V.* **3. ohne Unterschied, einerlei:** indiscretum est es bleibt sich gleich *T.*

in-disertus 3 unberedt, wortarm.

in-dispositus 3 ungeordnet, in Verwirrung *T.*

in-distīnctus 3 unklar, verworren *T.*

inditus *pt. pf. pass.* v. indo.

in-dīviduus 3 **1. untrennbar, unteilbar:** corpora Atome; *n. subst.* Atom. **2. occ. unzertrennlich:** familiares *T.*

in-dīxī *pf.* v. II. indico.

indo   230   **industrius**

in-dō 3. didī, ditus (do, § 41) **I. 1. hineintun, -stecken, -geben**: venenum potioni *Cu*, digitos amentis *O*; **occ.** novos ritus einführen *T.* **2.** *met.* **einflößen, verursachen**: pavorem suis *T.* **II. 1. an (auf)** etw. **geben, ansetzen, anlegen**: vincla *T*, alicui custodes beigeben *T*, pontes noch dazu aufschlagen *T.* **2.** *met.* (Namen) **beilegen**.

in-docilis, e **1.** ungelehrig, schwer lernend: grex *H*; mit *inf. H.* **2.** *meton.* ungelehrt, roh, einfach: genus *V*, numerus, guttur ungeschult *O.*

in-doctus 3, *adv.* **ē 1.** ungelehrt, unwissenschaftlich: adulescentes. **2.** ungebildet, roh: multitudo. **3.** ungeschult: canere indoctum kunstlos, einfach *H*; pilae (*gen.*) ungeübt *H*; mit *inf. H.*

in-dolentia, ae, *f.* (doleo) Unempfindlichkeit gegen Schmerz.

ind-olēs, is, *f.*, k l a s s . nur *sg.* (v. alere, vgl. suboles, proles) **1.** angeborene, natürliche Beschaffenheit *L.* **2. occ.** Naturanlage, Begabung, Talent: virtutis angeborene Tüchtigkeit.

in-dolēscō 3. doluī (*incoh.* zu doleo) Schmerz empfinden *Sp*; *met.* Unwillen empfinden, sich betrüben, sich ärgern: id *O*; mit *acc. c. inf.*; mit *abl.*, quod *O.*

in-domitus 3 **1.** ungezähmt, wild: iuvencae *O*; ager unbebaut *T.* **2.** *met.* **a.** unbezwungen: dextra *O*, nationes *T.* **b.** zügellos: cupiditates, licentia *H*, ingenia Gallorum *L*, eurus *O.* **3.** unbändig, unbezähmbar, unüberwindlich: adulescens *C*, Mars *V*, mors *H.*

in-dormiō 4. īvī (iī) auf etw. schlafen, mit *dat. H; met.* etw. verschlafen = nachlässig betreiben: tempori; desidiae untätig liegen *Pli.*

in-dōtātus 3 unausgestattet, ohne Aussteuer, ohne Mitgift: soror *H*; *met.* corpora ohne Totengaben *O*, ars arm [ohne Mitgift der Beredsamkeit].

indu, altl. **endo** Synonym von in, a d v . in Zusammensetzungen: indi-gena, ind-ipiscor, ind-oles. E: vgl. gr. ἔνδον, ἔνδοϑι 'drinnen'.

in-dubitō, āre an etw. zweifeln: viribus *V.*

in-dubius 3 unzweifelhaft *T.*

in-dūcō 3. dūxī, ductus, *coni. pf.* induxis *C*

I. 1. **überziehen, über**... **ziehen**; 2. *occ.* **aus-, durchstreichen**; *met.* **tilgen, kassieren.**

II. 1. **hineinführen**; *met.* **einführen**; 2. *occ. a.* (als Gattin) **heimführen**; *b.* **öffentlich auftreten lassen**; *c.* (reden) **lassen**; *d.* (zum Kampf) **heran-, herbeiführen**; 3. *met.* zu etw. **bringen, bewegen**; *occ.* **verlokken, verleiten.**

III. (in) animum inducere **sich vornehmen, sich entschließen.**

I. 1. scuta pellibus, coria super lateres, pontem subditis saxis *Cu*; tunicā induci sich bekleiden *V*; b i l d l . humanam membris formam Menschengestalt annehmen *O*, terris nubes *O*, umbras *H* über...breiten. 2. nomina; *met.* locationes *L.* **II. 1.** aliquem in insidias *N*; messorem arvis *V*; *met.* seditionem in civitatem; **inductus** 3 fremd, gesucht *Pli.* **2. a.** Lolliam *T.* **b.** gladiatores, iuvenes armatos *L.* **c.** senem disputantem (disserentem). **d.** phalangem *Cu*, exer-

---

citum in Macedoniam *L*; hos subruendo vallo (*dat.*) *T.* **3.** animum in spem, ad misericordiam; mit ut *L*, mit *inf. T.* **occ.** aliquem in errorem, eum promissis. **III.** Mit *ut, ne, inf.*; mit *acc. c. inf.* sich überzeugen *CL.*   Dav.

inductiō, ōnis, *f.* aquarum das Zuleiten, iuvenum das Auftretenlassen *L*, personarum das Einführen [als Redner], erroris Verleitung zu, animi Neigung, Vorsatz.

inductus *adi.* u. *pt. pf. pass.* v. induco.

indu-gredior 3. = ingredior *Lukrez.*

in-duī *pf.* v. induo.

indulgēns, entis, *adv.* **enter** (indulgeo) nachsichtig, nachsichtsvoll, gnädig, gütig.   Dav.

indulgentia, ae, *f.* Nachsicht, Güte, Milde, Gnade; **occ.** Zärtlichkeit: matris *T.*

indulgeō 2. dulsī, dultum k l a s s . *intr.* **1.** willfährig, nachsichtig, gewogen sein, nachgeben: sibi liberalius sich zu sehr gehen lassen, ebrietati ihrer Trunksucht Vorschub leisten *T*, ordinibus breitere Reihen anlegen *V.* **2.** *met.* (einer Sache) nachhängen, sich hingeben, frönen: dolori *N*, luxuriae *Cu*, aviditati *L*; **occ.** Sorge tragen, besorgen: labori *V*, hospitio die Pflichten des Wirtes *V.* **2.** N a c h k l . *trans.* bewilligen, gewähren, gestatten, opfern: alicui sanguinem suum *L*, largitionem *T.*

indūmentum, ī, *n.* Hülle; *met.* Brühe *Sp.*   Von

induō 3. duī, dūtus (vgl. exuo) **1. anziehen, anlegen**: Herculi tunicam, iuveni supremum honorem Ehrenkleid *V*; galeam aufsetzen, anulum anstecken, scalas über die Achseln nehmen *O*; indūtus galeā angetan mit *V*; mit *acc. gr.* indutus vestem *L*, induitur pallam *O.* **2.** *met.* **anlegen, annehmen**: eos Circe induerat in vultus ferinos hatte sie annehmen lassen *V*, arbor induit se in florem (pomis) hüllt sich *V*, cratera coronā bekränzen *V*; personam iudicis, philosophi (proditorem *T*) die Rolle des...spielen, alicui speciem latronis jemd. als Räuber auftreten lassen *L*; mores Persarum *Cu*, munia ducis übernehmen *T*, societatem auf sich nehmen *T*, hostilia unternehmen *T.* **3.** *refl. med.* **a.** in etw. **geraten, stürzen, fallen**: vallis, mucroni *V*, hastis *L*; sua ilia orno aufspießen *O.* **b.** *met.* **sich verwickeln, hineingeraten**: sua confessione indui sich fangen.

in-dūrēscō 3. dūruī **1.** hart werden, erstarren, sich verhärten: saxo zu Stein *O.* **2.** *met.* sich abhärten: usu *O*; pro Vitellio festhalten *T*; *abs.* festbleiben *Pli.*

in-dūrō 1. **1.** härten, hart machen: in lapidem erstarren lassen *O*, ora cornu zu Horn *O*; litus unfreundlich machen *Pli.* **2.** *met.* stählen *L.*

in-dūruī *pf.* v. induresco.

Indus, ī, *m.* **I.** der Indus [**1.** Fl. in Vorderindien. **2.** Fl. in Karien *L*]. **II. Indus** 3 indisch: dentes Elfenbein *O.* **III.** *subst.* der Inder; *synecd.* Nilus devexus ab Indis Äthiopier *V*, turifer = Araber *O.* **India,** ae, *f.* Indien; *adi.* **Indicus** 3.

industria, ae, *f.* Tätigkeit, Betriebsamkeit, Regsamkeit, Fleiß; de (ex) industria mit Vorsatz, mit Absicht, absichtlich.   Von

industrius 3, *adv.* **ē** tätig, regsam, betriebsam, eifrig, fleißig.

indutiae 231 **infectus** I

indūtiae, ārum, *f.* Waffenstillstand; *met.* Stillstand, Ruhe: in foro *Pli.*

I.*indūtus, ūs, *m.* (induo) nur *dat.* indutui Kleidung *T.*

II. indūtus *pt. pf. pass.* oder *refl. med.* v. induo.

induviae, ārum, *f.* (induo) Kleidung *C.*

in-dūxī *pf.* v. induco.

in-edia, ae, *f.* (edo) das Hungern, Fasten.

in-ēditus 3 nicht herausgegeben *O.*

in-efficāx, ācis unwirksam, schwach *Sp.*

in-ēlegāns, antis, *adv.* **anter** geschmacklos, unfein.

in-ēlūctābilis, e unabwendbar, unvermeidlich *V.*

in-ēmorior, mori (§ 72) dabei sterben; mit *dat. H.*

in-emptus 3 ungekauft: dapes *H*; **occ.** corpus ohne Lösegeld *O*, consulatus nicht erkauft *T.*

in-ēnārrābilis, e unbeschreiblich, unerklärlich *L.*

in-eō, īre, iī (īvī), itus **I.** *intr.* **1. einziehen:** in urbem *L.* **2. anfangen, beginnen:** ineunte vere, ab ineunte adulescentia (aetate) von früher Jugend an; *pt. pf.* a k t. initā aestate, hieme nach Beginn. **II.** *trans.* **1. hinein-, eingehen, betreten:** convivia, coetūs besuchen, fretum befahren *O*, iter antreten *Cu*, somnum einschlafen *V*, cursūs heranstürmen *V*; rationem ein Verfahren einschlagen, viam ein Mittel ausfindig machen, numerum berechnen; **consilium inire** einen Entschluß (Plan) fassen: de bello, occidendi *Cu*, reges tollere *N*; **occ. bespringen:** vaccam *L.* met. **2.** [Amt, Tätigkeit] **antreten, beginnen:** magistratum, consulatum; proelium, bellum; suffragium zur Abstimmung schreiten. **3.** [Bündnis, Vertrag] **eingehen, schließen:** societatem, Veneris foedus Liebesbund *O*, nexum sich verpflichten [als Schuldknecht] *L*; gratiam sich in Gunst setzen, sich Dank erwerben: apud regem *L*, a me bei mir.

ineptia, ae, k l a s s. *pl.*, *f.* (ineptus) Possen, Torheiten, Albernheiten.

ineptiō, īre ein Narr sein, faseln *CCa.* Von

in-eptus 3, *adv.* **ē** (aptus, § 43) **1. unbrauchbar:** chartae *H.* met. **2. unpassend, unschicklich, abgeschmackt:** sententiae, ioca. **3. töricht, albern, läppisch:** inepte dicere.

in-equitābilis, e für Reiterei untauglich *Cu.*

in-ermis, e u. **in-ermus** 3 (arma, § 43) **1. waffenlos, wehrlos, ungerüstet, unbewaffnet. 2. occ.** von Truppen geräumt: ager *L*, Achaia *T*, legati ohne Truppen *T.*

in-errāns, antis (privatives in) nicht irrend: stellae Fixsterne.

in-errō 1. in, an, auf etw. umherirren, -schweifen; mit *dat.*; oculis vor Augen schweben *Pli.*

in-ers, ertis (ars, § 41) **1. ungeschickt:** versūs ohne Kunstgeschick *H.* **2. occ. untätig, träge, faul, müßig:** senectus; aqua faul, stehend *O*, terra unbeweglich *H*, glaebae ohne Früchte *V*, tempus 'faule' Zeit *O*; querela müßig *L*, caro fade schmeckend *H.* **3. feig, schüchtern. 4.** *meton.* **erschlaffend:** frigus, somni *O.*
Dav.

inertia, ae, *f.* Unlust, Trägheit, Verdrossenheit.

in-ērudītus 3 ungebildet *Q.*

in-escō 1. (esca) ködern *L.*

in-euschēmē *adv.* ohne Anstand *C.*

in-ēvītābilis, e unvermeidlich.

in-excītus 3 nicht aufgeregt, ruhig, friedlich *V.*

in-excūsābilis, e unentschuldbar *HO.*

in-exercitātus 3 ungeübt, unbeschäftigt.

in-exhaustus 3 unerschöpft, unerschöpflich.

in-exōrābilis, e unerbittlich, streng, unversöhnlich.

in-experrēctus 3 (expergiscor) unerweckbar *O.*

in-expertus 3 **I.** m e d. unerfahren, unbekannt mit: lasciviae (*gen.*) *T*, ad contumeliam *L*, ungeübt *Ti.* **II.** p a s s. **1.** unversucht *V*; **occ.** unbekannt: genus quaestionis *Pli.* **2.** unerprobt, nicht bewährt: puppis *O*, fides *L.*

in-expiābilis, e **1.** unsühnbar: religiones, fraudes. **2.** unversöhnlich: odium *L.*

in-explēbilis, e unersättlich, unstillbar; mit *gen. L.*

in-explētus 3 unersättlich, maßlos *VO.*

in-explicābilis, e unentwirrbar, unauflöslich: vinculum *Cu*; res unerklärbar, viae ungangbar *L*, facilitas erfolglos *L*, bellum endlos *T*, morbus unheilbar *Pli.*

in-explōrātus 3 unerkundet: vada unbekannt *L*; *abl.* inexplorato ohne Erkundung *L.*

in-expūgnābilis, e uneinnehmbar, unbezwinglich: urbs, arx *L*; incolae unüberwindlich *Cu*; *met.* gramen unausrottbar *O*, via ungangbar *L.*

in-exspectātus 3 unerwartet.

in-exstīnctus 3 ungelöscht: ignis *O*; *met.* fames (libido) unersättlich *O*, nomen unsterblich *O.*

in-exsuperābilis, e nicht zu übertreffen *L*; saltus ungangbar *L*; *met.* vis fati unüberwindlich *L*, inexsuperabilia Unmögliches *L.*

in-extrīcābilis, e unentwirrbar *V.*

in-fabrē *adv.* ungeschickt, kunstlos *HL.*

in-fabricātus 3 unbearbeitet, roh *V.*

īn-facētus u. **-ficētus** 3 (§ 43) unfein, plump, witzlos.

īn-fācundus 3 unberedt *L.*

īnfāmia, ae, *f.* übler Ruf, Schmach, Schande; *meton.* k o n k r. Schandfleck: Cacus i. silvae *O.* Von

īnfāmis, e verrufen, berüchtigt, schmachvoll, verschrien, übel. Rückbildung (§ 76) aus

īn-fāmō 1. (in, fama, § 70) **1.** in üblen Ruf, in Schande bringen. **2.** verdächtigen, verleumden.

īn-fandus 3 (vgl. ne-fandus) **1.** unsagbar, unsäglich, greulich, schrecklich, abscheulich; *acc. pl. n.* a d v. infanda furens *V*; *n. pl. subst.* Untaten *L.*

īn-fāns, antis **1. stumm:** statuae *H.* **2. noch nicht sprechend, stammelnd, lallend:** os *O*, pudor *H.* **3. sehr jung, klein:** filius. **4.** *subst. m. f.* (kleines) Kind. **5. kindlich, des Kindes:** ossa *O.* **6. unberedt:** et infantes et diserti. **7. kindisch.**
E: fans v. fari: 'nicht sprechend'. Dav.

īnfantia, ae, *f.* **1.** Mangel an Beredsamkeit: accusatorum. **2.** Kindheit *T.*

īn-fatuō 1. (fatuus) betören *L.*

īn-faustus 3 **1.** unheilvoll. **2.** unglücklich: bellis *T.*

īn-fēcī *pf.* v. inficio.

īnfector, ōris, *m.* (inficio) Färber.

I. īn-fectus 3 (factus, § 43) **1. ungetan, ungeschehen:** facta atque infecta Wahrheit und Dichtung *V*; **occ. unverrichtet, unvollendet:** infectis rebus *N*, infectā re, infectā pace (victoriā) *L*, infecto bello *L.* **2. unbearbeitet, roh:** argentum *L.* **3. unausführbar:** nihil infectum Metello *S.*

infectus 232 **infigo**

II. infectus *pt. pf. pass.* v. inficio.

īnfēcundit̄ās, ātis, *f.* Unfruchtbarkeit *T.*   Von

in-fēcundus 3 unfruchtbar, unergiebig: arbore *S.*

īnfēlīcitās, ātis *f.* **1.** Unfruchtbarkeit *Q.* **2.** Unglück, Elend.   Von

īn-fēlīx, īcis, *adv.* **iter 1.** unfruchtbar, unergiebig: arbor Galgen [Baum ohne eßbare Früchte] *L.* **2.** unglücklich, unglückselig. **3.** unglückbringend, unheilvoll: Erinys *O,* dies, opera verlorene Mühe *Q.*

īnfēnsō, āre beunruhigen; *abs.* zürnen *T.*   Von

īn-fēnsus 3, *adv.* **ē** (*pt. pf. pass.* v. *infendo,* vgl. defendo) aufgebracht, erbittert, erbost, feindselig, gehässig; mit *dat.*; bildl. valetudo schlecht *T,* servitium drückend *T,* opes gefährlich *T.*

īn-ferbuī *pf.* v. infervesco.

īnferciō 4. fersī, fersum (farcio, § 43) hineinstopfen.

īnferiae, ārum, *f.* (wohl v. inferi) Totenopfer.

īnferior s. inferus.

īnfernus 3 (inferus) **1.** unten befindlich, unten gelegen: partes, stagna *L.* **2. occ.** unterirdisch, der Unterwelt: palus = Styx *O*; *pl. subst.* inferni *Pr,* inferna *T* Unterwelt.

īn-ferō, ferre, intulī, illātus **1.** hineintragen, -bringen: aliquid in ignem, scalas ad moenia *L,* corpus tabernaculo *Cu,* eum in equum aufs Pferd setzen, in scopulum treiben *L,* fontes urbi hineinleiten *T*; nefas einführen *Cu.* **2. occ. a.** (feindlich) **hineintragen, angreifen:** signa in hostem, arma contra patriam (Italiae *H*) bekriegen, Scythis bellum mit den S. Krieg beginnen, bekriegen, angreifen, alicui pugnam bekämpfen *L.* **b.** (ins Grab) **tragen, bestatten:** eum monumentis maiorum *Cu.* **c.** darbringen, opfern: honores Anchisae *V.* **d.** *refl. med.* gehen, eilen, stürzen: se in contionem *L,* se stantibus *L*; *abs.* sich brüsten *C*; flumen mari infertur *L*; [umschrieben]: pedem, gressūs, gradum inferre *VLCu. met.* **3.** erregen, einflößen: terrorem alicui (in exercitum *Cu*), alicui spem erwecken, moram, cunctationem eintreten lassen. **4.** (Übles) **zufügen:** hostibus vulnera schlagen, illi vim Gewalt antun, civibus periculum in Gefahr stürzen, aliis crimina beschuldigen. **5. vorbringen:** sermonem, mentionem rei Erwähnung tun *LCu,* causam vorgeben.

īnfersī *pf.* v. infercio.

īnfersum *pt. pf. pass.* v. infercio.

īnferus 3, dazu **īnfrā,** *comp.* **īnferior,** ius, *sup.* **īnfimus** und **īmus** 3 der, die, das untere.

   A. īnferus: mare = das Tyrrhenische Meer, dii Götter der Unterwelt; *subst.* **īnferī,** ōrum, *m.* die Unterirdischen, die Unterwelt.

   B. īnfrā (statt *īnferā, abl. f.*) **I.** **a d v.** unten, unterhalb: non i. descendere so tief hinab *L,* aliquem ut multum i. despectare als tief unter ihm (stehend) *T.* **II.** Präp. beim *acc.* **1. unter, unterhalb:** i. eum locum; i. aliquem cubare, accumbere zur Rechten *LCu.* **2. bis unterhalb:** delata materia i. Veliam *L.* **3.** *met.* **a.** (zeitlich) **nach:** Homerus i. Lycurgum fuit. **b.** (an Größe, Rang, Ansehen) **unter, nachstehend:** uri magnitudine sunt i. elephantos, i. servos ingenium *T.*

   C. īnferior, ius **1. niedriger, tiefer gelegen:**

ripa *Cu,* labrum Unterlippe, Germania Niedergermanien *T*; *subst.* in inferius ferri nach der Tiefe *O*; *acc. n.* **a d v.** altius, inferius egredi zu hoch, zu tief *O,* inferius currunt equi suis tiefer als *O*; id persequar inferius weiter unten *O. met.* **2.** (zeitlich) **später, jünger:** aetate. **3.** (an Zahl, Rang, Art) **geringer, schwächer, nachstehend:** copiis *N,* numero navium, ordines niedere Stellen, inferiores animo weniger kampflustig; **occ. unterliegend, überwunden:** Alexandrum quibus antea vicisset inferiorem fore werde unterliegen *Cu,* causa.

   D. īnfimus 3 **1. der unterste, niedrigste:** terra. Partitiv: mons, collis der Fuß, Argiletum die unterste Stelle des A. *L,* auricula Ohrläppchen; *subst.* **i n f i m u m ,** ī, *n.* der unterste Teil: ad infimum ganz unten. **2.** *met.* **der niedrigste, geringste, schlechteste:** plebs *LCu,* cives; *subst.* infimi die Niedrigsten.

   E. īmus 3 **1. der niedrigste, unterste:** conviva der zuunterst liegt *H,* vox (vgl. summus) *H.* Partitiv: cauda Schwanzspitze *O,* gurges Tiefe des Strudels *O,* aures an der Wurzel *O,* medullae das Innerste *O,* quercus Wurzel der Eiche *Ph,* pectus, cor Tiefe *V.* **2.** *subst.* **īmum,** ī, *n.* der unterste Teil: ima fontis der Grund *O,* cornuum die Wurzeln *L,* ab imo suspirare von Grund auf, tief *O,* aquae imo perspicuae bis auf den Grund *O,* qui regit ima die Unterwelt *O.* **3.** (zeitlich) **der letzte:** mensis *O*; ad imum (bis) zuletzt. **4.** (dem Rang nach) **der unterste:** imi deorum *O.*

īn-fervēscō 3. ferbuī zu kochen beginnen *H.*

īnfestō 1. beunruhigen, gefährden *O.*   Von

īn-festus 3, *adv.* **ē 1.** [von Örtlichkeiten] **unruhig, unsicher:** civitas *L,* agrum infestum facere (efficere, reddere) beunruhigen *L. met.* **2. bedroht, beunruhigt, gefährdet:** vita, salus. **3. feindlich, bedrohlich, gefährlich:** hostis, in suos, huic imperio, infeste in eum facere *L.* **4. angreifend, angriffsbereit, kampfbereit, schlagfertig:** signa, exercitus *S,* agmen *T,* infestā hastā mit eingelegter Lanze *VLCu,* infestis mucronibus gezückt *T,* infesto spiculo wurfbereit *L*; *met.* cornua stoßbereit *Ph,* fulmen *V.*

īn-ficētiae, ārum, *f.* Albernheiten *Ca.*   Von

īnficētus 3 = infacetus.

īn-ficiō 3. fēcī, fectus **1. färben, benetzen, tränken:** se vitro, diem verdunkeln *O,* arma (aequor *H*) sanguine infecta *V*; *met.* infectum scelus Schandfleck der Sünde *V.* **II. 1. vergiften:** herbas *O*; dictamno amnem dem Wasser die Kraft des Diptam verleihen *V*; Allecto infecta venenis mit giftigem Schlangenhaar *V.* **2.** *met.* **verpesten, anstecken, beflecken:** deliciis animum, inficí opinionum pravitate, blandimentis epistulas tränken *T.*

E: facio, § 43: 'hineinbringen'.

īn-fidēlis, e untreu, treulos.   Dav.

īnfidēlitās, ātis, *f.* Untreue, Unredlichkeit.

īn-fidī *pf.* v. infindo.

īn-fīdus 3 ungetreu, unsicher, unzuverlässig.

īn-figō 3. fīxī, fīxus **1. hineinstoßen, -bohren, -schlagen:** gladium hosti in pectus, hastam stomacho *V,* hominem scopulo an...schmettern *V*; sidera certis infixa sedibus befestigt, pila in tergis *L*; infixum

infimus   233   **infrenus**   **I**

volnus beigebracht *V.* **2.** *met.* einprägen *Pli*; aculeus qui infigit der Eindruck macht *Pli*; meist *pt. pf. pass.* befestigt, eingeprägt: dolor, res memoriae infixa *L*; *subst.* infixum vitandi Entschluß zu meiden *T.*

ī̆nfimus 3 s. inferus D.

in-findō 3. fidī, fissus einschneiden: sulcos telluri Furchen ziehen *V*; *met.* sulcos das Meer durchfurchen *V.*

īnfīnitās, ātis, *f.* Unbegrenztheit, Unendlichkeit, Weltall. E: *īn-fīnis 'ohne Grenzen'.

in-fīnītus 3, *adv.* ē unbegrenzt, unendlich, grenzenlos, endlos, ohne Ende: altitudo; imperium, potestas uneingeschränkt; tempus Ewigkeit, bellum endlos *N*, spes bei der kein Ende abzusehen ist; multitudo (copiae *Cu*) zahllos; cupiditas maßlos, ne sit infinitum um nicht endlos lang zu sein. **occ.** unbestimmt, allgemein: genus quaestionum, res infinite posita.

īnfirmitās, ātis, *f.* (infirmus) **1.** Schwäche, Kraftlosigkeit, Ohnmacht: puerorum, valetudinis; naturae *S.* **2.** Krankheit, Unpäßlichkeit *Pli.* **3.** *meton.* das schwache Geschlecht, die Frauen: patiendum huic infirmitati est *L. met.* **4.** geistige Schwäche: animi Kleinmut, ingenii. **5.** moralische Schwäche, Wankelmut: Gallorum, consilii.

īnfirmō 1. **1.** schwächen, entkräften: tormenta. **2.** *met.* schwächen, erschüttern: gratiam. **occ. a.** widerlegen: res tam levīs. **b.** für ungültig erklären: acta Caesaris, leges.   Von

īn-firmus 3, *adv.* ē **1.** schwach: ad resistendum, vires, classis. **2.** krank, unpäßlich *Pli. met.* **3.** mutlos, zaghaft: animus. **4. occ. a.** unzuverlässig: socii infirme animati, fides. **b.** abergläubisch: paulo infirmior *H.* **5.** unbedeutend, gering, wertlos: cautiones, senatūs consultum *T*, infirme dicere haltlos *Pli.*

infissus *pt. pf. pass.* v. infindo.

īn-fit (fio) er beginnt, fängt an (zu sprechen) *VL.*

*****īn-fitiae**, ārum, *f.* das Nichtsagen, Leugnen; nur **infitiās īre** (ab)leugnen, in Abrede stellen; [mit Negation]: anerkennen, zugestehen. E: *infitus, § 41, negiertes *fātus = φατός, vgl. fateor, fatuus.

infitiātiō, ōnis, *f.* (infitior) das Leugnen.

infitiātor, ōris, *m.* Ableugner, Ausflüchtemacher.   Von

infitior 1. (infitiae) leugnen, nicht anerkennen, in Abrede stellen.

īn-fīxī *pf.* v. infigo.

īnfīxus *pt. pf. pass.* v. infigo.

inflammātiō, ōnis, *f.* Entzündung; *met.* Glut.   Von

īn-flammō 1. (flamma, § 70) **1.** in Flammen, in Brand setzen, anstecken, anzünden. **2.** *met.* entflammen, entzünden, erregen, reizen.

I. īnflātus 3, *adv.* ē (inflo) **1. aufgeblasen, geschwollen:** colla *O*; capilli fliegend *O.* **2. stolz:** spe atque animis. **3. übertrieben:** inflatius commemorare, perscribere; Cicero schwülstig *T.* **4. aufgebracht, zornig:** puteali.

II. īnflātus, ūs, *m.* (inflo) **1.** das Blasen. **2.** Eingebung: divinus.

īn-flectō 3. flexī, flexus **1. krümmen, biegen:** sinus inflectitur bildet einen Bogen. *met.* **2.** (die Stimme) **biegen, modulieren:** vocem, sonus inflexus die mitt-

lere Tonart [in der Rede]. **3. verändern:** verbum, orationem, nomen ex Graeco umwandeln. **4.** (den Sinn) **beugen, rühren:** sensūs *V*, precibus inflecti *V.*

īn-flētus 3 unbeweint *V.*

īn-flexī *pf.* v. inflecto.

īn-flexibilis, e unbeugsam *Pli.*

inflexiō, ōnis, *f.* (inflecto) **1.** Biegung, Haltung: laterum Körperhaltung. **2.** Gewinde, Ranken.

īnflexus *pt. pf. pass.* v. inflecto.

īnflīctus *pt. pf. pass.* v. infligo.

īn-flīgō 3. flīxī, flīctus **1.** hineinschlagen, -stoßen: rei p. securim, puppis inflicta vadis *V.* **2.** schlagen, zufügen: ictūs corpori; *met.* rei p. volnus.

īn-flō 1. **I. blasen 1.** [ein Instrument]: bucinam *O*, tubam *L.* **2.** [einen Ton]: sonum, classica inflantur ertönen *V*, verba hervorstoßen, extenuare inflare schwächer oder stärker aussprechen. **II. 1. aufblasen:** buccas *H*, se validius *Ph.* **occ. a. aufblähen:** carbasum *V.* **b. anschwellen:** inflatus venas Iaccho angeschwollen, aufgedunsen *V*, inflati amnes *L.* **2.** *met.* **aufgeblasen, stolz machen:** animos spe *L*, ad insolentiam *L.* **III. anfeuern, bestärken:** mendaciis regis spem *L.*

īn-fluō 3. flūxī **1.** hineinfließen, -strömen: in Sequanam; *trans.* lacum Lemannum. **2.** *met.* eindringen, sich einschleichen, sich einschmeicheln: in aures contionis.

īn-fodiō 3. fōdī, fossus eingraben, vergraben: taleas in terram; mit *dat. V.*

īnfōrmātiō, ōnis, *f.* (informo) **1.** Vorstellung, Begriff: antecepta animo ursprünglich. **2.** Erläuterung, Deutung.

īn-fōrmis, e (forma) **1.** unförmlich, formlos: cadaver *T*, alvei plump *L.* **2.** unschön, häßlich, garstig, ungestalt: situs *H*, hiemes *H*, exitus Selbstmord *T*, sors *T.*

īn-fōrmō 1. **1. formen, gestalten, bilden:** clipeum *V*; bildl. animum. *met.* **2. bilden, unterrichten:** ad humanitatem. **3. darstellen, schildern:** oratorem, proscriptionem. **4. sich denken, sich vorstellen:** deorum notiones, sapientem *T.*

īn-fortūnātus 3 unglücklich.

infortūnium, ī, *n.* (durch *infortunus v. in u. fortuna) **1.** Unglück, Ungemach, Leid *H.* **2. occ.** Strafe, Prügel *CL.*

infossus *pt. pf. pass.* v. infodio.

īnfrā s. inferus B.

infrāctiō, ōnis, *f.* (infringo, § 48) das Zerbrechen, Niedergeschlagenheit.

infrāctus *pt. pf. pass.* v. infringo.

īn-fragilis, e ungebrochen, ungeschwächt: vox *O.*

īn-frēgī *pf.* v. infringo.

īn-fremō 3. muī brummen, grunzen, schnauben *V.*

īn-frēnātus 3 **1.** (infreno) aufgezäumt *L.* **2.** (privatives in) ungezäumt, ohne Zaum: equites auf ungezäumten Pferden *L.*

īn-frend(e)ō, ēre knirschen: dentibus *V.*

īn-frēnis, e u. **-us** 3 (frena) ohne Zaum.

īn-frēnō 1. **1.** aufzäumen *L*; currūs anspannen *V.* **2.** im Zaum halten, bändigen *Sp.*

īn-frēnus 3 = infrenis.

īn-frequēns, entis **1.** selten erscheinend: deorum cultor lässig *H.* **2.** nicht zahlreich, in geringer Zahl: copiae. **3.** schwach besetzt, besucht, bewohnt: causae mit wenig Zuhörern, infrequentissima urbis die ödesten Teile *L.* Dav.

īnfrequentia, ae, *f.* geringe Zahl: senatūs schlechter Besuch *L*, locorum Öde *T.*

īn-fringō 3. frēgī, frāctus (frango, § 48) **I. 1.** um-, ein-, abbrechen, knicken: palmam *Cu*, lilia *O*, hastam *L*, vestes zerreißen *O*; **occ.** infractum cornu gekrümmt *O.* **2.** *met.* brechen, beugen, entkräften, lähmen: conatūs adversariorum, ferociam *T*, veritas infracta verfälscht *T*, tributa herabsetzen *T*, famam *VT*, fortia facta *O* schmälern; infracta oratio kleinmütig *L*; infracta loqui in kurzen, abgebrochenen Sätzen, numeri infringuntur der Rhythmus bricht ab. **II.** an etw. zerschlagen: (liminibus) latus *H*; alicui colaphum hineinhauen *C.*

īn-frōns, ondis nicht belaubt, baumlos: ager *O.*

īn-frūctuōsus 3 erfolglos, unnütz, fruchtlos.

īn-fūcātus 3 geschminkt, übertüncht: vitia.

īn-fūdī *pf.* v. infundo.

īn-fuī *pf.* v. insum.

īnfula, ae, *f.* Wollbinde, Kopfbinde [eine breite weiße Binde mit roten Streifen, die man mit der vitta um die Stirn befestigte, so daß die Zipfel rechts und links herabhingen; von Priestern, den Vestalinnen und Schutzflehenden getragen, auch an Opfertieren angebracht]; bildl. his infulis imperii venditis Kleinodien.

īn-fundō 3. fūdī, fūsus **I. 1.** eingießen, -schütten: ceris opus (den Honig) einfüllen *Ph*, poculum füllen *H*; *med.* sich hinein ergießen *Cu.* **2.** *met.* einströmen lassen, eindringen lassen: in aures orationem träufeln; *med.* einströmen, eindringen: populus circo infusus *V*, infusa per artus mens verbreitet *V*, in alienum genus infundi sich eindrängen. **II. 1.** hingießen, -schütten, überschütten: umeris rores *V*; bildl. nix infusa *V*, margaritas litoribus ans Ufer werfen *Cu*, sagittas ratibus mit Pfeilen überschütten *Cu*, umeris infusa capillos umwallt von *O.* **2.** *med.* sich ausbreiten: iam sole infuso *V*; **occ.** *pt. pf.* hingegossen, angeschmiegt, mit *dat.* infusa collo mariti umschlingend *O.*

īn-fuscō 1. **1.** bräunen, schwärzen *V*; barba infuscat pectus beschattet. **2.** *met.* entstellen, verderben.

īnfūsus *pt. pf. pass.* v. infundo.

Ingaevonēs s. Istaevones.

Ingaunī, ōrum, *m.* die l. [ligurisches Volk sw. v. Genua] *L.*

ingemēscō = ingemisco.

in-geminō 1. **1.** *trans.* verdoppeln, wiederholen: volnera wiederholt verwunden *V.* **2.** *intr.* sich verdoppeln, sich vermehren: ingeminat clamor, cura *V*; **occ.** plausu wiederholt Beifall spenden *V.*

ingemīscō 3. gemuī **1.** *intr.* seufzen, aufseufzen, aufstöhnen: morte eius *Cu*, in hoc dabei, condicioni suae *L.* **2.** *trans.* beklagen, bedauern: interitum *V.*

Incoh. von

in-gemō, ere bei, über etw. seufzen, stöhnen; mit *dat.* agris sich ächzend abmühen auf *T.*

ingemuī *pf.* v. ingemisco.

in-generō 1. einpflanzen, schaffen.

ingeniātus 3 (ingenium) geartet: lepide *C.*

ingeniōsus 3 (ingenium) **1.** talentvoll, geistvoll, geistreich, scharfsinnig: ad furtum *O*; mit *dat.*: erfinderisch in *O*; res est ingeniosa dare Geben erfordert Verstand *O.* **2.** *met.* zu etw. geeignet: terra colenti *O*, ad segetes ager *O.*

in-genitus 3 s. ingigno.

ingenium, ī, *n.* **1. Naturanlage, Naturell, Gemütsart:** humanum Menschenart *Cu*, suo ingenio vivere nach eigener Art *L.* **occ. a.** (angeborener) **Mut:** Volscis suum rediit ingenium *L*, validissima *S.* **b.** (angeborene) **Fähigkeit, Verstand:** expers ingenii; acies, mediocritas ingenii, homo extremi ingenii Schwachkopf *L.* **2. Talent, Geist, Genie:** summo ingenio et prudentia praeditus. *meton.* **a. geistreiche Erfindung:** id *T.* **b.** geistreicher Mensch, Genie, Talent: praemia ingeniis Thesidae posuere *V.* **3.** *met.* natürliche Beschaffenheit, Natur: loci *S*, arvorum *V*, campi suopte ingenio umentes *T.*

E: *ingeno = ingigno; 'das Angeborene'.

in-gēns, entis **1.** überaus groß, ungeheuer: aper, aquae Überschwemmung *L.* **2.** *met.* sehr groß, gewaltig, außerordentlich: opus, perditorum numerus, populus sehr zahlreich *SV*; famā, armis *V*, rerum groß an Taten *T.*

in-genuī *pf.* v. ingigno.

ingenuitās, ātis, *f.* **1.** freie, edle Geburt, Stand des Freigeborenen. **2.** *meton.* Freimut, Offenheit. Von

in-genuus 3, *adv.* ē (vgl. genu-inus) **1.** freigeboren: pueri; *subst.* ingenui die Freien. **2. occ. a.** edel, anständig: artes 'freie', oculi *H*, nihil adparet in eo ingenuum, amor *H.* **b.** aufrichtig, offen: leo großmütig *H*, ingenue confiteri. **c.** schwächlich, verzärtelt: vires *O.*

in-gerō 3. gessī, gestus **1.** hineintragen; in (auf) etw. schütten: humum *O*, vinum oribus einflößen *Cu*; bildl. nomina liberis beibringen *T.* **2. occ.** daraufwerfen, schleudern: tela *Cu*, in subeuntes saxa *L*; verbera alicui zufügen *Cu*, vulnera beibringen *T*; *met.* (Schmähworte) schleudern: probra in eum *L.* **3.** erwähnen, anführen: praeterita, magnitudinem imperatoris *T.* **4.** aufdrängen, aufnötigen: nomen patris patriae Tiberio *T.*

in-gignō 3. genuī, genitus einpflanzen; **ingenitus** 3 angeboren.

in-glōriōsus 3 = inglorius *Pli.*

in-glōrius 3 (gloria) unrühmlich, ruhmlos.

in-gluviēs, ēī, *f.* **1.** Schlund, Rachen *V.* **2.** *meton.* Gefräßigkeit, Völlerei *H.*

ingrāti-ficus 3 (ingratus, facio, § 66) undankbar.

in-grātiīs u. **in-grātis** (vgl. gratis) *adv. abl.* 'ohne Dank', wider Willen, ungern.

in-grātus 3, *adv.* ē **1.** unangenehm: oratio, vita, otium *H.* **2.** unbedankt, nicht anerkannt, unersprießlich: labor *S*, pericula *V.* **3.** undankbar: in principem *L*, salutis für *V*, ingluvies unersättlich *H*, rem ingrate ferre sich undankbar zeigen *T*; *subst.* inter ingratos.

in-gravēscō, ere **1.** schwerfälliger werden. **2.** *met.* schwerer werden, zunehmen, steigen, sich verschlim-

ingravo 235 **inimicus** I

mern: ingravescit annona (Teuerung), aetas, morbus; faenus, bellum *L*, cryptoporticus non ingravescit wird nicht unangenehm *Pli*; [von Personen]: schwanger werden *Lukrez*, kränker werden *Pli*; falsis durch Täuschung immer schlimmer daran sein *T*.

in-gravō l. **1.** beschweren *Ph*. **2.** schwerer machen, verschlimmern: casūs *O*, haec die Klagen steigern *V*.

in-gredior 3. gressus sum (gradior, § 43) **I.** *intr.* **1.** einherschreiten, -gehen: tardius, per glaciem *LCu*, campo *V*; vestigiis der Spur folgen, per titulos tuos folgen dir auf deinen Taten *O*. **2.** hineinschreiten, -gehen: in navem, castris *V*. **3.** *met.* sich auf etw. einlassen, sich einer Sache zuwenden, in etw. eintreten: in sermonem, in bellum, in spem, in Sesti tribunatum auf ... zu sprechen kommen. **II.** *trans.* **1.** beschreiten, betreten: urbem *Cu*, viam, iter einschlagen, mare in See gehen; bildl. pericula, vestigia patris *L*; **occ.** angreifen: Latinium (in iure) *T*. **2.** antreten, beginnen, anfangen: viam vivendi; mit *inf.*; *abs.* zu reden beginnen *V*. Dav.

ingressiō, ōnis, f. (§ 36) Eingang, Gang. Und
I. ingressus *pt. pf. act.* v. ingredior.
II. ingressus, ūs, *m.* (§ 36) **A.** das Einherschreiten, Gang: ingressu prohiberi nicht vorschreiten können. **B. 1.** Eintritt, Ankunft: in forum; **occ.** Einfall: hostiles *T*. **2.** *met.* Anfang, Beginn: operis *Q*, ingressus capere anfangen *V*.

in-gruō 3. gruī (vgl. ruo) losstürzen, losbrechen: Italis *V*; *met.* hereinbrechen: ingruens fatum *L*, bellum *T*.

inguen, inis, meist *pl.* **inguina**, um, *n.* **1.** Weichen, Leisten *V*. **2.** Bauch, Unterleib *H*. **3.** Penis *H*.

in-gurgitō 1. (gurges, § 70) in einen Strudel, in die Tiefe stürzen: in viri copias se im Reichtum des Mannes schwelgen.

in-gūstātus 3 noch nie genossen *H*.

in-habilis, e **1.** schwer zu handhaben, unhandlich, ungelenk, plump; ad aliquid. **2.** *met.* ungeschickt, untauglich; mit ad, *dat.*; hostibus hinderlich *T*.

in-habitābilis, e unbewohnbar.

in-habitō 1. bewohnen; inhabitantes Einwohner *Pli*.

in-haereō 2. haesī, haesūrus **1.** in (an) etw. hängen, haften, festhalten; mit *dat.*, ad, in u. *abl.* **2.** *met.* fest hängen, haften, sitzen: studiis sich ganz auf ... verlegen *O*, tergo (fugientis) auf dem Nacken sitzen *LCu*; in mentibus. Dazu *incoh.*

inhaerēscō 3. haesī hängen, stecken, haften bleiben.

in-haesī *pf.* v. inhaereo oder inhaeresco.

inhaesūrus *pt. fut.* v. inhaereo.

in-hibeō 2. buī, bitus (habeo, § 43) **I. 1.** an-, ein-, zurückhalten: frenos *L*, manu suos *Cu*. **2. occ. a.** zu rudern aufhören: remos *L*. **b.** zurückrudern: remis *Cu*, navis retro inhibita *L*. **3.** *met.* hemmen, aufhalten, hindern: lacrimas, cursum *Cu*, cruorem stillen *O*, tela ruhen lassen *V*. **II.** anwenden, gebrauchen, ausüben (vgl. adhibeo): imperium (Gewalt) in deditos *L*, damnum Geldstrafe verhängen *L*. Dav.

inhibitiō, ōnis, f. das Hemmen, das Rückwärtsrudern.

in-hiō 1. **I. 1.** den Mund aufsperren, nach etw. schnappen: uberibus (*dat.*). **2.** gierig trachten, begehren: opibus, dominationi *T*; postes gierig hinblicken auf *V*. **II.** hingaffen, staunen: inhians Cerberus *V*, turba in-

hiat *V*; pecudum pectoribus (*dat.*) neugierig hineinblicken *V*.

inhonestō, āre entehren, schänden: palmas *O*. Von
in-honestus 3 **1.** garstig: volnus *V*. **2.** unschön, unsittlich, unanständig, häßlich, unrühmlich, schimpflich, ehrlos: vita *ST*, mors *L*; ignotā matre verunehrt *H*, sibi sich selbst entehrend *T*, inhonesta vela parare schimpflich fliehen *O*.

in-honōrātus 3 **1.** ungeehrt, unansehnlich: mors *Cu*, vita. **2.** unbeschenkt, unbelohnt *L*.

in-honōrus 3 (honor) ungeziert: signa *T*.

in-horreō, ēre starren. Dav. *incoh.*

in-horrēscō 3. horruī **1.** emporstarren: aper inhorruit armos (*acc. gr.*) sträubte den borstigen Rücken *V*. **2. occ. a.** sich kräuseln, aufwogen: inhorrescit mare *Cu*. **b.** erbeben, erzittern: inhorruit aër *O*; *met.* vacuis über die Leere *T*.

in-hospitālis, e unwirtlich, ungastlich. Dav.
inhospitālitās, ātis, f. Ungastlichkeit.
in-hospitus 3 unwirtlich, ungastlich *VO*.

inhūmānitās, ātis, f. **1.** Unmenschlichkeit, Roheit, Grausamkeit. **2. occ. a.** Roheit, wenig Bildung. **b.** Unhöflichkeit, Grobheit. **c.** Knauserei. Von

in-hūmānus 3, *adv.* ē u. **iter 1.** unmenschlich, grausam: barbaria *O*. **2.** ungebildet, roh: inhumane facere. **3.** unhöflich, unartig: senes non i. umgänglich.

in-humātus 3 (humo) unbeerdigt, unbegraben.

in-iciō 3. iēcī, iectus (iacio, § 43)

I. 1. hineinwerfen, rasch hineinbringen; *refl.* sich hineinstürzen; *met.* **2.** hervorrufen, einflößen, einjagen; *occ.* verursachen, bewirken, hervorrufen; **3.** (im Gespräch) hinwerfen, einfließen lassen, erwähnen.
II. 1. auf, an, über etw. werfen; **2.** *occ.* (Fesseln) anlegen; **3.** manum Hand anlegen.

I. 1. ignem tectis *LCu*, milites (in naves) rasch einschiffen; *refl.* sese in agmen *V*, se morti *V*. **2.** studium pugnandi exercitui, timorem bonis, ei iras *V*, curam *L*. occ. tumultum civitati, certamen *L*. **3.** mentionem *H*, periculum mortis mit dem Tode drohen *T*. **II. 1.** stramentis pellem *N*, alicui vim telorum entgegenschleudern *Cu*, (flumini) pontem *L*, iniecti umeris capilli die auf ... fallen *O*, bracchia collo umarmen *O*, securim petitioni die Axt anlegen. **2.** Turno catenas *L*, vincula *V*; frena licentiae *H*. **3.** manūs (alicui) sich jemds. bemächtigen *OCu*, in tua iura *O*, quieti eius ihn aus der Ruhe reißen *Pli*, iniecere manum Parcae nahmen in Besitz *V*; bracchia caelo *O*. Dav.

I. iniectus, ūs, *m.* das Daraufwerfen: vestium *T*.
II. iniectus *pt. pf. pass.* v. inicio.

in-iī *pf.* v. ineo.

inimīcitia, ae, f. (inimicus) Feindschaft, Verfeindung; klass. nur *pl.*

inimīcō, āre zu Feinden machen, entzweien *H*. Von
in-imīcus 3, *adv.* ē **I. 1.** feind, feindlich, feindselig, feindlich gesinnt; mit *dat.* **2.** *subst.* **inimīcus**, ī, *m.* Feind, **inimīca**, ae, f. Feindin. **3.** ungünstig, nachteilig: consilia *N*, imber *V*, odor nervis *H*. **4.** = hostilis *V*. **II.** unbeliebt, verhaßt: dis *H*.

E: amicus, § 43; 'unfreundlich'.

inimitabilis   236   **Ino**

in-imitābilis, e unnachahmlich *Sp.*

inīquitās, ātis, *f.* **1.** Unebenheit, Ungleichheit [des Bodens, Geländes]: loci, locorum. *met.* **2.** Ungleichheit: condicionis. **3.** Schwierigkeit, Ungunst, Not: rerum, temporum. **4.** Ungerechtigkeit, Unrecht, Härte.   Von

in-īquus 3, *adv.* **ē** (aequus, § 43) **1.** uneben, ungleich: dorsum abschüssig *V*, ascensus *L*. **2.** ungünstig, nachteilig: locus, tempus, sors ungleich bemessen *VL*, inique comparare (hoc iniquomst *C*) unpassend. **3.** unwillig, erbittert: iniquae mentis störrisch *H*, animo iniquissimo mit größtem Unwillen (mori höchst ungern), haud iniquo animo gleichmütig *Cu.* **4.** abgeneigt, feindselig: omnibus; *subst.* Feind: aequi iniqui(que) Freund und Feind *L*; oculi *O*, fata *V* neidisch. **5.** unbillig, ungerecht: inique damnare, iudices; per aequa per iniqua auf alle Weise *L*; *occ.* **zu groß, zu stark**: pondus *V*; sol zu heiß *V*.

initiō 1. einführen, einweihen: sacris; *met.* litteris *Pli.*
          Von

initium, ī, *n.* (ineo) **1.** Eingang, Anfang, Ursprung, Beginn; *occ.* initia Tiberii Anfang der Regierung *T*; *adv.* **a.** *abl.* **initiō** anfänglich, im Anfang; **b.** ab initio **von Anfang an. 2.** *pl.* **a.** Grundstoffe, Elemente: indagatio initiorum; *met.* **Anfangsgründe**: cognoscendi. **b.** Geheimkult, Mysterien: Samothracum *Cu*, Bacchi *L*. **c.** Auspizien: nova *Cu*.

I. initus *pt. pf. pass.* v. ineo.
II. initus, ūs, *m.* (ineo) **1.** Ankunft, Anfang *Lukrez*. **2.** Begattung *OSp*.

iniūcunditās, ātis, *f.* Unannehmlichkeit.   Von
in-iūcundus 3 unangenehm, unfreundlich.
in-iūdicātus 3 unentschieden *Q*.
in-iungō 3. iūnxī, iūnctus **1.** einfügen: in asseres asses *L*. **2.** anfügen: vineas muro *L*. **3.** *met.* auferlegen, aufbürden: civitatibus servitutem, alicui laborem *L*, delectum, tributum *T*; mit ut *Pli*; *occ.* zufügen: alicui iniuriam *L*.

in-iūrātus 3 unvereidigt.
iniūria, ae, *f.* (*f.* des alten *adi.* iniūrus) **1.** Unrecht, Rechtsverletzung: iniuriā, per iniuriam ungerechterweise, widerrechtlich. **2.** *occ.* **a.** Gewalttat: sociorum gegen, legatorum violatorum der Gesandtenverletzung *L*; sine iniuria unverletzt *Sp*. **b.** Beleidigung: spretae formae *V*, virtutum *T*, iniuriarum damnatus wegen Ehrenbeleidigung. **3.** *meton.* mit Unrecht Erworbenes: obtinere iniuriam *L*. **4.** Rache [für erlittenes Unrecht]: consulis *L*, nostrae caedis *V*.   Dav.

iniūriōsus 3, *adv.* **ē** gewalttätig, ungerecht.
in-iūrius 3 (ius) ungerecht.
in-iussū (vgl. iussu) ohne Befehl, ohne Auftrag.
in-iussus 3 (iubeo) ungeheißen, von selbst.
iniūstitia, ae, *f.* Ungerechtigkeit.   Von
in-iūstus 3, *adv.* **ē** ungerecht, widerrechtlich: dens Zahn des Neides *O*, fasces lästig, drückend *V*; *subst.* iniustum, ī, *n.* Unrecht *H*.

in-īvī *pf.* (Nbf.) v. ineo.
in-l . . . s. il-l . . .; **in-m . . .** s. im-m . . . (§ 33).
in-nābilis, e (nare) nicht flutend *O*.
in-nāscor 3. nātus sum in (auf) etw. geboren werden,

wachsen, entstehen; mit *abl.*, in; **innātus** 3 angeboren: in animis, mit *dat.*

in-natō 1. **1.** hineinschwimmen: in concham. **2.** in (auf) etw. schwimmen: stomacho (*dat.*) *H*, undam *V*; freto *O*, campis *Pli* sich ergießen über; *abs.* darauf schwimmen *TPli*; innatans verborum facilitas oberflächlich *Q*.

innātus *adi.* u. *pt. pf.* v. innascor.
in-nāvigābilis, e nicht schiffbar *L*.
in-nectō 3. nexuī, nexus **1.** umschlingen, umknüpfen: colla auro (mit einem goldenen Halsband) *V*, fauces laqueo *O*, vincla gutturi *H*; fraudem clienti den Schutzbefohlenen mit . . . umgarnen *V*. **2.** verknüpfen, verschlingen: causas morandi eine Reihe von Gründen für . . . vorbringen *V*. **3.** *met.* verbinden: Hyrcanis innexus *T*; *occ.* verstricken: innexus conscientiae Mitwisser *T*.

in-nītor 3. nīxus u. nīsus sum **1.** sich auf etw. stützen, stemmen, lehnen: hastā *L*, fratri *T*, in cubitum *N*. **2.** *met.* auf etw. beruhen: uni viro *L*, incolumitate Pisonis *T*.

in-nō 1. āvī **1.** hineinschwimmen: fluvium *V*, lacūs durchfahren *V*; *met.* hineinströmen: litoribus *H*. **2.** auf etw. schwimmen: aquae *L*, mari *T*.

in-nocēns, entis, *adv.* **enter 1.** unschädlich: epistula, loca *T*. **2.** unschuldig. **3.** unsträflich, rechtschaffen, unbescholten: viri, innocenter agere *T*; *occ.* uneigennützig: nobilitas, opes innocenter paratae *T*.   Dav.

innocentia, ae, *f.* **1.** Unschädlichkeit *Sp*. **2.** Unschuld; *meton.* innocentiam poenā liberare die Unschuldigen. **3.** Unbescholtenheit, Rechtschaffenheit: rigida *L*; *occ.* Uneigennützigkeit.

in-nocuus 3 (noceo) **I.** akt. **1.** unschädlich: litus ungefährlich, sicher *V*. **2.** unschuldig, unsträflich, rechtschaffen: causae der Unschuldigen *O*. **II.** pass. unbeschädigt: carinae *V*.

in-nōtēscō 3. nōtuī bekannt werden *LPhT*.
in-noxius 3, *adv.* **ē 1.** unschädlich: anguis *V*, potio *T*; *met.* gefahrlos: iter *T*. **2.** unschuldig, schuldlos: criminis an *L*. **3.** unverschuldet: paupertas *T*. **4.** unbeschädigt: navigia *Cu*, ipsi unangefochten *S*.

in-nuba, ae, *f.* (nubo) unvermählt, jungfräulich *O*.
in-nūbilus 3 unbewölkt: aether *Lukrez*.
in-nūbō 3. nūpsī, nūpta einheiraten *L*; thalamis nostris (*dat.*) als Gattin an meine Stelle treten *O*.

in-nuī *pf.* v. innuo.
in-numerābilis, e, *adv.* **iter** unzählbar, unzählig, zahllos; *synecd.* massenhaft.   Dav.

innumerābilitās, ātis, *f.* Unzahl, zahllose Menge.
in-numerus 3 unzählig, zahllos.
in-nuō 3. nuī zunicken, zuwinken *LPli*.
in-nūpsī *pf.* v. innubo.
I. innūpta, ae, *f.* Jungfrau *VPr*; Mädchen *Ca*.
II. innūpta *pt. pf. pass.* v. innubo.
in-nūptus 3 unvermählt: nuptiae unselig *Pacuvius*.
in-nūtriō 4. bei etw. aufziehen; *pass.* bei, in etw. aufwachsen: pessimis in allen Lastern *T*, mari am Meer *Pli*.

Īnō, ūs u. ōnis, *f.* I. [Tochter des Kadmos, Gemahlin des Athamas, stürzt sich mit ihrem Sohn Melikertes ins Meer und wird zur Meergöttin Leukothea]; *adi.* **Īnōus** 3.

inoblitus   237   **insectatio**   I

in-oblītus 3 nicht vergessend, eingedenk *O*.

in-obrutus 3 nicht überschüttet, nicht verschlungen *O*.

in-obsequēns, entis ungehorsam *Sp*.

in-observābilis, e unmerklich: error *Ca*.

in-observantia, ae, *f.* Unachtsamkeit *Sp*; Unregelmäßigkeit *Sp*.

in-observātus 3 unbeobachtet, unbemerkt *O*.

in-offēnsus 3 **1.** 'unangestoßen': pedem inoffensum referre ohne . . . angestoßen zu haben *Ti*; mare klippenfrei *V*. **2.** *met.* ungestört: vita glücklich *O*, iter *T*, cursus honorum ununterbrochen *T*.

in-officiōsus 3 lieblos, ungefällig.

in-olēscō 3. lēvī, litus (alo) an-, einwachsen *V*.

in-ōminātus 3 fluchbeladen *H*.

inopia, ae, *f.* (inops) **1.** Mangel, Armut, Not; **occ.** Mangel an Lebensmitteln: summa. **2.** Mangel, geringe Zahl, geringe Menge: navium, amicorum, criminum. **3.** *met.* Hilflosigkeit, Ratlosigkeit: alicuius.

in-opīnāns, antis nichts ahnend, wider Vermuten.

in-opīnātus 3 unvermutet, unerwartet; (ex) inopīnātō unversehens; a k t. ahnungslos *L*.

in-opīnus 3 (in u. Rückbildung aus opinor, § 76) unvermutet, unerwartet *VOT*.

in-ops, opis **1.** machtlos, ohnmächtig. **2.** hilflos, ratlos: senecta *O*, turba *V*. **3. mittellos, arm:** vendit inops aus Armut *O*; victus, domus, disciplina ärmlich. **4.** *met.* an etw. **arm, bedürftig, ermangelnd:** messium an Getreide *L*, consilii ratlos *LO*, agitandi ohne Betätigung *S*.

in-ōrātus 3 nicht vorgetragen.

in-ōrdinātus 3 ungeordnet *LCu*.

in-ōrnātus 3 ungeschmückt, schmucklos; **occ.** ungerühmt *H*.

in-p. . . s. im-p. . . (§ 33).

in-quam, is, it, *pf.* iī, *verb. defectivum* sagen, sprechen **1.** (in dir. Rede eingeschaltet): 'patri', inquit, 'non placebat'; mit *dat. O*, ad haec *O*. **2.** [die Rede ist Einwand eines andern]: 'refer', inquis, 'ad senatum'; non solemus, inquit, ostendere heißt es, sagt man. **3.** [Zur nachdrücklichen Wiederholung eines Wortes]: te nunc, te, inquam, appello ich wiederhole, betone es; [so bes. nach Parenthesen].

in-quiēs, ētis unruhig *ST*.

inquiētō 1. beunruhigen, erschweren *TPli*.   Von

in-quiētus 3 unruhig, ohne Ruhe *HL*.

in-quiī *pf.* v. inquam.

in-quilīnus, ī, *m.* (zu incola, § 17) **1.** Insasse, Mieter; civis urbis 'dahergelaufen' *S*. **2.** Hausgenosse, Mitbewohner [eines Hauses] *Sp*.

inquinātus 3, *adv.* ē schmutzig, unrein.   Von

in-quinō 1. (v. cunire = stercus facere) **1.** verunreinigen, beschmutzen: aere tempus aureum entarten lassen *H*. **2.** *met.* beflecken, besudeln, beschimpfen: innoxios anschwärzen *Cu*.

in-quīrō 3. quīsīvī, quīsītus (quaero, § 43) **1.** aufsuchen, nach etw. suchen: corpus *L*. **2.** nachforschen, untersuchen, prüfen: vitia *H*, in patrios annos forschen nach *O*. **3. occ.** Beweise (zur Klage) sammeln: in competitores.

in-quis s. inquam.

inquīsītiō, ōnis, *f.* (inquiro) das Aufsuchen: mili-

tum *Cu*; *met.* veri; gerichtliche Untersuchung: candidati gegen, annua ein Jahr zur Untersuchung *T*.

inquīsītor, ōris, *m.* (inquiro) **1.** Spitzel, Spion *Pli*. **2.** Kläger, Anwalt, Untersuchungsrichter *T*.

inquīsītus *pt. pf. pass.* v. inquiro.

in-quīsīvī *pf.* v. inquiro.

in-quit s. inquam.

in-r. . . s. ir-r. . . (§ 33).

in-salūbris, bre ungesund *CuPli*.

in-salūtātus 3 ungegrüßt, ohne Abschiedsgruß *V*.

in-sānābilis, e unheilbar, unverbesserlich.

insānia, ae, *f.* (insanus) **1.** Wahnsinn, Tollheit; **occ.** Wahn, Verzückung: amabilis *H*. **2.** *met.* tolles Treiben: belli Kriegswut *V*; *pl.* tolle Streiche: populares; cupidissimorum tolle Forderungen. **3.** Ungeheuerlichkeit, Übertreibung: orationis, libidinum.

insāniō 4., *impf.* insanibat *C* (insanus) rasen, toll, wahnsinnig, außer sich sein: certā ratione 'methodisch' *H*, sollemnia ein Narr nach der Mode sein *H*, libertinas vernarrt sein in *H*.

insānitās, ātis, *f.* Ungesundheit.   Von

in-sānus 3, *adv.* ē ungesund **1. toll, wahnsinnig, rasend;** *subst.* **Narr:** homo ridicule insanus. **2. occ. a. verzückt:** vates *V.* **b. tobend, rasend:** fluctūs *V*, forum (wie toll) lärmend *VT. met.* **3.** (vor Leidenschaft) unsinnig, rasend: contio. **4. unmäßig, unsinnig, übertrieben, ungeheuer:** moles, montes Bergkolosse *L*, trepidatio *L*, amores *H*; *n. adv.* insanum bene *C*.

in-satiābilis, e, *adv.* iter *T* **1.** unersättlich: cupiditas, avaritia *S*. **2.** nicht sättigend, unerschöpflich: gaudium, varietas.

in-saturābilis, e, *adv.* iter unersättlich.

in-scendō 3. scendī, scēnsus (scando, § 43) ein-, besteigen, betreten.

in-sciēns, entis, *adv.* enter unwissend, ohne Wissen; **occ.** unklug, töricht *CL*.   Dav.

inscientia, ae, *f.* **1.** Unwissenheit: hostium. **2.** Unkenntnis: locorum.

inscītia, ae, *f.* **1.** Ungeschicklichkeit, Ungeschick: regendi *T*. **2.** Unwissenheit, Unkenntnis: aedificandi *T*, erga domum *T*.   Von

in-scītus 3, *adv.* ē ungeschickt, unverständig.

in-scius 3 unwissend, unkundig: culpae ohne Schuld *V*, me inscio ohne mein Wissen.

in-scrībō 3. psī, ptus **I.** auf etw. schreiben, als Aufschrift setzen: notas *Ti*, nomen in libellis; sibi nomen sich beilegen; deos sceleri die Götter als Vorwand für den Frevel gebrauchen *O*, mea dextera leto inscribenda tuo est ist als Ursache deines Todes zu bezeichnen *O*. **II. 1.** beschreiben, mit einer Schrift (Inschrift) versehen: pulverem hastā *V*, epistulam patri an . . . richten, sua quemque inscribit facies bezeichnet ihn deutlich *O*; **occ.** betiteln: liber, qui 'Oeconomicos' inscribitur (inscriptus est).   Dav.

inscrīptiō, ōnis, *f.* Aufschrift, Überschrift.

inscrīptus *pt. pf. pass.* v. inscribo.

in-sculpō 3. psī, ptus (scalpo, § 51, Anm.) **1.** eingraben, eingravieren, einmeißeln: foedus columnā aëneā *L*. **2.** *met.* einprägen: in animo.

īn-secō 1. secuī, sectus einschneiden *LO*.

īnsectātiō, ōnis, *f.* (insector) **1.** Verfolgung. **2.** *met.*

insectator   238   **insinuo**

Verhöhnung: temporum Angriffe auf *T*; per insectationes durch Spottreden *T*.

īnsectātor, ōris, *m*. Verfolger, Gegner *LQ*.   Von

īnsector (-ō *C*) 1. (*frequ.* v. insequor) **1.** verfolgen: aliquem verberibus *T*; herbam rastris fleißig jäten *V*. *met.* **2.** zusetzen, bedrängen: vehementius. **3.** *occ.* verunglimpfen, verhöhnen: calamitatem, damnum corporis vorwerfen *Ph*, vitia angreifen *Pli*.

īnsectus *pt. pf. pass.* v inseco.

in-secuī *pf.* v. inseco.

īnsecūtus *pt. pf. act.* v. insequor.

īn-sēdī *pf.* v. insideo oder insido.

īn-sēminō, āre befruchten *Sp*.

īn-senēscō 3. senuī bei, über etw. alt werden *HOT*.

īn-sepultus 3 unbegraben, ohne Begräbnis.

īn-sequor 3. secūtus sum **1. unmittelbar, auf dem Fuß folgen: a.** räumlich: agmen *Cu*, lumine pinum mit dem Auge *O*; **b.** zeitlich: anno insequente *L*, insequentibus consulibus im nächsten Konsulatsjahr *L*, insequitur somnus tritt sofort ein *Cu*, te mea aetas insequitur ich bin bald so alt wie du *V*. **2. occ.** (feindlich) **folgen, verfolgen, nachsetzen:** hostem *SLCu*; bildl. vindicis ora manibus darauf losgehen *O*, saxum morsibus drauflosbeißen *O. met.* **3. tadeln, verhöhnen:** vitae turpitudinem, aliquem inridendo. **4. fortsetzen, fortfahren, verharren:** insequebatur er fuhr fort, arva andauernd pflegen *V*; mit *inf. V*.

I. īn-serō 3. sēvī, situs (§ 41) **1. einsäen, -pflanzen:** ramos terrae *Cu*; *occ.* **einpfropfen:** ramos *H.* **2.** *meton.* **pfropfen:** inseritur arbutus nucis fetu *V*, insita pirus gepfropft *V.* **3.** *met.* **einpflanzen:** vitia alicui *H*; in Calatinos insitus verpflanzt.

II. īn-serō 3. seruī, sertus **1.** hineinstecken, -tun, einfügen: falces longuriis, caput in lecticam (in tentoria *L*); collo catenam um ... legen *Cu*, pellis auro inserta goldbelegt *V*; insertae fenestrae eingelassen *V*, telum hineinstoßen *L*, oculos in pectora hineinblicken lassen *O.* **2.** *met.* einfügen, einlegen, einmischen, hineinbringen: historiae iocos *O*, querelas *T*; *refl.* sich einmischen: se turbae (bellis) *O*, sese fortunae sich in eine hohe Stellung eindrängen *T.* **3.** *occ.* einreihen: vatibus *H*.   Dav. *frequ.*

īnsertō 1. hineinstecken: clipeo sinistram *V*.

īnsertus *pt. pf. pass.* v. II. insero.

in-seruī *pf.* v. II. insero.

īn-serviō 4. **1.** dienstbar, botmäßig sein: inservientes reges *T. met.* **2.** zu Diensten stehen, zu Willen sein, nachgeben: temporibus sich nach den Umständen richten *N*, plebi sich fügen *L*; mit *acc. C.* **3.** ergeben sein, betreiben, fördern: studiis *N*, honoribus; famae *T*.

īnsessum *pt. pf. pass.* v. insideo oder insido.

īn-sēvī *pf.* v. I. insero.

īn-sībilō, āre hineinsausen, -pfeifen *O*.

īn-sideō 2. sēdī, sessum (sedeo, § 43) **I.** *intr.* **1.** in (auf) etw. **sitzen:** equo *L*; *occ.* **seßhaft sein:** (penates) insident. **2.** *met.* **festsitzen, (an)haften:** his insidentibus malis, in animo fictum crimen (virtus) insidet. **II.** *trans.* **besetzt halten:** locum *L*, vias praesidiis *V*; *occ.* **bewohnen:** ea loca *T*.   Dav.

īnsidiae, ārum, *f.* **1.** Hinterhalt **a.** [als Ort]: insidias intrare, ex insidiis consurgere. **b.** [als Truppe]: donec insidiae coorirentur *T.* **c.** [abstr.]: locus ad insidias aptus, insidias (col)locare, instruere *L* legen. **2.** *met.* Nachstellungen, Hinterlist, Verrat, Anschlag, Attentat: avibus insidias moliri *V*; noctis Trug der Nacht *V*, caedis heimliche Ausführung; per insidias hinterlistig.

īnsidiātor, ōris, *m.* Soldat im Hinterhalt, Nachsteller: nullus i. viae niemand, der an der Straße im Hinterhalt lauert.   Von

īnsidior 1. (insidiae) **1.** im Hinterhalt liegen, auflauern: hostibus *O.* **2.** *met.* auflauern, nachstellen, Anschläge machen: Piraeo einen Handstreich beabsichtigen *N*, somno maritorum, tempori abpassen.

īnsidiōsus 3, *adv.* **ē** (insidiae) hinterhältig, hinterlistig, ränkevoll, tückisch, gefährlich.

īn-sīdō 3 sēdī, sessum **1.** sich auf etw. setzen, sich niederlassen: in dorso equi *Cu*, floribus (*dat.*) *V*, membris ins Fleisch dringen *O*; *trans.* Capitolium *T.* **2. occ. a.** sich ansiedeln: iugis Etruscis *V*; *trans.* cineres patriae *V*; miserae Besitz nehmen von *V*, Apuliae insedit vapor legte sich über *H.* **b.** (milit.) besetzen: silvis *V*; *trans.* viam *L*, arcem *T.* **3.** *met.* sich festsetzen, festwurzeln: in locis; macula penitus insedit hat sich eingefressen, sitzt tief.

īnsīgne, is, *n.* (insignis) **1. Wappen** [im Schild]: Gallica, paternum *V*; *occ.* **Galionsfigur:** navem ex insigni agnoscere. **2. Abzeichen, Ehrenzeichen:** imperatoris, regni Diadem, sacerdotum *L.* **3.** *met.* **Zeichen, Kennzeichen:** laudis, morbi *H. occ.* **a. Zierde, Zierstück:** penatium. **b. Signal:** nocturnum *L*.

īn-sīgniō 4. (in, signum, § 70) kenntlich machen, bezeichnen, kennzeichnen: aliquem *Pli*, clipeum Io auro insignibat diente als Wappenzeichen *V*; *met.* notā brandmarken *L*, annum morbis bemerkenswert machen *T*, finem belli auffällig machen *T*; **īnsīgnītus** 3, *adv.* **ē** auffallend, außerordentlich, unerhört: imagines deutlich, insignite impudens, insignitior ignominia *L*.   Dav. rückgebildet (§ 76)

īnsīgnis, e, *adv.* **iter 1.** gezeichnet: maculis *V*; *occ.* kenntlich, hervorstechend, -ragend, auffallend: purpurā *L*, ostro, crinibus *V*, tenui fronte *H* geschmückt, insignius ornari *N.* **2.** *met.* [von Abstraktem]: auffallend, ausgezeichnet, merkwürdig, unerhört, ohnegleichen. [In gutem Sinn]: magnitudo animi, titulus; ab arte in bezug auf *O*. [In schlechtem Sinn]: impudentia, supplicium, annus insignis incendio *L*.

īn-siliō 4. siluī (silīvī *L*) (salio, § 43) **1.** *intr.* hinein-, hinaufspringen: in phalanges, ramis (*dat.*) *O.* **2.** *trans.* hineinspringen: Aetnam *H*.

īnsimulātiō, ōnis, *f.* Beschuldigung, Anklage.   Von

īn-simulō 1. **1.** falsch beschuldigen: probri feminam; mit *acc. c. inf.* **2.** *synecd.* beschuldigen, bezichtigen, zeihen, anklagen: peccati se; falso, falso crimine.

īn-sincērus 3 unrein, verwesend *V*.

īnsinuātiō, ōnis, *f.* Empfehlung.   Von

īn-sinuō 1. **1.** hineindrängen, eindringen lassen: ordines *L.* **2.** *refl., med., intr.* eindringen: pecudes alias se sich in andere Tiere verpflanzen *Lukrez*, se inter equitum turmas, se mari münden *Cu*, cunctis insi-

insipiens   239   **instauro**

nuat pavor befällt *V*, Maecenati insinuatus empfoh-
len *Sp*; **occ.** sich eindrängen, einschleichen: se in fami-
liarem usum *L*; *abs.* se insinuare sich einschmei-
cheln.
E: eigtl. 'in den Bausch (sinus) der Toga stecken', § 70.
īn-sipiēns, entis, *adv.* **enter** (sapiens, § 43) einsichts-
los, unverständig, töricht, albern.   Dav.
īnsipientia, ae, *f.* Unverstand, Torheit.
īn-sistō 3. stitī **I. 1. sich an (auf)** etw. **hinstellen, hin-
treten:** in iugo, iacentibus (*dat.*), in manu Cereris
stehen; b i l d l. in tanta gloria fußen, vestigiis in die
Fußstapfen treten *L*, villae margini stehen, aufgebaut
sein *Pli*; vestigia Schritte machen *V.* **2. occ. a. auftre-
ten:** firmiter, digitis sich auf die Zehen stellen *O*, in si-
nistrum pedem *Q.* **b. betreten:** limen *V*; *met.* ratio-
nem pugnae befolgen, iter *L.* **c. nachsetzen, zuset-
zen, auf dem Nacken sitzen:** acrius hostibus *NL*; bel-
lum insistit moenibus *L*; tempora taedae instite-
rant war nahegekommen *O.* **3.** *met.* **eifrig betreiben,
sich verlegen, auf** etw. **bestehen, beharren:** in bellum,
ad spolia legenda *L*, obsidioni *Cu*; *trans.* munus.
occ. fortfahren: sic institit ore *V*; mit *inf. NL.*
II. 1. stehen bleiben, stillstehen: (planetarum) mo-
tus insistunt. **2.** (in der Rede) **innehalten:** ne insistat
(oratio) interius.
īnsitīcius 3 (insitus) aufgepfropft, ausländisch *Pli.*
īnsitiō, ōnis, *f.* (I. insero) das Pfropfen *Lukrez Sp.*
īnsitīvus 3 (I. insero) **1.** gepfropft, veredelt: pira *H.*
met. **2.** fremd, eingeführt: disciplinae. **3.** unecht, unter-
schoben: liberi *Ph*, Gracchus.
I. īnsitus *pt. pf. pass.* v. I. insero.
II. īnsitus 3 (I. insero) **eingepflanzt, eingewurzelt, an-
geboren, angestammt:** amor, animi furor.
īn-sociābilis, e unverträglich, ungesellig; mit *dat. LT.*
īn-sōlābiliter *adv.* (solor) untröstlich *H.*
īn-solēns, entis, *adv.* **enter** (soleo) **1.** ungewohnt:
belli, malarum artium fremd *S*; *abs.* wider die Ge-
wohnheit *C.* **2. occ. a.** auffallend: verbum. **b.** übertrie-
ben, unmäßig: se insolentius iactare, laetitia *H.*
c. übermütig, keck, dreist, unverschämt: in dicendo,
exercitus *H.*   Dav.
īnsolentia, ae, *f.* **1. Ungewöhnlichkeit:** verborum,
peregrina. **2. Verschwendung, Aufwand:** haec jetzig.
3. Überhebung, Unverschämtheit, Übermut: insolen-
tiā elatus. **4. Ungewohntheit:** disputationis, loci.
īnsolēscō, ere (insolens) übermütig werden *ST.*
īn-solidus 3 ohne Festigkeit, haltlos, schwach *O.*
īn-solitus 3 **1.** a k t. ungewohnt, nicht kennend: rerum
bellicarum *S*, ad laborem. **2.** p a s s. ungewohnt,
fremd, unbekannt: labor *O*, genus (ratio) dicendi, li-
bertas *L.* **3. occ.** ungewöhnlich, selten: victoria, par-
tus *T.*
īnsomnia, ae, *f.* Schlaflosigkeit.   Von
īn-somnis, e (somnus) schlaflos *VHOT.*
īn-somnium, ī, *n.* Traumbild *VOT.*
īn-sonō 1. sonuī **1.** tönen, ertönen, erschallen, rau-
schen: flagello klatschen lassen *V*, calamis sich hören
lassen auf *O.* **2.** knallen lassen: verbera *V.*
īn-sōns, ontis schuldlos, unschuldig: eo crimine *L*,
culpae *L*; Cerberus unschädlich *H.*
īn-sonuī *pf.* v. insono.

īn-sōpītus 3 u. **īn-sopor**, ōris schlaflos *O.*
īnspectiō, ōnis, *f.* (inspicio) Durchsicht, Prüfung *Pli.*
īnspectō 1. (*frequ.* v. inspicio) hinblicken, zusehen,
schauen: timorem; inspectata spolia der Anblick *L*;
inspectante exercitu vor den Augen.
īnspectus *pt. pf. pass.* v. inspicio.
īn-spērāns, antis nicht hoffend, wider Erwarten.
īn-spērātus 3 unverhofft; **occ.** unerwartet: malum; ex
insperato unverhofft, unerwartet *L.*
īn-spergō 3. spersī, spersus (spargo, § 43) darauf-
streuen, -spritzen *H.*
īn-spiciō 3. spexī, spectus (specio, § 43) **I. 1. hinein-
blicken, -sehen, -schauen:** Romam *O*, speculum *Ph.*
2. occ. Einsicht nehmen, nachsehen, nachlesen: car-
minis verba *O*, libros *L.* **II. 1. ansehen, betrachten,
beschauen:** turibulum, vas; a l s K ä u f e r: equos *H*;
vom O p f e r b e s c h a u e r: fibras *O*, exta *T*; *met.* te
deinen Lebenslauf, res sociorum untersuchen *L*, ali-
quem propius kennenlernen *Pli.* **2. occ. mustern:** vi-
ros, milites *L.*
īn-spīcō, āre (spica, § 70) rings einschneiden *V.*
īn-spīrō 1. **1.** mit *dat.* hineinblasen: conchae *O*, ramis
arborum *Q.* **2.** mit *acc.* einhauchen, einflößen: graves
animas *O*, venenum *VO*; alicui fortitudinem *Cu*, se
viro durchdringen *O.*
īn-spoliātus 3 ungeraubt *V.*
īn-spūtō, āre anspucken *C.*
īn-stabilis, e **1.** ohne festen Stand, nicht feststehend:
tellus *O*, pedes *L*, arbor durchsägt *V*, hostis der nicht
standhält *L*, manus unstet, räuberisch *Cu*; gradus (lo-
cus ad gradum *T*) unsicher *Cu.* **2.** *met.* schwankend,
unstet, unbeständig: res maritimae instabilem mo-
tum habent die Marine zeigt Beweglichkeit, animus *V.*
īnstāns, antis, *adv.* **anter** (insto) **1.** bevorstehend: pe-
riculum *N.* **2.** *synecd.* gegenwärtig; *subst. n.* instans.
3. *met.* drohend, dringend, heftig: tyrannus *H*, cura *T*,
instantius concurrere *T.*   Dav.
īnstantia, ae, *f.* **1.** Ausdauer, Beharrlichkeit. **2.** Heftig-
keit *Pli.*
īnstar *n. indecl. meton.* **1.** gleiche Schwere: quantum
i. in ipsa! welch ein Gewicht *V*, meriti pondus et i. *O*,
vix minimi momenti i. habere kaum den geringsten
Ausschlag geben; [übersetzbar mit]: **gleichgewichtig,
gleichschwer, aufwiegend** (mit *gen.*): unus i. centum
milium wiegt gleichviel, mortis i. putare für gleich-
schwer halten. **2. occ. a.** Gleichzahl, **gleichviel:** in-
numeri militis i. gleich unzähligen *O*, i. legionis.
b. gleiche Größe, **gleichgroß:** i. urbium so groß wie
Städte *L*, parvum kein voller Ersatz *L*, i. montis
equus *V.* **c.** gleiches Ding, **gleichwie, sowie, als wie:** i.
muri; [im Gleichnis]: i. veris *H*; ad instar in der Weise,
ganz so wie *Sp.*
E: zu instare 'einstehen', § 55; urspr. das 'Sicheinstel-
len' des Züngleins an der Waage, § 87, 'Einstand'.
īn-statūrus *pt. fut.* v. insto.
īnstaurātiō, ōnis, *f.* Erneuerung *L.*   Von
īn-staurō 1. (vgl. gr. σταυρός, σταυροῦν) **1.** aufstel-
len, auf-, zu-, anrichten, anstellen, veranstalten: fu-
nus *V*, epulas *T.* **2.** wiederaufrichten: animos *V.*
3. *met.* wiederherstellen, erneuern, auffrischen: bel-

insterno   240   **insui**

lum *L*, talia Grais *V*; sacra *L*, diem donis wieder feiern *V.*

īn-sternō 3. strāvī, strātus darüberbreiten: pulpita tignis *H*; bedecken: equus instratus gesattelt [mit Schabracke] *L*; insternor pelle umhülle mich *V.*

īnstīgātor, ōris, *m.* u. **-trīx**, īcis, *f.* Antreiber(in), Aufwiegler(in) *T.*   Von

īn-stīgō 1. antreiben: agmen canum *O*; *met.* anreizen, anspornen, aufregen.

E: στίζω, ahd. stëhhan 'stechen'.

īn-stīllō 1. eintröpfeln: merum in ignes *O*, lumini oleum; saxa beträufeln; *met.* praeceptum einflüstern *H.*

īn-stimulō, āre anstacheln, erregen *O.*

īnstīnctor, ōris, *m.* (instinguo) Anstifter *T.*

I. īnstīnctus *pt. pf. pass.* v. instinguo.

II. īnstīnctus, ūs, *m.* Anreiz, Antrieb.   Von

īn-stinguō 3. stīnxī, stīnctus antreiben, anreizen: velut instinctus wie begeistert *T.*

īnstita, ae, *f.* Besatz, Volant [an der Tunika] *H.*

īn-stitī *pf.* v. insisto oder insto.

īnstitiō, ōnis, *f.* (insisto) Stillstand: stellarum.

īnstitor, ōris, *m.* (insto) Krämer, Hausierer *HLSp.*

īn-stituō 3. stituī, stitūtus (statuo, § 43)

> 1. hin(ein)stellen; 2. errichten, aufrichten, anrichten, anlegen, machen; *occ. a.* (Truppen) aufstellen; *b.* jemd. zu etw. anstellen, einsetzen; 3. *met.* Anstalten treffen, veranstalten, unternehmen, beginnen; (mit *inf.*) sich vornehmen, beabsichtigen; *occ. a.* (Neues) einsetzen, einführen, einrichten, anordnen; *b.* (Altes) ordnen; *c.* unterweisen, unterrichten, bilden, lehren.

1. vestigia pedis fest auftreten *V*; b i l d l. aliquem in animum ins Herz schließen *C*, argumenta in pectus Erwägungen Raum geben *C*. **2.** turres, pontem, officinam, mercatum, dapes herrichten *V*. **a.** aciem, legiones *S*. **b.** aliquos sibi amicos machen; remiges ex provincia, tutorem liberis. **3.** triumphum *Cu*, sermonem, cursum beginnen, amicitiam cum aliquo *S*, iter *H*; mit *inf.* castra munire. **a.** ludos *O*, regnum; facere, tigres subiungere curru *V*; mit ut. **b.** civitates, ab adulescentia vitam *S*. **c.** elephantos abrichten *Cu*, Graecis doctrinis, ad legem anleiten; mit *inf.* mortales vertere terram *V*, amphora fumum bibere instituta die gelernt hat *H.*   Dav.

īnstitūtiō, ōnis, *f.* **1.** Einrichtung, Anordnung: rerum. **2.** Unterweisung, Unterricht.

īnstitūtum, ī, *n.* (instituo) **1.** Einrichtung, Sitte, Brauch: Graeculorum, maiorum; ex instituto dem Brauch gemäß *L*. **2.** Unternehmen, Vorhaben: ad institutum reverti; **occ.** Absicht, Plan: vitae Lebensplan *N*. **3.** *pl.* Grundsätze, Lehrmeinungen: Cynicorum *Cu.*

īnstitūtus *pt. pf. pass.* v. instituo.

īn-stō 1. stitī, statūrus **1. auf** etw. **stehen:** iugis *V*. **2. in der Nähe sein:** cum legionibus, vestigiis auf dem Fuß folgen *L*; **occ. eindringen, nachdrängen, hart zusetzen:** hosti *NL*; instatur man setzt nach *LT*. **3.** (dem Gegner) **zusetzen, bedrängen:** instabat, urgebat. **occ. a.** (mit Bitten) **bestürmen:** vehementius. **b.** eifrig **betreiben, darauf bestehen, nicht ablassen:**

obsidioni *Cu*, de indutiis, operi *V*; Marti currum bauen *V*. **4. nahe bevorstehen, drohen:** de instantibus iudicare dringende Fragen entscheiden *N*, instat poena.

I. īn-strātus 3 (mit privativem in) unbestreut: cubile *V.*

II. īnstrātus *pt. pf. pass.* v. insterno.

īn-strāvī *pf.* v. insterno.

īn-strēnuus 3 untätig, lässig *C.*

īn-strepō, ere ertönen, knarren *V.*

īn-stringō 3. strīnxī, strictus umbinden, einfassen *OSp.*

īnstrūctiō, ōnis, *f.* (instruo) **1.** Aufstellung: exercitūs. **2.** Erbauung, Bau *Pli.*

I. īnstrūctus 3, *adv.* **ē** (instruo) **1.** aufgestellt, eingerichtet, geordnet: exercitus *L*, naves; ludos instructius fecit besser angeordnet *L*. **2.** mit etw. versehen, ausgerüstet: omnibus rebus, vitiis instructior *H*. **3.** unterrichtet, unterwiesen: ad dicendum, artibus, in iure civili.

II. īnstrūctus, ūs, *m.* (instruo) Ausstattung.

III. īnstrūctus *pt. pf. pass.* v. instruo.

īnstrūmentum, ī, *n.* **1.** Werkzeug, Gerätschaften; [selten] = das einzelne Gerät, Instrument: militare Rüstzeug, Verris Hausgerät, sutor abiecto instrumento Handwerkszeug *H*; *pl.* instrumenta necis zu *O*. **2. occ. a.** Kleidung, Tracht: anilia *O*. **b.** Schmuck: ornent instrumenta libellos *O*. **3.** *met.* Hilfsmittel: virtutis, luxuriae *S.*   Von

īn-struō 3. strūxī, strūctus (instruxti = struxisti *C*) **I. 1.** (hin)einbauen, darauflegen: contabulationes in parietes, tigna. **2.** herstellen, errichten, aufführen: muros *N*, aggerem *T*. *met.* **3.** herstellen, herrichten, anstellen, veranstalten, bereiten, ordnen, zustandebringen: convivium *Cu*; accusationem, fraudem *L*, dicta ad fallendum *L*. **4. occ. a. aufstellen, in Schlachtordnung stellen:** aciem, instructā acie in offener Feldschlacht, legiones, elephantos; suos pugnae (*dat.*) *S*, insidias legen *L*. **b.** zu etw. **anstellen:** aliquem ad caedem *L*. **II. 1. versehen, einrichten, ausstatten:** ornamenta mulieri *C*; mensas epulis *O*, vias copiis besetzen *T*; domum einrichten, agrum mit Gerät versehen *L*; causam mit Beweismitteln versehen *Pli*. **2. occ. a. (aus)rüsten:** classem omnibus rebus, milites armis *SVT*. **b. unterweisen, unterrichten, anweisen:** reginam dei ritibus *O*, oratorem, adulescentes, ad omne officii munus.

īn-suāvis, e unangenehm, ohne Reiz.

Īnsubrēs, um u. ium, *m.* die I. [kelt. Volk um Mailand] *L*; *adi.* Insuber eques insubrisch *L.*

īn-sūdō, āre an etw. schwitzen, mit *dat. H.*

īnsuē-factus 3 abgerichtet: equi.

īn-suēscō 3. suēvī, suētus **1.** *intr.* sich an etw. gewöhnen; mit ad *L*, *dat. T*, *inf. SL*. **2.** *trans.* jemd. an etw. gewöhnen *HL.*

I. īn-suētus 3 **1.** ungewohnt, ungewöhnlich: iter *V*, solitudo *L*, limen fremd *V*; *adv.* insueta rudens ungewöhnlich *V*. **2.** an etw. nicht gewöhnt, in etw. ungeübt; mit *gen.*, ad; *dat. L*, *inf. VL.*

II. īnsuētus *pt. pf. pass.* v. insuesco.

īn-suēvī *pf.* v. insuesco.

īn-suī *pf.* v. insuo.

insula 241 **Intemelii** I

īnsula, ae, *f.* **1.** Insel; **occ.** Insel [Stadtteil v. Syrakus]; Allobrogum [das Gebiet zwischen Rhone und Isère] *L.* **2.** *met.* Miethaus, Häuserblock. *Dav.*

īnsulānus, ī, *m.* (§ 75) Inselbewohner.

īnsuliō = insilio *C.*

īnsulsitās, ātis, *f.* Abgeschmacktheit. *Von*

īn-sulsus 3, *adv.* **ē** (salsus, § 51, Anm.) ungesalzen; *met.* geschmacklos, witzlos, abgeschmackt.

īnsultātiō, ōnis, *f.* **1.** (*rhet.*) Anlauf *Q.* **2.** Hohn *Sp.* *Von*

īn-sultō 1. (insilio, salto, § 51, Anm.) **1.** an, in, auf etw. springen, hüpfen: equis *Lukrez*, solo tänzeln *V*, aquis ins Wasser springen *T*, fluctibus über die Fluten tanzen *O*; *trans.* nemora durchtanzen *V*; bildl. in rem p. anstürmen gegen. **2.** *met.* verhöhnen, verspotten: casibus *O*, alicui; patientiam *T*; *abs.* cernis, ut insultent Rutuli wie sie höhnen *V.*

īnsultūra, ae, *f.* (insilio) das Aufspringen *C.*

īn-sum, in-esse, (īn-)fuī **1.** an (in) etw. sein, sich befinden: inerant cornua fronti *O*, in caelesti domo. **2.** innewohnen, anhaften, enthalten sein; besitzen, haben; mit in, *dat.*

īn-sūmō 3. sūmpsī, sūmptus (§ 72) auf-, verwenden: operam (in evolvenda antiquitate *T*) *L*, paucos dies reficiendae classi *T.*

īn-suō 3. suī, sūtus einnähen.

īn-super *adv.* **1.** darüber, oben darauf: trabes i. immittere. **2.** *met.* überdies, obendrein: i. his (*dat.*) *V.*

īn-superābilis, e unüberwindlich: bello *VO*; fatum unentrinnbar *O*, transitus unübersteigbar *L*, valetudo unheilbar *Pli.*

īn-surgō 3. surrēxī, surrēctum (§ 72) **1.** sich aufrichten, aufstehen: equus insurgit steigt *Cu*, remis sich in die Ruder legen *V.* **2.** *met.* sich erheben: insurgit collis *L*, silva *T*, Caesar strebt auf *T*, Horatius nimmt einen höheren Schwung *Q*; suis regnis (*dat.*) gegen . . . aufstehen *O.*

īn-susurrō 1. ein-, zuflüstern: alteri, ad aurem.

īnsūtus *pt. pf. pass.* v. insuo.

in-tābēscō 3. buī schmelzen *O*; *met.* sich verzehren, vergehen: videndo *O*; erlöschen *H.*

in-tāctus 3 **1.** unberührt: cervix [vom Joch] *V*, Pallas jungfräulich *H*, bellum kampflos *S.* **2. occ. a.** unversehrt, unverletzt, ungeschmälert: vires *Cu*, muri *L*, Britannus unbezwungen *H.* **b.** mit *abl.* unberührt, frei von: cupiditate, infamiā *L*, religione ohne Skrupel *L.* **3.** unversucht: nihil intactum pati *S*, carmen *H*; saltūs unbesungen *V.*

in-tāminātus 3 (vgl. contamino) unbefleckt *H.*

I. in-tēctus 3 ungedeckt, unbedeckt: domus ohne Dach *S*, corpus ohne Rüstung *T*, cetera intecti unbekleidet *T*, Tiberius offen, aufrichtig *T.*

II. intēctus *pt. pf. pass.* v. intego.

integellus 3 ziemlich unangetastet. *Dem.* von

in-teger, gra, grum, *adv.* **-grē** (privatives in u. *adi.* *tagrus 3 v. tango, § 43)

I. **1.** unberührt, unangetastet; **2.** *occ. a.* rein; *b.* (moralisch) rein, unbefleckt, unbescholten, unverdorben; *c.* unverdorben, frisch, blühend; *d.* unbe-

stochen, unbestechlich, ehrlich, redlich; *e.* von Leidenschaften unberührt, frei.

II. **1.** unverletzt, unversehrt; *occ. a.* unverwundet; *b.* ungeschwächt, frisch; *c.* ganz, voll, unvermindert, ungeschmälert; **2.** *subst. n.* **integrum** der unverletzte Rechtszustand.

III. **1.** frisch, neu; **2.** unentschieden, freistehend, frei.

I. 1. a cladibus belli *L*, ius unantastbar. **2. a.** fontes, vinum *H*; *met.* integre dicere sprachrichtig. **b.** vita, Diana jungfräulich *H*; mit *gen. H*; haushälterisch *Cu.* **c.** pars corporis, valetudo, integer aevi in blühender Jugend *V*, integros arcessere frische Kräfte *S.* **d.** labor integre versatus, consulatus uneigennützig *T.* **e.** integro animo, integrā mente, integer laudo unbefangen *H.* **II. 1.** sublicarum pars, signa; fides unverbrüchlich *H.* **a.** saucii et integri. **b.** exercitus *N*, ab labore; amnis integer perfluit in gleicher Stärke *T.* **c.** praeda, aestas, fortuna, dies unverkürzt *H*, opes *H.* **2.** in integrum restituere; vgl. restituo. **III. 1.** labor *L*, bellum *S*; *adv.* **dē (ab) integrō** von neuem, von frischem. **2.** causam integram reservare, mihi integrum est ich habe freie Hand, res in integro est ist unerledigt, steht in unserer Macht.

in-tegō 3. tēxī, tēctus be-, überdecken; **occ.** schützen *L.*

integrāscō, ere (*incoh.* zu integro) sich erneuern *C.*

integrātiō, ōnis, *f.* (integro) Erneuerung *C.*

integritās, ātis, *f.* (integer) **1.** Unversehrtheit: valetudinis. **2.** Reinheit: sermonis. **3.** Redlichkeit, Unbescholtenheit.

integrō 1. (integer) wiederherstellen: artūs einrichten *T*; *met.* wiederaufnehmen, von neuem beginnen, erneuern.

integumentum, ī, *n.* (intego) Decke, Hülle: aetati Schutz, Schirm *C.*

I. intellēctus *pt. pf. pass.* v. intellego.

II. intellēctus, ūs, *m.* (intellego) **1.** akt. Verständnis; mit *gen. T.* **2.** pass. Begriff, Bedeutung *T.*

intellegēns, entis, *adv.* **enter** (intellego) einsichtig, verständig, kundig: inminentium die Zukunft ahnend *T*; *subst.* Kenner. *Dav.*

intellegentia, ae, *f.* **1.** Einsicht, Verstand, Fassungsvermögen. **2. occ.** Kenntnis, Kennerschaft, Verständnis: in rusticis rebus. **3.** *meton.* Begriff, Vorstellung: animi.

intel-legō 3. lēxī, lēctum, *pf.* intellexti = intellexisti *C.* **1.** wahrnehmen, merken, ersehen, erkennen, empfinden; mit *acc. c. inf., pass.* mit *nom. c. inf.,* indir. Fr.; ex quo intellegitur woraus man ersieht, woraus erhellt. **2.** verstehen, begreifen, auffassen: facile intellectu est *N*, rem, non acriter intellegens von langsamen Begriffen; mit *acc. c. inf.,* indir. Fr. **occ. a.** Kenntnis haben, Kenner sein: in ea re, homo intellegens Kenner, qui prudenter intellegit tüchtiger Kenner. **b.** meinen, sich denken, sich vorstellen: bonum, decorum; sanguinem quid intellegis?
E: inter-lego, § 33, 'unterscheiden'.

Intemeliī u. **-miliī**, ōrum, *m.* die I. [ligurischer Stamm am Osthang der Seealpen]; **Albintimilium** Ventimiglia [Hauptort der I., an der ligurischen Küste] *T.*

in-temerātus 3 unbefleckt, makellos, rein *VOT*.
in-temperāns, antis, *adv.* **anter** maß-, zügellos.   Dav.
intemperantia, ae, *f.* **1.** Mangel an Mäßigung: Pausaniae Übermut *N*. **2.** Unmäßigkeit, Zügellosigkeit: civitatis Anarchie *T*, vini im Weintrinken *L*.
in-temperātus 3 maßlos, übertrieben.
in-temperiae, ārum, *f.* Unwetter *Cato*; *met.* Tollheit *C*.
in-temperiēs, ēī, *f.* **1.** unbeständige Witterung: verna Aprilwetter *L*; **occ.** solis zu große Hitze *L*, aquarum zuviel Regen *L*; *met.* 'Unwetter' *C*. **2.** *met.* Zügellosigkeit: cohortium Unbotmäßigkeit *T*.
in-tempestīvus 3, *adv.* **ē** unzeitig, ungelegen.
in-tempestus 3 (*tempestus v. tempus, wie scelestus v. scelus) 'unzeitig'; [nur]: nox tiefe, dunkle Nacht; *met.* Graviscae ungesund *V*.
in-temptātus 3 unangetastet, unberührt, unversucht.
in-tendō 3. tendī, tentus

I. 1. (an)spannen; *occ. a.* ausspannen; *b.* mit etw. überziehen; 2. *met.* anspannen, steigern, vermehren.
 II. 1. ausspannen, -strecken, wohin richten; *occ.* (Waffen) gegen jemd. richten; *met.* 2. (eine Bewegung) wohin richten; *occ.* sich wohin wenden; bildl. wohin streben; 3. (eine Tätigkeit) feindlich gegen jemd. richten; 4. (seinen Geist wohin) richten, lenken; *occ. a.* beabsichtigen; *b.* behaupten.

I. 1. tormenta *Cu*, arcum *V*, vela *V*. **a.** *refl.* nubes se intendēre *Cu*. **b.** tabernacula velis, locum sertis *V*, bracchia tergo mit dem Cästus *V*; coronas postibus über... ziehen *O*, vincula collo *V*. **2.** vocem *V*, tenebrae se intenduent nimmt zu *L*; curam *Cu*, officia *S*, vera übertreiben *T*, leges verschärfen *Pli*. **II. 1.** manūs *T*; aciem (oculorum) in omnes partes, aures ad verba *O*; bracchia remis *V*. **occ.** hastas vorstrecken *V*; sagittam mit... zielen *V*. **2.** iter in Italiam *L*, fugam ad Euphratem *LCu*; novum alveum sich bahnen *Cu*. **occ.** huc danach streben *T*, quocumque intenderat *S*. **3.** periculum in omnes, bellum in Hispaniam *L*, in aliquem (alicui) crimen *L*; actionem anstrengen, mortis metum mit dem Tode drohen *T*. **4.** oculos et mentes ad pugnam, animum rebus honestis *H*, curam in apparatum belli *L*; rei aufmerken *Pli*. **a.** quod intenderat; fugā salutem petere. **b.** id quod intenderemus confirmare.
I. in-tentātus = intemptatus.
II. intentātus *pt. pf. pass.* v. intento.
intentiō, ōnis, *f.* (intendo) Anspannung, das Gespanntsein: corporis; *met.* cogitationum gespanntes Denken; **occ. a.** Aufmerksamkeit: vultūs gespannte Miene *T*, lusūs auf das Spiel *L*. **b.** Absicht: adversariorum. **c.** Sorgfalt, Eifer *Pli*.
intentō 1. (*frequ.* v. intendo) **1.** ausstrecken, wohin richten: sicam zücken. **2.** *met.* androhen: arma Latinis mit Krieg bedrohen *L*.
I. intentus 3, *adv.* **ē** (intendo) **1.** (an)gespannt: chordae; bildl. labor *O*, cura *LCu* angestrengt, pretia gestiegen *T*, disciplina, milites stramm *T*, negotio (*abl.*) in Anspruch genommen *S*. *met.* **2.** gespannt, auf-

merksam: custodia *L*; ad (in *Cu*) pugnam, malis *O*; mit indir. Fr. **occ. a.** eifrig (bedacht), rastlos: intentius dilectūs habere *L*, se excusare *T*; operi *L*, officiis *S*; exercitui scribendo *L*, ad curas *L*. **b.** schlagfertig, kampfbereit: dimicationi *L*, ad proelium; ohne Objekt *SLT*.
II. intentus, ūs, *m.* (intendo) das Ausstrecken.
III. intentus *pt. pf. pass.* v. intendo.
in-tepēscō 3. puī warm werden *O*.
inter mit den *adv.* Formen **intrā** und **intrō** (ai. antár, ahd. untar; *comp.* zu in, vgl. τὰ ἔντερα u. intimus). Doppelkomparativ (§ 16, Anm.) **interior**.
   A. inter (§ 78, Abs. 2) Präp. beim *acc.*

---

1. von zweien: **zwischen**; 2. von mehreren: **unter, in(mitten)**; 3. *occ.* [das wechselseitige Verhältnis bezeichnend:] mit *pron. refl.* **(unter)einander, gegenseitig**; 4. zeitlich: **zwischen**; 5. **im Verlauf von, während**.

---

1. mons Iura est i. Sequanos et Helvetios, i. manus unter den Händen. *Met.* pacem i. duas civitates conciliare *N*, i. pacem et servitutem plurimum interest. **2.** i. feras aetatem degere, i. homines esse unter Menschen verkehren; auf Erden weilen, erat i. planitiem mons mitten auf der Ebene *S*; i. sicarios accusare wegen Mordes; i. paucos wie nur wenige *L*, i. omnia *Cu*, cetera *L*, cuncta *H* vor allem, besonders. **3.** obtrectare i. se *N*, colles i. se propinqui *S*. **4.** i. horam tertiam et quartam *L*. **5.** i. cenam, i. arma (Krieg), haec (quae) unterdessen *L*, i. moras mittlerweile *Pli*.
   B. intrā (*abl. f.*). **I.** *adv.* innerhalb *Sp*. **II.** Präp. beim *acc.* **1.** örtlich: **innerhalb**: i. extraque munitiones; **occ. hinein**: aliquem i. moenia compellere *NL*. **2.** zeitlich: **innerhalb, binnen, vor Ablauf** i. annos XIV tectum non subire. **3.** *met.* **unter, innerhalb, beschränkt auf**: i. verba peccare nur mit Worten *Cu*, i. fortunam manere in seinem Stand *O*, classis erat i. centum *L*, domus i. paucos libertos bestand nur aus ein paar Freigelassenen *T*.
   C. intrō (vgl. eo) adv. **hinein, herein**.
   D. interior, ius **1.** mehr nach innen gelegen, tiefer drinnen, innerer: pars aedium, parietes die Innenseiten der Wände, nationes binnenländisch; *subst. n.* interiora die inneren Teile; *acc. n. adv.* interius lingua congelat *O*; ibat interior ging zur Rechten *O*, nota Falerni die tiefer im Keller liegt [= besser] *H*, gyrus kürzer *H*, naves interiores ictibus tormentorum zu nahe, um getroffen zu werden *L* = interior periculo vulneris *L*. **2.** *met.* **enger, vertrauter**: societas, potentia größerer Einfluß der Vertrauten *T*; **occ. geheimer**: consilia *N*, litterae.
inter-aestuāns, antis keuchend, asthmatisch *Pli*.
interāmenta, ōrum, *n.* das innere Holzwerk *L*.
Interamna, ae, *f.* **1.** Terni [St. in Umbrien]. **2.** I. [St. am Liris]; *adi.* u. Einw. Interamnās, ātis.
inter-ārēscō, ere vertrocknen, versiegen.
inter-bītō, ere untergehen *C*.
intercalārius 3 u. **-āris**, e Schalt-: mensis Schaltmonat, Kalendae der erste Tag des Schaltmonates.   Von
inter-calō 1. [durch Ausruf (calando)] einschalten:

intercapedo   243   **interiectus**   **I**

diem *Sp*, hoc anno intercalatum est wurde (ein Monat) eingeschaltet *L*; *met.* poenam aufschieben *L*.

inter-capēdō, inis, *f.* (capio) Unterbrechung.

inter-cēdō 3. cessī, cessum **1. dazwischen einherziehen:** inter singulas legiones. **2. occ. a. sich dazwischen erstrecken, hinziehen:** palus intercedebat. **b.** zeitlich: **dazwischen eintreten;** *pf.* **dazwischenliegen:** nox nulla (annus) intercessit. **c. dazwischenfallen:** casus intercedunt es treten Zwischenfälle ein. **d. stattfinden, bestehen:** bella intercedunt, vetustas, consuetudo, dissensio intercedit. **3. a. dazwischentreten, widersprechen, sich widersetzen:** *abs.* intercedit Antonius; mit *dat.*; nihil intercedit, quominus *L*; cupiditas intercesserat *N.* **b. sich verbürgen, gutsagen:** pro iis pecuniam.

inter-cēpī *pf.* v. intercipio.

interceptor, ōris, *m.* (intercipio) Defraudant *LT*.

interceptus *pt. pf. pass.* v. intercipio.

inter-cessī *pf.* v. intercedo.

intercessiō, ōnis, *f.* (intercedo) 'das Dazwischentreten' **1.** Einspruch. **2.** Vermittlung, Bürgschaft.

intercessor, ōris, *m.* (intercedo) **1.** Verhinderer, Einsprucherheber. **2.** Vermittler, Bürge.

intercessum *pt. pf. pass.* v. intercedo.

I. inter-cidī *pf.* v. II. intercido.

II. inter-cīdī *pf.* v. I. intercīdo.

I. inter-cīdō 3. cīdī, cīsus (caedo, § 43) in der Mitte durchschneiden, -stechen: commentarios Blätter herausschneiden *Pli*, pontem abbrechen *L*.

II. inter-cidō 3. cidī (cado, § 41) **I. 1. dazwischenfallen:** inter corpora (naves) *L.* **2.** *met.* **dazwischen vorfallen. II. 1. zugrunde gehen, umkommen:** pereánt amici, dum ínimici una intércidant. **2. occ. entfallen, vergessen werden:** nomen intercidit annis *OT*.

inter-cinō, ere (cano, § 41) dazwischen singen *H*.

inter-cipiō 3. cēpī, ceptus (capio, § 43) **1.** (mitten auf dem Weg) auffangen: pila, bracchium den Arm im Hieb *Cu*, hostes in fuga abfangen *T*; hastam von der (für einen andern bestimmten) Lanze getroffen werden *V.* **2.** (aus der Mitte) wegnehmen: colla intercepta videntur *O*; *met.* wegnehmen, entreißen: agrum ab aliquo *L*, pecunias e publico unterschlagen *T*; veneno interceptus inzwischen an Gift gestorben *T*, laudem für sich in Anspruch nehmen *Ph*, spem anni (Cererem) vernichten *O.* **3.** unterbrechen, abschneiden: iter *LCu*.

intercīsus *pt. pf. pass.* v. I. intercīdo.

inter-clūdō 3. clūsī, clūsus (claudo, § 43) abschließen, absperren, versperren, abschneiden: alicui iter, exitum, perfugia; animam, spiritum nehmen *LCuT*; aliquem commeatibus, re frumentariā, itinere; ab oppido adversarios; **occ.** dolore intercludi verhindert werden.   *Dav.*

interclūsiō, ōnis, *f.* Hemmung.

interclūsus *pt. pf. pass.* v. intercludo.

inter-columnium, ī, *n.* (columna) Säulenabstand.

inter-currō 3. currī dazwischentreten: exercitationibus; Veios nach V. eilen *L.*   *Dav. frequ.*

inter-cursō, āre dazwischenlaufen *L*.

intercursus, ūs, *m.* (intercurro) Dazwischenkunft; nur *abl. LT*.

inter-cus, cutis (cutis) unter der Haut: aqua Wassersucht.

inter-dīcō 3. dīxī, dictus **1.** untersagen, verbieten: hoc liberis; interdictus 3 verboten, versagt: spes *O*, voluptas *H*; mit *dat. pers.* u. *abl. rei*: Romanis omni Galliā, male rem gerentibus patriis bonis; socero (*dat.*) genero (*abl.*) den Verkehr mit ... verwehren *N.* **2.** ächten, verbannen: ei aquā et igni ihm Feuer und Wasser versagen, meist *pass.*; sacrificiis von den Opfern ausschließen, in Acht u. Bann tun. **3.** verordnen, befehlen, einschärfen: familiae, ut uni dicto audiens sit.

interdictiō, ōnis, *f.* (interdico) Verbot *L*.

interdictum, ī, *n.* (interdico) **1.** Verbot. **2. occ.** prätorischer Bescheid: interdicto cum aliquo contendere.

interdictus *pt. pf. pass.* v. interdico.

inter-diū, -diūs *C* (diū, diūs alte Kasusform von dies, § 68) *adv.* untertags, bei Tag, den Tag über.

inter-dīxī *pf.* v. interdico.

inter-ductus, ūs, *m.* (duco) Interpunktion.

interduim (alter *coni.* zu inter-do) darum geben *C*.

inter-dum *adv.* zuweilen, manchmal, mitunter.

inter-eā (eā ist *abl. f.* v. is, *adv.*, § 68) **1.** temporal: unterdessen, inzwischen, vorläufig. **2.** adversativ: indessen, doch: cum interea während doch.

inter-ēmī *pf.* v. interimo.

interemptor, ōris, *m.* (interimo) Mörder *Sp*.

interēmptus *pt. pf. pass.* v. interimo.

inter-eō, īre, iī, itūrus **1.** untergehen, zugrunde gehen: naves naufragio intereunt, interit luna, aetas *H.* **2.** *met.* verlorengehen, zugrunde gehen: res p. (pecunia *N*) interit, sacra intereunt kommen ab, ignis interit geht aus. **occ.** umkommen: omne animal intereat necesse est, inteream ich will des Todes sein! *H*.

inter-equitō, āre dazwischenreiten; *trans.* durchreiten *LCu*.

inter-fātiō, ōnis, *f.* (interfor) das Dazwischenreden.

inter-fēcī *pf.* v. interficio.

interfectiō, ōnis, *f.* (interficio) Ermordung.

interfector, ōris, *m.* u. **-trīx,** īcis, *f.* Mörder(in). Von

inter-ficiō 3. fēcī, fectus (facio, § 43) töten, umbringen, vernichten. Dazu *pass.* **inter-fierī** zugrunde gehen *C*.

inter-fluō 3. flūxī dazwischenfließen; mit *acc.* u. *dat. LCu*.

***inter-for** 1. fātus dazwischenreden, unterbrechen *VL*.

inter-fuī *pf.* v. intersum.

inter-fūsus 3 (fundo) dazwischen strömend; mit *acc. H*; maculis unterlaufen mit *V*.

inter-gerīvus 3 (gero) dazwischengefügt *Sp*.

inter-iaceō, ēre dazwischenliegen; mit *acc.* u. *dat. L*.

inter-iacio = intericio *T*.

inter-ibi (§ 68) *adv.* unterdessen *C*.

inter-iciō 3. iēcī, iectus (iacio, § 43) **1.** dazwischenwerfen, -setzen, -legen, -stellen; *pass.* dazwischentreten; rubos dazwischenpflanzen; *met.* librum inzwischen schreiben, multa Latino sermone *T*, preces et minas einmengen *T.* **2.** *pt. pf. pass.* dazwischenliegend, in der Mitte liegend; mit *dat.*, inter; interiecto brevi spatio nach Verlauf.   *Dav.*

I. interiectus, ūs, *m.* das Dazwischentreten: terrae

interiectus   244   **interpretor**

(zwischen Sonne und Mond); paucorum dierum Frist *T,* interiectu noctis nach Verlauf *T.*
II. interiectus *pt. pf. pass.* v. intericio.
inter-iī *pf.* v. intereo.
inter-im (über im vgl. in-de) *adv.* **1.** unterdessen, mittlerweile. **2.** vorderhand, einstweilen: i. legiones pro ripa Euphratis locat *T.* **3.** zuweilen: interim . . . interim bald . . . . bald *Pli.* **4.** (je)doch *CSp.*
inter-imō 3. ēmī, ēmptus (emo, § 41) wegschaffen, beseitigen, vernichten, töten: sacra aufheben.
interior s. inter D.
interitūrus *pt. fut.* v. intereo.
inter-itus, ūs, *m.* (intereo) Untergang, Vernichtung.
inter-iungō 3. iūnxī, iūnctus verbinden: dextras *L.*
interius *adv.* s. inter D. 1.
inter-lābor, lābī dazwischenfließen. *V.*
inter-legō, ere dazwischen heraussuchen *V.*
inter-linō 3. lēvī, litus dazwischen bestreichen *LCu.*
inter-loquor 3. locūtus sum ins Wort fallen *C;* (vor Gericht) Einspruch erheben *PliSp.*
inter-lūceō 2. lūxī inzwischen sichtbar sein, durchscheinen; unpers. noctu interluxisse es sei inzwischen hell geworden *L;* interlucet corona militum ist durchsichtig, dünn *V;* interlucet aliquid inter es zeigt sich ein Unterschied *L.*
inter-lūnium, ī, *n.* (luna) Neumond; *pl. H.*
inter-luō, ere zwischen . . . fließen, durchströmen.
inter-lūxī *pf.* v. interluceo.
inter-mēnstruum tempus Zeit des Mondwechsels; *subst.* Neumond.
I. in-terminātus 3 unbegrenzt: magnitudo.
II. interminātus 3 verpönt: cibus *H. Pt. pf. pass.* von
inter-minor 1. drohend untersagen *C.*
inter-misceō 2. miscuī, mixtus dazu-, einmischen, vermischen, mit *dat. VHL.*
inter-mīsī *pf.* v. intermitto.
intermissiō, ōnis, *f.* das Nachlassen, Anhalten, Absetzen, Unterbrechung.   Von
inter-mittō 3. mīsī, missus **1.** dazwischengeben, dazwischentreten lassen; *pt. pf. pass.* dazwischenliegend: valle intermissā; **occ.** dazwischen leer lassen; *pt. pf. pass.* leer, offen dazwischenliegend: planities intermissa collibus, intermissa moenia Lücken *L,* tecta villarum zerstreute Landhäuser *Pli. met.* **2.** unterbrechen, aussetzen: iter, proelium, verba intermissa abgebrochen *O,* libertas zeitweilig aufgegeben: magistratum zeitweilig nicht besetzen; mit *inf.* unterlassen, aufhören: obsides dare; *med.* u. *intr.* aussetzen, nachlassen: vento intermisso, flumen intermittit fließt nicht, non intermittunt hostes rücken gleichmäßig heran. **3.** (Zeit) vorübergehen lassen, verlaufen lassen: puncto temporis, triduo, spatio intermisso.
intermixtus *pt. pf. pass.* v. intermisceo.
inter-morior 3. mortuus sum **1.** hinsterben: remediis an der Kur zugrunde gehen *L.* **2.** *met.* absterben, ausgehen, erlöschen: si intermoreretur ignis *Cu;* (mores boni) sunt intermortui *C;* intermortuae contiones ohne Leben.
inter-mundia, ōrum, *n.* (mundus) Zwischenwelten.
inter-mūrālis, e (murus) zwischen den Mauern *L.*

inter-nātus 3 dazwischen gewachsen *L;* mit *dat. T.*
inter-neciō u. (§ 43) **-niciō,** ōnis, *f.* **1.** Niedermetzelung, das Niedermachen: Gallorum. **2.** *met.* völlige Vernichtung, völliger Untergang: ad internecionem gentem redigere (adducere *L*) gänzlich vernichten. E: internecare 'hinmorden'.   Dazu
inter-necīvum bellum Vernichtungskampf *L.*
inter-nectō, ere durchschlingen: crinem auro *V.*
inter-niciō s. internecio.
inter-niteō, ēre hervorleuchten, durchscheinen *Cu.*
inter-nōdium, ī, *n.* (nodus) Gelenkhöhlung *O.*
inter-nōscō 3. nōvī unterscheiden.
internūntiō, āre unterhandeln *L.*   Von
inter-nūntius, ī, *m.* u. **-a,** ae, *f. C* Unterhändler(in), Vermittler(in).
internus 3 (inter) der innere, innen befindlich: arae *O; met.* inländisch, einheimisch *T; subst. n.* interna heimische Angelegenheiten *T.*
in-terō 3. trīvī, trītus einbrocken *CPh.*
inter-ōscitāns, antis dabei schläfrig, lässig *C.*
interpellātiō, ōnis, *f.* (interpello) Unterbrechung, Störung.
interpellātor, ōris, *m.* Unterbrecher, Störer.   Von
inter-pellō 1. (vgl. ap-pello) **1.** in die Rede fallen, dareinreden: dicentem; **occ.** mit Bitten angehen, behelligen *CuSp.* **2.** *met.* unterbrechen, verhindern, stören, aufhalten: otium bello *Cu,* in suo iure aliquem; mit ne, quin, quominus; *inf. H.*
interpolātiō, ōnis, *f.* (interpolo) Umgestaltung *Sp.*
inter-polis, e (polio) neu hergerichtet *CSp.*   Dav.
inter-polō 1. **1.** auffrischen: togam. **2.** verderben, fälschen: opus *C.*
inter-pōnō 3. posuī, positus (§ 72) **1.** dazwischenstellen: elephantos *L.* **2. occ. a.** einschieben, einschalten: menses intercalarios *L.* **b.** verstreichen lassen, *pass.* dazwischenfallen: tridui morā interpositā nach einer Verzögerung von, nox interposita die dazwischenliegt, nullā suspicione interpositā da kein Verdacht vorlag. *met.* **3.** *refl.* sich eindrängen, sich einmischen, sich ins Mittel legen: se iurgio *Cu,* se audaciae entgegentreten. **4.** (etw. vermittelnd) eintreten lassen, einlegen, einsetzen: decretum die Entscheidung treffen, operam, suum consilium meo *L.* **occ. a.** vorschützen, vorgeben: causam, gladiatores als Vorwand gebrauchen. **b.** zum Pfand geben: fidem suam.   Dav.
interpositiō, ōnis, *f.* das Einschieben, Einschaltung.
I. interpositus *pt. pf. pass.* v. interpono.
II. interpositus, ūs, *m.* (interpono) das Dazwischentreten.
inter-posuī *pf.* v. interpono.
inter-pres, pretis, *m.,* selten *f.* **1.** Vermittler, Unterhändler. **2. occ.** Dolmetsch: appellat eum per interpretem *L.* **3.** *met.* **a.** Ausleger, Erklärer: legis, verborum; divûm Weissager(in) *VL.* **b.** Übersetzer.
interpretātiō, ōnis, *f.* **1.** Auslegung, Erklärung: iuris. **2.** *met.* Deutung, Auffassung: sinistra *T.*   Von
interpretor 1. (interpres) **1.** dolmetschen, (erklärend) übersetzen: scriptores; *pass.* interpretatum est *S.* **2.** auslegen, erklären, deuten: neque, recte an perperam, interpretor will nicht entscheiden *L;* mit *acc. c. inf. L.* **3.** verstehen, aufnehmen, beurteilen: mitiorem

interpunctio   245   **intono**   **I**

in partem, hominem simulatorem als Heuchler betrachten *T.* **occ.** auffassen, begreifen: sententiam, pauci Agricolam interpretantur begreifen ihn *T.*

interpunctiō, ōnis, *f.* Trennung (der Wörter) durch Punkte.   Von

inter-pungō 3. pūnxī, punctus Punkte dazwischen setzen; **interpunctus** 3 gehörig abgeteilt: narratio, intervalla, clausulae; *subst.* interpuncta verborum Satzteilzeichen, Interpunktion.

inter-quiēscō 3. quiēvī dazwischen ausruhen.

inter-rēgnum, ī, *n.* Interregnum, Zwischenregierung. [Zur Königszeit führte nach dem Tode des Königs bis zur Wahl des Nachfolgers ein Senator als interrex für je 5 Tage die Amtsgeschäfte *L.* In der Republik wurde, wenn keine Konsuln da waren, ein patrizischer Senator auf je 5 Tage mit der Würde des interrex betraut, um die Wahlen vorzunehmen.]

inter-rēx, rēgis, *m.* Interrex, Reichsverweser; s. interregnum.

in-territus 3 unerschrocken, furchtlos; leti nicht fürchtend *O.*

interrogātiō, ōnis, *f.* Frage; **occ.** Verhör *T.*   Von

inter-rogō 1. **1.** fragen, befragen: sententiam um die Meinung *L*; *subst.* **interrogātum**, ī, *n.* Frage: iudicum an. **2. occ. a.** verhören: testem. **b.** (gerichtlich) belangen, anklagen: lege (legibus); ambitūs *S*, repetundarum *T.*

inter-rumpō 3. rūpī, ruptus **1.** unterbrechen, abbrechen: pontes, aciem hostium *L*, itinera *T*; venas öffnen *T.* **2. met. a.** [Reden] abbrechen: orationem, colloquia; [im schriftlichen Bereich]: rerum tenorem *L*, ordinem coeptum *T.* **b.** unterbrechen, stören: opera *V*, tumultum *T.* **c.** trennen: interrupti ignes vereinzelt *V.*

interruptē (interrumpo) *adv.* mit Unterbrechung.

interruptus *pt. pf. pass.* v. interrumpo.

inter-saepiō 4. saepsī, saeptus einschließen, absperren: foramina, urbem vallo *L*; Romanis conspectum exercitūs entziehen *L.*

inter-scindō 3. scidī, scissus ab-, einreißen: aggerem, venas öffnen *T*; Chalcis interscinditur freto wird getrennt *L.*

inter-scrībō, ere durch Zusätze verbessern *Pli.*

inter-serō, ere (I. sero) (dazwischen) einfügen, einschieben: oscula verbis *O*, causam vorgeben *N.*

inter-sistō, ere mitten innehalten, absetzen *Q.*

inter-situs 3 dazwischenliegend *Pli.*

inter-spīrātiō, ōnis, *f.* (spiro) Atempause.

inter-stinctus 3 (vgl. distinctus) wie besät: medicaminibus *T.*

inter-sum, esse, fuī **1. dazwischensein, -liegen; occ. dabei, zugegen sein, beiwohnen:** in convivio, pugnae navali *N*, consilio mit teilnehmen an. **met. 2. interest es ist ein Unterschied.** Meist mit *n.* als Subj. quid, nihil, multum, plurimum; pater ac dominus unterscheiden sich *C*, tempus ist verschieden *N.* **3. interest es ist wichtig, von Wichtigkeit, es liegt daran, es ist daran gelegen:** ad nostram laudem beitragen; meā, tuā, suā, nostrā, vestrā interest es ist für mich (dich...) wichtig; bei *subst.* und anderen *pron.* steht

gen. quid eius intererat? was lag ihm daran? Mit *acc. c. inf., inf.,* ut, ne, ad rem, indir. Fr. W i e v i e l ? **a.** *n.* multum, nihil, tantum. **b.** *adv.* maxime, quantopere. **c.** *gen. pretii:* magni, parvi, pluris, minoris.

inter-textus 3 (texo) durchwebt: chlamys auro *V.*

inter-trīmentum, ī, *n.* (tero) Verlust durch Einschmelzen, Abgang, Schaden *L.*

inter-vallum, ī, *n.* (vallus) **1.** Zwischenraum, Entfernung: ex intervallo von fern *L.* **2.** Zwischenzeit: ex tanto intervallo nach so langer Zeit *L*, per intervalla zeitweilig *T*, scelerum Unterbrechungen *T.* **3.** Abstand, Unterschied.
E: eigtl. 'Raum zwischen zwei Schanzpfählen'.

inter-vellō, ere herausreißen *Q*; barbam auszupfen *Sp.*

inter-veniō 4. vēnī, ventum **1.** dazwischen-, dazukommen, dazu erscheinen: sermoni, tractantibus unterbrechen *T.* **2. occ.** dazwischentreten, sich einmengen, sich ins Mittel legen. **3. met.** entgegentreten, unterbrechen, hindern, aufhalten: cognitionem *T*; sonst *dat.* nox proelio, bellum coeptis intervenit *L.*   Dav.

interventus, ūs, *m.* **1.** Dazwischenkunft: noctis, malorum. **2.** Vermittlung, Beistand *TSp.*

inter-vertō 3. vertī, versus unterschlagen: regale donum; receptum entziehen.

inter-vīsō 3. vīsī von Zeit zu Zeit auf-, besuchen.

inter-volitō, āre dazwischen herumfliegen *L.*

in-tēstābilis, e **1.** zeugenschaftsunfähig; *synecd.* ehrlos, infam, verächtlich. **2.** ohne Hoden *C.*

in-tēstātus 3 u. *abl. adv.* **-tō 1.** ohne Testament. **2.** ohne Hoden *C.*

intestīnus 3 (intus) der innere, innerlich: bellum Bürgerkrieg, caedes in der Familie *L*, incommodum im Inland *L*; *subst.* **intestīna**, ōrum, *n.* Gedärme, Eingeweide; *sg.* medium Zwerchfell; duodenum Zwölffingerdarm, rectum Mastdarm *Sp.*

in-tēxī *pf.* v. intego.

in-texō 3. texuī, textus I. **1.** einweben, -wirken: intexti Britanni auf Vorhängen eingewebt *V*; **occ.** einflechten: vimina; venae corpore intextae das Gewebe der Venen. **2. met.** einflechten, -fügen: fabulas, res in causa. **II.** umflechten: foliis hastas *V*, vitibus ulmos *V*; *met.* umschließen, umgeben: opus tribus tauris (Stierhäuten) *V.*

intibum, ī, *n.* E n d i v i e *V.*

Intimiliī s. Intemelii.

intimus, altl. **intumus** 3, *adv.* **ē** (*sup.* zu in, vgl. inter, interior, ex-timus) **1.** innerst: sacrarium, spelunca Tiefe der Höhle *Ph. met.* **2.** innerst, tiefst, tief: sensūs, cogitationes, vis wirksamst *T*, intime commendare angelegentlich. **3. vertrautest, vertraulich, eng befreundet:** amicitia *N*, utebatur intime Hortensio *N.* **4.** *subst. m.* **Vertrauter, bester Freund.**

in-tingō 3. tīnxī, tinctus eintauchen *OQ.*

in-tolerābilis, e u. **in-tolerandus** 3 unerträglich.

in-tolerāns, antis, *adv.* **anter 1.** a k t. unfähig zu ertragen: laboris *L*, aequalium unduldsam gegen *T.* **2.** p a s s. unerträglich: intolerantius insequi zu ungestüm, intoleranter dolere maßlos, subiectis intolerantior *T.*

in-tonō 1. tonuī (intonātus *H*) **1. donnern:** intonat

intonsus   246   **inustus**

polus *V*, fortuna grollt *O*. **2.** u n p e r s. **es donnert:** laevum zur Linken *V*. *met.* **3.** silvae intonuere rauschten *V*, armis rasseln *V*; **occ. donnern, losdonnern:** intonuit vox, Furia *V*. **4.** *trans.* Eois intonata fluctibus hiems der donnernd über . . . herfiel *H*; **occ. laut ertönen lassen:** haec *L*, tumultūs auf der Laute besingen *Pr*.

in-tōnsus 3 ungeschoren: capilli *H*, caput *O*, Apollo *H* lockig, Numa *O*, Cato *H*, avi *TiO* bärtig; *met.* capita (quercuum) belaubt *V*, montes bewaldet *V*.

in-tonuī *pf.* v. intono.

in-torqueō 2. torsī, tortus **1. eindrehen, -flechten:** funes intorti geflochten *O*. **2. hindrehen:** paludamentum circa bracchium nach innen schlagen *L*; navem retro zurückdrehen *L*. **3. werfen, schleudern:** hastam *V*, pila *T*; *met.* contumelias; oculos rollen *V*. **4. verdrehen:** mentum.   Dav.
I. **intortus** 3 gewunden *Sp*.
II. **intortus** *pt. pf. pass.* v. intorqueo.

intrā s. inter B.

intrābilis, e (intrare) zugänglich: amnis os *L*.

in-tractābilis, e schwer zu behandeln: bello nicht zu besiegen *V*, bruma rauh *V*.

in-tractātus 3 unberührt: equus nicht zugeritten, scelus dolusve unversucht *V*.

in-tremō, ere u. *incoh.* **intremīscō** 3. tremuī erzittern, erbeben *VO*.

in-trepidus 3, *adv.* **ē 1.** in Ordnung, in Ruhe: se recipere *Cu*, intrepide fieri *L*; hiems ungestört *T*. **2.** *met.* unverzagt, unerschrocken; mit *dat.* minantibus *T*.

in-tribuō, ere eine Abgabe auferlegen *Pli*.

intrīn-secus (*intrim, *adv.* v. inter, u. secus) *adv.* von innen, innerhalb *Sp*.

I. **in-trītus** 3 (tero) (noch) ungeschwächt: ab labore.
II. **intrītus** *pt. pf. pass.* v. intero.

in-trīvī *pf.* v. intero.

I. **intrō** *adv.* s. inter C.
II. **intrō** 1. (wohl v. *interus, § 42, s. inter u. interior) A. *intr.* **1. ein-, hineintreten, eindringen:** in tabernaculum *Cu*, ad praesepia *Ph*. **2.** *met.* **eindringen:** in sensum; **occ. eintreten:** intrat dolor *H*, segnitia *T*. B. *trans.* **1. betreten:** limen, saltūs *L*; intratur curia, mare man betritt, geht auf *T*. **2.** *met.* **beschleichen, befallen, ergreifen:** animos intrat pavor *Cu*, animum gloriae cupido *T*.

intrō-dūcō 3. dūxī, ductus (§ 67) **1. hinein-, einführen, vorlassen:** ad regem *Cu*, in senatum. **2. occ.** einrücken lassen: copias in fines hostium. *met.* **3.** einführen: comparationem, exemplum. **4. behaupten, erklären:** natum mundum.   Dav.

intrōductiō, ōnis, *f.* das Einführen.

intrōductus *pt. pf. pass.* v. introduco.

intrō-dūxī *pf.* v. introduco.

intro-eō, īre, iī, itum (§ 67) hineingehen, eintreten: in urbem; *trans.* betreten: domum.

intrō-ferō, ferre (§ 67) hineintragen, -bringen.

intrō-gressus 3 (§ 67) eingetreten *V*.

intrō-iī *pf.* v. introeo.

intrōitum *pt. pf. pass.* v. introeo.

introitus, ūs, *m.* (introeo) **1.** Eingang, Eintritt, Einzug:

in portum das Einlaufen; *met.* i. in causam; Amtsantritt *Pli*. **2.** *meton.* Eingang, Zugang: portūs, Ponti.

intrō-mittō 3. mīsī, missus (§ 67) hineinschicken, -lassen, vorlassen.

intrōrsus u. **-sum** (aus intrō vorsus, § 67, kontrahiert nach § 22) *adv.* **1.** nach innen, hinein: silva longe introrsus pertinet weit ins Innere. **2.** inwendig, darinnen *HL*.

intrō-rumpō, ere (§ 67) einbrechen: eā.

intrō-spectō, āre (§ 67) hineinschauen *C*.

intrō-spiciō 3. spexī (§ 67) hineinblicken, -schauen; *met.* mentīs prüfen, aliorum felicitatem aegris oculis betrachten *T*.

in-tueor 2. tuitus sum **1.** ansehen, hinschauen, betrachten: hominem contra gerade ins Gesicht sehen *L*; in, ad aliquem; **occ.** anstaunen: Pompeium. **2.** *met.* betrachten, erwägen: id (haec) *N*, veritatem; **occ.** berücksichtigen, im Auge haben, beachten: tempestatem impendentem, bellum *L*.

in-tulī *pf.* v. infero.

in-tumēscō 3. tumuī **1.** anschwellen: venter *O*. **2.** *met.* **a.** sich aufblasen, überheblich werden *OT*. **b.** aufgebracht, zornig werden: alicui auf jemd. *O*.

in-tumulātus 3 unbeerdigt *O*.

intumus (altl.) s. intimus.

intuor 3. = intueor *C*.

in-turbidus 3 ungestört, ruhig: annus *T*; vir Unruhen abgeneigt *T*.

intus (vgl. ἐντός) *adv.* **1.** darinnen, innen, darin, inwendig; daheim, zu Hause. **2.** nach innen, hinein: i. agere equos sich näher am Ziel halten *O*, i. ruere *T*. **3.** von innen heraus *C*.

in-tūtus 3 **1.** unverwahrt, ungesichert, schutzlos: castra *L*; *subst.* intuta moenium die schwachen Stellen *T*. **2.** unsicher, unzuverlässig: amicitia *T*.

inula, ae, *f.* (ἐλένιον) A l a n t [eine Heilpflanze] *H*.

īnuleus s. hinnuleus.

in-ultus 3 **1.** ungerächt. **2.** ungestraft.

in-umbrō 1. beschatten; inumbrante vespera da die Abendschatten hereinbrachen *T*.

inūnctus *pt. pf. pass.* v. inungo.

inundātiō, ōnis, *f.* Überschwemmung *Sp*.   Von

in-undō 1. **1.** *trans.* überfluten, überschwemmen: imbres inundantes die Überschwemmungen anrichten *L*; Troës inundant strömen ins Gefilde *V*. **2.** *intr.* überfließen: sanguine *V*.

in-ungō 3. ūnxī, ūnctus einsalben *H*.

in-urbānus 3, *adv.* **ē 1.** unhöflich, unartig, roh. **2.** unfein, geschmacklos, witzlos.

in-ūrō 3. ussī, ustus **1.** ein-, anbrennen: notam alicui; sanguis inustus angebrannt *O*; b i l d l. aliquid calamistris kräuseln = (die Rede) aufputzen. *met.* **2.** brandmarken, kennzeichnen: probitatis signa domesticis inusta notis. **3.** tief eindrücken, einprägen: alicui superbiae infamiam; **occ.** (Übel) zufügen: mala (scelera, vulnera) rei p., alicui dolorem brennenden Schmerz verursachen, leges aufdrängen.

in-ūsitātus 3, *adv.* **ē** ungewöhnlich, unerhört.

in-ussī *pf.* v. inuro.

inustus *pt. pf. pass.* v. inuro.

inutilis   247   **invideo**   **I**

in-ūtilis, e, *adv.* **iter 1.** nutzlos, unbrauchbar, unnütz; mit ad, nachkl. *dat.* **2.** nachteilig, schädlich, verderblich; mit *dat.*

Inuus, ī, *m.* (ineo) l. [Beiname des Pan als Befruchter der Herde] *L*; vgl. castrum.

in-vādō 3. vāsī, vāsus **I. 1.** gewaltsam **hineingehen, hingehen, eindringen**: in collum stürmisch um den Hals fallen; *trans.* **betreten** *V.* **2.** *met.* **sich an** etw. **machen, unternehmen**: pugnam sagittis *Cu*, aliquid magnum *V.* **II. occ. 1.** **losgehen, eindringen**: in rupem *Cu*, in Arruntem; bildl. in praedia, in alienam pecuniam, in nomen Marii räuberisch losgehen, sich bemächtigen wollen; *trans.* **überfallen, angreifen**: agmen, castra *L*; **occ.** tria milia stadiorum angreifend vorrücken *T*; bildl. fasces et ius praetoris *T.* *met.* **2.** (mit Worten hart) **anfahren** consules *T.* **3.** **einreißen, eindringen**; *abs.* terror invasit; mit in, *dat.*; *trans.* **befallen**: pestilentia populum invasit *L*.

in-valēscō 3. valuī erstarken, zunehmen *T*; **occ.** aufkommen *Q.*

in-validus 3 **1.** unpäßlich, schwach, kränklich: senectā *LT.* **2.** *subst.* Schwacher, Kranker *Cu.* **3.** *met.* schwach, zu schwach zum Widerstand: stationes zu schwach besetzt *L*.

in-valuī *pf.* v. invalesco.

in-vāsī *pf.* v. invado.

invāsus *pt. pf. pass.* v. invado.

invectiō, ōnis, *f.* Einfuhr, Einfahrt.   Von

in-vehō 3. vexī, vectus **I.** *act.* **1.** **einführen, hineinführen, -bringen**: litoribus opes an die Küste werfen *Cu*, aquas führen *Cu*, novos agros anschwemmen, pecuniam in aerarium, mare fluminibus eindringen lassen *L.* **2. occ.** (Waren) **einführen**: vinum in Galliam. **II.** (*refl.* u. *med.*) **1. hinein-, einfahren**: curru Capitolium, corpori patris *L.* **2. occ. a. hineinreiten**: portae patenti *L.* **b. hineinsegeln**: in (ad *L*) portum einlaufen. **c. hineinfliegen**: aetherias arces *O.* **d. hineinfließen**: mare invehitur ad... *Cu.* **3. eindringen, losfahren, losreiten**: in laevum cornu *Cu*, in quinqueremem *Cu*, acies se invexit *L*; *met.* (mit Worten) **losfahren, angreifen**: in aliquem, in perfidiam *L*; multa, nonnulla vielfach, mannigfach *N.* **III.** auf etw. **fahren, reiten**: beluis auf Delphinen.

in-veniō 4. vēnī, ventus **I.** auf etw. **kommen, auf** jemd. (etw.) **stoßen, finden; 1.** [zufällig]: lintres. **2.** [durch Suchen]: vadum per equites; *met.* **erfahren, ermitteln, entdecken**: coniurationem; mit *acc. c. inf.*, indir. Fr. **3. occ.** geschrieben finden: apud plerosque auctores *L.* **4.** *med.* **sich finden, sich** in etw. **finden**: inveniebantur lacrimae stellten sich ein *O*; dolor se invenit legte sich *O.* **II. 1. zu** etw. **kommen, bekommen, gewinnen**: nomen (ex re), fraude culpam, ex quo illi gloria opesque inventae *S.* **2.** (absichtlich) **finden, ausfindig machen, erlangen, auftreiben, bewerkstelligen**: salutem, mortem manu *V*, viam ferro sich Bahn brechen *T.* **3. occ. entdecken, erfinden, aussinnen**: auspicia, verba nominaque *H.* **III.** jemd. irgendwie **finden**: aliquem idoneum tauglich *N*; *pass.* irgendwie **sich zeigen, erscheinen**: durior inventus est.   Dav.

inventiō, ōnis, *f.* das Erfinden; *meton.* **1.** Erfindungsgabe; **2.** Erfindung.

inventor, ōris, *m.* u. **-trīx**, īcis, *f.* (invenio) Erfinder(in); *met.* Urheber(in).

inventum, ī, *n.* (invenio) Erfindung, Entdeckung.

inventus *pt. pf. pass.* oder *med.* v. invenio.

in-venustus 3, *adv.* **ē** ohne Anmut; **occ.** unglücklich in der Liebe *C*.

in-verēcundus 3 unverschämt, rücksichtslos *H.*

in-vergō, ere darüberneigen, daraufgießen *VO.*

inversiō, ōnis, *f.* **1.** Umstellung *Q.* **2. a.** Ironie. **b.** Allegorie *Q.*   Von

in-vertō 3. tī, sus **1. umwenden, -kehren, -drehen**: anulum; natura se invertit verändert sich *Cu*, inversus annus Jahreswende, -beginn *H.* **occ. a. aufwühlen**: vomere terras (solum) pflügen *V*, mare *H.* **b. ausleeren**: vinaria *H.* **2.** *met.* **umkehren, -stürzen**: mores verderben *H.* **occ. a. verdrehen, übel deuten**: verba ironisch verdrehen, virtutes überwollend deuten *H.* **b. umgestalten**: in vulgus edita anders ausdrücken *T.*

in-vesperāscit 3. der Abend bricht herein.

investīgātiō, ōnis, *f.* (investigo) Erforschung.

investīgātor, ōris, *m.* Aufspürer, Erforscher.   Von

in-vestīgō 1. **1.** aufspüren. *met.* **2.** auskundschaften, aufsuchen: tecta *Cu*, Liberam. **3.** erkunden, erforschen: coniurationem, insidias.

in-vestiō, īre bekleiden *Sp.*

inveterāscō 3. āvī, ātus (*incoh.* zu inveto) **1.** altern, alt werden: bellis. **2.** *met.* einwurzeln, sich festsetzen, sich einbürgern: inveterascit aes alienum *N*, consuetudo; famae (*dat.*) fest verwachsen mit; in Gallia sich eingewöhnen.

inveterātiō, ōnis, *f.* (invetero) *meton.* eingewurzelter Fehler.

inveterātus *pt. pf. pass.* v. inveterasco oder invetero.

in-veterāvī *pf.* v. inveterasco oder invetero.

in-veterō 1. (vetus) alt machen *Cu*; opinio inveteratur schlägt Wurzeln; **inveterātus** 3 **1.** veraltet. **2.** *met.* eingewurzelt, altgewohnt: gloria *N*, error, obsequium *T.*

in-vēxī *pf.* v. inveho.

invicem u. **in vicem, in vicēs** *T* (§ 67, vgl. vicis) *adv.* **1. im Wechsel, abwechselnd. 2. wechselweise, wechselseitig**: his dictis i. auditisque *L*; **occ.** einander, gegenseitig, einer den andern: i. salutare *Ph*; i. inter se gratulantes *L.* **3. auf beiden Seiten, hüben und drüben**: cuncta i. hostilia *T*, multae i. clades *T.* **4. umgekehrt, anderseits, hingegen**: requiescat Italia; uratur i. Africa *L.*

in-victus 3 (vinco) unbesiegt, unbesiegbar, unüberwindlich: armis, a labore (ad laborem *L*), adversum gratiam *T*; *met.* animus, fides *Cu* unerschütterlich, invicta quaedam undurchbrechbare Schranken *L*, vindemiator nicht zu überschreien *H.*

invidentia, ae, *f.* Mißgunst, Scheelsucht, Neid.   Von

in-video 2. vīdī, vīsus **1.** scheel, neidisch ansehen, durch den bösen Blick schaden *Ca*; florem liberûm *Accius*, ego cur invideor? warum sieht man mich scheel an? *H*; invidendus 3 beneidenswert: aula *H.*

invidia 248 **ipse**

2. *meton.* neidisch sein, (be)neiden, mißgönnen; invi-
dēns der Neidische, Neider. K o n s t r. **a.** mit *dat.* ma-
gistro, gloriae *Cu.* **b.** dicht. u. spät mit *dat. pers.* u.
acc. rei: alicui honorem, laudem. **c.** mit *abl.* laude
mulieribus um ihr Lob *L*; sepulturā *T.* **d.** sepositi ci-
ceris *H.* **e.** mit *acc. c. inf.*, ut, ne.   Dav.
invidia, ae, *f.* **1.** a k t. das **Beneiden, Mißgönnen,**
Neid: civium, invidiae erga eum Eifersüchteleien *T.*
2. p a s s. **Neid** gegen jemd., **Mißgunst,** das **Verhaßt-**
sein, Haß, Unwille: verbi; facti das Gehässige *T,* de-
cemviralis Haß gegen die D. *L*; in invidiam incidere,
venire verhaßt werden, in invidia esse, versari, invi-
diam habere verhaßt sein, in invidiam adducere, vo-
care verhaßt machen, hoc ei magnae erat invidiae
wurde ihm sehr verargt. **3.** *meton.* **a. Neider:** me...vi-
xisse fatetur invidia *H.* **b. Anfeindung, Verdächti-**
gung, Vorwurf, üble Nachrede: crudelitatis, invidiae
erat amissum praesidium *L,* invidiae et preces *T.*
                                                              Dav.
invidiōsus 3, *adv.* **ē 1.** a k t. neidisch, gehässig, miß-
günstig: vetustas *O,* dea voll Haß *O,* invidiose crimi-
nari. **2.** p a s s. beneidet, beneidenswert: suis *O*; **occ.**
verhaßt, mißliebig: consulare imperium *L.* **3.** Neid er-
regend, Haß bringend, widerwärtig: Venus invidiosa
mihi *O,* nomina *L,* id Othoni invidiosius *T.*
invidus 3 (invideo) mißgünstig, neidisch; *subst.* der
Neider.
in-vigilō 1. āvī **1.** (bei etw.) wachen: malis (*dat.*) *O.*
2. met. überwachen, bedacht sein, sorgen; mit *dat. V.*
in-violābilis, e unverletzlich *VT.*
in-violātus 3, *adv.* **ē 1.** unverletzt, unversehrt. **2.** unver-
letzlich: nomen legatorum, tribunus *L.*
in-vīsī *pf.* v. inviso.
in-vīsitātus 3 **1.** ungesehen: alienigenis *L.* **2.** noch
nie gesehen, ganz neu, selten.
in-vīsō 3. vīsī **1.** nachsehen, besehen, besichtigen: res
rusticas, ad eum *C.* **2.** aufsuchen, besuchen: De-
lum *V,* parentes *L.* **3.** erblicken: colles *Ca.*
I. in-vīsus 3 ungesehen: Helena invisa sedebat *V*
[oder: die Verhaßte].
II. invīsus (invideo) **1.** feindlich: invisum quem tu
tibi fingis *V,* fratres gehässig *V.* **2.** verhaßt.
III. invīsus *pt. pf. pass.* v. invideo.
invītāmentum, ī, *n.* (invito) Reiz, Lockung.
invītātiō, ōnis, *f.* (invito) Einladung.
invītātū (*m.*) tuo auf deine Einladung.   Von
in-vītō 1. **1.** einladen, zu Gast bitten: magistratum; ad
cenam, in hospitium *L*; invitat hiems lädt ein (zum
Fest) *V.* **2.** *synecd.* bewirten: tecto, per domos *L*;
aliquem epulis *L,* liberaliter; se sich's schmecken
lassen *Sp*; **occ.** höflich behandeln *Pli.* **3.** met. auffor-
dern, einladen, ermuntern: praedā; somnos herbei-
locken *HO*; Aenean solio (*dat.*) berufen *V*; mit *inf. V.*
in-vītus 3, *adv.* **ē** wider Willen, ungern, unfreiwillig: ops
erzwungen *O,* invitis dis gegen den Willen.
in-vius 3 (via) unwegsam: templa, gens unzugäng-
lich *O*; *subst.* **invia,** ōrum, *n.* unwegsames Ge-
lände *LCu.*
invocātiō, ōnis, *f.* (invoco) Anrufung *Q.*
I. invocātus *pt. pf. pass.* v. invoco.
II. in-vocātus 3 ungerufen; uneingeladen *CN.*

in-vocō 1. anrufen; **occ.** nennen: dominum *Cu.*
involātus, ūs, *m.* (involo) Flug.
in-volitō, āre hinflattern *H.*
in-volō 1. āvī (feindlich) loseilen: in oculos fahren *C,*
castra eilig angreifen *T*; in possessionem sich stürzen
auf, animos cupido involat überkommt plötzlich *T.*
involūcrum, ī, *n.* (involvo) Hülle, Decke *Pli*; **occ.** Fri-
siermantel *C.*
I. involutus *pt. pf. pass.* v. involvo.
II. involūtus 3 verhüllt: res schwer verständlich.   Von
in-volvō 3. volvī, volūtus **1.** hineinwälzen, -rollen: ob-
vios igni (*dat.*) *T*; **occ.** hinaufwälzen: Ossae Olym-
pum *O*; involvi aris niederstürzen auf *V*; iniquitas in-
volvitur drängt sich ein *T.* **2.** einrollen, -wickeln, -hül-
len: sinistras sagis; ignis flammis involvit nemus *V,*
nimbi involvēre diem *V*; bildl. fraudibus involu-
tus voll von *T,* se litteris (otio *Pli*) sich vergraben.
in-vulnerātus 3 unverwundet.
iō (ἰώ) [Ausruf der Freude]: juchhe! io, adeste soro-
res *VO,* 'io triumphe' *H.* [Weckruf]: o! holla! 'io Are-
thusa' *O.* [Vom Schmerz]: o! ach! io, prohibe *O.*
Īō, *f.* l. [Tochter des Inachus, Geliebte Juppiters, von Juno
in eine Kuh verwandelt und vom hundertäugigen Argus
bewacht, den Hermes tötet. Io irrt, von einer Bremse ge-
trieben, bis nach Ägypten, wo sie die Menschengestalt
wiedererhält und als Isis verehrt wird.] *COPr.*
iocātiō, ōnis, *f.* (iocor) das Scherzen, Scherz.
iocineris (*gen.*) s. iecur.
iocor 1. (iocus) scherzen, spaßen; *trans.* scherzend vor-
bringen.
iocōsus 3, *adv.* **ē** (iocus) scherzhaft, schalkhaft.
iaculāris, e u. **-ārius** 3 *C* (ioculus, §§ 75, Abs. 2 u. 38,
1) scherzhaft, spaßig, schnurrig; *subst. n.* ioculāria
Schnurren, Späße *HL.*
ioculātor, ōris, *m.* Spaßmacher.   Von
ioculor, ārī (ioculus) Späße machen *L.*
ioculus, ī, *m.* (*dem.* v. iocus) Scherz, Spaß *C.*
iōcund... s. iucund...
iocur s. iecur.
iocus, ī, *m.,* *pl.* ioci u. ioca **1.** Scherz, Spaß: alicui
iocos dare, movere jemd. belustigen *H,* ioco, per
iocum im Scherz, scherzweise. **2. occ.** Scherzlied,
Schwank: ficti *Ph.* **3.** met. Spiel, Zeitvertreib;
s p r i c h w. ludum et iocum esse = ein Kinderspiel
sein *L*; **occ.** Liebesspiel: apta verba ioco *O.* **4.** Ge-
genstand des Scherzes (Spottes): iocum esse *HPh.*
Īōlcus, ī, *f.* l. [St. in Thessalien] *HL*; *adi.* Īōlciacus 3.
Īones, um, *m.* (Ἴωνες) die Ionier [einer der vier gr.
Hauptstämme]; *adi.* Īŏnicus, Īŏniacus u. Ionius 3:
aequor *O,* mare *L,* sinus *H* u. *n. sg.* Ionium *V* das
Ionische Meer. **Īŏnia,** ae, *f.* das [kleinasiatische]
Ionien *L.*
Iordānēs, is, *m.* der Jordan *T.*
ïōta, *n.* das Jota [gr. Buchstabe].
Īphianassa, ae (altl. ai), *f.* = Iphigenia *Lukrez.*
Īphias s. Euadne.
Īphigenīa, ae, *f.* l. [Tochter Agamemnons, soll in Aulis
geopfert werden, wird aber von Diana nach Tauris ent-
führt, wo sie den Dienst der Göttin verrichtet, bis Orest
und Pylades sie befreien.]
ipse, ipsa, ipsum, altl. *nom.* ipsus u. scherzhaft *sup.*

ira   249   **irrogo**

ipsissumus *C* (is + pse) **1. selbst, selber, in eigener Person:** Nomentanus erat super ipsum lag oberhalb vom Hausherrn *H*, passer suam norat ipsam seine Herrin *Ca*. Mit Nachdruck von einer bestimmten, aber ungenannten Person: navis iactura facta est, ipsi (sie, die Leute) evaserunt *L*. In i n d i r. R e d e als *refl*. mit hervorhebender Kraft: non idem ipsis expedire et multitudini *N*. Mit anderen *pron*. haec ipsa Diana, illa ipsa fax, ab istis ipsis Mamertinis (vgl. 2. e.). *Refl*. se ipsum novit; se ipse reprehendit *N*. Mit e t (q u o q u e), wenn ein Präd. auf zwei oder mehrere Subjekte bezogen wird: in Volscos transiit e t i p s o s bellum molientes **ebenfalls, auch** *L*; k l a s s. nur ipse: hoc Ripeus, hoc ipse Dymas facit *V*. **2. occ. a. von selbst, aus freien Stücken:** valvae ipsae se aperuerunt. **b. an sich, für sich, allein:** facinus ipsum an und für sich, per se ipsum, nomen ipsum Romanum der bloße Name. **c. schon:** ipsā naturā schon von Natur aus, re ipsā atque usu. **d.** [steigernd]: **selbst, sogar:** a multis ipsa virtus contemnitur. **e.** Begriffe schärfer begrenzend: **gerade, eben:** sub ipsa profectione gerade im Moment des Aufbruches, ad ipsum mane bis zum hellen Morgen *H*. Bes. mit is: in eo ipso bello, ex eo ipso intellegere, ea ipsa causa belli fuit *L*. **3.** im *gen*. zur Umschreibung eines Possessivverhältnisses: ipsius nutu auf seinen Wink *N*, ipsius (ipsorum) esse ihm (ihnen) persönlich angehören.

īra, ae, *f*. Zorn, Erbitterung, Wut: per iram im Zorn, iis est Mezentius irae ist ihnen verhaßt *V*; mit *gen*. praedae amissae Zorn über *L*; p r ä p o s. in (adversus) Romanos *L*; a t t r i b. plenus suarum, plenus paternarum irarum selbst verhaßt wie auch sein Vater *L*; *pl*. = *sg*. irae caelestes *L*; *meton*. dic aliquam iram Grund zum Zürnen *O*.
E: urspr. eira, § 52, aus *eisa, § 29, vgl. ai. íšyati 'setzt in Bewegung', avest. aēšma 'Zorn'.

īrācundia, ae, *f*. (Neigung zum) Zorn, Jähzorn, Heftigkeit; *pl*. Zornausbrüche.   Von

īrācundus 3, *adv*. ē (ira, vgl. fa-cundus) (jäh)zornig, aufbrausend, heftig.

īrāscor, āscī (ira) zürnen, zornig werden, zornig sein: terrae, montibus gegen . . . wüten *O*, nostram vicem statt unser *L*; cuiquam kühn entgegentreten *V*, in cornua mit den Hörnern wütend stoßen *V*. Dazu *pt. pf. pass.*

īrātus 3, *adv*. ē erzürnt, zornig: huic; mit de, ob *L*; preces Flüche *H*; mare stürmisch *H*, venter knurrend *H*.

īre *inf. pr. act*. v. II. eo.

Īris, idis, *f.*, *acc*. in, im, *voc*. i *VO* I. [Tochter des Thaumas, Botin der Juno, Göttin des Regenbogens].

iris, *m.*, *acc*. im Igel *C*.

īrōnīa, ae, *f*. (εἰρωνεία, § 91, Abs. 2) I r o n i e [auch *rhet*. Figur].

ir-ratiōnālis, e unvernünftig: usus mechanische Übung *Q*.

ir-raucēscō 3. rausī (raucus) heiser werden.

ir-religātus 3 nicht aufgebunden *O*.

ir-religiōsus 3, *adv*. ē gottlos, unehrerbietig.

ir-remeābilis, e keine Rückkehr gewährend: unda = Styx *V*, error unlösbar *V*.

ir-remediābilis, e (remedium) unversöhnlich *Sp*.

ir-reparābilis, e unersetzlich, unwiederbringlich *V*.

ir-repertus 3 noch nicht gefunden, noch versteckt *H*.

ir-rēpō 3. psī **1.** sich einschleichen: veneno inrepente *T*, in municipiorum tabulas, animos *T*. **2. occ.** sich beliebt machen: per luxum *T*.

ir-reprehēnsus 3 untadelig: responsa wahr *O*.

ir-rēpsī *pf*. v. irrepo.

ir-requiētus 3 rastlos *O*, bella unablässig *O*.

ir-resectus 3 unbeschnitten: pollex *H*.

ir-resolūtus 3 unaufgelöst: vincula *O*.

ir-rētiō 4. (rete, § 70) verstricken, fangen: se erratis, aliquem illecebris.

ir-retortus 3 nicht zurückgedreht: oculo inretorto ohne zurückzusehen *H*.

ir-reverēns, entis, *adv*. **enter** unehrerbietig *Pli*.   Dav.

ir-reverentia, ae, *f*. Unehrerbietigkeit, Unbescheidenheit: studiorum Gleichgültigkeit gegen *Pli*.

ir-revocābilis, e **1.** unwiderruflich: verbum *H*. **2.** *met*. unerbittlich: casus *L*; **occ.** unversöhnlich: Domitiani natura *T*.

ir-revocātus 3 nicht wieder aufgefordert *H*.

ir-rīdeō 2. rīsī, rīsus (ver)lachen, (ver)höhnen.

ir-rīdiculē *adv*. unwitzig.

irrigātiō, ōnis, *f*. Bewässerung.   Von

ir-rigō 1. **1.** eine Flüssigkeit wohin leiten: imbres *V*; *met*. per membra quietem verbreiten *V*. **2.** bewässern, überschwemmen: circus irrigatus unter Wasser gesetzt *L*; *met*. erfrischen: artūs *V*.   Dav.

irriguus 3 **1.** a k t. bewässernd *VO*. **2.** p a s s. bewässert, befeuchtet *H*.

ir-rīsī *pf*. v. irrideo.

irrīsiō, ōnis, *f*. (irrideo) Hohn, Verspottung.

irrīsor, ōris, *m*. (irrideo) Spötter, Verhöhner *Pr*.

I. irrīsus *pt. pf. pass*. v. irrideo.

II. irrīsus, ūs, *m*. (irrideo) Spott, Hohn: irrisui esse zum Gespött dienen, linguam ab irrisu exserere zum Hohn *L*.

irrītābilis, e (irrito) reizbar *H*.

irrītāmen, inis u. **-mentum**, ī, *n*. (irrito) Reizmittel [eigtl. zum Zorn] *LO*; *met*. malorum zum Schlechten *O*, gulae *S*, invidiae was Neid erregt *T*, pacis was zum Frieden lockt *T*; mit *dat*. luxui *T*.

irrītātiō, ōnis, *f*. Reizung, Anreiz.   Von

ir-rītō 1. **1.** erzürnen, aufbringen, zum Zorn reizen, böse machen: hostem ad iram *L*, animos ad bellum *L*; irritatus = iratus *O*. *met*. **2.** reizen, antreiben, bewegen: amnes überströmen lassen *H*. **3.** erregen, wecken, verursachen: rabiem *O*, seditionem, odium *L*.

ir-ritus 3 (ratus, § 41) **1.** ungültig: testamentum. **2.** *synecd*. erfolglos, vergeblich: consilium *Cu*, inceptum *L*, praeda ohne Vorteil *T*; *subst*. **irritum**, ī, *n*. Erfolglosigkeit: ad (in) irritum cadere, redigi, revolvi erfolglos bleiben, fehlschlagen; ludibrium inriti Spott über das Mißlingen *T*. **3.** [von Personen] ohne Erfolg, vergebens: inriti legati remittuntur *T*; spei getäuscht in *Cu*, legationis ohne etwas auszurichten *T*.

ir-rogō 1. **1.** (gegen jemd. beim Volk) vorschlagen, beantragen: privilegium. **2. occ.** (eine Strafe mit Bewilli-

irroro   250   **ita**

gung des Volkes) auferlegen: multam, exitium *Cu.*
3. *met.* auferlegen, zuerkennen: poenas peccatis *H*, sibimet mortem sich töten *T.*
ir-rōrō 1. betauen; *met.* benetzen, besprengen *VO.*
ir-ruī *pf.* v. irruo.
ir-rumpō 3. rūpī, ruptum 1. einbrechen, einfallen: in medios hostes, ad aliquem *S*; mit *dat.* thalamo *V*; *trans.* oppidum, portam *S*, Italiam *T.* **2.** *met.* eindringen: luxuries in domum inrupit, in fletum sich eindrängen.
ir-ruō 3. ruī hineinstürzen, -rennen: in aciem hostium; b i l d l. aequabiliter in rem p. losgehen, in alienas possessiones sich eindrängen.
ir-rūpī *pf.* v. irrumpo.
irruptiō, ōnis, *f.* (irrumpo) Einbruch, Einfall.
irruptum *pt. pf. pass.* v. irrumpo.
ir-ruptus 3 unzerreißbar: copula *H.*
Īrus, ī, *m.* l. [Bettler in Ithaka]; *meton.* Bettler *O.*
is, ea, id, *abl. pl.* ībus *C* der, die, das; er, sie, es.
   I. Is ist d e t e r m i n a t i v, d. h. es bezieht sich auf ein vorausgehendes *subst.*, oder es wird durch ein *relat.* aufgenommen. Es steht so s u b s t. und a d j. scio eum ita dixisse, eā mente in der Absicht, ob eam causam, eā de re deshalb, deswegen. In subst. Verwendung im *gen.* dem n i c h t reflexiven 'sein', 'ihr' entsprechend: Catilina eiusque socii *C.* und seine Genossen. Durch *relat.* aufgenommen: is, qui iudicat = der Prätor; mit erster oder zweiter Pers.: haec is feci, qui sodalis eius eram ich, der . . . war. Ist der Determinativbegriff betont, so kann ein F o l g e s a t z eintreten: cum eā esset aetate, ut *N*, oder ein F o l g e s a t z fortführen: in eo erat, ut oppido potiretur es war so weit, daß *N.* Der Folgesatz r e l a t. non is es, qui glorieris bist nicht der (= so beschaffen), daß; [spät]: pro eo rege für einen solchen König *Cu.* Mit **-que = und zwar**: quaestionem habuit, idque per biduum.
   II. Das *n.* i d dient oft zur Aufnahme eines ganzen Gedankens: id quod evenit und d a s traf ein, si nos, id quod debet, patria delectat *S.* S u b s t. wird es gebraucht. **1.** in der Formel **id est das heißt**: maxima multitudo, id est tota Italia. **2.** mit *gen. quantiatis*: id negotii diese Aufgabe *N*, id temporis zu dem Zeitpunkt, id hostium eine solche Zahl *L*, id honoris ein solches Maß von *T*, id aetatis esse in d e m Alter stehen, ad id loci (locorum) bis dahin *SL*, post id locorum darauf, hernach *S.*
   E: vom Demonstrativstamm i; vgl. ai. imám 'diesen', idám 'dieses', got. is 'er', ita 'es'.
Isara, ae, *m.* I s è r e [Nebenfl. der Rhone].
Isaurī, ōrum, *m.* die l. [Volk am Nordhang des Taurus]; *adi.* Isaurus u. Isauricus 3.
īselasticum certamen (εἰσελαστικός) Wettkampf zu Ehren des einziehenden Siegers; *subst.* **īselasticum**, ī, *n.* Einzugsgeschenk *Pli.*
Īsis, idis u. is, *f.*, *acc.* im, *voc.* i l. [ägyptische Göttin, mit Io (Inachis *O*) gleichgestellt. Ihre Priester trugen Leinenkleider (linigera dea *O*) und Tonsuren und führten eine mönchische Lebensweise.] *Adi.* **Īsiacus** 3 *O*; *subst.* **Īseon**, ī, *n.* Isistempel *Pli.*
Ismarus, ī, *m.* u. **-a**, ōrum, *n.* l. [St. u. Bergzug westl.

der Hebrus-Mündung] *V*; *adi.¹* Ismarius 3: tyrannus = Tereus *O*; rex thrakisch [Polymestor] *O.*
Ismēnus, ī, *m.* l. [Fl. bei Theben] *O*; *adi.* Ismēnius 3 = thebanisch *O*; *fem.* Ismēnis, idis **1.** = Krokale [Tochter des Ismenus]; *pl.* **2.** = Thebanerinnen *O*; **3.** = die Gefährtinnen der Io *O.*
Īsocratēs, is, *m.* l. [Lehrer der Redekunst, 436—338]; *adi.* Īsocratēus (-īus) 3.
Issa, ae, *f.* V i s [Lissa, dalmatische Insel]; *adi.* u. Einw. Issaeus u. Issēnsis *L.*
Issus, ī, *m.* l. [Seestadt in Kilikien].
istāc (iste) *adv.* da: i. iudico ich stimme für dich *C.*
Istaevonēs (Istvaeonēs), um, *m.* die l. [= die vorderrheinischen Stämme] *T.*
is-te, a, ud, *gen.* istīus, d i c h t. (§ 21) istius, *dat.* isti (enthält den Pronominalstamm *to; vgl. τόν, τό = *τόδ usw., lat. tum, tam)

   I. *Pron. demonstrativum*: **1. der, dieser, jener da; der — dein**; 2. *occ.* (verächtlich) **der da, ein solcher, solcherart.**
   II. A d v e r b i a l f o r m e n : 1. **istī**; 2. **istō.**

   I. 1. Wie hic die 1., ille die 3. P. bezeichnet, so iste das auf die 2. P. (= den Angeredeten) Bezügliche; daher oft mit tuus (vester) vbd.: iste furor tuus, ista vestra simulatio; [allein]: decor iste diese d e i n e Schönheit *O.* Iuxtap. (§ 67) **istīus-modī von der Art, solcherart. 2.** nostri isti nobiles; Mars alter, ut isti volunt diese Leutchen *L.* **II. 1.** *Locat.* **istī dort** *C.* **2. istō** (vgl. eo, quo) **dorthin, auf deine (eure) Seite hin.**
Ister s. Hister.
ister s. histrio.
Isthmus, ī, *m.* der l. [ἰσθμός Landenge, § 81; Landenge von Korinth]; *adi.* Isthmius 3 *H*; *subst.* Isthmia, ōrum, *n.* die Isthmischen Spiele *L.*
istī s. iste II. 1.
istic, istaec, istoc u. istuc, verstärkt istice, in Fragen isticine (iste mit enklitischem ce, vgl. illic) **I.** *pron.* **dein, dieser dein, jener dein (euer)**: istac lege *C*, quisquamne istuc negat? **II.** A d v e r b i a l f o r m e n : **1. istī-c dort, da, dabei**; *met.* quid istic? was ist dabei zu machen? *C.* **2. istim** u. **istin-c** (aus *istim-c, vgl. illinc) **von da, von dort**; *met.* istinc abstulit aetas davon *H.* **3. istō-c**, k l a s s. **istūc dahin, dorthin.**
istīus-modī s. iste.
istō s. iste II. 2.
istōrsum (istō-vorsum, § 22) *adv.* dorthin *C.*
Istri, Istria s. Histri.
istuc, istūc s. istic.
ita (vom Demonstrativstamm i, vgl. is; ai. iti) *adv.* **I. so, auf diese Weise, derart**; bei *verb.*, *adi.*, *adv.*, mit Modalsatz. **II.** *occ.* **1.** (als Antwort) **so! so ist es! ja! freilich!** Davusne? ita *H*, non ita nein; ita prorsus, vero, profecto. **2.** (Folgendes einleitend) **so, folgendermaßen. 3.** (Vorausgehendes zusammenfassend) **so, unter solchen Umständen, demgemäß**: ita navis Haluntinorum capitur. **4.** (beschränkend) **in der Weise, unter der Bedingung, (nur) insofern**: secunda persona ita,

Italus   251   **Iudaeus**

ut proxima esset Epaminondae *N*, ita admissi sunt, ne tamen iis senatus daretur zwar zugelassen, doch sollte nicht *L*, honesta oratio, sed ita, si bonos cives salvos velis aber so (nur dann), wenn. **5.** (in Wunschsätzen) **so wahr ich wünsche, daß:** ita mihi salvā re p. perfrui liceat, ut; [verkürzt]: ita vivam so wahr ich lebe, ita me di iuvent so wahr mir Gott helfe. **III.** Formeln. **1. quid ita? wieso? warum denn? 2. itane? ist es so? also wirklich? IV.** graduell: **so, so sehr:** ita fatuus et amens es; haud ita nicht eben, nicht sehr.

Italus 3 italisch; *subst.* Italer, Italiker; *fem.* **Italis,** idis; *subst.* Italerin. *Adi.* **1. Italius** 3: terra *L*; *subst.* **Italia,** ae, *f.* Italien. **2. Italicus** 3: res Geschichte Italiens *N*; **occ.** bellum Bundesgenossenkrieg; *subst.* **Italica,** ae, *f.* I. [St. in Spanien bei Sevilla].
NB: Unter Verszwang langes I.

ita-que 1. *adv.* und so: eodem te rediturum dixeras, itaque fecisti. **2.** *coniunct.* somit, also, daher, deshalb, demnach.

item (zu ita; vgl. idem) *adv.* **1.** ebenso, ebenfalls, auch, desgleichen: litterae mittuntur a patre, ab amicis item. **2.** (im Vergleich) ebenso, auf gleiche Weise: fecisti item, ut praedones solent; **occ.** (anreihend) ebenso, auch: beneficiis adfectus itemque ornamentis praeditus.

iter, itineris, *n.* (ire; *gen.* urspr. **itinis*, dann iteris, vermischt itineris, vgl. iocineris unter iecur) **1.** das **Gehen, Weg, Gang, Marsch:** itinera egressūsque Schritt und Tritt *S*, in itinere (itinere *L*) unterwegs, ex itinere abschwenkend; missa est epistula ex itinere von der Reise. **2.** konkr. **Reise, Marsch, Fahrt, Bahn:** iter facere, sibi iter esse Romam = eum iter Romam habere er habe zu reisen, itinere pedestri auf dem Landweg *L*. **3.** *meton.* **a. Tagemarsch, Tagereise** [als Wegmaß]: quam maximis itineribus in Eilmärschen. **b. Durchgangsrecht:** iter per provinciam dare. **c. Weg, Straße:** pedestre Fußweg, iter, quā meant navigia *Cu*; bildl. senectae *O*, iter ferro aperire *S*. **4.** *met.* **Weg, Gang:** ad praemium, ad laudem; gloriae *T*. **occ. Mittel und Wege, Verfahren:** eloquentiae itinera *T*, duo itinera audendi *T*.

iterātiō, ōnis, *f.* Wiederholung [auch *rhet.*].   Von
iterō 1. 1. wiederholen: aequor wieder befahren *H*, tumulum wieder errichten *T*, ianuam wieder erreichen *O*, lanam muricibus zweimal färben *H*. **2. occ. a.** nochmals pflügen: agrum. **b.** nochmals sagen, wiederholen: iteradum (sag doch) eadem ista mihi *Ennius*; mella neu besingen *H*.   Von
iterum 1. zum zweitenmal, wiederum, abermals: Caepione et Philippo i. consulibus; **occ. noch einmal:** arsurus i. Xanthus *O*. **2.** (Reihenfolge) **zweitens, abermals:** primo (semel *L*) . . . iterum . . . tertio *N*. **3.** (Gegensatz) **anderseits, dagegen:** pares i. accusandi causas esse *T*. **4. wiederholt, wieder,** in Formeln: semel atque i. zu wiederholten Malen, iterum iterumque wieder und wieder, immer wieder.
E: *adv. acc. n.* eines *comp.* **iterus* 3 v. is, § 16, Anm.; ai. ítaras 'der andere'.

Ithaca, ae u. **-ē,** ēs, *f.* I. [Insel bei Kefallinia]; *adi.* **1. Ithacus** 3; *subst.* = Ulixes; **2. Ithacēnsis** *H*.
iti-dem (ita u. dem, vgl. idem; § 41) *adv.* geradeso, ebenso, auf dieselbe Weise, gleichfalls.
itiō, ōnis, *f.* (ire) das Gehen, Gang, Reise.
itō, āre (*frequ.* v. ire) gehen.
Itōnus, ī, *m.* I. [Berg in Böotien] *Ca*; *adi.* Itōnius 3 *L*.
itum est *pf. pass. impers.* v. eo.
Itūraeī u. **Ityraeī,** ōrum, *m.* die I. [Volk am Oberlauf des Jordan]; *adi.* Itūraeus *V*.
itus, ūs, *m.* (ire) Abreise.
Itys, yos (Itylus *Ca*), *m.* I. [Sohn des Tereus, von seiner Mutter Prokne getötet und dem Vater zum Mahl vorgesetzt] *HO*.
iuba, ae, *f.* (verw. mit iubeo; s. d.) **1.** Mähne. **2.** *meton.* Kamm [der Schlangen]: sanguineae *V*. **3.** *met.* Helmbusch: Graiae *V*.
Iuba, ae, *m.* I. [Name von Königen in Numidien].
iubar, aris, *n.* (verw. mit iuba, iubeo) Lichtschein, strahlendes Licht: aurorae *O*; *meton.* Stern *O*, Sonne *V*.
iubātus 3 (iuba) mit einer Mähne (einem Kamm) (versehen): anguis *L*.
iubeō 2. (urspr. ioubeo), iūssī, iussus, *pf.* iusti = iussisti *C*, *coni.* iussim *C*, iusso = iussero *V* (ai. yodháyati 'setzt in Bewegung')

---

1. (Fachwort des Staatsrechtes) **verordnen, beschließen, genehmigen, gutheißen;** 2. **auftragen, heißen, befehlen.**

---

1. senatus censuit populusque iussit, legem, bellum *L*, regem anerkennen *L*, ei provinciam zuerkennen *S*, eum regem zum . . . bestimmen *L*; mit ut; *acc. c. inf. L*. **2.** tributum auftragen *T*; iussa fuga anbefohlen *O*; *subst.* **iussum,** ī, *n.* **Befehl, Geheiß; occ. Verordnung:** populi. Konstr. **A. a.** wenn die befehlende und die auftragempfangende Person genannt ist, steht *acc. c. inf. act.* exire iubet consul hostem; amicum salvere, valere iubere grüßen, Abschied nehmen; ohne *inf.* iubeo Chremetem ich grüße den Ch. *C*. In freierer Sprache, bes. dicht. u. spät, steht bloßer *inf.* sapientia iubet augere opes, flores ferre iube *H*. **b.** sonst steht, wenn der den Befehl Empfangende nicht genannt wird, *inf. pass.* vocari ad se Agonidem iubet läßt rufen. **c.** wenn die befehlende Person nicht genannt ist, wird in passiver Wendung *nom. c. inf.* gebraucht: ire in exilium iussus est. **B.** Umgangssprachlich mit *coni.* oder ut, ganz spät mit dem *dat.* quibus iusserat, ut resisterent *T*.

iūcunditās, ātis, *f.* **1.** Annehmlichkeit: victūs. **2.** Liebenswürdigkeit, Freundlichkeit, Beliebtheit: in homine; iucunditates Beweise von Güte.   Von
iūcundus (auch iōcundus) 3, *adv.* **ē** (zu iuvo) **1.** erfreuend, erfreulich, angenehm, ergötzlich: iucunda res plebei, verba ad audiendum, iucundum cognitu. **2.** [von Pers.] liebenswürdig, heiter. **3.** beliebt: multitudini.

Iūdaeus, ī, *m.* der Jude; **Iūdaea,** ae, *f.* J. [Südpalästina], Palästina *T*; *adi.* **Iūdaïcus** 3 jüdisch *T*.

iudex 252 **iuncus**

iūdex, dicis, *m.,* selten *f.* (iūdic- für iūs-dic-, § 30; der zweite Wortteil gehört zu dīco δείκνυμι, vgl. dicis causā; iudex für *iudix nach Analogie v. supplex, duplex u. dgl.) **1.** Richter: alicui iudicem dare bestimmen, ferre vorschlagen, reicere verwerfen; adhuc sub iudice lis est harrt noch der Entscheidung *H.* **2.** *met.* Beurteiler: me iudice nach meinem Urteil *O,* dialectica veri et falsi iudex Richterin.

iūdicātiō, ōnis, *f.* (iudico) Untersuchung, Urteil.

iūdicātus, ūs, *m.* (iudico) Richteramt.

iūdiciālis, e u. **-ārius** 3 gerichtlich, Gerichts-. Von

iūdicium, ī, *n.* (iudex, iudico)

I. **1. richterliches Erkenntnis, Urteil, Spruch, Entscheidung;** 2. *met.* **Urteil, Meinung;** 3. *meton. a.* **Urteilskraft, Geschmack;** *b.* **Einsicht, Überlegung;** *c.* **Überlegung, Vorbedacht.**

II. **1. gerichtliche Untersuchung, Gericht;** 2. *meton.* **Gericht:** *a.* **Gerichtsstätte;** *b.* **Richterkollegium;** *c.* **Gerichtsbarkeit;** *d.* **Prozeß.**

I. **1.** de homine facere iudicium. **2.** omnium iudicio nach allgemeinem Urteil, id esse sui iudicii darüber habe er zu urteilen. **3. a.** intellegentium, subtile videndis artibus (über) *H.* **b.** iudicium adhibere *T.* **c.** aliquid iudicio facere. II. **1.** praeesse iudicio den Vorsitz führen, **iudicium dare** eine Untersuchung gestatten, exercere abhalten, constituere anstellen; capitis, de capite Anklage auf Tod und Leben, inter sicarios wegen Meuchelmordes, privatum in Fragen des bürgerlichen Rechtes, publicum Kriminalsache. **2. a.** multum in iudiciis versari *N.* **b.** iudicium committere zusammentreten lassen = den Prozeß beginnen. **c.** iudicia manere apud ordinem senatorium volunt. **d.** iudicium nullum habuit war nie in einen Prozeß verwickelt *N,* pecuniae.

iūdicō 1. (iudex) **1. Recht sprechen, urteilen, richterliche Entscheidung fällen, gerichtlich entscheiden:** aliquem, causam; res iudicata Urteil; mit de, *gen. criminis, acc. c. inf.,* im *pass.* mit *nom. c. inf.;* perduellionis alicui *L.* *met.* **2. urteilen, entscheiden:** virum optimum eum esse. **occ. beurteilen, schätzen:** de viro suspicionibus auf bloße Verdachtsgründe hin *N,* hominem ex habitu. **3.** mit *acc. praedic.* zu etw. **erklären:** hunc adfinem culpae, Tissaphernem hostem *N;* **occ.** für etw. **halten:** aliquid pulcherrimum, frugalitatem virtutem maximam, mortalem esse animum; cupidior fuisse iudicatus est man glaubte von ihm, daß.

iugālis, e (iugum, § 75) **1.** Joch-, Zug-: equi Zugtiere *Cu;* *subst.* gemini Gespann *V.* **2.** *met.* ehelich, Ehe-: sacra Hochzeit *O,* dona Brautgeschenke *O,* ignes der Feuerbrand [= Paris] *V.*

Iugārius vicus der vicus Iugarius [Gasse in Rom sö. des Kapitols beim Forum, benannt nach dem Tempel der Ehestifterin Iuno Iuga] *L.*

iugātiō, ōnis, *f.* (iugo) das Aufbinden der Reben.

iūgerum, ī, *n., gen. pl.* ûm (zu iungo, iugum; § 61, 2) ein Morgen Landes [rund 2500 m² = ¼ Hektar].

iūgis, e (iungo) nie versiegend, lebendig: aqua Quellwasser *S.*

iū-glāns, andis, *f.* (= Iovis glans, §§ 31, 67, 42, 52) Walnuß.

iugō 1. (iugum) verknüpfen, verbinden; **occ.** verehelichen *V.*

iugōsus 3 (iugum) gebirgig: silva *O.*

iugulō 1. **1.** die Kehle durchschneiden, abstechen: pecudes *V.* **2.** *synecd.* erstechen, abschlachten, morden. **3.** *met.* vernichten, verderben: sua confessione iugulari völlig überwiesen werden, eum iugulandum vobis tradiderunt. Von

iugulum, ī, *n.* u. **-us,** ī, *m. Sp* **1.** Schlüsselbein *Celsus.* **2.** Kehle: dare (porrigere *H,* offerre *T*) iugulum sich ermorden lassen; *met.* causae Hauptpunkt *Pli. Dem.* von

iugum, ī, *n.* (zu iungo; ai. yugám, gr. ζυγόν, § 24, got. juk, ahd. juh, joh, § 12) I. **1.** Joch [Krummholz über dem Nacken der Lasttiere]. **2.** *met.* Joch, Pflicht: ferre iugum *H.* **occ. a.** Ehejoch: aëneum *H.* **b.** Sklavenjoch: Macedonum *Cu,* servile. **c.** Querholz, Joch [in Form eines ∏ aus drei Lanzen gebildet, unter dem besiegte Feinde hindurchgehen mußten]: sub iugum (iugo *L*) mittere, emittere, abire. **3.** *meton.* Gespann: inmittere iuga *V.* II. **Joch** [Querholz zwischen zwei Dingen]: **1.** Weberbaum: tela iugo vincta est *O.* **2.** Waage [an der Deichsel]: iugum (plaustri, temonis) *LCu.* **3.** Ruderbank: per iuga longa sedere *V.* **4.** Bergjoch, -kamm: Alpium Alpenkette *L;* *synecd.* Höhe, Berg: in quibus es venata iugis? *O.*

Iūlēus 3 **1.** des Julus: avi *O.* **2.** des Julius Caesar: Calendae des Juli *O.* **3.** des Augustus: Iulea carina *Pr.*

Iūlius 3 (von Iulus) im *n. g.* (patriz.; mit dem Zweig der Caesares, s. Caesar. **Iulia** I. [Tochter des Augustus, vermählt mit Marcellus, dann mit Agrippa, zuletzt mit Tiberius]. *Adi.* **Iūlius** 3: leges Caesars, sidus = der vergöttlichte Caesar *H,* mensis der Juli [früher Quinctilis, Geburtsmonat Caesars]; portus [zwischen Puteoli u. dem Kap Misenum] *Sp;* *subst.* **Iūliānī** = Caesars Soldaten *Sp.*

Iullus s. Antonius.

Iūlus, ī, *m.* I. [Sohn des Äneas, auch Ascanius] *VO.*

iūmentum, ī, *n.* (altl. iouxmentum, § 30, 2; ioux zu gr. ζεῦγος, § 52; vgl. iugerum) **1.** Jochvieh, Zugvieh: iuncta Zweigespann *N.* **2.** Lasttier, Tragtier: oneraria, onusta *L.*

iunceus 3 (iuncus) aus Binsen: vincula *O.*

iuncōsus 3 (iuncus) binsenreich: litora *O.*

iūnctim (iungo) *adv.* vereint, hintereinander *Sp.*

iūnctiō, ōnis, *f.* (iungo) Verbindung.

iūnctūra, ae, *f.* (iungo) Verbindung. **1.** konkr. genuum Gelenk *O,* iuncturae verticis Nähte *O,* digitos ligat iunctura Schwimmhaut *O,* tignorum Fuge, laterum iuncturae das Schloß [des Gürtels] *V.* **2.** abstr. generis Verwandtschaft *O;* *abs. H.*

I. **iūnctus** *pt. pf. pass.* oder *med.* v. iungo.

II. **iūnctus** 3 (iungo) **1.** zusammengefügt, vereint, verbunden, benachbart; mit cum, *abl., dat.:* ponto iunctior näher *O,* verba zusammengesetzt. *met.* **2.** befreundet, vertraut, verbunden: alicui amore *O;* *subst.* iunctissimi die nächsten Angehörigen *T.* **3.** wohlgefügt: oratio.

iuncus, ī, *m.* Binse *VTiOPli.*

iungo   **253**   **iustus**   **I**

iungō 3. iūnxī, iūnctus (Wurzel iug, ai. yunákti 'verbindet', gr. ζυγ in ζευγνύναι, vgl. iugum).

> **I. 1.** **(an)jochen, ins Joch spannen**; *occ. a.* **bespannen**; *b.* (Brücken) **schlagen**; **2.** *met.* **verbinden, vermählen**.
> **II. 1. verbinden, vereinigen**; *occ.* **schließen**; *met.* **2.** (in Freundschaft) **vereinigen**; **3.** vereinigend **zustande bringen, schließen, machen, stiften**.

I. 1. iuncti boves Ochsengespann *OT*, curru (*dat.*) equos *V*, iuncti equi bespannter Wagen *V.* **a.** raeda equis iuncta. **b.** fluvium ponte das Brückenjoch auflegen *LCu*, pontem *VT*. **2.** feminam secum (in) matrimonio *LCu*; *refl.* u. *med.* mit cum, *dat. VLO*; *met.* iuncta ulmus mit der Rebe vermählt *O.* **II. 1.** tigna inter se, mortua corpora vivis zusammenfügen *V*, oscula küssen *O*, dextrae dextram sich die Hände reichen *V*, cursum equis im Lauf gleichen Schritt halten mit *L*; copias (arma) alicui zu jemd. stoßen *L*; cum commodo dolorem animi, vim probitate. **occ.** iunctae fenestrae geschlossene Fensterläden *H*. **2.** se tecum omni scelere iunxerunt, amicos *H*; foedere iungi alicui *L*. **3.** pacem cum Aenea *L*, foedera *LO*.
iūnior s. iuvenis.
iūniperus, ī, *f.* Wacholder *V*.
Iūnius 3 **1.** im *n. g.* s. Brutus. **2.** Juni: Iunius (mensis).   Von
Iūnō, ōnis, *f.* J. [Tochter des Saturnus und der Rhea, Schwester und Gattin Juppiters, Ehe- und Geburtsgöttin]; urbs Iunonis = Argos *O*; *met.* Averna *O*, inferna *V* = Proserpina. Dav. **Iūnōnicola**, ae, *m. f.* (colo, § 66) Junoverehrer(in) *O*, **Iūnōnigena**, ae, *m.* (gigno, § 66) Sohn der J. = Vulcanus. *Adi.* **Iūnōnius** 3: custos = Argos *O*, regna = Karthago *V*, ales = Pfau; mensis Juni = **Iūnōnāle** tempus *O*.
E: wohl zu iuvenis, iunior 'die Jugendliche'.
iūnxī *pf.* v. iungo.
Iu-ppiter, besser als **Iū-piter** (§§ 24, 40, 47 f.; vgl. Diespiter u. ahd. Ziu, *gen.* Ziewes), Iovis, *m.* J. [Sohn des Saturnus und der Rhea, Götterkönig, Staatsgott]; Iovis stella der Planet Jupiter; *met.* Stygius = Pluto *V*; *meton.* Himmel, Luft: sub Iove unter freiem Himmel *HO*, malus böser Himmel (Klima) *H*, metuendus uvis Regen *V*.
Iūra, ae, *m.* mons das Juragebirge.
iūrātor, ōris, *m.* (iuro) beeideter Schätzmeister *C*.
iūrātus 3 (iuro; *pt. pf. med.*) einer, der geschworen hat, beeidet, beeidigt; *subst.* Geschworener.
iūre-cōnsultus, iūre-perītus s. consultus, peritus.
iūrgium, ī, *n.* Zank, Streit, Wortwechsel.   Von
iūrgō, altl. **iūrigō** 1. āvī streiten, zanken, hadern; *trans.* schelten *H*.
E: durch *iūrigus*, § 41, *iūrgus*, § 42 'prozessierend' v. iure agere *Varro*.
iūris-cōnsultus, iūris-dictiō, iūris-perītus s. consultus, dictio, peritus.
iūrō 1. (II. ius) einen Eid ablegen, schwören. **I.** *intr.* per deos bei den Göttern, in verba auf die Eidesformel, in verba magistri = blind folgen *H*, in legem (in foedus *L*) beschwören, in se quisque iurat jeder schwört

für sich *L*; in me iurarunt haben sich gegen mich verschworen *O*, in facinus zum Verbrechen *O*. **II.** *trans.* **1.** mit innerem Obj. iusiurandum, falsum (falsa) einen Meineid; mit *dat.*, *acc. c. inf.* **2.** mit äußerem Obj. morbum daß man krank sei, calumniam daß man nicht aus böser Absicht als Kläger auftrete *L*; deos, terram, sidera bei… schwören; *pass.* dis iuranda palus bei dem die Götter schwören müssen *O*, iurata numina bei denen man geschworen hat *O*, arae iurandae an denen geschworen wird *H*.
I. iūs, iūris, *n.* (ai. yūṣ, gr. ζωμός, § 24) Suppe, Brühe: nigrum schwarze Suppe [u. a. aus Blut u. Schweinefleisch]; Verrinum: Schweinebrühe = verrinisches Recht [Wortspiel].
II. iūs, iūris, *n.* (urspr. *ievos*, dann *iovos*, § 48, *gen.* *iovesis*, § 29, daraus iūs, iūris durch Synkope, § 52, vgl. ai. yós 'Heil')

> **1. Satzung, Rechtssatzung,** (menschliches) **Recht**; *occ.* (kollekt.) *a.* **Rechtssatzungen, Gesetzessammlung**; *b.* **Rechtsanschauungen, Rechtsnormen, Recht**; **2.** *occ.* **Recht** (als Gegenstand richterlicher Entscheidung); **3.** *meton. a.* **Gericht, Gerichtsstätte**; *b.* **Rechtsansprüche, rechtliche Befugnis, Vorrecht, Gerechtsame, Privileg**; **4.** *occ. a.* **Gewalt, Macht**; *b.* (kollekt.) **rechtliche Stellung**; **5. iūre**; **6. iūs iūrandum.**

1. fas ac iura göttliches und menschliches Recht *V*, iura dare eine Verfassung geben. **a.** Flavianum [die von Cn. Flavius 304 aufgeschriebenen fasti und legis actiones]. **b.** gentium Völkerrecht, civile bürgerliches, publicum Staatsrecht *H*, hominum Naturrecht, praetorium die von den Prätoren aufgestellten Normen, iure agere cum aliquo jemd. gerichtlich belangen. **2.** ius ratumque rechtsgültig, summum ius, summa iniuria *Terentius*, ius dicere (reddere *L*) Recht sprechen, petere einen Rechtsspruch verlangen, iura dare, de iure respondere Rechtsbescheide erteilen. **3. a.** in ius (ad)ire, in ius vocare. **b.** ius suum armis exsequi, persequi geltend machen, de suo iure cedere; ius agendi cum plebe; caeli Anspruch auf *O*. **4. a.** sui iuris esse selbständig sein, ius de tergo ac vita zu züchtigen und zu töten *L*; in aequora über das Meer *O*. **b.** iura muliebria *L*; civitas optimo iure vollberechtigt, ius Latii (Latinum) [die beschränktere Rechtsstellung der latinischen Halbbürger] *T*. **5.** *abl.* **iure** mit Recht, rechtmäßigerweise, suo iure mit vollem Recht. **6.** ius iurandum (rechtskräftiger) Eid, Schwur: concipere die Eidesformel verfassen *T*, iure iurando interposito mittels *L*.
iūssī *pf.* v. iubeo.
iūssū, *m.* (iubeo) auf Befehl, Geheiß, im Auftrag.
iūssum, ī, *n.* s. iubeo.
iūssus *pt. pf. pass.* v. iubeo.
iūstitia, ae, *f.* (iustus) Gerechtigkeit.
iū-stitium, ī, *n.* (ius, stare, §§ 66, 43) Gerichtsstillstand, Landestrauer; *met.* omnium rerum Stillstand aller Geschäfte *L*.
iūstus 3, *adv.* **ē** (nach §§ 44 u. 52 aus iovestos v. iovos, iovesis, der alten Form v. ius, wie funestus v. funus, vgl. § 29 u. II. ius) **gerecht**. **1.** [von Personen] **gerecht,**

Iuturna   254   **labefacto**

rechtsinnig: iudex, in socios, iuste imperare. **2.** [von Dingen] **rechtmäßig, rechtlich, gesetzlich**: uxor, imperium, causa, bellum; *subst.* **iūstum**, ī, *n.* **Recht, Gerechtigkeit. 3.** *met.* **a. gerecht, wohlbegründet, triftig, gebührend**: triumphus, honores verdient; querimonia, odium, excusatio, causa; iuste timere mit Recht *O.* **b. regelrecht, richtig, ordentlich, gehörig**: altitudo, iter, proelium *L*, iusto iure mit vollem Recht *L*; ulterius (plus) iusto mehr als recht ist, über Gebühr *HO.* **4. iūsta**, ōrum, *n.* **das Gebührende; occ. Totenfeier, -opfer.**
Iūturna, ae, *f.* l. [Quellnymphe, Schwester des Turnus]; lacus Iuturnae [Quellbassin auf dem Forum] *O.*
iūtus *pt. pf. pass.* v. iuvo.
iuvātūrus *SPli. pt. fut.* v. iuvo.
iuvenālis, e, *adv.* **iter** (iuvenis, § 75, Abs. 2) jung, jugendlich, Jugend-: in silvas iuvenaliter ire mit Jugendkraft *O*, nimium iuvenaliter unüberlegt *O*; Iuvenales ludi oder **Iuvenālia**, ium, *n.* die l. [von Nero eingesetzte szenische Spiele] *T.*
iuvencus, ī, *m.*, **iuvenca**, ae, *f.* (iuvenis) **1.** Jüngling, Jungfrau, Mädchen *VHO.* **2.** Jungstier, junge Kuh, Färse: Inachia = Io *V.*
iuvenēscō, ere (iuvenis) **1.** heranwachsen *H.* **2.** wieder jung werden: fatis *O.*
iuvenīlis, e, *adv.* **iter** jugendlich.   Von
iuvenis, is, *m. f., comp.* **iūnior**, n a c h k l. auch iuvenior (ai. yúvan-, got. juggs, ahd. jung) **1.** *adi.* jung: anni Jugendjahre *O.* **2.** *subst. m.* Jüngling, junger Mann, *f.* junge Frau *Ph.* **3.** iūniōrēs Jungmannschaft, die Jüngeren [bis zum 45. Lebensjahr].   Dav.
iuvenīx, īcis, *f.* junge Kuh *C.*   Und
iuvenor, ārī den Jüngling spielen, sich zieren *H.*
iuventa, ae u. d i c h t. **-ās**, ātis, *f.* (iuvenis; got. iunda) **1.** Jugendzeit, Jugend. **2.** p e r s o n. Iuventa(s) [Göttin der Jugend]. **3.** *meton.* **a.** junge Männer: imbellis *H.* **b.** Jugendkraft: procerus iuventā *T.* **c.** Bartflaum *V.*

iuventūs, ūtis, *f.* (iuvenis, vgl. senec-tus) **1.** Jugend, Jugendzeit, Jugendalter. **2.** *meton.* junge Männer, Jugend: flos iuventutis; vgl. princeps. **3.** *occ.* junge Mannschaft: iuventus et seniores.
iuvō l. iūvī, iūtus, iuvātūrus *SPli.* **I. 1. erheitern, erfreuen, ergötzen**: temperie caeli corpusque animusque iuvantur *O*, aures iuvantur es behagt den Ohren. **2. iuvat es (er)freut, erheitert, ergötzt**; mit *inf., acc. c. inf.*; quod *Pli.* **II. 1. unterstützen, helfen**: herba iuvans nützlich *O*, diis bene iuvantibus mit gnädiger Hilfe der Götter *L*; audentes deus ipse (fortuna *V*) iuvat *O*, mulier iuvat domum sorgt fürs Haus *H*; aliquem frumento. **2.** *met.* **fördern**: sollertia tempore iuta *T*; **occ. förderlich sein**: eos nox iuvit *T.*
iūxtā (*abl. fem.* eines *adi.* *iūxtus v. *ieuges, gr. ζεῦγος; vgl. iumentum, iugerum) **I.** a d v. **1. dicht dabei, nahe bei, nebenan**: legio i. constiterat, sellam i. ponere *S*; **occ. in die Nähe**: accedere *O.* **2.** *met.* **ebenso, (so) wie, gleichmäßig**: vitam mortemque i. aestumo gleich (wenig) *S*, i. mecum mit mir gleichermaßen *S*, res i. magnis (*dat.*) difficilis gleich schwierig wie *L*, i. (gleich) periculosum *T*; mit cum, ac, quam ebenso, wie *CSL.* **II.** Präp. beim *acc.* **1.** (räumlich) **nahe bei, dicht neben, nächst, an der Seite**: castra ponere (habere) i. hostem (murum): b i l d l. i. libertatem neben, bei *T*; **occ. bis in die Nähe**: provehimur Ceraunia i. *V*, i. seditionem venit es kam beinahe zu *T.* **2.** (zeitlich) **unmittelbar an**: i. finem vitae *T.* **3.** *met.* **a. unmittelbar nach, nächst**: i. deos *T.* **b. nahezu, fast wie**: velocitas i. formidinem est kommt nahe *T.*
Ixīōn, onis, *m.* l. [Lapithenkönig in Thessalien, Vater des Pirithous, stellte der Juno nach und zeugte mit einer Wolke, die ihre Gestalt hatte, die Kentauren. Zur Strafe dafür ist er in der Unterwelt an ein rastlos sich drehendes Rad geflochten]; *adi.* **Ixīonius** 3: orbis Rad des l. *V*; *patr.* **Ixīonidēs**, ae, *m.* Pirithous *O.*

K

Das Kappa des gr. Alphabets, im ältesten Latein gebräuchlich, wurde später durch C verdrängt. In klass. Zeit ist es im Vornamen **Kaeso**, in **Karthago** und **Kalendae**, abgekürzt **KAL.**, erhalten; s. jew. bei C . . .

L

L als Abkürzung **Lūcius**, als Zahlzeichen 50.
labāscō, ere (*frequ.* v. labo) wankend werden, nachgeben *C.*
Labeātēs, ium (um) oder **-ae**, ārum, *m.* die L. [Volk an der makedonisch-illyrischen Grenze] *L*; *adi.* **Labeātis**, idis, *f.* palus der See von Shkodër *L.*
labe-faciō 3. fēcī, factus, *pass.* **labe-fīō**, fierī (§ 64,

Anm., vgl. labare) **1. wankend machen, erschüttern**: partem muri, iaculum lockern *O*, iugera umgraben *V.* *met.* **2.** [physisch] **erschüttern, schwächen**: corpora *T.* **3.** [politisch] **wankend machen, stürzen, zu Fall bringen**: iura plebis *L.* **4.** [geistig] **erschüttern**: animum *O*; **occ.** primores aufwiegeln *T.*   Dazu *frequ.*
labefactō **1. wankend machen, erschüttern**: signum

labefactus   255   **lacero**   L

vectibus; *met.* patriam, consulatum, coniunctionem.

labefactus *pt. pf. pass.* v. labefacio.

labe-fēcī *pf.* v. labefacio.

labe-fīō *pr. pass.* v. labefacio.

labellum, ī, *n.* (*dem.* v. labrum, § 42) Lippe.

Laberius, ī, *m.* Dec. L. [Mimendichter zur Zeit Caesars].

lābēs, is, *f.* (labi) **1. Fall, Sturz:** terrae Erdrutsch *L*, labem dare fallen *V*. **2.** *met.* **Sturz, Untergang, Unheil. 3.** *meton.* **Schmutzfleck:** sine labe columbae schneeweiß *O*, atramenta tractata labem relinquunt *H*. **4.** *met.* **Schande, Schandfleck:** sine labe ohne Schuld, untadelig *O*, sceleris; *meton.* [von Personen]: ordinis Schandfleck.

Labīcī, ōrum, *m.* L. [St. am Nordhang des Algidus]. *Adi.* **Labīcānus** 3 (§ 75): via [Straße von Rom über Labici nach Benevent] *L*; Einw. **Labīcāni** *L* u. **Labīcī** *V*.

Labiēnus, ī, *m.* L. [Legat Caesars in Gallien, trat 49 auf die Seite des Pompeius und fiel bei Munda 45].

labium, ī, *n.* Lippe *C*.

labō 1. (zu lābī, vgl. plăcere neben plācare) **1.** wanken, dem Fall nahe sein, stürzen wollen: labant naves schaukeln *O*, littera labat ist nicht fest, zittert *O*; **occ.** schwanken: labans acies *LT*. **2.** *met.* schwanken, wanken, unsicher sein: labat mens *O*, res Troiana *O*, memoria ist untreu *L*, fides sociorum *LT*.

I. lābor 3. lāpsus sum (vgl. ahd. slīfan, gr. ὀ-λιβρός 'schlüpfrig')

---

1. gleiten, schweben, sinken, fallen; 2. hingleiten, sich verbreiten; *occ.* = elabi entgleiten, entschlüpfen; *met.* 3. straucheln, fehlen, irren; 4. (in einen Zustand) geraten, sinken, verfallen.

---

1. per funem herabgleiten *V*, de caelo *V*, silex (domus) lapsura droht herab-, einzustürzen *VO*, ex rupe, per gradus herunterfallen *LCu*; labentes ocelli sich schließen *Pr*. [Von Flüssigkeiten]: vado labente wenn sich die Flut verläuft *VT*, labitur ex oculis gutta *O*, umor in genas *H*; [vom Schiff]: labitur vadis abies *O*; *met.* tempora (anni *H*) labuntur enteilen *O*; [von der Rede]: oratio sedate labitur gleitet hin; [von Sterbenden]: laberis du sinkst hin (stirbst) *V*, labuntur leto lumina brechen *V*, labens anima (spiritus) sinkend, schwindend *T*. **2.** in viscera eindringen *V*, per artus sich verbreiten *V*. **occ.** labitur pectore voltus entschwindet *V*, e manibus custodientium (e custodia *T*) *Cu*, lapsa vox entschlüpft *T*. **3.** spe lapsus in der Hoffnung getäuscht, imprudentiā, consilio. **4.** in externum morem *Cu*, labens res p., labitur disciplina verfällt *L*, in errorem *L*, in vitium *H*.

II. labor, [älter] **labōs** (§ 29), ōris, *m.* **1. Arbeit, Anstrengung, Mühe:** nullo, sine ullo labore mühelos; (summo) cum labore; corporis Strapazen, animi geistige Anstrengung; labor est es ist schwer *L*. *Meton.* **a. Arbeitsamkeit, Arbeitskraft:** iumenta usum laboris überaus arbeitskräftig. **b. Arbeit, mühevolle Tat:** belli labores Kriegstaten *V*, Herculeus *H*. **c.** konkr. [ausgeführtes] **Werk:** multorum mensium, operum labores Bauwerk *V*, anni Jahresertrag *V*; labores boum bestelltes Feld *V*; Iliadum Arbeit der Frauen Tro-

jas *V*. **2. Beschwerde, Not, Schmerz, Krankheit:** multis perfunctus laboribus der viel Ungemach überstand *N*, Iliaci die Leiden Trojas *V*, solis, lunae Finsternisse *V*, Lucinae = die Wehen *V*, praesens fortuna laborum wirksames Heilmittel der Krankheiten *V*; frumentis labor additus Krankheit *V*.

E: labare; eigtl. 'das Wanken unter einer Last'.

labōri-fer 3 (fero, § 66) Strapazen ertragend *O*.

labōriōsus 3, *adv.* ē (labor) **1.** mühsam, beschwerlich: opus *L*. **2.** arbeitsam. **3.** geplagt: Ulixes *H*; akt. aegritudo quälend.

labōrō 1. (labor) **I. bedrückt, geplagt, belästigt werden:** querqueta laborant Aquilonibus werden niedergebeugt *H*; *met.* **in Not sein, leiden:** Luna laborat der Mond verfinstert sich; ad munitiones laborabatur man war bedrängt, triremes laborabant waren beschädigt, laborans ratis gefährdet *V*; (an einer Krankheit): **leiden:** morbo, ex pedibus Fußschmerzen haben; a re frumentaria keine Lebensmittel haben, ex aere alieno in Schulden stecken, annonā an Teuerung *L*, odio apud hostes verhaßt sein *L*; laborant duae in uno zwei sind in einen verliebt *H*. **II. 1.** arbeiten, sich anstrengen, sich bemühen, darauf hinarbeiten: in, de aliqua re, mit ut, ne, unklassisch *inf.*; non laboro (mit indir. Fr.) ich frage nicht, es ist mir gleichgültig. **2.** *trans.* verarbeiten = conficere: vestes auro laboratae golddurchwirkt *V*, laborata Ceres = Brot *V*, frumenta ceterosque fructus Acker- und Gartenbau betreiben *T*.

labōs s. II. labor.

I. labrum, ī, *n.* Lippe; sprichw. primis (primoribus) labris aliquid adtingere = sich nur oberflächlich mit etw. befassen; *met.* Rand: fossae; ab labris am Rande.

E: von lambo, vgl. got. lēfs 'Lefze', § 12.

II. lābrum, ī, *n.* (aus lävābrum v. lavo, § 22) **1.** Bekken, Wanne, Kufe. **2.** *meton.* Bad: Dianae *O*.

lābrusca, ae, *f.* wilde Rebe *V*.

labyrinthus, ī, *m.* (λαβύρινϑος) Labyrinth [urspr. wohl der in seinem Inneren verwirrend u. unübersichtlich angelegte Palast von Knossos auf Kreta] *VO*; *adi.* **labyrinthēus** 3 *Ca*.

lac (lacte *C*), lactis, *n.* (aus *glact, § 38, 1 a, vgl. γάλα, γάλακτος, bei *Homer* γλάγος) **1.** Milch: coagula passum, pressum Käse *VO*, concretum geronnen *T*. **2.** *met.* Milchsaft: herbarum *O*, veneni giftiger Saft *V*.

Lacaena, ae, *f.* Lakonierin, Spartanerin; *adi.* virgines lakonisch *V*.

Lacedaemōn, onis, *f.* Sparta; *adi.* **Lacedaemonius** 3 lakonisch, spartanisch: Tarentum [als Gründung von Sparta] *HO*; *subst.* Spartaner.

lacer, era, erum zerrissen: vestis *T*, currus zertrümmert *O*, tabulae Bretttrümmer *O*, corpus, artus zerfleischt *SO*; morsus zerfleischend *O*.

E: λακίς 'Fetzen', λακίζω 'zerreißen'.

lacerātiō, ōnis, *f.* (lacero) das Zerfleischen.

lacerna, ae, *f.* Kapuzenmantel.

lacerō 1. (lacer) **1.** zerreißen, zerfleischen: vestem, ora *O*. occ. **a.** zertrümmern: navem *O*. **b.** zerraufen: comas, capillos *O*. met. **2.** tadeln, verunglimpfen, lästern: carmina *O*, haec te lacerat oratio. **3.** quälen,

lacerta   256   **laevus**

zugrunde richten: aliquem fame *O*, omni scelere patriam; bona vergeuden *S*.

lacerta, ae, *f.* Eidechse *HO*.

lacertōsus 3 (II. lacertus) muskulös: colonus *O*.

I. lacertus, ī, *m.* **1.** = lacerta *V*. **2.** Stöcker, Makrele.

II. lacertus, ī, *m.* **1. Oberarm:** lacerti et bracchia *Cu*. **2. Arm:** dependit parma lacerto *V*. **3.** *pl. meton.* **Stärke, Kraft:** Augusti Herrscherarm *H*, aptare lacertos sich zum Kampf rüsten *V*; oratoris. **4.** *met.* **Schere** [des Skorpions]: flexis utrimque lacertis *O*.

lacessō 3. īvī, ītus (v. **lacio,* wie facesso v. facio) **1.** reizen, herausfordern, angreifen: proelio, ad pugnam *L*; pacem stören *T*, deos (precibus) bestürmen *H*, ferro regna bekämpfen *V*, Teucros angreifen *V*; pelagus carinā *H*, aera sole lacessita bestrahlt *V*. **2.** beginnen: pugnam (ferrum *V*) *VL*.

Lācetānī, ōrum, *m.* die L. [Volk im nö. Spanien] *L*; Landsch. **Lācetānia,** ae, *f. L.*

lachanīzō, āre (λάχανον) = langueo *Sp*.

Lachesis, is, *f.* L. [eine der drei Parzen] *O*.

Laciadēs, ae, *m.* der Lakiade [aus dem lakischen Demos in Attika].

lacinia, ae, *f.* (verw. mit λακίς, lacer) Zipfel; s p r i c h w. = aliquid laciniā obtinere mit knapper Not.

Lacīnium, ī, *n.* L. [Vorgebirge sw. von Kroton mit ber. Tempel der Iuno Lacinia, j. Capo C o l o n n a] *LSp*; *adi.* Lacīnius 3.

*laciō, ere (ahd. lochon) locken [Stammwort zu al-, il-, per-licio, lacesso, de-lecto u. a.].

Lacō, ōnis, *m.* u. **Lacōnis,** idis, *f.* Lakonier(in); *adi.* **Lacōnicus** 3; *subst. n.* Schwitzbad; *f.* **Lacōnicē, ēs** und **-a,** ae Lakonien *NSp*.

lacrima, vorkl. **lacruma,** ae, *f.* **1. Träne:** lacrimas fundere vergießen *V*; hinc illae lacrimae daher diese Tränen *C*, [fast s p r i c h w.] 'da liegt der Hund begraben' *H*. **2.** *met.* **Tropfen. a.** ausgeschwitzte Flüssigkeit, Harz: turis Weihrauchkörner *O*, Heliadum = Bernstein *O*. **b.** Tropfen des männlichen Samens *Lucilius.* E: aus dacruma, §§ 41 u. 90, Anm., gr. δάκρυ, got. tagr, § 10, ahd. zahar 'Zähre', § 12.

lacrimābilis, e (lacrimo) **1.** beweinenswert, unglücklich: bellum *VO*. **2.** klagend: gemitus *V*.

lacrimābundus 3 weinend *L*.   Von

lacrimō 1., altl. (§ 41) **lacrumō** (lacrima) weinen.

lacrimōsus 3 (lacrima) **1.** weinerlich, kläglich: carmen Trauerlied *O*. **2.** tränenerregend: fumus *H*, poëmata Rührstücke *H*.

lacrimula, ae, *f.* (*dem.* v. lacrima) Tränchen.

lacruma s. lacrima.

lacrumō s. lacrimo.

lactāns, antis (lac) **1.** Milch gebend. **2.** saugend *O*.

lactēns, entis (lac) **1.** saugend, Säugling; *subst.* lactentes (*sc.* hostiae) *L*; *met.* annus zart *O*. **2.** saftig: sata *O*, frumenta *V*.   Dav. *incoh.*

lactēscō, ere zu Milch werden.

lacteus 3 (lac) milchig: umor Milch *O*, ubera Milch gebend *V*; *met.* milchweiß; orbis (via *O*) Milchstraße *V*, ubertas 'Milchstrom' *Q*.

lactō 1. āvī (*frequ.* v. *lacio) an sich locken, hintergehen *C*.

lactūca u. *dem.* **lactūcula,** ae, *f.* (lac) L a t t i c h , Salat.

lacūna, ae, *f.* (lacus) Loch, *met.* Verlust; **occ.** Lache, Morast, Sumpf.   Dav.

lacūnar, āris, *n.* (§ 87) Kassettendecke.   Und

lacūnō, āre zu einer Kassettendecke machen *O*.

lacūnōsus 3 (lacuna) lückenhaft.

lacus, ūs, *m.* **1. Trog, Wanne, Kübel:** tingere aera lacu Löschtrog *V*. **2. occ. a. Wasserbecken:** redeuntes a lacu pueri *H*. **b. Kahn:** Alciden accepit lacu Charon *V*. **c. Flußbett:** lacu fluvius se condidit *V*. **3. See(becken), Teich:** Lemannus; *meton.* **Wasser:** Stygii *V*, manat lacus *O*. E: gr. λάκκος, irisch loch 'See', dtsch. 'Lacke', § 12.

Lādōn, ōnis, *m.* L. [Nebenfl. des Alpheios] *O*.

laedō 3. laesī, laesus (§ 36) **1.** verletzen, beschädigen: zonā collum sich erhängen *H*, laesus ignis gestört *O*, oculum dem Auge wehtun *H*, si te pulvis laedet anwidert *H*, cantantes minus via laedit langweilt *V*. **2.** *met.* beleidigen, kränken: numen *O*, fidem sein Wort brechen; ista me non laedunt das trifft mich nicht *Cu*.

Laelius 3 im *n. g.* (pleb.) **1.** C. L. Sapiens [S. = Freund der Philosophie; mit dem jüngeren Scipio befreundet]. **2.** D. L. [Flottenführer des Pompeius]; *adi.* Laeliānus 3.

laena, ae, *f.* (χλαῖνα) Mantel.

Lāërtēs, ae, *m.* L. [Vater des Odysseus]; *adi.* **Lāërtius** 3: regna = Ithaka *V*; *patr.* **Lāërtiadēs,** ae, *m.* Sohn des Laërtes [= Odysseus] *HO*.

laesī *pf.* v. laedo.

laesiō, ōnis, *f.* (laedo) (*rhet.*) absichtliche Verletzung.

Laestrȳgōn, onis u. onos, *m.* L. [menschenfressende Riesen um Formiae]; *adi.* Laestrȳgonius 3: amphora = Wein von Formiae *H*.

laesus *pt. pf. pass.* v. laedo.

laetābilis, e (laetor) erfreulich.

laetātiō, ōnis, *f.* (laetor) das Frohlocken, Jubel.

laetificō, āre **1.** fruchtbar machen: agros. **2.** erfreuen.   Von

laeti-ficus 3 (laetus, facio, §§ 66 u. 41) erfreuend.

laetitia, ae, *f.* (laetus) **1.** (laute) Freude, Fröhlichkeit (vgl. gaudium); Liebesglück *Pr.* **2.** Schönheit: temporum *T*, orationis *T*.

laetor 1. sich freuen, seine Freude äußern; mit *abl.,* de, quod, *acc. c. inf.*; utrumque über beides; nec longum laetabere dir wird die Freude bald verleidet sein *V*.   Von

laetus 3 **1. wohlgenährt, fett:** sues, armenta *V*. **2. fett, fruchtbar, ergiebig, üppig, herrlich:** flores, tellus *V*, segetes *V*; mit *gen.* frugum pabulique *S*, umbrae *V*. *met.* **3. fröhlich, heiter:** vultus, dies; cognomine *V*, laborum arbeitsfroh *V*. **4. erfreulich, angenehm, glückverheißend:** quid fructu laetius angenehmer zu genießen, militibus nomen *T*, Pisoni omina haud laeta *T*. **5.** [von der Rede] **anmutig, gefällig, blühend:** genus verborum, Homerus *Q*.

laevus 3, *adv.* **ē** (gr. λαιός aus **λαιϜός, § 20) **1. links:** manus *O* u. *subst.* laeva; dextrā, laevā *L*, a dextra laevaque *O* rechts, links; laeva, ōrum, *n.* die links ge-

laganum   257   **lapicidinae**   L

legenen Teile: Propontidis *O*; *sg.* in laevum nach links *O*; laevis remis durch Linksrudern *L. met.* **2. linkisch, ungeschickt:** mens *V*, o ego laevus ich Tor! *H.* **3. günstig** [in der Auguralsprache, da der Augur nach Süden blickte und die Ostseite die glückliche war]: tonitru *V*, omina *Ph.* **4.** [nach gr. Vorbild] **ungünstig:** picus, tempus *H.*

laganum, ī, *n.* (λάγανον) Ölkuchen, Plinse *H.*

lagēos, ī, *f.* (λάγειος, § 91, Abs. 2) 'Hasenwein' [griech. Wein] *V.*

lagoena u. **lagōna,** ae, *f.* (λάγυνος) Flasche, Krug [weitbauchiges, enghalsiges, gehenkeltes Gefäß aus Ton oder Glas].

lagōis, idis, *f.* (λαγωίς) Schnee-, Birk-, Haselhuhn *H.*

laguncula, ae, *f.* (*dem.* v. lagona) Fläschchen *Pli.*

Lāïus, ī, *m.* L. [König von Theben, Vater des Ödipus]; *patr.* Lāïadēs, ae, *m.* = Ödipus *O.*

lāma, ae, *f.* Pfütze, Sumpf *H.*

lambō, ere (ahd. laffan, § 12; vgl. gr. λάπ-τω) **1.** belecken, lecken: lingua pueros *L.* **2.** *met.* berühren: comas umzüngeln *V*, loca bespülen *H.*

lāmenta, ōrum, *n.* (lamentor) Wehklagen, Jammer.

lāmentābilis, e (lamentor) **1.** bejammernswert: regnum *V.* **2.** kläglich: vox.

lāmentārius 3 (lamenta) Klagen erregend *C.*

lāmentātiō, ōnis, *f.* das Wehklagen, Jammer.   Von

lāmentor 1. **1.** wehklagen. **2.** bejammern: calamitatem, fratrem *T*; mit *acc. c. inf. H.*

Lamia, ae **1.** *f.* Lamia [urspr. ein weibl. Vampir, dann häßliche, kinderfressende Schreckgestalt; meist *pl.*]. *H.* **2.** *m.* L. [*cognomen* der gens Aelia]; *adi.* Lamiāni horti. **3.** *f.* L. [St. in der Landsch. Malis] *L.*

lāmina, lammina u. (§ 42) **lāmna,** ae, *f.* Platte, Scheibe, Blatt, Blech: fulva Goldblech *O*, inimicus lamnae des Geldes *H*; *meton.* tigna laminis religare mit Eisenklammern, serrae Sägeblatt *V*, lamina dissiluit Schwertklinge *O*, ardentes glühende Eisen, candens [zum Brandmarken] *H.*

lampas, adis, *f.* (λαμπάς) **1.** Fackel, Leuchte: pingues Kienfackeln *O*; *met.* Phoebea, prima Licht *V.* **2.** *meton.* Leuchter: praecinctae auro *O.*

Lampsacus, ī, *f.* L. [St. in Mysien am Hellespont, Zentrum des Priaposkultes]; Einw. **Lampsacēnī** *L.*

lamptēr, ēris, *m.* (λαμπτήρ) Leuchter *Sp*; als *nomen pr.* L. [Hafenort von Phokäa in Ionien] *L.*

Lamus, ī, *m.* L. [König der Lästrygonen, Erbauer von Formiae] *H*; Lami urbs = Formiae *O.*

lāna, ae, *f.* (wohl aus *vlāna, vgl. got. **wulla,** litauisch vilna, gr. λῆνος, dorisch λᾶνος aus Ϝλ.) **1.** Wolle, **occ.** Wollfäden: ducere lanas spinnen *O*; s p r i c h w. de lana caprina rixari um der Ziege Bart = um nichts *H.* **2.** *meton.* Wollarbeit: lanae dedita Lucretia *L.* **3.** *met.* [Wollartiges]: mollis Baumwolle *V*, lanae vellera Schäfchenwolken *V.*   Dav.

lānātus 3 wollig *L.*

lancea, ae, *f.* Lanze, Wurfspeer [mit Riemen].

lancinō 1. āvī zerfleischen; verschlemmen *CaSp.*

lāneus 3 (lana) aus Wolle.

Langobardī, ōrum, *m.* die L. [germ. Volk westl. der Elbe] *T.*

langueō 2. languī **1.** matt, schlaff, träge sein: languent bracchia *O*, corpora morbo *V.* **2.** *met.* schlaff, kraftlos sein: amor languet ist erkaltet *O*, otio, languens pelagus Ebbe *V*, hyacinthus welkend *V*; eam solitudinem languere patior langweilig sei; languēns matt, lau, schläfrig: populus, vox.

E: λαγαρός 'schlaff', λαγόνες die 'Weichen'.   Dav. *incoh.*

languēscō 3. languī **1.** matt, träge werden: lecto siechen *O*; flos languescit welkt *V*, Bacchus in amphora wird milder *H*, luna verdunkelt sich *T.* **2.** *met.* erschlaffen, abnehmen: languescunt animi der Mut sinkt *T.*

languī *pf.* v. langueo oder languesco.

languidus 3, *adv.* ē (langueo, § 74) **1.** matt, träge, schlaff: vino; ventus lau *O*, aqua (Cocytus *H*) träge *NL*, vina mild *H*; voluptates (quies *V*) erschlaffend. **2.** *met.* schlaff, lau, matt, untätig: senectus; philosophus unmännlich.

languor, ōris, *m.* (langueo) **1.** Mattigkeit, Schlaffheit: militum; aquosus Wassersucht *H.* **2.** *met.* Lauheit, Trägheit, Untätigkeit: gaudium in languorem vertere Sorglosigkeit *T*, amantem languor arguit Schwermut *H.*

laniātus, ūs, *m.* (laniare) Zerfleischung.

laniēna, ae, *f.* (v. lanius für *laniīna, § 87, Abs. 2) Fleischbank, Fleischerladen *CL.*

lānificium, ī, *n.* Wollarbeit *Sp.*   Von

lāni-ficus 3 (lana, facio, §§ 66 u. 43) Wolle verarbeitend: ars Wollwebekunst *O*, spinnend *Ti.*

lāni-ger 3 (lana, gero, § 66) Wolle tragend: apices mit Wolle umwickelt *V*; *subst. m.* Widder *OPh.*

laniō 1. (lanius) zerreißen, zerfleischen, zerfetzen: crinem zerraufen *O*, crura bracchiaque zerstückeln *T.*

lanista, ae, *m.* Lanista [Besitzer und Trainer einer Gladiatorentruppe (familia), die er zu den Spielen vermietete]; *met.* lanistis Aetolis auf Antrieb der Ä. *L.*

lānitium, ī, *n.* (lana) Wolle *V.*

lanius, ī, *m.* Fleischer, Metzger; *met.* Henker *C.*

lanterna, ae, *f.* (aus λαμπτήρ) L a t e r n e, Lampe.

lānūgō, inis, *f.* (lana) Flaum, Bartflaum.

Lānuvium, ī, *n.* L. [St. südl. vom Albaner See]; *adi.* u. Einw. **Lānuvīnus;** *subst. n.* **Lānuvīnum** das L. [Landgut bei Lanuvium] *O.*

lanx, lancis, *f.* Schüssel, Waagschale.

Lāocoōn, ontis, *m.* L. [Priester des Poseidon; warnte die Trojaner vor dem hölzernen Pferd] *VPli.*

Lāodamīā, ae, *f.* L. [Gemahlin des Protesilaus, dem sie aus Liebe in die Unterwelt folgte] *O.*

Lāodicēa u. **-īa,** ae, *f.* (§ 91, Abs. 2) **1.** L. [St. in Großphrygien]; *adi.* u. Einw. **Lāodicēnsis,** e. **2.** L. [St. in Syrien]; Einw. **Lāodicēnī** *T.*

Lāomedōn, ontis, *m.* L. [König von Troja, Vater des Priamus, der dem Poseidon und Apollo den für die Erbauung der Stadtmauern verheißenen Lohn verweigerte]; *adi.* **Lāomedontēus** u. **-ius** 3 troisch; *patr.* **Lāomedontiadēs,** ae, *m.* Priamus *V*, *pl.* die Trojaner *V.*

lapathus, ī, *f.* (λάπαθος) Sauerampfer *H.*

lapi-cīda, ae, *m.* (lapis, caedo, §§ 66 u. 43) Steinmetz *L.*   Dav. (§ 87, Abs. 2)

lapicīdīnae, ārum, *f.* Steinbrüche *CSp.*

lapidarius 258 **latebrosus**

lapidārius 3 (lapis) Stein-: latomiae Steinbrüche *C.*

lapidātiō, ōnis, *f.* (lapido) Steinwürfe.

lapideus 3 (lapis) aus Stein, steinern; imber Steinhagel.

lapidō 1. (lapis) mit Steinen bewerfen *Sp*; lapidat u. -tur es regnet Steine *L.*

lapidōsus 3 (lapis) steinig: panis sandig *H.*

lapillus, ī, *m.* (aus lapid-lus, § 33; *dem.* zu lapis) **1.** Steinchen *O.* **2. occ. a. Bachkiesel:** crepitantes *O.* **b. Stimmstein:** nivei atrique *O.* **c. Edelstein:** Eoi indisch *Pr*, virides Smaragde *H.* **d. Mosaiksteinchen:** Libyci *H.*

lapis, idis, *m.* **1.** Stein: ardentes Meteore *L*; lapide sternere mit Steinen pflastern *L*, quadratus Quadern *Cu*; vivus Feuerstein *Cu*, bibulus Bimsstein *V*, Parius = weißer Marmor *V*, Phrygius = bunter Marmor [aus Synnada] *H.* **2. occ.** [Gegenstände aus Stein]: albus Marmortischplatte *H*, varii buntes Mosaikpflaster *H*; [mit Ordinalzahlen]: M e i l e n s t e i n: ad quintum lapidem [= 5 röm. Meilen von Rom] *N*; sacer G r e n z s t e i n *L*, lapis (ultimus) G r a b s t e i n *TiPr.* E: vgl. gr. λέπας 'kahler Fels'.

Lapitha oder **-ēs**, ae, *m*, *gen. pl.* ūm *L.* [Bergbewohner in Thessalien] *V*; *adi.* Lapithaeus u. Lapithēïus 3 *O.*

lappa, ae, *f.* Klette *VO.*

lapsiō, ōnis, *f.* (labi) Neigung zum Schlimmen.

lapsō, āre (*frequ.* v. labi) ausgleiten, straucheln *VT.*

I. lāpsus *pt. pf. act.* v. I. labor.

II. lāpsus, ūs, *m.* (labi) **1.** das Fallen, Gleiten, Fall, Sturz: sustinere se a lapsu *L*; horrificus *V* = volucrum Flug; fluminum (siderum) Lauf *VH*, rotarum das Rollen der Räder *V*, vitis serpens multiplici lapsu Windungen. **2. met.** Verstoß: populares gegen die Volksgunst.

laqueāria, ium, *n.* (§ 87, Abs. 1) getäfelte Decke *V*; vgl. lacunar. Dazu

laqueātus 3 getäfelt.

laqueus, ī, *m.* (zu *lacio für *laqujo, § 17) **1.** Fallstrick, Schlinge: laqueo gulam frangere alicui jemd. erdrosseln *S*, colla laqueis implicare, laqueo animam claudere sich erhängen *O.* **2. met.** Falle, Fallstrick: laquei iudicii, legum, Stoicorum.

Lār, Laris, *m.* der Lar. **1.** meist *pl.* **Larēs**, *gen. pl.* um u. ium *L* die Laren [Schutzgottheiten, vergötterte Seelen der Verstorbenen, welche Haus und Familie beschützen]: praestites Beschützer der Stadt *O*, permarini Schützer zur See *L*; **2. meton.** Haus, Wohnung: larem relinquere, lare recipere *L*; Vogelnest *O.*

Lara, ae, *f. L.* [Nymphe, Mutter der Laren] *O.*

lārdum = laridum (§ 42) *O.*

Lārentālia, ium, *n.* die L. [Fest der Lārentia (*L 1, 4, 7*)] *O.*

Larēs s. Lar.

largi-ficus 3 (largus, facio, § 66), reichlich (d i c h t .).

largi-loquus 3 (largus, loquor, § 66) geschwätzig *C.*

largior 4. (largus) **1.** schenken, spenden: alicui aliquid; pecuniam in servos *T*; bestechen: largiundo magis incendere (plebem) *S.* **2.** zugestehen: aliquid inertiae; mit ut.

largitās, ātis, *f.* (largus) Freigebigkeit.

largiter (*adv.* zu largus, § 78, Abs. 2) reichlich.

largītiō, ōnis, *f.* (largior) **1.** Freigebigkeit; s p r i c h w. largitio fundum non habet Schenken hat keinen Boden. **2.** Bestechung: largitione plurimum posse. **3.** Gewährung, Erweisung: aequitatis.

largītor, ōris, *m.* (largior) Spender, Bestecher.

largus 3, *adv.* ē **1.** freigebig: promissis mit Versprechungen *T*; mit *inf. H.* **2.** reichlich: opum reich an *V*, large diffuso lumine im weithin verstreuten Glanz *Lukrez.*

lāridum, ī, *n.* Speck *C.* E: vgl. λαρός 'fett'.

Lārīnum, ī, *n.* L a r i n o [St. in Samnium]; *adi.* u. Einw. Lārīnās, ātis *L.*

Lāris(s)a, ae, *f.* **1.** L. [thessalische St. am Südufer des Peneus]; *adi.* **Lārīsaeus:** Achilles thessalisch *V*; Einw. **Lārīsaeī** u. **Lārīsēnsēs. 2.** L. Cremastē *L. C.* [κρεμαστή hängend; hochgelegene St. am Malischen Golf] *L.* **3.** L. [einer der beiden Burgberge der St. Argos] *L.*

Lārius, ī, *m.* der C o m e r s e e *VPli*; *adi.* Lārius 3 *Ca.*

larix, icis, *f.* Lärche *Sp.*

lārŭa oder **lārva**, ae, *f.* böser Geist, Gespenst *C*; *meton.* Maske, L a r v e *H*; dav. **lāruātus** 3 besessen, behext *C.*

Lās, *f.*, *acc.* Lān *L.* [alte St. in Lakonien] *L.*

lasanum, ī, *n.* (λάσανον) Kochgeschirr *H.*

lāsa(-e-)rpīci-fer 3 (lasarpicium, fero, § 66) Lasarpicium tragend *Ca.*

lāsarpītium, **lāserpicium**, ī, *n.* Lasarpicium, Silphion [Arznei-, Gewürzpflanze] *C.*

lascīvia, ae, *f.* (lascivus) **1.** Spiel, Scherz, Mutwille: audax *T*, lasciviā aus Mutwillen *T*, paribus lasciviis gleich launenhaft *T.* **2.** Ausgelassenheit: populi *T*; **occ.** Ausschweifungen: lasciviā uti *T.* **3.** Geziertheit des Stils *Q.*

lascīviō, īre übermütig, ausgelassen sein *LT*, agnus lascivit fugā hüpft munter fort *O.* Von

lascīvus 3 mutwillig, ausgelassen; corporis motus *Cu*, oscula wollüstig *T*, hederae üppig rankend *H*, Ovidius tändelnd *Q.* E: ai. lásati 'spielt', got. lustus 'Lust'.

lāserp . . . s. lasarp . . .

lassitūdō, inis, *f.* (lassus) Mattigkeit, Ermüdung.

lassō 1. müde machen, ermüden. Von

lassus 3 müde, matt, schlaff: proelio *S*, ab equo *H*; maris et viarum *H*; mit *inf. Pr.* E: aus *lad-tos, § 36; vgl. gr. ληδεῖν 'träge sein', got. lats, § 10, ahd. laz, § 12, 'träge, laß'.

lātē (*adv.* v. lātus) **1.** breit, weit: longe lateque weit und breit, late rex weithin *V.* **2. met.** reichlich, ausführlich: dicere, uti opibus *H.*

latebra, ae, *f.*, meist *pl.* (lateo) **1.** Schlupfwinkel, Versteck: ferarum *VL*, animae geheimer Sitz *V*; b i l d l. geheime Gedanken. **2. meton.** Verborgenheit: latebra exitium differebat *T.* **3. met.** Deckmantel, Ausflucht: latebram quaerere periurio.

latebri-cola, ae, *m.* (colo, § 66) Kneipenbesucher *C.*

latebrōsus, 3, *adv.* ē (latebra) voller Schlupfwinkel, versteckt: pumex voll Löcher *V*, latebrose se occultare in einem Winkel *C.*

latens   259   **Laurens**   L

latēns, entis, *adv.* **enter** heimlich, verborgen.   Von
lateō 2. uī (verw. mit λανϑάνω, λήϑω, dor. λᾱ́ϑω)
1. verborgen, versteckt sein: latet anguis in herba
[sprichw. von verborgener Gefahr] *V.* **2.** gesichert
sein: portu latent puppes *H*, praesidio *Ph.* **3.** unbe-
kannt sein, verborgen bleiben: utilitas (causa *O*) latet;
mit *acc. V.*

later, eris, *m.* [luftgetrockneter] Ziegel, Ziegelstein; *met.*
aurei Goldbarren *Sp*;   sprichw.   laterem lavare
'einen Mohren weißwaschen' *C.*   Dazu *dem.*
later(i)culus, ī, *m.* (§ 42) Ziegel: coctilis gebrannt *Cu.*
latericius 3 (later) aus Ziegeln; *n. subst.* Ziegelwerk.
Laterium, ī, *n.* das L. [Landgut des *Q.* Cicero bei Arpi-
num].
latex, icis, *m.* Flüssigkeit, Naß: in laticem mutor Was-
ser *O*, marinus *O*; laticum honor an Wein *V*, Palladii
= Öl *O.*
    E: gr. λάταξ, γος 'Tropfen'.
Latiālis, Latiar, Latiāris s. Latium.
latibulum, ī, *n.* (lateo) Schlupfwinkel, Versteck.
lāti-clāvis, ī, *m.* (lātus, clavus) 'der mit dem breiten
Purpurstreifen', Senator, Patrizier *Sp.*
lāti-fundium, ī, *n.* (lātus, fundus) großes Landgut *Sp.*
Latīn(a)ē, Latīnī u. a. s. Latium.
Latīnitās, ātis, *f.* (Latinus) **1.** das latinische Recht [=
ius Latii; gewährt den latinischen, später auch den
außerital. Gemeinden im Handel und im Erbrecht Selbst-
verwaltung und Gleichstellung mit den römischen Bür-
gern].
lātiō, ōnis, *f.* (fero) das Bringen: auxilii Hilfeleistung *L*,
legis Gesetzesvorschlag, suffragii Stimmrecht *L.*
latitō 1. āvī (*frequ.* v. lateo) sich versteckt halten.
lātitūdō, inis, *f.* (lātus) **1.** Breite: fossae. **2.** Ausdeh-
nung: regionum. **3.** *met.* (*rhet.*) Fülle: Platonica *Pli*;
occ. breite Aussprache: verborum.
Latium, ī, *n.* L. [das Land zwischen Tiber und den ponti-
nischen Sümpfen, Urheimat der Latiner (Latium anti-
quum *V*, vetus *T*), später auch die Gebiete der Äquer,
Herniker, Volsker und Aurunker umfassend]: ius Latii
oder Latium (*sc.* ius) *T. Adi.* **1. Latius** 3 (d i c h t.)
latinisch; **occ.** römisch; dav. Iuppiter **Latiāris**
[Schutzgott des Latinerbundes]; **Latiālis** populus *O*;
subst. **Latiar**, āris, *n.* (§ 87, Abs. 1) das L. [Fest des
Iuppiter Latiaris]. **2. Latīnus** 3 (§ 75, Abs. 1) lati-
nisch, römisch, lateinisch; *subst.* **Latīnum**, ī, *n.* das La-
teinische, Latein; (feriae) Latinae [Fest des latinischen
Bundes auf dem Albanerberg]; *subst.* **Latīnus**, ī, *m.* L.
[**a.** König von Laurentum, Schwiegervater des Äne-
as *VLO*; **b.** König von Alba Longa *O*]; *pl.* **Latīnī**,
ōrum, *m.* die L. [Einw. von Latium, später außeritalische
Gemeinden mit dem ius Latii] *T*; *adv.* **Latīnē** latei-
nisch: dicere, loqui gut lateinisch sprechen, scire Latein
verstehen; *met.* deutlich.
Latmus, ī, *m.* L. [Berg bei Milet].
lātomiae *C* = lautumiae.
Lātōna, ae, *f.* (dorisch Λατώ = attisch Λητώ, § 90) L.
[Mutter der Zwillinge Apollo und Diana]. Von Lātō: **Lā-**
tōis u. **Lētōis**, idis, *f.* = Diana; *adi.* **Lātōius, Lē-**
tōïus u. **Lātōus** 3; *subst.* = Apollo *CaO.* Von La-
tona: **Lātōnius** 3, *subst.* Latonia = Diana *VO.* **Lā-**
tōnigenae duo = Apollo und Diana *O.*

lātor, ōris, *m.* (fero) Antragsteller: legis.
lātrātor, ōris, *m.* (latrare) 'Beller' [= Hund]; Anubis
[mit einem Hundekopf dargestellt] *VO.*
lātrātus, ūs, *m.* (latrare) Gebell *VOCu*; *met.* Ge-
zänk *Sp.*
lātrīna, ae, *f.* (*lavātrīna, § 42, v. lavo) L a t r i n e, Ab-
ort *Sp.*
I. lātrō 1. (*Ph* ä) **1.** bellen, anbellen; *subst.* latrantes
Hunde *O*; undae latrantes heulend *V*, stomachus
knurrend *H.* **2.** *met.* schreien, schimpfen; *trans.* be-
schimpfen *H.*
II. latrō, ōnis, *m.* **1.** Söldner *C.* **2.** Freibeuter: latrones
magis quam iusti hostes *L.* **3.** Räuber, Bandit: gen-
tium Ausplünderer *Cu*, servatorum meorum Mör-
der *Cu*; *met.* [der im Hinterhalt lauernde] Jäger *V.*
    E: λατρεύω 'um Sold dienen'.
latrōcinātiō, ōnis, *f.* (latrocinor) Straßenraub *Sp.*
latrōcinium, ī, *n.* **1.** Räuberei, Raubzug: in bello et la-
trociniis in Krieg und Raub; *met.* Spitzbüberei: furtim
et per latrocinia *S.* **2.** *meton.* Räuberbande: unus ex
tanto latrocinio.   Von
latrōcinor 1. (latro) **1.** Soldat sein: ire aliquo latroci-
natum (*supin.*) *C.* **2.** Räuberei, Freibeuterei treiben.
I. lātus 3 **1.** breit: aurum breiter Goldstreifen *V*; *n. sg.*
subst. **Breite**: in latum crescere *O*; *met.* **sich breitma-**
chend, breitspurig: latus spatiere *H.* **2. weit, ausge-**
dehnt: fines, solitudines; *met.* **weitläufig, ausführ-**
lich: oratio, quaestio *L*; *n. pl.* lata gedehnte Aus-
sprache.
II. lātus *pt. pf. pass.* v. fero.
III. latus, eris, *n.* **1. Seite** [am Körper]: lateris dolor
Seitenstechen, lateri adhaerere 'im Nacken sitzen' *L*;
met. latus dare alicui sich bloßstellen, tegere alicui
latus jemd. zur Seite gehen; a latere alicuius jemds.
nächste Umgebung: insontes ab latere tyranni *L*;
meton. **Brust, Lunge**: latera, fauces, linguam inten-
dere; *synecd.* **Körper**: latus deponere, submittere
sich niederlegen *O*, brevi latere stämmig *H*, fessum
militiā latus *H.* **2.** *met.* **Seite, Flanke**: castrorum,
viae *L*, mundi Teil *H*; Flanke des Heeres: (ab) latere
aperto (ex lateribus *S*) aggredi.
laudābilis, e, *adv.* **iter** (laudo) löblich, rühmlich.
laudātiō, ōnis, *f.* (laudo) **1.** das Loben, Lob. **2. occ.**
Schutzrede [vor Gericht]: quae est ista laudatio?
3. Leichenrede: sollemnis *L.* **4. Dankadresse** [der
Provinzialen für das Wirken des Statthalters].
laudātor, ōris, *m.* u. **-trīx**, īcis, *f.* **1.** Lobredner(in):
pacis. **2.** Entlastungszeuge. **3.** Leichenredner *LPli.*
laudātus 3 (laudo) gepriesen; vortrefflich, schön.
laudicēnī 'Essenlober' *Pli.*
    E: laus, ceno 'die für ihr Lob ein Essen erhalten'.
laudō 1. (laus) **1.** loben. **occ. 2.** die Leichenrede halten.
3. zitieren: aliquem auctorem. **4.** jemd. vor Gericht
entlasten.
laurea, laureola s. laureus.
laureātus 3 (laurea) lorbeerbekränzt: lictores, fasces;
laureatae (litterae) *L.*
Laurēns, entis (Laurentius *V*, Laurentīnus *Pli*) von
Laurentum [alte St. in Latium]; *subst.* Einw.; Laurentī-
num, ī, *n.* das L. [Landgut bei Laurentum] *Pli.*

laureus 260 **lego**

laureus 3 vom Lorbeer; *subst.* **laurea**, *dem.* **laureola**, ae, *f.* **1.** Lorbeerbaum. **2.** Lorbeerkranz: Apollinaris dem Apollo heilig *H*; *meton.* Sieg, Triumph: lauream deportare *T.* Von

laurus, ī, *f.* (*abl.* laurū *HO*, *nom. acc. voc. pl.* laurūs *VO*) Lorbeer; *meton.* Lorbeerzweig, -kranz; Sieg, Triumph.

laus, laudis, *f.* **1.** Lob, Ruhm: laudem alicuius rei habere berühmt sein wegen, laudi est (ducitur) alicui es ist (gilt für) löblich *N. meton.* **2.** *pl.* Lobsprüche: aliquem laudibus efferre. **3.** Verdienst, Ruhmestat: liberatarum Thebarum Theben befreit zu haben *N*, Thesea *O*, Herculea *V*; bellicae. *Nomen pr.*

Laus, dis, *f.* L o d i [St. bei Mailand].

lautia, ōrum, *n.* Verpflegung auf Staatskosten [die man fremden Gesandten gewährte]: loca lautiaque *L.*

lautitia, ae, *f.* (lautus) üppiges Leben, Luxus, Pracht.

Lautulae, ārum, *f.* L. [Ort in Latium bei Fundi] *L.*

lautumiae, ārum, *f.* (λατομίαι, § 41) Steinbrüche.

I. lautus, *adv.* **ē** (lavo) **1.** sauber: manūs *H.* **2.** anständig: laute vivere *N*, liberalitas, supellex. **3.** ansehnlich, vornehm: equites *R.*; cena *Pli.*

II. lautus *pt. pf. pass.* oder *med. v.* lavo.

lavātiō, ōnis, *f.* (lavo) das Waschen, Bad; *meton.* Badegeschirr.

lavātus *pt. pf. pass.* oder *med. v.* lavo.

Laverna, ae, *f.* L. [Gewinngöttin, Göttin der Diebe] *H.*

lāvī *pf. v.* lavo.

Lāvīnium, ī, *n.* L. [St. in Latium]; *adi.* **Lāvīn(i)us** 3 *V.*

lavō **1.** lāvī, lavātus, lautus u. lōtus (§ 52), dicht. **lavō**, ere **1.** waschen; *med.* (sich) baden; *intr.* rex lavans im Bad *L*, lavatum ire baden gehen *H.* **2.** met. befeuchten, benetzen; mala vino vertreiben *H.*

laxāmentum, ī, *n.* (laxo) Erleichterung, Erholung *L.*

laxitās, ātis, *f.* (laxus) Geräumigkeit; Gelassenheit *Sp.*

laxō **1.** **1.** schlaff machen, lockern, lösen: habenas *Cu*, claustra öffnen *V*, foros Platz schaffen *V*; *met.* laxata pugna matter *L.* **2.** erweitern: manipulos (custodias *L*) weit auseinanderstellen. **3.** erleichtern, befreien: curis, ab laboribus sich erholen lassen *L*, aliquid laboris nachlassen *L*, annonam billiger machen *L*; *intr.* annona laxat wird billiger *L.* Von

laxus 3, *adv.* **ē** (verw. mit langueo) **1.** schlaff, lose, locker: arcus *VHO*, habenae, calceus schlotterig *H*; *met.* annona wohlfeil *L*, laxe vincire *L*, laxius imperium milder *S*, laxiore agmine in gelöster Ordnung *S.* **2.** geräumig, weit: locus *L*; *met.* dies (tempus *Pli*) geraum.

lea, ae (leo), **leaena**, ae, *f.* (λέαινα) Löwin.

Lēander, drī, *m.* L. [Geliebter der Hero] *O.*

Lebadīa, ae, *f.* L e v a d i a [St. in Böotien] *L.*

Lebedus, ī, *f.* L. [St. in Ionien] *H.*

lebēs, ētis, *m.* (λέβης) Becken [aus Metall] *VO.*

Lebinthos, ī, *f.* L. [Sporadeninsel nördl. von Kos] *O.*

Lechaeum, ī, *n.* L. [Hafenst. von Korinth] *L.*

lectīca, ae, *f.* (lectus) Tragbett, Sänfte. Dav.

lectīcārius, ī, *m.* Sänftenträger.

lectīcula, ae, *f.* (*dem. v.* lectica) **1.** kleine Sänfte *L.* **2.** (ärmliche) Totenbahre *N.* **3.** Ruhebett *Sp.*

lēctiō, ōnis, *f.* (I. lego) das Vorlesen, Lektüre; *occ.* senatūs das Verlesen der Senatsliste [durch den Zensor] *L.*

lecti-sternium, ī, *n.* (lectus, sterno, § 66) 'Göttermahl', Lectisternium [wobei die Bilder männlicher Gottheiten auf Speisesofas gelegt wurden; vgl. sellisternium] *L.*

lēctitō **1.** (Doppelfrequ. v. I. lego) **1.** eifrig lesen. **2.** vorlesen *Pli.*

lēctiuncula, ae, *f.* (*dem. v.* lectio) leichte Lektüre.

Lecton, ī, *n.* L. [Vorgebirge in der Troas] *L.*

lēctor, ōris, *m.* (I. lego) Leser, Vorleser.

lectulus, ī, *m.* (*dem. v.* lectus) **1.** Bett. **2.** Ruhebett: in exhedra positus. **3. Speisesofa**: sternere lectulos. **4. Leichenbett, Paradebett**: tres lectulos ad suprema retinere *T.*

I. lectus, ī, *m.* **1.** Bett: cubicularis Schlafzimmerbett, iugalis *V*, genialis *H* Ehebett; *meton.* caelebs eines Ehelosen *O*; foedera lecti Ehebund *O*; lecto teneri bettlägerig sein. **2.** Speisesofa: convivalis *T.* **3.** Leichenbett: arsurus *Ti.*

E: λέχος, λέκτρον, got. u. ahd. ligon 'liegen'.

II. lēctus 3 (I. lego) **1.** erlesen: verba; Massicum *H.* **2.** vortrefflich, ausgezeichnet: adulescens.

Lēda, ae, *f.* L. [Gattin des Tyndareos, Mutter des Kastor und Pollux, der Helena und Klytämnestra]; *adi.* **Lēdaeus** 3: Hermione [Enkelin der Leda] *V*, dii = Kastor und Pollux *O.*

I. lēgātiō, ōnis, *f.* (II. lego) **1.** Gesandtschaft, Amt des Gesandten: libera freie [um auf Staatskosten Geschäftsu. Vergnügungsreisen zu machen]. **2.** Gesandtschaftsbericht: legationem referre erstatten *L.* **3.** *meton.* Gesandte, Abordnung.

II. lēgātiō, ōnis, *f.* (legatus 2.) Legatenstelle; dav. *adi.* **lēgātōrius** 3.

lēgātor, ōris, *m.* (II. lego) Erblasser *Sp.*

lēgātum, ī, *n.* (II. lego) Vermächtnis, Legat.

lēgātus, ī, *m.* (II. lego) **1.** Gesandter. **2.** Legat [Unterfeldherr, Unterstatthalter senatorischen Ranges, vom Senat ernannt]: legatus pro praetore Legat im Prätorenrang [mit selbständigem Kommando betraut]. **3.** Statthalter [einer kaiserlichen Provinz] *T.*

lēgī *pf. v.* I. lego.

lēgi-fer 3 (lex, fero, § 66) gesetzgebend *V.*

legiō, ōnis, *f.* **Legion** [röm. Heeresabteilung von ca. 3000 bis 6200 Mann, benannt nach Nummern (nona, decima u. a.), nach dem Inhaber (Galbiana *T*), nach Gottheiten (Minervia), nach Schlachtfeldern (Caudina, Cannensis) u. a]; Heer, Heerhaufen [bei Nichtrömern] *VL.*

E: I. lego: 'Aushebung'. Dav.

legiōnārius 3 Legions-: (miles) Legionssoldat.

lēgitimus, altl. (§ 41) **-umus** 3, *adv.* **ē** (lex u. Suffix -tumus, -timus, vgl. optimus) **1.** gesetzmäßig, gesetzlich, rechtmäßig: coniunx *O*, potestas, aetas *L*; *n. subst.* legitima gesetzliche Gebräuche *N.* **2.** gehörig, richtig: poëma, sonus *H.*

legiuncula, ae, *f.* (*dem. v.* legio) armselige Legion *L.*

I. legō 3. lēgī, lēctus (λέγω) **1. sammeln**: flores in calathos *O*, extremum halitum küssend auffangen *V*, ossa *VO*; adversos mustern *V*, vela einziehen *V*, fila *O*, stamen *Pr* aufwickeln, extrema fila den letzten Faden spinnen *V*, sacra stehlen *H.* **2. auslesen, -wählen**: locum *O*, tempus *O*, iudices, in senatum aliquem (in patres *L*); milites ausheben *L.* **3. lesen:**

lego   261   **Lethe**   **L**

librum, epistulam; princeps in senatu lectus est wurde verlesen *L*, eis volumen vorlesen. **4. durchgehen, -wandern, -laufen:** vestigia gressu der Spur folgen *VO*, saltus durchstreifen *O*, tortos orbes die verschlungenen Wege *V*, oram, litora vorbeisegeln *V*, navibus oram *L*; *met.* oram litoris primi sich an das Nächste halten *V*.

II. lĕgō 1. (lex) **1.** als Gesandten abschicken. **2.** zum Legaten machen: sibi homines nobiles *S*. **3.** (testamentarisch) vermachen: signa, tabulas.

lēgulēïus, ī, *m.* (lex) Gesetzeskrämer, Paragraphenreiter.

legūmen, inis, *n.* Hülsenfrucht [Bohne, Erbse] *V*.

Lelegēs, um, *m.* die L. [vorhellenisches Wandervolk] *VO*; *adi.* **Lelegēïs,** idis, *f.* u. **Lelegēïus** 3 *O*.

Lemannus lacus der Genfer See [frz. L a c L é m a n].

lembunculus s. II. lenunculus.

lembus, ī, *m.* (λέμβος) Kutter, Boot *VL*.

lēmma, atis, *n.* (λῆμμα) Epigramm *Pli*, Stoff [zu einem Epigramm] *Pli*; Überschrift *Sp*.

Lēmni-cola, ae, *m.* (colo, § 66) Bew. v. Lemnus = Vulcanus *O*.

lēmniscātus 3 mit Bändern geschmückt.   Von

lēmniscī, ōrum, *m.* (λημνίσκος) Bänder *L*.

Lēmnus, ī, *f.* L. [Insel in der Ägäis]: Vulcania *O*; **Lēmnias,** adis, *f.* Lemnierin *O*; *adi.* **Lēmnius** 3: pater = Vulcanus *VO*, furtum [weil Prometheus das Feuer auf Lemnos stahl]; Einw. **Lēmniī** *N*.

Lēmōnia tribus [Gemeinde an der via Latina].

Lemovīcēs, um, *m.* die L. [Volk um L i m o g e s (§ 85, Abs. 3)].

lemurēs, um, *m.* Lemuren, die Seelen der Abgeschiedenen. [Die guten wurden als lares verehrt, die bösen als Gespenster gefürchtet. Um sie zu versöhnen und aus den Häusern zu bannen, feierte man im Mai das Fest der **Lemūria,** ōrum, *n.*]

lēna, ae, *f.* (leno) Kupplerin *CTiO*; *met.* Verführerin.

Lēnaeus 3 L. [ληναῖος v. ληνός 'Kelter'; Beiname des Bacchus] *VO*; latices Wein *V*.

lēnīmen, inis *HO* u. **-mentum,** ī, *n. T* Linderung. Von

lēniō 4. (*impf.* lenibat *V, fut.* lenibunt *Pr*) lindern, mildern, beschwichtigen; *intr.* sich mildern *C*.   Von

lēnis, e, *adv.* **iter** 1. mild, lind, sanft: ventus, lene sonans aqua *O*; in hostes. **2.** *met.* langsam, ruhig: lenius proelio lacessere weniger hitzig, stagnum ruhig fließend *O*.   Dav.

lēnitās, ātis, *f.* **1.** Milde, Sanftmut. **2.** Langsamkeit, Ruhe: Arar fluit incredibili lenitate.

lēnitūdō, inis, *f.* (lenis) Milde; *met.* Ruhe.

lēnō, ōnis, *m.* **1.** Kuppler. **2.** Unterhändler: Lentuli.

lēnōcinium, ī, *n.* **1.** Kuppelei; *meton.* Kupplerlohn: petere. **2.** *met.* Lockung, Reiz: corporum verführerischer Reiz, orationi addere l. gewinnendes Wort *T*.   Von

lēnōcinor 1. (leno) **1.** in niedriger Weise schmeicheln. **2.** fördern: feritati *T*.

lēns, lentis, *f.* L i n s e *V*.

lentēscō, ere (lentus) klebrig, zähe werden *VT*.

lentīgō, inis, *f.* (lens) linsenförmiger Fleck *Sp*.

lentisci-fer 3 (§ 66) Mastixbäume tragend *O*.

E: lentiscus, ī, *f.* 'Mastix(baum)'.

lentitūdō, inis, *f.* (lentus) **1.** Langsamkeit: coniuratorum *T*. **2.** Gleichgültigkeit: non irasci lentitudinis est Phlegma, eiusdem lentitudinis libri Schwerfälligkeit, Steifheit *T*.

lentō, āre (lentus) biegen *V*.

Lentulī die L. [Zweig der gens Cornelia]. Dav. scherzhaft: **Lentulitās,** ātis, *f.* der alte Adel der Lentuli.

lentulus 3 ziemlich zähe.   **Dem.** von

lentus 3, *adv.* **ē 1. zäh:** hastilia *V*; *met.* infitiator der nicht zahlen will; **occ. klebrig:** gluten *V*. **2. biegsam:** vimen *V*, argentum geschmeidig *V* = bracchia *HO*, umor geschmeidig machend *V*, verbera Schläge mit geschmeidigen Ruten *V*. *met.* **3. langsam, träge:** lente procedere, in dicendo schwerfällig, venena schleichend *T*. **4. langanhaltend:** spes *O*, militiae *Ti*. **5. ruhig, phlegmatisch, unempfindlich:** pectora kalt *O*, pro salute viri unbekümmert *O*, in umbra lässig *V*, bracchia unempfindlich *H*, in suo dolore nachsichtig *T*.

E: ahd. lindi 'lind'.

I. lēnunculus, ī, *m.* (*dem.* von leno) Kuppler *C*.

II. lēnunculus (lembunculus), ī, *m.* (*dem.* von lembus) Kahn, Boot.

leō, ōnis, *m.* (λέων) Löwe; *met.* violentus Löwe [Gestirn] *O*.

Leōcorion, ī, *n.* das L. [Tempel im Kerameikos, errichtet zu Ehren der drei Töchter (κόραι) des Leos (Λέως), die sich für das Vaterland opferten].

leōnīnus 3 (leo) Löwen- *CSp*.

Leontīnī, ōrum, *m.* L e n t i n i [St. nw. von Syrakus] *L*; *adi.* Leontinus 3.

lepidus 3, *adv.* **ē** (lepos, § 74) **1.** niedlich, zierlich, nett, allerliebst; [ironisch, pejorativ]: pueri weichlich. **2.** *met.* fein, witzig, geistreich: dictum *H*.

Lepontiī, ōrum, *m.* die L. [Volk am Rheinursprung].

lepōs, bzw. (§ 29) **lepor,** ōris, *m.* Anmut, Feinheit, feiner Humor.

E: vgl. λεπτός 'fein', λαπαρός 'dünn'.

Leptis, is, *f.* **1.** L. magna [St. in Nordafrika östlich von Tripolis] **2.** L. (minor) [St. zwischen Hadrumetum u. Thapsus]; Einw. Leptitānī.

lepus, oris, *m.* Hase [auch ein Sternbild]; *dem.* **lepusculus,** ī, *m.* kleiner Hase, Häschen.

Lerna, ae, *f.* L. [See, Fl. u. St. in der Argolis, wo Herkules die Hydra (belua Lernae *V*) tötete]; *adi.* **Lernaeus** 3 *VO*.

Lesbos, -us, ī, *f.* L. [Insel an der ionischen Küste, Heimat des Arion, Alkäus und der Sappho]. Dav. **1. Lesbius** 3: vates = Sappho *O*, civis = Alkäus *H*, plectrum = alkäisches Versmaß *H*, pes = lyrisches Gedicht *H*; (vinum) Lesbium *H*. **2. Lesbiacus** 3. **3. Lesbis,** idis, *f.* lyra = des Arion *O*, (puella) Lesbis = Sappho *O*; *pl.* Lesbierinnen *O*. **4. Lesbias,** adis, *f.* Lesbierin *O*. **5. Lesbōus** 3 *H*.

lētālis, e (letum, § 75, Abs. 2) tödlich, todbringend: sonus Todesruf der Eule *V*; *n. pl. subst.* todbringende Mittel *L*.

lēthargicus, ī, *m.* (ληθαργικός) der Schlafsüchtige *H*.

lēthargus, ī, *m.* (λήθαργος) Schlafsucht *H*.

Lēthē, ēs, *f.* L. [Fl. in der Unterwelt, aus dem die Seelen der Toten Vergessenheit trinken]; *adi.* **Lēthaeus** 3: vin-

letifer   262   **liber**

cula der Unterwelt *H*; sucus *O*, ros *V* Vergessenheit bringend; somnus todbringend *V*.

lēti-fer 3 (letum, § 66) todbringend: annus *V*, locus tödlich *O*.

lētō 1. (letum) töten *O*.

Lētōis, Lētōius s. Latona.

lētum, ī, *n.* **1.** Tod. **2.** Untergang: Teucrûm res eripe leto *V*.

Leucas, cadis (Leucadia *L*), *f.* L. [Insel u. St. am Eingang des sinus Ambracius mit Apollotempel, bei *O Her. 15, 172* Vorgebirge der Insel]; *adi.* **Leucadius** 3: deus = Apollo *O*; Einw. **Leucadiī** *L*; **Leucadia**, ae, *f.* 'Das Mädchen von Leukas' [Schauspiel des Turpilius].

leucaspis, idis, *f.* (λεύκασπις) weiß beschildet *L*.

Leucátās u. **-ēs**, ae, *m.* L. [Vorgebirge auf Leukas].

Leucī, ōrum, *m.* die L. [kelt. Volk um T o u l].

Leucippus, ī, *m.* **1.** L. [König in Messene]; **Leucippidēs**, um, *f.* die L. [Töchter des Leucippus, von den Dioskuren entführt] *O.* **2.** L. [gr. Philosoph, Eleate, Schüler des Zenon].

Leucopetra, ae, *f.* L. [Vorgebirge südl. von Rhegium].

Leucōsia, ae, *f.* L. [kleine Insel südl. von Paestum] *O*.

Leucosyrī, ōrum, *m.* die L. [Volk in Kappadokien u. in Pontus] *NCu*.

Leucothea, ae u. **-ē**, ēs, *f.* s. Ino.

Leuctra, ōrum, *n.* L. [Ort in Böotien, Schlacht 371]; *adi.* Leuctricus 3.

Levācī, ōrum, *m.* die L. [belgisches Volk].

levāmen, inis, **-mentum**, ī, *n.* u. **levātiō**, ōnis, *f.* (levo) Erleichterung, Linderung.

levāsso arch. *fut. ex.* v. I. levo.

levātiō s. levamen.

lēvī *pf.* v. lino.

leviculus 3 (*dem.* v. I. levis) ziemlich eitel.

levidēnsis, e (I. levis) 'leicht gewirkt'; *met.* gering.

lēvigō 1. (II. lēvis, ago) glätten *Sp*.

I. levis, e, *adv.* **iter 1. leicht** [an Gewicht]: armatura leichte Rüstung; *meton.* Leichtbewaffnete = leves milites *L*, leviter armati *Cu*; malvae leichtverdaulich *H*, somnus sanft *H*, levius aeger *Cu*; *occ.* **leichtbeweglich, behend**: ad motus *N*, cervi *V*, Parthi *V*, hora flüchtig *O*, populi die Schatten *O*. *met.* **2. unbedeutend, geringfügig**: auditio (rumor) unverbürgt, carmen *O*, causa, labor; *subst.* in levi habere geringachten *T*. **3. nicht ernsthaft, leichtsinnig, unzuverlässig**: leviter velle nicht ernstlich *O*, ut levissime dicam um den mildesten Ausdruck zu gebrauchen, non levis Euhius schwer zürnend *H*.
E: aus *leguis, vgl. gr. ἐ-λαχύ-ς, § 19, ahd. līhti 'leicht'.

II. lēvis, e (vgl. λεῖος) **1. glatt**: pocula blank *V*, sanguis schlüpfrig *V*; colla unbehaart *O*, senex glatzköpfig *O*, iuventas bartlos *H*; *occ.* zart, jugendlich: umeri, pectus *V.* **2.** *met.* [von der Rede] fließend; *n. pl. subst.* Glätte *H*.

I. levitās, ātis, *f.* (I. levis) **1.** Leichtigkeit, Beweglichkeit: armorum leichte Bewaffnung. **2.** Leichtsinn, Leichtfertigkeit, Wankelmut: comicae leichtsinnige Streiche, opinionis Unhaltbarkeit.

II. lēvitās, ātis, *f.* (II. lēvis) Glätte.

I. levō 1., arch. *fut. ex.* levāsso (I. levis) **1. leicht machen, erleichtern**: aliquem fasce jemd. abnehmen *V*, inopiam, annonam, frugum pretia *T* verbilligen, corpora erfrischen *Cu*, civitatem hibernis entlasten, nemus fronde entlauben *V*, vincla abnehmen *V*, luctum (fidem *H*) vermindern, regis facinus herabmindern *L*, viros auxilio unterstützen *V*, ictum abschwächen *H*. **2. heben**: terga suis herunterheben *O*, se de caespite sich erheben *O*.

II. lēvō 1. (II. lēvis) glätten, polieren *Lukrez Sp*; *met.* nimis aspera sano levabit cultu *H*.

lēvor, ōris, *m.* (II. lēvis) Glätte *Sp*.

lēx, lēgis, *f.* **1. Vertrag, Bedingung**: venalium vendendorum Kaufvertragsformular, operi faciundo Baukontrakt, censoria Pachtvertrag, legem accipere die Bedingung annehmen *O*, in has leges auf diese Bedingungen hin *L*, leges pacis *L*, foederis *V* Friedens-, Vertragsbedingungen. **2.** *occ.* (schriftlicher) **Gesetzesvorschlag, Antrag**: legem scribere verfassen, promulgare anschlagen, rogare, ferre einbringen, (per)ferre durchbringen. **3. Gesetz**; *pl.* **Verfassung**: leges libertasque republikanische Verfassung *N*, suis legibus uti eine eigene Verfassung haben; **lege, legibus** a d v. **gesetzmäßig**: lege agere nach dem Gesetz verfahren [vom Liktor oder Kläger]. **4. Vorschrift, Regel**: legem alicui dicere Vorschrift geben *O*, sine lege *O*, historiae, leges philosophorum.

Lexoviī, ōrum, *m.* die L. [Küstenvolk in der Normandie].

lībāmen, inis u. **-mentum**, ī, *n.* (libo) **1.** Opfergabe *V*; bildl. nova ... carpes libamina famae wirst meine Ehre zuerst opfern *O.* **2.** *met.* Probe(stück).

Libanus, ī, *m.* der L i b a n o n *T*.

lībārius, ī, *m.* (libum) Kuchenbäcker *Sp*.

lībella, ae, *f.* (*dem.* v. libra, § 42) **1.** die L. [röm.-kampanische Silbermünze, 1/10 Denar]; heres ex libella Erbe von 1/10 der Erbmasse. **2.** kleine Münze, 'Heller', 'Pfennig'. **3.** Nivellierwaage, 'Libelle' *Lukrez Sp*.

libellus, ī, *m.* (*dem.* v. liber, § 42) **1.** Büchlein, kleine Schrift. **2.** [nach dem Inhalt]: Verzeichnis, Notizbuch, gladiatorum Programm zu den Fechterspielen [zur Vorlesung *T*], famosi Schmähschriften *SpT*; Bittschriften *Pli*; Bekanntmachung *Sp*.

libēns, altl. **lubēns**, entis, *adv.* **enter** (libet) **1. willig, gern, mit Vergnügen**: me libente meinetwegen. **2. vergnügt** *C.*   Dav.

Libentīna, (Lubentīna), ae, *f.* L. [Beiname der Venus als Göttin der sinnlichen Lust].

I. liber, brī, *m.* **1. Bast**: tenuis, mollis *O.* **2.** *meton.* Buch [da man ursprünglich auf Bast schrieb]: tres Unterabteilungen des Werkes, einzelne Rollen, grandis Schreiben *N*, principis Reskript *Pli*; [bes.]: libri Religions- (Sibyllini, Etruscorum), Rechts-, Auguralbücher.

II. līber, era, erum, *adv.* **ē** (vgl. ἐ-λεύθερος, § 6) **1. frei, unbeschränkt, ungebunden**: caelum freie Luft, campus offen *L*, mandata Vollmacht *L*, mihi est liberum (mit *inf.*) es steht mir frei, in meiner Macht, *abl. abs.* libero, quid firmaret weil es ihm freistand *T*; *occ.* **unbefangen**: comitia, iudicium; **freimütig, offen**: liberrime confiteri, loqui, liberius maledicere *H*; **zügellos, ausgelassen**: liberius vivere *N*, mores; **frei-**

Liber   263   **Liburni**   L

willig: liberius omnia ferre *V.* **2.** (einer Sache) **ledig, frei** von; mit *abl.*, ab; mit *gen. VH*; **occ. abgabenfrei:** ab omni sumptu; **schuldenfrei:** rei familiaris quidquam; **unbewohnt:** aedes *L.* **3.** (politisch) **frei, unabhängig:** civitas, Achaiae populi mit republikanischer Verfassung. **4. freier Mann:** neque liber neque servi; toga (vestis) das Kleid der Freien *O*, vina sorgenverscheuchend *H.*

Līber, erī, *m.* L. [latinischer Gott der Befruchtung, später Weingott = Bacchus]; *meton.* Wein *H.* **Lībera,** ae, *f.* L. [= Proserpina, auch Ariadne als Gemahlin des Bacchus *O*]. **Līberālia,** ium (iōrum), *n.* die L. [Fest des Liber am 17. März, an dem die Jünglinge die toga virilis erhielten].

līberālis, e, *adv.* iter (līber, § 75, Abs. 2) **1.** Freiheits-: liberali illam adsero causā manu erkläre sie für frei *C.* **2.** eines freien Mannes würdig, **edel, anständig:** eruditio, studia, fortuna anständiges Leben *L.* **3. occ.** freigebig, gütig: indulgere sibi liberalius seinen Neigungen zu sehr frönen *N*, liberaliter polliceri (respondere) freundlich, pecuniae freigebig mit *S*, epulae reichlich *T.*   Dav.

līberālitās, ātis, *f.* **1.** edle Gesinnung, Güte, Freundlichkeit. **2.** Freigebigkeit. **3.** *meton.* Geschenk: liberalitatis pars *T.*

līberātiō, ōnis, *f.* (libero) Lossprechung.

līberātor, ōris, *m.* Befreier.   Von

līberī, ōrum (ûm), *m.* (II. liber) Kinder.

līberō 1. (līber) **1.** befreien, freimachen; mit *abl.*, ab, ex; urbis obsidionem aufheben *L*, promissa ungültig machen, nomina Schulden regeln *L.* **occ. 2.** lossprechen: culpā; culpae (*gen.*) regem *L*; Milo liberatur profectus esse wird von dem Vorwurf befreit; voti aliquem seines Gelübdes entbinden *L*; se a Venere das Gelübde erfüllen. **3.** freilassen: servos.

līberta s. libertus.

lībertās, ātis, *f.* (līber) **Freiheit. 1. Stand des Freigelassenen:** servos ad libertatem vocare die Freilassung versprechen, in libertatem vindicare freilassen; *met.* geistig befreien. **2. Stand des Freien:** libertate uti frei sein, libertatem eripere das Stimmrecht *L.* **3. politische Freiheit, Selbständigkeit:** libertatem Brutus instituit republikanische Staatsform *T*; innata Freiheitsliebe; p e r s o n. **Libertas** [Göttin der Freiheit mit Tempel auf dem Aventin]. **4. Ungebundenheit:** vitae ungebundenes Leben, omnium rerum, verborum *Q.* **occ. a. Erlaubnis:** dicendi. **b. Freimut:** ingenii *S*, facundissima *Q.*

lībertīnus 3 (§ 75, Abs. 1) freigelassen; *subst. m. f.* der, die Freigelassene [als Stand].   Von

lībertus, līberta (līber) der, die Freigelassene [in bezug auf den früheren Herrn]: Fausti libertus, liberta Veneris [eine frühere Tempelsklavin].

libet, altl. **lubet,** libuit oder libitum est u n p e r s. es beliebt, gefällt.
E: ai. lúbhyati 'empfindet heftiges Verlangen', § 7, got. liufs, ahd. liob 'lieb'; libet entstand aus lubet in der Zusammenziehung quilibet, §§ 67 u. 41, und wurde dann verselbständigt; vgl. § 71, Abs. 2.

Lībēthrides, um, *f.* = die Musen [benannt nach einem Gebirgszug bei Koroneia] *V.*

Lībēthrum, ī, *n.* L. [St. in der makedon. Landsch. Pierien] *L.*

libīdinōsus 3, *adv.* ē **1.** ausschweifend. **2.** willkürlich *L.*   Von

libīdō, inis, *f.*, altl. **lubīdō** (libet, lubet) **1.** Begierde, Lust, Verlangen: ulciscendi, sanguinis Blutdurst *T*; mit *inf. C.* **2.** Gelüste, Ausschweifungen: libidinis causā aus Sinnlichkeit, muliebris *L.* **3.** Willkür, Belieben, Laune: ad libidinem, ex lubidine *S.*

libita, ōrum, *n.* (libet) das Belieben, Gelüste *T.*

Libitīna, ae, *f.* L. [Leichengöttin, in deren Tempel man die Bestattungsgeräte aufbewahrte und die Totenlisten führte]: quaestus Libitinae die Erwerbsquelle des Todes *H*; *meton.* Leichengeräte *L.*

libitum est *pf.* v. libet.

lībō 1. (λείβω) **1.** ein **Trankopfer spenden:** in mensam laticum honorem (Wein) *V*, pateris altaria begießen *V.* **2. opfern, weihen:** dis dapes *L*; *met.* Celso lacrimas *O.* **3.** *met.* ein **wenig wegnehmen:** quasdam artes h a u r i r e (gründlich erschöpfen), quasdam l i b a r e (oberflächlich kennenlernen) *T*, vires schwächen *L.* **4. leicht berühren:** pede summam harenam *O*, oscula natae sanft küssen *V*; **occ. kosten:** iecur *L.*

lībra, ae, *f.* **1. Waage** [zweischalig]; librā et aere mercari = in gesetzlicher Form [da vor Einführung der Münze der Kaufpreis als Kupfer (aes) abgewogen wurde. Später für bestimmte Rechtsgeschäfte in symbolischer Form beibehalten] *HL*, sine libra et tabulis testamentum facere = ohne gesetzliche Form, tuus librā et aere magis als bloß gekauft *O.* **2. Nivellierwaage:** ad libram facere turres in gleicher Höhe. *met.* **3.** die **Waage** [Gestirn im Tierkreis]. **4.** das röm. **Pfund** [0,327 kg]; olei [Flüssigkeitsmaß] *Sp.*   Dav.

lībrālis, e ein [röm.] Pfund schwer *Sp.*

lībrāmentum, ī, *n.* (libro) **1.** Gewicht: plumbi *L.* **2.** Schwungriemen: tormentorum *T.* **3.** Gefälle *Pli.*

lībrārius 3 (liber) Bücher-: taberna Buchladen, scriptor Bücherabschreiber, Kopist *H*; *subst.* **lībrārius** u. *dem.* **lībrāriolus,** ī, *m.* Schreiber, Abschreiber, Kopist; **lībrārium,** ī, *n.* Bücherbehältnis.

lībrātor, ōris, *m.* (libro) Nivellierer *Pli*; Steinschleuderer *Sp.*

lībrātus 3 (libro 2.) schwungvoll: ictus *LT.*

lībrīlis, e (libra, § 75, Abs. 2) pfundschwer: fundae [mit denen man pfundschwere Steine warf].

lībripēns, endis, *m.* (libra, pendo) der beim Kauf die Waage hält *Sp* (s. libra).

lībritor, ōris, *m.* (libra, libro) Steinschleuderer *T.*

lībrō 1. (libra) **1.** im Gleichgewicht halten, bewegen: corpus *Cu*, tellus ponderibus librata suis *O.* **2.** schwingen: in alas corpus sich auf die Flügel *O*, in aëre cursum im Fluge schweben *O*, robur *V*, se per nubila fliegen *V.* **3.** schleudern: caestūs *V.*

libuit *pf.* v. libet.

lībum, ī, *n.* Kuchen, Opferkuchen.

Liburnī, ōrum, *m.* die L. [Bew. der Küsten Kroatiens

Libyphoenices   264   **limpidus**

u. Dalmatiens]; **Liburna** oder **Liburnica** (navis): Liburnerschiff [niedrig gebautes, schnelles Schiff der röm. Kriegsmarine nach dem Vorbild der Seeräuberschiffe der Liburni].

Libyphoenīcēs, um, *m.* die L. [phönikische Einw. v. Afrika] *L.*

Libys, yos, *m.* Libyer; *adi.* L. Ammon libysch *V*; **Libya**, ae oder **-ē**, ēs, *f.* Nordafrika; *adi.* **Libycus** 3; *f.* **Libystis**, idis *V* u. **Libyssa**, ae *Ca.*

licēns, entis, *adv.* **enter** (licet) **1.** frei, ungebunden. **2.** zügellos, frech: licentius efflagitare *T.*

licentia, ae, *f.* (licet) **1.** Ungebundenheit, Freiheit, Erlaubnis: ludendi, lubidinum. **2.** Willkür: necis et vitae volle Gewalt über *S*, poëtarum, tanta schrankenlose Macht. **3.** Ausgelassenheit, Zügellosigkeit, Frechheit: inveterata Unbändigkeit *N*, nocturni temporis von der Nacht begünstigt, militaris *T*; *met.* verborum freche Sprache *Cu*, ponti Flut *O*; p e r s o n . Leichtfertigkeit *H.*

liceō 2. uī feil, wert sein; *med.* **liceor** 2. citus sum auf etw. bieten: hortos; contra ein Gegengebot tun, capita einen Preis darauf setzen *Cu.*

licet, licuit u. licitum est **1.** es steht frei, ist erlaubt; **a.** *abs.* per me licet meinetwegen; **b.** mit *pron.* als Subj. quod per leges licet; **c.** *inf.* als Subj. id Roscio facere non licet darf es nicht tun; **d.** prädik. *dat.* neben Obj. licet illis incolumibus discedere; **e.** *acc. c. inf.* Syracusanum in ea parte urbis habitare non licet; ei consulem fieri licebat. **2.** mit geschwächter Bed. mit *coni.* wenn auch, mag auch, obgleich: licet omnes mihi minae impendeant, dicat se licet emisse; q u a m v i s l i c e t wenn auch noch so sehr; [ohne Verb]: obschon.

Licinius 3 im *n. g.* (pleb.) **1.** C. L. Calvus Stolo [Urheber der 'lizinischen Rogationen', cos. 364]. **2.** L. L. Crassus [der Redner, 140—91]. **3.** M. L. Crassus Dives [Triumvir, fiel 53 bei Carrhae]. **4.** L. L. Lucullus Ponticus [cos. 74, Sieger über Mithridates]. **5.** L. L. Murena [Legat des Lucullus, 63 als consul designatus der Amtserschleichung angeklagt, von Cicero verteidigt]. **6.** L. L. Varro Murena [Schwager des Maecenas, unter Augustus hingerichtet].

licitātiō, ōnis, *f.* (licitor, *frequ.* v. liceor) Angebot [bei Versteigerungen].

licitātor, ōris, *m.* (licitor) der Bietende [bei Versteigerungen].

licitum est *pf.* v. licet.

I. licitus 3 (licet) erlaubt; *n. pl. subst.* Erlaubtes *T.*

II. licitus *pt. pf. med.* v. liceor.

līcium, ī, *n.* **1.** Querfäden im Gewebe, Einschlag: licia telae addere ein neues Gewebe beginnen *V.* **2.** Faden: triplici colore *V.* **3.** Band *O.*

līctor, ōris, *m.* Liktor [öffentlicher Diener der höheren Magistrate, meist Freigelassene. Sie gingen mit den geschulterten fasces einzeln hintereinander vor dem Beamten (Konsuln hatten 12, Diktatoren 24, Prätoren 6, kaiserliche Legaten 5), um Platz zu machen und etwaige Strafen zu vollziehen]; primus, proximus der [dem Beamten] zunächst gehende; *met.* Vertrauter *S.* E: viell. zu ligare 'fesseln'.

licuit *pf.* v. licet oder liquet.

liēn, ēnis *m.* Milz *Sp.*

ligāmen, inis u. **-mentum**, ī, *n.* (ligo) Binde, Band, Verband *OT.*

Ligārius, Q. L. [Parteigänger des Pompeius, von Cicero verteidigt, später Teilnehmer an der cassianischen Verschwörung]. Dav. **Ligāriāna** (oratio) die Rede für Ligarius.

Liger, eris, *m.* die L o i r e .

līgnārius, ī, *m.* (lignum) Holzhändler: inter lignarios 'auf dem Holzmarkt' [Örtlichkeit in Rom] *L.*

līgnātiō, ōnis, *f.* (lignor) das Holzfällen.

līgnātor, ōris, *m.* (lignor) Holzfäller.

līgneolus 3 von feiner Holzarbeit.   *Dem.* zu

līgneus 3 (lignum) hölzern.

līgnor 1. Holz holen, sammeln.   Von

līgnum, ī, *n.* **1.** Holz: ligna in silvam ferre = Überflüssiges tun *H.* **2.** *meton.* [hölzerne Gegenstände]: fatale Scheit *O*, inclusi ligno Achivi trojanisches Pferd *V*, fissum Speerschaft *V*, mobile Marionette *H.* E: zu lego, § 48: das 'Gesammelte'.

I. ligō 1. **1.** binden: mulam schirren *H*, pisces ligati festgefroren *O.* **2.** umwinden: crus fasciā *Ph*, vulnera veste verbinden *O*, guttura laqueo zuschnüren *O.* **3.** vereinigen: dissociata *O*, pacta schließen *Pr.*

II. ligō, ōnis, *m.* Erdhacke [zum Ausroden] *HOT.*

Ligurēs, um, *m.* die L. [Volk um Genua]; *sg.* (§ 29) **Ligus**, guris, *m. f.*; Landsch. **Liguria**, ae, *f. T*; *adi.* **Ligustīnus** 3 *L.*

ligūrriō 4. īvī (lingo, λείχω, § 8) belecken, von etw. naschen *H*; *met.* nach etw. lüstern sein.   Dav.

ligūrrītiō, ōnis, *f.* Naschhaftigkeit, Naschsucht.

ligustrum, ī, *n.* Liguster, Rainweide *VO.*

līlium, ī, *n.* (λείριον) L i l i e ; *met.* (milit.) 'Lilie' [trichterförmige Fallgruben mit Spitzpfählen in der Mitte].

Lilybaeon u. **-um**, ī, *n.* L. [Vorgebirge und St. in Sizilien]; *adi.* **Lilybītānus** u. **Lilybēïus** 3.

līma, ae, *f.* **1.** Feile. *CPh.* **2.** *met.* künstlerische Ausarbeitung, 'Feile'.

līmātus 3 u. *dem.* **līmātulus** 3 (limo) *met.* [von Schriftwerken] 'gefeilt', ausgefeilt, sorgfältig.

limbus, ī, *m.* Besatzstreifen, Bordüre, Saum *VO.* E: ai. lámbate 'hängt herab'.

līmen, inis, *n.* (wohl = *liqu-smen, § 30, Abs. 2, verw. mit ob-liquus, limes) **1.** Schwelle: b i l d l . portūs des Hafens der Ruhe *V.* **2.** *synecd.* Haus, Wohnung: sceleratum der Gottlosen *V.* **3.** *met.* Anfang: victoriae *Cu*, belli *T*, equi limen relinquunt den Ausgangspunkt der Rennbahn *V.*

līmes, itis, *m.* (vgl. limen) **1.** Querweg, Weg, Straße: transversi Seitenwege *L*; *met.* solitus Bett *O*, sectus in obliquum Tierkreis *O*, spatiosus Kometenbahn *O.* **2.** Rain, Grenze: partiri limite campum *V*, agro positus Grenzmark *V*, a Tiberio coeptus Grenzwall *T.*

Limnaeum, ī, *n.* L. [Hafenort in Akarnanien] *L.*

Limnātis, idis, *f.* v. Limnae [in Messenien] *T.*

līmō 1. (lima) **1.** feilen, glätten, abschleifen. **2.** vermindern, schmälern: commoda *H*, de altero, se ad aliquid sich auf etw. beschränken. **3.** genau untersuchen: veritatem.

līmōsus 3 (I. limus) schlammig.

limpidus 3 (v. altl. lumpa, §§ 74, 94) klar *Ca.*

limus   265   **litera** **L**

I. līmus, ī, *m.* Schlamm; *met.* malorum *O*, lēvis Kuhmist *V*, ad limum bis auf den Grund *V*.

II. līmus 3 (wohl statt *liqu-smus, § 30, Abs. 2, vgl. limen) schief, schielend *CH*; *subst.* **līmus**, ī, *m.* (*sc.* cinctus) Schurz [der Opferdiener; schräg mit Purpur besetzt] *V*.

Limyrē, ēs, *f.* L. [St. in Lykien] *O*.

līnctus *pt. pf. pass.* v. lingo.

Lindus, ī, *f.* L. [St. auf Rhodos].

līnea, ae, *f.* **1.** Richtschnur, Lot: feruntur rectis lineīs werden in geradliniger Bewegung gehalten; **occ.** Angelschnur *C*. **2.** Strich, Linie; *pl.* Skizze, Entwurf *Q*. **3. a.** Grenzlinie, Schranke: lineas transire überspringen. **b.** Einschnitt, Barriere [zwischen den Sitzreihen im Theater]: cogit nos linea iungi *O*; bildl. Ende, Ziel: rerum *H*.

  E: *f.* v. lineus, vgl. 'Leine'.   Dav.

līne(-i-)āmentum, ī, *n.* **1.** Strich, Linie: in geometria. *pl.* **2.** Umrisse: operum, deorum Konturen, Catonis Entwürfe. **3.** Züge: habitus oris lineamentaque *L*.

līneō 1. (linea) nach der Richtschnur richten *C*.

līneus 3 (linum) aus Leinen.

lingō 3. līnxī, līnctus (ai. lehmi, gr. λείχω, got. bi-laigōn, ahd. lĕcchōn) lecken *Pli*.

Lingonēs, um, *m.* die L. [kelt. Volk um Langres (§ 85, Abs. 3); auch am Po *L*]; *sg.* **Lingonus**, ī, *m. T.*

lingua, ae, *f.* (altl. dingua, § 90, Anm., got. tugga, § 10, ahd. zunga, § 12; wohl durch Volksetym., §§ 95 f., mit lingo vbd.) **1. Zunge**; *met.* **Landzunge** *L. meton.* **2. Rede**: linguam tenere schweigen *O*, commercia linguae Unterredung *O*, mala Behexung *CaV*, vatum Gesang *H*, volucrum Vogelgesang *V*, libera freimütig, Aetolorum Lästerzungen *L*; **occ.** Ruhmredigkeit *O*, Geschwätzigkeit *O*; **Redegabe**: consilio neque manus deest neque lingua. **3. Sprache**: Latina, Graeca.

lingula, ae, *f.* (*dem.* v. lingua) Landzunge.

līniāmentum s. lineamentum.

līni-ger 3 (linum, gero, § 66) mit Leinen bekleidet *O*.

linō 3. lēvī oder līvī, litum (gr. ἀλίνω) **1.** beschmieren, bestreichen: ferrum pice *L*; **occ.** vinum verpichen *H*; *met.* lita corpora guttis gefleckt *V*, splendida facta besudeln *H*. **2.** ausstreichen *O*.

linquō 3. līquī (λείπω, λιμπάνω, § 15) meist dicht. **1.** lassen, bleiben lassen: haec, severa *H*; serpentem seminecem in saxo *V*, socios ignotae terrae überlassen *V*, fugae laborem meiden *V*, habenas fallen lassen *V*, promissa nicht halten *Ca*. **2.** verlassen: terram; (animo) linqui ohnmächtig werden; *act.* linquente spiritu *Cu*.

linteātus 3 (linteum) mit Leinen bekleidet: legio *L*.

linter, tris, *f.* **1.** Trog, Mulde: arator cavat arbore lintres *V*. **2. occ.** Kahn; bildl. loqui in lintre beim Sprechen hin- und herschaukeln, sprichw. navigat hinc aliā iam mihi linter aquā = ich beginne etwas Neues *O*, in liquida nat tibi linter aqua = du hast jetzt eine gute Gelegenheit *Ti*.

Linternus = Liternus.

linteus 3 (viell. zu linum) Leinwand-: lorica *N*, libri auf Leinwand geschrieben *L*; *subst.* **linteum**, ī, *n.* **1.** Leinentuch, Laken *CCuPli*. **2.** Leinwand: in vela *L*. **3.** Segel: lintea dare ventis *O*.

lintriculus, ī, *m.* (*dem.* v. linter) kleiner Kahn.

līnum, ī, *n.* (gr. λίνον, got. u. ahd. līn) **1.** Flachs, Lein: lini seges *V*. **2.** [Gegenstände aus Flachs]: Schnur: linum incīdere; Angelschnur: moderabar harundine linum *O*; Tau: tortum *O*; Netz *VO*; Leinwand: vina lino vitiata durch Leinwand geseiht *H*, linum celans ulvam Leinentuch *O*.

Linus, u. **-os**, ī, *m.* L. [Sohn Apollos, Lehrer des Herkules in der Musik] *VO*.

līnxī *pf.* v. lingo.

Lipara, ae u. **-ē**, ēs, *f.* Lipari [die größte der Äolischen (Liparischen) Inseln]; *pl.* die Liparischen Inseln *L*; *adi.* **Liparaeus** 3 u. **Liparēnsis**, e.

lippiō, īre (lippus) triefäugig sein.

lippitūdō, inis, *f.* Augenentzündung.   Von

lippus 3 triefäugig *CH*.

liquĕ-faciō 3. fēcī, factus; *pass.* **liquefīō** (aus liquens facio, § 64, Anm., § 45) **1.** flüssig machen, schmelzen: viscera liquefacta faulend *V*. **2.** *met.* schwächen, entnerven.

liquēns s. liquet.

liquēscō 3. **1.** flüssig werden, schmelzen: dilapsa (corpora) liquescunt verwesen *O*. **2.** *met.* weichlich werden: voluptate.   *Incoh.* zu

liquet 2. liquit oder licuit flüssig, klar sein. [Nur in einzelnen Formen]: **liquēns** klar *V*; **liquet** es ist klar.

līquī *pf.* v. linquo.

liquidiusculus 3 sanfter *C*.   *Dem.* des *comp.* von

liquidus 3 (liquet, § 74) **1.** flüssig, fließend: nymphae Quellnymphen *O*, polenta liquido mixta mit Wasser *O*; *met.* klar, hell: lux *Cu*, caelum *O*, iter durch die Luft *V*, ignis *V*, Baiae mit klarem Wasser *H*; *met.* voces hell *V*, nox heiter *V*; liquidus est heiter, ruhig *C*; *subst.* ad liquidum bis zur Gewißheit *L*; *abl. adv.* liquido bestimmt, zuverlässig.

liquit *pf.* v. liquet.

liquō 1. (*causativum* zu liquet) **1.** schmelzen: liquatae guttae (dicht.). **2.** klären: vina *H*.

I. līquor 3. (zu liquet) flüssig sein, fließen: liquentia flumina *V*, gelidus umor liquitur *V*; *met.* zu Wasser werden *C*.

II. liquor, ōris, *m.* (liquet) **1.** flüssiger Zustand: aquae. **2.** Flüssigkeit: virgineus Wasser der **Aqua Virgo** *O*, fluidus verdorbene Säfte *V*; dicht. Wein, Meer.

Līris, is, *m.* Liri [Fl. in Latium; sein Unterlauf: Garigliano].

līs, lītis, *f.* (altl. stlīs, § 28, ahd. strīt) **1.** Streit: litem lite resolvere die eine Streitfrage mit einer neuen entscheiden wollen *H*. **2. occ.** Rechtsstreit, Prozeß: litem discernere arvis hintanhalten *V*, capitis Kapitalprozeß, adhuc sub iudice lis est *H*. **3. meton.** Streitsache, Streitobjekt: litem in suam rem vertere das Streitobjekt behalten *L*, aestimare abschätzen, die Strafsumme bestimmen, lis aestimata Strafsumme *N*, litem perdere Streitsache (und Prozeß) verlieren.

Lissus, ī, *f.* Lesh [St. in N-Albanien].

Litāna (silva) L. [Waldgebiet in Gallia cisalpina, 216 Niederlage der Römer durch die Gallier].

litātiō, ōnis, *f.* (lito) das glückliche Opfern *L*.

litera u. Ableitungen s. litt . . .

Līternum, ī, *n.* L. [St. in Kampanien] *L*; *adi.* **Līternus ager** Gebiet von L.; **Līternus**, ī, *m.* L. [Fl. ebendort] *L*; dav. **Līternīnum**, ī, *n.* Landgut bei Liternum.

liti-cen, inis, *m.* (lituus, cano, §§ 66 u. 41) Lituusbläser, 'Hornist'.

lītigātor, ōris, *m.* (litigo) prozeßführende Partei.

lītigiōsus 3 **1.** zänkisch, streitsüchtig: fora voller Prozesse *O.* **2.** streitig: praediolum.   Von

lītigium, ī, *n.* Zank, Streit *C.*   Von

lītigō 1. (v. *līt-igus 'qui litem agit', §§ 66 u. 41, vgl. iurgo) streiten, hadern, prozessieren.

litō 1. unter günstigen Vorzeichen opfern: *abl. abs.* non litato ohne Opfer *L*, animā Argolicā das Leben eines Argivers *V*; sacra *V*; victima nulla litat verspricht glücklichen Ausgang *O.*

lītorālis, e u. **lītoreus** 3 (litus) Ufer- *CaVO.*

littera, ae, *f.* **1. Buchstabe:** salutaris [A = absolvo], tristis [C = condemno], una et viginti das Alphabet, litteras discere lesen lernen, litteris parcere Papier sparen. *pl.* (d i c h t. auch *sg.*) *meton.* **2.** [alles Geschriebene]: publicae Urkunden, litteris confisi auf schriftliche Aufzeichnungen, litteris mandare (tradere) schriftlich niederlegen, dem Papier anvertrauen, quod litteris exstet soweit Aufzeichnungen vorhanden sind, libri litteraeque Bücher und Schriften *L*; *occ.* Protokolle, Ritualbücher, Rechnungen, Kaufkontrakte, Diplome, Akten u. a. **3. Brief:** alicui litteras dare, litteras mittere ad aliquem; unae ein Brief, binae zwei Briefe, litteris (per litteras) brieflich. **4. Literatur:** aliquid Latinis litteris mandare in die lat. Literatur einführen (übersetzen). **5. Wissenschaft, Gelehrsamkeit:** litterarum studiosus wissenschaftlich strebsam *N*, studia litterarum wissenschaftliche Bildung.   Dav.

litterārius 3 zum Lesen und Schreiben gehörig: ludus Elementarschule *T.*

litterātor, ōris, *m.* (litterae) Sprachgelehrter *Ca*; Elementarlehrer *Sp*; Halbgebildeter *Sp.*

litterātūra, ae, *f.* (littera) Alphabet *T.*

litterātus 3, *adv.* **ē** (litterae) **1.** wissenschaftlich gebildet: pueri *N*, litterate dicta geistreiche Einfälle, litteratius Latine loqui korrekter. **2.** gelehrt; *met.* otium.

litterula, ae, *f.* (*dem.* v. littera): minutae kleine Buchstaben, hoc litterularum Brieflein, Graecae ein bißchen Griechisch *H.*

litum *pt. pf. pass.* v. lino.

litūra, ae, *f.* (lino) **1.** das Ausstreichen, Korrektur [auf der Wachstafel] *H.* **2.** *meton.* das Ausgestrichene: nulla litura in nomine; *met.* Tränenflecken: littera (Brief) lituras habet *O.*

lītus, oris, *n.* **1. Meeresufer, Strand. 2. Seeufer, Flußufer:** Trasimena *O.* **3.** *synecd.* **Küste:** arandum Küstenstrich *V*, electio litorum der Sommerfrischen an der Küste *T.* S p r i c h w. litus arare = Vergebliches tun *O*, in litus harenas fundere = Überflüssiges tun *O.*

lituus, ī, *m.* der L. [**1.** Krummstab der Augurn. **2.** an einem Ende gekrümmtes Signalhorn der Reiterei]; *met.* Signal(geber): profectionis.

līveō, ēre, meist **līvēns 1.** bläulich, mißfarbig, dunkel sein *VO.* **2.** *met.* neidisch, scheelsüchtig sein: studiis *T.*

līvī *pf.* v. lino.

līvidus 3 (liveo, § 74) **1.** bläulich, blau: racemi Trauben *H.* **2.** *met.* neidisch.

Līvius 3 im *n. g.* **1.** M. L. Salinator (§ 82) [207 cos. mit C. Claudius Nero, Schlacht am Metaurus]. **2.** M. L. Drusus s. Drusus. **3.** Livia Drusilla s. Drusus. **4.** Livia (oder Livilla) [Schwester des Germanicus]. N i c h t d i e s e m G e s c h l e c h t g e h ö r e n a n : **1.** L. Andronicus [aus Tarent, 272 gefangen, Sklave des Livius Salinator, von dem er freigelassen wurde, der erste römische Dichter. Er übersetzte die Odyssee in Saturniern und begründete die römische Dramatik (240)]. **2.** T. Līvius [Historiker aus Padua (Patavīnus), 59 (?)—17 (?) n. Chr.].

līvor, ōris, *m.* (liveo) **1.** blauer Fleck *O.* **2.** *met.* Neid.

lixa, ae, *m.* (aus *liqusa zu liquor, ōris, §§ 17 u. 30) Marketender *SLT.*

locātiō, ōnis, *f.* (loco) Verpachtung; *meton.* Pachtvertrag.

locātor, ōris, *m.* (loco) Vermieter: fundi.

locitō, āre verpachten *C.*   *Frequ.* von

locō 1. (locus) **1. stellen, legen, setzen:** crates ad tumulum, milites in munimentis *S*, se sich lagern *V*, vicos bauen *T*, cohortes hibernaculis verlegen *T*; *met.* virtutem schätzen, homines in amplissimo gradu dignitatis. **2.** (eine Frau) **verheiraten:** virginem in matrimonium *C*, nuptum adulescenti *C.* **3.** (Geld) **anlegen, ausleihen** *C*; *met.* beneficia auf Zinsen anlegen *L.* **4. vermieten:** operam *C.* *occ.* **a. verpachten:** agrum frumento gegen den Zehnten *L.* **b. vergeben, verdingen:** simulacrum Dianae tollendum, secanda marmora *H.*

Locris, idis, *f.* L. [Landsch. in Mittelgriechenland] *L*; Einw. **Locrēnsēs** *L.* **Locrī**, ōrum, *m.* L. [gr. Kolonie in Bruttium]; Einw. **Locrī** u. **Locrēnsēs**. **Locrōē** (§ 91, Abs. 2) 'Lokroi' [Komödie des Menander] *Q.*

loculus, ī, *m.* (*dem.* v. locus) kleiner Raum *C*; *occ. pl.* Kästchen *HO.*

locuplēs, ētis, *abl.* i u. e, *gen. pl.* ium, *subst.* um **1.** begütert: pecuniosi et locupletes. **2.** reich, wohlhabend: urbes, regio *N*, munera *N*; mit *abl. H*; *met.* lingua, natura locupletior ad bene vivendum besser eingerichtet. **3.** *met.* vollgültig, zuverlässig: auctor; rei Schuldner *L.*

E: locus 'Landbesitz' + St. plē in plenus, vgl. loculus; § 66.   Dav.

locuplētō 1. bereichern: milites praedā *N.*

locus, ī, *m.* (altl. stlocus, § 28, mit Doppelplural: súnt plerúmque locí ín scriptís; loca súnt regiónes)

I. räumlich: 1. **Ort, Platz, Stelle**; *occ.* 2. **Posten, Stellung**; 3. **Wohnraum, -sitz, Wohnung**; 4. **Ortschaft**; *pl.* **Gegend.**

II. *met.* 1. **der rechte Ort**; 2. **Stelle** (in einer Reihenfolge); 3. **Rang, Ansehen**; 4. **Stand, Geburt**; 5. **Stelle** (im Buch), **Punkt.**

III. zeitlich: 1. **Zeitraum**; 2. **günstiger Zeitpunkt, Gelegenheit**; 3. **Umstand, Zustand.**

locusta   267   **lubricus** **L**

I. 1. editus Hügel *N*, superiora Anhöhen, superior Rednerbühne; natura loci Beschaffenheit des Geländes, iniquus, aequus (un)günstiges Gelände. **2.** m i l i t. locum tenere, relinquere, se loco tenere; *met.* loco cedere *N*. **3.** primus locus aedium der vorderste Raum *N*, laeti der Seligen *V*, loca tacentia = Unterwelt *V*, loca lautiaque Unterkunft und Verpflegung auf Staatskosten *L*. **4.** munita befestigte Plätze *N*, loca incolere *L*, patentia Ebenen. **II. 1.** non hic locus est, ut; maledicto nihil loci est findet nicht statt. **2.** priore loco zuerst, secundo an zweiter Stelle, in eorum locum succedere *N*, contendere de locis Offiziersstellen. **3.** maiorum locum restituere alicui, loco movere absetzen; filii loco esse statt, eodem loco habere ebenso behandeln, nullo loco numerare für nichts achten, habuit eum scribae loco als Schreiber *N*. **4.** honesto loco natus, equester. **5.** varietas locorum Abschnitte, communes Gemeinplätze [Stellen, die man auswendig lernte], philosophiae loci Partien. **III. 1.** [Selten u. u n k l a s s i s c h] : ad id locorum bis auf diese Zeit *LS*, postea loci hinterher *S*, ad locum auf der Stelle, alsbald *L*. **2.** hoc loco libet aliquid interponere *N*, multis locis bei vielen Gelegenheiten *N*, probandae virtutis, seditionis *L*, (in) loco zur rechten Zeit *H*. **3.** quo in loco res esset, meliore loco erant res nostrae, graviter tuli in eum me locum adduci auf den Standpunkt zu kommen.

lŏcusta, ae, *f.* Heuschrecke *CLT*.

locūtiō, ōnis, *f.* (loquor) Sprache, Aussprache.

Locūtius s. Aius.

locūtus *pt. pf. act.* v. loquor.

logēum u. **-īum**, ī, *n.* (λογεῖον, § 91, Abs. 2) Archiv.

logus, ī, *m.* (λόγος) Wort *C*.

lolium, ī, *n.* Schwindelhafer, L o l c h [schädlich für die Augen] *VHOSp*.

lollīgō, inis, *f.* Tintenfisch, Sepia *HSp*.

Lollius, M. L. Paullinus [von den Germanen 16 geschlagen (clades Lolliana), Günstling des Augustus] *HT*.

lŏmentum, ī, *n.* (lavo) Waschmittel.

Londinium, ī, *n.* L o n d o n *T*.

long-aevus 3 (longus, aevum) hochbetagt *VO*.

longē (*adv.* zu longus) **1.** r ä u m l i c h : weit, lang: gradi weit ausschreiten *V*, longe lateque weit und breit, l. a domo; *met.* l. illi mater dea erit wird fern sein *V*, longius abire abschweifen, longius fari ausführlicher *V*, gemitum audimus l. von weither *V*. **2.** z e i t l i c h: weit, lange: l. ante lange vorher. **3.** v e r s t ä r k e n d : weit, bei weitem: l. aliō spectare ganz anderswohin *N*, oppidum l. maximum weitaus; l. melior *V*.

longinquĭtās, ātis, *f.* **1. a.** Weite: itineris *T*. **b.** Entfernung: regionum Abgelegenheit *T*. **2. a.** Länge, lange Dauer: temporis. **b.** Langwierigkeit: doloris.   Von

longinquus 3 (v. longe, wie propinquus v. prope) **1. entfernt wohnend, fremd:** nationes, hostis. **2. entlegen, entfernt:** longinqua imperii die entlegenen Teile *T*, cura Sorge um fernliegende Gegenstände *L*. **3. fernstehend** (Gegs. propinquus). *met.* **4. lang:** in longinquum tempus differre auf ferne Zeit, spes entfernt *T*. **5. langwierig:** oppugnatio.

longitūdō, inis, *f.* (longus) **1.** [räumlich] Länge: agminis. **2.** [zeitlich] Länge: noctis.

longiusculus 3 (*dem.* zu longior) ziemlich lang.

Longobardī s. Langobardi.

Longula, ae, *f.* L. [volskische St. bei Corioli] *L*.

longulus 3, *adv.* **ē** (*dem.* v. longus) ziemlich lang, weit.

longurius, ī, *m.* Latte, Stange.   Von

longus 3 (vgl. got. laggs, ahd. lang) **1.** r ä u m l i c h **a.** lang: vestis, via *V*, navis Kriegsschiff; homo longior 'Hopfenstange' *C*; d i c h t. **weit:** freta *O*, pontus *H*. **b. weitläufig:** longum est omnia enumerare es wäre zu weitläufig *N*, oratio, ne longum faciam um nicht weitläufig zu werden *H*. **2.** z e i t l i c h **a.** lang: vita (anni *V*), syllaba *H*; in longiorem diem conferre auf einen späteren Termin verschieben. **b. langwierig:** morbus chronisch *L*, error *L*, spes weitaussehend *H*, spe longus der weit hinaus hofft *H*. A d v. longum clamare laut, weithin *VH*, laetari lang *V*; in longum auf lange Zeit *VT*, ex longo seit langem *V*.

loquācĭtās, ātis, *f.* Geschwätzigkeit.   Von

loquāx, ācis, *adv.* **iter** (loquor) geschwätzig, redselig; *met.* ranae quakend *V*, stagna lärmend *V*, nidus voll zwitschernder Jungen *V*, lymphae murmelnd *H*.

loquēla, [auch (§ 40)] **loquella**, ae, *f.* (loquor) Rede, Wort *Lukrez V*; **occ.** Sprache: Graia *O*.

loquentia, ae, *f.* Zungenfertigkeit *Pli*.   Von

loquor 3. locūtus sum (§ 17) [vom G e s p r ä c h s ton im Gegs. zur R e d e] **1.** *intr.* sprechen: Graecā linguā *N*, Latine, male übel nachreden; pinūs loquentes rauschend *V*, loquens coma (Laub) *Ca*. **2.** *trans.* sagen, besprechen, behaupten: vineas testudinesque von ... reden *L*, Catilinam sprechen von ..., proelia besingen *H*, nomen nennen *O*, furta ausplaudern *O*.

lōrārius, ī, *m.* (lorum) Zuchtmeister [der Sklaven] *C*.

lōrīca, ae, *f.* (v. lorum wie lectica v. lectus) **1.** Brustpanzer, Panzer [urspr. Lederpanzer, dann l. serta *N*, l. conserta hamis *V* Kettenpanzer, l. squamata Schuppenpanzer, l. segmentata Schienenpanzer (aus Metallstreifen auf Leder gefertigt)]. **2.** *met.* Brustwehr [an Mauern und Schanzen].   Dav.

lōrīcātus 3 gepanzert: equites Panzerreiter *L*.

lōrum, ī, *n.* **1.** Riemen. **occ. 2.** Zügel: inter lora im Fahren *V*. **3.** Peitsche: loris uri *H*.

E: wohl für *vlōrum, verw. mit τὰ εὔληρα 'Zügel' *Homer*.

lōtos, u. **-us**, ī, *f.* (λωτός) **1.** Lotos(frucht) *VPrO*; *meton.* Flöte aus Lotosholz *VO*. **2.** *m.* Dattelpflaume. **3.** Steinklee *V*.

I. lōtus *pt. pf. pass.* oder *med.* v. lavo.

II. lōtus = lotos.

Lua, ae, *f.* (luo) *L*. [Göttin der Sühne] *L*.

lubēns, Lubentīna, lubet, lubīdō s. libens usw.

lūbricus 3 **1.** schlüpfrig, glatt: glacies *L*, anguis *V*; *subst. n.* lubricum paludum schlüpfiger Sumpfboden *T*; *met.* temptasti lubricus artes betrügerisch *V*. *met.* **2.** unsicher, gefährlich: locus; vultus verführerisch *H*; *subst. n.* in lubrico versari, adulescentiae die unsichere Zeit *T*. **3.** leichtbeweglich: oculi, Simois rasch fließend *H*.

E: got. sliupan 'schleichen', ahd. sliofan 'schlüpfen'.

Luca   268   **ludus**

Lūca, ae **1.** *f.* Lucca [St. in der Toskana]; *adi.* **Lūcēn-sis**, e. **2.** *m.* bos Luca lukanischer Ochs = Elefant *CLukrezSp.*

Lūcānī, ōrum, *m.* die L.; **Lūcānia**, ae, *f.* L. [Land der Lukaner, in Unteritalien]; *adi.* **Lūcānus** 3.   Dav.

lūcānica, ae, *f.* Räucherwurst.

Lūcānus s. Annaeus.

lūcar, āris, *n.* Schauspielergehalt *T.*
    E: §§ 38, 1 b u. 87, v. lucus; urspr. 'Forststeuer'.

lucellum, ī, *n.* (*dem.* v. lucrum, § 42) kleiner Gewinn.

lūceō 2. lūxī (lux, §§ 48 u. 52) **1.** leuchten, hell sein; u n p e r s. lucet es ist Tag, unde lucet woher die Klarheit kommt *Sp.* **2.** deutlich sein.

Lūcerēs, um, *m.* L. [Angehörige der dritten patriz. Urtribus in Rom; s. Titienses, Ramnes].

Lūceria, ae, *f.* L. [St. in Apulien]; *adi.* u. Einw. **Lūcerīnus.**

lucerna, ae, *f.* (lux) Öllampe.

lūcēscō 3., auch **lūcīscō**, lūxī (*incoh.* v. luceo) **1.** u n p e r s. es wird hell, es wird Tag. **2.** anbrechen: novus sol lucescit *V.*

lūcidus 3, *adv.* **ē** (luceo, § 74) **1.** hell, leuchtend: amnis klar *O*, Alcyone glänzend weiß *O*, lucidum (*n. adv.*) fulgere *H.* **2.** *met.* deutlich, klar *H.*

lūci-fer 3 (lux, fero, § 66) **1.** lichtbringend: equi [der Mondgöttin] *O*; *subst.* **Lūcifer**, erī, *m.* L. [Morgenstern, Planet Venus; im Mythos Sohn der Aurora]; *meton.* Tag *O.* **2.** ans Licht bringend: manūs [der Geburtsgöttin] *O*; Diana Lucifera [Geburtsgöttin].

lūci-fugus 3 (lux, fugio, § 66) lichtscheu *V.*

Lūcīlius, C. L. [aus Suessa Aurunca, 180—103, Freund des jüngeren Scipio, Satiriker].

Lūcīna, ae, *f.* (lux) **1.** L. [Geburtsgöttin in Gestalt der Juno *CV* oder Diana *Ca*]; *meton.* Lucinam pati kalben *V.* **2.** L. [= Hekate als Urheberin schwerer Träume] *Ti.*
    E: 'die ans Licht bringende' (Göttin).

lūcīscō s. lucesco.

lucrātīvus 3 (lucror) gewonnen, erübrigt.

Lucrētilis, is, *m.* L. [Berg nördl. von Tivoli] *H.*

Lucrētius, T. L. Carus [gest. 55, Verfasser des philos. Lehrgedichtes De rerum natura].

lucrī-faciō s. lucrum.

Lucrīnus, ī, *m.* Lukriner See [bei Baiae]; auch *adi.*

lucri-peta, ae, *m.* (lucrum, peto, § 66) gewinnsüchtig *C.*

lucror 1. (lucrum) gewinnen.

lucrōsus 3 gewinnreich, vorteilhaft *T.*   Von

lucrum, ī, *n.* **1.** Gewinn, Vorteil: lucrum (lucri) facere Gewinn ziehen, gewinnen, in lucro est es ist vorteilhaft, de lucro vivere von anderer Leute Gnade *L. meton.* **2.** Reichtum *H.* **3.** Habsucht: domus ob lucrum concidit *H.*

luctāmen, inis, *n.* u. **luctātiō**, ōnis, *f.* (luctor) das Ringen, Anstrengung *VL.*

luctātor, ōris, *m.* (luctor) Ringer *COSp.*

lūcti-ficus 3 (luctus, facio, § 66) unheilvoll.

lūcti-sonus 3 (luctus, sonus, § 66) kläglich *O.*

luctor 1. **1.** ringen. **2.** *met.* kämpfen, sich abmühen; mit *dat. H, inf. V.*

lūctuōsus 3, *adv.* **ē 1.** trauerbringend: bellum, dies. **2.** trauervoll: Hesperia *H.*   Von

lūctus, ūs, *m.* (lugeo) **1.** (offenkundige) Trauer: mutatio vestis luctūs causā, luctu perditus ganz aufgelöst in Trauer. *meton.* **2.** Trauerkleidung: erat in luctu senatus, amissae sororis *T.* **3.** Grund zur Trauer: tu luctus eras levior *O.*

lūcubrātiō, ōnis, *f.* (lucubro) Nachtarbeit.

lūcubrātōrius 3 zur Nachtarbeit geeignet *Sp.*   Von

lūcubrō 1. (*lūcubrum v. luceo, wie terebrum v. tero; u statt e nach § 41) bei Licht arbeiten *L.*

lūculentus 3, *adv.* **ē** u. **ter** (lux) **1.** lichtvoll, hell: caminus. **2.** *met.* glänzend, bedeutend, stattlich, ansehnlich: luculente dicere trefflich, plaga tüchtig, auctor.

Lūcullus s. Licinius; *adi.* **Lūculliānus** 3.

lūculus, ī, *m.* (*dem.* v. lucus) kleiner Hain *Sp.*

lūcus, ī, *m.* **1.** heiliger Hain. **2.** Wald *VO.*
    E: luceo, eigtl. 'Lichtung', vgl. ahd. lōh 'bewachsene Lichtung'.

lūcusta = locusta.

lūdibrium, ī, *n.* (ludo) **1.** Spiel, Spielzeug: oculorum Blendwerk *Cu.* **2.** *met.* Spott, Hohn: ludibrio esse zum Gespött dienen, corporum Schändung *Cu.*

lūdibundus 3 (ludo) **1.** spielend, Kurzweil treibend *L.* **2.** ohne Mühe, ohne Gefahr, unvermerkt.

***lūdicer**, *lūdicrus, lūdicra, um (ludus) **1.** kurzweilig, spaßhaft; *n. pl. subst.* Tändeleien *H.* **2.** zum Schauspiel gehörig: res Bühnendichtung *H*, spectaculum Schauspiel *Cu*, modus Schauspielerart *T*; *subst.* **lūdicrum**, ī, *n.* Schauspiel: Isthmiorum die Isthmischen Spiele *L.*

lūdificātiō, ōnis, *f.* das Necken, Verspotten.   Und

lūdificātor, ōris, *m.* der jemd. zum besten hält *C.*   Von

lūdificō 1. (*lūdificus, §§ 66 u. 41) zum Narren halten, foppen, necken, täuschen; gew. *dep.* **lūdificor** 1.: corium durchbläuen *C*; *occ.* vereiteln, hintertreiben: locationem *L.*

lūdī-magister, trī, *m.* (§ 67; auch getrennt) Schulmeister.

lūdiō, ōnis u. **lūdius**, ī, *m.* (ludus) der Pantomime.

lūdō 3. sī, sus (§ 36) **1.** tanzen: cumba ludit in lacu *O*, ursi et elephanti luserunt *L*, iubae ludunt flattern *V.* **2.** spielen: pilā; *trans.* par impar Gerade oder Ungerade *H*, operam (= perdere) sich vergeblich bemühen *C.* **3.** etw. **zum Spiel (Zeitvertreib) tun**: modis bucolicis sich … befassen *O*, plurima nocte scherzen *V*, pastorum carmina *V*, opus Häuschen bauen *H*, non ludo ich scherze nicht *H.* **4. verspotten**: orationem. **5. täuschen**: deus lusus veste *O.*   Dav.

lūdus, ī, *m.* **1.** k o n k r. **a. Spiel**: aetatis die Freuden der Jugend *L.* **b.** meist *pl.* **Schauspiele, öffentliche Spiele**: ludos spectatum ire ins Theater gehen *N*, ludos facere veranstalten, committere beginnen *L*, ludis zur Zeit der Spiele *L*; *meton.* Naevii Drama. **c. Gladiatorenschule**: gladiatores in ludo habere, Aemilius Gladiatorenkaserne *H.* **d. Elementarschule**: magister ludi (vgl. ludimagister), ludum habere, exercere Schule halten *T.* **2.** a b s t r. **a. Spiel, Kurzweil, Spaß**: per ludum, ludo et ioco uti, ludos facere aliquem mit jemd. sein Spiel treiben *C.* **b. Kleinigkeit**: illa perdiscere ludus est.

lues, is, *f.* (zu I. luo) **1.** Seuche *VO.* **2.** *met.* Unheil, Verderben: l. asperrima [vom Erdbeben] *T.*

Lugdūnum, ī, *n.* Lyon *T*; *adi.* Lugdūnēnsis, e *T.*

lūgeō 2. lūxī **1.** in Trauer, traurig sein; *trans.* betrauern; campi lugentes Trauergefilde *V.* **2.** Trauer tragen: eum um ihn *L.*
E: vgl. λευγ-αλέος, λυγρός 'traurig'.

Lugiī, ōrum, *m.* die L. [germ. Stamm zwischen Oder u. Weichsel] *T.*

lūgubris, e (lugeo) **1.** Trauer-: cultus u. *subst.* lūgubria, ium, *n.* Trauerkleidung, lamentatio Totenklage, cantus *H.* **2.** trauernd, traurig: domus *L*, bellum unheilvoll *H*, cometae lugubre (*adv.*) rubent *V*, ales lugubris *H* unheilverkündend.

luī *pf.* v. I. luo.

lumbus, ī, *m.* (ahd. lentin) Lende.

lūmen, inis, *n.* (aus *lūc-smen [zu lux, luceo], *leucsmen, §§ 48, 52, 30) **1.** (konkr.) Licht: lumini oleum instillare, sub lumina prima in der ersten Abenddämmerung *H*, lata Fenster. **2.** occ. **a.** Tages-, Lebenslicht: lumine quarto am vierten Tag *V*, cassus lumine des Lebens beraubt *V*, lumen linquere *V.* **b.** Augenlicht; *meton.* Auge: lumina amittere, lumina fodere (effodere) alicui die Augen ausstechen *VO. met.* **3.** Licht, Leuchte: civitatis, omnium gentium, ducum Zierden *V.* **4.** Schmuck, Glanz: Graeciae Zier, probitatis glänzendes Beispiel, litterarum, eloquentiae. **5.** Klarheit: memoriae lumen adferre. Dav.

lūmināria, ium, *n.* Fensterläden.

lūminōsus 3 (lumen) lichtvoll.

lūna, ae, *f.* (*lūc-sna zu luc-eo, lux, § 30) **1.** Mond: nova Neumond, plena Vollmond, per (ad) lunam im Mondschein *V*, minor abnehmend *H*, crescens zunehmend, luna deficit, laborat verfinstert sich; *meton.* roscida tauige Mondnacht *V*, sequentes ordine Mondphasen *V.* **2.** Person. Luna [Mondgöttin]. **3.** *meton.* Monat: celeres *H.*

Lūna, ae, *f.* L. [St. in Etrurien] *L*; Lunae portus [Hafen bei La Spezia]; *adi.* Lūnēnsis, e *L.*

lūnāris, e (luna, § 75, Abs. 2) **1.** Mond-: cursus Mondbahn. **2.** halbmondähnlich: cornua *O.*

lūnō 1. (luna) halbmondförmig krümmen: aciem *Pr*; lunatus halbmondförmig: peltae *V.*

lunter = linter.

I. luō 3. luī **1.** büßen: pericula durch Buße abwenden *L.* **2.** bezahlen: aes alienum *Cu.* **3.** erleiden: poenam (poenas); peccata Strafe erleiden für *L.*
E: gr. λύω 'lösen'.

II. *luō 3. = lavo, nur in *Composita*: ab-luo usw.

lupa, ae, *f.* (lupus) Wölfin *HLPr*; *met.* Dirne. Dav.

lupānar, āris, *n.* (§§ 87 u. 38, 1 b) Bordell *T.*

lupātus 3 (lupus) mit Wolfszähnen [d. h. Eisenspitzen] versehen: lupata (frena) Wolfsgebiß [Kandare mit scharfen Zacken] *VH.*

Lupercal, Lupercalia s. Lupercus.

Lupercus, ī, *m.* (lupus) L. [altröm. Hirten- u. Fruchtbarkeitsgott, dem Faunus gleichgesetzt; seine Priester, **Lupercī**, feierten im **Lupercal**, ālis, *n.* (§ 87), einer Grotte am Palatin, am 15. Februar das Fest **Lupercālia**, ium oder ōrum, *n.* (Lupercal ludicrum *L*, sacrum Lupercale *Sp*)].

Lupia, ae, *f.* die Lippe [Fl. in Westfalen] *T.*

lupīnus 3 (§ 75) vom Wolf; *subst.* **lupīnum**, ī, *n.* Wolfsbohne *V*; Spielmarke *H.* Von

lupus, ī, *m.* (ai. vŗka-s, gr. λύκος, got. wulfs) Wolf [dem Mars heilig]; ambiguus Werwolf; Sprichw. l. in fabula [vom plötzlichen Erscheinen des Besprochenen]; l. non curat numerum 'der Wolf frißt auch die gezählten Schafe' *V*; cautus l. metuit foveam 'das gebrannte Kind scheut das Feuer' *H*; hac urget l., hac canis *H*; lupum auribus tenere *CSp. Met.* **a.** Seebarsch: Tiberinus *H.* **b.** Wolfsgebiß: equus lupos accipit *O*; (s. lupatus). **c.** Feuerhaken: ferrei *L.*

lurcō, ōnis, *m.* Schlemmer: edax *C.*
E: lurcari 'gierig fressen'.

lūridus 3 blaßgelb, gelb: pallor, horror 'bleicher Schrecken' *O.*

luscinia, ae, *f.* u. -ius, ī, *m. Ph* Nachtigall *H.*

luscitiōsus 3 nacht-, halbblind *C.* Von

luscus 3 einäugig; schielend, blinzelnd *Sp.*

lūsī *pf.* v. ludo.

lūsiō, ōnis, *f.* (ludo, § 36) Spiel.

Lūsitānia, ae, *f.* L. [Land im SW der Pyrenäenhalbinsel]; Einw. **Lūsitānī**, ōrum, *m.*

lūsitō 1. āvī (Doppelfrequ. zu ludo) spielen *C.*

lūsor, ōris, *m.* (ludo, § 36) Spieler: tenerorum amorum Dichter tändelnder Liebeslieder *O.*

lūstrālis, e (II. lustrum, § 75, Abs. 2) **1.** sühnend: sacrificium Sühnopfer *L*, aqua Weihwasser *O.* **2.** alle 5 Jahre stattfindend: certamen *T.*

lūstrātiō, ōnis, *f.* (II. lustro) Sühnopfer *L*; *met.* Wanderung, Durchwanderung; *synekd.* Musterung *L.*

I. lūstrō 1. (*lūc-strum v. luceo) erhellen.

II. lūstrō 1. (II. lustrum) **1.** reinigen, (ent)sühnen: Capitolium *L.* **2.** [da mit dem Lustralopfer eine Heerschau verbunden war] mustern: exercitum *LT*, animas *V*, lumine [mit den Augen] corpus *V. met.* **3.** bereisen, durchwandern: terras, aequor *V*; regem choreis umtanzen *V*, agros um die Felder ziehen *V*, pericula durchmachen *V.* **4.** erwägen: omnia ratione.

I. lustrum, ī, *n.* **1.** Morast; Lager des Wildes *VO.* **2.** Bordell: lustris confectus durch Ausschweifung.
E: vgl. λῦμα 'Schmutz'.

II. lūstrum, ī, *n.* **1.** Reinigungsopfer [das die Zensoren alle fünf Jahre am Schluß der Amtszeit darbringen (l. facere)]; l. condere die Zensur beenden. **2.** *meton.* fünf Jahre, Lustrum; *occ.* Pachtperiode *Pli.*

I. lūsus *pt. pf. pass.* v. ludo.

II. lūsus, ūs, *m.* (*lūd-tus, § 36, v. ludo) Spiel, Scherz: trigon Ballspiel *H*, calculorum Brettspiel *Pli*, inepti poetische Spielereien *O*; Liebesspiele *O.*

lūteolus 3 (*dem.* v. lūteus) gelblich, gelb *V.*

Lūtētia, ae, *f.* Paris [St. der Parisii, § 85, Abs. 3].

I. luteus 3 (lutum) **1.** aus Kot: opus *O.* **2.** *met.* nichtsnutzig: negotium Bagatelle.

II. lūteus 3 (lūtum) gelb: Aurora *V*; pallor 'bleich' *H.*

lutitō, āre (lutum) besudeln *C.*

lutōsus *Sp* u. **lutulentus** 3 (lutum) kotig, schmutzig.

I. lutum, ī, *n.* (wahrsch. zu *luo = polluo, lues) Kot, Lehm; *occ.* Torferde *Sp*; sprichw. in luto haesitare im Dreck stecken, 'in der Tinte sitzen' *C*; [als Schimpf-

lutum — 270 — **macer**

wort]: Schmutzfink *C*, o lutum, lupanar du Mist-stück *Ca*.

II. lūtum, ī, *n*. Wau [eine gelbfärbende Pflanze] *V*; *met-on*. gelbe Farbe, Blässe *Ti*.

lūx, lūcis, *f*. (gr. λευκός, § 52, ahd. liocht) **1. Licht, Helle, Helligkeit:** luce clarius sonnenklar; *met*. haec urbs lux orbis Sonne. **2. occ. a. Tag:** bes. *locat*. luci oder luce am Tag, prima luce bei Tagesanbruch, multa luce hoch am Tag, ante lucem vor Tag. **b. Leben:** finis huius lucis, mea lux mein Herz [Kosewort]. **c. Auge:** damnum lucis ademptae *O*. met. **3. Licht, Öffent-lichkeit:** forensis, e tenebris in lucem vocare bekannt machen, Asiae. **4. Rettung, Heil:** lucem adferre rei p., Dardaniae = Hektor *V*. **5. Erleuchtung, Aufklä-rung:** historia lux veritatis, sententiae lucem deside-rant.

lūxī *pf*. v. luceo oder lucesco oder lugeo.

luxō 1. (λοξόω) aus der Lage bringen: machinas *Sp*.

luxuria, ae u. **-ēs,** ēī, *f*. (luxus) **1.** üppiges Wachstum, Üppigkeit: segetum üppige Triebe *V*. **2.** met. Überfluß, Üppigkeit, Genußsucht: haud salubris schädlicher Übermut *L*; *meton*. agrestis verschwenderische Bauern; (*rhet.*) Überfülle der Rede *Sp*.   Dav.

luxuriō 1. āvī (*dep. O*) **1. üppig wachsen, üppig sein:** luxuriat humus *O*; bildl. laetitia luxuriat schwillt an *L*, luxuriantia compescere die üppigen Triebe be-schneiden *H*. met. **2. strotzen:** pectus luxuriat toris von Muskeln *V*. **3. übermütig springen:** in pratis luxu-riat pecus *O*. **4. ausarten, ausschweifen, schwelgen:** littera luxuriata malo *O*, otio *L*, nimiā gloriā *L*.

luxuriōsus 3, *adv*. **ē** (luxuria) **1.** üppig: seges *O*. met. **2.** ausgelassen: laetitia *L*. **3.** ausschweifend, schwelge-risch: otium *S*, luxuriose vivere *N*.

luxus, ūs, *m*. **1.** üppige Fruchtbarkeit *V*. **2.** Üppigkeit, Pracht: regalis *V*. **3.** Ausschweifung, Liederlichkeit, Schlemmerei.

Lyaeus, ī, *m*. L. [λυαῖος 'Sorgenbrecher'; Beiname des Bacchus]; *meton*. Wein; *adi*. latex *L*. *V*.

Lycaeus, ī, *m*. L. [Gebirge in Arkadien] *VO*; *adi*. col-lis *O*.

Lycambēs, ae, *m*. L. [ein Parier, der von Archilochos durch Spottverse in den Tod getrieben wurde] *H*.

Lycāōn, onis, *m*. L. [König von Arkadien, Vater der Kalli-sto (Lycāonia oder Lycāonis, idis, *f*.)]; *adi*. Lycāo-nius 3: Arctos der Große Bär, axis nördlich.

Lycāonia, ae, *f*. L. [Landsch. in Kleinasien]; *adi*. Lycāo-nius 3.

Lycēum oder **-īum,** ī, *n*. das L. [Gymnasium in Athen, in dem Aristoteles lehrte].

lychnūchus, ī, *m*. (λυχνοῦχος) Leuchter, Lampe.

lychnus, ī, *m*. (λύχνος) Lampe *V*.

Lycia, ae, *f*. Lykien [Landsch. im SW Kleinasiens]; Einw. **Lyciī,** ōrum, *m*.; *adi*. Lycius 3: hasta [des Sarpe-don] *O*, deus = Apollo *Pr*, sortes [des Apollo-Orakels in Patara] *V*.

Lycomēdēs, is, *m*. L. [König von Skyros].

Lycormās, ae, *m*. L. [Fl. in Ätolien] *O*.

Lyctius 3 kretisch [v. der St. Lyctos] *VO*.

Lycūrgus, ī, *m*. **1.** L. [König der Edoner in Thrakien, von Bacchus mit Wahnsinn bestraft]. **2.** L. [der ber. Gesetz-geber der Spartaner]; dav. **Lycūrgēī,** ōrum, *m*. Anhän-ger des L., [appellativ]: strenge Tadler: nosmet ipsi, qui L. a principio fuissemus. **3.** L. [athenischer Redner].

Lycus, ī, *m*. L. [**1.** Nebenfl. des Mäander *CuO*. **2.** Fl. in Paphlagonien *O*].

Lȳd(i)us 3 lydisch; *subst*. **Lȳdus,** ī, *m*. Lydier; **Lȳdia,** ae, *f*. Lydien [Landsch. der kleinasiatischen Westküste. Angeblich sind die Etrusker aus Lydien eingewandert]; daher dicht. Lydius = etrurisch, Lydi = Etrusker *V*.

lympha, ae, *f*. (νύμφη, § 38, 1 b) **1.** Quellnymphe: ira-tae *H*. **2.** *meton*. klares Wasser: fluvialis *V*.   Dav.

lymphāticus u. **lymphātus** 3 wahnsinnig, außer sich.

Lyncēstae, ārum, *m*. die L. [Stamm im SW von Makedo-nien, in dessen Gebiet sich ein Quell (**Lyncēstius** am-nis *O*) befand, dessen Wasser betrunken machte].

Lyncēus, eī, *m*. (verw. mit λύγξ) L. [scharfsichtiger mes-senischer Heros]; sprichw. Lyncei oculi *H*; ap-pellativ: tam Lynceus = so scharfsichtig; *adi*. **Lyncēus** 3; *patr*. **Lyncīdēs,** ae, *m*. = Perseus *O*.

Lyncus, ī, *f*. L. [Hauptst. der Lyncestae] *L*.

lynx, ncis, *m. f*. (λύγξ) Luchs *VHO*.

lyra, ae, *f*. (λύρα) **1.** Lyra, Laute. *meton*. **2.** Lied, Lyrik: iocosa *H*. **3.** Lyra [Sternbild] *O*.

Lyrcēus 3 lyrkeisch [vom Lyrkeion, einem Gebirge an der Grenze der Argolis und Arkadiens]: arva *O*.

lyricus 3 (λυρικός) lyrisch; *subst. m*. Lyriker *QPli*; ly-rica, ōrum, *n*. Oden *Pli*.

lyristēs, ae, *m*. (λυριστής) Lautenspieler *Pli*.

Lyrnēsos u. **-ēssus,** ī, *f*. (§ 29 am Ende) L. [St. in der Troas, Geburtsort der Briseis = Lyrnēsis, idis, *f*.]; *adi*. **Lyrnēsius** 3 *VO*.

Lȳsander, drī, *m*. L. [**1.** spartanischer Feldherr. **2.** Ephore, 224—240, der die lykurgische Verfassung wiederherstellen wollte].

Lȳsiās, ae, *m*. L. [ber. athenischer Redner].

Lȳsimachīa, ae, *f*. L. [St. in Thrakien]; Einw. **Lȳsima-chiēnsēs** *L*.

Lȳsippus, ī, *m*. L. [ber. Erzgießer aus Sikyon zur Zeit Alexanders d. Großen].

M

M als Zahlzeichen = 1000, eigtl. Φ (gr. Φ).

M. Abkürzung = Marcus, in Ciceros Tuskulanen = magister; M'. = Manius.

Macedō, onis, *m*. Makedonier; *adi*. **Macedonicus** u.

-ius 3 makedonisch; **Macedonia,** ae, *f*. Makedonien.

macellārius, ī, *m*. Fleischwarenhändler *Sp*.   Von

macellum, ī, *n*. (μάκελλον) Fleischmarkt.

macer, cra, crum (μακρός, ahd. magar) mager. Als

maceria 271 **magis** **M**

nomen pr. (§ 82, Abs. 2) C. Licinius M. [Historiker, tr. pl. 73]; Aemilius M. [Dichter, Freund Vergils u. Ovids] *O.*

māceria, ae, *f.* Lehmmauer; Behelfsverschanzung.

mācerō 1. mürbe machen, beizen *C*; *met.* entkräften, quälen, aufreiben.

macēscō, ere (*incoh.* v. maceo zu macer) abmagern *C.*

machaera, ae, *f.* (μάχαιρα) Schwert *C.*

machaerophorus, ī, *m.* Schwertträger, Trabant.

Machāōn, onis, *m.* M. [Arzt, Sohn des Äskulap]; *adi.* Machāonius 3 *O.*

māchina, ae, *f.* (dor. μαχανά = μηχανή, §§ 90 u. 91, Abs. 3) **1.** M a s c h i n e [jedes mechanische Werkzeug, wie Rolle, Hebel, Walze, Winde]; Kriegsgerät, Belagerungsmaschine: m. inspectura domos *V*, quae m. belli? *V*; emere de machinis vom Schaugerüst *Q. Cicero*; picturae Staffelei *Sp.* **2.** *met.* Kunstgriff, List.

māchināmentum, ī, *n.* (machinor) Maschine *LT.*

māchinātiō, ōnis, *f.* (machinor) **1.** Mechanismus, Getriebe: navalis, quibusdam bestiis machinatio data est mechanische Fertigkeit. **2.** *meton.* Maschine.

māchinātor, ōris, *m.* **1.** Maschinenbauer, Ingenieur: bellicorum tormentorum *L*, magistris et machinatoribus nach Anweisung und unter der baulichen Leitung *T.* **2.** *met.* Anstifter, Urheber: scelerum. Von

māchinor 1. (machina) ersinnen, anstiften, bewerkstelligen: in aliquem pestem, alicui necem *L*; *pt. pf.* auch passiv *S.*

maciēs, ēī, *f.* (maceo, vgl. macer) Magerkeit.

macilentus 3 (maceo) mager *C.*

I. Macra, ae, *m.* M a g r a [Grenzfluß Etruriens gegen Ligurien] *L.*

II. Macra cōmē (μακρὰ κώμη) M. [Ort in Lokris] *L.*

macrēscō, ere (macer, § 74) mager werden *H.*

Macrī campi [Ebene in Gallia cispadana] *L.*

macritūdō, inis, *f.* (macer) Magerkeit *C.*

macrocollum, ī, *n.* (μακρόκολλον) großformatiges Papier.

mactātus, *abl.* ū, *m.* Schlachten, Opfern *Lukrez.*

macte s. mactus.

I. mactō 1. **1.** schlachten: aliquem Orco *L*; *met.* ius zugrunde richten. **2.** heimsuchen, strafen: infortunio *C*, hostes suppliciis.

II. mactō 1. **1.** verherrlichen, beehren, beschenken: honoribus. **2.** *occ.* (eine Gottheit) ehren, versöhnen: extis deos. Von

mactus 3 gefeiert, geehrt; fast nur m a c t e (*voc.*) v i r t u t e (esto, estote) Heil! Glückauf! Recht so! Brav! macte nova virtute Heil deinem neuen Mute! *V*, iuberem macte virtute esse ich würde dir 'Glückauf' zurufen *L.*

macula, ae, *f.* **1. Fleck:** terrae Flecken, Ort. **2. Mal:** corporis. **3. Schandfleck. 4. Masche** [eines Netzes]: minutae. Dav.

maculō 1. beflecken, besudeln, entweihen.

maculōsus 3 (macula) **1.** buntgefleckt: vellus *O*, lynx *V.* **2.** befleckt, besudelt, berüchtigt: nefas unnatürlich *H.*

made-faciō 3. fēcī, factum, *pass.* **made-fīō** (madeo, § 64, Anm.) naß machen, befeuchten.

madeō 2. duī (ai. mádati, gr. μαδάω, vgl. μαδαρός) **1.** naß sein, triefen: metu von Angstschweiß *C*; *pt. pr.* feucht: lina *O*; *occ.* weich werden *CV.* met. **2.** voll sein: Socraticis sermonibus *H.* **3.** betrunken sein *CTi.*

madēscō 3. duī (*incoh.* v. madeo) naß werden *VO.*

madidus 3 (madeo, § 74) naß, feucht: comae salbentriefend *O*, fossa wasserreich *O*; *occ.* weich (gekocht) *C*; *met.* auro gesättigt mit *O.*

maduī *pf.* v. madeo oder madesco.

Madȳtos, ī, *f.* M. [Städtchen bei Sestos] *L.*

Maeander u. **-dros,** drī, *m.* (§ 42, Abs. 3) M. [Fl. in Ionien, mündet bei Milet]; *occ.* verschlungene Einfassung *V*; *adi.* Maeandrius 3: iuvenis = Kaunus *O.*

Maecēnās, ātis, *m.*, C. Cilnius M. [aus etruskischem Adel, römischer Ritter, Vertrauter des Augustus, Gönner der zeitgenössischen Dichter (Varius, Vergil, Horaz u. a.), gest. 8]; sein Name s p r i c h w. (§ 84, Abs. 2) *Martial.*

Maecius, Sp. M. Tarpa [Kunstkritiker].

Maedī, ōrum, *m.* die M. [Volk in Thrakien] *L*; *adi.* **Maedicus** 3; [ihr Gebiet]: **Maedica,** ae, *f. L.*

Maelius, Sp. M. [Ritter, 439 angeblich wegen monarchistischer Umtriebe getötet]; *adi.* **Maeliānus** 3 *L*; *pl. subst.* Anhänger des M. *L.*

maena, ae, *f.* (μαίνη) Sardelle *O.*

Maenalus, ī, *m.* u. **-a,** ōrum, *n.* M. [St. und Gebirge in Arkadien]; *adi.* **Maenalius** 3: deus = Pan *O*, arctos = Kallisto *O*, versus = arkadische Hirtenlieder *V*; **Maenalis,** idis, *f.*: ora = Arkadien *O*, ursa = Kallisto *O*, diva = Carmenta *O.*

Maenas, adis, *f.* (μαινάς) Mänade, Bacchantin *O.*

Maenius, C. M. [cos. 338, siegreich gegen Antium, weshalb ihm eine Ehrensäule auf dem Forum, die columna Maenia, errichtet wurde]; s. columna.

Maeonius 3 lydisch: ripae des Kaystrus *O*, vates = Homer *O*; homerisch: carmen *HO*, chartae *O*, heroides von Homer besungen *Pr*; *subst.* **Maeonia,** ae, *f.* Lydien *O*, Etrurien *V*; **Maeonidēs,** ae, *m.* Lydier [= Homer] *O*; Etrurier *V*; **Maeonis,** idis, *f.* Lydierin [= Arachne, Omphale] *O.*

Maeōtis, idis, *f.* das Asowsche Meer: Maeotis (statt -idis) paludes *Ennius*; als *adi. f.* mäotisch *O*; *adi.* **Maeōtius** 3: tellus = die Krim *V.*

maereō, ēre (für *maeseo, vgl. maestus, § 29) **1.** *intr.* betrübt sein, trauern. **2.** *trans.* betrauern: talia wehmütig ausrufen *O.* Dav.

maeror, ōris, *m.* Trauer, Betrübnis, Wehmut.

maestitia, ae, *f.* Traurigkeit, Wehmut. Von

maestus 3 (maereo) **1.** traurig, betrübt, schwermütig. **2.** betrübend, unheilvoll: tectum unheilbringend *O*, arae trauerkündend *V*, vestis Trauerkleid *Pr.*

Maesūliī = Massyli *L 24, 48, 13.*

māgālia, ium, *n.* (sem.) = mapalia *V.*

mage s. magis.

magicus 3 (μαγικός) zauberisch, magisch, Zauber-.

magis [oder (§ 31)] **mage** (zu magnus) *adv.* **mehr. 1.** zur Umschreibung des *comp.* m. necessarius, m. proprie; *occ.* sem *comp.* nihil m. certius *C.* **2.** vor *verb.* **mehr:** nihil vidi m. dies sah ich sehr wohl. **3. vielmehr, eher:** non invideo: miror m. *V*; m. velle *L.* V b d n. **a.** quō (quantō) magis ... eō

magister   272   **Maius**

(tantō) magis je mehr ... desto mehr; tam ma-
gis ... quam magis; multō m. vielmehr, nihilō
m. ebensowenig, nihil m. ganz und gar
nicht, neque eō m. aber dennoch nicht *N*.
b. non magis ... quam: amicus non m. tyranno
quam tyrannidi ebenso ... wie (nicht nur
... sondern auch) *N*; non m. amore quam
more ductus weniger ... als (nicht sowohl
... als vielmehr) *N*. **c.** [verdoppelt]: mehr und
mehr, immer mehr.   Dav. *comp.* (§ 16, Anm.)
magister, trī, *m.* **1.** der Höchste, Oberste, Meister: po-
puli Diktator, equitum Reiteroberst *NL*, sacrorum
Oberpriester *L*, militiae Heerführer *S*, pecoris oberster
Hirt *L*, ovium Schafhirt *V*, elephanti Elefantentreiber *L*,
navis Kapitän (bei *H* Schiffseigner, bei *V* Steuermann),
cenandi Vorsitzender der Tafel, Symposiarch, magistri
scripturae et portus Einheber der Weide- und Hafenge-
bühren. **occ. 2.** Lehrer: ludi Schulmeister, Lehrer.
3. Führer, Ratgeber: alicuius rei *T*, magistrum exuere
beseitigen *T*.   Dav.
magisterium, ī, *n.* Aufsicht, Lenkung, Leitung: sacer-
dotii Amt des Oberpriesters *L*, morum Sittenaufsicht
(Zensur), *pl.* Amt des Symposiarchen; **occ.** Lehre *C*.
magistra, ae, *f.* (magister) *adi.* leitend, lenkend: ars
Hilfe der Kunst *V*; *subst.* Lehrerin.
magistrātus, ūs, *m.* (v. magister durch magistrare)
1. obrigkeitliche Würde, Amt. **2.** *meton.* Beamter. **3.** Be-
hörde, Obrigkeit: Lacedaemoniorum *N*.
māgnanimitās, ātis, *f.* Hochherzigkeit; seel. Größe.   Von
māgn-animus 3 (für magnĭ-animus, §§ 66 u. 53) hoch-
herzig, edel.
Magnēs, ētis, *m.* von Magnesia: lapis Magnetstein *Sp*;
subst. Bew. v. **1. Magnēsia,** ae, *f.* M. [die thessalische
Halbinsel sö. vom Ossa] *L*; **Magnēssa,** ae, *f.* Magne-
sierin *H*; **Magnētis,** idis, *f.* magnesisch: Argo *O*;
Magnētarchēs, ae, *m.* die höchste Obrigkeit in Ma-
gnesia *L*. **2.** M. [St. in Karien] *N*. **3.** M. [St. in Lydien] *L*.
māgni-dicus 3 (magnus, dico, §§ 66 u. 41) = magni-
loquus *C*.
māgnificentia, ae, *f.* (magnificus) **1.** Hochherzigkeit.
2. Großtuerei: verborum. **3.** Pracht, Prunk: ludorum,
operum *L*.
māgnificō, āre hochhalten, rühmen *C*.   Von
māgni-ficus 3, *adv.* ē (magnus, facio, §§ 66 u. 41),
comp. māgnificentior, *sup.* māgnificentissimus;
1. großartig, glänzend: factum *N*, vir *L*. **2.** hochher-
zig: animus. **3.** glänzend, prächtig, prachtliebend: fu-
nera, aedes, urbes *O*, in suppliciis deorum *S*.
4. großtuerisch, prahlerisch: magnifice loqui *L*,
edicta lobhudelnd *T*.
māgniloquentia, ae, *f.* **1.** erhabene (pathetische)
Sprache. **2.** Großsprecherei *L*.   Von
māgni-loquus 3 (magnus, loquor, § 66) großspreche-
risch, prahlerisch *OT*.
māgnitūdō, inis, *f.* (magnus) **1.** [räumliche] Größe:
mundi, fluminis hoher Wasserstand, corporis. *met.*
2. [numerische] Größe, Zahl, Menge: copiarum *N*, pe-
cuniae, causarum. **3.** Bedeutung, Gewicht: rerum
gestarum *N*, belli; imperatoria Würde *T*. **4.** Größe,
hoher Grad, Stärke: virium *N*, frigorum; supplicii

(poenae) Härte, consilii tiefe Einsicht, ingenii Geistes-
kraft.
māgnopere in *Iuxtap.* u. **māgnō opere** (§ 53), *sup.*
maximopere *L* oder maximō opere, nur bei *verb.*
1. überaus, dringend, nachdrücklich, sehr. **2.** (im negier-
ten Satz) sehr, erheblich: nemo magnopere emine-
bat *L*.
māgnus 3 (ai. mahánt-, gr. μέγας, got. mikils, ahd.
mihhil), *comp.* **māior,** us (aus *mag-ior), *sup.* **maxi-
mus** 3, altl. (§ 41) **-umus** (*mag-sumus); *adv.* **magis**
(s. d.) oder **mage,** *comp.* **māius,** *sup.* **maxime**
(s. d.).

>   **I. 1.** (räumlich) **groß, hoch, weit, lang;** 2. *occ.*
> (vom Alter) **alt;** 3. (v. Zahl, Gewicht, Wert) **zahlreich,
> viel, bedeutend, teuer;** 4. (zeitlich) **lang.**
>   **II.** *met.* 1. **stark, heftig;** 2. **bedeutend, wichtig;**
> 3. **hochstehend, erhaben;** 4. **hochherzig;** (in tadeln-
> dem Sinn) **großtuerisch, prahlend.**

   I. 1. magno corpore hochgewachsen *N*, oppidum,
agri, barba lang, aquae Hochwasser *L*, Nilus magnus
fluens *V*. **2.** ex duobus filiis maior; gew. mit natu:
grandis, maior, maximus natu, oder natus: annos
natus maior quadraginta; magno natu alt, betagt.
Subst. **māiōrēs,** um, *m.* die Alten *H*, meist = **Vorfah-
ren, Ahnen,** [selten]: der Senat *L*. **3.** gentes volkreich *N*,
copiae, classis *N*, maior pars die Mehrheit, magna
parte (magnam partem) großenteils, maxima parte
(maximam partem) größtenteils, comitatus, pecunia
viel Geld, pretium hoher Preis; magni aestimare, du-
cere, putare, esse hochschätzen, viel gelten, magno
emere, vendere teuer kaufen, verkaufen. **4.** annus *V*;
occ. magnus annus das große Weltjahr. **II. 1.** imber,
incendium; magno fletu laut weinend, magna voce
laut; offensio schwer *N*, gaudium, ira, amor, verba
kräftig *L*; **occ.** in maius celebrare *S*, extollere *T* allzu-
sehr, in maius credi für schlimmer gehalten werden *T*;
provehere in maius gedeihen lassen *H*. **2.** magnas
res gerere wichtige Erfolge erzielen *N*, maiora concu-
piscere Höheres *N*, casus ein besonderer, rei p. tem-
pus kritische Lage, quod maius est [als Parenthese] was
noch mehr sagen will. **3.** cognatio angesehen, maior
invidiā (reprensis) über Neid (Tadel) erhaben *H*, Ma-
ter magna Kybele, Alexander Magnus, reges hervor-
ragend *N*. **4.** animus, quo quis maior, magis est pla-
cabilis *O*; [in tadelndem Sinn]: magna loqui *O*,
verba *V*, lingua *H*.
magus, ī, *m.* Magier [persischer Priester]; Weiser, Wahr-
sager; *met.* Zauberer.
Māia, ae, *f.* M. [Mutter des Merkur, Tochter des Atlas].
māiestās, ātis, *f.* (maius; vgl. tempestas: tempus)
1. Größe, Würde: matronarum *L*, patria *L*, deorum.
occ. 2. Hoheit: populi R., imperii (bei *N* = Hegemo-
nie), senatūs Ansehen *L*. **3.** Majestätsbeleidigung, Ho-
heitsverletzung, Hochverrat: maiestatis crimen, iudi-
cium, maiestatis damnari wegen eines Majestätsver-
brechens. **4.** *meton.* **Hoheit, Majestät** [Titel des Kai-
sers]: ducis [von Tiberius] *Ph*, tua [von Augustus] *H*.
māior, māiōrēs, māius s. magnus.
Māius 3 (vgl. maior) des Mai: Calendae; (mensis)
Maius: Mai.

maiusculus   273   **mancipium**   **M**

maiusculus 3 (*dem.* v. maior) etwas größer.

mala, ae, *f.* **1.** Kinnbacke: malae lupi Wolfsschädel *V,* horribilis Rachen *H.* **2.** Wange: decentes blühend *H.* E: *maxla § 30, vgl. *dem.* maxilla; Stamm mac, vgl. μάσσω 'kneten', μακτήρ 'Kneter'.

malacia, ae, *f.* (μαλακία) Windstille.

malacus 3 (μαλακός) weich; **occ.** gelenkig *C.*

male (*adv.* zu malus; ē: § 45), *comp.* **pēius,** *sup.* **pessimē** (§ 56, 1) **1. schlecht, übel, schlimm:** vivere ärmlich, dicere, loqui schmähen, audire in üblem Ruf stehen, aliquem m. accipere jemd. übel mitspielen, adversarios m. habere belästigen, male sit ei den soll der Henker holen. **2.** [vom Erfolg] **unglücklich, ungünstig:** m. pugnare, rem gerere unglücklich, m. cadere schlecht ausfallen; **vergeblich:** m. sublato ense *O;* emere, redimere = **teuer,** vendere = **billig. 3.** *met.* [vom Maß] **unrichtig, nicht gehörig, zuviel, zuwenig. a. zuviel, (all)zu, überaus:** mulcatus tüchtig, rauci vollkommen heiser *H,* parvus viel zu klein *H,* cane peius vitare ärger als *H,* feriati zur Unzeit *H.* **b. zuwenig, kaum, nicht:** civitas m. pacata, legio m. plena nicht vollzählig *L,* digitus m. pertinax der sich nicht sehr sträubt *H,* m. fidus unzuverlässig *T,* m. parens ungehorsam *H.*

Malěa, ae, *f.* M. [Vorgebirge in Lakonien] *VL.*

male-dīcō 3. dīxī, dictus (§ 67) lästern, schmähen; mit *dat.*

maledictum, ī, *n.* (§ 67) Schmähwort, Schmährede.

maledictus *pt. pf. pass.* v. maledico.

maledicus 3, *adv.* ē (male u. St. dīc), *comp.* maledīcentior, *sup.* maledīcentissimus schmähsüchtig.

male-dīxī *pf.* v. maledico.

male-faciō 3. fēcī, factus (§ 67) Böses zufügen *C;* dav. **malefactum,** ī, *n.* Übeltat.

male(-i-)ficium, ī, *n.* **1.** Übeltat, Verbrechen. **2.** Feindseligkeit: sine ullo maleficio, maleficii causā in feindseliger Absicht.   Von

male(-i-)ficus 3 (male, malus, facio, §§ 66 u. 41) **1.** gottlos, übel handelnd; *n. pl. subst.* Zaubermittel *T.* **2. a.** schädlich: bestia *Sp.* **b.** mißgünstig: natura *N.*

male-ōminātus s. ominor.

male-suādus 3 (§ 67, s. Suada) übelratend, verführerisch *CV.*

male-volēns, entis, *sup.* malevolentissimus (§ 67) übelwollend, mißgünstig.   Dav.

male(-i-)volentia, ae, *f.* Übelwollen, Abneigung, Haß.

male(-i-)volus 3 (malum oder male velle, § 43) mißgünstig, übelwollend.

Māliacus sinus der Malische Golf [in Südthessalien, gegenüber Euböa] *L; adi.* Māliēnsis, e *L.*

māli-fer 3 (mālum, fero, § 66) äpfeltragend *V.*

malificium, malificus s. maleficium, maleficus.

malīgnitās, ātis, *f.* **1.** Bosheit, Bösartigkeit. **2.** Kargheit, Knauserei *CL.*   Von

malīgnus 3, *adv.* ē (malus, gigno, § 66) **1.** schlecht, übelbeschaffen: colles (terra *Pli*) unfruchtbar *V,* aditūs schmal *V,* lux schwach *V.* **2.** boshaft, neidisch, mißgünstig: oculi *V,* volgus *H.* **3.** knauserig, karg: fama zu gering *O,* ager maligne plebi divisus *L,* caupones *H.*

malitia, ae, *f.* (malus) Schlechtigkeit, Bosheit, Arglist, Tücke.   Dav.

malitiōsus 3, *adv.* ē boshaft, arglistig, tückisch; Silva [im Sabinerland] *L.*

Mālius 3 = Māliacus *Ca.*

malivolentia, malivolus s. malevolentia, malevolus.

mālle *inf. pr.* v. malo.

malleolus, ī, *m.* **1.** Setzling. **2.** Brandpfeil.   *Dem.* von

malleus, ī, *m.* Hammer, Klöppel, Schlachtbeil.

Mallōea, ae, *f.* M. [St. in Thessalien] *L.*

mālō, mālle, māluī (aus magis volo, § 67, durch *magsvolo, §§ 44 u. 30; altl. mā̆volō, mā̆velim u. a.) lieber wollen, vorziehen: illi omnia ihm lieber gönnen, Asiae (*dat.*) gewogener sein; mit *inf., acc. c. inf.,* selten *coni.;* auch potius malle.

mālobathrum, ī, *n.* (μαλόβαϑρον) Zimtöl *HSp.*

māluī *pf.* v. malo.

I. malum, ī, *n.* (malus) **1. Fehler, Gebrechen:** bona aut mala Vorzüge oder Fehler *S.* **2. Übel, Leid, Unheil:** mors non est in malis; **occ.** externum Krieg *N,* malo est alicui aliquid schädigt *N,* inopinatum Unfall, irritamenta malorum zu Übeltaten *O,* pudore magis quam malo *S,* malum minitari militibus *L* Strafen, malum dare Schaden zufügen *C.* **3.** [Ausruf des Unwillens] **zum Henker!** quae, malum, est ista voluntaria servitus?

II. mālum, ī, *n.* (dor. μᾶλον, attisch μῆλον) Apfel: aurea Quittenäpfel *V,* granatum, Punicum Granatapfel, felix Zitrone *V.*

I. malus 3, *comp.* **pēior,** us, *sup.* **pessimus** 3 (§ 56, 1) **schlecht** (Gegs. bonus) **1.** (moralisch) **schlecht, böse:** fraus *N,* mores *S;* cives Volks- [oder] Adelspartei. **2. occ. a. häßlich:** crus *H.* **b. untüchtig:** philosophi, versus mangelhaft *H,* valetudo schlechtes Befinden. **c. unwahr:** auctor unzuverlässig, pudor *H,* ambitio *SH* falsch. **3. schädlich, verderblich:** gramina giftig *V,* lingua behexend *V,* carmen Schmähgedicht *H,* copia *H,* res Strafe *C.* **4. unglücklich, traurig:** omina (avis *H*), in peius ruere sich verschlimmern *V,* exitus *S.* Dicht. malum responsare (= male) *H.* **5.** *adv.* **male, pēius, pessimē** s. male.

II. mālus, ī (vgl. II. mālum) **1.** *f.* Obst-, Apfelbaum: Assyria Zitronenbaum *V.* **2.** *m.* **a.** Mastbaum, Mast. **b.** *met.* Eckbalken [der Türme], Mast [im Theater] *Lukrez L.*

malva, ae, *f.* (μαλάχη) M a l v e [auch als Abführmittel].

Māmers, rtis, *m.* (oskisch) = Mars. Dav. **Māmertīnī,** ōrum, *m.* 'Marssöhne' [oskische Söldner, die sich 282 Messanas bemächtigten].

mamma, ae, *f.* Brust; Euter, Zitze.

Māmurra, ae, *m.* M. [röm. Ritter aus Formiae (urbs Mamurrarum *H*), praefectus fabrûm unter Caesar].

man-ceps, cipis, altl. cupis, *m.* (eigtl. *manu-caps, § 66, Schwächung u. Synkope nach §§ 41 f.) **1.** Unternehmer: itinera fraude mancipum interrupta *T.* **2.** Pächter: agri *Pli;* Steuerpächter: mancipes pro frumento pecuniam exegerunt; Mieter von Claqueuren *Pli.* **3.** Käufer: manceps fit Chrysogonus.

mancipium, altl. **mancupium,** ī, *n.* (mancipo, vgl. libra) **1.** Eigentumserwerb, Kauf: lex mancipii Kaufkontrakt, emptio mancipii förmlicher Kauf [durch Ergreifen mit der Hand] *Sp;* mancupio accipere kaufen, dare verkaufen *C.* *meton.* **2.** Eigentumsrecht, Besitz: manci-

mancipo   274   **mantele**

pii tui dir zu eigen *O*, ius mancipii Eigentumsrecht, sui mancipii esse sein eigener Herr sein, res mancipī (*gen.*) mit vollem Eigentumsrecht (Gegs. res nec mancipī). **3.** (gekaufter) Sklave.

mancipō, altl. (§ 41) **mancupō** 1. (manceps) **1.** zum Eigentum übergeben, verkaufen: quaedam mancipat usus gibt zu eigen *H*, servos actori *T*. **2.** *met.* hingeben: saginae mancipatus seiner Freßgier *T*.

mancupātiō, ōnis, *f.* Kauf *Sp*.

mancupium [altl.] s. mancipium.

mancus 3 **1.** verkrüppelt, gebrechlich. **2.** *met.* mangelhaft, unvollständig: praetura, virtus.

E: ai. mankú-š 'schwankend, schwächlich', ahd. mangōn 'entbehren', mhd. manc 'Mangel, Gebrechen'.

mandātū (*abl.* v. *mandātus, ūs, *m.*) im Auftrag. Vgl.

mandātum, ī, *n.* (mando) Auftrag, Befehl, Weisung: mandata frangere das übernommene Paket *H*, iudicium mandati wegen schlecht erfüllten Auftrages.

Mandēla, ae, *f.* M. [Ort im Sabinerland] *H*.

mandī *pf.* v. II. mando.

I. mandō 1. **1.** übergeben, anvertrauen: forum siccis zuweisen *H*, corpus humo *V*, se (vitam) fugae fliehen, aliquem vinculis einsperren, ea animis einprägen, litteris dem Papier, memoriae merken, der Nachwelt überliefern *L*. **2.** auftragen, anweisen, befehlen: res mandata Auftrag; mit *coni.*, ut, ne; *inf. T*.

E: wahrsch. v. *man-dhō (aus *manum-dhō) 'lege in die Hand'.

II. mandō 3. mandī, mānsus (gr. μασάομαι, μαστάζω) **1.** kauen: omnia minima mansa ganz kleingekaut, mandere humum 'ins Gras beißen' *V*. **2.** essen, verzehren: lora [vor Hunger] *L*.

Mandūbiī, ōrum, *m.* die M. [kelt. Volk westl. von Dijon].

manducō 1. = mandere *Sp*.

māne (§ 87 am Ende) der Morgen; *nom.* m. novum *V*; *acc.* vigilabat ad ipsum mane *H*; *adv.* morgens, früh; a mani von früh an *C*.

maneō 2. mānsī, mānsum *intr.* **1. bleiben:** domi; *occ.* **übernachten:** sub Iove frigido *H*, Casilini *L*. **2.** (in einem Zustand) **verbleiben:** munitiones integrae manebant, manet inperterritus ille *V*; ohne prädik. Bestimmung: **dauern, Bestand haben:** ad nostram memoriam *N*, in amicitia (pactione *N*) verharren, bellum manet hält an, maneat es bleibe dabei, urbs mansura die Bestand haben soll *V*; mit *abl.* promissis, dictis treu bleiben *V*. **3.** *trans.* **erwarten, bevorstehen:** mors sua quemque manet *O*, hostium adventum *L*; cuius tibi fatum manet dir bevorsteht.

E: ai. man- 'zögern, stillstehen', gr. μένω.

mānēs, ium, *m.* **1.** die **Manen, Seelen der Verstorbenen:** dii manes; [von e i n e r Person]: Virginiae m. *L*. *meton.* **2. Unterwelt:** profundi *V*. **3. Strafen der Unterwelt:** quisque suos patimur manes *V*. **4. Leichnam:** omnium nudati manes *L*, accipiet manes parvula testa meos *Pr*.

E: altl. mānus 'gut': 'die Guten'.

mangō, ōnis, *m.* Händler, Sklavenhändler *H*; dav. **mangōnicātus** 3 aufgeputzt, verschönert *Sp*.

māni s. mane.

manibiae = manubiae.

manica, ae, *f.* (*subst. adi.* v. manus), meist *pl.* **1.** Ärmel; *occ.* Handschuh *Pli*. **2.** Handfessel *CH*. Dav. **manicāta** tunica mit langen Ärmeln.

manifestārius 3 = manifestus *C*.   Von

manifestō 1. sichtbar machen *O*.   Von

manifestus 3, altl. **manufestus**, *adv. abl. n.* **manifestō** (manus) handgreiflich; **1.** ertappt, überwiesen, überführt: rea auf der Tat ertappt *O*, sceleris *S*, ambitionis *T*; *met.* verratend, zur Schau tragend: offensionis *T*, vitae *T*; mit *inf.* dissentire den Widerspruch *T*. **2.** deutlich, offenbar, augenscheinlich, klar: audacia, maleficium, habere aliquid pro manifesto *L*.

Mānīlius 3 im *n. g.* **1.** M'. M. [cos. 149, Jurist]; *adi.* Mānīliānae leges = Kaufformulare. **2.** C. M. [tr. pl. 66, nach dessen lex Manilia Pompeius den Oberbefehl gegen Mithridates erhielt].

mani(-u-)pretium, ī, *n.* Entgelt, Lohn, Arbeitslohn.

mani(-u-)pulāris, is, *m.*, d i c h t. **mani(-u-)plāris** (manipulus) **1.** gewöhnlicher Soldat. **2.** Manipelkamerad: tres suos nactus manipulares; *met.* Kamerad *C*.

manipulātim (§ 79) *adv.* manipelweise *L*.   Von

mani(-u-)pulus, ī, *m.*, d i c h t. synk. (§ 42) **mani(-u-)plus** **1.** Handvoll, Bündel: filicum *V*. **2.** *met.* der Manipel [Drittel einer Kohorte].

E: 'Handvoll', aus manus u. pleo.

Manlius 3 im *n. g.* **1.** M. M. Capitolinus [cos. 392, Retter des Kapitols]. **2.** L. M. (Capitolinus) Imperiosus [dict. 363]. **3.** T. M. Imperiosus Torquatus [Sohn von **2.**, beide durch ihre Strenge bekannt]; *adi.* **Manliānus** 3: imperia = grausame Befehle *L*; **Manliānum**, ī, *n.* das M. [ein Landgut Ciceros].

mannus u. *dem.* **mannulus**, ī, *m.* kleines [gallisches] Pferd, Pony.

Mannus, ī, *m.* M. [der Urmensch nach germ. Sage] *T*.

E: germ. man, dav. manisco 'Mensch'.

mānō 1. āvī (wohl zu madeo) **1.** rinnen, fließen: cruore triefen *L*; b i l d l. supervacuum manat entschwindet *H*; *trans.* lacrimas vergießen *O*, mella von Honig triefen *H*. *met.* **2.** fließen, entspringen, herrühren: honestas manat a partibus quattuor. **3.** sich verbreiten, um sich greifen: per Latium, fidei nomen manat latissime, manat urbe rumor *L*.

mānsī *pf.* v. maneo.

mānsiō, ōnis, *f.* (maneo) das Bleiben, Aufenthalt.

mānsitō 1. āvī (Doppelfrequ. v. maneo) wohnen *T*.

mānsuē-faciō 3. fēcī, *pass.* **mansuē-fīō**, fierī, factus (*Iuxtap.* aus mānsuēs = mansuetus u. facio) zähmen, *pass.* zahm werden: plebem beruhigen *L*.

mān-suēscō 3. suēvī, suētus (manus u. suesco) *met.* mild, weich werden: terra mansuescit wird ergiebiger *V*.

mānsuētūdō, inis, *f.* Milde, Sanftmut.   Von

I. mānsuētus 3, *adv.* ē (mansuesco) **1.** zahm: sus Hausschwein *L*. **2.** *met.* sanftmütig, mild, gelassen, friedlich.

II. mānsuētus *pt. pf. pass.* v. mansuesco.

mān-suēvī *pf.* v. mansuesco.

mānsum *pt. pf. pass.* v. maneo.

mānsus *pt. pf. pass.* v. II. mando.

mantēle, is, *n.* (manus) Handtuch *VO*.

mantellum | 275 | **marmor** **M**

mantellum, ī, *n.* Decke, Hülle; bildl. *C.*
mantica, ae, *f.* Ranzen, Rucksack *CaH.*
Mantinēa, ae, *f.* M. [St. in Arkadien].
mantiscinor 1. (μάντις) weissagen *C.*
mantō, āre *(frequ.* v. maneo) warten *C.*
Mantua, ae, *f.* M. [St. am Mincio] *VLO.*
manuālis, e Hand-: saxa mit den Händen geworfen *T.*
manubiae, ārum, *f.* (manus) Beuteertrag; *met.* Raub, Beute; *adi.* **manubiālis,** e: pecunia *Sp.*
manubrium, ī, *n.* (manus) Henkel, Griff, Stiel.
manū-mīsī *pf.* v. manumitto.
manūmissiō, ōnis, *f.* Freilassung *Pli.* Von
manū-mittō 3. mīsī, missus (§ 67) freilassen.
manup . . . s. manip . . .
I. manus, ūs, *f.* (gr. μάρη 'Hand', ahd. munt 'Hand, Schutz')

---

1. **Hand;** 2. *occ.* **bewaffnete Hand;** *meton.* **Tapferkeit, Kampf, Handgemenge, Gewalttat;** 3. (im Rechtsleben) *meton.* **Gewalt;** 4. **Arbeit, Werk;** *occ.* **Handschrift;** 5. **Handvoll, Schar, Mannschaft;** 6. *met.* alles Handähnliche.

---

1. manūs dare sich fesseln lassen; bildl. sich ergeben *VO;* in manibus est liber ich arbeite an . . .; oratio wird (eifrig) gelesen *H;* in manibus est Mars *V,* victoria *S* in eurer Hand liegt der Sieg, in manibus nostris hostes sunt in unserer nächsten Nähe, in manibus sunt terrae liegen mir nahe *V,* inimicum meum in manibus habebant trugen . . . auf Händen, hielten . . .wert, in manus venire in die Nähe kommen *S,* ad manum esse bei der Hand sein *L,* venire unter die Hände kommen *L,* ad manum habere scribae loco als Sekretär bei sich haben *N,* per (inter) manus tractus mit den Händen, per manus tradere von Hand zu Hand (religiones von Geschlecht zu Geschlecht *L*), inter manus es liegt auf der Hand *V,* manibus aequis pugnare unentschieden *L;* portus manu facti künstlich angelegt. **2.** manu fortis persönlich tapfer, usus manusque Kriegserfahrung und Tapferkeit, manu superare in offenem Kampf *N,* ad manum (manūs) accedere, venire zum Kampf, Handgemenge, Teucris committere manum handgemein werden *V* = manus conferre, conserere; fata virûm manūsque Taten *V,* procacitatem manibus continere gewaltsam *N.* **3.** post patroni mortem in nullius manu erat *L,* in manu et tutela mulieres debetis habere *L.* **4.** manūs pretium Arbeitswert, Macherlohn *L,* artificum manūs Arbeit, Werk *V,* manūs addunt ebori decus kunstfertige Hände *V;* *occ.* cognovit et signum et manum suam. **5.** exigua *N,* sceleratorum Bande. **6.** manus data elephanto Rüssel, ferreae Enterhaken.
II. mānus 3 gut: mane Geni *Ti* [Textvariante: magne].
mapālia, ium, *n.* (punisch) Hütten, Nomadenzelte *SVL.*
mappa, ae, *f.* (punisch) Abwischtuch, Serviette *H;* *occ.* Signaltuch, Flagge [für den Start bei Zirkusrennen] *Sp.*
Maracanda, ōrum, *n.* Samarkand *Cu.*
Marathōn, ōnis, *m.* M. [Ort an der Ostküste Attikas, Schlacht 490]; *adi.* **Marathōnius** 3.
Marathos, ī, *f.* M. [phönikische St. bei Aradus] *Cu;* *adi.* Marathēnus 3.

Marcellus cognomen in der gens Claudia. **1.** M. Claudius M. [das 'Schwert Italiens', Eroberer von Syrakus 212, 208 gefallen]. **2.** M. Claudius M. [cos. 51, Gegner Caesars, von ihm begnadigt (Dankrede Ciceros pro M. Marcello)]. **3.** M. Claudius M. [Neffe u. Adoptivsohn des Augustus, Gemahl der Julia, im 19. Lebensjahr in Baiae 22 gest.] *VHT.*
marceō, ēre matt, schlaff, kraftlos sein: marcens pax *T,* potor im Katzenjammer *H.* Dav. *incoh.*
marcēscō, ere schlaff werden, erschlaffen *LO.*
marcidus 3 (marceo, § 74) **1.** welk: lilia *O.* **2.** schlaff, matt, träge *T.*
Mārcius 3 (Marcus): liquor *Pr,* lympha *Ti* die Aqua Marcia [die vom König Ancus M. begonnene u. von Q. M. Rex 144 fertiggestellte Wasserleitung]; *subst.* Marcii [zwei alte Weissager]; *adi.* **Mārciānus** 3: carmina *L.*
Marcodūrum, ī, *n.* Düren [Ort der Ubier] *T.*
Marcomannī, ōrum, *m.* die M. [Suebenstamm].
marcor, ōris, *m.* (marceo) Schlaffheit *Sp.*
mare, is, *n.,* *abl.* e *O* (kelt. mor, got. marei, ahd. meri) **1.** Meer: mari zur See *N,* angustum Meerenge *N,* nostrum das Mittelmeer [in inferum (das Etrurische) und superum (das Adriatische) geteilt], externum der Atlantische Ozean; sprichw. te mare genuit [von einem Hartherzigen] *O,* in mare fundere aquas Wasser ins Meer schütten *O,* maria montesque polliceri 'goldene Berge' *S.* **2.** *meton.* Meerwasser: Chium vinum maris expers ungemischt *H.*
Mareōtis, idis, *f.* *(adi.)* von Marea [See und St. bei Alexandria, Weinbaugebiet], mareotisch: palus *Cu,* vitis *V;* dav. Mareōticus 3 *O;* *n. subst.* mareotischer Wein *H.*
margarīta, ae, *f.* u. **-um,** ī, *n.* Perle.
Margiānē, ēs, *f.* M. [Landsch. jenseits des Kaspisees] *Sp;* *adi.* Margiānus 3: urbs [St. in Turkestan] *Cu.*
marginō 1. mit einer Einfassung versehen *L.* Von
margō, inis, *m.* Rand, Einfassung; *occ.* Grenze *O.*
E: got. ahd. marka 'Grenze, Mark'.
Marīca, ae, *f.* M. [See u. Nymphe mit Eichenhain (lucus Maricae *L*) bei Minturnae am Liris] *VH.*
marīnus 3 (mare) Meer-: Venus meerentstiegen *H,* ros Rosmarin *H* (§ 95); *n. pl.* Seetiere *Sp.*
marīta s. maritus.
mari-tumus, altl. (§ 41) **mari-tumus** 3 **1.** am Meer gelegen: pars Seeküste; *n. pl. subst.* Italiae marituma die Küstenlandschaften *S.* **2.** Meer-, See-: officium Seedienst, res Seewesen, maritimus ille et navalis hostis der zu Schiff übers Meer kommt, nuptiae mit Thetis.
marītō 1. vermählen *T;* *met.* (vitibus) pōpulos Reben an den Pappeln ziehen *H.* Von
mari-tumus s. maritimus.
marītus, i, *m.,* **marīta,** ae, *f.* Ehemann, Ehefrau; *adi.* **marītus** 3 ehelich: foedus *O,* domūs Häuser der Eheleute *L,* lex Ehegesetz *H.*
Marius, C. M. [geb. 156, Besieger Jugurthas, der Teutonen u. Kimbern, gest. 86]; *adi.* Mariānus 3.
Marmaridēs, ae, *m.* aus Marmarica [Landsch. westl. von Ägypten] *O.*
marmor, oris, *n.* **1.** Marmor: templum de marmore

marmoreus   276   **matronalis**

V. **2.** *pl.* Marmorblöcke, -werke: duo Marmorbilder *O*, flumen inducit marmora rebus Steinkrusten *O*. **3.** *met.* (glänzende) Meeresfläche *V*.

E: μάρμαρος 'Felsblock'.   Dav.

marmoreus 3 **1.** aus Marmor, marmorn: signum. **2.** *met.* weiß, glänzend, schimmernd *VO*.

Marōnēa u. **-īa**, ae, *f.* (§ 91, Abs. 2) M. [St. in Thrakien]; Einw. **Marōnītēs**, ae, *m. L.*

Marpēsius 3 marpesisch [vom Berg **Marpēssa** auf Paros] *V.*

Marpēssius 3 marpessisch [von **Marpēssus** am troischen Ida] *Ti.*

Marrūcīnī, ōrum, *m.* die M. [Küstenvolk am Aternus um Teate]; *adi.* **Marrūcīnus** 3 *L.*

Marruvia gens (Marruvium St. am Fucinersee) das marsische Volk, die Marser *V.*

Mārs, Mārtis, *m.* (Nbf. **Māvors**, oskisch **Māmers**) M. [altlatinischer Gott des Landbaues (rusticus, silvanus), zugleich Beschützer im Krieg, Kriegsgott und Stammvater des römischen Volkes]; stella Martis 'Mars' [Planet]. *meton.* **1. Kampf:** martis vis; *met.* forensis Rechtsstreit *O.* **2. Kampfart:** alienus *L*, marte nostro, suo auf eigene Faust. **3. Kampfglück:** aequo (pari) marte pugnare unentschieden, anceps ungewisser Erfolg *L.* **4. Kampfmut:** patrius *V*, sunt mihi marte secundi stehen mir an Tapferkeit nach *O. Adi.* **1. Mārtius** 3 **a.** dem Mars gehörig, geweiht: miles = römisch *O*, proles = Romulus und Remus *O*; Martius (mensis) der M ä r z, Idus Martiae [15. März, Caesars Todestag]; campus (gramen *H*) das Marsfeld [am Tiber]. **b.** *meton.* kriegerisch: harena = der Zirkus *O*, canor *V.* **c.** fulgor des Planeten Mars. **2. Mārtiālis**, e: lupi dem Mars heilig *H.* Als *nomen pr.* M. Valerius Martialis [ca. 40—100 n. Chr., Epigrammatiker] *Pli.*

Mārsī, ōrum, *m.*, *sg.* **Mārsus 1.** die M. [sabellisches Volk um den Fucinersee, im Bundesgenossenkrieg (Marsum duellum *H*) an der Spitze der Aufständischen]; *adi.* **Mārsus** 3 marsisch: nenia Zauberformel *H.* **2.** Domitius Marsus [Dichter zur Zeit des Augustus] *O.* **3.** die M. [germ. Volk zwischen Ruhr u. Lippe] *T.*

marsuppium, ī, *n.* (μαρσύπιον) Geldbeutel *C.*

Marsyā(s), ae, *m.* M. [**1.** Nebenfl. des Mäander] *L.* **2.** M. [Satyr, von Apollo im musikalischen Wettkampf besiegt und geschunden. Die Marsyas genannte Statue auf dem Forum in Rom stellt einen Silen dar *H*].

Mārti-cola, ae, *m.* (mars, colo, § 66) Marsverehrer *O.*

Mārti-gena, ae, *m.* (Mars, gigno, § 66) Marssohn *O.*

Marus, ī, *m.* M a r c h [Nebenfl. der Donau] *T.*

mās, maris, *m.* (§ 29) **1.** Mann, Männchen. **2.** männlich: oleae Zweige vom männlichen Ölbaum *O*, vitellus *H.* **3.** *met.* männlich, kräftig: animi, Curii *H.*

Māsaesūlī, ōrum, *m.* die M. [Volk im westl. Numidien] *L.*

masculīnus 3 (§ 75) männlich *Ph.*

masculus 3 (mas) männlich; *met.* männlich, groß, kraftvoll: tura der beste [Tropfweihrauch] *VO*, proles, Sappho *H.*

Masinissa, ae, *m.* M. [Numiderkönig, Großvater Jugurthas].

māssa, ae, *f.* (μᾶζα, § 91) Teig, Klumpen, M a s s e : nullaque massa fuit metallene Klumpen *O.*

Massagetae, ārum, *m.* die M. [Volk östl. vom Kaspisee].

Massicus, ī, *m.* M. [Berg an der Grenze von Latium u. Kampanien]; *adi.* **Massicus** 3: (vinum) Massicum *H*; **Massica**, ōrum, *n.* das Gebiet um den Massicus *V.*

Massilia, ae, *f.* M a r s e i l l e [Hauptstadt der Provinz Gallia Narbonensis]; Einw. **Massiliēnsēs**.

Massȳlī, ōrum, *m.* (auch *adi.*) die M. [Volk im östl. Numidien] *V.*

mastīgia, ae, *m.* (μαστιγίας) Schlingel, Taugenichts *C.*

matara, ae u. **-is**, is, *f.* (kelt.) Lanze.

māter, tris, *f.* (ai. mātár-, gr. μήτηρ, dor. μάτηρ, ahd. muoter) **1.** Mutter: mater Aricia Mutterstadt *V*; terra, quam matrem appellamus Mutterland *L*; [von Pflanzen]: corpus matrum Mutterstock *V.* *met.* **2.** Mutter [Ehrentitel für Frauen, bes. Göttinnen]: m. familias Hausfrau, Baccho adtonitae Bacchantinnen *V*, Mater magna, Mater (*sc.* deorum) *V* = Kybele, Matuta, Terra *L*, Vesta *VO.* **3.** Urheberin, Schöpferin, Quelle: avaritiae, iuris et religionis, iusti *H.*   Dav. dem.

mātercula, ae, *f.* Mütterchen *H.*

māteria, ae u. **-ēs**, (ēī), *f.* **1.** Stoff, Material: consumere materiam den Vorrat *O*, ficti Vorrat an Ausflüchten *O*, temeritati materiam dare Nahrung *L*, universi *Sp.* **2.** *occ.* Holz, Bauholz, -material: bipedalis zwei Fuß lange Balken, ligna et materia Brenn- u. Bauholz *T.* **3.** *met.* Stoff, Gegenstand, Thema: Aesopus materiam repperit *Ph*, aequa viribus *H.* **4. Ursache, Anlaß, Quelle:** gloriae, mali *H*, pro materia gemäß der Veranlassung *O.* **5. Anlage, Naturell:** ingentis decoris *L*; non sum materiā digna perire tuā durch deinen Charakter, hart wie Holz *O.*

E: zu mater: 'Mutterstoff'.   Dav.

māteriārius, ī, *m.* Holzhändler *C.*   Und

māteriātus 3 aus Holz.

māteriēs s. materia.

māterior, ārī (materia) Bauholz fällen.

māternus 3 (mater) mütterlich: myrtus = der Venus heilig *V.*

mātertera, ae, *f.* Tante: novi dei = Ino *O.*

E: *comp.* zu mater 'zweite Mutter', § 16, Anm.: 'Schwester der Mutter'.

mathēmaticus, ī, *m.* (μαθηματικός) Mathematiker; Astrologe *T.*

Matīnus 3 vom Matīnus [Berg am Garganus] *H.*

Matiscō, ōnis, *f.* M a ç o n [St. nördl. v. Lyon].

Mātrālia, ium, *n.* die M. [Fest der **Matuta** am 11. Juni] *O.*

mātri-cīda, ae, *m.* (caedo, §§ 66 u. 43) Muttermörder.

mātrimōnium, ī, *n.* (mater) **1.** Ehe: in matrimonium ducere aliquam heiraten, dare verheiraten. **2.** *pl.* *meton.* Ehefrauen *T.*

mātrīmus (3) puer dessen Mutter noch lebt *LT.*

Matrona, ae, *f.* M a r n e [Nebenfl. der Seine].

mātrōna, ae, *f.* (mater) **1.** Ehefrau, Gattin: tyranni *H.* **2.** Frau, M a t r o n e .   Dav.

mātrōnālis, e Frauen-: decus *L.*

Mattium 277 **Mediomatrici** M

Mattium, ī, *n.* M. [Hauptst. der **Mattiacī,** eines Chattenstammes zwischen Rhein, Main u. Lahn]; *adi.* Mattiacus 3 *T.*

matula, ae, *f.* Nachtgeschirr *C.*

mātūrē (*adv.* v. maturus) **1.** zur rechten Zeit: custodes m. sentiunt. **2.** früh, frühzeitig: Libyes m. oppida habuere *S*; *sup.* quam maturrime. **3.** zu früh: pater m. decessit *N.*

mātūrēscō 3. ruī (maturus) reifen, sich entwickeln.

mātūritās, ātis, *f.* (maturus) **1.** Reife; *met.* senectutis, Galli reifes Urteil *T*, Crassi ausgereifte Beredsamkeit *T*; **occ.** *pl.* gignendi Reifepunkt, die richtige Zeit, temporum regelmäßiger Verlauf. **2.** Vollendung, Höhe: audaciae, temporum Beginn der Not *L.*

mātūrō 1. **1.** reif machen; *pass.* reif werden. **2.** zur rechten Zeit verrichten: multa *V.* **3.** beschleunigen, sich beeilen: fugam *VT*, iter *L*, maturato opus est Eile ist nötig *L*; mit *inf.*

mātūruī *pf.* v. maturesco.

mātūrus 3 (maturo, verw. mit Matuta), *sup.* maturrimus *T* **1.** reif, zeitig, reif für (an) etw.: viro *V*, imperio *L*, virgo erwachsen *H*, patres, senex betagt *H*; poma; *subst. n.* quod maturi erat was sich Reifes fand *L*; soles reifend *V*; animo et aevo (aevi *V*) an Einsicht und Jahren *O*; omnia matura sunt ist erntereif *S.* **2.** rechtzeitig: reditus, seditio zum Ausbruch reif *L*, maturum videtur es scheint an der Zeit *L.* **3.** frühzeitig, vorzeitig: hiemes, ego sum maturior illo ich kam früher *O*, honores zu frühe *HO*, lux Frühlicht *V.*

Mātūta, ae, *f.* (verw. mit maturus) M. [Wachstumsgöttin oder Göttin des Morgens, gew. Mater Matuta]. Dav.

mātūtinus 3 morgendlich, Morgen-: radii *O*, equi = der Aurora *O*, Aeneas se matutinus agebat war früh auf *V.*

Maurī, ōrum, *m.* die Mauren [im heutigen M a r o k k o und im westl. Algerien]; *adi.* **Maurus** 3 afrikanisch: iaculator *L*, unda *H*; das Land **Maure(-i-)tānia,** ae, *f.*; **Maurūsius** 3 = Maurus *V*; **Maurūsiī** = Mauri *L.*

Mausōlus, ī, *m.* M. [Tyrann von Halikarnassus, 377 bis 353, vermählt mit seiner Schwester Artemisia, die ihm ein prächtiges Grabmal errichten ließ]: **Mausōlēum** (sepulcrum *Pr*); appellativ = prächtiges Grabmal.

māvelim *coni. pr.* v. malo *C.*

māvolō [altl.] s. malo.

Māvors, rtis, *m.* = Mars: scopulus Mavortis = der Areopag *O*; *adi.* **Māvortius** 3 dem Mars gehörig: proles *O*, moenia = Rom *V*, tellus = Thrakien *V*; *subst.* **Māvortius** = Meleager [galt als Sohn des Mars] *O.*

maxilla, ae, *f.* (*dem.* v. māla) Kinnbacke, Kinn *Persius.*

maximē, altl. (§ 41) **maxumē** (*adv. sup.* v. magnus) am meisten, sehr. **1.** bei *adi.* u. *adv.* zur Umschreibung des *sup.* homines m. mediterranei. **2.** bei *verb.* zur Steigerung des Begriffes: **sehr, gar sehr, überaus:** m. vellem, volui. **3. vorzüglich, hauptsächlich, ganz besonders:** alicui m. fidem habere vor allen *N*, Iugurtham m. vivum sibi traderent womöglich *S.* **4.** in Antworten: **sehr gern, sehr wohl.** Besondere Vbdn. **a.** mit P a r t i k e l n : quam m. möglichst, vel m. am allermeisten, cum (tum, tunc) m. jetzt ganz besonders, erst

recht, hoc cum m. loqueretur als er eben, ut maxime ... ita maxime je mehr ... desto mehr. **b.** mit *pron.* ad hunc m. modum (hoc m. modo) im wesentlichen, ungefähr *LCu*, cetrae m. speciem reddens so ziemlich *Cu.*

maximopere s. magnopere.

maximus, altl. **maxumus** *sup.* v. magnus.

maxume s. maxime.

māzonomus, ī, *m.* (μαζονόμος) Schüssel *H.*

meābilis, e (meo) gangbar; durchdringend: aër *Sp.*

meātus, ūs, *m.* (meo) **1.** das Gehen, Bewegung: caeli *V*, lenis Flug *T*, animae Atem *Pli.* **2.** *meton.* Weg, Bahn: impedito meatu das Atemholen *T*, Danuvius in mare sex meatibus erumpit Arme *T.*

mē-castor! beim Kastor! *C.*

mēd s. ego.

Mēdēa, ae, *f.* M. [zauberkundige Tochter des Königs Aietes in Kolchis, Gemahlin des Jason].

medeor, ērī (vgl. meditor) **1.** heilen, kurieren; mit *dat.*; medentes Ärzte *OT.* *met.* **2.** helfen: adflictae rei p. **3.** abhelfen: inopiae, labori erleichtern *O.*

Mēdī, ōrum, *m.* Meder; d i c h t . = Perser, Assyrer, Parther; *sg.* **Mēdus,** *adi.* flumen = der Euphrat *H*; **Mēdia,** ae, *f.* M. [Land südl. vom Kaspisee]; **Mēdicus** 3 medisch, persisch: Medica (herba) medischer Klee, Luzerne *V.*

mediānus 3 (medius) der mittlere *Sp.*

mediastīnus, ī, *m.* (medius) Hausknecht *H.*

medicābilis, e (medico) heilbar *O.*

medicāmen, inis u. **-mentum,** ī, *n.* (medico) **1. Heilmittel; occ.** Arznei: facies medicaminibus interstincta Pflaster *T.* **2. Gift** *T.* **3. Zaubermittel:** triste *O.* **4. Farbe** *Sp*; **occ.** (b i l d l .) **Schminke** *O.*

medicātus, ūs, *m.* (medico) Zaubermittel *O.*

medicīna, ae, *f.* (medicus, § 87, Abs. 2) **1.** Heilkunst, -verfahren: medicinam facere betreiben *Ph*; **occ.** Klinik des Arztes *C.* **2.** Heilmittel, Arznei; *met.* Heilmittel, Abhilfe: animi, furoris *V.*

medicō 1. **1. heilen:** metum *C.* **2. heilsam, wirksam machen:** amnem *V*, semina triebkräftig machen *V*; **medicātus** 3 **heilsam:** potio *Cu*; **occ.** virga Zauberstab *O*, fruges Zauberkraut *V*, somnus durch Zauber verursacht *O.* **3. färben:** lana medicata fuco rotgefärbt *H.* **4.** *dep.* **medicor** 1. **heilen:** alicui *CV*, ictum *V.* Von

medicus 3 (medeor) heilsam, heilend: ars Heilkunst *TiO*, manūs *V*; *subst.* **medicus,** ī, *m.* Arzt.

Medicus 3 s. Medi.

medimnus, ī, *m.*, *gen. pl.* ûm (μέδιμνος) der [attische] Scheffel [Hohl-, Getreidemaß = 6 modii = 52,5 l].

mediocris, e, *adv.* iter (medius) **1.** gering, (mittel)mäßig: animus non m. hochstrebend *S.* **2.** niedrig, unbedeutend: animus Kleinmut, mediocres Männer niederen Standes; mediocria Unbedeutendes *S.* **3.** *adv.* gelassen. Dav.

mediocritās, ātis, *f.* **1.** das Maßhalten, Mittelweg: aurea *H.* **2.** Mittelmäßigkeit, Kleinheit: ingenii, rei familiaris *Sp.*

Mediōlānum u. **-ium,** ī, *n.* M a i l a n d ; *adi.* Mediōlānēnsis, e.

Mediomatricī, ōrum, *m.* die M. [kelt. Volk um Metz].

meditamentum   278   **melius**

meditāmentum, ī, *n.* (meditor) Vorübung: belli *T.*

meditātiō, ōnis, *f.* (meditor) **1.** das Nachdenken: futuri mali. **2.** Einübung: doctrinarum.

medi-terrāneus 3 (medius, terra, § 66) binnenländisch; mediterranei die Leute im Binnenland; mediterrānea, ōrum, *n.* Binnenland, das Innere *L.*

meditor **1.** **1.** nachsinnen, überdenken; mit *acc.*, de, indir. Fr. **2.** auf etw. sinnen, sich vorbereiten: fugam; mit *inf.* **3.** sich üben, einüben, einstudieren: accusationem, versus *H.* **4.** *pt. pf. pass.* **meditātus** 3 ausgedacht, vorbereitet, einstudiert: scelus, commentationes sorgfältig ausgearbeitet, ratio *T,* oratio *T.*
E: gr. μέδομαι 'bedacht sein', μήδομαι 'ersinnen', got. miton, ahd. mezzōn 'ermessen'.

medium, ī, *n.* **1.** Mitte: in medium (in medio) sarcinas conicere, medio caeli terraeque in der Mitte zwischen *V,* medio montium mitten in *T,* diei medium Mittag *L,* medio temporis unterdessen *T,* in medio (in medium *T*) relinquere unentschieden lassen *S.* **2. Öffentlichkeit:** de medio removere auf die Seite bringen, in medium proferre bekanntmachen, procedere sich öffentlich zeigen, rem in medio ponere (vor Gericht) vorbringen; **occ. Gemeinwohl, -gut:** in medium consulere für das allgemeine Wohl *VL,* in medium cedere Gemeingut werden *T,* in medium quaerere für alle, gemeinsam *V,* in medio sita, posita Gemeingut *HCuT.* **3. öffentlicher Weg:** omnia in medio vidit auf offener Straße *L; met.* recede de medio geh aus dem Weg; de medio tollere aus dem Weg räumen; hoc genus pellatur e medio fort mit...!; ex medio res arcessit comoedia greift aus dem vollen Leben heraus *H,* (verba) e medio tollere aus dem Sprachgebrauch entnehmen.   *Subst.* von

I. medius 3 (ai. mádhya-s, gr. μέσσος, μέσος, got. midjis, ahd. mitti, §§ 6 ff.)

     I. räumlich: 1. **der mittlere**; 2. prädik. **mitten, in der Mitte.**
     II. zeitlich: 1. **der mittlere, dazwischenliegend**; 2. prädik. **mitten, Mitte.**
     III. *met.* 1. **Mittelding**; 2. **(mittel)mäßig, gewöhnlich**; 3. **neutral**; 4. **zweideutig**; 5. **vermittelnd**; 6. **störend**; 7. **halb.**

I. 1. medius mundi (terrae) locus. **2.** in colle medio mitten auf dem Hügel, per medios fines proficisci mitten durch das Gebiet, acies Zentrum, medius consedit in der Mitte *O,* iuvenem medium complectitur mitten um den Leib *L,* discessere omnes medii aus der Mitte *V.* **II. 1.** aetas mittlere Jahre, Mannesalter, mediis diebus in den Tagen dazwischen *L.* **2.** mediā nocte um Mitternacht, dies Mittag *VH; meton.* stabula ad medium conversa diem gegen Süden *V;* medium iter tenebat war mitten auf der Fahrt *V,* media inter lora mitten im Fahren *V,* in medio ictu mitten im Schlag *V.* **III. 1.** ingenium *L,* pacis eras mediusque belli zu Krieg und Frieden geeignet *H,* media sequi den Mittelweg einschlagen *T.* **2.** nihil medium, sed inmensa omnia *L,* bella *L,* Galbae medium ingenium *T.* **3.** medium se gessit blieb neutral *L.* **4.** responsum *L,* ad Varum media scriptitabat *T.* **5.** me-

---

dius fratris et sororis Vermittler zwischen *O,* paci medium se offert als Mittelsmann *V.* **6.** quos inter medius venit furor entzweite sie *V,* ne medius occurrere possit hindernd dazwischentreten *V.* **7.** media pars *O.*
II. medius fidius s. fidius.

medix tuticus der M. t. [höchster Beamter der Osker, oberster Kriegsherr] *L.*
E: *medo-diꝔ-s = iudex; tuticus (oskisch) = publicus.

medulla, ae, *f.* (wohl zu medius) **1.** Mark *VO.* **2.** *met.* das Innerste.

medullitus *adv.* im Innersten, innig *C.*

Mēdus, ī, *m.* **1.** s. Medi. **2.** M. [Nebenfl. des Araxes] *Cu.* **3.** M. [Tragödie des Pacuvius, nach dem Sohn der Medea].

Medūsa, ae, *f.* s. Gorgo; *adi.* **Medūsaeus** 3: equus, praepes = Pegasus *O;* fons = die Quelle Hippokrene *O;* monstrum = Cerberus *O.*

mefītis s. mephitis.

Megaera, ae, *f.* M. [eine Furie] *V.*

Megalē(n)sia, ium, *n.* die M. [Kybelefest am 4. April].

Megalē polis (§ 67) *LSp* u. **Megalopolis**, is, *f.* M. [St. in Arkadien]; *adi.* u. Einw. **Megalopolītānus**; Einw. **Megalopolītae**, ārum, *m. LCu.*

megalographia, ae, *f.* großes Gemälde *Sp.*

Megara, ōrum, *n.* u. ae, *f.* **1.** M. [Hauptst. der Landsch. Megaris]; *adi.* **Megaricus** 3; *subst.* **Megaricī** die megarische Schule [Anhänger des Euklid]. **2. Megara** *n. pl.* u. **-is**, idis, *f.* M. [St. an der Ostküste Siziliens]; *adi.* **Megarus** 3 *V; subst.* **Megarēa**, ōrum, *n.* die Gefilde von M. *O.*

megistānēs, um, *m.* Großwürdenträger, 'Magnaten' *T.*

mehercule(s) s. Hercules.

mēiō, ere (für *meg-jo, gr. ὀ-μιχ-έω, vgl. mingo, § 8) pissen: mula *Ca;* [in obszönem Sinn]: eodem *H.*

mel, mellis, *n.* (μέλι, got. miliꝔ) Honig; *met.* Süßigkeit.

Melampūs, podis, *m.* M. [Seher und Arzt] *V.*

melancholicus 3 (μελαγχολικός) schwermütig.

Melas, *m.,* *acc.* ana u. an M. [Fl. **1.** in Sizilien bei Mylae *O.* **2.** in Thessalien *L.* **3.** in Thrakien *LO*].

Meldī, ōrum, *m.* die M. [kelt. Volk an der unteren Marne].

Meleager, seltener **-gros, -grus**, grī, *m.* M. [Sohn des Öneus, Bruder der Deianira].

Melēs, ium, *f.* M. [Dorf in Samnium] *L.*

Meliboea, ae, *f.* M. [St. auf Magnesia, Geburtsort des Philoktet]; *adi.* Meliboeus 3 *V.*

Melicerta (-tēs), ae, *m.* M. [Sohn der Ino, als Meergott = Palaemon] *VO.*

melicus 3 (μελικός) lyrisch.

melilōtos, ī, *m.* (μελίλωτος) süßer Steinklee *OSp.*

melimēlum, ī, *n.* (μελίμηλον) Honigapfel *H.*

melior s. bonus.

melisphyllum, ī, *n.* (μελισσόφυλλον) Melisse *V.*

Melissus, ī, *m.* M. [Freigelassener des Maecenas, Bibliothekar des Augustus] *O.*

Melita, ae u. **-ē**, ēs, *f.* **1.** Malta; *adi.* Melitēnsis, e; *subst.* Melitēnsia, ium, *n.* Teppiche von Malta. **2. Melitē**, ēs, *f.* M. [eine Meernymphe] *V.*

Melitēnē, ēs, *f.* M. [St. in Kappadokien] *T.*

melius s. bonus u. bene.

meliusculus 279 **mensa** **M**

meliusculus 3, *adv.* **ē** (*dem.* v. melior) etw. besser *C.*
Mella, ae, *m.* Mela [Fl. bei Brescia] *V.*
melli-fer 3 (mel, fero, § 66) Honig (ein)tragend *O.*
mellītus 3 (mel) mit Honig versüßt *H*; *met.* süß.
melos, *n.* (μέλος) Gesang, Lied.
Mēlos, ī, *f.* M. [Insel der Sporaden]; *adi.* **Mēlius** 3.
Melpomenē, ēs, *f.* M. [μελπομένη 'die Singende'; Muse der Tragödie und Lyrik] *H.*
membrāna, ae, *f.* (*subst. adi.* v. membrum, § 75) **1.** Häutchen, Haut; **occ.** Balg: chelydri *O.* **2.** Pergament *CaHQ.*
membrānula, ae, *f.* **1.** Häutchen *Sp.* **2.** Pergament.
membrātim (§ 79) *adv.* stückweise, in kurzen Sätzen.
Von
membrum, ī, *n.* **1.** Glied, Körperglied; *pl.* Körper: exercere membra *V.* **2.** *met.* Glied, Teil; dormitorium Schlafzimmer *Pli.*
E: ai. māsá-m 'Fleisch', got. mimz 'Fleisch', gr. μηρός 'Schenkel'.
memento *imp.* zu memini.
meminī, isse (*pf. pr.*) **1.** sich erinnern, gedenken; mit *gen.,* bei Personen mit *acc.* gesehen, erlebt haben, *acc. c. inf.*; mit *inf.* daran denken; mit indir. Fr.; memini, cum. **2.** erwähnen; mit Perfektbed. cuius supra meminimus, de exsulibus.
E: vgl. μέμνημαι; zu moneo, ai. mányate 'denkt', gr. μέμονα 'ich gedenke', § 41, got. man.
Memnōn, onis, *m.* M. [König in Äthiopien, Sohn der Eos und des Tithonus, wird vor Troja von Achilles getötet] *O*; Memnonides, um, *f.* die M. [aus der Asche des M. entstandene Vögel] *O*; *adi.* Memnonius 3: domūs = Äthiopien *Pr.*
memor, oris, *abl.* i (vgl. memini, gr. μνήμων) **I. 1.** sich erinnernd, eingedenk; mit *gen.,* indir. Fr. **occ. 2.** dankbar: mens, manus *O,* pro re *O.* **3.** rächend, unversöhnlich: poena *O,* ira *V.* **4.** bedachtsam: memor provisa repones *V.* **5.** gedächtnisstark: oratores. **II.** mahnend, erinnernd: tabellae Gedenktäfelchen *O,* nota *H,* querella *H.*
memorābilis, e (memoro) **1.** denk-, merkwürdig. **2.** gepriesen: numen *O.*
memorandus 3 (memoro) erwähnenswert, merkwürdig.
memorātor, ōris, *m.* (memor) Erzähler *Pr.*
memorātus 3 (memoro) berühmt.
memoria, ae, *f.* (memor) Gedächtnis. **1. Erinnerungskraft:** memoriae studere das Gedächtnis üben, memoriam perdere verlieren, memoriā tenere im Gedächtnis haben, ex memoria 'aus dem Kopf', memoriae mandare merken. **2. Andenken, Erinnerung:** post hominum memoriam seit Menschengedenken; res memoriā dignae Denkwürdiges *N,* memoriae prodere (tradere *L*) berichten, überliefern, sceleris Bewußtsein *T,* periculi Gedanke an *L.* *meton.* **3. Zeit** [als Gegenstand der Erinnerung]: patrum memoriā zur Zeit der Väter, supra hanc memoriam vor unserer Zeit, meā, nostrā memoriā, zu meiner, unserer Zeit, huius memoriae philosophi; **occ. Ereignis:** vetus. **4. Erwähnung, Nachricht, Kunde:** de hominum memoria (mündliches Zeugnis) tacere, duplex *N,* aliquid memoriā prodere mündlich, memoriā ac litteris mündlich und schriftlich, omnis rerum memoria Weltgeschichte. Dav.

memoriālis libellus (§ 75, Abs. 2) Denkschrift *Sp.*
memoriola, ae, *f.* (*dem.* v. memoria) Gedächtnis.
memoriter (*adv.* zu memor) mit gutem Gedächtnis, aus dem Gedächtnis, auswendig.
memorō 1. (memor) **1.** an etw. erinnern, mahnen: amicitiam *T.* **2.** erwähnen, berichten: Thesea *V,* vocabula gebrauchen *H*; mit *acc. c. inf.,* de *S,* indir. Fr. *T.*
Memphis, idis, *f.* M. [St. in Ägypten]; *adi.* Memphītis ägyptisch: vacca = Io *O.*
Menander u. **-dros**, drī, *m.* M. [um 315, der bedeutendste Dichter der neueren attischen Komödie, Vorbild des Terenz].
Menapiī, ōrum, *m.* die M. [belgisches Volk zwischen Maas u. Schelde].
menda s. mendum.
mendāci-locus 3 (loquor, § 66) lügenhaft *C.*
mendācium, ī, *n.* (mendax) **1.** Lüge. **2.** Täuschung, Trug: famae *O,* poëtarum Erdichtung *Cu.* Dav. *dem.*
mendāciunculum, ī, *n.* kleine Unwahrheit.
mendāx, ācis (mentior) **1.** lügend, lügenhaft; *subst.* Lügner. **2.** *met.* täuschend, falsch: pennae nachgemacht *O,* fundus wenig einträglich *H,* infamia unverdient *H.*
Mendēsius, ī, *m.* aus Mendēs [St. im Nildelta] *O.*
mendīcitās, ātis, *f.* (mendicus) Bettelarmut.
mendīcō u. **-or** 1. (er)betteln *CO.* Von
mendīcus 3 bettelhaft, ärmlich; *subst.* Bettler, Lump.
mendōsus 3, *adv.* **ē** fehlerhaft, voller Fehler. Von
mendum, ī, *n.* u. **-a**, ae, *f. Sp.* (ai. minda) Gebrechen, Fehler.
Meneclēs, is, *m.* M. [asian. Rhetor]; *adi.* Meneclīus 3.
Menelāus, ī, *m.* M. [Bruder Agamemnons, Gemahl der Helena, König in Sparta]; Menelai portus [Hafen an der Küste der Cyrenaica] *N.*
Mēni(n)x, gis, *f.* M. [Insel in der Kleinen Syrte] *L.*
Menoetiadēs, ae, *m.* s. Patroclus.
mēns, mentis, *f.* (St. in me-min-i, μένος; vgl. ai. matí-š 'Denken', got. gaminþi 'Andenken')

┌───┐
│ 1. **Denkkraft** (Verstand, Vernunft, Einsicht), **Geist**; 2. **Denkart, Sinnesart, Gemüt**; *occ.* **Gemütsaffekte** (Zorn, Leidenschaft, Mut); 3. *meton.* **das Gedachte, die Gedanken**; *occ.* **Erinnerung, Meinung, Absicht.** │
└───┘

1. suae mentis, mentis compotem esse bei Verstand sein; mente captus (alienatā) verrückt, wahnsinnig; sana gesunder Verstand *H,* mentes animique Einsicht und Mut, Kopf und Herz. **2.** mens cuiusque is est quisque die Denkart ist das Ich eines jeden. **occ.** inimica feindliche Gesinnung *N,* mentes demittere den Mut sinken lassen *V,* addere mentem Mut machen *H,* conpescere den Zorn bezähmen *H,* dolor quod suaserit et mens Leidenschaft *H.* **3.** hac mente von solchen Erwägungen aus *N.* **occ.** venit mihi in mentem es fällt mir ein, ich erinnere mich, mit *gen.,* de, *inf.,* indir. Fr.; eadem mente esse seine Meinung nicht ändern *N,* longe alia mihi mens est ich denke ganz anders *S,* mens fuit mit *inf.* Absicht *O,* mentes deûm Wille *O,* muta istam mentem Plan.
mēnsa, ae, *f.* **1.** Tisch, Tafel: mensam tollere aufheben *H*; **occ.** mensae deorum [tischförmige] Altäre,

mensarius   280   **meridio**

mensam poni iubet Zahltisch, Wechslertisch *H.* **2.** *meton.* Tisch, Tafel, Essen: super mensam bei Tisch, während des Essens *Cu,* Italicae Schmausereien; k o n k r. secunda Nachtisch *NO,* parciore mensa uti sparsamer essen *T.*
E: viell. *pt. pf. pass.* v. metiri, eigtl. 'die abgemessene Platte'.   Dav.

mēnsārius, ī, *m.* Wechsler: III viri (V viri) mensarii Bankiers [zur Ordnung der Staatsfinanzen] *L.*

mēnsiō, ōnis, *f.* (metior) Messung: vocum Silbenmaß.

mēnsis, is, *m., gen. pl.* ium u. um (ai. mā́s-, attisch μήν, ionisch μείς, μήνη = luna, ahd. mānōt) Monat.

mēnsor, ōris, *m.* (metior) **1.** Vermesser *H;* Feldmesser *O.* **2.** Baumeister *Pli.*

mēnstruālis, e (§ 38, 1) monatlich *C.*   Von

mēnstruus 3 (mensis) monatlich: luna Mondlauf *V; subst.* mēnstruum, ī, *n.* Lebensmittel für einen Monat *L;* meum Amtsmonat *Pli.*

mēnsula, ae, *f.* (*dem.* v. mensa) Tischchen *C.*

mēnsūra, ae, *f.* (metior) **1.** das Messen, Messung: aurium mittels des Gehörs; ex aqua mit der Wasseruhr. **2.** Maß [Länge, Größe u. a.]: roboris Umfang *O; met.* nominis Größe *O,* legati Würde *T.* **3.** *meton.* Maß [zum Messen]: itinerum Wegmaß.

ment(h)a, ae, *f.* (μίνϑη, § 91) Krauseminze *O.*

mentiō, ōnis, *f.* (vgl. memini, mens) Erwähnung, Vorschlag, Anregung: mentionem facere rei, de re auf etw. zu sprechen kommen; *occ.* im Senat etw. zur Sprache bringen.

mentior 4. **I.** *intr.* **1. dichten, erdichten:** ita mentitur Homerus *H.* **2. lügen:** mentiar si, mentior nisi [Versicherungsformel]; mentire du irrst *C.* **II.** *trans.* **1. erlügen:** gloriam *O.* **2. fälschlich zeigen, vorgeben:** puerum das Aussehen eines Knaben annehmen, dolores vorspiegeln *O.* **3. täuschen:** spem *H;* **mentītus** 3 p a s s. **erdichtet, falsch, erlogen:** figurae *O,* tela *V.*
E: v. mens wie partior v. pars: 'sich etw. erdenken'.

Mentōr, oris, *m.* M. [berühmter Toreut (Hersteller von Silbergefäßen), um 350]; *adi.* **Mentoreus** 3 *Pr.*

mentula, ae, *f.* Penis *Ca.*

mentum, ī, *n.* (vgl. pro-mineo) Kinn; *meton.* Bart: regis *V.*

meō 1. (dicht. u. nachkl.) gehen *HOCuT.*

mephītis, -fītis, is, *f.* schädliche Ausdünstung [der Erde]; *nomen pr.* M. [Schutzgöttin gegen diese] *T.*

merācus 3 (merus) rein, unvermischt, lauter.

mercātor, ōris, *m.* (mercor) Kaufmann; Aufkäufer.

mercātūra, ae, *f.* (mercor) Handel: mercaturas facere treiben; *met.* quaedam utilitatum so eine Art Handel um seines Vorteils willen.

mercātus, ūs, *m.* (mercor) **1.** Handel: turpissimus. **2.** Markt, Messe: mercatum habere abhalten.

mercēdula, ae, *f.* (*dem.* v. merces) wenig Lohn, geringe Einkünfte.

merce(n)nārius 3 **1.** gedungen, gemietet, bezahlt: milites Söldner *N,* tr. pl. bestochen, vincla Fesseln seines Geschäfts *H.* **2.** *subst.* Tagelöhner.   Von

I. mercēs, ēdis, *f.* (merx) **1. Lohn, Sold, Preis:** diurna Tagelohn *H; met.* non aliā mercede um keinen Preis

sonst *H,* sine mercede umsonst *Ph;* [pejorativ]: proditionis *T.* **Sold** [des Soldaten]: mercede arcessere (conducere *L*) in Sold nehmen. **2. occ. Lehrgeld, Gehalt, Honorar:** tantā mercede nihil sapere, merces rhetori est data; *met.* **Strafe:** temeritatis *L;* **Schaden, Nachteil:** non sine magna mercede; arbores multa mercede domare mit viel Mühe *V.* **3. Zins, Miete, Zinsen:** habitationum Mietzins, quinae 5% (monatlich) *H,* tertia mercedum pars Pachtzins *Sp,* praediorum Einkünfte.

II. mercēs = merx *C.*

mercimōnium, ī, *n.* (merx) Ware *CT.*

mercor 1. (merx) kaufen, erkaufen.

Mercurius, ī, *m.* (merx) M. [Sohn des Juppiter u. der Maia, Gott des Handels und Gewinnes, später mit Hermes gleichgestellt]. [Appellativ]: Mercurius Andocidi Hermes des *N. Adi.* **Mercuriālis,** e: viri [die Dichter als Günstlinge Merkurs] *H; subst.* Mercuriālēs, ium M. [Kollegium der Kaufleute in Rom]; aqua Mercurii [Quelle an der via Appia] *O,* stella Mercurii der Planet Merkur, tumulus Mercurii [Anhöhe bei Carthago Nova] *L,* promunturium Mercurii K a p B o n *L.*

merda, ae, *f.* Kot, Exkremente *H.*

merenda, ae, *f.* Jausen-, Vesperbrot *C.*

merēns, entis **1.** würdig: laurea decreta merenti *O.* **2.** schuldig: increpare merentes *S,* Laocoon *V.*   Von

mereō 2. uī u. **mereor,** itus sum (vgl. μείρομαι) **1. verdienen, erwerben:** nardo vina eintauschen *H,* aera einbringen *H; met.* gratiam *L.* **occ. Sold verdienen,** als Soldat **dienen:** stipendia; vicena stipendia zwanzig Jahre *T;* pedibus zu Fuß *L,* equo als Reiter. **2. sich würdig machen:** laudem, inmortalitatem; mit ut; *inf. T.* **occ. eine Strafe verdienen,** etw. **verschulden:** odium sich zuziehen, fustuarium; mori *O;* quid mali meruisset *T,* scelus verüben *V;* **meritus** 3 **verdient, gerecht, gebührend:** poena *O,* praemium. **3. sich Verdienste erwerben;** meist *dep.* bene (melius, optime) mereri de, male (pessime) de sich ... verdient machen um; meriti iuvenci wohlverdient *V.*

meretrīcius 3 Dirnen-, dirnenhaft.   Von

meretrīx, īcis u. *dem.* **-trīcula,** ae, *f.* (mereo) Dirne.

merges, itis, *f.* Garbe *V.*

mergō 3. mersī, mersus **1.** tauchen, eintauchen, versenken; *med. pass.* untertauchen, versinken: in aquam, se in mari, aequore *V,* sub aequora *VO,* mersae res die versunkene Welt *O;* naves (sidera *O*) merguntur gehen unter *L.* **2.** hineinstecken, verbergen: rostra in corpore tief einschlagen *O,* vultūs in cortice verbergen *O,* caput in terram *L.* **3.** *met.* versenken, stürzen: malis ins Unglück *V,* funere in den Tod *V,* mersus rebus secundis glückversunken *L,* in voluptates se sich in Genüsse stürzen *L,* mergentibus sortem usuris die Zinsen übersteigen das Kapital *L.*
E: ai. májjati 'taucht unter'.   Dazu

mergus, ī, *m.* Taucher [Wasservogel] *VHO.*

merīdiānus 3 mittägig; *occ.* südlich *C.*   Von

merīdiēs, ēī, *m.* (aus *medīdiē, *locat.* von medius dies, § 62; d-d dissimiliert nach § 38, 1) Mittag; *meton.* Süden.   Dav.

merīdiō u. **-or** 1. Mittagsschlaf halten *Sp.*

Meriones 281 **mica** **M**

Mērionēs, ae, *m.* M. [Wagenlenker des Idomeneus] *HO.*

meritō, *sup.* meritissimō (*adv. abl.* v. meritum) verdientermaßen, mit Recht.

meritōrius 3 gemietet; pueri Lustknaben; *subst.* **meritōrium,** ī, *n.* öffentliches Bad *Pli.* Von

meritum, ī, *n.* (mereo) **1.** Verdienst, Würdigkeit: ex merito *T,* pro cuiusque merito *L;* **occ.** Bedeutung *O.* **2.** verdienstliche Tat, Wohltat: erga aliquem, in rcm p.; **occ.** [pejorativ] Schuld, das Verschulden: merito populi R., nullo meo merito ohne mein Verschulden.

meritus *adi.* oder *pt. pf.* a c t. v. mereor.

Meroē, ēs, *f.* M. [Nilinsel in Äthiopien] *O.*

merops, opis, *m.* (μέροψ) Bienenspecht *V.*

mers = merx *C.*

mersī *pf.* v. mergo.

mersō 1. (*frequ.* v. mergo) eintauchen: gallinam ersäufen *H,* gregem fluvio baden, schwemmen *V;* **met.** mersari civilibus undis sich in die Wogen der Politik stürzen *H.*

mersus *pt. pf. pass.* v. mergo.

merula, ae, *f.* Amsel *HPli.*

merus 3 **1.** ungemischt, lauter, rein: lac *O,* vina *O;* *subst.* **merum,** ī, *n.* [nicht mit Wasser gemischter] Wein. **met. 2.** unverfälscht: libertas uneingeschränkt *L,* virtus echt *H.* **3.** lauter, nichts als, nur: mora *C,* vineta *H.*

merx, cis, *f., gen. pl.* ium Ware: femineae weibliche Schmucksachen *O;* **occ.** Sache *C.*

Mesēmbriacus 3 v. Mesēmbria [St. in Thrakien] *O.*

mesochorus, ī, *m.* (μεσόχορος) Führer der Claque *Pli.*

Mesopotamia, ae, *f.* Mesopotamien.

Messāna, ae, *f.* M e s s i n a ; *adi.* **Messēnius** 3 *O.*

Messāpiī, ōrum, *m.* die M. [Einw. des auch Messāpia genannten Kalabrien] *L; adi.* Messāpius 3 *O.*

messem feci *pf.* v. meto.

Messēnē, ēs u. **-a,** ae, *f.* M. [Hauptst. v. Messenien in der sw. Peloponnes]; *adi.* u. Einw. Messēnius.

Messēnius s. Messana u. Messene.

messis, is, *f., acc.* im *C* (meto, § 36) **1.** Ernte. **2.** *meton.* Erntezeit, Ernteertrag.

messor, ōris, *m.* (meto, § 36) Schnitter, Mäher; dav. **messōrius** 3 Ernte-, Schnitter-: corbis.

messus *pt. pf. pass.* v. meto.

-met (enklitisch an *pron.*) selbst, eigen: egomet.

mēta, ae, *f.* **1.** Grenze, Ende, Ziel: viarum *V,* aevi *V,* media caeli Mitternacht *V.* **meton. 2.** Grenzzeichen: metam tenebant sie hatten das Ziel erreicht *V;* **occ.** Spitzsäule [im Zirkus]: evitata rotis *H;* b i l d l. metas lustrare Pachyni das Vorgebirge P. umfahren *V.* **3.** Kegel, Pyramide *LOCu.* **4.** *nomen pr.* Mēta sūdāns [Springbrunnen vor dem Kolosseum] *Sp.*

metallum, ī, *n.* (μέταλλον) **1.** M e t a l l. **2.** *meton.* Grube, Bergwerk: damnare in metallum zur Arbeit in den Bergwerken *Pli.*

Metapontum, ī, *n.* M. [St. am Golf v. Tarent]; *adi.* u. Einw. (§ 75) **Metapontīnus** *L.*

Metaurus (-um *H*)**,** ī, *m.* M. [Fl. in Umbrien] *L.*

Metellus, ī, *m.* M. [cognomen in der plebejischen gens Caecilia].

Meterēa turba die M. [Volk an der unteren Donau] *O.*

methodus, ī, *f.* (μέθοδος) planmäßiges Forschungsverfahren, Methode *Sp.*

Mēthymna, ae, *f.* M. [St. auf Lesbos]; *adi.* u. Einw. Mēthymnaeus; Mēthymnias, adis, *f.* von M. *O.*

mētior 4. mēnsus sum **1.** messen, zuteilen: syllabis pedes; *pt. pf.* p a s s. mensa spatia gemessen; frumentum militibus, alicui Caecubum *H.* **2.** abschätzen, beurteilen: homines fortunā *N.* **3.** durchmessen, -gehen, -schreiten: aquas carinā durchfahren *O,* sacram viam *H.*

E: ai. mātiš 'Maß'.

metō 3. messus, *pf.* messem feci **1.** schneiden, mähen: pabula falce *O;* **occ.** abschneiden, -hauen: virgā lilia *O,* farra abfressen *O; met.* niedermetzeln: proxima quaeque *V.* **2.** ernten; s p r i c h w. ut sementem feceris, ita metes wie die Saat, so die Ernte.

E: § 36, vgl. ἀμάω 'mähen', ahd. mād 'Mahd'.

metōposcopus, ī, *m.* (μετωποσκόπος) Wahrsager [nach der Bildung der Stirn], Physiognom *Sp.*

mētor 1. (meta) messen, abmessen, abstecken; *pt. pf.* auch p a s s. *HL.*

Mētrodōrus, ī, *m.* M. [**1.** Freund u. Schüler Epikurs, gest. um 277. **2.** aus Stratonikeia, Schüler von Karneades. **3.** aus Skepsis, Anhänger der Akademie, Feind Roms, gest. 70].

Mētropolis, *f.* M. [St. in Thessalien]; Einw. Mētropolītae, ārum, *m.; adi.* Mētropolītānus 3.

metuculōsus 3 (metus) fürchterlich *C.*

metuēns, entis (metuo) scheuend, bange, in Furcht; mit *gen.*

metuī *pf.* v. metuo.

mētula, ae, *f.* (*dem.* v. meta) kleine Pyramide *Pli.*

metuō 3. uī **1.** *intr.* fürchten, in Furcht sein: ab Hannibale vor *L,* de coniuge für *O;* mit *dat.* besorgt sein: moenibus patriae *L.* **2.** *trans.* (be)fürchten: bellum, periculum ex aliquo *S;* mit ne daß, ne non, ut daß nicht; mit *inf.* nicht wollen, sich scheuen: pinna metuens solvi unzerstörbar *H,* fides metuit culpari ist unangreifbar *H;* **metuendus** 3 furchtbar, furchterweckend. Von

metus, ūs, *m., dat.* ū *VT* **1.** Furcht, Befürchtung; mit *gen. obi.,* a Romanis *L,* ex imperatore *T,* regius vor den Königen *L;* **occ.** Ehrfurcht: laurus metu servata *V.* **2.** *meton.* Gegenstand der Furcht, drohende Lage: eius metūs rimatur was ihm Furcht verursachte *T;* anceps a cive et ab hoste *L,* in metu in dieser gefährlichen Lage *T.*

meus 3 (vom St. me, vgl. ἐμός), *voc.* mī, meus *VO, dat. pl.* mīs *C* s u b j. **mein:** ordines; o b j. **gegen mich:** iniuria *S,* crimina *L;* vix meus sum kaum bei Sinnen *O,* homo meus 'mein guter Mann' *Ph; subst.* **mea** [als Anrede] 'meine Liebe' *O;* **meum,** ī, *n.* u. *pl.* das Meinige; non est meum es ist nicht meine Art; quod Thebae cecidere meum est mein Werk *O;* **meī,** ōrum, *m.* die Meinen, Meinigen.

Mēvānia, ae, *f.* M. [St. in Umbrien] *LT.*

Mezentius, ī, *m.* M. [Tyrann von Caere (Agylla)].

mī s. ego u. meus.

mīca, ae, *f.* ein bißchen: nulla m. salis keine Spur von

mico — 282 — **ministro**

Anmut *Ca*; salis (saliens *H*) Salzkorn *O*; *met.* Speisezimmerchen *Sp*.

micō 1. micuī 1. zucken, zittern, zappeln: venae micant pulsieren, linguis züngeln *V*. 2. (digitis) micare = das Moraspiel spielen; s p r i c h w. dignus est, quīcum in tenebris mices = mit dem kannst du im Finstern würfeln. 3. *met.* [vom Licht] zucken, schimmern, blitzen: oculis micat ignis sprüht aus den Augen *V*.

mictum *pt. pf. pass.* v. mingo.

micuī *pf.* v. mico.

Midaeēnsēs, ium, *m.* die M. [Einw. v. Midaeum in Phrygien].

Midās, ae, *m.* M. [mythischer König von Phrygien].

migrātiō, ōnis, *f.* Auswanderung, Wanderung.   Von

migrō 1. 1. ausziehen, auswandern, übersiedeln; *met.* ab aure ad oculos wandern *H. trans.* 2. fortschaffen, transportieren: migratu difficilia *L*. 3. *met.* übertreten, verletzen: ius civile.

Mīlaniōn, ōnis, *m.* M. [Gemahl der Atalante] *Pr.*

mīles, itis, *m.* 1. **Krieger, Streiter, Soldat:** Persei Streiter für *O*; novus neu ausgehoben *O*. 2. **Gemeiner** (ohne Rang): vos adpello, centuriones, vosque, milites. 3. **Infanterist, Legionssoldat:** milites equitesque. 4. k o l l e k t. **Heer, Infanterie** *VL*. 5. *met.* **Soldat** [Stein im Brettspiel] *O*. 6. *f.* Phoebes Begleiterin *O*, nova Neuling *O*.

Mīlētus, ī, *f.* M. [St. in Karien, ber. durch Wollhandel]; *adi.* **Mīlēsius** 3: crimina pikante Schriften *O*; Einw. **Mīlēsiī; Mīlētis**, idis, *f.*, *acc.* ida 1. Byblis [Tochter des Miletus]. 2. urbs = Tomi [milesische Kolonie] *O*.

mīlia *pl.* v. mille.

mīliārius, mīliē(n)s s. mill . . .

mīlitāris, e, *adv.* **iter** (miles, § 38, 1) 1. soldatisch, militärisch, kriegerisch, Soldaten-, Militär-, Kriegs-: res Kriegswesen, vir (homo *S*) kriegsgeübt *T*, militariter loqui kurz und bündig *T*, aetas dienstpflichtig *T*, via Heerstraße *T*. 2. *subst.* Soldat *CuT*.

mīlitia, ae (ai *Lukrez*), *f.* (miles) 1. Kriegs-, Felddienst; *met.* Dienst: urbana. *meton.* 2. Krieg, Feldzug: domi militiaeque in Krieg und Frieden; militiae magister Führer des Feldzugs *L*. 3. Soldaten, Miliz: militiam cogere *L*, pars militiae *O*.

mīlitō 1. (miles) 1. als Soldat dienen, Kriegsdienste tun; *pass.* bellum militabitur wird gekämpft werden *H*. 2. *met.* dienen *HO*.

milium, ī, *n.* (μελίνη) Hirse *VO*.

mille *indecl.*, *pl.* **mīlia**, ium, *n.* (über ll u. ī vgl. § 29 am Ende) 1. tausend; urspr. *subst.*, daher mit *gen.* mille hominum; passuum (röm): M e i l e (etwa 1,5 km); [auch mille (milia) allein]: aberat mons fere milia viginti *S*; im *sg.* gew. *indecl. adi.* mille equites. 2. *synecd.* sehr viele, unzählige: milia crabronum *O*, mille colores *V*.   Dav.

mīllēsimus 3 der tausendste; *adv.* millesimum zum tausendstenmal.

mīl(l)iārius 3 (mille) tausend (Mann) enthaltend: ala *Pli*; porticus meilenlang *Sp*; *subst.* **mīl(l)iārium**, ī, *n.* Meilenstein: aureum vergoldet [Zentralmeilenstein auf dem Forum Romanum, von Augustus aufgestellt] *TSp*; *meton.* Meile *Sp*.

mīl(l)iē(n)s (mille) *adv.* tausendmal; *synecd.* unzähligemal.

Milō, ōnis, *m.* 1. M. [von Kroton, ber. Athlet]. 2. T. Annius M. [tötete 52 P. Clodius im Straßenkampf und wurde trotz Ciceros Verteidigungsrede (Milōniāna) verbannt].

mīluus, ī, *m.* (später mīlvus) 1. Gabelweihe, Taubenfalke. 2. Meerweihe [ein Raubfisch] *H*. 3. M. [Stern] *O*. *Adi.* zu 1. **mīluīnus** 3 Geier-; *subst.* **mīluīna**, ae, *f.* (*sc.* fames) Heißhunger *C*.

Milyas, adis, *f.* M. [Berggebiet in Lykien] *L*.

mīma, ae, *f.* (mimus) Schauspielerin [im Mimus].

Mimallonis, idis, *f.* Bacchantin *O*.

Mimās, antis, *m.* M. [Vorgebirge in Ionien] *O*.

mīmiambus, ī, *m.* (μιμίαμβος) M. [meist dialog. Gedicht in Choliamben] *Pli*.

mīmicus 3 (μιμικός) schauspielerisch, affektiert, Schein-: iocus übertrieben, nomen Künstlername.

Mimnermus, ī, *m.* M. [Elegiker aus Kolophon um 630] *HPr.*

mīmula, ae, *f.* (*dem.* v. mima) kleine Schauspielerin.

mīmus, ī, *m.* (μῖμος) 1. Schauspieler [im Mimus], Possenreißer. 2. Mimus, Posse.

mina, ae, *f.* (μνᾶ, § 37) M i n e [griech. Gewichts- (= $\frac{1}{60}$ Talent) und Münzrechnungseinheit (= 100 Drachmen)].

mināciae, ārum, *f.* (minax) Drohungen *C*.

minae, ārum, *f.* (vgl. pro-mineo, mentum) 1. k o n k r. Zinnen: murorum *V*. 2. a b s t r. Drohungen: anguis tollens minas die sich drohend erhebt *V*.

minātiō, ōnis, *f.* (minor) Drohung.

mināx, ācis, *adv.* **āciter** (minor) drohend.

Mincius, ī, *m.* M i n c i o [Fl. bei Mantua] *VL*.

Minerva, ae, *f.* M. [Göttin, Schützerin aller Künste und Wissenschaften, Gewerbe und (weibl.) Handarbeiten, später der gr. Pallas Athene gleichgestellt]; s p r i c h w. crassā (pingui) Minervā = mit derbem Hausverstand; invitā Minervā = ohne innere Berufung; *meton.* Wollarbeit. Arx Minervae s. Minervium; Minervae promunturium [in Kampanien, Sitz der Sirenen] *LO*.
E: vgl. μένος, mēns; ai. mánas 'Sinn', § 29.   Dav.

Minervium, ī, *n.* M. ['Minervatempel'; St. und Burg (arx Minervae *V*) in Kalabrien] *L*.

mingō 3. mīnxī, mictum (vgl. meio) pissen *H*.

miniātus u. *dem.* **miniātulus** 3 (minium) (zinnober)rot (gefärbt): Iuppiter [Terrakottafigur], cerula Rotstift.

minimē, minimus s. parum, parvus.

Miniō, ōnis, *m.* M. [kleiner Fl. im südl. Etrurien] *V*.

minister, trī, *m.*, **ministra**, ae, *f.* (aus *min-is-teros zu minus, vgl. magister, §§ 16, Anm. u. 42) 1. Diener (in), Gehilfe, Gehilfin: imperii Unterbeamte. 2. Vollstrekker, Helfer: Calchante ministro mit Hilfe des K. *V*, regis Unterstützer *S*, sermonum Unterhändler *T*.   Dav.

ministerium, ī, *n.* 1. Dienst, Dienstleistung, Amt. 2. *meton.* Gehilfen, Dienstpersonal: principi ministeria circumdare *T*.

ministrātor, ōris, *m.* (ministro) Aufwärter, Diener; **occ.** Beistand, Ratgeber. **ministrātrīx**, īcis, *f.* Gehilfin.

ministrō 1. (minister) 1. bedienen: velis die Segel *V*; (bei Tisch) bedienen, servieren, kredenzen: pocula;

minitabundus   283   **misereor**   **M**

Iovi bibere. **2.** darbieten, hergeben, verschaffen: populo R. belli adiumenta, nova semina bello *T.* **3.** besorgen, ausführen: res omnes *H*, naves velis ausrüsten *T.*

minitābundus 3 unter Drohungen *LT.*   Von

minitor (-to *C*) 1. (*frequ.* v. minor) (an)drohen.

minium, ī, *n.* Zinnober, Mennige.

I. minor, us s. parvus.

II. minor 1. (minae) **1.** (drohend) emporragen *V.* **2.** drohen, androhen, bedrohen: omnibus omnia; mit *acc. c. inf. fut.* **3.** versprechen: magna *HPh.*

Mīnōs, ōis, *m.* **1.** M. [Sohn des Zeus u. der Europa, König in Knossos, Gesetzgeber von Kreta, Richter in der Unterwelt]; *adi.* **Mīnōus** 3 minoisch, kretisch *VPrO.* **2.** M. [dessen Enkel, Gemahl der Pasiphaë, Vater der Ariadne, Erbauer des Labyrinths]. **Mīnō-taurus,** ī, *m.* der M. [Sohn der Pasiphaë u. eines Stiers, halb Mensch, halb Stier, im Labyrinth eingesperrt, von Theseus mit Hilfe der Ariadne getötet]; **Mīnōis,** idis, *f.* = Ariadne *O.*

Minturnae, ārum, *f.* M. [St. in Latium an der Mündung des Liris]; *adi.* Minturnēnsis, e.

Minucius 3 im *n. g. Adi.* porticus Minucia [Gebäude in Rom], via Minucia [Straße von Rom nach Brundisium].

minumē [altl.] = minime s. parum.

minuō 3. uī, ūtus (minus) **1.** zerkleinern: ramalia *O*, mullum in pulmenta zerschneiden *H.* **2.** vermindern, verkleinern: pretium frumenti herabsetzen *T.* **3.** *med.* sich vermindern, abnehmen: corporis artus minuuntur schrumpfen ein *O*; *intr.* minuente aestu bei eintretender Ebbe. **4.** *met.* verringern, einschränken, schmälern: religionem verletzen *N*, controversias mildern, potentiam senatūs beeinträchtigen, consul vulnere minutus geschwächt *L.*

minus *adv.* s. parum.

minusculus 3 (*dem.* v. minor) ziemlich klein.

minūtātim (minutus) *adv.* nach und nach.

I. minūtus *pt. pf. pass.* oder *med.* v. minuo.

II. minūtus 3, *adv.* ē (minuo) **1.** klein, winzig: plebes niederes Volk *Ph.* **2.** unbedeutend, kleinlich: philosophi, animus, minute dicere.

mīnxī *pf.* v. mingo.

Minyās, ae, *m.* M. [Stammvater der böotischen Minyer, König von Orchomenos]; **Minyae,** ārum, *m.* = die Argonauten *O*; **Minyēïas,** adis u. **-ēis,** idis, *f.* Tochter des Minyas; **Minyēïa** proles die Töchter des Minyas *O.*

mīrābilis, e, *adv.* iter (miror) **1.** wunderbar, sonderbar: mirabile auditu. **2.** erstaunlich, außerordentlich: pugnandi cupiditas *N*, opus außerordentlich schöne Arbeit.

mīrābundus 3 (miror) voll Verwunderung *L.*

mīrāculum, ī, *n.* (miror) Wunder, Wunderding, Wunderwerk: verti (se transformare) in miracula Wundergestalten *VO*, philosophorum wunderliche Meinungen, miraculo esse alicui jemds. Erstaunen erwecken *L.*

mīrandus 3 (miror) wunderbar.

mīrātor, ōris, *m.* (miror) Bewunderer.

mīri-ficus 3, *adv.* ē (mirus, facio, §§ 66 u. 41) wunderbar, erstaunlich, sonderbar, außerordentlich.

mīrimodīs *adv.* = miris modis *C.*

mirmillō s. murmillo.

mīror 1. **1.** sich (ver)wundern: stultitiam über; mit *acc. c. inf.,* indir. Fr., quod, si. **2.** bewundern, anstaunen: signa *S*, ripas *H*; iustitiae belline laborum (*sc.* te) wegen *V.*   Von

mīrus 3, *adv.* ē auffallend, erstaunlich, wunderbar; *occ.* sonderbar: mire gratum außerordentlich angenehm *L*; sibi mirum videri es komme ihm sonderbar vor. Vbdn. **1.** mirum in modum wunderbar. **2.** miris modis auffallend, seltsam *V.* **3.** mirum quam, mirum quantum erstaunlich, außerordentlich: mirum quantum profuit *L*, mirum quam inimicus erat. **4.** mirum ni(si) höchstwahrscheinlich, sicher. **5.** quid mirum?, non (nec) mirum natürlich! kein Wunder! **6.** mirum quin ein Wunder, weshalb nicht = das fehlte noch, daß; doch wohl nicht.

mīs s. meus.

misceō 2. miscuī, mixtum u. mistum (μίσγω, ahd. miskan) **1.** mischen, vermischen: pix sulphure mixta *V*; *met.* gravitate mixtus lepos *N.* **2.** vereinigen: lacrimas meas cum tuis *O*, mixtum genus [halb Stier, halb Mensch] *V*, mixtus matre Sabella = einer Mischehe entsprossen *V*, sanguinem cum aliquo durch Verheiratung *L*; me nemus miscet dis gesellt bei *H*, se viris sich zugesellen *V.* **3.** verwirren, in Unordnung bringen: miscetur pulvere campus hüllt sich in Staub *V*, maria caelo (caelum terramque) heftigen Sturm erregen *V*; caelum ac terras *L*, pacem duello vertauschen *H*, domum gemitu erfüllen *V*; politisch: Unruhe stiften: plura weitere Unruhen *N*, plurima alles in Unordnung bringen *N.* **4.** durch Mischung erzeugen: aconita *O*; pocula einen Trank *O*; *met.* erregen: animorum motūs, murmura Donner *V*, incendia alles in Brand stecken *V*, proelia (certamina *L*) sich einlassen *V.*

misellus 3 (*dem.* v. miser) unglücklich, elend.

Mīsēnus (*sc.* mons), ī, *m. V* u. **Mīsēnum,** ī, *n.* M. [St. und Vorgebirge an der Bucht von Baiae, Kriegshafen]; bei *Pr* **Mīsēna,** ōrum, *n.*; *adi.* **Mīsēnēnsis,** e *T.*

miser, era, erum, *adv.* ē (vgl. maestus) **1.** elend, unglücklich: cultūs (*gen.*) in der Lebensweise *H*, querella jammervoll. **2.** kläglich, ärmlich: praeda, squalor; misere quaerere, cupere unsäglich, leidenschaftlich *H.* **3.** [von Sachen] traurig, kläglich: amor leidenschaftlich *V*; miserum! wie traurig! *V*; *occ.* krank: latus caputve *H.*

miserābilis, e, *adv.* iter (miseror) **1.** pass. beklagenswert, jämmerlich: miserabile visu ein jämmerlicher Anblick *V*; adv. hostes miserabile caesi *V.* **2.** akt. kläglich, klagend: vox, elegi *H*, litterae miserabiliter scriptae *L.*

miserandus 3 (miseror) beklagenswert, mitleidswürdig.

miserātiō, ōnis, *f.* (miseror) **1.** das Bedauern, Mitgefühl. **2.** *meton.* ergreifende Schilderung, rührender Vortrag.

misereor 2. eritus sum (miser) sich erbarmen, Mitleid fühlen; mit *gen.*; unpers. **miseret,** [selten] **miserētur** mit *acc. pers.* u. *gen. rei* es tut mir leid um, ich bedauere: me tui miseret.

miseresco   284   **moderatus**

miserēscō, ere (*incoh.* zu misereo) sich erbarmen *V*; unpers. *C.*

miseret, miseretur s. misereor.

miseria, ae, *f.* (miser) Elend, Unglück, Leid.

misericordia, ae, *f.* **1.** Barmherzigkeit, Mitleid: clarissimi viri Mitleid mit *N.* **2.** das Bemitleidetwerden, Mitgefühl: misericordiā valere, magna cum misericordia pronuntiare unter großer Anteilnahme, misericordiam habere verdienen.   Von

miseri-cors, rdis (miseror, cor, § 66) mitleidig, barmherzig: in suos; in furibus *S.*

miseror 1. (miser) bemitleiden, beklagen.

mīsī *pf.* v. mitto.

missilis, e (missus) werfbar: lapides Schleudersteine *L*, telum, ferrum Wurfgeschoß *V*; *subst.* **missilia, ium,** *n.* Wurfgeschosse *VL.*

missiō, ōnis, *f.* (mitto, § 36) **1. Abschickung:** legatorum. **2. Entlassung:** Sileni. **3. Abschied** (aus dem Kriegsdienst). **4. Pardon, Gnade:** gladiatorium munus sine missione auf Leben und Tod *L.* **5. Aderlaß:** sanguinis *Sp.* **6. Schluß:** ludorum.

missitō 1. (Doppelfrequ. zu mitto) wiederholt schikken *LS.*

I. missus *pt. pf. pass.* v. mitto.

II. *missus, ūs, *m.* (mitto), nur *abl. sg.* **missu 1.** Sendung, Auftrag, im Auftrag: Caesaris. **2.** Wurf *L.*

mistum *pt. pf. pass.* v. misceo.

mītēscō, ere (mitis) **1.** mild, weich werden *O.* **2.** [von Abstraktem] nachlassen; *met.* sich legen. **3.** zahm, friedlich werden.

Mithrās u. **-ēs**, ae, *m.* M. [indoiranischer Lichtgott, später als Sol invictus einer der Hauptgötter des röm. Reiches].   Dav.

Mithridātēs, is, *m.* M. [Name der Könige v. Pontus]: M. VI. Eupator (132—63, Feind Roms, von Pompeius besiegt]; *adi.* Mithridāticus u. -tēus 3 *O.*

mīti-ficō 1. (mitis, facio, §§ 66, 53, 41) mild machen, verdauen; zähmen *Sp.*

mītigātiō, ōnis, *f.* Besänftigung.   Von

mītigō 1. (mitis, ago, §§ 66, 53, 41) **1.** mild, weich, lokker machen: cibum kochen, agros auflockern, agrum kultivieren *H.* **2.** sanft machen, besänftigen, versöhnen: aures ad sonum mitigatae gewöhnt *Cu*, aliquem pecuniā *T.* **3.** mildern, lindern: iras *O*, legis acerbitatem.

mītis, e, *adv.* mītius, mītissimē **1.** mild, weich: fructūs *Cu*, terra *Cu*, solum *H* locker, poma reif *V*, fluvius sanftströmend *V*, caelum mildes Klima *L. met.* **2.** zahm, sanft, friedlich: lupa *L*; mit *dat.*, in *c. acc.* **3.** sanft, mild: verba *O*, mitius perire schmerzloser *O*, mitiorem in partem interpretari milder, dolor, responsa *T.*

mitra, ae, *f.* (μίτρα) Kopfbinde, Turban.

mittō 3. mīsī, missus (§ 36)

     I. 1. **werfen, schleudern;** *met.* **stürzen, treiben, bringen;** 2. *refl.* **sich stürzen.**
     II. 1. **schicken, senden;** *occ.* 2. **melden, schreiben;** 3. **zusenden, bereiten, schenken, widmen;** 4. **liefern, stellen.**

     III. **entsenden, von sich geben.**
     IV. 1. **gehen lassen, loslassen;** 2. **entlassen;** 3. **aufgeben, sein lassen, bleiben lassen;** 4. mit Stillschweigen **übergehen.**

I. 1. pila, tela tormentis, discum in auras *O*, fulmina lucis (*dat.*) *H*, puerum ex arce *O*; **occ.** corpus saltu ad terram zu Boden springen *V*, equum per ignes ins Feuer sprengen *V*, missi cibi daraufgelegt *O.* **met.** in (sub) pericula *V*, aliquem in iambos zu Schmähgedichten *H*, in fabulas ins Gerede bringen *H*, Hesperiam sub iuga unterjochen *V.* **2.** se ab aethere *V*, in eos se angreifen, se in foedera sich einlassen *V.* **II. 1.** legatos de ea re ad eos *N*, in exsilium *L*, exercitum sub iugum unter das Joch; exercitum sub iugo *L* (zu IV. 2.) unter dem Joch entlassen; Zweck: alicui auxilio zu Hilfe, misit, qui cognoscerent, eum in Asiam bellatum *N*, quaerere *O.* **2.** Attico dem A. sagen lassen *N*, ad legatum den Auftrag geben. **3.** funera Teucris bereiten *V*, munera, alicui mentem einflößen, schenken *V*, aurea mala *V*, librum ad aliquem. **4.** electra *O*, ebur *V.* **III.** lucem in terras, vis aquae caelo missa gefallen *S*, timoris signa, sanguinem *L*, einen Aderlaß vornehmen *Sp*, vocem hören lassen. **IV. 1.** arma wegwerfen, cutem *H*, carceribus currūs *H.* **2.** Meist missum facere: aus Dienst, Gefangenschaft, Sklavenstand (manumitto); Versammlungen entlassen, aufheben: senatum, praetorium *L.* **3.** mitte precari unterlasse es *O*, certamen *V*, timorem *V*, missis ambagibus ohne Umschweife, geradeheraus *H*, missos facere honores. **4.** proelia; mit quod; ut haec missa faciam.

mītulus, ī, *m.* (μυτίλος) Miesmuschel *H.*

Mitylēnē s. Mytilene.

mius 3, *dat. pl.* mieis *C.* = meus.

mixtiō, ōnis *Sp* u. **mixtūra**, ae, *f.* (misceo) Mischung *Q.*

mixtum *pt. pf. pass.* v. misceo.

Mnēmonidēs, um, *f.* die Musen *O.*

Mnēmosynē, ēs, *f.* M. [μνημοσύνη; Mutter der Musen, Göttin des Gedächtnisses].

mōbilis, e, *adv.* **iter** (moveo) **1.** beweglich: oculi, folia *HO*, mobiliter excitari leicht, pedibus flink *C*, lignum Marionette *H*, ardor heftig. *met.* **2.** unbeständig, wankelmütig: in consiliis capiendis, res humanae *S.* **3.** biegsam, lenksam: aetas *V.*   Dav.

mōbilitās, ātis, *f.* **1.** Beweglichkeit, Schnelligkeit; animi Gewandtheit *Q.* **2.** Unbeständigkeit, Wankelmut: fortunae *N*, ingenii *C.*

moderāmen, inis, *n.* (moderor) **1.** Lenkungsmittel: navis Steuerruder *O.* **2.** Lenkung *O.*

moderātiō, ōnis, *f.* (moderor) **1.** Lenkung, Regierung: divina in homines, effrenati populi. **2.** das Maßhalten, Selbstbeherrschung: regis *Cu*, animi. **3.** *met.* das rechte Maß, Harmonie: dicendi.

moderātor, ōris, *m.* u. **-trīx**, īcis, *f.* (moderor) **1.** Lenker(in); Leiter(in). **2.** der (die) Mäßigung übt.

moderātus 3, *adv.* **ē 1.** [von Personen] besonnen, ruhig: moderate ius dicere maßvoll, nihil moderati habere sich nicht mäßigen *S.* **2.** [von Sachen] mäßig, maßvoll: venti *O*, convivium.   Von

moderor 285 **mola** **M**

moderor 1. (v. *modus, eris, Nbf. v. modus, i; vgl. modestus) **1.** mäßigen, beschränken, zügeln; mit *acc.* u. *dat.*; prudens moderandi er verstand es, Schranken zu setzen *T.* **2.** leiten, lenken; *abs.* studia partium moderata sunt waren maßgebend *S*; mit *dat.* u. *acc.*; fidem die Saiten schlagen *H.* **3.** nach etw. einrichten: suo arbitrio cantūs, tempus dicendi prudentiā.
modestia, ae, *f.* **1. Mäßigung, Besonnenheit:** neque modum neque modestiam victores habent kennen weder Maß noch Ziel *S.* **2.** occ. **a. Bescheidenheit:** in omni vita. **b. Anspruchslosigkeit:** de suā modestiā disserere *T.* **c. Mannszucht, Subordination:** in milite, obsequium et modestia *T.* **d. Ehrbarkeit:** neque sumptui neque modestiae suae parcere kein Opfer an Geld und Ehre scheuen *S.* **3. Zeitgemäßheit** (εὐταξία). **4.** met. **Milde:** hiemis *T.* Von
modestus 3, *adv.* **ē** (vgl. moderor, § 29) **1. besonnen, gemäßigt:** rebus secundis modeste uti *L.* occ. **2. bescheiden, anspruchslos:** modeste postulare, servitia folgsam *T.* **3. gutgesinnt:** modesti et quieti *T.* **4. sittsam, anständig, ehrbar:** vultus *O*, mores, sermo *S.*
modiālis, e (modius) einen Scheffel fassend *C.*
modicus 3, *adv.* **ē** (modus) **1. mäßig, mittelmäßig:** convivia, genus dicendi, modice locuples ziemlich *L.* occ. **a. passend, angemessen:** supellex *N.* **b. klein, wenig, gering:** murus niedrig *O*, amnis nicht tief *T*; *met.* modice tangere nicht sehr beunruhigen, equites mit geringem Vermögen *T*; mit *gen.* pecuniae *T*, originis von geringer Abkunft *T.* met. **2. gemäßigt, besonnen, gelassen:** ferre modice mit Gelassenheit; voluptatum mäßig im Genuß *T*; *met.* zephyri *O*, severitas besonnen. **3. anspruchslos, bescheiden:** nomen *L*, animus domi modicus *S.*
modificō 1. (modus, facio, §§ 66 u. 41) gehörig abmessen.
modius, ī, *m.*, *gen. pl.* meist ûm (modus) Scheffel [Getreidemaß, 8,75 l, ⅙ des attischen medimnus, in 16 sextarii geteilt]; *met.* pleno modio reichlich.
modo (*adv. abl.* v. modus, d i c h t. bisweilen modō, in Prosa stets modŏ, § 45) Grundbed. 'mit Maßen'.

I. t e m p o r a l : 1. **eben, gerade, vor kurzem;**
2. (wiederholt): **bald ... bald.**
II. m o d a l : **nur.**

I. 1. Selten von der Gegenwart: iam modo iam jetzt, ja jetzt *Ti*, tam modo fast im Moment *C*; meist von unmittelbarer Vergangenheit: **jüngst, eben noch:** modo egens, repente dives; selten von der Zukunft: **sogleich:** vagabitur modo tuum nomen longe. **2.** modo disserendum, modo pugnandum; modo ... interdum, modo ... aliquando, modo ... saepius u. a.
II. 1. Im Sinne der Beschränkung: parva modo causa timoris, circi modo spectaculum *L*; mit Negation **auch nur:** impetum modo ferre non potuerunt; modo non **fast, beinahe:** ea (vis aquae) modo schon allein *S.* Häufig in *Iuxtap.* (§ 67) mit tantum (s. tantummodo). Bes. **a.** in W u n s c h s ä t z e n : vide modo! mit *coni.* **wenn nur, wofern nur,** modo ne **wenn nur nicht:** modo Iuppiter adsit *V*, quidlibet faciat, modo ne nauseet. Vgl. d u m m o d o. **b.** in

K o n d i t i o n a l s ä t z e n : si modo id consequi potero. **c.** in R e l a t i v s ä t z e n : quis ignorat, qui modo res istas scire curaverit. **2.** K o r r e l a t i v e V b d n . : non modo ... sed etiam (verum etiam) nicht nur ... sondern auch; non modo ... sed (verum) nicht etwa bloß ... sondern; non modo ... sed (verum) ne — quidem nicht etwa ... sondern nicht einmal; non modo non ... sed etiam (potius) nicht nur nicht ... sondern sogar; non modo (non) ... sed ne — quidem nicht nur nicht ... sondern nicht einmal.
modulātiō, ōnis, *f.* (modulor) Takt, Rhythmus *Q.*
modulātor, ōris, *m.* (modulor) Tonsetzer, Musiker *H.*
modulātus 3, *adv.* **ē** taktmäßig, melodisch. Von
modulor 1. **1.** nach dem Takt abmessen: vocem, sonum vocis pulsu pedum den Takt mit dem Fuß betonen *L.* **2.** (melodisch) singen, spielen: harundine carmen *O*; *pt. pf.* p a s s. barbite Lesbio modulate civi gespielt *H.* Von
modulus, ī, *m.* Maß, Maßstab *H.* *Dem.* von
modus, ī, *m.* (wohl verw. mit medeor, meditor) **1. Maß, Maßstab:** fortunae *Cu*; occ. Zeitmaß, Takt, Melodie: lyrici *O*, tibicinis Musik *L*, Thebani = pindarische Lyrik *H.* **2.** k o n k r. **Maß, Größe, Menge:** pomorum *Cu*, lunae Mondphase *Cu*, mensurae Größe des Maßes *N*, hastae *N*, trunci Umfang *O.* met. **3. Ziel, Grenze:** diuturnitati modum statuere (facere *Cu*), in dicendo, lugendi; nec modus inserere *V*; praeter (extra) modum übermäßig; **occ.** das **Maßhalten, Mäßigung:** modum adhibere maßhalten *N*, habere kennen *S.* **4. Regel, Vorschrift:** belli *L*, in modum venti wie es der Wind erlaubt *L.* **5. Art, Weise:** vitae Lebensweise, ad hunc modum loqui folgendermaßen; m o d o , a d m o d u m , i n m o d u m mit *gen.* n a c h Art, wie. Vbdn.: quo modo (quibus modis *S*) wie, nullo modo keinesfalls, quodammodo einigermaßen, multis modis vielfach, omni modo auf alle Art, auf jede Weise, eius (huius) modi homines derlei, cuius modi welcherlei, unius modi einerlei, mirum in modum wunderbarerweise, sehr, maiorem in modum in höherem Grad, mehr, quem ad modum wie. Als *Iuxtap.* eiusmodi, quomodo, quemadmodum u. a.
moecha, ae, *f.* (moechus) Ehebrecherin; Dirne.
moechor 1. Ehebruch treiben; huren. Von
moechus, ī, *m.* (μοιχός) Ehebrecher.
moenera Lukrez *pl.* v. munus.
moenia, ium, *n.* (vgl. munio, § 52) **1.** Stadtmauern, Festungswerke; *met.* inaedificata in muris moenia Damm, Italiae Schutzwehr *L*, navis Schiffswände *O*, caeli Umfang *O.* **2.** synecd. Stadt: circumdata muro *V.* **3.** Haus: intra sua moenia *O.*
Moenus, ī, *m.* der M a i n *T.*
Moeris, idis, *f.* M. [See in der Oase Fajjum] *Sp.*
moerus = murus.
Moesī, ōrum, *m.* die M. [thrak. Stamm an der unteren Donau] *T*; **Moesia**, ae, *f.* M. [röm. Provinz] *T*; *adi.* **Moesiacus** 3 *T.*
Mogontiacum, ī, *n.* Mainz *T.*
mola, ae, *f.* (molo) **1.** Mühlstein; *pl.* (selten *sg.*) Mühle. **2.** meton. grobgemahlenes Mehl, Schrot: salsa *H.*
Dav. (§ 38, Abs. 1)

molaris 286 **momentum**

molāris, is, *m.* Mühlstein, Felsblock *VO.*

mōlēs, is, *f.* **1.** k o n k r. **Masse, Last:** ingenti mole sepulcrum *V*, corporum moles Kolosse *L.* **2. occ. a. Damm, Wehr:** lapidum Steinwall; *met.* naturaliter obiecta Sandbank, in mole sedens Felsenriff *O.* **b. massiver Bau:** substructionum, equi des trojanischen *V*, regiae Riesenbauten *H.* **c. Kriegsmaschine:** adversa Belagerungsturm *V.* **d. Heeresmasse:** densā mole *V.* **e. Wogenmasse:** tollere moles *V.* a b s t r. **3. Last, Größe:** mali, invidiae, imperii Riesenmacht *L*, curarum. **4. Schwierigkeit, Anstrengung, Mühe:** tantae molis erat so schwer war es *V.* E: vgl. μῶλος 'Mühe'.

molestia, ae, *f.* **1.** Beschwerlichkeit, Belästigung. **2.** Verdruß, Ärger: ex re molestiam capere. **3.** Affektiertheit, Pedanterie: Latine loqui sine molestia. Von

molestus 3, *adv.* **ē** (moles, § 46) **1.** lästig, verdrießlich, unangenehm, peinlich: moleste fero es tut mir leid, verdrießt mich, ist mir unangenehm. **2. occ.** gezwungen: veritas, moleste scribere *Sp.*

mōlīmen, inis u. **-mentum**, ī, *n.* **1.** Bemühung, Anstrengung, Gewalt: non sine magno molimento mit viel Umständlichkeit, adminicula parvi molimenti Maschinen von geringer Kraft *L.* **2.** *meton.* Bau: vastum *O.* Von

mōlior 4. (moles) *trans.* **1.** [eine Last] **in Bewegung setzen:** ancoras lichten *L*, montes sede suā versetzen *L*, ignem (fulmina) schleudern *V*, bipennem in vites schwingen gegen *V*, terram aratro umpflügen *V*; b i l d l. fundamenta murorum untergraben *Cu*, sabulum pedes arbeiten sich mühsam durch *Cu*, gentes aufbieten, mobilmachen *Cu*, animum kultivieren *O*, portas *LT*, domūs aditum *Cu* aufbrechen, fidem den Kredit erschüttern *L*, habenas handhaben *V* u. a. *met.* **2.** (mühsam) **zustande bringen:** insulas bilden *Cu*, arcem auftürmen *V*, classem bauen *V*, aggere tecta Stadt und Wall bauen *V*, viam (aditum *Cu*) sich bahnen *V*, laborem bestehen *V*, iter fortsetzen *V*, fugam bewerkstelligen *V*; [Zustände] **schaffen:** moram verursachen *V*, letum morbosque erregen *V.* **3. unternehmen, beabsichtigen:** bellum planen *Cu*, ictus zu schießen versuchen *Cu*, proficisci in Persas *N*, sibi imperium sich zu verschaffen suchen *LT*, insidias avibus nachstellen *V.* **4. intr. sich rühren, sich abmühen:** adversus fortunam kämpfen *T*, hinc aufbrechen *L*, in insulam navibus sich hinüberarbeiten *T.* Dav.

mōlītiō, ōnis, *f.* **1.** das Niederreißen: valli *L.* **2.** *meton.* Vorbereitung [zur Durchführung]: muneris.

mōlītor, ōris, *m.* (molior) Erbauer *O*; *met.* Veranstalter *T.*

molitus *pt. pf. pass.* v. molo.

mollēscō, ere **1.** weich werden: mollescit ebur *O.* *met.* **2.** weichlich werden: in undis *O.* **3.** sanft werden: artibus *O.* E: *incoh.* zu mollēre 'weich sein'.

molliculus 3 (*dem.* v. mollis) recht zart *C*; zärtlich *Ca.*

molliō 4. (ībat *O*) **1. weich machen, erweichen:** ceram pollice mollībat knetete *O*, agros auflockern, artus oleo geschmeidig machen *L*, ferrum schmelzen *H.* *met.* **2. mäßigen, mildern:** clivum die Steilheit, poe-

nam, opus erleichtern *O*, verba erträglicher machen, fructus veredeln *V.* **3. verweichlichen:** animos. **4. besänftigen, zähmen, zügeln:** impetum *L*, iras *V.* Von

mollis, e, *adv.* **iter** (aus *moldvis, ai. mṛdúš 'weich')

---

1. **weich;** *met.* 2. *a.* **geschmeidig;** *b.* **elastisch;** *c.* **locker;** *d.* **lind, mild;** *e.* **sanft ansteigend;** 3. (geistig) für Eindrücke **empfänglich, nachgiebig;** 4. **energielos, verweichlicht;** 5. **freundlich, mild;** 6. **zärtlich;** 7. **gelassen.**

---

1. gramen *O*, cera. **2.** *a.* bracchia *O*, colla equorum gelenkig *V*, mollius membra movere *H*, signa (aera *V*) lebendiger. **b.** arcus schlaff *O*, prata grasreich *O.* **c.** solum *Cu*, litus mit lockerem Sand. **d.** zephyri *O*, aurae *O*, vina *V*, aestas *V.* **e.** litus, iugum *T*, fastigium stumpfer Winkel. **3.** mens, in obsequium leicht geneigt *O*, cor, pectus empfindsam *O*, hora mollior votis günstiger *O*, mollius consulere allzu nachgiebig *L*, nimis molliter aegritudinem pati sich dem Unmut allzusehr hingeben *S*, auriculae Schmeicheleien zugänglich *H.* **4.** molliter vivere, viri Lüstlinge *HL*, populus molliter habitus *T*, columbae schüchtern *H*, pecus widerstandsunfähig *V*; *subst.* molles Weichlinge *O.* **5.** vultus *O*, sententiae, mollissimā viā auf die schonendste Weise *L*, in mollius referre gelinder darstellen *T*, mollius abnuere nicht mehr so energisch *L.* **6.** preces sanft *O*, versus Liebeslieder *O*, verba rührend *H.* **7.** molliter ferre, loqui *V*, senectus.

mollitia, ae u. **-ēs**, ēī, *f.* (mollis) **1. Biegsamkeit, Beweglichkeit:** cervicum gezierte Bewegungen. *met.* **2. Sanftmut:** animi. **3. Schlaffheit, Schwäche:** animi. **4. Weichlichkeit:** mollitiā fluere, corporis Unzüchtigkeit *T.*

mollitūdō, inis, *f.* (mollis) **1.** Weichheit. **2.** Zartheit: humanitatis menschlichen Empfindens.

molō 3. uī, itus (gr. μύλλω, got., ahd. malan) m a h l e n.

Molorchus, ī, *m.* M. [armer Weinbauer bei Nemea]; luci Molorchi = von Nemea *V*; *adi.* Molorchēus 3: tecta *Ti.*

Molossī, ōrum, *m.* die M. [Volk im östl. Epirus]; *adi.* **Molossus** u. **Molossicus** 3; *subst.* **Molossus**, ī, *m.* molossischer Hund *V*; Landsch. **Molossis**, idis, *f. L.*

moluī *pf.* v. molo.

mōly, yos, *n.* (μῶλυ) M. [Wunderkraut gegen Zauber] *O.*

mōmentum, ī, *n.* (moveo) 'Bewegungsmittel'

I. 1. **Bewegungs-, Ausschlagskraft;** *met.* 2. **ausschlaggebender Einfluß, Grund, Kraftaufwand;** *occ.* **Förderung;** 3. **Einfluß, Gewicht, Wert.**

II. *meton.* 1. **Bewegung;** *occ.* **Änderung, Wechsel;** 2. **Zeitabschnitt, Augenblick, Moment.**

I. 1. leve kleiner Stoß *L*, sortis. **2.** magnum momentum habere Ausschlag geben, parva geringfügige Anlässe. **occ.** ad salutem. **3.** levi momento aestimare geringschätzen, permagni momenti est ratio, consultatio levioris momenti weniger wichtig *L*; nullius momenti esse keinen Einfluß haben *N*; *meton.* iuvenis

momordi   287   **mordeo** **M**

momentum rerum ausschlaggebend, einflußreich *L.*
II. 1. (= motus): certis momentis in regelmäßigem
Lauf *H*, momenta leonis die wilden Sprünge *H*; *met.*
animus momenta sumit utroque neigt sich *O.* occ.
fortunae *O*, annonae im Getreidepreis *L.* **2.** parvo
momento navis antecessit, momento temporis in
kürzester Zeit, im Augenblick, im Nu *LT*, in occasionis
momento im günstigen Augenblick *L.*
momordī *pf.* v. mordeo.
Mona, ae, *f.* M. [**1.** Isle of Man. **2.** Angle-
sey *T*].
Monaesēs, is, *m.* M. [Feldherr der Parther] *H.*
monēdula, ae, *f.* Dohle *O.*
moneō 2. uī, itum (vgl. memini, mens) **1. erinnern;**
mit de, indir. Fr., *acc. c. inf.*, innerem Obj.; mit *gen. T.*
occ. a. **mahnen:** vatem *V.* **b. vorhersagen:** Carmen-
tis monita Prophezeiungen *V.* **c. strafen:** puerili ver-
bere *T.* **2. ermahnen, warnen** [mit ne]: quod res mo-
net wozu die Sachlage auffordert *S*; mit ut, *coni.*;
inf. SV; *subst.* **monita,** ōrum, *n.* **Ermahnungen.**
monēris, is, *f.* (μονήρης) Eindecker [Schiff mit einer
Reihe von Ruderbänken] *L.*
monērula = monedula *C.*
Monēta, ae, *f.* (moneo) **1.** = Mnemosyne. **2.** M.
[Kultname der Juno auf der arx; in ihrem Tempel befand
sich die Münzstätte. Daher (§ 86)]: **monēta,** ae, *f.*
1. Münzstätte. **2.** Münze *O.*   Dav.
monētālis, is, *m.* Münzmeister; [scherzhaft]: Geldmann.
monīle, is, *n.* Halsband, Halskette.
monimentum s. monumentum.
monitiō, ōnis, *f.* (moneo) Ermahnung.
monitor, ōris, *m.* (moneo) **1.** der (an etw.) erinnert: of-
ficii *S.* occ. a. Rechtskonsulent: tuus. **b.** 'Namennen-
ner' (= nomenclator): per monitorem appellare.
2. Mahner, Warner *H.*
monitus, ūs, *m.* (moneo) Ermahnung *O.*
monochrōmatos, on (μονοχρώματος) einfarbig *Sp.*
Monoecus, ī, *m.* M. [μόνοικος 'alleinwohnend'; Bei-
name des Herkules]; arx, portus Monoeci M o n a c o.
monogrammos, on (μονόγραμμος) nur im Umriß,
skizziert: dii Schattengötter.
monopodium, ī, *n.* (μονοπόδιον) einfüßiges Tisch-
chen *L.*
monopōlium, ī, *n.* (μονοπώλιον) Alleinverkauf, Allein-
verkaufsrecht, Monopol *Sp.*
mōns, montis, *m.* **1.** Berg, Gebirge. **2.** *meton.* Fels: im-
probus *V.* **3.** *met.* berghohe Masse: aquae Wellenberg
V; sprichw. maria montesque (montes auri *C*)
polliceri 'goldene Berge' *S.*
E: Wz. *men 'emporragen', zu mentum, minae, emi-
neo.
mōnstrābilis, e (monstro) bemerkenswert *Pli.*
mōnstrātiō, ōnis, *f.* (monstro) das Wegweisen *C.*
mōnstrātor, ōris, *m.* (monstro) **1.** Wegweiser, Führer:
hospitii *T.* **2.** Erfinder: aratri *V.*
mōnstrātus 3 sich auszeichnend, auffallend *T.*   Von
mōnstrō 1. **zeigen, weisen:** alicui sedes Ilii *Cu*, quā
semita monstrat wohin der Pfad führt *V.* occ. a. **leh-
ren:** inulas incoquere *H.* **b. verordnen, vorschreiben,
befehlen:** aras *V*, conferre manum *V.* **c. angeben,**

anzeigen: Neroni fratres ad exitium *T.* **d.** auf etw.
hinweisen: signum *V*, fesso militi Cremonam auf C.
vertrösten *T.*   Von
mōnstrum, ī, *n.* (von mon-eo mit analogischem Suffix
strum, § 36) **1.** Wunderzeichen: signa dare monstris
V. met. **2.** Wunder, Ungeheuer, Scheusal, Monstrum:
ferarum wunderbare Gestalten *O*, culpae Scheußlich-
keit *O*, fatale = Kleopatra [als Schmähwort] *H*, deûm
ägyptische Gottheiten mit Tierköpfen *V*, monstra dicere
Ungeheuerliches.
mōnstruōsus 3, *adv.* ē (monstrum) **1.** widernatürlich,
ungeheuerlich. **2.** abenteuerlich *Sp.*
montānus 3 (mons, § 75) auf Bergen befindlich, Ge-
birgs-, Berg-: fraga *O*, flumina *V*; Dalmatia gebir-
gig *O*; *subst. pl. m.* Gebirgsbewohner, *n.* Gebirgs-
gegenden *L.*
monti-cola, ae, *m.* (colo, § 66) Bergbewohner *O.*
monti-vagus 3 (§ 66) Berge durchstreifend.
mont(u)ōsus 3 (mons) gebirgig.
monu(-i-)mentum (§ 41), ī, *n.* (moneo) **1.** Andenken,
Denkmal: laudis. occ. **2. Erinnerungszeichen, Sieges-
zeichen** [Statuen, Weihgeschenke, Tempel, Gebäude
u. a.]: maiorum Trophäen *Cu*, Pompei = das Theater
des P. *T.* **3. Grabmal:** Caecilii *N.* **4.** *met. pl.* **Urkun-
den, Originale:** rerum gestarum.
Mopsopius 3 attisch, athenisch [nach einem König Mop-
sopus]: iuvenis = Triptolemus *O.*
I. mora, ae, *f.* (μόρα) M. [Truppenabteilung in
Sparta] *N.*
II. mora, ae, *f.* **1. Aufschub, Aufenthalt, Verzögerung:**
sine ulla mora, nullā morā interpositā unverzüglich,
nulla mora est es kann sofort geschehen *CN*, haud
(nec) mora sofort *VPrO*, (longa) mora est es würde
(zu lange) aufhalten *O*, mera mora reiner Zeitverlust *C*;
moram inferre ad aliquid etw. aufschieben; occ.
Rast: nec mora nec requies *VLO.* **2.** *meton.* **Zeit-
raum, Zeit:** medii temporis Zwischenzeit *O*, dolor fi-
nitur morā mit der Zeit, allmählich *O.* **3.** [in der Rede]
Pause: morae respirationesque. **4. Hemmnis, Hinder-
nis:** restituendae Capuae *L*, pugnae *V*; praecipi-
tare, rumpere moras die Hemmnisse beseitigen *V.*
morātor, ōris, *m.* (moror) **1.** Nachzügler, 'Maro-
deur' *Cu.* **2.** Verzögerer, Winkeladvokat.
I. morātus *pt. pf. act.* v. moror.
II. mōrātus 3 (mos) gesittet, geartet: venter male m.
unersättlich *O*; fabula recte m. mit guter Charakter-
zeichnung *H.*
morbus, ī, *m.* Krankheit; *met.* krankhafte Leidenschaft;
caeli schlechte Luft *V.*
E: aus *mor-bhos oder *mr̥-bhos 'Kräfteverfall, Aus-
zehrung'.
mordāx, ācis, *adv.* **āciter** beißend, bissig; *met.* urtica
brennend *O*, ferrum schneidend *H*, fel bitter *O*, limā
mordacius uti schärfer *O*, carmen *O*, Cynicus bis-
sig *H*, sollicitudines zehrend *H.*   Von
mordeō 2. momordī, morsus **1. beißen:** vitem bena-
gen *V*, humum ore *V.* occ. a. **zusammenhalten:** mor-
det fibula vestem *O.* **b. bespülen:** rura *H.* **c. bren-
nen:** oleam *H*, parum cautos frigora mordent *H.*
2. *met.* **weh tun, kränken:** opprobriis verunglimp-

mordicus   288   **moveo**

fen *H*, mordet cura medullas nagt *O*, morderi do-
lore, conscientiā gepeinigt werden.
E: statt *smordejo, § 28, vgl. σμερδαλέος, ahd. smer-
zan 'schmerzen', ai. márdati 'zerreibt'.   Dav. (§ 78)
mordicus *adv.* beißend, mit den Zähnen; *met.* verbis-
sen, hartnäckig: nomen tenere.
morētum, ī, *n.* 'Kräuterkäsegericht' *O Appendix Vergi-
liana.*
moribundus 3 (morior) **1.** sterbend. **2.** sterblich:
membra *V.*
mōrigeror 1. zu Willen sein, sich nach . . . richten; mit
dat.   Von
mōri-gerus 3 (mos, gero, § 66) willfährig *C.*
Morinī, ōrum, *m.* die M. [gallisches Volk an der Schel-
deküste].
mōriō, ōnis, *m.* (μωρός) Narr, Hofnarr *Pli.*
morior 3. mortuus, *pt. fut. act.* moritūrus, arch. *inf.*
moriri *CO.* **1.** sterben: morbo *N*, ex vulnere *L.*
2. *met.* absterben, verschwinden, sich verlieren: segetes
moriuntur in herbis *O*, complexā puellā vor Liebe
vergehen *Pr*, memoria moritur, leges mortuae ungül-
tig, verschollen.
E: ai. marate 'stirbt', gr. ă-μβροτος, ahd. mord.
moror 1. (II. mora) **1.** *intr.* **verweilen, sich aufhalten;**
occ. zögern: bellum inferre; nihil moror, q u o m i -
n u s abeam ich will gleich gehen *L.* **2.** *trans.* **auf-**
halten, hindern: victoriam, iter, ad spem in der Hoff-
nung erschüttern, aliquem a fuga *L*, tempora Zeit rau-
ben *H*; **occ. fesseln:** oculos auresque *H.* **3.** P h r a -
s e n : nihil moror, non moror, ne morer [Entlas-
sungsformel des Konsuls im Senat bzw. des freilassenden
Richters]. **a.** Sempronium nihil moror ich habe nichts
weiter gegen S. *L.* **b.** ne multis (te *H*) morer um. . .
(dich) nicht aufzuhalten. **c. nec dona moror** ich küm-
mere mich nicht um *V*, nihil moror, q u o m i n u s de-
cemviratu abeam *L*, vina nihil moror ich mache mir
nichts aus. . . *H.*
mōrōsitās, ātis, *f.* Eigensinn, Pedanterie.   Von
mōrōsus 3, *adv.* **ē** (mos) eigensinnig, pedantisch.
Morpheūs, *m.*, *acc.* ea (Μορφεύς) M. [Traumgott] *O.*
mors, rtis, *f.* (morior) **1.** Tod: extrema in morte in To-
desnähe *V*, media in morte im Sterben *V*, in morte
im, nach dem Tod *V*; suprema der ein Ende macht *H*;
pl. Todesfälle, Todesarten. *meton.* **2.** Leichnam: Clodii.
3. Mordblut: ensem multa morte recepit blutbe-
fleckt *V.*
I. morsus *pt. pf. pass.* v. mordeo.
II. morsus, ūs, *m.* (mordeo, § 36) **1. der Biß; occ.** das
Essen: morsus futuri *V.* **2.** *meton.* [Festhaltendes]:
uncus Zahn *V*, morsūs roboris die Baumspalte [die den
Speer festhält] *V.* *met.* **3. Bitterkeit, Schmerz:** cura-
rum *O.* **4. bissiger Angriff** *H.*
mortālis, e (mors) **1.** sterblich; *subst.* der Sterbliche,
Mensch; *met.* vergänglich, vorübergehend: inimicitiae,
simulacra hinfällig *T.* **2.** irdisch, menschlich: sors,
facta *O*, mortalia Menschenschicksal *V*, vulnus von
Menschenhand *V.*   Dav.
mortālitās, ātis, *f.* **1.** Vergänglichkeit. *meton.* **2.** sterb-
liche Natur: mortalitatem explere 'das Zeitliche seg-
nen' *T.* **3.** Menschheit *Cu.*

morti-fer 3, *adv.* **ē** (fero, § 66) todbringend, tödlich.
mortuus 3 (morior) tot: lacerti kraftlos; *subst.* Leich-
nam.
mōrum, ī, *n.* (μόρον, μῶρον) Maulbeere *H*; *met.*
Brombeere *O.*
I. mōrus, ī, *f.* (morum) Maulbeerbaum *O.*
II. mōrus 3 (μῶρος) dumm, närrisch *C.*
mōs, mōris, *m.* **1. Wille:** alicui morem gerere zu
Willen sein, sich fügen. **2. Gewohnheit, Sitte, Brauch:**
militaris, maiorum, in morem venire (vertere *T*)
zur Gewohnheit werden *LO*, in morem *V*, de, ex
more *NVT* nach der Sitte; supra morem, sine more
ungewöhnlich *V.* **occ. a. Gesetz, Vorschrift:** palaes-
trae *H*, mores viris ponere *V*, neque mos neque cul-
tus *V.* **b. Art und Weise:** torrentis more *V*, in morem
stagni *V*; caeli Beschaffenheit *V*, quo more wie *V.*
3. *pl.* **Gesinnung, Charakter, Lebenswandel,** das **Be-**
tragen, Benehmen: abire in avi mores dem Großvater
nachgeraten *L.*
Mosa, ae, *m.* die M a a s.
Mosella, ae, *m.* die M o s e l *T.*
Mōstellāria, ae, *f.* (mostellum, *dem.* v. monstrum)
'Das Hausgespenst' [Komödie des Plautus].
Mostēnī, ōrum, *m.* die M. [Einw. v. Mostēnē in Ly-
dien] *T.*
mōtiō, ōnis, *f.* (moveo) Bewegung; *met.* Eindruck.
mōtō 1. āvī (*frequ.* v. moveo) hin u. her bewegen *VO.*
I. motus *pt. pf. pass.* oder (*refl.*) *med.* v. moveo.
II. mōtus, ūs, *m.* **Bewegung 1.** [physisch]: terrae Erd-
beben. **occ. a. Körperbewegung, Geste:** palaestrici,
decens anmutiger Gang *H.* **b. Tanz:** dare motus Tänze
aufführen *VL*, Ionici *H.* **c.** [militärisch]: milites ad mo-
tus leviores Schwenkungen *N*; futuri Aufbruch *V.* *met.*
2. [geistig] **a. Geistestätigkeit:** animorum; ingenii
motūs Kräfte, mentis Verstandestätigkeit. **b. Gemüts-**
bewegung, Leidenschaft, Aufregung. c. Trieb, An-
trieb: divinus *O*, naturae, consilii Beweggrund *Pli.*
3. [politisch]: eius (Catilinae) omnes motus conatus-
que jeden seiner Versuche, sich zu rühren, se ad motus
fortunae movere 'den Mantel nach dem Winde drehen'.
occ. a. Aufruhr, Unruhe: Galliae, urbanus, servilis
Sklavenaufstand *L*, civicus Bürgerkrieg *H.* **b. politische**
Umwälzung: rei p. motum adferre erschüttern, con-
cussi orbis welterschütternde Umwälzung *T.*   Von
moveō 2. mōvī, mōtus (ai. mīvati 'schiebt, bewegt')
bewegen

> **I.** (a m O r t) **1. bewegen, in Bewegung setzen,**
> **rühren, regen, erschüttern;** **2. verwandeln, verän-**
> **dern;** **3.** *met.* **einwirken, Eindruck machen, beein-**
> **flussen;** p a s s. **Einwirkung erleiden, sich beein-**
> **flussen lassen;** *occ.* **a. bange machen, erschrek-**
> **ken;** *b.* **rühren;** *c.* **begeistern;** *d.* **reizen, empören;**
> *e.* (politisch) **aufregen;** **4. bewegen, drängen.**
>
> **II.** (v o m O r t) **1. bewegen, fortbewegen, entfer-**
> **nen;** **2. verjagen, verdrängen, verstoßen;** **3. herbei-**
> **schaffen, -bringen;** *met.* **hervorrufen, erregen, er-**
> **zeugen, verursachen;** **4. anfangen, beginnen;** *occ.*
> **in Gang bringen, anregen.**

    I. 1. urnam schütteln *V*, fila sonantia (nervos, ci-

mox   289   **multiplicabilis** **M**

tharam), tympana schlagen *O*; stomachum (bilem) alicui die Galle erregen, crinem per aëra flattern lassen *O*; *med. refl.* venae moventur die Pulse schlagen *O*, se sich rühren, regen *L*, hostes moventur die Feinde rühren sich *L*, ranae moventur hüpfen, moveri festis diebus tanzen *H*; Cyclopa pantomimisch darstellen *H*; agros, tellurem bearbeiten *V*, fluctūs (mare *Cu*) aufwühlen *V*, terram erschüttern *O*; b i l d l. vis aestūs corpora movit griff an *L*, urbs tremoribus mota erregt *O*; *med.* mons movetur erzittert *V, act.* = *med.* terra movet erbebt *L*; arma ergreifen *L*; *met.* leo arma movet setzt sich zur Wehr *V*, neutra arma movere neutral bleiben *O*. *Met.* multa animo bedenken, erwägen *V*; animus illa movet *S*. **2.** formam *O*, vultum *V*; *met.* fatum *O*, motum ex antiquo Änderung am Hergebrachten *L*. **3.** pulchritudo movet oculos, iudex suspicione non movetur, populus gratiā movetur, nil moveor super imperio kümmere mich nicht um *V*. **a.** iustis formidinis causis *Cu*, minis *V*, absiste moveri fürchte dich nicht *V*. **b.** misericordiā moveri, plebem *L*, Manes fletu *V*. **c.** thyrso aliquem *O*. **d.** iuveni animum *L*, Dianae non movenda numina Macht der D., die du nicht erzürnen sollst *H*. **e.** movetur servitium empört sich, civitas moveri coepit in Bewegung zu geraten *S*. **4.** consilio eius motus est ließ sich bestimmen *N*, eos ad bellum *L*; mit *inf. V*; *pt. subst.* m o v e n t i a Triebfedern; oft irā, amore motus...aus...

II. 1. se loco; quae moveri possunt (res moventes *L*) bewegliche Habe *N*, armenta stabulis hinaustreiben *V*; *refl. med.* s i c h w e g b e g e b e n, f o r t g e - h e n; c a s t r a das Lager abbrechen, weitermarschieren, vorrücken; movere in Indiam *Cu*, a Samo *L*; signa zum Kampf vorrücken *L* (*met. V*), copias, agmen, exercitum aufbrechen (lassen) *Cu*; **occ.** bidental von seinem Grundstück entfernen *H*, catulos zu rauben suchen *H*. **2.** mota loco aus der Heimat vertrieben *O*, moveri possessionibus, sedibus; loco signiferum absetzen, aliquem (de) senatu, loco senatorio *L* ausschließen, tribu ausstoßen, in inferiorem locum de superiore hinabdrängen, heredes verdrängen, hostem gradu (statu) aus der Stellung werfen *L*; *met.* aliquem de sententia abbringen. **3.** vina holen *H*, fatorum arcana hervorholen, enthüllen *V*; *med.* de palmite gemma movetur treibt *O*; m e t. risūs, odia *V*, indignationem *L*. **4.** pugna se moverat *Cu*, ab Iove carmina *O*, cantūs *V*, opus *V*, bellum *L*; ne quid a tergo moveretur daß man nichts ... unternehme, keine Unruhen anstifte *LCu*. **occ.** iocum scherzen *S*, historias vortragen *H*, quaestionem *T*; numen einen Wink geben *L*.

mox *adv.* bald, demnächst; n a c h k l. bald darauf, hierauf, dann.
E: ai. makšú 'bald'.

Mōÿsēs, is, *m.*, *acc.* ēn Moses *T*.

mucc... s. mūc...

mūcidus 3 (mucus) rotzig *C*.

mucrō, ōnis, *m.* **1.** Spitze, Schneide: hebes *O*. **2.** *meton.* Schwert, Dolch: strictis mucronibus *V*, pugnare

mucrone veruque *V*. **3.** *met.* Schärfe: ingenii *Q*, tribunicius.
E: vgl. ἀμυκαλή 'Pfeilspitze'.

mūcus, ī, *m.* (vgl. emungo) Rotz, Schleim *C*.

mūginor 1. über etw. brüten, zögern.

mūgiō 4. **1.** brüllen; *subst.* mugientes, ium, *m.* Rinder *H*. **2.** *met.* dröhnen, krachen *VHO*.
E: vgl. μυκᾶσθαι, dtsch. 'm u h e n'.   Dav.

mūgītus, ūs, *m.* das Brüllen *VO*, Dröhnen.

mūla, ae, *f.* (mulus) weibl. Maultier, Mauleselin.

mulceō 2. mulsī, mulsum (verw. mit mulgeo) **1.** streichen, streicheln: barbam *O*, pueros linguā sanft belecken *V*. **2.** sanft berühren: virgā capillos *O*, flores umfächeln *O*, aethera cantu singend durchflattern *O*. *met.* **3.** besänftigen, beschwichtigen, lindern: corpora einwiegen *O*, vulnera *O*, pectora *V*. **4.** erfreuen: puellas carmine *H*.   Dav.

Mulciber, erī, *m.* M. [Beiname des Vulcanus]; *meton.* Feuer *O*.

mulcō 1., *fut. ex.* mulcassitis *C* **1.** prügeln, mißhandeln: prostratos verberibus *T*. **2.** *met.* übel zurichten: naves *L*, scriptores male mulcati.

mulctra, ae, *f. V*, *pl. n.* **mulctrāria** *V*, **mulctra** *H* Melkkübel.   Von

mulgeō, ēre (gr. ἀ-μέλγω, § 51, Anm.) m e l k e n; s p r i c h w. hircos 'Böcke melken' *V*.

muliebris, e, *adv.* iter **1.** weiblich; muliebria pati sich wie Frauen gebrauchen lassen *ST*; *subst.* muliebria, ium, *n.* weibliche Scham *T*. **2.** weibisch.

mulier, eris, *f.* Frau; **occ.** Ehefrau.   Dav. *dem.*

muliercula, ae, *f.* **1.** kleines, schwaches Weib. **2.** Dirne.

mulierōsitās, ātis, *f.* (mulierōsus) Weibstollheit.

mūliō, ōnis, *m.* (mulus) Maultiertreiber; *adi.* **mūliōnius** 3 Maultiertreiber-.

mullus, ī, *m.* (μύλλος) Meerbarbe.

mulsī *pf.* v. mulceo.

I. mulsum *pt. pf. pass.* v. mulceo.

II. mulsum, ī, *n.* (*sc.* vinum, v. mel, § 51, Anm.) Honigwein, Met.

multa, ae, *f.* Strafe am Eigentum, Geldbuße, Strafsumme: ovium et boum, aeris *L*; multam inrogare beantragen, certare bestätigen *L*.

multāticius 3 (multo) Straf-: pecunia *L*.

multātiō, ōnis, *f.* (multo) Bestrafung *Sp*.

multi-cavus 3 (multus, cavus, § 66) löcherig *O*.

multi-fāriam *adv.* an vielen Stellen, Orten.

multi-fidus 3 (multus, findo, § 66) vielgespalten *O*.

multi-forus 3 (forum, § 66) viellöcherig *O*.

multi-generis, e (genus, § 66) verschiedenartig *C*.

multi-iugus 3 u. **-is**, e (iugum, § 66) vielspännig: equi *L*; *met.* vielerlei: litterae.

multi-modīs (modus, § 66) *adv.* vielfach, mannigfach *C*.

multi-plex, icis, *adv.* iter **1.** vielfältig, vielfach: alvus (domus *O*) vielfach verschlungen, lorica Kettenpanzer *V*; **occ.** [von Zahlbegriffen] vielfach: damnum vielmal größer *L*; *subst. n.* ein Vielfaches *L*. **2.** *met.* verschiedenartig, vielseitig: exspectatio *Cu*, orationis genus, ingenium unbeständig.

multiplicābilis, e vielfältig (d i c h t.).   Und

multiplicatio   290   **munus**

multiplicātiō, ōnis, *f.* das Multiplizieren *Sp.*   Von

multiplicō 1. (multiplex) vervielfältigen, vergrößern; **occ.** multiplizieren *Sp.*

multi-potēns, entis (§ 66) sehr mächtig *C.*

multitūdō, inis, *f.* (multus) **1.** abstr. Menge: navium *N*, beneficiorum. **2.** konkr. Menge, große Anzahl: ingenuorum; **occ.** Pöbel: duces multitudinum der Pöbelhaufen *S.*

I. multō *adv.* s. multus.

II. multō 1. (multa) strafen, bestrafen: aliquem pecuniā *N*, bonis.

multus 3 (*comp.* plūs, *sup.* plūrimus s. plus) *sg.* **1. a.** zeitlich: **vorgerückt, spät:** multo (adhuc) die spät am Tag, multa nocte tief in der Nacht, ad multum diem bis weit in den Tag hinein, *subst.* in multum diei *L*; multum diei procedere einen großen Teil des Tages *S.* **b.** räumlich u. *met.* **bedeutend, groß, viel:** aurum eine Menge *N*, agger reichlich, multa tellure iacēre lang ausgestreckt *O*; *subst.* multum viae eine bedeutende Wegstrecke *Cu*, non multum munitionis ein unbedeutender Teil *N*; *met.* multo lumine bei hellem Licht *V*, multa pace im tiefen Frieden *T*; kollekt. multa prece *H*, victima so manches *V.* **2. occ. a. weitläufig, ausführlich:** in re nota multus, oratio. **b. eifrig, fleißig, häufig:** ad vigilias multus aderat *S*, m. instare besonders häufig *S.* **3.** *pl.* **viele, zahlreiche:** multa verba facere ausführlich reden, ne multa (multis), quid multa? (*sc.* dicam) kurz (gesagt); *subst.* multi die Menge: una e multis aus dem großen Haufen *O.* **4.** Adv. Formen. **a.** *acc.* **multum** (dicht. *pl.* **multa**) α. **viel, sehr, weit:** m. morari lange zögern, omnīs m. superare; m. dissimilis *H*; multa gemens *V*, multa reluctans *T.* β. **oft, vielmals:** neque multum frumento vivunt multumque sunt in venationibus nähren sich nicht sehr ... und sind oft. **b.** *abl.* **multō** α. bei *comp.* **um vieles, viel, weitaus:** iter m. facilius, m. aliter, non m. post (ante) nicht lange nachher (vorher), m. gloria antecedere *N*, anteire *T.* β. bei *sup.* (= longe) **bei weitem:** signum m. antiquissimum.

mūlus, ī, *m.* Maultier.

E: μυχλός 'Zuchtesel'.

Mulvius pōns die Milvische Brücke [über den Tiber im Norden Roms].

Mūnātius, L. M. Plancus [Legat unter Caesar, cos. 42 mit Lepidus, Anhänger des Antonius, trat vor der Schlacht bei Aktium zu Octavianus über, für den er 27 den Titel 'Augustus' beantragte].

Munda, ae, *f.* M. [**1.** St. in Hispania Baetica. **2.** St. der Celtiberer *L*].

mundānus, ī, *m.* (mundus, § 75) Weltbürger.

munditia, ae u. -ēs, ēī, *f.* (mundus 3) Sauberkeit, Zierlichkeit, Eleganz.

I. mundus 3 sauber, nett, elegant; [tadelnd]: cultus mundior zu elegant *L.*   Daher

II. mundus, ī, *m.* **I. Toilettesachen** [der Frauen]: muliebris *L.* **II. 1. Weltall, Welt:** ornatus mundi schöne Harmonie. **2.** *meton.* **Erde, Welt:** pars mundi Weltteil *H.* **3. Himmel:** mundi ac terrarum magnitudo, arduus *V.* **4. Menschheit:** fastos evolvere mundi *H.*

mūnerō u. **-or 1.** (munus) **1.** schenken: beneficium merenti *C.* **2.** beschenken: uvā Priapum *H.*

mūnia, ium, *n.* (vgl. munus) Pflichten, Leistungen, Berufsgeschäfte.

mūni-ceps, cipis, *m. f.* (munia, capio, §§ 66 u. 41) **1.** Bürger eines Munizipiums. **2. occ.** Bürger desselben Munizipiums, Mitbürger, Landsmann, -männin.   Dav.

mūnicipālis, e kleinstädtisch, Munizipal-; *subst.* Kleinstädter.

mūnicipātim *adv.* munizipienweise.   Von

mūnicipium, ī, *n.* (municeps) M. [urspr. nichtrömische Landst. in Italien und seit Caesar in den Provinzen; bis zum Bundesgenossenkrieg bestehen Abstufungen in Stimmrecht und Selbstverwaltung der Bürger, seit Cinna gibt es Ansätze zu einer einheitlichen Verfassung].

mūnificentia, ae, *f.* Freigebigkeit; Gnadenakt.   Von

mūni-ficus 3, *adv.* **ē** (munis, facio, §§ 66 u. 41) mildtätig, freigebig.

mūnīmen, inis *VO* u. **-mentum**, ī, *n.* **1.** Befestigung, Bollwerk, Schutzbau: molis *O*, domus munimentis saepta *T.* **2.** *met.* Schutz, Schutzmittel, Stütze: saepes munimenta praebent, m. urbis *L*, alicui munimento esse zur Deckung dienen *S.*   Von

mūniō (altl. moeniō) 4. (moenia, § 52) **1. bauen, mauern, Mauern bauen:** Albam gründen *V*, *subst.* munientes Bauleute *Cu*; **occ. schanzen,** (Wege) **anlegen:** muniendo fessi von der Schanzarbeit *L*, itinera *N*, viam, rupem gangbar machen *L*; *met.* accusandi viam bahnen. **2. verschanzen, befestigen:** locum castellis *N*, castra vallo fossaque; *met.* **schützen, sichern, decken:** naturā loci muniebatur oppidum, latus ab hostibus *Cu.*   Dav.

mūnītiō, ōnis, *f.* **1.** Befestigung, Mauerbau, Schanzarbeit: milites munitione prohibere; **occ.** Gangbarmachung: viarum Anlage von Straßen. **2.** *meton.* Festungswerk, Schanzen, Mauern: Antigoni *N*, castella et munitiones *T.*

mūnītō, āre (*frequ.* zu munio): viam sibi bahnen.

mūnītor, ōris, *m.* (munio) **1.** Erbauer: Troiae = Apollo *O.* **2.** Schanzarbeiter *LT*; **occ.** Mineirer *L.*

mūnītus 3 (munio) **1.** befestigt, fest: latera *Cu*, castra; **occ.** *subst.* per munita auf gebahnten Wegen *L.* **2.** *met.* geschützt, sicher: bonorum praesidio, ad obtinendum imperium.

mūnus, eris (*pl.* moenera *Lukrez*), *n.* (vgl. munia) Leistung

---

I. **1. Pflicht, Obliegenheit** (juristisch, officium moralisch); *meton.* **2. Amt, Dienst, Posten; 3. Last, Abgabe.**

II. **1. Gefälligkeit, Gnade;** 2. *occ.* **der letzte Liebesdienst, Bestattung.**

III. **1. Geschenk, Gabe, Opfergabe;** 2. *occ.* **Festgladiatorenspiel;** *meton.* **öffentliches Gebäude.**

I. **1.** vitae, sapientiae, principum Aufgabe, rem p. sui muneris facere die Leitung des Staates an sich nehmen *T.* **2.** munere vacare vom Kriegsdienst befreit sein, interpretis munere fungi, legationis Gesandtschaftsposten, rei p. munera polit. Wirkungskreis. **3.** munus imponere, liber a munere. II. **1.** muneris tui est ich

munusculum 291 **muto** **M**

verdanke es deiner Gnade *HO*; **m u n e r e** mit Hilfe:
sortis *O*. **2.** morti munera dant lacrimas *O*, su-
prema *V*. **III. 1.** alicui aliquid muneri dare zum Ge-
schenk, Bacchi *O*, Liberi *H* = Wein, Cereris =
Brot *O*; *meton*. solitudinis ein Buch als Werk der Ein-
samkeit; munera templis ferre *O*. **2.** Scipionis; ma-
gna munera dare; *meton*. Pompei Theater des P. *Sp*;
architectus tanti muneris eines solchen Prachtbaues
(der Welt). Dav. *dem*.

mūnusculum, ī, *n*. kleines Geschenk.

Mūnychia, ae, *f*. M. [Hafen von Athen zwischen Piräeus
u. Phaleron] *N*; *adi*. **Mūnychius** 3 *O*.

mūrālis, e (murus § 75, Abs. 2) Mauer-: falces Mauer-
haken, pilum, tormentum zur Beschießung der
Mauern *V*, corona 'Mauerkranz' [Auszeichnung für den
ersten Ersteiger der feindlichen Mauer] *L*.

Murcia, ae, *f*. M. [Beiname der Venus]: ad Murciae
(*sc*. aedem) *L*.

mūrēna, ae, *f*. (μύραινα) **1.** M u r ä n e [ein See-
fisch] *H*. **2.** *met*. Ader im Holz *Sp*.

Mūrēna s. Licinius.

mūrex, icis, *m*. **1.** Stachelschnecke: Baianus *H*.
2. Fußangel: ferrei *Cu*. **3.** spitzer Stein, Riff: acu-
tus *V*. **4.** Purpurschnecke *O*; *meton*. Purpurfarbe
VHO.
E: vgl. μύαξ 'Miesmuschel'.

Murgantia, ae, *f*. M. [**1.** St. in Samnium *L*. **2.** auch
Murgentia, St. in Sizilien *L*].

muria, ae, *f*. Salzlake, Salzwasser *H*.

murmillō, ōnis, *m*. M. [Gladiator in gallischer Bewaff-
nung mit einem Fisch (μορμύλος ein Meerfisch) als Ab-
zeichen auf der Helmspitze].

murmur, uris, *n*. (vgl. μορμύρω) **1.** das M u r m e l n,
Gemurmel: virûm Beifall *V*, apium Summen *V*. **2.** *met*.
Getöse, Geräusch: unda murmur ciet rauscht *V*, cor-
nuum das Schmettern *H*. Dav.

murmurō **1.** āvī **1.** m u r m e l n, brummen. **2.** rau-
schen: murmurat unda *V*.

I. murra, ae, *f*. Flußspat *Martial*.

II. murra, myrrha, ae, *f*. (μύρρα, § 91, Abs. 2)
1. Myrrhenbaum *O*. **2.** Myrrhe [dessen Harz] *VO*. Dav.

murreus 3 mit Myrrhe parfümiert *H*.

murrinus 3 (I. murra) aus Flußspat: trulla *Sp*; *n*.
subst. Gefäß aus Flußspat *Sp*.

murtētum, myrtetum, ī, *n*. (murtus, § 91, Abs. 2)
Myrtengebüsch, -hain.

murteus, myrteus 3 (murtus) Myrten-: silva *VO*.

murtum, myrtum, ī, *n*. (μύρτον, § 91, Abs. 2) Myrten-
beere *V*.

murtus, myrtus, ī, auch ūs, *f*. (μύρτος, § 91, Abs. 2)
1. Myrtenbaum *VO*. *meton*. **2.** Myrtenhain *V*. **3.** Stab
aus Myrtenholz: pastoralis *V*. **4.** Myrtenkranz: caput
impedire myrto *H*.

mūrus, ī, *m*., altl. moerus (verw. mit moenia, § 52)
1. Mauer, Stadtmauer: aggeres m o e r o r u m *V*, pa-
trii Vaterstadt *O*; *occ*. Erdwall, Damm: murum perdu-
cere. **2.** *met*. Bollwerk, Schutz(wehr): Graiûm *O*, au-
dacia pro muro habetur *S*.

mūs, mūris, *m. f*. (ai. mūš, gr. μῦς, ahd. mūs) Maus.

Mūsa, ae, *f*. (μοῦσα) Muse, gew. *pl*. [Göttinnen des Ge-

sanges, der Künste und Wissenschaften]. *meton*. **1.** Lied,
Dichtung: silvestris *V*, pedestris *H*. **2.** Gelehrsamkeit,
Studien: agrestiores.

Mūsaeus, ī, *m*. M. [mythischer Sänger in Attika].

musca, ae, *f*. Fliege; b i l d l. Zudringlicher.
E: vgl. gr. μυῖα aus μυσϳα, § 29, ahd. mucca 'Mücke'.

mūs-cipulum, ī, *n*. (mus, capio, § 43) Mausefalle *Ph*.

mūscōsus 3 (muscus) moosig, bemoost *CaV*.

mūsculōsus 3 fleischig, muskulös *Sp*. Von

mūsculus, ī, *m*. (*dem*. v. mus) **1.** Mäuschen. **2.** Mus-
kel *Pli*. **3.** Minierhütte [Schutzdach für Belagerer].

mūscus, ī, *m*. (vgl. ahd. mos) M o o s *HO*.

mūsicus 3, *adv*. ē (μουσικός) musisch: ars Dicht-
kunst *C*; *adv*. fein *C*; *occ*. musikalisch: sonus *Ph*.
Subst. **1.** **mūsicus**, ī, *m*. Tonkünstler, Musiker. **2.** **mū-
sica**, ae, **-ē**, ēs, *f*. u. **-a**, ōrum, *n*. Musik und Dicht-
kunst, Geistesbildung.

mussitō, āre murmeln, leise reden, schweigen; **occ.**
schweigend dulden: iniuriam *C*. *Frequ*. von

mussō, āre (gr. μύζω) **1.** leise sprechen, vor sich hin-
murmeln *VL*; **occ.** summen *V*. **2.** *meton*. sich beden-
ken, unschlüssig sein, schwanken, zagen *VPli*.

mustāceum, ī, *n*. Hochzeitskuchen [auf Lorbeerblät-
tern (mustax eine Lorbeerart) gebacken] *Juvenal*;
s p r i c h w. laureolam in mustaceo quaerere sich auf
billige Weise ein Lorbeerkränzchen (= einen leichten
Sieg) zu erhaschen suchen.

mūstēla, mustella ae, *f*. Wiesel *HPh*.

musteus 3 frisch, neu *Pli*. Von

mustum, ī, *n*. (*sc*. vinum) junger Wein, M o s t; *met-
on*. Weinlese, Herbst: ter centum musta *O*.

Musulāmiī, ōrum, *m*. die M. [Volk in Numidien] *T*.

mūtābilis, e (muto) veränderlich, launisch: pectus
lenksam *O*. Dav.

mūtābilitās, ātis, *f*. Veränderlichkeit: mentis.

mūtātiō, ōnis, *f*. (muto) Veränderungen, Wechsel: offi-
ciorum gegenseitige Dienstleistungen; **occ.** politische
Umwälzung.

mutilō **1.** stutzen, verstümmeln; *met*. vermindern: exer-
citum. Von

mutilus 3 verstümmelt.

Mutina, ae, *f*. M o d e n a; *adi*. **Mutinēnsis**, e: proe-
lium, arma *O* Schlacht bei M. [im Jahre 43].

mūtō **1.**

> I. fortbringen, entfernen.
>
> II. 1. wechseln, vertauschen; occ. (gegen etw.)
> eintauschen, umtauschen; 2. ändern, verändern;
> occ. a. verwandeln; b. umstimmen.

I. hinc dum muter wenn ich nur von hier weg-
komme *O*, arbores versetzen *V*, se non habitu mu-
tatve loco verkleidet sich nicht und verläßt ihre Stelle
nicht *H*. **II. 1.** patriam auswandern *O*, exsilio urbem
vertauschen mit *O*, terras in ein anderes Land ziehen *H*,
vellera murice, lūto färben *V*, vestem sich umkleiden
[oder] Trauerkleider anlegen, vitam mercede hinge-
ben *S*; pro Macedonibus Romanos dominos *L*, pe-
cora vino *S*, res inter se Tauschhandel treiben *S*; mer-
ces verkaufen *H*, magno mutari teuer sein *V*. **2.** cul-
tum eine andere Lebensweise annehmen *N*, iter einen

muttio   292   **naris**

anderen Weg einschlagen, **sonos** verschiedene Laute von sich geben *O*; *med.* sich ändern, umschlagen: mutata est voluntas *N*, fortuna schlug um, vinum mutatum kahmig geworden *H*; *act.* = *refl.* annona nihil mutavit der Preis blieb gleich *L*, aestus mutabat schlug um *T.* **a.** socios Ulixis *H*, mutari in alitem (alite *O*), mutatus ab illo verschieden von *V.* **b.** Laurentes *V*, animos ad misericordiam *L.*

muttiō, īre mucksen *C.*

mut(t)ō, ōnis, *m.* das männliche Glied *H.*

mūtuātiō, ōnis, *f.* das Borgen, Schuldenmachen.   Von

mūtuor 1. (mutuus) **1.** borgen, entlehnen: pecunias, domum mieten *T.* **2.** *met.* entlehnen, nehmen: a viris nomen, ab amore consilium *L.*

mūtus 3 (ai. mū̆kas, gr. μύτης, μυττός) **1.** stumm: bestiae sprachlos; gratia muta fuit schwieg *O.* **2.** *met.* still, lautlos: tintinnabulum *C*, silentia noctis *O*, artes quasi mutae [die bildenden Künste]; mutas agitare artīs die wenig Ruhm bringen *V.*

Mutusca s. Trebula.

mūtuus 3, *adv.* **ō** u. **ē** (zu muto) **1.** wechselseitig, gegenseitig; *subst.* **mūtuum**, ī, *n.* Gegenseitigkeit: in amicitia; pedibus per mutua nexis ineinander *V.* **2.** geborgt, geliehen: mutuum dare leihen, sumere von jemd. borgen, mutuam pecuniam exigere als Darlehen fordern, praecipere im voraus Darlehen nehmen; **mūtuō** leihweise.

Mycalē, ēs, *f.* M. [Vorgebirge in Ionien] *O.*

Mycēnae, ārum, *f.*, selten **-a**, ae Mykene [in der Argolis]; *adi.* **Mycēnaeus** 3: manus = die Argiver vor Troja *O*, ductor = Agamemnon *V*; *f.* **Mycēnis**, idis = Iphigenie *O.*

Myconus, ī, *f.* M. [Kykladeninsel bei Delos] *VO.*

Mygdonidēs, ae, *m.* Sohn des [phrygischen Königs] Mygdon *V*; **Mygdonis**, idis, *f.* lydisch *O*; **Mygdonius** 3 thrakisch: Melas *O*; phrygisch *HO.*

Mȳlae, ārum, *f.* M. [Kastell westl. v. Messina] *Sp.*

Mylasīs (Μυλασεῖς), **Mylasēnī** u. **-sēnsēs** Einw. v. Mylasa [in Karien]; *adi.* **Mylasius** 3.

Myndus, ī, *f.* M. [karische Hafenst.]; Einw. Myndiī *L.*

Myonnēsus, ī, *f.* M. [St. u. Vorgebirge in Ionien] *L.*

myoparō, ōnis, *m.* (μυοπάρων) Kaperschiff.

myrīca, ae, *f.* (μυρίκη) Tamariske *VO.*

Myrīna, ae, *f.* M. [Hafenfestung in Mysien] *LT.*

Myrmidonēs, um, *m.* die M. [Volk in Thessalien] *VO.*

myrmillō = murmillo.

Myrō, ōnis, *m.* Myron [ber. gr. Bronzegießer, um 460].

myrobrechīs (μυροβρεχεῖς) salbentriefend *Sp.*

myropōla, ae, *m.* (μυροπώλης) Salbenhändler *C.*

myrrha s. murra.

myrt … s. murt …

Myrtōum mare [östl. der Peloponnes] *H.*

Mȳs, yos, *m.* M. [Toreut (Hersteller v. Silbergefäßen); Zeitgenosse des Phidias] *Pr.*

Mȳsia, ae, *f.* M. [Landsch. im nw. Kleinasien]; *adi.* **Mȳsius** u. **Mȳsus** 3: dux, iuvenis = Telephus [König in Mysien] *PrO*; Einw. **Mȳsī.**

mystagōgus, ī, *m.* Fremdenführer.

     E: μυσταγωγός 'Mysterienerklärer'.

mystērium, ī, *n.* (μυστήριον), gew. *pl.* **1.** Geheimkult, Mysterien. **2.** *met.* Geheimlehren: rhetorum, dicendi.

mystēs, ae, *m.* (μύστης) M. [Priester bei Mysterien] *O.*

mysticus 3 (μυστικός) mystisch, geheimnisvoll *V.*

Mytilēnē, ēs u. **-ae**, ārum, *f.* M. [Hauptst. v. Lesbos]; *adi.* u. Einw. **Mytilēnaeus** u. **Mytilēnēnsis.**

Myūs, untis, *f.*, *acc.* unta M. [St. in Karien] *N.*

N

N Abkürzung für **Numerius.**

Nabalia, ae, *f.* N. [ein Rheinarm] *T.*

Nabataeī, ōrum, *m.* die N. [Volk in Arabia Petraea] *T*, *adi.* Nabataeus 3 arabisch, morgenländisch *O.*

nactus *pt. pf. act.* v. nanciscor.

Naevia porta die Porta Naevia [röm. Stadttor am Aventin] *L.*

Naevius, ī, *m.* Cn. N. [röm. Dramatiker u. Epiker um 250]; *adi.* Naeviānus 3.

naevus, ī, *m.* Muttermal.

Nāias, adis u. **Nāis**, idis, *f.* (Ναϊάς, Ναῖς v. ναίω) Najade, Wassernymphe, Nymphe *VO.*

nam (*isol. acc. sg. f.* eines Pronominalstammes, zu num gehörig, wie tam zu tum, quam zu quom, cum) **1.** Kausalkonjunktion: **denn, nämlich**, in Prosa immer satzeinleitend; verstärkt **namque. 2.** Tonloses **denn** im Fragesatz: quisnam, utrumnam, ubinam, quandonam u. a.

Namnetēs, um, *m.* die N. [Volk an der Loiremündung].

namque s. nam.

nanciscor 3. na(n)ctus sum (*incoh.* zu nancīre; zu gr. ἤνεγκον, ἐνήνοχα) **1.** zufällig bekommen: morbum *N*, praedam. **2.** erreichen, erlangen: nomen poëtae *H.* **3.** zufällig finden, antreffen: naviculam, naturam maleficam die Ungunst der Natur erfahren *N.*

Nantuātēs, ium, *m.* die N. [kelt. Volk im Kanton Wallis].

Napaeae, ārum, *f.* Talnymphen *V.*

     E: νάπη 'Waldtal'.

Nār, Nāris, *m.* N e r a [Nebenfl. des Tiber in Umbrien, schwefelhaltig.

     E: sabinisch nar 'Schwefel'.

Nārbō, ōnis, *m.* N a r b o n n e ; *adi.* Nārbōnēnsis, e.

narcissus, ī, *m.* (νάρκισσος) N a r z i s s e *V.*

nardus, ī, *f.* u. **-um**, ī, *n.* (νάρδος) Narde; *meton.* Nardenöl *HTiPr.*

nāris, is, *f.* **1.** Nasenloch: patulae *O*, lucem naribus efflant aus den Nüstern *V*; *synecd.* Nase *O.* **2.** *pl.* **nārēs**, ium Nase: copia narium was den Geruch er-

Narnia   293   **naucula**

freut *H*; *meton.* Urteil: emunctae naris = mit scharfer Beobachtung *H*; naribus uti die Nase rümpfen, verspotten *H*.

E: ai. Dual nāsā 'Nase', nāsikā 'Nasenloch', ahd. nasa, vgl. § 29 u. nāsus.

Narnia, ae, *f.* N a r n i [St. in Umbrien am Nar] *LT*; *adi.* Narniēnsis, e *L*; *subst. n.* Landgut bei N. *Pli.*

nārrābilis, e (narro) erzählbar *O.*

nārrātiō, ōnis, *f.* (narro) Erzählung.   Dav. *dem.*

nārrātiuncula, ae, *f.* kleine Erzählung, Schwank, Anekdote *QPli.*

nārrātor, ōris, *m.* (narro) Erzähler.

nārrātus, ūs, *m.* Erzählung *O.*   Von

nārrō 1. (gnarus, § 40) **1.** kundtun, erzählen; s p r i c h w. asello fabellam surdo = tauben Ohren predigen *H*; male schlechte Nachrichten bringen; mit *acc. c. inf.*: p a s s. *nom. c. inf. L.* **2.** erwähnen, sagen, reden, sprechen: magnum *H*, quam mihi religionem narras? was sprichst du da von . . . ?; mit de *Pr.*

nārus 3 = gnarus.

Nārycius 3 lokrisch [v. der lokrischen St. Nāryx]: heros = Ajax [Sohn des Oileus] *O. subst.* **Nārycia**, ae, *f.* N. [die St. Locri in Bruttium als Gründung von Naryx] *O*; *adi.* Nārycius 3: pix *V.*

Nasamōnēs, um, *m.* die N. [Volk an der Großen Syrte] *Cu*; *adi.* Nasamōniacus 3 *O.*

nāscor 3. nātus sum, altl. (§ 40) **gnāscor**, gnātus sum (*dep. pass.*, verw. mit gigno)

> 1. **geboren werden, entstammen; 2. wachsen, heranwachsen, vorkommen; 3. entstehen, entspringen.**

1. ex eisdem parentibus *N*, ex improbo patre, de paelice *O*, matre Scythissa *N*, libertino patre *H*, a principibus *T*; Macedo natus von Geburt M. *Cu*, post natos homines seit jeher; **occ.** natus antiquo genere *N*, loco nobili, amplissima familia entstammt [meist unübersetzt]; in urbe, Athenis *N.* **2.** nascens luna Neumondzeit *H*, humi nascentia fraga *V*, nascitur ibi plumbum. **3.** unde Auster nascitur sich erhebt *V*, nascere Lucifer steige empor *V*, collis a flumine nascebatur erhob sich, nascitur initium belli.

Nāsos, ī, *f.* (νᾶσος, dor. = νῆσος) N. [Stadtteil v. Syrakus] *L.*

nassa, ae, *f.* b i l d l. Netz, Schlinge.

E: ahd. nezzi 'Netz'.

nāsturcium, ī, *n.* Kresse.

nāsus, ī, *m.* u. **-um**, ī, *n. C* (vgl. nāris) **1.** N a s e : aliquem naso suspendere über jemd. die Nase rümpfen *H.* **2.** *meton.* feines Urteil *H.*   Dav.

nāsūtus 3 **1.** großnasig *H.* **2.** naseweis *Ph.*

nātālicia, ae, *f.* (*sc.* cena) Geburtstagsschmaus.   Von

nātālis, e (natus) Geburts-: dies (lux *O*) Geburtstag, dies n. coloniae Stiftungstag, solum, locus, humus Vaterland *O*, Delos Geburtsort *H*, silva des Geburtsortes *H. Subst.* **nātālis**, is, *m.* **1.** Geburtstag; Geburtsgenius *TiO.* **2.** *pl.* Herkunft, Stand, Familie; **occ.** de natalibus restituendis über die Wiedereinsetzung ins Geburtsrecht [= die Freilassung] *Pli.*

nātātiō, ōnis, *f.* (nato) Schwimmübung.

natātor, ōnis, *m.* (nato) Schwimmer *O.*

nātiō, ōnis, *f.* (nascor) **1.** Geburt; p e r s o n. N. [Geburtsgöttin]. **2.** *meton.* Volk(sstamm), Nation. **3.** *met.* Art, Gattung, Klasse, Sippschaft: candidatorum, optimatium, ardalionum *Ph.*

natis, is, *f.* Hinterbacke, *pl.* Gesäß *H.*

nātīvus 3 (*natus, ūs) **1.** geboren: dii. **2.** natürlich, angeboren, ursprünglich: lepor *N*, arcus *O*, specus *T.*

natō 1. (*frequ.* v. no) **1. schwimmen**: genus natantum Fische *V*; *trans.* **durchschwimmen** *VO.* **2. fließen, wogen**: Tiberis natat campo *O*, campi natantes das wogende Saatfeld *V*; **occ. triefen, voll sein, überfließen**: vino, rura natant sind überschwemmt *V.* **3.** *met.* **schwanken, ungewiß sein**: oculique animique natabant waren unsicher *O*, natantia lumina (oculi *O*) brechend *V.*

nātūra, ae, *f.* (nascor)

> 1. **Geburt**; 2. *meton.* natürliche **Beschaffenheit, Wesen, Natur**; *occ.* **Gestalt**; 3. **Wesen, Sinnesart, Naturell, Charakter**; 4. **Weltordnung, Naturgesetz, Naturkraft**; 5. **Weltall**; 6. **Wesen, Ding, Stoff, Substanz**; 7. **Organ.**

1. naturā frater *L*; *meton.* Zeugungsglied: Mercurii. **2.** locus naturā munitissimus, fluminis Stromrichtung, delectus suā naturā gravis schon an sich *T.* **occ.** naturā insula triquetra, serpentium *S*, n. deest margaritis natürliche Schönheit *T.* **3.** difficillima *N*, n. moresque, in naturam vertere zur zweiten Natur werden *S.* **4.** naturae concedere sterben *S*, naturae ratio, mundus naturā administratur, in rerum natura est es ist möglich. **5.** rerum Wesen der Schöpfung, totius naturae mens. **6.** quinta quaedam ein fünftes Element, de naturis (= elementis) sic sentire. **7.** alvi, his naturis relatus amplificatur sonus.   Dav.

nātūrālis, e, *adv.* **iter** natürlich; **1.** von Geburt, leiblich: filius. **2.** von Natur entstanden, angeboren: moles naturaliter obiecta, alacritas, ius Naturrecht; *subst. n.* natürliche Voraussetzung.

I. *****nātus**, ūs, *m.* (nascor), nur *abl.* **natu** in Vbd. mit *adi.* alt: grandis bejahrt, maior älter, maximus der älteste, minimus der jüngste; magno natu hochbetagt *NL.*

II. nātus 3, altl. **gnātus** (nascor)

> 1. *adi. a.* mit ad, in *c. acc.* oder *dat.* zu etw. **geboren, geschaffen, geeignet, bestimmt**; *b.* mit *adv.* **geartet, beschaffen**; *c.* mit *acc.* **alt.**
>
> 2. *subst.* natus **Sohn**, nata **Tochter**, nati **Kinder, Junge** (von Tieren); nata, orum *n.* **Produkte.**

I. a. ad agendum homo natus est, viri in arma nati *L*, natio nata servituti; boves nati tolerare labores *O.* **b.** ita natus locus *L*, versus male nati *H*, pro re nata nach der Sachlage. **c.** annos XLV natus *N.* **2.** nati amor *V*, natae Priami *V*, parentes natique; vaccarum nati Kälbchen *V*; terrā nata.

III. nātus *pt. pf. pass.* v. nascor.

nauarchus, ī, *m.* (ναύαρχος) Schiffskapitän.

nauclērus, ī, *m.* (ναύκληρος) Schiffsherr; *adi.* nauclēricus 3 *C.*

naucula = navicula *Pli.*

naucum, ī, *n.* Nußschale: nauci non esse nichts wert sein *C.*

nau-fragium, ī, *n.* **1.** Schiffbruch: facere erleiden. **2.** *met.* Unglück, Zusammenbruch: fortunae, gloriae; **occ.** Niederlage: facere erleiden *N.* **3.** *meton.* Trümmer: rei p. Von

nau-fragus 3 (navis, frango, § 66) **1.** schiffbrüchig: puppis *O*; *subst. O.* **2.** *met.* verarmt, ruiniert, verzweifelt: patrimonii, naufragorum manus. **3.** akt. Schiffe zerschellend: monstra *O*, mare *H.*

Naulochus, ī, *f.* N. [Ort nw. v. Messina] *Sp.*

naumachia, ae, *f.* (ναυμαχία) Naumachie [**1.** Seegefecht (als Schauspiel). **2.** *meton.* Ort einer N.] *Sp.*

Naupactus, ī, *f.* N. [Hafenst. der ozolischen Lokrer]; *adi.* Naupactōus 3 *O.*

Nauportus, ī, *f.* N. [St. in Pannonien, j. V r h n i k a] *T.*

nausea, ae, *f.* (ναυσία) Seekrankheit; *met.* das Erbrechen *H.*

nauseābundus 3 (nauseo) seekrank *Sp*; mit verdorbenem Magen *Sp.*

nauseō 1. āvī **1. seekrank sein. 2.** *met.* **sich erbrechen**: modo ne nauseet. **3.** *meton.* **Ekel empfinden. 4. sich übel benehmen**: stulti nauseant *Ph.*

nauseola, ae, *f.* (*dem.* v. nausea) kleine Übelkeit.

nauta, dicht. **nāvita**, ae, *m.* (ναύτης) **1.** Schiffer; **occ.** Fischer: navita retia siccat *O.* **2.** Schiffsherr, Kaufmann, Reeder *H.* **3.** Seemann, Matrose.

nauticus 3 (ναυτικός) Schiffs-, See-: castra Schiffslager *N*, res Seewesen, pinus Schiff *V*, clamor der Seeleute *V*; *subst.* **nauticī**, ōrum, *m.* Seeleute *L.*

Nāva, ae, *m.* die N a h e [Nebenfl. des Rheins] *T.*

nāvālis, e (navis) **Schiffs-, See-:** bellum, castra befestigter Hafen, stagnum zur Abhaltung einer Naumachie *T*, corona Schiffskranz [als Auszeichnung für einen Seesieg] *V*, duo viri Beamte zur Ausrüstung der Schiffe *L*, socii Matrosen [oder] Seesoldaten *L*, pedes *C. Subst.* **nāvāle**, is, *n.* **Werft, Hafen** *O*; **nāvālia**, ium, *n.* **Schiffswerft, Dock**; *nomen pr.* N. [die römische Werft auf dem Marsfeld] *L*; **Schiffsausrüstung** *VL.*

nāvē = naviter *S Iug. 77, 3.*

nāvicula, ae, *f.* (*dem.* v. navis) Boot, Kahn. Dav.

nāviculāria, ae, *f.* Frachtschiffahrt, Reederei: facere Reeder sein; **nāviculārius**, ī, *m.* Reeder, Frachtschiffer.

nāvi-fragus 3 (§ 66) Schiffe zerschellend *VO.*

nāvigābilis, e (navigo) schiffbar *LTPliSp.*

nāvigātiō, ōnis, *f.* (navigo) Schiffahrt, Seereise.

nāviger 3 (navis, gero) Schiffe tragend *Lukrez.*

nāvigiolum, ī, *n.* Boot. *Dem.* von

nāvigium, ī, *n.* Wasserfahrzeug, Schiff. Von

nāvigō 1. (v. *nāvigus* aus navis u. ago, §§ 66 u. 41) **1.** *intr.* mit dem Schiff fahren, segeln. **occ. a.** in See stechen, abfahren: ad navigandum tempestas; *met.* belli impetus navigavit ging los. **b.** schwimmen *O.* **2.** *trans.* **a.** befahren, durchsegeln: aequor *O*, lacūs *T.* **b.** durch Seefahrt erwerben: quae homines navigant *S.*

nāvis, is, *f.*, *acc.* em, *abl.* ī, selten e (ai. nā́uš, gr. ναῦς) Schiff: longa Kriegsschiff *NL*, praetoria (ducis *N*) Ad-

miralschiff, constrata (tecta *L*) mit Verdeck, navibus rem gerere Seekrieg führen *H*; s p r i c h w. navibus atque quadrigis = mit aller Macht *H.*

nāvita s. nauta.

nāvitās, ātis, *f.* (navus) eifrige Betätigung, Eifer.

nāvō 1. eifrig betreiben, verrichten: rem p. (rei p. operam) eifrig dienen, fortiter in acie operam tapfer mitkämpfen *L*, benevolentiam beweisen. Von

nāvus, altl. (§ 40) **gnāvus** 3, *adv.* **iter** rührig, betriebsam, eifrig.

Naxos, ī, *f.* N. [die größte Kykladeninsel] *VPr.*

I. nē *adv.* (νή, ναί) nur vor *pron.* fürwahr, ja, wahrhaftig: ne, illi vehementer errant; in der Antwort: egone? tune *C.*

II. nē, nĕ (Negationspartikel wie gr. νή-ποινος 'straflos', νη[α]νεμίη 'Windstille', dtsch. 'n-ein, n-icht').

> *A.* **nē** I. adverbiell: **nicht.** II. konjunktionell: **daß nicht, damit nicht.**
> *B.* **nĕ** I. in *Iuxtap.* proklitisch: **un-, nie, nicht.** II. in Fragesätzen enklitisch (§ 47): **etwa, ob, ob etwa, oder.**

A. I. 1. nē ... quidem (der betonte Begriff dazwischen) **nicht einmal, auch nicht**: ne in convivio quidem; im Gegs.: **keineswegs, durchaus nicht**: utitur ne suorum quidem consilio, sed suo keineswegs — sondern. **2.** im Verbot. **a.** mit *imp.* (dicht.) fratrem ne desere *V*, impius ne audeto (arch.); **b.** mit *coni. pr.* oder *pf.* ne hoc feceris, ne forte recuses *V.* Im Wunschsatz: ne vivam, utinam ne accidisset ad terram trages *Ennius.* **3.** in K o n z e s s i v s ä t z e n : ne sit summum malum dolor, malum certe est zugegeben, daß nicht; vbd. dum ne, modo ne, dummodo ne. **4.** in B e g e h r s ä t z e n nach ut: iubeatis, ut in civitate ne sit; relat. quo ne (ut eo ne) incurreret hostis *H*; noluit quidquam statui nisi columellam tribus cubitis ne altiorem. **II. 1.** in B e g e h r s ä t z e n : **daß nicht:** moneo vos, ne refugiatis; vgl. I. 4. **2.** nach A u s d r ü c k e n d e r F u r c h t : **daß:** vereor, ne fratris animum offendam; n e . . . n o n **daß. . . nicht:** vereor, ne sufficere non possim. **3.** in F i n a l s ä t z e n : **damit nicht, auf daß nicht, um nicht:** dolorem perpetiuntur, ne in maiorem incidant. P h r a s e : ne multa dicam, ne multa, ne multis kurzgefaßt, kurz gesagt, in Kürze. **4.** nach V e r b e n d e s H i n d e r n s u n d W e i g e r n s : **daß,** *inf.* mit **zu:** ne causam diceret se eripuit entzog sich der Verantwortung, Regulus sententiam ne diceret recusavit weigerte sich zu sagen.

B. I. In Zusammenziehungen (§ 67) wie ne-que, ne-fas, nolo aus *ne-volo, mit verändertem Vokal nī in ni-si, ni-hil, ni-mius, mit Elision (§ 53) oder Kontraktion vor Vokal in nullus (*ne-ullus), numquam (*ne-umquam), nemo (*ne-hemo) u. a. **II. 1.** Mit Verlust des Auslautes, §§ 53 u. 55 (unübersetzbar): tantaen' animis caelestibus irae? *V*, Pyrrhin' conubia servas? *V*; und 2. Pers. *sg. pr. act.* verliert (§ 30) ihr auslautendes s: viden = videsne, ain = aisne, vin = visne u. a.; so auch satin' = satisne (vgl. § 45). **2.** in e i n f a c h e n F r a g e n . **a. direkt** (unübersetzbar): nihilne id valebit? wird das nichts nützen?, quiane etwa weil *V*,

Neapolis   295   **nefastus**   N

quosne reliqui (= eosne quos) *V*; scheinbar beim *acc. c. inf.* mene incepto desistere victam? (*sc.* credi potest) *V* sollte ich ... abstehen?, egone? ich? doch ich nicht?, itane?, itane vero? so? so doch nicht? **b. indirekt: ob:** interrogavit, liceretne mittere. **3.** in disjunktiven Fragen. **a. direkt** (unübersetzbar): vos n e Domitium a n Domitius vos deseruit? [Anaphora]: deorum n e inmortalium populi n e Romani vestram n e fidem implorem? soll ich ... oder ... oder. **b. indirekt:** dubitavi, verum n e a n falsum esset **ob**...**oder,** videamus, utrum fortuita n e sint a n eo statu; [Anaphora]: neque interesse, ipsos n e interficiant impedimentis n e exuant; das erste Glied unbezeichnet: albus ater n e ille fuerit ignoras. Ist das zweite Glied negativ, so steht **necne:** dubito, Parthi transierint necne **oder nicht.**

Neǎpolis, is, *f.* (*Iuxtap.* aus νέα πόλις, § 63) N. [Stadtteil v. Syrakus]. **2.** N e a p e l [St. in Kampanien]; *adi.* u. Einw. Neǎpolītānus; *n. sg. subst.* Landgut bei N.

nebula, ae, *f.* (ai. nábhas, gr. νέφος, νεφέλη, ahd. nebul, § 7) Dunst, Nebel; **occ.** Rauch, Wolke: nebulae, quas exigit ignis *O*, infert se saeptus nebulā *V*. Dav.

nebulō, ōnis, *m.* 'Windbeutel', Taugenichts, Schuft.

nebulōsus 3 (nebula) nebelig, trübe.

nec s. neque.

nec-dum (§ 67) und noch nicht, noch nicht.

necessǎriō *adv.* notgedrungen: cogi wider Willen. Von

necessǎrius 3 **1.** notwendig, nötig. **a. unvermeidlich, notgedrungen:** mors. **b. unumgänglich, erforderlich:** simultates; *n. subst.* necessaria Lebensbedürfnisse *S*. **2. dringend, zwingend:** tempus bedrängte Lage, causa dringender Anlaß. **3. nahestehend, befreundet, verwandt:** homines *N*; *subst. m. f.* **Verwandter, Freund:** Haeduorum, virgo Vestalis.   Von

ne-cesse, altl. **ne-cessum** u. **-us notwendig;** nur p r ä d i k . **1.** [bei e s s e]: nötig sein, müssen: quod mihi non est necesse; mit *inf.*, *acc. c. inf.*, *coni.*, selten ut. **2.** [bei h a b e r e oder p u t a r e]: nötig haben, müssen, für nötig halten.

E: nĕ u. *subst.* v. cēdo 'kein Ausweichen'.   Dav.

necessitās, ātis, *f.* **1. Unvermeidlichkeit, Notwendigkeit:** necessitati parere sich fügen, schicken in, naturae Naturnotwendigkeit, suprema, ultima Tod *ST*. P e r s o n . N. [das Verhängnis, gr. Άνάγκη] *H*. **2.** *meton.* **Not, Notlage:** temporis, expressit hoc patribus necessitas *L*; constitutis ad necessitatem aedificiis Notunterkünfte *Hirtius*. *pl.* suarum necessitatum causā um persönlicher Interessen willen. **3. Zwang:** in tanta necessitate [auf der Folter] *T*. **4. Notdurft:** ipsi naturae ac necessitati negare; partes corporis ad naturae necessitatem datae. **5. Mangel:** fames et ceterae necessitates *T*. **6. notwendige Bedürfnisse, Ausgaben:** necessitates et largitiones *T*. **7. verbindende Kraft:** magnam necessitatem possidet paternus sanguis.

necessitūdō, inis, *f.* (necesse) **1. enges Verhältnis, Verbindung:** rerum Zusammenhang, amicitiae. **2. occ. Freundschaft, Verwandtschaft, Kollegialität, Klientel:** quaesturae kollegiales Verhältnis, fraterna. **3.** *meton. pl.* **Freunde, Verwandte:** Alexandri neces-

situdines *Cu*. **4. Notlage, Not:** rerum *S*, necessitudinem reditūs principi facere notwendig machen *T*.

necessum, -us s. necesse.

neclego und Ableitungen s. negl...

nec-ne oder nicht **1.** in i n d i r . Doppelfrage: nihil interest, doleam necne doleam. **2.** (selten) in d i r . Doppelfrage: sunt haec tua verba necne?

necō 1., *pf.* necuī *Ph* (nex) töten; *met.* vernichten: res p. hostes necavit, ne ab ipsis necaretur.

nec-opīnāns, antis (§ 67) nicht vermutend, ahnungslos.

nec-opīnātus 3, *adv.* ō (§ 67) unvermutet, unerwartet: ex necopinato hostem invadere *L*.

nec-opīnus 3 (*opinus Rückbildung, § 76, aus opinor) **1.** unvermutet: mors *O*. **2.** ahnungslos *OPh*.

nectar, aris, *n.* (νέκταρ) **1.** Nektar, Göttertrank; **occ.** Götterbalsam: nectare sparsit corpus *O*. **2.** *met.* Süßigkeit, 'Nektar'; Wein, Honig *V*, Milch *O*.

nectareus 3 (nectar) aus Nektar, süß wie Nektar: aquae Tau *O*.

nectō 3. nexī oder nexuī, nexus **1. (ver)knüpfen, binden, flechten:** flores *H*, Medo catenas *H*, bracchia im Reigen verschlingen *O*, colla lacertis umschlingen *O*. **2. occ. fesseln, verhaften** [von der Schuldhaft]: nexum se dare sich fesseln lassen *L*; *subst.* **a. nexus,** ī, *m.* der in Schuldhaft Befindliche *L*; **b. nexum,** ī, *n.* **Schuldverbindlichkeit:** omnia nexa civium liberata nectierque (*inf. pass.*) postea desitum. **3.** *met.* **an-, zusammenfügen, verknüpfen:** verba numeris Worte an Rhythmen, dichten *O*, dolum anzetteln *L*, causas inanes Scheingründe vorbringen *V*, moras Aufenthalt nehmen *T*.

nē-cubi (§ 16) damit nicht irgendwo.

nē-cunde (§ 16) damit nicht irgendwoher *L*.

nē-dum geschweige denn, daß. **1.** Nach N e g a t i o n : noch viel weniger: ne immortalitatem quidem contra rem p. accipiendam putarem, nedum emori cum pernicie rei p. vellem; adulationes victis g r a v e s (nicht angenehm), nedum victoribus *L*. **2.** Nach A f - f i r m a t i o n : noch viel mehr: vel socios, nedum hostes terrere *L*.

ne-fandus 3 (fari) ruchlos, greulich; *n. subst.* das Böse *V*.

nefārius 3, *adv.* ē ruchlos, gottlos, frevelhaft; *subst. m.* Verbrecher, Frevler, *n.* Frevel *L*.   Von

ne-fās *n.* (§ 67, nur *nom.* u. *acc.*) **I.** *adi.* **1.** religiös **unstatthaft, unerlaubt, unrecht:** dictu n. prodigium *V*, irasci patriae n. ducebat *N*; [parenthetisch]: 'o Greuel', 'entsetzlich' *V*. **2.** *met.* **unrecht, unstatthaft, unerlaubt:** cui nihil umquam nefas fuit, quidquid corrigere est nefas *Ph*. **II.** *subst.* **1. Unrecht, Frevel, Sünde** [Verletzung des Natur- u. Sittengesetzes]: maculosum Ehebruch *H*, dirum Selbstmord *V*; s p r i c h w . per omne fas ac nefas aliquem sequi = in allem Guten und Bösen *L*. **2.** *meton.* **Scheusal:** extinguere nefas [= Helena] *V*.   Dav.

nefāstus 3 **1.** unerlaubt, verboten: dies 'gesperrte' (geschlossene) Tage, 'Feiertage' [an denen aus religiösen Gründen weder Gerichts- noch Volksversammlungen gehalten werden durften]. *Met.* **2.** unheilvoll: dies Unglückstag *H*, terra *L*. **3.** sündhaft, frevelhaft *HCu*.

negatio   296   **Neptunus**

negātiō, ōnis, *f.* (nego) Verneinung, das Leugnen.

negitō 1. āvī (*frequ.* v. nego) beharrlich leugnen, verneinen *SH.*

neglēctiō, ōnis, *f.* (neglego) Vernachlässigung.

I. neglēctus *pt. pf. pass.* v. neglego.

II. neglēctus 3 (neglego) unbeachtet, vernachlässigt.

neglegēns, entis, *adv.* **enter** (neglego) **1.** nachlässig, sorglos, gleichgültig: in amicis eligendis, amicorum *T.* **2. occ.** verschwenderisch: adulescentia *L.* Dav.

neglegentia, ae, *f.* **1.** Nachlässigkeit. **2.** Vernachlässigung: deûm *L,* sui das Sichgehenlassen *T.*

neg-legō 3. lēxī (neglegisset *S*) lēctus (nec, lego, § 67) **1.** vernachlässigen, sich nicht kümmern: rem familiarem *N,* mandata; mit *inf.* **2.** nicht achten, geringschätzen: auctoritatem senatūs, bellum, deos *S.* **3.** übersehen, ungestraft lassen: iniurias, ereptam vitam.

negō 1. **1.** nein sagen: Diogenes ait, Antipater negat. **2.** verneinen, leugnen, sagen, daß ... nicht: nihil; mit *acc. c. inf.* (auch ohne *inf. C*), *pass.* mit *nom. c. inf. O,* negare non posse, quin daß *L.* **3.** abschlagen, verweigern: miseris nihil, ferre opem *O;* vela ventis die Segel einziehen *O;* ei negare non potuit, quin *N.*

E: verw. mit II. *ně wie 'verneinen' mit 'nein'.

negōtiātiō, ōnis, *f.* (negotior) Bankgeschäft, Großhandel.

negōtiātor, ōris, *m.* (negotior) Großhändler, Bankier, Kaufmann.

negōtiolum, ī, *n.* (*dem.* v. negotium) Geschäftchen.

negōtior 1. (negotium) **1.** Handelsgeschäfte, Geldgeschäfte im großen treiben: in Asia. **2.** Handel treiben. *Subst.* **negōtiāns**, antis, *m.* **a.** Bankier. **b.** Händler *Sp.*

negōtiōsus 3 voller Geschäfte: provincia mühevoll, dies Werktage *T; pl. m. subst.* Geschäftsleute *T.*   Von

neg-ōtium, ī, *n.* **1. Geschäft, Beschäftigung, Arbeit:** quid in Gallia Caesari negotii esset zu schaffen habe, nihil negotii habere Ruhe haben *N,* nihil est negotii es ist leicht, negotium alicui facessere, exhibere jemd. Verlegenheiten bereiten, Schwierigkeiten machen; nullo (sine *N*) negotio ohne viel Mühe, leicht. **2. Auftrag, Aufgabe, Angelegenheit:** negotia, quae ingenio exercentur *S;* negotium dare beauftragen; negotio praeesse die Arbeit leiten, negotio desistere eine Sache aufgeben, eine Funktion abgeben, in ipso negotio im Augenblick des Handelns, culpam ad negotia transferre auf die Lage, Verhältnisse *S,* in atroci negotio Lage *S.* **3. occ. a. Staatsgeschäft, Staatsdienst:** publicum. **b. Handels-, Geldgeschäft:** Bithyna *H.* **c. häusliche Angelegenheit;** *pl.* **Hauswesen:** male n. gerere schlecht wirtschaften, negotiorum curator Privatsekretär *S.* **d. Kampf, Unternehmen:** sibi cum viro forti esse negotium er habe es mit ... zu tun *N,* bene gerere n. glücklich kämpfen, facies negoti der Anblick des Kampfes *S.* **4. Sache, Ding, Wesen:** quid negoti est? was ist los? *C,* ineptum.

E: neg' otium est 'es ist nicht Muße'.

Nēlēus, eī, *m.* N. [König in Pylos, Vater Nestors]; *adi.* **Nēlē(i)us** 3; *subst.* Nestor; *patr.* **Nēlīdēs**, ae, *m.* Sohn des Neleus *O.*

Nemausum, ī, *n.* u. **-us**, ī, *f.* N î m e s [St. in der Gallia Narbonensis] *Sp.*

Nemea, ae, *f.* N. [Waldtal u. Ort bei Phlius mit einem Hain, in dem alle zwei Jahre die Nemeischen Spiele stattfanden]; *adi.* **Nemeaeus** 3: moles (= leo) *O;* **Nemea**, ōrum, *n.* die Nemeischen Spiele *L.*

Nemesis, eos, *f.* (Νέμεσις) N. [**1.** Göttin der Vergeltung *Ca.* **2.** Tibulls Geliebte *TiO*].

Nemetēs, um, *m.* die N. [germ. Stamm um Speyer].

nēmŏ, *m.* (*f. C*), nemini, neminem; *gen.* u. *abl.* klass. nullius, nullo kein (Mensch), niemand: n. Thebanus kein Mann aus Theben *N;* n. amicorum, ex tanto numero; **non nemo** mancher; **nemo non** jeder.

E: *Iuxtap.:* ně u. altl. hěmo = homo, § 51, dtsch. n i e - m a n d.

nemorālis, e (nemus) zum Hain gehörig: antrum *O,* regnum Dianae waldig *O.*

Nemorēnse, is, *n.* (nemus) N. [Gebiet des Dianahains von Aricia] *Sp.*

nemori-cultrīx, īcis, *f.* (nemus, § 66) Waldbewohnerin: sus Wildsau *Ph.*

nemorōsus 3 (nemus) wald-, baumreich *VO.*

nem-pe (aus nem, pronominaler *acc.,* verw. mit enim, nam, + pe; vgl. quippe) *adv.* denn doch, allerdings, freilich, natürlich, sicherlich, offenbar.

nemus, oris, *n.* (νέμος) **1. Wald** [mit Weiden für das Vieh. Gegs. silva], **Hain. 2. Wald:** gelidum *H.* **3. occ.** Hain [einer Gottheit]: Dianae [bei Aricia] *O.* **4. Baumpflanzung:** levandum fronde nemus *V.*

nēnia, ae, *f.* (νηνία) **1.** Nänie, Totenlied, Trauerlied: absint inani funere neniae *H,* Cea = des Simonides *H.* **2.** Lied: puerorum *H,* viles leichte Possen *Ph;* **occ.** Zauberlied: Marsa *H.*

neō 2. nēvī, nētus **1.** spinnen: stamina *O,* tibi n e - r u n t (= neverunt) fila deae *O.* **2.** *met.* sticken: tunicam auro *V.*

E: gr. νέω, ahd. nāan 'nähen'.

Neoclīdēs, ae, *m.* = Themistokles [Sohn des Neokles] *O.*

Neontīchos, *n.* (Νέον τεῖχος, § 91, Abs. 2) N. [Festung in Thrakien] *N.*

Neoptolemus, ī, *m.* N. [Sohn Achills].

nepa, ae, *f.* (afrikanisch) Skorpion [auch Sternbild].

Nepete, is, *n.* N e p i [St. der Etrusker]; *adi.* u. Einw. Nepesīnus *L.*

Nephelēis, idos, *f.* Helle [Tochter der Nephele] *O.*

nepōs, ōtis, *m.* **1.** Enkel: Atlantis [= Merkur] *H.* **2.** Nachkomme: venturi *V.* **3.** *met.* Verschwender: discinctus *H.* Als *nomen pr.* Cornelius Nepos [ca. 100—24, Freund des Catull, Cicero, Atticus; Geschichtsschreiber] *Pli.*

E: ai. nápāt, vgl. ἀνεψιός 'Geschwistersohn', aus ἀνεπτιός.

nepōtātus, ūs, *m.* (nepos) Verschwendung, Schlemmerei *Sp.*

nepōtulus, ī, *m.* (*dem.* v. nepos) Enkelchen *C.*

neptis, is, *f.* (ai. naptī, naptī-š) Enkelin.

Neptūnus, ī, *m.* Neptun [Gott des Süßwassers, durch Angleichung an Poseidon auch des Meeres (uterque N. *Ca*)]; *meton.* Meer *VH; adi.* Neptūnius 3: Troia [von N. befestigt] *V,* arva = Meer *V,* heros = Theseus *O,* dux = Sext. Pompeius [der sich für einen Sohn

nequam — 297 — **nexus** | **N**

Neptuns ausgab] *H*, **aquae** [Quelle bei Tarracina] *L*.
nē-quam, *indecl.*, *comp.* nequior, *sup.* nequissimus nichtsnutzig, liederlich.
E: nē + quäm 'nicht irgendwie (zu brauchen)'.
nē-quāquam *adv.* auf keine Weise, keineswegs.
ne-que, nec 1. und nicht, auch nicht: neque quisquam (ullus) und niemand (kein), neque umquam, usquam und nie, nirgendwo u. a. **2.** (mit Schwund der Bed. des -*que*; vgl. namque) **nicht:** si adgnatus nec escit (= non erit) *Zwölftafelgesetz*; alter, qui nec procul aberat *L*; konstante Vbdn.: **neque enim denn nicht, neque tamen doch nicht, neque vero wahrlich nicht, aber nicht. 3. neque ... neque, nec ... nec: weder ... noch:** neque excogitare neque pronuntiare multa possum; n e q u e ... e t n i c h t ..., s o n d e r n v i e l m e h r; z w a r n i c h t .., a b e r; e t ... n e q u e zwar ... aber nicht; teils ... t e i l s n i c h t.
E: §§ 47, 42, Abs. 2, § 55, ne 'nicht', que 'und'; ai. naca 'und nicht', got. nih 'nicht'.
nequedum = necdum.
ne-queō, īre, īvī (ii), itum (nĕ, queo, § 67) nicht können, nicht vermögen; [in pass. Form] quidquid ulcisci nequĭtur man nicht ... kann *S*.
nē-quīquam, *adv.* **1.** vergeblich, ohne Erfolg: n. alicuius auxilium implorare. **2.** unnötig, zwecklos: flumen transire.
nēquiter, *comp.* nequius *L* (*adv.* zu nequam) nichtswürdig, liederlich, leichtsinnig.
nēquitia, ae u. **-ēs**, ēī, *f.* (nequam) Nichtsnutzigkeit, Fahrlässigkeit, Liederlichkeit.
nequitum *pt. pf. pass.* v. nequeo.
ne-quīvī *pf.* v. nequeo.
ne-quōquam *adv.* nirgendshin *C*.
Nerētum, ī, *n.* N a r d ò [St. in Apulien] *O*.
Nēreūs, eos u. eī, *m.*, *acc.* ea, *voc.* eū N. [greiser Meeresgott, weissagekundig, wandelbar wie Proteus, hat von der Okeanide Doris 50 Töchter, die Nereiden; *meton.* Meer *O*; *adi.* **Nēreïus** 3: genetrix = Thetis *O*, nepos = Achilles *H*; **Nērīnē**, ēs *V* u. **Nērēis**, idos, *f.* Nereide.
Nēritos, ī, *f.* N. [Insel bei Ithaka] *VO*; *adi.* **Nēritius** 3, *subst.* = Ulixes *O*.
Nerō, ōnis, *m.* N. [*cognomen* der gens Claudia]. Bes. **1.** C. Claudius N. [cos. 207, besiegt Hasdrubal am Metaurus]. **2.** Ti. Claudius N. [trat dem Octavianus die Livia ab, von der er zwei Söhne (Nerones *H*), Tiberius Nero (später der Kaiser Tiberius) und Drusus Nero (Vater des Kaisers Claudius) hatte]. **3.** Ti. Claudius N. [Kaiser 54—68]. *Adi.* zu **3.** Nerōneus 3 *T*; zu **1.** Nerōniānus 3.
E: sabinisch = fortis ac strenuus; vgl. ai. nár-'Mann', gr. ἀ-νήρ.
Nersae, ārum, *f.* N. [St. der Äquer] *V*.
Nerthus, ī, *f.* N. [germ. Erd- und Wachstumsgöttin] *T*.
Nerulum, ī, *n.* N. [befestigter Ort in Lukanien] *L*.
Nerva s. Cocceius.
Nerviī, ōrum, *m.* die N. [belgisches Volk zwischen Schelde und Sambre]; *adi.* Nervicus 3.

nervōsus 3, *adv.* ē (nervus) **1.** sehnig, muskulös *O*. **2.** *met.* kraftvoll, nachdrücklich.
nervulus, ī, *m.* Nerv, Kraft.   *Dem.* von
nervus, ī, *m.* (aus *neurus, gr. νεῦρον) **1. Sehne, Muskel:** nervi, a quibus artus continentur. **occ. a. Bogensehne:** nervo aptare sagittas *V*. **b. Saite:** cantus nervorum. **c. Faden, Draht:** nervis alienis mobile lignum Marionette *H*. **d. Riemen** [zum Fesseln], **Gefängnis:** in nervum rapere *C*, in nervis teneri *L*. **e. Leder:** scuta nervo firmata *T*. **f. männliches Glied** *H*. **2.** *meton.* **Kraft, Stärke:** opes ac nervi, nervi virtutis; *met.* **Nachdruck:** nervi (*sc.* orationis) deficiunt *H*. **3. Triebfeder, Lebenskraft:** rei p., coniurationis *L*.
Nēsactium, ī, *n.* N. [St. in Istrien] *LSp*.
ne-sciō 4. (§ 67) **I.** als *verb.* **1. nicht wissen:** quid dicam nescio. **2. nicht kennen:** hiemem nicht merken *V*. **3. nicht können, nicht verstehen:** versus keine Verse machen können *H*, Graece; mit *inf.*; bes. n e s c i o, a n v i e l l e i c h t. **II.** a d v. **irgend: nescio quis** irgend jemand, **nescio quid** irgend etwas, **nescio qui** irgendein; bes. n e s c i o q u o m o d o (casu, pacto) irgendwie, unbegreiflich, sonderbarerweise.
ne-scius 3 (vgl. in-scius) **I.** a k t. **1.** unwissend, unkundig: non sum nescius ich weiß recht wohl; mit *gen.*, *acc. c. inf.*, indir. Fr. **2.** nicht imstande, unfähig; mit *inf.* vinci nescius unbesiegbar *O*, corda n. mansuescere unerweichlich *V*. **II.** p a s s. unbekannt: id nescium tradam tibi *C*, neque nescium habebat er wußte recht wohl *T*.
Nēsis, idis, *f.* N i s i d a [kleine Insel östl. v. Misenum].
Nessus, ī, *m.* (Νέσσος) N. [**1.** Fl. in Thrakien] *L*. **2.** N. [Kentaur, mit dessen giftigem Blut Deianira das Kleid des Herkules tränkte] *HO*; *adi.* zu **2.** Nesseus 3 *O*.
Nestor, oris, *m.* N. [König von Pylos].
Nestus, ī, *m.* N. [Fluß in Thrakien] *L*.
Nētum, ī, *n.* N. [St. sw. von Syrakus]; Einw. Nētīnī.
nētus *pt. pf. pass.* v. neo.
neū s. neve.
ne-umquam = numquam *C*.
ne-uter, tra, trum (§ 67) **1.** kein(er) (von beiden); *pl.* keine (von beiden Parteien). **2.** *occ.* gleichgültig, indifferent: bonae res ... malae ... neutrae. **3.** [gramm.]: sächlich.
ne-utiquam (getrennt *C*) *adv.* keineswegs.
neutrō *adv.* (neuter) nach keiner von beiden Seiten.
nēve u. **neū** (Synkope nach § 42) oder nicht, und nicht, noch, oder; nach ut, ne; ut neve ... neve damit weder ... noch.
nēvī *pf.* v. neo.
nevis, nevolt s. nolo.
nex, necis, *f.* Ermordung, Tötung, Tod.
E: νέκ-υς 'Leiche', νεκ-ρός 'tot'.
nexī *pf.* v. necto.
nexilis, e (necto) geknüpft, gewunden *O*.
nexuī *pf.* v. necto.
nexum s. necto.
I. nexus, ūs, *m.* (necto) **1.** Verbindung, Verschlingung. *met.* **2.** Verbindung, Verwicklung: legis *T*, causarum

nexus 298 **nisi**

('Kausalnexus') *CuT.* **3. occ.** Schuldverpflichtung: se nexu obligare; *meton.* Schuldknechtschaft: nexu vincti Schuldknechte *L,* nexum inire *L.*

II. nexus *pt. pf. pass.* v. necto.

nī 1. arch. Nbf. für nē: monent, ni teneant cursus *V* u. *C.* **2.** = si non (nisi) wenn nicht [bes. bei indir. Anführung von Drohungen, Beteuerungen u. Wetten].

Nīcaea, ae, *f.* **1.** I z n i k [St. in Bithynien]; Einw. Nīcaeēnsēs, ium, *m.* **2.** N. [St. in Lokris bei den Thermopylen] *L.* **3.** N i z z a [St. in Ligurien] *Sp.*

Nīcaeus, *m.* (νικαῖος) siegverleihend: Iuppiter *L.*

Nīcander, drī, *m.* N. [Dichter, Grammatiker und Arzt um 150] *QPli.*

nīcātor, oris, *m.* (νικάτωρ) Sieger *L.*

Nīcēphorium, ī, *n.* N. [**1.** Hain bei Pergamon *L.* **2.** St. am Euphrat *T*].

Nīcēphorius, ī, *m.* N. [östl. Nebenfl. des Euphrat] *T.*

Nīcomēdīa, ae, *f.* N. [Hauptst. v. Bithynien]; *adi.* u. Einw. Nīcomēdēnsis *Pli.*

Nīcopolis, is, *f.* N. [St. in Akarnanien] *TSp.*

nictō, āre (vgl. coniveo) zublinzeln *C.*

nīdor, ōris, *m.* Dampf, Dunst, Gestank [bes. von verbrannten Gegenständen]: carus Bratendunst *H.*

E: aus *cnīdōs zu gr. κνῖσα 'Qualm'.

nīdulus, ī, *m.* Nestchen; b i l d l. *Pli.* *Dem.* von

nīdus, ī, *m.* **1.** Nest. *met.* **2. Wohnsitz:** nidum servare daheimbleiben *H,* Acherontiae Felsennest *H.* **3. Ursprung, Stand:** maiores pennas nido extendere *H.* **4. junge Vögel:** loquaces *V.*

E: aus *nisdus, vgl. ai. nīḍáh 'Ruheplatz', ahd. nest, § 30.

niger, gra, grum **1. schwarz, dunkel. 2.** *meton.* **verdunkelnd:** Auster *V. met.* **3. unheilvoll:** formido *V,* ignes Scheiterhaufen *H,* sol *H.* **4. boshaft, tückisch:** hic niger est *H.*

Nigidius, ī, *m.,* P. N. Figulus [Grammatiker und Naturforscher, Freund Ciceros].

nigrāns, antis schwarz, dunkelfarbig.

E: nigrō 1. 'schwarz sein'.

nigrēscō, ere schwarz werden *V.*

E: *incoh.* zu nigreō 2. 'schwarz sein'.

nigricō, āre (niger) schwärzlich, dunkel sein *Sp.*

nigritia, ae, *f.* (niger) Schwärze *Sp.*

ni-hil, kontrahiert (§ 8, Anm.) **nīl**

I. nihilum, ī, *n.* **nichts, das Nichts:** ad nihilum recidere zunichte werden. Bes. **1.** nihilō, *abl. mensurae* beim *comp.* **um nichts; nihilo magis ebensowenig, nihilōminus** (nihilō secius *N*) **nichtsdestoweniger, trotzdem. 2. dē nihilō ohne Grund, grundlos** *L.* **3. prō nihilō** putare, ducere, habere **geringschätzen, nicht achten,** esse **nichts gelten. 4. nihilī,** *gen. pretii* bei esse, pendere, facere, aestimare: **für nichts.**

II. nihil, nīl, *gen. pretii* nīlī *C* (*nom.* u. *acc.*; *gen. dat. abl.* ergänzt durch nullius rei, nulli rei, nulla re) **1.** (subst.) **nichts**; mit *gen. quantitatis*: nihil doli *N,* nihil reliqui facere nichts versäumen *N,* nihil vini kein Wein; mit *adi.* animus nihil mortale habet; n o n n i h i l etwas, einiges, manches; n i h i l n o n alles. Bes. nihil agere nichts ausrichten; nihil quic-

quam (unum *L*) gar nichts, nihil nisi nur, nihil aliud nisi (quam *N,* praeter quam *L*) nur, lediglich; nihil ad me, ad rem (pertinet) geht mich nichts an, gehört nicht zur Sache, nihil est, cur (quod, quamobrem) es ist kein Grund vorhanden, weshalb. **2.** (adv.) **nichts, nicht** (nachdrückliches non): Catilinam nihil metuo, nihil necesse (opus) est durchaus nicht; **occ. nil** amare vergeblich *C.*

E: nĕ-hīlum 'nicht eine Faser', verkürzt zu níhĭlum, nīlum nach § 45 u. zu nihil, nīl nach § 55.

nihil-dum (§ 67) noch nichts *L.*

nihilō-minus, nihilum, nīl s. nihil.

nīl s. nihil.

Nīlus, ī, *m.* Nil; *met.* [appellativ]: Wassergraben.

nimbi-fer 3 (nimbus, fero, § 66) Sturm-: ignis Wetterstrahl *O.*

nimbōsus 3 **1.** wolkig: cacumina montis *V.* **2.** stürmisch, regenbringend: ventus *O,* Orion *V.* Von

nimbus, ī, *m.* (verw. mit nebula) **1.** Wolke, Gewölk: cinxerunt aethera nimbi *V;* **occ.** harenae Staubwolke *V,* in nimbo volitare favillam Rauchwolke *V,* Venus circumdata nimbo Nebelhülle *V.* **2.** *met.* Schar, Menge: equitum peditumque *VL,* glandis Wolke von Geschossen *L.* **3.** *meton.* Platzregen, Regenguß, Sturm: commixtā grandine *V;* auch *met.* hunc quidem nimbum cito transisse laetor.

nimiopere (§ 53) s. opus.

nī-mīrum (vgl. ni 2.) *adv.* **1.** freilich, allerdings, ohne Zweifel. **2.** [ironisch]: selbstverständlich, natürlich.

ni-mis 1. sehr, überaus: n. quam cupio *C;* non n. nicht sehr. **2.** zu sehr, allzusehr, über die Maßen, bei *adi., adv., verb.;* mit *gen.* zu viel: n. insidiarum. Dav.

nimius 3 **1.** sehr groß, außerordentlich; bes. *adv. acc. sg. n.* nimium: fortunati nimium agricolae *V,* nimium quantum außerordentlich. **2.** zu groß, zu viel, übermäßig: calor, lenitudo; **occ.** vitis zu üppig, nimii rebus secundis übermütig *V,* legio zu gewaltig *T;* mit *gen.* animi sich überhebend *SL,* imperii mißbrauchend *L,* sermonis geschwätzig *T;* *n. adv.* nimium diu allzu lange, n. breves flores zu schnell verblühend *H;* nimio (*abl. comp.*): plus nimio allzuviel, allzusehr; sehr *C.*

ninguit, *pf.* nīnxit (nix, νείφει, § 19) es schneit *V.*

Ninnius, ī, *m.,* L. N. Quadratus [tr. pl. 58, Gegner des Clodius].

Ninus, ī N. [**1.** *f.* = Ninive, Hauptst. v. Assyrien *T.* **2.** *m.* König v. Assyrien, Gemahl der Semiramis *OCu*].

nīnxit *pf.* v. ninguit.

Nioba, ae u. -ē, ēs, *f.* Niobe [Tochter des Tantalus, Gemahlin Amphions, für ihren Frevel an Latona durch den Verlust ihrer Kinder gestraft und in Stein verwandelt]; *adi.* Niobēus 3 *H.*

Niphātēs, ae, *m.* N. [Berg in Armenien] *H; meton.* Armenier *V.*

Niptra, ōrum, *n.* 'Das Waschwasser' [νίπτρα; Trauerspiel des Pacuvius].

Nīreūs, eī, *m.* N. [der schönste Grieche vor Troja] *HPrO.*

ni-sī 1. wenn nicht, wofern nicht [Satznegation]. **2.** [nach Negation] **als, außer:** numquam nisi hieme,

Nisibis   299   **nodus**   **N**

quis (= nemo) Sullam nisi maerentem vidit? **non ... nisi** oder **nisi ... non** nur, bloß, lediglich, **nisi si** außer wenn, **nisi quod** außer daß, **nisi vero, nisi forte** [um eine Behauptung zurückzuweisen] **es müßte denn sein, wenn nicht etwa.**

Nisibis, is, *f.* N. [St. in Mesopotamien] *T.*

Nīsus, ī, *m.* N. [König von Megara, in einen Seeadler verwandelt] *O*; *adi.* **Nīsēïus** 3, **Nīsias,** adis *f.* des Nisus, megarisch; **Nīsaeī** canes = die Hunde der Scylla *O.*

I. nīsus *pt. pf. act.* v. II. nitor.

II. nīsus, [älter] **nīxus,** ūs, *m.* (nitor) das Anstemmen, Anstrengung: sedatus (inmotus *V*) das Auftreten, per saxa das Emporsteigen *S*, insoliti Flug *H*, tela nisu vibrare (mittere) Schwung *Cu*, astra nisu conglobata Umschwung.

nītēdula, ae, *f.* Haselmaus.

niteō 2. uī **1. fett sein:** unguentis, nitentes capilli gesalbt *H.* **2. wohlgenährt, hübsch sein:** unde sic nites? *Ph*; femina nitentior hübscher *O.* **3. reichlich vorhanden sein:** mensae nitentes reichbesetzt *H*, campi lachend, prangend *V.* **4. glänzen:** nitent templa marmore *T*, aera usu *O*; *met.* in carmine hervorstechen *H.*   Dazu *incoh.*

nitēscō, ere fett, glänzend werden, glänzen: armenta nitescunt *Pli*, oleo *V.*

nitidus 3 (niteo, vgl. § 74) **1. fett, glatt:** caesaries *V*, annus reich an Öl *O*, iuventā glatt und verjüngt *V.* **2.** wohlgenährt, hübsch: iumenta *N*, equi *V.* **3. a.** glänzend, hell: ebur, dies *O*, auro *O*, villae von Marmor *H.* **b.** üppig: campi; *met.* nett, sauber: oratio; *subst. m.* gepflegter Städter *H.*

Nitiobrogēs, um, *m.* die N. [kelt. Volk an der Garonne].

I. nitor, ōris, *m.* (niteo) **1.** Wohlgenährtheit, Schönheit: Glycerae *H.* **2.** Glanz: argenti *O*, diurnus Tageshelle *O*; *met.* generis Glanz, Adel *O*, eloquii Eleganz *O*, descriptionum *T.*

II. nītor 3. nīxus, jünger nīsus sum (statt *gnītor, § 40, vgl. gr. γνύξ, ahd. hnīgan ‘neigen’)

> I. **1. sich stemmen, sich stützen;** *occ. a.* **sich aufrichten;** *b.* **Fuß fassen;** *c.* **auftreten;** *d.* **in den Wehen liegen;** *e.* **schweben;** *met.* **2. auf etw. beruhen; 3. sich auf etw. verlassen.**
>
> II. *(irgendwohin)* **streben, sich drängen;** *occ.* **steigen;** *met.* **2. streben, trachten; 3. sich anstrengen, sich bemühen.**

I. 1. hastā, in hastam *V*, genibus knien *L*, sub pondere sich sträuben *V.* **a.** niti modo et statim concidere *S.* **b.** virtute. **c.** humi *V*; serpentes nituntur fangen an zu kriechen. **d.** tenuerunt carmina partūs: nitor *O*, dea nixa est *O.* **e.** alis *V.* **2.** regno *N*, eius in vita. **3.** Galli insidiis non nituntur. **II. 1.** porro *H*, in adversum *V.* occ. per ardua klettern *Cu*, pennis in aëra *O*, ad sidera emporstreben *V.* **2.** ad sollicitandas civitates, ad gloriam. **3.** contra entgegenarbeiten *ST*, pro libertate kämpfen *S*; mit ut, ne, *inf.*

nitrum, ī, *n.* (νίτρον) Laugensalz, Natron, Soda.

nivālis, e (nix, § 75, Abs. 2) **1.** schneeig: dies *L*, venti Schneegestöber *V*, aurae Schneeluft *H*, compes Eisfes-

---

sel *H.* **2.** beschneit: Othrys *V.* **3.** schneeweiß: candor *V.*

nivātus 3 (nix) mit Schnee gekühlt *Sp.*

niveus 3 (nix) **1.** Schnee-: agger Schneehaufen *L*, mons beschneit *Ca.* **2.** schneeweiß: candor Teint *H.*

nivōsus 3 schneereich *LO.*   Von

nix, nivis, *f.* (statt *snigvs; gr. νίφα = nivem, got. snaiws, ahd. snēo, §§ 28, 19, 17) **1.** Schnee; *pl.* Schneemassen; kaltes Klima *Pr.* **2.** *met.* weißes Haar *H.*

Nīxī (dii) N. [(drei?) kniende Götterbilder auf dem Kapitol, Entbindungsgötter] *O.*

nīxor, ārī *(frequ.* zu nītor) sich stützen *V.*

I. nīxus *pt. pf. act.* v. II. nitor.

II. nīxus = II. nisus.

nō 1. nāvī schwimmen; *met.* apes nant fliegen *V*, cumbā segeln *V.*

E: aus *snō, § 28, ai. snāti ‘er badet’, gr. νήχω ‘schwimmen’, ναμα ‘Flüssigkeit’.

nōbilis, e (v. nosco, urspr. gnō-bilis, § 40) **1. kennbar, sichtlich:** gaudium *T.* **2. bekannt:** gladiator; *occ.* **berühmt, berüchtigt:** n. aere Corinthus *O*, clade Romanā *L*, taurus. **3. vornehm, adelig:** familia, genus, homo nobilissimus von altem Adel. **4. vortrefflich:** equae *O*, fundi, phalerae.   Dav.

nōbilitās, ātis, *f.* **1. Berühmtheit:** nobilitatis naufragium. **2. Adel, vornehmer Stand (Rang):** adulescens summa nobilitate; *occ.* **adeliger Sinn:** ingenita *T*; *meton.* **die Adeligen:** nobilitas omnis interiit; *pl.* Fürsten *T.* **3. Vortrefflichkeit:** discipulorum.

nōbilitō 1. (nobilis) **1.** bekannt machen: famam *L.* **2.** berühmt machen: poëtae nobilitari volunt berühmt werden; *occ.* berüchtigt machen: nobilitata crudelitas.

nocēns, entis **1.** schädlich: aurum *O.* **2.** schuldig, verbrecherisch, strafbar: reus; *subst.* Übeltäter, Missetäter.   Von

noceō 2. cuī, citum (verw. mit neco; zum Ablaut vgl. moneo) **1.** schaden, schädigen: alicui; noxam eine Schuld auf sich laden *L 9, 10, 9*; ipsi nihil nocitum iri ihm werde nichts geschehen. **2.** hinderlich sein, im Wege stehen: iactis telis *V.*   Dav.

nocīvus 3 schädlich *Ph.*

Nocti-fer, ferī, *m.* (nox, fero, § 66) Abendstern *Ca.*

nocti-lūca, ae, *f.* (nox, luceo, § 66) Nachtleuchte, Mond *H.*

nocti-vagus 3 (nox, § 66) nachts kreisend: currus *V.*

noctū *adv.* nachts.

noctua, ae, *f.* (nox) Nachteule, Käuzchen *CVPrSp.*

noctuābundus 3 (nox) bei Nacht reisend: tabellarius.

nocturnus 3 (noctu, vgl. diurnus) nächtlich, Nacht-: fur; *adv.* moenia nocturni subrepunt bei Nacht *H.*

Nodīnus, ī, *m.* N. [kleiner Fl. bei Rom, Flußgott].

nōdō 1. (nodus) in einen Knoten knüpfen: crines in aurum in ein goldenes Netz *V.*

nōdōsus 3 knotig: stipes Keule *OCu*, lina Netz *O*; *occ.* cheragra knotenmachend *H*; *met.* Cicuta voller juristischer Kniffe *H.*   Von

nōdus, ī, *m.* **1. Knoten;** *occ.* complecti in nodum mit den Armen umschlingen *V*; *meton.* nodo sinus colli-

noenum | 300 | **Norba**

gere Gürtel *V*, crinem nodo substringere Wulst *T*. *met*. **2. a. Knöchel:** crura sine nodis articulisque habent ohne Knöchel und Gelenke. **b. Knoten** [am Holz]: baculum sine nodo *L*. **3. Verbindung:** amicitiae Band; **occ. Verpflichtung:** imponere nodos *O*. **4. Verwicklung, Hemmnis:** erroris Knäuel des Irrtums *L*; *meton*. Abas pugnae n. der. . .erschwert *V*.

noenum s. non.

Nōla, ae, *f*. N. [St. in Kampanien, Sterbeort des Augustus]; *adi*. u. Einw. **Nōlānus.**

nōlō, nōlle, nōluī (aus nĕ-vŏlo, § 67, altl. auch nevis, nevolt *C*; klass. ist **n e** durch die neuere Negation **n o n** verdrängt) **nicht wollen, nicht wünschen:** plura; alicui abgeneigt sein; bei Subjektsgleichheit mit *inf*., bei Subjektsverschiedenheit mit *acc. c. inf*. oder *coni*.; **nōlī, nōlīte** mit *inf*. zum Ausdruck des Verbotes: noli(te) putare glaube(t) nicht.

Nomas, adis, *m. f*. (νόμας) Nomade, Numidier(in) *SVPr*.

nōmen, inis, *n*. (ai. nāman-, gr. ὄνομα, got. namō, ahd. namo)

I. 1. Name, Benennung; *occ*. Titel; 2. Gentil-, Familien-, Personenname; 3. *meton*. Geschlecht, Volk, Person; 4. berühmter Name, Ruf.

II. 1. (als Gegs. zur Sache) bloßer Name; 2. Vorwand; 3. aufgrund, mit Rücksicht auf.

III. (Name des Schuldners im Schuldbuch; *meton*.) Schuldposten, Schulden, Posten.

I. 1. est mihi nomen mit *nom*., *dat*., *gen*.: ich heiße: Clausus, cui postea Claudio fuit nomen *L*; notus mihi nomine dem Namen nach *H*, duxit sororem nomine Elpinicen namens *N*; (nomen) nomina dare (edere, profiteri *L*) sich zum Kriegsdienst melden, accipere eintragen *L*, ad nomina non respondere dem Aufruf keine Folge leisten *L*; nomen deferre gerichtlich belangen, anklagen, recipere die Klage annehmen. **occ.** nomen imperatoris Imperatortitel. **2.** Das nomen gentile [eines freien Römers], z. B. **Cornelius,** aber auch vom prae- u. cognomen gebraucht. **3.** Fabium das Geschlecht der Fabier *L*, aliquem in nomen asciscere adoptieren *T*; nomen R. *N*, Nerviorum; suo nomine in eigener Person, im eigenen Namen. **4.** multi nominis vielgerühmt *H*, sine nomine unbekannt *VO*, pomis sua nomina servare ihren Ruf *V*. **II. 1.** reges nomine magis quam imperio *N*, nomen amicitia est Schein *O*. **2.** otii nomine *N*. **3.** eo nomine deswegen, suspectus nomine neglegentiae wegen; nomine obsidum als Geiseln, praedae nomine als Beute. **III.** in tabulas nomen referre die Schuldposten eintragen; nomen facere einen Posten buchen, solvere, expedire bezahlen, locare Geld aufnehmen *Ph*, nomina tironum Schuldverschreibungen junger Leute *H*, nomina recta sichere Schuldner *H*; uno nomine accusare in Bausch und Bogen.

nōmen-clātiō, ōnis, *f*. Anrede mit dem Namen *Q. Cicero*.   Zu

nōmen-clātor, ōris, *m*. (nomen u. *clare, calare, vgl.

clamo) N. ['Namennenner': ein Sklave, der seinem Herrn die Namen der ihm begegnenden Leute zu nennen hatte].   Dazu

nōmenclātūra, ae, *f*. Namenverzeichnis *Sp*.

Nōmentum, ī, *n*. N. [kleine St. nö. v. Rom] *VLPrO*; *adi*. u. Einw. **Nōmentānus** (§ 75); *n. sg*. Landgut bei N. *N*.

nōminātim (nomino, § 79) *adv*. namentlich, mit Namen, ausdrücklich, besonders, einzeln.

nōminātiō, ōnis, *f*. Vorschlag [für ein Amt].   Von

nōminō 1. (nomen) **1. benennen;** *pass*. **heißen:** ex, ab aliquo nach jemd. **2. nennen, erwähnen:** ad flumen, quod supra nominavimus, aliquem honoris causā. **occ. 3. rühmen:** nominari volunt omnes. **4. ernennen:** interregem *L*. **5. namhaft machen, vorschlagen:** aliquem augurem, praeturae candidatos XII *T*. **6. angeben, anklagen:** nominatus profugit *L*, inter socios Catilinae *Sp*.

Nomios, -us, ī, *m*. 'der Hirt' [νόμιος 'weidend']; Beiname Apollos, der die Herden Admets geweidet hatte].

nomisma, atis, *n*. (νόμισμα) Münze, Geldstück *H*.

nomos, *m*., *acc*. on (νόμος) Lied, Gesang *Sp*.

nomus, ī, *m*. (νομός) Kreis, Bezirk *Pli*.

nōn (ne u. oenum, altl. = unum, § 52, in *Iuxtap*. **noenum** *Ennius*, § 53, daraus *noen, nōn, § 55) **nicht:** non digna ferre Unverdientes *V*, homo non beatissimus keineswegs sehr begütert *N*, non sutor 'Nichtschuster' *H*, non homo = nemo *H*; non nihil einiges, nihil non alles, non nemo mancher, nemo non jeder, alle, non numquam manchmal, numquam non immer, nusquam non überall; d i c h t. für nē: non petito *O*; [in der Antwort]: **nein:** cuium pecus, an Meliboei? non *V*, aut etiam (ja) aut non (nein) respondere.

nōna, ae, *f*. s. nonus.

Nōnacrius u. **-crīnus** 3 v. Nōnacris [St. in Arkadien], arkadisch; *subst*. **Nōnacria,** ae, *f*. die Arkaderin = Atalanta *O*.

Nōnae, ārum, *f*. nonus) die Nonen ['der Neunte (Tag) vor den Iden', der 5. bzw. im März, Mai, Juli u. Oktober der 7. Monatstag].

nōnāgintā (novem) neunzig, **nōnāgēsimus** 3 der neunzigste, **nōnāgiē(n)s** neunzigmal.

nōnānus 3 (v. nona, *sc*. legio) der 9. Legion: miles, auch *subst*. Soldat der 9. Legion *T*.

nōn-dum (§ 67) noch nicht.

nōngentī 3 (novem-centum) neunhundert.

nōn-ne (§ 67) **1.** n i c h t ? (in dir. Fr.). **2.** o b n i c h t (in indir. Fr.).

nōn-nēmō u. **nōn nēmō** so mancher, einige.

nōn-nihil u. **nōn nihil** etwas, einigermaßen.

nōn-nūllus 3 u. **nōn nūllus** *sg*. mancher, beträchtlich, ziemlich; *pl*. manche, ziemlich viele.

nōn-numquam u. **nōn numquam** *adv*. bisweilen, manchmal.

nōnus 3 (novem) der neunte; *subst*. **nōna,** ae, *f*. (*sc*. hora) die neunte Stunde [gegen 15 Uhr], Essenszeit.

Nōrba, ae, *f*. N. [St. in Latium] *L*; *adi*. u. Einw. **Nōrbānus** *L*.

Nōrēia, ae, *f*. N. [St. in der Steiermark; Niederlage der Römer 113].

Nōricus 3 norisch; *subst*. **Nōrica**, ae, *f*. norische Frau; **Nōricum**, ī, *n*. N. [nach friedlicher Besetzung des regnum Noricum (um 10) seit Claudius röm. Provinz in den Ostalpen östl. vom Inn; ber. wegen seiner Bodenschätze (Gold, Eisen)] *T*.

norma, ae, *f*. (vgl. γνώμων) Winkelmaß; *met*. Richtschnur, Regel; *adi*. **normālis**, e: angulus rechter Winkel *Q*.

Nortia, ae, *f*. N. [etruskische Schicksalsgöttin] *L*.

nōs (vgl. ai. nas, gr. νῶι, νῶιν) **1.** wir; *gen*. nostri, partitiv nostrum (nostrorum *C*). **2.** ich (*pl. modestiae*); vbd. mit *sg*. insperanti nobis *Ca*.
NB: verstärkt durch **-met**.

nōscitō 1. **1.** bemerken, wahrnehmen: senatorem *L*. **2.** erkennen: facie consulem *L*. **3.** betrachten, untersuchen: aedīs noscitat *C*.   *Frequ*. von

nōscō 3. nōvī, nōtus (altl. **gnosco**, § 40, vgl. γιγνώσκω) **I. 1. kennenlernen, erfahren, wahrnehmen:** se, provinciam *T*. **2. (wieder)erkennen:** res suas *L*. **3. anerkennen:** partem excusationis gelten lassen. **4. occ. untersuchen, entscheiden. II.** *pf*. **kennen, wissen:** Romae neminem, aliquem pulchre ganz gut *H*; meist zusammengezogen noram, norim, nosti, nossem u. a.

noster, tra, trum (komparativartige Adjektivbildung zu nos, § 16, Anm.) **1.** unser; *subst*. **nostrī**, ōrum, *m*. die Unsrigen, unsere Leute. **2.** uns günstig, gewogen: loci *L*, Mars Kriegsglück *V*.   *Dav*.

nostrās, ātis aus unserem Land, inländisch, (ein)heimisch.

nota, ae, *f*. **1. Merkmal, (Kenn-)Zeichen, Marke:** locorum, in tergo Fleck *V*; *met*. facinorum, Numantinā ab urbe Beiname *O*. **2. occ. a. Schriftzeichen:** litterarum; librariorum Interpunktionszeichen; *meton*. acceptae ab hoste Brief *O*, publicae Inschriften *H*. **b. Brandmal:** vitulis notas inurere *V*; notis Thraeciis compunctus tätowiert; *met*. turpitudinis. **c.** zensorische **Rüge:** motis senatu notas ascribere [in den Bürgerlisten] *L*; *met*. **Schimpf, Beschimpfung:** tristis *Ph*, adiectae mortuo notae *L*. **3.** Etikett; *meton*. Weinsorte, Qualität: interior Falerni bessere *H*.

notābilis, e, *adv. iter* (noto) merkwürdig, bemerkenswert, auffallend.

notārius, ī, *m*. (nota) (Schnell-)Schreiber, Stenograph *Pli*.

notātiō, ōnis, *f*. (noto) Bezeichnung; *occ*. censoria Rüge, naturae, temporum Beobachtung, notatione digna Beachtenswertes.

nōtēscō, ere (nōtus) bekannt werden.

nothus, ī, *m*. (νόθος) unehelich, Bastard; entlehnt, falsch *Ca*.

nōtiō, ōnis, *f*. (nosco) **1.** Untersuchung, Kenntnisnahme: de iure flaminis *T*. **2.** Rüge: censoria. **3.** Vorstellung, Begriff: deorum, boni viri.

nōtitia, ae, *f*. (nōtus) **1.** das Bekanntsein, Bekanntschaft: propter notitiam intromissi sunt als Bekannte *N*, clarorum virorum mit der Geschichte *N*, re-

rum; *occ*. Ruf: n. ac nomen *T*. **2.** Kenntnis, Wissen: antiquitatis, sui corporis. **3.** Vorstellung, Begriff: notitiam aperire den Begriff erklären.

notō 1. **1. kenntlichmachen, kennzeichnen, bezeichnen:** loca diligenter *N*, oculis unum quemque ad caedem, tamquam stellis orationem schmücken. **occ. a. schreiben:** chartam beschreiben *O*, litteram, nomina niederschreiben *O*. **b. anmerken, aufzeichnen:** quis quos honores cepisset *N*; dicta mente merken, einprägen *O*, lunae cursu tempora rechnen nach *Cu*. **2. wahrnehmen, beobachten, sehen:** aliquid ex vultu *Cu*, fumum *Cu*; mit *acc. c. inf. L*. **3. rügen** [vom Zensor]: florentem hominem; ignominiā brandmarken [vom Zensor und Feldherrn]; *met*. **rügen, tadeln, beschimpfen:** rem, non hominem; amor dignus notari *H*; auf jemd. **anspielen:** se indoluisse notatam *O*.

I. notus ī, *m*. (νότος) Südwind *VHO*; *synecd*. Wind *V*.

II. nōtus 3 (nosco) **1.** bekannt; mit *gen*. animi paterni wegen *H*; *subst*. Bekannter; *n. pl*. Bekanntes *T*. **2. occ. a.** freundschaftlich: voces *V*. **b.** gewohnt: sedes *H*. **c.** berühmt: Lesbos *H*; berüchtigt: furta.

III. nōtus *pt. pf. pass*. v. nosco.

novācula, ae, *f*. (novus) **1.** scharfes Messer. **2.** Rasiermesser *PhSp*.

Novaesium, ī, *n*. Neuß [röm. Militärlager bei Düsseldorf] *T*.

novālis, is, *f*. u. **novāle**, is, *n*. (novus) **1.** Brachfeld, Brache *VO*. **2.** Acker: tam culta novalia *O*.

novātrīx, īcis, *f*. (novo) Erneuerin: rerum *O*.

novellus 3 (Doppeldeminutiv v. novus durch *novulus) **1.** jung, neu: vitis *V*. **2.** *met*. neu: oppida neuerobert *L*, turba die künftige Enkelschar *Ti*.

novem (ai. náva, gr. ἐννέα, got. u. ahd. niun, urspr. *noven, § 59, 1) neun.   *Dav*.

November, bris, *m*. (*sc*. mensis) N. [der neunte Monat des altrömischen Jahres]; *adi*. Kalendae, Nonae.

noven-diālis, e (novem dies, § 70) **1.** neuntägig: feriae, sacrum *L*. **2.** am neunten Tag [Tag der Beisetzung]: cena Leichenschmaus *T*, pulveres frisch beigesetzt *H*.

novēnī 3 (novem) je neun.

Nov-ēnsidēs *Varro*, **Nov-ēnsilēs** *L*, ium, *m*. divi die d. N. [Kategorie von Göttern, mit ungeklärter Bedeutung: N e u e Götter oder N e u n götter?] *L 8, 9, 6*.

noverca, ae, *f*. (novus) Stiefmutter; *adi*. **novercālis**, e stiefmütterlich, feindselig *T*.

nōvī *pf*. v. nosco.

novīcius 3 (novus) neu; *subst*. Neuling.

noviē(n)s (novem) *adv*. neunmal.

Noviodūnum, ī, *n*. N. [St. **1.** im Gebiet der Suessiones, j. wahrsch. P o m m i e r s; **2.** im Gebiet der Bituriges Cubi; **3.** im Gebiet der Haedui, j. N e v e r s].

novissimē (novus) *adv*. **1.** neuerdings, jüngst: n. nostrā memoriā *S*. **2.** zuletzt: primum . . . deinde . . . n.

novitās, ātis, *f*. (novus) **1.** Neuheit, das Neue: anni Frühjahr *O*; *occ. pl*. neue Bekanntschaften. **2.** das Ungewöhnliche, Überraschende: ornatūs ungewöhnlicher Aufzug *N*. **3. occ**. junger Adel, Stand des homo novus: contemnunt novitatem meam *S*.

novo 302 **nullus**

novō 1. (novus) **1.** erneuern, neu machen: transtra *V*, prole viros fortpflanzen *O*, agrum neu pflügen *O*, vulnus aufreißen *O*. **2.** neu schaffen, erfinden: verba, tela neue Waffen schmieden *V*, tecta neue Paläste bauen *V*, honores neue Verehrung aufbringen *V*. **3.** verändern: fidem verletzen *V*, res Unruhen anfangen *LCu*; **occ.** verwandeln: corpus, formam *O*.

Novum Cōmum, Novocōmēnsis s. Comum.

novus 3, altl. novos *V* (ai. náva-s, gr. νέος für νέϝος, ahd. niuwi, § 48) **I.** P o s i t i v **1. neu, frisch:** luna Neumond, frons grün *HO*, aestas Frühsommer *V*, vere novo im ersten Frühling *VCu*; *subst.* **novum,** ī, *n.* **Neuigkeit:** id novum contuens den neuen Vorfall *N*; nova Neuerungen *N*. **2. ungewöhnlich, unerwartet, sonderbar:** belli ratio, crimen, furor *V*. **3. unerfahren, unbekannt** mit: nares an den Geruch nicht gewöhnt *O*, equus nicht zugeritten, hostium delictis novus *T*. **4. ein anderer, zweiter, neuer:** Camillus *L*, postis exuviis novus verjüngt *V*. Bes. **(homo) novus** Neugeadelter, Emporkömmling [aus einer Familie, die noch keine kurulischen Ämter bekleidet hatte]; res novae Neuigkeiten; **occ. Neuerungen** [im Staat]: res novas in edictum addere *N*; **novae res Staatsumwälzung, Revolution:** novis rebus studere; **tabulae novae neue Schuldbücher** [Annullierung oder Herabsetzung der Schuldposten von Staats wegen]; **tabernae novae** u. **Novae,** ārum, *f.* die **Wechselstuben** [auf der Nordseite des Forums]; **Nova via** [Straße vom Palatin zum Velabrum] *L*. **II.** S u p e r l a t i v **novissimus** 3 **1. der jüngste, letzte:** proelium, verba *V*. **2. der äußerste, hinterste, letzte:** agmen Nachhut, cauda Spitze *O*, mare *T*; *subst.* **novissimī Nachhut. 3.** *met.* **der äußerste, höchste:** exempla *T*, novissima (das Äußerste) exspectare *T*.

nox, noctis, *f.* (ai. nákt-, gr. νύξ, got. nahts, ahd. naht) **1. Nacht:** nocte, noctu nachts, de nocte noch in der Nacht, sub noctem spätabends, prima nocte mit Anbruch der Nacht, multa nocte tief in der Nacht *LT*. **2.** *meton.* **Nachtruhe, Schlaf:** pectore noctem accipere *V*. **3.** *met.* **Finsternis, Dunkelheit:** caeca Unwissenheit *O*, noctem rebus offundere, imber noctem ferens *V*. **4. (ewige) Nacht, Tod:** n. perpetua *Ca*, nos omnes una manet nox *H*. **5. traurige Lage:** rei p.

noxa, ae, *f.* (zu neco, noceo) **1.** Schaden: noxae esse schaden *L*; **occ.** Strafe: noxae eximere *L*, liberari noxā *L*. **2.** Vergehen, Schuld: noxae participes Mitschuldige *Cu*, in noxa esse schuldig sein *L*.

noxia, ae, *f.* Vergehen, Schuld: in noxia comprehendi, noxiae esse als Schuld angerechnet werden *L*. Von

noxius 3 (noxa) **1.** schädlich: tela *O*, crimina *V*. **2.** schuldig, sträflich: corda *O*; coniurationis *T*, eodem crimine *L*; *pl. subst.* Verbrecher *NSL*.

nūbēs, is, *f.* **1. Wolke;** occ. **Staub-, Rauchwolke:** pulveris *VLCu*, Aetnae *V*. **2.** *met.* **a. Menge, Schar:** locustarum, peditum, telorum *L*, nube factā dichtgeschart *V*. **b. Ernst, Traurigkeit, traurige Lage:** deme supercilio nubem *H*, vita nube vacat *O*, belli 'Gewitter der Schlacht' *V*. **c. Schleier, Hülle:** fraudibus obice nubem *H*. Dav.

nūbi-fer 3 (fero, § 66) wolkentragend, -bringend *O*.

nūbi-gena, ae, *m.* (gigno, § 66) 'Wolkensohn', Kentaur *VO*.

nūbilis, e (nubo) heiratsfähig, mannbar.

nūbilus 3 (nubes) **1.** wolkig, umwölkt: annus *Ti*; *subst.* **nūbilum,** ī, *n.* Gewölk, trübes Wetter *VHO*; **occ.** finster, trüb: via nubila saxo *O*, Styx *O*, auster *PrO*. **2.** *met.* finster, traurig, ungünstig: Ceres nubila vultu mit trüber Miene *O*, tempora *O*, Parca *O*.

nūbō 3. nūpsī, nūpta heiraten [von der Frau]: filiam nuptum collocare (dare *N*) zur Ehe, nuptam esse cum aliquo (alicui *N*) mit jemd. vermählt sein, nubere in domum hineinheiraten *L*; *subst.* **nūpta,** ae, *f.* Braut, Frau.

E: vgl. νύμφη 'Braut', altslawisch snubiti 'werben'.

Nūceria, ae, *f.* N o c e r a [St. in Kampanien]; *adi.* u. Einw. **Nūcerīnus.**

nuculeus, synk. **nucleus,** ī, *m.* (v. nucula, *dem.* v. nux, vgl. aculeus) Nußkern *Sp*; *synecd.* Kern *C*.

nu-diūs *adv.* stets mit Ordinalzahlen vbd.: es ist jetzt der . . . Tag. Bes. **nudius tertius** = vorgestern, nudius sextus vor fünf Tagen.

E: nu 'jetzt' (νῦν) u. diūs = diēs, § 67, vgl. I. diu, interdiu.

nūdō 1. **1.** enthüllen, entkleiden, entblößen; *met.* telum *N*, gladium *L* (blank)ziehen, viscera bloßlegen *V*, ventus nudaverat vada (aquā) *L*, litora nudantur *T* trockenlegen, messes ausdreschen *O*, agros verwüsten *L*; von Verteidigern entblößen: murum defensoribus, castra nudata unverteidigt, unbesetzt, terga fugā bloßstellen *V*. **2.** plündern, entblößen, berauben: fana donis, provinciam. **3.** merken lassen, verraten: consilia *Cu*, voluntates hominum *L*. Von

nūdus 3 (ai. nagnás, got. naqaþos, ahd. naccot) **1. unbekleidet, nackt, bloß:** pars corporis; **occ. leichtgekleidet, in der Tunika** *VL*; *met.* subsellia unbesetzt, ensis blank *V*, vertex, lapis *V*, collis kahl *L*; dextra unbewaffnet *L*, corpus ungeschützt *S*, aetheris axis frei *V*; nudo corpore pugnare ohne Schild, latus ungeschützt [= die rechte] *L*. **2. entblößt, beraubt, leer, ermangelnd:** in nudo arvo baumleer *Ca*; mit *gen.* arboris *O*; mit *abl. H*; ab his rebus. **3. bloß, allein, nur:** ira *O*, veritas *H*, hoc nudum relinquitur da bleibt nur die Frage übrig. **4. schmucklos, einfach:** capilli *O*, commentarii; mihi nudis rebus eundumst ohne Umschweife *O*. **5. arm, dürftig:** senecta *O*, n. inopsque *H*.

nūgācissumē (*adv. sup.* zu nugax) höchst kurzweilig *C*.

nūgae, ārum, *f.* **1. a.** Possen, Dummheiten: nugas agere *C*; *abs.* nugas Unsinn! **C. b.** (poetische) Nichtigkeiten, Kleinigkeiten, Bagatellen *CaH*. **2.** *meton.* Possenreißer: nugarum in comitatu nihil.

nūgātor, ōris, *m.* (nugor) Schwätzer, Aufschneider. Dav.

nūgātōrius 3 läppisch, wertlos, unnütz.

nūgāx, ācis (nugae) Unsinn, 'Geschichten' machend.

nūgor 1. (nugae) **1.** Unsinn treiben, schwatzen, schäkern *H*. **2.** aufschneiden *C*.

nūllus 3 (ne-ullus wie οὐδ-είς, § 53), *gen.* nullīus

nullusdum   303   **nunc**   N

(nulli *C*), *dat.* nulli **1.** *adi.* **kein, keinerlei:** nullo certo ordine, nullo custode *V* ohne Ordnung, Hüter; non nullis oculus observare mit achtsamen *V*; non nulli manche, einige; nullus . . . non jeder; unus nullus kein einzelner, ii nulli keiner von ihnen. **2.** *subst.* **niemand;** stets *gen.* u. *abl.* nullo resistente *N*, nullius consilio uti *N*; seltener *dat.* nulli fides defuit *N*; *n.* Grai nullius avari nach nichts *H*, nullō verius um nichts *L*. **3. keineswegs, gar nicht:** nullus erat lebte noch nicht *O*, nullus creduas *C*, nullus dubito ich zweifle gar nicht. **4. occ. a. dahin, hin, verloren:** de mortuis loquor, qui nulli sunt; alia fuere, quae nobis nulla sunt *S*; vellem nulla forem ich wollte, es wäre aus mit mir *O*, nullus repente fui *L*. **b. gering, wertlos, elend, 'Null':** nullo numero esse nichts gelten, nullus erat senatus, patre nullo unbekannt *L*.

nūllus-dum 3 (§ 67) noch kein *L*.

num *adv.* **I.** t e m p o r a l : nun, jetzt; etiam-num jetzt noch, nudius, nunc aus *num-ce. **II.** i n t e r r o g a t i v **1.** in dir. Frage [verneinende Antwort erwartend]: denn? etwa? wirklich? numnam perimus? *C*; deum ipsum numne vidisti?; numquis, numquid, numquando u. a.: numquid horum dicere audes? wagst du etwas . . .?, numquem tribunum servi pulsaverunt? **2.** in indir. Frage: ob, ob etwa.
E: s. nam u. vgl. ai. nu 'nun', gr. νύ, νύν, νῦν, got., ahd. nu.

Numa Pompilius s. Pompilius.

Numantia, ae, *f.* N. [St. in Spanien, 133 von Scipio zerstört]; *adi.* u. Einw. **Numantīnus.**

nūmen, inis, *n.* (*nuo) **1. Wink, Geheiß, Gebot:** Caesareum *O*, adnuite nutum numenque vestrum Campanis *L*. **2. occ. (göttlicher) Wille:** deorum *N*, Cereris. **3. (göttliches) Walten, (göttliche) Macht:** dii suo numine urbem defendunt, simulatum n. Bacchi Raserei *V*, in hostiles domos numen vertite *H*. **4. meton. Gottheit, (göttliches) Wesen:** numina montis *O*, laeva ungünstig *V*; *pl.* Dianae numina *H*. **5.** [von den Kaisern]: Augusti Hoheit, Majestät *T*, Othonis Genius *T*.

numerābilis, e (numero) **zählbar** *O*; populus klein *H*.

numerātus 3 **bar:** pecunia *N*; *subst.* **numerātum,** ī, *n.* Bargeld *L*; *abl.* numerātō bar.   Von

I. numerō 1. (numerus) **1. zählen:** per digitos an den Fingern *O*; **2.** multos amicos *O*, tricena stipendia *T* haben. **2. (aus)zahlen:** summam *N*, pecuniam. **3. aufzählen:** auctores suos *Ph*, amores erzählen *V*. **4.** (unter etw.) **zählen, rechnen:** inter honestos homines, divitias in bonis, post Caecinam nachsetzen *T*; mit dopp. *acc.* (für etw.) **ansehen, halten:** Sulpicium accusatorem; *pass.* mit dopp. *nom.*

II. numerō (*abl.* v. numerus) *adv.* **zu früh** *C*.

numerōsus 3, *adv.* **ē 1. umfangreich, weitläufig:** quam numerosissime möglichst mannigfach *Q*, civitas volkreich *T*, gymnasium numerosius mit mehr Abteilungen *Pli*. **2. taktmäßig, rhythmisch:** oratio, numerose sonare *C*, rhythmenreich: Horatius *O*, numerosior Asinius 'gegliederter' *T*.   Von

numerus, ī, *m.* (aus *nomesos, § 29, vgl. νέμω 'austeilen', νομή 'Verteilung')

> **I. 1. Glied, Teil;** *occ.* **2. Takt, Rhythmus; 3. Verstakt, Vers.**
> **II. 1. Zahl; 2. bestimmte Zahl, Anzahl; 3.** k o n k r . **Anzahl, Reihe, Menge; 4.** (milit.) **Abteilung; 5.** *meton.* **Wert, Stelle, Geltung;** *occ.* **Würde, Amt.**

I. 1. per suos numeros componitur infans *O*, mundus expletur omnibus numeris et partibus, omni numero elegans poëma, liber omnibus numeris absolutus *Pli* in jeder Hinsicht. **2.** ad (in *V*) numerum nach dem Takt *O*, numeros memini Melodie *V*, oratorius Rhythmus, Wohlklang; *met.* laudatio procedat in numerum nach Wunsch, extra numerum facere taktlos *H*. **3.** gravis = Hexameter *O*, impares = Distichon *O*, lege soluti *H*. **II. 1.** numerum inire berechnen, deferre (exsequi *L*) angeben; **occ.** numerus summus 'Nullen' *H*. **2.** ad numerum vollzählig, ad eorum numerum in gleicher Anzahl, naves habent suum numerum die entsprechende Anzahl (von Leuten); *abl.* numero an der Zahl, saepe numero oft. **3.** copiarum *N*, frumenti, in amicorum numero esse zu den Freunden gehören *N*, in hostium numero ducere, habere unter die Feinde rechnen. **4.** numeri legionum *T*, multi numeri e Germania *T*; **occ.** nomen in numeros referre in die Legion einreihen *Pli*. **5.** in aliquo numero et honore esse einiges Ansehen und Einfluß haben, homo nullo numero; minores weniger bedeutende Gründe *Pli*; *abl.* **numero** mit *gen.* = als, wie: militis als gewöhnlicher Soldat *N*, obsidum als Geiseln, deorum numero eos solos ducunt betrachten als, parentis numero an Vaters Statt. **occ.** Veneri suos numeros eripere *O*.

Numīcus u. **-ius,** ī, *m.* N. [Küstenfluß in Latium] *VLTi*.

Numida, ae, *m.* (Νομάς) **Numidier;** *adi.* iaculatores **numidisch** *L*, dens = Elfenbein *O*. **Numidia,** ae, *f.* Numidien [Ostalgerien u. Tunis]; *adi.* **Numidicus** 3.

Numitor, ōris, *m.* N. [König von Alba, Vater der Rhea Silvia, Großvater des Romulus und Remus] *VLO*.

Numius s. Numicus.

nummārius 3 (nummus) **1. Geld betreffend:** res Geldwesen, Geld. **2. bestochen:** iudex.

nummātus 3 (nummus) bei Geld, **reich:** bene.

nummulus, ī, *m.* **schnödes, elendes Geld.**   *Dem.* zu

nummus, ī, *m.,* **1. Münze, Geldstück;** *pl.* Geld: habere in nummis in bar, in suis nummis est hat Vermögen; nummo für, um Geld *Pli*. **2. synecd.** Sesterz; bei *C* = Drachme. **3. Kleinigkeit, 'Heller', 'Pfennig', 'Groschen':** ad nummum convenit es stimmt auf den Heller.
E: wahrsch. aus gr. νόμιμος, § 42, 'gesetzlich', 'gangbar'.

num-nam, num-ne (§ 67) s. num.

numquam, nunquam (ne-umquam, § 53) *adv.* **niemals, nie.**

num-quī (§ 67) *adv.* **irgendwie** *C*.

num-quid (§ 67) **etwa?** (in dir. u. indir. Fr.).

num-quid-nam (§ 67) **etwas,** (i n d i r .) **ob etwas.**

nunc (num und ce, §§ 47, 55) *adv.* **1. nun, jetzt, im gegenwärtigen Augenblick.** Bes. Vbdn: nunc demum, tandem, denique jetzt endlich, nunc iam (dreisilbig

nunciam   304   **Nysaei**

nunciam *C*), iam nunc, nunc ipsum eben jetzt, gerade jetzt, nunc primum jetzt erst. **occ. heute, zu unserer Zeit:** patres conscripti qui nunc sunt unsere heutigen; vgl. etiamnum, etiamnunc. **2.** *met.* [auf Vergangenheit und Zukunft bezogen]: nunc c o n s t i t i t oris *V* = nunc s t a t; = tunc *NO;* beim *fut.* nunc cernes moenia jetzt gleich *V.* **3.** w i e d e r h o l t : **jetzt . . . jetzt, bald . . . bald:** nunc huc, nunc illuc curro *LO.* **4.** a d v e r s a t i v : **nun, nun aber, so aber:** philosophi debuerunt intellegere . . . nunc autem ne suspicantur quidem; i nunc [wo der Lärm so groß ist] et versus tecum meditare 'jetzt geh', 'geh dann' *H.*
NB: Die Vollform nunce (mit Schwächung nach § 41) erhalten in: nunci-n(e)? jetzt? *C.*

nunciam, nuncin s. nunc 1.

nūncupātiō, ōnis, *f.* das (feierliche) Aussprechen, Darbringung: votorum.   Von

nūncupō 1., arch. nuncupassit = nuncupaverit (v. *nomicapus oder *nomiceps, aus nomen u. capio, §§ 66, 41, 44) **1.** feierlich ansagen, ankündigen: linguā mündlich. **occ. a.** (Gelübde) aussprechen: vota. **b.** (Adoption) ankündigen: in castris *T.* **c.** (vor Zeugen zum Erben) erklären: aliquem heredem *T;* nuncupatum testamentum mit den vor Zeugen genannten Erben *Pli.* **2.** nennen, benennen.

nūndinae s. nundinus.

nūndinātiō, ōnis, *f.* Handel, Schacher.   Von

nūndinor 1. **1.** handeln, schachern *L.* **2.** erhandeln, erschachern: imperium.   Von

nūn-dinus 3 auf den neunten Tag fallend; *subst.* **1. nūndinae,** ārum, *f.* (*sc.* feriae) **a. Wochenmarkt, Markttag. b.** *meton.* **Markt:** nundinas obire besuchen *L.* **c. Handel, Schacher:** domesticae, vectigalium. **2. trīnum nūndinum** ein Zeitraum von drei achttägigen Wochen, Ankündigungsfrist: se tr. n. petiturum an den drei Markttagen; in tr. n. indicere comitia auf den 3. Markttag *L.*
E: novem + ai. dina-m 'Tag', synkopiert nach § 52.

nunquam s. numquam.

nūntia s. nuntius.

nūntiātiō, ōnis, *f.* Verkündigung von Wahrzeichen.   Von

nūntiō 1. melden, verkündigen, anzeigen, Nachricht bringen: Ameriam, in Asiam; qua re nuntiata (= nuntiato *L*) auf diese Nachricht hin, nuntiato da die Nachricht einlief *T;* mit O b j ., de, *acc. c. inf.* (*inf. T*), im *pass. nom. c. inf.*; ut, ne, indir. Fr.   Von

nūntius 3 (viell. aus *novi-ventio-s zu novus u. venio, § 52) **anzeigend, verkündend, meldend:** littera *O;* mit *gen.* animi *O,* malorum *T. Subst.* **nūntius,** ī, *m.* **1. Bote, Kurier:** volucer Eilbote. **2. Nachricht, Botschaft, Auftrag:** expugnati oppidi von der Eroberung; **occ.** nuntium (den Ehekontrakt) uxori remittere = sich scheiden lassen; *met.* virtuti nuntium remittere entsagen. **3. nūntia,** ae, *f.* **Botin, Verkünderin.**

*nuō, ere (νεύω) nicken, winken; vgl. numen, nutus, nuto; nur in Komposition: abnuo, adnuo.

nū-per *adv.* **1.** neulich, unlängst, jüngst: n. maxime ganz kürzlich. **2.** *met.* einst, vor Zeiten: vixi puellis n. idoneus *H.* Analogisch *adi.* **nūperus** 3 neu, frisch gefangen: homo neulich erst gekauft *C.*

nūpsī *pf.* v. nubo.

nūpta *subst.* oder *pt. pf. pass.* v. nubo.

nūptiae, ārum, *f.* (nubo) Hochzeit; *adi.* **nūptiālis,** e hochzeitlich: tabulae Ehevertrag *T.*

Nursia, ae, *f.* N. [St. der Sabiner] *V;* Einw. Nursīnī *L.*

nurus, ūs, *f.* **1.** Schwiegertochter. **2.** *met.* junge Frau: Latinae *O.*
E: ai. snušā́ 'des Sohnes Weib', gr. νυός, ahd. snur, nhd. 'Schnur', § 28.

nusquam (ne-usquam, § 53) *adv.* **1.** nirgends: n. esse nicht vorhanden, weg, tot sein; **occ.** nirgendsher, nirgendshin: n. nisi a Lacedaemoniis *N;* n. vestigia movere *Cu.* **2.** bei keiner Gelegenheit: n. minus quam in bello *L,* n. abero *V.* **3.** zu nichts: plebs n. aliō nata quam ad serviendum zu weiter nichts als *L.*

nūtō 1. (*frequ.* v. *nuo) **1.** hin und her schwanken, wanken, nicken. **2.** *met.* schwanken, wanken: nutans acies *T,* urbs nutat discrimine schwebt in Gefahr *T,* Galliae nutantes wankend in der Treue *T.*

nūtrīcātus, ūs, *m.* (nutricor) das Säugen *C.*

nūtrīcius, ī, *m.* (nutrix) Erzieher.

nūtrīcor (-cō *C*) 1. (nutrix) nähren.

nūtrīcula, ae, *f.* (*dem.* v. nutrix) Amme *HSp;* Nährmutter.

nūtrīmen, inis *O* u. **-mentum,** ī, *n.* Nahrungsmittel, Nahrung; *pl.* erste Erziehung *Sp.*   Von

nūtriō (-or *V*) 4., *impf.* nutribam *V* **1.** erziehen, großziehen: Romae nutriri *V,* silvam aufwachsen lassen *H.* **2. aufziehen, nähren, füttern:** lacte ferino *O,* glande *H;* **occ. säugen:** pueros *O;* *met.* nähren: ignes cortice *O,* herbas *O.* *met.* **3.** pflegen, warten: corpora *L,* damnum naturae durch Pflege beseitigen *L.* **4. fördern, hegen:** carmen *O,* simultates *T.*   Dav.

nūtrīx, īcis, *f.* Ernährerin, Amme: Iovis *O;* *met.* curarum *O,* leonum *H.*

nūtus, ūs, *m.* (*nuo) **1.** das Kopfnicken, Winken: nutu vocibusque vocare. **2.** *meton.* Wink, Willkür, Geheiß, Befehl: alicuius nutu omnia geruntur *N,* eunt *V* nach jemds. Willen; **occ.** Zustimmung: adnuere nutum *L.* **3.** Schwerkraft: terrena suopte nutu in terram feruntur.

nux, nucis, *f.* (ahd. [h]nuz) **1.** N u ß : cassa taube Nuß = Kleinigkeit *H.* **2.** (hartschalige) Frucht: castaneae *V.* **3.** *met.* Mandelbaum: nux se induet in florem *V.*

Nyctēis, idis, *f.* N. [= Antiope, Tochter des Nykteus] *O.*

Nyctelius N. [νυκτέλιος 'der Nächtliche'; Beiname des Bacchus] *O.*

nympha, ae u. **-ē,** ēs, *f.* (νύμφη) **1.** Braut, junge Frau: Oebalis = Helena *O.* **2. occ.** N y m p h e [Quell- u. Wassergöttin, auch = Dryade, Oreade]: Peneis = Daphne *O.*

Nymphaeum, ī, *n.* N. [Hafenst. nördl. v. Lissus].

nymphē s. nympha.

Nȳsa, Nyssa (§ 29 am Ende), ae, *f.* N. [St. u. Berg in Indien, wo der Sage nach Dionysos erzogen wurde] *Cu;* dav. **Nȳsēus** *m.* N. [Beiname des Bacchus *O*]; [die Nymphen, die Dionysos erzogen]: **Nȳsēis,** idis oder **Nȳsias,** adis, *f.* nysäisch *O;* **Nȳsigena,** ae, *m.* (§ 66) in Nysa geboren *Ca.*

Nȳsaeī, ōrum, *m.* die N. [Einw. v. Nȳsa in Karien].

o   305   **obiectus** O

O

ō, vor Vokal auch **ŏ (ŏ̆) o**, **ach**, *interi.* für jeden Affekt. Mit *nom.* o magna vis veritatis; *voc.* o fortunate adulescens; *acc.* o me miserum; *gen.* o mihi nuntii beati *Ca*; vor Wunschsätzen: o daß doch, o wenn doch: o vellem *O*, o faveas *O*.

Oaxēs, is, *m.* O. [Fl. auf Kreta] *V*.

ob *praep.* beim *acc.* **1.** (bei *verb.* der Bewegung) **gegen... hin** (vgl. ob-loqui, ob-sistere): se ob ora ferre *V*. **2.** (bei *verb.* der Ruhe) **vor:** mihi mors ob oculos versatur. *met.* **3. um... willen, für:** ob aliquod emolumentum cupidius dicere, ob rem p. interfici, ob rem mit Erfolg *S*. **4. wegen:** di poenas ob delictum expetunt, ob metum aus Furcht *T*; ob eam rem (causam), quam ob rem, ob ea, ob quae *S*, ob hoc, ob id *L* **deshalb, deswegen.**
E: ai. api 'zu, nach', gr. ἐπί; urspr. op in op-erio; ob vor Vokalen u. d, l, n, r, v; assimiliert oc-c, of-f; mit Verlust der Positionslänge, § 46, ŏ:ō-mitto; obs in obscaenus, *obstendo = ostendo.

ob-aerātus 3 verschuldet *T*; *subst.* Schuldner.

ob-ambulō 1. āvī **1.** entgegengehen: gregibus *V*. **2.** herumspazieren: muris *L*, ante vallum *L*, Aetnam umwandeln *O*.

ob-armō 1. gegen (den Feind) bewaffnen *H*.

ob-arō 1. umpflügen *L*.

Obba, ae, *f.* O. [punische St. bei Karthago] *L*.

ob-dō 3. didī, ditus (do, § 41) **1.** entgegenstellen: latus apertum sich bloßstellen *H*. **2.** verschließen: fores *T*; *met.* vocibus forem *O*.

ob-dormīscō 3. īvī einschlafen.

ob-dūcō 3. dūxī, ductus **1.** (vor oder über etw.) ziehen: fossam; vestem corpori *Cu*; *med.* nondum obductā vulneri cicatrice da die Wunde noch nicht vernarbt war *Cu*, obductā nocte (*sc.* caelo) unter dem Schleier der Nacht *N*; *met.* Curium (iis) entgegenstellen, callum dolori unempfindlich machen. **2.** bedecken, verhüllen: omnia iunco *V*, frontem runzeln *H*, frons obducta (*sc.* nube) finster *H*; *met.* luctus annis obductus vernarbt, verheilt *O*; obductus dolor verheimlicht *V*, obstructio obducta verdeckt *H*. **3.** schlürfen, trinken: venenum.

ob-dūrēscō 3. ruī hart, unempfindlich werden.

ob-dūrō 1. āvī aushalten, hart sein *CaHO*.

ob-dūruī *pf.* v. ob-duresco.

ob-dūxī *pf.* v. obduco.

obeliscus, ī, *m.* (ὀβελίσκος) Obelisk *Sp*.

ob-eō, īre, iī, itus **1.** *intr.* **hingehen:** ad hostium conatūs entgegentreten *L*. **occ. a. untergehen:** obeuntis solis partes. **b. sterben** *HSp*. **trans. 2. begehen, bereisen, besuchen:** tentoria inspizieren *Cu*, Asiam, nundinas zum Markt kommen *L*, vigilias die Runde machen, inspizieren *T*. **occ. a. erreichen:** quantum flamma obire non potuit *L*. **b. mustern:** omnia visu

(oculis *Pli*) *V*. **3. sich** (einer Sache) **unterziehen, übernehmen, besorgen:** munus, negotium, diem einhalten, facinoris locum abwarten, pericula *L*, munia imperii *T*; diem (supremum), mortem eines natürlichen Todes sterben, morte obitā nach dem Tod. **4.** (etw.) **umgeben:** maria obeuntia terras umgebend *V*, equum leonis pellis obit [als Satteldecke] *V*.

ob-equitō 1. āvī heranreiten; mit *dat.* agmini abreiten *Cu*, usque ad portam *L*.

ob-errō 1. āvī **1.** hin und her irren, herumirren: locis ignotis *Cu*, tentoriis *T*. *met.* **2.** hin und her gehen: oculis vorschweben *Cu*. **3.** irren: chordā eādem fehlgreifen auf *H*.

ob-ēsus 3 (ĕdo) fett, wohlgenährt: turdus *H*; **occ.** fauces geschwollen *V*; *met.* non naris obesae mit feiner Nase *H*.

obex s. obiex.

ob-f . . . s. of-f . . .

ob-fuī *pf.* v. obsum.

ob-futūrus *pt. fut.* v. obsum.

ob-gannio, īre vorschwatzen *C*.

ob-iaceō 2. uī vor-, gegenüberliegen; mit *dat.*

ob-iciō 3. iēcī, iectus (iacio, § 43)

> **1. entgegenwerfen, -stellen;** *med.* **entgegentreten; 2. vorwerfen;** *met.* **preisgeben, aussetzen; 3.** *occ.* (zum Schutz) **vorwerfen, vorhalten;** *pt. pf. pass.* **vorliegend, vor etw. liegend; 4. einjagen, verursachen; 5. vorwerfen, Vorwürfe machen;** (tadelnd) **vorhalten.**

---

1. se Hannibali *N*, visu repentino obiecto bei dem unerwarteten Anblick *N*, se ad currum sich auf...stürzen *V*; *med.* aliud miseris obicitur *V*; **occ.** id adversario entgegnen. **2.** corpus feris; bildl. delenimentum als Beschwichtigungsmittel anbieten *L*; *met.* exercitum flumini, se hostium telis, vitam invidiae. **3.** portis ericium vorlegen, carros pro vallo vorziehen, portas zuwerfen *V*, clipeos ad tela *V*; *met.* noctem peccatis *H*; insula obiecta portui, silvae obiectae. **4.** religione obiectā da religiöse Bedenken aufstiegen, furorem Roscio, canibus rabiem *V*, alicui eam mentem den Gedanken einflößen *L*. **5.** ignobilitatem Caesaris filio; mit de, quod, *acc. c. inf.*

obiectātiō, ōnis, *f.* Vorwurf.   Von

obiectō 1. (*frequ.* v. obicio) **1.** entgegenwerfen: caput fretis untertauchen *V*. **2.** preisgeben: se hostium telis *L*, animam pro cunctis opfern *V*. **3.** vorwerfen, -halten: famem alicui, crimen impudicitiae *T*; natum den Tod des Sohnes *O*.

I. obiectus *pt. pf. pass.* oder *med.* v. obicio.

II. obiectus, ūs, *m.* (obicio) **1.** das Vorlegen: laterum das Hervortreten *V*, plutei vorgestellter Schirm. **2.** *met-*

obiex 306 **obnuntio**

on. das Vorliegen: montis vorliegendes Gebirge, Gebirgswand *T*, molium Vorsprung *T.*

ob-iex, ob-ex, icis, *m. f.* (obicio) **1.** Riegel: portarum *T.* **2.** Damm: obicibus ruptis *V.* **3.** Hindernis, Barrikade: viarum *L*, portarum *T*; *met.* claudit nos obice pontus Wall *V.*

ob-iī *pf.* v. obeo.

ob-īrātus 3 zürnend *L.*

obiter (ob) *adv.* nebenbei, gelegentlich *Pli.*

I. obitus *pt. pf. pass.* v. obeo.

II. obitus, ūs, *m.* (obeo) Untergang: lunae; **occ.** das Hinscheiden, Tod; *met.* Cimbrorum Vernichtung.

obiūrgātiō, ōnis, *f.* (obiurgo) Tadel, Verweis.

obiūrgātor, ōris, *m.* Tadler. Von

ob-iūrgō 1. u. **obiūrigō** *C* (§ 42) tadeln, schelten; **occ.** a peccatis abmahnen *C*; schlagen *Q.*

ob-languēscō 3. uī ermatten.

oblātrātrīx, īcis, *f.* (ob-latro) Anbellerin *C.*

oblātrō 1. anbellen; anfahren, schelten, widersprechen.

ob-lātus *pt. pf. pass.* v. offero.

oblectāmen, inis *O* u. **-mentum,** ī, *n.* (oblecto) Unterhaltung, Zeitvertreib; **occ.** Beruhigung, Trost: hominum *O.*

oblectātiō, ōnis, *f.* Genuß, Lust, Unterhaltung. Von

ob-lectō 1. (vgl. de-lecto) **1.** ergötzen, unterhalten. **2.** (Zeit) vertreiben, erheitern: tempus *O*, otium *T.*

ob-lēvī *pf.* v. oblino.

ob-līcus = obliquus.

ob-līdō 3. līsī, līsus (laedo, § 43) **1.** zudrücken: fauces *T.* **2.** erwürgen; erdrücken: pondere *Pli.*

obligātiō, ōnis, *f.* Verpflichtung, Verbürgung. Von

ob-ligō 1. **1.** binden, verbinden: aliti für den Adler *H*, oculos *Cu*, vulnus. **2.** *met.* **verbinden, verpflichten:** fidem sich zur Treue *Cu*, militiae sacramento vereidigen, hostes beneficio, se nexu, foedere obligatus *L*, tanto mihi o b l i g a t i o r mir um so mehr verpflichtet *Pli*, tribus milibus aeris zur Erlegung von... *L*, obligata daps gelobt *H.* **occ. a. verpfänden:** fortunas suas, fidem sein Wort *L.* **b. schuldig machen:** se scelere *Sp*; caput perfidum votis *H.*

ob-līmō 1. (limus, § 70) mit Schlamm überziehen; *met.* verprassen *H.*

ob-linō 3. lēvī, litus **1.** beschmieren, bestreichen: unguentis, cruore. *met.* **2.** besudeln, beflecken: se externis moribus, versibus atris aliquem schmähen *H.* **3.** überladen: actor divitiis oblitus *H.*

oblīquitās, ātis, *f.* (obliquus) Winkel, Ecke *Pli.*

oblīquō 1. schräg richten, schief machen, krümmen: oculos schielen *O*, ensem in latus einen Seitenhieb führen *O*, sinūs in ventum die Segel schräg gegen den Wind spannen *V*, crines seitwärts streichen *T.* Von

ob-līquus oder (§ 17) **ob-līcus** 3, *adv.* ē (vgl. limen, limes, licium) **1.** schräg, schief, seitlich: flumen seitliche Strömung *Cu*, sublicas oblique agere schräg einrammen, iter Querweg, lux schräg einfallend *V*, oculi schielend, scheel sehend *HO*, invidia scheelsüchtig *V*; a d v. ab obliquo *O*, per obliquum *H* von der Seite, in obliquum schief *O.* **2.** *met.* verblümt, versteckt: insectatio *T*, oblique castigare *T.*

ob-līsī *pf.* v. oblido.

oblīsus *pt. pf. pass.* v. oblido.

oblitterātiō, ōnis, *f.* das Vergessen *Sp.* Von

ob-litterō 1. (littera) aus dem Gedächtnis tilgen, vergessen machen: oblitterata nomina vergessene Schuldforderungen *T.*

I. oblitus *pt. pf. pass.* v. oblino.

II. oblītus *pt. pf. act.* (*pass.*) v. obliviscor.

oblīviō, ōnis, *f.* (obliviscor) **1.** Vergessenheit, das Vergessen: ab oblivione vindicare der Vergessenheit entreißen, in oblivionem rei venire etw. vergessen; **occ.** lex oblivionis Amnestie *N.* **2.** Vergeßlichkeit, schwaches Gedächtnis: Claudii *T.* Dav.

oblīviōsus 3 **1.** vergeßlich. **2.** Vergessen machend: Massicum Sorgenbrecher *H.*

ob-līvīscor 3. oblītus sum **1.** vergessen; mit *gen.* sui nichts von sich wissen *T, acc., inf., acc. c. inf.*, indir. Fr.; *met.* saecla obliviscentia schnell vergessend *Ca*, poma sucos oblita priores entbehrend *V*; p a s s. oblita carmina *V.* **2.** *met.* übersehen, aus den Augen lassen: pudoris *O*, sui sich untreu werden. E: *oblēvīscor 'in der Erinnerung streichen' zu lino u. lēvis; oblītus aus *oblīvitus, § 22.

oblīvium, ī, *n.* = oblivio 1. *VOT.*

oblocūtor, ōris, *m.* (obloquor) Widersprecher *C.*

oblocūtus *pt. pf. act.* v. obloquor.

ob-longus 3 länglich *LT.*

ob-loquor 3. locūtus sum widersprechen; **occ.** dazu singen, spielen: non avis obloquitur *O*, obloquitur numeris septem discrimina vocum läßt zum Gesang die siebensaitige Leier erklingen *V.*

ob-luctor 1. gegen etw. ringen, ankämpfen; mit *dat.*

ob-mōlior 4. zur Verteidigung vorschieben; **occ.** etw. verbarrikadieren *L.*

ob-murmurō 1. entgegenrauschen *O*; *met.* über etw. murren; mit *dat. O.*

ob-mūtēscō 3. tuī (*incoh.* v. mutus) verstummen, schweigen; *met.* aufhören: obmutuit dolor.

ob-nātus 3 angewachsen: salicta ripis *L.*

ob-nītor 3. nīxus sum **1.** sich entgegenstemmen: obnixo genu scuto (*dat.*) das Knie gegen den Schild gestemmt *N.* **2.** ankämpfen, sich widersetzen, Widerstand leisten: adversis *T*, consilio hostibus *T.* Dav.

I. obnīxus *pt. pf. act.* v. obnitor.

II. obnīxus 3, *adv.* ē standhaft, beharrlich, eifrig.

obnoxiōsus 3 unterwürfig, gehorsam *C.* Von

ob-noxius 3, *adv.* ē (noxa) **1. straffällig, schuldig;** mit *gen.* pecuniae debitae wegen *L*; libidini verfallen *S*; **occ.** obnoxium est sträflich, gefährlich *T.* **2. unterworfen, abhängig, verpflichtet:** ni sibi obnoxia foret ihm zu Willen *S*, pravis (*n.*) ergeben *H*, uxoris amori hingegeben *T*, superstitioni *T*; luna solis radiis abhängig *V.* **3. unterwürfig, demütig, furchtsam:** obnoxie sententias dicere *L*, pax feig *L.* **4.** (einem Übel) **ausgesetzt, preisgegeben:** bello *O*, arva nulli hominum curae bedürftig *V*, insidiis *T.*

ob-nūbilus 3 umwölkt *Ennius.*

ob-nūbō 3. nūpsī, nūptus verhüllen, bedecken: comas amictu *V*, caput *L.*

obnūntiātiō, ōnis, *f.* Meldung übler Vorzeichen. Von

ob-nūntiō 1. böse Vorzeichen melden, warnen, Einspruch erheben gegen: consuli.

obnupsi   307   **obses** O

ob-nūpsī *pf.* v. obnubo.

obnūptus *pt. pf. pass.* v. obnubo.

oboediēns, entis, *adv.* **enter** (oboedio) gehorsam, willfährig, fügsam; *subst.* Untergebener *L.*   Dav.

oboedientia, ae, *f.* Gehorsam.

ob-oediō 4. (ob-audio) **1.** Gehör schenken: alicui *N.* **2.** gehorchen, sich fügen; *met.* ventri frönen *S.*

ob-oleō 2. uī riechen: alium nach Knoblauch *C*, oboluit marsuppium huic sie roch den Beutel *C.*

obolus, ī, *m.* (ὀβολός) Obolus [sehr kleine gr. Silbermünze, ⅙ Drachme] *C.*

ob-orior 4. ortus sum entstehen, hervorbrechen, aufgehen: tenebris obortis *N*, saxo concrevit oborto von unten herauf wurde er zu Stein *O*, lacrimis obortis *VCu*; *met.* lux liberalitatis mihi oboritur.

ob-rēpō 3. rēpsī, reptus heranschleichen, sich einschleichen: adulescentiae senectus obrepit folgt unvermerkt, ad honorem erschleichen, somnus obrepit operi beschleicht *H*; *occ.* hintergehen; mit *acc. C.*

ob-rigēscō 3. guī erstarren.

ob-rogō 1. einen Gegenantrag stellen, ein Gesetz aufheben; mit *dat.*

ob-ruō 3. ruī, óbrutus (ruitūrus) **1.** überschütten, bedecken: tellus obruta ponto *O*, miles nivibus obrutus *L*. **occ. a. ver-, eingraben:** gladios *N*, thesaurum, hominem vivum *S*. **b.** versenken: classis obruta aquis *O*, Orontem obruit auster *V. met.* **2. verhüllen:** malum sapientiā, nomen; **occ. verdunkeln:** vitiis est obrutus *N*, consulatum. **3.** überladen, überhäufen: obrui (se obruere) vino, telis überschütten *V*; **occ. niederdrücken:** animum curae obruunt *Cu*, testem risus obruit brachte außer Fassung, verbis niederreden, numero übermannen *V.*

obrussa, ae, *f.* (ὄβρυζον) Feuerprobe des Goldes *Sp*; *met.* Probe, Prüfstein.

obrutus *pt. pf. pass.* v. obruo.

ob-saepiō 4. psī, ptus verzäunen, versperren.

obsc(a)enitās, ātis, *f.* Unzüchtigkeit, Unanständigkeit.   Von

obs-c(a)enus 3, *adv.* ē **1.** schmutzig, häßlich: aves *O*. **2.** unzüchtig, unsittlich: voluptates, sermones *H*; greges ausgelassen *O*; *subst.* obscaenum, ī, *n.* u. *pl.* Scham, Schamglied *O*; unzüchtige Worte, Zoten *O*. **3.** unheilvoll: fetus Mißgeburt *L*, canes [als Geisterseher] *V*, fames *V*, cruor *V*, volucres Nachteulen *V.*
E: caenum 'Schmutz' u. *praep.* obs s. ob.

obscūritās, ātis, *f.* (obscurus) **1.** Dunkelheit: latebrarum *T. met.* **2.** Undeutlichkeit, Unverständlichkeit: verborum. **3.** Unbekanntheit: humilitas et o.

obscūrō 1. **1.** beschatten, verdunkeln, verfinstern: lumen, regiones; **occ.** verbergen, verhüllen: caput *H*, coetūs nefarios. *met.* **2.** verhüllen, undeutlich machen: litteras; pectus verwirren *C*. **3.** in den Schatten stellen, zurückdrängen: laudes, memoria obscurata est verliert sich, obscurata vocabula veraltet *H.*   Von

ob-scūrus 3, *adv.* ē **1.** dunkel, finster: caelum *H*, nox *V*, luna erblassend *V*, obscurā luce in der Abenddämmerung *L*, obscuro lumine in der Morgendämmerung *S*; ibant obscuri durch die Nacht *V*; *subst.* **obscūrum**, ī, *n.* das **Dunkel, Finsternis:** noctis *V*, coep-

tae lucis des grauenden Tages *T.* **2. heimlich, versteckt:** antrum *O*, Pallas verkleidet *O*, simultates, taberna *H*; **occ.** [vom Charakter]: **verschlossen:** homo, Tiberius *T. met.* **3. unverständlich, undeutlich, unklar:** non est obscurum es ist offenbar, klar. **4.** unbekannt, ruhmlos: gesta weniger bekannt *N*, maiores, fama Ruhmlosigkeit *V.*
E: ai. skunáti 'bedeckt', gr. σκῦλόω 'verhüllen', ahd. scūr 'Wetterdach', nhd. 'Scheuer, Scheune'.

obsecrātiō, ōnis, *f.* das Beschwören; **occ.** Bußtag *L.*   Von

ob-secrō 1. (sacro, § 41) beschwören, anflehen, bitten: pro fratris salute, illud unum vos darum; mit *coni.*, ut, ne; [Höflichkeitsformel]: 'ich bitte': ubi est? obsecro vos *L.*

ob-secundō 1. begünstigen, willfährig sein; mit *dat.*

obsecūtus *pt. pf. act.* v. obsequor.

ob-sēdī *pf.* v. obsideo oder obsido.

obsequēns, entis, *adv.* **enter** (obsequor) nachgiebig, willfährig, gefällig.   Dav.

obsequentia, ae, *f.* Nachgiebigkeit.

obsequiōsus 3 sehr gefällig *C.*   Von

obsequium, ī, *n.* **1. Nachgiebigkeit, Willfährigkeit:** fortunae Gunstbezeigungen *Cu*, desiderii Erfüllung des Wunsches *Cu*, ventris gegen den Bauch (Schlemmerei) *H*, in regem *L*. **occ. 2. Gehorsam, Fügsamkeit:** equi *Cu*, erga imperatorem *T.* **3. Subordination:** mos obsequii *T.* **4. Preisgabe, Hingabe:** flagitiosa *T.*   Von

ob-sequor 3. secūtus sum **1.** folgen, nachgeben, willfahren: studio; mit ut *L*; **occ.** gehorchen: legibus, centurioni *T.* **2.** sich hingeben, sich leiten lassen, nachgeben: studiis suis *N*, gloriae *Cu.*

I. ob-serō 1. (sera) verriegeln, verschließen *NLCu*; *met.* aures *H*, palatum *Ca.*

II. ob-serō 3. sēvī, situs (obsitus aus *obsātus, § 41) **1.** hinsäen, -pflanzen: frumentum *C*; bildl. mores malos *C*, pugnos Faustschläge austeilen *C.* **2.** besäen, bepflanzen; **obsitus** 3 **a.** besät, bepflanzt: rura pomis *O*, loca virgultis *L*. **b.** *met.* bedeckt, voll: montes nivibus *Cu*, Io saetis *V*, aevo reich an Jahren *V.*

observāns, antis (observo) **1.** beobachtend: officiorum *Pli.* **2.** hochachtend: mei *Pli.*   Dav.

observantia, ae, *f.* Aufmerksamkeit, Ehrerbietung, Hochachtung: tenuiorum, in regem *L.*

observātiō, ōnis, *f.* (observo) Beobachtung; **occ.** Sorgfalt, Gewissenhaftigkeit: in bello movendo.

observātor, ōris, *m.* Beobachter *Sp.*   Von

ob-servō 1. **1. beobachten, achtgeben, aufpassen:** iter, pabulationes, vestigia *V*; *met.* eius occupationem lauern auf. **occ. a. hüten:** armenta *O*. **b. berechnen:** dies natales. *met.* **2. auf** etw. **sehen**, etw. **beachten, einhalten:** praeceptum, leges, neque signa neque ordines beobachten *S*, auspicia sortesque *T*; unpers. observatum (est), ut ... man achtete darauf, daß *L.* **3. (ver)ehren, schätzen:** tribules, regem *V.*

ob-ses, sidis, *m.* (ob u. sedeo) **1.** Geisel; *f.* me obside acceptā *O.* **2.** Bürge: rei *N*, coniugii *O.* **3.** *met.* Unterpfand: voluntatis.

obsessio 308 **obtego**

obsessiō, ōnis, *f.* (obsideo) Einschließung, Blockade.

obsessor, ōris, *m.* (obsideo) Belagerer; aquarum Bewohner *O.*

obsessus *pt. pf. pass.* v. obsideo oder obsido.

ob-sēvī *pf.* v. II. obsero.

ob-sideō 2. sēdī, sessus (sedeo, § 43) **1.** *intr.* sitzen: domi *C. trans.* **2.** eingeschlossen halten, belagern: urbem; **occ.** im Belagerungszustand halten: eos *N,* urbem *N. met.* **3.** belauern: stuprum auf ... passen. **4.** besetzt halten, innehaben: itinera bewachen, aditūs, palus obsessa salictis besetzt mit *O;* obsidentur aures a fratre er liegt ihm in den Ohren *L.* **5.** einengen, bedrücken; obsessus: omnibus rebus in jeder Hinsicht bedrängt, frigore corpus ergriffen *O,* ab oratore ganz in Anspruch genommen.

obsidiālis corona (obsidium) Kranz [aus Gras für die Befreiung einer eingeschlossenen Armee] *L.*

obsidiō, ōnis, *f.* u. **-ium**, ī, *n. CT* (obsideo) **1.** Einschließung, Belagerung: urbem obsidione liberare entsetzen; **occ.** Belagerungszustand: in obsidione tenere *N,* patriam obsidione liberare *N.* **2.** *met.* Bedrängnis, Not: Italiam obsidione liberare, tuo tergo obsidium adesse Prügel *C.*

I. obsidium, ī, *n.* (obses) Geiselschaft: obsidio datus als Geisel *T.*

II. obsidium *CT* = obsidio.

ob-sīdō 3. sēdī, sessus besetzen, in Besitz nehmen: viam, loca opportuna armatis *S; met.* vim regiae potestatis annehmen.

obsīgnātor, ōris, *m.* Unterzeichner [einer Urkunde], Zeuge. Von

ob-sīgnō 1. versiegeln; **occ.** untersiegeln: testamentum; *met.* tabellis obsignatis urkundenmäßig.

ob-sistō 3. stitī **1.** in den Weg treten: abeunti *L;* bildl. famae verdunkeln *L.* **2.** *met.* widerstreben, sich widersetzen, Widerstand leisten: libidini; mit ne, quominus; *inf. T.*

obsitus *adi.* u. *pt. pf. pass.* v. II. obsero.

ob-sole-fīō, fierī, factus sum (*Iuxtap.,* § 64, Anm.) Geltung u. Bedeutung verlieren.

ob-solēscō 3. lēvī (ob u. soleo oder obs u. alesco, vgl. adolesco) Ansehen und Wert verlieren, abkommen, verkommen, vergehen. Dav.

obsolētus 3 **1.** abgetragen, schäbig: vestitus *N.* **occ. a.** morsch, baufällig: tectum *H.* **b.** besudelt: sordibus *H.* **2.** *met.* abgeschmackt, gemein, alltäglich: honores *N,* verba, oratio, gaudia *L.*

ob-solēvī *pf.* v. obsolesco.

obsōnātor, ōris, *m.* (obsono) Einkäufer für die Küche *C.*

obsōnātus, ūs, *m.* (obsono) Einkauf für die Küche *C.*

obsōnium, ī, *n.* (ὀψώνιον, § 95, Abs. 2) Zukost [bes. Fleisch- u. Fischspeisen].

obsōnō u. **-or** 1. (ὀψωνέω) **1.** zum Essen einkaufen *C; met.* famem. **2.** schmausen *C.*

ob-sorbeō 2. uī einschlürfen *C.*

ob-stetrīx, īcis, *f.* (obsto) Hebamme *CH.*

obstinātiō, ōnis, *f.* Festigkeit, Beharrlichkeit, Hartnäckigkeit. Von

ob-stinō 1. (vgl. destino) fest beschließen, sich fest

vornehmen, auf etw. bestehen: aut vincere aut mori *L,* ad obtinendas iniquitates *T.* Dav. **obstinātus** 3, *adv.* ē **1.** beharrlich, fest entschlossen: ad silendum *Cu,* mori *L;* id obstinatum est ist beschlossen *L,* obstinate credere *L.* **2.** fest, unerschütterlich: pudicitia *L,* fides Iudaeorum *T.* **3.** hartnäckig, verstockt, unbeugsam: obstinate negare, aures *H.*

ob-stipēscō = obstupesco (§ 43).

ob-stīpus 3 (stipo) **1.** seitwärts geneigt, geduckt: caput. **2.** rückwärts geneigt: cervix *Sp.*

ob-stitī *pf.* v. obsisto oder obsto.

ob-stō 1. stitī (§ 41), (stātūrus) entgegenstehen, im Weg stehen, hindern: obstantes remi widerstrebend *O,* obstantia silvarum Hindernisse in den Wäldern *T,* diis obstitit Ilium war verhaßt *V;* mit ne, quin, quominus.

obstrāgulum, ī, *n.* (obsterno) Schnürriemen *Sp.*

ob-strepō 3. puī **1.** entgegenrauschen, -tönen, -lärmen: portis an den Toren lärmen *L; trans.* locus aquis obstrepitur wird umrauscht *O.* **occ. 2.** (durch Lärm) unterbrechen, überschreien: decemviro *L; trans.* clamore militum obstrepi übertönt werden. **3.** hindern: conscientiā obstrepente *Cu.*

ob-stringō 3. strīnxī, strictus **1.** zuschnüren, zubinden: obstrictis aliis (ventis) gefesselt *H. met.* **2.** verbinden, verpflichten: civitatem iureiurando, religione obstringi gentili nach fremdem Brauch schwören *T;* foedere *T,* se matrimonio mulieri sich ehelich verbinden *T,* clementiam orationibus verbürgen *T,* fidem sein Wort verpfänden *Pli.* **3.** verwickeln, verstricken: nullā mendacii religione in keine frevelhafte Lüge, scelere obstrictus schuldig, se periurio *L.*

obstrūctiō, ōnis, *f.* Verschließung. Von

obstrūctus *pt. pf. pass.* v. obstruo.

obs-trudo s. obtrudo.

ob-struō 3. strūxī, strūctus **1.** entgegen-, vorbauen: interiorem murum pro diruto *L,* obstructa saxa Damm *V,* luminibus einem die Fenster verbauen; auch bildl. **2.** verbauen, verrammeln, versperren, verschließen: valvas aedis *N,* portas, flumina abdämmen, iter Poenis *L; met.* nares, auris verstopfen *V,* obstructae mentes verstockt *T.*

obs-trūsi *pf.* v. obtrudo.

obs-trūsus *pt. pf. pass.* v. obtrudo.

ob-strūxī *pf.* v. obstruo.

ob-stupe-faciō 3. fēcī; *pass.* **-fīō**, fierī, factus (§ 64, Anm.) in Erstaunen setzen, betäuben, stutzig machen; *met.* maerorem abstumpfen, übertäuben *L.* Dazu *intr.*

ob-stupēscō 3. puī **1.** betäubt werden, erstarren: obstipui steteruntque comae *V.* **2.** erstaunen: obstipuit visu Aeneas *V.*

ob-stupidus 3 betäubt, starr *C.*

ob-stupuī *pf.* v. obstupesco.

ob-suī *pf.* v. obsuo.

ob-sum, esse, obfuī, obfutūrus dagegen sein, hinderlich sein, schaden.

ob-suō 3. suī, sūtus annähen *O;* zunähen *Sp.*

ob-surdēscō 3. duī (surdus) taub werden.

obsūtus *pt. pf. pass.* v. obsuo.

ob-tegō 3. tēxī, tēctus **1.** bedecken, verbergen: domus arboribus obtecta versteckt *V; met.* scelera verbis

obtempero | 309 | **obviam**

verheimlichen *T*; sui obtegens sich verstellend *T*.
2. decken, beschützen: militum armis obtectus, castra vineis.

ob-temperō 1. gehorchen, willfahren: alicui; imperio Persarum untertan sein *Cu*.

ob-tendō 3. tendī, tentus **1.** vorziehen, etw. **vorstellen**: munientibus coria *Cu*, pro viro nebulam *V*, obtentā nocte unter dem Mantel der Nacht *V*; *pass.* **gegenüber liegen**: Britannia Germaniae obtenditur *T*; **occ. verdecken, verhüllen**: nube diem *T. met.* **2.** vorziehen: curis luxum *T.* **3.** vorschützen: valetudinem *T*.

I. obtentus *pt. pf. pass.* v. obtendo oder obtineo.

II. obtentus, ūs, *m.* (obtendo) **1.** das Vorziehen, Vorstecken: frondis schützende Hülle *V. met.* **2.** Vorwand, Deckmantel, Beschönigung: cognominis *L.* **3.** Hülle: obscurum noctis, obtentui fugientibus *T*.

ob-terō 3. trīvī, trītus (*ppf.* obtrīsset *L*) **1.** zertreten, zerquetschen: auriga obteritur. *met.* **2.** vernichten, aufreiben: hostem *Cu*, alam *T.* **3.** schmälern, herabsetzen, herabwürdigen: laudem invidiā *N*, Philippi res *Cu*.

obtēstātiō, ōnis, *f.* **1.** Beschwörung; **occ.** Beschwörungsformel *L.* **2.** inständiges Bitten, Flehen. Von

ob-tēstor 1. **1.** beschwören, bitten, anflehen: multa Pomptinum inständig *S*; mit ut, ne. **occ. 2.** zum Zeugen anrufen: deûm hominumque fidem *L.* **3.** feierlich versichern: se moriturum *T*.

ob-tēxī *pf.* v. obtego.

ob-texō 3. texuī, textus überweben; *met.* bedecken.

*ob-ticēscō 3. ticuī (*incoh.* zu taceo, § 43) verstummen.

ob-tigī *pf.* v. obtingo.

ob-tineō 2. tinuī, tentus (teneo, § 43)

---

1. festhalten, einnehmen, innehaben, besitzen; *occ.* erhalten, erlangen, bekommen; 2. behaupten, beibehalten, festhalten; *occ. a.* (Recht oder Sache) behaupten, durchsetzen; *b.* (eine Behauptung) aufrechthalten, beweisen; 3. (*intr.*) sich behaupten, gelten.

---

1. Lyciam *Cu*; (milit.) besetzt halten: castra, vada custodiis; [politisch]: provinciam Sardiniam verwalten *N*; *met.* regnum, legati locum bekleiden *N*, principatum in civitate einnehmen *N*, proverbii locum als Sprichwort gelten, veri vicem für wahr gelten *Cu*, numerum deorum zu den Göttern gehören, ea fama plerosque obtinet hat die meisten Anhänger *S.* **occ.** per Helvetios regnum. **2.** equestrem dignitatem *N*, auctoritatem in perpetuum, provinciam halten *L*, quod fama obtinuit beibehielt *L.* **a.** rem die Oberhand behalten, causam seine Sache durchsetzen, ius *T*; obtinuit, ut accusaret setzte es durch, daß *LT.* **b.** id, sententiam. **3.** caligo obtinuit hielt sich *L*, nulla pro socia obtinet gilt als Gefährtin *S*, pro vero obtinebat es galt für richtig *S*.

ob-tingō 3. tigī (tango, § 48) **1.** zuteil werden, zufallen: quaestor obtigit consuli *N*, tibi sorte obtigit, ut. **2.** begegnen, zustoßen: si quid obtigerit.

ob-torpēscō 3. puī erstarren; auch *met.*

ob-torqueō 2. torsī, tortus drehen: obtortum aurum gewunden *V*, gulam würgen.

obtrectātiō, ōnis, *f.* (obtrecto) Mißgunst, Neid, Eifersucht.

obtrectātor, ōris, *m.* Gegner, Neider. Von

ob-trectō 1. (tracto, § 43) **1.** *intr.* entgegenarbeiten, bekämpfen: legi. **2.** *trans.* herabsetzen, verkleinern: laudes *L*.

obtrītus *pt. pf. pass.* v. obtero.

ob-trīvī *pf.* v. obtero.

ob-(obs-)trūdō 3. sī, sus aufdrängen *C*; **occ.** obstrusa carbasa pullo schwarz verbrämte Kleider *O*.

ob-truncō 1. niedermachen, -hauen.

ob-trūsī *pf.* v. obtrudo.

obtrūsus *pt. pf. pass.* v. obtrudo.

ob-tudī *pf.* v. obtundo.

ob-tulī *pf.* v. offero.

ob-tundō 3. tudī, tū(n)sus **1.** stumpf machen; *pass.* stumpf werden; s. obtunsus. *met.* **2.** abstumpfen, mildern, schwächen: mentem, aegritudinem, vocem heiser machen, brechen *L*, aurīs betäuben *Lukrez*; in den Ohren liegen, mit *acc. c. inf.* **3.** belästigen, behelligen. Dav.

I. obtū(n)sus 3 **1.** abgestumpft, stumpf: vomer *V.* **2.** *met.* geschwächt, schwach, stumpf: stomachus *Pli*, animi acies, lunae cornua mattleuchtend *V*, iurisdictio oberflächlich *T.* **occ. a. dumm**: quid dici potuit obtusius? **b. gefühllos**: pectora *V*.

II. obtunsus *pt. pf. pass.* v. obtundo.

ob-turbō 1. in Unordnung bringen, verwirren: occurrentes *T*; **occ.** unterbrechen, stören, betäuben: *abs.* obturbabant patres schrien entgegen *T*.

ob-tūrō 1. verstopfen: alicui aures nicht hören wollen *H*.

I. obtusus *pt. pf. pass.* v. obtundo.

II. obtusus s. obtunsus.

ob-tūtus, ūs, *m.* (tueor) Betrachtung, Anblick, Blick.

ob-umbrō 1. **1.** beschatten: templum, umeros *O*; **occ. verdunkeln**: aethera *V. met.* **2. verdunkeln**: nomen *T.* **3.** verhehlen, beschönigen: crimen *O.* **4.** schützen: (Turnum) reginae nomen obumbrat *V*.

ob-uncus 3 einwärts gekrümmt *VO*.

ob-ūstus 3 angebrannt: torris *V*, sudes im Feuer gehärtet *V*; glaeba obusta gelu angegriffen *O*.

ob-veniō 4. vēnī, ventum **1.** sich einfinden, eintreffen: pugnae (*dat.*) *L. met.* **2.** eintreten, widerfahren, sich zutragen: obvenit occasio *Cu*, consuli vitium. **3.** zuteil werden, zufallen: provincia alicui (sorte) obvenit.

ob-versor 1. **1.** sich herumtreiben, sich zeigen: Carthagini *L*, in urbe *T.* **2.** *met.* vorschweben: ante oculos, animis *L*.

ob-vertō 3. tī, sus zuwenden, zukehren: eodem agmen *Cu*, arcūs in illum *O*, pelago proras *V*; obversus (zu)gewendet: ad matrem *T*; *met.* Antonio militum studia *T*, miles ad caedem *T*.

ob-viam (§ 67) *adv.* **entgegen**; [meist bei *verb.* der Bewegung]: alicui obviam dari in den Wurf kommen *L*. **obviam ire 1. begegnen**: candidatis. *met.* **2. sich widersetzen**: temeritati *L*, periculis *S.* **3. abhelfen, steuern** *T*. Dav. (§ 62)

obvius 3 **1. begegnend, entgegenkommend:** obvius sum, eo, obvium me fero *V* gehe entgegen, begegne, flamina entgegenwehend *O*, litterae unterwegs einlangend *T*; classi in obvio esse begegnen *L*; **occ.** im **Weg liegend:** arbos *V*, montes *N*, cubiculum obvium soli sonnseitig *Pli. met.* **2. zur Hand, in der Nähe:** testes *T*, opes *T*, similitudo sich aufdrängend *T*. **3. preisgegeben, ausgesetzt:** ventorum furiis *V*, Troia Grais *V*. **4. freundlich, gefällig:** comitas *T*.

ob-volvō 3. volvī, volūtus ein-, verhüllen: caput; *met.* bemänteln *H*.

oc-caecō 1. **1. blenden:** pulvere occaecatus *L. met.* **2. verblenden:** animos *L*. **3. verfinstern, verdunkeln, dunkel machen:** diem *L*, orationem. **4. unsichtbar machen, bedecken:** semen.

oc-callātus 3 (ob, callum) abgestumpft *Sp*.

oc-callēscō 3. calluī (*incoh.* zu calleo) **1.** sich verhärten: rostro zu einem Schweinsrüssel *O*. **2.** *met.* gefühllos werden.

oc-canō, ere (statt occino, § 71) dazu-, dazwischenblasen *T*.

occāsiō, ōnis, *f.* Gelegenheit, günstiger Zeitpunkt: liberandae Graeciae *N*, ad Asiam occupandam; **occ.** Handstreich: occasionis esse rem es gelte einen *H*. E: ob-cād-tio, § 36, v. occido für *occado 'Zufall'.
Dav. *dem.*

occāsiuncula, ae, *f.* eine hübsche Gelegenheit *C*.

occāsūrus *pt. fut.* v. I. occido.

occāsus, ūs, *m.* (aus *occādtus, vgl. occasio) **1.** Untergang: solis. **2.** *meton.* Abend, Westen: praecipiti in occasum die *T*. **3.** *met.* Untergang, Verderben, Ende: urbis, rei p.; **occ.** Tod: Eumenis *N*.

occātiō, ōnis, *f.* (occo) das Eggen.

occātor, ōris, *m.* b i l d l. der mit der Egge arbeitet *C*.

oc-cecinī *pf.* v. occino.

oc-cēdō 3. cessī entgegengehen, -treten *C*.

oc-centō 1. āvī (canto, § 43) ein Spottlied singen.

oc-cēpī *pf.* v. occipio.

occeptō, āre (*frequ.* v. occipio) anfangen *C*.

occeptus *pt. pf. pass.* v. occipio.

oc-cessī *pf.* v. occedo.

occidēns, entis, *m.* (occido, *sc.* sol) Westen: hibernus Südwesten *Sp*; *meton.* Abendland.

I. oc-cidī *pf.* v. I. occido.

II. oc-cīdī *pf.* v. II. occīdo.

occīdiō, ōnis, *f.* (occīdo) Gemetzel, Vernichtung: occidione occidere völlig vernichten *L*.

I. oc-cidō 3. cidī, cāsūrus (cado, § 41) **1.** niederfallen: in glacie *L*; **occ.** untergehen: occidens sol Sonnenuntergang, vita Lebensabend. *met.* **2.** zugrunde gehen, umkommen: in Thermopylis, ab Achille *O*. **3.** verloren gehen, verschwinden: beneficia occidunt sind verschwendet, occidit spes ist dahin *H*.

II. oc-cīdō 3. cīdī, cīsus (caedo, § 43) **1.** zu Boden schlagen: pugnis *C*. **2.** niederhauen, umbringen, töten. **3.** *met.* peinigen, martern: me occidistis habt mich völlig gemacht *H*.

occiduus 3 (occido) **1.** untergehend: dies, sol *O*. **2.** *meton.* westlich: sol Westen *O*. **3.** *met.* hinfällig, dem Tod nahe: senecta *O*.

oc-cinō 3. cecinī u. cinuī (cano, § 41) warnend entgegenschreien *L*.

oc-cipiō 3. cēpī, ceptus (capio, § 43) **1.** *trans.* anfangen, unternehmen: magistratum antreten *LT*; mit *inf.* **2.** *intr.* beginnen: hiems *T*.

occipitium, ī, *n.* (ob, caput, § 41) Hinterhaupt *C*.

occīsor, ōris, *m.* (occīdo) Mörder *C*.

occīsus *pt. pf. pass.* v. II. occīdo.

oc-clūdō 3. sī, sus (claudo, § 43) **1.** ver-, einschließen: tabernas. **2.** *met.* Einhalt tun, hemmen: occlusti (= occlusisti) linguam *C*. Dav. **occlūsus** 3 verschlossen *C*.

occō 1. eggen; segetem bestellen.
E: occa ' E g g e '.

occubitum *pt. pf. pass.* v. occubo.

occubitūrus *pt. fut.* v. occumbo.

oc-cubō 1. uī, itum tot daliegen *VL*; **occ.** vor etw. wachen *C*.

oc-cubuī *pf.* v. occubo oder occumbo.

oc-cucurrī (*Ph*) *pf.* v. occurro.

oc-culcō 1. (calco, § 51, Anm.) niedertreten *L*.

oc-culō 3. culuī, cultus (vgl. celo) verdecken, verbergen; *met.* verheimlichen, geheimhalten.

occultātiō, ōnis, *f.* (occulto) das Verbergen, die Geheimhaltung.

occultātor, ōris, *m.* Verstecker, Verberger. Von

occultō 1. (*frequ.* v. occulo) versteckt, verborgen halten, verbergen: neque te occultassis (= occultaveris) mihi *C*, se latebris; *med.* stellae occultantur; *met.* geheimhalten, verheimlichen.

occultus 3, *adv.* ē (occulo) **1. versteckt, verborgen, geheim:** callis *L*, occulte proficisci. **2.** *met.* **geheim, heimlich:** caerimoniae, odia, aevum unbekannt *H*; non occulti ferunt machen kein Geheimnis daraus *T*; **occ. verschlossen:** homines *L*; mit *gen.* odii, consilii verbergend *T*. Dav. *subst.* **I. occulta,** ōrum, *n.* **1. verborgene Räume:** templi, saltuum *T*. **2. Geheimnisse:** coniurationis *T*. **II.** *n. sg.* in den Vbdn. in, ex occulto, per occultum *T* (ins)geheim, heimlich.

oc-culuī *pf.* v. occulo.

oc-cumbō 3. cubuī, cubitūrus fallen, hinsinken, sterben: mortem, morte *L*, morti, neci *VOPh* in den Tod gehen.

occupātiō, ōnis, *f.* (occupo) **1.** Besetzung, Besitznahme: vetus. **2.** *met.* Inanspruchnahme, Beschäftigung: rei p. Staatsgeschäfte, **tantularum rerum** mit solchen unwesentlichen Dingen; **occ.** publicae politische Wirren; Staatsgeschäfte.

occupātus 3 in Anspruch genommen, beschäftigt: in otio geschäftiger Müßiggänger *Ph*, in metendo. Von

oc-cupō 1., arch. *coni. pf.* occupassis *C* (v. *occupus 'einnehmend' aus ob u. capio, § 41)

I. **1. einnehmen, besetzen;** *occ.* mit etw. **besetzen, anfüllen;** 2. **sich bemächtigen, in Besitz nehmen;** *occ.* sich einer Person **bemächtigen,** jemd. **angreifen, überfallen;** *met.* 3. **ergreifen, erfassen;** 4. in **Anspruch nehmen, beschäftigen;** *occ.* **behindern;** 5. (Geld) **anlegen, unterbringen.**

II. **zuvorkommen.**

occurro 311 **odium** O

I. **1.** loca superiora, Anconam cohortibus. occ. urbem aedificiis *L*, caementis mare *H*. **2.** feram fangen *Cu*, cibum finden, auftreiben *Cu*, naves, regnum an sich reißen; currum besteigen *O*, aditum gewinnen *V*. occ. mors hominem occupat ereilt *Cu*, occupatur er wird ergriffen, manicis iacentem fesseln *V*, Lyncea gladio angreifen *V*. **3.** rabies occupat animum *Cu*, aures criminibus erfüllen *Cu*, timor occupat exercitum befällt, fama aures erfüllt *V*; ante vorwegnehmen. **4.** multa volumina *L*, hominum cogitationes *L*. occ. secantes *Cu*, ministeria aestu *Cu*. **5.** magnas res in vectigalibus. **II.** carnificis ministerium dem Scharfrichter *Cu*, rates *O*, numquid vis? occupo rede ich ihn zuerst an *H*; mit *inf.* bellum facere zuerst beginnen *L*, in Sabinum transire *L*.

oc-currō 3. currī (cucurrī *Ph*), cursum **1. entgegenlaufen, -eilen, -gehen, begegnen:** Caesari treffen, hostibus auf...stoßen; **occ. sich entgegenwerfen, angreifen:** legionibus. **2. zu etw. hinkommen, eintreffen, beiwohnen:** graviori bello in...geraten, concilio, ad concilium *L*. *met.* **3. entgegentreten, -arbeiten:** eius consiliis, orationi erwidern *T*; occurritur a doctis es wird eingewendet; **occ. vorbeugen, abhelfen, helfen:** utrique rei *N*, satietati, supplicibus. **4. vor Augen treten, sich darbieten, sich zeigen, einfallen:** oculis *L*, nulla arbor *Cu*, alicui desiderium occurrit tritt nahe *Cu*, silex occurrit findet sich *L*, ad animum (mit *acc. c. inf.*); una defensio occurrit, quod *T*; dulcis occurram werde erscheinen *H*.

occursātiō, ōnis, *f.* das Entgegenkommen; *pl.* Glückwünsche. Von

occursō 1. (*frequ.* zu occurro) **1. begegnen, entgegentreten:** fugientibus *T*. **2. herankommen, sich nähern:** portis *L*. *met.* **3. widerstreben, entgegenwirken:** inter occursantīs *S*. **4. sich darbieten, einfallen:** animo *Pli*; mit *acc. C*.

occursum *pt. pf. pass.* v. occurro.

occursus, ūs, *m.* (occurro) **1.** Begegnung; *met.* stipitis das Anstoßen *O*. **2.** das Herbeieilen, die Zusammenkunft: satellitum *Cu*, militum *L*.

Ōceanus, ī, *m.* (Ὠκεανός) der Ozean [das die Erdscheibe umfließende Weltmeer]: Oceani ostium = die Straße von Gibraltar. Person. Okeanos [Gemahl der Tethys, Vater der Meernymphen]; dav. **Ōceanītis**, idis, *f.* Meernymphe *V*.

ocellus, ī, *m.* (*dem.* v. oculus) Äuglein, Auge; bildl. insularum Perle *Ca*; [als Liebkosung]: ocelle mi mein Augapfel *C*.

Ocelum, ī, *n.* s. Graioceli.

ōcior, us *comp.*, *sup.* **ōcissimus** 3, *adv.* **ē** schneller, geschwinder: serius ocius früher oder später *H*, quam ocissume möglichst schnell *S*; bisweilen *comp.* ohne vergleichende Bed. nemon oleum fert ocius? gleich *H*; dent ocius poenas je eher, je lieber *O*. E: Positiv fehlt: *ōciter: ai. āçu-š 'schnell', gr. ὦκα, ὠκύς.

Ocnus, ī, *m*. O. [ὄκνος 'Zaudern'; Gründer Mantuas, Sohn des Tiberis und der Manto; dreht zur Strafe für seine Trägheit in der Unterwelt ein Seil, das ein Esel immer wieder abnagt] *Pr*.

ocrea, ae, *f.* Beinschiene *VL*. Dav.

ocreātus 3 mit Gamaschen bekleidet *H*.

Ocriculum, ī, *n*. Otricoli [St. in Umbrien] *LT*; *adi.* u. Einw. Ocriculānus.

octagōnos, on (ὀκτάγωνος) achteckig; *n. subst.* Achteck *Sp*.

octaphoros (*ὀκτάφορος) von acht Trägern getragen: lectica = **octaphoron**, i, *n.* eine von acht Sklaven getragene Sänfte.

Octāvius 3 (octavus) im *n. g.* C. Octavius [als Caesars Adoptivsohn Octavianus], s. Caesar 2.

octāvus 3 (vgl. ὄγδο[ϝ]ος) der achte: hora 2 Uhr nachmittags, ordines die 8. Kohorte der Legion; ad octavum (*sc.* lapidem) 11,7 km von der Stadt *T*; *adv.* octavum zum achten Mal *L*.

octiē(n)s (octo) *adv.* achtmal.

octingentēsimus 3 der achthundertste. Von

octingentī 3 (octo, centum) achthundert.

octipēs, pedis, *m.* (§ 66) achtfüßig: cancer *O*.

octiplicātus 3 (*octuplex, §§ 66 u. 41) verachtfacht *L*.

octō (gr. ὀκτώ, got. ahtau, ahd. ahto, § 10) acht. Dav.

October, bris, bre den achten Monat betreffend, des Oktobers: Kalendae; mensis der Oktober.

octō-decim achtzehn *L*.

octōgēnārius 3 (octogeni) achtzigjährig *Pli*.

octōgintā (vgl. ὀγδοήκοντα) achtzig; dav. **octōgiē(n)s** *adv.* achtzigmal; **octōgēsimus** 3 der achtzigste; **octōgēnī** 3 je achtzig.

octō-iugis, e (iugum, § 66) achtspännig; *pl.* acht Mann hoch *L*.

octōnī 3 (octo) je acht: aeris (*sc.* asses) *H*.

oct-ussibus (= octo assibus) um acht As *H*.

oculi-crepida, ae, *m.* (oculus, crepo, § 66) einer, dem Schläge auf das Auge klatschen *C*.

oculus, ī, *m.* **1.** Auge: oculis captus blind, in oculis situm augenscheinlich, klar *S*; in oculis esse allen sichtbar sein, alicui in oculis esse bei jemd. sehr beliebt sein; *met.* in oculis alicuius in jemds. Gegenwart; *meton.* Sehkraft, Blick: amittere oculos das Augenlicht, veloci oculo percurrere mit raschem Blick *H. met.* **2.** (Carthago et Corinthus) oculi orae maritimae 'Perlen'. **3.** Knospe: oculos imponere einsetzen *V*. E: wohl *dem.* v. *ocus, vgl. ὄσσε für *ὄκ-jε, böotisch ὄκ-ταλλος = ὀφθαλμός.

ōdī, isse, ōsūrus, hassen, verschmähen: se mit sich unzufrieden sein *O*. NB: *pf. dep.* ōsus sum es ist mir unangenehm *C*. E: *pf.* zu dem nachkl. ὄdiō, īre, odīvī, wie fōdi zu fōdio; vgl. ōdium und gr. ὀδύσσομαι.

odiōsicus 3 [scherzhafte Bildung] = odiosus *C*.

odiōsus 3 (**odiōssus** *C*), *adv.* **ē** verhaßt, unangenehm, widrig, zuwider. Von

odium, ī, *n.* (vgl. odi) **1.** Haß, Abneigung, Widerwille: tyranni gegen *N*, decemvirale gegen die Dezemvirn *L*, vestrum gegen euch *L*; in (erga) Romanos *N*; in odium alicuius (per)venire sich jemds. Haß zuziehen *N*, alicui esse odio (in odio *L*) verhaßt sein, odio habere aliquem Haß hegen *O*, in odium quemquam vocare verhaßt machen. *meton.* **2. widerwärtiges Benehmen:** odio vincere Regem *H*. **3.** Gegenstand des Hasses, Abscheu, Widerwärtigkeit *C*.

odor   312   **offero**

odŏr, altl. **odōs** (§ 29), ōris, *m.* (gr. ὀδ-μή, ὄδ-ωδα, vgl. oleo) **1.** Geruch; **occ.** Duft, Gestank, Dunst: locus odore foedus Gestank *S,* ater Dampf *V.* **2.** *met.* Witterung, Ahnung, Vermutung: legum, urbanitatis Anschein. **3.** *meton.* Räucherwerk, Spezereien; gew. *pl.* ture, odoribus incensis, corpus (mortuae) differtum odoribus *T.*

odōrāmentum, i, *n.* (odoro) Räucherwerk *Sp.*

odōrātiō, ōnis, *f.* u. **-tus,** ūs, *m.* (odoror) das Riechen, Geruch.

odŏri-fer 3 (fero, § 66) **1.** duftend *VPr.* **2.** Räucherwerk erzeugend: gens [die Perser] *O.*

odōrō **1.** (odor) wohlriechend machen: aëra fumis *O*; *pt. pf. pass.* parfümiert: capilli *H*; duftend: herbae *O,* cedrus *V.*

odōror **1.** (odor) **1.** an etw. **riechen:** pallam *C.* **2. wittern:** cibum *H. met.* **3. ausspüren, erforschen:** omnia. **4.** in etw. **nur hineinriechen:** philosophiam nur oberflächlich kennenlernen *T.*

odōrus 3 (odor, vgl. canōrus) **1.** riechend, duftend: flos *O.* **2.** witternd: canum vis *V.*

odōs s. odor.

Odry(-u-)sae (§ 91), ārum, *m.* die O. [thrakisches Volk am Hebrus] *LCuT*; *adi.* **Odrysius** 3 thrakisch, *subst.* Thraker *O.*

Odyssēa u. **-īa,** ae, *f.* **1.** die Odyssee [Epos Homers über die Irrfahrten des Odysseus; ins Lateinische übersetzt von Livius Andronicus]. **2.** O. [Vorgebirge an der Südspitze Siziliens].

oe (oĭ) *interi.* wehe, ach *C.*

Oeagrius 3 [nach dem König **Oeagrus**] thrakisch *VO.*

Oebalus, ī, *m.* Oe. [Vater des Tyndareus, Großvater der Helena, König in Sparta]; *patr.* **Oebalidēs,** ae, *m.* Nachkomme des Oe. [von den Dioskuren u. Hyacinthus] *O*; **Oebalis,** idis, *f.* nympha Helena *O*; [da man die Sabiner von Sparta herleitete]: sabinisch: matres *O*; *adi.* **Oebalius** 3: vulnus des Hyacinthus *O*; sabinisch [Titus Tatius] *O*; *subst.* **Oebalia,** ae, *f.* Tarent [von Spartanern besetzt] *V.*

Oechalia, ae, *f.* Oe. [St. auf Euböa]; dav. **Oechalis,** idis, *f.* Euböerin *O.*

Oeclīdēs, ae, *m.* Sohn des Oecleus (= Amphiaraus) *O.*

Oeconomicus, ī, *m.* ʻDer Haushalterʼ [οἰκονομικός ʻhaushälterischʼ, *sc.* λόγος; eine Schrift Xenophons].

Oedipūs, podis u. ī, *m.* Oe. [König von Theben, Sohn des Laios und der Iokaste]; *adi.* **Oedipodīonius** 3 *O.*

Oeēnsēs, ium, *m.* Einw. v. Oea [j. Tripolis] *T.*

Oeneus, eos u. eī, *m.* Oe. [Vater des Meleager, Tydeus u. der Deianira, König in Kalydon]; *adi.* **Oenēïus** u. **Oenēus** 3; *patr.* **Oenīdēs,** ae, *m.* der Oenide [1. Meleager *O*; 2. Diomedes *O*].

Oenomaus, ī, *m.* Oe. [König in Pisa, Vater der Hippodamia; Trauerspiel des Accius].

oeno-phorum, ī, *n.* (οἰνο-φόρον) Weinkorb *H.*

Oenopia, ae, *f.* Oe. [alter Name Äginas] *O*; *adi.* **Oenopius** 3 *O.*

Oenōtrus u. **-trius** 3 italisch [**Oenōtria** alter Name des sö. Italiens] *V.*

oestrus, ī, *m.* (οἶστρος, § 91) Rinderbremse *V.*

Oeta, ae u. **-ē,** ēs, *f.* Oe. [Gebirge vom Malischen Golf gegen den Pindus]; *adi.* **Oetaeus** 3: rex = Keyx *O*; *subst.* Herkules *O.*

offa, ae, *f.* Kloß, Bissen, Stück *CV.*

of-fēci *pf.* v. officio.

offectus *pt. pf. pass.* v. officio.

of-fendī *pf.* v. offendo.

offendiculum, ī, *n.* Anstoß, Hindernis *Pli.*   Von

of-fendō 3. fendī, fēnsus (*fendo, vgl. defendo)

  I. *intr.* **1. anstoßen, anschlagen;** *met.* **2. Unfall erleiden, verunglücken; 3. verstoßen, fehlen, anstoßen, Unwillen erregen; 4. Anstoß nehmen, unzufrieden sein; 5. Anstoß erregen, auffallen.**

  II. *trans.* **1.** etw. **anstoßen, anschlagen;** *met.* **2.** auf jemd. **stoßen, antreffen, finden; 3. verletzen, beleidigen, kränken.**

  I. 1. dens offendit solido beißt auf Hartes *H.* **2.** naves offenderunt, in exercitu est offensum das Heer kam zu Schaden, in periculo belli, primo accessu ad Africam *L.* **3.** in eo offenderat, quod patriae male consuluerat *N.* **4.** in aliquo (aliquid irgendwie). **5.** consulare nomen offendit *L,* ne quid ipse offendam. **II. 1.** caput, scutum *C,* vocis offensa imago zurückprallendes Echo, Widerhall *V.* **2.** omnes imparatos *N,* templum nondum perfectum, omnia aliter. **3.** Pompeium *N,* medicis (*dat.*) offendi unwillig sein über *H.*   Dav.

offēnsa, ae, *f.* Anstoß; *met.* Kränkung, Beleidigung, Ungnade.

offēnsātor, ōris, *m.* (offenso) Nichtskönner *Q.*

offēnsiō, ōnis, *f.* (*offend-tio, § 36, v. offendo) das Anstoßen; *met.* **1.** Unfall, Widerwärtigkeit: belli Niederlage im Krieg. **occ.** das Unwohlsein, Erkrankung: corporum. **2.** Verdruß, Unwille, Ungunst, Feindschaft: populi Mißstimmung *N,* sine offensione ohne Verdrießlichkeiten, magna cum offensione zu großem Unwillen *N,* ad res certas offensio Ekel, accendere offensiones *T.*   Dav. *dem.*

offēnsiuncula, ae, *f.* kleiner Anstoß, kleine Schlappe.

offēnsō **1.** (*frequ.* v. offendo) **1.** anstoßen: capita *L.* **2.** (in der Rede) stocken *Q.*

I. offēnsus *pt. pf. pass.* v. offendo.

II. offēnsus 3 (offendo) **1.** beleidigt, gekränkt, aufgebracht: in eum *N,* alicui. **2.** anstößig, zuwider, verhaßt: populo, civibus.

of-ferō, ferre, ob-tulī (op-tulī), ob-lātus (§ 56, Abs. 1) **1. entgegenbringen, darbieten, zeigen:** dextram Philippo *Cu,* speciem Anblick bieten *Cu*; *met.* quam in partem fors obtulit ihn brachte, cohortes fors offert führt entgegen, locum bietet dar; *med.* u. *refl.* **sich darbieten, sich zeigen, erscheinen, entgegentreten:** foedum omen se obtulit *Cu,* mihi sese offert Amyntas begegnet mir *V,* Allecto se offert iuveni erscheint *V*; *met.* oblātā occasione; res oblata Erscheinung *V*; **occ. feindlich entgegentreten, sich widersetzen:** se hostibus. *met.* **2. antragen, darbieten, zur Verfügung stellen:** spem imperii, se ad ferramenta prospicienda, operam suam *L,* se medium paci als Frie-

officina   313   **omen**

densvermittler *V.* **3. erweisen, zufügen, antun:** alicui beneficium, auxilium, mortem parenti. **4. preisgeben, aussetzen:** se telis, morti, invidiae, caput periculis.

officīna, ae, *f.* (aus opi-ficīna, § 42) Werkstätte; Atelier; *meton.* Schule; Brutstätte, Herd: nequitiae, eloquentiae, rhetorum.

of-ficiō 3. fēcī, fectus (ob, facio, § 43) **1.** in den Weg treten, sich entgegenstellen: apricanti, itineri hostium *S,* sibi ipsi in angustiis den Weg versperren *S.* **2.** *met.* beeinträchtigen, schädigen, hindern: commodis, nomini *L.*

officiōsus 3, *adv.* **ē** dienstfertig, gefällig, willig; **occ.** labores willig übernommen, dolor.   Von

officium, ī, *n.* (aus *opi-facium v. opus u. facio, vgl. §§ 66, 43, 44 u. opifex) **1. Dienst, pflichtmäßige Handlung, Pflichterfüllung:** adulescentis Handlungsweise *N,* officia itineris Verrichtungen auf dem Marsch. **occ. a. Gefälligkeit, Liebesdienst:** officium praestare *N,* officia exprobrare, suprema Bestattung *T.* **b. Ehrenbezeigung:** praetoris Ehrengeleit beim Amtsantritt *Pli,* togae virilis Feier der Anlegung der ... *Pli,* officii causa aliquem prosequi *L. meton.* **2. Dienstbarkeit, Gefälligkeit:** verbum plenum officii zuvorkommend, in rem p. **3. Dienst, Amt, Geschäft:** legatorum, privatum, maritimum Seedienst. **4. Pflicht, Verpflichtung, Schuldigkeit:** ab officio discedere der Pflicht untreu werden, officium servare, deesse officio; **occ. Gehorsam:** in officio manere treu bleiben *N,* aliquem in officio continere. **5. Pflichtgefühl, Pflichttreue:** pudor atque officium, vita rustica cum officio coniuncta est.

of-fīgō, ere einschlagen, befestigen *CL.*

of-firmō 1. festmachen: animum sich aufraffen *Pli;* dav. offirmātus 3 eigensinnig, verbissen; *intr.* animo sich verhärten *Ca.*

of-frēnātus 3 (ob, freno) 'am Zaum geführt'; getäuscht *C.*

of-fūcia, ae, *f.* (ob, fucus) Schminke *C;* *pl.* Täuschung, Blendwerk *C.*

of-fūdī *pf.* v. offundo.

of-fulgeō 2. fulsī entgegenglänzen: oculis *V.*

of-fundō 3. fūdī, fūsus **1.** hingießen, -schütten: aquam *C. met.* **2.** verbreiten; *med.* umgeben, sich ausbreiten: oculis caliginem schwinden machen *L,* caligo offunditur animis, offusa rei p. nox ausgebreitet über, religio offusa animo sich aufdrängend *L.* **3.** erfüllen: pectus, pavore offusus *T.*

Ōgygius 3 thebanisch [Ōgygēs, König von Theben] *O.*

ōh = ō; ōhē halt! *CH;* **oiei** o weh! *C.*

Oīleūs, eos u. eī, *m.* O. [König der Lokrer, Vater des Ajax].

Olbia, ae, *f.* O. [Stadt auf Sardinien]; *adi.* Olbiēnsis, e.

olea, ae, *f.* (v. oliva nach oleum, s. d.) **1.** Olive. **2.** Ölbaum; *dicht.* Ölzweig *Ti.*   Dav.

oleāginus 3 vom Ölbaum *NV.*

oleārius 3 (oleum) Öl-: cella Ölkeller; *subst.* Ölhändler *C.*

Ōlearos, ī, *f.* A n t i p a r o s [eine der Kykladen] *V.*

oleaster, strī, *m.* (olea) wilder Ölbaum *V.*

Ōlenius 3 ätolisch [v. Ōlenus in Ätolien]: capella = Amalthea *O.*

oleō 2. uī (statt *odeo, § 90, Anm., vgl. odor, ὄζω = ὄδϳω) **1.** riechen: olentes menthae *O;* **occ.** stinken: sulphure *O,* olens maritus Bock *H;* *met.* verba olentia veraltet *T;* mit *acc.* vina nach Wein riechen *H;* grave olens überriechend *V,* suave olens wohlriechend *V.* **2.** *met.* erkennen lassen, verraten: nihil (*acc.*) ex Academia; illud non olet unde sit? verrät es nicht seinen Grund?

oleum, ī, *n.* (gr. ἔλαι[Ϝ]ον; vgl. §§ 51 u. 21) Olivenöl; sprichw. o. addere camino Öl ins Feuer gießen *H,* o. et operam perdere = vergebliche Mühe aufwenden; bildl. genus verborum palaestrae magis et olei verrät zu sehr Schule und Fleiß.

ol-faciō 3. fēcī, factus (oleo) riechen; *met.* wittern.

olfactō, āre (*frequ.* von olfacio) beriechen *C.*

olfactus *pt. pf. pass.* v. olfacio.

ol-fēcī *pf.* v. olfacio.

Ōliaros = Olearos *O.*

olidus 3 (oleo) stinkend: caprae *H.*

ōlim (alter adv. *acc.* v. ollus, vgl. illim) *adv.* 'in jener Zeit'; **1. einmal, einst, vor Zeiten:** fuit o. senex 'es war einmal' *C.* **2. seit langem, längst:** sensus o. mero victi *Cu,* o. statio nautis *V.* **3. einstmals, künftig:** o. meminisse iuvabit *V.* **4.** [selten]: **jemals, einmal:** si o. fistula vestra amores meos dicat *V.* **5. manchmal, bisweilen:** pueris o. dant crustula doctores *H.*

olitor, olitōrius s. hol ...

olīva, ae, *f.* (ἔλαί[Ϝ]α, § 51) **1. Olive. 2. Ölbaum. 3.** *meton.* **Ölzweig;** *met.* undique decerpta *H.* **4. Stab** aus Olivenholz: incumbere olivae *V.*   Dav.

olīvētum, ī, *n.* Olivengarten.   Und

olīvi-fer 3 (§ 66) Oliven tragend *VO.*

olīvum, ī, *n.* (ἔλαι[Ϝ]ον, vgl. oleum) Öl; *meton.* die Palästra *H.*

ōlla, ae, *f.* Topf; vgl. I. aula (§ 52).

ollus 3 altl. = ille: olli *dat. sg.* u. *nom. pl. V.*

olō, ere = oleo *C.*

olor, ōris, *m.* Schwan *V.*   Dav.

olōrīnus 3 des Schwanes, Schwanen-: pinnae *V,* alae *O.*

olus, olusculum (§ 8, Anm.) s. hol ...

Olympia, ae, *f.* O. [dem Zeus heiliger Ort in Elis bei Pisa am Alphēus, Stätte der Olympischen Spiele]; *adi.* **Olympicus** u. **Olympiacus** 3 olympisch; *subst.* **Olympias,** adis, *f.* Olympiade [Zeitraum von vier Jahren zwischen den Olympischen Spielen]; d i c h t. quinquennis *O;* **Olympionīcēs,** ae, *m.* Sieger in den Olympischen Spielen; **Olympia,** ōrum, *n.* die Olympischen Spiele.

Olympos, u. **-us,** ī, *m.* O. [Bergname; bes. der Olymp an der Grenze von Makedonien u. Thessalien, Sitz der Götter]; *meton.* Himmel *CaVO;* *adi.* **Olympius** 3: Iuppiter *L.*

Olynthus, ī, *f.* O. [St. auf Chalkidike] *NSp;* Einw. Olynthiī *N.*

omāsum, ī, *n.* Rindskaldaunen, -innereien *H.*

ōmen, inis, *n.* (altl. osmen) **1.** Vogelzeichen, An-, Vorzeichen: secundo omine *H,* o. vertere in aliquid für

omentum | 314 | **operor**

etw. auslegen *VLCu*; **occ.** Wunsch, Glückwunsch: aliquem votis, ominibus lacrimisque prosequi. **2.** *meton.* feierlicher Brauch: primis ominibus iugare unter Auspizien *V*; regibus omen erat *V*.

ōmentum, ī, *n.* Netzhaut [um die Eingeweide] *Sp.*

ōminor 1. (omen) weissagen, prophezeien, ankündigen: male ominata verba unheilkündend *H.*

ōminōsus 3 (omen) unheilvoll, von übler Vorbedeutung *Pli.*

o-mittō 3. mīsī, missus (statt *om-mitto oder ōmitto, § 46) **1. wegwerfen, fahren lassen:** pila; **occ.** maritum verlassen *T.* met. **2. sein lassen, aufgeben:** rationem den Plan, obsessionem einstellen, omnibus rebus omissis unter Aufgabe von allem anderen, scelus inpunitum ungeahndet lassen *S*; mit *inf.* **aufhören;** **occ.** nihil inexpertum lassen *Cu*, tempus (hostem *L*) aus den Augen lassen; dav. **omissus** 3 nachlässig: ab re mit dem Geld *C.* **3. unerwähnt lassen, übergehen,** von etw. **absehen:** ut . . . omittam abgesehen von; mit indir. Fr.

omni-gena, ae, *m.*, *gen. pl.* ûm (omnis, genus, § 66) allerlei *V.*

omnīnō (*adv. abl.* v. *omnīnus 3 aus omnis, § 75) **1.** im ganzen, im allgemeinen, überhaupt, nur: erant o. itinera duo, aut o. aut magna ex parte. **2.** allerdings: omnino . . . nisi quod (sed). **3.** völlig, durchaus, ganz und gar, vollständig: o. neminem video, o. provinciam neglexit.

omni-parēns, entis (§ 66) Allmutter: terra *V.*

omni-potēns, entis (§ 66) allmächtig.

omnis, e **1.** all, [meist *pl.*] **alle;** *subst.* constat inter omnes allgemein *N*, omnia facere alles versuchen; *acc. adv.* omnia Mercurio similis in allem *V*; ad, per omnia in jeder Hinsicht *L.* **2. jeder, jederlei:** omni tempore jederzeit, omnibus mensibus jeden Monat, sine omni periculo ohne jede Gefahr. **3. allerhand, allerlei:** omnibus tormentis mit allen erdenklichen Foltern, omnibus precibus petere. **4. ganz, gesamt** [meist *sg.*]: Gallia in seiner Gesamtheit, commeatus, pecunia, terras omni dicione tenere uneingeschränkt *V*, non omnis moriar *H.* **5. lauter, nichts als:** triremes omnes, per omnia pacata durch lauter ruhiges Land *L*, laeta omnia nur Erfreuliches *T.*

omni-vagus 3 (§ 66) überall umherschweifend.

Omphalē, ēs, *f.* O. [Königin von Lydien, bei der Herkules in weiblicher Kleidung diente] *Pr.*

onager, grī, *m.* (ὄναγρος) Wildesel *V.*

Onchēsmītēs, ae, *m.* der O. [vom epirotischen Hafen Onchēsmus wehender günstiger Wind].

Onchēstius 3 aus Onchēstus [St. in Böotien] *O.*

onerārius 3 (onus) Last-: iumenta *L*, navis.

onerō 1. (onus) **1. beladen, belasten, bepacken:** plaustra *Cu*, commeatu naves *S*, manum iaculis bewaffnen *V*; vina cadis; Cereris dona canistris aufhäufen *V*; onerari epulis *O*, vino *S* sich mit . . . überladen; **occ. bedecken:** saxis bewerfen *Ph*, ossa aggere *V*, mensas dapibus besetzen *V.* met. **2. überhäufen, überladen:** aliquem contumeliis, promissis *S*, laudibus *L.* **occ. a. anklagen:** Seianum *T.* **b. reizen:** saevitiam *T.* **3. beschweren, belästigen:** argumentis

iudicem, aures *H.* **4. vergrößern, schwerer machen:** dolorem *Cu*, inopiam *L*, delectum avaritiā *T.*

onerōsus 3 schwer, drückend; *met.* lästig. Von

onus, eris, *n.* **1. Last, Ladung, Fracht:** iumentis onera imponere, merces atque onera Waren und Frachten; **occ. Leibesfrucht:** uteri *O.* **2. meton. Gewicht, Schwere:** turris tanti oneris. **3.** met. **a. Last, Schwierigkeit, schwere Aufgabe:** oneri esse alicui jemd. zur Last fallen, tristitiae *O*, officii. **b.** (drückende) **Abgabe, Schulden.**

E: vgl. ai. ánas- 'Lastwagen'. Dav.

onustus 3 (§ 29) **1.** beladen, bepackt: praedā beutebeladen, frumento (frumenti *T*). **2.** *meton.* voll: pharetra telis *T*, tergum vulneribus *T.* **3.** bedrückt: fame *T*, sacrilegio *Ph*, corpus betagt *C.*

onyx, ychis, *m.* (ὄνυξ) Alabasterfläschchen *H.*

opācitās, ātis, *f.* (opacus) Schattigkeit, Schatten *TSp.*

opācō 1. beschatten. Von

opācus 3 **1.** schattenspendend: nemus *V.* **2.** beschattet, schattig: herba *O*, opaca locorum Schatten *V*, frigus *V.* **3.** met. finster, dunkel: Tartara *O*, nox *V.*

opella, ae, *f.* kleine Arbeit *H.* Dem. von

opera, ae, *f.* (vgl. opus)

---

1. **Arbeit, Mühe, Bemühung, Tätigkeit;** 2. *occ.* **Dienst, Dienstleistung, Hilfe;** *meton.* 3. **Zeit, Muße, Gelegenheit;** 4. **Handlung, Tat;** 5. **Arbeiter, Knecht, Geselle;** *occ.* **Helfershelfer.**

---

1. homines in operas mittere zur Arbeit, operam ponere in re verwenden, fortium virorum tapfere Taten *L*; bes. **dare** (navare, tribuere, insumere) **operam** rei alicui **sich** mit etw. **beschäftigen, sich Mühe geben:** funeri beiwohnen *O*; mit ut (ne) sich bemühen, daß; datā (deditā) operā mit Fleiß, absichtlich, est operae pretium es ist der Mühe wert, non operae est es lohnt sich nicht *L*, operae pretium facere sich ein Verdienst erwerben *L*; meā (tuā, suā, alicuius) operā durch mein Zutun (auch: durch meine Schuld); eādem (unā *C*) operā zugleich, ebensogut *L.* **2.** imperatoris *N*, imperatori operam dare erweisen, operam praestare in re militari Kriegsdienste leisten. **3.** deest mihi opera habe keine Zeit und keine Lust. **4.** [Gegs. consilium] dicta experiri et operis et factis *C.* **5.** mercennariae Lohnarbeiter, nona neunter Knecht *H.* **occ.** operarum gladii, theatrales Claqueure *T.* Dav.

operārius 3 Arbeits-: homines; *subst.* Handlanger, Taglöhner; linguā celeri Phrasendrescher.

operculum, ī, *n.* (§ 37) Deckel *L.* Von

operiō 4. eruī, ertum (vgl. aperio) **1. zu-, bedecken:** amphoras auro *N*, classem lapidum nimbo *L.* **occ. a. verhüllen:** capite operto. **b. verschließen:** lecticam. **c. begraben:** reliquias pugnae *T.* met. **2. bedecken, beladen:** infamiā opertus *T.* **3. verdecken, verbergen, verhehlen:** operta bella geheime Zwietracht *V*; *subst. n.* operta telluris die Tiefen *V.*

operor 1. (opus) **1.** mit etw. beschäftigt sein, arbeiten; mit *dat.* scholae *Q*, liberalibus studiis *T*; malis verwickelt sein in *Ti*; in cute curanda *H*; *subst.* operantes Schanzarbeiter *T.* **2.** der Gottheit dienen, ein Opfer

operosus | 315 | **opprimo** O

verrichten, opfern: deo *Ti*, Libero *Cu*, in arvis *V*, vidit se operatum *T.*

operōsus 3, *adv.* ē (opera) **1. geschäftig, tätig:** dierum der sich mit den Tagen beschäftigt *O*, senectus. **2. mühevoll, mühsam, beschwerlich:** labor. **3. kunstvoll, kunstreich:** templa *O*, aes kunstreich gebildet *O*. *met.* **4. wirksam:** herba *O*.

opertum *pt. pf. pass.* v. operio.

operuī *pf.* v. operio.

opēs s. ops.

Ophias, adis, *f.* Ophierin [aus dem Stamm der ätolischen Ophiones] *O.*

Ophiūsius 3 zyprisch [Ophiūsa Zypern] *O.*

ophthalmiās s. opthalmias.

Opicus 3 = Oscus; [appellativ]: roh, bäurisch *Sp.*

opi-fer 3 (ops, fero, § 66) hilfeleistend, hilfreich *O.*

opi-fex, ficis, *m.* (opus, facio, §§ 66 u. 41) **1.** Werkmeister, Erbauer: mundi Schöpfer; *met.* verborum Wortbildner. **2. occ.** Handwerker. Dav.

opifícīna, ae, *f.* (§ 87, Abs. 2) = officina *C.*

ōpiliō, ōnis, *m.* (*ovipilio v. ovis) Schafhirt *V.*

opīmitās, ātis, *f.* Herrlichkeit; *pl. C.* Von

opīmus 3 (wohl zu ops) **1.** fett, reich: boves, Asia; bildl. dictionis genus überladen. *met.* **2.** reich an ...: copiis *L*, casibus an Wechselfällen *T.* **3.** stattlich, reichlich, ansehnlich, herrlich: habitus corporis, praeda, dapes *V*, triumphus *H*; opima spolia Feldherrnrüstung [der röm. Feldherr nahm sie dem gegnerischen Führer ab, nachdem er ihn im Zweikampf getötet hatte] *VL.*

opīnābilis, e (opinor) auf Vorstellung beruhend, eingebildet.

opīnātiō, ōnis, *f.* (opinor) Vorstellung, Einbildung.

opīnātus 3 (*pt. pf. pass.* v. opinor) eingebildet.

opīniō, ōnis, *f.* **1. Vermutung, Meinung:** impendentis mali Ahnung, de diis Vorstellung, ut opinio fert (est) nach meiner Ansicht, venit mihi (adducor) in opinionem ich komme zu der Ansicht *N*, praebere opinionem timoris scheinbar Furcht zeigen, latius opinione weiter als man denkt. **occ. a. Erwartung**; *obi.* trium legionum; *subi.* praeter (contra) omnium opinionem wider aller Erwarten, opinione celerius unerwartet schnell. **b. Einbildung:** vanae religionis Wahn *Cu*, bonorum von Gütern. **2. Ruf:** ingenii *N*, equitum; opinionem capere sich erwerben, malignitatis *T*; **occ. Gerücht:** opinio erat edita in vulgus hatte sich verbreitet. Von

opīnor 1. (opinō *C*) vermuten, wähnen, glauben, meinen: aliquid; mit *acc. c. inf.*; [parenthetisch]: (ut) opinor.

E: v. *opiō, ōnis 'Meinung'; vgl. opto.

opi-parus 3, *adv.* ē (ops, pario, § 66) reichlich, herrlich.

opisthographus 3 (ὀπισθόγραφος) auf der Rückseite beschrieben *Pli.*

Opitergium, ī, *n.* O d e r z o [St. in Venezien] *T.*

opitulor 1. (ops u. tuli, § 66) helfen, beistehen: inopiae abhelfen *S.*

opobalsamum, ī, *n.* (ὀποβάλσαμον) Balsam; dav.

opobalsamētum, ī, *n.* Balsampflanzung *Sp.*

oportet 2. uit es ist nötig, gebührt, geziemt sich, man

soll; mit *inf.* (bei unbestimmtem Subj.), *acc. c. inf.*, *coni.*

oportūn...s. opportun...

op-pēdō, ere anfurzen = verhöhnen *H.*

op-perior 4. pertus sum (vgl. experior) **1. intr.** abwarten, warten. **2. trans.** erwarten.

op-petō 3. īvī (iī), ītum entgegengehen: malam pestem (dicht.) dem Unheil, poenas büßen *Ph*; mortem u. *abs.* Tod erleiden, sterben.

oppidānus 3 (oppidum) aus einer Landstadt, städtisch; **occ.** kleinstädtisch; *subst.* Städter.

oppidātim (oppidum) *adv.* städteweise *Sp.*

oppidō *adv.* ganz, sehr; o. quam ungemein, überaus.

oppidulum, ī, *n.* Städtchen *H.* *Dem.* von

op-pidum, ī, *n.*, *gen. pl.* auch ûm **1.** Befestigung. **2.** *meton.* fester Platz, Landstadt, Stadt; Rom *L 42, 20, 3.*

op-pīgnerō 1. als Pfand einsetzen, verpfänden.

op-pīlō 1. (pīlum) verrammeln, versperren, verschließen.

op-pleō 2. plēvī, plētus (vgl. compleo) (an)füllen; *met.* erfüllen.

op-pōnō 3. posuī, positus **1. entgegenstellen, -setzen, -legen;** *pass.* **gegenüberstehen, -liegen:** auriculam hinhalten *H*, fores oppositae zugemacht, verschlossen *O*, manum fronti *O*, oculis manūs an die Augen legen *O*; oppidum oppositum Thessaliae gegenüberliegend; **schützend entgegenstellen:** urbs barbaris ut propugnaculum opposita *N*, turrim ad portum, moles fluctibus. *met.* **2. ein-, aussetzen, preisgeben:** pro pignoribus corpora *Cu*, ad periculum; pignori verpfänden *C.* **3. vorhalten:** terrorem. **4. dagegen vorbringen, einwenden:** quid opponas, si negem? **5. gegenüberstellen:** multis secundis proeliis unum adversum.

opportūnitās, ātis, *f.* **1. günstige, bequeme Lage:** loci; *meton.* günstiger Ort *Cu.* **2. günstige Zeit, gute Gelegenheit:** temporis günstiger Zeitpunkt, aetatis *S.* **3. günstige Anlage:** membrorum. **4. Vorteil:** opportunitate datā; belli militärischer Vorteil. Von

op-portūnus 3, *adv.* ē **1. günstig, bequem, geeignet gelegen:** locus, urbs; mit *dat.*, ad. *met.* **2.** (zeitlich) günstig, gelegen: tempus, venire opportune. **3. geschickt, gewandt;** [von Sachen] **geeignet, nützlich:** vir *L*, opportune accidit es traf sich gut, res. **4. bloßgestellt, ausgesetzt:** hosti(bus) *NL*, iniuriae *S*; *n. pl.* opportuna bedrohte Punkte *LT.*

E: aus (ventus) ob portum (veniens), urspr. Ausdruck der Seemannssprache.

I. oppositus *pt. pf. pass.* v. oppono.

II. oppositus, ūs, *m.* (oppono) **1.** das Entgegenstellen: laterum. **2.** das Vortreten: lunae.

op-posuī *pf.* v. oppono.

op-pressī *pf.* v. opprimo.

oppressiō, ōnis, *f.* (opprimo) Gewalttat, Überfall *C*; *met.* Unterdrückung: legum.

oppressor, ōris, *m.* Unterdrücker. Von

op-primō 3. pressī, pressus (premo, § 41)

I. 1. nieder-, zu Boden drücken; *occ.* **erdrücken, ersticken;** *met.* **2. niederhalten, ersticken, unter-**

opprobrium   316   **Opus**

drücken; *occ. a.* stürzen; *b.* knechten; *c.* überwälti-
gen, vernichten; 3. bedrängen.
   II. überfallen; *met.* überraschen.

I. 1. onere armorum, classis oppressa versenkt.
occ. senem iniectu vestis *T.* **2.** invidiam *N,* ora zu-
halten *O,* flammam aquā, litterae oppressae nicht
ausgesprochen, dolorem, libertatem. **a.** insontem
falso crimine *L.* **b.** patriam *N.* **c.** bello eum *N,* le-
gionem. **3.** somno oppressus in tiefem Schlaf, oppri-
mi invidiā, aere alieno. **II.** hostem inopinantem,
incautos *L*; *met.* clade, igni *L,* fraude loci täu-
schen *V.*

op-probrium, ī, *n.* (probrum) **1.** Beschimpfung; a b -
s t r. Vorwurf, Schimpf: opprobria dicere *O*; alicui
opprobrio est bereitet Schande. **2.** *meton.* [v. Perso-
nen] Schande, Schandfleck: maiorum *T.*

op-probrō, āre (probrum) vorwerfen *C.*

oppūgnātiō, ōnis, *f.* (oppugno) **1.** Bestürmung,
Sturmangriff, Belagerung; **occ.** Belagerungsmethode:
Belgarum. **2.** *met.* Widerspruch.

oppūgnātor, ōris, *m.* Angreifer.   Von

op-pūgnō 1. **1.** bestürmen, angreifen, bekämpfen:
Spartam *N,* Aegyptum *N.* **2.** *met.* angreifen, ange-
hen: consilia *C,* aliquem.

ops, opis, *f., nom.* u. *dat. sg.* ungebräuchlich. **I.** *sg.* u.
pl. **1.** **Macht, Kraft, Vermögen:** omni ope niti *S,* non
opis est nostrae ich vermag nicht *V.* **2.** *sg.* **Hilfe, Bei-
stand:** opis indigere brauchen *N,* sine ope divina,
opem ferre; [selten] *pl.* alienarum opum indigens *N.*
II. *pl.* **1. Mittel, Vermögen, Reichtum:** regiae *Cu,* ru-
ris *O,* opes et copiae. **2. Einfluß, Macht:** Lacedaemo-
niorum *N,* Catilinae. **3. Truppenmacht, Streitkräfte:**
regiae *NCu.* **III.** *nomen pr.* **Ops** [Göttin der Fruchtbar-
keit] *O*; ad Opis (*sc.* aedem) = auf dem Kapitol.
E: ai. áp-n-as- 'Ertrag, Habe', gr. ὄμπη 'Getreide, Be-
sitz'.

opsōn ... s. obson ...

optābilis, e (opto) wünschenswert.

optātiō, ōnis, *f.* (opto) Wunsch.

optātus 3 (opto) erwünscht, ersehnt, willkommen, lieb;
subst. **optātum,** ī, *n.* Wunsch; *abl. adv.* **optātō** nach
Wunsch.

opthalmiās, ae, *m.* (ὀφθαλμίας, § 93, Abs. 1) Neun-
auge [eine Fischart] *C.*

optigō (§ 43) = obtego *C.*

optimās, ātis (optimus) aristokratisch: status rei p.,
matronae *Ennius*; *subst.* **optimās,** ātis, *m.* Aristokrat,
Optimat; meist *pl.* optimātēs, um u. ium die Optima-
ten, die aristokratische Partei.

optimus, optimē s. bonus, bene.

optineō s. obtineo.

optiō, ōnis (v. *opio, *opĕre, s. opto) **1.** *f.* Wahl,
Wunsch, freier Wille. **2.** *meton. m.* Optio [Stellvertreter
und Adjutant des Zenturio] *T.*

optīvus 3 (vgl. opto) erwählt, erwünscht *H.*

optō 1. (*frequ.* eines alten *opio, opĕre) **1.** ausersehen,
wählen: locum tecto für das Haus *V,* externos du-
ces *V.* **2.** wünschen: alicui mortem *L*; mit ut, ne,
coni., inf., acc. c. inf.; **optandus** 3 wünschenswert.

optrudō = obtrudo *C.*

op-tueor, ērī (2. P. optuere) hin-, ansehen *C.*

optumus, optumē [altl.] s. bonus, bene.

optundō = obtundo *C.*

opturbō = obturbo *C.*

opulēns, entis, *adv.* **enter** (ops) reich, reichlich, herr-
lich.   Dav.

opulentia, ae, *f.* Reichtum, Macht.

opulentō, āre reich machen: bacis olivae *H.*   Von

opulentus 3 (Nbf. zu opulens) **1.** reich, wohlhabend,
reichlich: oppidum, gazae; mit *abl.; gen. T*; *subst. n.*
regionis opulenta der Reichtum *Cu.* **2.** ansehnlich,
herrlich, glänzend: stipendia, victoria *L.* **3.** mächtig,
stark: reges *S.*

opus, eris, *n.* (ai. ápas) Werk, Arbeit, u. zw.

   I. **1. Arbeit, Beschäftigung, Tätigkeit;** *occ.* jede
spezielle Tätigkeit; **2.** *meton.* das vollendete **Werk,**
die fertige **Arbeit;** *occ.* **Bauwerk, Bau.**
   II. **1. Tat,** das **Tun; 2. Ausführung, Kunst, Stil;**
3. Mühe, Anstrengung.
   III. **opus est es ist nötig, man braucht; 1.** mit
nom.; **2.** mit *abl.*; **3.** mit *gen.* [selten].

   I. 1. fabrilia Schmiedearbeit *V,* magni operis est ein
tüchtiges Stück Arbeit *Cu,* Martis Kampf *V.* **occ.**
F e l d a r b e i t : patrio rure facere opus *O.* W e i d -
w e r k *H.* B a u t ä t i g k e i t, das B a u e n : opus facere
bauen helfen *N,* opus fit man baut *N.* S c h a n z b a u,
B e f e s t i g u n g s a r b e i t : in opere occupatus mit
Schanzarbeit beschäftigt; locus naturā et opere muni-
tus durch Natur und menschliche Arbeit. W i r k u n g :
tela diversorum operum *O.* **2.** pictores et poëtae
suum quisque opus a vulgo considerari vult. **occ.**
ponit opus das Labyrinth *O,* urbis von der Stadt gebau-
tes Schiff *V.* V e r s c h a n z u n g, B e f e s t i g u n g s l i -
n i e : tumulum operibus magnis munire. B e l a g e -
r u n g s w e r k : urbem operibus claudere, saepire.
B e l a g e r u n g s m a s c h i n e : opera incendere *N,*
operibus oppugnare *L.* D a m m : flumen operibus
obstruere. K u n s t w e r k : marmoreum Statue *O,* po-
cula, opus Alcimedontis *V.* L i t e r a t u r w e r k : ora-
torium; carmina, elegi, mirabile visu opus *H.*
II. 1. operibus eum anteire, immortalia *L*; quod
sui operis erat agebat was seine Sache war *L,* quibus
unum opus est deren einziges Tun es ist *H.* **2.** mate-
riam superabat opus den Stoff übertraf die Ausfüh-
rung *O,* simulacrum singulari opere, Corinthiis ope-
ribus abundant korinthische Kunstgegenstände. **3.** Bes.
in den *Iuxtap.* (§ 67) magn(o)-opere, summo, ma-
ximo opere gar sehr, überaus, nimio opere allzu sehr.
III. 1. mit S u b j. si quid ipsi a Caesare opus esset
wenn er etwas von Caesar brauche, maritumi milites
opus sunt tibi *C*; mit *inf., acc. c. inf.,* selten ut; ohne
S u b j. sic opus est *O,* nihil opus est. **2.** auxilio *N,*
coniecturā, divinatione; quid opus sit facto zu
tun *N,* properato Eile, consulto Überlegung *S.* **3.** [Sel-
ten]: argenti *L,* temporis *L.*

Opūs, ūntis, *f. O.* [St. in Lokris am Euripus] *LO*; *adi.* u.
Einw. Opūntius *HL.*

opusculum   317   **ordo** O

opusculum, ī, *n.* (*dem.* v. opus) kleines Werk *H.*
I. ōra, ae, *f.* **1.** Küste, Küstenland: Thraciae *N,* litoris Uferrand *V;* **meton.** Küstenbewohner: Campaniae oram descivisse *T.* **2.** Gegend, Himmelsgegend, Zone: gelida *H,* globus terrae duabus oris habitabilis; luminis orae Tages-, Sonnenlicht *V.* **3. met.** Saum, Rand, Ende: clipei orae *V,* belli Kriegsschauplatz *V,* silvae *L.* E: aus *ōs-ā, Kollektivum zu ōs.
II. ōra, ae, *f.* Tau, Seil *L.*
ōrāc(u)lum (§ 37), ī, *n.* (oro) **1.** Spruch, Ausspruch: physicorum; **occ.** Götterspruch: Apollo oraculum edidit. **2. meton.** Orakelstätte, Orakel: Iovis *Cu;* b i l d l. civitatis.
ōrāria navis (I. ora) Küstenschiff *Pli.*
ōrātiō, ōnis, *f.* (oro)

---

1. **Sprache,** das **Sprechen;** *meton.* 2. **Sprech-weise, Darstellung, Ausdruck;** 3. **Worte, Äußerung;** 4. (kunstmäßige) **Rede, Vortrag;** *occ.* *a.* **Thema;** *b.* **Beredsamkeit;** 5. **Prosa;** 6. **kaiserlicher Befehl, kaiserliches Handschreiben.**

---

1. ferae sunt rationis et orationis expertes. **2.** utraque beide Ausdrucksarten [rhet. u. philosophischer Ausdruck], concinna, contorta. **3.** Parum oratione reconciliare Unterredung *N,* captivorum, hac oratione adducti Auseinandersetzungen, Platonis Behauptung. **4.** orationem habere halten, perpetua zusammenhängender Vortrag *N.* **a.** orationis principium invenire, oratio deesse nemini potest. **b.** satis in eo fuit orationis. **5.** et in poëmatis et in oratione peccatur. **6.** principis *T.*   Dav. *dem.*
ōrātiuncula, ae, *f.* kleine Rede.
ōrātor, ōris, *m.* (oro) **1.** Sprecher (einer Gesandtschaft), Unterhändler, Vermittler: Veientes oratores Romam mittunt *L.* **2.** (kunstmäßiger) Redner.   Dav.
ōrātōrius 3, *adv.* **ē** rednerisch, Redner-.
ōrātrīx, īcis, *f.* (orator 1.) Vermittlerin.
orbātor, ōris, *m.* (orbo) Räuber der Kinder [oder] Eltern *O.*
orbiculātus 3 (orbis) kreisrund.
Orbilius, ī, *m.* O. [Grammatiker, Lehrer des Horaz] *HSp.*
orbis, is, *m.* (*locat.* orbi terrae)

---

1. **Kreis,** das **Rund, Rundung;** 2. *met.* **Kreislauf, Kreis, Umkreis;** 3. *meton.* **runde Fläche, Scheibe, Rad;** *occ.* [alles Scheibenförmige].

---

1. rotae *O,* equitare in orbīs *V;* **occ.** orbem facere, in orbem consistere [milit.] ein Karree bilden; lacteus Milchstraße, signifer Tierkreis, finiens Horizont. **2.** stellae orbes suos conficiunt Kreisbahnen, anguis rapit orbīs windet sich *V,* triginta volvendis mensibus orbes Jahresabläufe *V,* idem orbis in singulos annos volvitur dieselbe Erscheinung kehrt im Kreislauf jedes Jahr wieder *L,* in orbem im Kreis *L;* orationis, verborum (*rhet.*) Periode. **3.** mensae Tischplatte *O,* genuum Kniescheibe *O,* clipei der runde Schild, die einzelne Schildplatte *VO,* Fortuna stans in orbe Glücksrad *O;* s p r i c h w. circumagitur orbis 'das Blatt wen-

det sich' *L.* **occ.** luminis *O,* oculorum *V* Auge; orbis (solis *L*) Sonne *V;* medius (caeli) Himmelsgewölbe *V;* terrarum Erdkreis, bewohnte Welt, terrae Erde, Welt; **meton.** Menschengeschlecht, Welt; d i c h t. = Land, Gebiet: Crete, qui meus est orbis *O,* Eous Morgenland *O.*
orbita, ae, *f.* (orbis) Wagengleis; **met.** Pfad *V.*
orbitās, ātis, *f.* (orbus) Verwaistheit; Kinderlosigkeit.
orbō 1. (orbus) **1.** verwaisen, der Eltern [oder] Kinder berauben. **2. met.** berauben: rem p. auxilio.
Orbōna, ae, *f.* O. [Göttin der Kinderlosigkeit].   Von
orbus 3 **1.** verwaist. **a.** elternlos: filii. **b.** kinderlos: Cinyras *O;* mit *gen.* Memnonis *O.* **c.** verwitwet: a viro *O; subst.* orbi orbaeque Waisen u. Witwen *L.* **2. met.** **verwaist, beraubt:** eloquentia; mit *abl.* terra mortalibus *O,* forum litibus *H; gen.* luminis *O.* E: gr. ὀρφ-αν-ός, § 7, got. u. ahd. arbi 'das Erbe'.
orca, ae, *f.* Tonne *H.*
Orcadēs, um, *f., acc.* as die O r k n e y - Inseln *T.*
orchas, adis, *f.* (ὀρχάς) [länglichrunde] Olive *V.*
orchēstra, ae, *f.* (ὀρχήστρα) die O. [Sitzplatz der Senatoren im Theater] *Sp.*
Orchomenos u. **-us,** ī, *m.* O. [**1.** St. in Böotien. **2.** St. in Arkadien *LO*]. Einw. v. **1.** Orchomeniī.
orcīnus 3 u. **orcīvus** 3 (Orcus) Toten-: senatores [nach Caesars Tod gleichsam durch sein Testament in den Senat gekommen] *Sp.*
Orcus, ī, *m.* **1.** Unterwelt, Totenreich. **2. meton.** Tod: Orcum morari den Tod warten lassen = fortleben *H.* **3.** O. [Gott der Unterwelt].
ōrdinārius 3 (ordo) ordentlich *LSp.*
ōrdinātim (ordo, § 79) *adv.* reihen-, gliedweise.
ōrdinātiō, ōnis, *f.* (ordino) Regelung *Sp.*
ōrdinātus 3 geordnet, ordentlich.   Von
ōrdinō 1. (ordo) **1. in Reihen bringen, reihen:** arbusta sulcis in Reihen pflanzen *H,* agmina in Schlachtreihe aufstellen *H,* copiae ordinatae *N;* voluntarios gliedern *L.* **met. 2. ordnen:** eo volumine magistratūs in ihrer Abfolge aufzeichnen *N,* magistratūs aliter in anderer Reihenfolge aufstellen *L,* publicas res in ihrer Reihenfolge darstellen *H,* annos zählen *H.* **3. regeln:** gentem die Verhältnisse *Cu,* fata *Cu,* artem praeceptis *L.* **4. einsetzen:** magistratūs *Sp.*
ōrdior 4. ōrsus sum (verw. mit ordo) **1. anfangen, beginnen:** orationem. **2. occ. zu reden beginnen, anfangen:** unde ordiar? sic Iuppiter orsus dies waren Juppiters Worte *V.* Dav. **ōrsa,** ōrum, *n.* das **Beginnen, Unternehmen** *VL;* **occ.** Worte, Rede *V.*
ōrdō, inis, *m.* (orior)

---

1. **Reihe, Schicht;** 2. *occ.* (milit.) **Glied, Reih und Glied, Linie;** 3. **Abteilung, Zenturie;** 4. *meton.* **Zenturionenstelle, Zenturio;** 5. (politisch) **Stand, Klasse, Abteilung;** 6. (abstr.) **Ordnung, Reihenfolge, Regel.**

---

1. arborum, flammarum Feuerlinie *V,* caespitum, cratium Schichten, signorum der Himmelszeichen *V;* terno consurgunt ordine remi Reihen der Ruderbänke *V;* XIV ordines Theatersitzreihen [der Ritter, daher]: in XIV ordinibus sedere Ritter sein; comi-

Ordovices   318   **orthographia**

tum *V.* **2.** ordine egredi aus der Reihe treten, ordines observare in Reih u. Glied bleiben *S*, commutare die Stellung ändern *S.* **3.** ordinem ducere eine Zenturie befehligen, aliquem in ordinem cogere degradieren, bildl. hintansetzen *L*; eiusdem ordinis aus derselben Zenturie. **4.** spes ordinum auf Zenturionenstellen, decimus das Kommando der 10. Zenturie *L*, inferiores geringere Kommandos; primi ordines Zenturionen der ersten Zenturien, eum ab octavis ordinibus ad primipilum traducere vom Rang eines Zenturio der 8. Kohorte zum Zenturio der 1. Kohorte vorrücken lassen. **5.** omnium ordinum homines *N*, equester Ritterstand *N*, pedester die Bürger, welche zu Fuß dienen *L*; **occ.** senatorius, amplissimus der Senat, Mutinensis der Stadtrat von Modena *T*, publicanorum Klasse der Steuerpächter. **6.** nullo ordine ohne Ordnung, saeclorum Zeitenfolge *V*, rerum Reihe von Taten *V*, fatorum Lauf des Schicksals *V*, mearum rerum Zustand *C*, vitae Lebensregel *H*. Adv. ordine **a.** der Reihe nach: enumerare *N*; **b.** ordnungsgemäß, ordentlich: perfectis ordine votis *V*; ex (in *V*) ordine der Reihe nach; extra ordinem außer der Ordnung.

Ordovicēs, um, *m.* die O. [Volk im nördl. Wales] *T.*

Orēas, adis, *f.* (Ὀρειάς) Oreade [Bergnymphe] *VO.*

Orestae, ārum, *m.* die O. [Volk im sw. Makedonien] *LCu.*

Orestēs, ae u. is, *m.* O. [Sohn Agamemnons u. Klytämnestras; nimmt wegen der Ermordung seines Vaters Blutrache an seiner Mutter]; *adi.* **Orestēus** 3: dea = Diana [deren Bild Orestes von Tauris nach Aricia gebracht haben soll] *O.*

Oreus, ī, *f.* O. [St. im Norden Euböas] *L.*

organum, ī, *n.* (ὄργανον) chirurgisches Instrument *Sp*; Musikinstrument, Orgel *Sp.*

Orgetorīx, īgis, *m.* O. [vornehmer Helvetier; organisierte 58 die Auswanderung seines Volkes].

orgia, ōrum, *n.* (ὄργια) nächtliche Bacchusfeier.

orichalcum, ī, *n.* (ὀρείχαλκος, § 92) Messing.

Ōricum, ī, *n.* O. [Seest. im nördl. Epirus]; *adi.* **Ōricius** 3; Einw. **Ōricīnī.**

oriēns, entis, *m.* (*sc.* sol; *pt.* v. orior) **1.** Sonnengott *V.* **2.** *meton.* Morgen [Himmelsrichtung], Osten: simulacrum ad orientem convertere; **occ.** Tag(esanfang): septimus *O.* **3.** Morgenland, Orient.

orientālēs, ium, *m.* Morgenländer, Orientalen *Sp.*

orīgō, inis, *f.* (orior) **1. Ursprung:** doloris, fontium *H*; Origines 'Urgeschichte' [Werk des älteren Cato]; **occ. Abstammung, Geburt:** familiarum *N*, clarus origine *O*, modicus originis *T.* **2.** *meton.* **Stamm, Geschlecht:** ultima uralt *N*, pulchra *V.* **3. Stammvater, Ahnherr:** Romanae stirpis *V*, gentis *T*; melioris mundi, fontis Urheber *O*; **occ. Mutterstadt,** -land: urbes originibus suis praesidio fuere *S*, Iudaea o. eius mali *T.*

Ōrīōn, ŏnis, *m.* O. [Jäger aus Böotien, von Diana getötet; Sternbild, dessen Auf- u. Untergang Stürme bringt]. NB: dicht. Ōrīon, Ōriŏnis, Ōriŏnis u. a.

orior 4. ortus sum, oritūrus (vgl. ὄρ-νυ-μι, ὄρωρα) **1. sich erheben:** consul oriens de nocte *L*; *met.* oritur tempestas *N*, seditio *Cu*, clamor, bellum. **2. auf-**

gehen, sichtbar werden, sich zeigen: ad orientem solem gegen Osten, orta luce am Morgen; oritur monstrum zeigt sich *V.* **3. entstehen, entspringen:** Rhenus oritur ex Lepontiis, Tigris in montibus *Cu*; Caucaso *Cu*; bildl. aestus oriuntur treten ein *Cu*; a natura amicitia orta. **4. abstammen, geboren werden:** stirpe regia *Cu*, a Germanis, ex concubina ortus *S.* **5. wachsen:** oriens uva, pinus *V*, olea *T*; ego a me ortus verdanke meinen Adel mir selbst [= homo novus]. **6. anfangen, ausgehen, beginnen:** Belgae a Galliae finibus oriuntur, initium turbandi a femina ortum *L.*

Ōrītae, ārum, *m.* die O. [Volk in Belutschistan] *Cu.*

oritūrus *pt. fut.* v. orior.

oriundus 3 (orior) abstammend; mit ab, ex; Albā *L.*

ōrnāmentum, ī, *n.* (orno) **1. Ausrüstung, Rüstung:** pacis Bedürfnisse. **2. Schmuck, Kleinod:** triumphalia Insignien *T. met.* **3. Schmuck, Zierde:** rei p., oratoria, ornamento esse alicui. **4. Auszeichnung, Ehre:** honoris, populi *R.*

I. ōrnātus 3, *adv.* ē (orno) **1. (aus)gerüstet:** elephantus *N*, exercitus *N*, naves armis. *met.* **2. geschmückt, zierlich, schön:** in oratione gewählt *N*, ornate dicere geschmackvoll. **3. ehrenvoll, rühmlich:** locus. **4. geehrt, geachtet:** honoribus; ornatissimus adulescens, eques, civis.

II. ōrnātus, ūs (-ī *C*), *m.* **1. Ausrüstung, Ausstattung:** caeli, gladiatorum *L.* **2. Ausschmückung:** urbis; oratio ornatu comitata. **3.** *meton.* **Zierat, Kleidung, Kostüm:** novus *C*, militaris Rüstung *N*, regius. **4.** *met.* **Schmuck, Zier:** ornatum orationi adferre.   Von

ōrnō 1. (*ord[i]no, § 42) **1. ausstatten, -rüsten, versehen:** triremem armatis bemannen *N*, classes, convivium, magistratūs mulis *L.* **2. schmücken:** hominem torque *N*, templum; **occ. frisieren:** ornata capillos *O. met.* **3. schmücken, aufputzen:** orationem, causam. **4. auszeichnen, (be)ehren, fördern:** civitatem omnibus rebus, eius mortem monumento.

ornus, ī, *f.* Bergesche *VHO.*

ōrō 1. (ōs) **1. sprechen, reden:** talibus dictis *V*, pro se *L*, orandi nescius schlechter Redner *T, subst.* orantes Redner *T*; **occ.** vortragen, verhandeln: litem (causam *L*) vor Gericht vorbringen. **2.** um etw. bitten, ersuchen: oranti aures praebere *O*; aliquem; auxilium *L*; multa deos *V*, auxilia regem *L*; veniam dapibus *O*; mit *coni.*, ut, ne; dicht. u. nachkl. *inf., acc. c. inf.*

Oroanda, ōrum, *n.* O. [St. in Pisidien]; Einw. Oroandēnsēs *L.*

Orōdēs, is u. ī, *m.* O. [König der Parther].

Orontēs, is u. ī, *m.* O. [Hauptfluß von Syrien] *VO.*

Orpheūs, eī, *m.* O. [Gemahl der Eurydike, Sohn des Apollo und der Kalliope] *VO*; *adi.* **Orpheūs** u. **Orphicus** 3. NB: gr. Dekl. *gen.* eos, *dat.* eī oder ī *V, acc.* ea, *voc.* eū.

ōrsa s. ordior.

ōrsus *pt. pf. act.* v. ordior.

orthographia, ae, *f.* (ὀρθογραφία) Rechtschreibung *Sp.*

Ortīnae 　　　　　　　319 　　　　　　　**osus sum** O

Ortīnae classes v. Orta [St. in Etrurien] *V.*
I. ortus *pt. pf. act.* v. orior.
II. ortus, ūs, *m.* (orior) **1.** Aufgang: solis et lunae; *meton.* Osten: ab ortu ad occasum. *met.* **2.** Entstehung, das Aufkommen: amicitiae. **3.** Herkunft, Geburt: ab Elide ducimus ortus *O*, ante ortum.
Ortygia, ae u. **-ē, ēs,** *f.* O. [**1.** Insel vor Syrakus. **2.** dicht. Name von Delos]; *adi.* zu **2.** Ortygius 3: dea = Diana, boves [v. Apollo gehütet] *O.*
orȳza, ae, *f.* (ὄρυζα) Reis *H.*
I. ōs, ōris, *n.* (ai. ās 'Mund')

　　A. **1. Mund, Maul;** *occ.* **Schnabel, Rachen; 2.** *met.* **Mündung, Öffnung, Eingang; 3.** *meton.* **Sprache, Rede.**
　　B. **1.** *synecd.* **Antlitz, Gesicht;** *occ.* **Augen, Gegenwart; 2.** *met.* **Maske, Larve; 3.** *meton.* **Frechheit, Dreistigkeit.**

　　A. 1. oris hiatus; uno ore einstimmig, volgi Volksmund *T*; **Phrasen:** in ore (omnium, vulgi) esse in aller Leute Mund sein, zum Gerede dienen, in ore habere im Mund führen, in ora hominum venire (abire *L*) ins Gerede kommen; **occ.** canum *O*, cornicis *O*; rostrata Schiffsschnäbel *H*; **bildl.** belli os Rachen. **2.** portūs, ulceris *V*, specūs *T*; Tiberis *L*; per ora novem Quellen, Schlünde *V*. **3.** os atque oratio Stimme und Redeweise *N*, ora sono discordia fremdklingende Sprache *V*, profundum tiefsinnig *H*; **occ.** Latinum Mundart *Pli.* **B. 1.** in os adversum gerade ins Gesicht, ora oculosque in aliquem convertere. **occ.** per ora vestra vor euren Augen *S*, in ore hominum versari (agere *T*) sich öffentlich zeigen. **2.** Gorgonis, ora corticibus cavatis *V*. **3.** duri puer oris *O*, os hominis insignemque impudentiam cognoscite.
II. os (gesprochen oss, also positionslang), ossis, *n.* (vgl. ai. asthi, gr. ὀστ-οῦν) **1.** Knochen, Bein; *pl.* Gebeine. **2.** *met.* das Innerste: per ima cucurrit ossa tremor Mark und Bein *V*, exarsit dolor ossibus im Herzen *V*.
Osca, ae, *f.* Huesca [St. nw. von Zaragoza] *Sp; adi.* **Oscēnsis,** e: argentum *L*; Einw. **Oscēnsēs,** ium, *m.*
ōs-cen, cinis, *m.* (obs- u. cano, § 41) Weissagevogel [Rabe, Krähe, Eule; aus deren Geschrei weissagten die Auguren].
Oscī, ōrum, *m.* die O. [Volk in Kampanien]; *adi.* **Oscus** 3: ludi, ludicrum = die Atellanen.
ōscillum, ī, *n.* (*dem.* v. osculum) kleine Maske *V.*
ōscitanter *adv.* schläfrig, teilnahmslos. 　　　Von
ōs-citō (-or *C*), āre gähnen; **ōscitāns** schläfrig, teilnahmslos.
　E: ōs citō 'den Mund bewegen'.
ōsculor **1.** küssen; *met.* herzen, liebkosen, verwöhnen: inimicum, scientiam iuris zärtlich lieben. 　　Von
ōsculum, ī, *n.* (*dem.* v. ōs) **1.** Mündchen, Mäulchen: oscula libavit natae berührte sanft den zarten Mund *V.* **2.** *meton.* Kuß.
Oscus 3 s. Osci.
Osī, ōrum, *m.* die O. [germ. Volk an den Kleinen Karpathen] *T.*

Osīris, is, *m.* O. [Gemahl der Isis, Schutzgott Ägyptens].
Osismī, ōrum, *m.* die O. [kelt. Volk in der Bretagne].
Ossa, ae, *m. f.* O. [Berg in Thessalien]; *adi.* Ossaeus 3.
os-tendō 3. tendī, tentus *C*, spät tēnsus (statt obstendo) **1. entgegenstrecken, -halten:** glaebas Aquiloni aussetzen *V*; *met.* mihi eius defensio ostenditur. **2. darbieten, zeigen, sehen lassen:** epistulam *N*, telum inimico, necopinato te ostendisti erschienst; vocem hören lassen *Ph*; oppugnationem scheinbar vorbereiten *L*. *met.* **3. in Aussicht stellen, versprechen:** spem praemiorum, spem falsam vorspiegeln, viam salutis *V*, ostenditur victoria steht in Aussicht *L.* **4. an den Tag legen, offenbaren, zeigen:** animi robur *Cu*, se alicui inimicum *N*, odium patris ostenditur zeigt sich. **5. erklären, eröffnen, darlegen:** adventūs causam *N*, aliquem nocentem nachweisen *Pli*; sicut (supra) ostendimus; mit *acc. c. inf.,* indir. Fr.
ostentātiō, ōnis, *f.* (ostento) **1.** das Zeigen, Offenbaren: ostentationis causā um sich zu zeigen; saevitiae die zur Schau gestellte Wildheit *L*, virium absichtliche Entfaltung *T.* **2.** Prahlerei, das Prunken: sui et potentium mit seiner Wichtigkeit und der Gunst der Machthaber. **3.** Schein: inanis.
ostentātor, ōris, *m.* **1.** Ankündiger: periculorum *T.* **2.** Prahler, Aufschneider: factorum *L.* 　　Von
ostentō **1.** (*frequ.* v. ostendo) **1. entgegenhalten:** iugula sua pro alterius capite, Tydiden vorhalten *O.* **2. zeigen, zur Schau stellen, offenbaren:** capillum passum, cicatrices *L*, patientiam; **occ. prahlen:** Ambiorigem sich prahlend auf A. berufen. **3. in Aussicht stellen, versprechen:** mercedem *L*, praedam *S*; **occ. androhen:** defensoribus formidinem *S.* **4. beweisen, aufzeigen, erklären;** mit *acc. c. inf.*
ostentum, ī, *n.* (ostendo) **1.** Anzeichen, Wunder. **2.** *meton.* Scheusal, Ungeheuer: aulae *T.*
I. ostentus *pt. pf. pass.* v. ostendo.
II. *ostentus, ūs, *m.* (ostendo) [meist *dat.*] das Zeigen, Schaustellung: ut Iugurthae scelerum ostentui essem damit Iugurthas Verbrechen sich an mir zeigen *S*, ut o. esset (pallor) daß sich daran zeige *T*, o. corpora abiecta zur Schau *T*, o. clementiae um zu zeigen *T*; **occ.** 'Spiegelfechterei': deditionis signa o. credere seien nur Schein *S.*
Ostia, Ostiēnsis s. ostium.
ōstiārius, ī, *m.* (ostium) Pförtner, Portier *Sp;* **ōstiārium,** ī, *n.* Türsteuer.
ōstiātim (§ 79) *adv.* von Haus zu Haus. 　　Von
ōstium, ī, *n.* (ōs) **1.** Tür, Tor: carceris. *met.* **2.** Zu-, Eingang: portūs. **3.** Mündung: Tiberinum; Oceani = die Straße von Gibraltar. **4.** *synecd.* Behausung: ostia Ditis *V.* **Ostia,** ōrum, *n.* u. ae, *f.* Ostia [Hafen Roms an der Tibermündung]; *adi.* **Ostiēnsis,** e: provincia die Verwaltung von Ostia.
ostreum, ī, *n.* (ὄστρεον) u. **-a,** ae, *f.* Auster.
ostri-fer 3 (ostrum, § 66) austernreich *V.*
ostrīnus 3 purpurn *Pr.* 　　　　Von
ostrum, ī, *n.* (ὄστρεον) Purpur; *meton.* Purpurstoff, -gewand, -decke.
ōsūrus *pt. fut.* v. odi.
ōsus sum *C* s. odi.

Otho   320   **Paeligni**

Othō, ōnis, *m.* O. [*cognomen*]. **1.** L. Roscius O. [tr. pl. 67, dessen Gesetz den Rittern die ersten 14 Sitzreihen im Theater zuwies]. **2.** M. Salvius O. [Kaiser 69 n. Chr.] *T*; *adi.* **Othōniānus** 3 (§ 75, Abs. 1).

Othrys, yos, *m.* O. [Gebirge im südl. Thessalien] *VO.*

ōtiolum, ī, *n.* (*dem.* v. otium) geringe Muße.

ōtior 1. (otium) untätig sein, faulenzen.

ōtiōsus 3, *adv.* **ē** (ōtiōssē *C*) **1.** müßig, unbeschäftigt: urbani Bummler, großstädtische Müßiggänger *L*, peregrinatio unnötig *Cu*, pecuniae nicht angelegt *Pli.* **2. occ.** frei von Staatsgeschäften, der Muße gewidmet, literarisch beschäftigt: senectus; senibus otiosum est (mit *inf.*) vertreiben sich die Zeit damit *T.* **3.** ruhig, geruhsam, friedlich: annus ab hoste ungestört; *subst.* otiosi friedliebende Bürger *T*; **occ.** sorglos: aliquem otiosum reddere die Ruhe wiedergeben, orator nachlässig *TQ.*   *Von*

ōtium, ī, *n.* **1.** Muße, Ruhe, Nichtstun: otium sequi müßig sein, languere otio Müßiggang. **2.** freie Zeit, Muße, Studium, literarische Beschäftigung: se in otium conferre sich ins Privatleben zurückziehen; *meton.* Früchte

der Muße: nostra *O.* **3. occ.** politische Ruhe, Friede: pax atque otium, deducere rem ad otium friedlich beilegen, ab hoste otium est man hat Ruhe vor *L.*

Ovidius 3 im *n. g.* P. O. Naso [der Dichter der Metamorphoses, Fasti, Tristia, Heroides u. a., geb. in Sulmo 43, gest. in der Verbannung in Tomi 17 n. Chr.].

ovīle, is, *n.* (ovis, § 87, Abs. 1) **1.** Schafstall, Hürde; **occ.** Ziegenstall *Ti.* **2. met.** Abstimmungsplatz [auf dem Marsfeld] *L.*

ovīllus 3 (*dem.* v. ovīnus zu ovis) Schaf-: grex *L.*

ovis, is, *f.* (ai. ávi-š, gr. ὄις = ὄϝις) Schaf.

ovō, āre (meist ovāns = *evāns, εὐάζω, εὐοῖ, § 48) **1.** jubeln, frohlocken. **2. occ.** den kleinen Triumph (die Ovation) feiern; **met.** ovantes currus Triumphwagen *Pr.*

ōvum, ī, *n.* (ᾠόν, verw. mit avis = *ovis, § 50, ὀ[ϝ]ιωνός) Ei; sprichw. ab ovo usque ad mala 'von der Suppe bis zur Nachspeise' *H*; geminum Doppelei [der Leda] *H*; ovo prognatus eodem [Pollux] *H. Met.* sieben eiförmige Figuren [im Zirkus, mit denen die Umläufe der Wagen gezählt wurden] *L.*

Ōxus, ī, *m.* der Amu-Darja [Fl. in Asien] *Cu.*

P

P. = Publius, **P. C.** = patres conscripti, **P. M.** = pontifex maximus, **P. R.** = populus Romanus.

pābulātiō, ōnis, *f.* (pabulor) das Futterholen.

pābulātor, ōris, *m.* Futterholer; milit. Furier.   *Von*

pābulor 1. Futter holen; milit. furagieren.   *Von*

pābulum, ī, *n.* (pasco) **1.** Futter; dicht. meist *pl.* Gras, Weide: pabula secare. **2. met.** Nahrung, Speise.

pācālis, e (pax) Friedens-: laurus *O*, flammae der Friedensgöttin *O.*

pācātus 3 (paco) beruhigt, friedlich, ruhig; *subst. n.* Freundesland, befreundetes Land *L.*

Pachȳnos, ī, *f.* u. **-um,** ī, *n.* (§ 92) P. [Vorgebirge, die Südspitze Siziliens].

pāci-fer 3 (pax, fero, § 66) Frieden bringend *VO.*

pācificātiō, ōnis, *f.* (pacifico) Friedensstiftung.

pācificātor, ōris, *m.* Friedensstifter *L.*   *Von*

pācificō 1. Frieden schließen; **occ.** sich um Frieden bemühen *S.*   *Von*

pāci-ficus 3 (§§ 66 u. 41) Frieden stiftend.

pacīscor 3. pactus sum (zu pax, pango) **1.** *intr.* übereinkommen, einen Vertrag schließen, **sich einigen, verabreden;** mit ut. **2.** *trans.* **a.** sich ausbedingen: a Iugurtha vitam *S*, mulierem; puellam sich mit dem Mädchen verloben *L.* **b. sich verpflichten;** mit *inf.*; **occ. vertauschen, eintauschen:** vitam (letum) pro laude *V.*

pācō 1. (pax) friedlich machen: vomere silvas urbar machen *H*; **occ.** unterwerfen: Galliam.

Pacorus, ī, *m.* P. [Sohn des Orodes, Partherkönig].

pactiō, ōnis, *f.* (paciscor) Verabredung, Übereinkunft, Vergleich, Vertrag: pactionem facere, conficere schließen (de re, ut), arma per pactionem tradere kapitulie-

ren *L.* **occ. a.** geheimes Abkommen: spe pactionis *S.* **b.** Versprechen: provinciae *S.*

Pactōlus, ī, *m.* P. [goldführender Fl. in Lydien]; *adi.* **Pactōlis,** idis, *f.*: Pactolidēs nymphae *O.*

pactor, ōris, *m.* (paciscor) Vermittler, Stifter.

pactum, ī, *n.* (paciscor) **1.** Übereinkunft, Vertrag, Vergleich: ex pacto vertragsgemäß *N*, pacto stare am Vertrag festhalten *L*, pacta ligare *Pr.* **2. meton.** im *abl.* Art, Weise: nullo pacto wirklich nicht, durchaus nicht, nescio quo pacto irgendwie, eodem, alio, isto pacto.

I. pactus 3 (paciscor) **verabredet, versprochen:** pretium; **occ. verlobt:** Lavinia *L*, pactae Bräute *V*; *abl. abs.* pacto nach Übereinkunft *L.*

II. pactus *pt. pf.* v. paciscor oder pango.

Pactyē, ēs, *f.* P. [St. an der Propontis in Thrakien] *N.*

Pācuvius, ī, *m.* M. P. [um 220—130, Neffe des Ennius, Tragiker].

Padus, ī, *m.* der Po.

Padūsa, ae, *f.* P. [der südlichste Arm des Po] *V.*

Paeān, ānis, *m.* (Παιάν) Heilgott [Apollo]. *Meton.* **1.** Päan, (apollinischer) Festhymnus, Jubelgesang, -ruf, Siegeslied. **2.** Päan [Versfuß v. drei kurzen u. einer langen Silbe].

paedagōgium, ī, *n.* (παιδαγωγεῖον) Pagenschule, -zimmer *Pli.*

paedagōgus, ī, *m.* (παιδαγωγός) Erzieher, Ratgeber.

paedor, ōris, *m.* Schmutz, Unrat.

paelex, icis, *f.* (πάλλαξ) Kebsweib, Nebenfrau; sororis, matris Nebenbuhlerin *O.*   *Dav.*

paelicātus, ūs, *m.* Konkubinat.

Paelignī, ōrum, *m.* die P. [Volk um Corfinium]; *adi.* Paelignus 3: anus zauberkundig *H.*

paene — 321 — **palleo** **P**

paene *adv.* beinahe, fast, so gut wie; bei *verb.* (mit *ind.*): p. interiit wäre fast umgekommen *N*, periculis p. oppressa est res p.; bei *adi.* u. *adv.*: p. orbus *O*, p. simul cum patre triumphavit; quam paene *H*; *sup.* **paenissumē** gänzlich, ganz und gar *C*.

paen-īnsula, ae, *f.* (§ 53) u. paene īnsula Halbinsel *CaL*.

paenitentia, ae, *f.* Reue. Von

paenitet (paene), paenituit. 1. u n p e r s .: **a.** es mißfällt, reut, ärgert, verdrießt: aetatis maxime paenitebat am meisten mißfiel seine Jugend *L*; gew. die Pers. im *acc.*, die Sache im *gen.*: me meorum factorum numquam paenitebit; mit *inf.*, *acc. c. inf.*, quod, indir. Fr. **b.** (mit Negation) es gefällt, genügt, ich bin nicht abgeneigt: minime paenitere se virium suarum sie seien zufrieden *L*. **2.** p e r s ö n l .: Mißfallen finden, bereuen: ipsi paenitendum puto er dürfte es bereuen, haud paenitendus anerkennenswert *L*.

paenula, ae, *f.* (ὁ φαινόλης, §§ 92, Abs. 2; 91, Abs. 2 u. 3) Reisemantel; dav. **paenulātus** 3 im Reisemantel.

I. Paeōn, onis, *m.*, *pl.* **Paeonēs**, um die Päonier [Volk in Makedonien am Oberlauf des Axius]; Landsch. **Paeonia**, ae, *f.*; **Paeonis**, idis, *f.* Päonierin *O*.

II. Paeōn, ōnis, *m.* **1.** = Paean (s. d.) [Heilgott]; *adi.* **Paeōnius** 3: herbae heilsam *V*, mos Brauch der Ärzte *V*. **2.** = paean [Versfuß].

Paestum, ī, *n.* P. [St. in Lukanien]; *adi.* u. Einw. Paestānus.

paetulus 3 = paetus 3. *Dem.* von

paetus 3 verliebt blinzelnd, leicht schielend *H*.

pāgānus 3 (pagus) dörflich, ländlich: foci *O*; *occ.* Zivilist *PliT*.

Pagasaeus 3 v. Pagasae [Seest. in Thessalien]: puppis, carina = die Argo *O*, coniunx = Alkestis *O*; *subst.* Jason *O*.

pāgātim (pagus, § 79) *adv.* dorfweise, gemeindeweise *L*.

pāgella, ae, *f.* Seite. *Dem.* von

pāgina u. *dem.* **pāginula**, ae, *f.* Blatt, Seite.

pāgus, ī, *m.* **1.** Gau, Bezirk: unum pagum adoriri. **2.** *occ.* Dorf: pagi foraque *L*; *meton.* Landvolk, Dorfbewohner: pagus agat festum *O*.

pāla, ae, *f.* **1.** Spaten *L*. **2.** Fassung [eines Edelsteins am Ring; andere Lesart: palea *Cicero De off. 3, 38*].

Palaemōn s. Melicerta.

palae (πάλαι) *adv.* alt; [in Stadtnamen (*Iuxtap.*)]: **Palae-pharsālus** P. [St. in Thessalien] *L*; **Palae-polis** 'Altstadt', bei Nea-polis; Einw. Palaepolītānī *L*; **Palae-tyros** Alt-Tyrus *Cu.*

Palaestē, ēs, *f.* P. [St. in Epirus]; *adi.* Palaestīnus 3: deae die Furien *O*.

Palaestīnus 3 palästinisch: aqua Euphrat *O*; *pl. subst.* die Syrer *O*, Palästiner *T*.

palaestra, ae, *f.* (παλαίστρα) **1.** Ringschule, -platz. **2.** *meton.* Ringkunst: palaestrae dare operam *N*. **3.** *met.* Schule, Kunst: adiuvat palaestra histrionem. Dav.

palaestricus 3 in der Ringschule geläufig: palaestricī motūs eingelernte Bewegungen.

palaestrīta, ae, *m.* (παλαιστρίτης) Ringer.

Palae-tyros s. palae.

palam **I.** *adv.* **1.** offen, öffentlich: non occulte, sed palam. **2.** offenkundig, bekannt: de morte p. factum est *N*, testamentum p. facere. **3.** offenbar: p. vana *T*. **4.** unverhohlen: mortem p. praedicare. **II.** *praep.* beim *abl.* in Gegenwart, vor: p. populo *L*.

Palātīnus 3 **1.** palatinisch: collis *O*. **2.** kaiserlich: laurus *O*. Von

Palātium, ī, *n.* **1.** der Palatin [Hügel in Rom]. **2.** Palast.

palātum, ī, *n.* **1.** Gaumen. **2.** *meton.* Geschmack. **3.** *met.* Wölbung: caeli.

palea, ae, *f.* Spreu.
E: ai. palā́ vah 'Spreu, Hülse'.

palear, āris, *n.* meist *pl.* Wamme [palea 'Hahnenbart', § 87; vom Hals herabhängende Hautfalte beim Rind] *VO.*

Palēs, is, *f.* P. [Hirtengöttin]; *adi.* **Palīlis**, e der Pales geweiht; flamma Strohfeuer am Fest der Pales.

Palīcus, ī, *m.*, gew. *pl.* P. [Zwillingsbrüder, an einem Schwefelsee bei der St. Palica auf Sizilien verehrt] *O.*

Palīlia, ium, *n.* (auch **Parīlia** nach § 38, 1) (Pales) die P. [Hirtenfest am 21. April, dem Gründungstag Roms].

Palīlis, e s. Pales.

palimpsēstos, ī, *m.* Palimpsest [παλίμψηστος 'wieder abgeschabt'; Pergament mit weggekratzter Schrift].

Palinūrus, ī, *m.* P. [Steuermann des Äneas; nach ihm das Kap südl. von Pästum benannt].

paliūrus, ī, *f.* (ὁ παλίουρος) Christwurz *V.*

palla, ae, *f.* Mantel, langes Obergewand [der römischen Frauen, auch der tragischen Schauspieler].

Pallacīnae balneae [Bäder neben dem Circus Flaminius].

I. Pallas, adis u. ados, *f.* (Παλλάς) P. [Beiname der Athene = Minerva]: Palladis arbor = Ölbaum *O*, ars = Spinnen und Weben *O*, ales = Eule *O*, ignes [im Vestatempel] *Pr*; *meton.* **1.** Ölbaum: bacifera *O*; **2.** Öl: infusa *O*; *adi.* **Palladius** 3: ramus Ölzweig *V*, corona aus Ölzweigen *O*, latices Öl *O*, ratis = der Argo *O*, arx = die Burg von Troja *Pr*, arces = die Burg von Athen *O*; *subst.* **Palladium**, ī, *n.* P. [Bild der Pallas in Troja, Garant der Staatsexistenz, später im Vestatempel in Rom].

II. Pallās, antis, *m.* (Πάλλας) P. [**1.** Urgroßvater des Euander *V*. **2.** Sohn des Euander *V*]. *Adi.* zu **1. Pallantius** 3: heros = Euander *O*; **Pallantēus** 3; *subst.* **Pallantēum**, ī, *n.* P. [St. in Arkadien *L*, in Latium *V*]; **Pallantias**, adis, -is, idis u. idos *f.* Aurora [Tochter des Titanen Pallas] *O*; *meton.* Tag: Pallantide caesus eādem *O.*

Pallēnē, ēs, *f.* P. [westl. Landspitze der Chalkidike] *O*; *adi.* Pallēnēnsis, e *L.*

pallēns, entis **1.** fahl, blaß, bleich: terrore *O*. **2.** gelblich, gelbgrün, mattgrün: auro *O*; herbae, olivae *V*. **3.** *meton.* blaß machend: morbus *V*, fama sorgenbringend *T*. Von

palleō 2. uī **1.** fahl, blaß sein: metu *O*. *met.* **2.** entfärbt, entstellt sein: fastigia pallebant musco *O*, seges vitio caeli *O*. **3.** krank sein: argenti amore *H*. **4.** *meton.* sich ängstigen, in Furcht sein: pueris für *H*, pontum für *H*.
E: ai. palitáḥ 'altersgrau', gr. πολιός 'grau', ahd. falo 'fahl'. Dav. *incoh.*

pallesco 322 **pannosus**

pallēscō 3. palluī **1.** fahl werden, erblassen: super his *H.* **2.** *met.* gelb werden: palluit auro wurde zu Gold *O.* **3.** *meton.* sich ängstigen: nullā culpā *H.*
palliātus 3 (pallium) im griechischen Mantel *Sp.*
pallidulus 3 ziemlich bleich *Ca.* *Dem.* von
pallidus 3 (palleo, § 74) blaß, bleich; häßlich; *meton.* bleich machend: mors *H.*
palliolum, ī, *n.* gr. Mäntelchen. *Dem.* von
pallium, ī, *n.* (palla) **1.** der [gr.] Mantel; s p r i c h w. tunica propior pallio das Hemd ist mir näher als der Rock *C.* **2.** Bettdecke *PrO.*
pallor, ōris, *m.* (palleo) **1.** Blässe: pallorem ducunt rami werden gelb *O.* **2.** *meton.* Angst, Furcht.
palluī *pf.* v. palleo oder pallesco.
palma, ae, *f.* (gr. παλάμη, ahd. folma 'Hand'.)

> I. **1.** flache Hand; 2. Hand.
> II. **1.** Dattel; *meton.* 2. Palme; 3. Palmzweig; *occ. a.* Besen; *b.* Siegeszeichen; *meton.* 4. Siegespreis, Sieg, Vorzug; 5. Ruhm.
> III. gew. **palmes**, itis, *m.*: Schößling, Baumzweig; *occ.* Rebschößling, Weinstock.

I. **1.** aliquem palma concutere *Pli.* **2.** passis palmis; primae palmae Fingerspitzen *Pr.* **II. 1.** rugosae *O.* **2.** stirpes palmarum. **3. a.** lutulenta *H.* **b.** palmae pretium victoribus *V.* **4.** alicui palmam dare, praemia palmae des Sieges *V,* palmam Entello relinquunt *V; meton.* tertia palma Diores dritter Sieger *V,* palmae equarum sieggekrönte Stuten *V.* **5.** belli Punici *L.* **III.** arborum *Cu,* cuiusque stipitis *L.* Dav.
palmāris, e (§ 38, 1) vorzüglich.
palmātus 3 (palma) mit Palmzweigen bestickt *L.*
palmes, itis, *m.* s. palma, III.
palmētum, ī, *n.* (palma II, 2, § 96, Abs. 2) Palmenhain.
palmi-fer u. **-ger** 3 (palma II, 2, § 66) palmentragend.
palmōsus 3 (palma II, 2) palmenreich *V.*
palmula, ae, *f. (dem.* v. palma) **1.** Ruder *V.* **2.** Dattel *Sp.*
pālor 1. (durch pāla v. pando) **1.** sich zerstreuen, umherschweifen: per agros *SL.* **2.** *met.* irren *O.*
palpātiō, ōnis, *f.* (palpor) Schmeichelei *C.*
palpātor, ōris, *m.* (palpor) Schmeichler *C.*
palpebra, ae, *f.* Augenlid. Von
palpitō, āre zucken. *Frequ.* von
palpor 1. streicheln; *met.* schmeicheln.
palūdāmentum, ī, *n.* Soldaten-, Feldherrnmantel.
palūdātus 3 im Soldatenmantel.
palūdōsus 3 (palūs) sumpfig, sumpfreich *O.*
palumbēs, is, *m. f.* Holztaube: raucae gurrend *V.*
I. **pālus**, ī, *m.* (statt *pag-slus v. pango, § 30) P f a h l.
II. **palūs**, ūdis, *f.* Sumpf, Morast, Pfuhl; *occ.* See, Fluß.
E: palvalá-m 'Pfuhl', gr. πηλός, πᾶλός 'Schlamm'. Dav.
palūster, tris, tre **1.** sumpfig, Sumpf-. **2.** im Sumpf lebend: ranae *O.* **3.** *n. pl. subst.* Sumpfgegend.
Pamphȳlia, ae, *f.* P. [Landsch. im südl. Kleinasien]; *adi.* Pamphȳlius 3.
pampineus 3 aus Weinlaub: vites rankenreich *O,* autumnus, hastae reich an Weinlaub *V.* Von

pampinus, ī, *m.* Weinlaub, Ranke.
Pān, Pānos, *m.* (Πάν) Pan [gr. Herden- u. Waldgott].
panacēa, ae, *f.* (πανάκεια, § 91, Abs. 2) Allheilkraut, Allheilmittel [erdichtete Pflanze] *V.*
Panaetius, ī, *m.* P. [Stoiker aus Rhodos].
Panaetōli(c)us 3 das gesamte Ätolien betreffend *L.*
pānārium, ī, *n.* (panis) Brotkorb *Pli.*
Panathēnaïcus, ī, *m.* Festrede [an den Panathenäen, den Festspielen zu Ehren der Athene].
Panchāia, ae, *f.* P. [mythische Insel im Roten Meer] *VTi; adi.* Panchaeus u. Panchāïus 3.
pancratiastēs, ae, *m.* (παγκρατιαστής) Ring- u. Faustkämpfer *Sp.* Von
pancratium, ī, *n.* (παγκράτιον) Ringen und Faustkampf *Sp.*
panctus *pt. pf. pass.* v. pango.
Pandāteria, ae, *f.* P. [kleine Insel westl. v. Ischia] *T.*
pandī *pf.* v. pando.
pandiculor, ārī (pando) sich recken *C.*
Pandīōn, onis, *m.* P. [König v. Athen, Vater der Prokne u. Philomele]; *adi.* Pandīonius 3 *O.*
pandō 3. pandī, passum (*causativ* zu pateo) **I.** ausbreiten, -strecken, -spannen: vela; manibus (palmis) passis; capillus passus aufgelöst, aciem entwickeln, ausbreiten *T;* **occ.** trocknen: passi racemi Rosinen *V,* lac passum Käse *O.* **II. 1.** öffnen, auftun: moenia *V,* guttura aufreißen *V;* **med.** sich öffnen: panduntur portae *V,* panditur planities dehnt sich aus *L.* met. **2.** gangbar machen, bahnen: rupem ferro *L,* viam fugae, salutis *L.* **3.** kundtun, bekanntmachen: requirenti nomen *O.*
pandus 3 (pando) eingebogen, eingedrückt, gekrümmt: lances hohl *V.*
Panēgyricus, ī, *m.* P. [Festrede des Isokrates zur Verherrlichung Athens].
Pangaea, ōrum, *n.* P. [Gebirge in Makedonien] *V.*
pangō 3. panxī, panctus und (im Sinne v. pacisci) pepigī, pactus **1.** fest-, einschlagen, einsenken: ancoram litoribus *O,* clavum *L,* colles bepflanzen *Pr.* **2.** 'zusammenfügen'; verfassen, dichten: poëmata *H,* pangendi facultas *T;* **occ.** besingen: facta patrum *Ennius.* **3.** festsetzen, bestimmen, verabreden, ausbedingen (= paciscor; nur Perfektformen): pacta dies, pacto foedere; mit ut, ne; *coni. T;* non prima temptamenta tui pepigi ich wollte dich nicht vorher auf die Probe stellen *V;* mit *inf.* versprechen, verheißen: fraudem ulcisci *T;* **occ.** [vom Ehevertrag] schließen, absprechen: quae pepigerunt parentes *Ca,* haec mihi se pepigit verlobte sich mit mir *O.*
Panhormus s. Panormus.
Pānicī milites (panis) 'Brotsoldaten' *C.*
pāniculus, ī, *m.* (s. panicum) Strohbüschel, Bürste *C.*
pānicum, ī, *n.* Hirse.
E: pānus 'Büschel der Hirse'.
pānis, is, *m.* (v. pascor) Brot.
Pāniscus, ī, *m.* (Πανίσκος) kleiner Pan.
Pannonia, ae, *f.* P. [röm. Provinz, vom Wienerwald, der Donau u. Save begrenzt]; Einw. **Pannoniī**, ōrum, *m.*
pannōsus 3 lumpig, zerlumpt. Von

pannus | 323 | **parens** **P**

pannus, ī, *m.* Tuch, Lappen; *occ.* ärmliches Kleid *H.*
E: πῆνος, got. u. ahd. fano 'Zeug, Tuch', nhd. 'Fahne', § 10.

Panomphaeus, ī, *m.* P. [Zeus als Weissagegott] *O.*
E: παν-ομφαῖος 'Urheber aller Orakel'.

Panopē, ēs, *f.* P. [St. in Phokis] *O.*

Pan(h)ormus, ī, *f.* **1.** Palermo. **2.** P. [St. auf Samos] *L.*

Pantagiēs, ae, *m.* P. [Flüßchen an der Ostküste Siziliens].

panthēra, ae, *f.* (πανθήρ, § 92, Abs. 1) Panther; dav. **panthērīnae** mensae mit gefleckter Maserung *Sp.*

Panthēum, ī, *n.* (Πάνθειον) das Pantheon [von Agrippa 27 in Rom erbaut, in seiner heutigen Gestalt als Rundtempel unter Hadrian neuerrichtet] *Sp.*

Panthoidēs, ae, *m.* Sohn des Panthus. **1.** = Euphorbus *O.* **2.** = Pythagoras [da dieser behauptete, in ihm wohne die Seele des Euphorbus] *H.* Von

Panthūs, ī, *m.,* *voc.* -ū P. [Vater des Euphorbus] *V.*

pantomīmus, ī, *m.* (παντόμιμος) Pantomime, Balletttänzer *T.*

panxī *pf.* v. pango.

Panyasis, is, *m.,* *acc.* in P. [Epiker um 450] *Q.*

papae *interi.* potztausend *C.*

papāver, eris, *n.* (*m. C*) Mohn, *pl.* Mohnkörner *O;* dav. **papāvereae** comae Mohnblüten *O.*

Paphlagō, onis, *m.* Paphlagonier; Landsch. **Paphlagonia,** ae, *f.* P. [an der Nordküste Kleinasiens].

Paphus, ī, *f.* P. [St. auf Zypern mit ber. Venustempel; *adi.* Paphius 3: myrtus [der Venus heilig] *O.*

pāpiliō, ōnis, *m.* (vgl. ahd. fifaltra, § 10) Schmetterling *O.*

papilla, ae, *f.* (vgl. papula) Brustwarze; *synecd.* Brust. *S.*

Papīrius 3 im *n. g.* P; *adi.* lex *L.*

papula, ae, *f.* Blatter, Bläschen *V.*

papȳrus, ī, *f.* (πάπυρος) Papyrusstaude; *meton.* 'Papier' *Ca;* dav. **papȳri-fer** 3 (§ 66) Papyrusstauden tragend *O.*

pār, păris, *adv.* **pariter** (s. pariter).

I. *adi.* **1.** gepaart, ähnlich; **2.** gleichkommend, gleich; *occ.* gleich stark; **3.** jemd. gewachsen; **4.** entsprechend, schicklich, angemessen.
II. *subst.* **1.** *m.* Gegner. **2.** *n.* das Paar.

I. 1. quaeret parem eine Gefährtin *H;* sprichw. pares cum paribus facillime congregantur gleich und gleich gesellt sich gern, imago p. ventis ähnlich *V,* ludere par impar 'Gerade oder Ungerade' *H.* **2.** pari modo gleicherweise *N,* pari atque dictator imperio mit derselben Befugnis wie, par quam *L,* par pari respondere bar bezahlen, paria horum gleiche Vorgänge wie diese *N,* par cum liberis *S;* facies p. nobilitate gleich mit *O;* par libertate gleich an, ad virtutem *L,* cantare im Gesang *V.* *occ.* in facultate, animo ac viribus *L.* **3.** armis *N,* alicui parem esse standhalten, sich messen; pari proelio discedere unentschieden kämpfen. **4.** conubium *Ca;* meist par est mit *acc. c. inf.* es ziemt sich. **II. 1.** habeo parem *L.* **2.** columbarum *O,* amicorum, par nobile fratrum *H.*

parābilis, e (paro) leicht zu beschaffen.

Paraetacēnē, ēs, *f.* P. [Bergland nördl. von Persepolis] *Cu;* Einw. **Paraetacae,** ārum, *m. N.*

Paraetonium, ī, *n.* P. [Hafenst. westl. v. Alexandria] *O.*

Paralus, ī, *m.* P. [attischer Heros].

Parapamīsus, ī, *m.* der Hindukusch; Anwohner **Parapamīsadae,** ārum, *m. Cu.*

paraphrasis, is, *f.* (παράφρασις) Umschreibung *Q.*

parasīta, ae, *f.* (parasitus) Schmarotzerin *H.*

parasītaster, trī, *m.* schlimmer Schmarotzer *C.* Von

parasītus, ī, *m.* Schmarotzer; *adi.* **parasīticus** 3: ars *C.*
E: παράσιτος 'mitessend'.

parātiō, ōnis, *f.* (paro) das Streben: regni *S.*

I. parātus 3, *adv.* ē (paro)

---

1. fertig, bereit; *occ.* bereitliegend, bei der Hand; **2.** vorbereitet, gerüstet, geneigt, entschlossen; **3.** wohlgerüstet, kampffertig, schlagfertig; **4.** gut vorbereitet, geschult, bewandert.

---

1. victoria leicht, bequem *L,* urbs *V;* ad bella *Cu,* in verba zum Sprechen *O,* adpulsui *T.* *occ.* naves, quae forte paratae *V.* **2.** sic animo so gestimmt, ad facinus, in utrumque *V,* acies parata neci *V;* mit *inf.* **3.** adversarii *N,* naves. **4.** ad usum forensem, parate dicere, simulatione geübt in der Verstellung *T.*

II. parātus, ūs, *m.* (paro) Einrichtung, Ausstattung, (die) Anstalten: funebris Leichenbegängnis *T,* Tyrii Purpurkleid *O,* Syriae invadendae der Plan, S. anzugreifen *T.*

Parca, ae, *f.* Schicksalsgöttin, Parze.
E: *par(i)ca, zu pario, § 42; 'Geburtsgöttin'.

parcimōnia s. parsimonia.

parcō 3. pepercī (vorkl. parsī), parsūrus (ahd. sparōn) **1.** sparen, sparsam umgehen: futuro für die Zukunft *V,* talenta gnatis für die Kinder *V;* sonst *dat.* sumptu. *met.* **2.** (ver)schonen, berücksichtigen: quibus in bello parserat fortuna *N,* vitae, subiectis *V.* **3.** sich zurückhalten, sich enthalten, sich hüten vor: metu (*dat.*) *V,* parcebant flatibus wehten nicht *V,* lamentis *L.* **4.** mit *inf.* lassen, unterlassen. [Selten]: ab incendiis *L,* contumeliis dicendis (*abl.*) *L.*

parcus 3, *adv.* ē (parco) **1.** sparsam, karg, kärglich: pater; aceti mit *H,* parce vivere. **2.** *meton.* spärlich, wenig: lucerna mit wenig Öl *Pr,* lintea parca vento dare selten *O,* parcius quatere fenestras seltener *H,* sal *V,* parce gaudere *Ph.* **3.** *met.* sich mäßigend, zurückhaltend, enthaltsam: verba schonend *O,* in largiendo, civium sanguinis *T.*

pardalis, is, *f.* (πάρδαλις) Pantherweibchen *Cu.*

pardus, ī, *m.* (πάρδος) Panther *Sp.*

I. pārēns, entis (pareo) gehorsam; *subst. pl.* Untertanen *S.*

II. pārēns, entis, *m. u. f.,* *gen. pl.* um u. ium (pario) **1.** *m.* Vater: mortem offerre parenti. **2.** *f.* Mutter: Euandri = Carmenta *O,* Idaea deûm = Kybele *V.* **3.** *m. pl.* Eltern: pietas in parentes. **4.** *occ.* **a.** Vorfahr, Ahnherr: more parentum *V,* ultor parentis seines Großvaters Akrisius *O,* Tros *V.* **b.** Angehöriger,

parentalis   324   **pars**

Verwandter *CuSp.* **5.** *met.* (*m. f.*) **Stifter, Urheber, Gründer:** artium p. philosophia, lyrae Erfinder *H.* Dav.
parentālis, e (§ 38, 1) **1.** elterlich: umbrae *O.* **2.** zur Totenfeier [urspr. der Eltern] gehörig: dies *O,* Mars Kampf zu Ehren des Toten *O.* **3.** *subst. n. pl.* Totenfeier.
parentō 1. (parens) **1.** ein Totenopfer darbringen: duci *Cu.* **2.** *met.* Sühnopfer darbringen, rächen (*dat.*): civibus R., irae befriedigen *Cu.*
pāreō 2. uī, itūrus **1.** erscheinen, sich zeigen; u n - p e r s. es ist klar, erwiesen: caeli cui sidera parent dem ... bekannt sind *V.* **2.** *met.* gehorchen, folgen: imperio, Caesari untertan sein; **occ.** sich leiten lassen, nachgeben: irae *N,* promissis nachkommen *O,* necessitati.
E: gr. πεπαρεῖν 'vorzeigen'.
Pariāna civitas Parium [in Mysien].
pāricīda, pāricīdium s. parr ...
pariēs, etis, *m.* Wand: intra parietes auf privatem Weg.
parietinae, ārum, *f.* (paries) Gemäuer, Ruinen.
Pariī s. Paros.
Parīlia s. Palīlia.
parilis, e (par, § 38, 1) gleichförmig, gleich *O.*
pariō 3. peperī, partus, aber paritūrus **1.** gebären. *met.* **2.** zeugen, hervorbringen: fruges; **occ.** erfinden: quae ab oratore pariuntur. **3.** verschaffen, erwerben: virtute sibi tyrannidem *N,* laudem; **occ.** sich zuziehen, verursachen: suspicionem *N,* sibi letum manu Selbstmord begehen *V.* Dav. **partum,** ī, *n.* Vorrat: parto frui *V; pl.* das **Erworbene, Erwerbungen:** parta a Lucullo Eroberungen *T.*
Parīsiī, orum, *m.* die P. [Volk an der mittleren Seine].
pariter (*adv.* zu par) **I.** gleich, in gleicher Weise, ebenso: p. volens *S;* mit ac, atque, et (wie); *dat.* p. ultimae propinquis = atque propinquae *L.* **II. 1.** zugleich, in Gesellschaft: Numidae p. cum equitibus adcurrunt *S.* **2.** gleichzeitig: p. cum occasu solis *S.*
I. paritūrus *pt. fut.* v. pario.
II. pāritūrus *pt. fut.* v. pareo.
Parius 3 s. Paros.
parma, ae, *f.* (πάρμη) (kleiner) Rundschild [der leichten Infanterie u. der Reiter]; d i c h t. Schild.
Parma, ae, *f.* P a r m a [in Oberitalien]; *adi.* u. Einw. **Parmēnsis.**
parmātus 3 (parma) mit Rundschilden bewaffnet *L.*
Parmenidēs, ae, *m.* P. [um 500, Philosoph der eleatischen Schule].
parmula, ae, *f.* (*dem.* v. parma) Schildchen *H.*
Parnās(s)us, ī, *m.* P. [doppelgipfeliger Berg bei Delphi, Apollo u. den Musen heilig]; *adi.* **Parnāsius** 3 parnassisch, des P.: rupes *V;* apollinisch: laurus *V* = **Parnāsis,** idis *O.*
I. parō 1. (zu pario) **1.** vor-, zubereiten, Vorkehrungen treffen, rüsten: Romani parare *S;* iter, bellum, convivium, insidias, ludos, se ad iter *L.* **2.** mit *inf.* sich anschicken, vorhaben, im Sinn haben. **3.** sich verschaffen, erwerben: argentum, sibi regnum, exercitum *S;* amicos, testes; **occ.** kaufen: iumenta.
II. parō 1. (par) sich mit jemd. vergleichen, verständigen.

parochus, ī, *m.* (πάροχος) Lieferant, Gastwirt [hatte durchreisenden hochgestellten Persönlichkeiten Unterkunft zu gewähren]; *met.* Wirt, Gastgeber *H.*
Paros u. **-us,** ī, *f.* P. [Kykladeninsel, ber. durch ihren weißen Marmor]; *adi.* **Parius** 3 parisch: iambi des Archilochos *H;* Einw. **Pariī.**
parra, ae, *f.* Eule *H.*
I. Parrhasius 3 u. **Parrhasis,** idis, *f.* arkadisch [nach der Landsch. u. St. Parrhasia im südl. Arkadien]: Euander *V,* Arctos, ursa u. *subst.* = Kallisto *O,* stellae der Große Bär *O.*
II. Parrhasius, ī, *m.* P. [Maler aus Ephesus, um 400].
parri-(pāri-)cīda (§ 40), ae, *m.* **1.** Mörder [bes. an nahen Verwandten]: Telegonus Vatermörder *H.* **2.** *met.* Hochverräter, Verbrecher: patriae.
E: *pārus = πηός, dor. πᾱός 'Verwandter', aus *pāsos, § 29, u. caedo, vgl. §§ 66 u. 43.   Dav.
parri-(pāri-)cīdium, ī, *n.* **1.** Mord. **2.** *synecd.* Hochverrat, Verbrechen, Versündigung: patriae.
pars, rtis, *f., acc.* im *S* u. em (vgl. portio, ἔπορον)

I. 1. **Teil;** *occ.* **Anteil;** 2. **Partei;** 3. **Rolle;** 4. **Amt, Pflicht, Aufgabe;** 5. **Seite, Richtung;** 6. **Gegend.**
II. Besondere Verbindungen.

I. 1. copias in IV partes distribuere *S,* dimidia (pars) Hälfte, maior Mehrzahl, minor Minderheit, tertia Drittel, tres $\frac{3}{4}$, novem $\frac{9}{10}$ *N;* in interiore parte aedium innerhalb *N;* omnibus partibus maior unendlich viel größer; ea ex parte deshalb, deswegen. **occ.** iuris *O,* muneris *L;* obscena *O,* naturae *Ph* Geschlechtsteil. **2.** *sg.* u. *pl.* florens *N,* Cinnanis partibus favere *N.* **3.** *pl.* actor secundarum partium der die zweite Rolle spielt; *met.* Hernici ad partes parati übernahmen die Rolle *L* = recepit has partes *N.* **4.** *pl.* suas partes implere *O,* defensionis partes suscipere. **5.** a sinistra parte, in utramque partem, ex omnibus partibus advolare, in neutram partem keinesfalls *N.* **6.** Eburonum, orientis partes.
II. 1. *nom.* pars ... pars ein Teil, der andere; pars ... alii *S,* alii ... pars u. a. = einige; k o l l e k t. pars in crucem acti *S.* **2.** *acc.* **a.** magnam partem größteils, maximam partem größtenteils. **b.** p a r t i m zum Teil; [korrelativ]: teils ... teils; [variiert]: p a r t i m e caelo, a l i a ex terra, q u a e d a m ...; einige: eorum p a r t i m ein Teil *N;* e q u i b u s p a r t i m ... p a r t i m von denen die einen, ... die andern. **c.** in utramque partem disputare für und wider, in eam partem deshalb, in d e r Richtung, nullam in partem keinesfalls, in omnes partes völlig, ad nullam partem ganz und gar nicht *L,* in partem venire Anteil bekommen, vocare teilnehmen lassen *L.* **d.** per partes zum Teil *Pli.* **3.** *abl.* **a.** p a r t e ... p a r t e = partim *O,* ex aliqua parte einigermaßen, nulla parte gar nicht *O.* **b.** omni parte völlig *L* = omni ex (a *O*) parte; magna, maiore, maxima ex parte groß-, größeren-, größtenteils. **c.** pro mea (tua) parte für meinen Teil, pro virili parte nach Kräften. **d.** in (ex *Ca*) parte zum Teil *L.* **e.** *pl.* omnibus partibus in jeder Hinsicht, völlig *N.*

parsi 325 **parvus** P

parsī (vorkl.) *pf.* v. parco.
parsimonia, ae, *f.* (parco) Sparsamkeit, Ersparung.
parsūrus *pt. fut.* v. parco.
Parthāōn, onis, *m.* P. [König in Kalydon, Vater des Öneus]; Parthāonia domus des Öneus *O.*
Parthenius, ī, *m.* P. [Gebirge an der argolisch-arkadischen Grenze] *L*; *adj.* **Parthenius** 3: mons *L*, saltus *V*, nemus, valles *O. subst. m.* P. [Fl. in Paphlagonien] *O.*
Parthenōn, ōnis, *m.* (Παρθενών) P. [Tempel der 'Αθήνη παρθένος auf der Akropolis von Athen] *Sp.*
Parthenopē, ēs, *f.* P. [alter Name Neapels]; *adj.* Parthenopēīus 3 *O.*
Parthī, ōrum, *m.*, auch **Parthyaeī** *Cu* die P. [Volk südl. vom Kaspisee, vorzügliche Reiter u. Bogenschützen]; *adj.* **Parthus** u. **Parthicus** 3; Landsch. **Parthiēnē**, ēs, *f. Cu.*
Parthīnī, ōrum, *m.* die P. [illyrisches Volk um Durrës].
Parthus 3 s. Parthi.
parti-ceps, cipis (pars, capio, §§ 66 u. 41) teilnehmend, teilhaftig, beteiligt: praedae, rationis; *subst.* Teilnehmer, Genosse, Kamerad. Dav.
participō 1. **1.** teilnehmen lassen: sermone aliquem *C.* **2.** teilen: laudes cum aliquo *L.* **3.** teilhaben an: pestem *Ennius.*
particula, ae, *f.* (*dem.* v. pars) Teilchen, Stückchen; **occ.** Randnotiz *Q.*
partim s. pars II. 2. b.
partiō (vorkl.) u. **-or** 4., partitus meist pass. (pars) **1.** teilen: bona cum eo, regnum inter se *T.* **2.** einteilen, zerlegen: genus in species. **3.** aus-, verteilen: partitis temporibus abwechselnd, praedam in socios *V.* Dav.
partītē *adv.* mit bestimmter Einteilung.
partitiō, ōnis, *f.* (partio) **1.** Teilung: defensionis. **2.** Einteilung: artium. **3.** Verteilung: aerarii.
parturiō 4. (*desid.* zu pario) **1. gebären wollen, kreißen**; bildl. parturit ager grünt *V*, arbos schlägt aus *V*; sprichw. parturiunt montes die Berge kreißen *HPh.* **2. gebären, erzeugen**: fetūs *H*, imbres *H. met.* **3. vorhaben**: periculum. **4. sich ängstigen**: pro pluribus.
partum, ī, *n.* s. pario.
I. partus *pt. pf. pass.* v. pario.
II. partus, ūs, *m.* (pario) **1. das Gebären, Geburt**: uno partu edere *V*; dicht. Oenei Zeugung; bildl. oratorum artium. *meton.* **2. Geburtszeit**: partus adest. **3.** Leibesfrucht, Kind, Junges: deûm Göttersohn *V*, animalium *T*, partum edere gebären *T.*
parum (altes *n.* v. parvus, § 21; Komparativ u. Superlativ ersetzt durch **minus, minimē**, Stoffgruppe § 56, 1)
I. parum 1. subst. **zu wenig, nicht genug**: p. animi, roboris; id p. facio davon halte ich nichts *S*; p. est es ist zu wenig; p. habere sich nicht begnügen *S.* **2.** adv. **zu wenig, nicht genug**: p. diligenter, p. attendere.
II. minus 1. subst. etw. **Geringeres, weniger**: consul m. est quam privatus, m. dubitationis, m. militum *L*, m. ceciderunt (quam) duo milia; m. posse, valere. **2.** adv. **weniger, minder**: m. conten-

dere, minus XXX diebus in weniger als dreißig Tagen; bei *adi.* u. *adv.* m. credibile, m. saepe; nihilo minus nichtsdestoweniger, quo, eo m., paulo, multo m.; minus minus (m. ac m. *V*, m. minusque *L*) immer weniger. **3.** [statt der Negation]: **nicht recht, nicht genug, nicht besonders**: m. dilucide *N*, res m. prospere gerere *N*; si (sin) m. wenn nicht; non (neque, haud) m. ebenso, gleich, non m. multi ebensoviele, gleichviele *N.*
III. minimē, altl. **minumē 1. am wenigsten**: quam m. multa möglichst wenig *N*, ad te m. omnium pertinebat am allerwenigsten; **occ. sehr wenig**: m. mirandum est *N.* **2. durchaus nicht, keineswegs**: m. omnes; haec non credis? minime vero Nein, überhaupt nicht!
parum-per (= per parvum, §§ 21 u. 47) *adv.* kurze Zeit hindurch, auf kurze Zeit, ein Weilchen.
Parus s. Paros.
parvolus, [später, § 50] **parvulus** 3 **1.** sehr klein, kleinlich: parvola laudo beschränkte Verhältnisse *H.* **2.** sehr jung: a parvulis (parvulo) von frühester Jugend. **3.** *adv.* parvulum nur wenig *Pli.* *Dem.* von
parvus 3 (für *paurus, gr. παῦρος, vgl. nervus = νεῦρον). Komparativ u. Superlativ nach § 56, 1 ersetzt durch **minor**, us, **minimus** 3 (μείων, μίνυνθα, vgl. minuo)

> **I.** adj. **1. klein**; 2. (zeitlich) **kurz**; 3. (der Zahl oder Menge nach) **gering**; 4. (dem Wert nach) **unbedeutend, gering, kleinlich**; 5. (dem Alter nach) **jung**; 6. (dem Stand nach) **niedrig**.
> **II.** subst. Verwendung.
> **III.** adv. Gebrauch.

I. 1. insula, Hibernia minor quam Britannia, minima tela *L.* **2.** pars noctis, dies sermone minor *O*, minimum tempus. **3.** numerus *N*, merces, parvus (minimus) cibus wenig *O.* **4.** pretium; *met.* minor labor, minima merces; **occ.** vox schwach *O*, animus Kleinmut *H.* **5.** puer, (natu) minor jünger, minimus der jüngste; uno mense minor um einen Monat *H*; minor XXV annis jünger als 25 Jahre *N.* **6.** numen niederen Ranges *O*, di minores *O*, parvi et ampli Unbedeutende und Angesehene *H*, inventore minor steht unter dem Erfinder *H*; **occ.** verba minora demütigere *O*, operosa parvus carmina fingo kein hoher Geist *H*, carmen unauffällig *H*, consiliis minor nicht gewachsen *H*, in certamine unterlegen *H.*
II. 1. parvus, ī, *m.* **a. Junge, Bursche, Kind**; a parvo (parvis) von Jugend auf; **minōrēs**, um, *m.* **die jüngeren Leute**; **occ. Nachwelt**: huius meminisse minores *V.* **b. der Geringe**: neque est aut magno aut parvo leti fuga arm und reich *H*; **minor der Geringere**: misericordia apud minores magis valebat bei den unteren Ständen *T*; **der Untergebene**: socii sunt, cum minores fuissent *T.* **2. parvum**, ī, *n.* **Weniges, Wenigkeit, Kleinigkeit**: vivitur parvo bene mit geringem Vermögen *H*, parvo potens in Armut reich *V*, parvo plures *L* = paulo plures. Bes.: parvi refert es trägt wenig bei, parvi esse wenig gelten, parvi aestimare, ducere (pendere *S*) gering schätzen; parvo (minoris, minimo) vendere, vēnire (emere *H*) billig.

pasco   326   **patior**

3. parva, ōrum, *n.* Geringes: parva componere magnis *V.*
III. Positiv parum, *comp.* minus; s. parum. *Sup.* **minimum am wenigsten, sehr wenig.**
pāscō 3. pāvī, pāstus 1. **weiden:** oves *V.* **occ. a.** Viehzucht treiben: bene. **b.** abweiden: Palatia *Ti.* **c.** abweiden lassen: agros *L.* **2. füttern, (er)nähren, aufziehen:** iumenta satis, fundus pascit erum ernährt *H,* equos *V,* aliquem rapinis. *met.* **3. nähren, wachsen lassen:** ignes = pineum ardorem *V;* flamma pascitur wächst *V;* crinem *V,* barbam *H* lang wachsen lassen, spes inanes hegen *V,* ieiunia stillen *O,* filicem hervorbringen *H.* **4. erfreuen, ergötzen:** eius cruciatu oculos, animum picturā *V.* E: *incoh.*; vgl. got. fodjan 'füttern', § 10.
             Dav. *dep. med.*
pāscor 3. pāstus sum 1. **weiden, fressen:** per vallīs *V;* silvas abfressen *V.* **2. sich nähren:** frondibus, gramine *O; met.* maleficio von ... leben. **3. seine Freude haben:** dolore *O,* seditione.
pāscuus 3 (pasco) Weide-: ager; *subst.* **pāscuum**, ī, *n.* (gew. *pl.*) Weideland.
Pāsiphaē, ēs, *f.* P. [Gemahlin des Minos]; dav. **Pāsiphaēïa**, ae, *f.* Phädra [Tochter der Pasiphaē] *O.*
Pasitigris, is, *m.* P. [Fl. in Susiana] *Cu.*
passer, eris, *m.* 1. Sperling; Blaudrossel *Ca.* 2. Flunder *H.* Dav. *dem.* **passerculus**, ī, *m.* Spätzchen; *met. Pli.*
passim (*adv.* v. pando, § 79) **1.** zerstreut, rings umher, überallhin; p. diffugere nach allen Seiten *L.* **2.** durcheinander, ohne Unterschied: navigia p. amittere alle zusammen *T.*
I. passum, ī, *n.* (*sc.* vinum, vgl. pando) Sekt *V.*
II. passum *pt. pf. pass.* v. pando.
I. passus *pt. pf. act.* v. patior.
II. passus, ūs, *m.* (zu pateo) **I.** Klafter, 1,5 m; mille passus Meile, 1,5 km. **II. 1.** Schritt; *met.* fortunae *O.* **2.** *meton.* Fußspur, Tritt: tenax *O.*
pastillus, ī, *m.* Pille; *occ.* Kaubonbon *H.*
pāstiō, ōnis, *f.* (pasco) Weide, Weideplatz.
pāstor, ōris, *m.* (pasco) Hirt.   Dav.
pāstōrālis, e (§ 38, 1), **pāstōricius** u. **pāstōrius** 3 Hirten-: sacra die Palilien *O* (s. Palilia).
I. pāstus *pt. pf. pass.* v. pasco oder *pt. pf. med.* v. pascor.
II. pāstus, ūs, *m.* (pasco) **1.** Fütterung, Futter; Nahrung *Lukrez.* **2.** *met.* Weide, Labsal: animorum. **3.** *meton.* Weideplatz: equarum *V.*
Patara, ōrum, *n.* P. [St. in Lykien mit Apollo-Orakel]; **Patareūs** *m.* Pataräer *H; adi.* **Patareūs** 3 *O.*
Patavium, ī, *n.* P a d u a ; *adi.* u. Einw. Patavīnus.
pate-faciō 3. fēcī, factus; *pass.* **pate-fīō**, fierī (*Iuxtap.* pateo, facio, § 64, Anm.) **1.** (er)öffnen: vias aquarum, sulcum aratro *O,* hostibus portas *L,* aciem entfalten *L.* **2. occ.** gangbar, zugänglich, sichtbar machen: loca *N,* iter, terga occasioni bloßstellen *T;* lux patefecerat orbem *O.* **3.** *met.* enthüllen, eröffnen, aufdekken, offenbaren: cogitata *N,* consilia, coniurationem.
patella, ae, *f.* (*dem.* v. patera) Schale, Opferschale.
patēns, entis **1.** offen, frei, gangbar: loca; *subst.* patentia Breschen *L.* **2.** *met.* offenbar, klar: causa *O.* Von

pateō 2. uī (vgl. πετάννυμι) **1. offen stehen:** patent portae; vulnera klaffen *L;* portus patet praedonibus; **occ. sich erstrecken, sich ausdehnen:** fines patent, late weithin; *met.* latius patuit sceleris contagio. **2. gangbar, zugänglich sein:** patet via nuntiis. *met.* **3. frei-, offenstehen:** patet aditus *N,* reditus in amicitiam, iis fuga *L.* **4. bloßgestellt, ausgesetzt sein:** fortunae impetibus *Cu,* in arma *V.* **5. offenbar, klar sein, klar zutage treten:** nulla tum patebat coniuratio, vera patuit dea zeigte sich als *V;* u n p e r s. p a t e t es ist klar, offenbar; mit *acc. c. inf.*
pater, tris, *m.* (ai. pitár-, gr. πατήρ, got. fadar, § 10) **1.** Vater; *met.* **Urheber, Schöpfer:** rerum *V,* cenae Gastgeber *H.* **2.** [als Ehrentitel]: p. patriae 'Vater des Vaterlandes', p. Aeneas *V;* Ianus, Quirinus; Lemnius = Vulcanus; senatūs *T,* patres (conscripti) Senatoren, Senat [als Anrede]: 'Väter u. Beigeordnete', 'Senatoren'; bei *LT* auch = patricii. **3.** *pl.* **Eltern, Vorfahren, Ahnen:** vetuere patres *O;* patrum nostrorum memoriā.
patera, ae, *f.* flache Schale, Opferschale.
paternus 3 (pater) **1.** väterlich, vom Vater, ererbt: odium ererbt *N;* odium gegen den Vater *O.* **2.** vaterländisch, heimatlich: terra *O,* flumen *H.*
pater patrātus s. patro.
patēscō 3. tuī (*incoh.* zu pateo) **1.** sich öffnen: atria patescunt *V;* **occ.** sich ausdehnen, erstrecken: patescit campus *L,* imperium *L. met.* **2.** offenbar werden: patescunt insidiae *V.*
patibilis, e (patior) **1.** p a s s. erträglich: dolor. **2.** a k t. empfindsam: natura.
patibulātus 3 mit dem Block (Querholz) auf dem Nakken *C.*   Von
patibulum, ī, *n.* (pateo) Marterholz; Galgen.
patiēns, entis, *adv.* **enter** (patior) **1.** erduldend, ertragend, fähig zu ertragen: laborum *S,* manūm zahm *V; met.* consilii zugänglich *Cu,* vomeris leicht zu pflügen *V,* navium schiffbar *T;* mit *inf.* vocari der sich nennen läßt *H.* **2.** ausdauernd, geduldig: patienter ferre, aures. **3.** fest, unempfindlich: aratrum *O;* **occ.** enthaltsam, genügsam: exercitus, Lacedaemon *H,* patientem vivere *H.*   Dav.
patientia, ae, *f.* **1.** das Ertragen, Erleiden, Erdulden: dedecoris *Cu,* famis. **occ. a. Ausdauer:** animi et corporis. **b. Genügsamkeit** *H.* **c. Preisgabe:** turpitudinis zur Schande. **2. Geduld, Nachsicht, Nachgiebigkeit:** abuti patientiā; **occ. Unterwürfigkeit:** vetus *T.*
patina, ae, *f.* (πατάνη, § 91, Abs. 3) P f a n n e , Schüssel; dav. **patinārius** 3 Schüssel- *C.*
patior 3. passus (§ 36) sum (vgl. πάθος, ἔπαθον) **1.** ertragen, erleiden, erdulden, aushalten: dominum sich gefallen lassen *Cu,* Lucinam gebären *V;* ultima, extrema sterben *VLCuT;* **occ.** in silvis ein karges Leben führen *V,* IX saecula überleben, aushalten *O,* muliebria sich ... gebrauchen lassen *S.* **2.** zulassen, zugeben, gestatten, sich gefallen lassen: facile hinnehmen, aequo animo gleichmütig, aegre ungern *L,* moleste übel aufnehmen; meist mit *acc. c. inf.*, selten ut; non possum pati, quin; nec plura querentem passa ließ ihn nicht weiter klagen *V.* **3.** lassen, sein lassen: nihil

Patrae   327   **pax**   **P**

intactum *S*, non pati tacitum nicht unerwähnt lassen *L*.

Patrae, ārum, *f.* P a t r a s [Hafenst. in Achaia]; *adi.* u. Einw. **Patrēnsis.**

patrātor, ōris, *m.* (patro) Vollstrecker: necis *T*.

patrātus s. patro.

Patrēnsis s. Patrae.

patria s. patrius.

patriciātus, ūs, *m.* Patrizierstand, Patriziat *Sp.*   Von

patricius 3 (pater) adelig, patrizisch; *subst. m. f.* Patrizier, Patrizierin; *pl.* Adelsstand.

Patricolēs s. Patroclus.

patrimōnium, ī, *n.* (pater) Erbgut, Erbvermögen; **occ.** Vermögen.

patrīmus 3 (pater) dessen Vater noch lebt *LT*.

patrissō, āre (πατρίζω) dem Vater nachgeraten *C*.

patrītus 3 (pater) väterlich: philosophia.

patrius 3 (pater) **1.** väterlich: animus; **occ.** ererbt: dolor pedum *Pli*. **2.** heimisch, heimatlich: dii *N*, cultūs üblich *V*, sermo Muttersprache *H*; *subst.* **patria,** ae, aī *Lukrez, f.* (*sc.* terra, urbs) Vaterland, -stadt, Heimat; **occ.** maior Mutterstadt *Cu*.

patrō 1. (pater) zustande bringen, vollbringen: iussa ausführen *T*, pacem schließen *L*, bellum beendigen *LT*, iusiurandum das Bündnis zustande bringen *L*; **pater patrātus** (= patrator) Bundespriester [der oberste der Fetialen, leistete bei Bündnissen den Eid im Namen des Volkes] *L*.

patrōcinium, ī, *n.* (vgl. patronus) **1.** Patronat, Schutz des Patrons. **2. occ.** Verteidigung vor Gericht: controversiarum. **3.** *met.* Schutz, Schirm: pacis.   Dazu

patrōcinor 1. beschützen, verteidigen; mit *dat. T*.

Patroclus, ī, *m.* P. [Freund Achills]; d i c h t. Patricolēs *Ennius*.

patrōna, ae, *f.* Schützerin: sociorum; **occ.** Patronin, Herrin [eines Freigelassenen] *Pli*.   *F.* zu

patrōnus, ī, *m.* (pater) **I.** Schutzherr [in der ältesten Zeit der Adelige, der halbfreie Leute (clientes) vor Gericht vertritt; später der frei gewählte Beschützer, Vertreter]. **II.** *met.* **1.** Verteidiger, Anwalt. **2.** Beschützer: iustitiae.

patruēlis, e (§ 75, Abs. 2) vom Bruder des Vaters (Onkel) abstammend: frater Vetter, dona von Achilles herstammend *O*, regna des Danaus *O*.   Von

patruus, ī, *m.* (pater) **1.** Onkel [väterlicherseits]: maior Großonkel *T*. **2.** *met.* Sittenrichter: ne sis p. mihi *H*. **3.** *adi.* des Onkels: ensis *O*, lingua *H*.

patuī *pf.* v. pateo oder patesco.

Patulcius, ī, *m.* P. ['Öffner'; Beiname des Janus] *O*.   Von

patulus 3 (pateo) **1.** offen: os *O*, aures *H*. **2.** ausgebreitet, weit: quadra flach *V*, plaustra breit *V*. **3.** allen zugänglich: orbis *H*.

pauca, paucī s. paucus.

paucitās, ātis, *f.* (paucus) geringe Zahl.

pauculus 3 sehr wenig.   *Dem.* von

paucus 3, meist *pl.* **1.** *sg.* gering, klein. **2.** *pl.* wenig, wenige: urbs inter paucas munita wie wenige *L*, pauciores in geringer Anzahl *S*. **3.** *subst.* **a. paucī,** ōrum, *m.* wenige, nur einige: ordinis senatorii, de nostris; **occ.** die Oligarchen, die Nobilität: factio paucorum. **b. pauca,** ōrum, *n.* wenig: non pauca donare; **occ.**

wenige Worte, ein paar Worte: pauca respondebo, paucis docebo *V*.

E: vgl. gr. παῦρος, got. fawai 'wenige' u. parvus.

paul(l)ātim (paul[l]us) *adv.* **1.** allmählich, nach und nach: p. haec consuetudo prodire coepit; locus p. acclivis. **2.** einzeln: p. ex castris discedere.

paul(l)is-per (paul[l]us u. per wie in semper, § 47) *adv.* eine kurze Zeit, ein Weilchen.

paul(l)ulus 3 **1.** gering, klein, winzig: equi *L*, via *L*. **2.** *subst. n.* ein wenig, eine Kleinigkeit: paululum frumenti. **3.** *adv.* ein wenig, ein Weilchen: locus paululum editus, paululum progredi.   *Dem.* von

paul(l)us 3 (§ 29 am Ende; synkopiert, § 42, aus *paurulus, *dem.* v. *paurus; s. parvus) wenig, klein: sumptus *C*; meist *subst.* **paulum,** ī, *n.* eine Kleinigkeit, wenig: p. morae, silvae *H*. *Adv.* **1.** *acc.* **paul(l)um** ein wenig, ein Weilchen: p. conquiescere. **2.** beim *comp.* **paul(l)ō** um wenig, ein wenig, geringfügig: p. minus beinahe *Pli*; p. ante kurz vorher, p. post bald nachher.

pauper, eris **1.** arm, bedürftig; mit *gen.* horum bonorum *H*. **2.** [von Dingen]: ärmlich, armselig: vena carminis dürftig *O*.

E: urspr. *pauciparus 'weniges erwerbend', geschwächt u. synkopiert nach §§ 43 f., dann vom *nom.* pauper aus in die 3. Dekl. übergegangen.   Dav. *dem.*

pauperculus 3 gar arm, ärmlich *CH*.

pauperiēs, ēī, *f.* dicht. u. *Sp.* = paupertas.

pauperō 1. (pauper) arm machen *C*; **occ.** berauben *CH*.

paupertās, ātis, *f.* (pauper) Armut.

pausārius, ī, *m.* Taktgeber [beim Rudern] *Sp.*

pausia, ae, *f.* [fleischige] Olive [bes. geeignet zum Einlegen] *V*.

Pausiaca tabella Bild des Pausias [gr. Maler um 350] *H*.

pauxillulum, ī, *n.* Kleinigkeit *C*.   *Dem.* von

pauxillus 3 (*dem.* v. paulus) klein, wenig, winzig; *acc. n.* pauxillum *adv.* ein wenig *C*.

pave-factus 3 erschreckt, geängstigt *O*.   Von

paveō 2. pāvī beben, zittern, erschreckt sein, in Angst sein: venae balsami pavent schließen sich *T*, lupos fürchten *H*; mit *inf.* sich scheuen.

E: vgl. πτοϜέω 'scheue', § 50.   Dav. *incoh.*

pavēscō, ere erschrecken, sich ängstigen: strepitu *S*, bellum vor dem Krieg *T*.

pāvī *pf.* v. pasco oder paveo.

pavidus 3, *adv.* ē (paveo, § 74) **1.** geschreckt, furchtsam, ängstlich: ex somno aufgeschreckt *L*; nandi *T*; *n. adv.* pavidum blandiri schüchtern *O*. **2.** schrekkenerregend: metūs *O*.

pavimentātus 3 mit Estrich (versehen): porticus.   Von

pavīmentum, ī, *n.* Estrich.

E: pavīre = πα(ϝ)ίειν 'feststampfen'.

pavitō, āre (*frequ.* v. paveo) sich sehr ängstigen *V*.

pāvō, ōnis, *m.* (gr. ταώς = *ταϝώς) Pfau.

pavor (altl. -ōs, § 29), ōris, *m.* (paveo) Angst, Furcht; **occ.** Erwartung, Spannung: pulsans *V*.

pāx, pācis, *f.* (paciscor, pango) **1. Friede:** pace uti sich ruhig verhalten *N*; aliquem cum pace dimittere unbehelligt, cum bona pace populo imperitare ungestört, in Ruhe *L*; pace deae mit Zustimmung, Er-

paxillus   328   **Pelion**

laubnis *O*, pace tua nimm mir's nicht übel. **2.** *pl.* **a.**
Friedensschlüsse *S.* **b. friedliche Zustände** *H. met.*
3. Ruhe, Friede: animi, pacem vultus habet *O.*
4. Beistand, Gnade. 5. *interi.* Ruhe! still! genug! *C.*
paxillus, ī, *m.* (*dem.* von **pālus**) Pfahl, Pflock.
peccātum, ī, *n.* Vergehen, Sünde; **occ.** Irrtum, Verse-
hen.   Von
peccō 1. **1.** fehlen, sündigen: ne equus peccet
strauchle *H*, peccantes Abgefallene *N*; mit *abl.*, in.
2. sich irren: scriptor si peccat idem immer denselben
Fehler macht *H*. **3. occ.** sich vergreifen: in Valerio.
pecten, inis, *m.* **1. Kamm.** *met.* **2. a. Kammuschel:**
patuli *H*. **b. Weberkamm. c. Zusammenfaltung:** digi-
tis inter se pectine (kammförmig) iunctis *O.* **3. Plek-**
tron, Griffel: (chordas) pectine pulsat eburno *V*; *met-*
on. alterno pectine in Distichen *O.* **4.** Rechen *O.*   Von
pectō 3. pexī, pexus kämmen: cervum striegeln *V*,
pexa tunica wollig, noch neu *H*; aliquem fusti 'strie-
geln', prügeln *C.*
E: πέκω, πέκος, ahd. fahs 'Haar' = gr. πόκος, § 10.
pectus, oris, *n.* **1. Brust. 2. Herz, Gemüt:** pectore an-
xius *T*. **3. Seele, Geist:** doctum *O*, oratio eius pecto-
ris *L*. **4. Gesinnung, Charakter:** forte Mut *H*, pu-
rum *H.*
pecu, *n.*, *abl.* ū, *pl.* ua (ai. páçu, got. faíhu, ahd. fihu,
§ 10) altl. = pecus *L.*   Dav.
pecuārius, ī, *m.* Viehzüchter; **occ.** Weidepächter: dam-
nati aliquot pecuarii *L*; **pecuāria,** ae, *f.* Vieh-
zucht *Sp*; **pecuāria,** ōrum, *n.* Viehherden *V.*
peculātor, ōris, *m.* (peculor, vgl. depeculor) Verun-
treuer [von Staatsgeldern], Betrüger.
peculātus, ūs, *m.* (peculor) Veruntreuung, Unterschla-
gung, Betrug.
peculiāris, e **1.** eigen: servi *Sp.* **2.** eigentümlich, -artig.
        Von
peculium, ī, *n.* (zu pecu) Vermögen, Eigentum; **occ.**
1. das Privatvermögen, Sparpfennig [des Hausssklaven]:
cura peculi *V.* **2.** Sondervermögen [eines Familienmit-
gliedes] *LSp.* Dav. **peculiātus** 3 vermögend.
pecunia, ae, *f.* **1.** Reichtum, Vermögen. **2.** Geldsumme,
Geld: publica Staatseinkünfte, Staatskasse, credita Dar-
lehen, dies pecuniae Zahltag, pecunias repetere we-
gen Erpressung gerichtlich belangen.
E: pecu, eigtl. 'Vermögen an Vieh'.   Dav.
pecuniārius 3 Geld-: res Geld, Geldgeschäft.
pecuniōsus 3 (pecunia) reich, bemittelt.
I. pecus, oris, *n.* (vgl. pecu) **1.** Kleinvieh, Wollvieh.
2. Vieh: saetigerum = Schweine *O*, Proteus pecus
egit Seetiere *H*, ignavum [Drohnen] *V*. **3.** *met.* Vieh,
Herde: imitatores, servum pecus *H.*
II. pecus, udis, *f.* (vgl. pecus, pecu) **1.** Schaf *O*; auch
met. **2.** [einzelnes] Tier, Haustier: genus aequoreum,
pecudes, volucres Landtiere *V*; pecudum custodia
Bienen *V.*
pedālis, e (pes) einen Fuß lang (breit, dick).
Pedānum s. Pedum.
pedārius 3 (pes) Fuß-: (senatores) pedarii zweiten
Ranges [die noch kein kurulisches Amt bekleidet haben
und daher kein eigenes Votum abgeben, sondern sich
dem anderer anschließen].

pedes, itis, *m.* (pes) **1.** Fußgänger, zu Fuß: cum pedes
iret *V*; **occ.** Fußsoldat, Infanterist, meist *pl.*; kollekt.
Fußvolk, Infanterie: pedes, eques, classis *T.* **2.** *met.*
Plebejer: equites peditesque Adel und Volk *HL.*
pedester, tris, tre (aus *pedet-tris, § 36, zu pedes)
1. zu Fuß: copiae Fußvolk. **2. des Fußvolkes:** scu-
tum *L*, pugna *L.* **3. zu Land:** itinera Landwege, pu-
gnae. *met.* **4. prosaisch:** oratio *Q*, historiae *H.*
5. einfach: sermo *H.*
pede-temptim (*Iuxtap.* pede temptare) *adv.* schritt-
weise; *met.* vorsichtig, behutsam.
pedica, ae, *f.* (pes) Fußfessel, -schlinge *CVL.*
pedi-sequus 3 (pes, sequor, § 66) auf dem Fuß folgend;
subst. **pedisequus,** ī, *m.* Diener, Lakai, Page; **pedise-**
qua, ae, *f.* Dienerin, Zofe.
peditastellī, ōrum, *m.* (*dem.* zu *peditaster v. pedes)
elendes Fußvolk *C.*
peditātus, ūs, *m.* (pedes) Fußvolk.
pēdō 3. pepēdī furzen *H.*
E: aus *pezdo, § 39, gr. βδέω aus *psdeo, dtsch. 'fi-
sten', § 10.
pedum, ī, *n.* Hirtenstab *V.*
Pedum, ī, *n.* P. [St. in Latium]; *adi.* u. Einw. **Pedānus;**
Pedānum, ī, *n.* das P. [Landgut bei Pedum].
Pēgasos u. **-us,** ī, *m.* P. [Flügelroß, aus dem Blut der
Medusa entsprungen, das mit seinem Hufschlag die Hip-
pokrene (Roßquelle) am Helikon eröffnete]; *adi.* **Pēga-**
sis, idis, *f.*: undae Musenquellen *O*; *subst.* Muse *PrO*;
Oenone Quellnymphe *O.*
pēgma, atis, *n.* (πῆγμα) **1.** Bücherbrett. **2.** Versen-
kungsmaschine [im Theater] *PhSp.*
pē-ierō u. **pēiūrō** 1. (per A. 3.) falsch schwören; ius
peieratum Meineid *H.*
pēiiūrus s. periurus.
pēior *comp. m. f.* v. malus.
pēiūrō = peiero.
pēius *comp. n.* v. malus oder male.
pelagius 3 (πελάγιος) zur See: cursus *Ph*; *subst.* **pe-**
lagium, ī, *n.* Purpurfarbe *Sp.*
Pelagonēs, um, *m.* die P. [Volk im nördl. Makedonien];
Landsch. u. St. **Pelagonia,** ae, *f. L.*
pelagus, ī, *n.* (πέλαγος) Meer *CaVHOT*; **occ.** Flu-
ten *V.*
Pelasgī, ōrum, *m.* die P. [in der Antike Sammelbezeich-
nung für die vorgr. Bevölkerung vieler Teile Griechen-
lands, der Ägäis und Italiens]; dicht. Griechen *VO*;
adi. **Pelasgus** 3 *PrO*, **Pelasgis,** idis *O* u. **Pelas-**
gias, adis, *f. O* griechisch.
Pelēthronius 3 thessalisch [nach einer Landsch. am Pe-
lion] *VO.*
Pēlēus, eos u. eī, *m.* P. [König von Phthia, Vater des
Achilles]; dav. **Pēlīdēs,** ae, *m.* der Pelide = Achilles *O.*
pēlex, pēlicātus s. pael . . .
Pēliacus 3 s. Pelion.
I. Pēlias s. Pelion.
II. Peliās, ae, *m.* P. [König von Iolkos, der Iason nach
dem Goldenen Vlies sandte; von seinen Töchtern wurde
er auf Anraten der Medea zerstückelt, da diese vorgab,
ihn verjüngen zu wollen]; **Peliadēs,** um, *f.* die P. [Töch-
ter des Pelias] *Ph.*
Pēlion, ī, *n.* P. [Gebirge der Halbinsel Magnesia] = Pē-

Pella   329   **Peneus**   P

lium nemus *Ph*; *adi.* **Pēliacus** 3 thessalisch: cuspis = des Achilles *O*, trabs = die Argo *Pr*; **Pēlias**, adis, *f.* vom Pelion: hasta *O*.

Pella, ae u. **-ē**, ēs, *f.* P. [St. in Makedonien, Geburtsort u. Residenz Alexanders des Gr.]; *adi.* u. Einw. **Pellaeus** *O*; ägyptisch *V*.

pellāx, ācis (pellicio aus *pellacio) listenreich *V*.

pellēctiō, ōnis, *f.* (perlego) Durchlesung.

pellēctus *pt. pf. pass.* v. pellicio.

pellegō = perlego.

Pellēnē, ēs, *f.* P. [St. in Achaia] *L*; *adi.* u. Einw. **Pellēnēnsis** *L*.

pel-liciō (per-liciō) 3. lēxī, lēctus (*lacio, § 43) an-, verlocken, an sich ziehen.

pellicula, ae, *f.* (*dem.* v. pellis) kleines Fell, Häutchen: pelliculam curare 'sich gütlich tun' *H*.

pelliō, ōnis, *m.* Kürschner *C*.   Von

pellis, is, *f.* **1.** Tierfell, -haut; **occ.** Hirschfell [der Bacchantinnen] *V*. **2.** *met.* Hülle, Decke: detrahere alicui pellem = seine Fehler aufdecken *H*. **3. a.** sub pellibus in den Winterzelten. **b.** pellibus tecta corpora Pelzgewänder *O*. **c.** pellibus inpedire crus Schnürriemen *H*. **d.** sprichw. in propria pelle quiescere 'ruhig in seiner eigenen Haut bleiben' *H*. E: gr. πέλας 'Haut', ahd. fel 'Fell', § 10.   Dav.

pellītus 3 mit Pelz bekleidet: Sardi *L*, oves [zur Schonung der Wolle] *H*.

pellō 3. pepulī, pulsus (vgl. πάλλω, πεπαλών) **1.** in Bewegung setzen, rühren: contis navigia *Cu*, lyram schlagen *O*, classica ertönen lassen *Ti*, sagittam abschießen *V*; antreiben: Iovis sic numina pellunt *V*; bildl. sermonis initium das Gespräch in Gang bringen. **2.** *met.* erregen, beeindrucken, Eindruck machen: iuvenem forma captivae pepulerat *L*. **3.** stoßen, schlagen: vada remis *Ca*, volnere pulsus getroffen von *V*. **4.** verstoßen, verjagen, vertreiben: flumen pulsum zurückgedrängt *Cu*, (patriā) pelli verbannt werden *NLT*, (ab) urbe. **occ.** (den Feind) zurückdrängen, verjagen, schlagen, besiegen. **5.** *met.* verscheuchen, vertreiben: pelle moram zögere nicht länger *O*, pulso pudore schamlos *O*, frigora fernhalten, lacrimas Creusae pelle beweine nicht mehr *V*.

pel-lūceō, pellūcidus s. perluc...

Pelopē ... s. Pelops.

Peloponnēsus, ī, *f.* die Peloponnes [Südhalbinsel Griechenlands]; *adi.* **Peloponnēsius** u. **-iacus** 3; Einw. **Peloponnēnsēs** *Cu*. E: Πελοπόννησος 'Pelops-Insel'.

Pelops, opis, *m.* P. [Sohn des Tantalus, Vater des Atreus u. Thyestes, Bruder der Niobe. Von seinem Vater wurde er den Göttern zum Mahl geschlachtet, von diesen aber wieder belebt; die fehlende Schulter, welche Ceres gegessen hatte, ersetzten sie durch Elfenbein]: umero insignis eburno *V*; *adi.* **Pelopē(ï)us** 3, *f.* **Pelopēïs**, idis u. **-pēïas**, adis peloponnesisch *O*; virgo = Iphigenie *O*, arva = phrygisch *O*, moenia = Argos *V*; **Pelopidae**, ārum, *m.* Nachkommen des Pelops.

pelōris, idis, *f.* (πελωρίς) Riesenmuschel *H*.

Pelōros, ī, *m.*, **Pelōrias**, adis, **Pelōris**, idis, *f.* Capo Peloro [die Nordostspitze Siziliens].

pelta, ae, *f.* (πέλτη) Pelta [leichter Schild in Halbmondform] *NVLO*.   Dav.

peltasta, ae, *m.* (πελταστής) Leichtbewaffneter, Peltast *L*.   Und

peltātus 3 mit der Pelta bewaffnet *O*.

Pēlūsium, ī, *n.* P. [St. in Ägypten]; *adi.* **Pēlūsius** u. **Pēlūsiacus** 3.

pēlvis, is, *f.* (ai. pālavī, gr. πελλίς) Schüssel, Becken *L*.

penāria cella (penus) Vorratskammer *O*.

penātēs, ium, *m.* (penus) Penaten [Schutzgötter der Familie u. des Staates]; *meton.* Haus, Hof, Wohnung. Dav.

penāti-ger, erī (§ 66) Penaten tragend: Aeneas *O*.

pendeō 2. pependī (*intr.* zu pendo)

---

1. (herab)hängen; 2. *met.* abhängen, auf etw. beruhen; 3. schweben; *met.* 4. unentschlossen sein, schwanken; 5. ungewiß sein, zweifelhaft sein.

---

1. ab umero, de collo an *O*, in cervice *O*, pinu *V*; **occ.** fluidi pendent lacerti hängen schlaff herab *O*. **2.** narrantis ab ore am Mund hängen *VO*, pendens gespannt *Pli*, opera interrupta pendent ruhen *V*, in limine weilen *V*, ex unius vita pendet omnium, de te pendens abhängig von dir *H*. **3.** naves pendentes schaukelnd *Cu*, in aëre *O*, in fluctu *V*, in verbera sich zum Schlag beugen *V*. **4.** spe et exspectatione, animo *L*. **5.** pendet belli fortuna *O*, diu im ungewissen bleiben *Pli*.

pendō 3. pependī, pēnsus (*causativ* zu pendeo, § 36) **I. 1.** an die Waage hängen, **wägen, abwägen:** aurum. **2.** *met.* ab-, erwägen, schätzen, achten: verba, rem, non magni nicht viel darauf geben *H*. **3. occ.** (Geld) (be)zahlen: vectigal, bina milia aeris *L*. **4.** *met.* **Strafe büßen, erleiden:** poenas, supplicium, ignominiam *L*. **II. wiegen, schwer sein:** minus pondo LXXX *L*.

pendulus 3 (pendeo) **1.** (herab)hängend *HO*. **2.** *met.* schwankend, ungewiß *H*.

Pēneï ... s. Peneus.

Pēnelopa, ae u. **-ē**, ēs, *f.* Penelope [Gemahlin des Odysseus, Mutter Telemachs]; *adi.* **Pēnelopēus** 3.

penes *praep.* beim *acc.* in der Gewalt, im Besitz, auf seiten, bei. E: endungsloser *locat.* zu penus, 'im Innern'.

Penestae, ārum, *m.* die P. [Volk in Illyrien]; Landsch. **Penestia**, ae, *f. L*.

penetrābilis, e (penetro) **1.** durchdringbar: corpus *O*. **2.** durchdringend: frigus *V*, telum *V*.

penetrālis, e (penetro, § 38, 1) innerlich, inwendig: dii = penates; *subst.* (§ 87, Abs. 1) **penetrāl(e)**, ālis, *n.* (meist *pl.*) das Innere, Mittelpunkt: urbis *L*, regum des Königspalastes *V*. **occ.** Heiligtum *V*.

penetrō 1. (vgl. penes, penitus u. intrare) **1.** *intr.* eindringen, gelangen, hineinkommen: ad urbem *O*, sub terras; *met.* in animos. **2.** *trans.* hineinsetzen, durchdringen, durchziehen: intra portam pedem *C*, foras se hinausgehen *C*, loricam *Cu*, Illyricos sinus *V*, iter *T*. **3.** *met.* einwirken: animum altius *T*.

Pēnēus, ī, *m.* P. [Hauptfl. Thessaliens, als Flußgott Vater der Kyrene und Daphne]; *adi.* **Pēnēïus** 3 *VO*; *f.* **Pē-**

penicillus   330   **peractio**

nēis, idis: nympha = Daphne *O*; *subst.* **Pēnēïa**, ae, *f.* Tochter des P. *O.*

pēnicillus, ī, *m.* Pinsel; *meton.* Stil; [auch]: Malerei *Sp.*   *Dem.* von

pēniculus, ī, *m.* Schwamm *C.*   *Dem.* von

pēnis (statt *pes-nis, § 30, vgl. πέος statt *πέσ-ος, § 29) männliches Glied; *meton.* Unzucht *S.*

penitus (v. penus, wie funditus v. fundus) *adv.* **1. tief eindringend, tief hinein:** p. in Thraciam se abdidit *N*; p. suspiria trahere tief aufseufzen *O.* **2. weithin:** terrae p. penitusque iacentes *O.* met. **3. eindringlich, tief, genau:** p. ea animis mandare. **4. ganz und gar, völlig:** p. contemnere, p. dilecta innig *H.*

Penius, ī, *m.* P. [Fl. in Kolchis] *O.*

penna, ae, *f.* **1.** Flugfeder, Fittich, *synecd.* Flügel; *meton.* Flug: celeritas pennae *Ph.* **2.** Feder [am Pfeil] *O.*
E: πέτομαι — peto 'fliegen', dav. *petna, § 33.
NB: pinna, s. d.   Dav.

pennātus 3 befiedert, geflügelt: Fama *H.*

pēnsilis, e (pendo) **1.** aufgehängt: uva getrocknet *H.* **2.** hängend, freischwebend: horti *CuSp.*

pēnsiō, ōnis, *f.* (pendo) Zahlung: praesens bar *L.*

pēnsitō 1. **1.** genau erwägen, überdenken. **2. occ.** (be)zahlen: vectigalia.   *Frequ.* zu

pēnsō 1. (*frequ.* zu pendo) **1.** wägen: aurum *L*; met. erwägen, beurteilen: vires oculis *L*, amicos ex factis *L*; **occ.** adversa secundis gegeneinander abwägen *L*, res pensatae die einander das Gleichgewicht halten *L.* **2.** vergelten, bezahlen: turis impensā beneficia *Cu*, vulnus vulnere *O*; **occ.** büßen, erkaufen: nece pudorem *O.*

pēnsum, ī, *n.* (pendo) **1.** Wolle [den Sklavinnen als Tagesration zum Verarbeiten zugewogen]: data pensa trahere *O.* **2.** met. Aufgabe.

I. pēnsus *pt. pf. pass.* v. pendo.

II. pēnsus 3 (pendo) gewichtig; nihil pensi habeo, mihi pensi nihil est ich lege kein Gewicht auf etw., gebe nichts darauf, scheue mich nicht *SLT.*

pentameter, trī, *m.* (πεντάμετρος, § 42, Abs. 3) der Pentameter *Sp.*

Pentelicus 3 vom Pentelikon [Berg in Attika]: Hermae aus pentelischem Marmor.

Penthesilēa, ae, *f.* P. [Amazonenkönigin] *VPr.*

Penthēus, eos u. eī, *m.* P. [König in Theben, von den Bacchantinnen (darunter seine Mutter Agaue) zerrissen]; *adi.* Penthēus 3 *O.*

pēnūria, ae, *f.* Mangel: edendi an Speise *V.*

penus, ūs u. ī, *m. f.*, auch oris, *n.* Mundvorrat, Lebensmittel, Notration.

Peparēthus, ī, *f.* P. [Insel nördl. v. Euböa] *LO.*

pepēdī *pf.* v. pedo.

pependī *pf.* v. pendeo oder pendo.

pepercī *pf.* v. parco.

peperī *pf.* v. pario.

pepigī *pf.* v. pango.

peplum, ī, *n.* (πέπλον) Prachtmantel *V.*

pepulī *pf.* v. pello.

per (ai. pári 'ringsum', gr. περί, § 55 am Ende)
    A. *adv.* als Präfix: **1.** ringsum, der Reihe nach; **2.** (hin)durch, zer-; **3.** ver-, darüber hinaus; gegen; **4.** überaus, sehr; völlig, zu Ende; lange.

1. perquiro ringsum suchen, perlego der Reihe nach. **2.** perfodio, perennis, perfringo. **3.** pellicio, perduro; perverto. **4.** permagnus, perbene, perosus; perficio; perpetior.
NB: Vom *adi.* oder *verb.* getrennt: **per mihi mirum** visum, pergrata **perque iucunda**; assimiliert: pellicio aus *per-lacio; Vokalschwächung (nach §§ 41 ff., 48): perficio, pertineo, perquiro v. facio, teneo, quaero; perennis v. annus; in permaneo, peragro liegt Rekomposition vor (§ 71).
    B. *praep.* beim *acc.* (Anastrophe: fata per Aeneae *V*, vgl. parumper, § 47)

    I. lokal: **1. ringsum in (auf, an, zu); 2. durch, hindurch; 3. über . . . hin, entlang.**
    II. temporal: **1. um, während, in; 2. durch, hindurch;** 3. (bei *subst.*, die Zustände bezeichnen) **während, in, unter.**
    III. instrumental: **1. mit, mit Hilfe von;** 2. (mit zurücktretender instrumentaler Bed.) **mit, an, unter; 3. unter dem Vorwand, unter dem Anschein.**
    IV. kausal: **1. wegen, infolge, aus;** 2. (bei Personen) **wegen, vor;** 3. (bei Schwüren) **um . . . willen, bei.**

    I. 1. per agros vagari, per manus tradere von Hand zu Hand, equites per oram disponere, pacem per aras exquirunt rings an *V*, per domos invitari von Haus zu Haus *L*, supplicare per compita in allen Gassen *L*, incedunt per ora vestra vor euren Augen *S.* **2.** ire per Haeduorum fines, per membranas oculorum cernere. **3.** se per munitiones demittere, per temonem percurrere, per gradus deici *L*, fugere per flumina den Fluß entlang *V.* **II. 1.** per aestum um die Mittagszeit *V*, per somnum im Schlaf *V*, per eos dies in diesen Tagen *L*, per ludos während *L.* **2.** per triennium, per multas horas. **3.** per seria et ludum *Cu*, per iram (furorem *V*) im Zorn, per tacitum in Stille, Ruhe *V*, per otium *L.* **III. 1.** per internuntios colloqui *N*, per tres populos Gallia potiri; per se (me, te) allein, für sich, selbständig, ohne Beihilfe anderer, per omnia durchwegs, ganz und gar, per occasionem gelegentlich *L.* **2.** per litteras brieflich, schriftlich, per manus demitti an den Händen, per vim mit Gewalt, per fraudem, dolum hinterlistigerweise *N*, per contumeliam, per commodum gemächlich *L*, per artem kunstvoll *V.* **3.** per causam unter dem Vorwand, per Caecilium accusatur Sulla unter dem Namen des Caecilius; per fidem circumvenire, laedere durch einen Meineid. **IV. 1.** per mollitiem animi *Cu*, per causam equitatūs cogendi um . . . zu, per aetatem. **2.** si per suos esset licitum ihretwegen *N*, per Afranium stare es liege bei A. **3.** per deos perque foedera obtestari; [vom Kasus getrennt]: per ego has lacrimas oro *V*, per si qua est fides (= per fidem, si qua est) *V.*

pēra, ae, *f.* (πήρα) Ranzen, Rucksack *Ph.*

per-accommodātus 3 sehr gelegen.

per-acer, cris, cre sehr scharf: ingenium, iudicium.

per-acerbus 3 sehr herb; sehr widerwärtig *Pli.*

perāctiō, ōnis, *f.* (perago) Schlußakt: fabulae.

peractus   331   **percultus**   **P**

peractus *pt. pf. pass.* v. perago.

per-acūtus 3, *adv.* **ē** sehr scharf, sehr scharfsinnig.

per-adulēscēns, entis, *m.* blutjung; *dem.* **peradulēscentulus**, ī, *m.* sehr junger Mann *N*.

Peraea, ae, *f.*: P. Rhodiorum [die Küste gegenüber Rhodos] *L*.

E: περαία γῆ, § 81, 'jenseitig'.

per-aequē *adv.* völlig gleich.

per-agitō, āre umhertreiben, beunruhigen.

per-agō 3 ēgī, āctus **1.** (immer weiter) **bearbeiten:** humum *O*, freta remo *O*, animo omnia überlegen *V*. **2. durchstoßen:** latus ense *O*. **3. durchführen, vollenden:** propositum *N*, iter *V*, quibus est fortuna peracta die ihr Geschick erfüllt haben *V*; d i c h t. duodena signa den Lauf durch den Tierkreis *O*, vices abwechseln *O*, dona die Verteilung der Geschenke *V*; concilium, conventum abhalten, peracto consulatu nach Ablauf; fabulam zu Ende spielen; causam den Prozeß zu Ende führen, reum verurteilen *OT*; occ. **verbringen, verleben:** noctem *Cu*, otia in Frieden leben *O*, vitam sub axe im hohen Norden *O*. **4. in Worte kleiden, formulieren; darstellend beenden:** postulata *L*, sententiam zum Antrag zusammenfassen, ius iurandum, iudicium nach der Formel fassen *L*; populi res darstellen *L*.

peragrātiō, ōnis, *f.* das Durchwandern.   Von

per-agrō **1.** (per, ager, § 70) durchwandern, durchstreifen, umherstreifen auf . . ., in . . .: orbem terrarum; *met.* per animos eindringen, fama peragravit verbreitete sich.

per-amāns, antis, *adv.* **anter** sehr liebevoll.

per-ambulō **1.** durchwandeln, durchschreiten: rura *H*; *met.* artūs durchströmen *O*.

per-amoenus 3 sehr angenehm: aestas *T*.

per-amplus 3 sehr groß.

per-angustus 3, *adv.* **ē** sehr eng, sehr schmal.

per-antīquus 3 sehr alt.

per-appositus 3 sehr passend.

per-argūtus 3 sehr geistreich.

per-armātus 3 wohlbewaffnet *Cu*.

per-arō **1.** durchpflügen; *met.* rugis ora durchfurchen *O*, cerā auf der Wachstafel schreiben *O*.

per-bacchor **1.** durchschwärmen.

per-beātus 3 sehr glücklich.

per-bellē *adv.* sehr fein, sehr nett.

per-bene *adv.* sehr wohl, sehr gut.

per-benevolus 3 sehr wohlwollend.

per-benignē *adv.* sehr gütig.

per-bibō 3. bibī völlig aufsaugen, aufnehmen *O*.

per-blandus 3 sehr einnehmend, sehr gewinnend.

per-bonus 3 sehr gut.

per-brevis, e, *adv.* **iter** sehr kurz.

per-calēscō 3. caluī durch und durch heiß werden *O*.

per-callēscō 3. calluī **1.** gefühllos werden: percalluerat patientia. **2.** gehörig gewitzigt werden: usu rerum.

per-caluī *pf.* v. percalesco.

per-cārus 3 sehr kostspielig *C*; sehr lieb *Sp*.

per-cautus 3 sehr vorsichtig.

per-celebrō **1.** überall verbreiten; *pass.* überall bekannt, im Umlauf sein.

per-celeriter *adv.* sehr schnell.

per-cellō 3. culī, culsus **1. schlagen, stoßen:** alicui genu femur *L*. **2. niederschmettern, zu Boden werfen:** hostes schlagen *L*. *met.* **3. stürzen, zugrunde richten:** potentiam *N*, rem p. *T*. **4. erschüttern, erschrekken, bestürzt machen:** deorum irā, pavore *L*, perculsi hostes.

E: *cello 'schlagen'.

per-cēnseō 2. uī **1.** durchgehen, aufzählen, mustern: gentes *L*, captivos *L*. **2.** *met.* kritisieren: orationes *L*. **3.** durchwandern: orbem *O*, Thessaliam *L*.

per-cēpī *pf.* v. percipio.

perceptiō, ōnis, *f.* (percipio, § 43) **1.** das Einsammeln: frugum. **2.** *met.* Auffassung, Erkenntnis.

perceptus *pt. pf. pass.* v. percipio.

per-cieō 2. erregen; **percitus** 3 **1.** erregt, gereizt: animus. **2.** reizbar, heftig: ingenium *L*.

per-cipiō 3. cēpī, ceptus (capio, § 43) **1. erfassen, empfangen, bekommen:** auras *O*, tactu rigorem *O*, fructūs ernten *O*; b i l d l. fructum victoriae, ex re Nutzen ziehen *Cu*; praemia. *met.* **2. wahrnehmen, vernehmen** [= sehen, hören usw.]: gemitum *Cu*, voluptatem empfinden, genießen *O*, spectaculum. **3. lernen, erlernen;** *pf.* **kennen:** philosophorum praecepta *N*, usum rei militaris sich aneignen, virtutem, civium nomina perceperat kannte, nomen usu perceptum bekannt. **4. auffassen, begreifen:** rationem *Cu*.

NB: percepset = percepisset *Pacuvius*.

percitus s. percieo.

per-cīvīlis, e sehr herablassend *Sp*.

percoctus *pt. pf. pass.* v. percoquo.

I. per-cōlō, āre durchseihen: vinum *Cato*; *met.* (durch)sickern (lassen), durchgehen lassen: cibos et potiones *Sp*.

II. per-colō 3. uī, cultus **1.** ganz durchführen: incohata *Pli*. **2.** sehr schmücken: honore auszeichnen *T*. **3.** sehr ehren: patrem *C*.

per-cōmis, e sehr freundlich, sehr gefällig.

per-commodus 3, *adv.* **ē** sehr bequem, sehr gelegen: castris (*dat.*) für das Lager *L*.

percontātiō, ōnis, *f.* (percontor) Frage, Erkundigung: percontationem facere ein Verhör anstellen *L*.

percontātor, ōris, *m.* Frager, Ausforscher.   Von

per-contor **1.** *met.* sich erkundigen, fragen, forschen.

E: eigtl. 'mit der Ruderstange (contus) sondieren'.

per-cōpiōsus 3 sehr wortreich *Pli*.

per-coquō 3. coxī, coctus garkochen; *met.* **1.** zur Reife bringen: messem *Pli*. **2.** verbrennen, schwärzen *Lukrez*.

per-crēb(r)ēscō 3. crēb(r)uī (§ 38, 1 a) **1.** sehr häufig werden, sich verbreiten. **2. occ.** bekannt, ruchbar werden.

per-crepō 1. uī laut erschallen.

per-(cu)currī *pf.* v. percurro.

per-culī *pf.* v. percello.

perculsus *pt. pf. pass.* v. percello.

percultus *pt. pf. pass.* v. II. percolo.

percunct   332   **perennitas**

percunct ... = percont ...

per-cupidus 3 sehr geneigt: tui dir.

per-cūrō 1. ausheilen: vulnus *L*.

per-currō 3. (cu)currī, cursus **I.** *intr.* **laufen, eilen:** per temonem, equo citato Cales *L*. **II.** *trans.* **1. durchlaufen, durcheilen:** agrum Picenum, aristas hinlaufen über *O*. **2.** *met.* **durchlaufen:** quaesturam bekleiden *Pli*, animo polum *H*; pectora durchdringen *Cu*. **occ. a.** (mit dem Blick) **überfliegen:** paginas *L*, rem oculo veloci *H*. **b. anführen, aufzählen:** breviter, poenarum nomina *V*.

percursātiō, ōnis, *f.* (percurso) Durchreise.

percursiō, ōnis, *f.* (percurro) das flüchtige Überdenken, Hinwegeilen.

per-cursō, āre *(frequ.* zu percurro) **1.** *intr.* umherstreifen *L*. **2.** *trans.* durchstreifen *T*.

percursus *pt. pf. pass.* v. percurro.

per-cussī *pf.* v. percutio.

percussiō, ōnis, *f.* (percutio) das Schlagen: capitis an den Kopf, digitorum das Schnalzen; **occ.** das Taktschlagen, Takt: numerorum.

percussor, ōris, *m.* (percutio) Mörder, Bandit: veneficus Giftmischer *Cu*.

I. percussus *pt. pf. pass.* v. percutio.

II. percussus, ūs, *m.* Stoß, Schlag *O*.   Von

per-cutiō 3. cussī, cussus, percusti = percussisti *H* (quatio, § 44) **1. heftig erschüttern; schlagen, treffen:** muros *Cu*, pectora *O*, puppis Noto *O*, litora fluctu percussa *V* gepeitscht, terram pede stampfen, fulmine (de caelo) percussus getroffen. **occ. a. durchstoßen:** sparo *N*, navem rostro *N*; fossam durchstechen *Pli*. **b. verwunden:** sagittā *Cu*. **c. totschlagen, töten:** feras schießen *O*, se sich erdolchen *L*; **enthaupten:** securi. *met.* **2. treffen:** non percussit locum = hat den Nagel nicht auf den Kopf getroffen. **3. erschüttern, ergreifen, Eindruck machen:** laetitia metuque percussus *V*, amore gravi *H*; percussā mente tief gerührt *V*, me Lacedaemon percussit hat für sich eingenommen *H*. **4. prellen, hintergehen.**

per-decōrus 3 sehr schicklich *Pli*.

per-didī *pf.* v. perdo.

per-didicī *pf.* v. perdisco.

per-difficilis, e sehr schwierig.

per-dīgnus 3 sehr würdig.

per-dīligēns, entis, *adv.* **enter** sehr sorgfältig.

per-discō 3. didicī gründlich erlernen.

per-dīsertē *adv.* sehr beredt.

perditor, ōris, *m.* (perdo) Verderber.

I. perditus *pt. pf. pass.* v. perdo.

II. perditus 3, *adv.* **ē** (perdo) **1. verloren:** valetudo, luctu versunken in. **2. aufgegeben, verzweifelt, unglücklich:** aeger *O*, aere alieno bankrott. **3. verdorben, verkommen, verworfen:** adulescens. **4.** [von Abstrakten] **heillos, grundschlecht, verrucht:** mores *Cu*, luxuria *N* maßlos, unmäßig, vita.

per-diū *adv.* sehr lange.

per-diūturnus 3 sehr lange dauernd.

per-dīves, itis sehr reich.

perdīx, īcis, *f.* (πέρδιξ) Rebhuhn *O*.

per-dō 3. didī, ditus, arch. *coni. pr.* -duim, -duis,

-duint (per A. 3. u. do, § 41) **1.** zugrunde richten, verderben, unglücklich machen; serpentem töten *O*. **2.** vertun, verschwenden, vergeuden: tempus, verba *O*, operam. **3.** verlieren, einbüßen, um etw. kommen.

per-doceō 2. uī, doctus gründlich (be)lehren.   Dav.

I. perdoctus 3, *adv.* **ē** sehr geschickt *C*.

II. perdoctus *pt. pf. pass.* v. perdoceo.

per-dolēscō 3. luī tief betrübt sein, tief bedauern.

per-domō 1. uī, itus **1.** völlig zähmen *O*. **2.** *met.* völlig bezwingen; solum gut bearbeiten *Pli*.

per-dormīscō, ere durchschlafen *C*.

per-dūcō 3. dūxī, ductus **I. 1. führen, bringen:** legionem in Allobrogas, bovem ad stabula *V*. **occ. a. leiten:** aquam *Pli*. **b. geleiten:** Dionem Syracusas *N*. **c. verkuppeln:** pudicam *H*. **d. anlegen, errichten:** murum, munitiones, viam *L*. *met.* **2.** [zu einem Ziel] **bringen, führen:** rem eo es dahin bringen *N*, hominem ad summam dignitatem erheben, Aiacem ad mortem zum Selbstmord. **3.** zu etw. **bestimmen, bewegen, verleiten:** ad societatem periculi *N*, ad se für sich gewinnen, ad studium sui *S*. **4. fortsetzen, fortführen:** orationes in noctem *L*; **occ.** hinziehen: rem ad mediam noctem. **II.** d i c h t. **überziehen, salben:** ambrosiā corpus *V*.   Dav.

perductor, ōris, *m.* Herumführer *C*.

perductus *pt. pf. pass.* v. perduco.

perduelliō, ōnis, *f.* Hochverrat.   Von

per-duellis, is, *m.* (duellum) Kriegsfeind, Feind.

perduim, perduint s. perdo.

per-dūrō, āre aushalten *Sp*.

per-dūxī *pf.* v. perduco.

per-edō 3. ēdī, ēsus verzehren, zernagen *CaVTi*.

per-ēgī *pf.* v. perago.

per-egrē u. **-egrī** (per A. 3. u. *locat.* v. ager, § 68) **1.** in der Fremde. **2.** in die Fremde. **3.** aus der Fremde.

peregrīnābundus 3 (peregrinor) umherreisend *L*.

peregrīnātiō, ōnis, *f.* (peregrinor) **1.** Aufenthalt in der Fremde, das Reisen. **2.** Aufenthaltsort in der Fremde *Pli*.

peregrīnātor, ōris, *m.* (peregrinor) reiselustig.

peregrīnitās, ātis, *f.* fremde Sitte.   Von

peregrīnor 1. **1.** umherreisen, im Ausland sein. **2.** *met.* umherschweifen: in infinitatem, vestrae peregrinantur aures sind nicht da.   Von

peregrīnus 3 (peregre) **1.** ausländisch, fremd: amor zu einer Ausländerin *O*, fasti Geschichte des Auslandes *O*, timor, terror vor dem auswärtigen Feind *L*, volucris Zugvogel *Ph*, mulier = Helena *H*; *subst. m. f.* Ausländer(in), Nichtbürger(in); provincia Amt des praetor peregrinus. **2.** *met.* unwissend.

per-ēlegāns, antis, *adv.* **anter** sehr geschmackvoll.

per-ēloquēns, entis sehr beredt.

per-ēmī *pf.* v. perimo.

per-emnis, e (amnis, § 43) beim Flußübergang.

perēmptus *pt. pf. pass.* v. perimo.

perendiē *adv.* übermorgen.   Dav.

perendinus dies = perendie; in perendinum *C*.

per-ennis, e (annus, § 43) **1.** einjährig, das ganze Jahr dauernd: militia *L*. **2.** *met.* dauernd, beständig: adamas *O*, fons (aqua *L*) nie versiegend.   Dav.

perennitās, ātis, *f.* Unversiegbarkeit.

perenno 333 **pergraecor** P

perennō, āre (per, annus, §§ 43 u. 70) dauern *O*.

per-eō, īre, iī, itūrus (meist *intr.* zu perdo) **1. vergehen, zugrunde gehen, verschwinden:** exercitus perit *N*, pereunt nives schmilzt *O*, urbes *H*; e patria verschwinden *Pli.* **occ. a. umkommen:** in fuga; a morbo *N*; perii mit mir ist's aus *O*, peream (si, nisi) ich will des Todes sein *HO*. **b. vor Liebe vergehen:** ut perii *V*. **2. verlorengehen, vergeudet werden:** labor perit *O*, lympha perit läuft durch *H*. **3. erlöschen:** actiones et res peribant Klagerecht u. Anspruch *L*.

per-equitō 1. *intr.* umherreiten, -fahren; *trans.* durchreiten *L*.

per-errō 1. durchirren, -streifen, -schweifen: venenum totam pererrat durchdringt *V*, aliquem luminibus mustern, messen *V*, ramos umziehen *Pli*.

per-ērudītus 3 sehr gebildet.

per-ēsus *pt. pf. pass.* v. peredo.

per-excelsus 3 hoch emporragend.

per-exiguus 3 sehr klein, sehr wenig.

per-facētus 3 sehr witzig.

per-facilis, e, *adv.* **e 1.** sehr leicht. **2.** sehr gefällig.

per-familiāris, e sehr vertraut; *subst.* Vertrauter.

per-fēcī *pf.* v. perficio.

perfectiō, ōnis, *f.* (perficio, § 43) Vollendung, Vollkommenheit.

perfector, ōris, *m.* (perficio) Vollender.

I. perfectus *pt. pf. pass.* v. perficio.

II. perfectus 3, *adv.* **ē** (perficio) vollendet, vollkommen, tüchtig.

perferēns, entis duldsam: iniuriarum. Von

per-ferō, ferre, tulī, lātus (§ 56, 1) **I. 1. hintragen, -bringen, ans Ziel tragen:** corpus Spartam *N*, eos in silvas *L*; se sich hinbegeben *V*; lapis non pertulit ictum gelangte nicht ans Ziel *V*, hasta haud pertulit vires ermattete *V*, hasta perlata geschleudert *V*, intrepidos vultūs beibehalten *O*; **occ. tragen:** gravissimas navium *L*, personam die Rolle spielen *Pli.* **2. überbringen:** epistulam *N*, nuntium; *pass.* fama perfertur, opinio verbreitet sich; **occ. verkündigen, melden, berichten. II. 1. durchführen, vollenden:** quod suscepi, perferam; mandata *T*; **occ. durchsetzen:** legem. **2.** völlig **ertragen, erdulden, ausstehen, -halten:** poenam *N*, cruciatūs, contumelias, vigilias.

per-ficiō 3. fēcī, fectus (facio, § 43) 'vollenden'; **1. verfertigen:** hydrias, pocula argento *V.* **2. ausführen, vollenden, zustande bringen:** conata *N*, cogitata, facinus. **3. beendigen, beschließen:** bellum; censum, comitia *L*, centum annos überdauern *H*. **4. ausarbeiten, verfassen:** commentarios. **5. bewirken, durchsetzen:** ut ut, ne.

per-fidēlis, e ganz zuverlässig.

perfidia, ae, *f.* (perfidus) Treulosigkeit, Unredlichkeit.

perfidiōsus 3, *adv.* **ē** (perfidia) unredlich, treulos.

per-fidus 3, *adv.* **ē** (§ 62, s. II. fides I. 1) wortbrüchig, treulos, unredlich; via tückisch *Pr*; a d v. perfidum ridens schelmisch *H*.

perflātus, ūs, *m.* Luftzug *Sp*. Von

per-flō 1. durchwehen *V*; *intr.* hinwehen *Cu.*

per-fluō, ere durchfließen; *met.* überfließen *Ti.*

per-fodiō 3. fōdī, fossus durchbohren, -graben, -stechen: (fretum) perfossum durch einen Durchstich gebildet *L*.

per-forō 1. durchlöchern, durchbohren; **occ.** durchbrechen: vias.

per-fortiter *adv.* sehr brav *C*.

perfossus *pt. pf. pass.* v. perfodio.

perfrāctus *pt. pf. pass.* v. perfringo.

per-frēgī *pf.* v. perfringo.

per-fremō, ere laut schnauben *Accius*.

per-frequēns, entis sehr besucht, volkreich *L.*

per-fricō 1. fricuī reiben: os [um die Schamröte zu verdecken] = alle Scham ablegen.

per-frīgidus 3 sehr kalt.

per-fringō 3. frēgī, frāctus (frango, § 48) **I. 1. durchbrechen:** phalangem, glaciem *L*, muros, domos einbrechen in *T*; bildl. animos eindringen in. **2.** met. **verletzen:** repagula pudoris. **II. 1. völlig zerbrechen, zerschmettern:** proras *L*, cervicem sich das Genick brechen *T.* **2.** met. **vereiteln:** senatūs decreta, leges. ·

per-fruor 3. frūctus sum **1.** völlig genießen, sich laben: otio, laetitia. **2.** ganz ausführen: mandatis *O*.

per-fūdī *pf.* v. perfundo

perfuga, ae, *m.* Überläufer. Von

per-fugiō 3. fūgī, fugitūrus **1.** sich flüchten, seine Zuflucht nehmen: ad Helvetios. **2.** zum Feind übergehen: ad Caesarem überlaufen. Dav.

perfugium, ī, *n.* Zufluchtsstätte, Asyl; *met.* Zuflucht.

perfūnctiō, ōnis, *f.* (perfungor) Verwaltung.

perfūnctus *pt. pf. act.* (*pass.*) v. perfungor.

per-fundō 3. fūdī, fūsus **1.** übergießen, überschütten: artūs rore *O*, pisces olivo *H*, aliquem lacrimis beweinen *O*. **occ. a.** pulvere perfusus bedeckt *Cu.* **b.** vestes ostro färben *V.* **2.** med. sich benetzen, baden: nardo, oleo sich salben *VH*, flumine *V*, lacrimis *OCu*, fletu *L.* **3.** met. durchströmen, erfüllen: cubiculum sole perfunditur *Pli*, animum voluptate, religione *L*.

per-fungor 3. fūnctus sum **1.** ganz durchführen, verwalten: munere, militiā, honoribus; **occ.** genießen: bonis. **2.** überstehen: bello, fato perfunctus tot *L*; pass. perfunctum periculum überstanden.

per-furō, ere umhertoben *V*.

perfūsus *pt. pf. pass.* v. perfundo.

Pergama, ōrum, *n.* P. [die Burg von Troja]; *synecd.* Troja *VO*; *adi.* **Pergameus 3** trojanisch *V.* **Pergamum,** ī, *n.* P. [St. in Mysien]; *adi.* u. Einw. Pergamēnus.

per-gaudeō, ēre sich sehr freuen.

pergō 3. perrēxī, perrēctus (per, rego, § 42) **I.** *trans.* **1. fortsetzen, verfolgen:** iter *SLT.* **2.** mit *inf.* **fortfahren;** **occ.** ohne *inf.* **in der Rede fortfahren:** pergamus ad reliqua erörtern wir das übrige. **II.** *intr.* **1. aufbrechen, sich aufmachen, vordringen:** ad castra, in exsilium. **2. sich anschicken:** perge auf denn! pergite wohlan! beginnt! *V*, qua pergerent wozu sie sich anschickten *T*.

per-graecor, ārī auf gr. Art [= in Saus und Braus] leben *C*.

per-grandis, e sehr groß; natu sehr alt *L.*

per-graphicus 3 sehr schlau, durchtrieben *C.*

per-grātus 3 sehr angenehm, sehr lieb.

per-graviter *adv.* sehr heftig, sehr empfindlich.

pergula, ae, *f.* (pergo) Vorbau, Anbau: Atelier *Sp*, Bordell *CPr*, Observatorium *Sp.*

Pergus, ī, *m.* P. [See bei Henna in Sizilien] *O.*

per-hauriō, īre ganz verschlingen *C.*

per-hibeō 2. uī, itus (habeo, § 43) **1.** darbieten: aliquem (als Anwalt) stellen. **2.** sagen, angeben, nennen: aliquem, mit *acc. c. inf.*; *pass.* mit *nom. c. inf.*

per-honōrificus 3, *adv.* ē sehr ehrenvoll, sehr ehrerbietig.

per-horrēscō 3. horruī **1.** völlig erschauern, erzittern, erbeben: aequor perhorruit wogte auf *O.* **2.** *trans.* sich vor etw. entsetzen; mit *inf.* sich scheuen *H.*

per-horridus 3 ganz schauerlich *L.*

per-horruī *pf.* v. perhorresco.

per-hūmānus 3, *adv.* **iter** sehr höflich.

periboētos, *acc.* on (περιβόητος) berühmt *Sp.*

perīclitātiō, ōnis, *f.* Versuch. Von

perīclitor 1. (periclum) **I.** *dep. med.* **1. versuchen, wagen:** periclitando durch Wagnisse *T.* **2.** *trans.* **versuchen, probieren:** belli fortunam, vires ingenii; mit indir. Fr.; *pass.* periclitati mores erprobt; **occ. gefährden, aufs Spiel setzen:** salutem rei p. **II.** *pass.* **gefährdet in Gefahr, bedroht sein:** in acie *Cu*, famā ingenii *L*; *subst.* periclitantes die Angeklagten *T.*

perīculōsus 3, *adv.* ē gefährlich, gefahrbringend. Von

perīc(u)lum (§ 37), ī, *n.* (perior) **1.** Versuch, Probe: facere periculum hostis erproben, kennenlernen. **2.** *occ.* **a.** Gefahr, Wagnis: periculum est, ne es ist zu befürchten, daß; cum periculo sui für ihn, capitis Lebensgefahr. **b.** Prozeß, Anklage: in periculis defendere *N*, privatorum Privatprozesse.

per-idōneus 3 sehr geeignet.

perierō = peiero.

per-iī *pf.* v. pereo.

Perillus, ī, *m.* P. [Erzgießer aus Akragas, der für den Tyrannen Phalaris den ehernen Stier schuf] *PrO*; *adi.* Perillēus 3: aes [der eherne Stier des P.] *O.*

per-illūstris, e **1.** sehr deutlich. **2.** sehr angesehen.

per-imbēcillus 3 sehr schwach.

per-imō 3 ēmī, ēmptus (emo, § 41) **1.** vernichten, zerstören: sensum. **2.** töten: morte peremptus dahingerafft *V.* **3.** *met.* vereiteln, hintertreiben: causam publicam, reditum.

per-incommodus 3, *adv.* ē sehr ungelegen.

per-inde *adv.* völlig so, ebenso, auf gleiche Weise; perinde . . . atque (ut) ebenso . . . wie; perinde . . . ac si (quasi) so als ob, gerade wie wenn; haud perinde . . . quam nicht sowohl . . . als vielmehr [andere Lesart: nec proinde] *T*; nec perinde moti sunt nicht besonders *L.*

per-indignē *adv.* sehr unwillig *Sp.*

per-indulgēns, entis sehr nachsichtig.

per-ingeniōsus 3 sehr scharfsinnig.

per-inīquus 3 **1.** sehr unbillig. **2.** sehr unwillig.

Perinthus, ī, *f.* P. [St. an der Propontis] *L*; dav. Perinthia, ae, *f.* die Perintherin *C.*

per-invalidus 3 sehr schwach *Cu.*

per-invītus 3 sehr ungern.

periodus, ī, *f.* (περίοδος) Satzgefüge, Periode *Pli.*

perior 4. ītus sum (vgl. πειρᾶν) erfahren: quod periti sumus *Accius.*

Peripatēticus 3 (περιπατητικός) peripatetisch [zur Schule des Aristoteles gehörig, da dieser spazierend (περιπατῶν) vortrug]: philosophi; *subst.* Peripatetiker.

peripetasma, atis, *n.* (περιπέτασμα) Teppich.

peripteros aedes (περίπτερος) der P. [Tempel, der rundum von Säulen umgeben ist] *Sp.*

per-īrātus 3 sehr erzürnt; mit *dat.*

periscelis, idis, *f.* (περισκελίς) Knieband, -spange *H.*

peristrōma, atis, *n.* (περίστρωμα) Decke, Teppich.

peristȳl(i)um, ī, *n.* (περίστυλον, περιστύλιον) Peristyl [von Säulen umgebener Innenhof des Hauses] *PliSp.*

Pērithous s. Pirithous.

perītia, ae, *f.* (peritus) Erfahrung, Praxis, Kenntnis.

perītūrus *pt. fut.* v. pereo.

perītus 3, *adv.* ē (perior) erfahren, praktisch, kundig, gescheit: belli navalis *N*, iuris u. (§ 31) iure rechtskundig; cantare *V.*

per-iūcundus 3, *adv.* ē sehr angenehm: fuit periucunde in bester Laune.

periūrium, ī, *n.* (periurus) Meineid.

per-iūrō = peiero.

periūrus 3 (periuro, § 76) meineidig.

per-lābor 3. lāpsus sum **1.** über etw. hingleiten: undas *V.* **2.** (unbemerkt) wohin dringen, gelangen: ad nos, in insulam nando *T.*

per-laetus 3 sehr freudig *L.*

perlāpsus *pt. pf. act.* v. perlabor.

per-lātē *adv.* sehr weit.

perlātus *pt. pf. pass.* v. perfero.

per-legō 3. lēgī, lēctus **1.** mustern, genau betrachten: omnia oculis *V.* **2.** durchlesen: epistulam; **occ.** verlesen: senatum die Senatorenliste *L.*

per-levis, e, *adv.* **iter** sehr leicht, sehr gering.

per-līberāliter *adv.* sehr gütig.

per-li(-u-)bet 2. buit es freut mich sehr, ich habe große Lust; mit *inf. C*; dav. **per-li(-u-)bēns**, entis, *adv.* **enter** sehr gern, mit Vergnügen.

per-liciō = pellicio.

per-litō 1. unter günstigen Vorzeichen opfern.

per-longus 3 sehr lang; *met.* sehr langwierig *C.*

per-lubet = perlibet.

per-lūceō 2. lūxī, auch (§ 33) pelluceo **1.** hervorschimmern, durchscheinen: perlucentes fibrae *O*, lux *L*, honestum perlucet. **2.** durchsichtig sein: perlucens amictus *O*; bild l. oratio. Dav.

per-lūcidus 3 (pellucidus) **1.** durchsichtig: membranae. **2.** sehr hell: sidera.

per-lūctuōsus 3 sehr traurig.

per-luō 3. luī, lūtus (lavo, §§ 50 u. 71, Abs. 2) baden, (ab)waschen, abspülen; *med.* ein Bad nehmen, baden.

per-lustrō 1. **1.** durchwandern. **2.** mustern *L.*

perlūtus *pt. pf. pass.* v. perluo.

per-lūxī *pf.* v. perluceo.

per-madefaciō 3. fēcī ganz durchweichen *C.*

per-madēscō, ere ganz schlaff werden *Sp.*

per-māgnus 3 sehr groß, sehr bedeutend.

permale 335 **perpauper**

per-male *adv.* sehr unglücklich.

per-mānāscō, ere (*incoh.* zu permano) hinfließen; bildl. ad aliquem zu Ohren dringen *C.*

per-maneō 2. mānsī, mānsum **1.** verbleiben, verharren. **2.** fortdauern, sich erhalten: nomen invictum permansit. **3.** auf etw. beharren: in re.

per-mānō 1. **1.** hinfließen: ad iecur. **2.** *met.* hindringen: in venas, ad patrem *C;* palam bekannt werden *C.*

per-mānsī *pf.* v. permaneo.

permānsiō, ōnis, *f.* (permaneo) das Verbleiben.

permānsum *pt. pf. pass.* v. permaneo.

per-marīnus 3 über das Meer geleitend: Lares *L.*

per-mātūrēscō 3. tūrūi völlig reif werden *O.*

per-mediocris, e sehr mittelmäßig.

permēnsus *pt. pf. act.* v. permetior.

per-meō 1. āvī **1.** durchwandern: tot maria *O.* **2.** hingelangen: in hostes *T.*

Permēssus, ī, *m.* P. [Fl. am Helikon] *V.*

per-mētior 4. mēnsus sum durchwandern *V.*

per-mingō 3. mī(n)xī bepissen *H.*

per-mīrus 3 sehr wunderbar.

per-misceō 2. miscuī, mistus u. mixtus **1.** vermischen, durcheinandermengen, verbinden, vereinen: permixtus consiliis verflochten in *T.* **2.** in Unordnung bringen, verwirren: omnia.

permissiō, ōnis, *f.* (permitto) **1.** Übergabe *L.* **2.** Erlaubnis, Überlassung.

permissū, *m.* (*permissus, ūs v. permitto) mit Erlaubnis.

permistus *pt. pf. pass.* v. permisceo.

permitiēs = pernicies *C.*

per-mittō 3. mīsī, missus **1.** ans Ziel **schleudern:** onus in hostem *O.* **2.** (ans Ziel) **gehen lassen:** equos in hostem *L,* permissus equitatus heransprengend *L;* bildl. tribunatum der Tribunatsgewalt die Zügel schießen lassen *L.* *met.* **3.** **übergeben, überlassen, anvertrauen:** rem arbitrio anheimstellen *N,* alicui summam belli, adulescenti Siciliam; mit *inf., coni.* **occ. a.** **fahren lassen, schenken:** inimicitias temporibus rei p. um der Lage willen, aliquid iracundiae nachsehen. **b.** se permittere **sich unterwerfen:** in fidem [oder] fidei populi R. *L* sich auf Gnade und Ungnade ergeben, in deditionem *L.* **4.** **zulassen, gestatten, erlauben:** aliquid, multum sibi *Sp;* mit *inf., acc. c. inf.,* ut; *subst.* permissum, ī, *n.* Erlaubnis *H.*

per-mīxī *pf.* v. permingo.

permixtiō, ōnis, *f.* (permisceo) Verwirrung, Aufruhr *S.*

permixtus *pt. pf. pass.* v. permisceo.

per-modestus 3 sehr schüchtern; **occ.** sehr maßvoll *T.*

per-modicus 3 sehr mäßig, sehr klein *Sp.*

per-molestus 3, *adv.* ē sehr lästig: permoleste ferre sehr übel aufnehmen.

per-molō, ere zermahlen; *met.* beschlafen *H.*

permōtiō, ōnis, *f.* Erregung: animi. Von

per-moveō 2. mōvī, mōtus **1.** bewegen, bestimmen, veranlassen; permotus mit *abl.* bewogen, bestimmt. **2.** erregen, aufregen, beunruhigen, rühren: metūs et iras *T,* animo permoveri den Mut sinken lassen, labore itineris Unmut empfinden über.

per-mulceō 2. mulsī, mulsus **1.** streicheln, sanft berühren: lumina virgā *O,* comas glattstreichen *O;* bildl. aures ergötzen. **2.** *met.* besänftigen, beruhigen: efferatos *Cu,* animum alicuius zu gewinnen suchen.

per-multus 3 sehr viel; *n. sg. subst.* u. *adv.*

per-mūniō 4. **1.** fertig bauen *L.* **2.** stark befestigen *LT.*

permūtātiō, ōnis, *f.* **1.** Veränderung: rerum; **occ.** Austausch: captivorum *L.* **2.** Tausch: mercium *T;* **occ.** Geldumsatz: publica. Von

per-mūtō 1. verändern, wechseln, vertauschen: vices stationum Posten ablösen *Cu.* **occ. a.** loskaufen: captivos *L.* **b.** Geld mit Wechsel zahlen: pecuniam Athenas in Wechseln nach A. schicken.

perna, ae, *f.* Hinterkeule, Schinken *H.*
E: gr. πτέρνα, got. fairzna, hd. 'Ferse'.

per-necessārius 3 **1.** sehr dringend: tempus. **2.** eng verbunden, sehr nahestehend: homo; auch *subst.*

per-negō 1. āvī hartnäckig leugnen.

perniciābilis, e verderblich, schädlich. Von

per-niciēs, ēī, *f.* (neco) Verderben, Untergang; *meton.* 'Pest' [v. Personen] *CH.*
NB: arch. *gen.* periciī, *dat.* pernicie *L.* Dav.

perniciōsus 3, *adv.* ē verderblich, schädlich.

pernīcitās, ātis, *f.* (pernix) Behendigkeit, Flinkheit.

per-nimium *adv.* gar zu viel *C.*

pernīx, īcis, *adv.* **iter 1.** ausdauernd: taurus *V,* Apulus *H.* **2.** behend, flink, hurtig; mit *inf.* rasch bereit *H.*
E: v. perna 'mit leistungsfähiger Ferse'.

per-nōbilis, e sehr bekannt.

per-noctō 1. (pernox) übernachten.

pernōnida, ae, *f.* (perna) Schinkenstück *C.*

per-nōscō 3. nōvī, nōtus gründlich kennenlernen.

per-nōtēscō 3. nōtuī überall bekannt werden *T.*

per-nōtus 3 (pernosco) sehr bekannt *Cu.*

per-nōvī *pf.* v. pernosco.

per-nox (§ 62), nur *nom.* u. *abl.* die Nacht hindurch: lunā pernocte bei Vollmond *O.*

per-numerō 1. auszahlen *L.*

pērō, ōnis, *m.* Lederstiefel *V.*

per-obscūrus 3 sehr dunkel.

per-odiōsus 3 sehr verhaßt.

per-officiōsē *adv.* sehr gefällig.

per-opportūnus 3, *adv.* ē sehr gelegen.

per-optātō (*abl. n.* v. peroptātus) ganz nach Wunsch.

per-opus sehr nötig *C.*

perōrātiō, ōnis, *f.* (peroro) Schlußrede, Schluß.

per-ōrnātus 3 außergewöhnlich schön. Von

per-ōrnō 1. sehr zieren *T.*

per-ōrō 1. **1.** die Rede beendigen, schließen; **occ.** die Schlußrede halten: perorandi locus. **2.** eine Rede halten, sich über etw. auslassen: de ceteris *N,* causam durchführen.

per-ōsus 3 (odi) sehr hassend: lucem lebensmüde *VO.*

per-pācō 1. völlig beruhigen, ganz unterwerfen *L.*

per-parcē *adv.* sehr sparsam *C.*

per-parvus u. *dem.* **per-parvolus** 3 sehr klein.

per-pāstus 3 wohlgenährt *Ph.*

per-paucus 3 sehr wenig.

per-paulum, ī, *n.* nur sehr wenig: loci.

per-pauper, eris sehr arm.

perpauxillum   336   **persequor**

per-pauxillum, ī, *n.* ganz wenig *C.*

per-pellō 3. pulī, pulsus bewegen, veranlassen, durchsetzen, bewirken: urbem ad deditionem *L*; mit ut, ne; *inf. T.*

per-pendī *pf.* v. perpendo.

perpendiculum, ī, *n.* Bleilot, Richtschnur: ad p. senkrecht.   Von

per-pendō 3. pendī, pēnsus gründlich erwägen.

perperam *adv.* unrichtig, falsch, verkehrt.

perpessiō, ōnis, *f.* **1.** das Ertragen. **2.** Ausdauer *Sp.* Von

per-petior 3. pessus sum (patior, § 43) erleiden, ertragen, aushalten; mit *acc. c. inf.* dulden *V*; mit *inf.* über sich bringen *O.*

per-petrō 1. (patro, § 43) vollziehen, vollenden, zustandebringen, verrichten; mit ut durchsetzen *T.*

perpetuitās, ātis, *f.* (perpetuus) (ununterbrochene) Fortdauer, Zusammenhang, Stetigkeit.

perpetuō 1. (ununterbrochen) fortdauern lassen, fortsetzen.   Von

per-petuus 3 **1.** örtl.: **fortlaufend, zusammenhängend, ununterbrochen:** paludes, munitiones, mensae in langer Reihe *V*, bovis tergum ganz *V*; *met.* oratio *N*, odium unwandelbar *N*, carmen zyklisch, einen Sagenkreis umfassend *H.* **2.** zeitl.: **fortdauernd, beständig:** vita (dies *C*) ganz, dominatio lebenslänglich *N*, dictator auf Lebenszeit. **3. allgemeingültig:** quaestio, ius. Dav. **adv. a. in perpetuum** (in p. modum *C*) **für immer. b.** *abl.* **perpetuō beständig, ununterbrochen.**
E: petere 'gehen'; eigtl. 'durchgängig'.

per-placeō, ēre sehr gefallen.

per-plexus 3, *adv.* **ē** (*perplecto) **1.** verschlungen: iter *V.* **2.** *met.* verworren, verwickelt, dunkel, unklar: haud perplexe unverblümt *Cu.*

per-pluō, ere den Regen durchlassen *CQ*; auch bildl. *C*; in pectus sich ergießen *C.*

per-poliō 4. ausfeilen, vervollkommnen; **perpolītus** 3 fein (aus)gebildet, verfeinert.

per-populor 1. ganz entvölkern, verwüsten; p a s s. perpopulato agro *L.*

per-pōtō 1. durchzechen; austrinken *Lukrez.*

per-primō, ere (premo, § 41) andauernd drücken *H.*

per-pūgnāx, ācis sehr streitsüchtig.

per-pulī *pf.* v. perpello.

perpulsus *pt. pf. pass.* v. perpello.

per-pūrgō 1. (-purigo *C*) ganz reinigen; *met.* völlig ins reine bringen: locum orationis, rationes.

per-pusillus 3 sehr klein, sehr wenig.

per-quam (vgl. per A. 4.) *adv.* überaus, gar sehr.

per-quīrō 3. quīsīvī, quīsītus (quaero, § 43) sich genau erkundigen, nachforschen: aditus viasque.

per-rārus 3, *adv.* perrārō sehr selten.

per-reconditus 3 sehr versteckt.

perrēctus *pt. pf. pass.* v. pergo.

per-rēptō 1. āvī durchkriechen: oppidum *C.*

perrēxī *pf.* v. pergo.

Perrhaebia, ae, *f.* P. [Landsch. in Nordthessalien]; *adi.* u. Einw. Perrhaebus.

per-rīdiculus 3, *adv.* **ē** sehr lächerlich.

perrogātiō, ōnis, *f.* Durchsetzung, Beschluß: legis. Von

per-rogō 1. ringsum fragen, abfragen: sententias.

per-rumpō 3. rūpī, ruptus **1.** *intr.* **durchdringen, sich einen Weg bahnen:** per medios. *trans.* **2. durch-, auf-, zerbrechen:** aciem *Cu*, materiam, limina *V*, terram aratro *V.* **3. eindringen:** paludem, rates. **4.** *met.* **überwinden, zunichte machen:** poenam, fastidia *H.*

Persae, ārum, *m.* die Perser [Bew. v. Persis oder des persischen Reiches]; d i c h t. Parther *H*; *sg.* **Persēs,** ae; *adi.* **Persicus** 3 persisch; *subst.* **Persis,** idis, *f.* P. [Landsch. im Iran, j. F a r s].

per-saepe *adv.* sehr oft.

per-salsus 3, *adv.* **ē** sehr witzig.

persalūtātiō, ōnis, *f.* allseitige Begrüßung.   Von

per-salūtō 1. (alle) der Reihe nach begrüßen.

per-sapienter *adv.* sehr weise.

per-scidī *pf.* v. perscindo.

per-scienter *adv.* sehr gescheit.

per-scindō 3. scidī, scissus ganz zerreißen *L.*

per-scītus 3 sehr fein.

per-scrībō 3. psī, ptus **1. ausführlich, genau niederschreiben, sorgfältig aufzeichnen:** versu aliquid *O*, res populi R. *L.* **occ. a. abfassen, protokollieren:** senatūs consultum, iudicum dicta. **b. verbuchen, eintragen:** pecunias. **2.** (schriftlich) **melden:** haec ad suos; mit *acc. c. inf.* **3. anweisen,** mit Anweisung bezahlen: a quaestore eine Anweisung an den Quästor geben *L.*   Dav.

perscrīptiō, ōnis, *f.* **1.** Eintragung: tabulae et perscriptiones. **2.** Protokollierung: senatūs consulti. **3.** Zahlungsanweisung.

perscrīptus *pt. pf. pass.* v. perscribo.

per-scrūtor 1. durchstöbern, durchsuchen.

per-secō, āre **1.** 'ausschneiden' *Q. met.* **2. a.** genau erforschen: rerum naturas. **b.** ausrotten *L.*

per-sector, ārī eifrig nachforschen *C.*

persecūtus *pt. pf. act.* v. persequor.

per-sedeō 2. sēdī ununterbrochen sitzen *LCu.*

per-sēdī *pf.* v. persedeo oder persido.

per-sēgnis, e sehr matt *L.*

Persēis, idis, *f.* P. [**1.** Okeanide. **2.** deren Tochter Hekate *O.* **3.** Gedicht über Perseus *O Pont. 4, 16, 25*].

Persēius s. Perseus.

per-senex, senis sehr alt *Sp.*

per-sentiō 4. sēnsī tief fühlen, deutlich wahrnehmen *V.*

Persephonē, ēs, *f.* (Περσεφόνη) = Proserpina *O.*

per-sequor 3. secūtus sum

I. **1. nachfolgen, -gehen; 2. verfolgen;** *occ. a.* **rächen, bestrafen;** *b.* (gerichtlich) **verfolgen;** *met.* 3. **nachahmen; 4. nachgehen.**
    II. **1. fortsetzen, durchführen, vollziehen; 2. einholen, erreichen.**
    III. **erzählen, darstellen, beschreiben.**

I. 1. exercitum; *met.* quae dicuntur nachschreiben. **2.** hostes equitatu; aliquem bello (armis) bekriegen. **a.** suas iniurias, scelus *O*, maleficia *S.* **b.** apud iudicium; ius suum geltend zu machen suchen, poenas a civi bestrafen lassen. **3.** horum sectam. **4.** hereditates nachjagen *C*, vitem *V.* **II. 1.** sollertiam in sensibus

Perses   337   **pertexi**

schaffen, incepta *L*, quaerendo weiter fragen *L*. **2.** fugacem virum *H*. **III.** huius de vita plura *N*, ea versibus, voluptates nominatim aufzählen.

Persēs, ae, *m*. **1.** Perser, s. Persae. **2.** P. [altl. für Perseus (vgl. § 91, Abs. 2) v. Makedonien] *L*.

Perseūs, eos u. eī, *m*. **1.** P. [**a.** Sohn des Zeus und der Danaë. **b.** Gestirn]; *adi.* **Perse(i)us** 3. **2.** P. [letzter König von Makedonien]; *adi.* **Persicus** 3: bellum Krieg mit Perseus.

persevērāns, antis, *adv.* **anter** (persevero) ausdauernd, beharrlich.   Dav.

persevērantia, ae, *f*. Ausdauer, Beharrlichkeit.

per-sevērō 1. (severus) **1.** *intr.* verharren, (ver)bleiben, bestehen auf: in sententia, eodem maerore *Cu*; *abs.* fortdauern *Pli*. **2.** *trans.* fortsetzen, bei etw. verharren: id *L*; mit *inf.* fortfahren.

per-sevērus 3, *adv.* **ē** sehr streng *TPli*.

Persicus s. Persae u. Perseus.

per-sīdō 3. sēdī durch-, eindringen *V*.

per-sīgnō 1. genau aufzeichnen *L*.

per-similis, e sehr ähnlich.

per-simplex, icis sehr einfach: victus *T*.

Persis s. Persae.

Persius *n. g.* **1.** C. P. [Redner zur Zeit der Gracchen]. **2.** A. P. Flaccus [Satiriker, 34 n. Chr—62] *Q*.

per-solvō 3. solvī, solūtus **1.** auflösen, erklären. **2.** bezahlen, abzahlen: aes alienum alienis nominibus Schulden für fremde Leute *S*. **3.** *met.* abtragen, erweisen: meritam gratiam, grates abstatten *V*, honorem darbringen *V*, animam opfern *V*; *occ.* büßen: poenas rei p. (*dat.*).

persōna, ae, *f*. **1.** Maske: tragica *Ph*. **2.** *meton.* **Rolle** [im Schauspiel]: de mimo. *met.* **3. Rolle, Charakter:** principis Würde *N*, personam ferre, gerere eine Rolle spielen. **4. Persönlichkeit, Person.**
              Rückgebildet (§ 76) aus

persōnātus 3 verkleidet, maskiert: pater in der Komödie *H*.

E: v. etruskisch φersu 'Maske'?

per-sonō 1. sonuī *trans.* **1.** durchtönen: gemitu regiam *Cu*, regna latratu erfüllen *V*, aurem ins Ohr rufen *H*. **2. laut verkünden:** eas res; mit *acc. c. inf.*; *occ.* besingen: laudes *Cu*, citharā aliquid zur Laute singen *Pli*. *intr.* **3. widerhallen, ertönen:** personat vicinitas cantu, domus canibus von Hundegebell *H*; *met.* plausu, plausibus Beifall klatschen *T*. **4. spielen:** citharā *V*.

perspectō 1. āvī (*frequ.* v. perspicio) ganz ansehen *CSp*.

I. perspectus *pt. pf. pass.* v. perspicio.

II. perspectus 3 (perspicio) wohlbekannt, bewährt; *adv.* **perspectē** einsichtsvoll *C*.

per-speculor 1. genau erkunden *Sp*.

per-spergō 3. sī, sus (spargo, § 43) besprengen.

per-spexī *pf.* v. perspicio.

perspicācitās, ātis, *f*. Scharfblick.   Von

perspicāx, ācis (perspicio) einsichtsvoll.

perspicientia, ae, *f*. völlige Einsicht, Erkenntnis.   Von

per-spiciō 3. spexī, spectus (specio, § 43) **1.** *intr.* durchsehen: per saepem. *trans.* **2.** besichtigen, beschauen, genau besehen: naturam untersuchen *Cu*. **3.** deutlich sehen, durchschauen, wahrnehmen, erkennen, kennenlernen: caelum *L*, innocentiam, fidem; mit *acc. c. inf.*, indir. Fr.; aliquid perspectum habere von etw. überzeugt sein.

perspicuitās, ātis, *f*. Deutlichkeit.   Von

perspicuus 3, *adv.* **ē** (perspicio) **1.** durchsichtig: aquae *O*. **2.** *met.* offenbar, klar.

per-sternō 3. strāvi, strātus ganz pflastern *L*.

per-stimulō, āre ununterbrochen reizen *T*.

per-stō 1. stitī (stātūrus *L*) **1.** stehen, stehenbleiben: tota nocte *Cu*, ad vallum *L*. *met.* **2.** (fort)dauern: laurea perstat toto anno bleibt grün *O*. **3.** beharren: in sententiā; mit *inf.* fortfahren *O*.

per-strātus *pt. pf. pass.* v. persterno.

per-strāvī *pf.* v. persterno.

per-stringō 3. strīnxī, strictus **1. streifen, berühren:** vomere portam; *occ.* (leicht) **verwunden:** femur mucrone *Cu*. *met.* **2. ergreifen, erschüttern:** animos horrore *Cu*, murmure cornuum aures *H*. **3. verweisen, tadeln verletzen:** modice *T*, facetiis. **4.** (in der Rede) **streifen, flüchtig berühren:** vitae cursum celeriter kurz erzählen, locum.

per-studiōsus 3, *adv.* **ē** sehr eifrig; mit *gen*.

per-suādeō 2. sī, sum 'mit Erfolg raten', einreden; **1.** überreden; mit *dat. pers.*, *acc. rei* (nur *pron.*); *pass. unpers.* Siculis hoc persuasum est die S. sind dazu entschlossen; mit *coni.*, ut, selten *inf.*; *trans.* dicht. persuasus fecit *Ph*. **2.** überzeugen; mit *acc. rei* (*pron.*): id (davon) ei *N*; *acc. c. inf.* consilium esse Apollinis; *pass. unpers.* mihi persuadetur ich lasse mir einreden, mich überzeugen, persuasum (persuasissimum) mihi est, persuasum (mihi) habeo ich bin (fest) überzeugt, es steht für mich (unerschütterlich) fest; im *abl. abs.* eo malo viso atque persuaso.   Dav.

persuāsiō, ōnis, *f*. Überzeugung, Glaube, Wahn.

persuāsum *pt. pf. pass.* v. persuadeo.

per-subtīlis, e überaus fein: oratio.

per-sultō 1. (salto, § 51, Anm.) **1.** *intr.* umherspringen, -schwärmen *LT*. **2.** *trans.* durchstreifen: campos *T*.

per-taedet, taesum est (altl., § 43, pertīsum) sehr überdrüssig werden, sehr anekeln; mit *gen. rei* u. *acc. pers.* numquam negotii eum pertaesum est *N*.   Dav.

pertaesus 3 ganz überdrüssig: lentitudinis *TSp*.

per-tegō 3. tēxī, tēctus ganz bedecken *C*.

per-temptō 1. **1.** probieren, prüfen: pugionem *T*. *met.* **2.** prüfen: animos *L*. **3.** überdenken, überlegen: causam. **4.** völlig **ergreifen, durchströmen:** sensūs *V*, pectus *V*.

per-tendō 3. tendī eilen, ziehen: Romam *L*.

per-tentō = pertempto.

per-tenuis, e sehr klein, gering.

per-tergeō 2. tersī, tersus abwischen *H*.

per-terrefaciō, ere *C* u. **per-terreō** 2. uī, itus sehr erschrecken, völlig einschüchtern.

per-terri-crepus 3 (perterreo, crepo) schrecklich tönend *Lukrez*.

per-tersī *pf.* v. pertergeo.

per-tersus *pt. pf. pass.* v. pertergeo.

per-tēxī *pf.* v. pertego.

pertexo   338   **pervicax**

per-texō 3. texuī, textus *met.* vollenden, ausführen.
pertica, ae, *f.* Stange *Cu*; **occ.** Meßstange, Maß *Pli.*
per-timefactus 3 sehr eingeschüchtert.
per-timēscō 3. muī sehr in Furcht geraten, sehr fürchten: impetūs; mit de, ne.
pertinācia, ae, *f.* **1.** Hartnäckigkeit, Starrsinn. **2.** Beharrlichkeit.   *Von*
per-tināx, ācis, *adv.* **āciter** (tenax, § 41) **1.** geizig *C.* *met.* **2.** hartnäckig: fortuna unwiderstehlich *Cu*, digitus male p. der sich nicht sehr sträubt *H.* **3.** beharrlich: acclamatio nachdrücklich *Cu.*
per-tineō 2. (teneo, § 43) **1.** sich ausdehnen, erstrekken, reichen: Belgae pertinent ad Rhenum, contagio ad plurīs. *met.* **2.** betreffen, berühren, sich beziehen, angehen, gehören: ad victum, ad proficiscendum; ad rem pertinet es ist zweckmäßig, sachgemäß. **3.** zu etw. dienen, auf etw. abzielen: ad effeminandos animos; quo (quorsum) pertinet? welchen Zweck hat es? (mit *inf.*) *HT.* **4.** beeinflussen, Bedeutung haben: vehementer pertinet ad bella administranda, haud sane multum ad se pertinere es sei für ihn ziemlich gleichgültig *L.*
per-tingō, ere (tango, § 48) sich erstrecken *S.*
pertractātē *adv.* (pertracto) in gewöhnlicher Art *C.*
pertractātiō, ōnis, *f.* Behandlung, Beschäftigung mit etw.: poetarum.   *Von*
per-tractō 1. u. **per-trectō** (§ 43) **1.** eingehend untersuchen, behandeln: totam philosophiam. **2.** stimmen, einwirken: sensūs, animos.
per-trahō 3. trāxī, tractus wohin schleppen: ad insidiarum locum hineinlocken *L.*
per-trā-lucidus 3 ganz durchsichtig *Sp.*
per-trāxī *pf.* v. pertraho.
per-trectō = pertracto.
per-tribuō 3. buī erteilen, geben *Pli.*
per-tudī *pf.* v. pertundo.
per-tulī *pf.* v. perfero.
per-tumultuōsē *adv.* in großer Aufregung.
per-tundō 3. tudī, tū(n)sus durchlöchern *L.*
perturbātiō, ōnis, *f.* (perturbo) **1.** Verwirrung, Unordnung, Störung: comitiorum stürmische Auftritte. **2.** Aufregung, Leidenschaft, Affekt.
perturbātus 3, *adv.* **ē 1.** wirr, verworren: tempora stürmisch. **2.** bestürzt, verstört.   *Von*
per-turbō 1. **1.** sehr verwirren, in große Unordnung bringen: impetu ordines, pactiones periurio brechen. *met.* **2.** stören, beunruhigen: civitatem tumultu *N*, provinciam. **3.** verwirren, aufregen, aus der Fassung bringen: incommodo; mit de; mit indir. Fr. = vor Bestürzung nicht wissen.
pertūsus *pt. pf. pass.* v. pertundo.
per-ungō 3. ūnxī, ūnctus beschmieren, salben.
per-urbānus 3 sehr fein, sehr witzig; **occ.** überhöflich.
per-ūrō 3. ussī, ustus **1.** verbrennen, versengen: ossa *O*, agrum im Land sengen und brennen *L*; terra perusta gelu vom Frost gefroren *O*, colla entzündet *O*, funibus zerschlagen *H.* **2.** *met.* brennen: sitis perurit saucios brennender Durst quält *Cu*, gloriā perustus von Ruhmsucht verzehrt, febre *Pli.*

Perusia, ae, *f.* P e r u g i a [St. in Etrurien] *L*; *adi.* u. Einw. **Perusīnus; Perusīnum**, ī, *n.* das P. [Landgut bei Perugia] *Pli.*
per-ussī *pf.* v. peruro.
perustus *pt. pf. pass.* v. peruro.
per-ūtilis, e sehr nützlich.
per-vādō 3. vāsī, vāsus **I. 1.** *intr.* hindurchgehen: impetu equi durchbrechen *T.* **2.** *trans.* durchdringen: artūs *T*; *met.* animos. **II.** *intr.* **1.** wohin gelangen, kommen: in nares, ad castra *L.* **2.** *met.* gelangen: terror pervadit in aciem *L.*
pervagātus 3 sehr bekannt, weit verbreitet.   *Von*
per-vagor 1. **1.** umherschweifen: omnibus in locis; *trans.* domos durchstreifen *L.* **2.** *met.* sich verbreiten: ad ultimas terras; *trans.* membra durchdringen *Pli.*
per-variē *adv.* sehr mannigfaltig.
per-vāsī *pf.* v. pervado.
per-vāstō 1. völlig verwüsten *LT.*
pervāsus *pt. pf. pass.* v. pervado.
per-vehō 3. vēxī, vectus **I. 1.** durchführen: commeatūs *L.* **2.** *pass.* durchfahren: freto über die Meerenge, Oceanum *T.* **II. 1.** hinführen, -bringen: sacra Caere *L*; *met.* in caelum erheben *Cu.* **2.** *pass.* hinfahren, -kommen: Thurios *N*; *met.* ad exitus optatos.
per-velle *inf. pr.* v. II. pervolo.
per-vellō 3. vellī **1.** fest zupfen: aurem *Ph.* *met.* **2.** reizen: stomachum *H.* **3.** kränken, schmerzen: dolor pervellit. **4.** heftig kritisieren: ius civile.
per-veniō 4. vēnī, ventum **1.** gelangen, ankommen, anlangen: ad Genavam, in castra. *met.* **2.** gelangen, kommen: ad principatum *N*, ad annum LXXX erreichen *N*, in amicitiam befreundet werden, in affinitatem sich verschwägern *N*, in suam tutelam mündig werden *N*, ad desperationem verzweifeln *N*, in odium verhaßt werden *N*; ad hunc locum an diesen Punkt [in der Rede]. **3.** [von Leblosem]: gelangen, kommen: ad aures meas, pecunia ad aliquem pervenit in jemds. Hände, in potestatem praedonum; **occ.** steigen, sich steigern: in rabiem *Cu*, ad denarios *L.* **4.** zu etw. gehören: ad amici partem pervenant (*coni. pr.*) *C.*
perversitās, ātis, *f.* Verkehrtheit, Torheit.   *Von*
I. perversus *pt. pf. pass.* v. perverto.
II. perversus 3, *adv.* **ē 1.** verdreht: oculi schielend. *met.* **2.** verkehrt, ungerecht, widersinnig: mens *O*, sapientia. **3.** schlecht: Menalcas neidisch *V.*   *Von*
per-vertō 3. tī, sus, altl. **per-vortō** (§ 50 am Ende) **1.** umwerfen: rupes perversae abgestürzt *L.* *met.* **2.** verkehren: mores *N*, perverso numine gegen den Götterwillen *V.* **3.** stürzen: civem, artificio aus der Fassung bringen. **4.** zugrunde richten, vernichten: Thasum *V*, omnia iura.
per-vesperī *adv.* sehr spät abends.
pervestīgātiō, ōnis, *f.* Erforschung.   *Von*
per-vestīgō 1. ausspüren, erforschen.
per-vetus, eris u. **per-vetustus** 3 sehr alt.
per-vēxī *pf.* v. perveho.
pervicācia, ae, *f.* Beharrlichkeit, Halsstarrigkeit.   *Von*
per-vicāx, ācis, *adv. comp.* **-ācius** (pervinco) **1.** be-

pervici   339   **peto**   **P**

harrlich: Thyiades unermüdlich *H*, recti im Guten *T*.
2. starrköpfig, eigensinnig: irae im Zorn *T*, iussa eigenwillig *T*; **occ.** anhaltend: ira *Cu*.

per-vīcī *pf.* v. pervinco.

pervictus *pt. pf. pass.* v. pervinco.

per-videō 2. vīdī, vīsus **I. 1.** überschauen: omnia *O*.
2. *met.* **überblicken:** mala mustern *H*. **II. 1. genau sehen;** mit indir. Fr. *L.* **2.** *met.* **erkennen, einsehen:** hoc.

per-vigeō 2. uī sehr kräftig sein, sehr blühen *T*.

per-vigil, lis (pervigilo, § 76) immer wachsam *OT*.

pervigilium, ī, *n.* (kultische) Nachtfeier *LT*.   Von

per-vigilō 1. wachbleiben, (die Nacht) durchwachen.

per-vīlis, e sehr billig *L*.

per-vincō 3. vīcī, victus **1.** *intr.* völlig siegen *LukrezT*;
met. recht behalten. **2.** *trans.* überwinden, übertreffen:
sonum *H*. **3.** *met.* (mit Mühe) bewegen, erzwingen,
durchsetzen: utrāque *T*; mit ut, ne *L*.

pervīsus *pt. pf. pass.* v. pervideo.

per-vius 3 (via) **1.** durchschreitbar, zugänglich, gangbar: tellus *O*, tempora pervia facere durchbohren *O*,
transitiones freie Durchgänge; *n. subst.* Durchgang *T*.
2. *met.* zugänglich, offen: ambitioni *T*.

per-vīvō, ere fortleben *C*.

per-volgō [altl.] s. pervulgo.

per-volitō, āre (*frequ.* v. I. pervolo) durcheilen *V*.

I. per-volō 1. durchfliegen: aedes *V. met.* **2.** durcheilen: LVI milia passuum. **3.** hinfliegen: animus pervolat in hanc sedem.

II. per-volō, velle sehr wünschen; mit *inf.*

per-volūtō, āre genau lesen, studieren.   *Frequ.* von

per-volvō 3. volvī, volūtus **1.** herumwälzen *C*. **2.** aufrollen, durchlesen *Ca*; b i l d l. animum genau bekannt machen.

pervorsē *adv.* (pervorto) gewaltig *C*.

pervorto [altl.] s. perverto.

pervulgātus 3 **1.** wohlbekannt, allseits bekannt: nomina *N*. **2.** gewöhnlich: consolatio.   Von

per-vulgō, altl. **per-volgō** (§ 50) **1.** bekanntmachen,
mitteilen: edictum; Hirtium herausgeben, se omnibus
sich preisgeben.

pēs (gesprochen pess aus *ped-s), pedis, *m.* (ai. pād-,
gr. πούς = ποδ-ς, got. fotus, ahd. fuoz)

> **I. 1. Fuß;** *occ.* **Huf, Kralle;** *met.* **2. Fuß; 3. Segelschote.**
> **II. 1.** *meton.* **Schritt, Gang, Lauf; 2. Fuß** [als Längenmaß, ca. ⅓ Meter]; **3.** *met.* **Takt, Versfuß; 4.** *synecd.* **Versart.**
> **III.** Besondere Vbdn.

I. 1. equorum pedes priores *N*; pede captus gelähmt *L.* **occ.** equus pede terram ferit *V*; unci *V*.
2. mensae *O*, retrahit pedem unda *V*. **3.** pede aequo mit gleichgespanntem Tau, vor dem Wind *O*, facere pedem mit halbem Wind segeln *V*. **II. 1.** servus a pedibus Laufbursche, pede secundo hilfreich, gnädig *V*.
2. pedem non discedere keinen Fuß breit, metiri se suo pede mit eigenem Maß *H*. **3.** pedibus claudere verba rhythmisch gestalten *H*, undeni Hexameter u.
Pentameter *O*. **4.** ter percussus Trimeter *H*, Lesbius

sapphische Strophe *H*. **III.** pedem ferre gehen, kommen *V*, ponere eintreten, conferre angreifen, collato (presso) pede Fuß an Fuß, pedem referre sich zurückziehen, zurückweichen; ad pedes desilire (descendere, degredi *L*) absitzen, abspringen, ad pedes deducere absteigen lassen *L*, ad pedes accidere zu Füßen fallen, ante pedes positum esse vor Augen liegen, ante pedes alicuius in Gegenwart; pedibus ire in sententiam alicuius mit jemd. stimmen, pedibus flumen transire zu Fuß, mereri bei der Infanterie dienen *L*; pedibus — navibus zu Land — zu Wasser; pedibus trahi drunter u. drüber gehen; sub pedibus tuis relinquere in deiner Gewalt *L*; sub pedibus timor est wird nicht beachtet *O*.

pessimē, pessimus s. male, malus.

Pessinūs, ūntis, *f.* P. [St. in Galatien, Hauptsitz des Kybelekultes] *L; adi.* Pessinūntius 3.

pessum hinab, zugrunde: premere zu Boden drücken *C*, ire zugrunde gehen, dare zugrunde richten (auch pessumdo), pessumdatus herabgekommen *S*.

    E: aus *ped-tum; ai. pádyatē 'fällt'.

pesti-fer 3 (pestis, fero, § 66) verderblich, unheilvoll.

pestilēns, entis (pestis) ungesund; *met.* verderblich.

pestilentia, ae, *f.* (pestilens) **1.** ungesunde Luft, ungesunde Witterung. **2.** Pest, Seuche.

pestis, is, *f.* **1.** Seuche: pecudum *V*. **2.** *met.* Unheil, Verderben: textilis (d i c h t.) = das Nessuskleid, bonorum. **3.** *meton.* Unheil, Unhold, Geißel: patriae = Clodius.

petasātus 3 (πέτασος) mit dem Reisehut, reisefertig.

Petēlia, ae, *f.* P. [Städtchen in Bruttium] *VL.*

petessō, ere (v. peto wie facesso v. facio) erstreben.

petiī (Nbf.) *pf.* v. peto.

petītiō, ōnis, *f.* (peto) **I.** Angriff. **II. 1.** Bitte: indutiarum *L*; **occ.** Bewerbung: consulatūs, auch *abs.* **2.** Anspruchsrecht: cuius petitio sit.

petītor, ōris, *m.* (peto) **1.** Bewerber [um ein Amt].
2. Kläger [in Zivilsachen].

petīturiō, īre sich bewerben wollen.   Von

petō 3. īvī (iī), d i c h t. petīt, ītus (ai. pátati fliegt, gr. πέτομαι, πί-π[ε]τω)

> **I. 1.** wohin **eilen, hingehen; 2.** (feindlich) **losgehen, angreifen;** *met.* **bedrohen; 3.** (freundlich) **angehen, sich** an jemd. **wenden.**
> **II. 1.** (einer Sache) **nachgehen, aufsuchen, suchen;** *met.* nach etw. **streben; 2. sich bewerben; 3. verlangen;** *occ.* **gerichtlich beanspruchen; 4. bitten; 5. holen, herholen.**

I. 1. naves *N*, continentem steuern nach, cursu muros laufen zu *V*; Ascanium nahen *V*; fugam die Flucht ergreifen, fliehen, iter terrā den Landweg nehmen; *met.* astra emporragen zu *O*, campum petit amnis strömt ins Gefilde *V*. **2.** Indos *Cu*, Laocoonta *V*; **occ.** cornū stoßen *V*, mālo werfen *V*, arcu alta in die Höhe zielen *V*, terram ore in die Erde beißen *V*, somnus petit nautam überfällt *V. Met.* Athenienses peti dicebantur es hieß, der Angriff gelte den Athenern *N*, aliquem fraude *L*, falsis criminibus *T*. **3.** te supplex peterem *V*; Ilionea dextrā erfassen *V*. **II. 1.** aliud domi-

petorritum   340   **Philadelpheni**

cilium; *met.* salutem fugā das Heil in der Flucht suchen, alicuius societatem *N*, delectationem, gloriam *S*; d i c h t. mit *inf.* **2.** consulatum usw.; virginem um . . . werben; viros nachgehen *S*. **3.** quantum res petit erfordert, virginem ad libidinem *L. occ.* hereditatem, pecuniam einklagen. **4.** pacem (ab eo) (ihn) um Frieden *N*, auxilium a Lacedaemoniis *N*, eius delicti veniam erbitten; poenas ab aliquo bestrafen, Rache nehmen; eum ducem ab Atheniensibus *N*; mit *coni.*, ut, ne. **5.** aggerem, commeatūs, aliquid ab impedimentis; *met.* spiritum (gemitum *O*) aufseufzen *H*, exempla.

petorritum, ī, *n.* (kelt. petor = quattuor, rit = rota) vierrädriger Wagen, Kutsche, Kalesche *HQ*.

petra, ae, *f.* (πέτρα) Felsen *Cu.*

Petrēius, M. P. [siegte 62 über die Catilinarier bei Pistoria u. war 55—49 Legat des Pompeius in Spanien].

Petrīnum, ī, *n.* P. [Ort u. Landgut bei Sinuessa].

petrō, ōnis, *m.* alter Hammel *C.*

Petrocoriī, ōrum, *m.* die P. [Volk in der Landsch. P e r i g o r d].

Petrōnius 3, **1.** C. P. (Arbiter) [Günstling Neros; verfaßte wahrsch. das 'Satyricon', eine wichtige Quelle für die Erschließung des Vulgärlatein] *T.* **2.** Petronia [Gemahlin des Kaisers Vitellius] *T.*

petrōtos *m.* (*πετρωτός) versteinert *Sp.*

petulāns, antis, *adv.* **anter** (zu peto durch *petulus) 'losgehend'; ausgelassen, frivol, frech, leichtfertig, wollüstig.   Dav.

petulantia, ae, *f.* Ausgelassenheit, Frechheit.

petulcus 3 (vgl. petulans) stößig: haedi *V.*

Peucetia, ae, *f.* P. [SO-Apulien] *Sp*; *adi.* Peucetius: sinus = die Bucht von Tarent *O.*

Peucīnī, ōrum, *m.* die P. [Volk an den Donaumündungen] *TSp.*

pexī *pf.* v. pecto.

pexus *pt. pf. pass.* v. pecto.

Phaeāx, ācis, *m.* Phäake [der Sage nach Bewohner der Insel Scherië (Korfu?), bekannt durch Gastfreundschaft und heiteren Lebensgenuß; s p r i c h w. = Lebemann *H*; **Phaeācis**, idis, *f.* Ph. [Gedicht des Tuticanus (Nausikaa-Episode)] *O*; *adi.* **Phaeāc(i)us** 3; *subst.* **Phaeācia**, ae, *f.* Phäakenland *Ti.*

Phaedōn, ōnis, *m.* Ph. [Schüler des Sokrates].

Phaedra, ae, *f.* s. Hippolytus.

Phaedrus, ī, *m.* Ph. [**1.** Schüler des Sokrates, nach ihm wurde ein platonischer Dialog benannt. **2.** epikureischer Philosoph aus Athen, Freund Ciceros. **3.** röm. Fabeldichter, Freigelassener des Augustus].

Phaestias, adis, *f.* Einwohnerin v. Phaistos [auf Kreta] *O*; *adi.* **Phaestius** 3 *O.*

Phaëthōn, ontis, *m.* Ph. [Φαέθων 'der Leuchtende'. **1.** Kultname des Sol *V.* **2.** Sohn des Sol und der Klymene, als Lenker des Sonnenwagens von Zeus getötet. Seine ihn beweinenden Schwestern werden zu Pappeln, ihre Tränen zu Bernstein]. **Phaëtontias**, adis, *f.* meist *pl.* Schwester des Phaëton. **Phaëthontēus** 3 *O*; *f.* **Phaëthontis**, idis: volucris = Schwan *O.*

phalanga, ae, *f.* (φάλαγξ, § 92) Walze, Rolle.

phalangītae, ārum, *m.* Soldaten der Phalanx *L.*

Phalanthus, ī, *m.* Ph. [Gründer v. Tarent] *H.*

phalanx, angis, *f.* (φάλαγξ) die Ph. **1.** Schlachtreihe: Argiva das Griechenheer *V.* **2.** Hoplitenfront [der Athener u. Spartaner] *N.* **3.** Schlachtordnung [des makedonischen Fußvolkes v. 50 Mann Front u. 12—16 Mann Tiefe] *NLCu.* **4.** viereckige Schlachtordnung [der Germanen u. Gallier].

Phalara, ae, *f.* Ph. [Hafenort in Thessalien] *L.*

phalārica s. falarica.

Phalaris, idis, *m.* Ph. [Tyrann v. Agrigent, ließ zur Verbrennung Verurteilter durch Perillus einen ehernen Stier verfertigen].

Phalasarnēus 3 aus Phalasarna [auf Kreta] *L.*

phalerae, ārum, *f.* (τὰ φάλαρα, §§ 41 u. 92, Abs. 2) **1.** Brustschmuck [für Krieger, bes. als milit. Auszeichnung]. **2.** Pferdeschmuck *L.*   Dav.

phalerātus 3 mit Brustschmuck; *met.* prunkend *C.*

Phalērum, ī, *n.* Ph. [Hafen von Athen] *Sp*; *adi.* **Phalēricus** 3 *N*; Einw. **Phalēreūs.**

Phanae, ārum, *f.* Ph. [Südspitze v. Chios] *L*; *adi.* rex Phanaeus = der königliche Wein v. Chios *V.*

phantasma, atis, *n.* (φάντασμα) Gespenst *Pli.*

Phaōn, ōnis, *m.* Ph. [kaltherziger Geliebter der Sappho] *CO.*

pharetra, ae, *f.* (φαρέτρα) Köcher *VHPrO.*   Dav.

pharetrātus 3 köchertragend: puer = Cupido *HO*, virgo = Diana *O.*

pharmacopōla, ae, *m.* (φαρμακοπώλης) Quacksalber, Kurpfuscher *H.*

Pharnacēs, is, *m.* Ph. [König v. Pontus, Sohn des Mithridates, 48 von Caesar besiegt].

Pharos u. **-us**, ī, *f.* Ph. [kleine Insel vor Alexandria mit gleichnamigem Leuchtturm]; *adi.* **Pharius** 3 ägyptisch: iuvenca = Io *O*, turba [vom Isisdienst] *Ti.*

Pharsālus, ī, *f.* Ph. [St. in Thessalien, Caesar besiegte hier Pompeius 48]; *adi.* **Pharsāli(c)us** 3; **Pharsālia**, ae, *f.* Gebiet v. Pharsalus *OT.*

Phasēlis, idis, *f.* Ph. [St. in Lykien].

phasēlus, ī, *m.* (φάσηλος) **1.** Bohne *V.* **2.** *met.* [schotenähnliches] Boot.

Phāsis, idis, *m.* Ph. [Fl. in Kolchis]; *adi.* **1.** **Phāsi(a)s**, (a)dis, *f.* kolchisch; *subst.* Kolcherin [= Medea] *O.* **2. Phāsiacus** 3 *O.*

Phēgiacus 3 v. Phēgia [in Arkadien] *O.*

Phenēus, ī, *f.* (*m. Ca*) Ph. [St. in Arkadien] *VLO*; Einw. Pheneātae.

Pherae, ārum, *f.* Ph. [**1.** Küstenst. in Messenien. **2.** St. in Thessalien, Residenz des Admetus]; *adi.* u. Einw. zu **2. Pheraeus:** gens = grausam *O*; vaccae = des Admetus *O.*

Pherecēa puppis v. Phereclus gebaut *O.*

Pherecȳdēs, is, *m.* Ph. [**1.** Mythograph aus Syros, um 550. **2.** Genealoge, um 460].

Pherētiadēs, ae, *m.* Sohn des Pheres, Admetus *O.*

Phīdiās, ae, *m.* Ph. [ber. Bildhauer der perikleischen Zeit]; *adi.* **Phīdiacus** 3 *PrO.*

Philadelphēnī, ōrum, *m.* Einw. v. Philadelphia [in Lydien] *T.*

Philae 341 **Phyl(l)acides** P

Philae, ārum, *f.* Ph. [Nilinsel in Oberägypten] *Sp.*

Philaenōn arae (Φιλαίνων βωμοί) **Ph.** arae [Hafen an der karthagisch-kyrenäischen Grenze] *S.*

Philēmōn, onis, *m.* Ph. [**1.** Dichter der mittleren Komödie *CQ.* **2.** alter Bauer in Phrygien, Gatte der Baucis *O*].

Philēsius *m.* Ph. [φιλήσιος 'lieblich'; Apollostatue] *Sp.*

Philētās, ae, *m.* Ph. [gr. Elegiker aus Kos] *PrQ; adi.* Philētaeus 3 *Pr.*

Philippī, ōrum, *m.* Ph. [St. in Makedonien]; *adi.* **Philippēnsis,** e.

Philippopolis, is, *f.* Plovdiv *LT.*

Philippus, ī, *m.* Ph. [Name makedonischer Könige. Bes. **1.** Vater Alexanders des Gr., 359—336; *meton.* Goldmünze Philipps *H.* **2.** Philipp V., 221—179]. *Adi.* zu **1. Philippēus** 3: sanguis [Verwandtschaft der Kleopatra mit Philipp] *Pr;* nummus (*gen. pl.* ûm) der Ph. [Goldmünze Philipps = 20 Drachmen] *L;* **Philippicus** 3: orationes [Reden gegen Philipp, gehalten von Demosthenes; auch = Reden Ciceros gegen Antonius].

Philistus, ī, *m.* Ph. [gr. Geschichtsschreiber aus Syrakus].

philitia, ōrum, *n.* die gemeinsamen Mahlzeiten der Spartaner.

E: φιλίτια 'Freundesmahl'.

Phillyridēs s. philyra.

Philoctētēs, ae, *m.* Ph. [Sohn des Pöas, Gefährte des Herkules, nahm am Zug gegen Troja teil; von einer Schlange gebissen, wurde er auf Lemnos ausgesetzt, im zehnten Jahr der Belagerung Trojas dorthin gebracht, wo er mit den Pfeilen des Herkules den Paris tötete].

Philodēmus, ī, *m.* Ph. [epikureischer Philosoph] *H.*

Philolāus, ī, *m., gen.* -leō Ph. [Pythagoreer].

philologia, ae, *f.* (φιλολογία) Liebe zur Wissenschaft, Gelehrsamkeit.

philologus, ī, *m.* (φιλόλογος) Gelehrter, Literat.

Philomēla, ae, *f.* Ph. [Tochter des Pandion, in eine Nachtigall verwandelt] *O; meton.* Nachtigall *V.*

Philomēlium, ī, *n.* Ph. [St. im sö. Phrygien].

Philorōmaeus, ī, *m.* (Φιλορώμαιος) Römerfreund.

philosophia, ae, *f.* Philosophie, philosophisches Problem; *pl.* Sekten der Philosophen.

E: φιλοσοφία 'Liebe zur Weisheit'.

philosophor 1. philosophieren. Von

philosophus 3 philosophisch; *subst.* Philosoph.

E: φιλόσοφος 'weisheitsliebend'.

philtrum, ī, *n.* (φίλτρον) Liebestrank *O.*

philyra, ae, *f.* Lindenbast *H; met.* Streifen von Papyrusbast *Sp;* **Philyrēïus** heros = Chiron [Sohn der Nymphe Philyra] *O,* tecta [des Chiron] *O;* **Phillyridēs,** ae, *m.* Chiron *VPr.*

E: φιλύρα 'Linde'.

phīmus, ī, *m.* (φιμός) Würfelbecher *H.*

Phīnēus, eī u. eos, *m.* Ph. [König in Thrakien, mit Blindheit gestraft, weil er seine Söhne hatte blenden lassen, und von den Harpyien gequält]; *adi.* **Phīnē(i)us** 3 *VO.*

Phlegethōn, ontis, *m.* Ph. [φλεγέθων 'brennend'; Fl. der Unterwelt]; *adi.* Phlegethontis, idis, *f. O.*

Phlegraeī campi die Phlegräischen Felder [Landsch. Phlegra in Makedonien (= **Pallene**), Schauplatz der Gi-

gantenkämpfe (**Ph.** tumultūs *Pr*)] *O;* campus = die Ebene v. Pharsalus *Pr.*

Phlegyās, ae, *m.* Ph. [König der Lapithen, Stammvater des Räubervolkes der **Phlegyae,** zündete den delphischen Tempel an] *VO.*

Phlīūs, ūntis, *f.* Ph. [St. auf der Peloponnes sw. von Korinth] *L; adi.* u. Einw. Phlīāsius.

phōca, ae u. **-ē,** ēs, *f.* (φώκη) Seehund *VO.*

Phōcaea, ae, *f.* Ph. [Seest. in Ionien]; *adi.* Phōcaeēnsis, e u. Phōcaīcus 3; Einw. Phōcaeēnsēs u. Phōcaeī.

Phōcis, idis, *f.* Ph. [Landsch. zwischen Böotien u. Ätolien]; *adi.* Phōcēus *H,* Phōcaīcus u. Phōcēus 3: (iuvenis) Phoceus = Pylades; Einw. Phōcēnsēs.

Phoebē, ēs, *f.* Ph. [= Diana als Mond- und Jagdgöttin] *O; meton.* Mondnacht: tertia *O.*

Phoebigena, ae, *m.* Phöbussohn, Äskulap *V.*

Phoebus, ī, *m.* (Φοῖβος) Ph. [Kultname des Apollo als Sonnengott] *VHO; meton.* **1.** Sonne: sub utroque Phoebo im Osten und Westen *O.* **2.** Lorbeer *O.* **Phoebas,** adis, *f.* Weissagerin *O; adi.* **Phoebē(ï)us** 3: ales = Rabe *O,* ars = Heilkunst *O,* iuvenis = Äskulap *O,* virgo = Daphne *O,* anguis = Äskulapschlange *O.*

Phoenīcē, ēs u. **-a,** ae, *f.* **1.** Phönikien. **2.** Ph. [St. in Epirus] *L.*

phoenīx, īcis, *m.* (φοίνιξ) **1.** Phönix [in der Sage ein Vogel, der ein halbes Jahrtausend lebt und sich dann verbrennt; aus seiner Asche entsteht ein neuer] *OT.* **2.** Phönix [Begleiter des Achilles]. **3.** Phönikier *O; pl.* **Phoenīcēs;** *adi. f.* **Phoenissa,** ae phönikisch; *subst.* Phönikierin: Dido *V.*

Pholoē, ēs, *f.* Ph. [westl. Grenzgebirge Arkadiens] *O.*

phōnascus, ī, *m.* (φωνασκός) Gesanglehrer *T.*

Phorcus, ī, *m.* Ph. [Sohn Neptuns, Vater der Graien u. Gorgonen]; dav. **1. Phorcis,** idis, *f.* Gorgone, Graie *O* = **2. Phorcȳnis,** idis, *f.* Phorkustochter, Meduse; Medusenhaupt *O.*

Phorōnis, idis, *f.* Ph. [Io, Schwester des Königs Phorōneus von Argos] *O.*

Phraātēs, is, *m.* Ph. [Name parthischer Könige] *HT.*

phrasis, is, *f.* (φράσις) rednerischer Ausdruck *Q.*

Phrātēs = Phraates.

Phrixus, ī, *m.* Ph. [Sohn des Athamas, entfloh vor seiner Stiefmutter Ino mit seiner Schwester Helle auf dem Widder mit dem goldenen Vlies nach Kolchis]; *adi.* **Phrixēus** 3 *O.*

Phrygēs, um, *m., sg.* **Phryx,** gis Phrygier; pius *O,* semivir *V* = Äneas. *Adi.* **Phrygius** 3 phrygisch: mater = Kybele *V,* pastor = Paris *V,* vestis = kunstvoll gestickt *O,* buxum = Flöte *O,* lapis = Marmor *H;* amnis Ph. [Nebenfl. des Hermus] *L; subst.* **Phrygia,** ae, *f.* **1.** Phrygierin *V;* **2.** Phrygien [Landsch. Kleinasiens]; appellativ: **phrygiō,** ōnis, *m.* Goldsticker *C.*

Phth . . . s. Pth . . .

phȳ *interi.* pfui! *C.*

phylaca, ae, *f.* (φυλακή) Gefängnis *C.*

Phylacēïus 3 u. **Phylacēis,** idis, *f.* aus Phylace [in Thessalien] *O.*

Phyl(l)acidēs, ae, *m.* Enkel des Phylakos = Protesilaus *O.*

phylarchus 342 **Pindenissus**

phylarchus, ī, *m.* (φύλαρχος) Stammesfürst.
Phyllēus 3 thessalisch [nach der St. Phyllus] *O.*
physicus 3 (φυσικός) physisch, physikalisch: ratio; *subst.* **physicus**, ī, *m.* Naturphilosoph; **physica**, ōrum, *n.* Naturkunde.
physiologia, ae, *f.* (φυσιολογία) Naturkunde.
piābilis, e (pio) sühnbar *O.*
piāculāris, e (§ 75, Abs. 2) sühnend, entsündigend: sacrificium piaculare (= piacularia, ium, *n. L*): Sühnopfer *LPli.* Von
piāculum, ī, *n.* (piare) **1.** Sühnopfer: dare darbringen lassen *T*; certa Sühnegebete *H.* **2.** Sühne, Strafe: piacula exigere *L.* **3.** *meton.* Sünde, Verbrechen: p. committere *VL*, mereri *L* begehen, piaculo solvi *T.*
piāmen, inis, *n.* (pio) Sühnmittel *O.*
pīca, ae, *f.* (vgl. picus, ahd. speh, §§ 10 u. 27) Elster *O.*
picāria, ae, *f.* (pix) Pechhütte.
picea, ae, *f.* s. piceus.
Pīcēnum, ī, *n.* P. [Landsch. an der Adria von Ancona bis Hadria]; *adi.* **Pīcēnus** 3: ager, **Pīcēns**, entis; Einw. **Pīcentēs.**
piceus 3 (pix) **1.** pechig, von Pech: flumen flüssiges Pech *V*, lumen der Pechfackel *V*; *subst.* **picea**, ae, *f.* Pechföhre, Kiefer *VO.* **2.** *met.* pechschwarz *VO.*
Pictonēs, um, *m.* die P. [Volk in der Landsch. Poitou].
pictor, ōris, *m.* (pingo) Maler.
pictūra, ae, *f.* (pingo) **1.** Malerei. **2.** *meton.* Gemälde; *occ.* Stickerei: textilis. **3.** *met.* Ausmalung, Beschreibung: virtutum. Dav.
pictūrātus 3 gestickt: vestes *V.*
I. pictus *pt. pf. pass.* v. pingo.
II. pictus 3 (pingo) **1.** gefleckt, bunt: volucres *V*, lacerti *V.* **2.** geschmückt, zierlich: orationis genus.
pīcus, ī, *m.* (vgl. pica) Specht *CO*; als *nomen pr.* (§ 82) P. [Sohn des Saturnus, von Kirke in einen Buntspecht verwandelt] *VO.*
Pīeria, ae, *f.* P. [Küstenstrich in Makedonien] *L.* **Pīeros** oder **-us**, ī, *m.* P. [**1.** Fürst von Pella, der seinen neun Töchtern die Musennamen gab; nach anderer Sage Vater der Musen] *O.* **Pīeridēs**, um, *f.* (*sg.* **Pīeris**) P. [die Töchter des Pieros *O* oder die Musen *V*]. *Adi.* **Pīerius** 3 **1.** thessalisch: quercus *Pr*, paelex *H.* **2.** dichterisch: via Dichtkunst *O*, modi Weisen *H. subst.* **Pīeriae**, ārum, *f.* Musen.
pietās, ātis, *f.* (pius, § 41) 'das pflichtgemäße Verhalten gegen Götter und Menschen', Pietät, Pflichtgefühl: erga (in) deos Frömmigkeit, erga parentes kindliche Liebe, Ergebenheit, in amicum Anhänglichkeit *Cu*, in patriam Vaterlandsliebe *L*; *occ.* si qua caelo est p. Gerechtigkeit *V*, si qua est p. Mitleid *V*, pietate gravis wegen seiner Milde *V.*
piger, gra, grum (piget) **1.** faul, verdrossen: ad militiae opera *L*, militiae (*gen.*) *H*; mit *inf. H.* **2.** langsam, träg: bellum *O*, annus lang dauernd *H*, mare träg fließend *T.* **3.** zäh: radix *O*; *met.* campus unfruchtbar *H.*
piget, piguit **1.** es verdrießt, tut leid, schafft Unlust, Mißmut; die Pers. im *acc.*, die Sache im *gen.* oder *inf. occ.* **2.** es reut: illa composuisse *O.* **3.** man schämt sich: fateri *L.*
pigmentārius, ī, *m.* Farben-, Salbenhändler. Von

pigmentum, ī, *n.* (pingo) Farbe, Schminke *Sp*; *met.* Schmuck, Ausschmückung [in der Rede].
pignerō 1. verpfänden: bona *L*; *med.* **a.** beanspruchen: animi partes; **b.** als Pfand annehmen: omen *O.* Von
pīgnus, oris u. eris, *n.* **1. Pfand, Unterpfand**: agris pignori accepti *T*, pignora auferre, capere wegnehmen [Zwangsmittel für Senatoren, die nicht im Senat erschienen sind] *L.* *occ.* **a. Geisel**: pacis *L.* **b. Wettbetrag**: pignore certare *V*, posito pignore *O. met.* **2. Kinder, Verwandte** [Unterpfand der Liebe]: coniugum et liberorum *L.* **3. Bürgschaft, Beweis**: caelestis favoris *Cu*, magnum.
pigritia, ae u. **-ēs**, ēī *L*, *f.* (piger) Trägheit, Unlust.
pigror, ārī (piger) säumen.
piguit *pf.* v. piget.
I. pīla, ae, *f.* (*pīsula) Mörser *Sp.*
II. pīla, ae, *f.* Pfeiler: pontis *L*, pila habet libellos die Bücher sind am Pfeiler [des Buchhändlers] ausgehängt *H*, saxea Mole *V.*
III. pila, ae, *f.* Ball: pilā ludere; *meton.* Ballspiel; *occ.* Stimmkügelchen *Pr.*
pīlānus, ī, *m.* (pilum) Triarier *O* (s. triarii).
pīlārius, ī, *m.* (pila) Jongleur, Gaukler *Q.*
pīlātus 3 (pilum) mit Wurfspießen bewaffnet *V.*
pile... s. pille...
pīlentum, ī, *n.* Prachtwagen [bes. für Frauen] *VHL.*
pili-crepus, ī, *m.* (pila, crepo, § 66) Ballspieler *Sp.*
pīl(l)eātus 3 (pilleus) mit der Filzkappe bedeckt [bei Gastmählern, an den Saturnalien und als Zeichen der Freilassung] *CaLSp.*
pīl(l)eolus, ī, *m.* Käppchen *H.* *Dem.* von
pīl(l)eus (§ 29 am Ende), ī, *m.* u. **-um**, ī, *n.* (pilus) Filzkappe, -mütze [von Freien getragen]; servos ad pilleum vocare zum Kampf um die Freiheit *L.*
E: πῖλος 'Filz'.
pīlum, ī, *n.* **1.** Mörserkeule *CatoSp.* **2.** Pilum, Wurfspieß [des röm. Fußvolkes]; *met.* pilum inicere den Kampf eröffnen *C*; pila muralia schwere Wurfspeere [bei Belagerungen].
E: *pinslum, § 30, v. pinso 'zerstampfen'.
I. pilus, ī, *m.* (einzelnes) Haar; *met.* das Allergeringste: ne pilo quidem minus um kein Haar weniger.
II. pīlus, ī, *m.* (vgl. pilum, pilanus) Manipel der Triarier: primi pili centurio der ranghöchste Zenturio [unter den 60 der Legion]; duo primi pili (*sc.* centuriones) *L*; daher (§ 62) **prīmīpīlus**, ī, *m.* ranghöchster Zenturio, Primipilus: ad primipilum traducere in den Rang des P.
Pimplēus 3 pimpleisch [nach dem Musenquell Pimpla in Pieria]: mons *Ca*; *subst.* **Pimplēa**, ae, *f.* P. [Muse] *H.*
pīna, ae, *f.* (πῖνα) Steckmuschel.
pīnacothēca, ae, *f.* (πινακοθήκη) Gemäldesaal *Sp.*
Pīnārius 3 im *n. g.* [die Pinarii versahen mit den Potitii bis 312 die Dienste beim Herkuleskult an der ara maxima].
Pindarus, ī, *m.* Pindar [aus Theben, ber. gr. Lyriker, 522 bis 442]; *adi.* Pindaricus 3.
Pindenissus, ī, *f.* P. [St. in Kilikien]; Einw. Pindenissītae.

Pindus 343 **pius** **P**

Pindus, ī, *m.* P. [Gebirge zwischen Thessalien u. Epirus] *VO.*

pīnētum, ī, *n.* (pinus) Fichtenwald *O.*

pīneus 3 (pinus) fichten: moles Schiff *Pr.*

pingō 3. pīnxī, pictus **1. zeichnen, malen, bemalen:** hominis speciem; tabula picta Gemälde, haec picta videre abgebildet; picti metūs gemalte Schreckbilder [vorne am Schiff] *Pr.* **occ. a. sticken:** acu *O,* limbum *V.* **b. tätowieren:** picti Geloni *V.* **c. schmükken:** bibliothecam. **d. anstreichen:** puppes *V.* met. **2. beschmieren:** tempora *V.* **3. buntmachen, färben:** vaccinia calthis in bunter Abwechslung zusammenstellen *V.* **4. ausmalen, schmücken, lebhaft schildern:** verba, locum.
E: ai. piṣáti 'schmückt', pḗṣaḥ 'Form, Farbe', gr. ποικίλος 'bunt'.

pinguēscō, ere fett, fruchtbar werden *V.* Von

pinguis, e (wohl zu παχύς, § 8) **1. fett, dick, feist:** agnus *V.* **2. fettig, fett:** caseus *V,* merum ölig *H;* *subst. n.* **pingue** Fett *V.* met. **3. fett, fruchtbar, reich, ergiebig:** humus *V,* flumen befruchtend *V,* ficus saftig *H.* **occ. behaglich:** secessus, vita *Pli.* **4. plump, geistlos:** ingenium *O;* vgl. Minerva. **5. schwülstig:** pingue quiddam sonare.

pīni-fer u. **-ger** 3 (pinus, § 66) fichtentragend *VO.*

I. pinna, ae, *f.* **1.** Feder, Schwungfeder *VarroLT.* meton. **2.** Flügel, Fittich: pinnas pandere *V.* **3.** Flug: pinnā notas dare *O.*
NB: zu penna.

II. pinna, ae, *f.* **1.** Mauerspitze, **Zinne. 2. Pfeil:** traiectus pinnā *O.* **3. Flosse:** delphinis *O.* **4. Landzunge** *O* Met. 13, 724.

pinnātus 3 (I. pinna) gefiedert, geflügelt.

pinni-ger 3 (§ 66) **1.** gefiedert. **2.** flossentragend.

pinnula, ae, *f.* (dem. v. I. pinna) Federchen; *pl.* Flügelchen.

pī(n)sō, ere, pinsī, pīsuī, pinsitus, pinsus, pistus (πτίσσω, ai. a-pisát) zerstampfen, -stoßen *CSp.*
NB: **pīnsō** 1. Quantitäten u. Formenbestand unsicher.

pīnus, ūs u. ī, *f.* **1.** Fichte; Föhre. **2.** Pinie: in hortis *V.* **3.** meton. [Gegenstand aus Fichtenholz]: Schiff *O,* flagrans, flammifera Fackel *VO;* pinu praecincti Fichtenkranz *O.*

pīnxī pf. v. pingo.

piō 1. (pius) **1.** besänftigen, versöhnen: ossa *V;* **occ.** sacra opfern *Pr.* **2.** reinigen, entsündigen *C.* **3.** sühnen, wiedergutmachen: culpam morte *V,* prodigia *T.*

piper, eris, *n.* (πέπερι) Pfeffer *H.*

pīpiō, āre (πιππίζω) piepsen *Ca.*

Piplēa = Pimplea.

Pīraeēus u. **Pīraeus,** ī, *m.* P. [Hafen v. Athen]; *adi.* **Pīraeus** 3 *O;* *subst. n. pl.* Piräus *O.*

pīrāta, ae, *m.* (πειρατής) Seeräuber, Pirat; *adi.* **pīrāticus** 3 (πειρατικός) Seeräuber-; *subst.* **pīrātica,** ae, *f.* Seeräuberei: facere treiben.

Pīrēnis, idis, *f.* v. der Quelle Pirene [auf Akrokorinth] *O:* Ephyrē *O.*

Pīrithous, ī, *m.* P. [Lapithenkönig, mit Theseus in der Unterwelt gefesselt] *HO.*

pirum, ī, *n.* Birne *VHSp.*

pirus, ī, *f.* Birnbaum *V.*

Pīrūstae, ārum, *m.* die P. [Volk in Illyrien].

Pīsa, ae, *f.* P. [St. in Elis] *VO;* *adi.* **Pīsaeus** 3: hasta = des Önomaus *O;* *subst.* **Pīsaea,** ae, *f.* = Hippodamia *O.*

Pīsae, ārum, *f.* Pisa [in der Toskana]; *adi.* u. Einw. **Pīsānus.**

Pisaurum, ī, *n.* Pesaro [St. in Umbrien]; *adi.* Pisaurēnsis, e.

piscārius 3 (piscis) Fisch-: scirpiculi Fischreusen *C.*

piscātor, ōris, *m.* (piscor) Fischer; Fischhändler *C;* *adi.* **piscātōria** navis Fischerkahn; s. forum 1. c.

piscātus, ūs, *m.* (piscor) Fischfang; *meton.* Fische *C.*

pisciculus, ī, *m.* (dem. v. piscis) Fischlein: parvi.

piscīna, ae, *f.* (piscis, § 87, Abs. 2) **1.** Fischteich, Weiher: publica öffentlicher Teich [zum Baden vor der porta Capena] *L.* **2.** Schwimmbassin *Pli.* Dav.

piscīnārius, ī, *m.* Fischteichbesitzer.

piscis, is, *m.* (got. fisks, ahd. fisc, § 10) Fisch; *met.* die Fische [Gestirn] *O.* Dav.

piscor 1. fischen; sprichw. piscari in aere = sich vergebliche Mühe machen *C.*

piscōsus 3 (piscis) fischreich *VO.*

Pisidae, ārum, *m.* die P.; **Pisidia,** ae, *f.* P. [Landsch. im südl. Kleinasien] *L.*

Pīsistratus, ī, *m.* P. [Tyrann von Athen, gest. 528/27]; **Pīsistratidae,** ārum, *m.* Söhne des P. *L.*

pīso = pinso.

pistor, ōris, *m.* **1.** Müller *C.* **2.** Bäcker; dav. **pistōrius** 3 Bäcker- u. **pistōrensēs** milites 'Bäckersdorfer' *C.* E: v. pīnsere; eigtl. 'Stampfer'.

Pistōrium, iī, *n.* Pistòia [St. in Etrurien] *Sp;* *adi.* Pistōriensis, e: ager *S.*

pistrilla, ae, *f.* kleine Stampfmühle *C.* Von

pistrīna, ae, *f.* (pistor) Bäckerei *VarroSp.*

pistrīnum, ī, *n.* (pistor) Stampfmühle; sprichw. in eodem pistrino vivere = am gleichen Strang ziehen.

pistrīx s. pristis.

pistus pt. pf. pass. v. pi(n)so.

pīsuī pf. v. pi(n)so.

Pitanē, ēs, *f.* [St. im nw. Kleinasien] *O.*

pithēcium, ī, *n.* (πιθήκιον) Äffchen *C.*

Pithēcūsae, ārum, *f.* P. ['Affeninseln', Inseln im Tyrrhenischen Meer, j. Ischia u. Procida] *LO.*

Pittacus, ī, *m.* P. [Regent v. Mitylene um 600, einer der sieben Weisen].

Pitthēus, eos u. eī, *m.* P. [König in Troizen] *O;* *adi.* **Pitthē(ï)us** 3 *O;* **Pitthēis,** idis, *f.* Tochter des P. = Äthra *O.*

pituīta u. **pītvīta,** ae, *f.* Schleim; *meton.* Schnupfen *CaH.*

pituītōsus 3 (pituita) verschleimt, voller Schleim.

pītvīta s. pituita.

Pityūsa, ae, *f.* Ibiza [Insel der Balearen] *L.* E: πίτυς 'Fichte'.

pius 3, adv. **ē,** sup. nachkl. piissimus, (vgl. pietas); **1. fromm:** far gottgeweiht *VH,* manus, os rein *V;* piorum arva, concilia der Seligen [im Elysium]. **2. mild, gütig, zärtlich, liebevoll:** numina *V,* in parentes; metus zärtliche Besorgnis *O.* **3. rechtmäßig:** dolor, ius-

pix   344   **plectrum**

tum piumque est recht und billig *O.* **4. lieb, vertraut:** sarcina nati *O,* testa *H.*

pix, picis, *f.* (vgl. πίσσα für *πικ-ja*) Pech.

plācābilis, e (placo) **1.** versöhnlich: ingenium *L*; ara mild *V.* **2.** besänftigend *C.*   Dav.

plācābilitās, ātis, *f.* Versöhnlichkeit.

plācāmen, inis u. **-mentum,** ī, *n.* (placo) Besänfti-gungs-, Versöhnungsmittel *LT.*

plācātiō, ōnis, *f.* (placo) Besänftigung, Versöhnung.

plācātus 3 (placo) **1.** besänftigt, versöhnt: exercitus duci *L.* **2.** *met.* ruhig, gelassen, sanft, still.

placenta, ae, *f.* (πλακοῦς, § 92) Kuchen *H.*

Placentia, ae, *f.* Piacenza *L*; *adi.* u. Einw. **Placen-tīnus.**

placeō 2. uī oder placitus (sum), itum (verw. mit pla-care) **1.** gefallen, gefällig sein: bonis; sibi selbstgefällig sein, ostendit sibi placere ordnete an; *pass.* placenda dos est muß genügen *C.* **2. occ.** Beifall finden: in tra-goediis. Dav. unpers. **placet,** placuit, placitum est man findet für gut, meint, beschließt, verordnet; mit *inf., dat., acc. c. inf.,* ut; senatui placet der Senat ver-ordnet, mihi placet es ist meine Meinung, si placet wenn's beliebt, si dis placet so Gott will [oft ironisch].
                               Dav. (§ 74)

placidus 3, *adv.* ē **1. flach, eben, glatt:** amnis *O,* ae-quor *V,* collis placide acclivis allmählich anstei-gend *L.* **2. ruhig, still:** pax, nox *V.* **3. sanft, friedlich:** senectus; urbs *V.* **4. huldvoll:** di *V.*

placitus 3 (placeo) **1.** gefällig, angenehm: bona *O.* **2.** festgesetzt: locus *S,* foedus *V*; *subst.* **placitum,** ī, *n.* Meinung: ultra p. gegen seine Überzeugung *V,* pla-cita Lehrmeinungen, Lehren *T.*

plācō 1. (vgl. plānus u. placeo) **1.** ebnen, glätten: ae-quora *V.* **2.** *met.* besänftigen, beruhigen: ieiunia ven-tris *O,* numen, iras, odia, placari alicui (in ali-quem *N*) sich aussöhnen mit.

I. plāga, ae, *f.* (dor. πλαγά = πληγή, § 90) **1.** Streich, Schlag, Hieb, Stoß; *meton.* Wunde. **2.** *meton.* Unfall, Verlust.

II. plaga, ae, *f.* (vgl. πλάξ) **1.** Fläche, Gegend, Him-melsrichtung: quattuor vier Zonen *V,* solis iniqui die heiße Zone *V.* **2.** Landschaft, Gau *L.*

III. plaga, ae, *f.* Netz, Garn.

plagiārius, ī, *m.* (III. plaga) Sklavenhändler.

plāgi-gerulus 3 (I. plāga, § 66) Schläge bekom-mend *C.*

plāgi-patida, ae, *m.* (I. plāga, patior, § 66) Dulder von Schlägen *C.*

plāgōsus 3 (I. plāga) prügelreich: Orbilius *H.*

plagula, ae, *f.* (*dem.* v. III. plaga) **1.** Teppich, Vor-hang *L.* **2.** Blatt Papier *Sp.*

Plānāsia, ae, *f.* Pianosa [Insel südl. v. Elba] *T.*

I. planctus *pt. pf. pass.* oder *med.* v. plango.

II. planctus, ūs, *m.* (plango) das Schlagen [auf Brust und Arme], Schmerzensausbruch *CuT.*

plānē (*adv.* v. plānus) **1.** deutlich, klar: p. loqui, scri-bere *L.* **2.** ganz, gänzlich, völlig.

plangō 3. nxī, nctus **1.** schlagen; *med.* volucris plan-gitur flattert mit den Flügeln *O.* **2.** [zum Zeichen der Trauer] Brust, Arme schlagen *O.* **3.** klagen, weinen, trau-

ern: planxere Dryades *O*; *med.* planguntur ma-tres *O*; *trans.* betrauern *T.*

E: vgl. πλήσσω u. πλάζω 'verschlagen'; πλαγκτός.

plangor, ōris, *m.* (plango) **1.** das Schlagen, Klat-schen *O.* **2.** das Wehklagen, Trauern.

planguncula, ae, *f.* (πλαγγών) Wachspuppe.

plānitās, ātis, *f.* (plānus) Deutlichkeit *T.*

plānitia, ae u. **-ēs,** ēī, *f.* (plānus) Ebene, Fläche.

planta, ae, *f.* **1.** Steckling, Pflänzling, Pfropfreis [zum Veredeln]. **2.** Fußsohle *VO.*   Dav.

plantāre, is, *n.* (§ 87) Setzling, Ableger *V.*

I. plānus 3 **1.** flach, eben, platt: litus, via *C*; *subst.* **plānum,** ī, *n.* Fläche, Ebene. **2.** *met.* deutlich, klar: planum facere darlegen.

I. planus, ī, *m.* (πλάνος) Landstreicher *H.*

plānxī *pf.* v. plango.

Plataeae, ārum, *f.* P. [St. in Böotien, Schlacht 479]; Einw. **Plataeēnsēs** *N.*

platalea, ae, *f.* Pelikan.

platanōn, ōnis, *m.* (πλατανών) Platanenhain *Pli.*

platanus, ī, *f.* (πλάτανος) Platane.

platĕa, ae, *f.* (πλατεῖα, § 91) Straße, Gasse.

Platō, ōnis, *m.* P. [Philosoph, Schüler des Sokrates, Be-gründer der Akademie, ca. 427–347]; *adi.* **Platōni-cus** 3 platonisch; *subst.* Platoniker; *met.* homo ein Denker wie Platon.

plaudō 3. sī, sus (vgl. πλατάσσω) **1.** klatschen, (klat-schend) schlagen: pedibus choreas stampfen *V,* ros-tro klappern *O.* **2. occ.** Beifall klatschen: 'plaudite' [Aufforderung am Schluß des Stückes]; usque ad 'plau-dite' venire bis zum Ende des Stückes. **3.** *met.* Beifall spenden *HT.*   Dav.

plausibilis, e beifallswürdig, Beifall verdienend.

plausor, ōris, *m.* (plaudo, § 36) Beifallklatscher, Cla-queur *H.*

plaustrum, ī, *n.* **1.** Lastwagen; Fuhrwerk *Ti.* **2.** *met.* Großer Wagen, Großer Bär [Gestirn] *O.*

I. plausus *pt. pf. pass.* v. plaudo.

II. plausus, ūs, *m.* (plaudo, § 36) **1.** das Klatschen: pinnis plausum dare *V.* **2. occ.** das Beifallklatschen; *meton.* Beifall.

Plautus, ī, *m.* T. Maccius P. [Lustspieldichter aus Sar-sina in Umbrien, gest. 184]; *adi.* **Plautīnus** 3.

plēbēcula, ae, *f.* (*dem.* v. plebes) Pöbel.

plēbēius 3 (plebs) **1.** bürgerlich, plebejisch, nicht ade-lig; *subst.* Bürger, Plebejer, *f.* Plebejerin *L.* **2.** gemein, niedrig: philosophi.

plēbēs, ĕī s. plebs.

plēbi-cola, ae, *m.* (plebs, colo, § 66) Volksfreund.

plēbs, bis, *f.* **1.** Bürgerstand, Plebs. **2.** großer Haufen, Menge, Pöbel.

NB: auch **plēbēs,** ĕī (ī), *dat.* auch plebeī, später **plē-bis,** is *L.*

E: Wz. *plē- 'füllen, Menge'; vgl. pleo, πλῆθος.

plector, ī (vgl. plango) **1.** geschlagen werden, Prügel bekommen. **2.** *met.* gestraft werden, **occ.** getadelt wer-den: neglegentiā die Sorglosigkeit büßen.

plēctrum, ī, *n.* (πλῆκτρον) **1.** Plektrum, Schlegel, Stäbchen [mit dem man die Saiten anschlägt]. *meton.* **2.** Laute, Zither *H.* **3.** Gesangart, Singweise: gravius *O.*

Pleias   345   **poena** **P**

Plēïas, adis, *f.* Plejade, meist *pl.* [das Siebengestirn, nach dem Mythos Töchter des Atlas u. der Pleione].
Plēïonē, ēs, *f.* P. [Mutter der Plejaden]; Pleiones nepos = Merkur *O.*
Plēmyrium, ī, *n.* P. [südl. Vorgebirge v. Syrakus] *V.*
plēnus 3, *adv.* **ē** (v. pleo, vgl. πίμπλημι, πλήρης) **1. voll**; mit *gen.* u. *abl.* **occ. a. dick**: corpus *H.* **b. schwanger, trächtig** *O.* **c. satt, überdrüssig**: minimo *O*, amator *H.* **2. reich ausgestattet, reichlich, reich**: pleniora scribere ausführlicher, übertreibend, oratio reich an Stoff, thymo reich beladen mit *V*, mensa *V.* **3. zahlreich besucht**: viae, domus *T.* **4. vollkommen, vollständig, ganz**: legio, luna Vollmond, vertice pleno mit voller Kraft *O*, gradus Eilschritt *SL*, gaudia, annus. **5. stark, kräftig**: verba *O*, plenā voce *V.*
plērus-que, plēra-que, plērum-que, *gen. pl.* plurimorum (plērus v. pleo + que) **1.** *sg.* **das meiste, der größte Teil**: iuventus *S*, Africa *S*; *n. subst.* plerumque noctis der größte Teil *S*, Europae *L*; *n. pl.* pleraque die meisten Teile *Cu*; *acc. adv.* **plērumque meistens, gewöhnlich. 2.** *pl.* **die meisten, die Mehrheit**: plerique omnes fast alle *C*, in plerisque in den meisten Fällen. **3. sehr viele**: testimonia *N.*
Pleumoxiī, ōrum, *m.* die P. [Volk zwischen Sambre u. Maas].
Pleurōn, ōnis, *f.* P. [St. in Ätolien] *O*; dav. Pleurōnius aus P. *O.*
plicātrīx, īcis, *f.* Plätterin, Garderobiere *C.*   Von
plicō 1. (für pleco, gr. πλέκω, nach com-, ex-, re-plico; §§ 41 u. 71, Abs. 2) falten: se sich zusammenrollen *V.*
plōdō = plaudo (§ 52).
plōrātus, ūs, *m.* Geschrei, Wehklagen.   Von
plōrō 1. (v. *plōr-o-, Schallwz.) **1.** *intr.* weinen, schreien, jammern, wehklagen: te iubeo plorare zum Henker mit dir! *H.* **2.** *trans.* bejammern, beklagen.
plōsor = plausor (§ 52).
plōstellum, ī, *n.* Wägelchen *H.*   *Dem.* von
plōstrum = plaustrum (§ 52).
pluit, *pf.* altl. plūvit, jünger plŭit u n p e r s . es regnet: sanguinem, lapidibus *L*; *met.* tantum pluit ilice glandis *V.*
E: plovo für plevo, § 48, in den Komposita impluo, perpluo zu pluo geworden, § 71, Abs. 2, vgl. pluv-ius; gr. *πλέϜω: πλέω, πλεύσομαι, dtsch. 'fließen, F l u t ', § 10.
plūma, ae, *f.* **1.** Flaumfeder, Flaum, *pl.* u. *collect. sg.* Gefieder: versicolor Federkissen mit buntem Überzug *Pr*, in plumam federähnlich *V.* **2.** *met.* Bartflaum *H.*
E: vgl. ahd. vlius 'Vlies', § 10.   Dav.
plūmātus 3 befiedert: corpus.
plumbeus 3 **1.** bleiern: nummus *C*, glans Bleikugel *O.* *met.* **2.** stumpfsinnig: in physicis. **3.** bleischwer, drückend: Auster *H.*   Von
plumbum, ī, *n.* **1.** Blei: album Zinn. **2.** *meton.* [Gegenstände aus Blei]: plumbum funda iacit Bleikugel *O*, insutum Bleiknöpfe *V*, rumpere plumbum Bleiröhre *H*, plumbo dirigere mit der Bleifeder liniieren *Ca.*

plūmeus 3 (pluma) aus Flaumfedern.
plūs, ris, *pl.* **plūrēs**, a **I. 1.** *sg.* **plūs mehr**; *n. subst.* ein größerer Teil, ein größeres Stück: doloris; uno plus Etruscorum um einen Mann mehr von den Etruskern *L*, [bei Zahlen]: plus (quam): p. mille capti mehr als *L*; *acc.* a d v . plus quam semel, plus nimio allzusehr *H*; pluris höher, teurer [bei *verb.* des Kaufens u. Schätzens]. **2.** *pl.* **plūrēs**, *n.* **plūra** (selten plūria), *gen.* plurium **a. mehr, mehrere**: plures armati in größerer Anzahl *N*, pluribus (verbis) ausführlicher *N*, displicuit pluribus der Mehrzahl *N*; ad plurīs penetrare zu den Toten *C.* **b. mehrere**: plura castella, pluribus praesentibus.
II. *sup.* **plūrimus** 3 meist, sehr viel; *sg.* [nur bei Kollektiven]: quā fons plurimus exit am reichlichsten *O*, cervix tüchtig *V*, collis groß *V*, silva am dichtesten *O*, plurimus legor weit und breit *O.* *Subst.* **plūrimum**, ī, *n.* sehr viel, der größte Teil: studii *N*, auctoritatis; [*gen.* bei *verb.* des Schätzens]: am teuersten, sehr teuer: plurimi facere, quod plurimi est; [*abl.* bei *verb.* des Kaufens]: quam plurimo vendere, vēnire möglichst teuer; *acc. adv.* **1. am meisten, sehr viel. 2. zumeist**: plurimum Cypri vixit *N.* **3. höchstens**: cum plurimis *Sp.*   Dav. *dem.*
plūsculus 3 etwas mehr.
pluteus, ī, *m.* u. **-um**, ī, *n.* **1.** Schutzwand [aus Weidengeflecht, mit feuchten Häuten bedeckt, beweglich, um die Arbeiter beim Schanzen zu decken]. **2.** Brustwehr [an Wällen und Türmen].
Plūtō(n), ōnis, *m.* P. [Gott der Unterwelt]; *adi.* Plūtōnius 3 *H.*
Plūtus, ī, *m.* (Πλοῦτος) P. [Gott des Reichtums] *Ph.*
pluvia s. pluvius.
pluviālis, e (pluvia) Regen-: aquae *O*; Auster, haedi regenbringend *V.*
plūvit [altl.] = pluit.
pluvius 3 (plovo, vgl. pluit) Regen-, regnend: aurum Goldregen *O*; Hyades *V*, ventus *H* regenbringend; *subst.* **pluvia**, ae, *f.* Regen.
pōcillum, ī, *n.* kleiner Becher *L.*   *Dem.* von
pōculum, ī, *n.* (vgl. πέ-πω-κα, potus, potare) **1.** Becher, Trinkgefäß: ducere leeren *H.* **2.** *meton.* Trank: in poculis beim Trinken, Acheloia = Wasser *V*; **occ.** insidiosa Zauber-, Gifttrank *O.*
podager, grī, *m.* (ποδαγρός) Gichtkranker *H.*
podagra, ae, *f.* (ποδάγρα) Fußgicht.
pōdex, icis, *m.* (Ablaut zu pedo) Hintern, Gesäß *H.*
podium, ī, *n.* (πόδιον) **1.** Vertäfelung, Paneel *Pli.* **2.** Balkon *Sp.*
Poeās, antis, *m.* P. [Vater des Philoktet] *O.* **Poeantiadēs, Poeantius** (Poeantia proles) Sohn des Pöas = Philoktet *O.*
poecilē, ēs, *f.* (ἡ ποικίλη στοά) 'gemalte Halle' [an der Agora in Athen] *N.*
poēma, atis, *n.* (ποίημα, dialektisch πόημα) Gedicht; *dem.* **poēmatium**, ī, *n.* (ποιημάτιον) Gedichtchen *Pli.*
poena, ae, *f.* **1.** Strafe, Rache, Buße: capitis; poenas (ex)pendĕre, dare, solvere, luere büßen, bestraft werden, (ex)petere sich rächen, jemd. bestrafen. **2.** Bestra-

Poeniceus   346   **pondo**

fung: ire in poenas zur Bestrafung schreiten *O*, parricidii für.
E: ποινή, dtsch. 'Pein'; eigtl. 'Sühnegeld für eine Blutschuld'.
Poeniceus, Poenicus s. Poenus.
Poenīnae Alpes die Pöninischen Alpen [zwischen dem Tal der Dora Baltea u. dem Simplonpaß] *T*, **Poeninus** (*sc.* mons) = der Große St. Bernhard *L*, iter = Paßstraße über den Großen St. Bernhard *T*.
poeniō [altl.] = punio.
poenitentia, poenitet s. paenitentia, paenitet.
Poenus 3 punisch, karthagisch: leones afrikanisch *V*; *subst.* Punier; **occ.** = Hannibal *L*; kollekt. uterque [die Punier in Afrika u. Spanien] *H. Adi.* **1. Poenicus,** [jünger] **Pūnicus** 3 **a.** (§ 52) phönikisch, punisch, karthagisch; **fides** Treulosigkeit *S.* **b.** purpurrot: sagum *H*; mālum Granatapfel, punica, ōrum, *n.* Granatapfelbäume *O.* **2. Poeniceus** u. **Pūniceus** 3 rot: taenia *V*; punisch: dux *O*, pomum Granatapfel *O.* **3. Pūnicānus** 3 nach punischer Art: lectuli.
poēsis, is, *f.* (ποίησις, attisch πόησις) Dichtung.
poēta, ae, *m.* (ποιητής, attisch ποιητής) Dichter.
poēticus 3, *adv.* **ē** (ποιητικός) dichterisch; *subst.* **poēticē,** ēs u. **-a,** ae, *f.* Dichtkunst.
Poetoviō, ōnis, *f.* Ptuj [pannonische St. an der Drau] *T.*
poētria, ae, *f.* (ποιήτρια, ποήτρια) Dichterin *O.*
pol (gekürzt für Pollux) *interi.* beim Pollux! wahrhaftig!
Polemō(n), ōnis, *m.* P. [Philosoph in Athen, um 300].
polenta, ae, *f.* (pollen, § 46) Gerstenkörner *OCu.*
poliō 4. (*impf.* polibant *V*) **1.** glätten, polieren; **occ.** tünchen: columnas albo *L.* **2.** *met.* verfeinern, ausfeilen: carmina *O*, opus *Q.*
polīticus 3 (πολιτικός) staatswissenschaftlich, politisch.
polītūra, ae, *f.* (polio) Glättung *Sp.*
polītus 3, *adv.* **ē** (polio) **a.** geschmackvoll hergerichtet: domus *Ph*; **b.** *met.* fein, gebildet: scriptor, oratio.
pollen, inis, *n.* feines Mehl *CSp.*
pollēns, entis (polleo) stark, mächtig.   Dav.
Pollentia, ae, *f.* P. [**1.** Göttin der Macht *L.* **2.** St. in Ligurien].
polleō, ēre vermögen, ausrichten, in etw. stark sein.
pollex, icis, *m.* Daumen; sprichw. utroque pollice laudare durch Daumenhalten *H.*
pol-liceor 2. licitus sum (por + liceor, vgl. por) anbieten, versprechen, verheißen, zusagen; mit *acc. c. inf. fut.,* selten *inf. pr.*; *pass.* pollicita fides verheißen *O*; *subst.* **pollicitum,** ī, *n.* das Versprechen *O.* Dav.
pollicitātiō, ōnis, *f.* Verheißung, das Versprechen.
pollicitor 1. (*frequ.* zu polliceor) oft versprechen *CS.*
pollicitum s. polliceor.
Polliō, ōnis, *m.* C. Asinius P. [Anhänger Caesars u. Octavians, Gründer der ersten öffentlichen Bibliothek, Geschichtsschreiber, Kritiker, Dichter].
pollūcibiliter *adv.* herrlich, köstlich *C.*
E: pollūcēre 'ein Opfer darbringen'.
pol-luō 3. luī, lūtus (por + luo) beschmutzen, besudeln, verunreinigen: ore dapes *V*; *met.* verunehren, ent-

heiligen, schänden: religiones, nobilitatem familiae *T.*   Dav.
I. pollūtus 3 sündhaft, lasterhaft: feminae *L.*
II. pollutus *pt. pf. pass.* v. polluo.
Pollūx, ūcis, *m.* (Πολυ-δεύκης, § 61, 1) P. [Sohn der Leda, Bruder des Kastor]; geminus Kastor u. Pollux *H.*
polus, ī, *m.* (πόλος) Pol; *synecd.* Himmel.
Polybius, ī, *m.* P. [gr. Geschichtschreiber, gest. 122].
Polyclētus oder **-ītus,** ī, *m.* (Πολύκλειτος, § 91, Abs. 2) P. [ber. gr. Bildhauer aus Sikyon, Zeitgenosse des Perikles].
Polygnōtus, ī, *m.* P. [Maler zur Zeit des Sokrates].
Poly-hymnia, ae, *f.* (Πολύμνια) P. [Muse] *HO.*
Polyphēmus oder **-os,** ī, *m.* P. [Kyklop] *VO.*
Polyplūsium genus die Familie 'Steinreich' *C.*
pōlypus, ī, *m.* (dor. πώλυπος) **1.** Meerpolyp *O.* **2.** Polyp [Geschwulst in der Nase] *H.*
pōmārius, ī, *m.* (pomum) Obsthändler *H*; **pōmārium,** ī, *n.* Obstgarten.
pōmērium, ī, *n.* (*post-moerium, § 30; s. murus) Maueranger [zu beiden Seiten der Stadtmauer freigelassener Raum; s. *L 1, 44*; *T Ann. 12, 23—24*].
Pōmētia, ae, *f.* u. **-iī,** ōrum, *m.* P. [= Suessa Pometia; volskische St. in Latium] *L*; *adi.* Pōmētīnus 3 *L.*
pōmi-fer 3 (pomum, fero, § 66) obsttragend *H.*
Pōmōna, ae, *f.* (pomum) P. [Obstgöttin] *O.*
pōmōsus 3 (pomum) obstreich *Ti.*
pompa, ae, *f.* (πομπή) **1.** Auf-, Umzug: funeris Leichenzug, Trauergeleit *NO*; **occ.** Festzug [bei den Zirkusspielen]. **2.** *meton.* Aufzug, Zug: petitio pompae plena, tres p. libelli Grabgeleite *Pr.* **3.** *met.* Prunk, Gepränge, Pomp: rhetorum.
Pompēī, ōrum, *m.* P. [St. in Kampanien, 79 n. Chr. bei einem Ausbruch des Vesuv verschüttet] *L*; dav. **Pompēiānum,** ī, *n.* das P. [Landgut bei Pompei]; Einw. **Pompēiānī.**
Pompēius 3 (oskisch pompe = quinque, also = Quinctius) im *n. g.* (pleb.) Cn. P. Magnus [106—48]; *adi.* Pompēius 3: umbra *O* [v. der porticus des P. auf dem Marsfeld]; **Pompēiānus** 3; *subst.* Anhänger des P.
Pompilius, Numa P. [der zweite römische König] *L*; *adi.* Pompilius sanguis *H.*
Pompōniānus [Freund des älteren Plinius] *Pli.*
Pompōnius 3 im *n. g.* **1.** T. P. Atticus [Freund Ciceros]. **2.** P. P. Secundus [Tragiker zur Zeit des Caligula u. Claudius] *Q.*
Pomptīnus 3 pomptinisch: ager *L*, paludes *Sp* [Name der Niederungen an der Küste zwischen Antium u. Circei]; summa das obere Ende der Pomptinischen Sümpfe; *subst.* Pomptīnum, ī, *n.* = ager P. *L.*
pōmum, ī, *n.* **1.** Obstfrucht; *pl.* Obst *VH.* **2.** Obstbaum *VPli*, sonst **pōmus,** ī, *f. Ti.*
ponderō 1. (pondus) wägen; *met.* erwägen, beurteilen.
ponderōsus 3 (pondus) schwer, (ge)wichtig.
pondō (*abl.* v. *pondus, ī = pondus, eris) **1.** an Gewicht: corona libram p. *L*, paterae, libras omnes p. *L*, uncia p. Unze [etwa 27 g] *L.* **2. occ.** (*sc.* libra) (röm.) Pfund: torques duo p. zweipfündig *L.*

pondus, eris, *n.* (pendo) **1. Gewicht** [an der Waage]: paria Gleichgewicht. *meton.* **2. Gewicht, Schwere:** saxa magni ponderis. **3. Schwerkraft, Gleichgewicht:** tellus ponderibus librata suis *O.* **4. schwerer Körper, Last:** in terram feruntur omnia pondera; bildl. senectae *O.* **5. Menge:** auri, aeris. **6.** *met.* **Gewicht, Ansehen, Bedeutung:** quod pondus somnia habent *O*, nominis, conscientiae.

pōne (aus *postne, § 30, vgl. super-ne) **1.** *adv.* hinten, hintennach. **2.** *praep.* beim *acc.* hinter.

pōnō 3., po-suī (po-sīvī *C*), po-situs (aus *po, verw. mit ἀπό, u. sino, *po-s'no, § 42, pōno, § 30)

I. mit erhaltener Bed. der *praep.*: 1. **hinterlegen, zurücklegen**; *met.* **zur Ruhe bringen**; 2. (zurück, d. h.) **ablegen, weglegen, tun**; *met.* **aufgeben, ablegen.**

II. mit verblaßter Bed. der *praep.*: 1. **setzen, stellen, legen**; *occ. a.* **pflanzen**; *b.* **weihen**; *c.* **vorsetzen**; *d.* (das Heer) **verlegen**; *met.* (jemd. wohin) **versetzen**; 2. **aufstellen, erbauen, errichten**; *occ. a.* (bildlich) **darstellen**; *b.* **bestimmen**; *c.* (Leute zu etw.) **anstellen, (ein)setzen**; *d. met.* **hinstellen, behaupten.**

III. *met.* 1. **legen, setzen**; 2. (in einen Zustand) **versetzen**; 3. zu etw. **rechnen, zählen,** für etw. **halten**; 4. **aufzählen, anführen.**

I. 1. artūs in litore *V*, se toro *O* sich zurücklegen, hinstrecken; positus somno (*dat.*) *V*; positus in solio Cyri hatte sich zurückgesetzt *Cu*; positum corpus hingebettet *V*; patriā terrā begraben *V*. Zur Verwahrung 'hinterlegen': testamenti tabulas; Geld 'anlegen': nummos in faenore *H*; Weihgeschenke 'hinterlegen': loricas in fano aufstellen; als Wettpreis 'einsetzen': pocula *V*; calculum s. calculus; caput periculo aussetzen *C*; das Haar (nach hinten) legen, ordnen: capillos *O*; ancoras hinten auswerfen *V*. Met. freta beruhigen *H*; *intr.* venti posuere legten sich *V*. **2.** tunicam; arma niederlegen, strecken; ova Eier legen *O*, positum semen abgefallen *V*. *Met.* vitam *N*, curas *L*, bellum *S*, pone moras gib das Zögern auf *V*, ferocia corda die Wildheit des Herzens *V*; tirocinium sein Probestück ablegen *L*.

II. 1. Diana posita in basi stehend auf, hasta posita pro aede aufgesteckt vor, arma sub quercu *V*; ante oculos; pedem (vestigium) den Fuß ... setzen, genua auf die Knie fallen *OCu*, scalas anlegen, mensam aufstellen *H*, edictum (libellos) anschlagen lassen, erlassen *T*; oscula in labellis auf...drücken *Pr*. **a.** arborem *H*, semina säen *V*, vites in ordine *V*. **b.** posita tollere die Weihgeschenke, funalia *H*. **c.** merum in gemma *O*, pavonem *H*. **d.** ibi praesidium dorthin, duas legiones in Turonis in das Gebiet. *Met.* pone me sub curru solis versetze mich hin *H*. **2.** tabernaculum, domum, urbem in montibus *V*, Byzantium posuere Graeci *T*; castra ein Lager aufschlagen: ad amnem *Cu*, in agro Faesulano. **a.** Orphea *V*, coloribus hominem *H*, ponere qui totum nescit nichts

Ganzes herausbringen *H*. **b.** leges (in poculis beim Trinkgelage), rebus novis nova nomina beilegen, ritūs einsetzen *T*, quaestionem ein Thema aufstellen, praemia aussetzen *SV*, signo centum milia einen Preis von ... *H*. **c.** aliquem super armamentarium zum Aufseher des ... machen *Cu*, custodem in hortis *N*, aliquem in bello principem einsetzen *N*, alicui custodem beigeben, Numidis (*dat.*) imperatorem *S*. **d.** in oratione *N*, pro certo als sicher hinstellen (mit indir. Fr.); positum sit es stehe fest (mit *acc. c. inf.*).

III. 1. scelus (diem) ante oculos omnium, in eius potestate fortuna posita est liegt in seiner Hand, rem in medio vorbringen; **occ.** religionem in fide verlegen *Cu*, virtutem in patientia suchen *N*, praesidium in fuga, spem salutis in virtute, auxilium in celeritate; *pass.* certamen positum in virtute beruhte, in Mario spes imperii ponebatur; curam (operam, diligentiam) in re verwenden auf, se totum in contemplandis rebus sich verlegen. **2.** in illo fortunae gradu positus beglückt *Cu*, in laude positi berühmt, aliquem in gratia beliebt machen. **3.** saltare in vitiis *N*, mortem in malis, ei parem quemquam erachten *N*, hunc primum für den ersten halten *N*, haec infamia ponuntur gilt für ... *N*, utrosque in eodem genere praedatorum, in parte tertia Africam *S*. **4.** aliquid in oratione, exempla. Das *pt. pf. pass.* **positus** 3 **1.** [in allen Bed. des *verb.*] nix posita gefallen *H*. **2.** [Bei Ortsbestimmungen = situs] gelegen: vicus positus in valle, Gallia sub septemtrionibus posita.

pōns, pontis, *m.* **1. Steg, Brücke:** pontem fecit in Histro schlug über *N*, per Nilum *L*, amnem iungere ponte eine Brücke über den Fluß schlagen *L*, pontem rescindere (interscindere, dissolvere *N*, vellere *V*) abbrechen; *pl.* pontes Jochbrücke *T*. **occ. 2. Knüppelweg:** pontes longi *T*. **3. Schiffstreppe:** ponte parato *V*. **4. Stockwerk:** turris pontibus altis *V*. **5. Verdeck:** naves pontibus stratae *L*. **6. Fallbrücke** *VT*. **7.** *pl.* **Stege** [zu den Abstimmungsplätzen]: pontibus infirmos praecipitasse senes *O*; vgl. *Cicero Rosc. 100.*

E: vgl. ai. pántāh 'Pfad, Weg, Bahn', gr. πάτος 'Pfad'.

Pōns, Pontis, *m.* **1.** P. Argenteus [Ort im südl. Gallien]. **2.** P. Campanus [Brücke über den Savo nach Sinuessa] *H*.

Pontia, ae, *f.* Ponza [Insel an der latinischen Küste] *L*; Einw. Pontiānī *L*.

ponticulus, ī, *m.* (*dem.* v. pons) kleine Brücke, Steg.

Ponticus, ī, *m.* P. [römischer Dichter zur Zeit des Augustus, Freund des Properz und Ovid] *PrO*.

ponti-fex, ficis, *m.* (pons, facio?) Pontifex, Priester, Oberpriester. [Das collegium pontificum bestand seit Sulla aus 15, seit Caesar aus 16 Mitgliedern (rex sacrorum, 3 flamines maiores, p. maximus — Vorsitzender des Kollegiums und Aufseher des Vestakultes —, 12 flamines minores), denen die Überwachung des Kultes oblag]; minores [Schreiber des Kollegiums] *L*; *adi.* **pontificius** 3: libri; **pontificālis**, e oberpriesterlich; *subst.* **pontificātus**, ūs, *m.* die Würde des Pontifex.

pontō, ōnis, *m.* Fähre, Brückenschiff, Ponton.

pontus 348 **portentificus**

pontus, ī, *m.* (πόντος) **1.** die hohe See. **2.** Meerflut *V.*
Als *nomen pr.* (§ 81)
Pontus, ī, *m.* P. [**1.** das Schwarze Meer (Πόντος Εὔξεινος); *meton.* **2.** Küsten des Schwarzen Meeres; **3.** das Reich des Mithridates]; *adi.* **Ponticus** 3.
popa, ae, *m.* (vgl. coquo) Opferdiener.
popellus, ī, *m.* (*dem.* v. populus) Völklein, Pöbel *H.*
popīna, ae, *f.* (popa) **1.** Garküche, Kneipe. **2.** *meton.* Essen aus der Kneipe. Dav.
popīnō, ōnis, *m.* Schlemmer *H.*
poples, itis, *m.* Kniekehle *VL*; *synecd.* Knie *VHCu.*
poplus (§ 37) = populus *C.*
popōscī *pf.* v. posco.
populābilis, e (populor) verheerbar *O.*
populābundus (populor) verheerend, verwüstend *L.*
populāris, e, *adv.* **iter** (populus, § 75, Abs. 2)

> I. 1. das Volk betreffend, vom Volk, für das Volk;
> 2. volkstümlich, beim Volk beliebt, populär;
> 3. volksfreundlich; *occ.* demagogisch; *subst.* Volksfreund.
> II. 1. einheimisch, landsmännisch; 2. *subst.*
> Landsmann; *occ.* Genosse, Gefährte.

I. 1. opinio allgemein, iracundia des Volkes, aura Volksgunst *H*, populariter annum metiri in der Art des Volkes, res p. Demokratie. **2.** sacerdos; actio *L.* **3.** homo, populariter agere; *subst.* populares Volkspartei *N.* **II. 1.** flumina *O*, oliva *O.* **2.** meus; *f.* Landsmännin: Arachne *O*, tibi *O.* **occ.** sceleris *S*; meus Standesgenosse *C.* Dav.
populāritās, ātis, *f.* Volksfreundlichkeit, Popularitätshascherei *T.*
populātiō, ōnis, *f.* (populor) Verheerung, Plünderung.
populātor, ōris, *m.* (populor) Plünderer, Verwüster.
pōpulētum, ī, *n.* (pōpulus) Pappelwald *Sp.*
pōpuleus 3 (pōpulus) der Pappel *V.*
pōpuli-fer 3 (§ 66) Pappeln tragend, pappelreich *O.*
Populōnia, ae, *f.* u. **-iī,** ōrum, *m.* P. [St. in Etrurien] *VL*; Einw. **Populōniēnsēs** *L.*
populor u. **populō** 1. (populus) **1.** verheeren, verwüsten. **2.** *met.* plündern, berauben, vernichten: capillos *O*, Siculos ausplündern, tempora verstümmeln *V.*
I. populus, ī, *m.*

> A. 1. Menge; dicht. *pl.* Leute; 2. (politisch) Gemeinde, Volk; 3. *occ.* das niedere Volk.
> B. 1. Adel; 2. = plebs; 3. (meist) Gesamtheit des Volkes.
> C. *meton.* 1. Bezirk, Gebiet; 2. Gasse, Straße; 3. Gemeinde-, Staatskasse.

A. 1. natorum *O*, poëta de populo; dicht. favent populi *O*, Halaesus mille vocat populos *V.* **2.** Syracusanus, Atellani, Bruttii *L*; liberi Freistaaten. **3.** populi potentia Demokratie *N.* **B. 1.** [Patrizier in der ältesten Zeit Roms, Gegs. plebs]: ut ea res populo plebique R. bene eveniret. **2.** tribuni plebis ad populum tulerunt *L.* **3.** S(enatus) P(opulus)Q(ue) R(omanus). **C. 1.** frequens cultoribus *L.* **2.** haec populum spectat *O.* **3.** populi fides Kredit der Staatskasse *T.*

II. pōpulus, ī, *f.* Pappel *VHPli.*
por (vgl. per, prae, pro, gr. παρά, περί, dtsch. vor, § 10) *praep.*, nur vbd. mit *verb.* dar, hin, vor.
porca, ae, *f.* (s. porcus) Sau.
porcellus, ī, *m.* u. **-a,** ae, *f.* (*dem.* v. porculus) Schweinchen; Frischling *Ph.*
porcīnārius, ī, *m.* Schweinefleischhändler *C.* Von
porcīnus 3 (porcus) vom Schwein *CSp*; *subst.* (§ 87, Abs. 2) **porcīna,** ae, *f.* (*sc.* caro) Schweinefleisch *C.*
Porcius 3 im *n. g.*; s. Cato; *adi.* Porcia lex; basilica Porcia [in unmittelbarer Nähe der Kurie] *L.*
porculus, ī, *m.* Ferkel *C.* *Dem.* von
porcus, ī, *m.* Schwein.
E: gr. πόρκος, ahd. far(a)h; *dem.* farheli 'Ferkel', § 10.
porēctus *pt. pf. pass.* v. porricio.
porgō s. porrigo.
porrēctiō, ōnis, *f.* (porrigo) das Ausstrecken.
I. porrēctus *pt. pf. pass.* v. porricio oder porrigo.
II. porrēctus 3 (porrigo) ausgedehnt; *met.* lang: mora *O.*
por-rēxī *pf.* v. porrigo.
porriciō, ere, —, por(r)ēctus (por + iacio); (als Opfer) hinwerfen *CVL*; sprichw. inter caesa et porrecta = noch in letzter (zwölfter) Stunde [zwischen dem Schlachten der Opfertiere und dem Auseinanderlegen auf dem Altar].
I. porrīgō, inis, *f.* Schorf, Kopfschuppe *H.*
II. por-rigō 3. rēxī, rēctus, synk. (§ 42) **porgō** (por + rego) **1. ausstrecken:** crus *L*, bracchia caelo *O*, porrecto iugulo mit vorgestrecktem Hals *H.* **occ. a. niederstrecken:** ad acervum porrectus liegend *N*, hostem *L.* **b. kehren, richten;** *med.* **sich erstrecken, liegen:** frontem in aequor *O*, locus in planitiem porrigitur *T*, Rhodope porrecta sub axem nach Norden hin *V.* **2. ausdehnen;** *refl.* **sich ausdehnen:** aciem *S*, agmen *T*, quo se tua porrigat ira *O*, brumales horas verlängern *O.* **3. darreichen:** pocula *V.* **4.** *met.* **gewähren:** praesidium clientibus.
Porrima, ae, *f.* P. [Göttin der richtigen Geburt] *O.* Zu
porrō *adv.* **1.** in die Ferne, weiter, in die Weite: ea flumina p. weithin strömend *V.* **2.** [zeitlich]: weiter, früher: ut quiescant p. moneo *C*; quod p. fuerat vordem *O.* **3.** [Beim Fortschreiten des Gedankens]: ferner, sodann, dann wieder, nun aber: videte iam p. cetera, age p.
E: vgl. πόρρω, dtsch. 'fern', mhd. verne u. verre.
porrum, ī, *n.* Schnittlauch *H.*
Porsenna u. **Porsīna,** ae, *m.* P. [König in Etrurien, der 507 Rom eroberte].
porta, ae, *f.* **1.** Tor, Tür. **2.** *met.* Ein-, Aus-, Zugang: Ciliciae Engpaß *N*, iecoris, caeli *V.*
E: vgl. portus u. gr. πείρω 'durchdringen', πόρος 'Durchgang', πορθμός 'Überfahrt', ahd. faran 'fahren', § 10.
portātiō, ōnis, *f.* (porto) Transport: armorum *S.*
por-tendō 3. tendī, tentum zeigen, ankündigen, prophezeien; *pass.* bevorstehen *L.*
E: eigtl. 'dar-strecken', s. por.
portenti-ficus 3 (portentum, facio, §§ 66 u. 41) Scheusale schaffend: venena *O.*

portentosus 349 **posterus** P

portentōsus 3 unnatürlich, abenteuerlich *Sp.* Von
I. portentum *pt. pf. pass.* v. portendo.
II. portentum, ī, *n.* (portendo) **1.** Wunderzeichen, Wunder. **2.** Mißgeburt, Scheusal: nota *H.* **3.** *met.* schreckliche Geschichte, Wundermärchen: poëtarum.
Porthāōn = Parthaon *C.*
porticula, ae, *f.* kleine Galerie: Tusculani. *Dem.* von
porticus, ūs, *f.* (porta) **1.** offene Halle, Galerie, Säulengang. **occ. a.** Gerichtshalle. **b.** *pl.* Vorplätze der Zelte *Ennius.* **c.** Laufgang. **2.** *meton.* die Philosophie (Schule) der Stoa [nach der στοά benannt]: Chrysippi *H.*
portiō, ōnis, *f.* (vgl. pars, ἔ—πορον) (zugemessener) Anteil, (zugeteilte) Menge; *met.* Verhältnis: pro portione im Verhältnis.
I. portitor, ōris, *m.* (portus) Zolleinnehmer, Zöllner; *met.* Schnüffler *C.*
II. portitor, ōris, *m.* Fährmann *V.* Von
portō **1.** (s. porta) **1.** tragen, bringen, fortschaffen: vehiculo portari fahren *N.* **2.** *met.* bringen: nuntium ad liberos *L,* sociis auxilia *S.*
portōrium, ī, *n.* (I. portitor, § 54) **1.** Hafenzoll, -geld. **2.** Zoll, Abgabe: circumvectionis Transitzoll.
portula, ae, *f.* (*dem.* v. porta) Pförtchen *L.*
Portūnus, ī, *m.* P. [altröm. Gott (der Türen?, des Hafens?)].
portuōsus 3 hafenreich *S.* Von
portus, ūs, *m.*, *dat.* auch ū *V, dat. abl. pl.* ibus u. ubus **1.** Hafen: portum capere einlaufen; Flußmündung: septem *O;* magister portūs Zolleinnehmer. **2.** *met.* Hafen, Zuflucht: sociorum.
E: vgl. porta, nordisch fjord, dtsch. 'Furt', § 10.
pos, altl. = post.
pōsca, ae, *f.* (poto; vgl. esca-edo) Mischtrank *C.*
pōscō 3. popōscī **1. verlangen, fordern:** tempus (res) poscit erfordert; poscimur man verlangt nach uns *HO* [andere Lesart bei *H:* poscimus]; mit dopp. *acc.* id (simulacrum) Assorinos von den A.; *pass.* poscor meum Laelapa man verlangt ... von mir *O,* Palilia poscor werde aufgefordert, die P. zu besingen *O;* mit ab, selten *acc. c. inf.* oder ut. **occ. 2. vor Gericht ziehen:** aliquem reum *L.* **3. zum Kampf auffordern:** in proelia *V.* **4. rufen, anrufen:** numina *O,* poscor Olympo der Himmel ruft mich *V.* **5. forschen, fragen:** causas veniendi *V.* **6.** (um ein Mädchen) **anhalten:** posce, duce *C.*
E: statt *porc-sco zu prec-or; ai. pr̥cchā 'Erkundigung', ahd. forscōn 'fragen, forschen'.
Posīdōnius, ī, *m.* P. [Stoiker, Lehrer Ciceros].
positiō, ōnis, *f.* (pono) Lage: caeli Klima *T.*
positor, ōris, *m.* (pono) Gründer *O.*
positūra, ae, *f.* (pono) Stellung, Lage: dei die Einrichtung der Erde durch die Gottheit *Pr.*
I. positus *pt. pf. pass.* v. pono.
II. positus, ūs, *m.* (pono) **1.** Stellung, Lage, Stand. **2. occ.** Frisur: positu variare comas *O.*
po-sīvī *C pf.* v. pono.
pos-merīdiānus = postmeridianus (§ 33).
pos-sēdī *pf.* v. possideo oder possido.
possessiō, ōnis, *f.* (possideo) **1.** Besitz: Siciliae *N.*

2. *meton.* Besitzung, Grundstück: urbana *N.* **3.** (possido) Besitznahme, Besitzergreifung: Monae insulae *T.*
possessiuncula, ae, *f.* (*dem.* v. possessio) Gütchen.
possessor, ōris, *m.* (possideo) Besitzer; **occ.** Beklagter, Besitzer des Klageobjekts *Pli.*
possessus *pt. pf. pass.* v. possideo oder possido.
pos-sideō 2. sēdī, sessus **1.** besitzen. **2.** besetzt halten: sedes sacras.
E: aus *pots-sideō (sīdo) 'als Herr besitzen', §§ 31, 43 f., 33; vgl. potis u. possum.
pos-sīdō 3. sēdī, sessus (vgl. possideo) Besitz ergreifen, besetzen, sich bemächtigen.
possum, posse, potuī **1.** können, vermögen; meist mit *inf.*; (non) potest es ist (un)möglich, quī, quantum potest; fieri potest, ut es ist möglich, kann sein, non potest fieri, quin (ut non) es muß, non possum facere, quin (ut non) = non p. non ich muß. **2.** imstande sein, ausrichten, bewirken, vermögen, gelten: tantum auctoritate *N,* plurimum, nihil, largiter viel.
NB: arch. Formen: *coni. pr.* possiem, es, et; *coni. impf.* potisset; *inf. pr.* potesse *C.*
E: potis sum, pote sum, § 31, possum, § 42; pot' est, § 53, usw.; posse(m) statt altl. potesse(m), possumus, potestis, possunt statt potēs sumus, estis, sunt; potuī u. potēns v. *potēre.
post (ai. paçcā 'hinten')

    I. *adv.* **1.** (räumlich) **hinten, hintennach;** **2.** (zeitlich) **hernach, danach, nachher.**
    II. *praep.* beim *acc.* **1:** (räumlich) **hinter;** **2.** (zeitlich) **nach, seit.**

I. 1. p. esse; invidia atque superbia p. fuere blieben zurück *S.* **2.** die p. tags darauf, paulo, non multo p. bald, nicht lange nachher, multis annis p. viele Jahre nachher, deinde p. *N.* **II. 1.** p. me erat Aegina; *met.* p. hunc Apollinem colunt gleich nach diesem, p. Chloën (Sabinum *T*) esse nachstehen *H.* **2.** p. hominum memoriam seit Menschengedenken, aliquot p. menses; p. ea, p. haec, p. hoc hierauf, nachher; p. annum quartum quam expulsus fuerat *N.*
poste *adv.* = postea *C.*
post-eā (post, eā, § 68) *adv.* hernach, nachher, später: quid postea? was weiter?, postea loci nachher *S.*
posteā-quam = postquam.
posterī s. posterus.
posterītās, ātis, *f.* Zukunft; *meton.* Nachwelt. Von
posterus 3 (s. § 16, Anm.) **I. 1. (nach)folgend, kommend:** postero tempore in der Folgezeit *N,* postero (*sc.* die) am folgenden Tag *T,* in posterum (*sc.* diem) auf den folgenden Tag; servare in posterum für künftig, aetas Nachwelt *H,* laus Ruhm bei der Nachwelt *H.* **2.** *pl. subst.* **Nachkommen. II.** *comp.* **posterior,** us **1. der hintere, spätere, folgende:** aetate p. jünger, clades *L; acc. n. sg. adv.* **posterius** später, nachher. **2. der geringere, schlechtere:** nihil est posterius, nihil nequius. **III.** *sup.* **1. postrēmus** 3 **a. der letzte, hinterste:** in postremis adesse *S,* postremum impetum facere *Cu,* ad postremum endlich, ad p. usque bis zum letzten Augenblick *S.* **b.** *met.* **der schlechteste,**

postfero   350   **poto**

geringste, ärgste, äußerste: homines, omnium malorum postremum; *acc. adv.* **postrēmum** zum letztenmal; *abl.* **postrēmō** zuletzt, endlich, schließlich; kurz, überhaupt. **2. postumus** 3 spät-, nachgeboren; *subst.* Spätling, Nachkömmling.

post-ferō, ferre hintansetzen *LCu.*

post-genitī, ōrum, *m.* (§ 67) Nachkommen *H.*

post-habeō 2. uī, itus nach-, hintansetzen.

post-hāc (§ 68) *adv.* von nun an, später, künftig.

post-haec (§ 67) *adv.* nachher.

post-ibī (§ 68) *adv.* = posthaec *C.*

postīculum, ī, *n.* (*dem.* v. posticum) Hinterhaus *C.*

postīcus 3 (post, vgl. anticus) hinter: aedium partes Hinterhaus *L*; *subst.* **postīcum**, ī, *n.* Hintertür; Hinterseite *Sp.*

postid, postid-eā arch. für post, postea *C.*

post-illā (§ 68) = postea *CCa.*

postis, is, *m.* (gr. παστάς) Türpfosten; *pl.* Tür *VHO.*

post-līminium, ī, *n.* (limen) Rückkehr-, Heimkehrrecht; *abl.* postliminio nach dem Heimkehrrecht.

post-merīdiānus 3 nachmittägig.

post-modo u. **post-modum** *adv.* bald darauf.

post-pōnō 3. posuī, positus = posthabeo.

post-prīncipia, ōrum, *n.* (§ 67) Verlauf *Afranius.*

post-quam *coniunct.* nachdem, als, da, seitdem.

postrēm... s. posterus.

postrī-diē u. **-ō** *C* (*locat.* v. posterus dies, § 42) am folgenden Tag, tags darauf: p. eius diei am nächsten Tag, p. ludos; p. quam als, nachdem.

post-scrībō 3. psī hinten daranschreiben *T.*

pōstulātīcius 3 (postulo) erbeten *Sp.*

pōstulātiō, ōnis, *f.* (postulo) **1.** Forderung, das Verlangen. **2.** Klagegesuch [an den Prätor um Bewilligung zur Klage].

pōstulātum, ī, *n.* (postulo) Forderung.

pōstulātus, ūs, *m.* Klage, Beschwerde *L.*   Von

pōstulō 1. (posco) **1.** beanspruchen, fordern, verlangen, begehren: aliquid ab aliquo; mit de, ut, ne, *inf.*, *acc. c. inf.*; *nom. c. inf.* postulat deus credi daß man ihn dafür halte *Cu.* **2.** [von Sachen] **erfordern:** veritas, causa postulat. **occ. 3.** etw. **beantragen:** delationem nominis, quaestionem *L.* **4. anklagen, gerichtlich belangen:** (de) repetundis, maiestatis *T.*

Postumius, A. P. (Postumus *O*) Tubertus [dict. 431] *LO.*

postumus s. posterus.

Post-verta, ae, *f.* P. [Geburtsgöttin, die bei Steißlage eines Kindes angerufen wurde] *O.*

posuī *pf.* v. pono.

pōtātiō, ōnis, *f.* (poto) Zecherei, Trinkgelage *C.*

pōtātor, ōris, *m.* (poto) Trinker, Säufer *C.*

pote s. potis.

potēns, entis (v. *potēre = posse) **1. fähig, kundig:** regni, fugae, iubendi, vetandi *L.* **2. mächtig, einflußreich;** *subst.* der Mächtige. **3. stark, kräftig, wirksam:** herba *O*, ad id *L.* **4. beherrschend, Herr:** sui sein eigener Herr, sich beherrschend, irae *Cu*, mentis bei Sinnen *O*; voti teilhaftig *O*, iussi der vollzogen hat *O.*

potentātus, ūs, *m.* (potens) Macht, Herrschaft.

potenter (*adv.* zu potens) **1.** kräftig. **2.** nach Kräften *H.*

potentia, ae, *f.* (potens) **1.** das **Vermögen, Kraft:** morbi, formae *O*, solis *V. met.* **2. Wirksamkeit:** herbarum *O.* **3. Macht, Einfluß:** civium *N.* **4. Oberherrschaft, Herrschaft:** singularis Alleinherrschaft *N.*

potērium, ī, *n.* (ποτήριον) Becher *C.*

potesse = posse, s. possum.

potestās, ātis, *f.* (potis) **1. Kraft, Macht, Gewalt:** herbarum Wirksamkeit *V*, contionis habendae Befugnis, in sua potestate esse sein eigener Herr sein *N*, exisse de potestate seinen Verstand verlieren, mihi est potestas, est in mea potestate es steht in meiner Macht. **2.** (politische) **Gewalt, Herrschaft:** redigere in (sub) suam potestatem unter seine Botmäßigkeit bringen, esse in potestate alicuius jemdm. unterworfen sein; *meton.* **Herrscher:** hominum rerumque *V.* **3. occ. Amtsgewalt, Amt, Stellung:** tribunicia, potestati praeesse ein Amt bekleiden *N.* **4.** *meton.* **Amtsperson, Behörde:** imperia et potestates Militär- u. Zivilbehörden. **5. Vollmacht, Erlaubnis, Gelegenheit, Möglichkeit:** omnium rerum unbeschränkte Vollmacht *N*, populi potestatem facere dem Volk anheimstellen, eius conveniendi Gelegenheit *N*; potestatem sui facere: **a.** sich in ein Gefecht einlassen; **b.** Audienz geben.

Pothus, ī, *m.* (Πόθος) P. [Personifikation der Sehnsucht] *Sp.*

potin? *C* = potisne? s. potis, I.

I. pōtiō, ōnis, *f.* (poto) Trank; **occ.** Liebestrank *H.*

II. potiō 4. (potis) unter jemds. Gewalt bringen; *pass.* in jemds. Gewalt geraten *C.*

potior 4. **1.** sich bemächtigen, erlangen; meist mit *abl.*; auso bestehen *VO*; mit *gen.* urbis *SCu*, vexilli *L*; *trans.* in der Gerundivkonstr. spes urbis potiundae; ad potienda sperata die Hoffnungen zu erfüllen *L*; sceptra *Lukrez*; **occ.** erreichen: monte *O*, campo *V.* **2.** besitzen, haben: summā imperii *N*, rerum im Besitz der Macht sein.

NB: potītur, potĕremur, -entur *VLO*; Gerundivum meist potiundus.

potis, e vermögend, mächtig.

    I. P o s i t i v : potis, pote (est) er, sie, es ist imstande, kann, vermag; es ist möglich; **potin?** = potisne? *C.*

    II. K o m p a r a t i v : **potior, ius 1. vorzüglicher, wichtiger, besser:** multitudine überlegen *Cu.* **2. tüchtiger, würdiger:** cives; potior, cui crederem *L*; *acc. n. sg. adv.* **potius vielmehr, lieber, eher:** Gallia p. Ariovisti quam populi *R.*

    III. S u p e r l a t i v : **potissimus** 3 der vorzüglichste, wichtigste, hauptsächlichste; *acc. n. sg. adv.* **potissimum hauptsächlich, vornehmlich, gerade.**

E: ai. pátiḥ 'Besitzer, Gemahl', gr. πόσις, πότ-νια, δεσ-πότης.

Potītius s. Pinarius.

Potniadēs quadrigae von Potniae [in Böotien] *V.*

pōtitō, āre tüchtig trinken *C.*   *Frequ.* von

pōtō 1. (*frequ.* zum St. pō, vgl. poculum, πέ-πω-κα) **1.** trinken; **occ.** zechen. **2.** *met.* einsaugen: fucum *H.* Dazu (vom St. pō) *pt. pf.* **pōtus** 3: **a.** p a s s. getrunken; **b.** a k t. der getrunken hat, betrunken. *pt. fut. act.* **pōtūrus** 3 *TiPr.*

potor 351 **praecipio** **P**

pōtor, ōris, *m.* u. **-trīx,** īcis, *f.* (vom St. pō, vgl. poto) Trinker(in), Säufer(in). Dav.

pōtōrium, ī, *n.* Becher *Sp.*

potuī *pf.* v. possum.

pōtulentus 3 (II. potus) trinkbar; *subst. n. pl.* Getränke.

pōtūrus *pt. fut.* v. poto.

I. pōtus *pt. pf. pass.* oder *act.* v. poto.

II. pōtus, ūs, *m.* (St. pō, vgl. poto) das Trinken, Trunk; *meton.* Trank, Getränk.

prae vorn, vor. **I.** *adv.* als Präfix **1.** vorn, an der Spitze: praeacutus, prae-sum. **2.** voraus, vorbei: i (abi) prae geh voran *C,* prae-fluo (vorbei). **3.** vor, vorzeitig: praematurus. **4.** vor andern, im Vergleich mit, sehr, überaus: prae-dives, prae-sto; prae quam im Vergleich mit dem, daß (wie) *C.*

II. *praep.* beim *abl.* **1. vor, vor ... her:** prae se ferre, agere, mittere; prae manu dare zur Hand *C;* bildl. prae se ferre zur Schau tragen, an den Tag legen. *met.* **2. im Vergleich mit, vor:** Romam prae Capua contemnit, prae omnibus unus mehr als alle *V.* **3.** [kausal, nur in negativen Sätzen] **vor, wegen:** prae dolore vix mentis compotes *Cu.*

E: ai. purā 'vor', gr. παραί 'bei'.

prae-acūtus 3 vorn zugespitzt.

prae-altus 3 sehr hoch *L;* sehr tief *LCuT.*

praebeō 2. uī, itus (prae-hibeo, §§ 43 u. 6, Anm.) **1. hinhalten, darreichen:** praecordia ferro *O,* terga die Flucht ergreifen, fliehen *Cu;* met. alicui aures zuhören, se telis sich aussetzen *L,* se continendum sich zurückhalten lassen *Cu,* aliquem hosti ad caedem preisgeben *L.* **2. geben, gewähren, liefern:** ei panem *N,* navigia; *met.* speciem den Anblick gewähren, erscheinen, exempla bieten; suspicionem *N,* opinionem *N,* gaudium, metum, sonitum *L* erregen; praebuit ipsa rapi ließ sich entführen *O;* se sceleri ducem sich hergeben *Cu.* **3. beweisen, zeigen, bewähren:** alicui fidem *N,* rei p. operam leisten *L;* talem se imperatorem *N* sich als ... erweisen, pari se virtute sich gleich tapfer zeigen *N.*

prae-bibō 3. bibī zutrinken: venenum alicui.

praebitor, ōris, *m.* (praebeo) Lieferant.

prae-calidus 3 sehr heiß *T.*

prae-cantrīx, īcis, *f.* Zauberin *C.*

prae-cānus 3 vorzeitig ergraut *H.*

prae-caveō 2. cāvī, cautus *intr.* **1.** sich hüten, in acht nehmen: ab insidiis *L;* mit ne. **2.** mit *dat.* vorsorgen: decemviris ab ira multitudinis schützen vor *L.* **3.** *trans.* vorbeugen, verhüten.

prae-cēdō 3. cessī, cessum **1.** vorher-, vorangehen: fama praecessit ad aures *O; trans.* agmen *V.* **2.** *met.* übertreffen: reliquos Gallos virtute.

praecellēns, entis ausgezeichnet, vortrefflich. Von

prae-cellō, ere **1.** *intr.* sich auszeichnen, hervortun. **2.** *trans.* übertreffen *T.*

E: *cello 'ragen'.

prae-celsus 3 sehr hoch: rupes *V.*

prae-centō 1. (canto, § 43) die Zauberformel vorsprechen.

prae-cēpī *pf.* v. praecipio.

prae-ceps, cipitis (prae, caput, § 43)

I. *adi.* 1. **mit dem Kopf voran, kopfüber;** *met.* **sich neigend, geneigt;** 2. (von Örtlichkeiten) **jäh, abschüssig;** *met.* **verderblich, mißlich, gefährlich;** 3. **schleunigst, Hals über Kopf, eilig;** *met.* **flüchtig, übereilt, unbesonnen;** *occ.* **ins Verderben.**
II. *n. subst.* **abschüssige Stelle, Tiefe;** *met.* **Abgrund, größte Gefahr.**
III. *adv.* **in die Tiefe.**

I. 1. Sopatrum praecipitem in forum deiciunt, p. ad terram datus zu Boden geworfen *L. Met.* sol p. in occasum *L,* praecipiti iam die da der Tag sich neigte *L,* aestas zu Ende gehend *S;* [von Leidenschaften]: **geneigt** zu, **hingezogen** zu: ad avaritiam, in iram *L.* **2.** locus, murus in salum steil abfallend *Cu;* bildl. iter ad malum. *Met.* remedium *Cu,* tempus *O,* victoria bedenklich *L.* **3.** cursus *Cu,* praecipites se fugae mandabant, praecipitem agere jagen, treiben. *Met.* nox eilend *O,* amnis rasch fließend *H,* legatio *L,* vir p. animi *V.* **occ.** ab amicis praeceps agor *S.* **II.** turris in praecipiti stans *V,* in praeceps ferri (deferri *L*) jäh hinabstürzen *O,* per praecipitia fugere *L. Met.* rem p. in praeceps dare an den Rand des Abgrundes *L.* **III.** p. trahere in die Tiefe reißen *T; met.* famam p. dare in Gefahr bringen *T.*

praeceptiō, ōnis, *f.* (praecipio, § 43) **1.** Prälegat, das Empfangsrecht im voraus, der Voraus [im voraus zufallendes Erbteil] *Pli.* **2.** Unterweisung.

praeceptor, ōris, *m.* (praecipio, § 43) Lehrer.

praeceptum, ī, *n.* (praecipio) Weisung, Lehre, Vorschrift, Befehl.

praeceptus *pt. pf. pass.* v. praecipio.

prae-cerpō 3. psī, ptus (carpo, § 43) **1.** vor der Zeit pflücken: messes *O.* **2.** *met.* vorwegnehmen.

prae-cessī *pf.* v. praecedo.

praecessum *pt. pf. pass.* v. praecedo.

prae-cīdō 3. cīdī, cīsus (caedo, § 43) **I. 1.** vorn abschneiden, zerschneiden: manūs abhauen *Cu,* ancoras die Ankertaue kappen. *met.* **2. nehmen, entziehen:** dubitationem, spem rauben *L.* **3. abschlagen:** aliquid plane. **II. 1. zerschneiden:** canem *L. met.* **2. abbrechen:** amicitias auflösen; brevi praecidam ich werde (die Rede) abbrechen.

prae-cingō 3. cīnxī, cīnctus **1.** umgürten: ense *O.* **2.** aufschürzen: praecincti pueri *H.* **3.** umgeben: auro cervicem *O,* parietes überziehen *Pli.*

prae-cinō 3. cinuī (cano, § 41) vorspielen: epulis; **occ.** vorhersagen: fugam *Ti.*

prae-cīnxī *pf.* v. praecingo.

prae-cipiō 3. cēpī, ceptus (capio, § 43) **1. voraus-, vorwegnehmen:** locum vorher besetzen *Cu,* pecuniam mutuam im voraus borgen, praecipitur seges reift zu rasch *O,* iter, spatium ein Vorsprung gewinnen *L,* tempus praeceptum Vorsprung in der Zeit *L,* bellum früher anfangen *T; abs.* **voraus erben** *Pli.* **2. im voraus genießen:** candelabrum oculis, spem *L,* laudem *T.* **3. im voraus sich vorstellen:** victoriam animo sich im Geist als Sieger sehen. **4. vorschreiben, verordnen, be-**

praecipitium   352   **praediolum**

fehlen; mit Obj., ut, ne, indir. Fr., selten mit *inf., acc. c. inf. Cu.* **5. lehren, unterrichten:** artem nandi *O*; *subst.* praecipientes Lehrer *T.*

praecipitium, ī, *n.* (praeceps) Abgrund *Sp.*

praecipitō 1. (praeceps) **I.** *trans.* **1. kopfüber, jählings herabstürzen, hinabwerfen:** pilas in mare *N*, se de muro, currum scopulis *O*; *med.* sich stürzen; lux praecipitatur aquis (*dat.*) die Sonne senkt sich dem Wasser zu *O*, nox praecipitata sinkend, endend *O.* *met.* **2. stürzen, zugrunde richten:** spem vernichten *O*, rem p. *L*, ex patrio regno *S*, mentem fortreißen *V.* **3. beschleunigen, übereilen:** consilia *L*; curae praecipitant (mit *inf.*) drängen *V.* **II.** *intr.* **1. sich herabstürzen:** in insidias (in amorem *C*) hineingeraten *L*, nox praecipitat caelo (*abl.*) *V*; *occ.* **zu Ende gehen:** hiems praecipitaverat. **2. sinken, zugrunde gehen:** patria, res p. praecipitans.

praecipuē *adv.* vornehmlich, vorzugsweise, besonders.   Von

praecipuus 3 (praecipio) **1. besonders, eigentümlich, ausschließlich:** cetera paria, hoc praecipuum ein Vorrecht, sors periculi ein besonderer Anteil *L.* **2. vorzüglich, außerordentlich, hervorragend:** honos *N*, gloria *L*, ius bevorzugte Stelle, amici die vornehmsten *Cu*, praecipuus amicorum der beste Freund *T*; circumveniendi die Hauptperson in dem Komplott, Ränkespiel *T*, toro (*abl.*) durch einen Ehrensitz ausgezeichnet *V*; praecipui ad scelera, pericula *T*; *subst.* **praecipuum,** ī, *n.* **Vorzug; praecipua,** ōrum, *n.* das **Wichtigste:** rerum *T.*

I. praecīsus *pt. pf. pass.* v. praecido.

II. praecīsus 3, *adv.* **ē** (praecido) jäh, abschüssig: iter *S*; *met.* abgekürzt, kurz.

praeclārē *adv.* **1.** sehr hell, sehr deutlich: meminisse. **2.** herrlich, vortrefflich, glänzend: facta *N*, dicere.   Von

prae-clārus 3 **1. sehr glänzend;** *occ.* **schön:** arma *Cu*, urbs, facies *S*; *subst. n. pl.* Kostbarkeiten. *met.* **2. sehr bekannt, berühmt:** pugna *Cu*, patientia famis; *occ.* **berüchtigt:** sceleribus *S.* **3. herrlich, glänzend, ausgezeichnet:** hoc glänzende Tat *N*; gens bello *V*, in philosophia, eloquentiae (*gen.*) *T.*

prae-clūdō 3. sī, sus (claudo, § 43) verschließen, versperren: vocem das Maul stopfen *LOPh.*

praecō, ōnis, *m.* (aus *prae-dico, §§ 42, 44 u. 33) **1.** Ausrufer, Herold: per praeconem vendere öffentlich zum Verkauf anbieten lassen, bona voci praeconis subicere 'unter den Hammer bringen'. **2.** *met.* Lobredner: virtutis.

prae-cōgitō, āre vorher überlegen: facinus *L.*

prae-cōgnōscō 3. cognitus vorher erfahren.

prae-colō 3. uī, cultus vorzeitig verehren: nova *T.*

prae-compositus 3 (§ 72) vorher einstudiert: ōs *O.*

praecōnium, ī, *n.* (praeco) **1.** Ausruferamt: facere p. Ausrufer sein. **2.** das Ausrufen, Bekanntmachung, Veröffentlichung: praeconio contendere an Stimmkraft *Sp*; famae *O.* **3.** *met.* Verherrlichung, Lobpreisung: laborum.

prae-cōnsūmō 3. sūmptus vorher verbrauchen *O.*

prae-contrectō, āre (tracto, §§ 43 u. 72) vorher betasten: videndo *O.*

prae-coquis, e (coquo) frühreif, verfrüht *Cu.*

prae-cordia, ōrum, *n.* (cor) **1. Zwerchfell.** *synecd.* **2. Brustkorb, Brust:** spiritus remanet in praecordiis *L.* **3. Magen:** mulso proluere *H. meton.* **4. Brust, Herz:** redit in praecordia virtus *V.* **5. Geist, Sinn:** mentis *O.*

prae-corrumpō 3. ruptus vorher bestechen *O.*

prae-(cu)currī *pf.* v. praecurro.

praecultus *pt. pf. pass.* v. praecolo.

prae-cupidus 3 sehr begierig nach (mit *gen.*) *Sp.*

prae-currō 3. (cu)currī, cursus **I.** *intr.* **1. vorauslaufen, -eilen. 2.** *met.* **vorangehen, -eilen:** alicui studio; praecurrentia, um, *n.* das Vorhergehende. **II.** *trans.* **1. überholen, zuvorkommen:** aliquem celeritate. **2.** *met.* **übertreffen:** eum nobilitate *N*, oratores iudicio an Kritik *T.*   Dav.

praecursiō, ōnis, *f.* Geplänkel *Pli.*

praecursor, ōris, *m.* (praecurro) Vorläufer. **occ. a.** Diener *Pli.* **b.** Kundschafter. *pl.* **occ.** Vorhut *L.*   Dav.

praecursōrius 3 vorauseilend, vorläufig *Pli.*

praecursus *pt. pf. pass.* v. praecurro.

prae-cutiō, ere (quatio, § 43) voran schwingen *O.*

praeda, ae, *f.* **1. Beute, Kriegsbeute:** hominum pecorumque an Menschen und Vieh *S.* **2. Jagdbeute:** pisces mea praeda *O*; *met.* nova praeda, puellae *O.* **3. Raub:** e templo; sceleris Beutegut *S.* **4.** *met.* **Gewinn, Vorteil:** praedas facere Gewinn ziehen *N.*

praedābundus 3 (praedor) auf Beute ausgehend *SLT.*

prae-damnō 1. vorher verurteilen: collegam *L*; *met.* spem im voraus aufgeben *L.*

praedātiō, ōnis, *f.* (praedor) das Beutemachen, Plündern *T.*

praedātor, ōris, *m.* (praedor) Plünderer, Räuber: ales Raubvogel *O*; *occ.* Jäger: aprorum *O.*   Dav.

praedātōrius 3 auf Beute ausgehend: navis Seeräuberschiff *L*, manus Streifkorps *S.*

prae-dē-lassō, āre (§ 72) vorher schwächen *O.*

prae-dēstinō, āre vorher bestimmen, im voraus zum Ziel setzen *L.*

praediātor, ōris, *m.* (praedium) Güteraufkäufer, Grundstücksmakler.

praedicābilis, e (I. praedico) rühmenswert.

praedicātiō, ōnis, *f.* (I. praedico) Lobpreisung, Lob.

praedicātor, ōris, *m.* Lobredner.   Von

I. prae-dicō 1. **1.** ausrufen, öffentlich bekanntmachen: praeco praedicat. *met.* **2.** laut aussagen, äußern: paucitatem nostrorum erwähnen, mortem Miloni ankündigen; mit *acc. c. inf.* **3.** rühmen, preisen, loben: aliquem liberatorem patriae *N*; mit *acc. c. inf.*

II. prae-dīcō 3. dīxī, dictus **1.** vorher sagen: quid sentiam; *occ.* **vorher erwähnen, ankündigen:** praedictae latebrae *L*, amnis obenerwähnt *T.* **2. vorausbestimmen:** diem *T.* **3. vorschreiben, befehlen, einschärfen:** mit ut, ne. **4.** vorhersagen, prophezeien: defectiones solis; mit *acc. c. inf.*   Dav.

praedictiō, ōnis, *f.* Prophezeiung.   Und

praedictum, ī, *n.* Weissagung: vatum *V*; Befehl: imperatoris *L*; Verabredung: ex praedicto *L.*

praedictus *pt. pf. pass.* v. praedico.

praediolum, ī, *n.* (*dem.* v. praedium) kleines Landgut.

praedisco   353   **praeiudicium**   P

prae-discō, ere vorher (kennen)lernen.

prae-ditus 3 (dare) begabt, versehen, behaftet mit etw. (*abl.*).

praedium, ī, *n.* Grundstück, Besitztum, Gut.

prae-dīves, itis sehr reich *LT*, cornu reich gefüllt *O.*

prae-dīxī *pf.* v. II. praedico.

praedō, ōnis, *m.* (praedor) Räuber, Plünderer; **occ.** Seeräuber.

prae-doceō 2. doctus vorher unterweisen *S.*

praedor 1.ʼ (praeda) **I.** *intr.* **1. Beute machen, plündern, rauben. 2.** *met.* **Gewinn ziehen:** ex inscitia. **II.** *trans.* **1. ausplündern, berauben:** socios *T.* **2.** *met.* **rauben, wegnehmen:** singula de nobis *H.*

prae-dūcō 3. dūxī, ductus vor etw. (*dat.*) ziehen.

prae-dulcis, e sehr angenehm *V.*

prae-dūrus 3 sehr hart; *met.* sehr abgehärtet.

prae-dūxī *pf.* v. praeduco.

prae-eō, īre, iī, itūrus **1. vorausgehen:** consulibus *L,* Romam *L; trans.* famam sui zuvorkommen *T. met.* **2. vorsagen:** vota *Cu,* verba die Dedikationsformel *L,* voce. **3. vorschreiben:** ut decemviri praeierunt *L.*

prae-fātiō, ōnis, *f.* (for) **1.** Einleitungsformel: sacrorum *L.* **2.** Vorwort, Einleitung *Pli.*

praefātus *pt. pf. act.* v. *praefor.

prae-fēcī *pf.* v. praeficio.

praefectūra, ae, *f.* **1. Aufseher-, Vorsteheramt:** vigilum, praetorii, annonae *T;* **occ.** Richteramt *C.* **2. Befehlshaberstelle, Kommando:** praefecturas sumere, petere; Aegypti Verwaltung, Statthalterschaft *Sp. meton.* **3.** [italische, von römischen Beamten verwaltete] **Kreisstadt:** Atinas, Reatina. **4. Kreis, Verwaltungsbezirk:** proximae *T.*   Von

I. praefectus, ī, *m.* (praeficio) als urspr. *pt.* mit *dat.*, als *subst.* mit *gen.* vbd.: Vorsteher, Aufseher, Befehlshaber: morum *N,* Aegypti Statthalter, aerarii Schatzmeister *Pli,* annonae (rei frumentariae *T*) für die Getreideversorgung, urbis, urbi Stadtgouverneur, vigilum Kommandant der vigiles [Feuerwehr u. Sicherheitspolizei in Rom] *T,* castrorum, castris Lagerkommandant *T,* fabrûm Pionierkommandant, Adjutant, praetorii, praetorio Prätorianerpräfekt *T,* legionis Legat *T,* classis Admiral *NL,* navis Kapitän; [außeritalisch]: Phrygiae Satrap *N,* regii Satrapen *N,* Cassandri General *N.*

II. praefectus *pt. pf. pass.* v. praeficio.

prae-ferō, ferre, tulī, lātus **1. vorantragen:** dextrā lauream; *met.* titulum sceleri vorschieben *Cu,* adulescentulo ad libidinem facem … verleiten. *met.* **2. an den Tag legen, zeigen:** vultu metum *Cu,* opinio praefertur äußert sich, aviam Octaviam als Großmutter aufzuweisen haben *T,* modestiam heucheln *T.* **3. vorziehen:** virtute praeferri voraus sein, Gallorum quam Romanorum imperia lieber wollen, otium labori *S;* mit *inf. H.* **4. vorwegnehmen:** diem triumphi *L.* ʼ **5.** *med.-pass.* **vorbei-, vorüberziehen, vorauseilen:** praelati hostes *L,* castra am Lager *L,* equo vorbeigeritten *T;* bildl. se legionariis sich vor … hervortun.

prae-ferōx, ōcis sehr heftig, wild, ungestüm *LT.*

prae-fervidus 3 sehr heiß *T; met.* glühend *L.*

prae-festīnō 1. sehr eilen, sich übereilen: deficere *L; trans.* vorübereilen *T.*

prae-ficiō 3. fēcī, fectus (facio, § 43) über etw. setzen, jemdm. die Aufsicht, Führung übertragen, an die Spitze stellen, bestellen: aliquem legioni, munitioni, in exercitu eine Stelle geben, diis sacerdotes mit dem Götterdienst betrauen *L.*

prae-fīdēns, entis zu sehr vertrauend: sibi.

prae-fīgō 3. xī, xus **1.** vorn anheften: puppibus (*dat.*) arma *V,* capita in hastis *V,* sudes vorn einschlagen; *met.* prospectûs verbauen *Sp.* **2.** vorn mit etw. versehen: asseres cuspidibus praefixi vorn mit Eisen beschlagen, ora capistris mit Maulkörben umschlossen *V.*

prae-fīniō 4. vorher bestimmen, feststellen.

prae-fīxī *pf.* v. praefigo.

praefīxus *pt. pf. pass.* v. praefigo.

prae-flōrō 1. (flos) der Blüte berauben; *met. L.*

prae-fluō, ere vorbeifließen *L; trans. HT.*

prae-fodiō 3. fōdī vor etw. einen Graben ziehen: portas *V;* vorher vergraben: aurum *O.*

*****prae-for**, *fārī, fātus sum (for) **1.** vorsprechen: carmen *L;* divos vorher anrufen *V.* **2.** vorausschicken [in der Rede]. **3.** weissagen: carminibus *L.*   NB: nur in einzelnen Formen.

I. praefrāctus *pt. pf. pass.* v. praefringo.

II. prae-frāctus 3, *adv.* ē (praefringo) hart, streng.

prae-frēgī *pf.* v. praefringo.

prae-frīgidus 3 sehr kalt: auster *O.*

prae-fringō 3. frēgī, frāctus (frango, § 48) vorn abbrechen: praefracto rostro.

prae-fuī *pf.* v. praesum.

praefulciō, īre bildl. unterstützen, vorbauen.

prae-fulgeō 2. fulsī hell leuchten; *met.* hervorleuchten, glänzen *T.*

praefutūrus *pt. fut.* v. praesum.

prae-gelidus 3 sehr kalt: Alpes *L.*

prae-gestiō, īre sich sehr freuen: ludere *H.*

prae-gnāns, antis u. **prae-gnās**, ātis *CVarro* schwanger, trächtig.   E: *prai gnátid ʼvor der Geburtʼ.

prae-gracilis, e sehr hager *T.*

prae-grandis, e sehr groß *Sp.*

prae-gravis, e **1.** sehr schwer: cibo überladen *T. met.* **2.** sehr schwerfällig: corpore *L.* **3.** sehr lästig *T.*

prae-gravō 1. **1.** sehr **belasten, niederdrücken:** scuta *L. met.* **2. belästigen, beschweren:** animum *H.* **3. verdunkeln:** artes *H.* **4.** *intr.* **überwiegen** *Sp.*

prae-gredior 3. gressus sum (§ 43) **1.** vorangehen; bildl. nuntios zuvorkommen *L.* **2.** vorbeimarschieren an: fines *T.*   Dav.

praegressiō, ōnis, *f.* das Vorrücken.   Und

I. praeressus *pt. pf. act.* v. praegredior.

II. praegressus, ūs, *m.* das Vorschreiten, Entwicklung.

prae-gūstō 1. vorher kosten *Ph.*

prae-hibeō (habeo, § 43) = praebeo *C.*

prae-iaceō, ēre vorliegen; mit *acc. T.*

prae-iī *pf.* v. praeeo.

praeitūrus *pt. fut.* v. praeeo.

prae-iūdicium, ī, *n.* **1.** Vorentscheidung, Präjudiz: non

praeiudico   354   **praeposui**

praeiudicium, sed iudicium factum putatur. **2.** vorgreifendes Urteil: p. tantae rei facere *L.* **3.** maßgebendes Beispiel: vestri facti, praeiudicia Africi belli schlimme Aussichten für.   Von
prae-iūdicō 1. im voraus entscheiden, -beurteilen: praeiudicata opinio Vorurteil, pro praeiudicato ferre im voraus für entschieden halten *L*, eventūs *L.*
prae-iuvō 1. iūvī vorher unterstützen *T.*
prae-lābor, bī vorbeigleiten; mit *acc. V.*
prae-lambō, ere vorher belecken *H.*
praelātus *pt. pf. pass.* v. praefero.
praelēctiō, ōnis, *f.* das Vorlesen *Q.*   Von
prae-legō 1. lēgī, lēctus **1.** vorlesen *Q.* **2.** vorbeisegeln an: Campaniam *T.*
prae-ligō 1. vorbinden: fasces cornibus *L.*
praelocūtus *pt. pf. act.* v. praeloquor.
prae-longus 3 sehr lang.
prae-loquor 3. locūtus sum vorher sprechen *Pli.*
prae-lūceō 2. lūxī **1.** vorleuchten: facinori *Ph*; spem hervorleuchten lassen. **2.** *met.* überstrahlen; mit *dat. H.*
praelūsiō, ōnis, *f.* (prae-ludo) Vorspiel *Pli.*
prae-lūstris, e (vgl. illustris) sehr glänzend *O.*
prae-lūxī *pf.* v. praeluceo.
prae-mandō 1. **1.** im voraus empfehlen *C.* **2.** im voraus auftragen; *subst.* praemandāta, ōrum, *n.* Steckbriefe.
prae-mātūrus 3, *adv.* ē zu früh, vorzeitig.
prae-medicātus 3 vorher mit Zaubermitteln versehen *O.*
praemeditātiō, ōnis, *f.* das Vorherbedenken.   Von
prae-meditor 1. vorherstudieren, -bedenken; *abs.* Probe halten *T*; *pt. pf.* pass. mala praemeditata vorher erwogen.
prae-metuō, ere vorher fürchten; *intr.* suis; *trans.* iras *V*; praemetuens doli *Ph.*
prae-mineō, ēre (vgl. emineo) übertreffen *T.*
prae-mittō 3. mīsī, missus vorausschicken: edictum ein Manifest; mit *acc. c. inf.* vorausmelden lassen.
praemium, ī, *n.* (*prae-emium v. emo) **1.** Beutestück: pugnae *V*, iucunda *H. met.* **2.** Lohn, Belohnung, Preis, Auszeichnung: p. ponere aussetzen; facti Lohn der Untat *O.* **3.** *meton.* Heldentat: magnum *V.* **4.** Vorrecht, Vorteil: fortunae, frontis urbanae weltmännischer Dreistigkeit *H.*
prae-molestia, ae, *f.* vorläufige Beschwerde.
prae-mōlior, īrī etw. vorbereiten *L.*
prae-moneō 2. uī, itus **1.** vorher erinnern, mahnen, warnen. **2.** vorhersagen, anzeigen: nefas *O.*   Dav.
praemonitus, ūs, *m.* Weissagung, Warnung *O.*
prae-mōnstrō 1. vorher anzeigen *L.*
prae-morior 3. mortuus sum vorzeitig sterben *O*; praemortuus pudor erloschen *L.*
prae-mūniō 4. vorn befestigen, schützen; *met.* vorbauen, sichern: genus dicendi.   Dav.
praemūnītiō, ōnis, *f.* Verwahrung.
prae-natō 1. vorbeischwimmen an; **occ.** vorbeifließen: domos *V.*
prae-nāvigō, āre an etw. vorbeisegeln *Sp*; bildl. vitam *Sp.*
Praeneste, is, *n.* (*f. V*) Palestrina [St. östl. von Rom mit dem von Sulla erbauten Tempel der Fortuna Primigenia und der Juno]; *adi.* u. Einw. Praenestīnus.

prae-niteō, ēre überstrahlen; mit *dat. H.*
prae-nōmen, inis, *n.* **1.** Vorname. **2.** Titel *Sp.*
prae-nōscō 3. nōvī vorher erkennen, *pf.* vorher kennen *O.*   Dav.
praenōtiō, ōnis, *f.* Vorbegriff.
prae-nōvī *pf.* v. praenosco.
prae-nūbilus 3 sehr finster: lucus *O.*
prae-nūntiō 1. vorher melden.   Dav. (§ 76)
praenūntius 3 vorher verkündend *O*; *subst.* **praenūntius,** ī, *m.* u. -ia, ae, *f.* Vorbote, -tin, Vorzeichen: lucis = Hahn *O.*
praeoccupātiō, ōnis, *f.* frühere Besetzung *N.*   Von
prae-occupō 1. **1.** vorher besetzen, sich früher bemächtigen: iter, loca opportuna *L. met.* **2.** im vorhinein verpflichten, binden, einnehmen: praeoccupatus timore, legatione, gratiam für sich beanspruchen *L*, beneficio gewinnen *L.* **3.** zuvorkommen, überraschen: alterum *N*, praeoccupari adventu; mit *inf. L.*
prae-optō 1. **1.** eher wählen, lieber wollen. **2.** vorziehen *NL.*
prae-pandō, ere vorne öffnen *Sp*; *met.* sehen lassen *Lukrez.*
praeparātiō, ōnis, *f.* Vorbereitung.   Von
prae-parō 1. vorbereiten, rüsten, instand setzen: classem *Cu*, naves ad incendium, se ad proelium *S*; *subst.* ex ante praeparātō aus den Vorräten *L*; *met.* aditum spei sich bahnen *Cu*, bene praeparatum pectus wohlgerüstet, auf alles gefaßt *H.*
prae-pediō 4. (vgl. im-pedio) **1.** vorn anbinden: equos vorne einspannen *T.* **2.** *met.* verhindern, hemmen, aufhalten: se praedā sich aufhalten lassen *L*, bonas artes unwirksam machen *S*, verba sua stottern *T.*
prae-pendeō, ēre vorn herabhängen: serta *Pr.*
prae-pes, petis **1.** günstig fliegend: pinna glückbringend *V.* **2.** *met.* schnell fliegend: deus Amor *O.* **3.** *subst. m. f.* Vogel: Iovis = Adler *O.* E: prae + peto 'vorwärts schießend'.
prae-pilātus 3 (pilla) vorn mit Knauf versehen *L.*
prae-pinguis, e sehr fett: solum *V.*
prae-polleō, ēre **1.** die Übermacht besitzen: mari *T.* **2.** viel vermögen: divitiis *L.*
prae-ponderō 1. *trans.* überwiegen.
prae-pōnō 3. posuī, positus **1.** voransetzen, -legen, -stellen: versūs in fronte libelli *O*, undique decerptam fronti olivam = mit allerlei entlehnten Floskeln das Gedicht beginnen *H.* **2.** über etw. setzen, vorsetzen, an die Spitze stellen, das Kommando übertragen: militibus, officio maritimo, eum bello, navibus ihm die Führung anvertrauen, caedi betrauen mit; praepositus, ī, *m.* Offizier *T.* **3.** vorziehen: regno bonam existimationem *N.*
prae-portō, āre zur Schau tragen *Ca.*
praepositiō, ōnis, *f.* (praepono) **1.** das Vorsetzen, Voransetzen: negationis. *meton.* **2. a.** Vorzug. **b.** [gramm.] Präposition.
praepositus *pt. pf. pass.* v. praepono.
prae-posterus 3, *adv.* ē **1.** verkehrt, unrichtig: naturae legibus praepostera entgegengesetzt, gegen die Naturgesetze *O.* **2.** *met.* verkehrt (handelnd): homines *S.*
prae-posuī *pf.* v. praepono.

praepotens 355 **praesidium** P

prae-potēns, entis sehr mächtig; *subst. pl.* die Mächtigen.

prae-properus 3, *adv.* **ē 1.** sehr eilig, sehr hastig. **2.** voreilig, übereilt: ingenium *L.*

prae-queror 3. questus sum vorher klagen *O.*

prae-radiō, āre überstrahlen *O.*

prae-rapidus 3 überaus reißend: gurges *L; met.* hitzig, vorschnell *Sp.*

praereptus *pt. pf. pass.* v. praeripio.

prae-rigēscō 3. riguī vorn erfrieren *T.*

prae-ripiō 3. ripuī, reptus (rapio, § 43) **1.** vorwegnehmen, entreißen, entziehen: arma Minervae *O,* laudem wegschnappen. **2.** vorzeitig an sich reißen: beneficium. **3.** zuvor vereiteln: hostium consilia.

prae-rōdō 3. rōsī, rōsus vorn abbeißen: hamum *H.*

prae-rogātīvus 3 (rogo) zuerst abstimmend: (centuria) praerogativa; tribus [die Tribus, aus der die zuerst abstimmende centuria ausgelost wird] *L. met.* **praerogātīva,** ae, *f.* **1.** Vorwahl *L.* **2.** günstige Vorbedeutung, Anzeichen: triumphi.

prae-rōsī *pf.* v. praerodo.

praerōsus *pt. pf. pass.* v. praerodo.

prae-rumpō 3. rūpī, ruptus vorn abreißen. Dav.
I. praeruptus 3 **1.** jäh, steil, schroff: descensus, via *Cu,* saxa; *subst.* **praerupta,** ōrum, *n.* schroffe Hänge *L.* **2.** *met.* schroff, jäh, hart: audacia Tollkühnheit, animus schroffes Wesen *T,* dominatio unnahbar *T.*
II. praeruptus *pt. pf. pass.* v. praerumpo.

praes, dis, *m.* (v. vas statt *prae-ves, *prae-vidis, § 41) **1.** Bürge [bes. in Geldsachen]. **2.** *meton.* das Vermögen des Bürgen: Plancus praedes tuos vendit Güter.

prae-saepe u. **praesēpe,** is, *n.* (saepes) **1.** *sg.* Krippe *OPh; met.* certum Tisch *H.* **2.** *pl.* Stall *V;* audis in praesepibus Bordell; *met.* fucos a praesaepibus arcere Bienenkörbe *V.*

prae-saepiō 4. psī, ptus versperren, verschließen.

praesāgiō 4. vorher ahnen: hoc *L,* de fine belli *L; met.* vorher andeuten. Dav.

praesāgium, ī, *n.* **1.** Ahnung: malorum *T.* **2.** Weissagung, Vorzeichen.

prae-sāgus 3 (praesagio, § 76) **1.** vorahnend: futuri *O.* **2.** weissagend: verba *O,* fulmen *V.*

prae-sciō 4. vorherwissen *C;* dav. **praescītum,** ī, *n.* das Vorherwissen *Sp.*

prae-sciscō 3. īvī vorher erfahren, kennenlernen *VL.*

praescītum, ī, *n.* s. praescio.

prae-scius 3 vorherwissend: venturi *V.*

prae-scīvī *pf.* v. praescisco.

prae-scrībō 3. psī, ptus **1.** voran-, vorherschreiben: sibi nomen Vari als Titel *V,* diplomatibus principem den Namen des Kaisers *T;* **occ.** vorschützen, vorgeben: Arminium *T. met.* **2.** vorschreiben, verordnen, befehlen: iura civibus; mit ut, indir. Fr., *inf.* **3.** vorzeichnen, ein Bild entwerfen: formam futuri principatūs *T.* Dav.

praescrīptiō, ōnis, *f.* **1.** Titel, Überschrift: tribuniciae potestatis *T;* **occ.** Vorwand: honesta. **2.** Vorschrift, Verordnung: rationis. **3.** Vorherbestimmung: numeri *T.*

praescrīptum, ī, *n.* (praescribo) **1.** die vorgezeichnete

Grenze: intra p. *H.* **2.** *met.* Vorschrift, Regel, Verordnung.

praescriptus *pt. pf. pass.* v. praescribo.

prae-secō 1. secuī, sectus völlig abschneiden: crines, praesectum ad unguem castigare 'mit beschnittenem Nagel', haarscharf prüfen *H.*

prae-sēdī *pf.* v. praesideo.

praesēns, entis (praesum)

I. *pt.* **persönlich gegenwärtig.**
II. *adi.* **1. gegenwärtig, jetzig; 2. augenblicklich, sofortig;** *occ.* **dringend; 3. wirksam, kräftig;** *occ.* **günstig, hilfreich; 4. entschlossen, unerschrocken.**

I. praesentem adesse persönlich zugegen sein, praesente vulgo in Gegenwart der Leute *N,* praesentes invisimus selbst, persönlich *L,* p. tecum egi mündlich; **occ.** ora leibhaftig *V;* **bildl.** fructus, insidiae augenscheinlich, offensichtlich. **II. 1.** virtus der Mitwelt *Cu,* bellum damalig *N,* praesenti tempore *O* = in praesenti für jetzt, für den Augenblick, in (ad *T*) praesens (tempus) für jetzt, vorderhand; in rem praesentem, in re praesenti an Ort und Stelle; *subst.* praesentia, ium, *n.* Gegenwart, gegenwärtige Lage *HCuT,* Ereignisse der Gegenwart *O.* **2.** deditio, mors, supplicium; **occ.** preces, officium, praesentior res *L.* **3.** dignitas, auxilium, memoria *L;* mit *inf.* imstande *H;* **occ.** dii. **4.** animus.

prae-sēnsī *pf.* v. praesentio.

praesēnsiō, ōnis, *f.* (praesentio) Ahnung.

praesēnsus *pt. pf. pass.* v. praesentio.

praesentāneus 3 (praesens) sofort wirkend *Sp.*

praesentārius 3 (praesens) sofortig: argentum bar *C.*

praesentia, ae, *f.* (praesens) Gegenwart: in praesentia für jetzt, für den Augenblick, animi Geistesgegenwart, veri Kraft, Wirkung.

prae-sentiō 4. sēnsī, sēnsus vorher empfinden, ahnen.

praesēpe s. praesaepe.

prae-sertim (*adv.* v. *prae-sero, § 79, vgl. I. sero) zumal, besonders, vornehmlich, vor allem.

prae-ses, sidis, *m. f.* (sedeo) **1.** *adi.* schützend: di *Cu;* *subst.* Beschützer(in). **2.** Vorsteher, Leiter: rerum Herrscher der Welt *O;* **occ.** Statthalter: Suriae *T.*

prae-sideō 2. sēdī **1.** schützen, decken: Hellesponto decken, bewachen *Cu,* urbi; *trans.* Galliae litus *T.* **2.** leiten, befehligen, kommandieren: castris *Cu,* rebus urbanis; *abs.* in agro Piceno *S; trans.* exercitum *T,* Pannoniam verwalten *T;* princeps praesidebat hatte den Vorsitz *Pli.*
E: v. sedeo, 'vorn sitzen', § 43.

praesidiārius 3 Schutz-: milites Schutztruppen, Besatzung *L.* Von

praesidium, ī, *n.* (praesideo)

---

1. Schutz, Hilfe; *occ.* **(milit.) Deckung, Geleitschutz; 2.** *meton.* **Schützer, Schutz, Geleit, Hilfe;** *occ.* **a. Besatzung, Posten, Eskorte;** *b.* **Posten, Schanze; 3.** *met.* **Hilfe, Schutz-, Hilfsmittel.**

---

1. praesidio esse civibus sich hilfreich erweisen *N,*

praesignis   356   **praeterea**

suis praesidio proficisci zu Hilfe *N*, praesidio litterarum mit Hilfe. **occ.** pabulatoribus praesidio esse, Palatii Besetzung. **2.** cum (sine ullo *N*) praesidio. **a.** perpetuum ständig *N*, in praesidio esse auf Posten stehen *N*, locum praesidio tenere. **b.** p. occupare; communire verschanzen *L*; bildl. vitae; pudoris Bollwerk. **3.** quod satis esset praesidii alle nötigen Hilfsmittel *N*, praesidia periculis (*dat.* gegen Gefahren) quaerere.

prae-signis, e (vgl. insignis) vor andern ausgezeichnet *O*.

prae-sonō 1. uī vorher tönen *O*.

praestābilis, e (praestare) vorzüglich, vortrefflich.

praestāns, antis (praestare) vorzüglich, vortrefflich, ausgezeichnet, außerordentlich; mit *abl.*, in; *gen. VT, inf. V*.   Dav.

praestantia, ae, *f.* Vorzüglichkeit, Vortrefflichkeit.

prae-sternō, ere vorstreuen *C*; *met.* vorbereiten *Pli.*

prae-stēs, stitis, *m.* (stare, § 41) schützend *O.*

prae-stīgiae, ārum, *f.* (prae-stringo, § 38, 1 a) Blendwerk, Gaukelei, Vorspiegelungen.

praestinō 1. kaufen: piscīs *C*.

prae-stitī *pf.* v. II. praesto.

prae-stituō 3. uī, ūtus (statuo, § 43) vorherbestimmen, festsetzen, vorschreiben.

praestitus *pt. pf. pass.* v. II. praesto.

praestitūtus *pt. pf. pass.* v. praestituo.

I. praestō *adv.* nur mit esse **1.** zugegen, anwesend, bei der Hand, zu Diensten, bereit. **2.** förderlich, günstig, helfend: saluti, consulibus *L.*

II. prae-stō 1. stitī, stitus (stātūrus, § 41). (In diesem Wort verschmelzen prae-sto aus prae u. sto [I] und praes-sto 'stehe als Bürge', 'leiste Gewähr für etw.', 'gewähre' [II]).

> I. *intr.* 1. **voranstehen**; *met.* **sich auszeichnen**; 2. (mit *dat.*) **übertreffen**; 3. unpers. **praestat es ist besser.**
> II. *trans.* 1. **zur Verfügung stellen, verschaffen, geben, gewähren**; *occ.* **erweisen**; 2. **erfüllen, leisten, verrichten**; 3. **an den Tag legen, zeigen**; 4. (für etw., jemd.) **Gewähr leisten, sich verbürgen, einstehen.**

I. 1. multitudine, truculentiā caeli *T*. **2.** virtute omnibus; *trans.* eloquentiā omnes *N*, virtute peditem *L*. **3.** accipere quam facere praestat iniuriam. **II. 1.** sucos alumno *O*, exercitui stipendium *L*, fortunatam vitam *H*, hosti terga fliehen vor *T*. **occ.** honorem *O*, hospitium *Ph*; iter tutum, socios salvos machen. **2.** fidem die Zusage *N*, promissis minora *Cu*, operam in re militari Kriegsdienste leisten, pacem a rege verschaffen *L*, vicem die Stelle vertreten *S O Ph*. **3.** fidem, virtutem; victoria se praestat zeigt sich *O*; mens se praestitit invictam bewies sich, zeigte sich *O*, gravem se in amicitia. **4.** periculum, emptori damnum Ersatz versprechen, periculum iudicii auf sich nehmen, dictum, vitium.

praestōlor 1. (*adv.* praesto) bereitstehen, auf jemd. warten, harren: alicui, adventum.

praestrictus *pt. pf. pass.* v. praestringo.

praestrīgiae = praestigiae.

prae-stringō 3. strīnxī, strictus **1.** vorn zuschnüren: pollices nodo *T*. **2.** berühren, streifen: portam vomere, lecticam *Sp*. **3.** *met.* blenden, verdunkeln: oculos *L*, ingenii aciem.

prae-struō 3. strūxī, strūctus **1.** vorn verbauen, vorbauen: porta fonte praestructa verstopft *O*, aditum obice montis *O*. **2.** *met.* sich im voraus verschaffen: fidem *L*; **occ.** zurechtmachen, vorbereiten *Pli.*

prae-sul, sulis u. **prae-sultātor**, ōris *L*, *m.* Vortänzer [bei Spielen oder Festzügen].   Von

prae-sultō, āre (salto, § 51, Anm.) vor etw. herspringen *L*.

prae-sum, esse, fuī, futūrus **1.** an der Spitze stehen, leiten, vorstehen: potestati ein Amt bekleiden *N*, maioribus rebus durchführen *N*, lares praesunt moenibus schützen *O*, temeritati der Hauptbeteiligte sein. **occ. 2.** verwalten: provinciae. **3.** kommandieren: qui praesunt Offiziere *N*, Lissi in Lissus, equitatui, classi.

prae-sūmō 3. sūmpsī, sūmptus (§ 72) **1.** vorher zu sich nehmen, vorher genießen: remedia *T*; *met.* officia vorher tun *Pli*, fortunam principatūs luxu *T*; **2.** *met.* voraussetzen, vermuten, annehmen, sich vorstellen: praesumptum habere mit *acc. c. inf. T*, spe bellum sich als hoffnungsvoll vorstellen *V*.   Dav.

praesūmptiō, ōnis, *f.* Vorgeschmack *Pli.*

praesūmptus *pt. pf. pass.* v. praesumo.

prae-sūtus 3 (suo) vorn bedeckt: foliis hasta *O*.

prae-temptō 1. **1.** vorher untersuchen, durchsuchen: silvas manu *O*, caecas vias *Ti*. **2.** *met.* vorher versuchen: vires *O*, crimina *T*.

prae-tendō 3. tendī, tentus **1. vor sich hinhalten:** praetenta cuspis *O*, hastas dextris *V*, coniugis taedas vorgeben, der Gatte zu sein *V*. **2. vorspannen, vorziehen:** saepem segeti *V*; muros morti gegen den Tod aufrichten *V*. **3. *med. met.* vorliegen:** praetenta sinu (*dat.*) insula *V*. **4. zum Vorwand nehmen, vorgeben, vorschützen:** aliquid seditioni *L*, legatorum decretum calumniae mit dem Dekret beschönigen *L*, fessam aetatem *T*.

praeter (zu prae, § 78, Abs. 2) **I.** adv. räumlich **1. vorbei, vorüber;** in *verb.* praeter-eo, -fluo u. a. **2.** *met.* **außer, ausgenommen:** p. condemnatis *S.* **II.** präpos. beim *acc.* **1. an... vorbei, an... vorüber:** copias p. castra transduxit, Ligures p. oram maris Neapolim transmisit an ... hin *L. met.* **2. über... hinaus, gegen, wider:** p. opinionem, naturam; p. modum übermäßig, p. solitum über die gewohnte Art hinaus *V*. **3. vor, mehr als:** p. ceteros. **4. ausgenommen;** nach Negation: **als:** omnes p. eum, p. haec außerdem *Cu*; nihil p. id quod honestum sit, nil p. plorare *H*. **5. abgesehen von, nächst, nebst:** p. se denos adducere, p. industriam fortuna quoque *L*.

praeter-agō, ere vorbeilenken: equum *H*.

praeter-dūcō, ere vorbeiführen *C*.

praeter-eā *adv.* **1.** ferner, weiter: p. omnes parricidae *S*. **occ. 2.** nachher, in der Folge: quisquam numen adorat p.? *V*. **3.** außerdem: habet plura p. praedia.
E: § 68; eā *abl. adv.* 'von da aus'; praeter 'weiter'.

praetereo   357   **praetracto**   **P**

praeter-eō, īre, iī, itus

> I. 1. **vorübergehen** (an), **passieren;** 2. (zeitlich) **vergehen;** 3. *met.* **übergehen;** 4. u n p e r s . **es ent-geht** (jemdm.).
> II. 1. **überholen;** 2. *met.* **überschreiten, übertref-fen.**

I. 1. tumulum *Cu,* adversarios *N,* ripas *H;* b i l d l . mons Ciliciam praeterit zieht sich an Kilikien hin *Cu.* **2.** praeterita die nach Ablauf des Termins; praeter-itum tempus u. a.; *subst. n.* praeterita das Vergan-gene. **3.** nullum genus crudelitatis unverübt lassen, aliquid silentio; mit de, indir. Fr.; dignos. **4.** mit *acc. c. inf.* hoc te praeterit du weißt nicht. **II. 1.** euros *O,* cursu illos *V.* **2.** iustum modum *O,* alios *O.*

praeter-equitō, āre vorbeireiten an *L.*

praeter-feror, lātus sum vorbeiziehen an: latebras *L.*

praeter-fluō, ere vorüberfließen an: moenia *L; met.* entschwinden.

praeter-gredior 3. gressus sum (gradior, § 43) vorbei-ziehen an, vor; mit *acc.*

praeter-hāc (§ 67) *adv.* weiter, noch *C.*

praeter-iī *pf.* v. praetereo.

praeteritus *pt. pf.* v. praetereo.

praeter-lābor 3. lāpsus sum vorbeifließen an: tumu-lum *V;* Ausoniam bei ... vorüberfahren *V;* definitio praeterlabitur verfliegt.

praeterlātus *pt. pf.* v. praeterferor.

praeter-mīsī *pf.* v. praetermitto.

praetermissiō, ōnis, *f.* Verzicht, Unterlassung.   Von

praeter-mittō 3. mīsī, missus **1.** [zeitlich] **vorüberge-hen lassen, verstreichen lassen:** diem, occasionem. **2. unterlassen:** officium; mit *inf.* **3.** [in der Rede] **weglassen, übersehen:** aliquid dignum memoriā übergehen. **4. ungestraft hingehen lassen:** ius gen-tium violatum *L.*

praeter-nāvigō, āre vorbeisegeln an *Sp.*

praeter-quam (§ 67) *adv.* außer; p. quod außer daß.

praetervectiō, ōnis, *f.* das Vorbeifahren.   Von

praeter-vehor 3. vectus sum **1.** vorbeifahren, -reiten, -gehen, -segeln an, vor; mit *acc.* **2.** *met.* übergehen: locum silentio.

praeter-volō, āre vorbeifliegen; mit *acc.; met.* vorbei-gehen, entschwinden.

prae-texō 3. texuī, textus **1. verbrämen:** (toga) **prae-texta** die purpurverbrämte Toga [der Magistrate, Priester u. freien Knaben]; *meton.* (fabula) praetexta die natio-nalrömische Tragödie *H. met.* **2. verbrämen, säumen, bedecken:** puppes praetexunt litora liegen an der Kü-ste *V,* nationes Rheno praetexuntur ziehen sich den Rhein entlang *T.* **3. zieren:** Augusto nomine tem-plum *O; occ.* **bemänteln:** hoc nomine culpam *V.* **4. vorschützen:** libertatem *T;* mit *acc. c. inf. T.*

praetexta s. praetexo.

praetextātus 3 (praetexta) mit der purpurverbrämten Toga bekleidet, in der purpurverbrämten Toga.

praetextum, ī, *n.* (praetexo) Vorwand *TSp.*

I. praetextus *pt. pf. pass.* v. praetexo.

II. praetextus, ūs, *m.* (praetexo) **1.** Zierde, Schmuck *T.* **2.** Vorwand *L.*

prae-texuī *pf.* v. praetexo.

prae-tīnctus 3 (tingo) vorher benetzt *O.*

praetor, ōris, *m.* (aus *praé-ītor)

> **1. Vorsteher;** *occ.* **2. Prätor;** **3. Anführer, Feld-herr.**

1. maximus Diktator *L,* Syriae Statthalter *Cu.* **2.** [Seit 367 wurde die Jurisdiktion von der Konsulgewalt getrennt und einem eigenen patrizischen (später auch plebeji-schen) p r a e t o r (urbanus) übertragen. 242 wurde eine zweite Prätur für die Rechtsstreitigkeiten zwischen Einheimischen und Fremden geschaffen (p. peregrinus). Seit der Eroberung Sardiniens 227 wurden vier P. gewählt, von denen zwei Sardinien und Sizilien verwalteten. Seit 197 kamen für Spanien noch zwei P. hinzu. Seit Sulla gab es acht (unter Caesar bis zu 16, in der Kaiserzeit bis zu 18) P. Sie hatten das gleiche imperium wie die Konsuln. Der p r a e t o r u r b a n u s gab bei Amtsbeginn sein e d i c-t u m (die Zusammenfassung seiner Rechtsgrundsätze) bekannt, das auf einer weißgetünchten Holztafel (a l-b u m) geschrieben und öffentlich ausgestellt wurde. Dieses wurde jeweils von den Nachfolgern übernommen und ausgebaut, unter Hadrian als e d i c t u m p e r p e-t u u m abgeschlossen. Die P. wurden auch für militäri-sche Aufgaben und als Provinzstatthalter (seit Sulla p r o p r a e t o r e nach Beendigung ihres Amtsjahres) verwen-det. Ihre Bedeutung schwand mit dem Aufkommen der kaiserlichen Rechtsprechung. Die Prätur wurde nun Vor-aussetzung für wichtige Staatsämter, ihre Hauptaufgabe bestand aber in der kostspieligen Ausrichtung von Spie-len. In der Kaiserzeit gab es auch P. mit bes. Aufgaben, z. B. die zwei p r a e t o r e s a e r a r i i , die Leiter der Staatskasse *TSp.*] **3.** Thessaliae Heerführer, Athenien-sium *N,* exercitūs *Cu.*

praetōriānus 3 (praetorium, § 75) der Leibwache: mi-les Prätorianer, Leibgardist *T; pl. subst.* die Prätorianer, Leibgarden *T.*

praetōrius 3 (praetor)

> **1. prätorisch;** 2. **zum Prätor gehörig, des Provinz-statthalters;** 3. **dem Feldherrn eigen.**

1. comitia, provincia; potestas Amt. **2.** domus Amtswohnung, cohors Gefolge, vectigal Ehrenge-schenk. **3.** porta Vordertor, cohors Leibwache [später der Kaiser], navis Admiralschiff *L. subst.* **praetōrius,** ī, *m.* gewesener Prätor. **praetōrium,** ī, *n.* **a.** Amtshaus [des Provinzstatthalters]. **b.** Lagerhauptplatz [mit dem Feldherrnzelt]: in praetorium se contulit ins Feldherrn-zelt, fit concursus in praetorium auf den Lagerhaupt-platz; *met.* apes ad praetoria miscentur Mitte des Stockes *V. meton.* **c. Kriegsrat:** praetorio dimisso *L.* **d. kaiserliche Leibwache:** in praetorium accepti *T;* praefectus praetorio Prätorianerpräfekt *T.* **e. Pracht-villa** *Sp.*

prae-tractō, āre vorher beraten *T.*

praetrepidans   358   **premo**

prae-trepidāns, antis in hastiger Eile *Ca.*
prae-truncō, āre vorn abhauen *C.*
prae-tulī *pf.* v. praefero.
praetūra, ae, *f.* (praetor) **1.** Prätorenamt, Prätur. **2.** Statthalterschaft. **3.** Heerführung, Feldherrnwürde [in Griechenland].
Praetūt(t)iānus ager Gebiet der Prätutter [im südl. Picenum] *L.*
prae-umbrō, āre *met.* überschatten, verdunkeln *T.*
prae-ūstus 3 (uro) vorn angebrannt.
prae-ut (§ 67) *adv.* im Vergleich damit, wie *C.*
prae-valeō 2. uī **1.** sehr viel vermögen, stark sein. **2.** mehr vermögen, gelten, das Übergewicht haben: pugna equestri *T;* virtute praevalet sapientia vermag mehr als *Ph.*
prae-validus 3 **1.** sehr stark, mächtig: nomina bedeutend *T.* **2.** zu stark: manūs *O,* terra aristis zu stark tragend *V,* vitia überhand nehmend *T.*
praevāricātiō, ōnis, *f.* (praevaricor) Pflichtverletzung.
praevāricātor, ōris, *m.* ungetreuer Anwalt, Scheinanwalt.   *Von*
prae-vāricor 1. *met.* die Gegenpartei begünstigen, pflichtwidrig handeln.
E: vāricāre 'krummbeinig gehen'.
prae-vehor 3. vectus sum **1.** vorausfahren, -reiten, -gehen, -fliegen an. **2.** vorbeiströmen an: Germaniam *T;* *met.* (verba) praevehuntur *Pli.*
prae-vēlōx, ōcis *met.* sehr schnell (auffassend) *Q.*
prae-veniō 4. vēnī, ventus zuvorkommen: hostem *L;* *met.* perfidiā aliquid verhindern, vereiteln *S,* (tempus) praeventum morte der der Tod zuvorkam *O,* praevenitur Agrippina man kommt mit der Ermordung der A. zuvor *T.*
prae-verrō, ere vorher abkehren: veste vias *O.*
prae-vertō, altl. prae-vortō 3. tī, sus (auch *dep.*) **I.** voranstellen, früher vornehmen; *pass.* vorangehen: id tempus eis rebus, aliud *L,* bellum praevertitur *L,* nec bello praevertisse quicquam *L* geht voran. **II. 1.** vorangehen, vorlaufen: fugā praevertitur Hebrum *V.* **2.** *met.* zuvorkommen, verhindern, vereiteln: huic rei; *trans.* praevertunt me fata hindern mich *O;* amore animos im voraus fesseln *V.* **3.** sich an etw. lieber wenden: ad interna *T. Dep. med.* **prae-vertor,** ī (nur im Präsensstamm) **1. zuvor sich** wohin begeben: ad Armenios *T.* **2.** *met.* **sich eher (lieber)** zu etw. **wenden:** ad id *Cu,* illuc *H,* ei rei *C.*
prae-videō 2. vīdī, vīsus zuvor, früher erblicken: ictum *V; met.* vorausehen.
prae-vitiō, āre vorher verderben *O.*
prae-vius 3 (via, vgl. obvius) vorausgehend *O.*
prae-volō 1. āvī voranfliegen.
prae-vort... [altl.] = praevert...
prāgmaticus 3 (πραγματικός) sachkundig; *subst.* Rechtskundiger.
Prahātēs = Phraates.
prandeō 2. prandī, prānsus (vgl. prandium) frühstükken: holus *H; pt. pf. act.* der gegessen, gefrühstückt hat; pransus, potus vollgefressen, vollgesoffen.
prandium, ī, *n.* Frühstück [zu Mittag gegessen, aus kalten Speisen bestehend].

E: aus *prām-ed-i̯om; 'Frühessen', § 44; *prām-'früh' + Wz. *ed- 'essen'; vgl. dor. πράν = πρῴην 'vordem'.
prānsor, ōris, *m.* (prandeo) Frühstücker, Gast *C.*
prānsus *pt. pf. act.* oder *pass.* v. prandeo.
prasinus 3 (πράσινος) lauchgrün *Sp.*
prātēnsis, e (pratum) Wiesen-: fungi *H.*
prātulum, ī, *n.* kleine Wiese.   *Dem.* von
prātum, ī, *n.* Wiese.
prāvitās, ātis, *f.* **1.** Verkrümmung, Schiefheit: oris Verzerrung. *met.* **2.** Verkehrtheit, Verschrobenheit: mentis. **3.** Schlechtigkeit: morum *T, pl.* uxorum üble Eigenschaften *T.*   *Von*
prāvus 3, *adv.* ē **1.** schief, krumm, verkehrt, verkrümmt: talus, nasus *H; subst.* in pravum *T. met.* **2.** verkehrt, verschroben: prave velle *H,* belua verkehrten Sinnes *H.* **3.** unrecht, schlecht, böse; *subst.* in pravum zur Verworfenheit *S,* pravi tenax *V.*
Prāxitelēs, is u. ī, *m.* P. [ber. gr. Bildhauer des 4. Jahrhunderts]; *adi.* Prāxitelius 3.
precārius 3 (preces) **1.** erbeten, erbettelt, aus Gnade, durch Bitten erlangt: victus Gnadenbrot *Cu,* forma erborgt *O,* ops *L.* **2.** auf Widerruf gewährt, unsicher, unbeständig: imperium *CuT. Adv.* **precāriō 1.** gebeten, bittenderweise: imperatorem esse aus Gnade *Cu.* **2. auf Widerruf:** praeesse *T.*
precātiō, ōnis, *f.* (precor) Bitte, Gebet.
precātor, ōris, *m.* (precor) Fürbitter *C.*
precēs, um, *f.* (vom *sg.* nur *dat., acc., abl.;* verw. mit posco, s. d.) **1.** Bitte, das Ersuchen: omnibus precibus petere auf jede mögliche Art. **2.** Gebet: totus eram in prece *O.* **3.** *occ.* Verwünschung, Fluch: omnibus precibus (hostili prece *O*) aliquem detestari.
preciae, ārum, *f.* prekische Weinreben [eine frühreife Rebensorte] *VSp.*
precor 1. (preces) **1.** bitten; **occ.** beten: deos; quod deos precati eritis worum *L;* eadem ab dis; mit *coni.,* ut, ne; *acc. c. inf. O.* **2.** jemd. etw. wünschen: bene Segen *L,* mala Atridis *H.*
pre-hendō u. **prēndō** (§ 8, Anm.) 3. dī, (hē)nsus **1.** nehmen, fassen, ergreifen: manu barbarum *Cu,* capillos *O;* **occ.** servum, boves; hominem verhaften, aliquem cursu einholen *V,* oras Italiae erreichen *V.* **2.** *met.* fassen, nehmen: arcem erobern *V,* Pharum, prensus in Aegaeo (vom Sturm) erfaßt *H.*
E: aus *prai-hendo zur Wz. *ghe(n)d- 'fassen' = gr. χανδάνω, ἔ-χαδ-ον.   Dav. *frequ.*
prehēnsō u. **prēnsō** 1. **1.** anfassen, ergreifen: forcipe ferrum *V,* arma, genua *T.* **2. occ.** um ein Amt bitten, sich bewerben: prensat Galba, prensare patres *L.*
pre(hē)nsus *pt. pf. pass.* v. pre(he)ndo.
prēlum, ī, *n.* (*prem-slom, § 30) Presse, Kelter *VH.* Von
premō 3. pressī, pressus

I. 1. drücken, pressen; 2. belasten; *met.* **bedrücken; 3. (be)drängen, verfolgen, nachsetzen;** *met.* **zusetzen; 4. (be)decken;** *met.* **verbergen, verhehlen.**
II. mit präpos. Nebenbed. **1. eindrücken;** *occ. a.* **einsetzen, pflanzen;** *b.* **bezeichnen; 2. herab-,**

prendo 359 **primoris** P

niederdrücken, senken; *pass.* sinken; *occ.* **zu Boden
schlagen, niederschlagen**; *met.* **herabsetzen, ver-
kleinern**; 3. **unterdrücken, hemmen**; *met. a.* **dämp-
fen**; *b.* **unterdrücken**; *c.* **beherrschen**; 4. **zusam-
mendrücken, -ziehen**; *met.* **kürzen, kurz fassen.**

I. 1. pressi iugo iuvenci *O*, ad pectora natos *V*.
occ. frena manu festhalten *O*, rotis aliquid darüber-
fahren *O*, pede exanimum, anguem treten *V*, vestigia
per ignem durchschreiten *V*, vestigia alicuius in
jemds. Fußstapfen treten *T*, solum betreten *V*; cubilia
(humum) liegen auf *O*, ebur auf dem kurulischen Ses-
sel sitzen *O*, axes (currum) fahren *O*, forum oft besu-
chen, saltūs praesidiis dicht besetzen *L*; ubera *O*,
mammas *V* melken, frena dente beißen *O*, grana ore
kauen *O*; caseum *V*, vina, oleum, mella *H* pressen;
favos *V*, bacam, balanum *H* auspressen, pressum
lac frischer Käse *V*; *met.* litus sich am Ufer halten *H*, la-
tus sich zur Seite halten *O*, insulam eng umschließen *O*.
2. molem arboribus *Cu*, carinas beladen *V*, trabes
premunt columnas liegen auf *H*; *met.* premi aere
alieno, periculo, valetudine *N*, re frumentaria Not
leiden, iussa Fauni te premunt beunruhigen dich *V*.
3. hostem (urbem *V*) obsidione, novissimos, cer-
vum ad retia treiben *V*, f u g i u n t Grai, p r e m u n t
Troiani *V*; *met.* criminibus aliquem *O*, verbo beim
Wort nehmen, argumentum betonen, propositum be-
harren *O*, culpam poena premit comes folgt unmittel-
bar *H*. 4. canitiem galeā *V*, arva pelago überschwem-
men *H*; bildl. pressit iacentem quies deckte *V*;
met. ossa male pressa begraben *O*, aliquid terrā ver-
graben *H*, curam *V*, iram *T*, ore verschweigen *V*.
II. 1. ferrum in guttura *O*, hastam sub mentum *V*
hineinstoßen; hastā durchbohren *V*, vestigium, pres-
sus vomer tief einschneidend *V*, cubitum aufstützen *H*,
in tuis pressis signis in deine Fußstapfen *Lukrez.*
a. virgulta per agros, papaver *V*. **b.** rem notā *O*.
2. currum in die Tiefe lenken *O*, mundus premitur
senkt sich *V*, aulaea premuntur der Vorhang fällt [An-
fang des Stückes] *H*; cavernae in altitudinem pressae
tief gegraben *Cu*, sulcum eine tiefe Furche ziehen *V*.
occ. armigerum *V*, pressus et exanimatus est *T*.
M e t. humana gering achten, superiorem, arma Waf-
fentaten *V*. 3. lucem *L*, vestigia *V*, naves nimio
onere pressae *T*. **a.** ignem *V*, vocem die Stimme
dämpfen [oder] schweigen *V*, aequora *V*. **b.** consilium
silentio *Cu*, filii vocem *V*, sensus suos *T*, vulgi ser-
mones *T*; inimicum stürzen *Cu*. **c.** Mycenas servi-
tio *V*, ventos imperio *V*, arva iugo unterjocht hal-
ten *V*, populos dicione *O*, collum laqueo *H*, oculos mortui *V* zudrücken;
occ. habenas kurz halten, straff anziehen *V*; *met.*
falce vitem *H*, umbram (das schattenspendende
Laub) *V* beschneiden; quae a nobis d i l a t a n t u r,
Zeno sic p r e m e b a t.

prĕndō, prēnsō s. prehendo, prehenso.
prēnsātiō, ōnis, f. (prenso) Amtsbewerbung.
prēnsus = prehensus, *pt. pf. pass.* v. prehendo.
pressī *pf.* v. premo.
pressiō, ōnis, f. (premo) Unterlage, Stütze.

pressō, āre (*frequ.* v. premo) drücken, pressen.
I. pressus 3, *adv.* **ē** (premo) **1. gedrückt, gedrängt:**
presso gradu Fuß an Fuß, in geschlossenen Reihen *L*;
presso gressu [nach anderen: passu] langsamen
Schritts *O*. **2. gedämpft, gemäßigt:** modi, sonus.
3. knapp, kurz: orator, oratio. **4. genau, bestimmt:**
Thucydides verbis pressus, verba *Pli*.
II. pressus, ūs, m. (premo) Druck, das Drücken: pon-
derum; oris Druck der Lippen = Wohllaut der Aus-
sprache.
III. pressus *pt. pf. pass.* v. premo.
pretiōsus 3, *adv.* **ē** 1. wertvoll, kostbar, prächtig. 2. ver-
schwenderisch: emptor *H*. Von
pretium, ī, n. 1. Preis, Wert: luere zahlen *Cu*, res ha-
bet pretium *O*, in pretio esse *L* etw. gelten. *meton.*
2. Geld: in pretio est pretium Geld gilt *O*; converso
in pretium deo in Geld [Goldregen] *H*; *abl.* pretio für,
mit Geld, magno (impenso) pretio teuer, parvo billig;
occ. Lösegeld: captivos sine pretio remittere *Cu*.
3. Lohn, Preis: operae (curae *Pli*, bloß pretium *T*)
pretium est (mit *inf.*) es lohnt die Mühe, ist der Mühe
wert; operae pretium facere etw. Lohnendes tun *L*;
manūs p. Arbeitslohn; **occ.** Strafe: mors p. tardis *O*.
E: indogerm. preti-om 'der einer Sache gegenüberste-
hende Gegenwert'.
*prex...preci, precem, prece s. preces.
Priamus, ī, m. P. [König v. Troja, Sohn Laomedons, Ge-
mahl der Hekuba, Vater des Hektor u. Paris]; *adi.* **Pria-
mēïus** 3 *VO*; *patr.* **Prĭamĭdēs, ae, m.** Sohn des
P. *VO*.
Priāpus, ī, m. P. [urspr. kleinasiatischer (Lampsakos)
Fruchtbarkeitsgott; seine mit Mennige gefärbten Holzbil-
der mit übergroßem Phallos standen bes. in Gärten als
Vogelscheuchen und zur Abwehr von Dieben] *VHOSp*;
geiler Mensch *CaO*.
prīdem *adv.* längst, vor langer Zeit.
E: aus *prīs + -dem (vgl. prior, prīmus und dē);
verw. mit prīdiē; s. idem.
prī-diē tags vorher, am Tag vorher: p. eius diei, p.
quam coactus es, p. Kal. Ianuarias.
E: § 67, prī diē 'am vorherigen Tag'; Neubildung nach
postrī-diē.
Priēnē, ēs, f. P. [Küstenstadt in Ionien] *L*.
Prilius lacus [See in Etrurien].
prīm-aevus 3 (aevum, §§ 66 u. 53) jugendlich *V*.
prīmānī, ōrum, m. (primus) Soldaten der 1. Legion *T*.
prīmārius 3 (primus) vornehm, ansehnlich.
prīmātus, ūs, m. (primus) erste Stelle, Vorrang *Sp*.
prīmē *adv.* (primus) besonders *C*.
Prīmigenia, ae, f. (primus, geno = gigno, § 66)
P. [Beiname der Fortuna] *L*; s. Praeneste.
prīmi-pīlāris, is, m. (gewesener) ranghöchster Zenturio
[des ersten Manipels der Triarier] *T*. Von
prīmi-pīlus, ī, m. s. pīlus.
prīmitiae, ārum, f. (primus) die Erstlinge, der erste Er-
trag, die erste Ausbeute; *met.* der erste Versuch: iuve-
nis *V*.
prīm-ōrdium, ī, n. (primus, ordior, §§ 66 u. 53) erster
Anfang, Ursprung; **occ.** principis Regierungsantritt *T*.
*prīm-ōris, e (primus, ōs) **1.** der erste, vorderste:

primulum   360   **pristinus**

primoribus labris attingere oberflächlich; *subst.* provolare ad primores *L.* **2.** *met.* der vornehmste, ansehnlichste; *pl.* auch *subst.*

prīmulum (*dem.* v. primum) *adv.* zuerst *C.*

prīmum-dum *adv.* fürs erste nun *C.*

prīmus 3 (aus pris-mus, § 30, verw. mit priscus, pristinus, prior, pro)

I. **1.** der vorderste; *met.* **2.** der erste; *occ.* der beginnende; **3.** der vorzüglichste, vornehmste.

II. Adverbielle Formen: **1. primum**; **2. primo**; **3. in primis, in(im-)primis.**

I. **1.** pars aedium *N*; agmen Vorhut, impedimenta Spitze des Trosses, primo limine vorn an der Schwelle *V*; *subst.* in primis stare in erster Reihe *N*; **prīmum**, ī, *n.* (prima, ōrum *Cu*) Vordertreffen, Vorhut *SL.* **2.** liber *N*; prädik. bei *verb.* = zuerst: rex primus terram saltu contigit *Cu.* **occ.** prima luce mit Tagesanbruch, primo vere mit Beginn des Frühlings, prima nocte bei Anbruch der Nacht, primo adventu unmittelbar nach..., primo tumultu *L*, mense *V*; *subst.* **a. prīmum**, ī, *n.* **Anfang**; a primo anfänglich, von Anfang an, in primo zuerst, zu Anfang *L*; **b. prīma**, ōrum, *n.* **Anfang:** belli *L.* **3.** primi aetatis suae *N*, opera die bedeutendsten *Cu*, Massiliensium XV primi die 15 Angesehensten, partes die Rolle des Protagonisten, die Hauptrolle; *met.* Hauptrolle: agere, primas agere spielen; primas ferre den Hauptpreis davontragen, dare zuerkennen, deferre die Hauptrolle übertragen; *n. pl.* prima der erste Platz: tenere einnehmen *V*, ad prima vorzüglich, besonders *V.* **II. 1.** *acc. sg. n.* **prīmum a. zuerst, fürs erste:** p. suasit *N*; p. omnium zuallererst, ac p. quidem und zunächst; primum ... deinde ... tum ... postremo. **b. zum erstenmal:** tum p. *N*, eo die p. **c.** ut, cum, ubi, simul p. sobald als, quam p. möglichst bald, ehestens. **2.** *abl. sg. n.* **prīmō anfangs, anfänglich:** primo quinque naves habuit, postea decem *L*; nicht klass. = primum: cum primo sobald als *L.* **3.** *abl. pl.* **in prīmīs** oder (§ 67) **in(im-)prīmīs a. unter den ersten:** mater in primis lapidem attulit *N.* **b. ganz besonders:** in primis constituere. **c. zuerst, vor allen:** inprimis Adherbalem necat, dein omnes *S.*

prīn-ceps, cipis (*primi-ceps 'die erste Stelle einnehmend', v. primus u. capio, §§ 66, 41 f.)

I. *adi.* **1.** der erste, zuerst; **2.** *met.* der angesehenste, vornehmste.

II. *subst.* **1.** der Vornehmste, Haupt, Führer; **2.** Urheber, Anstifter, Haupt.

III. *occ.* als Titel **1.** princeps senatūs; **2.** Herrscher, **Prinzeps** (Kaisertitel); **3.** Führer, Prinz (beim jungen Adel).

IV. milit. **1.** principes (die zweite Schlachtreihe der dreilinigen Manipular- und Kohortenstellung); **2.** kollekt. princeps ein Manipel der Principes; **3.** *meton.* ein Zenturio der Principes.

I. **1.** locus; p. in proelium ibat *L.* **2.** philoso-

phi *N*; doctrinae (*gen.*) hervorragend an; ad coniungendam benevolentiam besonders geeignet. **II. 1.** p. provinciae einer der angesehensten Männer; **principes** (civitatis) die Großen, Graeciae die Herren, Führer *N*, princeps legationis *L.* **2.** eius rei Leiter *N*, consilii, coniurationis, ad suscipiendam rationem Ratgeber, nobilitatis Begründer, belli inferendi der begonnen hat, rogationis Antragsteller *L.* **III. 1.** p. senatūs (senatorum) der erste Senator [dessen Name in der Senatorenliste zuerst stand]. **2.** Augustus cuncta nomine principis sub imperium accepit *T*, uxor principis Kaiserin *T*, feminae principes Damen der kaiserlichen Familie *T.* **3.** p. iuventutis Führer der Ritterzenturien. **IV. 1.** robustior aetas, quibus principibus est nomen *L.* **2.** signum primi principis *L.* **3.** prior Zenturio der ersten Zenturie, primus Zenturio des ersten Manipels *L.*   Dav.

prīncipālis, e **1.** fürstlich, kaiserlich *T.* **2.** via p. [die breite Querstraße des Lagers] *L*; vgl. principia; portae principales (dextra, sinistra) Seitentore *L.*

prīncipātus, ūs, *m.* (princeps) **1. die erste Stelle:** eloquentiae *N*, sententiae bei der Abstimmung. **2. die höchste Stelle, Vorrang:** in civitate, de principatu certamen um die Führerschaft *N*, imperii maritimi zur See *N.* **3.** *occ.* **Kaiserwürde, Prinzipat** *T.* **4. Grundkraft, Prinzip:** animi.

prīncipium, ī, *n.* (princeps) **I. 1. Anfang, Ursprung:** pontis *T*, p. ab aliquo ducere *O*; *abl.* im Anfang: veris, orationis *L*, in principio originum im Eingang; a principio von Anfang an, anfangs; **occ. beginnend:** Faucia curia fuit p. stimmte zuerst *L*, Graecia p. moris fuit die Griechen begannen *O.* **2.** *meton.* Grund, **Grundlage, Grundstoff, Element:** quattuor genera principiorum, p. urbis. **II.** *pl.* milit. **1. die vorderen Reihen, Front:** equites post principia collocare *L.* **2. Hauptquartier:** iura reddere in principiis *L.*

prior, us (*comp.* des St. v. prae, dazu *sup.* primus)

---

1. der vordere; *met.* **2.** der ehere, frühere, erste (von zweien); prädik.: früher, zuerst; *subst. pl.* **Vorfahren; 3. voraus, vorzüglicher, höherstehend, wichtiger.**

---

1. pedes *N*; auch *subst.* **2.** filiarum priorem filio, alteram Dioni nuptum dedit *N*, Dionysius (der Ältere) *N*; prädik. constituerat prior proelio non lacessere; *subst.* more priorum *O.* **3.** ales *Ph*, aetate et sapientiā prior es *S*, nil prius caelibe vitā *H.* Acc. n. *adv.* **prius eher, früher:** tuae prius sunt partes, aliorum dein *Ph.* prius ... quam, vbd. **priusquam a. ehe, bevor, eher als. b. lieber—als, lieber—ehe:** Aegyptii carnificinam prius subierint quam ibim violent.

prīscus 3 (s. primus) **1. früher:** nomen *O.* **2. vormalig, alt, altertümlich:** verba, vetustas, sanguis *V.* **3. altehrwürdig:** virtus *T.* **4. von alter Art, streng:** Cato *H*, parens *Ca.*

prista, ae, *m.* (πρίστης) Holzsäger *Sp.*

prīs-tinus 3 (s. primus, gebildet wie diu-tinus v. diu) **1. vorig, ehemalig:** tempus *N*, restituere in pristinum

pristis   361   **PROC.**   **P**

in den früheren Zustand *N.* **2.** gerade vergangen, zuletzt vergangen: dies gestrig.

pristis, is, *f.* (πρίστις), **pistrīx**, īcis, *f. V* **1.** Meerungeheuer [Wal, Hai u. a.] *V*; P. [Name eines Schiffes] *V.* **2.** *met.* Schnellsegler *L.*

prius, priusquam s. prior.

prīvātim *adv.* **1.** als Privatmann, für seine Person, in eigenem Namen, für sich. **2.** zu Hause: se tenuit *L.* Zu

prīvātus 3 (privo) **1.** einer Einzelperson gehörig, persönlich, privat: aedificia, res Privateigentum, vita Privatleben, privato consilio auf eigene Faust, eigenmächtig; *subst.* **prīvātum**, ī, *n.* das Eigene: ex privato conferre *L*; in privato zu Hause *L*, ex privato aus dem Hause *L*; in privatum vendere zum Privatgebrauch *L*; **prīvātus**, ī, *m.* Privatmann, Mann ohne Amt, [in der Kaiserzeit]: **Untertan** *T.* **2. gewöhnlich, gemein:** carmina *H.*

Prīvernum, ī, *n.* P. [St. in Latium] *VL*; *adi.* u. Einw. **Prīvernās**, ātis.

prīvī-gnus, ī, *m.* u. **-a**, ae, *f.* (privus, geno, § 66) Stiefsohn, -tochter, *pl.* Stiefkinder.

prīvi-lēgium, ī, *n.* (privus, lex § 66) Ausnahmegesetz; **occ.** Vorrecht, Privileg *PliSp.*

prīvō 1. berauben, befreien; mit *abl.* Von

prīvus 3 **1.** einzeln, je ein *L.* **2.** eigen, eigentümlich: triremis *H*, aliud privum etwas Besonderes *H.*

I. prō *interi.* o! ach! wehe! leider!

II. prō, altl. **prōd** (*abl.* des St. prŏ-, gr. πρό, lat. prŏavus, prŏ-fanus, prŏ-ficisci u. a. Vgl. gr. πρότερος, ai. prá 'vor').

A. Adv. als Präfix **1.** vor, vorher, hervor, vorwärts, weiter; **2.** für, dafür; **3.** anstatt; **4.** verhältnismäßig.

1. prod-eo, pro-avus, pro-cedo, -cido. **2.** prodesse. **3.** pro-consul (§ 62). **4.** pro-ut.

B. Präp. beim *abl.* I. **1.** vor; bei *verb.* der Bewegung: vor ... hin; **2.** vorn an (auf); **3.** *met.* für, zum Schutz (Vorteil).

II. **1.** für, statt, anstatt; **2.** wie, als; **3.** für, zum Lohn, als Belohnung.

III. **1.** nach, gemäß, im Verhältnis zu; **2.** vermöge, kraft.

I. 1. pro mit dem Rücken vor, ante mit dem Gesicht zum Gegenstand gewandt: pro portis in statione erant, pro curia *L*; copias pro castris producere vor das Lager. **2.** pro suggestu (vorn) auf, pro opere *L*, pro contione (vorn) in der Versammlung *L*, pro tectis saxa mittere (vorn) auf den Dächern *S.* **3.** pro libertate loqui *N*, orationes pro se et in alios *L*, pro patria mori *H.* **II. 1.** pro vallo carros obicere, pro consilio imperatum est im Namen *S*; pro consule, pro praetore, pro quaestore Prokonsul usw. **2.** pro noxiis conciduntur als Schuldige *N*, pro seditione res erat so gut wie Empörung *Cu*, pro perfuga als Überläufer, pro occiso sublatus für tot, pro certo ponere (scire *L*) (für) gewiß, pro bono (= bene) facere *S*, pro viso renuntiare als Tatsache, facere pro amico (pro amicis *L*) als Freund(e), freundschaftlich, se pro cive gerere als Bürger. **3.** gratiam referre pro

meritis, ulcisci pro scelere, pro frumento pecuniam solvere. **III. 1.** pro opinione nach Erwarten *N*, angusti fines pro gloria belli im Verhältnis zu, pro facultatibus, copiis, viribus nach Vermögen, Kräften, pro se quisque jeder nach seinen Kräften, pro virili parte; pro portione *L*, pro rata parte in einem bestimmten Verhältnis, pro tempore et pro re nach Zeit u. Umständen. **2.** pro tua prudentia, pro tuo amore *L.*

proāgorus, ī, *m.* Ortsvorstand [dor. προάγορος 'erster Sprecher'; in sizilischen Städten].

pro-avia, ae, *f.* (proavus) Urgroßmutter *T.*

proavītus 3 von den Ahnen geerbt *O.* Von

pro-avus, ī, *m.* **1.** Urgroßvater. **2.** Vorfahr, Ahnherr *HCu.*

probābilis, e, *adv.* **iter** (probo) **1.** beifallswert, gut, tauglich. **2.** annehmbar, wahrscheinlich, glaublich. Dav.

probābilitās, ātis, *f.* Wahrscheinlichkeit.

probātiō, ōnis, *f.* (probo) **1.** Prüfung, Musterung: athletarum. **2.** Beweisführung, Beweis *PliT.*

probātor, ōris, *m.* (probo) Förderer, Lobredner.

probātus 3 (probo) **1.** erprobt, bewährt, trefflich. **2.** geschätzt, geachtet, beliebt; mit *dat.*

prober, bra, brum schimpflich, schändlich *C.*

probitās, ātis, *f.* (probus) Redlichkeit, Rechtschaffenheit.

probō 1. (probus)

I. **1. untersuchen, besichtigen, prüfen;** *met.* **beurteilen; 2. anerkennen, billigen, gutheißen, genehmigen.**

II. **1.** jemd. etw. **angenehm machen, Beifall verschaffen; 2. glaublich machen, darlegen, beweisen;** *occ.* **überführen.**

I. 1. villam *L*, munera *T*; *met.* amicitias utilitate *O.* **2.** virtutem, causam, consulatum, Iove non probante gegen den Willen *H*; Thucydidem auctorem gelten lassen *N*, aliquem imperatorem anerkennen; mit *inf.*; *acc. c. inf. CuT.* **II. 1.** id Memnoni einreden *Cu*, suam operam, causam cuivis; *refl.* sociis se sich beliebt machen, empfehlen; *med.* minus probatus parentibus mißfiel *N*; **occ.** aliquem pro illo für ihn ausgeben. **2.** vocem auguris beglaubigen *O*, crimen talibus, Catoni rationem facti, se memorem alicui sich dankbar erweisen; mit *acc. c. inf.*; *pass.* pater esse probor *O.* **occ.** socios *Pli.*

proboscis, idis, *f.* (προβοσκίς) Rüssel *Sp.*

probrōsus 3 **1.** beschimpfend, schimpflich: carmina Pasquille, Schmähgedichte *T.* **2.** schändlich, lasterhaft: vitā probrosus *T.* Von

probrum, ī, *n.* (prober) **1.** Vorwurf, Schmähung: probra iactare *L*, iacere, fundere *T.* **meton. 2.** Schimpf, Schande: probro esse zur Schande gereichen. **3.** Schandtat, schimpfliche Handlung: ignaviae luxuriaeque *S*; **occ.** Unzucht, Ehebruch: probri insimulare.

probus 3, *adv.* **ē** (zu pro wie superbus zu super) **1.** tüchtig, gut. **2.** *met.* rechtschaffen, sittsam, bescheiden, brav.

PROC. = pro consule oder consulibus.

procacitas   362   **procuro**

procācitās, ātis, *f.* Zudringlichkeit, Frechheit.   Von
procāx, ācis, *adv.* **iter** frech, zudringlich, unverschämt, ausgelassen: otii begierig nach *T*; austri ungestüm *V.*
prō-cēdō 3. cessī, cessum

---

1. **vorwärtsschreiten, hervortreten, -gehen, -kommen, vorrücken;** *occ. a.* (milit.) **ausrücken, -marschieren, vorrücken;** *b.* **erscheinen;** *met.* 2. **vorrücken, vor-, hervorkommen, weiterkommen;** *occ.* **fortdauern;** 3. **Fortschritte machen, fortschreiten;** *occ.* **steigen, weitergehen;** 4. **Erfolg haben, vonstatten gehen;** *occ.* **glücken, erfolgreich verlaufen.**

---

1. alicui obviam, castris; mit a, de, ex; ad litus *O*, in medium, ante portam *L.* **a.** paulo longius a castris, viam tridui, in aciem *L.* **b.** in contionem *L*, in medium auftreten in; *met.* processit vesper *V.* **2.** pars operis processerat war entstanden, procedunt vineae *S*, multum diei processerat war verstrichen *S*, procedebant voces entfuhren *T.* *occ.* stationes, stipendia procedunt *L.* **3.** honoribus longius, procedunt irae *V.* *occ.* in multum vini 'tief ins Glas gukken' *L*, eo vecordiae *S.* **4.** minus prospere *N*, parum procedit consuli res *L.* *occ.* id parum processit gelang nicht *L*, consilia procedunt *L*, venenum non processerat hatte keinen Erfolg *T*; mit *dat.* rei p. zustatten kommen, nützen *S.*
procella, ae, *f.* **1.** Sturmwind, Sturm. **2.** Ansturm, Angriff: equestris *LT.* **3.** *met.* Sturm, Aufruhr, Unruhe: civiles *N*, periculi Ansturm *L.*   Von
pro-cellō, ere sich vordrängen: se *LCuSp.*
   E: *cello 'schlagen'.
procellōsus 3 (procella) stürmisch, sturmerregend *LOCu.*
procerēs, um, *m.* Häupter, Vornehmste, Aristokraten.
   E: altl. prŏci v. prŏ 'die Vornehmen', umgebildet nach pauperes, § 59, Abs. 1.
prōcēritās, ātis, *f.* hoher Wuchs, Länge, Schlankheit.
   Von
prō-cērus 3, *adv.* **ē** (zu cresco) hoch und schlank, schlank, gestreckt, lang.
prō-cessī *pf.* v. procedo.
prōcessiō, ōnis, *f.* (procedo) das Vorrücken.
processum *pt. pf. pass.* v. procedo.
prōcessus, ūs, *m.* (procedo) Fortschritt, Fortgang: dicendi; *occ.* Erfolg *O.*
Prochyta, ae u. **-ē**, ēs, *f.* Procida [Insel bei Ischia] *VO.*
prō-cidō 3. cidī (cado, § 41) niederfallen *L.*
prō-cīnctus, ūs, *m.* (cingo) Rüstung; [nur:] in procinctu in Kampfbereitschaft: milites in p. habiti in Waffenübung gehalten *T*; testamentum in p. facere vor der Schlacht.
prōclāmātor, ōris, *m.* 'Schreihals' [von einem schlechten Anwalt].   Von
prō-clāmō 1. laut rufen, laut schreien.
prō-clīnō 1. (vgl. inclino) vorwärtsbeugen, neigen *O*; *met.* res proclinata dem Ausgang nahe.
prō-clīvis, e u. **-us** 3 *CSp, adv.* **ī** (clivus) **1.** bergabge-

hend, abschüssig: semita *L*; *subst.* per proclive bergab *L*; bildl. schwierig, dunkel *C.* **2.** geneigt, geeignet, bereitwillig: ad morbum, ad comitatem. **3.** leicht (auszuführen): flumen tranare, dictu, in proclivi esse leicht sein *C.*   Dav.
prōclīvitās, ātis, *f.* bildl. Geneigtheit, Neigung zu etw.
prō-clivus *CSp* = proclivis.
Procnē u. **Prognē**, ēs, *f.* P. [Tochter des Pandion] *O*; *meton.* Schwalbe *VO.*
procoetōn, ōnis, *m* (προκοιτών) Vorzimmer *Pli.*
prō-cōnsul, lis, *m.* (aus pro consule, § 62) Prokonsul, gewesener Konsul, Statthalter [in einer Provinz].   Dav.
prōcōnsulāris, e des Prokonsuls: imperium, ius *T*; (vir) proconsularis: Prokonsul; imago Schattenbild der Konsulargewalt *L.*
prō-cōnsulātus, ūs, *m.* Prokonsulat, die Prokonsulwürde *T*; *occ.* Statthalteramt *Sp.*
procor 1. (procus) verlangen.
prō-crāstinō 1. (crastinus) verschieben, vertagen.
prōcreātiō, ōnis, *f.* Zeugung.   Und
prōcreātrīx, īcis, *f.* Erzeugerin, Mutter.   Von
prō-creō 1. zeugen; *met.* hervorbringen.
Procris, is, *f.* P. [Tochter des Erechtheus, Gemahlin des Kephalus, der sie auf der Jagd versehentlich tötete] *VO.*
Procrūstēs, ae, *m.* P. [Räuber in Attika] *O.*
procubitūrus *pt. fut.* v. procumbo.
prō-cubō, āre hingestreckt liegen *V.*
prō-cubuī *pf.* v. procumbo.
prō-(cu)currī *pf.* v. procurro.
prō-cūdō 3. cūdī, cūsus schmieden, schärfen *LukrezVH*; *met.* bilden: linguam.
procul *adv.* **1.** in die Ferne, weithin: abscedere *O.* **2.** von ferne, weither: tela conicere. **3.** in der Ferne, weit: abesse *N*; mit *abl.* oder ab; *met.* haud p. occasu solis nicht lange vor *L*, p. dubio ohne Zweifel *L*, istud p. abest das ist durchaus nicht der Fall *Cu*, p. errare weit *S*, causas p. habeo die Gründe liegen mir fern *T.*
prō-culcō 1. (calco, § 51, Anm.) **1. a.** niedertreten: aliquem *T*, virum pedibus *O*, segetes *O*, nives Schneefelder durchwaten *Cu.* **b.** zertreten: ranas *Ph*; niederreiten *VLCuT.* **2.** *met.* mit Füßen treten, erniedrigen *TSp.*
Proculēius, ī, *m.* P. [römischer Ritter, teilte sein Erbe mit seinen Brüdern] *H.*
prō-cumbō 3. cubuī, cubitūrus **1.** sich vorwärts legen, vorbeugen, nach vorn neigen: planities procumbit sub montibus liegt vor *Cu.* **2.** sich niederwerfen, niederfallen, sich legen: dextrā alicuius (= caedi) *V*, humi *V*, ad pedes (ad genua *L*, genibus *O*); in fossam stürzen *L.* **3.** *met.* sinken, fallen: res procubuere meae *O*, ad infimas obtestationes sich herabwürdigen *T.*
prōcūrātiō, ōnis, *f.* (procuro) **1.** Besorgung, Verwaltung: incendendae urbis Brandlegung, annonae. *occ.* **2.** kaiserliche Finanzverwaltung, Prokuratur *T.* **3.** Sühnung, Reinigung: prodigii *L*, incesti *T.*
prōcūrātor, ōris, *m.* **1.** Stellvertreter, Besorger, Verwalter; *occ.* Administrator, Geschäftsführer: regni Reichsverweser, ludi Vorsteher der Gladiatorenschule *T.* **2.** Prokurator [Verwalter der kaiserlichen Einkünfte] *T.*   Von
prō-cūrō 1. **1.** besorgen, verwalten: sacrificia, corpus

procurro 363 **profectio** P

pflegen *V.* **occ. 2.** (stellvertretend) verwalten: alicuius negotia *N*, alienum imperium *Cu*; *abs.* cum procuraret in Hispania *Pli.* **3.** sühnen: prodigia *L.*

prō-currō 3. (cu)currī, cursum **1.** hervorlaufen, laufen: ex castris, in publicum auf die Straßen; **occ.** vorrükken: extra aciem. **2.** auslaufen, sich erstrecken, vorspringen: in aequor *O.*

prōcursātiō, ōnis, *f.* (procurso) das Geplänkel *L.*

prōcursātōrēs, um, *m.* Plänkler *L.* Von

prō-cursō, āre (*frequ.* zu procurro) plänkeln *L.*

procursum *pt. pf. pass.* v. procurro.

prōcursus, ūs, *m.* (procurro) das Vorlaufen, Vorrennen, Ansturm.

prō-curvus 3 vorwärts gekrümmt *V.*

procus, ī, *m.* (verw. mit prex) Freier, Bewerber.

prōcūsus *pt. pf. pass.* v. procudo.

Procyōn, ōnis, *m.* (προκύων) der Kleine Hund [Gestirn].

prōdāctus *pt. pf. pass.* v. prodigo.

prōd-ambulō, āre davor spazieren gehen *C.*

prōd-ēgī *pf.* v. prodigo.

prōd-eō, īre, iī **I. 1.** hervorgehen, herauskommen; mit ex, ab; ad colloquium; *abs.* sich öffentlich zeigen *L*; **occ. öffentlich auftreten:** in scaenam, in contionem. **2.** *met.* sich zeigen, werden, entstehen: prodit bellum, aurum *O*, eloquentia prodiit in lucem, prodis ex iudice Dama wirst *H.* **II. 1.** vorgehen, vorrücken: in proelium, longius; *met.* quādam bis zu einem gewissen Punkt *H*, extra modum das Maß überschreiten. **2.** *met.* vorragen: in aequor *V.*

prō-dīcō 3. dīxī, dictus verschieben: diem *LT.*

prō-didī *pf.* v. prodo.

prōdigentia, ae, *f.* (prodigo) Verschwendung *T.*

prōdigiāliter *adv.* (prodigium) unnatürlich *H.*

prōdigiōsus 3 wunderbar *O.* Von

prōd-igium, ī, *n.* **1.** Wunderzeichen. **2.** *meton.* Ungeheuer; ventris Unnatur *Sp.*
E: wohl prōd-agium 'das Vorhersagen', § 43, zu aio aus *agjo.

prōd-igō 3. ēgī, āctus (ago, § 41) verschwenden *CT.*

prōdigus 3 (prodigo) **1.** verschwenderisch: aeris *H.* **2.** reich: locus p. herbae *H.* **3.** hingebend, opfernd: animae *H*, arcani verratend *H.*

prōd-iī *pf.* v. prodeo.

prōditiō, ōnis, *f.* (prodo) Verrat.

prōditor, ōris, *m.* (prodo) Verräter: disciplinae zuchtlos *L*, risus verräterisch *H.*

prōditus *pt. pf. pass.* v. prodo.

prō-dīxī *pf.* v. prodico.

prō-dō 3. didī, ditus (do, § 41)

I. **1.** **weitergeben;** *occ.* **verlängern;** 2. **hinterlassen, überliefern;** 3. **berichten, überliefern.**
II. **1. hervorgeben, zum Vorschein bringen;** 2. **aufstellen, bekanntmachen;** *occ.* **ernennen;** 3. (Geheimes) **verraten;** *occ.* **verraten, in die Hände spielen, ausliefern.**

I. **1.** genus fortpflanzen *V*; **occ.** vitam *C*, aliquot dies nuptiis (*dat.*) aufschieben *C.* **2.** auspicia poste-

ris, regnum. **3.** memoriam; memoriā proditum est durch Tradition, memoriā ac litteris mündlich und schriftlich; belli gesta memoriae (*dat.*) *N*; mit de, *acc. c. inf.*; utrumque auctores prodiderunt *T.* **II. 1.** prodito fumo significare durch Rauchzeichen *L*, bona exempla hervorbringen *T.* **2.** multitudini, in reo exemplum statuieren. **occ.** flaminem, interregem *L.* **3.** arcana *Cu*, conscios, fidem brechen *S*, crimen vultu *O.* **occ.** aquilam hostibus, aliquem ad mortem *V*, in cruciatūs *L.*

prō-doceō, ēre laut lehren, (vor)predigen *H.*

prodromus, ī, *m.* (πρόδρομος) **1.** Vorläufer. **2.** *pl.* NNO-Wind [vor dem Aufgang des Sirius].

prō-dūcō 3. dūxī, ductus

I. **1. vorführen;** *occ.* **ausrücken lassen;** 2. **einführen, auftreten lassen, vorführen;** *occ.* **geleiten, begleiten;** 3. **verleiten, hervorlocken, verlocken.**
II. **1. weiterziehen, ausdehnen;** 2. **großziehen, erziehen;** *occ.* **erzeugen;** 3. **befördern, emporbringen;** *occ.* **erhöhen.**

I. **1.** iumenta. **occ.** copias pro castris, in aciem. **2.** aliquem in consilium *Cu*, testīs, e carcere, ad necem, consules in contionem. **occ.** funera *V.* **3.** aliquem dolo in proelium *N*, quo discordia cives produxit! *V.* **II. 1.** productā longius acie; *met.* ignes in flammas anfachen *O*; syllabam gedehnt sprechen *O*; vitam fristen *N*, convivium, sermonem hinziehen; **occ.** rem in hiemem verschieben, res producitur schleppt sich hin. **2.** semen in aristas *O*, principes liberos *T.* **occ.** hominum corpora *V*, nova vocabula erschaffen *H.* **3.** ad magna ministeria *Cu*, remiges ex navibus onerariis zum Flottendienst vorrücken lassen, eum omni genere honoris *L*; **occ.** legata *Sp.* Dav.

prōductiō, ōnis, *f.* **1.** das Hinausschieben: temporis; Verlängerung [eines Wortes durch eine Silbe]. **2.** Dehnung.

I. prōductus *pt. pf. pass.* v. produco.

II. prōductus 3, *adv.* ē (produco) **1.** verlängert, lang: cornu sinistrum *T*, fabula *H. met.* **2.** gedehnt, lang: producte dicere lang aussprechen, syllaba.

prō-dūxī *pf.* v. produco.

proeliātor, ōris, *m.* Streiter *T.* Von

proelior 1. kämpfen, fechten, streiten; auch *met.* Von

proelium, ī, *n.* **1.** Kampf: venti proelia tollunt *V.* **2.** Treffen, Gefecht, Schlacht.

Proetides, um, *f.* die P. [drei Töchter des Prötus, die sich im Wahnsinn für Kühe hielten] *VO.*

profānō 1. entweihen *LO*; **occ.** schänden *Cu.* Von

pro-fānus 3 **1.** unheilig, ungeweiht, profan: locus *N*; *n. pl. subst.* Volksgut *H.* **2.** nicht eingeweiht, uneingeweiht: procul este, profani *V*; *met.* volgus den Musen abhold *H.* **3.** gottlos, ruchlos: mens *O*; avis *O*, bubo *O* unheilkündend; *n. subst.* Gottlosigkeit *Sp.*
E: pro fano 'vor dem heiligen Bezirk'.

profātus *pt. pf. act.* v. *profor.

prō-fēcī *pf.* v. proficio.

profectiō, ōnis, *f.* (proficiscor) Aufbruch, Abmarsch, Abreise.

profecto   364   **progenitor**

pro-fectō ('pro facto', §§ 67 u. 43) *adv.* in der Tat, fürwahr, wahrlich, sicherlich.

profectum *pt. pf. pass.* v. proficio.

I. profectus *pt. pf. act.* v. proficiscor.

II. prōfectus, ūs, *m.* (proficio) Fortschritt, Erfolg.

prō-ferō, ferre, tulī, lātus

I. 1. **hervortragen, -bringen, -holen**; *occ.* **vorführen, (vor)zeigen**; 2. *met.* **bekanntmachen, zeigen, zum Vorschein bringen, veröffentlichen**; *occ.* **erwähnen, anführen.**
II. 1. **weiter tragen, vorrücken**; *met.* 2. **ausdehnen, erweitern**; *occ.* **verlängern**; 3. **verschieben, vertagen.**

I. 1. telum *N*, tormenta armaque ex oppido, litteras; caput e stagno herausstecken *Ph*, testamentum proferebatur fand sich, laurum hervorbringen *Pli.* **occ.** libros. **2.** facinus, in aspectum ans Licht schaffen, zustande bringen, ingenium zeigen *T*, ad famam in Ruf bringen *T.* **occ.** exempla, vinolentiam. **II. 1.** vineas vorschieben, signa aufbrechen *L*, arma vordringen *LCu*, pedem weitergehen *H.* **2.** munitiones, pomerium *L*, imperium super Indos *V*; bildl. fines officiorum. **occ.** vitam *Pli.* **3.** res in annum *L*, fata parentis den Tod *V*, exercitum die Heeresversammlung *L*; res prolatae Gerichtsferien.

professiō, ōnis, *f.* (profiteor) **1.** Anmeldung, öffentliche Angabe, Äußerung: flagitii zur Prostitution *T.* **2.** *meton.* (angemeldetes) Gewerbe, Kunst, Fach.

professor, ōris, *m.* (profiteor) öffentlicher (angemeldeter) Lehrer, P r o f e s s o r.   Dav.

professōrius 3 schulmeisterlich, pedantisch *T.*

professus *pt. pf. act.* (*pass.*) v. profiteor.

pro-fēstus 3 nicht festlich: dies Werktag *L.*

prō-ficiō 3. fēcī, fectum (facio, § 43) **1.** vorwärts kommen: tridui viam zurücklegen. *met.* **2.** Fortschritte machen, etw. ausrichten: nihil in oppugnatione, in philosophia aliquid. **3.** nützen, dienen, helfen: ad dicendum proficit scriptio.   Dazu *incoh.*

pro-ficiscor (**-cō** *C*) 3. profectus sum **1.** aufbrechen, sich aufmachen, abreisen: ab urbe, (ex) portu; navis proficiscitur sticht in See, segelt ab; ad (in) bellum, contra barbaros *N*; venatum jagen gehen *N*; subsidio (auxilio) Thessaliae den Thessaliern zu Hilfe *N.* **2.** reisen, marschieren, sich wohin begeben: Argis Sicyonem. **3.** *met.* von etw. ausgehen: a philosophia profectus Xenophon; *occ.* abstammen, entstehen: ex ea civitate *N*, Tyriā de gente *O*, a Pallante *V*, Socratici et qui ab his profecti sunt Schüler, Nachfolger.

pro-fiteor 2. fessus sum (fateor, § 43) **1.** frei heraussagen, bekennen, gestehen, öffentlich erklären; mit de, *acc. c. inf.*; se grammaticum Grammatik vortragen, amicum sich Freund nennen *H*; artem vitae lehren, ius Rechtskundiger sein, indicium als Angeber (Kronzeuge) auftreten *ST*; *abs.* qui profitentur Lehrer *Pli.* **2.** verheißen, versprechen, anbieten: se ad eam rem adiutorem, omne studium, se venturum. **3. occ.** amtlich angeben: apud praetorem sich anmelden, iugera sua, nomen, frumentum *L*; dav. professae Dirnen *O*;

pass. professa arma versprochen *O*, mors offenbar *Ph.*

prōflīgātor, ōris, *m.* (profligo) Verschwender *T.*

prō-flīgō 1. **1.** niederwerfen, überwältigen, schlagen: hostes, classem. *met.* **2.** niederschlagen, stürzen, zugrunde richten: tantas opes *N*, rem p., omnia ad perniciem profligata dem Verderben verfallen. **3. zu Ende bringen, abtun:** quaestionem, bellum, proelium entscheiden *LT.* Dav. **prōflīgātus** 3 **1.** elend, unglücklich: maerore. **2.** ruchlos, heillos: homo.
E: fligere 'schlagen'.

prō-flō 1. hervorblasen *VO.*

prōfluēns, entis, *adv.* **enter** hervorfließend, strömend: aqua *L*; *met.* reichlich; *subst. n.* p. et canorum wohlklingender Redefluß.   Von

prō-fluō 3. flūxī hervorströmen, -fließen; *met.* verfallen: ad incognitas libidines *T.*   Dav.

prōfluvium, ī, *n.* das Hervorfließen *Cu.*

prō-flūxī *pf.* v. profluo.

***pro-for** 1. fātus sum heraussagen, sagen *V.*

pro-fūdī *pf.* v. profundo.

pro-fugiō 3. fūgī **1.** *intr.* fliehen, entfliehen, sich flüchten: domo, a domino entlaufen; ad Bocchum *S.* **2.** *trans.* fliehen, meiden: dominos *Cu*, agros *H.* Dav.

profugus 3 **1.** flüchtig, fliehend: domo *L*, e proelio *T*, regni *T.* **2. occ.** verbannt; *subst.* Verbannter: patriā *L.* **3.** *met.* unstet, umherschweifend: Scythae *H.*

prō-fuī *pf.* v. prosum.

pro-fundō 3. fūdī, fūsus **1.** vergießen, ausgießen, ausströmen lassen: lacrimas; *pass.* hervorströmen, sich ergießen: profusus e cervice cruor *O*, infula profusa est hing herab *Lukrez*; *met.* multitudo se profundit; in vitibus se üppig wachsen, clamorem schreien, voces ausstoßen, animam (spiritum *Cu*) aushauchen; se in me sich mir hingeben, sese in questus ausbrechen *L.* **occ. 2.** (auf)opfern: pecuniam et vitam pro patria. **3.** vergeuden, verschwenden: divitias in libidinum gurgitem.

pro-fundus 3 **1. tief:** Manes *V*, nox in der Tiefe *V*, altitudo tiefer Abgrund *LT*, caelum hoch *V*, silvae dicht *Cu.* **2.** *met.* **bodenlos, unermeßlich:** venter *Cu*, libidinum gurges, avaritia unersättlich *S*, os Pindari tiefsinnig *H.* Subst. **profundum**, ī, *n.* **1. Tiefe:** silvarum profunda dichte Wälder *T*, profundum vendis mihi ein bodenlosen Abgrund *C.* **2. occ. Meerestiefe, Meer:** Siculum *Cu.*
E: v. fundus, 'abgründig'.

profūsiō, ōnis, *f.* (profundo) Verschwendung *Pli.*

I. profūsus *pt. pf. pass.* v. profundo.

II. profūsus 3, *adv.* **ē** (profundo) **1.** unmäßig, ausgelassen: profuse in castra tendere in wilder Flucht *L*, hilaritas, sumptus. **2.** verschwenderisch: sui *S*; *occ.* kostspielig: epulae.

prō-futūrus *pt. fut.* v. prosum.

prō-gener, erī, *m.* Gatte der Enkelin *TSp.*

prō-generō, āre erzeugen *H.*

prōgeniēs, ēī, *f.* (progigno) **1.** Abstammung, Geschlecht. *meton.* **2.** Nachkommenschaft, Nachkommen: Herculis *N*; **occ.** Nachkomme, Sohn, Sprößling: Miltiadis *N*; *met.* carmina, progenies mea *O.*

prōgenitor, ōris, *m.* Stammvater *N.*   Von

progigno   365   **promiscu(u)s** **P**

prō-gīgnō 3. genuī, genitus hervorbringen, erzeugen.

prōgnātus 3 (*pro-[g]nascor) **1.** abstammend: ex Cimbris, ab Dite, consule *H.* **2.** geboren: semet *H.*

Prognē s. Procnē.

prognōstica, ōrum, *n.* (προγνωστικά) Wetterzeichen.

prō-gredior 3. gressus sum (gradior, § 43) **1.** vorwärts, fort-, vorschreiten, vorgehen: nihil gar nicht ausgehen; **occ.** vorrücken: in locum iniquum, longius a castris, tridui viam, pabulatum. *met.* **2.** fortschreiten: paulum aetate, quo amentiae progressi sunt *L*; **3.** (in der Rede) fortfahren, -setzen: ad reliqua.   Dav.

prōgressiō, ōnis, *f.* **1.** Fortschritt, Zunahme, Wachstum. **2.** [in der Rede] Steigerung.

I. progressus *pt. pf. act.* v. progredior.

II. prōgressus, ūs, *m.* (progredior) **1.** das Fortschreiten: rerum Entwicklung. **2.** Fortschritt: in studiis.

pro-hibeō 2. uī, itus (habeo, § 43) **1.** fernhalten, abhalten, -wehren: Suebos a Cheruscis, hostes finibus, fonte abschneiden, iram. **2.** hindern, verhindern: aedificantes am Bau *N*, hostes rapinis, id eos sie daran *L*; mit *inf.*; ne, quin *LT*; **occ.** verbieten: contraria. **3.** bewahren, beschützen: a periculo rem p., cives calamitate.

prō-iciō 3. iēcī, iectus (iacio, § 43) **1. vorwerfen:** cibum *H*; **occ. vorstrecken, -halten:** hastam fällen *N*, clipeum prae se *L*, pedem voransetzen *V*; *met.* urbs in altum proiecta emporragend. **2. hinaus-, fortjagen:** tantam pestem; **occ. verbannen:** in insulam *T*. **3. hin-, zu Boden, beiseite, wegwerfen:** arma niederlegen, sarcinas wegwerfen, se ex navi, ad pedes sich stürzen, se in forum stürzen *L*, se in fletus sich erniedrigen *L*, alga proiecta ausgeworfen *V*, proiecta senatūs auctoritas gesunken *T*, insignia ablegen *H. met.* **4. fahren lassen, auf-, preisgeben, verschmähen:** patriam virtutem, pudorem *O*, animam sich töten *V*, proici in miserias *S.* **5. hinziehen, verweisen:** eos ultra quinquennium *T*.   Dav.

prōiectiō, ōnis, *f.* das Ausstrecken: bracchii.   Und

I. prōiectus *pt. pf. pass.* v. proicio.

II. prōiectus 3 **A. 1.** hervortretend, -ragend: orae *L*, saxa *V. met.* **2.** hervorragend: iustitia. **3.** zu etw. geneigt: ad libidinem *T.* **B. 1.** hingestreckt (am Boden) liegend: ad terram, in antro *V. met.* **2.** niedrig, verächtlich: patientia *T.* **3.** demütig: vultus *T.*

pro-inde u. **pro-in** (§§ 68 u. 42, Abs. 2) *adv.* **1.** daher, demnach, deshalb [nur in Aufforderungen]. **2.** ebenso, geradeso: p. ac als ob *Lukrez.*

prō-lābor 3. lāpsus sum **I. 1.** vorwärts gleiten, schlüpfen: serpens prolabitur. **2.** *met.* geraten, verfallen, sich hinreißen lassen: in misericordiam *L*, ad iurgia *T.* **II. 1.** herabfallen, -gleiten: ex equo *L*; **occ.** einstürzen: aedes prolabitur *N*, prolapsa Pergama *V. met.* **2. irren, fehlen:** cupiditate regni *L.* **3. sinken, verfallen:** clade *L*, magnificentiae studio *T.*

prōlātiō, ōnis, *f.* (profero) **1.** das Vorbringen: exemplorum. **2.** Erweiterung: finium *L*, aedificiorum *Sp.* **3.** Aufschub: diei des Zahlungstermins.

prō-lātō 1. (*frequ.* zu profero) **1.** erweitern, vergrößern: agros *T. met.* **2.** aufschieben, verzögern: dies *S*,

bellum *T*; **occ.** hinhalten: vitam fristen *T*, spem weiter hoffen *T.*

prōlātus *pt. pf. pass.* v. profero.

prō-lectō 1. (*frequ.* zu prolicio) locken, reizen *O.*

prōlēs, is, *f.* **1.** Sprößling, Kind, Nachkomme: gemella Zwillinge *O.* **2.** Nachkommenschaft, Geschlecht: argentea *O*, Ausoniae *V*; *met.* boum Rinderrasse *V*, maris *V*, olivae Beere *V.* **3.** Jugend, junge Mannschaft: Arcadiae *V.*

E: statt *pro-oles, vgl. sub-oles, ind-oles, ad-olesco; das 'Heranwachsende'.

prōlētārius, ī, *m.* Bürger der untersten Klasse, Proletarier; *adi.* gemein, niedrig *C.*

prō-liciō, ere (lacio, § 43) hervor-, anlocken *T.*

prō-lixus 3, *adv.* ē **1.** ausgedehnt, lang, reichlich: comae *O*, prolixe facere. **2.** geneigt, bereitwillig: animus, prolixe promittere. **3.** günstig: cetera.

E: zu liqueo, 'vorwärts geflossen'.

prologus, ī, *m.* (πρόλογος) Prolog [im Drama] *C.*

prō-loquor, quī (heraus)sagen, nennen.

prō-lubium, ī, *n.* (lubet) Lust, Neigung *C.*

prō-lūdō 3. lūsī **1.** ein Vorspiel machen, sich einüben *VO.* **2.** *met.* einen Vortrag einleiten: sententiis.

prō-luō 3. luī, lūtus (lavo) **1.** ab-, ausspülen, befeuchten: in rore manūs *O*; se auro den Goldbecher leeren *V.* **2.** wegspülen: nives, saxum *V.* **3.** anschwemmen: pisces in litore *V.*

prō-lūsī *pf.* v. proludo.

prōlūsiō, ōnis, *f.* (proludo, § 36) Vorübung, Probe.

prōlūtus *pt. pf. pass.* v. proluo.

prōluviēs, ēī, *f.* (pro-*luvere = luere) Überschwemmung *Lukrez*; ventris Unrat *V.*

prō-mercālis, e (merx) käuflich, feil *Sp.*

prō-mereō 2. uī u. **-or** 2. itus sum **1.** *trans.* verdienen, sich würdig machen: poenam *O*; mit ut *C*; **occ.** erwerben: amorem *Sp.* **2.** *intr.* (klass. *depon.*) sich verdient machen bei, sich Verdienste erwerben um; mit de; socios *Sp.* Dav. **prōmeritum**, ī, *n.* Verdienst; **occ.** male promerita schlechte Handlungen *C.*

Promēthēus, eī (eos), *m.* P. [Sohn des Iapetos, Vater Deukalions, schuf den Menschen u. stahl dem Zeus das Feuer, um seine Tongestalten damit zu beleben. Zur Strafe wurde er an den Kaukasus geschmiedet, wo ein Geier an seiner Leber fraß, bis Herkules diesen erlegte]. *Adi.* **Promēthēa** iuga = Kaukasus *Pr. Patr.* **Promēthīdēs**, ae, *m.* = Deukalion *O.*

prō-mineō, ēre (vgl. immineo) **1.** hervorragen, -stehen: in pontum *O*; *subst. n.* in prominenti Vorsprung *T*, prominentia montium Ausläufer *T*; **occ.** coma prominet in vultus hängt ins Gesicht *O*, matres familiae de muro prominentes sich über die Mauer beugen. **2.** *met.* sich erstrecken: in posteritatem *L*, foras hervortreten.   Dav.

prōminulus 3 etwas hervorragend *Sp.*

prō-miscu(u)s 3, *adv.* ē, uē (misceo) **1.** gemischt, gemeinschaftlich, ungesondert: divina atque humana promiscua habere ohne Unterschied behandeln *S*, uti promiscā caede ohne Unterschied niedermetzeln *T*; *subst. n.* in promiscuo esse ohne Unterschied, einerlei sein *LT*, habere gemeinsam besitzen *L.* **2.** *met.* gemein, gewöhnlich: cognomentum *T.*

promisi   366   **prope**

prō-mīsī *pf.* v. promitto.
prōmissiō, ōnis, *f.* (promitto, § 36) das Versprechen.
prōmissor, ōris, *m.* (promitto, § 36) Verheißer *H.*
prōmissum, ī, *n.* (promitto) Verheißung, das Versprechen: dare erfüllen *O,* non dare verweigern *O,* promissis stare (manere *V*) halten, exigere einmahnen.
I. promissus *pt. pf. pass.* v. promitto.
II. prōmissus 3 herabhängend, lang: capillus.   Von
prō-mittō 3. mīsī, missus 1. wachsen lassen: capillum *L.* 2. *met.* versprechen, verheißen, zusagen: vadimonium servo; se ultorem *V*; mit *acc. c. inf. fut.*; d i c h t. mit *inf.*; **occ.** ad cenam (ad fratrem) die Einladung annehmen, zusagen *Ph*; donum Iovi geloben.
prōmō 3. prōmpsi, prōmptus (statt *pro-emo) 1. hervornehmen, -holen, herausbringen: diem erscheinen lassen *H*; pugionem vaginā herausziehen *T*; signa (pecuniam) ex aerario *L*; cavo se robore herauskommen *V.* met. 2. herausbringen, -geben, -lassen: argumenta entlehnen, clienti iura in Rechtsfragen Bescheid geben *H,* in scenam auf die Bühne bringen *H,* obscura zum Vorschein bringen *H,* in publicum bekanntmachen *T.* 3. enthüllen, an den Tag legen, an den Tag bringen: consilia, saevitiam factis *T,* miracula *H,* odium *T,* vires gebrauchen *V.* 4. occ. sich aussprechen, sich äußern: orationem in einer Rede *T*; mit *acc. c. inf. T.*
prō-montorium s. promuntorium.
prō-moveō 2. mōvī, mōtus 1. vorwärtsbewegen, vorschieben: unum p r o m ō r a t (= promoverat) pedem triclinio *Ph,* saxa vectibus, machinationes. occ. a. vorrücken: castra mit dem Heer. b. erweitern, ausdehnen: imperium *O,* aggerem *L.* met. 2. fördern, heben: vim insitam *H.* 3. offenbaren, ans Licht bringen: arcana loco *H.* 4. befördern, aufrücken lassen: militem ad eum gradum *CuPli.*
prōmpsī *pf.* v. promo.
prōmptō 1. (*frequ.* v. promo) herausgeben *C.*
I. prōmptus 3, *adv.* ē (promo) I. sichtbar, offenbar: prompta, occulta *T.* II. 1. bereit, zur Hand, vorbereitet: sagittae *O,* eloquentia schlagfertig *T.* 2. leicht, bequem: defensio; mit *dat., supin., inf. LOT.* 3. bereit, bereitwillig, eifrig, willfährig, entschlossen, geneigt: sermone *T,* ingenio *L,* manu persönlich tapfer *L,* in rebus gerendis *N*; ad pugnam, in pavorem *T*; libertati *T.*
II. *prōmptus, ūs, *m.* (promo) nur in prōmptū mit *verb.* 1. sichtbar, öffentlich: in promptu esse sichtbar sein, ponere sehen lassen, habere zeigen *S.* 2. in Bereitschaft, bei der Hand. 3. leicht, bequem; mit *inf. O.*
prōmulgātiō, ōnis, *f.* Bekanntmachung.   Von
prōmulgō 1. öffentlich anschlagen lassen, durch Anschlag bekanntmachen; proeliis promulgatis wenn Krieg angekündigt ist *Ennius.*
prō-mulsis, idis, *f.* (mulsum) Vorgericht, Vorspeise.
prō-muntorium u. -turium, ī, *n.* (promineo) Vorgebirge; **occ.** Bergvorsprung *L.*
prōmus, ī, *m.* (promo) Küchen- und Kellermeister *H*; *met.* pectori Hüter *C.*
prō-mūtuus 3 vorgestreckt, geliehen.

pronāos, ī, *m.* (πρόναος) Vorhalle des Tempels *Sp.*
pro-nepōs, ōtis, *m.* Urenkel.
pro-neptis, is, *f.* Urenkelin *Pli.*
Pronoea, ae, *f.* (πρόνοια) Vorsehung.
prō-nōmen, inis, *n.* Fürwort *Q.*
prō-nuba, ae, *f.* (nubo) Brautführerin [Frau, welche die Braut in das Haus des Mannes geleitete] Iuno [als Ehestifterin] *VO*; [pejorativ]: Bellona, Tisiphone [Stifterin einer unglücklichen Ehe] *VO.*
prōnūntiātiō, ōnis, *f.* (pronuntio) 1. Bekanntmachung. 2. Vortrag *PliQ.*
prōnūntiātor, ōris, *m.* (pronuntio) Erzähler.
prōnūntiātum, ī, *n.* Grundsatz.   Von
prō-nūntiō 1.

  I. 1. **verkünden, melden, heraussagen, aussprechen**; 2. **berichten, erzählen**; 3. *occ.* **vortragen, rezitieren.**
  II. 1. **ausrufen, öffentlich bekanntmachen, ansagen**; *occ.* 2. **Befehl ergehen lassen**; 3. **öffentlich versprechen, zusagen**; 4. **vortragen**; 5. **Urteil fällen.**

  I. 1. aliquid sincere; mit *acc. c. inf.,* indir. Fr. 2. quae gesta sunt. 3. poëmata *N.* II. 1. aliquem praetorem *L,* leges Annahme der Gesetze. 2. ut tela coniciant; mit *acc. c. inf.* 3. militi praemia *L.* 4. sententiam Calidii. 5. graviorem sententiam.
prō-nūper *adv.* erst vor kurzem *C.*
prō-nurus, ūs, *f.* Gattin des Enkels *O.*
prōnus 3, *adv.* ē (v. II. pro) 1. vorwärts geneigt, vornüberhängend: tigna prone adigere schräg einrammen, pecora *S*; pronus pendens sich vorbeugend *V.* 2. abschüssig, sich senkend, stürzend: currus abwärts fahrend *O,* urbs *L,* amnis *V*; Titan untergehend *O,* menses enteilend *H*; *subst.* prōnum, ī, *n.* Abhang *Cu.* met. 3. zu etw. geneigt; mit ad, in, *dat.*; **occ.** gewogen: in eum *T,* deterioribus *T,* pronis auribus bereitwillig, gern *T.* 4. leicht, mühelos: ad fidem zu glauben *L,* omnia virtuti prona *S,* pronum est mit *inf. T.*
prooemior, ārī eine Vorrede machen *Pli.*   Von
pro-oemium, ī, *n.* (προοίμιον) Vorrede, Eingang: citharoedi Vorspiel.
prōpāgātiō, ōnis, *f.* (I. propago) 1. Fortpflanzung a. vitium; b. *met.* nominis. 2. Erweiterung: finium *L.* 3. Verlängerung: vitae.
prōpāgātor, ōris, *m.* (I. propago) Verlängerer.
I. prō-pāgō 1. 1. fortpflanzen: stirpem, haec posteritati der Nachwelt überliefern. 2. erweitern, ausdehnen: fines imperii; *met.* gloriam. 3. verlängern: diem, consuli in annum imperium *L.*   Dazu
II. prō-pāgō, inis, *f.* 1. Setzling, Ableger. 2. *met.* Sproß, Kind; k o l l e k t. Nachkommenschaft, Geschlecht; virorum propagines Stammbäume *N.*
prō-palam *adv.* öffentlich, vor aller Welt.
prō-patulus 3 frei, offen: locus. *Subst.* nur in propatulo 1. auf dem Vorhof: domi (*gen.*) *N,* aedium *L.* 2. *met.* öffentlich: habere feilbieten *S,* spectare offen vor sich haben *T.*
prope (aus *prŏque, § 38, 2, daher proximē, § 17; zu

propediem | 367 | **propono** **P**

prŏ, s. II. pro), **propius, proximē** (altl. p r o -
x u m ē) *adv.* Dazu *comp.* **propior,** ius, *sup.* **proxi-
mus.**
A. *Adverbia*:

> I. adv. 1. räumlich: **nahe, in der Nähe;**
> 2. zeitlich: **nahe;** *met.* 3. **beinahe, fast;** 4. **nahe
> daran.**
> II. präpos. beim *acc.* 1. räumlich: **nahe bei,
> nahe an;** 2. zeitlich: **um, gegen, nahe an;** 3. *met.*
> **nicht weit von, nahe an.**

I. 1. propius abesse näher stehen; **occ.** propius res
adspice gütiger *V*; mit ab, *abl.* **2.** quem proxime no-
minavi gerade, soeben. **3.** p. aequalis *N*, proxime at-
que ille fast ebenso wie. **4.** prope est es fehlt wenig,
daß *L.* **II. 1.** copiae p. castra visae, propius solis oc-
casum, proxume Hispaniam sehr nahe bei *S.* **2.** p.
maturitatem esse *L.* **3.** p. metum res fuerat *L*, pro-
pius virtutem esse näher kommen *S*, proxime morem
R. fast ganz nach römischer Sitte *L*, proxime speciem
navium fast wie Schiffe aussehend *L.*
B. *Adiectiva*: **I.** *comp.* **propior, propius**

> 1. räumlich: **näher, näher liegend;** 2. zeit-
> lich: **näher;** *occ.* **später, jünger;** *met.* 3. **ähnlicher,
> näherkommend;** 4. **näher verwandt, vertraut, mehr
> am Herzen liegend;** 5. **bequemer, geeigneter.**

1. spatium propius terrae *O*; *subst.* **propiora,** um,
n. die näheren Punkte *V.* **2.** propior leto *O*; **occ.** tem-
pora *O.* **3.** sermoni propiora eher Prosa *H*, lingua
Britannicae propior *T*, vero propius wahrscheinli-
cher *LO.* **4.** propior gradu sanguinis *O*, societas en-
ger, dolor nähergehend *L*, usus vertrauter *T*; Iuno
propior Turno gewogener *V.* **5.** supplemento La-
tium propius für die Aushebung bequemer *L*, irae ge-
neigter zu *T*, ad fallendum fides *T.*
II. *sup.* **proximus** 3, altl. (§ 41) **proxumus**

> 1. räumlich: **der nächste, sehr (ganz) nahe;**
> 2. zeitlich: *a.* **vorig, letzt;** *b.* **nächstfolgend;** *met.*
> 3. (Reihenfolge) **nächst, nächstfolgend;** 4. **sehr ähn-
> lich, nächstkommend;** 5. **sehr nahe verwandt.**

1. iter, in proximo litore nahe am Meeresstrand *N*,
proximus ab *LO*; mit *dat.* proximi Germanis näch-
ste Nachbarn der G.; Ubii proximi Rhenum incolunt
unmittelbar am; *subst.* **proximum,** ī, *n.* Nähe, Nach-
barschaft: ex proximo *N*, proxima continentis die
nächsten Punkte *L*; proximi die Nächsten, Nachbarn.
2. a. bellum, nox. **b.** proximo die *N*, in proximum
für den folgenden Tag *Cu.* **3.** aetate *N*, p. censor ante
me, p. illi Procas ihm folgt *P.* *V.* **4.** vero proximum
das wahrscheinlichste *L*, ficta p. veris *H.* **5.** propin-
quitate der nächste Verwandte *N*; *subst.* iniuriosi in
proximos.
prope-diem (§ 67) *adv.* in den nächsten Tagen, näch-
stens.

prō-pellō 3. pulī, pulsus **1.** vorwärts-, vorstoßen, stür-
zen, treiben: crates wegstoßen, saxa in subeuntes
hinabrollen, -schleudern *Cu*; pecora pastum auf die
Weide *L*; *met.* vorwärts-, antreiben, bewegen: ad ul-
tima zum Äußersten drängen *Cu*, ad mortem volunta-
riam *T.* **2.** fort-, vertreiben: patriā aus dem Vater-
land *N*, hostes in die Flucht schlagen; *met.* abwehren:
periculum vitae *L*, famem *H.*
prope-modo *C*, **prope-modum** (§ 67) *adv.* beinahe,
fast.
prō-pendeō 2. pendī **1.** das Übergewicht haben: pro-
pendet lanx boni. **2.** *met.* sich hinneigen: in nos. Dav.
prōpēnsus 3, *adv.* **ē 1.** nahekommend: ad veritatis si-
militudinem. **2.** sich hinneigend, geneigt, willig: fa-
vor *O*, ad lenitatem, in amicitiam, propensius fa-
cere bereitwilliger *L.*
properanter (propero) *adv.* eilends, schnell, rasch.
properantia, ae *ST* u. **-ātiō,** ōnis, *f.* (propero) Eile.
properātō (propero) *adv.* eilends *T.*
properō 1. **1.** *trans.* beschleunigen, übereilen, eilends
betreiben: fulmina eilig schmieden *V*, opus, studium
eifrigst betreiben *H*, pecunium heredi in Kürze zu hin-
terlassen *H.* **2.** *intr.* eilen, sich eilends begeben: in Ita-
liam, properātō opus est es ist Eile nötig; mit ut, *inf.*;
acc. c. inf. u. *supin. S.*
Propertius, ī, *m.* Sext. P. [römischer Elegiker, Zeitge-
nosse Ovids] *OQPli.*
properus 3, *adv.* **ē** eilig, schleunig, hurtig: occasionis
rasch ergreifend *T*; mit *inf.* darauf aus *T.*
prō-pexus 3 (pecto) nach vorn gekämmt, herabwallend:
crinis *T*, barba *VO.*
propincus = propinquus.
pro-pīnō 1. (προπίνω) zutrinken.
propinquitās, ātis, *f.* (propinquus) **1.** Nähe. **2.** *met.*
nahe Verwandtschaft.
propinquō 1. **1.** *intr.* sich nähern, nahen: dies propin-
quat *V*, scopulo *V*, campos *T.* **2.** *trans.* beschleuni-
gen, schnell herbeiführen *V.*   Von
propinquus 3 (**propincus**, § 17, zu prope wie longin-
quus zu longe) **1. benachbart, angrenzend:** tumultus
in der Nähe *N*, flumini *S*; *subst.* in, ex propinquo in
der Nähe, von einem nahen Ort *SL*, oppido propinqua
die nächste Umgebung *S.* *met.* **2. nahe bevorstehend:**
vespera *T.* **3. ähnlich:** motūs. **4. verwandt:** cognatio
nahe *NL*, bella mit den Verwandten *O*; *subst. m. f.* Ver-
wandte(r).
propior, propius s. prope.
propitiō 1. sich geneigt machen, versöhnen *CTSp.* Von
pro-pitius 3 geneigt, gewogen, günstig [meist von Gott-
heiten].
E: zu peto, vgl. προπετής 'geneigt'.
propius *adv.* s. prope.
propnigēum, ī, *n.* (προπνιγεῖον) Heizraum *Pli.*
prō-polluō, ere noch zusätzlich beflecken *T.*
prō-pōnō 3. posuī, positus

> 1. **öffentlich vorlegen, -setzen, aufstellen;** *occ.*
> **zum Kauf ausstellen;** *met.* 2. **vortragen, darlegen,
> schildern, erzählen;** 3. **in Aussicht stellen** (verspre-

Propontis 368 **proruo**

chen, androhen, vorschlagen); *pass.* in Aussicht stehen; 4. sich vor Augen halten, vorstellen; 5. sich vornehmen, beschließen.

1. vexillum aufstellen, edictum, fastos populo, legem in publicum bekanntmachen, anschlagen lassen, ora oculis zeigen, pugnae honorem als Preis vorführen *V.* **occ.** proponi cereus (nolo) als Wachsbüste *H*; mulier omnibus proposita für alle zu haben. **2.** rem gestam, de Galliae moribus; viros aufzählen; mit indir. Fr. **3.** praemia, remedia morbo verordnen *N*, propositā invidiā, morte; quaestionem *N.* **4.** sibi spem sich Hoffnung machen, solacium sibi sich damit trösten, vitam Sullae, tali condicione propositā unter solchen Umständen. **5.** aliquid animo, proposita sententia; mihi propositum est mit *inf.*
Propontis, idis u. -os, *f.* P. [Προποντίς 'Vormeer'; j. das Marmarameer]; *adi.* Propontiacus 3 *PrO.*
prōpositiō, ōnis, *f.* (propono) **1.** Vorstellung: huius vitae. **2.** Thema.
prōpositum, ī, *n.* (propono) **1.** Vorhaben, Plan: mutare propositum Lebensplan *Ph.* **occ. 2.** Thema, Hauptsache, Satz: ad propositum venire *N*, a proposito aberrare. **3.** Vordersatz [eines logischen Schlusses].
I. prōpositus *pt. pf. pass.* v. propono.
II. prōpositus 3 (propono) **1.** bloßgestellt: telis fortunae. **2.** drohend: vitae periculum.
prō-posuī *pf.* v. propono.
PROPR = pro praetore bzw. pro praetoribus.
prō-praetor, ōris, *m.* (Rückbildung aus pro praetore, § 62, vgl. II. pro) Proprätor [der nach Verwaltung der Prätur in die Provinz geschickte Statthalter ohne militärisches Kommando]; urspr. idem pro praetore Lusitanos aggressus est *L.*
propriē (*adv.* zu proprius) **1.** eigentümlich, eigen, ausschließlich: p. meum. **2.** bezeichnend, charakteristisch: p. communia dicere das Allgemeine individualisieren *H.* **3.** insbesondere, vorzugsweise, speziell: neque ullus ordo p. neque Italia cuncta. **4.** eigentlich, im eigentlichen Sinn: honestum quod p. vereque dicitur.
proprietās, ātis, *f.* Eigentümlichkeit: terrae caelique *L*; *meton.* frugum besondere Arten *L*, verborum eigentliche Bedeutung *Q.* Nach § 41 von
proprius 3 **1.** beständig, dauernd, unvergänglich: parva munera d i u t i n a, locupletia non p r o - p r i a *N*, calamitas aut p r o p r i a sua aut t e m p o - r u m dauernd oder zeitweilig, nostra propria unser festes Eigentum. **occ. 2.** wesentlich, gewöhnlich, eigentlich, charakteristisch: vitium, nomen, verba. **3.** eigen, eigentümlich: praedia, vires *L*, horreum, navigium *H*; *subst.* **proprium**, ī, *n.* Eigentum *Ph*; charakteristisches Merkmal: populi R. **4.** persönlich, alleinig, individuell, ausschließlich: factum p. Thrasybuli persönliches Verdienst des Th. *N*, p. laus Pelopidae ausschließlich *N*, propriā irā persönlich erbittert *T.*
propter (aus propiter zu prope, §§ 42 u. 78 am Schluß)
I. *adv.* nahe, in der Nähe: p. adesse, cubare.
II. *praep.* beim *acc.*; auch nachgestellt. **1.** nahe bei, neben: p. humum volitat dicht am Boden *O*, fanum p.

viam. **2.** *met.* [kausal]: wegen, aus, durch: p. frigora, p. metum. Dav.
propter-eā (§ 68, eā) *adv.* deswegen, deshalb.
prōpūgnāculum, ī, *n.* (propugno) **1.** Schutzwehr, Bollwerk. **2.** *met.* **a.** Schutz, Schutzmauer: tyrannidis *N.* **b.** Verteidigungsgrund.
prōpūgnātiō, ōnis, *f.* (propugno) Verteidigung.
prōpūgnātor, ōris, *m.* **1.** Verteidiger. **2.** Seesoldat: remiges propugnatoresque. **3.** *met.* Vorkämpfer, Verfechter, Verteidiger, Beschützer: Scipionis, imperii, senatūs. Von
prō-pūgnō 1. **I.** *intr.* **1.** zum Kampf vorrücken: ex silvis. **2.** sich verteidigen: hinc (ex turri); nugis mit leeren Phrasen kämpfen *H*; *met.* schützen, schirmen: pro aequitate sich einsetzen. **II.** *trans.* verteidigen: munimenta *T.*
prō-pulī *pf.* v. propello.
prōpulsātiō, ōnis, *f.* Abwendung, Abwehr. Von
prō-pulsō 1. (*frequ.* v. propello) **1.** zurückschlagen: hostem, populum. **2.** *met.* abwehren, abwenden, abhalten: bellum, iniuriam, periculum.
prōpulsus *pt. pf. pass.* v. propello.
propylaea, ōrum, *n.* (προπύλαια) die P r o p y l ä e n [monumentaler Torbau der Akropolis von Athen].
PROQV = pro quaestore bzw. pro quaestoribus.
prō quaestōre Quästorstellvertreter, Provinzquästor.
prōra, ae, *f.* (πρῷρα) Vorderschiff; *synecd.* Schiff; s p r i c h w. 'prora et puppis' = mein erster und letzter Beweggrund.
prō-rēpō 3. rēpsī hervorkriechen *H.*
prō-ripiō 3. ripuī, reptus (rapio, § 43) **1.** hervorreißen: in caedem locken *H.* **2.** *refl.* hervorlaufen, -rennen, fortlaufen: se porta, a vestibulo templi *L*; se custodibus (*dat.*) entrinnen *T*; *intr.* quo proripis? wohin eilst du? *V.*
prōrogātiō, ōnis, *f.* Verlängerung. Von
prō-rogō 1. **1.** verlängern: imperium, rem R. erhalten *H*, longum aevum scriptori lange Dauer verschaffen *H.* *met.* **2.** aufschieben: dies ad solvendum, horam *H.* **3.** vorschießen; *met.* quantum dicendo consumitur, tantum ex ultimo prorogetur möge aus dem, was zuletzt zu sagen ist, hergegeben werden *Q.*
prōrsus, prōsus 3 (*pro-vorsus, § 22, v. pro-vorto) gerade, schlicht, ungebunden: oratio Prosa *Q*; **prōsa**, ae, *f.* Prosa *Sp.* Dav. *adv.* (§ 78, Abs. 1) **prōrsus, prō(r)sum** *C* **1.** geradewegs. **2.** geradezu, völlig, genau, ganz und gar, durchaus: p. ita se gessit, p. opportuna durchaus *S.* **3.** mit einem Wort, kurz *S.*
prō-ruī *pf.* v. proruo.
prō-rumpō 3. rūpī, ruptus **1.** *intr.* hervor-, losbrechen: per medios, in hostes *V*; in mare sich ergießen *V*; *met.* in intestinum eindringen *N*, eo, in scelera, ad minas *T* sich versteigen. **2.** *trans.* hervorbrechen lassen, ausstoßen: nubem *V*, sudor proruptus hervorbrechend *V*, mare proruptum hervorstürzender Wasserschwall *V.*
prō-ruō 3. ruī, rutus *intr.* **1.** hervorstürzen: in hostem *Cu.* **2.** einstürzen: motu terrae *T.* **3.** *trans.* niederwerfen, -reißen, umreißen: munitiones; hostem, arbores, domūs *T.*

prorupi 369 **protero**

prō-rūpī *pf.* v. prorumpo.

prōruptus *pt. pf. pass.* v. prorumpo.

prōrutus *pt. pf. pass.* v. proruo.

prōsa s. prorsus.

prō-sāpia, ae, *f.* Geschlecht, Familie *S.*

proscaenium, ī, *n.* (προσκήνιον) Vorbühne, Vordergrund der Bühne; *synecd.* Bühne *V.*

prō-scindō 3. scidī, scissus aufreißen, pflügen: campum *O;* *met.* herunterreißen, schmähen *OSp.*

prō-scrībō 3. psī, ptus **1.** (durch Anschlag) **öffentlich bekanntmachen:** leges. **2.** (zum Verkauf, zur Verpachtung) **anschlagen, anbieten:** insulam, fundum. **3. in Acht und Bann tun, ächten;** (homo) proscriptus ein Geächteter. **4.** (Güter Geächteter) **einziehen:** bona *Pli;* vicinos, Pompeium die von P. erworbenen Ländereien. Dav.

prōscrīptiō, ōnis, *f.* **1.** Ausschreibung zum Verkauf: bonorum. **2.** Achterklärung, Ächtung, Proskription.

prōscrīpturiō, īre (*desid.* v. proscribo) ächten wollen.

prōscrīptus *pt. pf. pass.* v. proscribo.

prō-secō 1. secuī, sectus **1.** abschneiden: hostiae exta *L;* **prōsecta,** ōrum, *n.* Opferstücke *O.* **2.** aufreißen: solum pflügen *Pli.*

prōsecūtus *pt. pf. act.* v. prosequor.

prō-sēminō 1. aussäen; *met.* fortpflanzen.

prō-sentiō 4. sēnsī vorher bemerken *C.*

prō-sequor 3. secūtus sum **I. 1.** nachsetzen, verfolgen: hostem. **2.** geleiten, das Geleit geben, begleiten: discedentem *N,* defunctum questu *T;* bildl. mortuos desiderium amicorum prosequitur; Chattos saltus Hercynius erstreckt sich entlang des Gebiets der Ch. *T.* **3.** *met.* mitgeben, spenden, weihen, widmen: terram linquentem votis, ominibus lacrimisque ... ihm ... unter Tränen gute Wünsche nachrufen, beneficiis spenden, proficiscentem donis beschenken *L,* aliquem veniā gewähren *V;* aliquem contumeliosis vocibus jemd. Schmähworte nachrufen, liberaliter eos oratione ihnen freundlich zureden, laudibus Lobsprüche widmen *L.* **II.** (in der Rede) **fortfahren, weiter ausführen, schildern:** prosequitur er fährt fort *V,* pascua versu *V.*

Prōserpina, ae, *f.* (Περσεφόνη) P. [Tochter der Ceres, Gemahlin des Pluto].

prō-siliō 4. uī (salio, § 43) **1.** hervorspringen, -schießen; mit *abl.,* ex, de, ab; *met.* flumen, sanguis, scintilla prosilit *O,* natura springt über die Schranken *H,* quod prosilit villae hervorragt *Pli.* **2.** *met.* hervorstürzen, wohin stürmen, sich rasch an etw. machen: in contionem *L,* ad arma dicenda *H.*

prō-socer, erī, *m.* Großvater der Gattin *OPli.*

prō-spectō 1. (*frequ.* zu prospicio) **1.** von fern schauen, an-, ausschauen: e puppi pontum *O,* quā longissime prospectari poterat von wo sich der weiteste Ausblick bot *T,* proelium beobachten *S;* villa prospectat mare gewährt den Ausblick auf *Ph,* locus late prospectans mit weiter Aussicht *T.* **2.** *met.* sich umsehen, erwarten: exsilium; mit indir. Fr. *L;* te fata prospectant steht bevor *V.*

I. prōspectus *pt. pf. pass.* v. prospicio.

II. prōspectus, ūs, *m.* (prospicio) **1.** Aus-, Fernsicht: prospectum peto pelago (*dat.*) ich betrachte das of-

fene Meer *V.* **2.** Gesichtskreis: in prospectu esse im Blickfeld sein. **3.** *meton.* Anblick, Blick: animum pascit prospectus *V,* lugubris *T.*

prō-speculor 1. nach etw. spähen *L.*

prosper, era, erum u. **prosperus** 3, *adv.* ē **1.** zuträglich, erwünscht, günstig, glücklich: religio günstige Auspizien *V,* prospere pugnare; *subst.* prospera, ōrum, *n.* Glück. **2.** günstig, begünstigend: Latio *O; subst.* (luna) p. frugum Förderin *H.* Dav.

prosperitās, ātis, *f.* das Gedeihen, Glück: valetudinis vortreffliche Gesundheit *N.*

prosperō 1. (prosper) Gedeihen geben, Glück bringen *HLT.*

prosperus s. prosper.

prō-spexī *pf.* v. prospicio.

prōspicientia, ae, *f.* Vorsicht, Vorsorge. Von

prō-spiciō 3. spexī, spectus (specio, § 43) **I.** *intr.* **1. ausschauen, in die Ferne schauen;** mit ab, ex, *abl.;* alto (*dat.*) aufs Meer hinaus *V.* **2.** *met.* **Vorsorge treffen, (vor)sorgen;** mit *dat.,* ut, ne. **II.** *trans.* **1.** von fern, in der Ferne erblicken, vor sich sehen: agmen hostium *Cu,* ex aethere classem *V;* ex speculis ausschauen nach *L;* mit *acc. c. inf. V;* occ. **Aussicht bieten auf:** domus prospicit agros *H.* met. **2.** vorhersehen: futuros casus; mit indir. Fr. **3. besorgen, herbeischaffen:** ferramenta, commeatūs *L.*

prō-sternō 3. strāvī, strātus **1.** hinstrecken, niederwerfen: hostes, corpora prostrasse (= prostravisse) *O,* se ad pedes; humi prostratus auf dem Boden liegend. **2.** *met.* vernichten, zugrunde richten: Galliam, virtutem.

prō-stituō 3. stituī, stitūtus preisgeben, prostituieren: sese toto corpore *Ca,* faciem suam lucro *O,* vocem foro ingrato *O.*

prō-stō 1. stitī (§ 41) zum Verkauf ausgestellt sein *HO.*

prōstrātus *pt. pf. pass.* v. prosterno.

prō-strāvī *pf.* v. prosterno.

prostȳlos (*sc.* aedes: πρόστυλος) P. [Antentempel mit einer Säulenreihe vor der Front] *Sp.*

prō-sub-igō, ere (§ 72) aufwühlen: terram *V.*

I. prō-sum, prōd-esse, prō-fuī, prō-futūrus nützlich sein, nützen.

II. prōsum s. prorsus.

prōsus s. prorsus.

Prōtagorās, ae, *m.* P. [gr. Sophist zur Zeit des Sokrates].

prō-tegō 3. tēxī, tēctus vorn bedecken; *met.* decken, schützen.

prō-tēlō, āre (telum) fortjagen *C.*

prō-tendō 3. tendī, tentus (tēnsus) vor-, ausstrecken.

prō-tenus (§ 71) u. **prō-tinus** (vgl. tenus) *adv.* **I. 1. vorwärts, weiter fort:** sic vives p. fort und fort *H,* p. mellis dona exsequar weiterhin *V,* p. nemus contremuit weithin *V.* **2. unverzüglich, geradewegs, sofort, alsbald:** p. in urbem refugere *N.* **II. 1. unmittelbar verbunden, zusammenhängend:** cum p. utraque tellus una foret *V,* p. deinde ab Oceano darauf unmittelbar am Ozean *T.* **2. ununterbrochen, beständig:** eum (morem) p. urbes coluere *V.*

prō-terō 3. trīvī, trītus **1.** nieder-, zertreten: florentia arva *O,* agmina curru *V;* bildl. inanem umbram

proterreo   370   **provoco**

mit Füßen treten *O.* **2.** *met.* niederschlagen: aciem hostium *T*, ver proterit aestas besiegt *H.*

prō-terreō 2. uī, itus fortscheuchen, verjagen.

protervitās, ātis, *f.* Keckheit, Mutwille *H.*   Von

protervus 3, *adv.* **ē 1.** unverschämt, frech, dreist, keck: rixae mutwillig *H.* **2.** *met.* ungestüm: venti *H.*

Prōtēus, eī u. eos, *m.* P. [vielgestaltiger weissagender Meergott auf der ägyptischen Insel Pharos] *VHO*; Protei columnae = die Grenzen Ägyptens *V*; danach (§ 84, Abs. 2) voltūs mutans veränderlicher Charakter *H*, effugiet vincula P. Schlaukopf *H.*

prō-tēxī *pf.* v. protego.

prōtinam (protenus) *adv.* sofort *C.*

prō-tinus s. protenus.

prōtoprāxia, ae, *f.* (πρωτοπραξία) Vorrecht bei Schuldforderungen *Pli.*

prō-trahō 3. trāxī, tractus **1. hervorziehen, -schleppen:** in convivium, eum ex tentorio *T*; *occ.* **zwingen:** eum ad operas, ad indicium *L. met.* **2. ans Licht bringen, offenbaren, entdecken:** facinus *L*, amicos *O.* **3. fortziehen:** ad paupertatem protractus herabgesunken *C.* **4.** (zeitlich) **hinziehen** *Sp.*

prōtrītus *pt. pf. pass.* v. protero.

prō-trīvī *pf.* v. protero.

prō-trūdō 3. sī, sus fortstoßen; *met.* verschieben.

prō-tulī *pf.* v. profero.

prō-turbō 1. 1. forttreiben, verjagen: nostros de vallo; conviciis *T.* **2.** niederwerfen: silvas *O.*

pro-ut (§ 68) so wie, je nachdem.

prō-vehō 3. vēxī, vectus

I. *act.* **1. fortführen;** *met.* **2. (zu weit) führen, hinreißen, verführen; 3. weiterbringen, fördern;** *occ.* **befördern.**

II. *pass. dep.* **1. hervor-, fortfahren;** *occ.* **fortreiten;** *met.* **2. sich hinreißen lassen, zu weit gehen; 3. vorrücken, zunehmen;** *occ.* **vorrücken, aufsteigen.**

I. 1. saxa *Pli*, aliquem longius *Cu.* **2.** ad largius vinum *Cu*; mit ut *L.* **3.** vim temperatam in maius *H*; **occ.** ad summos honores eum *L.* **II. 1.** naves a terra, in altum provectae, portu aus dem Hafen *V*; **occ.** equo ante stationes *L.* **2.** studio provectus sum, quid ultra provehor? was rede ich weiter? *V*, in maledicta *L.* **3.** aetate provectus gealtert, provectum bellum est zog sich hinaus *T*; **occ.** e gregariis ad summa militiae *T.*

prō-veniō 4. vēnī **1. hervorkommen, auftreten:** proveniebant oratores novi *Naevius*; bildl. **hervortreten:** malum provenit *C. met.* **2. wachsen, aufkommen, geboren werden:** frumentum angustius (recht spärlich) provenerat, lana provenit wird erzeugt *O*, provenere ingenia entstanden *S.* **3. gedeihen:** terra provenit *T.* **4.** *met.* **gelingen, gedeihen, vonstatten gehen:** carmina proveniunt *O*, consilium, destinatum provenit *T.*   Dav.

prōventus, ūs, *m.* **1.** Ernte, Ertrag; bildl. poetarum Zuwachs *Pli.* **2.** *met.* Fortgang, Erfolg.

prō-verbium, ī, *n.* (verbum) Sprichwort: in proverbio est ist Sprichwort, ist sprichwörtlich, in proverbii consuetudinem (in proverbium *L*) venire zum Sprichwort werden.

prō-vēxī *pf.* v. proveho.

prōvidēns, entis, *adv.* **enter** (provideo) vorsichtig.

prōvidentia, ae, *f.* (providens) **1.** Voraussicht: vir excellenti providentiā. **2.** Vorsorge, Vorsehung, Vorsicht.

prō-videō 2. vīdī, vīsus **1. zuerst, früher sehen:** procul *L. met.* **2. vorher-, voraussehen:** plus animo; mit *acc. c. inf.*, indir. Fr. **3. Sorge tragen, Vorsorge treffen, sorgen, vorsichtig sein;** mit *dat.*, ut, ne; temere proviso (*abl. abs.*) ohne Vorsicht *T.* **4. vorher besorgen, beschaffen:** frumentum exercitui, de re frumentaria; *met.* consilia in posterum kluge Vorkehrungen treffen.   Dav.

prōvidus 3 1. vorhersehend: futuri *L*, providum aliquid eine Art prophetischer Gabe *T.* **2.** vorsorgend, vorsorglich: natura p. utilitatum, providum evenit ein Zeichen göttlicher Fürsorge *T.* **3.** vorsichtig: parum cauti providique.

prō-vincia, ae, *f.*

---

1. Provinz; *occ. a.* die Provence (der östl. Teil der Gallia Narbonensis); *b.* = Kleinasien; *c.* = Afrika; *met.* **2. Amt, Wirkungskreis;** *occ.* **Oberbefehl; 3. Geschäft, Dienst, Verrichtung.**

---

1. Galliam in provinciam redigere zur P. machen. **a.** humanitas provinciae. **b.** provincia venit in timorem Parthici belli. **c.** Adherbal profugit in provinciam *S.* **2.** urbana et peregrina Amtsbereich des praetor urbanus u. peregrinus *L*; iuris dicendi *L.* **occ.** maritima Führung der Flotte *L*, Hannonis cis Hiberum provincia erat Hanno führte das Kommando diesseits *L.* **3.** parasitorum *C.*   Dav.

prōvinciālis, e 1. Provinz-: hospitia, negotia in den Provinzen, bellum *T*; *subst. m.* Provinzbewohner. **2. occ.** in der Provence: Ruteni.

prōvinciātim (provincia) *adv.* provinzenweise *Sp.*

prōvīsiō, ōnis, *f.* (provideo) **1.** das Vorhersehen, Vorsicht: animi. **2.** Vor-, Fürsorge: vitiorum Vorkehrung gegen.

prō-vīsō, ere Ausschau halten, nachsehen *C.*

prōvīsor, ōris, *m.* (provideo) vorbedenkend, vorsorgend *HT.*

I. prōvīsus *pt. pf. pass.* v. provideo.

II. *prōvīsus, ūs, *m.*, nur im *abl. sg.* **1.** Sehkraft *T.* **2.** das Voraussehen: periculi *T.* **3.** Vor-, Fürsorge: deûm *T*; rei frumentariae um *T.*

prō-vīvō 3. vīxī weiterleben *T.*

prōvocātiō, ōnis, *f.* (provoco) Berufung: adversus iniuriam magistratuum *L*, dictatura est sine provocatione *L.*

prōvocātor, ōris, *m.* Herausforderer [eine Art Gladiatoren].   Von

prō-vocō 1. 1. hervor-, heraus-, aufrufen: Simonidem *Ph*; *met.* diem wecken *O.* **2.** auffordern, anregen, reizen: aliquem sermonibus, iniuriis, bello *T*, provocari beneficio zuerst eine Wohltat empfangen; officia zu Dienstleistungen *T*; **occ.** (zum Kampf, Wettkampf)

provolo   371   **publicus**   **P**

herausfordern: **cursibus auras** zum Wettlauf *V.* **3.** Berufung einlegen, appellieren: **ad populum, a duumviris** *L*; *met.* **ad Catonem** sich auf Cato berufen.

prō-volō 1. āvī hervorstürzen, -eilen.

prō-volvō 3. volvī, volūtus **1.** vorwärts rollen, wälzen: **saxa in subeuntes** *Cu*; *met.* fortunis provolvi aus seinem Besitz vertrieben werden *T*, **provoluta usque ad libita Pallantis** herabgesunken *T.* **2.** *refl. med.* sich niederwerfen, niederfallen: **ad pedes** *LCu*; **genibus** (*dat.*) *T*.

proximē, proximus s. prope.   Dav.

proximitās, ātis, *f.* nahe Verwandtschaft *O.*

proxumē, proxumus [altl.] s. prope.

prūdēns, entis, *adv.* **enter** (statt providens, § 52) **1.** wissentlich, absichtlich: **p. et sciens. 2.** (einer Sache) kundig, in etw. erfahren: **rei militaris** *N*, **locorum** *L*; **in iure civili, in disserendo** bewandert; mit *inf. H.* **2.** umsichtig, klug, verständig, einsichtsvoll.   Dav.

prūdentia, ae, *f.* **1.** das Vorhersehen: **futurorum. 2.** Kenntnis, Wissenschaft: **iuris civilis, rei militaris** *N.* **3.** Umsicht, Einsicht, Klugheit.

pruīna, ae, *f.* **1.** Reif. **2.** *met.* Schnee: **pruinā circumfusa corpora boum** *V.* **3.** *meton.* Winter: **mediae** *V.* E: vgl. ai. prusvā 'Reif', got. frius 'Frost', ahd. friosan 'frieren', § 10.   Dav.

pruīnōsus 3 voll Reif, bereift *O.*

prūna, ae, *f.* glühende Kohle *VH.*

prūniceus 3 (prūnus, vgl. prunum) vom Holz des Pflaumenbaumes *O.*

prūnum, ī, *n.* (προῦμνον) Pflaume *VPrOSp.*

prūriō, īre jucken *C*; lüstern sein *Ca.*

Prūsa, ae, *f.* Bursa [St. am bithynischen Olymp] *Pli*; Einw. **Prūsēnsēs** *Pli.*

prytanēum, ī, *n.* (πρυτανεῖον, § 91, Abs. 2) Stadthaus, Rathaus [in gr. Städten].   Von

prytanis, *m.*, *acc.* in (πρύτανις) der P r y t a n e [in manchen gr. Freistaaten die höchste Behörde] *L.*

psallō, ere (ψάλλω) Zither spielen, zur Zither singen.

psaltēs, ae, *m.* (ψάλτης) Zitherspieler *Q.*

psaltria, ae, *f.* (ψάλτρια) Zitherspielerin.

pseliūmenē, *f.*, *acc.* ēn (ψελιουμένη) die Bekränzte *Sp.*

psēphisma, atis, *n.* (ψήφισμα) Volksbeschluß *Pli.*

Pseudo-catō, ōnis, *m.* (ψεῦδος, Cato) unechter Cato.

Pseudo-damasippus, ī, *m.* unechter Damasippus.

pseudodipteros, on (ψευδοδίπτερος) scheinbar mit 2 Säulenreihen versehen: **aedes** *Sp.*

Pseudolus, ī, *m.* 'Lügenmaul' [Lustspiel des Plautus].

psithius 3 (ψίθιος) psithisch: **vitis** *V*; *subst.* **psithia**, ae, *f.* [Rebsorte] *V.*

psittacus, ī, *m.* (ψίττακος) Papagei *OPli.*

Psōphis, īdis, *f.* P. [St. in Arkadien] *O.*

Psophodeēs, is, *m.* (ψοφοδεής) 'Der Argwöhnische' [Lustspiel Menanders] *Q.*

psȳchomantīum, ī, *n.* (ψυχομαντεῖον, § 91, Abs. 2) Totenorakel.

Psyllī, ōrum, *m.* die P. [Volk an der Großen Syrte] *Sp.*

-pte (enklitisches Suffix am *pron. poss.*) vornehmlich.

Pteleum, ī, *n.* P. [Hafenst. in Thessalien] *L.*

Pthīa, ae, *f.* u. **Phthīa**, ae, *f.* P. [St. (?) u. Landsch. im

südl. Thessalien, Heimat des Achilles]; *adi.* **Phthīus** 3: **rex** = Peleus *O*, **Thebae** [in der Phthiotis] *L. Subst. f.* **Phthīas**, adis Phthierin *O.* Einw. **Phthīōtēs**, ae, *m.* Dav. *adi.* **Phthīōticus** 3; *subst.* **Phthīōtis**, idis, *f.* die Ph. [Landsch. im südl. Thessalien].

ptisanārium, ī, *n.* Brei [aus Gerstengrütze oder Reis] *H.* E: πτισάνη 'Gerstengrütze'.

Ptolomaeus u. **Ptolemaeus**, ī, *m.* P. [Feldherr Alexanders, nach dessen Tod König von Ägypten 323—283]; als *adi.* ägyptisch *Pr.* Dav. **Ptolomāis**, idis, *f.* P. [St. in Ägypten].

pūbēns, entis (vgl. I. pubes) strotzend, blühend *V.*

pūbertās, ātis, *f.* Mannbarkeit, Geschlechtsreife *TSp*; *meton.* Zeugungskraft: **inexhausta** *T*, erster Bartwuchs.

I. pūbēs, eris **1.** mannbar, erwachsen; *subst.* **puberes** Waffenfähige. **2.** *met.* saftig, kräftig: **folia** *V.*

II. pūbēs, is, *f.* **1.** Unterleib, Schoß; Scham(gegend): **virgo pube tenus** *V.* **2.** junge Mannschaft, erwachsene Jugend: **Italiae**; d i c h t. **indomita (taurorum)** Jungherde *V.* **3.** Männer, Leute: **agrestis** Landvolk *V.*

pūbēscō, ere (I. pubes) **1.** mannbar, erwachsen werden; *met.* heranwachsen, reifen: **pubescit vinea** *V.* **2.** sich mit etw. überziehen: **prata flore pubescunt** *O.*

pūblicānus, ī, *m.* (publicum) Steuerpächter [der Staatseinnahmen in den Provinzen].

pūblicātiō, ōnis, *f.* (publico) Einziehung, Beschlagnahme, Konfiskation.

pūblicē (*adv.* zu publicus) **1.** öffentlich, im Namen, im Interesse des Staates, von Staats wegen: **p. versuram facere** eine Staatsanleihe *N*; *occ.* auf Staatskosten: **efferri** *N.* **2.** allgemein, insgesamt: **exsulatum ire** *L.*

pūblicitus (publicus) *adv.* von Staats wegen *C.*

Pūblicius clivus der c. P. [Hauptaufgang zum Aventin] *L.*

pūblicō 1. (publicus) **1.** für den Staat einziehen, beschlagnahmen, konfiszieren: **bona, regnum** annektieren, **Ptolomaeum** das Vermögen des P. **2.** zum öffentlichen Gebrauch hergeben: **Aventinum** für den Anbau, **pudicitiam** preisgeben *T*, **studia** öffentlich zeigen *T*, **epistulas** herausgeben *Pli.*

pūblicum, ī, *n.* s. publicus 1. u. 2.

pūblicus 3

> **1. dem Volk** (der Gemeinde, dem Staat) **gehörig, Volks-, Staats-;** **2. öffentlich, allgemein;** *occ.* **gemein, alltäglich.**

1. pecunia Staatsgelder, **litterae, tabulae** Staatsurkunden, **vincula** Staatsgefängnis *N*, **occupationes** Staatsgeschäfte, **servus** Amtsdiener *L*, **res** Staatssache *N*, **iniuria** gegen den Staat, **sumptus** (im**pensa** *N*) Staatskosten, **funus** auf Staatskosten *T*, **equus** vom Staat bereitgestellt *LSp*, **bonum** Vorteil, **malum, pessimum** Nachteil, größter Schaden des Staates *L*; **res p.** Staatswesen, Staat; s. res. Dav. *subst.* **pūblicum**, ī, *n.* Staat, Gemeinwesen: **in publicum emere, redimere** für den Staat *L*, **in publico animadvertere** von Staats wegen, **mos in publicum consulendi** für das allgemeine Wohl *Pli.* **b. Staatseigentum: avertere aliquid de publico. c. Staatsschatz, -kasse:**

pudens 372 **pullus**

pecunias in publico deponere, pecuniam ex publico tradere. **d. Staatseinkünfte, Steuern:** conducere publica *H*; **occ. Steuerpacht:** in eo publico esse diese Staatspacht haben *L.* **2.** favor *O*, funus *Pli*, usus *H*; **occ.** structura carminis *O. Subst.* **pūblicum**, ī, *n.* **Öffentlichkeit, öffentlicher Ort, Straße:** in publicum prodire, in publico esse sich öffentlich zeigen, in publico ponere öffentlich ausstellen *N*, carere publico daheim bleiben; **occ. öffentliches Lagerhaus:** hordeum in publicum conferre einlagern.

pudēns, entis, *adv.* **enter** sittsam, ehrbar, schüchtern, bescheiden; *pl. subst.* ehrbare Leute. Von

pudet 2. puduit u. puditum est sich schämen: me quid pudeat? non te haec pudent? *C*; meist u n - p e r s., die Pers. im *acc.*, die Sache im *gen.* oder *inf.* me pudet nequitiae tuae, pudet me dicere ich schäme mich; pudet dictu *T*; me pudet tui vor dir *C*, pudet deorum es ist eine Schande vor *CL.* Dav. **pudendus** 3 schmählich, schimpflich, schändlich. Dav.

pudibundus 3 verschämt, schamhaft *HO.*

pudīcitia, ae, *f.* züchtiges, schamhaftes Betragen, Schamhaftigkeit, Sittsamkeit; p e r s o n. P. [Göttin der Schamhaftigkeit] *L*; **occ.** Keuschheit: spectata *L.* Von

pudīcus 3, *adv.* **ē** (pudet) schamhaft, züchtig, keusch, ehrbar: taeda Hochzeitsfackel *O.*

puditum est *pf.* v. pudet.

pudor, ōris, *m.* (pudet) **1. Scham, Scheu:** paupertatis über die Armut *H*; pudor (pudori est) mit *inf.* ich schäme mich *O.* **occ. 2. Ehrbarkeit, Ehrenhaftigkeit, Ehrgefühl:** pudore adducti. **3. Keuschheit, Züchtigkeit:** oblita pudoris *O.* **4.** *meton.* **Schmach, Schande:** removere pudorem den Schandfleck *O*, pudori esse Schande bereiten *L.*

puduit *pf.* v. pudet.

puella, ae, *f.* (zu puellus, *dem.* v. puer) **1. Mädchen:** innuptae *V.* **occ. a. Tochter:** Danai *H.* **b. Geliebte:** cara *H.* **2. junge Frau:** laborantes utero *H.*
Dav. (§ 75, Abs. 2)

puellāris, e, *adv.* **iter** mädchenhaft, Mädchen-, jugendlich *OQTPli.*

puellula, ae, *f.* (*dem.* v. puella) Mägdlein, nettes Mädchen *CCa.*

puer, erī, *m., voc.* puere *C* **1. Kind**, bes. *pl.* uxor ac pueri *L*; **occ. Kindheit:** ex pueris excedere; a puero, a pueris von Jugend, von Kindheit an. **2. Knabe, Bub.** **occ. a. Sohn:** Ledae pueri = die Dioskuren *H.* **b. Jüngling, junger Mann:** egregius. **3. Bursch, Knecht, Diener:** regii Pagen *Cu.*
E: verw. mit pullus, pupillus, pusio; ai. putrah 'Sohn'. Dav.

puerāscō, ere ins Knabenalter treten *Sp.*

puerīlis, e, *adv.* **iter** (puer, § 75, Abs. 2) **1.** knabenhaft, jugendlich, kindlich: anni *O*, vox. **2.** kindisch: vota *O*, animus.

pueritia, ae, *f.* (puer) Kindheit, Knabenalter.

puer-pera, ae, *f.* (puer, pario) Wöchnerin; **occ.** die Gebärende; dazu *adi.* **puerperus** 3 die Geburt fördernd: verba *O.* Dav.

puerperium, ī, *n.* Niederkunft, Wochenbett *TSp.*

puerperus 3 s. puerpera.

puertia *H* synk. = pueritia.

puerulus, ī, *m.* (*dem.* v. puer) Bürschchen.

pūga, ae, *f.* (πυγή) Steiß *H.*

pugil, ilis, *m.* (vgl. pug-nus) Faustkämpfer, Boxer. Dav.

pugilātus, ūs, *m.* Faustkampf *C.*

pugillārēs, ium, *m.* Schreibtäfelchen *Pli.*
E: pugillus 'Handvoll'.

pūgiō, ōnis, *m.* (pungo) Dolch. Dav. *dem.*

pūgiunculus, ī, *m.* kleiner Dolch, Stilett.

pūgna, ae, *f.* (pugnare, § 76) **1. Faustkampf, Schlägerei:** (in conviviis) res ad pugnam vocabatur. **2. Kampf, Schlacht, Gefecht:** navalis *N*, Marathonia *N.* **3. Kampfspiel:** quinquennis *O.* **4.** *met.* **Streit:** quas ego pugnas edidi (dicht.). **5.** *meton.* Schlachtreihe: media *L.* **6.** (listiger) **Streich** *C.*

pūgnācitās, ātis, *f.* (pugnax) Streitlust *T.*

pūgnāculum, ī, *n.* (pugno) Bastei *C.*

pūgnātor, ōris, *m.* (pugno) Streiter, Kämpfer *VL.*

pūgnāx, ācis kampflustig, streitbar, kriegerisch; *met.* streitlustig: ignis aquae (*dat.*) p. im Streit mit *O.* Von

pūgnō 1. **1. kämpfen, fechten, ein Gefecht liefern:** bella durchkämpfen *V*; pugnantes, ium, *m.* Kämpfer. *met.* **2. streiten, im Streit liegen:** cum natura, de dis; dicht. mit *dat.* amori gegen die Liebe *V*, habenis am Zügel zerren *V.* **3. widersprechen:** pugnantia loqui Widersprüchliches, pugnat sententia secum *H.* **4. sich bemühen, ringen, streben;** mit ut, ne; *inf., acc. c. inf. O*; in mea vulnera mich selbst zu verwunden *O.*
E: pugnus; eigtl. 'mit der Faust kämpfen'.

pūgnus, ī, *m.* (vgl. πυγ-μή, πύξ) Faust: superare pugnis im Faustkampf, Boxkampf *H.*

pulcer = pulcher.

pulchellus 3 hübsch: Bacchae [als Statuen]; [meist ironisch]: puer [von Clodius]. *Dem.* von

pulcher (pulcer), chra, chrum **1. schön:** dicht. **tapfer:** Hercules *V*, proles pulcherrima bello *V. met.* **2. vortrefflich, herrlich, rühmlich:** exemplum, origo *V*, mors *V.* **3. behaglich, glücklich:** dies, se pulchrum ac beatum putare. **Pulchri** promunturium [Kap nö. von Karthago] *L. Adv.* **pulchrē 1. schön, herrlich, vortrefflich:** facere *N*, dicere. **2. occ. gut, wohl:** mihi p. est, illum p. nosse *H.* Dav.

pulchritūdō, inis, *f.* Schönheit; *met.* Trefflichkeit, Herrlichkeit.

pūlēium, ī, *n.* Flohkraut, P o l e i ; *met.* sanfte Tonart.

pūlex, icis, *m.* Floh.

pullārius, ī, *m.* (I. pullus) Hühnerwärter [der die Weissagehühner zu füttern hatte].

pullātus 3 (II. pullus) im Arbeitsgewand *Pli.*

pulleiāceus 3 (II. pullus) schwarz *Sp.*

pullulō 1. **1.** ausschlagen, treiben: pullulat silva *V.* **2.** *met.* sich entwickeln, wuchern: luxuria incipiebat pullulare *N*, colubris wimmeln *V.*
E: pullulus 'junger Zweig', *dem.* v. I. pullus.

pullum, ī, *n.* s. II. pullus.

I. pullus, ī, *m.* (s. puer) **1. Junges:** pecoris *V*, gallinacei Küken *L.* **2. occ.** junges Huhn. **3.** 'Hühnchen' [Kosewort] *H.*

II. pullus 3 dunkelfarbig, dunkel, schwärzlich: ficus *H*,

pulmentarium   373   **purpuratus**   **P**

myrtus *V*; toga Trauerkleid, tunica Arbeitskittel; *subst.*
pullum, ī, *n.* dunkler Stoff: obstrusa carbasa pullo schwarz verbrämte Kleider *O*.
E: vgl. πελλός, πολιός 'grau'.
pulmentārium, ī, *n.* Zukost, Zuspeise, Beilage *H.*   Von
pulmentum, ī, *n.* (= pulpamentum) Fleischstück, Portion *H.*
pulmō, ōnis, *m.* (vgl. ionisch πλεύμων = πνεύμων) Lunge.
pulpa, ae, *f.* Fleisch *Sp.*   Dav.
pulpāmentum, ī, *n.* Fleischspeise, Zukost.
pulpitum, ī, *n.* Brettergerüst, Bühne *HO*; Katheder *H.*
puls, pultis, *f.* die Puls, dicker Brei [aus Spelt oder anderen Getreidearten, Kost der einfachen Leute, auch Futter der Weissagehühner]: offa pultis.
pulsātiō, ōnis, *f.* das Stoßen, Schlagen *L.*   Von
pulsō 1. (*frequ.* v. pello) **1.** (wiederholt) schlagen, stoßen: fores klopfen *O*, campus equis pulsatus zerstampft *O*, flumina traben über *V*; *meton.* vento et imbri treffen, peitschen *V*, curru Olympum durchfahren *V*, sidera anstoßen *V*, nervus pulsans schnellend *V*, sagittam fortschnellen, abschießen *V*. **2.** prügeln, mißhandeln: legatos *L*; **occ.** pulsati divi vertrieben *V*. **3.** beeindrucken, bewegen: quae te vecordia pulsat? treibt dich *O*, imaginibus pulsantur animi; **occ.** beunruhigen: pavor pulsans *V*.
I. pulsus *pt. pf. pass.* v. pello.
II. pulsus, ūs, *m.* (pello) **1.** das Stoßen, Schlagen, Stoß: equorum das Stampfen *V*; venarum Pulsschlag *T*. **2.** *met.* Eindruck, Anregung: externus.
pulti-phagus 3 (hybrid: puls, φαγεῖν) breiessend = römisch *C.*
pultō, āre (*frequ.* v. pello) schlagen, klopfen *C.*
pulvereus 3 (pulvis) **1.** aus Staub: nubes *V*. **2.** staubig: solum *O*. **3.** staubend: palla [des Boreas] *O*.
pulverulentus 3 (pulvis) staubig, voll Staub; **bildl.** praemia militiae mühevoll *O*.
pulvillus, ī, *m.* (*dem.* v. pulvinus) kleines Kissen *H.*
pulvīnar, āris, *n.* (pulvinus, § 87) **1.** Götterpolster [beim lectisternium]; *meton.* Göttermahl: suscipere anrichten *L*; pulvinaria deorum Tempel. **2.** Polstersitz *CaOSp.*
pulvinus, ī, *m.* **1.** Polster, Kissen. **2.** Grasteppich *Pli.*
· **pulvis**, veris, *m.* (*f. Pr*) **1.** Staub: Olympicus = der Rennbahn *H*, novendiales *H*, horrida *Pr* Totenasche, amomi Pulver *O*; eruditus [Glasstaub, in dem die Mathematiker Figuren mit einem Stäbchen (radius) zeichneten]; *meton.* homunculus a pulvere et radio = Mathematiker; **bildl.** sine pulvere palma = mühelos errungen *H.* **2.** *meton.* Rennplatz, Feld, Bahn, Schauplatz: domitare in pulvere currūs *V*; **bildl.** in suo pulvere auf eigener Bahn *O*, procedere in solem et pulverem öffentlich auftreten.
pūmex, icis, *m.* **1.** Bimsstein: poliuntur pumice frontes (libri) *O*, arida pumice expolitus *Ca*; **bildl.** exactus pumice versus sorgsam geglättet *Pr*. **2.** Gestein, Geklüft, Lava *VHO*.
E: zu spuma; von seiner schaumartigen Beschaffenheit.
pūmiceus 3 (pumex) aus Lava: molae *O*.

pūmicō 1. (pumex) mit Bimsstein glätten; **bildl.** homo comptus et pumicatus geschniegelt und gebügelt *Pli.*
punctim (pungo, § 79) *adv.* stichweise *L.*
punctum, ī, *n.* **1. Stich**: volucris parvulae Mückenstich *Ph.* **2. Punkt. occ. a.** die [beim Auszählen durch einen Punkt bezeichnete] **Wahlstimme, Stimme**: quot puncta tulisti? wieviel Stimmen hast du bekommen? puncto illius nach seinem Urteil *H*, omne tulit p. findet allgemeinen Beifall *H.* **b. Punkt, kleinste Stelle**: terrae. *met.* **3. Augenblick, Nu**: temporis. **4. kurzer Absatz, Abschnitt**: argumentorum.   Von
pungō 3. pupugī, punctus stechen; *met.* beunruhigen, verletzen, kränken, quälen.
Punic . . . s. Poenus.
pūniō 4. (altl. poeniō, § 52, v. ποινή, poena) **1.** (be)strafen: 'Ipse se poeniens' 'Selbstquäler' [Komödie des Terenz]. **2.** *med.* Rache nehmen an: inimicissimum crudelius poenitus est. **3.** rächen: dolorem, Graeciae fana poenire; auch *dep.*   Dav.
pūnītiō, ōnis *f.* Bestrafung.   Und
pūnītor, ōris, *m.* **1.** Bestrafer *Sp.* **2.** Rächer: doloris sui.
pūpilla, ae, *f.* verwaistes Mädchen, Waise, Mündel *Pli.*
E: *dem.* v. pūpa 'kleines Mädchen'.
pūpillāris, e (§ 75, Abs. 2) Waisen-: pecuniae Waisengelder *L.*   Von
pūpillus, ī, *m.* Waisenknabe.
E: *dem.* v. pūpus 'Bub'.
Pūpīnia, ae, *f.* u. **Pūpīniēnsis** ager *P.* [unfruchtbare Gegend in Latium] *L.*
puppis, is, *f.*, *acc.* im, [selten] em, *abl.* i Schiffsheck; *synecd.* Schiff.
pupugī *pf.* v. pungo.
pūpula, ae, *f.* Pupille, Augenstern; *synecd. pl.* Augen *H.*
E: *dem.* v. pūpa 'kleines Mädchen'.
pūrgāmen, inis, *n.* (purgo) **1.** Mist, Schmutz: Vestae aus dem Vestatempel *O*. **2.** Reinigungsmittel *O.*
pūrgāmentum, ī, *n.* (purgo) meist *pl.* Unrat, Schmutz *LT*; *met.* Auswurf, Abschaum, Gesindel *Cu.*
pūrgātiō, ōnis, *f.* Reinigung: alvi das Abführen; *met.* Rechtfertigung.   Von
pūrgō 1. **1.** reinigen, säubern: falcibus locum [vom Unkraut], urbem [von schlechten Leuten]; purgor bilem [durch Purgieren] *H*, morbi purgatus geheilt von *H*, aures purgatae offen *H.* **2. occ.** reinigen, (ent)sühnen: populos, nefas *O.* **3.** *met.* entschuldigen, rechtfertigen: si sibi purgati esse vellent in seinen Augen, facinus wiedergutmachen *L*, probra widerlegen *T*, crimine freisprechen *T*, de luxuria von dem Vorwurf; mit *gen.*, *acc. c. inf. L.*
NB: altl. pūr-igo.
E: v. pūr 'Feuer' = gr. πῦρ, u. ago, vgl. §§ 66 u. 41 u. purus.
purpura, ae, *f.* (πορφύρα, § 91) **1.** Purpurschnecke *Sp.* **2.** Purpurfarbe: violae *V.* *meton.* **3. Purpurkleid, -decke**: regum *V*, lectum purpurā sternere *L.* **4. hohes Amt**: nova purpura fulget *O.* Dav.
purpurātus 3 in Purpur gekleidet *C*; *subst.* Höfling.

purpureus 374 **Pyrro**

purpureus 3 (πορφύρεος, § 91) **1.** purpurn, tiefrot: anima Blut *V.* **2.** in Purpur gekleidet. **3.** glänzend, strahlend, schön, prächtig: crinis *O*, ver *V*, os strahlend *H.*
purpurissum, ī, *n.* (πορφυρίζον) rote Schminke *C.*
pūrus 3, *adv.* **ē** (**iter** *Ca*) (πῦρ, § 76)

> I. **1. klar, hell, heiter**; 2. **gereinigt, lauter, rein**; 3. *met.* ohne Zusatz, **einfach, unverändert, rein**.
> II. **1. fleckenlos, unbefleckt**; 2. **entsühnt, von der Trauer befreit**; 3. **einfach, schmucklos**.

I. 1. aёr, sol *H*, per purum durch heiteren Himmel *H*, purius splendere *VH.* **2.** humus, mel *V*, aqua *H.* **3.** hasta Lanzenschaft *V*, argentum glatt, ohne Verzierung; toga *Ph*, vestis *V* ohne Purpurstreifen, weiß, parma einfach *V*, purus (ab arboribus) campus frei, offen *VLO.* **II. 1.** pure vitam agere, animus, vita et pectus *H*, pure sacrificare *L*, duellum gerecht *L*; forum caede purum; sceleris *H.* **2.** dies trauerfrei *O*; arbor, pinus entsühnend *O.* **3.** dicendi genus, historia; pure tranquillare völlig *H.*
pūs, pūris, *n.* Eiter *Sp*; *met.* p. atque venenum 'Gift und Galle' *H.*
E: vgl. πῦον, ai. pūyati 'wird faul, stinkt', ahd. fūl 'faul', § 12, puteo, puter.
pusillus 3 (*dem.* v. pūsus, § 46) **1.** winzig: testis; vox schwach *Q.* **2.** kleinlich: animus *H.*
pūsiō, ōnis, *m.* Knäblein.
E: Koseform zu pūsus 'Knabe'.
pussula, ae, *f.* Blase, Pustel *Ti.*
pută zum Beispiel, nämlich: 'Quinte' puta aut 'Publi' *H.*
E: *isol. imp.* zu putāre; über ă § 45; 'nimm an'.
putāmen, inis, *n.* (puto) Schale: iuglandium.
putātiō, ōnis, *f.* (puto) das Beschneiden [der Bäume].
putātor, ōris, *m.* (puto) Beschneider: vitis *O.*
puteal, ālis, *n.* (puteus, § 87) **1.** Brunneneinfassung. **2.** Blitzmal [geweihte u. eingezäunte, vom Blitz getroffene Stelle]: Puteal (Libonis) [auf dem comitium, in dessen Nähe das von L. Scribonius Libo errichtete tribunal des Prätors stand] *H.*
pūteō 2. uī (vgl. pus) stinken, verfault riechen.
Puteolī, ōrum, *m.* Pozzuoli [St. in Kampanien]; *adi.* u. Einw. **Puteolānus**; Puteolanum, ī, *n.* das P. [Landgut Ciceros].
puter, tris, tre (vgl. pus) **1.** morsch, faul: navis *L*, fanum verfallen *H.* **2.** locker, mürbe: glaeba *V*, campus, fungus *V.* **3.** welk, matt, schlaff: mammae *H*, oculi schmachtend *H.*
pūtēscō 3. pūtuī (*incoh.* zu puteo) vermodern, faulen.
puteus, ī, *m.* **1.** Grube: puteum demittere graben *V.* **2.** Brunnen: iuges, perennes *H* Quellen.
pūtidiusculus 3 (*dem.* v. putidior) etwas lästiger.
pūtidus 3, *adv.* **ē** (puteo, § 74) **1.** faul, modrig: vinum *C. met.* **2.** welk, matt: longo saeculo *H*, cerebrum 'verbrannt' *H.* **3.** widerlich, zudringlich, gesucht, unnatürlich, affektiert.
putō 1. (v. putus, vgl. putzen) reinigen

> 1. **beschneiden, schneiteln**; *met.* 2. **bereinigen,**

> **ordnen**; *occ.* **erwägen**; 3. **schätzen, veranschlagen,** für etw. **halten**; 4. **glauben, meinen, dafürhalten**.

1. vitem *V.* **2.** rationes cum publicanis abrechnen; *occ.* multa (cum corde) *V.* **3.** denariis quadringentis Cupidinem; tanti so hoch, nihili für nichts; parvi, minoris, minimi; aliquid pro concesso, pro nihilo; imperatorem in aliquo numero einigermaßen, maximum bonum in celeritate *S*; meist mit *acc. praedic.* (*pass.* mit dopp. *nom.*): eum insidiatorem *N*, nihil rectum *N*; *pass.* ea regio putabatur locupletissima galt *N.* **4.** Meist mit *acc. c. inf.*; ohne esse: neque satis causae nicht für wichtig genug, facta puta halte für getan *O*; sensisse putares man hätte glauben sollen *O.*
putrē-faciō 3. fēcī, factum morsch, mürbe machen *CL*, *pass.* verfaulen; *met.* locker (mürbe) machen *L.*
E: altl. putreo 'faul sein' v. puter.
putrēscō, ere (s. putrefacio) vermodern *H.*
pūtuī *pf.* v. puteo oder putesco.
putus 3 rein, *met.* glänzend.
pycta, ae, *m.* (πύκτης) Faustkämpfer, Boxer *PhSp.*
Pydna, ae, *f.* P. [St. in Makedonien am Thermäischen Golf, Schlacht 168] *NL*; Einw. Pydnaeī *L.*
pȳga = pūga.
Pygmaeus 3 der Pygmäen ('Däumlinge'): mater = Gerana [oder] Oenoё *O.*
Pyladēs, ae und is, *m.* P. [Freund des Orestes].
pylae, ārum, *f.* Paß, Engpaß; bes. = die Thermopylen; *adi.* Pylaïcus 3 bei den Thermopylen *L.*
E: πύλαι 'Pforten, Tore'.
Pylos u. **-us**, ī, *f.* P. [St. **1.** in Messenien, Sitz des Neleus *LO.* **2.** im südl. Elis, Sitz des Nestor *O*]. *Adi.* zu **2. Pylius** 3; *subst.* = Nestor; Pylii anni *O*, dies *O* = ein hohes Alter [wie das des Nestor].
pyra, ae, *f.* (πυρά) Scheiterhaufen *VO.*
pȳramis, idis, *f.* (πυραμίς) Pyramide.
Pȳrēnē, ēs, *f.* P. [Tochter des Bebryx, Geliebte des Herkules, begraben in den Pyrenäen] Silius Italicus; **Pȳrēnē** *Ti*, gew. **Pȳrēnaeus**, ī, *m. SL* die Pyrenäen; *adi.* saltus, montes.
Pyrgī, ōrum, *m.* P. [St. in Etrurien] *VL*; *adi.* Pyrgēnsis, e.
Pyriphlegethōn, ontis, *m.* (Πυριφλεγέθων) P. [Feuerstrom in der Unterwelt, gew. Phlegethon].
pyrōpus, ī, *m.* Goldbronze [¾ Kupfer, ¼ Gold] *PrO.*
E: πυρωπός 'feuerfarbig'.
Pyrr(h)a, ae, *f.* P. [**1.** Gemahlin des Deukalion. **2.** St. auf Lesbos]; *subst.* zu **2. Pyrrhias**, adis, *f.* Mädchen aus P. *O.*
Pyrr(h)ēum, ī, *n.* s. Pyrrhus.
Pyrr(h)ō, ōnis, *m.* P. [Philosoph aus Elis, Zeitgenosse Alexanders, Begründer der skeptischen Schule]. Dav. **Pyrrhōnēī**, ōrum, *m.* = Skeptiker.
pyrrhopoecilos, *m.*, *acc.* on (πυρροποίκιλος) = syenites roter Granit *Sp.*
Pyrrhus, ī, *m.* P. [**1.** = Neoptolemus *VO.* **2.** König in Epirus]; *subst.* zu **2. Pyrrhēum**, ī, *n.* das P. [Königspalast des Pyrrhus in Ambrakia] *L.*
pyrricha, ae, *f.* (πυρρίχη) [dor.] Waffentanz *Sp.*
Pyrrō = Pyrrho.

Pythagoras 375 **quaero** **Q**

Pȳthagorās, ae, *m.* P. [Philosoph aus Samos um 540, Stifter der pythagoreischen Schule]; *adi.* **Pȳthagorēus** 3; *pl. subst. m.* Schüler des P.; **Pȳthagoricus** 3 *L.*

Pȳthia s. Pytho.

Pȳthias, adis, *f.* P. [Sklavin im Lustspiel] *H.*

Pȳthō, ūs, *f.* P. [alter Name v. Delphi] *Ti. Adi.* **Pȳthi-(c)us** 3 delphisch: incola = Apollo *H; subst.* **Pȳthia,**

ae, *f.* P. [Orakelpriesterin des delphischen Apollo]; **Pȳthia**, ōrum, *n.* die Pythischen Spiele [bei Delphi, alle vier Jahre gefeiert].

Pȳthōn, ōnis, *m.* P. [von Apollo in Delphi getöteter Drache] *PrO.*

pyxis, idis, *f.* (πυξίς) Büchse [für Arzneien u. Salben] *Sp.*

Q

Q. als Abkürzung = Quintus oder -que; SPQR = senatus populusque Romanus.

I. quā (*adv. abl. sg. f.* v. qui) **I.** *interrogativ:* **wo?** *met.* **wie?** nescio qua ascendit; qua facere id possis *V.* **II.** *relat.* **1. wo:** ea transire flumen, qua traductus est equitatus; **occ. a. wohin:** in Atrebatium fines, qua sibi iter faciendum sit. **b. soweit:** colles occupare, qua despici potest. *met.* **2. insoweit, insofern:** effuge, qua potes *O.* **3. wie, auf welche Weise:** qua lubet *Ca*, qua res, qua ratio suaderet *H.* **4. quā ... quā teils ... teils, sowohl ... als auch:** qua consules, qua exercitum increpare *L.* **III.** *indef.* (enklitisch): **irgendwie, etwa:** sī quā, nē quā.

II. quā s. qui.

quā-cumque, quā-cunque (vgl. I. qua) *adv.* wo nur immer, überall wo; *met.* wie nur immer: quacumque incidere lites *V.*

quādam ... tenus (quidam) *adv.* bis zu einer gewissen Grenze *H.*

Quadī, ōrum, *m.* die Q. [Volk im jetzigen Mähren] *T.*

quadra, ae, *f.* (quattuor) viereckiges Brot, Brotscheibe *VH.*

quadrāgēnī 3 (*gen.* ûm; quadraginta) je vierzig.

quadrāgē(n)simus 3 (quadraginta) der vierzigste; *f. subst.* quadragesima 'der Vierzigste' [als Abgabe] *TSp.*

quadrāgiē(n)s *adv.* vierzigmal: quadragies lis aestimata auf 4 Millionen Sesterze *L.* Von

quadrāgintā (quattuor) vierzig.

quadrāns, antis, *m.* (quadro) Viertel [in einem Duodezimalsystem] *Pli*; Viertelas [Eintrittspreis für das Bad] = 'Groschen', 'Pfennig': quadrante lavatum *H.* Dav.

quadrantālis, e von einem Viertelfuß: crassitudo *Sp.*

quadrantārius 3 (quadrans) ¼ As kostend *Sp.*

quadrātus 3 (quadro) viereckig: saxum Quader *L*, regula viereckige Leiste, agmen in Schlachtordnung marschierend; *subst.* **quadrātum**, ī, *n.* Viereck, Quadrat.

quadri- u. (vor p) **quadru-** vier- [Form v. quattuor in Zusammensetzungen]

quadrī-duum, ī, *n.* (quatrīduum; vgl. biduum) vier Tage, ein Zeitraum von vier Tagen.

quadri-ennium, ī, *n.* (annus, § 43) Zeitraum von vier Jahren.

quadri-fāriam *adv.* vierfach, in vier Teile *L.*

quadri-fidus 3 (quattuor, findo) viermal gespalten: sudes *V*; quercum qu. scindere in vier Teile *V.*

quadrīgae, ārum, *f.* (aus quadri-iugae v. iungo; *sg. PrPli*) Viergespann: alborum equorum *L; meton.* vierspänniger Wagen: aureae, falcatae *L*; navibus atque quadrigis = mit allen Mitteln *H.* Dav.

quadrīgārius, ī, *m.* Wagenlenker.

quadrīgātus 3: nummus der Quadrigatus [Silberdenar mit einem aufgeprägten Viergespann] *L.*

quadri-iugis, e u. **-us** 3 (iugum) vierspännig; *subst.* **quadriiugī**, ōrum, *m.* Viergespann *O.*

quadrīmulus 3 vierjährig: puer *C.* Dem. von

quadrīmus 3 (vgl. bimus) vierjährig.

quadringēnārius 3 aus je 400 Mann bestehend. Von

quadringēnī 3 (quadringenti) je vierhundert.

quadringentēsimus 3 der vierhundertste *L.* Von

quadrin-gentī 3 (centum) vierhundert. Dav.

quadringentiē(n)s *adv.* vierhundertmal: CCCC HS (quadringentiens sestertiûm) = 40 Millionen Sesterze.

quadri-pertītus 3 (partio, § 43, auch quadripartitus, § 71) viergeteilt, vierfach.

quadri-pedāns, -pēs, -plex s. quadru- ...

quadri-rēmis, e (remus) vierruderig, mit vier Reihen von Ruderbänken: navis; *subst. f.* Quadrireme, Vierruderer.

quadrō 1. (quadrus) **1.** *trans.* viereckig machen; *met.* voll machen: acervum um das vierte Viertel auffüllen *H*, orationem rhythmisch abschließen. **2.** *intr.* viereckig sein; *met.* passen, sich schicken.

quadru-pedāns, antis (quadrupes) auf allen vier Füßen gehend, galoppierend; sonitus schallender Galopp *V; subst. m.* Pferd *V.*

quadru(-i-)-pēs (§ 41), pedis vierfüßig, auf vier Füßen: quadrupedem constringere Hände und Füße binden *C; subst. m. f.* (vierfüßiges) Tier, Vieh.

quadruplātor, ōris, *m.* Denunziant, Ankläger [in Prozessen, bei denen die Verurteilung auf das quadruplum des verletzten Interesses erfolgte]; *met.* bestechlicher Richter *L.*

E: quadruplārī 'denunzieren', v. quadruplum.

quadru-plex, icis (s. plico) vierfältig, vierfach: iudicium [der vier Senate der centumviri] *Pli.*

quadru-plum, ī, *n.* der vierfache Betrag, das Vierfache.

quadrum, ī, *n.* (quattuor) Viereck *Columella; met.* gehörige Form: in qu. redigere.

quaeritō, āre (eifrig) suchen, erwerben *CCa.*

Frequ. von

quaero   376   **quam**

quaerō 3. quaesīvī, quaesītus

---
1. **(auf)suchen**; *occ. a.* **vermissen**; *b.* **erfordern**;
met. 2. **sich zu erwerben, verschaffen, gewinnen**
suchen; *occ. a.* **bewerkstelligen, bereiten**; *b.* **erwer-**
ben, verdienen, gewinnen; 3. **zu erfahren suchen,**
forschen, fragen, sich erkundigen; *occ. a.* **wissen-**
schaftlich untersuchen; *b.* **gerichtlich befragen**;
c. **untersuchen, sich beraten**; 4. auf etw. **sinnen,**
trachten; *occ.* **begehren, verlangen, wünschen**.

---

1. regem *N*, portum, oculis lucem *V*. **a.** quaerit
Boeotia Dircen *O*. **b.** bellum dictatoriam maiesta-
tem quaerit *L*, collis munimenta *S*. **2.** pecuniam
borgen wollen *N*, armis gloriam atque divitias *S*,
sanguine reditūs erkaufen *V*, tempus eius interfi-
ciendi *N*, occasionem fraudis, locum iniuriae auf
eine Gelegenheit lauern, insidiis *L*. **a.** fugam, alicui
ignominiam *L*, salutem *S*, quaesita mors freiwillig *T*.
b. pecuniam, dotes sanguine quaesitae *V*; *pt. pf.*
pass. subst. Erworbenes, Erwerb *V*. **3.** imperatoris fi-
dem, causas *V*; mit de, indir. Fr.; die Person mit ab, de,
ex; *subst.* quaesitum, ī, *n.* Frage *O*. Formeln: quid
quaeris? was weiter? kurz! *H*, noli quaerere mit einem
Wort!, si quaeris wenn du weiteres wissen willst.
a. quaesitum est, naturā carmen fieret an arte *H*.
b. de morte alicuius, in dominos de servis. **c.** de
tanta re *N*, rationem, sententiam. **4.** novum consi-
lium *S*, convivia *V*, quaesitae artes ersonnen
(= künstlich) *V*; mit indir. Fr. *S*, *inf. V*. **occ.** descen-
dere *O*, dicere plura *V*, quaerit patria Caesarem
sehnt sich nach *H*.
NB: quaeso.   Dav.
quaesītor, ōris, *m.* Untersuchungsrichter [in Kriminalsa-
chen]; *met.* qu. Minos Richter *V*.
I. quaesītus *pt. pf. pass.* v. quaero.
II. quaesītus 3 (quaero) **1.** gesucht, affektiert: comi-
tas *T*, asperitas *T*. **2.** ausgesucht, auserlesen: leges *T*,
honores *T*.
quaesīvī *pf.* v. quaero.
quaesō, ere **1.** bitten. Meist in der 1. P. *sg.* u. *pl.* (quae-
sumus) als Einschub: decretum, quaeso, cognoscite;
mit *coni.* deos quaeso, floreas *Cu*; mit ut, ne. **2.** fra-
gen: talia *V*.
E: aus *quaesso, während quaero = *quaeso, s. § 29.
quaesticulus, ī, *m.* (*dem.* v. quaestus) kleiner Gewinn.
quaestiō, ōnis, *f.* (quaero für *quaeso, § 29)

---
1. das **Suchen**; 2. **Befragung, Frage**; 3. **gericht-**
liche Untersuchung; *occ.* **Folterung**; *meton.* 4. **Kri-**
minalgericht, Gerichtshof; 5. **wissenschaftliche Un-**
tersuchung; 6. **Gegenstand der Untersuchung,**
Stoff, Thema.

---

1. in quaestione esse gesucht werden müssen *C*.
2. captivorum. **3.** quaestionem habere de (ex) ali-
quo anstellen, rerum capitalium wegen Kapitalverbre-
chen, inter sicarios wegen Meuchelmordes. **occ.** facti
in eculeo quaestio est, servos in quaestionem dare,
polliceri, postulare. **4.** quaestioni praeesse, praepo-
situm esse; quaestiones perpetuae ständige Gerichts-

höfe [seit 149 unter Vorsitz eines Prätors oder eines iudex
quaestionis]. **5.** res in disceptationem quaestionem-
que vocatur. **6.** poëtica *N*, de natura deorum.
                                    Dav. *dem.*
quaestiuncula, ae, *f.* kleine wissenschaftliche Frage.
quaestor, ōris, *m.* (quaero für *quaeso, § 29) **Quästor**
[**1.** In ältester Zeit Untersuchungsrichter für Mordfälle *L*.
2. Jahresbeamte für die Verwaltung der Staatskasse; an-
fänglich zwei, seit 421 vier, so daß zwei die Staatskasse
verwalteten, zwei als Verwalter der Kriegskasse in den
Krieg gingen; seit 267 gab es acht, schließlich, seit Sulla,
zwanzig. Zwei (**urbani, aerarii**) blieben in Rom als Ver-
walter der Staatskasse, drei in Italien; die **provinciales**
gingen als oberste Gehilfen der Statthalter in die Provin-
zen, wo sie die Steuern einnahmen, Sold zahlten u. dgl.].
quaestōrius 3 (quaestor) **1.** quästorisch: comitia Tri-
butkomitien zur Quästorwahl *L*, porta Hintertor im Lager
[unweit des Quästorzeltes], gew. decumana *L*; *subst. n.*
Zelt [oder] Amtswohnung des Quästors. **2.** im Rang eines
Quästors: legatus; *subst. m.* gewesener Quästor.
quaestuōsus 3 (quaestus) **1.** gewinnreich, einträglich:
mercatura, emporium *L*. **2.** sich bereichernd, reich:
spoliis navigiorum *Cu*, veterani *T*.
quaestūra, ae, *f.* (quaestor) Quästoramt, Quästur.
quaestus, ūs (ī *C*), *m.* (quaero für *quaeso, § 29)
1. Erwerb, Gewinn: quaestui habere aliquid aus etw.
Vorteil ziehen. **2.** *meton.* Gewerbe: mercennariorum,
quaestum corpore facere *CLT*.
quālis, e (*adi.* zu qui mit Suffix ālis, § 75, Abs. 2) **1.** *in-*
terrogativ: wie beschaffen? was für ein? **2.** *relat.* wel-
cherlei, dergleichen, wie; prädik. (= *adv.*) wie, gleich-
wie: qualis apes exercet labor *V*.   Dav.
quālis-cumque, quāle-cumque **1.** *relat.* wie auch im-
mer. **2.** *indef.* was immer für ein, jeder ohne Unter-
schied.
quālis-libet, quāle-libet (§ 67) von beliebiger Beschaf-
fenheit.
quālitās, ātis, *f.* (qualis) Beschaffenheit.
quāliter (qualis) *adv.* wie *Sp*.
quā-lubet *adv.* auf jede beliebige Weise; überall *C*.
quālus, ī, *m.* (statt *quas-lus, § 30, s. quasillus) Korb.
quam (*adv. acc. sg. f.* v. qui) **I.** *interrogativ*: **wie? wie**
sehr? in welchem Ausmaß? Stets graduell, daher bei
adi. u. *adv.*, seltener bei *verb.* u. *subst*; quam non wie
wenig. **II.** *relat.* **wie, als. 1.** tam . . . quam so . . .
wie: non tam generosus quam pecuniosus nicht so-
wohl, als vielmehr *N*; ohne tam: quam voles saepe
sooft du willst, hiems, quam longa est so lang er ist *V*;
beim Superlativ mit und ohne posse: **möglichst:**
quam celerrime potuit so schnell er konnte, möglichst
schnell, supplicium quam acerbissimum möglichst
hart; **quam primum sobald als möglich, ehestens**;
beim Positiv: sehr, ganz *C*. **2.** **als** [in Relation zu Kompa-
rativen u. komparativischen Begriffen]: magis, amplius,
potius quam; atrocius quam pro numero hostium
als im Verhältnis zu *L*; periturum se potius dixit,
quam cum flagitio rediret eher . . . als daß *N*; quam
ut, quam qui. Nach plus, amplius, longius, minus
kann quam fehlen: plus septingenti mehr als. Bei Ver-
gleichung zweier Eigenschaften eines Subj. steht **a.** in

quamdiu   377   **quasi**   Q

beiden Gliedern *comp.*: ne libentius haec quam verius (dicam) mehr aus Liebhaberei als aus Überzeugung, **b.** im ersten Glied magis: magis audacter quam parate; unklassisch Positiv: clari quam vetusti maiores mehr berühmt als alt *T.* Komparativische Begriffe, nach denen quam steht, sind malle, praestat, velle *L,* probare *T* u. a.; alius, aliter [mit Negation], contra, secus, Zahlbegriffe: sexiens tanto quam quantum satum sit, dimidium quam *L.* Komparativische Zeitbegriffe: prius, ante(a), poste(a), pridie, postridie, postero die quam.

quam-diū (§ 67) *adv.* **1.** *interrogativ*: wie lange? quam diu id factumst? seit wie lange? *C.* **2.** *relat.* solange als: tacuit, quamdiu potuit.

quam-dūdum s. dudum.

quam-libet (§ 67) *adv.* **1.** wie es beliebt *Ph.* **2.** so sehr auch, noch so sehr, noch so.

quam-ob-rem (§ 67) *adv.* weshalb, weswegen, *interrogativ* u. *relat.*; als relat. Anschluß: deshalb, deswegen.

quam prīmum s. quam II. 1.

quam-quam [Verallgemeinerung wie quisquis] **1.** konzessive *coniunct.* obwohl, obschon, obgleich; k l a s s. mit *ind.*; quamquam monente Parmenione obschon ihn P. mahnte *Cu.* **2.** im selbständigen Satz: indessen, doch, jedoch.

quam-vīs 1. *adv.* wenn auch noch so, beliebig: qu. magno exercitu mit noch so großem *N,* qu. diu dicere beliebig lange. **2.** *coniunct.* wenn auch noch sosehr, so sehr auch, wenn auch, obschon, obgleich, mit *coni.*; u n k l a s s. *ind.*; quamvis obtestantibus ducibus *Cu.* E: § 67; quam vīs 'so sehr du willst'.

quā-nam *adv.* wo denn *L* 5, 34, 7.

quandō 1. *adv.* **a.** *interrogativ*: **wann? zu welcher Zeit? b.** *relat.* **wann, als, da:** utinam tum essem natus, quando... **c.** *indef.* nach si, num, ne: (irgend-) **einmal, jemals, einst. 2.** *coniunct.* **da, weil:** id omitto, quando vobis ita placet *S.*
E: *quām 'wohin' + *dō 'zu'.   Dav.

quandō-cumque 1. *relat.* wann immer, wann nur. **2.** *indef.* irgendeinmal.

quandō-que 1. *relat.* wann einmal, wann nur, so oft nur: indignor, quandoque dormitat Homerus *H.* **2.** *indef.* irgendeinmal: ne quandoque incendium suscitet *L.* **3.** *coniunct.* weil, da: quandoque... sponderunt, hosce homines vobis dedo *L.*

quandō-quidem (§ 40) da ja, da eben, weil eben.

quanquam = quamquam.

quantillus 3 (*dem.* v. quantulus) wie klein, wie wenig; *subst. n.* quantillum argenti *C.*

quantitās, ātis, *f.* (quantus) Größe *Pli.*

quantopere und (§ 53) **quantō opere 1.** *interrogativ*: wie sehr? **2.** *relat.* sosehr wie, wie sehr.
E: eigtl. 'mit welch großer Sorgfalt, Mühe'.

quantulus 3 (*dem.* v. quantus) *interrogativ* und *relat.* wie klein, wie wenig, sowenig wie.   Dav.

quantulus-cumque 3 wie klein auch immer, wie gering auch immer.

quantum, ī, *n.* s. quantus, 1. u. 2.

quantum-vīs s. quantusvīs.

quantus 3 (statt *quam-tus, § 33)

> 1. *interrogativ*: **wie groß? wieviel? welch?** *occ.* **wie klein? wie gering?** 2. *relat.* **so groß wie, soviel als.**

1. quantos acervos scelerum reperietis; *subst.* **quantum,** ī, *n.* **wieviel?** *adv.* quantum mutatus wie sehr *V; gen.* **quantī wie hoch, wie teuer;** *abl. mensurae* **quantō um wieviel, wieweit, wieviel mehr, wie sehr:** quanto levior est acclamatio. **occ. wie wenig:** quantum est, quod desit wie wenig fehlt, quanti civitas aestimanda est, ex qua sapientes pelluntur? **2.** Meist mit t a n t u s (t a m): cum tantis copiis, quantas nemo habuit *N*; ohne tantus: nox quanta fuit solange die Nacht dauerte *O*; bei posse [unübersetzt] u. *sup.* möglichst: quantis maximis itineribus poterat in möglichst großen Eilmärschen *L,* quanta maxima poterat vi mit größtmöglicher Kraft *L. Subst.* **quantum,** ī, *n.* **eine wie große Strecke, Menge...,** **wieviel:** tantum patebat, quantum loci acies occupabat; quantum in me est soviel an mir liegt, quantum ad eum (*sc.* attinet) was... anbelangt, betrifft = hinsichtlich *T,* in quantum inwieweit, soweit als, inwiefern, sofern *OT; gen.* **quantī wie hoch, wie teuer;** *abl. mensurae* **quantō um wieviel; quanto... tanto** je... desto; *acc. adv.* **quantum wieviel, soviel, soweit:** utrique rei occurram, quantum potero *N,* quantum maxime accelerare poterat so schnell er konnte *L.*   Dav.

quantus-cumque 3 wie groß auch immer, wieviel auch immer; *acc. n. adv.* quantumcumque soviel nur immer *O*; **occ.** wie klein auch immer: quantuscumque sum ad iudicandum wie wenig maßgebend ich auch bin.

quantus-libet 3 (§ 67) beliebig groß.

quantus-vīs 3 (§ 67) beliebig groß; *acc. n. adv.* quantumvis rusticus von der auch = obschon *H.*
E: eigtl. 'so groß wie du willst'.

quā-propter *adv.* (und) deswegen, (und) daher.

quā-quā *adv.* wo immer *C.*

quā-que s. usque-quaque.

quā-rē (§ 67) *adv.* **I.** wodurch. **II. 1.** *interrogativ*: weshalb? weswegen? warum? **2.** *relat.* (und) deswegen, (und) deshalb.

quartādecumānī, ōrum, *m.* (von quartādecumā, *sc.* legione, § 70) Soldaten der 14. Legion *T.*

quartānus 3 (quartus) viertägig: febris u. *subst.* **quartāna,** ae, *f.* Wechselfieber; **quartānī,** ōrum, *m.* Soldaten der 4. Legion *T.*

quartārius, ī, *m.* Viertel [des sextarius = 0,137 l].   Von

quartus 3 (quattuor) der vierte: pars = ¼, pater Ururgroßvater *V*; in quarto (*sc.* libro), ad quartum (*sc.* lapidem) *T*; ad quartam (*sc.* horam) bis 9 Uhr *H; adv. acc.* quartum u. *abl.* quarto zum viertenmal.

qua-si (aus quám sī, § 40) **1. als wenn** nach *comp.* (= quam si): peius perit quasi saxo saliat *C.* **2.** *coniunct.* **so wie wenn, als ob:** quasi id agatur; quasi vero mihi difficile sit gerade als ob; perinde, proinde... quasi. **3.** a d v. **gleichsam, gewissermaßen:** qu. praeteriens; qu. partā victoriā als wäre der Sieg entschieden. **occ.** [bei Zahlbegriffen]: **ungefähr, fast:**

quasillum   378   **qui**

qu. duûm milium praesidium *S*, ex eo (monte) medio qu. *S*. **4.** [in Vergleichsätzen]: **gleichwie, wie**: qu. poma vix avelluntur, sic vita...

quasillum, ī, *n.* (*dem.* v. qualus) Spinnkörbchen: inter quasilla in der Spinnstube.

quassātiō, ōnis, *f.* das Schütteln: capitum *L.*   Von

quassō 1. (*frequ.* zu quatio) **1.** schütteln: hastam *VO*, caput *V*. **2.** zerschlagen, zerschmettern, beschädigen: domus quassata *O*, quassata classis *V*; *subst. n. pl.* quassata muri Breschen *L.* *met.* quassata res p. zerrüttet. **3.** *intr.* rasseln: siliqua quassante *V*.

I. quassus *adi.* u. *pt. pf. pass.* v. quatio.

II. quassus, ūs, *m.* (quatio) das Schütteln *Pacuvius.*

quā-tenus u. (§ 71) **-tinus** (vgl. tenus) *adv.* **1.** wieweit, insoweit: est, qu. bis zu einem gewissen Punkt. **2.** wie lange, auf wie lange. **3.** insofern, weil.

quater (quattuor) *adv.* viermal.   Dav.

quaternī 3 je vier, immer vier; *gen. pl.* ûm *L.*

quā-tinus s. quatenus.

quatiō 3. quassus (§ 36) **1.** schütteln, erschüttern: faces schwingen *O*, quatit ungula campum stampft *V*. **2.** schlagen, stoßen, zerschlagen, zerschmettern: fenestras pochen an *H*, sontes forttreiben *V*, prae se vor sich hertreiben, equum (cursu) treiben *V*, moenia ariete *L*; **quassus** 3: vox gebrochen, schwach *Cu*, faces gespalten *O*, cinnama Stücke v. Zimtrinde *O*, muri geborsten *L*, rates leck *H*. **3.** *met.* erschüttern: mentem *H*, ingenium aufrütteln *T*, populum risu zu zwerchfellerschütterndem Lachen bringen *H*, oppida bello mit Krieg heimsuchen *V* (= Menapios *T*).

quattuor, altl. **quatuor** vier.

E: ai. catvārah, gr. τέτταρες, § 15, böotisch πέτταρες, got. fidwōr.

quattuor-decim vierzehn.

quattuorvirātus, ūs, *m.* das Quattuorvirat [von vier Männern verwaltetes Amt].   Von

quattuor-virī, ōrum, *m.* die Quattuorvirn [Kollegium von vier Männern].

quatuor [altl.] = quattuor.

-que (ai. ca, gr. τέ, § 15; enklitisch, § 47) **und.** Es verbindet die Begriffe zu einem Ganzen: senatus populusque Romanus, terrā marique. Bes. steht es zum Abschluß des Vorhergehenden: cumque und da somit. Zur Anfügung eines erklärenden Gedankens: und zwar. Nach Negation: und vielmehr, sondern: non prodidit monuitque *N*. Zur Anknüpfung von Ähnlichem: und desgleichen. Zum Übergang vom Besonderen aufs Allgemeine: und überhaupt: Achaiam omnemque Graeciam. Bei Zahlen: oder. Verdoppelt: und auch, sowohl — als auch, teils — teils; selten que — et (ac), et — que.

quem-ad-modum (§ 67) *adv.* **1.** *interrogativ*: auf welche Weise? wie? **2.** *relat.* wie, so wie.

queō, quīre, quīvī (quiī), quitum können, vermögen: nec quibat es konnte nicht helfen *Lukrez.*

quercētum s. querquetum.

querceus 3 von der Eiche, Eichen-: corona *T*.   Von

quercus, ūs, *f.* Eiche; *meton.* Eichenkranz, -laub.

NB: älter querquus, § 17, dav. querquētum.

querēl(l)a, ae, *f.* (queror) **1.** Klage; **occ.** Klagelaut:

ranae cecinere querellam *V.* **2.** Beschwerde: cum Deiotaro über D., querellas habere Beschwerde führen *L.* **3.** Unpäßlichkeit: corpusculi *Pli.*

queribundus 3 (queror) klagend: animae *O*, vox.

querimōnia, ae, *f.* (queror) Klage, Beschwerde.

queritor, ārī, (*frequ.* zu queror) heftig klagen *T.*

quernus 3 (aus *querc-nus v. quercus, § 33) von der Eiche, Eichen-: corona *O*, glans Eichel *VTi.*

queror 3. questus sum (§ 29) **1.** klagen, jammern, bejammern: suum fatum; flebile nescio quid *O*. **2.** dicht. Klagelaute ausstoßen: philomela queritur amissos fetūs jammert über *V*, bubo visa queri *V*. **3.** sich beklagen, beschweren: Oceano furta dem O. ...klagen *O*, quae civitas queratur worüber; mit de, *acc. c. inf.*, quod; queri cum aliquo mit jemd. hadern, jemd. anklagen, sich über jemd. beschweren: cum fatis mit dem Schicksal hadern *O*, cum Iove *O*; [gerichtlich]: de proconsulatu alicuius *Pli.*

Querquētulānus mons 'Eichenberg' [alter Name des Caelius] *T.*   *Dem.* zu

querquētum, ī, *n.* (quercus) Eichenwald, -hain *H.*

querulus 3 (queror) klagend: calamitas beklagenswert *Cu*, senex weinerlich *H*; vox wimmernd *O*; fores knarrend *O*.

questiō, ōnis, *f.* (queror, § 29) Klage.

I. questus *pt. pf. act.* v. queror.

II. questus, ūs, *m.* (queror, § 29) Wehklage; loca questibus implet [von der Nachtigall] *V.*

I. quī, quae, quod (St. quo, vgl. gr. πο-ῖος, § 15), pronominales *adi.* **1.** *interrogativ*: **welcher? welcherlei? was für ein? wie beschaffen?** (*adi.*); meist bei *subst.*, seltener allein. **2.** *relat.* **welcher, welche, welches; der, die, das; wer, was. a.** im untergeordneten Satz. Mit Wiederholung des Bezugswortes: erant omnino itinera duo, quibus itineribus. Verschränkung: quibus rebus indiguerunt adiuvit (= iis rebus, quibus) *N*, quā prudentiā es (= ea p. qua es) bei deiner Klugheit; qui meus amor in te est bei meiner Liebe. Attraktion: cum aliquid agas eorum quorum consuesti, gaudeo; confirmamus nos illo augurio quo diximus. **b.** im beigeordneten Satz (relativer Anschluß) löst man das *relat.* durch Demonstrativa auf, zu denen eine Konjunktion treten kann: quo fiebat und so kam es, quo facto nachdem dies aber geschehen war, ex quo und seitdem; quae cum ita sint unter diesen Umständen; im *acc. c. inf.* quem Homerus interfectum esse ait und von ihm *N.* **c.** Modus im attrib. Relativsatz ist der *ind.* Der *coni.* wird durch oratio obliqua und durch Nebenbedeutungen bedingt. Kausal: o fortunate adulescens, qui...inveneris da du; quippe (utpote) qui der ja. Final: missi sunt, qui consulerent die...sollten, damit sie *N.* Konsekutiv: nemo tam humilis erat, cui non aditus ad eum pateret daß ihm nicht *N*; dignus, indignus, aptus, idoneus, qui daß (mit *inf.*); est, sunt, inveniuntur, reperiuntur, nemo est, quis est, qui u. a. Konzessiv: qui egentissimus fuisset, erat insolens obwohl. Beschränkend: quem quidem nos audierimus soweit wir wenigstens *N*, quod sciam soviel ich weiß, quod commodo rei p. facere posset insofern. **3.** *indef.* (enklitisch, § 47): qui, qua

qui   379   **quini**   Q

(seltener quae), quod, *n. pl.* selten quae, meist qua:
(tonloses) **wer, was; irgendein,** nach ne, si, nisi, num
(vgl. auch ecqua, ecquod).
NB: arch. Formen: *gen. sg.* quoius, *dat.* quoi *C, abl.*
quī, quīcum für quōcum, quācum, auch für quibus-
cum *C, dat. abl. pl.* queis *C,* quīs. Der *abl.* quī ist
auch zur Partikel erstarrt:

II. quī *adv.* wie, wie denn, woher, warum; *interrogativ:*
qui fit? wie kommt es? *H; relat.* qui efferretur, vix
reliqui wovon *N; indef.* irgendwie = wenn doch: qui
istum id perdant *C.*

quia (*acc. pl.* v. quid) **1.** wie? warum? nur altl. quia-
nam *V.* **2.** *coniunct.* weil, da; quia enim weil ja *C;*
[fragend]: quiane etwa weil *CV.*

quic-quam s. quisquam.

quic-quid s. quisquis.

quīcum s. I. qui NB.

quī-cumque, quae-cumque, quod-cumque 1.
subst. wer auch immer, jeder der; *n.* was auch immer, al-
les was. **2.** *adi.* wie auch immer beschaffen.
E: -cumque: cum u. que 'wer und wann'.

quī-dam (aus quis-dam, § 30, vgl. idem), **quiddam**
subst. u. **quī-, quae-, quoddam** *adi.* **I.** *adi.* **1.** ein
gewisser, irgendein, ein; *pl.* einige, etliche: quodam
modo gewissermaßen. **2.** [bei bildl. Ausdrücken]: ge-
wissermaßen, eine Art von, gleichsam, ganz]. **II.** *subst.*
jemand, *n.* etwas, *pl.* einige, etliche.

quidem (v. quis) *adv.* [immer nachgestellt] **1.** [bekräfti-
gend]: **gewiß, sicher, gerade, eben, ja:** cum qu. fortis-
sime pugnaret als er eben *N,* est illud qu. maximum
bestimmt. Nach *pron.* oft nur durch den Ton wiederzuge-
ben: his quidem verbis mit d é n Worten *N.* **2.** [be-
schränkend]: **wenigstens, freilich, allerdings:** hoc qu.
tempore. **3.** [entgegenstellend]: **allerdings, aber:** Phar-
nabazus habitus est imperator, re qu. vera praefuit
Conon *N.* **4.** [einräumend]: **zwar:** plurima qu. pro-
ferre possum, sed modus adhibendus est *N.* **5.** [er-
klärend]: **nämlich, zwar:** siquidem wenn nämlich; do-
leo ac mirifice qu. **6. nē . . . quidem** nicht einmal;
s. nē A. I. 1.

quid-libet s. quilibet.

quid-nī *adv.* warum nicht?

quī-dum *C adv.* = verstärktes quī.

quid-vis s. quivis.

quiēs, ētis, *f.* **1. Erholung, Ruhe:** quietem capere sich
erholen, praestare Erholung gönnen *L,* quietes Arten
der Erholung; laborum Ruhe von; a proeliis *L.* **occ.**
a. Stille: inter frigus et calorem *V.* **b.** das **Schwei-
gen:** clamor et quies *T.* **c.** Schlaf: alta *V; meton.*
dira Traumbild *T.* **2.** *met.* **a.** Todesschlaf: dura *V.*
b. Friede: quietem Italiae referre. **c.** ruhiges Verhal-
ten: Attici *N.*   Dav.

quiēscō 3. ēvī **1. ruhen, ruhig liegen. occ. a.** schlafen:
domi suae. **b.** verstummen, schweigen: quiescebant
voces *O. met.* **2.** sich ruhig verhalten: urbs illa non
potest quiescere Frieden halten; in re p. Privatmann
sein. **3. Ruhe haben:** a suppliciis *L,* nuptiis (*abl.*) ver-
schont bleiben *C.* **4.** ablassen, aufhören *H.*   Dav.

quiētus 3, *adv.* ē **1.** ruhig, Ruhe haltend: aetas, aër
still *V,* amnis, aequor *H; occ.* schlafend: eos quietos
nox habuerat hatte sie ruhig schlafen gesehen *T.*

2. friedlich, frei von Unruhen: pars Galliae, res p.;
quieta, ōrum, *n. pl.* die öffentliche Ruhe *ST.* **3. in
Ruhe, frei, ungestört:** quiete vitam agere, a bello *L.*
4. zurückgezogen, privat: vita, rem p. gerentes et
quieti. **5. ruhig, gelassen:** animus, sermo, quietius
bellare energieloser *L,* vir bescheiden, ohne
Ehrgeiz *Pli;* **occ. ohne Tatkraft:** quietus, inbellis *S.*

quiēvī *pf.* v. quiesco.

quiī [Nbf.] *pf.* v. queo.

quī-libet, altl. (§ 41) **-lubet, quae-libet, quod-libet**
adi., **quid-libet** *subst.* (§ 67) getrennt: cuius rei lubet
simulator *S*) jeder beliebige, der erste beste.

quīn (aus quī, dem alten *abl.* v. quis + ne, § 55 am
Ende)

> I. In Hauptsätzen: 1. **warum nicht?** 2. **ja so-
> gar, ja, ja vielmehr.**
> II. In Nebensätzen: 1. **daß;** 2. **so daß nicht,
> ohne daß, ohne zu;** 3. **non quin nicht als ob nicht.**

I. 1. quin conscendimus equos? warum besteigen
wir nicht? = besteigen wir doch! *L;* mit *imp.* quin sic
attendite so paßt doch auf. **2.** Meist quin etiam; quin
et *VHT;* quin potius, quin contra *L.* **II. 1.** Nach den
negativen Ausdrücken des Z w e i f e l n s und der U n -
g e w i ß h e i t , nach den negativen Begriffen ' u n m ö g -
l i c h s e i n , u n t e r l a s s e n , v e r h i n d e r n , s i c h
e n t h a l t e n ' und ähnlichen: facere non possum,
quin, fieri (effici) non potest, quin es ist nicht anders
möglich, als daß, nihil praetermisi, quin, non mul-
tum (paulum) afuit, quin es fehlte nicht viel, daß,
quid abest, quin? *L,* milites aegre sunt retenti, quin,
non recusare, quin u. a. **2.** In F o l g e s ä t z e n mit
n e g a t i v e m Präd. nach n e g a t i v e m Hauptsatz: quis
est, quin cernat? nemo est, quin sciat der nicht.
3. non quin ipse dissentiam.

quī-nam, quae-nam, quod-nam *adi.* welcher denn?
was für ein . . . denn?

quinārius, ī, *m.* (quini) halber Denar *Sp.*

Quīnctīlis, quīnctus s. Quintilis, quintus.

quīnc-ūnx, ūncis, *m.* (quinque, uncia, § 17) fünf
Zwölftel, fünf Unzen; $\frac{5}{12}$ As *H;* pro meo quincunce $\frac{5}{12}$
meiner Erbschaft *Pli; met.* die fünf Augen [auf dem Wür-
fel]; in quincuncem in schräger Linie, schachbrettartig.

quīn-decim (quinque, decem, § 67, synk. nach § 44)
fünfzehn. Bes. **quīndecim virī** u. **quīndecimvirī,**
ōrum, *m.* die Quindecimvirn [Kollegium von 15 Priestern,
die die Aufsicht über die sibyllinischen Bücher führten];
sg. (§ 61, 3) **quīndecimvir,** ī, *m.* Mitglied der Qu. *T;*
adi. **quīndecimvirālis,** e: sacerdotium *T.*

quīngēnārius 3 aus je 500 Mann bestehend *Cu.*   Von

quīngēnī 3 (quingenti) je fünfhundert.

quīngentēsimus 3 der fünfhundertste.   Von

quīn-gentī 3 (aus *quinque-centi, synk. quincenti,
§ 44, g wie septingenti) fünfhundert [bezeichnet durch
IϽ (vgl. M), später D].   Dav.

quīngentiēns *adv.* fünfhundertmal.

quīnī 3, *gen.* ûm (quinque, §§ 17, 33) je fünf; quina ar-
menta fünf Rinderherden *V.* Vbd. quini deni, quini vi-
ceni usw. je 15, je 25.

quinquageni 380 **quo**

quīnquāgēnī 3, *gen.* ûm (quinquaginta) je fünfzig.

quīnquāgēsimus 3 der fünfzigste; *subst.* (*sc.* pars) **quīnquāgēsima**, ae, *f.* ein Fünfzigstel [als Abgabe] *T*; **quīnquāgiē(n)s** *adv.* fünfzigmal. Von

quīnquāgintā fünfzig [Zeichen L].

quīnquātrūs, uum, *f.* die Q. [zwei Minervafeste, das größere vom 19. bis 23. März — Schulferien, Semesterschluß —, das kleinere am 13. Juni]. Von

quīnque (aus *penque, §§ 38, 2, u. 48; vgl. ai. pañca, äolisch πέμπε, attisch πέντε, got. ahd. fimf) fünf; [auch]: 'ein paar' *H.*

quīnque-mēstris, e (mensis) fünfmonatig.

quīnqu-ennālis, e (vgl. annalis, § 43) fünfjährig: ludicrum alle fünf Jahre gefeiert *T.*

quīnqu-ennis, e (annus, § 43) fünfjährig. Dav.

quīnquennium, ī, *n.* Zeit von fünf Jahren, fünf Jahre.

quīnque-rēmis, e (remus) mit fünf Reihen von Ruderbänken, Fünfruderer, fünfruderig: navis *L*; *subst. f.*

quīnque-virī, ōrum, *m.* (§ 67) die Quinquevirn [Kollegium von fünf Männern, außerordentliche Magistrate]; *sg.* (§ 61, 3) Mitglied der Qu. *H.*

quīnquiē(n)s (quinque) *adv.* fünfmal.

quīnquiplicō, āre (quinque, plico) verfünffachen *T.*

quīntādecimānī Soldaten der 15. Legion *T.*

quīntānus 3 (quintus) **1. quīntāna**, ae, *f.* (*sc.* via) Querweg [im Lager, der die Zelte der f ü n f t e n Manipeln von denen der sechsten trennte] *L.* **2. quīntānī** Soldaten der 5. Legion *T.*

Quīntiliānus, ī, *m.* M. Fabius Q. [ber. Lehrer der Beredsamkeit in Rom, ca. 35—100 n. Chr., Verfasser von zwölf Büchern De institutione oratoria] *Pli.*

Quīntīlis, is, *m.*, altl. **Quīnctīlis** (mensis) Qu. [der 5. Monat des alten Kalenders, der 7. des neuen, später zu Ehren Caesars Iulius genannt]. Von

quīntus 3, altl. quīnctus *C* (quinque, § 17) der fünfte: pars nectaris Quintessenz *H*; *subst.* **Quīntus**, ī, *m.* u. **Quīnta**, ae, *f.* Q. [röm. Vorname]; *adv.* **quīntum**, **quīntō** zum fünftenmal.

quip-pe 1. freilich, allerdings, jawohl, natürlich, denn. **2.** (mit *relat.*, cum) ja, nämlich.
E: aus *quid-pe 'warum denn'; vgl. nempe.

quippinī *adv.* (quippe + nī = nē) warum denn nicht? *C.*

quī-quam *adv.* auf irgendeine Weise.

quīque *C* = quicumque.

Quirīnus, ī, *m.* Q. [der vergötterte Romulus]; als *adi.* collis = Quirinalis *O.* **Quirīnālis**, e (§ 75, Abs. 2) dem Quirinus zugehörig, geweiht: lituus, trabea *V*, collis der Quirinal [der Hügelrücken nö. vom Kapitol].

Quirīs, ītis, *m.*, meist *pl.* (vgl. Quirinus) **1.** der Quirite, der Römer [im bürgerlichen Leben; diese Benennung bedeutete für den Soldaten etw. Abwertendes, daher auch =] Bürger, Zivilist, Spießbürger *HT*; ius Quiritium volles Bürgerrecht *Pli.* **2.** bei *V* die Bew. v. Cures; *met.* die Arbeitsbienen *V.*

quirītātiō, ōnis, *f.* u. **quirītātus**, ūs, *m.* Hilferuf, Angstschrei, das Jammern *LPli.* Von

quirītō 1. kreischen, um Hilfe rufen.

quis, quid (gr., § 15, τίς, τί, urspr. *τίδ, thessalisch κίς) subst. *pron.* (quis auch adi.) **1.** *interrogativ*: **wer?**

was? quis tu? wer da? quid tu (*sc.* dicis?) was meinst du? quid caelati argenti? welche Menge? wieviel? *adv.* quid? warum? weshalb? quid plura dicam wozu? quid ita? wieso? quid? quod was soll man dazu sagen, daß. **2.** *indef.* **irgendeiner, irgend jemand, etwas**; in allgemeinen Relativsätzen: quotienscumque vellet quis, und nach num, si, nisi, ne, modo, dummodo, cum u. a. si quid accidat wenn etwas passieren sollte, timui, ne quis de mea fide dubitaret. Seltener *adi.* ne quis satelles posset succurrere *N*, si quis est sensus in morte, sive natura sive quis deus.

quis-nam, quid-nam 1. *interrogativ*: wer denn? was denn? **2.** *indef.* (nach num): jemand, etwas.

quis-piam, quid-piam (quippiam, § 33) *subst.*, **quis-, quae-, quodpiam** *adi.* (quis, pe, vgl. quippe, u. iam) irgendeiner (jemand, etwas), der eine oder der andere, wohl einer (etwas); *adv.* si grando quippiam nocuit irgendwie.

quis-quam, quid-quam [oder] **quic-quam** (§ 33) irgendeiner, jemand, etwas.

quis-que, quae-que, quid-que (*subst.*), **quod-que** (*adi.*) **I.** jeder einzelne, jeder für sich, jeder. **1.** nach unus s. d. **2.** nach Ordnungszahlen: quotus quisque wie viele (wenige), primo quoque tempore sobald als möglich. **3.** nach *sup.*: optimus quisque gerade die Besten. **4.** nach relat. und indir. fragenden Wörtern: videndum est, quid quisque sentiat; Messanam ut quisque venerat sobald einer. **5.** nach dem Reflexiv: pro se quisque jeder für sich. **II.** = quisquis *C.*
E: aus quis 'einer' u. que 'wie, auch'.

quisquiliae, ārum, *f.* Abfall, Kehricht *Caecilius*; *met.* Auswurf, Abschaum: seditionis Clodianae.
E: aus *que-sque-leae; vgl. κο-σκυλ-μάτια 'Lederschnitzel'.

quis-quis, quid-quid [oder] **quic-quid** (§ 33) **1.** *subst.* wer auch immer, jeder der, *n.* alles was: quidquid cibi sumpsi soviel *N*; *adv.* quidquid progredior je weiter, um wieviel *L.* **2.** *adi.* welcher auch immer, jeder beliebige: quoquo animo facis.

quitum *pt. pf. pass.* v. queo.

quīvī *pf.* v. queo.

quī-vīs, quae-vīs, quod-vīs (*adi.*) u. **quid-vīs** (*subst.*) (§ 67) **1.** wer, was du willst, jeglicher ohne Unterschied, jeder, wer es auch sei. **2.** alles Mögliche, selbst das Schlimmste: quidvis perpeti.

I. quō (qui) *adv.* **1.** *interrogativ*: **wohin?** mit *gen.* quo terrarum *L*, quo amentiae *L*; *met.* **wozu?** quo mihi fortunam, si non conceditur uti? *H.* **2.** *indef.* **irgendwohin**: Romam alione quo *L*, si quo usus sit irgendwie *L.* **3.** *relat.* **wohin**; [als relat. Anschluß]: **und dorthin.**

II. quō (*abl.* v. quod) **1.** **wodurch,** [relat. Anschluß]: **und dadurch:** quo factum est und so (dadurch) geschah es. **2.** um wieviel, **je**; [relat. Anschluß]: um soviel, **(und) desto** (*abl. mensurae*) beim *comp.* **3.** *coniunct.* **damit desto, um desto, auf daß, damit umso:** quo facilius intellegi possit (= ut eo) *N*; quo ne = ut ne *N*; n o n q u o nicht als ob, nicht als wenn (auch non quod). **quō-minus** (§ 67, für ut eo minus nach Ausdrücken des Hinderns u. a.) **daß** oder **Infinitiv** mit **zu.**

quo-ad 1. wieweit, soweit als; *met.* inwiefern, insofern als: quoad licebat, plurimum aberat *N*; quoad longissime soweit als möglich. **2.** solange als, solange: quoad vixit, laude crevit *N*. **3.** bis daß, bis; [mit *ind.*, selten *coni.*].
E: I. quō 3. u. ad 'bis wozu'.
quō-circā (§ 68) *adv.* daher, deswegen, deshalb.
quō-cumque *adv.* wohin nur, wohin auch immer.
quod (*acc. sg. n.*)

> I. adv. 1. **weshalb, warum**; 2. als relat. Anschluß: **und darum, und daher.**
> II. konjunkt. 1. **weil**; 2. **darüber daß, daß**; 3. **was das betrifft daß, wenn.**

I. 1. nihil habeo, quod accusem senectutem; est quod mit *coni.* es gibt einen Grund dafür, ich habe Grund zu. **2.** quod te per superos oro *V*; **quod si, quodsi,** quod ni(si) wenn also (nicht), wenn nun (nicht), wenn demnach (nicht), quod cum, quod ubi als daher, nachdem nun, quod utinam möchte also doch *S*. **II. 1.** Tatsächliches durch *ind.*, bloß Angenommenes durch *coni.* wiedergegeben, stets *coni.* bei: non quod nicht als ob. **2.** Nach *verb.* des Lobes, Tadels, der Gemütsstimmung: laetor, quod vivit in urbe *H*. Auch: 'der Umstand daß', 'die Tatsache daß', 'daß': admiratione dignum est, quod captivos retinendos censuit; accedit quod; nisi quod außer daß. Zeitlich: inde quod seitdem daß *L*, tertius dies est, quod seitdem *Pli*. **3.** quod me Agamemnonem aemulari putas, falleris *N*, quod sit roseo spectabilis ore ... ego Procrin amabam wenn auch *O*, quod non domus est mihi fulta wenn auch *Pr*.
quōdam-modo (§§ 67 u. 47) *adv.* gewisser-, einigermaßen.
quod-sī s. quod I. 2.
quoi, quoiātis, quoius *CV* alte Schreibung für cui, cuias, cuius u. cuius 3.
quō-libet (I. quo) *adv.* wohin immer, überallhin *O*.
quom s. I. cum.
quō-minus s. II. quo.
quō-modŏ (§§ 67 u. 47, über ŏ s. § 45) *adv.* **1.** interro-

gativ: auf welche Weise? wie? quomodonam wie denn? **2.** *relat.* wie, sowie.
quomque s. cumque.
quō-nam (I. quo) *adv.* wohin denn?
quon-dam (zu quom, wie qui-dam zu qui) *adv.* **1.** einst, ehemals: honores qu. rari, nunc effusi *N*. **2.** zuweilen, manchmal; sic, ut, ceu qu. *VHO*. **3.** künftig, einmal *VH*.
quon-iam (quom, iam) *coniunct.* weil ja, da ja, da ohnehin, weil bekanntermaßen, weil schon einmal.
quō-quam (v. quisquam, vgl. I. quo) *adv.* irgendwohin.
quoque (enklitisch, § 47) auch; ne ... quoque nicht ... einmal *L*.
quōque-versus (-um) = quoquo-versus.
quōquō (quisquis) *adv.* wohin nur immer. Dav.
quōquōversus (-um) (§ 67) nach allen Seiten hin, überallhin.
quōr *C*= cur.
quōrsus (-um) (quo-vorsus, § 22) wohin? wozu?
quot *indecl. adi.* **1.** *interrogativ*: wie viele? **2.** *relat.* wie viele, so viele als.
E: aus *quoti = ai. kati 'wie viele'. Dav.
quot-annīs jährlich, jedes Jahr, alle Jahre.
E: quot annis 'von wieviel Jahren'.
quot-cumque wie viele nur immer, so viele nur.
quotēnī 3 (quot) wie viele jedesmal.
quotīdiānō, -us, quotīdiē s. cott...
quotiē(n)s (quot) *adv.* **1.** *interrogativ*: wie oft? wievielmal? **2.** *relat.* sooft. Dav.
quotiēns-cumque sooft nur.
quot-quot wie viele nur immer.
quotus 3 (quot) der wievielte: hora quota est? wieviel Uhr? *H*; quotā (*sc.* horā) zu welcher Stunde *H*; quotus esse velis mit wieviel Leuten du kommst *H*; **occ.** pars quota ein wie geringer Teil *O*; **quotus quisque** wie wenige?
quo-usque (I. quo) *adv.* bis wohin? wie lange?
quō-vīs (I. quo) *adv.* überallhin *C*.
qūr = cur.
quum s. I. cum.

R

R als Abkürzung = R(omanus), R(ufus); RP = res publica.
rabidus 3, *adv.* ē **1.** wütend, rasend, toll: canes *V*; irā *O*. **2.** *met.* rasend, ungestüm: fames *V*; **occ.** begeistert: ora *V*.
E: rabiō, ere 'wüten', § 74.
rabiēs, em, ē, *f.* (s. rabidus) **1.** Tollwut, Wut: canum *O*; gliscit rabies Wahnsinn *C*. **2.** *met.* Wut, Heftigkeit, Wildheit: animi, Latinorum *L*; **occ.** das Toben, Raserei, Ungestüm: ventris Heißhunger *V*, Noti *H*, rabie corda tument vor Begeisterung *V*. Dav.

rabiōsus 3, *adv.* ē wütend, toll. *Dem.* **rabiōsulus** 3 ausfallend: rabiosulae fatuae (litterae).
Rabīrius 3 C. R. [Dichter, Zeitgenosse Vergils] *OQ*.
rabula, ae, *m.* (vgl. rabidus) schlechter Advokat, Phrasendrescher, Rechtsverdreher.
racēmi-fer 3 (§ 66) **1.** Beeren tragend *O*. **2.** mit Trauben bekränzt *O*. Von
racēmus, ī, *m.* (gr. ῥάξ, ῥαγός) **1.** Kamm [der Traube] *Appendix Vergiliana*. **2.** *synecd.* Traube *VHPrO*. **3.** *meton.* Traubensaft: (aqua) mixta nullis racemis *O*.
radiātus 3 (radius) strahlend.

radicesco   382   **rarus**

rādīcēscō, ere (radix) Wurzel schlagen *Sp.*

rādīcitus (radix) *adv.* mit der Wurzel *Ca*; *met.* von Grund aus, ganz und gar.

radiō 1. āvī u. *med.* **radior** 1. strahlen *VOT.*   Von

radius, ī, *m.* **1. Stab, Stäbchen** *L.* **occ. a. Radspeiche** *VO.* **b. Zeichenstift:** descripsit radio gentibus orbem *V*; s. pulvis. **c. Weberschiffchen:** excussi manibus radii *V.* **2.** *met.* **a.** längliche **Olive** *V.* **b. Strahl, Lichtstrahl:** solis, lunae; aurati Strahlenkrone *V.*

rādīx, īcis, *f.* **1. Wurzel:** radices agere Wurzeln schlagen; **occ.** Rettich *HO.* **met. 2.** (meist *pl.*) der unterste Teil, Grund: imae *V*, a radicibus evertere von Grund aus *Ph*; radices montis, collis Fuß. **3.** Ursprung: miseriarum.

E: für **vrādīx; vgl. ῥάδιξ, ῑκος 'Zweig, Rute'.

rādō 3. rāsī, rāsus kratzen, schaben, glätten: rasa virga abgeschält *V*, lapides palmā abkehren, fegen *H.* **occ. a.** scheren, rasieren: caput. **b.** ausstreichen: nomen *T.* **c.** an etw. hinstreichen, es berühren: litora, saxa Pachyni vorbeisegeln an *V*, iter liquidum durchschneiden *V*, terras, arva hinfegen über *H.*

E: § 36, ai. rádati 'kratzt'.

raeda u. **r(h)ēda**, ae, *f.* Reisewagen. Dav. **raedārius**, ī, *m.* Kutscher.

E: keltisch; vgl. ahd. reita 'Wagen'.

Raetī, ōrum, *m.* die R. [keltische Völker zwischen Inn und Rhein] *HLT*; **Raetia**, ae, *f.* R. [westlichste Süddonauprovinz] *T* ; *adi.* **Raetus** 3 *H*; gew. **Raeti(c)us** 3 *OTSp.*

rāmālia, ium, *n.* (ramus) Astwerk, Reisig *OT.*

rāmentum, ī, *n.* (*rād-mentum v. rado) Stückchen, Splitter *Sp.*

rameus 3 (ramus) von Zweigen: fragmenta Reisig *V.*

Ramnēs u. **Ramnēnsēs**, ium, *m.* (etruskisch) R. [Angehörige der dritten patriz. Urtribus in Rom; s. Titienses, Luceres; auch eine Ritterzenturie]; celsi Ramnes die vornehmen Jugendlichen *H.*

rāmōsus 3 astreich, vielverzweigt *VLPrOPh.*   Von

rāmus, ī, *m.* **1. Ast, Zweig;** *met.* rami miseriarum; **occ.** Keule *Pr.* **2.** *synecd.* Laub, Baum, Frucht *V.*

E: wohl für **ꭒradmōs, § 33, zu radix.

rāna, ae, *f.* **1. Frosch, Kröte. 2. Froschfisch, Seeteufel.**

rancidus 3 r a n z i g , stinkend: aper *H.*

rānunculus, ī, *m.* (*dem.* v. rana) Fröschlein.

rapāx, ācis (rapio) **1.** reißend, raffend: ignis gierig *O*, fluvius *V*; 'die Schnelle' [Beiname der 21. Legion]; Rapācēs [Soldaten der 21. Legion] *T*; *meton.* aneignungsfähig: similium. **2.** räuberisch, raubgierig: lupus *H*, Orcus *H.*

raphanus, ī, *m. f.* (ῥάφανος) Rettich *Sp.*

rapiditās, ātis, *f.* reißende Schnelligkeit.   Von

rapidus 3, *adv.* **ē** (rapio, § 74) **1.** reißend, schnell, ungestüm: flumen, ignis Blitz *V*, sol *VH*, axis, orbis *O* rasender Umlauf; *met.* venenum schnell wirkend *T.* **2.** reißend, raubgierig, wild: volucris *O*, ferae *O*; *met.* flamma *O*, aestus verzehrend, glühend *V.*

rapīna, ae, *f.* (rapio, § 87, Abs. 2) das Rauben, Raub, Räuberei; *meton.* Raub, Beute *V.*

rapiō 3. rapuī, raptus (vgl. ἁρπ-άζω, ai. rápas 'Gebrechen', ahd. refsen 'züchtigen')

I. 1. **an sich raffen, heftig ergreifen, rasch fassen,** **reißen;** *occ. a.* **ab-, wegreißen;** *b.* **zerreißen; 2. eilig** **zurücklegen, eilig vollbringen; 3.** *met.* **rasch neh** **men, auf-, annehmen;** *occ. a.* **wegnehmen, er** **obern;** *b.* **ergreifen, benutzen, genießen.** II. 1. **fortraffen, -reißen, -führen;** *occ. a.* **entrük** **ken, retten;** *b.* (*refl. med.*) **forteilen;** *met.* 2. **mit sich** **fort-, hinreißen, fortziehen, treiben, drängen; 3. sich** **rasch aneignen, an sich reißen.** III. 1. (vor Gericht, zur Bestrafung) **schleppen, füh** **ren; 2. fortschleppen, rauben, entführen; 3. plün** **dern; 4. hinweggraffen.**

I. 1. arma *VO*, aliquid manu; mit ab, de, ex, *abl.* **a.** linguam ferro ausreißen *O*, antemnas herunterreißen *O.* **b.** volucres anguesque *O.* **2.** orbes beschreiben *V*; viam *O*, cursum, fugam beschleunigen *L*, nuptias *L*; silvas durcheilen *V.* **3.** colorem *O*, vim monstri *O*; flammam Feuer fangen *VO.* **a.** castra urbesque *L.* **b.** oscula *H*, occasionem de die *H*, voluptates *T.* **II. 1.** arbusta, pecudes *O*, commeatum in naves eilig ... schaffen lassen *L*, quo rapior lasse mich fortschleifen *O*, manipulos in aciem *L*, Turno mille populos 1000 Mann zuführen *V.* **a.** Aenean nube cavā *V*, ex hoste penates *V.* **b.** *refl.* quo te rapis? wohin eilst du? *O*; *med.* caelum rapitur assiduā vertigine *O.* **2.** cupiditate in Macedoniam rapi getrieben werden *N*, ad omnes affectūs *Cu*, ad utilitatem, auditorem in medias res *H.* **3.** victoriam *Cu*, commoda ad (in *L*) se, inter se rei p. statum (partes regni *L*) an sich reißen. **III. 1.** aliquem in ius *L*, ad necem. **2.** armenta stabulis *O*; *subst.* **raptum**, ī, *n.* **Raub, Beute:** vivere rapto (ex rapto *O*). [Von Personen]: virgines ad stuprum verführen *L*; r a p t a , ae, *f.* die Entführte *O*; *met.* alicui pudorem, lumen, vocem animamque *V.* **3.** Pergama *V*, Armeniam *T.* **4.** leti vis rapuit rapietque gentīs *H.*   Dav. (§ 79)

raptim *adv.* hastig, eilig, in Eile.

raptiō, ōnis, *f.* (rapio) Entführung *C.*

raptō 1. (*frequ.* zu rapio) **1.** fortreißen, -schleppen, -zerren: in crimina anklagen *Pr.* **2.** (be)rauben: Africam *T.*

raptor, ōris, *m.* (rapio) Räuber; **occ.** Entführer.

raptum, ī, *n.* s. rapio III. 2.

I. raptus *pt. pf. pass.* oder *med.* v. rapio.

II. raptus, ūs, *m.* (rapio) **1. Riß:** manus raptu lacerata *O.* **2. Raub, Räuberei:** penatium Plünderung *T*; **occ.** Entführung.

rapuī *pf.* v. rapio.

rāpulum, ī, *n.* kleine Rübe *H.*   *Dem.* von

rāpum, ī, *n.* (ἡ ῥάπυς) Rübe *L*; **occ.** Wurzelknollen *Sp.*

rārēscō, ere (rarus) **1.** locker, dünn werden: in aquas sich verdünnen zu *O*; rarescunt claustra öffnen sich *V.* **2.** selten werden: colles rarescunt *T.*

rāritās, ātis, *f.* **1.** Lockerheit, Porosität, Hohlraum: in pulmonibus. **2.** *met.* Seltenheit: dictorum.   Von

rārus 3, *adv.* **ō 1.** undicht, locker, dünn, weit: cribrum *O*, retia *VH* weitmaschig, acies *CuT*, ordo *L*, corona *V* dünne Reihen, silvae licht *T*, umbra spärlich *V*, iuventus gelichtet *H.* **2. einzeln, vereinzelt, zer**

rasi | 383 | **reccido** | R

streut: fontes *Cu*, arbores *N*, tecta *V*, ignes *L*; adv. nantes vereinzelt, hier und da *V*, Oceanus raris navibus aditur nur dann und wann *T*, rari proeliantur zerstreut. **3. selten:** animal *Cu*, honores *N*; prädik. rarus egressu ging selten aus *T*; **occ. ungewöhnlich, außerordentlich, vortrefflich:** magnitudo *Cu*, rara quidem facie, sed rarior arte canendi *O*.

rāsī *pf.* v. rado.

rāsilis, e (rado) glatt, geglättet, poliert *CaOV*.

rāster, trī, *m.* u. **rāstrum,** ī, *n.* (rado, § 36) Karst, mehrzinkige Hacke *VO*.

rāsus *pt. pf. pass.* v. rado.

ratiō, ōnis, *f.* (v. reor, ratus) Berechnung

I. 1. Rechnung, Rechenschaft; *occ. a.* **Summe;** *b.* **Liste;** **2.** *synecd.* **Geschäft, Geschäftssache, Affäre, Angelegenheit; 3.** *meton.* **Vorteil, Interesse; 4.** *met.* **Berechnung, Erwägung;** *occ. a.* **Rücksicht, Hinsicht, Beachtung;** *b.* **Verhältnis, Verbindung, Verkehr;** *c.* **Verhalten, Verfahren, Art, Weise, Beschaffenheit;** *d.* **Maßregel, Mittel;** *e.* **planmäßiges Vorgehen, Plan.**

II. 1. Vernunft, Überlegung; 2. *meton.* **Grund, Beweggrund, Argument;** *synecd.* **Beweisführung, Begründung; 3. Ansicht, Meinung;** *occ. a.* **(politische) Tendenz, Strömung, Richtung;** *b.* **(wissenschaftliche) Theorie, Lehre, Anschauung;** *c.* **(philosophisches) System, Schule, Lehre.**

I. 1. ratio constat die Rechnung stimmt, rationem ducere (componere *T*) ins reine bringen, ausrechnen, inire, habere anstellen, referre, reddere Rechnung legen, Rechenschaft ablegen, repetere, reposcere fordern, ab aliquo accipere sich Rechnung legen lassen. **a.** maxuma *C.* **b.** carceris Gefangenenliste. **2.** rationes explicare Geldgeschäfte abwickeln, publicae privataeque öffentlicher und privater Verkehr, domestica innere Angelegenheiten, fori iudiciique politische und juristische Angelegenheiten, comitiorum Verlauf. **3.** non est alienum meis rationibus es dient meinen Interessen, quid tuae rationes postulent *S.* **4.** inita subductaque ratione; habeo rationem, quid acceperim ich erwäge. **a.** dignitatis rationem habere Rücksicht nehmen auf, rationem ducere salutis suae; ad nostrorum annalium rationem im Hinblick auf, pro ratione pecuniae. **b.** rationem habere cum aliquo (aliqua re), mihi ratio est (intercedit) cum aliquo. **c.** quā ratione wie, omni ratione auf jede Weise, novā (aliā) ratione, rei militaris, vitae naturaeque nostrae; agminis, pontis Beschaffenheit; Galliae Lage. **d.** novae bellandi rationes, extrema ratio belli. **e.** ratione et viā planmäßig (methodisch), vitae Lebensplan, belli gerendi Methode der Kriegführung; k o n k r. eius ratio non valuit sein Plan (Vorschlag) *N*. **II. 1.** ratio docet esse deos, homines rationis participes, te ratio ducat, non fortuna *L*; ratio est es ist vernünftig, nullā ratione factum unvernünftig gehandelt. **2.** id eā ratione fecit, aliquid rationibus confirmare, nihil rationis adferre; s y n e c d. ut ratio cogit, rationem concludere. **3.** mollior *O*, dissentio ab

hac ratione. **a.** bona ratio cum perdita confligit Partei. **b.** r. atque usus belli Theorie und Praxis, exercitatio dicendi aut huius rei ratio Redegewandtheit oder theoretische Kenntnis, civilis die Staatswissenschaften. **c.** Stoicorum, Cynicorum; vera Beispiel *Lukrez*.

ratiōcinātiō, ōnis, *f.* Schlußfolgerung.   Und

ratiōcinātor, ōris, *m.* Rechnungsführer; *met.* Berechner: officiorum.   Von

ratiōcinor 1. (ratio) rechnen; *met.* schließen.

ratiōnalis, e (ratio) vernünftig *Sp.*

ratiōnārium, ī, *n.* (ratio) statistische Übersicht *Sp.*

ratis, is, *f.* **1.** Floß; **occ.** Schiffbrücke *L*; **2.** *synecd.* Schiff.

ratiuncula, ae, *f.* (*dem.* v. ratio) **1.** kleine Rechnung *C.* *met.* **2.** schwacher Grund. **3.** kleinlicher Schluß.

I. ratus 3 (*adi. pt. pf.* zu reor) **1.** berechnet; pro rata parte u. pro rata *L* verhältnismäßig. **2.** bestimmt, sicher, gewiß: motūs, ordines, vita *V*. **3.** bestätigt, rechtskräftig, geltend, gültig: foedus; rem ratam habere, ducere, facere bekräftigen, genehmigen.

II. ratus *pt. pf. act.* v. reor.

rauci-sonus 3 (raucus, sonus) dumpftönend *Ca.*

raucus 3 **1.** heiser, rauh. **2.** dumpf, dumpftönend, rauh: unda brausend *O*.

E: aus **rāvicus* v. rāvis, is, *f.* 'Heiserkeit', § 42.

raudusculum, ī, *n.* (*dem.* v. raudus = rudus) Stückchen Erz *Festus*; *met.* Sümmchen, kleiner Betrag.

Rauracī, ōrum, *m.* die R. [keltisches Volk am Rheinknie].

Ravenna, ae, *f.* R a v e n n a [St. südl. der Pomündung]; *adi.* Ravennās, ātis.

rāvus 3 grau, graugelb *H*.

E: vgl. ahd. grāo, grāwēr 'grau'.

re [oder] **red** [Partikel in der Zusammensetzung] **1.** zurück: reduco. **2.** entgegen, wider: reluctor. *met.* **3.** wiederum: recognosco. **4.** in den gehörigen Stand: redigo.

rea s. reus.

reāpse (§ 67, aus rē-eāpse altl. = rē ipsā, § 53) in der Tat, wirklich.

Reāte, *n.* (*nom., acc., abl.*) R i e t i [Hauptst. der Sabiner nö. v. Rom] *L*; *adi.* u. Einw. Reātīnus.

rebellātiō, ōnis, *f.* (rebello) Aufstand, Abfall *T*.

rebellātrīx, īcis, *f.* (rebello) aufrührerisch *LO*.

rebelliō, ōnis, *f.* (rebello) Aufstand, Empörung.

re-bellis, e (rebello, § 76) aufständisch, rebellisch; *subst.* Empörer, Aufständischen, Rebell.

re-bellō 1. den Krieg (Kampf *O*) erneuern, sich empören.

re-bītō, āre zurückkehren *C*.

re-boō, āre (hybrid; re u. βοᾶν) widerhallen *V*.

re-calcitrō, āre b i l d l. (nach hinten) ausschlagen *H*.

re-caleō, ēre wieder warm sein *V*.   Dazu *incoh.*

re-calēscō 3. caluī sich wieder erwärmen.

re-calfaciō 3. fēcī, factus wieder erwärmen *O*.

re-caluī *pf.* v. recalesco.

re-candēscō 3. duī (*incoh.* zu candeo) **1.** weiß aufschäumen *O*. **2.** heiß werden, erglühen *O*.

re-cantātus 3 (canto) widerrufen *H*.

recāsūrus *pt. fut.* v. I. recido.

re(c)cidī *pf.* v. I. recido.

reccidō = I. recido.

re-cēdō 3. cessī, cessum

I. zurückgehen, -weichen, -treten, sich zurück-
ziehen.
II. 1. sich trennen, fortgehen, sich entfernen,
etw. verlassen; 2. met. abgehen, abweichen, von
etw. lassen, etw. aufgeben.

I. thalamo *O*; mit de, ex; in tergum nach rück-
wärts *V*; met. anni recedentes scheidend *H*, recedere
in ventos sich in Luft auflösen *V*; occ. longius a mari
recedentia weiter entfernt liegende Landstriche *Cu*, An-
chisae domus recessit lag weit hinten *V*. II. 1. a con-
spectu suorum *N*, caput (e) cervice recedit trennt
sich *O*, in ventos entschwinden *V*, maris ira recessit
verging *V*. 2. a caritate patriae *N*, ab oppugnatione,
res recedit ab aliquo entgeht, ab officio; ab armis
die Waffen niederlegen.
re-cellō, ere *intr.* zurückschnellen *L*.
recēns, entis

I. *pt.* kommend, zurückkehrend von, unmittelbar
nach, frisch von.
II. *adi.* 1. kräftig, ungeschwächt, frisch, rüstig;
2. neu, jung; 3. frisch.
III. *adv.* eben erst, jüngst, unlängst.

I. quidam venerunt Romā recentes; recens victo-
riā sogleich nach *T*, locus caede recens *V*; Homerus
recens ab illorum aetate; a volnere frisch verwun-
det *V*, a dolore noch schmerzbewegt *T*, in dolore im
frischen Schmerz *T*. II. 1. integri et recentes, equi *O*,
animus *L*. 2. antiqui viri et recentes, recentiores die
Modernen. 3. caespes, aqua *O*, arma frisch ge-
schärft *O*, prata recentia rivis erfrischt *O*, tellus neu-
geschaffen *O*; met. re recenti *C*, recenti re, negotio
(facto *O*) auf frischer Tat, recenti adhuc calore *Cu*.
III. sol r. ortus *V*.
re-cēnseō 2. uī, cēnsus 1. mustern, zählen [vom Zen-
sor]: equites *L*; captivos *L*. 2. met. a. (in Gedanken)
durchgehen, erwägen: fata *V*. b. aufzählen, erzählen:
Priamidas deploratos *O*. c. durchlaufen: signa *O*. Dav.
recēnsiō, ōnis, *f.* u. **-us**, ūs, *m. Sp.* (zensorische) Mu-
sterung, Zählung.
I. **recēnsus** *pt. pf. pass.* v. recenseo.
II. **recēnsus** s. recensio.
re-cēpī *pf.* v. recipio.
receptāculum, ī, *n.* 1. Behältnis, Behälter; occ. prae-
dae Stapelplatz, purgamentorum Sammelstelle *L*, Nili
Abzugsgraben *T*. 2. met. Zufluchtsort, Zuflucht.   Von
re-ceptō 1. (*frequ.* zu recipio) 1. rasch zurückziehen:
hastam *V*. 2. bei sich aufnehmen: mercatores *L*.
receptor, ōris, *m.* u. **-trīx**, īcis, *f.* (recipio) Hehler,
Hehlerin.
receptum, ī, *n.* (recipio) Verpflichtung, Garantie.
I. **receptus** *pt. pf. pass.* v. recipio.
II. **receptus**, ūs, *m.* (recipio) 1. akt. Zurücknahme:
sententiae *L*. 2. refl. Rückzug: receptui canere zum
Rückzug blasen lassen; unpers. cecinit receptui
man blies zum Rückzug *L*; bildl. sich zurückziehen;

cane, Musa, receptūs höre auf *O*. 3. Rücktritt: a ma-
lis consiliis *L*. 4. Zuflucht: ad amicitiam Caesaris.
re-cessī *pf.* v. recedo.
recessum *pt. pf. pass.* v. recedo.
recessus, ūs, *m.* (recedo) 1. das Zurückgehen, Zurück-
weichen, Rückgang: aestuum Ebbe, lunae Entfernung,
a pestiferis rebus Abneigung. 2. met. abgelegener Ort,
Winkel, Schlupfwinkel: speluncae *O*, Phrygiae *L*, mar-
moreus geheimes Gemach *O*; in animis 'Falten', in di-
cendo Hintergrund.
recharmidā lege den Charmides (s. d.) wieder ab *C*.
I. **re-cidī** *pf.* v. I. recido.
II. **re-cīdī** *pf.* v. II. recido.
recidīvus 3 neu erstehend *V*.   Von
I. **re-cidō** 3. rec(c)idī, recāsūrus (cado, § 41) I. 1. zu-
rückfallen: in terram recidunt omnia; bildl. mit ad,
in. 2. met. (in einen Zustand) wieder verfallen: in invi-
diam *N*, in antiquam servitutem *L*. II. 1. niederfal-
len, fallen: praecipites recidebant kopfüber *Cu*;
bildl. in aliorum vigiliam in die Zeit. 2. met. verfal-
len, herabsinken, herabkommen: ex laetitia ad luc-
tum, ad nihilum zunichte werden, in unius imperium
zur Monarchie herabsinken.
II. **re-cīdō** 3. cīdī, cīsus (caedo, § 43) 1. abhauen,
-schneiden: vulnus *O*, sceptrum de stirpe *V*, colum-
nas brechen *H*; met. beseitigen: culpam *H*. 2. be-
schneiden, stutzen: ungues *Cu*, barbam *O*; met. be-
schränken, vermindern, verkürzen: priscum ad morem
aliquid auf die Sitte alter Zeit *T*, ornamenta *H*, loqua-
citatem *Q*.
re-cingō 3. cīnxī, cīnctus los-, entgürten: tunica (ves-
tis) recincta herabwallend *VO*, zonam lösen *O*; med.
recingor ich entkleide mich *O*, recingitur anguem sie
legt die Schlange ab [mit der sie gegürtet ist] *O*.
re-cinō, ere (cano, § 41) 1. *intr.* entgegentönen: parra
recinens krächzend *H*. 2. *trans.* wieder ertönen lassen:
haec nachsagen *H*, tu recines du wirst im Wechselge-
sang preisen *H*.
re-cīnxī *pf.* v. recingo.
reciperātor s. recuperator.
reciperō s. recupero.
re-cipiō 3. cēpī, ceptus (capio, § 43)

I. 1. zurücknehmen, -ziehen, -holen, -bringen;
occ. a. zurückbehalten, ausnehmen; b. (Truppen)
zurückziehen, zurückgehen lassen; c. befreien, ret-
ten; 2. refl. sich zurückziehen; occ. zurückkehren,
zurückweichen; met. sich zurückwenden.
II. 1. wieder (auf)nehmen, wieder erhalten; occ.
wieder an sich bringen, wiedererobern; 2. met.
wiederbekommen; 3. refl. sich erholen, sich sam-
meln, sich wieder fassen.
III. 1. annehmen, nehmen; occ. (eine St., Geld)
einnehmen; 2. aufnehmen; met. (in einen Stand, ein
Verhältnis) aufnehmen; occ. (eine Klage) annehmen;
3. übernehmen, auf sich nehmen; occ. sich ver-
pflichten, verbürgen, versprechen; 4. gestatten, zu-
lassen, gutheißen.

reciproco — 385 — **recte** — R

I. 1. ad limina gressum zurückwenden *V.* **a.** posticulum *C,* solium. **b.** suos incolumes, equitatum ad se zurücknehmen. **c.** cives *L,* fruges *V.* **2.** se in currus, ad Caesarem. *occ.* intra sua praesidia *N,* in silvas; signum recipiendi Signal zum Rückzug. *met.* se ad belli cogitationem. **II. 1.** arma *Cu,* suos, fasces die Macht *V,* reges *L.* *occ.* Ioniam *N,* suas res *L.* **2.** antiquam frequentiam *L,* vires corporis, animum, mentem wieder zur Besinnung kommen, sich wieder erholen. **3.** se (ex terrore). **III. 1.** a latere tela den Geschossen ausgesetzt sein, detrimenta erleiden, poenas ab aliquo sich an jemd. rächen *V.* *occ.* Firmum, civitates, phaleras *V.* **2.** senem sessum den Greis Platz nehmen lassen, ad se, in oppidum, inter suos *Cu,* intra fines; mit *abl.* tecto, equis auf die Pferde; in parte tori *O.* *met.* legiones an sich ziehen, in civitatem das Bürgerrecht verleihen, in ordinem senatorium; in fidem in Schutz, in deditionem, in ius dicionemque *L* die Unterwerfung annehmen, recepti scriptores unter die Klassiker eingereiht *Q.* *occ.* [vom Prätor]: nomen absentis die Klage gegen einen Abwesenden zulassen; reum die Klage gegen jemd. *T.* **3.** causam, mandatum, officium, in se religionem sich aufladen *L.* *occ.* aliquid proficiscenti, de fide eorum nihil *L;* mit *acc. c. inf. fut.* **4.** timor misericordiam (cunctationem res) non recipit, fabulas.

reciprocō 1. **1.** *trans.* hin und her bewegen, rückwärts bewegen: animam aus- und einatmen *L,* quinqueremem dagegensteuern *L;* reciprocatur mare geht zurück, ebbt *Cu.* **2.** *intr.* hin- und zurückfließen: fretum reciprocat *L.* *Von*

reciprocus 3 auf demselben Weg zurückkehrend: mare Ebbe *T.*
E: *recus 'rückwärts' + *prŏcus 'vorwärts', zusammengesetzt nach § 66.

recīsus *pt. pf. pass.* v. II. recido.

recitātiō, ōnis, *f.* (recito) das Vorlesen.

recitātor, ōris, *m.* Vorleser. *Von*

re-citō 1. **1.** vorlesen: epistulam, leges, testimonium. **2.** verlesen: senatum die Senatorenliste *T.* **3.** deklamieren, rezitieren: carmen *O.*

reclāmitō, āre laut widersprechen. *Frequ.* zu

re-clāmō 1. **1.** zu-, entgegenrufen, laut widersprechen. **2.** widerhallen *V.*

reclīnis, e (§ 76) zurückgelehnt *OT.* *Von*

re-clīnō 1. (κλίνω) zurücklehnen, -legen, anlehnen: ab labore nach der Arbeit erquicken *H.*

re-clūdō 3. sī, sus (claudo, § 43) **1.** erschließen, (er)öffnen: hosti portas *O;* iugulum ense *O,* pectus mucrone *V* durchbohren, tellurem dente *V,* humum *T* aufgraben, ensem entblößen *V,* iram entfesseln *Ennius,* fata den Todesbann brechen *H.* **2.** *met.* offenbaren: operta *H.*

recoctus *pt. pf. pass.* v. recoquo.

re-cōgitō, āre (§ 72) **1.** überdenken, überlegen *C.* **2.** wieder denken an: de re.

recōgnitiō, ōnis, *f.* Besichtigung, Untersuchung. *Von*

re-cōgnōscō 3. gnōvī, gnitus (§ 72) **1.** wiedererkennen, kennenlernen: sacra *O.* **2.** mustern, durchgehen, prü-

fen, untersuchen: consilia, vitam, agros *L,* libellos durchsehen *Pli.*

re-colligō 3. lēgī, lēctus (§ 72) wieder aufnehmen: stolam *Pli;* *met.* se sich fassen, sich erholen *O,* primos annos die Jugend wiedergewinnen *O,* animum alicuius versöhnen.

re-colō 3. coluī, cultus **1.** wieder anbauen, bearbeiten: terram *L,* metalla wieder eröffnen *L;* locum wieder besuchen *Ph.* *met.* **2.** von neuem pflegen, betreiben: studia. **3.** wiederherstellen: antiquum decus *T,* imagines *T;* *occ.* adulescentes avitis sacerdotiis ehren durch Wiederherstellung *T.* **4.** nochmals erwägen, überdenken: haec *C,* inclusas animas überschauen *V;* *occ.* sich erinnern: recolo *O.*

re-commentor 1. (§ 72) sich auf etw. besinnen *C.*

re-comminīscor, scī sich wieder erinnern *C.*

re-compōnō, ere (§ 72) wieder besänftigen *Pli.*

reconciliātiō, ōnis, *f.* Wiederherstellung; *abs.* Versöhnung *L.* *Und*

reconciliātor, ōris, *m.* Wiederhersteller: pacis Friedensstifter *L.* *Von*

re-conciliō 1. (§ 72) **1.** wiederherstellen: pacem stiften *N,* gratiam, detrimentum wiedergutmachen. **2.** wiedergewinnen, versöhnen, befreunden: milites *N,* Parum oratione *N,* in gratiam *L.* **3.** zurückbringen: illum confido domum me reconciliassere (*inf.* zu reconciliasso = reconciliavero) *C,* in libertatem *C.*

re-concinnō, āre wieder ausbessern: reliqua.

re-condidī *pf.* v. recondo.

I. reconditus *pt. pf. pass.* v. recondo.

II. reconditus 3 **1.** versteckt, verborgen: venae auri. **2.** entlegen: locus; *n. subst.* recondita templi das Allerheiligste. *met.* **3.** tiefliegend, verborgen, geheim: sensus sermonis, litterae, ratio. **4.** selten, veraltet: verba *Sp.* *Von*

re-condō 3. didī, ditus (§ 72) **1.** ver-, aufbewahren: medicamenta *L,* oculos schließen *O,* alvo verschlingen *O;* gladium lateri *O,* ensem in pulmone *V* hineinstoßen; *met.* verba, voltus im Gedächtnis bewahren *T.* **2.** verstecken, verbergen: opes *O,* se *Q;* *met.* voluptates *T.*

re-coquō 3. coxī, coctus **1.** umkochen: Peliam durch Kochen verjüngen; *met.* senex recoctus ausgekocht, abgefeimt *Ca,* scriba recoctus umgeformt *H.* **2.** umschmelzen: enses umschmieden *V.*

recordātiō, ōnis, *f.* Erinnerung. *Von*

re-cordor 1. (cor) **1.** sich erinnern, gedenken; mit *acc.,* de, *acc. c. inf.* **2.** beherzigen, bedenken: quae sum passura *O.*

re-coxī *pf.* v. recoquo.

re-creō 1. umschaffen *C.* met. wiederbeleben, -herstellen, kräftigen, erquicken, erfrischen; *refl.* u. *med.* sich erholen.

re-crēscō 3. crēvī wieder wachsen *LO.*

re-crūdēscō 3. duī wieder aufbrechen; *met.* wieder ausbrechen, von neuem entstehen *LCu.*

rēctā (*adv. abl.* v. rectus) geradeaus, geradewegs.

rēctē (*adv.* zu rectus) **1.** recht, richtig, gehörig: r. fa-

rector   386   **redeo**

cere. **2.** mit Recht: r. prodesse. **3.** wohl, gut, sicher, gefahrlos, günstig: r. est es steht gut, r. bellum gerere *L*, procedere *H*.

rēctor, ōris, *m*. (rego) Lenker, Leiter: r. (ratis *O*) Steuermann, equi Reiter *ST*; *met*. peditum Führer *T*, Syriae Statthalter *T*; deûm, maris Beherrscher *O*.

I. rēctus *pt. pf. pass.* v. rego.

II. rēctus 3 (rego) **1. gerade, in gerader Richtung:** in rectum geradeaus *O*, recto litore, flumine geradeaus... entlang *V*, pedes vorwärts gerichtet *V*. *occ.* **aufrecht, senkrecht:** truncus *O*, rupes *L*; puella schlank *CaH. met.* **2. richtig, gehörig, regelrecht:** proelium *L*, cultus *H*, nomina sichere Schuldner *H*. **3. ruhig, unbeugsam:** animus *H*. **4. unparteiisch:** Caesar; iudex *Pli*. **5. einfach, schlicht:** commentarii Caesaris. **6. moralisch, rechtlich, sittlich gut, recht:** ratio, consilia *L*, natura *H*; *n. subst.* das Recht.

re-cubō, āre zurückgelehnt liegen, ruhen.

re-cubuī *pf.* v. recumbo.

rēcula, ae, *f*. (*dem*. v. res) geringe Habe, kleiner Besitz.

recultus *pt. pf. pass.* v. recolo.

re-cumbō 3. cubuī **1.** sich niederlegen; **occ.** sich zu Tisch legen: Archiacis lectis *H*. **2.** *met.* zurücksinken, sich niedersenken: in te domus recumbit ruht auf dir *V*.

recuperātor, ōris, *m*. (recupero) **1.** Wiedereroberer: urbis *T*. **2.** R. [*pl.* Kollegium von 3 bzw. 5 Richtern in Ersatzklagen, das zwischenstaatliche Verfahren zur Wiedergutmachung von Kriegsschäden u. Erpressungsklagen der Provinzialen gegen die Statthalter, ab 77 zivilrechtliche Entschädigungsverfahren erledigte].   Dav.

recuperātōrius 3 der Rekuperatoren, Ersatzrichter: iudicium.

recuperō u. **reciperō** 1. (recipio, §§ 41 u. 43) wiedererlangen, -gewinnen.

re-cūrō 1. āvī wieder heilen *Ca*.

re-currō 3. currī, cursum **1.** zurücklaufen, -eilen, -kehren: ad raedam; **occ.** soll recurrens kreisend *V*, recurrentes anni wiederkehrend *H*. **2.** zurückkommen, wiederkehren: bruma recurrit *H*; *met.* ad easdem condiciones, eo. **3.** Zuflucht nehmen: ad Secundum *T*.   Dav. *frequ.*

re-cursō, āre zurückkehren: cura *V*; animo vorschweben *VT*.

recursum *pt. pf. pass.* v. recurro.

recursus, ūs, *m*. (recurro) Rücklauf, Rückkehr: pelagi Ebbe *V*.

re-curvō 1. zurückbeugen, -krümmen.   Dav. (§ 76)

recurvus 3 zurückgekrümmt, -gebogen: aera Angel *O*, tectum Labyrinth *O*.

recūsātiō, ōnis, *f*. Ablehnung, Weigerung; **occ.** Einspruch, Protest.   Von

re-cūsō 1. (causa, § 43, vgl. ac-, ex-cuso) ab-, ausschlagen, ablehnen, zurückweisen, verweigern; mit *acc.*, de, *inf.*, *acc. c. inf. T*, ne, nach Negation quin, quominus.

re-cutiō 3. cussus (quatio) erschüttern *V*.

red s. re.

rēda = raeda.

redāctus *pt. pf. pass.* v. redigo.

red-ambulō, āre zurückkommen *C*.

red-amō, āre wiederlieben, Gegenliebe zeigen.

red-arguō 3. uī, ūtus widerlegen, Lügen strafen.

rēdārius = raedarius, s. raeda.

red-auspicō, āre zurückkehren *C*.

reddō 3. didī, ditus (aus *re-dido, §§ 41 u. 42; *dido alte reduplizierte Form v. do, vgl. δίδωμι)

I. 1. zurückstellen, -geben; 2. *refl.* **sich zurückbegeben, zurückkehren;** 3. **wieder (von sich) geben;** *met.* **aufsagen, vortragen, vorbringen, berichten;** 4. **herstellen, zu** etw. **machen.**
II. 1. wiedergeben, erstatten, vergelten; 2. **darbringen, erweisen;** 3. **abstatten, erstatten, geben, zahlen, büßen;** 4. **abliefern, zustellen, geben;** *occ.* **zugeben, gewähren;** 5. **antworten;** *occ.* **Bescheid erteilen;** 6. **wiedergeben, nachbilden;** *occ.* **übersetzen.**

I. 1. obsides, liberis bona patria; bildl. lux reddita menti *V*; otium totā Siciliā wiederherstellen *N*, alicui salutem *N*. **2.** se convivio zum Gastmahl *L*, lux terris se reddit kehrt wieder *V*; se in arma Teucrûm sich wieder entgegenstellen *V*. **3.** sata cum multo faenore *O*, auras *V*; catulum partu *O*; animas aushauchen *V*, sonum *H*. *met.* dictata *H*, carmen *H*, exemplum *T*. **4.** mare tutum *N*, eum hostem Romanis *N*, homines ex feris mites; *pass.* mit dopp. *nom. O*. **II. 1.** beneficium, gratiam Dank abstatten *SCu*; hostibus cladem *L*, vastitatem *L*. **2.** honorem alicui *LO*, supplicationem, liba deae *O*. **3.** praemia debita *V*, impietatis poenas *S*, vota nymphis erfüllen *V*, naturae debitum sterben *N*, vitam pro aliquo hingeben *O*. **4.** litteras regi *N*, facto sua nomina den rechten Namen *O*, rationem Rechnung legen, Rechenschaft ablegen. **occ.** conubia *L*, iudicium in aliquem eine Untersuchung anstellen lassen, maiestatis wegen Hochverrat *T*. **5.** redde, quae restant gib an, talia *VO*. **occ.** ius Rechtsbescheid; iura Recht sprechen *Ph*. **6.** faciem locorum *O*, matrem *Pli*, qui te nomine reddet deinen Namen führen wird *V*. **occ.** aliquid Latine, verbo verbum *H*.

reddūcō, reddux = reduco, redux.

red-ēgī *pf.* v. redigo.

red-ēmī *pf.* v. redimo.

redemptiō, ōnis, *f*. (redimo) Los-, Rückkauf *L*.

redemptō, āre (*frequ.* v. redimo) loskaufen *T*.

redemptor, ōris, *m*. (redimo) Pächter, Unternehmer.

redemptūra, ae, *f*. (redimo) Pachtung *L*.

redēmptus *pt. pf. pass.* v. redimo.

red-eō, īre, iī, itum

I. 1. zurückgehen, -kehren; 2. *met.* **wiederkehren, zurückkommen;** *occ. a.* (in der Rede) **auf** etw. **zurückkommen;** *b.* (von Örtlichkeiten) **abfallen;** *c.* (als Ertrag) **eingehen, einkommen.**
II. 1. zu-, anheimfallen; 2. **zu** etw. **kommen.**

I. 1. aede *O*; mit ab, ex; spectatum zum Schauspiel *N*. **2.** ossibus redit calor *V*, rediere in pristina vires die alte Kraft kehrte zurück *V*, Proteus in sese (in

redhibeo   387   **refero**   R

sua membra *O*) redit verwandelt sich in seine alte Gestalt *V*, cum matre in gratiam sich aussöhnen (müssen) *N*, ad se zur Besinnung kommen, sich erholen *L*, in memoriam gedenken, sich erinnern, res redierunt der alte Zustand ist wieder da *C*. **a.** ad principia defensionis, ad inceptum *S*. **b.** collis ad planitiem redit, quā redit Rhodope *V*. **c.** pecunia ex metallis redit *N*; *met.* ex otio bellum redibit wird erwachsen, hervorgehen *L*. **II. 1.** ad arbitrium eius seinem Gutdünken, res ad patres die Regierung, ager ad Ardeates redit *L*. **2.** res ad interregnum rediit es kam *L*, ad triarios = zum äußersten *L*, ad II legiones auf zwei Legionen beschränkt sein, ad gladios es blieben nur noch die Schwerter, in tabulas publicas wurden in die Rechnungsbücher der Staatskasse eingetragen.

red-hibeō 2. uī, itus (habeo, § 43) **1.** zurückgeben, -erstatten *C*. **2.** (eine mangelhafte Ware) **a.** [vom Käufer]: zurückgeben: mancipium. **b.** [vom Verkäufer]: zurücknehmen *C*.

red-igō 3. ēgī, āctus (ago, § 41)

I. 1. **zurücktreiben, -jagen, -bringen**; *occ.* **herunterbringen, beschränken**; *pass.* **herunterkommen;** 2. (Geld) **einbringen, eintreiben**; *occ.* **einnehmen, lösen.**
II. in einen Zustand (eine Lage) **bringen**; *occ.* zu etw. **machen.**

I. **1.** hostem in castra *L*; *met.* rem ad pristinam belli rationem die alte Kampfweise wieder aufnehmen, in memoriam ins Gedächtnis zurückrufen. **occ.** hostes ad internecionem vernichten, familia ad paucos redacta heruntergekommen auf, victoriam ad vanum et irritum vereiteln und zunichte machen *L*, mentem in timores herabstimmen *H*. **2.** pecuniam *HCu*, in publicum in die Staatskasse einliefern *L*, praedam in fiscum konfiszieren *T*. **occ.** HS ducentiens in praeda redactum est ist hereingekommen *L*. **II.** in (sub) potestatem, sub imperium, sub ius dicionemque *L*; in provinciam (in formam provinciae *L*) zur Provinz machen, in numerum in den Kanon der Klassiker einreihen *Q*. **occ.** ea facilia ex difficillimis, Ubios infirmiores schwächen.

red-iī *pf.* v. redeo.

redimīculum, ī, *n.* Band, Halsband, Kettchen.   Von

redimiō 4., *impf.* ībat *V* umwinden, bekränzen.

red-imō 3. ēmī, ēmptus (emo, § 41) **1. zurückkaufen:** rursum *C*; **occ.** loskaufen, befreien: captos a servitute, se a iudicibus; *met.* erlösen, retten, abwenden: ab Acherunte *N*, mortem *O*, metum virgarum pretio abwenden; facinus *S*, vitium *O* sühnen. **2. erkaufen, kaufen:** largitione militum voluntatem, auro ius sepulcri *O*; **occ.** pachten: vectigalia parvo pretio, picarias de censoribus.

red-integrō 1. **1.** wieder ergänzen: copias. **2.** wiederherstellen, erneuern: proelium, bellum *L*, vires, animum (Interesse) legentium *T*.

red-ipīscor, scī (apiscor, § 43) wiedererlangen *C*.

reditiō, ōnis, *f.* (redeo) Rückkehr.

reditum *pt. pf. pass.* v. redeo.

reditus, ūs, *m.* (redeo) **1.** Rückkehr, Rückkunft: in Asiam *N*, Narbone; **occ.** Wiederkehr, Kreislauf: solis; *met.* Rückkehr, Wiedereintritt: in amicitiam, ad propositum. **2.** *meton.* Einkommen, Einkünfte: pecuniae *N*, metallorum *L*.

red-oleō 2. uī riechen: vinum nach Wein; *met.* indicia redolent sind zu spüren.

re-domitus 3 (domo) wieder bezwungen: cives.

Rēdonēs, um, *m.* die R. [Volk um R e n n e s (§ 85, Abs. 3)].

re-dōnō 1. wiederschenken *H*.

re-dormiō, īre wieder schlafen *Pli*.

re-dūcō (redduco *C*) 3. dūxī, ductus **1.** zurückziehen: turres, munitiones zurückschieben; *met.* se a contemplatu mali abstehen *O*, socios a morte retten *V*. **2.** zurückführen: uxorem wieder zu sich nehmen *N*; *pass.* reducitur aestas kehrt wieder *V*. **3.** *met.* zurückführen, -bringen: veterem ad morem *T*, legem maiestatis erneuern *T*, in formam gestalten *O*.   Dav.

reductiō, ōnis, *f.* Zurückführung.   Und

reductor, ōris, *m.* Zurückführer: plebis *L*; b i l d l. Wiederhersteller: litterarum *Pli*.

I. reductus *pt. pf. pass.* v. reduco.

II. reductus 3 (reduco) zurücktretend, entlegen.

red-uncus 3 einwärts gekrümmt: rostrum *O*.

redundanter (redundo) *adv.* weitschweifig *Pli*.

redundantia, ae, *f.* Überfülle [im Ausdruck].   Von

red-undō 1. **1.** austreten, überfließen, überströmen: mare numquam redundat; *pt. pf. pass.* akt. redundatae aquae überströmend *O*; sanguine triefen; b i l d l. oratores redundantes wortreich, weitschweifig. *met.* **2.** herbeiströmen, sich reichlich ergießen: in me periculum, invidia mihi, ad amicos infamia redundat trifft. **3.** Überfluß haben: luctu, hilaritate, armis *T*; **occ.** im Überfluß vorhanden sein: (indicum) copia, species. E: eigtl. 'zurückwogen'.

red-uvia, ae, *f.* (v. *red-uo, s. ex-uviae) Niednagel *Sp*; s p r i c h w. qui reduviam curem = um eine Kleinigkeit.

re-dux (red-dux *C*), ducis **1.** zurückführend: Fortuna. **2.** zurückkehrend.

re-dūxī *pf.* v. reduco.

re-fēcī *pf.* v. reficio.

refectiō, ōnis, *f.* (reficio) Erfrischung, Erholung *Q*.

refectus *pt. pf. pass.* v. reficio.

re-fellō 3. fellī (fallo, § 43) widerlegen, als Irrtum zurückweisen: crimen ferro tilgen *V*.

re-ferciō 4. fersī, fertus (farcio, § 43) vollstopfen, füllen; *met.* in oratione anhäufen; **refertus** 3 vollgestopft, gedrängt voll, ganz erfüllt; mit *abl.* u. *gen.*

re-feriō, īre zurückschlagen, -werfen *CSp*; *pass.* zurückstrahlen: speculi referitur imagine Phoebus *O*.

re-ferō, ferre, ret(t)ulī (= retetuli, § 44), relātus (rellātus *C*)

I. 1. **zurücktragen, -bringen**; *occ.* **heimbringen, (hinter)bringen**; 2. **zurückziehen, -wenden**; *refl. med.* **sich zurückziehen, zurückgehen**; 3. (Schuldiges) **wieder-, zurückgeben, abstatten, bezahlen**; *occ.* **a.** **vergelten, erwidern; b.** (Töne) **wiedergeben,**

refersi   388   **refreno**

---

widerhallen lassen; *c.* Antwort geben, erwidern; *d.* sagen, sprechen; 4. (Entschwundenes) wieder-, zurückbringen; *occ.* (durch Ähnlichkeit) wiedergeben, wieder darstellen; *met.* 5. (den Geist) auf etw. zurücklenken; 6. (Abstraktes) auf etw. zurückführen. II. 1. (über)bringen, abliefern; 2. *occ. a.* überliefern, berichten, melden, mitteilen; *b.* vorlegen, vortragen, Bericht erstatten, referieren; 3. einschreiben, eintragen, registrieren; *met.* unter etw. rechnen.

I. 1. pecunias in templum, membra thalamo (*dat.*) ins Gemach *V*; vina ausspeien *V.* **occ.** talenta in publicum in die Staatskasse abliefern *N*, tabulas ad Caesarem, triumphum *O*; mandata, responsum, rumores; mit *acc. c. inf.*, indir. Fr. **2.** talaria zurückwehen *O*; caput *O*, ora et oculos *V*, manum ad capulum ans Schwert legen *O*; pedem *O*, gradum *LO*, vestigia *V* sich zurückziehen; zurücktreten, zurückkehren; castra zurückverlegen *L*; *refl.* se fertque refertque eilt hin und her *V*, se e pastu heimkehren *V*; b i l d l. eo se refert oratio; *med.* classis relata wieder gelandet *V*, equi referuntur eilen zurück *V.* **3.** Idibus aera das Schulgeld zahlen *H*; b i l d l. tumulo sollemnia weihen *T.* **a.** alicui gratiam (gratias) Dank abstatten, vergelten, fertilitatis honorem den Dank abstatten für *O.* **b.** vocem *Cu*, soni referuntur hallen wider, gemitum *V.* **c.** pauca, talia *V*; [auch allein]. **d.** talia verba *O*, vera *O.* **4.** consuetudinem wieder einführen, morem *SV*, praeteritos annos *V*; interpres refert sermonem gibt wieder *Cu*, verba geminata nachsprechen *O*, voces wiederholen *O*, versūs *V*; aliquid ad populum neuerdings beantragen *L*; exempla *Cu*, versum *N* zitieren, convivia sich erinnern an *O*, foedus et iura parentum erinnern an *O.* **occ.** miram formam *O*, te (patrem) ore widerspiegeln, Ebenbild sein *V*, aliquem sermone voltuque *T.* **5.** animum ad studia (veritatem); quo referor totiens? komme so oft auf den Gedanken *V*; aliquid in melius zum Besseren wenden *V*, animum ad firmitudinem wieder eine standhafte Haltung geben *T.* **6.** alienos mores ad suos nach den eigenen beurteilen *N*, omnia ad suum arbitrium von … abhängig machen *L*, facta ad virtutem nach … einrichten, aliquid ad se ipsum nach sich selbst bemessen, prospera ad fortunam zuschreiben *T*; *pass.* referri sich auf etw. beziehen. **II. 1.** frumentum, publicas rationes ad aliquem. **2. a.** acta sociis *V*, Solis amores *O*; *subst.* relāta, ōrum, *n.* Erzählung *O*; mit *acc. c. inf.* (d i c h t. rettulit esse pronepos *O*), indir. Fr.; te parentem refert rühmt dich als *V*, patriam Epirum *V.* **b.** ad consilium *N*, de reliquis rebus ad senatum; postulant, ut referatur daß Bericht erstattet werde *S*; b i l d l. omnia ad oracula zur Entscheidung vorlegen *N.* **3.** pecuniam acceptam, expensam; b i l d l. acceptum refero bekenne, empfangen zu haben *O*, salutem imperii uni acceptam einem gutschreiben, zurechnen; in proscriptorum numerum *N*, absentem in reos; in censum in die Zensusrollen *L*; b i l d l. orationem in Origines, aliquid

in commentarium aufnehmen; *m e t.* terram et caelum in deos, aliquem in oratorum numerum, inter meritorum maxima *O*; in deorum numero unter den Göttern anführen.

re-fersī *pf.* v. refercio.

rē-fert, rē-tulit es liegt daran, nützt, kommt darauf an: tamquam referret als ob etw. daran läge *T*; mit *acc. c. inf.*, indir. Fr., *inf.*; die Person durch meā, tuā, suā, nostrā, vestrā oder durch den *gen.*; w i e v i e l : parvi, magni, quid, multum, plus plurimum, nihil, nimium u. a.

E: urspr. *rēs fert 'die Sache bringt es mit sich'; als nach § 30 rēs fert zu rēfert geworden war, faßte man rē als *abl.*, setzte daher meā, tuā nostrā usw. statt meā, tuā, nostrā usw. und bildete das *pf.* rētulit statt rēs tulit.

refertus *adi.* u. *pt. pf. pass.* v. refercio.

re-ficiō 3. fēcī, fectus (facio, § 43) **1.** neu machen: amissa; **occ. wiederwählen:** aliquem consulem *L*, regem wiedereinsetzen *T.* **2. wiederherstellen:** muros dirutos *N*, pontem, naves ausbessern, copias ergänzen, pecus ersetzen *V*, faciem eine neue Gestalt geben *V*, saucios heilen *S*; *met.* **kräftigen, erfrischen, erquicken, sich erholen lassen:** exercitum ex labore, vires cibo *L*, ab iactatione maritima refici sich erholen *L*, mentem beleben, reficite vos rafft euch auf. **3. einnehmen, lösen:** divenditā praedā XL talenta argenti *L.*

re-fīgō 3. fīxī, fīxus losmachen, abreißen, herabnehmen: templis (*abl.*) signa *H*; **occ.** abschaffen: leges tilgen *V.*

re-fingō, ere wieder bilden: cerea regna *V.*

re-fīxī *pf.* v. refigo.

refīxus *pt. pf. pass.* v. refigo.

reflātus, ūs, *m.* (reflo) Gegenwind.

re-flectō 3. flēxī, flexus **1.** zurückbeugen, drehen, wenden: oculos *O*, colla *V*; *med.* sich zurückbeugen; longos reflectitur ungues bekommt lange, gebogene Krallen *O.* **2.** *met.* wenden, umwenden: mentem a latrociniis abwenden, animum incitatum milder stimmen, animum zurückdenken *V.*

re-flō 1. āvī entgegenwehen; auch *met.* [vom Glück].

re-fluō, ere zurückfließen: campis von den F. *V.*   Dazu

re-fluus 3 zurückfließend, -strömend: mare *O.*

re-focillō 1. wieder erwärmen; *met.* beleben [andere Lesart: focilo] *Pli.*

reförmātor, ōris, *m.* (reformo) Erneuerer *Pli.*

re-formīdō 1. zurückscheuen, -beben, fürchten, scheuen: aliquem, bellum; mit *inf.*, indir. Fr.

re-förmō 1. umgestalten, verwandeln *O.*

re-foveō 2. fōvī, fōtus wieder erwärmen: artūs *Cu*; *met.* neu beleben, stärken: studia *Pli*, vires *T.*

refrāctāriolus 3 halsstarrig, polternd.   *Dem.* v.

refrāctārius 3 (refragor) halsstarrig *Sp.*

refrāctus *pt. pf. pass.* v. refringo.

re-frāgor 1. (vgl. suffragor) dagegen stimmen, widerstreben: refragatur ingenium ist hinderlich *Q.*

re-frēgī *pf.* v. refringo.

re-frēnō 1. zügeln, hemmen, zurück-, aufhalten.

refrico   389   **regnum**   **R**

re-fricō 1. cuī, cātūrus **1.** wieder aufreißen: vulnera. **2.** *met.* wieder erregen, erneuern: memoria refricat der Gedanke regt auf.

refrīgerātiō, ōnis, *f.* Abkühlung, Kühle.   Von

re-frīgerō 1. (frigus) abkühlen; *met. pass.* erkalten, nachlassen.

re-frīgēscō 3. frīxī erkalten, kühl werden; *met.* erkalten, ermatten, ins Stocken geraten.

re-fringō 3. frēgī, frāctus (frango, § 48) erbrechen, aufbrechen; **occ.** vestes *O*, ramum *V* abreißen; *met.* brechen: Achivos die Macht der Achiver *H.*

re-frīxī *pf.* v. refrigesco.

re-fūdī *pf.* v. refundo.

re-fugiō 3. fūgī, fugitūrus **I.** *intr.* **1. zurückfliehen, -weichen, fliehen, flüchten:** acie, ad suos; mille vias *V*; *met.* a consiliis abgehen, medio orbe zur Hälfte verschwinden *V*; **occ. zurücktreten, dem Blick entschwinden:** mare refugit *Cu*, a litore templum *V.* **2. Zuflucht nehmen:** ad legatos. **II.** *trans.* **1.** vor etw. **fliehen:** anguem *V.* **2.** *met.* **meiden, scheuen:** porrecta munera *O*, foeda ministeria *V*; mit *inf. H.* Dav.

refugium, ī, *n.* Zuflucht; *meton.* Zufluchtsort.   Und

refugus 3 fliehend, flüchtig *T*; zurückweichend: unda *O.*

re-fulgeō 2. fulsī **1.** zurückstrahlen: nubes refulget *V.* **2.** strahlen, erglänzen, schimmern.

re-fundō 3. fūdī, fūsus zurückgießen: aequor in aequor *O*, refunditur alga wird zurückgeworfen *V*; *pass.* zurückströmen, strömen: stagna refusa vadis vom Meeresgrund nach oben ergossen *V*, palus Acheronte refuso durch den Ausfluß des A. gebildet *V*, refusus Oceanus in sich selbst zurückfließend [= die Erde umfließend] *V*, fletu refuso Tränenstrom *O.*

re-fūtō 1. (vgl. confuto) widerlegen, zurückweisen: dicta abwenden *V.*

rēgāliolus, ī, *m.* Zaunkönig *Sp.*   *Dem.* von

rēgālis, e, *adv.* iter (rex, § 75, Abs. 2) **1.** königlich, dem König eigen: scriptum, carmen von Königen handelnd *O.* **2.** fürstlich, eines Königs würdig: sententia; regaliter minas addere tyrannisch *O.*

re-gerō 3. gessī, gestus **1.** zurücktragen, -schaffen, -bringen: tellurem (faces *T*) zurückwerfen *O.* **2.** zurückgeben, -schieben: convicia *H*, culpam in aliquem *Pli.*

rēgia, ae, *f.* (*sc.* domus; regius) **I. 1. Königsschloß, Hof, Burg, Residenz:** qui regiam tuebantur die Palastgarde *N*, caeli Himmelsburg *V*; **occ. Regia** [Gebäude in Rom beim Vestatempel, der Überlieferung nach Königsburg des Numa; in der Republik Amtshaus des pontifex maximus]: Numae *O*, atrium regium *L*. Auch: **Königszelt** [im Lager] *LCu*; **Säulenhalle** *Sp.* **2.** *meton.* **Königsfamilie, Hof:** Romana *L*; **occ. Hofstaat:** prior *T.* **II. Königswürde:** Persica *Cu.*

Rēgiēnsēs s. Regium.

rēgificus 3, *adv.* ē (rex, facio, §§ 66 u. 43) königlich, fürstlich.

rēgiī s. regius.

Rēgillus, ī, *m.* **1.** R. [St. im Sabinerland] *L.* **2.** lacus R. [See in Latium] *L.*

regimen, inis, *n.* (rego) **1. Lenkung, Leitung:** cohortium Kommando *T.* **2. Verwaltung, Regierung:** magis-

tratūs *L*, rei p. *T*; **occ. Herrschaft:** in omnia *T.* **3.** *meton.* **Steuerruder:** carinae *O.* **4. Leiter:** rerum *L.*

rēgīna, ae, *f.* (rex) **1.** Königin: Dido *V*, Iuno; *met.* pecunia *H.* **2. occ.** Königstochter: virgines Prinzessinnen *Cu*, Colchorum = Medea *O*, sacerdos königliche Priesterin *V.*

Rēgīnus s. Regium.

regiō, ōnis, *f.* (rego) **1. Richtung, Linie:** viarum *V*, regionem petere einschlagen, recta regione in gerader Richtung (Luftlinie), non recta regione iter instituit nicht geradeaus *L*, recta Danubii regione parallel zur Donau; *met.* rationis; *adv.* ē regiōne gerade **gegenüber;** mit *gen.* oppidi oder *dat.* castris. **2. Grenzlinie, Grenze:** terrae, caeli; **occ.** die [am Himmel gezogen gedachte] **Gesichtslinie** [*t. t.* der Auguralsprache]: per lituum regionum facta descriptio; *meton.* **Himmelsraum, Weltgegend:** caeli *V*, vespertina *H.* **3. Gegend, Landschaft:** agri Landstrecke, regiones et pagi Bezirke und Gaue; bildl. definita Gebiet, Bereich; **occ. Stadtbezirk:** in regiones XIV Roma dividitur *T.*   Dav. *adv.* (§ 79)

regiōnātim bezirksweise *L*; nach Stadtbezirken *Sp.*

Rēgium, ī, *n.* **1.** R. Lepidum [Ort zwischen Modena und Parma, j. R e g g i o nell' Emilia]; Einw. **Rēgiēnsēs.** **2.** R. [St. gegenüber von Messina, j. R e g g i o di Calabria]; *adi.* u. Einw. **Rēgīnus.**

rēgius 3, *adv.* ē (rex) **1. königlich, Königs-:** potestas, insignia; **occ.** exercitus des Perserkönigs *N*, bellum mit einem König; *subst.* **rēgiī**, ōrum, *m.* **a.** Truppen des Königs *NL.* **b.** Hofleute: fama ad regios perlata *N.* **2.** Königen geziemend, eines Königs würdig: regium videtur ita vivere; morbus = Gelbsucht *H.* **3. prächtig:** apparatus *N*, comitatus. **4. herrisch, tyrannisch, despotisch:** spiritūs despotischer Hochmut *N*, crudeliter et regie factum.

rēgnātor, ōris, *m.* (regno) Herrscher; *f.* **rēgnātrīx,** īcis Herrscherin: domus Herrscherhaus *T.*

rēgnō 1. **1. König sein, die Königsmacht haben, herrschen, regieren:** in nos über uns *T*, populorum *H*; unpers. non erat regnatum es war niemand König gewesen *L.* **2.** *met.* **herrschen, gebieten:** melior (rex apum) regnet in aula *V*, vivo et regno ich lebe wie ein Fürst *H.* **occ. a.** den Herrn spielen: Timarchidem in omnibus oppidis regnasse. **b. verbreitet sein:** regnat ebrietas *O*, ignis wütet *V.* **3.** *trans.* **beherrschen** (dicht. u. nachkl.), nur *pass.* gentes, quae regnantur die unter Königen stehen, Könige haben *T.* Von

rēgnum, ī, *n.* (rex) **1. Herrschaft, Regierung:** regni cupiditas Herrschsucht; *met.* aliquid regni in carmine Macht *O*, iudiciale Macht vor Gericht, vini Vorsitz beim Trinkgelage *H.* **2. Königsherrschaft, -thron:** ei regnum dare ihn zum König machen *N*, adimere entthronen, entmachten; **occ. Königshaus, -sitz:** necessitudines regni Beziehungen zum Königshaus, hoc regnum dea gentibus esse tendit Sitz der Weltherrschaft *V.* **3. Herrschaft, Gewaltherrschaft, Tyrannei:** Romae regnum occupare, in plebe R. regnum exercere das röm. Volk tyrannisieren *L*, regnum est dicere es ist Tyrannei. **4.** *meton.* **Reich, Königreich:** Italia, provinciae,

rego   390   **religio**

regna; cerea Bienenzellen *V*, Cerberus regna perso-
nat Schattenreich *V*; *met.* **Gebiet, Besitztum**: tuum;
mea, pastorum *V.*

regō 3. rēxī, rēctus **1.** richten, lenken, leiten: naves ve-
lis, clavum das Steuer *O*, vestigia filo *V*; *met.* erran-
tem zurechtweisen, studia consiliis; **occ.** abstecken,
abgrenzen: terminos regni *Cu*, fines. **2.** regieren, be-
herrschen, verwalten, führen: rem p., cohortes kom-
mandieren *T*; *abs.* obsequium regentis gegen den Re-
genten *T.*
E: ai. r̥jyati 'streckt sich', gr. ὀρέγω 'recken', ahd. rec-
chen.

re-gredior 3. gressus sum (gradior, § 43) zurückge-
hen; *met.* in memoriam sich besinnen *C.*   Dav.
I. regressus *pt. pf. act.* v. regredior.
II. regressus, ūs, *m.* **1.** Rückkehr: non habet fortuna
regressum kehrt nicht zurück *V.* **occ. a.** Rückzug: per
saltus *T.* **b.** Rücktritt: ab ira Abkehr *L*, ad paeniten-
dum *T.* **2.** Rückhalt, Zuflucht: ad principem *T.*

rēgula, ae, *f.* (rego) **1.** Leiste, Latte: quadratae.
2. *met.* Richtlinie, Maßstab, Regel.

rēgulus, ī, *m.* (*dem.* v. rex) **1.** Prinz. **2.** Häuptling, Fürst,
kleiner König.

re-gustō 1. wieder kosten *Sp*; *met.* wieder lesen.
rē-iciō 3. iēcī, iectus (iacio, § 43)

---

    1. zurückwerfen, -schlagen; **2.** weg-, abwerfen,
wegstoßen; **3.** zurückjagen, -schlagen, -treiben;
met. **4.** zurück-, abweisen; *occ.* ablehnen; **5.** wohin
verweisen; **6.** aufschieben.

---

    1. vestem ab ore *Cu*, membra zurücksinken
lassen *Cu*, se in gremium sich zurücklehnen, zurücksin-
ken *Lukrez*, telum in hostes, parmas auf den Rük-
ken *V.* **2.** pila, vestem ex umeris, colubras ab ore *O*;
sanguinem ausspeien *Pli.* **3.** in oppidum, a flumine
capellas *V*; naves tempestate reiectae, austro reiec-
tus verschlagen; oculos ab arvis abwenden *V*; reiecti
longe a ceteris getrennt, Hannibalis minas *H.* **4.** dia-
dema, dona *H*, petentem den Bewerber [von ver-
schmähter Liebe] *O.* **occ.** ex CXXV iudicibus quin-
que et LXX. **5.** accensos in postremam aciem *L*, in
hunc gregem Sullam, rem ad Pompeium, id ad se-
natum *L*; invidiam ad senatum auf . . . schieben *L*;
occ. huc se sich der Sache widmen. **6.** reliqua in
Ianuarium.   Dav.

rēiectiō, ōnis, *f.* Zurückweisung, Ablehnung.
rēiectus *pt. pf. pass.* v. reicio.
re-lābor 3. lāpsus sum zurückgleiten, -sinken, -fallen:
verso relabere vento kehre wieder *O*, aqua relabitur
fließt zurück *VHT*, *met.* in Aristippi praecepta auf . . .
zurückkommen *H*, mens relabitur kehrt zurück *H.*
re-languēscō 3. languī ermatten, erschlaffen, nachlas-
sen, sich besänftigen.

relāpsus *pt. pf. act.* v. relabor.
relāta, ōrum, *n.* s. refero II. 2. a.
relātiō, ōnis, *f.* (refero) **1.** das Hinstrecken: crebra
[der Hand zum Tintenfaß] *Q.* **2.** (*rhet.*) Wiederholung
desselben Wortes [ἐπαναφορά]. **3.** Berichterstattung,
Vortrag [bes. im Senat]: egredi relationem nicht zur

Sache reden, vom Thema abschweifen *T.* **4.** Beziehung,
Verhältnis: contrariorum.

relātor, ōris, *m.* (refero) Berichterstatter.
I. relātus *pt. pf. pass.* oder *med.* v. refero.
II. relātus, ūs, *m.* (refero) **1.** Aufzählung, Vortrag: vir-
tutum *T*, carminum *T.* **2.** Berichterstattung *T.*

relaxātiō, ōnis, *f.* Entspannung, Erholung.   Von
re-laxō 1. **1.** nachlassen, lockern, öffnen, lösen: alvus
relaxatur erweitert sich, fontibus ora öffnen, erwei-
tern *O*, densa verdünnen *V*, vias eröffnen, erschlie-
ßen *V.* *met.* **2.** losmachen, lösen: se a necessitate,
vinculis. **3.** erleichtern, erheitern, Erholung gewähren:
tristitiam, animos.

re-lēctus *pt. pf. pass.* v. II. relego.
relēgātiō, ōnis, *f.* (I. relego) Verschickung, Verban-
nung [die mildeste Art, zeitlich oder räumlich begrenzt,
ohne Entzug des röm. Bürgerrechts].
re-lēgī *pf.* v. II. relego.
I. re-lēgō 1. **1.** fortschicken, entfernen: filium in
praedia; eum Egeriae anvertrauen *V*; **occ. verwei-**
sen, verbannen: in decem annos *T*, in insulam Gya-
ron *T*; in exsilium schicken *L.* **2.** *met.* entfernen: ter-
ris gens relegata ultimis fern wohnend, ambitione re-
legatā ohne eitlen Dünkel *H.* **3.** zurückweisen:
verba *O.* **4.** zuweisen, auf jemd. übertragen: ornandi
causas alicui *Ti.*
II. re-legō 3. lēgī, lēctus **1.** wieder aufwickeln: fi-
lum *O.* **2.** wieder durchwandern: Asiam *T*, litora zu-
rücksegeln an *V*; *met.* wieder durchgehen: sermone la-
bores *O*, quae ad cultum deorum pertinent überden-
ken. **3.** wieder lesen.
re-levō 1. **1.** wieder aufheben: e terra corpus *O*, in
cubitum membra aufstützen *O.* **2.** erleichtern: mi-
nimo relevari labore leicht entbinden *O.* *met.* **3.** lin-
dern, mildern: morbum, aestūs, famem *O.* **4.** Erleich-
terung verschaffen, befreien; *med.* **sich erholen**:
membra sedili *O*, curā et metū.
relictiō, ōnis, *f.* (relinquo) das Verlassen: rei p.
relictus *pt. pf. pass.* v. relinquo.
relicus u. **relicuus** s. reliquus.
religātiō, ōnis, *f.* (religo) das Anbinden: vitium.
religiō, ōnis, *f.,* dicht. **rēligiō, relligiō** (nach *Ci-
cero* v. relegere)

    I. 1. Rücksicht, das **Bedenken, Skrupel**; **2.** from-
mes Bedenken, religiöser Skrupel; *occ.* abergläubi-
sche Besorgnis.
    II. (als Eigenschaft) **1. Skrupulosität, Gewissen-**
haftigkeit; **2. Religiosität, Gottesfurcht, Frömmig-**
keit; *meton.* **Religion, Glaube**; *occ.* **Aberglaube.**
    III. (*meton.*) **1. Gottesdienst, Verehrung**; **2.** reli-
giöse **Handlung, Zeremonie**; *sg.* kollekt. und *pl.*
Religionswesen, Kultus; **3.** *meton.* **Heiligtum, Ge-**
genstand frommer Verehrung.
    IV. 1. Heiligkeit, das **Heilige**; **2. heilige Verpflich-**
tung; *occ.* **Eid, heiliges Versprechen**; **3. Religions-**
verletzung, Frevel, Fluch, Sünde.

    I. 1. religio incessit es erhob sich Bedenken *L*, res in
religionem versa est gab Anlaß zu Bedenken *L.* **2.** reli-

religiosus   391   **remigro**   **R**

gionibus impediri, religione perturbari, religionem eximere *L*; religioni est man macht sich Gewissensbisse *L.* **occ.** sibi novas religiones fingere, pleni religionum animi *L.* **II. 1.** homo sine ulla religione gewissenlos *N*, fides et religio vitae gewissenhafter Lebenswandel. **2.** iustitia erga deos religio dicitur, Numae *L*; *meton.* religiones interpretari religiöse Bräuche, religionum sanctitates. **occ.** vana *Cu*, externa *L.* **III. 1.** Cereris; parentum *V.* **2.** religiones instituere *L*, spernere *T*; omnes partes religionis *L.* **3.** restituit civitati illam religionem [eine Dianastatue], simulacrum summa atque antiquissima praeditum religione seit alters her Gegenstand höchster Verehrung, domestica 'Hausheiligtum', quae religio aut quae machina belli? *V.* **IV. 1.** loci *Cu*, templorum *T.* **2.** iuris iurandi Eidespflicht, provincia religione obstricta. **occ.** religioni consulere an den Diensteid denken, religionem conservare den Eid (das Wort) halten *N.* **3.** mendacii, nefas non ad religionem pertinet ist keine Verletzung der Religion *N*, inexpiabilis, religionem expiare.   Dav.

religiōsus 3, *adv.* ē **1. voll Bedenken, religiös bedenklich:** dies von übler Vorbedeutung *L*, civitas ängstlich *L.* **2. gewissenhaft:** religiose promittere *N*, sortitio. **3. gottesfürchtig, fromm:** religiose deos colere *L.* **4. heilig, ehrwürdig:** templum.

re-ligō 1. zurück-, auf-, empor-, anbinden: equos anspannen *V*, tigna clavis, trabes axibus verbinden; aliquem ad currum; navem manibus ferreis festhalten, hederā crines umwinden *H*; *met.* virtus extrinsecus religata von Äußerlichkeiten abhängig.

re-linō, ere öffnen: mella herausnehmen *V.*

re-linquō 3. līquī, lictus

    I. **1. zurück-, hinter sich lassen, hinterlassen;** *occ.* (beim Tod) **hinterlassen;** 2. (als Rest) **übriglassen;** *pass.* **übrigbleiben;** *occ.* **überlassen;** 3. (in einem Zustand) **lassen, liegen lassen, zurücklassen.**
    II. **1. verlassen, aufgeben, sich** von etw. **trennen;** *occ.* **im Stich lassen;** *met.* 2. **fahrenlassen, hintansetzen;** *occ. a.* **nicht erwähnen, übergehen;** *b.* **ungestraft hingehen lassen.**

    I. **1.** arma *N*, custodes principes als Wächter *N*, Britanniam. **occ.** heredium *N*, pauper a maioribus relictus *N*; *met.* desiderium sui, historiam *N*, scriptum *N.* **2.** nihil praeter nudum solum *Cu*, equitatūs partem sibi behalten, relinquebatur una via; *met.* deliberandi sibi spatium *N*, facultatem sui colligendi lassen, locum casui Raum geben; relinquebatur, ut es blieb übrig, war möglich. **occ.** cadaver canibus dilaniandum. **3.** locum tutum *N*, Morinos pacatos im Frieden; *met.* nil inexpertum *Cu*, copias sine imperio; aliquid in medio unentschieden lassen, rem incohatam. **II. 1.** domum propinquosque, urbes *H*; *met.* animus (vita *O*) reliquit eum er verlor die Besinnung, aves vitam relinquunt *V.* **occ.** consulem; signa desertieren *L*, parmulam wegwerfen *H.* **2.** relictis omnibus rebus mit Hintansetzung von, aequitatem. **a.** terrae motūs. **b.** legatum interfectum, ista *T.*   Dav.

reliquiae, ārum, *f.* (dicht. rēliquiae, relliquiae) Überbleibsel, Rest, Überrest, Trümmer: cibi Exkremente, copiarum *N*; subj. Danaûm die von den D. Übriggelassenen, cladis, pugnae was die Schlacht verschonte *L*; **occ.** parentis Asche *V*, ferales die Asche des Toten *T*, humanorum corporum Gebeine *T*; *met.* avi Hinterlassenschaft *L.*

reliquus 3 (relinquo) **1.** zurückgelassen, übriggeblieben, übrig: spes; *n. subst.* reliquum noctis *L*, vitae *N* Rest, reliqua belli *LT*, tanta reliqua Rückstände. Vbdn. reliquum est, ut es bleibt nur übrig, nihil est reliqui es bleibt nichts übrig, eum reliquum (nihil reliqui *S*) facere übriglassen *Cu*; nihil (sibi) reliqui facere nichts unterlassen, sein Möglichstes tun; **occ.** künftig: reliquo tempore *N*, in reliquum (tempus) für die Zukunft. **2.** *pl.* (kollekt. *sg.*) die übrigen, die anderen: reliqui omnes; oppidum der andere Teil der Stadt *N*, spatium, pars exercitūs; quod reliquum est, de reliquo übrigens.

    NB: älter **relicŭus,** jünger, § 17, **relicus.**

rellātus *C pt. pf. pass.* oder *med. v.* refero.

relligiō s. religio.

re-lūceō 2. lūxī widerstrahlen, erhellen; olli ingens barba reluxit stand ihm in Flammen *V.*   Dazu *incoh.*

re-lūcēscō 3. lūxī aufleuchten, wieder hell werden *OT*; unpers. paulum reluxit *Pli.*

re-luctor 1. sich widersetzen, sträuben: precibus widerstehen *Cu*, luna reluctans dem Zauber widerstrebend *O.*

re-lūxī *pf. v.* reluceo oder relucesco.

re-mandō, ere wiederkäuen *Sp.*

re-maneō 2. mānsī **1.** zurückbleiben: domi *N*, ad urbem. **2.** (ver)bleiben: in duris ausharren *O*, disciplina navalis et gloria remansit erhielt sich; pars integra remanebat blieb unberührt.   Dav.

remānsiō, ōnis, *f.* das Zurückbleiben, Verbleiben.

re-medium, ī, *n.* (medeor) Arznei, Heilmittel: proponere verschreiben *N*; *met.* Heil-, Hilfsmittel; mit *gen. obi.* morae *Cu*; ad magnitudinem frigorum; *dat.* incommodis.

remēnsus *pt. pf. act.* (bei *V* auch *pass.*) v. remetior.

re-meō 1. āvī **1.** *intr.* zurückgehen, -kehren, -kommen; mit ad, in; urbes *V*; **2.** *trans. met.* aevum neu durchleben *H.*

re-mētior 4. mēnsus sum **1.** wieder messen: astra beobachten *V.* **2.** (eine Strecke) zurücklegen, wieder befahren: stadia *Cu*; *pass.* pelago remenso *V.* **3.** *met.* wieder überdenken: discrimen *Pli.*

rēmex, igis, *m.* (remus, ago, §§ 66, 53, 41) Ruderknecht, Ruderer.

Rēmī, ōrum, *m.* die R. [Volk zwischen Marne u. Aisne um Durocortorum, j. Reims (§ 95, Abs. 3)].

rēmigātiō, ōnis, *f.* (remigo) das Rudern.

rēmigium, ī, *n.* **1.** das **Rudern** *VOSp. meton.* **2. Ruderwerk, Ruder:** nudum remigio latus *H*, alarum Flügel *V*; *met.* meo remigio nach meinem Willen *C.* **3. Ruderer, Ruderknechte:** remigium supplere *VL.*   Von

rēmigō, āre (remex) rudern.

re-migrō 1. āvī zurückkehren, -wandern; auch *met.*

reminiscor   392   **renovo**

re-minīscor, scī (vgl. comminiscor) **1.** sich ins Gedächtnis zurückrufen, sich auf etw. besinnen; mit *acc., gen., acc. c. inf.,* indir. Fr. **2.** aussinnen, ausdenken: plura bona *N.* **3.** bedenken, erwägen: ea potius.

re-mīsceō 2. scuī, xtus vermischen; mit *dat. H.*

re-mīsī *pf.* v. remitto.

remissiō, ōnis, *f.* (remitto) **1.** die Rücksendung: obsidum *L.* **2.** das Nachlassen: superciliorum das Anspannen; *met.* luctūs; animi Gelassenheit, Ruhe. **occ. a.** Erlaß: poenae, tributi *T.* **b.** Erholung *T.*

I. remissus *pt. pf. pass.* oder *med.* v. remitto.

II. remissus 3, *adv.* **ē 1. abgespannt, schlaff, lose:** ager locker *O,* corpora, arcus *H.* met. **2. lind, mild, sanft:** frigora, ventus. **3. gelassen, mild, ruhig:** dicendi genus, remissiore irā da der Zorn nachgelassen hatte *L.* **4. scherzhaft, froh, heiter:** ioci *O,* opus *O.* **5. träge, lässig, nachlässig:** in labore *N,* animus, nihil remissi pati keine Nachlässigkeit *S;* p a s s . mons unbewacht *Pr.*   Von

re-mittō 3. mīsī, missus

I. 1. **zurückschicken, -senden;** *occ.* **zurückwerfen;** 2. **zurückgeben;** *occ.* **ablegen, aufgeben;** 3. *met.* **von sich geben.**
II. 1. **los-, nachlassen, fahrenlassen;** *met.* 2. **nachlassen, vermindern;** *med.* **nachlassen, aufhören, ablassen;** 3. **erfrischen;** *refl.* **sich erholen.**
III. 1. **nachlassen, erlassen, schenken;** 2. *occ.* **zulassen, gestatten, zugestehen.**

I. 1. exercitum entlassen *C,* Caesari litteras, nuntium (uxori) den Ehekontrakt zurückschicken, me victus remitto ziehe mich geschlagen zurück, füge mich *V.* **occ.** pila, calces nach hinten ausschlagen *N,* sanguinem e pulmone auswerfen *O,* vocem Echo *V,* causam ad senatum verweisen *T.* **2.** Gallis imperium, veniam cumulatam *V,* beneficium erwidern. **occ.** provincias verzichten, iras *V.* **3.** sonum *H,* labem hinterlassen *H.* **II. 1.** frena equo, lora die Zügel schießen lassen *O,* bracchia *V,* arma *Cu* sinken lassen, vincla lösen *O;* calor mella remittit löst auf, schmilzt *V;* b i l d l . appetitūs freien Lauf lassen. **2.** curam, aliquid ex pristina virtute, memoriam weniger üben; *m e d .* remissa pugna *Cu,* remittitur virtus; vita remissa beendigt; *act.* in med. Sinn: ventus remisit, remiserant dolores; mit *inf.* remittas quaerere *H,* neque remittit … explorare *S.* **3.** se sich Ruhe gönnen, sich gehen lassen *N,* animum a certamine *L.* **III. 1.** stipendium, munus Mamertinis, poenam *L;* simultates suas patriae dem Vaterland zuliebe aufgeben *L,* odia sua publicis utilitatibus *T;* Erycis tibi terga remitto ich kämpfe dir zuliebe nicht mit den Waffen des Eryx *V.* **2.** nec res dubitare remittit *O,* remittentibus tribunis comitia sunt habita *L.*

remixtus *pt. pf. pass.* v. remisceo.

re-mōlior 4. von sich abwälzen *O.*

re-mollēscō, ere **1.** weich werden *O.* **2.** sich erweichen lassen *O.* **3.** verweichlicht werden: homines remollescunt.

re-molliō 4. verweichlichen: artūs *O;* erweichen *Sp.*

re-mora, ae, *f.* (remoror, § 76) Verzögerung *C.*

remorāmen, inis, *n.* (remoror) Hemmnis *O.*

re-mordeō 2. morsum **1.** wieder beißen *H.* **2.** *met.* beunruhigen, quälen.

re-moror 1. 1. *intr.* sich aufhalten, verbleiben *LO.* **2.** *trans.* aufhalten, hemmen: iter *S,* num poena Saturninum remorata est? ließ etwa die Bestrafung des *S.* auf sich warten?, eum ab negotiis abhalten *S;* mit quominus *S.*

remorsum *pt. pf. pass.* v. remordeo.

remōtus 3, *adv.* **ē 1.** entfernt, entlegen: loca, antrum *O.* **2.** *met.* abliegend, fern, weit von, frei; mit ab.   Von

re-moveō 2. mōvī, mōtus wegschaffen, beseitigen, abwenden, entfernen, fernhalten: comas a fronte zurückstreichen *O,* hostes a muro zurücktreiben *N,* suos zurückziehen, equos e conspectu fortführen lassen, interpretes (ceteros *N*) abtreten lassen, victum entziehen *N,* mensas die Tafel aufheben *V,* arbitris remotis ohne Zeugen; adversarium beseitigen *N; met.* Caelium a re p. politisch rechtlos machen, invidiam a se *O;* se a negotiis sich zurückziehen.

re-mūgiō, īre **1.** wieder brüllen: ad mea verba mit Brüllen antworten auf *O.* **2.** zurückbrüllen: antro *V.* **3.** *met.* dumpf widerhallen, zurückschallen: vox adsensu nemorum remugit *V,* nemus aquilone *H.*

re-mulceō, ēre sanft zurückziehen: caudam einziehen *V.*

remulcum, ī, *n.* Schlepptau.

remūnerātiō, ōnis, *f.* Vergeltung, Erkenntlichkeit.   Von

re-mūneror 1. wieder beschenken, vergelten.

Remūria, ōrum, *n. O* = Lemuria; s. lemures.

re-murmurō, āre zurückrauschen *V.*

rēmus, ī, *m.* (altl. resmus, § 30, vgl. ἐρετμός) Ruder: remis ventisque mit Rudern und Segeln *V;* res velis remisque fugienda = mit aller Macht; alarum remi *O.*

re-nārrō, āre wiedererzählen *VO.*

re-nāscor 3. nātus sum wieder geboren werden, -entstehen, -wachsen.

re-nāvigō, āre zurücksegeln, -fahren.

re-neō, ēre 'zurückspinnen', auflösen: fila [der Parzen] *O.*

rēnēs, um (seltener ium), *m.* Nieren.

re-nīdeō, ēre **1.** zurückstrahlen, glänzen, schimmern *VH.* **2.** *met.* vor Freude strahlen, lächeln: falsum heuchlerisch grinsen *T;* mit *inf.* sich freuen *H.*

re-nītor 3. nīsus sum sich widersetzen *L.*

I. re-nō 1. āvī zurückschwimmen: saxa tauchen auf *H.*

II. rēnō, ōnis, *m.* Pelz; *meton.* Pelzgewand.

re-nōdō, āre entknoten, auflösen: comam *H.*

renovāmen, inis, *n.* (renovo) Neugestaltung, neue Gestalt *O.*

renovātiō, ōnis, *f.* Erneuerung: singulorum annorum Zinseszins.   Von

re-novō 1. 1. erneuern, wiederherstellen: templum; terram, agrum pflügen *O;* faenus in singulos annos Zinseszins rechnen. *met.* **2. erneuern:** proelium, hospitium; dextras den Handschlag *T,* dolorem *V;* vulnera wieder aufreißen *O,* casus omnes wieder bestehen *V;* **occ.** senectutem verjüngen *O,* veteres arcūs *Pr.* **3. erfrischen, erholen:** se novis opibus, rem

renui   393   **repeto** **R**

p. **4. wieder vorbringen:** renovabitur prima illa militia.

re-nuī *pf.* v. renuo.

renūntiātiō, ōnis, *f.* Bekanntmachung, Verkündigung, Anzeige.   Von

re-nūntiō 1. **I. 1. Bericht erstatten, melden:** aliquid pro viso; mit *acc. c. inf.,* indir. Fr.; **occ. amtlich melden:** postulata Caesaris; legationem über die Gesandtschaft berichten *L.* **2. verkündigen:** renuntio vobis nihil esse . . .; **occ.** [den Gewählten] **ausrufen:** aliquem consulem. **II. aufkündigen, -sagen:** amicitiam *NLT,* Stoicis eine Absage erteilen, civilibus officiis aufgeben *Q.*   Dav. (§ 76)

re-nūntius, ī, *m.* Berichterstatter, Laufbursche *C.*

re-nuō 3. nuī abwinken: Rubrio *T;* *met.* ablehnen, verneinen, mißbilligen: renuente deo ohne Zustimmung *O.*

renūtus, ūs, *m.* (renuo) Ablehnung *Pli.*

reor 2. ratus sum 'rechnen'; *met.* meinen, glauben, für etw. halten.
     E: vgl. got. **urrēdan** 'urteilen', ahd. **rātan** 'raten', redja 'Rechenschaft, Rede'.

repāgula, ōrum, *n.* [in die Mauern eingelassene] Querbalken, Türbalken, Torriegel; *met.* Riegel, Schranken: pudoris officiique.
     E: repango 'einsetzen'.

re-pandus 3 rückwärts aufgebogen: calceoli Schnabelschuhe.

reparābilis, e (reparo) ersetzbar: damnum *O.*

re-parcō *C* = parco.

re-parō 1. **I. 1. wiedererwerben, -anschaffen:** res amissas *H.* **2. wiederherstellen:** populos *O;* exercitum *L,* auxilia *T* ergänzen, bellum erneuern *L;* **occ. ersetzen:** damna *H.* **3.** *met.* **erfrischen, verjüngen:** membra *O,* cornua *O.* **II.** gegen etw. **eintauschen:** vina Syrā merce *H,* latentes oras *H.*

repastinātiō, ōnis, *f.* das Umgraben: agri.
     E: repastinare 'umgraben'.

re-patēscō 3. tuī sich wieder verbreiten *Sp.*

re-pellō 3. rep(p)ulī (= *ré-p[e]puli, § 44), repulsus **1. zurückstoßen:** repagula *O;* mensas, aras umstoßen *O,* ictūs abprallen lassen *O;* pede Oceani amnes aus dem Ozean sich emporschwingen *V,* impressā hastā tellurem an der Lanze sich in die Lüfte schwingen *O.* **2. zurück-, vertreiben:** barbaros *N,* hostes a porta, ex urbe, in oppidum. *met.* **3. ab-, fernhalten, entfernen:** a spe abbringen, contumeliam sich enthalten, impetūs abschlagen. **4. zurück-, abweisen, verschmähen:** procos *O;* veritatis viribus widerlegen *Ph,* haud repulsus abibis *S,* conubia *V.*

re-pendō 3. pendī, pēnsus **1. 'zurückwiegen':** graviora pensa reichlicher mit Arbeit füllen *Pr,* aequa pensa erae vorlegen *O.* **2. abwiegen, bezahlen:** miles auro repensus losgekauft *H. met.* **3. vergelten, erwidern, belohnen:** gratiam facto für die Tat *O,* vitam servatae *O.* **4. aufwiegen, wiedergutmachen, ersetzen:** ingenio damna formae *O,* fatis contraria fata *V.*

repēns, entis **1.** schnell, plötzlich, unerwartet, unvermutet: adventus, bellum, casus *L.* **2.** neu, frisch *T. Adv.*
a. repēns *LO.* **b. repente.**

E: vgl. ῥέπω 'sich neigen, an der Waage den Ausschlag geben'.

repēnsus *pt. pf. pass.* v. rependo.

repentīnus 3, *adv.* **ō** (repens) plötzlich, unvermutet, unerwartet: homines plötzlich auftauchend, exercitus plötzlich ausgehoben *T,* venenum sofort wirkend *T.*

re-percussī *pf.* v. repercutio.

I. repercussus, ūs, *m.* Rückschlag, das Zurückprallen: maris *Pli;* solis Rückstrahlung *Pli;* **occ.** Widerhall *T.* Von

II. re-percussus 3 (quatio, § 72) **1.** zurückgeschlagen, -prallend: discus r. in aëra *O.* **2. a.** widerhallend: clamor *Cu,* valles *L.* **b.** widerstrahlend: Phoebus *O,* sol *V.*   Von

re-percutiō 3. cussī (§ 72) zurückschlagen, -stoßen *Sp.*

re-periō 4. rep(p)erī (statt *ré-p[e]peri, § 44), repertus (pario, § 43) **1. wieder zum Vorschein bringen, wieder-, auffinden:** repertae sunt tabulae, mortui sunt reperti. *met.* **2. finden, ausfindig machen, ermitteln:** sibi salutem erlangen, repertus est numerus ergab sich, nihil percontationibus erfahren; mit *acc. c. inf.,* indir. Fr.; *pass.* sich zeigen, erweisen: Camisares manu fortis erat repertus *N.* **3. erfinden, erdenken, ersinnen:** disciplinam, litteras, fruges; dolos, vias *V;* **re-pertum,** ī, *n.* Fund, Erfindung *Lukrez.*   Dav.

repertor, ōris, *m.* Erfinder, Urheber: medicinae = Äskulap *V,* pallae, cothurni = Aischylos *H.*

repertum, ī, *n.* s. reperio.

repertus *pt. pf. pass.* v. reperio.

re-petiī [Nbf.] *pf.* v. repeto.

repetītiō, ōnis, *f.* Wiederholung.   Und

repetītor, ōris, *m.* Zurückforderer *O.*   Von

re-petō 3. īvī (iī), ītus

---

1. zurückgehen, wieder wohin **gehen, wieder aufsuchen;** *occ.* wiederholt nach jemd. **stoßen;** *met.* **2. zurückverlangen, -fordern;** *occ. a.* (von den Fetialen) **Ersatz fordern;** *b.* **auf Schadenersatz klagen; 3. zurückholen, wiederholen; 4. wiederhólen, von neuem vornehmen; 5. herleiten, herholen;** *occ.* (von der Rede) **anfangen, ausholen; 6. hervorholen, -stoßen.**

---

1. viam denselben Weg gehen *L;* castra *L,* urbem, praesepia *V.* **occ.** repetita ilia wiederholt getroffen *O,* regem *L;* *met.* von neuem anklagen *Sp.* **2.** obsides, id ab eodem von neuem verlangen, poenas ab aliquo vollziehen [wie eine Schuld einfordern], ius suum, civitatem in libertatem (antiquum ius) die alten Rechte für die Stadt fordern *L;* Homerum für sich beanspruchen; libertatem wiedererlangen *LT.* **a.** ius, quo res repetuntur *L.* **b.** Romae; (p e c u n i a e) r e p e t u n-d a e wiederzuerstattende Geldsummen, Ersatz für Erpressungen: pecuniarum repetundarum reus wegen Erpressungen angeklagt *S,* postulare aliquem repetundis (repetundarum) wegen Erpressungen belangen *T.* **3.** sarcinas relictas, consuetudinem wiedereinführen, huc repetit Apollo ruft uns zurück *V;* *met.* aliquid memoriā, alicuius rei memoriam sich ins Gedächtnis zurückrufen, animo exempla sich vergegen-

repleo 394 **repugno**

wärtigen *V*; nunc repeto eben erinnere ich mich *V*; abs. inde usque repetens von jener Zeit an alles sich ins Gedächtnis zurückrufend; **occ.** dies zurückrechnen. **4.** oscula *O*, pugnam *L*, opus *H*; quid repetam exustas classes warum soll ich wieder sprechen von *V*; *abl. abs.* repetito nachdem er wiederholt gesagt hatte *T*; repetita robora caedit führt wiederholt Schläge auf die Eiche aus *O*, repetita vellera mollibat krempelte wiederholt *O*. **5.** ab Erechtheo, populi origines. **occ.** orationem alte, altius memoriam religionis. **6.** suspiria pectore *O*.

re-pleō 2. ēvī, ētus **1.** wieder füllen: fossam humo *O*; **occ.** ergänzen: exercitum *L*, vocem plangore ersetzen *O*. **2.** füllen, anfüllen: litora voce *O*, exercitum his rebus reichlich versehen, vi morbi anstecken *L*, tectum gemitu erfüllen *V*; mit *gen.* repletas semitas ... puerorum et mulierum von *L*.

replicātiō, ōnis, *f.* kreisförmige Rückbewegung. Von
re-plicō 1. (vgl. ex-plico) **1.** zurückbiegen *Sp*. **2.** aufrollen, entfalten: annalium memoriam.

rēpō 3. rēpsī kriechen *NSSp*; auch *met.* sermones repentis per humum *H*.

re-pōnō 3. posuī, positus (dicht. repostus, § 42)

> I. **1.** zurück-, hinterlegen, aufbewahren; *occ.* begraben; 2. beiseite legen, ab-, weglegen, aufgeben.
> II. **1.** wieder hinlegen, -setzen, -bringen; *occ.* wieder zurückbringen; 2. *met.* wiederherstellen.
> III. an die Stelle setzen, ersetzen.
> IV. **1.** nieder-, hinlegen, -setzen, -stellen; *met.* 2. zu etw. **rechnen**; 3. auf etw. **setzen**, auf etw. **beruhen lassen**.

I. 1. pecuniam in aerario *N*, arma, fructus, aliquid hiemi für den Winter *V*; *met.* iudicium alta mente repostum verwahrt *V*, odium verbergen *T*; **repostus** 3 **entlegen**: terrae, gentes *V*. **occ.** corpus tumulo *V*, tellure repostus *V*. **2.** tela *O*, faciem deae *V*; arbusta reponunt falcem brauchen kein Messer *V*. **II. 1.** pecuniam in thesauris (-os) zurückliefern *L*, dapes et sublata pocula wieder auftragen *L*, se in cubitum sich wieder auf den Ellbogen stützen *H*. **occ.** Dianam in sedibus antiquis; donata rückerstatten *H*; Achillem, fabulam wieder aufführen *H*. **2.** pontes ruptos vetustate *T*; nec vera virtus curat reponi läßt sich nicht wiederherstellen *H*. **III.** non puto te meas epistulas delere, ut reponas tuas; flammis ambesa robora durch neue ersetzen *V*, haec pro virginitate reponit? ist das die Vergeltung? *V*. **IV. 1.** sacra in capitibus, ligna super foco *H*, membra stratis *V*; (equus) mollia crura reponit setzt zierlich die Beine auf *V*. **2.** in deorum numero (numerum), in deos unter die Götter aufnehmen. **3.** spem in virtute; salus in illorum armis reposita est beruht *L*.

re-portō 1. **1.** zurücktragen, -führen, -bringen: milites navibus in Siciliam; pedem ex hoste sich zurückziehen *V*; **occ.** (aus dem Kampf) zurückbringen: victoriam, pacem *L*. **2.** *met.* überbringen, berichten, melden: adytis (vom Orakel) dicta *V*, fidem, certa gewisse Botschaft *V*; mit *acc. c. inf. V*.

re-pōscō, ere 1. zurückfordern, zurückverlangen: Helenam *O*; eum (von ihm) simulacrum, Parthos signa *V*. **2.** (als sein Recht) verlangen, fordern: rationem ab aliquo Rechenschaft.

repositus *pt. pf. pass.* v. repono.
repostor, ōris, *m.* (repono) Wiederhersteller *O*.
repostus *adi.* u. *pt. pf. pass.* [dicht.] v. repono.
re-posuī *pf.* v. repono.
re-pōtia, ōrum, *n.* (poto) Trinkgelage, Umtrunk; **occ.** Nachfeier der Hochzeit; *synecd.* Hochzeit *H*.
rep(p)erī *pf.* v. reperio.
reppulī *pf.* v. repello.
repraesentātiō, ōnis, *f.* Barzahlung. Von
re-praesentō 1. (praesens, § 72) **1.** vergegenwärtigen, vor Augen stellen: speciem urbis animis vorführen *Cu*, virtutem Catonis darstellen, nachahmen *H*. **2.** sofort tun, sogleich ausführen: supplicia *Cu*, consilium *Cu*, libertatem sogleich herbeiführen, irae casibus repraesentatae die sogleich in Erscheinung traten *L*. **3.** bar bezahlen: pecuniam ab aliquo durch Anweisung an jemd.
re-prehendō (§ 72) und **reprēndō** (§ 8, Anm.) 3. dī, (hē)nsus **1.** (mit einem Griff) zurückhalten, festhalten: hunc pallio *C*, Persas ex fuga *Cu*, duas naves. **2.** *met.* zurechtweisen, tadeln, rügen. Dav.
reprehēnsiō, ōnis, *f.* **1.** das Anhalten: oratio sine reprehensione ohne Anstoß. **2.** Tadel: vitae. **3.** (*rhet.*) Widerlegung.
reprehēnsō, āre (*frequ.* zu reprehendo) festhalten *L*.
reprehēnsor, ōris, *m.* (reprehendo) Tadler: delicti *O*; **occ.** comitiorum Verbesserer.
repre(hē)nsus *pt. pf. pass.* v. repr(eh)endo.
reprēndō s. reprehendo.
re-pressī *pf.* v. reprimo.
repressor, ōris, *m.* Unterdrücker: caedis. Von
re-primō 3. pressī, pressus (premo, § 41) **1.** zurückdrängen, -treiben, -halten, aufhalten, hemmen, abwehren: fugam, cursum, regem; retro pedem die Schritte hemmen *V*; *refl. med.* sich zurückhalten: se a supplicio; vix reprimor, quin *C*. **2.** *met.* abwehren, zurückdrängen, beschwichtigen, im Keim ersticken: preces *N*, regios spiritūs beugen *N*, luxuriam einschränken *N*, Catilinae conatum.
re-prōmittō 3. mīsī, missus (§ 72) dafür versprechen.
rēpsī *pf.* v. repo.
rēptō, āre (*frequ.* zu repo) schleichen, schlendern *HPli*.
repudiātiō, ōnis, *f.* Zurückweisung. Von
repudiō 1. zurückweisen, von sich weisen, verwerfen, ablehnen, verschmähen; **occ.** verstoßen: uxorem *Sp*. Von
re-pudium, ī, *n.* (pudet) Verstoßung; **occ.** Ehescheidung, Trennung: r. remittere den Scheidungsbrief schicken *C*.
re-puerāscō u. **-ēscō**, ere (puer, § 74) wieder zum Kind werden, kindisch werden.
repūgnāns, antis, *adv.* **anter** (repugno) widersprechend, widerstrebend; *n. pl. subst.* repugnantia widersprechende Dinge, Widersprüchlichkeiten. Dav.
repūgnantia, ae, *f.* Widerstreit, Widerspruch.
re-pūgnō 1. āvī **1.** Widerstand leisten. *met.* **2.** ankämpfen, entgegenstehen, widerstreben: repugnante natura, honestate; mit *dat.*, ne; *inf. O*. **3. occ.** *intr.*

repuli   395   **rescindo**   **R**

widersprechen, im Widerspruch stehen, unvereinbar sein: simulatio amicitiae repugnat, haec inter se repugnant.

repulī *pf.* v. repello.

repulsa, ae, *f.* (repello) **1.** Zurückweisung *Ph*; **occ.** Abweisung [bei der Amtsbewerbung]: aedilicia bei der Bewerbung um die Ädilität, (a populo) repulsam ferre, accipere durchfallen. **2. met.** Abweisung, Fehlbitte: nullius rei *N*, vota secura repulsae *O*.

I. repulsus *pt. pf. pass.* v. repello.

II. repulsus, ūs, *m.* (repello) das Anschlagen, -stoßen *Sp*.

re-pungō, ere *met.* einen leichten Stich (Hieb) versetzen.

re-pūrgō 1. 1. reinigen: hortum jäten *Cu*. **2.** reinigend wegschaffen *O*.

reputātiō, ōnis, *f.* Erwägung, Betrachtung *T*.   Von

re-putō 1. 1. berechnen: solis defectiones. **2. met.** bedenken, überlegen, erwägen: multa secum *N*; mit *acc. c. inf.*, indir. Fr.

re-quiēs, ētis (auch *acc.* requiem, *abl.* requie), *f.* Ruhe, Rast, Erholung; **occ.** Ruhestätte: laborum *V*.

re-quiēscō 3. ēvī, ētus **1.** zur Ruhe kommen, ausruhen, sich beruhigen, sich erholen; *met.* flumina requierunt standen still *V*; ex miseriis *S*, a luctu *T*. **2.** ruhen, rasten: nullam partem noctis.   Dav.

I. requiētus *pt. pf. pass.* v. requiesco.

II. requiētus 3 ausgeruht *L*.

re-quiēvī *pf.* v. requiesco.

requīritō, āre nach etw. fragen *C*.   *Frequ.* von

re-quīrō 3. quīsīvī, quīsītus (quaero, § 43) **1.** suchen, aufsuchen: oculis terram *Cu*, arma *V*; **occ.** untersuchen, prüfen: rationes. *met.* **2.** vermissen: pacis ornamenta, consuetudinem fori. **3.** verlangen, fordern: Pompeium, probitatem in candidato. **4.** fragen, nachforschen, sich erkundigen: aliquid de antiquitate ab (ex, de) eo *N*, causas *V*, secum meditata Einstudiertes sich wieder ins Gedächtnis rufen *Ca*; mit indir. Fr.

rēs, reī, *f.* (ai. rā́ḥ 'Gut, Besitz, Reichtum', rāti 'gibt')

I. **1. Besitz, Habe, Gut, Vermögen;** 2. *meton.* **Vorteil, Nutzen, Interesse;** *occ.* **Ursache, Grund;** 3. (speziell) a. **Geschäft, Unternehmen, Angelegenheit;** b. **Rechtshandel;** c. **Wesen, Tun, Beschäftigung.**

II. (allgemein) 1. **Ding, Sache, Gegenstand;** *occ.* **Atom.** 2. (entsprechend einem determinativen *pron.*) **etwas, es, das;** 3. kollekt. **Sachlage, Lage, Zustand, Verhältnisse.**

III. **1. Tat, Handlung;** 2. **Geschehnis, Begebenheit, Ereignis;** *occ. pl.* **Geschichte;** 3. **Tatsache, Faktum;** *abstr.* **Wahrheit, Tatsächlichkeit.**

I. **1.** familiaris Privatvermögen, res eorum iam pridem, fides deficere nuper coepit, rem conficere vertun, facere Geld erwerben *H*. **rēs pūblica** (auch res allein) a. **Staatsvermögen:** reliquias rei p. dissipare. b. **Staatswohl, -interesse:** e (ex) re p. est es liegt im Interesse des Staates, e re p. facere, ducere im Interesse des Staates. c. **Staats-, Gemeinwesen, Staat:**

rem p. administrare, gerere; Romana *HL*, Persicae *Cu*. d. **Staatsgewalt, -verwaltung:** rem p. alicui tradere, attingere, capessere, accedere ad sich der Politik widmen, versari in rebus p. politisch tätig sein, sentire eadem de re p. politisch gleichgesinnt sein, rerum potiri zur Herrschaft gelangen, sich der Staatsführung bemächtigen. **2.** aliquem suis rebus abalienare seinem Interesse entfremden *N*, frustra an ob rem *S*, tuā re zu deinem Vorteil *C*, in rem est es ist vorteilhaft *SL*, rem suam convertere zu seinem Vorteil, ab re visum est unvorteilhaft, unpassend, ab re consulere zum Nachteil *C*. **occ.** eā (eādem), hac, qua rē; ob eam (hanc) rem, quam ob rem deshalb. **3. a.** tantis rebus praeesse so große Unternehmungen leiten *N*, felix rerum exitus *Cu*, de communi re dicere; sibi cum Thebanis rem esse sie hätten mit den Th. zu tun *N*. **b.** in ius de sua re numquam iit in eigener Sache *N*, rem iudicare eine Sache rechtskräftig entscheiden. **c.** frumentaria Verprovientierung, urbana Ziviltätigkeit, divina Opfer, *plur.* Religionswesen, iudiciaria.

II. **1.** bonae Leckerbissen *N*, ad epulandum, rerum natura die Welt, caput rerum die Hauptstadt der Welt *O*; abdita, ficta rerum Verborgenes, Ersonnenes *H*; dulcissime rerum 'mein Bester!' *H*; fessi rerum der Leiden müde *V*; **occ.** rerum primordia *Lukrez*. **2.** re eo perduxit brachte es so weit *N*, quae res ei maturavit mortem dieser Umstand, das *N*, res una solaque das einzige (Mittel) *H*; [zur Umschreibung der *casus obliqui*]: nihil, nullius, nulli rei, nulla re; id (hoc, idem u. a.), eius, ei rei . . .; de ea re darüber; his (quibus) rebus dadurch, daher, in omnibus rebus in allem. **3.** res postulat, male se res habet es steht schlimm, in omnibus rebus in allen Lagen *N*; tanta rerum commutatio Umschwung in den Verhältnissen *N*; adversae, egenae *V* Unglück, Elend, secundae Glück; rerum fiducia auf das Glück *V*, cardo rerum Wendepunkt des Geschicks *V*, pro (e) re nata, pro re nach Beschaffenheit der Umstände; novis rebus studere nach Neuerungen streben, einen Umsturz planen.

III. **1.** clamorem res est secuta *L*, magnas res gerere, gloria rerum *V*; re bene gestā nach glücklichem Kampf, re male gestā nach unglücklichem Kampf, ante rem vor der Schlacht *L*; res gestae Taten, auctor rerum Ausführer *V*. **2.** res nova neue Erscheinung *NV*, dura *V*. **occ.** Italicae von Italien *N*, populi R. römische *L*, rerum scriptor Geschichtsschreiber. **3.** unam rem exempli gratia proferre *N*, rerum exempla charakteristische Tatsachen *N*; res probat Erfolg *O*, res ipsa declaravit; a b s t r. re ipsā tatsächlich *N*, re verā in Wahrheit, tatsächlich, ut erat res wie es sich tatsächlich verhielt *S*.

re-sacrō, āre vom Fluch befreien, entsühnen *N*.

re-saeviō, īre wieder wüten *O*.

re-salūtō 1. wieder grüßen.

re-sarciō 4. sarsī, sartus wieder ausbessern: tecta *L*; *met.* ersetzen: detrimentum.

re-scidī *pf.* v. rescindo.

re-sciī [Nbf.] *pf.* v. rescisco.

re-scindō 3. scidī, scissus **1.** wieder zerreißen, einrei-

rescisco   396   **respicio**

ßen: pontem abbrechen, vallum falcibus, vulnus aufreißen *O*, luctūs erneuern *O*. **2**. *met*. aufheben, vernichten, ungültig machen: acta Caesaris, iudicium, gesta.
re-scīscō 3. scīvī, (sciī), scītūrus erfahren, Nachricht erhalten.
rescissus *pt. pf. pass.* v. rescindo.
rescītūrus *pt. fut.* v. rescisco.
re-scīvī *pf.* v. rescisco.
re-scrībō 3. psī, ptus **1**. **zurückschreiben, schriftlich antworten:** promptum rescriptu passend als Antwort *T*, orationibus entgegnen *Sp.* **2. umschreiben,** einen Posten **abschreiben:** quod tu numquam rescribere possis bezahlen *H*; ad equum zu Reitern (= Rittern) machen [Wortspiel]. **3. von neuem schreiben:** rationes *Pli*, legiones wieder aufstellen *L.*
rescrīptum, ī, *n.* (rescribo) Reskript, Bescheid, Erlaß [des Kaisers] *TPli.*
rescriptus *pt. pf. pass.* v. rescribo.
re-secō 1. secuī, sectus **1**. ab-, wegschneiden: de tergore partem *O*; bildl. ad vivum zu genau nehmen. **2**. *met*. verkürzen, hemmen, beseitigen: spem longam beschränken *H.*
resecutus *pt. pf. act.* v. resequor.
re-sēdī *pf.* v. resideo oder resido.
resegmina, um, *n.* (reseco) Schnitzel, Abfälle *Sp.*
re-sēminō, āre wieder erzeugen *O.*
***re-sequor** 3., resecūtus sum antworten *O.*
re-serō 1. (sera) öffnen: portas hosti *O*; *met*. erschließen: oracula offenbaren *O.*
re-servō 1. **1.** zurücklegen, bewahren, aufbewahren, aufsparen: praedam alicui, consilium ad extremum für den äußersten Fall, facta capiti alicuius an einem rächen *V.* **2.** erhalten: se sibi suisque *N*, consulem ex media morte retten.
reses, sidis **1.** zurückgeblieben: in urbe plebs *L*, resides inimus fretum ausgeruht *O.* **2.** träge, untätig *VL.*
                 Zu
re-sideō 2. sēdī (§ 43) **1.** sitzen bleiben, sitzen: in antro *O*, arbore *Ph.* **2.** *met*. zurückbleiben: residebit in re p. coniuratorum manus. **3.** *trans.* feiern: ferias *C.*
re-sīdō 3. sēdī **1.** sich niedersetzen, niederlassen, bleiben: glaebā *O*, in rupe *V*; bildl. residunt pelles setzen sich an *H*, vitia verbleiben *Pli.* met. **2.** sich senken, sinken: maria in se ipsa residunt *V.* **3.** sich legen, nachlassen: a bello sich beruhigen, ardor resederat.
residuus 3 (resideo) zurückbleibend, übrig; *n. subst.* Rest.
re-sīgnō 1. **1.** öffnen: epistulas *C*, lumina morte *V.* **occ. a.** eröffnen: fata *O.* **b.** ungültig machen: tabularum fidem. **2.** zurückgeben, verzichten: cuncta *H.*
re-siliō 4. luī (salio, § 43) **1.** zurückspringen: in lacus *O*, ad manipulos *L*; **occ.** abprallen: sarissa resilit *O*, crimen ab hoc. **2.** *met*. zusammenschrumpfen: in spatium breve *O.*
re-sīmus 3 (hybrid: re, σιμός) aufgebogen *OSp.*
rēsīna, ae, *f.* (ῥητίνη) Harz *Sp.*
re-sipiī *pf.* v. resipisco.
re-sipiō, ere (sapio, § 43) **1.** nach etw. schmecken

VarroSp; mit *acc.* **2.** *met*. etw. erkennen lassen: patriam.   Dazu *incoh.*
re-sipīscō 3. piī u. puī **1.** wieder zu sich kommen, sich wieder erholen; **occ.** wieder Mut fassen *C.* **2.** wieder zur Einsicht kommen.
re-sistō 3. stitī **1.** stehenbleiben, stillstehen, haltmachen: ad revocantis verba *O*; ubi lapsi resistamus uns wiederaufrichten können; **occ.** zurück-, verbleiben: inopiā navium ibi. *met.* **2.** innehalten: media in voce *V*, verba resistunt stocken *O.* **3.** sich widersetzen, Widerstand leisten: nullo resistente ohne Widerstand *N*; mit *dat.*, ne, nach Negation quin *L*; resistens ad calamitates perferendas widerstandsfähig.
resmus [altl.] = remus.
re-solvō 3. solvī, solūtus **1. auflösen, auf-, losbinden:** utrem *Cu*, cinctas vestes *O*, crines *L*, equos ausspannen *O*; **occ. auftun, öffnen:** ora fatis (*dat.*) zur Weissagung *V*, iugulum mucrone durchbohren *O*, humum in partes *O.* *met.* **2. (auf)lösen:** nivem schmelzen *O*; nebulas *O*, tenebras *V* lichten, vertreiben, dolos ambagesque *V*, te piacula nulla resolvent erlösen, befreien *H.* **3. aufheben, zunichte machen:** iura *V*, curas verscheuchen *V*, litem lite beendigen *H.* **4. entspannen, matt (schlaff) machen:** terga ausstrecken *V*, membra *Cu*, resolutus in somnos *O.* **5. zurückzahlen C.**
resonābilis, e widerhallend: Echo *O.*   Von
re-sonō 1. āvī **1.** widerhallen, -schallen: voci *H*; *met.* gloria virtuti resonat ist ein Widerhall. **2.** ertönen, erschallen: aera resonant *O*, examina e quercu *V.* **3.** *trans.* widerhallen lassen: lucos cantu *V*, Amaryllida den Namen Amaryllis *V*, alcyonen die Stimme des Eisvogels *V*, triste et acutum einen wehmütigen und schrillen Ton von sich geben *H*; *pass.* unpers. in fidibus testudine resonatur entsteht ein Widerhall.
resonus 3 (resono, § 76) widerhallend: voces *O.*
re-sorbeō, ēre wieder einschlürfen, wieder einziehen: pontus resorbens saxa spült den Sand wieder zurück *V*; *med.* mare resorbetur hat Ebbe *T*; *met.* unda te rursus in bellum resorbens dich zog die Flut aufs neue in den Krieg *H.*
re-spectō 1. āvī (*frequ.* zu respicio) sich umsehen, umblicken: ad tribunal hinsehen *L*; mit *acc. V*; **occ.** anblicken: alius alium *T*; *met.* berücksichtigen: pios *V.*
I. respectus *pt. pf. pass.* v. respicio.
II. respectus, ūs, *m.* (respicio) **1.** das Zurückblicken, Rückblick: sine respectu pugnare *L.* **2.** *met.* Rücksicht: humanitatis *L*; respectu mit Rücksicht auf. **3.** *meton.* Rückhalt, Zuflucht: victoriae *L.*
re-spergō 3. spersī, spersus (spargo, § 43) bespritzen, besprengen; *met.* probro respersus mit dem Makel behaftet *T.*
re-spiciō 3. spexī, spectus (specio, § 43) **1. zurückblicken, sich umblicken, hinter sich sehen:** ad urbem *V*; signa, amissam *V*; **occ. hinter sich bemerken:** Cloanthum *V*, angues *V*; mit *acc. c. inf. V*; bildl. **zurückdenken:** Macedoniam *Cu.* met. **2. berücksichtigen, beachten, erwägen:** haec respiciens im Hinblick darauf *N*, exemplar vitae *H*; **occ. an** etw.

respiramen   397   **resupino**   **R**

denken, für etw. **sorgen**: inertem *V*, neglectum genus *H*. **3. erwarten, erhoffen**: subsidia *L*, spem a Romanis *L*. **4. angehen, betreffen**: ad hunc summa imperii respiciebat.

respīrāmen, inis, *n*. Atemweg, Luftröhre *O*.   Wie

respīrātiō, ōnis, *f.* das Atemholen: sine respiratione atemlos, ununterbrochen *L*; **occ.** Pause; *met.* Ausdünstung: aquarum.   Und

respīrātus, ūs, *m.* das Aufatmen.   Von

re-spīrō 1. **1. ausatmen**: animam. **2.** Atem holen, aufatmen: libere. **3.** *met.* sich erholen: a cladibus *L*.

re-splendeō 2. uī widerstrahlen *V*.

re-spondeō 2. spondī, spōnsus

---

1. ein Gegenversprechen leisten, zusagen; 2. antworten, erwidern, beantworten; *occ. a.* (vom Orakel u. Richter) **Bescheid geben, raten;** *b.* **sich melden, erscheinen, sich stellen;** *met.* **3. entsprechen, übereinstimmen, ähnlich sein;** *occ.* **gewachsen sein, sich messen können; 4. erwidern, vergelten.**

---

1. par pari. **2.** alicui; ad, contra, adversus aliquid; alicui de versibus plura; mit *acc. c. inf.*, indir. Fr.; respondent ripae hallen wider *O*, saxa voci. **a.** Pythia respondit, ut moenibus ligneis se munirent *N*; de iure, iura *H*. **b.** [vor Gericht]: vadato nach geleisteter Bürgschaft *H*; [als Soldat]: ad nomina beim Namensaufruf *L*; respondesne tuo nomine? bezieht sich das auf dich? *H*. **3.** fructus non respondet labori *O*, ad spem eventus *L*; respondet contra Gnosia tellus liegt gegenüber *V*. **occ.** arma lacertis Caesaris non responsura *H*. **4.** coniunx illi respondet curis teilt ihre Sorgen *V*.   Dav.

respōnsiō, ōnis, *f.* Erwiderung; sibi ipsi r. Selbstwiderlegung.

respōnsitō, āre Bescheid erteilen.   *Frequ.* zu

respōnsō, āre (*frequ.* zu respondeo) **1. antworten**: ripae responsant hallen wider *V*; **occ.** widersprechen *C*. **2.** *met.* **widerstehen**: cupidinibus *H*; cenis opimis verschmähen *H*.

respōnsum, ī, *n.* (respondeo) **1. Antwort**: dare, reddere geben; ferre, auferre, referre, accipere erhalten. **occ. 2. Orakelspruch, Ausspruch, Gutachten**: petere ein Orakel einholen *V*. **3. Rechtsbescheid**: iudicum.

respōnsus *pt. pf. pass.* v. respondeo.

rēs pūblica s. res I. 1.

re-spuō 3. uī **1. ausspeien, -werfen**: reliquias cibi. **2.** *met.* **ab-, zurückweisen, verschmähen, verwerfen**: cuius aures respuerunt? wessen Ohr beleidigte es?

re-stāgnō, āre sich zurückstauen, austreten *LO*; *meton.* locus restagnat steht unter Wasser.

re-staurō 1. (vgl. instauro) wiederherstellen *T*.

re-stinguō 3. stīnxī, stīnctus (vgl. exstinguo) **1. löschen, auslöschen.** *met.* **2. löschen, dämpfen, mäßigen**: sitim *V*, Falerni pocula lymphā verdünnen *H*. **3. unterdrücken, vernichten**: animos, cupiditates, incendium belli.

restiō, ōnis, *m.* Seiler *Sp*; *met.* mit Stricken gegeißelt *C*.   Von

restis, is, *f.*, *acc.* im u. em, *abl.* e Seil, Strick *CL*; s p r i c h w. ad restim res redit es ist zum Erhängen *C*.

re-stitī *pf.* v. resisto oder resto.

re-stitō, āre (*frequ.* zu resto) zaudern, zögern *CL*.

re-stituō 3. uī, ūtus (statuo, § 43)

I. 1. zurückversetzen, wiederhinstellen, -aufstellen; *met.* **2. wiedereinsetzen, zurückversetzen;** *occ.* **zurückrufen, -führen; 3. wiedergeben, wieder zustellen;** *occ. a.* für jemd. **wiedergewinnen;** *b.* **ersetzen.**

II. wiederherstellen.

I. 1. arborem *V*. **2.** Seuthem in regnum *N*, Siciliam in pristinum *N*, aliquem in antiquum locum gratiae jemd. die alte Gunst wiederschenken; *abs.* fratrem begnadigen *Cu*; quin eum restituis? bring ihn zur Vernunft *C*; mit *dat. T*; in integrum in den früheren Stand setzen, damnatos die Strafe aufheben, consilia widerrufen *L*. **occ.** in patriam (ad parentes) *NL*. **3.** ei bona, civibus sua *N*; *met.* Syracusanis libertatem *N*, se alicui sich aussöhnen, wieder befreunden. **a.** Samum populo *N*, Arpos ad Romanos *L*. **b.** alicui impedimenta *Cu*; amissa, fraudata, damna *L*. **II.** oppida vicosque, turbatas comas wieder ordnen *O*; *met.* pugnam, proelium erneuern, rem retten *Ennius*.   Dav.

restitūtiō, ōnis, *f.* **1. Wiederherstellung**: fortunae. **2.** Wiedereinsetzung [in den vorigen Stand]. **a.** Zurückberufung aus der Verbannung. **b.** Begnadigung: damnatis r. comparabatur. **c.** Wiederaufnahme in den Senat *Sp*.

restitūtor, ōris, *m.* (restituo) Wiederhersteller: templorum Wiederbauer *L*; salutis meae Retter.

restitūtus *pt. pf. pass.* v. restituo.

re-stō 1. stitī **1. zurückbleiben**: ad urbis incendium; *met.* **übrigbleiben**: una spes restat in Etruscis *L*; hoc, illud, id restat, ut es bleibt (noch) übrig; mit *inf. O*. **occ. a. am Leben bleiben**: pauci restant leben noch. **b. bevorstehen**: melioribus aufbewahrt sein für *O*, hoc Latio restat *V*. **2. Widerstand leisten, widerstehen**: fortiter *L*; *met.* lamminae restantes adversum gladios *T*.

I. restrictus *pt. pf. pass.* v. restringo.

II. restrictus 3, *adv.* ē **1. knapp, eng**: toga *Sp*. **2. streng, genau**: imperium *L*, restricte observare. **3. karg, kärglich, sparsam**: r. et tenax.   Von

re-stringō 3. strīnxī, strictus **1. (nach hinten) binden, fesseln**: lacertos *H*; *met.* zurück-, einhalten, hemmen, einschränken: sumptūs, delicias *Pli*, animum maestitiā beengen *T*. **2.** zurückziehen: dentes fletschen *C*.

re-sūdō, āre (hervor)schwitzen, feucht sein *Cu*.

re-sultō, āre (*frequ.* v. re-silio, § 51, Anm.) abspringen, zurückprallen: galeā *V*; b i l d l. Graecis versibus nicht hineinpassen *Pli*, imago vocis resultat hallt wider *V*, clamore widerhallen *V*.

re-sūmō 3. sūmpsī, sūmptus (§ 72) wieder nehmen, wieder auf-, annehmen: pennas *O*, arma *T*; *met.* militiam den Krieg erneuern *T*, vires *O*, dominationem *T* wieder erlangen.

re-supīnō 1. zurückbeugen, -werfen: assurgentem re-

resupinus   398   **reunctor**

gem rücklings zu Boden *L*; *meton.* umreißen, umstürzen: valvas *Pr.*   Dav. (§ 76)

resupīnus 3 **1.** zurückgebogen, -gebeugt: collum *O*; **occ.** auf dem Rücken liegend: corpora phocarum *O*; resupinum fundere rücklings niederwerfen *O.* **2.** *met.* 'hochnäsig', stolz: Niobe *O.*

re-surgō 3. surrēxī, surrēctum (§ 72) wieder aufstehen, sich wieder erheben: cumba de aquis resurgit taucht wieder auf *O*, resurgebant cornua Phoebes erneuerten sich *O*; *met.* in ultionem *T*, resurgit amor erwacht aufs neue *V*, Troia ersteht neu *O.*

re-suscitō, āre (§ 72) wieder erregen *O.*

re-tardō 1. **1.** verzögern, zurückhalten: retardando im Zurückbleiben. **2.** *met.* aufhalten, hemmen, hindern: impetūs *N*, a scribendo.

rēte, is, *n., abl.* e Netz; auch bildl. *CPrO.*

re-tegō 3. tēxī, tēctus **1.** aufdecken, entblößen, öffnen: pedes *Sp*, thecam. *met.* **2.** sichtbar machen, erhellen: diem *O*, orbem *V*; *pass.* sichtbar werden: solum retegitur hiatu *O.* **3.** offenbaren, aufdecken: commenta *O*, scelus *V.*

re-temptō 1. wieder versuchen *O.*

re-tendō 3. tendī, tēnsus *Ph* u. tentus ab-, entspannen.

retentiō, ōnis, *f.* (retineo) das Anhalten: aurigae; pecuniae Abzug.

retentō 1. (*frequ.* v. retineo) zurück-, festhalten *LT.*

retentus *pt. pf. pass.* v. retendo oder retineo.

re-terō 3. trītus abreiben *Sp.*

re-tēxī *pf.* v. retego.

re-texō 3. texuī, textus **I. 1.** wieder auftrennen, auflösen: telam *O*, luna orbem retexuit nahm ab *O.* **2.** *met.* ungültig, rückgängig machen, widerrufen: opus *O*, orationem. **II.** wieder weben; *met.* erneuern, wiederholen: idem retexitur ordo *O*, Eurydices fata *E.* ins Leben zurückrufen *O*, scriptorum quaeque umarbeiten *H.*

reticentia, ae, *f.* das Schweigen, Verschweigen; **occ.** (*rhet.*) das Abbrechen des Satzes [ἀποσιώπησις].   Von

re-ticeō 2. uī (taceo, § 43) **1.** (still)schweigen: de iniuriis; mit *dat.* keine Antwort geben. **2.** *trans.* verschweigen: errorem.

rēticulum, ī, *n.* (*dem.* v. rete) kleines Netz.

Retina, ae, *f.* Resina [Ort am Fuß des Vesuv] *Pli.*

retināculum, ī, *n.* (retineo) Zaum, Leine, Haltetau, Band; *met.* vitae *Pli.*

retinēns, entis festhaltend an; mit *gen.*   Von

re-tineō 2. uī, tentus (teneo, § 43) **1.** zurück-, festhalten: cohortes apud se, tempestate retineri aufgehalten werden, navicularios festnehmen; *met.* lacrimas *O.* **occ.** behalten: partem armorum in oppido. **2.** halten, behaupten, nicht aufgeben: Graecos sub sua potestate *N*, oppidum; *met.* ferociam *Cu*, pristinam virtutem beibehalten, virtutis memoriam, aliquid in memoria bewahren *N*, aliquem in officio treu erhalten. **3.** zurückhalten, zügeln: rabiem, gaudia *O.*

re-tinniō, īre widerklingen.

re-torqueō 2. torsī, tortus zurückdrehen, -wenden: agmen ad dextram retorquetur schwenkt nach rechts, oculos ad urbem; sacra retorserunt oculos wendeten ab *O*; manūs auf den Rücken binden *H*, undas zu-

rückwerfen *H*; pantherae terga zurückschlagen *V*, amictum aufschürzen *V*; *met.* mentem ändern *V*, Rhoetum verjagen *H.*

re-torridus 3 dürr *Sp*; zusammengeschrumpft (= erfahren) *Ph.*

re-torsī *pf.* v. retorqueo.

retortus *pt. pf. pass.* v. retorqueo.

retractātiō, ōnis, *f.* Weigerung, Ablehnung.   Von

re-tractō 1. **I. 1.** zurückziehen: dicta widerrufen *V.* **2.** *met.* sich sträuben, sich weigern: nullo retractante *L.* **II. 1.** wieder betasten, -berühren, von neuem ergreifen: ferrum *V*, arma *L*; vulnera wieder aufreißen *O.* **2.** *met.* wieder vornehmen, -behandeln, -bearbeiten: fata domūs *O*, verba desueta wieder gebrauchen *O*, gaudium erneuern *Pli*; **occ.** wieder erwägen: deae memorata *O*, postero die retractatur *T.*

I. retractus *pt. pf. pass.* v. retraho.

II. retractus 3 entfernt, entlegen *LPli.*   Von

re-trahō 3. trāxī, tractus

> **I. 1.** zurückziehen, -bringen, -holen; *occ.* (Gefangene) einbringen; **2.** *met.* zurückhalten, abhalten; *refl.* sich fernhalten, vermeiden, sich zurückziehen. **II.** von neuem ziehen; *met.* wieder ans Licht ziehen.

I. 1. retrahit pedem unda strömt zurück *V*; **occ.** eum ex itinere (fuga) *S.* **2.** Thebas ab interitu retten *N*, minitantem ab se, consules a re p. entfremden; *refl.* se ab ictu *O.* **II.** ad eosdem cruciatus *T*; *met.* oblitterata nomina Schuldforderungen *T.*

retrectō (§ 43) = retracto.

re-tribuō 3. uī, ūtus zurückgeben *L.*

retrītus *pt. pf. pass.* v. retero.

retrō (*adv.* zu re wie intrō zu in) **1.** räumlich: zurück, rückwärts, nach hinten; **occ.** hinten: nullum r. subsidium fore *T.* **2.** *met.* zurück, rückwärts: omnia r. ponere. **3.** zeitlich: zurück, vorher: r. usque ad Romulum.

retrō-cēdō 3. cessī (§ 67) zurückweichen *LCu.*

retrō-gradior 3. gressus sum (§ 67) zurückgehen *Sp.*

retrōgradus 3 (von retrogradior, § 76) zurückgehend *Sp.*

retrōgressus *pt. pf. act.* v. retrogradior.

retrōrsus (= retrō-vorsus, §§ 22 u. 78) u. **retrōrsum** (= retrō-vorsum) *adv.* zurück, rückwärts; *met.* umgekehrt.   Von

retrō-versus, altl. (§ 50 am Ende) **-vorsus** 3 (§ 67) zurückgewandt, -gekehrt *O.*

re-trūsus 3 (trudo) versteckt, verborgen.

ret(t)udī *pf.* v. retundo.

ret(t)ulī *pf.* v. refero.

rētulit *pf.* v. refert.

re-tundō 3. ret(t)udī (= *retutudi, § 44), retū(n)sus **1.** stumpf machen, abstumpfen: tela *O*; auch bildl. **2.** *met.* dämpfen, zähmen, niederschlagen: superbiam *Ph*, linguas Aetolorum, impetum *L.*   Dav.

I. retū(n)sus *pt. pf. pass.* v. retundo.

II. retū(n)sus 3 stumpf: ferrum *V.*

Reudignī, ōrum, *m.* die R. [germ. Volk an der Unterelbe] *T.*

re-unctor, ōris, *m.* (ungo) Einreiber *Sp.*

reus, rea 1. angeklagt: aliquem reum facere (agere *LO*) anklagen, *pass.* reum fieri (agi *Cu*); reum peragere die Klage durchführen *LT*; parricidii, facinoris *T*; de vi; *subst.* der, die Angeklagte: de reis eximere ausstreichen, in reos referre eintragen; [außergerichtlich]: reus in secreto agebatur wurde heimlich angeschwärzt *Cu*, belli, pacis angeklagt wegen *L*. **2.** *meton.* schuldig: suae partis tutandae verantwortlich *L*; voti zur Lösung des Gelübdes verpflichtet *V*.
E: aus *rēi̯-os, *adi.* zu res 'der zu einer Rechtssache in Beziehung steht'.

re-valēscō 3. luī (*incoh.* zu valeo) wiedergenesen, -erstarken, -aufleben: diplomata revalescunt erlangen wieder Geltung *T*.

re-vehō 3. xī, ctus **1.** zurückführen, -bringen; *med.* zurückfahren, -reiten, -kommen; *met.* auf etw. zurückkommen.

re-vellō 3. vellī u. vulsī, volsus, [jünger (§ 50)] vulsus **1.** weg-, ab-, los-, herausreißen; mit *abl.*, ab, de, ex. **2.** aufreißen, -brechen, öffnen: claustra.

re-vēlō 1. enthüllen, entblößen: frontem *T*.

re-veniō 4. vēni, ventum zurück-, heimkommen.

rēvērā (rē vērā, § 67) s. res III. 3.

re-verberō 1. zurückschlagen, *pass.* anprallen *Cu*.

reverēns, entis, *adv.* **enter** (revereor) ehrerbietig, achtungsvoll.   Dav.

reverentia, ae, *f.* Ehrfurcht, Achtung, Ehrerbietung; **occ.** Scham, Scheu *O*.

re-vereor 2. itus sum **1.** scheuen, fürchten. **2.** Ehrfurcht haben, verehren, hochachten.

reversiō, ōnis, *f.* Umkehr, Rück-, Wiederkehr.   Von

re-vertor 3., *pf.* revertī (selten reversus sum), reversus zurück-, umkehren; *met.* in gratiam cum aliquo sich mit jemd. aussöhnen *L*, ad sanitatem wieder zur Vernunft kommen, poena (ira *T*) revertitur in aliquem fällt auf jemd. *O*; **occ.** [in der Rede]: illuc, eo(dem), ad propositum; ad id, unde digressi sumus.
NB: altl. (§ 50 am Ende) **re-vortor.**

re-vēxī *pf.* v. reveho.

re-vīcī *pf.* v. revinco.

revictus *pt. pf. pass.* v. revinco.

re-vinciō 4. vinxī, vinctus **1.** zurückbinden, -fesseln: trabes introrsus. **2.** binden, befestigen: zonam de poste am Pfosten *O*; **occ.** umwinden: templum fronde *V*.

re-vincō 3. vīcī, victus besiegen, siegreich niederwerfen, unterdrücken: coniurationem *T*; **occ.** widerlegen: crimina rebus *L*.

revinctus *pt. pf. pass.* v. revincio.

re-vinxī *pf.* v. revincio.

re-virēscō 3. ruī **1.** neu grünen, wieder grün werden *VO*. *met.* **2.** sich verjüngen: arte *O*. **3.** wieder aufblühen, -erstarken.

re-vīsī *pf.* v. reviso.

re-vīsitō, āre zu besuchen pflegen *Sp*.

re-vīsō 3. vīsī wiedersehen, wieder besuchen.

re-vīvīscō (-ēscō) **3.** vīxī (*incoh.* zu vivo) wieder lebendig werden; *met.* wieder aufleben, sich erholen.

revocābilis, e zurückrufbar *O*.

revocāmen, inis *n.* (revoco) Rückruf, Warnung *O*.

revocātiō, ōnis, *f.* **1.** das Zurückrufen. **2.** das nochmalige Aussprechen, Wiederholung: verbi.   Von

re-vocō 1.

I. 1. **zurück-, abrufen, zurückziehen, -bringen;** *occ.* **aus dem Kampf zurückrufen;** 2. *met.* **zurückrufen, -führen, -bringen, -holen;** *occ. a.* **wiederherstellen, erneuern;** *b.* **abbringen, ab-, zurückhalten;** *c.* **widerrufen.**
II. **wieder, nochmals rufen;** *occ. a.* **zur Wiederholung zurückrufen, auffordern;** *b.* **wiedereinberufen.**
III. **dagegen rufen;** *occ.* eine **Gegeneinladung machen.**
IV. **auf etw. beziehen, hinweisen, -führen,** zu etw. **bringen, kommen lassen.**

I. 1. suos proelio *L*, a bello *N*, de (ab *T*) exilio *L*, ex itinere; patriam defensum zur Verteidigung *N*. **occ.** suos tubā *N*, (milites) certo signo. **2.** artus in calorem wieder erwärmen *O*, pedem, gradum *V*, manus *O* zurückziehen, -wenden, oculos abwenden *O*, se ad industriam, exordia pugnae ins Gedächtnis rufen *V*, pecunias zurückziehen *Pli.* **a.** studia, sitūs die Ordnung *V*, vires, animos beleben *V*, priscos mores *L*. **b.** animum ab ira *O*, aliquem a scelere. **c.** facta *O*, libertatem entziehen *T*. **II.** tribūs in suffragium *L*. **a.** Archiam, praeconem *L*; primos tres versus die Wiederholung ... fordern; miliens revocatum est man forderte hundertmal eine Zugabe. **b.** milites, veteranos *T*. **III.** unde tu me vocasti, inde te revoco; **occ.** eum nemo v o c a b a t (lud ein), qui r e v o c a t u r u s non esset. **IV.** omnia ad artem, rem ad populum die Entscheidung dem Volk anheimstellen *L*; rem ad sortem es aufs Los ankommen lassen, in partem es zur Teilung kommen lassen *L*, rem ad arbitrium suum sich die Entscheidung vorbehalten, reliquas res ad lucrum es sonst überall auf Gewinn anlegen, aliquid in crimen als Schuld auffassen.

re-volō 1. āvī zurückfliegen.

revolsus *pt. pf. pass.* v. revello.

re-volvō 3. volvī, volūtus **1. zurückrollen, -wälzen;** *pass.* **zurückfallen, -sinken, -rollen:** revoluta toro est sank zurück auf *V*, revolutus equo fiel vom Pferd *V*; revoluta aequora zurückwogendes Meer, Ebbe *V*; revoluta saecula vergangen *O*, revoluta dies im Kreislauf wiederkehrend *V*, revolvi in veterem figuram zurückverwandelt werden *V*, iter nochmals durchwandern *V*, casūs iterum von neuem bestehen *V*; **occ.** eine Schriftrolle (Buch) **aufrollen, aufschlagen:** 'Origines' *L*, loca iam recitata wieder aufschlagen *H*; *met.* **wiederholen:** visa überdenken *O*, dicta factaque eius *T*, animus iras revolvens der sich immer wieder mit...beschäftigt *T*. **2.** *met.* **zurückführen;** *pass.* **zurückkommen:** revolvi ad dispensationem inopiae *L*, ad memoriam coniugii *T*, in ista *O*, eōdem; **occ. herabkommen:** res eo revolvitur *L*, revolutus ad vitia von neuem verfallen *T*.

re-vomō 3. muī wieder ausspeien, von sich geben *VO*.

re-vortor [altl.] = revertor.

re-vulsī *pf.* v. revello.
revulsiō, ōnis, *f.* (revello) das Abreißen *Sp.*
revulsus *pt. pf. pass.* v. revello.
rēx, rēgis, *m.* **1. Leiter, Lenker, Herrscher, König:** populus late rex weithin herrschend *V,* acta non alio rege puertia Leiter, Lenker *H;* Tyrrhenûm [etruskischer 'Lar'] *V.* **occ. a. Perserkönig:** Alcibiades a rege corruptus *N.* **b. Suffet** ['Richter; Titel der Regierungsbeamten in punischen Städten u. Kolonien]: Carthagine quotannis bini reges creantur *N.* **2.** *meton. pl.* **a. Königspaar:** controversiae regum [des Ptolemäus und der Kleopatra]. **b. Königshaus:** post reges exactos *L.* **c. Prinzen:** Syriae. **3.** *met.* **König, Herrscher:** Olympi *V,* Stygius *V,* aquarum *O,* ferarum = Löwe *Ph,* apum Bienenkönigin *V,* fluviorum = Po *V,* Phanaeus der Phanäer, der König der Weine *V.* **occ. a. Patron, Beschützer:** alat rex *H.* **b. Reicher, Glücklicher:** regum turres *H,* sapiens ... rex regum *H.* **4.** [Seit der Republik] **a. Opferkönig, Opferpriester:** sacrificulus, sacrificus *L.* **b. Despot, Tyrann:** impune quae lubet facere, id est regem esse *S.*
E: v. rēgo, kelt. rīx in Orgeto-rix usw., ai. rājan-, got. reiks, ahd. rīhhi 'mächtig, vornehm'.
rēxī *pf.* v. rego.
Rhadamanthus, ī, *m.* Rh. [Bruder des Minos, Richter in der Unterwelt].
Rhaetī = Raeti.
Rhamnūsius 3 aus Rhamnus [in Attika] *C;* **Rhamnūsis**, idis [oder] **Rhamnūsia**, ae, *f.* Göttin v. Rhamnus = Nemesis *O.*
rhapsōdia, ae, *f.* (ῥαψῳδία) Gesang *N.*
Rhea, ae, *f.* = Cybele *O.*
rhēda = raeda.
Rhēgion, Rhēgium = Regium.
Rhēnus, ī, *m.* Rhein.
Rhēsus, ī, *m.* Rh. [Thrakerkönig, der den Troern zu Hilfe kam].
rhētor, oris, *m.* (ῥήτωρ) Rhetor, Lehrer der Beredsamkeit; **occ.** Redner *N.* Dazu
rhētoricus 3, *adv.* ē (ῥητορικός) rhetorisch, rednerisch: ars [oder] **rhētorica**, ae u. -ē, ēs *f.* Redekunst, Rhetorik; libri Lehrbücher der Rhetorik, **rhetorice** invehi wortreich.
Rhiānus, ī, *m.* Rh. [gr. Epiker des 3. Jahrhunderts] *Sp.*
rhīnocerōs, ōtis, *m.* (ῥινόκερως) Nashorn *Cu.*
Rhīnocolūra, ōrum, *n.* Rh. [St. an der ägyptischen Mittelmeerküste, j. El Arîsh] *L.*
Rhīp(h)aeus = Ripaeus.
Rhīzōn, onis, *m.* Risan [St. in Dalmatien] *L;* Einw. Rhīzonītae *L.*
Rhoda, ae, *f.* Rosas [St. in NO-Spanien] *L.*
Rhodanus, ī, *m.* die Rhone.
Rhodius s. Rhodos.
Rhodopē, ēs, *f.* Rh. [Bergkette in Thrakien zwischen Nestus u. Hebrus] *VO; adi.* Rhodopēïus 3 = thrakisch *VO.*
Rhodos u. **-us**, ī, *f.* Rh. [**1.** Insel u. St., mit Sonnenkult]: Phoebēa *O; adi.* u. Einw. Rhodius. **2.** Rh. [Nymphe von Rh.] *O.*

Rhoetēum, ī, *n.* Rh. [Vorgebirge u. St. am Hellespont] *L; adi.* Rhoetē(i)us *O,* ductor = trojanisch *V;* Rhoetēum, ī, *n.* das Meer bei Rh. *O.*
rhombus, ī, *m.* (ῥόμβος) Kreisel, Zauberrad *Pr; met.* Plattfisch, Butt *H.*
Rhosicus 3 von Rhosos [in Kilikien]: vasa.
rhythmicī, ōrum, *m.* (ῥυθμικοί) Rhythmiker, Lehrer des Rhythmus.
rictus, ūs, *m.* u. **-um**, ī, *n.* (ringor) offener Mund, Rachen.
rīdeō 2. sī, sus *intr.* **1.** lachen: dolis über *V;* **occ.** lächeln, zulächeln; mit *dat.* **2.** *met.* heiter aussehen, glänzen, strahlen: coloribus *O,* argento *H,* mihi ille terrarum angulus ridet gefällt mir *H.* **3.** *trans.* belachen, verlachen, über etw. lachen.
rīdiculāria, ōrum, *n.* Possen *C.* Von
rīdiculus 3, *adv.* ē (rideo) **1.** lächerlich, spaßhaft. **2.** *pass.* lächerlich, verlachenswert: insania; *subst.* **a.** rīdiculus, ī, *m.* Spaßmacher *C;* **b.** rīdiculum, ī, *n.* Scherz, Witz, Witzwort.
rigeō 2. uī (zu ῥῖγος, frigus) fest, starr, steif sein, starren; *met.* comae rigent sträuben sich *O,* riget Tmolus ragt empor *O;* **occ.** strotzen: signis auroque *V.*
rigēscō 3. guī (*incoh.* zu rigeo) erstarren, steif werden *VO; met.* sich sträuben: metu riguisse capillos *O.*
rigidus 3, *adv.* ē (rigeo, § 74) **1.** starr, steif, fest: silex *O,* cervix *L;* **occ.** aqua gefroren *O.* **2. emporragend:** columna *O,* quercus *V. met.* **3. fest, unbeugsam, unerbittlich:** parens *O,* innocentia *L,* rigide summovere hart, streng *O.* **4. rauh, abgehärtet:** Sabini *O,* Getae *H.* **5. wild, grausam:** Mars, ferae *O.*
rigō 1. **1.** (Wasser irgendwohin) leiten: aquam per agros *L.* **2.** bewässern: lucum *L.* **3.** *met.* benetzen: ora fletibus *O.*
Rigodūlum, ī, *n.* Riol [St. an der Mosel] *T.*
rigor, ōris, *m.* (rigeo) **1.** Steifheit, Starrheit, Erstarrung; **occ.** Kälte: Alpinus *O.* **2.** *met.* Härte, Strenge, Unbeugsamkeit.
riguī *pf.* v. rigeo oder rigesco.
riguus 3 (rigo) bewässernd *V;* bewässert *O.*
rīma, ae, *f.* Riß, Spalte, Ritze: rimas agere, ducere bekommen *O; meton.* ignea feuriger Blitzstrahl *V.*
E: vgl. ai. rikháti 'ritzt', rēkhā 'Riß, Strich, Linie', gr. ἐρείκω 'aufreißen'.
rīmor 1. **1.** aufreißen: terram *V.* **2.** durchwühlen, durchsuchen, suchen. **3.** *met.* ausforschen: secreta *T.*
rīmōsus 3 (rima) voll Ritzen, Spalten, leck.
ringor 3. die Zähne fletschen *Pomponius; met.* sich ärgern *CHSp.*
rīpa, ae, *f.* Ufer; klass. Flußufer; dicht. Meeresufer.
E: vgl. ἐρείπω 'einreißen', ἐρίπνη 'Absturz, Abhang'.
Rīpaeus u. **Rīphaeus** 3 ripäisch; dicht. nördlich [zu einer Gegend im äußersten Sarmatien oder Skythien gehörig]: arces *V,* Eurus *V,* pruinae *V.*
rīpula, ae, *f.* (*dem.* v. ripa) kleines Ufer.
rīsī *pf.* v. rideo.
rīsor, ōris, *m.* (rideo) Spötter *H.*
I. rīsus *pt. pf. pass.* v. rideo.
II. rīsus, ūs, *m.* (rideo) **1.** das Lachen, Gelächter: dare

rite 401 **roseus** **R**

risus Stoff zu *H*, captare zu erregen suchen; *occ.* Spott. **2.** *meton.* Gegenstand des Gelächters: rem in risum vertere lächerlich machen *H*.

rīte (vgl. ritus) *adv.* **1.** nach dem (religiösen) Brauch, feierlich, mit den vorgeschriebenen Zeremonien: colere. *met.* **2.** in gewöhnlicher, herkömmlicher Weise: religati r. equi *V*. **3.** auf rechte Weise, mit Recht, gehörig: rebus r. paratis *V*; *occ.* zum Glück, glücklich: r. secundare visūs *V*.

rītuālis, e den Ritus betreffend: libri. Von

rītus, ūs, *m.* **1.** religiöse Satzung, Zeremonie, Ritus: Graecus *Cu*, magicus *O*, sacrorum *V*. **2.** *met.* Brauch, Sitte, Gewohnheit, Art: Cyclopum *LO*; meist *abl.* rītū wie, nach Art von: pecudum, latronum, nivis *V*.
E: ai. r̥tam 'heiliger Brauch'.

rīvālis, is, *m.* (rivus, § 75, Abs. 2) Nebenbuhler. Dav.

rīvālitās, ātis, *f.* Eifersucht.

rīvulus, ī, *m.* Bächlein; auch *met.* *Dem.* von

rīvus, ī, *m.* **1.** Flüßchen, Bach; s p r i c h w. e rivo flumina facere = aus einer Mücke einen Elefanten *O*; *met.* Strom: lacrimarum *O*, sanguinis *V*. **2.** Wasserrinne, Kanal: rivos deducere *V*, effodere *T*.

rīxa, ae, *f.* Hader, Zank, Streit. Dav.

rīxor 1. hadern, streiten.

rōbīgō [oder **rūbīgō**], inis, *f.* (arch. rōbus = rufus) **1.** Rost: scabra robigine pila *V*. **2.** Zahnfäule: livent rubigine dentes *O*. **3.** Getreiderost, Mehltau *VH*; p e r s o n. R. [Gottheit, die man gegen den Getreiderost anrief] *O*. **4.** *met.* Untätigkeit *O*; Schlechtigkeit *Sp*.

rōboreus 3 (robur) eichen: pons *O*.

rōborō 1. kräftigen, stärken *Lukrez*; auch *met.* Von

rōbur, boris, *n.* (urspr. s-Stamm *robos, *bosis, § 29, daher robus-tus)

I. Eichenholz, Hartholz, Kernholz; *meton.* Gegenstände aus Eichenholz; 2. *occ.* a. unterirdischer Kerker (im römischen Staatsgefängnis); b. Eiche; 3. *met.* Stärke, Kraft, Festigkeit; 4. *meton.* der stärkste Teil, Stamm, Kern; *occ.* a. Kerntruppen; b. Kernpunkt, Mittelpunkt.

---

1. naves factae ex robore; *m e t o n.* in robore accumbunt auf Eichenbänken, ferro praefixum Eichenschaft *V*, nodis gravatum knotige eichene Keule *V*; aratri eichener Pflug *V*, ferri robora eisenbeschlagene Torflügel *V*. **2. a.** in robore et tenebris exspirare *L*. **b.** gens duro robore nata *L*, imperatoris *L*, ferri *V*. **4.** virium *Cu*, Italiae. **a.** quod fuit roboris alle noch vorhandenen Kerntruppen. **b.** libertatis *N*, accusationis. Dav.

rōbustus 3 **1.** eichen: stipites *L*, fores *H*. **2.** *met.* fest, stark, kräftig.

rōdō 3. sī, sus (vgl. rado) **1.** (be)nagen, verzehren. **2.** *met.* herabsetzen, verkleinern *H*.

rogālis, e (rogus) des Scheiterhaufens: flammae *O*.

rogātiō, ōnis, *f.* (rogo) **1.** Gesetzesvorschlag, Gesetzesvorlage, Antrag: ferre (ad populum) einbringen, perferre durchbringen, carmen rogationis der Text *L*. **2.** Bitte. **3.** Frage.

rogātor, ōris, *m.* (rogo) **1.** Antragsteller. **2.** Stimmensammler [bei Abstimmungen].

rogātū (*abl.* v. *rogātus, ūs, zu rogo) auf Ersuchen.

rogitō 1. fragen. *Frequ.* zu

rogō 1. (verw. mit rego 'nach etw. langen')

---

1. fragen; 2. *occ.* amtlich befragen; 3. bitten; *occ.* einladen.

---

1. Amathunta *O*, viam *O*, aliquem aliquid. **2. a.** [im Senat]: rogatus sententiam. **b.** [in der Volksversammlung]: populum ein Gesetz beim Volk einbringen, legem ein Gesetz beantragen, provinciam alicui die Statthalterschaft. **c.** wählen lassen: plebem R. (vom Volk) tribunos pl.; usque eo rogare die Wahl fortsetzen lassen, ad rogandos magistratus Romam proficisci zur Beamtenwahl *S*. **d.** milites sacramento vereidigen, den Eid ablegen lassen. **3.** auxilium um Hilfe, veniam um Gnade *V*; a Metello missionem *S*; otium divos *H*; mit *coni.*, ut, ne; d i c h t. *inf.*, *acc. c. inf.* *occ.* aliquem (ad, in aliquid).

rogus, ī, *m.* (rego) Scheiterhaufen; *meton.* Grab *Pr*; *met.* effugiunt carmina rogos der Vernichtung *O*.

Rōma, ae, *f.* (etruskisch, § 88) Rom [Hauptstadt von Latium, dann des Römischen Reiches]; p e r s o n. R. [als Gottheit] *LT*; *adi.* **Rōmānus** 3 römisch: nomen das Volk von Rom *NL*; Romano more loqui, commendare, Romani ingenii homo *L* offen, aufrichtig, Romanum est es ist Römerart *L*; *subst.* **Rōmānus**, ī, *m.* Römer, **Rōmāna**, ae, *f.* Römerin. [In weiterem Sinn]: lingua R. lateinisch *OPli*.

Rōmulus, ī, *m.* R. [Sohn des Mars, der Sage nach Gründer und erster König von Rom]. *Adi.* Romula ficus *O*, tellus römisch *V*; **Rōmuleus** 3: ensis, urbs *O*; **Rōmulidae**, dûm (dārum), *m.* die Römer *V*.

rōrāriī, ōrum, *m.* Leichtbewaffnete *L*.

rōridus 3 (I. ros) taubedeckt, taubenetzt *Pr*.

rōrō 1. **1.** tauen lassen *O*; *trans.* mit Tau überziehen: tellus rorata *O*. **2.** *met.* triefen, träufeln, tropfen, feucht sein: aquae roratae besprengt *O*, rorantia pocula tropfenweise spendend.

I. rōs, rōris, *m.* **1.** Tau, *pl.* Tautropfen. **2.** Naß: liquidus Quellwasser *O*, amarus Meerwasser *V*, e capillis ros cadit Schweiß *O*, Arabus Myrrhensalbe *O*, sanguinei Blut *V*, pluvii Regen *H*.
E: ai. rásah 'Saft'.

II. rōs, rōris, *m.* (ῥοῦς, § 95) Rosmarin *V* = rōs marīnus, maris *O*.

rosa, ae, *f.* (vgl. ῥόδον) **1.** Rosenstock: bis florens *V*. **2.** Rose. **3.** k o l l e k t. Rosen, Rosenkränze: in rosa mit Rosen bekränzt. Dav.

rosārium, ī, *n.* Rosengarten, -hecke *VO*.

rōscidus 3 (I. ros) tauig: pruina Tau *O*; tauend: Iris *V*; taufeucht: māla *V*; feucht: saxa rivis *V*.

Rōscius 3 im *n. g.* **1.** S. R. [aus Ameria, von Cicero 80 verteidigt]. **2.** Q. R. Gallus [ber. Schauspieler zur Zeit Ciceros]; *adi.* **Rōsciānus** 3. **3.** Rōscia lex s. Otho.

Rōsea u. **-ia**, ae, *f.* R. [Gegend bei Reate]; *adi.* **Rōseus** 3 *V*.

rosētum, ī, *n.* (rosa) Rosenhecke, -garten *V*.

roseus 3 (rosa) **1.** aus Rosen, Rosen-: strophium *V*. **2.** *meton.* rosenrot, rosenfarbig, rosig *CaVHTiPrO*.

rōsī *pf.* v. rodo.

rōstra, ōrum, *n.* s. rostrum, 3.

rōstrātus 3 geschnäbelt, mit einem Rammsporn ausgerüstet: navis Rammschiff; columna [Ehrensäule des C. Duilius auf dem Forum, mit den Schiffsschnäbeln der bei Mylae 260 eroberten karthagischen Schiffe geziert] *L*; corona [mit Schiffsschnäbeln geschmückter Ehrenkranz, als Auszeichnung für einen erfolgreichen Seekampf] *V.* Von

rōstrum, ī, *n.* (rodo, § 36 am Ende) **1.** Schnabel, Schnauze, Rüssel: aduncum Hauer *O.* **2.** *met.* Schiffsschnabel, Rammsporn. **3.** *meton. pl.* **rōstra,** ōrum, *n.* die Rednerbühne [auf dem Forum, geziert mit den 338 erbeuteten Schnäbeln antiatischer Schiffe].

rōsus *pt. pf. pass.* v. rodo.

rota, ae, *f.* **1. Rad, Wagenrad;** *synecd.* **Wagen. 2. Töpferscheibe:** currente rota cur urceus exit? *H.* **3. Folterrad:** radiis rotarum districti *V.* **4. Rolle, Walze:** rotas subdere, subicere. **5.** *met.* **Kreislauf:** rotam volvere *V*, Fortunae Unbeständigkeit *T*; elegi disparibus rotis mit ungleichen Versmaßen [Hexameter u. Pentameter] *O.*

E: ai. rátaḥ 'Wagen'. Dav.

rotō 1. im Kreis herumdrehen, -schleudern, -schwingen: fumum aufwirbeln *H*; *met.* rotati poli kreisend *O*, ignis, nives *O*; *pt. pr. med.* saxa rotantia rollend *V.*

rotundō 1. abrunden; *met.* aufrunden, vollmachen *H.* Von

rotundus 3 (rota) **1.** rund: scuta *T.* **2.** kugelrund: mundus, stellae. **3.** *met.* abgerundet, vollkommen: sapiens *H*; os ausgefeilte Sprache *H.*

rube-faciō 3. factus (rubeo, § 64, Anm.) röten *O.*

rubeō, ēre **1.** rot sein *VO*; *occ.* schamrot sein. **2.** glänzen, schimmern, prangen: novis rubent prata coloribus *V*; *adi.* **rubēns,** entis rot. Von

ruber, bra, brum (ai. rudhiráḥ, gr. ἐ-ρυθρός, § 6, vgl. rufus, § 2) r o t; mare das Rote Meer [Indischer Ozean mit Persischem u. Arabischem Golf]; litus Gestade des Roten Meeres *V.*

rubēscō 3. buī (*incoh.* zu rubeo) sich röten *VO.*

rubētum, ī, *n.* (rubus) Brombeergesträuch *O.*

rubeus 3 (rubus) vom Brombeerstrauch *V.*

Rubī, ōrum, *m.* R u v o [St. in Apulien] *H.*

Rubicō, ōnis, *m.* R. [Flüßchen südl. v. Ravenna].

rubicundus 3 (rubeo) (hoch)rot: corna *H*, Ceres gelblich [= reif] *V.*

rūbīgō s. robigo.

rubor, ōris, *m.* (rubeo) **1. Röte, Rot:** Tyrii Purpur *V*; medicamenta ruboris rote Schminke; aliquem in ruborem dare 'grün und blau schlagen' *C.* **2.** *occ.* **Schamröte:** ruborem adferre schamrot machen *T*, alicui rubori est muß erröten *T. meton.* **3. Schamhaftigkeit. 4. Beschämung, Schande, Schimpf:** nil tua facta ruboris habent *O.*

rubrīca, ae, *f.* (ruber) Rötel, rote Erde *H.*

rubuī *pf.* v. rubesco.

rubus, ī, *m.* (viell. zu ruber) Brombeerstrauch.

rūctō 1. u. **-or,** ārī *intrans.* aufstoßen, rülpsen; *trans.* ausrülpsen, ausspeien.

E: vgl. ἐρεύγομαι u. ahd. it-ruchen 'wiederkäuen', §§ 10 u. 52.

rudēns, entis, *m.* (rudo) starkes Seil, Tau, Schiffstau; s p r i c h w . rudentibus apta fortuna an die Schiffstaue geknüpft = ungewiß.

rudīmentum, ī, *n.* (I. rudis) erster Versuch, Probe, Probestück, Vorschule: ponere ablegen *L.*

Rudīnus 3 aus Rudiae [St. in Kalabrien, Geburtsort des Ennius].

I. rudis, e **1.** unbearbeitet, kunstlos, roh: hasta ungeschält *V*; signum, textum, vestis grob *O. met.* **2.** roh, kunstlos, ungebildet: lingua *L*, vox *T.* **3.** ungeschickt, unerfahren, unkundig: in re; mit *gen.*, ad; *abl. O.*

II. rudis, is, *f.* Rapier, Fechtstab [den der ausgediente Gladiator als Zeichen der Entlassung erhielt]; *met.* rude donari = aus dem Dienst entlassen werden *HO.*

rudō 3. īvī schreien, brüllen *VO*; rudens prora knarrend *V.*

E: ai. rudáti 'jammert', ahd. riozan 'klagen', § 14.

rūdus, eris, *n.* Erzstück, Steinbrocken *L*; k o l l e k t . u. *pl.* Schutt *TSp.*

ruentia, ium, *n.* s. I. ruo A. 2.

Rufrae, ārum, *f.* R. [St. in Kampanien] *V.*

rūfus 3 (§ 2, vgl. ruber) rot *Sp*; Rotkopf *C.*

rūga, ae, *f.* Hautfalte, Runzel; *meton.* finsteres Wesen, Ernst *Pli.*

E: vgl. ai. rūkṣáḥ 'rauh'.

Rugiī, ōrum, *m.* die R. [germ. Volk an der Odermündung] *T.*

rūgōsus 3 (ruga) faltig, runzelig *HTiO.*

ruī *pf.* v. I. oder II. ruo.

ruīna, ae, *f.* (I. ruo, § 87, Abs. 2) **1.** das Stürzen, Fall, Sturz: aulaea ruinas fecerunt stürzten nieder *H*, caeli Sturzregen, Unwetter *V.* **2.** *occ.* Einsturz: repentina, ruinam dare, trahere einstürzen *V*; *meton. pl.* Ruinen: Thebarum *L*, Iliacae *V.* **3.** *met.* Sturz, Fall, Untergang, Verderben, Ruin: fortunarum, soceri politischer Sturz *T*, Hannibalis Niederlage *L*; *meton.* rei p. Verderber, Vernichter. Dav.

ruīnōsus 3 baufällig: aedes; eingestürzt *O.*

ruitūrus *pt. fut.* v. I. ruo.

Rūminālis der Rumina [der Göttin der Säugenden] zugehörig, ruminalisch: ficus *L*, arbor *T* (Rūmina *O*) Feigenbaum der Rumina [am Luperkal in Rom, unter dem die Wölfin Romulus u. Remus säugte].

rūminātiō, ōnis, *f.* das Wiederkäuen *Sp*; b i l d l . de ruminatione cotidiana wie man täglich das Alte wiederkäut. Von

rūminō 1. wiederkäuen *VO.*

E: rūmen 'Schlund', zu ructor, § 30, Abs. 2.

rūmor, ōris, *m.* **1.** Ruf, Zuruf, Beifallsruf; rumore secundo mit Beifallsruf. **2.** Gerücht; mit *gen.*, de; rumor fert, est es geht das Gerücht. **3.** Volksstimme, öffentliche Meinung, Ruf: adversus *L*, clarus *C*; *occ.* quos rumor asperserat Verleumdung *Cu*, infimae plebis Beifall *T.*

E: Wz. *rāu-; ai. rāuti 'brüllt, schreit', gr. ὠ-ρύομαι 'heulen, brüllen'.

rumpia, ae, *f.* (ρομφαία, §§ 91 u. 95) langes Schwert *L.*

rumpō 3. rūpī, ruptus (ai. lumpáti 'zerbricht')

---

1. **brechen, zerbrechen, zerreißen, sprengen;**
2. *pass.* **bersten, sich bis zum Bersten anstrengen;**

ruo   403   **rutus** **R**

met. 3. **durchbrechen, zersprengen**; dicht. **hervorbrechen lassen**; *refl. med.* **hervor-, ausbrechen**; 4. **brechen, aufheben, vernichten, vereiteln**; 5. **ab-, unterbrechen, stören.**

1. vincula; nubila zerteilen *V*; horrea zum Bersten füllen *V*, cantu arbusta schrillen laut in den Büschen *V*; gladio lora durchhauen *Cu*, pectora ferro durchbohren *V*, funem ab litore abreißen *V*. 2. cantando (Zauber) rumpitur anguis *V*, rupti pontes geborsten, eingefallen *T*; *met.* rumpuntur pectora platzen vor Zorn *V*, rumperis et latras *H*; *refl. H.* 3. ordines, aciem *L*, postes aufbrechen *V*; ferro (cuneo *L*) viam sich bahnen, brechen *V*, aditūs *V*; fontem erschließen *O*; *refl.* radii rumpunt se inter nubila *V*, se nubibus (*abl.*) imber ruperat *V*; *med.* rupto turbine losgebrochen *V*, amnes rumpuntur fontibus brechen hervor aus *V*; *met.* vocem, questūs pectore ausstoßen, hören lassen *V*. 4. foedera *V*, fidem *VL*, pacem *V*, fata *V*, decreta sororum *O*, nuptias, edicta *H*; reditum alicui abschneiden *H*, imperium den Gehorsam aufkündigen *Cu*, den Befehl übertreten *T*. 5. silentium, somnum *V*, sacra das Opferfest *V*, moras das Zaudern *V*.

I. ruō 3. ruī, rūtus, ruitūrus (Wz. *reu- 'rennen, eilen'; gr. ὄρνυμι 'erregen', ὀρούω 'losstürmen')

A. *intr.* 1. **strömen, stürzen, stürmen, eilen**; *occ.* **sich überstürzen, unüberlegt handeln**; 2. **nieder-, herabstürzen, -sinken, einstürzen.** B. *trans.* **stürzen, niederwerfen.**

A. 1. ruunt de montibus amnes *V*, ruit imber aethere, ruit aether ergießt sich *V*; venti ruunt *V*, voces dringen hervor *V*; ruit Oceano nox kommt herauf *V*, nox (sol, ver) ruit enteilt, entschwindet *V*; legio sustinuit ruentes die Anstürmenden *T*, ruunt acies stürmen los *V*; ruere portis aus den Toren *L*; ad portas, in hostes *V*; bildl. ad interitum voluntarium, in peius *V*; **occ.** nec ruere nec furere desinit, ruere et in fraudem incurrere. 2. ruebant tecta *L*, templa *H*; ruere omnia visa der Himmel (das Weltall) schien einzustürzen *V*; *met.* ruit a culmine Troia sinkt, stürzt, geht zugrunde *V*, ruens imperium *H*; *subst. pl.* **ruentia, ium,** *n.* Unglück *T*. **B.** molem *V*; **occ.** cumulos harenae zerschlagen *V*.

II. ruō 3. ruī, rūtus **aufwühlen, hervorreißen**: mare a sedibus imis *V*, nubem ad caelum aufwirbeln *V*; **occ.** ossa focis von den Brandstätten zusammenraffen *V*, aeris acervos zusammenscharren *H*. Dav. **rūta et caesa** 'Gegrabenes und Gefälltes', Rohmaterial [juristischer *t. t.*: 'alles, was auf einem Grundstück nicht niet- u. nagelfest ist'].

E: Wz. *reu̯ā- 'ausreißen, graben', ai. rutaḥ 'zerschlagen, zerschmettert', gr. ἐρυσίχθων 'die Erde aufwühlend', nhd. 'roden'.

rūpēs, is, *f.* (rumpo) Fels, Klippe, Kluft, Schlucht.

rūpī *pf.* v. rumpo.

ruptor, ōris, *m.* (rumpo) Brecher, Verletzer *LT.*

ruptus *pt. pf. pass.* v. rumpo.

rūri-cola, ae (rus, colo, § 66) das Feld bebauend, das Land bewohnend, ländlich: **deus** = Priapus *O*; *subst.* = Stier *O.*

rūrigenae, ārum, *m.* (rus, gigno, § 66) Landleute *O.*

rūrō, āre (rus) auf dem Land leben *C.*

rūrsus u. **-um** (aus re-vorsus, § 78) *adv.* 1. **rückwärts, zurück.** 2. **wieder, von neuem:** rursus immuto voluntatem. 3. **dagegen, anderseits, umgekehrt:** rursus invicem.

rūs, rūris, *n.* 1. **Landgut, Feld, Besitzung;** rus ire aufs Land *C*; rure redire vom Land *C*; ruri (rure *HLO*) esse, vivere auf dem Land. 2. **Land** [als Gegs. zu Stadt]: ruris amatores *H.* 3. *meton.* **bäuerisches Wesen:** vestigia ruris *H.*

E: aus *reu̯os, § 48, avestisch ravah- 'Weite, Raum', ahd. rūm 'Raum'.

Ruscinō, ōnis, *f.* Perpignan [St. in der Gallia Narbonensis] *L.*

rūscum, ī, *n.* Mäusedorn [eine Art Feldspargel] *V.*

Rusellānus ager Gebiet v. Rusellae [in Etrurien] *L*; Einw. Rusellānī *L.*

rūssum altl. = rursum *C.*

rūsticānus 3 (rusticus) ländlich, Land-: vita Aufenthalt auf dem Land; homo, municipia.

rūsticātiō, ōnis, *f.* (rusticor) Landaufenthalt, Landleben.

rūsticitās, ātis, *f.* (rusticus) 1. Einfachheit *Pli.* 2. (pejorativ) **a.** Plumpheit, Unart *OSp.* **b.** Schüchternheit *OSp.* 3. bäuerische Aussprache *Q.*

rūsticor, ārī (rusticus) sich auf dem Land aufhalten.

rūsticulus, ī, *m.* schlichter Landmann.   *Dem.* von

rūsticus 3, *adv.* **ē** (rus) 1. **Land-, ländlich:** res rusticae Landwirtschaft; *subst.* **Landmann, Bauer.** *meton.* 2. **einfach, schlicht:** mores. 3. **bäuerisch, ungeschliffen, tölpelhaft:** convicia *O*, rusticius toga defluit *H*; *subst.* **Bauernlümmel, -tölpel** *H.*

rūta, ae, *f.* Raute, *met.* Bitterkeit.

rūta et caesa s. II. ruo am Ende.

rutābulum, ī, *n.* (ruo) Ofen-, Schürhaken *Sp.*

Rutēnī, ōrum, *m.* die R. [Volk im kelt. Gallien u. in der Provence].

Rutilius, P. R. Rufus [Redner u. Geschichtsschreiber zur Zeit des Marius].

rutilō 1. rot färben *LT*; *intr.* rötlich schimmern *VT.* Von

rutilus 3 (zu ruber) rötlichgelb, goldgelb, goldrot.

rutrum, ī, *n.* (ruo) Schaufel *LO*; Maurerkelle *Sp.*

rūtula, ae, *f.* (*dem.* v. ruta) zarte Raute.

Rutulī, ōrum (ûm), *m.* die R. [Volk um Ardea]; *adi.* Rutulus 3: rex = Turnus *V.*

I. rutus *pt. pf. pass.* v. I. ruo.

II. rūtus *pt. pf. pass.* v. II. ruo.

S

S als Abkürzung **1.** Sextus. **2.** (meist Sp.) Spurius. **3.** [als Zahl]: semis, semissis; HS = IIS (duo semis 2½) sestertius. **4.** [in Briefen]: **a.** salutem: SD = salutem dicit, SPD = salutem plurimam dicit. **b.** si: S. t. e. q. v. b. e. = Si tu exercitusque valetis, bene est, S. v. v. b. e. e. q. v. = Si vos valetis, bene est; ego quoque valeo. **5.** SC = senatūs consultum. **6.** SPQR = senatus populusque Romanus.

Sabaeus 3 sabäisch, arabisch, v. Saba [einer Gegend in Arabia felix]: terra *O*, **Sabaea** *H* = das 'Glückliche Arabien'; Einw. **Sabaeī** *VSp.*

Sābātīna tribus die Tribus S. [v. der St. Sābātē in Etrurien] *L.* **Sābātīnī**, ōrum, *m.* die S. [Bew. des Sabatustales in Kampanien] *L.*

Sabazia, ōrum, *n.* Fest des Sabazius = Bacchus.

sabbata, ōrum, *n.* Sabbat; s. tricesima.

Sabellī, ōrum, *m.* die S. [urspr. die kleinen Völkerschaften sabinischer Abstammung, Marser, Marruziner, Päligner, Vestiner, dann auch die südlichen oskisch-sabinischen Mischvölker]; dicht. = Sabini. *Adi.* **Sabellus** 3 sabinisch, sabellisch: anus marsische Zauberin *H*, carmina marsische Zauberlieder *H*; **Sabellicus** 3 *V*; renuit Sabellus der 'echte' Sabeller [= Horaz als Grundbesitzer im Sabinerland] *H.* *Dem.* von

Sabīnus, ī, *m.* der Sabiner [Bewohner des Berglandes nördl. v. Latium]; als *adi.* sabinisch: herba = Sadebaum [zum Räuchern gebraucht] *O*; **Sabīnum,** ī, *n.* (*sc.* vinum) Sabinerwein *H*; *meton.* **Sabīnī,** ōrum, *m.* (§ 85, Abs. 3) Sabinerland *NHL*; **occ.** das Sabinum [Landgut des Horaz nö. von Tibur].

Sabis, is, *m.* Sambre [Nebenfl. der Maas].

Sabrīna, ae, *f.* Severn [Fl. im sw. England] *T.*

sabulōsus 3 sandig *Sp.* Von

sabulum, ī, *n.* (aus *psab-lum, zu gr. ψῆφος, § 7, ψάμμος, ψάμαθος) grober Sand, Kies *Cu.* Dazu

saburra, ae, *f.* Sand als Ballast, Ballast *VL.*

Sacae, ārum, *m.* die S. [Volk am oberen Oxus] *CaCu.*

saccō 1. (saccus) filtrieren *Sp.*

sacculus, ī, *m.* Geldbeutel *CaSp.* *Dem.* von

saccus, ī, *m.* (σάκκος) Sack: ad saccum (Bettelsack) ire betteln gehen *C.*

sacellum, ī, *n.* (*dem.* v. sacrum) kleines Heiligtum, Kapelle.

sacer, cra, crum, *nom. pl. m.* sacres *C* (von sancio) **1.** einer Gottheit **geweiht, heilig:** aedes, silentium fromm *H*; mit *dat.* u. *gen.*; mons sacer der heilige Berg [jenseits des Anio, 4,5 km von Rom]; sacra via (sacer clivus *H*) die heilige Straße [in Rom, über die Velia aufs Forum führend]. **2.** einer unterirdischen Gottheit geweiht, **verwünscht, verflucht:** caput Iovi [dem Pluto] *L*, is sacer esto *H*; *met.* auri sacra fames *V*, libellus *Ca*; ignis *V*. **3.** *subst.* **sacrum,** ī, *n.* **a. Heiligtum, geheiligter Gegenstand:** Iunonis sacra Gerätschaften [für den Junokult] *H*, sacra canere Opferhymnen *V*, caelestia = Dichtungen *O*; **occ. Opfer:** sa-

crum cremare *L.* **b. Opferhandlung, heiliger Brauch;** *pl.* **Gottesdienst, Feier:** sacrum facere, perpetrare Opfer darbringen, arcana Geheimkult, publica Staatskult, gentilicia eines Geschlechts *L*, iugalia Vermählungsfeier *O*; *met.* **Mysterien, Geheimnisse:** tori *O*, studiorum *T.* Sprichw. inter sacrum saxumque sto = das Messer sitzt mir an der Kehle *C*; hereditas sine sacris = großer Vorteil ohne Kosten *C.*

sacerdōs, dōtis, *m. f.* (*sacri-dōs = 'qui sacra dat', §§ 66 u. 42) Priester(in). Dav.

sacerdōtālis, e priesterlich: ludi *Pli.* Und

sacerdōtium, ī, *n.* Priestertum, -amt, -würde.

sācōma, atis, *n.* (σήκωμα) Gegengewicht *Sp.*

sacrāmentum, ī, *n.* (sacro) **I. 1. Strafsumme, Haftgeld** [von den Parteien im Zivilprozeß als Kaution erlegt]: multa et s. **2.** *meton.* **Prozeß, Prozeßführung:** vindiciae et sacramenta. **II. 1. Diensteid, Treueid:** milites sacramento rogare (adigere) vereidigen, dicere sacramento den Diensteid leisten *L.* **2. Eid:** perfidum *H*. **3.** *meton.* **Kriegsdienst:** Caesarum *T.*

sacrārium, ī, *n.* (sacra) **1.** 'Sakristei': Caere sacrarium populi R. Schutzheiligtum [die Heiligtümer Roms waren beim Galliereinfall dorthin gebracht worden] *L.* **2.** Heiligtum, Kapelle, Tempel: Ditis = Unterwelt *V.*

sacrātus 3 (sacro) geheiligt, geweiht; **occ.** vergöttert: dux = der Kaiser *O.*

sacri-cola, ae, *m.* (sacra, colo, § 66) Opferdiener *T.*

sacri-fer 3 (§ 66) Heiligtümer tragend: rates *O.*

sacrificālis, e (sacrifico) zum Opfern gehörig *T.*

sacrificātiō, ōnis, *f.* Opferung. Und

sacrificium, ī, *n.* Opfer. Von

sacrificō 1., altl. (§ 41) sacrufico (sacrificus) Opfer darbringen, opfern: deo hostiis (*abl.*) *L*; *trans.* suem *O.*

sacrificulus 3 opfernd; *subst.* Opferpriester (vgl. rex 4. a.). *Dem.* von

sacri-ficus 3 (sacra, facio, § 66) **1.** opfernd (= sacrificulus): rex *L*; Ancus *O.* **2.** Opfer-: os die Sprache der Opfernden *O.*

sacrilegium, ī, *n.* **1.** Tempelraub *LT*; *meton.* onustus sacrilegio mit den geraubten Heiligtümern *Ph.* **2.** *met.* Religionsschändung, -frevel *NSp.* Von

sacri-legus 3 (sacra, lego, § 66) **1.** tempelräuberisch: *subst.* Tempelräuber. **2.** gottlos, verrucht: dextra *O*, sanguis *V.*

sacrō 1. (sacer) **1. widmen, geben, bestimmen:** opus, honorem alicui *VO.* **2.** (der Gottheit) **widmen, weihen, heiligen:** laurum Phoebo *V*, viros zu Priestern weihen *V.* **occ. a. unverletzlich machen:** leges, foedus *L.* **b. verfluchen:** caput eius *L.* **3.** *met.* **unsterblich machen, verewigen:** eloquentiam scriptis *L.*

sacrō-sanctus 3 (§ 67) hochheilig, unverletzlich; *met.* heilig: memoria *Pli.*

sacrufico [altl.] = sacrifico.

sacrum s. sacer, 3.

saec(u)laris 405 **Sallustius** S

saec(u)lāris, e (§ 75, Abs. 2) hundertjährig; carmen Lied zur Jahrhundertfeier (ludi saeclares) *H.* Von
saec(u)lum (§ 37), ī, *n.* **1. Menschenalter. 2. Zeitalter, Zeit:** nostrum *O,* aurea *V;* beatissimum Regierungszeit *T;* **occ. Zeitgeist:** nec corrumpere aut corrumpi saeculum vocatur *T.* **3. Jahrhundert;** *synecd.* **langer Zeitraum:** multis post saeculis, bello egregia per saecula gens *V; meton.* **die Menschheit des Jahrhunderts:** dicent haec plenius futura saecula *Q.*
saepe, saepius, saepissimē oft, häufig, wiederholt.
E: zu *saepis, e 'gedrängt'; vgl. saepes, saepio.
saepe-numerō (§ 67) oftmals, gar häufig.
saepēs, is, *f.* (vgl. saepio) Zaun, Einfriedigung, Gehege, Umzäumung.
saepiō 4. psī, ptus (von *saepis, s. saepe) **1.** umzäunen, einhegen: sepulcrum vepribus, vallum arboribus *L.* **2.** *met.* umgeben, einschließen, verwahren: transitum versperren *Cu,* caritate civium saeptus geschützt, saepta pudicitia in wohlbehüteter Keuschheit *T.* Dav.
saeptum, ī, *n.* Umzäunung, Hürde, Zaun: domorum Inneres *V;* **occ.** *pl.* die Schranken [für die Komitien]; *met. sg.* Zwerchfell *Sp.*
saeptus *pt. pf. pass.* v. saepio.
saeta, ae, *f.* starkes Haar, Borste. Dav.
saeti-ger 3 (gero, § 66) Borsten tragend; *subst.* Eber *O.*
saetōsus 3 (saeta) borstig *V.*
saeviō 4. (saevus) wütend sein, wüten, toben, rasen: in aliquem *L;* mit *dat., inf. O.*
saevitia, ae, *f.* Wut, Wildheit, Strenge; *met.* hiemis *S,* annonae schwere Teuerung *T.* Von
saevus 3, *adv.* **ē** (saeviter *C*) wild, wütend, rasend, tobend, grimmig, schrecklich: Iuno unversöhnlich *V,* opprobria fingere saevus erbarmungslos *H;* mare stürmisch *SVO.*
sāga, ae, *f.* (vgl. sagax) Wahrsagerin, Zauberin.
sagācitās, ātis, *f.* (sagax) Spürsinn; *met.* Scharfsinn, Scharfblick, Schlauheit.
Sagaris, *acc.* im, *abl.* i *O,* Sangarius, ī, *m. L* S a k a r y a [Fl. in Kleinasien]; *adi.* Sagarītis, idis, *f. O.*
sagāx, ācis, *adv.* **iter 1.** scharf witternd. **2.** *met.* scharfsinnig, -blickend, schlau, klug: ad suspicandum; mit *inf. O, gen. H, abl. T.*
E: sāgīre 'sentire acute' est *Cicero;* vgl. got. sōkjan, ahd. suohhan 'suchen'.
sagīna, ae, *f.* Mast; *meton.* Masttier *C;* **occ.** Futter, Kost, Nahrung. Dav.
sagīnō 1. mästen *LPr;* **occ.** füttern, nähren *L; met.* septuagies sestertio saginatus bereichert *T.*
sagitta, ae, *f.* Pfeil. Dav.
sagittārius, ī, *m.* Bogenschütze, Pfeilschütze.
sagitti-fer 3 (§ 66) pfeilbewehrt *VO.*
sagittō 1. (sagitta) mit Pfeilen schießen *Cu; met.* savia sagittata Küsse wie Pfeile *C.*
sagmen, inis, *n.,* meist *pl.* heilige Kräuter [sie wurden auf der arx gepflückt u. sollten die Fetialen auf ihrem Weg zum zukünftigen Feind schützen] *L.*
Sagra, ae, *m.* S. [Küstenfl. in Bruttium].
sagulum, ī, *n.* Mantel, Kriegsmantel. **Dem.** von
sagum, ī, *n.* (keltisch) **1.** wollener Umhang, Mantel *T.* **2. Kriegsmantel.**

Saguntia, ae, *f.* G i g o n z a [St. in Spanien] *L.*
Saguntus, ī, *f.* u. **-um,** ī, *n.* S. [St. in Spanien nördl. von Valencia]; *adi.* u. Einw. Saguntīnus.
Saītae, ārum, *m.* Einw. v. Sais [in Unterägypten]; *adi.* Saīticus 3.
sāl, salis, *m.* (ἅλς, § 25) **1.** Salz: niger [aus Holzasche ausgelaugt] *H; meton.* Salzflut, Meer, Meerwasser: Ausonium *V; pl.* Salzgeschmack: amari *O.* **2. met.** Geschmack, Witz, Anmut: nulla mica *Ca;* tectum plus salis quam sumptus habuit *N,* niger bitterer Spott *H.*
salacō, ōnis, *m.* (σαλάκων) Großtuer, Prahler.
Salamīs, īnis, *f., acc.* īnem u. īna S. [**1.** Insel u. St. im Saronischen Golf, Herrschersitz des Telamon, Aiax und Teucer; Schlacht 480. **2.** St. auf Zypern, der Sage nach von Teucer erbaut]; *adi.* u. Einw. zu **1.** Salamīnius.
Salapia, ae, *f.* S. [St. in Apulien] *L;* Einw. **Salapitānī** *L.*
salārius 3 (sal) zum Salz gehörig, Salz-: annona Jahresertrag *L,* (via) Salaria Salzstraße [am linken Tiberufer]; **salārium,** ī, *n.* Salzdeputat; Sold, Diäten, Honorar *T.*
Salassī, ōrum, *m.* die S. [Alpenvolk] *LSp.*
salāx, ācis (salio) **1.** geil *O.* **2.** geil (machend): taberna *Ca.*
salebra, ae, *f.,* meist *pl.* (salio) holperige, schlechte Wegstelle *H; met.* Anstoß. Dav.
salebrōsus 3 holperig, uneben, rauh *O.*
Salēius Bassus [Epiker zur Zeit des Vespasian] *QT.*
Salernum, ī, *n.* S a l e r n o [St. in Kampanien] *HL.*
salictum, ī, *n.* (salix) Weidengebüsch.
salīgnus 3 (salix, § 35) von der Weide, weiden *CH.*
Salīī, ōrum (ûm), *m.* (salio) die Salier ['Tänzer, Springer'; Priesterkollegien in Latium (Tibur *V*) und bes. in Rom. Hier bestanden 2 selbständige, aus je 12 Mitgliedern bestehende Bruderschaften, die S. Palatini (im Kult des Mars) und die S. Collini oder Agonales (im Kult des Quirinus). Sie hielten im März und Oktober (also am Beginn und Ende der Feldzugszeit) in altröm. Kriegstracht einen Umzug mit kultischen Tänzen ab]; *adi.* **Saliāris,** e: carmen Kultlied der S. [in hocharchaischer Sprache, in republikanischer Zeit bereits nicht mehr verstanden] *H,* dapes üppig [wie bei den Gastmählern der Salier] *H.*
salīnae, ārum, *f.* (sal) Salzwerk, S a l i n e ; [als Eigenname]: S. [**1.** Salzwerke bei Ostia *L;* **2.** Salzlager an der porta Trigemina] *L.*
salīnum, ī, *n.* (sc. vas; sal, § 87, Abs. 2) Salzfaß.
saliō 4. luī (ἅλλομαι = *σάλjομαι, § 25) springen, hüpfen; *met.* mica (sal) saliens Opfersalz [das als glückliches Omen im Feuer in die Höhe springt] *HO,* viscera (venae) pochend *O;* unda *O,* rivus *V* sprudelnd; *subst.* **salientēs,** ium, *m.* (*sc.* fontes) Springbrunnen.
saliunca, ae, *f.* wilde Narde [Pfl.] *V.*
salīva, ae, *f.* Speichel, Schleim *Sp.*
salix, icis, *f.* Weide *VO.*
E: ahd. salaha 'Salweide'.
Sallentīnī, ōrum, *m.* die S. [Volksstamm um Tarent] *L; adi.* Sallentīnus 3.
Sallustius 3 im *n. g.* **1.** C. S. Crispus [Historiker, 86— 35 (34?)]; Hauptwerke: Bellum Catilinae, Iugurthinum und fünf Bücher **Historiae** (nur in Fragmenten,

Salluvii 406 **sanctio**

bes. die Reden und Briefe erhalten)]. **2.** S. Crispus [Großneffe und Adoptivsohn des Geschichtsschreibers, mit Augustus befreundet] *HT. Adi.* Sallustiānī horti der Park des S. [im Norden Roms] *T.*

Sallūviī, ûm, *m.* die S. [Volk in der Provence] *L.*

Salmacis, idis, *f.* S. [Nymphe u. Quelle in Karien, die weibisch machte] *O.* Dav. **Salmacidēs,** ae, *m.* = Weichling *Ennius.*

Salōnae, ārum, *f.* S. [St. in Dalmatien].

salsāmentārius, ī, *m.* Salzfischhändler *Sp.* Von

salsāmentum, ī, *n.* (salsus) Salzfisch *CSp.*

Salsi-potēns, entis, *m.* (salsum, potens, § 66) Beherrscher des Meeres = Neptun *C.*

salsus 3, *adv.* **ē 1.** gesalzen; **occ.** salzig: fluctus *V. met.* **2.** beißend, scharf: sudor, robigo *V.* **3.** witzig, launig: salse dicere, male salsus wenig witzig *H,* salsa Graecorum Witze.

E: *pt. pf. pass.* v. sallere 'salzen'.

saltātiō, ōnis, *f.* (salto) das Tanzen, Tanz.

saltātor, ōris, *m.* (salto) Tänzer, Pantomime.

saltātus, ūs, *m.* (salto) das Tanzen, Tanz *LO.*

saltim, gew. **saltem** *adv.* wenigstens, zum wenigsten, mindestens; [steigernd]: non (nec) ... saltem nicht einmal *LQ.*

saltō 1. (*frequ.* v. salio) **1.** *intr.* tanzen. **2.** *trans.* tanzend darstellen, tanzen: Cyclopa, poëmata *O; met.* commentarios mit übertriebenen Gesten vortragen *T.*

saltuōsus 3 (II. saltus) schluchtenreich, gebirgig.

I. saltus, ūs, *m.* (salio) Sprung: saltum dare springen *VO.*

II. saltus, ūs, *m.* **1.** Schlucht, Waldtal, Paß, Engpaß: saltūs silvaeque, Thermopylarum *L.* **2.** *synecd.* Waldgebirge: Pyrenaeus *N;* **occ.** Viehtrift: familias in saltibus habere.

salūber [oder] **salūbris,** bris, bre, *adv.* **iter** (salus) **1.** heilbringend, heilsam, gesund(heitsfördernd): regiones, verba *O.* **2.** *met.* heilsam, vorteilhaft, zuträglich: mendacium *L,* iustitia *H.* **3.** *meton.* gesund, kräftig: corpora *L.* Dav.

salūbritās, ātis, *f.* **1.** Heilsamkeit: aquarum Heilkraft *LT.* **2.** Gesundheit: corporum *T.*

saluī *pf.* v. salio.

salum, ī, *n.* hohe See, offenes, bewegtes Meer; dicht. Meer *V; met.* aerumnosum 'Meer von Drangsal'.

E: zu ahd. swëllan 'schwellen', widerswalm 'Strudel'.

salūs, ūtis, *f.* (zu salvus) **1. Gesundheit:** sine spe salutis auf Genesung *N.* **2. Wohl(fahrt):** civitatis; spes salutis auf bessere Zustände; **occ. Existenz, Heil:** de salute dimicare *Cu,* nulla salus bello *V.* **3. Rettung:** fugā salutem petere, pecuniae salutem attulit rettete; **occ. Leben:** illi reddere salutem das Leben schenken *N.* **4. Gruß:** salute data (accepta) redditaque nach gegenseitiger Begrüßung *L;* [in Briefen]: salutem (dicit) grüßt. **5.** person. S. [Göttin der Wohlfahrt mit Tempel auf dem Quirinal]. Dav.

salūtāris, e (§ 75, Abs. 2), *adv.* **iter** heilsam, zum Wohl, nützlich, ersprießlich: ars Heilkunst *H;* mit *dat.,* ad; **occ.** littera [d. i. A(bsolvo] auf den Stimmtafeln der Richter].

salūtātiō, ōnis, *f.* (saluto) Begrüßung, das Grüßen,

Gruß; **occ.** Staatsbesuch; Morgenbegrüßung [der Klienten beim Patron oder Kaiser]: ubi s. defluxit wenn sich die Besucher verlaufen haben.

salūtātor, ōris, *m.* (saluto) der Besucher.

salūti-fer 3 (salus, fero, § 66) heilbringend, heilsam *O.*

salūtō 1. (salus) **1. grüßen, begrüßen;** deos Verehrung bezeugen. **2. als** etw. **begrüßen, titulieren:** aliquem imperatorem. **occ. 3. Aufwartung, Besuch machen. 4. Besuche empfangen:** mane domi.

salveō, ēre gesund sein, sich wohlbefinden; [meist]: salvē, salvēte, salvētō **1.** sei gegrüßt! iubeo te salvere ich grüße dich, deum eum salvere iubent begrüßen ihn als Gott *L.* **2.** [selten beim Abschiednehmen]: lebe wohl! Von

salvus 3, *adv.* **ē 1.** heil, wohl, gerettet, wohlbehalten. **2. occ. a.** am Leben: si salvi esse possent das Leben retten *N,* me salvo solange ich lebe. **b.** im *abl. abs.* ohne Verletzung, unbeschadet, ohne nahezutreten: salva maiestate *Cu,* pietate *O,* salvis populi sociis. **3.** [in der Umgangssprache]: salvos si(e)s sei gegrüßt *C;* satin salvae (*sc.* res), salvē (*sc.* agis) *CL* steht alles gut?

E: ai. sárvaḥ 'unversehrt, ganz', gr. ὅλος = σόλϜος, § 25, ionisch οὖλος.

Samarītae, ārum, *m.* die S. [Bew. v. Samaria] *T.*

Samarobrīva, ae, *f.* Amiens [Hauptst. der Ambiani].

sambūcistria, ae, *f.* Harfenspielerin *L.*

E: σαμβυκίστρια v. σαμβύκη sambūca 'Harfe'.

Samē, ēs u. **-os,** ī *O, f.* S. [alter Name v. Kefallinia]; Einw. **Samaeī** *L.*

Samīramis = Semiramis.

Samius s. Samos.

Samnium, ī, *n.* (aus *Sab-nium, § 35, vgl. Sabini, Sabelli) S. [Landsch. östl. v. Latium u. Kampanien]; *adi.* u. Einw. **Samnīs,** ītis; *met.* gladiatores in samnitischer Rüstung.

Samos u. **-us,** ī, *f.* S. [**1.** Thrēïcia = Samothrake *VO.* **2.** Insel an der ionischen Küste mit gleichnamiger St., Geburtsort des Pythagoras, mit ber. Heratempel u. großer Töpferindustrie]; *adi.* u. Einw. **Samius. 3.** = Same.

Samo-thrācē, ēs, **-a** u. **-ia,** ae, *f.* S. [Insel gegenüber der Hebrusmündung]; Einw. **Samothrācēs,** um, *m.*; dei = die Kabiren [mystisch verehrte Schutzgötter mit einem Kultzentrum in S.] *S.*

Sampsicēramus, ī, *m.* S. [kleiner syrischer Fürst; Spottname für Pompeius].

Samus = Samos.

sānābilis, e (sano) heilbar.

sānātiō, ōnis, *f.* (sano) Heilung.

sanciō 4. sanxī, sanctus (Sancus, sacer) **1.** heiligen, weihen, bekräftigen, unverbrüchlich machen: iure iurando inter se, ius, pacta *T;* legem aufstellen. **2.** festsetzen, bestimmen, verordnen: legibus gesetzlich; mit de, ut, ne. **3.** strafen, (bei Strafe) verbieten: capitis poenam die Todesstrafe darauf setzen *Cu,* observantiam poenā.

sanctimōnia, ae, *f.* (sanctus) **1.** unbescholtener Lebenswandel, Keuschheit: prisca *T.* **2.** Ehrwürdigkeit, Heiligkeit *T.*

sanctiō, ōnis, *f.* (sancio) Strafbestimmung: legis.

sanctitas   407   **saris(s)a**   **S**

sanctitās, ātis, *f.* (sanctus) **1.** Heiligkeit, Unverletzlichkeit: **tribunatūs. 2.** Rechtschaffenheit, Unsträflichkeit, Züchtigkeit: **feminarum** *L*, **dominae** Keuschheit *T*; **occ.** Frömmigkeit.

sanctor, ōris, *m.* (sancio) Verordner: **legum** *T.*

I. sanctus *pt. pf. pass.* v. sancio.

II. sanctus 3, *adv.* **ē** (sancio) **1.** geweiht: **arae** *O*, **fontes** *V.* **2. heilig, unverletzlich:** fanum, oracula *V*, **fides** *VL.* **3. ehrwürdig:** pater patriae *O*, poëtae; ordo, consilium = Senat; **occ. festlich:** dies. **4. *meton.* unsträflich, unschuldig, gewissenhaft:** homo, femina. **occ. a. keusch:** coniunx *V*, virgines *H.* **b. fromm:** Dareus *Cu.*

Sancus u. **Sangus**, ī, *m.*, auch Semo Sangus (vgl. sancio) S. [sabinische Gottheit] *LO*; s. Semo.

sandali-gerula, ae, *f.* (sandalium = σανδάλιον u. gero, § 66) Sandalenträgerin *C.*

sandỹx, ỹcis, *f.* (σάνδυξ) rote Mineralfarbe, Scharlachrot *V.*

sānē (*adv.* v. sanus) **1. vernünftig, verständig:** non sanius *H.* **met. 2. in der Tat, fürwahr:** excogitat s. acute, quod decernat; et (ac) s. und allerdings *S*; **occ.** (in Antworten) **jawohl, allerdings. 3.** (mit *coni. concessivus*) **immerhin, meinetwegen:** sint s. liberales; **occ.** (beim *imp.*) **nur, nur immerhin:** age s. immer zu! *L.* **4.** [steigernd]: **ganz, durchaus, vollkommen:** res s. difficilis, nihil s. ganz und gar nichts, non s. credere *H.* Vbd. **sānēquam überaus, ungemein.**

sānēscō, ere (sanus) gesund werden *Sp.*

Sangarius s. Sagaris.

sanguen, inis, *n.* (Nbf. v. sanguis) Blut *Ennius.*

sanguināns, antis (sanguis) blutsaugerisch *T.*

sanguinārius 3 (sanguis) blutdürstig.

sanguineus 3 (sanguis) **1. blutig, aus Blut, Blut-, Bluts-:** guttae *O*, rores *V*, manus, lingua *O.* **2. blutrot:** bacae, iubae, cometae, lorica *V.* **3. met. blutig, blutdürstig, -gierig:** caedes *O*, acies (Augen) *V*, Mars *V*, rixa *H.*

sanguino(-u-)lentus 3 blutbefleckt, blutig *O.*   Von

sanguis, inis (sanguīs *O*), *m.* **1.** das flüssige **Blut, Blut** im Körper: ater Venenblut *VL.* **2. met. Stärke, Kraft, Innerstes, Kern:** melior Lebensfrische *V*, rei p. *meton.* **3. Blutvergießen, Mord:** usque ad sanguinem, sanguinem facere ein Blutbad anrichten *LO.* **4. Blutsverwandtschaft:** iunctus sanguine blutsverwandt *O*, sanguinis ordo Geschlechtsfolge, Stammbaum *O*, Nympharum Geschlecht *V.* **5. synecd. Sprößling, Abkömmling, Kind, Enkel:** meus Kind *O*, deorum *H*, regius Königskind *H.*

Sangus s. Sancus.

saniēs, ēī, *f.* Wundeiter, dünnflüssiger, blutiger Eiter, Wundsekret. **2.** Geifer, Gift: colubrae saniem vomunt *O.* **3.** = sucus *Sp.*

sānitās, ātis, *f.* (sanus) **1.** das Wohlbefinden, Gesundheit; *met.* victoriae Vollendung *T.* **2. met.** Besinnung, Besonnenheit, Vernunft: animorum, ad sanitatem reverti; **occ.** nüchterne Sprache: eloquentiae *T.*

sanna, ae, *f.* Grimasse *Persius Juvenal.*   Dazu

sanniō, ōnis, *m.* Hanswurst.

sānō 1. (sanus) **1.** gesund machen, heilen. **2. met.** hei-

len, wiedergutmachen: incommodum, discordiam *L*; **occ.** zur Vernunft bringen, beruhigen: mentes umstimmen.

Sanquālis, e (Sancus) dem Sancus heilig *L.*

Santonēs, um [oder] **-ī**, ûm, *m.* die S. [Volk in der Landsch. S a i n t o n g e]; *adi.* Santonicus 3 *Ti.*

sānus 3 **1. heil, wohl, gesund:** pars corporis. *met.* **2. gesund, heil:** res p., a vitiis frei von *H.* **3. verständig, besonnen:** pro sano facere vernünftig handeln, mens; sanus mentis *C*; male sanus betört, rasend. **4.** [von der Rede]: **nüchtern, natürlich:** Rhodii (oratores), sana et vere Attica *Q.*

sānxī *pf.* v. sancio.

sapa, ae, *f.* (eingekochter) Mostsirup *O.*
E: ahd. saf 'Saft'.

Sapaeī, ōrum, *m.* die S. [thrakisches Volk] *O.*

sapiēns, entis, *adv.* **enter** (sapio) **1.** einsichtig, klug, verständig. **2.** weise; *subst.* Weiser, Philosoph: sapientum octavus *H.* **3.** Feinschmecker *H.*   Dav.

sapientia, ae, *f.* **1.** Einsicht, Klugheit, Verstand. **2.** Weisheit, Philosophie: sapientias ebullire mit Weisheitsregeln um sich werfen.

sapiō 3. sapīvī schmecken; *met.* verständig, klug, einsichtig sein; **occ.** verstehen, kennen, wissen: plane nihil ein völliger Dummkopf sein, nil parvum keinen Sinn für das Kleinliche haben *H.*
E: ahd. int-sebjan 'bemerken'.   Dav.

sapor, ōris, *m.* **1.** Geschmack: tardus anhaltend *V.* **2. meton.** Leckerei: gallae *V*; **occ. pl.** Wohlgerüche *V.* **3. met.** feiner Ton [in Benehmen u. Rede]: vernaculus.

Sapphō, ūs, *f.* S. [ber. Dichterin aus Mytilene, um 600]; *adi.* Sapphicus 3 *Ca.*

sarcina, ae, *f.* (sarcio) **1.** Last, Bürde; *met.* alicui sarcinam imponere = etw. aufbinden *C*, publica rerum Regierungslast *O.* **2.** Leibesfrucht, -bürde: prima *O*, sarcinam effundere *Ph.* **3. pl.** Marschgepäck [der Soldaten]: sarcinas colligere = aufbrechen.   Dav.

sarcinārius 3 Gepäcks-: iumenta.

sarcinulae, ārum, *f.* (*dem.* v. sarcina) geringes Gepäck *Pli.*

sarciō 4. sarsī, sartus ausbessern, wiedergutmachen, ersetzen: detrimentum, damna praedā *L*, gratia male sarta schlecht kuriert *H*; **sartus** 3 in der Vbd. sartus (et) tectus 'ausgebessert und bedacht', in gutem Zustand, wohlerhalten: sarta tecta exigere den Bauzustand überwachen *L*; b i l d l. sarta tecta praecepta habere in Ehren halten *C.*

sarculum, ī, *n.* (sario) kleine Hacke, Gartenhacke *Sp.*

Sardēs s. Sardis.

Sardī, ōrum, *m.* (vgl. Σαρδώ) Sardinier. Adi. **1. Sardus** 3: mel = bitter *H.* **2. Sardonius** 3: herba [eine bittere Ranunkelart] *V.* **3. Sardōus** 3 (Σαρδῷος, § 91, Abs. 2) *O.* Sardinia, ae, *f.* Sardinien; *adi.* **Sardiniēnsis**, e *N.*

Sardis u. **-ēs**, ium, *f.* (Σάρδεις, § 91, Abs. 2) S. [Hauptst. von Lydien]; Einw. **Sardiānī.**

Sardonius, Sardōus s. Sardi.

Sardus s. Sardi.

sariō, īre die Saat behacken, jäten *C.*

saris(s)a, ae, *f.* (σάρισα) lange makedonische Lanze.

sarisophorus   408   **satus**

sarīsophorus, ī, *m.* (σαρῑσοφόρος, vgl. saris(s)a) makedonischer Lanzenträger *LCu.*

Sarmata, ae, *m.* der S. [Bew. des polnisch-russischen Tieflandes]; *adi.* **Sarmaticus** 3, *adv.* **ē:** mare das Schwarze Meer *O,* die Ostsee *T; f.* **Sarmatis**, idis: tellus *O.*

sarmen, inis, *n.* Reisig *C.*

sarmentum, ī, *n.* Reis, Rebe; *pl.* Reisig: arida *L,* fasces sarmentorum Faschinen *L.*

E: statt *sarpmentum v. sarpere 'schneiteln'.

Sarnus, ī, *m.* S a r n o [Fl. in Kampanien] *V.*

Sarpēdōn, onis, *m.* S. [Sohn Juppiters, König in Lykien, fiel vor Troja] *VO; adi.* Sarpēdonium promunturium [in Kilikien] *L.*

Sarrānus 3 (Sarra = Tyrus) tyrisch *V.*

Sarrastēs, um, *m.* die S. [Volksstamm in Kampanien] *V.*

sarrītor = sartor.

sarsī *pf.* v. sarcio.

Sarsinātis, *f.* (nur *nom.*) aus Sarsina [in Umbrien] *C.*

sartor, ōris, *m.* (sario) Jäter *Varro; met.* Pfleger *C.*

sartus *adi.* u. *pt. pf. pass.* v. sarcio.

sat (nach § 55 aus *sate = satis, § 31) genug: sat acceptumst, sat acceptum habere genug Bürgschaft haben, überzeugt sein *C.*

sata, ōrum, *n.* s. II. sero.

satelles, itis, *m. f.* **1.** Leibwächter, Trabant; *pl.* Leibgarde. **2.** *met.* Begleiter: Iovis (aquila), Neptuni satellites = die Winde *C,* Orci = Charon *H,* virtutis Gefolgsmann *H.* **3. occ.** Spießgeselle, Helfershelfer: audaciae.

satiās, ātis, *f.* Sättigung, Genüge: s. supplīcii *Accius; met.* Übersättigung, Ekel *LT.*

Satīcula, ae, *f.* S. [St. östl. von Capua] *L; adi.* u. Einw. **Satīculānus** *L;* **Satīculus** *V.*

satietās, ātis, *f.* (satis) **1.** Genüge, hinlängliche Menge *Cu.* **2.** Sättigung, Übersättigung, Überdruß, Ekel.

satillum (*dem.* v. satis): animai das bißchen Leben *C.*

sátine, **sátin** (§ 53) = satisne.

I. satiō **1.** (vgl. satis) **1.** sättigen *OCu. met.* **2.** befriedigen, stillen: odoribus ignes *O,* animos supplicio. **3. occ.** übersättigen; *pass.* etw. satt haben, überdrüssig sein: numerus satiat, ludo satiatus *H,* satiata ausgeweint *Pli;* mit *gen. O.*

II. satiō, ōnis, *f.* (II. sero) **1.** das Säen, Aussaat; *meton.* Saatfeld, Saat *Sp.* **2.** das Anpflanzen *VL.*

satira = satura.

satis, [gekürzt] **sat** [s. d.] (erstarrter *nom. sg.* v. *sati-s 'Sättigung' aus Wz. *sā; vgl. homerisch ἄσαι, got. saⱷs, ahd. sat 'satt')

I. indecl. adi. 1. genügend, hinreichend; 2. tüchtig, gut.
II. adv. 1. genug, hinlänglich; 2. recht, sehr.
III. Bes. Vbdn.

I. 1. satis esse genügen, habere (putare, credere) für genügend halten, sich begnügen, genügen lassen; mit *gen.* satis praesidii. **2.** bes. im *comp.* **satius** besser, vorteilhafter; mit *inf., acc. c. inf.* **II. 1.** satis laudare, supplicium satis acre, satis commode. **2.** satis scio ich weiß recht wohl, tumulus satis grandis.

III. satis superque mehr als genug, allzuviel, allzusehr.   *Iuxtap.* (§ 67)

satis-dō 1. dedī, datum Bürgschaft leisten, Sicherheit geben; dav. **satisdatiō**, ōnis, *f.* Bürgschaft.   Und

satis-faciō 3. fēcī, factum **a.** genugtun, Genüge leisten, befriedigen: Siculis, officio. **occ. b.** Ersatz leisten, bezahlen. **c.** sich entschuldigen, sich rechtfertigen, Genugtuung geben: Allobrogibus, de iniuriis. **d.** genügenden Aufschluß geben, überzeugen; mit *acc. c. inf. N.*   Dav.

satisfactiō, ōnis, *f.* **1.** Entschuldigung, Abbitte: Ubiorum. **2.** Strafe, Buße *T.*

satisfactum *pt. pf. pass.* v. satisfacio.

satis-fēcī *pf.* v. satisfacio.

sator, ōris, *m.* (II. sero) Säer; *met.* Urheber, Vater: scelerum Anstifter *C.*

satrapēa, ae, *f.* (σατραπεία, § 91, Abs. 2) Statthalterschaft, Satrapie *Cu.*   Von

satrapēs, ae (is *N*), *m.* (σατράπης) persischer Statthalter, Satrap *NCu.*

Satricum, ī, *n.* S. [St. in Latium]; Einw. Satricānī *L.*

satur, ura, urum (verw. mit satis) **1.** satt, gesättigt: ambrosiae suco *O,* altilium *H.* **2.** *met.* satt, voll, reich: color *V,* praesepia *V,* Tarentum *V,* colonus wohlhabend *Ti; n. pl.* satura Reichhaltiges.   Dav.

satura, ae, *f.* Gemengsel, Allerlei, Durcheinander *Festus;* **1.** quasi per saturam bunt durcheinander *S.* **2.** Posse, Farce [Dichtung aus dem Stegreif (*L 7, 2*), seit *Ennius* Gedichte vermischten Inhalts in vielfältigen Versformen]. **3.** S a t i r e [*Lucilius, H* u. a. machen die satura zum Spottgedicht].

Saturae palūs der p. S. [See in Latium] *V.*

saturica signa (Satyrus) satyrähnliche Mißgestalten *Sp.*

Satureiānus 3 = tarentinisch [nach einer Gegend in Apulien] *H.*

saturitās, ātis, *f.* (satur) **1.** Sättigung: saturitate ebrius ziemlich betrunken *C.* **2.** Überfluß: omnium rerum.

Sāturnus, ī, *m.* S. [latinischer Saatgott, Gemahl der Ops, später mit Κρόνος gleichgestellt, Urahne der Götter, Gott der Zeit]; *met.* = Baal [der Phönikier] *Cu; meton.* Saturn [Planet]; sacra dies = Samstag *Ti; adi.* **Sāturnius** 3: stella der Planet Saturn, regna = das goldene Zeitalter *V,* numerus = der saturnische Vers *H,* gens = die Italer *O;* Saturnia (terra, tellus) = Italien *VO,* Saturnius *O* (pater) = Juppiter. **occ.** = Pluto *O;* Saturnia = Juno; Saturnia (arx) [eine von sieben erbaute St. am Kapitol] *V;* Saturnia, ae, *f.* S. [St. in Etrurien] *L;* **Sāturnālia**, iōrum, ibus, *n.* die Saturnalien [Saturnusfest, vom 17. Dezember an durch mehrere Tage (prima der erste Tag der S. usw.) gefeiert. An diesen Tagen beschenkte man einander, gab den Sklaven Redefreiheit und bediente sie bei Tisch].

saturō 1. (satur) **1.** sättigen: apes cytiso *V. met.* **2.** sättigen: se sanguine civium, sola fimo reichlich düngen *V,* Tyrio murice färben *O.* **3.** befriedigen, stillen: honoribus, dolorem *V.*

I. satus *pt. pf. pass.* v. II. sero.

II. satus, ūs, *m.* (II. sero) **1.** das Säen, Pflanzen: vitium. **2.** *met.* Zeugung: Iovis. **3.** *meton.* Saat.

Satyrus   409   **sceptrifer**   **S**

Satyrus, ī, *m.* (Σάτυρος) Satyr [Begleiter des Bacchus, bockähnlich mit Stumpfnase, Ziegenohren u. einem Ziegenschwänzchen, später auch gehörnt u. mit Bocksfüßen (= Pan)]: Phryx = Marsyas *O*; *meton. pl.* Satyrspiele [komische Nachspiele zu den gr. Tragödien] *H.*

sauciō 1. verwunden.   Von

saucius 3 verwundet, verletzt; *subst.* Verwundeter; *met.* tellus *O*, glacies aufgelöst *O*, curā *V*, a nostro igne *O* krank; *abs. Pr.*

Sauroctonos, *m., acc.* on (σαυροκτόνος) 'Eidechsentöter' [Beiname des Apollo, ber. Statue des Praxiteles] *Sp.*

Sauromatēs u. **-a**, ae, *m.* = Sarmata.

sāvior u. **suāvior** l. küssen.   Dav.

sāvium u. **suāvium**, ī, *n.* Kuß; *dem.* **suaviolum**, ī, *n. Ca.*

saxeus 3 (saxum) felsig, steinern: ceu saxea wie versteinert *O*, Niobe saxea facta wurde zu Stein *O*, umbra des Felsens *V*; *met.* gefühllos *Pli.*

saxi-ficus 3 (saxum, facio, §§ 66 u. 43) versteinernd *O.*

saxi-fragus 3 (frango, § 66) Felsen zermalmend.

saxōsus 3 (saxum) felsig, steinig.

saxulum, ī, *n.* kleiner Fels.   *Dem.* von

saxum, ī, *n.* Stein, Steinblock, Felsstück, Fels: quadratum Quadern *L*; S a x a r u b r a [Ort an der via Flaminia], Saxum (sacrum) der Heilige Fels [die Auguralstelle des Remus auf dem Aventin] *O*, Saxum (= saxum Tarpeium): deicere de Saxo *H.*
E: zu seco; vgl. ahd. sahs 'Messer'.

scaber, bra, brum (vgl. scabo) **1.** rauh: tofus *VO*, mola aus roher Lava *O.* **2.** schäbig, räudig, unsauber: oves *C*; robigo rauh machend *V.*

scabiēs, ēī, *f.* (scabo) Rauheit *V*; *occ.* Räude *VH*; *met.* Reiz: lucri *H.*

scabō, ere kratzen, reiben *H.*
E: vgl. nhd. 'schaben'.

scabritia, ae, *f.* (scaber) Rauheit *Sp.*

Scaea porta u. *pl.* das skäische Tor [das westl. Tor v. Troja] *V.*

scaena, ae, *f.* (σκηνή) **1.** Bühne, Schauplatz, Schaubühne [des Theaters]: in scaenam prodire auftreten *N*, scaenae ostentatio theatralische Darstellung *L.* met. **2.** Platz: silvis scaena coruscis von lichtem Wald umsäumt *V.* **3.** Schauplatz, Öffentlichkeit, große Welt, Publikum: in scaena esse die öffentliche Aufmerksamkeit auf sich ziehen *O*, ea minus in scaena sunt ist weniger sichtbar. **4.** Szene, Spiel, Komödie: criminis *T.*

scaenicus 3 (scaena) theatralisch, Bühnen-: artifices Bühnenkünstler, adulteria auf der Bühne *O*; *subst.* Schauspieler.

scaevus 3 (gr. σκαιός aus *σκαιϝός) links, linkisch; *met.* Romulus Zerrbild des Romulus [von Sulla] *S.*

scālae, ārum, *f.* (scāla aus *scand-sla v. scando, § 30, Abs. 2) Stiege, Leiter, Treppe.

Scaldis, is, *m.* die S c h e l d e.

scalmus, ī, *m.* (σκαλμός) Ruderpflock, Dolle: nullum = keine Spur von einem Boot.

scalpellum, ī, *n.* (*dem.* v. scalprum) Lanzette, S k a l p e l l.

scalpō 3. psī, ptus **1.** kratzen, scharren: terram ungui-

bus *H.* **2.** in Holz [oder] Stein schneiden, gravieren: sepulcro querellam *H.*
E: gr. σκάλοψ 'Maulwurf', angelsächsisch scelfe 'Bank, Brett'.   Dav.

scalprum, ī, *n.* Schnitzmesser, Messer; Schusterkneif *H*, Meißel *L*, Federmesser *T.*

scalpsī *pf.* v. scalpo.

scalptor, ōris, *m.* (scalpo) Gemmenschneider, Graveur *Pli.*

scalptus *pt. pf. pass.* v. scalpo.

Scamander, drī, *m.* S. [Fl. in der Troas = Xanthus].

scamnum, ī, *n.* Bank *O.*
E: aus *scabnum, § 35, vgl. ai. skabhnā́ti 'stützt', skambháh 'Stütze, Pfeiler'.

scandī *pf.* v. scando.

Scandināvia u. **Scandia**, ae, *f.* Skandinavien *Sp.*

scandō 3. dī, sus **1.** steigen; *met.* supra principem sich erheben *T.* **2.** *trans.* be-, ersteigen.
E: ai. skándati 'schnellt, springt'.

scapha, ae, *f.* (σκάφη) Kahn, Boot.   Dav. *dem.*

scaphium, ī, *n.* (σκάφιον) Trinkschale.

I. Scaptius 3 *L* u. **Scaptiēnsis**, e von Scaptia [St. in Latium] *Sp.*

II. Scaptius 3 (v. I. Scaptius) im *n. g.* (pleb.) S.

scapulae, ārum, *f.* Schulterblätter, Schultern, Rücken *C.*

scāpus, ī, *m.* (σκῆπος) Walze, Zylinder *Sp.*

scarus, ī, *m.* (σκάρος) Papageifisch *H.*

scatebra, ae, *f.* Sprudel, sprudelnde Quelle *V.*   Von

scateō 2. u. **scatō** 3. uī sprudeln *Ennius*; *met.* voll sein, wimmeln, mit *abl. HL.*

scatū(-ŭr-)rīgō, inis, *f.* (scaturio) = scatu(-ur-)rex.

scatūriō, īre von etw. (*abl.*) voll sein.

scatū(-ŭr-)rēx, īgis, *f.* (scaturio) hervorsprudelndes Quellwasser [andere Lesart: scaturiges *L 44, 33, 3.*]

scaurus 3 (σκαῦρος) Klumpfuß *H.*

scazōn, ontis, *m.* Hinkjambus [σκάζων 'hinkend'; ein jambischer Trimeter, dessen letzter Fuß ein Spondeus oder Trochäus ist] *Pli.*

sceis *C* = scis.

scelerātus 3, *adv.* **ē 1.** entweiht, durch Frevel befleckt: terra *V*; *occ.* vicus 'Frevelstraße' [an den Carinae, wo Tullia über den Leichnam ihres Vaters fuhr] *LO*; campus [in Rom bei der porta Collina, wo man Vestalinnen, die das Keuschheitsgelübde gebrochen hatten, lebend einmauerte] *L.* **2.** frevelhaft, verbrecherisch, verrucht, verflucht: poenae Strafe an dem Frevler *V.* **3.** schrecklich, unheilvoll: frigus *V*, Proteus *H.*   Von

scelerō 1. (scelus) durch Frevel beflecken *V.*

scelestus 3, *adv.* **ē** (scelus, § 29) frevelhaft, verrucht, ruchlos.

scelus, eris, *n.* **1.** Verbrechen, Frevel, Untat. *meton.* **2.** Ruchlosigkeit, Tücke: furor et scelus. **3.** Frevler, Schurke: tantum scelus attingere; artificis schurkischer Ränkeschmied *V.* **4.** Strafe [für den Frevel]: scelus expendere, merere *V.* **5.** Unglück: quod hoc est scelus? *C.*
E: gr. σκέλος 'Schenkel', 'sich biegend', σκολιός 'krumm'; *met.* 'unredlich, falsch'; ahd. scëlah 'scheel'.

scēna = scaena; **scēnicus** = scaenicus.

Scēpsius aus Skepsis stammend; s. Metrodorus.

scēptri-fer 3 (§ 66) szeptertragend *O.*   Von

sceptrum 410 **scribo**

scēptrum, ī, *n.* (σκῆπτρον) Herrscherstab, Szepter; *meton.* Reich, Herrschaft *VO.*

scēptūchus, ī, *m.* (σκηπτοῦχος) Szepterträger, Hofmarschall *T.*

schēma, atis, *n.* (σχῆμα) Figur *Sp.*

Schoenēïa (virgo) u. **Schoenēïs**, idis, *f.* = Atalante [Tochter des böotischen Königs **Schoeneus**] *O.*

schola, ae, *f.* (σχολή, § 93, Abs. 2) **1.** Vorlesung, Vortrag, Lehrvortrag: scholam habere Vorträge halten. *meton.* **2.** Lehrstätte, Schule. **3.** Schule, Sekte: philosophorum. **4.** Halle: Octaviae *Sp.*

scholasticus 3 (σχολαστικός) rhetorisch; gelehrt: domini *Pli*; *subst.* Rhetor [Lehrer oder Schüler] *TPli.*

Sciathus u. **-thos**, ī, *f.* S. [Insel nördl. von Euböa] *L.*

scida, ae, *f.* (σχίδη, § 91, Abs. 2) Blatt [Papier].

scidī *pf.* v. scindo.

sciēns, entis, *adv.* **enter** (scio) **1.** wissentlich, mit Wissen. **2.** kundig, geschickt: locorum ortskundig *S*, mit *inf. H.* Dav.

scientia, ae, *f.* **1.** Kunde, Kenntnis; mit *gen.*, de. **2.** Einsicht, Wissen, Wissenschaft, Geschicklichkeit; mit *gen.*, in re.

sciī [Nbf.] *pf.* v. scio.

scī-licet (scire licet, § 67) **1. man kann wissen, es ist leicht zu sehen;** mit *acc. c. inf.* sc. non ceram illam tantam vim in sese habere *S.* **2. wohlgemerkt, versteht sich, offenbar, selbstverständlich. 3.** [ironisch]: **freilich, natürlich, selbstverständlich:** scilicet exspectem? *V.* **4.** [erklärend]: **das heißt, nämlich** *NSSp.*

scin *C* = scisne.

scindō 3. scidī, scissus **1.** zerreißen, (zer)spalten, gewaltsam trennen, teilen: aequor ferro den Boden aufbrechen *V*, vallum ferro eine Bresche schlagen; *met.* aquas durchschneiden *O*; agmine silvam et limitem durchziehen und eröffnen *T*; agmen durchbrechen *T*, verba fletu unterbrechen *V*, scissum genus vocum schnatternd; viam bahnen *V.* **2.** *refl. med.* sich spalten, trennen, auseinandergehen: scindit se nubes *V*; *met.* in duas factiones scindi *T.*
E: gr. σχίζω, ai. chinátti 'schneidet ab, spaltet', ahd. skintan 'schinden'.

scintilla, ae, *f.* Funke *VLOCu*; auch *met.* Dav.

scintillō 1. āvī Funken sprühen, funkeln *CV.*

sciō 4. scīvī (sciī), scītum, arch. *impf.* scibam, *fut.* scibo, *pass.* scibitur *C.* **1.** wissen: scires man konnte wissen *O*, quod sciam soviel ich weiß, ex (de) aliquo sciri potest man kann es wissen (erfahren haben); haud scio an s. an. **2.** verstehen, kennen, kundig sein: unam litteram Graecam; Latine Latein verstehen; mit *inf. L.*

Scīpiadēs, ae, *m.* u. **-ās**, ae *Lukrez* S. [Angehöriger der Familie der Scipionen] *VH.*

scīpiō, ōnis, *m.* (σκίπων) Stab [als Abzeichen] *L.*

Scīrōn, ōnis, *m.* S. [Räuber am Isthmus] *O.*

scirpeus 3 (scirpus) aus Binsen: imago 'Strohmänner' *O*; *subst.* **scirpea**, ae, *f.* Wagenkorb [aus Binsen] *O.*

scirpiculus s. surpiculus.

scirpus, ī, *m.* Binse *C.*

scīscitor 1. nachforschen, sich erkundigen, zu erfahren

suchen: ex (de) Velleio sententiam; deos befragen *L.* *Frequ.* von

scīscō 3. scīvī, scītus (*incoh.* zu scio) **1.** entscheiden, stimmen: populus scivit, legem für das Gesetz. **2.** beschließen, verordnen; mit ut.

scissūra, ae, *f.* (scindo) Spaltung *Sp.*

scissus *pt. pf. pass.* v. scindo.

scītāmenta, ōrum, *n.* (scitus 3) Leckerbissen *C.*

scītor l. (scio) meist d i c h t . = sciscitor.

I. scītum *pt. pf. pass.* v. scio oder scisco.

II. scītum, ī, *n.* (scisco) Beschluß, Verordnung.

I. *scītus, ūs, *m.* (scisco), nur *abl.* Beschluß.

II. scītus 3, *adv.* **ē** (scisco) **1.** erfahren, klug, kundig; mit *gen.* **2.** geschickt, geschmackvoll, fein.

scīvī *pf.* v. scio oder scisco.

scobis, is, *f.* (scabo) Sägespäne *H.*

Scodra, ae, *f.* S h k o d ë r ; Einw. Scodrēnsēs *L.*

scomber, brī, *m.* (σκόμβρος) Makrele *CCaSp.*

scōpae, ārum, *f.* Reiser, Besen *H*; s p r i c h w. scopas dissolvere = Unordnung machen.

Scopās, ae, *m.* S. [Bildhauer aus Paros, um 350] *H.*

scopulōsus 3 voller Klippen, klippenreich. Von

scopulus, ī, *m.* (σκόπελος, § 91, Abs. 3) **1.** Felsen, Bergspitze: Mavortis Areopag *O.* **2.** Klippe.

scordalus, ī, *m.* Zankteufel *Sp.*

Scordus, ī, *m.* Š a r P l a n i n a [Gebirge in Illyrien] *L.*

scorpios [oder] **-us**, ī u. **scorpiō**, ōnis, *m.* (σκόρ- , πιος, σκορπίων) Skorpion; *met.* Skorpion [Sternbild]; Pfeilgeschütz, Skorpion: spicula scorpionibus iacere, scorpione traiectus Pfeil des Skorpions.

scortātor, ōris, *m.* (scortor) Schürzenjäger, Weiberheld *H.*

scorteus 3 ledern; *n. pl. subst.* Lederzeug *O.* Von

scortum, ī, *n.* (verw. mit corium, cortex) Leder, Fell *Varro*; *met.* Hure, Dirne.

screātor, ōris, *m.* (screare) Räusperer *C.*

scrība, ae, *m.* Sekretär [im privaten oder öffentlichen Dienst, mit Verwaltungsaufgaben (Buch- u. Rechnungsführung) betraut]. Von

scrībō 3. psī, ptus (vgl. gr. σκάρῖφος 'Stift, Griffel', *meton.* 'Umriß, Zeichnung'; σκαρῖφᾶσθαι 'ritzen und zeichnen', § 7)

1. zeichnen, schreiben; 2. ab-, verfassen; *occ.* beschreiben, schildern; 3. schriftlich melden; 4. *occ.* *a.* (Soldaten) ausheben, einschreiben; *b.* (einen Erben) testamentarisch einsetzen; *c.* (Geld) durch schriftliche Anweisung bezahlen.

1. lineam ziehen, columnam litteris vollschreiben *Cu.* **2.** historiam, libros, leges; scribendi studium literarische Tätigkeit. *occ.* bellum *SL*, res gestas *L*, scrībēris Vario (*dat.*) Varius wird dich schildern *H*; mit *acc. c. inf.* **3.** ad aliquem; scribitur nobis man schreibt uns; mit *acc. c. inf., coni.*, ut, ne; *inf. T.* **4. a.** milites, supplementum exercitūs; colonorum sex milia *L*; *met.* scribe tui gregis hunc nimm ihn auf *H.* **b.** aliquem heredem, testamento. **c.** decem a Nerio 10 000 Sesterze beim (Bankier) Nerius anweisen *H.*

scrinium 411 **secludo** **S**

scrīnium, ī, *n.* Kapsel, Schachtel [zylinderförmig, für Papiere und Bücher] *SCaHLO.*

scrīpsī *pf.* v. scribo.

scrīptiō, ōnis, *f.* (scribo) das Schreiben; **occ.** schriftliche Darstellung.

scrīptitō, āre (Doppelfrequ. v. scribo durch scriptare) **1.** oft schreiben. **2.** verfassen: orationes.

scrīptor, ōris, *m.* (scribo) **1.** Schreiber: librarius Kopist, Abschreiber *H.* **2.** Ab-, Verfasser, Schriftsteller, Geschichtsschreiber; **occ.** Dichter: belli Troiani *H.*

scrīptum, ī, *n.* (scribo) **1.** Linie: duodecim scripta ludere Zwölflinienspiel [Spiel auf einem Brett mit zwölf sich durchkreuzenden Linien]. **2.** Geschriebenes, Aufsatz, Schrift, Brief, Buch: scripto certiorem esse *O*, apparet ex scriptis. **occ. a.** schriftliche Verordnung, geschriebener Buchstabe: tabellae scriptum habentes das Gesetz enthaltend *L.* **b.** Konzept: oratio de scripto dicta.

scrīptūra, ae, *f.* (scribo) **1.** das **Schreiben**: mendum scripturae Schreibfehler. **2. schriftliche Darstellung, Darstellungsweise.** *meton.* **3. Schriftwerk, Schriftstück**: actorum *T.* **4. Weide-, Triftgeld:** vectigal ex scriptura.

I. scrīptus *pt. pf. pass.* v. scribo.

II. scrīptus, ūs, *m.* (scribo) Schreiberdienst: scriptum facere Sekretär sein *L.*

scrīpulum, scrīpulus = scrupulum, scrupulus.

scrobis, is, *m. f.* Grube; **occ.** Grab *T.*

scrōfi-pāscus, ī, *m.* Schweinezüchter *C.*
  E: scrōfa 'Mutterschwein' + pasco, § 66.

scrūpeus 3 (scrupus) steinig: spelunca *V.*

scrūpōsus 3 (scrupus) steinig, rauh *C.*

scrūpulōsus 3 steinig, schroff; *met.* **a.** gefährlich: cotes; **b.** genau, sorgfältig, skrupulös *Pli.*   Von

scrūpulus (scrīpulus), ī, *m.* Steinchen *Donatus; met.* Besorgnis, Zweifel, S k r u p e l; **scrūpulum**, ī, *n.* das Skrupel [1/24 uncia = 1, 137 g].   Von

scrūpus, ī, *m.* spitzer Stein *Petronius; met.* Besorgnis.

scrūta, ōrum, *n.* (vgl. γρύτη) Gerümpel, Plunder *H.*

scrūtor 1. (ahd. scrutōn) **1.** untersuchen, durchsuchen, -forschen. **2.** erforschen, erfahren wollen: mentes deûm *O*, arcanum *H.*

sculpō 3. psī, ptus (aus scalpo, §§ 61, Anm. u. 71, Abs. 2) schnitzen, schneiden, meißeln, bilden.   Dav.

sculptilis, e geschnitzt *O.*   Und

sculptus *pt. pf. pass.* v. sculpo.

scurra, ae, *m.* **1.** 'feiner Herr'. **2.** Possenreißer, Spaßmacher: Atticus der Hanswurst von Athen.
  E: etruskisches Lehnwort.   Dav. (§ 75, Abs. 2)

scurrīlis, e, *adv.* **iter** possenhaft.   Dav.

scurrīlitās, ātis, *f.* Possenreißerei *T.*

scurror, ārī (scurra) schmeicheln, den Hof machen *H.*

scūtāle, is, *n.* (scutum) Schleuderriemen *L.*

scūtātus 3 (scutum) mit dem Langschild ausgerüstet; *pl. subst.* Soldaten mit Langschilden *L.*

scutella, ae, *f.* (*dem.* v. scutula) Schale, Trinkschale.

scutica, ae, *f.* (σκυτική, § 81) Riemenpeitsche, Knute *O.*

scutula, ae, *f.* **1.** (σκυτάλη, § 91, Abs. 3) Walze. **2.** (*dem.* zu scutra = gr. χύτρη) flache Schüssel *Mar-*

tial; met. Raute, Rhombus [geometrische Figur] *T*; rautenförmiger Lappen *C.*

scūtulum, ī, *n.* kleiner Langschild.   *Dem.* von

scūtum, ī, *n.* Langschild [viereckig, aus Holz, mit Leder überzogen u. mit Eisen beschlagen, 2/3 m breit, 1 1/3 m lang]; *synecd.* Schild *T; met.* Schild, Schirm, Schutz *L.*

Scylacēum, ī, *n.* S q u i l l a c e [St. u. Vorgebirge an der Ostküste von Bruttium] *V*; *adi.* **Scylacēus** 3 *O.*

Scylla, ae, *f.* S. [**1.** Klippe in der sizilischen Meerenge, als Nymphe Tochter des Phorkys, die Kirke aus Eifersucht in ein Ungeheuer mit 6 Köpfen u. 12 Füßen verwandelte. **2.** Tochter des Nisus]. *Adi.* zu **1.** **Scyllaeus** 3; *subst.* Scyllaeum illud jener Skylla-Fels.

scyphus, ī, *m.* (σκύφος) Becher, Pokal.

Scȳros u. **-us**, ī, *f.* **1.** S. [Insel östl. v. Euböa] *Sp*; *adi.* **Scȳrius** 3: pubes *V*, membra *O* = Neoptolemus; **Scȳrias**, adis, *f.* puella = Deidamia *O.* **2.** S. [St. in Phrygien] *O.*

scytala, ae, *f.* (σκυτάλη) Walze, Stab; *meton.* Rollbrief [ein um einen Stab gewickelter, quer beschriebener Riemen für verschlüsselte Botschaften] *N.*

Scythēs u. **-a**, ae, *m., pl.* **Scythae** die S. [Nomaden, vom Schwarzen Meer bis nach Sibirien]; *adi.* **Scythicus** 3: Diana = taurisch *O*, amnis = Don *H*; *f.* **Scythis**, idis *O*, **Scythissa** *N* Skythin; **Scythia**, ae, *f.* Skythien.

I. sē... *praep.* s. sed.

II. sē... verkürzt aus sēmi in sēlibra = sēmilibra (§ 54).

III. sē... aus sex (ses), vgl. sex- u. sēs-centi: sēmestris (§ 30).

IV. sē *pron. refl.* (suī, sibi, sē), verstärkt sese, semet sich, seiner; sibi [als *dat. ethicus*]: quid sibi clamor ille vult? was bedeutet...?, suo sibi tempore zu seiner Zeit; inter se einander.

Sēbēthis, idis, *f.* vom Fl. Sēbēthus [bei Neapel] *V.*

sēbum, ī, *n.* Unschlitt, Talg.

secātūrus *pt. fut.* v. seco.

sē-cēdō 3. cessī beiseite-, weggehen, sich zurückziehen; *pf.* entfernt sein: tantum secessit ab imis terra *O*; **occ.** in montem sacrum auswandern *L*, a patribus sich trennen *S.*

sē-cernō 3. crēvī, crētus **1.** absondern, trennen: populo (*abl.*) *H*, se a bonis. **2.** ausscheiden: frugalissimum quemque. **3.** *met.* unterscheiden: iusto iniquum *H*, pestifera a salutaribus.

sē-cessī *pf.* v. secedo.

sēcessiō, ōnis, *f.* (secedo) das Weggehen, Beiseitetreten: milites secessionem faciunt rotten sich zusammen, primores treten beiseite *L*; **occ.** politische Spaltung, Trennung: plebis in montem sacrum Auszug *L.*

sēcessus, ūs, *m.* (secedo) **1.** Abgeschiedenheit, Einsamkeit, Zurückgezogenheit. **2.** *meton.* abgeschiedener Ort: in secessu longo fern in der Bucht *V*, in secessu longo sub rupe fern in der Schlucht *V*; *bildl.* studiorum entlegenes Gebiet *Q*; **occ.** amoeni Landgut *T.*

sēclāris = saecularis.

sē-clūdō 3. sī, sus (claudo, § 43) **1.** absperren, -schließen: seclusum nemus abgelegen *V.* **2.** absondern, trennen: curas verbannen *V.*

seclum   **412**   **securus**

sēclum = saeculum.

secō 1. secuī, sectus, secātūrus **1. schneiden, zer-, abschneiden:** capillos *O*, collum ferro *V*, via secta begrenzt *V*, secta abies Tannenbretter *V*. **occ. a. sägen, in Platten schneiden:** marmora *H*; sectus elephantus Elfenbeinplatten *V*. **b. operieren, amputieren:** varices, ense volnus ausschneiden *V*. **2.** d i c h t. **verwunden, verstümmeln:** glacies secat plantas *V*, sectus flagellis zerfleischt *H*. **3. durchschneiden, durcheilen:** pontum durchschwimmen *V*, pinguia culta durchlaufen *V*, fluctūs durchsegeln *V*, aethera pinnis durchfliegen *V*; viam den Weg nehmen, Bahn brechen *VO*; sub nubibus arcum einen Bogen machen *V*, spem der Hoffnung nachjagen *V*. **4. (ab)teilen:** populos Latinos *V*, orbis sectus ein Teil der Erde [Europa] *H*; *met.* causas in plura genera; **occ. entscheiden:** lites *H*.
E: ahd. seh 'Pflugmesser', sëga 'Säge', sëgansa 'Sense', vgl. auch saxum.

sēcrētiō, ōnis, *f.* (secerno) Absonderung, Scheidung.

I. sēcrētus 3 (secerno) **1. gesondert, getrennt:** arva *V*, imperium *L*, auris jedes Ohr für sich *H*. **2. einsam, abgelegen:** domus *V*, colles menschenleer *T*. **3. geheim:** artes *O*; secretiora ministeria heimliche Vertraute *T*. Dav. **sēcrētum**, ī, *n*. **1. Abgeschiedenheit, Einsamkeit, abgelegener, einsamer Ort:** Sibyllae einsame Höhle *V*, secretiora Germaniae die abgelegeneren Teile *T*, in secretum abducere beiseite *L*, petito secreto insgeheim *T*, secretum petere eine geheime Audienz *Pli.* **2. Geheimnis:** litterarum heimlicher Briefwechsel *T*, patris das heimliche Treiben *T*. *Adv.* **sēcrētō beiseite, abseits, heimlich, insgeheim, unter vier Augen.**

II. sēcrētus *pt. pf. pass.* v. secerno.

sē-crēvī *pf.* v. secerno.

secta, ae, *f.* (sequor) **1.** Richtung, Bahn, Weg: habet sectam, quam sequatur. **occ. 2.** politische Partei: sectam secuti Anhänger *L*. **3.** philosophische Schule, Sekte.

sectārius 3 (seco) verschnitten: vervex *C*.

sectātor, ōris, *m.* (sector) Begleiter, Anhänger; *pl.* Gefolge, Anhang.

sectilis, e (seco) geschnitten: pavimenta Mosaikboden *Sp*.

sectiō, ōnis, *f.* (seco) das Zerschneiden *Sp*; *met.* **1.** Güteraufkauf [des im ganzen ersteigerten Vermögens eines Staatsschuldners, um es dann stückweise wieder zu verkaufen]. **2.** *meton.* Beutemasse: oppidi.

sectius *C* s. II. secus 2. b.

I. sector, ōris, *m.* (seco) Zerschneider, Abschneider; *met.* Güteraufkäufer; zonarius Beutelschneider *C*, collorum et bonorum Menschen- und Güterschlächter; Pompei Güterschlächter eines Pompeius.

II. sector 1. (*frequ.* v. sequor) **1.** begleiten, nachgehen, -laufen: oves hüten *Ti*, ii servi ubi sunt? Chrysogonum sectantur sie stehen im Dienst des Ch. **2.** jagen: apros *V*. **3.** *met.* nachjagen, streben nach: praedam, (hominem) flagello verfolgen *H*, lēvia nach Glätte streben *H*, mit indir. Fr.: forschen *H*.

sectrīx, īcis, *f.* (s. sector) Güteraufkäuferin *Sp*.

sectūra, ae, *f.* (seco) das Schneiden *Sp*; *meton.* aera-

riae secturaeque Erzgruben u. Steinbrüche [andere Lesart: aerariae securae].

sectus *pt. pf. pass.* v. seco.

sē-cubō 1. buī allein schlafen *CaLTiO*; einsam leben *Pr*.

secuī *pf.* v. seco.

sēc(u)lāris, sec(u)lum = saecularis, saeculum.

sē-cum mit sich (§ 47).

secundānī, ōrum, *m.* (secunda, *sc.* legio) Soldaten der 2. Legion *LT*.

secundārius 3 (secundus) der zweite.

secundō 1. (secundus) begünstigen, günstig wenden *V*.

I. secundum, ī, *n.* s. secundus II. 3.

II. secundum *praep.* beim *acc.*

> 1. **nach**; 2. **entlang, längs**; 3. **mit, in Übereinstimmung mit, gemäß**; *occ.* **zum Vorteil, zugunsten.**

1. s. hunc diem, s. deos homines hominibus utiles sunt, s. ea demnächst, hierauf. **2.** s. mare der Küste entlang. **3.** s. naturam, duumviros s. legem facere *L*; **occ.** s. eam partem litem dare entscheiden *L*, principia belli s. Flavianos data *T*.   *Acc. n. sg.* (§ 78) von **secundus** 3 (*sequundus, § 17, adi. pt. pr.* von sequor)

> I. 1. **folgend, nächst, nachfolgend**; *occ.* **nachstehend, geringer, schlechter**; 2. **an zweiter Stelle, der zweite.**
> II. 1. **mitfolgend, geleitend, günstig**; *met.* 2. **günstig, geneigt, begünstigend**; 3. **glücklich.**

I. 1. altera (zweite) persona Thebis, sed tamen secunda (nächste) *N*, nec viget quidquam simile aut secundum nahekommend *H*; **occ.** nulli virtute secundus *V*, panis Schwarzbrot *V*. **2.** vigilia die Zeit vor Mitternacht, mensa Nachtisch, (partes) secundae tractare die zweite Rolle spielen *H*; Balatrone secundo B. half nach *H*; *subst.* secunda die 2. Stunde [7—8 Uhr vormittags]. *Abl. n. adv.* **secundō an zweiter Stelle, zweitens. II. 1.** venti günstig, Aquilo *H*; secundo flumine stromabwärts, mari secundo mit der Ebbe *L*; vela *O*, sinus *H* geschwellt, currus rasch hineilend *V*. **2.** fortuna *N*, secundis diis mit Hilfe der Götter *VCu*, clamore (rumore *H*) secundo unter günstigem Zuruf *V* = secundo populo. **3.** proelium; secundae res u. **secundum**, ī, *n.* Glück, *pl. n.* secunda glückliche Umstände *HCu*.

secūri-fer u. **-ger** 3 (§ 66) Streitaxt tragend *O*.   Von

secūris, is, *f.*, *acc.* im, selten em, *abl.* i (seco) **1.** Beil, Axt [Streitaxt, Holzaxt, Schlacht-, Richtbeil]: securi ferire, percutere köpfen. *meton.* **2.** Schlag, Wunde: securim infligere rei p., inicere petitioni. **3.** Gewalt, Macht: Gallia subiecta securibus, sumere aut ponere secures Ämter *H*; s. fasces.

secūritās, ātis, *f.* **1.** Sorgenfreiheit, Gemütsruhe: animi; **occ.** Fahrlässigkeit: scribendi *Q*. **2.** Unerschrockenheit: timorem eius sua securitate lenire *Pli.* **3.** Sicherheit, Sicherung *T*.   Von

sē-cūrus 3, *adv.* ē (aus sē curā, § 62) **1. unbesorgt, ruhig, unbekümmert, furchtlos:** futuri unbesorgt

secus   413   **Seleucea**   **S**

um *OCu*, famae *O*; mit ne, indir. Fr. **2. heiter, fröhlich:**
otia *V*, holus in Frieden genossen *H*; **occ.** von Sorgen
befreiend: latices *V*, Lethe *O*, merum *Ti.* **3. fahrläs-**
sig: iuris dictio *T.* **4.** [selten]: **geschützt, sicher:** lo-
cus *L*, mit *gen. T.*
I. secus, *indecl. n.* (vgl. sexus) Geschlecht *SLT.*
II. secus *adv.* **1. anders:** paulo, longe s.; *subst.* ne-
que multo s. virium nicht viel weniger *T*; haud (non)
s. . . . atque (ac) nicht anders . . . als, ganz so wie.
2. schlecht, übel, nicht recht, nicht gut: bene aut s.
consulere *L*; s. cedere (cadere *T*) schlecht ausge-
hen *S*; *comp.* **a. sequius:** quod sequius sit was min-
der gut sein möchte *L*; **b. sētius** (s e c t i u s *C*) **an-**
ders, weniger, minder: non, haud setius *V*; **nihilo**
setius, neque eo setius nichtsdestoweniger, gleich-
wohl, dennoch.
secūtus *pt. pf. act.* v. sequor.
sēd, sē, sĕd I. *adv.* sēd besonders, beiseite: sēd-itio;
daraus (§ 33) sē: sē-duco u. a. **II.** *praep.* sēd ohne: sed
fraude *Inschriften*, se fraude esto *Zwölftafelgesetz*,
se-dulus (§ 62), se-curus. **III.** *coniunct.* **sĕd** (set)
1. sondern [nach Negation, aufhebend]: non castra,
sed naves Persae petierunt *N*; non solum (modo,
tantum) . . . sed etiam nicht nur . . . sondern auch; non
modo non, sed (etiam); non modo . . ., sed ne . . .
quidem. **2. aber, allein, indessen** [nach Affirmation, be-
schränkend]: multis modis scriptum est, sed nos
Thucydidem probamus *N.* **3. doch** [beim Abbrechen,
Unterbrechen und Wiederaufnehmen des Gedankens]:
sed haec hactenus; sed perge, ut coeperas.
   E: *adv. abl.* des *pron. refl.*, 'für sich', 'abgesondert'.
sēdātiō, ōnis, *f.* (sedo) Beruhigung.
sēdātus 3, *adv.* ē (sedo) gesetzt, still, ruhig, gelassen.
sē-decim (sex + decem, §§ 67 u. 30) sechzehn.
sēdēcula, ae, *f.* (*dem.* v. sedes) Stühlchen.
sedeō 2. sēdī, sessum (ai. sad- 'sich setzen', sádas
'Sitz', got. sitan, ahd. sizzen 'sitzen', gr. ἕζομαι, ἕδος,
ἕδρα, § 25)

---
1. sitzen; 2. *occ.* Sitzung halten, zu Rate, zu
Gericht sitzen; 3. *met.* sich aufhalten, verweilen,
(ver)bleiben; *occ.* ruhig, müßig, untätig liegen;
4. festsitzen, haften.

---

1. sellā regiā *L*, in equo; sedet nebula campo *L.*
2. sedetis mortis ultores, sedeo pater iudex inter fi-
lios *L.* **3.** domi desidem sedere *L*, sedit, qui timuit
blieb sitzen *H.* **occ.** compressis manibus die Hände in
den Schoß legen *L*; m i l i t. diu uno loco *N*, sedendo
et cunctando bellum gerere *L.* **4.** sedet plāga der
Hieb sitzt *O*, carina vado das Schiff sitzt auf *O*, toga
sitzt *H*; b i l d l. sedet in ingenio Cressa das Bild der
Kreterin [= Ariadne] ist eingeprägt *O*, pallor in ore *O*;
sedet patribus sententia *V*, id Aeneae *V* steht fest, ist
beschlossen.   Dav.
sēdēs, is, *f.* **1.** Sitz, Stuhl: regia Thron *L*; honoris, di-
gnitatis; priores Ehrenstelle, Vorrang *H.* met. **2.** Hei-
mat, Wohnsitz: senectae Ruhesitz *H*; sede destinatā
cremari Ruhestätte *T.* **3.** Stätte, Stelle, Platz: veteris
Ilii *Cu*, a sedibus imis vom tiefsten Grund *V.*

sēdī *pf.* v. sedeo oder sido.
sedīle, is, *n.* (sedeo, § 87) Sitz, Sessel, Stuhl, Bank.
sedimentum, ī, *n.* (sedeo) Senkung *Sp.*
sēd-itiō, ōnis, *f.* **1.** Zwietracht, Zwist, Zwiespalt *CLO*;
p e r s o n. *O.* **2.** Parteikampf, Zerwürfnis: tribuni pl.
per seditionem creantur. **3.** Empörung, Meuterei, Auf-
ruhr; *meton.* stupente seditione die Aufrührer *L.*
   E: sed I. u. itio v. ire 'das Auseinandergehen'.   Dav.
sēditiōsus 3, *adv.* ē aufrührerisch, unruhig.
sēdō 1. (*causativum* zu sedeo) **1.** zum Sitzen, Ruhen,
Liegen, Sinken bringen: pulverem *Ph*, fluctūs, ven-
tos *O*, flammam eindämmen; vela einziehen *Pr.*
2. *met.* beruhigen, stillen, hemmen, unterdrücken, be-
schwichtigen.
sē-dūcō 3. dūxī, ductus **1.** beiseite führen, -bringen:
aliquem in secretum *Ph*, vina *O.* **2.** *met.* trennen,
scheiden: terras undā *O*, animā artūs *V*, oculos ab-
wenden *Pr*, ab inmortalitate fernhalten *Cu.*   Dav.
sēductiō, ōnis, *f.* das Beiseitenehmen: testium.
I. sēductus *pt. pf. pass.* v. seduco.
II. sēductus 3 (seduco) entfernt, entlegen: terrae *O*, a
conscientia der Mitwisserschaft entzogen *L*; *abs.* zu-
rückgezogen *Pli.*
sēdulitās, ātis, *f.* (sedulus) Emsigkeit, Geschäftigkeit,
Dienstbeflissenheit.
sē-dulō (= sē dolō, § 67) *adv.* **1.** emsig, eifrig, geschäf-
tig: audire aufmerksam *L.* **2.** vorsätzlich: occultare *C*,
tempus terere *L.*   Dav. (§ 62)
sēdulus 3 emsig, eifrig, geschäftig, beflissen.
Sedūnī, ōrum, *m.* die S. [Volk an der oberen Rhone].
Sedusiī, ōrum, *m.* die S. [germ. Volk zwischen Rhein u.
Neckar].
sē-dūxī *pf.* v. seduco.
seges, etis, *f.* **1.** Saatfeld, Ackerfeld, Feld: proximae;
met. gloriae Feld, Boden. **2.** *meton.* Saat: cana *O*, far-
ris *L*, lini et avenae *V.* **3.** *met.* Menge: virorum *O*,
telorum *V.*
Segesta, ae, *f.* S. [St. sw. v. Palermo]; *adi.* u. Einw. Se-
gestānus.
segestre, is, *n.* (στέγαστρον) Umhüllung, Einpak-
kung *Sp.*
Segnī, ōrum, *m.* die S. [Volk östl. der Maas].
sēgnis, e, *adv.* iter träge, langsam, schlaff, lässig: cam-
pus, carduus unfruchtbar *V*; mit ad; *gen. T*; *inf. O.*
sēgnitās, ātis, **sēgnitia**, ae u. -ēs, ēī, *f.* (segnis)
Schlaffheit, Trägheit; *met.* maris Windstille *T.*
sē-gregō 1. (grex, § 70) von der Herde absondern:
oves *Ph*; *met.* absondern, trennen, entfernen; mit **ab.**
Segusiāvī, ōrum, *m.* die S. [Volk zwischen Rhône u.
Loire].
sei *C* = si.
sēiugēs, ium, *m.* (sex, iugum, § 30) Sechsgespann *L.*
sēiūnctiō, ōnis, *f.* Trennung.   Von
sē-iungō 3. iūnxī, iūnctus scheiden, fernhalten, tren-
nen, sondern; **occ.** unterscheiden: morbum ab aegro-
tatione.
sēlēctus *adi.* u. *pt. pf. pass.* v. seligo.
sē-lēgī *pf.* v. seligo.
Seleucēa, ae, *f.* (Σελεύκεια) S. [St. **1.** in Syrien (Seleu-
cīa *C*). **2.** in Babylonien].   Von

Seleucus   414   **semustu(-i-)latus**

Seleucus, ī, *m.* S. [König v. Syrien, 312—281] *C.*

sē-lībra, ae, *f.* (*semi-libra) halbes [röm.] Pfund *L.*

sē-ligō 3. lēgī, lēctus (lego, § 41) auswählen, auslesen; selectus 3 auserlesen.

Selinūs, ūntis, *f.* S. [St. **1.** an der SW-Küste Siziliens *V.* **2.** in Kilikien *L*].

sella, ae, *f.* Stuhl, Sessel. **occ. 1.** Amtsstuhl: praetoris urbani, haec agebantur de sella offiziell; s. curulis. **2.** aurea Thron *N.* **3.** Arbeiterstuhl. **4.** Lehrstuhl. **5.** Kutschbock *Ph.* **6.** Tragsessel *T.*
E: *sed-la v. sedeo; vgl. lakonisch ἑλλά 'Sitz', got. sitls, ahd. sezzal 'Sessel'.   Dav.

sellārius, ī, *m.* auf Sesseln Unzucht treibend *T.*

selli-sternium, ī, *n.* (sella, sterno, § 66) 'Göttermahl', Sellisternium [wobei die Bilder weiblicher Gottheiten auf Sessel gestellt wurden; vgl. **lectisternium**] *T.*

sellula, ae, *f.* (*dem.* v. sella) Tragsessel *T.*   Dav.

sellulārius, ī, *m.* (im Sitzen arbeitender) Handwerker *L.*

sēm-animis, -us = semianimis, -us (§ 53).

semel *adv.* einmal: s. atque iterum ein und das andere Mal, bis rem p. servavi, semel gloriā, iterum aerumnā meā das erste Mal; **ubi** s. wenn einmal; s. exorari auf einmal, ein für allemal, vitam s. finire *L.*
E: zu indogerm. *sem 'eins', vgl. sem-per, sim-plex, sin-guli, gr. ἕν für *σέμ, § 25.

Semelē, ēs u. **-a,** ae, *f.* S. [Tochter des Kadmus, Mutter des Bacchus]; *adi.* Semelēïus 3 *HO.*

sēmen, inis, *n.* **1.** Same; **occ.** semina ponere Setzlinge *V,* vitium Rebschößlinge *V;* **met.** rerum Grundstoffe *O* = terrarum; flammae *V.* **meton. 2.** Stamm, Geschlecht: regium *L,* leonum Brut *V.* **3.** Sprößling, Kind: non tulit in cineres labi sua semina *O.* **4.** Ursache, Urheber: malorum, belli.
E: zu Wz. *sē in sēvī, litauisch sēti 'säen', ahd. säen, sāmo.

sēmēnstris = semestris.

sēmentis, is, *f., acc.* im u. em (semen) **1.** Aussaat, Saat: sementem facere bestellen *L;* **met.** malorum. **2. meton.** Saat, Getreide: tenerae *O.*   Dav.

sēmentīvus 3 Saat-: dies Saatfest *O.*

sēm-ermis, -us = semiermis, -us (§ 53).

sē-mēstris, e (sex, mensis, § 30) sechsmonatig, halbjährig: infans *L;* sich auf sechs Monate erstreckend: regnum, tribunatus *Pli.*

sēm-ēsus 3 (semi, edo, § 53) halbverzehrt *Pacuvius* *VHOSp.*

sēmi-, antevokalisch (§ 53) sēm-, verkürzt sē-, *adi.* Nbf. sēmis halb [in Zusammensetzungen].
E: ai. sámi-, gr. ἡμι, ahd. sāmiquek 'halblebendig'.

sēmi-animis, e u. **-us** 3 (anima) halbtot.

sēmi-apertus 3 halbgeöffnet: fores *L.*

sēmi-barbarus 3 halbbarbarisch *Sp.*

sēmi-bōs, bovis, *m.* Halbstier: vir Stier in Menschengestalt [Minotaurus] *O.*

sēmi-caper, prī, *m.* Halbbock [Pan, Faun] *O.*

sēmi-cremus 3 (cremo) halbverbrannt *O.*

sēmi-cubitālis, e eine halbe Elle lang *L.*

sēmi-deus 3 halbgöttlich; *subst.* Halbgott *O.*

sēmi-doctus 3 halbgelehrt; *subst.* Halbwisser.

sēmi-ermis, e u. **-us** 3 (arma, § 43) halbbewaffnet *LT.*

sēmi-ēsus = semesus.

sēmi-factus 3 halbfertig, halbvollendet *T.*

sēmi-fastīgium, ī, *n.* halber Giebel *Sp.*

sēmi-fer 3 (ferus) halbtierisch; *subst.* Halbtier.

Sēmi-germānus 3 halbgermanisch: gens *L.*

sēmi-gravis, e halbbetrunken *L.*

sēmi-homō, inis, *m.* (sem' homo, § 53) halb Mensch, halb Tier: Centauri *O,* facies [des Cacus] *V.*

sēmi-lacer 3 halbzerfleischt *O.*

sēmi-līber 3 halbfrei.

sēmi-lixa, ae, *m.* halber Marketender [Schimpfwort] *L.*

sēmi-mās, maris, *m.* Zwitter *O;* ovis Hammel *O,* Galli u. *subst.* semimares kastriert, entmannt *O.*

sēmi-mortuus 3 halbtot *Ca.*

sēminārium, ī, *n.* (semen) Pflanzschule; auch **bildl.**

sēminātor, ōris, *m.* (semino) Säer; **met.** Urheber.

sēmi-nex, necis halbtot: artūs halberstarrt *O.*

sēminium, ī, *n.* = semen 1. *C.*

sēminō 1. (semen) säen *Columella;* **met.** zeugen, hervorbringen.

sēmi-nūdus 3 halbnackt: pedes wehrlos *L.*

sēmi-plēnus 3 halbvoll *Columella;* **occ.** halbbemannt.

sēmi-putātus 3 halbbeschnitten: vitis *V.*

Semīramis, idis, *f.* S. [mythische Gründerin der assyrischen Monarchie] *OCu; adi.* Semīramius 3 *O.*

sēmi-refectus 3 halbausgebessert *O.*

sēmi-rutus 3 halbzerstört *LT.*

sēm-is, issis, *m.* (semi, as) **1.** halber As; **occ.** *pl.* sechs Prozent [½ As monatlich]. **2.** halber Morgen [Flächenmaß]: agri *L.*

sēmi-senex, nis halber Greis *C.*

sēmi-sepultus 3 halbbegraben *O.*

sēmi-somnus 3 halbschlafend, schlaftrunken.

sēmi-supīnus 3 halb zurückgelehnt *O.*

sēmita, ae, *f.* Seitenweg, Fußweg, -steig, Pfad.

sēmi-ūstus 3 (uro) halbverbrannt *VLOT.*

sēmi-vir, ī, *m.* halb Mensch, halb Tier: Nessus, Chiron *O,* bos Mensch in Stiergestalt *O;* exit semivir Zwitter *O; adi.* comitatus weibisch *V.*

sēmi-vīvus 3 halbtot; **met.** voces matt.

Semnonēs, um, *m.* die S. [Hauptstamm der Sueben, zwischen Elbe u. Oder seßhaft] *T.*

Sēmō, ōnis, *m.* S. [sabinische Gottheit]; s. Sancus.

I. sēmōtus *pt. pf. pass.* v. semoveo.

II. sēmōtus 3 entfernt, entlegen: dictio vertraulich *T.*   Von

sē-moveō 2. mōvī, mōtus entfernen, ausschließen: verba.

semper (v. sem = ἕν, vgl. semel u. parumper) *adv.* immer, beständig, stets.   Dav.

sempiternus 3 (wohl für semperternus, § 38, 1 a, vgl. aeternus) immerwährend, fortdauernd, ewig.

Semprōnius 3 im *n. g.* **1.** Ti. S. Gracchus [der Agrarreformer, 133 von Scipio Nasica erschlagen]. **2.** C. S. Gracchus [Bruder des Ti., 121 getötet]; leges Semproniae [der Gracchen].

sēm-ūncia, ae, *f.* ein Vierundzwanzigstel, halbe Unze; [als Gewicht]: ¹⁄₂₄ Pfund.   Dav.

sēmūnciārium faenus ¹⁄₂₄% [½% pro Jahr] *L.*

sēmūnciārius as eine halbe Unze schwer *Sp.*

sēm-ūstu(-i-)lātus 3 (ustulo) halbverbrannt.

semustus 415 **sentio** **S**

sēmūstus = semiustus (§ 53).

Sēna, ae, *f.* S e n i g a l l i a [St. in Umbrien] *L; adi.* Sēnēnsis, e.

senāculum, ī, *n.* (vgl. senatus) Sitzungssaal des Senats *L.*

senāriolus, ī, *m.* (kleiner, unbedeutender) Senar.
Dem. von

senārius 3 (seni): versus u. *subst.* Senar [sechsfüßiger jambischer Vers].

senātor, ōris, *m.* (vgl. senatus) S e n a t o r, Ratsherr, Mitglied des Senats [in Rom]; [auch bei nichtröm. Völkern]: Nerviorum senatores. Dav.

senātōrius 3 senatorisch.

senātus, ūs, arch. ī (§ 59, 3), *dat.* ū *T, m.* (senex, senis) **1.** Rat der Alten, Staatsrat, Rat, **Senat** [in Rom]; senātūs cōnsultum, ī, *n.* (§ 67) Senatsbeschluß, auctoritas Gutachten; senatum recitare die Senatorenliste verlesen; senatu moveri aus dem Senat ausgestoßen werden, in senatum venire aufgenommen werden; legere in senatum aufnehmen, senatum (con)vocare zur Sitzung berufen; [scherzhaft]: s. consilii 'hoher Rat' *C.* **2.** *meton.* **Senatssitzung**: senatus est, habetur der Senat ist versammelt, hält Sitzung, alicui senatum dare Zutritt zum Senat gewähren. **3. Sitzplätze** der Senatoren *Sp.* **4. Rat** [nichtrömischer Staaten].

Seneca s. Annaeus.

I. senectus 3 (senex) gealtert: aetas hohes Alter *C; subst.* **senecta**, ae, *f.* Alter, Greisenalter (nur d i c h t. u. spät).

II. senectūs, ūtis, *f.* (v. senex wie virtus v. vir) **1.** Greisenalter, hohes Alter. *meton.* **2. a.** finsterer Ernst *H.* **b.** graues Haar: temporibus cānebat senectus *V.* **c.** die Greise: senectus semper agens aliquid.

seneō, ēre (senex) morsch, alt sein *Ca.* Dav. *incoh.*

senēscō 3. nuī **1.** alt werden. *met.* **2.** verkümmern, eingehen: otio *L*, dis hominibusque accusandis völlig aufgehen in Klagen *L.* **3.** abnehmen, hinschwinden: consilia werden vereitelt *L*, Punicum bellum wird träge geführt *L.*

senex, senis, *comp.* **senior** bejahrt, alt, greis; b i l d l. senior oratio reifer; *subst.* senex, d i c h t. senior Alter, Greis, seniores die älteren Kriegspflichtigen [vom 45. bis zum 60. Lebensjahr].
E: ai. sána-ḥ; gr. ἔνος, got. sineigs; altfränkisch siniskalkus 'Seneschall, der älteste Hausdiener'.

senī 3 (*sex-ni, § 30) **1.** je sechs. **2.** sechs auf einmal: vellera *O.*

Sēniēnsis colonia S i e n a [St. in Etrurien] *T;* Einw. Sēniēnsēs *T.*

senīlis, e (senex, § 75, Abs. 2) greisenhaft, Greisen-: adoptio durch einen Greis *T.*

seniō, ōnis, *m.* (seni) die Sechs [als Würfelzahl] *Sp.*

senior *comp. m. f.* v. senex.

senium, ī, *n.* (senex) **1.** Alter, Altersschwäche. **2.** *met.* Verfall: morbo seniove carere *L.* **3.** *meton.* **a.** finsterer Ernst *H.* **b.** Leid, Trauer: civitas confecta senio.

senius, ī, *m.* = senex: desertus.

Senonēs, um, *m.* die S. [**1.** Volk an der oberen Seine um S e n s. **2.** ein Zweig dieses Volkes in Oberitalien] *L.*

sēnsī *pf.* v. sentio.

sēnsim (sentio, §§ 79 u. 36) *adv.* allmählich, langsam, bedächtig.

I. sēnsus *pt. pf. pass.* v. sentio.

sēnsus, ūs, *m.* (sentio, § 36)

I. p h y s i s c h 1. **Empfindung, Eindruck**; *occ.* **Wahrnehmung**; 2. *meton.* **Empfindungsvermögen, Sinn**; *occ.* **Besinnung, Bewußtsein.**
II. m o r a l i s c h 1. **Gefühl, Empfindung**; 2. *meton.* **Sinnesart, Gesinnung, Stimmung.**
III. i n t e l l e k t u e l l 1. **Verständnis, Urteil**; *meton.* 2. **Ansicht, Meinung, Gedanke**; 3. **Verstand, Denkkraft**; 4. **Sinn, Bedeutung, Inhalt.**

I. 1. moriendi. *occ.* operis *Cu.* **2.** omnis sensūs expertia gefühllose Dinge *Cu*, animi et corporis, videndi, audiendi. *occ.* mero sensibus victis *Cu*, sine ullo sensu iacebant. **II. 1.** humanitatis, amandi, verbis sensūs notare *H.* **2.** rudis et incondita *Cu*, eodem quo Alcibiades sensu politische Gesinnung *N*, communis die herrschende Stimmung, communes die allgemeinsten Gefühle *T.* **III. 1.** in his rebus, meliore esse sensu vernünftiger sein. **2.** sensūs suos aperire *N*, intimi. **3.** omnem sensum territis excutere *Cu*; communis omnium der gesunde Menschenverstand. **4.** verbi *O*, testamenti *Ph.*

sententia, ae, *f.* (sentio) **1. Meinung, Ansicht, Wille**: deorum Wille *N*, de diis, ex (animi) sententia nach Wunsch; ex animi mei (tui, sui) sententia nach innerster Überzeugung, nach bestem Wissen und Gewissen; meā sententiā nach meiner Meinung, stat (est) sententia es ist beschlossen, ist (mein) Wille. *meton.* **2.** [im Senat]: **Stimme, Votum**: liberis sententiis bei freier Abstimmung, pedibus ire (discedere) in sententiam alicuius seinem Votum beitreten, sententiam rogare zur Abstimmung aufrufen, sententiae loco dicere in der Reihe der Abstimmung *TPli.* **3.** [vom Richter]: **Ausspruch, Urteil**: absolvi omnibus sententiis *N*, sententiam pronuntiare, dicere verkünden, fere abstimmen, urteilen. **4. Sinn, Gedanke, Inhalt**: litterarum *Cu*, in hanc sententiam loqui folgendermaßen, id habet hanc sententiam das bedeutet dies. **5. Satz, Spruch**: rerum pondera minutissimis sententiis frangere *Q*, currit sententia *H*; *occ.* **Sinnspruch, Sentenz**: sapientes, Euripides densus sententiis *Q.* Dav. *dem.*

sententiola, ae, *f.* Sprüchlein, Redensart.

sententiōsus 3, *adv.* ē (sententia) gedankenreich.

senticētum, ī, *n.* (sentis) Dorngestrüpp *C.*

sentīna, ae, *f.* **1.** das schmutzige Wasser im Kielraum, Schiffsjauche: sentinae vitia die Unbequemlichkeit, daß Wasser eindrang, Romam sicuti in sentinam confluxerant wie in eine Kloake *S*; *occ.* Kielraum. **2.** *met.* Auswurf, Abschaum: servorum *Cu*, urbis.

Sentīnās, ātis, *m.* ager Gebiet v. Sentinum [in Umbrien] *L.*

sentiō 4. sēnsī, sēnsus, *pf.* sensti = sensisti *C* **1.** [physisch]: **wahrnehmen, fühlen, empfinden**: suavitatem cibi schmecken; *pass.* prius ad angustias venire quam sentiretur ungesehen; mit *acc. c. inf.*; [Gräzismus]: sensit medios delapsus in hostes *V.* **2.** *occ.* **schmerzlich empfinden, verspüren**: fugam *H*, Latinus sentiat Turnum soll den T. kennenlernen *V*;

sentis 416 **sequor**

bildl. vastationem *L. met.* **3. merken, wahrneh-**
men, einsehen, verstehen: de exitu rerum, de pro-
fectione; mit *acc. c. inf.*, indir. Fr. **4. meinen, denken,**
gesinnt sein: quid sentirent, aperuerunt ihre Meinun-
gen *N*, qui idem sentiebant die Gleichgesinnten *N*,
cum aliquo auf jemds. Seite stehen, quos sciebat ad-
versus se sensisse daß sie seine politischen Gegner
seien *N*, optime wohlgesinnt sein, **humiliter demisse-**
que niedrige Gesinnung haben, vera richtige Begriffe ha-
ben, **sensa** Gedanken; eum bonum civem für... hal-
ten. **5. occ. a. stimmen:** lenissime. **b. urteilen:** gra-
vius de aliquo.
E: § 36; vgl. ahd. sinnan 'sinnen'.

sentis, is, *m.* Dornstrauch; *met.* hamati stechende Sor-
gen *O.* Dav.

sentus 3 dornig, rauh: loca *VO.*

senuī *pf.* v. senesco.

seorsus u. **-um** (aus *sē-vorsos v. vorto = verto,
§§ 50, 21 u. 78) *adv.* abgesondert, abseits, fern von:
seorsum sentire anderer Ansicht sein *C.*

sēparābilis, e (separo) trennbar: a corpore.

sēparātim (separo, § 79) *adv.* besonders, abgesondert,
für sich, einzeln, allein: s. **dicere de genere** im allgemei-
nen.

sēparātiō, ōnis, *f.* (separo) Trennung.

sēparātus 3 getrennt, besonders: separatis tempori-
bus zu verschiedenen Zeiten *N*, iuga fern *H.* Von

sē-parō 1. absondern, trennen; *met.* suum consilium
ab reliquis.

sepeliō 4. īvī (iī), sepultus 1. begraben. **2.** *met.* zu
Grabe tragen, unterdrücken, vernichten, beendigen: do-
lorem, bellum, patriam, inertiam *H*; **occ.** vino som-
noque sepulti versenkt *V*, custode sepulto eingeschlä-
fert *V.*
E: ai. saparyáti 'verehrt'; über sepultus s. § 51, Anm.

sēpēs, sēpiō = saepes, saepio.

sēpia, ae, *f.* (σηπία) Tintenfisch.

Sēplāsia, ae, *f.* S. [Straße in Capua, in der man Salben
und Parfüme verkaufte].

sē-pōnō 3. posuī, positus (§ 72) **1. beiseite legen, auf-**
heben: primitias Iovi *O*, pecuniam in aedificatio-
nem *L*, seposita vestis lange verwahrtes Festkleid [für
bes. Gelegenheiten] *Ti.* **2. aufsparen, vorbehalten:**
principatum Nervae senectuti die Schilderung *T*;
occ. tempus ad rem bestimmen, vestem alicui testa-
mento aussetzen *Ph*, locus poenis sepositus be-
stimmt *T.* **3. trennen, scheiden, fernhalten:** inurba-
num lepido dicto unterscheiden *H*, interesse pugnae
an seponi fernbleiben *T*; *met.* consulatum extra cer-
tamen aus dem Streit lassen *L*, nectare curas vertrei-
ben *O.* **4. occ. verweisen, verbannen:** in secretum
Asiae *T.*

sēpse (sē + pse, s. ipse) sich selbst.

sēpta s. saepio.

septem (ai. saptá, gr. ἑπτά, got. u. ahd. sibun) sieben:
s. colles = Rom *H*; S. Aquae [bei Rieti]; *subst.* die sie-
ben Weisen. Dav.

September, bris, bre der siebente: (mensis) der (Mo-
nat) September [der siebente, später neunte Monat]; *adi.*
Calendae; horae Herbsttage *H.*

septem-decim (§ 67) siebzehn.

septem-fluus 3 (fluo) siebenarmig: Nilus *O.*

septem-geminus = septemfluus: Nilus *CaV.*

septem-plex, plicis (plico) siebenfach, -fältig: Nilus,
Hister mit sieben Mündungen *O.*

septemtriō, ōnis, *m.* Bär [als Gestirn]: maior, minor.
meton. **1.** Norden. **2.** Nordwind *L.* Von (§ 61, 3)

septem-triōnēs, um, *m.* 'die sieben Dreschochsen',
das Siebengestirn, der Große Bär. Dav.

septemtriōnālia, um, *n.* nördliche Gegenden *T.*

septemvirātus, ūs, *m.* das Septemvirat [von sieben
Männern verwaltetes Amt]. Von

septem-virī, ûm, *m.* die Septemvirn [Kollegium von sie-
ben Männern] *L*; *sg.* septemvir, ī, *m.* Mitglied der S.

septēnārius, ī, *m.* Septenar [siebenfüßiger Vers]. Von

septēnī 3 (septem) **1.** je sieben *L.* **2.** sieben zugleich:
viae die sieben Nilmündungen *Pr.*

septentriō = septemtrio (§ 33).

septiē(n)s (septem) *adv.* siebenmal.

septimānī, ōrum, *m.* (septima, *sc.* legio) Soldaten der
7. Legion *T.*

septimus, altl. (§ 41) **-umus** 3 (septem) der siebente;
adv. septimum zum siebentenmal; siebenmal.

septingentē(n)simus 3 der siebenhundertste *L.* Von

septin-gentī 3 (*septem-centi) siebenhundert. Dav.

septingentiēns *adv.* siebenhundertmal.

septi-rēmis, e (septem remi, § 66) mit sieben Ruder-
reihen: navis Siebenruderer *Cu.*

septuāgē(n)simus 3 der siebzigste. Von

septuāgintā siebzig.

septu-ennis, e (septem, annus, § 66) siebenjährig *C.*

sēptum s. saepio.

septumus [altl.] = septimus.

sept-ūnx, ūncis, *m.* (septem unciae, § 32) nur *pl.*
1. sieben Unzen: auri *L.* **2.** sieben Zwölftel *L.*

sepulcrālis, e Grab-: fax Leichenfackel *O.* Von

sepulcrum, ī, *n.* (sepelio, § 51, Anm.) Grabstätte, Grab,
Grabmal, Gruft: ara sepulcri Scheiterhaufen *V*, onerare
membra sepulcro Grabhügel *V*; *meton.* Leichen-
stätte *C*, placatis sepulcris die Abgeschiedenen *O*, se-
pulcra legere die Aufschriften, inane Ehrenmal, Keno-
taph *V.*

sepultūra, ae, *f.* (sepelio, § 51, Anm.) Bestattung, Be-
gräbnis; **occ.** Verbrennung *T.*

sepultus *pt. pf. pass.* v. sepelio.

Sēquana, ae, *m.* die Seine.

Sēquanī, ōrum, *m.* die S. [kelt. Volk zwischen Saône u.
Jura].

sequāx, ācis (sequor) verfolgend: flammae, undae
feindlich *V*, caprae dem jungen Laub nachgehend *V*,
fumi eindringend *V.*

sequester, tra, trum vermittelnd: pace sequestrā *V*;
subst. **sequester,** tris (trī), *m.* Vermittler, Unterhändler.

sequius s. II. secus.

sequor 3. secūtus sum (ai. sácate 'begleitet', gr. ἕπο-
μαι, Aor. ἑ-σπόμην, St. σεπ, §§ 15 u. 25, got. saíhwan
'sehen', eigtl. 'mit den Augen folgen', ahd. beinsegga
= pedisequa) Grundbed. 'sich anschließen'.

| I. begleiten, folgen, nachgehen; *occ.* nachset-
zen, verfolgen; *met.* nachjagen, nach etw. **streben,** |

sera   417   **servans**   **S**

aufsuchen; 2. (zeitlich) **nachfolgen, -kommen**; *met. a.* **von selbst kommen, sich einstellen**; *b.* **erfolgen, sich ergeben**; 3. **nachgeben**; *met.* **befolgen**; 4. **zufallen, zuteil werden.**

1. magistratum in provinciam *N*, viam *O*, vestigia *V*; gloria virtutem sequitur, de cortice sanguis fließt nach *V*; exemplum, mores alicuius *N*, factum sich halten an, castra Neronis unter N. **dienen** *N* = signa *L*, arma victricia sich dem Sieger anschließen *V*, dicta voce beantworten *V*. **occ.** hostem, feras *O*; poena aliquem sequitur; *met.* regiones, pennis astra *V*; otium nachgehen, amicitiam, gratiam alicuius, ferro extrema das Ende suchen *V*. **2.** sequitur hiems, lacrimae sunt verba secutae *O*, anno, die sequenti *L*; sequitur, ut (doceam) es kommt an die Reihe, daß, et quae sequuntur und so weiter. **a.** quo minus gloriam petebat, eo magis sequebatur *S*, laus est pulcherrima, cum sequitur *Q*. **b.** sequebantur eventus varii, damnatum poena sequi oportebat treffen, ex hac re sequitur discrimen *L*; sequitur, ut [oder] *acc. c. inf.* daraus folgt. **3.** telum non sequitur *L*, sequetur ramus *V*; *met.* imperium *Cu*, responsa das Orakel *V*. **4.** urbes captae Aetolos sequebantur *L*, heredes monumentum non sequitur *H*.

sera, ae, *f.* Torbalken, Riegel *TiO*.

Serāpis, is u. idis, *m.* S. [ägyptischer Gott].

serēnitās, ātis, *f.* (serenus) Heiterkeit, heiteres Wetter *L*; *met.* fortunae Gunst *L*.

serēnō 1. aufheitern, heiter machen.   Von

serēnus 3 heiter, hell; *n. subst.* heiterer Himmel *VL*. *met.* heiter, ruhig.

Sērēs, um, *m.* die S. [Volk in Ostasien, ber. durch Seidenerzeugung] *VH*; *adi.* **Sēricus** 3 serisch: sagitta *H*; pulvillus *H*, vestis *T* seiden; *n. pl. subst.* Seidenkleider *Pr*.

sēria, ae, *f.* längliches Tongefäß, Faß *CL*.

Sēricus 3 s. Seres.

seriēs, *f.*, *acc.* em, *abl.* ē Kette, Reihe, Folge; **occ.** Ahnenreihe, Stamm *O*.
E: I. sero 'Verknüpfung'.

sēriō s. II. serius.

Serīphus, ī, *f.* S. [Insel westl. v. Paros]; Einw. Serīphīus, ī, *m.*

I. sērius *adv.* s. serus.

II. sērius 3 ernsthaft, ernst; *subst. n.* Ernst, *pl.* ernste Dinge; *abl.* (*adv.*) **sēriō** im Ernst, ernstlich.

sermō, ōnis, *m.* (I. sero)

1. **Wechselrede, Unterredung, Unterhaltung, Gespräch**; *occ.* **Disputation, gelehrtes Gespräch, Vortrag**; 2. **gewöhnliche Rede, Umgangssprache**; *meton.* **Werk** in der Umgangssprache; 3. **Gerede, Gerücht**; 4. **Sprache, Redeweise**; *occ.* **Mundart.**

1. Abdalonymi Äußerung *Cu*. **occ.** de philosophia sermo habebatur *N*, Socraticus *H*. **2.** sermo in circulis versatur, scribere sermoni propiora *H*; *meton.* nostri sermones [Satiren u. Episteln] *H*. **3.** sermonem alicui praebere Anlaß zum Gerede *L*, multiplex *V*.

4. rusticus der Bauern, urbanus der Städter *L*, sermonis elegantia. **occ.** sermo, qui innatus est nobis Muttersprache, Persarum *N*.   Dav. *dem.*

sermunculus, ī, *m.* Geschwätz, Klatsch.

I. serō 3. (seruī) sertus **1.** reihen, knüpfen; sertus 3 geknüpft: loricae Kettenpanzer *N*; *subst.* serta, ōrum, *n.* Kranz, Girlande. **2.** *met.* reihen, ver-, anknüpfen: sermones inter se, colloquia cum hoste ein Gespräch anknüpfen *L*; haec sermone in Wechselrede behandeln *VL*, fabulam argumento das Stück inhaltlich zusammenhängend gestalten *L*; bella ex bellis Krieg an Krieg reihen *L*, proelia sich einlassen in *L*.
E: gr. εἴρω 'knüpfen' = *σέρjω, σειρά 'Seil', ὅρ-μος 'Halsband', § 25.

II. serō 3. sēvī, sătus (redupl. *si-sō zur Wz. *sē, vgl. semen; r für s nach § 29; e für i, vgl. § 41) **1.** säen, pflanzen: frumenta, arbores, manu sata Saatland; **occ.** besäen, bepflanzen: agrum bestellen *Cu*; sata, ōrum, *n.* Saaten, Saatfelder, Pflanzungen. *met.* **2.** erzeugen, hervorbringen; satus entsprossen [mit *abl.*]: sata Tiresiā Tochter des T. *O*, sati Curibus aus Cures stammend *O*. **3.** ausstreuen, erregen, verursachen: rumores *VCu*, crimina in senatum *L*, mentionem hier und dort Erwähnung tun *L*.

III. serō s. serus.

serpēns, entis, *m. f.* (serpo) Schlange; Drache [als Sternbild] *O*.   Dav.

serpenti-gena, ae, *m.* (gigno, § 66) Schlangensprößling *O*.   Und

serpenti-pēs, pedis (§ 66) schlangenfüßig *O*.

serpirastra, ōrum, *n.* Knieschienen [zum Geraderichten krummer Beine] *Varro*; *met.* Zurechtweisungen.

serpō 3. psī **1.** kriechen. *met.* **2.** schleichen, sich schlängeln: Hister in mare serpit *O*, serpit vitis (hedera *V*) rankt sich, somnus schleicht heran *V*. **3.** sich verbreiten: flamma per continua *L*, malum obscure serpens.
E: ai. sárpati 'kriecht', gr. ἕρπω, § 25.

serpullum, ī, *n.* Quendel, Feldthymian *V*.
E: ἕρπυλλον 'kriechendes Gewächs', § 25.

serra, ae, *f.* Säge.   Dav.

serratī (*sc.* nummi) die Serraten [gezackte Denare] *T*.

serta s. I. sero.

Sertōrius, ī, *m.* Q. S. [Parteigänger des Marius, nach Sullas Sieg Guerillaführer in Spanien]; *adi.* **Sertōriānus** 3: duces, bellum.

sertus *pt. pf. pass.* v. I. sero.

I. serum, ī, *n.* Molke *VTiO*.
E: ai. saráḥ 'flüssig', gr. ὀρός.

II. sērum, ī, *n.* s. sērus 3.

sērus 3 spät, *adv. comp.* serius später *O*, *sup.* quam serissime so spät als möglich; spes spät erfüllt *L*; ulmus langsam wachsend *V*; seri studiorum Spätlinge in der Bildung *H*; **occ.** zu spät: auxilium *L*; *subst.* **sērum,** ī, *n.* Spätzeit: rem in serum trahere sich verspäten *L*, serum diei *LT*, in serum noctis bis in die späte Nacht *L*; *abl. adv.* **sērō** spät, zu spät; *acc. adv.* spät: nocte sedens serum *V*, sera comans narcissus *V*.

serva s. servos.

servābilis, e (servo) errettbar *O*.

servāns, antis (servo) beobachtend: aequi *V*.

servatio   418   **severitas**

servātiō, ōnis, *f.* (servo) (beobachtetes) Verfahren *Pli.*

servātor, ōris, *m.* u. **-trīx**, īcis, *f.* (servo) Erhalter(in), Erretter(in).

servīlis, e, *adv.* **iter** (servus, § 75, Abs. 2) sklavisch, Sklaven-: serviliter facere nach Sklavenart.

Servīlius 3 im *n. g.* **1.** C. S. Ahala s. d. **2.** Q. S. Caepio [Gegner des Saturninus, Glaucia, Drusus]; *adi.* lacus Servilius Bassin des S. [am Forum, wo die Köpfe der Geächteten aufgesteckt wurden]; horti Serviliani der Park des S. [südl. von Rom] *TSp.*

serviō 4, *impf.* servibam, *fut.* servibo *C* (servus) **1. Sklave sein, als Sklave dienen:** servitutem (alicui *C*). **occ. a.** (politisch) **gehorchen, geknechtet sein:** populo R. **b. belastet sein:** eae aedes serviebant. *met.* **2.** auf etw. **bedacht sein, sich hingeben, dienen, frönen:** bello, auribus Vari schonen, nach Gefallen reden, pecuniae, gloriae; personae Rücksicht nehmen. **3. sich fügen, willfahren, sich beherrschen lassen:** temporibus *N*, incertis rumoribus sich bestimmen lassen, tempori sich in die Zeit schicken.

servitium, ī, *n.* (servus) **1.** Sklaverei, Sklavendienst; *met.* Knechtschaft, Dienstbarkeit: corporis *S*, Germanias servitio premere knechten *T. meton.* **2.** *pl.* Sklaven: servitiorum animi. **3.** *sg.* Sklavenschaft: in Sicilia movetur servitium.

servitūs, ūtis, *f.* (servus) **1.** Knechtschaft, Dienstbarkeit; *meton.* Sklaven: nova *H.* **2.** Unterwürfigkeit, Gehorsam: muliebris *L.* **3.** Belastung, Servitut [auf Grundstükken].

Servius, ī, *m.* S. [röm. Vorname]: S. Tullius [der Sage nach der sechste König Roms].

servō 1., *coni. pf.* servassint, *fut. ex.* servasso *C* (avestisch haurvaiti aus *sarvati 'hat acht, schützt')

---

1. beobachten, achtgeben, bewachen, hüten, aufpassen; 2. einen Ort **hüten,** an einem Ort **bleiben;** *met.* 3. **beobachten, bewahren, innehalten, in acht nehmen;** 4. **erretten, unversehrt erhalten;** 5. **aufbewahren, -sparen, -heben.**

---

1. lumina servantia wachsam *O*, de caelo die Himmelszeichen beobachten; fructūs *N*, diem einhalten *L*; vigilias, custodias halten *L*; serva nimm dich in acht *H.* **2.** domum zu Hause bleiben *V*, silvas bewohnen *V*, atrium vor der Haustür lauern *H.* **3.** ordines (ordinem *L*) Reih und Glied halten, institutum militare festhalten, legem, fidem, pacem halten. **4.** navem ex hieme *N*, urbem insulamque Caesari, locum schützen *V*; signum integrum, vivum archipiratam. **5.** carmina scrinio *Cu*; *met.* in id tempus vires militi *L*; se rebus secundis für bessere Tage *V.*

servolus u. [jünger, § 50] **-ulus**, ī, *m.* bzw. **-a**, ae, *f.* Sklave, Sklavin.   *Dem.* v.

servos u. [jünger, § 50] **-us**, ī, *m.* bzw. **-a**, ae, *f.* (servo) Knecht, Sklave, Sklavin: publici Staatssklaven, Amtsdiener; *met.* libidinum; als *adi.* **servus** 3 dienend, dienstbar, geknechtet: manus *O*, civitas *L*, pecus knechtisch *H.*

sēsama, ae, *f.* (σήσαμον) S e s a m *Cu.*

sēscēnāriae cohortes 600 Mann stark.   Von

sēscēnī 3 (sexcenti) je 600.

sēsc-ennāris, e (sesqui, annus, vgl. §§ 53 u. 43) anderthalbjährig *L.*

sēscentēsimus 3 der sechshundertste.   Von

sēs-centī 3 (sex, centum, § 30) sechshundert: his sescentis annis in den letzten 600 Jahren; *synecd.* tausend, unzählige: causae *C.*   Dav.

sēscentiē(n)s *adv.* sechshundertmal.

sēscento-plāgus (plāga) der ungezählte Schläge bekommt *C.*

sēsc-ūnciālis, e (sesqui, uncia = $1\frac{1}{2}$ pes, § 30) von anderthalb Zoll *Sp.*

seselis, is, *f.* (σέσελις) Steinkümmel.

sēs-qui 1. *adv.* um die Hälfte (mehr): maior. **2.** anderthalb (§ 67): **sēsqui-hōra** anderthalb Stunden *Pli*; **sēsqui-opus**, eris, *n.* anderthalb Tagewerke *C*; **sēsqui-pēs**, pedis, *m.* anderthalb Fuß *C*; dav. **sēsqui-pedālis**, e anderthalb Fuß lang; *met.* verba 'ellenlang' *H*; **sēsqui-plāga**, ae, *f.* anderthalb Hiebe *T*; **sēsquiplex**, plicis (vgl. septemplex) anderthalbfach.

E: *sēmis-que '(einer) u. ein halber', vgl. semi- u. §§ 69 u. 43 f.

sessilis, e (sedeo) zum Sitzen geeignet: tergum *O.*

sessiō, ōnis, *f.* (sedeo, § 36) **1.** das Sitzen; **occ.** das Herumsitzen: Capitolina. **2.** Sitzung: pomeridiana. **3.** *meton.* Sitz(gelegenheit): gymnasiorum.

sessitō 1. āvī (Doppelfrequ. zu sedeo) immer sitzen.

sessor, ōris, *m.* (sedeo, § 36) Sitzer, Zuschauer *CaH*; **occ.** Insasse, Einwohner *N*; Reiter *Sp.*

sessum *pt. pf. pass.* v. sedeo oder sido.

sēs-tertius, ī, *m.* S e s t e r z [die wichtigste römische Münze, bis zur Zeit der Gracchen gleich $2\frac{1}{2}$ As ($\frac{1}{4}$ Denar), dann 4 As. Vor Augustus aus Silber, dann aus Messing]; *synecd.* nummo sestertio vēnire um eine Kleinigkeit *L*; centum sestertii 100 Sesterze; duo milia sestertiûm, [seltener] sestertiorum; [der *gen.* sestertiûm — nach § 59, Abs. 2 isoliert — wurde später wie ein *n.* dekliniert und bezeichnet eine Summe von 1000 Sesterzen]: trecenta sestertia 300 000 Sesterze; [Millionen wurden vollständig wiedergegeben]: decies centena milia sestertiûm: 1 Million; sēstertium, ī, *n.* 100 000 Sesterze [mit Unterdrückung von centena milia]: accepi vicies sestertium 2 000 000, centies sestertii summa von 10 000 000 Sesterze; [der Querstrich über der Ziffer bedeutet Multiplikation mit 100 000]: $\overline{HSX}$ numeratum est = sestertium deciens; syngrapha $\overline{HSC}$ (sestertii centiens) ein Wechsel auf 10 Millionen Sesterze.

E: sēmis tertius 'der dritte (As) halb', $2\frac{1}{2}$ As, Zeichen IIS, daraus HS.

Sēstius, Sēstiānus s. Sextius.

Sēstos u. **-us**, ī, *f.* S. [St. am thrakischen Ufer des Hellespont] *O*; als *adi.* Sesta puella = Hero *O.*

sēta s. saeta.

Sētia, ae, *f.* S e z z e [St. in Latium] *L*; *adi.* Sētīnus 3 *L.*

sētiger s. saetiger.

sētius s. II. secus.

sētōsus s. saetosus.

seū = sive.

sē-vehor 3. vectus sum die Bahn verlassen *Pr.*

sevērītās, ātis, *f.* Ernst, Strenge, Härte.   Von

severus   419   **siccus**   **S**

sevērus 3, *adv.* **ē** ernst, gewissenhaft, streng; **occ.** hart, grausam: iudicia, severe vindicare; uncus schrecklich *H*, Falernum herb *H*.

Sevērus, ī, *m.* **1.** Cornelius S. [epischer Dichter, Freund des Ovid] *OQ*. **2.** T. Cassius S. [röm. Rhetor unter Augustus u. Tiberius] *QT*. **3.** S. [Gebirgszug im Sabinerland] *V*.

sēvī *pf.* v. II. sero.

sē-vocō 1. **1.** beiseite-, abrufen: plebem in Aventinum zur Auswanderung aufrufen. **2.** *met.* abziehen: animum a voluptate.

sex (ai. šáṭ , gr. ἕξ, § 25, got. saíhs, ahd. sehs) s e c h s ; Sex. [als Abkürzung] = Sextus.

sexāgēnārius 3 sechzigjährig *Sp*.   Von

sexāgēnī 3 (sexaginta) je sechzig.

sexāgē(n)simus 3 (sexaginta) der sechzigste.

sexāgiē(n)s (sexaginta) *adv.* sechzigmal: bona Roscii sunt sexagiens (*sc.* sestertium) sechs Millionen wert.

sexāgintā sechzig.

sex-angulus 3 sechseckig: cera *O*.

sexcēn . . . s. sescen . . .

sexdecim = sedecim.

sex-ennis, e (annus, § 43) sechsjährig.   Dav.

sexennium, ī, *n.* Zeit v. sechs Jahren, sechs Jahre.

sexiē(n)s (sex) *adv.* sechsmal.

sexprīmī, ōrum, *m.* die sechs Obersten des Stadtrates [in Munizipien u. Kolonien].

sextādecumānī, ōrum, *m.* (von sextā decumā) Soldaten der 16. Legion *T*.

sextāns, antis, *m.* (sex) ein Sechstel; der Sextans [als Münze = ⅙ As, als Maß = ⅙ sextarius].   Dav.

sextantārius 3 ein Sechstel betragend *Sp*.

sextāriolus, ī, *m.* Schoppenkrug *Sp*.   *Dem.* von

sextārius, ī, *m.* (sextus) der Sextarius, 'Schoppen' [⅙ congius = 0,5 l].

Sextīlis, e (sextus, § 75, Abs. 2) sechster: (mensis) S. [der urspr. sechste, später achte Jahresmonat, dann Augustus (mensis)].

Sextius u. **Sēstius** 3 im *n. g.* P. Sestius [quaestor 63, tr. pl. 56, Freund Ciceros]; *adi.* **Sēstiānus** 3.   Von

sextus 3 (ai. šaṣṭháḥ, gr. ἕκτος) der s e c h s t e ; *acc. n. adv.* sextum zum sechstenmal *L*.

sexus, ūs, *m.* Geschlecht.

sī, altl. sei *coniunct.* **1.** in Konditionalsätzen: **wenn, wofern**; si minus wenn nicht, wo nicht; q u o d s i , q u o d s i [relativ anknüpfend]: w e n n a l s o , wenn nun, wenn demnach ; (p e r i n d e) a c s i , q u a s i (g l e i c h) a l s w e n n . **occ. a.** w e n n a n d e r s , w e n n n ä m l i c h : divinus, si divinatio appellanda est *N*. **b.** konzessiv: w e n n a u c h , w e n n s c h o n . **2.** in Wunschsätzen: **wenn doch**: si ramus se ostendat *V*. **3.** in indir. Fr. **ob**: quaesiverunt, si incolumis evasisset *L*; conati, si perrumpere possent; Minucium praemittit, si quid perficere posset ob vielleicht.

E: urspr. = 'so', wie die verstärkte Form sic zeigt, *locat.* des alten *pron. demonstrativum* sum, sam, sōs; vgl. gr. εἰ, § 25.

sibi s. IV. sē.

sībilō, āre **1.** *intr.* zischen, pfeifen *VPrO*; zuflüstern;

met. ferrum in unda *O*. **2.** *trans.* jemd. auszischen, auspfeifen.   Von

I. sībilus, ī, *m.*, *pl.* d i c h t . sībila, ōrum, *n.* **1.** das Pfeifen, Zischen, Säuseln, Rauschen. **2. occ.** das Auspfeifen.

II. II. sībilus 3 (sibilo, § 76) zischend, pfeifend *V*. E: got. swiglon, ahd. swёglon 'pfeifen', 'Schwegler = Pfeifer'.

sibimet s. IV. se u. met.

Sibylla u. **Sibulla** (§ 91, Abs. 2), ae, *f.* Wahrsagerin, Weissagerin, Sibylle [bes. die S. von Cumae; *adi.* **Sibyllīnus** 3; libri S. [Ritualvorschriften, angeblich von Tarquinius einer alten Frau abgekauft u. im kapitolin. Tempel aufbewahrt, mit dem sie 83 verbrannten. Die Sammlung der Bücher wurde 76 erneuert und ab 12 im Apollotempel auf dem Palatin deponiert. Sie wurden in Notzeiten von einer eigenen Kommission (quindecimviri) eingesehen.]

sīc (si + ce) *adv.*

> I. r e i n m o d a l : 1. **so, auf diese Weise**; *occ.* 2. **folgendermaßen**; 3. **so beschaffen, derartig**; 4. **unter solchen Umständen, demgemäß, daher**; 5. **nur so, schlechtweg, ohne weiteres.**
> II. F o l g e s ä t z e d e t e r m i n i e r e n d : 1. **so, dermaßen, derart**; 2. (beschränkend) **unter der Bedingung, insofern.**

I. 1. sic effugit pericula *N*, sic est so ist's, fürwahr, ja; ut (sicut, veluti, quemadmodum, ceu) . . . sic, sic . . . quasi (tamquam, quam); sic te Venus . . . regat, . . . precor so wahr ich wünsche, daß *H*. **2.** ingressus est sic loqui Scipio, ego sic existumo *S*; sic habeto mit *acc. c. inf.* so wisse. **3.** sic vita hominum est. **4.** sic fit, ut; sic ad supplicium Numitori Remus deditur *L*; ne sic quidem. **5.** sic nudos in flumen deicere, sic temere iacēre so ganz ohne Sorgen *H*. **II. 1.** sic Tertiam dilexit, ut eam secum in provinciam deportaret. **2.** praefecturas sic accepit, ut neminem sit secutus *N*, sic tibi gratias ago, ut cumulus adcesserit insofern . . . hinzugekommen ist; sic . . . si dann . . . wenn *L*.

sīca, ae, *f.* (zu seco) Dolch; *meton.* Erdolchung, Meuchelmord.

Sicambrī s. Sugambri.

Sicānī, ōrum, *m.* die S. [Ureinwohner Siziliens]*V*; *adi.* **Sicān(i)us** 3; **Sicānia**, ae, *f.* = Sizilien *O*.

sicārius, ī, *m.* (sica) Bandit, Meuchelmörder.

Sicca, ae, *f.* S. [St. in Numidien, röm. Kolonie mit einem Tempel der Venus] *S*; Einw. Siccēnsēs 3.

siccitās, ātis, *f.* (siccus) **1.** Trockenheit, Dürre. *met.* **2.** feste Gesundheit, Zähigkeit: corporis. **3.** (*rhet.*) Einfachheit, knapper Ausdruck: orationis, Attici generis.

siccō 1. **1.** trocknen: vulnera *V*; **occ.** austrocknen: Hebrum *O*. **2.** *met.* leeren: cados *H*, ubera aussaugen *V*.   Von

siccus 3, *adv.* **ē 1.** trocken, ausgetrocknet: oculi, genae tränenlos *HO*; *subst.* **siccum**, ī, *n.* Land: in sicco *VL*; vox aus trockenem Munde *O*, dies regenlos *H*, signa = Großer und Kleiner Bär *O*. **2.** *met.* nüchtern; **occ.** sic-

Sicelis   420   **signum**

cus, inanis durstig und hungrig *H*, accedes siccus ad unctum armer Schlucker *H*, medullae liebelos, liebeleer *Pr*; (*rhet.*) schlicht, einfach.

Sīcelis s. Siculi.

Sicilia, ae, *f.* Sizilien; *adi.* Siciliēnsis, e.   Dav.

sicilicissitō, āre sizilische Art nachahmen *C.*

sīcilicus, ī, *m.* der achtundvierzigste Teil [einer Stunde] *Sp*; ein Viertelzoll *Sp.*   Von

sīcilis, is, *f.* Sichel *Ennius Sp.*

sīcine (sīce-ne, vgl. sic, § 41) so? also?

Sicoris, is, *m.* S e g r e [linker Nebenfl. des Ebro].

sī-cubi (si + cubi = ubi, § 16) wenn (irgend)wo.

Siculī, ōrum, *m.* die S. [indogerm. Bewohner Siziliens, aus Italien eingewandert] *Varro Sp*; = die Sizilier; *adi.* **Siculus** 3: tyrannus = Phalaris *O*, pastor = Theokrit *V*; fuga [des jüngeren Pompeius nach Sizilien] *Pr*; **Sīcelis**, idis, *f.* sizilisch *VO*; *subst.* Sizilierin *O.*

sī-cunde (si + cunde = unde, § 16) wenn irgendwoher.

sīc-ut, sīc-utī (§ 67) *adv.* **1. sowie, gleichwie, wie:** sicut . . . sic, ita, item; dicat Epicurus, sicut dicit wie er wirklich sagt. **occ. 2. gleichsam:** me s. alterum parentem diligit. **3. wie wenn, gleich als ob:** sicuti iurgio lacessitus foret *S.* **4. wie (so) zum Beispiel:** in causis omnibus, s. in ipsa Curii. **5. in dem Zustand wie, so wie:** epistula, s. erat signata *N.*

Sicyōn, ōnis, *m. f.* S. [St. nw. von Korinth]; *adi.* u. Einw. Sicyōnius; calcei = weiche Schuhe, baca = Olive *V.*

Sīda, ae, *f.* S. [St. in Pamphylien]; Einw. **Sīdētae** *L.*

sīdereus 3 (sidus) **1.** der Sterne, gestirnt, Sternen-: aethra sternenhell *V*, dea = Nox *O*; **occ.** der Sonne, Sonnen-: ignes, lux *O.* **2.** glänzend, strahlend: clipeus *V.*

Sidicīnī, ōrum, *m.* die S. [Volk in Kampanien um Teanum]; *adi.* Sidicīnus 3.

sīdō 3. sēdī, sessum (aus *sisdo, § 30, ἵζω aus σισδω, § 25; redupl. *pr.* zur Wz. sed, vgl. sedeo) **1.** sich setzen, niederlassen. *met.* **2.** sich senken, setzen: nebula campo sederat *L*, esca, quae tibi sederit die dir wohlbekommt *H*, cum sederit glans stecken bleibt *L*, sidente metu legte sich *T*; **occ.** sitzen bleiben: navis coepit sidere *N.* **3.** hinschwinden: in cineres *Pr.*

Sīdōn, ŏnis, *f.* S a i d a [älteste St. Phönikiens]. *Adi.* **1. Sīdōnius** 3 sidonisch *VO*; tyrisch: ostrum *H*; rot, purpurn: chlamys *V*; phönikisch: hospes = Kadmus *O*; Einw. **Sīdōniī; Sīdŏnis**, idis, *f.* phönikisch: tellus *O*; *subst.* Phönikerin *O.* **2. Sīdōnicus** 3 *S.*

sīdus, eris, *n.* **1. Sternbild, Sterngruppe:** Arcturi *V*, extra sidera außerhalb des Tierkreises *V.* **occ. Gestirn, Stern:** sidera solis *O*; grave *O*, durum *Pr* hartes Geschick, 'Unstern'. *meton.* **2. Jahreszeit:** hibernum *V.* **3. Tag:** brumale Wintersonnenwende *O*, aequinoctii *T.* **4. Gegend:** tot sidera emensa *V.* **5. Witterung, Sturm:** grave Sturmwetter *O*, triste Minervae s. Sturm, den Minerva erregt *V*, abruptum Sturmwolke *V*; aetherium Hitze *O*; sidere icti vom Sonnenstich *L.* **6.** *pl.* **Himmel:** ad sidera ferre (lobend) in den Himmel erheben *V.* **7.** *met.* **Stern, Glanz, Zierde:** geminum, sua lumina, sidus *O*, Macedoniae *Cu.*

Sigambrī s. Sugambri.

Sīgēum, ī, *n.* S. [Vorgebirge in der Troas]; *adi.* **Sīgē(ī)us** 3.

sigillātus 3 mit kleinen Figuren verziert.   Von

sigillum, ī, *n.* (*dem.* v. signum) **1.** kleine Figur, kleines Bild: Tyrrhena etruskische Statuetten *H.* **2. occ.** Siegel.

signātor, ōris, *m.* (signo) Unterzeichner *Sp*; falsi Urkundenfälscher *S.*

Signia, ae, *f.* S e g n i [St. in Latium] *L*; Einw. **Sīgnīnī** *L.*

signi-fer 3 **1.** (signa ferens, § 66) Sternbilder tragend: (orbis) signifer Tierkreis. **2.** (signum ferens) *subst.* Signifer, Fahnenträger; *met.* Anführer, Fahnenträger.

significanter (significo) *adv.* deutlich, klar.

significantia, ae, *f.* Deutlichkeit *Q.*   Und

significātiō, ōnis, *f.* **1. Bezeichnung, Andeutung, Anzeige, Zeichen:** victoriae, fumo facta Rauch-, Feuerzeichen. **occ. 2. Beifallszeichen, -kundgebung:** comitiorum et contionum. **3.** (*rhet.*) **Nachdruck, Emphase:** s. et distincte concisa brevitas. **4. Sinn, Bedeutung:** verborum *Q.*   Von

significō 1. (durch *sīgnificus, §§ 66 u. 43, aus signa facere) **1.** ein Zeichen geben. *met.* **2.** anzeigen, andeuten, zu erkennen geben, bezeichnen: deditionem, luctum *O*, Zenonem anspielen auf, eum murum ligneum das als hölzerne Mauer *N*, aliquem regem als König *N*; mit indir. Fr., *acc. c. inf.*, **ut. occ. 3.** vorher verkünden, anzeigen: quid mihi significant visa? *O.* **3.** bedeuten: 'carere' hoc significat, fabula significat (mit *acc. c. inf.*) *Ph.*

signō 1. **1. einkerben, einschneiden:** saxo nomina eingraben *O*, caeli regionem in cortice *V*, carmine saxum mit einer Inschrift versehen *O*; **occ.** eindrücken: humum pede *H*, vestigia pulvere *V.* **2. mit Zeichen versehen, bezeichnen:** moenia aratro *O*, limite campum *V*; *met.* sonos notis aufzeichnen, signat sanguis plumam befleckt *O*, lanugine malas *O.* **3. occ. siegeln, versiegeln:** epistulam. **4. prägen:** pecuniam *L*, argentum signatum; b i l d l . pectore nomen einprägen *O.* **5. auszeichnen, schmücken:** honore *V.* **6. kenntlich machen:** famam loco *O*, viam flammis *V*, rem carmine durch eine Aufschrift anzeigen *V*, ossa die Ruhestätte bezeichnen *V.* **7. beobachten, bemerken:** aliquem oculis *V*, ultima ins Auge fassen *V*, ora wahrnehmen *V.*   Von

signum, ī, *n.*

I. **1. Einschnitt, Eindruck;** *met.* **Merkmal, Zeichen;** *occ.* **2. Signal;** 3. **Parole;** 4. **Feldzeichen, Banner, Fahne;** *meton.* **Abteilung, Schar;** 5. **Vorzeichen, Anzeichen;** 6. **Beweis(grund).**

II. **1. Götterbild, Bild, Bildnis, Figur;** *occ.* **2. Wappen, Abbild;** *meton.* **Siegel;** 3. *met.* **Sternbild, Gestirn.**

I. **1.** iaculo mihi vulnera fecit, signa vides *O*, pedum Fußstapfen *O*; *met.* libidinis *N*, timoris, servitii das Joch *O*, pecori signum imprimere einbrennen *V*, ponere signa praeceptis sich durch Zeichen einprägen *H.* **2.** signum dare, pugnae [mit einer roten

sil   421   **simul**   **S**

Fahne]; **signa canunt** die Signale ertönen, **concinunt** blasen zum Angriff, **signum tubā dare. 3. it bello tessera signum** V, **signum 'optimae matris'** T. **4. militaria, legionum**; **signa convelli iubet** = befiehlt aufzubrechen; **conferre a.** vereinigen: in unum locum, ad aliquem zu jemd. stoßen; **b.** zusammenstoßen, angreifen: cum hoste, collatis signis pugnare in offener Feldschlacht; **ab signis discedere, signa relinquere** desertieren; **signa ferre, movere, tollere** aufbrechen V, **ferre in hostem** dem Feind entgegenrücken L, **inferre** angreifen, **vertere** kehrtmachen, **convertere** kehrtmachen, schwenken, **sub signis urbem intrare** in Reih und Glied. *Meton.* reliqua S, **signa ordinesque** L. **5. morborum** V. **6. falsi accusatoris** Cu, hoc est signum mit *acc. c. inf.* N. **II. 1. signa et tabulae, palla signis auroque rigens** mit Goldfiguren bestickt V. **2. notum, imago avi tui**; **publicum** Staatswappen; *meton.* litterae integris signis. **3. Capellae** O, duodena Tierkreis O.

sīl, is, *n.* Ocker *Sp.*
Sīla, ae, *f.* S. [Bergwald in Bruttium].
sīlāceus 3 (sīl) ockergelb *Sp.*
Silarus, ī, *m.* Sele [Fl. in Lukanien] V.
silenda, silentēs s. sileo.
silentium, ī, *n.* (sileo) **1.** das Schweigen, Stillschweigen: **silentia feci** ich schwieg O; *abl. adv.* **silentio** stillschweigend: **aliquid audire**; **cum silentio audiri** aufmerksam angehört werden; **silentio praeterire, praetervehi, transmittere** übergehen; *bildl.* **lunae** der Mondnacht V. **2.** *met.* Stillstand, Ruhe: **causarum atque iuris, inter armatos** L, **vitam silentio transire** unbemerkt in der Stille S.
Sīlēnus, ī, *m.* S. [Erzieher des Bacchus, kahlköpfig, stumpfnasig, betrunken auf einem Esel reitend]; *pl.* Silene = alte Satyrn *Ca.*
sileō 2. uī **1. still sein, schweigen;** *subst.* **silentēs, um,** *m.* die Schweigenden: **coetus silentum** [= die Schüler des Pythagoras] O; **sedes silentum** = Unterwelt O. **2.** *trans.* **verschweigen, unerwähnt lassen;** *subst.* **silenda, ōrum,** *n.* Geheimnisse, Mysterien *LCu.* *met.* **3. lautlos sein, ruhen: silent frondes, silet aër** O. **4. ruhen, feiern, untätig sein: silent leges inter arma, nec ceterae nationes silebant** T.
E: vgl. got. **ana-silan** 'aufhören, still werden'.
siler, eris, *n.* Bachweide [oder] Spindelbaum V.
silēscō, ere (*incoh.* zu sileo) **1. still werden: domus** V. **2.** *met.* sich legen, ruhig werden: **caeli furor** *Ca,* **venti** O.
silex, icis, *m. f.* **1.** harter Stein, Kiesel, Quarz: **porcum saxo silice percussit** mit einem Kieselstein L, **silici scintillam excudit** Feuerstein V. **2.** *meton.* Fels: **acuta, dura** V.
silicernium, ī, *n.* Leichenschmaus *C;* 'alter Knacker' [Spottwort] *C.*
sīlīgo, inis, *f.* Winterweizen *Pli.*
siliqua, ae, *f.* Schote V; *pl.* Hülsenfrüchte H.
sillybus, ī, *m.* (σίλλυβος) Titelstreifen, Buchtitel.
Silurēs, um, *m.* die S. [Volk in Wales] *Sp.*
silus 3 stülp-, plattnasig; auch *cognomen.*

silva, ae, *f.* **1. Holz, Baum, Strauch: viridis** Myrtenstrauch V, **silvarum** (Bäume) **aliae exspectant propaginis arcūs** V. **2. Wald, Waldung, Forst: publicae** Staatsforste; *occ.* Park N; **silvae Academi** Anlagen H. *met.* **3. Menge, Fülle: aspera** Gestrüpp V, (flos) **tollit de caespite silvam** Busch V; **circumfert tegmine silvam** Wald von Speeren V. **4. reicher Vorrat: quasi silva dicendi;** *occ.* unverarbeiteter Stoff, **Konzept** *Q* 10, 3, 17.   Dav.
Silvānus, ī, *m.* S. [Wald- u. Feldgott].
silvēscō, ere (silva, § 74) ins Holz wachsen, verwildern.
silvestris, e (silva) **1.** waldig; *subst.* **silvestria** Waldgegend L. **2.** im Wald lebend, Wald-: **belua** = die Wölfin, **uber** = Euter der Wölfin *Pr,* **Iaera** Waldnymphe V, **Musa** Waldlied V; **feritas** L, **animus** V ursprüngliche Wildheit. **3.** wildwachsend, wild: **oliva** O, **corna** V.
silvi-cola, ae, *m. f.* (colo, § 66) waldbewohnend *VO.*
silvōsus 3 (silva) waldreich, waldig: **saltus** L.
Simbruīnī colles, S. **stagna** [am oberen Anio] T.
sīmia, ae, *f.,* [selten] **-ius, ī,** *m.* (simus) Affe; *met.* **simius iste** 'dieser Nachäffer' [Schimpfwort] H, **Rusticum Stoicorum simiam appellat** 'dummer Nachahmer' *Pli.*
similis, e, *adv.* **iter** ähnlich, gleichartig, gleich; meist mit *gen.,* seltener mit *dat.;* oft folgt **atque, ac si, ut si, tamquam si,** bes. nach *adv.* **similiter** ebenso, auf gleiche Weise, nicht anders; *subst.* **simile, is,** *n.* Gleichnis, Beispiel, Analogon.
E: ai. **samáḥ,** got. **sama,** ahd. **samo** 'derselbe', gr. ὁμοῖος 'ähnlich', zu indogerm. sem 'eins', vgl. semel.
similitūdō, inis, *f.* (similis) Ähnlichkeit, Gleichartigkeit: **veri** Wahrscheinlichkeit L; *occ.* Gleichnis.
sīmiolus, ī, *m.* (*dem.* v. simius) Äffchen.
simītū *C* arch. Nbf. zu simul.
sīmius s. simia.
Simō, ōnis, *m.* S. [der verliebte Alte im Lustspiel] H.
Simoīs, entis, *m.* S. [Nebenfl. des Skamander] *VHO.*
Simōnidēs, is, *m.* S. [großer gr. Lyriker um 500, Erfinder der Mnemotechnik].
sim-plex, plicis, *adv.* **iter 1. einfach, nicht zusammengesetzt, unvermischt: vulnus** O, **officium;** simpliciter geradezu, lediglich. **2.** *occ.* **einzeln, ein: simplici ordine** in einer Reihe *LT,* **plus vice simplici** mehr als einmal H. *met.* **3. natürlich, kunstlos: esca** V, **myrtus** H. **4.** *occ.* **schlicht, offen, bieder, naiv: s. errat in hortis** (virgo) **arglos** O, **homo; plus aequo liber simplex habeatur** ein Grobian soll als offener Charakter gelten H.
E: indogerm. sem 'eins', vgl. semel, u. *plac-, s. duplex.   Dav.
simplicitās, ātis, *f.* Einfachheit; *met.* Offenheit, Ehrlichkeit, Aufrichtigkeit; Naivität O.
sim-plum, ī, *n.* das Einfache L.
E: sem 'eins', vgl. semel u. duplus.
simpuvium, ī, *n.* Opferschale.
simul (= simile; vgl. **simulter** = similiter, **facul** = facile) **1.** *adv.* **unter einem, zusammen, zugleich, gleichzeitig, zur selben Zeit: simul cum Clodio;** dicht. u. spät *abl.:* **simul his** H; vbd. mit **et, -que, atque:** s.

simulacrum   422   **sinus**

et a Numidis obsecrati *S*. **2.** *coniunct.* **sobald als** [meist vbd. mit **atque (ac)**, daher auch (§ 67) simulac, simulatque geschrieben, seltener simul ut].

simulācrum, ī, *n.* (simulo) **1. Bildnis, Bild** [v. Statuen, Gemälden, Reliefs]; cerea Wachspüppchen [zur Zauberei] *O*, fugacia Spiegelbild im Wasser *O. met.* **2. a. Traumbild** *VO.* **b. Schatten** [von Toten]: Creusae *V*; audita Gespenstergeschichten *Pli.* **c. Charakterbild:** viri copiosi *L.* **3. Nachbildung:** navalis pugnae Manöver *L*, vindemiae *T*; **occ. Schatten, Phantom:** virtutis Abbilder, libertatis *T.*

simulāmen, inis, *n.* (simulo) Nachahmung *O.*

simulātē s. simulo.

simulātiō, ōnis, *f.* (simulo) **1.** Verstellung, Heuchelei; *pl.* Verstellungskünste *T.* **2.** Schein, Vorwand: moenium occupandorum Scheinangriff, rei frumentariae angeblicher Getreidemangel.

simulātor, ōris, *m.* Nachahmer: figurae *O*; *met.* Heuchler: cuius rei lubet *S*; **occ.** Meister in der Verstellungskunst: Socrates.   Von

simulō 1. (similis, § 51) **1.** ähnlich machen, nach-, abbilden, darstellen: anum die Gestalt annehmen *O*, Alexandri voltum *H*; **occ.** nachahmen: Bacchi furias *O*, vultu torvo Catonem *H.* **2.** *met.* vorgeben, sich stellen als ob, heucheln: Simulans 'Der Heuchler' [Titel einer **fabula togata** des Afranius], iracundiam, aegrum sich krank stellen *L*; mit *acc. c. inf.* (*inf. O*); **simulātus** 3, *adv.* **ē** erheuchelt, verstellt, scheinbar, zum Schein.

simultās, ātis, *f.* (similis, § 51, Anm., vgl. facultas v. facilis) Eifersucht, Rivalität, Spannung, Feindschaft.

sīmus 3 (σιμός) plattnasig: capella *V.*

sīn wenn aber, wofern aber; sin minus wenn aber nicht. E: si u. enklitisches ne, §§ 47 u. 55; eigtl. fragend: 'wenn aber das geschieht?'

Sīnaeus mons der Sinai *Sp.*

sincēritās, ātis, *f.* Rechtschaffenheit *Ph.*   Von

sincērus 3, *adv.* **ē 1.** rein: vas *H*; **occ.** unversehrt, gesund: corpus *O*, Minerva jungfräulich *O*, voluptas ungetrübt *O.* **2.** unvermischt, bloß: gens, populus *T*, equestre proelium *L.* **3.** aufrichtig, ehrlich: fides, sincere pronuntiare.

sincipitāmentum, ī, *n.* halbes Kopfstück: porcinum *C.*   Von

sinciput, itis, *n.* Vorderkopf *Sp*; *meton.* Kopf, Gehirn *C.*

Sindēnsēs, ium, *m.* die S. [Einw. v. Sinda in Pisidien] *L.*

sine *praep.* beim *abl.* ohne.

singillātim (singilli, *dem.* v. singuli; § 79) *adv.* im einzelnen, einzeln. NB: schlechter **singulātim.**

singulāris, e, *adv.* **iter** (singuli, § 75, Abs. 2) **1.** einzeln, vereinzelt: homo. **2. Einzel-, Allein-:** imperium Alleinherrschaft *N*, odium Privathaß. **3. einzig** in seiner Art, **außerordentlich, hervorragend, ausgezeichnet:** prudentia, fides *N*, honores; **occ. beispiellos:** crudelitas; *subst.* **singulārēs,** ium, *m.* Einzelreiter, berittene Ordonnanzen *T.*

singulārius 3 = singularis: catenae Einzelfesseln *C.*

singulātim s. singillatim.

singulī s. singulus.

singultim (singulus; vgl. singultus) *adv.* stockend *H.*

singultō 1. **1.** *intrans.* schluchzen *Q*; **occ.** röcheln: sanguine *V.* **2.** *trans.* hervorschluchzen: sonos *O*; **occ.** ausröcheln: animam *O.*   Dazu

singultus, ūs, *m.* **1.** der Schlucken [krankhaftes Aufstoßen] *Sp.* **2.** das Schluchzen: mitte singultūs laß das Weinen *H*; **occ.** das Röcheln *VSp*; das Glucksen [des Wassers] *Pli.*

singulus 3 (zu *sem = ἕν*, vgl. semel) einzeln, je ein, klass. nur *pl.* **singulī** 3 **1.** je ein, jeder, jedem ein: in annos (dies, menses) singulos für jedes Jahr, jährlich. **2.** einzeln, allein, einzig: carri einzeln hintereinander, senatoribus singulis plausus est datus jedesmal, wenn einer kam.

Sinis, is, *m.* (σίνις, σίντης) S. [Räuber bei Korinth, von Theseus getötet] *PrO.*

sinister, tra, trum. **1. linker, links befindlich:** a sinistra parte auf der linken Seite; sinistri die Leute auf dem linken Flügel *L*; *comp.* sinisterior rota *O*; *subst. f.* **sinistra die linke Hand;** *adv.* dextrā ac sinistrā von rechts und links. *met.* **2. linkisch, ungeschickt, verkehrt:** natura *CuPh*, mores *V.* **occ. 3. ungünstig, unglücklich, unheilkündend:** aves, omen *O*, fulmen; (femina) studiosa sinistri unheilbringend *O*, fama übler Leumund *T*, sermones böswillig *T.* **4. glücklich, heilkündend** [da der Augur nach Süden sieht und den Osten zur Linken hat]: tonitrūs *O*, cornix *V.*   Dav.

sinisteritās, ātis, *f.* Ungeschicklichkeit *Pli.*

sinistrē (sinister) *adv. met.* übel, ungünstig *HT.*

sinistrōrsus u. **-um** (*sinistrō-vorsus, §§ 22, 78, Abs. 1) *adv.* nach links.

sinō 3. sīvī, situs lassen, zulassen, dulden, erlauben, gestatten: arma viris überlassen *V*, sine hanc animam laß mir das Leben *V*; ne istuc Iuppiter sirit (= siverit) das wolle Gott nicht *L*; mit *inf., acc. c. inf.*; *pass.* mit *nom. c. inf.* accusare eum non est situs man ließ ihn nicht; der *imp.* in Begehrsätzen eingeschoben: sine pascat aretque laß sein, mag, möge *H*; sinite, revisam proelia *V*; nec sinit, incipiat *O.* NB: Synk. *pf.* sisti, sistis, siris, sirit; *ppf. coni.* sisset, sissent (§ 22); *coni. pf.* sierint *Cu.*

Sinōpē, ēs, *f.* Sinop [St. am Schwarzen Meer]; Einw. Sinōpēnsēs; Sinōpēus, ei, *m.* Sinopeer *O.*

Sinuessa, ae, *f.* S. [St. im südl. Latium]; *adi.* Sinuessānus 3; *subst. n.* Sinuessānum Gebiet v. S.

sīnum, ī, *n.* Napf *V.*

sinuō 1. (sinus) krümmen, bogenförmig machen: arcum spannen *O*; serpens sinuatur in arcūs schlängelt sich *V*; Euphrates sinuat orbes bildet Kreise *T*; Chaucorum gens in Chattos sinuatur zieht sich im Bogen bis... hin *T.*

sinuōsus 3 gewunden: vestis faltenreich *O.*   Von

sinus, ūs, *m.*

---

1. Krümmung, Biegung, Rundung, Bogen, Bausch; *occ.* **2. Meerbusen, Golf, Bucht;** *meton.* **Landvorsprung, -strecke; 3. Gewandbausch, Busen.**

---

1. draco sinus conficit (flectit *O*) Windungen, illum

Siphnos 423 **situs** **S**

unda accepit sinu Schoß *V*; pinus ventis effusum praebuerat sinum das geblähte Segel *Ti*, sinūs implere secundos *V*; terra in sinum consedit brach kesselförmig ein *L*, in ipso fit nodo sinus kesselförmige Vertiefung [zum Okulieren] *V*, sinum dare *L*, facere *Cu* einen Bogen bilden, fronte et sinu hostem excipere in der Front fassen und bogenförmig überflügeln *T*. **2.** adversariorum, Illyrici *V*; *meton*. Aenianum *L*, Campaniae *T*; *met*. montium der vorspringende Teil *Cu*. **3.** sinum implet (floribus) *O*; **a. Faltenwurf, Bausch** [der Toga]; s p r i c h w. aliquid ferre sinu laxo = sich wenig um etwas bekümmern *H*. **b. Sack, Tasche:** cedo mihi ex ipsius sinu litteras, occulti aut ambitiosi sinus die Geldbeutel niedriger oder vornehmer Leute *T*. **c.** *meton*. **Busen, Brust, Arme, Umarmung:** rapta sinu matris *O*, venisti in sinum tuae mimulae, in sinu gaudere sich innerlich (heimlich) freuen; **occ. Schoß:** concipit illa sinu *O*. **d.** *synecd*. faltiges **Gewand:** regales *O*, auratus *O*. **e.** *met*. **Schoß, Busen:** genus de complexu eius et sinu seine Lieblinge und Busenfreunde, res p. in sinum Vespasiani cessit flüchtete sich *T*. **f. occ.** α. **Innerstes:** urbis *S*. β. **Gewalt, Macht:** praefectorum *T*.

Siphnos, ī, *f*. S. [Kykladeninsel] *O*.

sīp(h)ō, ōnis, *m*. (σίφων) Feuerspritze *Pli*.   Dav. *dem*.

sīp(h)unculus, ī, *m*. kleines Springbrunnenrohr *Pli*.

sīpo s. sipho.

Sīpontum, ī, *n*. S. [Hafenst. in Apulien].

sīpunculus s. siphunculus.

Sipylus, ī, *m*. S. [Gebirge in Lydien].

sī-quando wenn einmal (§ 67).

si-quidem (sī gekürzt nach § 40) wenn ja, sofern ja, wenn anders, weil ja; [als Partikel]: denn *Sp*.

sī-quis, sī-quid *subst*. u. **sī-quī,** si-qua, sī-quod *adi*. s. quis u. qui.

Sīrēn, ēnis, *f*., meist *pl*. Sirene [Töchter des Achelous, in Vögel mit Mädchenköpfen verwandelt, die mit Gesang die Schiffer an die Klippen ihrer Insel locken]; Sirenum scopuli [drei kleine Inseln an der Halbinsel v. Sorrent] *VO*; *met*. improba Siren Verlockerin *H*.

Sīrius, ī, *m*. (Σείριος, § 91) Sirius, Hundsstern; *adi*. Sirius ardor *V*.

Sirmiō, ōnis, *f*. S i r m i o n e [Halbinsel im südl. Teil des Gardasees mit einem Landgut Catulls] *Ca*.

sīrus, ī, *m*. (σῖρός, § 91) Getreidegrube *Cu*.

sīs = sī vīs (§ 22) 'wenn du willst', 'wenn's beliebt'; **sultis** = sī vultis.

Sisapō, ōnis, *f*. S. [St. im südl. Spanien].

Sīsenna, ae, *m*. L. Cornelius S. [Geschichtsschreiber, Zeitgenosse Ciceros, Vorbild des Sallust].

siser, eris, *n*. (σίσαρον) Rapunzel *H*.

sistō 3. stitī, [selten] stetī, status (redupl. v. sto, vgl. ἵστημι = *σιστημι, § 25)

I. *trans*. 1. **stellen,** wohin **bringen;** *occ*. **aufstellen, errichten;** 2. **vor Gericht zum Termin stellen;** 3. **anhalten, hemmen, einstellen;** 4. **befestigen, feststellen.**

II. *intr*. 1. **hintreten, sich stellen, stillstehen, stehenbleiben;** 2. *met*. **bestehen, fortbestehen.**

I. **1.** monstrum arce *V*, cohortes super caput hostium *T*, classem in ore, suem ad aram *V*; alicui iaculum in ore in den Mund stoßen *V*; se sich einstellen, einfinden. **occ.** templum, tropaea *T*. **2.** vas eius sistendi; vadimonium sich vor Gericht stellen *N*. **3.** se a cursu *L*, pedem *O*, gradum *VCu*; equos *V*, fugam *LCu*; *met*. querellas beendigen *O*, ligamentis sanguinem *T*, populationem *T*, statis odiis militum da sich . . . gelegt hatte *T*. **4.** rem R. *V*, civitatem consuetis remediis *L*; **status** 3 **festgesetzt, bestimmt:** dies, tempus *Cu*, sacrificium periodisch wiederkehrend. **II. 1.** ore am Boden liegen *C*, ad Myonnesum *L*, ubi sistere detur wo man Ruhe finden könne *V*; sanguis sistit stockt *V*. **2.** non (vix) sisti potest man kann nicht fortbestehen, so geht es nicht weiter *CL*.

sīstrum, ī, *n*. (σεῖστρον v. σείω, § 91, Abs. 2) Klapper [im Isiskult] *VO*.

sisymbrium, ī, *n*. (σισύμβριον) Quendel *O*.

Sīsyphus, ī, *m*. S. [Sohn des Äolus, König von Korinth, verschlagen und gewalttätig, von Theseus getötet und in der Unterwelt verdammt, einen immer wieder abstürzenden Felsblock bergan zu wälzen]; *adi*. Sīsyphius 3: sanguine cretus Sisyphio = Odysseus [Sohn des Sisyphus und der Antiklea vor ihrer Vermählung mit Laertes] *O*, opes = korinthisch *O*.

sitella, ae, *f*. Lostopf, Stimmurne [mit Wasser gefüllt, enghalsig, so daß stets nur ein hölzernes Los oben schwamm]: sitellam deferre de aliquo über jemd. abstimmen lassen.

E: *dem*. v. situla 'Topf'.

Sīthōn, onis, *m*. thrakisch: triumphi *O*; *f*. Sīthonis, idis; *subst*. Thrakerin *O*; Sīthonius 3 thrakisch *VO*; *subst*. Thraker *H*.

sitīculōsus 3 (sitis) durstig, trocken: Apulia *H*.

sitienter *adv*. gierig.   Von

sitiō 4. **I.** *intr*. **1. Durst empfinden, dürsten;** s p r i c h w. mediis in undis = im Reichtum darben *O*. *met*. **2. dürr, trocken sein:** sitit tellus *O*, herba *V*, sitientes Afri, Indi lechzend *V*. **3. begierig sein, verlangen:** sitiens virtutis. **II.** *trans*. **1.** nach etw. **dürsten:** plus sitiuntur aquae *O*. **2.** *met*. **lechzen, verlangen:** honores, libertatem.   Von

sitis, is, *f*., *acc*. im, *abl*. ī **1.** Durst: sitim colligere durstig werden *VO*. *met*. **2.** Dürre Trockenheit: deserta siti regio *V*. **3.** heißes Verlangen, heftige Begierde: cruoris *O*, libertatis; argenti *H*.

Sitonēs, um, *m*. die S. [die Finnen am Bottnischen Meerbusen] *T*.

I. situs *pt. pf. pass*. v. sino.

II. situs 3 (sino) **I.** *pt*. **1. erbaut:** oppida *Cu*, ara Druso *T*. **2. beigesetzt, begraben:** super Numicum flumen *L*. **II.** *adi*. **1. gelegen, liegend;** situm esse **liegen; occ. wohnend, hausend:** post Tigrim *Cu*; in medio, ante oculos offen daliegend. *met*. **2. befindlich:** longius fernerstehend *T*. **3. beruhend:** in unius pernicie patriae salus *N*, quantum est situm in nobis soviel an uns liegt.

III. situs, ūs, *m*. (sino) **1. Stellung, Lage:** naturae natürliche *Cu*, munitus, regalis s. königlicher Bau *H*; gentium örtliche Verhältnisse *T*. **2. langes Liegen,**

situs   424   **solacium**

Ruhe *V*; occ. **Mangel an Pflege**: loca senta situ *V*. **3.** *met.* das **Hinwelken, Untätigkeit**: Aesonis Altersschwäche *O*, senectus victa situ abgelebt, stumpf *V*, aeternus Vergessenheit *Pr.*
IV. situs, ūs, *m.* Schmutz, Moder, Schimmel, Verwitterung: immundus *Pr*, oris (dicht.).
sī-ve (sī mit enklitischem ve, § 47, altl. sei-ve, antekonsonantisch, § 42, Abs. 2:) seu **1. oder wenn** [zur Fortführung hypothetischer Sätze]: si nocte sive luci faxit *L*; [verkürzt]: vacui sive quid urimur *H*. **2.** [doppelt]: **sei es, daß ... oder daß; wenn entweder ... oder wenn; entweder ... oder;** [freier]: sive ... seu, seu ... sive, dicht.sive ... vel *O*, sive ... aut *V*, sive ... an *T*. **3. oder:** eiecto sive emisso Catilina. **4.** *interrogativ:* **ob ... oder ob:** dubii, seu vivere credant sive extrema pati *V.*
sīvī *pf.* v. sino.
smaragdus, ī, *m. f.* (σμάραγδος) S m a r a g d *Sp.*
Smīlax, acis, *f.* S. [Geliebte des Krokus, in eine Stechwinde (σμῖλαξ) verwandelt] *O.*
Smintheūs, *m.*, *acc.* ea S. [Kultname des Apollo] *O.*
Smyrna, ae, *f.* Izmir [Hauptst. Ioniens]; Einw. Smyrnaeī.
sobolēs = suboles.
sobrīnus, ī, *m.* u. **sobrīna**, ae, *f.* (aus *su̯esrīnos zu soror, §§ 26 u. 34) Geschwisterkind, Cousin, Cousine: consobrini er sobrini erste u. zweite Geschwisterkinder.
sōbrius 3, *adv.* **ē 1.** nüchtern, nicht berauscht: male s. betrunken *TiO*, convictus *T*. **2.** mäßig, enthaltsam: sobrie vivere. **3.** *met.* besonnen, verständig: oratores.
socculus, ī, *m.* leichte Sandale *PliSp.*   *Dem.* v.
soccus, ī, *m.* (σύκχος) **1.** gr. **Halbschuh. 2.** occ. **Soccus, Schuh** [der Schauspieler in der Komödie]. **3.** *meton.* **Komödie:** hunc socci cepere pedem [den Jambus] *H.* **4. Stil** der Komödie: socco digna carmina *H.*
socer (socerus *C*), erī, *m.* (gr. ἑκυρός, § 26, got. swaíhra, ahd. swehur) Schwiegervater; *pl.* Schwiegereltern.
socia, ae, *f.* s. socius 3 II.
sociābilis, e (socio) vereinbar *Sp*; occ. verträglich *L.*
sociālis, e, *adv.* **iter** (socius, § 75, Abs. 2) **1.** kameradschaftlich: iambus cedit socialiter *H*. **2.** ehelich: foedera *O*, carmina Hochzeitsgesänge *O*. **3.** Bundesgenossen-: bellum *N*, lex, exercitus *L*; *subst. n. pl.* **sociālia**, ium Angelegenheiten der Bundesgenossen *T.*
sociālitas, ātis, *f.* (socialis) Gesellgkeit *Pli.*
societās, ātis, *f.* (socius, § 41) **1.** Gemeinsamkeit, Teilnahme, Gemeinschaft, Verbindung: sceleris, periculi, demigrandi; konkr. Genossenschaft, Verein: vectigalium. occ. **2.** Bündnis, Allianz; mit *gen.*, cum aliquo; s. et foedus Schutz- und Trutzbündnis. **3.** Genossenschaft von Steuerpächtern: Bithynica, societatum auctor Gründer, magister Direktor.
sociō 1. vereinigen, verbinden, gemeinsam machen: periculum cum aliquo teilen, sermonem anknüpfen *Cu*, consilia mitteilen *T*; natam alicui conubiis verheiraten *V*; *met.* verba chordis den Saiten zugesellen *H*; **sociātus** 3 gemeinschaftlich: labor *O.*   Von

socius 3 (zu sequor)

I. *adi.* **gemeinsam, verbunden;** *occ.* **verbündet.**
II. *subst.* 1. **socius**, ī, *m.*, Genosse, Gefährte, Geselle, Teilnehmer; **socia**, ae, *f.* **Gefährtin, Teilnehmerin;** *occ.* 2. *a.* **Verbündeter, Bundesgenosse;** *b.* **Geschäftsgenosse;** 3. *pl.* **Steuerpachtgesellschaft;** socii navales s. navalis.

I. nocte sociā unter dem Schutz der Nacht; occ. classis *O*, reges, arma *V*. II. **1.** consiliorum, generis *O*; tori socius, socia Gatte, Gattin *O*. **2. a.** Italici *S.* **b.** socium fallere; iudicium pro socio Prozeß wegen Betruges am Geschäftsgenossen. **3.** socii Bithyniae.
socordia, ae, *f.* **1.** Beschränktheit, Geistesschwäche: Claudii *T*. **2.** Sorglosigkeit, Fahrlässigkeit, Schlaffheit, Untätigkeit.   Von
so-cors, rdis, *adv.* **iter 1.** stumpfsinnig, beschränkt. **2.** sorglos, fahrlässig: futuri unbekümmert um *T*.
E: se- ‚ohne‘ = sē- u. cor.
Sōcratēs, is, *m.* S. [Philosoph in Athen, ca. 470—399; Hinwendung der Philosophie von der Natur zum Menschen, Aufforderung zur Prüfung jedes vermeintlichen Wissens]; *adi.* **Sōcraticus** 3 sokratisch: sermones philosophisch *H*, chartae sokratische Literatur *H*, domus Schule des S. *H*; *subst.* Schüler, Anhänger des Sokrates.
socrus, ūs, *f.* (socer, vgl. ἑκυρά, ai. çvaçrū́š) Schwiegermutter.
sodālicium, ī, *n.* **1.** Kameradschaft, Freundschaft *O*. **2.** geheime Gesellschaft, Geheimbund.   Von
sodālis, is, *m.* **1.** Mitglied eines Priesterkollegiums; *pl.* Priesterkollegium: Augustales *T. met.* **2.** Kamerad, Genosse: Tarquiniorum *L*; bildl. cratera Veneris s. Gefährte *H*; occ. Tischgenosse, Zechbruder. **3.** Mitglied einer geheimen Gesellschaft; Spießgeselle, Kumpan.
sodālitās, ātis, *f.* (sodalis) **1.** Tischgesellschaft. **2.** geheime Verbindung. **3.** Kameradschaft, Freundschaft; konkr. Genossen, Freunde *C.*
sōdēs = si audes (§ 53) wenn du Lust hast, willst; wenn's geht; gefälligst.
Sogdiānī, ōrum, *m.* die S. [Bew. der regio Sogdiana zwischen Oxus u. Iaxartes] *Cu.*
sōl, sōlis, *m.* **1. Sonne:** sole orto *L*, novo *V* mit Sonnenaufgang, medio zu Mittag *Ph*, supremo gegen Sonnenuntergang *H*; sprichw. nondum omnium dierum sol occidit es ist noch nicht aller Tage Abend *L.* **2.** person. **Sonnengott, Sol** [später = Apollo]: filia Solis = Pasiphaë *O*; Solis urbs Heliopolis [in Unterägypten] *Sp. meton.* **3. Sonnenlicht, -schein, -wärme:** ambulare in sole; procedere in solem öffentlich auftreten; cedat umbra soli das schattige Heim dem sonnigen Kampfgefilde. **4. Tag:** tres soles totidemque noctes *V*; occ. **sonniger Tag:** soles et nubila *O.* **5.** *met.* **Sonne, Stern, Glanzpunkt:** Africanus sol alter, Asiae *H.*
E: aus *sā̆u̯ōl, dor. ἀέλιος, got. savil; vgl. auch σέλας, σελήνη.
sōlāciolum, ī, *n.* kleiner Trost *Ca.*   *Dem.* von
sōlācium, ī, *n.* (solor) **1. Trostmittel, Trost:** solacia dicere Trostworte *O.* occ. **2. Linderungs-, Hilfsmittel,**

solamen   425   **solum**

Zuflucht: servitutis, exitii. **3. Ersatz, Entschädigung, Vergütung:** tumulo solacia posco *O*, non ultione nec solaciis opus est *T*. **4.** *meton.* **Tröster, Trösterin:** aves solacia ruris *O*.

sōlāmen, inis, *n.* (solor) Trostmittel, Trost *V*.

sōlānus, ī, *m.* (sol) Ostwind *Sp*.

sōlāris, e (sol, § 75, Abs. 2) Sonnen-: lumen *O*.

sōlārium, ī, *n.* (sol) **1.** Sonnenuhr. **2.** Balkon, Terrasse, Söller *CSp*.

sōlātor, ōris, *m.* (solor) Tröster *Ti*.

soldurii, ōrum, *m.* (kelt.) Verpflichtete, Getreue.

soldus s. solidus.

solea, ae, *f.* (solum) **1.** Sandale [nur zu Hause getragen, beim Essen abgelegt]; soleas poscit er will fortgehen *H*. **2.** *met.* Scholle, Plattfisch *Pli*.   Dav.

soleātus 3 mit, in Sandalen.

sōlemnis, sōlennis = sollemnis.

soleō 2. solitus sum pflegen, gewohnt sein; (unpers.) gewöhnlich sein, oft vorkommen.

Solī, ōrum, *m.* S. [St. in Kilikien] *L*.

soliditās, ātis, *f.* (solidus) Dichte, Dichtheit.

solidō 1. verdichten, fest machen, verstärken.   Von

solidus 3, dicht. **soldus** (§ 42), *adv.* **ē 1. dicht.** occ. **a. gediegen, massiv:** sphaera, aurum *V*, marmor *V*; *n. subst.* das Dichte, Kern *V*. **b. fest, stark, hart:** telum *V*, ripa *O*, terra; in solido auf festem Grund *V*; bildl. vires *V*, mens *H* unerschütterlich; in solido locare in Sicherheit bringen *V*. **met. 2. ganz, vollständig, völlig:** solide scire sicher *C*, viscera *V*, dies *H*, decies solidum (*acc. sg.*) absorbere eine volle Million Sesterze *H*; *n. subst.* Gesamtkapital *HT*. **3. echt, gediegen, wahrhaft, wesentlich, dauerhaft:** laus, fides *T*; *subst.* inane abscindere soldo Wert und Unwert scheiden *H*.

sōli-ferreum u. **solliferreum,** ī, *n.* (s. sollicitus) ganz aus Eisen bestehendes Geschoß *L*.

sōlistimus 3 vollständig, günstig; s. tripudium.

sōlitārius 3 (solus) **1.** einzeln, allein. **2.** einsam, ungesellig: homo.

sōlitūdō, inis, *f.* (solus) **1.** Einsamkeit, Menschenleere, Stille: in agris; *meton.* Einöde, Wildnis: in solitudinem se abdere. **2.** Verlassenheit, Hilflosigkeit: Thrasybuli *N*, magistratuum Mangel an *L*.

solitus 3 (soleo) gewohnt, gewöhnlich, üblich, gebräuchlich; mit *dat.* armamenta navibus *T*, solito bonis more *O*; *subst.* **solitum,** ī, *n.* Gewohnheit, Gebrauch: ultra s. über das gewohnte Maß *T*; solitum tibi wie du es gewohnt bist *V*; *abl. comp.* solito als gewöhnlich, solito magis ungewöhnlich *L*.

solitus sum *pf.* v. soleo.

solium, ī, *n.* **1. Thron:** Iovis *H*; *meton.* **Königsmacht, Königreich:** solio potiri *O*, solio depulsus *T*. **2. Lehnsessel:** se in solium conferre sich auf den Lehnsessel zurückziehen, paternum Großvaterstuhl. **3. Sarg, Sarkophag** *CuSp*. **4. Badewanne** *L 44, 6, 1*.
E: sedeo, § 90, Anm; eigtl. 'Sitz'.

sōli-vagus 3 (solus, § 66) allein umherschweifend; *met.* vereinzelt: cognitio.

soll-emnis, e, *adv.* **iter** (v. sollus = totus, s. sollicitus; u. annus) **1. alljährlich wiederkehrend:** sacrifi-

cium. *meton.* **2. feierlich, festlich, heilig:** religio, sollemniter omnia peragere *L*, sacramentum *T*. **3. üblich, gewöhnlich:** iter, opus *H*. **Subst. sollemne,** is, *n.* **1. Feier, Fest:** Fidei *L*, funeris *T*. occ. **2. a. Opfer:** exta sollemnium *L*. **b. Glückwunsch:** sollemnia precari Glück wünschen *T*. **3. Gebrauch, Gewohnheit:** nostrum, repetere sollemnia ans gewohnte Tagewerk gehen *T*; sollemnia insanire ganz gewöhnlich *H*.

soll-ers, rtis, *adv.* **erter** (sollus, ars, §§ 66, 53, 41; s. sollicitus) kunstfertig, geschickt, praktisch, tüchtig, klug: hominem ponere tüchtig in der Menschendarstellung *H*; mit *gen.* lyrae kundig des Saitenspiels *H*.   Dav.

sollertia, ae, *f.* Kunstfertigkeit, Einsicht, Geschick, Gewandheit, Praxis: summa; konkr. talis, tempore iuta *T* Kunstgriff.

sollicitātiō, ōnis, *f.* **1.** Beunruhigung: nuptiarum wegen *C*. **2.** Aufwiegelung, Aufhetzung.   Von

sollicitō 1. (sollicitus) **1. völlig bewegen, erschüttern, mächtig erregen:** stamina pollice die Saiten rühren *O*, remis freta schlagen *V*, tellurem aufwühlen, pflügen *V*, spicula dextrā an … rütteln *V*. **met. 2. sehr erschüttern, beunruhigen, stören:** pacem *L*, stomachum beschweren *H*; occ. **bekümmern:** cura quietos sollicitat *V*. **3. aufregen, aufreizen, aufwiegeln, verführen, anlocken:** pastores; pudicam fidem verführen *O*, iudicium donis bestechen *O*, cupidinem cantu erregen *H*; animos ad defectionem *L*; in Formianum einladen *Pli*; mit ut; *inf. O*.

sollicitūdō, inis, *f.* Unruhe, Kummer, Sorge.   Von

solli-citus 3, *adv.* **ē 1.** stark erregt: arma eifrig geführt *O*, mare *V*. **met. 2.** unruhig, besorgt, bekümmert, ängstlich, bange: pectus *O*, aliquem sollicitum habere beunruhigen, belästigen; canes wachsam *O*, equi scheu *V*, lepus furchtsam *O*; mit de, ne; occ. sorgenvoll, beunruhigend: metus, via, cura *O*, opes *H*; *adv.* sollicite sorgfältig *Pli*.
E: cieo u. sollus 'ganz' = gr. ὅλος, § 66.

solliferreum s. soliferreum.

soloecum, ī, *n.* (σόλοικον) fehlerhafter Sprachgebrauch, Solözismus.

Solō(n), ōnis, *m.* S. [Gesetzgeber Athens, gest. 559].

Solōnium, ī, *n.* u. Solōnius ager *L* Gegend von S. [im südl. Latium].

sōlor 1. **1.** stärken, erquicken: fessos opibus *V*, ervo *H*; occ. entschädigen: dote *T*. **met. 2.** trösten. **3.** lindern, mildern, erleichtern, beschwichtigen: famem quercu stillen *V*, curas telā *V*, cladem quadragies sestertio durch ein Geschenk von vier Millionen Sesterzen *T*.

sōlstitiālis, e zur Sommersonnenwende gehörig: dies der längste, nox die kürzeste *O*, orbis = Wendekreis des Krebses; annus, qui solstitiali circumagitur orbe im Sonnenumlauf *L*; tempus Hochsommer *L*, morbus = Malaria *C*.   Von

sōl-stitium, ī, *n.* Sommersonnenwende; *meton.* Sommer, Hitze: umida *V*.
E: sōl u. *statium 'das Stillstehen', v. stare, § 43.

I. solum *adv.* v. solus.

II. solum, ī, *n.* **1. Boden, Grund, Sohle:** fossae; *met.* **Grundlage:** oratoris. occ. **2. Fußboden:** marmo-

solus 426 **sophus**

reum *O.* **3. Fußsohle:** solorum callum; **Schuhsohle** *C.* **4. Erdboden, Erde, Boden, Grund;** sprichw. quod(cumque) in solum (venit) = was immer einem einfällt; (urbem) solo aequare dem Erdboden gleichmachen; bildl. consulatum wegräumen *L.* **5. Land:** commune patriae, urbs Etrusca solo der Lage nach *V*; solum vertere, mutare auswandern. **6. Unterlage:** caeleste Grund des Himmelsgewölbes *O*, Cereale Brotscheiben *V*, subtrahitur navi solum das Meer weicht unter dem Schiff *V*.
E: gr. ὑλία, ahd. sola 'Sohle', ahd. swelli 'Schwelle'.
sōlus 3, *adv.* **sōlum 1.** allein, einzig, bloß, nur; non (neque) solum...sed, sed etiam, verum etiam, sed et, verum...quoque nicht nur...sondern auch; non solum...sed ne...quidem, sed vix. **2.** einsam, verlassen: sola domo maeret vacuā verwitwet *V.* **3.** öde, menschenleer: loca *N*, litus *V*; nox still *V*.
solūtiō, ōnis, *f.* (solvo) **1.** Auflösung: hominis. **2.** pass. das Gelöstsein: linguae geläufige Zunge. **3.** Abzahlung, Bezahlung: impedita Zahlungsverzug.
I. solūtus *pt. pf. pass.* v. solvo.
II. solūtus 3, *adv.* **ē 1. frei, ohne Zwang, ungebunden:** animus, solute dicere; faenore frei von *H*, poenā straflos *T*; ab omni sumptu, munere; soluti operum famuli *H*; solutum est mit *inf.* es steht frei *T.* **occ. a. redegewandt, leicht:** solutius eloquebatur *T*, in explicandis sententiis *T.* **b. in Prosa:** verba soluta modis *O*, oratio Prosa. **2. zügellos, ausgelassen:** Clodii praetura, libido *L*, in luxum *T*; **occ. lässig, nachlässig, schlaff:** cura *L*, exercitūs solute habiti *L*, dicta factaque *T.*   Von
solvō 3. solvī, solūtus (*se-luo, § 51, gr. λύω, dtsch. 'lösen' u. Präfix sē- = sē-, vgl. socors)

I. **1. lösen, los-, aufbinden;** *occ.* **Anker lichten, absegeln;** *met.* **2.** (Schuld) **zahlen, abstatten, abtragen; 3. erlösen, befreien.**
II. **1. auflösen;** *occ.* **schmelzen;** *met.* **2. schwächen, schlaff machen; 3. erklären; 4. aufheben, brechen, beenden.**

I. **1.** crines; epistulam öffnen *N*; ora auftun *O*, silicem radicibus losreißen *V*; *meton.* quibusdam solutis ergastulis nach Öffnung einiger Arbeitshäuser; iuga tauris abnehmen *V*, equum abspannen *H*; [*t. t.* der Nautik]: a stipite funem das Ankertau *VO*; ancoram, naves abfahren; **occ.** a terra, ex portu. **2.** litem aestimatam die Strafsumme *N*, solvendo (*dat.*) non esse nicht zahlen können, insolvent sein; bildl. poenas (capite mit dem Leben) büßen, voti fidem treu erfüllen *O*, praemia *V*, funeri iusta, militibus suprema die letzte Ehre erweisen, exsequias rite gebührend vollziehen *V.* **3.** crimine, rem p. religione *L*; linguam ad iurgia entfesseln *O*, nec Rutulus solvo nehme nicht aus *V*, numeri lege soluti freie Rhythmen *H*, versum auflösen *H.* **II. 1.** pontem abbrechen, navem zerlegen *Cu* (zerschellen *V*), crates favorum zerstören *V*, agmina trennen *V*. **occ.** silices fornace *O*, nivem *O*; terrae solutae aufgetaut *H.* **2.** corpora senectus solvit *Cu*, membra frigore erstarren in eisigem Schrecken *V*,

solvi in somnos versinken *V*, lumina schließen *V.* **3.** errorem *Ph.* **4.** morem traditum *LCu*, obsidionem *Cu*, ieiunia brechen *O*, pudorem *V*, metus (metum corde) verbannen *V.*
Solymī, ōrum, *m.* die S. [Ureinwohner Lykiens] *T.*
somnīculōsus 3, *adv.* **ē** (somnus) schläfrig.
somni-fer 3 (fero, § 66) einschläfernd; venenum todbringend *O.*
somniō l. träumen; *met.* faseln.   Von
somnium, ī, *n.* Traum, Traumbild; *met.* Wahn, Torheit, Possen, Geschwätz.   Von
somnus, ī, *m.* (*svepnos, § 35; ai. svápnaḥ, gr. ὕπνος) **1.** Schlaf: somnum capere einschlafen, ducere somnos schlafen *V*; somno, per somnum, in somnis im Traum, im Schlaf; person. S. [gr. Hypnos; Gott des Schlafes] *O.* **2.** *met.* Untätigkeit, Trägheit: Lentuli, somno et luxu pudendus *T.* **3.** *meton.* Nacht: diē (= diei) somnique horae *V.*
sonābilis, e (sono) tönend, klingend: sistrum *O.*
sonātūrus *H pt. fut.* v. sono.
soni-pēs, dis (sonus, pes, § 66) mit tönendem Fuß, *subst.* Roß *V.*
sonitus, ūs, *m.* (sono) Ton, Schall, Klang, Getöse, Geräusch: flammae das Prasseln *N*, remorum Ruderschlag, pedum Fußtritte *O*, Olympi Donner *V*, armorum Geklirr, Lärm *Lukrez V.*
sonivius 3 (sonus) tönend: tripudium [Geräusch der niederfallenden Futterkörner der heiligen Hühner als bes. günstiges Vorzeichen].
sonō l. sonuī, sonātūrus *H* **1. ertönen, erschallen, klingen:** bene wohlklingen; tela sonant klirren *O*, sonat flamma prasselt *O*, ungula der Hufschlag dröhnt *V*, pennae sonuere rauschten *V*, sonans Aufidus brausend *H.* **occ. widerhallen:** clamore *O*, balatu *V.* **2.** [mit innerem Obj.]: **tönen, klingen:** tale so erbrausen *O*, diversa verschieden klingen *O*, rauca sonans dumpftönend *V*; hominem menschlich klingen *V*; **occ. bedeuten:** unum. **3. singen, besingen, preisen:** fugae mala *H*, atavos *V.*
E: aus sueno, § 26; ai. svánati 'tönt'.   Dav.
sonor, ōris, *m.* Klang, Ton, Geräusch, Getöse.   Dav.
sonōrus 3 rauschend *V.*
sōns, sontis schädlich, sträflich, schuldig: rei *C*, fraterno sanguine des Brudermordes *O*, anima *V*; *subst.* Missetäter.
E: vgl. ahd. sunta 'Sünde'.
sonuī *pf.* v. sono.
sonus, ī, *m.* (*svenos oder *svonos, § 26; ai. svaná-ḥ) **1. Laut, Ton, Klang, Geräusch:** gravis Baß, acutus Diskant, sonum arma dedere klirrten *V.* **occ. 2. Wort, Stimme, Sprache:** ora sono discordia der Sprache nach verschieden *V*, asperitas soni harte Aussprache *T.* **3.** Art der Darstellung, Ton: orationis.
Sophēnē, ēs, *f.* S. [Gegend in Westarmenien] *T.*
sophisma, atis, *n.* (σόφισμα) Trugschluß *Sp.*
sophistēs, ae, *m.* (σοφιστής) Sophist.
Sophoclēs, is, *m.* S. [gr. Tragiker, 497—406/5]; *adi.* Sophoclēus 3.
Sōphrōn, onis, *m.* S. [Mimendichter des 5. Jhdts.] *Q.*
sophus, ī, *m.* (σοφός) weise *Ph.*

sopio 427 **spargo** **S**

sōpiō 4. **1.** einschläfern: draconem *O*; **occ.** betäuben: regem ictu *L*; *pt. pf.* eingeschlafen, schlafend: sopiti sensus *V*. **2.** *met.* zur Ruhe bringen; *pass.* schlummern: sopita consuetudo, ignes glimmend *V*, quies sopita empfindungsloser Schlaf *L*.
E: ai. svapayati 'schläfert ein'. Dazu
sopor, ōris, *m.* **1.** tiefer, ruhiger Schlaf; [prägnant]: Todesschlaf; p e r s o n. S. [Gott des Schlafes] *V*; soporem carpere genießen *V*, perpetuus *H*; **occ.** Betäubung: animi *Cu.* **2.** *met.* Schläfrigkeit: s. et ignavia *T*. **3.** *meton.* Schlaftrunk *N*.
sopōrātus 3 (soporo) beruhigt, schlummernd: dolor *Cu*; schlafbringend: ramus, offa *V*.
sopōri-fer 3 (sopor, § 66) einschläfernd *VO*.
sopōrō 1. (sopor) einschläfern *Sp*; *met.* zur Ruhe bringen, beschwichtigen: soporatus dolor *Cu*. Dav. (§ 76)
sopōrus 3 schlafbringend: nox *V*.
Sōra, ae, *f.* S. [St. am Liris] *L*; *adi.* Sōrānus 3 *L*.
Sōracte, is, *n.* S. [Berg nördl. v. Rom mit Apollotempel] *VH*.
sorbeō 2. uī (vgl. ῥοφέω = *σροφέω, §§ 7, 28) Flüssigkeiten einziehen, hinunterschlucken, schlürfen: flumina *O*; *met.* praecordia verzehren *O*, odia in sich fressen. Dav. *dem.*
sorbillō, āre schlürfen *C*.
sorbitiō, ōnis, *f.* (sorbeo) Trank, Brühe *Ph*.
sorbum, ī, *n.* Elsbeere *V*.
sordeō 2. uī schmutzig sein; *met.* gering erscheinen, mißachtet werden *HCu*. Von
sordēs, is, *f.,* [meist] *pl.* **1.** Schmutz: aurium, tecti *H*; **occ.** Trauerkleidung: sordes suscipere anlegen *T*; *meton.* Trauer: iacēre in sordibus. *met.* **2.** Habsucht, Geiz: sordes et avaritia *HT*. **3.** Niedrigkeit, Verächtlichkeit, Gemeinheit: fortunae et vitae, verborum gemeine Ausdrücke *T*; *meton.* Auswurf, Unflat: urbis.
E: vgl. got. swarts, ahd. swarz 'schwarz', § 26.
sordēscō 3. duī (*incoh.* v. sordeo) schmutzig werden *H*.
sordidātus 3 schmutzig gekleidet; **occ.** in Trauer. Von
sordidus 3, *adv.* ē (sordeo, § 74) **1.** schmutzig, unrein: terga suis geräucherter Schweinsrücken *O*; amictus *V*; nati in armseliger Kleidung *H*. *met.* **2.** schmutzig, geizig, habsüchtig: periurium *Ph*, cupido *H*. **3.** verächtlich, gemein, niederträchtig: sordide dicere unanständig, quaestus, vita. **4.** niedrig, unedel, armselig: sordido loco natus *L*.
sorduī *pf.* v. sordeo oder sordesco.
sōrex, icis, *m.* Spitzmaus *CSp*.
soror, ōris, *f.* (aus *sựesōr; ai. svásar, got. swistar, ahd. swester) Schwester: vipereae = Furien *O*, novem = Musen *O*, triplices, tres = Parzen *HO*. Dav.
sorōrius 3 schwesterlich, der Schwester: oscula *O*.
sors, rtis, *f.* (I. sero; die alten röm. Lose waren auf Drähte oder Fäden gereiht)

1. **Los, Lossteín, -tafel, -stäbchen;** *meton.* **das Losen;** 2. **Orakelspruch, Weissagung;** 3. **Amt;** *met.* 4. **Schicksal, Geschick, Los;** *occ.* **Stand, Rang, Art, Sorte;** 5. **Teil, Anteil;** 6. **Kapital.**

1. sortes (in hydriam) conicere, deicere; sors exit,

excidit *L* kommt heraus. [Bes. von Orakeltäfelchen aus Holz in Tempeln, deren 'Eingehen' als Vorzeichen öffentlichen Unglücks galt]: sortes ex-(at-)tenuatae *L*; *m e t-o n.* ei sorte provincia obtigit, ducere (trahere *V*) auslosen *T*; tertia sors die zum drittenmal Ausgelosten *O*. **2.** sortem edere *Cu*, dare *O*, Lyciae des lykischen Apollo *V*. **3.** sortis necessitudo Amtsverhältnis *N*, numquam ex urbe afuit nisi sorte wegen seines Amtes, quibus cecidit custodia sorti denen als Amt zufiel *V*. **4.** humana *Cu*, mali Unglückslos, futura *V*. **occ.** homo ultimae sortis *L*, prima Rang *O*, feminea, altera Geschlecht *O*, pugnae Art *V*. **5.** bonorum Anteil an *L*, Saturni sors prima fui war das erste Kind des S. *O*. **6.** mergunt sortem usurae *L*.
sorsum *C* = seorsum.
sorticula, ae, *f.* (*dem.* v. sors) Lostäfelchen *Sp*.
sorti-legus 3 (sors, lego, § 66) prophetisch *H*.
sortior 4. (sors) **1.** *intr.* losen: de ordine agminis *T*. *trans.* **2.** durchs Los bestimmen: provinciam losen um; **occ.** durchs Los erlangen: provinciam *L*, regna vini *V*. **3.** *met.* erlangen, bekommen: aliquem amicum *H*, vitae finem finden *Cu*, sortitus ingenia eine Geistesart besitzend *Cu*. **occ. a.** aussuchen, auswählen: fortunam die glücklichste Stelle *V*, subolem armentis *V*. **b.** verteilen: laborem, vices *V*. Dav.
sortītiō, ōnis, *f.* u. **-tus,** ūs, *m. V* das Losen; mit *gen.* oder *adi.* um etw.
I. sortītus 3 (sortior) **erlost:** pila gezogen *Pr*; *abl.*
sortītō durch das Los; **occ.** durch das Schicksal, von Natur *H*.
II. sortītus s. sortitio.
Sosiī, ōrum, *m.* die S. [Verleger u. Buchhändler in Rom] *H*.
sōspes, itis wohlbehalten, unverletzt, unversehrt; **occ.** glücklich *H*. Vgl.
Sōspita, ae, *f.* Retterin, Schützerin [Juno].
sōspitō 1. āvī (sospes) behüten, bewahren *CCaL*.
Sōtadēs, ae, *m.* S. [alexandrinischer Lyriker, 3. Jahrhundert] *Sp*; *adi.* Sōtadicus 3: (versiculi) Gedichte obszönen Inhalts *Pli*.
Sotiātēs, um *m.* die S. [aquitanisches Volk an der Garonne].
Sp. = Spurius [röm. Vorname].
spādīx, īcis, *m.* dattelfarben, braunrot *V*.
E: σπάδιξ 'Dattelpalmzweig'.
spadō, ōnis, *m.* (σπάδων) Eunuch *HL*.
spargō 3. sparsī, sparsus (vgl. σπείρω)

1. **streuen, zer-, ausstreuen, auswerfen;** (Flüssiges) **versprengen, spritzen;** *occ.* **säen;** 2. dicht. **bestreuen, besprengen;** 3. *met.* **zerstreuen, ausbreiten, zersplittern;** *occ. a.* **versprengen;** *b.* **aussprengen.**

1. nummos populo de rostris; glandes, ferrum, tela schleudern *V*, Volcanum tectis verbreiten *V*, rore levi sprengen *V*, venena mit Gift morden. **occ.** semen, dentes vipereos *O*. **2.** virgulta fimo bedecken *V*, humum foliis *V*, corpus aquā, lacrimā favillam amici benetzen *H*; *met.* caelum astris *O*, fraterna caede pe-

sparsus   428   **specto**

nates beflecken *V*, lumine terras bestrahlen *V*, velamina maculis verzieren, bunte Flecke einsetzen *T*; alae coloribus buntgefleckt *V*, pelles albo sparsae weißgefleckt *V*. **3.** vestigia fugae ausbreiten *Cu*, latronis ossa *O*, bellum den Kriegsschauplatz dauernd verlegen *T*, legiones, exercitum per provincias verteilen *T*, sua vertun *H*. **a.** spargimur ventis werden auseinandergetrieben *O*, se toto campo *L*, gens sparsa per orbem *V*. **b.** nomen per urbes bekanntmachen *O*, voces in volgum *V*; sparge subinde laß oft hören *H*; mit *acc. c. inf. T*.

NB: *inf. pr. pass.* spargier *H*.   Dav.

I. sparsus 3 zerstreut: capilli *O*, crines *L* unordentlich, anguis maculis buntfleckig *V*.

II. sparsus *pt. pf. pass.* v. spargo.

Sparta, ae u. -ē, ēs, *f*. S. [Hauptst. v. Lakonien]; *adi.* u. Einw. **Spartānus; Spartiātēs,** ae, *m*. Spartiate.

Spartacus, ī, *m*. S. [thrakischer Gladiator, Anführer der aufständischen Gladiatoren u. Sklaven 73—71].

spartum, ī, *n*. (σπάρτον) Pfriemengras *L*.

sparus, ī, *m*. (ahd. spër) Speer, Jagdspeer.

spatha, ae, *f*. (σπάθη) Langschwert *T*.

spatior 1. (spatium) auf und abgehen, spazieren gehen; *met.* sich ausbreiten: alae *O*.

spatiōsus 3, *adv.* ē geräumig, weit, groß; *met.* lang *O*.   Von

spatium, ī, *n*.

---

1. **Rennbahn;** *meton.* **Umlauf, Bahn;** *met.* **Bahn, Lauf;** 2. **Strecke, Weg;** 3. **Promenade;** *meton.* **Spaziergang;** 4. **Raum, Weite;** *occ.* **Größe;** 5. **Entfernung, Zwischenraum;** 6. **Zeit(raum);** *occ.* **Länge, lange Dauer;** 7. **Frist, Muße, Gelegenheit;** 8. *meton.* **Meßband.**

---

1. in spatio decurrere auf der Rennbahn reiten *N*; *meton.* quadrigae addunt se in spatia vollenden einen Umlauf nach dem andern *V*, spatiis confecimus aequor durchliefen *V*, spatia corripere beschleunigen *V*; *met.* curvata Kreisbahnen, Kreise *V*, vitae Lebenslauf *O*, gloriae ruhmreiche Laufbahn *Cu*, deflexit de spatio consuetudo aus der Bahn. **2.** duum milium; spatium conficere, emetiri zurücklegen. **3.** communia, interius *O*; *meton.* basilicae in der Basilika. **4.** campi *Cu*, agitandi equos *N*, castrorum Ausdehnung. *occ.* oris et colli *O*, viae Länge *O*; aures in sp. trahere verlängern *O*, in sp. fugere geradeaus *O*. **5.** ab (in) tanto spatio, trabes paribus spatiis intermissae gleichweit abstehend, iniquum *V*. **6.** temporis, diei. *occ.* pugnae, trochaeus est eodem spatio quo choreus hat dieselbe Länge. **7.** deliberandi *N*, pila coniciendi, pugnae spatium dare eine Pause . . . machen *Cu*, animo sich zur Überlegung Zeit nehmen *Cu*, irae verrauchen lassen *L*. **8.** altitudo nullis spatiis penetrabilis *T*.

speciēs, ēī, *f*. (specio)

I. **1. Blick, Anblick, Aussehen;** *occ.* **Ähnlichkeit;** 2. **Gestalt, Äußeres, Erscheinung;** *occ. a.* **Schönheit, Pracht;** *b.* **Traumbild, Vision;** 3. **Schein, Anschein;** *occ.* **Vorwand.**

II. **1. Vorstellung, Begriff, Idee;** 2. **Musterbild, Ideal;** 3. **Art** (einer Gattung), **Einzelart;** *occ.* ein einzelner **Fall** (= casus).

I. **1.** primā specie; nova, speciem praebere ridentis *L*, in chori speciem wie *O*; nec specie famaque movetur Anstand, Ansehen *V*. *occ.* similitudo quaedam speciesque (Anschein) boni viri. **2.** caelestis *O*, duo signa eadem specie ac forma, humana. **a.** aetatis specie uti Jugendschönheit besitzen *O*, vaccae *O*, caeli, praebere speciem triumpho verherrlichen *L*, in dicendo würdevolle Redeweise *L*. **b.** specie viri turbata *O*, interempti filii *L*. **3.** veritas spreta, species retenta; speciem hosti fecit (erweckte) ibi omnem exercitum esse *L*; specie, per speciem, in speciem dem Schein nach, scheinbar, angeblich; ad speciem alariis uti zu einem Scheinmanöver. *occ.* eius rei sp. *S*. II. **1.** boni viri, R. senatūs *L*. **2.** libertatis *N*, eloquentiae. **3.** genus sui similes, specie autem differentes complectitur partes; *occ.* haec species incidit *Pli*.

specillum, ī, *n*. (*dem.* v. speculum) Sonde [chirurgisches Instrument].

specimen, inis, *n*. **1.** Probe, Zeichen, Beweis, Gewähr: prudentiae *N*, tellus specimen dabit wird eine Prüfung zulassen *V*. **2.** Muster, Vorbild, Ideal: humanitatis, antiquitatis *T*.   Von

speciō 3. spexī (spectus) sehen, schauen: spicit *C*; klass. nur in Komposition.

E: ai. spáśati 'sieht', gr. σκέπτομαι statt *σπέκτομαι, ahd. spehōn 'spähen'.

speciōsus 3, *adv.* ē (species) **1.** wohlgestaltet, schön: pelle decorā *H*. **2.** ansehnlich, prächtig, herrlich: familia gladiatoria, adventus, exemplum *L*, opes *T*. **3.** (durch äußeren Schein) blendend, bestechend: dictu speciosa *L*, nomina *T*, vocabula rerum klingend *H*.

spectābilis, e (specto) **1.** sichtbar: campus *O*. **2.** ansehnlich, herrlich, glänzend: heros *O*, victoria *T*.

spectāc(u)lum (§ 37), ī, *n*. (specto) **1.** Tribüne [für die Zuschauer im Theater]; *pl.* Zuschauerbänke, Theater: spectaculorum gradus amphitheatralische Tribünen *T*. **2.** *meton.* Schauspiel: gladiatorium *L*; bildl. triumphi *L*. **3.** *met.* Schauspiel, Anblick, Augenweide: spectaculo esse alicui (alicuius *L*) jemd. zur Augenweide dienen, sich sehen lassen, spectacula capere ansehen *O*.

spectāmen, inis, *n*. (specto) Kennzeichen *C*.

spectātiō, ōnis, *f*. (specto) das Anschauen, der Anblick; die Prüfung des Geldes.

spectātor, ōris, *m*. (specto) **1.** Zuschauer. *met.* **2.** Beobachter: rerum caelestium. **3.** Beurteiler: virtutis *L*.

spectātus 3 (specto) **1.** geprüft, bewährt, erprobt: fortitudo *Cu*, fides, integritas. **2.** vortrefflich, ausgezeichnet: vir, femina.

spectiō, ōnis, *f*. (specio) Recht der Auspizien [stand nur den höheren Magistraten zu].

spectō 1. (*frequ.* v. specio)

---

1. **schauen, ansehen, anschauen;** *occ.* (das

spectrum   429   **spiraculum**   **S**

Schauspiel) **ansehen;** *met.* 2. **betrachten;** *occ.* berücksichtigen; 3. **beurteilen, schätzen, prüfen;** *occ.* **erproben;** 4. nach etw. **ausblicken, trachten, streben,** an etw. **denken;** 5. (von Sachen) wohin **zielen, sich beziehen;** *occ.* nach etw. **aussehen, sich einem Ausgang zuneigen;** 6. (wohin) **gerichtet sein, liegen.**

1. terram *O*, ad Io *O*, in unum; spectant oculi te mille staunen an, bewundern *H*. **occ.** gladiatores, fabula spectata aufgeführt *H*. **2.** causam. **occ.** in iudice spectari debet et fortuna et dignitas, ad suam gloriam; mit indir. Fr. **3.** in ignibus aurum *O*, ex singulis vocibus philosophos. **occ.** hunc igni spectatum arbitrantur er habe die Feuerprobe bestanden; vgl. spectatus. **4.** arma an Kampf, fugam an Flucht denken *Cu*, locum probandae virtutis Gelegenheit suchen, um. **5.** ad te spectat oratio mea, consilia ad salutem sociorum bezwecken, quo id spectat? **occ.** parva ex re ad rebellionem *L*, ad arma, ad vim *L*. **6.** vestigia te adversum spectantia *H*; orientem spectantes terrae *Cu*, Aquitania spectat inter occasum solis et septemtriones; *meton.* Belgae spectant in septemtrionem et orientem solem.

spectrum, ī, *n.* (specio; Übers. v. εἴδωλον) Abbild [in der Seele], Vorstellung.

I. spēcula, ae, *f.* (*dem.* v. spes) schwache Hoffnung.

II. specula, ae, *f.* (specio) **1.** Warte, Beobachtungsplatz: ignis e specula sublatus. **2.** *met.* Lauer: in speculis esse auf der Lauer liegen. **3.** *meton.* Anhöhe, Höhe *V*.

speculābundus 3 (speculor) lauernd *T.*

speculāria, ium, *n.* (speculum) Fenster(scheiben) [aus Marienglas] *Pli.*

speculātor, ōris, *m.* (speculor) **1.** Kundschafter, Späher; *occ.* Feldjäger, Ordonnanz *T.* **2.** *met.* Erforscher: naturae.   Dav.

speculātōrius 3 zum Kundschafterdienst: navigium u. *subst.* **speculātōria,** ae, *f.* Spähschiff *L.*   Und

speculātrīx, īcis, *f.* Ausspäherin.

speculo-clārus 3 (speculum, § 66) spiegelblank *C.*

speculor 1. (specula) **1.** *intr.* umherspähen *O.* **2.** *trans.* auskundschaften, belauern, beobachten.

speculum, ī, *n.* (specio) S p i e g e l .

specus, ūs, *m.* u. *n.* **1.** Höhle, Grotte; **occ.** Wasser-, Abzugsgraben, Kanal, Schleuse. **2.** *met.* Höhlung, Tiefe: alvi *Ph*, vulneris *V.*

spēlaeum, ī, *n.* (σπήλαιον) Höhle, Grotte *V.*

spēlunca, ae, *f.* (σπήλυγξ, § 92) Höhle, Grotte.

spērābilis, e (spero) (was) zu hoffen ist, erhoffbar: salus *C.*

Sperchēus (auch -īus, -ēos oder -īos), ī, *m.* Sp. [Fl. an der Südgrenze Thessaliens] *VLO; adi.* **Sperchēis,** idis, *f. O;* **Sperchīonidēs,** ae, *m.* Anwohner des Sp. *O;* **Sperchīae,** ārum, *f.* Sp. [St. im Tal des Sp.] *L.*

spērēs [altl.] *pl.* v. spes.

spernō 3. sprēvī, sprētus **1.** entfernen: se *C.* **2.** *met.* verwerfen, verschmähen, verachten: hostium paucitatem verspotten *Cu*; mit *inf. HO*; spernendus morum sittlich anrüchig *T.*

E: ai. sphuráti 'stößt mit dem Fuß weg', ahd. spurnan 'anstoßen'.

spērō 1. erwarten, u. zw. **1.** [Günstiges] hoffen: victoriam ab aliquo; de eo bene Gutes von ihm *N*; (ut) spero [eingeschoben]: hoffentlich; *pass.* sperata praeda erhofft; *subst. n. pl.* sperata Hoffnungen *L*; mit *acc. c. inf. fut.*, selten (aber bei posse stets) *inf. pr.* oder *pf.*; mit ut *L.* **2.** *occ.* [Ungünstiges] erwarten, fürchten: id quod non spero, dolorem *V*, deos *V.*   Von

spēs, speī, *f.* (altl. *pl.* spērēs, dav. sperare) **1.** Erwartung, Hoffnung: summae spei adulescentes hoffnungsvoll, omnium spe celerius, serius als man erwartete *L*, contra, praeter spem wider Erwarten; partim spe, partim metu Versprechungen ... Drohungen; in spem arrepere Anwartschaft auf Erbschaft *H*, in secundam spem scribere als zweiten Erben *T*; mit *acc. c. inf.*, selten ut; p e r s o n . S. [Göttin der Hoffnung]: ad Spei (*sc.* aedem) *L*; *occ.* Befürchtung: asperior *S.* **2.** *meton.* Gegenstand der Hoffnung: anni die Ernte *O*, spe potiri das Ersehnte erreichen *O*, spes grexque Lämmer und Schafe *V.*

Speusippus, ī, *m.* Sp. [Philosoph der Akademie].

spexī *pf.* v. specio.

sphaera, ae, *f.* (σφαῖρα, § 91, Abs. 2) **1.** Kugel. **2.** Himmelsglobus. **3.** Kreisbahn.

sphaeristērium, ī, *n.* (σφαιριστήριον) Ballspielsaal *PliSp.*

Sphinx, ngis, *f.* (Σφίγξ) Sphinx [Ungeheuer mit einem geflügelten Löwenrumpf und dem Oberkörper eines Mädchens; urspr. ägypt., Darstellung des Pharao, der weibl. Typ von den Griechen aus Vorderasien übernommen] *OSp.*

spīca, ae, *f.* u. **-um,** ī, *n.* **1.** Ähre. *met.* **2.** 'Kornähre' [hellster Stern in der Jungfrau]: illustre. **3.** Büschel: Cilissa Safran *PrO.*   Dav.

spīceus 3 aus Ähren, Ähren-: corona *Ti*, serta *O*, messis Getreideernte *V.*

spicit s. specio.

spīculum, ī, *n.* (*dem.* v. spicum) **1.** Spitze; Lanzen-, Pfeilspitze. **2.** *synecd.* Spieß, Pfeil. **3.** *met.* Stachel: crabronum *O*, apium *V.*

spīcum s. spica.

spīna, ae, *f.* (viell. aus *spic-sna, § 30, zu spica) **1. Dorn:** spina creat rosas Dornstrauch *O.* **occ. a. Stachel** [von Tieren]. **b. Gräte** *O.* **c. Rückgrat:** spinae curvamen *O. met.* **2. Sorge, Pein:** spinas animo evellere *H.* **3. Spitzfindigkeit:** partiendi et definiendi.   Dav.

spīnētum, ī, *n.* Dornenhecke *V.*   Und

spīneus 3 aus Dornen: vincula *O.*

spīnōsus 3 (spina) **1.** dornig, stachelig: herbae *O. met.* **2.** stechend: curae *Ca.* **3.** spitzfindig: oratio.

spintēr, ēris, *m.* oder *n.* (σφιγκτήρ) Armband *C.*

spintria, ae, *m.* Strichjunge, Homosexueller *TSp.*

spinturnīcium, ī, *n.* ein Unglücksvogel *C.*

spīnus, ī, *f.* (spina) Schlehdorn *V.*

spīra, ae, *f.* (σπεῖρα, § 91, Abs. 2) Windung *V.*

spīrābilis, e (spiro) **1.** atembar: animus luftartig. **2.** belebend: caeli lumen *V.*

spīrāculum, ī, *n.* (spiro) Atemloch, Luftloch *LukrezV.*

spiramentum   430   **spretus**

spīrāmentum, ī, *n.* (spiro) **1.** das Atmen: temporum Pausen des Aufatmens *T.* **2.** Luftloch *O*; animae Luftröhre *V.*

spīritus, ūs, *m.*

---

1. **Luft, Hauch;** *occ. a.* **Atem,** das **Atmen, Atemzug;** *b.* **Seufzer;** 2. *meton.* **Lebenshauch, Leben;** *occ.* **Seele, Geist;** *met.* 3. **Begeisterung, Schwung;** 4. **Mut, Sinn, Gesinnung;** *occ.* **Hochmut, Übermut, Stolz;** 5. **dichterisches Schaffen.**

---

1. Boreae Nordwinde, Winde *V.* **a.** spiritum ducere, trahere Atem holen, intercludere abschneiden *LCu*; extremo spiritu beim letzten Atemzug. **b.** latere petitus imo spiritus *H.* **2.** ne cum sensu doloris spiritus auferatur. *occ.* dum spiritus hos regit artus *V*, dissociatio spiritus corporisque *T*; caelum spiritus alit Weltseele *V.* **3.** divinus, libri carent spiritu. **4.** hostiles *L*, animo (*dat.*) spiritus facere Mut machen *L*, altiores spiritus sumere höher hinaus wollen *T*, spiritus eius mitigare ihn beruhigen *T.* *occ.* regii *N*, patricii Adelsstolz *L.* **5.** spiritus Graiae Camenae *H.*   Von
spīrō 1. I. *intr.* **1. wehen, hauchen:** aura spiravit illi Duft wehte ihn an *V*; di, spirate secundi sendet günstigen Wind *V*; *met.* **brausen, schnauben:** ignibus Feuer schnauben *V*, freta, vada spirant *V*, hydrae zischen *V.* **2.** *occ. a.* **atmen, leben:** ne spirare quidem sine metu posse; *met.* spirante re p., spirantia exta noch warm *V*, spirat adhuc amor *H*, spirare in scriptis erhalten bleiben, fortleben, spirantia signa *V*, aera lebensvoll *V.* **b. dichten:** quod spiro et placeo daß ich dichte und gefalle *H.* **c. duften:** thymbra graviter spirans *V.* **II.** *trans.* **1. ausatmen, -hauchen:** frigora *V*, ignem naribus *V*; *occ.* **ausströmen, verbreiten:** odorem *V.* **2.** *met.* von etw. **erfüllt, beseelt sein:** maiora nach Höherem streben *Cu*, tribunatum vom Geist des Tribunats erfüllt sein *L*, tragicum von tragischem Geist erfüllt sein *H*; amores um sich verbreiten *H.*
spissātiō, ōnis, *f.* Verdichtung *Sp.*   Von
spissō 1. verdichten *O.*   Von
spissus 3, *adv.* **ē 1.** dicht, zusammengedrängt: grando, nubes *O*, sanguis geronnen *O*, aër dick *O*, harena fest *V*; *occ.* gedrängt voll: theatrum *H*, corona viris *V.* **2.** langsam, mühsam, schwierig: exitūs, spisse pervēnimus.
splendeō, ēre schimmern, glänzen, strahlen. Dav. *incoh.*
splendēscō 3. duī ergländen.
splendidus 3, *adv.* **ē** (splendeo, § 74) **1.** glänzend, strahlend, schimmernd: bracchia *O*, candor [von der Milchstraße], fons *H*, bilis glashell *H.* **2.** *met. a.* herrlich, prächtig: civitas *N*, domus luxu *V*; *abs.* prachtliebend *N.* **b.** ansehnlich, angesehen, bedeutend, ruhmvoll: eques *R.*, ingenia, facta *H*, splendide mendax zu ihrem Ruhm *H.* **c.** frisch, lebendig, glanzvoll: vox, oratio.
splendor, ōris, *m.* (splendeo) **1.** Glanz: flammae *O*; bildl. rerum *T.* *met.* **2.** Glanz, Schmuck, Zierde, Ansehen, Würde: vitae, equester, imperii; verborum Wert *H.* **3.** heller Klang, Klarheit: vocis, verborum.
splenduī *pf.* v. splendesco.
splēnium, ī, *n.* (σπλήνιον) Schönheitspflästerchen *Pli.*

Spōlētium, ī, *n.* S p o l e t o [St. im Umbrien] *L*; *adi.* u. Einw. Spōlētīnus *L.*
spoliārium, ī, *n.* (spolium) Mördergrube *Sp.*
spoliātiō, ōnis, *f.* (spolio) Plünderung, Beraubung, Raub; *occ.* Entziehung, Raub: dignitatis.
spoliātor, ōris, *m.* (spolio) Plünderer.
spoliātus 3 ausgeplündert, armselig.   Von
spoliō 1. der Kleider berauben, entkleiden: corpus caesi hostis *L*; *met.* plündern, (be)rauben.   Von
spolium, ī, *n.*, meist *pl.* **1.** Rüstung, Kleidungsstücke [dem Feind abgenommen]: caesorum *L*, opima Feldherrnrüstung (s. opimus) *VL*; *sg.* abgezogene Haut [eines Tieres]: leonis, pecudis *O.* **2.** *met.* Beute, Raub.
sponda, ae, *f.* **1.** Bett-, Sofagestell *O.* **2.** Bett, Sofa *VHOSp.*
spondeō 2. spopondī, spōnsus (gr. σπένδω, σπονδή) **1.** feierlich und förmlich **geloben, sich verpflichten:** spoponderunt consules *L*, pacem *L*; *subst. n.* sponsum Zusage *H.* *occ. a.* (vor Gericht) **sich verbürgen:** pro multis; hic sponsum vocat fordert Bürgschaft *H.* **b. verloben:** sororem *C*; dav. **spōnsus,** ī, *m.*, **spōnsa,** ae, *f.* **Verlobte(r), Bräutigam, Braut;** Penelopae Freier *H.* **2.** *met.* **sich verbürgen, geloben, versprechen:** fidem, officium alicui *O*, legionibus pecunias; mit *acc. c. inf.*; *occ.* **verheißen, erwarten lassen:** id spondet virtus vestra *L.*
spondēus, ī, *m.* (σπονδεῖος, § 91, Abs. 2) der Spondeus (− −).
spongia, ae, *f.* (σπογγιά) Schwamm; *met.* weicher Panzer *L.*   Dav.
spongiōsus 3 schwammig, porös *Sp.*
*spōns, ontis, *f.* **I.** k l a s s. nur **sponte 1. nach** jemds. **Willen:** principis *T.* **2. aus eigenem Willen, Antrieb, von selbst, freiwillig, absichtlich;** meist meā, tuā, suā sponte; *abs.* non sponte wider Willen *V*; *met.* ignis sua sponte exstinguitur. **3. auf eigene Faust, allein:** alicui sua sponte persuadere. **4. an und für sich, durchaus:** virtus sua sponte laudabilis. **II.** suae spontis sein eigener Herr, unabhängig *Sp.*
E: vgl. ahd. spanst 'Antrieb, Reiz'.
spōnsa, ae, *f.* s. spondeo.
spōnsālia, ium u. iōrum, *n.* (sponsus) Verlobung: facere schließen; *occ.* Verlobungsmahl.
spōnsiō, ōnis, *f.* (spondeo) **1.** feierliches Versprechen, Gelöbnis, Verabredung. **2.** *occ.* Versprechen, Zusage, Abmachung [im Zivilprozeß in Form einer Wette, indem jede der streitenden Parteien sich zur Zahlung verpflichtete, wenn ihre Angaben nicht auf Wahrheit beruhten].
spōnsor, ōris, *m.* (*spond-tor v. spondeo, § 36) Bürge.
I. spōnsus *subst.* oder *pt. pf. pass.* v. spondeo.
II. spōnsus, ūs, *m.* (spondeo) Bürgschaft.
sponte s. *spons.
spopondī *pf.* v. spondeo.
sportella, ae, *f.* Speisekörbchen, kalte Küche.
E: *dem.* v. sporta 'Korb'.
sportula, ae, *f.* (*dem.* v. sporta) Körbchen *C*; *occ.* Geschenkkörbchen *Sp*; *meton.* Geschenk, Spende, S p o r t e l *Sp.*
sprētor, ōris, *m.* (sperno) Verächter *O.*
sprētus *pt. pf. pass.* v. sperno.

sprevi 431 **statumen** S

sprēvī *pf.* v. sperno.

spuī *pf.* v. spuo.

spūma, ae, *f.* (ai. phéna-s, ahd. feim, vgl. pumex) Schaum.

spūmēscō, ere (spumo) aufschäumen *O.*

spūmeus 3 (spuma) schäumend *VO.*

spūmi-ger 3 (gero, § 66) schäumend *O.*

spūmō 1. (spuma) schäumen.

spūmōsus 3 (spuma) voll Schaum *CaVO.*

spuō 3. spuī, spūtus (vgl. πτύω, got. speiwan, ahd. spīwan) spucken; *trans.* ausspucken, -speien.

spurci-dicus u. **-ficus** 3 (spurcus, dico, facio, § 66) unflätig *C.*

spurcō 1. besudeln, verunreinigen. Von

spurcus 3, *adv.* **ē** schmutzig, unflätig, gemein.

spūtātilicus 3 zum Anspucken; abscheulich. Und

spūtātor, ōris, *m.* Spucker *C.* Von

spūtō 1. (*frequ.* v. spuo) ausspeien; qui sputatur morbus vor der man ausspeit [= Epilepsie, die man durch Bespucken heilen zu können glaubte] *C.*

spūtum, ī, *n.* (spuo) Speichel *Pr.*

spūtus *pt. pf. pass.* v. spuo.

squāleō, ēre **1.** schuppig, rauh sein, starren: squalentia terga lacerti *V,* conchae rauh *V;* tunica (lorica) squalens auro goldschuppig *V;* **occ.** (mit *abl.*) von etw. **starren, strotzen:** musco *O,* serpentibus wimmeln *O.* **2. met. schmutzig, wüst sein:** tabo *O,* coma squalens *O,* barba *V.* **occ. a. trauern:** squalebat civitas (municipium) veste mutatā. **b. wüst liegen:** squalent arva *V,* squalens litus wüste Dünen *T.* E: vom altl. *adi.* squālus 'rauh, starrend', vgl. squama.

squālidus 3 (v. squaleo, § 74) **1.** schmutzig, unsauber, wüst: corpora *L.* **2. occ. a.** im Trauergewand: reus *O,* eos squalidos habere angeklagt halten *T;* Phoebus trauernd *O.* **b.** wüst, unwirtlich: siccitas *Cu,* humus *O.* **3.** [von der Rede]: rauh, trocken: squalidiora.

squālor, ōris, *m.* (squaleo) **1.** Schmutz, Unsauberkeit: imbellibus manet squalor langes Haar *T.* **2. occ. a.** Trauergewand: sociorum; *meton.* Trauer, Elend: squalor et luctus. **b.** Unwirtlichkeit: locorum *Cu.*

squāma, ae, *f.* (vgl. squaleo) Schuppe; *met.* loricae Panzerschuppen *V.* Dav.

squāmeus 3 schuppig *VO.*

squāmi-ger 3 (gero, § 66) schuppig *O.*

squāmōsus 3 (squama) voll Schuppen, schuppig.

squilla, ae, *f.* (σκίλλα) Krabbe.

st! *interi.* pst! still! *C.*

Stabiae, ārum, *f.* St. [St. im Kampanien, mit Pompeji verschüttet] *OPli;* dav. Stabiānum, ī, *n.* das St. [Villa bei Stabiae].

stabilīmen, inis, *n.* Stütze *Accius.* Von

stabiliō 4. befestigen, festmachen: stipites, naves *L;* *met.* aufrechterhalten, festigen, sichern. Von

stabilis, e (sto) **1.** zum Stehen geeignet, fest, feststehend: solum *Cu,* locus st. ad insistendum *L,* insula *O,* equus, rates *L,* gradus *T,* pugna in Reih und Glied *LT.* **2. met.** standhaft, fest, unerschütterlich, dauernd: amicitia, fortuna; stabile ad paenitentiam sichere Stütze *T;* **occ.** spondei gewichtig *H.* Dav.

stabilitās, ātis, *f.* das Feststehen, Festigkeit: peditum; *met.* amicitiae, rei p. Bestand.

stabilitor, ōris, *m.* (stabilio) Festiger *Sp.*

stabulō, āre u. **-or,** ārī im Stall stehen *VO;* *met.* sich (irgendwo) aufhalten *VO.* Von

stabulum, ī, *n.* (sto) Standort, Lager: ferarum *V.* **occ. a.** Wirtshaus *Pli.* **b.** Bordell. **c.** Stall: pastorum (Larentiae *L*) Viehhof.

stacta, ae, *f.* (στακτή) Myrrhenöl *C.*

stadiodromos, *m.,* *acc.* on (σταδιοδρόμος) Wettläufer *Sp.*

stadium, ī, *n.,* *gen. pl.* ûm *Cu* (στάδιον) **1.** Stadion [als Längenmaß, rund 200 m]. **2. meton.** Rennbahn: st. currere; *met.* Bahn: laudis.

stāgnō 1. *intr.* **1. austreten:** late *Cu.* **2. überschwemmt sein:** stagnat orbis *O.* *trans.* **3. überschwemmen:** loca *O,* plana urbis *T.* **4. zum Stehen bringen** *Sp.* Von

stāgnum, ī, *n.* (sto) **1.** stehendes Wasser, See, Teich, Lache, Pfuhl: rana stagni incola *Ph.* *met.* **2.** Bassin: stagna et euripi *O,* navale zu Naumachien *T,* calidae aquae *T.* **3.** langsam fließendes Wasser: Phrixeae sororis = Hellespont *O,* Cocyti *V,* refusa vadis Grundwasser *V.*

stalagmium, ī, *n.* tropfenförmiges Ohrgehänge *C.* E: στάλαγμα 'Tropfen'.

stāmen, inis, *n.* **1.** Aufzug [an dem in der Antike aufrechtstehenden Webstuhl], Kette. **2. meton.** Faden: telae *O,* stamina digitis torquere = spinnen *O;* *met.* Schicksalsfäden, Schicksal *O;* **occ.** Saiten *O.* E: sto; 'das Stehende'.

statārius 3 (sto) stehend, feststehend: miles in Reih und Glied fechtend *L;* b i l d l. orator ruhig; *subst.* Schauspieler im ruhigen Charakterstück.

Stat(i)ellī, ōrum u. **Statellātēs,** um, *m.* die St. [Völkerschaft in Ligurien] *LSp;* *adi.* **Statellās,** ātis *L.*

statēra, ae, *f.* (στατήρ, § 92) Waage.

statim (sto, § 79) *adv.* **1.** beständig *C.* **2.** auf der Stelle, sogleich, sofort.

statiō, ōnis, *f.* (sto) **1.** das **Stehen, Stellung:** in statione in Fechterstellung *O.* *meton.* **2. Stelle, Standort, Aufenthalt:** huius principatus die glückliche Zeit dieses Prinzipats *T;* öffentlicher Platz [zum Plaudern] *Pli;* **occ. Ankerplatz, Reede, Bucht:** tuta *VO.* **3. Wachposten, Wache:** sine stationibus et custodiis sternuntur *L,* esse in statione Wache stehen, auf Wache sein, stationem agere Wache halten *LT,* in stationem succedere ablösen; *meton.* **Wachmannschaft:** equitum; *met.* **Wache, Posten:** vitae, oculi in statione manebant blieben auf Posten, wachten *O.*

Statius s. Caecilius.

stativus 3 (II. status) stehend: praesidium Posten *L,* (castra) stativa Standlager, -quartier.

stator, ōris, *m.* (sto) Amtsdiener, Ordonnanz, Kurier; [als *nomen pr.* (sisto)]: St. ['Fluchthemmer', Beiname Juppiters]; *met.* Erhalter.

statua, ae, *f.* (II. status) Standbild, Bildsäule, Statue.

statuī *pf.* v. statuo.

statūmen, inis, *n.* Stütze, Grund-, Unterlage. Von

statuo   432   **stimulo**

statuō 3. uī, ūtus (II. status) **1. hin-, aufstellen:** equum ita *Cu*, captivos in medio *L*, ante aras iuvencum *V*, ad cyathum Mundschenk werden *H*; agro lignum pflanzen *H*. **occ. errichten, erbauen:** aras, opera *N*, statuam; *met.* regnum, moenia *V* gründen, rem p. stützen, aliquem regem einsetzen *Cu*. *met.* **2.** als bestimmt **annehmen, dafürhalten, glauben:** hunc hospitio suo dignissimum; mit *acc. c. inf.*, indir. Fr. **3. festsetzen, bestimmen, anordnen:** diem Termin *S*, tempus colloquio *L*, modum diuturnitati imperii, cupidinibus *H*; mit ut, ne. **4. beschließen, sich vornehmen;** mit *inf.*, indir. Fr., ut. **occ. urteilen, entscheiden:** gravius (triste *O*) aliquid in aliquem ein allzu hartes Urteil fällen, de Lentulo *S*, in Sabinam exsilium verhängen *T*, res privatas entscheiden *O*; qui de se statuebant Selbstmörder *T*.

statūra, ae, *f.* (sto) Größe, Wuchs.

statūrus *pt. fut.* v. sto.

I. status *adi.* u. *pt. pf. pass.* v. sisto.

II. status, ūs, *m.* (sisto) **1.** das **Stehen;** konkr. **Stellung:** illo statu sibi statuam fieri voluit *N*, artificis *O*; **occ. Kampfstellung:** minax *H*, statu movere hostem aus der Stellung werfen *L*; *met.* de statu omni deicere. **2.** *met.* **Stand, Zustand, Lage, Verfassung, Verhältnisse:** eo statu res erat die Sache stand so, in pristinum statum redire, vitae, caeli Beschaffenheit *L*. **3. occ. Bestand, Wohlstand:** rei p., civitatis, multorum *T*.

statūtus *pt. pf. pass.* v. statuo.

stēlla, ae, *f.* (aus *stēr-la oder stēl-na, ai. stár, gr. ἀ-στήρ, got. staírno, ahd. sterno) **1.** Stern: errans, vaga Planet, inerrans Fixstern, crinita (comans *O*) Komet. **2.** Gestirn *VO*.

stēllāns, antis (stellare v. stella) gestirnt: caelum *V*; schimmernd: gemma *O*.

Stellātis campus der c. St. [fruchtbares Gebiet zwischen Capua u. Cales]; *adi.* Stellātīnus 3 *L*.

stēllātus 3 (vgl. stellans) gestirnt, mit Sternen besetzt: Cepheus [Gestirn], ora Tauri *O*; *met.* guttis gefleckt *O*, Argus mit blitzenden Augen *O*, iaspide ensis mit schimmerndem Jaspis besetzt *V*.

stēlli-fer 3 (§ 66) Sterne tragend, gestirnt.

stēlliō, ōnis, *m.* (stella) Sterneidechse, Gecko *V*.

stemma, atis, *n.* (στέμμα) Stammbaum *Sp*.

stephanūsa, ae, *f.* (στεφανοῦσα) Kranzwinderin *Sp*.

stercoreus 3 (stercus) dreckig *C*.

stercorō 1. (stercus) düngen.

sterculīnum = sterquilinum *C*.

stercus, oris, *n.* Kot, Mist, Dünger *H*; *meton.* curiae Schmutzfink; Q. ST. D. F. = quando stercus delatum fas = der 15. Juni [an dem der Mist vom Vestatempel abgeführt wurde] *O*.

sterilēscō, ere unfruchtbar werden *Sp*.   Von

sterilis, e **1.** unfruchtbar: platani ohne Reben *V*, aristae leer *O*, avenae Schwindelhafer *V*, domus ohne Kinder *Pr*; **occ.** unfruchtbar machend: robigo *H*. **2.** *met.* fruchtlos, erfolglos, leer: epistulae ohne Geschenk *Pli*; virtutum arm an *T*.

E: ai. starī́h 'unfruchtbare Kuh', gr. στεῖρα *f.* = got. staíro *f.* 'unfruchtbar'.   Dav.

sterilitās, ātis, *f.* Unfruchtbarkeit *Pli*.

sternāx, ācis, *f.* abwerfend, störrisch: equus *V*.   Von

sternō 3. strāvī, strātus (ai. stṛnáti 'streut, wirft nieder', gr. στόρνυμι, στορέννυμι, got. straujan, ahd. strawjan 'streuen')

> I. 1. auf den Boden **streuen, hinbreiten;** 2. hin-, **niederstrecken;** *occ.* **zu Boden strecken, niederhauen, -werfen;** 3. **ebnen, glätten;** *occ.* **pflastern.**
> II. **bestreuen, bedecken;** *occ. a.* (das Lager) **bedecken, zurechtmachen;** *b.* **satteln.**

I. 1. pontes super asseres darüberlegen *Cu*, harenam pugnae (*dat.*) *O*. **2.** sternunt se phocae *V*; sterni hinsinken; **strātus** 3 liegend, ausgestreckt: ad pedes, somno corpora *L*. **occ.** acies *V*, ferro pecus *H*, ariete muros *L*; Troiam a culmine stürzen *V*, agros fortschwemmen *V*; *met.* corda niederdrücken *V*. **3.** sternitur aequor legt sich *V*, ventos *H*, odia *T* beruhigen. **occ.** lapide quadrato solum mit Quadern *Cu*, vias silice *L*. **II.** solum telis *V*, algā litus *H*. **a.** pelliculis lectulos, triclinium. **b.** equum *L*.

sternuō 3. nuī (gr. πτάρνυμαι aus *σπτ.) niesen, [mit Obj.]: zuniesen; *met.* sternuit lumen knisterte *O*.

            Dav. durch *frequ.* sternūto

sternūtāmentum, ī, *n.* das Niesen *Sp*.

sterquilīnum, ī, *n.* (stercus) Misthaufen *Ph*, Mistfink *C*.

stertō, ere schnarchen.

Stēsichorus, ī, *m.* St. [gr. Lyriker, etwa 630—550].

stetī *pf.* v. sto (selten v. sisto).

Sthenelus, ī, *m.* Sth. [**1.** Wagenlenker des Diomedes *VHHyginus*. **2.** König in Ligurien, Vater des Cycnus. **3.** Vater des Eurystheus *Hyginus*]. *Adi.* zu **2.** u. **3.** Sthenelēïus 3: proles = Cycnus *O*, hostis = Eurystheus *O*.

stibadium, ī, *n.* (στιβάδιον) Ruhelager, -sitz *Pli*.

stigma, atis, *n.* (στίγμα) Brandmal *Sp*.   Dav.

stigmatiās, ae, *m.* (στιγματίας) tätowiert.

stigmōsus 3 (stigma) voller Brandmale *Pli*.

stīlla, ae, *f.* (stiria, dav. *dem.* aus *stīr(a)lā, §§ 42, 33) Tropfen.   Dav.

stīlli-cidium, ī, *n.* (cado, §§ 66, 43) Dachrinne.

stīllō 1. (stilla) **1.** *intr.* träufeln, triefen. **2.** *trans.* tropfen lassen: stillata electra abgetropft *O*, rorem ex oculis Tränen vergießen *H*.

stilus, ī, *m.* **1.** Schreibstift, Griffel [aus Holz, Bein oder Metall, mit dessen spitzem Ende man auf Wachstafeln schrieb; Schreibfehler änderte man durch Glattstreichen mit dem breiten Ende]: stilum vertere ändern, ausbessern *H*. *meton.* **2.** das Schreiben, Abfassen, Abfassung, Komposition: stilus est optimus dicendi magister, stilo prosequi beschreiben *Pli*. **3.** Schreibart, Stil: diligens *T*.

Stimula, ae, *f.* (stimulus) St. [Göttin der heftigen Triebe] *LO*.

stimulātiō, ōnis, *f.* (stimulo) Anreiz, Sporn *T*.

stimulātrīx, īcis, *f.* (stimulo) Hetzerin *C*.

stimuleus 3 (stimulus) mit dem Treibstachel vollzogen: supplicium *C*.

stimulō 1. **1.** stacheln: equos calcaribus anspornen,

stimulus   433   **sto**   **S**

antreiben *L. met.* **2.** quälen, beunruhigen: stimulante
conscientiā *Cu.* **3.** antreiben, reizen: ad iram *T*; mit
ut, ne; *inf. V.*   Von
stimulus, ī, *m.* **I.** *pl.* **Spitzpfähle** [als Fußangeln].
II. 1. Treibstachel, -stecken: stimulis fodere 'mit der
Peitsche kommen'. *met.* **2. Stachel, Qual, Pein, Un-**
ruhe: doloris, amoris Eifersucht, Bacchi Wut *V.*
3. Sporn, Antrieb: furoris *O*, gloriae; alicui stimulos
admovere (adicere *O*) anspornen.
stinguō, ere (vgl. στίζω = *στίγjω, ahd. stëhhan)
arch. **1.** stechen; vgl. instinguo. **2.** *met.* löschen; vgl.
extinguo.
stīpātiō, ōnis, *f.* (stipo) Begleitung, Gefolge.
stīpātor, ōris, *m.* (stipo) Begleiter, Trabant; *pl.* Gefolge.
stīpendiārius 3 **1.** steuer-, tributpflichtig; auch *subst.*
2. um Sold dienend: Romani *L*; *subst.* Söldner *T.* Von
stīpendium, ī, *n.* (aus *stip(i)-pendium, v. stips u.
pendo) **1. Sold, Entlohnung:** stipendium primum
merere den ersten Kriegsdienst tun *N*, auxiliaria sti-
pendia mereri bei den Hilfstruppen dienen *T. meton.*
2. Kriegsdienst: stipendia facere pedibus bei den
Fußtruppen dienen *L*, emereri ausdienen *SL*; homo
nullius stipendii (nullis stipendiis *T*) der nie gedient
hat *S.* **occ. Feldzug, Dienst-, Kriegsjahr:** stipendia
multa habere *L*, quadragesimum *T.* **3. Steuer, Ab-**
gabe, Tribut: stipendium quotannis pendere; *met.*
Strafe: quod me manet stipendium? *H.*
stīpes, itis, *m.* **1.** Stock, Pfahl, Scheit. **2.** Baumstamm,
Baum.
E: vgl. stipo, dtsch. 'steif'.
stīpō 1. **1.** dicht umdrängen, umringen, umgeben: sena-
tum armis; **occ.** dichtgeschlossen begleiten: stipante
caterva *V*; stipa Platona Menandro geselle ihm
bei *H.* **2.** zusammendrängen, vollstopfen, füllen: stipa-
tae naves aneinandergedrängt *L*, curia stipata patri-
bus *O*; **occ.** aufhäufen: carinis argentum *V*, mella *V.*
E: vgl. στείβω 'dicht machen', στιπτός 'gedrungen',
στῖφος 'Haufen'.
stips, stipis, *f.* Geldbeitrag, Gabe, Spende: exigua *O*,
stipem Apollini conferre *L*; **occ.** Ertrag: hortum co-
lens exigua stipe *Cu.*
stipula, ae, *f.* Halm, *pl.* Stroh, Stoppeln *VO*; *meton.*
Rohrpfeife *V.*
stipulātiō, ōnis, *f.* Stipulation, Zusage, Vereinbarung mit
Handschlag, Kontrakt.
E: stipulor 'abmachen'.   Dav. *dem.*
stipulātiuncula, ae, *f.* unbedeutender Vertrag.
stīria, ae, *f.* Eiszapfen *V.*
E: gr. στίρη 'Reif'.
stirpes, stirpis s. stirps.
stirpitus *adv. met.* mit Stumpf u. Stiel, völlig.   Von
stirps, stirpis, *f.* (dicht. *m.*); *nom.* auch **stirpis** u.
stirpēs *L* **1. Wurzelstock, Stamm:** arbores per stir-
pes aluntur. **2.** *synecd.* **Baum, Staude, Pflanze, Wur-**
zel: arbores et stirpes, stirpes et herbae Wurzeln und
Kräuter *T. met.* **3. Wurzel, Ursprung, Grund:** stultitiae;
ab stirpe exstinguere *L*, necare *V* mit Stumpf und
Stiel ausrotten, interire *S*; ab stirpibus renasci von
Grund auf *L.* **occ. a. Grundlage, ursprüngliche Be-**

schaffenheit: gentis *L.* **b. Ursprung, Anfang, Beginn:**
a stirpe *NVL.* **c. Herkunft, Abstammung:** gene-
rosa *N*, Italica *L*, a stirpe par von gleicher Abstam-
mung *V.* **4. Stamm, Geschlecht, Familie:** Romana *N*,
civitatis, stirpem propagare Familie; *meton.* **Nach-**
kommenschaft: stirps mihi deest *N*, stirpem ex se
relinquere *L*; **occ. Nachkomme:** Lemnicolae des
Vulcanus *O*, Achillea = Neoptolemus *V.*
stitī *pf.* v. sisto.
stīva, ae, *f.* Pflugsterz *VO.*
stlīs = līs.
stō 1. stetī, stātūrus (Stamm stā wie in ἔστη-κα, ἑ-στά-
ναι, ahd. stân) **stehen**

> **I. 1. aufrecht stehen, dastehen;** 2. *occ. a.* (von
> Truppen) **aufgestellt sein, stehen;** *b.* (von Schiffen)
> **vor Anker liegen;** *c.* (von Leblosem) **emporragen,**
> **emporstarren;** mit *abl.* **von etw. starren, strotzen;**
> *d.* **sich prostituieren; zu stehen kommen, kosten;**
> *met.* 3. **auf** jemds. **Seite stehen, Partei ergreifen** (für
> und wider); 4. **stat per me es liegt bei mir, hängt**
> **von mir ab.**
>   **II. 1. stillstehen;** 2. *occ.* **stehen bleiben, stecken**
> **bleiben.**
>   **III. 1. feststehen, standhalten;** *occ.* (von Gebäu-
> den u. dgl.) **(be)stehen bleiben, dauern;** *met.* 2. **sich**
> **halten, sich behaupten, andauern, bestehen;** 3. bei
> etw. **feststehen, bleiben, auf etw. beharren;** 4. **fest-**
> **stehen = festgesetzt, bestimmt sein.**

I. 1. pede in uno *H*, in conspectu senatūs, ad cya-
thum Mundschenk sein *Sp*, ante oculos *VO*; *meton.*
de marmore (aëneus *H*) stabis als Bildsäule *O.*
B i l d l. in Ascanio stat cura parentis dreht sich um
A. *V*, in operum primordio im Beginn stehen *Cu*; stat
fabula das Stück gefällt *CH*; hoc illi stabant hielten
sich, gefielen *H.* **2. a.** ante signa, in ripa *Cu*, utrim-
que phalanges stant *V.* **b.** classis stat ad Uticam, in
ancoris, ad ancoram *L*, in Strymone *L.* **c.** aris-
tae *O*, stat turris ad auras *V*; stant comae sträuben
sich *VO*; stat pulvere caelum *V*, stant robore vires
die Sehnen strotzen von Kraft *V*, stant lumina flammā
glühen *V*; stant castaneae strotzen *V.* **d.** in
fornice *H*; gratis stat navis kostet nichts, rem stetisse
Achaeis *C* talentis *L*; b i l d l. magno teuer zu stehen
kommen *O.* **3.** cum Sertorio, cum barbaris *L*; pro
partibus für die Partei eintreten *L*; a bonorum causa,
aliunde *L*, hac *V*; pro rege adversus (in *O*) vos *T*;
contra stare Widerstand leisten *V.* **4.** Meist mit ne,
quominus, quin: per Afranium stetit, quominus
proelio dimicaretur. **II. 1.** state, viri *V*, stat pecus
metu mutum *V*; b i l d l. stantibus aquis bei ruhigem
Stand *O*, stat glacies rührt sich nicht *H*; anceps certa-
men stetit das Treffen stand *L.* **2.** hasta stat terrā *O*,
ferrum in inguine *O*; stetit aequore puppis stand
plötzlich still *V*, sanguis stockte *O.* **III. 1.** in eodem
vestigio *Cu*, in gradu; qui miles steterit, qui fu-
giat *L.* **occ.** stare diu Thebas *O*, nec domus ulla nec
urbs stare poterit. **2.** res p. staret, tu concidisses *L*,
animo (animis) guten Mutes sein, disciplinā militari

Stobi   434   **strix**

stetit R. res *L*, stat gratia facti *V*, stant belli causae der Grund ist gelegt *V*. **3.** iudiciis, condicionibus *L*, eo auf dem *L*; *pass.* statur foedere man verharrt bei *L*, in sententia *L*. **4.** sic stat sententia so ist es beschlossen *O*, tempus agendae rei nondum stat *L*, stat sua cuique dies *V*; stat sententia mit *inf.* ich bin entschlossen *O*; stat (mihi) mit *inf. NV*, non stat, quid faciamus ist nicht ausgemacht *L*.

Stobī, ōrum, *m.* St. [St. in Makedonien] *L.*

Stoechadēs insulae die Iles d'Hyères [sö. v. Toulon] *T.*

Stōicus 3, *adv.* **ē** stoisch: egit mecum Stoice wie ein Stoiker: *subst.* Stōicus, ī, *m.* stoischer Philosoph, Stoiker; Stōica, ōrum, *n.* stoische Philosophie.

stola, ae *f.* (στολή) langes Frauenoberkleid, Stola; *met.* Talar: tibicinis *O.*

stolidus 3, *adv.* **ē** tölpelhaft, dumm, albern.
  E: vgl. stultus u. ai. sthūláḥ 'dumm'.

stomachor 1. (stomachus) sich ärgern, grollen: omnia über alles; cum Marcello sich zanken.

stomachōsus 3 unmutig, unwillig, gereizt.   Von

stomachus, ī, *m.* (στόμαχος) **1. Speiseröhre, Schlund. 2.** *synecd.* **Magen.** *meton.* **3. Geschmack:** ludi non tui stomachi nichts für deinen Gaumen, stomachum multa sollicitant Kauflust *Pli.* **4. Groll, Ärger, Unmut, Unwille:** stomachum facere, movere alicui jemd. ärgern.

storea u. **storia,** ae, *f.* (zu sterno) Decke, Matte [aus Binsen, Stroh, Tauen geflochten].

strabō, ōnis, *m.* (στράβων) Schieler, schielend.

strāgēs, is, *f.* (sterno, stratus) **1.** das Niederstürzen, Niederschlagen: canum das Hinsterben *O*, tectorum Einsturz *L*, stragem dare satis niederwerfen *V*, stragem facit tempestas richtet Verwüstungen an *L*. **2.** *occ.* Niedermetzelung, Niederlage, Verheerung: stragem ēdere, facere, efficere (ciēre *V*). **3.** *meton.* (niedergeworfener) Haufen: militum *L.*

strāgulus 3 (vgl. strages) zum Ausbreiten: vestis Decke, Teppich; *subst.* **strāgulum,** ī, *n.* Decke, Teppich.

strāmen, inis, *n.* (sterno) Streu, Stroh *VO.*

strāmentum, ī, *n.* **1.** Streu, Stroh. **2.** Packsattel: mulis stramenta detrahere.

strāmineus 3 (stramen) aus Stroh: Quirites Binsenpuppen *O*, s. Argei.

strangulō 1. (στραγγαλόω, § 91, Abs. 3) erdrosseln, erwürgen; *met.* ersticken, quälen *O.*

strangūria, ae, *f.* (στραγγ-ουρία) Harnzwang.

strātum, ī, *n.* (sterno) **1. a. Polster, Decke;** *meton.* **Lager. b. Pferdedecke:** mulis strata detrahere Packsättel *L*. **2. Pflaster:** strata viarum gepflasterte Straßen *V.*

strātus *adi.* u. *pt. pf. pass.* v. sterno.

stratēgēma, atis, *n.* (στρατήγημα) Kriegslist.

stratiōticus 3 (στρατιωτικός) soldatisch *C.*

Stratonīcēa, ae, *f.* St. [St. in Karien] *L*; *adi.* u. Einw. Stratonīcēnsis.

Stratus, ī, *f.* St. [St. in Akarnanien am Achelous] *L.*

strāvī *pf.* v. sterno.

strēnuitās, ātis, *f.* (strenuus) Regsamkeit *O.*

strēnuōsus = strenuus *C.*

strēnuus 3, *adv.* **ē 1.** kräftig: saltus *Cu*, remedium drastisch *Cu*. **2.** tätig, regsam, munter, wacker; mit *dat.* faciendis iussis *O*; inertia geschäftiges Nichtstun *H*; navis *O*, mors *Cu* schnell. **3.** entschlossen: bello *N*, manu tatkräftig *T*; mit *gen.* militae *T*; *occ.* unruhig: quieti et strenui *T.*
  E: vgl. στρῆνος 'Kraft', στρηνής 'kräftig'.

strepitō, āre (*frequ.* v. strepo) lärmen: strepitantes alae rauschend *Ti*, arma klirrend *Ti.*

strepitus, ūs, *m.* **1.** Geräusch, Getöse; *occ.* rotarum Rollen, Acherontis Rauschen *V*, valvarum Knarren *H*. **2.** Töne, Klänge *H.*   Von

strepō 3. uī **1.** lärmen, toben, tosen, Geräusch machen: strepit galea dröhnt *V*, fluvii strepunt rauschen *H*, cornua *V*, litui *H* schmettern; haec strepere derlei Rufe ausstoßen *L*; strepebat sententia ließ sich hören *T*. **2.** ertönen, erdröhnen *L.*

striātus 3 kanneliert *Sp.*
  E: striare v. stria 'Riefe, Furche, Kannelur'.

strictim (*adv.* v. stringo § 79) **1.** knapp: attondere *C*. **2.** obenhin, flüchtig: perscribere knapp, summarisch *S.*

strictūra, ae, *f.* (stringo) glühende Eisenmasse *V.*

I. strictus *pt. pf. pass.* v. stringo.

II. strictus 3 (stringo) straff, stramm: artus *T*; *met.* kurz, bündig *QSp.*

strīdeō 2., dicht. **strīdō** 3. strīdī (vgl. τρίζω, § 27, u. strix) zischen, schwirren, pfeifen, sausen usw.: stridentia plaustra *V*, cardo *V*, rudentes *O* knarrend, alae rauschend *V*, stridit mare braust *V*, apis summt *V*, membra stridunt braten *O*, susurri lispeln *H*.   Dazu

strīdor, ōris, *m.* [jeder unreine] Ton: aquilonis Sausen, serrae Kreischen, ianuae *O*, rudentum *VO* Knarren, maris Brausen *V*, suis Grunzen *O*, simiae Geschrei *O*, anguis Zischen *O*, apium Summen *O*, elephantorum das Trompeten *L.*

strīdulus 3 (strideo) zischend, schwirrend, knarrend *VO.*

strigilis, is, *f., abl.* i (stringo) Schabeisen, Striegel *H*; Kannelur *Sp.*

strigōsus 3 mager, dürr *L*; bildl. nüchtern, schmucklos.
  E: striga 'Strich, Streifen', verw. mit stringo.

stringō 3. strīnxī, strictus **1. vorbeistreichen, streifen, leicht berühren:** summas undas *O*, vestigia rostro *O*; ultima Asiae, montes berühren *Cu*; *occ.* **streifen:** aliquid de corpore *V*, corpus *V*; *met.* **verwunden:** dente pedem *O*, pectora verletzen *O*, nomen versehren *O*; animum rühren *V*. **2. abstreifen, -pflücken:** folia ex arboribus, hordea culmo *V*, glandes ernten *V*, ripam abspülen *V*; remos durch Abstreifen der Äste glätten *V*; *met.* rem ingluvie vertun *H*; *occ.* (aus der Scheide, blank) **ziehen, zücken:** gladios, cultrum *L*. **3. anziehen, zusammenziehen, -schnüren:** pedes drücken *O*, strictus nodus *L*, stricta frigore vulnera *L.*
  E: ahd. strīhhan 'streichen', gr. στραγγεύω 'drehen'.

strix, strigis, *f.* (vgl. στρίγξ v. στρίζω = τρίζω) Ohreule *O.*

stropha, ae, f. (στροφή) Kunstgriff, List *PhPli.*
Strophadēs, um, f. die St. [zwei kleine Inseln südl. v. Zakinthos] *VO.*
strophium, ī, n. (στρόφιον) **1.** Busenbinde, Büstenhalter *Ca.* **2.** Kranz *Appendix Vergiliana.*
Strophius, ī, m. St. [Vater des Pylades] *O.*
strūctor, ōris, m. (struo) Maurer; *pl.* Bauleute.
strūctūra, ae, f. (struo) **1.** Zusammenfügung, Bau: carminis *O*, verborum; tarda Satzbau *T.* **2.** *meton.* Bauart, Struktur: parietum, antiqua *L.*
strūctus *pt. pf. pass.* v. struo.
struēs, is u. **struīx**, īcis *C*, f. (struo) Masse, Haufen, Stoß, Berg; *occ.* Opfergebäck *O.*
strūma, ae, f. Drüsenschwellung, Geschwulst am Hals; auch appellativ: 'Kropf' *Ca.*
struō 3. strūxī, strūctus **1.** aufschichten, zusammen-, über-, nebeneinanderlegen: lateres, arbores in pyram *V*; *occ.* **häufen, beladen:** altaria donis *V*; bildl. aliquem falsis criminibus ausrüsten *Cu.* **2. bauen, errichten:** muros *Cu*, pyras *VT*; *met.* **3. bereiten, veranstalten:** convivia *T*, imperio initia den Grundstein legen *T*; **occ. stiften, anstiften:** alicui insidias *L*, mortem *T*, quid struit? was führt er im Schilde? *V*, causas ersinnen *T.* **4. ordnen, anordnen:** aciem *VLT*, armatos in campo *L* aufstellen, structi stabant in Reih und Glied *L*; *met.* verba.
Strȳmō, onis, m. S t r u m a [Grenzfl. zwischen Makedonien u. Thrakien] *NVLPr.*; *adi.* Strȳmonius 3 strymonisch: grues *V*; thrakisch: matres *O*; Strȳmonis, idis, f. Thrakerin *Pr.*
studeō 2. uī (vgl. σπεύδω, σπουδή) **1.** sich um etw. bemühen, etw. betreiben, sich auf etw. verlegen, auf etw. bedacht sein, streben, trachten, suchen; mit *dat.* agriculturae Ackerbau betreiben, memoriae das Gedächtnis üben, labori ac duritiae sich abzuhärten suchen, novis rebus nach Umsturz streben, disciplinis et artibus studieren; hoc *H*; mit *inf.*, seltener *acc. c. inf.*, ut, ne. **occ. 2.** Partei nehmen, unterstützen, fördern: Laconum rebus *N*, Plancio; *abs. S.* **3.** [nachklass.]: studieren: studes an piscaris? *Pli.*
studiōsus 3, *adv.* ē **1.** eifrig, emsig, sorgfältig: praedia studiose colere. **2.** beflissen, ergeben, bedacht, Liebhaber; mit *gen.* (*dat. C*) nemorum, venandi, florum *H*; *occ.* wißbegierig, studierend, gelehrt: litterarum *N*, iuvenis *Q*, cohors gelehrtes Gefolge *H.* **3.** geneigt, günstig gesinnt, zugetan, ergeben, Anhänger: nobilitatis; Catonis Verehrer *N.* Von
studium, ī, n. (studeo) **1.** das **Bestreben, Eifer, Neigung, Lust, Begierde:** studium in (ad) aliquid conferre verwenden; pugnandi Kampflust; summo, magno studio sehr eifrig, studio pravus geflissentlich *H.* **2. Ergebenheit, Zuneigung, Interesse** für jemd.: sine ira et studio unparteiisch *T*; studia hominum excitare die Neigung gewinnen, retinere fesseln; rei p. Vaterlandsliebe; in populum R. **occ. Parteilichkeit:** cupiditas ac studium; in senatu erant studia Parteiungen *T.* **3. Beschäftigung** mit etw.: rerum rusticarum, venandi, citharae *H.* **4. occ. a. Lieblingsbeschäftigung, Passion:** studiis suis obsequi Neigungen *N*, Thebanorum *N.* **b. wissenschaftliche Be-**

schäftigung, **Studium:** litterarum, philosophiae, iuris; auch ohne Obj.; *meton.* **Wissenschaft, Wissenszweig:** liberalia.
stulti-loquentia, ae, f. u. **stulti-loquium**, ī, n. (stultus, loquor) dummes Geschwätz *C.*
stultitia, ae, f. (stultus) Torheit, Albernheit, Einfalt.
stulti-vidus 3 (stultus, video) verkehrt sehend *C.*
stultus 3, *adv.* ē (vgl. stolidus) töricht, albern, einfältig, dumm; *subst.* Tor, Narr.
stūpa = stuppa (§ 40).
stupe-faciō 3. fēcī, *pass.* **stupe-fīō**, fierī, factus (§ 64, Anm., vgl. stupeo) betäubt machen, betäuben; *pt. pf. pass.* **stupefactus** 3 betäubt, außer sich.
stupeō 2. uī **1.** starr, steif sein: stupentia membra *Cu.* *met.* **2.** betäubt, verblüfft sein, stutzen, staunen: stupente seditione *L*; animi exspectatione stupent *L*, in Turno *V*, in titulis hochschätzen *H.* **3. occ.** anstaunen, bewundern: donum Minervae *V.* Dav. *incoh.*
stupēscō 3. puī erstarren, stocken, stillstehen; *met.* erstaunen.
stūpeus = stuppeus (§ 40).
stupiditās, ātis, f. Sinnlosigkeit, Dummheit. Von
stupidus 3 (stupeo, § 74) dumm, stumpfsinnig.
stupor, ōris, m. (stupeo) **1.** Starrheit, Gefühllosigkeit: sensūs. *met.* **2.** das Staunen, Betroffenheit: stupor animos tenet *L.* **3.** Stumpfsinn, Dummheit.
stuppa, ae, f. (στύππη) Werg, Flachs, Hanf. Dav.
stuppeus 3 aus Werg, hanfen.
stuprō 1. schänden, entehren. Von
stuprum, ī, n. Schändung, Entehrung; *pass.* Unzucht.
stupuī *pf.* v. stupeo oder stupesco.
Stygius 3 s. Styx.
Stymphālis, idis, f. vom Stymphālus [Fl. in Arkadien] *O.*
Styx, Stygos u. -is, f. St. [**1.** Fl. der Unterwelt, bei dem die Götter schwören. **2.** *synecd.* Unterwelt. **3.** (spät) giftige Quelle *Cu*]. *Adi.* **Stygius** 3 **1.** stygisch, unterweltlich: cumba = des Charon *V*, Iuppiter = Pluto *V.* **2.** *met.* höllisch, greulich, tödlich: vis *V*, bubo todkündend *O.*
E: Στύξ v. στυγεῖν, 'Gegenstand des Hasses'.
Suāda u. **Suādēla** *H*, ae, f. S. [Göttin der Beredsamkeit = gr. Πειϑώ]. Von
suādeō 2. suāsī, suāsus **1.** *intr.* **raten, Rat geben, zureden. 2.** *trans.* **raten, anraten;** die Sache im *acc.*, die Person im *dat.* legem, rogationem, maritandum principem *T* empfehlen; mit *coni.*, ut, ne; mit *inf. VT*; **occ. reizen, einladen:** suadet fames *V*, suadent sidera somnum *V.* **3. überzeugen,** d i c h t. **überreden** *V*, mit *acc. c. inf.*
E: § 36; zu suavis, s. d.; 'jemdm. etw. angenehm machen'. Dav.
suāsiō, ōnis, f. Empfehlung, Empfehlungsrede. Und
suāsor, ōris, m. Ratgeber, Empfehler.
I. suasus *pt. pf. pass.* v. suadeo.
II. suāsus, ūs, m. (suadeo) Rat *C.*
suāvi-loquēns, entis (§ 66) lieblich redend. Dav.
suāviloquentia, ae, f. liebliche Rede.
suāviolum s. savium.
suāvior s. savior.

suāvis, e, *adv.* **iter** (statt *suādvis, ai. svādúḥ, gr. ἡδύς, dor. ᾱ̔δύς = *σϝαδύς, ἀνδάνω, § 26, niederdtsch. söt, ahd. **s w u o z i**, §§ 10 u. 12) süß, lieblich, angenehm; *acc. n. sg. adv.* suave rubens *V*; suaviter (*sc.* ago) es geht mir gut *H*. Dav.

suāvitās, ātis, *f.* Süße, Lieblichkeit, Annehmlichkeit, Liebenswürdigkeit.

suāvium s. savium.

sub (aus sup, vgl. ὑπό, § 25; sup fast nur vor p: suppleo; assimiliert [§ 33]: suc-cedo, suf-fusus, sug-gestum, sum-mitto, sur-ripio; vor sp zu su vereinfacht: su-spectus. Die erweiterte Form subs [vgl. abs] zu sus vereinfacht [§ 33] in suscipio, sus-tineo, sus-pensus)

A. adv. 1. unten, unter; 2. (bei *verb.* der Bewegung) von unten nach oben; 3. hinzu, dazu, unmittelbar nach; *occ.* zu Hilfe; 4. (bes. bei *adi.*) nahezu, etwas, ein wenig, ziemlich; 5. heimlich.

B. präpos. beim *acc.* (*verb.* der Bewegung) I. räumlich 1. **unter, unter ... hin**; *occ. a.* (an etw. Überragendes) **heran, bis an**; *b.* **nahe an, unweit von, an.** 2. *met.* (Unterordnung): **unter.**

II. zeitlich: **um, gegen, bei, unmittelbar vor**; *occ.* **unmittelbar nach.**

C. präpos. beim *abl.* (*verb.* der Ruhe) I. räumlich 1. **unter, unterhalb**; *occ. a.* (an etw. Höherem) **unten an, hart an, am Fuß, bei, in**; *b.* **unmittelbar hinter**; 2. *met.* (Unterordnung) **unter, hinter.**

II. zeitlich: **innerhalb, während, in**; *occ.* (annähernd) **bei, gegen.**

A. Die mit sub zusammengesetzten Verben unterliegen der Vokalschwächung nach §§ 41 u. 43: subigo, subripio, sustineo zu ago, rapio, teneo; rekomponiert sind subedo, sublego usw. (§ 71). **1.** subiaceo, submergo, subalaris. **2.** subeo, sublevo. **3.** succresco, subinde, suboles; **occ.** succurro, subvenio. **4.** subiratus, subaccuso. **5.** suffugio. **B. I. 1.** sub terras penetrare, sub divum ans Licht *H*, exercitum sub iugum mittere. **a.** succedere sub montem, sub ictum venire in Schußweite *L*, turris sub astra educta *V*. **b.** sub finem adventare *V*, finem sub utrumque nach beiden Gebieten hin *H*. **2.** sub potestatem redigere, sub legis vincula conicere *L*. **II.** sub lucem (luctis ortum *L*) gegen Morgen; sub vesperum, noctem, sub idem tempus *L*; sub galli cantum bevor der Hahn kräht *H*. **occ.** sub hanc vocem, sub haec dicta auf diese Worte hin *L*, sub hoc, sub haec darauf *VH*. **C. I. 1.** sub divo unter freiem Himmel, sub pellibus hiemare; sub sarcinis bepackt, sub armis bewaffnet, in Waffen, sub corona (hasta) vendere Kriegsgefangene verkaufen; sub antro in der Grotte *H*, sub templo *V*, sub pectore in der Tiefe der Brust *V*. **a.** sub monte, sub moenibus *V*, sub ictu teli in Schußweite *L*, sub sinistra links unten. **b.** sub ipso volat Diores *V*. **2.** sub sua potestate retinere *N*, esse sub regibus, rege; sub te magistro unter deiner Leitung *V, L*, sub proditione der Anklage ausgesetzt *V*, sub iudice lis est beim Richter *H*, sub oculis alicuius unter, vor, sub manu bei der Hand, sub tutelae specie *Cu*, sub nomine. **II.** sub

---

proscriptione *N*, sub ipsa profectione, primis sub annis *O*, sub luce maligna in spärlichem Licht *V*, sub hoc casu bei diesem Unglücksfall *V*. **occ.** sub adventu Romanorum *L*, extremo sub fine malorum *V*.

sub-absurdus 3, *adv.* **ē** ziemlich ungereimt.

sub-accūsō, āre ein wenig tadeln, bemängeln.

subāctiō, ōnis, *f.* (subigo) Durchbildung [des Verstandes].

subāctus *pt. pf. pass.* v. subigo.

sub-agrestis, e etwas bäuerisch, plump.

sub-ālāre telum (ala, § 75, Abs. 2) Dolch unter der Achsel *N*.

sub-auscultō, āre heimlich zuhören, horchen.

sub-basilicānus, ī, *m.* (basilica, § 75) Pflastertreter *C*.

sub-bibō 3. bibī ein wenig trinken *Sp*.

sub-c... s. succ...

sub-centuriātus 3 (centuriare) in Reserve *C*.

sub-cingulum, ī, *n.* Gürtel *C*.

sub-contumeliōsē *adv.* etwas schimpflich.

sub-cūstōs, ōdis, *m.* Hilfswächter *C*.

sub-dēficiēns, entis nach und nach ermattend *Cu*.

sub-didī *pf.* v. subdo.

sub-difficilis, e ziemlich schwierig.

sub-diffīdō, ere nicht recht trauen.

subditīvus 3 unterschoben, unecht. Von

sub-dō 3. didī, ditus (do, § 41) **1.** unterlegen, -setzen, -stellen; *pf. pass.* **unten liegen, stehen:** subditis calcaribus mit eingesetzten Sporen *Cu*, se aquis untertauchen *O*, ignem legen *L*, anguem in sinum *V*; **occ.** in locum an die Stelle setzen. *met.* **2. anlegen:** ingenio stimulos anspornen *O*, ignem seditioni schüren *L*, spiritūs entflammen *L*, flamma subita medullis eingedrungen *V*; **occ. unterwerfen:** feminae imperio *T*; **bildl.** rem tempestatibus aussetzen *Pli*. **3. unterschieben, vorschieben:** testamentum, maiestatis crimina *T*, subditus rumor falsch *T*, reos *T*.

sub-doceō, ēre nebenbei unterrichten.

sub-dolus 3, *adv.* **ē** heimtückisch, hinterlistig, trügerisch.

sub-dubitō, āre ein wenig zweifeln.

sub-dūcō 3. dūxī, ductus 'wegziehen'.

I. von unten **hinaufziehen**; *occ. a.* (Segel) **reffen**; *b.* (Schiffe) **ans Land ziehen, ins Trockene bringen, bergen.**

II. 1. unten **weg-, entziehen, wegnehmen**; *occ. a.* **entwenden**; *b.* **entziehen**; *refl.* **sich entfernen**; *met.* 2. **heimlich wegbringen, unbemerkt wegführen, wegschaffen**; *occ.* **entreißen, entführen**; 3. **zusammenrechnen, berechnen, erwägen.**

I. remos einziehen *O*, cataractam funibus *L*, vultum *Pr*. **a.** carbasa *O*. **b.** litore puppes *V*, classem ad Gytheum. **II. 1.** mensam sub pedibus *Cu*, ensem capiti unter dem Kopf weg *V*. **a.** furto aliquid *L*, ignem caelo *H*. **b.** cibum athletae; *refl.* clam se ab custodibus *N*; se a vulnere dem Biß ausweichen *O*, se subducere colles incipiunt verlieren sich allmählich *V*, subducta unda zurückgegangen *V*. **2.** copias in collem, cohortes e dexto cornu *L*. **occ.** aliquem saevi-

subducto   437   **subigo**   **S**

tiae *Cu*, Turnum pugnae *V*. **3.** ratiunculam *C*, summam; subducta ratione mit Überlegung.   *Dav.*

subductiō, ōnis, *f*. **1.** Bergung [von Schiffen]. **2.** Berechnung.

subductus *pt. pf. pass.* v. subduco.

sub-dūrus 3 etwas hart.

sub-dūxī *pf.* v. subduco.

sub-edō 3. ēdī unten annagen *O*.

sub-ēgī *pf.* v. subigo.

sub-eō, īre, iī (selten īvī), subitus

---

1. unter etw. **gehen, kommen, treten**; *trans.* be-
treten, eintreten; *occ.* auf die Schultern nehmen,
aufnehmen; *met.* auf sich nehmen, ertragen, aus-
stehen, sich gefallen lassen. 2. von unten **heraufge-
hen, emporsteigen, aufwärts gehen**; *occ.* heranrük-
ken, sich nähern; 3. heimlich **heranschleichen, sich
einschleichen**; *met.* **beschleichen, befallen**; *occ.* in
den Sinn kommen, einfallen; 4. unmittelbar **nachfol-
gen**; *occ.* an die Stelle treten, ablösen.

---

1. subit hasta fährt unten durch *V*; mit *dat.* luco ein-
treten *V*; *trans.* virgulta unter . . . kriechen *Cu*, aquam
(paludem *O*) in . . . untertauchen *Cu*, tectum, mucro-
nem unter . . . laufen *V*. **occ.** *intr.* feretro *V*; *trans.*
saxum cervice *V*, umeris parentem *V*; astu subit
bückt sich listig *V*, currum sich anspannen lassen *V*;
m e t. iugum imperii *Cu*, Latinum die Herrschaft des
L. *O*, verbera Prügel bekommen, pericula, inimicitias,
nives erdulden *V*, tempestatem sich aussetzen, crimen
sich aufladen, condicionem eingehen, deditionem
sich ergeben. **2.** adverso flumine Babylonem *Cu*, ex
inferiore loco; subeunt herbae wachsen empor, sprie-
ßen *V*, subit silva *V*; portu (*dat.*) einlaufen *V*, ad por-
tas, in montes *L*; mit *acc.* adversum flumen strom-
aufwärts fahren *Cu*, orbem medium den Zenith errei-
chen *V*. **occ.** portae *V*, gubernaculo an Steuer tre-
ten *V*; *trans.* muros *VL*, Herbesum angreifen *V*; la-
cus subit montes *L*. **3.** thalamos *O*; *m e t.* paeni-
tentia subit regem *Cu*, subit ira *V*, morbus stellt sich
ein *V*. **occ.** subiit deserta Creusa *V*; subit animum
mit indir. Fr. *L*, *acc. c. inf. Cu*. **4.** pone subit con-
iunx *V*, subibit Tullus *V*. **occ.** furcas subiere colum-
nae *O*, primae legioni tertia subit *L*, aurigam *V*.
Dav. **subitus** 3 plötzlich, hastig, unerwartet: commuta-
tio *N*, clades; miles rasch zusammengeraffte Truppe *T*,
consilium überstürzt, tempus drängende Lage; *subst.*
subitum, ī, *n.* unerwartetes Ereignis, plötzlicher Vorfall;
subita proferre Unvorbereitetes *Pli*; *abl. sg. adv.* **sub-
itō** plötzlich, unvermutet, unerwartet: dicere unvorberei-
tet, aus dem Stegreif.

sūber, eris, *n.* Korkeiche *V*; *meton.* Kork *V*.

Subertānum forum das Forum v. Subertum [einer St.
in Etrurien] *L*.

sub-f . . . s. suf-f . . .

sub-fuscus 3 bräunlich: margarita *T*.

sub-g . . . s. sug-g . . .

sub-grandis, e ziemlich groß.

sub-horridus 3 ziemlich rauh.

sub-iaceō, ēre unten, am Fuß liegen *Cu*, villa subiace-
bat lag am Fuße des Berges *Pli*.

sub-iciō 3. iēcī, iectus (iacio)

    I. **1.** unter etw. **werfen, legen, setzen, stellen**; *pf.
pass.* unter etw. **liegen, stehen**; *occ.* nahebringen,
-setzen, -stellen; **2.** *met.* **unterwerfen, -jochen**;
pass. **unterliegen**; *occ.* ***a.*** unterordnen; ***b.*** **ausset-
zen, preisgeben.**
    II. **1.** in die Höhe werfen, -heben; **2.** *met.* (*refl.*)
aufsteigen, aufstreben, aufschießen.
    III. **1.** übergeben, darreichen; **2.** *met.* **darbieten,
eingeben, einflüstern, einflößen.**
    IV. **1.** (in der Rede) **folgen lassen, anschließen,
entgegnen, erwidern, unterbrechen**; **2.** *met.* unter-
schieben; *occ.* vorschieben.

    I. **1.** epistulam sub pulvinum *N*, pulvino *Cu*, cer-
vices securi auf den Block legen, moenibus ignem, fa-
cem pyrae *V* anlegen; caudam utero einziehen *V*;
met. aliquid oculis sichtbar machen *LCu*, subiecta
oratori materia zugrunde liegend *T*. **occ.** aciem colli-
bus an die Anhöhen heranführen, castris an das Lager
führen, se sich von unten nähern, castra urbi unterhalb
der Stadt aufschlagen *L*. **2.** imperio, subiecti Unterwor-
fene *V*, fatum pedibus in den Staub treten *V*. **a.** se al-
terius potestati, Fabium Valerio nachsetzen *L*; sub-
iecta untergeordnete Begriffe. **b.** navigationem hiemi,
scelus odio civium; praeconi versteigern, dem Ausru-
fer preisgeben. **II. 1.** inter carros tragulas, corpus
saltu in equum aufs Pferd springen *V*, regem in
equum *L*. **2.** se subicit alnus *V*, flamma subiecta
aufsteigend *V*. **III. 1.** Sullae libellum. **2.** consi-
lium *Cu*, spem alicui *LO*. **IV. 1.** patre subiciente
auf die Antwort des Vaters *Cu*, pauca furenti *V*. **2.** li-
brum alterum *N*, pro verbo proprio aliud. **occ.** sub-
icitur Metellus wird angestiftet.   *Dav.*

subiectiō, ōnis, *f.* Veranschaulichung: rerum; testa-
menti Unterschiebung *L*.

subiectō, āre (*frequ.* zu subicio) **1.** unterlegen: ma-
nūs *O*, lasso stimulos anspornen *H*. **2.** emporwerfen:
harenam *V*.

subiector, ōris, *m.* (subicio) Unterschieber, Fälscher.

I. subiectus 3, *adv.* ē (subicio) **1.** unterhalb liegend:
rivus castris, gens septemtrioni *V*; *n. pl. subst.*
subiecta vallium Niederungen, Talsohlen *T*; **occ.**
angrenzend, benachbart: Candaviae. **2. untertan,
unterwürfig**: alicui; *subst.* Untertan *T*; **occ.** preisge-
geben, ausgesetzt: invidiae *H*.

II. subiectus *pt. pf. pass.* v. subicio.

subigitātiō, ōnis, *f.* (subigitare, *frequ.* v. subigo) Be-
tastung, unzüchtiges Berühren *C*.

sub-igō 3. ēgī, āctus (ago, § 41) **1. hinauftreiben**: na-
ves ad castellum hinaufrudern *L*; *met.* **nötigen, zwin-
gen**: hostem in (ad) deditionem *LCu*, subactus insi-
diis gedrängt *V*; mit *inf. SVT*, mit ut *CCu*; **occ. be-
zwingen, unterwerfen, knechten**: tertiam partem or-
bis. **2. durch-, bearbeiten, zurechtmachen**: vomere
terram *O*, digitis opus glätten *O*, in cote secures wet-

subii 438 **submuto**

zen, schärfen *V*; *met.* **schulen, bilden**: bellis *L*; **occ. zähmen**: beluam. **3. hart mitnehmen**: inopiā subacti, vexari et subigi *L*.

sub-iī *pf.* v. subeo.

sub-impudēns, entis etwas unverschämt.

sub-inānis, e etwas eitel.

sub-inde (sub A. 3.) *adv.* **1.** gleich darauf, unmittelbar hernach. **2.** von Zeit zu Zeit, wiederholt.

sub-īnsulsus 3 etwas abgeschmackt.

sub-invideō, ēre etwas eifersüchtig sein: alicui.

sub-invītō, āre unter der Hand auffordern.

sub-īrātus 3 ein wenig böse; dav. (§ 76) **sub-īrāscor, ī** ein wenig böse werden.

subitāneus 3 (subitus) plötzlich entstehend *Sp*.

subitārius 3 (subitus) in Hast zustande gebracht, behelfsmäßig: aedificia *T*, gradus *T*; exercitus, miles eilig ausgehoben *L*, res dringend *C*.

subitō s. subeo [am Ende].

subitum, ī, *n.* s. subeo [am Ende].

subitus *pt. pf. pass.* v. subeo.

sub-iungō 3. iūnxī, iūnctus **1.** einspannen: tigres curru *V*; *met.* unterwerfen, -ordnen: gentem *V*, sibi res *H*. **2.** verbinden: omnes artes oratori, carmina nervis Lied und Saitenspiel *O*, preces anfügen *Pli*.

sub-īvī [selten] *pf.* v. subeo.

sub-lābor 3. lāpsus sum **1.** heimlich heranschleichen: sublapsa vetustas *V*. **2.** niedersinken: aedificia vetustate sublapsa verfallen *Pli*; *met.* retro sublapsa spes *V*.

Sublaqueum, ī, *n.* S u b i a c o [St. östl. v. Tivoli] *TSp*.

I. sublātus *pt. pf. pass.* v. tollo.

II. sublātus 3, *adv.* **ē** (tollo) überheblich, hochfahrend, stolz; sublate dicere erhaben.

sub-lectō, āre (*lacio) anlocken *C*.

sub-legō 3. lēgī, lēctus **1.** unten auflesen *H*. **2.** belauschen, abhorchen: carmina *V*. **3.** nachwählen: in demortuorum locum *L*.

sublevātiō, ōnis, *f.* (sublevo) Erleichterung.

sub-lēvī *pf.* v. sublino.

sub-levō 1. **1.** empor-, in die Höhe heben: se, iubis equorum. *met.* **2.** geringer machen, vermindern, erleichtern: inopiam, laborem, pericula. **3. occ.** unterstützen, fördern, helfen: pecuniā patriam *N*, causam inimici.

sub-lica, ae, *f.* Brückenpfeiler, Pilot; *met.* Pfahl.

E: zu sub u. liquor 'unter Wasser befindlich'. Dav.

sublicius pons Pfahlbrücke [welche das forum boarium mit dem rechten Tiberufer verband].

subligāculum, ī, *n.* Schurz [urspr. anstelle der Tunika unter der Toga getragen]. Von

sub-ligō 1. anbinden: lateri ensem *V*.

sublīme u. **sublīmen** *C, adv.* in die Höhe, in der Höhe. Zu

sublīmis, e **1.** in der Luft hängend, schwebend, über der Erde: sublimem rapere durch die Luft entführen *VL*, abire entschweben *V*, eunt sublimes animae nach oben *V*; bildl. quem sublimem gloria tollit in die Höhe erhebt *V*. **2.** schwebend, hochragend: cacumen, columnae *O*, atrium *H*. **3.** *met.* erhaben, hehr: car-

men pathetisch *O*, nomen berühmt *O*, mens, pectora hochstrebend *O*.

E: sub + līmen, § 62, eigtl. 'bis unter die (obere) Schwelle reichend'. Dav.

sublīmitās, ātis, *f.* Erhabenheit, Schwung *Q*.

sub-linō 3. (**-iō** 4. *C*) lēvī, litus unten hinschmieren *Sp*; *met.* alicui os 'anschmieren', täuschen, betrügen *C*.

sub-lūceō, ēre unten hervorschimmern, -leuchten *VO*.

sub-luō, ere unten bespülen.

sub-lūstris, e (vgl. illustris) nahezu hell, dämmernd.

sub-m . . . s. auch summ . . .

sub-mergō 3. mersī, mersus versenken: navem *T*; *pass.* versinken, untergehen; **occ.** ertrinken; submersae beluae am Meeresgrund lebend.

subministrātor, ōris, *m.* Förderer *Sp*. Von

sub-ministrō 1. **1.** darreichen, zukommen lassen: hostibus auxilia. **2.** herbeischaffen: frumentum.

sub-mīsī *pf.* v. submitto.

submissiō, ōnis, *f.* (submitto) das Senken: vocis; orationis ruhiger Ton.

I. submissus *pt. pf. pass.* v. submitto.

II. submissus 3, *adv.* **ē 1. gesenkt**: submisso voltu *V*, vertice *O*, secundis summissioribus in mehr gebeugter Haltung *L*. *met.* **2.** [von der Stimme]: **gesenkt, leise**: vox, oratio; [von der Rede]: **gelassen**: cui Iuno submissa antwortet mild *V*. **3. bescheiden, demütig**: submisse supplicare; manūs *O*; **occ. niedrig, kriecherisch, unterwürfig**: homo, ne quid submissum faciamus. Von

sub-mittō 3. mīsī, missus **I. 1. niederlassen, senken**: caput *O*, fasces *L*, genua beugen *Cu*, se ad pedes *L*; *med.* **sinken**: genu auf das Knie *Cu*, fastigium submittitur senkt sich, sinkt ab *LCu*; **occ. lang wachsen lassen**: crinem barbamque *T*. **2.** *met.* **sinken lassen, nachlassen**: animos *L*, furorem *V*; imperium Camillo zugestehen *L*; **occ. beugen, unterordnen, unterwerfen**: citharae cannas *O*, se culpae eine Schuld begehen *O*, animos amori den Stolz der Liebe *V*. **II.** heimlich **nachsenden, -schicken, schicken**: alicui subsidia, milites auxilio; *abs.* Hilfe schicken; monstrum entsenden, liefern *H*, capreas *H*; **occ. zur Zucht verwenden**: (equos) in spem gentis *V*, tauros *V*. **III. erheben, aufrichten**: falces *Cu*.

sub-molestus 3, *adv.* **ē** etwas unangenehm.

sub-moneō, ēre erinnern *Sp*.

sub-morōsus 3 etwas mürrisch.

sub-moveō 2. mōvī, mōtus **1. entfernen, wegschaffen**: populum aris *O*, liberos a furentibus *T*; spelunca submota abgelegen *V*; **occ. fernhalten**: si quem tellus submovet *V*; *met.* **entfernen, fernhalten, zurückhalten, abwehren**: Phoebeos ictūs *O*, aliquem a maleficio, litora zurückdrängen *H*. **2. occ. a. abtreten lassen**: arbitros *LCu*, summoto Lysandro *N*. **b. wegdrängen**: turbam *L*, submoveri iubet läßt Platz machen *L*, summoto als Platz gemacht war *L*. **c. vertreiben, zurückwerfen**: hostes a porta, ex muro, sub murum. **d. verbannen**: patriā *O*, ad Histrum *O*.

sub-mūtō, āre gegenseitig vertauschen.

subnecto   439   **substerno** **S**

sub-nectō 3. nexuī, nexus unten anknüpfen, anbinden: antemnis velum *O*, cingula mammae *V*; **occ.** zusammenhalten: vestem *V*, balteum gemmā *V*.

sub-negō, āre halb und halb abschlagen.

sub-nexuī *pf.* v. subnecto.

subnexus *pt. pf. pass.* v. subnecto.

sub-nīxus [oder] **-nīsus** 3 (nitor) **1.** auf etw. sich stützend, lehnend, stemmend: solio *V*; mentum et crinem mitrā subnixus Kinn und Haar in die Mitra gebunden [andere Lesart: subnexus] *V*. **2.** *met.* vertrauend, bauend auf, trotzend: divitiis, victoriā *L*; *abs.* animus zuversichtlich *L*.

sub-notō 1. unterzeichnen: libellos *Pli*.

sub-nuba, ae, *f.* (vgl. pro-nuba) Nebenbuhlerin, Nebenfrau *O*.

sub-nūbilus 3 leicht bewölkt: nox.

subō, āre brünstig sein *H*.
    E: vgl. σύβαξ 'brünstig'.

sub-obscēnus 3 ins Obszöne abgleitend, zweideutig.

sub-obscūrus 3 etwas dunkel, nicht recht verständlich.

sub-odiōsus 3 etwas verdrießlich.

sub-offendō, ere etwas Anstoß erregen.

sub-olēs, is, *f.* (zu alo, vgl. proles) **1.** Nachwuchs, Nachkommenschaft. **2.** *meton.* Nachkomme, Sproß: gregis Böcklein *H*.   Dazu

sub-olēscō, ere nachwachsen *L*.

sub-olet mihi ich rieche, merke etwas *C*.

sub-ōrnō 1. **1.** ausrüsten, versehen: legatos criminibus *L*. **2.** insgeheim anstiften, anstellen: medicum indicem.

sub-p... s. sup-p...

sub-raucus 3 etwas heiser: vox.

aubrēctus *pt. pf. pass.* v. subrigo.

sub-rēmigō, āre nachrudern *V*.

sub-rēpō 3. rēpsī heranschleichen: sub tabulas, moenia *H*; *met.* subrepet aetas *Ti*.

sub-rēpsī *pf.* v. subrepo.

subrepsit s. surripio.

sub-rēxī *pf.* v. subrigo.

sub-rīdeō, ēre lächeln: olli zulächeln *V*.

sub-rīdiculē *adv.* etwas lächerlich.

sub-rigō 3. rēxī, rēctus (rego, § 41) emporrichten, erheben: aures spitzen *V*.

sub-ringor, ī die Nase etwas rümpfen.

sub-ripiō s. surripio.

sub-rogō 1. [vom Vorsitzenden der Wahlversammlung]: zur Nachwahl vorschlagen, nachwählen lassen.

sub-rōstrānī, ōrum, *m.* 'Pflastertreter', Gerüchtemacher [die sich vor den rostra herumtrieben] *Caelius*.

sub-rūfus 3 rothaarig, Rotkopf *C*.

sub-ruō 3. ruī, rutus **1.** unterwühlen, untergraben: moenia *L*; *meton.* zum Einsturz bringen: turris subruta eingestürzt, arces *O*, muros *T*. **2.** *met.* untergraben, wankend machen, vernichten: libertatem *L*, aemulos reges *H*, militum animos *T*.

sub-rūsticus 3 etwas bäuerisch: pudor.

sub-rutilus 3 etwas rötlich *Sp*.

subrutus *pt. pf. pass.* v. subruo.

sub-scrībō 3. psī, ptus **1.** unten hinschreiben: causam sepulcro die Todesursache *O*, statuis *H*. **2.** *met.* auf-,

verzeichnen: suspiria nostra *T*. **3.** die Klageschrift mitunterschreiben, Mitankläger sein: neminem neque suo nomine neque subscribens accusavit *N*; *met.* beipflichten, unterstützen: Caesaris irae *O*, gratiae aut odio *Ph*, orationi *L*.   Dav.

subscrīptiō, ōnis, *f.* **1.** Unterschrift. **2.** Mitunterschrift, Mitanklage: subscriptionem postulare.   Und

subscrīptor, ōris, *m.* Mitankläger.

subscrīptus *pt. pf. pass.* v. subscribo.

sub-secō 1. secuī, sectus abschneiden, -zwicken *O*.

subsecūtus *pt. pf. act.* v. subsequor.

sub-sēdī *pf.* v. subsido.

sub-sellium, ī, *n.* (sella) niedere Bank, Sitz: senatorum; *meton.* Gericht: subsellia meditari, ab subselliis im Rechtswesen erfahren; s p r i c h w. longi subsellii iudicatio et mora die zögernde Prüfung im Senat [wo man alles auf die lange Bank schiebt].

sub-sequor 3. secūtus sum **1.** unmittelbar folgen, nachfolgen: signa. **2.** *met.* sich nach etw. richten, sich anschließen, nachahmen: diligentiam.

sub-serviō, īre unterwürfig sein *C*; **occ.** zu Hilfe kommen *C*.

subsicīvus 3 abfallend: operae Nebenarbeiten, tempus Nebenstunden *Pli*.
    E: subseco, eigtl. 'abgeschnitten'.

subsidiārius 3 Reserve-: cohortes; *subst.* **subsidiāriī** Reservetruppen.   Von

sub-sidium, ī, *n.* (*subsideo) **1. Hilfsmannschaft, Reserve**: trepidatio subsidiis inlata *L*, subsidia collocare, submittere. **2. Beistand, Hilfe, Entsatz**: subsidium ferre; meist *dat.* subsidio zu Hilfe (in subsidium *T*): ire, venire, mittere. **3.** *met.* **Hilfe, Stütze, Schutz, Rückhalt**: subsidio esse alicui zum Schutz dienen, zustatten kommen. **occ. a. Hilfsmittel**: industriae, belli. **b. Zufluchtsstätte, Asyl**: senectuti, navigiis *T*.

sub-sīdō 3. sēdī (sīdī) **1.** sich niedersetzen, niederlassen, sich ducken: in genua *Cu*, subsedit Acestes das Los des A. blieb unten *V*, in castris zurückbleiben, subsident Teucri werden sich ansiedeln *V*. **occ.** auflauern: Miloni; devictam Asiam dem Besieger Asiens *V*. **2.** *met.* sich senken, sinken, sich legen: Tellus subsedit *O*, subsidunt undae *V*.

sub-sīgnānus miles (signum, § 75) Legionssoldat *T*.

sub-sīgnō 1. unten verzeichnen, unten hinsetzen *Sp*; **occ.** verbürgen *Pli*.

sub-sistō 3. stitī **1.** stillstehen, stehenbleiben, haltmachen: in itinere; *met.* inne-, einhalten, aufhören: substitit clamor *O*, ingenium malis substitit erlag *O*. **2.** zurückbleiben, bleiben, verharren: Arimini; *abs.* paucos dies *Cu*; *met.* intra priorem paupertatem *T*. **3.** Widerstand leisten, widerstehen: Hannibali *L*; *trans.* feras *L*.

sub-sortītiō, ōnis, *f.* (subsortior) das Nachlosen, die Auslosung des Ersatzes: iudicum; s. a praetore Ergänzung durch das Los *Sp*.

substantia, ae, *f.* (substo) **1.** Wesen *Sp*. **2.** das Vorhandensein *T*.

sub-sternō 3. strāvī, strātus **1.** unterstreuen, -breiten, -legen: casias *O*; **occ.** unten auslegen: nidos. **2.** *met.* darbieten, preisgeben: rem p. libidini suae, crimini aussetzen *Pli*.

substiti   440   **succedo**

sub-stitī *pf.* v. subsisto.

sub-stituō 3. uī, ūtus (statuo, § 43) **1.** darunter [oder] hinter etw. stellen: armaturas leves post elephantos; *met.* animo speciem sich vorstellen *L.* **2.** an die Stelle setzen, substituieren: aliquem criminis reum den Verdacht auf jemd. wälzen *Cu,* alium in eius locum *N,* pro aliquo *L.* **3.** aussetzen: aliquem crimini *Pli.*

sub-stō, āre standhalten *C.*

substrātus *pt. pf. pass.* v. substerno.

sub-strāvī *pf.* v. substerno.

I. substrictus *pt. pf. pass.* v. substringo.

II. substrictus 3 schmal, mager, schmächtig: crura *O.*   Von

sub-stringō 3. strīnxī, strictus (von unten nach oben) aufbinden: caput equi *N,* crinem *T;* aurem spitzen *H;* bildl. einschränken, kürzer fassen: effusa *Q.*

substrūctiō, ōnis, *f.* Unter-, Grundbau.   Von

sub-struō 3. strūxī, strūctus den Unterbau herstellen, den Grund legen: vias glareā beschottern *L.*

subsultō = sussulto.

sub-sum, esse **1.** darunter sein, unter. . . liegen: subest lingua palato *V,* sol oceano ist untergegangen *H; met.* dahinter sein, -stecken, versteckt sein, verborgen sein: nihil doli subesse ratus *N,* regi subest Phalaris steckt ein Ph. **2.** nahe, in der Nähe sein: superant montes, templa mari subsunt *O;* occ. nahe sein, bevorstehen: suberat hiems, nox; *met.* vorhanden sein: in qua re nulla subesset suspicio.

sub-sūtus 3 (suo) unten benäht, besetzt *H.*

sub-tēmen, inis, *n.* **1.** Einschlag [im Gewebe]: auri eingewebte Goldfiguren *V;* occ. Einschlagstreifen beim Papier *Sp.* **2.** meton. Faden [der Parzen]: currite ducentes subtemina *Ca,* certum *H.*

E: *sub-texmen v. sub-texo § 30, 'das Eingewobene'.

subter (zu sub, wie praeter zu prae, § 78, Abs. 2) **I.** *adv.* **1.** unten weg, untenhin: Draco serpit subter; occ. heimlich weg: subter-fugio. **2.** unterhalb, unten: quae supra et s. sunt. **II.** *praep.* beim *acc.* **1.** unter. . . hin: Alpheus egit vias s. mare *V.* **2.** unter: supra subterque terram *L.* **3.** beim *abl.* unter: s. testudine *V.*

subter-dūcō, ere entziehen *C.*

subter-fugiō 3. fūgī *intr.* heimlich entfliehen *C; trans.* sich (heimlich) entziehen, vermeiden, entgehen.

subter-lābor, bī an etw. unten weggleiten; mit *acc. V.*

sub-terō, ere unten abreiben, -treten *Sp.*

sub-terrāneus 3 (terra) unterirdisch *T; n. subst.* unterirdischer Ort *Pli.*

subter-vacō 1. unterhalb leer sein: subtervacans locus unten leer *Sp.*

sub-texō 3. texuī, textus **1.** (einen Schleier) vorziehen: nubes solis capiti *O,* caelum fumo verhüllen *V.* **2.** einfügen, anschließen: familiarum originem *N;* mit *acc. c. inf. L.*

sub-tīlis, e, *adv.* **iter** fein: mitra *Ca.* met. **1.** fein, feinfühlig: palatum *H,* iudex *H.* **2.** genau, gründlich, scharfsinnig: disputator, discriptio partium. **3.** schlicht, einfach: scriptor, subtiliter dicere.

E: tēla, eigtl. 'zum Einschlag dienend'.   Dav.

subtīlitās, ātis, *f.* **1.** Feinheit, Geschmack: sententia-

rum. **2.** Genauigkeit, Gründlichkeit: disserendi, sermonis. **3.** Schlichtheit, Einfachheit: Lysiae, orationis.

sub-timeō, ēre heimlich fürchten.

sub-trahō 3. trāxī, tractus **1.** unter etw. wegziehen: iuga collo *O; pass.* unter jemd. zurückweichen: subtrahitur solum *V.* **2.** heimlich wegziehen, entziehen, entfernen: aggerem cuniculis unterminieren, oculos abwenden *T;* milites a dextro cornu, ex acie abziehen *L.* **3.** *met.* entfernen, entziehen, entreißen: me unum (nomina *T*) weglassen *Cu,* vires *O,* Furium bello *L;* se sich zurückziehen *VL.*

sub-tristis, e etwas traurig *C.*

sub-turpiculus 3 u. **sub-turpis,** e etwas schimpflich.

subtus (sub, vgl. in-tus) *adv.* unten, unterhalb *L.*

sub-tūsus 3 (tundo) ein wenig zerschlagen *Ti.*

sub-ūcula, ae, *f.* (vgl. ex-uo) Untergewand *H.*

Subūra, ae, *f.* S. [übel beleumdetes Viertel in Rom vom Forum des Augustus gegen den mons Cispius]; *adi.* Subūrānus 3 *H.*

sub-urbānus 3 (sub urbe, § 75) nahe bei Rom, vorstädtisch: rus, peregrinatio *T;* Sicilia fast vor den Toren Roms; *subst.* **suburbānum,** ī, *n.* Villa, Landgut bei Rom; **suburbānī,** ōrum, *m.* Bewohner der Nachbarorte Roms.

sub-urgeō, ēre nahe herandrängen *V.*

subvectiō, ōnis, *f.* (subveho) Zufuhr.

sub-vectō, āre (*frequ.* v. subveho) herbeischaffen.

I. subvectus *pt. pf. pass.* v. subveho.

II. subvectus, ūs, *m.* Zufuhr *T.*   Von

sub-vehō 3. vēxī, vectus hinauf-, heranführen; *pass.* hinauffahren: frumentum navibus, naves stromaufwärts *T; pass.* curru per aëra *O,* flumine adverso lembis *L.*

sub-veniō 4. vēnī, ventūrus **1.** zu Hilfe kommen, beistehen: filio, laboranti; homini perdito, patriae. **2.** *met.* abhelfen: egestati, tempestati adversae.

sub-vereor, ērī ein wenig fürchten.

subversor, ōris, *m.* Umstürzler, Zerstörer: legum *T.* Von

sub-vertō, arch. **-vortō** 3. tī, sus **1.** umkehren, -stürzen, -werfen: montes *S,* Galbae imagines *T,* calceus subvertet bringt zu Fall *H.* **2.** *met.* stürzen, vernichten: fidem *S,* decretum aufheben *S,* probationes scelerum vereiteln *T.*

sub-vēxī *pf.* v. subveho.

sub-vexus 3 schräg sich erhebend *L.*

sub-volō, āre empor-, auffliegen.

sub-volvō, ere emporwälzen *V.*

subvortō s. subverto.

suc-cēdō 3. cessī, cessum

I. **1.** unter. . . gehen, treten; *occ.* sich nähern, herandrängen, -gehen, -ziehen, -rücken; 2. *met. a.* auf sich nehmen, übernehmen; *b.* vonstatten gehen, gelingen, glücken.

II. (dicht.) emporsteigen.

III. **1.** nachrücken, folgen, nachfolgen; *occ.* ablösen; 2. *met. a.* (zeitlich) folgen; *b.* (in einem Amt, einer Stelle) nachfolgen.

I. 1. Mit *dat.* tectis unters Dach, ins Haus *VO,* tumulo

succendo 441 **suffarcinatus** **S**

beerdigt werden *V*; in arduum *L*, sub umbras *V*. **occ.** mare longius succedit dringt tiefer ein, classis successit *T*; moenibus *L*, pugnae in den Kampf ziehen *V*; sub montem, ad castra *L*, in certamina *V*; *trans.* murum *LT*. **2. a.** oneri *V*; curru (*dat.*) unters Joch gehen *V*. **b.** succedit sub manus negotium *C*; res nulla successerat, voti pars succedit erfüllt sich *L*; coeptis, fraudi succedit *L*; *pass.* nolle successum patribus *L*. **II.** caelo *V*, ad superos *V*. **III. 1.** succedentibus nostris; succedunt Ubii liegen zunächst. **occ.** defatigatis; in stationem Wache beziehen. **2. a.** successit aënea proles *O*, horum aetati Isocrates. **b.** regi *Cu*, in Sequanorum locum; in suras an die Stelle der ... treten *O*.

suc-cendō 3. cendī, cēnsus (vgl. ac-cendo) **1.** (von unten) anzünden: aggerem cuniculo; pinūs ab Aetna am Ä. *O*. **2.** *met.* (leidenschaftlich) entflammen *PrO*.

suc-cēnseō s. suscenseo.

I. succēnsus *pt. pf. pass.* v. succendo.

II. succēnsus 3 (succendo) entbrannt: Myrrha succensa patriā senectā in Liebe entbrannt zum greisen Vater *Pr*.

suc-centuriō, ōnis, *m.* Unterzenturio *L*.

suc-cessī *pf.* v. succedo.

successiō, ōnis, *f.* (succedo) Nachfolge: iura successionum rechtlich erbfolgende Gegenstände *T*, per successiones durch Vererbung *Pli*.

successor, ōris, *m.* (succedo) Nachfolger.

successum *pt. pf. pass.* v. succedo.

successus, ūs, *m.* (succedo) **1.** das Anrücken: hostium. **2.** Erfolg, guter Fortgang.

I. suc-cidī *pf.* v. I. succido.

II. suc-cīdī *pf.* v. II. succido.

succīdia, ae, *f.* (sus u. caedo) Speckseite.

I. suc-cidō 3. cidī (cado, § 41) zusammensinken.

II. suc-cīdō 3. cīdī, cīsus (caedo, § 43) unten abhauen, -abschneiden: poplitem zerhauen *VL*.

succiduus 3 (I. succido) wankend: poples, genu *O*.

suc-cingō 3. cīnxī, cīnctus **1.** aufschürzen; meist *pt. pf. pass.*; *met.* pinus succincta comas kahlstämmig *O*. **2.** umgürten, umgeben: succinctus cultro *L*, pharetrā *V*, nimbo umhüllt *V*. **3.** *met.* umgeben, ausrüsten, ausstatten: se canibus, armis *L*.

suc-cinō, ere (cano, § 41) einstimmen *H*.

suc-cīnxī *pf.* v. succingo.

succīsus *pt. pf. pass.* v. II. succido.

succlāmātiō, ōnis, *f.* Zuruf *L*. Von

suc-clāmō 1. zurufen.

suc-collō, āre (sub, collum, § 66) auf die Schultern nehmen *Sp*.

suc-crēscō 3. crēvī, crētus heran-, nachwachsen: gloriae seniorum emporwachsen zu *L*.

suc-cumbō 3. cubuī (vgl. accumbo) **1.** niedersinken: succubuisse oculos seien zugefallen *O*; Nolae succubuit legte sich krank zu Bett *Sp*. **2.** *met.* unter-, erliegen, nachgeben: Europae succubuit Asia *N*; labori, culpae *VO*.

suc-currō 3. currī **1.** 'unterlaufen'; **a. auf sich nehmen:** succurram atque subibo. **b. einfallen, in den Sinn kommen:** illud mihi succurrebat grave esse; mit

indir. Fr. *Cu*. **2.** 'nachlaufen', **zu Hilfe eilen:** laborantibus *S*; *met.* **beistehen:** domino, saluti omnium; **occ. abhelfen:** malis, adversae fortunae *L*.

suc-cussī *pf.* v. succutio.

succussiō, ōnis, *f.* u. **-us,** ūs, *m.* Erschütterung. Von

suc-cutiō 3. cussī, cussus (quatio) emporwerfen *O*.

sūcidus 3 (sucus) saftig, üppig *C*.

sūcinum, ī, *n.* Bernstein *T*.

sūcō, ōnis, *m.* (sucus-sugo) [zweideutig]: saftig, Aussauger.

Sucrō, ōnis, *m.* S. [St. in Ostspanien] *SL*.

sūctus *pt. pf. pass.* v. sugo.

Suculae, ārum, *f.* die Hyaden.
E: 'Schweinchen', s. Hyades.

sūcus, ī, *m.* (sugo) **1. Saft:** herbarum, pomorum *V*. *meton.* **2. Geschmack:** ova melioris suci *H*. **3. Kraft:** sucus et sanguis 'Saft und Kraft'. **4.** *met.* dicke **Flüssigkeit:** olivi Öl *O*, piscis Brühe *H*; **occ.** Arznei, **Trank:** purgantes pectora *O*.

sūdārium, ī, *n.* (sudo) Schweißtuch *Sp*.

sūdātiō, ōnis, *f.* (sudo) das Schwitzen *Sp*.

sūdātōrium, ī, *n.* (sudo) Schwitzbad *Sp*.

sudis, is, *f.* Pfahl.

sūdō 1. **1.** *intr.* schwitzen; **occ. herausschwitzen:** ligno aus dem Holz *V*. *met.* **2.** dunsten, triefen, feucht **sein:** sanguine *VL*, umore *V*. **3.** sich abmühen, anstrengen: pro communibus commodis. **4.** *trans.* ausschwitzen: tura *O*, mella *V*.
E: vgl. ai. svḗdate 'schwitzt', svéda-s 'Schweiß', gr. ἰδρώς = σϜιδρως, ahd. sweiz, § 26. Dazu

sūdor, ōris, *m.* **1.** Schweiß: veneni ausgeschwitztes Gift *O*. **2.** *meton.* Mühe, Anstrengung.

sūdus 3 heiter, wolkenlos: ver *V*; *subst.* **sūdum,** ī, *n.* wolkenloser Himmel *V*, heiteres Wetter.

Suēbī, ōrum, *m.,* *sg.* Suebus, *m.,* Sueba, *f.* die S. [der Grundstock der heutigen Oberdeutschen, urspr. an der Ostsee, dann nach SW bis an den Rhein gedrängt]; **Suēbia,** ae, *f.* das Land der Sueben *T*; *adi.* **Suēbus** u. **Suēbicus** 3 suebisch.

suēscō 3. suēvī, suētus **1.** *intr.* sich gewöhnen, gewohnt werden: militiae (*dat.*) *T*; *trans.* gewöhnen: milites imperiis *T*. **2.** *pf.* gewohnt sein, pflegen; **suētus** 3 gewohnt: Cheruscis sueta proelia *T*; mit *inf. L*; mit *dat.* armis *V*.
E: *incoh.* zum St. *sue- 'sich zu eigen machen, nach seiner Art leben', vgl. gr. ἔθος 'Sitte' aus *σϜέθος, § 26.

Suessa, ae, *f.* **1.** S. Aurunca [St. nw. v. Capua]. **2.** S. Pometia [St. der Volsker in Latium].

Suessiōnēs, um, *m.* die S. [gallisches Volk um Soissons].

Suessula, ae, *f.* S. [Ort in Kampanien]; Einw. Suessulānī *L*.

Suētōnius, C. S. Tranquillus [Sekretär Hadrians, Verfasser von Kaiserbiographien u. a.] *Pli*.

suētus *adi.* u. *pt. pf. pass.* suesco.

suēvī *pf.* v. suesco.

sūfes, etis, *m.* (sem. schophet) 'Richter', Suffet [Titel der höchsten Regierungsbeamten in punischen Städten u. Kolonien] *L*.

suf-farcinātus 3 (vgl. farcio) bepackt *C*.

suffeci 442 **Sulmo**

suf-fēcī *pf.* v. sufficio.

suffectus *pt. pf. pass.* v. sufficio.

suf-ferō, ferre (sus-tuli, sub-latum s. tollo; § 56, 1) ertragen, erdulden; *met.* Pyrrhum standhalten *V.*

suffertus 3 (sub, farcio) volltönend *Sp.*

suf-ficiō 3. fēcī, fectus (facio, § 43) I. *trans.* **1. an die Stelle setzen, nachwählen:** Hasdrubalem imperatorem *N*, consul suffectus nachgewählt *L*; occ. **ergänzen, ersetzen:** prolem *V.* **2.** *met.* **a.** mit einer Farbe überziehen, **färben:** oculos suffecti sanguine mit blutunterlaufenen Augen *V.* **b.** an die Hand geben, **darreichen, darbieten:** pastoribus umbram *V*, milites excursionibus beiziehen *L.* II. *intr.* **1. ausreichen, genügen:** sufficiunt homines halten es aus *V*; mit *dat.* Volscis sufficiunt milites haben genug *L*; sufficit arbor in ignes *O*; unpers. sufficit es genügt *TPli.* **2.** occ. **imstande sein, vermögen;** mit *inf. V.*

suf-fīgō 3. fīxī, fīxus anheften, anschlagen: cruci *Sp*, in cruce *H*; columnam mento anstemmen *C*; *abs.* caput suffixum aufgesteckt *T.*

suf-fīmen, inis, *n.* Räucherwerk *O.* Von

suf-fiō 4. fītus (verw. mit fumus) (be)räuchern *VO.*

suffītor, ōris, *m.* (suffio) räuchernd *Sp.*

suffītus *pt. pf. pass.* v. suffio.

suf-fīxī *pf.* v. suffigo.

suffīxus *pt. pf. pass.* v. suffigo.

suf-flō, āre aufblasen *H.*

suf-fōcō 1. (fauces, § 52) ersticken; *met.* fame aushungern.

suf-fodiō 3. fōdī, fossus **1.** untergraben, -wühlen: moenia cuniculo *Cu*; domos durchwühlen; specum unterirdisch anlegen *Cu.* **2.** (von unten) durchbohren: equos. **3.** in der Tiefe anlegen: specus *Cu.*

suffrāgātiō, ōnis, *f.* (suffragor) Begünstigung, Empfehlung: militaris der Soldaten; consulatūs für das K.

suffrāgātor, ōris, *m.* (suffragor) Begünstiger, Wähler; *met.* Empfehler, Fürsprecher *Pli.* Dav.

suffrāgātōrius 3: amicitia für die Dauer der Wahl.

suffrāgium, ī, *n.* (suffragor) **1. Abstimmung, Stimme, Votum:** testularum Scherbengericht *N*, inire (ire in *L*) suffragia, suffragium ferre abstimmen, in suffragium mittere abstimmen lassen *L*; multitudinis suffragia Stimmenmehrheit, suffragium it per omnes alle stimmen ab *L.* **2.** *met.* **Urteil:** compotorum; occ. **Beifall:** populi *H.* **3.** *meton.* **a.** die abstimmende **Zenturie:** equitum centuriae cum sex suffragiis. **b. Stimmrecht:** civitas sine suffragio *L*, militare *L.*

suf-frāgō, inis, *f.* (sub + frango) Hinterbug [eines vierbeinigen Tieres] *Sp.*

suf-frāgor 1. zustimmen, für jemd. stimmen, durch seine Stimme begünstigen; *met.* empfehlen, unterstützen: suffragante Theramene auf Betreiben des Th. *N*, legi spes suffragatur.

suf-fringō, ere (frango, § 48) (unten) entzweischlagen, zerbrechen.

suf-fūdī *pf.* v. suffundo.

suf-fugiō 3. fūgī **1.** unter etw. fliehen: in tecta *L.* **2.** vor jemd. (*acc.*) zurückweichen *Sp.* Dav.

suffugium, ī, *n.* Zufluchtsort, Schlupfwinkel; *met.* Zuflucht: malorum *T.*

suf-fundō 3. fūdī, fūsus **1.** unten hingießen; meist *med.* unten sich ergießen, strömen, fließen: merum *O*; *med.* sanguis cordi suffusus strömend, intumuit suffusa venter ab unda von der Wassersucht *O*; *met.* übergießen, benetzen: audienti rubor suffusus est ergoß sich über sein Gesicht *L*, pallor suffusus est *Cu*; virgineum suffundere ore ruborem jungfräulich erröten *V.* **2.** unter etw. hinfließen lassen; *med.* etw. unterlaufen, unter etw. sich verbreiten: lumina rore Tränen ins Auge treten lassen *O*; *med.* suffusa oculos lacrimis mit verweintem Blick *V*, suffusus lumina flammā feurig unterlaufen *O*, lingua veneno suffusa *O*; *met.* erfüllen: suffunditur ora rubore errötet *O*, sales suffusi felle durchtränkt *O*, suffusae liturae verwaschene Stellen *O*, calore suffusus aether durchströmt.

Sugambrī u. **Sigambrī**, ōrum, *m.* die S. [germ. Volk zwischen Sieg u. Ruhr]; *adi.* Sugamber 3 *T.*

sug-gerō 3. gessī, gestus I. **1. darunterlegen, daruntersetzen:** flammam aёno *V*; bildl. invidiae flammam schüren *L*; occ. **herbeischaffen, darreichen:** tela *V*, animalibus cibum *T.* **2.** *met.* **gewähren, liefern:** divitias alimentaque *O*; occ. **eingeben, anraten:** (questūs) dolor suggerit *Cu.* II. **nachfolgen lassen, an-, beifügen:** Bruto Horatium *L*; *met.* sententiae ratiunculas. III. **aufhäufen:** humum *Pr.* Dav.

suggestum, ī, *n.* Rednerbühne. Häufiger

I. suggestus, ūs, *m.* Tribüne, Bühne [bes. im Lager]: pro suggestu von der Tribüne aus; = rostra *L*; praetor in suggestu sedens Tribunal *L.*

II. suggestus *pt. pf. pass.* v. suggero.

sug-gredior 3. gressus sum (gradior) anrücken *T.*

sūgillātiō, ōnis, *f.* Quetschung *Sp*; *met.* Verhöhnung *L.* Von

sūgillō 1. quetschen *Sp*; *met.* verhöhnen, beschimpfen *L.*

sūgō 3. sūxī, sūctus (ahd. sugan) (ein)saugen.

I. suī *pf.* v. suo.

II. suī s. IV. se.

suīllus 3 (*dem.* v. suīnus 3 zu sus) Schweine-, Schweins-: caput *L.*

Suiōnēs, um, *m.* die S. [Gesamtname der germ. Bevölkerung in Schweden] *T.*
    E: altnd. Suīar, Suī-thiod = Schweden-volk.

sulcō 1. furchen; *trans.* durchfurchen: humum vomere pflügen *O*; *met.* cutem rugis *O*; undas rate *O*, maria *V* durchfahren. Von

sulcus, ī, *m.* (ὁλκός, § 25) **1.** Furche; *meton.* das Pflügen: nono sulco *Pli*; **2.** *met.* Einschnitt, Graben: plantas deponere sulcis Gruben *V*, infindere sulcos *V*, sulcus dat lucem Meteorbahn *V.*

sulfur s. sulpur.

Sulla, ae, *m.* (gr. Συλλᾶς, daher auch **Sylla**) S. [Familienname in der gens Cornelia]. **1.** L. Cornelius S. Felix [der Diktator, 138—78]. **2.** s. Faustus. **3.** P. Cornelius S. [Neffe des Diktators, cos. designatus für das J. 65, von Cicero verteidigt]. *Adi.* zu **1. Sullānus** 3; *subst.* **Sullānī** Anhänger Sullas.

sullāturiō, īre den Sulla spielen wollen.

Sulmō, ōnis, *m.* Sulmona [Geburtsstadt des Ovid, östl. vom Fucinersee]; Einw. Sulmōnēnsēs.

sulpur 443 **sum** S

sulpur (**sulphur** oder **sulfur**), uris, *n.* Schwefel: vivum Schwefelblüte *O*; *adi.* **sulpureus** 3 Schwefel-.
sultis s. sis.
sum, esse, fuī (altl. fūvī, fūī *Ennius*), futūrus (usuelle Wortgruppe, § 56, 1, aus zwei Stämmen: **1.** es, vgl. es-se, es-t, gr. ἐσ-τί, dtsch. 'is-t'; die schwache Form v. es ist s-, daher sum, sunt und im Optativ siem, sim = εἴην, *ἐσ-ίην, dtsch. 'sind', 'sein'; *pt. pr. act.* eigtl. *sens in ab-, praesens, später nach gr. ὤν analogisch ens. Intervokalisch wurde s zu r [§ 29]: eram aus *esam = ἔ[σ]ην und ero = dem homerischen *coni.* ἔ[σ]ω. **2.** St. fu in fuo, fore, fui, futurus) **sein**

A. selbständig (*verbum substantivum*):
I. 1. vorhanden sein, existieren, stattfinden; es gibt; *occ. a.* (mit Relativsatz als Subj.) **es gibt Leute, die;** *b.* (mit *inf.* als Subj.) **man darf, kann;** *c.* (mit Folgesatz als Subj.) **es ist der Fall, daß; 2. sein, sich aufhalten, sich befinden;** *met. a.* (in einem Zustand) **sich befinden, sein, leben;** *b.* **bei...stehen, auf etw. beruhen; 3. sich** (irgendwie) **verhalten,** (irgendwie) **stehen, gehen.**
II. wirklich, in Wahrheit, wahr sein, Geltung haben.
III. zu Gebote, zur Verfügung stehen; daher **1.** (mit *dat. pers.*) **haben; 2.** (mit *dat.* der Pers. u. der Sache) zu etw. **dienen, gereichen,** etw. **bereiten.**
B. Kopula (*verbum copulativum*):
1. sein; 2. (mit *gen. poss.*) **(an)gehören; 3.** (mit *gen. qual.* u. a.) **beschaffen sein;** zu etw. **geschaffen, brauchbar, tauglich sein;** *occ. a.* **Wert haben, wert sein;** *b.* **betragen, zählen; 4.** (mit *abl. qual.*) **von einer** (bestimmten) **Eigenschaft sein,** mit etw. **versehen sein,** etw. **an sich haben; 5.** (mit prädikativen Präpositionalausdrücken).
C. Hilfszeitwort (*verbum auxiliare*) **sein.**

A. I. 1. credo esse deos *O*, periculum erat war vorhanden *N*, silentium herrschte *L*, esse metus coepit entstand *O*, fuit Ilium ist gewesen, ist nicht mehr *V*, nullus sum mit mir ist's aus; est via es gibt *O*, erat Indus Athis es gab einen... *O*, rege sub hoc Pomona fuit lebte *O*, esse pro teste als Zeuge gelten. **a.** sunt (est), qui, mit *ind.* und (häufiger) *coni.*, negiert nemo est, quin; est, ubi zuweilen *H*, est, unde; est, cum; est, quod (cur) es ist Grund vorhanden, weshalb, est, ut. **b.** quod tangere non est *O*, Tityon cernere erat man konnte *V*, nec sit mihi credere tantum daß ich nicht glauben dürfte *V*, fuerit mihi eguisse *S*. **c.** non est, ut mirandum sit daß man sich wundern sollte, est, ut viro vir latius ordinet arbusta es mag wohl sein, daß *H*; bes. in der Umschreibung futurischer Infinitive durch fore (futurum esse), ut. **2.** in castris, vinclis, foro esse *N*, ante oculos stehen *O*, este procul bleibt fern *O*, hostes prope sunt *L*; est in litteris es steht im Buch, est in fatis es ist bestimmt *O*; erat in eo summa humanitas war, lebte, herrschte in ihm *N*, quantum in se fuit an ihm lag *N*; fuisti apud Laecam warst bei L.; secum esse für sich sein; erat ab Aristotele stand auf Seite des A., hoc est a me spricht für mich. **a.** in aere

alieno esse in Schulden stecken, summo in honore sehr angesehen sein, in amore alicui mit jemd. in Liebe verbunden sein, in invidia verhaßt sein *O*, in dubio zweifelhaft sein, in crimine als schuldig gelten *O*. Bes. si quid eo fuerit wenn ihm etwas zustoßen sollte *C*, quidnam se futurum esse was denn mit ihnen geschehen würde *L*, in eo est, ut es ist soweit, daß. **b.** auxilium est in eo; in dis est es steht bei den Göttern *O*, totum in eo est, ut. **3.** sic vita hominum est; quae cum ita sint da sich dies so verhält, daher, deshalb, bene (recte) est es steht gut, in convivio comiter fuisti; aliquid impune est geht straflos aus *T*.
II. sicut est, erat wie es wirklich der Fall ist, war, sunt ista das ist wirklich so, nihil horum est ist wahr; e s t o m e i n e t w e g e n, g u t, i m m e r h i n [wie gr. εἴεν beim Abbruch der Rede, als Zugeständnis].
III. 1. his erat contentio inter se, mihi est in animo ich habe im Sinn, tecum mihi res est ich habe mit dir zu tun, mihi nomen est ich heiße [mit *nom.* oder *dat.*, spät *gen.*]; bellum mihi volenti (invito) est ich führe freiwillig (gegen meinen Willen) Krieg *ST*. **2.** alicui curae esse jemd. Sorge bereiten, ornamento, praesidio esse, sibi oneri esse sich selbst zur Last sein *O*, hoc melli est ist süß wie Honig *H*, cui bono? wem nützt es?
B. 1. omnia pontus erat *O*, nos numerus sumus *H*; id est, hoc est = das heißt. **2.** Gallia est Ariovisti; eiusdem (alienae) civitatis, optimarum partium, eiusdem aetatis esse angehören; totus Pompei sum bin ... ganz ergeben, alieni arbitrii esse unter fremder Leitung stehen *L*, suarum rerum erant kümmerten sich nur um ihre Angelegenheiten *L*, hominum, non causarum esse Rücksicht nehmen auf *L*; a l i c u i u s (m e u m usw.) e s t es ist jemds. (m e i n e) S a c h e, P f l i c h t, A u f g a b e, G e w o h n h e i t, k e n n z e i c h n e t i h n (m i c h); mit *inf.*, selten ut. **3.** homo nullius consilii; summi laboris esse, suae potestatis sein eigener Herr sein *L*, tantae molis erat so große Mühe kostete es *V*; mit *gen. ger.* quod initio conservandae libertatis fuerat zur Bewahrung ... gedient hatte *S*; mit *dat. ger.* non esse solvendo nicht zahlen können, oneri ferendo Last tragen können *L*, qui cultus habendo sit pecori zum Viehhalten gehöre *V*; ad ornandum templum esse. **a.** parvi, magni esse; sal erat sextante kostete einen Sextans *L*. **b.** via erat dierum fere decem betrug *N*, classis CC navium fuit *N*. **4.** eadem mente, ea aetate, fama, gloria esse *N*, iracundia summa sehr jähzornig sein, bono (alieno) animo in aliquem jemd. gut (übel) gesinnt sein. **5.** quae est de moribus philosophia [die Ethik]; domus est ex aere *O*, de duro est ultima (aetas) ferro *O*, de plebe fuerat stammte aus dem Volk *O*.
C. Als Hilfsverbum dient esse zur Bildung periphrastischer Formen: bellum scripturus sum ich bin im Begriff zu schreiben, ich will schreiben *S*, iuventus exercenda est muß geübt werden, ist zu üben; mercatura non est vituperanda darf nicht getadelt werden; mit *dat.* diligentia nobis colenda est von uns; nur zur Vermeidung einer Zweideutigkeit steht ab: aguntur bona multorum civium, quibus est a vobis consulendum.

sumen 444 **super**

sūmen, inis, *n.* (*sougsmen v. sugo) Schweinseuter *C.*

sum-m ... s. auch sub-m ...

summa, ae, *f.* (summus) **1.** die **höchste Stelle:** ordinis, imperii Oberbefehl; *met.* **Hauptpunkt, -sache:** epistulae Hauptinhalt *Cu*, postulatorum *L.* **2.** **Gesamtzahl, Summe;** bildl. cogitationum suarum. *occ.* **a.** **Geldsumme, Geld. b. Menge, Masse:** populi, mali, copiarum *L.* **3.** *met.* **Gesamtheit, Ganzes, Inbegriff:** exercitūs; summā im ganzen *O*, belli Gesamtleitung, victoriae völlige Entscheidung, rerum Gesamtgewalt *N*, Gesamtlage *T.* Adv. in summa im ganzen, insgesamt, ad summam überhaupt, kurz.

Summānus, ī, *m.* S. [Gott der nächtlichen Blitze] *LO.*

summārius, ī, *m.* Packesel.

summātim (summa, § 79) *adv.* der Hauptsache nach, in Hauptpunkten, kurz.

summissim (*adv.* v. submissus) leise *Sp.*

summus 3, *adv.* ē (*sup-mos zu sub, super, vgl. ὕπατος zu ὑπό)

---

1. oberst, höchst; *occ.* **summum,** ī, *n.* das Oberste, die Höhe, Spitze; *met.* **2.** (vom Rang) **oberst, höchst, höchstgestellt; 3.** (zeitlich) **äußerst, letzt; 4.** (einer Eigenschaft nach) **höchst, äußerst, größt;** *occ.* **wichtigst, bedeutendst.**

---

1. Attrib. montis iugum, summus ego zuoberst *H*, vox die stärkste, lauteste; summa voce Baß *H Sat. 1, 3, 7*; prädik. amphorae die Krüge oben *N*, tectum Dachfirst *V*, arx, urbs Burg, mare, unda, aqua Oberfläche, montes Berggipfel *V*, gramina Spitzen *V*, corpus Haut, Oberfläche *VO*, sacra via die Höhe. *occ.* summum tecti First *VCu*; summa Lycaei Gipfel *V*, scopuli (petrae *Cu*) Spitzen *V*; a summo von oben her, ad summum nach oben, a summo petere oberflächlich *Q*, esse in summo *Pli.* **2.** potestates *N*, magistratūs, summo loco natus; sermo a summo adhibetur von dem Höchstgestellten an. **3.** hiems dem Ende nahe, senectus, dies *V.* **4.** summe cupere im höchsten Maß, summe munitus locus ganz besonders *H*; bonum, humanitas, industria, amicus bester, ius strengstes, omnia summa das Äußerste; res Hauptsache, Ganzes, summa salus rei p., summa res p. Staatswohl, die höchsten Staatsinteressen. *occ.* duces *N*, res (*pl.*). Adv. acc. *n.* **summum** höchstens.

sūmō 3. sūmpsī, sūmptus (*subs-emo, s. sub; § 72)

---

1. nehmen; *occ.* in **Gebrauch nehmen, gebrauchen, verwenden;** *met.* **2.** (an)nehmen; *occ.* **wählen; 3. unternehmen, vornehmen, beginnen; 4. annehmen;** *occ.* **sich herausnehmen, anmaßen; 5.** (in der Rede) **anführen, behaupten;** *occ.* **anführen.**

---

1. arma ergreifen, frumentum ex agris, alicui equum wegnehmen; cibum, venenum *N*, medicamentum *Cu*; regium ornatum *N*, togam anlegen; pecuniam mutuam aufnehmen, borgen; parvo kaufen *H*, sumpta navis est gemietet. *occ.* diem ad deliberandum, laborem, operam inanem *Pli.* **2.** ex urbe vinum beziehen *N*, laudem ernten *O*, tempus sich Zeit

nehmen *L*, animum Mut fassen *T*; interficiendi domini animum sich entschließen zu *T*; supplicium de aliquo an jemd. vollziehen; poenas ex scelerato sanguine sich am Blut des Mörders rächen *V*, poenas crudeles mißhandeln *V.* **occ.** hiberna ad luxuriam *N*, peritos duces, materiam *H*; Miltiadem imperatorem zum Feldherrn *N.* **3.** proelium *L*, bellum *S*; mit *inf. H.* **4.** speciem hominis, vultus acerbos *O*, antiquos mores *L.* **occ.** tantos sibi spiritus sumpserat war so hochmütig geworden, sibi iudicium; hoc tibi sumis, ut innocens iudicetur? **5.** beatos esse deos sumpsisti: concedimus; aliquid pro certo *L.* **occ.** aliquid argumenti loco als Beweis, notos homines.

sūmptuārius 3 (sumptus) Aufwands-, Luxus-: lex.

sūmptuōsus 3, *adv.* ē **1.** teuer, kostspielig: funus, bellum *L*, hostia *H.* **2.** verschwenderisch: splendidus erat, non sumptuosus *N*; *subst.* sūmptuōsī Verschwender *CuPli.*   Von

I. sūmptus, ūs (-ī *C*), *m.* (sumo) Aufwand, Kosten.

II. sūmptus *pt. pf. pass.* v. sumo.

Sūnion u. **-um,** ī, *n.* S. [südl. Vorgebirge v. Attika].

Sunucī, ōrum, *m.* die S. [germ. Stamm in Belgien] *T.*

suō 3. suī, sūtus **1.** nähen: tegumenta suta. **2.** zusammenfügen: corticibus alveāria *V*; **sūtum,** ī, *n.* Gefüge: aerea Kettenpanzer *V.*

E: ai. sīvyati 'näht', syūtáḥ 'genäht', got. siwjan, ahd. siuwan 'nähen', gr. κασσύω 'flicken, schustern'.

suovetaurīlia, ium, *n.* (sus, ovis, taurus) Suovetaurilien, Dreitieropfer [v. Schwein, Schaf u. Stier bei der lustratio] *LT.*

supellex, supellectilis, *f.*, *abl.* e und i **1.** Hausgerät, Hausrat: militaris militärische Ausrüstung *L.* **2.** *met.* Rüstzeug, Ausstattung: oratoria.

I. super = superus.

II. super (ὑπέρ, § 25, ahd. ubar, ubir)

A. adv. **1.** **obenauf, darüber, oberhalb;** *occ.* **von oben her;** *met.* **2.** **überdies, außerdem; 3.** **darüber, mehr;** *occ.* **übrig.**

B. präpos. beim *abl.* **1.** räumlich: **über, oben auf;** zeitlich: **um, während; 2.** *met.* **über, bezüglich, wegen.**

C. präpos. beim *acc.* **1.** räumlich (Verba der Bewegung): **über ... hin, oberhalb, über;** (Verba der Ruhe): **über, oben auf;** *occ.* **über ... hinaus; 2.** zeitlich: **über, bei, während; 3.** modal: **über, außer;** *occ.* **vor.**

A. **1.** eo s. tigna iniciunt, s. adstantes *S*, ille s. effundit voces über ihm stehend *V*, humum s. spargens *T.* **occ.** s. barathrum cernitur *V*, eques hostes s. adflictabat *T.* **2.** s. haec fatur *V*, incipio s. his *V*; s. quam (quod) außerdem daß *L.* **3.** satis superque mehr als genug, his accensa s. nur noch mehr *V*, s. maesti noch mehr erregt *V.* **occ.** praeter arma nihil erat s. *N.* **B. 1.** s. arbore sidunt oben auf *V*, ligna s. foco reponens *H*, ensis s. cervice pendet *H*; zeitlich: nocte s. mediā *V.* **2.** s. hac re, s. scelere suspectus *S*, rogitans s. Priamo *V*, ardens s. adventu Teucrûm *V*, s. urbe curae *H.* **C. 1.** arma levare s. capita *Cu*, s. lateres coria inducuntur, s. alium alii

supera   445   **superobruo**   **S**

praecipitantur *L*, s. theatrum consistunt *L*; *met.* s. armamentarium positus Zeughausverwalter *Cu*; Verba der Ruhe: s. Bosporum colere *Cu*, Lausum s. arma ferebant auf dem Schild *V*; s. regem cubare *Cu*. **occ.** s. Sunium navigare *L*; s. Numidiam jenseits von *S*. **2.** s. vinum et epulas *Cu*, s. cenam bei Tisch. **3.** s. hiemes capreae inludunt *V*, hos s. advenit Camilla *V*; s. Subrium neben *T*; s. haec außerdem *L*, s. cetera außer allem übrigen *L*; alius s. alium einer nach dem andern *L*. **occ.** s. omnia nomen R. vor allem *L*, s. omnia dona *V*.

I. superā s. supra.

II. supera, ōrum s. superus.

superābilis, e (supero) übersteigbar: murus *L*; *met.* überwindlich: caecitas heilbar *T*.

super-addō 3. additus oben darauf legen; noch hinzufügen *VPr*.

superātor, ōris, *m.* (supero) Überwinder *O*.

superbia, ae, *f.* (superbus) Übermut, Hochmut, Stolz; **occ.** Selbstbewußtsein *HT*.

superbi-loquentia, ae, *f.* (§ 66) übermütige Rede.

superbiō, īre 1. übermütig, stolz sein: nomine avi sich brüsten mit *O*. **2.** prächtig sein: concha superbit *Pr*. Von

superbus 3, *adv.* **ē** (super) **1.** hochragend, hochaufgerichtet: Tibur *V*, gressūs *V*. *met.* **2.** hochfahrend, hochmütig, stolz: pecuniā *H*; victoria, vox *V*, dens wählerisch *H*; superbum est es zeugt von Übermut. **3. occ.** erhaben, hoch, ausgezeichnet: bello *V*, triumphus *H*; *met.* prächtig, prachtvoll: ostrum, aulaea *V*, limina *H*.

super-cilium, ī, *n.* **1.** Braue, Augenbraue: Iuppiter cuncta supercilio movens mit einem Wink der Braue *H*. **2. meton. a.** Ernst, finsteres Wesen: severum *O*. **b.** Hochmut, Stolz, Dünkel: quid de supercilio dicam? **3.** *met.* Anhöhe, erhöhter Rand: tramitis *V*, infimum Fuß der Anhöhe *L*, tumuli Spitze *L*. E: aus *super-keliom 'die darüber befindliche Decke', zu oc-culere, cēlāre, ahd. lit 'Deckel', nhd. 'Augenlid'.

super-contegō, ere (§ 72) überdecken *Sp*.

super-currō, ere übertreffen *Pli*.

super-ēmineō, ēre überragen *VO*.

super-ēmorior, ī (§ 72) darüber sterben *Sp*.

super-ficiēs, ēī, *f.* (super u. facio) Oberfläche *Sp*; **occ.** Oberbau, Gebäude.

super-fīō, fierī übrigbleiben *C*.

super-fixus 3 (figo) aufgesteckt: capita *L*.

super-fluō, ere **1.** überströmen, -fließen: Nilus superfluens *T*; *met.* überschwenglich sein: Cicero *T*. **2.** im Überfluß vorhanden sein: superfluente multitudine *T*. **3.** überflüssig sein *Q*.

super-fūdī *pf.* v. superfundo.

super-fuī *pf.* v. supersum.

super-fundō 3. fūdī, fūsus **1.** darübergießen, übertreten lassen: lymphas *O*; mare *T*; *met.* überschütten, bedecken: magnam vim telorum *T*, equites zu Boden werfen *T*. **2.** *refl. med.* überfließen, -strömen, sich ergießen: Tiberis superfusus aus den Ufern getreten *L*, in campos *Cu*, fastigio (*dat.*) operis über den Gipfel *Cu*; *met.* se animo eius ihn berauschen *Cu*, hostes superfusi die sich über ihn stürzten *L*, laetitia se superfundens zu heftig *L*, se in Asiam überfluten *L*.

superfutūrus *pt. fut.* v. supersum.

super-gredior 3. gressus sum (gradior) überschreiten: ruinas *Cu*; *met.* übertreffen *T*.

superī s. superus.

super-iaciō 3. iēcī, iactus u. iectus (§§ 43, 71) **1.** darüber-, daraufwerfen, -legen: vestem *O*, scopulos undā bedecken *V*, superiecto aequore da das Wasser hereingebrochen war *H*. **2.** *met.* überschreiten: fidem die Glaubwürdigkeit *L*.

super-immineō, ēre (§ 72) darüber emporragen *V*.

super-impōnō 3. posuī, positus (§ 72) oben darauflegen, -setzen: statuam monumento (*dat.*) *L*.

super-incidēns, entis von oben hereinstürzend *L*.

super-incubāns, antis oben daraufliegend *L*.

super-incumbō 3. cubuī (§ 72) sich oben darauflegen *VO*.

super-induō 3. duī darüber anziehen *Sp*.

super-iniciō 3. iēcī, iectus (§ 72) darüberwerfen, -legen *VOSp*.

super-īnsternō 3. strāvī (§ 72) darüberbreiten *L*.

superior, ius s. super.

super-iūmentārius, ī, *m.* Aufseher der Lasttierknechte *Sp*.

super-lābor 3. lāpsus sum darüber hingleiten *L*.

supernē (super) *adv.* **1.** von oben her, aus der Höhe *L*. **2.** oben *VH*.   Von

supernus 3 (super; vgl. pronus v. pro) oben befindlich: Tusculum hochgelegen *H*, numen die Himmelsgötter *O*.

superō 1. (superus)

    I. *intr.* 1. hervor-, überragen; *met.* überlegen sein, die Oberhand haben, siegen; 2. im Überfluß vorhanden sein; *occ.* übrig sein, übrigbleiben; dicht. **am Leben sein, bleiben.**
    II. *trans.* 1. überschreiten, -steigen; 2. über... hinausdringen, passieren; *met.* zuvorkommen, überlegen sein, übertreffen, überbieten; 3. überwinden, überwältigen, die Oberhand gewinnen.

I. 1. superat foliis oleaster *V*, (angues) superant capite *V*; *met.* [im Krieg]: equitatu *N*, equestri proelio; superat sententia, fortuna *V*, forma superans unvergleichliche Schönheit *V*, superans animis von überschwenglichem Mut *V*. **2.** superat gregibus dum iuventas wenn die Herden vor Kraft strotzen *V*, umor *V*. **occ.** nihil ex commeatibus superabat *L*, (res) quae Iugurthae superaverant die ... zuviel waren *S*; vitā überleben; dicht. quid puer Ascanius? superatne? *V*; captae urbi überleben *V*. **II. 1.** flumina übersetzen *Cu*, viam überspringen *V*, Alpes *L*, fastigia tecti ersteigen *V*, amnem adversum remis stromaufwärts rudern *V*; *met.* ripas fluminis, cacumina *O*, iubae superant undas *V* überragen. **2.** Euboeam um ... herumsegeln *N*, regionem castrorum, clamor superat castra hostium *L*; met. omnes splendore *N*, aliquem iustitiā, doctrinā *S*. **3.** bello Asiam *N*; *met.* necessitatem *L*, falsa die Lügen niederschlagen *S*, iram votis, aliquem donis beschwichtigen *V*.

super-obruō, ere (§ 72) oben bedecken *Pr*.

super-occupō, āre (§ 72) dabei überraschen *V.*

super-pendēns, entis (pendeo) überhängend: saxum *L.*

super-pōnō 3. posuī, positus aufsetzen, -legen: manum *O*, capiti decus *L.*

super-scandō, ere überschreiten, übersteigen *L.*

super-sedeō 2. sēdī sich über etw. hinwegsetzen, sich etw. ersparen, etw. unterlassen: proelio, litibus et iurgiis *L*; mit *inf. L.*

super-stāgnō, āre über die Ufer treten *T.*

super-stes, stitis (aus *super-stās, -stātis, § 41, zu sto) **1.** dabeistehend, gegenwärtig, Zeuge: superstitibus praesentibus. **2.** am Leben bleibend, überlebend: fama dauernd *H*; filio pater *L*; alterius vestrum *L*, nostri superstites sumus wir haben uns selbst überlebt *T.*

super-stetī *pf.* v. supersto.

super-stitiō, ōnis, *f.* (vgl. superstes) **I.** Schwur, Beschwörung: Stygis caput *V.* **II. 1.** Wahn, Aberglaube: anilis. **2.** *meton.* **a.** *pl.* abergläubische Gebräuche: vetustae, magicae *T.* **b.** fremder Kult *Sp.* Dav.

superstitiōsus 3, *adv.* ē abergläubisch.

super-stō 1. stetī oben darauf stehen; mit *dat.* essedis *L*; *acc.* lapsum *V.*

super-strātus 3 (sterno) darübergehäuft *L.*

super-struō 3. strūxī, strūctus darüber bauen *T.*

super-sum, esse, fuī, futūrus **1.** übrig sein, übrigbleiben: quod superest schließlich, übrigens *V*; mit *dat.* tempus, quod gerendis rebus superesset *L*; mit *inf. O.* **2.** übrig, am Leben sein; mit *dat.* überleben: temporibus die schlimmen Zeiten überstehen *N.* **3.** im Überfluß, reichlich vorhanden sein: modo vita supersit ausreicht *V*, labori gewachsen sein *V*; *occ.* überflüssig sein: ut neque absit quidquam neque supersit. **4.** beistehen *Sp.* **5.** überlegen sein: fide ac virtute *T.*

super-urgeō, ēre oberhalb eindringen *T.*

superus 3 (*m.* auch **super**; super, vgl. sub), *comp.* superior, ius, *sup.* suprēmus.

I. Positiv: **oben befindlich, oben, der obere**: mare die Adria, orae die irdischen *O*, di, aurae Lüfte der Oberwelt, des Tages *V*; *subst. n. pl.* **supera**, ōrum Oberwelt, Erde *V*, convexa *V*, alta Himmelsgewölbe *V*; **superī**, ōrum, ûm, *m.* **1. die oberen Götter, Götter des Himmels**: vi superûm *V*; **2. die Oberwelt**: fleti ad superos von den Menschen *V.*

II. Komparativ **superior, ius**

---

1. **weiter oben befindlich, der obere**; *met.* 2. (zeitlich) **früher, eher, vorig, ehemalig**; 3. (im Rang) **höhergestellt, höher**; 4. **mächtiger, stärker, überlegen, übertreffend, die Oberhand behaltend.**

---

1. pars collis, de (ex) superiore loco von der Anhöhe, von oben herab, loca das höhere Gelände; *subst.* superiora muri Oberteil *Cu.* **2.** superioribus diebus, uxor; aetas vorgeschritten, addunt ad superiores totidem naves zu den vorhandenen *N*, bellum, coniuratio; *subst.* superiores Vorgänger; Dionysius *N*, Africanus der Ältere; superiora illa das frühere; ut dixi superius weiter oben *Ph.* **3.** superioris ordinis non-

nulli von höherem Rang; *subst.* etiam superioribus invidetur. **4.** bello, proelio siegreich *N*, superior (proelio) discessit ging als Sieger (aus dem Kampf) hervor *N*, populus superior factus est behielt die Oberhand; equitatu überlegen an.

III. Superlativ **suprēmus** 3 (vgl. extremus, analog nach *dēmus, s. demum)

---

1. (räumlich) **der oberste, höchste, äußerste**; 2. (zeitlich) **der äußerste, letzte, jüngste**; 3. (vom Maß) **der äußerste, höchste, größte, ärgste**; 4. *adv. acc. sg. n.*

---

1. montes die Gipfel der Berge *V*; Iuppiter der erhabenste *H.* **2.** Attrib. supremā nocte *V*, salus *V*, iudicia Testamente *Pli*; prädik. sole supremo bei Sonnenuntergang *H*; dies Todestag, obire diem supremum sterben *N*; diei supremi celebritas Totenfeier; tori Totenbett *O*, ignes Scheiterhaufen *O*, munera, honor letzte Ehre *V*, tituli Grabinschrift *Pli*; os ersterbend *O*, oscula Abschiedskuß *T*, voce ciere supremum Abschiedsgruß *V.* *Subst.* **suprēma**, ōrum, *n. pl.* **a.** letzte Ehre, Bestattung: ferre erweisen *T*, solvere militibus *T.* **b.** Sterbestunde, Tod: agitare de supremis an Selbstmord denken *T*, supremis adpropinquare, admotum esse dem Tod nahen *T.* **c.** sterbliche Überreste: supremis eius honores dati *L.* **d.** letzter Wille, Testament: Augusti *T.* **3.** macies *V*, ad supremum ventum est an die äußerste Grenze *V.* **4.** supremum zum letztenmal *O.*

supervacāneus 3 (vgl. supervacuus) **1.** überzählig: operae Nebenbeschäftigungen. **2.** überflüssig, unnötig: oratio *L.*

super-vacuus 3 überflüssig, unnütz, unnötig; *adv. ex* supervacuo *L.*

super-vādō, ere übersteigen *L*; *met.* asperitates überwinden *S.*

super-vehor 3. vectus über etw. hinausfahren *L.*

super-veniō 4. vēnī, ventum **1.** sich über etw. werfen, -legen: lapso *V*, unda supervenit undam *H.* **2.** dazukommen: spiranti adhuc noch am Leben treffen *Cu*, regi zu Hilfe kommen *Cu*, timidis sich anschließen *V.* **3.** überfallen, überraschen: ei nox supervenit *Cu*, munientibus *L*, laetitiae *L.* Dav.

superventus, ūs, *m.* das Dazukommen, Anschluß *T.*

super-vīvō, ere überleben; mit *dat. PliSp.*

super-volitō 1. āvī über ... hin- und herfliegen: tecta *V*; contionanti *T.*

super-volō, āre überfliegen: orbem *O.*

supīnō 1. umkehren, nach oben kehren: supinatae glaebae umgewühlt, gestürzt *V*; nasum nidore supinor meine Nase fährt in die Höhe, um den Bratenduft einzuziehen *H.* Von

supīnus 3 (v. sub, alt *sup, u. super, vgl. ὕπτιος neben ὑπό) **1.** (von unten) **nach oben gekehrt**: manūs; iactus Bogenwurf nach oben *L.* **2. zurückgebeugt, -gebogen, rücklings**: stertit supinus auf dem Rücken liegend *H.* **3. zurückgehend, rückläufig**: cursus (fluminum) *O.* **4. sanft ansteigend, abfallend**: vallis *L*, colles *V*, Tibur *H.* **5.** *met.* **lässig**: oratores *Q.*

suppaenitet 447 **supra** S

sup-paenitet, ēre es reut ein wenig.

sup-palpor, ārier ein wenig schmeicheln C.

sup-pār, paris ziemlich gleich, fast gleichzeitig.

sup-parasītor, ārī schmarotzerisch schmeicheln C.

suppeditātiō, ōnis, f. reicher Vorrat, Überfluß. Von

suppeditō 1. **1.** beistehen, unterstützen: suppeditandi facultas; quibus (rebus) suppeditamur reichlich versehen sind. **2.** zusenden, darreichen, verschaffen, geben: rem frumentariam, victum. **3.** vorrätig, vorhanden sein, zu Gebote stehen: gaudiis (abl.) gaudium suppeditat eine Freude überschüttet die andere C; **occ.** ausreichen: si vita suppeditat wenn das Leben reicht.

sup-pēdō, ere leise furzen [andere Lesart: suppendet hebt das Gewand in die Höhe].

suppetiae, f., acc. as (suppeto) Hilfe, Beistand: suppetias ferre, advenire C.

sup-petiī [Nbf.] pf. v. suppeto.

suppetior 1. (suppetiae) helfen, beistehen.

sup-petō 3. ivī (iī) **1.** bereit, vorhanden sein, zu Gebote stehen: frumentum suppetebat L, nec consilium sibi suppetere kein Rat komme ihnen L; reichlich vorhanden sein: in dicendo; ut suppetas laboribus daß du weiterhin Strafen erduldest H. **2. occ.** ausreichen, genügen: quibus vires suppetebant ad arma ferenda L, si vita suppetisset L, ut (uxor) vitae tuae superstes suppetat daß es ihr gelinge, dich zu überleben C.

sup-pīlō, āre (vgl. compilo) heimlich stehlen C.

sup-pingō, ere (pango, § 48) unten anschlagen: fulmentas soccis C.

sup-plantō, āre (planta) ein Bein stellen; mit acc.

supplēmentum, ī, n. **1.** Ergänzung: classis, remigum L. **2. occ.** Ergänzungsmannschaft, Verstärkung: legere milites in supplementum als Reserve Cu. Von

sup-pleō 2. plēvī, plētus (*pleo, vgl. plenus) **1. nachfüllen, wieder anfüllen:** sanguine venas O, aerarium T. met. **2. wieder vollzählig machen, auffüllen:** usum (das Nötige) provinciae, gregem V, remigium V; inania moenia wieder bevölkern O. **3. occ.** [Heeresteile] **ergänzen:** remigio naves vollzählig mit Ruderern bemannen L. **4. ersetzen, vertreten:** vicem solis Pli.

sup-plex, plicis, abl. subst. u. dicht. e, gen. pl. um, adv. **iter** (plico) **1.** kniefällig, demütig bittend, flehend, flehentlich: s. te ad pedes abiciebas; suppliciter tristis wie ein Schutzflehender V; vox SL, dona demütig dargebracht V. **2.** subst. Schutzflehender: dei N.

supplicātiō, ōnis, f. (supplico) Bußtag, Bußfest, Dankfest.

supplicium, ī, n. **1.** das **Bitten, Flehen, Gebet, Opfer:** deorum S, precibus supplicisque deos placare L, dis supplicia decernere Dankfest ST; **occ.** legatos cum suppliciis mittit mit den Friedenszeichen [Öl- oder Lorbeerzweigen] S. **2. Hinrichtung, Todesstrafe:** ad supplicium aliquem dare, dedere, supplicium sumere de aliquo an jemd. vollziehen, persolvere büßen T, dare erleiden N; synecd. **Bestrafung, Strafe:** varium suppliciorum genus allerlei Martern Cu, ultimum Selbstmord; **occ. Buße, Sühne** C. **3.** met. **Marter, Pein, Qual:** veterum malorum V, triste Strafgericht V; meton. dira Wunden V. Von

supplicō 1. (supplex) demütig bitten, flehen; mit dat.; **occ.** die Götter anflehen, zu den Göttern beten: per hostias (beim Opfer) diis S.

sup-plōdō 3. sī (plaudo, § 52) aufstampfen: pedem mit dem Fuß. Dav.

supplōsiō, ōnis, f. das Aufstampfen: pedis.

sup-pōnō 3. posuī, positus, postus V (§§ 42, 72) **1.** unter ... **legen, unter ... bringen;** mit dat. ova gallinis; hominem tumulo beerdigen O, terrae dentes säen O, pecus fano unter ... treiben O, Massica caelo ins Freie stellen H; aethera ingenio suo unterwerfen O, Latio Samon hintansetzen O; ignes suppositi cineri unter der Asche glimmend H, suppositum deo untergeordnet O; **occ. unten anlegen, -ansetzen:** tectis (civibus V) ignem O, cultros an die Kehle V. met. **2. an die Stelle setzen:** pro rege se reum, fidem amicorum; **occ. unterschieben:** cervam O. **3. hinzufügen:** exemplum.

sup-portō 1. heranführen, -bringen: frumentum exercitui navibus.

suppositiō, ōnis, f. (suppono) Unterschiebung [eines Kindes] C.

suppositus pt. pf. pass. v. suppono.

suppostus V pt. pf. pass. v. suppono.

sup-posuī pf. v. suppono.

I. suppressus pt. pf. pass. v. supprimo.

II. suppressus 3 gedämpft, leise: vox; oratione suppressior. Von

sup-primō 3. pressī, pressus (premo, § 41) **1.** herunter-, hinabdrücken: naves in den Grund bohren L. met. **2.** zurück-, aufhalten, hemmen: classem beilegen N, iter (fugam O), impetum militum L, habenas O, fontem O; aegritudinem. **3.** verhehlen, unterdrücken: famam LT, nomen T.

sup-prōmus, ī, m. Unterkellermeister C.

sup-pudet, ēre sich ein wenig schämen.

sup-pūrō 1. (plus) forteitern Sp; met. alte in der Tiefe weitereitern Cu; suppuratus dolor fortfressend Cu.

sup-putō, āre aus-, berechnen O.

suprā (abl. sg. f. v. superus, adv., § 42; dicht. noch superā)

I. adv. 1. (räumlich) **oberhalb, oben;** 2. (zeitlich) **vorher, früher;** occ. **von früher her, von vorher;** 3. (vom Maß) **darüber, darüber hinaus, mehr.**

II. präpos. beim acc. 1. (räumlich) **über, auf.** a. (mit Verben des Verharrens): **über, auf, oberhalb;** b. (mit Verben der Bewegung): **über ... hin, über ... hinweg, über ... hinaus;** 2. (zeitlich) **über;** occ. **vor;** 3. (vom Maß) **über ... hinaus,** occ. **außer.**

I. 1. Draco serpit subter superaque revolvens sese Cicero De nat. deor. 2, 106; s. atque infra oben und unten, mare, quod s. adluit = die Adria V, toto vertice s. est überragt V. 2. ut s. demonstravimus, ut s. dixi. **occ.** (pauca) s. repetere (ein wenig) weiter ausholen ST. 3. trecenta aut s. milia H; nihil (nil) s.; s. quam S. II. 1. a. s. subterque terram L; bildl. s. caput esse auf dem Nacken sitzen SL, est omnia

supralatio   448   **suscito**

quando iste animus s u p r a da dein Mut alles über-
ragt *V*; quos s. somnum habebat als Wächter der
Nachtruhe *Cu*, s. bibliothecam esse vorstehen *Sp*;
gens iacet s. Ciliciam über . . . hinaus, jenseits von *N*,
s. Propontidem se abdidit *N*. **b.** exire s. terram, s.
segetes navigare *O*, s. nubem volare *V*; bildl. s.
ire deos pietate übertreffen *V*. **2.** res, quae s. septin-
gentesimum annum repetitur über 700 Jahre her ist *L*.
occ. s. hanc memoriam vor unserer Zeit. **3.** caesa s.
milia XX *L*; tres s. tangere mehr als drei *H*; bildl.
s. vires *H*, s. modum über das Maß *VL*. **occ.** [selten]:
s. eum metum *L*.
suprā-lātiō, ōnis, *f.* (*rhet.*) Übertreibung, Hyperbel.
suprā-scandō, ere übersteigen: fines *L*.
suprēmus *sup.* v. superus, III.
supter = subter [altl., dicht.].
sūra, ae, *f.* (ionisch ὄρη, ὤρη) Wade.
surculus, ī, *m.* Zweig, Reis, Setzling.
     E: *suriculus, § 44, *dem.* v. surus, ūs, *m.* Zweig, Pfahl
Ennius; vgl. ai. sváruḥ 'Opferpfosten', ahd. swirōn
'bepfählen'.
surdaster 3 (surdus) schwerhörig, halbtaub.
surditās, ātis, *f.* Taubheit.   Von
surdus 3 **1.** taub, gehörlos; **occ.** in Graeco sermone
nicht bewandert; sprichw. surdo (surdis auribus)
canere *VL*, asello surdo fabellam narrare *H* tauben
Ohren predigen. **2.** *met.* unempfindlich: mens *O*; mit
dat. navitis gegen *H*; ad solacia *L*. **3.** lautlos, still:
lyra *Pr*, gratia officii unbesungen *O*.
Surēna, ae, *m.* S. [im Partherreich die höchste erbliche
Würde nach dem König] *T*.
surgō 3. sur-rēxī, sur-rēctus (*sub-rego, §§ 42 u. 33)
1. aufstehen, sich erheben: secundā vigiliā aufbre-
chen *Cu*; solio *O*, e lectulo, de sella; ab Arpis von
Arpi her erscheinen *V*; in cornua das Geweih erhe-
ben *V*, ad auras (lumina vitae) ans Licht der Welt *V*;
occ. (zum Reden) sich erheben: ad hos vor ihnen *O*.
2. *met.* sich erheben, empor-, aufsteigen: surgit sol;
diem s u r r e x e (= surrexisse) anbrechen *H*; sur-
gunt aequora, undae *V*; surgentes columnae
(iuga *T*) ansteigend *V*, surgunt de vertice pinnae
schießen empor *V*. **occ. a. beginnen, anfangen:** ven-
tus surgit a puppi vom Rücken *V*, surgit imber,
pugna, discordia *V*. **b. wachsen, zunehmen, empor-
steigen:** surgit messis *V*, seges *H*; surgens Iulus *V*,
Carthaginis arx *V*, irae surgunt ductori steigen
hoch *V*.
Surī, Suria = Syri, Syria.
surpiculus, ī, *m.* (= scirpiculus) Fischreuse *C*.
surpite, surpuerat, surpuit s. surripio.
sur-rēctus *pt. pf. pass.* v. surgo.
Surrentum, ī, *n.* S o r r e n t o [St. in Kampanien] *Sp*;
adi. **Surrentīnus** 3 *OTSp*; Einw. Surrentīnī *L*.
sur-rēpō = subrepo.
surreptus *pt. pf. pass.* v. surripio.
sur-ripuī *pf.* v. surripio.
sur-rēxī *pf.* v. surgo.
sur-ripiō 3. ripuī, reptus, *coni. pf.* subrepsit *C* (ra-
pio, § 43) heimlich wegnehmen, heimlich entwenden:
puerum servŏs s u r p u i t (= surripuit, § 44) *C*;

met. entziehen: diem 'stehlen', vergeuden *O*, crimina
oculis patris *O*, unum me s u r p i t e (= surripite,
§ 44) morti *H*; (femina) quae me s u r p u e r a t
(= surripuerat, § 44) mihi mich mir selbst entfremdet
hatte *H*.
surrogō = subrogo.
sur-rupiō = surripio (§§ 43 und 41) *C*.   Dav.
surruptīcius 3 gestohlen *C*.
sursum (aus *subs-vorsom, §§ 44 u. 30, v. subvorto,
§ 78) *adv.* **1.** aufwärts, in die Höhe, empor: s. deorsum
auf und nieder. **2.** [selten]: oben, in der Höhe: nares s.
sunt.
sūs, suis, *m. f.*, *dat. abl. pl.* oft subus Schwein;
sprichw. sus Minervam (docet).
     E: gr. σῦς, ὗς, ahd. sū 'Sau', got. swein, ahd. swīn.
Sūsa, ōrum, *n.* S. [Hauptst. der persischen Provinz Sū-
siāna] *PrCu*; *adi.* u. Einw. **Sūsiānus; Sūsidēs** pylae
[Pässe zwischen Susiana und Persis] *Cu*.
sus-cēnseō 2. uī (*subscenseo) wutentbrannt sein, auf-
gebracht sein, zürnen.
     NB: schlechter **suc-censeo.**
sus-cēpī *pf.* v. suscipio.
susceptiō, ōnis, *f.* Übernahme.   Von
sus-cipiō 3. cēpī, ceptus (capio, § 43)

     I. 1. (von unten her) **auffangen**; *occ.* **stützen**;
2. **aufheben**; *meton.* (Kinder) **anerkennen**; *occ.*
(rechtmäßige) **Kinder bekommen**; *pass.* **zur Welt
kommen**; 3. *met.* **an-, aufnehmen**; *occ.* (die Rede)
aufnehmen = erwidern.
     II. *met.* 1. **aufnehmen, auf sich nehmen, über-
nehmen, sich unterziehen**; 2. *occ.* (Leiden, Lasten)
auf sich nehmen, erdulden.

I. 1. dominam ruentem *V*, cruorem pateris *V*, i-
gnem foliis *V*. **occ.** theatrum futuris *Pli*; bildl. fa-
mam defuncti verteidigen *Pli*. **2.** [Der Vater hob das vor
ihm auf den Boden gelegte neugeborene Kind auf als
Symbol, daß er es anerkennen und erziehen wolle]: qui
alumni a parentibus suscepti educatique sunt. **occ.**
ex libertini filia liberos. **3.** hanc mentem volunta-
temque, salutem rei p. sich annehmen um. **occ.** susci-
pit Anchises *V*. **II. 1.** legationem *N*, negotium,
onus, causam; aliquem pecunia corrumpendum die
Bestechung *N*, gloriam tuendam den Schutz; iter sich
unternehmen, cursum vitae einschlagen, vota auf sich
nehmen *NL*, odium in aliquem fassen *N*, bellum auf-
nehmen, consilium sich entschließen, tantum sibi
auctoritatis sich anmaßen, prodigia sühnen *L*; faci-
nus sich mit...beladen. **2.** inimicitias, inimicos sich
verfeinden, invidiam auf sich laden, poenam sich un-
terziehen, gestraft werden, pericula sich aussetzen.
sus-citō 1. **1.** auf-, emportreiben, in die Höhe bringen:
lintea *O*, terga (Furchenrücken) aratro *V*. **2. occ.** zum
Aufstehen bringen, wecken: a somno, ex tecto *V*.
3. *met.* erregen, antreiben: deos (viros) in arma *V*, se
irā sich zornig aufregen *V*, poenas alicui schaffen *V*,
citharā Musam das Kitharaspiel wieder aufnehmen *H*,
corvum prece herbeiwünschen *H*; **occ.** (wieder) anfa-
chen, verursachen: ignes *VO*, bellum *L*, caedem *V*.

suscr... 449 **sustineo** S

suscr... s. subscr...

Susianus, Susides s. Susa.

suspectō 1. (*frequ.* v. suspicio) hinaufsehen *Sp*; met. argwöhnisch betrachten: Agrippinam *T*, paelici suspectari bei...Verdacht erregen *T*; **occ.** argwöhnen: perfidiam wittern *T*, mit *acc. c. inf. T*.

I. suspectus *pt. pf. pass.* v. suspicio.

II. suspectus 3 (suspicio) mit Argwohn betrachtet, verdächtig, Verdacht erregend, im Verdacht: regi beim König *S*, laquei *H*; de noverca, super tali scelere *S*, in Poppaea in bezug auf *T*, sceleris *Cu*, aemulationis *T*; mit *inf. CuT*.

III. suspectus, ūs, *m.* (suspicio) das Emporblicken, der Aufblick: ad Olympum *V*, turris vasto suspectu Höhe *V*; met. Bewunderung: honorum *O*.

sus-pendī *pf.* v. suspendo.

suspendium, ī, *n.* das Auf-, Erhängen *Sp*. Von

sus-pendō 3. pendī, pēnsus **1. aufhängen, hängen, erhängen:** arma Quirino [als Weihgeschenk] *V*, reste suspensus an...hängend *L*, pictā mentem voltumque tabellā auf ... heften *H*; bildl. aliquem (aliquid) naso über jemd. (etwas) die Nase rümpfen *H*; se de ficu, spicula ex umero *V*, columbam mālo ab alto *V*, arbori (*locat.*) *L*. met. **2. in die Höhe bringen, emporheben:** tectum turris, tignis contignationem, tellurem sulco tenui in flachen Furchen aufwühlen *V*; **occ. stützen:** murum furculis *L*. **3. zum Schweben bringen, schweben lassen;** *pass.* **schweben:** primos suspensus in artus auf den Zehenspitzen *O*, suspenso pede *Ph*, suspensos gradus ferre *O* auf den Zehen, super Caesarem suspensus sich hinbeugend über *T*; bildl. exspectationem, animos exspectatione anspannen *Cu*, medio responso rem in Schwebe lassen *L*, animos in Unsicherheit schweben lassen *O*, fletum zurückhalten *O*. Dav.

I. suspēnsus 3 **1. hängend, schwebend:** alae *L*, aulaea *H*; bildl. saxis rupes hochliegend auf *V*. met. **2. abhängig, beruhend:** aut bono casu aut contrario. **3. ungewiß, unentschieden, zweifelhaft, gespannt, erwartungsvoll, unruhig:** timor *O*, cura bange, animi (*locat.*) *L*, verba *T*, Vespasiani nomen suspensi circumibant in Verlegenheit *T*, manu suspensā laudare zurückhaltend *Pli*; in suspenso relinquere, esse unentschieden *Pli*.

II. suspēnsus *pt. pf. pass.* v. suspendo.

su-spexī *pf.* v. suspicio.

suspicāx, ācis (suspicor) argwöhnisch *NT*.

I. su-spiciō 3. spexī, spectus (specio, § 43) **1. empor-, aufblicken, in die Höhe sehen:** in caelum; *trans.* emporblicken zu: ramos *O*, caelum. meton. **2.** bewundern, verehren: pietatem *N*, aera et artes *H*. **3.** beargwöhnen, in Verdacht haben: regem *S*. Dav.

II. suspīciō, ōnis, *f.* **1.** Verdacht, Argwohn: ei in suspicionem venit er argwöhnte *N*. **2. occ.** Vermutung, Ahnung: deorum, rem suspicione attingere. Dav.

suspiciōsus 3, *adv.* ē **1.** argwöhnisch, mißtrauisch. **2.** Argwohn, Verdacht erregend, verdächtig.

suspicor 1. (zu suspicere) **1.** argwöhnen, Verdacht schöpfen: res nefarias, de improbitate; mit *acc. c. inf.*, indir. Fr. **2. occ.** ahnen, vermuten, mutmaßen: maius quiddam de Crasso; mit *acc. c. inf.*

suspīrātus, ūs, *m.* (suspiro) tiefer Atemzug: suspiratibus haustis tief aufatmend *O*.

suspīritus, ūs, *m.* das Seufzen, Ächzen, Keuchen *L*.

suspīrium, ī, *n.* **1.** tiefes Atmen: suspiria ducere, trahere tief aufatmen *O*. **2.** das Seufzen: vultum ad suspiria ducere verziehen *O*; **occ.** Liebesseufzer *O*, Kummer *T*. Von

su-spīrō 1. āvī **1.** tief aufatmen, tief Atem holen: ab imis pectoribus *O*. **2. occ.** seufzen: in illā nach ihr schmachten *O*; *trans.* alios amores ersehnen *Ti*.

susque dēque (vgl. sub) *adv.* 'auf und nieder' = gleichgültig.

sus-sultō, āre (*frequ.* zu subsilio) in die Höhe springen *C*; met. [von der Rede]: ne sermo subsultet imparibus spatiis ac sonis sprunghaft werden *Q*.

sustentāculum, ī, *n.* Stütze, Halt *T*. Von

sustentō 1. **1. empor-, aufrechthalten, stützen:** fratrem ruentem dextrā *V*, navis sustentata das sich über Wasser hält *V*. met. **2. aufrechterhalten, unterstützen, stützen, nicht sinken lassen:** bella auxiliis, me una consolatio sustentat; valetudinem erhalten, aciem nicht weichen lassen *T*, pugnam halten *T*. **3. erhalten, unterhalten, ernähren:** exercitum, frumento plebem *L*, mutando merces sustentabatur nährte sich, lebte *T*. **4. standhalten, widerstehen, aushalten:** aegre is dies sustentatus est an diesem Tag, famem, impetum legionum *T*. **5. hin-, zurückhalten, verzögern:** malum, a rege sustentati aufgehalten *S*.

Frequ. von

sus-tineō 2. nuī (teneo, § 43)

---

1. empor-, aufrechthalten, stützen; *occ.* *a.* tragen; *b.* zurückhalten, hemmen, anhalten; met. **2. schützen, bewahren, behaupten; 3. erhalten, unterhalten, ernähren; 4. aushalten, (er)tragen, auf sich nehmen;** *occ.* Widerstand leisten, widerstehen; **5. verzögern, verschieben.**

---

1. alis se sich in der Schwebe halten *O*, baculo artūs *O*, columnae templum sustinent, se a lapsu sich aufrecht erhalten *L*, pugnabant vix membra sustinentes *L*, undam palmis schöpfen *V*. **a.** umeris bovem, ferratos orbīs Wagenräder *V*, vix arma kaum tragen können *L*, arbor sustinet umbram spendet Schatten *V*. **b.** equum incitatum; agmen, signa mit dem Heer haltmachen *L*; bildl. fugientem animam herbis *O*, dextram a re *V*, phalaricam lorica non sustinuit *V*, miraculum eos sustinuit *L*, se standhalten. **2.** imperium *Cu*, animos pugnantium *L*, tres personas drei Rollen gewachsen sein, historiam veterem umfassen *C*. **3.** hominum quinque milia, necessitates aliorum *L*. **4.** munus, causam publicam; gravitatis personam die Rolle, crimen, molem invidiae; poenam über sich ergehen lassen; mit *inf.* [nur negativ]: non sustinet perdere blanditias bringt es nicht über sich *O*, *acc. c. inf.* nemo quicquam ex patrio more labare sustinuit duldete es *Cu*. **occ.** sustinet aureus umbo hält stand *V*, impetum (vim *N*) hostium, proelium, vulnera; bildl. huius potentiam, preces; eos querentes ihren Klagen *L*. **5.** extremum fati diem *O*, rem in noctem *L*, consilio bellum *L*.

sustollo   450   **Syri**

sus-tollō, ere **1.** in die Höhe heben: ad aethera vultus *O*, vela *Ca*. **2.** wegreißen: aedīs *C*.

sustulī *pf.* v. tollo.

susurrātor, ōris, *m.* Flüsterer.   Von

susurrō, āre summen *V*, flüstern *O*.   Von

I. susurrus, ī, *m.* das S u r r e n , S u m m e n *V*; *met.* das Flüstern, Zischeln: lenes susurri *H*; p e r s o n . Susurri 'Geflüster' *O*.

E: schallmalende Konsonantenschärfung zur Wz. *sur(r)-, vgl. ai. sváraḥ 'Schall, Ton', dtsch. ' s u r r e n '.

II. susurrus 3 (susurro, § 76) flüsternd: lingua *O*.

sūtēlae, ārum, *f.* (suo) Lügengewebe, Ränke *C*.

sūtilis, e (suo) zusammengenäht: cumba *V*, balteus durch Nähte gesteift *V*; *met.* corona geflochten *O*.

sūtor, ōris, *m.* (suo) Schuster *Sp*.   Dav.

sūtōrius 3 Schuster-: atramentum Schusterschwärze; *subst.* gewesener Schuster.   Und

sūtrīna taberna Schusterwerkstätte *T*.

Sutrium, ī, *n.* S u t r i [St. in Etrurien]; *adi.* u. Einw. Sutrīnus *L*.

sūtum, ī, *n.* s. suo.

sūtūra, ae, *f.* (suo) Naht *L*.

sūtus *pt. pf. pass.* v. suo.

suus 3 (Possessiv zum Reflexivstamm, nach § 71, Abs. 2 unbetonte Nbf. v. altl. sovos aus *sevos, § 48; gr. ἑός aus *σεϜός, §§ 25 und 20, ὅς aus *σϜός, § 26)

> **1.** sein, ihr, sein; *pl.* ihr; *occ.* **2.** eigen, eigentümlich; **3.** gewöhnlich, bestimmt, zukommend, zustehend; **4.** angemessen, entsprechend, passend, günstig.

---

1. Vbd. **a.** mit q u i s q u e : sui cuíque móres fíngunt fórtunam hóminibus *N*. **b.** mit proprius: calamitatem propriam suam queri, suo proprio proelio ihre eigentümliche *L*. Verstärkt **a.** durch **-pte**: suápte naturā. **b.** durch **-met**: súamet scelera occultare *S*. Subst. **a.** *m. pl.* **die Seinigen**: plures suos reddiderat hatte zu seinen Anhängern gemacht *N*; *sg.* dextra decisa quaerit te suum ihren Herrn *V*. **b.** *n. pl.* **das Seine, die Habe** (konkr.): civibus sua restituit *N*, se suaque defendere. **c.** *n. sg.* **das Seine, Eigentum**: sui nihil deperdere; suum illud sein Grundsatz. **d.** *abl. f.* s. interest und refert. **2.** in sua potestate esse sein eigener Herr sein *N*, sua manu scripsit eigenhändig *N*, eum cives sui eiecerunt die eigenen Mitbürger *N*; sua sponte aus eigenem Antrieb, suis verbis im eigenen Namen, suo nomine für seine Person, sua sidera norunt haben ihre eigenen *V*; vix sua erat war nicht recht bei sich *O*. **3.** stat sua cuique dies *V*, suo iure mit vollem Recht; suo alienoque Marte pugnare in gewohnter und ungewohnter Kampfart *L*. **4.** suo tempore *L*, factus est consul sibi suo tempore für sich zur entsprechenden Zeit; suis locis in günstiger Stellung, auf vorteilhaften Punkten, suo loco pugnam facere auf günstigem Gelände *S*, ferunt sua flamina classem *V*, ventis non suis ungünstig *H*, Chatti sui ihm gewogen *T*.

sūxī *pf.* v. sugo.

Sybaris, is S. [**1.** *m.* Fl. in Lukanien *OSp*. **2.** *f.* St. an diesem Fluß, 510 zerstört, später als athenische Kolonie Thurii wieder aufgebaut]. *Subst. n. pl.* zu **2. Sybarītica** S. [obszöne Gedichte] *O*.

Sȳchaeus, ī, *m.* S. [Gatte der Dido] *VO*; auch *adi. V*.

sȳcophanta, ae, *m.* (συκοφάντης) **1.** Ankläger, Verleumder, Ränkeschmied, Gauner *C*. **2.** Schmeichler, Schmarotzer *C*.

sȳcophantia, ae, *f.* (συκοφαντία) Ränke, Betrügerei *C*.

sȳcophantor, ārī (συκοφαντεῖν) Ränke schmieden *C*.

Syēnē, ēs, *f.* A s s u a n [St. in Oberägypten] *O*; Einw. **Syēnītēs**, ae, *m. O*; als *adi.* lapis roter Granit *Sp*.

Sylla s. Sulla.

syllaba, ae, *f.* (συλλαβή) S i l b e .   Dav.

syllabātim *adv.* silbenweise.

Syllēum, ī, *n.* S. [St. in Pamphylien] *L*.

syllogismus, ī, *m.* (συλλογισμός) Syllogismus, Vernunftschluß *Pli*.

Symaethis, idis, *f.* nympha Nymphe des Flusses Symaethus [in Ostsizilien] *O*; *adi.* **Symaethius** u. **-ēus** 3: flumina, aquae Nebenflüsse des Symaethus *O*, heros = Acis [Sohn der Nymphe] *O*.

symbola, ae, *f.* (συμβολή) Geldbeitrag [zu einem gemeinschaftlichen Essen] *C*.

symbolus, ī, *m.* (σύμβολος) Siegelring *Sp*.

symmetria, ae, *f.* (συμμετρία) Ebenmaß *Sp*.

symphōnia, ae, *f.* (συμφωνία) harmonische Musik: cum cantu atque symphonia 'Sang und Klang', cantus symphoniae mehrstimmiger Gesang; *adi.* **symphōniacus** 3 (συμφωνιακός) musikalisch, zur Musik gehörig: homines, pueri, servi Musiker; *subst. pl.* Musikkapelle.

Symplēgadēs, um, *f.* die S. [zwei kleine Felsen bei Byzanz (auch **Cȳaneae**), die fortwährend aneinanderschlugen, aber seit der Durchfahrt der Argo feststehen] *O*.

E: Συμπληγάδες *sc.* Πέτραι, v. συμπλήσσω 'zusammenschlagen'.

Symposion u. **-um**, ī, *n.* 'Das Gastmahl' [συμπόσιον; Titel eines Dialogs Platons *NSp* u. Xenophons *Sp*].

synedrus, ī, *m.* (σύνεδρος) Beisitzer [eines Kollegiums] *L*.

Synephēbī, ōrum, *m.* 'Die Jugendfreunde' [συνέφηβοι; Titel einer Komödie des Caecilius].

syngrapha, ae, *f.* (συγγραφή) Schuldschein, Wechsel: syngrapham facere ausstellen lassen.

syngraphus, ī, *m.* (σύγγραφος) Reisepaß *C*.

Synnada, ōrum, *n.* S. [St. in Großphrygien mit Marmorbrüchen]; *adi.* Synnadēnsis, e.

Syphāx, ācis, *m.* S. [numidischer König, gest. 201] *LPrOSp*.

Syrācūsae, ārum, *f.* S y r a k u s [St. in Sizilien]; *adi.* **Syrācūsius, -osius** 3; *adi.* u. Einw. **Syrācūsānus.**

Syrī u. (§ 91, Abs. 2) **Surī**, ōrum, selten *sg.* **Syrus**, ī, *m.* Syrier, Bew. v. Syrien; *adi.* Syra merx *H*; **Syrius, Syriacus** 3 syrisch: munus = Nardenöl *Pr*; *subst.* **Syriscus** = Syrus *C*; **Syria**, ae, *f.* **1.** S y r i e n [**a.** das syrische L a n d , vom Plateau von Baalbek nördl. bis zum Euphratknie. **b.** das syrische R e i c h (der Seleu-

Syrius 451 **tacitus** **T**

kiden), Syrien, Babylonien, Phönikien und Palästina umfassend]. **2.** *synecd.* A s s y r i e n : Syriae rex Babylone regnans *Cu.*
Syrius s. Syri u. Syros.
Syros, ī, *f.* S i r o s [Kykladeninsel]; *adi.* Syrius 3.

Syrtis, is, *f.* S. [Name zweier Sandbänke an der Nordküste Afrikas; die Große Syrte östl., die Kleine westl. von Tripolis] *SL*; *meton.* die Küstengegend an den Syrten *VH*; *adi.* Syrticus *Sp.*
E: σύρτις 'Sandbank'.

T

T. = Titus u. tribunus.
tabella, ae, *f.* (*dem.* v. tabula) **1. Brettchen, Täfelchen:** parva schmales Holz [auf dem Romulus ausgesetzt war] *O.* **2. occ. a. Spielbrett:** instructa lapillis *O.* **b.** kleines **Gemälde:** Pausiaca *H*; **Votivtafel:** memores *O*, votiva *H.* **c. Stimmtäfelchen** [der Richter und in der Volksversammlung]. **d. Schreibtafel:** testimonium per tabellam dare schriftlich *T.* *meton. pl.* **3. Brief, Schreiben:** laureatae Siegesnachricht *L.* **4. Urkunde:** tabellis obsignatis agis mecum du nimmst ein förmliches Protokoll auf, publicae *L.* Dav.
tabellārius 3 **1.** die Abstimmung betreffend: lex. **2.** *subst. m.* Briefbote.
tābeō, ēre (zer)schmelzen, verwesen *O*; genae tabentes naß *V*, sale von Meerwasser triefen *V.*
E: ahd. douwen, dōan 'tauen, zergehen'.
taberna, ae, *f.* (verw. mit tabula) **1. Hütte:** pauperum *H.* **2. Laden, Werkstätte:** libraria Buchladen, tonsoris Barbierstube *H*, lanionis Fleischbank *L*, argentaria Wechselstube *L*, tabernae veteres, novae *L.* **3. Wirtshaus, Kneipe. 4. Loge:** in circo. Dav.
tabernāculum, ī, *n.* **1.** Baracke, Zelt: statuere, ponere aufschlagen, detendere abbrechen. **2. occ.** Beobachtungszelt [der Augurn]: capere wählen.
tabernārius, ī, *m.* (taberna) Krämer; Wirt *Sp.*
tābēs, is, *f.* (vgl. tabeo) **1.** Fäulnis, Verwesung: tot annorum *L.* **2.** *meton.* Flüssigkeit, Schlamm, Jauche: liquescentis nivis *L*, sanguinis *L*; veneni giftiger Geifer *O.* **3.** *met.* das Hinsiechen, Krankheit: aegritudo habet tabem Verfall, orta per Aegyptum Seuche *L*, oculorum Verlust des Augenlichtes *T*; bildl. faenoris Wucherpest *L*, vis avaritiae veluti tabes wie eine Seuche *S*, fori Prozeßwut *T.*
tābēscō 3. buī (*incoh.* zu tabeo) **1.** schmelzen, zergehen, sich auflösen: umor tabescit calore, tabuerant cerae *O.* **2.** *met.* hinschwinden, -siechen, vergehen, sich abhärmen, sich verzehren: luctibus, curis *O*, morbo, desiderio; ex illo um ihn *O.*
tābidus 3 (tabes, § 74) schmelzend, zergehend: nix *L*; *met.* mens schwindend *O*; *act.* verzehrend, auflösend: vetustas *O*, lues *V*, venenum *T.*
tābi-ficus 3 (tabum, facio, § 66) verzehrend, aufreibend.
tablīnum s. tabulinum.
tābuī *pf.* v. tabesco.
tabula, ae, *f.* **1. Brett, Tafel:** de naufragio; plumbeae *T.* **2. occ. a. Gemälde:** t. (picta); **Votivbild** [mit Darstellung des Unglücksfalles] *HPh.* **b. Gesetztafel:** leges

in duodecim tabulis die Zwölftafelgesetze. **c. Schreibtafel;** s p r i c h w . manum de tabula 'genug davon!' **3.** a l l e s G e s c h r i e b e n e : in castris Helvetiorum tabulae repertae sunt Verzeichnisse, Listen, e tabula pictos ediscere mundos Landkarte *Pr*, tabulas socero dabit Testament *H*, Cicutae Schuldverschreibungen *H*, ad tabulam venire Versteigerungstafel, nuptiales Ehekontrakt *T*, proscriptionis Proskriptionsliste. **occ.** *pl.* **a. Rechnungsbuch, Hauptbuch:** tabulas conficere führen, nomen referre in tabulas einen Schuldposten buchen, novae [mit deren Anlegung die alten Schulden getilgt waren]. **b. Urkunden, Dokumente:** senatūs consultum inclusum in tabulis im Staatsarchiv, cura tabularum publicarum Staatsrechnungswesen *T.* Dav.
tabulārium, ī, *n.* Archiv, Staatsarchiv [am Forum, 78 errichtet].
tabulātiō, ōnis, *f.* Täfelung, Gebälk; *meton.* Stockwerk *Sp.* Zu
tabulātum, ī, *n.* (durch tabulare v. tabula) Bretterboden, Gebälk: aggeris *Cu*; *meton.* Stockwerk; *met.* sequi tabulata von Ast zu Ast aufsteigen *V.*
tab(u)līnum, ī, *n.* (tabula) das T. [Raum des röm. Hauses zwischen Atrium u. Peristyl, diente als Bildergalerie oder Archiv] *Sp.*
tābum, ī, *n.* (vgl. tabeo) **1.** verwesende Feuchtigkeit, Eiter, Jauche *VO*; **2.** *meton.* Krankheitsstoff, ansteckende Krankheit, Pest, Seuche: corpora affecta tabo verseucht *L*, infecit pabula tabo *V.*
Taburnus, ī, *m.* T. [Höhenzug in Kampanien] *V.*
taceō 2. uī, itūrus (got. ꝥahan, ahd. dagēn, § 10 f.) schweigen, still (ruhig, einsam) sein; *trans.* verschweigen.
Tacita, ae, *f.* T. [Göttin des Stillschweigens] *O.*
taciturnitās, ātis, *f.* Schweigsamkeit, Verschwiegenheit; *meton.* das Stillschweigen. Von
taciturnus 3 (tacitus) schweigend, schweigsam, wortkarg; (d i c h t .) still, ruhig.
tacitūrus *pt. fut.* v. taceo.
tacitus 3, *adv.* ē (taceo)

> I. *pass.* **1. verschwiegen;** 2. *occ.* **unerwähnt, unbesprochen;** 3. *met.* **still, heimlich, geheim, unbemerkt.**
>
> II. *act.* **1. schweigend, still;** 2. *met.* **geräuschlos, ruhig, still.**

I. 1. adsensiones. **2.** aliquid tacitum tenere unbesprochen lassen, ferre, pati erreichen, dulden, daß etw.

Tacitus   452   **tango**

unbesprochen bleibt *L*; ne id quidem a Turno tacitum tulit nicht einmal dies erreichte er, daß Turnus dazu schwieg *L*. **3.** cogitationes, inimicitiae, indutiae stillschweigendes Übereinkommen *L*. **II. 1.** tacite rogare, aiebam tacitus im Stillen *H*. **2.** vox leise *O*, nox *O*, provincia; *subst.* per tacitum lautlos, ohne Geräusch *V*.

Tacitus, ī, *m.* P. (?) Cornelius T. [der Geschichtsschreiber, geb. um 55 n. Chr., war 97 cos. suffectus, ca. 112/113 procos.] *Pli.*

tāctiō, ōnis, *f.* (tango) **1.** Berührung *C*. **2.** *meton.* Tastsinn, Gefühl.

I. tāctus *pt. pf. pass.* v. tango.

II. tāctus, ūs, *m.* (tango) **1.** Berührung: adsilientis aquae *O*, mala tactu vipera zu berühren *V*. **2.** *met.* Wirkung, Einfluß: solis, librorum. **3.** *meton.* Gefühl.

taeda, ae, *f.* **1.** Kien, Kienholz. **2.** Kienspan, -fackel: pinea *O*; **occ.** Hochzeitsfackel: taedas parare *O*; *meton.* Hochzeit, Ehe: dignari aliquam taedā *O*, tempora taedae *O*.

taedet, taeduit (taesum est) es schafft Überdruß, Ekel; die Pers. im *acc.*, die Sache im *gen.* oder *inf.*: ich habe Ekel an etw., mir ekelt vor: taedet nos vitae.

taedi-fer 3 (taeda, fero, § 66) fackeltragend: dea *O*.

taedium, ī, *n.* (taedet) Ekel, Überdruß, Widerwille.

taeduit *pf.* v. taedet.

Taenarus, ī, *m. f.* u. **-um,** ī, *n.* T. [Vorgebirge u. St. in Lakonien mit ber. Poseidontempel j. Kap Matapan; eine nahe Höhle galt als Eingang zur Unterwelt]: Taenari sedes = Stätte der Unterwelt *H*; *adi.* **Taenarius** 3 **1.** lakonisch: marita = Helena *O*, columnae aus tänarischem Marmor *Pr*; **2.** unterweltlich, der Unterwelt: porta, vallis *O*; *f.* **Taenaris,** idis *O*; *subst.* Lakonierin (Helena) *O*. **Taenaridēs,** ae, *m.* Lakonier = Hyacinthus *O*.

taeni(-e-)a, ae, *f.* (ταινία) Band, Binde *NV*; **occ.** Papyrusstreifen *Sp*.

taesum est *pf.* v. taedet.

taeter, tra, trum (zu taedet) **1.** häßlich, garstig, abstoßend, ekelhaft: odor, spiritus *H*. **2.** schändlich, abscheulich: tyrannus, supplicium.

tagāx, ācis (tango) diebisch.

Tagēs, ētis u. ae, *m.*, *acc.* ēn T. [etrusk. Gott, der in Knabengestalt vor dem Pflüger **Tarchon** aus einer Erdscholle emporwuchs und die Etrusker die Eingeweideschau lehrte].

tagō *C* = tango.

Tagus, ī, *m.* Tajo [Fl. in Spanien] *LOSp.*

tālāris, e (talus) bis zu den Knöcheln hinabreichend: tunica; *subst.* **tālāria,** ium, *n.* **1.** bis an die Knöchel reichendes Kleid *O*; **2.** Flügelschuhe [des Merkur]; sprichw. talaria videre = an die Flucht denken.

tālārius 3 (talus) Würfel-: ludus.

tālea, ae, *f.* Spitzpfahl; *met.* taleae ferreae Eisenstäbchen.

talentum, ī, *n.*, *gen. pl.* gew. ûm (τάλαντον, §§ 43 u. 91, Abs. 3) Talent [als Gewicht rund 26 kg; auch größte Münzeinheit im Werte von 6000 Drachmen].

tālis, e (vom Pronominalst. *to, vgl. iste, mit ālis gebildet wie qu-ālis vom Relativst.) **1.** derartig, so beschaf

fen, solch, so: si quis est talis, qualis esse omnis oportebat so ... wie; selten mit ac; es folgt ut (qui) mit *coni.*; tali modo, tale nihil, si quid tale. **2. occ. a.** folgend: talia fatur *V*. **b.** so gut, tüchtig, vorzüglich: vir, virtus. **c.** so schlecht: facinus *N*.

tālitrum, ī, *n.* (talus) das Schnippen mit den Fingern *Sp*.

talpa, ae, *m. f.* Maulwurf.

tālus, ī, *m.* (statt *taxlus, § 30, s. taxillus) Knöchel: recto talo stare sich aufrecht halten = Beifall finden *H*; *meton.* Knöchel, Würfel [mit vier bezeichneten Seiten, welche die Zahlen 1, 3, 4, 6 trugen, und zwei runden, unbezeichneten. Man würfelte mit vier Knöcheln; der beste Wurf (Venus) zeigte alle vier möglichen Zahlen, der schlechteste (canis) war Pasch].

tam *adv. acc. f.* (v. Pronominalst. *to wie quam v. quo; vgl. iste) so, so sehr, in dem Maße, Grad, so weit (graduell); bei *adi.*, *adv.*; tam modo soeben erst *C*; selten bei *verb.* u. *subst.*; mit quam, quantus; es folgt ut, qui, nach Negation quin; quam ... tam vor *comp.* u. *sup.* je ... desto; non tam ... quam nicht sowohl ... als vielmehr.

Tamasēnus 3 tamaseisch [der St. Tamasus auf Zypern]: ager *O*.

tam-diū (§§ 67 u. 47) *adv.* so lange; mit quamdiu, quam so lange ... wie, quoad, dum u. a.

tamen (zu tam) doch, dennoch, gleichwohl [verstärkt durch at, sed, verum]; si tamen wenn anders, wenn nur, neque tamen doch nicht.

tamen-étsi (selten) = tametsi.

Tamesis, is u. **-a,** ae *T*, *m.* die Themse.

tam-etsi (§ 67) **1.** obschon, obgleich. **2.** [ohne Nachsatz]: indessen, jedoch: tametsi quae est ista laudatio?

Tamfāna, ae, *f.* T. [germ. Göttin] *T*.

tam-quam u. **tan-quam** (§ 67) *adv.* sowie, als wie, gleichwie, wie; [im Konjunktivsatz]: gleich als ob, gleich wie wenn; bes. tamquam si.

Tanager, grī, *m.* T. [Fl. in Lukanien] *V*.

Tanagra, ae, *f.* T. [Städtchen in Böotien] *L*.

Tanais, idis u. is, *m.* T. [1. der Don. 2. = Iaxartes (Syr-Darja) *Cu*. 3. Fl. in Numidien *S*].

tan-dem (tam + dem, vgl. idem) *adv.* **1.** endlich, zuletzt, doch endlich. **2.** [in Fragesätzen]: endlich, denn eigentlich, in aller Welt.

tangō 3. tetigī, tāctus (St. tag, vgl. gr. τεταγών) **1.** berühren, anrühren: simulacrum, aras *V*. **2. occ. a.** mit etw. **berühren:** virgā virginis ora *O*; corpus aquā benetzen *O*, lucernam mero Wein hineingießen *Pr*, sulfure ovem beräuchern *O*. **b. kosten, essen, trinken:** saporem *O*, cibos bene *H*. **c.** etw. **beginnen:** carminis heroi opus *Pr*. **d. sich vergreifen:** matronam *H*. **e. schlagen:** flagello *H*, fulmine, de caelo tangi vom Blitz getroffen werden. *met.* **3. betreten, erreichen:** civitatem; non tangenda vada nicht zu betreten *H*; **occ. angrenzen:** Rhenum, viam. **4.** (geistig) **rühren, bewegen, Eindruck machen:** religione tactus est in ihm erwachten Bedenken *L*, tangit animum memoria *L*, mentem mortalia tangunt *V*. **5. erwähnen, anführen:** leviter unumquidque. **6. betrügen, prellen:** senem triginta minis (dicht.).

tanquam   453   **Tartarus**   **T**

tan-quam s. tamquam.

Tantalus, ī, *m.* T. [Sohn des Zeus, König in Phrygien; da er seinen Sohn Pelops geschlachtet hat, um die Weisheit der Götter zu versuchen, leidet er in der Unterwelt Hunger und Durst]. *Patr.* **Tantalidēs,** ae, *m.* Nachkomme des Tantalus [Pelops, Atreus, Thyestes, Agamemnon, Orestes]; *f.* **Tantalis,** idis Niobe, Hermione, Helena u. a. *O. Adi.* **Tantaleus** 3 *Pr.*

tantillum, ī, *n.* (*dem.* v. tantulus) so wenig *C*; tantillo um ein bißchen *C*.

tantis-per (tantus + per, vgl. § 47) *adv.* **1.** so lange Zeit hindurch, solange: t. dum. **2.** (*abs.*) unterdessen, einstweilen.

tant-opere (§§ 67 u. 53) *adv.* in dem Maße, so sehr. NB: ältere Form getrennt: tantō opere.

tantulus 3 (*dem.* v. tantus) so klein, so gering, so wenig; **tantulum,** ī, *n.* so wenig, eine solche Kleinigkeit.

tantum, tantummodo s. tantum C. I. 2.

tantun-dem [Nbf.] s. tantusdem.

tantus 3 (v. tam wie quantus v. quam)

> 1. solch, so groß; 2. *occ. a.* so viel; *b.* so klein.

1. facinus; tot tantique; mit folg. quantus, qui, ut.
2. a. indutiae tanti temporis *L.* **b.** vectigalia tanta sunt, ut iis vix contenti esse possimus. *subst.*
tantum, (ī), *n.*

> *A.* eine solche Menge, Masse, so vieles, so viel; *B. occ.* nur so viel, so wenig, eine solche Kleinigkeit; *C.* adv. gebrauchte Kasus.

A. tantum abest, ut . . . ut . . . es fehlt so viel, daß . ., daß vielmehr; s. absum; tantum itineris contendere eine so große Wegstrecke, tantum temporis so lange Zeit *L*; **in tantum so weit, so sehr:** in t. spe tollat avos *V.*
B. praesidii tantum est, ut ne murus quidem cingi possit; tantum est nichts weiter, das ist alles *C.*
C. I. *acc.* **tantum**

> 1. so viel, so sehr, so weit; 2. (einschränkend) **nur so viel, nur so weit, nur, bloß.**

1. t. eius auctoritate motus est *N*, bis t. patet Tartarus zweimal so weit *V.* **2.** t. respondeo, quod ipse vidi; nunc t. id dicam; vbd. (§ 67) **tantum-modo eben nur, nur, bloß, allein, lediglich:** velis t. du brauchst nur zu wollen *H.* Vbdn. **a. tantum non** 'nur nicht' = **fast schon, beinahe:** t. non ad portam bellum est *L.* **b. tantum quod** nur weil. **c.** non tantum . . . sed etiam nicht nur . . . sondern auch.
II. *gen. pretii* **tantī**

> 1. so wertvoll, so teuer; 2. so viel, so hoch, so teuer.

1. t. esse; *met.* t. est es steht dafür, steht so hoch, gilt so viel: est mihi tanti huius invidiae tempestatem subire es lohnt sich die Mühe. **2.** [bei Wörtern des Schät-

zens, Kaufens, Verkaufens]: quanti quisque se ipse facit (schätzt), tanti fiat (möge er geschätzt werden) ab amicis.
III. *abl. mensurae* **tantō um so, um so viel, desto.** Beim *comp.* quanto erat gravior oppugnatio, t. crebriores nuntii mittebantur; t. melior (*sc.* es) ich bin dir umsomehr verbunden, danke sehr! *Ph*; t. ante um so viel früher, so lange vorher, t. post so lange nachher.

tantus-dem 3 (tantus + dem, vgl. idem) ebensogroß; *n. subst.* ebensoviel: tantundem agger in latitudinem patebat ebensoweit; tantundem itineris ein gleich großes Stück; *gen. pretii* tantidem.
NB: *n.* auch **tantun-dem.**

*****tapēs,** ētis, *m.* (τάπης) T e p p i c h ; nur *acc. pl.* tapetas *V*, *abl.* tapetibus *VLO* u. tapetīs *V.*

Tāprobanē, ēs, *f.* T. [die Insel Sri Lanka = Ceylon] *O.*

Tapūrī, ōrum, *m.* die T. [Volk südl. vom Kaspisee] *Cu.*

Tarbellī, ōrum, *m.* die T. [aquitanisches Volk von den Pyrenäen bis zum Adour]; *adi.* Tarbellus 3 *Ti.*

tardi-pēs, pedis (tardus, pes, § 66) lahm, hinkend *Ca.*

tarditās, ātis, *f.* (tardus) Langsamkeit, langsames Wesen: veneni langsame Wirkung *T*; *met.* geistige Trägheit, Stumpfsinn.

tardō 1. **1.** *trans.* verzögern, aufhalten, hemmen, zurückhalten. **2.** *intr.* zögern.   Von

tardus 3, *adv.* **ē 1. langsam, säumig, saumselig:** tarde credere langsam, endlich *O*, vulnere gehemmt durch *V*; ad iniuriam, in cogitando; *subst.* tardi gemächlich Reisende *H*; nox säumig, die nicht vergehen will *VO*, sapor nachhaltig *V.* **2. hemmend, lähmend:** senectus, podagra *H*, tarda et contraria Hemmnisse und Widerwärtigkeiten *T*, fores sich nur widerwillig öffnend *Pr. met.* **3. träge, stumpfsinnig:** mentes; [von der Rede]: **bedächtig, gemessen:** stilus, pronuntiatio *Q.* **4. spät, spät eintretend:** tardissime venire, necessitas leti *H.*

Tarentum, ī, *n.* T a r a n t o [Handelsst. in Calabria (j. Apulien)]; *adi.* u. Einw. Tarentīnus.

tarmes, itis, *m.* Holzwurm *C.*

Tarpēius 3: mons (rupes, saxum *L*) der tarpeische Berg (Felsen) [der sö. steile Abfall des Kapitols, von dem man u. a. Hochverräter herabstürzte]; *synecd.* arx *VO*, sedes *V* Kapitol.

Tarquiniī, ōrum, *m.* Tarquinia [St. in Etrurien, Heimat des gleichnamigen urspr. etruskischen Königsgeschlechts in Rom]; *adi.* Tarquinius 3 u. Tarquiniēnsis, e (auch Einw.); *subst.* **Tarquinius,** L. T. Priscus, L. T. Superbus [röm. Könige etruskischer Herkunft].

Tarracīna, ae u. **-ae,** ārum, *f.* T e r r a c i n a [St. in Latium, vorher Anxur], gr. Name **Trāchās,** antis, *f. O*; *adi.* u. Einw. Tarracīnēnsis.

Tarracō, ōnis, *f.* T a r r a g o n a [St. nördl. der Ebromündung]; *adi.* u. Einw. Tarracōnēnsis.

Tarsos, ī, *f.* T. [Hauptst. v. Kilikien] *Cu*; Einw. Tarsēnsēs.

I. Tartarus, ī, *m.* u. **-a,** ōrum, *n.* T. [Bestrafungsort in der Unterwelt]; *synecd.* Unterwelt; *adi.* Tartareus 3 unterweltlich, höllisch: custos = Cerberus *V*, sorores = Furien *V*; vox höllisch, grausig *V*, specus schrecklich *Ph.*

Tartarus   454   **tellus**

II. Tartarus, ī, *m.* Tartaro [Fl. zwischen Po u. Etsch] *T.*

Tartēssius 3 von Tartēssus [St. an der Mündung des Baetis]: litora die Küste des Weltmeeres *O*; *subst. m.* T. iste dein Freund aus Tartessus.

Tarusātēs, ium, *m.* die T. [kelt. Volk in Aquitanien].

Tatius, Titus T. [König der Sabiner]; als *adi. Pr.*

Taulantiī, ōrum, *m.* die T. [illyrisches Volk um Durrës] *L.*

Taunus, ī, *m.* das Taunusgebirge *T.*

taureus 3 (taurus) Rinds-: terga Rindshäute *V*, **occ.** Handpauke *O.*

Taurī, ōrum, *m.* die T. [skythisches Volk in der Krim]; *adi.* Tauricus 3 taurisch: terra = Krim *O*, sacra *O.*

tauri-fōrmis, e (taurus, forma, § 66) stierähnlich, stiergestaltig: Aufidus [als Flußgott mit einem Stierkopf dargestellt] *H.*

Tauriī ludi [Fest in Rom zu Ehren der chthonischen Götter] *L.*

Taurīnī, ōrum, *m.* die T. [ligurisches Volk am oberen Po mit der St. Augusta Taurinorum *T*, j. Torino] *L*; *adi.* Taurīnus 3.

taurīnus 3 (taurus, § 75) Stier-: frons stierähnlich *O*, tergum *V*, folles aus Stierleder *V*, voltus gehörnt *V.*

Tauromenium (-menum *O*), ī, *n.* Taormina [St. nö. vom Ätna]; *adi.* u. Einw. Tauromenitānus.

Tauropolos, *f.*, *acc.* on (ταυροπόλος) die 'Stiertummelnde' [Beiname der Diana in Amphipolis] *L.*

taurus, ī, *m.* (ταῦρος) Stier; *met.* **1.** Phalaridis [der eherne Stier, in dem Ph. Verurteilte verbrennen ließ]; **2.** Stier [als Sternbild] *V.*

Taurus, ī, *m.* der T. [südl. Randgebirge Kleinasiens]; Tauri pylae [Paß zwischen Kappadokien und Kilikien].

taxātiō, ōnis, *f.* (taxo) Schätzung *Sp.*

taxillus, ī, *m.* (*dem.* v. talus) kleiner Würfel, Klotz.

taxō 1. (*frequ.* v. tago = tango) schätzen *Sp.*

taxus, ī, *f.* Eibe, Eibenbaum [mit giftigen Beeren].

Tāygetē, ēs, *f.* T. [Tochter des Atlas, Plejade] *VO.*

Tāygetus, ī, *m.* u. **-a,** ōrum, *n. V* T. [Grenzgebirge zwischen Lakonien und Messenien].

-te [enklitische Verstärkungssilbe (§ 47) nach tu]: tute.

Teānum, ī, *n.* **1.** T. Sidicinum Teano [St. in Kampanien]. **2.** T. Apulum [St. in Apulien]; [beide auch nur Teanum genannt]. Einw. zu **2.** Teānēnsēs *L.*

tech(i)na (§ 37), ae, *f.* (τέχνη) Schelmenstreich *C.*

Tēcta via 'Säulenhallenstraße' [vor der porta Capena] *O.*

tēctor, ōris, *m.* (tego) Stuckarbeiter, Wandmaler.   Dav.

tēctōrius 3 zum Dachdecken: paniculus *C*; *subst.* **tēctōrium** u. *dem.* **-iolum,** ī, *n.* Stuckarbeit, Wandmalerei.

Tectosagēs, um u. **-ī,** ōrum, *m. L* die T. [kelt. Volk in der Provence, zum Teil nach Galatien ausgewandert].

tēctum, ī, *n.* (tego) **1.** Dach; **occ.** Zimmerdecke: summum *H.* **2.** *synecd.* Obdach, Haus, Wohnung, Aufenthalt: ferarum Lager *V*, Triviae Tempel *V.*

I. tēctus *pt. pf. pass.* v. tego.

II. tēctus 3, *adv.* **ē** (tego) **1.** gedeckt, bedacht: scaphae, naves *L* mit Verdeck. *met.* **2.** verdeckt, versteckt,

geheim, heimlich: cupiditas. **3.** zurückhaltend, vorsichtig: ad alienos, tecte declinare impetum.

tēd s. tu.

Tegea, ae, *f.* T. [St. in Arkadien] *L*; *adi.* Tegeaeus 3 arkadisch: virgo = Kallisto *O*, parens, sacerdos = Carmenta *O*; *subst.* Tegeaea, ae, *f.* die Tegeatin = Atalanta.

teges, etis, *f.* (tego) Decke, Matte *Sp.*

tegimen u. **tegumen** (§ 41), synk. (§ 42) **tegmen,** inis, *n.* (tego) **1.** Bedeckung, Decke, Hülle, Gewand: detrahere tegimen capiti Helm *T*, leonis Fell *V*, aëneum Panzer *V*, caeli Himmelsgewölbe, fagi Laubdach *V.* **2. occ.** Schutz, Schirm: exercitūs *L.*

tegimentum u. **tegumentum** (§ 41) [oder] **tegmentum** (§ 44), ī, *n.* (tego) Bedeckung, Decke: scutis tegimenta detrudere Überzüge; **occ.** corporis Schutz *L.*

tegmen s. tegimen; **tegmentum** s. tegimentum.

tegō 3. tēxī, tēctus **1.** decken, bedecken: casas stramentis; lumina somno schließen *V.* *met.* **2.** verdekken, verhüllen, verbergen, verstecken: insignia, nebula texerat inceptum *L*; dedecora dissimulatione; commissa bewahren *H.* **3.** decken, schützen, verteidigen: miles muro tectus, latus; eum tegebat turba umringte, begleitete ihn *V*, senectutem tueri et tegere; portus ab Africo tegebatur vor.
E: ai. sthágati 'verhüllt', gr. στέγω 'decken', στέγη, τέγη 'Dach, Haus', ahd. decchen 'decken'.   Dav.

tēgula, ae, *f.* Dachziegel; *pl.* Dach.

tegumen s. tegimen; **tegumentum** s. tegimentum.

tegus (viell. zu tego) *C* = tergus.

Tēïus s. Teos.

tēla, ae, *f.* (statt *tex-la von texo, § 30, Abs. 2) **1.** Gewebe: antiquae die alte Webekunst *O*; *met.* tela texitur ein Anschlag wird angezettelt *L.* **2.** *synecd.* Aufzug des Gewebes, Kette: stantes *O*, licia telae addere den Einschlag in den Aufzug weben, ein neues Gewebe beginnen *V.* **3.** *meton.* Webstuhl: barbarica *O.*

Telamō(n), ōnis, *m.* T. [Vater des großen Ajax und des Teucer, Sohn des Äakus, Bruder des Peleus]; *adi.* Telamōnius 3; *patr.* Telamōniadēs, ae, *m. O.*

Telchīnēs, um, *m.* die T. [böse, aber kunstfertige Dämonen auf Rhodos] *O.*

Tēleboae, ārum, *m.* die T. [Volk in Akarnanien, von dem Capri kolonisiert sein soll] *VT.*

Tēlegonus, ī, *m.* T. [Sohn des Odysseus und der Kirke, suchte seinen Vater in Ithaka auf und tötete ihn, ohne ihn zu erkennen. Auf seiner Heimfahrt soll er Tusculum erbaut haben]: Telegoni moenia *O*, iuga *H* = Tusculum; appellativ: Telegoni [von den Liebesgedichten Ovids, da sie ihm Unheil brachten] *O.*

Tēlemachus, ī, *m.* T. [Sohn des Odysseus] *HO.*

Tēlephus, ī, *m.* T. [Mysierkönig, von Achilles verwundet, aber mit dem Rost seines Speeres wieder geheilt] *HO.*

Telesia, ae, *f.* T. [St. in Samnium] *L.*

Tellēna, ōrum, *n.* T. [Städtchen in Latium] *L.*

tellūs, ūris, *f.* **1.** Erde: pendebat in aëre tellus *O.* **2.** person. T. [Erdgöttin]: aedes Telluris *L.* **3. occ. a.** Boden, Fußboden: umida musco, adoperta marmore *O.* **b.** Erdboden, Erdreich: immunis, dura *O.*

Telmessus   455   **tempestivus**

c. Landschaft, Land: Gnosia *V*; *meton.* Volk: Iubae = Numidien *H*, Pontica *O*. **d. Grundstück, Besitz:** propria *H*.
E: vgl. ai. talam 'Fläche', ahd. dili 'Brett, Diele'.

Telmessus, ī, *f.* T. [Hafenst. in Lykien]; Einw. **Telmēssēs**, ium, *m. L; adi.* **Telmēssi(c)us** 3 *L.*

tēlum, ī, *n.* **1.** Fernwaffe, Wurfwaffe, Geschoß: arma, tela Waffen und Geschosse *S*; occ. Blitz *O*. **2.** *synecd.* Waffe: stare in comitio cum telo Dolch, tricuspis Dreizack *O*, relicto in vulnere telo Beil *L*, Entellus corpore tela exit weicht den Hieben des caestus mit Körperbewegungen aus *V*, frontis pars altera caret telo Horn *O*. **3.** *met.* Waffe, Antrieb: coniurationis, ad res gerendas, necessitas ultimum telum *L.*

Temenītēs, ae, *m.* (v. τέμενος) T. [Beiname des Apollo, 'im Hain verehrt']; *f.* **Temenītis**, idis: porta Temenitis-Tor ['Haintor' in Tarent] *L.*

temerārius 3 **1.** unbedacht, unüberlegt. **2.** verwegen, waghalsig.   Von

temere *adv.* blindlings, auf gut Glück, aufs Geratewohl, unüberlegt, zufällig: t. credere *S*, t. insecutae silvae *H* ohne weiteres; emisso t. pilo *L*, argentum t. per vias obiectum unordentlich *L*, t. iacēre natürlich, ungezwungen, nachlässig. Mit Negation: nullus dies t. intercessit verging nicht leicht *N*, non t. nicht so ohne weiteres *H*, haud t. esse es sei nicht von ungefähr, habe etw. zu bedeuten *L*, haud t. est visum *V*.
E: *locat.* v. **temos, eris, n.* Dunkel, 'im Finstern'; vgl. ai. támas, *n.* 'Dunkelheit'.   Dav.

temeritās, ātis, *f.* **1.** Zufall, das Geratewohl: nulla temeritas, sed ordo. **2.** Unbesonnenheit, Unbedachtsamkeit, Verwegenheit: militum.

temerō 1. **1.** verletzen, entweihen: lucos ferro, sacraria probro *O*, castra [durch Aufruhr] *T*; fluvios venenis vergiften *O*. **2.** entehren, schänden *T*. **3.** *met.* beflecken, verletzen: corpora nefandis dapibus [durch Fleischessen] *O*, legationis ius *T*.
E: zu temere; urspr. religiöser *t. t.* 'sich unvorsichtig den heiligen Dingen nähern'.

Temesē, ēs u. (synk., § 42, **Temsa*) **Tempsa**, ae, *f.* T. [St. in Bruttium mit Erzgruben] *LO; adi.* **Temesaeus** *O* u. **Tempsānus** 3.

tēmētum, ī, *n.* (vgl. abstemius) berauschendes Getränk, Wein, Met *H.*

temnō, ere verachten, verschmähen *VH*; non (haud) temnendus nicht zu verachtend *VT.*

Tēmniī, ōrum, *m.* die T. [Einw. v. Tēmnos in Äolien] *T.*

tēmō, ōnis, *m.* Wagendeichsel *VO*; occ. (aratri) Pflugbaum *V*; 'Wagen', Siebengestirn.

Tempē, *n. pl.* (τὰ Τέμπη) das Tempe-Tal [landschaftlich schönes Durchbruchstal des Peneios zwischen Ossa und Olymp] *VHLO*; dicht. Tal: frigida kühl *V.*

temperāmentum, ī, *n.* (tempero) **1.** Mischung *Sp*. **2.** Maß: meditatum erkünstelte Mäßigung *T*, principatūs das rechte Wesen *T.*

temperāns, antis, *adv.* **anter** (tempero) sich mäßigend, mäßig, maßvoll, enthaltsam.   Dav.

temperantia, ae, *f.* Mäßigung, das Maßhalten.

temperātiō, ōnis, *f.* (tempero) das rechte Maß, die rechte Beschaffenheit: caeli gemäßigtes Klima; occ. ae-

ris richtige Mischung; *met.* civitatis zweckmäßige Einrichtung; mundi Lenkerin, ordnende Kraft.

temperātor, ōris, *m.* (tempero) Ordner.

temperātūra, ae, *f.* (tempero) richtige Mischung *Sp.*

temperātus 3, *adv.* **ē** (tempero) **1.** mild, warm: loca. *met.* **2.** gemäßigt: varietas sonorum auf das rechte Maß gebracht. **3.** mäßig, maßvoll, besonnen: vir, oratio gesetzt, ruhig, mens t. a laetitia sich zurückhaltend *H.*

temperī, temperius s. tempus.

temperiēs, ēī, *f.* rechte Mischung, milde Wärme, Milde.   Von

temperō 1. (tempus)

    I. *trans.* **1. warm, lau machen;** *occ. a.* **kühlen;** *b.* **temperieren, lauwarm machen;** *met.* **2. in das gehörige Maß bringen, richtig mischen; 3. richtig leiten, lenken, regieren; 4. lindern, mildern, sänftigen;**
    II. *intr.* **Maß halten, sich mäßigen, sich zurückhalten;** *occ.* **verschonen.**

    I. 1. aquam ignibus *H*, mare *H*. occ. **a.** nimios calores, arentia arva *V*. **b.** pocula (in der entsprechenden Mischung) füllen *H*; herbas Umschläge mit Kräutern machen *O*. **2.** aliquid ex dissimilibus zusammensetzen, acuta cum gravibus. **3.** ratem steuern *O*, homines a Platone moderati et temperati, res hominum ac deorum *H*, Gallica ora frenis zügeln *H*, senem delirum gängeln *H*; Musam das Lied einrichten *H*, testudinis strepitum *H*. **4.** aequor beruhigen *V*, iras *V*, amara risu *H*; victoriam den Sieg maßvoll ausnützen. **II.** in potestatibus *S*; mit *dat.* oculis seine Augen beherrschen *LCu*, laetitiae, irae *L*, sermonibus, risui *T* sich mäßigen in; mit *abl.* manibus, risu sich enthalten von *L*; mit ab: ab iniuria, a lacrimis *L*; dicht. und spät mit *inf.* sich enthalten *T*. occ. mit *dat.* templis *L*; ab his sacris *L.*

tempestās, ātis, *f.* (vgl. tempus)

    I. 1. Zeitpunkt, Zeit; 2. *occ.* **Zeitabschnitt.**
    II. 1. Witterung, Wetter; 2. *occ.* **Ungewitter, Sturm;** *met.* **3. Ansturm, Andrang, Sturm; 4. stürmische Zeit, Unruhe, Gefahr; 5.** *meton.* **Verderber, Verwüster, Vernichter.**

    I. 1. ea, illa, qua tempestate. **2.** multis ante tempestatibus viele Jahre vorher *L*, in paucis tempestatibus in wenigen Jahren *S*. **II. 1.** perfrigida, clara *V*, horrida *H*. **2.** t. naves afflixit, foeda t. cum grandine caelo deiecta *L*; person. Tempestates Sturmgöttinnen *H*. **3.** invidiae, periculi, telorum *V*. **4.** turbulentissima, Punici belli *L*. **5.** macelli Fresser *H.*

tempestīvitās, ātis, *f.* rechte Zeit, passendes Wesen.   Von

tempestīvus 3, *adv.* **ē** (durch **tempestus* von tempus) **1.** rechtzeitig, zeitgemäß, geeignet, passend, schicklich: hora *O*, tempestive demetere fructus, tempora *L*, ludus *H* passend, parum tempestivus ungelegen *T*; ad mortem tempestiva passende Gelegenheiten. occ. **2.** frühzeitig, (vor)zeitig: convivium früh beginnend = üppig, schwelgerisch. **3.** zeitig, reif: fructūs; mit *dat.* viro *H*, caelo *O.*

templum 456 **tendo**

templum, ī, *n.* **1.** Beobachtungsraum: ad inaugurandum *L. meton.* **2.** geweihter, heiliger Raum, Weihestätte: consilii publici; templum tribuni occupant *L,* Perseus de templo descendit *L* Tribüne, inviolatum Asyl *L,* coniugis Grabmal *V,* alta Grotte *V,* Acherunsia templa Orci die Räume der Unterwelt *Ennius.* **3. occ. Heiligtum, Tempel:** Iovis; templa ac delubra Tempel und Heiligtümer.
E: unsicher; 'ein vom Augur abgegrenzter Beobachtungsbezirk'.
temporālis, e (tempus) zeitlich, vorübergehend *Sp.*
temporārius 3 (tempus) **1.** zeitgemäß: liberalitas *N.* **2.** kurze Zeit dauernd: gravitas hominis vorübergehend, kraftlos *Pli,* ingenia wankelmütig *Cu.*
Tempsa, Tempsānus s. Temese.
temptābundus 3 (tempto) umhertastend *L.*
temptāmen, inis *O* u. **-mentum**, ī, *n.* (tempto) **1.** Probe, Versuch: mortalia Heilversuche *O,* bellorum civilium 'Vorspiel' *T.* **2.** Versuchung: fidē (*gen.*) *O.*
temptātiō, ōnis, *f.* (tempto) **1.** Krankheitsanfall. **2.** Probe *L.*
temptātor, ōris, *m.* Angreifer, Versucher *H.* Von
temptō 1.

I. **1. angreifen, betasten, befühlen, berühren;** 2. *met.* **angreifen, zu erobern suchen;** *occ.* (von Krankheiten) **angreifen, ergreifen, befallen.**
II. **1. versuchen;** 2. *occ.* **in Versuchung führen, auffordern, reizen, beunruhigen.**

I. **1.** pollice venas den Puls fühlen *O,* ficum rostro hineinhacken *O.* **2.** moenia oppidi, Achaiam, nationes bello; bildl. a multis temptatus angeklagt *N.* **occ.** morbo temptari, oves temptat scabies *V;* pedes unsicher machen *V.* II. **1.** rem frustra, fortunam, oppugnationem *L,* militiae munia sich versuchen in *T;* verba auszusprechen versuchen *O,* Thetim ratibus zu befahren versuchen *V;* caelestia streben *V,* spem *L,* auxilium *V* versuchen, ob... vorhanden ist; mit *inf.,* indir. Fr.; *subst.* temptatum a tribuno der vom T. gemachte Versuch *L.* **2.** eius abstinentiam *N,* animos civitatum zu gewinnen suchen, rem p. beunruhigen, Iunonem zu verführen suchen *Ti;* mit ut *LT.*
tempus, temporis, *n.*

I. **Schläfe;** *meton.* **Haupt.**
II. **1. Zeit, Zeitraum, Zeitpunkt;** *occ.* **2. passende, rechte, günstige Zeit, Gelegenheit; 3. schwere Zeit, Unglück, Gefahr, traurige Lage; 4.** *meton.* **Umstände, Zeitumstände, Verhältnisse.**

I. laevum *O;* meist *pl.;* *meton.* tempora vincire coronā *H.* II. **1.** anni, diei; **occ.** certa Z e i t - m a ß , Q u a n t i t ä t *H;* ad hoc tempus bis jetzt, in t. für eine Zeitlang, in t. praesens für jetzt, in omne t. für immer, post t. venire zu spät *C.* **2.** rei gerendae; tempore dato bei günstiger Gelegenheit, tempus est es ist an der Zeit, zu; mit *inf., acc. c. inf.,* ut. Bes. **suo tempore, ad tempus, tempore** *Ph* z u r r e c h t e n Z e i t = *locat.* **tempori** oder **temperi;** *comp.* '

temperius zeitiger. **3.** hoc in tempore *N,* miserum, tempora rei p., amicorum Bedrängnisse, neque poëtae tempori meo defuerunt meinem Unglück [der Verbannung]. **4.** homo haud sane temporum durchaus nicht Herr der Sachlage *Cu,* temporibus servire sich fügen in, pro, ex tempore nach den Umständen, tempori cedere sich nach den Umständen richten, in tali tempore *L;* ex tempore dicere unvorbereitet, aus dem Stegreif.
Tempȳra, ōrum, *n.* T. [St. in Thrakien] *LO.*
tēmulentia, ae, *f.* Trunkenheit *Sp.* Von
tēm-ulentus 3 (vgl. abstemius) trunken, berauscht.
tenācitās, ātis, *f.* das Festhalten: unguium festhaltende Krallen; **occ.** Geiz, Kargheit *L.* Von
tenāx, ācis, *adv.* iter (teneo) **1.** festhaltend, haftfähig: vincla *VO,* complexus fest *O,* navis nicht schwankend *L,* dens tenax ancorae *V,* cerae klebrig *V,* gramen dicht *H,* loca tenacia caeno aufhaltend *T.* **2. occ.** (Geld) zusammenhaltend, geizig, kargend: quaesiti tenax *O.* **3.** *met.* festhaltend, beharrlich, fest: tenaciter urgere *O,* passus fest *O,* fortuna *O;* mit *gen.* disciplinae suae der daran festhält *Cu,* propositi *H;* **occ.** fata, ira *O* andauernd, equus störrisch *L,* morbus langwierig *Sp.*
Tencterī, ōrum u. ûm, *m.* die T. [germ. Volk am Niederrhein].
Tendēba, ōrum, *n.* T. [St. in Karien] *L.*
tendō 3. tetendī, tentus, seltener tēnsus (§ 36, ai. tanóti 'dehnt, spannt', gr. τείνω, got. þanjan, ahd. denen)

I. *trans.* u. *intr.* **1. spannen, straff anziehen; 2. ausspannen, ausdehnen;** *occ.* *a.* (durch Ausspannen) **errichten, aufschlagen;** *abs.* (in Zelten) **lagern, kampieren;** *b.* **ausstrecken;** *c.* darreichen, hinhalten, geben; *d.* irgendwohin **richten, lenken, zielen;** *abs.* wohin **segeln, ziehen, marschieren, gehen, sich begeben, den Weg ... nehmen;** *met.* **sich hinziehen, sich erstrecken.**
II. *intr.* **1.** nach etw. **zielen, streben, trachten;** *occ.* *a.* **sich** einer Sache **zuneigen, sich hingezogen fühlen;** *b.* jemd. **entgegenstreben, Gegenwehr leisten; 2. sich anstrengen, streiten, kämpfen;** *met.* **sich bemühen, bestreben.**

I. **1.** arcum (in aliquem), vincula *O,* retro habenas *O,* barbiton die (Saiten der) Laute stimmen *H;* retia cervis *O,* plagas, rara retia *H* spannen, stellen; bildl. docto retia mihi spannen, stellen *Pr,* alicui insidias (dolos *Ph*) Nachstellungen bereiten; sermone noctem kürzen *H.* **2.** ramos ausbreiten, vela schwellen, ilia tendunt atmen schwer *V,* tentus omaso vollgefressen *H.* **a.** praetorium, tabernaculum; cubilia *H;* *abs.* sub vallo, in castris isdem, in angusto *L,* Lugduni im Quartier von L. liegen *T.* **b.** manus (palmas, membra) ad caelum (ad sidera); super aequora, in undas *O;* mit *dat.* bracchia Argo nach dem Argus *O,* caelo palmas *V.* **c.** patri Iulum *V,* munera *V;* bildl. opem amicis. **d.** oculos *V,* lumina ad caelum *V;* iter ad dominum *O,* ad naves *V* gegen...hin nehmen, cursum *L,* fugam den Weg zur

tenebrae   457   **teneo** **T**

Flucht nehmen *V*; *abs.* in Latium segeln *V*, noctes tendunt in lucem drängen dem Tag zu *O*, quo tendis? wohin gehst du? *H*, in hostem auf...losgehen *V*; mit *acc.* haec limina nach...hin *V*. *M e t.* via tendit sub moenia *V*, quercus radice in Tartara *V*, Tartarus sub umbras *V*. **II. 1.** ad sua quisque consilia tendit *L*, ad alienam opem *L* nimmt seine Zuflucht zu, quo tendis? was willst du erreichen? *V*, quorsum haec tendunt? worauf zielt das? *H*. **a.** ad eloquium *O*, ad Carthaginienses, ad societatem R. *L*. **b.** contra Gegenwehr leisten *LT*, adversus tendendo durch Gegenvorstellungen *L*. **2.** vasto certamine *V*, summa vi *S*; aliquid summa vi verfechten *L*. *M e t.* haud sane tetenderunt waren eben nicht sehr eifrig *L*, acrius *T*; idem *Cu*; mit ut, *inf.*; hoc regnum gentibus esse dea tendit bemüht sich, daß *V*.

tenebrae, ārum, *f*. (*temebrae, § 38, 1, für *temesrae, § 34, zu *temus, -eris, vgl. temere u. ai. támisrā 'Finsternis')

> 1. **Finsternis, Dunkelheit, Dunkel;** 2. *occ.* *a*. **Nacht(dunkel);** *b*. **Blindheit;** *c*. **Dunkel** (der Ohnmacht); 3. *meton.* **finsterer, dunkler Ort;** *met.* 4. **Dunkelheit = Unbekanntheit, Niedrigkeit, Verborgenheit;** 5. **Undeutlichkeit, Unklarheit;** 6. **trübe Lage, Wirrnis.**

1. tenebris nigrescunt omnia circum *V*. **2. a.** redii luce, non tenebris. **b.** tenebras obicere *O*. **c.** tenebris obortis semianimis procubuit *O*. **3.** scalarum finsterer Winkel unter der Stiege, ex tenebris erumpere Schlupfwinkel, in tenebras abripere ins Gefängnis. **4.** familiam ex tenebris in lucem evocare zu Ansehen bringen, iacerent in tenebris omnia wäre unbekannt. **5.** erroris et inscientiae, alicui tenebras obducere jemd. verdunkeln *Q*, tenebras dispulit calumniae 'Nebel' *Ph*. **6.** si quid tenebrarum obfudit exsilium.

tenebricōsus 3 voll Dunkelheit: iter *Ca*.   Von
tenebricus (d i c h t.) u. **tenebrōsus** 3 (tenebrae) finster, dunkel.

Tenedus, ī, *f*. T. [Insel an der Küste der Troas]; *adi.* securis Tenedia = äußerste Strenge [nach dem König **Tennēs,** *acc.* ēn]; Einw. Tenediī.

teneō 2. tenuī, (tentus) (zu tendo) 'halten'

> I. 1. **halten, festhalten, ergriffen haben;** 2. *occ.* *a*. (umschlungen) **halten;** *b*. (wohin gerichtet) **halten,** wohin **richten;** mit p r o l e p t. O b j. (den Lauf oder Weg) **nehmen, einschlagen;** *c*. **steuern, fahren;** *d*. (einen Ort) **erreichen,** wohin **gelangen;** b i l d l. etw. **erlangen;** 3. *met.* **erfaßt haben, begreifen, verstehen.**
>
> II. 1. **besitzen, innehaben, beherrschen;** 2. *occ.* *a*. **bewohnen;** *b*. **besetzt halten;** *c*. **befehligen;** *d*. (eine geliebte Person) **besitzen;** 3. *synecd.* etw. **umfassen, enthalten;** *met.* 4. **einnehmen, erfüllen;** 5. (von Affekten) **erfüllen, beherrschen, einnehmen.**
>
> III. 1. **erhalten, bewahren;** 2. *met.* an etw. **festhalten,** etw. **einhalten, beobachten,** davon **nicht abweichen;** 3. *intr.* **sich erhalten, dauern, währen.**

> IV. 1. **zurück-, abhalten;** 2. *occ.* **eingesperrt halten;** 3. *met.* (Affekte) **zurückhalten, bezähmen.**
>
> V. 1. **festhalten;** *occ.* *a*. (einen Ort) **behaupten;** *b*. (einen einer Tat Überführten) **fassen, festhalten;** *met.* 2. **fesseln = ergötzen;** 3. **fesseln = verpflichten, binden;** 4. (Recht, Ansicht) **behaupten = durchsetzen, erreichen.**

I. 1. aram *N*, sceptra manu *O*, cibum ore *Ph*, canes an der Leine *O*, cervum packen *V*; b i l d l. rem manibus. **2. a.** colla (umeros) lacertis *O*. **b.** manus a pectore weghalten *O*, oculos immotos in aliquem unbeweglich gerichtet halten *O*, lumina fixa in vultu (solo *V*) *O*, ora defixa zu Boden gerichtet halten *V*; mit p r o l e p t. O b j. iter *V*, cursum vento *V*, cursūs sein Ziel im Auge behalten *V*, iter mediae urbis *V*, fugam per medios hostes *V* sich mitten durch... bahnen; ventus adversum tenet Athenis proficiscentibus weht den von Athen Abreisenden entgegen *N*. **c.** ab Sicilia ad Laurentem agrum *L*, propiora näher hinsteuern *V*; inter utrumque tene fahre hin, halte dich *O*. **d.** Ciconum populos, Hesperium fretum *O*, arva *V*; Linternum tenetur man erreicht *O*; b i l d l. virtute regnum *L*. **3.** nunc teneo, nunc scio *C*, reconditos eius sensūs; mit indir. Fr.

II. 1. principatum eloquentiae *N*, summam imperii (imperium) den Oberbefehl führen, provinciam liberam a praedonibus; b i l d l. Daedalon beherbergen *O*, rem p. die Macht im Staat haben, prima den ersten Platz einnehmen *V*, tuta in Sicherheit sein *V*. [Von Herrschern]: urbem *N*, terras dicione *V*. **2. a.** eas regiones *N*, montium iuga *Cu*, gurgitis ima *V*; silvas hausen in *O*, vallemque boves amnemque tenebant erfüllten das Tal und die Ufer des Flusses *V*. **b.** locum praesidio, litora, insulam, montem. **c.** alterum cornu, exercitum pedestrem *N*. **d.** dum me Galatea tenebat *V*; teneo te ich habe dich wieder [vom Wiedersehen einer geliebten Person] *O*. **3.** haec formula reges tenet *H*; quod tenetur hominum societate. **4.** primam aciem viginti cohortes tenebant standen in der ersten Schlachtreihe, turba tenet atria *O*, latus tenet D milia passuum, castra summum iugum tenebant, rostrum os tenet nimmt die Stelle des Mundes ein *O*. **5.** desiderio teneri, magna me spes tenet, consulem cupiditas dimicandi *L*, hominem libido *S*.

III. 1. terra tenetur sua vi nutuque wird durch ihre eigene Schwerkraft gehalten; b i l d l. aliquem in servitute (in officio), nomen antiquum beibehalten *O*, oppressas Athenas unterdrückt halten *N*, se quietum sich ruhig halten *L*. **2.** cursum; b i l d l. silentia *O*, consuetudinem, fidem, foedus einhalten, modum Maß halten. **3.** silentium aliquamdiu tenuit *L*, tenet fama es hält sich (geht) die Sage *L*.

IV. 1. hostem impedito loco (in angustiis), coepta einhalten mit *O*, aliquem longo sermone aufhalten *O*, vix se populus R. tenuit, domi se, se castris et paludibus (oppido) sich... halten; mit ne, quominus. **2.** eādem custodiā *N*; b i l d l. pudor ora tenebit wird ... verschlossen halten *O*, obsessus teneor *V*.

tener   **458**   **terebinthus**

3. lacrimas, iram, dolorem; vocem schweigen *O*, quae dici possunt verschweigen *L*.

V. 1. in salo navem (in ancoris) vor Anker halten *N*, in obsidione Athenas belagert halten *N*, legiones alienas behalten; b i l d l . decus et honorem behaupten *V*, memoriam rei, rem memoriā, tenendum est nihil curandum esse post mortem. **a.** locum, tumulum, praesidium. **b.** me teste teneris bist überführt *O*, repetundarum teneri *T*, eiusdem cupiditatis teneri beherrscht sein von. **2.** mentes carmine *V*. **3.** iure iurando, sacramento; foedere teneri sich gebunden fühlen *L*. **4.** propositum, ius suum, imperium in suos; causam den Prozeß gewinnen *HL*; *abs.* patres tenere non potuerunt, ut konnten es nicht erreichen, daß *L*, plebs tenuit, ne consules crearentur *L*.

tener, era, erum, *adv.* **ē** (zu tenuis?) **1.** zart, fein, weich: rami *OCu*, aër *VO*, gramen *H*; s p r i c h w . de tenero ungui = von klein auf *H*. **2.** jugendlich, jung: infans *O*, annus Frühling *O*, res junge Gewächse *V*, mundus neugeschaffen *V*; *subst.* in teneris in zarter Jugend *V*. **3.** *met.* zart, weich: naturale natürliche Weichheit, virtus nachgiebig, animi *T*; *occ.* zärtlich, verliebt: versus *H*; pudor schamhaftes Erröten über die Verliebtheit *O*.

tēnesmos, ī, *m.* (τεινεσμός) Stuhlzwang [Schließmuskelkrampf] *N*.

Tennēs s. Tenedus.

tennitur = tenditur *Terenz*.

tenor, ōris, *m.* (teneo) **1.** ununterbrochener Lauf, Zug: hasta servat tenorem fliegt stetig weiter *V*. **2.** *met.* Zug, Dauer, Fortgang, Verlauf: vitae *LO*, pugnae *L*, eodem tenore consulatūs gessi in gleichem Sinn *L*, aequali tenore esse sich stets gleichbleiben *L*, in narrationibus Zusammenhang *Q*, praesenti tenore in diesem (vorliegenden) Sinn *Sp*; uno tenore in einem Zug, in einem fort, ununterbrochen.

Tēnos u. **-us,** ī, *f.* Tinos [Insel der Kykladen] *LO;* Einw. Tēniī *T*.

tēnsa, ae, *f.* Götterwagen [sakraler Prunkwagen, mit dem man die Götterbildnisse bei den ludi circenses zum Zirkus fuhr].

tēnsus *pt. pf. pass.* v. tendo.

tentābundus usw. = tempt . . .

tentīgō, inis, *f.* (tendo) Geilheit, Brunst *H*.

tentō = tempto.

tentōrium, ī, *n.* (tendo) Zelt.

tentus *pt. pf. pass.* v. tendo oder teneo.

Tentyrītae, ārum, *m.,* Einwohner von Tentyra [in Oberägypten] *Sp*.

tenuiculus 3 recht ärmlich: apparatus.   *Dem.* von

tenuis, e, *adv.* **iter** (ai. tanú-š 'ausgedehnt', gr. τανύω, τανυ-, ahd. dunni 'dünn')

    I. **1.** dünnfädig, dünn, fein; 2. *met.* *a.* einfach, schlicht; *b.* fein, genau.

    II. **1.** dünn, fein, zart; *occ.* *a.* schmal, eng; *b.* seicht, flach; 2. *met.* gering, unbedeutend; *occ.* *a.* ärmlich, dürftig; *b.* schwach.

    I. **1.** linum, vellera ṭenuia [dreisilbig gemessen] Sei-

denfäden *V*, amictus *O*, harundo *V*, agmen *L*, acies langgestreckt *T*. **2. a.** argumentandi filum, orator, tenuiter disserere. **b.** cura *O*, res, sermo *H*. **II. 1.** alutae tenuiter confectae dünn ausgearbeitet, aër, membranae; nebula, pluvia *V*. **a.** rima, rostrum *O*, tellus Landenge *O*, rivus *VO*, semita *V*, frons schmal *H*, nitedula schmächtig *H*. **b.** aqua *LO*, sulcus *V*. **2.** tenui loco ortus von niederem Stand *L*, honores *N*, tenuissime aestimare ganz niedrig schätzen, civitas, scientia, ingenium *Q*, damnum *T*; cibus schmale Kost *Ph*. **a.** praeda, mensa *H*, tenuiores die Minderbemittelten, tenuissimi die Ärmsten. **b.** animus, aura *O*, lunae lumen, valetudo.   Dav.

tenuitās, ātis, *f.* Dünnheit, Feinheit: crurum Schmächtigkeit *Ph*; *met.* Einfachheit, Schlichtheit: Lysiae, aerarii Armut, hominis Dürftigkeit.

tenuō **1.** (tenuis) **1.** dünn, fein machen: vomer tenuatur wird dünn *O*, in undas, in auras auflösen *O*, armenta mager machen *V*, corpus tenuatum abgemagert *H*, vocis via tenuata verengt *O*, carmen zart ausspinnen *Pr*. **2.** *met.* vermindern, schwächen: vires, famam, iram *O*, magna herabwürdigen *H*.

tenus *praep.* bis, bis an; **1.** beim *abl.* Tauro t., vulneribus t. bis Blut fließt *L*, quadam t. bis zu einem gewissen Punkt *H*. **2.** beim *gen.* *VLCu.* M e t . verbo t. in Worten, dem bloßen Wort nach; nomine t. nur dem Namen nach, zum Schein *T*; ore t. exercitus nur in Worten geübt *T*.

E: zu tendo, teneo 'sich erstreckend bis', urspr. *subst.* tenus, oris 'ausgespannte Schnur'.

Teos, ī, *f.* T. [St. an der ionischen Küste, Geburtsort des Anakreon] *L*; *adi.* **Tēïus** 3: Musa *O*, fides *H* [des Anakreon]; *pl. subst.* Einw. von Teos *L*.

tepe-faciō 3. fēcī, factus (§ 64, Anm.) lau machen, erwärmen.   Dav. *intens.*

tepefactō 1. erwärmen: frigida membra *Ca*.

tepefactus *pt. pf. pass.* v. tepefacio.

tepe-fēcī *pf.* v. tepefacio.

tepeō, ēre lau, warm sein: hiems tepet *H*; *pt. pr.* tepēns, entis warm, lau *VO*; *met.* **1.** verliebt sein, glühen: quo mox virgines tepebunt für den sich . . . in Liebe erwärmen werden *H*. **2.** (in der Liebe) ohne Feuer sein *OQ*.

E: ai. tápati 'erwärmt'.   Dazu *incoh.*

tepēscō 3. puī lau, warm werden.

tepidus 3, *adv.* **ē** (tepeo, § 74) lau, lauwarm, lind, mild: ius halberkaltet *H*, tectum nicht zu heiß, kühl *H*; *acc. sg. n. adv.* tepidum spirare *O*; *met.* haud tepidi ignes nicht lau, heiß *O*.

tepor, ōris, *m.* (tepeo) **1.** laue, milde Wärme. **2.** *occ.* Kühle: teporem incusare *T*. **3.** *met.* Mattheit: eiusdem teporis libri *T*.

tepuī *pf.* v. tepesco.

ter *adv.* dreimal: t. amplus Geryones dreileibig *H*; *synecd.* **a.** wiederholt, öfter: terque quaterque *VO*, t. et quater *H*; **b.** überaus, sehr, vielmals: t. felix *O*.

E: altl. terr für *ters aus *tris, vgl. terruncius; ai. triš, gr. τρίς, § 49.

terebinthus, ī, *f.* (τερέβινθος) Terebinthe, Terpentinbaum *V*.

terebro 459 **terra** **T**

terebrō 1. durchbohren: sanguis terebratā prosilit aurā spritzt im Strahl durch die Luft *O*.
E: terebra, ae, *f.* 'Bohrer'.

terēdō, inis, *f.* (τερηδών) Holzwurm *O*.

Terentius 3 im *n. g.* **1.** C. T. Varro [cos. 216, in der Schlacht von Cannae geschlagen]. **2.** M. T. Varro [geb. 116 in Rom (oder Reate?), gelehrter Altertums- und Sprachforscher, stand im Bürgerkrieg gegen Caesar in Spanien und starb 27]. **3.** P. T. Varro [geb. 82, aus Atax in Gallien (**Atacinus**), epischer Dichter] *HPrOQ*. **4.** Terentia [erste Gemahlin Ciceros]. **5.** P. T. Afer [aus Karthago, Lustspieldichter, 185—159; er überarbeitete Stücke der neueren Komödie (Menander, Apollodor) für die römische Bühne]. *Adi.* zu **1.** u. **5.** Terentiānus 3 des C. Terentius: exercitus *L*; aus einer Komödie des Terenz: verbum.

Terentum, ī, *n.* T. [Platz u. Kultstätte auf dem Marsfeld, wo die ludi saeculares abgehalten wurden] *O*; *adi.* Terentīnus 3: tribus.

teres, teretis, *abl.* i (tero) **1.** gedreht, rund, länglichrund: stipites, fusus Spindel *O*, oliva Stab aus Olivenholz *V*, mucro *V*; lapilli *O*, gemma *V* (zylinderförmig) geschliffen; habenae (zona *O*) festgedreht *V*, plagae *H. met.* **2.** gerundet, schlank: cervix glatt, rund *V*, sura *H*, puer schlank *H*; bildl. teres atque rotundus wie eine Kugel abgerundet und vollkommen *H*. **3.** abgerundet, geschmackvoll: oratio; aures fein.

Tērēūs, *m.* T. [Thrakerkönig, Gemahl der Prokne, Vater des Itys, schändete die Schwester seiner Frau Philomela und wurde in einen Wiedehopf verwandelt] *VO*. D e k l. **1.** gr. *acc.* ea, *voc.* eū; **2.** lat. *gen.* eī, *abl.* eō.

ter-geminus 3 dreigestaltig: vir = Geryones *O*, canis = Cerberus *PrO*, Hecate [Luna—Diana—Proserpina] *V*, honores dreifach [Ädilität, Prätur, Konsulat; andere: wiederholter Applaus] *H*.

tergeō 2. tersī, tersus abwischen, abtrocknen; **occ.** fegen, reinigen; palatum kitzeln *H*.
E: vgl. στεργίς 'Schabeisen'.

Tergestīnī, ōrum, *m.* Einw. v. Tergeste [j. T r i e s t] *L*.

tergiversātiō, ōnis, *f.* Zögerung, Unentschlossenheit. Von

tergi-versor 1. (§ 66) 'den Rücken drehen'; *met.* Ausflüchte suchen, sich sträuben, zögern, zaudern.

tergō 3. = tergeo.

tergum, ī, *n.* **1.** Rücken: boum, terga Phoebo praebere sich sonnen *O*, tergo puniri mit Ruten gepeitscht und geköpft werden *L*; terga vertere den Rücken wenden, f l i e h e n, dare (hostibus), praebere fugae *O*, fugae dare *L*, praestare *T*. **2.** *synecd.* Leib, Körper: suum von Schweinen *V*; suis geräuchertes Rückenstück *O*. **3.** *met.* Rückseite, Hinterseite: a tergo im Rücken, von rückwärts, von hinten: adoriri; stare als Reserve *L*, urbem relinquere hinter sich lassen; hostis in tergo haeret (tergo inhaeret) sitzt auf dem Nakken *L*, terga collis Rückseite *L*; **occ. Fläche, Oberfläche:** amnis *O*, suscitare aequore terga Schollen *V*. **4.** *meton.* **Fell, Haut, Leder:** taurinum Stierhaut *V*; [Gegensatz aus Fell u. ä.]: bovis S c h l a u c h *O*, taurea T a m b u r i n *O*, durum [vom caestus] *V*, tergo decutere hastas vom [rindsledernen] S c h i l d *V*, novena

boum alle neun Stierhäute [des Schildes] *O*; *met. pl.* [vom Schild]: L a g e n, Schichten *V*.
E: gr. τέρφος 'Rückenhaut, Fell'.

tergus, oris, *n.* (tergum) **1.** Rückenfell, Fell, Haut *VO*. **2.** *meton.* Rücken *OPh*.

Terīna, ae, *f.* T. [kleine St. in Bruttium] *L*; dav. Terīnaeus aus T.

termes, itis, *m.* (vgl. gr. τέρχνος) abgeschnittener Zweig: olivae *H*.

Termēssus, ī, *f.* T. [St. in Pisidien auf dem Taurus] *L*; Einw. Termēssēnsēs *L*.

Termestīnī, ōrum, *m.* die T. [Einw. v. Termes nahe bei Numantia] *T*; auch *adi.* Termestīnus 3 *T*.

Terminālia, ium, *n.* die T. [Fest des Grenzgottes (Terminus) am 23. Februar]

terminātiō, ōnis, *f.* **1.** Grenzbestimmung: agri *L*. **2.** Abgrenzung: aurium nach dem Gehör. **3.** (*rhet.*) Abschluß [einer Periode], rhythmische Klausel. Von

terminō 1. **1.** begrenzen, abgrenzen: fines, agrum publicum a privato scheiden *L*. **2.** *met.* **a.** beschränken: isdem finibus gloriam quibus vitam, sonos vocis paucis litterarum notis beschränken auf. **b.** bestimmen, festsetzen: bona voluptate, mala dolore. **c.** beendigen: orationem, bellum *L*, campos oculis das Ende absehen *H*. Von

terminus, ī, *m.* (zu tero, § 64, Abs. 4; vgl. τέρμα, τέρμων) **1.** Grenzstein. **2.** *pl.* Grenze, Mark: possessionum, regni, urbis Stadtgebiet *T*. **3.** p e r s o n. T. [Grenzgott]: Termini fanum *L*. **4.** *met.* Grenze, Schranke: gloriae Größe, Ausdehnung *Cu*, contentionum Ende.

ternī 3 (ter) **1.** je drei. **2.** drei zusammen: guttura *O*, ductores *V*; *sg.* ordo dreifache Reihe *V*.

terō 3. trīvī, trītus (St. ter, trī, gr. τείρω = *τερjω, τρίβω) **1.** reiben: dentes in stipite *O*; carinae terunt vineta streifen über *O*, calcem calce der Ferse streifen *V.* **occ. a.** abreiben: silices *O*, trita colla bovis *O*, radios rotis polieren *V*, tritum ferrum stumpf *O*, vestis abgetragen *HL*. **b.** zerreiben: papaver *O*. **c.** dreschen: frumentum *H. met.* **2.** oft benützen, oft gebrauchen, abnützen: catillum Euandri manibus tritum *H*, formica terens iter hin und her laufend *V*. **3.** [Personen] aufreiben, abmühen: se in opere publico *L*, plebem in armis *L*. **4.** [Zeit] hinbringen, vergeuden: diem (sermone) *CL*, tempus *L*.

terra, ae, *f.* ('das Trockene', vgl. τερσαίνω neben torreo u. ex-torris) **die Erde**

---

1. (als Weltkörper); **2.** p e r s o n. (als Gottheit); **3.** (als Stoff) Erde, Erdreich; **4.** Erdboden, Boden; **5.** (als Gegs. zu Himmel u. Meer) Erde, Land; **6.** Landschaft, Land.

---

1. terra locata in media mundi sede. **2.** terra ipsa dea est; quae est enim alia Tellus? **3.** terrae glaeba Erdscholle *L*, aquam terramque petere [als Zeichen der Unterwerfung] *L*. **4.** sterilis *Cu*, pinguis *V*; terrae motus Erdbeben, terrae hiatus Schlund, Erdriß, aliquem ad terram dare werfen *L*; *locat.* terrae procumbere *O*, terrae proiectus *V*. **5.** terra caeloque

terraneola   460   **testula**

aquarum penuria *SCu*; terra marique, et mari et terra zu Wasser und zu Lande; [auch allein]: iter Brundisium terrā petere auf dem Landweg; *pl.* vitam in terris agere *V.* **6.** a terrā terra remota meā fern meinem Heimatland *O*, t. Gallia, Italia *L*; orbis terrarum Erdkreis; terrae 'Welt': aliquo terrarum migrare.

terrāneola, ae, *f.* (*terrāneus) Schopflerche *Ph.*

terrēnus 3 (v. terra nach aēnus) **1.** aus Erde, erdig, irden: tumulus (collis *L*) Erdhügel, fornax aus Lehm *O*, campus mit guter Erde *L*; *subst.* **terrēnum**, ī, *n.* Land, Erde, Acker: herbidum *L.* **2.** zur Erde gehörig, auf, in der Erde: hiatus *O*, numina unterirdisch *O*, bestiae Landtiere. **3.** irdisch: eques *H.*

terreō 2. uī, itus **1.** (er)schrecken, in Schrecken versetzen; *pass.* erschrecken = erschreckt werden. **occ. 2.** scheuchen, jagen: profugam per totum orbem *O*, feras *V.* **3.** abschrecken; mit ne, quominus.

E: *terseo; ai. trásati 'zittert', gr. τρέω aus *τρέσω, § 29; ἔτερσεν · ἐφόβησεν.

terrestris, e (terra) **1.** zur Erde gehörig, irdisch: domicilium. **2.** zum Land gehörig, Land-: regiones, praesidium, exercitus Landheer *NL*, iter Landweg *L*, cena Gemüse *C.*

terreus 3 (terra) irden, Erd-: progenies *V.*

terribilis, e (terreo) schrecklich, Schrecken erregend.

terriculum, ī, *n.* (terreo) Schreckmittel, Schrecknis *L.*

terrificō, āre schrecken, in Schrecken setzen *LukrezV.*
                            Von

terri-ficus 3 (terreo, facio, § 66) schrecklich *VO.*

terri-gena, ae, *m. f.* (terra, gigno, § 66) erdgeboren *O.*

terri-loquus 3 schrecklich redend *Lukrez.*

territō 1. (*frequ.* zu terreo) in Schrecken versetzen.

territōrium, ī, *n.* (terra) Stadtgebiet.

terror, ōris, *m.* (terreo) **1.** Schrecken: externus vor auswärtigen Feinden *L.* **2.** *meton.* Schrecken, Schrecknis: imperii, caelestes maritimique am Himmel und im Meer *L.* **3.** Schreckensnachricht: terror affertur *LCu.*

ter(r)-ūncius, ī, *m.* (terr, vgl. ter, u. uncia) 'drei Zwölftel'; Viertelas, 'Pfennig', 'Heller'; s p r i c h w. ne teruncius quidem = nicht einen Heller.

tersī *pf.* v. tergeo.

I. tersus *pt. pf. pass.* v. tergeo.

II. tersus 3 (tergeo) rein: plantae *O*; *met.* auctor fehlerfrei *Q.*

tertiā-decumānī, ōrum, *m.* Soldaten der 13. Legion *T.*

tertiānus 3 **1.** dreitägig: febris. **2.** *subst.* **tertiānī** Soldaten der 3. Legion *T.*   Von

tertius 3 (aus *tritius, § 49, vgl. τρίτος, got. þridja) der dritte: tertia Saturnalia der dritte Tag der Saturnalien, pars Drittel, partes dritte Rolle; ab Iove tertius in der dritten Generation, Urenkel *O*, regna, numina = unterirdisch *O*. Dav. *adv.* **1.** *acc. sg. n.* **tertium** zum drittenmal. **2.** *abl. sg. n.* **tertiō a.** zum drittenmal. **b.** drittens.

teruncius = terruncius.

tesqua, ōrum, *n.* Steppen, Einöden *H.*

tessellātus 3 (tessella, *dem.* v. tessera) aus Würfelchen: pavimentum Mosaikboden *Sp.*

tessera, ae, *f.* **1.** Würfel *Sp*; Spielwürfel; **occ.** viereckiger Stoffeinsatz: palliorum *Sp.* **2.** Berechtigungsmarke

['Gutschein']: nummaria zum Geldempfang *Sp*, frumentaria zum Getreideempfang *Sp.* **3.** *meton.* Losung, Parole, Kommando: tessera per castra data *L*; it bello t. signum *V.* **4.** Erkennungsmarke [der Gastfreunde, gr. σύμβολον]: hospitalis *C.*   Dav.

tesserārius, ī, *m.* T. [Unteroffizier, der den Parolebefehl an die Mannschaft vermittelte] *T.*

tesserula, ae, *f.* (*dem.* v. tessera) Mosaiksteinchen *Lucilius.*

testa, ae, *f.* **1.** (irdenes) **Geschirr, Topf, Krug:** ardens Tonlampe *V*, vinum testā conditum in der Amphore *H.* **2. Scherbe** *O*; testarum suffragia Abstimmung mit Tonscherben [Ostrakismus] *N.* **3. Schale, Muschelschale:** nativae; *meton.* **Schaltier, Muschel:** generosa *H.* **4. Schale, Decke:** lubrica Eisdecke *O.* **5.** Backstein, Ziegel.   Dav.

testāceus 3 aus Backsteinen: opus *Pli.*

testāmentārius 3 testamentarisch, letztwillig: adoptio *Sp*; *subst.* Testamentsfälscher.   Von

testāmentum, ī, *n.* (testor) letzter Wille, T e s t a m e n t.

testātiō, ōnis, *f.* (testor) Anrufung zum Zeugen *L.*

testātor, ōris, *m.* Erblasser *Sp.*

testātus 3 (testor) bezeugt, klar, augenscheinlich, offenkundig.

testificātiō, ōnis, *f.* Zeugenbeweis, Bezeugung.   Von

testificor 1. (*testificus v. testis u. facio, § 66) **I.** zum Zeugen anrufen: homines, deam *O.* **II. 1.** bezeugen, versichern: haec; mit indir. Fr. **2.** *met.* bezeugen, beweisen, an den Tag legen: adventum dei *O*, amorem; *pass.* scaenā testificata *O.*

testimōnium, ī, *n.* **1.** Zeugenpflicht, Zeugenschaft: t. eis denuntiare sie zur Aussage verpflichten, effugere. **2.** *meton.* Zeugenaussage, Zeugnis: t. dicere, dare ablegen, in aliquem gegen jemd.; **occ.** schriftliches Zeugnis: t. recitare, legere. **3.** *met.* Zeugnis, Beweis: abstinentiae *N*, laboris sui.   Von

I. testis, is, *m. f.* **1.** Zeuge, Zeugin. **2.** *met.* Augenzeuge, Anwesender, Mitwisser: vulnera (sunt) testes bezeugen es *O*, libidinum, sceleris.

E: *terstis aus *tristus zum St. tri 'drei', §§ 49 u. 33: 'der dritte neben den beiden Parteien'.

II. testis, is, *m.* Hode; meist *pl. HSp.*

testor 1. (I. testis) **I. zum Zeugen nehmen, als Zeugen anrufen:** deos, cives *L*; hoc, de quo dafür; mit indir. Fr., *acc. c. inf.* **II. 1. bezeugen:** hoc; *pass.* testata libertas feierlich verkündet *L*, testatum est ist bezeugt *H.* **2. occ. ein Testament machen:** in testando *L.* **3.** *met.* **bekunden, dartun, beweisen:** gemitu dolores *O*, Troiana tempora daß er die Zeit Trojas erlebt habe *H*, ea testatum antea Cretensīs er habe dies den Kretern vorausgesagt *S.*

***testū**, *abl.* ū, *n.* (Nbf. v. testa) **1.** irdener Deckel *O.* **2.** irdenes Geschirr: curtum *O.*

testūdineus 3 mit Schildpatt ausgelegt *TiPr.*   Von

testūdō, inis, *f.* **1. Schildkröte:** fluviatiles; *meton.* **Schildpatt:** pulchra *V.* **2.** *met.* **a. Laute, Lyra. b. Wölbung:** templi *V.* **c. Schilddach:** testudine factā. **d. Schutzdach** [aus Holz, für den Rammbock].

E: v. testu, 'Deckeltier'.

testula, ae, *f.* (*dem.* v. testa) Tonscherben: testularum suffragia Abstimmung mit Tonscherben, Ostrakismus *N.*

tetendī *pf.* v. tendo.

tēter = taeter.

Tēthȳs, yos, *f.* T. [Meergöttin, Gemahlin des Oceanus] *VO.*

tetigī *pf.* v. tango.

tetrachmum, ī, *n.*, *gen. pl.* auch ûm (τέτραχμον statt τετρά[δρα]χμον, § 54) Vierdrachmenstück *L.*

tetrarchēs, ae, *m.* (τετράρχης) Tetrarch [urspr.: Beherrscher des vierten Teils eines Landes]; Fürst, Regent.

tetrarchia, ae, *f.* (τετραρχία) 'Tetrarchie', Gebiet eines Tetrarchen.

tetricus 3 finster, streng, ernst *LO*; dav. *subst.* **Tetrica**, ae, *f.* (rupes) T. [Berg im Sabinerland] *V.*

tetulī arch. *pf.* v. fero.

Teucer, crī, *m.* T. [**1.** Sohn des Telamon, Halbbruder des älteren Ajax *H.* **2.** (auch Teucrus) der erste König der Troas]. *Adi.* zu **2. Teucrus** 3 trojanisch *O*; *subst.* **Teucrī**, ōrum u. ûm, *m.* Trojaner *VO*; **Teucria**, ae, *f.* Troas; *meton.* Troer *V.*

Teuthrās, antis, *m.* **1.** T. [König von Mysien, Vater des Thespius *Hyginus*]. *Adi.* **a.** Teuthrantēus 3 mysisch: Caicus *O.* **b.** Teuthrantius 3: regna *O*, turba [die 50 Töchter des Thespius] *O.* **2.** T. [Fl. in Kampanien] *Pr.*

Teutoburgiēnsis saltus der Teutoburger Wald [zwischen Ems und Weser] *T.*

Teutonī, ōrum [oder] **-ēs**, um, *m.* die T. [germ. Volk an der Westküste Jütlands, das 113 mit den Cimbern in das röm. Reich eindrang; 105 Sieg bei **Arausio**, 102 vernichtende Niederlage durch Marius bei **Aquae Sextiae**]; *adi.* Teutonicus 3 germanisch *VPr.*

E: got. **thiuda**, mhd. **diet**, § 10 f., 'Volk'.

tēxī *pf.* v. tego.

texō 3. texuī, textus **1. weben**: tegumenta corporum. **2. flechten**: casas harundine (ex harundine *L*), saepes *V*, parietibus textum caecis iter verschlungener Pfad *V.* **3. verfertigen**, **bauen**: robore naves *V.* **4.** *met.* **zustande bringen**, **verfertigen**: opus, epistulas schreiben, sermones possunt longi t e x i e r (= texi) ausgesponnen werden *C.*

E: ai. **takšati** 'zimmert', gr. τεκτοσύνη.

textilis, e (texo) gewebt; *subst.* **textile**, is, *n.* Gewebe.

textor, ōris, *m.* u. **-trīx**, īcis, *f.* (texo) Weber(in) *HTi.*

textrīnum, ī, *n.* (texo) Weberei, Weberstube.

textrīx, īcis, *f.* s. textor.

textum, ī, *n.* (texo) **1.** Gewebe: rude Tischtuch *O.* **2.** *met.* Gefüge, Bau: carinae Seitenrippen *O*, pinea Schiff *O.*

textūra, ae, *f.* (texo) Gewebe *Pr.*

I. textus, ūs, *m.* (texo) Geflecht *Sp*; Zusammenhang der Rede, T e x t *Q.*

II. textus *pt. pf. pass.* v. texo.

texuī *pf.* v. texo.

Thala, ae, *f.* Th. [St. in Numidien] *ST.*

thalamus, ī, *m.* (θάλαμος) **1.** Frauengemach *VO*; *met.* Wohnung, Behausung: Eumenidum; Zelle [der Bienen] *V.* **2.** *occ.* Schlafgemach: positus thalamo lectus *O*; *synecd.* Ehebett *VPrO*; *meton.* Ehe *VO.*

thalassicus 3 meergrün *C*; seemännisch: ornatus *C.*

E: gr. θάλασσα, 'Meer'.

Thalēs, is u. ētis, *m.* Th. [Philosoph aus Milet, um 600, einer der Sieben Weisen].

Thalīa, ae, *f.* Th. [**1.** Muse der heiteren Dichtung (Komödie) *VO.* **2.** Meernymphe *V.* **3.** bei Hesiod eine der drei Grazien *Sp*].

Thapsacus, ī, *f.* Th. [syrische St. am Euphrat] *Cu.*

Thapsus, ī, *f.*, *acc. on O* Th. [**1.** St. an der Ostküste Siziliens *VO.* **2.** St. in Afrika *L*].

Thasus, ī, *f.* Th. [Insel an der thrakischen Küste]; *adi.* u. Einw. Thasius.

Thaumās, antis, *m.* Th. [Vater der Iris]; *adi.* **Thaumantēus** 3: virgo = Iris *O*; *patr.* **Thaumantis**, idos u. **-ias**, iadis, *f.* Tochter des Th. (= Iris) *VO.*

theātrālis, e Theater-, theatralisch: operae Claqueure *T.* Von

theātrum, ī, *n.* **1.** Theater, Schauspielhaus: terna [des Pompeius, Marcellus, Statilius Taurus] *O*; structum utrimque Amphitheater *O.* **2.** *met.* Schauplatz: vallis theatri Schauplatz des Tales *V*, ingenii Wirkungskreis, in theatro orbis terrarum versari (esse *Cu*) vor den Augen der ganzen Welt stehen. **3.** *meton.* Zuschauer, Zuhörer, Publikum: theatra tota reclamant.

E: θέατρον 'Schauplatz'.

Thēbae, ārum, *f.* **1.** Theben [das 'siebentorige' in Böotien]; *adi.* **Thēbānus** 3 thebanisch: dea = Juno *O*, mater = Agaue *O*, soror = Antigone *O*, deus = Herkules *Pr*, modi = pindarisch *H*; *subst.* Thebaner *N*; **Thēbāis**, idis, *f.* Thebanerin *O.* **2.** Th. [St. in Oberägypten, das 'hunderttorige'] *T.* **3.** Th. [das homerische Th. in Mysien, St. des Eetion] *O*; *adi.* mater Thebana *V*; *subst.* Thebana = Andromache *O.* **4.** Th. [St. in der Phthiotis] *L.* Dav.

Thēbāis, idis, *f.* Oberägypten *Sp.*

Thēbē, ēs, *f.* = **3.** Thebae *Cu*; campus Thebes *L.*

thēca, ae, *f.* (θήκη) Hülle, Büchse, Futteral.

Themis, idis, *f.* Th. [Göttin des Rechtes] *O.*

Themiscȳra, ae, *f.* Th. [St. in Pontus am Thermodon] *Cu.*

Themistoclēs, is u. ī, *m.* Th. [Staatsmann in Athen, Sieger von Salamis, gest. ca. 459]; *adi.* Themistoclēus 3.

thēnsaurus = thesaurus.

Theocritus, ī, *m.* Th. [Dichter aus Syrakus, um 270] *Q.*

Theodectēs, is u. ī, *m.* Th. [gr. Redner, um 370].

Theodōrus, ī, *m.* Th. [**1.** Sophist. **2.** Philosoph aus Kyrene].

theogonia, ae, *f.* die Theogonie [θεογονία 'Ursprung der Götter', Titel eines Epos Hesiods].

theologus, ī, *m.* (θεολόγος) Mythologe.

Theophanēs, is, *m.* Th. [Geschichtschreiber aus Mytilene].

Theophrastus, ī, *m.* Th. [Philosoph aus Eresos auf Lesbos, um 330, Peripatetiker].

Theopompus, ī, *m.* Th. [aus Chios, Schüler des Isokrates, Historiker, geb. 378/77]; *adi.* Theopompīus 3.

Theorāctus, ī, *m.* (*θεό-ρᾱκτος = θεόρρηκτος) 'von Gott mit Wahnwitz geschlagen' [Spottname].

Thēraeī, *gen.* ôn, *m.* Einw. von Thera [Insel nördl. von Kreta, j. S a n t o r i n] *S.*

Theramenēs, is, *m.* Th. [aus Steiria, Schüler des Sophisten Prodikos, einer der 30 Tyrannen in Athen].

Therapnaeus 3 von Therapnē [in Lakonien]: sanguis = des Hyakinthos *O*.

Thēriclīa pocula Trinkschalen des Therikles [ber. Töpfer aus Korinth].

thermae, ārum, *f.* (*sc.* aquae, θερμός) warme Bäder, Thermen *Sp*.

Thermaeus sinus thermäischer Golf [benannt nach der St. Thermē südl. von Thessaloniki] *T*.

thermipōlium u. **thermopōlium**, ī, *n.* (θερμοπώλιον) Gaststube [für warmen Wein] *C*.

Thermōdōn, ontis, *m.* Th. [Fl. in Pontus, Heimat der Amazonen]; *adi.* Thermōdontiacus 3 *O*.

thermopōlium s. thermipolium.

thermopotō 1. āvī (θερμοπότης) mit warmem Wein laben *C*.

Thermopylae, ārum, *f.* die Thermopylen [Θερμοπύλαι 'warme Tore'; Engpaß in Lokris, benannt nach warmen Schwefelquellen, ber. durch den Tod der dreihundert Spartaner unter Leonidas (480)].

Thēromedōn, ontis, *m.* Th. [skythischer König, der seine Löwen mit Menschenfleisch fütterte] *O*.

Thersītēs, ae, *m.* Th. [Grieche vor Troja, häßlich und frech] *O*.

thēsaurus, ī, *m.* (θησαυρός) **1.** Schatz, Vorrat: auri *C*; sprichw. carbonem pro thesauro invenire *Ph*. **2.** *meton.* Schatzkammer: Proserpinae im Tempel der P. *L*, publicus *L*; **occ.** Vorratskammer: servata mella thesauris *V*; *met.* Fundgrube: omnium rerum.

Thēsēūs, eī u. eos, *m.* Th. [König in Athen, Sohn des Ägeus, Vater des Hippolytus, tötet auf Kreta den Minotaurus und entführt von dort die Ariadne, die er auf Naxos verläßt]; *adi.* **Thēsē(ĭ)us** 3 *O*; *patr.* **Thēsīdēs**, ae, *m.* = Hippolytus *O*; Thēsīdae die Athener *V*.

thesis, is, *f.* (θέσις) **1.** (*rhet.*) angenommener Satz, Annahme *Q*. **2.** Senkung [in der Metrik] *Sp*.

Thespiae, ārum, *f.* Th. [St. im südl. Böotien am Fuß des Helikon]; *adi.* **Thespias**, adis, *f.*: deae die Musen *O* = *subst.* **Thespiadēs**; Einw. **Thespiēnsēs**.

Thespis, idis, *m.* Th. [Begründer der attischen Tragödie, Zeitgenosse des Solon: plaustris vexisse poëmata Th. ['Thespiskarren'] *H*.

Thesprōtia, ae, *f.* Th. [sw. Landsch. von Epirus]; *adi.* u. Einw. Thesprōtius.

Thesprōtus, ī, *m.* Th. [König von Puteoli] *Pr*.

Thessalī, ōrum, *m.* die Thessalier. *Adi.* **1. Thessalus** 3 thessalisch: vox zauberisch, venena *H*; **occ.** *m.* = Achilles *O*; tela, ignes = des Achilles *H*. **2. Thessalius** 3; *f.* **Thessalis**, idis *O*; *subst.* Thessalierin *O*; **Thessalia**, ae, *f.* Thessalien. **3. Thessalicus** 3: iuga = der Pelion *O*.

Thessalonīcē, ēs u. **-a**, ae, *f.* Thessaloniki.

Thestius, ī, *m.* Th. [König in Ätolien, Vater der Leda und Althäa, des Plexippus und Toxeus] *O*; *patr.* **Thestiadēs**, ae, *m.* = Söhne d. Th. und sein Enkel Meleager *O*; **Thestias**, adis, *f.* = Althäa *O*.

Thestoridēs, ae, *m.* = Kalchas [Sohn des Thestor] *O*.

Thetis, idis, *f.* Th. [Meernymphe, Tochter des Nereus, von Peleus Mutter des Achilles *HO*]; *meton.* Meer *V*.

thiasus, ī, *m.* Thiasos [θίασος, Tanz zu Ehren des Bacchus] *V*; tanzender Chor *Ca*.

Thisbē, ēs, *f.* Th. [**1.** Babylonierin, Geliebte des Pyramus *O*. **2.** Stadt in Böotien *Sp*]; *adi.* zu **2.** Thisbaeus 3: columbae *O*.

Thoā(n)s, antis, *m.* Th. [**1.** König in der taurischen Chersones *O*. **2.** König auf Lemnos, Vater der Hypsipyle *O*]; *patr.* zu **2.** **Thoantias**, adis, *f.* = Hypsipyle *O*.

tholus, ī, *m.* (θόλος) Kuppel, Kuppeldach *VO*.

thōrācātus 3 geharnischt *Sp*. Von

thōrāx, ācis, *m.* (θώραξ) **1.** Brustharnisch, Panzer *VL*. **2.** Brustlatz *Sp*.

Thrāc... s. Traex.

thraecidica, ōrum, *n.* die Waffen eines Thraex.

Thraex, Thrāx, cis, *m.* Thraker, meist *pl.*; equi thrakisch *O*; **occ.** (bes. **Thraex**) Gladiator in thrakischer Rüstung. *Adi.* **1. Thrācus** (Thraecus) 3 thrakisch; *subst.* **Thracē** (Thraecē), ēs, *f.* Thrakien *H*; auch **Thrāca, Thraeca** *VH*. **2. Thrācius** (Thraecius), dicht. **Thrēĭcius** 3; *subst.* **Thrācia, Thraecia**, ae, *f.* Thrakien. **3. Thraeissa, Thraessa**, ae, *f.* Thrakerin *NVHO*.

Thrasō, ōnis, *m.* Th. [Name eines prahlerischen Soldaten] *C*.

Thrēx, Thrēcē, Thrēcius, Thrēssa s. Thraex.

Thūcydidēs, is u. ī, *m.* Th. [Geschichtsschreiber des Peloponnesischen Krieges, ca. 455—ca. 400]; *adi.* Thūcydidīus 3.

Thūlē, [auch] **Thȳlē**, ēs, *f.* Th. [Insel im äußersten Norden, Island oder die Shetlandinseln] *VT*.

Thūriī, ōrum, *m.* (**Thūriae**, *f. L*) Th. [St. am Golf von Tarent, an der Stelle von Sybaris erbaut]; *adi.* u. Einw. **Thūrīnus**; *n. subst.* Gebiet von Th.

thya *f.* u. **thyon** *n.* (θύα, θύον) *Sp* = citrus.

Thyamis, idis, *m.* Th. [Fl. in Epirus].

Thyatīra, ae, *f.* Th. [St. in Lydien] *L*.

Thybris s. Tiberis.

Thyestēs, ae u. is, *m.* Th. [Sohn des Pelops, Bruder des Atreus, Vater des Ägisthus]; *adi.* Thyestēus 3: preces Verwünschungen *H*.

Thȳĭas, adis, *f.* (Θυιάς) Bacchantin.

thyius 3 (thya) = citreus *Pr*.

Thȳlē s. Thule.

thymbra, ae, *f.* (θύμβρα) Saturei [ein Küchenkraut] *V*.

Thymbraeus 3 v. Thymbra [in der Troas; Beiname des Apollo] *V*.

Thymbrēĭus 3 = phrygisch [vom Fl. Thymbrēs] *O*.

thymus, ī, *m.* u. (§92) **-um**, ī, *n.* (θύμος) Thymian *VH*.

Thȳnia, ae, *f.* das nördl. Bithynien; *adi.* Thȳnus u. Thȳniacus 3 (bi)thynisch *HO*.

thynnus, ī, *m.* (θύννος) Thunfisch.

thyon s. thya.

Thyōnē, ēs, *f.* Th. [Mutter des Bacchus]; dav. **Thyōnēūs**, eī, *m.* = Bacchus *HO*.

Thyreātis, idis, *f.* von Thyrea [St. in der Argolis]: terra *O*.

Thyrreum, ī, *n.* Th. [St. in Akarnanien]; Einw. Thyrreēnsēs *L*.

thyrsus, ī, *m.* (θύρσος) Stengel *Sp*; **occ.** Thyrsus [mit Efeu u. Weinlaub umwundener Stab des Bacchus, mit einem Pinienzapfen an der Spitze] *CaH*.

Tianī, ōrum, *m.* Einwohner v. **Tyana** [in Kappadokien] *Pli.*

tiārās, ae, *m.* u. **-a**, ae, *f.* (ὁ τιάρας, ἡ τιάρα) Tiara [Kopfschmuck orientalischer Könige] *CV.*

Tiberis, is, *m.* der Tiber; *adi.* **Tiberīnus** 3; *f.* nymphae **Tiberīnides** *O*; *subst.* **Tiberīnus**, ī, *m.* Flußgott Tiber [früher König in Alba] *L.* Dicht. **Thybris**, idis, *m.* Th. [der Fluß u. Gott] *VO*; attrib. Thybrides undae *O.*

Tiberius, ī, *m.* T. [Vorname, abgekürzt Ti., Tib.]; bes. Ti. Claudius Nero [der Kaiser Tiberius, 14 n.—37 n. Chr.]; *dem.* **Tiberiolus**, ī, *m.* der liebe T. *T*; *adi.* **Tiberiānus** 3 *T.*

tībia, ae, *f.* **1.** Schienbein *Ph.* **2.** *meton.* [die urspr. beinerne] Pfeife, Tibia; gew. *pl.* [da man meist auf zwei Pfeifen zugleich blies]: tibiis cantare Tibia blasen *N*, cantare carmina tibiis zur Tibia singen *N*; biforem dat tibia cantum zwei ungleich gestimmte Pfeifen *V*, duae dextrae Diskantpfeifen *Ph*, sinistrae Baßpfeifen *Varro*, impares Doppelpfeife [mit hoher und tiefer Stimmung] *O.*   Dav.

tībiālia, um, *n.* Beinbinden *Sp.*

tībī-cen, inis, *m.* (tibia, cano, § 41) Pfeifer, 'Flötenspieler'; *met.* Pfeiler *OSp.*   Dazu

tībicina, ae, *f.* 'Flötenspielerin'.   Und

tībicinium, ī, *n.* 'Flötenspiel'.

Tibullus, ī, *m.* Albius T. [ber. Elegiker, ca. 50—19] *OQ.*

Tībur, uris, *n.*, *abl.* e, *locat.* i Tivoli [an den Wasserfällen des Anio (Teverone), Sommerfrische von Rom]. *Adi.* **1. Tīburs**, rtis; *n. subst.* Gebiet v. T.; Einw. **Tīburtēs**, ium, *m.* **2. Tīburnus** 3 *Pr*; *subst.* **Tiburnus**, **Tiburtus**, ī, *m.* T. [Sohn des Amphiaraus, Gründer von Tibur]. **3. Tīburtīnus** 3 *Pli.*

Tīcīnus, ī, *m.* Ticino [Nebenfl. des Po] *L*; **Tīcīnum**, ī, *n.* Pavia [St. am Ostufer des T.] *T.*

Tīfāta, ōrum, *n.* T. [Höhenzug nördl. von Capua] *L.*

Tifernum, ī, *n.* T. [**1.** St. in Samnium *L.* **2.** St. in Umbrien *Pli*]; **Tifernus** T. [Fl. u. Gebirge in Samnium] *L.*

Tigellius, ī, *m.* M. T. Hermogenes [Sarde, Anhänger u. Günstling Caesars, Gönner von Musikern u. Sängern, Musikdilettant].

tigillum, ī, *n.* (*dem.* v. tignum) kleiner Balken.

tignārius 3 Bauholz-: faber Zimmermann.   Von

tignum, ī, *n.* Balken: cava Fahrzeuge *Pr.*

Tigrānēs, is, *m.* T. [**1.** König von Großarmenien, Schwiegersohn des Mithridates. **2.** dessen Sohn].

Tigrāno-certa, ōrum, *n.* u. **-a**, ae, *f.* 'Tigranesstadt' [Hauptst. von Armenien] *T.*
E: kartha, sem. 'Stadt'.

tigrīnus 3 getigert *Sp.*   Von

tigris, idis (idos) u. is, *pl.* tigres, *m. f.* **1.** Tiger *VHO.* **2.** *m.* Tigris [Fl. in Mesopotamien].
E: iranisch thigra 'spitz, scharf'.

Tigurīnī, ōrum, *m.* die T. [helvetischer Stamm]; *adi.* **Tigurīnus** 3: pagus [j. der Kanton Waadt].

tilia, ae, *f.* Linde; molles mit weichem Holz *O*, lēves glattrindig *V.*

Tīmaeus, ī, *m.* T. [**1.** von Platon fingierte Gestalt, die er als Pythagoreer zur Zt. des Sokrates auftreten läßt (Dialog 'Timaios'). **2.** Historiker aus Sizilien, ca. 350—ca. 250].

Tīmāgenēs, is, *m.* T. [Rhetor und Geschichtsschreiber, Günstling des Augustus] *HQ.*

Tīmāvus, ī, *m.* T. [Fl. zwischen Aquileia u. Tergeste] *V.*

time-factus 3 erschreckt.   Von

timeō 2. uī in Furcht sein, sich fürchten; timens furchtsam; timentes die Furchtsamen; nihil unbesorgt sein, mortem, iudicium; timendus 3 zu fürchten, furchtbar. Verbindungen **1.** mit *inf.* sich scheuen, Bedenken tragen, nicht wollen. **2.** mit indir. Fr. **3.** ne daß, ut, ne non daß nicht. Ferner **a.** nihil de bello in bezug auf, de suo periculo für. **b.** ab aliquo von seiten. **c.** mit *dat.* für: suis rebus, libertati *S*; pro eo *OCu.*

timiditās, ātis, *f.* Furchtsamkeit, Schüchternheit.   Von

timidus 3, *adv.* **ē** (timeo, § 74) furchtsam, scheu, schüchtern, behutsam; mit *gen.* procellae *H*; *inf.* mori *H.*

Tīmoleōn, ontis, *m.* T. [korinthischer Feldherr, gest. ca. 334]; *adi.* **Tīmoleontēus** 3 *N.*

Tīmōlus s. Tmolus.

Tīmōn, ōnis, *m.* T. [Misanthrop aus Athen].

timor, ōris, *m.* (timeo) **1.** Furcht, Besorgnis; mit *gen.* deorum Scheu vor *H*; mit a, de, pro, *inf.* (dicht.), *acc. c. inf. L*; *pl.* Befürchtungen. **2.** person. T. [Gott der Furcht] *VHO.* **3.** *meton.* Schrecken: Aventinae silvae *O*, latronibus *H.*

Tīmotheus, ī, *m.* T. [Sohn des Konon, athen. Feldherr].

tinctilis, e (tingo) flüssig *O.*

tīnctus *pt. pf. pass.* v. tingo.

tinea, ae, *f.* **1.** Motte, Schabe *HO.* **2.** Raupe: agrestes *O.*

Tingitāna provincia = Marokko [nach der St. Tingi, j. Tanger] *T.*

tingō (tinguō) 3. tīnxī, tinctus **1.** benetzen, befeuchten: Pallade membra mit Öl salben *O*, fontem medicamine vergiften *O.* **2.** *occ.* färben: poma puniceo colore *O*; *met.* flumen durchtränken *O*; orator tinctus litteris durchtränkt, ausgestattet.
E: gr. τέγγω, ahd. thunkōn, dunkōn 'tunken'.

tinnio 4. klingeln, klimpern, schellen *C*; *occ.* mit Geld klimpern, zahlen [umgangssprachlich]; *trans.* ertönen lassen *Sp.*   Dav.

tinnītus, ūs, *m.* das Geklirr, Klang *VO*; *met.* Gallionis hohles Wortgeklingel *T.*

tinnulus 3 (tinnio) klingend, schallend *CaO.*

tintinnābulum, ī, *n.* Klingel, Schelle *CPh.*   Zu

tintinō, āre klingen *Ca.*

tīnus, ī, *f.* Schneeball [ein Strauch] *O.*

tīnxī *pf.* v. tingo.

Tīphys, yos, *m.* T. [Steuermann der Argo] *VO.*

Tīresiās, ae, *m.* T. [blinder Wahrsager in Theben].

Tīrō, ōnis, *m.*, M. Tullius T. [geb. um 103 als Sklave im Haus Ciceros, 53 freigelassen. Sekretär u. Freund Ciceros, sammelte dessen Briefe u. entwickelte eine eigene Kurzschrift (tironische Noten); gest. 4].

tīrō, ōnis, *m.* **1.** Rekrut, junger Soldat: exercitus neu, ungeübt *L.* **2.** *met.* Neuling, Lehrling, Schüler, junger Mann.   Dav.

tirocinium 464 **tollo**

tīrōcinium, ī, *n.* (vgl. latrocinium) **1.** erster Kriegsdienst, Unerfahrenheit *L.* **2.** *meton.* Rekruten: contemptum *L.* **3.** *met.* erstes Auftreten *Sp*; Probestück: ponere ablegen *L.*

tīrunculus, ī, *m.* (*dem.* v. tiro) Anfänger, Neuling *Pli.*

Tīrynthius 3 von Tīryns [in der Argolis, Geburtsort der Alkmene]; **1.** tirynthisch: heros, iuvenis *O*, Tirynthius *V* = Herkules; Tirynthia, ae, *f.* = Alkmene *O.* **2.** des Herkules: tela *O.*

tis *C* arch. *gen.* für tui von tu.

tisanārium = ptisanārium.

Tīsiās, ae, *m.* T. [Rhetor um 450].

Tīsiphonē, ēs, *f.* T. [Τισιφόνη 'Mordrächerin', eine der 3 Furien]; *adi.* Tīsiphonēus 3: tempora strafwürdig *O.*

Tītān, ānis, *m.*, meist *pl.* (*abl.* auch Titanis) Titan(en) [Göttergeschlecht, Söhne der Erde (Gaea) und des Himmels (Uranus). Die sechs T. (Oceanus, Iapetus, Coeus, Crius, Hyperion und Cronus) stürzen den Uranus vom Thron; Kronos herrscht, bis ihn Juppiter stürzt und die T. in den Tartarus einschließt; bes. *sg.* Titan = Helios [als Sohn des Hyperion] *VO. Adi.* **1. Tītānius** 3, *f.* **Tītānis**, idis titanisch: pubes = die Titanen *V*, astra = Sonne und Mond *V*; *subst.* **Tītānia**, ae u. **Tītānis**, idis, *f.* Titanentochter [Nachkommin eines Titanen, z. B.: Circe, Tochter des Titan (Helios) *O*, Latona, Tochter des Coeus *O*, Pyrrha, Enkelin des Japetus *O*, Tethys, Titanin *O*, Diana (als Mondgöttin, Schwester des Helios) *O*]. **2. Tītāniacus** 3 *O.*

Tīthōnus, ī, *m.* T. [Sohn des Laomedon, Gatte der Aurora, Vater des Memnon. Aurora erlangte für ihn die Unsterblichkeit; da sie aber nicht um ewige Jugend gebeten hatte, schrumpfte er ein, bis er in eine Heuschrecke verwandelt wurde]; *adi.* **Tīthōnius** 3 des T.: coniunx *O* u. *subst.* **Tīthōnia** = Aurora.

Titiēnsēs s. Titius.

tītillātiō, ōnis, *f.* das Kitzeln; der Kitzel, Reiz. Von

tītillō 1. kitzeln, reizen.
E: vgl. τίλλω 'zupfen'.

tītillus, ī, *m. Ph* = titillatio.

Titius 3 **1.** im *n. g.*; *adi.* Titia lex [über die Quästur]. **2.** vom König Titus (Tatius) herrührend: sodales [Priesterschaft] *T*; auch *sg.*; dav. **Titiēnsēs**, ium (um *L*), *m.* die T. [Angehörige der Tribus und Zenturie Tities, s. Luceres, Ramnes].

titubō 1. **1.** wackeln, wanken, schwanken: vestigia titubata wankend *V*; **occ.** straucheln, stolpern *H. met.* **2.** schwanken, unsicher sein: omnibus titubantibus *N.* **3.** (ver)fehlen: si tantulum titubatum sit.

titulus, ī, *m.* **1.** Auf-, Inschrift: ire per titulum vetiti nominis einen verbotenen Namen darauf schreiben *O*, legis Aufschrift *L*, sepulcri Grabschrift *Pli*; **occ.** Anschlag, Verkaufsanzeige: legit titulum *Pli*, ite sub titulum, Lares beugt euch der Versteigerung *Ti*, sub titulum misit lares *O.* **2.** *met.* **a.** Titel, Ehrenname: regis *Cu*, per titulos ingredimurque tuos folgen dir auf deinen Taten *O*; *meton.* Ehre, Ruhm: praedae *O*, servatae pubis gerettet zu haben *O*, titulum mortis habere die Schuld am Tod *O*, tantae gloriae Ansehen *L.* **b.** Aushängeschild, Vorwand: titulum officii sceleri

praeferre die Pflicht zum Vorwand nehmen für *Cu*, titulum praetendere, praetexere als Grund vorgeben *L.*

Titus, ī, *m.* T. [Vorname, abgekürzt T.]

Tityos, ī, *m.* T. [ein Riese, Sohn der Erde, wollte die Latona entführen; zur Strafe in der Unterwelt angekettet, während Geier an seiner stets nachwachsenden Leber fressen] *VHTiO.*

Tītyrus, ī, *m.* T. [Hirtenname] *V*, appellativ (§ 84, Abs. 2): sit T. Orpheus Hirt *V*; *meton.* = die Eklogen Vergils *O*; = Vergil *Pr.*

Tmarus, ī, *m.* T. [Gebirge bei Dodona] *V.*

Tmōlus u. (nach § 37) **Timōlus**, ī, *m. O* T. [Gebirge u. St. bei Sardes] *T*; *adi.* Tmōlius 3 *O*; *subst. m.* Wein vom Tmolus *V.*

toculliō, ōnis, *m.* Wucherer.
E: τόκος 'Zinsen'.

tōfus u. **tōphus**, ī, *m.* Tuffstein *VO.*

toga, ae, *f.* **1.** die Toga [das offizielle, nationale Obergewand der Römer; daher **togae** oblitus des Römertums *H.* Sie bestand aus einem Kreissegment von weißem Schafwollstoff in 2—3 facher Körperlänge. Doppelt genommen führte man dieses Kleid so um den Körper, daß der linke Arm bis an die Hand darin wie in einer Binde lag, der rechte Arm frei blieb. Freigeborene Knaben trugen bis zum Eintritt ins Mannesalter (togam v i r i l e m sumere) eine purpurverbrämte Toga (p r a e t e x t a), ebenso die kurulischen Beamten; *meton.* quae in toga egregie fecisset seine ausgezeichneten Leistungen im Staatsdienst *T.* In der Trauer trug man schwarze Togen, Amtsbewerber neue, blendendweiße: c a n d i d a. Als Kleid der Dirnen, da sie die Stola nicht tragen durften: muliebris; cura togae um eine Dirne *Ti*]. **2. occ.** Friedenskleid: cedant arma togae. Dav.

togātus 3 **1.** mit der Toga bekleidet: gens *V.* **occ. a.** togata Dirne *H.* **b.** im Friedenskleid. **2.** *meton.* römisch: togata (fabula) die Togata [das römische Nationallustspiel, dessen Personen die toga tragen]; *subst.* togātus, ī, *m.* römischer Bürger: litteratissimus togatorum omnium.

togula, ae, *f.* (*dem.* v. toga) kleine [oder] hübsche Toga.

Tolbiacum, ī, *n.* Z ü l p i c h [St. sw. von Köln] *T.*

Tolēnus, ī, *m.* T. [Fl. im Sabinerland] *O.*

tolerābilis, e, *adv.* **iter** (tolero) **1.** erträglich, leidlich. **2.** geduldig.

tolerandus 3 (tolero) = tolerabilis **1.** *L.*

tolerāns, antis, *adv.* **anter** (tolero) ertragend, duldend, geduldig: laborum *T.* Dav.

tolerantia, ae, *f.* das Ertragen, Erdulden *T.*

tolerō 1. **1.** ertragen, aushalten, erdulden: hiemem; mit *inf. T*, acc. c. *inf. S.* **2.** erhalten, ernähren: vitam fristen, equos. **3. occ. es** noch aushalten: longius, in penatibus isdem *T.* **4.** unterstützen, erträglich machen: alicui egestatem *C.* **5.** Genüge leisten: moenia (= munia) *C.*
E: v. einem *n.* *tolus, eris 'Last'; verw. mit tollo.

Tolētum, ī, *n.* T o l e d o *L*; Einw. Tolētānī *L.*

tollēnō, ōnis, *m.* (tollo) Hebemaschine, Kran *L.* Von

tollō 3. (ai. tulā 'Waagebalken', tulayati 'hebt auf, wägt', gr. τάλας, τόλμα u. a., got. þulan, ahd. dolēn 'ertragen, dulden'; vgl. tuli, [t]lātus; die Perfektformen

Tolosa   465   **torpidus**   **T**

nach § 56, 1 ersetzt durch suffero) sustulī, sublātus **heben**

I. 1. **aufheben, in die Höhe heben**; 2. *occ. a.* (die Feldzeichen erheben =) **aufbrechen**; *b.* (ein neugeborenes Kind aufheben =) **anerkennen und großziehen**; *c.* (Anker) **lichten**; *d.* (jemd. im Wagen oder Schiff) **mitnehmen, an Bord nehmen**; 3. *met. a.* (lobend) **erheben, erhöhen**; *b.* (Gebeugte) **aufrichten**.
II. 1. **erheben**; 2. *met. a.* **stolz machen**; *b.* (Geschrei, Gelächter u. a.) **erheben, anheben, beginnen**.
III. 1. **wegheben, wegnehmen, entfernen, beseitigen**; *met.* 2. (Personen) **beiseite schaffen**; *occ.* **aus dem Weg räumen, töten**; 3. **beendigen, beseitigen, beheben**; 4. **vernichten, vertilgen**; *occ.* **abschaffen, aufheben**.

I. 1. tolluntur aulaea wird in die Höhe gezogen *O*, aliquem in crucem ans Kreuz schlagen, ignem Signalfeuer aufleuchten lassen, freta erregen *H*; b i l d l . onus auf sich nehmen, poenas leiden. **2. a.** signa. **b.** me genitor sublatum (als seinen Sprößling) erudiit *V*, (Helenora) regi serva furtim sustulerat hatte . . . aufgezogen *V*. **c.** sublatis ancoris. **d.** aliquem in currum (equum), in lembum *L*, raedā *H*; naves, quae equites sustulerant an Bord genommen hatten. **3. a.** aliquid altius dicendo, aliquem laudibus in caelum (in astra *V*); honoribus zu Ehrenstellen *H*. **b.** adflictum *L*, amicum *H* trösten, animum alicui *L*. **II. 1.** palmas ad sidera *VO*, mit *dat.* bracchia caelo *O*; *refl.* se super aequora in auras *O*, solio se tollit ab alto steht auf *V*; [von Pflanzen]: se a terra altius emporwachsen; *med.* tollor eo ich steige hinauf *O*, dea tollitur alis erhebt sich, entfliegt *V*. **2. a.** Meist *pass.* proelio sublati Helvetii; *act.* animos tollunt sie zeigen sich stolz *L*. **b.** clamorem (ad sidera *V*), risum *H*; anguis tollit minas erhebt sich drohend *V*, proelia tollunt venti; *refl.* clamor se tollit in auras *V*. **III. 1.** aurum *N*, pecunias e fano; pocula *V*, cibos *H*; farris acervos ernten *O*. **2.** in arduos tollor Sabinos begebe mich hinauf *H*. *occ.* Attalum per Parmenionem *Cu*, Titanas fulmine *H*, aliquem e (de) medio. **3.** alicui spem, timorem, metum; colloquium tolli werde unmöglich, bellum, amicitiam (solem) e mundo, deos leugnen. **4.** Carthaginem zerstören, stirpem sacrum *V*. **occ.** decemviralem potestatem *N*, legem, dictaturam e re p.

Tolōsa, ae, *f.* T. [j. V i e i l l e - T o u l o u s e]; *adi.* **Tolōsānus** 3; Einw. **Tolōsātēs**, ium, *m.*

tōmentum, ī, *n.* (zu tumeo, totus) Polsterung *T.*

Tomis, idis, *f.* T. [j. C o n s t a n t z a , Verbannungsort Ovids] *O*; *adi.* **Tomītānus** 3, *f.* **Tomītis**, idis; Einw. **Tomītae** *O.*

tondeō 2. totondī, tōnsus **1.** scheren, abscheren; *occ.* den Bart scheren: tondenti barba cadebat beim Bartschneiden *V*. **2.** *met.* arbos tonsa comam (*acc. gr.*) beschnitten *O*, ilex behauen *H*, stipulas, prata abmähen *V*, tonsa corona (oliva) rundgeschnitten *V*, comam hyacinthi abpflücken *V*; campum, gramen *O* abweiden, iecur abfressen *V*.
E: § 36, vgl. τένδω 'benagen'.

tonitrua, um, *n.*, *sg.* meist **tonitrus**, ūs, *m.* Donnerrollen, Donnerschläge, Gewitter.   Von

tonō 1. tonuī **1.** donnern; u n p e r s . tonuit *Ennius*; Iove tonante; tonantes equi Donnerrosse *H*; *subst.* Tonans der Donnerer [=Juppiter] *O. met.* **2.** ertönen, dröhnen: tonat Aetna ruinis *V*. **3.** mit Donnerstimme reden: Pericles tonare dictus est; ore deos mit Donnerstimme singen von *V*.
E: ai. tányati, stánati 'donnert', ahd. donar.

tōnsa, ae, *f.* Ruder *Ennius V.*
E: tondeo, 'behauenes Holzstück'.

tōnsilis, e (tondeo) beschnitten *Sp.*

tōnsillae, ārum, *f.* die Mandeln [im Hals].

tōnsor, ōris, *m.* (*tond-tor v. tondeo, § 36) Bartscherer, Barbier, Friseur; *adi.* **tōnsōrius** culter Schermesser, Schere.

tōnstrīcula, ae, *f.* Friseuse.

tōnstrīna, ae, *f.* (*tond-trīna, §§ 36 u. 87, Abs. 2) Barbierstube; *met.* senex est in tonstrina muß 'Haare lassen' *C.*

tōnsus *pt. pf. pass.* v. tondeo.

tonuī *pf.* v. tono.

tōphus s. tofus.

topia, ōrum, *n.* (τόπος) Landschaftsmalerei *Sp.*   Dav.

topiārius, ī, *m.* Ziergärtner; **topiāria**, ae, *f.* Ziergärtnerei.

topica, ōrum, *n.* (τὰ τοπικά) Topik [Sammlung von Gemeinplätzen; Werktitel bei Aristoteles u. Cicero].

toral, ālis, *n.* (torus, § 87) Bettdecke, Sofateppich.

torāria, ae, *f.* (torus) Wärterin, Wartefrau *C.*

torculum, ī, *n.* (torqueo) Weinpresse, Kelter *Pli.*

toreuma, atis, *n.* getriebene Arbeit, Relief.

toreuta, ae, *m.* (τορευτής) Reliefarbeiter, Ziselierer *Sp.*

toreuticē, ēs, *f.* (τορευτική) Reliefkunst, T o r e u t i k , das Ziselieren *Sp.*

tormentum, ī, *n.* (statt *torc-mentum v. torqueo, §§ 17 u. 33) **1. Winde**: falces tormentis introrsus reducere. **2.** *occ.* **a. Wurfmaschine, Geschütz**: bellica *L*. **b.** *meton.* (grobes) **Geschoß**: tormenta mittere. **3. Folterbank, Folter**: aliquem tormentis dedere foltern lassen; *met.* **Marter, Qual, Pein**: fortunae; *occ.* **Zwang**: lene *H.*

tormina, um, *n.* (*torcmina v. torqueo, §§ 17 u. 33) Kolik, Ruhr; *adi.* **torminōsus** 3 an der Kolik leidend.

tornō 1. drechseln; *met.* runden *H.*   Von

tornus, ī, *m.* (τόρνος) Drechseleisen *VSp*; b i l d l . *Pr.*

Torōnē, ēs, *f.* T. [Küstenst. auf der sithonischen Halbinsel in der Chalkidike] *L*; *adi.* **Torōnaeus** *T* u. **-aïcus** 3 *L.*

torōsus 3 (torus) muskulös: collum *O.*

torpēdō, inis, *f.* **1.** Erstarrung, Stumpfsinn *T.* **2.** *meton.* Zitterrochen.   Von

torpeō 2. uī **1.** starren, erstarrt, steif sein. *met.* **2.** (geistig) starr, gelähmt sein: metu *L*, tabellā Pausiacā starr stehen vor *H*, torpet vox stockt *L*, lingua ist gelähmt *Ca.* **3.** *occ.* träge sein: torpent regna veterno liegen in trägem Schlaf *V*, iacent torpentque liegen in träger Ruhe *T.*
E: lit. tirpstù 'erstarren'.   Dav. *incoh.*

torpēscō 3. puī erstarren, erlahmen, erschlaffen.

torpidus 3 (torpeo, § 74) starr, erstarrt, betäubt *L.*

torpor, ōris, *m.* (torpeo) Erstarrung, Lähmung; *occ.* Untätigkeit, Schlaffheit *T*.

torpuī *pf.* v. torpeo oder torpesco.

torquātus 3 (torquis) mit einer Halskette geschmückt: Allecto torquata colubris den Hals mit Schlangen umwunden *O*.

torqueō 2. torsī, tortus (ai. tarkúš, gr. ἄτρακτος 'Spindel', ahd. drāhsil 'Drechsler')

---

1. **drehen, winden**; *occ.* 2. **werfen, schleudern**; 3. **wenden** (ab-, zuwenden); 4. **lenken, leiten**; 5. **ausdrehen, verzerren, verrenken; foltern**; 6. *met.* *a.* **genau untersuchen, prüfen**; *b.* **plagen, martern, quälen, beängstigen**.

---

1. stamina pollice *O*, torta quercus Eichenkranz *V*, tignum aufwinden *H*; aquas remis (spumas *V*) aufwühlen *O*, saxa wälzen *V*, anguis tortus in Kreisen sich windend *V*; sidera kreisen lassen *O*, medios cursūs in der Mitte der Kreisbahn laufen *V*. 2. plumbum, telum *V*, hastas, iaculum *V*, fulmina *V*; aquosam hiemem den stürmischen Regen herabschleudern *V*. 3. oculos ad moenia *V*; aurem ab obscenis sermonibus *H*. 4. ora equi frenis *O*; sententias huc atque illuc *T*, bella *V*. 5. ora; torquentes Folterknechte *T*. 6. *a.* vitam alicuius mero beim Wein ausforschen *H*. *b.* torquetur ab auro *O*, se sich abplagen *Ph*, dolores torquent; torqueor, ne ich fürchte, daß *O*.

torquis, is, *m.*, selten *f.* (vgl. torqueo) 'Gewinde'; Halskette; *met.* Halsjoch, Blumengewinde: e torquibus aptos iunge (boves) *V*, ornatae torquibus arae *V*.

torrēns, entis 1. brennend, glühend, heiß: meridiano sole *L*, pice *V*. 2. *occ. subst. m.* (*sc.* rivus) Wildbach: rapidus *V*; bildl. Wortschwall *TQ*. 3. *met.* wild, reißend, ungestüm: aqua, flumina *V*. Von

torreō 2. torruī, tostus 1. **dörren, trocknen**: farra *O*, fruges flammis am Feuer *V*. *occ.* 2. **braten, backen, rösten**: exta *V*, tosta caro Braten *O*, liba gebacken *O*. 3. **verbrennen, versengen**: flamma torreri, sol torrebat corpora *L*, torrentia agros sidera *H*. 4. *met.* (in Liebe) **entflammen, erglühen lassen**: me torret face mutua Calais *H*, iecur *H*.
E: aus *torseo, § 33; vgl. ai. taršáyati 'läßt dürsten', gr. τερσαίνω 'trocknen', ahd. dorrēn 'verdorren'.

torridus 3 (torreo, § 74) 1. dürr, trocken, ausgetrocknet: farra *O*, fontes, campi *L*, ab incendiis *L*; zona, aestas heiß *V*. 2. *met.* zusammengeschrumpft: pecora t. frigore *L*.

torris, is, *m.* (torreo) dürres Scheit, Brennscheit *VO*.

torsī *pf.* v. torqueo.

tortilis, e (torqueo) gewunden: aurum Goldkette *V*.

tortor, ōris, *m.* (torqueo, §§ 17 u. 33) Folterknecht.

tortuōsus 3 (III. tortus) voller Windungen, gewunden: alvus, amnis *L*; *met.* verwickelt: ingenium verstellt.

I. tortus *pt. pf. pass.* v. torqueo.

II. tortus 3 (torqueo) verfänglich *C*.

III. tortus, ūs, *m.* (torqueo, §§ 17 u. 33) Windung.

torus, ī, *m.* 1. Knoten, **Schleife** [am Kranz]. 2. **Muskel**: lacertorum. 3. **Polster, gepolstertes Lager**: impositus lecto *O*. 4. *synecd.* **Lager, Bett, Sofa**: se toro ponit

wirft sich auf *O*; bildl. herbae *V*, riparum Uferhöhen *V*. *occ.* *a.* **Ehebett**: consors (socia) tori Lagergenossin, Frau *O*; *meton.* **Ehe, Liebe**: torum promittere *O*, sacra tori Vermählungsfeier *O*, obscenus *O*. *b.* **Leichenbett, Bahre**: toro mortua componar *O*.

torvitās, ātis, *f.* Wildheit, finsterer Blick *TSp*. Von

torvus 3 wild, finster, grimmig, schrecklich; adv. torvum clamare, torva tueri *V*.
E: gr. τάρβος 'Schrecken', nhd. 'drohen'.

tōsillae = tonsillae.

tostus *pt. pf. pass.* v. torreo.

tot (aus *toti = ai. táti; vgl. τόσος für *τοτjος) *indecl.* so viele, so viel. Dav.

toti-dem (vgl. idem) *indecl.* ebenso viele; *subst.* ebensoviel *H*.

totiē(n)s (tot) *adv.* sovielmal, so oft; ter die totiensque nocte und ebenso oft *H*.

totondī *pf.* v. tondeo.

tōtus 3, *dat.* toto *PrCu* 1. ganz, voll, in vollem Umfang: Gallia, annus, totā mente; *n. subst.* das Ganze. 2. *pl.* alle, sämtliche, insgesamt: totis copiis, totis viribus mit aller Kraft *PhL*. 3. *met.* ganz, mit Leib und Seele: se totum ei tradere, totus in illis (nugis) ganz versenkt in *H*; ex toto *O*, in totum *Sp* völlig, gänzlich.
E: vgl. tomentum, tumeo, etwa 'gestopft'.

toxicum, ī, *n.* (τοξικόν) Pfeilgift *O*; Gift.

tr = tribunus oder tribunicius.

trabālis, e (trabs, § 75, Abs. 2) 1. Balken-: clavus *H*; sprichw. rem clavo trabali figere 'niet- und nagelfest machen'. 2. balkenartig: telum *V*.

trabea, ae, *f.* Trabea [mit breiten Purpurstreifen (trabs) verzierte Toga]. Als *nomen pr.* **Trabea**, ae, *m.* T. [Komödiendichter um 130]. Dav.

trabeātus 3 mit der Trabea bekleidet *OT*.

trabs, bis, *f.* Balken; dicht. Baumstamm *VO*. Meton. 1. Schiff: sacra = die Argo *O*, Cypria *H*. 2. Dach *H*.

Trāchās, antis, *f.* s. Tarracina.

Trāchīn, īnis, *f.* T. [St. am Öta] *O*; *adi.* **Trāchīnius** 3; *subst.* = Ceyx *O*; **Trāchīniae**, ārum, *f.* 'Die Trachinierinnen' [Tragödie des Sophokles].

tractābilis, e (tracto) mild, nachgiebig, gütig; mare (caelum *V*) non tractabile unnahbar, stürmisch *O*.

tractātiō, ōnis, *f.* (tracto) Behandlung, Bearbeitung: litterarum, dicendi Beschäftigung mit.

tractātus, ūs, *m.* (tracto) Behandlung, Beschäftigung mit: consilia tractatu dura schwer zu behandeln *L*; *occ.* Erörterung *T*.

tractim (traho, § 79) *adv.* in einem Zug, ununterbrochen: t. susurrare *V*; nach und nach: ire *Lukrez*.

tractō 1. (*frequ.* v. traho)

I. (dicht.) **herumzerren, schleppen**.
II. 1. **berühren, angreifen**; 2. *occ.* **handhaben, führen, gebrauchen**; *met.* 3. **führen, leiten, lenken, verwalten**; 4. **jemd. behandeln**; *occ. refl.* **sich...benehmen**; 5. **in die Hand nehmen, behandeln**; *occ.* *a.* **abhandeln, erörtern, besprechen**; *b.* **verhandeln, unterhandeln**.

I. comis antistitam *O*; bildl. in iudiciis. II. 1. ce-

tractus   467   **traho**   **T**

ram pollice kneten *O*, tintinnabulum *C*; sua pericla mit seiner eigenen Gefahr spielen *O*. **2.** gubernacula, tela *L*. **3.** pecuniam publicam, animos einwirken, causas amicorum, rem p. *S*; secundas partes spielen *H*. **4.** mercatores iniuriosius, placidius plebem *S*, se benignius es sich gut gehen lassen *H*. **occ.** ita se in re p. **5.** fabrilia *H*, pauca vi *T*. **a.** eum locum, consilia legatorum *L*, Massiliensium preces *T*. **b.** condiciones; de condicionibus *N*.

I. tractus *pt. pf. pass.* v. traho.

II. tractus 3 (traho) fließend: oratio.

III. tractus, ūs, *m.* (traho) **1.** das Ziehen, Zug: Syrtes ab tractu (vom Zusammenfegen) nominatae *S*, vellera tractu mollire durch Spinnen *O*, tractu in spiram se colligere durch Zusammenziehen *V*, flammarum Lichtstreifen *V*, incertus unsichere Schreibführung *Pr*. **2. occ.** Lage: arborum Reihe *N*, muri, castrorum *L*; *meton.* Landstrich, Gegend: Venafranus, caeli Himmelsgegend, Klima *V*. **3.** *met.* das Hinziehen, Dehnung, Verzögerung: verborum, orationis ruhige Bewegung, belli *T*, historia tractu placet durch Ausführlichkeit *Pli*; temporum Verlauf *Sp*.

trā-didī *pf.* v. trado.

trāditiō, ōnis, *f.* (trado) **1.** Übergabe: urbis *L*. **2.** Bericht: supremorum (vom Ende) *T*.

trāditor, ōris, *m.* Verräter *T*.   Von

trādō 3. didī, ditus (trans-do, § 30)

> 1. übergeben, abgeben, einhändigen; 2. *occ.* *a.* überlassen, übergeben, anvertrauen; *b.* ausliefern; *c.* preisgeben; *d.* (*refl.*) sich hingeben; *met.* 3. überliefern; 4. erzählen, mitteilen, berichten; 5. *occ.* lehren.

1. praedia filio, pecuniam quaestoribus abliefern *L*; consulatum per manus unmittelbar *S*. **2. a.** ei turrim tuendam, imperium navium Syracusano, uxori cogitationes intimas *T*; ei filiam, neptem als Frau *T*; uxorem alteri abtreten *N*; se eius fidei, in eius fidem sich...empfehlen *S*. **b.** arma hostibus, Galliae possessionem ei, servos ad supplicium, aliquem in custodiam. **c.** imperium servo, feris populandas terras *O*. **d.** se totum rei p. (voluptatibus). **3.** mos a maioribus traditus; opes traditae überkommen *Cu*, posteris suis amplitudinem nominis, traditum est is herkömmliche Sitte *LCu*, mit ut, *inf.* **4.** hoc alius alii tradiderat, eius pugnae memoriam posteris *L*; mit *acc. c. inf.*, im *pass. nom. c. inf.*; indir. Fr. **5.** multa de rerum natura iuventuti, praecepta dicendi.

trā-dūcō (§ 30) 3. dūxī, ductus **1.** hinüberführen, -bringen: copias praeter castra am Lager vorüber, multitudinem hominum trans Rhenum in Galliam; mit *acc.* flumen Axonam exercitum; cura in vitulos traducitur geht über auf, wendet sich zu *V*. **2. occ. vorüberführen:** victimas in triumpho *L*, sub iugum *L*; b i l d l. per ora hominum ihn dem Spott preisgeben *L. met.* **3. hinüberziehen,** für etw. **gewinnen:** satas messes alio durch Zauberei *V*; eos ad mansuetudinem, clientelam provinciae ad se, in suam sententiam *L*. **4.** (in ein anderes Verhältnis) **bringen, verset-**

zen: centuriones ex inferioribus ordinibus in superiores, animum a pictura ad rem veritatemque. **5.** hin-, zubringen, **verleben:** vitam tranquille, noctem *L*, vitam per IX annos *T*.   Dav.

trāductiō, ōnis, *f.* **1.** Versetzung: hominis ad plebem. **2.** (*rhet.*) Metonymie.

trāductor, ōris, *m.* Überführer, Überleiter.

trāductus *pt. pf. pass.* v. traduco.

trā-dux, ducis, *m.* (traduco) Weinranke *T*; Sproß *Sp*.

trā-dūxī *pf.* v. traduco.

tragicōmoedia, ae, *f.* Tragikomödie *C*.

tragicus 3, *adv.* ē (τραγικός) tragisch, Tragödien-: (poëta) tragicus Tragödiendichter, actor Schauspieler, poëma Tragödie, ars, cothurnus der Tragöden *H*; *subst.* spirare tragicum Pathos für die Tragödie zeigen *H*; *met.* ignes tragisch *O*, scelus traurig *L*, orator erhaben, pathetisch.

tragoedia, ae, *f.* (τραγῳδία, § 91, Abs. 2) Trauerspiel, Tragödie; *met.* tragoedias excitare Lärm, Spektakel, agere Jammerszenen aufführen, tragoediis tuis perturbor durch dein Pathos.

tragoedus, ī, *m.* (τραγῳδός, § 91, Abs. 2) tragischer Schauspieler.

trāgula, ae, *f.* Wurfspieß [keltischer u. iberischer Völker].

trahea, ae, *f.* Schleife, Walze [wurde über die Ähren gezogen, um das Korn zu enthülsen, vgl. **tribulum**] *V*. Von

trahō 3. trāxī (*inf.* traxe = traxisse *V*, § 54), tractus

> I. **1.** ziehen; 2. *met.* *a.* bestimmen, verleiten; *b.* beziehen; *c.* deuten, auslegen.
> II. **1.** ziehen, schleppen, schleifen; *occ.* hin- und herzerren; *met.* zerrütten; 2. mit sich **fortziehen, wegschleppen;** *occ.* plündern; 3. nach sich, hinter sich herziehen, nachschleppen; *met.* im Gefolge haben; 4. an, in sich ziehen; *met. a.* annehmen, bekommen; *b.* sich aneignen, an sich bringen; 5. heraus-, heraufziehen; *met.* her-, ableiten, entnehmen; 6. zusammenziehen.
> III. **1.** in die Länge ziehen, verlängern; *pass.* sich lang hinziehen; 2. *met.* (Zeit) hinziehen, -bringen, -schleppen.

I. 1. currum *O*, plaustra per montes *V*, crates eggen *V*, naves in saxa *V*; vellera digitis *O*, pensa *O*, purpuras *H* spinnen; natum in conventum *V*; mit *dat.* Astyanacta avo zum Großvater bringen *V*. **2. a.** errore, amore trahi *O*, trahit sua quemque voluptas reißt hin *V*; ad imperii cupiditatem trahi sich hingezogen fühlen *N*, in facinus verlocken *O*, in diversa (in diversas curas *T*) trahi zwischen zwei Entschlüssen schwanken *O*, diversa trahunt duo nomina pectus nach verschiedenen Seiten *O*, Lucanos ad defectionem verleiten *L*, in suam sententiam für sich gewinnen *L*, Teucros in proelia reizen *V*, aliquem in partes *T*; auctores utroque trahunt sind zwischen beiden Angaben geteilt *L*. **b.** crimen in se auf sich nehmen *O*, decus ad consulem *L*. **c.** aliquid in religionem (in prodigium) als religiös bedenklich *L*, non bene consulta in virtutem als Tapferkeit *S*, fortuita ad culpam *T*, cuncta in deterius zum Schlimmeren auslegen *T*.

Traianus   468   **transcurro**

II. 1. eam vi ad templum *Cu*, Hector tractus geschleift *O*; trahi a lictoribus fortgeschleppt werden [zur Hinrichtung] *L*; bildl. plures in eandem calamitatem; turris (arbos) ruinam trahit stürzt ein *V*; bildl. patriae ruinam mit sich in die Vernichtung reißen *O*, aliquem ab incepto ablenken *S*. **occ.** Britanni trahuntur factionibus *T*; bildl. alia huiuscemodi animis trahebant zogen hin und her = stellten sich ...vor *S*; *met.* pecuniam vergeuden *S*. **2.** pecus *V*, silvas *V*, praedas ex agris *L*; bildl. partem doloris wegnehmen *L*. **occ.** trahere rapere *S*, Haeduorum pagos *T*. **3.** pallam *O*, vestem *H*, terrā viscera *O*, fluctus limum trahunt *SV*; corpus fessum *L*, genua aegra *V*; *met.* crepuscula trahunt noctem *O*, tua fata nostrum pudorem *O*, exercitum, turbam prosequentium *L*, quae mox ventura trahuntur das Folgende, die Zukunft *V*. **4.** aquas [beim Schwimmen] *O*, tellus elementa traxit *O*; auras ore *O*, spiritum *Cu*, animam *L* Atem holen, extremum spiritum in den letzten Zügen liegen *Ph*; odorem naribus einziehen *Ph*, gutture amnem einschlürfen *O*; bildl. furorem per ossa in sich aufnehmen *V*. **a.** colorem nigrum, figuram lapidis, faciem virorum *O*, ignes (calorem) 'Feuer fangen' (warm werden) *O*, multa ex vicinorum moribus *T*; nomen ab aliquo *O*, cognomen ex contumelia; nomen tumulati in urbem auf die Stadt übertragen *O*. **b.** regnum *L*, partem patriae hinc halb einheimisch sein *V*, gratiam recte factorum sibi *T*. **5.** ferrum a (e) vulnere, telum de corpore *O*, aquam ex puteis schöpfen; manu telum *O*; bildl. gemitus e corde *O*, vocem a pectore *V*; *met.* licentiam inde *Cu*, originem ab (ex) aliquo *H*. **6.** vincla galeae *O*, vultūs runzeln *O*, vela reffen *V*; septem gyros machen *V*, sinum sich aufbauschen *V*.

III. 1. digitos *O*, aures in spatium *O*; *pass.* quam (zonam) circum extremae trahuntur *V*. **2.** noctem sermone *VO*, vitam in tenebris *V*, inopem senectam *O*, rem in serum *L*; bellum verzögern; moram Verzögerung schaffen *O*, frustra laborem sich vergebens abmühen *V*, segne otium sich träger Ruhe hingeben *T*.

Trāiānus, ī, *m.* M. Ulpius T. [Kaiser 98—117 n. Chr.].

trā-iciō 3. iēcī, iectus (iacio, §§ 30 u. 43) **I. 1.** hinüberwerfen, -schießen, -legen, -bringen: telum, vexillum trans vallum *L*; membra hinüberspringen *O*, funis traiectus um den Mast geschlungen *V*; bildl. arbitrium in omnes übertragen *O*, ex illius invidia aliquid in te. **2.** *met.* **hinüberbringen, -setzen:** legiones in Siciliam *L*, copias (trans) flumen; *refl.* sese in Africam *L*; bildl. verba versetzen, dolore lateris traiecto in cor hat sich ins Herz verlagert *H*. **II. 1. überschreiten, -fahren, -setzen:** ratibus Trebiam *L*; classis ex Africa traicit setzt ... über *L*, nando hinüberschwimmen *L*; bildl. ad nos traiecturum illud incendium (malum) esse werde herüberdringen *L*. **2. durchbohren:** ei femur tragulā; **occ. durchbrechen:** mediam aciem *L*.   Dav.

trāiectiō, ōnis, *f.* Übergang, -fahrt; *met.* in alium das Abschieben auf; (*rhet.*) verborum Wortversetzung, Hyperbaton; veritatis Übertreibung.

I. trāiectus *pt. pf. pass.* v. traicio.

II. trāiectus, ūs, *m.* (traicio) Überfahrt, -gang: in Britanniam; Albulae über die A. *L.*

trālātīcius u. a. = transl...

Trallēs, ium, *acc.* īs **1.** *m.* die Tr. [Volk in Illyrien] *L.* **2.** *f.*, auch Trallīs (Τράλλεις, § 91, Abs. 2) T. [St. in Karien]; *adi.* Tralliānus 3.

trā-m... = trans-m... (§ 30).

trāmes, itis, *m.* (zu trans + meo) **1.** Quer-, Seitenweg: silvae Waldschlucht *V*. **2.** Pfad *VHO.*

trā-natō (§ 30) u. **trāns-natō** 1. āvī hinüber-, durchschwimmen: Gangen.   Vgl.

trā-nō (§ 30) u. **trāns-nō** 1. **1.** hinüber-, durchschwimmen: flumina. **2.** *met.* durchschweben, durchdringen: nubila *V.*

tranquillitās, ātis, *f.* (tranquillus) Meeres-, Windstille, ruhige See; *met.* Gemütsruhe, Frieden.

tranquillō 1. beruhigen: voltum aufheitern *C.*   Von

tranquillus 3, *adv.* ē u. ō **1.** windstill, ruhig: mare; serenitas *L*; *subst.* **tranquillum**, ī, *n.* stille See, Wind-, Meeresstille: tranquillo pervectus Chalcidem *L.* **2.** *met.* **a.** [politisch]: still, ruhig: res p., libertas; *n. subst.* Ruhe *L.* **b.** [geistig]: beruhigt, ungetrübt: animus, vita.

trāns (vor Konsonanten oft nach § 30 trā, vor s: trān) **I.** *adv.* **1.** hinüber, von einem (Ort) zum andern, quer: trans-porto, trans-versus. **2.** darüber hinaus, jenseits: trans-marinus. **3.** hin...durch, durch: trans-figo. **II.** *praep.* beim *acc.* **1.** [bei *verb.* der Bewegung]: über...hin, hin...über, über...hinaus: vexillum t. vallum traicere *L*, t. mare currere *H.* **2.** [bei *verb.* der Ruhe]: jenseits, drüben, über: qui t. Rhenum incolunt.

trāns-abeō, īre, iī (§ 72) hindurchgehen, durchbohren: ensis transabiit costas *V.*

trānsāctus *pt. pf. pass.* v. transigo.

trāns-adigō, ere (§ 72) durch etw. stoßen: ensem costas *V*; hastā unum costas einem durchstoßen *V.*

trāns-alpīnus 3 (trans Alpīs) jenseits der Alpen (gelegen, wohnend), über den Alpen: Gallia, nationes; *subst.* Trānsalpīnī *Sp.*

trān-scendō (trans-scendo) 3. scendī, scēnsus (scando, § 43) **1.** hinübersteigen, -schreiten: in hostium naves, in Italiam *L*; *met.* zu etw. übergehen: (oratione) ad ea *T.* **2.** *trans.* übersteigen, -schreiten: muros scalis *L*, Albim exercitu *T*; *met.* übertreten: ordinem *L*, prohibita *T.*

trān-scrībō (trans-scribo) 3. psī, ptus **1.** über-, umschreiben: tabulas publicas abschreiben; transcribunt urbi matres teilen der Stadt ... zu *V.* **occ. 2.** auf jemd. umschreiben lassen, jemd. schriftlich übertragen: in socios nomina (die Schuldposten) *L*; *met.* auf jemd. übertragen: cuiquam spatium tuae vitae *O*, tua sceptra Dardaniis colonis *V.*

trāns-currō 3. (cu)currī, cursus **I.** *intr.* **1.** hinüberlaufen: in altera castra *L*; *met.* übergehen: ad melius *H.* **2.** vorbei-, vorüberlaufen: praeter oculos regis *O*, transcurrentes im Vorüberfahren, aetas transcurrit vergeht *Pli.* **II.** *trans.* durchlaufen: caelum *V*; *met.* scripta 'überfliegen' *Q.*   Dav.

transcursus   469   **translatus**   T

I. trānscursus, ūs, *m.* kurze Darstellung [in der Rede] *Sp.*

II. trānscursus *pt. pf. pass.* v. transcurro.

trāns-dūcō = traduco.

trāns-ēgī *pf.* v. transigo.

trānsenna, ae, *f.* Netz *CS*; Gitter(fenster); Schaufenster.

trāns-eō, īre, iī, itus

I. *intr.* 1. hinüber-, übergehen; *occ. a.* (zum Feind) übergehen; *b.* (zu einer anderen Partei) übertreten; *met.* zu, in etw. übergehen; 2. vorübergehen.

II. *trans.* über etw. gehen, überschreiten; *occ. a.* durchgehen; *b.* vorübergehen; *met.* übergehen.

I. 1. e suis finibus in Helvetiorum fines, per media castra *S.* **a.** ad Pompeium. **b.** a patribus ad plebem *L*; bildl. in (ad) sententiam eius sich...anschließen *LCu*; m e t . Mosa in Oceanum transit ergießt sich, in humum sich verwandeln *O*, in iram zornig werden *O*; [in der Rede]: alio. **2.** pedites transiere *L*; *met.* dies transiit verstrich, imperium brevi transiturum *T.* **II.** Alpīs *N*, mare; rota transit serpentem geht über *V*; *met.* modum, brevi auditu quamvis magna transibat (*sc.* Vitellius) ging über ... hinweg *T.* **a.** vim flammae überspringen *N*; *met.* leviter unam quamque rem kurz durchgehen, vitam silentio zurücklegen *S*, annum otio *T.* **b.** equum überholen *V*, si non transierit (übertrifft), aequabit *Q*; m e t . rem silentio, minora *Q.*

trāns-ferō, ferre, trānstulī, trānslātus (trālātus, § 30)

---

1. hinübertragen, -bringen, -schaffen; *occ.* vorbei-, vorübertragen; *met.* 2. überschreiten; 3. übersetzen; 4. verlegen, versetzen; 5. (auf andere) übergehen lassen, übertragen; 6. (auf etw. anderes) anwenden; 7. (auf eine andere Zeit) verschieben.

---

1. signa e balneo in cubiculum, ad se ornamenta; transfer te in aedem begib dich *H. occ.* in triumpho militaria signa *L.* **2.** verba in chartas zu Papier bringen *Ph.* **3.** locum a (aus) Dicaearcho. **4.** castra ultra eum locum, concilium Lutetiam, Sullam ex dignitate in impiorum partem, bellum in Italiam *L.* **5.** ut summa imperii transferretur a Lacedaemoniis ad Athenienses überging *N*, causam, crimen, invidiam in aliquem schieben, amorem alio anderem zuwenden *H*; rem in novam speciem verwandeln *O.* **6.** tempus in me custodiendum; verba quae transferuntur, tralata metaphorische Ausdrücke; affectus suos in fabellas in Fabeln einkleiden *Ph.* **7.** sese in annum proximum seine Bewerbung.

trāns-fīgō 3. fīxī, fīxus **1.** durchstoßen, durchbohren: scutum. **2.** dúrchstoßen: hasta transfixa *V.*

trāns-fodiō 3. fōdī, fossus durchstéchen, -bohren.

trāns-fōrmis, e umgeformt, verwandelt.   Von (§ 76)

trāns-fōrmō 1. umbilden, verwandeln *VO.*

trānsfossus *pt. pf. pass.* v. transfodio.

trāns-fretō 1. (fretum) *intr.* über das Meer fahren *Sp.*

trāns-fūdī *pf.* v. transfundo.

trānsfuga, ae, *m. f.* Überläufer, Ausreißer.   Von

trāns-fugiō 3. fūgī (zum Feind) überlaufen, übergehen.

trānsfugium, ī, *n.* (transfugio) das Überlaufen *LT.*

trāns-fundō 3. fūdī, fūsus (in ein anderes Gefäß) umgießen *Columella*; *met.* übertragen: amorem in hanc, in effigies mutas divinum spiritum transfusum (esse) sei ... auf ... übergegangen *T.*

trāns-gredior 3. gressus sum (gradior, § 43) **1.** *intr.* hinüberschreiten, -gehen: in Italiam *L*, Rheno über den Rhein *T*; in Corsicam übersetzen *L*; *occ.* (zu einer Partei) übergehen: in partes Vespasiani *T*; *met.* (zu etw.) übergehen, schreiten: ad infesta *T.* **2.** *trans.* überschreiten: flumen; Appenninum *L*, colonias durchziehen *T.*   Dav.

trānsgressiō, ōnis, *f.* das Überschreiten, Übergang: Gallorum; *occ.* (*rhet.*) Versetzung: verborum.   Und

I. trānsgressus, ūs, *m.* das Überschreiten, Übergang *T.*

II. trānsgressus *pt. pf. act.* v. transgredior.

trāns-iciō = traicio.

trāns-igō 3. ēgī, āctus (ago, § 41) **I.** durchbohren: gladio pectus *Ph*, se gladio *T.* **II.** *trans.* **1.** durch-, vollführen, zustande bringen: transactis rebus *L.* **2.** (ein Geschäft) durchführen, abmachen: rem, negotium, reliqua *S*; *occ. intr.* sich vergleichen, ein Abkommen treffen: cum Chrysogono. **3.** *met. intr.* mit etw. fertig werden, ein Ende machen, abschließen: cum expeditionibus *T*, semel transigitur es hat bei einem Mal sein Bewenden *T*; *occ. trans.* zubringen, verleben: pueritiam *T*, tempus per ostentationem *T*, multum venatibus, plus per otium *T.*

trāns-iī *pf.* v. transeo.

trān-siliō (trans-silio) 4. siluī (salio, § 43) **1.** *intr.* hinüberspringen: in altiorem navem *L*; *met.* übergehen: ab illo consilio ad aliud *L.* **2.** *trans.* überspringen: muros *L*; vada wagen den Sprung über *H*; *met.* **a.** überschreiten: modici munera Liberi *H*; **b.** übergehen, überspringen: rem pulcherrimam.

trānsitiō, ōnis, *f.* (transeo) **1.** das Hinübergehen, Übergehen: imaginum, visionum. **2.** Übergang, das Überlaufen: ad hostem *L.* **3.** Übertritt: ad plebem. **4.** *meton.* Durchgang: perviae.

trānsitō, āre: transitans auf Dienstreisen.

trānsitōrius 3 (transeo) Durchgangs-: domus *Sp.*

I. trānsitus, ūs, *m.* (transeo) **1.** Übergang, das Überschreiten: Alpium *T*; bildl. in undas *O*, versuum von einer Zeile zur andern *Q. occ.* **a.** Durchzug: per agros *L.* **b.** das Vorübergehen: tempestatis; capta in transitu urbs Ninos *T. met.* **2.** Übertritt: ad validiores *T.* **3.** Farbenübergang: t. spectantia lumina fallit *O.* **4.** *meton.* Übergangsort: fossae; Gang, Korridor *Pli.*

II. trānsitus *pt. pf. pass.* v. transeo.

trānslātīcius 3 (translatus, § 30) herkömmlich, überliefert, gewöhnlich: edictum, mos *Ph*, officia *Pli.*

trānslātiō, ōnis, *f.* (translatus, § 30) **1.** Übertragung. **2.** das Abwälzen, Ablehnung: criminis. **3.** (*rhet.*) Metapher.

trānslātīvus 3 (translatus) übertragend: constitutio ablehnende Feststellung; auch *subst. Q.*

trānslātor, ōris, *m.* (transfero) 'Übertrager': quaesturae.

trānslātus *pt. pf. pass.* v. transfero.

transluceo 470 **tremulus**

trāns-lūceō, ēre hervorleuchten, durchschimmern *O.*
trāns-marīnus 3 (trans-mare) überseeisch.
trāns-meō, āre durchziehen, passieren *T.*
trāns-migrō, āre übersiedeln: Veios *L.*
trāns-mineō, ēre (vgl. promineo) hindurchragen *C.*
trāns-mīsī *pf.* v. transmitto.
trānsmissiō, ōnis, *f.* u. **-missus**, ūs, *m.* Überfahrt. Von
trāns-mittō. 3. mīsī, missus (§ 30) **I.** *trans.* **1.** hinüber-schicken, hinübergehen lassen: equitatum über (den Fluß) setzen lassen, bellum in Italiam hinüberspie-len *L*, exercitum per fines durchziehen lassen *L*, transmissum per viam tigillum quer über die Straße gehend *L*, venenum exsoluta alvo von sich lassen *T*, vim in me gegen mich loslassen *T*, favonios durchlas-sen *Pli.* *met.* **2.** überlassen: poma servis *T*, Pompeio bellum anvertrauen, tempus suum temporibus ami-corum widmen. **3.** vorübergehen lassen: tempus zu-bringen *Pli*, febrium ardorem überstehen *Pli*, secessūs voluptates durchmachen *Pli.* **4.** unbeachtet lassen: Gangem aufgeben *Cu*, Iunium mensem verstreichen lassen *T*, nomen (Scaurum) silentio auslassen, über-gehen *T.* **II. 1.** *intr.* hinüberziehen, überfahren, -set-zen: Cyprum *Cu*, ex Sardinia in Africam *L.* **2.** über-schreiten: Hiberum *L*, campum (cursum) durch-eilen *V*; plumbo durchmessen *O.*
trāns-montānī, ōrum, *m.* (trans montes) die Stämme jenseits des Gebirges *L.*
trāns-moveō, ēre versetzen *T.*
trāns-mūtō, āre umändern *H.*
trāns-n . . . s. tra-n . . .
trāns-padānus 3 (trans Padum) jenseits des Po, am linken Po-Ufer: Gallia [zwischen Po u. Alpen] *L*; *pl.* *subst.* *m.* die Transpadaner.
trāns-pōnō 3. posuī, positus **1.** übersetzen: mili-tem *T.* **2.** hinüberschaffen lassen: onera in flumen *Pli.*
trānsportātiō, ōnis, *f.* Wanderung *Sp.* Von
trāns-portō 1. **1.** hinüberbringen, -schaffen: copias se-cum *N*, iumenta; *occ.* verweisen: aliquem in insu-lam *Sp.* **2.** über . . . bringen: milites flumen; fluenta über die Flut *V.*
trānspositus *pt.* *pf.* *pass.* v. transpono.
trāns-posuī *pf.* v. transpono.
trāns-rhēnānus 3 (trans Rhenum) rechtsrheinisch; *pl.* *subst.* die rechtsrheinischen Stämme.
trāns-s . . . s. tran-s . . .
Trāns-tiberīnī, ōrum, *m.* (trans Tiberim) jenseits des Tibers [in Trastevere] befindlich.
trāns-tineō, ēre (teneo) hindurchreichen, -gehen *C.*
trānstrum, ī, *n.* (zu trans) Ruderbank; *pl.* Verdeck.
trāns-tulī *pf.* v. transfero.
trān-sultō, āre (*frequ.* v. transilio) hinüberspringen *L.*
trān-suō 3. sūtus durchstechen: exta verubus *O.*
trānsvectiō, ōnis, *f.* **1.** Überfahrt. **2.** das Vorbeireiten, Musterung, Paradezug *Sp.* Von
trāns-vehō 3. vēxī, vectus **1.** hinüberführen, -bringen: militem, naves plaustris *L*; *occ.* vorbeiführen: spo-lia carpentis *L.* *pass.* hinüberfahren: in Afri-cam *S*; *occ.* vorbeifahren, -reiten *T*; equites transve-huntur defilieren *L.* **3.** *met.* vorübergehen, verstrei-chen: transvectum tempus *T.*

trāns-verberō 1. durchstechen, -bohren.
trānsversārius 3 querliegend: tigna Querbalken. Von
trāns-versus, altl. **trāns-vorsus** (§ 50 am Ende) 3 (verto) querliegend, schief, schräg: fossa Quergraben, viae Querstraßen, tramites *L*, transverso itinere quer, schief *L*; collis transvorso itinere porrectus der sich quer zur Marschrichtung erstreckte *S*; itinera Flanken-märsche *S*, proelia Flankenangriffe *S*; *n.* *pl.* *adv.* trans-versa tueri scheel *V*, fremere seitwärts *V*; bildl. tra-versa incurrit misera fortuna rei p. trat in den Weg, transversum iudicem ferre auf Abwege *Q*; de, ex transverso unvermutet.
trāns-vēxī *pf.* v. transveho.
trāns-volō 1. āvī **1.** *intr.* hinüberfliegen, -eilen: in alte-ram partem *L.* **2.** *trans.* überfliegen: Alpes eilig über-schreiten; *occ.* vorbeifliegen: aridas quercus *H*; *met.* vorübereilen: in medio posita liegen lassen *H.*
transvorsus [altl.] s. transversus.
trapētum, ī, *n.* Ölpresse *V.*
E: τραπέω 'Trauben treten'.
trapezīta, ae, *m.* (τραπεζίτης) Geldwechsler *C.*
trapezophorum, ī, *n.* (τραπεζόφορον) 'Tischträger', verzierter Fuß [einer Tischplatte].
Trapezūs, ūntis, *f.* Trabzon [St. an der Südküste des Schwarzen Meeres] *CuT.*
trāsenna = transenna.
Trasumēnus u. **Trasumennus** [oder] **Trasimēnus** lacus Trasimenersee [in Etrurien]; *adi.* *O.*
trā-v . . . = trans-v . . . (§ 30).
trāxī *pf.* v. traho.
Trebātius, C. T. Testa [Jurist; Freund Ciceros].
Trebia, ae, *m.* Trebbia [Nebenfl. des Po] *NL.*
Trebiānī, ōrum, *m.* Einwohner von Trebiae [St. in Um-brien] *Sp.*
Trebula, ae, *f.* **1.** T. Mutusca (Mutusca *V*) [St. im Sa-binerland]. **2.** T. [St. in Kampanien] *L*; *adi.* Trebulā-nus 3; *n.* *subst.* Landgut bei T.
trecēnī 3 (aus *trecent-sni, § 30, v. trecenti) je dreihun-dert.
trecentēsimus 3 der dreihundertste. Von
tre-centī 3 (St. trī- in tria, u. centum) dreihundert; *syn-ecd.* 'tausend', unzählige *H.*
trē-decim (statt trēs-decem, §§ 30 u. 67) dreizehn.
tremebundus 3 (tremo) zitternd *O.*
treme-faciō 3. fēcī (§§ 67 u. 64, Anm.; vgl. tremo) zit-tern machen, zum Zittern bringen; *pass.* **tremefīō**, fierī, factus erzittern.
tremendus 3 (tremo) grauenerregend, schreck-lich *VHO.*
tremēscō s. tremisco.
tremibundus *Lukrez* = tremebundus.
tremīscō u. **-ēscō**, ere erzittern, erbeben: arma vor *V*; mit *inf.* fürchten *V.* *Incoh.* zu
tremō 3. muī (τρέμω) **1.** zittern, beben, zucken. **2.** *trans.* vor etw. zittern: virgas *L.* Dav.
tremor, ōris, *m.* das Zittern, Beben.
tremuī *pf.* v. tremo.
tremulus 3 (zu tremo, wie credulus zu credo) zitternd, bebend: mare unruhig *O*, vestes flatternd *O*, cantus zittrig *H*; artus gelenkig *Lukrez.*

trepidanter | 471 | **tribuo** | T

trepidanter (trepido) *adv.* ängstlich.

trepidātiō, ōnis, *f.* das Durcheinanderlaufen, Unordnung, Verwirrung, Unruhe: ferentium ängstliche Eile *T.* Von

trepidō 1. **1.** sich hin und her wenden, zappeln, in unruhiger Bewegung sein: pectus trepidat klopft *O*, equus scheut *O*, exta trepidantia zuckend *O*, pennā trepidante mit hastigem Flügelschlag *O*, aqua (lympha) trepidat eilt, schießt dahin *H*, trepidant flammae flackern *H*; mit *inf.* eilen *H. met.* **2.** unsicher sein, schwanken: inter fugae pugnaeque consilium *L*; mit *inf.* zögern *V.* **3.** durcheinanderlaufen, eilen, hasten, rennen: ad arcem *S*, circa advenam umschwärmen *L*; totis castris trepidatur herrscht Durcheinander; formidine *O*; *occ.* in Verwirrung, Aufregung sein: morte futura sich ängstigen *O*; trepidantes aufgeregte, verwirrte Leute *T.* Von

trepidus 3, *adv.* ē **1.** unruhig, verwirrt, aufgeregt: unda *O*, ahenum wallend *V*; pes, os *O*; curia ratlos *L*, fuga wirr *L*, omnes metu trepidi *S*; rerum aufgeregt über *V*, admirationis infolge von *T.* **2.** voll Unruhe, beunruhigend, verwirrend: litterae aufregende Botschaft *Cu*, res unruhige Zeitläufte, gefährliche, mißliche Lage *L*, Verwirrung *S*.
E: ai. tr̥prá-s 'hastig', gr. τραπέω 'Trauben treten'.

trēs, tria, *acc.* auch trīs (ai. tráyas, *n.* trī́, gr. τρεῖς, τρία, ahd. drī) **1.** drei; *subst.* tres drei Leute, haec tria diese drei Dinge. **2.** *synecd.* ein paar: te tribus verbis volo auf ein paar Worte *C.*

trēs-virī, trium virōrum s. triumvir.

Trēvir, ī, *pl.* **Trēvirī** u. **Trēverī**, ōrum, *m.* der (die) Treverer [kelt.-germ. Mischvolk um T r i e r (§ 85, Abs. 3)]; *adi.* Trēvericus 3 *T.*

triangulum, ī, *n.* (angulus, § 66) Dreieck.

tri-angulus 3 dreieckig *Sp.*

triāriī, ōrum, *m.* T r i a r i e r [Reserve; die ältesten u. erfahrensten Soldaten, die das 3. Treffen bildeten]; s p r i c h w. res ad triarios rediit = es ist bis zum Äußersten gekommen *L.*

Triballī, ōrum, *m.* die T. [thrakischer Stamm in O-Serbien] *Cu.*

tribas, adis, *f.* (τριβάς) lesbisch veranlagte Frau *Ph.*

Tribocēs, um u. **-ī**, ōrum, *m.* die T. [germ. Stamm im Elsaß].

tribolus = tribulus.

tribuārius 3 (tribus) auf die tribus bezüglich, Tribus-: res; crimen Vorwurf, die Tribus bestochen zu haben.

tribuī *pf.* v. tribuo.

tribūlis, is, *m.* (tribus, § 75, Abs. 2) Tribusgenosse, Landsmann; conviva der zum Essen eingeladene Tribusgenosse *H.*

trībulum, ī, *n.* (tero) Dreschwagen [wie die trahea (s. d.) verwendet] *V.*

tribulus, ī, *m.* (τρίβολος) Burzeldorn [distelartiges Unkraut] *VO.*

tribūnal, ālis, *n.* (tribunus, § 87) **1.** Richterbühne, Richterstuhl, Tribüne [eine hölzerne, halbkreisförmige Bühne, zu der Stufen emporführten]: de tribunali citari amtlich, sedens pro (vorn auf) tribunali *L*; cornu tribunalis die Seite, der Ausläufer *T.* **2.** *met.* Feldherrnsitz [im La-

ger]: regium *L.* **3.** *meton.* **a.** Gericht: certum. **b.** die Richter: quem spectat omne tribunal *H.* **4.** Loge [im Theater] *Sp.* **5.** Trauergerüst: Epidaphnae, quo in loco vitam finierat *T.*

tribūnātus, ūs, *m.* (tribunus) **1.** Volkstribunat. **2.** Militärtribunat.

tribūnicius 3 die Tribunen betreffend: comitia zur Wahl der Volkstribunen; viatores Gerichtsboten; *subst.* gewesener Volkstribun *L.* Von

tribūnus ī, *m.* (tribus)

---

1. Tribusvorsteher, Tribun (selten, dafür curator tribus); **2. tribunus Celerum**: Reiterkommandant; **3. tribunus aerarius**: Ärartribun; **4. tribunus militum, militaris**: Militärtribun; **5. tribuni militum consulari potestate** u. **tribuni consulares**: Militärtribunen mit Konsulargewalt *L*; **6. tribunus plebis** (plebi, plebei), **tribunus**: Volkstribun.

---

1. tribuni Manlium de saxo Tarpeio deiecerunt *L.* **2.** Nur in der Königszeit. **3.** Die mit der Auszahlung des Soldes betrauten Beamten der Tribus; den Rittern fast gleichgestellt; bildeten 70—46 die dritte Richterdekurie. **4.** Die Stabsoffiziere der Legion, teils vom Feldherrn, teils vom Volk in Rom gewählt. Bei jeder Legion standen sechs, die im Befehl so abwechselten, daß auf zwei Monate alle Tage zwei einander ablösten. **5.** Vorwiegend aus militärischen Erfordernissen 444—367 gewählte Ersatzbehörde des Konsulats. **6.** Um 490 erhielt die Plebs die Schutzbehörde der tribuni. Sie mußten Plebejer sein und wurden in den Tributkomitien gewählt. Ihre Zahl wurde 449 auf zehn bestimmt. Sie besaßen neben der Immunität zunächst das i u s a u x i l i i zur Verhinderung ungerechter Maßregeln der Beamten, des Senats und vor Gericht, wo sie durch ihre intercessio den Richterspruch ungültig machen konnten. Dieses Interzessionsrecht traf schließlich alle Maßnahmen aller Magistrate, sogar Senatsbeschlüsse und Wahlen. Im S e n a t hatten sie urspr. nur das Recht, an der Tür sitzend das ius auxilii auszuüben, aber auch hier errangen sie allmählich volles Interzessionsrecht, Sitz und Stimme, ja das Recht, den Senat einzuberufen. Gegenüber dem V o l k hatten sie das Recht, Versammlungen (contiones) einzuberufen und zu leiten; bes. hatten sie den Vorsitz bei den comitia tributa, deren Wirkungskreis immer größer wurde. Ebenso durften sie über Ungehorsame Geldstrafen verhängen, ja sie hatten sogar das ius prensionis gegen Private und Beamte. Seit Augustus bildete die tribunicia potestas einen wesentlichen Teil der kaiserlichen Gewalt. Daneben bestanden die alten Volkstribunen fort, aber ihre Bedeutung war geschwunden.

tribuō 3. uī, ūtus (tribus)

I. **1.** einteilen; **2.** austeilen, verteilen.
II. **1.** zuteilen, verleihen, erteilen; *met.* **2.** erteilen, verleihen, erweisen, gewähren, schenken; **3.** *occ.* **a.** zugestehen, einräumen; **b.** zuschreiben, anrechnen, als etw. auslegen; **c.** (Zeit) aufwenden, einer Sache widmen.

tribus   472   **tripartitus**

I. 1. rem in partes. 2. equitibus sesceni denarii tributi *Cu*, pecunias *T.* II. 1. alicui beneficia *N*, bene meritis praemia. 2. alicui turis honorem göttliche Verehrung *O*, nomina sibi deorum sich beilegen *O*, voluntatem beneficiis beweisen für, gratiam abstatten, laudem spenden. 3. a. aliquid rei p.; alicui multum, omnia (plus, plurimum) jemd. hoch, überaus (mehr, sehr) schätzen, auf jemd. ... halten, alicui libentissime jemd. zu Willen sein, in vulgus jedermann zu Willen sein. b. casus adversos hominibus *N*, id virtuti hostium; hoc illi superbiae ihm als Übermut auslegen *N*; magnopere virtuti pochen auf. c. tempora aut litteris aut rei p. *N*, XI dies comitiis perficiendis.

tribus, ūs, *f.* (*dat.* u. *abl. pl.* tribubus) 1. Volksabteilung, Bezirk, Tribus. [Es gab vier städtische (urbanae) und 26, später 31 ländliche (rusticae). Jede Tribus hatte fünf centuriae seniorum, fünf iuniorum; jeder Vollbürger mußte in eine Tribus eingeschrieben sein (tribu [e]movere ausstoßen). Diese Einteilung war Grundlage des Zensus, der Kriegssteuer (tributum), der militärischen Aushebung und großenteils der Wahlen (in tribu = in comitiis tributis *C*).] 2. die Stimmen einer Tribus: tribum Papiriam (unam) ferre die Stimmen der tribus Papiria [nur einer Tribus] erhalten *L*; *met.* grammaticae die Stimmen der Kritikerzunft *H.*

tribūtārius 3 (tributum) 1. die Abgaben betreffend: tabellae die Geschenke versprechen. 2. tributpflichtig *Sp.*

tribūtim (tribus, § 79) *adv.* tribusweise, nach Tribus; **occ.** in den Tributkomitien *L.*

tribūtiō, ōnis, *f.* (tribuo) Verteilung.

tribūtum, ī, *n.* (tribuo) Abgabe, Steuer, T r i b u t .

I. **tribūtus** *pt. pf. pass.* v. tribuo.

II. **tribūtus** 3 (tribus) nach Tribus eingerichtet: comitia *L.*

trīcae, ārum, *f.* 1. Possen, Unsinn *C.* 2. Widerwärtigkeiten.

Tricastīnī, ōrum, *m.* die T. [kelt. Volk zwischen Drôme u. Isère] *L.*

Tricca, ae, *f.* T r i k a l a [St. in Thessalien] *L.*

trīcēnī 3 (triginta) je dreißig: stipendia dreißigjährig *T.*

trīcē(n)simus 3 (triginta) der dreißigste; hodie tricensima sabbata Neumondfest und Sabbat [andere Lesart *subst.*: tricensima, sabbata] *H.*

tri-ceps, cipitis (caput, § 41) dreiköpfig.

trichila, ae, *f.* Lusthäuschen, Laube.

trīciē(n)s (triginta) *adv.* dreißigmal.

triclīniāria, um, *n.* Lagerpolster *NSp.*   Von

triclīnium, ī, *n.* (τρίκλινον) Speisesofa; *meton.* Speisezimmer.

trīcor 1. (tricae) Winkelzüge machen, zögern.

tri-corpor, oris (§ 66) dreileibig: umbrae forma [des Geryon] *V.*

tri-cuspis, idis (§ 66) dreizackig *O.*

tri-dēns, entis (§ 66) 1. *adi.* dreizackig: rostra *V.* 2. *subst. m.*, *abl.* i u. e Dreizack.   Dav.

tridenti-fer u. **-ger** (§ 66), *m.* den Dreizack führend *O.*

trī-duum, ī, *n.* Zeit(raum) von drei Tagen, drei Tage.

triennia, ium, *n.* (annus, § 43) jedes dritte Jahr gefeiertes Bacchusfest *O.*

tri-ennium, ī, *n.* (annus, § 43) Zeit(raum) von drei Jahren.

triēns, entis, *m.* (tria) Drittel; [als Münze]: Drittelas.

trientābulum, ī, *n.* (triens) Drittelersatz *L.*

triērarchus, ī, *m.* (τριήρ-αρχος) Trierenführer *T.*

triēris, e (*sc.* navis) Schiff mit drei Reihen von Ruderbänken, Triere; auch *subst. N.*

Trietēris, idis, *f.* (τριετηρίς) die im dritten Jahr (alle zwei Jahre) wiederkehrende Bacchusfeier; *adi.* **trietēricus** 3 alle zwei Jahre wiederkehrend *VO.*

tri-fāriam (vgl. bi-fariam) *adv.* an drei Stellen *L.*

tri-faux, cis (fauces, § 66) aus drei Schlünden *V.*

tri-fidus 3 (findo, § 66) dreizackig *O.*

tri-folium, ī, *n.* (tres, folium; § 60) Klee *Sp.*

tri-fōrmis, e (forma, § 66) dreigestaltig: mundus [Erde, Himmel, Meer] *O*, diva (dea *O*) = Artemis [als Luna—Diana—Hekate] *H.*

trīgārius, ī, *m.* (trīga = *tri-iuga) Lenker eines Dreigespanns *Sp.*

tri-geminus 3 (§ 66) 1. Drillings-: filii, fratres *L.* 2. dreifach: spolia, victoria *L*; porta die P. Trigemina [gegenüber der nördl. Ecke des Aventin (mit drei Torbogen)] *L.*

trīgēnsimum *adv.* dreißigmal.   Von

trīgē(n)simus = tricesimus.

trīgintā (vgl. τριάκοντα) dreißig.

trigōn, ōnis, *m.* Ballspiel [zwischen drei Personen] *H.* Zu

trigōnum, ī, *n.* (τρίγωνον) Dreieck *Sp.*

tri-lībris, e (libra, § 66) dreipfündig *H.*

tri-linguis, e (lingua, § 66) dreizüngig, -sprachig *H.*

tri-līx, līcis (licium, § 66) dreifädig, dreidrähtig *V.*

tri-mē(n)stris, e (mensis, § 66) dreimonatig.

Trimerus, ī, *f.* T. [kleine Insel nördl. vom Gargano] *T.*

tri-metrus 3 (τρίμετρος) trimetrisch, drei Metren (Doppelfüße) enthaltend: versus *Q*; *subst.* trimetrus Trimeter.

tri-modium, ī, *n.* Gefäß v. 3 modii *C.*

trīmus u. *dem.* **trīmulus** 3 (*tri-himus, § 8, Anm., zu hiems) dreijährig.

Trīnacria, ae, *f.* (Τρινακρία — τρεῖς ἄκραι) = Sizilien *VO*; *adi.* **Trīnacrius** 3; **Trīnacris**, idis, *f. O*; *subst.* = Sizilien *O.*

trīnī s. trinus.

Trinobantēs, um, *m.* die T. [Volk nördl. von London].

tri-nōdis, e (nodus, § 66) dreiknotig *O.*

Trinovantēs = Trinobantes.

tri-nummus, ī, *m.* (§ 66) drei Sesterze, 'Dreigroschenstück' [Komödie des Plautus].

trīnus 3 (tria), meist *pl.* (aus *tri-snus, § 30) je drei, beim *pl. tantum* drei: catenae dreifach, in trinis annalibus bei drei Annalisten *L*; numina 'selbdritt', drei zusammen *O*; trinum nundinum s. nundinus.

triō, ōnis, *m.* (tero, trivi) 'Dreschochse' *Varro*; *meton. pl.* Großer Bär [Gestirn] *VO.*

Triōcalīnum, ī, *n.* Gebiet v. Triōcala (*n.*) [in Sizilien].

Triopēïus, ī, *m.* = Erysichthon [Sohn des thessalischen Königs Triopās] *O*; **Triopēïs**, idis, *f.* = Mestra [Tochter des Erysichthon] *O.*

tri-partītus u. (§ 43) **-pertītus** 3 in drei Teile geteilt: regiones; exercitus *T*; **occ.** divisio in drei Teile; *abl. n.*

tripedalis   473   **trochaeus**

adv. **tripertītō** in drei Abteilungen, Teilen: t. rem dividere in drei Teile.

tri-pedālis, e (pes, § 66) drei Fuß lang *L.*

tri-pertītus s. tripartitus.

tri-pēs, pedis (pes, § 66) dreifüßig.

Triphӯlia, ae, *f.* T. [die Südhälfte der Landsch. Elis] *L.*

tri-plex, plicis (plico) **1. dreifach gefaltet:** aes 'drei Lagen Erz' *H.* **2.** *met.* **dreifältig, dreifach:** forma [Cerberus, Geryones] *O*, cuspis Dreizack *O*, regnum [Erde, Meer, Unterwelt] *O*, mundus [Himmel, Erde, Meer] *O*, animus [ratio, ira, cupiditas], gens aus drei Stämmen *V*; *pl. m. subst.* Schreibtafel mit 3 Blättern. **3. occ. a. dreifach:** acies, murus *V*; *n. subst.* das Dreifache *L.* **b. drei (miteinander):** deae = die Parzen *O*, Minyeides [die drei Töchter des Minyos] *O*, Diana [Diana—Luna—Hekate] *O.*

triplinthius 3 (τριπλίνθιος) drei Ziegel dick *Sp.*

Tripolis, is, *f.* T. [Τρίπολις 'Dreistadt'. 3 Ortschaften **1.** in Arkadien *L.* **2.** im nördl. Thessalien *L*]. **3.** T. [St. im südl. Thessalien] *L*; *adi.* zu **2.** Tripolītānus 3 *L.*

Triptolemus, ī, *m.* Tr. [Heros von Eleusis, Einführer des Ackerbaues, Richter in der Unterwelt]; s p r i c h w. Triptolemo dare fruges = etw. Überflüssiges tun *O.*

tripudiō, āre den Waffentanz tanzen *L*; *met.* frohlocken.   Von

tri-pudium, ī, *n.* (vgl. re-pudium) **1.** dreischrittiger Waffentanz *L.* **2.** *synecd.* Waffentanz: Hispanorum *L.* **3.** (günstiges) Vorzeichen: solistimum günstig [wenn die heiligen Hühner so gierig fraßen, daß ihnen das Futter aus den Schnäbeln fiel] *L.*

tri-pūs, podis, *m.* (τρίπους) **1.** Dreifuß, dreifüßiger Kessel. **2.** Dreifuß [der Pythia]; *meton.* mitti ad tripodas = zum delphischen Orakel *O.*

tri-quetrus 3 dreieckig: insula = Britannien; tellus = Sizilien *H.*
E: tri- 'drei', § 66, u. *quatrus, altl. = quadrus, § 43.

tri-rēmis, e (tres, remus, § 66) mit drei Reihen von Ruderbänken: (navis) triremis; auch *subst.* **trirēmis**, is, *f.* Trireme.

trīs s. tres.

trīstis, e **1. unglückverheißend, trauerbringend, unheilvoll, gefährlich:** fata *O*, morbus *VO*, responsum *L*, Erinys, somnia *V*, bella, kalendae *H*, Hyades, Orion [als Regenbringer] *H*, remedia schädlich *L*; *subst.* triste lupus stabulis ein Schrecken *V*; *acc. adv.* resonare triste *H.* **2. occ. a. unfreundlich, ernst, streng:** senex *N*, vita, antiquitas *T.* **b. grämlich, mürrisch, verdrießlich:** vultus, sermo *H.* **c. grimmig, hart, finster:** navita (Charon) *V*, irae *VH*, dicta *T. met.* **3. widerlich, abstoßend, bitter, herb:** sapor *O*, lupinum, amurca *V.* **4. traurig, betrübt:** amici *H*, officium *O*, dona Totengaben *V*, eventus trauervoll *L.* Dav.

trīstitia, ae u. **-ēs**, ēī, *f.* **1.** unfreundliches Benehmen: tristitiae causa *PrO.* **2.** finsteres, strenges Wesen, Härte: rei. **3.** Traurigkeit, Trauer: temporum traurige Zeiten.

tri-sulcus 3 (§ 66) dreizackig *O*, lingua dreispitzig *V.*

trīticeus 3 Weizen-: messis *V.*   Von

trīticum, ī, *n.* (tero, I. tritus) Weizen.

Trītōn, ōnis, *m.* **I.** T. [Meergott, Sohn des Neptun].

II. Tritonsee [in Afrika bei Tripolis, Geburtsstätte der Pallas Athene]. Zu **II. 1. Trītōnius** 3 u. **Trītōnis**, idis, *f.* vom Tritonsee stammend: Pallas, virgo *V*; *subst.* Tritonia *V*, Tritonis *O* = Pallas; *meton.* von der Pallas stammend: pinus = die Argo *O*, arx 'Pallasburg', Athen *O.* **2. Trītōniacus** 3 von der Pallas: harundo = Rohrflöte *O*, palus [See in Thrakien] *O.*

trītūra, ae, *f.* (tero, I. tritus) das Dreschen *V.*

I. trītus 3 (tero) **1.** abgerieben: subucula abgenutzt *H*, Appia glattgefahren *O. met.* **2.** geübt: aures. **3.** oft gebraucht, gewöhnlich: spatium *O*, proverbium, iter, nomen gebräuchlich.

II. trītus, ūs, *m.* (tero) das Reiben.

III. trītus *pt. pf. pass.* v. tero.

triumphālis, e (triumphus, § 75, Abs. 2) zum Triumph gehörig, Triumph-: corona *L*; *subst.* **triumphālia**, ium, *n.* Ehrenzeichen des Triumphators *T*; senex der triumphiert hat *LO*; imagines triumphgeschmückt *H.*

triumphō **1. 1.** triumphieren, einen Triumph feiern: de Mithridate, ex urbe über; equi triumphantes des Triumphwagens *O.* **2.** *trans.* über etw. triumphieren, besiegen: t r i u m p h a t i magis quam v i c t i sunt man hat über sie Siege mehr gefeiert als errungen *T*; triumphatus orbis überwunden *O*, triumphati Medi *H*; **occ.** bos, aurum erbeutet *O.* **3.** *met.* triumphieren, frohlocken: gaudio.   Von

triumphus, ī, *m.* (gr. θρίαμβος) Siegeszug, Triumph: triumphum deportare ex provincia erringen, agere halten; de classe, ex Etruria *L.*

trium-vir, virī, *m.* (§ 62) der Triumvir [Mitglied eines Kollegiums von drei Männern]; *pl.* **trium-virī**, ōrum, ûm u. **trēs-virī**, ōrum, *m.* die Triumvirn. **I.** O r d e n t l i c h e Magistrate: **1.** triumviri capitales [eine Behörde, die die Aufsicht über den polizeilichen Ordnungsdienst u. die Gefängnisse führte u. die Hinrichtungen anordnete = t. carceris lautumiarum. Als Hüter der nächtlichen Ruhe hießen sie t. nocturni *L*]. **2.** triumviri aere argento auro flando feriundo [mit der Münzprägung beauftragt = t. monetales]. **II.** A u ß e r o r d e n t l i c h e Magistrate: **1.** coloniae deducendae *SL*, agro dando dividendo assignando *L*, agrarii *L.* **2.** epulones, s. epulo. **3.** mensarii, s. d. **4.** militibus conscribendis, sacris conquirendis, reficiendis aedibus *L.* **5.** rei p. constituendae 'Verfassungskommission' [Dreibund des Antonius, Octavianus und Lepidus] *NL.*   Dav.

triumvirālis, e des Dreimännerkollegiums *HT.*

triumvirātus, ūs, *m.* das Triumvirat [von drei Männern verwaltetes Amt].

trīvī *pf.* v. tero.

triviālis, e (trivium) gewöhnlich *Sp.*

Trivīcum, ī, *n.* T. [St. im Gebiet der Hirpiner] *H.*

tri-vius 3 (§ 66) dreiwegig; *subst.* **1. Trivia**, ae, *f.* T. [die auf Dreiwegen verehrte Hekate oder Diana als Mond- u. Zaubergöttin]: lacus Triviae See der Diana [j. L a g o d i N e m i] *V.* **2. trivium**, ī, *n.* Dreiweg, Scheideweg; *synecd.* Straße, Platz: adripere maledictum ex trivio 'von der Straße' aufgreifen.

Trōas s. Tros.

trochaeus, ī, *m.* (τροχαῖος) Trochäus (— ∪), Tribrachys (∪∪∪).

trochus, ī, *m.* (τροχός) Spielreif [mit Schellen versehen] *HPrO*.

Trōes s. Tros.

Troezēn, ēnis, *f.* T. [Küstenst. in der östl. Argolis]; *adi.* Troezēnius *O*.

Trōg(l)odytae, ārum, *m.* (τρωγ[λ]ο-δύται) die T. ['Höhlenbewohner' in Äthiopien] *Cu*.

Trōia, Trōiānus, Trōicus s. Tros.

Trōilus, ī, *m.* T. [jüngster Sohn des Priamus, vor Troja gefangen und von Achilles getötet].

Trōiu-gena, ae, *m. f.* (für *Troii-gena, § 66) aus Troja stammend *LukrezL*; *subst. m.* Trojaner *V*.

tropaeum, ī, *n.* (τρόπαιον) **1.** Siegeszeichen [urspr. ein Pfahl, an dem die erbeuteten Rüstungen hingen, später ein Denkmal aus Stein oder Erz]: tropaea statuere *Cu*. **2.** *meton.* Sieg: Marathonium *N*. **3.** *met.* Zeichen, Denkmal: ingenii *O*.

Trophōnius, ī, *m.* T. [mythischer Erbauer des Apollotempels in Delphi; Orakelheros (Iuppiter T. *L*) in Lebadia]; *adi.* Trophōniānus 3.

Trōs, Trōis, *m.*, meist *pl.* Troer, Trojaner *VO*; *sg.* T. [namensgebender Heros von Troja, Enkel des Dardanus] *VO*. *Adi.* **I. Trōïus** 3 trojanisch; *subst.* **Trōia**, ae, *f.* Troja [**1.** das homerische Troja in Kleinasien. **2.** das italische bei Laurentum *V*. **3.** das epirotische *VO*]; *meton.* Trojaspiel [Kampfspiel zu Pferd, in Rom von den Söhnen angesehener Familien aufgeführt, mit der troischen Urgeschichte Roms in Vbd. gebracht]: Troiae ludicrum *T*; **Trōas**, adis, *f.* trojanisch; *subst.* **1.** Trojanerin *VO*; *meton.* Troades [Tragödie des Q. Cicero]; **2.** die [Landsch.] Troas *N*. **II. Trōicus** 3 trojanisch: Vesta [das (aus Troja mitgebrachte) heilige Feuer im Vestatempel] *O*. **III. Trōiānus** 3: iudex = Paris *H*, equus [das hölzerne Pferd]; sprichw. intus est equus Troianus; *pl. m. subst.* Trojaner.

Trosmis, *acc.* in, *f.* T. [St. in Mösien] *O*.

trucidātiō, ōnis, *f.* das Ab-, Hinschlachten *L*.   Von

tru-cīdō 1. (wohl zu caedo, § 43) **1.** grausam abschlachten: captos sicut pecora *S*; pisces, porrum abwürgen *H*. **2.** niedermetzeln: legiones *T*. **3.** *met.* grausam zugrunde richten: plebem faenore *L*.

truculentia, ae, *f.* Rauheit *T*.   Von

truc-ulentus 3 (zu trux, wie vin-ulentus zu vinum) wild, grimmig, unfreundlich, rauh, grob.

trudis, is, *f.* Stoß-, Brechstange *VT*.   Zu

trūdō 3. sī, sus (§ 36) **1.** treiben, drängen: apros in plagas *H*, pectore montem fortstoßen *V*. **2.** *occ.* [von Pflanzen]: treiben: truditur radix *V*, gemmas *V*. **3.** *met.* drängen: truditur dies die ein Tag verdrängt den andern *H*, ad mortem, in arma *T*, aliquem in comitia vorschieben.

trūgōnus, ī, *m.* (τρυγών) Stachelrochen *C*.

trulla, ae, *f.* **1.** Schöpfnapf, -kelle. **2.** Pechpfanne *L*.
E: zu trua 'Rührlöffel'.

truncō 1. (*subst.* I. truncus) beschneiden: holus foliis entblättern *O*; verstümmeln: simulacra *L*, corpus *T*; niederhauen *T*.   Dav. (§ 76)

I. truncus 3 **1.** gestutzt: pinus *V*. **2.** *met.* verstümmelt: corpus Rumpf *CuT*, frons hornlos *O*, urbs führerlos *L*, tela zerbrochen *V*; pedum der Füße beraubt *V*.

II. truncus, ī, *m.* **1.** Stamm, Stock: arborum. *met.* **2.** Rumpf: rectus *O*. **3.** Klotz, Tölpel.

trūsī *pf.* v. trudo.

trūsus *pt. pf. pass.* v. trudo.

trutina, ae, *f.* (τρυτάνη, § 91, Abs. 3) Waage.

trux, trucis, *abl.* e u. i rauh, trotzig, grimmig, wild: voltus; cantus *LT*; ingenium, orator *L*; sententia *L*; eurus *O*, pelagus *H* ungestüm.

trygōnus = trugonus.

tū, tuī, tibi, tē, tē, arch. *abl.* tēd *C* (gr. σύ, dor. τύ, homerisch τύνη, avestisch tū, ai. tvám) du; *pl.* (§ 56, 1) vos, vestrum ihr; als *nom.* meist im Gegs.; *dat. ethicus* alter tibi descendit de Palatio.

NB: verstärkt **1.** tūte, s. **-te. 2.** durch **-met**.

tuba, ae, *f.* Tuba, gerade Trompete: ante tubam = vor dem Kampf *V*; *met.* belli civilis = Anstifter.

Tubantēs, um, *m.* die T. [germ. Volk südl. der Lippe] *T*.

tūber, eris, *n.* (zu tumeo) Beule, Höcker *Sp*; = großer Fehler *H*; radicis Knollen *Sp*.

tubi-cen, cinis, *m.* (cano, § 66) Tubabläser, Trompeter.

tubi-lūstria, ōrum, *n.* (II. lustro, § 66) die T. [Fest der Reinigung u. Heiligung der Trompeten, am 23. März. u. 23. Mai] *O*.

tubula, ae, *f.* (*dem.* v. tuba) kleine Trompete *Sp*.

tubulātus 3 mit Röhren versehen *Pli*.

E: tubulus, *dem.* v. tubus 'Röhre'.

tueor 2. tuitus sum

---

1. ansehen, anschauen; *met.* **2.** auf etw. **sehen, achtgeben, bewahren, schützen; 3.** *occ. a.* **in gutem Zustand erhalten;** *b.* **verteidigen, schützen, decken;** *c.* **erhalten, behaupten;** *d.* **beobachten;** *e.* **erhalten, unterhalten, nähren.**

---

1. oculos, voltum *V*; transversa schief (scheel) blikken *V*, acerba *V*. **2.** valetudinem *N*, beneficium im Herzen bewahren. **3. a.** praedia. **b.** oppidum, oram maritimam, mediam aciem mit dem Mitteltreffen standhalten *L*; laudem Africani, causam; mit ad: gegen, mit ab: vor. **c.** paternam gloriam *N*, dignitatem, ius. **d.** mores, sacra, munus erfüllen. **e.** copias, (ex agro) se ac suos *L*, comitatum *T*.

tugurium, ī, *n.* Hütte, Schuppen.

tuitus *pt. pf. act.* v. tueor.

tulī *pf.* v. fero.

Tulingī, ōrum, *m.* die T. [germ. Stamm westl. vom Bodensee].

Tulliānum, ī, *n.* das T. [unterirdisches Gewölbe im römischen Staatsgefängnis, in dem die Hinrichtungen vollzogen wurden] *SL*.

Tullius 3 im *n. g.*; s. Cicero; dav. **Tullia** lex [de ambitu: Gesetz Ciceros im J. 63]; *subst.* **Tullia**, ae, *f.*, *dem.* **Tulliola** T. [Ciceros Tochter]; *adi.* **Tulliānus** 3.

Tullus Hostīlius T. H. [der Sage nach der dritte König Roms].

tum (*adv. acc. m.* zum Pronominalstamm *to, vgl. *f.* tam u. iste)

I. *adv.* 1. **damals**; 2. **dann, alsdann**; 3. *met.* **dann, ferner, hernach, hierauf.**

tumefacio   475   **turbidus**   T

II. *coniunct.* (wiederholt) 1. **bald ... bald**; 2. *occ.* **sowohl ... als ganz besonders.**

I. 1. quod tum adsequi non potuerunt, id nunc adsecuti sunt. **2.** tum, cum tu es iratus dann, wann, tum Scipio (*sc.* dixit). **3.** primum ... deinde ... tum ... post (postremo). **II. 1.** dissero tum Graece tum Latine. **2.** tum ... tum autem (vero); meist cum ... tum, s. I. cum III.

tume-faciō 3. fēcī, factus (§ 64, Anm.) **1.** anschwellen lassen: tumefactus pontus angeschwollen *O.* **2.** *met.* aufblähen *Pr.*   Von

tumeō, ēre **1.** geschwollen sein: pedes tumentes *V,* bile tumet iecur *H;* b i l d l. gemma tumet schwillt *O,* tument sacci hordeo strotzen *Ph,* Cicero tumens schwülstig *T.* **met. 2.** aufgeblasen sein: superbiā *Ph,* laudis amore *H;* vana (*adv.*) tumens *V.* **3.** aufgewallt, erregt sein: tumet unda a vento *O,* animus irā *L,* tumens der Erregte *T.* **4.** in Gärung, in Unruhe sein: Galliae tument *T;* bella drohen auszubrechen *O.* E: vgl. tuber, tomentum, totus, gr. τύλη 'Schwiele', 'Wulst'.   Dazu *incoh.*

tumēscō 3. muī **1.** anschwellen, zu schwellen beginnen: colla (vulnera *T*) tumescunt *O.* **2.** *met.* aufwallen, aufbrausen: ventis *O,* ora mihi tumescunt *O;* **occ.** ausbrechen: operta tumescere bella *V.*

tumidus 3 (tumeo, § 74) **1.** geschwollen, schwellend: Python giftgeschwollen *O,* membrum; b i l d l. uva *O,* terra morastig *T,* Nilus angeschwollen *H,* vela aquilone vom Wind gebläht *H,* sermones schwülstig *HL.* **met. 2.** aufwallend, erregt: aequor *VO,* mare bewegt *O,* auster stürmisch *V;* corda *V,* os *H.* **3.** aufgeblasen: tumidus ac vanus *T,* successu *O;* spiritūs Ehrgeiz *T.*

tumor, ōris, *m.* (tumeo) **1. Geschwulst, Schwellung:** oculorum, manus in tumore est ist geschwollen; loci Erdanschwellung, Erhöhung *O.* **met. 2. Aufwallung,** das **Aufbrausen:** animi, tumor omnis et irae deûm Unwille *V.* **3. Aufgeblasenheit:** intempestivi *O.* **4. Gärung:** rerum.

tumuī *pf.* v. tumesco.

tumulō 1. (tumulus) mit einem Grabhügel bedecken, begraben *CaO.*

tumulōsus 3 (tumulus) hügelig: locus *S.*

tumultuārius 3 (tumultus) **1.** rasch zusammengerafft: milites *L,* exercitus *L,* Belgarum cohortes *T.* **2.** *met.* in Hast getan, in Eile gemacht: opus notdürftig aufgeworfen *L,* castra Notlager *L,* proelium, pugna ungeordnet *L,* dux in Eile gewählt *L.*

tumultuātiō, ōnis, *f.* Unruhe, Lärm *L.*   Von

tumultuor 1. (tumultus) verwirrt, unruhig sein, rumoren, lärmen; [vom Redner]: mihi ne dicere quidem videtur, sed tumultuari *Q;* *pass.* (unpers.): in castris tumultuari nuntiatur es herrsche Unruhe; cum Gallis tumultuatum magis quam belligeratum est gab es mehr Unruhen als Kriege *L;* b i l d l. tumultuantem de gradu deici verwirrt die Fassung verlieren.

tumultuōsus 3, *adv.* **ē 1.** unruhig: mare *H;* contio wogend, geräuschvoll; *subst.* tumultuosissimum pugnae das ärgste Kampfgetümmel *L;* **occ.** lärmend: clamor *Cu.* **2.** Unruheverursachend: nuntius *LCu.*   Von

tumultus, ūs, altl. -ī *CS, m.* (tumeo) **1.** Aufruhr: aetherii = Donner *O,* quanto trepidet tumultu Orion Gewitter, Sturm *H.* **2. occ.** (plötzliche) Kriegsgefahr, Erhebung, Aufstand, Empörung: Gallicus, tumultum esse decrevit senatus ein Aufstand sei ausgebrochen *L,* Cinnanus Empörung Cinnas *N,* servilis Sklavenaufstand, gladiatorum Erhebung. **3.** *met.* Unruhe, Lärm, Wirrwarr, Tumult: t. in urbem penetrat *L,* t. conticescit *L,* verborum lärmendes Geschrei *T;* mentis *H,* stomacho tumultum ferre Aufruhr *H.*

tumulus, ī, *m.* (tumeo) **1.** Erhebung, Hügel: terrenus, silvestres; cadaverum (harenae *O*) Haufen. **2. occ.** Grabhügel, Grab: Achillis, tumuli marmor Grabdenkmal *O,* inanis *V.*

tunc (durch deiktisches ce verstärktes tum, § 55 am Ende, vgl. nunc) *adv.* **1.** damals, damals eben: erat tunc excusatio, nunc nulla est. **2.** dann, dann eben: tunc ... cum.

tundō 3. tutudī, tū(n)sus stoßen, schlagen: pede terram stampfen *H,* tunsae fruges gedroschen *V;* gens tunditur Euro wird ... gepeitscht *V,* saxa Neptunus tundit salo *H;* *met.* assiduis vocibus bestürmen *V.* E: § 36, St. tud, vgl. ai. tundate, tudáti 'stößt, sticht', got. stautan, ahd. stōzan 'stoßen'.

Tunēs = Tynes.

Tungrī, ōrum, *m.* die T. [germ. Volk um T o n g e r n] *T.*

tunica, ae, *f.* (statt *ctunica, sem. kithuna, kithonet, vgl. χιτών) Tunika [ein ärmelloses, um den Leib gegürtetes Hemd, das Untergewand]; manicata mit langen Ärmeln; s p r i c h w. tunica propior pallio est 'das Hemd ist mir näher als der Rock' *C;* *met.* Haut, Hülse: gemmae (Knospen) rumpunt tunicas *V.*   Dav.

tunicātus 3 mit der Tunika bekleidet, in der Tunika: homo *C,* populus (popellus) die armen Leute in der Tunika *HT;* auch *subst.*

tū(n)sus *pt. pf. pass.* v. tundo.

turba, ae, *f.* (τύρβη) **1.** Unruhe, Lärm, Getümmel, Verwirrung: turbas efficere Verwirrung anrichten, belli, rotarum Getümmel *O.* **2.** *meton.* Gedränge, Gewühl, Gewimmel: fugientium. **3. occ. a.** Schwarm, Masse, Volk, Schar: linigera = Priesterschar *O,* matrum *O,* Latonae = Kinder *O,* ducum Gefolge *V,* mea meine Leute *L,* navalis mixta gemischte Mannschaft *L.* **b.** Haufen, Menge: canum, piscium, volucrum, arborum *O,* verborum.

turbāmentum, ī, *n.* (II. turbo) Mittel zur Aufwiegelung *T;* **occ.** Verwirrung, Beunruhigung *S.*

turbātiō, ōnis, *f.* (II. turbo) Verwirrung: rerum *L.*

turbātor, ōris, *m.* (II. turbo) Aufwiegler; belli Anstifter *L.*

turbātus 3, *adv.* **ē** (II. turbo) verwirrt: ordines *L;* mare *L,* freta aufgeregt *V,* aqua getrübt *H,* Pallas erzürnt *V;* aguntur omnia turbate in Verwirrung.

turbidus 3, *adv.* **ē** (turba, § 74) **1. wirr, verworren:** coma zerzaust *O.* **occ. a. trübe:** aqua, pulvis trübe Staubwolke *V;* auro Goldsand führend *V.* **b. stürmisch:** tempestas, freta *O,* imber *V.* **met. 2. verwirrt, wirr:** Arruns *V;* animi im Kopf *T.* **3. aufgeregt, heftig:** motus, turbidum (*adv.*) laetari ungestüm *H.* **4. stürmisch, bewegt, unruhig:** tempus, casūs *T,* actiones *T;* *subst.* in turbido in stürmischen Zeiten *L,*

turbineus   476   **tutor**

quieta turbidis antehabeo *T.* **5. aufrührerisch:** ingenium *T,* civitas *T.*

turbineus 3 wirbelnd, kreisend: vertex *O.*   Von

I. turbō, inis, *m.* **1. Wirbel, kreisende Bewegung:** turbine venti confligunt *V,* quo turbine torqueat hastam wie er im Kreise wirbelnd. . . drehen soll *V,* saxi wirbelnder Steinwurf *V. meton.* **2. Kreisel:** volitans sub verbere [als Kinderspielzeug] *V,* citus [als Zauberinstrument] *H.* **3. Wirbelwind:** ater *V;* attrib. venti *C; meton.* rei p. turbines Störenfriede. **4.** *met.* **Sturm, Wirrwarr:** miserarum rerum des Unglücks *O.*   Zu

II. turbō 1. (turba) **1.** *intr.* **Unruhe stiften, Verwirrung anrichten:** totis turbatur castris es herrscht Verwirrung *V,* si in Hispania turbatum esset Unruhen ausgebrochen wären; turbant ostia Nili sind in Unruhe *V;* bildl. civitas turbat *T;* multa vieles durcheinander werfen; quae turbata erant die angerichtete Verwirrung *Cu. trans.* **2. in Unruhe** (Aufruhr, Verwirrung) **bringen:** frondes, folia *V;* turbata capillos das Haar zerwühlt *O.* **occ. a. aufwühlen:** mare *VO.* **b. trüben:** fontem *O,* aqua limo turbata *H.* **c. verwirren, auseinanderscheuchen:** cycnos, apros latratu *V;* milit. aciem, ordines *L,* cuneos *T* in Unordnung bringen; *pass.* in Unordnung kommen. **3.** *met.* **stören:** auspicia, comitia, spem, ordinem consilii *L,* omina *V,* leges unwirksam machen *T.* **occ. a. bestürzt machen:** animos *VCu,* turbatus pectora bello, mentem dolore *V.* **b. scheu machen:** equos *VCu.*

turbulentus 3, *adv.* **ē** (turba) unruhig: tempestas stürmisch, aqua trüb *Ph;* tribuni revolutionär *T,* tribunatus stürmisch, consilia, contio aufgeregt, errores aufregend, non turbulente ohne Aufregung.

Turdētānī, ōrum, *m.* die T. [Volk im südl. Spanien] *L;* deren Land **Turdētānia,** ae, *f. L;* [auch]: 'Drosselheimer' [im Wortspiel] *C.*

Turdulī, ōrum, *m.* die T. [Volk östl. der Turdetaner] *L; adi.* Turdulus 3 *L.*

turdus, ī, *m.* Drossel, Krammetsvogel *H.*

  E: aus *tursdus, § 33, dtsch. 'Drossel', § 14.

tūreus 3 (tus) Weihrauch-: virga Weihrauchstaude *V.*

turgeō, ēre geschwollen sein, strotzen; *met.* professus grandia turget redet schwülstig *H.*   Dazu *incoh.*

turgēscō, ere aufwallen, ergrimmen.

turgidulus 3 geschwollen *Ca.*   *Dem.* v.

turgidus 3 (turgeo, § 74) geschwollen: vela gebläht *H,* Alpinus schwülstig *H.*

tūribulum, ī, *n.* (tus) Räucherpfanne.

tūri-cremus 3 (cremo, § 66) Weihrauch verbrennend *VO.*

tūri-fer 3 (fero, § 66) Weihrauch tragend *O.*

tūri-legus 3 (lego, § 66) Weihrauch sammelnd *O.*

turma, ae, *f.* (verw. mit turba) **1.** 'Schwadron' [röm. Reiterabteilung, der 10. Teil der Ala, 30 Mann]. **2.** *met.* Schwarm, Haufen: feminea = der Amazonen *O.*   Dav.

turmālis, e schwarmweise; *pl. subst.* Reiter der Schwadron *L.*

turmātim (turma, § 79) *adv.* in Schwadronen.

Turonēs, um u. **-ī,** ōrum, *m.* die T. [kelt. Volk um Tours (§ 85, Abs. 3)].

turpe, īs, *n.* s. turpis.

turpiculus 3 (*dem.* v. turpis) häßlich, entstellt.

turpi-ficātus 3 (turpis, facio, § 66) in Schande gestürzt.

turpi-lucri-cupidus 3 (§ 66) gierig nach schändlichem Gewinn *C.*

turpis, e, *adv. iter* **1.** ungestalt, häßlich: muscus, asellus *O,* aspectus; scabies, podagra entstellend *V.* **2.** *met.* schändlich, schimpflich, schmählich: homo, fuga, causa, cupiditas; **occ.** unsittlich; amor, adulescentia; *subst.* **turpe, is,** *n.* das sittlich Schlechte.   Dav.

turpitūdō, inis, *f.* **1.** Häßlichkeit. **2.** *met.* Schändlichkeit, Schande: summa; turpitudini esse *N;* **occ.** Unsittlichkeit, Gemeinheit: fuga turpitudinis.

turpō 1. (turpis) häßlich machen, entstellen, besudeln.

turri-ger 3 (gero, § 66) turmtragend *V;* Cybele (dea), Ops mit einer Turmkrone *O.*

turris, is, *f., acc.* im u. [jünger] em (τύρσις, τύρρις) **1.** Schloß, Palast, hoher Bau: regum Paläste der Reichen *H.* **2. occ. a.** Turm: turres vitant columbae turmartige Taubenschläge *O.* **b.** Mauer-, Lagerturm: castrorum, ex latere. **c.** Belagerungsturm [aus Holz].   Dav.

turrītus 3 **1.** mit Türmen bewehrt: muri *O,* puppes *V.* **occ. 2.** mit einer Turmkrone geschmückt: Berecynthia mater *V.* **3.** turmhoch: scopuli *V.*

turtur, uris, *m.* (onomatopoetisch) Turteltaube *CV.*

tūs, tūris, *n.* (θύος) Weihrauch: tria tura drei Körner *O,* mascula Tropfweihrauch *V.*

Tuscanicus, Tusci s. Tuscus.

Tusculum, ī, *n.* T. [altes Landstädtchen bei Frascati, nö. von Rom]. *Adi.* **1. Tusculus** 3 *Ti.* **2. Tusculānus** 3 (§ 75): quaestiones [auf Ciceros Landgut bei T. gehalten]; Einw. **Tusculānī;** **Tusculānum,** ī, *n.* das T. [Landgut bei T.]; dav. **Tusculānēnsis,** e.

Tuscus 3 u. **Tuscanicus** 3 *Sp.* (aus *Turscus, § 33, vgl. Etruscus) etruskisch: dux = Mezentius *O,* mare = das Tyrrhenische Meer, amnis, alveus, flumen = Tiber; vicus 'Tuskergasse' [auf dem Forum, zwischen basilica Iulia und Kastortempel] *LH; subst.* **Tuscī** Etrusker; *meton.* in Tuscos abiit ins Gebiet der Etrusker *L;* Landgut in Etrurien *Pli.*

tussicula, ae, *f.* (*dem.* v. tussis) kleiner Husten *Pli.*

tussiō, īre husten *H.*   Von

tussis, is, *f., acc.* im (viell. aus tud-tis zu tundo, § 36) Husten.

tūsus *pt. pf. pass.* v. tundo.

tūtāmen, inis *V* u. **-mentum,** ī, *n.* (tutor) Schutzmittel, Schutz.

tū-te = verstärktes tu.

tūtēla, ae, *f.* (tueor, tutus) 'Bewahrung'; **1. Erhaltung, Unterhalt:** non sumptuosa *Pli.* **2. Aufsicht, Obhut, Schutz; occ. Vormundschaft:** tutelam gerere, deponere *L,* in suam tutelam venire mündig werden. *meton.* **3. Schützer, Beschützer:** templi Aufseher *O,* Italiae [= Augustus] *H.* **4. Schützling:** Deliae deae *H;* **occ. Vermögen des Mündels:** legitima.

tuticus s. medix.

tūtō s. tutus.

I. tūtor, ōris, *m.* (tueor) Bewahrer, Beschützer: finium *H;* **occ.** Vormund.

II. tūtor 1. (*frequ.* v. tueor) verwahren, schützen, si

tutudi 477 **ubi** U

chern: praesidio caput, ab ira vor *L*; mit *acc.* pericula abwehren *S*; **occ.** behaupten: regnum *S*, partes ephebi die Rolle...durchführen *H*.

tutudī *pf.* v. tundo.

tūtus 3 (tueor) **1. verwahrt, geschützt, gesichert:** murus, mens male tuta zerrüttet *H*; a periculis belli vor, ad (gegen) ictūs *L*. **2. sicher, gefahrlos:** in vadis consistere tutius, iter, mare. *Subst.* **tūtum, ī,** *n.* **Sicherheit, sicherer Ort:** in tutum pervenire *N*, in tuto esse; tuta petens *O*. *Abl. adv.* **tūtō in Sicherheit, sicher, ungefährdet:** ab (vor) incursu, tuto esse, magistratum gerere, senatum habere. **3. behutsam, vorsichtig:** consilia *L*.

tuus 3 (v. tu, aus *tovos für *tevos, § 48, vgl. σός, τεός für *τεϝός) dein; [selten objektiv]: observantia Aufmerksamkeit gegen dich; *subst.* educ tuos die Deinigen, deine Leute, in tuo auf deinem Grund und Boden; *meton.* loco non tuo an ungünstigem *L*. [Verstärkt]: tuopte ingenio, sponte non tuapte *C*.

Tyba, ae, *f.* T. [St. an der Grenze Syriens].

Tycha, ae, *f.* T. [Stadtteil v. Syrakus].

Tychius, ī, *m.* T. [Künstler in Lederarbeit] *O*.

Tȳdeūs, *m.* T. [Sohn des Öneus, Vater des Diomedes]; *patr.* **Tȳdīdēs, ae,** *m.* = Diomedes.

tympanum, ī, *n.* (τύμπανον) Handpauke, Tamburin; *met.* Radscheibe, Klotzrad [ohne Speichen] *V*.

Tyndareum s. II. Tyndaris.

Tyndareus, eī, *m.* T. [König in Sparta, Gemahl der Leda, Vater des Kastor und Pollux, der Helena und Klytämnestra]; *patr.* **Tyndaridēs, ae,** *m.* u. **Tyndaris, idis,** *f.* Nachkomme des Tyndareus: fratres = die Dioskuren; fortissima Tyndaridarum 'die leibhaftige Klytämnestra' *H*.

I. Tyndaris, idis, *f.* u. **Tyndareum, ī,** *n.* T. [St. an der Nordküste Siziliens]; *adi.* u. Einw. **Tyndarītānus.**

II. Tyndaris, idis, *f.* s. Tyndareus.

Tynēs, ētis, *m.*, *acc.* ēta Tunis *L*.

Typhoēūs, *m.* (Dekl. s. Orpheus) T. [Τυφωεύς 'Qualmer'; Gigant, Sohn des Tartarus und der Erde, will Juppiter vom Himmelsthron stoßen, wird aber von ihm mit einem Blitz getroffen und unter dem Ätna begraben] *VO*. *Adi.* **Typhōïus** 3 *V* u. **Typhōïs, idis,** *f.* *O*.

Tȳphōn, ōnis, *m.* (Τυφῶν) = Typhoeus.

typus, i, *m.* (τύπος) Figur, Bild.

tyranni-cīda, ae, *m.* (caedo, §§ 66 u. 43) Tyrannenmörder *T*.

tyrannicīdium, ī, *n.* Tyrannenmord *Sp*.

tyrannicus 3 (τυραννικός) tyrannisch, despotisch.

tyrannis, idis, *f.* (τυραννίς) Tyrannis, Gewaltherrschaft; *meton.* tua dein Gebiet *L*.

tyrannoctonus, ī, *m.* (τυραννοκτόνος) = tyrannicida.

tyrannus, ī, *m.* (τύραννος) **1.** Herrscher, Alleinherrscher [ohne pejorative Bedeutung]: Miltiades *N*, Nomadum Scheichs *V*, dextra tyranni des Fürsten [= des Äneas] *V*. **2. occ.** Gewaltherrscher, Tyrann, Usurpator: crudeles.

Tyrās, ae, *m.* D n j e s t r [Fl. im südl. Rußland] *O*.

Tyriī, Tyrius s. Tyrus.

Tyros = Tyrus.

tȳrotarīchum, ī, *n.* Fischkäseragout.

Tyrrhēnus 3 tyrrhenisch, etruskisch: mare das Tyrrhenische Meer [an der Westküste Italiens]; *subst.* **Tyrrhēnus, ī,** *m.*, meist *pl.* Tyrrhener; **Tyrrhēnia, ae,** *f.* Etrurien *O*.

Tyrtaeus, ī, *m.* T. [gr. Elegiker zur Zeit des 2. Messenischen Krieges] *H*.

Tyrus u. **-os, ī,** *f.* T. [Seest. in Phönikien, Mutterstadt Karthagos, ber. durch Purpurfärbereien]; *adi.* **Tyrius** 3 **1.** tyrisch, von Tyrus: paelex = Europa *O*; *subst.* **Tyriī** die Tyrier *L*. **2.** *meton.* karthagisch, von Karthago: tori [Liebschaft der Dido mit Äneas] *O*, urbs = Karthago *V*; *subst.* **Tyriī** = Karthager *V*. **3.** purpurn, purpurfarbig: flores, colores *O*.

U

U. Abkürzung = urbs [a. u. c. = ab urbe condita].

I. über, eris, *n.* (ai. ūdhar, gr. οὖθαρ, ahd. ūtar, § 6) **1.** E u t e r, Zitze, Mutterbrust; meist *pl.* ubera dare, praebere *O*, admovere *V* die Brust reichen; ducere saugen, trinken *O*. **2.** *meton.* Fruchtbarkeit, Ergiebigkeit, Fülle: agri *V*; k o n k r. vitibus aptius Fruchtgrund *V*.
                                                        Als *adi.*

II. über, eris (*adv.* überius, überrimē) **1.** fruchtbar, ergiebig, reich: agri; pomis *O*, uberior aetas üppiger *O*; uberius provenit seges *O*. **2.** *met.* reichlich, reich, reichhaltig: (amnis) uberior solito voller *O*, uberius flere reichlichere Tränen vergießen; mit *abl.* undis *O*, *gen.* lactis *H*; praemia victoriae *Cu*, haec uberiora scribebant ausführlicher, quid uberius reichlicherer Stoff, quis uberior in dicendo? hat größere Redefülle?
                                                        Dav.

übertās, ātis, *f.* **1.** Fülle, Ergiebigkeit, Fruchtbarkeit: mammarum; agrorum, fluminum *T*; b i l d l. virtutis Früchte der Tugend. **2.** Fülle, Reichtum, Reichhaltigkeit: frugum; b i l d l. dicendi, verborum *Q*; **occ.** Redefülle: lactea *Q*.

ubertim (II. uber) *adv.* reichlich: flere heftig *Sp*.

ubī (Lokativform zum Relativ und Interrogativ qui, quis, wie ibi zu is, vgl. § 16) *adv.* **I.** *interrogativ* [d i r. und i n d i r.]: **wo?** mit *gen.* ubinam gentium sumus? wo in aller Welt? ubi terrarum wo in der Welt *L*. **II. 1.** *relativ:* **wo;** für das *relat.* mit *praep.* neque nobis quisquam fuit, ubi ius obtineremus bei dem; **occ.** **ubiubi wo nur immer** *L*. *met.* **2. wann, wenn:** ubi semel a ratione discessum est. **3.** [erzählend]: **sobald als.** Bei einmaliger Handlung mit *ind. pf.* oder *pr. hist.*, bei wiederholter mit *ind. ppf.*; [verstärkt]: ubi primum.

ubi-cumque *adv.* wo (nur) immer; *indef.* überall *H*; mit *gen.* terrarum et gentium, locorum *H*.

Ubiī, ōrum, *m.* die U. [germ. Volk am rechten Rheinufer, von der Lahn nördl. bis gegen Köln, später auf dem linken; stets römerfreundlich]; Ubiorum ara, civitas, oppidum Köln [ab 50 n. Chr. Colonia Claudia Ara Agrippinensium] *T*; *adi.* Ubia mulier *T*.

ubi-nam s. ubi I.

ubī-que (vgl. § 69) *adv.* wo nur immer, allenthalben, überall.

ubiubi s. ubi II. 1.

ubi-vīs (*Iuxtap.*, § 67) , an jedem beliebigen Ort, allenthalben, überall.

ūdus 3 (synk. aus ūvidus, § 42) feucht, naß: vina flüssig *O*, lora eingeweicht *H*, apium saftig, feuchtkühl *H*, pomaria rivis befeuchtet von *H*, oculi voll Tränen *O*, aleator betrunken *H*.

Ūfēns, entis, *m.* U. [Fl. im südl. Latium] *V*; *adi.* Ūfentīnus 3 *L*.

ulcerō 1. (ulcus) wund drücken: lumbos *H*; bildl. iecur 'verwunden' *H*.

ulcerōsus 3 (ulcus) voller Geschwüre: facies *T*; bildl. iecur 'vielfach zerrissen' *H*.

ulcīscor 3. ultus sum **1. rächen**: ulciscendi libido. **2. sich** an jemd. **rächen**, jemd. **strafen**: eos pro scelere. **3.** etw. **rächen, strafen, ahnden, rügen**: iniurias *N*, ultum ire rächen wollen *S*. **4.** für jemd. **Rache nehmen**, jemd. **rächen**: patrem, se, umbras sociorum *V*. **5.** *pass.* quidquid ulcisci nequitur *S*, irae graviter ultae *L*.

ulcus, ceris, *n.* (aus *elcos, § 51, Anm., gr. ἕλκος) Geschwür; bildl. wunder Punkt, wunde Stelle.

ūlīgō, inis, *f.* (statt *ūdīgo v. udus, § 90, Anm.) Feuchtigkeit, Nässe: uligines paludum Moräste *T*.

Ulixēs, is, *m.* (§ 90 am Ende) Odysseus [Sohn des Laertes]; *gen.* Ulixěī (vgl. § 60, Abs. 2) *H*, Ulixeī *O*, Ulixī *V*.

ūllus 3 (*dem.* v. unus durch *unulus, *un'lus, §§ 42 u. 33, *gen.* ullīus, *dat.* ullī, ullae *Ti*) irgendein. **1.** *adi.* meist in negativen oder negativ gedachten Sätzen: neque ullam picturam fuisse, q u i n conquisierit kein Bild, das er nicht. **2.** [selten]: *subst.*, klass. nur von Personen: nec probante ullo (jemand) nec vocante *L*; statt des *n.* klass. ulla res: neque res ulla praetermissa est; nemo ullius nisi fugae memor (= ullius rei) *L*.

ulmus, ī, *f.* (ahd. elm-boum, vgl. § 51, Anm.) U l m e , Rüster.

ulna, ae, *f.* **1.** Ellenbogen *Sp*; *synecd.* Arm: ulnis amplecti umarmen *O*. **2.** *meton.* Elle [Längenmaß: 0,37 m] *VHO*.

E: gr. ὠλένη, ahd. elina 'Ellenbogen'.

uls (vgl. ollus = ille, olim u. a.) jenseits: u l s et c i s Tiberim *Varro*; dazu (vgl. § 16, Anm.) eine Komparativform ***ulter** 3, die nur in den *abl.* ultrā und ultrō erhalten ist.

A. ultrā I. a d v. **1. darüber hinaus, weiter hinaus**; *met.* **2.** (zeitlich) **länger, weiterhin, fernerhin**; **3.** (v. Zahl u. Maß) **weiterhin, weiter, ferner**; **4. jenseits**.

II. p r ä p o s. beim *acc.* **1. über ... hinaus, jenseits**; **2.** (zeitlich) **über, länger als**; **3.** (v. Zahl u. Maß) **über, mehr als**.

I. 1. u. procedere; quid u. provehor? *V*. **2.** negavit u. plebem decipi posse *L*, haud u. latebras quaerit *V*; nec u. moratur, quam ut *T*. **3.** quid ultra? *S*, quae moenia u. habetis? *V*. **4.** nec citra mota nec ultra (manus) weder hierhin noch dorthin *O*, cis Padum ultraque *L*. **II. 1.** pars u. Taurum est *L*, u. terminum vagor *H*; bildl. nec u. minas processum est *L*; mit *abl. mensurae*: milibus passuum duobus u. eum um zweitausend Schritte; mit *acc.* des Maßes: u. Lissum milia passuum tria. **2.** u. biennium *T*. **3.** u. placitum laudare *V*, u. fas trepidare *H*.

B. ultrō (vgl. eo, quo) *adv.* **1. hinüber, nach der anderen Seite (hin)**: u. istum weg mit ihm *C*; meist mit citro: cursare ultro et citro (ultro citro) hinüber und herüber, hin und her, multis verbis ultro citroque habitis im gegenseitigen Gedankenaustausch, beneficia ultro et citro data wechselseitig, gegenseitig. *met.* **2. überdies, obendrein, noch dazu**: miserescimus u. fühlen noch dazu Mitleid *V*, vectigalia et u. tributa Zölle und sonstige Bewilligungen aus der Staatskasse *L*. **3. von selbst, freiwillig, aus freien Stücken, unaufgefordert**: u. maledictis lacessere, u. polliceri; si quid petet, u. defer entgegenkommend *H*, u. regium insigne sumpsit wider Erwarten *T*.

ulterior, us, *adv.* (*acc. n.*) **ulterius** (Doppelkomparativ v. ulter, § 16, Anm.) **1. jenseits gelegen, jenseitig**: Gallia, Hispania; pars urbis *L*, ripa *VCu*; *subst.* ulteriora das jenseitige Gebiet *T*; *occ.* **entfernter, weiter**: abit ulterius *O*, ulterius nihil est nisi frigus darüber hinaus *O*, equitatus weiter hinaus aufgestellt. *met.* **2.** [zeitlich]: **weiter, länger**: non tulit ulterius *O*; ulteriora loqui was weiterhin kommt *O*; *occ.* ulteriora mirari Vergangenes *T*. **3.** [graduell]: **darüber hinaus, ärger, mehr**: ulterius iusto *O*, quid ulterius timendum foret? *L*.

ultimus 3 (*sup.* v. uls, gebildet wie op-timus, in-timus)

---

1. der entfernteste, äußerste, letzte; *met.* **2.** (zeitlich) **der älteste, äußerste**; *occ.* **der letzte**; **3.** (graduell) **der größte, ärgste, höchste**; *occ.* **der niederste, letzte, unterste**.

---

1. luna stellarum ultima gegen die Erde zu. **a.** a t t r i b u t i v : ultimae terrae, gentes; *subst.* ultimi die hintersten, stagni ultima Grenzen *O*, ultima signant das Ziel *V*. **b.** p a r t i t i v : via der letzte Teil *O*, tellus Rand *O*. **2.** origo stirpis R. *N*, pueritiae memoria, auctor erster *V*. *occ.* ultimum orationis Schluß *L*, spes *L*; *adv.* ad ultimum zuletzt *L*, ultimum zum letztenmal *L*. **3.** scelus *Cu*, supplicium Todesstrafe, crudelitas, auxilium *L*; *subst.* ultima pati *LOCu*, audere *L*, ultimum inopiae Gipfel der Not *L*; *adv.* fidem ad ultimum praestitit bis aufs äußerste *L*, ad ultimum demens äußerst *L*. *occ.* laus *H*; *subst.* ultimi militum *L*, ultima laudum die unterste Stufe *L*.

ultiō, ōnis, *f.* (ulciscor) Rache, Strafe: ultionis cupidi-

ultor   479   **unda** U

tas Rachsucht *T*, ultionem a rege petere sich rächen an *LCuT*; violatae pudicitiae Rache für *L*. P e r s o n . ara ultionis [andere Lesart: ultioni] *T*.

ultor, ōris, *m.* (ulciscor) **1.** rächend, strafend: Mars Ultor *OT*, dii Rachegottheiten *T*. **2.** Rächer, Bestrafer.

ultrā s. uls.

ultrīx, īcis, *f.* (ultor) **1.** rächend, strafend: curae Gewissensbisse *V*. **2.** Rächerin, Bestraferin: flamma glühende Rachgier *V*.

ultrō s. uls.

ultus *pt. pf. act.* (nachkl. auch *pass.*) v. ulciscor.

Ulubrae, ārum, *f.* U. [Dorf in den pomptinischen Sümpfen]; *adi.* Ulubrānus 3.

ulula, ae, *f.* (ululo) Kauz, Käuzchen *V*.

ululātus, ūs, *m.* Geheul, Geschrei.   Von

ululō 1. (vgl. ὀλολύζω) **1.** heulen, schreien: aedes ululant erdröhnt vom Geheul *V*. **2.** heulend anrufen: Hecate ululata *V*.

ulva, ae, *f.* Sumpf-, Schilfgras.

Umber, bra, brum umbrisch: canis *V*, aper *H*; *f. subst.* Umbrerin *C*; **Umbrī**, ōrum, *m.* die U. [italischer Stamm zwischen Tiber u. Adria]; **Umbria**, ae, *f.* Umbrien.

umbilicus, ī, *m.* (v. *umbalus* = gr. ὀμφαλός, §§ 7 u. 41) **1.** Nabel *L. met.* **2.** Mittelpunkt: Siciliae, Graeciae. **3. Buchrollenknauf** [Ende des Stabes, um den die Rolle gewickelt ist]: carmen ad umbilicum adducere 'bis zum Einband bringen', vollenden *H*. **4. Meerschnecke.**

umbō, ōnis, *m.* (vgl. umbilicus) Schildbuckel *VL*; *synecd.* Schild *V*.

umbra, ae, *f.*

> **1. Schatten**; **2. Finsternis**, das **Dunkel**; **3.** *met. a.* **Schatten** = **Schein, Abbild**; *occ.* **Vorwand**; *b.* **Schutz, Schirm**; *c.* **Muße, Ruhe**; *d.* (ständiger) **Begleiter**; **4.** *meton. a.* **Beschattung, das Schattige, Schatten**; *b.* **Schattenbild, Schemen**; *occ.* **Schatten, Geist** (Verstorbener); *pl.* **Unterwelt.**

1. terrae, sub umbra *H* im Schatten; *occ.* tenues Schattierungen im Gewebe *O*. **2.** ad umbram bis zur Nacht *H*, Erebi, inferna Dunkel der Hölle *V*; sagitta transilit umbras die düsteren Wolken *V*, ingenti umbra tegere mit dem tiefen Dunkel des Todes *V*; b i l d l . (Latinus) se condidit umbris Einsamkeit *V*, ut primum discussae umbrae Angst, Kummer *V*. **3. a.** pietatis *O*, iuris, honoris *T*. *occ.* foederis aequi *L*. **b.** sub umbra auxilii *L*. **c.** cedat umbra soli die Ruhe dem Kampf, studia in umbra educata *T*. **d.** gloria virtutem tamquam umbra sequitur; quos Maecenas adduxerat umbras Schmarotzer *H*. **4. a.** ruris opaci zu üppiger Laubwuchs *V*, inducite fontibus umbras pflanzt schattende Bäume *V*, ingentem sustinet umbram beschattenden Zweig *V*, tonsoris schattige Barbierstube *H*. **b.** umbrae hominum *L*, tenuis luftiges Trugbild *V*, vanae ex hostibus Schreckbilder *V*, verae wahrheitskündende Traumbilder *V*. *occ.* Creusae *V*, petam voltus umbra als Gespenst *H*, silentes *V*, umbrarum rex = Pluto *O*; *pl.* [von e i n e m Verstorbenen]:

matris *O*, paternae *V*; ire sub (per) umbras Unterwelt *V*.   Dav.

umbrāculum, ī, *n.* **1.** Sonnenschirm: aurea *O*. **2.** Laube: texunt umbracula vites *V*. **3.** (schattiger) Lehrsaal: Theophrasti.

umbrāticus 3 (umbra) im Schatten: litterae auf dem Studierzimmer geschrieben *Pli*.

umbrātilis, e (umbra) den Schatten genießend: vita gemütlich, ruhig, exercitatio, oratio schulmäßig.

Umbrī, Umbria s. Umber.

umbri-fer 3 (fero, § 66) schattenspendend *V*.

umbrō 1. (umbra) beschatten *V*.

umbrōsus 3 (umbra) **1.** beschattet, schattig: vallis *V*, cavernae finster *V*. **2.** beschattend: cacumina *V*.

ūmectō, āre befeuchten, benetzen *VO*.
E: ūmectus 'feucht'.

ūmeō, ēre (vgl. umor) feucht, naß sein: umentes Pado campi bewässert *T*, umentia Sümpfe *T*.

umerus, ī, *m.* (ai. amsas, gr. ὦμος = *ὅμσος*, lat. *omeses, umerus, § 29) Schulter, Achsel; *occ.* Vorderbug [von Tieren].

ūmēscō, ere (*incoh.* zu umeo) feucht werden *V*.

ūmidus 3, *adv.* **ē** (umeo, § 74) feucht, naß, saftig: nox taufeucht *VO*, Ide quellenreich *O*; *subst.* umidum, ī, *n.* feuchter Boden *CuT*.

ūmor, ōris, *m.* (vgl. uvesco) das Naß, Feuchtigkeit, Flüssigkeit: circumfluus = Meer *O*, musti, Bacchi = Wein *V*, lacteus Milch *O*.

um-quam, [schlecht] **un-quam** (zum *indef.* quis, vgl. § 16) *adv.* irgendeinmal, jemals; [meist in negativen Sätzen].

ūnā s. unus.

ūnanimitās, ātis, *f.* Eintracht *L*.   Von

ūn-animus 3 (ūnŭ-animus, § 66 u. 53) einträchtig *CaV*.

ūncia, ae, *f.* (unus) ein Zwölftel *H*; Unze [Gewichtsmaß: 27,3 g] *C*.   Dav.

ūnciālis, e u. **ūnciārius** 3 ein Zwölftel betragend: faenus ½ Prozent monatlich = 1 Prozent jährlich *LT*.

ūnctiō, ōnis, *f.* (ungo) das Salben.

ūnctitō, āre (Doppelfrequ. v. ungo) salben *C*.

ūnctor, ōris, *m.* (ungo) Salber, Einsalber *C*.   Dav.

ūnctōrium, ī, *n.* Salbraum [in den Bädern] *Pli*.

.**ūnctus** 3 (ungo) **1.** gesalbt: palaestra in der man sich salbt *O*, arma uncta cruore blutbenetzt *H*; *occ.* fett gemacht, fett: manūs schmierig *H*, holuscula lardo uncta *H*; carina geteert *V*. **2.** *met.* fett, reich: consuetudo loquendi. **3.** *occ.* lecker: unctum recte ponere einen Leckerbissen *H*.

I. uncus, ī, *m.* (gr. ὄγκος) Haken, Widerhaken, Klammer.

II. uncus 3 hakig, gekrümmt: aera = Angel *O*, pedes krallig *V*.

unda, ae, *f.* **1.** Wasser, Gewässer: fontis *O*, ferventes siedend *O*; Trinacria Meer, terris vel undis agitari über Land und Meer *V*. **2.** *occ.* Woge, Welle: spumosae *O*; undam fumus agit wirbelt auf *V*, reddit specus vulneris undam eine Welle schäumenden Blutes *V*. **3.** *met.* Strömung, das Wogen: comitiorum, salutantum Strom *V*, civiles Wogen des bürgerlichen Lebens *H*, adversae rerum Wogen des Mißgeschicks *H*.

E: ai. undáti 'benetzt', udán 'Woge, Wasser', gr. ὕδωρ, böot. οὔδωρ.

unde (*cunde, vom Pronominalst. quo, § 16; vgl. inde) *adv.* von wo, woher. **1.** *interrogativ*: unde domo? wo seid ihr (ist er *H*) zu Hause? *V*; *met.* woraus, wovon: unde efferrentur, non reliquerunt (kein Geld) womit *N*, unde sit infamis weshalb *O*. **2.** *relat.* fines, unde (= ex quibus) erant profecti; *met.* unde natus est von dem, unde (= a quo) petebatur, genus unde Latinum (= a quo, *sc.* Aenea) *V*.

ūn-dē... (= unus, unu', § 31, una, unum de; Synkope nach § 44) 'eins von' [dient zur Bildung von Neunerzahlen, z. B.]: **1.** von Kardinalzahlen: **ūndēvīgintī** 19, **ūndētrīgintā** 29. **2.** von Ordinalzahlen: **ūndēvīcēsimus** der 19., **ūndētrīcēsimus** der 29.

ūn-decim (aus unu' decem = unus decem, §§ 44 u. 31) elf; u. viri die Undeciumvirn [Kollegium von elf Männern; Polizei- u. Strafvollzugsbehörde in Athen] *N*. Dav. **ūndecimus** 3 der elfte.

unde-cumque *adv.* woher nur immer *Pli.*

ūn-dēnī 3 (vgl. deni) je elf: pedes [Hexameter u. Pentameter, 6+5] *O*.

undeunde *adv.* woher nur immer *H*.

undi-que (statt *unde-que, § 41; vgl. quisque, § 69) *adv.* **1.** woher nur immer, von allen Seiten, überall her. **2.** überall, auf allen Seiten, in jeder Hinsicht: religionem tollere, partes u. aequales.

undi-sonus 3 (unda, sonus, § 66) wellenrauschend *Pr.*

undō 1. (unda) **1.** wogen, wallen: undans Nilus *V*, cruor Blutwelle *V*. **2.** sich wellenförmig bewegen: undans Aetna erzitternd *V*, undantem buxo Cytorum von Buchsbaum umwogt *V*; lora, habenae locker *V*.

undōsus 3 (unda) wellenreich *V*.

ūn-et-vīcēnsima (§ 53) legio die 21. *T*; **ūnetvīcēnsimānī** Soldaten der 21. Legion *T*.

ungō u. **unguō** 3. ūnxī, ūnctus **1.** salben, schmieren: Dianam unguentis; dicht. gloria quem supra vires unguit wer aus Eitelkeit über sein Vermögen großtut *H*; **occ.** fett machen: caules oleo *H*. **2.** *met.* bestreichen, beschmieren: tela manu (mit Gift) *V*, cubilia limo *V*.

E: ai. anákti 'salbt', añjanam 'Salbe', ahd. ancho, mhd. anke 'Butter'. Dav.

unguen, inis (dicht.) u. **unguentum**, ī, *n.* Fett: pingues unguine cerae *V*; **occ.** Salbe, Salböl: aderant unguenta, coronae; dav. **unguentārius**, ī, *m.* Salbenhändler; **unguentārium**, ī, *n.* Salbengeld *Pli.* Dav.

unguentō 1. salben *CSp.*

unguentum s. unguen.

unguiculus, ī, *m.* Nagel: a teneris unguiculis = von Kindesbeinen an. *Dem.* von

unguis, is, *m.*, *abl.* e, dicht. i (gr. ὄνυξ, ai. nakhás, ahd. nagal) **1.** Nagel, Finger-, Zehennagel: ungues rodere an den Nägeln kauen *H*; sprichw. de tenero ungui = von zartestem Kindesalter an *H*; praesectum ad unguem castigare *H*, s. praeseco; in unguem quadrare genau *V*; ad unguem factus homo fein *H*; transversum unguem non discedere keinen Finger breit. **2.** *met.* Kralle, Klaue *VHO*.

ungula, ae, *f.* (zu unguis) **1.** Huf; sprichw. omnibus ungulis = aus allen Kräften. **2.** *synecd.* Pferd *H*.

ungulus, ī, *m.* (*dem.* v. unguis) Fingerring *Sp.*

unguō s. ungo.

ūni-color, ōris, (§ 66) einfarbig *O*.

ūnicus 3, *adv.* **ē** (unus) **1.** einzig, alleinig: filius, voluris einzig in seiner Art *O*, consul, spes *L*. *met.* **2.** ungewöhnlich, einzig dastehend, außerordentlich: unice amare, fides, dux *L*, antiquitatis specimen *T*. **3.** einzig geliebt: maritus *T*.

ūni-fōrmis, e (forma, § 66) einförmig *T*.

ūni-manus, *acc.* um (§ 66) einhändig *L*.

I. ūniō, ōnis, *m.* (unus) (einzelne große) Perle *PhSp.*

II. ūniō 4. vereinigen *Sp.*

ūni-subsellium, ī, *n.* (§ 66) Einzelbänkchen *C*.

ūniversālis, e (universus) allgemein *Pli.*

ūniversitās, ātis, *f.* Gesamtheit: generis humani; u. (rerum): Weltall. Von

ūni-versus, altl. (§ 50 am Ende) **ūni-vorsus** 3, *adv.* **ē** (unus, verto, Gegs. zu di-versus) **1.** *pl.* sämtliche, alle: Siculi; [verstärkt]: omnes univorsi *C*. **2.** *sg.* [bei Kollektiven]: **gesamt, sämtlich, ganz**: populus, provincia; [verstärkt]: totus universus *C*. **3.** [bei anderen *subst.*]: **gesamt, ganz, allgemein**: incendium, bellum *L*, universae rei dimicatio Entscheidungsschlacht *L*, pugna wo alles im Kampf ist *L*; universe loqui im allgemeinen. **4.** *subst.* **ūniversum**, ī, *n.* **Weltall**; *adv.* in universum im ganzen, überhaupt, im allgemeinen *LT*.

unquam s. umquam.

ūnus 3, *gen.* **ūnīus**, *dat.* **ūnī** (altl. **oenus**, § 52, vgl. gr. οἴνη, die 'Eins' auf dem Würfel, οἶος aus οἶϝος, got. ains)

---

1. ein, einer; *occ.* 2. der einzige, ein einziger, einzig, allein, bloß, nur; *met.* vor allen andern, bei weitem; 3. einerlei, der nämliche, ein und derselbe.

---

1. Meist im *sg.*; *pl.* beim *plurale tantum*: una castra, moenia *S*; una excidia einmalig *V*; unus e filiis, de illis; dicht. und spät unus principum *L*, natorum *V*; unus de (ex) multis (multorum *H*) einer von vielen, ein gewöhnlicher Mensch; *subst.* unus et (aut) alter der eine und der andere, ein paar, uno plus um einen Mann mehr *L*, ad unum omnes alle insgesamt, ohne Ausnahme; ad unum *V*; *subst. n.* in unum auf einen Punkt; sarcinas in unum conicere auf einen Haufen *L*. **2.** tu unus adulescens universum ordinem prohibuisti; verstärkt mit modo, tantum; unus est solus inventus; adv. zu übersetzen: in una virtute allein, einzig auf der Tugend; *subst.* unus (allein) omnem potestatem possidebat; *pl.* [bei Völkernamen]: uni ex omnibus Sequani; mit *pron. indef.* ad unum aliquem confugiebant, nec quisquam unus und kein einziger *L*; **unusquisque** jeder einzelne; unum quidquid, unum quidque *C*. *Met.* beim *sup.* civis unus acutissimus, cum unus in civitate maxime floreret *N*; beim *comp.* quis unus fortior fuit? **3.** duobus in locis uno consilio bellum gerere, vox (mens) omnibus una *V*, omnes uno ordine habere gleich behan-

unxi   481   **usquam**

deln *V*; [verstärkt]: unus atque idem (idemque). Da-
v. *abl. sg. fem. adv.* **ūnā** zusammen, **1.** [räumlich]: an
einem Ort, zu-, beisammen, mit: una sedebat uxor bei
ihm, domi una eruditi. **2.** [zeitlich]: zugleich: pereant
amici, dum inimici una intercidant; amores una
cum praetexta ponere.
ūnxī *pf.* v. ungo.
ūpiliō = opilio.
upupa, ae, *f.* (aus ἔποψ durch *acc.* ἔποπα, § 92) Wiede-
hopf *Sp*; [scherzhaft]: Axt *C*.
Ūrania, ae, u. **-ē,** ēs, *f.* U. [Muse der Astronomie].
urbānitās, ātis, *f.* **1.** das Stadtleben: desideria urbani-
tatis. *meton.* **2.** feines Benehmen, Feinheit; **occ. a.** der
feine Witz, Esprit: vetus. **b.** [pejorativ]: vernacula üble
Scherze nach Art der Großstädter *T.*   Von
urbānus 3, *adv.* **ē** (urbs, § 75) **1. städtisch, von Rom,
in Rom:** populus *N*, motus, gratia, res Friedensge-
schäfte, suffragatio der Zivilbevölkerung, sermunculi
Stadtklatsch; *subst. m.* **Städter;** Freund des Stadtlebens
Pli. meton. **2. fein, gebildet:** Cicero *T.* **3. geist-
reich, witzig** *H*; **occ. dreist, keck:** frons Ungeniertheit
des Großstädters *H*.
urbi-capus, ī, *m.* (capio, § 66) Städteroberer *C*.
urbicus 3 (urbs) städtisch *Sp*.
Urbīnum, ī, *n.* Urbino [St. in Umbrien] *T*.
Urbius clīvus, der clivus Urbius [Gasse in Rom, von
der Sacra via östl. des forum Pacis abbiegend zur
Höhe des Oppius] *L*.
urbs, urbis, *f.* **1.** [mit einer Ringmauer umgebene] Stadt:
altera est urbs Syracusis; mit *gen. expl.* Patavi, Bu-
throti *V*; d i c h t. urbe relicta Lager *V*, silvis aut ur-
bibus errat bewohnte Stätten *V*. **2. occ.** Hauptstadt,
Rom: ad urbem esse vor Rom verweilen. **3.** *meton.*
Stadtbewohner.
urceus, ī, *m.* (vgl. urna) Krug.
ūrēdō, inis *f.* (uro) Brand [Getreidekrankheit].
urg(u)eō 2. ursī (vgl. got. wrikan 'verfolgen')

   1. **andringen, drängen;** 2. *trans.* **drängen, stoßen,
treiben, drücken;** *met.* 3. **drängen;** *trans.* **bedrän-
gen, bedrücken, belästigen, hart zusetzen;** 4. (durch
Fragen, Bitten usw.) **in die Enge treiben, bestürmen,
zusetzen;** *occ.* **fest** auf etw. **bestehen,** etw. **betonen;**
5. etw. **mit Eifer betreiben, sich völlig** auf etw. **verle-
gen, unablässig** bei etw. **verharren.**

1. hostes urgent *S*, urgent ad litora fluctus *V*; al-
tum aufs hohe Meer hinausdrängen *H*; b i l d l. urgens
fatum nahender Untergang *V*, urgente ruinā vom Ge-
dränge mitgerissen *V*. **2.** (unda) urget priorem *O*, in
iecur acūs *O*, in syrtīs werfen *V*; *med.* sich
drängen *V*; *pass.* urgeri (Aetnae) mole unter dem Ätna
liegen *V*. **3.** urget fortuna; t r a n s. quaestiones ur-
gent Milonem; locum einengen *V*, urgeri turbā *H*;
oculos fesseln *V*, diem verdrängen *H*, famulas labori-
bus plagen *O*, eum invidia urget verfolgt *S*, urgeri
fame *S*, fatis *V*, vitiis *H*. **4.** rustice, iussis ingenti-
bus *V*. **occ.** urgetis hominum esse istam culpam,
eundem locum diutius, ius. **5.** opus, iter *O*, vestem
emsig weben *V*, arva mühsam bearbeiten *H*, flebilibus

modis Mysten beklagen *H*, propositum *H*; mit *inf.
H, acc. c. inf. T.*
ūrīna, ae, *f.* (vgl. οὖρον, οὐρέω) Harn, U r i n *Sp*.
ūrīnātor, ōris, *m.* Taucher *L*.
E: ūrīnārī 'untertauchen', vgl. ai. vār(i) 'Wasser'.
Ūrios, *acc.* on, *m.* U. [Οὔριος; Juppiter als Geber guten
Fahrtwindes].
urna, ae, *f.* (wohl aus *urc-na, § 33, zu urceus) **1. Was-
sergefäß, -krug. 2. Topf:** argenti *H*. **occ. a. Aschen-
krug, Urne:** requiescere in urna *O*. **b. Lostopf:** no-
mina in urnam conicere *L*, urnam movere schüt-
teln *V*; *meton.* Wahl durchs Los *T*; *met.* **Schicksals-
urne:** versatur urnā serius ocius sors (Todeslos) ex-
itura *H*.
ūrō 3. ussī, ustus (statt *euso, §§ 29 und 48; vgl. ai.
óśati 'brennt', uštas 'gebrannt', gr. εὕω 'sengen', Aor.
εὖσαι)

   1. *trans.* **brennen, verbrennen;** 2. *occ. a.* (Farben)
einbrennen, enkaustisch malen; *b.* **sengen und
brennen, verwüsten, verheeren;** *met.* 3. **austrock-
nen, versengen;** *occ.* **(er)frieren machen;** *pass.* **frie-
ren;** 4. **drücken, wundreiben, belästigen, beunruhi-
gen, plagen;** 5. **entflammen;** *pass.* **glühen.**

1. stipulam flammis *V*, nocturna in lumina ce-
drum *V*, urenda filix verbrennenswert *H*, ignis urit
domos verzehrt *H*. **2. a.** colores usti *O*, tabulam co-
loribus *O*. **b.** urendo populandoque bellum ge-
rere *LCu*, agros *L*, pestilentia urens urbem *L*.
3. arista solibus usta *O*, sitis urit herbas *O*, fau-
ces *H*; *pass.* ora visceraque uruntur sind trocken *Cu*;
febribus uri glühen *O*. **occ.** ustus ab assiduo frigore
Pontus *O*, herba per nives usta erfroren *O*; *pass.* ve-
natores uri se patiuntur. **4.** loris peitschen *H*, cal-
ceus, sarcina urit drückt *H*; *met.* eos bellum ure-
bat *L*, Aetolos labor *L*, urit (Venerem) Iuno der Ge-
danke an Juno quält sie *V*. **5.** amor (Glycerae ni-
tor *H*) urit me *V*; *pass.* in Liebe glühen *V*, in hos-
pite für *O*; urere invidiam entzünden *L*.
ursa, ae, *f.* (ursus) Bär(in); *met.* der Große Bär: Parrha-
sis, Erymanthis, Maenalis *O*; der Kleine Bär: stellae
Cynosuridos ursae *O*.
ursī *pf.* v. urg(u)eo.
ursus, ī, *m.* (statt *urcsus, § 33, vgl. ai. ŕkša-s, gr. ἄρκ-
τος) Bär.
urtīca, ae, *f.* Brennessel [auch als Gemüse] *CaH*.
ūrus, ī, *m.* (ahd. ūr) Auerochs, Ur.
Uscāna, ae, *f.* U. [St. am Schwarzen Drin in Illyrien] *L*;
Einw. Uscānēnsēs *L*.
Ūsipī, ōrum u. **Ūsipetēs,** um, *m.* die U. [germ. Volk an
der Lippe und Ruhr].
ūsitātus 3, *adv.* **ē** (ūsitāre, Doppelfrequ. v. utor) ge-
wöhnlich, gebräuchlich, üblich.
ūs-piam (us- Erweiterung von ut 'wo', s. ut I. 3) *adv.* ir-
gendwo.
ūs-quam (vgl. uspiam) *adv.* **I. 1.** irgendwo; meist in
negativen Sätzen; mit *gen.* usquam gentium
(d i c h t.). **2.** *met.* in irgend etwas, bei irgendeiner
Sache: neque erat u. consilio locus, neque u. nisi in

usque | 482 | **ut**

pecunia spem habere *S.* **II.** irgendwohin: nec u. discedebam.

ūs-que (vgl. uspiam u. § 69) *adv.*

---

1. 'durchaus', **in einem fort, ununterbrochen, unausgesetzt, fort und fort;** 2. **von . . . her;** 3. **bis . . . nach, bis . . . hin;** *occ.* (*praep.*) **bis zu;** 4. **(von) . . . bis.**

---

1. u. sequens *O*, usque . . . dum solange als *V.* **2. a.** zeitlich: u. a Thale von . . . an, seit; **b.** räumlich: u. a Rubro Mari *N*, u. ex ultima Syria. **3. a.** zeitlich: u. ad vesperum, u. adhuc; **b.** räumlich: u. ad castra; [singulär]: adsenserunt omnes usque ad Pompeium bis auf, außer *Pli*; u. in Hispaniam, u. Hennam. Bei eo u. adeo **a.** zeitlich: u. eo ferrum retinuit, quoad est nuntiatum so lange bis *N*; **b.** met. u. eo despexerunt bis zu dem Grad *N*, u. adeo pertimuerat. *occ.* nachkl. corpora u. pedes carbosa velant *Cu.* **4. a.** zeitlich: ab initio u. ad hoc tempus; **b.** räumlich: a pulmonibus u. ad os intimum.

ūsque (-)quāque (§ 67) *adv.* überall, allenthalben, in jeder Sache, immer.

ūsquin *C* = usque-ne; s. usque 1.

ussī *pf.* v. uro.

ūssūra *C* s. usura.

Ustīca, ae, *f.* U. [Berg beim Sabinergut des Horaz] *H.*

ūstor, ōris, *m.* (uro) Leichenverbrenner.

ūstulō 1. (uro) verbrennen *Ca.*

ustus *pt. pf. pass.* v. uro.

I. ūsū-capiō 3. cēpī, captus (§ 67) 'durch den Gebrauch erwerben', durch Verjährung erwerben, ersitzen.   Dav.

II. ūsūcapiō, ōnis, *f.* Ersitzung, Eigentumsrecht [durch Verjährung]: usucapionum iura der Besitzverjährungen.

ūsūcaptus *pt. pf. pass.* v. usucapio.

ūsū-cēpī *pf.* v. usucapio.

ūsūra (älter ūssūra *C*, § 36), ae, *f.* (utor) **1.** Gebrauch, Nutzung, Genuß: aedium *C*, vitae, unius horae Frist. **2.** *meton.* **a.** Zinsen: certare cum usuris fructibus praediorum die Zinsen mit dem Ertrag der Grundstücke decken. **b.** Zugabe: appositis usuris [= anderer Briefe] *Pli.*

ūsurpātiō, ōnis, *f.* Gebrauch, Anwendung, Ausübung: civitatis Erwähnung [oder] Beanspruchung des Bürgerrechts, itineris Aufbruch, Abmarsch *L.*   Von

ūsurpō 1. (v. *ūsurpus, viell. aus usu rapio, synk. nach § 44) **1. gebrauchen, benutzen, anwenden, ausüben:** ius geltend machen *Cu*, officium antreten, multa in volgus grata *T*, comitatem et temperantiam sich . . . zeigen *T*, usurpata statim libertate im ersten Genuß der Freiheit *T.* **occ. 2. beanspruchen:** nomen civitatis sein Recht als Bürger, libertatem, ius *L.* **3. in Besitz nehmen, sich aneignen. a.** [rechtlich]: hereditates antreten *T*, possessionem; bildl. neque oculis neque pedibus wahrnehmen, bemerken *C.* **b.** [widerrechtlich]: alienam possessionem *L.* **4.** *met.* (Wörter) **gebrauchen, erwähnen:** Graecum verbum, Curi memoriam. *occ.* **benennen:** Laelius, qui sapiens usurpatur.

I. ūsus *pt. pf. act.* v. utor.

II. ūsus, ūs, *m.* (utor, § 36)

---

1. **Gebrauch, Verwendung, Benutzung;** *meton.* **Nutzen, Vorteil;** 2. **Ausübung;** *meton. a.* **Übung;** *b.* **Erfahrung, Praxis, Routine;** 3. **Bedarf, Bedürfnis, Notwendigkeit;** 4. **Verkehr, Umgang, Bekanntschaft.**

---

1. armorum *Cu*, lini, in usu habere gebrauchen, usui esse gebraucht werden, est mihi in usu ich bin gewohnt, pflege *Pli*; **meton.** magno erat usui brachte, exiguus, ex usu esse nützlich sein. **2.** forensis praktische Tätigkeit bei Gericht. **a.** cotidianus. **b.** belli Kriegserfahrung *N*, usus ac disciplina, nec usu nec ratione weder erfahrungsgemäß noch rationell; **ūsū** (*dat.*) **venit** es ereignet sich, kommt vor; rerum Weltkenntnis, ars et usus Theorie und Praxis *T.* **3.** ad usum belli nach dem Bedarf des Krieges *NCu*, si usus veniat, cum adesset usus, si quando usus esset sobald es nötig wäre, usum provinciae supplere dem Bedarf der Provinz abhelfen; mit *abl. rei* u. *dat. pers.* naves, quibus consuli usus non esset *L.* **4.** domesticus Verkehr von Haus zu Haus, id erat in tanto usu nostro bei so innigem Verkehr.

ut, utī (urspr. utei, § 52, wohl zum Relativst. quo-, vgl. § 16; utī verkürzt sich zu utĭ, § 45, und wird synkopiert zu ut, § 42, Abs. 2)

I. **adverbiell**, u. zw. 1. urspr. modal: **wie;** 2. temporal **wie = als, sobald als;** *occ.* **seitdem;** 3. (dicht.) lokal: **wo.** *(Ind.)*

II. **konjunktionell** 1. in Modalsätzen: **daß;** *occ.* in Folgesätzen: **so daß;** 2. in Wunschsätzen: **daß, daß doch;** *occ.* (nach Verben des Fürchtens) **daß nicht;** 3. in Finalsätzen: **daß, damit;** 4. in Konzessivsätzen: **wenn, sei es daß, gesetzt daß;** 5. (elliptisch in erregter Frage): **ist es möglich, daß . . . ?** *(Conj.)*

I. 1. Zunächst interrogativ, u. zw. dir. ut valet? *H*; indir. docebat, ut Galliae principatum Haedui tenuissent. Im Ausruf: ut sustinuit! *Relat.* ut optasti, ita est; ut quisque aetate antecedit, ita sententiae principatum tenet je nachdem . . . so; corripitur flammis, ut quaeque altissima, tellus an den höchsten Punkten nacheinander *O.* Bes. steht die Vergleichung **a.** in Zwischensätzen zur Begründung: ut fit wie es gewöhnlich geht, ut videtur wie es scheint, ut ait Thucydides *N*, ut supra demonstravimus wie oben gesagt. **b.** Begriffe verbindend: ut cum Titanis, ita cum Gigantibus sowohl . . . als auch; ut erat tellus illic, sic erat instabilis zwar . . . aber *O.* **c.** Beispiele einleitend: in libero populo, ut Rhodi wie z. B.; vor dem *relat.* ut quae 'als Dinge, die' *Cu*, ut qui da (er) ja. **d.** epexegetisch: aiunt hominem, ut erat furiosus (wie er schon einmal . . . war), respondisse; einschränkend: ut est captus Germanorum wie die G. es auffassen; verkürzt: aliquem ut alumnum diligere 'als', 'wie einen' *Cu*, multae, ut in homine Romano, litterae in eo fuerunt 'wenigstens für einen Römer'. **2.** Zum Ausdruck unmittelbarster Zeitfolge (*ind. pf.*): maxime per-

utcumque — 483 — **utor** — U

turbatus est, ut audivit; die Unmittelbarkeit angedeutet durch **confestim, repente, continuo**; ut primum sobald nur; mit *ind. impf.* (s c h i l d e r n d): ut Hortensius domum reducebatur als man H. heimgeleiten wollte; *ind. ppf.* (w i e d e r h o l e n d): ut (sooft, jedesmal wenn) cohortes excubuerant (draußen lagen), accessere Pompeiani. **occ.** ut sumus in Ponto *O*, octavus (annus est), ut imperium obtineo *T*. **3.** Indi, litus ut Eoā tunditur undā *Ca*.

II. 1. potest esse bellum, ut tumultus non sit ohne daß. **occ.** mit Determination: tot homines habet, ut cantu vicinitas personet; sic, tam...ut, tantus...ut ohne Determination: fuit disertus, ut nemo ei par esset *N*. **2.** In Wunschsätzen mit *coni.*; irreal: ut viveret adhuc! *Cu*; potential: ut formidine falsa potius ludar? *V*. In Objektsätzen nach *verb.* u. *subst.* des Wollens, Wünschens, Bittens, Befehlens, Ratens, Ermahnens, Antreibens, Erwartens, Bewirkens; nach Intransitiven des Geschehens: reliquum, futurum est, fit, accidit, evenit. **occ.** ut sis vitalis, metuo daß du nicht lebensfähig bist *H*; vgl. timeo, vereor, metuo u. a. **3.** Mit Determination: ideo, propterea, ut; ohne Determination: ab eis conducebantur, ut aliquem occiderent. **4.** ut desint vires, tamen est laudanda voluntas *O*, ut neminem nisi illum rogasset gesetzt, er hätte niemand andern gefragt, ut nullam afferret Plato rationem gesetzt, er brächte keine Gründe bei; verneint durch **ne**: ne sit summum malum dolor, malum certe est. **5.** te ut ulla res frangat? dich sollte...?

ut-cum-que (vgl. quicumque) wie nur immer, wie **1.** *adv.* u. erit, iuvabit tamen *L*; ohne *verb.* adhuc u. volemus so gut es geht *O*, corpore regio u. mulcato gleichviel wie *L*, cetera u. (allenfalls) dissimulari *T*. **2.** *coniunct.* sobald nur, wann nur: ibimus, u. praecedes *H*.

ūtēns, entis (utor) gebrauchend: (magnitudo) utentior die mehr braucht (ausgibt), ausgabefreudiger.

Ūtēns, entis, *m*. U s o [Fl. zwischen Rimini und Rubico] *L*.

ūtēnsilia, ium, *n*. (utor) Bedarf, Geräte *LT*.

I. uter, ūtris, *m*. (vgl. ὑδρία) lederner Schlauch: vini *C*, unctos saluere per utres [= Askoliasmos, Schlauchtanz] *V*; *meton.* aufgeblasener Kerl *H*.

II. uter, utra, utrum, *gen.* utrīus, d i c h t. útrius, *dat.* ī, *adv.* **utrum**, s. d. (*comp.* des Pronominalstammes quo, § 16, ai. katarás, gr. πότερος, ionisch κότερος) **1.** *interrogativ*: wer, welcher von beiden? D i r. uter nostrum est cupidior dicti? I n d i r. interrogabatur, utrum pluris faceret, patrem matremne *N*. D o p p e l t: uter utri virtute anteferendus videretur von beiden dem andern vorzuziehen sei. **2.** *relativ*: welcher von beiden: utrum dixeris, id contra te futurum.

uter- (utra-, utrum-) **cumque** (§ 67) wer immer von beiden.

uter- (utra-, utrum-) **libet** (§ 67) ein beliebiger von beiden.

uterque, útraque, utrumque, *gen.* utrīusque, d i c h t. utrīusque (utrīque *C*), *dat.* utrīque, *gen. pl.* auch utrūmque (uterque: uter = quisque: quis, § 69) jeder von beiden, jeder für sich, beide [jeder einzeln ge-

dacht, daher mit *sg.* des Präd.]: habebat uterque quid sequeretur, exercitus uterque utrique est in conspectu beide Heere kommen einander in Sicht; u. Dionysius d. Ältere u. d. Jüngere *N*, fortuna Glück u. Unglück, Phoebus Morgen- u. Abendsonne *O*, polus Nord u. Süd *O*, oceanus der östliche u. westliche *O*, in utramque partem disputare für und wider; mit *gen. part.* quorum uterque; Präd. selten im *pl.* uterque eorum exercitum educunt. Der *pl.* bedeutet zwei einzeln gedachte Mehrheiten: collatis utrorumque factis [der Griechen u. Römer] *N*, utraque castra, utrique beide Parteien; *pl.* [von zweien]: hi utrique ad urbem imperatores erant *S*. Dazu adv. **1. utrimque** (alte Akkusativbildung nach der 3. Dekl.) auf (von) jeder der beiden Seiten, auf beiden Seiten: u. nobilis von väterlicher u. mütterlicher Seite *T*. **2. utrōque** (alter *dat.*) nach jeder von beiden Seiten, nach beiden Seiten.

uterus, ī, *m*. **1.** Unterleib, Bauch *CV*; Mutterleib, Schoß; diva potens uteri [= die Geburtsgöttin] *O*; **occ.** Geburtswehen: laborantes utero puellae *H*; *meton.* Leibesfrucht, Sohn *OT*. **2.** *met.* Leib, Bauch, Inneres: (equi lignei) *V*, naves lato utero *T*.
E: vgl. ai. udáram 'Bauch'.

utervis, utravis, utrumvis (§ 67) jeder beliebige, einer von beiden, beide [t r e n n e n d, uterque v e r b i n d e n d]; mit *gen. part.* vestrum.

utī s. ut; vgl. utinam, utique.

ūtibilis, e (utor) brauchbar, nützlich *C*.

Utica, ae, *f*. U. [St. nördl. v. Karthago]; *adi.* u. Einw. Uticēnsis.

ūtilis, e, *adv.* **iter** (utor; vgl. fac-ilis, ag-ilis) **1.** brauchbar, tauglich: et pedibus et naribus (canis) *O*; mit ad; *inf. H*; locos sibi utiles amiserat *S*; fraxinus u. hastis *O*, radix medendi u. *O*; utiliter in publicum für die Allgemeinheit *T*. **2. occ.** nützlich, dienlich, zuträglich, vorteilhaft: pax, fons infirmo capiti *H*; *subst.* qui miscuit utile dulci *H*; utile est mit *inf.*, *acc. c. inf.* Dav.

ūtilitās, ātis, *f*. **1.** Brauchbarkeit, Tüchtigkeit: belli. **2.** Nützlichkeit, Nutzen, Vorteil: communis Staatswohl, utilitatem habere, alicui utilitati esse nützlich sein; oft *pl*.

úti-nam (uti, §§ 45 u. 47) daß doch, wenn doch; **1.** r e a l e Wunschsätze einleitend, mit *coni. pr.*: u. negent. **2.** i r r e a l e, mit *coni. impf.* oder *ppf.* u. hoc tuum verum crimen esset, u. eam societatem numquam coisses; [negiert]: utinam ne; Clitus utinam non coegisset me sibi irasci *Cu*.

úti-que (uti, §§ 45 u. 47) *adv.* **1.** jedenfalls, durchaus, gewiß: alterum consulem u. ex plebe fieri necesse est *L*. **2. occ.** besonders, zumal: in Graecia, u. olim, magnae laudi (haec) erant *N*.

ūtor (altl. oitor, oetor, § 52) 3. ūsus (§ 36) sum

---

1. sich (einer Sache) **bedienen, verwenden, gebrauchen, benutzen; 2. occ. a. genießen; b. haben, besitzen; 3.** *met.* **verkehren, Umgang haben, umgehen.**

---

1. Mit *abl.* bene armis, optime equis; *met.* domo bewohnen, verbo gebrauchen, oratione reden, tempo-

utpote | 484 | **vacuus**

ribus sich in die Umstände schicken *N*, suo largius zu verschwenderisch mit seinem Vermögen umgehen *S*, re male mißbrauchen, exemplo anführen, pace annehmen *L*, pace halten; instituto eodem gewohnt sein an *N*, consiliis befolgen *N*, aetatis vacatione Gebrauch machen *N*, acerbitate herb verfahren. Mit d o p p. *abl.* aliquo auctore als Gewährsmann. Mit *acc.* v o r k l. ; k l a s s. nur in der Gerundivform: quod utendum acceperis. **2. a.** cibo *N*, lacte et herbis *O*. **b.** patre diligenti *N*, tanta prosperitate *N*, honore bekleiden, proeliis secundis im Krieg Glück haben *L*; aliquo doctore zum Lehrer *N*, iis melioribus civibus an ihnen bessere Bürger haben. **3.** aliquo familiariter *N*, maioribus *H*.

ut-pote (eigtl. ein ganzer Satz ut pote [est], vgl. potis u. § 67) nämlich: populus numerabilis, u. parvus.

ūtrārius, ī, *m.* (ūter) Schlauch-, Wasserträger *L*.

utrimque s. uterque.

utrō (uter) *adv.* nach welcher von beiden Seiten *O*.

utrobīque u. **utrubīque** (uter, vgl. ubique) *adv.* auf (jeder von) beiden Seiten, beiderseits.

utrōque s. uterque.

utrubīque s. utrobique.

utrum (*n. adv.* v. II. uter) **1.** in i n d i r. Frage:

utrum . . . an ob . . . oder; [verstärkt]: utrumne . . . an *H*; bei negativer Fortsetzung: quaero, utrum emeris n e c n e. **2.** in d i r. Frage meist unübersetzt; bei negativer Fortsetzung: utrum nomina digesta habes a n n o n ? ; das zweite Glied zu ergänzen: utrum maiores vestri exorti ab diis sunt? sind etwa? *L*.

ut-ut *adv.* wie auch immer *C*.

ūva, ae, *f.* **1.** Traube. **2.** *meton.* **a.** Traubensaft, Wein: tu bibes uvam *H*. **b.** Weinstock: illic veniunt felicius uvae *V*. **3.** *met.* traubenförmiger Klumpen [vom Bienenschwarm] *V*.

E: litauisch û'ga 'Beere'.

ūvēscō, ere (*incoh.* zu uveo) sich betrinken *H*.

ūvidus 3 (uveo) **1.** feucht, naß: Tibur reichbewässert *H*, gemma palmitis klebrig *O*, Iuppiter u. austris der im Südwind Regen bringt *V*. **2. occ.** vom Wein begeistert, berauscht *H*.

uxor, ōris, *f.* Gattin, Gemahlin, Ehefrau: uxorem ducere heiraten; [von Ziegen]: olentis uxores mariti *H*. Dav.

uxōrius 3 der Gattin gehörig, von der Gattin ausgehend, die Gattin betreffend: res Heiratsgut; Ehestand, potentia, ambitus *T*; amnis der Gattin (Ilia) zu sehr ergeben *H*, uxorius urbem exstruis 'als Sklave deiner Frau' *V*.

V

V als Zahlzeichen = 5, V̄ = quinque milia.

v. Abkürzung = valeo, vales, valetis, vir.

Vacalus, ī, *m.* = Vahalis.

vacātiō, ōnis, *f.* (vaco) **1.** das Befreitsein, Befreiung, Entlastung: laboris, militiae; rerum gestarum wegen. **2. occ.** Militär-, Dienstbefreiung, Urlaub: v. (militiae); aetatis altershalber *N*. **3.** *meton.* Ablösungssumme: annuae *T*.

vacca, ae, *f.* (ai. vaçā́) Kuh.

Vaccaeī, ōrum, *m.* die V. [Volk in Spanien am Duero] *L*; 'die Kuhländer' [scherzhaft v. vacca abgeleitet].

vaccillō = vacillo.

vaccīnium, ī, *n.* Hyazinthe *VO*, vgl. hyacinthus.

vacerra, ae, *f.* (eingeschlagener) Pfahl *Columella*; *adi.* **vacerrōsus** 3 tölpelhaft *Sp*.

vacillō **1.** wanken, wackeln; *met.* wanken, schwanken: in aere alieno in Schulden versinken, legio vacillans unverläßlich.

vacīvus 3, *adv.* **ē,** vorkl. = vacuus: aures offenes Gehör *C*, vacive perlegere in Muße [andere Lesart: cum vacarit] *Ph*.

vacō 1. āvī (vgl. vacuus) **1. leer, frei, unbesetzt sein:** vacant agri sind unbebaut, ostia wasserlos *O*, festus vacat pagus die Flur ist festtäglich leer *H*, philosophiae locus unbesetzt; hoste, a custodiis; **occ. herrenlos sein:** bona vacant *T*, vacantia herrenloses Gut *T*. *met.* **2. von etw. frei sein, etw. nicht haben:** epulis sich enthalten *O*, populo aus dem Weg gehen, curatione rerum, mens vacans (ohne) corpore; ab

opere, a metu et periculis *L*; militiae munere dienstfrei sein *L*. **3. occ. Zeit, Muße haben:** si forte vacas *H*; **occ.** mit *dat.* für etw. **Zeit haben, sich widmen:** sermoni *Cu*, clientum negotiis *T*; in nullum grande opus *O*. **4.** u n p e r s. vacat **es ist Zeit, Muße, steht frei, ist vergönnt:** si vacet in den Mußestunden *Q*; mit *inf. V*; mit *dat. pers.* curare corpus amicis vacavit sie fanden Zeit *Cu*.

vacue-faciō 3. fēcī, *pass.* **vacue-fīō,** fierī, factus (vacuus, § 64, Anm.) leer, frei machen: subsellia; novis nuptiis domum; *pass.* leer werden: Scyrum entvölkern *N*, possessiones vacuefactae verlassen, herrenlos *N*.

vacuitās, ātis, *f.* (vacuus) das Freisein, Befreitsein: aegritudinis, ab angoribus.

Vacūna, ae, *f.* V. [sabinische Flurgöttin] *H*; *adi.* Vacūnālis, e der V. geweiht: foci *O*.

vacuus 3 (vaco)

---

1. leer, frei, ohne etw.; *met.* **2. ledig, frei, unverheiratet; 3. erledigt, unbesetzt; 4.** von etw. **frei; 5. frei, müßig, arbeitsfrei; 6. inhaltsleer, nichtig, müßig; 7. offen, zugänglich.**

---

1. castra unbesetzt, aedes vacuas facere räumen *L*, res p. ohne Verteidiger *SL*, mare unbeschützt *T*, Acerrae öde *V*; *subst.* **vacuum, ī,** *n.* **die Leere, leerer Raum:** publicani per vacuum irruperunt *L*, in vacuum se extendere *V*. Mit *abl.* v. ebur ense ohne

Vada 485 **Valerius** V

Schwert *O*, gladius vaginā, moenia defensoribus *L*, dentibus ora *T*; a defensoribus entblößt; frugum *S*. **2.** Hersilia ohne Mann, Witwe *O*, mulier *T*; cantamus vacui ohne Geliebte *H*. **3.** possessio regni, praedia, equus herrenlos *L*; *subst.* in vacuum venire an die erledigte Stelle *H*. **4.** ab omni sumptu, metu, tributo (a tributis) *T*; criminis vorwurfsfrei *O*, operum *H*. **5.** domus vacuissima in voller Ruhe *O*, tempus; *subst.* aliquid vacui einige freie Zeit *Q*; pace wegen des Friedens *L*, animo *S*, pectus *H*; nox operi frei zur Arbeit *L*; *meton.* Athenae, Tibur ruhig *H*. **6.** nullum vacuum tractum esse remum müßig, umsonst, nomina *T*, vertex *H*. **7.** campi, atria *V*; vatibus (*dat.*) aedes der . . . offen steht *H*; *met.* aures offen *HO*, princeps für alle zugänglich *T*; vacuum est = vacat *T*; opes concupiscere vacuum fuit war möglich *T*.

I. Vada, ae, *f.* V. [Kastell im Gebiet der Bataver] *T*.

II. Vada, ōrum, *n.* V. [St. in Ligurien].

Vadimōnis lacus der Vadimonische See [bei Ameria in Etrurien] *LPli.*

vadimōnium, ī, *n.* (I. vas) **1.** Bürgschaft, Bürgschaftsleistung [durch eine Kaution gegebene Versicherung, vor Gericht zu erscheinen]: vadimonium ei imponere ihn zur Bürgschaft zwingen *N*, eo vadimonia fieri dort sollte der Prozeß geführt werden *L*. *meton.* **2.** das Erscheinen vor Gericht: v. promittere. **3.** Verhandlungstermin: obire einhalten *Pli*, deserere nicht einhalten, vadimonia constituta.

vādō, ere schreiten, gehen: ad amnem *O*, in hostem losgehen *L*, per hostes *T*; bildl. in sententiam cursu schnell beitreten *Sp*.
E: vgl. ahd. watan 'waten'.

vador 1. (I. vas) zur Bürgschaft verpflichten, vor Gericht fordern; *pass.* vadato nach geleisteter Bürgschaft *H*.

vadōsus 3 voller Untiefen, seicht. Von

vadum, ī, *n.* (vado) **1.** (durchschreitbare) seichte Stelle, Untiefe, Furt. **2.** dicht. Wasser, Gewässer, Meer; **occ.** nota Flußbett *O*.

vae (gr. οὐαί, got. wai) *interi.* o weh! wehe!; meist mit *dat.*; mit *acc. Ca.*

vaec . . . = vēc . . .; **vaeg . . .** = vēg . . .; **vaep . . .** = vēp . . .; **vaes . . .** = vēs . . .

vafer, fra, frum schlau, pfiffig, verschmitzt.

Vaga, ae, *f.* V. [St. in Numidien sw. von Utica] *S*; Einw. **Vagēnsēs** *S*.

vagātiō, ōnis, *f.* (vagor) das Umherschweifen *L*.

vagiī *pf.* v. vagio.

vāgīna, ae, *f.* Scheide [des Schwertes]; *met.* Hülse.

vāgiō 4. vagiī wimmern, schreien. Dav.

vāgītus, ūs, *m.* das Wimmern, Schreien.

vagor 1. **1.** umherschweifen, -streifen: latius, inter canes, circum tecta *V*, Spartacus vagans unstet *H*. **2.** [von Schiffen]: **kreuzen:** cum lembis circa Lesbum *L*, per Aegaeum mare *L*. met. **3.** sich verbreiten: vagatur ignis *L*, vis morbi *L*, cupiditas *L*, nomen. **4.** wandern, (umher)schweifen: stellae vagantur *H*, vagatur animus errore *H*. Von

vagus 3, *adv.* ē **1.** umherschweifend, -streifend, unstet: Gaetuli nomadisierend *S*, vage effusi per agros *L*; *subst.* vagi heimatlose Leute *L*. met. **2.** schweifend,

unstet: stellae, sidera Planeten, aves hin- und herfliegend *H*, flumina unstet fließend *H*, venti *H*, aura *O* unstet wehend, crines flatternd *O*, fulmina hin- und herzuckend *O*. **3.** unbeständig: imago wandelbar *O*, fortuna, sententia. **4.** ungenau, unbestimmt, zu allgemein: pars quaestionum, causae *T*.

vāh *interi.* ach, pah, ei, potztausend *C*.

Vahalis, is, *m.* W a a l [Mündungsarm des Rheins] *T*.

valdē s. validus.

vale-dīcō, ere Lebewohl sagen, Abschied nehmen *O*.
E: § 67, 'valē sagen'; valē nach § 45.

valēns, entis, *adv.* **enter** (valeo) **1.** stark, kräftig: bestia, iuvenis *O*; *met.* valentius spirare *O*. **2.** gesund, wohlauf; *met.* animi. *met.* **3.** stark, mächtig: opibus *N*, flamma *O*. **4.** wirksam: causae *O*, carmina *H*.

Valentīnī, ōrum, *m.* die V. [Einw. von Vibo (s. d.)].

valeō 2. uī, itūrus, valēn' *C* = valēsne (vgl. got. waldan, ahd. waltan 'walten')

I. **1.** stark, kräftig sein; *met.* **2.** Einfluß, Macht haben, etw. ausrichten, vermögen, mächtig sein, gelten, Geltung haben; 3. *occ. a.* (mit *inf.*) können, vermögen, imstande sein; *b.* (auf etw.) abzielen, sich beziehen; *c.* (vom Geld) wert sein; *d.* (von Wörtern) bedeuten, heißen.

II. **1.** gesund sein, sich wohlbefinden, wohlauf sein; 2. **valē** (als Abschiedsgruß).

I. **1.** pedibus gut zu Fuß sein *N*, in talia pondera für solches Gewicht *O*, ad cursum geeignet sein, animo parum geistesschwach sein *S*, non lingua valet ist gelähmt *V*, quantum ignes animaeque valent vermögen *V*. **2.** multum (plus, plurimum) aliquā re viel (mehr, sehr viel, am meisten) vermögen durch, an, in etw., pedestribus copiis plus quam navibus stärker sein *N*, multum equitatu zahlreiche Reiterei haben, minus multitudine militum geringere Streitkräfte haben, plus opibus überwiegen, rogando (= preces valuere) die Bitte durchsetzen *O*, nil nichts ausrichten *V*; eius ratio non valuit drang nicht durch *N*, crimen, coniuratio valet siegt; ad aliquid. **3. a.** tantum valet mutare vetustas *V*, cos ferrum acutum reddere valet *H*; ohne *inf.* secutae, quantum valuere (*sc.* sequi) *O*. **b.** hoc eo valebat *N*; quo valeat nummus wozu . . . gut sei *H*. **c.** dum pro argenteis X aureus unus valeret *L*. **d.** hoc verbum quid valeat, non vident. II. **1.** corpore, bene, minus recte nicht recht beisammen sein, ut vales? wie geht's? Formel in Briefen: si vales, bene est (S. V. B. E.), si vales, gaudeo (S. V. G.), [oft mit]: ego valeo (E. V.), ego quidem (quoque) valeo (E. Q. V.); cura, ut valeas bleib hübsch gesund. **2. valē** (valeas): bleib gesund! lebe wohl! gehab dich wohl! iussi te valere ich habe Abschied genommen; [in Briefen]: vive vale(que) *H*; [an Tote]: aeternum vale leb auf ewig wohl *V*; *met.* [als Abweisung]: si talis est deus, valeat dann fort mit ihm, dann 'adieu'.

Valerius 3 im *n. g.* **1.** P. V. Poplicola [an der Vertreibung der Tarquinier beteiligt] *L*. **2.** L. V. Poplicola [cos. 449, mit M. Horatius angeblich Urheber der leges

valesco   486   **varius**

Valeriae-Horatiae] *L.* **3.** Qu. V. Antias [Annalist der gracchischen Zeit] *L.* **4.** V. Maximus [Verfasser einer Anekdotensammlung (Facta et dicta memorabilia) unter Tiberius]. **5.** C. V. Flaccus [Verfasser eines Epos (Argonautica) zur Zeit der Flavier] *Q.* **6.** s. Martialis. *Adi.* tabula Valeria [ein von M. Valerius Messala 263 für den Sieg über die Karthager gestiftetes u. an der Außenseite der curia Hostilia angebrachtes Gemälde]; Valeriānī die Soldaten des L. Valerius Poplicola *L.*

valēscō, ere (*incoh.* zu valeo) erstarken, zunehmen *T.*

valētūdinārium, ī, *n.* Krankenhaus, Lazarett *T.*   Von

valētūdō (valitudo), inis, *f.* (valeo) **1.** das Befinden, Gesundheitszustand. **2.** *occ.* **a.** Gesundheit: valetudo sustentatur continentiā. **b.** Krankheit: valetudine premi *N,* valetudinis excusatio wegen Krankheit, subita *L.*

valgus 3 schief: savia schiefe Mäuler *C.*

validus 3 (§ 74), *adv.* **ē** und synk. (§ 42) **valdē** (valeo) **1. gesund:** nondum ex morbo satis validus *L,* mente *H.* **2. kräftig, stark:** tauri *O,* carina *O,* hastilia *V,* vires *V;* validius clamare *Ph;* s y n k. novit me valdius ipso besser *H;* **valdē stark, heftig, sehr;** [in der Antwort]: **valdē gewiß** *C.* **3. wirksam, kräftig:** medicamen, venenum *O,* senatūs consultum *T.* **4. fest, befestigt:** urbs valida muris, statio *L,* pons *T.* **5. mächtig, kräftig, stark:** hostis *L,* aetate et viribus *L,* auctor einflußreich *T;* orandi ein tüchtiger Redner *T,* opum *T;* mit *dat.* spernendis rumoribus stark im Mißachten *T.*

valitūdo s. valetudo.

valitūrus *pt. fut.* v. valeo.

vallāris, e (vallum, § 75, Abs. 2) Wall-: corona die c. v. [Ehrenkranz für den Soldaten, der zuerst den feindlichen Wall erstiegen hatte] *L.*

vallis u. **-ēs**, is, *f.* Tal: supina Talwände *L.*

vallō 1. **1.** mit einem Wall umgeben: castra *L;* noctem sich des Nachts verschanzen *T.* **2.** *met.* umgeben, schützen: sicariis, naturā vallatus.   Von

vallum, ī, *n.* (vgl. vallus) Pfahlwerk, Verschanzung, Wall; *met.* Wall, Schutzwehr: pilorum.

vallus, ī, *m.* **1.** Pfahl. **2.** *occ.* Schanzpfahl, Palisade; k o l l e k t. Schanzpfähle, Verschanzung, Wall.

valvae, ārum, *f.* Türflügel, Doppeltür.

Vandil(i)ī, ōrum, *m.* die V. [germ. Volksstamm in der Odergegend, später in S-Spanien u. N-Afrika] *T.*

vānēscō, ere (vanus) verschwinden, vergehen *CaOT.*

Vangionēs, um, *m.* die V. [germ. Volk um Worms].

vāni-dicus 3 (vanus, dico, § 66) lügenhaft *C.*

vāni-loquentia, ae, *f.* (vana loqui, § 66) Geschwätz, Prahlerei *LT.*   Vgl.

vāni-loquus 3 (§ 66) prahlerisch, Prahlhans *L.*

vānitās, ātis, *f.* (vanus) **1.** Nichtigkeit, Schein, Lüge. **2.** *occ.* **a.** Vergeblichkeit, Mißerfolg: itineris *L.* **b.** Prahlerei, Eitelkeit.   Vgl.

vānitūdō, inis, *f.* Lügenhaftigkeit *C.*

vannus, ī, *f.* Getreideschwinge [um das Korn von der Spreu zu trennen] *V.*

vānus 3 **1. inhaltslos, leer:** aristae taub *V,* imago Schatten *H.* *met.* **2. nichtig, eitel, vergeblich, erfolglos, fruchtlos:** spes, omen *O,* ictus *L.* **3. falsch, grundlos,**

unwahr, eingebildet, lügenhaft: oratio, urbis magnitudo scheinbar *L,* vanior erat hostium acies war nur mehr ein Schein *LCu;* mit *gen.* ego veri vana getäuscht in *V. Subst.* **vānum**, ī, *n.* **Schein, Einbildung, Unwahrheit:** ex vano criminatio grundlos *L,* ad vanum redactus zunichte geworden *L,* pro vano wirkungslos *Pr,* rem ex vano haurire sich einbilden *L;* vana rumoris grundlose Gerüchte *T,* vana rerum *H;* *adv.* vana tumens eingebildet, aufgebläht *V.* **4. prahlerisch, lügenhaft:** auctor unglaubwürdig *LCu,* vanissimus quisque jeder Abenteurer, Betrüger *Cu,* ingenium *SL.*

E: vgl. ai. ūná-s 'unzureichend'.

vapidē (*adv.,* s. vappa) se habere Katzenjammer haben *Sp.*

vapor, ōris, *m.* (vgl. καπ-νός) **1.** Dampf, Dunst: terrae vapores Ausdünstungen; *occ.* Rauch: ater *V.* **2.** *meton.* Wärme, Dunsthitze: solis *Cu,* siderum *H;* *occ.* Feuer: carinas est (verzehrt) vapor *V,* restinctus *V.*

vapōrārium, ī, *n.* (vapor) = hypocauston.   Und

vapōrō 1. **1.** dampfen *Sp.* **2.** ausräuchern: templum *V.* **3.** erwärmen: latus (vallis) *H.*

vappa, ae, *f.* umgeschlagener (trüber) Wein, Krätzer *H;* *met.* Taugenichts, Galgenstrick *H.*

E: mhd. verwepfen, § 12, 'umschlagen' [vom Wein].

vāpulō 1. geprügelt werden, Schläge bekommen; *met.* sermonibus unfreundlich besprochen werden.

Varia, ae, *f.* V i c o v a r o [Kleinst. am Anio] *HPh.*

Vāriānus 3 s. Varus.

variātiō, ōnis, *f.* (vario) Verschiedenheit *L.*

varietās, ātis, *f.* (varius) **1.** Buntheit: pellium uneinheitliche Färbung, florum. *met.* **2.** Mannigfaltigkeit, Verschiedenheit: hominum, regionum, fructuum, bellum in multa varietate versatum wurde mit wechselndem Glück geführt, temporum Wechsel, rerum Fülle des Stoffes, annonae Preisschwankung *L.* **3.** *occ.* **a.** Unbeständigkeit, Wankelmut: in eius varietate versati sunt sie kennen seine Launen. **b.** Meinungsverschiedenheit: sententiarum, sine ulla varietate einstimmig.

Varīnī, ōrum, *m.* die V. [germ. Volk an der Ostsee] *T.*

variō 1. (varius) **I.** *trans.* **1.** bunt, scheckig machen, sprenkeln: variari guttis *O;* sol variat ortum maculis entstellt *V;* b i l d l. orationem abwechslungsreich machen. **2.** *met.* mannigfalt, abwechselnd machen, verändern: comas positu die Frisur mit der Mode ändern *O,* faciem *O,* vocem; in omnes formas verwandeln *O;* variatis sententiis bei auseinandergehenden Meinungen, timor atque ira variat sententias teilt *L,* calores frigoresque abwechseln lassen *L,* vices die Wachen ablösen *V;* ea variant auctores stellen verschieden dar *L,* variata memoria verschieden überliefert *L;* nec variatum est es gab keine Meinungsverschiedenheit *L.* **II.** *intr.* mannigfaltig, ungleich, verschieden sein, sich verändern, schwanken: variat sententia äußert sich verschieden *O,* manus Oenidae hat wechselnden Erfolg *O,* fama variat es wird verschieden berichtet *L;* u n p e r s. ibi si variaret wenn dort keine Einigkeit wäre *L.*

Varistī, ōrum, *m.* die V. [germ. Volk in der Oberpfalz] *T.*

varius 3, *adv.* **ē** **1. scheckig, gescheckt, gefleckt:** serpens *VO,* racemi *O,* lynces *V,* columnae aus gefleck-

Varius   487   **vegetus**   V

tem Marmor *H*; caelum mit Sternen besät *O*. **2. bunt-farbig, bunt**: colores *VO*. *met*. **3. mannigfaltig, verschiedenartig, allerlei, abwechselnd**: sententiae, formae, ferae *O*, sermo über verschiedene Themen *VO*, facies negoti wechselvoll *S*, adsensus geteilt *V*; varium est, quales dii sint es gibt verschiedene Meinungen, varie scriptum est es ist verschieden überliefert *N*; eventus schwankend, victoria wechselnd *S*, bellum mit wechselndem Glück geführt *S* = varie bellare *L*. **4. occ. wankelmütig, unbeständig, launenhaft**: varium et mutabile semper femina *V*.

Varius 3 im *n. g.* **1.** L. V. Rufus [Tragiker, Freund des Vergil u. Horaz, Herausgeber der Äneis] *VH*. **2.** Q. V. Hybrida [tr. pl. 90; er brachte die lex Varia de maiestate ein, nach der die Aufwiegelung der Bundesgenossen als Hochverrat zu verfolgen sei].

varix, icis, *m. f.* Krampfader.

Varrō, ōnis, *m.* V. [*cognomen* in der gens Terentia, Licinia u. a.]; *adi.* Varrōniānī milites *L*.

vārus 3 auseinandergebogen: cornua boum *O*; hunc varum appellat 'O-bein' *H*; *met.* entgegengesetzt *H*.

I. Vārus, ī, *m.*, P. Quinctilius V. [Statthalter von Germanien, 9 n. Chr. im Teutoburger Wald gefallen] *T*; *adi.* Vāriānus 3 *TSp*.

II. Vārus, ī, *m.* V a r [Grenzfl. zwischen Italien u. Gallien].

I. vas, vadis, *m.* Bürge [welcher sich durch Kaution für das Erscheinen des Angeklagten verbürgt].
E: vgl. got. wadi, ahd. wetti 'Pfand'.

II. vās, vāsis, altl. **vāsum,** ī, dav. *pl.* **vāsa,** ōrum, *n.* **1.** Gefäß, Gerät, Geschirr. **2. occ.** *pl.* Gepäck, Bagage: colligere, conclamare = aufbrechen.

Vascōnēs, um, *m.* die B a s k e n *T*.

vāsculārius, ī, *m.* (vasculum, *dem.* v. II. vas) Metallarbeiter, Goldschmied.

vāsculum, ī, *n.* (*dem.* v. II. vas) kleines Gefäß, Geschirr *Sp*.

vāstātiō, ōnis, *f.* (vasto) Verwüstung.

vāstātor, ōris, *m.* (vasto) Verwüster: ferarum Jäger *V*.

vasti-ficus 3 (vastus, facio, § 66) unförmig: belua.

vāstitās, ātis, *f.* (vastus) **1.** Wüstheit, Öde, Leere, Verödung: fori. **2. occ.** Verwüstung, Verheerung: vastitatem facere, reddere anrichten *L*.

vāstō 1. **1.** leer, öde machen, veröden. **2. occ.** verwüsten, verheeren: cultores arvaque vastabantur die Bauern wurden gebrandschatzt und die Felder verwüstet *T*. **3. met.** zerrütten: mentem *S*.   Von

vāstus 3, *adv.* **ē 1. öde, wüst, verlassen, leer**: dies per silentium vastus totenstill *T*; urbs incendio ruinisque *L*, a defensoribus verlassen, entblößt *L*, mons ab humano cultu leer von *S*. **2. occ. verwüstet, verheert**: haec ego vasta dabo werde verwüsten *V*. *met. on.* **3. unermeßlich, weit**: mare, campi, aether *V*; iter über das weite Meer *O*; potentia *O*, animus unersättlich *S*. **4. riesig, gewaltig, groß**: corpus *Ph*, belua, antrum *V*, hastile, columnae *O*, ira *O*, clamor, murmur ungeheuer *VO*, vires Riesenkraft *V*, pondus Riesenwucht *V*. **5. roh, plump, unfein**: motu corporis, littera hart, omnia vasta ac temeraria *L*.
E: vgl. ahd. wuosti 'öde, unbebaut'.

vāsum s. II. vas.

vātēs, is, *m. f., gen. pl.* vatum **1.** Weissager, Prophet, Seher, Seherin. **2. met.** (der gottbegeisterte) Sänger, Dichter: Maeonius = Homer *O*, Lesbia = Sappho *O*. E: irisch faith 'Dichter', got. wōds 'wütend', 'besessen', ahd. wuot 'Wut'.

Vāticānus collis *V*, mons *H* u. *subst. m. T* der Vatikanische Hügel [am rechten Tiberufer nördl. vom Janiculus, von diesem durch eine Einsenkung (vallis Vaticana *T*) getrennt].

vāticinātiō, ōnis, *f.* (vaticinor) Weissagung.

vāticinātor, ōris, *m.* Weissager *O*.   Von

vāticinor 1. (vates) **1. weissagen, prophezeien, verkünden**: casus futuros *O*; mit *acc. c. inf. O*. **2. met. a. warnen**: vaticinor moneoque *O*. **b. vortragen**: (Epicharmum) carminibus vaticinatum ferunt. **c. schwärmen, träumen**: vaticinari atque insanire.
           Dav. (§ 76)

vāticin(i)us 3 prophetisch, weissagend *LO*.

vatillum, ī, *n.* Kohlenbecken, Räucherpfanne: prunae *H*.

Vatīnius, ī, *m.*, P. V. [Parteigänger Caesars, von Cicero erbittert angegriffen]; *adi.* odium Vatīniānum wie man den Vatinius haßt *Ca*.

-ve (enklitische Partikel, § 47) oder, oder auch, oder wohl [nicht ausschließend, sondern die Wahl freistellend]: telum tormentumve, unus pluresve, plusve minusve *O*; s. neve.
E: vgl. ai. vā 'oder', vā—vā 'entweder—oder', gr. ἠὲ = *ἠ-μὲ, § 20.

vēcordia, ae, *f.* Wahnsinn, Sinnlosigkeit.   Von

vē-cors, cordis (cor) wahnsinnig, unsinnig, verrückt.

vectātiō, ōnis, *f.* (vecto) das Reiten *Sp*.

vectīgal, ālis, *n.* (vectigalis) **1.** Wegegeld: viae Mautgebühr *L*. **2. synecd.** (indirekte) Steuer, Abgabe [Weidegeld, Grundzehnt, Zölle], praetorium Ehrengeschenk an den Statthalter, aedilicium Abgabe der Provinz für die Ädilenspiele; **occ.** Staatseinkünfte: certissima. **3. met.** Einkünfte, Einkommen: urbana, rustica.
E: *vectis v. veho 'Abfuhr' + ago.

vectīgālis, e **1.** zu den Abgaben an den Staat gehörig. **a.** als Abgabe gezahlt: pecunia Steuer. **b.** steuerpflichtig, zinsbar: civitas, agri. **2.** Geld einbringend: equi [vom Staat zu den Spielen vermietet].

vectiō, ōnis, *f.* (veho) das Fahren, Reiten.

vectis, is, *m.* (veho) **1.** Hebebaum. **2.** Brechstange *H*. **3. occ.** Türriegel *V*.

Vectis, is, *f.* W i g h t [Insel bei Britannien] *Sp*.

vectō 1. (*frequ.* von veho) führen: fructus ex agris einführen *L*; *pass.* geführt, getragen werden, fahren, reiten; **occ.** praeter oram Ligurum segeln *L*.

vector, ōris, *m.* (veho) **1.** Träger: Sileni *O*. **2.** Fahrgast, Passagier; **occ.** Seefahrer: cedet mari vector *V*.

vectōrius 3 (vector) Transport-: navigium.

vectūra, ae, *f.* (veho) **1.** das Fahren, Transport. **2.** Frachtgeld *C*.

vectus *pt. pf. pass.* v. veho.

Vēdiovis s. Veiovis.

vegetus 3 (verw. mit vigeo) **1.** rüstig, lebhaft, regsam: fessi cum vegetis pugnabant *L*. **2.** munter, lebhaft: mens, ingenium *L*.

vegrandis 488 **velo**

vē-grandis, e klein, winzig *O.*

vehemēns, d i c h t. **vēmēns,** entis, *adv.* **enter** (zu vehor) **1. heftig, leidenschaftlich, hitzig:** in eos gegen sie, vehementer invehi in aliquem, canis *Ph*; opera aufdringlich *H.* **2. entschieden, energisch, streng:** senatūs consultum, iudicium. **3.** *met.* **stark, gewaltig, groß, bedeutend:** venti, volnus, telum wirksam *L,* somnus tief *L.* **4.** *adv.* **ungemein, nachdrücklich, heftig:** admirari, studia colere mit Nachdruck, errare gewaltig.

vehementia, ae, *f.* Heftigkeit *Sp.*

vehes, is, *f.* (veho) Fuhre, Fuder *Sp.*

vehiculum, ī, *n.* Fuhrwerk, Wagen; **occ.** Fahrzeug, Schiff. Von

vehō 3. **vēxī, vectus 1.** führen, tragen, bringen, ziehen: pecuniam *Cu,* praedam mit sich führen *Cu,* talenta fortschaffen *Cu*; militi frumentum zuführen *L*; *met.* eos ad summa zum Gipfel der Ehren *T.* **2.** i m M e d i o - p a s s i v u m : geführt werden, sich fahren lassen, fahren: nube sich tragen lassen *O,* curru, in raeda; *pt. pr. med.* quadrigis vehens; *met.* temere in pericula sich stürzen *Cu.* **occ. a.** reiten: (in) equo, pisce *O.* **b.** segeln: nave, in quadriremi, per aequora *V.* **c.** fliegen: trans aethera *V.*
E: ai. váhati 'führt, fährt, zieht', gr. ὀχέομαι 'fahren, reiten', pamphylisch Ϝεχέτω 'soll bringen', got. wagjan, ahd. weggen 'bewegen'.

Vēiī, [besser] **Vēī,** ōrum, *m.* Veji [St. in Etrurien nw. von Rom]. *Adi.* **1. Vēiēns,** entis von Veji, vejentisch; *subst.* Vejenter. **2. Vēientānus** 3 (§ 75); *n. subst.* (*sc.* vinum) Landwein von Veji *H.*

Vē-iovis, altl. **Vē-diovis,** is, *m.* V. [Rachegott, Pluto oder Apollo gleichgestellt]; = jugendlicher Juppiter *O Fast. 3, 447.*

vel (= **vele, imp.* v. velle, also eigtl. 'wolle', 'wähle')

I. **coniunct. 1.** m e h r f a c h gesetzt: **entweder ...oder** (gleichstellend, während a u t . . . a u t ausschließt), **es sei...es sei, teils ...teils, sowohl...als auch, nach Belieben dies ...oder das;** 2. e i n z e l n : **oder, oder auch** (gleichstellend).
II. *adv.* **1.** (hervorhebend) **auch, sogar, selbst, schon;** *occ.* besonders, zum Beispiel; 2. (bei *sup.* verstärkend) **leicht, wohl, wahrscheinlich.**

I. **1.** vel dignitas hominis vel honoris amplitudo; pariter...vel *V.* **2.** te stupor oppressit vel, ut verius dicam, furor; laudanda est vel etiam amanda vicinitas oder sogar; post obitum vel potius excessum Romuli oder vielmehr (besser, richtiger). **II. 1.** navem vel usque ad Oceanum mittere. **occ.** vel cum se pavidum fingit *VAen. 11, 406.* **2.** huius domus est vel optima Messanae wohl das schönste.

Vēlābrum, ī, *n.* das V. [Lebensmittelmarkt in Rom in der Niederung zwischen Tiber und Palatin (maius und minus)]; *pl.* Velabra *O.*

Velaeda u. **Velēda,** ae, *f.* V. [Seherin bei den Brukterern] *T.*

vēlāmen, inis, *n.* (velo) Hülle, Gewand, Schleier *VO*; detracta Fell *T.*

vēlāmentum, ī, *n.* (velo) Hülle *CuSp*; **occ.** Wollbinden [welche die Schutzflehenden um Ölzweige wanden] *LOT.*

Velēda s. Velaeda.

vēles, itis, *m.,* meist *pl.* Plänkler [leichtbewaffnete, schnelle Truppe] *L*; b i l d l. scurra neckisch.

Velia, ae, *f.* **1.** V. [Küstenst. in Lukanien, gr. Ἐλέα]; *adi.* Velīnus 3 *V*; Einw. **Veliēnsēs. 2.** die V. [in Rom die Anhöhe zwischen dem Forum und der Niederung des Colosseums].

vēli-fer 3 (velum, fero, § 66) segeltragend *PrO.*

vēlificātiō, ōnis, *f.* das Segeln. Von

vēlificor 1. segeln *Pr*; *met.* fördern, durchhelfen; mit *dat.* Von

vēli-ficus 3 (vela, facio, § 66) segelnd *Sp.*

velim *optat.* v. II. volo.

Velīnus 3 **1.** s. Velia 1. **2.** V. [See im Sabinerland]; fontes Velini Zuflüsse des V. *V,* rura Velini Velinustal *V*; Velīna, ae, *f.* (tribus) die tribus Velina *H.*

Veliocassēs, ium, *m.* die V. [kelt. Volk in der Normandie].

vēlitāris, e (veles, § 75, Abs. 2) Plänkler-: arma *S,* hastae *L.*

Velīternus 3 s. Velitrae.

vēlitor 1. (veles) plänkeln; *met.* zanken *C.*

Velitrae, ārum, *f.* V e l l e t r i [St. in Latium] *LSp*; *adi.* u. Einw. **Velīternus** *L.*

vēli-volus 3 (volare, § 66) **1.** segelbeflügelt: rates *O.* **2.** von Segeln überflogen: mare *VO.*

Vellaunodūnum, ī, *n.* V. [St. der Senones].

Vellāviī, ōrum, *m.* die V. [kelt. Volk in den Cevennen].

velle *inf. pr. act.* v. II. volo.

Vellēius, C. V. Paterculus [verfaßte unter Tiberius einen Abriß der röm. Geschichte in 2 Büchern].

vellī *pf.* v. vello.

vellicō 1. rupfen *C*; *met.* schmähen *H.* Von

vellō 3. vellī, volsus, [jünger] vulsus (§ 51, Anm.) **1.** zupfen, rupfen: alicui barbam *H*; b i l d l. aurem *V.* **2. occ.** ab-, ausrupfen: dentibus herbas *O,* pilos *H.* **3.** *met.* ausreißen: vallum die Schanzpfähle *L,* signa aus der Erde reißen = aufbrechen *VL,* munimenta einreißen *L.*

vellus, velleris, *n.* (zu vello) **1. Wolle, Schafwolle:** vellera digitis trahere spinnen *O.* **2.** *pl. met.* **a. Seidenfäden:** vellera foliis depectere *V.* **b. Schäfchenwolken** *V.* **3.** *meton.* **Wolle, Vlies:** lanigerum *O*; *occ.* (abgezogenes) **Schaffell, Vlies:** Phrixea = das goldene Vlies *O.* **4.** d i c h t. **Fell, Haut:** leonis *O,* ferina *O,* cervina Hirschfell *O.*

vēlō 1. (velum) **1. ver-, einhüllen, bedecken:** pennis, nebulā velatus *O,* velatae antemnae mit Segeln versehen *V.* **2. occ. a. bekleiden:** velatus veste, amictu *O*; velanda corporis Schamteile *Pli.* **b. umgeben, umwinden, schmücken:** velatus tempora (*acc. gr.*) myrto *O,* caput filo mit einer Binde *L,* frondibus hasta *O,* delubra fronde *V.* **3.** *met.* **verbergen, verschleiern, bemänteln:** odium blanditiis *T,* externa armis falsis *T.* **4.** accensi velati leicht bewaffnet, s. accensus.

velocitas   489   **veneror** V

vēlōcitās, ātis, *f.* **1.** Raschheit, Geschwindigkeit, Behendigkeit. *met.* **2.** Schnelligkeit: mali *T.* **3.** [von der Rede]: Lebendigkeit, Schwung: Sallustii *Q.*   Von

vēlōx, ōcis, *adv.* **iter** (vgl. veles) **1.** behend, beweglich, schnell: pedites, canis, navis, iaculum *V.* **2.** *met.* rasch, schnell, behend, gewandt: ingenium *O*, toxicum schnell wirkend *H*, veloci oculo mit schnellem Blick *H.*

vēlum, ī, *n.* **1.** Segel: vela facere, pandere spannen, dare ventis (notis) mit dem Wind abfahren, absegeln; dare in altum, ad patriam, per aequor; vela dare rati das Schiff fahren lassen *O*; deducere, legere, contrahere einziehen, reffen; s p r i c h w. res velis remisque fugienda = mit aller Macht; *synecd.* Schiff: non habent mea vela recursus *O*, bildl. vela voti *O*, orationis. **2. occ.** Tuch, Decke, Vorhang: carbasea aus feinem Baumwollstoff.

vel-ut u. **vel-utī** (§ 67) **1.** wie zum Beispiel, beispielsweise: bestiae aquatiles, veluti crocodili. **2.** [Gleichnisse, Vergleichssätze einleitend]: wie, gleichwie; velut si gleich wie wenn, gleich als ob; velut nihil ad religionem pertinuisset *L.* **3.** [bei verkürzten Gleichnissen u. Metaphern]: gleichwie, wie, gleichsam: velut in cantu, sic ex corporis figura modos ciere, velut hereditate relictum odium *N.*

vēmēns, vēmenter s. vehemens.

vēna, ae, *f.* Ader. **1. Vene:** venae et arteriae, ferire venam zur Ader lassen *V.* **2. Arterie:** trepidae schlagend *O*, venae saliunt *O.* *met.* **3.** k o n k r. **a. Wasserader:** aquarum *Cu*, fontis *O.* **b. Metallader:** aeris, argenti, auri, vetus alte (Gold-)Ader *O*; *meton.* venae peioris aevum aus schlechterem Metall [= Eisen] *O.* **c. Gesteinsader:** quae modo vena fuit, sub eodem nomine mansit *O.* **d. Gefäß** [im Baumstamm]: si vim ferri adhibeas, pavent venae (balsami) *T.* **4.** a b s t r. **a. Ader, Anlage:** ingeni *H*, dives *H.* **b.** *pl.* **Inneres, Mark, Herz:** silicis *V*, aetatis, ordinis das innerste Wesen, rei p.

vēnābulum, ī, *n.* (venor) Jagdspieß; sagittarum große Pfeile *Sp.*

Venāfrum, ī, *n.* V. [kleine St. in Kampanien mit reichem Ölbau]; *adi.* Venāfrānus 3 (§ 75) *H.*

vēnālicius 3 verkäuflich *Sp.* Subst. **1.** *n. pl.* portoria venaliciûm Zölle auf Import- und Exportwaren *L.* **2.** *m.* Sklavenhändler.   Von

vēnālis, e (vēnus) **1.** (ver)käuflich: horti, res Waren *T.* **2.** *subst. m.* Sklave: Asiatici. **3.** *met.* käuflich, bestechlich: iura venalia habere zum Verkauf ausstellen, pretio *L.*

vēnāticus 3 (venatus) Jagd-: canis, catulus *H.*

vēnātiō, ōnis, *f.* (venor) **1.** Jagd. **2.** *met.* Tierhetze [im Zirkus]: venationum apparatus. **3.** *meton.* Jagdbeute, Wildbret: capta *L.*

vēnātor, ōris, *m.* (venor) **1.** jagend: canis Jagdhund *V.* *subst.* **2.** Jäger, Weidmann. **3.** *met.* Forscher: naturae; Lauscher *C.*   Dav.

vēnātōrius 3 weidmännisch: galea Jägerhut *N.*   Und

vēnātrīx, īcis, *f.* jagend; *subst.* Jägerin *VO.*

vēnātūra, ae, *f. C* u. **vēnātus, ūs,** *m.* (venor) Jagd; *meton.* Jagdbeute *Sp.*

vendibilis, e (vendo) **1.** verkäuflich, absetzbar: fundus *H.* **2.** *met.* beliebt: orator, oratio.

ven-didī *pf.* v. vendo.

venditātiō, ōnis, *f.* (vendito) das Anpreisen, Großtun.

venditātor, ōris, *m.* (vendito) Prahler: famae mit *T.*

venditiō, ōnis, *f.* (vendo) Verkauf; **occ.** Versteigerung: bonorum.

venditō 1. (*frequ.* zu vendo) **1.** feilbieten, verkaufen wollen: Tusculanum. *met.* **2.** anzubringen suchen, aufdrängen, empfehlen: alicui se, operam suam *L.* **3.** verschachern: pacem pretio *L.*

venditor, ōris, *m.* Verkäufer.   Von

ven-dō 3. didī, ditus, *pass.* klass. nur venditus u. vendendus, urspr. (§ 67) **vēnumdō**, nachkl. vēnundō 1. dedī, datus (vēnus) **1. verkaufen:** rem pecuniā grandi, parvo pretio; pluris, quanti; *subst.* **vēnditum, ī,** *n.* Verkauf. **occ. versteigern:** bona civium, sententia velut venundatur wird sozusagen versteigert *T.* *met.* **2. anpreisen, empfehlen:** poema *H.* **3. verhandeln, verschachern, preisgeben:** deos patrios, auro patriam *V.*

Venedī, ōrum, *m.* die W e n d e n [slawischer Stamm am rechten Ufer der mittleren Weichsel] *T.*

venēfica s. veneficus.

venēficium, ī, *n.* **1.** Liebestrank: Titiniae. **2.** Zauberei *O.* **3.** Giftmischerei: de veneficiis accusare, veneficii damnari *T.*   Von

venē-ficus 3 **1.** Zauber-, zaubernd: verba *O.* **2.** giftmischend: percussor Giftmörder *Cu*; *subst.* **venēficus, ī,** *m.*, **venēfica, ae,** *f.* **1.** Zauberer, Zauberin: barbara *O.* **2.** Giftmischer(in).

Venellī, ōrum, *m.* die V. [kelt. Volk in der Normandie].

venēnārius, ī, *m.* (venenum) Giftmischer *Sp.*

venēnātus 3 (veneno) **1.** giftig, vergiftet: dentes Giftzähne *O*; bildl. iocus 'giftig', beißend *O.* **2.** Zauber-: virga Zauberrute *O.*

venēni-fer 3 (§ 66) giftig *O.*

venēnō 1. vergiften; bildl. begeifern *H.*   Von

venēnum, ī, *n.* **1. Farbe:** Assyrium *V*, Tarentinum *H* Purpur. **2. Liebestrank, Zaubermittel:** venenis erepta memoria. **3.** *synecd.* **Trank, Mittel:** mala *S*; **occ. Gifttrank, Gift;** lac veneni giftiger Milchsaft *V.* *met.* **a. Gift, Geifer:** Rupili *H*; omnia colligam venena allen giftigen Schund [= schlechte Gedichte] *Ca.* **b. Unheil:** urbis *L.*

E: statt *venes-nom 'Liebestrank'.

vēn-eō, īre, iī verkauft werden: sub corona als Sklave *L*, a consule *L*; nummo *L*, auro *H*; quanti um welchen Preis, maioris (pluris *L*) teurer *Ph.*

E: *Iuxtap.* aus **vēnum īre,** vgl. vendo, §§ 32, 67, u. vēnus: 'zum Verkauf kommen'.

venerābilis, e (veneror) verehrungs-, ehrwürdig.

venerābundus 3 (veneror) ehrfürchtig, ehrerbietig *L.*

venerātiō, ōnis, *f.* (veneror) **1.** Verehrung. **2.** *meton.* Ehrwürdigkeit *CuT.*

venerātor, ōris, *m.* (veneror) Verehrer *O.*

venerius 3 s. II. venus.

veneror 1. (venus) **1.** (einen Gott) verehren, anbeten: deos bubus *H*; *pt. pf. pass.* venerata Ceres *H*, Sibylla *V* angebetet, verehrt; *gerundivum* venerandus

Veneti   490   ***venus**

verehrungswürdig *HO. met.* **2.** ehrfurchtsvoll begrüßen, huldigen: regem *N*, aquilam, bustum; coetum manu mit Handwinken begrüßen *T.* **3.** anflehen; nihil horum erbitten *H.*

Venetī, ōrum, *m.* **1.** die V. [um Padua] *L*; *adi.* **Venetus** 3 venetisch: Eridanus = der Po *Pr*; *subst.* **Venetia**, ae, *f.* das Land der V. **2.** die V. [kelt. Volk an der S-Küste der Bretagne um Vannes (§ 85)]; ihr Land **Venetia**, ae, *f.*; *adi.* **Veneticus** 3 venetisch: bellum.

vēnī *pf.* v. venio.

venia, ae, *f.* (vgl. venus, veneror) **1.** Gunst, Gnade, Schonung, Gefälligkeit, Nachsicht, Erlaubnis: supplici veniam dare die Bitte gewähren *Ph*, veniam petere a victoribus um Schonung *L*, dicendi Erlaubnis *T*, ordinis Entlassung aus dem Senat *T*; bonā veniā nachsichtig, gütig. **2.** Nachsicht, Verzeihung, Vergebung: dictis veniam rogare *O*, delicti, venia iis eius rei fuit man verzieh ihnen dies, verargte es nicht *L.*

vēn-iī *pf.* v. veneo.

veniō 4. vēnī, ventum (βαίνω = *βάνjω, got. kwiman, ahd. queman 'kommen', § 18)

I. 1. **kommen, gelangen**; 2. *occ.* (feindlich) **herankommen, heranrücken**; *met.* 3. (von der Zeit) **anbrechen, eintreffen, sich nähern; venturus** 3 **künftig**; *subst. n.* **Zukunft**; 4. **erscheinen, hervorkommen, zum Vorschein kommen, sich zeigen**; mit *dat. pers.* **überbracht werden, zukommen, an. . . kommen, zufallen**; 5. **eintreten, sich ereignen, sich zutragen.**
II. 1. (wohin) **kommen, anlangen, gelangen**; 2. *occ. a.* (in Zuständen oder Lagen) **kommen, geraten**; *b.* (in der Rede oder im Gespräch) auf etw. **kommen**, zu etw. **übergehen.**

I. 1. ponto aus dem Meer *O*; venit vox ab ramis *O*, anhelitus ex ore *O*; Bebryciā de gente abstammen *V*; obviam entgegenkommen, in (sub) conspectum alicuius jemd. unter die Augen treten; *met.* (res) venit mihi in mentem fällt mir ein. Zweck: **a.** ad (in) colloquium; **b.** questum, auxilium postulatum; **c.** (iis) auxilio zu Hilfe, excidio Libyae *V*; Etruscis zu Hilfe *L*; **d.** populare penates *V*; **e.** venio moriturus um zu sterben *V.* **2.** venientem cuspide ferire *V*, magno ad moenia bello (Kriegsheer) *V.* **3.** dies, hora (nox, voluptas) venit; anni venientes das zunehmende Alter *H*; venturum tempus, letum *O*, venturi nepotes *VO*; *subst.* ventura videre *O*, venturi praescia *O.* **4.** sol veniens aufgehend *H*; wachsen [von Pflanzen]: arbores, uvae veniunt *V*; sich zeigen [von abstrakten Begriffen]: usus venit, libertas *V*; mit *dat. pers.* gloria in partem veniat mihi tecum falle uns beiden zu *O*, litterae mihi veniunt, ex otio meo commodum venit rei p. *S*; quae sibi venerant was über sie kam *S*, ad aliquem venit dolor, clades *L.* **5.** quod longe aliter venit *L*, si quid adversi venisset *L*; usu venire vorkommen. II. 1. per ilia venit harundo drang ein *V*, sagitta venit kam ans Ziel *V*; *met.* ad solitas artes *O*, ad summum fortunae zum Gipfel *H.* **2. a.** in invidiam (odium) verhaßt werden *N*, in spem regni obtinendi, in amicitiam (contemptionem) alicui, in alicuius fidem ac potestatem (in deditio

nem) sich auf Gnade und Ungnade ergeben, in cruciatum Martern entgegengehen, in sermonem ins Gerede, in rei partem seinen Teil erhalten von, in partem leti dem Tod verfallen *O*; in consuetudinem gebräuchlich werden, in proverbium sprichwörtlich werden *L*; res ad manum venit es kommt zum Handgemenge *L*; in eum locum ventum est, ut es kam soweit, daß. **b.** ad fortissimum virum *N*, ad propositum *N*, a fabulis ad facta; ad nomen Iovis *O.*

vennū(n)cula = venucula.

vēnō s. I. *vēnus.

vēnor 1. **1.** *intrans.* jagen, auf die Jagd gehen: venantes, *gen.* (*subst.*) um die Jäger *VOPh*; venatum ire *VL.* **2.** *trans.* jagen: canibus leporem *V*; *met.* auf etw. Jagd machen: pomis viduas *H*, plebis suffragia *H*; viros 'zu fangen suchen' *Ph.*
E: ahd. weida 'Jagd', 'Weide', nhd. 'Weidmann'.

vēnōsus 3 (vena) voll Adern *Sp.*

venter, tris, *m.* **1. Bauch, Leib.** *occ.* **2. Magen**: inanis *H*, ventri donare 'opfern' *H*; *meton.* **Gefräßigkeit**: ventri oboedentia dem Bauch hörig *S.* **3. Mutterleib**: gravis *O*; *meton.* **Leibesfrucht, Kind**: tuus venter *H*, ventrem ferre schwanger sein *L.* **4.** met. [bauchartige Dinge]: crescit in ventrem cucumis zu einer bauchigen Frucht *V.*

ventilātor, ōris, *m.* Taschenspieler *Q.*   Von

ventilō 1. (v. ventulus, *dem.* zu ventus) in der Luft schwenken, schwingen: facem *Pr*; *met.* Kühlung zufächeln *Sp.*

ventitō, āre (Doppelfrequ. v. venio durch ventare) häufig kommen, zu kommen pflegen.

ventōsus 3 (ventus) **1. windig, stürmisch**: mare *H*, aequora *V*, regio voll von Wind *L*; **occ.** folles aufgebläht *V.* **2. windschnell**: equi *O. met.* **3. eitel, prahlerisch**: lingua, gloria *V.* **4. wetterwendisch, unbeständig**: ingenium *L*, plebs *H.*

ventriculus, ī, *m.* (*dem.* v. venter) Bäuchlein *Sp*; **occ.** Magen *Sp*, kleiner Hohlraum *Sp*; cordis Herzkammer.

ventum *pt. pf. pass.* v. venio.

ventus, ī, *m.* **1.** Wind: ferens günstig *V*; se circumagit schlägt um, dreht sich *L*; tristitiam tradam ventis in mare portare *H*, ventis et verba et vela dedisti bist fortgesegelt und hast dein Versprechen nicht gehalten *O*, ferre videt sua gaudia ventos = zunichte werden *V*, in vento et rapida scribere aqua *Ca*, ut mihi nulli neque remi neque venti satisfacerent = alle Mittel versagten. **2.** *met.* Wind [als Sinnbild des Wechsels], Unruhe, Sturm: fortunae *N*, in optimum quemque excitato Unruhe, Stürme. . . erregen.
E: vgl. ai. vāti 'weht', vānt- 'wehend', gr. ἄϜημι 'wehe', got. winds, ahd. wint.

vēnūcula, ae, *f.* Venuculatraube [Traubensorte] *H.*

vēnula, ae, *f.* (*dem.* v. vena) kleine Ader *Sp.*

vēnum-dō, vēnun-dō s. vendo.   Von

I. ***vēnus**, ī, *m.* Verkauf. Nur **1.** *acc.* **vēnum** zum Verkauf: dare zum Verkauf ausstellen, verkaufen *SL*, ire zum Verkauf kommen, verkauft werden *L.* **2.** *dat.* **vēnō** verkäuflich: veno ponere feilbieten *T*, dare verhandeln *T*, rem v. exercere mit etw. handeln *T.*
E: ai. vasná-s 'Kaufpreis'.

II. venus, eris, *f.* **1. Anmut, Liebreiz, Schönheit:** fabula nullius veneris *H.* **2. Liebe, Liebeslust, -genuß:** marita eheliche Liebe *O; meton.* **a.** Samen *V;* **b.** Geliebte *V.* **3. Venuswurf** [der höchste Wurf im Würfelspiel] *PrSp.* **4.** *nomen pr.* **Venus** [italische Göttin, frühzeitig der Aphrodite gleichgesetzt]: mensis Veneris = April *O,* stella Veneris (Venus) Venus [Planet]. *Adi.* **venerius** 3 **a.** sinnlich, geschlechtlich, unzüchtig: amor *N,* voluptates. **b.** der Venus geweiht, heilig: Venerii (servi) [die Hierodulen der eryzinischen Venus]; homo 'Venusknecht'.

E: ai. vánas 'Lieblichkeit', ahd. wunnia 'Wonne'.

Venusia, ae, *f.* V e n o s a [St. in Apulien, Geburtsort des Horaz]; *adi.* u. Einw. **Venusīnus.**

venustās, ātis, *f.* (venus, § 29) Anmut, Reiz, Schönheit: corporis; *met.* adfluens venustate voller Liebenswürdigkeit, dicendi vis venustate coniuncta Anmut, Feinheit.

venustus 3, *adv.* **ē** (v. venus wie onustus v. onus) **1.** anmutig, reizend, lieblich: hortuli *Ph,* motus. **2.** *met.* zierlich, fein, liebenswürdig: sententiae, homines für die Liebe empfänglich *Ca.*

vē-pallidus 3 totenbleich, leichenblaß *H.*

veprēcula, ae, *f.* kleiner Dornbusch. *Dem.* von

veprēs, is, *m.* Dornstrauch, -busch.

vēr, vēris, *n.* Frühling, Lenz: primo (ineunte, novo) vere zu Frühlingsbeginn; s p r i c h w. vere flores numerare [von Unmöglichem] *O; met.* aetatis *O;* p e r s o n. 'Lenz' *O; meton.* ver sacrum 'Weihefrühling' [die in Notzeiten der Gottheit gelobte Opferung der Erstlinge (von Kindern und Vieh) des nächsten Frühlings; die Kinder mußten, sie erwachsen waren, auswandern]: ver sacrum facere *L.*

E: ai. vasantás 'Frühling', homerisch ἔαρ aus Ϝέσαρ, §§ 20, 29, attisch *gen.* ἦρ-ος.

Veragrī, ōrum, *m.* die V. [kelt. Volk im Kanton Wallis].

vērātrum, ī, *n.* Nieswurz *Sp.*

vērāx, ācis (verus) wahrredend, die Wahrheit verkündend: oraculum.

verbēna, ae, *f.* heiliger Zweig; meist *pl.* grünende Zweige, Gezweig [von Lorbeer, Ölbaum, Myrte, Zypresse u. a. Solche Zweige dienten bei religiösen Handlungen; auch die fetiales hatten damit das Haupt umwunden *L*].

E: aus *verbes-na zu verbera 'Ruten', §§ 29 u. 30.

verbera, um, *n.* **1. Hiebe, Prügel, Peitschenhiebe. 2. Schläge, Stöße:** dare verbera ponto die Wogen schlagen *O; sg.* remorum in verbere Ruderschlag *O,* verbere ripae Wogenschlag *H.* **3.** *met.* **Vorwürfe, Tadel:** contumeliarum, linguae *H.* **4.** *meton.* **Peitsche, Geißel:** sub verbere centurionis Stecken (vgl. vitis) *T,* puerili verbere mit der Rute *T; met.* **Schleuderriemen:** fundae *V.*

E: vom *sg.* *verbus, eris nur *gen.* und *abl.* erhalten; litauisch vírbas 'Reis, Gerte'.

verberātiō, ōnis, *f.* (verba) Züchtigung, Strafe *Q. Cicero.*

verbere *abl. sg.* zu verbera.

verbereus 3 (verbera) Schläge verdienend *C.*

verberis *gen. sg.* zu verbera.

I. verberō 1. (verbera) **1.** peitschen, geißeln, schlagen. *met.* **2.** geißeln, schmerzhaft treffen: eius aures sermo-

nibus *T.* **3.** schlagen, peitschen: eum ense *O,* os manibus *T,* sidera undā *V,* aethera alis *V,* grandine zerschlagen *H.* Vgl.

II. verberō, ōnis, *m.* der Schläge verdient, Schurke *C.*

verbōsus 3, *adv.* **ē** wortreich, weitläufig, -schweifig. Von

verbum, ī, *n.* (b für dh nach § 6, got. waúrt, ahd. wort, § 14, verw. mit gr. Ϝερ, Ϝρη 'reden' in ῥῆμα, ῥήτωρ, εἴρηκα usw., § 20)

---

1. **Wort, Ausdruck;** *pl.* **Worte, Rede;** 2. *occ.* **a. leere Worte, Phrase;** *b.* (äußerer) **Schein;** *c.* **Zeitwort;** 3. *synecd.* **Äußerung, Spruch, Rede;** *occ.* **Formel;** 4. *meton.* das **Sprechen, Sprache;** 5. (in Phrasen).

---

1. his verbis mit folgendem Wortlaut *N,* habent sua verba dolores finden ihren Ausdruck *O;* precantia Bitten, minacia Drohungen, solantia Tröstungen, exsecrantia Flüche, excusantia Entschuldigungen, blanda Schmeicheleien, falsa, ficta Lügen *O;* tria [do, dico, addico] *O,* te tribus verbis volo auf ein paar *C,* uno verbo mit einem Wort, kurz, verbo de sententia destitisti ohne viele Worte. **2. a.** verbis non replenda est curia mit Gerede *V,* virtutem verba putas *H;* alicui verba dare jemd. Worte [statt der Sachen] geben = jemd. täuschen, hinters Licht führen, betrügen, curis verba dare sich die Sorgen vertreiben *O.* **b.** causam verbo apud regem dicere *N.* **c.** sententiae verbis finiantur. **3.** quod verbum in pectus Iugurthae altius descendit *S;* verba facere eine Rede halten, vortragen, sprechen: verba fecerunt eius amici verteidigten ihn *N,* apud regem *N,* de eo (de ea re), cum Aulo in colloquio sich unterreden *S;* mit *acc. c. inf. S;* multis verbis ultro citroque habitis im gegenseitigen Gedankenaustausch. *Sg.* nullo verbo facto, de eo numquam verbum feci habe nie ein Wort verloren. *occ.* verba puerpera dixit Entbindungsformel *O,* sollemnia *O,* venefica Zauberformeln *O,* non innoxia *V,* verba quaedam componere Formeln; iurare in eius verba ihm den Treueid leisten. **4.** rictu in verba parato zum Reden bereit *O,* abstulit usum verborum raubte die Sprache *O,* in verbo vestigia torsit mitten im Reden *V.* **5. a.** v e r b i c a u s ā (g r a t i ā) zum Bei-s p i e l. **b.** verbum (pro) verbo reddere wörtlich übersetzen; a d v e r b u m wörtlich, buchstäblich. **c.** m e i s (tuis, eius) v e r b i s' in meinem Namen, Auftrag.

Vercellae, ārum, *f.* V e r c e l l i [St. in Oberitalien] *TSp.*

verēcundia, ae, *f.* (verecundus) **1. Scheu, Schüchternheit, Zurückhaltung:** negandi, sermonis *L. occ.* **2. Achtung, Verehrung:** ille nec parentis nec vitrici nec deorum verecundiam habet *L,* adversus regem *L.* **3. Scheu, Scham, Schamgefühl:** turpitudinis; verecundiae est mit *inf.* oder *acc. c. inf.* man scheut sich, schämt sich *L.*

verēcundor, ārī schüchtern sein *C;* mit *inf.* sich scheuen. Von

verēcundus 3, *adv.* **ē 1.** bescheiden, schüchtern, rücksichtsvoll: Bacchus mäßiger Weingenuß *H.* **2.** *occ.* schamhaft, sittsam: vultus verschämt *O,* vita züchtig *O;* rubor *O,* color *H* Schamröte. Von

vereor   492   **verso**

vereor 2. veritus sum **1.** Bedenken tragen, sich scheuen, sich fürchten, nicht den Mut haben; mit *inf.* **2.** besorgt sein, fürchten, scheuen: navibus (*dat.*) für, de Carthagine um, hostem, invidiam *N*, insidias; mit *acc. c. inf.* [selten], indir. Fr.; mit ne daß, ut, ne non daß nicht. **3. occ.** verehren, achten: verebantur eum liberi, deos; **verendus** 3 verehrungswürdig, achtunggebietend: maiestas *O*, patres ehrwürdig *O*; *subst.* **verenda**, ōrum, *n.* Schamteile *Pli*.
E: gr. ἐπὶ ὄροντοι 'sie beaufsichtigen', οὖρος 'Wächter', got. war 'behutsam', ahd. war, giwar 'vorsichtig'.   Dav.

verētrum, ī, *n.* Schamglied *Ph.*
Vergiliae, ārum, *f.* das Siebengestirn, die Plejaden.
Vergilius, ī, *m.* P. V. Maro [ber. röm. Epiker, 70—19] *HQ.*
vergō, ere, *pf.* versī *O* **1.** sich neigen: collis ad flumen Sabim vergebat fiel ab, omnibus terrae partibus in medium vergentibus; *trans.* in gelidos versit amoma sinus schüttete *O*. **2. occ. gerichtet sein, liegen, sich erstrecken:** ad septemtriones, in meridiem. *met.* **3.** [zeitlich]: **sich neigen, ausgehen, abnehmen, zu Ende gehen:** nox vergit ad lucem *Cu*, vergente die, autumno *T*; vergens annis femina alternd *T*, anni vergentes in senium *T*. **4.** jemd. **zufallen:** illuc cuncta vergere ihm *T*.
E: ai. várjati 'wendet, dreht', angelsächsisch wrencan 'drehen', ahd. renken, nhd. 've r r e n k e n'.
vergobretus, ī, *m.* Vergobret [Name der höchsten Behörde bei den Häduern].
E: kelt. guerg 'wirkend', breth 'Gericht'.
veri-dicus 3 (dīco, § 66) wahr sprechend *L.*
vērī-similis, vērīsimilitūdō s. verus 2.
vēritās, ātis, *f.* (verus) **1. Wahrheit:** veritatis similitudo Wahrscheinlichkeit. **2. Wirklichkeit:** vincit imitationem veritas. **3. Aufrichtigkeit, Offenheit:** v. odium parit *C*. **4. Rechtlichkeit, Unparteilichkeit:** iudiciorum, homines ignari veritatis.
veritus *pt. pf. act.* v. vereor.
vēri-verbium, ī, *n.* (§ 66) Wahrhaftigkeit *C.*
vermiculātus 3 gewürfelt: emblema *Lucilius*.   Von
vermiculus, ī, *m.* kleiner Wurm *Sp*.   *Dem.* v.
vermis, is, *m.* W u r m *Sp.*
verna, ae, *m.* der im Haus geborene Sklave, Haussklave.
vernāculus 3 (verna) im Haus geboren; *met.* **1.** einheimisch, inländisch, römisch: res, sapor, artifices *L*. **2. occ.** großstädtisch: multitudo *T*, urbanitas üble Scherze nach Art der Großstädter *T*.
vernīlis, e, *adv. iter* (verna) sklavisch, kriechend, knechtisch *HT*; *meton.* frech: dictum *T*.   Dav.
vernīlitās, ātis, *f.* Frechheit *Sp.*
vērnō, āre sich verjüngen: humus *O*; vernat avis singt wieder *O*.   Von
vērnus 3 (ver) Frühlings-: tempus, flores *HSp.*
vērō s. verus.
Vērōna, ae, *f.* V e r o n a [St. in Oberitalien] *CaLO*; Einw. **Vērōnēnsēs** *TPli.*
verrēs, is, *m.* (zahmer) Eber, Schwein *CHPh.*
E: aus *verses; ai. vŕ̥ṣas 'Stier', vŕ̥ṣan- 'Männchen', gr. ἄρρην, ἄρσην, ἔρσην 'männlich'.

Verrēs, is, *m. cognomen* in der gens Cornelia; C. Cornelius V. [Proprätor in Sizilien; von Cicero wegen verbrecherischer Amtsführung 70 angeklagt; ging freiwillig ins Exil]; dav. **Verria**, ōrum, *n.* Verresfest.
verrō 3. versus **1.** kehren, fegen: humum pallā *O*, crinibus templa (aras) mit aufgelöstem Haar *L*; favillas *O*, quidquid de areis verritur *H* zusammenkehren. **2.** *met.* über ... hinfahren: aequora (vada, caerula) remis durchfurchen *V*; aquilo arva et aequora verrens der hinfegt über *V*. **3.** *synecd.* schleifen, schleppen, fortreißen: canitiem in sanguine *O*, caesariem per aequora *O*, maria ac terras per auras *V*.
E: vgl. ἔρρω 'sich fortschleppen', ahd. wërran 'verwirren'.
verrūca, ae, *f.* Warze *H.*
E: aus *versuca, ai. vár̥šman 'Höhe, Oberstes, Spitze', angelsächsisch wearr 'Schwiele', nhd. 'We r r e'.
Verrūgō, inis, *f.* V. [St. der Volsker] *L.*
verruncō, āre sich wenden *L.*
versābilis, e (verso) beweglich; *met.* unbeständig *Cu.*
versātilis, e (verso) beweglich *Sp*; *met.* ingenium gewandt *L.*
versī *O pf.* v. vergo.
versi-color, ōris (versus 3, color, § 66) **1.** schillernd: arma schimmernd *V*. **2.** bunt: vestis *L*, sagulum *T*; *occ.* farbig: vestimentum *L.*
versiculus, ī, *m.* (*dem.* v. versus) kleine Zeile; *occ.* Verschen [pejorativ]; *pl.* mei meine Gedichtchen *Ca.*
versi-ficātor, ōris, *m.* (v. versi-ficare = versus facere, § 66) Verskünstler, Dichter *Q.*
versō, altl. (§ 50) **vorsō** 1. (*frequ.* v. verto)

> **I.** *act.* u. *pass.* **1.** oft drehen, hin- und herdrehen, herumwenden, -kehren; **2.** *occ. a.* herumtreiben, tummeln; *b.* beunruhigen, quälen; **3.** *met.* hin- und herwenden, drehen und wenden; **4.** *occ. a.* herumdeuteln; *b.* bearbeiten, zu gewinnen suchen; *c.* überdenken, überlegen, erwägen.
> **II.** *med.* **1.** sich hin- und herdrehen; **2.** sich aufhalten, befinden, sein; **3.** *met.* (in einem Zustand, einer Lage) sich befinden, leben, schweben, sich bewegen; *occ. a.* sich mit etw. abgeben, beschäftigen, etw. betreiben, behandeln; *b.* auf etw. beruhen, in etw. bestehen.

I. 1. ova favillā in der Asche *O*, cicutā mit dem Stengel des Schierlings umrühren *O*, cardinem die Tür in den Angeln drehen *O*, stamina, fusum pollice die Spindel drehen, spinnen *O*, lumina die Augen verdrehen *O*, saxum wälzen, glaebas ligonibus umkehren, aufbrechen *H*, sortem urnā schütteln *H*, exemplaria Graeca fleißig aufrollen, lesen *H*; bildl. ignem in ossibus *V*; volumina sich in Windungen drehen *V*; se more apri sich herumdrehen *O*, se in volnere wälzen *V*. **2. a.** ovīs auf der Weide *V*, currum in gramine *V*. **b.** ut me hodie versaris (= versaveris) (dicht.), venenis humanos animos *H*; bildl. animos cupido versabat *L*, indignatio et pudor pectora *L*; fortuna utrumque versavit hat beide mitgenommen. **3.** animum per omnia, in omnīs partes hin

versum | 493 | **verto** | **V**

und her überlegen *V*, curas huc illuc *V*. **4. a.** in iudiciis causas, verba. **b.** militares animos *Cu*, muliebrem animum in omnes partes *L*. **c.** omnia secum *V*, pectore curas *V*, dolos in pectore ersinnen *V*; mit indir. Fr. *H*.

II. versor 1. **1.** mundus versatur circa axem kreist. **2.** sic in Asia versatus est benahm sich so *N*, inter aciem, intra vallum; b i l d l. partes eae, in quibus irae versantur hausen. **3.** in periculo, extra periculum außer Gefahr sein *Cu*, in timore in Angst sein, in culpa simili ähnliche Schuld tragen, in celebritate berühmt sein *N*, in facili cognitione leicht zu erkennen sein, quae in foro versantur was vorgeht (vorkommt); versatur aliquis (aliquid) mihi in oculis animoque; mors mihi ob oculos versatur. **a.** in imperiis honoribusque bekleiden *N*, in re p. politisch tätig sein, in quaestu compendioque, in severitate Strenge verlangen. **b.** laetitia et libido in bonorum opinione versantur, dicendi ratio in hominum more ac sermone versatur.

versum s. II. versus.

versūra, ae, *f.* (verto) **1.** Ecke *Sp*. **2.** Anleihe, Tilgungsanleihe: sine versura, versuram facere. S p r i c h w. versurā solvis = kommst aus dem Regen in die Traufe *C*.

I. versus *pt. pf. pass.* v. verro oder verto.

II. versus, altl. (§ 50) **vorsus** 3 (verto) **1.** zu-, hingewandt: ad fontes, ad mare *O*, totus in Persea *L*. **2.** *adv.* (selten **versum, vorsum**) nach . . . hin, zu: Massiliam v., v. aedem Quirini *L*; ad Oceanum v., in Galliam vorsus *S*, ad se vorsum *S*; quoquo v. überallhin.

III. versus, ūs, *m.* (verto) **1.** Reihe, Linie: in versum distulit ulmos *V*, remorum *L*, navem triplici versu impellunt [von der Trireme] *V*. **2. Zeile. 3. Vers. 4. Tanzschritt** *C*.

versūtia, ae, *f.* (versutus) List, Verschlagenheit *L*.

versūti-loquus 3 (loquor, § 66) schlau (d i c h t.). Zu

versūtus 3, *adv.* **ē** (vom *subst.* versus) **1.** gewandt, klug: Chrysippus. **2.** verschlagen, schlau.

vertebra, ae, *f.* (verto) Wirbelknochen *Sp*. Dav.

vertebrātus 3 beweglich *Sp*.

vertex, altl. u. dicht. (§ 50) **vortex**, icis, *m.* (verto) **1. Wirbel, Strudel:** amnes sine vertice euntes *O*. **2.** [v. Wind u. Feuer]: **Wirbel:** venti *L*, flammis volutus Feuersäule *V*. **3. Drehpunkt, Pol. 4. Wirbel, Scheitel;** *synecd.* **Kopf:** alba toto vertice canities *O*; *met.* **Gipfel, Wipfel, Spitze, Höhe:** montis *OCu*, vertice celso quercus *V*, dolorum vertices Höhepunkte; a b s t r. a vertice von oben herab *V*.

vertī *pf.* v. verto.

verticōsus 3 (vertex) voller Wirbel, Strudel: amnis *L*.

vertīgō, inis, *f.* (verto) **1.** das Drehen, Kreisen: caeli *O*, vertigine pontus fervet Wirbel *O*. **2. occ.** Schwindel: oculorum animique *L*.

vertō, altl. (§ 50) **vortō** 3. tī, sus (ai. vártate 'dreht sich', got. wair ꝥan, ahd. werdan 'werden')

I. 1. wenden, drehen, kehren; 2. *refl.* u. *med.* **sich wenden, sich drehen, sich kehren;** *occ. a.* **kreisen;** *b.* **sich bewegen;** *met.* **sich** wo **bewegen**, zu
---

etw. **gehören, sich befinden**, auf etw. **beruhen;** *met.* 3. **hinwenden, -lenken, richten;** *occ. a.* (Geld) **zuwenden;** *b.* zu etw. **machen**, als etw. **ansehen, auslegen;** *c. med.* u. *act.* **ablaufen, ausgehen;** 4. **verändern, verwandeln, vertauschen;** *occ.* **übersetzen.**

II. **abwenden, abkehren.**

III. 1. **umwenden, umkehren;** 2. *occ. a.* (zur Flucht) **umkehren;** *b.* (den Erdboden oder das Meer) **umwenden, umwühlen;** *c.* **umstürzen, umwerfen;** 3. *met.* **stürzen, zugrunde richten, verderben.**

I. 1. luminis orbem ad aliquem *O*, harpen in aliquem *O*, stimulos in der Wunde drehen *V*; morsum in panem zu beißen beginnen *V*; cursūs, iter *V*. **2.** *refl.* gens ad septentrionem se vertit liegt *Cu*, in circumsedentes Capuam se vertit *L*; *med.* ad vultus sororis *O*, in pecudes *O*, vertitur caelum dreht sich *V*; oppida ad meridiem versa *OCu*, Rhenus in occidentem versus *T*. **a.** anno vertente im Verlauf *N*, septima vertitur aestas (= annus) kreist zum siebentenmal *V*, is vertitur ordo das ist der Lauf der Dinge *V*. **b.** ante ora vor Augen schweben *O*, in mediis catervis *V*, inter primos *V*, in mercatura handeln *C*; *m e t.* in eo iure, circa hanc consultationem *L*, in discrimine *L*, in unius potestate *L*, in eius voluntate abhängen von *L*, ibi summam belli verti dort liege die Entscheidung des Krieges *L*. **3.** cogitationem in bellum *Cu*, Dryadas in suos vultus *O*, animum ad iura civilia *O*, omnium rerum causas in deos den Göttern zuschreiben *L*, occasionem ad bonum publicum verwenden *T*, in se studia civium *T*; *med.* tota civitas versa erat in eum *L*; *refl.* quo me vertam? *act.* = *refl.* periculum ad (in) eos verterat hatte sich gewandt *LT*. **a.** magnam partem ad se, litem in suam rem *L* sich aneignen, reditūs in fiscum *T*, captos in praedam als Beute behandeln *T*. **b.** in omen verti gedeutet werden, in contumeliam als Beschimpfung auslegen, in superbiam *S*, alicui aliquid vitio, rem in religionem (in crimen) zum Gegenstand religiöser Bedenken (zum Vorwurf) machen *L*, cognomen in risum ins Lächerliche ziehen *H*. **c.** in seditionem verti ausschlagen, ausarten *Cu*, in laudem ruhmvoll ablaufen *L*; *act.* quod bene verteret gut ausgehen möge *Cu*, invidia in misericordiam vertit wurde zu Mitleid *Cu*, detrimentum (auspicium) in bonum vertit schlägt gut aus, magnitudo pecuniae malo vertit wurde sein Unheil *T*. **4.** Auster se in Africum vertit schlug um, mentem *O*, solum das Land verlassen, nomen, vestem *V*, quae te sententia vertit? *V*, sese in tot ora *V*; alite verti in einen Vogel verwandelt werden *O*, versa figura Verwandlung *O*; *act.* = *med.* in glaciem vertēre lacunae *V*. **occ.** barbare ins Lateinische *C*, multa de Graecis, ex Graeco in Latinum sermonem *L*. **II.** lumina, vultum *O*, ora *H*. **III. 1.** versa arma gesenkt *V*, viarum indicia umgekehrt *V*, stilum [um zu korrigieren] *H*; crateras leeren *V*, cadus versus ausgetrunken *H*; aequora vertuntur supra caput ergießen sich *O*; b i l d l. verso crimine kehrte die Schuld um *O*. **2. a.** currum in fugam *Cu*, hostem, agmina in die Flucht schlagen *V*, Philip-

Vertumnus   494   **vester**

pis versa acies retro die verlorene Schlacht bei Ph. *H*; *refl.* reliqui se verterunt; *act.* = *refl.* omnes in fugam versuros ratus daß alle fliehen würden *L*; terga sich zur Flucht wenden, die Flucht ergreifen. **b.** glaebas *O*, terram ferro *V*; freta versa *V*, marmore verso [vom Rudern] *V.* **c.** robora *O*, fraxinos *H*, urnam *O*, arces Tyrias *V.* **3.** natura se vertit stellt sich auf den Kopf *Cu*, omnia über den Haufen werfen, res Phrygiae fundo gründlich zerstören *V*, consilium domumque Latini *V*, leges funditus gänzlich aufheben *T*, scelere et pecuniā verti *T.* Vgl. versus 3.
Vertumnus u. (§ 50) **Vortumnus**, ī, *m.* V. [Gott des etruskischen Zwölfstädtebundes, für die Römer Gott des Wechsels (verto), der Jahreszeiten und des Handels]; *meton.* Vortumnis natus iniquis unterm Fluch der Wandlungsgötter *H.*
verū, ūs, *n., dat. abl. pl.* auch ubus (gr. βαρύες· δένδρα) **1.** Bratspieß. **2.** Wurfspieß *V.*
Vērulānus 3 v. Verulae [einer St. in Latium] *L.*
vērum, vērumtamen s. verus.
vērus 3, *adv.* **ē** (ahd. wār 'wahr', wārjan 'bewahrheiten', irisch fīr 'wahr')

---

1. **wahr, wirklich, echt, wahrhaft**; 2. *subst. n.* **Wahrheit**; 3. **wahrhaftig, wahrheitsliebend, aufrichtig**; 4. *met.* **sachgemäß, recht und billig, gehörig, vernünftig.**

---

1. chirographa echt, heredes, animus vere popularis, vir vere Metellus in Wahrheit. **2.** ex vero der Wahrheit gemäß *O*, verum dicere, veri simile, verisimile wahrscheinlich, verisimilitudo Wahrscheinlichkeit. **3.** Apollinis os die Wahrheit kündend *O*, testes, iudex, vere (verius, verissime) dicere. **4.** id verissime facere, spes begründet, causa die gute Sache; verum est es ist das Richtige, neque verum est es geht nicht an, paßt nicht, mit *acc. c. inf.*, ut.   Dav.

A. **vērō** I. *adv.* 1. **in Wahrheit, in der Tat, tatsächlich, wirklich, eigentlich**; 2. (in Antworten) **fürwahr, ja, jawohl, gewiß.** II. *coniunct.* (in adversativen Vbdn., so daß dem ersten Glied ein zweites, stärker betontes nachfolgt) **freilich, doch, aber** (stets an zweiter Stelle).

I. **1.** iste qui vero est negat *C*; vero etiam sogar, immo vero ja eigentlich. **2.** fuisti in scholis? 'vero'; reprehendo igitur? 'minime vero' nein, sicher nicht. **II.** (audivit) tres partes flumen traduxisse, quartam vero partem citra flumen reliquam esse; age vero aber wohlan.
B. **vērum** *adv.* **1. aber, sondern** (urspr. besonderer Satz). **a.** etiamsi taceant, satis dicunt; v. non tacent; v. esto aber es sei; [überleitend und abbrechend]: v. haec praetereamus; **vērumtamen** aber doch, verum enimvero aber tatsächlich. **b.** non unum socium fefellit, verum novem homines; **non modo (solum)... verum (etiam) nicht nur... sondern (auch). 2.** [in Antworten]: **ja (wohl), gewiß** *C.*
verūtus 3 (veru) mit einem Spieß bewaffnet *V*; *subst.* **verūtum**, ī, *n.* Wurfspieß.

vervēx, ēcis, *m.* Hammel, Schöps *C.*
vēsānia, ae, *f.* Wahnsinn, Raserei, Wut.   Von
vē-sānus 3 wahnsinnig, rasend: poēta überspannt *H*, fames wütend *V.*
Vescia, ae, *f.* V. [kleine St. in Latium] *L*; *adi.* u. Einw. Vescīnus.
vescor, ī (gr. βόσκομαι, §§ 18 und 50 am Ende) **1.** sich nähren, von etw. leben: lacte et carne ferina *S.* **2.** essen; auch *trans. PhT*; **occ.** speisen, tafeln: sub umbra *L*, in villa *T.* **3.** *met.* genießen: aurā aetheriā atmen, leben *V.*   Dav.
vescus 3 **1.** zehrend: papaver den Boden auszehrend *V.* **2.** mager, dürftig: frondes *V.*
Veseris, is, *m.* V. [Fl. am Fuß des Vesuv].
Vesēvus s. Vesuvius.
vēsīca, ae, *f.* (wohl urspr. vensica, vgl. venter) Blase, Harnblase *HO.*
Vesontiō, ōnis, *m.* B e s a n ç o n [Hauptst. der Sequaner].
vespa, ae, *f.* (aus *vospa, § 50 am Ende, ahd. wefsa, wafsa, litauisch vapsà) Wespe *LPh.*
Vespasiānus s. Flavius.
vesper, erī, *m., abl.* auch vespere (ἕσπερος, § 20) **1.** Abendstern: vespero surgente *H. meton.* **2.** Abend: ad, sub vesperum gegen Abend, primo vespere mit Anbruch des Abends; s p r i c h w. quid vesper ferat, incertum est = es ist noch nicht aller Tage Abend *L*; *locat.* vesperi, vespere abends, am Abend; de vesperi suo vivere = sein eigener Herr sein *C.* **3.** Westen.
vespera, ae, *f.* (ἑσπέρα) Abend: primā vesperā als es Abend wurde *L.*   Dav. incoh.
vesperāscō, ere Abend, dunkel werden: vesperascente caelo (die *T*) als es Abend wurde *N.*
vespertīliō, ōnis, *m.* (vesper) Fledermaus *Sp.*
vespertīnus 3 (vesper) **1.** abendlich: senatūs consulta am Abend gefaßt, forum in der Abendruhe *H.* **2.** *meton.* westlich *H.*
Vesta, ae, *f.* (vgl. Ἑστία) **1. Herd, Herdfeuer:** ardens *V.* **2.** p e r s o n. **Vesta** [Göttin des häuslichen Herdes und Herdfeuers, Tochter des Kronos und der Rhea, Schwester Juppiters; = Terra *O*; Troïca *O*, weil ihr Dienst mit Äneas aus Ilion gekommen sein soll. In ihrem Tempel an der Ostseite des Forums brannte das heilige Feuer des Staatsherdes, bewacht von den vestalischen Jungfrauen unter der Oberaufsicht des pontifex maximus (Vestae sacerdos *O*)]; ad Vestae (*sc.* aedem) *HL*, a Vestae (*sc.* aede). **3.** *meton.* **Vestatempel:** quo tempore Vesta arsit *O. Adi.* **Vestālis**, e der Vesta geweiht: sacra Vestafest [am 9. Juni] *O*, **(virgo) Vestalis** Vestalin [urspr. vier, dann sechs; sie wurden vom pontifex maximus vor Vollendung des zehnten Lebensjahres gewählt und blieben dreißig Jahre im Tempeldienst. Während dieser Zeit waren sie zu strengster Keuschheit verpflichtet. Zur Strafe für Verletzung der Keuschheit oder Erlöschenlassen des heiligen Feuers (das schlimmste Omen für den Staat) wurden sie lebendig begraben]; Vestales oculi keusch *O.*
vester, altl. (§ 50) **voster**, tra, trum, *gen. pl.* vostrūm *C* (zu vos wie noster zu nos) euer, der (die, das) eurige: vestrā interest es liegt in eurem Interesse, de

vestibulum   495   **vetustas**   V

vestro aus eurem Vermögen *L,* vestrum est es ist eure Sache.

vestibulum, ī, *n.* **1.** Vorplatz, Vorhof: regiae *Cu,* curiae *L,* Capitolii *T.* **2.** *meton.* Vorhalle [im Haus, zwischen Haustür u. Atrium]: patefieri domum iubet atque in vestibulo effigiem demonstrat *T.* **3.** *met.* Vorplatz, Eingang: senatūs, in vestibulo Siciliae gleich auf sizilischem Boden, urbis Bannmeile *L;* b i l d l. Anfang: orationis.

vestīgium, ī, *n.*

> 1. **Wegspur, Fußspur, Fußstapfe;** *occ.* **Fährte;**
> 2. *met.* **Spur;** *occ.* *a.* **Merkmal, Kennzeichen;**
> *b.* **Trümmer;** 3. *meton.* *a.* **Fußtritt, Schritt;** *b.* **Fußsohle;** *synecd.* **Fuß;** *c.* **Standort, Stätte, Stelle;** *met.*
> **Zeitpunkt, Moment.**

1. pedum *O,* aliquem vestigiis sequi auf der Ferse sein, verfolgen *L,* vestigia figere schreiten *V,* premere stillstehen *V,* referre zurückgehen *V;* b i l d l. patris vestigiis ingredi in die Fußstapfen … treten, vestigia premere *T.* **occ.** ferae *O,* ungulae. **2.** rotae *O,* verberum *L,* flammae *V.* **a.** veteris formae *O,* avaritiae, sceleris. **b.** currūs *O,* urbis. **3.** **a.** pedum *O,* vestigia facere gehen *O,* torquere umkehren *V.* **b.** tenuit vestigia tellus *O; synecd.* vestigia nuda sinistri instituere pedis sie tragen im Kampf den linken Fuß ungeschützt *V,* alba primi pedis weiße Fesseln [beim Pferd] *V.* **c.** eodem vestigio manere (haerere *L*), lapides sua post vestigia mittunt *O,* in suo vestigio mori *L,* se vestigio movere *L; m e t.* temporis, e vestigio (temporis) sogleich, augenblicklich.   Von
vestīgō 1. **1.** aufspüren, -suchen: apes in pumice *V.* **2.** suchen, nachspüren: causas rerum, oculis *V,* mit indir. Fr. *L.* **3.** ausfindig machen: perfugas inquirendo *L.*

vestīmentum, ī, *n.* (vestio) Kleidungsstück; *pl.* Kleidung.

Vestīnī, ōrum, *m.* die V. [Volk an der Ostküste Mittelitaliens] *L; adi.* Vestīnus *L.*

vestiō 4., *impf.* vestībat *V* (vestis) **1.** kleiden, bekleiden. **2.** *met.* bedecken, umgeben: trabes aggere, sepulcrum vestitum vepribus, montem oleā bepflanzen *V;* **occ.** schmücken: parietes; b i l d l. einkleiden: oratione.

vesti-plica, ae, *f.* (plico, § 66) Kleiderfalterin *C.*

vestis, is, *f.* **1.** (einzelnes) Gewand: albae *Cu.* **2.** Kleidung, Gewand, Tracht: lintea Linnenkleider, iacentem veste spoliare Rüstung *N,* vestem mutare wechseln, **occ.** Trauer(kleider) anlegen; k o l l e k t. Garderobe: pretiosa, muliebris. **3.** **occ.** Decken, Teppiche: stragula, super lectos candebat vestis *H.*
E: ai. vaste 'kleidet sich', gr. ἕννυμι = ϝέσ-νυμι, got. wasjan 'kleiden', wasti 'Kleid'.

vestītus, ūs, *m.* (vestio) **1.** Kleidung, Tracht: vestitum mutare Trauerkleidung anlegen, ad suum vestitum redire Trauerkleidung ablegen. **2.** *met.* Bekleidung: riparum, montium Pflanzenwuchs, orationis Redeprunk.

Vesulus, ī, *m.* M o n t e V i s o [Berg in den Cottischen Alpen] *V.*

Vesuvius, ī, *m.* der V e s u v ; Nbf. Vesēvum iugum *V.*
Vetera, um, *n.* **(castra)** X a n t e n [St. am Niederrhein] *T.*
veterānus 3 (vetus, § 75) **1.** altgedient, erprobt: legio, exercitus aus Veteranen gebildet. **2.** *subst.* altgedienter Soldat, Veteran.
veterāria, ōrum, *n.* (vetus) Vorräte an altem Wein *Sp.*
veterātor, ōris, *m.* (vetus) **1.** in etw. alt geworden; eingeübt: in causis. **2.** 'alter Fuchs', Schlaukopf, Schurke.   *Dav.*
veterātōrius 3, *adv.* ē schlau, listig; routiniert.
Veteres s. vetus [am Ende].
veternus, ī, *m.* (vetus) Schlafsucht *C; met.* Erschlaffung, Lethargie.
vetō 1., altl. (§ 50) **votō** *C,* vetuī, vetitus (vetatus *Sp*) nicht zulassen, nicht gestatten, verhindern, verbieten. **1.** *act.* *abs.* veto [Formel der tribunizischen Interzession] *L,* venti vetantes hindernd, ungünstig *O;* mit *acc.* bella gegen … sprechen *V;* mit *inf.,* bei Angabe der Person *acc. c. inf. act.,* bei ungenannter Person *acc. c. inf. pass.,* d i c h t. mit *coni.,* ne. **2.** *pass.* acta agimus, quod (*acc.*) vetamur vetere proverbio; fossam praeduxit, qua incerta Oceani vetarentur ferngehalten werden sollten *T,* vetita alea verboten *H; subst.* aliquid in vetitis numerare *O,* contra vetitum gegen das Verbot *V;* mit *inf.* vetitum est arae sanguinem offundere *T; nom. c. inf.* senatores vetiti (sunt) ingredi Aegyptum *T;* d i c h t. u. spät mit *dat.* der Person: vetitum est sceleri nihil *O,* cur Dialibus id vetitum? *T.*
E: vgl. ἐτός 'umsonst', ἐτώσιος 'erfolglos', § 20; also 'erfolglos machen'.

Vettōnēs, um, *m.* die V. [Volk in Lusitanien].
vetuī *pf.* v. veto.
vetulus 3 ältlich, ziemlich alt; *subst.* mi vetule mein Alterchen; *fem.* die Alte, Vettel *C.*   *Dem.* von
vetus, veteris (gr. ἔτος 'Jahr' = ϝέτος, § 20)

> 1. **bejahrt, ergraut, alt;** *occ.* **alterprobt, erfahren;**
> 2. **(Gegs. novus) lange bestehend, alt;** 3. **ehemalig,**
> **vormalig, früher;** 4. *subst.* **veteres,** um, *m.* **die Alten.**

1. veteres et senes bejahrte und altersschwache Leute *T;* silva, urbs *O.* **occ.** accusator, gladiator; mit *locat.* militiae, belli erfahren in *T;* mit *gen.* regnandi, operis *T.* **2.** v e t e r a odisse, n o v a exoptare *S,* amicus, hospitium, mos; milites (exercitus) altgediente Soldaten, Veteranen *L.* **3.** bellum, imperium, leges, vetera das Vergangene. **4.** illi veteres die Klassiker *T; nomen pr.* **Veteres** (*sc.* tabernae), *f.* die alten Wechslerbuden [an der Südseite des Forums] *L.*
NB: *abl.* e, *nom. pl. n.* a, *gen.* um, *comp.* vetustior (v. vetustus), *sup.* veterrimus.   *Dav.*
vetustās, ātis, *f.* (vgl. venustas, § 29) **1. Alter, langes Bestehen, lange Dauer:** vetustatem ferre lange Dauer haben, auf die Nachwelt kommen *O,* vina quae vetustatem ferunt abgelagert, alt, religionis, societatis, annalium alte Überlieferung in den Annalen, memoria eius vetustate abiit durch die Länge der Zeit *L.* **2. Al-**

vetustus   496   **vicie(n)s**

ter, Bejahrtheit: tarda *O*. **3. occ.** alte Freundschaft, Verbindung: vetustate populum R. attingere, v. et amicitia. *meton.* **4. Altertum, alte Zeit:** vetustatis exempla, historia nuntia vetustatis. **5. späte Zeit:** senatūs iudicia quae vetustas obruet? **occ. Nachwelt:** de me nulla obmutescet vetustas.

vetustus 3 (v. vetus, wie onustus, venustus u. a., § 29) **1. alt, bejahrt:** vetustissimus ex iis *L*. **2. lange bestehend, langjährig:** lucus *O*, disciplina *L*, oppidum *H*. **3. alt** [nicht neu]: scriptores *L*, auctores *Q*. **4. altertümlich, altehrwürdig:** mos *O*, templum *V*.

vexātiō, ōnis, *f.* (vexo) **1.** Beschwerde, Strapaze: corporis, omne genus vexationis allerlei Beschwerden *L*. **2.** Mißhandlung, Plage: sociorum, coniugum.

vexātor, ōris, *m.* (vexo) Plagegeist: urbis; aetatulae Mißbraucher, furoris Störer.

vēxī *pf.* v. veho.

vexillārius, ī, *m.* **1.** *sg.* Fahnenträger *LT*; (s. vexillum). **2.** *pl.* die Vexillarier [Abteilung der Veteranen, die ihres Kriegseides entbunden, aber noch nicht verabschiedet sind] *T*; Sondereinheit *T*.   Von

vexillum, ī, *n.* (*dem.* v. velum = *vexlum) **1.** Vexillum, Fahne, Standarte: vexillum tollere militärisch ausrücken. **2. occ.** Signalflagge [eine rote Kommandantenflagge des Feldherrn u. Admirals]. **3.** *meton.* Sondereinheit, Detachement *LT*.

vexō 1. (*frequ.* v. veho, vgl. vexi) **1.** hin- und herbewegen, hin- und herreißen: venti vexant nubila caeli *O*, rates *V.* **met. 2.** mißhandeln, plagen, quälen: cives; bildl. cum Fulvia terroribus vexaretur *N*, omnia divina, aliquem verbis hart mitnehmen, vexari viae difficultate *L*, conscientiā, invidiā *S.* **3. occ.** verheeren, plündern: agros, fana, urbes; *met.* angreifen: res quas gesseram, nobilium bona, pecuniam verschleudern *S*, civitatis mores luxuria vexabat suchte heim *S.*

via (altl. vea), ae, *f.*

> **1. Straße, Weg; occ. Straße, Gasse; 2.** *met.* **Weg, Bahn; 3.** *meton.* **Gang, Reise, Marsch; 4.** *met. a.* **Gelegenheit, Mittel, Weg;** *b.* **Art und Weise, Vorgehen, Vorgang, Verfahren, Methode.**

1. militaris Heerstraße *L*. [Die v. Appia nach Brindisi, Flaminia nach Rimini, fortgesetzt v. den zwei Aemiliae, die eine v. Rimini nach Aquileia, die andere nach Pisa, Aurelia, Cassia nach Etrurien, Valeria nach den marsischen Gebiet, Tiburtina nach Tivoli, Salaria nach Rieti, Latina ins Liristal, Ostiensis nach Ostia]. Phrasen: decedere ex (de) via aus dem Weg gehen, den Weg verlassen, alicui viam dare jemd. Platz machen *L*. **occ.** Lagergasse, strata viarum gepflasterte Straße *V*, sacra via die Heilige Straße [über das Forum zum Kapitol]. **2.** aquarum Kanäle *O*, vocis *O*, vitales *O* Kehle, spirandi Atemwege *O*, Alpheum fama est egisse vias subter mare Lauf *V*, sagitta signavit viam flammis Bahn *V*, extra anni solisque vias außerhalb der Wendekreise *V*, disponere vias Streifenmuster *Tĭ*; abstr. findere viam Bahn brechen *V*; fīt via vi mit Gewalt bricht man sich Bahn *V*; vitae Lebensweg, mortis (leti) zum Tod *VO*, viam inire, ingredi einschlagen. **3.** tri-

dui drei Tagemärsche, causa viae des Kommens *O*, Boreas suadet viam aufzubrechen *O*, inter viam unterwegs, de via languere von der Reise krank sein; rectā viā geradewegs; maris Meerfahrt *O*; lassus (odio, taedio) maris et viarum der Reisen zu Wasser und zu Lande *HT*. **4. a.** fraudis *L*, salutis *V*, domandi *V*, nulla viam fortuna regit fördert den Versuch *V.* **b.** vitae (vivendi) Lebensweise, leti Todesarten *L*, colendi *V*. *Adv.* viā (viā et ratione, ratione et viā) methodisch, planmäßig; primā viā gleich am Anfang *C.* Dav.

viārius 3 die Straßenausbesserung betreffend: lex.

viāticātus 3 mit Reisegeld ausgestattet *C*.   Von

viāticum, ī, *n.* **1.** Reisegeld. **2.** Sparpfennig, Beutegeld *HSp.*

viātor, ōris, *m.* (via) **1.** Reisender, Wanderer. **2.** Amtsbote.

Vībō, ōnis, V. Valentia *Sp*, *f.* Vibo Valentia [St. in Bruttium]; *adi.* Vībōnēnsis, e *L.*

vibrō 1. **I.** *trans.* **1.** schwingen, schwenken: tela *Cu*, sicas, umeris vibratus emporgeschwungen, gehoben *T*; **occ. werfen, schleudern:** spicula *O*; bildl. iambos *Ca*. **2.** *met.* **zum Schwingen bringen:** vibrata lingua zitternd *O*, vibrabant flamina vestes ließen flattern *O*, crines vibrati gekräuselt *V*, viscera vibrantur werden erschüttert *T.* **II.** *intr.* **1. zittern, zucken:** vibrant linguae *O*, vibrans ictus *V.* **2.** *met.* **funkeln, blitzen, glänzen:** tela vibrantia *O*, oratio, sententiae *Q.*
E: vgl. ai. vepati 'bebt', ahd. weibōn 'schwanken', mhd. wifen 'schwingen'.

vīburnum, ī, *n.* Schneeball [Strauchart] *V.*

vīcānus, ī, *m.* (vicus) Dorfbewohner *L.*

Vica Pota, ae, *f.* ('a vincendo et potiendo'?) V. P. [röm. Göttin] *L.*

vicārius 3 (vicis) stellvertretend: fīdes; *subst. m.* Stellvertreter: tuo muneri Nachfolger = diligentiae meae; qui servo paret Untersklave [Sklave eines Sklaven] *H.*

vīcātim (vicus, § 79) *adv.* **1.** hofweise, in einzelnen Gehöften: habitare *L*, bellum circumferre von Dorf zu Dorf *L.* **2.** gassenweise, von Gasse zu Gasse: homines conscribere.

vice, vicem s. vicis.

vīcēnī 3 (viginti) je zwanzig.

vīcē(n)simānī, ōrum, *m.* (vicesima, *sc.* legio) Soldaten der 20. Legion *T*; vexillarii Vexillarier von der 20. Legion *T.*

vīcēnsimārium aurum Fünfprozentsteuer [bei Freilassung von Sklaven] *L.*

vīcē(n)simus u. **vīgēsimus** 3 (viginti) der zwanzigste; **vīcēsima**, ae, *f.* (*sc.* pars) das Zwanzigstel (5%) [als Abgabe bei Erbschaften u. Freilassungen sowie als Kaufsteuer].

vīcēsimani = vicensimani.

vīcēsimus = vicensimus.

Vīcētia, ae, *f.* Vicenca [St. in Venetien] *T*; Einw. **Vīcē(n)tīnī**.

vīcī *pf.* v. vinco.

vicia, ae, *f.* Wicke [eine Hülsenfrucht] *VO.*

vīciē(n)s (viginti) *adv.* zwanzigmal: v. centena milia passuum 2 000 röm. Meilen [= ca. 3 000 km].

Vicilīnus (vigil) V. ['der Wachsame'; Beiname Juppiters] *L.*

vīcīnālis, e (vicinus) der Nachbarn: usus *L.*

vīcīnia, ae u. **vīcīnitās**, ātis, *f.* (vicinus) Nachbarschaft, Nähe; *meton.* Nachbarn. Von

vīcīnus 3 (vicus, § 75) **1.** benachbart, nahe, in der Nähe: bellum Krieg in der Nachbarschaft *L.* *met.* **2.** nahekommend, ähnlich: dialecticorum scientia vicina est eloquentiae. **3.** nahe bevorstehend: mors *Ph.* **4.** *subst.* **a.** *m. f.* Nachbar, Nachbarin; mit *gen.* Fides vicina Iovis [die Tempel waren benachbart]. **b.** *n.* Nähe, Umgebung; in (ex) vicino in (aus) der Nähe *VT.*

vicis *gen. sg.* (*nom.* und *dat.* fehlen, *acc.* vicem, *abl.* vice; im *pl. nom. acc.* vices, *dat. abl.* vicibus), *f.* (vgl. ahd. wëhsal 'Wechsel, Austausch')

> **1.** Abwechslung, Wechsel; 2. *occ.* **a.** Schicksalswechsel, Los; **b.** Wechselfall (im Krieg); **3.** *meton.* Los, Stelle, Aufgabe, Rolle, Platz, Geschäft; **4.** Entgegnung, Erwiderung, Vergeltung; **5.** *adv. casus* u. *Iuxtap.*

1. nox vicem peragit vollzieht den Wechsel [mit dem Tag] *O*, vigiliarum vices servare abwechselnd wachen *L*, hac vice sermonum Wechselgespräch *V*, benignā vice in gütigem Wechsel *H*; *pl.* vices peragere die Wechsel durchlaufen *O*, alternare abwechseln *O*, per vices clamare abwechselnd *O*, suis vicibus in bestimmter Abwechslung, eins nach dem andern *O*, vicibus factis abwechselnd *O*, mutat terra vices verändert sich im Wechsel *H.* **2. a.** deûm rex volvit vices *V*, convertere humanam vicem *H*, mitiores vices fortunae *T.* **b.** vices rerum *N*, Danaûm Kampfgefahren *V.* **3.** vicem teli (aerarii *S*) praestare die Stelle ... vertreten *O*, sacra regiae vicis die zu den Obliegenheiten des Königs gehören *L*, sortiri vices um die Stelle (Aufgabe) losen *V*, legio exercet vices versieht den Dienst *V*, illi servant vices *V*, vestram meamque vicem explete *T*, cotis vice fungi als Schleifstein dienen *H.* **4.** sequenti redde vices erwidere ihre Neigung *O*, iniuriae vicem exsolvere *T*, vices superbae Strafe des Übermuts *H*, plus vice simplici mehr als einfach vergeltend (strafend) *H.* **5. a.** *acc.* **vicem** (wohl verkürzt aus invicem, vgl. § 69) α. **wechselweise**: suam cuiusque v. jeder nach der Reihe *L.* β. **anstatt, für**: vestram omnium v. *J.* γ. **nach Art, (gleich)wie**: Sardanapali, pecorum v. *S.* δ. (bei *adi.* des Affekts) **wegen, für, über, um**: sollicitus (anxius, maestus) meam v., imperatoris, fratrum *L.* **b.** *abl.* **vice** α. **anstelle, wie**: oraculi v. *T.* β. (bei *adi.* des Affekts) **für, um**: v. eorum sollicitus *Cu*, exanimes v. unius *L.* **c. in vicem, in vicēs** s. invicem.

vicissim (vicis) *adv.* anderseits, dagegen, wiederum.

vicissitūdō, inis, *f.* (vicissim) Wechsel, Abwechslung.

victima, ae, *f.* Opfer(tier).

E: vgl. got. weihan, ahd. wīhan 'weihen, heiligen', got. weihs, ahd. wīh 'heilig'. Dav.

victimārius, ī, *m.* Opferdiener *L.*

victitō, āre (Doppelfrequ. v. vivo durch *victare) (von etw.) leben, sich nähren *C.*

victor, ōris, *m.* (vinco) **1.** siegreich: exercitus, equus *V*; currus Triumphwagen *O*; Olympiae in Olympia *N*, bello civili. *subst.* **2.** Sieger, Besieger: belli Sieger im Krieg. **3.** *met.* Überwinder: animus libidinis v. *S*, propositi der seine Absicht erreicht hat *H.* Dav.

victōria, ae, *f.* **1.** Sieg: conclamare victoriam ein Siegesgeschrei erheben; certaminis im Streit *L*, de Atheniensibus *Cu*, Spartana über die Spartaner *Cu.* **2.** *met.* Erfolg: ex collega über *L.* **3.** *person.* V. [Siegesgöttin]. Dav.

victōriātus, ī, *m.*, *gen. pl.* ûm Victoriat [röm. Silbermünzsorte mit dem Bild der Victoria] *L.*

Victōriola, ae, *f.* (*dem.* v. Victoria) Nikestatuette.

victrīx, īcis, *f.* (zu victor) u. (Analogiebildung nach felicia) **victrīcia**, ium, *n. pl.* siegreich; *subst.* Siegerin: Athenas victrices fore werde siegen, victricia fulmina *O*, litterae Siegesbotschaft, hedera siegkündend *H*; *met.* Iunonem victrix adfatur triumphierend *V.*

vīctūrus *pt. fut.* v. vivo.

I. victus *pt. pf. pass.* v. vinco.

II. vīctus, ūs (-ī *C*), *m.* (vivo) (Lebens-)Unterhalt, Nahrung: cotidianus; *occ.* Kost, Speise: victus eorum in lacte, caseo, carne consistit. **2.** *meton.* Lebensweise, -art [meist in bezug auf das Essen].

vīculus, ī, *m.* Dörfchen. *Dem.* von

vīcus, ī, *m.* **1.** Hof, Gehöft: quid vici prosunt aut horrea? *H.* **2.** *syned.* Dorf: oppida, vici. **3.** *meton.* Stadtteil, Gasse, Straße: vici plateaeque Gassen und Plätze, vendens tus [= das Velabrum] *H.*

E: ai. veçás 'Haus', gr. οἶκος = Ϝοῖκος 'Haus', § 52, got. weihs 'Dorf'.

vidē-licet u. (nach § 45) **vide-licet** (videre licet, § 67 am Ende) **1.** offenbar, sicherlich: qui homo? vetus v. sicarius? **2.** [ironisch]: selbstverständlich, natürlich: (Catilina) homo v. timidus. **3.** [erklärend]: nämlich: venisse tempus iis — coniuratos v. dicebat — ulciscendi sui.

videō 2. vīdī, vīsus (§ 36, ai. véda 'ich weiß', gr. εἶδον, St. Ϝιδ, § 20, οἶδα für Ϝοῖδα, § 52, got. witan, ahd. wizzan 'wissen') **sehen**

> *A. act.* **I. 1.** sehen, Sehkraft haben; *occ.* die Augen offen haben, wach sein; **2.** *trans.* sehen, wahrnehmen, erblicken; **3.** *occ.* **a.** sehen, Augenzeuge sein, erleben; **b.** besuchen, aufsuchen; **4.** *met.* merken, einsehen, begreifen; *occ.* wahrnehmen.
> **II. 1.** schauen, beschauen, anschauen; *occ.* **a.** (mit Vertrauen) anschauen; **b.** (gleichgültig) zuschauen; **2.** *met.* überlegen, erwägen, bedenken; *occ.* **a.** sich um etw. kümmern, auf etw. achten, zusehen; **b.** etw. beabsichtigen; **c.** etw. besorgen.
> *B. pass.* **1.** gesehen werden; **2.** *dep. pass.* sich zeigen, erscheinen; **3.** *met.* scheinen, den Anschein haben, für etw. gehalten werden, gelten; oft durch *adv.* offenbar übersetzbar; *occ.* (sibi) videri: glauben, sich einbilden; **4.** unpers. videtur (alicui): es (er)scheint gut (rätlich), gefällt, beliebt, jemd. beschließt, ist der Ansicht.

vidua   498   **viginti**

A. I. 1. sensus videndi Gesichtssinn, acriter scharfe Augen haben, longius auf weitere Entfernung sehen; **occ.** iam videnti tempora pingit *V.* **2.** quod non viderat, pro viso renuntiavit; aliquid in somnis ein Traumgesicht haben; *subst.* **vīsa,** ōrum, *n.* **Traumbild;** *adi.* **videndus** 3 **sichtbar:** nulli allen unsichtbar *O;* mit p r ä d i k . *pt.* (bei u n m i t t e l b a r e r Wahrnehmung): supplicem vidit in ara sedentem sah . . . sitzen *N;* mit *acc. c. inf.* (bei m i t t e l b a r e r Wahrnehmung): suos fugere et concīdi videbat; mit indir. Fr.; 'viden' (= videsne, § 45) ut mit *ind.* siehst du wie. **3. a.** nullius ex sua stirpe funus vidit *NV,* clarissimas victorias aetas nostra vidit, casūs abies visura marinos die . . . mitmachen wird *V.* **b.** has domos *O,* hominem. **4.** ventura (Zukunft) *VO,* sua fata voraussehen *O,* plus in re p. tiefere Einsicht haben; mit *acc. c. inf.,* indir. Fr. **occ.** mugire videbis terram *V.* **II. 1.** omnes acie torvā *O,* nascentem placido lumine *H,* pueri visum processerant um zu schauen *S;* maior videri anzusehen *V,* vitulus niveus videri *H.* **a.** me vide vertraue auf mich *C.* **b.** nefas *O,* civem in vincula duci *L.* **2.** haec videnda sunt muß erwogen werden, videas et consideres, quid agas; oft *fut. ex.* [um die Entscheidung zu verschieben]: alio loco de oratorum animo videro, [um die Entscheidung einem andern zu überlassen]: sitne malum dolere necne, Stoici viderint das werden die Stoiker zu erwägen haben (nicht ich), de me Iuppiter viderit *V,* viderit! intereat (viderit! fateamur amores) er entscheide! *O.* **a.** viderit ista deus *O,* videris, quemadmodum his satisfacias; mit ut, ne: videant consules, ne quid res p. detrimenti capiat. **b.** maius quiddam, magnam gloriam, imperia immodica trachten nach *L.* **c.** alicui prandium, dulciculae potionis aliquid.

     B. videor, vidērī, vīsus sum 1. paucae stationes equitum videbantur waren sichtbar, auditos caelestes praeponere visis sichtbaren *O.* **2.** tu visus Enipeus erschienst als E. *O.* **3.** mit *nom. praedic.* poteras iam videri felix *O,* poena levis visa est *O;* mit *inf.* Miltiades non videbatur posse esse privatus *N;* ohne *inf.* quod nondum bono animo viderentur (*sc.* esse); [bes. in amtlichen Erklärungen]: 'fecisse videri' pronuntiat den Bescheid lautet 'Schuldig'; mit *dat.* aliis violentior aequo visa dea est *O.* **occ.** videor mihi strepitum audire *Cu;* ohne *dat.* videor posse contendere glaube behaupten zu können *N,* idem factura videbar gedachte dasselbe zu tun *O;* exercitus meritus videbatur verdiente offenbar, misericordiā usus videtur zeigt ersichtlich Mitleid. **4.** si tibi videbitur wenn du willst, si ei videretur, sic visum superis *VO,* ubi visum est, imitamur quos cuique visum est; mit *inf.* quae visum est (*sc.* respondere), respondit; visum est delere *O;* quae videbantur seine Meinung *N;* mit *acc. c. inf.* non mihi videtur (= non credo) ad beate vivendum satis posse virtutem.

vidua s. viduus.

viduitās, ātis, *f.* (vidua) Witwenstand *L.*

vidulus, ī, *m.* (vieo) Reisekoffer *C;* Fischkorb *C.*

viduō 1. **1.** zur Witwe machen: filia marito viduata *T.*

2. *met.* leer machen, berauben: civibus urbem *V,* arva viduata pruinis frei von *V.*   Von

vĭduus 3 **1. verwitwet;** *subst.* **vidua,** ae, *f.* **Witwe:** manus Witwenhand *O,* aula *O;* **geschiedene Frau** *C.* **occ. ledig, unvermählt:** puellae *O,* vitis *Ca.* **2. einsam:** lectus *O.* **3.** *met.* **leer, entblößt:** arbores *H.* E: vgl. ai. vidhú-š 'vereinsamt', gr. ἠ-ίϑεος 'unvermählt', ai. vidhávā, got. widuwo, ahd. wituwa 'Witwe'.

Vienna, ae, *f.* V i e n n e [St. an der Rhone]; *adi.* u. Einw. Viennēnsis *T.*

vieō, ēre, ēvī, ētum (vgl. vimen) binden, flechten *Varro.*

viēscō, ere welken *Columella;* dav. *pt. pf. adi. isol.* **viētus** 3 welk, verschrumpft.

viētum *pt. pf. pass.* v. vieo.

viēvī *pf.* v. vieo.

vigeō 2. uī **1.** stark, lebhaft, lebenskräftig, frisch sein: vigent vires *O,* viget aetas *S,* vigentes in voller Kraft *L,* vigebat in pectore nata einen lebhaften Geist *L.* **2.** *met.* in Blüte, in Ansehen stehen: victores als Sieger *N,* viguere Mycenae *O,* religiones; auctoritate (opibus) apud aliquem *T;* **occ.** audacia, avaritia (crimina *H*) vigent herrschen *S.* E: vgl. vegetus; ai. vājas 'Kraft', ahd. wackar 'wacker', wahhōn 'wachen'.   Dazu *incoh.*

vigēscō, ere kräftig werden *Ca.*

vīgēsimus s. vicesimus.

vigil, vigilis (vigeo) **1.** *subst. m.* Wächter. *Pl.* **occ.** Polizei [in Rom], Feuerwache: praefectus vigilum Polizeioffizier *T,* cohortes Polizeiabteilungen *T.* **2.** *adi.* wachsam, wach, munter: ales = Hahn *O,* curae stets wach *O,* ignis stets brennend, ewig *VO,* lucernae Nachtlampen *H,* nox durchwacht *T.*

vigilāns, antis, *adv.* **anter** (vigilo) wachend, aufmerksam, wach-, sorgsam: lumina Leuchtturm *O.*   Dav.

vigilantia, ae, *f.* Wachsamkeit, Fürsorge.

vigilāx, ācis (vigilo) stets wach: curae *O.*

vigilia, ae, *f.* (vigil) **1.** das Wachen, Nachtwachen, Munterbleiben; *pl.* die durchwachten Nächte: Demosthenis vigilae. **2. occ.** Wache, das Wachehalten: vigilias agere Wache halten, exercitus vigiliis fessus *L.* **3.** *meton.* **a.** Nachtwache, Viertel der Nacht. [Die Nacht (von Sonnenuntergang bis Sonnenaufgang) zerfiel in vier Nachtwachen, die je nach der Nachtdauer ungleich lang waren; der Beginn der einzelnen Nachtwachen wurde im Lager durch Hornsignale bezeichnet]: de tertia vigilia um drei Uhr morgens; secunda, prima, quarta *L.* **b.** Wachtposten, Wache: vigilias circumire inspizieren *S.* **4.** *met.* Wachsamkeit, Eifer, Fürsorge: vigiliae, curae, cogitationes.

vigilō 1. (vigil) **1.** munter, wach bleiben, wachen: de nocte die ganze Nacht; s p r i c h w. hic vigilans somniat = erträumt sich goldene Berge *C.* **2.** *trans.* **a.** durchwachen: noctes *HO.* **b.** wachend zustande bringen, verrichten: carmen vigilatum im Wachen ersonnen *O,* vigilati labores *O,* quae vigilanda viris *V.* **3.** *met.* wachsam sein, unermüdlich sorgen: vigilare adesse, providere rei p.; ut vivas, vigila *H.*

vīgintī (ai. viçati-š, gr. εἴκοσι, dialektisch Ϝίκατι,

vigintiviratus · 499 · **vindex** V

ϝείκατι) zwanzig: his annis viginti seit zwanzig Jahren.

vīgintī-virātus, ūs, *m.* (vir) das Vigintivirat [von 20 Männern verwaltetes Amt: **1.** zur Ackerverteilung; **2.** als städtische Unterbeamtenstelle *T*].

vigor, ōris, *m.* (vigeo) Leben, Frische, Kraft, Energie.

vīlica, ae, *f.* Verwalterin, Frau des vilicus; schöne Magd *Ca.*

vīlicō, āre Verwalter sein: in re p.   Von

vīlicus, ī, *m.* (villa) Verwalter [Sklave oder Freigelassener].

vīlis, e **1.** billig: vestis *O*, servulus. **2.** *met.* wertlos, gering, verächtlich: non vilis rex nicht unbedeutend *N*, est tibi vile mori achtest den Tod für nichts *O*, vilia rerum wertloses Zeug *H*; aliquid vile habere geringschätzen *S.*   Dav.

vīlitās, ātis, *f.* **1.** niedriger Preis: annonae. **2.** Wertlosigkeit, Geringschätzung: ad vilitatem sui compelli (venire *Pli*) zur Selbstverachtung *Cu.*

vīlla, ae, *f.* **1.** Landhaus, Landgut, Meierei. **2.** *nomen pr.* Villa publica 'Amtshaus' [ein Gebäude auf dem Marsfeld, bei dem der Zensus u. die Truppenaushebung abgehalten wurden; auch Herberge für fremde Gesandte] *L.*

vīllicō, vīllicus 3 (villus) zottig, haarig, rauh: colubris guttura von Nattern umringelt *O.*

vīllula, ae, *f.* (*dem.* v. villa) kleines Landhaus.

vīllum, ī, *n.* (*dem.* v. vinum) *met.* Räuschchen *C.*

villus, ī, *m.* (verw. mit vellus) Zotte, zottiges Haar: tonsi Fransen *V.*

vīmen, inis, *n.* Weide, biegsame Rute; k o l l e k t. lentum biegsame Zweige *Cu*, quernum Eichenzweige *V*; *pl.* (Ruten)geflecht.
E: ai. vyáyati 'windet', vītás 'gewunden', vgl.viere, vitis.

vīmenta, ōrum, *n. T* = vimina, s. vimen.

Vīminālis collis der Viminal ['Weidenberg'; Hügel in Rom zwischen Quirinal und Esquilin] *L.*

vīmineus 3 (vimen) aus Ruten geflochten: tegimenta, crates Flechtwerk als Egge *V.*

vīn? = vīs-ne? s. volo.

vīnāceus, ī, *m.* (vinum) Weinbeerkern.

Vīnālia, ium, *n.* (vinum) die V. [Weinfest, in Rom am 23. April (**V. priora**) beim Ausschank des neuen Weines und am 19. August (**V. rustica**), zu Ehren Juppiters u. der Venus, gefeiert] *O.*

vīnārius 3 (vinum) für Wein: cella Weinkeller *C*; *subst.* **vīnārium**, ī, *n.* Weinkrug *H.*

vincibilis, e (vinco) leicht zu gewinnen *C.*

vinciō 4. vinxī, vinctus **1.** schnüren, umwinden, binden: catenis, suras cothurno umschnüren *V*, post terga manus zurückbinden *V*; loca praesidiis schützen. **2.** *occ.* fesseln: vinctos solvere Gefangene, civem *R.*; somno vinctus *LO*, vi Veneris *C.* **3.** *met.* **a.** binden, verpflichten: eum donis, pacto matrimonio *T.* **b.** bannen, bezaubern: hostiles linguas *O.* **c.** einschränken, hemmen: legibus, auspiciis, vitis (Wein) vinctura linguam *V.* **d.** [von der Rede:] **verbinden:** membra orationis numeris.

vinclum = vinculum.

vincō 3. vīcī, victus (got. weihan, ahd. wīgan 'kämpfen')

---

1. Sieger sein, siegen, den Sieg gewinnen; *met.* die Oberhand behalten; *trans.* 2. besiegen, überwinden, überwältigen; 3. *met.* bewältigen, überwinden; 4. *occ.* *a.* übertreffen; *b.* zur Einsicht bringen, umstimmen, bewegen, rühren, zu etw. bringen; *c.* erweisen, dartun.

---

1. vincis, Perseu du bist Sieger *O*, vicisse petunt sie wollen als Sieger dastehen *O*; [mit innerem Obj.]: Olympia bei den Olympischen Spielen *Ennius*, causam seine Sache gewinnen *O*; sententia vicit drang durch, ea pars in senatu *L*; m e t . vincite, si ita vultis so habt denn euren Willen!, vicimus ich habe es durchgesetzt, das Ziel erreicht *O.* **2.** Galliam bello, omnes certamine pedum *O*; Etrusci pro victis (so gut wie besiegt) abiere *L.* **3.** victa iacet pietas *O*, victus labore, sopore *O*, vinci nescia pectora unbesiegbar *V*, sagitta vincit aëra iactu überfliegt *V*, noctem funalia vincunt erleuchten *V*, horrea proventu überlasten *V*, saecula durando überdauern *V*, senectus situ victa abgelebt *V*; spem regendi vereiteln *L*, gemitum übertönen *T*, silentium *T.* **4. a.** omnes curā, parsimoniā *N*, bestias immanitate, omnium exspectationem, aliquem carminibus *V.* **b.** victa dea est *O*, dubiam mentem *O*, ira victa per preces *O*, adulescentulus eadem audiendo victus est gab nach *L*; animi (*locat.*) bewegten Herzens *V*; mit ut *HT.* **c.** verbis ea *V*, nec vincet ratio hoc *H.*

vinctus *pt. pf. pass.* v. vincio.

vinc(u)lum (§ 37), ī, *n.* (vincio) **1.** Schnur, Band, Strick: epistulae *N*, chartae *O*, vincla pedibus demunt Sandalenbänder *O*, tunicarum Bänder [am Hals] *O*, aptabat vincula collo den Strick *O*, linea Leinenband *V*, stuppea Hanfstrick *V*, vinclorum volumina Riemenbündel [vom Cästus] *V.* **2.** *pl. occ.* Bande, Fesseln: homini vincla indere *T*, inicere *VT* anlegen, rumpere die Bande brechen, entfliehen; *meton.* publica Staatsgefängnis *N*, in vincula conicere (ducere) ins Gefängnis; vincula adimunt canibus Leinen, Koppeln *O.* **3.** *met.* Band, Bande: cupiditatis eine Fessel für *L*, fugae was von der Flucht abhält *L*; pennarum Bindemittel *O*, amicitiae, propinquitatis, sponsionis *L.*

Vindelicī, ōrum, *m.* die V. [kelt. Volk im Lechfeld] *H*; Augusta Vindelicorum A u g s b u r g [Hauptst. der V.] *T.*

vīn-dēmia, ae, *f.* (vinum, demo, § 66) Weinlese; *meton.* Traube(n) *V.*   Dav.

vīndēmiātor, ōris, *m.* Winzer *H*; Nbf. **Vīndēmitor** 'Winzer' [Stern im Sternbild der Jungfrau] *O.*

vīndēmiola, ae, *f.* (*dem.* v. vindemia) kleine Weinlese; kleine Einkünfte *L.*

Vīndēmitor s. vindemiator.

vindex, icis, *m. f.* (gebildet wie iudex, index, mit unklarem Anfang) **1.** Retter, Befreier: dignus vindice nodus [vom Deus ex machina] *H.* **2.** Schützer, Beschützer: pa-

vindicatio   500   **virga**

rentis *O*, libertatis, periculi Schutz in der Gefahr *L*; *adi.* vox v. libertatis die für die Freiheit eintrat *L*, vindices vires schützende Kraft *O*. **3.** Bestrafer, Rächer: facinorum, coniurationis; iniuriae Verhüter *L*; *occ.* rerum capitalium Henker *S*; *adi.* flamma rächend *O*.

vindicātiō, ōnis, *f.* (vindico) Eigentumsklage *Pli.*

vindiciae, ārum, *f.* Rechtsanspruch [im alten Prozeßverfahren wurde der Streitgegenstand (oft symbolisch) vor den Prätor gebracht, beide Parteien erhoben ihren Rechtsanspruch (vindicias postulare), der Prätor entschied vorläufig (vindicias dat gibt dem Anspruch Folge)]; secundum libertatem vindicias postulare Freispruch verlangen *L*, dare für frei erklären *L*, decernere vindicias secundum servitutem für unfrei erklären *L*, vindicias ab libertate in servitutem dare einen Freien für unfrei erklären *L*, vindicias ab libertate dicere die Freiheit absprechen *L*.   Von

vindicō 1. (vindex)

---

   1. **beanspruchen, sich zuschreiben;** 2. (als frei beanspruchen) **befreien;** 3. *met.* **befreien, retten;** *occ.* **schützen, sichern;** 4. **(be)strafen, ahnden;** *occ.* **rächen.**

---

   1. plurima fortuna (sibi) vindicat, victoriae partem ad se *L*, prospera sibi *T*; Homerum Chii suum (als ihren Mitbürger) vindicant, laudem pro sua; antiquam faciem wieder annehmen *O*. **2.** puellam *L*. **3.** patriam ex servitute in libertatem *N*, labore, se ex suspicione losmachen, familiam ab interitu. *occ.* terram a populationibus *Cu*, libertatem. **4.** maleficia, improborum consensionem, aliquid in altero rügen, tadeln; in aliquem graviter, vehementer scharf vorgehen, einschreiten. *occ.* necem *O*, crudelitatem, iniurias *SL*, se de fortuna sich an. . .rächen *Pli.* Dazu

vindicta, ae, *f.* **1.** Befreiung, Rettung: invisae vitae von dem verhaßten Leben *L*, libertatis *L*. **2.** Freilassungsstab [mit dem der Prätor den freizulassenden Sklaven berührt]: ter vindicta quaterque imposita *H*. **3.** Strafe, Rache: legis severae *O*, facilis *Ph.*

Vindonissa, ae, *f.* Windisch [Legionslager u. St. an der Aare] *T*.

vīnea, ae, *f.* (vinum) **1.** Weinstock: alta *Ph.* **2.** Weingarten, -berg. **3.** *met.* Schutzdach [gegen Geschosse].

vīnētum, ī, *n.* (vinum) Weingarten; sprichw. vineta sua caedere = sich ins eigene Fleisch schneiden *H.*

vīnitor, ōris, *m.* (vinum) Winzer *V.*

vīno(-u-)lentia, ae, *f.* Trunkenheit, Trunksucht.   Von

vīno(-u-)lentus 3 (vinum) (be)trunken.

vīnōsus 3 trunksüchtig *HO.*   Von

vīnum, ī, *n.* (οἶνος aus *ϝοῖνος, §§ 20, 52) **1.** Wein: fugiens der leicht umschlägt, mutatum umgeschlagen *H*, defundere abziehen *H*; *met.* Weintrauben *C*. **2.** *pl.* Weinsorten: Graeca, fumida schwere *H*. **3.** *meton.* das Weingelage, Zechen: vino se obruere (obrui), in vinum trahere zum Zechen bringen *L*, per vinum infolge übermäßigen Zechens *L*, vino mersus, sepultus in todähnlichem Rausch *V.*

vinxī *pf.* v. vincio.

viola, ae, *f.* **1.** Veilchen: nigrae dunkle *V*. **2.** Levkoje:

pallentes, luteae *V*. **3.** *meton.* Veilchenfarbe, Violett: tinctus violā pallor *H.*

violābilis, e (violo) verletzbar *VO.*

violāceus 3 (viola) veilchenfarbig, violett *Sp.*

violārium, ī, *n.* (viola) Veilchenbeet *VHO.*

violātiō, ōnis, *f.* (violo) Schändung: templi *VL.*

violātor, ōris, *m.* (violo) Verletzer, Schänder *LOT.*

violēns, entis, *adv.* **enter** u. **violentus** 3 (vis) gewaltsam, gewalttätig, ungestüm, heftig: Aufidus reißend *H*, victor *H.*   Dav.

violentia, ae, *f.* Wildheit, Heftigkeit, Ungestüm: fortunae Tücke *S.*

violentus 3 s. violens.

violō 1. (vis) **1. Gewalt antun, mißhandeln, verletzen:** fines, thyrso verwunden *O*, urbem ein Blutbad anrichten *L*, agros verwüsten *V*. met. **2. beflecken, entweihen:** ius, deum, sacra. **3. verletzen:** nemus securi *O*, amicitiam, foedus, pudorem *V*; quod violatum videtur die begangene Verletzung. **occ. a. schänden:** virginitatem. **b. beleidigen:** Plato a Dionysio violatus est *N*, Cerere violatā.

vīpera, ae, *f.* Schlange, Natter.   Dav.

vīpereus 3 **1.** von Schlangen: cruor [Gift] *O*, anima giftiger Hauch *V*. **2.** schlangenhaarig: monstrum = Medusa *O*, sorores = Furien *O.*   Und

vīperīnus 3 (§ 75) Nattern-: sanguis [Gift] *H.*

Vipsānius s. Agrippa.

vir, virī, *m.*, *gen. pl.* dicht. ûm (ai. vīrá-s, got. waír, vgl. 'Wer-wolf', 'Wer-geld')

---

   1. **Mann** (als Gegs. zu Frau); 2. **Mann** (als Gegs. zu Kind); 3. **Ehemann;** 4. **Mann** (in bezug auf den Charakter); 5. (milit.) **Mann, Krieger, Streiter;** dicht. **Held;** *pl.* **Leute;** *occ.* **Fußvolk;** 6. der **einzelne;** 7. (allgemein) **Mensch(en), Leute.**

---

   1. de viro factus femina *O*. **2.** pueroque viroque inscripta est littera *O*. **3.** hanc (Nicen) vir amabat; gregis *V*. **4.** (Marius) tulit dolorem ut vir. **5.** corpora fortissimorum virorum *L*, arma virumque cano die Waffentaten und den Helden *V*. **occ.** equi, arma, viri Reiterei, Kriegsgerät und Fußvolk *N*; sprichw. equis virisque 'mit Roß und Mann' = mit allen Kräften. **6.** legit virum vir es kommt zum Einzelkampf *V*, vir cum viro congreditur *L*. **7.** viro levari vincla iubet *V*, per ora virûm *V*, vis nulla virûm, non ipsi caelicolae *V.*

virāgō, inis, *f.* (wohl zu vir) Heldenjungfrau, Heldin *VO.*

Virbius s. Hippolytus.

virectum, ī, *n.* das Grün *V.*   Von

vireō, ēre 1. grünen, grün sein: musco, fronde, ilicibus *V*; serpens viret schillert grünlich *O*. **2.** *met.* frisch, kräftig, lebhaft sein: virebat Camillus *L*. Dav. **virēns**, entis **a.** grünend, grün: agellus *H*, hedera *H*. **b.** *met.* blühend, jugendfrisch: Chia *H*; *occ.* flamma lebendig *H.*

vīrēs s. vis.

virēscō, ere (*incoh.* zu vireo) ergrünen, grün werden *VO.*

virga, ae, *f.* **1.** Rute, Zweig: salicis *O*, viscata Leimrute *O*. **2.** **occ. a. Pfropfreis:** virgam inserere *O*.

virgatus   501   **vis**   **V**

b. Stock, Stab: equus virgā regitur Reitgerte *Cu*, domum virgā percutere *L*; *meton.* **Stockschläge:** virgis mori. **c. Zauberstab:** percussum virgā fecit avem Circe *V*.   Dav.

virgātus 3 gestreift: sagula *V*.   Und

virgeus 3 aus Ruten, Reisern *V*.

virginālis, e (virgo, § 75) jungfräulich, mädchenhaft.

virgineus 3 (virgo) **1.** der Jungfrau, Jungfrauen-: favilla *O*, ara = der Vesta *O*, sagitta = der Diana *H*. **2.** jungfräulich, mädchenhaft: volucres = die Harpyien *O*, forma *O*. **3. occ.** aus der Aqua Virgo [Wasserleitung in Rom]: aqua, liquor *O*.

virginitās, ātis, *f.* Jungfernschaft, Jungfräulichkeit. Von

virgō, inis, *f.* (wohl zu vir) **1. Jungfrau:** mulieres (matronae) ac virgines; Phoebea = Lorbeer [Daphne] *O*; *abs.* virginis aequor = Hellespont *O*, redit et virgo [= Astraea] *V*. **2. jungfräulich, unvermählt:** filia *N*, Minerva, regiae virgines junge Prinzessinnen. **3. occ. Mädchen, junge Frau:** adultera [Medea, Pasiphaë] *O*, infelix *V*. **4. met. Jungfrau** [Sternbild].

virgula, ae, *f.* (*dem.* v. virga) **1.** Zweig: oleaginae *N*. **2.** Stäbchen: boni et mali causam tamquam virgulā attingere; divina Wünschelrute.   Dav.

virgultum, ī, *n.* Gebüsch, Gesträuch, Buschwerk.

virguncula, ae, *f.* (*dem.* v. virgo) Mädchen *Cu*.

Viriāthus, ī, *m.* V. [Führer der Lusitanier im Kampf gegen die Römer, 139 ermordet].

viridārium, ī, *n.* Garten, Park.   Von

viridis, e (vireo) **1.** grün: avis Papagei *O*, Mincius schilfgrün *V*; *occ.* grünlich: capilli *O*, dei *O*; *subst.* viride noch grünes Getreide *L*; perambulare viridia die Anlagen *Ph*. **2. met.** jung, frisch: aevum *O*, senectus kräftig *V*.   Dav.

viriditās, ātis, *f.* das Grün; *met.* Frische.

viridō, āre (viridis) grünen *V*.

virīlis, e, *adv.* **iter** (vir, § 75 am Ende) **1. männlich:** sexus *N*, vox *O*; tela von Männern *O*. **2. dem Manne eigen, Männer-:** toga Männertoga, partes Männerrolle *H*, aetas *H*. **3.** *synecd.* **mannhaft, standhaft, mutig:** viriliter aegrotare die Krankheit standhaft ertragen, animus *O*, ingenium *S*; *n. pl. subst.* mannhafte Taten *S*; *occ.* **des Mannes würdig:** saltatio *Cu*, scelera die einen ganzen Mann erfordern *T*. **4. dem einzelnen zukommend, persönlich:** mea pars v. meine persönliche Pflicht, pro virili parte nach Maßgabe der Kräfte, soviel einer zu leisten hat, pro virili portione soweit es in seinen Kräften steht *T*.   Dav.

virilitās, ātis, *f.* Männlichkeit.

virītim (vir, § 79) *adv.* Mann für Mann, jeden (jedem) einzeln: pedites v. legere *N*, pecus v. distribuere; dimicare Mann gegen Mann *Cu*, quod legeret v. publicus usus was man allgemein lesen könnte *H*.

Viromanduī, ōrum, *m.* die V. [belgisches Volk].

virōsus 3 (virus) stinkend: castorea *V*.

virtūs, ūtis, *f.* (vir, vgl. senec-tus, iuventus)

---

1. Mannhaftigkeit, Tüchtigkeit; 2. occ. a. Kraft, Stärke; b. Tapferkeit, Mut; c. Tüchtigkeit, gute Eigenschaft; pl. Vorzüge; d. Tugendhaftigkeit, Sitt-

---

lichkeit; 3. person. Virtus; 4. meton. pl. männliche Taten, Heldentaten; occ. Verdienst.

---

1. fama magis felicitate quam virtute parta *N*, virtute dolores superare mannhaft *O*; dicht. Aenëïa *O*, virtus Scipiadae der mannhafte Scipio *H*; *meton.* bello vivida Mannschaft *V*. **2. a.** manuum *O*; *met.* herbarum Kraft *O*, navium *L*. **b.** militum, exercitūs *N*, rei militaris, bellandi, nec cuiquam virtus niemand hat den Mut *V*. **c.** summa *N*, id in eius virtutibus commemoratur unter seinen Vorzügen *N*, animi virtutes innere Vorzüge *N*. **d.** revocare ad virtutem *N*, omnia praeter virtutem caduca sunt *S*, errori nomen virtus posuisset honestum die landläufige Moral *H*. **3.** templum Virtutis [Göttin der militärischen Tüchtigkeit]. **4.** virtutibus eluxit tat sich durch Heldentaten hervor *N*, virtutes viriique Männer und ihre Taten *V*. **a.** eius vitia sunt emendata virtutibus durch Verdienste *N*, virtutis obtrectatio *N*.

vīrus, ī, *n.* **1.** Schleim: destillat ab inguine virus *V*. **2.** Gift: echidnae *O*. **3.** *met.* Geifer: acerbitatis suae. E: ai. višám, gr. ἰός = Ϝῑός 'Gift', §§ 20 u. 29.

vīs, vim, vī, *f.* (gr. ἴς, Ϝίς, § 20, 'Sehne', *meton.* 'Kraft', vgl. ἴφι), *pl.* **vīrēs**, ium **Kraft**

I. *sg.* **1. Kraft, Stärke, Gewalt;** 2. *occ.* **a. Einfluß, Wirksamkeit, Macht;** *b.* **Gewalt, Gewalttätigkeit, Gewalttat;** *c.* **Waffengewalt, Angriff, Sturm;** *d.* **Tatkraft, Mut, Energie;** 3. *met.* **Inhalt, Gehalt, Bedeutung, Sinn;** 4. *meton.* **Menge, Masse;** 5. **Zeugungskraft.**

II. *pl.* **1. Körperkraft, Stärke;** 2. *met.* **a. Macht, Kräfte;** *b.* **das Vermögen, Können;** 3. *meton.* **Streitkräfte, Truppenmassen.**

I. 1. virorum, iuvenalis *O*; morbi *N*, fluminis, tempestatis, venti et aestūs *O*; odora canum vis die spürkräftigen Hunde *V*, meri starker Wein *O*. **2. a.** consilii *N*, fontis *O*, orationis, ingenii, conscientiae. **b.** naves factae ad quamvis vim gegen jede Art von Gewalt; vi (multā, summā), per vim gewaltsam, mit Gewalt; manu ac vi durch Mord und Gewalttat *S*; alicui vim ferre, inferre, afferre, facere Gewalt antun, vim pati erleiden *O*; repentina Gewaltstreich *N*, de vi accusari wegen einer Gewalttat. **c.** barbarorum *N*, hostium, urbem vi expugnare im Sturm, vim facere per fauces portūs durchbrechen *L*, vim facere per **d.** non ea vis animo *V*, multa vi muniet Albam *V*. **3.** verborum, amicitiae, eloquentiae, honesti. **4.** magna iumentorum, telorum, pulveris, auri argentique, lacrimarum Tränenstrom; *pl.* bitumineae Massen von Erdpech *O*, Aetnae Gluten *O*. **5.** nido vim genitalem adfundere männlicher Samen *T*. **II. 1.** plus virium quam ingenii mehr Kraft als Begabung *N*, integris viribus mit (bei) frischen Kräften, equorum *O*. **2. a.** animi *Cu*, mentis *O*, herbae sine viribus *O*, fulminis, austri *O*. **b.** pro viribus nach Kräften; mit *inf.* neque suarum esse virium decernere sie vermöchten nicht. **3.** vires habere, contrahere *L*, exiguae *V*.

viscatus   502   **vitricus**

viscātus 3 (viscum) mit Vogelleim bestrichen: virga Leimrute *O*; bildl. munera als Köder gegeben *Pli.*

viscera, um, *n.* s. viscus.

viscerātiō, ōnis, *f.* (viscera) Fleischverteilung [an das Volk].

Visculus s. Vist(u)la.

viscum, ī, *n.* (vgl. ἰξός = ϝιξός, § 20) Mistel *V*; *meton.* Vogelleim.

viscus, eris, *n.*, selten *sg.*, meist *pl.* **viscera,** um **1. Fleischstück;** *pl.* **Fleisch:** boum; kollekt. putre *O*; in viscera viscera condere Fleisch in den Bauch stopfen (vgl. **3.**) *O.* **2.** *meton.* die (edlen) **Eingeweide** [Lunge, Leber, Herz usw.]: haerentia viscere tela Brust *O*, penetrant ad viscera morbi *O.* **3.** *synecd.* **Eingeweide:** terrā sua viscera traxit Gedärme *O*, demisso in viscera (Bauch) censu (vgl. **1.**) *O*; *occ.* **Mutterleib:** parentis *Q.* **4.** *meton.* **Kind:** belua visceribus meis exsaturanda *O.* **5.** *met.* das **Innere, Innerste:** terrae *O*, montis *V*, rei p., causae, tyrannus haerens visceribus civitatis tief im Gedächtnis ... *L*, in viscera vires vertere gegen die Mitbürger kämpfen *V.*

vīsenda, ōrum, *n.* (viso) Sehenswürdigkeiten *L.*

vīsī *pf.* v. viso.

vīsiō, ōnis, *f.* (video) **1.** Anblick, das Ansehen: dei. **2.** *meton.* Erscheinung: fluentes. **3.** *met.* Vorstellung: doloris.

vīsitō 1. **1.** oft sehen *C.* **2.** jemd. besuchen. *Frequ.* von

vīsō 3. vīsī (*frequ.* zu video) **1.** genau ansehen, besichtigen, anschauen, betrachten: visendi gratiā (causā, studio *V*) *NS*, ad ea, quae visenda sunt, ducere zu den Sehenswürdigkeiten, ex muris agros *L*, prodigium untersuchen *L*, vise ad portum sieh nach zu *C.* **2.** *occ.* besuchen, aufsuchen: Diana ab omnibus advenis visebatur, aegrotum *T.*

Vist(u)la, ae u. **Visculus,** ī, *m.* die Weichsel *Sp.*

vīsum, ī, *n.* (video) Erscheinung, Traumbild, Phantasie(bild).

Visurgis, is, *m.* die Weser *T.*

I. vīsus *pt. pf. pass.* v. video oder *pt. pf. act.* v. videor.

II. vīsus, ūs, *m.* (video) **1.** *act.* das Sehen, Blick, Anblick: visum arcere *T*, Bootes visūs effugiet tuos Augen *O*, obire omnia visu besehen *V*, res visu foeda (nefaria) anzusehen *V.* **2.** *pass.* Erscheinung: inopinus *O*, nocturni *LT*; *occ.* Aussehen, Gestalt: humanus *L.*

vīta, ae, *f.* (vivo; aus *vīvita, § 22) **1.** das **Leben:** genus vitae Lebenslage *N*, vitam ponere aufgeben *N*, cedere (excedere, discedere, abire) vitā (ex, a vita) aus dem Leben scheiden; tenues die Schatten *V.* **2.** *meton.* **Lebensweise, -art, -wandel, -lauf:** v. victusque *N*, imaginem vitae exprimere *N*, sapiens *N*, rustica, vitam alicuius explicare (enarrare) Lebenslauf *N.* **3. Lebensbeschreibung, Biographie:** vitae excellentium imperatorum *N.* **4.** [Kosewort]: **Leben:** mea. **5. Lebensunterhalt:** mea *C.* **6. Welt, Menschheit** *H Sat. 1, 9, 60. Ti 2, 1, 37.*

vītābilis, e (vito) verdient, gemieden zu werden *O.*

vītābundus 3 (vito) ausweichend, vermeidend *ST*; mit *acc.* castra hostium *L.*

vītālis, e (vita, § 75, Abs. 2) **1.** des Lebens, zum Leben gehörig: quod vitale est zum Leben gehört *L*, calor Lebenswärme *Cu*, aurae lebenspendend *V* = spiritus, lumen Licht des Lebens *O*; *n. pl. subst.* tödliche Stelle *Sp.* **2.** lebensfähig: ut sis vitalis, metuo *H*, ut vitale putes *H.* **3.** lebenswert: vita *Ennius.*

vītātiō, ōnis, *f.* (vito) das Meiden, Vermeiden.

Vitellia, ae, *f.* V. [kleine latinische St.] *L.*

Vitellius 3 im *n. g.* A. Vitellius [Kaiser 69 n. Chr.] *TSp*; *adi.* **Vitelliānus** 3 (§ 75) *T*; *subst.* **Vitelliānī** die Soldaten des V. *T.*

vitellus, ī, *m.* (*dem.* v. vitulus) Kälbchen [auch Kosewort] *C*; *met.* Eidotter *H.*

vīteus 3 (vitis) vom Weinstock: pocula Wein *V.*

vīticula, ae, *f.* (*dem.* v. vitis) Weinstöckchen.

vitilēna, ae, *f.* Kupplerin *C.*

vitilīgo, inis, *f.* Ausschlag, Flechte [Hautkrankheit] *Sp.*

vītilis, e (vgl. vimen) aus Ruten geflochten *Sp.*

vitiō 1. (vitium) **1.** verderben, beschädigen, schädigen: vitiata teredine navis *O*; bildl. curis vitiatum corpus entstellt *O*, aurae verpestet *O*, aper stinkend geworden *H.* *met.* **2.** entehren, schänden: virginem *O*; vitiatus venter *O.* **3.** fälschen: significationes, comitia ungültig machen, senatūs consulta *L*, memoriam die Geschichte fälschen *L.*

vitiōsitās, ātis, *f.* Lasterhaftigkeit.   Von

vitiōsus 3, *adv.* ē (vitium) **1.** krankhaft, fehlerhaft: vitiose se habere in einem krankhaften Zustand sein; bildl. mangelhaft, verkehrt: orator. *met.* **2.** lasterhaft: vita, homines. **3.** fehlerhaft [= gegen die Auspizien] gewählt: consul.

vitis, is, *f.* **1.** Weinrebe, Rebe; *synecd.* Weinstock. **2.** alba Zaunrübe [ein Rankengewächs] *O.* **3.** *meton.* Kommandostab [der Zenturionen; aus einer abgeschnittenen Rebe]: milites vite regere *O.*

E: vgl. ahd. wīda 'Weide' u. vimen.   Dav.

vīti-sator, ōris, *m.* (§ 66) Rebenpflanzer *V.*

vitium, ī, *n.* **1.** Fehler, Mangel, Gebrechen, Schaden: parietis Schaden *O*, corporis Gebrechen *O*; ignis vitium metallis excoquit Schlacke *O*, aëris schlechte Luft *V.* *met.* **2.** Fehltritt, Fehler, Mißgriff: emendare vitia Fehltritte wiedergutmachen *N*, vitiis obrutus est Übeltaten *N*, castrorum fehlerhafte Anlage, hostium Mißgriff *T*; vitio vertere, dare als Fehler auslegen, anrechnen; *occ.* **Schuld:** adversariorum *N*, fortunae, in vitio esse schuld sein. **3.** [in den Auspizien]: **Fehler, Hindernis, ungünstiges Zeichen:** id obvenit vitium; *abl. adv.* magistratus vitio creatus fehlerhaft, gegen die Auspizien, tabernaculum vitio captum, vitio dies dicta *L.* **4.** Fehler, Laster: proposita sunt praemia virtutibus et supplicia vitiis, virtus est vitium fugere *H.*

vītō 1. **1.** ausweichen, aus dem Weg gehen: lacum, tela; te ipsum vitas bist dir selbst zuwider *H.* **2.** *met.* meiden, vermeiden, entgehen: mortem fugā, suspicionem, turpitudinem; mit ne; *inf. H.*

vitreus 3 (vitrum) **1.** gläsern: sedilia aus Kristall *V.* *met.* **2.** kristallhell, klar: unda *VO*, pruina *O*, Circe strahlend *H.* **3.** gleißend, trügerisch: fama *H.*

vitricus, ī, *m.* Stiefvater.

vitrum — 503 — **voco**

vitrum, ī, *n.* **1.** Waid [blaufärbende Pflanze]. **2.** Glas: harenas in vitrum excoquere *T,* fons splendidior vitro Kristall *H.*

vitta, ae, *f.* (vgl. vimen) **1.** Kopfbinde **a.** [der Opfertiere]: vittis velatus iuvencus *V.* **b.** [der Priester]: nivea *V.* **c.** [der Frauen]: alba, crinalis *O.* **2.** Binde [an heiligen Gegenständen]: quercum vittae sertaque cingebant *O,* vittā compti rami mit Wollbinden umwundene Zweige [der Schutzflehenden] *V.*

vitula, ae, *f.* (vitulus) **1.** Kalb: facere vitulā ein Kalb opfern *V.* **2.** junge Kuh *V.*

vitulīnus 3 (§ 75) Kalbs-: assum Kalbsbraten; *subst.* vitulina (*sc.* caro) Kalbfleisch *N.*   Von

vitulus, ī, *m.* (vgl. vetus) **1.** Kalb: lactens *O.* **2.** Füllen, Fohlen *V.*

vituperātiō, ōnis, *f.* (vitupero) Tadel: in vituperationem venire getadelt werden; *meton.* tadelnswertes Benehmen: istius.

vituperātor, ōris, *m.* Tadler.   Von

vituperō 1. (*vitu-perus aus vitium + parere) tadeln, schelten.

vīvācitās, ātis, *f.* (vivax) Lebenskraft *QPli.*

vīvārium, ī, *n.* (vivus) Tierbehälter *Sp;* b i l d l . Gehege *H.*

vīvax, ācis (vivo) langlebig: anus, cervus *O,* vivacior heres überlebend *H;* *met.* dauerhaft, lebenskräftig: gramen *O,* oliva *V,* apium *H;* gratia *H;* sulphura hellbrennend *O.*

vīvidus 3 (vivo, § 74) **1.** lebensvoll: gemma *O,* signa naturgetreu *Pr.* **2.** *met.* lebhaft, feurig, kräftig: canis *V,* virtus *V,* senectus, eloquentia, odia *T.*

vīvi-rādīx, īcis, *f.* (§ 66) Ableger.

vīvō 3. vīxī, vīctūrus, *coni. ppf.* vixet = vixisset *V* **1. leben, lebendig, am Leben sein:** vixit ad senectutem *N,* comperit eum vivere posse am Leben bleiben, annos ad bis centum *O,* triginta annis; ita vivam! so wahr ich lebe, ne vivam! bei meinem Leben; sterben soll ich, wenn. **2.** *occ.* **a. das Leben genießen, wohlleben:** vivamus atque amemus *Ca;* [Abschiedsformel]: vive, vivite lebe (lebt) wohl. **b.** (mit *abl.*) **von etw. leben, sich von etw. nähren:** piscibus atque ovis, ex rapto *O.* **c.** (mit Modalbestimmung) **das Leben zubringen, führen:** luxuriose, liberius *N,* sic, aliter, bene, male. **d.** (mit cum) **gemeinsam leben, umgehen, Umgang haben:** aliter cum tyranno, aliter cum amico vivitur lebt es sich; secum nur für sich leben, ganz mit sich beschäftigt sein. **e.** (mit Ortsbestimmung) **leben, sich aufhalten:** Cypri *N,* in Thracia *N.* **3.** *met.* **leben, dauern, bestehen, anhalten:** haec (vitem et arborem) dicimus vivere; vivunt scripta *O,* vivet auctoritas wird gelten, vivit vulnus ist noch da *V.*

E: ai. jīvati 'lebt', gr. βίομαι, βίος, § 18.   Dav.

vīvus 3 **1. lebend, lebendig, am Leben:** vix v. halbtot; calor Lebenswärme *O,* vox mündlich *Pli;* Hannibale vivo zu Lebzeiten *N;* vivus et videns; vivos rodere ungues bis aufs Blut *H;* *subst.* **vīvum,** ī, *n.* das **Lebendige:** calor ad vivum adveniens ins Mark *L;* b i l d l . rem ad vivum resecare = genau untersuchen. **2.** *met.* **lebendig, frisch, dauernd:** harundo grünend *O;* de marmore voltūs lebenstreu, ähnlich *V;* flumen flie-

ßend *VL,* fons, ros *O,* lacus *V* frisch; amor dauernd *V,* lucernae fortbrennend *H.* **3. natürlich:** pumex *O,* sulphur *L,* plantaria *V,* saxum *VT.* **4. lebhaft, feurig:** animus *Pli.*

E: vgl. ai. jīvas 'lebendig', ahd. quek 'lebendig', 'Quecksilber', § 18.

vix *adv.* **1.** mit Mühe, schwer, kaum: vix credendum est es ist schwer zu glauben, vix decima pars. **2.** [zeitlich]: kaum, eben, gerade: advenio Acherunte vix *Ennius;* vix positum castris simulacrum, arsere flammae kaum . . . so *V;* meist mit cum im Nachsatz; [verstärkt]: **vix-dum** kaum noch, kaum erst.

vīxī *pf.* v. vivo.

vixillum (*dem.* von vix) kaum ein Tröpfchen *C.*

vocābulum, ī, *n.* (voco) **1.** Benennung, Bezeichnung, Name: liberta, cui vocabulum Acte fuit *T.* **2.** Wort: aliquid exprimere alio vocabulo *Pli.* **3.** *met.* Vorwand: praedandi *T.*

vōcālis, e (vox, § 75, Abs. 2) **1.** stimmbegabt: terra sprechend *O,* boves redend *Ti,* Nymphe plaudernd *O.* **2.** tönend, klangreich: carmen *O,* Orpheus liederreich *H,* sonus voll *T;* *subst.* **vōcālis,** is, *f.* (*sc.* littera) Selbstlaut, Vokal.

Vocātēs, ium, *m.* die V. [Volk an der unteren Garonne].

vocātor, ōris, *m.* (voco) der Einladende *Sp.*

vocātus, ūs, *m.* (voco) das Anrufen *V;* **occ.** Einladung: vocatu Drusi.

Vocetius mons B ö z b e r g [im Aargau] *T.*

vōciferātiō, ōnis, *f.* Notschrei, Jammerruf.   Von

vōci-feror 1. (vox, fero, § 66) rufen, schreien, künden: his de rebus, mit ut, indir. Fr.; *pass.* vociferatum (est) man rief *L.*

vocitō 1. (*frequ.* zu voco) **1.** nennen, zu nennen pflegen. **2.** laut rufen: clamor vocitantium *T.*

vocīvus = vacivus.

vocō 1. (ai. vakti, vívakti 'sagt, spricht', gr. ŏψ 'Stimme' aus *vokws, §§ 15 und 17)

---

1. rufen; *trans.* **a.** berufen, herbeirufen; **b.** (mit dopp. *acc.*) **nennen, benennen;** *pass.* **heißen;** 2. *occ.* **a.** (Gottheiten) **anrufen, anflehen;** **b.** (vor Gericht) **laden, vorladen;** **c.** (als Gast) **einladen;** *met.* 3. **einladen, reizen, locken;** *occ.* **reizen, herausfordern;** 4. (jemd. oder etw. in eine Lage oder Stimmung) **bringen, versetzen.**

---

1. Paeana 'Paean' rufen *O,* senatum berufen, auxilium um Hilfe *V,* pugnas zum Kampf *V;* mit ab, ex, ad, in; aliquem auxilio *T;* b i l d l . imbres votis erflehen *V,* aurae vela vocant rufen zur Fahrt *V.* **b.** timidas vocat sorores *O,* Spelaeum quod vocant das sogenannte *L;* *pass.* porticus, quae Poecile vocatur *N,* ludi de nomine Augusti Augustales vocantur *T.* **2. a.** deos *V,* sidera *T,* opem dei in vota für das Gelübde *V;* s. votum. **b.** aliquem in ius (in iudicium). **c.** ad sacra, ad pocula *O,* ad cenam; auch ohne Obj. sive est vocatus *Ph.* **3.** nox vocat ad quietem *L,* auster in altum lockt zur Abfahrt *V,* in spem Hoffnung machen *L.* **occ.** aliquem ad bellum gerendum, qui vocat der zum Zweikampf fordert *V,* hostem *T,* popu-

Voconia   504   **volumen**

lum armis *T*, offensas Beleidigungen heraufbeschwö-
ren *T*. **4.** sanguine in corpora summa vocato da das
Blut an die Körperoberfläche trat *O*, in regna zur Herr-
schaft berufen *V*, natos ad poenam zur Strafe ziehen *V*,
animum in contraria hin und herziehen *V*; in crimen
beschuldigen, in discrimen stürzen; in odium, invi-
diam verhaßt machen, ad exitium dem Untergang nahe
bringen, in suspicionem verdächtigen, rem in dubium
bezweifeln, in disceptationem bestreiten, streitig ma-
chen, aliquid in commune gemeinsam machen *L*, ali-
quem in partem (praedae) teilnehmen lassen (an).
Vocōnia lex die l. V. [nach dem tr. pl. Q. Voconius
Saxa, der 169 das Erbrecht der Frauen beschränkte].
Vocontiī, ōrum, *m.* die V. [Volk in der Provence].
vōcula, ae, *f.* (*dem.* v. vox) schwacher Ton.
volaemum pirum 'Pfundbirne' [Birnensorte mit bes. gro-
ßen Früchten] *V*.
volantēs, ium, *f.* s. I. volo.
Volaterrae, ārum, *f.* V o l t e r r a [St. in Etrurien]; *adi.*
u. Einw. Volaterrānus.
volāticus 3 (volatus) flüchtig, unbeständig.
volātilis, e geflügelt; *met.* schnell: telum *O*, fer-
rum *V*; *occ.* vergänglich: aetas *O*.   Von
volātus, ūs, *m.* (I. volo) das Fliegen, Flug.
Volcae, ārum, *m.* die V. [Volk in der Gallia Narbonen-
sis, geteilt in V. Tectosages um Toulouse und V. Are-
comici am rechten Ufer der Rhone].
Volcānus s. Vulcanus.
Volcientēs, ium, *m.* die V. [Volk in Lukanien] *L*.
volēns, entis (II. volo) **1.** mit Wissen und Willen: ma-
cie tenuant armenta volentes absichtlich *V*. **2.** willig,
gern, von Herzen: volenti animo *S*, nec me vis ulla
volentem (freiwillig) avertet *V*, iura dare per volen-
tes populos die sie willig annehmen *V*. **3.** geneigt, ge-
wogen, günstig: volens propitius *L*, dis volentibus
durch die Gnade der Götter *S*; *subst.* Muciano volentia
rescripsere was dem M. günstig schien *T*.
volg . . . s. vulg . . .
volitō 1. āvī (*frequ.* v. I. volo) **1.** umherfliegen: aquila
volitans *L*, anser flatternd *V*, (umbrae) volitant haec
litora circum *V*; *subst.* volitans Insekt, Fliege *V*;
b i l d l. latissime verbreitet werden, volito per ora vi-
rûm mein Name geht von Mund zu Mund *Ennius*, fama
volitat per urbem *V*. *met.* **2.** fliegen: volitant atomi
bewegen sich, volitans turbo tanzend *V*. **3.** umher-
eilen, -schwärmen, sich tummeln: per forum, toto
foro, per mare *H*; b i l d l. animi volitare cupiunt
sich erholen; **occ.** sich brüsten: coniuratio palam vo-
litat.
voln . . . s. vuln . . .
I. volō 1. āvī **1.** fliegen; *subst.* **volantēs**, ium, *f.* (bes-
tiae) Vögel *V*; *trans.* freta durchfliegen *O*. **2.** *met.* flie-
gen, eilen: volat navis *O*, currus *V*, fama, aetas, ver-
bum.
II. volō, velle, voluī (got. wiljan, ahd. wëllan, gr.
Ϝελ- in ἔλδομαι, ἔλδωρ, ἐλπίς, vgl. volup). Das Wort
zeigt wie esse die alte vokallose Konjugation: vul-t, vul-
tis, arch. volt, voltis; velim ist Optativform wie sim. Be-
achte vīn' = vīs-ne (§ 53), sīs = sī vīs (§ 22), sultis =
si vultis.

---

1. **wollen, wünschen, begehren, verlangen;**
2. *occ.* *a.* **bestimmen, beschließen, festsetzen;**
b. **annehmen, behaupten, der Meinung sein;** *c.* **lie-**
ber wollen, vorziehen; *d.* **bedeuten, heißen;**
3. jemd. **zu sprechen wünschen.**

---

1. *abs.* velim nolim ich mag wollen oder nicht, seu ve-
lint seu nolint *L*; aliquid mihi volenti est es geht
(ist) nach meinem Willen, ist mir erwünscht; bene
(male) alicui velle wohl (übel) wollen; valde eius
causā volo (omnia) ich bin ihm sehr geneigt. K o n s t r.
a. mit *acc.* nihil minus, eadem *O*; mit *subst.* suam
gratiam, arma *V*. **b.** mit *inf.* bei gleichem Subj. si sibi
purgati esse vellent in seinen Augen gerechtfertigt, vel-
let abesse er hätte gewünscht *O*; *inf. pf.* vellet promp-
tas habuisse sagittas *O*; desine velle mich täuschen
zu wollen *V*. **c.** mit *acc. c. inf.* bei Subjektsverschieden-
heit pater volebat filium secum esse; *inf. pf.* velle
Pompeium se Caesari purgatum vor Caesar sich rein
zu waschen; *acc. c. inf.* bei Subjektsgleichheit: iudicem
me esse, non doctorem volo. **d.** mit *coni.*, ut, ne.
2. a. [Formel der Gesetzesvorschläge]: velitis, iubeatis,
ut; maiores nostri de servis quaeri voluerunt; *met.*
sic di voluistis *V*. **b.** me vult fuisse Rhodi, se ortum
Teucrorum a stirpe volebat *V*. **c.** servire vellem? ich
hätte lieber Sklavin sein wollen? *O*, malae rei se quam
nullius duces esse volunt *L*. **d.** quid volt concur-
sus? *V*, quid vult sibi noctis imago? *O*; [von Perso-
nen]: quid tibi vis? was fällt dir ein? **3.** si quid (in be-
zug auf etw.) ille se velit, te volo *C*.   Dav.
III. volō, ōnis, *m.* Freiwilliger *L*.
Vologēsēs, is u. ī, *m.*, *acc.* ēn V. [Name parthischer Kö-
nige aus dem Haus der Arsakiden] *T*.
volpēcula, volpēs s. vulp . . .
Volscus 3 volskisch; *subst.* **Volscī** die V. [Volk am unte-
ren Liris in Latium].
Volsiniī (Vulsiniī, § 50), ōrum, *m.* B o l s e n a [St. in
Etrurien] *LSp*; *adi.* u. Einw. Volsiniēnsis *L*.
volsus *pt. pf. pass.* v. vello.
Voltumna, ae, *f.* V. [Göttin des Bundestempels der zwölf
Staaten des Etruskerbundes] *L*.
voltur, Volturnus, volturius, voltus s. vult . . .
volūbilis, e, *adv.* iter (volvo) **1.** drehbar, kreisend:
buxum Kreisel aus Buchsbaumholz *V*. **2.** rollend, sich
hinwälzend: aurum der goldene Apfel *O*, aquae, am-
nis *H*. *met.* **3. wandelbar, unbeständig**: fortuna.
4. geläufig, gewandt: oratio, orator.   Dav.
volūbilitās, ātis, *f.* **1.** Kreisbewegung: mundi. **2.** Ge-
läufigkeit: verborum, linguae.
volucer, cris, cre (I. volo) **1.** fliegend, geflügelt: sa-
gitta *V*; bestiae, animalia *T* Vögel; *subst.* **volucris**,
is, *f.*, [selten] *m.* Vogel: peregrina Zugvogel *Ph*; par-
vula Mücke *Ph.* *met.* **2.** beflügelt, beschwingt: Cu-
pido, pes Flügelschuh *O*. **3.** eilend, schnell: fama *O*,
nuntius, classis *V*, fatum *H*; **occ.** flüchtig: fortuna,
fumus flüchtiger Nebel *V*, somnus *V*, gaudium *T*,
dies *H*.
voluī *pf.* v. II. volo.
volūmen, inis, *n.* (volvo) **1.** Krümmung, Windung:
fumi Rauchwirbel *O*, equus sinuat alterna volumina

Volumnius   505   vors ...   **V**

crurum krümmt abwechselnd *V*, vinclorum gewun-
dene Riemen *V*; **occ.** siderum Kreislauf *O*. **2.** *meton.*
Papyrusrolle, Schriftrolle, Buch, Schrift; **occ.** plumbea
Bleitafeln *Sp*; [als Teil eines Werkes]: Buch, Band: sede-
cim volumina epistularum *N*.

Volumnius 3 im *n. g.* P. V. Eutrapelus [Vertrauter des
M. Antonius] *NH*.

voluntārius 3 freiwillig, aus freiem Willen: laudator,
mors freigewählt, exitus *T*; (milites) Freiwillige, exer-
citus Freischar *L*.   *Von*

voluntās, ātis, *f.* (II. volo) **Wille. 1. Wunsch, Verlan-
gen:** regis voluntati morem gerere *N*, patrum.
2. Vorhaben, Absicht: aliquem ad suam perducere
voluntatem für seine Absicht gewinnen *N*, dis ducibus
hanc voluntatem suscepi. **3. freier Wille:** iudices re-
tinendi sunt contra voluntatem; **voluntāte mit Wil-
len, freiwillig:** summa Catuli voluntate mit voller Ge-
nehmigung des C. **4. Neigung, Wohlwollen:** in paren-
tes, provinciae erga Caesarem; **occ. Gesinnung,
Stimmung:** vulgi *N*, populi, voluntates municipio-
rum die günstige Stimmung in. **5. letzter Wille:** mor-
tuorum.

volup (zu velle, vgl. gr. ἐλπίς = Ϝελπίς, § 20, ἔολπα
= ϜέϜολπα) *adv.* vergnüglich, angenehm *C*.

voluptārius 3 **1.** das Vergnügen, den Sinnengenuß be-
treffend: disputatio; **occ.** possessiones bloß zum Ver-
gnügen; loca verführerisch *S*. **2.** für Sinnengenuß emp-
fänglich: sensus. **3.** dem Sinnengenuß ergeben, genuß-
süchtig: (homo) v. Genußmensch.   *Von*

voluptās, ātis, *f.* (volup) **1. Vergnügen, Freude, Lust:**
in voluptate esse Vergnügen genießen. **2. occ. Sin-
nengenuß, Lüste, Wollust:** languidae erschlaffend,
suas voluptates frenare *L*. **3.** *meton. pl.* **Vergnügun-
gen, Schauspiele:** voluptates intermittere einstel-
len *T*, scientia voluptatum *T*. **4.** *met.* **Wonne:** mea *V*.
5. p e r s o n . V. [Göttin der Lust].

voluptuōsus 3 (vgl. voluptas) vergnüglich, ergötz-
lich *Pli*.

volūta, ae, *f.* (volvo) Volute [spiralige Endeinrollung am
Kapitell u. a.] *Sp*.

volūtābrum, ī, *n.* (voluto) Schweinesuhle *V*.

volūtābundus 3 sich herumwälzend.   *Von*

volūtō **1.** (*frequ.* v. volvo) **1.** herumwälzen; *refl. med.*
sich herumwälzen, sielen: aper se volutat *Ph*; voluta-
tur fretum wälzt sich fort *Cu*, in glacie volutaban-
tur *L*, ne volutetur glans hin und her rolle *L*, voluta-
tus est ad pedes warf sich zu Füßen; genibus volutans
sich vor den Knien wälzend *V*; umheirren *Sp*; b i l d l .
in scriptis multum volutari sich viel beschäftigen mit,
animum cogitationibus volutare mit Gedanken be-
schäftigen *L*. *met.* **2.** [Töne]: erschallen lassen, verbrei-
ten: vocem (per atria) *V*, flamina caeca voluntant
murmura lassen ein dumpfes Sausen hören *V*. **3.** hin
und her überlegen, erwägen: rem (in) animo, se-
cum *V*, condiciones cum amicis *L*, intra animum *T*.

volūtus *pt. pf. pass.* v. volvo.

volva, ae, *f.* (ai. úlvam) Gebärmutter [der Sau, als Deli-
katesse] *H*.

volvō 3 volvī, volūtus (ai. válate 'dreht sich', gr. ἐλύω,
εἰλύω, § 20, got. walwjan, waltjan 'sich wälzen', ahd.
walzan 'wälzen', wellan 'runden, rollen')

---

1. wälzen, rollen, im Wirbel drehen; *occ.*
a. (Schriftrollen aufrollen und) **lesen;** *b.* (rollend) **fort-
reißen;** *c.* (durch Kreisbewegungen) **bilden; 2.** *med.*
sich rollen, sich wälzen, sich winden; *met.*
3. (Worte) **geläufig hersagen, vortragen; 4.** (im Gei-
ste hin und her wälzen): *a.* (Leidenschaften) **in sich
wogen lassen, hegen;** *b.* (Gedanken) **erwägen,
überlegen; 5.** (die Zeit) **ablaufen lassen;** *med.* (vom
Kreislauf der Zeit) **ablaufen;** *occ.* (im Kreislauf der Zeit)
bestimmen, verhängen.

---

1. saxa, harenas *O*, cadavera herumdrehen *S*, lapis
per inane volutus gewirbelt *V*, semineces volvit
läßt ... sich am Boden wälzen *V*; b i l d l . oculos (lu-
mina) huc illuc hin- und herschweifen lassen *V*, sub
naribus ignem sprühen *V*, terra visa volvere fumum
ließ Rauchwirbel aufsteigen *V*, lapides auswerfen *V*;
pass. volvitur Ixion wird umgewirbelt *O*, volvimur
undis werden umhergetrieben *V*, vita volvitur steht auf
dem Spiel *T*. **a.** libros; longius fatorum arcana weiter
aufrollen *V*. **b.** scuta virûm *V*, pecus *H*. **c.** errorem
per amnis flexûs im Zickzack umherirren *L*, vorti-
ces *H*; m i l i t . orbem einen Kreis *L*, equites volvunt
turmas bilden mit ihren Schwadronen einen Kreis *L*.
2. in praeceps, per colla *O*, curru herabstürzen *V*, in
caput kopfüber *V*, (anguis) volvitur ringelt sich *V*, vo-
lventia plaustra rollend *V*. B i l d l . amnis (praecipiti
cursu) volvitur *VHOCu*, lacrimae per ora volutae
herabrollend *V*. **3.** verba, sententias, oratio volvitur
fließt. **4. a.** ingentes iras in pectore *L*. **b.** inanes co-
gitationes *L*, bellum in animo *L*, multa secum *S*;
ista *Cu*, bellum *T* planen. **5.** menses *H*; arbos multa
volvens saecula läßt viele Jahrhunderte an sich vorüber-
rollen *V*; tot casus erleben *V*; *med.* in se volvitur an-
nus *V*; volvenda dies *V*, volvendis mensibus im Um-
lauf der Monate *V*, volventibus annis *V*. **occ.** sic vol-
vere Parcas *V*, fata deûm rex sortitur volvitque vi-
ces *V*.

vōmer s. vomis.

vomica, ae, *f.* Eiterbeule, Abszeß; *met.* Pestbeule, Un-
heil *LSp*.

vōmis u. (§§ 61 u. 29) **vōmer**, vomeris, *m.* Pflugschar;
synecd. Pflug *O*.

vomitiō, ōnis, *f.* (vomo) das Erbrechen.

I. vomitus *pt. pf. pass.* v. vomo.

II. vomitus, ūs, *m.* **1.** das Erbrechen. **2.** *met.* 'Unflat',
Schimpfworte *C*.   *Von*

vomō 3. muī, mitus speien, ausspeien, sich erbrechen:
purpuream animam Lebensblut *V*; *met.* ignīs aushau-
chen *V*, flammas ausstrahlen *V*, fumum qualmen *V*,
salutantum undam *V*.

E: ai. vámati 'speit', gr. ἐμέω = Ϝεμέω, § 20.

vorāgō, inis, *f.* (voro) Schlund, Abgrund *LCu*; [im Was-
ser]: Strudel; *met.* ventris *O*, patrimonii Verprasser.

vorāx, ācis gefräßig.   *Von*

vorō 1. hinunterschlingen, fressen; b i l d l . carinas *O*;
litteras 'Bücher verschlingen', viam eilig zurückle-
gen *Ca*.

E: vgl. βορός 'verschlingend', βορά 'Nahrung', § 18.

vors ... s. vers ...

vort . . . 506 **vulnus**

vort . . . s. vert . . .

vorsōria, ae, *f.* (vorto) Schiffstau [zum Umbrassen]; *met.* cape vorsoriam kehre um *C.*

vōs s. tu.

Vosegus, ī, *m.* die V o g e s e n .

voster s. vester.

vōtīvus 3 (votum) gelobt, verheißen: voces Gelübde *Ti*, votivus obligatusque virtuti oris habitus der Tapferkeit geweiht und verpfändet *T,* tabula Votivtafel *H.*

votō, āre s. veto.

vōtum, ī, *n.* **1.** das Gelobte, der gelobte Gegenstand: votis incendere aras mit den gelobten Opfern *V,* inmortale ewiges Denkmal *V.* **2.** Gelübde, Gelöbnis: nuncupare ablegen, facere, concipere, suscipere; divos in vota vocare unter Gelübden anrufen *V*; vota solvere, per-, dis-, exsolvere erfüllen, voto teneri, obstrictum esse verpflichtet sein durch *L*; deûm den Göttern getan *V,* damnabis votis wirst sie zur Erfüllung ihrer Gelübde verpflichten *V,* voti damnatus *L,* reus *V* die Erfüllung des Gelübdes schuldig [wenn der Wunsch erfüllt wurde]; **occ.** Gebet: miserorum *Cu,* praeire vota die Gebetsformel vorsprechen *Cu,* pia *O.* **3.** *met.* Wunsch, Verlangen: implere erfüllen *Cu,* voto (votis) potiri den Wunsch erfüllt sehen *O,* purpura me votique mei factura potentem wird mich ans Ziel meiner Wünsche bringen *O,* aliquem voti compotem facere den Wunsch gewähren *L,* hoc erat in votis das war mein Wunsch *H,* venit in votum urbs? *H.* Von

voveō 2. vōvī, vōtus **1.** geloben, feierlich versprechen: victimam *O,* templa; Vulcano arma *L*; mit *acc. c. inf. fut.* **2.** *synecd.* wünschen, verlangen: elige, quid voveas *O,* ut tua sim, voveo *O.*

vōx, vōcis, *f.* (ai. vāk 'Stimme, Sprache'; vgl. voco)

---

1. **Stimme,** u. zw. *a.* des Sprechenden; *b.* Rufenden; *c.* Singenden; *d.* der Tiere; *e.* (im Bild) personifizierter Gegenstände; 2. *synecd.* **Ton, Laut, Schall;** 3. **Äußerung, Rede;** *meton. a.* **Wort;** *b.* **Satz, Ausruf;** *c.* **Formel;** *d.* **Gebot, Befehl;** *e.* **Sprache;** *f.* **Aussprache;** *g.* **Betonung, Akzent.**

---

1. a. acuta, gravis, cita, tarda, magna voce mit lauter Stimme, vocem mittere erheben. **b.** ebriorum Geschrei, venantum Rufe *Ph,* vocis imago Echo *V,* vocem remittere Klageschrei *V.* **c.** citharam cum voce movere unter Gesang *O,* Sirenum *H,* numeri et voces et modi Takt, Ton und Weise. **d.** bovis *O,* apum Gesumme *V.* **e.** vocem comoedia tollit spricht in höherem Stil *H.* **2.** bucina litora voce replet *O,* ad vocem concurrunt Klang des Hornes *V,* fractae ad litora Brausen der Brandung *V,* ad sonitūs vocis nach dem Klang der Ruderschläge *V*; verba, quibus voces sensusque notarent Naturlaute und Vorstellungen *H.* **3.** querentis *Cu,* contumeliosae, una voce einstimmig. **a.** nullam vocem exprimere potuit, missa *H.* **b.** in hac voce 'civis Romanus sum', nulla vox inimicior amicitiae. **c.** Thessala *H,* sacra *H* Zauberformel, sunt verba (Sprüche) et voces (sinnlose Formeln) *H.* **d.** meae nuntia vocis *O.* **e.** Graia sive Latina *O,* voces mutare *V.* **f.** rustica. **g.** in omni verbo posuit acutam vocem.

Vulcānus, [älter] **Volcānus,** ī, *m.* V. [Gott des Feuers, dem gr. Hephaistos gleichgestellt, Sohn des Juppiter und der Juno, Gemahl der Venus, Waffenschmied mit den Kyklopen]; insula Vulcani V u l c a n o [die südlichste der Liparischen Inseln] *L*; *meton.* Feuer, Feuerflamme: Vulcanum naribus efflant *O*; *adi.* **Vulcānius** 3 des Feuers: acies *V*; Lemnos dem Vulcanus geweiht *O,* arma wie sie Vulcanus verfertigt; *subst.* **Vulcānālia,** ium, *n.* die V. [am 23. August] *Pli.*

vulgāris, e (vulgus, § 75, Abs. 2) gewöhnlich, alltäglich, allbekannt; für jeden zu haben.

vulgātus 3 bekanntgemacht, verbreitet, bekannt; **occ.** preisgegeben, für jeden zu haben: ut ex vulgato corpore *L.* Von

I. vulgō, [älter, § 50] **volgō** 1. (vulgus) **1.** verbreiten, allgemein machen: vehicula usu vulgata allgemein in Gebrauch gekommen *Cu,* laus vulgatur wird Gemeingut *L,* vulgari cum infimis imperium werde Gemeingut mit *L,* rem non vulgare beschränken *L*; morbos in alios *L,* licentia in omnes se vulgavit *L,* facinus per omnes *L*; *med.* cum privatis sich einlassen mit *L*; **occ.** preisgeben: vulgato corpore *L,* concubitus *L.* **2.** allgemein bekanntmachen, verbreiten; *pass.* bekannt werden, sich verbreiten: vulgatur rumor *L,* dolorem *V*; mit *acc. c. inf. Cu.*

II. vulgō *adv.* s. vulgus.

vulgus, [älter, § 50] **volgus,** ī, *n.* (ai. várgas 'Abteilung, Gruppe', irisch folc 'Menge')

---

1. das **Volk,** die **Masse, Menge;** *occ.* **die** gewöhnlichen **Soldaten, das Heer;** *met.* 2. **Masse, Haufen;** 3. **Pöbel;** 4. adverbielle Ausdrücke.

---

1. magis historicis quam vulgo notus *N*; *acc. n.* in volgus emanare; volgum caedere *S.* **occ.** praesente vulgo vor den Soldaten *N,* militum *Cu,* armatorum *L.* **2.** patronorum, ovium *V,* obaeratorum *T.* **3.** vulgusque proceresque *O,* profanum *H.* **4. a. in vulgus** für jedermann, allgemein. **b.** vulgō, [älter] **volgō** (*abl.*) α. in **Masse, massenhaft, in Menge:** vulgo milites ab signis discedebant, 'ad prandium invitare? Minime, sed volgo, passim'. Quid est 'volgo'? universos. β. **allenthalben, allgemein:** vulgo totis castris testamenta obsignabantur, volgo ignari rerum loquebantur, vulgo incendia facere *L*; candelabrum vulgo ostendere vor aller Welt.

NB: *acc. m.* vulgum *Caesar N S V Sp.*

vulnerārius, ī, *m.* (vulnus) Wundarzt, Chirurg *Sp.* Von

vulnerō, [älter, § 50] **volnerō** 1. (vulnus) **1.** verwunden: eum in os im Gesicht. **2.** *met.* weh tun, verletzen, kränken: voce, rem p., animos *L,* aures *V.*

vulni-ficus, [älter, § 50] **volni-ficus** 3 (facio, § 66) verwundend *VO.*

vulnus, [älter, § 50] **volnus,** eris, *n.* **1.** Verletzung [Hieb, Stich, Schnitt, Riß]: falcis durch die Sichel *O,* aratri durch den Pflug *O,* vulneribus evicta ornus Axthiebe *V.* **2.** Wunde: adversa auf der Brust *L,* mori (perire) ex vulnere an einer Wunde *LO,* claudicare wegen; *meton.* tristia vulnera mandere geschlachtete Tiere *O.* **3.** *met.* Verletzung, Schaden, Verlust, Kränkung: morte filii *N,* inusta rei p., suis volneribus

vulpecula   507   **zotheca** **Z**

mederi Schulden; **occ. Seelenschmerz, Liebeskummer:** inconsolabile *O*, vulnus alere venis *V*. **4. meton. a. Hieb, Stoß:** elisa vergebliche Stöße *O*, inter se vulnera iactant hauen aufeinander los *V*, crepitant sub vulnere malae *V*. **b. Geschoß:** haesit sub gutture vulnus *V*, vulnera dirigere *V*.
E: viell. aus *velsnos v. vellere 'aufreißen'; vgl. §§ 30 u. 51 Anm., gr. οὐλή = Ϝολνή 'Narbe'.
vulpēcula, ae, *f.* kleiner Fuchs, Füchslein: tenuis *H*.
                                   Dem. von
vulpēs, [älter, § 50] **volpēs,** is, *f.* Fuchs: animi sub volpe latentes unterm Fuchspelz *H*; **adi. vulpīnus** 3 Fuchs-: catuli junge Füchse *Ph*.
Vulsiniī s. Volsinii.
vulsus *pt. pf. pass.* v. vello.
vulticulus, ī, *m.* (*dem.* v. vultus) Blick, Miene.
vultuōsus 3 (vultus) grimassenhaft, affektiert.

vultur [älter, § 50] **voltur,** uris, *m.* Geier. Als *nomen pr.*
Voltur, uris, *m.* V. [Berg bei Venusia] *H*.   Vgl.
vulturius, [älter, § 50] **volturius,** ī, *m.* Geier *L*; *met.* Geier, Nimmersatt.
Vulturnus u. (§ 50) **Volturnus,** ī, *m.* **1.** ventus der V. [ein Südostwind] *L*. **2.** Volturno [Fl. in Kampanien];
Vulturnum, ī, *n.* V. [St. an der Mündung des Volturno] *VL*.
vultus, [älter, § 50] **voltus,** ūs, *m.* **1.** Gesichtsausdruck, Miene, Gesicht, Blick: vultum fingere seine Miene beherrschen; et finxit vultum machte ein einladendes Gesicht *O*, vultūs trahere ein finsteres Gesicht machen *O*, compositus verstellt, erkünstelt *TPli*; **occ.** finsteres Gesicht: tyranni *H*, voltu terrere *H*. **2.** Gesicht, Antlitz: tollens ad sidera vultūs *O*, petam voltūs unguibus *H*; *meton.* Aussehen, Gestalt; bildl. naturae *O*, salis placidi *V*. **3.** Bild, Porträt *Sp*.

X

X Zahlzeichen [aus dem gr. Alphabet aufgenommen =] decem; [auf Münzen =] denarius.
Xanthippē, ēs, *f.* X. [Frau des Sokrates].
Xanthos u. **-us,** ī, *m.* X. [**1.** Fl. in der Troas, vgl. Scamander; nach ihm benannt ein kleiner Fluß in Epirus *V*. **2.** Fl. in Lykien *V*].
xenium, ī, *n.* (ξένιον) Gastgeschenk, Geschenk *Pli*.
Xenō, ōnis, *m.* X. [epikureischer Philosoph aus Athen].
Xenocratēs, is, *m.* X. [Schüler des Platon, dessen zweiter Nachfolger in der Akademie].
Xenophanēs, is, *m.* X. [aus Kolophon, ca. 580 bis nach

478, polemischer Dichter, Vorsokratiker].
Xenophōn, ontis, *m.* X. [Schüler des Sokrates, ca. 426 bis ca. 354, Geschichtsschreiber, Philosoph und Feldherr]; *adi.* Xenophontēus, -īus 3 (§ 91, Abs. 2).
Xersēs u. **Xerxēs,** is (i *N*), *m.* X. [Sohn des Darius, Perserkönig 486—465].
Xyniae, ārum, *f.* X. [St. in Thessalien] *L*.
xysticus, ī, *m.* (ξυστικός) Athlet *Sp*.   Von
xystus, ī, *m.* (ξυστός v. ξέω) bedeckter Säulengang [in den gr. Gymnasien]; [bei den Römern]: Blumenanlage, Terrasse.

Z

Zacynthos *VO* u. **-us** *L*, ī, *f.* Zakinthos [Insel im Ionischen Meer] *VLO*; *adi.* Zacynthius 3 *N*.
Zaleucus, ī, *m.* Z. [Gesetzgeber der Lokrer in Italien, um 660].
Zama, ae, *f.* Z. [St. in Numidien, Z. Regia, von Metellus 109 belagert, später Residenz des Königs luba. Dort Lager Hannibals vor seiner Niederlage durch Scipio 202, aber wahrsch. nicht Ort der Schlacht selbst] *SL*.
Zanclē, ēs, *f.* Z. [alter Name für Messana] *O*; *adi.* Zanclaeus u. Zanclēïus 3 *O*.
zēlotypia, ae, *f.* (ζηλοτυπία) Eifersucht.
zēlus, ī, *m.* (ζῆλος) Eifersucht *Sp*.
Zēnō(n), ōnis, *m.* Z. [**1.** aus Kition auf Zypern, Begründer der Stoa um 300. **2.** aus Ἐλέα (Velia), Anhänger der eleatischen Philosophie, Lehrer des Perikles. **3.** epikureischer Philosoph, Lehrer Ciceros].
Zephyrium, ī, *n.* Z. [Kastell an der kilikischen Küste] *L*.
zephyrus, ī, *m.* (ζέφυρος) W-Wind; secundi günstige

Winde *V*.
Zērinthius 3 zerynthisch [von der St. Zērynthus in Thrakien] *LO*.
Zētēs, ae, *m.* Z. [Bruder des Kalaïs] *O*.
Zēthus, ī, *m.* Z. [Zwillingsbruder des Amphion].
Zeugma, atis, *n.* Z. [St. am Euphrat] *T*.
Zeuxis, is, *m.* Z. [ber. gr. Maler, um 400].
zmaragdus = smaragdus.
Zmyrna = Smyrna.
zōna, ae, *f.* (ζώνη) **1.** Gürtel [des Untergewandes] *CaO*. **occ. 2.** Geldgurt: argentum in zonis habere *L*. **3.** Zona Orionis die Gürtelsterne des Orion *O*. **4.** *met.* Erdgürtel, Zone.   Dav.
zōnārius 3 Gürtel-: sector Beutelschneider *C*.
Zōpyrus, ī, *m.* Z. [gr. Physiognom].
Zōstēr, ēris, *m.* Z. [Vorgebirge u. Hafen in Attika].
zōthēca, ae, *f.* (ζωθήκη) u. *dem.* **zōthēcula** Kabinett *Pli*.